NOUVELLE COLLECTION

DES

MÉMOIRES

POUR SERVIR

A L'HISTOIRE DE FRANCE.

—

PREMIÈRE SÉRIE.

II

NOUVELLE COLLECTION

DES

MÉMOIRES

POUR SERVIR

A L'HISTOIRE DE FRANCE,

DEPUIS LE XIII· SIÈCLE JUSQU'A LA FIN DU XVIII·;

Précédés

DE NOTICES POUR CARACTÉRISER CHAQUE AUTEUR DES MÉMOIRES ET SON ÉPOQUE;

Suivis de l'analyse des documents historiques qui s'y rapportent;

PAR MM. MICHAUD DE L'ACADÉMIE FRANÇAISE ET POUJOULAT.

TOME SECOND.

CHRISTINE DE PISAN, INDICATION ANALYTIQUE DES DOCUMENTS,
BOUCICAUT, JUVÉNAL DES URSINS

A PARIS.

CHEZ L'ÉDITEUR DU COMMENTAIRE ANALYTIQUE DU CODE CIVIL,

RUE DES PETITS-AUGUSTINS, N° 24;

IMPRIMERIE D'ÉDOUARD PROUX, RUE NEUVE-DES-BONS-ENFANTS, N° 3.

1836

LE LIVRE

DES FAIS ET BONNES MEURS

DU SAGE ROY CHARLES V,

PAR CRISTINE DE PIZAN DAMOISELLE.

LE LIVRE DES FAIS

ET BONNES MEURS

DU SAGE ROY CHARLES.

CI COMMENCE LA DEUXIEME PARTIE DE CE PRÉSENT VOLUME, LAQUELLE PARLE DE CHEVALERIE, EN REPLIQUANT A LA PERSONNE DU ROY CHARLES.

ET PRIMIEREMENT PROLOGUE.

COMME obscurcie de plains, plours et lermes à cause de nouvelle mort, me convient faire douleureuse introyte et commencement à la deuxième partie de ceste ouvre présente, adoulée, à bonne cause, de survenue perte, non mie singuliere à moy, ou comme à aulcuns, mais générale et expresse en maintes terres, et plus en ce royaume, comme despouillé et deffait de l'un de ses souverains pilliers.

Et cestui dommage et meschief procuré par fortune, ameinistraresse de tous inconvéniens et meschiefz, qui, ou mois de mars, en la fin de l'an 1403, lorsque les constelacions saturnelles et froides rendoyent l'air, en toutes contrées, infect par moisteur froide continuée en longue pluye plus impétueuse que par nature la saison ne doit ; par quoy furent causées, és corps humains, rumatiques enfermetez avecques flévres fimeres et entreposées, causales de mort, fist lors transporter és contrées nubleuses ou à air bruineux et couvert, pour la moisteur des palus esveus et terre ramoitie d'icelluy pays qui siet vers les marches de Flandres, celluy de laquel mort nous doulons, qui fu nommé, eu son tiltre, Phelippe, filz de roy de France, duc de Bourgongne, conte de Flandres, d'Artois et de Bourgongne, qui frere germain fu au sage roy Charles, de qui cest présent livre est traictié, lequel, à grant préjudice du bien propre de la couronne de France et grief et perte de la publique utilité commune, est trespassez nouvellement à Hale en Hénault, le vingt-septiesme jour d'avril, en l'an présent 1404.

Lequel trespassement, raportant nouveaulx regrais et ramenant à memoire ses dignes vertus, sagece et bonté, nous fait dire à yeulx moullez : « Hellas ! le trés bon prince ameur de tou-
» tes bonnes et virtueuses choses, encore nous
» estoyent propices et comme neccessaires ses (1)

<hr/>

ICI COMMENCE LA DEUXIÈME PARTIE DE CE PRÉSENT VOLUME, LAQUELLE PARLE DE CHEVALERIE EN L'APPLIQUANT A LA PERSONNE DU ROI CHARLES.

ET PREMIÈREMENT PROLOGUE.

UNE mort récente m'ayant plongée dans le deuil, les gémissements et les larmes, il me convient de faire une douloureuse introduction à la deuxième partie de cette œuvre présente ; la perte que je déplore ne touche point particulièrement ni moi, ni personne; mais c'est une perte sentie par tout le monde et en maintes terres, et surtout dans ce royaume dépouillé et privé de l'un de ses souverains piliers.

Ce dommage et méchief fut causé par la fortune, dispensatrice de tous les maux, lorsque au mois de mars * de la fin de l'année 1403, les froides constellations de Saturne amènent partout des pluies plus longues et plus abondantes que la saison ne devroit comporter ; ces temps humides et froids causèrent aux corps humains des rhumatismes accompagnés de fièvres éphémères et intermittentes qui conduisoient à la mort; celui dont nous déplorons le trépas se trouvoit alors du côté de la Flandre, dans un pays qui, à cause de ses marais, est toujours humide et nébuleux : Philippe, fils du roi de France, duc de Bourgogne, comte de Flandre, d'Artois et de Bourgogne, frère germain du sage roi Charles pour lequel le présent livre a été fait, est mort à Hale en Hénault, le vingt-septième jour d'avril de la présente année 1404, au grand préjudice de la couronne de France, pour le grief et la perte de la publique utilité commune.

Ce trépassement qui toujours ramène de nouveaux regrets et remet en némoire les dignes vertus du prince, sa sagesse et sa bonté, nous fait dire, les yeux mouillés de larmes : « Hélas ! le
» très-bon prince, amant de toutes bonnes et ver-

<hr/>

* L'année commençait alors à Pâques.
(1) Dans les précédentes collections on trouve : tes anciens jours; nous croyons qu'il faut lire : ses anciens jours.

» anciens jours trop tost faillis aux ordonnances
» politiques de cestui royaume demouré présen-
» tement amortis de joye et remplis de ténébres
» és clers jours de may ; tous soulas remys pour
» matiere de ducil entre les princes à bon droit
» adoulez, noir vestus, en plains et plours,
» comme de perte singuliere et gréveuse de tel
» appuy al vaissel, de sens, conseil, confort,
» ayde et secours du bien publique, de qui les
» mérites de son sçavoir, prudent conseil, vraye
» amistié et preudomie sera, és temps à venir,
» en souspirs et plains regraitiez de ses charnelz
» affine, consors, aliez et familiers. » Et, comme
soit juste cause à un chascun plaindre son ducil,
moy, comme femme vefve, orphenine d'amis,
ay cause de douloir et plaindre celluy par lequel digne commandement j'empris ceste présente œuvre, et de qui plus particulierement
avec ses autres charnelz, sera parlé, ramente-
vant ses fais et nobles condicions, qui confort,
ayde et soustenail de vie a esté à moy et au petit
coliege viduval de ma famille ; laquelle charité,
Dieu pri de toute affeccion, que rétribucion de
gloire perpétuelle luy en soit rendue à l'ame ; mais or n'y a
plus, quant au corps, réservé les desrenieres sérimonies pertinans aux obis selons sa digneté ;
l'ame ait Dieux escripte ou livre de ses vrays esleus ; mémoire en soit demourée à ses nobles

» tueuses choses, nous a été trop tôt ravi ; ils
» nous étoient encore propices et comme néces-
» saires, ses jours déjà anciens, mais trop tôt en-
» levés aux affaires politiques de ce royaume,
» resté sans joie et rempli de ténébres aux jours
» brillants du mois de mai ; les princes gémissent
» et pleurent et sont vêtus de noir ; ils savent quel
» appui a perdu le vaisseau de l'état ; ils savent
» que le bien public a perdu l'esprit qui le diri-
» geoit, le conseiller, l'aide et le secours qui le
» protégeoient ; le savoir, la prudence, le tendre
» dévoûment et la prud'homie de ce prince seront,
» dans les âges à venir, pleurés et regrettés par
» ses parents, ses amis, ses alliés et ses fami-
» liers. » Et comme il est juste que chacun exprime sa douleur, moi, femme veuve, orpheline
d'amis, j'ai un grand sujet de deuil dans la mort
de celui par les ordres de qui j'entrepris cette
présente œuvre, et dont il sera plus particulièrement parlé avec ses autres parents, en rappelant
ses faits et nobles qualités ; ce prince fut un
consolateur, un aide et un soutien pour moi et
pour ma pauvre famille dans le veuvage ; que
Dieu lui tienne compte de cette charité, et que
rétribution en soit rendue à son âme, car il n'y a
plus d'or pour le corps, sauf les derniers honneurs qu'on rend aux trépassés selon leur dignité ; que Dieu l'inscrive dans le livre de ses
vrais élus ; que ses nobles enfants et parents con-

enfens et parens, si que, par prieres et oroisons
d'euls, procurées rémission de peine purgatoire
luy puist estre intercessé, et gloire perpétrée
par infini siécle. *Amen.*

—

Chap. II : *Ci dit, comment seigneuries temporelles furent au monde primierement establies, et comment ordre de chevalerie fu
trouvé.*

En suivant la matiere au primier encommen-
ciée, c'est assavoir la narracion des fais et bonnes meurs du sage roy Charles, nous convient
en ceste deuxième partie du présent volume,
aviser comment envieux ou mesdisans, qui souvent seulent réprimer le loz des aucteurs, ne
nous puissent chargier de mençonge, ou faute
de promesse, par si que le propoz prescript, qui
fu de traictier secondement de chevalerie, puist
estre emply satisfait.

Or, soit regardé, comment elle se pourra
joindre et assembler avecques les vertus et bonnes
meurs du susdit sage roy Charles ; donques,
pour ce faire, convient aviser quelle chose est
celluy ordre que on dit de chevalerie ; comment
il vint ; pour quel chose il fu establiy ; quelles
choses y conviennent ; de quoy il doit servir ;
et à quelles comparaisons se peut assimiler.

servent sa mémoire, si bien que, par leurs oraisons et prières, son temps de purgatoire soit
abrégé et gloire éternelle lui soit accordée ! Ainsi
soit-il.

—

Chap. II, *où il est dit comment seigneuries temporelles furent établies primitivement dans le
monde, et comment ordre de chevalerie fut
trouvé.*

En suivant notre sujet, c'est-à-dire la narration des faits et bonnes mœurs du sage roi Charles, tel que nous l'avons annoncé dès le commencement, il nous convient, dans cette deuxième
partie du présent volume, de chercher à échapper
à la critique des envieux et des méchants qui
ont souvent coutume de dénigrer les auteurs ;
ainsi donc, pour qu'ils ne puissent nous accuser
d'avoir menti ou d'avoir manqué à notre promesse, nous parlerons maintenant de chevalerie,
comme nous l'avons annoncé.

Or, voyons comment elle se pourra joindre et
assembler avec les vertus et bonnes mœurs du
susdit sage roi Charles ; pour ce faire, il faut
examiner ce que c'est que chevalerie ; comment
elle vint et pourquoi elle s'établit ; quelles sont
les choses qui lui conviennent, à quoi la chevalerie doit servir, et à quoi on peut la comparer.

Et pour mieulx entamer ceste matiere et traire à nostre propoz, convient aviser à quel cause vindrent seigneuries et princées au monde primiérement, si comme la narracion des escriptures le tesmongne; lesquelles recordent que, és anciens aages, trésque la semence humaine prist à publier et à remplir les contrées de la terre, assez tost aprés, comme perversité, là où lime de raison ne l'agmodere, soit naturelle ou sang humain, adont, comme gent sans loy, se pristrent à grans extorcions et infinis maulx faire les uns contre les autres, par rapines et occisions et mains excessis oultrages, sanz que regart de justice y meist aulcun frain; lors les anciens, enseignez de don de nature, par longue expérience és regars de raison, aviserent que bon seroit, pour à ces inconvéniens obvyer, que l'un d'entr'eulx, le plus ydoine et propice en vertu et sçavoir, fust esleu et establiy supérieur et prince d'entr'eulx, et à icelluy par commun accort donnassent auctorité et signouries, et eust la cognoiscence des causes entr'eulx meues, par luy fust jugié des torfaiz, en baillant à chascun son droit, sanz que de nul fust désobéy, soubz peine de perdre la vie.

Ainssi, par le commun esgart des peuples universelz, furent commenciées, primicrement propres signouries au siécle; et adont un chascun prince, en sa juridicion, parti son peuple en ordre de pluseurs parties et fist ses establissemens, selon son esgart; dont, pour ce que il, comme bien avisiez, considérast chose estre impossible à l'entendement et mémoire d'un tout seul homme, tout soit-il sçavent, de si cler veoir, comme font pluseurs sages, eslut quantité de ses anciens, des plus expers et de meilleur jugement, pour estre ses conseilliers.

Item, aussy luy avisé, n'estre souffisant la capacité d'un seul homme veoir et cognoistre de tous les cas d'une grant université ou commune, estably par diverses parties de son peuple, des preudeshommes, anciens, sages, ses commissaires et lieuxtenans és fais de justice, pour mettre entre les humains ordre de vie raisonnable, soubz peine de punition. *Item*, un autre porcion du peuple fu par luy commis au labour et coultivement de terres pour la nourriture et soustenance de corps humain. *Item*, estably autre porcion de gent aux œuvres mécaniques, que nous disons les mestiers ou ouvrages. Autres feit instruire és loys et estatus par luy establies, pour estre conseilliers des princes futurs et enseigneurs du simple peuple. Autres, de leur propre inclinacion, se ingéniérent à spéculer les ars, pluseurs sciences, et à enserchier des divines choses et des secretes soubz l'ordre de nature, que nous disons philozophie. Autre porcion de gens ot le prince réservée, lesquelz

◇◇◇

Et pour mieux entamer cette matière et la ramener à notre sujet, il convient d'examiner à quelle cause vinrent primitivement en ce monde seigneuries et principautés, d'après ce que nous en rapportent les écritures; ces écritures nous disent qu'aux anciens âges, dès que la race humaine commença à croître et à remplir les contrées de la terre, on vit la perversité régner partout et les hommes se faire du mal les uns aux autres par des rapines, des occisions et maints excessifs outrages, sans que regard de justice n'y mit aucun frein; alors les anciens, instruits des choses de la raison par don de nature ou par longue expérience, décidèrent que ce seroit une bonne chose, pour remédier à tous ces maux, d'établir le plus apte, le plus vertueux et le plus éclairé d'entre eux supérieur et prince; ils décidèrent qu'ils donneroient à celui-là autorité et seigneurie; qu'il seroit juge de leurs différends; qu'il rendroit à chacun justice, et que nul ne lui désobéiroit sous peine de perdre la vie.

C'est ainsi que, par le commun consentement de tous les peuples, commencèrent les pouvoirs du siècle. Dès lors chaque prince, dans sa juridiction, fit pour son peuple des établissements convenables; et, comme il est impossible qu'un seul homme, quelque habile qu'il soit, puisse tout savoir et tout connaître, le prince choisit parmi les anciens ceux qui avoient le plus d'expérience et le meilleur jugement, pour être ses conseillers.

De même, le prince, sachant bien que la capacité d'un seul homme est impuissante à voir et à connoître de tous les cas d'une grande université ou commune, établit de sages prud'hommes pour être ses commissaires et lieutenants aux faits de justice, afin de mettre entre les humains ordre de vie raisonnable, sous peine de punition. De même, une autre portion du peuple fut par lui commise au labour et à la culture des terres pour la nourriture et soutenance du corps humain; de même, le prince établit autre portion du peuple pour les œuvres mécaniques que nous appelons métiers ou ouvrages; il en fit instruire d'autres dans les lois et les statuts par lui prescrits, pour être conseillers des princes futurs et enseigneurs du simple peuple. D'autres, par un essor de leur propre goût, se livrèrent à l'étude des arts, des sciences, et à la recherche des choses divines et des choses secrètes que nous appelons philosophie. Une autre portion du peuple fut établie pour la compagnie, la garde et défense du corps du prince, du menu peuple, du clergé, des femmes, des laboureurs et du pays; ceux-là n'avoient rien autre affaire que de veiller à ladite défense; ils ne devoient point épargner leur

il establi pour la compaignie, garde et deffense de son corps, du menu peuple, du clergié, des femmes, des laboureurs et de son pays ; et ceulx ne feissent autre mestier, fors tousjours estre esveilliez et prestz à ladicte deffence, et ne debvoyent espargnier leur corps pour péril de mort contre tous leur ennemis ; ceulx, pour plus estre hardis vers leur ennemis, et pour la deffense contre coups de dars, de fondes ou d'autres bastons, seroyent abilliez et vestus de harnois fort et dur, façonné à la forme de leur corps, selons la maniere que lors trouverent pour faire armeures.

Entre ceste gent mist aussi le prince ordre et maniere de gouvernement, mené et conduit soubz pluseurs chiefz, des lieuxtenans conduiseurs des batailles et assemblées d'iceulx ; et trés adont furent instituées rigles et ordonnance d'ost mettre en forme d'eschieles, par pluseurs routes, soubz divers capitaines ; et establi, qui devoit aler devant et qui après, l'ordre et maniere d'arrengier un host en divers advis, selon l'avantage des lieux et places ou quantité de gens, comme cy aprés sera dict sus ceste matiere ; et comment, tout ainssy que le maistre donjon d'une fortrece est assis en la plus fort place du chastel, targé de fossez, portes, palis et murs, avironné de tours et bastides, ordonnerent que le prince fust en bataille, entre ses meilleurs gens, en la plus fort eschielle et la plus deffensable. Encore fu sagement regardé, redoubtant la variacion de fortune, que, tout ainssy que quant le chief est ferus le corps et les membres sont enfermez et dueilleux, que aussi la prise ou mort du prince pourroit estre la perdicion de tous les subgiez, n'estoit mie expédient que sanz trop grant neccessité, prince en propre personne alast en bataille ; et pour ce, avisa le prince à eslire un supérieur le plus esprouvé sage et expert en ordre d'armes, qui representast sa personne, eust la charge et ameniscracion de toutes les ostz et assemblées d'icelle gent deffensable, et celluy appellerent prince de la chevalerie.

Et est certain que, en celluy temps, et depuis les ans que les anciennes ystoires ont esté escrites, comme il appert és passées gestes, tous les hommes à cheval suivans les routes estoyent appellez chevaliers ; et encore ainssy aujourduy peut estre appellez, en descripcion d'armes traictiées en livres tous nobles poursuivans ycelles. En outre dit, ou primier de chevalerie, le livre du *Régime des Princes*, que chevalerie est une espece de sens et avis de surmonter les ennemis et empéchans du bien commun : et tout ainssy que l'omme a deux vertus de l'ame ; l'une, par qui il ensuit son propre délit ; l'autre, par laquelle il résiste par vertu à ce que sa propre voulenté l'encline ; ainssi est necessaire à réaumes et citez deux vertus ; l'une est les lois pour la chose publique tenir en ordre de droit ; l'autre est chevalerie, pour garder et def-

◇◇◇

corps pour péril de mort contre tous les ennemis ; ceux-là, pour être plus hardis contre l'ennemi et pour être à l'abri des dards, des frondes ou d'autres coups, devoient être habillés et vêtus de harnois fort et dur, façonné à la forme de leur corps, selon la manière trouvée alors pour faire des armures.

Le prince établit pour toute cette gent un ordre et une manière de gouvernement ; plusieurs chefs furent nommés ; il y eut des lieutenants pour être conduiseurs des batailles et assemblées. Des règles et un ordre hiérarchique furent institués pour l'armée ; on établit qui devoit aller devant et qui après, l'ordre et manière de partager une armée, de la diviser et de la placer selon l'avantage des lieux et places ou selon la quantité de gens, comme ci-après sera dit sur cette matière ; on établit que, de même que le maître donjon d'une forteresse est assis en la plus forte place du châtel, défendu par les fossés, les portes, les palis et murs, environné de tours et bastions, de même dans un combat le prince seroit entouré des meilleurs guerriers et occuperoit le point le plus fort et le plus défendable. On songea aussi, eu égard aux variations de la fortune, que de même que, quand la tête est frappée, le reste du corps et les membres souffrent et sont en péril, de même la prise ou la mort d'un prince pouvant être la perdition de tout son peuple, il n'étoit pas bon que, sans trop grande nécessité, le prince allât aux combats en personne ; c'est pourquoi le prince élut un chef, parmi les hommes les plus sages et les plus experts en armes, pour le représenter dans les batailles ; ce prince avoit la charge et l'administration de toutes les armées et troupes, et portoit le nom de prince de la chevalerie.

Il est certain qu'en ce temps-là et depuis l'époque où ont été écrits les anciennes histoires, comme cela se voit par les gestes des siècles passés, tous les hommes à cheval étoient appelés chevaliers ; et aujourd'hui encore ils peuvent être ainsi appelés dans les nobles livres consacrés à la description des armes. En outre, le livre du *Régime des princes*, au premier chapitre de chevalerie, dit que chevalerie est une espèce de sens et avis de surmonter les ennemis et ceux qui empêchent le bien public ; et tout ainsi que l'homme a deux dispositions dans l'âme, l'une qui le porte à suivre plaisir, l'autre par laquelle

fendre le prince et contrée et le bien commun. Nonobstant que Romulus qui fonda Romme, comme il establit pluseurs nobles ordonnances, fist eslire entre mille de ses gens d'armes, un le meilleur; et tous ceulx qui furent ainssi esleus et trouvez les meilleurs entre mille, il leur donna l'ordre que nous disons de chevalerie et les appella *Milites*, qui est à entendre les meilleurs d'un millier; et ceulx qui ainssi peuent estre esleuz et esprouvez bons au jour d'uy, selon l'ordre de Romulus, doyvent mieulx estre nommez *Millites* que chevaliers, dont, par la note de ceste sentence, bien devroyent à présent estre esleus ceulx à qui on concéde celluy dit ordre trouvé par si grant eslection et espreuve.

Chap. III : *Ci dit quatre graces necessaires à chevalerie, que ot le roy Charles.*

Si avons donques, comment, selon l'oppinion d'aucuns aucteurs, vindrent seigneuries et aussi chevalerie primierement, et quel chose est celluy ordre, et pourquoy il fu estably, et comment il fu trés noblement et à juste cause institué, et soit de digne réputacion; nous convient regarder quelz choses y conviennent, de quoy il doit servir, à quelz comparaisons se peut assimiler; et, quant aux choses qui luy conviennent, toutes les sérimonies d'icelluy dit ordre bien scrupulées, en conclusion me semble que, entre les choses expédientes, quatre ensemble en y a neccessaires; car, sans ycelles n'apercoy et ne pourroit estre le degré et titre de chevalerie honoré, nullement acquis ne acreu par quelconque voye, c'est assavoir bonne fortune, senz, diligence et force; et là où l'une de ces quatre fauldroit, la vertu des autres remaindroit, comme toute amortie.

Et qui ce veult à droit noter, peut comprendre que, sanz l'assemblée de ces quatre, onques, en quelconque empire, régne, ou homme singulier, ne fu eslevé le hault nom de trés louée proéce ; si soit avisé de nous, se trouver se pourra aucun chevalier digne, selon le dégré de vertu, estre appellé *Millite*, à l'interprétacion devant dicte ; et vrayment, tout soyent-ilz, ou temps d'ore, pou communs, j'en appercoy, entre les autres, un, en son temps, digne d'estre nommé vray *Millite*, nonobstant les contrediseurs, qui jugent, non mie selon les effects des choses, mais au regart du repos des membres, et ce est le sage roy Charles, dont nous traictons; duquel est certain que, comme introduit par l'aministracion de raison et grant prudence en toutes choses, sanz faille fu conduit

◇◇◇

il résiste à son propre penchant, ainsi deux puissances sont nécessaires dans les royaumes et les cités : la première, ce sont des lois pour le maintien de l'ordre public; la seconde, c'est la chevalerie pour garder et défendre le prince, le pays et le bien commun. Romulus qui fonda Rome, auteur de plusieurs nobles ordonnances, entre mille de ses gens d'armes en fit élire un qui étoit le meilleur; et tous ceux qui furent ainsi élus et trouvés les meilleurs entre mille, reçurent de Romulus l'ordre que nous appelons de chevalerie et furent nommés *milites*, qui veut dire les meilleurs d'un millier; ainsi aujourd'hui ceux qui peuvent être élus et trouvés bon, selon l'ordre de Romulus, seroient mieux appelés *millites* que chevaliers; c'est par ce nom que devroient être distingués à présent ceux à qui on accorde cet ordre, prix d'une grande élection et d'une grande épreuve.

Chap. III, *où il est parlé de quatre grâces nécessaires à chevalerie, que posséda le roi Charles.*

Nous avons vu comment, selon l'opinion de plusieurs auteurs, commencèrent seigneuries et aussi chevalerie; nous avons vu ce que c'est que cet ordre de chevalerie, pourquoi il fut établi, comment il fut institué très-noblement et à juste cause, et comme il est de digne renommée : il nous faut maintenant examiner quelles sont les choses qui lui conviennent, de quoi il doit servir, à quoi on peut le comparer. Quant aux choses qui lui conviennent, après un scrupuleux examen des cérémonies de cet ordre, il me semble que quatre choses surtout sont nécessaires à chevalerie, car sans elles le degré et titre de chevalerie ne pourroit être honoré ni acquis ni agrandi : ces quatre choses sont la bonne fortune, le jugement, la diligence et la force; si l'une de ces quatre venoit à faillir, les trois autres resteroient comme nulles et sans effet.

Celui qui voudra y réfléchir, comprendra que, sans la réunion de ces quatre qualités, jamais dans aucun empire, dans aucun royaume ou dans aucun individu, haute renommée de prouesse ne fut accomplie; sans elles, il ne se pourra trouver aucun chevalier digne d'être appelé *millite*, dans le sens que nous avons donné ci-dessus à ce mot. Quelque peu communs que soient aujourd'hui les dignes chevaliers, j'en connois un qui mérite d'être appelé vrai *millite*, nonobstant les contrediseurs qui jugent non mie selon les effets des choses, mais au regard du repos des membres; et celui là est le sage roi Charles dont nous traitons. On peut dire de lui, avec certitude, que, guidé en toutes choses par la raison

par ces quatre susdictes vertus et meurs en tous les fais géneraulx et particuliers de ses guerres; et ce nous tesmoigne et fait certains la vraye expérience, que nous sçavons clerement par la fin de ses glorieuses conquestes, desquels fu principal capitaine sens, avec l'ayde de Dieu qui donne bonne fortune, diligence et force de soustenir les diversitez comprises en telles bellacions ou batailles; et qu'il soit ainssi apperra cy-aprés, par la déclaracion des fais du descombrement de son royaume, lequel estoit par ses ennemis comme tout entrepris, avironné et pourpris.

Chap. IV : *Ci dit, quel similitude peut estre bailliée à chevalerie.*

Encore nous convient dire, à quelz comparaisons peut adjoindre cestui ordre de chevalerie et de quoy il doit servir, que signefie son nom; dont, par naturelle similitude, me semble, se peut comprendre si comme un liam, ou une chayenne forte et de dure assemblée par ordre de pluseurs aneaulx joins et entretenans ensemble; car, si comme chayennes sont communement faictes pour la deffense et soustenail de ce que on vueult qu'elles soutiennent ou environnent, doit estre ordre de chevalerie, en un chascun à par soy, de sa puissance, et en pluseurs ensemble, comme une chayenne dure,

serree et entretenant, pour le soustenail et deffense de la commune utilité.

Car, en un chevalier seul doit avoir comme une chayenne de pluseurs aneaulx; c'est que pluseurs consideracions le doivent tenir fort et ferme, et faire en luy une chayenne de forte durée, c'est assavoir, honneur qu'il acquiert en faisant son debvoir, mémoire aprés luy de ses bienfais, gueredon et loz des princes, Dieu a amy pour la deffence de son peuple. Et ces choses doivent faire un chascun chevalier, à la semblance de la chayenne, fort et affermé, si que estre ne puist roupt par auculne paour ou couardise.

Ordre de chevalerie, de pluseurs ensemble, doit autresi estre comme la chayenne de pluseurs anneaulx, fort à despecier et de longue durée; c'est que, és batailles arrengiées et aux assemblées, doivent estre ensemble comme une chayenne dure, serrée et entretenant, résistant à la force des adversaires et ennemis. Pourquoy ordre est appellez, n'est mie à entendre que ce soit un nom simplement dirivé des sérimonies que on fait, lorsque l'omme est institué chevalier; ains, vient ce nom, d'ordonnance, qui doit estre en celluy office, et aussi bien en tous ceulx qui suivent les armes, comme en ceulx qui sont fais chevaliers; car, comme j'ay dit devant, en conte d'armes, tous ceuls sont chevaliers qui hantent chevalerie, et

---

et la prudence, il ne fut jamais abandonné par ces quatre vertus dans tous les faits généraux et particuliers de ses guerres; cela nous est prouvé par l'expérience elle-même, et par les glorieuses conquêtes qui furent faites : dans ces guerres, le principal capitaine fut Jugement, qui, avec l'aide de Dieu, donne bonne fortune, diligence et courage de supporter tout ce que peuvent amener les batailles; la vérité de ceci se trouvera démontrée par le simple récit du rétablissement de son royaume que l'ennemi avoit attaqué, entouré et envahi.

Chap. iv, *où l'on dit quelle ressemblance peut être donnée à chevalerie.*

Il nous faut dire encore à quoi peut ressembler cet ordre de chevalerie, de quoi il doit servir, ce que signifie son nom; il me semble pouvoir comparer naturellement la chevalerie à un lien ou à une forte chaîne formée de plusieurs anneaux joints ensemble; les chaînes sont ordinairement faites pour la défense et le soutien de ce qu'on veut qu'elles soutiennent ou environnent : ainsi la chevalerie, grâce à l'effort de chacun de ceux qui la composent, doit être comme une

chaîne dure et serrée pour le soutien et la défense de la commune utilité.

Un chevalier doit à lui seul représenter une chaîne formée de plusieurs anneaux; par plus d'une considération, il doit se tenir fort et ferme, et être lui-même une chaîne de forte durée; ces considérations sont l'honneur qu'il acquiert en faisant son devoir, le souvenir qui reste après lui de ses bonnes et belles actions, la récompense et la louange qu'il reçoit des princes, Dieu dont il devient l'ami à cause de la défense de son peuple. C'est là ce que doit faire chaque chevalier à la ressemblance de la chaîne, si fort et si ferme qu'il ne puisse être brisé par aucune peur ni couardise.

L'ordre de chevalerie, composé de plusieurs hommes unis entre eux, doit être aussi comme la chaîne formée de plusieurs anneaux, forts et de longue durée; dans les batailles rangées et aux assemblées, les chevaliers doivent être ensemble comme une chaîne dure et serrée, résistant à la force des adversaires et ennemis. L'ordre de chevalerie est ainsi appelé, non point comme une simple dérivation des cérémonies en usage lorsque l'homme est institué chevalier; mais ce nom vient de l'ordonnance qui doit régner dans cet office, parmi tous ceux qui suivent les armes,

chevalereux sont appellez tous les vaillans en cel office; et il n'est chose plus necessaire à avoir ordre, qu'il est en l'exercite et fait d'armes; car, là où ordre n'y est gardée, c'est une chose desroupte, confuse et gaste; et c'est chose manifeste, si comme on voit les batailles où ordre est roupt, en peu d'eure, desconfites et vaincues : et sanz faille, d'icelle cause vint le non que on dit Ordre de chevalerie. De quoy « il » doit servir, dit Vegece, en son livre, « que » son office est garder et deffendre le prince, » le clergié, les femmes, le commun, » si comme devant ay récité.

Mais, pour ce que, à tel charge avoir, y convient employer si chier chatel, comme la vie, le sang, les membres et l'avoir; en rétribucion de leur sang, leur fu establi honneur et révérance en toutes places; pour reconfort et récréation du corps travaillié et piercé, leur fu ordené gage de deniers et pansions convenables, prises és trésors et revenues des citez ou royaumes, ou du commun peuple; en regart des mésaises, durs gistes, fain, froit, et mains meschiefz és longs siéges, aux champs dehors, et aux périlz des assaulz et des batailles, les riches aornemens orfroisiez et reluisans d'or et de pierres précieuses leur furent establis, comme chose à eulx deue et pertinent.

◇◇◇

comme parmi ceux qui sont faits chevaliers; car, comme je l'ai déjà dit à propos des armes, tous ceux qui hantent chevalerie sont chevaliers, et tous les vaillants de cet office sont appelés chevalereux. L'ordre n'est nulle part aussi nécessaire que dans les armes; du moment où l'ordre n'y est point observé, viennent la déroute, la confusion et la ruine. Les armées en bataille où l'ordre est rompu sont en peu d'heures déconfites et vaincues; voilà pour quelle cause on dit : Ordre de chevalerie. « Il doit servir, dit Végèce * en » son livre, à garder et à défendre le prince, le » clergé, les femmes, le commun, » comme je l'ai déjà dit.

Mais comme pour une pareille charge, il faut livrer ce qu'on a de plus cher, la vie, le sang, les membres et son bien, on donne aux chevaliers, en rétribution de leur sang, honneur et révérence en toutes places; pour le reconfort et la récréation de leurs corps travaillés et percés, il leur est donné gage de deniers et pensions convenables prises dans les trésors et les revenus des cités ou royaumes ou du commun peuple; en considération des mésaises, des durs gîtes, de la faim, du froid et de maints meschiefs aux longs siéges, aux champs, aux assauts et aux batailles,

CHAP. V : *Cy dit preuves comment le roy Charles pot estre dit vray chevalereux.*

Dès ore est temps de retourner à l'estat de nostre matiere, par si que, en tenant de promesse verité, soit expliqué en réale forme, comment nostre sage roy Charles, nonobstant que sa personne apparust, le plus du temps, estre à requoy en ses riches palais, fu droit chevaleureux par la maniere que a vray prince est apertenant, et entierement en luy furent les quatre graces susdictes qui à fornir droicte chevalerie conviennent.

Dont, pour traire à fin la forme de noz preuves, convient revenir au temps de son couronnement, duquel procés me semble, parce que je treuve és vrayes croniques de son temps, que dés lors fortune au double visage volt commencier à démonstrer et faire luy le ray du souleil de sa riant et belle face, lequel par longtemps avoit esté en ce royaume couvert de trés nubileuses et infortunées nuées. Car il est escript que quant Charles, ainsné filz du roy Jehan de France, se fu parti de Paris pour aler à Rains estre sacré à roy de France, adont s'assemblerent jusques à trois mille hommes d'armes, ses ennemis fors et puissans, desquelz je tais les

◇◇◇

il leur est donné de riches ornements brodés et reluisants d'or et de pierres précieuses, comme chose à eux due et appartenant.

CHAP. V, *où l'on prouve comment le roi Charles peut être appelé vrai chevalereux.*

Maintenant il est temps de retourner à notre matière ; tenons notre promesse et expliquons en bonne forme comment notre sage roi Charles, quoiqu'il n'ait guères quitté ses riches palais, se montra chevalereux comme il appartient à un prince, et comment sa personne réunit les quatre grâces susdites qui conviennent pour fournir droite chevalerie.

Pour tirer à fin la forme de nos preuves, il faut revenir au temps de son couronnement ; dès lors, je le trouve dans les vraies chroniques de son temps ; la fortune au double visage voulut commencer à montrer et à faire luire le rayon du soleil de sa riante et belle face, lequel soleil avoit été pendant long-temps, en ce royaume, couvert de très-nubileux et infortunés nuages. Car il est écrit qu'à l'époque où Charles, fils aîné du roi Jean de France, partit de Paris pour aller se faire sacrer à Reims, il s'assembla jusqu'à trois

---

* Végèce vivait à la fin du IVᵉ siècle ; l'ouvrage qui a fait sa renommée traite de l'art militaire ; il a pour titre : *De re militari libri quinque*. Il existe plusieurs traductions de cet ouvrage.

noms des capitaines et de leur nacions, m'en raportant auxdictes croniques, qui là le vouldra sçavoir, et se partirent tenant leur chemin vers Vernon, où cuidoyent passer Saine pour aler empéchier et rompre le couronnement dudit Charles; mais, comme Françoiz fussent de ce avisez, s'assemblerent hastivement le conte d'Ausseure, Loys, son frere derrenier, mort connestable de France, le bon breton Bertram du Clequin, et mains autres vaillans et bons chevaliers à souffisant compaignie de gens d'armes; au devant leur furent; si qu'ilz assemblerent à bataille delez le Mont, qu'on dit Cocherel, en laquelle ot moult fiere meslée de la quantité de gent et moult d'occiz, comme coustume est de telz jeux, de toutes les deux pars; mais en la fin, Dieux en donna aux Françoiz la victoire, et furent les ennemis auques tous mors et pris. Et nostre Roy joyeusement s'en vint du sacre à Paris, où à grant solemnité, comme raison estoit, fu receus, et le bon Roy non ingrat, en tenant la voye des chevalereux princes, et donnant exemple aux chevaliers d'estre bons, en rémuneracion des bienfaiz que ot fait en ceste dicte bataille, et autrefois, Bertram Du Clequin, luy donna la conté de Longueville.

Et souffise en ce pas, quant à l'une de noz

◇◇◇

mille hommes d'armes, ses ennemis forts et puissants (. je tairai les noms de leurs capitaines et de leurs nations; je renverrai auxdites chroniques qui voudra le savoir); cette troupe s'avança du côté de Vernon où elle espéroit passer la Seine pour aller empêcher et rompre le couronnement dudit Charles; mais les François ayant été informés de cela, il se forma aussitôt une compagnie de gens d'armes, composée du comte d'Auxerre, de Louis, son dernier frère, mort connétable de France, du bon Breton Bertrand Du Guesclin et de maints autres vaillants et bons chevaliers : cette compagnie alla au-devant de l'ennemi et lui présenta la bataille à Cocherel [*], en laquelle bataille il y eut moult fière mêlée de la quantité de gent et moult d'occis des deux côtés, comme il arrive à de tels jeux; mais à la fin Dieu donna la victoire aux François, et les ennemis furent presque tous morts ou pris. Et notre roi s'en vint joyeusement du sacre à Paris où il fut reçu, comme c'étoit juste, avec grande solennité, et le bon roi se montra reconnaissant envers les chevereux princes et encouragea les chevaliers à être bons : il donna à Bertrand Du Guesclin le comté de Longueville pour le récompenser de ce

[*] On a pu voir des détails sur la bataille de Cocherel dans les Mémoires sur Du Guesclin, qui font partie du premier volume de notre Collection.

preuves de bonne fortune convenable à bon chevalier.

Chap. VI : *Ci dit, comment le roy Charles avisa, pour bon sens, d'en faire aler les* GRANS COMPAIGNES, *de France.*

Or, comme assez ay dit devant, le sage roy Charles, aprés son couronnement, en jeune aage averti par l'administration de raison de ce qui estoit convenable à faire à bon chevalereux prince, selon l'ordre de son estre, auquel, comme droit pasteur apertient à garder ses ouailles, s'est son peuple et ses subgiez, ouvry les yeulx de son entendement, regarda son peuple et royaume batu et désolé de longue et greveuse guerre, et encore chascun jour mengié et dévouré par grandes et excessives compaignies esparses en divers lieux en son royaume; meu de grant pitié, moult voulsist aviser comment, sans sang humain espendre, lequel, selon la saincte loy, on doit espargnier, ce baston et flayel peust estre osté de son royaume.

Si vint lors, comme il plot à Dieu, nouvelles que le roy d'Espaigne nommé Pietre, lequel avoit espousé la serour de la royne Jehanne de Bourbon, femme du roy Charles, avoit fait

◇◇◇

qu'il avoit fait dans cette bataille, et de ce qu'il avoit déjà fait ailleurs. Ce trait peut prouver que le roi Charles eut bonne fortune convenable à bon chevalier.

Chap. VI, *où il est dit comment le roi Charles avisa, par bon sens, de faire aller de France les Grandes Compagnies.*

Or, comme je l'ai déjà dit, le sage roi Charles, après son couronnement, jeune encore, averti par sa raison de ce que bon chevalereux prince devoit faire, et sachant qu'il appartient au prince de garder son peuple et ses sujets comme au pasteur de garder ses ouailles, ouvrit les yeux de son entendement, et vit son peuple et son royaume battus et désolés par une longue et onéreuse guerre, et de plus chaque jour mangés et dévorés par grandes et excessives compagnies éparses en divers lieux de son royaume; ému de compassion, il voulut aviser comment, sans répandre le sang humain, lequel on doit épargner selon la sainte loi, il pourroit délivrer son royaume de ce lourd fléau.

Nouvelle vint alors, comme il plut à Dieu, que le roi d'Espagne, nommé Pierre, qui avoit épousé la sœur de la reine Jeanne de Bourbon, femme du roi Charles, avoit fait mourir sa propre femme; on apprit aussi que mauvais et pervers chrétien,

mourir sa femme, et comme maulvaiz et pervers Crestien, maintenoit une Sarrazine, par lesquelles males façons, un frere bastart nommé Henry, que celluy roy Pietre avoit, à l'ayde de partie du pays, qui pour ses desmérites le héoyent, lui faisoit la guerre. Adont, le pourveu roy Charles à juste cause ordonna que son mareschal nommé Hernoul d'Endrehen, Bertram Du Clequin et autres chevetains, conduississent et menassent toute celle gent de compaigne en Espaigne, faire guerre au roy Pietre; ainssi fu fait. Parquoy, en la fin, nonobstant que, après ce que par l'ayde de celle gent françoise qui orent tant fait que le frere bastart fu couronné à roy d'Espaigne, et chacié Pietre ; lequel Pietre s'enfuit et ala requérir ayde au roy d'Angleterre, auquel ayde ala en personne l'aisné filz dudit roy Edouart, dit le prince de Gales, avec grant foison d'Anglois, par lequel ayde fu remis Pietre en son royaume et Françoiz desconfis et Bertram de Clequin, et plusieurs François pris. Et après ces choses, environ l'espace de trois ans, Bertram De Clequin, par rençon délivré, rala Henry en Espaigne avec luy Bertram et foison de Françoiz, et aydié dudit pays d'Espaigne, fu remis comme roy ou royaume, et conquis tout le pays; le roy Pietre pris par son frere, le chief tranchié; et ainssi demoura

Henry, Roy, paisiblement : et ce serve pour partie de preuve, le roy Charles estre comme prince chevalereux, vray sage, deffendeur et gardeur de son peuple.

CHAP. VII : *Ci dit comment, pour le sens et bel gouvernement du roy Charles, aucuns barons se vindrent rendre à luy.*

Comme il soit voir que bonté, sagece et bel gouvernement soyent souventefoiz cause de actraire bonne fortune, et que oudit sage Roy fussent reluisans ycestes vertus, appert par ce, que par luy continue jà l'espace de trois ans, depuis son couronnement, vie belle ordonnée et honorable en toutes choses, parquoy le renom porté de ses vertus en la présence de pluseurs princes et terres estranges comme de prince solemnel en toutes graces, se vindrent manifestement et de fait rendre et donner à luy pluseurs barons devant esté ses ennemis et adversaire. Si comme un baron de Gascongne, sire d'Alebreth, qui sa terre tenoit du roy d'Angleterre, assise en la duchié de Guienne, anglesche pour le temps; le Roy, par le conseil de ses sages, sanz lequel ne faisoit aulcune chose, le receut trés honnorablement, et, le

───

il maintenoit une Sarrasine; pour ces males façons, un frère bàtard, nommé Henri, que ce roi Pierre avoit, lui faisoit la guerre, aidé par une partie du pays qui haïssoit Pierre. Le roi Charles ordonna alors que son maréchal Hernoul d'Endrehen, Bertrand Du Guesclin et autres chefs, conduississent et menassent toute cette gent de Compagnie en Espagne, pour faire la guerre au roi Pierre; ainsi fut fait*. A l'aide de cette gent françoise, le frère bàtard fut couronné roi d'Espagne et Pierre chassé : ce Pierre s'enfuit et alla chercher des secours auprès du roi d'Angleterre; le fils ainé dudit Edouard, lequel fils étoit appelé prince de Galles, alla à son secours en personne avec une grande foison d'Anglois. Par lequel aide Pierre fut remis en son royaume, et les François et Bertrand Du Guesclin déconfits, et plusieurs François pris. Et après ces choses, environ l'espace de trois ans, Bertrand Du Guesclin, délivré par rançon, retourna en Espagne avec foison de François ; et avec l'aide des François et l'aide dudit pays d'Espagne, Henri fut remis comme roi du royaume et conquit tout le

pays. Le roi Pierre, pris par son frère, eut la tête tranchée**; ainsi Henri resta roi paisiblement. Et ceci doit servir à prouver que le roi Charles fut prince chevalereux, vrai sage, défendeur et gardeur de son peuple.

CHAP. VII, *où il est dit comment, pour le sens et beau gouvernement du roi Charles, plusieurs barons vinrent se rendre à lui.*

Comme il est vrai que bonté, sagesse et beau gouvernement amènent souvent bonne fortune, et comme ces vertus reluisoient dans ledit sage roi, sa vie étant belle et honorable en toutes choses pendant les trois ans qui suivirent son couronnement, et la renommée du roi Charles s'étant répandue parmi les princes et dans les terres étrangères, il y eut des barons, auparavant ses ennemis, qui vinrent se rendre et se donner à lui. Nous citerons un baron de Gascogne, le sire d'Albret, qui tenoit sa terre du roi d'Angleterre, laquelle terre étoit assise dans le duché de Guienne alors anglois : le roi, par le

───

* Christine attribue au roi Charles la gloire d'avoir délivré la France des grandes compagnies, en les envoyant en Espagne faire la guerre au roi Pierre. L'idée de faire partir les grandes compagnies vint sans doute de la sagesse de Charles V, mais l'exécution de cette idée était fort difficile, et ce fut Du Guesclin qui en vint à bout. Voyez, pour cette partie-là, les *Mémoires sur Du Guesclin* dans notre premier volume.
** Pour ces guerres d'Espagne, il faut lire les *Mémoires sur Du Guesclin*.

voyant honnouré et puissant seigneur, luy donna par mariage la seur de la royne de France, sa femme, duquel mariage est né Charles d'Alebreth, à présent connestable de France, et Loys, son frere. *Item*, pareillement se vindrent rendre le compte d'Armegnac, le comte de L'Isle, et mains autres barons de Gascongne, lesquelz le Roy receupt à trés grant honneur, et si amour les tint que tousdiz puis furent ses vrais subgiez, amis et serviteurs.

Chap. VIII : *Ci dit, comment le roy Charles envoya deffier le roy d'Angleterre.*

Le sage roy Charles, comme averti et circonspect de toutes choses faire et eslire en la meilleur et plus convenable partie, advisast et eust regart comment c'est honteux vitupere à prince descroissement de chevalerie et loz, laissier ses drois, fiez, juridicions, terres et signouries, et choses à luy appertenans és mains de ses adversaires, ou par faulte de deffense les souffrir tollir et soustraire contre la forme de bon pastour, lequel doit estre, comme dit est, deffendeur et garde de ses subgiez, ot regart sus le traictié de la paix, lequel avoit esté fait en maniere de contrainte, pour le temps de trop griefve fortune, et pour obvier à plus grant inconvénient, lorsque son pere, le roy Jehan estoit prisonnier en Angleterre; laquelle dicte paix ne luy estoit mie bien honorable, ains moult au descroiscement et préjudice de son royaume, seigneurie et poissance.

Comme en celle dicte paix eust contenu, que le roy d'Angleterre tendroit et auroit toute la duchié de Guienne, où sont appendens douze contez; tendroit la Rochelle et la cité de Poitiers, la conté de Pontieu, celle de Guines, et ycestes terres, lesquelles sont des fiez anciens de la couronne de France, tendroit le roy d'Angleterre, purement et quietement, sanz en faire hommage et redevance quelconques, comme terre conquise à l'espée : ycestes choses avisées du roy Charles informez justement que convenances ou promesses, faictes ou préjudice de l'utilité publique, et mesmement par contrainte, ne doivent estre tenues, assembla son conseil, où bien fu sus ces choses regardé et discuté, et enfin conclus, que le roy de France avoit bonne et juste cause de recommencier la guerre. Et, pour ce, le roy Charles, par le conseil des nobles, clercs et bourgoiz, renvoya deffier le roy Edouart d'Angleterre, mesmement que les Angloiz avoient routes certaines convenances que tenir devoyent.

⸻ ◇◇◇ ⸻

conseil de ses sages sans lesquels il ne faisoit rien, le reçut très-honorablement, et le voyant honoré et puissant seigneur, lui donna en mariage la sœur de la reine de France, sa femme; de ce mariage sont nés Charles d'Albret, maintenant connétable de France, et Louis, son frère; de même, pareillement se rendirent au roi Charles, le comte d'Armagnac, le comte de l'Isle et maints autres barons de Gascogne que le roi reçut avec grand honneur : il les aima de telle manière qu'ils furent toujours ses vrais sujets, amis et serviteurs.

Chap. viii, *où il est dit comment le roi Charles envoya défier le roi d'Angleterre.*

Le roi Charles, attentif et jaloux de faire toute chose de la manière la plus convenable, songea à tout ce qu'il y auroit de honteux et de blâmable pour un prince d'abandonner ses droits, fiefs, juridictions, terres et seigneuries, et choses à lui appartenant, aux mains de ses ennemis, ou de souffrir qu'on les ravît contre le devoir du bon pasteur, lequel doit être défendeur et garde de ses sujets; il réfléchit à ce traité de paix [*] qui avoit été imposé par la violence, dans un temps de malheur et dans la vue de prévenir de plus grands maux, à l'époque où le roi Jean, son père, étoit prisonnier en Angleterre; cette paix ne lui étoit mie bien honorable; mais, au contraire, elle étoit nuisible et préjudiciable à son royaume, seigneurie et puissance.

Comme dans ce traité de paix il étoit arrêté que le roi d'Angleterre posséderoit tout le duché de Guienne d'où dépendent douze comtés; qu'il posséderoit la Rochelle et la cité de Poitiers, le comté de Ponthieu et celui de Guines, et qu'il tiendroit toutes ces terres, anciens fiefs de la couronne de France, purement et sans redevance, sans en faire hommage quelconque comme si ce fût terre conquise par l'épée; le roi Charles, considérant toutes ces choses et considérant aussi que conventions ou promesses, faites par contrainte ou au préjudice de l'utilité publique, ne devoient pas être remplies, assembla son conseil où ces questions furent à fond discutées, et à la fin décida que le roi de France avoit bonne et juste raison de recommencer la guerre. C'est pourquoi le roi Charles, par le conseil des nobles, clercs et bourgeois, envoya défier le roi Edouard d'Angleterre, par la raison que les Anglois avoient rompu certaines conventions qu'ils devoient tenir.

[*] Le traité de Brétigny.

Chap. IX : *Comment le roy Charles se pourvey sus le fait de la guerre, et des conquestes que tantost il fist.*

Le roy Charles qui ot fait deffier le roy d'Angleterre, tantost comme sages chevalereux prince se garny de bonnes gens d'armes, atray à soy vaillans capitaines dont finer pot, estranges et privez, donna de beaulx dons, les receut joyeusement et moult honnoura; fist pourvéance de riches armeures, beaulx destriers amenre d'Alemaigne, de Pulle, courciers, haubergons et azarans camailz (1) forgier à Millan à grant foison apportés par deça, par l'affinité messer Barnabo, lors seigneur dudit lieu; à Paris, faire toutes pièces de harnois : et de tout ce donna largement aux compaignons d'armes, aux riches gentilzhommes les choses belles et jolies, aux povres les prouffitables et fortes; et pourvey d'artillerie, et bons arbalestriers fist assez venir de Genes et d'autre part : et ainssi de tous estoremens de guerre se pourvey et bien et bel fist de tout ce et de bonne gent garnir les chasteaulx et fortresses vers les frontieres de son royaume si convenablement, et de tous vivres à long-temps que riens n'y failloit. Et, comme tout dire et narrer seroit longue chose, qui mieux y fist, qui fu capitaine, qui y ala, et par qui ce vint, a tout dire en brief, tant sagement et prudemment y pourvey nostre sage Roy, que tost après la deffiaille susdicte, par grace de Dieu, sens, diligence, bonne fortune, et force pristdrent les gens qu'il y ot commis, la ville et le chastel du Crotoy; avec ce, se rendy au Roy la ville d'Abeville et de Rue; et après, fu pris le chastel de Noyelle; et ainssy, en assez peu de temps, conquesta toute la conté de Pontieu.

Pareillement, en pluseurs pars du royaume de France, envoya le Roy, gens d'armes en bel et bon estorement conduis par vaillans capitaines; mais luy, comme vray pastour humain et doulx, piteux de la perte de ses gens, ordonna les fortreces, ou tel résistences trouveroyent que trop convensist perdre de bonnes gens ains que par assault on les eust, fussent raimtes par traictiez et pacts, c'est assavoir saulve les vies de ceulx dedens ou à aucune quantité de deniers, mais qu'ilz laissassent la place; car trop mieulx ainssi le vouloient que ce qu'il convenist ainçoiz moult de sang y espandre. Et ainssi par telz traictiez furent aulcunes fortresses rendues en la duchié de Guienne, et pluseurs autres prises par force d'assault et par bataille, où ot mainte forte escarmouche, maint tour d'armes,

⋄⋄⋄

Chap. ix : *Comment le roi Charles se prépara à la guerre, et des conquêtes que bientôt il fit.*

Après que le roi Charles eut fait défier le roi d'Angleterre, en sage chevalereux prince il s'entoura de bonnes gens d'armes, appela à lui les vaillants capitaines qu'il pût trouver parmi ses sujets et parmi les étrangers, les reçut joyeusement et les combla d'honneurs. Il fit provision de riches armures, fit venir beaux destriers d'Allemagne et de la Pouille, fit apporter à grand foison des cottes de mailles et des camails d'acier forgés à Milan, par l'entremise de messire Barnabo, seigneur dudit lieu; il fit faire à Paris toutes pièces de harnois; et tout cela fut largement partagé entre les compagnons d'armes; le roi donna aux riches gentilshommes les choses belles et jolies, aux pauvres les choses utiles et fortes; il se pourvut d'instruments de guerre et fit venir de Gênes et d'autre part bons arbalêtriers : c'est ainsi qu'il se pourvut de toutes sortes d'équipements de guerre; il garnit de tout ce et de bonne gent les châteaux et forteresses situés aux frontières de son royaume et les approvisionna de vivres, si bien que rien n'y manquoit. Comme ce seroit longue chose de tout dire et narrer, de raconter qui se distingua le mieux, qui fut chef, qui marcha au combat, qui décida de l'affaire, disons brièvement qu'après son défi, notre roi Charles agit si bien que, par la grâce de Dieu, par sens, diligence, bonne fortune et force, les gens qu'il avoit envoyés prirent la ville et le château de Crotoy; de plus, les villes d'Abbeville et de Rue se rendirent au roi, puis le château de Noyelle fut pris; et c'est ainsi qu'en peu de temps notre roi conquit tout le comté de Ponthieu.

Pareillement, le roi envoya dans différentes parties du royaume de France gens d'armes en bel et bon équipement, conduits par de vaillants capitaines; mais lui, comme un vrai pasteur humain et doux, piteux de la perte de ses gens, ordonna qu'on prît, par capitulations, les forteresses dont la résistance exigeroit de longs assauts et le sacrifice de beaucoup de braves; les conditions de ces capitulations seroient la vie sauve de ceux de la forteresse, le paiement d'une somme d'argent; il aimoit mieux cela que de faire répandre beaucoup de sang. C'est par des traités semblables que se rendirent plusieurs forteresses du duché de Guienne; plusieurs autres furent prises d'assaut et par des batailles où il y eut mainte escarmouche, maint tour d'armes, mainte fuite et mainte poursuite. Et que ceci, comme ce qui nous reste à dire, soit considéré comme une preuve que notre roi étoit prince chevalereux, sage gouverneur, bien fortuné, diligent, gardant

---

(1) Le mot camail (capuchon de maille), vient du *capmail* des troubadours. Voyez le *Lexique*, roman de M. Raynouard, au verbe *cap*.

mainte fuite et mainte suite, que je trespasse ainçois que prises fussent. Et soyent notées noz preuves, avecques celles à venir, nostre Roy estre prince chevalereux, sage gouverneur, bien fortuné, diligent, fort tenant comme la chayenne bonne garde et deffense de l'utilité de sa commune.

CHAP. X : *Comment le Roy, par son sens, moult conquestoit en ses guerres, nonobstant n'y alast; et la cause pourquoy n'y aloit.*

Mes, pour ce que aucunes gens pourroyent contredire à mes preuves de la chevalerie de cestui roy Charles, disant que, recréandise ou couardie luy tolloit, que luy en propre personne n'aloit comme bon chevalereux aux armes et faiz des batailles et assaulx, ainssi que firent son ayol, le roy Phelipe, et son pere, le roy Jehan, et ses autres prédécesseurs; parquoy donques ne povoit avoir en luy si grant tiltre de chevalerie, comme je luy vueil imposer et ajoindre : à ceulx convient que je responde vérité manifeste et pure au sceu de toutes gens.

Que, par recréandise, n'alast en personne aux armes de ses guerres, n'est mie; car, ou temps qu'il estoit duc de Normandie, ains son couronnement, avec son pere, le roy Jehan, maintes foiz y ala, et aussi, luy seul chevetaine de grans routes de gens d'armes, fu en plusieurs besongnes bonnes et honnorables, à la confusion de ses ennemis. Mais, depuis le temps de son couronnement, luy, estant en fleur de juenece, ot une trés griéve et longue maladie, à quel cause luy vint je ne sçay ; mais tant en fu affoiblis et débilitez, que, toute sa vie, demoura trés pale et trés maigre, et sa complexion moult dongereuse de fièvres et de froidure d'estomac; et et avec ce, luy remaint de ladicte maladie la main destre si enflée que pesant chose luy eust esté non possible à manier; et convint, le demourant de sa vie, user en dengier de médicins. Mais que, pourtant, le loz de sa grant vertu qui, sanz cesser, ouvroit en toute peine pour la publique utilité, doye estre réprimé, n'est mie raison.

Car, dit Végece, que « plus doit estre louée » chevalerie, menée à cause de sens, que celle » qui est conduite par effect d'armes, si, comme » les Rommains, plus acquissent seigneuries et » terres par le sens que par la force, » semblablement le fist nostre Roy, lequel plus conquesta, enrichy, fist aliances, plus grans armées, mieulx gens d'armes payez et toute gent; plus fist bastir édifices, donna grans dons, tint plus magnificent estat, ot plus grant despense, moins fist de grief au peuple, et plus sagement se gouverna en toute pollicie et plus largement fu formé toute despense que n'avoit fait roy de France, selon le rapport des escriptures, je l'ose dire,

◇◇◇

et défendant, semblable à une forte chaîne, l'utilité de sa commune.

CHAP. X : *Comment le roi, par son bon sens, faisoit des conquêtes dans ses guerres, quoiqu'il n'allât point au combat; et la cause pourquoi il n'y alloit pas.*

Comme il y a des gens qui pourroient contredire ce que j'avance sur la chevalerie du roi Charles, sous prétexte que la paresse ou la couardise l'empêchoient d'aller en personne aux assauts et aux batailles, à l'exemple de son aïeul le roi Philippe et de son père le roi Jean, et de ses autres prédécesseurs ; comme ils pourroient conclure de là que le roi Charles n'eut point en lui si grand titre de chevalerie, ainsi que je prétends le lui donner, il convient de répondre de manière à ce que la vérité soit évidente pour tout le monde.

Il n'est pas vrai que la paresse l'ait empêché d'aller en personne à la guerre; car, pendant qu'il étoit duc de Normandie, avant son couronnement, il alla maintes fois aux combats avec son père le roi Jean ; unique chef de différentes troupes guerrières, il se montra dans beaucoup de bonnes et d'honorables actions, à la confusion de ses ennemis. Depuis l'époque de son couronnement, lorsqu'il étoit encore en fleur de jeunesse, il lui vint, je ne sais comment, une très-grave et longue maladie; il en fut tellement éprouvé et affoibli que, toute sa vie, le roi Charles demoura très-pâle et très-maigre, et sa complexion redoutoit fort les fièvres et la froidure d'estomac; de plus, il lui étoit resté de cette maladie la main droite si enflée qu'il lui eût été impossible de manier chose pesante; et pendant toute sa vie il eut besoin d'être entouré de médecins. Mais ce n'est pas une raison pour diminuer l'éloge de sa grande vertu qui travailloit sans cesse pour la publique utilité.

« Car, dit Végèce, on doit faire plus de cas de » chevalerie menée à cause de sens, que de celle » qui est conduite par effet d'armes; les Romains » ont conquis seigneuries et terres plus par le » sens que par la force. » Ainsi fit notre roi: plus que personne il fit des conquêtes, enrichit le pays, fit des alliances, eut de grandes armées, paya les gens d'armes et toute la gent; plus que personne il bâtit des édifices, donna grands dons, déploya grande magnificence, fit de grandes dépenses; moins que personne il opprima le peuple; selon le rapport des écritures, nul roi de France, j'ose le dire, ne gouverna plus sagement et ne dépensa plus largement, depuis Charlemagne qui, pour la grandeur de sa prouesse, fut ap-

depuis le temps Charlemaine, qui, pour la haultece de sa prouece fu appellez Charles le Grant. Ainssi, pour la vertu et sagece de cestui luy doit bien perpétuellement demourer le nou de Charles le Sage.

Et ces choses et autres considérées qu'en luy habonderent, je puis conclurre celluy estre digne d'avoir le nom et tiltre de parfaicte chevalerie.

CHAP. XI : *Ci commence à parler des frères du roy Charles, et primierement du duc d'Anjou.*

Avant que plus oultre je procéde en ceste matiere, me plaist, comme chose expédient, entrer en un autre suppost qui assez est pertinent et à propoz du loz et gloire de nostre prince de qui traictons.

Trestout ainssi comme qui vouldroit descripre un arbre solemnel, le plus hault et notable du monde, en la loange de luy, seroit parlé de la bonté, doulceur et vertu de son fruit; et aussi de la beauté, verdeur et pourprise de ses grandes et espandues branches et fueilles, me semble qu'assez appartient parler aucunement en nostre traictié du beau fruit et belles branches de l'arbre, dont cy devant avons jà parlé de la racine, ouquel dit arbre et plante, nous prenons la matiere et motif de ce présent volume;

ce est le sage roy Charles, dont sailly fruit bel et bon, que Dieux, par sa grace, vueille augmenter et saulver en toute bonne convalescence et vertu; ce sont ses très dignes et haulx enfens, le roy Charles, qui à présent régne, et Loys, monsieur le duc d'Orliens, son frere.

Les branches de l'arbre sont ses trés nobles freres, tréspassez, et en vie. Et pour ce que tous arbres, et mesmement d'icelluy furent et sont avant les branches que le fruit; et aussi, pour ce qui appartient à l'estendue du continue procés de ce livre, disant par ordre les particuliers fais au propoz de chevalerie, diray des dictes branches, ains que du fruit, c'est assavoir des frères dudit Roy.

En commençant au plus aagé après le roy Charles, lequel fu appelé Loys, duc d'Anjou et de Touraine, qui aprés fu couronné du royaume de Naples, comme cy aprés sera dit; lequel Loys je treuve és croniques et l'informacion de gens dignes de foy, à son vivant serviteurs de luy, ce fu prince louable et de digne réputacion, moriginé et apris en toutes choses qui à hault prince peuvent appartenir estre convenables ; moult sages homs estoit et avisiez en tous fais, prompt en parolle belle et bien ordonnée, hault et pontifical en maintien, trés bel de corps et de viaire, passant les autres communs hommes de grandeur ; de trés grant courage estoit, et moult desiroit haultes si-

<><>

pelé Charles-le-Grand. La vertu et la sagesse de notre roi doivent lui mériter à tout jamais le nom de Charles-le-Sage.

Et par la considération de ces choses et d'autres qui en lui abondèrent, je puis conclure que Charles est digne d'avoir le nom et titre de parfaite chevalerie.

CHAP. XI : *Ici on commence à parler des frères du roi Charles, et premièrement du duc d'Anjou.*

Avant que j'aille plus loin dans cette matière, il me plaît et je trouve convenable d'aborder un sujet qui touche à la louange et gloire du prince dont nous traitons.

Celui qui voudrait décrire un arbre solemnel, le plus haut et notable du monde, parleroit, pour le louer, de la bonté, de la douceur, de la vertu de son fruit; et aussi de la beauté, de la verdeur et de l'éclat de ses grandes branches et feuilles espandues ; de même il me semble qu'il nous appartient de parler, dans notre traité, du beau fruit et belles branches de l'arbre dont la racine nous a déjà occupés ci-dessus, de l'arbre et plante qui fait la matière et motif du présent volume : je veux parler du roi Charles, dont est sorti fruit

bel et bon, que Dieu par sa grâce, veuille augmenter et sauver en toute bonne convalescence et vertu! Ce sont ses très-dignes et hauts enfants, le roi Charles, qui à présent règne, et Louis, monsieur le duc d'Orléans, son frère.

Les branches de l'arbre sont ses très-nobles frères trépassés ou encore vivants. Et parce que les branches de tout arbre poussent toujours avant le fruit, et aussi parce que dans la continuation de mon sujet, je dois dire par ordre les faits relatifs à chevalerie, je parlerai desdites branches, et puis du fruit, c'est à savoir des frères dudit roi.

Je commencerai par celui qui fut l'aîné après le roi Charles, par Louis, duc d'Anjou et de Touraine, qui fut couronné roi de Naples, comme cela sera dit plus tard. D'après ce que je trouve dans les chroniques, et d'après ce que m'ont appris des gens dignes de foi, qui furent ses serviteurs de son vivant, Louis fut prince louable et de digne réputation, instruit et versé dans toutes les choses qui appartiennent à haut prince; c'étoit un homme moult sage, prévoyant en toutes choses, ayant la parole facile, belle et bien ordonnée, grand et d'un maintien pontifical, très-beau de corps et de visage, surpassant en grandeur les

gnories, hardy et traveillant; amoit les chevalereux, et les sages clercs; amassoit et tiroit environ soy tous beaulx hommes fors et bien combatans qu'il povoit avoir; constant en délibéré propoz fier et courageux contre ses ennemis; doulx, paisible et trés familier à ses amis et à privé; entre ses serviteurs, si trés humble et tant humain que plaisir estoit de luy servir; convoiteux estoit d'amasser trésor, pour désir de voyagier et conquerre : à brief parler, moult de belles vertus furent en luy, et se fortune ne luy eust nuit oultre raison, jà n'eust en son temps failly à conquerre royaume ou empire.

Les emprises et faiz par luy accomplies furent pluseurs, et trop me seroit long tout narrer. Mais, en brief, en France, ou temps des guerres, régnant son frere, le roy Charles entre les autres fortresses, qui, en la duchié de Guienne, et autre part, par luy furent prises, fu, en l'an 1374, prise la ville et le chastel de la Rochelle, qui se rendi à luy pour le roy de France, avec luy le bon connestable Bertram; mains fors chasteaulx prist en Guienne et aussi Pierregort, aussi en Champaigne pluseurs, et prist le chastel de Bergerat, moult forte place; puis alla devant la grosse ville de saincte Foy, qui siet sus la riviere de Dordongne, qui à luy se rendi; puis ala à Chastillon, grosse ville et chastel, l'assiga et moult dommaga par engins, puis se rendy. *Item*, le seigneur de Duras et le seigneur de Rosain s'estoyent retournez Angloiz; si vint le duc devant Duras, y mist le siége, et par engins moult la domaga, et au bout de trois sepmaines se rendy, et aussi mains d'autres chasteaulx et fortresses de grant nom : mais, pour le faire brief, conquesta, celle saison, en Guienne, jusques au numbre de six vingts et quatorze que villes que chasteaulx et autres grosses et notables fortresses.

Celluy Prince fist grant guerre à la royne de Naples, pour le royaume d'Arles et terres de Provence; dont ilz firent paix, et le fist ladicte royne son filz adoptif et héritier de son royaume de Naples et de Poulle, dont, après le trespassement du roy Charles, son frere, nonobstant luy appartenist la régentation du royaume de France, tant que l'enfant fust en aage d'estre couronné, laissa tout és mains des autres princes ses freres et pairs de France; à la plus belle et notable compaignie de gent d'estoffe trés esleus, qui partist de France, passé a trop long temps, passa les Alpes et ala en la mauldicte terre, en

◇◇◇

autres hommes; il étoit de très-grand courage, moult desiroit hautes seigneuries; il étoit hardi et remuant; il aimoit les sages clercs et les chevalereux; il cherchoit et appeloit à lui tous les beaux hommes forts et belliqueux; il étoit ferme dans ses résolutions, fier et courageux contre ses ennemis; avec ses amis et ses familiers il se montroit doux, bon et facile; il étoit si humain et si peu exigeant avec ses serviteurs que c'étoit plaisir de le servir; convoiteux étoit d'amasser trésor* par desir de voyage et de conquête; en un mot, moult de belles vertus furent en lui, et si la fortune ne lui avoit pas été trop infidèle, il n'auroit point manqué de conquérir dans son temps royaume ou empire.

Les entreprises et les faits accomplis par lui furent en grand nombre, et ce seroit trop long de tout narrer. Mais en bref, en France, à l'époque du règne de son frère le roi Charles, sans parler des forteresses du duché de Guienne et d'autre part dont Louis s'empara, il prit, en 1374, la ville et le château de la Rochelle, qui se rendit à lui pour le roi de France; avec lui étoit le bon connétable Bertrand. Louis prit maints forts châteaux en Guienne et en Périgord, et plusieurs en Champagne; il prit le château de Bergerac, moult forte place; puis il alla devant la grosse ville de Sainte-Foi, située sur la Dordogne, qui se rendit à lui; puis il alla à Châtillon, grosse ville et château; il l'assiégea, l'endommagea moult, et puis Châtillon se rendit. De même, le seigneur de Duras et le seigneur de Rosain étant retournés au parti des Anglois, le duc d'Anjou mit le siége devant Duras, moult endommagea la place, et, au bout de trois semaines, la place se rendit; il prit aussi maints autres châteaux et forteresses de grand nom; mais, pour être bref, disons que le duc conquit dans la Guienne cent trente-quatre places, tant villes que châteaux et autres grosses et notables forteresses.

Ce prince fit une grande guerre à la reine de Naples pour le royaume d'Arles et de Provence; ils conclurent ensuite la paix, et ladite reine l'adopta pour son fils et pour l'héritier de son royaume de Naples et de la Pouille. Après le trépassement du roi Charles son frère, le duc auroit pu avoir la régence du royaume de France jusqu'à ce que l'enfant** fût arrivé à l'âge de couronnement : mais il laissa tout aux mains des autres princes ses frères, et des pairs de France. Une belle et

---

* Le lecteur a pu s'apercevoir que dans cette version nous cherchons, autant qu'il nous est possible, à reproduire les formes de l'original; nous conservons souvent des expressions et des constructions de phrases que la grammaire d'aujourd'hui et le dictionnaire de l'Académie pourraient bien ne pas approuver, mais qui nous paraissent d'un grand charme, et dont nous regrettons quelquefois la disparition dans notre langue nouvelle appauvrie à force de pureté.

** Charles VII.

laquelle trouva résistance, par le contredit d'un poissant chevalier, appellé Charles de la Paix, chief et duc de trés grant multitude de gens d'armes, qui jà estoit saisis dudit pays, et avoit ladicte royne assigié en un fort chastel, qu'il, par traison, prist, comme aulcuns dyent, et mourir la fist de piteuse mort.

Le duc d'Anjou, nonobstant son adversaire, enfin conquist aucques tout le royaume, couronné fu de Naples, et appellé le roy Loys : longtemps y fu tousdiz enguerre; et se le pays, jà par luy conquis, et receu les sermens des princes, luy eust esté loyal, ce qu'ilz n'ont mie d'usage, et vivres eust eu assez, car la terre et contrée estoit gaste et déserte, il n'eust point failly à subjuguer ses ennemis, et aprés à conquérir l'empire de Romme auquel avoit grant affeccion et espérance; mais principaulment par faulte de trouver loyaulté, et par neccessité de vivres, failly la force de ses gens, lesquelz à son povoir réconfortoit de telz biens comme il avoit, sans querre pour sa personne nul avantage de prince, mais les faisoit tous communs en ce qu'il avoit, et tant paciemment portoit son ennuy et mésaise, qu'il ne plaignoit riens, fors la destrece de ses bonnes gens et loyaulx servans qu'il véoit chascun jour mourir à grant douleur : et en cel estat fina piteusement, dont fu dommages et pitié, le vaillant roy Loys ; lequel laissa sa trés noble, bonne, sage, et belle femme, et deux trés beaulx et bons enfans, l'un appellé à présent, comme le pere, le roy Loys ; l'autre, trespassé, n'a mie moult, appellé en tiltre prince de Tarente : et ainssy transist la gloire du monde.

CHAP. XII : *Cy dit du duc de Berry.*

Le deuxiéme frere du roy Charles estoit Jehan, duc de Berry, qui encores est en vie, lequel, en sa jucnece, hanta les armes, et fu à maint fait d'armes, en Guienne et autre part, contre les Angloiz; fu moult bel jousteur, dont, ou temps qu'il estoit en Angleterre avec son pere, le roy Jehan, y forjousta les joustes, par pluseurs foiz, et aussi en France. Jolis estoit, amoureux et gracieux, et de moult joyeuse condicion; en France, au vivant du roy Charles, furent par luy assigiées maintes fortresses et prises, et pluseurs à luy se rendirent, et mesmement la cité de Poitiers, comme devant est dit. Ses condicions sont telles : il est prince de grant bénignité à toutes gens qui à luy ont à parler ou besongner; sage en conseil, preudomme en fait; aime principaulment de grant amour le Roy et son Estat, et tous ses

⸙

notable compagnie de gens d'armes partit de France, passa les Alpes et alla dans la maudite terre où elle trouva résistance par le contredit d'un puissant chevalier, appelé Charles de la Paix, chef et duc de très-grande multitude de gens d'armes; ce chef s'étoit déjà emparé du pays et assiégié la reine de Naples dans un fort chastel; on dit qu'il prit ce chastel par trahison et qu'il fit mourir la reine de piteuse mort.

Le duc d'Anjou, nonobstant son adversaire, conquit presque tout le royaume, fut couronné roi de Naples, et appelé le roi Louis; pendant long-temps il fut en guerre perpétuelle; si le pays déjà conquis par lui, et qui avoit reçu le serment des princes, lui eût été fidèle, ce qui n'est pas dans l'usage de ce pays, et si le roi Louis n'eût pas manqué de provisions au milieu d'une terre déserte et dévastée, il auroit infailliblement subjugué ses ennemis, et puis il auroit conquis l'empire de Rome, qui étoit pour lui un objet de grande affection et d'espérance; mais la force de ses gens faillit promptement par la faute de trouver loyauté et par nécessité de vivres : Louis réconfortoit ses gens de tout le bien qu'il pouvoit avoir, sans chercher pour sa personne nul avantage de prince ; il les associoit à tout ce qu'il gagnoit; il supportoit patiemment son ennui et mésaise et ne déploroit rien, sinon la détresse de ses bonnes gens et loyaux servants qu'il voyoit chaque jour mourir avec grande douleur; et le vaillant roi Louis fit en cet état une piteuse fin ; il laissa une très-noble, sage et belle femme, et deux très-beaux et bons enfants, l'un appelé Louis, comme son père, l'autre mort avec le titre de prince de Tarente : et ainsi passe la gloire du monde.

CHAP. XII : *Ici on parle du duc de Berry.*

Le deuxième frère du roi Charles étoit Jean, duc de Berry, qui est encore en vie ; il porta les armes dans sa jeunesse et fut en maint combat contre les Anglois, dans la Guienne et autre part; il fut moult beau jouteur; au temps qu'il étoit en Angleterre, avec son père, le roi Jean, il fut plusieurs fois vainqueur dans les joutes, et il le fut aussi en France. Il étoit joli, amoureux, gracieux et de moult joyeux caractère ; en France, au temps du roi Charles, maintes fortresses furent par lui assiégées et prises, et mèmement la cité de Poitiers, comme il est dit ci-dessus. Voici quelles sont ses qualités : il est prince de grande bénignité envers tous ceux qui ont à lui parler, sage en conseil, preud'homme en fait; il aime principalement de grand amour le roi et l'Etat, et tous ses parents et alliés ; il est moult débonnaire envers ses serviteurs, les aime et protége, et fa-

parens et affins; moult est débonnaire à ses serviteurs, les aime et porte, et enrichist, par especial, ceulx dont a singuliére oppinion, ou a trouvé bons. Se délicte et aime gens soubtilz, soyent clercs, ou autres, beaulx livres des sciences morales et histoires notables des pollicies rommaines, ou d'autres louables enseignemens; moult aime et voulentiers en oit, tous ouvrages soubtilment fais et par maistrise beauls et polis, aornemens riches, beauls édifices dont a fait faire maint en son pays, à Paris, et ailleurs; est prince de doulce et humaine conversacion, sanz haulteineté d'orgueil, benigne en parolle et responce, joyeus en conversacion, et en toutes choses très traictable.

De beauls enfens a eus : pluseurs filz et filles desquelz, sans plus, deux belles et bonnes dames sont en vie : l'une, contesse de Savoye ; l'autre mariée au primier né filz du duc de Bourbon, à présent conte de Cleremont, laquelle est dame de grant dévocion et bonté, suivant la trace de sa bonne mere; de laquelle mere, dient aulcuns, que, quant elle fu tréspassée, fu trouvé, en lieu de trésor, plain un secret coffre de haires, cordes et choses d'abstinence et dévocion. Belle lignie voit cestui duc venue de luy, nepveus et niéces; que Dieux, par sa grâce, luy veuille conserver en tout bien une longue vie!

CHAP. XIII : *Cy dit du duc de Bourgongne.*

Le tiers frere du roy Charles fu Phelippe, duc de Bourgongne, duquel ay parlé en piteus regraiz de sa nouvelle mort, au primier de ceste deuxiéme partie.

Celluy, dés qu'il estoit jeunes, et encore assez enfent d'aage, lorsque la douleureuse bataille fu vers Poitiers, là où son pere, le roy Jehan, fu pris; comme coustume soit à si jeune qu'il estoit d'estre paoureux et de legier fuir, luy, nonobstant que il veist la fuite des autres, onques ne relainqui son pere, ne fouy; par quoy acquist lors le nom, que puy ne luy chay que on le disoit *Phelippe le Hardy*. En sa juenece, ou temps du roy Charles, estoit communément à grant armée és frontieres des ennemis; et par luy et sa compaignie, comme dit est, fu prise la ville d'Ardres, pluseurs autres fortresses, lorsqu'il estoit alé devant Calaiz; et aussi furent, autre part pluseurs chasteaulx.

De cestui Duc le Roi traicta le mariage de Marguerite, fille et héritiere du conte de Flandres, laquelle il espousa en son pays, pré-

---

vorise ceux dont il a la meilleure opinion et qu'il trouve les meilleurs; il se plaît avec les gens subtils, clercs ou autres; il aime les beaux livres des sciences morales et des notables histoires de police romaine ou d'autres louables enseignements; il aime et il écoute volontiers tous les ouvrages habilement faits, et beaux, et polis de mains de maîtres; il aime les riches ornements, les beaux édifices, et en a fait bâtir un grand nombre à Paris et ailleurs; c'est un prince de conversation douce et bonne, sans fierté, bénigne en paroles et réponses; il est gai dans sa causerie et fort traitable en toutes choses [*].

Le duc de Berry a eu de beaux enfants; il a eu plusieurs fils et filles dont il ne reste plus que deux belles et bonnes dames : l'une qui est comtesse de Savoie; l'autre mariée à l'aîné du duc de Bourbon, maintenant comte de Clermont, laquelle est dame de grande dévotion et bonté, suivant les traces de sa bonne mère. Quelques personnes disent qu'après le trépassement de cette mère, on trouva au lieu de trésor un coffre plein de haires, de cordes et de choses d'abstinence et dévotion. Ce duc voit une belle lignée sortie de lui, neveux et nièces; que Dieu, par sa grâce, veuille lui conserver en tout bien une longue vie!

CHAP. XIII : *Ici on parle du duc de Bourgogne.*

Le troisième frère du roi Charles fut Philippe, duc de Bourgogne, dont j'ai mentionné la mort avec d'amers regrets, au commencement de cette deuxième partie.

Philippe étoit jeune et encore enfant d'âge, lorsqu'arriva la douleureuse bataille de Poitiers, où fut pris son père, le roi Jean; à cet âge on est peureux et on prend facilement la fuite; mais le jeune Philippe, nonobstant qu'il vît les autres s'enfuir, ne quitta jamais son père et resta bravement; c'est pourquoi il acquit dès lors un nom que depuis il ne cessa de porter, le nom de Philippe-le-Hardi. En sa jeunesse, au temps du roi Charles, il ne quittoit guère la grande armée aux frontières de l'ennemi; ce fut lui, comme on le rapporte, qui, étant au siége de Calais, prit, avec sa compagnie, la ville d'Ardres et plusieurs autres forteresses; et plusieurs autres châteaux furent pris.

Le roi lui fit donner en mariage Marguerite, fille et héritière du comte de Flandre, laquelle il

---

[*] Il ne faut pas prendre à la lettre ce complet éloge du duc de Berry, frère du roi Charles; lorsque Christine écrivait cet ouvrage, le duc de Berry vivait encore; l'illustre fille de Thomas de Pisan se trouvait dans une humble médiocrité; elle avait besoin de la protection des grands et elle les flattait. Mais on ne doit pas reprocher cette exagération à Christine; aujourd'hui que les gens de lettres courtisent le public comme autrefois ils courtisaient les princes, ne les surprend-on pas quelquefois coupables de bien d'autres flatteries?

sent grant baronnie, à grant feste et à grant solemnité; puis, vint la duchece à Paris, en moult riche appareil, où du Roy et de la Royne et de tous fu receue à grant honneur et chiere. Par celluy mariage fu appertenant et eschéoit au Duc la conté de Flandres, laquelle est la plus noble, riche et grant qui soit en Crestienté, la duchée de Bréban, celle de Lainbourc, la conté d'Artois, celle de Nevers, et celle de Rétel, autres que ne sçay nommer, et pluseurs signouries et trés grandes et belles à merveilles. Si estoit bien digne le Duc de si riche mariage, car la noblece de son sang valoit encore plus, et aussi la grant discrétion de luy pour le bien gouverner. Lesquelles dictes terres, et sa duchié et conté de Bourgongne, si bien et si sagement en son temps a gouverné, que, depuis le temps que Flamens, par maulvaiz enort, lui furent rebelles ; à laquelle chose si grandement remédia, comme sera cy aprés dit, que puis n'y ot nul de ses subgiez qui osast désobéyr. Et par son sens, et ayde de ses bons amis, rendy Flamangs si subgiez, que eulx et tout le royaume de France, lors par estrange constelacion enclins à rebellion, furent, par celle desconfiture, rendus si confus, que tous se tindrent cois et appaisiez : en paix et bonne amour, a puis tenu toutes ses terres, gouverné par belle, sage et traictable pollicie. Et à dire

de luy et de ses condicions et bonnes meurs, sanz faille, tous le bien qu'on peut dire de prince, et toutes les vertus qui à bon appartiennent furent en luy, prince de trés grant sçavoir, de grant travail, et grant volenté de l'augmentacion bien et acroiscement de la couronne de France; si que, mesmes en sa vieillece, nul temps à paine avoit repoz, puis à conseil, puis à chemin, quérant voyes tousjours d'actraire aliances et affinitez de princes estranges, hauls et puissans à ladicte Couronne, en traictant et conseillant divers mariages pour actraire les Alemens, affin de bien : par luy fu conseilliez et fait l'assemblement du Roy adés vivant, et de la royne Isabel, fille du duc de Baviere ; lequel lignage d'ancienneté est de grant noblece.

Par son conseil fu fait le mariage de la fille de cestuy Roy et du roy Richart d'Angleterre, qui à grant honneur la receupt en son royaume, mais encore n'estoit la Royne que de l'aage de sept ans ; duquel dit mariage fust ensuivy si grant bien, comme paix perpetuelle et acroiscement d'amis à ce royaume, se fortune n'eust consenty parfaire la trahison que fist Henry de Lancestre, qui celluy roy Richart, par fauls et desloyal tour, prist et fist mourir ; pour laquelle trahison et orrible maulvaistié vengier, comme sera dit cy aprés, la royne d'Angleterre tour-

⬧⬧⬧

épousa dans son pays, en présence de grande baronnie, aveeq rande fête et grande solennité ; puis la duchesse vint à Paris en moult riche appareil, et fut reçue avec grand honneur et magnificence par le roi, la reine et par tout le monde. Par ce mariage, le duc eut en possession le comté de Flandre, le plus noble, le plus riche et le plus vaste qui soit en chrétienté, le duché de Brabant, le duché de Lainbourg, le comté d'Artois, celui de Nevers, celui de Rhétel, d'autres que je ne puis nommer, et plusieurs seigneuries merveilleusement vastes et belles. Le duc étoit bien digne d'un si riche mariage, car la noblesse de son sang valoit encore plus, et le duc étoit bien capable de gouverner tous ces domaines ; il a gouverné toutes ces terres et son duché et son comté de Bourgogne, si bien et si sagement que, depuis la mauvaise révolte des Flamands qu'il sut arrêter, ainsi qu'on le verra ci-après, nul de ses sujets n'osa plus lui désobéir. Par son sens et par le secours de ses bons amis, il rendit les Flamands si soumis, qu'eux et tout le royaume de France, portés à la révolte par je ne sais quelle influence, se tinrent cois et ne bougèrent plus ; depuis lors, il a tenu toutes ses terres en paix et bon amour, et les a gouvernées par beau, sage et bienveillant régime ; et, pour parler avec vérité de ses qualités et bonnes mœurs, disons que le duc de Bourgogne réu-

nit en sa personne toutes les vertus qui appartiennent à un homme bon, et qu'il mérita qu'on dît de lui tout le bien qu'on peut dire d'un prince. Le duc fut un prince de très-grand savoir, de grand travail, et toujours animé du désir d'accroître et d'agrandir la couronne de France. Même au jour de sa vieillesse, il ne donnoit aucun temps au repos ; il était tantôt dans les conseils, tantôt en chemin, cherchant toujours à allier à ladite Couronne des princes étrangers, hauts et puissants, en traitant et conseillant divers mariages pour attirer les Allemands, dans un but de bien public ; par lui fut conseillée et accomplie l'union du roi, aujourd'hui vivant, avec la reine Isabelle, fille du duc de Bavière, lequel lignage d'ancienneté est de grande noblesse.

Par le conseil du duc de Bourgogne fut fait le mariage de la fille de ce roi avec le roi Richard d'Angleterre, qui le reçut avec grand honneur dans son royaume. La reine n'étoit alors âgée que de sept ans. Ce mariage eût amené un grand bien, comme paix perpétuelle et accroissement d'amis à ce royaume, si la fortune n'eût secondé la trahison de Henri de Lancastre, qui prit et fit mourir ce roi Richard par faux et déloyal tour. Le retour en France de la reine d'Angleterre, à la suite de cette trahison et horrible méchanceté, a enfanté la nouvelle guerre qui existe aujourd'hui

2.

née par deçà, est née à present nouvelle guerre entre Françoiz et Angloiz. Le duc de Bourgongne, aussi, pour tousjours tirer amis à ce royaume, a fait aliances de mariage de ses enfens à hauls princes allemans et autres, comme sa bonne, sage et trés humaine fille, au conte d'Ostrevan ; l'autre de ses filles, au duc d'Osteriche, et l'autre au jeune conte de Savoye ; son aisné filz à la fille du duc Aubert de Baviere, bonne, honeste et sage dame.

Ainssi, sanz cesser, ce bon Duc ne finoit d'avisier et pener au bien et proffit du royaume et à la paix et santé de la personne du Roy qui adés vit ; de laquelle santé à son povoir pourchacier a quis et enserchié tous les remedes qu'il a peu et sceu. Son conseil sage, sain et proffitable en tous cas à ce royaume, a adverti et avisié de toutes choses au mieulx qui estoyent à faire, et le contraire du bien du royaume et de la chose publique à son povoir escheue ; sousteneur a tousdiz esté du peuple et du bien commun : mais, comme onques homme, tant fust parfaict, ne peust tout faire au gré de chascun, mesmement, pour nostre exemple, Jhesu-Crist, tout parfaict, ne fu mie au gré de chascun. Aucuns peuent avoir parlé sus le conseil, pour cause de certaine ayde non trop excessive, quoyqu'on se plaigne, sus les subgiez du royaume, laquelle chose est d'ancien droit et coustume en toutes terres pour tel usage, c'est assavoir, pour armées faire sus les ennemis de la contrée ; lequel dit ayde peut chascun veoir employer és armes qu'on fait presentement sur les frontieres du royaume, et l'assemblée du connestable grande, et belle, et és marchés de Guienne, et aussi autre part ; parquoy, n'a cause le peuple de soy clamer.

Et est chose vraye, que le bon Duc avoit ferme esperance et voulenté de partie dudit ayde, et aussi de ses propres deniers, aler, l'année de son trespassement en propre personne, à grant ost, et les communes de ses bonnes villes de Gant et d'autres de Flandres, assigier la fortresse de Calaiz, et tel peine y mectre que rendue fust prise au roy de France. Si n'est mie doubte que grant perte et singuliere a fait ce royaume, de sa mort, pour le grant bien de sa personne.

Ses condicions estoyent telles : Prince estoit de souverain sens et bon conseil ; doulx estoit et amiable à grans, moyens, et à petis ; les bons amoit de tous estas ; large comme un Alixandre, noble et pontifical, encourt et estat magnificent ; ses gens amoit moult chierement, privé estoit à eulx, et moult leur donnoit de bien, pour laquel bonté et esmolumens qu'ilz en recepvoyent, tant l'amoyent que plus grant pitié ne pourroit estre veue que le dueil et regraiz d'eulx fait de son trespassement.

◇◇◇

entre François et Anglois. Le duc de Bourgogne, pour attirer des amis à ce royaume, a fait alliance de mariage de ses enfants avec de hauts princes allemands et autres ; c'est ainsi qu'il a marié sa bonne, sage et très-humaine fille au comte d'Ostrevant, l'autre de ses filles au duc d'Autriche, et l'autre au jeune comte de Savoie ; son fils aîné à la fille du duc Aubert de Bavière, bonne, honnête et sage dame.

Ainsi ce bon duc ne cessoit d'aviser et de penser au bien et profit du royaume, et à la santé du roi qui vit aujourd'hui ; pour cette santé, il a demandé et cherché tous les remèdes qu'il a pu ou su. Son conseil sage, sain et profitable en tous cas à ce royaume, a pourvu à tout, le mieux possible ; il a songé à tout ce qui pouvoit nuire au bien du royaume et à la chose publique échue à son pouvoir ; il a toujours été le soutien du peuple et du bien commun ; mais quelque parfait que soit un homme, il ne peut tout faire au gré de chacun, à l'exemple de Jésus-Christ lui-même qui, tout parfait qu'il étoit, ne fut mie au gré de chacun. Il y a des gens qui ont reproché au duc de s'être montré excessif envers les sujets du royaume, pour ce qui touche à la guerre à soutenir contre les ennemis de la contrée ; le duc usoit là d'un ancien droit et d'une ancienne coutume reçus partout ; le secours exigé par le duc, on peut le voir aujourd'hui employé à la défense des frontières du royaume ; on peut le voir dans la troupe du connétable grande et belle ; on peut le voir aux Marches de la Guienne et aussi autre part ; c'est pourquoi le peuple n'a pas le droit de se plaindre.

C'est une chose vraie que, l'année même de son trépassement, le bon duc espéroit, avec ce secours et aussi avec ses propres deniers, pouvoir aller lui-même assiéger la forteresse de Calais à la tête d'une grande armée, à la tête des communes de ses bonnes villes de Gand et d'autres de Flandre ; il comptoit pouvoir presser la forteresse de Calais de manière à l'obliger de se rendre au roi de France. On ne peut douter que sa mort ait été une grande perte pour le royaume.

Voici quelles étoient ses qualités : c'étoit un prince de souverain sens et bon conseil ; il étoit aimable et doux envers les grands, les moyens, les petits ; il aimoit les bons de tous états ; il étoit magnifique comme un Alexandre, noble et pontifical, généreux dans sa vie et ses habitudes ; il aimoit beaucoup ses gens, se montroit avec eux d'un air familier, et moult leur donnoit de bien ; pour tant de bonté et pour les émoluments qu'ils en recevoient, ses gens l'aimoient tant que rien

A sa derreniere fin, apparu le grant bien de luy et de sa conscience, car, recognoiscent son créateur jusques au derrenier trait, sagement fist ses ordonnances, testament et laiz ; moult nobles parolles piteuses et sages dist, et enorta à ses nobles enfens qu'ilz amassent et servissent Dieu dont tout bien vient, aussy la personne du Roy à qui fussent loyaulx comme toute sa vie avoit esté ; le bien de la Couronne et du royaume eussent à cueur ; fussent en paix et amour entr'eulx, servissent et honnourassent leur sage mere, se gardassent de grever leur subgiez, lesquelz tenissent à amour ; leur recommanda ses serviteurs, desquelz avoit grant pitié.

Et moult d'autres beauls amonnestemens leur dist ; et tost aprés à grant dévocion et contricion rendy l'ame à Dieu ; laquelle mort, comme dit est, remply de dueil tous noz signeurs de France, et mesmement toute gent, de qui fu, est et sera moult regraictiez. Son corps auquel ot fait, en toute ville où il passoit, nobles obseques, depuis la ville de Halle en Hainault, là où il trespassa, jusques à Digon en Bourgongne, où il fu portez à grant solemnité, et là où il repose en riche tombe, en l'esglise des Chartreus que il mesmes a fondez ; duquel Dieu, par sa digne grace et pitié, vueille avoir l'ame.

Trois beauls filz luy sont demourez : l'ainsné, nommé Jehan, que on nommoit, au vivant du pere, conte de Nevers, prince de toute bonté salvable, juste, sage, benigne, douls et de toutes bonnes meurs. L'autre, Anthoine, dit lors conte de Rethel, à présent, par l'ordonnance du pere, attendant la duchiée de Brabant. Le plus jeune, nommé Phelippe, qui assez enfent d'aage est demouré.

CHAP. XIV : *Cy dit du duc de Bourbon.*

Il est bien raison que, ou numbre et procés de la vie et bonnes meurs des nobles freres du roy Charles, comme le quatriéme frere doye estre réputé, soit ramenteu et mis à mémoire les biens fais et condicions dignes de louange du trés noble et en toutes choses bon, Loys, duc de Bourbon, filz jadis du bon duc Pierre, qui, par sa vaillance et grant loyauté, mouru en la bataille de Poitiers, en la compaignie du roy Jehan. Cestuy Loys, frere jadiz de la royne Jehanne, femme du roy Charles, et oncle du Roy qui à présent regne, venus et descendus, par droicte ligne et estoc, du glorieux roy de France saint Loys. De cestuy bon Duc, quel le dirons, mais

n'égala leurs regrets et leur deuil lors de son trépassement.

A sa fin dernière, ses vertus et sa conscience parurent encore ; imitant jusqu'à la fin son créateur, sagement fit ses ordonnances, testament et lair ; il dit moult nobles paroles piteuses et sages ; il exhorta ses nobles enfants à aimer et servir Dieu d'où découle tout bien ; à aimer et servir la personne du roi, leur recommandant d'être loyaux envers le roi comme lui-même l'avoit été toute sa vie ; il leur recommanda d'avoir à cœur le bien de la couronne et du royaume, d'être en paix cux-mêmes et de s'aimer, de servir et d'aimer leur sage mère, de ne point grever leurs sujets, mais de les aimer ; il leur recommanda ses serviteurs, desquels il avoit grande pitié.

Il leur adressa beaucoup d'autres exhortations, et bientôt après il rendit l'âme à Dieu avec grande dévotion et contrition. Cette mort, comme il a été dit, remplit de deuil tous nos seigneurs de France, et mêmement toute gent ; il en fut, il en est, il en sera moult regretté. On fit à son corps de nobles obsèques dans toutes les villes où il passa, depuis la ville de Halle, en Hénaut, où il mourut, jusqu'à Dijon, en Bourgogne, où il fut porté avec grande solemnité ; c'est là qu'il repose en riche tombe, dans l'église des Chartreux, fondée par lui ; que Dieu veuille avoir son âme par sa digne grâce et pitié !

Trois beaux fils lui sont restés : l'aîné, nommé Jean, comte de Nevers du vivant de son père, est un prince bon, juste, sage, bénigne, doux et de toutes bonnes mœurs[*] ; l'autre se nomme Antoine ; il étoit comte de Rhétel du vivant de son père ; maintenant il attend le duché de Brabant ; le plus jeune se nomme Philippe ; il est encore enfant d'âge.

CHAP. XIV : *Ici on parle du duc de Bourbon.*

En racontant la vie et les bonnes mœurs des nobles frères du roi Charles, il est juste de réputer le duc de Bourbon comme le quatrième frère, de rappeler à la mémoire des hommes les faits et les qualités dignes de louange du trèsnoble et en toutes choses bon, Louis, duc de Bourbon, fils du bon duc Pierre, qui, par sa vaillance et sa grande loyauté, mourut à la bataille de Poitiers, en la compagnie du roi Jean. Ce Louis, jadis frère de la reine Jeanne, femme du roi Charles, est oncle du roi qui règne aujourd'hui ; il vient et descend en droite ligne du glorieux roi de France, saint Louis. Que dirons-nous de ce bon duc, sinon qu'il fut un vase de bonté, de clémence, de bénignité et douceur ?

[*] A l'époque où Christine s'exprimait ainsi sur le compte de Jean-sans-Peur, ce prince n'avait point encore troublé le royaume par le meurtre du duc d'Orléans.

que vaissel de toute bonté, clémence, benignité et doulceur?

En sa juenece, fu prince bel, joyeux, festoyant et de honnorable amour amoureux et sanz pechié, selon que relacion tesmoigne; joyeux, gentil en ses manieres, benigne en parolles, large en dons, avenant en ses faiz, d'accueil si gracieux, que tiroit à luy amer princes, princesses, chevaliers, nobles et toutes gens qui le fréquentoyent et veoyent. En Angleterre fu prisonnier avec le roy Jehan, ouquel pays si gracieusement se contint, que mesmes au roy Edoart, à ses enfens, et à tous tant plaisoit, qu'il luy estoit abandonné d'aler esbatre et jouer partout où il luy plaisoit; et, à brief parler, tant y fist, par son sens, courtoisie, peine et pourchas, que grant part de sa rençon, qui montoit moult grant finance, luy fust quicté, pour cause qu'il vint en Avignon devers le Pape, à la requeste du roy d'Angleterre, pour l'esveschié de Clocestre empétrer à un de ses officiers, laquelle luy fu octroyée. En Angleterre, moult bien jousta, car bel jousteur estoit, et avec tous ses autres biens estoit vaillant et chevalereux, comme il appert par ses fais; car, au vivant du roy Charles, et mesmes depuis, moult a voyagé et esté en maintes bonnes et honnorables places; ou pays de Guienne, par luy et ses gens, maintes fortresses furent prises.

<><><>

En Bretaigne, avec luy le bon conestable, fu en maintes chevauchiées contre les Angloiz, ou ot pris pluseurs fors. *Item*, ou temps qu'il estoit en Auvergne lieutenant du roy Charles, en l'an 1375, prist, oudit pays d'Auvergne, la fortrece de Embeurs, et s'enfoyrent les Angloiz, qui moult avoyent grévé le pays; puis prist par fort assault la fortresse qu'on nomme la Roche-Bruant, qui moult est forte place; puis à la fortrece de Tracot, et tant fist par engins et force, qu'ilz se rendirent. Puis mist le siége à la Roche-Sinodoire, qui merveilleusement est forte place, et qui semble comme imprenable, et moult grant garnison de bonnes gens y avoit, toutesfoiz par force fu prise; qui sembla estre miracle; et ainssy pluseurs autres trés fortes et trés merveilleuses fortresses oudit pays, dont les aucunes se rendirent, les autres par force; et aussi és montaignes d'Auvergne, où, à divers pays que Angloiz possédoyent, tous s'enfuirent pour paour dudit Duc; ainssi en une saison d'esté, y fist moult grant et honorable conqueste.

Item, l'année ensuivant, à moult honorable compagnie et foison gent, ala en Espaigne, où le roy Henry le reçupt à grant honeur et joye, et de là à Saint Jaques en Galice. *Item*, depuis, luy estant fait lieutenant dudit roy Charles et du duc de Berry en Auvergne, y prist pluseurs fortresses que les Angloiz tenoyent, comme le

<><><>

Dans sa jeunesse, ce fut un prince beau, joyeux, ami du plaisir, amoureux d'amour honorable et sans péché, selon le témoignage des relations; il étoit gai, gentil dans ses manières, bienveillant dans ses paroles, magnifique dans ses dons, avenant dans tout ce qu'il faisoit, accueillant avec tant de grâce, qu'il s'attiroit l'amour des princes, princesses, chevaliers, nobles et toutes gens qui le fréquentoient et le voyoient. Il fut prisonnier en Angleterre avec le roi Jean, et dans ce pays il se conduisit avec tant d'amabilité, qu'il plaisoit même au roi Edouard et à ses enfants; on lui permettoit d'aller ébattre et jouer partout où il vouloit. En un mot, il fit tant par son sens, courtoisie, effort et poursuite, qu'on le tint quitte de la plus grande partie de sa rançon dont le prix étoit moult grand; c'est pourquoi il vint voir le pape à Avignon, de la part du roi d'Angleterre, qui demandoit l'évêché de Glocester pour un de ses officiers; l'évêché lui fut accordé. En Angleterre moult bien jousta, car il étoit beau jouteur; et à toutes ses qualités, il joignoit vaillance et chevalerie, comme cela se voit par ses actions. Au vivant du roi Charles, et même depuis, il a moult voyagé, et s'est trouvé en maintes bonnes et honorables places; dans le pays de Guienne, maintes fortresses furent prises par lui et ses gens.

Il se trouva en Bretagne avec le bon connéta-

ble, en maintes chevauchées contre les Anglois, et là prit plusieurs forts. Pendant qu'il étoit lieutenant du roi Charles, en Auvergne, en 1375, il prit dans ce pays d'Auvergne la forteresse d'Ambert, et les Anglois qui moult avoient grévé le pays, s'enfuirent; puis il prit par un violent assaut la forteresse qu'on nomme la Roche-Briant, qui moult étoit forte place; puis, attaquant la forteresse de Tracot, il fit tant, par engins et force, que la place se rendit; puis il assiégea la Roche-Sanodoire, place merveilleusement forte et qui semble imprenable; il y avoit moult grande garnison de bonnes gens. Toutefois le château fut emporté, ce qui sembla être miracle. Il s'empara, par capitulation ou par force, d'autres forteresses très-merveilleuses et très-fortes dans ce pays. Dans les montagnes d'Auvergne et en différents pays qu'ils occupoient, les Anglois s'enfuirent d'épouvante à l'approche du duc; c'est ainsi que dans une saison d'été le duc fit moult grande et honorable conquête.

L'année suivante, à la tête d'une honorable compagnie et d'une foison de gens, il alla en Espagne, où le roi Henri le reçut avec graud honneur et joie; de là, le duc alla à Saint-Jacques en Galice. De même, ayant été fait lieutenant du roi Charles et du duc de Berry, en Auvergne, il prit plusieurs forteresses qu'occupoient les Anglois, comme le

Faon, Bonclande, Bretueil qui fu miné, Taillebourc, Montlau, qui est prés de Bourc, et Broye, et pluseurs autres fortreces et chasteaulx que je laisse pour briefté. Et depuis, ou temps de cestui roy en la bataille de Flandres moult bien se porta. Et depuis, n'a mie..... ans, ala en Barbarie, à grant ost, contre les Sarrazins; tint le siege devant Auffrique, et y fu soixante-cinq jours; contre lui vint toute la poissance des Auffriquans, où ot grant multitude de Sarrazins, qui grant partie y demourerent mors; et ainssi onques ne fina de son temps bien employer en toutes manieres.

Quant est venu cestui bon Duc en aage de meurté, toute celle jolye jeunece a tournée en sens et agmodéracion, en bon conseil, dévocion et constance; et combien que ses condicions ayent tousjours esté loables, encore à présent tousdiz en croiscent les dégrez de vertus, sont ses meurs et ordre de vie dignes de recommandacion et loz; la vertu de charité en lui reluit, aux povres gentilzhommes secueurt, aux religieux besongneux fait mains biens, à povres clercs et escoliers, et vers toute povre gent est piteux et aumosnier; et la bonne amour qu'il a tousjours eue vers les gentilzhommes, damoiselles et toutes femmes est continuée, mais est creue en vertu, car l'amoureuse plaisance de jadiz c'est tournée en charitable vertu.

Car, si qu'il est escript du prince Brutus, qui estoit le reconfort et soustenail des vesves dames de Rome et de toutes femmes à qui on feist tort; ainssi ce bon Duc est le reconfort des povres gentilzfemmes et de toutes celles ésquelles voit cause d'avoir pitié, les secueurt du sien, baille leur requestes en conseil se elles y ont affaire, les ramentoit, procure leur bien et ayde, de sa parolle soustient leur droit, et porte en toute raison; et de ce puis-je parler par droicte expérience, car son ayde m'a eu besoing, et n'y ay mie failly; le benoit filz de Dieu luy vueille mériter!

Cestui bon Duc est le droit reffuge des povres femmes besongneuses et adoulées grévées de tort, lesquelles sont pou oyes en maintes cours. Fait cel Duc maintes aumosnes secretes; grant foy a vers Dieu; en ses besoings vers luy se tourne; constant est en tribulacion; prince est de moult belle et humaine conversacion; aime et secueurt les bons chevaliers et les clercs sages; en toutes choses bonnes, soubtilles et belles se délicte; livres de moralitez, de la sainte Escripture et d'enseignement moult luy plaisent, et voulentiers en ot, et luy mesmes par notables

⬙

Faon, Bonclande, Breteuil qui fut miné, Taillebourg, Montlant qui est près de Bourg, Broye, et plusieurs forteresses et châteaux que je passe pour briéveté. Et depuis, au temps de ce roi, le duc se conduisit moult bien dans la bataille de Flandre; et depuis, il n'y a guère plus de quinze ans*, que le duc alla en Barbarie avec une grande armée contre les Sarrazins; il tint le siége devant *Auffrique***, pendant soixante-cinq jours; contre lui vint toute la puissance des Africains; il périt un grand nombre de Sarrazins. C'est ainsi que le duc ne cessa jamais de bien employer sa vie en toutes manières.

Quand le duc a eu atteint l'âge mûr, toute sa jolie jeunesse s'est tournée en sens et modération, en bon conseil, dévotion et constance; quoique son caractère ait toujours été digne de louanges, maintenant encore ses vertus augmentent toujours, et ses mœurs et sa vie méritent d'être louées et proposées pour modèles. En lui brille la vertu de charité; il est l'appui des pauvres gentilshommes, le soutien des religieux besogneux, l'aumônier compatissant des pauvres clercs et écoliers et de toute pauvre gent. L'amour qu'il eut toujours pour les gentilshommes, les damoiselles et toutes femmes, dure encore; mais cet amour est devenu de la vertu, et son amoureuse plaisance d'autrefois s'est tournée en charité.

Car, ainsi qu'il est écrit du prince Brutus, qui étoit le réconfort et le soutien des dames veuves de Rome et de toutes les femmes opprimées, ainsi ce bon duc est le réconfort des pauvres gentilsfemmes et de toutes celles qui sont dignes de compassion : il les aide de son bien, présente leurs requêtes au conseil et les rappelle, leur procure bien et aide, soutient leur droit de sa parole et se montre leur défenseur en toute chose. De cela, je puis parler par droite expérience, car j'ai invoqué son appui, et son appui ne m'a point manqué : que le benoît fils de Dieu veuille lui en tenir compte !

Ce bon duc est le refuge assuré des pauvres femmes besogneuses grevées injustement, lesquelles femmes sont peu écoutées en maintes cours. Ce duc fait maintes aumônes secrètes; il a une grande foi en Dieu; il s'adresse à Dieu dans ses besoins; il est patient dans les tribulations; c'est un prince de conversation moult belle et douce; il aime et soutient les bons chevaliers et les sages clercs; il se plaît dans tout ce qui est bon, subtil et beau; livres de morale, d'Ecriture

---

* Ce chiffre est en blanc dans le manuscrit de Christine, mais nous le rétablissons parce qu'il est suffisamment indiqué par les événemens dont il est question.

** Froissard fait une longue description de cette expédition; la ville qu'il nomme *Affrique*, comme Christine de Pisau, paraît être la ville de Tunis. Voyez l'Histoire des Croisades, tom. V.

maistres en théologie en a fait translater de moult beaulx ; de belle ordonnance et vie riglée en toutes choses, tient belle court de chevaliers et gentilzhommes ; seigneuries a acquises et accreu sa duchiée, non mie par extorsions et gréver le peuple duquel est piteux, leur fait bien, et de celluy de son pays et de ses subgiez trés amé, mais par sagement et moriginéement vivre.

Femme a noble dame et moult sage, de qui a eu pluseurs beaulx enfens adés en vie : un filz nommé Jehan, conte de Cleremont, trés bel et de corps et bonne voulenté, comme on peut jugier, selon son assez jeune aage et ses fais, alé à présent, à belle compaignie de gens d'armes et bon conseil, ou pays de Languedoc, où que il a jà pris pluseurs fortresses sus noz ennemis, et une belle damoiselle à fille, desquels Dieu, par sa grace, luy vueille donner parfaicte joye.

CHAP. XV : *Cy dit des fils du roy Charles, et primierement du roy Charles qui à présent régne.*

Protestation avec humble requeste soit faicte avant que outre je procéde, que grief ne soit au Roy n'a autre de noz princes, ne merveillement aux oyans, se, en parlant de leur nobles personnes, n'ay tenu l'ordre du renc où ilz doivent aler, l'un aprés l'autre, selon leurs dégrez et les instituées honneurs de France, parce que je n'ai parlé du Roy qui à présent régne, premier aprés le pere, et puis de renc ensuivant : la cause qui m'a meue est pour traictier selon l'ordre du temps des choses avenues et passées, lesquelles n'eussent esté continuées. Si dirons d'or en avant, en suivant, du fruit de la trés excellant tige, de laquelle faisant nostre compte, c'est le sage roy Charles, dont avons parlé des branches, qui sont à entendre ses dignes freres. Or dirons du fruit issant de celle noble tige et arbre, c'est ses deux nobles filz, le trés excellent prince, le roy Charles VIe du nom, qui est à présent ; et Loys, duc d'Orliens, son frere.

Cestuy Charles fu nez et receups, à grant joye de ses parens, comme le primier né ; à Paris, en l'ostel de saint Pol, le dimenche tiers jour de décembre, en l'an 1368, en la tierce heure aprés midnuit, le primier jour de l'Advent. Grande fu la consolacion du pere, de laquelle, comme trés crestien, rendy grace à Dieu, par

◇◇◇

sainte et d'enseignement moult lui plaisent *; il s'en procure volontiers ; lui-même en a fait traduire ** de moult beaux par de notables maîtres en théologie. Sa vie est bien ordonnée et bien réglée en toutes choses ; il tient belle cour de chevaliers et gentilshommes ; il a gagné des seigneuries et agrandi son duché, non point par extorsion et par l'oppression du peuple dont il est piteux et qu'il aime à soulager, mais par une conduite habile et sage.

Le duc a pour femme une noble dame qui est moult sage, dont il a eu plusieurs beaux enfants encore en vie. Un fils nommé Jean, comte de Clermont, très-beau de corps et d'une volonté ferme, comme on peut le voir par son voyage au pays du Languedoc, où déjà il a enlevé à l'ennemi plusieurs forteresses à la tête de belle compagnie de gens d'armes et bon conseil. Le duc a pour fille une belle damoiselle ; que Dieu, par sa grâce, veuille lui donner parfaite joie de ses enfants !

CHAP. XV : *Ici on parle des fils du roi Charles, et premièrement du roi Charles qui règne aujourd'hui.*

Avant de passer outre, je supplie humblement que grief ne soit au roi ni aux autres princes ni à ceux qui entendront ce traité, si, en parlant de leurs nobles personnes, je n'ai point tenu l'ordre du rang où ils doivent aller l'un après l'autre, selon leurs distinctions et les institués honneurs de France ; si, après avoir parlé du père, je n'ai point parlé du roi qui règne aujourd'hui, et ainsi de suite. La raison qui m'a fait agir ainsi, c'est le desir de traiter, selon l'ordre des temps, des choses arrivées et passées. Il s'agira désormais du fruit de la très-excellente tige, qui est le sage roi Charles, de cette tige dont nous avons mentionné les branches, qui sont les dignes frères du roi. Or, nous parlerons du fruit sorti de cette noble tige et de cet arbre : c'est à savoir de ses deux fils ; le très-excellent prince, le roi Charles, VIe du nom, qui règne aujourd'hui, et Louis, duc d'Orléans, son frère.

Ce Charles naquit, et fut reçu de ses parents avec grande joie, comme le premier né, à Paris, en l'hôtel de Saint-Paul, le dimanche, troisième jour de décembre, l'an 1368, à trois heures après minuit, le premier jour de l'Avent. Grande fut la consolation du père ; il en rendit grâce à Dieu, comme très-chrétien, dans toutes les églises de Paris, à Notre-Dame et ailleurs ; il fit dire louange et grâces à notre Seigneur par grande

---

* Un vieil historien du duc de Bourbon, Jean d'Orronville, raconte que ce prince avait coutume de se faire lire, pendant son diner, les gestes des rois de France.

** Les recherches de l'abbé Lebœuf l'ont conduit à la découverte d'une seule traduction faite par l'ordre du duc de Bourbon : c'est celle du traité de la *Vieillesse*, de Cicéron, dans l'année 1405. Les autres traductions sont restées inconnues aux savants.

toutes esglises de Paris, à Nostre Dame, et ailleurs ; à grant sonnerie, en chants glorieux et mélodieux, fist dire laudes et graces à nostre Seigneur.

Solemnisa la feste du babtisement, lequel fu en l'esglise de saint Pol, à trés haulte honneur et grant compaignie de barons et haultes princepces en trés grant quantité, en riches abis, joyaux et paremens, dames, damoiselles, bourgoises, à solemnité de torches, et tant de gens que és rues on ne se povoit tourner, et moult estoit haulte et noble chose à veoir ; le peuple, d'autre part, aloit menant feste, sanz faire aulcun ouvrage, resjoys de la nativité de leur prince, criant : « Noé et que bien peust-il estre » venus ? »

Comme devant ay dit, le Roy son pere, par grant cure et diligence fist nourrir cest enfent, tant en nourriture de sa personne, comme quant vint l'aage de cognoistre, de nourritures de meurs propres à prince, et introduccion de lectres ; et ainssi le continua jusques en l'aage de la douzieme année, en laquelle, à grant préjudice de l'enfent et de tout le royaume, luy failly par naturel trespassement ; si fu, en succédant le pere, couronné à Reins, à

grant feste et solemnité, présent grant baronnie.

En ycelle mesme année, aprés, vint à Paris, où à grant joye et feste de tous, fu receu, comme droit et raison le debvoit. Ainssi fait les seremens qui y appartiennent, et les hommages et féaultez receuz de ses barons et subgiez, prist à régner ce jeune Roy en si belle apparence de meurs chevalereux, de noblece de courage, largece et honneur faire aux bons, que ceuls qui véoyent son enfence si incline à armes, chevalerie, et desir de voyagier et entreprendre faiz, jugierent que celluy roy Charles estoit nez lequel, és prophécies promis, qui doit faire les grans merveilles ; et encore aprés, plus le certifia la merveilleuse et noble victoire qu'il ot sur les Flamangs, en l'aage de quatorze ans ; car, comme assez est sceu, comme les communes de Flandres, par maulvais conseil, se furent rebellez contre leur seigneur, le duc de Bourgongne, qui conte en estoit à cause de Margarite, fille et héritiere du conté de Flandres, comme dit est, qu'il avoit espousée, les fiez de sa terre ne luy vouloyent rendre, ains estoyent rebelles contre leur debvoirs ; parquoy le sage duc et conte, considérant que, à tel oultrage de commune et subgiez souffrir en tel

⋄⋄⋄

sonnerie, par chants glorieux et mélodieux [1].

Il solemnisa la fête du baptême de l'enfant, lequel fut célébré dans l'église de Saint-Paul, avec grand honneur et grande compagnie de barons et hautes princesses en grand nombre, et riches habits, joyaux et parures, dames, damoiselles, bourgeoises, à solennité de torches ; tant il y avoit de monde que dans les rues on ne savoit où se tourner. C'étoit moult haute et noble chose à voir. D'un autre côté, le peuple alloit menant fête, sans faire aucun ouvrage, se réjouissant de la naissance de leur prince, criant : *Noël ! et que grand bien arrive !*

Comme je l'ai dit devant, le roi son père, par grand soin et diligence, fit élever cet enfant, tant sous le rapport de la vie temporelle que sous le rapport de l'intelligence, des mœurs et des lettres quand il l'âge vint ; il l'éleva ainsi jusqu'à sa douzième année ; c'est alors qu'au grand préjudice de l'enfant et de tout le royaume, le roi Charles lui manqua par naturel trépassement ; successeur de son père, l'enfant fut couronné à

⋄⋄⋄

Reims avec grande fête et solennité, en présence de grande baronnie.

Dans cette même année, il vint à Paris où il fut reçu au milieu de la joie universelle, comme on le devoit par droit et justice. Après avoir reçu tous les serments, les hommages de ses barons et sujets, ce jeune roi commença à régner en si belle apparence de mœurs chevalereuses, de noblesse de cœur, de magnificence et de justice, que ceux qui voyoient son enfance si portée aux armes, à chevalerie, aux voyages et entreprises, jugèrent que ce roi Charles étoit le roi promis par les prophètes, le roi qui devoit faire les grandes merveilles. Cela fut confirmé par la merveilleuse et noble victoire qu'il remporta sur les Flamands à l'âge de quatorze ans. On le sait suffisamment : les communes de Flandre, par mauvais conseil, s'étoient révoltées contre leur seigneur, le duc de Bourgogne, qui étoit leur comte à cause de son mariage avec Marguerite, fille et héritière du comté de Flandre ; ceux qui lui avoient prêté foi et hommage pour leurs terres

---

[1] La naissance de Charles VI fut célébrée à Rome avec grande solennité ; dans un fragment de la chronique manuscrite de Jean de Nouelles ou de Guise, abbé de Saint-Vincent de Laon, imprimé en note, tome III, *Dissertation sur l'Histoire ecclésiastique et civile de Paris*, de Lebeuf, on lit ces mots sous la date de 1368 : « En cest an fu nés Charles fils du roy de France, le premier dimanche des advents ; et comme les nouvelles en venissent à Rome au pape Urbain, auquel le roy Charles son père avoit supplié que il priast à Dieu que il peut avoir lignée ; quant il le sceut, il se leva de disner et fit sonner et assembler les cardinaux et chanter *Te Deum laudamus*, et puis chanter une messe de la Nativité nostre Seigneur, *puer natus est nobis*. » Philippe de Maizières, dans le troisième livre, ch. xiv du *Songe du Vieil Pèlerin*, dit que le pape Urbain V avait beaucoup pleuré pour obtenir l'accomplissement des vœux de Charles V.

orgueil, pourroit estre exemple d'ainsi faire en tout ce royaume, et mesme ce seroit ou préjudice du roy qui est souverain seigneur, pour ce, par son conseil, y ala le Roy et toute sa baronnie, à assemblée bannie, moult noble et moult redoubtable, dont les Flamangs, lors remplis de grant oultrecuidance et présumpcion, s'assemblerent à bataille contre leur souverain seigneur, le Roy de France, et contre leur conte, et furent en champ, à banieres levées, le jeudy, jour vingt-septiesme de novembre, en l'an 1382; et là, en la haulte plaine de Rosebech, par la grace de Dieu, ameur de tout droit, furent le Roy enfent présent en la bataille et assemblée, desconfis quarante mille Flamans, et leur capitaine Artevelle mort, et la plus grant partie d'eulx.

Celle grant victoire certifia l'espérance des gens, la bonne fortune et propice eur au jueune Roy, et sanz faille n'y eust mie failly, au noble courage et grant voulenté qu'il a, se maladie ne l'eust de ce empéchié; auquel inconvénient, à luy et à son royaume Dieux tout poissant, par sa digne miséricorde vueille remédier par luy donner entérine santé! Car, de sa condicion, est prince tout bon et si noblement condicionné qu'il n'y a nul deffault : il est souverainement bel de corps et de viaire, grant de corps plus que les communs hommes, bien formé et de beaulx membres; aime les chevaliers, les nobles et les bons; et voulentiers ot parler d'armes qui plus luy plaisent que nulle riens; à sa grant bénignité, douleeur et clémence autre ne se accompare; humain à toutes gens, sanz nul orgueil, de si grant amour à ses parens, amis et affins, et mesme à ses officiers qu'il n'est chose qu'il leur voulsist véer; plus large et libéral qu'onques ne fu Alixandre, car, tout soit sa poissance moult grant, la grant franchise et libéralité l'excede et passe en toutes choses; son peuple aime et ses subgiez, et moult envis les charge; et à brief dire, tant est plain de grand benignité, douleeur et amour, que Dieu le démonstre mesmes eu l'empraînte de sa face; en telle maniere que, de providence divine, a une telle singuliere grace, que toute personne qui le voit, soit estrangier prince, ou autre, est amoureux et resjoy de sa personne, dont maintes foiz ay eu admiracion, véant le grant peuple, femmes, enfens, et toutes gens fuir par les rues pour le veoir passer, quant il est respassez de sa maladye, mesmement gens de nacion non trop familiaire a ceste, passans par Paris leur voye, qui, en le regardant, a peu, pleuroyent de com-

◇◇◇

ne vouloient plus le reconnoître, mais ils étoient rebelles contre leur devoir. C'est pourquoi le sage duc et comte, considérant qu'un tel exemple de rébellion pouvoit devenir funeste à la paix du royaume, et que cet exemple seroit même au préjudice du roi qui est souverain seigneur, engagea le roi à rétablir l'ordre; le jeune Charles, après avoir convoqué tous ses vassaux, marcha contre les Flamands à la tête de toute sa baronnie; alors les Flamands, remplis de grande outrecuidance et présomption, s'assemblèrent en bataille contre leur souverain seigneur, le roi de France, et contre leur comte, et se montrèrent, bannières levées, le jeudi vingt-septième jour de novembre en 1382; là, dans la grande plaine de Rosbek, par la grâce de Dieu qui aime le bon droit, l'enfant roi assistant à la bataille, furent déconfits quarante mille Flamands; leur capitaine Artevelle périt, et la plus grande partie des Flamands périt aussi.

Cette grande victoire réalisa les espérances qu'on avoit mises dans le jeune roi, et montra la fortune bonne et propice pour lui; et certes la fortune ne lui eut mie failli dans son noble courage et sa grande volonté, si la maladie ne l'en eût empêché : que le Dieu tout-puissant, par sa digne miséricorde, veuille lui rendre la santé, pour faire cesser son malheur qui est aussi le malheur du royaume! car il est d'un si bon et si noble naturel qu'il est sans défaut; il est souve-rainement beau de corps et de visage, grand de corps plus que les autres hommes, bien fait et formé de beaux membres; il aime les chevaliers, les nobles et les bons; il entend parler avec plaisir des armes : les armes lui plaisent plus que toute chose; il ne peut être comparé à personne pour la bénignité, la douceur et la clémence; il est doux envers toutes gens, et sans nul orgueil; il aime de si grand amour ses parents, amis et alliés et même ses officiers, qu'il n'est bonne chose qu'il ne desire pour eux; il est plus magnifique et libéral que oncques fut Alexandre; quelque grande que soit sa puissance, sa grande franchise et libéralité l'excède et dépasse en toutes choses. Il aime son peuple et ses sujets, et c'est malgré lui qu'il les charge. En un mot, tant il est plein de grande bénignité, douceur et amour, que Dieu le montre même dans l'expression de sa face; la grâce particulière de la Providence divine éclate en lui de telle manière, que tout homme qui le voit, soit un prince étranger ou autre, est amoureux et resjoui de sa personne que maintes fois j'ai admirée; j'ai vu le grand peuple, femmes, enfants et toutes gens courir dans les rues pour le voir passer dans l'intervalle de sa maladie; chacun, même les étrangers qui, passant par Paris, veulent voir le roi, en le regardant pleure de compassion pour son infirmité et maladie; un tel amour indique que celui qui en est l'objet est un élu de Dieu.

passion de son enfermeté et malage, dont tel amour peut venir, qui ne peut estre autre chose fors don prédestiné esleu de Dieu.

Autre merveille se considere et fait a noter ou cours de sa vie de cestui prince, et de ce je me raporte à tous les plus anciens qui aujourduy vivent, se vérité, sanz parler à voulenté, veulent dire, et aux régistres des choses passées, que, depuis l'aage de cent ans et plus, duquel temps ne puis parler, fors par le rapport des escriptures et croniques, ne fu le royaume de France plus riche, Dieux soit louez; plus le demaine et les fiez acreus, la poissance et noblece, en chevalerie et toutes choses greigneur, ne plus augmentée; plus en paix, moins molestez, gens de tous estas, plus riches, mieulx meublez, soyent princes, nobles, clercs, bourgoiz, ouvriers et gens de commun ; qu'il est, de bonne heure soit dit, aujourduy, et a esté tousjours en amendant au temps du Roy adés vivant, nonobstant ce que à nostre nature imperfaicte, en ce monde non assouvie, ne souffise mie, et que maintes murmuracions ayent esté et soyent sus le gouvernement des princes et leur conseil, sur le fait du royaume; mais plaist au benoit filz de Dieu, que jamais n'alast pis! je tien que ce seroit le plus glorieux royaume qui temporisast soubs les nues, nonobstant que, au gré de tous, qui seroit impossible, ne soit mie gouvernée la chose publique : mais considéré tout ensemble, qui bien au cler y veult regarder, je tien que ma parolle sera véritable trouvée, combien que le sage roy Charles avoit fait le préparatif de ceste grant félicité; mais, comme en riens depuis ne soit amoindri l'estat de la couronne de France, ne la richece de la communité, est à présumer, et je le tiens, que Dieu, du trésor de sa libéralité, veult récompenser à cestui Roy, pour le soustrait de santé et le flayel et glaive sur luy descendu, non mie par ses pechiez, mais de ceuls du peuple punis en sa personne. Ainssi, comme les vengences de Dieu soyent merveilleuses : ainssi, comme jadis la punicion du péchié de David, Dieu purgia par la percussion du peuple, peut estre pour nos pechiez, Dieu consent la playe sus nostre chief.

Une autre grace que Dieu donna jadis à noz peres anciens, par grant espécialté, à ce Roy; car il a moult belle lignée d'enfens encore moult jeunes d'aage : le primier filz, dit duc de Guienne, tant bel prince et de si belle apparence en toutes choses bonnes, comme prince peut estre; autres deux filz semblablement beauls et gracieux, par lesquelz, se Dieu plaist, sera, en leur temps, ce royaume gardez et sous-

◇◇◇

Une autre merveille est à considérer et à noter dans le récit de la vie de ce prince, et pour cela je m'en rapporte à tous les plus anciens qui vivent aujourd'hui, s'ils veulent dire la vérité; je m'en rapporte aussi aux registres des choses passées: c'est que depuis cent ans, et je ne puis parler d'un temps plus reculé que d'après les écritures et chroniques, le royaume de France ne fut plus riche ; Dieu en soit loué ! Jamais depuis ce temps le domaine et les fiefs n'ont été plus accrus, la puissance et noblesse en chevalerie plus augmentée ; jamais le pays n'a été plus en paix et moins molesté ; jamais on n'a vu plus d'aisance et de richesse parmi les gens de tous états : princes, nobles, clercs, bourgeois, ouvriers et gens de commun. Hâtons-nous de dire que l'état du royaume, sous le roi vivant, s'est amélioré peu à peu, quoique ce progrès puisse ne pas complétement suffire à notre imparfaite nature qui ne peut être satisfaite en ce monde, quoiqu'il y ait eu maints murmures sur le gouvernement des princes et leur conseil, sur le fait du royaume; ah! plût au benoît fils de Dieu que jamais le royaume n'allât pis! je tiens que ce seroit alors le plus glorieux royaume qu'il y eût sous les nues, nonobstant que la chose publique ne soit gouvernée au gré de tous, ce qui seroit impossible. Mais si on considère l'ensemble des choses, et si on veut bien y voir clair, je tiens que ma parole sera trouvée véritable : le sage roi Charles avoit fait le préparatif de cette grande félicité. Comme depuis le roi Charles la couronne de France n'a point été amoindrie et que le bien commun n'a rien perdu, je tiens que Dieu a tiré du trésor de sa libéralité cette récompense pour notre roi ; et Dieu a voulu dédommager ainsi ce monarque de lui avoir ôté la santé, et d'avoir fait descendre sur lui le fléau et le glaive, non point à cause de ses péchés, mais à cause des péchés du peuple puni dans la personne de son roi. Les vengeances de Dieu sont merveilleuses. Jadis, pour punir le péché de David, Dieu frappa son peuple; aujourd'hui c'est le chef que Dieu frappe pour nos péchés.

Dieu a donné spécialement à ce roi une grâce que Dieu donna jadis à nos pères anciens ; il a moult belle lignée d'enfants encore moult jeunes d'âge. Le premier fils, appelé le duc de Guienne [*], est aussi beau prince et d'aussi belle apparence en toutes choses que prince puisse l'être; il a deux autres fils [**] également beaux et gracieux par qui, si Dieu veut, le royaume sera un jour gardé et défendu contre les ennemis. Il a

---

[*] Louis, né en 1396, mort en 1415.
[**] Jean et Charles : le premier né en 1398, mort en 1416; le second, né en 1402, fut roi sous le nom de Charles VII.

tenuz contre tous ennemis ; quatre belles filles ; l'aisnée, pieça, couronnée du royaume d'Angleterre, comme dit est ; l'autre, espouse au duc de Brétaigne : laquelle noble compaignie Dieu, par sa saincte miséricorde, vueille saulver et maintenir en bonne convalescence. *Amen.*

Chap. XVI : *Cy dit du duc d'Orliens.*

L'autre filz du sage roy Charles fu Loys, duc d'Orliens à présent vivant, florissant par grace de Dieu en bien. Cestui Loys, acroiscent la joye du pere, nasqui trois ans aprés le susdit Charles dont nous avons parlé ; (d'une fille entre deus ne fais moult grant mencion, ne de trois autres, moult belles dames, pour ce que assez jeunes trespasserent.) Grant joye et solemnité fu faicte de sa naissance : le Roy, resjoy d'avoir deus beauls enfens masles, fist célébrer en chants et sons mélodieus, par toutes esglises, louanges à nostre seigneur ; grant feste fu entre les barons, et le peuple faisant grant feu par toutes les rues de Paris en signe de solemnisée joye.

Le sage roy, son pere, luy fist amenistrer nourreture propice en toutes choses ; l'administracion et garde commist a une bonne et sage dame, appellée madame de Roussel, qui par grant soing le nourry, et la bonne dame, trés qu'il sceust aprendre à parler, les premieres parolles que elle luy apprist fu son *Ave Maria*, et par elle fu si duit, que c'estoit doulcete chose luy oir dire, enfenciablement à genoulz, ses petites mains joinctes devant l'image Nostre-Dame ; et de bonne heure aprist à Dieu servir : car il a trés bien continué en dévocions, oroisons, à l'esglise estre longuement, et à oyr et dire grant service ; bonnes gens et devotz aime et voulentiers ot leur enseignemens, comme il appert par la fréquentacion qu'il fait chascun jour par long espace en l'esglise des Célestins, où a couvent de sains preudeshomes servant Dieu, et là ot le service ; de laquelle fréquentacion est impossible que son ame et ses meurs n'en vaillent mieulx, et que Dieu en ses fais ne luy soit plus propice ; donne voulentiers aux povres, et largement, et chascun jour de sa main ; est moult dévot, par espécial, ou temps de la passion de nostre Seigneur ; le service ot voulentiers en ladicte dévote place, soubstrait de toutes gens, fors des preudes hommes de léans ; visite, oudit temps, l'Ostel-Dieu et les

---

quatre filles belles : l'aînée [*], depuis long-temps couronnée reine d'Angleterre ; l'autre [**], épouse du duc de Bretagne. Que Dieu, par sa sainte miséricorde, veuille sauver et maintenir cette noble compagnie en bonne convalescence ! Ainsi soit-il.

Chap. XVI : *Ici on parle du duc d'Orléans.*

Le second fils du sage roi Charles fut Louis, duc d'Orléans, aujourd'hui vivant et florissant en bien par la grâce de Dieu. Ce Louis, augmentant la joie du père, naquit trois ans après le susdit Charles dont nous avons parlé (Charles VI). Je ne ferai pas grande mention d'une fille [***], née entre les deux, ni de deux autres [****] moult belles dames, parce qu'elles trépassèrent assez jeunes. Il y eut grande joie et grande solennité à la naissance de Louis. Le roi, se réjouissant d'avoir deux beaux enfants mâles, fit célébrer louange à notre Seigneur, dans toutes les églises, par des chants et des sons mélodieux ; il y eut grande fête parmi les barons, et le peuple fit grand feu dans toutes les rues de Paris, en signe de joie solennelle.

Le sage roi, son père, lui fit donner une éducation convenable en toutes choses ; il le confia à la garde et surveillance d'une bonne et sage dame, appelée madame Roussel, qui, par grand soin, l'éleva ; et, dès que le jeune prince sut parler, les premières paroles qu'elle lui apprit, ce fut son *Ave Maria* ; par elle il fut si bien instruit, que c'était doucette chose que de lui entendre dire son *Ave Maria*, enfanciablement à genoux, ses petites mains jointes devant l'image de Notre-Dame ; il apprit de bonne heure à servir Dieu, et il a très-bien continué en dévotion et oraisons : il reste long-temps à l'église et se plaît à entendre et à dire le grand service ; il aime les bonnes gens et les personnes pieuses ; il écoute volontiers leur enseignement, comme cela se voit par les longues stations qu'il fait chaque jour dans l'église des Célestins, où il y a réunion de saints prud'hommes servant Dieu ; c'est là qu'il assiste au service. Il est impossible que cette fréquentation de l'église ne rende point meilleures son âme et ses mœurs, et qu'elle ne lui obtienne la protection de Dieu. Il donne volontiers aux pauvres et largement, et il donne chaque jour de sa propre main ; il est moult pieux, particulièrement au temps de la passion de notre Seigneur ; il entend volontiers le service dans ledit lieu sacré, séparé de toutes

---

[*] Isabelle, née en 1389, mariée au roi Richard.
[**] Jeanne, née en 1391. Les deux autres filles de Charles VI étaient Michelle, femme de Philippe-le-Bon, duc de Bourgogne, et Catherine, femme de Henri VI, roi d'Angleterre.

[***] Marie, morte en 1377.
[****] Le texte porte *trois autres*, au lieu de *deux* ; c'est probablement une erreur de copiste. Ces deux princesses étaient : Isabelle, née en 1373, morte en 1377, et Catherine née en 1377, morte en 1388.

povres malades, leur donne l'aumosne de sa main, et visite les sainctes places.

Ce prince est de trés noble courage et grant voulenté sur la confusion de noz ennemis, comme il y a paru et pert, par ce que hardiement et de grant desir s'est mis en tout debvoir, par ses lettres et messages envoyées en Angleterre, comment la mort du bon roy Richart, à qui sa niepce par mariage estoit donnée, fust vengiée, et luy mesmes offert son propre corps en preuve contre Henry de Lancastre, à présent roy, et par maintes autres offres valeureuses d'armes, comme il appert par les lettres de ce escriptes, lesquelles dites armes offertes en pluseurs manieres n'a osé ledit Henry accepter, n'accomplir.

Cestui prince aime les gentilzhommes et les preux qui par vaillantisse voyagent et s'efforcent d'accroistre l'onneur et le nom de France en maintes terres, les ayde du sien, les honneure et soustient. Cestui est aujourduy le retrait et refuge de chevalerie de France, dont tient noble court et moult belle de gentilzhommes jeunes, beauls, jolis et bien assesmez, tout apprestez d'euls embesoingner pour bien faire. A luy viennent de toutes pars pour sa belle jeunece et espérance de son bienfait, et il les reçoipt amiablement, et entr'eulx est en maintien de prince tout tel qu'il appartient.

En ses jeunes faiz, est entoutes choses trés avenant; bel est de corps, et a trés doulce et bonne phinozomie, gracieux en ses esbatemens; ses riches et genz abillemens bien luy siéent; bel se contient à cheval; abillemens à feste se seet avoir, et trés bien dance; jeue par courtoise maniere; rit et soulace entre dames avenamment.

Ses condicions sont telles : il aime les bons, comme dit est; il a sens naturel tel que nul de son aage ne le passe, maintieng hault et benigne, parolle rassise et agmodérée; n'a en luy felonnie, ne cruaulté, doulce response et amiable rent à toute personne qui à luy a à besoingnier; et, entre les autres graces qu'il a, certes, de belle parleure aornée naturelement de réthorique, nul ne le passe; car, comme il aviegne souventefoiz, devant luy faictes maintes colacions de grant congrégacions de sages docteurs en sciences et clercs solemnelz, aussi au conseil et alieurs, où maint cas sont proposez et mis en termes de diverses choses, merveilles est de sa mémoire et belle loquelle; car n'y aura si estrange proposicion que, au respondre, il ne répéte de point en point, par ordre, à chascun, si

◇◇◇

gens, hormis des prud'hommes qui prient avec lui; il visite, au temps de la passion, l'Hôtel-Dieu et les pauvres malades, leur donne l'aumône de ses mains et visite les lieux sacrés.

Ce prince déploie un grand courage et une grande force contre les ennemis, comme cela s'est vu et se voit encore par les lettres et messages qu'il a hardiment portés en Angleterre [*] pour venger la mort du bon Richard qui avoit eu sa nièce en mariage; lui-même avoit offert son propre corps en preuve contre Henri de Lancastre, à présent roi d'Angleterre, et avoit montré son courage par maintes offres valeureuses d'armes, comme cela se voit par les lettres écrites sur ce sujet; ledit Henri n'a point osé accepter lesdites armes offertes de plusieurs manières.

Ce prince aime les gentilhommes et les preux qui, par vaillance, voyagent et s'efforcent d'accroître le nom et l'honneur de la France en maintes terres; il aide du sien, les honore et les protége. Il est aujourd'hui l'asile et le refuge de chevalerie de France; il tient noble et belle cour de chevaliers et de gentilshommes, jeunes, beaux, jolis et très-parés, tout prêts à bien faire au besoin. Ils viennent à lui de toutes parts pour sa belle jeunesse et par l'espoir de ses bienfaits; il leur fait aimable accueil, et parmi eux, Louis

◇◇◇

est en maintien de prince comme il convient.

Il est en toutes choses très-avenant: il est beau de corps, il a très-douce et bonne physionomie; il se montre gracieux dans ses ébats; les riches et charmants vêtements lui vont bien; il se tient bien à cheval; il lui sied d'avoir des habits de fête, et danse très-bien; il joue par courtoise manière, rit et s'amuse avec les dames comme il convient.

Ses qualités sont telles : il aime les bons, comme cela a été dit; il a un sens naturel tel que personne de son âge ne le passe; il a un maintien noble et bienveillant; sa parole est grave et calme; il n'y a en lui ni félonie ni cruauté; il rend douce et aimable réponse à toute personne qui a besoin de lui; entr'autres avantages, il en a un pour lequel nul ne le passe, c'est une belle parlure naturellement ornée de rhétorique. Dans des réunions de sages docteurs en sciences et de clercs solennels, dans le conseil et ailleurs, où maints cas sont proposés et agités de diverses manières, c'est chose merveilleuse que sa mémoire et sa belle loquelle. Il n'y a point de proposition qu'il ne répète de point en point, en répondant à chacun, et toutes ses réponses sont si promptes, si parfaites, qu'on croiroit qu'il a étudié la matière de longue main. Quand il parle, c'est une belle chose que de voir son beau maintien,

---

[*] Christine parle ici du défi envoyé, en 1402, par le duc d'Orléans au roi Henri d'Angleterre, coupable de la mort de Richard IV et usurpateur de son trône; Richard IV avait pour femme Isabelle, fille de Charles VI.

bien et si vivement responde ou replique, s'il affiert, qu'il semble que de longue main ait estudié la matiere; et par si bel maintien et signorie contenance parle, attrait non de haulte ne de fiere parolle, mais rassisément et tout en paix, que ce est grant beaulté : et ce ay-je veu de mes yeulx, comme j'eusse affaire aucune requeste d'ayde de sa parolle, à laquelle de sa grace, ne faillis mie; plus d'une heure fus en sa présence, où je prenoye grant plaisir de veoir sa contenance, et si agmodérément expédier besongnes, chascune par ordre; et moy mesmes, quant vint à point, par luy fus appellée, et fait ce que requéroye.

Avec les autres bonnes condicions n'est mie moult vindicatif de desplaisirs receus, tout le peust-il bien faire; et certes, c'est moult noble condicion à prince. Pitié a de ceuls qu'il voit confus, si, comme une fois, entre les autres demonstrances de sa bénignité, avint, comme il regardast luictier de ses gens enmy sa court, un jeune homme, eschauffé d'ire trop follement, donna une buffe à un autre; cellui fu moult felonnessement pris et menaciez, pour l'injure faicte devant le prince, que le poing aroit coppé; le bon Duc, comme il veist le cas d'omme moult confus, dist à ses gens tout bas : « Dictes, » dictes, qu'on luy face paour, et que on le laisse » aler. »

N'a cure d'oyr dire deshonneur de femmes, ne de nulluy mesdire, et ne croit mie de legier mal qu'on luy rapporte d'autruy, à l'exemple du sage, et dit telles notables paroles : « Quant » on me dit mal d'aucun, je considere se celluy » qui le dit a aucune particuliere hayne à » celluy dont il parle; aussi se envie luy fait » dire, ou se il tient à le despointer d'aucun » dégré pour y estre luy mesmes. » Et ceste sage et bonne condicion à prince, de non croire de legier, me ramentoit ce qui est escript à ce propoz du vaillant empereur Julius-César, que, entre les autres vertus de luy, il ne créoit mie de legier maulvais rapports. Une foiz luy fu dit, que un de ses chevaliers avoit dit mal de luy; l'Empereur respondy, que il ne le croyoit mie; et comme l'autre jurast et affermast que voir estoit, César respondy que ce n'estoit mie chose créable, que il ne fust amez de celluy à qui il avoit bien fait. Aristote dit, que quant prince croit de legier, il ouvre la porte aux mençongeurs de luy raporter nouvelles.

Assez pourroye dire de cestui prince sage en juene aage, de laquel chose on peut jugier par ce que on voit de luy ; se il vit jusques au temps de vieillece, ce sera prince de moult grant excellence, par qui mains grans biens seront faiz : moult s'est efforciez de mectre paix en l'Esglise, luy mesmes pour celle cause, est alez devers le Pape : en toutes guises se vouldroit travailller

◇◇◇

sa noble contenance; cet air ne lui vient point d'une dédaigneuse fierté, mais de sa maturité et de sa paix intérieure; et cela, je l'ai vu de mes yeux lorsque j'ai eu besoin de recourir à lui; je restai plus d'une heure en sa présence, et je prenois grand plaisir à voir sa contenance, à le voir expédier toutes les affaires chacune à son tour; moi-même, quand mon tour vint, je fus appelée par lui, et il fit ce que je demandois.

Ajoutez à ses bonnes qualités qu'il ne cherche point à se venger des torts qu'on a pu avoir envers lui, et certes, c'est là une noble qualité pour un prince. Il a pitié de ceux qu'il voit confus, comme une fois cela arriva pour faire éclater encore sa bénignité : le prince regardoit lutter de ses gens au milieu de sa cour; un jeune homme, enflammé de colère trop follement, donna une buffe à un autre; le jeune homme fut sévèrement blâmé et menacé qu'il auroit le poing coupé pour l'injure faite devant le prince. Le bon duc, comme il vit le cas de cet homme moult confus, dit à ses gens tout bas : « Dites, dites, qu'on » lui fasse peur et qu'on le laisse aller. »

Il n'écoute jamais le mal qu'on dit des femmes, et ne médit de personne, et ne croit pas légèrement le mal qu'on lui rapporte sur autrui, à l'exemple du sage; il dit ces notables paroles : « Quand on me dit du mal de quelqu'un, je con- » sidère si celui qui me le rapporte n'a aucun mo- » tif particulier de haine contre celui dont il » parle; je considère si l'envie ne le fait point » parler, ou s'il ne cherche pas à lui faire perdre » quelque place qu'il voudroit pour lui-même. » Cette sage et bonne qualité d'un prince, de ne pas croire légèrement, me rappeloit ce qui est écrit à ce sujet sur le vaillant empereur Jules-César, qui, entr'autres vertus qu'il avoit, ne croyoit pas légèrement de mauvais rapports. On lui dit un jour qu'un de ses chevaliers avoit mal parlé de lui; l'empereur répondit qu'il ne le croyoit pas; comme l'autre jura et affirma que cela étoit vrai, César répondit que ce n'étoit mie chose croyable qu'il ne fût point aimé de celui à qui il avoit fait du bien. Aristote dit que, quand un prince croit légèrement, il ouvre la porte aux menteurs pour qu'ils viennent lui rapporter des nouvelles.

J'en pourrois dire davantage sur ce prince sage au jeune âge; on peut en juger par ce qu'on voit de lui. S'il vit jusqu'au temps de la vieillesse, ce sera un prince de moult grande excellence, par qui maints grands biens seront faits; il s'est moult

que tout bien fust fait et le mal laissié. Noble dame a espousée et de grant prudence, fille au duc de Millan, dont il a trois beaulx et gracieux filz, que Dieu, par sa miséricorde, vueille acroistre entoute vertu!

Chap. XVII : *Ci dit d'aucuns du sang royal, et de tous en général, et des nobles de France.*

Aprés ce que j'ay parlé des branches et fruit de ce noble arbre, est droit que je die des beaulx gictons et ver des fueilles fresches et belles, soubz laquelle umbre ce royaume est et sera gardé de l'arsure et trop excessive chaleur de jours chennis du temps d'esté ; lesquelz gictons et fueilles sont les nobles parens, nepveus et niepces, et cousins du sage roy Charles et de ses nobles enfens ; lesquelz enfens ay jà nommez partie cy-devant, et d'aultres du sang royal, par qui sera, à l'ayde de Dieu, France gardée et garentie des ennemis, pour laquel crainte n'oseront sortir l'effait de leur malice en ce royaume ; si comme jà pieça sont alez contre eulx le noble Charles d'Alcbreth, connestable de France, à belle compaignie és marches de Guienne, et Jaques de Bourbon, conte de la Marche, chevalier jeune, de grant bonté, et, dés son enfence, prist armes à hanter, es marches d'Italie, lequel exercite luy plaist et a tousjours continué vaillamment, qui pareillement vait à grant armée, passant la mer périlleusement contre noz ennemis, és marches de Gales.

Et aussi de mains autres de celle noble ligniée, dont ne puis tout dire, et par les aliences des mariages des belles dames nées du sang royal, de qui naistra nouveaulx parens és estranges contrées et affinitez és nacions loingtaines.

Ainssi ces nobles fleurs de lis odorans venues de la racine susdite, qui de Troye la grant fu apportée, seront et sont peuplées en exaulcement de gloire et vertu, par quoy maintes gens seront revigorez et reconfortez, et aussi par l'ayde de la noble chevalerie de France monteplyée, Dieux mercis, autant comme en tous les temps passez ait esté, où moult a de vaillans hommes et de bonne volentés et desirans d'acroistre leur loz et renommée ; et aussi des sages conduiseurs et meneurs des fais de ce royaume, si comme le conte de Tancarville, seigneur véritable et preudome, bon, loyal et sage conseilleur, M. de Heugueville, et mains autres sages et vaillans,

---

efforcé de mettre la paix dans l'église ; lui-même est allé pour cela trouver le pape ; il voudroit travailler de toutes les manières pour que le bien fût fait et le mal évité. Il a épousé une noble dame et de grande prudence, fille du duc de Milan *, dont il a eu trois beaux et gracieux fils **, que Dieu, par sa miséricorde, veuille accroître en toute vertu !

Chap. XVII, *où il est parlé de quelques personnes du sang royal, de tous les princes en général de la maison de France, et des nobles du royaume.*

Après avoir parlé des branches et des fruits de cet arbre auguste, il convient de dire quelque chose de ses beaux rejetons, de ses feuilles fraîches et belles : délicieux ombrage qui gardera ce royaume de l'ardeur du midi, et des feux dévorants des jours caniculaires. Ces rejetons et ces feuilles sont les nobles parents, neveux, nièces et cousins du sage roi Charles et de ses enfants. J'ai fait déjà connoître en partie ces derniers et quelques personnes du sang royal; par eux, Dieu aidant, la France sera défendue et gardée de ses ennemis. Cette leur inspireront une crainte salutaire qui les empêchera de nuire à ce royaume. Déjà sont allés contre eux, avec de belles compagnies, aux marches de Guyenne, le noble Charles d'Albret, connétable de France ; Jacques de Bourbon, comte de la Marche, jeune et bon chevalier, qui prit les armes dès l'enfance et fréquenta les marches d'Italie. Dès lors, il a toujours noblement pratiqué ces belliqueux exercices où se plaît son courage. A la tête d'une nombreuse armée, passant la mer en grand péril, il combattit nos ennemis dans les marches de Galles.

Il en est maints autres encore de cette noble famille, sur lesquels je ne puis tout dire. Du sang royal sont nées aussi de belles dames qui, mariées dans les contrées lointaines, donneront le jour à de nouveaux parents, à des alliés fidèles.

Ainsi ces nobles fleurs, ces lis odorants, sortis de la digne souche qui nous est venue de Troie, se multiplieront et croîtront en gloire et en vertu; maintes gens y trouveront consolation et appui, à l'aide aussi de la chevalerie de France, nombreuse et belle autant qu'elle fut jamais, où sont tant de vaillants hommes, et d'un si bon vouloir, et si desireux d'acquérir louange et renommée. Que dirai-je encore des sages conduiseurs et meneurs des faits de ce royaume ? Le comte de Tancarville, vrai seigneur et homme sage, bon, loyal, et prudent conseiller ; M. de Heugueville et

---

* Valentine, fille de Galéas Iᵉʳ, duc de Milan.
** Les trois fils dont parle ici Christine, étaient : Charles, duc d'Orléans ; Philippe, comte des Vertus; et Jean, comte d'Angoulême.

tous tendens au bien et utilité de ceste terre ; et d'autres preudeshommes, sages distribueurs et conseilliers loyaulx de la personne du Roy, si comme messire Jehan seigneur de Montagu, vidame de Laonnois et grant-maistre d'ostel du Roy, chevalier sage, loyal, preudome et de conscience ; et celluy suis-je tenue de ramentevoir, car c'est le pere des povres et secours des besogneux, homme prudent et discret, large de son avoir et de sa parolle, et ayde libéral et vray amy, si comme maint et moy l'avons esprouvé ; le benoit filz de Dieu le vueille tenir en prospérité !

Si avons cause d'espérer, à l'ayde de Dieu, et n'est point de doubte, France estre continuée en bonne convalescence et prospérité, selons les aultres terres de crestienté, ésquelles les seigneuries sont venues d'aventure et continuées par tirannie, non pas ainsi naturelles comme en ce royaume, et où il n'a tant de pilliers nobles et poissans tous d'une loyal aliance et d'un lignage, vrays et obéissans à un seul chief ; et quoyque pluseurs gens dient et jugent que tout ira mal, pour les péchiez commis en ce royaume, je tiens que Dieu misericors, qui scet la fragilité humaine, conservera son Roy et son peuple vray Crestien et non cruel, mais humainement pécheur, et non obstiné, ne de si horrible perversité, comme en pluseurs pays sont ; laquelle chose Dieu, par sa miséricorde, vueille octroyer !

Chap. XVIII : *Cy respont Cristine à aulcuns redargus que on luy pourroit faire.*

Or est temps que je retraye à ma primiere matiere ; mais avant, me convient excuser et respondre à deux articles de quoy les redargueurs me pourroyent, présentement et ou temps à venir, encourper de vice ; l'un que el continue de mon œuvre, és chapitres là où je parle du Roy à présent régnant et de noz autres seigneurs, en louange d'eulx et de leurs meurs, que flaterie, pour acquerir leur grace ou bénéfice, m'a ingérée à ce dire ; car, comme nul homme soit sanz crime, je me taise de leur vices et dye sanz plus les vertus : l'autre que, comme il n'appartiegne louer aucun, et déterminéement le dire estre bon jusques après le terme de ses jours, comme toutes choses soyent extimées selon le regart de la fin, je aye dit, yceuls nos princes estre bons, desquelz ne sçay l'expérience derreniere de leur fais. Si diray pour responce, saulvant la vérité, que à ce ne m'a meue aucune adulacion, n'espoir que pour ce eusse leur grace ; mais, comme desir me menast de bien et deue-

tant d'autres sages et vaillants, tous occupés du bien et de l'avantage du pays ; et de ces prud'hommes, sages dispensateurs, loyaux conseillers de la personne du roi ? messire Jean, seigneur de Montagu, vidame de Laonnois et grand-maître d'hôtel du roi, chevalier sage, loyal, intègre et avisé. Et c'est un devoir pour moi de consacrer son souvenir ; car il est le père des pauvres et l'appui de tous les foibles, homme prudent et discret, généreux et serviable, libéral, obligeant et ami sincère, comme plusieurs et moi-même nous l'avons éprouvé. Que le benoît fils de Dieu veuille le tenir en prospérité !

Nous devons donc espérer et tenir pour certain, qu'avec l'aide de Dieu, la France, par degrés, continuera de marcher dans un état prospère, à l'exemple des autres terres de la chrétienté. Les maîtres, dans ces pays étrangers, se sont élevés d'aventure et ont continué par tyrannie. Les souverainetés n'y sont point naturelles comme dans ce royaume, où il y a tant de soutiens nobles et puissants, formant un corps illustre, héréditaire, et franchement soumis à un seul prince. Quoique bien des gens disent et pensent que tout ira mal à cause des péchés commis en ce royaume, je tiens que le Dieu de miséricorde, qui connoît la foiblesse humaine, conservera et le roi et son peuple vrais chrétiens et non cruels, pécheurs il est vrai, puisqu'ils sont hommes, mais non endurcis, ni horriblement pervers, comme on l'est en maints pays. Que Dieu, dans sa miséricorde, veuille nous octroyer !

Chap. XVIII, *où Christine répond d'avance à certaines critiques que l'on pourroit lui faire.*

Il est temps de revenir à mon premier sujet ; mais je dois présenter avant mon excuse, et répondre à deux points sur quoi les critiques me pourroient, aujourd'hui et dans les temps à venir, accuser d'impéritie. Le premier est que dans le cours de cet ouvrage, dans les chapitres où je parle du roi régnant et de nos autres seigneurs, la flatterie m'a portée à faire l'éloge et d'eux et de leurs mœurs, pour en obtenir des graces ou des bienfaits : nul homme n'étant sans crime, je me suis tue cependant sur leurs vices, et n'ai parlé que de leurs vertus. Le second est que bien qu'il ne faille louer personne, ni dire qu'il fut bon, avant le dernier terme de ses jours, toutes choses devant être appréciées en raison de la fin, j'ai dit cependant que nos princes avoient été bons, avant que l'expérience eût pu m'apprendre de quelle nature seront leurs actions dernières. Je répondrai, en l'honneur de la vérité, que je ne fus point mue à cela par un sentiment d'adulation,

ment accomplir l'œuvre emprise, c'est assavoir de la loange du sage roy Charles, par diligent informacion enquérir, à ce propoz, ce que ne sceusse de moymesmes, et que expédient savoir m'estoit, m'a semblé pertinent à la matiere, ramentevoir son trés excellent, noble et digne parenté ; mais, comme de ce ne sceusse de moy parler, fors à l'aventure, et non vivement, me soye informée diligemment de chascun d'eulx, par ceuls qui plus les fréquentent, et qui mieulx le doivent savoir, sages dignes de foy, et leur desclairant la cause qui me mouvoit, et priant, à celle fin, qu'en mon traictié n'eust mençonge, me deissent pure vérité de leur fais, dignes d'estre ramenteus, et leur meurs louables et condicions, si ne croye nul que y aye mis mençonge, de mon auctorité, qu'en vérité non ay ; ains sçay bien, nonobstant à de ce faire enqueste, aye mis diligence de ma poissance, n'en ay mie parlé souffisamment : l'une cause est, comme ne soye à la value ; l'autre, que tous les fais dignes de loz, ne m'ont mie esté raportez ; car, comme je feisse, à mon povoir, diligence du sçavoir, les aucuns trouvoye qui bien et voulentiers m'en disoyent ce qu'ilz en sçavoyent et qu'il leur en estoit avis ; et d'autres, par aventure, pour ce qu'il leur sembloit non appertenir à ma petite faculté, qui femme suis, enrégistrer les noms de si haultes personnes, ne m'en deignoient tenir resne ; toutefoiz vrayement, comme pourront tesmoigner, oyant ceste matiere, ceuls qui en ont déposé, telle en est la relacion que trouvé ay.

Et, à ce que on pourroit dire, que n'ay parlé, fors de leur bienfaiz, et teu les vices, je respons : que le texte de mon livre n'est que en louant les vertus, et parler des vices seroit hors de mon propoz né, mais en tant comme doit estre présupposé le blasme des vices en loant les vertus. Et se vices en eulx a, de ce ne sçay-je riens, n'enqueste n'en ay faicte ; et de parler en reprenant les princes en publique, saulve la révérance de ceuls qui ce vouldroyent approuver, nonobstant que tous aucteurs, comme je tiens, refferandeurs de traictiez ou dictiez, à ce propoz ayent fait ou facent tout à bonne fin, selon mon petit entendement, n'est mie à tous licite, vouloir, en la face du peuple, corriger leur faiz : posons que on les veyst defaillans, pour pluseurs raisons ; car, comme nature humaine soit incline à plus noter le vice d'autruy que le sien propre, seroit cause de exaulcement

◇◇◇

ni par l'espoir d'obtenir des faveurs. Mon but étoit de bien et duement remplir la tâche que j'avois entreprise ; savoir : de m'enquérir par diligentes informations de ce qui étoit à la gloire de notre sage roi Charles. A cet égard il y avoit des choses que de moi-même je ne savois point, et qu'il me falloit pourtant savoir. Il me sembla donc opportun de porter l'attention sur son illustre et digne parenté. Mais comme je n'en eusse pu parler d'après moi à l'aventure, et non exactement, je me suis informée avec diligence de chacun d'eux, auprès de ceux qui les fréquentent le plus, personnes sages et dignes de foi, et qui, le mieux de tous, doivent savoir ces choses. Je leur fis connoître la pensée qui me guidoit, les priant, pour que mon livre ne contînt nul mensonge, de me dire la vérité pure, sur les actions des princes qui méritoient d'être citées, sur leurs mœurs, et sur leurs louables habitudes. Que nul ne croie donc que de mon autorité, qui est nulle assurément, j'aie dit en cela mensonge. J'avoue que malgré mes recherches, malgré la diligence que j'ai pu mettre à les faire, je n'ai point parlé d'eux d'une manière complète ; d'abord parce que certains faits n'avoient pas assez d'importance pour être rapportés ; ensuite parce que toutes celles de leurs actions qui sont dignes de louange ne m'ont pas été redites. En effet, en dépit de tous mes efforts pour être bien instruite, si j'en trouvois d'aucuns qui volontiers me disoient et leur avis et tout ce qu'ils savoient, d'autres, par aventure, jugeant qu'il n'appartient pas à une simple femme dénuée de tout crédit, d'enregistrer les noms de si hautes personnes, ne daignoient point me faire de réponse. Toutefois, comme pourront le témoigner, en lisant ces faits, ceux qui me les ont appris, j'en ai donné la relation véridique, telle que je l'ai reçue.

Quant à ce que l'on pourroit dire, que j'ai parlé seulement de leurs vertus sans tenir compte de leurs vices, je réponds que le but de mon livre est de louer les vertus ; que parler des vices seroit sortir de mon sujet ; mais qu'enfin l'éloge des vertus implique de soi-même la réprobation des vices. Y a-t-il des vices en eux ? J'avoue ne le point savoir et ne m'en être point informée. Du reste, et selon mon foible jugement, il n'est pas licite à tous de vouloir réprimander les princes en public, et corriger leur vie à la face du peuple. J'en demande pardon à ceux qui sont d'un autre avis. Néanmoins, les auteurs qui l'ont fait, historiens ou moralistes, se sont, je ne fais point difficulté d'en convenir, proposé une bonne fin. Supposons qu'on les ait vus faillir en pluseurs occasions ; l'homme étant par nature plus disposé à remarquer les vices d'autrui que les siens propres, ou accroîtroit par là le blâme qu'ils méritent, ce qui pourroit devenir plus dangereux qu'utile. De plus, et en dépit de l'autorité des princes, leurs vices, lorsqu'ils en ont, sont bien plus remarqués que ceux des autres hommes, et plus tôt divulgués. Aussi faut-il là-dessus s'en rappor-

de leur blasme, laquel chose plus pourroit tourner à péril que à utilité ; et aussi, nonobstant que princes soyent singuliers en auctoritez de persones, se vices a en eulx, trop plus sont pésez et ventilez en toutes pars, que ne soit d'autres gens, pour ce s'en raporter à ceuls à qui en appertient la correccion à part, et à leurs secrez amis, qui, pour le bien de leur ame et de renon, leur doivent en privé dire et monstrer, est, selon mon avis, le plus seur ; et, quant à moy, si présumpcion m'avoit menée à les reprendre, me pourroit véritablement estre respondu ce qui est escript de Julius-César, que, comme un sien homme, par grant injure, l'appellant *tirant*, César respondy : « Se je le fusse, tu ne l'osasse » dire. »

A l'autre article que pourroyent dire, que je deusse avoir attendu après leur mort ; je respons, que taire vertu et bienfait, où qu'il soit veu et apperceu, doit estre réputé comme raim d'envye ou reprimacion de salutaire exemple ; et quoy qu'on die, louer autruy estre flaterie, ce ne peut estre ; car, vérité dire du bien d'autruy, où que elle soit dicte, et par espécial, en exaulcement de celluy ou ceulx en quy vertu est trouvée, n'est adulacion et ne doit estre reputée, laquelle n'est autre chose, fors, fainctement par mençonge, loer autruy par controuvées blandices ; lesquelles choses ne sont point là où vérité est dicte, quelqu'en soit la loange. Et que j'eusse laissié à dire vérité, si comme rapport de pluseurs me tesmoigne, à gloire et loange de euls, pour actendre après leur mort peut-estre que plus sera ma vie briefve, ou que occupacion de viellece, maladie, ou autres cas me toldra l'exercite d'escriptre, ou, par aventure, si à propoz ne seroit appliquié.

Et, comme il soit temps de faire fin à ceste matiere et reprendre nostre primiere forme, supplie humblement à la haultece des trés poissans et redoubtez princes dont mémoire est cy faicte, qu'il leur plaise prendre en grace le petit stile et escripture du rapport et declaracion par moy simplement expliquée de l'informacion de leur nobles meurs et faiz.

CHAP. XIX : *Ci dit, comment le roy Charles fist messire Bertram du Clequin, connestable.*

Nostre trés bon sage roy Charles, avisant, en un temps, ou contenu de ses guerres, que le fait de la chevalerie en son royaume commençoit aucunement à descheoir, ne par tel vigueur n'estoit maintenu comme souloit, ains venu ainssi comme en une négligence affétardie, parquoy ses ennemis, plus que ne souloyent, se prisdrent à enhardir en France, et moult fouler et démarchier le royaume ; et de fait passerent par deçà les Anglois, par grant armée, de laquelle fu

◇◇◇

ter à ceux à qui le redressement spécial en appartient ; et à leurs amis privés qui, pour le bien de leur âme et de leur réputation, doivent en secret les leur faire apercevoir. C'est le parti, à mon avis, le plus sage. Pour moi, si la présomption m'avoit portée à les reprendre, on pourroit avec justice me répondre ce qui est rapporté de Jules César. Un homme l'ayant par grande injure appelé tyran : « Si je l'étois, lui répondit César, tu » n'oserois pas me le dire. »

Quant à l'autre point, à ce que l'on pourra dire que je devrois avoir attendu après leur mort, je réponds que taire les vertus et les bienfaits, où on les voit et les découvre, doit être réputé pour effet de l'envie, car ce seroit tenir caché un salutaire exemple. Quoique l'on dise que louer autrui est flatterie, il n'en est point ainsi. Dire la vérité sur les avantages d'autrui, de quelque manière qu'on la dise, et surtout lorsqu'on relève les vertus de celui ou de ceux en qui on en remarque, ne doit point passer pour de l'adulation : l'adulation n'est autre chose que louer autrui par mensonge et par feintes caresses. Ce qui n'a point lieu, quelle que soit la louange, lorsqu'on dit la vérité. Et pourquoi eussé-je négligé de dire la vérité à leur louange et gloire, comme plusieurs le témoignent, et attendu après leur mort pour le faire? Ma vie sera peut-être plus courte que la leur ; les soins de la vieillesse, la maladie, ou toute autre cause peuvent m'ôter la faculté d'écrire ; et d'ailleurs, cela ne viendroit pas alors à point comme aujourd'hui.

Comme il est temps d'en finir sur ce sujet et de reprendre notre premier sujet, je supplie humblement les très-grands et très-redoutés princes dont la mémoire est ici rappelée, d'avoir en gré le simple style dont j'ai peint leurs dignes mœurs, et le récit, sans art, de leurs nobles actions.

CHAP. XIX, *où il est dit comment le roi Charles fit connétable messire Bertrand Du Guesclin.*

Le bon roi Charles-le-Sage, à l'époque de ses guerres, s'aperçut que la chevalerie de son royaume commençoit à déchoir : n'étant pas maintenue dans sa vigueur accoutumée, elle dégénéroit par cette funeste incurie. Les ennemis se prirent à s'enhardir en France, à moult fouler et démembrer le royaume. Les Anglois débarquèrent avec une grande armée, commandée par Robert Canolle, qui, vers ce temps, causa de grands dommages en nos contrées. Il vint presque devant Paris, alors que sommeilloit la chevalerie de

capitaine un Anglois, appellé Robert Canolle, quy, ou temps d'adont moult dommaga ce royaume; jusques devant Paris vint, ou temps de l'endormie chevalerie de France, comme dit est, dont l'avisié roy Charles, qui riens ne faisoit par soubdaineté, n'a volenté, fors selon le regart de discrécion et raison, ne volt soufrir que le peuple de Paris issist hors contre euls à bataille, tout en eust ledit peuple grant désir et moult en murmurast; mais le Roy, non alors bien porveu de principal chief de sa chevalerie, considérant gens de peuple contre esprouvez hommes d'armes estre comme tropiaulx de brébis devant les loups, ou oiselles au regart des ostours, ama mieulx y pourvoir par autre voye.

Adonc estoit connestable de France un chevalier appellé Moreau de Fiennes; le Roy avisant celluy endormi et froit ou fait de la chevalerie, le déposa de la connestablie, et conseil ot d'eslire autre nouvel, lequel sage et propice sur tous autres estoit en l'exercite d'armes; car, si comme il est escript ou susdit livre du *Régime des Princes*, là où il parle de chevalerie, par moult grant esgart et délibéracions de sens, doit estre avisé, quelz gens on establit chevetains et conduiseurs des autres; car, ainssi, comme nul n'est digne d'estre appellé maistre, s'il n'a science, nul ne doit estre esleu à tel charge, s'il n'est expert, prompt et apte à toute office de chevalerie, et à tout œuvre de guerre et de bataille. Et toutes ces choses bien avisées par le Roy et son sage conseil, fu lors esleu à connestable de France le bon Breton, chevalereux et preux messire Bertram Du Clequin, et fu fait, le mercredi second jour du mois d'octobre, l'an 1370; duquel dit connestable trop de biens ne pourroyent estre dis, qui onques, pour paour de mort ne guenchi; hardy comme léon est tout tel qu'à preux et vaillant chevalier apertient estre; car, comme dit Végece, pour paour de mort en la deffense du bien publique chevalier ne doit estre récréant, si comme il est escript du bon prince Codrus, vaillant et preux, recorde saint Augustin, et aussi Valere, que comme il eust amené son ost contre les Pelopósiens, et la bataille fu moult aspre, il envoya à Apollo, le dieu de Delphe, savoir en quelle maniere son ost pourroit avoir victoire; la responce de l'idole fu, que le peuple aroit victoire se le Roy mouroit en la bataille; et, comme celle responce fust tantost espondue en toutes les deux ostz, en la contraire partie fu crié, que on gardast bien que à la personne du roy Codrus ne fust touchié; Codrus, qui ce ot entendu, par désir de saulver son peuple et ost, laquelle fust vainqueresse, ne fist force de mourir, ains, desvestit son abit royal et se mist en forme d'un povre chevalier, et ainssi entra en la ba-

⸙

France. Le roi Charles qui ne faisoit rien soudainement ni par caprice, mais agissoit toujours avec raison et sagesse, ne voulut point permettre que le peuple de Paris sortît pour les combattre, quoique les habitants en eussent un grand désir et murmurassent beaucoup de la défense. Mais le roi qui n'étoit point alors pourvu d'un chef habile pour sa chevalerie, considérant que de simples gens du peuple, contre des hommes d'armes éprouvés, seroient tels qu'un troupeau de brebis devant les loups, ou comme des oisillons en présence des vautours, aima mieux y pourvoir par une autre voie.

Un chevalier, nommé Moreau de Fiennes, étoit alors connétable de France. Le roi voyant qu'il étoit froid et languissant aux faits de la chevalerie, le déposa de ses fonctions, et résolut d'élire un autre connétable, sage et habile sur tous autres dans la pratique des armes. Il est écrit dans le livre déjà cité du *Régime des princes*, à l'endroit où il traite de la chevalerie, que l'on doit aviser avec beaucoup d'attention et de prudence quels gens on établit chévetains et conducteurs des autres; et que nul n'étant digne d'être appelé maître, s'il ne possède la science, nul ne doit être élevé à pareille charge, s'il n'est expert, prompt et habile à tout office de chevalerie, à toute œuvre de guerre et de combats. Tout cela étant bien médité par le roi et son conseil, on élut pour connétable de France le brave Breton, le vaillant et preux messire Bertrand Du Guesclin, ce qui eut lieu le mercredi, second jour du mois d'octobre de l'an 1370. On ne sauroit dire trop de bien de ce connétable qui jamais ne sourcilla par crainte de la mort; il fut hardi comme un lion, et tel en toutes choses qu'il appartient à un preux et vaillant chevalier. Car, comme dit Végèce, la peur de mourir en défendant le bien public ne doit point détourner le chevalier de sa tâche. C'est ainsi qu'on le rapporte du bon prince Codrus. Saint Augustin et Valère-Maxime nous apprennent que ce roi preux et vaillant ayant mené son armée contre les Péloponésiens, et la bataille étant des plus sanglantes, il envoya consulter Apollon, le dieu de Delphes, pour savoir par quel moyen son armée pourroit remporter la victoire. La réponse de l'idole fut que le peuple auroit la victoire, si le roi mouroit dans le combat. Cet oracle étant connu des deux armées, on recommanda dans celle des ennemis de ne pas toucher à la personne du roi Codrus. Codrus ayant appris cela, et désirant de sauver son armée et son peuple, n'hésita point à mourir pour les rendre victorieux. Il quitta son habit royal, et revêtit les armes d'un simple chevalier. Il alla ainsi au combat où il fit maintes prouesses; mais

taille, ou il fist maintes proéces, mais tant s'abandonna qu'il fu occiz et ceuls d'Athenes orent la victoire.

Chap. XX : *Comment les chevalereux firent grant feste de ce que messire Bertram fu fait connestable.*

Si tost que Bertram fu fait connestable, grant joye fu menée entre les vaillans chevalereux, et les armes reprises de maint qui, comme par ennuy de négligent conduiseur, les avoyent délaissées.

Adont les gentilzhommes de la nacion de Bretaigne, comme très resjoys, prisdrent à venir de toutes pars, le suivre et avironer tout ainssi que la geline les poussins, luy offrir service et corps desireux de bien faire, et leur sembla qui trouvé qui d'oiseuse les gardera : or ont recouvré chief correspondent à leur nature ; car naturellement, comme on treuve en escript des regars des planetes, ycelle gent, plus qu'autres sont combatans et enclins à bataille, par la planete de Mars, influant guerres et batailles, qui sur euls a dominacion ; et aussi, par aventure, leur peut venir de l'antique nacion, continuée en celluy exercite, qui par Brutus fu amenée et conduite de la grant Troye deshéritée.

◇◇◇

il s'exposa tant qu'il y fut tué, et que les Athéniens remportèrent la victoire.

Chap. xx : *Comment la chevalerie fit grande fête de ce que messire Bertrand étoit nommé connétable.*

Aussitôt que Bertrand eut été fait connétable, il y eut une grande joie parmi les vaillants chevaliers ; plusieurs reprirent les armes, qui les avoient laissées par dégoût d'un chef négligent.

Les gentilshommes bretons, joyeux par-dessus tous, arrivèrent de toutes parts ; ils venoient se ranger autour de lui, ainsi qu'autour de la poule se pressent les poussins. Avides de bien faire, ils lui offroient le service de leurs bras. En recouvrant un chef d'un caractère semblable au leur, il leur sembloit avoir trouvé celui qui devoit enfin les garder de l'indolence. Ce peuple, comme on le trouve écrit à propos des planètes, est naturellement plus porté qu'aucun autre à la guerre et aux combats, par l'influence belliqueuse de la planète de Mars qui domine au-dessus d'eux. Cette disposition, constamment maintenue, leur peut venir aussi de l'antique nation des Troyens, déshérités de leur patrie, et qui furent amenés et conduits par Brutus.

Et si, comme récite le préalegué livre, pour batailler, on doit aviser fors hommes, hardis et de beauls membres, de hardie regardeure et peu délicatifs ; et de telz choisir pour sa route fu expert et apris le vaillant connestable, lequel se fourny et pourvey de bonne gent et bien combatable, tant de gentilzhommes, comme de ce qu'il luy convenoit de gens de commune.

Et dit, à ce propoz, ledit livre, que si le prince ou chevetaine de l'ost a mestier de gens de commune, qui doit eslire gens de mestiers plus de bras travaillans, comme charpentiers qui ont accoustumé à férir de bras et tenir coignée, mareschauls, et aussi bouchiers qui ont accoustumé de sang espandre.

Chap. XXI : *Ci dit, que il est expédient réciter ce que les aucteurs traictent en leur livres de chevalerie.*

Pour deux raisons principales me semble expédient, en ceste partie, qui touche de chevalerie, dire et traictier de ce que les sages et autentiques aucteurs ont escript et traictié de l'exercite d'ycelle és ordres des cas particuliers de la fréquentacion d'armes : l'une raison si est, pour ce que impossible est à sens humain que de soy peust toutes sciences et art concepvoir sanz introduccion d'autruy ; et, pour ce, à ceuls

◇◇◇

Comme nous l'apprend le livre déjà cité, on doit, pour la guerre, se procurer des hommes vigoureux, pleins de hardiesse, ayant les membres beaux et forts, beaucoup d'audace et d'une santé peu délicate. Le vaillant connétable étoit expert et habile à faire de pareils choix pour composer sa troupe ; il se pourvut de gens déterminés et bons soldats, tant de gentilshommes que ce qu'il lui falloit d'hommes des communes.

Ledit livre dit à ce propos, que si le prince ou chévetaine de l'armée a besoin de gens des communes, il doit surtout choisir ceux qui appartiennent à des métiers où les bras font le plus d'efforts, comme les charpentiers, qui sont accoutumés à frapper du bras et à manier la hache, les maréchaux, et aussi les bouchers, qui sont habitués à répandre le sang.

Chap. xxi, *où il est dit qu'il est avantageux de citer ce que les auteurs rapportent en leurs livres de la chevalerie.*

Il me semble expédient, pour deux raisons principales, de rapporter en cette partie, qui traite de la chevalerie, ce que les sages et les auteurs fameux ont écrit à ce sujet, et sur les cas particuliers de la science des armes. La première

qui au mestier d'armes desirent à euls instruire, est chose pertinent à savoir la pratique ; car les sciences et les ars qui sont escriptes, ne furent mie trouvées pour ceuls qui les savoient, mais pour introduire ceulx qui encore n'en avoyent la cognoiscence, si comme les livres de gramaire, ou d'autre science, que on escript tous les jours ; ceuls qui les scevent pourroyent donques dire : « Pourquoy nous escript-on telz li- » vres, quant nous les savons ? » Pour ceuls le dy, qui de moy pourroyent pareillement dire : « A quoy nous escript ceste femme les ordres » de chevalerie, que nous sçavons ? » Laquelle chose, comme dit est, ne s'adrece mie du tout aus maistres d'icelle art, mais à ceuls qui l'ignorent.

L'autre raison est, que expédient est, mesmes au plus savens, expers et sages, comme il soit impossible que le ventre de la mémoire puist retenir et avoir recort continuelment de toutes les choses ydoines et expédientes à faire és offices de quoy l'omme se veult entremectre ; pour ce, à propoz de ceste matiere, traictier aprés les dits des aucteurs, peut aux expers chevalereus estre ramentevable, et aux ignorans discipline.

A deux autres raisons dont les réprimeurs de loange me pourroyent chargier et accuser d'ignorance, et avec ce de présumpcion el procés de mon dictié en ceste partie, convient que je responde :

La premiere est : que ilz pourroyent dire : ceste femme ne dit mie de soy ce qu'elle explique en son livre ; ains fait son traictié par procés de ce que autres acteurs ont dit à la lectre. De laquel chose à ceuls je puis responder : que, tout ainssi comme l'oeuvrier de architeture ou maçonage n'a mie fait les pierres et estofes dont il bastit et édifie le chastel ou maison qu'il tent à perfaire, et où il labeure, nonobstant assemblé les materes ensemble, chascune où elle doit servir, selon la fin de l'entencion où il tent : aussi les broders qui font diverses devises, selon la soubtiveté de leur ymaginacion, sanz faute ne firent mie les soyes, l'or, ne les matieres ; et ainssi d'autres ouvrages : tout aussi vrayement n'ay-je mie faictes toutes les matieres de quoy le Traictié de ma compillacion est composé ; il me souffit seulement que les sache appliquer à propoz, si que bien puissent servir à la fin de l'imaginacion à laquelle je tens à perfaire. L'autre raison est, que aucuns pourroyent dire : présumpcion meut ceste ignorant femme oser dilater de si haulte chose comme chevalerie, aussi com-

◇◇◇

de ces raisons est qu'il impossible à l'intelligence humaine de concevoir, à elle seule, sans le secours d'autrui, toutes les sciences et tous les arts. Ainsi, pour ceux qui desirent de s'instruire dans le métier des armes, il est indispensable d'en savoir la pratique. Les sciences et les arts n'ont pas été décrits et réduits en formule pour ceux qui les savoient, mais pour l'instruction de ceux qui n'en avoient pas la connaissance. Tels les livres de grammaire ou d'autres sciences, que l'on écrit tous les jours. Ceux qui les savent pourroient dire assurément : «Pourquoi nous écrit- » on de pareils livres, quand nous possédons ce » qu'ils contiennent ? » Je dis cela pour ceux qui de moi pourroient dire : « A quelle fin cette » femme écrit-elle sur la chevalerie dont nous » savons les règles ? » Or, comme je l'ai dit, je ne m'adresse point aux maitres de cet art, mais à ceux qui l'ignorent.

La seconde raison est qu'en cela, on est utile, même aux plus savants, aux experts et aux sages. La mémoire, en effet, ne pourroit retenir et avoir toujours présentes toutes les choses qu'il convient précisément de faire dans chaque profession dont l'homme peut s'occuper. Ainsi, et à propos du sujet que nous traitons, rappeler ce qu'en ont dit les auteurs renommés, rafraichit les souvenirs de ceux qui sont instruits dans la chevalerie, et sert d'enseignement à tous ceux qui l'ignorent.

◇◇◇

Il faut que je réponde à deux autres points, d'où les ennemis de la louange pourroient prendre occasion de me charger, et de m'accuser d'ignorance, et qui plus est, de présomption, dans cette partie de mon ouvrage.

Le premier est qu'ils pourroient dire : Cette femme n'expose point, d'après elle-même, ce qu'elle rapporte en son livre, mais elle fait son traité, en redisant mot pour mot ce qu'ont dit les auteurs. Je puis répondre là dessus que l'ouvrier architecte ou maçon ne fait ni les pierres ni les charpentes avec quoi il élève et construit le château ou la maison qu'il s'occupe d'achever, quoiqu'il ait réuni les matériaux ensemble et en chaque place où il doit les employer, selon la fin et le but qu'il se propose. Les broders qui composent et tracent des devises, d'après l'heureuse fécondité de leur imagination, n'en créent assurément ni l'or, ni la soie, ni les autres matières. Il en est ainsi pour les autres ouvrages. Tout aussi réellement, n'ai-je point inventé les matériaux dont se compose mon livre. Il me suffit de les savoir convenablement mettre en œuvre, pour qu'ils puissent concourir au but que je desire atteindre dans cette composition. L'autre point est que l'on pourroit dire : C'est la présomption qui enhardit cette ignorante femme à traiter de chose si relevée que la chevalerie, comme si elle s'entendoit à donner sur cet art des conseils ou des leçons. A quoi je répondrai par les paroles mêmes

me se elle tendist à de ce donner discipline ou doctrine : auxquelz je respons ce que mesmes autres fois ay dit, qui sert à ce propoz, ce que Hugues de Saint Victor dit : « Le sages homs » aprent voulentiers. Poson que un enfent luy » monstrast ; il ne regarde mie à la personne » qui parle, mais à la doctrine qu'il donne ; se » elle est bonne, il la retient ; se maulvaise est, » il la laisse. » Pareillement puis dire en ceste part.

Et quant à ce que femme sui, oser parler d'armes ; il est escript que és anciens aages, comme autrefoiz ay dit, une sage femme de Grece, nommée Minerve, trouva l'art et science de faire armeures de fer et d'acier, et tout le hernois qu'on seult porter en bataille fu par luy primiement trouvé.

Si n'y a nulle force qui donne la doctrine, mais que bonne et salutaire.

Chap. XXII : *La cause pourquoy les François sont bonnes gens d'armes.*

Pour ce que les anciennes ystoires et aussi la continuée expérience nous certifie les Françoiz, qui jadis furent appellez Gaulés, c'est assavoir les hommes nez du royaume de France, estre

◇◇◇

de Hugues de Saint-Victor, que j'ai citées ailleurs et qui reviennent à propos : « L'homme » sage, dit-il, apprend volontiers. Supposons » qu'un enfant l'enseigne, il ne regarde point à la » personne qui lui parle, mais à la doctrine qui » lui est présentée ; si elle est bonne, il la re- » tient ; si elle est mauvaise, il la laisse. » J'en puis dire autant en ce qui me concerne.

Quant à ce qu'étant femme, j'ose parler des armes, on rapporte que dans les temps anciens, comme je l'ai dit autre part, une femme sage de Grèce, nommée Minerve, trouva l'art et le moyen de faire des armures de fer et d'acier : tout l'équipage que l'on avoit coutume de porter dans les combats fut inventé par elle.

Il n'importe donc pas que la puissance enseigne la doctrine ; mais bien que la doctrine soit bonne et salutaire.

Chap. xxii : *De la raison pourquoi les François sont de bons hommes d'armes.*

Les anciennes histoires et une expérience continue, nous apprennent que les François, qui jadis furent appelés Gaulois, j'entends les hommes nés au royaume de France, sont bons et vaillants dans l'exercice des armes. Il est probable qu'il y a pour cela deux raisons.

bons et vaillans à l'exercite des armes, est à présumer, que de ce, ces deux raisons sont cause.

La primiere, si est la longue continuacion de la gloire et haulte renommée de cestui royaume, par laquelle y est noblece de corage revertie, aussy comme en nature, és hommes desirans acroistre et soustenir la noblece des franchises de cestuy royaume.

L'autre raison, si peut estre pour l'influence des cieulx, et la nature de la terre ; car, si comme il est contenu oudit livre, à bon batailleur convient par espécial deux vertus, c'est assavoir, sens et hardement.

Et nous devons savoir que és chauldes terres, lesquelles sont prés du souleil, ne sont pas les hommes moult hardis ; et est la cause, pour ce que, pour la grant chaleur, ilz ont peu de sang ; mais, jà soit ce qu'ilz soyent couars, ilz sont moult sages et soubtilz en leur fais ; et aussi, par le contraire, ceuls qui sont és froides régions, et loings du souleil, ont foison sang, si sont hardis et pou sages. Si ne sont ces deux extremitez, bonnes en faiz de bataille ; mais ceuls qui sont és terres moyennes, convenablement sont bons, hardis et sçavens communément ; lesquelles qualitez assez actempérées sont en ceste terre.

◇◇◇

La première est la longue continuité de gloire, et la haute renommée de ce royaume, où la noblesse de cœur est convertie en nature, chez des hommes qui desirent accroître et maintenir la dignité des franchises de ce royaume.

La seconde tient peut-être à l'influence des cieux et à la nature du sol ; car, ainsi qu'on le prouve audit livre, deux vertus spéciales, l'intelligence et l'audace, conviennent au bon guerrier.

Or, nous devons savoir que dans les pays chauds, qui sont près du soleil, les hommes ne sont pas très-hardis. La cause en est que par l'effet de la grande chaleur ils ont peu de sang. Mais, bien qu'ils soient timides, ils sont fort sages et très-ingénieux en toutes choses. De même, par la raison contraire, ceux qui habitent de froides régions, éloignées du soleil, ont un sang abondant, sont hardis et peu sages. Ces deux extrêmes ne sont point favorables pour le fait des combats. Mais les hommes qui habitent les climats tempérés sont bons comme il convient, hardis et d'ordinaire habiles. Ces qualités se trouvent en ce pays dans une juste mesure.

Chap. XXIII : *Ci dit des loanges dudit Connestable.*

Ainssi, comme dit est, fu fait messire Bertram de Clequin, à la trés grant exaltacion et exaussement du royaume, connestable de France ; et vrayement se peut de luy dire ce que dit le proverbe commun : « A tel maistre, tel var-
» let ou serviteur ; » car, selon la dignété du sage maistre, c'est assavoir le roy Charles, estoit aduisant si chevalereux et vertueux lieutenant et serviteur : laquelle chose croy, qu'en leur tems, furent deux des plus solempnelz hommes, chascun en sa faculté, qui fussent ou monde, dont fois mencion.

A propos d'icelluy Bertram, Aristote dit, en le huitieme d'*Ethiques*, que, « de quatorze ans
» en avant, doit commencier le gentilhomme
» petit à petit, à soy exerciter és travaulx qui a
» armes appartiennent ; pour cause, que la chose
» apprise et duite en jeuncce est communément
» retenue et voulentiers continuée : et est chose
» perilleuse et desséant estre non appris ou mes-
» tier d'armes, quant on entre en bataille, en
» laquelle convient exposer son corps à mort,
» ains qu'on ait l'expérience ; » et, comme dit celluy mesmes Aristote : « L'expérience rent
» l'omme maistre. »

Et que exercitacion d'armes soit neccessaire

◇◇◇

Chap. XXIII, *où est fait l'éloge dudit connétable.*

Comme nous l'avons dit, messire Bertrand Du Guesclin fut nommé connétable de France à la grande prospérité et gloire du royaume. On pouvoit véritablement lui appliquer ce que dit le proverbe : « Tel maître, tel valet ou serviteur. » En effet, à la puissance du sage maître, savoir du roi Charles, se trouvoit assortie la valeur d'un lieutenant vertueux et dévoué. Ils furent, je crois, chacun dans le genre qui lui étoit propre, les deux plus grands hommes de leur temps, dont il soit fait mention.

A propos de Bertrand, il nous souvient de ce que dit Aristote dans le huitième livre de sa *morale*, « que dès avant quatorze ans l'homme noble doit commencer, par degrés, à s'exercer aux travaux qui concernent le métier des armes. Ce que l'on apprend ainsi dans la jeunesse, on le retient communément et on y persévère volontiers. Or, il est périlleux et messéant d'être inhabile au métier des armes lorsqu'on se présente au combat ; et de s'exposer, par défaut d'expérience, à une mort presque certaine. » « L'expérience rend l'homme maître », dit encore Aristote.

L'histoire des Romains nous apprend combien l'exercice des armes est nécessaire pour former

aux valereux chevaliers, est escript és fais des Rommains : que, quant ceulx de Romme orent délibéré que Cartage seroit destruite du tout, pour ce que trop estoit la condicion des Cartagiens rebellative, Scipio Basiqua, qui lors estoit consul, contresta tant qu'il pot qu'elle ne fust destruite, mais qu'on la laissast pour l'exercitement des Romains, affin que, par aise, ou par paresse, ilz ne perdissent leur force et abilité, quant ne trouveroyent à qui combatre.

Celluy Bertram de Clequin, trés en l'age de quinze ans, si comme il est récité de luy, se prist, par droicte nature, maulgré ses parens, à l'exercite des armes, et tousjours puis si les continua, que, sanz faille, il en estoit trés souverain maistre, si comme il paru à l'effet de ses œuvres et emprises, comme cy-aprés assez en brief sera desclairié.

Chap. XXIV : *Comment messire Bertram ala aprés les Anglois qu'il desconfit.*

Tost aprés que Bertram de Clequin, comme dit est, fu fait connestable de France, gaires ne séjourna ; ains, à belle compaignie de gens d'armes, se parti de Paris, et ala aprés Robert Canole et Thomas de Grançon et sa compaignie tant que il attaigni une route d'Anglois de la compaignie d'icellui Robert Canole, d'environ

◇◇◇

des guerriers valeureux. Lorsque Rome eut résolu de détruire Carthage, pour la nature rebelle du peuple Carthaginois, Scipion Nasica, qui alors étoit consul, s'opposa autant qu'il le put à ce qu'elle fût détruite. Il vouloit qu'on la laissât subsister pour exercer les Romains ; il craignoit que, ne trouvant plus rien à combattre, les douceurs du repos ne leur fissent perdre leur vigueur et leur habileté guerrière.

Dès l'âge de quinze ans, Bertrand Du Guesclin s'appliqua, dit-on, malgré ses parents et par un instinct généreux, à l'exercice des armes. Depuis lors, il continua toujours et devint, sans mentir, souverain maître en ce genre, ainsi qu'il a paru à l'effet de ses actions et de ses guerres, et comme on le racontera brièvement ci-après.

Chap. XXIV : *Comment messire Bertrand marcha contre les Anglois et les déconfit.*

Aussitôt après que Bertrand Du Guesclin eut été fait, comme on l'a dit, connétable de France, sans faire à Paris un plus long séjour, il partit à la tête d'une belle compagnie de gens d'armes, et marcha contre Robert Canolle et Thomas de Grançon et sa troupe. Ayant atteint un corps d'Anglois de la compagnie de Robert Canolle, composé d'environ huit cents lances, il les atta-

huit cens lances : à celle assembla le connestable, et tant fist, luy et sa gent, qu'en la fin furent Angloiz desconfiz, lesquels estoyent gens d'eslicte et moult vaillamment se deffendirent ; si fu pris Thomas de Grançon et jusques à quatre-vingts autres groz prisonniers, et le surplus mors et fuités. Celle gracieuse victoire ot messire Bertram en primiere estraine de sa connestablie, à l'ayde de son chevalereux sens et des bonnes gens de sa compaignie, à qui souvent disoit, tout ainssi qu'il est escript que enseignoit le sage Chaton, ses chevaliers, dont, entre les autres beaulz notables, leur dist un moult beau mot, celluy Chaton : « Se, par vostre valeur » vous faictes aucune bonne œuvre, le labeur » passe et le bénéfice vous demeure tant comme » vous vivrés ; et se, par maulvaise voulenté, » vous faictes aulcun délit, le délit passe, et l'i- » niquité demeure. » Ainssi, par le bon enortement de leur vaillant conduiseur Bertram, estoyent maistres esprouvez de tout ce qu'il convient au mestier d'armes.

Ainssi que le récite ledit livre, où il est escript, que aux bons batailleurs sont neccessaires huit condicions : la primiere, qu'ilz soyent adurcis à souffrir le fais des armes. La seconde, qu'ilz hayent les bras mouvables et abilles pour férir à destre et à sénestre. La tierce, que pou doivent tenir conte de leurs mengiers, et non trop euls chargier de viande et de vin. La quarte, que de souefz lis ne leur doit chaloir. La quinte, que point ne doivent redoubter la mort, pour la deffense de leur prince, le bien du pays et deffense de la loy. La sixieme, qu'ilz ne doivent doubter effusion de sang. La septieme, plus neccessaire, que ilz doivent estre sages et cautilleux ou mestier des armes. La huitieme, que tant doivent desirer pris d'armes, et eschever honte, que, pour nulle chose, fuir ne doivent ; ains estre fermes et arrestez. De tout ce estoit sage maistre, qui bons disciples avoit, le preux Bertram et sa compaignie.

CHAP. XXV : *Ci dit d'aucunes fortreces que messire Bertram assigia et prist.*

Aprés que le connestable Bertram ot desconfit les dessusdis Anglois, assigia la fortresse du Bas, et par assault, à l'ayde de ses bonnes gens, la prist et y ot, que mors, que pris, environ quatre cens hommes Anglois ; adont, pour paour dudit connestable, ceuls qui estoyent ou chastel de Ruilly s'enfuirent, mais petit y gaignerent, car il les suivi jusques à Bersieres, laquelle il prist par force ; les Anglois, qui fuis s'en estoyent, se combatirent à luy et furent desconfits

⬦⬦⬦

qua, et fit tant, lui et les siens, que les Anglois furent enfin déconfits. C'étoient des gens d'élite, et ils se défendirent vaillamment. Thomas de Grançon fut pris, et avec lui environ quatre-vingts prisonniers de marque ; le surplus fut tué et mis en fuite. Cette gracieuse victoire fut la première étrenne de messire Bertrand dans sa connétablie. Il la dut à son habileté guerrière, et à la valeur des gens de sa compagnie. Il les encourageoit souvent à la manière dont, suivant l'histoire, le sage Caton enseignoit ses chevaliers. Caton, entr'autres mots notables leur en dit un bien beau : « Si par votre valeur vous faites quelque » belle action, la peine passe et le bénéfice vous » en demeure aussi long-temps que vous vivez ; » si par vicieux penchants, vous vous livrez à de » funestes plaisirs, les plaisirs s'écoulent et l'ini- » quité reste. » C'est ainsi que par les sages exhortations de leur conducteur Bertrand, ils étoient maîtres éprouvés de tout ce qui convient au métier des armes.

Notre dit livre expose que huit qualités sont nécessaires aux bons batailleurs. La première est qu'ils soient endurcis à souffrir le poids des armes. La seconde, qu'ils aient les bras souples et agiles pour férir à droite et à gauche. La troisième, qu'ils doivent peu tenir compte de leur vivre, et ne se point trop charger de viandes et de vin. La quatrième, qu'ils ne doivent point se soucier d'un bon coucher. La cinquième, qu'ils ne doivent point redouter la mort pour la défense de leur prince, le bien de leur pays et la garde des lois. La sixième, qu'ils ne doivent pas craindre l'effusion du sang. La septième, plus nécessaire, qu'ils doivent être sages et prudents dans le métier des armes. La huitième, qu'ils désirent si fort d'obtenir la gloire des armes et d'éviter la honte, que pour aucune cause ils ne fuient, mais soient toujours fermes et inébranlables. Le preux Bertrand et sa compagnie offroient de ces préceptes un sage maître et de bons disciples.

CHAP. XXV, *où il est parlé de quelques forteresses que messire Bertrand assiégea et prit.*

Le connétable Bertrand, ayant ainsi déconfit les Anglois, assiégea la forteresse du Bas, et la prit d'assaut avec ses braves compagnons. Quatre cents Anglois y furent pris ou tués. Alors ceux qui occupoient le château de Ruilly s'enfuirent par peur du connétable, mais ils y gagnèrent peu, car celui-ci les suivit jusqu'à Bressuire, qui tomba aussi en son pouvoir. Les Anglois, qui de nouveau s'étoient enfuis de cette place, en étant venus aux mains avec lui, furent battus, pris ou tués. Il en fut de même de plusieurs autres forteresses. Mais pourquoi ferois-je un plus long

fis, mors et pris, et ainssi pareillement pluseurs autres fortresses. Mais à quoy feroye plus long conte qui ne seroit au propoz de ma matiere, et fors prolixité dire lesquelz chasteaulx, comment et quelz besongnes ot celle année aux Anglois ledit connestable? Lesquelles choses sont coustumes et maniere de polir gestes et romans, qui n'est selon l'ordre de mon entente, qui singulierement est, loer ce que fait à loer, en prouvant la vérité par les fais particuliers touchier en brief, revenant au propoz de mon object; et qui plus vouldra, trouvera l'estendue sur ceste matiere, le livre *des Fais messire Bertram*, l'en fera sage.

Celle dite année, ot pluseurs batailles aux Anglois qu'il desconfit tant, qu'à l'ayde de Dieu, bonne diligence et force de luy et de sa route, furent aucques tous mors et pris par pluseurs lieux du royaume de France, comme en Guienne, ou pays d'Anjou, de Normandie et de Bretaigne, ceuls qui avoyent esté devant Paris avec Robert Canolle, l'esté devant.

Et aussi, en pluseurs autres parties du royaume, esploitierent bien et vaillamment contre Anglois, celle année, pluseurs autres chevetains du royaume de France, les freres du roy Charles, comme dit est, le bel et bon chevalier, vaillant et sage, messire Jehan de Vienne, admiral de France, aussi le chevalereux messire Loys de Sancerre, lors mareschal, et aussi le mareschal de Blainville et pluseurs autres.

Si y ot, par ces dicts vaillans chevaliers et leur gens, pluseurs besongnes entre Françoiz et Angloiz, où il ot pertes et gaignes, souventefoiz d'ambe les deux parties; mais, par volenté de Dieu, communément, en conclusion, aux Françoiz demouroit la victoire.

Mesmes, en Limosin, y ot mains fais, tant que la ville de Limoges, par ledit frere du Roy, fu prise; et auxdictes besoingnes traire à fin moult abdicrent, avec les gentilzhommes, les communes du pays, lesquelles, comme dit Végéce, en son livre de chevalerie, souvent sont prouffitables en bataille, quant ycelle gent de commune est conduite et gouvernée soubz ordre de bons chevetains.

Et mesmement, sont aucuns aucteurs qui dire veulent, que les populaires soyent plus convenables és fais d'armes et batailles que les gentilzhommes, et mesmement ceuls de vilages; leur raison est, pour ce que mieulz ont acoustumé travaulx à porter peine, et vivre rudement et grossement que les nobles; si, ne leur est si dur le travail des armes; mais, meilleur raison y a qui ceste destruit, c'est que sens et avis, noblece de corage, desir d'onneur, et paour du contraire

⟨⋅⟩⟨⟩

récit de ce qui n'est pas de mon sujet? Ce seroit une prolixité inutile que de dire quels châteaux prit cette année le connétable, quelles affaires il eut avec les Anglois, et comment il les vida. Ces sortes de détails conviennent pour orner les *gestes* et les romans, mais non au but que je me propose. Je n'ai en vue que de louer ce qui est digne d'éloges, en en prouvant la vérité par quelques faits indiqués sommairement, et en rapport avec mon objet principal. Qui en voudra savoir davantage sur ces matières le trouvera développé au livre des *Faits de messire Bertrand*, où il pourra s'instruire.

Cette même année, il livra plusieurs batailles aux Anglois et les défit si bien, qu'à l'aide de Dieu, et par l'habileté et la valeur de lui-même et de sa troupe, presque tous ceux qui, l'été précédent, avoient été devant Paris avec Robert Canolle, furent tués ou pris en divers lieux du royaume de France, comme en Guienne, au pays d'Anjou, de Normandie et de Bretagne.

Cette même année encore, plusieurs autres chévetains du royaume de France, les frères du roi Charles, le vaillant et sage messire Jean de Vienne, beau et bon chevalier et amiral de France; le valeureux messire Louis de Sancerre, alors maréchal; le maréchal de Blainville, etc., combattirent vaillamment contre les Anglois en plusieurs parties du royaume.

Il y eut, par le fait de ces vaillants chevaliers et de leurs gens, plusieurs affaires entre François et Anglois, avec perte et gain, et souvent les deux ensemble; Mais, par la volonté de Dieu, la victoire, en fin de cause, demeura aux François.

Même en Limousin, il y eut maintes actions, et la ville de Limoges fut prise par le frère du roi. Pour accomplir cette tâche glorieuse, la noblesse fut singulièrement aidée par les communes du pays. Les hommes des communes, comme le dit Végèce en son livre de l'art militaire, sont très-souvent utiles dans les combats, surtout quand ils sont conduits et commandés par de bons chévetains.

Il est même certains auteurs qui prétendent que le populaire, notamment celui des villages, est plus propre que la noblesse aux faits d'armes et batailles. Leur raison est que ces hommes sont plus que les nobles accoutumés à supporter les travaux et la peine, et à vivre rudement et grossement. Ainsi donc, pour les gens du peuple le travail des armes est moins dur. Mais une raison meilleure ruine celle-ci, c'est que l'intelligence et le jugement, la noblesse de cœur, le desir d'honneur et la crainte du contraire font plus dans les armes que la peine et le travail du corps. Or, ces qualités se rencontrent plus ordinairement chez les nobles que chez le peuple.

fait plus en fait d'armes que peine et travail de corps : lesquelles condicions plus sont communement és nobles que és populaires.

Bien est voir, que, comme dit le préalégué livre, que, pour ce que ceuls du peuple sont duis desdictes peines, prouffitables sont és batailles à pié ; et, pour ce, en telz fais, les sages ordonneurs des batailles les mectent devant et les primiers à l'assemblée.

Encore ensuivant récite ledit livre, que avec le bon sens qu'il convient à gouverner chevalerie, c'est assavoir fais d'armes, est nécessaire l'exercite par longue main ; et qu'il soit voir, le tesmoigne l'expérience de ce que souventefoiz on voit à petit de gens expers desconfire grant route de gent, non, ou pou experte ; et, pour ce, est dit, és fais du preus Julius-César, que petite porcion de ses chevaliers souffisoyent à conquérir grant pays.

Dit oultre ledit livre, que le duc ou chevetaine de l'ost doit ordonner ses batailles, selon l'avantage de la place, et le champ où la bataille doit estre, et ordonner que ses gens voisent serrez et sanz desrouter ; et s'aucun y a qui communément soit coustumier de desrouter, soit bouté hors, car il pourroit nuire aux autres. Deux grands maulx, ce dit, peut ensuivre de bataille desroutée : l'un est, que les ennemis y peuent entrer plous légièrement ; l'autre est, que les batailles sont si empressées, que ilz ne

peuent combatre : pour ce, est neccessaire tenir ordre arrangié et comme un mur serré et joint ensemble.

CHAP. XXVI : *Comment le roy Edoart envoya son filz, le duc de Lancastre en France, à tout grant ost, qui gaires n'y fist.*

Le roy Edouart d'Angleterre, voyant la gent qu'il ot envoyée, avec Robert Canolle, en France, avoyent pou esploictié, et petit, où nulz en estoyent retournez et mesmement moult appeticiez ceuls qu'il avoit commis és garnisons des terres et forteresses qu'il tenoit en Guienne et par le royaume de France, et que moult avait jà perdu seignouries et chasteauls par la force des François, ot conseil d'y envoyer plus grant effort ; et adont, cuidant à celle foiz confondre le royaume de France, y envoya son filz, le duc de Lancastre, à tout trente mille bons hommes d'armes, et passa celle armée en France, l'an 1369. Ycelle gent, en pluseurs lieux du royaume de France s'espendirent, en Guienne, et autre part ; et partout où ilz passerent n'est mie doubte que moult dommagierent le pays, et plus l'eussent mal mené, se ne fust la résistance qu'ilz trouverent ; par quoy moult faillirent à leur entente ; car, maulgré eulx, et estans en France, fu conquis par noz gens ce qu'il s'ensuit, et plus, que pour briefté je laisse, c'est assavoir : en l'an

⋄⋄⋄

Il est vrai, comme on le voit dans le livre cité, que ceux du peuple, étant habitués à la peine, sont très-utiles dans les combats à pied. C'est pour cela que les sages ordonnateurs des batailles les placent en avant et les premiers en ligne.

Le même livre dit aussi, qu'outre l'intelligence qui sert à gouverner la chevalerie, c'est-à-dire les faits d'armes, une longue pratique est encore nécessaire. La vérité de cette opinion est démontrée par les faits : souvent on voit un petit nombre de soldats experts aux armes déconfire une troupe considérable, mais qui a peu ou n'a point d'expérience. On a dit à ce sujet que Jules-César, avec une foible partie de ses guerriers pouvoit suffire à la conquête des plus vastes pays.

Il est dit encore dans le même livre, que le duc ou chévetaine de l'armée, doit ordonner ses gens selon la place où il veut livrer bataille, et en y prenant l'avantage du terrain. Il doit veiller à ce que sa troupe marche serrée et sans se rompre. S'il s'y trouve un soldat qui soit connu pour ne savoir pas garder l'alignement, qu'il soit mis dehors, car il pourrait nuire aux autres. Deux grands maux, dit-il, peuvent suivre un ordre de batailles rompu : l'un que l'ennemi y peut péné-

trer plus facilement ; l'autre que les rangs sont si pressés que les soldats ne peuvent plus se mouvoir ni combattre. Il faut donc les maintenir en ordre, serrés et unis à l'image d'un mur.

CHAP. XXVI : *Comment le roi Edouard envoya en France, son fils, le duc de Lancastre, avec une grande armée qui n'y fit que peu de chose.*

Le roi Edouard d'Angleterre, voyant que les troupes qu'il avoit envoyées en France avec Robert Canolle y avoient fait peu d'exploits ; que les garnisons mises dans les terres et les forteresses qu'il occupoit en Guienne et dans le royaume de France s'en étoient retournées considérablement réduites ; et qu'il avoit déjà perdu, par les victoires des François, et seigneuries et châteaux, résolut d'y faire passer de plus grandes forces. Se promettant cette fois de soumettre le royaume de France, il y envoya son fils, le duc de Lancastre, avec trente mille bons hommes d'armes. Cette armée débarqua sur nos côtes en 1369. Elle se répandit en plusieurs lieux du royaume de France, en Guyenne et ailleurs. Partout où ils passèrent, il va sans dire qu'ils causèrent de graves dommages au pays ; et, ils l'eussent plus maltraité

1372, prist Loys, duc d'Angou, en Gascongne, le chastel d'Aguillon, La Rioule, et pluseurs autres forteresses. En cel an, fu messire Bertram et les Françoiz ou pays de Poitou, où fu mainte forteresse prise et conquestée par assault, et mesmement sainte Sevare et autres, qu'on tenoit estre non prenables; et en cel an mesmes, se rendy la cité de Poitiers, à Jehan, frere du Roy, duc de Berry, comme dit est; le chastel de Monstereul-Bonni, à trois lieues de Poitiers, conquist le conestable par assault.

Item, en cel an dessusdit, arriva en France Yves de Gales, noble escuyer, lequel estoit, comme on disoit, droit héritier de la princée de Gales; et pour la renommée susdicte du bon roy Charles, avoit relanqui les Anglois, et s'estoit venu rendre au roy de France, avec luy un sien parent et compaignon, moult vaillant escuyer, qui jadis avoit esté de la bataille des trente, du costé des Angloiz, appellé Jehan de Vuin, dit le Poursuivant d'amours, aveccques autres Galois, moult beaulx hommes, nonobstant fussent compaignons du prince de Gales, filz du roy d'Angleterre, et eussent son colier, considerans euls estre par les Angloiz desheritez de leur propre terre et seigneurie, par quoy naturellement les héent, relainquirent tout, et avec autres François, arriverent vers la Rochelle, en l'isle de Marone et monterent à terre sur le pays qui estoit au roy d'Angleterre pour prendre vivres, mais n'y furent mie granment, quant le captal les vint une nuit assaillir; et fu pris, de noz gens, Thibault Du Pont, par les Anglois, qui l'alerent assaillir en un hostel où estoit logié; mais ainçois moult se deffendirent, lui et sa gent, car moult ot en lui vaillant homme. Aprés, alerent les Anglois, et le captal de Bue et sa gent, en une ville, nommée Selles en Mareille, et assailly fort la maison et la porte où Yves de Gales estoit logiez avec sa gent, et estoit, avec le captal, le seneschal d'Angoulesme et de Santonge nommé Thomas de Persi, le capitaine de Lisigen, Gautier Huet, et grant foison gent, qui a celle porte livroyent grant assault à ceuls de dens, qui moult estoyent bonnes gens, mais pou y en avoit, selon la quantité des assaillans, fort se deffendoyent; et, en tendis que cel assault estoit, Morellet de Monmor et les François issyrent par un autre lez de la ville et, en menant grant cris, assaillirent et leur furent au doz; adont cuiderent Angloiz que grant foison de gent y eust, et partir se cuiderent : si furent desconfiz, et fu là pris le captal par un simple souldoyer, nommé Pierre Douillier; aussi fu pris le seneschal de Exantonge et mains autres gros prisoniers, les autres s'enfuirent au chastel de

◇◇◇

encore, sans la résistance qu'ils trouvèrent. Leur attente fut ainsi complétement déçue; car, malgré eux et sur eux, nos gens conquirent ce qui suit, et plus encore que je laisse pour abréger. En l'an 1372, Louis, duc d'Anjou, prit en Gascogne le château d'Aguillon, la Rioule, et plusieurs autres forteresses. Cette même année, messire Bertrand et les François allèrent au pays de Poitou, où mainte forteresse fut prise ou emportée d'assaut; même Sainte-Sévare et quelques autres, que l'on tenoit pour imprenables. Vers le même temps, la ville de Poitiers se rendit au duc de Berri, Jean, frère du roi, comme il a été dit. Le connétable prit d'assaut le château de Montreuil-Bonuin, à trois lieues de Poitiers.

Ce fut en cette même année aussi que vint en France Yves de Galles, noble écuyer, qui étoit, comme on disoit, héritier direct de la principauté de Galles. C'étoit en raison de la renommée du bon roi Charles qu'il avoit laissé les Anglois et s'étoit rendu au roi de France, avec un sien parent et compagnon, très-vaillant écuyer. Ce dernier, appelé Jean de Vuin, dit le Poursuivant d'amours, avoit pris part au combat des trente, du côté des Anglois. Il y avait avec eux d'autres Gallois, tous fort beaux hommes. Ceux-ci donc, bien qu'ils fussent compagnons du prince de Galles, fils du roi d'Angleterre, et portassent son collier, considérant qu'ils avoient été déshérités par les Anglois de leurs propres terres et seigneuries, ce qui les portoit naturellement à les haïr, les abandonnèrent et vinrent avec d'autres François vers la Rochelle, à l'île de Marone. Ils y descendirent, desirant de prendre des vivres dans un pays qui appartenoit au roi d'Angleterre; ils n'y firent pas un long séjour. Durant une nuit le captal vint les attaquer. De nos gens, Thibaut du Pont fut pris par les Anglois, qui allèrent l'assaillir dans un hôtel où il étoit logé. Mais avant de succomber, il se défendit long-temps avec sa troupe, car il étoit fort vaillant. Les Anglois, avec le captal de Buch et ses gens, allèrent ensuite dans une ville, nommée Selles en Mareilles, et assaillirent avec vigueur la porte de la maison où Yves de Galles et les siens étoient logés. Avec le captal de Buch se trouvoient le sénéchal d'Angoulême et de Saintonge, nommé Thomas de Persi, le capitaine de Lusignan, Gauthier Fluet, et beaucoup de gens de guerre qui, devant cette porte, livroient un grand assaut à ceux de l'intérieur. Ces derniers qui étoient braves, mais peu nombreux, eu égard à la quantité des assaillants, se défendoient avec courage. Durant cet assaut, Morellet de Monmor et les François sortirent d'un côté de la ville, et, poussant de grands cris, vinrent attaquer les Anglois par derrière. Ceux-ci, croyant avoir affaire à de grandes forces, songè à s'éloigner; mais ils furent défaits, et le captal

Sobisse; mais, lendemain vint le connestable Bertram et les François qui alerent à Sobisse, et fu prise par force, le captal mené à Paris, au Roy, qui le fist emprisonner, et, comme autrefoiz, luy eust le roy Charles quicté sa rençon et le fest de son hostel, s'estoit retourné Angloiz, ne le volt puis le Roy par rençon délivrer, ains mouru en la prison du Roy, en la tour de Corbueil.

Chap. XXVII : *Ci dit, comment le duc de Lancastre s'en retourna en son pays à pou d'esploit.*

Ainssi, par pluseurs diverses parties du royaume, furent combatus et desconfis les Anglois, et les fortresses qu'ilz tenoyent prises; et, à le faire brief, sanz plus longue narracion des fais qui furent en ce temps d'une part et d'autre, moult petit esploit ot fait et faisoit le duc de Lancastre en France, selon son entencion : pourquoy, quant vid que autrement ne povoit besongner, s'en retourna, à moult petit de sa gent, en Angleterre, car toute l'ot laissiée morte et prise en divers lieux de France, où, cinq ans entiers, ot demouré; si, fu moult blasmez de son pere et à petite feste receus pour ce que si mal ot esploictié; mais follie estoit l'en blasmer, car à luy n'avoit mie tenu, mais à ce que plus trouvoyent François aduis aux armes par le long exercite que estre le souloyent.

Car, si comme dit le livre préalégué, par longue acoustumance aprent-on l'art; et, pour ce, enseigne et dit que, qui veult estre homme d'armes se doit acoustumer aux choses qui s'ensuivent, c'est assavoir : à porter plus grant fardel que les armes.

Item. Souventefoiz à autres hommes soy essayer, si comme dit Végéce, que soloyent anciennement les Rommains faire aux jeunes enfens, auxquelz ils bailloyent à leur essais plus pesans armeures que celles de guerre, et en ce il les entroduissyent.

Item, se doit exerciter en escremie, traire d'arc, lancier dars et lances, férir de mace avant et arriere; et doit estre la lance avant brandelée de fort bras qu'elle soit lanciée, car elle perse mieulx et en donne plus grant coup, il se doit aprendre à traire pierres de fondes, et par ce fu fait David roy, qui conquist Golyas ; et ceste maniere de combatre souloit estre en cours anciennement, et fu trouvée en une isle de mer, où les meres ne donnoyent nulles viandes à leur enfens, jusques à ce qu'ilz eussent asséné leur

◇◇◇

fut pris par un simple soldat, nommé Pierre Douiller. Le sénéchal de Saintonge y fut pris également, ainsi que plusieurs gens de marque ; le reste s'enfuit au château de Soubise. Mais le lendemain le connétable et les François vinrent devant Soubise et se rendirent maîtres de la place. Le captal ayant été amené à Paris, le roi le fit emprisonner. Le roi Charles l'avoit une première fois tenu quitte de sa rançon et festoyé dans son hôtel, mais le captal étant retourné aux Anglois, le roi ne voulut plus dès lors accepter de rançon pour sa délivrance : il le laissa mourir en prison dans la tour de Corbeil.

Chap. xxvii, *où il est dit comment le duc de Lancastre s'en retourna dans son pays, après avoir fait peu d'exploits.*

Ainsi, sur plusieurs points du royaume, les Anglois furent combattus et déconfits, et les forteresses qu'ils occupoient furent reprises. En un mot, et sans faire un plus long récit de tous les faits d'armes qui eurent lieu vers ce temps dans un parti ou dans un autre, le duc de Lancastre ne faisoit que peu d'exploits en France, relativement à l'intention qu'il avoit eue. C'est pourquoi, lorsqu'il vit qu'il ne pouvoit autrement faire de progrès, il s'en retourna en Angleterre avec un petit nombre de ses gens ; car la plupart avoient été pris ou tués en divers lieux de France, où il étoit demeuré cinq années durant. Il fut très-fort blâmé de son père, et reçu avec peu d'empressement pour avoir si mal réussi. C'étoit une folie que de l'en blâmer, car il n'avoit pas tenu à lui, mais à ce que les François, par un long exercice, se trouvoient être plus habiles dans les armes qu'ils n'avoient accoutumé.

Ainsi que le dit le livre cité souvent, l'art s'apprend par une longue habitude ; et à ce sujet, il conseille à celui qui veut être homme d'armes de s'accoutumer aux choses qui suivent, savoir : à porter un plus grand fardeau que les armes.

Essayer souvent ses forces avec d'autres hommes, ainsi qu'avoient coutume de faire, selon Végèce, les anciens Romains, à l'égard des jeunes enfants, auxquels ils donnoient pour leurs essais des armes plus pesantes que les armes de guerre, et les formoient ainsi à les manier facilement.

Il doit s'exercer à l'escrime, à tirer de l'arc, à lancer les traits et la pique, à frapper avec la massue, en avant et en arrière. La lance, avant d'être poussée, doit être brandie d'un bras vigoureux, car alors elle frappe et perce avec plus de force. Il doit apprendre à lancer des pierres avec la fronde ; c'est par là que fut fait roi, David, vainqueur de Goliath. Cette manière de combattre étoit fort en usage autrefois; elle fut inventée dans une île de la Méditerranée, où les mères ne

viande de la fonde; et ceste maniere de combatre est bonne à gréver ses ennemis de loings; et en pluseurs pays encore en usent.

Il se doit aprendre à gicter plommées, qui à une chayenne sont attachiées à une mace. Se doit exerciter à saillir sur chevaulx tout armez et sanz mettre pied en l'estrief; et ainsi le faisoyent anciennement, parquoy il en estoyent si duis qu'à tous tours s'alloyent armez sur leurs chevaulx, accoustumer aler à pié courir tous armez, pour aprendre longue alaine. Aussi aprendre à nouer leur est convenable, car, par ce, ont esté maint de mort respité.

CHAP. XXVIII : *Des chasteauls et villes qui furent pris en pluseurs pars du royaume par les François.*

Ainssi, comme oyr povez, fu la male fortune des François, qui jadis moult les ot grévez, tournée, par le bon sens du prince et la peine des ministres, en convalescence et bon eur, comme, par exemple, est déclairié le petit exploit que firent, à si grant armée Anglois en France; et mesmement, ladicte année, le duc de Lancastre, parti qui fu l'an 1374, se rendy la ville et le chastel de la Rochelle, ainssi comme dit est.

◇◇◇

Item, l'année ensuivant, se rendy la ville et le chastel de Cognac au connestable. *Item*, ledit an, la ville et le chastel de Saint Saulveur le Viconte, en Contentin, qui, par l'espace de vingt ans, avoit esté Anglois, se rendy au bon admiral de France, qui assigié l'avoit; et n'est mie doubte que, par especial, à trois si especiales villes et chasteaulx prendre en si pou de temps, avecques aultres fortresses, qui aussi le furent, convint avec la force, grant sens et soubtilletés d'armes en maintes manieres qui cy ne sont mie devisées.

Et, à parler du sens qu'il convient en fait d'armez, dit Végéce : que, pour ce que le mestier de chevalerie est le plus perilleux, on n'y peut avoir trop grant sens; parquoy, en toutes choses, communément, se faultes y sont, ou les peut amender, exepté en fait de chevalerie; car la male façon ne se peut réparer de ceuls qui sont mors, pour ce, est neccessaire savoir ce qui est convenable à faire.

Quant un ost a avisié place pour soy retraire, laquelle doit estre en hault lieu, qui peut la fortifier autour de bons fossez, de chasteaulx, de fust et de palis; et là doivent estre leur garnisons, de laquelle chose se doivent pener d'estre saisis; se les ennemis sont prés l'ost, doit estre

◇◇◇

donnoient aucun aliment à leurs enfants, qu'ils ne l'eussent atteint avec la fronde. Cette arme est avantageuse pour frapper l'ennemi de loin, et l'on en use encore en plusieurs pays.

Il doit apprendre à jeter des boules de fer ou de plomb, attachées à une masse par une chaîne. Il doit s'exercer à sauter tout armé sur un cheval et sans mettre le pied à l'étrier. Les anciens le faisoient ainsi, et y étoient si habiles que tour à tour ils s'élançoient armés sur leurs chevaux, et couroient à pied avec leurs armes pour se donner longue haleine. Il lui est également utile d'apprendre à nager, car plusieurs ont dû à cette ressource d'échapper à la mort.

CHAP. XXVIII : *Des villes et des châteaux qui, dans plusieurs parties du royaume, furent pris par les François.*

Ainsi, comme vous pouvez voir, la mauvaise fortune des François, qui jadis les avoit si fort accablés, étoit changée maintenant en un état et meilleur et prospère, par le bon sens du prince et les efforts des ministres. L'exemple est là pour le prouver, puisque les Anglois, malgré une armée si forte, eurent si peu de succès en France. En effet, l'année même du départ du duc de Lancastre, 1374, la ville et le château de la Rochelle se rendirent, comme on l'a dit déjà.

L'année suivante, la ville et le château de Cognac se rendirent au connétable. Dans le cours du même an, la ville et le château de Saint-Sauveur-le-Vicomte, en Cotentin, qui pendant un espace de vingt ans avoit appartenu aux Anglois, se rendit au bon amiral de France qui l'avoit assiégée. Or, par exemple, il n'est pas douteux que prendre en si peu de temps trois villes et châteaux d'une telle importance, et plusieurs forteresses, n'ait exigé, indépendamment de la force matérielle, un grand sens, une grande habileté dans les armes et l'heureux emploi de divers moyens qui ne sont pas ici rapportés.

A propos de l'intelligence nécessaire dans les combats, Végéce dit : que le métier des armes étant le plus périlleux, on n'y sauroit porter un trop grand sens. Dans tout le reste, lorsqu'il y a des fautes, on peut communément y rémédier, mais à la guerre il n'en est pas ainsi. Car pour ceux qui sont morts, il n'y a plus rien à réparer. C'est en cela qu'il importe de savoir ce qu'il est convenable d'y faire.

Quand une armée choisit une place pour s'y retirer, ce doit être sur un lieu haut, que l'on puisse fortifier tout autour avec de bons fossés, des fortins, des palissades et des pieux. Là doivent être les gardes qui veillent surtout à n'être point surprises. Si l'ennemi est proche, l'armée doit se diviser en plusieurs parts pour empêcher qu'il ne la détourne de travailler aux châteaux et

partie en pluseurs pars, pour garder que les ennemis ne destournent affaire les chasteauls et fossez ; et les piétons, à tout engins convenables, doivent faire les fossez et bastides, et doit avoir commandeurs sur eulx, qui la chose ordonnent et leur facent faire. Et à faire chasteauls et garnisons, ou doit garder, que le lieu soit sur eaue, et que montaigne ne soit sur euls ; et doit-on prendre espace convenable, si que ceuls de l'ost ne soyent trop serrez, ne trop espandus, et, qui peut, doit estre en bon air et sain.

On doit faire l'édéfice ou les fossez reons, ou en telle disposicion, comme est plus convenable ; la porte du chastel doit estre au front des ennemis, et autres portes, se la place est grant, qui soyent regardans pays, par où leur puist venir vivres et ayde. On doit mectre ensegnes et banieres aux chasteauls ; et, se l'ost doit demourer grant piece ou lieu où il se loge, besoing n'est de faire si grant édifiement ; et, dit Végéce, que, se trop grant force d'ennemis n'appert, il souffit faire fossez larges neuf piez et perfons de sept piez ; et se grant force d'ennemis on actent, on les doit faire de douze piez et neuf de perfont, ou de treize, se la terre des fossez est autour ; et doivent estre les fossez roydes et drois du costé des ennemis, et y doit on mectre pieux agus, chauche-trapes, et garni-

◇◇◇

aux fossés. Les piétons, avec tous les instruments convenables, doivent faire les fossés et les redoutes ; des chefs doivent veiller sur eux pour diriger et presser les travaux. Pour asseoir des forts et des camps, on doit préférer les endroits qui sont auprès de l'eau, et éviter ceux qu'une montagne domine. L'espace en doit être convenablement mesuré, pour que l'armée ne soit ni trop resserrée, ni trop étendue. Il faut, lorsqu'on le peut, choisir les lieux où l'air est bon et sain.

Les retranchements et les fossés doivent être creusés en rond ou dans la forme qui est la plus convenable. La porte du fort doit être en face des ennemis. Les autres portes, si l'emplacement est vaste, doivent s'ouvrir sur le pays d'où peuvent arriver les vivres et les secours. On doit mettre sur les fortins les enseignes et les bannières ; et si l'armée doit demeurer long-temps au lieu où elle est campée, il n'est pas besoin de faire de si forts retranchements. Végèce dit que si les ennemis ne se montrent pas en force, il suffit de creuser des fossés larges de neuf pieds et profonds de sept. Mais si l'on attend de nombreux ennemis, on les doit faire de douze pieds, sur neuf de profondeur, soit de treize si la terre est relevée autour. Les fossés doivent être droits et escarpés du côté de l'ennemi ; on doit y mettre des pieux aigus, des chausses-trappes, et des gardes pour s'opposer à ceux qui voudroient les dévaler.

CHAP. XXIX : *Comment le roy Charles, nonobstant sa bonne fortune en ses guerres et sa grant poissance, se consenty à traictié de paix aux Angloiz.*

A retourner à nostre principal, c'est nostre bon sage roy Charles, lequel, comme très vertueus, ne se surhaulsoit en arogance pour quelconques prospérité ; ainssi comme il est escript de l'omme fort, comme dit saint Ambroise, ou primier livre *des Offices*, « que la vraye force » de corage humain est celle qui n'est onques » brisiée en adversité, ne s'enorgueillist en » prospérité, qui est recreue en labour, qui est » hardie en périlz, etc. »

Par ces signes, qui, en homme fort, doivent appariour, povons tel nostre Roy approuver en tous ses fais, par espécial, ou procés de ses guerres, ésquelles n'est nulle doubte, et le contraire seroit impossible, que souventefoiz n'en oyst des nouvelles moult pésans et dures, selons l'entregect de fortune, qui, communément, gouverne aventures de guerre, nonobstant la Dieugrace, « au derrain le meilleur, » estoit communément pour ledit Roy ; avoit, à la fois, des

◇◇◇

CHAP. XXIX : *Comment le roi Charles, nonobstant sa bonne fortune en ses guerres, et sa grande puissance, consentit à traiter de la paix avec les Anglois.*

Retournons à notre sujet principal, au bon roi Charles. Sa haute vertu l'empêchoit d'être fier et arrogant, quelle que fût sa prospérité. C'est ainsi qu'il est écrit de l'homme fort, comme dit saint Ambroise, au premier livre *des Offices* : « Que la » vraie force du courage humain est celle qui » n'est jamais brisée par l'adversité ; que la pros- » périté ne sauroit enorgueillir ; qui n'est point » rebutée par les travaux, et que les périls en- » hardissent. »

A ces traits qui sont la marque de l'homme fort, nous pouvons approuver toutes les actions de notre roi, surtout pendant ses guerres. Il est sans doute, et le contraire seroit impossible, que souvent il en reçut des nouvelles dures et fâcheuses, selon le jeu de la fortune, qui communément gouverne aventures de guerres nonobstant la grâce de Dieu : « au dernier le meilleur, » c'étoit communément le fait le roi. Il lui arrivoit à la fois d'éprouver des défaites ; d'apprendre que le pays étoit brûlé et ravagé ; que ses serviteurs, ses familiers, ses amis les plus chers étoient pris et occis ; alors sa pitié, sa compassion étoient émues et en avoit au cœur de grandes pointures.

desconfitures, son pays ars et mal mis, de ses gens, amis et familiers, qu'il amoit de grant amour, pris et occiz, dont luy, plain de toute pitié et compassion avoit au cueur de grans pointures; mais pourtant, quelque adversité qu'il eust, la commune semblance de sa chiere ne fust jà muée, ne fléchissoit contre la constance de son juste afferme propoz, où qu'il n'estoit recreu en labour, soing et despence de la deffence de son peuple; aussi, comme droit fort, ne s'enorguillissoit pour quelconques prospérité : et, qu'il soit ainssi, appert par ce que, en l'an 1375, ouquel an, et devant, de belles victoires ot eues sur ses ennemis; et jà soit ce que, par tous les lieux où il avoit guerre, par terre et par mer, fust le plus fort que les Anglois, par l'aide de Dieu et sa bonne diligence et toutes choses à son avantage, et eust moult grant navire sur mer, tout bien garni de gens d'armes et d'arbalestriers, toutefois par le moyen de notables plans de saincte Esglise, pour l'amour de Dieu, de bien de paix, et compassion du peuple, se consenti à traictié de paix, laquelle fu pourparlée entre les deux rois, et consentoit nostre Roy, plain de doulceur, de laissier paisiblement au roy d'Angleterre les terres et seigneuries qu'il avoit en France, réservé toutefoiz à luy son hommage, souvraineté et ressors des terres que le roy d'Angleterre avoit ou royaume de France, tant en celles qu'il tenoit, comme en celles que nostre Roy, pour le bien de paix, luy vouloit encore bailler par ledit traictié, lequel Dieu ne volt que adont fust acompli, ne paix faicte : et, en ce mesme an, mouru Edouart, roy d'Angleterre, qui longuement avoit vescu, et régné cinquante-deux ans.

CHAP. XXX : *De la force et poissance que le roy Charles avoit en pluseurs grans armées sus ses ennemis.*

De la force et poissance des gens d'armes que le roy Charles lors avoit, par informacion de gens vivans et par escriptures, puis savoir ce qui s'ensuit : c'est assavoir que, ou mois de juillet, l'an 1378, le duc d'Angou et le bon conestable alerent en Guienne, à grant compaignie de gens d'armes et d'arbalestriers.

Item, sus mer ot vingt-cinq galées et grant foison barges et autres vessiauls; lequel navire estoit fourni de grant foison de gens d'armes et d'arbalestriers.

Item, en la frontiere de Picardie, contre les Anglois qui estoient à Calais, à Ardre, à Guines, et és autres fortresses anglesches, tenoit grant quantité de gens d'armes et d'arbalestriers.

<><><>

Néanmoins, quelque adversité qu'il eût, les traits de son visage n'en parurent jamais troublés ; ni sa constance, ni sa volonté juste et ferme n'en furent ébranlées. Les travaux, les soins, la dépense qu'il fallait prodiguer pour la défense de son peuple ne le décourageoient point. Mais aussi, comme l'homme juste et fort, il n'étoit enorgueilli par aucune prospérité. On en peut trouver la preuve à ce qui se passa en 1375, durant laquelle année et celle qui précéda, il remporta sur l'ennemi de si belles victoires. Quoique en tous les lieux où il avoit la guerre, et sur terre et sur mer, il fut, par l'aide de Dieu, par sa bonne diligence, et ses succès en toutes choses, plus fort que les Anglois ; quoiqu'il eût de nombreux navires en mer, bien pourvus d'hommes d'armes et d'arbalètriers, toutefois, par le moyen des notables plans de la sainte église, pour l'amour de Dieu, pour les avantages de la paix et par compassion pour son peuple, il voulut bien traiter. La paix fut alors négociée entre les deux rois. Le roi Charles, plein de douceur, consentoit à laisser paisiblement au roi d'Angleterre les terres et les seigneuries que celui-ci avoit en France. Il se réservoit cependant l'hommage, la souveraineté et le ressort des terres que ledit roi tenoit au royaume de France ; de celles que ce prince y possédoit maintenant, et de celles que notre roi, pour le bien de la paix, lui vouloit céder encore par le présent traité. Mais Dieu ne voulut pas qu'il s'accomplit, ni que la paix fût faite. Edouard, roi d'Angleterre, mourut cette même année : il avoit long-temps vécu, et régné cinquante-deux ans.

CHAP. XXX : *De la force et puissance que le roi Charles avoit, en plusieurs grandes armées, contre ses ennemis.*

Selon le témoignage de gens vivans encore, et d'après les relations écrites, voici ce que l'on peut savoir de la puissance et de la force des hommes d'armes que le roi Charles avoit alors. Au mois de juillet de l'an 1378, le duc d'Anjou et le bon connétable allèrent en Guyenne avec une grande compagnie de gens d'armes et d'arbalètriers.

Il y avoit en mer vingt-cinq galères et une grande quantité de barques et d'autres vaisseaux. Cette flotte étoit pourvue d'un nombre considérable d'arbalètriers et d'hommes d'armes.

Sur la frontière de Picardie, une grande quantité d'arbalètriers et d'hommes d'armes faisoient tête aux Anglois qui possédoient Calais, Ardre, Guines et d'autres forteresses.

Item, avoit fait le Roy mettre le siege devant deux chasteaulx qui encore se tenoyent pour messire Jehan de Monfort, c'est assavoir Brest et Aulroy ; et par tous les lieux dessus dicts les gens du Roy tenoyent les champs.

Item, le duc de Berry et celluy de Bourbon estoient au siége devant une fortresse en Auvergne, nommée *Carlat*, laquelle les gens de compaigne tenoyent, qui estoyent pour les Anglois.

Ainssi le roy de France avoit telle poissance en cinq parties où ses ennemis estoyent les plus foibles, et dient ceuls qui le scevent, et aussi les escrips, que de nulle mémoire d'omme n'avoit esté veu que roy de France eust mis sus si grant fait ; et par icelles gens d'armes furent fais, en maintes parties, pluseurs notables fais, que je laisse pour briefté, par l'industrie et bons sens des conduiseurs prudens ; gardans les rigles de chevalerie, ainssi comme l'enseigne ledit livre, disant en tel maniere : « Les princes et » les chevetains meneurs de batailles, ains » qu'ilz se combatent, doivent regarder com- » bien ilz ont de gent, et combien fors esprou- » vez, quelz, comment armez ; et ainsi de leur » ennemis. »

Item, aussi doit regarder, lequel a l'avantage de la place, luy, ou ses ennemis ; lesquelz ont meilleurs chevaulx, plus d'archiers ou d'arbalestriers, plus de gens à pié, et de quel nacion, nobles et autres.

Doit regarder, se ou lieu convient qu'il soit longuement, considérer quelz vivres il a, comme il en aura, et savoir, s'il peut aussi, de l'estat de son ennemi. Doit aviser s'il aura secours, ou son ennemi ; car, selon que l'on attent, on doit donner, ou tost ou tart, la bataille.

Des meilleurs doit le prince de la chevalerie faire ses chevetains et des plus expers en bataille et en fait d'armes.

—

Chap. XXXI : *Des principaux barons que le roy Charles tenoit continuelement, à grant ost, sur les champs, en pluseurs pars.*

Les barons principauls que le Roy continuelement tenoit sur les champs, à grant povoir de gens d'armes estoyent ceuz dont les noms s'ensuivent.

Es parties de Pieregort fu, un temps, monseigneur le duc d'Anjou ; le connestable en Champaigne ; le duc de Bourbon, frere à la royne de France, le mareschal de Sancerre, le seigneur de Coucy, le seigneur de Monfort, le seigneur de Montauban, le seigneur de Roye, messire Guy de Rochefort, messire Olivier de Mauni, le

◈◈◈

Le roi avoit fait mettre le siége devant deux châteaux qui tenoient encore pour messire Jean de Monfort, savoir : Brest et Aurai. Les gens du roi tenoient la campagne dans tous les lieux que nous venons de dire.

Le duc de Berri et le duc de Bourbon faisoient le siége d'une forteresse de l'Auvergne nommée *Carlat*, qui étoit occupée par les hommes des compagnies du parti des Anglois.

Telle étoit la puissance du roi Charles, en cinq endroits, où ses ennemis étoient les plus foibles. Ceux qui le savent par eux-mêmes, d'accord avec les écrits, disent que de mémoire d'homme, on n'avoit vu roi de France déployer de si grandes forces. Ces guerriers firent en maintes places, maintes actions notables que je passe pour abréger. C'étoit l'effet du droit sens et des talents de leurs prudents conducteurs. Ceux-ci gardoient les règles de la chevalerie selon cet enseignement dudit livre : « Les princes et chévetains, » ordonnateurs de batailles, doivent, avant de » combattre, examiner combien ils ont d'hommes, » et combien sont à l'épreuve ; quels ils sont, et » comment ils sont armés ; ils doivent en faire » autant à l'égard de l'ennemi. »

Il faut observer aussi qui a l'avantage du lieu : ou l'ennemi ou soi ; qui a les meilleurs chevaux, le plus grand nombre d'archers ou arbalètriers, le plus de gens de pied, et de quelles nations ; nobles ou autres.

On doit examiner s'il convient de demeurer long-temps dans la même position ; vérifier les vivres que l'on a, et comment on pourra s'en fournir ; s'informer également, si on le peut, de la situation de l'ennemi. On doit prévoir aussi si l'on aura des secours, ou si l'ennemi en aura lui-même ; car, selon que l'on en espère, on doit livrer ou plus tôt, ou plus tard le combat.

Le prince de la chevalerie doit choisir pour ses chévetains, les meilleurs, les plus experts en batailles et en faits d'armes.

Chap. xxxi : *Des principaux barons que le roi Charles tenoit continuellement avec de grosses troupes, dans la campagne et en plusieurs lieux.*

Les principaux barons que le roi tenoit continuellement en campagne avec de grandes forces en hommes d'armes étoient ceux dont les noms suivent.

Monseigneur le duc d'Anjou fut pendant un temps dans le pays de Périgord ; et le connétable, en Champagne. Le duc de Bourbon, frère de la reine de France, le maréchal de Sancerre, le seigneur de Coucy, le seigneur de Monfort, le sire d'Assé, le Begue-de-Villaines, Yves de Gales, le seigneur de Chasteaulgiron, le sire de Bueil et autres bannieres, vaillans preux à grant foison, qui en Guienne, en pluseurs pars estoyent espandus, en Picardie, Normandie, Bretaigne, Anjou et ailleurs, à moult grant ost de gens d'armes et foison arbalestriers, dont, quant ilz arrivoyent en une marche, devant leur venue, se partoyent les Anglois des fortresses, et boutoyent le feu dedens. Le chastel de Condat se rendi, qui estoit assigié; aprés fu prise la ville de Bergerat, devant y ot bataille et furent Anglois desconfiz et y fu pris le seneschal de Bordeaulx et pluseurs autres Anglois; la ville d'Aymet, la ville de Sauvetat, et pluseurs autres villes et chasteaulx.

Et aussi par ces barons furent prises, en diverses parties du royaume, pluseurs fortes places et fait mains beaulx fais, dont je ne fais mie mencion, et n'estoit mie à merveiller, se par si noble gent et tant esprouvez, estoyent maintes belles besongnes achevées; car de quinze ou seize qu'ils estoyent nobles barons, n'y avoit celluy qui souffisant ne fust de mener et conduire un grant ost, non mie centurions, comme on souloit jadis faire les chevetains de cent chevaliers, mais des batailles de Perces, qui chascune estoit de dix mille chevaliers, comme dient

aucuns aucteurs ; aussi n'est mie doubte que chascun de ceuls cy avoit soubz sa baniere assez quantité de gens.

A ce propoz, dit Aristote, là où il parle de chevalerie, que, « en chascune banniere des » chevetains, doit avoir lettres ou enseignes , » affin que un chascun homme d'armes se sache » retraire soubz qui il est commis : » et anciennement faisoyent chevetains, qui soubz euls avoyent cent chevaliers, c'est assavoir hommes d'armes; et chascune disaine avoit aussi un chief; et puis tous ensemble se retrayoyent soubz le centurion, lesquelz avoyent certaines cognoiscences : et dit, que « ceuls qui portent les estan- » dars et banieres des princes et chevetains, » doivent estre esleus preus, fors et de grant » corage et nobles hommes , pour cause que au » regart de l'estendart se gouverne la bataille et » l'ost : » et dit, que « on doit regarder que » celluy à qui on le baille à porter soit preu- » domme; car, se il estoit traitre, luy tout seul » pourroit, par son signe, faire desconfire et des- » truire sa partie; » si comme on treuve és escriptures, que autrefoiz ait esté fait. Aussi doivent estre les chevetains loyauls, sages et preux, fiers et crenuis sur tous autres.

Dit encore le philozophe, que « ainssi comme » ceuls qui vont par mer et bien ne scevent les

» périlz et passages de mer, les se font paindre
» en une carte pour les eschever; ainssi faire
» doit le capitaine et conduiseur d'un ost, savoir
» les voyes et passages, montaignes, eaues, ri-
» vieres, destroiz et autres passages par où il
» doit passer; et se il ne les scet, doit prendre
» garde et conduit; et doivent les conduiseurs
» estre bien gardez que ilz ne puissent avoir es-
» pérance de foyr, se aucunes mauvaistiez fai-
» soyent, et leur doit-on promettre grans dons,
» se ilz conduisent loyaulment, et menacier, se
» ilz font le contraire : et doit le chevetaine
» prendre à son conseil les bons chevaliers ex-
» pers des armes, anciens et sages, et ne doit
» pas soy fier en son oppinion. »

Item, doit deffendre à ses conseillers, que ne soit dit, ne manifesté, en quel point, ne par quel chemin l'ost doit passer, ne quel propoz il a.

Item, le chevetaine doit avoir hommes sus chevauls igneauls qui quierent çà et là, pour veoir et prendre garde que l'ost ne soit espiée.

Item, le prince de la bataille doit mectre ses meilleurs chevaliers, là où le plus grant péril peut apperoir, et doit la plus foible partie estre subgecte à la plus forte.

Item, doit ordonner, que ses batailles voisent serrées ensemble et tous aprestez; car il ne scet, se ilz seront assaillis d'aucune part.

Le chevetaine doit regarder se il a plus gent à pié, ou plus à cheval; car ceuls à cheval se deffendent mieulx en bois et en montaigne; et selon qu'il voit la faculté de ses gens, il doit prendre plains champs ou la montaigne, se le lieu y est convenable.

CHAP. XXXII : *Comment, pour le grant renom de la sagece et bonne fortune du roy Charles, encore pluseurs barons se vindrent rendre à luy.*

Ou temps dessusdit, fu jà, Dieu mercis, la bonne fortune du roy Charles si avanciée, par le moyen de ses vertus et la peine et diligence de ses bons ministres cy devant nommez et mains autres vaillans hommes du royaume de France, que partout aloyent les nouvelles de l'acroissement de sa grant prospérité; parquoy, tout ainssi qu'il est escript d'Ector de Troye, le preux combatant, que, pour la grant bonté de luy, tant l'amerent pluseurs estrangiers, que ilz desirerent estre ses subgiez, et, de fait, à luy se rendirent, se vindrent pluseurs hauls barons, pour

---

mer et ne connoissent pas toutes les passes dangereuses, se ils font peindre sur une carte pour les pouvoir éviter; qu'ainsi doit faire celui qui conduit une armée et la commande. Il doit connoître les voies et les passages, les montagnes, les eaux, les rivières, les détroits et les gorges qu'il lui faut traverser; et s'il ne les sait pas, surveiller et prendre garde. On doit toujours garder soigneusement les guides pour leur ôter tout espoir de fuir s'ils faisoient quelque trahison. On doit leur promettre de riches récompenses s'il guident loyalement, les menacer s'ils faisoient le contraire. Le chévetain doit prendre pour conseils de bons guerriers, habiles dans les armes, sages et anciens : il ne doit point trop se fier à sa propre opinion.

Il doit défendre à ses conseillers de dire ou de laisser connoître, en quel lieu et par quelle route l'armée doit passer, ni quel dessein elle a.

Le chévetain doit avoir pour éclaireurs des hommes à cheval, qui examinent çà et là pour voir et découvrir si l'armée est épiée.

Dans la bataille, celui qui commande en chef, doit mettre ses meilleurs chevaliers là où il prévoit que sera le plus grand péril; il doit faire soutenir la partie la plus foible par la partie la plus forte.

Il doit veiller à ce que ses bataillons marchent serrés ensemble, et tout prêts à combattre; car il ne sait pas s'ils ne seront point quelque part assaillis.

Le chévetain doit examiner s'il a plus d'hommes de pied, ou plus de gens à cheval, car les gens à cheval se défendent moins bien [*] dans les bois et les montagnes. Or, selon qu'il connoît les ressources de sa troupe, il doit choisir ou la montagne ou la plaine, si les lieux le lui permettent.

CHAP. XXXII : *Comment pour le grand renom, la sagesse et l'heureuse fortune du roi Charles, plusieurs barons vinrent encore se rendre à lui.*

Au temps susdit, la bonne fortune du roi Charles étoit, Dieu merci, déjà si avancée par l'effet de ses vertus, les efforts et la diligence de ses bons ministres précédemment nommés, et de maints autres vaillants hommes du royaume de France, que partout se répandoit la nouvelle de sa grande et croissante prospérité. Il est écrit qu'Hector le Troyen, ce preux guerrier, fut, pour ses qualités rares, si chéri des étrangers, que plusieurs d'entre eux voulurent être ses sujets et

---

[*] Le texte nous donne le mot *mieulx*, nous y avons substitué le mot *moins*, le sens l'indiquant évidemment : le mot *mieulx* ne peut être qu'une erreur de copiste.

le grant bien du roy Charles, mectre en sa juridiccion et hommage.

On temps que le duc d'Anjou estoit au siege devant Bergerac, messire Perducat d'Alebreth vint en l'obédience du Roy, avecques toutes les fortresses qu'il tenoit.

Item, le seigneur de Bedoz, messire Ansel de Caumont, le seigneur du Chastel d'Andorte, les enfens de Saint Aonys, euls, leur villes, leur chasteaulx et leur fortresses, dont il y avoit trés grant nombre; avec ce, pluseurs autres chevaliers et gentilzhommes, lesquelz le sage Roy receupt à grant honneur et les retint familiers de sa noble court.

En ce tendis, besongnoyent les susdis barons en pluseurs autres parties du royaume, comme dit est, qui mie n'estoyent aprentis de conduire leur gens et leur batailles, par lequel sens et vaillance ensuivy preu et honneur au royaume de France. D'ordener bataille, dit Végéce, que se ceuls de l'ost ne vont ordonnéement, ilz ne pourroyent bien combatre; car, quant ilz sont trop empressez, ilz empêchent l'un l'autre à férir sur les ennemis, et, aucune foiz la grant foule d'euls mesmes les desconfit; donc, ceuls à pié et ceuls à cheval doivent diligemment garder leur ordre; et doit le prince de l'ost, ains qu'il parte, pluseurs fois mener ses gens aux champs, et les mectre en ordonnance, et puis les faire mouvoir, ainssi qu'il veut qu'ilz aillent, et bien les endoctriner comment il veult qu'ilz se maintiegnent, ceulx à pié et ceuls à cheval; doit partir ses batailles, et en chascune doit avoir bon chevetaine; doit ordonner ses communes devant, et puis qui ira aprés, et ainssi de renc, selons le fait qu'il a à faire et les gens qu'il a, et bien les doit endoctriner, comment ilz feront, selon la disposicion de leur adversaires et des cas qui peuent advenir; car, il doit estre avisié de tous les baras et soubtilleté d'armes parquoy ses ennemis le pourroyent grëver; si, y doit rémédier et, par soubtilz poins, les savoir surprendre, et rompre leur bataille : et de tout ce doit aviser ses gens.

Et se le prince de l'ost cognoist, que ses adversaires soyent de si grande force qu'ilz ne les puissent vaincre, ains leur souffiroit de bien povoir fuir; lors dois ordonner ses batailles en reondesse, bien seriez ensemble, qu'ilz ne puissent estre perciez : et en celle bataille, on doit mectre par dehors, ou primier front, les meilleurs, plus hardis et mieuls armez.

Autre maniere d'ordonner bataille, se les ennemis ne sont mie en grant quantité : ceuls de

⬦⬦⬦

se rendirent à lui; de même, pour le grand respect que leur inspiroit le roi Charles, plusieurs hauts barons vinrent lui faire hommage et se soumettre à sa juridiction.

Dans le temps que le duc d'Anjou étoit au siége devant Bergerac, messire Perducat d'Albret vint se ranger en l'obédience du roi, avec toutes les forteresses qu'il occupoit;

De même, le seigneur de Bedoz, messire Ansel de Caumont, le seigneur du Chastel d'Andorte, les enfants de saint Aonys, eux, leurs villes, leurs châteaux et leurs forteresses, dont le nombre étoit grand; en outre, plusieurs autres chevaliers et gentilshommes, que le roi reçut à grand honneur et retint pour familiers de sa noble cour.

Sur ces entrefaites, les susdits barons guerroyoient, comme on l'a dit, dans diverses parties du royaume; ils n'étoient, certes, point novices dans l'art de diriger leurs gens et les batailles: leur sagesse et leur valeur procura gloire et avantage au royaume de France. Il faut, dit Végèce, qu'un ordre de bataille soit réglé; si les soldats dont se compose une armée ne sont pas rangés comme il convient, ils ne pourront bien combattre : s'ils sont trop serrés, ils s'empêchent l'un l'autre de frapper l'ennemi, et souvent la presse où ils se trouvent suffit pour leur défaite. Ceux qui sont à pied, ceux qui sont à cheval doivent donc diligemment garder leur position. Le prince de l'armée doit, avant de partir, mener plusieurs fois ses gens dans la campagne, les mettre en ordre et les faire manœuvrer ainsi qu'il veut qu'ils aillent; il doit montrer aux piétons et aux cavaliers comment il veut qu'ils se maintiennent; il doit distribuer ses divisions et donner à chacune un bon chévetain; il doit placer en avant ses communes, puis ceux qui les suivront, et ainsi de rang en rang, selon le but qu'il se propose et les hommes qu'il a ; il doit diligemment leur apprendre comment ils devront agir selon les dispositions de leurs adversaires et les cas qui peuvent advenir; car il doit être au fait de tous les stratagêmes et des ruses de guerre que l'ennemi pourroit employer pour lui nuire, et y savoir remédier; il doit les pouvoir surprendre eux-mêmes par des moyens ingénieux et savoir rompre leurs lignes. Il doit enfin mettre ses gens au fait de tout cela.

Si le prince de l'armée reconnoît en ses adversaires des forces si grandes, que les siens, au lieu de songer à vaincre, aimeroient mieux pouvoir fuir librement, il doit les ranger en orbe et les bien serrer ensemble pour qu'ils ne puissent être enfoncés. Dans cette disposition, on met en dehors et au premier rang les meilleurs, les plus hardis et les mieux armés.

Il est une autre manière d'ordonner ses combattants lorsque les ennemis ne sont point trop nombreux; il faut les ranger en demi-cercle ou

4.

l'ost doivent estre ordonnez en guise de fer de cheval à demy ront, affin qu'ilz encloyent leur ennemis; et, se l'ost a affaire à forte partie de foison de gent, ilz doivent estre ordonnez en maniere d'une espée, qui est ague devant, pour percier leur ennemis.

Et doit-on savoir, que la meilleur maniere d'ordoner batailles, communément est en reondece; et y doit avoir pluseurs batailles, et ou front devant, et où il a le plus grant péril, on doit mectre les meilleurs : y doit, autre si, avoir ordonnance de secourir les batailles par bonnes gens d'armes, se besoing en ont, ou que chanceler on les voye.

La maniere de férir en bataille, est la plus convenable d'estoc, pour ce que plustost actaint en char, et moins couste à celluy qui fiert, et plus est de grant force férus que celluy de tranche; et, pour ce, les bons haubers doivent avoir les mailles empressiées l'une sur l'autre, affin que sitost on ne les puist percier; et aussi l'adversaire se peut mieulx couvrir du coup dont il voit lever le bras que il ne fait de l'estoc. Et dient aulcunes histoires, que les Romains trouverent primiérement la maniere de férir; car anciennement souloyent és batailles férir d'espée à coup; et aussi, pour ce que le batailleur n'est mie si traveilliez de férir d'estoc comme seroit de taille, et ne se descueuvre mie tant, ne doit mie ferir à l'estourdy, mais amésuréement, affin que plus longuement puist souffrir le travail.

Chap. XXXIII : *Ci dit des gens d'armes que le Roy envoya en Bretaigne, et le bon esploit que ilz y firent.*

Encore de la bonne fortune du roy Charles : en celluy temps, n'ot pas moins de victoires en la duchié de Bretaigne; car, si comme assez de gens encore vivans le scevent et les croniques le tesmoignent, comment le duc Jehan de Bretaigne, nonobstant l'ommage que avoit fait au roy de France, soustenoit la partie au roy d'Angleterre, et de fait tint les Angloiz en pluseurs villes et fortresses de son pays de Bretaigne, contre la voulenté de ses barons, qui vouloyent estre bons Françoiz; lesquelz Anglois moult dommagoyent mesmes ceuls du pays, et Françoiz ; par quoy le Roy y envoya, à grant armée, le duc de Bourbon, le conte d'Alençon, et celluy du Perche, le connestable, et pluseurs autres; et quant le duc de Bretaigne vit que il ne pourroit contrester, il garni ses meilleurs chasteauls, c'est assavoir, Aulvray, Bret, Darval et pluseurs autres; entra en mer et passa en Angleterre; où y ot par noz gens maintes villes et chasteauls pris, de ceuls

en fer à cheval pour qu'ils enveloppent leurs ennemis; mais lorsqu'on a affaire à plus forte partie, il faut donner à sa troupe la forme d'un glaive, aigu en avant, pour pénétrer l'ennemi.

Il est bon de savoir, en outre, que la meilleure manière de disposer ses bataillons est, communément, de leur donner une forme circulaire; ces divers corps doivent être nombreux; on doit placer les meilleurs en tête, là où est le plus grand péril; il faut, de plus, disposer une bonne réserve d'hommes d'armes pour porter secours aux corps qui peuvent en avoir besoin, ou que l'on voit chanceler.

La façon la plus avantageuse de frapper dans les combats, c'est de frapper d'estoc; par ce moyen, on atteint plus tôt la chair; pour celui qui porte de tels coups, la fatigue est moins grande; leur effet est plus sûr que celui des coups de taille; ainsi les bons hauberts doivent avoir les mailles serrées l'une sur l'autre, pour ne pas être si facilement entamés; l'adversaire évite mieux une atteinte quand il voit lever le bras qui la lui porte, qu'il ne peut faire contre un coup d'estoc. L'histoire nous apprend que ce furent les Romains qui, les premiers, trouvèrent cette manière de frapper. On avoit coutume, avant eux, de se servir, dans les batailles, du tranchant de l'épée. Le combattant n'ayant point autant de peine à frapper d'estoc qu'il auroit de taille, et ne se découvrant pas autant non plus, ne doit point porter ses coups à l'étourdie, mais avec mesure, afin de pouvoir plus long-temps soutenir l'effort du combat.

Chap. xxxiii, *où il est parlé des hommes d'armes que le roi envoya en Bretagne, et des brillants exploits qu'ils y firent.*

Parlons encore de la bonne fortune du roi Charles. Vers le même temps, il n'eut pas moins de victoires dans le duché de Bretagne. Bien des gens encore vivants savent, et les chroniques témoignent aussi, que le duc Jean de Bretagne, nonobstant l'hommage qu'il avoit fait au roi de France, prenoit le parti du roi d'Angleterre. De fait, il tint les Anglois dans plusieurs villes et forteresses de son pays, contre le desir de ses barons, qui vouloient être bons François. Les Anglois causoient même à ceux du pays et aux François les plus grands dommages. Le roi, voyant cela, y envoya une forte armée avec le duc de Bourbon, le comte d'Alençon, le comte du Perche, le connétable et plusieurs autres. Quand le duc de Bretagne vit qu'il ne pouvoit soutenir la lutte, il garnit ses meilleurs châteaux, savoir, Aurai, Brest, Darval et plusieurs autres; monta sur mer et passa en Angleterre. Nos gens prirent en Bretagne maintes villes et maints châteaux de

que tenoyent les Angloiz pour le Duc; mais y ot fait aincois maint fait d'armes et mainte bataille, ésquelles noz gens perdirent et gaignierent.

Et dit ledit livre *du Régime des Princes*, que, pour sept raisons, les ennemis de ceuls de l'ost peuent estre plus fors et plus poissans.

La primiere raison, si est que, se ilz sont les premiers assaillis, et ilz sont bien assemblez et en bel ordre, ilz ne sont pas de legier vaincus.

Item, se ilz ont la riviere devant euls, ou la garde des montaignes où l'en ne puist monter, ou destroiz legiers à garder, ilz sont moult fors à vaincre.

Item, se ilz n'ont vent, pouldre ne souleil, et le dessus du champ, ce leur est grant avantage.

Item, se ilz sont avisez de ceuls de l'ost et bien informez, quans ilz sont, par où ilz viennent et leur ordonnance, ilz se puent pourveoir d'euls actendre.

Item, quant ilz ne sont travailliez, affamez, ne defoulez, ilz peuent bien contrester.

Item, se ilz sont tous d'une mesme voulenté, loyaulx ensemble, et d'un accort de tenir place, ilz ne sont pas legiers à desconfire.

Item, quant ceuls de l'ost ne scevent mie l'entencion d'euls; qu'ilz béent à faire, et de quelz tours ils sont avisiez.

Par autres sept manieres peuent ceuls de l'ost vaincre les ennemis: c'est quant ilz les treuvent espars, non ensemble et sanz arroy.

Item, quant l'ost prent l'avantage de la place et vient au devant.

Item, l'ost doit mectre, se faire se peut, les ennemis le visaige au soleil et au vent.

Item, que l'ost puisse surprendre ses ennemis en prenant leur repast, ou de nuit en leur hébarges, ou aucunement despourveus.

Item, quant les ennemis sont las et travailliez pour le long chemin, ou chault, lors les doit l'ost assaillir.

Item, quant l'ost peut tant faire, par aucun moyen, qu'il seme descort et deffience, envie et mautalent entre ses ennemis, et que ilz ne daignent obeyr à leur chevetains; lors lest peut l'ost assaillir.

Item, doivent enquérir ceulx de l'ost, quelles condicions a le prince de l'ost, et le prendre, se ilz peuent, par la condicion dont ilz le sente entechiez.

La maniere comment les batailles se doivent contenir en combatant est telle: Quant ilz veulent ferir de loings et gecter dars ou sayetes, ilz doivent tenir le pié senestre avant, et le destre

---

ceux que les Anglois y tenoient pour le duc; mais il y eut avant maints faits d'armes et maints combats, dans lesquels nos gens perdirent et gagnèrent.

Le livre *du Régime des princes* dit que pour sept raisons les adversaires d'une armée peuvent être plus forts et plus puissants qu'elle:

1° S'ils sont les premiers attaqués, s'ils sont bien rassemblés et en bel ordre, ils ne seront pas aisément vaincus.

2° S'ils ont une rivière devant eux, s'ils défendent des montagnes que l'on ne peut gravir, ou des détroits faciles à garder, ils sont bien forts pour vaincre.

3° S'ils n'ont ni vent, ni soleil, ni poussière, s'ils occupent le terrain le plus haut, ils ont un grand avantage.

4° S'ils sont avisés des mouvements de l'armée, informés combien elle a d'hommes, par où elle vient, et quel ordre elle observe, ils peuvent prendre leurs mesures pour l'attendre.

5° Quand ils ne sont ni fatigués, ni affamés, ni exténués, ils peuvent faire une bonne résistance.

6° S'ils n'ont ensemble qu'une même volonté, s'ils sont unis, et d'accord de tenir ferme, ils ne sont pas faciles à vaincre.

7° Quand ceux de l'armée ne savent pas quel est leur dessein, ce qu'ils hésitent à faire, et de quels tours ils se sont avisés.

Ceux de l'armée peuvent vaincre les ennemis par sept autres moyens: 1° Quand ils les trouvent épars, désunis et sans ordre.

2° Quand l'armée prend l'avantage du terrain et vient au-devant.

3° L'armée, si elle le peut, doit faire que l'ennemi ait le visage au soleil et au vent.

4° Elle doit tâcher de surprendre ses ennemis tandis qu'ils prennent leurs repas; ou la nuit, dans leurs logements; ou autrement au dépourvu.

5° Lorsque les ennemis sont las et harassés par une longue route, ou par la chaleur, l'armée doit les attaquer alors.

6° Lorsque l'armée parvient, par quelque voie, à semer la discorde et la défiance, à faire naître l'envie et la malice parmi ses ennemis, lorsqu'ils ne daignent plus obéir à leurs chefs, elle peut en ce cas les attaquer.

7° Ceux de l'armée doivent s'enquérir quelle est l'humeur du commandant ennemi, et le prendre, s'il leur est possible, par le foible dont ils le savent atteint.

Voici maintenant comment les bataillons doivent agir en combattant. Lorsqu'ils veulent frapper de loin et lancer des dards ou des flèches, ils doivent tenir le pied gauche en avant; le pied droit en arrière. La raison en est que le corps

arriere : la cause est, pour ce que le corps (4) d'omme a plus grant vertu au costé destre que au senestre, pour ce sont les membres destres plus fors et plus mouvables que les senestres ; si meut plus fort l'air et donne plus grant coup ; mais quant les batailles doivent combatre des espées main à main, ilz doivent tenir le pié destre avant et le senestre arriere.

Nous devons savoir que, quant les ennemis sont pou, on ne les doit pas si enclorre que on ne leur lait aucun lieu par où ilz puissent fuyr ; car, en fuyant, les peut-on mieulx occirre ou prendre ; mais, se ilz se véoyent si encloz que fuyr ne peussent, ilz vendroyent chiérement leur mort.

Nous dirons comment on se doit traire arriere de la bataille, quant on n'a mie conseil de combatre, et doit estre secret, de paour que l'ost ne s'espouvante, par quoy s'enfuist ; si se doit le prince contenir en telle maniere qu'on ne cuide mie qu'il vueille partir pour fuyr, mais qu'il vueille appareillier son agait en autre lieu ; et se doit retraire en telle maniere que les ennemis ne s'en apperçoivent, si, comme souvent avient, que l'ost se part plus par nuit que par jour, et se doit tousjours l'ost tenir serrée ensemble, sanz espandre ; car mieulx se pourroyent deffendre

◇◇◇

de l'homme a une plus grande force au côté droit qu'au côté gauche, ce qui rend les membres du côté droit plus vigoureux et plus mobiles que ceux de l'autre partie. L'air en est agité plus vivement et la force du coup plus grande. Mais quand on doit combattre à l'épée, et corps à corps, il faut tenir le pied droit en avant et le pied gauche en arrière.

Il faut savoir que lorsque les ennemis sont peu nombreux, on ne les doit pas enclore si bien, qu'on ne leur laisse aucune place par où ils puissent fuir ; car, tandis qu'ils fuient, on les peut mieux tuer ou prendre. Mais quand ils se voient tellement enfermés que la fuite leur est impossible, ils vendent chèrement leur vie.

Nous dirons maintenant comment il faut opérer sa retraite, lorsque l'on veut éviter le combat. Ce doit être avec mystère, de peur que l'armée ne s'épouvante et ne prenne la fuite. Le prince doit donc se comporter de telle façon que l'on ne croie pas qu'il s'éloigne pour fuir, mais pour prendre position dans un autre lieu. Il doit se retirer de telle manière que l'ennemi ne s'en puisse apercevoir. Et, comme il arrive souvent que l'armée se met en route plutôt de nuit que de jour, elle doit toujours marcher serrée et réunie,

(1) Les précédents éditeurs avaient cru devoir mettre le mot *cueur*. Ce mot offre ici un grossier contre-sens ; parce qu'il ne peut y avoir de cœur à droite. C'est du

contre embuches et toutes manieres d'assaulx, et doit ledit chief enquérir, se ilz se pourroyent retraire quelque part, se quelque affaire leur survenoit.

CHAP. XXXIV : *Ci dit, comment le roy Charles ot auques toute recouvrée la duchié de Guienne.*

Ainssi ala tousjours, à l'aide de Dieu, croissent la poissance du roy Charles, tant que auques toute ou la plus grant partie de la duchié de Guienne, avecques les terres, bonnes villes et citez que le roy d'Angleterre tenoit en France, comprises ou traictiée de l'efforciée paix, si comme est desclairié, fu rendues et conquises au roy de France, lesquelles avoyent esté gaignées, aucunes par assault, autres par batailles et force, autres raimptes par argent à cause d'eschever perdicion de gent, et en maintes diverses maniere, tant et quantes furent demourées soubz l'obéyssance du Roy.

Et ainssi dit le livre, que on doit acquester sur ses ennemis, et dit que quatre manieres sont de bataille : l'une, si est, quand les deux parties sont en plains champs et se combatent ; l'autre si est, quant l'en assault aucun chastel ;

◇◇◇

et ne point s'étendre ; car elle pourroit mieux ainsi se défendre contre les embûches et toute espèce d'attaques. Le chef doit aussi s'enquérir s'il se pourroit retirer quelque part dans le cas où une affaire surviendroit.

CHAP. XXXIV, *où il est dit comment le roi Charles recouvra presque entièrement le duché de Guienne.*

Par l'aide de Dieu, la puissance du roi Charles alla toujours croissant de telle sorte que la plus grande partie du duché de Guienne, les terres, les bonnes villes, les cités que le roi d'Angleterre tenoit en France, et qui avoient été comprises dans le projet * de traité de paix dont on a parlé, furent rendues au roi Charles ou conquises par lui. Les unes furent prises d'assaut, les autres se rendirent à la suite des combats ou furent emportées de vive force : plusieurs furent rachetées à prix d'argent dans le but d'éviter l'effusion du sang. En un mot, on employa tous les moyens jusqu'à ce qu'elles fussent rentrées sous l'obéissance du roi.

Et c'est ainsi que le livre dit qu'on doit acquérir sur ses ennemis. Il dit aussi qu'il est

corps de l'homme que Christine veut parler ; en effet le côté droit est plus fort que le côté gauche.

* En 1375, voy. le chap. XXIX.

l'autre si est, quant ceulx du chastel se deffendent; la quarte si est, quant l'en se combat en eaue ou en mer.

Et au propoz de ce que tant avons parlé, d'assaillir et prendre villes et fortresses; l'une est par faulte d'eaue; pour ce, l'ost se doit efforcier de tollir l'eaue. La seconde maniere est par faim; pour ce, se doit bien prendre garde l'ost, que à ceuls du chastels ne soit porté vivres; et voit-on aucunes fois, que se l'ost prent aucuns de ceuls du chastel, il ne les tuent pas, mais les affollent de membres, si que jamais ne se puissent aydier, et les renvoyent au chastel pour plustost aydier à devourer les vivres. Et la tierce est, quant ceuls de dens, et ceuls de hors, se combatent aux murs, et de ceste maniere dirons après.

En temps d'esté, ains que on cueille les biens, doit on assigier les chasteaulx et citez, affin que ilz ne puissent faire leur cueilte; et aussi, en celle saison, sont les fossez plus vuis qu'ou temps d'iver; plus ont ceulx de dedens souffraite d'eaue, et moins griève à ceulx qui sont au siege, en temps d'esté qu'à la froidure.

L'ost qui veult assigier se doit logier comme à un trait d'arc loings du chastel, et entour soy faire fossez et palis, comme devant est dit, et faire aussi comme une fortrece, affin que ceulx dedens ne les puissent surprendre.

On doit commencier l'assault par trait, et par drecier eschieles, par miner et faire voyes de soubz terre, par engins, mangoniaulx et canons qui fort trayent; par édifices et engins que l'on maine jusques aux murs; et doivent commencier la mine ainz qu'ilz mectent leur tentes, et doivent foyr soubz terre plus parfont que les fossez et faire voye jusques aux murs, et doit-on la voye estayer de pieces de marrain et d'ais, affin que la mine ne chiée; la terre que on trait hors on la doit si mucier, que ceulx du chastel ne l'apperçoivent : ainssi doit-on aler minant jusques aux maisons du chastel; puis doit-on mectre du feurre et du bois en la mine, et, par nuit, bouter le feu dedens. Et se le chastel est assis sur roche vive, ou, par tel maniere que estre ne puist miné, il doit estre assaillis par fortes pierres d'engin, ou par autres instrumens, que on meine jusques aux murs; et se, par nuit, on trait, on doit lier tisons de feu ardens aux pierres qu'on trait; car, par ce tison, pourra l'en savoir comment l'engin gecte, et combien pesant l'en y pourra mectre.

◇◇◇

quatre sortes de batailles. La première est lorsque les deux partis sont en pleine campagne et combattent. La seconde, lorsque l'on donne l'assaut à quelque forteresse. La troisième, lorsque les assiégés se défendent. La quatrième, quand l'on combat sur mer ou sur eau douce.

A propos de ce que nous avons dit sur l'attaque et la prise des villes et forteresses, le premier moyen de les réduire est par le manque d'eau : l'armée doit donc faire ses efforts pour en priver ceux qu'elle assiége. Le second est la famine : l'armée doit en conséquence prendre garde qu'il ne soit porté des vivres à la garnison du château qu'elle attaque. Aussi arrive-t-il parfois que si l'armée fait prisonniers quelques-uns de ceux du château, elle ne les tue point, mais les mutile pour qu'ils ne puissent plus combattre, et les renvoie ensuite vers les leurs pour qu'ils contribuent à consommer plus promptement les vivres. La troisième est lorsque ceux du dedans et ceux du dehors combattent aux murailles, et nous en parlerons plus loin.

On doit assiéger les châteaux et les villes au temps de l'été, avant que les récoltes soient faites, afin que les assiégés ne puissent faire leurs récoltes. En cette saison les fossés sont moins remplis qu'en temps d'hiver; la disette d'eau est plus sensible aux assiégés; les assiégeants ont moins à souffrir de la chaleur que du froid.

L'armée assiégeante doit se loger à une portée d'arc environ loin du château; s'entourer de fossés et de palissades comme on l'a dit ci-devant, se faire aussi comme une forteresse, afin que les assiégés ne puissent la surprendre.

On doit commencer l'assaut par lancer des traits, dresser des échelles, miner et faire des chemins sous terre, faire agir les engins, les mangonneaux et les pierriers qui lancent avec force; faire avancer jusqu'aux murs les mobiles édifices qui doivent les saper. Les assiégeants doivent commencer la mine avant de dresser leurs tentes; ils doivent fouir sous terre à une profondeur plus grande que celle des fossés et s'ouvrir une voie jusqu'aux murs. Ils doivent étayer cette voie avec des pièces de merrain et des planches pour empêcher la mine de s'écrouler. La terre que l'on en extrait doit être cachée de façon que ceux du château ne puissent l'apercevoir. On doit aller ainsi en minant jusqu'aux maisons du château; puis remplir la mine de foin et de bois, et pendant la nuit y mettre le feu. Si le château est assis sur une roche vive, ou de telle autre façon qu'il ne puisse être miné, il faut l'attaquer en y lançant avec des engins de fortes pierres, ou faire agir d'autres instruments que l'on amène auprès des murs. Si de nuit on lance des projectiles, on doit y attacher des tisons ardents; car la lumière répandue par le feu fait connoître la portée de l'engin, et le poids qu'il convient d'y mettre.

Chap. XXXV : *Comme auques toute la duchié de Bretaigne demoura au roy Charles.*

Ou temps dessusdit, ceulx d'Aulroy en Bretaigne, où messire Olivier de Clisson tenoit le siege, se rendirent au roy; et aussi firent les autres fortreces contraires : et par ainssi toute la duchiée de Bretaigne demoura au Roy, exepté Brest, où il avoit bastides qu'ilz ne povoyent saillir.

A ce propoz, de prendre chasteaulx, dit encore ledit livre, comment, par aucuns engins, fais de merrien, que l'en peut mener jusques aux murs, l'en peut prendre le lieu assailly : l'en fait un engin de merrien, que l'en appelle mouton, et est comme une maison, faicte de merrien, qui est couverte de cuirs crus, affin que feu n'y puisse prendre, et devant celle maison a un grant tref, lequel a le bout couvert de fer, et le lieve l'en à chayennes et à cordes, par quoy ceuls qui sont dedens la maison peuent embatre le tref jusques aux murs, et le retraiton arriere quant on veult, en manière d'un mouton qui se recule quant il veut férir, et, pour ce est-il appellez mouton.

Item, un autre engin on fait, qui est appellé *vigne*; et cel engin fait-on de bons ays et de merrien fort, affin que pierre d'engin ne le puisse brisier, et le cueuvre l'en de cuir cru que feu n'i puist prendre ; et est cel engin de huit piez de lé et seize de long, et de tel hautece que pluseurs hommes y puist entrer, et le doit l'en garder et mener jusques aux murs, et ceuls qui sont dedens foyssent les murs du chastel ; et est moult prouffitable, quand on le peut approchier des murs.

Quant l'en ne peut prendre le chastel par vigne, ne par mouton, l'en doit considérer la mesure des murs, et doit-on faire chasteaulx et tours de fust, et pareillement couvrir de cuir et mener au plus prés des murs qu'on peut ; et par tel chastel de fust, on peut assaillir en deux manieres : c'est par pierres lancier à ceulx qui sont ou chastel; et aussi par pons leveys, qu'on fait qui vont jusques aux murs du chastel assigié ; l'ens fait uns petit édifices de fust, parquoy l'en moine ces chasteaulx et tours de fust prés des murs; ceuls qui sont au plus hault du chastel doivent gecter pierres à ceulx qui sont sus les murs, et ceulx qui sont ou moyen estage doivent avaler les pons leveys et envayr les murs ; et ceuls qui sont en l'estage de desoubz, se ilz peuent approchier les murs, ilz les doivent foyr et miner.

Et doivent les assaillans de tous ses engins ensemble assaillir, et de tant esbahiront-ilz plus les deffendeurs.

◇◇◇

Chap. xxxv : *Comment presque tout le duché de Bretagne demeura au roi Charles.*

Vers le même temps ceux d'Aurai en Bretagne, que messire Olivier Clisson tenoit assiégés, se rendirent au roi. Les autres forteresses qui tenoient encore en firent autant ; et ainsi tout le duché de Bretagne demeura au roi, excepté Brest où il y avoit des forts que l'on ne pouvoit atteindre.

A propos de l'attaque et de la prise des forts, ledit livre explique comment avec des engins particuliers, faits de merrain, et que l'on amène jusque vers les murs, on peut prendre le lieu que l'on attaque. Cette machine est appelée bélier; elle est semblable à une maison et construite en merrain, couvert de cuirs frais, afin que le feu n'y puisse prendre. Au devant, il y a une grande poutre dont l'extrémité est garnie de fer. Ceux qui sont abrités par la maison font mouvoir cette poutre avec des cordes et des chaînes, la poussent contre le mur et la retirent en arrière, à la manière d'un bélier qui recule quand il veut frapper : c'est pour cela que cette machine est appelée bélier.

On fait un autre engin que l'on nomme mantelet (*vigne*) ; il est construit avec de bons ais et de fort merrain, afin que les pierres lancées par les machines ne le puissent briser. On le couvre d'un cuir frais, pour que le feu n'y puisse prendre.

◇◇◇

Cet appareil a huit pieds de large et seize de long ; il est assez haut pour que plusieurs hommes y puissent entrer. On doit le mener avec précaution jusqu'aux murs. Ceux que le mantelet abrite creusent alors les murs du château. Cette machine est d'un grand secours quand on parvient à l'approcher des murailles.

Lorsque l'on ne peut prendre un château, ni avec les mantelets ni avec le bélier, on doit examiner la hauteur des murs, faire des châteaux et des tours de bois ; les couvrir pareillement de cuir et les mener le plus près que l'on peut des murailles. Avec ces tours de bois, on peut attaquer de deux manières : en lançant des pierres à ceux qui sont dans le fort, et en abaissant des ponts levis qui atteignent les murs de la place assiégée. On fabrique de petits appareils en bois à l'aide desquels on fait avancer ces tours jusqu'auprès des murailles. Ceux qui sont placés au sommet de la tour de bois doivent lancer des pierres à ceux qui sont sur les murs ; et ceux qui sont à l'étage du milieu doivent abaisser le pont levis et envahir la muraille. Ceux qui sont à l'étage inférieur doivent, s'ils peuvent, approcher des murs, les fouir et les miner.

Les assaillants doivent faire usage à la fois de tous ces moyens d'attaque ; ils frapperont d'autant mieux d'épouvante les défenseurs de la place.

Chap. XXXVI : *Les chasteaulx et villes que le duc de Bourgongne prist en une saison de peu de temps.*

Au temps dessus dit, envoya le roy Charles le duc de Bourgongne, son frere, et le signeur de Clisson, à grant compaignie, à la fortrece de Calais, et avec ceuls qui devant y estoyent ala ledit duc et sa compaignie, le troisieme jour de septembre, devant la ville d'Ardres, qui, le septiesme dudit mois, fu rendue au Roy ; et ledit jour fu pris d'assault le chastel de Bauliguen, et la fortresse de Planque rendue ; et, depuis fu pris le chastel de Bondiroit : puis, se parti le duc de Bourgongne, pour la saison d'iver qui approchoit ; mais il laissa grans garnison de gens d'armes, vivres, et toutes choses convenables és chasteaulx et fortresses qu'ot conquestez.

Et à ce propoz, dirons comment ceuls dedens se doivent deffendre et fortifier leur fors. Et primierement, quant on veult édifier chasteaulx et citez, on y doit regarder cinq choses : car, on doit considérer, que, se ledit édifice est sus roche, ou sus montaigne, en hault lieu, ou avironné d'eaue, ou de mer, il est fort à prendre : parquoy, quant l'en édifie, on y doit prendre garde.

Secondement, les murs doivent estre faiz à pluseurs angles, pour cause que ceulx qui se deffendent peuent, par plus de pars, gréver leur ennemis.

Tiercement, on doit mectre, en l'espace qui est entre les deux murs qui sont environ le chastel, terre haulte comme ung gros mur pour recepvoir les coups de pierre et des engins.

Quartement, on doit mectre és portes des chasteaulx et villes, portes colices et anneaulx de fer ; et par là peut on gecter eaue, ou pour feu estaindre, pierre et chaulx pour deffendre l'entrée.

Quintement, doivent avoir larges fossez, roides et perfons.

On doit garnir les citez et fors, primièrement, de bonnes gens d'armes, fors et deffensables à telle quantité comme au lieu est convenable, selon l'affaire que on peut avoir.

Aprés, des vivres, comme orge, froment, aveine, chars salées, et autres neccessaires à vie humaine ; et ce que on ne peut porter en garnison, des villes prochaines, se la guerre est prochaine, on le doit destruire des villes d'environ, affin que les ennemis n'en ayent l'aise. La vitaille doit estre dispersée et distribuée par sages gens, affin que, par bon ordre, elle puisse durer plus longuement.

◇◇◇

Chap. xxxvi : *Des châteaux et des villes que le duc de Bourgogne prit dans l'espace de peu de temps.*

Au temps dont nous parlons, le roi Charles envoya vers la forteresse de Calais le duc de Bourgogne, son frère, et le seigneur de Clisson, avec une forte compagnie. Le duc y joignant ceux qui étoient devant cette place, se rendit, le troisième jour de septembre, sous les murs de la ville d'Ardres qui, le sept du même mois, fut rendue au roi Charles. Le même jour fut pris d'assaut le château de Bauliguen, et la forteresse de Planque se rendit. On prit ensuite le château de Bondiroit ; puis le duc de Bourgogne s'en retourna à cause de la saison d'hiver qui approchoit ; mais il approvisionna de vivres et de toutes les choses nécessaires les châteaux et les forteresses qu'il avoit conquis, et y laissa de fortes garnisons d'hommes d'armes.

A ce propos, nous dirons comment ceux qui sont dans une place forte doivent s'y défendre et s'y fortifier. Et d'abord, lorsque l'on veut bâtir des châteaux ou des villes, on doit considérer cinq choses. On observera premièrement que si un édifice est sur un rocher, ou sur une montagne, dans un lieu élevé, ou entouré d'eau, ou ceint par la mer, il est difficile à prendre ; c'est pourquoi, lorsque l'on fait de pareilles constructions, on ne doit pas négliger ce point.

Secondement, les murs doivent être faits de manière à présenter plusieurs angles en saillie, parce qu'alors ceux qui les défendent peuvent frapper leurs ennemis d'un plus grand nombre de points divers.

Troisièmement, on doit mettre dans l'intervalle qui est entre les deux murs dont le château est entouré, de la terre entassée jusqu'à la hauteur de ces murs, pour amortir l'atteinte des pierres lancées par les engins.

Quatrièmement, on doit mettre aux portes des châteaux et des villes des anneaux de fer, et des machicoulis, par où l'on puisse jeter de l'eau pour éteindre le feu ; et de la chaux et des pierres pour en défendre l'entrée.

Cinquièmement, la place doit avoir des fossés larges, escarpés et profonds.

Les cités et les forts doivent être garnis d'hommes d'armes, en bon état de défense, et en nombre suffisant pour le lieu, et les affaires que l'on y peut avoir.

Ils doivent être pourvus de vivres, tels que de l'orge, du froment, de l'avoine, de la viande salée et autres provisions nécessaires à la vie humaine. Si la guerre est imminente, on doit détruire dans les villes environnantes tout ce que l'on ne peut consommer ou mettre en réserve, afin que l'ennemi n'en puisse profiter. L'économie et la distribution des vivres doivent être confiées à des hommes sages afin que, par le

Item, les foibles et non puissans on doit envoyer és autres villes, affin que les vivres n'appetissent.

Si on a paour que les eaues, rivieres, ou fonteines venans par conduit ou chastel, puissent estre tollues on doit faire cisternes pour garder eaue, se c'est si prés de la mer que les puis y soyent salez : et dit Aristote, ou livre *de Métheores*, que l'eau salée, passée parmi cire, pert son amertume et devient doulce; et doivent estre garnis de vinaigre, affin que se vin failloit, avec eaue, il donne aucune force à boire.

Le chastel doit estre garni de quantité d'oyle, de pois, et de souffre, pour ardoir les engins de leur adversaires; doivent garnir de fer et merrien lances, dardes, ars, arbastes de tout trait et de toute artillerie, et toutes armeures deffensables.

On se doit garnir de grant foison de dures pierres et caillous, et mectre sur les murs et sur tours à grant quantité, et emplir pluseurs grans vaisseaulx de chaulx ; et quant les ennemis approchent ceuls vaisseauls, doivent estre lanciez jus des murs et respendue celle chaulx, laquelle entre és yeulz des assaillans, et les rent comme avugles.

Doivent estre garnis de nerfz à corde, pour ars et arbalestres ; et se telz cordes faillent, on doit prendre crins des chevaulx, ou les cheveuls des femmes, et en faire cordes, si comme dit Végéce, que jadis firent les dames à Romme qui coperent leur cheveulx, lorsqu'il avoyent faulte de trait à Romme, et par ce furent recouvrez; et doivent estre garnis de foison cornes de bestes pour rappareillier leur arbastres, et aussi de cuirs crus pour couvrir leur engins et autres édifices, affin que feu ne s'i boute.

———

Chap. XXXVII : *Comment le roy Charles estoit sage, et és conquestes faire, et en gardant les choses conquises.*

Ainssi, comme oyr povez, par grace de Dieu, et desserte du roy Charles, aloit tous les jours croiscent l'augmentacion de sa bonne fortune, qui, au feur de l'accroiscement, plus reluisoyent en luy à double vertu en ses graces et bonnes meurs, et plus en plus abondoit son bon sens qui le rendoit expert en toutes choses convenables ; dont nous povons sçavoir que, comme en toutes besoignes il fust trés circonspect ou fait de ses guerres, où jà par longtemps avoit procédé, n'estoit mie ignorant de ce que en telle continuacion convenoit faire, tant en soustenir par finance et savoir honorer les capitaines et gens

bon ordre, ils puissent durer plus long-temps.

On doit renvoyer dans les autres villes les foibles et les invalides pour qu'ils ne réduisent pas inutilement les vivres du château.

Si l'on a peur que les eaux, rivières ou fontaines, venant par des conduits dans la place, ne soient détournées, on doit faire des citernes pour conserver l'eau ; surtout si l'on est près de la mer et que les puits y soient salés. Toutefois, Aristote dit, dans son livre *des Météores*, que l'eau salée, passée à travers la cire perd son amertume et devient douce. On doit y être pourvu de vinaigre, afin que si le vin venoit à manquer, on pût mêler le vinaigre avec l'eau ; cette boisson soutient les forces.

Le château doit être approvisionné d'huile, de poix et de soufre, pour incendier les engins de l'ennemi ; il doit être pourvu de fer, de merrain, de lances, de dards, d'arcs, d'arbalètes de tous traits et de toute portée, et d'armures défensives.

On doit se pourvoir en grande quantité de pierres dures et de cailloux, et les amonceler sur les murs et sur les tours, et y tenir aussi plusieurs grands vases remplis de chaux. Quand les ennemis s'approchent, on doit lancer sur eux, du haut des murs, ces vases dont la chaux dispersée entre dans les yeux des assaillants et les rend comme aveugles.

On doit être pourvu de nerfs et de cordes pour les arcs et les arbalètes ; et si cescor des viennent à manquer, on doit prendre les crins des chevaux, ou les cheveux des femmes et en faire des cordes. Végèce rapporte que jadis les dames romaines coupèrent leurs cheveux pour servir de traits dont on manquoit à Rome, et par ce moyen sauvèrent le pays. On doit avoir bonne provision de cornes d'animaux pour réparer les arbalètes, et aussi de cuirs frais pour couvrir les engins et les autres machines, afin que le feu n'y puisse prendre.

———

Chap. XXXVII : *Comment le roi Charles étoit sage, et dans les conquêtes qu'il faisoit, et dans la manière de conserver celles qu'il avoit faites.*

Ainsi, comme vous pouvez voir, la bonne fortune du roi Charles alloit toujours croissant, et par la grâce de Dieu, et par le propre mérite de ce prince. Cette augmentation de prospérité faisoit briller graduellement et d'un plus vif éclat toutes ses vertus; le droit sens qui le rendoit expert en toutes choses utiles, apparoissoit de plus en plus. Aussi nous savons pertinemment qu'il fut toujours fort circonspect dans toutes les opérations qui concernoient ses guerres, où une longue expérience l'avoit instruit. Il n'étoit pas ignorant non plus de ce qu'il convenoit de faire

d'armes par qui avoit les nobles victoires, comme en ordonnance que bien fussent gardées les choses conquises; auxquelles choses si sagement pourvey, que je ne treuve en cronique, n'escrips, ne personne qui le me die, que chose conquise, fust cité, terre, fortresse, ou autre besoingne, onques puis, en son temps fust perdue par rebellacion, ne autrement; qui est chose merveilleuse et hors le commun cours des choses conquises à l'espée, qui souvent se seulent rebeller et entregecter en diverses mains; mais, si bonnes garnisons, si loyales et si propres furent mises és terres et fortreces, que, Dieu merci, furent tenues et demourent en leur estat.

Et à propoz, comment fortresses se doivent garder et deffendre contre ennemis, dit ledit livre, que, affin que estre ne puist le chastel pris par mine, par pierres, ne autres engins, l'en doit si aperfondir les fossez que nulle mine ne puist par dessoubz passer; mais s'il est sus forte roche, ou avironné de riviere, de ce n'ara-il garde; ceuls du chastel doivent monter hault et regarder, se ilz verront point porter terre, ne aucun signe par quoy doivent avoir souspeçon de miner, et doivent escouter prés des murs se ilz orront point marteller, et se ilz s'en apperçoivent, doivent contreminer et tant faire qu'ilz viennent jusques à la mine de leur ennemis, et là se doivent fort combatre pour leur tollir à miner; et doivent avoir à l'entrée grans cuves plaines d'eaue et d'orine, et, quant ilz se combatent, doivent faindre que ilz s'enfuyent et saillent hors de celle foule, et quant hors sont, doivent gecter à coup, jus bas, en la mine, celle eaue et celle orine, et ainssi les mineurs sont pris et noyez; et par cest maniere, maintefoiz, en tel cas, on a usé; et maintefoiz aussi à-l'en veu, que ceulx du chastel, qui bien s'estoyent pris garde que ceulx du dehors quelque heure ne fussent mie sur leur garde, puis en tel arroy sailloyent hors et grant force ardoyent les engins de leur ennemis; mais se ilz n'osent dehors saillir, ilz doivent avaler par nuit hommes à cordes, et ces hommes, à tout oeile et esche, mectent le feu dedens, et puis sont retrais dedens. Et aussy peut-on faire sayetes cavées dedens, et y met-on feu fort d'oeile, souffre et poiz noire, et poix résine, et ce feu est enveloppé en estouppes; et les peut-on gecter par arbalestes en ces engins, et se loisir on peut avoir de foison en gecter, merveilles sera se ilz ne s'esprennent.

Aussi peut-on destruire les engins de dehors,

◇◇◇

dans les circonstances qui les suivirent : améliorer les finances; savoir honorer les capitaines et les hommes d'armes par qui l'on avoit eu de si nobles victoires, et veiller à l'exacte conservation des conquêtes que l'on avoit faites. Il pourvut si sagement à tout cela, que je n'ai trouvé ni dans les chroniques, ni dans les relations, ni dans les récits qui m'ont été faits de bouche, que l'on eût perdu de son vivant, par la révolte ou d'une autre manière, chose quelconque par lui conquise : cité, terre, forteresse ou toute autre possession. Ce qui est une chose merveilleuse, et surtout une exception au sort commun des biens obtenus par l'épée; car la révolte ou l'inconstance sont d'ordinaire le résultat des conquêtes. Mais il fit mettre dans ces terres et forteresses de si bonnes garnisons, si sûres et si convenablement distribuées, que, Dieu merci, elles furent conservées et demeurèrent soumises.

Et à propos de la garde des forteresses et de la manière dont on les doit défendre contre les ennemis, on voit dans ledit livre que pour préserver le château d'être pris par mines, par jets de pierres, ou autres engins, on doit creuser les fossés si profondément, qu'aucune mine ne puisse passer au-dessous; mais s'il est sur une forte roche, ou ceint d'une rivière, cette précaution est inutile. Ceux du château doivent monter au sommet de leurs édifices et regarder s'ils ne voient point transporter des terres, ni rien qui fasse soupçonner que l'on travaille à quelque mine : ils doivent écouter auprès des murs s'ils n'entendent point marteler. S'ils font quelque découverte de ce genre, ils doivent contreminer, et si bien faire, qu'ils viennent jusqu'à la mine de leurs ennemis. Là, ils doivent combattre avec force pour les empêcher de continuer leur mine. Ils doivent tenir à l'entrée de leur propre galerie de grandes cuves pleines d'eau et d'urine; puis, après avoir combattu, feindre de prendre la fuite, et en sortir précipitamment, et, quand ils sont dehors, répandre dans la mine cette urine et cette eau, et prendre ainsi et noyer les mineurs. En pareil cas on a maintes fois eu recours à ce stratagème. On a vu maintes fois aussi que ceux du château, après avoir observé et saisi le moment où les assiégeants n'étoient pas sur leurs gardes, faisoient une sortie en bon ordre, avec de grandes forces et brûloient les engins de leurs ennemis. Mais s'ils n'osent sortir, ils doivent, à l'aide de cordes, descendre durant la nuit des hommes pourvus d'huile et de mèches avec quoi ils y mettent le feu, puis on les remonte à l'intérieur. On peut faire aussi des flèches creuses; on y introduit un composé d'huile, de soufre, de poix noire, de résine, enveloppé d'étoupes que l'on enflamme; on les lance avec des arbalètes sur les engins, et, si l'on en jette ainsi une certaine quantité, ce sera merveille si on ne les incendie.

On peut également détruire les machines qui sont au dehors par le moyen d'un engin qui fait

velle de la destruction de la ville, comme si eussent esté Sarrazins ou mescreans que on eust destruits, ne il n'estoit nul qui de ce osast parler, ne en avoir pitié devant les Bandez et Bandées, dont vous eussiez veu à ses ditz feux et à la vigile Saint Jehan et Saint Pere (Pierre) plus de quatre mille femmes, touttes d'estat non pas d'onneur, touttes bandées et des hommes sans nombre, et estoient si obstinez à celle faulce Bande, qu'il ne leur estoit pas advis qu'il fut digne de vivre qui ne la portoit, et s'aucun homme en parlast par adventure, se on le pouvoit sçavoir, il estoit mis à grand finance, ou banny, ou longue peine de prinson sans mercy.

Item, de Laon s'en alla le Roy à Perronne, et là vindrent ceulx de Gant et de Bruges et du Franc, et des autres bonnes villes de Flandres parlementer, et aussi y vint la dame de Houllende, et ne firent rien.

Item, de là s'en alla le Roy devant la cité d'Arras, et y fut moult longuement le siege.

Item, en cedit an 1414, fut commancée par lesdits Bandez une confrairie de Saint Laurent aux Blancs-Manteaux le jour de l'Invencion de Saint-Estienne, troisiesme jour d'aoust, et disoient que c'estoit la confrairie des vrays et bons catholiques envers Dieu et leur droit Seigneur, et fut la Saint-Laurent au vendredy, et le dimenche ensuivant firent leur feste à Saint-Laurent, et furent plus de quatre cens tous Bandez, que hommes que femmes, et n'osoit ne homme ne femme estre ou mostier (église) ne à leur feste, s'il n'avoit la bande et aucunes personnes d'onneur qui y estoient allez veoir leurs amis pour la feste Saint-Laurent qui se faisoit au dimenche, en furent en tres grant danger de leur bien, pour ce qu'ils n'avoient point de bandes.

Item, en ce tems estoient guerres par toute France, et si y avoit si grant marché de vivres à Paris de pain et de vin; car on avoit une pinte de bon vin sain et net pour ung denier parisis, blanc et vermeil en cent lieux à Paris, et pain à la valuë, et en toute celle année, ne fut trouvé du creu d'icelle vin qui devenist gras, ne bouté, ne puant.

Item, ceulx de l'ost en avoient grant charté, car ils furent moult devant Arras, sans riens faire.

Item, quant ils virent que tretout encherissoit leurs biens, et tretout, et chevaulx mouroient de faim, par tout ils firent crier la paix, le onziesme jour de septembre, environ trois heures après mynuit à ung mardy, et quant ils partirent des tantes (tentes) après le cry qui avoit esté tel que nul homme sur peine de la hart ne mist feu en son logis, mais les Gascous qui estoient en l'aide de la Bande, firent le contraire, car ils mirent le feu par tout où ils purent, en despit de ce qu'on s'en alloit ainsi, et fut le feu si grand qui courut au pavillon du Roy par darriere, et eust esté le Roy ars qui ne l'eust mis hors par devers le meilleur, et dirent ceux qui se salverent que ou feu demeura plus de cinq cens hommes qui furent ars qui estoient malades dedens les tantes.

Item, le jeudi ensuivant fut sceu à Paris, et ne ouystes oncques plus belle sonnerie à Paris qu'on y fist celluy jour, que depuis le matin jusques au soir, en tous les moustiers de Paris on sonnoit et faisoit-on grant joye pour l'amour de la paix.

Item, ce jeudi treiziesme jour de septembre, ung jeune homme osta la bande à l'image Saint-Huistace qu'on lui avoit baillée, et la deschira en despit de ceulx qui lui avoient baillée, et tantost fut prins tort ou droit, lui fut le poing couppé sur le pont Allais devant Saint-Huistace, et fut banny à toujours mais, et si ne fust oncques homme qui osast dire le contraire, tant estoit tout mal gouverné et de maulvaises gens; et si sçachez que tous ceulx qui devant Arras avoient esté, ou la plus grant partie quant ils venoient, estoient si décharnez, si pâles, si empirez, qu'il sembloit qu'ils eussent esté en prinson six ou huit moys au pain et à l'eauë, et n'en apporterent que peché, et en mourut plus de onze mille, quant ils vindrent à leur aise.

Item, le onziesme jour d'octobre ensuivant ung jeudi, fut fait ung champ de bataille à Saint-Ouyn d'ung Breton et d'ung Portugal, et estoit l'un au duc de Berry, et l'autre au duc de Bourgongne, et furent mis ou champ à oultrances; mais ils ne firent chose dont on doye parler, car on dist tantost *ho*, lorsqu'ils devoient faire armes, et fist ce faire le duc de Berry pour le Breton qui estoit de la Bande, dont il avoit moult grant paour; car le Portugallois se maintenoit en son harnois si tres legierement, que chascun lui donnoit la victoire ; mais on ne pot oncques dire lequel la deust avoir au vray.

Item, le sabmedi ensuivant treisiesme jour dudit mois d'octobre ou dit an, vint le Roy à Paris à belle compaignie de ceulx de Paris, et plut tout le jour si tres fort, qui n'y avoit si jolis qui n'eust voulu estre à couvert; et soudainement environ huit heures de nuyt, commencerent les bonnes gens de Paris, sans commandement, à faire feus, et à baciner (faire de la musique) le plus grandement qu'on eust veu passé cent ans devant, et les tables enmy les ruës drecées à tous venans par toutes les ruës de Paris qui point ayent de renom.

chier; de ces arbres on doit faire ais, et laissier séchier, affin qu'ilz ne se retrayent.

Ceuls qui se combatent és nefz et és galées doivent estre mieulx armez que ceulx qui se combatent aux champs; car ilz ne se meuvent pas tant et si recoipvent grans coups de trait. Ilz doivent estre bien garnis de vaisseauls plains de poix noire, roisine, souffre et oile, tout ce confit et enveloppé en estouppes; et ces vaisseaulx on doit alumer et embraser et gecter és nefz et galées des ennemis, et puis les doit-on fort assaillir, affin qu'il n'ayent loisir d'estaindre le feu.

Item, on doit avoir espies, quant les ennemis sont despourveus.

Item, ceuls qui se combatent doivent tousjours tachier à mettre leur ennemis vers terre, et culs tenir en la perfonde mer.

Item, au mast de la nef, on doit lier un tref qui est ferré de tous les deux costez, et par ce tref, on peut férir la nef, par certain engin, par quoy on le retire et le reboute l'en de grant force, par quoy il va hurter la nef et la rompt, ainssi comme il est dit.

Item, on doit avoir grant foison de larges sayettes, pour férir ou voile, et le despecier, affin qu'ilz ne puissent retenir le vent, et que fuyr ne s'en puissent.

Item, avoir un fer courbe aussi comme une faussille et soit attachié à une longue hante, et de ce fer bien trenchant copper les cordes des voiles; par ce, ne sera la nef si convenable à combatre.

Item, à arches de fer et crampons actachier la nef de leur ennemis à la leur, affin que ilz ne puissent eschapper quant on a la force sur eulx.

Item, on doit avoir pluseurs vaisseaulx légiers à rompre, comme poz plains de chauls ou pouldre et gecter dedens; et, par ce, seront comme avuglez, au brisier des poz.

Item, on doit avoir autres poz de mol savon et gecter és nefz des adversaires, et quant les vaisseaulx brisent, le savon est glissant, si ne peuent en piez soustenir et chiéent en l'eaue.

Item, doivent estre garnis de mariniers qui longuement sachent nouer soubz eaue; yceulx ayent perçoyeurs bien agus et trenchans, par quoy ilz percent les nefz en pluseurs lieux, si que l'eaue y puist entrer; et du costé dont ilz voient la nef plus penchiée, ou plus penchier ou doit gecter grosses pierres à faiz et bastons de fer bien agus pour percier et rompre la nef.

◇◇◇

Ceux qui combattent dans les nefs et les galères doivent être mieux armés que ceux qui combattent en pleine campagne, car ils ne se meuvent pas autant et reçoivent néanmoins de grands coups de traits. Ils doivent être bien pourvus de vases remplis de poix noire, de résine, de soufre et d'huile; le tout mêlé et enveloppé d'étoupe. On doit mettre le feu à ces vases et les jeter dans les nefs et les galères des ennemis; puis on attaque vivement ceux-ci, afin qu'ils n'aient pas le loisir d'éteindre l'incendie.

On doit avoir des espions, pour savoir quand les ennemis manquent de ressources.

Ceux qui combattent doivent toujours tâcher de pousser leurs ennemis à la côte, et de tenir, eux, la pleine mer.

On doit lier au mât de la nef une poutre ferrée des deux côtés. On peut ainsi férir la nef à l'aide d'un certain engin avec quoi on retire la poutre et on la rechasse à grand'force; ces coups réitérés brisent la nef ennemie.

On doit avoir des flèches à large fer pour tirer aux voiles et les percer, afin qu'elles ne puissent plus s'enfler sous le vent, et favoriser la fuite du vaisseau.

On doit avoir un fer tranchant, arrondi en faucille et lié à une longue perche: on coupe avec ce fer les cordages des voiles; par là, la nef ne peut plus si bien manœuvrer pour combattre.

Avec des crocs et des crampons de fer, on attache quelquefois la nef de l'ennemi à la sienne, quand on a sur eux l'avantage de la force, afin qu'ils ne puissent échapper.

On doit avoir plusieurs vases fragiles, remplis de chaux ou de poussière; on les jette dans les embarcations ennemies, où ils se brisent, et aveuglent de leur contenu ceux qui s'y trouvent.

On doit avoir également d'autres pots remplis de savon mou; on les jette sur les vaisseaux des adversaires; le savon se répand à la brisure du vase, et rend le plancher si glissant que les ennemis ne peuvent plus s'y tenir sur leurs pieds et tombent dans l'eau.

On doit être pourvu de marins qui sachent nager long-temps sous l'eau. Ils ont des perçoirs aigus et tranchants avec quoi ils forent les nefs en plusieurs places pour que l'eau y puisse pénétrer. En ce cas, lorsqu'on voit la nef pencher davantage d'un côté, on doit jeter en cet endroit quantité de grosses pierres, et des barres de fer bien aiguës pour la percer et la rompre.

Chap. XXXIX, *le derrenier de ceste partie, qui conclut par ce que dit est, le roy Charles estre vray chevalereux.*

Or fu aucques au dessus de ses besongnes le sage roy Charles, tant que, à l'ayde de Dieu, son bons et pourvéance, son royaume fu comme tout despéchié de ses ennemis, qui en telle maniere y furent subjuguez, que plus n'i firent leur chevauchées, si comme autrefoiz orent faict. Les frontieres en toutes pars bien garnies de bonnes gens et de quanqu'il convient; dont les Angloiz, véant la prudence et valeur du souverain prince, garde de son pays comme bon pasteur de ses ouailles, par lequel leur bonne fortune estoit malement adnichilée, et aussi que les seigneurs et chevaliers de France estoyent trés expers et esveilliez aux armes, se besoing fust, ainsi que dit le proverbe : « Selon seigneur, mesgniée » duite. » vigueureux deffendeurs de leur terre, n'oserent plus mectre pié en France, se tindrent en leur pays; là guerroyèrent entr'eulx, s'ilz voldrent; car, par deça, depuis le temps du sage roy Charles, moult y orent perdu, et riens gaigné, tout y eussent-ilz devant si grant prérogative, qu'il sembloit que devant eulx nul n'osast l'œil lever, comme il appert par les croniques et la relacion des anciens de ce temps; mais, Dieux mercis, or fu faillie en telle maniere que, jusques à la journée d'uy, n'ont pas depuis Angloiz moult nuit et plus à l'en gaigné sur eulx.

Ainssi continua cellui sage Roy, en son vivant, tous diz conquestant villes et chasteauls, et tant que la duchiée de Guienne, les autres contez, villes et citez devant nommée, comprises en ladicte contrainte paix, ot recouvrées à la couronne. Dont, toutes ces choses considérées, soyent receues mes raisons pour vrayes et preuves, nostre sage Roy estre vray chevaleureus, ayant les condicions devant dictes necessaires au hault tiltre de chevalerie, c'est atsavoir bonne fortune, sens, diligence, et force; et à tant souffise la deuxième partie de ce livre, laquelle traitte de chevalerie.

◇◇◇

Chap. xxxix, *le dernier de cette partie, où l'on conclut, par ce qui a été dit, que le roi Charles étoit un vrai chevalier.*

La prévision et le droit sens du roi Charles l'avoient mis, avec l'aide de Dieu, au-dessus de ses affaires; son royaume étoit presque entièrement délivré des ennemis; ceux-ci y avoient été domptés de telle sorte que jamais depuis ils n'y tentèrent des incursions telles qu'ils en avoient fait jadis. Les frontières étoient de toutes parts garnies de bonnes troupes et de tout ce qui importoit à la défense. Les Anglois, voyant la prudence et la valeur de ce puissant prince, qui gardoit son pays comme un bon pasteur garde ses ouailles, et par qui leurs succès avoient été réduits à rien; voyant aussi que les seigneurs et les chevaliers de France étoient experts aux armes, et prompts à les prendre si besoin étoit; que, selon le proverbe « tel maître, telle maison », ces derniers défendoient vigoureusement leurs terres, n'osèrent plus mettre le pied en France et se tinrent en leur pays. Là, s'ils voulurent, ils guerroyèrent entre eux. En France, depuis l'avénement du sage roi Charles, ils avoient beauperdu et rien gagné; ils y exerçoient avant un tel empire, qu'il sembloit que devant eux, nul n'osât lever l'œil comme on le voit dans les chroniques et dans les relations des anciens de ce temps. Mais, Dieu merci, leur puissance y étoit alors si fort abaissée, que jusqu'aujourd'hui les Anglois ne nous ont pas causé grand dommage, et que nous avons au contraire plutôt gagné sur eux.

Ainsi continua de son vivant ce sage roi; emportant tous les jours des châteaux et des villes jusqu'à ce qu'il eut recouvré à la couronne le duché de Guyenne, et les autres comtés, villes et cités, nommées déjà, et comprises dans la paix contrainte ci-devant énoncée. Or, toutes ces choses considérées, mes raisons et mes preuves seront tenues pour valables que notre roi étoit un vrai chevalier. Il avait toutes les qualités que nous avons dites nécessaires au titre élevé de la chevalerie, savoir : bonne fortune, sens, diligence et force. Finissons la deuxième partie de ce livre, qui traite de chevalerie.

FIN DE LA SECONDE PARTIE DU LIVRE DES FAIS.

LE LIVRE DES FAIS
ET BONNES MEURS
DU SAGE ROY CHARLES.

CI COMMENCE LA TROISIEME ET DERRENIERE PARTIE DE CE LIVRE, LAQUELLE PARLE DE SAGECE ET DES SCIENCES EN LA PERSONNE DU ROY CHARLES.

ET PRIMIEREMENT PROLOGUE.

O dieux glorieux, qui, jusques cy, a esté aideur à mon œuvre terminer au mieulx, selon le volume de la matiere et l'engin que tu m'as presté, vueilles mon sens amagistrer à plus grant besoing, c'est que me donnes entendement de cognoistre et forme de parler de si haulte chose comme bien voulsisse expliquer en ceste tierce partie de mon volume, c'est assavoir de sagece, el quel terme ou seul mot peut estre compris sapience, science et prudence, si comme cy-après j'espoir à desclairier ; lesquelles en aucune quantité souffisamment exprimer ne pourroit souffire le sens de mon entendement, sanz toy, souveraine Providence, laquelle, moy, par la consideracion de ma foiblece espovantée de me fichier en si haulte matiere, j'apelle en soustenail et ayde, à parfornir et continuer le procés de madicte œuvre en procédant de fin en fin, selons l'ordre et cause primiere de cestui livre, c'est assavoir du sage roy Charles ; considérant ce que de luy peut estre dit, me prent appetit de parler en sa personne en terme estrange, en maniere d'oroison, ainssi comme se ores fust vivant au monde, disant ainssi.

Et Dieu loué, glorieux roy de France, excellant magesté est de telz biens garnie, car, ad ce que digne renommée, en la journée d'uy, vostre hault nom dénoncé sur tous princes mortelz, vous ne recognoissiez autre souverain que Dieu, comme il appert en la décrétale de enfens légitimes, *per venerabilem* : aussi que replein soyés de perfeccions mundaines qui aduisent à prince, soyent accidentales ou propres, comme il appert, tant par considerer vostre sang valereux, de qui l'estat resplendist par tout pays, par remirer vostre magnificence et voz propres coustumes, comme aussi par celles remembrer que digne recordance récité de jadiz, lesquelles sont à plain desclairiées, tant par les généalogies de voz prédécesseurs, comme en fais aussi, et que la reflambeur de vostre diademe, qui naturele-

◇◇◇

TROISIÈME ET DERNIÈRE PARTIE, OU IL EST PARLÉ DE LA SAGESSE ET DES SCIENCES EN LA PERSONNE DU ROI CHARLES.

PROLOGUE.

Dieu de gloire, qui jusqu'ici m'as été en aide pour accomplir cette œuvre, en élevant au niveau d'un tel sujet le génie dont tu m'as douée, daigne éclairer mon intelligence pour une tâche plus difficile ; fais que je comprenne le haut objet que j'ai le desir d'expliquer dans cette troisième partie de mon ouvrage ; accorde-moi de parler dignement de la sagesse ; et dans ce mot sont renfermées la sapience, la science et la prudence, comme j'espère le démontrer. Sans toi, divine providence, mon esprit ne pourroit suffire à en donner une idée parfaite. Quand je considère ma foiblesse, je m'alarme de m'être ingérée de si haute matière ; j'implore donc ton assistance et ton appui pour continuer et accomplir mon œuvre jusqu'à son dernier terme, selon l'ordre et sur le sujet que je me suis imposés, c'est à savoir, le roi Charles-le-Sage. Avisant à ce que l'on peut dire de lui, il me prend l'envie singulière de m'adresser à sa personne en manière d'invocation ; et, comme s'il était encore au monde et plein de vie, je lui dis :

Dieu soit loué, glorieux roi de France, prince excellent, de ce que vous êtes pourvu de tels biens ; car, la renommée proclamant aujourd'hui votre grand nom par dessus tous les princes mortels, vous ne reconnoissez d'autre souverain que Dieu, comme il appert en la décrétale des enfants légitimes, *per venerabilem* ; et encore de ce que vous êtes rempli des perfections mondaines, propres ou acquises, qui conviennent à un prince. On s'en peut convaincre en considérant de quel sang valeureux vous sortez, et quel éclat il répand en tous lieux ; en contemplant votre magnificence et votre façon de vivre, aussi bien qu'en rappelant ces antiques souvenirs, éternisés par la généalogie de vos ancêtres et par leurs nobles actions. L'éclat de votre diadème brille naturelle-

ment reluit en marches de délices, précelle tous royaumes, par qui lueur toutes terres s'esclairent et se duisent à meurs, par qui aussi, si comme chascun scet, vassal de Dieu et le primier des roys vous estes appellez, et encore non mie seulement vous soyez adornez de ses biens de dehors; mais par dedens vous estes revestus des richeces de l'ame, si que de biens vous reluisez en toutes choses, et moriginéement vivez et en vertus occupez vostre temps ; aussi édifiez et valez au commun, amez les bons et ceulx d'entendement: par quoy et si, qu'en la succession des rois de pareil nom, vous estes le cinquiesme, Charles le Sage doyez estre appellez par distinctées vertus; dont et pour ce que vous, si ami de vertus, cognoiscent que c'est souveraine félicité, la richece d'entendre, vous instruit és sciens siviles, trés sage philozophe et expert és estoilles ; voyant que en l'ordre des sciences, sapience és la desrenier, l'amez comme singuliere chose. Est raison aussi que distinctéement et par ordre, en vostre nom soit desclairié plus particuliérement le effect de sapience, de laquelle estes imbuez, et instruit en toutes choses, si comme manifestement le vous dénoncent voz fais, soit donques procédé oultre à la loenge de sapience et de voz valeureuses œuvres. Or, me doint Dieux a tel

◇◇◇

ment dans cette merveilleuse suite, domine tous les royaumes, éclaire de sa lumière tous les pays et les façonne aux bonnes mœurs. C'est pour cela, chacun le sait, que vous êtes appelé vassal de Dieu et le premier des rois. Il y a plus, vous n'êtes pas seulement orné de ces biens extérieurs, vous êtes pourvu au-dedans des richesses de l'âme : vous brillez en toutes choses par tous les avantages; votre vie est sévère et grave, et les vertus la remplissent. Aussi vous édifiez utilement le commun des hommes, vous aimez les bons et ceux dont le jugement est droit. Or, si par la succession des rois de pareil nom, vous êtes dit le cinquième, vous devez, pour vos vertus éminentes, être appelé Charles-le-Sage. Vous êtes ami de la vertu, mais vous savez que les trésors de l'intelligence sont la félicité souveraine; vous, instruit dans les sciences civiles, sage et philosophe, et habile en la connoissance des astres; voyant donc qu'en l'ordre des sciences, la sagesse est dans l'explication des choses, vous l'aimez d'une façon singuliere. Il est juste aussi qu'en votre nom, distinctement et par ordre, l'effet de la sagesse soit plus particulièrement expliqué; la sagesse dont vous êtes imbu et instruit en toutes choses comme vos actions le dénoncent clairement. Passons donc outre à la louange de la sagesse et de vos actions valeureuses. Que Dieu me donne de remplir cette tâche de façon que l'œuvre soit toute à votre gloire, et

fin esploictier, que labour face à gloire de vous, et la bienvueillance de voz amez en reviegne sur moy.

—

CHAP. II : *Ci dist que c'est que sagece, et quelz choses y sont comprises.*

Si est donques ainssi que traictier nous convient particulierement de ce que nous disons en général sagece, à savoir quelz choses y sont comprises, à quoy elle s'estent, et dequoy elle vient, et en qui elle se termine ; et quoyque ceste matiere soit moult obscure et soubtille à la foiblece de mon povre engin, leçons des aucteurs et leur escrips nous en fera sages, dont, en usant de leur motifs, dirons que art, providence, entendement, science et sapience sont les suppoz de perfaicte sagece.

Et que aucun ne puist cuidier qu'ilz soyent sinonimes, c'est assavoir, qu'ilz signifient tout un. Aristote oste ceste doubte, et pour la desclairier il envoye aux moz elles sciences, c'est assavoir, ou sixieme d'*Ethiques*, ouquel il a monstré comment sont différans les vertus de l'ame, qui sont, comme dit est, art, prudence, entendement, science et sapience, et dit que ce sont vertus de la part spéculative de l'ame, qu'on

◇◇◇

que la bienveillance de vos proches devienne ma récompense.

—

CHAP. II, *où il est dit ce que c'est que la sagesse, et quelles choses y sont comprises.*

Ainsi donc il nous faut traiter en particulier de ce que nous appelons en général la sagesse : c'est-à-dire examiner quelles choses y sont comprises, à quoi elle s'étend, d'où elle vient, et où elle finit. Bien que cette matière, peu connue, échappe par sa ténuité à ma foible intelligence, les auteurs, dans leurs écrits, pourront nous en instruire. Nous dirons donc, d'après eux, que l'art, la prudence, le jugement, la science et la sapience sont les bases de la parfaite sagesse.

Et que l'on n'aille point croire que ces mots sont synonymes, qu'ils signifient une même chose. Aristote nous ôte ce doute, et pour l'éclaircir il nous renvoie aux termes des sciences, savoir au sixième livre des *Ethiques* où il a démontré en quoi diffèrent les facultés de l'âme, qui sont, comme on l'a dit, l'art, la prudence, le jugement, la science et la sapience ; il dit que ce sont les facultés de la partie spéculative de l'âme que l'on nomme contemplative. Cependant elles diffèrent, car le jugement est le point où se réunissent les premiers principes des démonstrations ; la science est celui où s'opèrent les conclusions par les causes inférieures ; la sapience

dit sainctifique ; toutefoiz ilz différent : car l'entendement est habit des principes primiers des démonstrances ; science est abit des conclusions par les causes plus basses ; et sapience considere les causes primieres ; et, pour cela mesmes, il dit, sapience estre chief de toutes les sciences ; mais prudence et art sont és parties de l'ame, où advient la pratique, laquelle est raciocinative des choses ouvrables contingentes.

Et différent ; car prudence adrece aux accions qui ne passent pas en matiere dehors, mais sont actions perfaictes, si comme là appert : mais art adrece aux façons qui passent en estrange matiere ; si comme édifier, paindre, ou autre œuvre. Il monstre, par les choses jà dictes, le propoz principal, c'est assavoir, que ceste sapience soit vers terminées causes, et des primiers principes ; dont, dit-il, comme se pour la grace de qui ore faisons parolle, c'est assavoir sapience, si comme il semble à tous, considere, et trés certaines causes et les primiers principes ; car un chascun de tant est réputez plus sage et plus cognoiscent comme plus il approche à cognoistre les causes ; car l'expert est plus sage que celluy qui seulement a le sentement sanz l'expérience, et l'artiste est plus sage que l'ouvrier de la main. Aussi, entre toutes les ars et toutes les sciences, les spéculatives sont sapience mieulx dictes que ne sont les pratiques : et cestes choses apparens et vrayes, il affiert dont conclurre que icelle science, qui sapience est dicte, considere les causes et les primiers principes.

Chap. III : *Ci preuve, comment le roy Charles fu vray philozophe, et que est philozophe.*

Or, avons donques, selon le philosophe, desclairié des sciences et vertus de l'ame, et à quoy elles se terminent ; retourner nous convient à nostre matière, véant se, nous pourrons condescendre cestes nobles muses ou science aux vertus de nostre sage roy Charles, vray disciple de sapience, si comme nous povons comprendre, selon les meurs de luy et les termes d'icelle : lequel Roy, avecques les autres tiltres à luy instituez et dis, és autres partis cy devant de mon livre, encore derechief l'appellerons, par droit de vérité, vray philosophe, ameur de sapience ; et comme celluy nom de philozophe fu trouvez, dit Saint Augustin, que, en une isle qui a nom Saene, fleuri Pitagoras, homme de grant science ; et comme, devant son temps, on appellast telz speculatifs *sages*, on demanda à Pitagoras de quel propheçon il estoit, il respondi qu'il estoit *ameur de sapience*, qui vault autant, en grec, comme *philozophe ;* car il luy sembloit que c'estoit présumpcion que homme s'appellast *sage*.

◇◇◇

considère les causes premières, et c'est pour cela, dit-il, qu'elle est la principale de toutes les sciences ; mais la prudence et l'art sont dans les parties de l'ame, où se trouve la pratique, qui raisonne sur les choses possibles et contingentes.

Et voyez la différence : la prudence concerne les actions qui ne passent point à la matière extérieure, mais sont des actions parfaites, comme on le voit ici. L'art concerne les formes qui se produisent en une matière étrangère, comme bâtir, peindre, ou tout autre ouvrage. Par les choses déjà dites, Aristote démontre le point principal, savoir, que la sapience est l'objet d'une cause complète et d'un premier principe ; il ajoute que la faculté par le secours de laquelle nous parlons à cette heure, c'est-à-dire la sapience regarde, comme il est évident, les causes très-précises et les premiers principes ; car chacun est réputé d'autant plus sage et plus intelligent qu'il atteint de plus près à la connoissance des causes. Or, l'homme expert est plus sage que celui qui n'a que le sentiment sans l'expérience, et l'artiste est plus sage que l'artisan manouvrier. Aussi, entre tous les arts et toutes les sciences, les spéculatives sont mieux dites sapience que ne le sont les pratiques.

◇◇◇

Cette chose étant sensible et vraie, il faut conclure que cette science, qui sapience est appelée, envisage les causes et les premiers principes.

Chap. III, *où l'on prouve que le roi Charles fut un vrai philosophe, et où l'on dit ce que c'est qu'un philosophe.*

Or, puisque nous avons, d'après le philosophe (Aristote), expliqué les connoissances et les facultés de l'ame, et quelle en est la fin, revenons à notre sujet ; examinons si nous pourrons établir un rapport entre ces nobles muses ou sciences, et les vertus du roi Charles, vrai disciple de sapience, comme on peut s'en convaincre en comparant ses mœurs aux attributs de la sagesse. Outre les autres titres que nous lui avons donnés dans les précédentes parties de cet ouvrage, nous l'appellerons, par droit de vérité, vrai philosophe, amateur de sapience. Saint Augustin nous apprend de quelle manière fut créé le nom de philosophe. Jadis, dans l'île de Samos, florissoit Pythagore, homme d'un grand savoir. Avant lui on avoit appelé du nom de *sages*, ceux qui se consacroient aux idées spéculatives. Interrogé un jour qu'elle étoit sa profession, il répondit qu'il étoit amant *de sapience*, ce qui s'exprime, en grec, par le

Et que nostre roy Charles fust vray philozophe, c'est assavoir ameur de sapience, et mesmes imbuez en ycelle, appert parce que il fu vray inquisiteur de haultes choses primeraines, c'est assavoir de haulte théologie, qui est le terme de sapience, qui n'est autre chose que cognoistre Dieu et ses haultes vertus célestes, par naturelle science.

En ce le demonstra nostre bon Roy, car il voult en ycelle par sages maistres estre instruit et apris, et pour ce que peut estre n'avoit le latin, pour la force des termes soubtilz, si en usage comme la langue françoise, fist de théologie translater pluseurs livres de saint Augustin et autres docteurs, par sages théologiens, si comme sera cy aprés desclairié, ou chapitre *de ses Translacions*; et de théologie souvent vouloit oyr, entendoit les poins de la science, en savoit parler, sentoit par raison et estude ce que théologie démonstre ; laquelle chose est vraye sapience : et, à ce propoz, dirons ce que Aristote, en sa *Métaphisique* et autre part, desclaire sur ceste matiere.

Elle est dicte théologie ou science divine, entant comme elle considere les essences, ou substances séparées, ou les divines choses. Elle est dicte *méthaphisique*, c'est à dire *oultre nature*, de *metha*, en grec, qui vault autant comme

⟨◊⟩

mot de *philosophe*; car il pensoit qu'il est présomptueux à un homme de prendre le nom de sage.

Que notre roi Charles ait été vrai philosophe, c'est-à-dire amant de sapience, et nourri de ses leçons, on le voit dans la recherche qu'il fit des choses élevées et primitives : c'est-à-dire de la haute théologie, fin de la sapience, et qui est de connoître Dieu et ses attributs divins, par la science naturelle.

Et notre bon roi le prouva bien, car il voulut y être enseigné et instruit par de sages maîtres. Le latin, pour la finesse des tours, ne lui étant pas aussi familier que la langue françoise, ce fut sans doute ce qui l'engagea à faire traduire plusieurs ouvrages de théologie, de saint Augustin et d'autres docteurs, par de sages théologiens, comme on l'expliquera ci-après au chapitre *de ses traductions*. Il vouloit ouïr souvent parler de théologie, il comprenoit les difficultés de la science, en savoit discourir, jugeoit par la raison et par l'étude ce que la théologie démontre : ce qui est la vraie sapience : et à ce sujet nous rappellerons ce qu'Aristote, en sa métaphysique et ailleurs, dit sur cette matière.

On l'appelle théologie ou science divine en tant qu'elle considère les essences ou substances séparées, ou les choses divines. On l'appelle *métaphysique*, c'est-à-dire *outre nature*, du grec *meta* qui signifie outre, et de *phisis* qui signifie nature,

oultre, et *phisis*, qui veult dire *nature*; entant que elle considere eus et les choses qui ensuivent à luy.

Elle est dicte primiere, philozophie, entant que elle considere les primieres causes des choses.

Autre si, elle est dicte sapience, et est son propre nom, en tant que elle est trés générale et fait son possesseur cognoistre toutes choses.

La dignité de sapience est telle ; car, comme des sciences, l'une précelle, si que dit Aristote, ou proesme de l'ame, ou pour ce que plus celle est certaine, ou parceque elle est de meilleurs et de plus dignes choses, voire aussi, ou que elle est perfeccion de ce qui est devant, si comme il appert, ou sixiesme d'*Ethiques*, ou parce que elle est pou commune et assez difficile, comme il fu dit devant, tout autre si qu'à celle qui sapience est dicte toutes ces condicions aperticnnent : car, primierement, plus qu'autre elle est certaine ; car, des primiers principes, trés honorable ; car, de suppost, honorable et digne, c'est assavoir Dieu.

Aussi elle perfaict les autres ; car, si que, Avincene recite, en sa *Méthaphisique*, elle est le principe de toutes et est la fin d'entr'elles, parquoy, comme il appert qu'elle n'ait fin hors soy,

⟨◊⟩

en tant qu'elle considère l'être et les qualités qui lui sont propres.

On l'appelle premièrement philosophie, en tant qu'elle considère les premières causes des choses.

On l'appelle encore sapience, et c'est son nom véritable, en tant qu'elle généralise les objets et fait connaître toutes choses à celui qui la possède.

Telle est la noblesse de la sapience. En fait de science, dit Aristote à la préface de son livre *de l'âme*, il en est une qui l'emporte sur les autres, soit parce qu'elle est plus certaine, soit parce qu'elle est composée de choses plus relevées et meilleures, soit parce qu'elle est la perfection de tout principe, ainsi qu'on le voit au sixième livre des *Ethiques*; soit enfin parce qu'elle est peu commune et difficile à pratiquer, comme on l'a dit d'abord ; or, toutes ces conditions appartiennent par-dessus tout à celle qui est appelée du nom de sapience, car elle est plus certaine qu'aucune autre, elle est digne de respect par ses premiers principes ; elle est, par sa base, honorable et grande, puisque cette base est Dieu.

Ainsi elle complète les autres ; car ainsi que l'expose Avicenne en sa métaphysique, elle est le principe de toutes et la fin de la plupart; et comme il est démontré que sa propre fin n'est

mais se fine soy mesmes, et donques perfaicte; car, si comme c'est signe singuliez de grant perfeccion, rendre une chose en soy ; et pour ce, seul Dieu disons nous trés perfaict, qu'il est principe et fin, et à soy se réduit.

Chap. IV : *Ci dit, comment le roy Charles estoit astrologien, et que est astrologie.*

Assez avons desclairié notre sage roy Charles estre ameur de sapience et souffisamment fondé en ycelle, aussi nous convient-il dire les autres biens qui apertiennent à perfaicte sagece, c'est assavoir, sapience, science, entendement, prudence et art.

De science, laquelle, comme dit Aristote, si que est dit devant, est abit des conclusions par les causes plus basses, qui est proprement à dire, savoir les causes des choses de ça jus; pour quoy sont faictes, et à quoy elles servent. Et de ce, sera parlé cy aprés ; povons dire nostre sage Roy en science, doctrine, et mesmement és sept ars libéraulx apris et entendre souffisamment, si que, de toutes, bien et bel sceust respondre et parler, et encore des haultes choses de philozophie, comme d'astrologie, trés expert et sage en ycelle, c'est chose vraye, si que les

<><>

point hors d'elle ; mais qu'elle est à soi-même sa propre fin, elle est donc parfaite. Et en effet, c'est une marque singulière de souveraine perfection que d'accomplir quelque chose en soi-même. Nous disons, pour un semblable motif, que Dieu seul est parfait, qu'il est son principe et sa fin, et se suffit à lui-même.

Chap. iv, *où il est dit comment le roi Charles étoit astrologue, et ce que c'est que l'astrologie.*

Nous avons expliqué comment notre roi Charles étoit amant de sapience, et en étoit suffisamment pourvu ; il convient de parler maintenant des autres attributs de la parfaite sagesse; savoir : la sapience, la science, le jugement, la prudence et l'art.

La science, selon Aristote, comme nous l'avons dit ci-dessus, est le point où s'opèrent les conclusions par les causes inférieures, ce qui doit s'entendre proprement des causes qui concernent les objets d'ici bas, des vues pour lesquelles ils ont été créés, et de l'utilité dont ils peuvent être. Nous parlerons ailleurs de tout cela. On peut affirmer que notre roi Charles étoit instruit d'une manière satisfaisante en science, en doctrine, et dans les sept arts libéraux. Il parloit facilement sur toutes ces matières, de même

poins entendoit clerement, et amoit celle science comme chose esleue et singuliere.

Et, que celle science d'astrologie soit digne et esleue, dit Tholomée, en son *Almageste*, aprés mains loz d'elle, de rechief dist-il : « Es accions » de vie en et meurs honorables, sa neccessité » n'est mie petite ; car, à celluy qui persévéram- » ment l'enquiert, elle faict amoureux des beaul- » tez de là sus ; » aussi, avec persévérance de la digne estude, et par continuacion d'icelle avec luy, elle ycelluy induit à ce qu'il semble à l'ame, c'est assavoir à la bonté de forme, et assimile à celluy qui le fist.

Aussi dit Avicene, en sa *Metaphisique,* ou troisieme chapitre du primier livre, que, « comme pluseurs choses on preuve, és natu- » relles sciences, qu'on suppose cogneues dedens » métaphisique, si comme lieu, temps, mouve- » ment, etc., et par quoy il appert qu'il les fault » avoir veues ; » comme aussi l'entention finale de sapience ou de métaphisique soit, pervenir à cognoistre le gouvernement de la cause primiere, c'est Dieu le glorieux, la cognoiscence de l'ordre des esperes célestres, auxquelles cognoiscences impossible est venir, senon aprés astrologie ; et toutteffoiz à astrologie nul ne peut pervenir, s'ainçoiz n'est philozophe, géometre et arismétien : parquoy, comme il appert, qu'en

<><>

que sur les questions de haute philosophie, et il pouvoit y répondre pertinemment. Une autre vérité, c'est qu'en astrologie il étoit fort habile ; il possédoit dans tous ses détails cette science remarquable et l'aimoit comme une chose digne de sa préférence.

Ptolomée, dans son Almageste, dit que l'astrologie est une science noble et distinguée ; et, après en avoir fait un grand éloge, il ajoute : « Son importance n'est pas petite pour les actions » de la vie humaine, et la direction des bonnes » mœurs; car elle rend amoureux des beautés » célestes celui qui l'étudie avec persévérance. » Aussi la persévérance en cette digne étude, et les rapports de la science avec l'homme qui la cultive, le font ressembler à l'âme, c'est-à-dire à la forme par excellence, et l'assimilent ainsi à celui qui l'a créé.

Aussi, dit Avicenne dans sa métaphysique, au troisième chapitre du premier livre, « comme » dans les sciences naturelles on prouve plusieurs » choses, que, dans la métaphysique on suppose » connues, telles que le lieu, le temps, le mou- » vement, etc.; il suit de là qu'il faut les avoir » vues. » Ainsi le but de la sapience ou de la métaphysique étant de parvenir à connoître le gouvernement de la cause première, c'est-à-dire, le Dieu suprême, et la marche des corps célestes, il est impossible d'arriver à cette connoissance si

5.

l'ordre des sciences, astrologie et métaphisique sont trés haultes, il s'ensuit, puisqu'il y a tel ordre, que elle soit de la derreniere ; donques, et comme l'ordre des sciences soit instituée aprés l'ordre des choses, car les choses procédent les sciences, si que veut le philozophe dire en ses *prédicamens;* puisqu'ainssi est, que ceste soit derreniere, que elle soit trés divine et donques difficile : car, si que dit Platon, comme Dieu soit celluy qui dignement ne peut estre trouvé, ne dignement ne puist estre cogneu, ainçois, mais que dit Ovide, c'est vertu sur toutes vertus, transcendent sur toutes simplece eslongné de nostre cognoiscence, par soubtilité, non pas, dit-il, que de luy proviegne le deffault, mais de nostre rudece ; car, comme de luy nous procédons trestous, voire comme en l'umbre de luy, nous soyons tous causez, si comme dit Ysaac ; parquoy, ne nostre abileté ne soit pas souffisant à le povoir comprendre ; mais, par basses lumieres, le nous faille avisier et à luy parvenir, « de tant, dist-il, comme lez yeuls des suetes » ou des chauve soris sont inabiles à recepvoir » la clarté du souleil, car ilz ne la peuvent veoyr » ne souffrir, et ilz voyent en plus basses lu- » mieres. »

◇◇◇

l'on n'a point acquis d'abord celle de l'astrologie, et nul n'y peut parvenir, si auparavant il n'est philosophe, géomètre et arithméticien. Comme il est notoire que dans l'ordre des sciences, l'astrologie et la métaphysique occupent un rang très-élevé ; il suit de là qu'en observant cet ordre l'astrologie est acquise la dernière. L'ordre des sciences est réglé sur celui des choses, car les choses précèdent les sciences, comme le dit le philosophe dans ses catégories ; puisqu'il est vrai que la science soit ainsi la dernière, il s'ensuit qu'elle est très divine et de difficile accès. Dieu, dit Platon, est celui qui ne peut être dignement trouvé, ni connu dignement ; il est, dit Ovide, la vertu des vertus, il dépasse notre faiblesse, échappe à notre connoissance par sa nature subtile, non pas que l'empêchement vienne de lui, mais de notre rudesse : car comme nous procédons de Dieu, tous sans exception, que nous sommes produits par son ombre, comme dit Isaac, notre habileté n'est pas suffisante à le comprendre, et nous ne pouvons l'entrevoir et parvenir à lui qu'avec le secours d'imparfaites lumières. C'est ainsi, ajoute-t-il, que les yeux des chouettes et des chauves-souris sont inhabiles à recevoir la clarté du jour, qu'elles ne peuvent ni voir ni supporter, tandis qu'elles voient distinctement lorsque la lumière est moins vive.

Chap. V : *Comment le roy Charles avoit grant entendement, et qu'est entendement.*

Avec sapience et science est neccessaire don d'endement à perfaicte sagece, c'est assavoir homme sage : or, soit noté se, celluy que nous disons si sage, qui est, à m'entencion, le roy Charles, pot avoir, avec les biens dessus diz, la noblece d'entendement, selon ce que le desclaire Aristote, qui dit, « qu'entendement est abit » des principes primiers des démonstrances ; » qui n'est autre chose dire que le concept des choses veues, sceues et oppinées par vrayes raisons.

Or, regardons la soubtilleté de l'entendement de nostre prince, comment grammant s'estendy à comprendre et concepvoir toutes choses, tant spéculatives, comme ouvrables, lorsque les belles sciences estudioit, desquelles les termes savoit plainement rapporter és assemblées et congrégacions des sages maistres et philozophes, parler de toutes choses si bien et si parfondement que nul ne l'en passoit : et c'est chose manifeste, sceue et prouvée par gens dignes de foy, qui ce tesmoignent.

Si povons de celluy Roy conclurre, que, entre les esleus, estoit trés souverain et suppellatif en haultece d'entendement.

◇◇◇

Chap. v *comment le roi Charles avoit un parfait entendement, et ce que c'est que cette faculté.*

Avec la sapience et la science, le don de l'entendement est nécessaire pour la parfaite sagesse, c'est-à-dire l'homme sage. Or, examinons si celui que nos appelons le sage, et je prétends désigner ici le roi Charles, peut avoir avec les qualités susdites, la noblesse de jugement, selon l'explication d'Aristote, qui dit que cette faculté est le point où se réunissent les premiers principes des démonstrations : ce qui revient à dire que c'est la conception des choses vues, apprises et jugées par la droite raison.

Or, considérons la subtilité de jugement de notre prince, avec quel zèle il s'appliqua à connoître et à concevoir toutes choses, tant spéculatives que pratiques, lorsqu'il étudia les sciences. Il savoit exactement en rapporter les termes dans les assemblées et les compagnies des sages maistres et des philosophes, et il en parloit si bien, et avec une telle profondeur, que nul ne l'y pouvoit surpasser. Ce sont là des faits notoires et attestés par les gens les plus dignes de foi.

Aussi pouvons-nous conclure à l'égard de ce prince, qu'entre les plus distingués, il étoit le premier encore par l'étendue et la force de son intelligence.

De ceste noblece d'entendement, dit Aristote, au primier de *méthaphisique*, « tous hommes, » par nature, savoir desirent; car, dit la glose, » par appetit naturel l'entendement desire et » convoite savoir; et la cause est, car l'entendement naturellement est imparfaict, dont, » comme l'appetit ensuive l'imperfeccion, est » désireux; car se imperfeccion n'i estoit, appetit n'i seroit. » Et, de ce, et des dependences de sapience, sera plus plainement parlé, selon la déclaracion d'Aristote cy après.

CHAP. VI : *Ci dit de Prudence et Art en la personne du roy Charles, et que c'est.*

« Prudence donques et Art, dit Aristote, sont » és parties de l'ame, où avient pratique, qui » appartient aux choses ouvrables; » car comme prudence, par mémoire des choses passées, pourvoye aux futures; car, selon Tulle, au deuxieme des siennes *rethoriques*, « les parties » d'elle sont mises : Mémoire, intelligence, et » pourvéance. »

En nostre roy Charles j'ay avisé parfaicte prudence et aussi art, comme après sera dit; et ce appert par les effects de ses œuvres, si comme jà pieça, grant part en avons desclairié, et encore en dirons.

En cellui temps, comme le roy Charles se veyst aucques au dessus de ses besongnes et non si occupé des grans guerres aucques lors accoisiées, comme estre souloit; et comme sa grant prudence luy amenistrast regart sur les choses à venir, considérant la fragilité de vie humaine de petite durée, et aussi que son corps et sa complexion, non mie par ancien aage, mais par délié nature, n'estoit disposé à longuement vivre, volt, de saine mémoire et entencion délibérée pour le bien de la couronne de France et de la commune utilité, establir certaines lois, dont, entre les autres, ordena, institua, fist jurer et promettre à tenir ferme et estable à tousjours mais, à ses freres, aux Pers de France, et à tous les barons, que, ou cas que il iroit de vie à trespassement, ainçois que son filz Charles, selon les anciennes coustumes de France, fust en aage de recevoir la dignité royale, que néantmoins, par nouvelle institution, seroit couronné, très en l'aage de quatorze ans, s'il avenoit que avant luy fust deffaillis; et que, dés lors en avant, ceste loy vouloit et ordonnoit fust ferme et estable, si que joyr en peussent tous les enfens, princes nez des rois, se le cas se y eschéoit.

Autres lois et establissemens institua le Roy sus le royaume et sus les finances.

Quant à la noblesse de l'entendement, dit Aristote au premier livre de sa *métaphysique*, « tous » les hommes par nature desirent de savoir; » car dit la Glose, l'entendement, par un appétit » naturel, desire et convoite la science. La cause » de cela est que l'entendement est imparfait de » sa nature, et l'appétit étant la suite de cette » imperfection, il desire; car s'il n'y avoit pas » d'imperfection il n'y auroit pas d'appétit. » Nous parlerons plus complétement de ceci et des accessoires de la sapience, en suite de l'explication d'Aristote, que nous rapportons ci-après.

CHAP. VI, *où il est parlé de la prudence et de l'art en la personne du roi Charles, et quelles sont ces choses.*

« La prudence et l'art, dit Aristote, résident dans les parties de l'âme où est la pratique, ce qui concerne les actions. » La prudence, par le souvenir des choses passées, pourvoit aux choses futures; car, selon Cicéron, au deuxième livre de sa rhétorique, ses parties essentielles sont la mémoire, l'intelligence et la prévoyance.

J'ai remarqué, en notre roi Charles, une prudence et un art parfaits, comme je le dirai ci-après. Cela ressort de la suite de ses actions qui ont été déjà en grande partie expliquées et dont on parlera encore.

Vers le temps où le roi Charles se vit au-dessus de ses affaires et moins préoccupé que de coutume par ses guerres formidables, qui pour lors se trouvoient apaisées, sa prudence merveilleuse éclairant ses vues pour les choses de l'avenir, considérant la fragilité et la durée si courte de la vie humaine, voyant aussi que sa complexion et ses organes ne lui promettoient pas une longue vie, non que ce fût l'effet de l'âge, mais celui d'un tempérament délicat; sain d'esprit, de propos délibéré, il voulut établir certaines lois pour l'avantage de la couronne et l'utilité commune. Entre autres il ordonna, fit jurer et promettre de tenir ferme, stable et à toujours, à ses frères, aux pairs de France et à tous les barons, que, dans le cas où il passeroit de la vie au trépas, avant que son fils Charles fût, selon les anciennes coutumes de France, en âge d'être investi de la dignité royale, ce dernier néanmoins seroit, par une nouvelle institution, couronné dès l'âge de quatorze ans. Il entendoit que cette loi fût à l'avenir ferme et stable, afin que tous les enfants de rois pussent en jouir lorsque le cas y échérroit.

Il institua d'autres lois et réglements pour l'administration du royaume et pour les finances.

Et, pour ce qu'il chiet à propos de lois establir si comme il est contenu ou livre préalégué du *Régime des Princes*, dit Aristote, au second livre de *Politiques*, demande, se c'est proufit au royaume et citez de souvent les loix et coustumes tresmuer ; et preuvent les philozophes, par quatre raisons, que c'est grant prouffit d'establir nouvelles loys, et les vielles muer.

La primiere raison, ainssi que vous véons en l'art de medicine et és autres sciences, que ceulx qui les apprennent treuvent aucunes meilleurs choses et plus vrayes que les ancesseurs n'ont fait ; par quoy on laisse les dits des anciens, et prent-on les nouveaulx : tout ainssi semble qu'il doye estre ou faict des loys ; car, se ceulx des citez ou royaumes treuvent meilleurs lois et plus prouffitables, que l'en deust tenir les nouvelles et les autres laissier.

La seconde raison est, car aucunes lois sont moult mauvaises, si comme la loy qui estoit, ça en arriere, entre les Grieux, qui disoit que « se uns homs estoit occiz et aucun di lignage en naissoit, homs de qui eust souspeçcon se l'assailli, s'enfuyoit, il estoit enculpez du fait. » Et ceste estoit folle loy, car, par nature, chascun, quoiqu'il soit innocent, la mort redoubte : dont, se telles lois, ou semblables estoyent en quelque pays, il sembleroit que bon fust les laissier et prendre nouvelles.

La tierce raison est, car il peut bien avenir que ceulx qui les loix ont estably ont esté simples ; dont, se ceulx qui viennent aprés sont plus sages, il sembleroit que ce fust contre raison se ilz ne les muoyent en meilleurs.

La quarte raison est, que combien que ceuls qui les lois establissent soyent sages, peut estre que ilz ne scevent pas les condicions et toutes les circonstances des fais et œuvres humains ; par quoy, se ceulx qui ou pays demeurent sont plus esprouvez, il semble que nouvelles lois puissent establir.

Ainssi, par ces quatre raisons, aucuns philozophes preuvent que prouffit soit muer les lois, mais, qui ce consentiroit, ce seroit grant péril ; car, se l'en accoustumoit à establir de nouvelles lois, acoustumance vendroit de non obéir aux lois, lesquelles sont de tel vertu et de si grant puissance que, pour la longue continuacion d'y obéyr, est chose tournée en accoustumée debte faire ce que la loy commande ; et qui aux lois n'obéyroit, les rois et princes perdroyent leur juridicions : par désobéissance aussi grans maulx ensuiveroit és communes des citez et du peuple.

Or, convient respondre à la demande devant dicte, se c'est prouffit de muer les lois, et dirons

⟨⟩⟨⟩⟨⟩

Puisque nous nous occupons de lois, il convient d'examiner s'il est avantageux aux cités et aux royaumes que les lois et les coutumes soient changées souvent. C'est Aristote qui fait cette question dans le second livre de sa *politique*, au chapitre cité déjà *de la conduite des princes*. Les philosophes prouvent par quatre raisons que c'est un grand avantage d'établir de nouvelles lois et de changer les anciennes.

La première raison est puisée dans l'art de la médecine et les autres sciences ; lorsque ceux qui en font leur étude viennent à découvrir des choses meilleures et plus vraies que n'ont fait leurs prédécesseurs, ils laissent les anciennes formules et en adoptent de nouvelles. Il paroît juste d'en user ainsi à l'égard des lois, car si les chefs des royaumes et des cités imaginent des lois meilleures et plus salutaires, ils doivent établir les nouvelles et abandonner les anciennes.

La seconde raison est qu'il y a certaines lois qui sont absolument mauvaises : telle est celle qui jadis, chez les Grecs, disposoit que « si un homme avoit été tué, et que quelqu'un de ses parents attaquât celui qu'il soupçonnoit coupable de ce crime, lorsque ce dernier venoit à s'enfuir, on le considéroit comme criminel. » Or, une telle loi étoit absurde, car on redoute naturellement la mort, bien que l'on soit innocent. Et, si de pareilles lois existoient quelque part, il semble qu'il seroit bien de les laisser et d'en prendre de nouvelles.

La troisième raison est qu'il peut se faire que ceux qui ont établi les lois aient manqué de jugement ; or, ceux qui viennent après eux se trouvant plus sages, il sembleroit déraisonnable qu'ils n'en fissent pas de meilleures.

La quatrième raison est que ceux qui font les lois peuvent, malgré leur sagesse, ignorer tous les caractères et les circonstances des faits et œuvres humains d'où il semble résulter que de nouvelles lois seroient plus convenablement établies par ceux qui connoissent plus à fond les hommes et le pays.

C'est d'après ces quatre raisons que certains philosophes prouvent qu'il est avantageux de changer les lois ; mais il y auroit péril à accorder ce point ; car si on prend l'habitude d'établir des lois nouvelles, on s'habituera en même temps à n'y plus obéir. Les lois puisent toute leur force et tout leur empire dans la continuité d'une longue soumission qui change en habitude le devoir que la règle impose ; si l'on cessoit d'obéir aux lois, les rois et les princes perdraient soudain leur puissance, et cette infraction attireroit les plus grands maux sur les cités et sur les peuples.

Or, il faut répondre à la question précédemment posée, s'il est avantageux de changer les lois. Nous dirons que si les lois humaines et

que, se les lois humaines et escriptes sont justes et droicturieres, fondées sont sus la loy de nature, et convient que les fais particuliers des hommes déterminent; et y peut avoir deffaute en tel maniere, c'est assavoir, quant elle est contraire à la loy de nature, lors c'est corruption, et non mie loy : dont, s'il advient que tel loy soit quelque part, estre ne doit tenue, mais délaissié, et faire nouvelle; car loy escripte ne doit estre contraire à celle de nature, si comme estoit la loy faictes des Juifz, qui disoit que les hommes povoyent vendre leur femmes.

Et, toutefoiz, on doit savoir que, poson que faute ait és lois, en tant que elles ne déterminent toutes les condicions et circonstances qui, en divers cas, adviennent, on ne les doit pourtant laissier, pour ce que se pourroit tourner à maulvaise coustume, jà soit ce que meilleurs et plus souffisans puissent estre trouvées.

Et que bon soit loy durer longuement, n'est mie semblable aux autres sciences; car lois ont poissance par le long temps et continuée acoustumence, et les autres sciences par vertu d'entendement.

Pour ce, en conclusion, les rois et princes doivent les lois anciennes de leur terre tenir, sanz les abatre, se contraires ne sont à la loy de nature.

◇◇◇

écrites sont justes, équitables et fondées sur la nature, il faut qu'elles déterminent les rapports particuliers des hommes. En cette matière, il peut y avoir défaut, quand une loi est contraire à la loi de nature; alors il n'y a plus loi, mais vice. Si une telle loi existe quelque part, elle ne doit pas être maintenue : il faut l'abandonner et en faire une nouvelle, car la loi écrite ne doit pas être contraire à la loi de nature, comme étoit cette loi des Juifs, qui disoit que les hommes pouvoient vendre leurs femmes.

Néanmoins, il faut savoir que, même en supposant des vices dans les lois, en tant qu'elles ne déterminent pas toutes les conditions ou circonstances que peuvent offrir les cas divers, on ne les doit point cependant abandonner avant d'en avoir établi de meilleures et de plus complètes, car ce seroit là contracter une funeste coutume.

Il est bon que les lois aient une longue durée, et il n'y a pas lieu d'établir des rapports entr'elles et les sciences, car les lois prennent toute leur force dans le temps, la continuité et l'habitude : les sciences trouvent la leur dans la supériorité de l'esprit.

Concluons de tout ceci, que les rois et les princes doivent maintenir avec soin les anciennes lois de leurs domaines, à moins qu'elles ne soient contraires à la loi de nature.

CHAP. VII : *Ci dit encore de la prudence du roy Charles sus la pourvéance du bien commun.*

Encore que le roy Charles, trés ameur et desireux du bien et du prouffit commun fust vray, prudent et des choses au mieulx faisables eust clere cognoiscence, appert par la grant providence et advis qu'il avoit aperceu sus le bien et utilité de la cité de Paris, et mesmement sur grant part de son royaume, en ce que, comme il considérast à Paris, pour la grant quantité des gens et divers peuples, princes et autres, qui, pour cause que là est le siege principal de sa noble Court, arrivent de toutes pars les vivres, au regart de la poissance du menu peuple, et aussi, contre le prouffit de tous, n'i peuent estre à si grant marché comme en mains autres lieux de son royaume, comme vers les parties de Bourbonnois et Nivernois et ailleurs, tant que la riviere de Loire s'estent, lequel pays est moult fertil et abondant de tous vivres, comme assez est sceu, et que à grant marchié y sont, parce que on ne les peut par deça porter, fors par charroy mener, qui est trop cousteux; que il feroit fossoyer la terre de tel large et profondeur, et en telle adrece que ladicte riviere de

◇◇◇

CH. VII, où *il est encore parlé de la prudence du roi Charles, et de sa prévoyance à l'égard du bien public.*

Le roi Charles fut, en outre, trés-desireux de l'avantage et de la prospérité publics; il eut une intelligence parfaite et avisée de toutes les améliorations praticables. Cela ressort de la prévoyance éclairée qu'il montra dans ses vues, sur ce qui se pouvoit faire de bon et d'utile dans la cité de Paris, de même que dans la plus grande partie de son royaume. La multitude de gens de toute espèce, grands ou autres, qui affluent de toutes parts à Paris, où est le siége principal de la cour, empêche, pour le malheur du nombreux menu peuple et le désavantage de tous, que les vivres y soient à aussi grand marché que dans les diverses parties du royaume, telles que le Bourbonnois, le Nivernois et les autres contrées que traverse la Loire, pays fertiles et abondants en tous genres de vivres, comme on le sait assez, et où ils sont à vil prix, parce qu'on ne les peut transporter ailleurs, si ce n'est par voiture, ce qui est fort coûteux. Pour obvier à cet inconvénient, le roi Charles avoit résolu de faire creuser un canal dont la direction, la largeur et la profondeur permettroient à la Loire de joindre ses eaux à celles de la Seine et de porter des navires qui seroient ensuite menés jusqu'à Paris. Ce roi prévoyant avoit à cet égard donné les ordres né-

Loire peust prendre son cours jusques en la riviere de Seine, et porter navire qui venist jusques à Paris; et ainssi l'avoit ordonné le trés porveu sage roy, et a marché fait aux ouvriers qui debvoit couster cent mille frans, laquelle mise n'estoit mie moult outrageuse au regart du grant bien et utilité qui s'en fust ensuivy à tout ce royaume : laquelle chose pleust à Dieu que ainssi eust esté fait pour le bien d'un chascun! et, en ce, et maintes autres ordonnances bonnes, n'eust mie en faulte, se mort, qui trop engréva ce royaume, ne l'eust sitost osté de vie.

Et vrayment cellui Roy se debvoit bien appeller vray conduiseur de son peuple et garde clef et fermeure de chasteaulx, citez et villes, lesquelles furent establies, comme dit Aristote, pour avoir six biens : et le premier est joye et délict; car homme ne pourroit en richeces tant habonder que joye eust de vivre seul, ains désireroit compaignie, pour estre participant avec ses biens. Le second est, pour ce que l'un peut aydier à l'autre, et ce bien n'aroyent mie les hommes seuls. Le tiers bien est, que hommes seuls ne pourroyent contrester à leur ennemis; pour ce furent faictes villes et citez, pour estre ensemble et mieulx deffendre et garder contre ennemis. Le quart bien est, pour vendre et achater és marchiez, et faire aliances, et ce ne pourroyent faire les hommes seuls. Le quint bien est, que par mariages s'entr'alient et font amistiez et aliances ensemble. Le sixieme bien est, pour vivre bien et convenablement ensemble, et mieulx punir et prendre les malfaicteurs. Dont, se l'on demande quel chose est ville, on doit dire, que villes et citez n'est fors une assemblée et communité de gens establie pour bien et vertueusement vivre et selon raison.

Et dit le philozophe, que royaume n'est que une grant multitude de gens qui vivent selon loy et vertu et sont ordonnez soubz un chief qui vertueus doit estre, et luy appartient l'obéissance de tous, et doit ce roy diligemment curer, que, selon raison et loy, ses subgiez se gouvernent et soyent gouvernez.

Dont, puisque citez et royaumes sont ordonnez pour congrégacion humaine mener en vie ordonnée, il convient dont que le pueple soit moriginé en vertus et en toutes bonnes meurs.

CHAP. VIII : *Ci dit, comment le roy Charles tenoit ses subgiez en amour, et preuves que ainssi doye estre fait.*

De la prudence du roy Charles, comme il fust perfaict ameur de ses subgiez, avisoit en toutes manieres de les tenir en amour et dileccion

⸰⬦⸰

cessaires; le marché étoit fait avec les ouvriers, au prix de cent mille francs, ce qui n'étoit point une somme exorbitante, vu l'avantage qui devoit en résulter pour le royaume; plût à Dieu que l'on eût exécuté un dessein si favorable aux intérêts de tous! et certes, on ne l'eût pas abandonné, non plus que maint projet également utile, si la mort n'eût affligé la France, en tranchant trop tôt les jours d'un si excellent prince.

Oui, ce roi devoit être appelé le vrai conducteur de son peuple, le gardien et le rempart des châteaux et des villes. Les villes, dit Aristote, ont été fondées pour procurer aux hommes six genres d'avantages; le premier est la joie et les plaisirs, car l'homme, si riche se trouvât-il, n'auroit aucun plaisir à vivre seul, mais desireroit une compagnie qui participât à ses biens; le second est l'assistance que l'un peut donner à l'autre, et des hommes isolés seroient privés de ce bonheur; le troisième est que les individus disséminés, ne pouvant opposer de résistance à leurs ennemis, les hommes ont fondé les villes et les cités pour être réunis ensemble et se mieux défendre et garder contre l'ennemi commun; le quatrième est de pouvoir acheter et vendre dans les marchés, et contracter des alliances, ce que ne pourroient faire des hommes isolés; le cinquième est que, par les mariages, on s'engage mutuellement, et que l'on contracte ainsi liaisons et amitiés; le sixième est de vivre ensemble dans de bons rapports, et de pouvoir prendre et punir plus aisément les malfaiteurs. Ainsi donc, si l'on vient à demander ce que c'est qu'une ville, on doit répondre que les villes et les cités sont des réunions et des communautés que les hommes ont établies pour vivre vertueusement et selon la raison.

Le philosophe ajoute qu'un royaume n'est qu'une multitude plus considérable de gens qui vivent selon les lois et la vertu, qui sont disciplinés sous un chef qui doit être vertueux lui-même; l'obéissance de tous lui est due, et ce roi doit avoir soin que ses sujets soient gouvernés et se gouvernent, selon la raison et les lois.

Or, puisque les cités et les royaumes sont ordonnés pour qu'une réunion d'hommes mène une vie régulière, il convient que le peuple soit impérieusement façonné aux bonnes mœurs et à la vertu.

CHAP. VIII, *où il est dit comment le roi Charles savoit conserver l'affection de ses sujets, et où l'on prouve la nécessité de cette conduite.*

Le roi Charles chérissoit tendrement ses sujets. Sa prudence lui suggéra divers moyens pour obtenir leur amour et leur fidélité. Dans ce but, il prit à tâche de se comporter envers eux de telle

vers luy : pour ce, volt vers eulx tenir tel maniere, que de tous estas, se tenissent pour contens des ordonnances qui estoyent neccessaires et convenables à faire en la gouvernance des fais du royaume ; et, pour ce, nonobstant que de sa seignorie et auctorité peust faire et ordonner de tout à son bon plaisir, quant venoit à conseillier sus l'estat du royaume, il appelloit à son conseil les bourgois de ses bonnes villes, et mesmement des moyennes gens et de ceulx du commun, affin qu'il leur monstrast la fiance qu'il avoit en eulx, quant par leur conseil vouloit ordonner.

Et que ce fust sagement fait et qu'il appertiegne à prince tenir mesmes son commun à amour, le philozophe preuve, ou tiers de *politiques*, par quatre raisons, que royaumes et citez sont bons quant moyennes gens y a.

La premiere raison est que, se, en un pays, a moult de trés riches hommes et moult de trés povres ensemble, bien ne raisonablement ne pourroyent vivre, pour ce qu'ilz sont aux deux extremitez ; mais, par entre deux estres les moyens riches, est l'estat de la policie riglé ensemble.

La seconde raison est que, communément, les riches et les povres ne s'entr'aiment pas, ne s'entr'acompaignent ; pour ce, est neccessaire que de moyens y ait.

◇◇◇

La tierce, que le descort d'entre les trés riches et les trés povres pourroit estre cause de la destruccion du royaume ou cité, par ce que les povres s'estudieroyent à embler aux riches.

La quarte cause, que, se foison moyennes gens y a, il n'y a mie tant d'envie et de despit entre les deux extrémitez.

Si doit le prince regarder, dit Aristote, comment son peuple pourra en tel maniere maintenir, qu'il y ait de tous estas ; et, pour ainssi le maintenir en pluseurs pays ot de coustume, que nulz n'y peut vendre, n'achater héritages venus de pere et de mere, fors pour certaine cause.

Chap. IX : *Comment le roy Charles desservoit, par ses mérites qu'il fust craint et amez.*

A brief parler, si sagement se gouvernoit vers toutes gens le roy Charles, fussent estranges ou privez ses subgiez, et autres de tous estas, qu'il acquéroit l'amour universelle de toute personne ; et raison le debvoit ; car, à nul ne meffaisoit, et à tous, à son povoir, pourchaçoit bien, si estoit obéys, honorez, craint et amez, si comme à bon prince appartient estre.

Et dit Aristote, que, « se le peuple obeyst
» honeure son prince, et ses lois garde, trois
» profis acquiert, c'est assavoir, le mérite de

◇◇◇

façon, que les personnes de tous états fussent contents des ordonnances qu'il importoit de rendre pour le gouvernement du royaume. A cette fin, et quoique de son autorité suprême, il pût faire et ordonner toutes choses à son bon plaisir, quand il falloit délibérer sur les affaires, il appeloit à son conseil les bourgeois de ses bonnes villes, et jusqu'aux gens de condition moyenne et du menu peuple, pour leur montrer la confiance qu'il avoit en eux, en consentant à régler les intérêts de l'état d'après leurs propres avis.

C'étoit fort sagement agir. Il convient qu'un prince cherche à gagner l'affection même du menu peuple, et le philosophe preuve par quatre raisons, au troisième livre de sa politique, que les royaumes et les cités prospèrent quand il y a une classe de moyennes gens.

La première raison est que, s'il se trouve à la fois beaucoup de riches et beaucoup de pauvres dans un même pays, ils ne peuvent bien vivre ensemble, parce qu'ils sont placés aux deux extrémités ; mais si entre ces deux classes, il y en a une troisième de médiocrement riches, les ordres de l'état sont convenablement réglés.

La seconde raison est que, d'ordinaire, les riches et les pauvres réciproquement ne s'aiment point et n'ont pas de lien commun, ce qui rend nécessaire une classe du milieu.

La troisième est que le désaccord entre les riches et les pauvres pourroit entraîner la ruine du royaume ou de la cité, parce que les pauvres se feroient une étude de ravir le bien des riches.

La quatrième est que, s'il y a abondance de moyennes gens, il n'y a plus autant de rivalité et d'envie entre les deux classes extrêmes.

Aussi, le prince doit songer, dit Aristote, à ordonner ses sujets de manière à ce qu'il en ait de toutes les conditions. Pour atteindre ce but, la coutume de plusieurs pays est que nul n'y puisse vendre ou acheter des héritages venus de père et de mère, si ce n'est en de certains cas déterminés.

Chap. ix, *comment le roi Charles méritoit, pour ses vertus, d'être craint et aimé.*

En un mot, le roi Charles se comportoit si sagement envers toute espèce de personne, étrangers ou sujets, particuliers ou autres, de tous états, qu'il gagnoit ainsi l'affection universelle. C'étoit avec justice, car il n'agissoit mal envers qui que ce fût ; mais, selon son pouvoir, il procuroit le bien de tous. Aussi étoit-il obéi, craint et aimé, comme il appartenoit à un bon prince.

« Si le peuple, dit Aristote, honore son prince,
» lui obéit et garde ses lois, il acquiert trois avan-

» bonnes œuvres, la paix et tranquilité du
» royaume, et la planté biens temporieulx. »
Si est démonstrance de bon peuple, quant à son
seigneur est subgiect; et de celle subgeccion
doit doit estre entous les estas; car les gentilz-
hommes plus obéissans doivent estre que les
autres, pour donner exemple : et se bonne
obéissance a ou royaume, paix et tranquilité y
aura, et par conséquent de tous biens.

Et est folie à ceulx qui croyent d'obéir aux
lois et establissemens soit servage; car Aristote dit : « Que ceux qui, sanz loy veulent vivre
» et ne veulent obeyr et par leur descort trou-
» blent la terre, sont plus bestiaulx que hu-
» mains et plus serfz que frans; » et dit aussi :
» Que tout ainssi que l'ame le corps gouverne,
» garde et maintient, ainssi prince droicturier
» est la santé du royaume ou contrées ; et si
» comme les membres affoiblissent au départir
» de l'ame, est le royaume affoibli quant il n'est
» gouverné par droicturier prince, ou qu'il est
» mal obéy. » Et dit encore : « Que de mal
» obéyr à son prince ensuit grant inconvénient.
» car haine s'en engendre; par quoy aucunes
» fois sont source d'extorcion et griefz, dont en-
» suit rebellions et mains autres meschiefz. »
Aussi dit : « Que honneur doit estre portée au
» prince, de tous ses subgiez pour révérance de

» luy, aussi à sa femme, enfans et tout son pa-
» renté. »

CHAP. X : *Ci dit les bonnes condicions qui en prince doivent estre, lesquelles le roy Charles avoit.*

Pourquoy ne fust amez le sage roy Charles,
car en luy povoyent estre trouvées toutes les
causes, si comme le desclaire le dessusdit livre
du Gouvernement des princes, par qui bon et
sage prince doit estre de ses subgiez amez, qui
dit : « Que princes doit estre large en dons et
» graces donner. »

Lesquelles choses avons assez prouvées de
nostre Roy. Sage doit estre, prudent, pourveu
de toutes choses à la saulveté de son peuple; ce
que nostre Roy estoit : juste, droicturier, diligent, fort et constant és choses par conseil af-
fermées; à ce ne failloit mie nostre prince : douls
et humain, communal entre ses amis, fier et
hardy contre ses adversaires; lesquelles condicions et toutes autres bonnes furent ou roy
Charles.

Dist aussi ledit livre : « Que prince doit estre
» craint, et pour trois causes : l'une, pour les
» tourmens de sa justice; l'autre, que roy droic-
» turier n'espargne ne parent, ne affin, en sa

◇◇◇

» tages, savoir : le mérite des bonnes œuvres, la
» paix et la tranquillité du royaume, et l'abon-
» dance des biens temporels. » Aussi la soumission au souverain prouve-t-elle un bon peuple;
et cette soumission doit exister entre tous les états;
car les gentilshommes doivent, pour le bon exemple, montrer plus d'obéissance que les autres. Si
dans un royaume l'obéissance est parfaite, il y
aura paix et tranquillité, et par suite tous les
biens.

Et c'est folie de croire que l'obéissance aux lois
et aux réglements soit servitude; car, dit Aristote, « ceux qui veulent vivre sans lois, qui re-
» fusent d'obéir, et troublent un pays par leurs
» discords, sont plus brutes qu'humains, et moins
» libres qu'esclaves. » Et il ajoute : « de même
» que l'âme conduit le corps, et veille à sa con-
» servation, de même aussi un prince juste est le
» salut du royaume ou des pays qu'il gouverne.
» Si les membres perdent toute vigueur lorsque
» l'âme s'envole, un royaume tombe égale-
» ment en faiblesse lorsqu'il n'est pas gouverné
» par un prince équitable, ou lorsque celui-ci
» n'obtient pas une complète obéissance. Il dit
encore « que ne pas obéir ponctuellement à son
» prince entraîne les inconvénients les plus graves;
» la haine en surgit; cause assez commune des
» extorsions et des rigueurs, d'où naissent les ré-
» voltes et tant d'autres calamités. » Aussi, pour-

suit-il, « tous les sujets du prince doivent lui
» porter honneur et respect, aussi bien qu'à sa
» femme, à ses enfants et à toute sa famille. »

CHAP. X, *où il est parlé des qualités qui se doivent trouver dans un prince, et que le roi Charles possédait.*

Pourquoi n'eût-on pas aimé le roi Charles,
puisqu'on pouvoit remarquer en lui toutes les
causes qui font qu'un bon prince est aimé de ses
sujets, comme les indique le livre déjà cité, *du
gouvernement des princes*, où il est dit « que le
» prince doit accorder largement les dons et les
» faveurs. »

Nous avons assez prouvé que notre roi possédoit ces qualités. Le prince doit être sage, prudent, pourvu de tout ce qui doit procurer le salut de son peuple : et c'est ainsi que notre roi
étoit. Il doit être juste, diligent, et constant et
ferme dans les choses qui ont la raison pour
guide : notre prince ne manquoit point à ce devoir. Il se montroit doux et humain, fidèle à l'a-
mitié, hardi et fier envers ses ennemis : ces qualités et toutes les autres bonnes vertus furent réunies dans la personne du roi Charles.

Le même livre, dit encore « que le prince doit
» être craint, pour trois raisons : d'abord pour la
» sévérité de sa justice; ensuite parce qu'un roi

» justice; ains, s'ilz le deservent, plus sont pu-
» nis : la tierce, que le prince a de toutes pars
» espandus les ministres de sa justice pour punir
» les maulfaicteurs. » Mais, comme nulle amour
soit sanz crainte, et souvent crainte est sanz
amour, trop mieulx vault à prince estre amez
que cremus.

CHAP. XI : *Ci dit comment le roy Charles estoit droit artiste et apris és sciences; et des beauls maçonnages qu'il fist faire.*

Assez avons dit de la vertu de prudence en la personne du roy Charles, de laquelle tout le contenu de ce livre est tirant à telle matiere; mais, pour un petit différer, selon l'ordre qu'Aristote met des vertus comprises en sagece par particularitez distinctées, comme ce devant est dit, dirons d'art, en prouvant nostre sage roy Charles estre trés grant artiste; soit és sept sciences libérales, ou és causes ouvrables. Es sciences expert estoit : car en gramaire, qui aprent la maniere des moz, estoit souffisamment fondez et toutes en savoit les rigles; l'art de rhétorique, qui enseigne la forme de savoir mettre parolles en ordre de beau langage, sçavoit par nature et aussi par science; logique, qui enseigne arguer, et entre le vray et fauls discerner, nul de luy

plus soubtil n'y fust trouvez; arismétique, qui est science d'assembler numbre et montepllier; sanz laquelle, science d'astronomie ne se pourroit passer, savoit le Roy notablement; de géométrie, qui est l'art et science des mesures et des ecqueres, compas et lignes, sanz qui nulle œuvre est faicte, s'entendoit souffisamment, et bien le monstroit, en devisant ses édifices; de musique, qui est la science des sons accordez par notes minimes, entendoit tous les poins si entièrement que aucun descort ne luy peut estre mucié; en la science d'astrologie, qui est art de cognoistre les mouvemens des célestiels esperes et planetes, estoit souffisamment fondez : et en tous ces sept ars, tout ainssi qu'il est dit de Charlemaine, comme il sera dit cy aprés que il les sçavoit, de cestui Charles le sage se peut pareillement dire.

De art, entant que s'estent l'œuvre formele, nul ne l'en passoit, tout n'eust-il l'expérience ou exercite de la main.

« Mais, dit Aristote, en tant l'artiste est ré-
» putez plus sage de l'expert, qu'il cognoit mieulx
» les raisons pourquoy il convient qu'il soit
» ainssi; et l'expert, sans plus, ne cognoist au-
» tres causes : ne mais il est ainssi; car il est
» assavoir, ce dit-il, que l'art ou la science est
» dicte principal laquelle a plus principal opera-

» équitable n'épargne, dans ses jugements, ni
» parent ni proche, mais les punit avec plus de
» rigueur lorsqu'ils l'ont mérité; enfin parce que
» le prince répand de toutes parts les ministres de
» sa justice pour atteindre les malfaiteurs. » Mais comme il n'y a point d'amour sans crainte, et que souvent la crainte est sans amour, il vaut mieux encore qu'un prince soit chéri que redouté.

CHAP. XI, *où il est dit comment le roi Charles avoit l'intelligence des arts et la pratique des sciences, et quels beaux monuments il fit construire.*

Nous avons assez parlé de la vertu de prudence en la personne du roi Charles, et le présent ouvrage n'a pas un autre but; mais pour faire un peu trêve à ce sujet, et d'après l'ordre des particularités distinctes, suivi par Aristote, à l'égard des vertus comprises dans la sagesse, comme on l'a dit ci-dessus, nous allons parler de l'art, en prouvant que notre roi Charles a été un artiste habile, soit dans les sept sciences libérales, soit dans les objets de pratique. Il a été expert dans les sciences; car il possédoit la grammaire qui enseigne la forme des mots et en savoit pertinemment les règles. Il savoit naturellement et par science acquise la rhétorique qui est l'art de donner au langage une forme élégante. Personne

ne lui fut supérieur dans la logique qui enseigne à raisonner et à discerner le vrai d'avec le faux. Il savoit d'une manière remarquable l'arithmétique, qui est la science d'assembler les nombres et de les multiplier, et sans laquelle on ne sauroit passer à l'astronomie. Dans les dispositions de ses édifices, il prouva qu'il entendoit suffisamment la géométrie, art et science des mesures et des équerres, des compas et des lignes, et sans laquelle rien ne se fait. Il savoit de tout point et si parfaitement la musique, qui est la science de moduler des sons par le secours des notes et des accords, que la moindre dissonance ne lui pouvoit échapper. Il possédoit suffisamment l'astrologie, qui est l'art de connoître les mouvemens des sphères célestes : on peut dire enfin que Charles le Sage étoit instruit en ces sept arts, comme on rapporte que l'étoit Charlemagne, ce que nous expliquerons ci-après.

Pour ce qui est de l'art, en tant qu'œuvre expresse, nul ne le surpassoit, seulement il n'avoit pas l'expérience, ou la pratique de la main.

« Mais, dit Aristote, l'artiste est réputé plus
» sage que l'artisan, en ce qu'il connoît mieux les
» raisons pourquoi une chose donnée est ainsi faite,
» tandis que ce dernier n'y connoît rien, sinon
» qu'elle est faite ainsi. Car il faut savoir, ajoute-t-il,
» que la science ou l'art, est appelé principal,

» cion. » Comme les opéracions des artistes sont distinctées, aucune sont establies seulement à disposer les autres en œuvres, si comme maçons et charpentiers, qui, en siant, dolant, et aplainant, disposent les buches ou les pierres à forme d'une maison, d'une nef, ou d'autre ouvrage.

Autre opéracion y a, quand les buches ou les pierres, taillées ou disposées, on les assemble en ordre, en la forme qu'on veult. Et autre opéracion y a encore; ce est l'usage de la chose jà faicte; et ceste est la plus principal; car elle ordonne et gouverne les autres, et est la fin de toutes, et la primiere si est la plus petite; car, si comme la primiere s'ordonne à la deuxieme, aussi la deuxieme s'ordonne à la derreniere; car, comme le principal maistre soit celluy qui use de la chose, si comme l'arbalestrier de l'arbaleste, et le marinier de la nef, entant qu'il scet à quoy la chose est faicte plus que cil qui ouvroit : par quoy, comme il appere que, de la forme des artistes, on prent les causes des opéracions, qui sont vers les disposicions des matieres, et par usage sont prises les causes des opérations qui sont vers les disposicions des matieres, si s'ensuit, que les architeteurs, c'est assavoir les disposeurs de l'œuvre scevent les causes des besoignes, et que on les doit réputer les plus sages.

◇◇◇

» qui accomplit les principales fonctions. » Les opérations des artistes étant distinctes, quelques-unes sont établies seulement pour mettre en œuvre les autres : par exemple les maçons et les charpentiers scient, polissent, aplanissent et disposent les poutres ou les pierres en forme de maison, de navire ou d'autre ouvrage.

Il y a d'autres opérations : quand les poutres ou les pierres sont taillées ou disposées, on les assemble en ordre, en la forme que l'on veut. Tout n'est pas fait encore : reste l'usage de l'œuvre exécutée, et là est le principal, car il ordonne et gouverne tout le reste; il en est la fin, il en est le principe, bien qu'il paroisse le plus petit. Si le premier se lie au second, le second se lie au dernier. Le maître principal est celui qui se sert de l'objet; comme l'arbalètrier de l'arbalète, le pilote de la nef, car il connoît la fin de l'instrument mieux que celui qui l'a construit. Ainsi, comme il est démontré que les plans de l'artiste sont la cause des opérations qui se rapportent à la disposition des matériaux, et que l'usage devient aussi la cause des mêmes opérations, il faut conclure que l'architecte, c'est-à-dire l'ordonnateur de l'œuvre, connoît la raison de son emploi, et qu'on le doit considérer comme le plus sage.

Assez ay prouvé que l'artiste a plus grant science que l'expert qui œuvre de la main; lesquelles descripcions ne sont mie mes parolles, mais d'Aristote, en sa *métaphisique* ; et, tout soit la matiere obscurement desclairiée, et selon le stile du philozophe, tourner aux lais ne doit à ennuy; car les soubtilles raisons sont l'aguisement de l'engin et entendement, comme en choses rurales n'ait aucune discipline.

Et à revenir à nostre matiere, en effect que nostre roy Charles fust sage artiste, se démonstra vray architeteur, deviseur certain et prudent ordeneur, lorsque les belles fondacions fist faire en maintes places, notables édifices beaulx et nobles, tant d'esglises comme de chasteaulx et austres bastimens, à Paris et ailleurs; si comme, assez prés de son hostel de Saint-Paul, l'église tant belle et notable des Célestins, si comme on la peut veoir, couverte d'ardoise et si belle que riens n'i convient; et le couvent des freres; sainctes personnes, vivans en grant aspreté de vie ruilée, servans Dieu, y ordonna en certain nombre, dont y a moult grant couvent, qui moult dévots service rendent à nostre Signeur, lesquelz il renta moult richement par amortissement perpétuel; et la porte de celle esglise a la sculpture de son ymage et de la Royne s'espouse, moult proprement fais.

◇◇◇

J'ai prouvé, je crois, que l'artiste a une science plus grande que celle de l'artisan qui opère de la main. Ces déductions ne sont point de moi, mais d'Aristote en sa *métaphysique*. Que les indoctes ne prennent point en dégoût ces explications d'une matière obscure, faites dans le style du philosophe, car les raisonnements déliés aiguisent l'intelligence : les idées communes au contraire n'ont besoin d'aucune règle.

Pour revenir à notre sujet, il est certain que notre roi Charles fut un artiste sage; il se montra véritable architecte, ordonnateur prudent et avisé, lorsqu'il fit faire en maints lieux des constructions si belles, des monuments si nobles, si importants et si beaux; tant églises que châteaux et autres édifices, à Paris et en divers lieux; tels sont, dans le voisinage de son hôtel de Saint-Paul, l'église si remarquable des Célestins, qui est, comme on peut le voir, couverte en ardoise, et si belle que l'on ne sauroit y rien comparer; le couvent des Frères, saints personnages et serviteurs de Dieu, dont les devoirs sont réglés et la vie si austère. Il les établit en grand nombre en ce vaste couvent, où ils pratiquent avec un zèle pieux le culte du Seigneur. Il les dota richement d'une rente perpétuelle. A la porte de cette église est sculptée son

Item, fonda l'esglise de Saint Anthoine dedens Paris, et rentes assist aux freres demourans en ce lieu. *Item*, l'esglise de Saint Paul, emprés son hostel, fist amender et acroistre. *Item*, à tous les couvens de Paris, des mendians, donna argent, pour réparacion de leur lieux; à Nostre Dame de Paris, à l'ostel-Dieu, et ailleurs. *Item*, au bois de Vincenes, fonda chanoines, leur asséna leur vies par belles rentes amorties. *Item*, les Bons-hommes, d'emprés Beauté, et maintes autres esglises et chapelles fonda, amenda, et crut les édifices et rentes.

Les autres édifices qu'il basti moult amanda; et acrut son hostel de Saint Paul; le chastel du Louvre, à Paris, fist édifier de neuf, moult notable et bel édifice, comme il appert; la Bastille Saint Anthoine, combien que puis on y ait ouvré, et sus pluseurs des portes de Paris, fait édifice fort et bel; au Palais fist bastir à sa plaisance. *Item*, les murs neufs et belles, grosses et haultes tours qui entour Paris sont, en baillant la charge à Hugues Obriot, lors prevost de Paris, fist édifier. *Item*, ordonna à faire le Pont-neuf; et, en son temps fut commencé, et pluseurs autres édifices.

Item, dehors Paris, le chastel du bois de Vincenes, qui moult est notable et bel, avoit entencion de faire ville fermée; et là aroit establie en beauls manoirs, la demeure de pluseurs seigneurs, chevaliers et autres ses mieulz amez, et à chascun y asseneroit rente à vie selon leur personnes: cellui lieu voult le Roy qu'il fust franc de toutes servitudes, n'aucune charge par le temps avenir, ne redevance demander.

Edifia Beaulté; plaisance la noble maison; répara l'ostel de Saint Ouyn, et mains autres cy environ Paris.

Moult fit rédifier; notablement de nouvel: le chastel de Saint-Germain-en-Laye; Creel; Montargis, ou fist faire moult noble sale; le chastel de Meleun, et mains autres notables édifices.

CHAP. XII: *Ci dit comment le roy Charles amoit livres, et des belles translacions qu'il fist faire.*

Ne dirons-nous encore de la sagece du roy Charles, la grant amour qu'il avoit à l'estude et à science; et qu'il soit ainssi, bien le démonstra par la belle assemblée de notables livres et belle librairie qu'il avoit de tous les plus notables volumes que, par souverains aucteurs ayent esté compillez, soit de la saincte escripture, de théo-

◇◇◇

image et celle de la reine son épouse, ouvrages faits avec goût.

Il fonda l'église de Saint-Antoine, à l'intérieur de Paris, et assigna une rente aux Frères qui habitent en cet endroit. Il fit réparer et agrandir l'église de Saint-Paul qui est auprès de son hôtel. Il donna à tous les monastères des ordres mendiants de Paris des sommes d'argent pour les réparations de leurs édifices, tels que Notre-Dame-de-Paris, l'Hôtel-Dieu et autres. Il fonda un ordre de chanoines au bois de Vincennes, et leur assigna des rentes perpétuelles. Il institua les Bons-Hommes, auprès de Beauté, fit établir ou réparer maintes autres églises et chapelles, et accrut leurs édifices et leurs rentes.

Il améliora beaucoup les autres monuments qu'il avoit construits, aggrandit son hôtel Saint-Paul, et fit bâtir à neuf le château du Louvre à Paris, remarquable édifice, comme on en peut juger. Il fit construire la Bastille Saint-Antoine, à laquelle, il est vrai, on a beaucoup ajouté depuis, et il fortifia plusieurs portes de Paris par des ouvrages imposants. Au palais, il fit des constructions pour sa plaisance. Il fit élever les nouvelles et fortes murailles, les hautes et énormes tours qui forment l'enceinte de Paris; Hugues Aubriot, alors prévôt de la ville, en avoit eu la commission. Il donna des ordres pour la construction du *Pont-Neuf**,

* Le pont Saint-Michel.

qui fut commencé sous son règne, ainsi que plusieurs autres monuments.

Hors de Paris, il avoit l'intention de faire une ville fermée du château si magnifique de Vincennes: il y auroit établi, en de beaux manoirs, la demeure de ses seigneurs, chevaliers et autres de ses amés; il devoit y assigner des rentes à vie à chacun selon son rang. Le roi vouloit que ce lieu fût affranchi de toute servitude; qu'aucune charge n'y fût à l'avenir imposée; que l'on n'y exigeât aucune redevance.

Il construisit Beauté, Plaisance, la noble maison; répara l'hôtel de Saint-Ouen et maint autre, aux environs de Paris.

Il fit reconstruire beaucoup de monuments, et en fit surtout édifier de nouveaux: le château de Saint-Germain-en-Laye; Creil; Montargis, où il fit ménager de grandes et belles salles; le château de Melun et plusieurs autres notables édifices.

CHAP. XII, *où il est dit comment le roi Charles aimoit les livres, et quelles belles traductions il fit faire.*

Nous ne devons pas omettre, en parlant de la sagesse du roi Charles, le grand amour qu'il avoit pour l'étude et les sciences. Il le prouva bien du reste, par sa belle et riche collection de livres, bibliothèque remarquable, composée des

logie, de philozophie, et de toutes sciences, moult bien escrips et richement adornez, et tout temps les meilleurs escripveins que on peust trouver occuppez pour luy en tel ouvrage ; et se son estude, bel à devis, estoit bien ordonné, comme il voulsist toutes ses choses belles, nettes, polies et ordonnées, ne convient demander ; car mieulx estre ne peust.

Mais, nonobstant que bien entendist le latin, et que jà ne fust besoing que on luy exposast de si grant Providence, fu pour la grant amour qu'il avoit à ses successeurs, que, ou temps à venir, les volt pourveoir d'enseignemens et sciences introduisibles à toutes vertus ; dont, pour celle cause, fist par solemnelz maistres, souffisans entoutes les sciences et ars, translater, de latin en françois, tous les plus notables livres. Si comme la bible, en trois manieres, c'est assavoir, le texte ; et puis le texte et les gloses ensemble ; et puis d'une autre maniere allégorisée.

Item, le grant livre de saint Augustin, de la Cité de Dieu.

Item, le livre du Ciel et du Monde.

Item, le livre de saint Augustin : *de Soliloquio*.

Item, des livres de Aristote, Ethiques et Politiques et metre nouveaulx exemples.

Item, Végéce, de chevalerie.

Item, les dix-neuf livres des Propriétez des choses.

Item, Valerius Maximus.

Item, Policratique.

Item, Titu-Livius ; et trés grant foison d'autres.

Comme, sanz cesser, y eust maistres, qui grans gages en recepvoyent, de ce embesongniez.

De la grant amour qu'il avoit en avoir grant quantité de livres, et comment il se délictoit en estude, et de ses translacions, me souvient d'un roy d'Egipte, appellé Tholomée Philadelphe, lequel fu homme de grant estude, et plus ama livres que autres quelconques choses, ne estre n'en povoit rassadié : une foiz, demanda à son libraire, quans livres il avoit ; Celluy respondy : « Que tantost en aroit accompli le nombre de » cinquante mille ; » et comme cellui Tholomée oyst dire, que les Juifs avoyent la loy de Dieu, escripte de son doy, ot molt grant desir que celle loy fust translatée d'ébrieu en grec ; et il luy fu dit qu'il en desplairoit à Dieu que nul la translatast s'il n'estoit Juif, et se autre s'en vouloit entremectre, que tantost charroit en forsenerie ; si manda ce roy à Eléazar, qui estoit souverain prestre des Juifs, qu'il luy envoyast

◇◇◇

meilleurs ouvrages des auteurs du premier ordre, sur les saintes écritures, la théologie, la philosophie et tous les genres de sciences, élégamment transcrits et ornés avec richesse. Il occupa constamment à ce travail les plus habiles copistes qu'il fût possible de trouver. Son cabinet étoit beau à plaisir, et ordonné avec soin. Il ne faut point demander de quelle manière il voulut que toutes choses y fussent belles, polies, délicates et bien réglées, car mieux ne se pouvoit voir.

Quoiqu'il entendît bien la langue latine, et qu'il n'eût besoin à cet égard d'aucun secours ; toutefois, guidé par un sentiment d'affection envers ses successeurs, il voulut les pourvoir d'enseignements et de sciences propres à leur frayer la voie de toutes les vertus. A cette fin il fit traduire du latin en françois, par des maîtres habiles dans les sciences et les arts, tous les livres les plus notables ; tels que la Bible, en trois façons, savoir : le texte ; puis le texte et les gloses réunis ; enfin toute l'écriture, en forme d'allégories ;

Le grand livre de saint Augustin de la Cité de Dieu ;

Le livre du Ciel et du Monde ;

Le livre de saint Augustin : *De Soliloquio* ;

Parmi les livres d'Aristote, la Morale et la Politique, en y ajoutant de Nouveaux exemples.

Végèce, de l'art militaire ;

Les dix-neuf livres des Propriétés des choses ;

Valère-Maxime ;

Tite-Live et un grand nombre d'autres.

Des maîtres, largement rétribués, furent constamment occupés à ce travail.

Le vif penchant qu'il avoit à posséder une grande quantité de livres, son amour pour l'étude et le soin qu'il donna à ces traductions, me rappelle le roi d'Egypte, Ptolémée-Philadelphe, homme de grande étude, qui aima les livres plus que chose quelconque, sans pouvoir s'en rassasier jamais. Un jour il demanda à son bibliothécaire combien il avoit de volumes ; celui-ci répondit qu'il ne tarderoit pas d'atteindre le nombre de cinquante mille. Ptolémée, ayant ouï dire que les Juifs possédoient la loi de Dieu, écrite de sa main, desira que, de l'hébreu, cette loi fût traduite en grec. On lui fit observer qu'il seroit désagréable à Dieu qu'un autre qu'un Juif traduisît cette loi, et que, dans ce cas, le téméraire tomberoit hors de sens. Ce roi fit alors demander à Eléazar, le grand-prêtre des Juifs, de lui envoyer des hommes sages de sa nation qui connussent les langues hébraïque et grecque, pour lui traduire cette loi. Dans le desir qu'il avoit que cette chose fût accomplie, il adoucit la condition des Juifs qui étoient en Egypte, où il s'en trouvoit un grand nombre ; il leur fit outre cela de riches dons. Eléazar, satisfait de ce procédé, en rendit grâce à Dieu, et fit choix de soixante-douze personnes

des sages hommes du peuple des Juifz, qui la langue ébrée et grecque sceussent, qui ladicte loy luy translatassent; et, pour le desir qu'il ot que ceste chose fust acomplie, il relacha la chetiveté des Juifs, qui estoyent en Egipte, ou moult en avoit grant quantité; et, avec ce, leur donna grans dons : Eléazar, resjoy de ceste chose, rendi graces à Dieu et esleut soixante-douze preudeshommes ydoines à ce faire et au roy Tholomée les envoya, lequel les receupt à moult grant honneur; et raconte saint Augustin, que le Roy les feist metre chascun à part en une celle pour estudier; et fu la translacion faicte en soixante et douze jours; et comme ilz n'eussent point de colacion ensemble, tant comme la translacion mirent à faire, on trouva que l'un avoit fait comme l'autre, sanz différence en mot, ne en sillabe, laquelle chose ne pot estre sanz miracle de Dieu. Celle translacion moult fu agréable au Roy. Moult fu sage celluy roy Tholomée, et moult sceut de la science d'astronomie, et mesura la rondeur de la terre.

CHAP XIII : *Ci dit, comment le roi Charles aimoit l'université des clercs, et comment elle vint à Paris.*

A ce propoz, que le roy Charles amast science et l'estude, bien le monstroit à sa trés amée fille, l'université des clercs de Paris, à laquelle gardoit entièrement les previleges et franchises, et plus encore leur en donnoit, et ne souffrist que leur fussent enfrains; la congrégacion des clercs et de l'estude avoit en grant revérence; le recteur, les maistres et les clercs solemnelz, dont il y a maint, mandoit souvent pour oyr la doctrine de leur science, usoit de leur conseilz de ce qui appartenoit à l'espirituaulté, moult les honnouroit et portoit entoutes choses, tenoit benivolens et en paix.

Et ceste matiere de l'université de Paris, et la grant amour que le Roy y avoit, m'ingère à dire comment elle vint à Paris, et la grant affeccion que le roy de France lors y avoit.

Ou temps Charles le grant, vint un moult grant clerc de Bretaigne, qui avoit à nom Alcun ou Aubin, de ce maistre aprist le roy tous les sept ars libéraulx; cellui maistre, pour la grant amour qu'il vit que Charles avoit à science, et par la priere qu'il luy en fist, tant pourchaça par son sens, que il amena et fist translater les estudes des sciences de Romme à Paris, tout ainssi comme jadis, vindrent de Grèce à Romme; et les fondeurs de la dicte estude furent celluy Alcun, Rabanes qui fu disciple de Bede, et Clodes, et Jehan l'Escot; cellui Jehan l'Escot fu moult grant clerc; il translata, à la requeste de Charles le Chaulve la *Iérarchie saint Denis*

CHAP. XIII, *où il est dit comment le roi Charles aimoit l'université des clercs, et comment elle vint à Paris.*

Le roi Charles prouva, par sa conduite envers sa fille bien-aimée, l'université des clercs de Paris, combien il aimoit la science et l'étude; il lui garda tous ses priviléges et franchises, lui en accorda de nouveaux, et ne souffrit pas qu'ils fussent enfreints; il avoit en grande révérence la congrégation des clercs et des études, et mandoit souvent auprès de lui, pour nourrir son esprit de leur savante doctrine, le recteur, les maîtres et les clercs solennels, dont le nombre est grand : il suivoit leurs conseils en tout ce qui regarde l'intelligence; il les honoroit beaucoup, les favorisoit en toutes choses et se les conservoit amis et pacifiques.

Puisque nous parlons de l'université de Paris, et de l'amour que le roi lui portoit, il convient de dire comment elle vint à Paris, et quelle grande affection le roi de France avoit pour elle.

Au temps de Charles-le-Grand, il vint de la Bretagne un clerc célèbre qui avoit nom Alcuin ou Aubin. Le roi apprit de ce maître les sept arts libéraux. Alcuin, voyant dans Charles un vif amour pour la science, opéra si bien par ses prières et par ses démarches, qu'il amena et fit transporter de Rome à Paris l'étude des sciences. C'est ainsi que jadis, elles vinrent de la Grèce à Rome. Les fondateurs de ces dites études furent ce même Alcuin, Raban, qui avoit été disciple de Béda, Clodes, et Jean Scot; ce Jean Scot étoit un grand clerc. Il traduisit, à la requête de Charles-le-Chauve, la *Hiérarchie saint Denis, l'aréopagite*, du grec en latin, et y ajouta des commentaires.

---

* Christine se trompe ici; le grand astronome qui a donné de la célébrité à l'école d'Alexandrie, n'étoit ni prince ni roi; c'étoit Claude Ptolémée.

---

sages, instruites et propres à faire un tel ouvrage. Il les envoya au roi Ptolémée, qui les accueillit avec de grands honneurs. Saint Augustin rapporte que le roi les fit mettre chacun à part dans une cellule, où ils devoient se livrer au travail. La traduction fut achevée en soixante et douze jours; et, quoiqu'ils n'eussent point eu ensemble de communication durant le temps qu'ils s'occupèrent de traduire, il se trouva que chacun avoit fait comme tous, sans différence d'un mot ou d'une syllabe, ce qui ne s'étoit pu faire que par un miracle de Dieu. Cette traduction contenta pleinement le roi. Ce Ptolémée * étoit rempli de sagesse et avoit un grand savoir en astronomie; c'est lui qui mesura la circonférence de la terre.

l'aréopagite, de grec en latin, et fist un command dessus.

L'en treuve en certaines croniques, que, un peu devant ledit temps, deux moines escotz vindrent d'Illande, lesquelz ne finoyent de crier par les villes : « Comme nous soyons mar- » chans de science, qui vouldra acheter sa- » pience viegne à nous, car cy sommes venus » pour la vendre : » tant crierent que ces nouvelles entendy le Roy, qui vers soy les fist venir, et combien que les communes gens les réputassent hors du sens, le Roy qui vid leur grant sapience, leur demanda, « que ilz vou- » loyent avoir, et il leur feroit livrer ; » ilz respondirent, « que ilz ne vouloyent fors lieux » lieux convenables et hommes de bon enten- » dement et la chose sanz laquelle ceste péré- » grination ne peut estre passée, ce sont vivres » neccessaires et vesteure : » le Roy leur octroya assez de biens à moult grant joye, et un peu de temps les tint avec luy ; mais, par la neccessité des batailles, convint qu'il les laissast ; si fist l'un demourer à Paris et luy fist avoir de toutes manieres d'enfens, nobles et autres ; et les pourvey grandement ; l'autre envoya en Ytalie : et adont, comme celluy d'Alcun dessusdit oyst dire que le Roy recepvoit voulentiers les clers, vint à luy, à Paris, si comme dit est.

◇◇◇

On trouve, en certaines chroniques, que peu avant ce temps, deux moines écossais, arrivés d'Irlande, ne cessoient de crier dans les villes : « Nous sommes marchands de science ; que celui » qui voudra acheter la sapience vienne à nous, » car nous sommes venus ici pour la vendre. » Ils crièrent tant que le roi en entendit parler et les fit venir auprès de lui ; et, bien que le vulgaire les réputât hors de sens, le roi, qui découvrit leur grande sapience, leur demanda « ce qu'ils » vouloient avoir, et qu'il le leur feroit donner. » Ils répondirent qu'ils ne vouloient qu'un lieu convenable, des hommes intelligents et la chose sans quoi l'entreprise ne se pouvoit faire, c'est-à-dire, le vivre et le vêtement. Le roi leur accorda avec joie abondance de tout ce qu'ils desiroient, et les garda quelque temps avec lui ; mais, préoccupé de ses guerres, il fut contraint de laisser là ces deux moines. Toutefois, il fit demeurer l'un d'eux à Paris, et lui procura un grand nombre d'enfants nobles et autres, qu'il pourvut avec largesse ; il envoya le second en Italie. Pour lors, cet Alcuin, dont nous avons parlé, ayant ouï dire que le roi accueilloit les clercs avec faveur, l'alla trouver à Paris, comme on l'a dit déjà.

Charlemagne, ainsi que le témoigne Sigebert en ses chroniques, savoit plusieurs langues étranCelluy Charlemaine, si que tesmoigne Sigibert, en ses croniques, sceut pluseurs langages estranges ; il translata le *siege de gramaire* en Tyois ; il mist nom aux douze mois de l'an oudit lengage ; il appella les douze vens par leur noms propres, selon ledit lengage, car n'y avoyent nom fors les quatre vens principaulx ; il savoit les gestes et batailles des princes et preux passez, et aucunes foiz les chantoit.

—

CHAP. XIV : *Ci commencent les chapitres d'aucuns moz substancieux que le roy Charles dist, et d'autres addicions.*

Par approbacion de la sapience du roy Charles, nous convient recorder aucuns moz et paroles notables que, à certains et divers propoz, comme vray philosophe, il dist de sa bouche.

Comme il avenist, une foiz, qu'il luy fust rapporté, que aucunes gens avoyent murmuré de ce qu'il hounouroit tant de clercs, il respondi : « Les clercs, ou a sapience, l'on ne » peust trop honorer ; et tant que sapience sera » honorée en ce royaume, il continuera en » prospérité ; mais quant déboutée y sera, il dé- » cherra. »

Et à ce propoz, de honorer les sages, est escript que, ou temps des sept sages, un pes-

◇◇◇

gères ; il traduisit le *Siége de Grammaire*, en thiois, donna, dans la même langue, des noms aux douze mois de l'année, et désigna les douze vents par des noms convenables, empruntés au même idiome. Avant lui, les quatre vents principaux avoient seuls des noms ; il savoit les actions et les guerres des princes et des preux des temps passés, et les chantoit quelquefois.

CHAP. XIV, *où commence le recueil des paroles mémorables proférées par le roi Charles, et où il est parlé de quelques autres objets.*

Pour confirmer ce que nous avons dit de la sagesse du roi Charles, il convient de rappeler ici quelques mots et paroles notables qu'il fit entendre en de certaines occasions, comme un vrai philosophe.

Un jour, on lui rapporta que plusieurs personnes murmuroient de ce qu'il honoroit trop les clercs : « On ne peut, répondit-il, trop honorer » les clercs qui possèdent la sapience. Tant que » la sapience sera honorée dans ce royaume, il » continuera de prospérer ; quand elle en sera » repoussée, il décherra. »

A propos des sages et de l'honneur qu'on leur doit, on dit que du temps des sept sages, un pêcheur peschoit en la mer, et comme un homme eust acheté la primiere prise, le pescheur prist en sa rez une table d'or; débat fu entr'eulx, qui l'aroit; alerent demander au dieu Apollo, qui devoit avoir celle table d'or, et il respondi qu'on la donnast au plus sage; si la donnerent à Athalés, qui estoit l'un des sept sages; mais il la refusa et dit que Abias la debvoit avoir; et ainssi par ordre des sept le dist. Et, au desrain, fu offerte à Solon, qui commanda qu'elle fust dédiée à Dieu, comme au plus sage.

On raconte de Bias que, comme les ennemis eussent assailli son pays, et chascun, pour paour d'eulx, s'en alast et emportast ses plus précieuses choses, Bias n'emporta riens qu'il; ce que ses amis le blasmassent, leur dist: « J'ai mes biens avecques moy, nul autre n'est » mien. » Et leur exposa que c'estoit son sens et science qu'ennemis ne luy puissent tollir.

Chap. XV : *Comment le roy Charles respondy agmoderéement à ceulx qui le hastoyent.*

Comme le roy Charles seist, une fois à table, en sa chambre assez à privé, nouvelles luy vindrent hastives, comment les Anglois, où avoit grant route, avoyent assigié une forteresse en Guiene, où le Roy n'avoit pas grant garnison de gent, par quoy, se brief secours n'y envoyoit, ceuls de dedans ne pourroyent avoir durée, ains convendroit qu'ilz se rendissent: et, comme le Roy oist ceste chose, n'en fist pas grant semblant, ains sembloit qu'il n'en feist pas grant conte, car en chiere n'en maintien, ne s'en meut, et tout rassisément, comme se il parlast d'autre chose, se tourne, regarde et voit un de ses secrétaires; courtoisement le feist appeler, luy commanda tout bas que hastivement escripsist à Loys de Sencerre, son mareschal, qui n'estoit mie moult loings, qu'il venist tost devers luy. Ce commandement n'oyrent mie ceuls qui estoyent environ luy, et s'esmerveilloyent de ce que la chose estoit assez pesant, et sembloit qu'il n'en feist force. Adont, aucuns jeunes escuyers, gentilzhommes qui à table le servoyent, se vont enhardir et dire : « Sire, donnez nous de l'argent pour nous » bien abillier, pleusers que nous sommes, telz » et telz céans de vostre hostel, pour aler en ceste » besongne, et nous serons nouveaulx chevaliers » et irons lever le siege. » Adont, le Roy commença à sousrire, et dist : « Il n'i convient » mie nouveaulx chevaliers, il y aront besoing » tous vieulx. »

Aprés ce, les aucuns de ses gens, qui virent qu'il n'en disoit autre chose, vont dire : « Sire,

---

cheur ayant jeté ses filets à la mer, quelqu'un de ceux qui étoient présents, acheta la première prise. Le pêcheur amena une table d'or. Un débat s'éleva entre eux pour savoir qui l'auroit. Ils allèrent consulter l'oracle d'Apollon : le dieu répondit que la table d'or devoit être donnée au plus sage. Ils l'offrirent à Thalès, qui étoit l'un des sept sages, mais celui-ci la refusa, disant qu'on la devoit donner à Bias. Tous les sept se la renvoyèrent ainsi. Solon, le dernier à qui elle fut offerte, ordonna de la consacrer à Dieu, comme le plus sage.

On raconte de Bias, que les ennemis ayant attaqué son pays, chacun s'enfuyoit de peur, emportant ses effets les plus précieux ; Bias n'emporta que sa personne. Ses amis l'ayant blâmé, il leur dit : « J'ai tous mes biens avec moi ; nulle autre chose n'est mienne. » Et il leur expliqua que ses biens étoient son esprit et sa science, que l'ennemi ne lui pouvoit ravir.

Chap. xv : *Comment le roi Charles répondit avec calme à ceux qui le vouloient presser.*

Le roi Charles étant un jour assis à table dans sa chambre, et en son particulier, il lui arriva des nouvelles pressantes portant que les Anglois faisoient, avec des forces considérables, le siège d'une forteresse de Guyenne, dont la garnison n'étoit pas nombreuse, et que, si l'on n'envoyoit un prompt secours, les assiégés, ne pouvant résister plus long-temps, seroient contraints de se rendre. Le roi, ayant entendu cela, n'y fit pas grande attention, et sembla même n'en point tenir compte, car son visage et son maintien ne trahirent aucune émotion. Calme, et comme si l'on eût parlé d'autre chose, il se tourne, regarde et aperçoit un de ses secrétaires ; il le fait appeler courtoisement, et lui commande à voix basse d'écrire en toute hâte à Louis de Sancerre, son maréchal, qui n'étoit pas à une distance fort éloignée, de revenir au plus tôt. Ceux qui étoient présents ne l'ayant point entendu donner cet ordre, s'étonnoient de ce que le roi paraissoit ne vouloir point s'opposer à une agression si alarmante. Alors, quelques jeunes écuyers, gentilshommes, qui le servoient à table, lui dirent résolument : « Sire, donnez-nous de l'argent pour » nous habiller, nous sommes plusieurs céans » en votre hôtel qui partirons pour cette entre- » prise, et, nouveaux chevaliers, nous ferons le- » ver le siège. » Le roi se mit alors à sourire et dit : « Il ne faut point ici de nouveaux chevaliers, » c'est de vieux chevaliers que nous avons besoin.»

Là-dessus quelques-uns de ses gens, voyant qu'il n'ajoutoit pas autre chose, lui dirent : « Sire, » qu'ordonnez-vous en cette conjoncture pres-

» que ordonnez vous de ceste chose, laquelle » est hastive? » Le Roy respondi : « En hasti- » veté ne git pas de la bonne ordonnance; quant » nous verrons ceuls à qui parler appartient, » nous en ordonnerons. »

A propoz, que on se doyent actendre aux sages conseillers est escript, que Xercés, roy de Perse, ot en son ost contre les Grieux deux cens mille armez de son royaume, et trois cens mille qui luy estoyent d'autre part venus en ayde, deux cens nefz batailleresses, et trois cens qui portoyent vivres, mais onques n'ot en si grand multitude gens qui luy donnast bon conseil, fors Baracus qui avoit esté pris en bataille, qui dist, que si grant multitude de gens estoit comme une chose mal digérée et que plus avoit de charge que de force, et ne povoit estre bien gouvernée, et chose mal gouvernée ne peut avoir longue durée : celluy ne fu mie creus; si fu desconfit l'ost de Xercés, lequel s'enfoy honteusement, et sa gent morte et prise.

Chap. XVI : *Ci dit comment le roy Charles approuva diligence.*

Comme il venist à cognoiscence à un clerc, que un notaire du Roy tiroit à la mort si prés

que ne povoit vivre une heure, tantost à un chevalier de la Court, bien amé du Roy, qui estoit son amy, ala et tant fist qu'il luy empétra ladicte office. Un autre clerc, qui tousdiz avoit l'ueil que le notaire fust oultréement trespassé, par un autre moyen fist requérir au Roy ledit office ; et comme le roy affermast, que jà estoit donnée, le deuxieme dist, « que ce ne » debvoit valoir, car, à l'eure que le don fu » fait, encore estoit l'autre en vie; » et briefment, tant fist que sa lettre fu commandée. Quant vint au scel, le chancelier, qui en vid deux d'une mesme date, les refusa à seller ; le primier, qui moult estoit malicieus, en ce tendis oy que le chancelier dist à un sien messagé, qu'il alast savoir en quel point le Roy estoit, car il vouloit aler devers luy ; cestui gaitta tant qu'il vit le Roy et le chancelier, celluy jour, ensemble à conseil, et de tant luy prist bien, qu'il estoit jà nuit ; tant s'aventura cil, pour le grant desir qu'il avoit, qu'il se mist en lieu où il pot oyr tout quan que le Roy et le chancelier disoyent, qui parloyent d'assez secretes choses, et oy que le chancelier, lequel estoit le cardinal de Beauvais, luy prioit que il voulsist escripre au Pape pour un archidiaconé pour un de ses nepveus; de laquelle chose le Roy dist, vou-

---

» santé? » Le roi répondit : « Les bonnes mesures » ne sont pas le fruit de la précipitation : lors- » que nous verrons ceux à qui il convient d'en » parler, nous donnerons nos ordres. »

A propos de la nécessité de s'en référer aux sages conseils, il est dit que Xercès, roi de Perse, avoit levé dans ses états, pour combattre contre les Grecs, une armée de deux cents mille hommes; il lui étoit venu d'autre part trois cents mille soldats de troupes auxiliaires ; il avoit deux cents vaisseaux de guerre et trois cents bâtiments de transport. En une si grande multitude de gens il ne s'en trouva pas un seul qui lui donnât un bon conseil, si ce n'est Baracus, prisonnier fait sur les Grecs. Celui-ci dit au roi qu'une si grande multitude étoit comme les choses mal conçues qui donnent plus d'embarras que de secours, et ne peuvent être bien gouvernées ; qu'enfin une chose mal gouvernée ne sauroit durer long-temps. On ne le crut point : l'armée de Xercès fut défaite ; ce roi prit honteusement la fuite ; ses soldats furent pris ou tués.

Chap. xvi, *où il est dit comment le roi Charles approuva une démarche diligente.*

Un clerc ayant appris qu'un notaire royal étoit si voisin de la mort qu'il n'avoit pas pour une heure de vie, alla promptement vers un sien ami chevalier de la cour, et aimé du roi. Là,

il fit si bien qu'il obtint l'office du moribond. Un autre clerc, qui tous les jours épioit l'instant où le notaire trépasseroit, fit par une autre voie demander ledit office. Le roi objectant qu'il l'avoit déjà donné, l'autre repartit « que la commission » ne pouvoit être valable, car à l'heure où on » l'avoit accordée, le premier titulaire étoit en- » core en vie. » En un mot, il finit par l'obtenir pour lui-même. Quand les titres vinrent au sceau, le chancelier qui en vit deux portant la même date refusa de les sceller. Sur ces entrefaites le premier solliciteur, qui étoit fin et rusé, ayant entendu le chancelier dire à un de ses messagers d'aller savoir si le roi étoit visible, qu'il vouloit aller auprès de lui, prit ses mesures de manière à voir ce même jour le roi et le chancelier ensemble au conseil. Le temps lui fut favorable, car il étoit déjà nuit. Il s'aventura de telle sorte, par le desir qu'il avoit de réussir, qu'il parvint à se mettre en un lieu d'où il pouvoit entendre tout ce que le roi et le chancelier disoient. Ils parloient de choses secrètes. Le chancelier, c'étoit le cardinal de Beauvais, prioit le roi d'écrire au pape pour un archidiaconat qu'il destinoit à l'un de ses neveux ; à quoi Charles répondit : « Volontiers. » Quand vint l'après-dîner, ce clerc, feignant d'être chargé d'affaires, alla dire au chancelier qu'il avoit reçu du roi l'ordre de se rendre en toute hâte en Languedoc, porter de sa part, au duc d'Anjou, des lettres relatives à l'af-

lentiers. Quant vint l'aprés disner, ce clerc fist bien l'embesongné, au chancelier ala dire, que le Roy lui avoit enjoint aler en Lengodoc hastivement porter lettres de par luy au duc d'Anjou, pour la cause de ce dequoy il luy avoit parlé; et adont dist le secret qu'il avoit oy, qui estoit d'envoyer oudit lieu; encore luy dist, que le roy luy avoit enchargié d'aler en Avignon devers le Pape, pour le bénéfice de quoy il luy avoit prié; si luy mandoit le Roy, que, à ses enseignes, il luy saelast sa lettre, et que il fust mis en saisine dudit office : le chancelier, qui oy les certaines enseignes, ce luy sembla, et encore que celluy estoit chargié, comme il cuida, de porter les lettres de son fait au Pape, encore luy en fust plus favorable; hastivement furent ces lettres saélées, fist recevoir le serement, et luy presta le demy marc d'or qu'il convenoit payer à l'entrée de l'office, et moult luy recommanda sa besoigne en Avignon, et dist encore de ses secrez pour dire de bouche au Pape; et celluy qui estoit malicieux, encore luy tira de bouche, pour plus le tenir subgiect, tel chose qu'il luy fist jurer, que il n'en diroit riens à personne, n'au Roy, n'a autre, fors à la personne du Pape.

Or fu ce clerc bien armé; si se parti et absenta ne sçay quans jours, tant tant que l'esmeute fu passée.

Le deuxieme clerc, qui poursuivoit fort ledit office, fist tant, qu'il prouva, que à l'eure que l'autre avoit eu le don du Roy, le notaire n'estoit pas mie trespassez, et tant exploicta, que le Roy escript au chancelier, qu'il luy saellast sa lettre; le chancelier, esmerveillé de ceste chose, ala devers le Roy, et luy dist les enseignes qu'il avoit envoyées pour l'autre.

A brief parler, le primier fu ajournez, pour ce qu'il ne s'estoit trouvez, soubz peine de ban, devant le roy; convint qu'il comparust et deist la vérité de la chose.

Le chancelier, nonobstant fust bien courroucez, et que l'en pensoit que luy fust contraire, et que l'autre fust punis et deust perdre l'office, esbay et honteux d'ainssi avoir esté déceu, regardoit celluy, et celluy luy, comme s'il voulsist dire : « Se vous me nuisez, je diray. » Le Roy, qui assez savoit, se commença trop fort à rire de celle malice; et là où chascun couroit sus à l'autre, le Roy considéra la grant affeccion et desir que celluy avoit d'estre pourveu de sa vie, en riant, va dire : « Avant, avant; » je voy bien que cautelle vaint sens. » L'office lui demoura : ainssi celluy gaigna sa cause.

Ceste cautelle me ramentoit un autre dont il est escript, que avint à Rome, aprés que le roy Tarquin l'orguilieux fust chaciez de Romme, pour cause de Lucrece qui avoit esté efforciée;

<><><>

faire dont S. M. avoit parlé au cardinal. Il répéta alors le secret qu'il avoit entendu, et qui étoit d'envoyer audit lieu; ajoutant que le roi l'avoit chargé d'aller à Avignon auprès du pape, au sujet du bénéfice que le chancelier sollicitoit; que le roi lui mandoit donc qu'à ces enseignes, il scellât sa commission, et le mît en possession de l'office. Le chancelier, entendant les détails de cette affaire, ne put avoir de soupçon; croyant en outre que celui-ci portoit au pape les lettres où il étoit question de son affaire, il lui en fut plus favorable; il scella sa commission sur-le-champ, fit recevoir son serment, et lui prêta le demi-marc d'or qu'il falloit payer pour entrer en charge. Après cela, il lui recommanda d'une manière pressante ses intérêts à Avignon, et lui confia quelques secrets à dire de vive voix au pape. Celui-ci, plein de ruse, arracha encore au chancelier, pour l'avoir à sa discrétion, des renseignements que ce dernier lui fit jurer de ne révéler à qui que ce fût : ni au roi, ni à aucun autre, si ce n'est au pape en personne.

Ce clerc étant de la sorte armé de toutes pièces, partit et s'absenta je ne sais durant combien de jours, pour laisser assoupir l'affaire.

Le second clerc, qui poursuivoit avec ardeur le même office, fit tant par ses efforts qu'il prouva

qu'à l'heure où le premier en avoit obtenu le don, le notaire n'étoit point mort encore, et il détermina le roi à écrire au chancelier de lui sceller ses lettres. Le chancelier, surpris de cet incident, se rendit auprès du roi pour lui rappeler à quelles enseignes l'autre avoit été mandé.

Finalement, le premier n'ayant pas été trouvé, fut, sous peine de ban, ajourné devant le roi. Il fallut comparoître et dire la vérité. On pensoit qu'il seroit puni et perdroit son office. Le chancelier, malgré son courroux envers celui qui l'avoit ainsi déçu, le regardoit ébahi et honteux : lui à son tour le regardoit aussi, semblant dire : « Si vous me nuisez, je parlerai. » Le roi, instruit de tout, rit beaucoup de la ruse. Il considéra, en une affaire où chacun cherchoit à l'emporter sur l'autre, le vif desir que l'homme accusé avoit eu d'obtenir un gagne pain, et il dit en riant : « Il suffit; je vois bien que la finesse » triomphe du jugement. » L'homme conserva son office, et gagna ainsi sa cause.

Cette ruse m'en rappelle une autre que rapporte l'histoire, et qui eut lieu à Rome. Lorsque Tarquin-le-Superbe eût été chassé de cette ville pour la violence que Lucrèce avoit soufferte, les Romains qui ne vouloient plus de rois, envoyèrent demander à Apollon quel seroit

les Rommains, qui plus ne voldrent avoir Roy, envoyerent savoir au dieu Apollo, lequel des princes aroit le gouvernement de Romme; l'idole respondi : « Que celluy, qui primier baiseroit sa mere; » et comme Brutus, qui un des princes estoit, sceut secretement ceste response, fist semblant que le pié luy fust glissié, et se laissa cheoir, et baisa la terre : si fust jugié, qu'il avoit baisié sa mere; si fu gouverneur des Rommains. Si n'est mie doubte que, aucune foiz, sage cautele ayde moult.

Ainssi qu'il est escript de ceulx de Perse, qui ne povoyent accorder d'eslire roy : si s'assemblerent les princes et dirent qu'ilz iroyent tous devant le temple d'Apollo, et le primier cheval qui heniroit d'entr'eulx, celluy qui sus seroit regneroit; adont, l'un d'entr'eulx qui malicieux estoit, la nuit devant fist mener une jument en ladite place, et le cheval sur quoy lendemain vouloit chevauchier; et ainssi, quant il fu, au matin, avec les autres princes, le cheval sur quoy il estoit commença si fort à hennir, qu'ilz dirent que vraiment c'estoit miracle du Dieu, qui vouloit qu'il fust roy : et ainssi, par ceste cautele, fu Daires couronnez de Perse.

CHAP. XVII : *Ci dit ce que le roy Charles dist au propoz de ceulx qu'on fait mourir à tort.*

Ou temps que messire Sevestre Budes, qui long-temps avoit mené les guerres du Pape, ot le chief trenchié, fu dit devant le Roy, que ses parens et affins se tenoyent trop mal contens du baillif de Macon, qui l'avoit fait mourir, et que tous estoyent enragiez et impaciens, dont, sanz cause, avoit esté décapitez, comme ilz disoyent; le Roy va respondre : « Se il est mort à tort, » moins leur doibt peser, que se à droit fust; car » c'est mieulx pour son ame, et à meindre deshonneur pour eulx. »

Au propoz de ceste parole, est escript que, quant on volt par envye faire mourir Socrates par venim, ainssi comme il vouloit boire, sa femme s'écria que à tort mourir on le faisoit; « J'ay, dist-il, plus chier mourir sanz cause, que » ce que je l'eusse desservy. »

CHAP. XVIII : *Ci dit ce que le roy Charles respondi à aucuns barons de Bretaigne.*

Une fois, devant le roy Charles, en la présence d'aucuns barons de Bretaigne, eschet à parler, entre pluseurs choses, de la duchiée de Bretaigne, tant que aucuns vont dire, « Que n'estoit » point de ancien droit, que on appellast de la » court du Duc à la court du Roy en parlement. » Le Roy respondi lors : « Lequel vous » vault mieux, ou que vous souffriez le tort de » vostre pays; ou que vous souffriez le secours » de droit du nostre? »

celui des princes qui commanderoit à Rome. Le dieu répondit : « Que ce seroit celui qui le premier baiseroit sa mère. » Brutus, l'un des princes, ayant connu en secret cette réponse, feignit que le pied lui eût glissé, se laissa choir et baisa la terre. Il fut jugé avoir baisé sa mère, et devint le chef des Romains. Il n'y a pas de doute que parfois une sage ruse aide beaucoup.

On dit aussi que les Persans n'ayant pu s'accorder dans l'élection d'un roi, leurs princes se réunirent disant qu'ils iroient tous auprès du temple d'Apollon, et que celui d'entr'eux dont le cheval henniroit le premier seroit déclaré roi. L'un d'eux, qui étoit plein de ruse, fit, la nuit qui précéda, mener en cette place une jument avec le cheval sur lequel il vouloit monter le lendemain. Quand le matin il alla au rendez-vous avec les autres princes, le cheval sur lequel il étoit se mit si fort à hennir qu'ils dirent que c'étoit un miracle de Dieu. Voilà par quelle ruse Darius fut couronné roi des Perses.

CHAP. XVII, *où l'on rapporte ce que le roi Charles dit au sujet de ceux que l'on fait mourir à tort.*

Vers le temps où messire Sylvestre Budes, qui pendant long-temps avoit commandé les armées du pape, eut la tête tranchée, on dit devant le roi que ses parents et ses alliés se tenoient pour ennemis du bailli de Mâcon, qui l'avoit fait mourir, et que tous étoient furieux et indignés de ce qu'on l'eût, comme ils disoient, décapité sans raison. Voici la réponse du roi : « Si on l'a mis à mort injustement, cela » doit moins les chagriner que si c'eût été avec » justice; car cela vaut mieux pour son âme, et le » déshonneur est moindre pour eux. »

A propos de ces paroles, lorsque des envieux eurent fait condamner Socrate à mourir par le poison, on rapporte qu'au moment où il alloit boire, sa femme s'écria qu'on le faisoit mourir injustement. « J'aime mieux, dit-il, mourir inno- » cent que d'avoir mérité mon sort. »

CHAP. XVIII, *où l'on dit ce que répliqua le roi Charles à certains barons de Bretagne.*

Un jour devant le roi Charles et en la présence de certains seigneurs bretons, on vint à parler entr'autres choses du duché de Bretagne. Quelqu'un ayant dit « que ce n'étoit pas en vertu d'un » droit ancien que l'on appeloit de la cour du duc » à la cour du roi en parlement, » le roi répondit : « Lequel aimez-vous mieux, ou souffrir le

Ceste sage responce me ramentoit ce que Julius César respondy à celluy oultrageux chevalier, qui l'ot appellé, Filz de villain : de quoy l'Empereur, sanz aucun mouvement de courrous, luy respondy : « Or, me dy, lequel vault mieulx, » ou que gentillece commence en moy, ou qu'elle » faille en toy. »

CHAP. XIX : *Ci dit comment le roy Charles approuva plus le sage homme povre que le riche nice.*

Comme le trésorier de Nîmes fust trespassé, un preudomme se tira devers un chambellan du Roy, sien amy, luy pria de luy empetrer l'office; le Roy, qui de celluy ot bonne relation, l'octroya. Tost aprés, le duc d'Anjou, à la requeste d'un sien trésorier, nommé Pierre Scatice, demanda, pour un nepveu, ou parent d'icelluy Pierre, ledit office au Roy, lequel dist qu'il l'avoit octroyé; et comme le duc d'Anjou, moult en pressast le Roy, à l'instigacion de son trésorier, dist au Roy, que celluy à qui il l'avoit donnée n'estoit mie souffisant de tel office exerciter, car c'estoit homme de néant et de petite auctorité : le Roy voult qu'information fust faicte des deux, et dist, que le plus souffisant l'aroit. L'informacion raporta que le nepveu

Pierre Scatice estoit un jueur de dez, jeunes homs de petit sens ; riche estoit , mais de petit gouvernement : de l'autre, que sages estoit, prudent, preudoms, mais non pas riche. Monseigneur d'Anjou, qui le Roy solicitoit de ceste chose de rechief, pria le Roy comme devant. « Vrayement, dist le Roy, beau frere, nous » sommes informez que celluy dont vous parlez » est fol , de maulvaiz gouvernement. — Certes, » dist le duc d'Anjou, monseigneur, celluy à qui » vous l'avez donnée est de petite value , et » n'est souffisant d'estre en tel office. — Pour-» quoy, dist le Roy ? — Pour ce, dist monsei-» gneur ; car c'est un povres homs, nez de pe-» tites gens de labour, qui encore hanent les » terres en nostre pays. — Ha, dist le Roy, n'i » a-il autre chose ? Beau frere, certes plus fait à » prisier le povre sage preudomme que le riche » fol désordené. » Monseigneur d'Anjou plus n'en voult le Roy prisier; et ainssi, demoura l'office au primier.

A ce propoz est escript du vaillant chevalier Choriscordes dont j'ay dit cy devant, qui fu le plus honoré, ce dit Justins , de l'ot Xercés, que, quant on luy demanda lequel il aroit plus chier, que sa fille fust donnée à un povre homme sage, ou à un riche non sage, il respondi : « J'ay » plus chier un homme sage qui ait deffaute

---

» dommage de votre pays, ou recevoir du nôtre » le bienfait de la justice ? »

Cette sage réponse me rappelle ce que Jules César répliqua un jour à un patricien insolent qui l'avoit appelé fils de plébéien. Cet empereur, sans aucun mouvement de colère, répondit : « Or, » dis-moi ce qui vaut le mieux, ou ma noblesse » qui en moi commence, ou la tienne qui finit en » toi ? »

CHAP. XIX, *où il est dit comment le roi Charles préféra l'homme sage pauvre, au riche ignorant.*

Après la mort du trésorier de Nîmes, un homme avisé se rendit auprès d'un sien ami, qui étoit chambellan du roi, et le pria de lui faire obtenir l'office devenu vacant. Le roi qui eut de bons renseignements sur lui, octroya la demande. Bientôt après le duc d'Anjou, à la requête de son trésorier, nommé Pierre Scatice, demanda pour un neveu ou parent de celui-ci ledit office au roi, qui répondit qu'il en avoit disposé. Le duc d'Anjou, toujours à l'instigation de Pierre Scatice, renouvela ses instances auprès du roi, disant que celui à qui l'on avoit accordé l'office n'étoit point capable de le remplir; que c'étoit un homme de néant et sans crédit. Le roi ordonna une information sur tous les deux, voulant que le plus digne

fût pourvu de l'emploi. L'information fit connoître que le neveu de Pierre Scatice étoit joueur de dés et homme de peu d'intelligence; riche, mais sans conduite. Quant à l'autre , il étoit sage, prudent et avisé, mais pauvre. Monseigneur d'Anjou, qui ne perdoit pas de vue cette affaire, ayant renouvelé ses instances : « Mon frère, lui » dit le roi, je suis informé d'une manière cer-» taine que celui pour qui vous parlez est un sot » et un homme sans conduite. — Mais, monsei-» gneur, dit le duc d'Anjou, celui à qui vous avez » donné cet office est un homme de rien et inca-» pable de le remplir. — Pourquoi, dit le roi ? — » Parce que, dit le duc, c'est un homme pauvre, » né de petites gens, simples cultivateurs , et qui » dans notre pays labourent encore la terre. — » Ah ! dit le roi, et n'y a-t-il que cela ? Mon frère, » l'homme pauvre et sage est plus digne d'estime » que le riche insensé et sans conduite. » Monseigneur d'Anjou cessa dès-lors ses instances et l'office demeura à celui que le roi avoit choisi.

C'est ainsi que l'on rapporte du vaillant guerrier Choriscordes dont j'ai parlé déjà, et qui fut, selon Justin, l'homme le plus honoré de l'armée de Xercès, que lorsqu'on lui demanda s'il aimoit mieux donner sa fille à un homme pauvre, mais sage, qu'à un homme riche, mais privé de sagesse, il répondit : « Je préfère l'homme sage

» de pecune, que pecune qui ait deffaulte d'om-
» me sage. »

CHAP. XX : *Ci dit ce que le roy Charles dist de celluy qui s'estoit occis, par soy trop fier en son art.*

Un homme estoit à Paris, du temps du sage roy Charles, qui aprise avoit une telle industrie que merveilleusement sailloit, tumboit et faisoit pluseurs appertises sus cordes tendues hault en l'air, qui sembleroit à dire, qui veu ne l'aroit, chose impossible ; car il tendoit cordes bien menues, venans depuis les tours de Nostre Dame de Paris, jusques au Palais et plus loings, et par dessus ces cordes en l'air sailloit et faisoit jeux d'appertise, si qu'il sembloit qu'il volast, et aussi *le voleur* estoit appellez celluy : je vy s'i firent maint autres ; et disoit-un, que, en icellui mestier, n'avoit onques esté veu son pareil ; et comme telz genz ou semblables, se ingerent à diverses choses faire, sanz aux périlz, qui, d'ame et corps, s'en peuent ensuivre, viser, celluy par pluseurs foiz, devant le Roy, ainssi vola.

Et, comme, un temps aprés, le Roy oyst dire, que cil, en volant, avoit failli à prendre la corde qu'il devoit au pié happer, et de si hault estoit tumbez, que tout s'estoit esmormelez. Le Roy

◇◇◇

» qui manque d'argent, à l'argent qui manque
» d'homme sage. »

CHAP. XX, *où est rapporté ce que dit le roi Charles de celui qui s'étoit tué pour s'être trop fié en son art.*

Du temps du roi Charles-le-Sage, il y avoit à Paris un homme doué d'une si grande adresse, qu'il sautoit de la façon la plus merveilleuse, retomboit et faisoit plusieurs tours sur des cordes tendues très-haut en l'air, ce qui sembleroit impossible si on ne l'avoit vu. Ces cordes qui étoient menues étoient tendues depuis les tours de Notre-Dame jusqu'au Palais et plus loin encore. Il sautoit en l'air sur ces cordes, y faisoit des tours de souplesse et paroissoit voler, aussi l'appeloit-on *le voltigeur*. Je l'ai vu souvent moi-même. On disoit qu'en ce métier il n'eut jamais son pareil ; il voltigea ainsi plusieurs fois devant le roi. Les gens de cette sorte se livrent d'ordinaire à ces exercices périlleux sans réfléchir aux conséquences funestes qui peuvent en résulter pour l'âme et pour le corps.

Quelque temps après, cet homme, en voltigeant, ayant manqué la corde à laquelle il devoit s'accrocher avec le pied, tomba de si haut qu'il fut broyé entièrement. Le roi l'ayant appris, dit à ce sujet : « Il est certes impossible qu'en dernier dist : « Certes, c'est comme impossible qu'à homs
» qui, de son sens, force, légiéreté, ou autre
» chose, de soy trop présume, qu'au derrain ne
» ne luy en meschiée : » et lors, à ce propoz, luy-mesmes conta d'un philozophe, qui, tant présumoit savoir, que il dist, còmme il le tenoit impossible « que, quant il seroit vaincus en dis-
» putacion, jamais aprés ne mengeroit ; » et comme il avenist, que par plus soubtil de luy le fust, mectant erreur sus erreur, mouru de dueil : et ycestes choses font à noter aux présumptueux.

Au propoz de la sentence que dist le Roy des trop présumptueux, raconte Solins, d'un homme merveilleux qui ot nom Milions Crotonise, et dist que, au tournoy d'Olimpe, il porta un buef sus ses espaules par l'espace d'une estade, et puis le tua d'un seul coup de sa main nue,, et tout le beuf il manga en celluy jour, sanz que de riens fust grévez : celluy Milions fu vainqueur entous lesdits jeux, et dit, que communement portoit une pierre qui a nom Alectoire, et naist au petit ventre d'un coch. La fin de cestui Milions fu que, comme il alast par un chemin, il trouvast un grant chesne, que par my on avoit voulu fendre, et encore les coins y estoyent ; adont, Milions volt essayer sa force, et ses deux bras en la fent estendy, si que les coins chei-

◇◇◇

» résultat il n'arrive malheur à tout homme qui
» présume trop de son esprit, de sa force, de sa
» légèreté ou de tout autre avantage. » Et à ce propos il conta lui-même l'histoire d'un philosophe si confiant en son savoir qu'il avoit dit que si dans la discussion il étoit vaincu par un autre, ce qu'il regardoit comme impossible, il cesseroit de manger. Et comme il arriva qu'il le fut en effet par un plus habile, après avoir entassé erreur sur erreur, il mourut de tristesse. Que les hommes présomptueux n'oublient pas cet exemple.

Ce jugement du roi sur les gens présomptueux, me rappelle ce que Solin raconte d'un homme étonnant qui se nommoit Milon de Crotone. Il dit qu'aux jeux olympiques il porta un bœuf sur ses épaules l'espace d'un stade, puis le tua d'un seul coup de sa main nue, et le mangea tout entier le même jour sans en être incommodé. Milon fut vainqueur à tous les yeux ; on dit que d'ordinaire il portoit sur lui la pierre nommée *alectoire*, et qui est dans le gésier du coq. Voici quelle fut sa fin. Il trouva un jour sur sa route un grand chêne que l'on avoit commencé de fendre par le milieu et où les coins étoient encore ; Milon voulut y éprouver sa force. Ayant de ses deux bras essayé d'agrandir la fente, les coins tombèrent, les deux parties de l'arbre se rejoignirent soudain et ses bras s'y trouvèrent engagés. Il ne put les en ôter, et mourut là dévoré par les animaux sauvages.

rent et l'arbre se rejonit, et il demoura en la fente et ne se pot ravoir : et ainssi là mouru et des bestes dévourez.

Chap. XXI : *Ci dit comment le roy Charles approuva la patience qu'il vid avoir à un de ses gens.*

Le roy Charles avoit un sien varlet de chambre, lequel, pour cause que en lui savoit pluseurs vertus, moult amoit; celluy, par espécial, sur tous autres, souverainement bien lisoit et bien ponctoit, et entendens homs estoit; comme il y pert; car, encore est vif, chevalier, maistre d'ostel, sage et honnorez, comme il fust par ledit Roy moult enrichis.

Comme une foiz à celluy, Gile Malet avoit nom, avenist tel inconvénient que un sien petit filz, courant à tout un petit coutel pointu, cheust dessus et se tuast; laquelle chose, n'est mie doubte, fu grant douleur et perplexité au pere ; néantmoins, cellui propre jour, fu devant le Roy, lisant longue piece, par autel semblant et chiere, ne plus ne moins que à coustume avoit; dont le sage Roy, qui la vertu de toutes choses estoit considérant, comme il sceust le cas, moult l'en prisa, et telz paroles dist de luy, en son absence :
« Se cest homme n'avoit ferme vertu et plus
» grant que nature ne l'influe communément
» és hommes, la pitié paternelle ne luy souf-

» friroit couvrir son cas soubz telle cons-
» tance. »

A ce propoz de constance, raconte Valeres que, ou temps que furent ces philosophes, c'est assavoir Deometus, qui ce fist crever les yeulx affin que il en eust meilleur entendement, Eraclitus, qui est appellé Ténébreux, Anaxagoras, et Herciles, aucteur de dragedes, de Naxagoras est escript que, comme il disputast és escoles, un messagé lui vint dire que ses filz estoyent mors; mais onques ne s'en mua, ne laissa la disputàcion ; aprés dist au messagé : « Tu ne
» m'as apporté nulle nouvelleté, car je savoye
» bien qu'ilz estoyent mortelz. » Saint Augustin dit que celluy Naxagoras fu condampnés à Athenes, pour ce que il disoit que le soleil n'estoit autre chose que ainssi comme une pierre ardent; et ceulx d'Athenes aouroyent le soleil comme Dieu.

Chap. XXII : *Ci dit la sage response que le roy Charles rescript à un clerc mathématicien.*

Le sage roi Charles, qui se délictoit singuliérement en tous hommes de science, entendi que, vers Avignon, avoit un speculatif clerc, qui tenoit vie de philozophe et moult soubtilement ouvroit en l'art d'Arquemie, en laquelle avoit jà, si comme l'en disoit, actaint de moult beaulx

---

Chap. xxi, *où il est dit comment le roi Charles approuva la patience qu'il vit en un de ses gens.*

Le roi Charles avoit un valet de chambre qu'il aimoit beaucoup pour les vertus qu'il lui connoissoit. Celui-ci lisoit mieux que personne, et accentuoit surtout convenablement les diverses parties du discours : c'étoit un homme intelligent comme on peut s'en assurer, car il vit encore, est chevalier, maître-d'hôtel, sage et honoré, ayant été par le dit Charles grandement enrichi.

Un jour Giles Malet, c'étoit son nom, éprouva un grand malheur dans la personne d'un de ses jeunes enfants qui s'étant mis à courir en tenant à la main un petit couteau fort acéré, tomba sur la pointe et se tua. Cet accident causa sans doute au père une bien vive douleur ; néanmoins le même jour il se présenta devant le roi, et y lut long-temps, avec une contenance et un visage qui ne différoient en rien de ce qu'il avoit accoutumé d'être. Le roi, qui remarquoit la vertu partout où elle étoit, connoissant son malheur, en estima davantage, et dit de lui en son absence :
« Si Malet n'avoit une ferme vertu, et plus grande
» que ne l'accorde ordinairement la nature, sa
» sensibilité de père ne lui permettroit pas de

» cacher son affliction sous une telle constance. »

A propos de constance, Valère-Maxime en cite plusieurs exemples du temps des philosophes : Démocrite, qui se fit crever les yeux afin de rendre son intelligence plus parfaite ; Héraclite, qui est appelé *ténébreux*; Eschyle, auteur de tragédies. Il est dit d'Anaxagore que lorsqu'il disputoit dans les écoles, un messager vint lui apprendre que ses fils étoient morts ; il ne répondit rien, continua sa discussion, et dit ensuite au messager : « Tu ne m'as rien appris de nou-
» veau, car je n'ignorois pas qu'ils étoient mor-
» tels. » Saint Augustin rapporte que cet Anaxagore fut condamné à Athènes pour avoir dit que le soleil n'étoit autre chose qu'une pierre ardente, tandis que les Athéniens adoroient le soleil comme un dieu.

Chap. xxii, *où l'on cite la sage réponse que le roi Charles adressa à un clerc mathématicien.*

Le roi Charles-le-Sage, qui se plaisoit singulièrement avec tous les hommes de science, apprit que vers Avignon il y avoit un clerc spéculatif, qui vivoit en philosophe, et pratiquoit avec une grande habileté l'art de l'alchimie, où il avoit fait déjà, comme l'on disoit, des progrès

et notables poins ; et avoit esté ce dit clerc disciple de maistre Arnault de Villeneuve, qui moult fu en science solemnel homme, et tenoyent aulcuns qu'il actaigni à la pierre des philozophes. Le Roy, qui toutes soubtilles choses desiroit à veoir, luy escripst qu'il voulsist venir par deçà, et bien et grandement lui seroit sa peine méritée : le clerc, en ses lectres, dictées en trés beau latin, mercia le Roy humblement de l'onneur que à luy non digne faisoit ; mais, que vrayement, comme il fust homme solitaire, spéculatif et d'estranges manieres, n'estoit apte à Court, ne en bouche ne sceust avoir les blandices flateuses qu'il convenoit à seigneurs ; si estoit trop plus aise à repoz, à povre vie mengant chouls et rabes, en spéculant philosophie ; comme il ne fust convoiteux d'autre richece, qu'il ne seroit de quelconques délices ou richeces, par si qu'il deust perdre le repoz et aise de spéculacion.

Le Roy luy envoya un message, par lequel luy manda, « que son repoz ne lui vouloit il mie
» tollir, mais acroistre, s'il povoit, et que pour-
» tant, se Dieu luy avoit donnée la charge de
» l'office de temporelle seigneurie, son inclina-
» cion et désir n'estoie mie és flateries menço-
» geuses oyr, qui souvent aux princes sont of-
» fertes ; mais enserchier les poins de verité et

◇◇◇

signalés. Ce clerc avoit été disciple de maître Arnault de Villeneuve, qui fut très-célèbre dans les sciences, et trouva, suivant quelques-uns, la pierre philosophale. Le roi, qui desiroit connoître toutes les choses ingénieuses, lui écrivit pour l'engager à venir à sa cour, l'assurant qu'il seroit largement récompensé de sa peine. Le clerc, dans des lettres écrites en beau latin, remercia humblement le roi de l'honneur qu'il faisoit à lui indigne, mais objecta qu'un homme solitaire, spéculatif et de façons bizarres, n'étoit point fait pour la cour ; que sa bouche n'étoit pas habituée à débiter les flatteries qui plaisent aux grands ; que d'ailleurs il préféroit son repos, sa vie indigente, ses raves et ses choux, et les spéculations de la philosophie ; qu'il ne convoitoit point les richesses ; que tous les plaisirs et tous les biens ne compenseroient pas pour lui la perte du repos et les jouissances d'une vie contemplative.

Le roi envoya à cet homme un message dans lequel il lui disoit : « Qu'il ne prétendoit pas lui
» ravir son repos, mais l'accroître s'il se pouvoit ;
» qu'il avoit à la vérité reçu de Dieu la charge
» d'une souveraineté temporelle, mais que son
» inclination et son desir n'étoient point d'enten-
» dre de ces flatteries que l'on adresse si souvent
» aux princes : il ne vouloit que faire des progrès
» dans la vérité et dans la vertu. » Ce clerc, sur

» de vertus. » Celluy clerc, véant la béniguité du Roy, vint à Paris, où le Roy le receupt à grant honneur, l'oy parler : pou demoura, puis s'en retourna, à tout de moult beauls dons.

La responce que fist ce clerc me ramentoit celle que fist Dyogenes à Aristipus, et compaignons avoyent ensemble esté aux escoles ; et comme Aristipus fust retenu du conseil du roy de Cécile, Diogenes n'en volt estre, combien qu'il en fust requis. Une foiz avint comme Aristipus passast de lez un ruissel, vid Diogenes qui lavoit les chouls pour son mengier, dist Aristipus : « Se tu voulsisses un poy flater Denis, le
» roy, tu ne mangeasses pas chouls. » Diogenes luy respondi : « S'il te despleut si pou qu'à moy
» mengier tel viande, tu ne flatasses mie tant
» Denis, comme tu fais. »

———

CHAP. XXIII : *Ci dit, comment le roy Charles envoya querre une bonne dame de trés esleue vie.*

Comme dit est, le sage roy Charles, qui en vertus se delictoit, toutes gens virtueus de quelque estat qu'ilz fussent, amoit et honnouroit, oy dire que à la Rochelle avoit une saincte dame de trés esleue vie et singuliere en dévocion et dis-

◇◇◇

ces marques de bienveillance, vint à Paris, où le roi le reçut avec de grands honneurs, et écouta ses discours. Il y demeura peu de temps, puis s'en retourna comblé de riches dons.

La réponse que fit ce clerc, me rappelle celle de Diogène à Aristippe. Ces deux philosophes avoient été compagnons d'étude. Aristippe ayant consenti à être du conseil du roi de Sicile, Diogènes ne voulut point suivre cet exemple, bien qu'il en eût été requis. Un jour, Aristippe, passant auprès d'un ruisseau, vit Diogènes qui lavoit des choux qu'il destinoit à son repas. « Si tu
» avois voulu flatter un peu le roi Denis, lui dit-il,
» tu ne vivrois pas de choux. » Diogènes répondit :
« Si de tels aliments te répugnoient aussi peu
» qu'à moi, tu ne flatterois pas Denis autant que
» tu le fais. »

———

CHAP. XXIII, *où il est dit comment le roi Charles envoya querir une bonne dame de vie très-distinguée.*

Le roi Charles, qui, ainsi que nous l'avons dit, se plaisoit dans la vertu, aimoit et honoroit tous les gens vertueux, quelque fût leur état. Il ouït dire qu'à la Rochelle, il y avoit une sainte dame d'une vie exemplaire. Elle étoit singulièrement pieuse et réglée dans sa conduite. Elle avoit acquis déjà, comme on en avoit fait la remarque,

cipline de vivre ; et mesmement tel dégré avoit jà acquis devers Dieu, que ce que de grande affeccion requéroit, on s'appercevoit que il luy estoit octroyé, et que moult avoit de belles révélacions de nostre Seigneur.

Le Roy, par message souffisant, manda par grant priere, à ceste bonne dame, laquelle estoit nommée dame Guillemette de la Rochelle, qu'elle voulsist venir à Paris, et que moult volentiers la verroit ; celle y vint ; le Roy la receupt à grant chiere, à elle parla longuement, et moult prisa ses dévotes et humbles paroles, son simple maintien en tous ses faiz, et affectueusement la requist que elle priast Dieu pour luy ; à laquelle chose tout, se deist elle non digne d'estre exaulcée, s'offry de bonne voulenté. La garde et admenistracion de ceste bonne dame fu commise à cellui Gille Malet, dont devant ay parlé, avec sa femme, en son hostel. Le Roy luy fist faire de beauls oratoires de bois, en plusieurs esglises, où d'estre longuement avoit dévocion, comme à Saint-Marry sa perroisse, aux Augustins et ailleurs ; car moult estoit femme solitaire et de grant contemplacion, et tant, que j'ay certainement oy recorder à gens dignes de foy, que, en sa contemplacion, on l'a aucunesfoiz veue soulevée de terre en l'air, plus de deux piez. Le Roy l'avoit en grant révérance, et foy

◇◇◇

un si grand crédit auprès de Dieu, que les choses qu'elle demandoit avec ferveur, dans ses prières, lui étoient accordées : Notre-Seigneur lui faisoit souvent de miraculeuses révélations.

Le roi, par un message en règle, invita avec de vives instances cette bonne dame, qui se nommoit Guillemette de la Rochelle, à venir à Paris, lui disant qu'il l'y verroit très volontiers. Elle y vint. Le roi l'accueillit avec une grande courtoisie, et prisa fort ses paroles humbles et pieuses, et son maintien modeste en toutes ses actions ; il la requit affectueusement de prier Dieu pour lui, à quoi elle s'offrit de bon vouloir, tout en disant qu'elle n'étoit pas digne d'être exaucée. Giles Malet, dont j'ai déjà parlé, eut avec sa femme la commission de pourvoir aux besoins de cette bonne dame qu'il logeoit dans son hôtel. Le roi lui fit faire de beaux oratoires de bois dans plusieurs églises, où sa dévotion la retenoit long-temps, comme à Saint-Méry, sa paroisse, et ailleurs. Cette femme vivoit fort solitaire et constamment dans la contemplation ; tellement que j'ai ouï dire à des personnes dignes de foi, que dans ses extases elle étoit quelquefois soulevée au-dessus du sol à plus de deux pieds en l'air. Le roi l'avoit en grand respect et étoit plein de foi en ses prières, qu'il tenoit pour lui avoir été fort efficaces en certains cas.

Messire Burel de la Rivière ne pouvoit avoir de

en ses prieres, qu'il tenoit qu'elles luy avoyent valu en certains cas.

Item, messire Burel de la Riviere ne povoit avoir nulz enfens de sa femme qui a droit terme venissent ; de ce, luy et la dame se recommanderent aux prieres de ceste dame, de laquelle chose, pour leurs enfens, qui puis vesquirent, avoyent foy, que c'estoit par l'impétracion de la bonne femme.

Au propoz, que telles singulieres femmes doyent estre des notables hommes amées et honnorées, est escript que à saincte Pole, une dame de Romme, moult esleue, escript saint Jerosme maintes belles escriptures, et à sa fille nommée Eustache.

—

CHAP. XXIV : *Ci dit, de quoy vint ce que on dit : « Gardez-vous des charretes. »*

Comme le conte de Tancarville se fust longuement tenus de venir vers le Roy, nonobstant mandé feust par pluseurs foiz, s'envoya excuser, disant « que, pour le trop long séjour fait à Pa- » ris, pour cause du maulvaiz air, avoit esté » malade, et pour ce, une piece, s'esbatoit à » chacier en la forest de Biere, et se tenoit à Me- » leun ; mais bien brief vendroit. » Le Roy, qui oy l'excusacion du maulvaiz air, bien luy sembla

◇◇◇

sa femme des enfants qui vinssent à terme. A ce sujet ils se recommandèrent tous deux aux prières de cette dame ; d'où ils eurent la ferme croyance que ce fut par son intercession qu'ils purent depuis conserver leurs enfants.

A propos de ces femmes éminentes qui doivent être honorées et chéries par les grands, nous dirons que saint Jérôme écrivit plusieurs lettres remarquables à sainte Paule, dame romaine fort distinguée, et à sa fille Eustochie.

CHAP. XXIV, *où l'on rapporte d'où est venu ce mot : « Gardez-vous des charrettes. »*

Le comte de Tancarville étant demeuré long-temps sans venir auprès du roi, quoiqu'il y eût été mandé souvent, envoya s'excuser, disant, « qu'ayant fait à Paris un trop long séjour, » le mauvais air l'avoit rendu malade, et que » pour se rétablir, il passoit le temps à chas- » ser dans la forêt de Bière (Fontainebleau), » et résidoit à Melun ; mais que bientôt il vien- » droit. » Le roi ayant entendu l'excuse du mauvais air, il lui sembla que partout où lui-même étoit et demeuroit, ses sujets ne devoient répugner, ni pour le motif du mauvais air, ni pour aucun autre, à y venir. Il répondit au messager : « Assurément, il y a une meilleure raison : le » comte ne voit pas très-clair, et l'on rencontre à

que, partout où il estoit et demouroit, que ses subgiez ne debvoyent mie ressongner, pour maulvaiz air, ne autre cause, aler vers luy, respondi au messagé : « Dya, il y a meilleur cause; » il ne voit mie bien cler, et il a à Paris trop » de charetes; si s'en fait bon garder. » Celle responce bien entendi le Conte, et tost vint devers le Roy.

A propoz de quoy vint le commun mot : « Gardez-vous des charretes. » Ou temps que Phelippe, le roy de Macédoine, et pere du grant Alexandre, régnoit en grant prospérité, ot desir de savoir l'eure et la maniere de sa mort, si fist de ce sa requeste au dieu Apollo, dont l'idole luy respondi : « Qu'il se gardast des charretes. » Pour laquel response, Phelipe fist destruire tous les chars et charetes de son royaume; mais il fu deceu en son oppinion, car Pesanias, le prince qui le tua en la bataille, portoit, en ses devises et banieres, la figure de charrete, et au panoncel du glaive dont il fu occis, avoit pourtrait deux charretes : et ainssi, par fallace double scet l'ennemy decepvoir ceulx qui le croyent.

Chap. XXV : *Ci dit comment le Roy taussa son officier changeur à cinq cens frans.*

Un chevalier de ce royaume volt aler oultremer, ouquel pays ot entencion de demourer un temps; ordonna de ses besongnes, fist son testament, et à un sien amy changeur de Paris, nommé Simon Danmartin, laissa mille frans en garde, et commanda jusques à son retour, et bien gardast, qu'à autre qu'à luy ne les rendist; mais, se il avenoit que oudit voyage mourust, et que il eust vraye certificacion, il luy ordonna de luy en debvoit faire; c'est assavoir, faire dire pluseurs annuez et autres aumosnes et dévocions pour son ame : et toutes ces condicions furent bel et bien escriptes en une bonne obligacion, en quoy ledit changeur s'obligia et lya trés fort.

Quant ledit chevalier fu en Rodes, là où une piece se tint, comme il eust mené avec luy un sien filz, jeune assez, plain de sa voulenté et de maulvaiz gouvernement, comme assez en est, pour ne sçay quel meffait, se courrouça le pere au filz; par quoy cellui jeune s'avisa de grant mauvestié et malice; celle fu, car, il escripst unes faulses lectres, comme se son pere l'envoyast audit changeur, ésquelles estoit contenu, que, comme fortune luy eust esté contraire en une bataille, parquoy estoit pris des Sarrazins, en péril de perdre la vie, se brief il n'avoit secours; et que, pour ce, hastivement il envoyoit son filz querir ledit argent qu'il lui avoit laissé en depost, duquel il luy envoyoit bone et seure quictance par ledit son filz; si gardast bien, soubz peine que il le reputast son ennemi mortel, que audit argent bailler et livrer à sondit filz n'eust faulte : bel et bien ordonna cellui filz ces faulses lectres et aussi la quictance plaine et bonne dudit argent : tant espia son point que, une nuit, vid son pere bien endormi ; adont, prist le sael soubz son chevet, et saela lesdictes lectres et la quictance, que son pere ne s'en apperceust. Tost après, fist cellui filz moult fort le malade, et tant, qu'il dist à son pere qu'il ne pourroit passer oultre, et qu'il mourroit s'il ne retournoit en France ; le pere fu d'accord de son retour. Quant vint au partir, le filz demanda au pere se il luy vouloit aucune chose chargier en France, dont, entre les autres choses, luy chargia que, au changeur dessusdit, lequel, comme son amy, avoit chargié diverses choses de ses besongnes, deist certaines choses qu'il lui mandoit. Le filz, qui fu malicieux, dist : « Il ne » me croira mie ; faictes de vostre main unes » lectre de créance de ce que je lui diray. » Et ainssi le pere qui n'i pensa à nulle décevrance, le fist. Le filz à Paris vint, et par ces lettres, certificacions et enseignes, qui moult se monstroit doloreux, que son pere fust pris des Sarrazins, fist tant, quoyque le changeur y meist difficulté, que, au derrain, ot tout ledit argent, c'est assavoir mille francs, lesquelz il gasta et en feist ce que il volt.

Le pere, au chief de deux ans, revint à Paris, demanda son argent audit changeur, lequel monstra ces lectres et quictance ; et comme plait deust mouvoir de ceste chose, au derrain, s'en mirent à ce que le roy Charles en diroit ; car le chevalier qui estoit son chambellan s'en estoit à luy plaint. Le roy oy le cas et considéra la simplece de toutes les deux pars, dist que voirement payeroit Simon Danmartin les mille frans au chevalier, comme fort estoit obligiez de non les rendre fors à luy ; mais il suiveroit son garant, c'est assavoir le filz ; si, faloit qu'il fust regardé, quel part et porcion des biens du pere povoit appartenir au filz, qui encore riens n'avoit, et sur celle porcion le changeur fust restituez ; le chevalier dist, que la terre qu'il tenoit estoit de son conquest, si n'estoit tenus, oultre son gré, d'en faire aucune part à son filz, qui contre lui avoit forfait, s'il ne lui plaisoit, et mesme après sa mort, pour ses desmérites, le desheritoit. A la parfin, fu conclus par le Roy et dit aux deux parties : dist au chevalier, « vous qui si mal avez chastié vostre filz en » juenece, que à présent tel offense vous ose » faire, vostre ignorance vous condampnera, » qui mieulx ne vous gaitastes de vostre filz » mal moriginé ; si ne vous en sera riens res» titué. » « Et toy, dist-il, pour ta folye, Simon

◇◇◇

en dépôt chez son ami, et dont il lui faisoit passer, par la même voie, bonne et sûre quittance ; que ce dernier se gardât donc de faire faute de livrer cet argent à son fils, sous peine de passer à l'avenir pour son ennemi mortel. Le fils minuta avec beaucoup d'adresse ces lettres fausses, et rédigea la quittance en bonne et due forme. Il épia ensuite, durant une nuit, le moment où son père étoit plongé dans le sommeil, prit le sceau qui étoit sous son chevet, et scella la lettre et quittance, sans que celui-ci s'en aperçût. Bientôt après, il feignit d'être affecté de maladie, et dit à son père qu'il ne pouvoit aller plus avant, et qu'il mourroit s'il ne retournoit en France. Le chevalier lui permit d'y retourner. Quand vint le départ, le jeune homme demanda à son père s'il ne lui donneroit point de commissions pour la France ; ce dernier lui en confia plusieurs en effet, et, entre autres choses, il lui donna des commissions pour le changeur qui, étant son ami, s'étoit chargé de ses affaires. Le fils, plein d'astuce, dit alors : « Il ne me croira » pas ; faites de votre main une lettre de créance » pour ce que j'aurai à lui dire. » Le père, qui n'avoit aucun soupçon de la ruse, fit ce qu'on lui demandoit. Ce fils vint à Paris, produisit ses lettres, ses attestations et renseignements, se montra fort affligé de la prétendue captivité de son père chez les Sarrasins, et fit si bien, en un mot, que, malgré les difficultés que lui opposoit le changeur,

◇◇◇

ce dernier finit par lui livrer la somme, c'est-à-dire, les mille francs. Le jeune homme les dissipa ou les employa selon son caprise.

Le père, au bout de deux ans, revint à Paris, et demanda son argent au changeur qui lui montra ses lettres et sa quittance. Cette affaire ayant amené un procès, ils s'en remirent à la décision du roi, car le chevalier, qui étoit son chambellan, lui avoit porté sa plainte. Le roi entendit l'affaire ; la sincérité des deux parties lui parut évidente ; néanmoins, il condamna Simon Danmartin à payer les mille francs au chevalier, car le changeur s'étoit engagé à ne les rendre qu'à lui seul ; néanmoins il laissa à Simon un recours contre son garant, c'est-à-dire contre le fils. Il fallut alors examiner quelle part et quelle quantité des biens du père povoit appartenir au fils, qui ne possédoit rien encore, et sur cette quotité, restituer la somme au changeur. Le chevalier dit que la terre dont il étoit possesseur étoit un bien conquis, qu'ainsi il n'étoit point tenu d'en donner aucune part à son fils qui s'étoit rendu coupable envers lui d'une si mauvaise action, ajoutant que, pour ses démérites, il le déshériteroit par testament. Le roi conclut enfin, et dit aux deux parties, au chevalier d'abord : « Vous qui avez si peu redressé votre » fils en sa jeunesse, qu'il ose vous faire à présent » une telle offense, votre ignorance vous con-

» Danmartin, qui alas encontre l'obligacion que tu avoyes faicte et creus simplement les faulses lectres, tu payeras cinq cens frans, lesquelz seront convertis és laiz, » c'est assavoir, donner aux povres, comme ce chevalier l'avoit ordonné pour son ame. Ainssi les condampna le Roy, et ainssi fu tenus. Et le filz, qui avoit fait la décepvance, fu privé de tout office de Roy, bani de la Court et longuement tint prison; et le pere, indignez contre luy, le priva de son héritage.

Cest jugement me ramentoit ce que je treuve de deux hommes qui baillerent à une femme un dépost à garder, par telle condicion que elle ne le bailleroit à l'un sanz l'autre; mais à tous deux ensemble. Dedens brief temps, l'un vint vers la femme, à tout piteus visage, faignant que l'autre estoit mort, et tant deceups la femme que elle luy baillast le dépost. Aprés vint l'autre, que la femme cuidoit mort : adont, la femme moult esperdue, s'en ala au philozophe Demostennes, dit dessus, lui pria qu'il la vousist conseiller; si respondi, en ceste maniere, pour la bonne dame, Demostennes à cellui qui demandoit : « Ceste bonne dame est preste de » rendre ce que tu ly demandes, mais que tu li » ameines ton compaignon; car telle est la convenance du dépost que à l'un sanz l'autre ne » le doit rendre. » Et ainssi fu la bone dame délivrée.

Du sens de cestuy Demotenes, dit encore que ou temps que Phelipe, nommé dessus, pere d'Alixandre, avoit guerre aux Athéniens; et, comme il sceust bien que, par le conseil des sages, qui estoyent en la cité, elle fust maintenue en prosperité, luy estant au siege de celle cité, manda aux Athéniens que se ilz vouloyent luy baillier dix orateurs, que il leur requerroit dont Demotenes estoit l'un, que il se partiroit du siege, et plus ne leur feroit ennuy; et, comme ou sénat, pour paix avoir, pluseurs l'accordassent, Demotenes, qui l'un d'eux estoit, usa de celle parabole : « Les loups, dist-il, vol» drent une fois faire telle accordance et aliance » avec les pastours, que les chiens qui es» toyent contraires aux loups, ilz leur baille» royent, et ainssi seroit paix entr'eulx : les » pastours ainssi le firent, et puis les loups » vindrent seurement et sans paour, quant li » pastours dormoyent et dévourerent les brebis. » Ainsi, dist-il, veult faire Phelipe au peuple » d'Athenes. »

◇◇◇

» damne pour ne vous être point tenu en garde » contre un fils mal élevé; il ne vous sera donc » rien rendu. Et toi, Simon Danmartin, pour la » sottise que tu as eue d'aller contre l'obligation » que tu avois contractée, et de croire si facile» ment à de fausses lettres, tu paieras cinq cents » francs, qui seront convertis en legs, » c'est-à-dire en dons aux pauvres, comme le chevalier l'avoit prescrit pour le repos de son âme. Ainsi les condamna le roi, et ainsi fut-il observé. Le fils, qui avoit fait cette tromperie, fut privé de tout office royal, banni de la cour et tenu longtemps en prison. Le père, indigné contre lui, le priva de son héritage.

Ce jugement me rappelle ces deux hommes qui confièrent un dépôt à une femme, sous la condition qu'elle ne le rendroit point à l'un, sans que l'autre fût présent, mais à tous deux ensemble. Peu de temps après, l'un des deux vint trouver la femme avec un visage affligé, feignant que son compagnon fût mort. Elle, trompée, lui rendit le dépôt. Celui que la femme croyoit mort revint ensuite; elle s'en alla tout éperdue vers le philosophe Démosthène, le priant de vouloir bien à ce sujet lui donner un bon conseil. Démosthène répondit ainsi pour elle à celui qui réclamoit : « Cette bonne dame est prête à vous rendre ce » que vous lui demandez, mais amenez-lui votre » compagnon; car telle est la condition du dépôt, » qu'elle ne doit rien restituer à l'un sans que » l'autre soit présent. » La bonne dame fut ainsi délivrée.

Au sujet de la présence d'esprit de Démosthène, on dit encore que, dans le temps où Philippe, ci-dessus mentionné, et père d'Alexandre, faisoit la guerre aux Athéniens, ce prince, sachant bien que les sages qui gouvernoient la cité, la maintiendroient florissante, mit le siège devant Athènes et fit solliciter le peuple de lui livrer dix orateurs qu'il désignoit et dont Démosthène faisoit partie, promettant, à cette condition, de lever le siège et de les laisser en repos. Plusieurs y ayant consenti dans le sénat, par le désir d'obtenir la paix, Démosthène, qui étoit présent, se servit de cette parabole : « Un jour, » dit-il, les loups voulurent faire alliance avec » les bergers; ils promirent la paix, à condition » que ceux-ci leur livreroient tous les chiens qui » sont ennemis des loups; les bergers y consen» tirent. Les loups, pleins de sécurité, s'étant » approchés tandis que les bergers dormoient, » dévorèrent sans peine les brebis. C'est, ainsi, » ajouta-t-il, que Philippe veut en user avec le » peuple d'Athènes. »

—

Chap. XXVI : *Ci dit ce que le Roy dist de dissimulacion.*

Comme souventefoiz avenist que le roy Charles s'esbatoit et desrevoit avecques ses familiers, entre les autres propoz, chut à parler de dissimulacion, et disoyent aucuns, que dissimuler estoit un rain de trahison. « Certes, ce dit le » Roy adont, les circonstances font les choses » bonnes ou maulvaises; car en tel maniere » peut estre dissimulé, que c'est vertu; et en » tel maniere, vice; sçavoir : dissimuler contre » la fureur des gens pervers, quant il est be- » soing, est grant sens; mais dissimuler et fain- » dre son courage, en attendant oportunité de » grever aucun, se peut appeler vice. »

Ce propoz me ramentoit ce qui avint, une foiz, à un sage Lombart : comme il alast par un chemin, il rencontra un de ces ribaulz, vestus d'une roiz, qui par chemin souloyent aler, qui lui demanda un denier; et, comme le Lombart l'escondisist, le ribault haulse la paume et luy donne une grant buffe; lors, le vallet de celluy Lombart lui volt courir sus; mais le maistre le retint et lui dist : « Atten, sueffre » toy, et attens. » Adont, va à sa bourse, et au ribault donne un fleurin; puis dist à son varlet qu'il suivist le ribault et qu'il se prenist garde, qu'il luy avendroit : le fol cuida par ainssi faire à un autre et avoir pareil loyer; si féri semblablement un autre, lequel d'un coutel l'occist. « Or regarde, dist le maistre au varlet, » se, en souffrant, bien me suis vengiez. »

Chap. XXVII : *Ci dit comment le roy approuva la vertu de peu de lengage.*

Une foiz, parlant de plusieurs choses devant le Roy, ot un qui dist que c'estoit moult belle vertu de savoir bien parler : « Certes, ce dist » le Roy, elle n'est pas moindre de savoir bien » se taire. »

De bien savoir taire peut cheoir à ce propoz ce que récite Boëce, en son livre, *de consolacion*, d'un homme qui pour philosophe vouloit estre tenus, et si n'en avoit mie les vertus : un autre homme volt essayer par redarguer et ledengier asprement ycelluy, se il auroit pacience de philosophe; et, comme celluy, une piece, eust faint avoir patience contre les injurieuses parolles de l'autre, lui dist au desrenier : « N'as-tu pas cogneu que je sui philosophe? » Adont, l'autre respondi : « Je l'eusse cuidié, » se tu te fusses teu. »

◇◇◇

Chap. xxvi, *où l'on rapporte ce que le roi disoit de la dissimulation.*

Comme il arrivoit souvent que le roi Charles s'ébattoit et s'égayoit avec ses familiers, un jour, entre autres discours, on vint à parler de la dissimulation. Quelques-uns ayant dit qu'elle est un rameau de la trahison : « Assurément, répliqua » le roi, les circonstances font les choses bonnes » ou mauvaises, car on peut être dissimulé, de » telle manière que ce soit vertu, et de telle au- » tre que ce soit vice; par exemple, dissimuler, » lorsqu'il le faut, pour échapper à la fureur des » gens pervers, est d'un grand sens; mais dissi- » muler et cacher son cœur en attendant l'oppor- » tunité de nuire à autrui, cela peut s'appeler » vice. »

Ce propos me rappelle ce qui arriva une fois à un sage Lombard. Comme il marchoit dans un chemin, il rencontre un de ces ribauds, vêtus de blouses, qui ont coutume de courir les routes; celui-ci lui demanda un denier; ce Lombard l'ayant éconduit, le ribaud leva la main et lui donna un grand soufflet. Le valet du Lombard voulut courir sus à cet homme, mais son maître le retint et lui dit : « Attends, contiens-toi, » et attends. » Alors il tira sa bourse et donna un florin au ribaud, puis il dit à son valet de suivre cet homme et de bien observer ce qui lui arriveroit. Le fou pensa pouvoir en faire autant à un autre et obtenir un pareil salaire; il frappa un passant, qui le tua soudain avec son couteau. « Or, regarde, dist le maître au valet, si, en souf- » frant, je ne me suis pas assez vengé. »

Chap. xxvii, *où il est dit comment le roi approuva la vertu de la sobriété de langage.*

Un jour que l'on parloit de diverses choses devant le roi, quelqu'un dit que c'étoit une belle vertu de savoir bien parler; « certes, dit le roi, » ce n'en est pas une moindre de savoir se taire. »

Boëce, dans son livre *de la Consolation*, rapporte un mot qui cadre bien avec celui-ci. Certain personnage vouloit passer pour philosophe et n'en avoit pas les qualités. Quelqu'un s'avisa de le critiquer et de le contredire avec aigreur pour savoir s'il auroit la patience d'un philosophe. Le premier ayant feint pendant quelque temps d'écouter avec patience les paroles injurieuses qui lui étoient adressées, dit enfin au second : « Tu vois comme je suis philosophe. » « Je l'aurois pensé, lui répondit celui-ci, si tu » te fusses tû. »

Chap. XXVIII : *Le sage avis que le roy ot contre la cautel d'un de ses officiers.*

Un clerc estoit, lequel savoit moult beauls expérimens et de tout plain des secrez d'Arquemie ; entre les aultres choses, faisoit artificielment moult bel azur. Un autre clerc, riches homs, et de la court du roy Charles, qui assez estoit investigueur des secretes sciences, pria moult à l'autre qu'il lui voulsist enseigner à faire ledit azur, et, comme il en feist grant difficulté, à la parfin s'obligia qu'il lui payeroit cent frans; et l'autre lui promist à aprendre, par si que il jura grant serement que, jour de sa vie, ne l'apprendroit à autre : par ainssi devisa la maniere comment on faisoit ledit azur, et, par expérience de fait, lui monstra et fist devant luy ; et, aprés lui demanda son salaire; et, comme cellui le menast par parolles ; enfin lui dist, que riens ne lui en payeroit, car il lui devoit aprendre à faire l'azur, et ne lui avoit mie apris, car, il ne le savoit faire. L'argu de ceste demande ala tant avant, que aux oreilles du roy Charles vint, et, comme il voulsist les parties oyr, le primier clerc dit que, comme bien et bel eust monstré à l'autre à faire l'azur, selon la convenance, laquelle estoit qu'il en aroit cent francs, demandoit son salaire, et requéroit au Roy qu'il luy en feist droit : l'autre dit que, voirement, lui avoit promis cent frans, ou cas que il lui apprendroit ; mais vrayment, disoit-il, il ne lui avoit pas apris, car il ne le savoit faire, nonobstant par pluseurs fois y eust essayé et assez eust despendu és matieres et façons, comme il fust de plus grant coust que valoir ne pourroit, si disoit que puisque faire ne le savoit, donc ne lui avoit-il pas appris, et, pour ce ne debvoit mie les cent frans. Le Roy, en qui n'ot nulle ignorance, ot bien noté ce que cellui ot dit, « qu'il avoit plus coust que prouf-
» fit, fist semblant que le droit fust pour celluy
» qui debvoit les cent frans, et dist à l'autre :
« Mon amy, se vous n'avez apris à cestui à faire
» ce que vous lui aviez promis, raison n'est mie
» qu'il vous paye. » Ainssi, ilz se départirent. Le Roy, qui désira actaindre le voir de la chose, ne l'oublia mie ; ains tost aprés charga un de ses clercs, soubtil homme, que il, par bonne maniere, se tirast devers cellui qui devoit lesdits cent frans, et de loings fist semblant que moult desirast à savoir faire ledit azur, et promeist deux cens frans à celluy, et hardiement, pour plus grant decepvance, lui baillast gage, mais que ladite science lui voulsist aprendre : et ainssi fu fait. Pour laquel promesse, pour cause du gage qu'il vid bel et bon, s'y fia, et, par tel convent, lui promist enseignier à faire ledit azur, que il ne diroit au Roy, ne à autre, et la chose tendroit secréte ; et encore luy dist que c'estoit moult belle science et bel secret;

Chap. xxviii : *Le sage parti que prit le roi contre la mauvaise foi d'un de ses officiers.*

Il y avoit un clerc qui savoit pratiquer un grand nombre d'expériences, et connoissoit beaucoup de secrets de chimie. Entre autres choses, il faisoit artificiellement moult bel azur. Un autre clerc, homme riche et de la cour du roi Charles, curieux également des sciences secrètes, pria fort le premier de lui apprendre à fabriquer ledit azur. Celui-ci opposa d'abord quelques difficultés : mais l'autre enfin s'engagea à lui payer cent francs. Il promit alors d'enseigner son secret ; mais sous le serment solennel que l'acquéreur ne le communiqueroit de sa vie à personne. Puis il exposa la manière dont on faisoit l'azur, et, ajoutant l'expérience au discours, il en fabriqua devant lui. Il demanda ensuite son salaire ; mais l'autre le menaça de paroles, disant ne vouloir rien payer, car il devoit lui apprendre à faire l'azur, ce qu'il ne lui avoit certes pas appris, ne le sachant point faire. Cette discussion fit tant de bruit, qu'elle parvint aux oreilles du roi Charles. Il voulut entendre les parties. Le premier clerc dit qu'ayant bien et duement montré à l'autre à faire de l'azur, selon leur convention, qui étoit de cent francs, il demandoit son salaire, et requéroit le roi de lui faire droit sur ce point. Le second dit avoir promis en effet cent francs au chimiste dans le cas où celui-ci lui apprendroit ce secret, mais qu'en réalité il ne lui avoit rien appris, n'ayant point su faire de l'azur, bien qu'il s'y fût pris à plusieurs fois et eût dépensé en matières et en façons plus que la chose ne valoit. Or, puisqu'il ne le savoit pas faire, il ne lui avoit donc rien appris : les cent francs en conséquence ne devoient pas être payés. Le roi qui n'ignoroit aucune chose, ayant bien remarqué ces paroles : « Que la dépense étoit plus grande que l'avantage, » feignit de donner droit à celui qui devoit les cent francs, et dit à l'autre : « Mon ami, si vous n'avez pas enseigné à celui-
» ci ce que vous lui aviez promis, il n'est pas
» juste qu'il vous paie. » Ils se retirèrent ainsi. Le roi qui desiroit savoir la vérité du fait, ne négligea rien pour cela. Il chargea, immédiatement après, un de ses clercs, homme adroit, d'aller trouver avec des façons courtoises celui qui devoit les cent francs ; de feindre un vif desir de savoir faire de l'azur, de lui promettre deux cents francs, et, pour le mieux tromper, de les lui remettre sans hésiter en gage, à condition d'en apprendre sa science. Cet ordre fut exécuté. Cette promesse et le gage surtout qu'il vit et tou-

encore lui confessa que pour riens ne vouldroit qu'il ne le sceust faire. Celluy qui plus ne vouloit savoir, raporta au Roy ce que trouvé avoit; par quoy le Roy manda celluy, et moult le reprist, blasma, et commanda tantost payer l'autre de ses cent frans, ou qu'il le puniroit, et pour ceste maulvaistié perdi la grace du Roy.

Ce cas me ramentoit ce que Angellius raconte que, ou temps de Pitagoras le sophiste, un disciple, jeune homme, qui nommez estoit Athales s'en ala audit Pitagoras et luy pria que il luy aprensist à plaidoyer; et il luy promist que, à la première cause que gagneroit devant le juge, il luy donroit grant pécune; et l'autre s'i accorda : et, comme Athales fust souvrainement apris, il ne voult recevoir nulles causes. Adont, Pitagoras luy demanda son loyer et le fist convenir devant les juges, et dist en ceste manière : « Athales, il convient que tu me payes,
» quelque soit la sentence, ou pour moy, ou
» contre moy; car, se elle est pour moy, ce
» n'est pas doubté que tu payeras par la vertu
» de la sentence; et se j'ay contre moy, et tu
» pour toy, si me payeras-tu, par la convenance
» d'entre nous. » Thalas respondy : « Maistre,
» apren que, quelque sentence soit donnée, je
» ne te payerai chose que tu demandes; car,

» selon la distinccion, ou j'aray sentence pour
» moy, ou contre moy : se j'ay sentence pour
» moy, c'est certain que j'aray gaagné, si ne te
» devray rien payer; se la sentence est contre
» moy, il n'est mie doubte, que je ne devray
» riens, car je n'auray pas gagné. »

Chap. XXIX : *Ci dit la response que le Roy Charles feist à la parolle qu'apporterent les héraulx venans d'Angleterre.*

En celluy temps, comme deux hairaulx de France eussent esté envoyez en Angleterre pour certains messages, et fussent retournez par deça, et comme ils rapportaient tout plein de responses et parolles que, oudit pays avoyent oyes, entre les autres choses distrent devant le Roy et son conseil, que, une foiz, eus estans en la présence dudit roy d'Angleterre, eschut à parler du roy de France; si y ot aucuns barons qui distrent que c'estoit un moult sage prince; dont alors le duc de Lancastre va dire « que ce n'es-
» toit qu'un advocat. » Quant le roy Charles ot oy ce conte dire aux héraulx, il respondy en sousriant : « Et, se nous sommes advocat, nous
» nous les bastirons tel plait, dont la sentence
» leur ennuyera. » Et à ce ne failly mie le roy Charles; car, par force d'armes, leur basti

---

cha, inspirèrent toute confiance à cet homme : la convention fut dressée, et il promit à son tour d'enseigner à faire l'azur, sous la condition qu'il n'en seroit rien dit au roi, ni à aucun autre, et que la chose serait tenue des plus secrètes : il ajouta que c'étoit une bien belle science et un bien beau secret, et avoua de plus que, pour rien au monde, il ne voudroit l'ignorer. L'envoyé du roi qui n'en vouloit pas davantage, rapporta à son maître ce qu'il avoit appris. Le roi manda le débiteur infidèle, le réprimanda vivement et blâma sa conduite; lui ordonna de payer au plus tôt les cent francs, sinon qu'il le feroit punir. Cette mauvaise action lui fit perdre en outre la faveur du roi.

Cet incident me rappelle ce qu'Aulugelle raconte du sophiste Pythagore. Un des jeunes disciples de celui-ci, nommé Atale, l'alla trouver et le pria de lui apprendre à plaider, promettant qu'à la première cause qu'il gagneroit devant le juge, il donneroit au maître une grande somme d'argent. Pythagore y consentit. Atale, instruit par lui d'une manière complète, ne voulut ensuite se charger d'aucune cause. Pythagore cependant lui demanda son salaire, l'appela devant les juges et parla en ces termes : « Que la sentence soit
» pour moi, ou contre moi, il faut, Atale, que
» tu me paies; car, si elle m'est favorable, il
» n'y a pas de doute que tu paieras en vertu de la

» sentence; si elle m'est contraire, et qu'elle te
» favorise, tu me paieras encore, par suite de la
» convention que nous avons faite. » Atale répondit : « Maître, apprends que quelle que soit
» la sentence, je ne te paierai point ce que tu
» demandes; car, selon ta distinction, ou j'aurai
» pour moi la sentence, ou je l'aurai contre moi :
» si je l'ai pour moi, il est certain que j'aurai
» gagné, et partant je ne te devrai rien; si elle
» m'est contraire, il est évident que je ne te
» devrai rien non plus, puisque je n'aurai pas
» gagné ma première cause. »

Chap. xxix, *où est citée la réponse que fit le roi Charles aux paroles rapportées par les hérauts revenus d'Angleterre.*

En ce temps, deux hérauts de France envoyés en Angleterre pour y porter certains messages, en étant revenus, rapportèrent beaucoup de réponses et de paroles qu'ils avoient ouïes audit pays. Ils dirent, entre autres choses, devant le roi et son conseil, que se trouvant un jour en la présence du roi d'Angleterre, on vint à parler du roi de France. Il y eut quelques barons qui affirmèrent que c'étoit un prince très-sage; mais le duc de Lancastre dit alors, « que ce n'étoit
» qu'un avocat. » Le roi Charles, ayant entendu ce récit des hérauts, répondit en souriant :

tel plait, dont ilz perdirent plus que ne gagnerent ou royaume de France.

Ceste sage response me ramentoit celle que fist Narcés, le vaillant duc et chevetaine envoyé en Ytalie par l'empereur de Constantinople contre les Gociens, que il desconfist; et ot de moult belles victoires; et comme l'Empereris n'eust mie cellui Narcés bien agréable, ains le héoit, et, pour ce qu'il avoit pou de barbe, le ramposna l'Empereris en tel maniere; elle lui manda, « que elle le feroit filer » avecques les femmes, et que mieux luy adui» soit que porter armes; » et cellui respondy : « Et je luy ourdiray telle toile que, jour de sa » vie, elle ne saura mectre jus. » Si n'y failli mie, car, par son enortement, vindrent les Lombars de Paonnie, qui moult d'ennuy firent à l'Empire.

CHAP. XXX : *Ci dit ce que le roy Charles dist de la félicité de seigneurie.*

Une fois, devant le roy Charles, cheut à parler de seigneuries; si ot là un chevalier qui dist, « que c'estoit eureuse chose estre prince : » respondi le Roy : « Certes, c'est plus charge que gloire; » et, comme l'autre en répliquant deyst : « Et, Sire, les princes sont si aises. — Je ne

◇◇◇

» sçay, ce dit le Roy, en signorie félicité, excpté » en une seule chose. — Plaise vous nous dire » en quoy ? ce dirent les autres. — Certes, dist-il, » en poissance de faire bien à autruy. » Et vraiement de luy pourroit estre dit ce qui est escript du bon Empereur; que nul ne se partoit de sa présence qui ne fust joyeux : et au propoz qu'il dist, que seigneurie temporelle plus est charge que gloire, respondi un vaillant Empereur aux sénateurs, qui, pour le grant bien de luy, luy prierent qu'il voulsist establir que son filz regnast après luy. « Ha, dist-il, vous me » requérez que à mon filz, lequel est franc lé» gier, je mecte sus son col la charge du trés » grief et pesant fardel plein de confusion. »

CHAP. XXXI : *Ci dit comment, pour le grant sens et vertu du roy Charles, les princes de tous pays désiroyent son affinité, aliance et amour.*

Assez pourroye tenir long conte des substancieuses parolles et beaulx notables que, chascun jour, on povoit oyr dire au sage dont nous parlons, si comme j'en suis informée par les preudeshommes, ses serviteurs qui encore vivent; mais, pour traire à autre matiere et à la

◇◇◇

« Puisque nous sommes avocat, nous leur fe» rons un procès dont le jugement pourra bien » leur déplaire. » Et il n'y manqua point, car la force de ses armes fut pour eux un procès tel qu'ils perdirent plus qu'ils ne gagnèrent au royaume de France.

Cette sage réponse me rappelle celle que fit Narsès, le vaillant duc et chévetain envoyé en Italie, par l'empereur de Constantinople, contre les Goths qu'il défit entièrement. Malgré ses nombreuses victoires, l'impératrice goûtoit peu Narsès, et avoit même de l'aversion pour lui. Elle l'insulta avec moquerie sur ce qu'il avoit peu de barbe, et lui manda « qu'elle le feroit filer avec les « femmes, ce qui lui conviendroit mieux que de » porter les armes. » Il répondit à cela qu'il ourdiroit à l'impératrice une telle toile que jamais elle ne la pourroit quitter. Il le fit en effet. Les Lombards de Panonie envahirent, par ses conseils, les terres de l'empire, où ils causèrent les plus grands maux.

CHAP. XXX, *où l'on rapporte ce que dit le roi Charles sur le bonheur de la souveraineté.*

Un jour, on vint à parler devant le roi Charles de la souveraineté. Il y avoit là un chevalier qui dit « que c'étoit une chose heureuse que d'être » prince. » Le roi répondit : « Certes, il y a

» plus de poids que de gloire. » Et l'autre répliquant : « mais, sire, les rois ont tant de félicité ! — « Je ne connois de bonheur dans la souverai» neté, dit le roi, qu'en une seule chose. » — « Vous plairoit-il de nous dire en quoi ? » lui repartirent les assistants. « C'est de pouvoir, » dit-il, faire du bien à autrui. » On pouvoit dire, avec vérité, de ce prince, ce qui est écrit du bon empereur : nul ne sort de sa présence sans avoir le cœur joyeux. A l'égard de ce qu'il dit qu'aux seigneuries temporelles, il y a plus de poids que de gloire, un vaillant empereur répondit aux sénateurs qui le prioient, pour son propre avantage, de vouloir déclarer que son fils régneroit après lui. « Eh quoi ! vous demandez » que je mette sur le col de mon fils, lequel est » franc léger, la charge d'un très-dur et pesant » fardeau plein d'embarras ! »

CHAP. XXXI, *où il est dit comment, pour le grand sens et la vertu du roi Charles, les princes de tous les pays desiroient son affection, son alliance et son affinité.*

Je remplirois bien des pages avec les sentences et les paroles notables que l'on pouvoit chaque jour entendre du sage dont nous parlons, ainsi que je l'ai appris de personnages graves, jadis ses serviteurs, et qui sont encore vivants; mais il faut

conclusion de mon œuvre, temps est de ce faire fin.

Si dis encore que, pour la grant renommée qui d'icelluy roy Charles par le monde couroit, parquoy, comme plusieurs princes de loingtain pays, comme le roy de Honguerie, qui maint beaulz arez et autres choses luy envoya; le roy d'Espaigne, d'Arragon et mains autres, désirassent son affinité, amour et aliances, par mariages ou aultrement, à son sang, filz et filles, si comme eust eu à femme, son filz Loys devant dit, la fille du roy de Honguerie, aisnée et héritiere du pere, si elle eust vescu, et sa tante, fille du roy Phelipe, son ayol, le roy d'Arragon.

Le roy de Chipre et autres mains roys, princes et seigneurs, parquoy plusieurs vindrent en France veoir sa sagece, noblece et estat, et plusieurs leur féaulx messagés y envoyerent; mesmement le souldan de Babiloine y envoya un de ses chevaliers, avec plusieurs riches et beaulx présens, et, en lui cuidant faire grant honneur comme au solemnel prince des Crestiens; lui manda, « que, pour le bien et renommée qu'il » avoit entendu de son sens et vertus, se il vou- » loit aler en son pays avec lui demourer, il le » feroit tout gouverneur de ses provinces et ter- » res, et maistre de sa chevalerie, et lui don- » roit royaume plus grant et plus riche trois » foiz que cellui de France, et tendroit telle loy » comme il luy plairoit. » Et que nul mescroye ceste chose, certainement je l'afferme pour vray; car, lorsque j'estoye enfent, je vi le chevalier sarrazin, richement et estrangement vestus, et estoit notoire la cause de sa venue. Dont le sage Roy, prudent en toutes choses, et qui, avec toutes nacions et diversitez de gens de bien, se savoit avoir, et les honnorer selon leur estas, considérant le bon vouloir du souldan, qui, pour ce, si loing avoit envoyé son messagé, receupt ledit chevalier et ses présens à grant honneur, et luy et ses gens moult festoya et honora, et son drucheman, par qui entendoit ce qu'il disoit; et, merciant le souldan, lui renvoya de beaulx présens des choses de par deça; toiles de Rains escarlates, dont n'ont nulles par delà et grant feste en font, donna largement aux messagés, s'offry à faire toutes choses loisibles qu'il pourroit pour le souldan.

Chap. XXXII : *Ci dit comment le roy Charles avoit propres gens instruis en honneurs et noblece, pour recepvoir tous estrangiers.*

Ainssi ce Roy auctorisié par le monde, comme digne il en estoit, bien savoit recepvoir grans,

passer à une autre matière et à la conclusion de mon œuvre : finissons sur ce sujet.

Je dois dire quelque chose de la renommée brillante qui couroit par le monde au sujet du roi Charles, et qui attiroit sur lui l'attention des princes des pays lointains. Le roi de Hongrie lui envoya plusieurs arcs magnifiques et d'autres présents. Les rois d'Espagne, d'Aragon et quelques autres, desiroient son affinité, son affection, son alliance par des mariages avec ses fils et ses filles, et par d'autres traités. Son fils Louis, dont nous avons parlé, eut pour femme la fille aînée du roi de Hongrie, héritière de son père, si elle eût vécu; et la tante de celle-ci, fille de Philippe, roi d'Aragon et son aïeul.

Le roi de Chypre et divers rois, princes et seigneurs, desireux d'être témoins de la sagesse et de l'éclat de sa maison, vinrent en France; d'autres y envoyèrent leurs féaux messagers. Le soudan de Babylone y envoya un de ses chevaliers, avec de riches et nombreux présents. Croyant lui faire un grand honneur, comme au premier des princes chrétiens, il lui manda qu'en raison de ce qu'il avoit appris du savoir et des vertus du roi Charles, si ce prince vouloit venir et demeurer dans ses états, il le feroit gouverneur suprême de ses provinces et de ses terres, et maître de ses armées, lui donneroit un royaume plus grand et plus riche trois fois que celui de France, et se gouverneroit d'après les lois qu'il plairoit à Charles d'indiquer. Que l'on n'élève point de doute sur ce fait, je le donne pour certain. J'ai vu, lorsque j'étois enfant, le chevalier sarrazin dans son riche et bizarre costume : la cause de sa venue étoit alors notoire. Ce sage roi, prudent en toutes choses, et qui savoit comment se comporter avec les gens de bien de toutes les nations, et les honorer selon leur importance, considérant le bon vouloir du soudan, qui lui avoit envoyé de si loin son messager, fit un accueil honorable au chevalier et à ses présents, il le festoya et le combla de distinctions, lui et tous les siens, ainsi que le truchement, par le secours duquel il entendoit ce que disoit le Sarrazin. Il remercia le soudan, lui envoya de beaux présents des produits de nos contrées, et donna largement aux envoyés des toiles de Reims écarlates, dont ils manquent en leur pays, et qu'ils estiment fort. Il s'offrit enfin de faire, parmi les choses loisibles, tout ce qu'il pourroit pour le service du soudan.

Chap. XXXII, *où il est dit comment le roi Charles avoit des gens spécialement instruits dans les honneurs et courtoisies pour recevoir les étrangers.*

Or, ce roi accrédité dans le monde, comme il étoit digne de l'être, savoit recevoir d'une façon

moyens et petis. Quant nobles princes venoyent ainssi vers luy, ou leur messagés, convenoit qu'ilz dinassent avec lui, et, selon qu'ilz estoyent notables, séoyent a sa table. Et à ses disners, quant hauls princes y estoyent et mesmement aux festes solemnées, l'assiete des tables, l'ordonnance, les nobles paremens d'or et de soye ouvrez de haulte lice, que tendus estoyent par ces paroitz et ses riches chambres, de velous brodées de grosses perles d'or et de soye, de pluseurs estranges devises, les aornemens de partout, ces draps d'or tendus, pavillons et cieulx sus ces haulx dois et chayeres couvertes, la vaissel d'or et d'argent grant et pesant de toutes façons en quoy l'en estoit servi par ces tables, les grant drecouers couvers de flacons d'or, couppes et goubellés et autre vaisselle d'or à pierrerie, ces beaulx entremés, vins, viandes délicieuses et à grant planté et à court plainiere, à toutes gens, certes pontifical chose estoit à veoir; et tant y estoit l'ordonnance belle que, nonobstant y eust grant quantité de gent, si y estoit remédié que la presse ne nuisoit. Et, quant yceulx princes ou estrangiers vouloit bien honorer, les faisoit mener devers la Royne et ses enfens, où ne trouvoyent pas moins d'ordonnance : et puis, à Saint Denis ; là leur faisoit monstrer les reliques, le trésor et les richecés

qui là sont, les riches chasubles, aornemens d'otelz. Les beaulx paremens et habis en quoy les roys sont sacrez, dont il en feist faire de tous neufs, et les plus riches qui onques eussent esté veus qu'on sache; tous les abis ouvrez à fines et grosses perles, et mesmement les soulers; ouvrir les riches armoires ou de joyaulx de grant valour a à merveilles, où est la riche couronne du sacre, qu'il fist faire, en laquelle a un gros balez au bout, du prix de trente mille frans, et d'autre pierrerie moult fine, et vault la couronne moult d'avoir ; et les autres estranges choses qui y sont, de moult grant richece.

Pour maintenir sa Court en tel honneur le Roy avoit avec luy barons de son sang, et autres chevaliers duis et apris entoutes honneurs, si comme son cousin le conte d'Estampes, qui bel seigneur estoit, honorable, joyeux, bien parlant et bien festoyant et de gracieux accueil à toute gent, aucune foiz, en certaines places et assietes, représentoit la personne du Roy et moult estoit de bel parement à celle Court. D'autres aussi y avoit : et aussi messire Burel de la Riviere, beau chevalier et qui certes trés gracieusement, largement et joyeusement savoit accueillir ceulx que le Roy vouloit festoyer et honorer, faire liement et à grant honneur les messages que le Roy mandoit par luy à yceulx es-

◇◇◇

convenable les grands, les moyens et les petits. Lorsque de nobles princes venoient ainsi le voir, ou bien leurs envoyés, il les convioit à dîner avec lui, et, selon leur rang, les faisoit asseoir à sa table. Aux fêtes solennelles, ou lorsque de grands princes assistoient à ces dîners, c'étoit une merveille de voir le service et l'ordonnance des tables; les beaux ornements d'or et de soie, travaillés en haute lice, tendus sur les parois de ces chambres magnifiques; les velours brodés de grosses perles de soie et d'or; les devises singulières, les ornements prodigués, les tentes de drap d'or, les pavillons, les ciels, les hauts dais sur les chaises; la vaisselle d'argent et d'or, large, massive, et de formes variées dont les tables étoient couvertes ; les vastes buffets garnis de flacons d'or, de coupes, de gobelets d'or, ornés de pierreries; les beaux intermèdes; les vins, les viandes délicieuses, à profusion et à cour plénière, et pour toutes gens. L'ordre qui régnoit dans ces fêtes étoit si merveilleux, malgré l'affluence considérable des invités, les mesures y étoient si bien prises, que la presse jamais n'y causoit de confusion. Quand il vouloit honorer les princes et les étrangers, il les faisoit conduire vers la reine et ses enfants, où il n'y avoit pas un ordre moins parfait ; puis à Saint-Denis, où on leur montroit les reliques, le trésor et les richesses qui y sont conservés, les riches chasubles et les ornements d'autel; les parures et

les habits précieux que les rois portent lorsqu'ils se font sacrer. Il en fit faire de neufs et les plus riches de ceux que l'on avoit encore vus. Ces habits étoient ornés de grosses et fines perles, de même que les souliers. Il faisoit ouvrir les riches armoires qui contiennent de précieux joyaux d'une si grande valeur ; des objets rares d'un si grand prix; où est la couronne du sacre que luimême fit faire, et qui coûta de si grandes sommes. Elle est surmontée, entre autres pierres fines, d'un gros rubis-balais qui vaut trente mille francs.

Pour maintenir sa cour en tel honneur, le roi avoit avec lui les princes de son sang et autres chevaliers façonnés et experts en toutes courtoisies : son cousin, le comte d'Etampes, beau seigneur, honorable et jovial, d'une parole facile, d'un commerce agréable et d'un accueil gracieux pour toutes gens. Quelquefois, en de certaines occasions et en de certains lieux, il représentoit la personne du roi : c'étoit l'un des plus brillants ornements de cette cour. Il y en avoit d'autres cependant, et surtout messire Burel de la Riviere, beau chevalier, qui savoit certes accueillir d'une façon généreuse, aimable et enjouée, ceux que le roi vouloit fêter et honorer; il remplissoit d'une manière gracieuse et courtoise les messages que le roi Charles transmettoit par lui à ses visiteurs étrangers; il les alloit souvent voir

trangiers, les aler souvent veoir et visiter en leur logis, leur dire de gracieux et beauls motz, et que le Roy les saluoit et leur mandoit que ilz feissent bonne chiere et n'espargnassent riens, et telz gracieuses parolles ; et quant venoit à leur présenter dons de par le Roy, ne failloit mie à dire ces courtoises et honnorables parolles bien assises, à chascun, selon son gré ; car toute l'onneur qu'il convient à bel recep de gens il savoit, et à ceuls il donnoit souppers et disners en son hostel bel à devis et richement adorné ; là estoit sa femme, belle, bonne et gracieuse, qui pas ne savoit moins d'onneur et courtoisement les recepvoit ; là estoyent les femmes d'estat de Paris mandées, dencié, chanté et fait joyeuse chiere ; y avoit, pour l'onneur et la révérance du Roy, tant, que tous estrangiers du Roy et de luy se louoyent.

Chap. XXXIII : *Comment l'Empereur de Romme escripst au roy Charles, qu'il le vouloit venir veoir.*

Qu'il soit ainssi, que tous les princes longtains et prochains desirassent veoir la personne du roy Charles, avint, en l'an 1377, que l'empereur de Romme, Charles, le quart de ce nom, lui escripst de sa main, qu'il le vouloit venir veoir ; de laquelle chose le Roy fu moult joyeulx et en toutes manieres se pourpensa comment, selon sa dignité le pourroit honnorer et festoyer ; et quant il sceut le temps, tantost envoya à Reins, jusques à Mouson et à l'entrée de son royaume, par où l'Empereur debvoit venir, le conte de Salebruche, de Braine, ses conseillers, le seigneur de la Riviere dessusdit son premier chambellan, et pluseurs autres chevaliers et gens d'onneur, pour aler à l'encontre et le recepvoir à l'entrée du royaume honnorablement ; mais, nonobstant que le Roy eust esté informez, que par là vendroit, n'i vint mie, pour certaine cause ; et quant le Roy sceut qu'il vendroit par Bréban et Heinau, envoya à Cambray le seigneur de Coucy, de Salebruce, de Braine, de la Riviere, et grant foison de nobles gens, jusques à bien trois cens chevaulx, moult bien abilliez et vestus des livrées des seigneurs ; et fu, le mardi devant Noel, vingt-deuxieme jour de décembre, que, au devant alerent jusques delà Cambray ; là, lui firent la révérance et distrent que le Roy le saluoit et moult avoit joye de sa venue et désir de le veoir ; et il, en merciant le Roi, les receupt moult graciensement et mercia de leur venue. Au devant luy alerent l'evesque de Cambray et les bourgoiz à bien deux cens chevaulx, et le commun et arbalestriers de la

Chap. xxxiii : *Comment l'empereur de Rome écrivit au roi Charles qu'il le vouloit venir voir.*

Les princes des pays lointains ou proches, desirant voir la personne du roi Charles, il advint, en l'an 1377, que l'empereur de Rome, Charles, quatrième du nom, lui écrivit de sa main qu'il le vouloit venir voir. Le roi fut on ne peut plus joyeux de cette nouvelle, et se mit à rechercher en toutes manières comment il pourroit le festoyer et l'honorer selon son rang. Lorsqu'il sut l'époque de sa venue, il envoya aussitôt à Reims, jusques à Mousson, et à la frontière du royaume par où l'empereur devoit faire son entrée, les comtes de Saarbruck et de Braine, ses conseillers ; le seigneur de la Rivière, son premier chambellan, dont nous avons parlé déjà, et plusieurs autres chevaliers et personnes de marque. Ils devoient aller au-devant de lui pour le recevoir honorablement à l'entrée du royaume. Malgré les avis donnés au roi qu'il viendroit par cette route, il ne la prit point, pour des raisons particulières. Informé qu'il passoit par le Brabant et le Hainaut, le roi envoya à Cambray les seigneurs de Coucy, de Saarbruck, de Braine, de la Rivière et une grande quantité de gentilshommes à cheval, presqu'au nombre de trois cents, richement habillés, et portant les livrées de leurs seigneurs. Ce fut le mardi d'avant Noël, vingt-deuxième jour de décembre, qu'ils allèrent à sa rencontre jusqu'au-delà de Cambray. Arrivés là, ils lui firent la révérence et lui dirent que le roi le saluoit affectueusement, et étoit charmé de sa venue, desirant fort le voir. Et lui, tout en remerciant le roi, les accueillit d'une manière très-gracieuse, et leur rendit grâces pour leur courtoisie. L'archevêque de Cambray, trois cents bourgeois à cheval, le corps des arbalétriers de la

7.

ville, arrengiez d'une partie et d'autre, pour lui faire la révérance. Ainssi y entra l'Empereur et son filz, le roy de Bahaigne avec luy, et fu receup à procession de l'evesque et des collieges, et ala à pié jusques à l'esglise, puis en l'ostel dudit Evesque, où estoit ordonné son ostel, bien parez et bien ordonnez.

Aprés disné, manda querir les gens du Roy susdiz, publiquement leur dist, devant chascun, que, « combien qu'il eust sa dévocion de venir » à Saint Mor, venoit principaulement pour » veoir le Roy, la Royne et ses enfens, que il » plus désiroit veoir que créatures du monde, et » aprés ce que veu l'aroit et à luy parlé et baillé » son filz, le roy des Rommains, qu'il lui ame- » noit pour tout sien estre, la mort prendroit en » bon gré; car accompli aroit un de ses plus « grans désirs. »

A Cambray, qui est cité de l'empire, célébra la feste de Noël, et là, fist ses sérimonies impériaulx, selon l'usage, ce qu'il n'eust mie fait ou royaume de France, et, pour ce, y demoura et chanta, selon la coustume de son droit, la septiesme leçon, à matines, revestu de ses abis et aornemens impériaulx, selon l'usage.

Lendemain se parti; au giste vint à l'abbaye de Saint Martin, où disna lendemain et au giste vint à Saint Quentin; les gens du Roy du lieu et les citoyens luy alerent à l'encontre et honnorablement le receurent, disans, que bien fust venus en la ville du Roy, et grans présens luy firent de vins, viandes et tous vivres.

Puis, vint au giste à Han, et toujours l'accompaignerent les susdiz barons de par le Roy envoyez, et de ladicte ville et présens. A Noyon vint; au devant luy alerent l'Evesque, chapitre et bourgoiz à grant compaignie et lui firent la révérance et présens luy firent : deux jours y séjourna et visita l'abbaye de Saint Eloy et le corps saint. Le jeudi, trente-uniesme et derrein jour de décembre, vint au giste à Compiegne; a devant luy furent deux cens chevaulx des notables de la ville, qui le receurent, comme dit est.

Et tost aprés, le duc de Bourbon, frere de la Royne, le conte de Eu, cousin germain du Roy, les evesques de Paris et de Beaulvaiz, et pluseurs autres notables personnes, jusques au nombre de trois cens chevaulx et plus, vestus des robes dudit duc. La révérance luy fist le duc et les autres, et salut luy dirent de par le Roy, qui là pour le recepvoir les avoit envoyez, dont l'Empereur moult mercia le Roy et eulx. Le duc de Bourbon sémont les chevaliers et seigneurs de l'Empereur au souper avec luy, et l'Empereur, qui l'onneur que le Roy luy faisoit

◇◇◇

ville, rangés sur les côtés de la route, afin de le pouvoir saluer, allèrent au-devant de lui. C'est ainsi qu'y fit son entrée l'empereur avec son fils, le roi de Bohême. Il fut reçu en procession par l'évêque et les collèges, et se rendit à pied jusqu'à l'église, puis dans l'hôtel de l'évêque où l'on avoit disposé son logis avec convenance et richesse.

Après le dîner, il fit venir les gens du roi, dont nous avons parlé, et leur dit publiquement que bien « que sa dévotion l'eût appelé à Saint- » Maur, il venoit principalement pour voir le » roi, la reine et ses enfants, qu'ildesiroit con- » noître plus que toutes les créatures du monde; » que lorsqu'il auroit vu ce prince, lui auroit » parlé et remis son fils, le roi des Romains, « qu'il lui amenoit pour en faire son dévoué, la » mort le pourroit prendre, qu'il auroit accom- » pli un de ses plus grands desirs. »

A Cambray, qui est une ville de l'empire, il célébra la fête de Noël avec les cérémonies impériales, ce qu'il n'eût point osé faire dans le royaume de France : revêtu de ses habits et ornements impériaux, il chanta dans l'église, selon son droit et la coutume, la septième leçon à matines.

Le lendemain il partit, vint loger à l'abbaye de Saint Martin, où le surlendemain il dîna, puis il alla coucher à Saint-Quentin. Les gens du roi et les citoyens du lieu allèrent à sa rencontre et le reçurent honorablement, lui disant qu'il fût le bien-venu dans la ville du roi; ils lui firent de grands présents de vins, de viandes et de vivres de toute espèce.

Il vint ensuite loger à Ham, toujours accompagné des barons envoyés par le roi. Il reçut encore les présents de cette ville. Arrivé à Noyon, l'évêque, son chapitre et les bourgeois en grande compagnie allèrent le saluer et lui faire des présents. Il y passa deux jours, visita l'abbaye de Saint-Eloi et le corps du saint. Le jeudi, trente-unième et dernier jour de décembre, il vint loger à Compiègne. Deux cents des plus notables de la ville allèrent au-devant de lui à cheval et le reçurent de la manière accoutumée.

Bientôt après, le duc de Bourbon, frère de la reine, le comte d'Eu, cousin-germain du roi, les évêques de Paris et de Beauvais, et plusieurs autres notables personnes, à cheval au nombre de trois cents et plus, et vêtus de la livrée du duc, se présentèrent devant lui. Le duc et les autres le saluèrent au nom du roi qui les avoit envoyés là, dirent-ils, pour le recevoir. L'empereur remercia beaucoup le roi et ses envoyés. Le duc de Bourbon invita les seigneurs de la suite de l'empereur à souper avec lui. L'empereur, qui étoit fort sensible aux honneurs que le roi Charles lui faisoit, y envoya son fils, le roi de Bohême, et fit

avoit moult agréable, y envoya son filz, le roy de Bahaigna et luy manda, que s'il fust en point que il se peust aydier, car de nouvel une grant pointeur de son mal de gouttes lui estoit prise, que il, en sa personne, fust venus soupper avec luy ; si ot moult bel soupper, large et honnorable et joyeux, si comme le sage et gracieux duc de Bourbon bien le sceust faire, et y furent les dames de la ville et d'environ.

Lendemain, qui fu vendredi primier jour de jenvier, vint au giste à Sanlis ; audevant luy alerent le baillif de ladicte ville, les bourgois et officiers, disant que bien fust venus en la ville du Roy.

CHAP. XXXIV : *Ci dist comment le roy Charles envoya ses freres au devant de l'Empereur.*

Tost aprés, vindrent, de par le Roy, ses freres les ducs de Berry et de Bourgongne, le conte de Harecourt, l'arcevesque de Sens et l'evesque de Laon à grant compaignie de gentilzhommes et gens d'onneur, vestus de livrées des seigneurs, les chevaliers de veloux, les escuyers de drap de soye, et bien furent cinq cens chevaulx. Le duc de Berry dist à l'Empereur, que le Roy le saluoit, et que envoyez les avoit pour lui honorer et compaignier, dont l'Empereur rendi moult grant mercis ; et par toutes bonnes villes où il passoit lui estoyent dons présentez.

Quant vint à Louvres, derechief luy fu le duc de Bar en l'encontre, que le Roy y ot envoyé. Lendemain, qui fu le dimanche, tiers jour de jenvier, se parti de Louvres ; et, pour ce que le sage Roy sçot qu'il ne pot chevauchier, luy envoya un de ses curres moult nôblement aorné et atelé de quatre beauls mulés blancs, et de deux courciers, et une moult noble et riche des littieres de la Royne ; de quoy l'Empereur fu moult joyeux, pour ce que trop lui grévoit le chevauchier, et moult pria pour le Roy et le mercia en son absence, et en ladicte littiere vint jusques à Saint Denis ; là, luy furent à l'encontre les arcevesques de Rains, de Roen et Sens, et les evesques de Laon ; Beaulvaiz, Paris, Noyon, Lisieux, Bayeux, Miaulx, Evreux, Touraine, et autres assez, et abbez maint, et tous furent du conseil du Roy ; li firent la révérance, et il les receupt à grant honneur ; et ainssi entra à Saint Denis, ouquel moustier falu porter à bras la litiere, pour ce qu'à pié ne povoit aler ; devant le grant autel Saint Louys se fist ainssi porter ; ses oroisons faictes, fu portez jusques dedens sa chambre, et là lui fu présenté, de par l'abé, de grans poissons et quantité de touttes viandes, et tous ses vins luy furent abandonnez.

⬦⬦⬦

dire au duc que s'il l'avoit pu, il seroit venu de sa personne souper avec lui, mais qu'une soudaine atteinte de goutte, à quoi il étoit sujet, l'en avoit empêché. Le souper fut magnifique, abondant, splendide et joyeux, tel enfin que le sage et gracieux duc de Bourbon le savoit faire : les dames de la ville et des environs y furent invitées.

Le lendemain, vendredi, premier jour de janvier, l'empereur logea à Senlis. Le bailli, les bourgeois et les officiers allèrent au-devant de lui et lui dirent qu'il étoit le bien-venu dans la ville du roi.

CHAP. XXXIV, *où il est dit comment le roi Charles envoya ses frères au-devant de l'empereur.*

Bientôt après vinrent, de la part du roi, ses frères les ducs de Berry et de Bourgogne ; le comte d'Harcourt, l'archevêque de Sens et l'évêque de Laon, en grande compagnie de gentilshommes et de gens de distinction, à cheval, au nombre de cinq cents et vêtus des livrées de leurs seigneurs : les chevaliers en velours, les écuyers en drap de soie. Le duc de Berry dist à l'empereur que le roi le saluoit, et qu'il les avoit envoyés pour lui faire honneur et lui tenir compagnie : l'empereur lui en rendit beaucoup d'actions de grâces. Dans toutes les bonnes villes où il passoit, on lui offroit des présents.

Lorsqu'il fut arrivé à Louvres, le duc de Bar fut de nouveau envoyé à sa rencontre par le roi. Le lendemain, qui étoit un dimanche et le troisième jour de janvier, il partit de Louvres. Le roi, sachant qu'il ne pouvoit monter à cheval, lui envoya un de ses chars richement orné, attelé de quatre belles mules blanches et de deux coursiers, avec une des plus élégantes et des plus riches litières de la reine. L'empereur fut très-satisfait de cette attention, car il lui étoit pénible de monter à cheval. Il pria beaucoup pour le roi, et le remercia quoique absent. Il vint dans cette litière jusques à Saint-Denis. Les archevêques de Reins, de Rouen et de Sens ; les évêques de Laon, de Beauvais, de Paris, de Noyon, de Lisieux, de Bayeux, de Meaux, d'Evreux, de Tours et d'autres encore, et maints abbés, tous du conseil du roi, y vinrent à sa rencontre et lui firent la révérence. Il les reçut avec de grandes marques d'honneur. C'est ainsi qu'il entra à Saint-Denis. Il fallut porter à bras sa litière dans le moutier, parce qu'il ne pouvoit aller à pied. Il se fit mener de la sorte devant le grand autel de Saint-Louis. Après qu'il y eut fait ses oraisons, on le porta dans sa chambre où on lui offrit, de la part de l'abbé, de grands poissons, des viandes en abon-

Aprés qu'il se fu une piece reposez, il se fist derechief porter en l'esglise de léans, et se fist porter ou trésor, en une chayere, et vid les reliques et joyaulx et moult y prist grant plaisance.

Chap. XXXV : *Ci dit comment l'Empereur se parti de Saint Denis pour venir à Paris, et les beaulx chevaulx que le Roy lui envoya.*

Le lundi ensuivant, quart jour de jenvier, pour ce que entrer debvoit à Paris, se fist l'Empereur, en ladicte esglise de Saint Denis porter devant les corps sains et se fist porter tout entour les chaces et baisa les reliques, le chief, le clou et la couronne. Quant ses dévocions ot faictes, demanda à veoir les sépultures des roys, et par espécial, du roy Charles et de la royne Jehanne, sa femme, du roy Phelippe et de la royne Jehanne, sa femme, ésquelz cours, ce disoit-il, avoit esté nourris en sa jeunece et que moult de bien lui avoyent fait; aussi volt veoir le sépulcre du roy Jehan; l'abbé et le couvent pria affectueusement que, en présent, deissent à Dieu recomandacions des ames de ces bons seigneurs et dames qui là gisoyent; laquelle chose fu faicte. Aprés, quant en sa chambre fu venus, vint en la court, devant ses fenestres, le signeur de la Riviere, et Colart de Tanques, escuyer de corps, et, de par le Roy, luy présenterent un bel destrier et un courcier moult richement ensellez et à moult bel harnois aux armes de France, dont il mercia le Roy grandement et dist qu'il monteroit dessus à entrer à Paris. Se parti de Saint Denis et vint en littiere jusques à la Chapelle, car grief luy estoit le chevauchier. Audevant lui alerent le prevost de Paris et celluy des Marchans, les eschevins, les bourgois, tous vestus de livrée, en bel arroy et bien montez, jusques environs, que d'eulx que des officiers du Roy, quatre mille chevaulx; le prévost de Paris, faisant la révérance, dist : « Nous, les officiers du Roy, à Paris, le prévost » des Marchans et les bourgoiz de sa bonne ville, » vous venons faire la révérance et nous offrir à » faire voz bons plaisirs; car, ainssi le veult le » Roy, nostre seigneur, et le nous a commandé; » et l'Empereur en mercia le Roy et eulx moult gracieusement.

A la Chappelle, descendi l'Empereur, et fu montez sur le destrier que le Roy lui ot envoyé, lequel estoit morel, et semblablement fu montez son filz; et ne fu mie sanz avis envoyé de celluy poil; car les empereurs, de leur droit, quant ilz entrent és bonnes villes de leur seigneu-

---

dance et de plusieurs espèces, et tous ses vins.

Après s'être un peu reposé, il se fit de rechef porter dans une chaise à l'église de l'abbaye, puis au trésor; visita les reliques et les joyaux, à quoi il prit grand plaisir.

Chap. xxxv, *où il est dit comment l'empereur partit de Saint-Denis pour venir à Paris, et les beaux chevaux que le roi lui envoya.*

Le lundi qui suivit, quatrième jour de janvier, l'empereur, devant faire son entrée à Paris, se fit porter dans l'église de Saint-Denis auprès des corps des saints et tout autour des châsses; il baisa les reliques, le chef, le clou et la couronne. Quand il eut fait ses dévotions, il demanda à voir la sépulture des rois et surtout du roi Charles et de la reine Jeanne sa femme; du roi Philippe et de la reine Jeanne, sa femme aussi, à la cour desquels il avoit été, disoit-il, nourri dans sa jeunesse et comblé de bienfaits. Il voulut voir en outre la sépulture du roi Jean. Il pria affectueusement l'abbé et ses moines de faire à Dieu, en sa présence, la recommandation des âmes des bons seigneurs et des dames qui étoient là gisants. Son desir fut satisfait. Lorsqu'il fut dans sa chambre, le seigneur de la Rivière et Colart de Tauques, écuyer de corps, vinrent dans la cour et sous ses fenêtres lui présenter, de la part du roi, un beau destrier et un coursier, pourvus de riches selles et de magnifiques harnois aux armes de France; il en remercia grandement le roi, et dit qu'il les monteroit pour entrer à Paris. Il partit de Saint-Denis et vint en litière jusqu'à La Chapelle, car il avoit peine à aller à cheval. Le prévôt de Paris et celui des marchands, les échevins, les bourgeois, tous vêtus de livrées, en belle ordonnance et bien montés, formant avec les officiers du roi une troupe d'environ quatre mille cavaliers, vinrent au-devant de lui. Le prévôt de Paris, faisant la révérance, lui dit : « Nous, les officiers du roi à » Paris, le prévôt des marchands et les bourgeois » de sa bonne ville, venons vous faire la révé- » rence et nous offrir à faire ce qui sera de votre » bon plaisir; car ainsi le veut et nous l'a com- » mandé le roi notre seigneur. » L'empereur remercia très-gracieusement le roi et ceux qui lui parloient en son nom.

Il descendit à la chapelle, et monta sur le destrier dont le roi lui avoit fait présent, et qui étoit bai-brun foncé : son fils monta également à cheval. Ce n'étoit pas sans intention qu'on lui avoit envoyé un cheval de ce poil; car en vertu de leur droit, et lorsqu'ils entrent dans les bonnes villes de leurs domaines, les empereurs ont accoutumé d'être montés sur des chevaux blancs. Le roi ne voulut pas qu'il en usât ainsi dans son royaume,

rie, ont accoustumé estre sus chevaulx blancs; si ne voult le Roy qu'en son royaume le feist, affin qu'il n'y peust estre noté aucun signe de dominacion.

CHAP. XXXVI : *Ci dit comment le roy Charles ala audevant de l'Empereur.*

Adont, de son pallais parti le Roy, monté sur un grant palefroy blanc, aux armes de France, richement abillié; estoit vestu le Roy d'un grant mantel d'escarlate, fourré d'ermines; sur sa teste avoit un chapel royal à bec trés richement couvert de perles. Quatre ducs estoyent avec luy; c'est assavoir Berry, Bourgongne, Bourbon et Bar. Le comte d'Eu, Boulongne, Coucy, Salebruce, Tanquerville, Sancerre, de Danmartin, de Porcien, Grantpré, de Saumes, de Braine, et d'autres barons et chevaliers sanz exstimacion et gentilzhommes sanz compte, et tous les prelas dessusdiz, vestus en chappes rommaines, et leur gens de leur livrée; aussi tous les gens du Roi, en leur offices, vestus de livrée; et les princes et seigneurs, aussi les leur, moult richement, en bel arroy et grandement montez.

Ainssi le Roy, accompagnié de si grant multitude de gent que merveilles estoit, ala vers Saint Denis; et au passer de la porte, ne aucun destroit, estoit l'ordonnance si bien faicte que nulle presse n'i faisoit grief. Devant aloyent sergens d'armes, arbalestriers, puis chevaliers et escuyers : devant le Roy, estoit le mareschal de Blainville et deux escuyers de corps qui avoyent chascun un espée en escharpe et les chapeaulx de parement; et sanz moyen estoit devant luy le filz au roy de Navarre; le conte de Harecourt et cellui de Tanquerville; et aprés luy les quatre ducs dessus nommez et autres princes et barons et les prelas dessudiz venoyent par ordonnance, deux à deux. Environ le Roy, tout à pié, estoyent ses huissiers d'armes vestus de drap de soye, tout une livrée, leur vergetes en leur mains; en maniere que le Roy n'estoit approchiez de nulz des autres chevaulx de plus de deux toises. Aprés les prelas et leur route venoyent les grands destriers de parement du Roy, menez en destre, ensellez moult richement de veloux à brodeures de perles; les varlés qui les menoyent vestus tout un, en escharpes, les paremens de France à la maniere accoustumée; le palefrenier monté un hault courcier, devant le Roy, avoit le parement en escharpe de veloux brodé de fleurdeliz de perles; les trompetes du Roy, à trompes d'argent à panonceaulx brodez, devant aloyent qui, pour faire les gens avancier, par foiz trompoyent.

Ainssi, jusques à my voye de la Chapelle, chevaucha le Roy, tant que luy et l'Empereur s'entrencontrerent, et, pour la presse, grant

<><><>

desirant qu'on ne put remarquer dans l'extérieur de ce prince aucun signe de domination.

CHAP. XXXVI, *où il est dit comment le roi Charles alla au-devant de l'empereur.*

Le roi partit de son palais monté sur un grand palefroi blanc, décoré des armes de France et richement ajusté. Il portoit un long manteau d'écarlate fourré d'hermine; il avoit sur la tête un chapeau royal, à bec orné de perles. Avec lui étoient les quatre ducs de Berry, de Bourgogne, de Bourbon et de Bar; les comtes d'Eu, de Boulogne, de Coucy, de Saarbruck, de Tancarville, de Sancerre, de Danmartin, de Porcien, de Grantpré, de Salm, de Braine, et un si grand nombre de barons, de chevaliers et de gentilshommes qu'on n'eût pu les compter; tous les prélats que nous avons nommés, couverts de chappes romaines et suivis des gens de leur livrée; tous les gens du roi avec la livrée de leur office; les princes et les seigneurs ayant les leurs aussi; vêtus et montés richement, et marchant dans le plus bel ordre.

Le roi, accompagné d'un si grand nombre de gens que c'étoit merveille à voir, s'avança de la sorte vers Saint-Denis. Au passage de la porte et dans les lieux étroits, l'ordre étoit si bien réglé que nulle part la presse ne causa d'accidents. En tête marchoient les sergents d'armes, les arbalètriers, puis les chevaliers et les écuyers. Devant le roi étoient le maréchal de Blainville et deux écuyers de corps, l'épée en écharpe, et portant les chapeaux de parade. Immédiatement après lui étoient le fils du roi de Navarre, les comtes d'Harcourt et de Tancarville; après lui, les quatre ducs ci-dessus désignés, et les princes, barons et prélats qui venoient en ordre et deux à deux. Autour du roi, et à pied, étoient ses huissiers d'armes, vêtus de drap de soie et d'une même livrée, tenant en main leurs baguettes, de façon qu'aucun cheval n'approchoit le roi de plus près qu'à deux toises. Après les prélats et leur cortége venoient les grands destriers du roi, tenus en main, couverts de selles élégantes en velours brodé de perles. En avant les trompettes du roi, pourvus de trompes d'argent à banderolles armoriées, sonnoient par intervalles pour accélérer la marche du cortége.

Le roi s'avança ainsi jusqu'à moitié chemin de La Chapelle, où l'empereur et lui se rencontrèrent. La foule étoit si grande qu'ils furent longtemps avant de pouvoir s'approcher. Quand ils furent près l'un de l'autre, l'empereur ôta sa bar-

piece fu ains que ilz approchassent. Quant vint à l'approchier, l'Empereur osta sa barrete, et aussi le Roy, et touchierent l'un à l'autre, et luy dist le Roy « Que trés bien fust-il venus, » et aussi à son filz; et chevaucha le Roy, ou mislieu des deux, tout le chemin ouquel la sage ordonnance du Roy avoit pourveu à l'encombre de celle presse, en telle maniere : car, tout premierement, il fist ordonner, que ceulx de la ville, pour ce que trop grant quantité estoyent, demourassent dehors, tant qu'il fust entrez à Paris.

Item, avoit fait crier, le jour devant, que nul ne fust si hardi d'encombrer les rues par où devoyent passer, et ne se bougeast le peuple des places que prises avoyent pour les veoir passer; et, pour garder que ainssi fust faict, furent mis sergens par les rues qui gardoyent le peuple d'eulx bougier de leur places tant qu'ilz fussent passez. A l'entrée de Paris, descendirent à pié trente sergens d'armes, à tout leur maces d'argent et leur espées en escharpes, bien garnies et ouvrées; pristrent le travers de la rue; et comme l'Empereur eust fait dire au Roy « que trés qu'il seroit à Paris, il » ne vouloit estre servi ne mes des gens du » Roy, en laquel garde il se mectoit, » le Roy luy octroya, et, pour ce, ces dits sergens, pour luy faire honneur et garder de la presse, es-

toyent environ luy. Le Roy fist convoyer devant, par le seigneur de Coucy, les gens de l'Empereur, et mener au pallais; et, pour la garde et servise du corps de l'Empereur, avoit le Roy ordonné six de ses chambellans et quatre de ses huissiers d'armes, c'est assavoir, le seigneur de la Riviere, messire Charles de Poitiers, messire Guillaume Des Bordes, messire Hutin de Vermelles, messire Jehan de Berguetes, et ne sçay quel autre; et quatre pour le roy des Rommains, et deux huissiers d'armes : lesquelz chevaliers et huissiers descendirent à l'entrer à Paris, tous à pié, et à la garde qui commise leur estoit se ordonnerent en moult belle ordonnance.

Chap. XXXVII : *Ci dit la belle ordonnance et grant magnificence qui fu à l'entrée de Paris, à la venue de l'Empereur.*

Derechief, encore amenda l'ordonnance, à l'entrée de la ville; car, après les gens de l'Empereur que le seigneur de Coucy menoit devant, venoit la flote des chevaliers et gentilzhommes de France, dont tant en y avoit et en si bel arroy et monteure que grant noblece estoit à veoir.

Aprés, estoit le chancelier de France et les laiz conseillers du Roy; puis estoyent de front,

---

rette et le roi aussi; ils se prirent mutuellement la main, puis le roi dit à l'empereur, « qu'il fût » le bien-venu, de même que son fils. » Il se mit ensuite au milieu d'eux et chevaucha ainsi tout le long de la route. Une sage ordonnance avoit prévenu l'encombrement de la foule. On avoit d'abord ordonné que les gens de la ville, vu le grand nombre qu'ils étoient, demourassent dehors, jusqu'à ce que le cortège fût entré dans Paris.

La veille on avoit fait crier que nul ne fût si hardi que d'encombrer les rues par où le roi devoit passer, et que les habitants ne bougeassent point des places qu'ils auroient prises pour voir défiler sa suite. Pour faire exécuter cet ordre, on mit dans les rues des sergents qui ne permettoient à personne de quitter sa place avant que le cortége fût passé. A l'entrée de Paris trente sergents d'armes mirent pied à terre et marchèrent sur un seul front en travers de la rue; tous avoient leurs masses d'argent et, en écharpe, des épées d'un beau travail et richement garnies. L'empereur ayant fait dire au roi qu'une fois à Paris il ne vouloit être servi que par les gens du roi de France, en la garde desquels il se mettoit entièrement, le roi applaudit à son desir et fit placer les sergents autour de lui pour lui faire honneur et le garder de la foule. Il fit ensuite marcher

devant, et conduire au palais, par le sieur de Coucy, tous les gens de l'empereur. Il avoit commandé pour la garde et le service de ce prince six de ses chambellans et quatre de ses huissiers d'armes, savoir : le seigneur de la Rivière, messire Charles de Poitiers, messire Guillaume Des Bordes, messire Hutin de Vermelles, messire Jean de Berguètes, et je ne sais quel autre; quatre pour le roi des Romains, et deux huissiers d'armes. Ces chevaliers et ces huissiers mirent pied à terre à l'entrée de Paris, et se rangèrent en bon ordre pour le service et la garde qui leur étoient confiés.

Chap. xxxvii, *où l'on parle de la magnificence et de l'ordre parfait qui régnèrent à Paris à l'arrivée de l'empereur.*

A l'entrée de la ville, l'ordonnance de la marche fut de nouveau réglée. Derrière les gens de l'empereur, que le sieur de Coucy conduisoit en tête, venoit la foule des chevaliers et gentilshommes de France, si nombreux, en si bel ordre et montés sur de si beaux coursiers, que c'étoit un noble spectacle à voir.

Suivoient le chancelier de France et les conseillers laïques du roi; puis marchoient de front et à pied les portiers et les valets des portes, uni-

tout à pié, les portiers et varlés de porte, vestus tout un, bastons en leur mains ; aprés, venoit à cheval le prevost de Paris, puis celluy des Marchans ; aprés, le mareschal de Blainville ; aprés, plusieurs seigneurs, contes et barons ; et puis venoyent les escuyers du corps, comme dessus est dit ; et, au plus prés de l'Empereur et des deux rois, avoit une rengé de chevaliers à pié, bastons en leur mains, en tel maniere que nulz ne les povoit approchier ; aprés, venoyent les freres du Roy, et ou mislieu d'euls deux estoit le duc de Breban, frere de l'Empereur, et oncle du Roy et le leur ; aprés, venoit le liseur de l'Empereur, le duc de Saxonne, le duc de Bourbon, le duc de Bar, et autres ducs allemans : aprés ces barons, venoyent les gens d'armes du Roy à pié, qui, pour garde de son corps tout temps estoyent establis, tous armez, et, devant eulx, vingt-cinq arbalestriers, serrez ensemble et espées en leur mains, et gardoyent que la foule des gens dont trop quantité y avoit, ne venist sus les princes ; et aprés, venoit si grant quantité de toutes gens, ceulx de Paris et autres, que c'estoit une grant merveille ; mais, pour la belle et sage ordonnance, en peu de temps et sanz encombrier, fu l'Empereur et les Rois au palaiz ; dont maintes gent moult prisierent la prudence du Roy, qui avoit sceu mettre ordre en si grant quantité de gent, en tel maniere qu'il n'y avoit desroy de presse.

A la porte du palaiz furent faictes barrieres et à l'entrée des merceries et de la grant sale, et sergens d'armes pour les garder ; et fu ordonné que, à l'entrée de la porte du palaiz, nulz chevaulx ne s'arrestassent, ains passassent tout oultre ceulx qui là arriveroyent, et s'espandissent par les rues, affin que presse ne fust à l'entrée ; et ainssi fu fait : parquoy, quant l'Empereur et le Roy arriva, il n'entra mie en la court plus de cent chevaulx ; et tout à large y entrerent lesdits princes, et ainssi arriverent droit au perron de marbre, environ trois heures aprés midy ; et pour ce que aisément, pour cause de sa goutte, ne se povoit l'Empereur soustenir, le Roy fit estre preste sus ledit perron une chayere couverte de drap d'or ; et, là, fu porté entre bras par les susdits chevaliers qui en avoyent la garde, en ladicte chayere et assis.

CHAP. XXXVIII : *Ci dit comment le roi Charles receupt au palais l'Empereur.*

Si comme l'Empereur en la chayere séoit, le Roy à lui vint et lui dist : « Que bien fust-il » venus, et que onques prince plus voulentiers » n'avoit en son palais veu ; » adont le baisa,

⋄⋄⋄

formément vêtus et leurs bâtons en main. Après venoient à cheval le prévôt de Paris et celui des marchands ; le maréchal de Blainville, plusieurs seigneurs, comtes et barons ; puis les écuyers de corps, comme on l'a dit ci-dessus. Proche de l'empereur et des deux rois, il y avoit un rang de chevaliers à pied, tenant en main leurs bâtons, en telle manière que personne ne les pouvoit approcher. Venoient ensuite les frères du roi : au milieu d'eux étoit le duc de Brabant, frère de l'empereur et oncle du roi et le leur ; puis l'électeur de l'empire, le duc de Saxe, le duc de Bourbon, le duc de Bar et d'autres ducs allemands. A la suite de ces barons venoient à pied les gens d'armes du roi, armés et établis en permanence pour la garde de son corps ; devant eux vingt-cinq arbalêtriers marchoient serrés et l'épée en main, pour empêcher que la foule qui étoit immense ne refluât sur les princes. Le cortége étoit suivi d'une si grande quantité de gens de toute espèce, habitants de Paris et des alentours, que c'étoit merveille à voir. Telle étoit la sagesse des mesures que l'on avoit prises, qu'en peu de temps et sans le moindre encombre l'empereur et le roi furent rendus au palais. Généralement on vanta beaucoup la prudence du roi qui avoit su établir l'ordre dans une si grande foule, en telle façon qu'il n'y eût ni confusion ni presse.

On fit des barrières à la porte du palais et à l'entrée des merceries et de la grand'salle : des sergents d'armes y furent posés pour les garder. Il fut défendu que les chevaux s'arrêtassent à la porte du palais : tous ceux qui arrivoient là recevoient l'ordre de passer outre et de se disperser dans les rues, afin qu'il n'y eût pas d'encombrement à l'entrée. Cette mesure fut exécutée ponctuellement ; et lorsque l'empereur et le roi arrivèrent, il n'entra pas plus de cent chevaux dans la cour. Ces princes y pénétrèrent tout à l'aise, et descendirent vers le perron de marbre environ trois heures après midi. L'empereur ne pouvant, à cause de sa goutte, se soutenir aisément, le roi y avoit fait disposer d'avance une chaise couverte en drap d'or, dans laquelle les chevaliers de sa garde l'emportèrent sur leurs bras.

CHAP. XXXVIII, *où il est dit comment le roi Charles reçut l'empereur dans le palais.*

Tandis que l'empereur étoit dans la chaise, le roi s'approcha et lui dit « qu'il étoit le bien-venu, » et que jamais la présence d'aucun prince dans » son palais ne lui avoit causé autant de plaisir. » Puis il le baisa. L'empereur se découvrit entièrement, et le remercia ensuite. Le roi le fit alors transporter sur sa chaise jusqu'au haut des de-

et l'Empereur du tout se deffula et le mercia : lors, fist le Roy lever l'Empereur, à tout sa chayere, et, contremont les degrez porter en sa chambre, et aloit le Roy, d'un costé, et menoit le roy des Rommains, à sa senestre main; et ainssi le convoya en sa chambre de bois d'Irlande, qui regarde sus les jardins et vers la Saincte Chappelle, qu'il lui avoit fait richement appareillier; et toutes les autres chambres derriere laissa pour l'Empereur et son filz; et il fu logié és chambres et galatois que son pere le roy Jehan fist faire. Aprés que l'Empereur une piéce fu reposé, le Roy en sa chambre veoir l'ala, et, en le saluant, osta tout jus son chaperon, dont il pésa à l'Empereur, qui recouvrir le voult, et il dist : « Que il lui » montreroit sa coiffe, que encore n'avoit veue ;» car, est assavoir que, és anciennes guises, les roys portoyent déliées coiffes soubs leur chapperons. En une chayere fu assis, costé de l'Empereur et lui dist : « Beauls oncles, sachiez que » j'ay si grant joye de vostre venue que plus » ne puis, et vous pry que vous teniez qu'en » ce que j'ay vous avez comme ou vostre. » Adont, l'Empereur osta son chaperon, et le Roy aussi, et respondy : « Monseigneur, je vous » mercy des biens et honneurs que vous me » faictes, et je vous offre et veuil que certain » soyez que moy et mon filz que amené vous » ay, et mes autres enfens, et tout quan que » j'ay, sommes vostres, et prendre le povez » comme le vostre. » Desquelles parolles les oyans, qui présens estoyent, qui furent mains barons et autres, orent grant plaisir d'entr'eulx veoir si grant amour et bonne vouleuté : aprés maintes amoureuses parolles, le Roy se parti, et ordonna que, pour le travail qu'il avoit eu, souppast en sa chambre, à requoy, et il mena avec lui souper le roy des Rommainins, les ducs, princes et chevaliers de l'Empereur; et grant noble soupper y ot ; et telle fu l'assiete : l'evesque de Paris, primier ; le Roy, et puis le roy de Bahaigne ; le duc de Berry, le duc de Breban, le duc de Bourgongne, le duc de Bourbon, le duc de Bar ; et, pour ce que deux autres ducs n'estoyent chevaliers, mengierent à la seconde table, et compaignie leur tint le filz du roy de Navarre, messire Pierre; le conte d'Eu et pluseurs autres seigneurs : et est assavoir, que la grande sale du palais, la chambre de parlement, la chambre sur l'eaue, la chambre vert, et toutes les autres notables chambres du palaiz, la saincte chappelle, et celle d'emprés la chambre vert estoyent toutes trés richement ordonnées et parées, tant au palaiz, comme à Saint Pol, au chastel du Louvre, au bois de Vincenes, à Beauté ; esquels hostelz le Roy mena, tint et festoya l'Empereur. Aprés ce sou-

grés. Durant la marche il se tenoit d'un côté ; de l'autre et à gauche étoit le roi des Romains. On l'introduisit ainsi dans sa chambre qui donnoit sur les jardins du côté de la sainte chapelle. Le roi l'avoit fait richement pourvoir et revêtir de bois d'Irlande. Les autres chambres qui précédoient celle-ci furent laissées à la disposition de l'empereur et de son fils. Le roi se logea dans les chambres et galetas que le roi Jean son père avoit fait construire. Après que l'empereur se fût un peu reposé, le roi l'alla voir dans sa chambre et le salua, en ôtant tout-à-fait son chaperon, ce qui fit peine à l'empereur qui voulut le recouvrir; mais le roi lui dit : « Je vous montrerai ainsi ma coiffe » que vous n'avez point encore vue. » Or, il faut savoir que, selon la coutume de ces temps anciens, les rois portoient de fines coiffes sous leurs chaperons. Il se plaça ensuite dans une chaise à côté de l'empereur, et lui dit : « Mon cher oncle, » la joie que me cause votre arrivée est si grande » qu'il ne se pourroit davantage. Je vous prie de » regarder tout ce que je possède comme vous » appartenant. » Alors l'empereur répliqua : « Monseigneur, je vous remercie de la réception » et des honneurs que vous me faites ; je désire à » mon tour que vous soyez convaincu que moi et » mon fils que je vous amène, mes autres enfants, » enfin tout ce que je possède, nous sommes » vôtres. Je vous l'offre, et vous le pouvez pren- » dre comme chose qui vous appartient. » Les barons et tous ceux qui étoient présents entendant ces paroles, eurent un grand plaisir de voir entre ces deux princes tant d'affection et de bon vouloir. Après maintes paroles amicales le roi se retira. Il ordonna, vu la fatigue de l'empereur, qu'on lui servît à souper dans sa chambre. Il emmena souper avec lui le roi des Romains, les ducs, les princes et les chevaliers de l'empereur. Le repas fut noble et splendide, et ainsi ordonné : d'abord l'évêque de Paris, le roi ensuite, puis le roi de Bohême ; le duc de Berry, le duc de Brabant, le duc de Bourgogne, le duc de Bourbon et le duc de Bar. Les deux autres ducs n'étant pas chevaliers, mangèrent à la seconde table. Messire Pierre, fils du roi de Navarre, leur tint compagnie, ainsi que le comte d'Eu et plusieurs autres seigneurs. Il faut savoir que la grande salle du palais, la chambre sur l'eau, la chambre verte, et les autres principales chambres ; la sainte chapelle et celle qui est auprès de la chambre verte étoient fort richement disposées et décorées. Il en étoit ainsi, non-seulement au palais, mais à Saint-Paul, au château du Louvres, à celui de Vincennes et à Beauté, résidences où le roi conduisit tour à tour et festoya l'empereur. Après le souper, le vin et les épices,

per, vin et espices prises, se retrayrent le Roy et le filz de l'Empereur et les autres seigneurs, chascun en sa chambre; et ainssi se passa celle journée.

Chap. XXXIX : *Ci dit les présens que la ville de Paris fist à l'Empereur.*

Lendemain, le prevost des Marchans et les eschevins, à l'eure que l'Empereur disnoit, entrerent en la chambre, et de par le Roy, lui présenterent une nef, pesant neuf vingts et dis mars d'argent dorée et trés richement ouvrée, et deux grans flacons d'argent esmailliez et dorez, du poix de soixante-dix mars; et à son filz, une fonteine, moult bien ouvrée et dorée, du poids de quatre vingt et treize mars, avec deux grans poz dorés, de trente mars; dont l'Empereur grandement mercia la ville et eulx aussi.

Et, pour ce que le Roy n'estoit point alé, celle journée, devers l'Empereur, pour le laissier reposer, l'Empereur lui envoya dire et prier que, aprés relevée, il luy pleust qu'il parlast à luy; car aucunes choses lui vouloit dire, et menast son chancellier avecques lui. Le Roy menga en sale, avec grant foison de gens, et y fu le duc de Saxonne, l'évesque de Brusebec, le chancelier de l'Empereur, et tous ses barons, exepté son filz, qui à son pere tint compaignie, et tous les chevaliers et gens de l'Empereur aussi.

Aprés-disner, à l'eure dicte, ala privéement le Roy, son chancelier avec lui, devers l'Empereur; l'Empereur et le Roy, assis sur deux chayeres, firent tous vuidier de la chambre, fors leur deux chanceliers, et, bien l'espace de trois heures, parlerent ensemble; mais, de leur paroles, ne qu'ilz ordonnerent, ne scet-on riens, fors que, en la fin de leur parlers, apellerent leur chanceliers, et à euls deviserent; et puis se parti le Roy : et cellui jour estoit la veille de la Tiphaine; si ala le Roy oyr vespres en la saincte chapelle, où avoit deux oratoires tendus : un à destre, pour le Roy; l'autre à senestre, pour le filz de l'Empereur; et fist le service l'arcevesque de Reins. Les nobles reliques, joyaulx, aornemens d'autelz, luminaire et toutes richeces qui là estoyent, estoit merveilles à veoir; et tant y ot barons et chevaliers que tous ne povoyent en la saincte chapelle. Grant soupper tint le Roy, celle vueille des roys, où tant avoit de nobleces que ce n'estoit se merveilles non, et le luminaire des cierges pendus, et torches que varlés, vestus d'un drap, tenoyent, que aussi cler y faisoit comme de jour. L'assiete fu, à primier, l'evesque de Paris, l'evesque de Brusebec, conseillier de

---

le roi, le fils de l'empereur et les autres seigneurs se retirèrent chacun dans son logis. C'est ainsi que se passa cette première journée.

Chap. xxxix, *où l'on dit les présents que la ville de Paris fit à l'empereur.*

Le lendemain, pendant que l'empereur dînoit, le prévôt des marchands et les échevins entrèrent dans sa chambre et lui présentèrent, par ordre du roi, une nef d'argent du poids de cent-quatre-vingt-dix marcs, dorée et fort richement ouvragée; deux grands flacons d'argent émaillés et dorés; pesant soixante-dix marcs; et, à son fils, une fontaine artistement travaillée, dorée aussi et du poids de quatre-vingt et treize marcs; avec deux grands vases dorés, de trente marcs. L'empereur remercia grandement la ville et ses magistrats.

Le roi, pour laisser reposer l'empereur, ne l'étant point allé voir de cette journée, celui-ci l'envoya prier d'avoir pour agréable, qu'après le midi, il lui parlât; car il avoit certaines choses à lui dire : il l'invitoit aussi à amener son chancelier. Le roi mangea dans la salle en grande réunion. Il y avoit le duc de Saxe, l'évêque de Brunswick, le chancelier de l'empereur et tous ses barons, son fils excepté qui lui tint compagnie. Tous les chevaliers et gens de l'empereur y étoient pareillement.

Après le dîner et à l'heure convenue, le roi, accompagné de son chancelier, se rendit sans autre cérémonie auprès de l'empereur. Tous deux, assis sur leurs chaises, ayant fait sortir de la chambre tous ceux qui s'y trouvoient, à l'exception de leurs chanceliers, conférèrent ensemble durant trois heures au moins; mais on ne sut rien de leurs discours ni de ce qu'ils décidèrent, sinon qu'à la fin de leur entretien ils appelèrent leurs chanceliers et devisèrent avec eux. Puis le roi se retira. Ce jour étoit la veille de l'Epiphanie. Le roi alla entendre vêpres à la sainte chapelle, où l'on avoit dressé deux oratoires : un à droite pour le roi, l'autre à gauche pour le fils de l'empereur. Ce fut l'archevêque de Reims qui officia. Les précieuses reliques, les joyaux, les ornements d'autel, le luminaire et toutes les richesses qui étoient là déployées présentoient le plus ravissant coup d'œil. Le nombre des chevaliers et des barons étoit si grand que la sainte chapelle ne les pouvoit contenir tous. A cette veille des Rois, le roi donna un grand souper : tout y étoit d'une magnificence véritablement merveilleuse : les flambeaux de cire suspendus et les torches que des valets drapés tenoient en main répandoient une clarté qui égaloit celle du jour. Les places y

l'Empereur, l'arcevesque de Reins, puis le Roy, le roy de Bahaigne, Berry, Breban, Bourgongne, de Saxonne, de Bourbon, le duc Henry, cellui de Bar, et les autres princes, ducs et contes; à l'autre dois, qui estoit au plus prés de la table de marbre, furent les autres barons : et fu le souper long, et servi de tel foison de divers mes, que longue chose seroit à recorder; et selon le rapport des hairaus, à celluy soupper furent en sale, tant du royaume de France comme d'estrangiers, bien environ mille chevaliers, sanz l'autre multitude de gentilzhommes et gens d'estat, dont si grant presse y avoit que c'estoit merveilles ; mais en tous diz continuant la rigle ordonnée du sage roy, tel ordonnance y avoit que nulle presse n'empêchoit servir aux tables, comme il appartient, aussi les derrenieres tables comme les primieres. Après soupper, se retray le Roy, avec lui le filz de l'Empereur, et tant de barons comme entrer y pot, en la chambre de parlement ; et là, jouerent, selon la coustume, les menestriers de bas instrumens si doulcement comme plus peut, et là estoyent assis les deux rois, en deux haultes chayeres, où, sus chascune ot ciel brodé à fleur de lis d'or. Le duc de Berry y servi le Roy d'espices, et le duc de Bourgongne de vin. Après se retray le Roy en sa chambre, et fist con-

voyer, par ses freres, le filz de l'Empereur en sa chambre.

—

CHAP. XL : *Ci dit de la solemnité qui fu, le jour de la Tiphaine, au palaiz, que l'empereur disna avec le Roy.*

Lendemain, jour de la Tiphaine, l'Empereur volt veoir les reliques, celluy jour, et estre à la messe, et en pria le Roy, et que avec luy disnast ; car, de ce ne l'avoit endurer à presser le Roy, pour cause qu'il n'en fust grévez ; et, pour obvier à si grant presse, fist le Roy garder les portes par chevaliers et escuyers, pour ce que plus fussent craint. Si alerent paisiblement le Roy et l'Empereur en la saincte chappelle, et volt l'Empereur, pour la grant dévocion qu'il avoit de veoir de prés les sainctes reliques, estre portez, par les bras et par les jambes, en hault, devant la saincte armoire, qui, à grant peine de son corps, y pot estre portez, pour cause de la vis estroicte : quant en hault furent, la saincte chace ouverte, l'Empereur osta son chaperon et, joint les mains et comme en larmes, fist son oroison longuement et à grant dévocion, et le Roy lui monstra et devisa toutes les choses qui sont en la saincte chasse que il baisa, et les autres pieces aussi ; puis, tourna la

◇◇◇

furent ainsi ordonnées : d'abord l'évêque de Paris, l'évêque de Brunswick, conseiller de l'empereur et l'archevêque de Reims, puis le roi, le roi de Bohême, les ducs de Berry, de Brabant, de Bourgogne, de Saxe, de Bourbon, le duc Henri, le duc de Bar, et les autres princes ducs et comtes : sous l'autre dais, qui étoit plus rapproché de la table de marbre, on plaça le reste des barons. Le souper dura long-temps, et on y servit une telle abondance de mets divers, que ce seroit chose longue de les énumérer. Au rapport des hérauts, il y eut à ce souper mille chevaliers environ, tant François qu'étrangers, sans compter une foule de gentilshommes et gens de distinction en nombre prodigieux. Mais comme en toute occurrence on observoit la règle posée par le sage roi, il y régna un tel ordre, que la presse ne fit point obstacle au service des tables, qui furent toutes pourvues comme il convenoit : les dernières aussi bien que les premières. Après le souper le roi se retira avec le fils de l'empereur dans la chambre de parlement ; à leur suite y entrèrent autant de barons que la chambre en pouvoit contenir. Là, suivant la coutume, des ménétriers jouèrent de leurs instruments de la façon la plus douce. Les deux rois étoient assis sur des chaises élevées ; au-dessus de chacune étoit un ciel brodé à fleur de lys d'or. Le duc de Berry y offrit au roi les épices, et le duc de Bourgogne le vin. Le roi se

retira ensuite dans sa chambre, et fit accompagner, par ses frères, le fils de l'empereur dans la sienne.

—

CHAP. XL : *Récit de la solennité qui eut lieu le jour de l'Epiphanie, au palais, où l'empereur dina avec le roi.*

Le lendemain, jour de l'Epiphanie, l'empereur voulut voir les reliques et aller à la messe ; il en fit la demande au roi, et manifesta le desir de dîner avec lui. Le roi ne l'en avoit point encore pressé de crainte de l'incommoder. Pour obvier à la trop grande presse, il fit garder les portes, et confia ce soin aux chevaliers et aux écuyers, afin qu'ils imposassent davantage. Le roi et l'empereur allèrent ainsi paisiblement dans la sainte chapelle. L'empereur, qui avoit une grande dévotion aux saintes reliques, voulant les voir de près, se fit porter par les bras et par les jambes jusques en haut, devant la sainte armoire. Il n'y parvint qu'à grand'peine, car l'escalier étoit fort étroit. Quand il y fut arrivé et que la sainte châsse eut été ouverte, il ôta son chaperon, joignit les mains et fondant en larmes, dit longuement et avec ferveur ses prières. Le roi lui montra et lui expliqua tout ce qu'il y a dans la sainte châsse. L'empereur la baisa ainsi que les autres pièces. On la tourna ensuite du côté de la

chace devers la chappelle, que les autres d'embas la veissent ; et volt l'Empereur que sa chayere fust en bas mise front à front devant les reliques, si que tousdiz les peust veoir, et ne volt estre en l'oratoire qui appareillé lui estoit, pour laquel chose le Roy fist abbaissier ses courtines.

Le Roy, à l'entrée de la messe, l'eaue benoicte et aussi le texte de l'evvangile envoya primier à l'Empereur, qui, à trop grant peine, vouloit prendre aulcun honneur avant le Roy : à aler à l'offrande l'Empereur s'excusa, pour ce que ne povoit aler ne soy agenoullier. Si fu l'offrande du Roy telle : trois de ses chambellans tenoyent haultement trois couppes belles dorées ; en l'une y avoit or ; et en l'autre, encens ; et en l'autre, mirre ; et de renc aloyent ; si offry le Roy, l'or primièrement, puis l'encens, et puis le mierre, et, à chascune foiz, baisa la main de l'arcevesque de Rains, qui chantoit la messe ; à la paix, deux paix furent portées par le diacre et soubz diacre, et, aussitost prist l'un comme l'autre. Après la messe, l'Empereur se retrahy en un retrait, costé la chapelle, que, pour celle cause, le Roy avoit fait ordonner. Oudit retrait envoya le Roy son aisné filz, le daulphin de Vienne, que il avoit envoyé querir en son hostel de Saint Pol, et l'accompaignerent ses freres les ducs et grant foison chevalerie : à l'encontre du Daulphin, se fist lever l'Empereur de sa chayere, et osta son chapperon ; le Daulphin s'inclina, et l'Empereur l'embraça et baisa ; et tost après, vint le Roy querir l'Empereur pour aler disner, et en fu l'Empereur portez dans sa chayere, et le Roy costé lui, qui tenoit le roy des Romains par le main, et devant estoit portez le Daulphin sur colz de chevaliers, à grant honneur ; et ainsi alerent en la grant sale.

CHAP. XLI : *Ci dit les assiettes des tables, et les barons qui y estoient.*

A la table de marbre fu l'assiette : primierement sist l'arcevesque de Reins, et après sist l'Empereur, puis le roy de Bahaigne, et avoit autant de distance du Roy à luy, comme du Roy à l'Empereur, et sus chascun des trois avoit un ciel, distincté l'un de l'autre, de drap d'or à fleurs de lis, et par dessus ces trois en avoit un grant qui couvroit tout au long de la table, et tout derriere eulx pendoit, et estoit de drap d'or ; après le roy des Rommains, seirent trois evesques, bien loing de lui, jusques à la fin de la table. A l'autre doiz, au plus prés, séoit le duc de Saxongne, le Daulphin, filz du Roy, et puis les ducs de Berry, de Breban, de Bourgongne ; le filz du Roy de Navarre, le duc de Bar, le duc Henry, et puis le chancellier de l'Empereur ; et ne séoyent mie le duc de Bour-

---

chapelle, afin qu'elle fût vue de ceux qui étoient en bas. Il voulut que sa chaise y fût placée vis-à-vis des reliques, pour les pouvoir regarder tout le temps. Il refusa de se mettre dans l'oratoire qui lui étoit destiné, ce qui décida le roi à en faire abaisser les courtines.

A l'entrée de la messe le roi envoya d'abord l'eau bénite et le texte de l'Evangile à l'empereur, qui faisoit toujours difficulté de recevoir aucun honneur avant lui. L'empereur refusa d'aller à l'offrande, parce qu'il ne pouvoit ni marcher ni se mettre à genoux. Voici quelle fut l'offrande du roi : Trois de ses chambellans tenoient haut trois belles coupes dorées : dans l'une il y avoit de l'or, dans l'autre de l'encens, dans la troisième de la myrrhe ; ils alloient à la file. Le roi offrit l'or en premier lieu ; puis l'encens, enfin la myrrhe. A chaque fois il baisa la main de l'archevêque de Reims qui chantoit la messe. Au baiser de paix il en fut porté deux par le diacre et le sous-diacre, et les deux princes reçurent la paix en même temps. Après la messe l'empereur se retira dans un des côtés de la chapelle, que le roi avoit fait disposer à cette fin. Le roi lui envoya son fils aîné le dauphin de Vienne qu'il avoit fait querir en son hôtel de Saint-Paul : ses frères les ducs l'y accompagnèrent, ainsi qu'un grand nombre de chevaliers. A l'arrivée du dauphin, l'empereur se fit soulever de sa chaise et ôta son chaperon ; le dauphin s'inclina : l'empereur l'embrassa affectueusement. Bientôt après, le roi le vint chercher pour aller au dîner. On le porta dans sa chaise. Le roi marchoit à son côté, tenant par la main le roi des Romains. Le dauphin alloit devant, porté en grand honneur sur le cou de ses chevaliers. Ils se rendirent ainsi à la grande salle.

CHAP. XLI, *où l'on parle de l'ordonnance des tables, et des barons qui y étoient assis.*

Le service se fit à la table de marbre. L'archevêque de Reims y fut placé le premier ; l'empereur s'assit ensuite ; puis le roi de Bohême : il y avoit autant de distance du roi à lui que du roi à l'empereur ; chacun des trois princes avoit au-dessus de sa place un ciel distinct, en drap d'or à fleurs de lys, et par-dessus ces trois ciels il y en avoit un plus grand, de drap d'or aussi, qui couvroit la table dans toute son étendue et pendoit derrière les convives. Auprès du roi des Romains s'assirent trois évêques, mais loin de lui et presqu'au bout de la table. Sous le dais le plus proche

bon, le conte de Eu, le seigneur de Coucy, et le conte de Harecourt, mais estoyent entour le Daulphin, tout enprez, pour luy tenir compaignie et garder de presse ; les autres ducs, contes et barons et chevaliers mengoyent aux autres tables, par belle ordonnance ; et sus le chief du Daulphin, avoit un ciel, et puis un autre par dessus qui toute la table couvroit. Cinq dois avoit en la sale, plains de princes et de barons, et autres tables partout ; trois dreçouers, couvers de vaisselle d'or et d'argent, et estoyent les deux grans dois et les dreçouers fais de barrieres à l'environ, que l'en n'y povoit aler, fors par certains pas, qui gardez estoyent par chevaliers à ce ordonnez ; et si grant quantité de gent y mengia que merveilles fu : et combien qu'en avoit ordonné le Roy quatre assietes de quarante paire de mais, toute voyes, pour la grévance de l'Empereur, qui trop eust sis à table, le Roy oster en fist une assiete ; si ne fust l'en servi que de trois de trente paire de més. Deux entremés y ot : l'un, comme Godefroy de Buillon conquist Jherusalem, laquelle histoire ramentevoir estoit pertinent pour exemples donner à telz princes ; estoit la cité grande et belle, de bois painte à panonceaulx et armes des Sarrazins, moult bien faicte, qui fu ménée devant le doiz ; et puis la nef où Godefroy de Buillon estoit ; et puis l'assault comencié et la cité prise : qui fu bonne chose à veoir. Aprés ces choses, laverent le Roy et l'Empereur, aussitost l'un comme l'autre, et puis le roy des Romains ; et pour cause que l'Empereur ne peust estre aucunement empressé au lever de table, fist le Roy apporter, mesmes à la table, vin et espices, et fu apporté entre bras le Daulphin, que le duc de Bourbon tenoit à deux piez sus la table ; le duc de Berry, par le commandement du Roy, servi d'espices l'Empereur, et le duc de Bourgongne le Roy, et prisdrent ensemble, aprés plusieurs prieres ; le conte de Eu servi le Roy de Bahaigne ; aprés se leverent, et fu l'Empereur porté en sa chayere en sa chambre ; le Roy se retray en la grant chambre, et grant piece devisa aux barons tant que jà fu tart et que le Roy ala en sa chambre et les autres barons. Au souper, derechief, ot le Roy pluseurs d'iceulx barons avecques lui ; et puis ala veoir l'Empereur et une piece dirent de bons mos et esbatemens ensemble ; puis se retray le Roy en sa chambre, et s'alerent couchier : et ainssi passa ce mercredi, jour de la Tiphaine.

étoient assis le duc de Saxe, le dauphin, fils du roi, puis les ducs de Berry, de Brabant et de Bourgogne ; le fils du roi de Navarre, le duc de Bar, le duc Henri, puis le chancelier de l'empereur. Le duc de Bourbon, le comte d'Eu, le seigneur de Coucy et le comte d'Harcourt n'étoient point assis à la table, mais debout et près du dauphin, pour lui tenir compagnie et le garder de la presse : les autres ducs, comtes, barons et chevaliers mangeoient aux autres tables qui étoient magnifiquement ordonnées. Sur la tête du dauphin il y avoit un ciel, et un autre par-dessus qui couvroit toute la table. Il y avoit cinq dais dans la salle, sous lesquels étoient réunis les princes et les barons ; puis un grand nombre d'autres tables. Il y avoit trois buffets couverts de vaisselle d'or et d'argent. Les deux grands dais et les buffets étaient ceints par des barrières, on ne pouvoit y parvenir que par de certains passages que gardoient des chevaliers préposés à cet office. Une quantité prodigieuse de personnes mangèrent à cette fête. Bien que le roi eût ordonné quatre services, chacun de quarante paires de mets, il en fit supprimer un pour la commodité de l'empereur, qui fut sans cela demeuré trop long-temps à table. On n'en servit que trois, de trente paires de mets. Il y eut deux intermèdes, dont l'un représentoit la conquête de Jérusalem par Godefroy de Bouillon. Ce souvenir de l'histoire, rappelé ainsi aux princes, avoit pour but de leur offrir un bel exemple. On amena devant le dais la grande et noble cité, faite en bois et d'un beau travail : on y avoit peint les drapeaux et les armes des Sarrazins : on fit paroître ensuite le vaisseau qui portoit Godefroy de Bouillon ; puis l'assaut commença et la cité fut prise. C'étoit une belle chose à voir. Après cela le roi et l'empereur se lavèrent les mains en même temps : le roi des Romains se les lava ensuite. Comme l'empereur ne pouvoit commodément ni volontiers se lever de table, le roi fit servir sur la table même le vin et les épices. Le dauphin fut apporté dans les bras de ses gentilshommes, le duc de Bourbon le tenoit debout sur la table. Le duc de Berry offrit, par ordre du roi, les épices à l'empereur ; le duc de Bourbon les offrit au roi. Ils les prirent ensemble, après plusieurs invitations réciproques. Le comte d'Eu servit le roi de Bohême. Ils se levèrent enfin. L'empereur fut porté dans sa chambre sur sa chaise ; le roi se retira dans la grande chambre et devisa long-temps avec les barons. Lorsqu'il fut tard il se retira dans sa propre chambre, et les barons dans leur logis. Au souper il eut de nouveau plusieurs barons à table. Il alla voir ensuite l'empereur. Ils passèrent le temps à s'ébattre ensemble et à se dire de gais propos, puis le roi se retira, et tous s'allèrent coucher. Ainsi se passa ce mercredi, jour de l'Epiphanie.

Chap. XLII : *Ci dit comment le Roy mena l'Empereur au Louvre.*

Lendemain volt aler le Roy disner au Louvre ; et à la pointe du pallaiz fu porté l'Empereur : là estoit le bel batel du Roy, qui estoit fait et ordonné comme une belle maison, moult bien paint par dehors, et paré dedens ; là entrerent, et prisa moult ce beau batel l'Empereur. Au Louvre arriverent ; le Roy monstra à l'Empereur les beaulx murs et maçonnages qu'il avoit fait au Louvre édifier ; l'Empereur, son filz et ses barons moult bien y logia, et partout estoit le lieu moult richement paré ; en sale disna le Roy, les barons avec lui, et l'Empereur en sa chambre.

Aprés disner, assembla le Roy le conseil en sa chambre, et, en ce tendis, par le commandement du Roy, vint l'Université de Paris devers l'Empereur, et estoyent de chascune faculté douze, et des arciens vingt quatre, vestus en leurs chappes et abis, et la révérance vindrent faire à l'Empereur ; et la colacion notablement fist maistre Jehan de La Chaleur, maistre en théologie et chancellier de Notre Dame, et en ycelle colacion, recommanda moult la personne de l'Empereur, ses nobles fais, ses vertus et sa dignité, et aussi recommanda moult et ramena notablement le sens, estat et honneur du Roy et du royaume de France, en louant et approuvant à l'Empereur sa venue devers le Roy ; et enfin recommanda bien et sagement l'Université, comme il appartenoit : l'Empereur, en latin, de sa bouche respondy, en les merciant des honorables parolles que dictes lui avoyent, et dict la cause qui en ce royaume l'avoit amené, qui estoit venir à Saint Mor veoir les reliques, et principaulment l'amour qu'il avoit au Roy, dont souvrainement et en beau lengage, loua et recommanda la prudence et sagece.

En ce temps, estoit le Roy en son conseil, sanz lequel ne vouloit faire aucune chose ; et mist en termes et leur demanda, « se bon seroit
» que il monstrast et deist à l'Empereur, son
» son oncle, qui tant d'onneur et d'amour lui
» avoit fait que cy estoit venus, son bon droit
» et le tort de ses ennemis, pour cause qu'en
» maint pays, et mesmes en Allemaigne, s'ef-
» forçoyent de publier le contraire ; et aussi
» pour avoir le conseil sur ce, dudit Empe-
» reur : » à laquel chose le conseil respondy :
« Que bon seroit que ainssi le feist. » Si fist savoir à l'Empereur et à son conseil, que lendemain vouloit parler à luy, présent sa Baronnie, et qu'à certaine heure, fussent au Louvre, pour oyr ce que dire leur vouldroit.

◇◇◇

Chap. XLII, *où il est dit comment le roi mena l'empereur au Louvre.*

Le lendemain le roi voulut aller dîner au Louvre. L'empereur fut porté à la pointe du palais. Là étoit le bateau du roi, construit et disposé comme une jolie maison, élégamment audehors et richement décoré à l'intérieur. Ils y entrèrent : l'empereur donna beaucoup d'éloges à ce bateau magnifique. Arrivés au Louvre, le roi lui montra les beaux murs et les constructions qu'il y avoit fait élever. Il y logea convenablement l'empereur, son fils et ses barons. Tout y étoit orné d'une manière splendide. Le roi, avec les barons, dîna dans la salle ; l'empereur fut servi dans sa chambre.

Après le dîner, le roi assembla le conseil dans son logis ; dans le même temps, et par son ordre, l'université de Paris alla visiter l'empereur. Ils étoient douze de chaque faculté ; les étudiants en philosophie étoient au nombre de vingt-quatre ; vêtus de leurs chappes et de leurs habits de cérémonie, ils vinrent faire la révérence à l'empereur. Maître Jean de la Chaleur, maître en théologie et chancellier de Notre-Dame, lui fit une notable harangue, dans laquelle il loua ses nobles actions, ses vertus et sa grandeur. Tout en le félicitant de sa venue auprès du roi, il fit un éloge remarquable de la sagesse et de la puissance de ce dernier, et de la dignité du royaume de France ; il loua enfin avec convenance l'université de Paris. L'empereur répondit de sa bouche et en latin ; il les remercia pour les paroles honorables qu'ils lui avoient adressées, expliqua la cause de sa venue dans le royaume, qui étoit de visiter et de voir les reliques à Saint-Maur ; mais surtout de témoigner de son amour pour le roi, dont il loua souverainement et célébra en beau langage la prudence et la sagesse.

Pendant ce temps, le roi étoit avec son conseil, sans lequel jamais il ne faisoit aucune chose ; il proposa pour sujet de délibération, et leur demanda « s'il seroit bon d'exposer et de dire à l'em-
» pereur, son oncle, qui lui avoit donné une si
» grande marque d'affection et d'estime en étant
» venu voir, son bon droit et la malice de ses en-
» nemis ; ceux-ci en maints pays, et même en
» Allemagne, s'efforçant de publier le contraire ;
» et aussi d'avoir à ce sujet l'avis de l'empe-
» reur. » Le conseil répondit à cela « qu'il seroit
» bon de le faire. » Le roi fit alors savoir à l'empereur et à son conseil, que le lendemain il vouloit lui parler en présence de sa baronnie ; qu'à une heure indiquée, ils se trouvassent au Louvre pour entendre ce qu'il avoit à leur dire.

Chap. XLIII : *Ci dit comment le roy Charles parla au Conseil, présent l'Empereur, du tort que le roy d'Angleterre avoit vers lui.*

Ainssi comme le Roy l'avoit ordonné, furent, lendemain, lequel jour fu vendredy huitieme de janvier, assemblez, en la chambre de parement au Louvre, l'Empereur, le Roy, le roy de Bahaigne, et environ cinquante des plus notables princes et du conseil de l'Empereur, et environ autant des princes et conseil du Roy. Si estoyent l'Empereur et les deux Rois assis en trois chayeres couvertes de drap d'or, et les autres sus bancs et doubles formes, en la maniere que on fait à conseil. Adont, le sage Roy, qui en son entendement ayoit science et réthorique en langage, commença son parler, par une préambule si belle et si notable que grant beaulté estoit à oyr, et commença sa matiere dés les primiers temps du royaume de France, et aprés, de la conqueste de Gascongne que fist saint Charlesmaine, quant il la converti à la foi crestienne, dont trés lors, fu le pays subgiect au royaume de France sanz interrupcion depuis ; et comment ceuls qui en ont tenus les demaines, et par especial, les ducs de Guienne, tant rois d'Angleterre, comme autres, en ont tousjours fait homage lige et recognoiscence aux rois de France, comme au chief et droicturier seigneur, se n'a esté depuis Edoart d'Angleterre, derrenier mort, que onques n'i fu mise contradiccion, nonobstant en fist homage au roy Phelippe, son ayol, à Amiens, et à seigneur le recognut ; et comment, depuis long-temps, ledit homage ratifia par ses lectres saelées de son grant seel, comme il appert par les lectres, lesquelles furent ilecques monstrées et leues, et autres lectres plus anciennes des prédécesseurs des rois d'Angleterre et chartres faictes, à Saint Denis, ou temps de la recognoiscence des homages de Gascongne, Bordeauls, Bayonne et isles qui sont en droit Normandie ; et lectres expresses comment les rois d'Angleterre ont renoncié à toutes les terres de Normandie, d'Anjou, du Maine et de Touraine et de Poitiers, se aulcunes en y avoyent, comme plus à plain le disoyent lesdictes lectres, qui là furent monstrées.

Item, aprés dit le Roy que « mesmes le traictié de la derreniere paix, par son pere et lui » trop achetée, avoyent les Anglois mal gardé ; » et adont, desclaira le Roy particulierement, « comment, tant par le deffault de restituer les » fortresses occupées que rendre devoyent, » comme par les ostages que ilz rençonnerent, » contre le contenu du traictié ; tant par les » compaignes que continuelement tenoyent ou » royaume, comme par usurper et user de droit

◇◇◇

Chap. XLIII, où *il est dit comment le roi Charles parla au conseil, en présence de l'empereur, des torts qu'avoit envers lui le roi d'Angleterre.*

Le lendemain, vendredi, huitième jour de janvier, se trouvèrent réunis au Louvre, d'après l'ordre du roi, et en la chambre des cérémonies, le roi, l'empereur, le roi de Bohême, environ cinquante des plus notables princes du conseil de l'empereur, et autant de princes, aussi du conseil du roi ; l'empereur et les deux rois étoient assis sur trois chaises, couvertes de drap d'or, les autres sur des bans à dossier, selon l'usage suivi dans les conseils. Alors, notre sage roi, qui avoit l'esprit juste et la parole ornée, commença son discours par un si beau préambule, que c'étoit merveille de l'ouïr. Il prit son sujet aux premiers temps du royaume de France ; il dit ensuite la conquête que fit de la Gascogne saint Charlemagne, quand il la convertit à la foi chrétienne ; que, dès lors, cette contrée fut soumise, sans interruption jusqu'à ce temps, au royaume de France ; que ceux qui y ont eu des souverainetés, notamment les ducs de Guyenne, rois d'Angleterre ou autres, en ont toujours fait hommage lige au roi de France, reconnu par eux pour leur chef et leur seigneur direct ; qu'il n'y avoit jamais eu à cela de contradiction, si ce n'est depuis la mort du dernier Edouard d'Angleterre, et malgré l'hommage qu'il avoit fait à Amiens, au roi Philippe, son aïeul, où il le reconnut pour seigneur ; qu'il ratifia depuis ledit hommage par ses lettres, scellées de son grand sceau, ainsi qu'il appert de ces lettres mêmes. Le roi alors les exhiba et les lut, ainsi que des lettres plus anciennes des précédents rois d'Angleterre, et les chartes faites à Saint-Denis au temps de la reconnoissance des hommages de Gascogne, Bordeaux, Bayonne, et îles ressortant de la Normandie ; il lut aussi des lettres expresses attestant que les rois d'Angleterre ont renoncé à toutes les terres de Normandie, d'Anjou, du Maine, de Touraine et de Poitiers, s'ils y en possédoient quelques-unes, ainsi que le disoient plus en détail ces lettres qu'il montra.

Le roi dit ensuite que les Anglois n'avoient pas même observé le traité de la dernière paix, trop chèrement achetée par son père et par lui. Il exposa comment ils avoient refusé de rendre les fortresses occupées par eux, et qu'ils devoient restituer ; les otages qu'ils avoient rançonnés, les grandes compagnies qu'ils entretenoient continuellement dans le royaume, comme pour prendre et usurper un droit de souveraineté qui ne leur appartenoit pas ; l'appui qu'ils avoient prêté au roi de Navarre, alors ennemi du royaume, en

» de souvraineté qui ne leur appartenoit; comme
» en confortant le roy de Navarre lors ennemi
» du royaume, donner ayde, secours et vivres,
» contre la teneur des alliances faictes et jurées
» et passées par sermens si fors comme entre
« crestiens se peut faire : » desquelles choses les
lectres furent leues, là en présent, devant l'Empereur, en françois et en latin, affin que chascun mieulx l'entendit, « monstrant le Roy com-
» ment le conte d'Armignac, le seigneur d'Ale-
» bret, et pluseurs autres barons et bonnes
» villes avoyent appellé du prince à luy et vin-
» drent en leur personnes requere adjournement
» et escript en cause d'appel; et comme il ne le
» volt pas faire sans grant conseil et délibéracion
» et oyr les oppinions de pluseurs estudes de
» droit, de Boulongne la Grace, de Monpellier,
« de Thoulouse, d'Orliens, et des plus notables
» clercs de la cour de Romme, qui détermine-
» rent que refuser ne le povoit; et comment,
» par voye ordonnée de justice, non mie par
» rigueur d'armes, fu envoyé un docteur juge
» et un chevalier de Toulouse, qui porterent au
» prince les lectres, inhibicions et adjournemens,
» par le sauf-conduit du seneschal dudit prince, le-
» quel les fist prendre et murdrir maulvaisement. »

Ainssi devisa le Roy longement, et de pluseurs autres griefz et torfaiz qu'il avoit receu dudit prince de Gales, dont, ains qu'il voulsist procéder par voye de guerre, avoit mandé à son pere, Edoart, roy d'Angleterre, que remédier y voulsist; desquelles choses onques bonne response ne pot avoir : parquoy, par neccessité, et par le conseil de ses barons et de son royaume, assemblé pour ce en son parlement, emprist à deffendre sa bonne justice contre ses ennemis; laquelle chose, Dieu de sa grace lui en avoit donné bonne fortune. Et adont desclaira le Roy les conquestes que of faictes sur ses ennemis; et nonobstant ce, devisa les offres que il leur avoit fait pour le bien de paix que ilz avoyent reffusé : si pria l'Empereur, que sur ce le voulsist conseillier, et ne creussent ses barons que, à son tort, la guerre fust. Et assez d'autres choses dist le Roy, qui longues seroyent à dire, et par si bel ordre, si notable arenge, l'ot dit que tous en furent esmerveilliez, et moult prisierent et louerent son grant sens et mémoire.

L'Empereur respondi : « Que trés bien avoit
» entendu ce que le Roy trés sagement avoit ex-
» pliqué, tant és lectres comme és paroles; et
» que partout Allemaigne le manifesteroit et
» feroit savoir, et que au contraire les Angloiz
» ne fussent creus; et mesmement, qu'il fu pré-
» sent à Miens, quand le roy Edoart fist homage
» au roy de France; si savoit son bon droit. »

⋄⋄⋄

lui accordant protection, secours et vivres contre la teneur des alliances jurées et scellées par tous les sermens qui se peuvent faire entre chrétiens. Les lettres qui avoient rapport à toutes ces affaires furent, séance tenante, et en présence de l'empereur, lues en françois et en latin, afin que chacun pût les entendre. Le roi exposa comment le comte d'Armagnac, le seigneur d'Albret et plusieurs autres barons et bonnes villes, avoient appelé du prince à lui; ils étoient venus requérir ajournement et s'inscrire en cause d'appel; ce qu'il ne voulut point accorder avant d'en avoir délibéré en grand conseil, sans connoître l'opinion de plusieurs facultés de droit, de Boulogne-la-Grasse, de Montpellier, de Toulouse et d'Orléans, et l'avis des plus notables clercs de la cour de Rome, qui décidèrent qu'il ne le pouvoit refuser; comment, par la voie régulière de la justice, et non par la force des armes, il avoit envoyé un docteur juge et un chevalier de Toulouse porter au prince les lettres, inhibitions et ajournements, sous le sauf-conduit du sénéchal de ce même prince, qui les fit saisir et indignement mettre à mort.

Le roi devisa ainsi longuement de plusieurs autres torts et griefs qu'il avoit reçus du prince de Galles, et à raison de quoi, avant de procéder par la voie des armes, il avoit mandé à son père, Edouard, roi d'Angleterre, d'y vouloir bien porter remède; il dit qu'il n'en put tirer jamais aucune réponse satisfaisante; qu'alors, contraint par la nécessité, de l'avis de ses barons et des états de son royaume, réunis pour cet effet en parlement, il avoit entrepris de défendre son bon droit contre ses ennemis, en quoi il avoit eu, par la grâce de Dieu, la meilleure fortune. Il détailla alors les conquêtes qu'il avoit faites sur ses ennemis, exposa de plus les offres qu'il leur avoit faites pour l'avantage de la paix, et que ceux-ci avoient refusées. Il pria l'empereur de le vouloir conseiller sur ce point, et ses barons de ne point croire qu'en cette guerre les torts fussent venus de lui. Le roi dit encore d'autres choses qui seroient longues à rapporter. Tout cela fut exposé avec tant de méthode et en un discours si beau, que tous en étoient émerveillés et ne pouvoient louer assez son grand sens et sa mémoire.

L'empereur répondit qu'il avoit fort bien entendu ce que le roi avoit très-sagement expliqué, tant par les lettres que par son discours; qu'il le manifesteroit et le feroit savoir partout en Allemagne, pour que les Anglois n'y fussent point crus; qu'il étoit lui-même à Amiens lorsque le roi Edouard fit hommage au roi de France, et qu'il connoissoit son bon droit. Quant à donner un conseil au roi, il ajouta que vu le bon droit de ce prince et les torts de ses ennemis; l'avantage que la fortune lui avoit donné sur eux; les amis et

Et quant au conseil donner, dist : « Que, consi-
» déré son bon droit, et tort de ses ennemis,
» l'avantage et bonne fortune qu'il avoit contre
» eulx, et ses aliez et amis, comme le roy de
» Castelle, de Portugal, d'Escoce et mains au-
» tres, il ne lui donroit conseil de tant avant of-
» frir à ses ennemis, et trop en avoit fait, se pour
« l'amour de Dieu n'estoit. » A tant finerent ses
parolles, et le roy et luy et les autres alerent en
sa chambre.

Chap. XLIV : *Ci dit la grant offre que l'Empereur fist au roy Charles.*

Comme l'empereur s'avisast que la responce
que faicte au Roy avoit n'estoit assez souffisant,
pria que assemblé derechief le conseil fust, et
bien lui plairoit que assez plus y eust barons et
gens que n'avoit eu au conseil précédent : et
ainssi fu fait. Adont commença l'Empereur, si
hault que tous oyr le porent, et, primier,
« S'excusa de ce que souffisent responce, ce lui
» sembloit, le jour précédent, au Roy faicte
» n'avoit; si vouloit que tous sceussent que
» luy, son filz le roy des Romains, ses autres en-
» fens, et tous ses parens, aliez et amis, et toute
» sa poissance, il vouloit et offroit au Roy estre
» tous siens contre toutes personnes, à aydier et
» garder son bien, honneur et royaume, et de

» ses enfens et freres et amis : » et adont lui
bailla un rolle, où ses amis et affins déclairiez
et nommez estoyent, dont il se faisoit fort : dont
le Roy le mercia moult gracieusement.

Lendemain, après que disné orent, le Roy, ou
dessusdit batel mena l'Empereur à Saint Paul,
passant par desoubz le pont de Paris. Quant à
Saint Pol furent, le Daulphin et son frere vindrent à l'encontre, devant leur pere s'alerent
agenoullier, et puis salucrent l'Empereur, puis
entre bras devant furent portez ; l'Empereur se
guermenta d'aler veoir la Royne, si lui mena le
Roy, et moult grant presse y avoit de barons et
chevaliers ; la Royne audevant du Roy vint, en
moult riche atour estoit, et ot un cercle d'or sus
son chief de moult grant pris, accompaignée de
nobles dames ; là estoit la duchece d'Orliens,
fille de roy de France, la duchece de Bourbon,
mere de la Royne, la comtesse d'Artois, la fille
du duc de Berry, la fille du signeur de Coucy,
la dame de Préaux, et pluseurs autres contes-
ses, baneresses, dames et damoiselles, à trés
grant quantité : l'Empereur son chapperon osta
et lever se fist contre la Royne qui le baisa et
aussi son filz, le roy de Bahaigne, et toutes bai-
sierent les dames du sang de France.

Quant l'Empereur vid la duchece de Bourbon,
si fort à plourer se prist que parler ne pot, et

◇◇◇

les alliés qui s'intéressoient à sa cause, tels que
les rois de Castille, de Portugal, d'Ecosse et quelques autres, il ne lui conseilloit pas de leur
faire d'autres offres désormais ; que sur ce point
trop avoit été fait déjà, à moins que ce n'eût été
pour l'amour de Dieu. Telle fut la conclusion de
son discours ; le roi, lui et les autres se rendirent
alors dans sa chambre.

Chap. XLIV, *où est rapportée l'offre importante
que l'empereur fit au roi Charles.*

L'empereur n'ayant point jugé suffisante la réponse qu'il avoit faite au roi, le pria de réunir de
nouveau le conseil, et voulut que les barons et les
autres assistants y fussent plus nombreux qu'à la
précédente assemblée. On fit ce qu'il desiroit.
Alors prenant la parole et élevant la voix assez haut
pour que chacun le pût entendre, il commença
par s'excuser de n'avoir point fait au roi, selon ce
qui lui avoit paru, une suffisante réponse dans le
précédent conseil. Il desiroit maintenant faire savoir à tout le monde qu'il offroit au roi, pour être
tout à sa personne contre tous adversaires, lui-
même et son fils, le roi des Romains ; ses autres
enfants, ses parents, ses alliés, ses amis et tout
ce qui dépendoit de sa puissance, desirant de secourir le roi et de défendre ses biens, son honneur et son royaume, ses amis, ses enfants et ses

frères. Alors il lui remit un rôle où ses propres
alliés et amis, dont il se faisoit garant, étoient désignés et nommés. Le roi l'en remercia très-gracieusement.

Le lendemain, après qu'ils eurent dîné, le roi
mena dans son bateau l'empereur à Saint-Paul,
en passant sous le pont de Paris. Lorsqu'ils y
furent arrivés, le dauphin et son frère s'avancèrent à leur rencontre, et vinrent s'agenouiller
devant leur père ; après quoi, ils saluèrent
l'empereur ; puis ils furent portés sur les bras,
en avant des princes. L'empereur témoigna
le desir d'aller voir la reine ; le roi l'y mena.
Il y avoit une grande presse de chevaliers et
de barons. La reine vint au-devant du roi ; elle
étoit dans ses plus riches atours et avoit sur la
tête un cercle d'or de grand prix. De nobles dames l'accompagnoient, la duchesse d'Orléans,
fille d'un roi de France, la duchesse de Bourbon,
mère de la reine, la comtesse d'Artois, la fille du
duc de Berry, la fille du signeur de Coucy, la
dame de Préaux et plusieurs autres comtesses,
baneresses, dames et demoiselles en très-grand
nombre. L'empereur ôta son chaperon et se fit lever devant la reine qui le baisa, lui et son fils, le
roi de Bohême ; toutes les dames du sang de
France le baisèrent également.

Quand l'empereur vit la duchesse de Bourbon,
il se prit si fort à pleurer qu'il ne pouvoit parler :

aussi la Duchece, pour la mémoire que ilz avoyent de ce que seur avoit esté de sa primiere femme, et aussi toute nourrie avecques sa sueur, la royne Bonne, mere du roy Charles et de ses freres les ducs; dont, aprés disner, volt l'Empereur grant piece avec elle parler : une piece là fu l'Empereur; puis se parti, et en sa chambre fu portez.

Aprés disner, que l'Empereur estoit en sa chambre et parloit à la duchece de Bourbon, le Roy y envoya la Royne et ses deux filz, dont il fu moult liez; et là fu la Royne longuement assise, costé luy, et longuement deviserent ensemble. Elle luy donna un bel reliquiaire d'or, grant et moult riche de pierrerie, où ot de la vraye croix et autres reliques, et le Daulphin lui donna deux trés beauls braches, à coliers d'or et belles laisses; et de tout ce fist moult grant feste, et moult les mercia; adont, entra le roy de Bahaigne, et la Royne lui donna un riche fermail : en ce tendis le Roy vint; si prindrent congé, et le Roy mena l'empereur au bois, et, pour ce que jà tarst estoit, grant foison torches au devant lui vindrent.

Lendemain, se fist porter l'Empereur tout autour de la grant chambre, pour veoir par les fenestres le circuit du chastel que il moult prisa.

Après dormir, à remontée, grant piece ensemble furent, luy et le Roy, en bons esbatemens et parolles de vraye amour, et pria l'Empereur au Roy que lui donnast une de ses heures et il prieroit Dieu pour lui, dequoy le Roy luy envoya deux, unes petites, les autres grans. En dementiers que ainssi parloyent, vint le roy des Romains, que le Roy avoit envoyé ou parc esbatre et chacier, avec lui ses freres; adont l'Empereur l'appella et par la main le prist et lui fist promettre par sa foy en la main du Roy, que, tant qu'il vivroit, serviroit et aimeroit lui et ses enfens, devant tous les princes du monde; dont le Roy les remercia.

CHAP. XLV : *Ci dit comment l'Empereur ala faire son pellerinage à Saint Mor.*

Le mardy ensuivant, qui fu le douzieme jour de jenvier, faire volt l'Empereur son pellerinage à Saint Mor.

Au matin, en sa litiere, du bois se parti; ainssi que le Roy commandé avoit, y fu receu à procession; l'abbé la messe chanta; l'Empereur offri cent frans, et les dons de vivres que lui ot fait ledit abbé laissa au couvent; là disna et dormi en bel appareil que le Roy bien et richement lui ot fait apprester et le lieu parer partout; fu mis en sa lictiere et porté à Beaulté-

la duchesse pareillement; c'étoient des souvenirs fraternels, car elle étoit sœur de sa première femme, et amie d'enfance de sa propre sœur, la reine Bonne, mère du roi Charles et de ses frères les ducs. Pour ces raisons, l'empereur voulut, après dîner, causer long-temps avec elle; il demeura là quelque temps, puis se retira, et fut porté dans sa chambre.

Après le dîner, tandis que l'empereur étoit dans son logis et causoit avec la duchesse de Bourbon, le roi y envoya la reine et ses deux fils, ce qui lui causa beaucoup de joie. La reine demeura long-temps assise auprès de lui, et ils devisèrent longuement ensemble; elle lui donna un beau reliquaire d'or, grand, enrichi de pierreries, contenant du bois de la vraie croix et d'autres reliques. Le dauphin lui donna deux très-beaux braques à colier d'or et à belles laisses. L'empereur éprouva un vif plaisir de ces dons, et leur en fit d'affectueux remerciements. Le roi de Bohême étant alors entré, la reine lui donna une riche boucle de ceinture. Sur ces entrefaites, le roi vint; ils prirent alors congé, et le roi mena l'empereur à Vincennes. Comme il étoit déjà tard, on vint au-devant de lui avec une grande quantité de flambeaux.

Le lendemain, l'empereur se fit porter tout autour de la grand'chambre pour voir, des fenêtres, les alentours du château, qu'il prisa fort.

Après dîner, et après avoir dormi, ils demeurèrent long-temps ensemble en agréables ébattements, en entretiens d'une affection véritable. L'empereur demanda au roi un de ses livres d'heures, desirant de prier Dieu pour lui; le roi lui en envoya deux, un petit et un grand. Tandis qu'ils jasoient ensemble, rentra le roi des Romains que le roi avoit envoyé dans le parc pour s'ébattre et chasser avec ses frères. L'empereur l'appela, lui prit la main, et, la mettant dans la main du roi, lui fit promettre par sa foi que tant qu'il vivroit, il serviroit et aimeroit ce prince, par-dessus tous les princes du monde; ce dont le roi les remercia.

CHAP. XLV, *où il est dit comment l'empereur alla faire son pèlerinage à Saint-Maur.*

Le mardi suivant, douzième jour de janvier, l'empereur voulut faire son pèlerinage à Saint-Maur.

Il partit dès le matin du bois de Vincennes, dans sa litière; il fut reçu en procession, d'après l'ordre du roi. L'abbé chanta la messe; l'empereur offrit cent francs, et abandonna au couvent les vivres dont l'abbé lui avoit fait don; il dîna et dormit en ce lieu que le roi avoit fait pourvoir de toutes les commodités, et embellir des plus riches ornements; on le mit ensuite dans sa li-

8.

sur-Marne, que il moult prisa, et y amenda de sa goutte, comme il disoit, si que lui mesmes viseta tout l'ostel, qui moult estoit bien parez, et disoit que, onques en sa vie, n'avoit veue plus belle, ne plus délitable place; et aussy disoyent ses gens, lesquelz on avoit aussi menez en la tour du bois, par tous les estages de léans et monstré les grans garnisons d'icelle et l'artillerie, dont le roy des Romains et des arbalestes à son chois, que onques mais n'avoyent veu si merveilleuse chose, et ainsi louoyent le sens, la valeur et haultece du roy de France. A Beauté fu l'Empereur pluseurs jours, et le Roy, chascun jour, l'aloit viseter, et à secret parloyent longuement, puis au giste s'en retournoit au bois; car le trés sage Roy, pour soing qu'il eut à cause de l'Empereur, ne croye nul qu'il laissast à expédier ses autres besoingnes, comme cil qui pourveu estoit en toutes choses.

L'Empereur desira à veoir la belle couronne que le Roy avoit fait faire; si lui envoya le Roy, par Giles Malet, son vallet de chambre, et Hennequin, son orphevre; la tint et regarda moult longuement partout et y prist grant plaisir, puis la bailla et dist : que, somme toute, onques en sa vie, n'avoit veue tant de si riche et noble pierrerie ensemble.

<><><>

Le jeudi devant la départie de l'Empereur, avoit fait le Roy tous assembler les gens dudit Empereur; car, beauls dons avoit fait apprester pour leur donner; si y mena le Roy ses freres, le seigneur de la Riviere et aultres chevaliers porter ses joyaulx et de ses varlés de chambre.

CHAP. XLVI : *Ci dit les beaulx et riches dons que le roy Charles envoya à l'Empereur et son filz.*

Là où l'Empereur fu et toutes ses gens assemblez, vint le duc de Berry et dit que le Roy le saluoit et lui envoyoit de ses joyaulx telz comme à Paris on les faisoit; lors lui présenta une moult noble couppe d'or garnie de pierrerie, en laquelle avoit figure d'esmail moult richement ouvré, l'espere du ciel, où estoit le zodiaque, les signes, les planetes et estoilles fixes et leur ymages; et aussi lui présenta deux grans flacons d'or, où estoit figuré en ymages eslevez, comment saint Jaques monstroit à saint Charlesmaine le chemin en Espaigne, par révélacion, et estoyent lesdis flacons en façons de coquilles, si lui dit le duc de Berry, bien gracieusement, que, pour ce qu'il estoit pellerin,

---

tière et on le transporta à Beauté-sur-Marne, qu'il admira beaucoup, et où il se trouva, comme il disoit, soulagé de sa goutte; ce fut au point qu'il visita de lui-même tout l'hôtel. On avoit richement décoré cette résidence, ce qui lui fit dire que de sa vie il n'en avoit vu de plus belle ni de mieux située. Les gens de sa suite tenoient le même langage. On les avoit conduits aussi dans la tour du bois de Vincennes; on leur avoit montré à chaque étage les approvisionnements, l'artillerie et les machines, et l'on y avoit donné au roi des Romains des arbalètes à son choix; ils n'avoient jamais rien vu de si merveilleux, et ne pouvoient assez louer le jugement et la grandeur chevaleresque du roi de France. L'empereur passa quelques jours à Beauté; le roi l'y alloit visiter chaque jour, lui parloit sans témoins et long-temps, puis revenoit à son logis du bois; car il ne faut pas croire que ce sage prince, pour les soins qu'il rendoit à l'empereur, laissât ses autres affaires en souffrance; il étendoit constamment sa prévoyance à toutes choses.

L'empereur desira voir la belle couronne que le roi avoit fait faire; le roi la lui envoya par Gilles Malet, son valet de chambre et Hennequin, son orfèvre. Ce prince la prit dans ses mains et la regarda attentivement de tous côtés, puis il la rendit en disant que somme toute, il n'avoit vu de sa vie tant de si riches et de si belles pierreries ensemble.

<><><>

Le jeudi qui précéda le départ de l'empereur, le roi fit réunir tous les gens de ce prince, car il avoit fait préparer de très-beaux présens pour les leur distribuer; il mena avec lui ses frères, le sieur de la Rivière et d'autres chevaliers, et ses valets de chambre pour porter les joyaux.

CHAP. XLVI, *où l'on dit les beaux et riches dons que le roi Charles envoya à l'empereur et à son fils.*

Le duc de Berry s'étant présenté dans la salle où étoit l'empereur, au milieu de tous ses gens rassemblés, le salua au nom du roi, et lui dit que ce prince lui envoyoit de ses joyaux, tels qu'on les savoit faire à Paris; alors, il lui offrit une élégante coupe d'or, garnie de pierreries, sur laquelle étoient représentés en figures d'émail, richement ouvragées, la sphère du ciel, le zodiaque, les signes, les planètes, les étoiles fixes et leurs emblèmes; il lui présenta aussi deux grands flacons d'or, où l'on voyoit, en figures de relief, saint Jacques montrant à Charlemagne, avec une révélation, le chemin de l'Espagne. Ces flacons étoient en forme de coquille; aussi, le duc de Berry dit gracieusement à l'empereur, que puisqu'il étoit pèlerin, le roi lui envoyoit des coquilles. Il lui offrit, en outre, un grand hanap d'une autre forme, un gobelet et une aiguière, le tout en or, garni de pierreries et émaillé de façons

lui envoyoit le roy des coquilles; encore, lui présenta un grant hanap, d'autre façon, un gobellet, et une esguiere, tout d'or, garnis de pierrerie et esmailliez de diverses façons, deux grans poz d'or, à testes de lions.

Item, à son filz furent présentez quatre grans poz, un grant gobellet, une esguiere tout d'or, garni de pierrerie, et oultre cela, une ceinture d'or longue, garnie de riche pierrerie, du pris de huit mille frans. Desquelz présens, l'Empereur faisoit merveilleusement grant conte, et moult mercioit le Roy; si fist son filz.

Aprés, ensuivant, à tous ses princes fu présentée vesselle d'or et d'argent, si largement et à si grant quantité, que tous s'en esmerveilloyent, et tant, qu'il n'y ot si petit officier, de quelque estat qu'il fust, qui, par le Roy, ne receussent présent, mais quoy et quelz, se passe la cronique, pour cause de brieffté; si réputerent moult ceste grant largece, et moult louerent, mercierent et magnifierent, comme raison estoit, le roy de France.

Chap. XLVII : *Ci dit la departie de l'Empereur.*

Le vendredi ensuivant, qui fu le jour Saint Mor et le quinzieme dudit mois, ala l'Empereur à Saint Mor, et chanta l'evesque de Paris, en pontifical, la messe; puis revint disner à Beaulté. Aprés disner, que le Roy l'estoit alé veoir, le mercia moult de ses nobles présens, et dit que trop avoit fait de lui, de son filz et des siens, que desservir ne lui pourroit : grant piece furent ensemble à grant conseil ; puis revint au giste au bois.

Lendemain, qui fu le seizieme jour de jenvier, que l'Empereur partir devoit pour s'en aler en son pays, ala le Roy à Beaulté, et derechief parlerent ensemble, et par grant amistié et doulces parolles, prist un rubis et un dyamant l'Empereur en son doy, et au Roy les donna; et le Roy lui redonna un gros dyamant, et là, devant tous, s'entr'acollerent et baiserent à grans remerciemens; aussi à son filz. L'Empereur monta en sa lictiere, et le Roy à cheval, et chevaucha le Roy, costé lui, tousjours devisant, et tous les seigneurs, prélas et barons, et grant multitude de gens avecques eulx, et le convoya le Roy assez prés de la maison de Plaisance, ce que l'Empereur ne vouloit, que tant venist avant; et là, prisdrent congié l'un de l'autre, mais si fort ploururent qu'à peine povoyent parler; et le Roy au bois s'en retourna, et une piece le convoya le roy des Romains, puis prist congié, et noz seigneurs les ducs convoyerent l'Empereur qui vint, celle nuit, à Laigni-sus-

◇◇◇

diverses; enfin, deux grands vases d'or à têtes de lions.

On offrit à son fils quatre grands vases, un grand gobelet et une aiguière, le tout en or et garni de pierreries; de plus, une longue ceinture d'or enrichie de pierres précieuses, et de la valeur de huit mille francs. L'empereur étoit ravi de tous ces dons et remercioit beaucoup le roi; son fils en faisoit autant.

On donna après cela à tous les princes de sa suite, de la vaisselle d'argent et d'or, si largement et en quantité si grande, que tous s'en émerveilloient; il n'y eut point de si mince officier, quelle que fût sa condition, qui ne reçût des présents de la part du roi. Mais, quels ils furent? la chronique le passe pour abréger. Ces largesses leur sembloient magnifiques; ils louèrent, remercièrent et magnifièrent, comme de raison, le roi de France.

Chap. XLVII, *où l'on raconte le départ de l'empereur.*

Le vendredi suivant, jour de Saint-Maur, et quinze de janvier, l'empereur alla à Saint-Maur, où l'archevêque de Paris chanta pontificalement la messe, puis il revint dîner à Beauté. Après le dîner, il remercia beaucoup, de ses présents, le roi, qui l'étoit venu voir; dit que c'étoit avoir trop fait pour lui, pour son fils et pour les siens, et que jamais il ne pourroit dignement reconnoître ce procédé. Ils demeurèrent long-temps ensemble en grand conseil, puis le roi revint à sa résidence de Vincennes.

Le lendemain, seizième jour du mois, l'empereur devant partir pour s'en retourner en son pays, le roi se rendit à Beauté; ils s'entretinrent de nouveau ensemble d'une manière affectueuse et avec de douces paroles. L'empereur ôta de son doigt un rubis et un diamant, et les donna au roi; le roi lui offrit en retour un gros diamant, et là, en présence de tous, ils s'accolèrent, se baisèrent et se firent de mutuels remerciements. Il en fut de même avec le fils. L'empereur monta dans sa litière, et le roi à cheval. Le roi chevaucha à son côté, devisant toujours avec lui; tous les seigneurs, prélats et barons, et une grande multitude de gens, les suivoient. Le roi l'accompagna jusqu'auprès du château de Plaisance, malgré le refus de l'empereur, qui ne vouloit pas le laisser venir si avant. Là, ils prirent congé l'un de l'autre, mais ils pleuroient tant, qu'à peine ils pouvoient parler. Le roi revint au bois de Vincennes; le roi des Romains l'accompagna quelque peu et prit ensuite congé de lui. Nos seigneurs les ducs escortèrent l'empereur, qui alla coucher à La-

Marne, et lendemain, ala au giste à Meaulx, et jusques par delà, le convoyerent noz dis seigneurs, puis congié prisdrent, et s'en retournerent.

Et ainssi, le Roy le fist convoyer par ses princes, barons et chevaliers, tant qu'il fu hors du royaume; et en toutes les villes où il passa pareillement, par l'ordonnance du Roy, à feste, à solemnité et présens fu receus, ainssi comme au venir avoit esté.

Et est assavoir que, depuis le jour qu'il entra ou royaume de France, jusques au jour qu'il en sailly, tout l'estat de la despence de lui et de ses gens fu au despens du Roy; de laquel chose les choses dictes et les dons considérées, monta une trés grant somme d'or; mais, dieux mercis, et le grant sens du sage Roy, tout fu bel et bien fourni, et largement, tout au despens du Roy, sanz quelconques grief à créature.

CHAP. XLVIII : *Cy dit les juridicions que l'Empereur donna au Daulphin.*

Pour ce que tout ensemble ne se peut mie dire, n'est pas à oublier ce que l'Empereur, de son propre mouvement, fist en rétificacion de l'onneur, bonne chiere et amour qu'il ot du Roy receu; pour laquel chose, en faveur du Roy, son filz le Daulphin de Vienne ordonna et fist son lieutenant et vicaire général ou royaume d'Arle, ledit Daulphin à sa vie, dont lectres lui en fist saelées en sael d'or, par lesquelles lui donnoit si grant et plain povoir, comme faire se povoit; ce que autrefois n'a esté accoustumé : et semblablement le fist son lieutenant et général vicaire, par unes autres lectres, à pareil povoir, en fiefz, arriere-fiefz et tenemens quelconques, sanz riens exepter, et lui donna et bailla le chastel de Pompet en Viene, et aussi un autre lieu appellé Chaneault, et aussi le aagea et suppléa toutes choses qui, par enfence de aage pourroyent donner empêchement pour ces graces et gouvernement obtenir audit Daulphin.

Et, pour ces choses et autres faire au gré et prouffit du Roy et de ses enfens, laissa son chancelier aprés lui, pour saeler et délivrer lesdictes lectres, lequel chancelier, au chief de trois jour, les apporta au Daulphin toutes saellées, dont il mercia l'Empereur; aprés fu présenté de par ledit Daulphin, par le commandement du Roy, vingt mars de vaisselle dorée, et dedens mille francs, pour la peine que eue avoit de sa besoigne. Quant l'Empereur fu hors du royaume, pluseurs contes, barons, chevaliers et seigneurs prisdrent congié de lui; il les remercia et s'en retournerent.

◇◇◇

guy-sur-Marne, et arriva le lendemain au logis de Meaux. Nos seigneurs l'accompagnèrent jusqu'au-delà, prirent congé de lui et revinrent.

Le roi le fit escorter ainsi par ses princes, barons et chevaliers, jusqu'à la sortie du royaume. Dans toutes les villes où passoit l'empereur, on le recevoit, par ordre du roi, en grande solemnité; on lui donnoit des fêtes, on lui offroit des présents, comme on l'avoit fait lors de son arrivée.

Or, il faut savoir que, depuis le jour où il entra dans le royaume de France, jusqu'à celui où il en sortit, tout l'état de sa dépense et de celle de ses gens fut aux frais du roi, ce qui, avec les présents, et tout ce que nous avons rapporté, monta à une très-grande somme d'or. Mais, grâce à Dieu et à la sagesse de notre prince, il fut satisfait largement à tout des deniers du roi Charles, sans charge aucune pour les sujets.

CHAP. XLVIII, *où il est parlé des juridictions que l'empereur donna au dauphin.*

Parce que l'on ne peut tout dire à la fois, ce n'est pas une raison pour omettre ce que l'empereur fit de son propre mouvement, afin de reconnoître les honneurs, la grande chère et les marques d'affection qu'il avoit reçus du roi. A cet effet, il nomma, à vie, le dauphin de Vienne, son lieutenant et vicaire-général dans le royaume d'Arles; il lui donna, par lettres scellées d'un sceau d'or, un souverain et plein pouvoir, ce qui, jusqu'alors, n'avoit jamais eu lieu; par d'autres lettres, il le fit, et avec des pouvoirs pareils, son lieutenant et vicaire-général en fiefs, arrière-fiefs et ténements quelconques, sans en rien excepter. Il lui donna et remit le château de Pompet, dans le pays de Vienne, et un autre lieu appelé Chaneault; lui accorda dispense d'âge, et leva tous les obstacles qui auroient pu naître de sa trop grande jeunesse et l'empêcher d'obtenir ces gouvernements et ces grâces.

Voulant accomplir ces choses, et quelques autres encore, au gré et à l'avantage du roi et de ses enfants, il laissa, à Paris, son chancelier pour sceller et délivrer lesdites lettres. Celui-ci les apporta, au bout de trois jours, toutes scellées au dauphin, qui remercia l'empereur, et présenta au chancelier, d'après l'ordre du roi, vingt marcs de vaisselle dorée, contenant mille francs en espèces, pour le récompenser de la peine qu'il avoit eue dans cette affaire.

Lorsque l'empereur fut sorti du royaume, les comtes, barons, chevaliers et seigneurs qui l'avoient accompagné, prirent congé de lui; il les remercia, et eux s'en retournèrent.

Chap. XLIX : *Ci dit récapitulation de ce que dit est.*

Pour ce que la matiere de cest present œuvre est prise en la déclaracion des vertus du sage roy Charles, lequel en général avons dit reamply de graces, est raison que par divers effects soit prouvé et desclairié, que vrayes soyent noz parolles; et, pour ce que la venue de cest Empereur dessusdit fu chose moult notable, l'ay mis plus au long, et encore, pour traictier ma matiere en brief, l'ai abrégié, plus que les croniques et la relacion de ceulx qui y furent ne le desclairent; et nonobstant que à ceuls qui encore vivent, qui ceste dicte venue virent, et aussi maintes autres choses en ce livre dictes, ne leur seroit, par aventure, à oyr si plaisans, parce qu'ilz le scevent; mais comme dit Ovide, en la fin de son livre *Metamorphoseos*, « je ay fait un » œuvre, lequel par feu ne eaue ne peut estre » destruit, » comme livres qui tost sont ventilez en pluseurs pars par diverses copies n'en puist estre destruicte la matiere, est bien droiz que, pour belle légende et exemplaire notoire aux princes à venir, soit enrégistrée chose laquelle si notablement et grandement ne pourroit avoir esté menée et par tel ordre en toutes chose, sanz en aucune avoir quelquonques faulte, se grant poissance, grant sens et grant prudence

◇◇◇

Chap. xlix: *Contenant la récapitulation de ce qui a été dit.*

La présente œuvre ayant pour objet de célébrer les vertus du roi Charles-le-Sage, prince que nous avons montré, en général, rempli de qualités, il est juste que la vérité de nos paroles soit expliquée et prouvée par des faits. La venue de l'empereur ayant été en outre une chose mémorable, je me suis un peu étendu sur ce sujet, quoique, pour le traiter avec la précision convenable, je l'aie abrégé plus que ne le font les chroniques ou les récits de ceux qui en furent les témoins. Sans doute, ceux de ces derniers qui vivent encore, et ont vu cet empereur durant son séjour en France, ainsi que maintes autres choses rapportées dans ce livre, ne pourront prendre un grand plaisir à lire des détails qui déjà leur sont connus. Mais, comme dit Ovide, en terminant son livre des Métamorphoses : « J'ai fait une œuvre » que ni le feu ni la pluie ne pourront détruire, » Les livres répandus en plusieurs lieux par de nombreuses copies étant impérissables, il est bien juste que, pour laisser aux princes à venir le récit d'une vie célèbre et de mémorables exemples, on recueille des actions qui n'auroient pu se montrer si merveilleusement ordonnées en toutes choses et sans imperfection aucune, si un pou-

ne l'eust gouvernée; lesquelles choses sont à noter en cellui sage Roy dont nous parlons; car, parce que il nous appert par les légendes des solennelz anciens, et par ce que nous savons de veue et de fait de ce roy Charles, que peut-on plus dire de la magnificence du riche roy Assuaire és nobles assemblées des barons? Que peut plus estre dit de l'ordre de vivre du sage roy Salomon? Que peut plus estre dit de la largece de Alexandre? Que peut-on plus dire de la belle policie des Rommains? A nom Dieu, il me semble que le bel stile de vie de cestui sage Roy se peut bien à yceuls et à tous autres renommez bons assimiler : et encore, en prouvant ce que dit est, dirons des effects de sa haultece et perfaict sens.

———

Chap. L : *Ci dit la mort de la Royne.*

Le lundi, quart jour de février, aprés la départie de l'Empereur, comme dit est, la royne de France enfanta une fille, dont moult fu grevée du travail; babtisiée fu en l'esglise de Saint Pol; et, pour la dévocion que ot le Roy et la Royne à sainte Katherine, fu ainssi nommée; le samedi ensuivant, ladicte Royne trespassa de ce siecle : de laquel chose le Roy merveilleusement fu dolent, et nonobstant que la vertu de constance en luy fust plus grant que communement

◇◇◇

voir bien réglé, une intelligence supérieure et une prudence consommée, n'y eussent présidé sans cesse. C'est là ce qui est à remarquer dans le sage dont nous parlons. Or, ce qui se peut lire dans les vies des hommes illustres de l'antiquité, et ce que nous savons par nous-mêmes de la vie du roi Charles, fait naître les réflexions suivantes. Que peut-on mettre au-dessus de la magnificence d'Assuérus dans les nobles assemblées des grands? que peut-on mettre au-dessus de la façon de vivre du sage roi Salomon? que peut-on mettre au-dessus de la générosité d'Alexandre? que peut-on enfin mettre au-dessus de la politique des Romains? Eh bien! il me semble, à moi, et j'en atteste Dieu même, que la noble vie de ce sage roi se peut, à bon droit, assimiler à celle de ces princes, les plus renommés des temps anciens. En faisant la preuve de ce dire, je citerai les effets de sa haute intelligence et de son parfait jugement.

———

Chap. l, *où est racontée la mort de la reine.*

Le lundi, quatrième jour de février, après que l'empereur fut parti, comme on l'a rapporté, la reine de France mit au monde une fille, et fut très-incommodée des suites de sa couche. L'enfant fut baptisée dans l'église de Saint-Paul; et,

és autres hommes, ceste départie luy fu si grant douleur et si longuement lui dura que onques, devant ne aprés, faire on ne lui vid pareil dueil pour chose qui avenist; car moult s'amoyent de grant amour. Si fu assez plainte et plourée de son frere, le duc de Bourbon, et de mains autres. Le Roy, qui avoit amé le corps, pensa de l'ame, par devotes oroisons, messes, vigilles, et psaultiers faire dire continuelement, en trés grant quantité, et en grans aumosnes faire : si fu son corps apporté solemnéement, selon l'usage des roys et roynes, vestue, parée et couronnée, sus un riche lit couvert de drap d'or, à tout un ciel dessus, et ainssi fu portée à grant procession à l'esglise de Nostre Dame ; le ciel à quatre lances portoient le prevost des Marchans et les eschevins ; et le poille, les seigneurs de parlement : quatre cens torches, chascune de six livres de cire, y avoit; toutes les religions devant le corps aloyent, et noz seigneurs aprés vestus de noir. A Nostre Dame fu receups le corps à grans sons de cloches et chant, dictes messes et faictes grans aumosnes et grans oblacions à trés grant et merveilleux luminaire : là furent quinze que arcevesques que evesques, en pontifical, et là fu la royne Blanche, la duchece d'Orliens, fille de Roy, et toutes les haultes dames de France qui lors à Paris estoyent, dont y ot grant compaignie. Toute jour et la nuit, demoura le corps ou cueur de l'esglise, soubz une chapelle couverte de sierges, et sanz cesser y estoit service dit de messes, vigiles, psaultiers et prieres de jours et de nuit.

Lendemain, aprés les messes dictes, fu semblablement porté le corps à Saint Denis, à merveilleusement bel luminaire et solemnité : desquelles choses, toutes dire particuliérement, pour cause de briefté, je me passe; car assez est sceu la maniere de solemnitez et sérimonies en France honorablement faictes en tel cas ; bien est voir, que le Roy voult, que le plus grandement que faire se povoit fust fait ; car le corps vouloit honnorer de sa loyal compaigne et espouse, de qui tant de beauls enfens avoit eu, et qui loyalment l'avoit amé, et lui elle ; et aussi l'ame de qui toute sa vie ot la recommandacion en sa pensée, dont, lors et continuelement son debvoir grandement fist, par prieres et oblacions devers Dieu, que il, par sa grace, ait voulu exaucier.

Ainssi fu ledit corps porté à Saint Denis, où fu célébré le service de pluseurs prélas, et enterrée aprés, à si grant solemnité de toutes les choses qui appartiennent à l'estat de haute no-

◇◇◇

à cause de la dévotion que le roi et la reine avoient à sainte Catherine, on lui donna le nom de cette sainte. Le samedi suivant, la reine cessa de vivre. Ce malheur affligea vivement le roi; et quoique la constance fût une vertu plus grande en lui qu'elle n'est communément chez les autres hommes, cette perte lui causa une douleur si profonde et de si longue durée, qu'en aucune circonstance on ne lui vit jamais témoigner un pareil deuil, car tous deux s'aimoient d'un grand amour. Elle fut pleurée et regrettée par son frère, le duc de Bourbon, et par beaucoup d'autres. Le roi, qui avoit aimé la personne, songea au soulagement de l'âme ; il fit dire continuellement un grand nombre de saintes oraisons, de psaumes, de vigiles et de messes, et fit d'abondantes aumônes. Selon l'usage suivi pour les rois et pour les reines, sa dépouille fut apportée en grande pompe, vêtue avec richesse, parée et couronnée, sur un lit couvert de drap d'or et surmonté d'un ciel. On la porta en procession à l'église de Notre-Dame ; le ciel, soutenu par quatre lances, étoit porté par le prévôt des marchands et les échevins ; le poêle, par les seigneurs du parlement. Il y avoit quatre cents torches, chacune de six livres de cire. Toutes les communautés religieuses précédoient le corps ; nos seigneurs venoient après, vêtus de noir. A Notre-Dame, le corps fut reçu au chant des prêtres et au son des cloches ; on fit de grandes aumônes et de riches oblations ;

◇◇◇

l'église fut garnie d'un immense luminaire ; il y eut quinze évêques et archevêques, en habits pontificaux ; on y voyoit la reine Blanche, la duchesse d'Orléans, fille de roi, et une compagnie nombreuse de toutes les hautes dames qui se trouvoient alors à Paris. Le corps demeura tout le jour et toute la nuit dans le chœur de l'église, sous une chapelle garnie de cierges. On y disoit sans cesse des messes, des vigiles et des psaumes, et des prières le jour comme la nuit.

Le lendemain, après que les messes eurent été dites, le corps fut ainsi porté à Saint-Denis, en grande solemnité, et accompagné d'un nombreux luminaire ; mais, pour abréger, je passe le détail de ces choses. On connoît assez les solemnités et les cérémonies qui se font en France avec tant de dignité en pareilles circonstances. Il suffira de dire que le roi voulut y mettre toute la grandeur qui se pouvoit. Il desiroit honorer les restes de sa compagne, de la royale épouse qui lui avoit donné de si beaux enfants ; qui avoit eu pour lui un amour si sincère, et que lui-même avoit aimée. Ayant eu toute sa vie présent à la pensée le soin de cette personne chérie, il se fit dès lors un devoir, et n'y manqua jamais depuis, d'adresser pour elle à Dieu des prières et des offrandes. Fasse le ciel qu'il ait été exaucé.

Le corps porté à Saint-Denis, où plusieurs prélats célébrèrent le service divin, fut enterré ensuite en si grand appareil de tout ce qui appar-

blece, que, à dire en brief, je croy que onques plus grant ne fu fait à Royne de France, dont il soit mencion ; et fu enterrée en une chapelle de ladicte esglise, qui au destre costé est du grant autel, emprés les dégrez, par lesquelz on monte aux corps sains, laquelle chapelle le roy Charles avoit fondée pour lui et pour elle ; et le mercredi d'aprés, derechief fu le cueur enterré aux Freres Meneurs, en l'esglise, en solemnel service de vigiles, messes, luminaire, et grant compaignie de barons et gens notables ; et pareillement le vendredi, aux Célestins où les entrailles devant le grant aultier furent enterrez, et en tous les aniversaires ot donnée générale à tous ceulx qui la vouloyent prendre.

Et dorénavant nous convient entrer en autre matiere plus pondérant et de plus grant efficace.

CHAP. LI : *Cy dit la mort pape Grégoire.*

A mois de mars, le vingt-septiesme jour, en l'an dessusdit 1377, pape Grégoire, qui estoit alé à Rome, de ce siécle trespassa, ou palais Saint Pierre, en ladicte cité de Romme ; et le mardi, sixieme jour du mois d'avril ensuivant, avant Pasques, lesquelles furent le dix-huitiesme jour d'avril, en conclave, qui pour les cardinaux estoit ordonné, pour faire eleccion de nouvel

Pape, où entrer devoyent lendemain, chay le tonnoire et la fouldre qui despeça les logis fais et ordonnez pour deux des cardinaux : laquel chose fait moult à noter par ce qu'il s'en est ensuivy.

Item, lendemain, jour septiesme dudit mois, les cardinaulx, qui estoyent à Rome entrerent oudit conclave ; mais encore en avoit six en Avignon, qui à Romme n'estoyent alez avec ledit Pape ; et par ce qui dessus est dit, appavoir peut que cestui pape Grégoire, lequel fu esleu en Pape, le trentiesme jour de décembre, l'an 1370, ne régna Pape que sept ans, et tant comme il a, du trentiesme jour de décembre, jusques au vingt-septiesme jour de mars : si dura la dicte elleccion trop stimulée par stimulacion désordonnée par assez long espace, comme il appaire par ce que cy aprés sera desclairié.

CHAP. LII : *Ci dit comment fu escript au roy Charles qu'il se gardast de ceulx qui le cuidoyent empoisonner.*

Qu'il soit voir que le roy Charles fust amez, pour cause de ses bontez, de pluseurs et mesmement estrangiers, lui furent lectres envoyées ou mois de mars, par aucuns grans seigneurs, és quelles estoit contenu qu'un homme appelé Jacques de Rue, à l'instance d'un certain prince, à grant tort et péchié, devoit machiner par poi-

Pâques, qui vint le dix-huitième jour d'avril, la foudre tomba sur les bâtiments du conclave, destinés à l'élection du nouveau pape, et où les cardinaux devoient entrer le lendemain. Le tonnerre détruisit un logement qui avoit été préparé pour deux des cardinaux. Ce fait est à remarquer en raison des événements qui s'ensuivirent.

Le lendemain, septième jour dudit mois, les cardinaux, qui étoient à Rome, entrèrent dans le conclave ; il y en avoit six à Avignon qui n'avoient point suivi le pape à Rome. On voit, d'après cela, que ce pape Grégoire, qui avoit été élu le 30 de décembre de l'an 1370, ne régna que sept ans et l'espace de jours compris entre le 30 décembre et le 27 mars. La nouvelle élection, semée d'intrigues et de menées, dura long-temps, comme on le verra par ce que nous disons ci-après.

CHAP. LII, *où il est dit comment on écrivit au roi Charles de se garder de ceux qui le vouloient empoisonner.*

Les sentiments d'affection que par sa bonté naturelle le roi Charles inspiroit même aux étrangers, apparoissent bien clairement dans les lettres qu'un grand seigneur lui envoya au mois de

---

tient à une noblesse royale, que jamais, je crois, de plus grands honneurs ne furent rendus à la dépouille d'aucune reine de France, dont l'histoire rapporte les funérailles. Elle fut inhumée dans une chapelle de cette église, à droite du grand autel, auprès des degrés par lesquels on monte vers les corps saints. Cette chapelle avoit été fondée par le roi Charles, pour lui et pour la reine. Le mercredi suivant, son cœur fut porté dans l'église des Frères Mineurs ; il y eut service, messes, vigiles et luminaires, et nombreuse compagnie de barons et de gens de marque. Il en fut de même le vendredi, où les entrailles furent enterrées aux Célestins, devant le grand autel. A tous les anniversaires, il y eut depuis une aumône générale pour tous ceux qui la vouloient recevoir.

Il nous faut maintenant aborder d'autres détails plus importants et plus utiles.

CHAP. LI, *où est rapportée la mort du pape Grégoire.*

Le vingt-septième jour du mois de mars, de ladite année 1377, le pape Grégoire, qui étoit allé à Rome, y mourut dans le palais de Saint-Pierre. Le mardi, six du mois d'avril suivant, et avant

sons, ou autrement, la mort dudit roy Charles, et que d'icellui Jaques, lequel venoit en France pour celle cause, soubz autre ombre se voulsist garder : pour lesquelles nouvelles, le Roy fist tantost prendre, là où il fu trouvez, ledit Jaques de Rue et emprisonner ; et fu trouvé en un coffret d'icellui certains rolles, en maniere de memoires, des voyes qu'il devoit tenir, avec l'ayde de pluseurs autres d'icelle traitreuse aliance adhérez avec cellui prince de qui estoit cellui à ce commis, pour la mort et destruccion dudit sage roy Charles.

Mais, comme Dieu ne voulsist si grant inconvénient souffrir comme de laissier ainssi périr son bon sergient par desloyal traictié, voult, de sa divine grace, que la chose venist à clarté, et en telle maniere que ycellui Jacques de Rue, et un autre sien compaignon appellé maistre Pierre du Tertre, confesserent entierement, de leur bonne voulenté, sans contrainte, toute la faulse machinacion ; par quoy le roy volt que, en la chambre de parlement, grant multitude de gens, prélas, princes, barons, chevaliers, conseilliers, advocas, et toute gent fussent présens ; et là furent menez lesdis Jacques de Rue et maistre Pierre du Tertre, lesquelz furent interroguez sur les choses contenues en leur confessions et conjurez des plus grans sermens que

faire se peut, lesquelz affermerent par yceulx seremens leur confessions estre vrayes en la maniere que ilz l'avoyent dit, sanz force et sanz contrainte aucune, sus le péril de leur arme ; car ilz savoyent bien que dignes estoyent de mort se le Roy n'en avoit mercy. Et, ces choses rapportées au Roy, il voult que justice et raison en fust faicte, selon le jugement de parlement ; lequel parlement les condampna estre traynez du pallaiz jusques és halles, et là, sur un eschaffault avoir les testes trenchiéez, et puis escartelez, et pendus leur membres aux quatre portes de Paris, et le corps au gibet : et ainssi fu fait. Les causes pourquoy cest exploit fu fait, et pour qui, ne à quel instigacion tel trahison machinoyent, je me passe, pour ce que moult ne touche à ma matiere ; et qui plus en vouldra savoir, trouver le pourra, assez prés de la fin, où les croniques de France traictent dudit roy Charles, après le trespassement de ladicte royne Jehanne de Bourbon.

Chap. LIII : *Ci dit comment les nouvelles vindrent que les cardinaulx, à Romme, avoyent esleu à Pape, Berthelemy.*

Environ le mois de may l'an 1378, vindrent nouvelles à Paris et en France, que les cardi-

◇◇◇

mars. Il y étoit dit qu'un nommé Jacques de Rue devoit, par une criminelle perversité, et à l'instigation de certain prince, tenter de donner la mort au roi Charles, par le poison ou autrement ; que le roi devoit donc se garder de cet homme qui, sous un autre prétexte, venoit en France avec ce dessein coupable. Sur cet avis, le roi fit aussitôt arrêter ledit Jacques de Rue, qui fut emprisonné. On trouva dans un coffret, appartenant à cet homme, des rôles ou mémoires où étoient indiqués les moyens qu'il devroit prendre, avec plusieurs complices, pour l'exécution de ce projet odieux, et d'accord avec le prince qui lui avoit donné la commission de mettre à mort le roi Charles.

Mais Dieu ne souffrit pas qu'un aussi grand malheur s'accomplît, que son fidèle serviteur succombât de la sorte à un infâme complot. Il permit, par un effet de sa grâce divine, que ce dessein fût révélé, et en telle manière, que Jacques de Rue et un de ses compagnons, nommé maître Pierre du Tertre, confessèrent pleinement, de bonne volonté et sans contrainte, cette horrible machination. Ensuite de quoi, le roi voulut qu'il y eût une assemblée nombreuse dans la chambre du parlement, prélats, princes, barons, chevaliers, conseillers, avocats et toute espèce de personnes. Jacques de Rue et maître Pierre du Tertre y furent amenés ; on les interrogea sur les

◇◇◇

faits contenus dans leurs aveux, on les adjura par les serments les plus sacrés, et ils affirmèrent sous ces mêmes serments, sans gêne et sans contrainte aucune, mais sur le péril de leur âme, que leurs aveux étoient sincères et les faits véritables, car ils savoient bien qu'ils étoient dignes de mort, si le roi ne leur accordoit merci. Le roi, lorsqu'on lui eût rapporté ces choses, voulut que justice en fût faite, sur le jugement du parlement. Le parlement les condamna à être traînés du palais jusqu'aux halles ; à y avoir la tête tranchée, et à être écartelés ; leurs membres devoient ensuite être pendus aux quatre portes de Paris et leurs corps au gibet ; ce qui fut exécuté. Je ne dirai point ici les causes de cet attentat, en faveur ou à l'instigation de qui cette trahison fut machinée, parce que cela n'entre point dans mon sujet ; ceux qui le voudront savoir, le pourront trouver à la fin des chroniques de France, où il est parlé du roi Charles, après la mort de la reine Jeanne de Bourbon.

Chap. LIII, *où il est dit comment vint la nouvelle que les cardinaux, à Rome, avoient élu pape Barthélemy.*

Environ le mois de mai de l'an 1378, la nouvelle se répandit à Paris et en France que les cardinaux avoient élu pape, à Rome, un nommé

naulx, qui à Romme estoyent, avoyent esleu en Pape un appellé Barthelemy, pour le temps archevesque de Bar; et tost après ot le Roy aucunes particulieres lectres, qui secretement lui escriprent, « qu'il ne donnast foy en chose qui
» eust esté faicte en ceste nominacion, et que
» plus à plain le certificroyent de la vérité; et
» aussi ne donnast responce aux messages qui,
» de par Barthelemy lui veinssent : » et tost après vint un chevalier et un escuier, au Roy, comme ilz disoient envoyez d'icellui Barthelemy, lequel s'appelloit pape Urbain, auxquelz le Roy respondy, « que il n'avoit encore oy cer-
» taines nouvelles de ceste eleccion et si y avoit
» tant de bons amis cardinaulx qui jadis furent
» serviteurs de ses prédécesseurs et les siens,
» que il tenoit fermement que, se aucune elec-
» cion de Pape eust esté faicte, ilz la lui eussent
» signifié; et, pour ce, son entencion estoit
» d'encore actendre jusques autre certifica-
» cion eust, avant que en ce fait plus procé-
» dast. »

Chap. LIV : *Ci dit comment le roy Charles receupt lectres des cardinaulx, que Barthelemy n'estoit mie justement esleu, et qu'il n'estoit pas Pape.*

Comme il soit voir que le roy Charles, comme dit est, ne voulsist quelconques chose, où il convenist ains delibérer, sans conseil de sages clercs et autres discrez et preudeshommes, encore continuant celle juste accoustumance, ou fait de l'esglise, dont jà le scisme fu encommencié, dont moult grandement lui pesa; comme ce fust chose grieve et pondéreuse et où chéoit grant scrupul de conscience, ne volt, en aulcune maniere, y procéder de sa propre voulenté, mais tousjours, en toutes choses, par délibéracion des plus sages. Parquoy, comme, ou mois d'aoust l'an dessusdit 78, lui fussent envoyez, de par les cardinaulx, certains messages, comme l'evesque de Famagoste, et autres religieux maistres en théologie, aveucques lettres closes et ouvertes, de par le colliege des cardinaulx, saelées de leur seauls, affermans et certifians ledit Barthelemy non estre Pape, mais avoit esté faicte la nominacion par expresse violence, comme il pourroit estre certifié par lesdis messages porteurs des lettres : adont le sage Roy, pour avoir avis et regart bien au vray sur ceste chose, prélas, arcevesques et evesques de son royaume, et tous les souvrains clercs, maistres en théologie et autres docteurs, pris és universitez de Paris, d'Orliens, d'Angiers, et autre part, partout où les pot savoir, et assemblez les fist. Le samedi onziesme jour de septembre, l'an dessusdit, au pallais fu ladicte assemblée; et là, en présence desdis clercs et sages, dont grant quantité en y avoit, oy lesdis

Barthélemy, alors archevêque de Bari. Bientôt après, le roi reçut des lettres particulières où on lui disoit confidentiellement « de ne point regar-
» der comme sérieux ce qui avoit été fait pour
» cette nomination, qu'on lui feroit connoître plus
» en détail la vérité, qu'il ne fît surtout aucune
» réponse aux messages qui lui viendroient de
» la part de Barthélemy. » Peu de temps après, un écuyer et un chevalier se présentèrent devant le roi, se disant envoyés par ce Barthélemy, qui se faisoit appeler le pape Urbain : le roi leur répondit qu'il n'avoit point encore de nouvelles certaines de cette élection, qu'il avoit de bons amis parmi les cardinaux, jadis dévoués à ses prédécesseurs et à lui-même, ce qui lui faisoit croire que si une élection papale avoit eu lieu, ils la lui auroient signifiée, que son intention étoit d'attendre d'autres avis avant de prendre à cet égard aucune détermination.

Chap. LIV, *où il est dit comment le roi reçut, de la part des cardinaux, des lettres ou on lui annonçoit que Barthélemy n'avoit pas été légitimement élu et n'étoit point pape.*

Nous avons dit que le roi Charles, dans les choses qui demandent de la maturité, ne vouloit prendre jamais de résolution sans le conseil de sages clercs et autres personnes discrètes. Il continua d'agir, selon cette prudente coutume, dans les affaires de l'église, où le schisme étoit déjà commencé, ce qui lui causoit une vive peine. Comme c'étoit une matière importante et grave, où la conscience se pouvoit trouver compromise, il ne voulut en aucune manière y procéder de sa propre volonté, mais toujours et en toutes circonstances, par le conseil des hommes les plus sages. Au mois d'août de ladite année 1778, plusieurs cardinaux, tels que l'évêque de Famagouste et d'autres religieux, maîtres en théologie, lui envoyèrent des messages, par lettres closes et autres, affirmant et certifiant que Barthélemy n'étoit point pape, que sa nomination avoit été faite par la violence, comme le pourroient attester les envoyés porteur des lettres. En conséquence, notre sage roi, pour avoir un avis compétent et juste sur cette affaire, fit assembler les prélats, archevêques et évêques de son royaume et tous les clercs supérieurs, maîtres en théologie et autres docteurs, choisis dans les universités de Paris, d'Orléans, d'Angers et de tous les lieux où il en savoit d'habiles. Le samedi, onzième jour de septembre de ladite année, cette assemblée se réunit au palais; là, en présence d'une

messages, lesquelz, tant l'un comme l'autre disdrent la maniere « comment ledit arcevesque de » Bar avoit esté nommé Pape, par violence et » paour du tumulte des Rommains qui crioyent : » *Rommain le voulons* ; et, comme il ne fust » onques esleu droicturicrement, les cardinaulx » déterminez estoyent à non le tenir pour Pape : » si conclurrent que, pour ce signifier, estoyent » devers le Roy venus, et lui requisdrent qu'il » voulsist adhérer à la déterminacion des cardi- » naulx, et que confort, conseil et ayde il leur » voulsist donner en ce fait. » Quant les parolles d'iceulx furent finies, adont le sage Roy vit que les sages clercs, prélas, maistres en théologie, en loys, decrez et autres sciences eussent délibéracion ensemble, en son absence, que il avoit à faire et à respondre sur ceste chose, qui moult estoit de grant poiz ; et fu mis jour de responce et délibéracion sur ce. En ces entrefaictes, le Roy ot conseil pour la chose, qui trop estoit de grant avis, de non respondre absoluement ; si fist, par son chancelier, rendre auxdis messages tel responce ; et dist ainssi le chancellier : « Que le Roy avoit bénignement oy ce » que lui avoyent exposé ; et, quant aux reques- » tes qu'ilz avoyent faictes, tant de adhérer à la » déterminacion des cardinaulx, comme à leur » donner conseil, confort et ayde, le Roy n'es- » toit pas encore conseilliez de consentir ou nyer

nombreuse réunion de clercs et d'hommes capables, on entendit les envoyés qui rapportèrent d'une manière uniforme « comment l'archevêque » de Bari avoit été élu pape par violence, et en » suite de l'effroi qu'inspiroit le peuple, soulevé » aux cris de *nous le voulons Romain* ; que les » cardinaux étoient déterminés à ne le point re- » connoître pour pape, parce qu'il n'avoit pas été » légitimement élu. Ils conclurent en disant qu'ils » avoient été mandés vers le roi pour lui donner » connoissance de ces faits ; ils le prièrent de » vouloir bien adhérer à la détermination des » cardinaux, et de leur donner en cette occur- » rence aide, conseil et protection. » Lorsqu'ils eurent cessé de parler, le roi voulut que les sages clercs, prélats, maîtres en théologie, en lois, décrets et autres sciences, délibérassent ensemble, lui absent, sur ce qu'il y avoit à faire et à répondre en une chose de telle gravité. On désigna le jour où il en seroit délibéré et où la réponse seroit faite. Dans l'intervalle, on conseilla au roi, vu l'importance de cette affaire, de ne pas répondre d'une manière positive. Il fit alors donner, par son chancelier, aux envoyés des cardinaux, une réponse conforme à cet avis. Le chancelier leur dit « que le roi avoit écouté avec faveur » ce qu'ils lui avoient exposé ; que pour la demande » qu'ils lui avoient faite d'adhérer à la résolution

» ladicte adhéracion ; et que plus avant en vou- » loit ainçois estre informez ; que la matiere es- » toit moul haulte, périlleuse et doubteuse. » Quant à l'ayde, que il estoit voir, que, ou » mois d'aoust précédent, le Roy avoit aydié les » cardinaulx d'une grant finance, et mandé aux » gens d'armes, nez de son royaume, qui oultre » les mons estoyent, qu'ilz fussent en l'ayde » desdis cardinaulx pour les mectre hors de pé- » ril ; mais, se encore l'ayde dessusdit ne suffi- » soit, il estoit prest, pour l'amour de Dieu et » du bien de saincte Esglise, de les aydier et » conforter. » Et à celle la responce s'en retournerent lesdis messages à celle foiz.

CHAP. LV : *Ci dit comment le Roy receut lectres desdis cardinaulx, qu'ilz avoyent laissié ledit Barthelemy.*

Aprés, receupt le Roy lectres, comment, le plustost que les cardinauls avoyent peu, estoyent partis hors de Romme, et par scrupul de leur conscience, n'avoyent fait audit Barthelemy obéissance, ne révérance aulcune ; et aprés, tous ensemble, Ytaliens et Oultremontains, exepté le cardinal de Saint Pere, qui malade estoit, contredirent le fait, et fu escript et signé de leur mains ; et depuis estudierent pluseurs cardinaulx trés solemnelz, docteurs commis en

» des cardinaux, de leur donner conseil, aide et pro- » tection, le roi n'étoit point encore décidé à accor- » der ou à refuser son adhésion, mais vouloit être » auparavant plus complétement informé ; que la » question étoit grave, délicate et douteuse. Quant » à l'appui qu'on lui demandoit, il étoit notoire » qu'au mois d'août précédent il avoit aidé les » cardinaux par des secours pécuniaires, et man- » dé aux gens de guerre, nés dans son royaume » et alors au-delà des monts, de secourir ces car- » dinaux et de les mettre hors de péril ; mais que » si cet appui ne leur suffisoit pas, il étoit prêt, » pour l'amour de Dieu, et le bien de la sainte » église, à leur donner aide et protection. » Sur cette réponse, les envoyés s'en retournèrent.

CHAP. LV, *où il est dit comment le roi reçut des lettres de la part des cardinaux qui avoient abandonné Barthélemy.*

Le roi reçut ensuite des lettres qui lui annonçoient que les cardinaux, aussitôt qu'ils l'avoient pu, étoient sortis de Rome, et, par scrupule de conscience, n'avoient donné à Barthélemy aucunes marques de soumission ni de respect ; qu'ensuite, tous les cardinaux réunis, Italiens et ultramontains, le cardinal de Saint-Pierre excepté, parce qu'il étoit malade, avoient fait con-

ce en espécial, à trés grant diligence pour savoir, consideré le fait accordé, se ledit Barthelemy, par l'eleccion faicte ou par les fais ensuivis aprés, povoit avoir aulcun droit ou Pape; lesdis commissaires et tous les cardinauls desclairans le cas à tous les prélas, maistres en théologie, docteurs en droit canon et sivil à qui parler porent.

Enfin, concordablement en conclusion, fu de tous déterminé que ledit Berthelemy n'estoit point Pape, ainçois, par occupacion de tirannie tenoit le siege : et ces choses ainssi faictes, aprés firent les cardinaulx leur publicacion solemnéement, comme de droit faire debvoyent ; et, eulx estans en Avignon, le firent savoir aux autres six, qui n'y avoyent esté, lesquelz informez par les lectres saelées du colliege desdis cardinauls, l'approuverent du tout en tout et firent publier, en Avignon, solemnéement, et deffendre que audit Barthelemy ne fust obéis, exepté le cardinal de Pempelune, qui encore y voult délibérer ; mais depuis se consenti avec les autres.

CHAP. LVI : *Ci dit comment les cardinaulx esleurent Pape Clément.*

Depuis, lesdits cardinaulx se transporterent en la cité de Fondes, et là, tous ensemble, tant Ytaliens comme autres, le vingtieme jour de septembre 1378, pour proceder à l'eccion de vray Pape, esleurent justement, canoniquement et concordablement, en Pape, sanz débat, difficulté ou contradiccion, un cardinal, appellé messire Robert de Geneve et fu appellé Pape Clément VII ; et couronné fu et consacré, le derrenier jour d'octobre, veille de Tous Sains, lequel se consenti à ladicte éleccion, et aussi fist la royne de Naples et tous les seigneurs du pays ; mais les Rommains tindrent tousjours ledit Berthelemy pour Pape : et ces choses furent escriptes et signifiées au roy de France, tant par ledit pape Clément, comme par lesdits cardinaulx, en le requérant et priant qu'il voulsist adhérer à ladicte éleccion et tenir ledit pape Clément pour vray Pape.

Le sage Roy, qui ces nouvelles ot oyes, ne volt mie, sanz grant avis, délibérer de ceste chose ; et affin que, par bon conseil et seur, il fist ce qu'il en debvoit faire, manda et pardevant lui fist venir au bois de Vicennes, le mardi seiziesme jour de novembre, l'an dessusdit, pluseurs prélas, tant arcevesques que evesques, comme abbez et autres sages clercs et maistres en théologie, docteurs en décret et lois, et plu-

◇◇◇

tre l'élection une protestation écrite, signée de leurs propres mains. Depuis, plusieurs cardinaux, docteurs renommés, furent chargés d'étudier spécialement la question et avec le plus grand soin, pour savoir, en concédant le fait, si ledit Barthélemy pouvoit avoir quelque droit à la papauté. Lesdits commissaires et tous les cardinaux exposèrent le cas à tous les prélats, maîtres en théologie, docteurs en droit, canon et civil, avec lesquels ils purent s'aboucher.

Enfin, d'un avis unanime, il fut conclu que Barthélemy n'étoit point pape, mais qu'il occupoit le saint siége par une usurpation tyrannique. Ces choses ainsi réglées, les cardinaux en publièrent avec solennité, comme il étoit de leur devoir de le faire. Lorsqu'ils furent à Avignon, ils firent savoir aux six autres qui n'avoient point été à Rome. Ceux-ci, informés de tout par des lettres scellées du collége des cardinaux, donnèrent une approbation complète à leur protestation, la firent publier à Avignon d'une manière solennelle, et défendirent d'obéir audit Barthélemy. Le cardinal Pampelune fut le seul qui ne voulut point adhérer à ces mesures ; mais, par la suite, il adopta l'avis des autres.

CHAP. LXV, *où il est dit comment les cardinaux élurent pape Clément.*

Les cardinaux se transportèrent ensuite dans la ville de Fondi ; là, tous rassemblés, Italiens et autres, ils procédèrent à l'élection d'un vrai pape. Le vingtième jour de septembre 1378, ils élurent, selon les règles, canoniquement et d'un commun accord, sans débats, sans empêchements ou contradictions, un cardinal nommé messire Robert de Genève, qui fut appelé le pape Clément VII ; il fut couronné et sacré le dernier jour d'octobre, veille de la Toussaint. Il consentit à cette élection, qui fut approuvée par la reine de Naples et par tous les seigneurs du pays. Quant aux Romains, ils tinrent toujours Barthélemy pour pape. Ces faits furent annoncés au roi de France par le pape Clément et par les cardinaux eux-mêmes. Dans les lettres qu'ils lui envoyèrent à ce sujet, ils le prioient d'adhérer à cette élection, et de regarder Clément comme le vrai pape.

Le roi, ayant reçu ces nouvelles, ne voulut pas, sans un avis de poids, se résoudre en cette affaire; desirant, dans cette occurrence, agir d'après un conseil éclairé et sûr, il manda et appela devant lui, au bois de Vincennes, le mardi, seizième jour de novembre de la même année, plusieurs prélats, tant archevêques qu'évêques, abbés et autres sages clercs, et maîtres en théologie, docteurs en décrets et lois, et plusieurs sages de son conseil, chevaliers et autres, auxquels il déclara ces nouvelles, et fit jurer sur les saints évangiles et par tous les serments qui engagent un bon chrétien à confesser la vérité, que,

seurs autres sages de son conseil, chevaliers et autres, auquelz le Roy desclaira ces nouvelles, leur fist jurer sur saintes evvangiles de Dieu et par tous les seremens dont bon Crestien doit estre creu, que de ce, sanz faveur, diroyent leur avis de ce que leur sembloit que faire en deust ; lesquelz tous singuliérement et d'un accort, dirent et conseillerent, veu toutes choses, au Roy, que il se déclairast et déterminast pour la partie du pape Clément, pour vray Pape le tenist et que plus n'actendist à ce faire, tant, pour ce qu'ainsi le devoit faire, comme pour bon exemple donner aux autres princes : si desclaira lors le Roy manifestement Pape Clément, et le fist signifier par tout son royaume, tant à prélas et esglises cathédrales, comme autres gens.

CHAP. LVII : *Ci dit comment le roy Charles signifia à pluseurs princes que lui, bien informez de la vérité, s'estoit desclairiez pour Pape Clément.*

Aprés ladicte desclaracion, le Roy ot conseil qu'il signifiast ceste chose aux autres princes crestiens qu'il tenoit pour ses amis et bienvueillans ; si envoya messages, notables prélas, barons, chevaliers et clercs, les uns en Allemaigne, les autres en Honguerie, et ainssi en pluseurs pays, pour signifier au prince, prélas, és divers pays, comment lui, bien et justement informé de la vérité, s'estoit desclairié pour Pape Clément ; et leur mandoit que, pour l'onneur de Dieu et de saincte Esglise, ainssi voulsissent faire, affin que toute crestienté fust soubz un vicaire de Jhesu-Crist ; et oultre, leur faisoit le Roy savoir que s'il y avoit aucun prince ou autre, qui aucune doubte feist en ce fait, pour cause de l'éleccion et desclaracion de Berthelemy, que ilz voulsissent oyr les messages que le Roy y envoyoit, lesquelz estoyent instruis souffisamment et informez de la vérité du fait.

Ainssi par maint pays alerent les messages du Roy, lesquelz trouverent, en aucuns lieux, gens instruis autrement que la vérité et soustenans le fait dudit Barthelemy ; et jasoit ce que le Roy de Honguerie eust pardevant escript et signifié au roi de France, comme il flast en son grant sens qui riens ne desclaireroit sanz le jugement de grant savoir, que tel partie comme il tendroit il vouloit tenir, les messages que le Roy y ot envoyez trouverent que plus enclin estoit à la partie dudit Barthelemy que à celle de Pape Clément : et aussi les Flamangs, jasoit ce qu'ilz fussent et soyent du royaume de France, respondirent que, jusques ce qu'ilz fussent plus pleinement informez, ne tendroyent ledit pape Clément pour pape.

⸻

sans partialité, ils lui diroient leur avis sur cet incident, et ce qu'il leur sembloit que l'on dût faire. Ils répondirent tous individuellement, et d'un commun accord, que , tout considéré , ils conseilloient au roi de se déclarer en faveur de Clément, de le tenir pour vrai pape, et de ne pas différer davantage cette reconnoissance , tant parce qu'il le devoit ainsi , que pour donner un bon exemple aux autres princes. Dès lors, le roi reconnut ouvertement Clément pour pape, et le fit notifier, dans toutes les parties de son royaume, aux prélats, aux églises cathédrales et à toutes personnes.

CHAP. LVII, *où il est dit comment le roi Charles signifia à plusieurs princes, qu'étant bien informé de la vérité des faits, il s'étoit déclaré en faveur du pape Clément.*

Après cette déclaration, le roi se résolut à en donner connoissance aux autres princes chrétiens qu'il tenoit pour ses amis et pour ses partisans. Il chargea de messages des prélats distingués, des barons, des chevaliers et des clercs, et les envoya, les uns en Allemagne, les autres en Hongrie, et pareillement en plusieurs contrées, pour signifier aux princes et aux prélats de ces pays divers, comment, lui, bien et dùment informé de la vérité, s'étoit déclaré pour le pape Clément. Il les engageoit, pour l'honneur de Dieu et de la sainte église, à suivre son exemple, afin que toute la chrétienté fût soumise à un seul vicaire de Jésus-Christ. Il leur faisoit savoir, en outre, que si quelque personne, prince ou autre, élevoit des doutes sur la vérité des faits qui concernoient l'élection de Barthélemy, ses envoyés, pleinement instruits de toutes choses à cet égard, pourroient le leur apprendre de vive voix !

Les envoyés du roi allèrent de la sorte en maints pays, et trouvèrent, en divers lieux, des gens prévenus contre la vérité, et soutenant Barthélemy. Quoique le roi de Hongrie eût d'abord écrit et annoncé au roi de France que, plein de confiance en sa haute sagesse, il ne déclareroit rien sans son avis, et adopteroit le parti que le roi Charles auroit adopté lui-même, les envoyés du roi le trouvèrent plus disposé en faveur de Barthélemy que du pape Clément. Il en fut de même chez les Flamands. Bien qu'ils fussent, et qu'ils soient encore du royaume de France, ils répondirent que, jusqu'à ce qu'ils eussent été plus amplement informés , ils ne tiendroient point Clément pour pape.

⸻

CHAP. LVIII : *Ci dit comment Barthelemy fist vingt-neuf cardinaulx.*

En celluy temps, c'est assavoir le vingtiesme jour de septembre, l'an dessusdit, ledit Barthelemi, qui se nommoit pape Urbain, fist vingt-neuf cardinaulx dont les noms s'ensuivent : messire Phelippe d'Alancon, patriarche de Jherusalem, admenistreur de l'arceveschié d'Aux ; l'evesque de Londres, en Angleterre ; l'arcevesque de Ravene, de Padoue, l'evesque de Cisteron, l'evesque d'Anverse, Ursin ; messer Agapit de la Colompne, messer Estienne de la Coulompne, l'evesque de Pérouse, l'evesque de Boulongne la Grasse, l'evesque de Strigon, en Honguerie ; maistre Mosquin, de Naples ; Stephane, frere du conte Tiretart, messire Loys de Stancelle, de Napples ; messire Galeat de Petramale, l'arcevesque de Pise, l'arcevesque de Corphien, l'evesque de Tuille, le général des Freres Meneurs, l'evesque de Nucherie, l'arcevesque de Salerne, l'evesque de Versil, l'evesque de Theate, le patriarche de Grade, l'arcevesque de Prague en Bouesme, messire Gentil de Sangut, le général des Augustins ; l'evesque de Palence en Espaigne ; l'evesque de Reatim, l'évesque qu'ilz nomment de Mirepoiz, qui estoit evesque d'Autun, lequel ne l'accepta pas, et non firent pluseurs des autres ; et depuis, ledit pape Clément fist ledit evesque d'Autun, cardinal, lequel l'accepta ; et est tesmoigné en vérité que s'estoit un des bons clers qui fust en crestienté, lequel avoit fait grant diligence de savoir et enquérir, comment ledit Berthelemy avoit esté esleu ; et quant la vérité en scot, le chapel rouge refusa de lui, et depuis, comme dit est, le receupt dudit pape Clément ; si estoit grant approbation dudit pape Clément, considérée la grant clergie et souffisance dudit cardinal.

CHAP. LIX : *Ci dit la mort de l'empereur Charles.*

Celle dicte année, la veille de saint Andry, Charles, empereur de Romme et roy de Boesme, qui à Paris ot esté, comme dessus est mention faicte, trespassa de ce siecle, lequel avoit paravant procuré et pourchacié par devers les esliseurs de l'Empire, que son filz, après sa mort, fust Empereur, et, long-temps avant ladicte mort, s'appella roy des Rommains, et, après la mort de son pere, tint avoir le droict de l'Empire ; et tenoyent aulcuns que, pour ce que ledit Berthelemy lui avoit promis de le faire couronner à Empereur, il le tenoit pour Pape et avec lui se seroit adhérez ; mais, comme depuis ait esté plus informez de la vérité, s'est retournez audit pape Clément.

CHAP. LVIII, *où il est dit comment Barthélemy fit vingt-neuf cardinaux.*

Vers ce temps, à savoir le vingtième jour de septembre de ladite année, Barthélemy, qui se nommoit le pape Urbain, fit vingt-neuf cardinaux dont voici les noms : Messire Philippe d'Alençon, patriarche de Jérusalem, administrateur de l'archevêché d'Auch, l'évêque de Londres, en Angleterre, l'archevêque de Ravenne, celui de Padoue, l'évêque de Sisteron, l'évêque d'Anvers, Ursin, messire Agapit de la Colonne, messire Estienne de la Colonne, l'évêque de Pérouse, l'évêque de Boulogne-la-Grasse, l'évêque de Strigonie, en Hongrie, maître Mosquin de Naples, Stéphane, frère du comte Tiretart, messire Louis de Stancelles, de Naples, messire Galéat de Pétromale, l'archevêque de Pise, l'archevêque de Corfou, l'évêque de Tulle, le général des Frères Mineurs, l'évêque de Nocéra, l'archevêque de Salerne, l'évêque de Verceil, l'évêque de Théate, le patriarche de Grado, l'archevêque de Prague, en Bohême, messire Gentil de Sangut, général des Augustins, l'évêque de Palence, en Espagne, l'évêque de Rieti, celui qu'ils appellent l'évêque de Mirepoix, et qui étoit évêque d'Autun ; mais ce dernier refusa, ainsi que quelques autres. Dans la suite, le pape Clément le fit cardinal ; alors il accepta. Il est notoire que cet évêque d'Autun étoit un des meilleurs clercs de la chrétienté ; il avoit fait ses diligences pour savoir comment Barthélemy avoit été élu ; et quand il sut la vérité, il refusa le chapeau rouge, que celui-ci lui envoyoit. Depuis, comme nous l'avons dit, il reçut cette dignité du pape Clément. Son suffrage étoit d'un grand poids pour ce pape, vu la science profonde et les talents du cardinal.

CHAP. LIX, *où l'on rapporte la mort de l'empereur Charles.*

Cette même année, la veille de saint André, Charles, empereur de Rome et roi de Bohême, qui étoit venu à Paris l'été précédent, comme nous l'avons rapporté plus haut, cessa de vivre. Avant sa mort, il avoit obtenu, par ses démarches auprès des électeurs de l'empire, que son fils fût empereur après lui, et l'avoit fait appeler, long-temps auparavant, roi des Romains. Celui-ci, après la mort de son père, fit valoir ses prétentions à l'empire, et l'on disoit que Barthélemy, lui ayant promis de le faire couronner empereur, il le tenoit pour pape, et faisoit partie de ceux qui le reconnoissoient à ce titre ; mais, ayant depuis mieux connu la vérité, il soutint le pape Clément.

CHAP. LX : *Ci dit comment le cardinal de Limoges vint à Paris, de par pape Clément.*

Le karesme ensuivant, le cardinal de Limoges vint à Paris, envoyé de par le pape Clément, tant comme message à la terre, pour signifier, monstrer et desclairier tout ce qui avoit esté fait de la nominacion de Berthelemy, dont dessus est faicte mencion, et aussi de l'éleccion de pape Clément ; lequel, pour honneur de l'Esglise, le Roy receupt à grant révérance ; et aprés ce qu'il ot dit les causes de sa légacion, le Roy luy assigna certain jour pour l'oyr publiquement. A laquelle journée fu le Roy en la grant chambre du Louvre, assis en une chayere, et costé lui ledit cardinal, et presens furent grant foison prélas, princes, barons, docteurs, et maistres en théologie de l'Université de Paris et d'ailleurs : en la présence desquelz ledit cardinal tout ce qui avoit esté faict à Romme, à la nominacion de Berthelemy, laquelle desclaira non estre deue ne juste, et tout ce qu'il disoit affermoit vray en sa conscience et sur le péril de son ame, et savoit ces choses estre vrayes, car présent avoit esté, et veu et sceu tout l'effect. Pour laquel chose, se aucun avoit quelconques scrupul de conscience au contraire, toute appaisiée la doit avoir, car n'est mie voir semblable que un homme de telle auctorité et de si grant science, tesmoigné de tous ceuls qui le cognoiscent estre preudomme, se voulsist dampner pour aulcune amour ou faveur temporelle.

—

CHAP. LXI : *Ci dit récapitulacion du scisme en saincte Esglise.*

Or, avons devisé par le tesmoing des croniques, et mesmement d'aulcuns hommes encore vivans qui ce virent, la maniere du commencement du douloureux scisme et envenimée plante contagieuse fichiée par instigacion de l'ennemy ou giron de saincte Esglise. O, quel flayel ! O quel douloureux meschief ! qui encore dure, et a duré jà l'espace de vingt-six ans, ne taillée n'est ceste pestilence de cesser, si Dieu, de sa saincte misericorde, n'y rémédie ; car jà est celle detestable playe comme apostumée et tournée en accoustumance, tellement que l'en n'en fait mes conte ; si est grant péril que mort soubdaine s'en ensuive quelque jour en la religion crestienne, c'est assavoir une si mortel de Dieu vengence, que à celle heure faille tous crier *miserere mei* ; car, se n'est par voye d'aulcune orrible bateure, j'ay grant paour que ne soyons pas chastiez ; car semble que n'ayons aulcune

<><><>

CHAP. LX, *où il est dit comment le cardinal de Limoges vint à Paris, de la part du pape Clément.*

Le carême suivant, le cardinal de Limoges vint à Paris, de la part du pape Clément, comme légat *a latere*, pour signifier, exposer et expliquer ce qui avoit eu lieu à la nomination de Barthélemy, dont nous avons parlé plus haut, ainsi qu'à l'élection du pape Clément lui-même. Le roi, pour l'honneur de l'église, le reçut avec de grandes marques de respect. Après qu'il eut annoncé les motifs de sa mission, le roi lui assigna un jour pour l'entendre publiquement. Ce jour venu, le roi parut dans la grand'chambre du Louvre, assis en une chaire, ayant ledit cardinal à son côté ; il s'y trouvoit un grand nombre de prélats, princes, barons, docteurs et maîtres en théologie de l'université de Paris et d'ailleurs. Le cardinal rapporta en leur présence tout ce qui s'étoit fait à Rome à la nomination de Barthélemy, qu'il déclara n'être ni légitime ni valable. Il affirmoit, sur sa conscience, et sur le péril de son âme, la vérité de ses paroles ; il étoit convaincu de l'exactitude de tous les faits, car il étoit présent à Rome ; avoit tout vu et tout appris sur les lieux mêmes. Or, si quelqu'un conservoit encore sur ces matières des scrupules de conscience, il doit les quitter sur une autorité de ce poids, car il n'est pas vraisemblable qu'un homme d'un si grand savoir, reconnu pour sage par tous ceux qui le connoissent, se soit voulu damner pour aucune affection ou faveur temporelle.

—

CHAP. LXI, *où l'on fait la récapitulation du schisme de la sainte église.*

Nous avons rapporté, d'après le témoignage des chroniques, d'après celui de personnages encore vivants, et qui eux-mêmes l'ont vu, le commencement d'un schisme déplorable, plante vénéneuse et mortelle, enracinée par l'ennemi des hommes dans le sein de l'église. Quel fléau et quel affreux malheur ! il dure encore et a duré déjà pendant vingt-six années ; et cette peste n'est point près de finir, à moins que Dieu, dans sa miséricorde, n'y apporte un remède. Cette plaie, invétérée déjà, s'est changée en habitude, si bien que l'on n'y donne plus d'attention. Il est à craindre, hélas ! que la suite n'en soit un jour une mort soudaine en la religion chrétienne, c'est-à-dire une si terrible vengeance de Dieu, qu'il ne nous faille tous crier alors : *Miserere mei*, car j'ai grand'peur que nous ne soyons châtiés que par la voie d'un horrible désastre. Il semble, en effet, que nous n'ayons aucun souvenir des vengeances de Dieu ; que Dieu, dans sa sainte clémence, veuille y pourvoir avec pitié !

memoire des Dieu vengences ; et Dieu, par sa sainte clémence, y vueille piteusement pourveoir !

Chap. LXII : *Ci dit comment le roy Charles avoit entencion de faire tant que conseil général fust assemblé sur le fait de l'Esglise.*

Ainssi comme récité est, le sage roy Charles, par la relacion de tant de cardinauls, car autrement ne le peust sçavoir, crut fermement, quant soufûsant investigacion en ot faicte trés sagement, comme dit est, pape Clément estre droicturier Pape, et pour cellui se desclaira ; mes, comme ceste chose fust cause de grant esclandre, pour les diverses oppinions des Crestiens, lesquelz doivent estre tous soubz une mere sainte Esglise, et veoir deux occupans le siege papal, dont les unes provinces se portoyent pour l'un, les autres pour l'autre, dont trop d'inconvéniens ensuivoit, et ne povoit, que trop de scrupuls n'en fussent en conscience, véant, le bon prince, que il ne povoit tout le monde de ceste chose appaisier, désirant le bien et la paix universelle de toute crestienté, ains qu'il trespassast, avoit délibéré, par son bon sens et aussi par le conseil de sa fille l'Université de Paris, et maintes autres bonnes personnes, comme maintes belles colacions et sains amonnestemens en fussent faiz devant lui, et moult notable epistre lui en envoya, mouvant à ce, sa dicte fille, que il feroit tant vers les princes de crestienté, que conseil général de tous les prélas seroit assemblé, aucune part, à certain jour, les deux, qui se disoyent avoir droit ou Pappe, résineroyent, et là, selons la voye du Saint Esperit, seroit esleu par lesdis cardinaulx et lesdiz prélas, tous ensemble, nouvel Pape, ou l'un des deux, ou tel comme Dieu, sanz viser à faveur quelconques, leur administreroit ; et, se aulcune desdictes deux parties fust refusant de ceste chose, que, pour le bien de paix, remédié y fust, selon l'esgart dudit conseil général, si que, voulsissent ou non, leur convenist obéyr à la saincte ordonnance : et ceste chose avoit entencion le sage prince de metre sus bien briefment, au temps qu'il trespassa ; laquelle chose pleust à Dieu que eust esté faicte ! car bien et utilité perpétuelle en fust ensuivy ; mais fortune, qui souvent le bien de paix destourne, ne souffri la chose accomplir, par l'abrigement de sa vie. Si est dés ore temps que je tire vers la fin de mon œuvre, en terminant le procés des particulieres loanges des fais et bonnes meurs de cestui sage Roy, dont j'ay traictié ; mes, ainssi comme je promie cy devant, encore attribuant à sa digne personne, ma derreniere conclusion sera des termes de sapience aucunement, si comme les aucteurs les desclairent, et ne sont mes parolles,

---

◇◇◇

Chap. LXII, *où il est dit comment le roi Charles avoit l'intention de faire tous ses efforts pour que l'on convoquât un concile général sur les affaires de l'église.*

Ainsi que nous l'avons dit, le roi Charles-le-Sage, crut fermement, sur le dire de tant de cardinaux, et lorsqu'une investigation suffisante et sage en eût été faite (car sans cela il ne l'auroit pu savoir), que le pape Clément étoit pape légitime, et il se déclara pour lui. Cet événement fut cause de grand scandale, pour les opinions diverses qui partagèrent les chrétiens. Les chrétiens doivent être soumis à une seule mère, la sainte église ; or le siége papal se trouvant occupé par deux titulaires, telle province se prononçoit pour le premier, et telle autre pour le second. Les plus graves inconvéniens s'ensuivoient, et des scrupules surgissoient dans toutes les consciences. Le bon roi Charles voyant qu'il ne pouvoit mettre tout le monde d'accord sur ce point, desirant la paix universelle et l'avantage de la chrétienté ; mu par son droit sens et par le conseil de sa fille, l'université de Paris, ainsi que par celui d'autres sages personnes, avoit résolu de faire tous ses efforts auprès des princes chrétiens pour qu'un concile général de tous les prélats fût rassemblé en un lieu et à une époque déterminés. Plusieurs conférences notables et de saintes remontrances avoient eu lieu devant lui sur ce projet. L'université lui avoit adressé dans le même but une remarquable épître. On devoit proposer aux deux titulaires qui disoient avoir droit à la papauté, de résigner ; ensuite et sous l'influence de l'esprit saint, les cardinaux et les prélats réunis éliroient tous ensemble un nouveau pape, soit l'un des deux compétiteurs, soit tel autre que Dieu leur inspireroit, et sans faveur aucune. Que si l'un des deux prétendants se refusoit à cette mesure, il seroit néanmoins passé outre, pour le bien de la paix ; et le concile auroit à prononcer, soit qu'ils voulussent ou non se soumettre à sa sainte ordonnance. Ce sage prince avoit l'intention d'entamer très-prochainement cette affaire, lorsque la mort le surprit. Plût à Dieu qu'il l'eût fait ! car il en fût résulté un avantage et un bien perpétuels. Mais le sort, qui si souvent fait obstacle à la paix, empêcha, en tranchant trop tôt ses jours, que ce dessein s'accomplît. Il est temps désormais que j'arrive à la fin de mon œuvre, en terminant le cours des louanges particulières, données aux actions et aux mœurs vertueuses de ce roi sage. Mais comme je l'ai promis précédemment, et sans cesser d'avoir pour objet sa personne, ma conclu-

mais celles d'Aristote, en sa *Métaphisique ;* et tout soyent elles à l'entendement des non expers, aulcunement estranges, toutefoiz sont elles de grant efficace à qui l'entendement y applique.

Chap. LXIII : *Ci retourne à parler encore de l'entendement des sciences.*

Tout ainssy que le bien de l'entendement est le souverain des biens, car à lui tous autres obéyssent, parquoy naturellement les hommes sages soyent seigneurs des autres, et ceulx qui deffaillent d'engin soyent naturelement serfs ; car mesmement ainssi nous le véons entre le corps et l'ame, que naturellement le corps sert et l'ame seigneurist, comme nous véons les opérations du corps obéir aux affeccions, lesquelles sont vertus de l'ame ; ainssi comme raison seigneurist sensualité, et ainssi comme toutes les ars et science se conviennent à une souveraine, laquelle a nom sapience, ainsi est il des hommes ; comme à l'un affiere estre Roy duquel l'Estat soit souverain sur tous autres, aussi c'est juste chose, ainssi que récite Giles, en son livre *des Princes,* que il soit plus sage, plus pourveu que nul de ses subgiez, car, si qu'il donne exemple de l'archier et de la sayete, dist-il, combien que la sayette n'apperçoive le signe, il ne sen-

suit pas, pour ce, que férir ne le puisse, car au signe est adreciè par l'archier ; dont, si comme est chose plus convenable l'archier percevable du signe que la sayette, car il est adreçant, aussi le roy, qui le peuple adrece, dit-il, plus est expédient la fin cognoistre que ne fait le peuple ; car, dist-il, si comme l'archier qui n'apperçoit le signe, se il le fiert, c'est chose de fortune ; aussi cil qui sa fin ne cognoist, s'il devient ben euré, c'est chose d'aventure ; pourquoy, comme il appert le bien des choses soit en leur ordre et plus en fin que en l'ordre ; car fin met plus à efect que les choses prémisses ; comme il appert, Dieu estre fin de tout, de qui toutes les ordres dépendent, ne ne despent de nulle : puis aussi que toutes choses sont jà mises en ordre, et en cel ordre a telle coliguence que les unes sont subgiectes aux autres, je conclus que les choses plus sont prenables plus reçoivent de bien et plus sont générales et plus ressemblent à Dieu : donques, comme telle souveraineté, c'est assavoir majesté royal soit aucunement, en l'ordre des estas, rélative de Dieu, de la cause primiere de qui elle est vicaire, aussi c'est juste chose que, à l'exemple de lui, à quel similitude elle est instituée fin et chief de pluseurs, elle aussi se maintiegne et proportionnellement ses manieres ensuive : donques, si comme Dieu influe sanz cesser ses largeces au

❖❖❖

sion dernière sera faite aux termes de sapience. Les développements en seront pris dans les auteurs ; les paroles ne seront point miennes, mais celles d'Aristote en sa *Métaphysique*. Bien qu'elles puissent sembler un peu étranges à l'entendement des indoctes, toutefois elles seront utiles à ceux qui voudront bien y donner leur attention.

Chap. lxiii, *où l'on revient à parler encore de l'étude des sciences.*

Comme l'intelligence est le premier des biens tous les autres avantages étant soumis à celui-là, il est naturel aussi que les sages commandent aux autres hommes, et que ceux dont l'esprit est moins parfait soient soumis. Nous voyons qu'il en est de même entre le corps et l'âme : la nature a voulu que le premier fût esclave et la seconde souveraine ; aussi les mouvements du corps obéissent-ils aux sentiments qui naissent des facultés de celle-ci. De même que la raison domine et régit les sens, il faut que les sciences et les arts reconnoissent une maîtresse, nommée sapience, ainsi est-il parmi les hommes. Lorsqu'il appartient à l'un d'eux d'être roi, la destinée des autres dépendant de celui-ci : il est juste, selon l'opinion de Gilles, en son livre *des Princes,* qu'il soit plus sage et plus prudent qu'aucun de ses sujets. Le même auteur

cite, à ce propos, l'exemple de l'archer et de la sagette. Bien que la sagette, dit-il, n'aperçoive pas le but, il ne suit pas de là qu'elle ne le puisse atteindre, car c'est l'archer qui la dirige vers ce point. Comme il appartient plus à l'archer qu'à la sagette de discerner le but, puisque c'est lui qui l'y dirige, aussi convient-il mieux au roi, qui dirige le peuple, de connoître sa fin, que ne peut faire celui-ci. Et même, ajoute-t-il, que l'archer, s'il ne distingue pas le but, ne l'atteint que par hasard, de même, celui qui ne connoît pas sa fin, ne peut que par hasard arriver au bonheur. Il est constant que la perfection des choses est dans l'ordre qui les régit, mais plus encore dans la fin où elles tendent que dans cet ordre même ; car cette fin appartient plus au résultat que la règle qui le prépare. Dieu est la fin de tout : toute règle dépend de lui, et il ne dépend d'aucune. Toutes choses ont été réglées d'avance, et l'enchaînement qui est entre elles les soumet l'une à l'autre. D'où je conclus que plus les choses sont positives, plus les biens s'y rattachent ; plus elles sont générales, plus elles ressemblent à Dieu. Or, comme une souveraineté pareille, la majesté royale, est en quelque façon, dans l'ordre des empires, dépendante de Dieu, de la cause première dont elle est vicaire, c'est une chose juste aussi qu'à l'exemple de Dieu, à l'image du

monde, aussi et que les autres finz, soubz lui graduelement, selon leur lois, habondent en vertus et s'influent aux autres, et plus l'ensuivent et plus sont perfaictes, semblablement en son équalité Roy leur doit ressembler; et donques, comme tel, en France, peut estre trouvé le bon roy Charles, à son vivant, dont la lueur des bienfaiz de ses vertus encore nous en redonde. Et pour ce, comme dit l'un des sages, Solon, et ce récite Aristote, ou dixieme d'*Ethiques*, que les solicitudes des besongnes mundaines engendrent destourbier et empêchent des délices de vérité, aussi et que les désirs et sensuelz déliz encombrent la raison, cestui roy Charles, pour y remédier et faire son debvoir, comme droit sage, se delictoit, si comme il est cy devant prouvé et dit, en famille telle et si constant que pour lui peust à la foiz vacquier et suppléer ses foiz, et aussi que le repparast et esmeust en bien ; car son sens le faisoit certain que, par gent suivre désordonnée, devient homme en bestialité; et yceulx bons bien savoit mérir, selon leur dégré, comme dit est, et user de l'endendement et du bien d'un chascun, comme du sien, ainssi que Dieu fait des substances mundaines, par lesquelles il œuvre et monstre ses merveilles.

<hr>

CHAP. LXIV : *Ci dit encore de ce mesmes.*

Ainssi par le rural cours et stile de la vie de cestui Roy dont nous parlons, comme il amast donques les sages, par desir de toutes choses cognoistre; car, comme dit Aristote : « Celluy » n'est mie sage qui de toutes choses scibles à » homme ne scet parler. »

Encore derechief le povons conclurre sage, parce que prouvé avons des expériences de son savoir; et, pour ce que la matiere y trait, dirons encore, si comme ou primier de ceste derreniere partie je promis, des effects de sapience, selon les dis des aucteurs, et primierement, sur ce que je propose ce que Aristote dit : « tous hommes, par nature, savoir desirent ; » et dient les diccionnerres, aucuns pourroyent avoir doubte, se ainssi est, que tous hommes, par nature, ayent desir de savoir, comment c'est que tous hommes ne poursuivent science. A ce donques que ceste difficulté solue soit, noter icy devons que, comme pluseurs hommes se retrayent de ce que moult désirent, ou par la difficulté d'y parvenir, ou par occupations aultres, ou par aucune impotence ou deffault; par difficulté, dis-je, et c'est en pluseurs guises, c'est assavoir : ou simplement, quant aulcuns se re-

<hr>

quel elle fut établie principe et fin du plus grand nombre, elle se conserve, et imite, dans l'ordre où elle est placée, les qualités de son modèle. Or, si Dieu répand sans cesse ses bienfaits sur le monde, il faut aussi que les autres fins qui sont au-dessous de lui, par degrés et selon leurs lois, abondent en vertus et le répandent ailleurs ; et, plus elles l'imitent, plus elles sont parfaites. De même, en sa conformité, le roi leur doit être semblable. C'est ainsi que fut en France, de son vivant, le bon roi Charles, qui nous inonde encore de l'éclat de ses bienfaits et de ses vertus. A ce sujet, Solon, l'un des sept sages, dit, au rapport d'Aristote, au dixième livre de sa *Morale,* que la sollicitude des affaires mondaines engendre le trouble et empêche les délices de la vérité. Or, comme les desirs sensuels et les plaisirs des sens offusquent la raison, le roi Charles, pour obvier à cet inconvénient, et accomplir ses devoirs en prince juste et sage, se récréoit, comme nous l'avons dit, dans une réunion de familiers, qui, par leur caractère et l'uniformité de leurs habitudes, lui permettoient de quitter et de reprendre tour à tour les affaires sérieuses, lui en apportoient le délassement, et le dirigeoient vers le bien. Car son jugement sûr lui apprenoit qu'en fréquentant des gens sans mœurs, l'homme descend au niveau de la brute. Aussi savoit-il bien trier les bons selon le degré de leur mérite, et mettre à profit pour lui-même l'intelligence et la vertu de chacun d'eux; ainsi que Dieu le fait pour les substances, sur lesquelles il opère et montre ses merveilles.

—

CHAP. LXIV : *Continuation du même sujet.*

Le genre de vie du roi dont nous parlons, et sa vie tout entière, nous font assez voir qu'il aimoit les sages par le desir de connoître toutes choses ; car, comme dit Aristote : « Celui-là n'est guère » sage, qui ne peut parler de tout ce que l'homme » peut savoir. »

Nous pouvons aussi conclure qu'il étoit sage, de ce que nous avons prouvé son savoir par des faits. Or, puisque le sujet nous y convie, nous parlerons des effets de la sapience, comme nous l'avons promis au début de cette dernière partie ; nous le ferons d'après les auteurs, et surtout d'après l'axiome suivant d'Aristote : « Tous les hommes » ont naturellement le desir de savoir. » Les commentateurs disent à cela qu'il est douteux que tous les hommes aient, par nature, le desir de savoir, car tous les hommes ne recherchent pas la science. Pour résoudre cette question, nous observerons ici que souvent les hommes abandonnent ce qu'ils desirent le plus, soit par la difficulté d'y atteindre, soit à cause de préoccupations étrangères, soit par impuissance, ou tel autre défaut. Quant à la difficulté, il y en a de plusieurs

trayent de science, par réputer que elle leur fust impossible, combien que la cognoiscence de vérité ne soit impossible, comme il appert, ou deuxieme de *Méthaphisique;* voire aussi, ou supposé, que vers aulcuns elle fust possible, toutesfoiz, par parece, appliquier ne s'i peuvent, ou peut estre à y soy appliquier délectation n'aroient, bien que de toutes délectacions la souveraine si soit, celle qui en spéculacion est prise; et ce advient ou cas supposé, que à aulcun fust délictable et son bien y veist aucunement, toutefoiz il se donne à entendre qu'il en empireroit et dommage en aroit, voire aussi, ou peut estre, car les aucuns sont si accoustumez à oyr fables et besongnes légieres, car, si comme il appert oudit livre de *Méthaphisique,* ou deuxieme ; telles choses empeschent moult de cognoistre vérité ; aucuns aussi, pour la clameur publique, ou d'aulcuns maleureux qui les philozophes et les sages desprisent, ne poursuivent science ; mais à ce, dit Séneque, en la quarantieme epistre à Lucille : « Jà tant ne montera la » niceté du peuple, que nom de philozophe, trés » honnorable et trés saint, ne demeure : » par occupacions aussi les aucuns s'en retrayent, et c'est en pluseurs guises ; ou par délectacions serviles, avuglans la raison, comme devant fu dit, ou par cure de mondaines vaguetez, et ceulx sont méseureux, dont ce dit le philozophe, « pour cure des biens mondains, mains hommes » ont péri ; » et, pour ce, dit Tholomée, « que » cil est eureux, cui il ne chault en qui main est » le monde ; » aussi par impotence, en sont pluseurs retraiz, c'est assavoir, car, ou nécessité ont de ce qu'il fault à vivre ; toutefoiz, dit Séneque : « Se homme vit à nature, jamais ne sera » povre ; et s'il vit aux opéracions, jamais ne » sera riche : » ou qu'ilz sont mal imbuez és principes primiers, dont ce dit Alebert : « Qui » logique ne scet, il ne scet soy savoir ce qu'il » scet. » Aucuns aussi en sont retraiz, par maulvaise complexion ; c'est assavoir, si comme dit Geber, au commencement de son livre alkimiste : « ou par deffault de l'ame, ou par def- » fault du corps : deffaut de l'ame, dist-il, or- » ganisacion és membres dedens par lesquelz la » cognoiscence est faicte, comme fantasieux, » ydioz ou folz ont ; et du corps, qui est és » membres, ou orgues dehors, comme ont au- » cuns malades sours, ou qui n'ont point de » veue. » Lesquelles choses aucunes foiz aviennent par nature, ou par fortune ; mais ceuls n'en peuvent maiz ; ou par excés, comme sont luxurieux et glous, et ceulx sont comme bestes, et

◇◇◇

sortes : la première est lorsqu'on laisse simplement la science parce que l'on croit que c'est chose impossible, bien que la connoissance de la vérité ne soit pas impossible, comme il est démontré au deuxième livre de la *Métaphysique.* Il est vrai aussi, ou nous le supposons, que bien qu'elle soit possible, ils ne s'y peuvent néanmoins appliquer ensuite de leur paresse ; peut-être encore ne trouvent-ils aucun plaisir dans cette application, quoique de tous les plaisirs, le plus grand soit celui des spéculations de l'intelligence. Or il arrive, dans ce cas supposé, que tel à qui d'abord elle semble agréable et fructueuse, finit par croire cependant qu'il y deviendroit pire, ou en recevroit dommage. Et cela, peut-être, parce que certaines personnes sont si accoutumées à se nourrir l'esprit de fables et de bagatelles, comme il est dit en ce même livre de la *Métaphysique,* que ce penchant puéril les empêche de connoître et de goûter la vérité. Quelques-uns aussi s'abstiennent de la recherche des sciences pour condescendre à cette opinion du vulgaire, ou d'ignorants d'une autre espèce, qui prennent à tâche de mépriser les philosophes et les sages. A ce sujet Sénèque dit à Lucile, dans son épître quarantième : « Le peuple » ne sortira point de sa misère, tant que le nom » de philosophe ne sera réputé pour honorable et » saint. » Quelques-uns en sont détournés par des préoccupations étrangères, et cela de plusieurs façons : par ces voluptés grossières qui offusquent

◇◇◇

la raison, comme on l'a dit déjà, ou par le soin des frivolités mondaines, et ces derniers sont à plaindre, selon cette parole du philosophe : « Dans » la recherche des biens du monde beaucoup » d'hommes ont péri. » Ptolomée dit à ce sujet que « celui-là est heureux, à qui il n'importe en » quelles mains soit le monde. » Plusieurs s'en retirent par impuissance, et il faut remarquer ici deux choses : ou ils ont à suffisance ce qu'il leur faut pour vivre, quoique Sénèque ait dit : « Si » l'homme vit selon la nature, il ne sera jamais » pauvre ; s'il vit dans les affaires, il ne sera ja- » mais riche ; » ou bien ils sont mal imbus des premiers principes, sur quoi Albert a dit : « Celui » qui ne sait pas la logique n'a pas la conscience » de ce qu'il sait. » Quelques-uns aussi en sont détournés par leur foible complexion, et c'est, comme le dit Gébert, au début de son livre de l'alchimie, « ou par un défaut de l'âme, ou par un » défaut du corps. Le défaut de l'âme, selon lui, » tient à la disposition spéciale des organes in- » ternes par lesquels on acquiert la connoissance » des choses ; comme il arrive aux maniaques, » aux idiots et aux fous. Celui du corps provient » des membres ou des organes extérieurs, comme » on le remarque en ceux qui sont affligés de » surdité ou qui sont privés de la vue. Ces infir- » mités surviennent par le fait de la nature ou du » hasard : ceux qui en sont atteints de la sorte » n'en peuvent mais ; elles naissent à la suite des

de ceulx, dit Eustrate sur le primier livre d'*E-thiques* : « O vous hommes, moult estes maleu-
» reux, qui entre les bestes vous comptez igno-
» rans et perdez le bien d'entendement qui est
» en vous, et le mal poursuivez, en maniere des
» animaux non raisonnables. »

Dont, par telz empéchemens se sont retraiz mains de poursuivre leur fin; touteffoiz, si que dit saint Thomas, « bien que n'i mectent mie
» peine; » car ilz sont détenus par aucuns des empéchemens susdiz; « neantmains, ce dit-il,
» combien peut estre que aulcuns ne le cognois-
» cent, si vouldroyent-ilz tous par propre en-
» clinement aucune chose savoir. »

Chap. LXV : *Ci dit des sens du corps.*

Or, esclairié assez avons quelz choses peuent empêcher mectre à effect celluy desir de savoir que dit le philozophe par nature tout homme avoir; et, par ce que je puis comprendre de ses conclusions, la vertu des sens bien disposez avec le desir peuent estre les préhencions de acquérir savoir, sanz lesquelz ne pourroyent estre acquis; et ceste mesmes proposicion, par signe, Aristote preuve : « Car, disoit-il, comme
» les sens à ce nous soyent faiz, c'est assavoir à
» l'utilité de vivre, doublement, dist-il, sont ilz

» de nous amez pour culs mesmes, en tant
» comme ilz font cognoistre; et pour vivre, en
» tant que ilz scevent pourchacier et aussi dis-
» cerner ce qui est bon du mal : et ce nous ap-
» pert, dist-il; car si comme cellui sens qui est
» faict par les yeuls, c'est assavoir le veoir, en-
» tre tous les autres sens, nous l'amons et ché-
« rissons le plus, et non pas seulement pour
» ouvrer, mais aussi pour que se riens ne devions
» faire; et la cause si est, car, entre tous les au-
» tres sens, le veoir nous fait trés grandement
» cognoistre et pluseurs différances nous dé-
» monstre des choses. » Parquoy, comme il soit manifeste que le veoir ait deux propres dignetez plus que les autres : l'une, car perfectement cognoist, car il est espirituel plus que nesun des autres; car si comme des vertus qui sont co-gnoiscitives, une chascune moins est matérielle, plus a perfaicte cognoiscence, si comme le veoir, de tous les sens, soit le moins matériel, laquelle chose appert par le remuement de lui vers son object, c'est-à-dire, vers la chose dont est perce-vable. La deuxiesme, car pluseurs différances des choses nous démonstre, comme en l'obgect de chascune poissance soit à considérer aucune chose en raison de nature; donques, comme son object soit lumière, qui s'estent à son environ, és corps célestielz et aux bas ait poissance de

---

» excès, comme aux luxurieux et aux gloutons. » Ces derniers sont semblables aux bêtes, et Eustrate a dit à leur sujet dans ses remarques sur le premier livre de la *Morale* : « Que vous êtes à
» plaindre, ô hommes ignorants! vous vous pla-
» cez au rang des bêtes, vous perdez le précieux
» don de l'intelligence qui est en vous; vous re-
» cherchez le mal, à la façon des animaux dé-
» pourvus de raison. »

Tels sont les motifs qui en empêchent plusieurs de suivre leur fin; cependant, comme le dit saint Thomas, « bien qu'ils n'en prennent cure, » car ils en sont retenus par les empêchements susdits, « néanmoins, et quoique plusieurs peut-être ne
» se l'avouent pas à eux-mêmes, tous par une in-
» clination naturelle, voudroient savoir quelque
» chose. »

Chap. LXV, *où il est parlé des sens corporels.*

Nous avons suffisamment expliqué les motifs qui empêchent de mettre en pratique ce désir de savoir, que, d'après le philosophe, ont naturellement tous les hommes. Selon ce que je puis com-prendre à ses conclusions, l'activité des sens bien réglés, peut avec le désir devenir le moyen d'ac-quérir des connoissances : à leur défaut on n'en peut acquérir aucune. Aristote prouve ainsi cette même proposition : « Les sens, dit-il, étant créés

» pour notre avantage, c'est-à-dire, pour les besoins
» de l'existence, nous les aimons doublement :
» pour eux-mêmes, en tant qu'ils nous procurent
» la connoissance des objets; et pour nous, en tant
» qu'ils nous permettent de discerner et de choi-
» sir ce qui est bon pour la vie, d'avec ce qui ne
» l'est pas. Et cela, dit-il, est évident. Ainsi,
» nous aimons et chérissons entre tous les autres
» sens celui qui agit par les yeux, c'est-à-dire, la
» vue, et cela, non point seulement pour le tra-
» vail, mais aussi pour le repos. La raison de cette
» préférence est que la vue nous fait connoître un
» plus grand nombre de choses et nous fait le
» mieux discerner les différences qui sont entre
» elles. » D'où il est manifeste que la vue a deux avantages supérieurs : le premier, est qu'elle con-noît parfaitement, car elle est plus spirituelle qu'aucun des autres sens; or, si parmi les facul-tés cognitives, il en est une moins matérielle, elle prouve une connoissance plus parfaite; telle est la vue, la moins matériel de tous les sens; et cela paroît clairement dans son action sur son objet, c'est-à-dire vers la chose qui est perçue. Le se-cond est qu'elle nous montre les nombreuses dif-férences des choses; ainsi, dans l'objet de chaque faculté, on doit considérer la chose en raison de sa nature; or, comme son objet est la lumière qui est autour d'elle; comme elle peut apercevoir les corps célestes et ceux qui sont au-dessous d'eux,

veoir, il s'ensuit que le veoir soit démonstratif plus que nul des autres sens ; car la vertu des autres s'estent seulement aux choses basses, et cestui, par la vertu de lumiere, cognoist mesmes les substances du ciel.

CHAP. LXVI : *Ci dit encore de prudence.*

Pour ce que cy devant fu entamée la matiere de traictier de la vertu de prudence, entrelaissié par habundance des autres matieres traires à fin, à présent, comme plus ayons loisir vers la fin des loanges et bons faiz du sage Roy, en qui nous l'avons assez prouvé estre, dirons encore d'icelle, selon les termes d'Aristote, qui dit « que prudence est és hommes ce qu'ilz » deliberent par raison des choses agibles, donc » proprement prudence est rigle de conseil ; » si que, où est nature consiliative, proprement est prudence ; car il convient que quiconques conseille primierement conçoive aucune fin, et puis, qu'il enquiere les choses duisans à celle fin, c'est assavoir, en conférant entr'elles, lesquelles sont celles qui valent mieulx ou pis ; et ainssi toute poissance consiliative est prudence ; car, comme nulle poissance proprement ne confere se non raison pour ce conseiller, proprement affiert à raison, et prudence qui régule conseil n'est

ou monde ça jus proprement que és hommes : donques, comme il pere, que les bestes ayent aulcunement prudence, c'est, selon aucune similitude, et non pas proprement prudence ; car en eulx n'est autre fors une nature, exstimacion de poursuivre les choses convéniens et fuir leur nuisibles, si comme l'agnel suit sa mere et fuit le loup, et ainssi des autres ; mais és hommes celle est dicte prudence, laquelle est proprement consiliative de raison ; car, dit Aristote, « c'est le signe d'omme sage, povoir enseigner ; » car, comme une chascune chose soit adonc perfecte en s'opperacion, quant faire peut autre semblable à elle, si qu'il appert, ou quart de *méthéores* ; car, si comme c'est vertu de chaleur povoir eschaufer autre, si est ce signe de savoir, de povoir enseigner, et science en un autre causer, lesquelles choses ne se peuent faire sanz cellui conseil de raison.

Après, dit Aristote, « nous disons cellui estre » sage, qui est poissant de la vertu de son en- » tendement à cognoistre choses qui soyent dif- » ficiles et communément aux hommes non co- » gneues ; mais nous ne disons pas que les co- » gnoiscences qui se font par les sens soit science, » ne que ceulx soyent sages qui les ont et en » usent, entant que est de l'user ; car, pour ce, » sont ycelles vertus légieres que elles sont en

---

il suit que la vue démontre et instruit plus que les autres sens ; car le pouvoir des autres sens ne s'applique qu'aux choses inférieures, et celui-là, par le secours de la lumière, connoît même les substances célestes.

CHAP. LXVI, *où l'on parle encore de la prudence.*

Forcée par l'abondance des autres matières, de laisser inachevé ce que j'avois à dire de la vertu de prudence, je vais terminer à présent sur ce sujet commencé déjà, mais qui vient mieux à point pour conclure à la louange des bonnes actions du roi Charles. Nous avons prouvé que cette vertu étoit en lui ; nous dirons encore, selon les termes d'Aristote « que la prudence étant » dans les hommes la raison qui fait choisir » entre les choses que l'on doit faire, est, en réa- » lité, la règle des conseils. » Partout où il y a un sentiment qui conseille, c'est proprement prudence, car il faut que ce qui conseille aperçoive d'abord la fin ; qu'il s'enquière ensuite des choses convenables à cette fin, et cela en les comparant entre elles pour savoir quelles sont les meilleures et quelles sont les pires ; ainsi, toute faculté conseillère est prudence. Or, comme une faculté quelconque ne peut que faire naître une raison pour conseiller, la prudence, qui règle les conseils, est le propre de la raison, et n'est en ce

bas monde le partage que des hommes. Quoiqu'il paroisse que les bêtes aient de la prudence, ce n'est pas prudence proprement, mais quelque chose qui y ressemble. La nature seule agit en elles ; elles apprécient et recherchent ce qui leur est avantageux, et évitent pareillement ce qui leur est nuisible. L'agneau fuit le loup et suit sa mère ; il en est de même chez les autres animaux. Mais, chez les hommes, on appelle prudence la vertu qui proprement est conseillère de raison ; car, dit Aristote, « c'est la marque de l'homme » sage que de pouvoir enseigner. » Une chose donnée est parfaite dans son action, lorsqu'elle peut en produire une semblable à elle-même, comme il est démontré au quatrième livre des *Météores*. Or, si la propriété de la chaleur est d'échauffer ce qui lui est soumis, le signe du savoir est de pouvoir enseigner et de produire chez autrui la science, ce qui ne se peut faire sans les conseils de la raison.

Aristote dit ensuite : « Nous appelons sage ce- » lui qui, par la vertu de son intelligence, peut » connoître les choses difficiles et généralement » inconnues aux autres hommes ; mais nous n'ap- » pelons pas science les notions qui s'acquièrent » par les sens, ni sages ceux qui les possèdent » et en usent, comme l'on en doit user ; car ce » sont de minces avantages et que chacun pos- » sède. Mais nous donnons le nom de sage à ce-

» chascun ; mais nous dison encore estre sage
» ycellui qui des choses qu'il sect a plus certai-
» neté que les autres hommes et mieulx disant
» les causes : donques celluy qui est sage doit
» savoir rendre cause de ce qu'on lui demande
« et par ce enseignier ce qu'il scet. »

Encore dit : « Que l'ome sage doit avoir
» science, laquelle il vueille, plus pour le
» bien de savoir, que pour avoir le prouffit de
» richesses. »

Chap. LXVII : *Ci dit encore des sciences et de ceulx qui les trouverent.*

Encore de la noblece des sciences, et de ceuls qui les trouverent, dit Aristote, « Quiconques
» quiert fuir ignorance, il entent à savoir se il
» l'entent comme fin pour le bien de savoir ;
» donques ceuls qui philozophent quierent igno-
» rance fuyr ; par conséquent enquierent science
» pour le bien d'elle mesmes : et, qu'ilz quie-
« rent à fuir ignorance, dist-il, il appert mani-
» feste ; car ceuls qui primierement philozophe-
» rent et qui encore philozophent, commencent
» tous par admiracions. »

« Au commencement, dist-il, les hommes
» s'esmerveilloyent des choses dont n'avoyent
» la cognoiscence ; puis aprés, par la cognois-
» cence manifeste d'icelles, en procédant plus

» outre, ilz prisdrent à spéculer sus plus occul-
» tes choses, si comme des passions de la lune ;
» comment sont esclipses, et que elle est enlu-
» minée une foiz, que une autre, non ; des cho-
» ses acheans au souleil et aux estoilles, comme
» sont diverses apparences qui aviennent en
» elles, si comme cercles, halo, queues, ou ycel-
» les besongnes ; aussi des mouvemens du ciel,
» comment il se soustient ; des grandeurs des
» esperes, de la diversité d'elles, et de leur in-
» fluences : et aprés, de la généracion ou nais-
» cence du monde, et comment il est fait. » Et,
en ce, nous appert une prérogative d'astrologie
vers les autres sciences ; car les choses dont elle
considere sont naturellement à tous merveilla-
bles, et naturellement tous hommes les désirent
savoir ; aussi, et que, par elles sceues, on cognoist
grant partie de la naiscence des choses de ça
bas, et à peu prés on parvient aux cognoiscences
des causes de ce monde ; et dont, combien que
cellui qui a doubte et s'esmerveille, si appere
ignorant ; pourquoy Philomites peut estre dit
qu'il commet philozophie, c'est assavoir, de tant
que fable est faicte de merveilles. Comme ainssi
soit que à fuir ignorance yceuls anciens furent
fais philozophes, c'est chose manifeste ; car,
pour savoir, ils ont poursuivy estude, ne non
pour cause de nul quelconque usage, dont,
« comme ce soit chose évident, dist-il, que

» lui qui a plus que les autres hommes la con-
» science parfaite des choses qu'il possède, et
» qui en sait mieux dire les causes. Donc, celui
» qui est sage, doit savoir dire la cause de ce
» qu'on lui demande, et partout enseigner ce
» qu'il sait. »

Il dit encore « que l'homme sage doit recher-
» cher la science plutôt pour elle-même que pour
» en obtenir ou profit ou richesse. »

Chap. LXVII, *où l'on parle encore des sciences et de ceux qui les inventèrent.*

Sur la noblesse des sciences et sur ceux qui les inventèrent, Aristote dit aussi : « Il s'entend de
» quiconque cherche à fuir l'ignorance, qu'il a
» pour fin l'avantage du savoir ; donc, ceux qui
» s'appliquent à la philosophie, ont pour but de
» fuir l'ignorance ; ils recherchent la science pour
» l'amour d'elle-même. Or, que leur dessein soit
» de fuir l'ignorance, ajoute-t-il, cela est mani-
» feste, car ceux qui philosophèrent dans l'ori-
» gine, et ceux qui philosophent encore aujour-
» d'hui, commencent toujours par l'admiration. »

« Au commencement, dit-il, les hommes s'é-
» merveilloient des choses dont ils n'avoient point
» la connoissance ; puis, sur la connoissance de
» ces mêmes choses, procédant plus avant, ils se

» prirent à spéculer sur des choses plus occultes,
» comme les phases de la lune ; savoir d'où pro-
» viennent ses éclipses ; d'où vient que tantôt elle
» est éclairée, et que tantôt elle ne l'est pas ; de ce
» ce qui advient au soleil et aux étoiles ; en quoi
» consistent les apparences diverses que l'on y
» remarque, comme les cercles, les halos, les
» queues ou autres phénomènes ; les révolutions
» du ciel, et comment il se soutient ; la grandeur
» des sphères, leurs différences respectives et
» leurs influences, puis l'origine ou la naissance
» du monde et comment il s'est formé. » Et ici
nous apparoît la supériorité de l'astrologie sur les
autres sciences ; car son objet inspire à tous une
admiration naturelle, et tous desirent la posséder : il est vrai que par elle on découvre en
grande partie l'origine des choses d'ici-bas, et que
l'on parvient presque à connoître les causes de
ce monde. Il suit de là que douter et s'étonner,
c'est se montrer ignorant ; d'où l'on peut dire
qu'une telle philosophie est philomythe, c'est à
savoir que fable est composée de merveilles. Il est
donc manifeste que les anciens devinrent philosophes en voulant fuir l'ignorance : car c'est uniquement pour savoir qu'ils se sont appliqués à
l'étude, non dans un but d'utilité quelconque.
« Ainsi, ajoute-t-il, le doute et l'admiration pro-
» cèdent évidemment de l'ignorance ; mais, l'ad-

» doubte et admiracion procédent d'ignorance
» et par admiracion, en investigant les causes,
» on devient philozophe : » car, encore aujourduy, quans grans effects aviennent, desquelz les
causes ne nous sont pas cogneues, yceulx nous
merveillons et en querons la source.

« Tout ainssi, dist-il, comme admiracion si
» fu cause mouvant à estre philozophe, autre si
» aucunement peuent estre appellez philomites,
» c'est-à-dire, ameurs de fables ; car ainssi que
» philozophie vient d'admiracion, aussi les fa-
» bles sont faictes de merveilles, dont, dist-il,
» comme les primiers qui, par maniere de
» fables, ont traictié des principes des choses,
» ont esté dis poetes, si comme Orphéus et
» aucuns qui furent ainçois que les sages ; et la
» cause si est, car les fables vers lesquelles
» yceulx estudioyent sont contenues de choses
» merveilleuses. »

Autre si, yceulx anciens, qui furent meus par
grans merveilles à estre philozophes, peuent
estre dis poetes ; et pour ce que admiracion a
sourse d'ignorance, il appert qu'il estudierent
à estre philozophes pour fuyr ignorance ; et
aussi il appert que, pour ce, ont ilz poursui
science, pour cause seulement qu'ilz cognoiscent sanz cause d'aucun usage de prouffit servile.

Et à ce propos, dit encore Aristote, de la hautece de philozophie, dont dist-il : « Car icelle
» science, qui est trés libéral, ne puist estre pos-
» session de chose naturellement serve, comme
» la nature humaine soit serve en maintes gui-
» ses, comme elle soit subgectes à maintes pas-
» sions, dont il avient aucunefoiz que, se elle
» délaise à querir ce qu'il luy est plus propre,
» c'est assavoir le vivre, il convient que elle dé-
» laisse à estre ; » et ainssi il convient que, combien que meilleur soit philozopher qu'enrichir,
si comme il appert, par le troisiesme de thopi-
ques, toutefoiz enrichir aucunefoiz, lui est plus
eslisible ; parquoy, si qu'il appert que proprement elle ne soit humaine, aussi ne elle ne
compéte à homme comme possession de meuble ;
car, comme proprement soit possible et acqui-
sible à homme qu'il l'a à son demaine et de quoy
franchement il use comme il veult, toutefoiz
d'icelle science qui est tant enquise, tant seulement pour soy, home ne peut user, n'à franchise
vacquer, par espécial, les povres, pour occupacions d'euls pourchacier, ne les trés grans mondains, pour parece ou pour autres délis : aussi,
et comme à ce vouloir tous hommes ne soient pas
habiles, n'aussi et supposé que tous bien le voulsissent, toutefoiz n'i pourroyent acteindre ; car
un peu d'elle sceu et clerement cogneu est plus
difficile et de plus grant valeur de tant qu'on
scet des autres, il s'ensuit que de toutes elle est
la moins humaine.

⟨×⟩

» miration faisant remonter aux causes, on de-
» vient philosophe. » Et aujourd'hui encore, lorsque nous remarquons des effets surprenants dont
la cause nous est inconnue, nous nous en éton-
nons et nous en cherchons la source.

« Comme l'admiration, poursuit-il, fut la cause
» qui les porta à devenir philosophes, on peut les
» appeler justement philomythes, c'est-à-dire ama-
» teurs de fables ; car si la philosophie provient
» d'admiration, les fables proviennent de mer-
» veilles, d'où vient que les premiers qui ont
» traité en manière de fables les principes des
» choses, ont été nommés poètes, tels qu'Orphée
» et quelques autres qui ont précédé les sages.
» Et la cause en est que les fables, objet de leur
» étude, reposent sur des faits merveilleux. »

Ces mêmes anciens, que la vue d'étonnantes
merveilles amena à devenir philosophes, peuvent
être appelés poètes. Et comme l'admiration a sa
source dans l'ignorance, il suit que, pour fuir
l'ignorance, ils s'appliquèrent à être philosophes.
Il est également démontré qu'ils ont recherché
la science pour l'unique amour du savoir, sans
le desir d'en faire usage dans le but d'un vil
gain.

A ce propos, Aristote parle encore sur l'excellence de la philosophie : « Cette science, qui est
» très-libérale, dit-il, ne peut être en la posses-
» sion de chose naturellement servile. La nature
» humaine étant en maintes occasions esclave,
» et se trouvant sujette à maintes passions, il
» arrive souvent que si elle dédaigne de recher-
» cher ce qui lui est le plus convenable, c'est-à-
» dire le vivre, il faut qu'elle cesse d'être. » Or,
bien qu'il vaille mieux philosopher que s'enrichir, comme il est démontré au troisième livre
des *Topiques*, il est quelquefois préférable de
songer à s'enrichir ; d'où il semble évident que
cette science n'est point proprement humaine,
et qu'elle n'appartient pas à l'homme, comme le
meuble qu'il possède. En effet, bien que l'homme
puisse l'acquérir, et en user, comme il lui plaît,
lorsqu'elle est en son pouvoir, cependant cette
science, si recherchée pour elle-même, il ne peut
dans tous les cas s'y livrer sans obstacle. Tels
sont les pauvres que leurs travaux en empêchent,
tels sont ceux du grand monde que la paresse ou
les plaisirs en éloignent. Tous les hommes non
plus ne sont pas disposés à le vouloir, et, supposé qu'ils le voulussent, ils n'y pourroient toujours atteindre ; savoir un peu de cette science
et le bien savoir est plus difficile et de plus
grande importance que tout ce que l'on peut
savoir des autres ; d'où il faut conclure que de

Affin que entendu soit au cler de ceste grant difficulté que Aristote met à concepvoir philozophie, si est à entendre qu'il veult dire de la partie de philozophie en laquelle toutes autres sciences sont comprises, qui appartient à la divinité et veult dire plainement de méthaphisique, qui est interprétée, oultre nature.

Toutefoiz reprent il l'erreur d'un poete ancien, nommé Simonides, cy devant dit, lequel disoit que « Seulement appartient à Dieu, non » pas aux hommes, savoir ceste science; car, » disoit-il, comme elle soit trés digne, Dieu » la s'est réservée; aussi à homme, elle qui est » si noble, et lui qui est si vil et soubmiz à tant » de fragilitez et de deffaulz, elle n'est pertinent. »

Dont « cest erreur, disoit Aristote, sourdoit » des erreurs des poetes, affermans par leur dis, » Dieu et les divines choses estre envieuses; car, » disoit-il, par envie, les choses qui à leur estre » afficrent ilz n'ont pas acceptable que les hom- » mes sachent, ne qu'ilz s'en entremectent; » dont, disoit icelluy, se és choses qui sont mains » principales, les dieux ayent envie aux homes, » par plus forte raison, c'est juste chose qu'en » ceste-cy, c'est assavoir la science qu'on en- » quiert pour soy-mesmes, et qui, sur toutes, est » trés honorable, trés franche et trés dignes, » plus envieux ilz soyent. »

◇◇◇

toutes, elle est le moins proche de l'humanité.

Pour concevoir clairement ce que veut dire Aristote, de cette grande difficulté de comprendre la philosophie, il faut entendre qu'il parle de cette partie de la science dans laquelle toutes les sciences sont comprises, qui touche à la divinité, et a reçu le nom de *Métaphysique,* ce qui signifie audessus de la nature.

Toutefois, il relève cette erreur d'un poète ancien, nommé Simonide, dont nous avons déjà parlé, et qui disoit qu'il appartient à Dieu, mais non aux hommes, de savoir cette science; « car, » poursuivoit-il, comme elle est digne de Dieu, » Dieu se l'est réservée; aussi, ne peut-elle être » le partage de l'homme, elle qui est si relevée, » lui qui est si abject et soumis à tant d'imper- » fections et de misères. »

« Cette opinion, dit à ce propos Aristote, pro- » venoit de l'erreur des poètes, qui préten- » dent que Dieu et les divinités sont sujets à » l'envie. Selon eux, les dieux, par envie, » n'ont point en gré que les hommes sachent » les choses qui conviennent à leur être, ni qu'ils » s'en occupent. Ainsi, disoit Simonide, si pour » les choses moins importantes, les dieux portent » envie aux hommes, à plus forte raison, seront- » ils envieux de celle-ci, de la science que l'on » acquiert pour elle-même, et qui est la plus belle » et la plus honorée des sciences. »

Dont, disoit Aristote, « se ainssi estoit comme » cil oppinoit, il s'ensuivroit, les hommes estre » moult maleureux, quant, par envie, Dieu les » indigneroit, ne donques plus ses biens vers eulx » influeroit : » mais la racine de ceste oppinion est faulse, que chose qui est divine puist estre rancuneuse; car, comme envye soit tristece de la prospérité du bien d'aucun autre, laquelle chose ne peut estre causée, fors que d'aucun deffault, cutant que l'envieux si cuide celluy bien estre dominant le sien, laquelle chose ne pourroit estre en Dieu, n'en chose qui à lui appartiegne, car Dieu estre ne peut meu ne troublé; comme il ne soit soubmiz à aucun mouvement, ne son bien par bien d'autre ne puist diminuer, car, de soy comme de fonteine resourdant de perfecte bonté ressourdant incessamment et effluant tous biens; aussi, car, si que Platon disoit; « Comme Dieu soit causeur et » toutes choses il ait fait pour leur bien » il convient toute envie de luy estre eslongniée : pour ce, disoit Aristote, « non pas seulement en cecy, » mais en pluseurs besoignes, les poetes si » mentent; car, si qu'il dit cest proverbe » commun, que les poetes mentent de moult » de choses. »

◇◇◇

Aristote disoit à cela « que si cette opinion » étoit juste, il s'ensuivroit de grands malheurs » pour les hommes; car, par envie, Dieu s'irrite- » roit contre eux et cesseroit de répandre sur eux » ses biens. » Mais la base de cette opinion est fausse, que la divinité puisse être rancunière. L'envie étant la tristesse causée par la prospérité et le bonheur d'autrui, ce sentiment ne peut naître que d'une imperfection de celui qui le ressent, car l'envieux n'est tel que parce qu'il croit le bien d'un autre supérieur au sien. Or, rien de pareil ne peut se trouver en Dieu ni en chose qui lui ressemble; Dieu ne peut être ému ni troublé; il n'est exposé à aucune calamité; son bonheur ne peut diminuer par l'augmentation d'un bonheur étranger à sa personne. Comme d'une source de bonté parfaite, de lui découlent et se répandent incessamment tous les biens; aussi faut-il, à son égard, rejeter toute idée d'envie; «car, di- » soit Platon, Dieu est cause, et il a créé tous les » êtres pour leur propre avantage. » Et à ce propos Aristote ajoutoit « que les poètes, non-seu- » lement en ceci, mais en maints sujets, ont » accoutumé de mentir, car c'est un proverbe » vulgaire que les poètes mentent sur toutes » choses. »

Chap. LXVIII : *Ci dit de poésie.*

Puisqu'il chiet en matiere de parler des poetes, nonobstant les choses susdictes, yceulx anciens, entant que des sciences les portes nous ouvrirent, comme dit est, excuser, amer et supporter les devons ; si est assavoir que comme en général le nom de poésie soit pris pour ficcion quelconques, c'est à dire pour toute narracion ou introduccion signifiant un sens, et occultement en signifie un autre ou pluseurs, combien que plus proprement dire celle soit poésie, dont la fin est vérité, et le procés doctrine revestue en parolles d'ornemens délictables et par propres couleurs, lesquelz revestemens soyent d'estranges guises au propoz dont on veult, et les couleurs, selon propres figures.

Comme ceste guise fust moult és anciens, et plus és sages que autres, tant és Ebrieus, Latins, comme és Grecz, par espécial, en traictant de secrez, si comme Hermés, et aussi Virgile et Ovide, Discoride, Omer et Lucan ; de consolacion, comme Boece et Marcian ; de repréhansions, comme Juvenal et Alain ; de divinité, comme Orphéus, Socrates et Platon, et aussi pluseurs autres, et aussi de Daniel, de Salomon et de tous les prophetes ; car si comme il appert, l'ancien Testament fu tout fait par figures, mesmement aussi Jhesu-Crist si parla par figures ; laquelle chose estoit, car ycelle maniere est plus comprendieuse et de plus grant recueil, et en elle on prend plus de délit, et ceste sentence est la plus usagiée ; ou pueut estre que, aux ententes que ilz avoyent, moz propres n'estoyent imposez, si les vouloyent par similitude ou exemple bailler ; ou pueut estre que, comme soyent aulcuns secrez acquis és textes des sciences que Dieux a reservez aux mérites des sages ; lesquelz secrez, comme yceulx philozophes, pour leurs successeurs dignes, voulsissent arrester qu'ilz ne fussent perdus, toutefoiz non si cler qu'aux ignorans ilz ne fussent muciez, ne non si troubles qu'aux sages ne fussent manifestes, si comme mesme ilz dient; parquoy leur faulsist occultement figurer en semblance d'autres choses parler : parquoy aussi, et en honneur d'eulx tous, poésie nous devons honnorer, dont, combien qu'Aristote les repreuve en sa Métaphisique, il n'est pas à entendre que il les repreuve en tant comme poetes, ne en tant comme ilz parlent couvertement des secrez ; car poésie si n'est pas reprouvée ; aincois mesmes, ou tiers livre, il récite, et saint Thomas le desclaire, il ne les repreuve ne diffame, se non en tant comme il appert que fabuleusement ilz ont parlé des principes des choses, lesquelz trop clerement ne se peuent enseignier ; car, « comme ce » dit-il, en tant comme il appert dehors qu'il

◇◇◇

Chap. LXVIII, *où il est parlé de la poésie.*

Puisque notre sujet nous amène à parler des poètes anciens, nous devons reconnoitre, malgré ce qui a été dit plus haut, qu'ils nous ont ouvert les portes des sciences : nous devons donc les excuser, les tolérer et les aimer. En général, le nom de poésie s'entend d'une fiction quelconque, c'est-à-dire de tout récit ou exposé ayant un sens apparent, et un autre, ou plusieurs sens cachés. Mais, à vrai dire, le propre de la poésie est d'avoir la vérité pour fin ; pour moyen, une morale revêtue de tous les charmes du langage et de couleurs qui lui soient propres. Ces vêtements ont une forme extraordinaire, selon le but qu'on veut atteindre, mais les couleurs doivent toujours convenir au sujet.

Cette forme se remarque chez les anciens, notamment chez les plus sages d'entre eux, tels que les Hébreux, les Latins et les Grecs, surtout lorsqu'ils traitent des choses mystérieuses, comme ont fait Hermès, Virgile, Ovide, Dioscoride, Homère et Lucien ; de la consolation, comme Boèce et Marcian ; de la satire, comme Juvenal et Alain de l'Isle ; de la divinité, comme Orphée, Socrate, Platon et quelques autres ; et aussi Daniel, Salomon et tous les prophètes, car on sait que l'ancien Testament est tout entier sous forme de figures, et que Jésus-Christ parla lui-même par figures. La raison en étoit que cette méthode embrasse plus d'idées et les grave mieux dans l'esprit ; que l'on s'y plaît aussi davantage, et cette dernière opinion est la plus générale. Peut-être aussi que la pensée qui étoit en eux, ils n'avoient pas de mots propres pour la rendre, et l'exprimoient alors par des exemples et des similitudes ; peut-être aussi ces textes renfermoient-ils certains secrets que Dieu a réservés à l'intelligence des sages. Ces philosophes voulant empêcher que les mystères de la science ne fussent perdus pour leurs dignes successeurs, ne les exprimèrent pas avec tant de clarté qu'ils ne fussent cachés aux ignorants, ni avec tant d'obscurité, qu'ils ne fussent visibles aux yeux des sages, ainsi qu'eux-mêmes l'ont déclaré. Il leur fallut alors recourir aux figures et feindre de parler de choses étrangères. Aussi devons-nous, en leur louange, honorer la poésie. Aristote, il est vrai, les réprouve dans sa métaphysique, mais ce n'est point comme poètes, ni parce qu'ils ont parlé d'une façon mystérieuse sur les choses cachées ; ce n'est pas non plus la poésie qu'il réprouve, il le déclare même en son troisième livre. Selon saint Thomas, il ne les réprouve et blâme, que parce qu'ils ont parlé d'une manière fabuleuse des principes des choses, qui ne peuvent être

» les estudierent, on n'i voit qu'ignorance et
» sont choses trop grosses, et qui veult querir
» en la mouele mucice, c'est chose trop oc-
» culte : » parquoy si que dit saint Thomas,
comme il appaire qu'Aristote vueille clerement
enseignier la vérité, et par conséquent impugner
Platon, Socrates et les autres qui ont parlé couvert et ont en umbre escriptes leur doctrines,
toutefoiz il ne dispute à eulx, selon vérité oc-
culte, mais selon le sens apparent par dehors.

Chap. LXIX : *Ci dit quel bien vient des choses dessusdictes.*

Délaissant la matiere précédent, qui est des
sciences et de leur effaiz, selons ledit des aucteurs, aux mieulx que mon petit engin a sceu
rapporter, comme trop prolixement en parler,
pour cause que à maint pourroit le lengage sembler estrange qui apris ne l'ont, et par conséquent tourner à ennuy, retournerons à nostre
primier obgect, lequel, nonobstant que néant-
plus qu'on pourroit espuisier une grant riviere,
ne souffiroit mon sentement à souffisamment en
parler, est temps de terminer ; mais, affin que
emplies soyent mes promesses, nous convient
recueillir, en briefves parolles, les motifs de cest
œuvre pris en un seul suppost, qui est le sage

roy Charles devant dit, duquel, en trois especiaulx dons, avons desclairié les vertus et bienfais assez au long, comme promis estoit, c'est
assavoir en noblece de courage, chevalerie et sagece, en assez desclairant quelz choses ce sont
et à quoy elles s'estendent ; si reste encore à
parler nomméement du bien qui en vient ; ce
que fu promis ; mais sans plus repliquier en es-
longnement de matiere, peut assez servir de
souffisante preuve de l'utilité qui vient des trois
susdictes graces, la desclaracion des fais et
bonnes meurs du sage Roy, en qui nous les avons
prouvées, à qui s'en ensuivi gloire perpétuelle à
l'ame, si com je tiens, grant preu au corps, et,
tant comme le siecle durera, loange au monde
après lui demourée.

Si est donques ainssi que de la vertu de noblece de corage ensuivent toutes bonnes meurs
et fais virtueux, eschevement de toutes laides ;
males et reprouchiés coustumes et œuvres villaines, abondance de graces, loz , honneur,
amour, courtoisie, charité, paix et transquilité.

Item, de chevalerie bien gouvernée s'ensuit
garde et deffense de la loy, du prince, du bien
commun, et du royaume.

De sagece ensuit tout ordre de vie bien ordonnée, justice, droit et équité à chascun, faire

---

trop clairement enseignés, « car il est visible ,
» dit-il à ce sujet, qu'ils les ont étudiés ; toute-
» fois, on n'y aperçoit qu'ignorance grossière ; et,
» qui voudroit y découvrir la substance cachée ,
» le tenteroit vainement. » D'après cette opinion
de saint Thomas, il paroît qu'Aristote a voulu enseigner clairement la vérité, et par conséquent
incriminer Platon, Socrate et tous ceux qui en
ont parlé d'une manière cachée, et qui ont, dans
leurs écrits, couvert d'un voile leurs doctrines.
Toutefois, il ne dispute pas avec eux sur les vérités occultes, mais sur le sens apparent et exprimé.

Chap. LXIX, *ou l'on dit le bien qui résulte des choses ci-dessus exposées.*

J'ai parlé d'après les auteurs, et autant que
mon foible esprit m'a permis de le faire, des
sciences et de leurs effets, mais je laisse à présent cette matière, ne voulant pas la traiter plus
au long. Ces sortes de discours pourroient à la fin
sembler étranges et causer de l'ennui à ceux que
l'étude n'y a pas rendus familiers. Je retourne à
mon premier objet, sur lequel il est temps de
finir. On épuiseroit plutôt un fleuve, mais mes
forces ne suffiroient pas à aller plus avant. Toutefois, pour remplir ma promesse, je dois redire
en peu de mots les motifs de cette œuvre, envi-

sagée sous un seul point de vue, qui est le sage
roi Charles. Nous avons fait le détail de ses vertus et de ses actions, présentées sous trois caractères spéciaux : noblesse de cœur, de chevalerie et de sagesse. Nous avons exposé ce que sont
ces choses et à quoi elles s'appliquent ; il nous
resteroit à parler du bien qui en résulte, comme
je l'ai annoncé ; mais, sans développer autrement
ce sujet, le narré des actions et des mœurs vertueuses du roi Charles, prouve suffisamment l'u-
tilité qui provient de ces trois avantages. Nous
avons démontré qu'il les possédoit ; il en a recueilli, pour son âme, une gloire éternelle ; son
corps, j'ose le dire, y perfectionna ses qualités ;
par là, enfin, il mérite que, jusqu'à la fin des siècles, le monde entier célèbre ses louanges.

Ainsi , de la noblesse de cœur naissent les
bonnes mœurs et les actions vertueuses ; l'éloi-
gnement de ce qui est mal, des habitudes mauvaises et des vilaines actions ; l'abondance des
grâces, la louange, l'honneur, l'amour, la courtoisie, la charité, la paix et le repos.

De la chevalerie, lorsqu'elle est sagement conduite, vient la défense et la garde des lois, du
prince, du bien public et du royaume.

De la sagesse découle l'ordre complet d'une vie
bien réglée ; justice, droit et équité pour chacun.
Elle tient compte du passé et pourvoit à l'avenir ;
ordonne le présent et a le paradis pour fin. Voilà,

mémoire du temps passé, pourvéance sur cellui à venir, arroy ou présent, et paradis à la fin ; et, en briefve description telles sont les utilitez des susdictes graces.

CHAP. LXX : *Ci commence à parler de l'approchement de la fin du roy Charles, et de la mort messire Bertram.*

Ainssi comme clerement est sceu et cogneu, toutes choses créées avoir fin, car à ce se trayent ycelles, en aprestant la fin de nostre présente œuvre, dirons du dernier terme d'icellui sage, ouquel avons pris la matiere et contenu de ce livre, et tout ainssi que dit le commun proverbe : « En la fin peut-on cognoistre la perfec- » cion de la chose, » povons vrayement, à la fin de nostre dit sage Roy, cognoistre la perfeccion de ses trés préesleus vertus et sapience : de laquel fin moult me plaist ce que mémoire me rapporte, sanz dongier d'autre informacion, la relacion que j'en oys de mondit pere naturel, auquelles parolles, cognoiscant son excellence en toute vertu, je adjouste foy comme à parolle véritable dicte de preudomme, lequel trés amé serviteur et clerc excellent, gradué et doctorisié à Boulongne la Grace en la saincte médicine, aveccques autres degrez de sciences, fu continuelement présent en la maladie dudit prince, jus-

ques à la fin ; et ceste vérité par assez de gens encore vivans peut estre sceue.

Peu de temps avant le trespassement dudit Roy, tout ainssi comme avant la mort du preux Alixandre, mourut son bon cheval Bucifal, qui ou monde pareil n'avoit, comme dit l'istoire, qui fu noté merveilleux présage de la briefve vie de son maistre, si comme il advint.

Ainssi le bon conestable, Bertram de Clequin, lequel estoit porteur des faiz de la chevalerie dudit Roy, trespassa pou avant, qui fu le vendredy quatorziesme jour de juillet, ce mesme an ; de laquelle mort moult pesa au sage Roy, et en tousdiz récompensant, comme non ingrat, la bonté, service et loyauté d'icellui conestable, en honorant le corps de si solemnel chevalier, et pensant de l'ame, comme raison estoit, volt qu'il fust enterrez en haulte tumbe, à grant solemnité, honneur et recommandacion, ou propre lieu où sont enterrez, à Saint Denis, les roys de France, et mesmement en la chappelle que pour luy avoit fait faire, au piez de la tumbe, où, en peu de temps après fu ensevelis : laquelle mort dudit conestable fu plainte et plourée de maint vaillant, et comunement de tout le royaume, lequel faisoit perte de trés vaillant champion et deffendeur de lui trés propice. Si fu la mort de lui trés virtueux comme présage de trespassement de son trés excellent maistre.

◇◇◇

en peu de mots, quels sont les résultats de ces trois qualités.

CHAP. LXX, *où l'on commence à parler de l'approche des derniers jours du roi Charles, et de la mort de messire Bertrand.*

On sait que toutes les choses créées ont une fin ; d'elles-mêmes elles y tendent ; or, en terminant ce livre, nous allons dire la fin du sage qui nous en a fourni le sujet et la matière. Selon un commun proverbe, « c'est dans la fin que se con- » noît la perfection de l'œuvre, » la fin de notre sage roi peut nous apprendre la perfection de sa sagesse et de ses hautes vertus. Ici, les souvenirs conservés dans ma mémoire me suffiront, sans que j'aie besoin d'aucune enquête ; mon père m'en a fait le récit. Convaincue de sa supériorité universelle, j'ai pleine foi en ses paroles, comme venant d'homme véridique et sage. Il fut amé serviteur du roi. Clerc éminent, gradué en doctorat de sainte médecine à Boulogne-la-Grasse, il le fut aussi dans les autres sciences. Durant toute la maladie du roi et jusqu'à sa fin, il fut auprès de lui ; cette vérité est connue de plusieurs personnes encore vivantes.

Quelque temps avant la mort d'Alexandre,

périt son cheval Bucéphale, ce cheval, qui n'avoit point son pareil au monde, comme le dit l'histoire. On regarda ce fait comme un divin présage de la courte durée de la vie de son maître ; l'événement le prouva.

Ainsi, le bon connétable Bertrand Du Guesclin, qui portoit tout le poids des entreprises militaires du roi Charles, mourut peu de temps avant ce prince, et en la même année, le vendredi quatorzième jour de juillet. Le roi fut très-affligé de cette perte. Plein de reconnoissance pour les bons et loyaux services que lui avoit rendus le connétable, il exprima sa gratitude en honorant les restes d'un si grand chevalier, sans oublier son âme, comme il étoit de raison. Il le fit inhumer avec magnificence, en grande solennité et avec de grands honneurs, dans le lieu où sont enterrés, à Saint-Denis, les rois de France, dans la chapelle qu'il avoit fait faire pour lui-même, et au pied de la tombe où il fut peu de temps après enseveli. La mort du connétable fut plainte et pleurée des hommes vaillants et de tout le royaume, qui perdoit en lui un champion valeureux et un puissant défenseur. Le trépas de ce héros fut comme un présage de celui de son maître.

Chap. LXXI : *Ci dit le trespassement et belle fin du roy Charles.*

Vers la moictié passée du mois de septembre, en l'an mil trois cent quatre-vingt, le roy Charles ala en son hostel de Beaulté, ouquel, peu de jours après, luy prist la maladie dont il trespassa en assez brief terme ; mais de l'estat de s'enfermeté ne quier faire grant informacion, ains selons le continue procés précédent, c'est assavoir, des vertus de lui, dignes d'infinie mémoire, diray de sa trés fervent foy, dévocion, constance et sain entendement. Comme sa complexion soubtille fust non puissant de porter longuement fais de si griéve maladie, en bien pou de jours fu à merveilles débilitez, et tant que sa seine discrécion, non empêchiée jusques à la mort, pour quelconques souffrance du corps, lui jugia que brief seroit le terme de sa vie. Pour ce, volt disposer de ses derrenieres ordonnances et tendre au salut de son ame, dont, nonobstant, eust tousjours accoustumé de soy confesser chascune sepmaine ; adont son pere espirituel, continuelement avec lui, trés diligemment examinant sa conscience et que riens n'y demourast en scruppul, en grant dévocion, larmes et contricion, se confessoit derechief par souventefoiz ; et comme jà fust agrévez trés durement, volt recepvoir son créateur, lequel, aprés

◇◇◇

Chap. LXXI, *où est rapportée la mort et belle fin du roi Charles.*

Environ le milieu de septembre de l'an 1380, le roi Charles se rendit à son château de Beauté, où il fut atteint, peu de jours après, d'une maladie, dont il mourut en peu de temps. Les détails n'importent guère sur la nature de son mal ; mais ce qui nous intéresse, selon ce que nous avons remarqué en lui précédemment, ce sont ses vertus, dignes d'une mémoire infinie. Aussi, parlerai-je de sa fervente foi, de sa piété, de sa constance et de son sain jugement. Sa complexion délicate, ne lui permettant pas de supporter longtemps l'action d'une maladie si grave, il fut en peu de jours complétement débilité. Malgré les vives souffrances du corps, l'intelligence étant chez lui demeurée intacte jusqu'au dernier moment, il put connoître que le terme de sa vie approchoit ; il voulut alors faire ses dernières dispositions et s'occuper du salut de son âme. Nonobstant l'habitude qu'il avoit toujours eue de se confesser chaque semaine, il garda constamment auprès de lui son père spirituel ; et, examinant sa conscience avec un grand scrupule, il se confessoit de nouveau, très-souvent, avec dévotion, contrition et larmes. Se sentant plus mal, il voulut recevoir son créateur ; il entendit plusieurs

pluseurs messes de lui oyes, lui fu admenistré : devant laquelle réception, à merveilleux signes de dévocion, dist telz parolles, en la présence du sacrement : « O Dieu, mon rédempteur, à qui » toutes choses sont manifestes, moy recognois- » cent tant de foiz avoir offensé devant ta ma- » gesté et digne sainceté, soyes propice à moy » pécheur, et ainssi comme as daigné appro- » chier le lit du povre languissant, te plaise, » par ta miséricorde, que à toy puisse en la fin » parvenir ! » Et en telles parolles disant, à grans larmes, fu communiez, et aprés rendy graces à Dieu.

Cestui sage Roy, démonstrant les signes de sa grant constance, nonobstant les tourmens de l'engagement de sa maladie, pour donner aulcune récréacion de réconfort à ses serviteurs, que il véoit pour lui grandement adoulez, dont il avoit grant pitié, en efforcent sa puissance, vouloit chascun jour estre levez, et vestus, et mengier à table, et, quelque foible qu'il fust, leur disoit parolles de réconfort et bons amonnestemens, sanz quelconques clameur ou plainte de signe de douleur, fors en appellant le nom de Dieu, de Nostre Dame et des sains ; et deux jours ains son trespassement, tout eust il passé moult greveuse nuit, lui levez et vestus va regarder ses chamberlans et tous les autres serviteurs et phisiciens, qui estoyent tous esplorez,

◇◇◇

messes, et la communion lui fut donnée. Au moment de la recevoir, et en présence du sacrement, il dit, avec les marques d'une piété profonde, les paroles suivantes : « O Dieu, mon ré- » dempteur, à qui toutes choses sont connues, » sois-moi propice, à moi, pauvre pécheur, qui » reconnois avoir offensé tant de fois ta divine et » sainte majesté ; tu as daigné approcher du lit » du pauvre languissant : qu'il plaise à ta miséri- » corde de me laisser enfin arriver jusqu'à toi ! » Et, disant ces paroles, il répandoit beaucoup de larmes. Il fut communié, et rendit ensuite grâce à Dieu.

Ce sage roi montroit la plus grande constance, en dépit de la douleur que lui causoit la maladie. Voyant à cette occasion ses serviteurs grandement affligés, ce qui l'affligeoit lui-même, il surmontoit son mal pour pouvoir leur donner quelques consolations. Il vouloit chaque jour être levé et habillé, et assis à table. Quelque foible qu'il fût, il leur adressoit des paroles encourageantes et leur donnoit de bons avis, sans faire entendre jamais ni gémissement ni plainte, et sans laisser paroître aucune marque de souffrance ; seulement il invoquoit parfois le nom de Dieu, de Notre-Dame et des saints. Deux jours avant sa mort, quoiqu'il eût passé une fort mauvaise nuit, il se fit lever et habiller ; il vint auprès de ses chambel-

adont leur prist à dire de trés joyeux visage et en semblant de bonne convalescence : « Esjoys-» sez-vous, mes bons loyaulx amis et serviteurs, » car, en briefve heure, seray hors de vos » mains ; » lesquelz, oyans ces parolles, ignorerent pour la joyeuseté de la chiere, en quel sens ot dicte la parolle, de laquelle, tost aprés, l'effect leur en donna la clarté.

Le samedi devant son trespas, apparirent en lui les signes mortelz, où les douleurs furent horribles, sanz que apperceue fust en luy aucune impacience, mais, en continuant sa dévocion, tousjours estoit sa clameur à Dieu, et costé lui, sondit confesseur lui amonnestant les parolles en tel article neccessaires, auxquelles, comme trés vray crestien catholique, respondoit et faisoit signes de grant foy à nostre Sigeur.

Quant vint le dimanche à matin et jour qu'il trespassa, fist appeller devant luy tous ses barons, prélas, son conseil et chancelier ; adont va parler devant eulx moult piteuses parolles, si que tous les contraigni à larmes. Entre les autres choses dist, du fait de l'Esglise, que, comme il eust esté informez par tout le coliege des cardinaulx et en faisant toute l'investigacion qu'il avoit peu et sceu faire, présumant que tant de vaillans prélas ne se voulsissent mie dampner pour un singulier homme, que il avoit desclairié pape Clement pour vray Pape ; et ce qu'il en avoit fait, prenoit sus son ame que de bonne foy l'avoit fait.

Item, son testament et laiz que, piéça devant, avoit fait, vouloit qu'en celle forme fust tenus.

Aprés ces choses, requist la couronne d'espines de nostre Seigneur, par l'evesque de Paris, lui fust apportée ; et aussi, par l'abbé de Saint Denis, la couronne du sacre des rois ; celles d'espines receupt à grans dévocion larmes et révérance et haultement la fist mectre devant sa face ; celle du sacre fist mectre soubz sez piez ; adont, commença telle oroison à la saincte couronne : « O coronne précieuse, dyademe de nos-» tre salut, tant est douls et enmiellé le rassa-» dyement que tu donnes, par le mistere qui en » toy fu compris à nostre rédempcion ; si vraye-» ment me soit cellui propice duquel sang tu fus » arousée, comme mon esperit prent resjoysse-» ment en la visitacion de ta digne présence. » Et longue oroison y dist moult dévote.

Aprés, tourna ses parolles à la coronne du sacre, et dist : « O coronne de France, que tu es » précieuse, et précieusement trés ville ! pré-» cieuse, considéré le mistere de justice lequel » en toy tu contiens et portes vigoreusement, » mais ville, et plus ville de toutes choses, con-» sidéré le faiz, labour, angoisses, tourmens et

◇◇◇

lans, de ses autres serviteurs et de ses médecins, qui étoient tout éplorés, et leur dit avec un joyeux visage, et comme s'il eût été déjà convalescent : « réjouissez-vous, mes bons et loyaux amis et » serviteurs, car je serai bientôt hors de vos » mains. » Ceux-ci , en entendant ces paroles et lui voyant la physionomie enjouée, ne savoient pas en quel sens il le disoit ; mais l'événement ne tarda pas à leur en donner l'intelligence.

Le samedi qui précéda sa mort, des symptômes mortels apparurent en sa personne, et ses souffrances furent horribles. Il ne donna aucun signe d'impatience, continua ses prières , élevant toujours son âme à Dieu, ayant à côté de lui son confesseur qui lui adressoit les paroles requises en pareil cas, et auxquelles il répondoit en vrai chrétien catholique , donnant des marques de grande foi au Seigneur.

Quand vint le dimanche au matin, jour où il trépassa, il fit appeler devant lui tous ses barons, les prélats, son conseil et le chancelier. Il leur parla d'un ton qui les émut et les contraignit à pleurer. Il leur dit, entre autres choses, au sujet de l'église, que, sur les informations du collége entier des cardinaux, et les recherches qu'il en avoit pu faire, présumant que tant d'illustres prélats ne se fussent point voulu damner pour un seul homme, il avoit reconnu Clément pour vrai pape, et prenoit sur son âme ce qu'il avoit fait ainsi de bonne foi.

Il voulut que son testament et les legs qu'il avoit faits déjà fussent observés dans la forme prescrite.

Après ces choses, il demanda que l'évêque de Paris lui apportât la couronne d'épines de notre Seigneur, et l'abbé de Saint-Denis, la couronne du sacre des rois. Il reçut la couronne d'épines avec de grandes marques de dévotion et de respect, et en répandant des larmes ; il la fit placer haut devant lui : celle du sacre , il la fit mettre sous ses pieds. Alors il se mit à faire cette prière à la sainte couronne : « O couronne précieuse, » diadème de notre salut, qu'il est doux et suave, » le contentement que tu donnes, en vertu du mys-» tère de notre rédemption auquel tu as concou-» ru. Que le sang dont tu fus arrosée me soit » propice autant que je ressens de joie en ta di-» gne présence. » Puis il lui adressa une longue et dévote prière.

Parlant ensuite à la couronne du sacre, il dit : « O couronne de France, que tu es précieuse, à » la fois et vile ! Précieuse, en te considérant » comme le symbole de la justice que tu portes » en toi et maintiens avec force ; mais vile, et la » plus vile des choses, si l'on considère le far-» deau, le travail, les angoisses, les tourments,

» peines de cueur, de corps, de conscience, et
» périlz d'ame, que tu donnes à ceulx qui te por-
» tent sur leur espaules ; et qui bien à ces choses
» viseroit, plustost te laisseroit en la boe gésir
» qu'il ne te réléveroit pour mectre sus son
» chief : » Là, dist le Roy maintes notables parolles, plaines de si grant foy, dévocion et recognoiscence vers Dieu, que tous les oyans mouvoit à grant compassion et larmes.

Aprés ce, la messe fu chantée, et volt le Roy
qu'en chants mélodieux et orgues, fussent à Dieu
chantées laudes et beneyssons.

Porté fu le Roy de sa couche en son lit; et
comme il prensist moult à foibloyer, son confesseur lui ala dire : « Sire, vous me comman-
« dastes que, sanz actendre au derrain besoing,
« je vous ramenteusse le derrain sacrement; com-
» bien que neccessité ne vous y chace mie et que
» maint, aprés celle unxion, soyent retournez à
» bonne convalescence, vous plaist-il, pour le
» reconfort de vostre ame, recepvoir la? » Le
Roy respondi que « moult lui plaisoit : » Adont,
lui fu aprestée, et volt le Roy, que toutes manieres de gens à qui il plairoit entrassent dedens
sa chambre, laquelle fu tost remplie de barons,
prélas, chevaliers, clercs et gent de peuple, tous
plourans à grans senglons de la mort de leur bon
prince ; sur tous y menoit dueil son loyal chambellan, le seigneur de La Riviere, si grant que

<><><>

il sembloit comme homme tout remis de son
sens, et, par tel contenance, ala le Roy baisier,
si comme il vint dehors, que à tous fist moult
grant pitié.

Le Roy lui mesmes, selon sa foiblece, s'aida
à s'enuïer. Quant la croix lui fu présentée, la
baisa, et, en l'embrassant, commença à dire,
regardant la figure de nostre Seigneur : « Mon
» trés douls Saulveur et Redempteur, qui en ce
» monde daignas venir, affin que moy et tout
» l'umain lignages, par la mort, laquelle, vo-
» lointairement et sanz contrainte, volz souf-
» frir, rachetasses, et qui, moy indigne et insi-
» pient à gouverner ton réaume de France, as
» institué ton vicaire, j'ay tant griefment vers
» toy péchié, dont je dis, *Mea culpa, mea gra-
» vissima culpa, mea maxima culpa*, et, non-
» obstant, mon douls Dieu, que je t'ay cour-
» roucié par deffaultes innumérables, je scay
» que tu es vray miséricors et ne veuls la mort
» du pécheur; pour ce, à toy, pere de miséri-
» corde et de toute consolacion, en l'article de
» ma trés grant nécessité, criant et t'appellant,
» te demande pardon. » Celle oroison finée, se
fist tourner la face vers les gens et peuple qui
là estoit, et dist : « Je scay bien que, ou gou-
» vernement du royaume, en pluseurs choses,
» grans, moyens et petis, ay offensez, et aussi
» mes serviteurs auxquelz je debvoye estre bé-

<><><>

» les peines de cœur, de conscience et de corps
» dont tu accables ceux qui te portent, et les pé-
» rils où tu mets leur âme. Qui verroit nettement
» ces choses, te laisseroit plutôt gésir dans la
» boue, que de te relever pour te mettre sur sa
» tête. » Il ajouta maintes notables paroles, avec
tant de foi, de piété et de reconnoissance envers Dieu, que tous les assistants fondoient en
larmes.

Alors on célébra la messe; le roi voulut que
laudes et bénédiction fussent chantées au son des
orgues et par des voix mélodieuses.

De sa couchette on le porta dans son lit. Comme
il tomboit en grande foiblesse, son confesseur lui
dit : « Sire, vous m'avez ordonné de vous faire
» ressouvenir des derniers sacrements, avant que
» la dernière heure fût venue, quoique la nécessité
» ne vous y contraigue point encore, vous plaît-il
» de recevoir cette onction pour affermir votre
» âme ; plusieurs sont après cela retournés en
» bonne convalescence? » Le roi répondit, « qu'il
» le désiroit fort. » Alors elle lui fut apportée, et
voulut que toute espèce de personnes à qui cela conviendroit entrassent dans sa chambre, qui
bientôt fut remplie de barons, de prélats, de chevaliers, de clercs et de gens du peuple, tous
pleurant et poussant des sanglots, de la mort de
leur bon prince. Le plus affligé de tous étoit son
loyal chambellan le seigneur de la Rivière. Il
avoit l'air d'un homme hors de sens. Comme il
venoit de dehors, il s'approcha pour baiser le
roi, en telle contenance qu'il fit à tous grand
pitié.

Le roi, autant que sa foiblesse le lui pût permettre, aida lui-même à s'administrer l'extrême
onction. Quant la croix lui fut présentée, il la
baisa, et, l'embrassant, il se mit à dire, en contemplant les traits de notre Seigneur : « Mon
» doux sauveur et rédempteur, qui daignas venir
» en ce monde et y souffrir volontairement la
» mort, pour me racheter, moi et la race hu-
» maine ; moi indigne; moi inhabile à gouverner
» ton royaume, que tu m'as institué le vicaire;
» j'ai péché grièvement contre toi, et je dis,
» *mea culpa, mea gravissima culpa, mea maxima
» culpa*. Cependant, Dieu de bonté, bien que je
» t'aie courroucé par des fautes sans nombre, je
» sais que tu es plein de miséricorde, et que tu
» ne veux pas la mort du pécheur. C'est pour-
» quoi, ô père miséricordieux et consolateur, je
» crie vers toi et je t'appelle en cet instant de
» détresse, et j'implore ton pardon. » Après avoir
terminé cette prière il se fit tourner vers les gens
et le peuple qui étoient là, et dit : « Je sais que
» dans le gouvernement de mon royaume j'ai of-
» fensé en plusieurs façons, les grands, les moyens

» nigne et non ingrat de leur loyal service ; et,
» pour ce, je vous pry, ayez merci de moy, je
» vous requier pardon ; » et adont se fist haulser
les bras, et leur joingni les mains : si povez savoir, se grant pitié et larmes y ot gictées de ses
loyaulx amis et serviteurs.

Encore dist : « Sachent tuit, et Dieu l'a pri-
» mierement cogneu, que nulle temporalité, ne
» prospérité de vanité mondaine ne me pertrait
» ne encline à vouloir de moy autre chose ne
» mes ce que Dieu a voulu de moy ordonner, le-
» quel scet qu'il n'est quelconques chose pré-
» cieuse pour laquelle je voulsisse ou désirasse
» estre retourné de ceste maladie. »

Un peu aprés, en approchant le terme de la fin, en la maniere des anciens peres patriarches du vieulx testament, fist amener devant lui son filz aisné, le Daulphin ; alors, en le beneyssant, commença ainssi à dire :

« Ainssi comme Abraham son filz Isaac, en
» la rousée du ciel, et en gresse de la terre,
» et en l'abondance de froment, vin et oeile,
» beney et constitua, en enjoingnant que, qui
» benistroit lui, fust beneit, et qui le mauldi-
» roit fust rempli de maleisson ; ainssi plaise à
» Dieu qu'à cestui Charle doint la rousée du ciel
» et la gresse de la terre et l'abondance de for-
» ment, vin et oile, et que les lignées le servent,

◇◇◇

» et les petits, et aussi mes serviteurs, pour les-
» quels je devois être bon et envers qui je ne devois
» pas me montrer ingrat des loyaux services qu'ils
» m'ont rendus. Pour cela je vous prie tous de m'ac-
» corder merci, et de me pardonner. » Il se fit alors élever les bras et leur tendit les mains. On peut imaginer si la pitié fut grande, et s'il y eut des larmes de répandues parmi ses loyaux amis et serviteurs.

Il ajouta : « Que tous sachent bien, et Dieu l'a
» su avant tous, qu'aucun desir temporel, de
» prospérité ou de vanité mondaine, ne me porte
» ni ne m'invite à desirer autre chose sinon ce
» que Dieu a voulu ordonner de moi ; il sait qu'il
» n'est aucun bien pour lequel je voulusse ou de-
» sirasse relever de cette maladie. »

Peu après, et le terme de sa fin approchant, il fit, à la manière des patriarches de l'ancien testament, amener devant lui, son fils aîné le dauphin ; et, le bénissant, il commença à dire ainsi :

« Comme Abraham[*] bénit son fils, en lui don-
» nant la rosée du ciel, la graisse de la terre et
» l'abondance du froment, du vin et de l'huile,
» disant que celui qui le béniroit, seroit béni ;
» que celui qui le maudiroit, seroit maudit ; ainsi
» plaise-t-il à Dieu de donner à Charles, ici pré-
» sent, la rosée du ciel, la graisse de la terre et

[*] Ce ne fut point Abraham, mais Isaac, qui bénit ainsi son fils Jacob. Voy. la *Genése*, xxxvii, 28, 29.

» et soit seigneur de tous sez freres, et s'encli-
» nent devant luy les filz de sa mere ; qui le
» beneistra soit beneit ! et qui le mauldira soit
» remply de maleiçon ! »

Ce mistere fait, à la priere du seigneur de La Riviere, beny tous les présens, disant ainssy : « *Benedictio Dei, Patris et Filii et Spiritus* » *Sancti, descendat super vos et maneat sem-* » *per :* » laquelle beneysson receurent tous à genous, à grant dévocion et larmes. Puis leur dist le Roy : « Mes amis, alez vous en, et priez
» pour moy, et me laissiez, affin que mon tra-
» veil soit finé en paix : » lors, luy tourné sus l'autre costé, tost aprés tirant à l'angoisse de la mort, oy toute l'istoire de la passion et auques prés de la fin de l'evvangile saint Jehan, commença à labourer à la derreniere fin ; et, à peu de trais et sanglous, entre les bras du signeur de La Riviere, que moult chierement il amoit, rendi l'esperit à nostre Signeur, qui fu, comme dit est, environ l'eure de midi, le vingt-sixiesme jour de septembre, ledit an 1380, et le quarante-quatriesme de son aage, le dix-septiesme de son regne.

Lequel trespassement fu plaint et pleuré merveilleusement de ses freres, parens et amis, et de ses serviteurs moult regrictez et de tous autres sages et preudes hommes, et à bonne cause ;

◇◇◇

» l'abondance du froment, du vin et de l'huile ;
» que les lignées le servent ; qu'il soit seigneur
» de tous ses frères, et que les fils de sa mère s'a-
» baissent devant lui ; que celui qui le bénira soit
» béni ; que celui qui le maudira soit rempli de
» malédiction ! »

Ensuite, à la prière du seigneur de la Rivière, il bénit tous les assistants, et dit : « *Benedictio* » *Dei, Patris et Filii et Spiritus Sancti, descen-* » *dat super vos et maneat semper.* » Ils reçurent à genoux, avec dévotion et tout en larmes la bénédiction du roi. Puis il ajouta : « Mes amis, allez-
» vous-en, priez pour moi, et me laissez, afin que
» j'achève en paix ma tâche. » Alors, et tourné d'un autre côté, il fut bientôt saisi des angoisses de la mort : il écouta réciter toute l'histoire de la passion, et lorsque l'on fut vers la fin de l'évangile de saint Jean, il commença à agoniser. Bientôt, et après quelques efforts d'une respiration gênée, soutenu dans les bras du seigneur de la Rivière, qu'il aimoit tendrement, il rendit son esprit à Dieu, environ l'heure de midi, le vingt-sixième jour de septembre, de l'an 1380, en la quarante-quatrième année de son âge, et de son règne la dix-septième.

Sa mort fut plainte et pleurée long-temps par ses frères, ses parents et ses amis ; il fut regretté vivement de ses serviteurs, de tous les sages, de tous les hommes doctes, et à bon droit ; car ce

car, perte de si excellent prince n'est mie merveilles se elle est doulousée.

Chap. LXXII : *La fin et conclusion de ce livre.*

Et Dieu loé! à qui graces avec beneissons soyent présentées, qui m'a presté engin, santé, temps et lieu de mener à fin ceste petite compillacion par moy traictiée, comme mon sens ne soit souffisant de bien démener si haulte matiere. Mes humblement supplye tous les vivans très hauls, excellens et redoubtez princes d'icelle très noble susdicte royal ligniée, dont cette histoire fait mencion, et à ceulx qui d'eulx descendront, à qui, és temps à venir, sera manifestée, que ilz vueillent avoir à gré, plus mon desireux vouloir de exaulcier leur noms en loange véritable que l'effect de mon petit savoir à ce estendu ; et, après ma vie, mon ame leur soit recommandée ; car, nonobstant receusse ce labour par digne commandement, comme dit est, la matiere de si excellent prince en toutes choses, comme fu le sage bon roy Charles, pour pluseurs raisons, m'a esté très agréable ; deux principales y a : l'une, pour cause de ses vertus ; l'autre, que, comme, en ma jeunece et enfence, avec mes parens, je fusse nourrie de son pain, m'y répute si comme tenue.

Si prie enfin à la benoicte Trinité, Pere et Filz et Saint Esperit, un seul Dieu, que l'ame d'icelluy son sergent dévot et très crestien, le sage roy Charles, quint d'icellui nom, vueille avoir en la compaignie de ses benois esleus en paradiz, et aussi celle de son bon frere, monsigneur de Bourgongne et de tous leur prédécesseurs. AMEN, *amen*.

---

n'est certes point merveille que la perte de si excellent prince soit suivie d'affliction.

Chap. LXXII : *Fin et conclusion de ce livre.*

Que gloire soit rendue à Dieu, et que son saint nom soit loué, lui qui m'a donné l'intelligence, la santé, le temps et le moyen d'achever cet ouvrage ; car mon esprit n'eut point de lui-même été capable de bien traiter une matière si haute. Je supplie humblement tous ceux qui vivent encore des très-puissants, excellents et redoutés princes de la noble et royale famille dont fait mention cette histoire ; ceux qui en descendront un jour et à qui elle sera manifestée, de vouloir prendre en gré plutôt le vif desir que j'ai eu d'appeler sur leur nom une gloire véritable, que les effets de mon foible savoir appliqués à ce soin. Qu'après ma vie mon âme leur soit recommandée. Quoique j'aie reçu pour accomplir ce travail, ainsi que je l'ai dit, une noble injonction, il m'étoit néanmoins agréable, et pour plusieurs motifs, de raconter la vie d'un prince aussi parfait que le fut le bon roi Charles. J'avois pour cela deux raisons principales : ses vertus d'abord, puis ses bienfaits envers moi, et par là je m'y croyois engagée ; car je fus avec mes parents, nourrie de son pain dans mon enfance et ma jeunesse.

Je prie enfin la sainte Trinité, Père, Fils et Saint-Esprit, en un seul Dieu, qu'il veuille avoir en la compagnie de ses élus et des saints de son paradis, l'âme de son pieux et très-chrétien serviteur, le sage roi Charles, cinquième du nom, et aussi celle de son bon frère, monseigneur de Bourgogne et de tous les princes leurs prédécesseurs. Ainsi soit-il.

ICI FINIT LE LIVRE DES FAIS ET BONNES MEURS DU SAGE ROY CHARLES V.

INDICATION ANALYTIQUE DES DOCUMENTS

POUR LES DIFFÉRENTS RÈGNES

DEPUIS SAINT LOUIS JUSQU'A CHARLES V INCLUSIVEMENT.

Dans les Mémoires sur Du Guesclin et le *Livre des Faits et Bonnes mœurs* de Christine de Pisan, on a pu voir en gros les événements accomplis sous Charles V ; le lecteur aura reconnu sans peine que dans le récit de Le Febvre les fables se trouvent mêlées aux faits de l'histoire ; Le Febvre ayant rédigé les Mémoires sur Du Guesclin avec les histoires, les chansons et toutes les sources du XIVe siècle, sa narration a gardé la charmante physionomie d'une œuvre contemporaine ; aussi les Mémoires sur Du Guesclin qu'on a lus peuvent véritablement être regardés comme la légende héroïque du capitaine breton. Le lecteur a dû également remarquer le mérite de narration qui distingue le travail de Le Febvre ; il y règne une allure vive, une netteté de style, une précision piquante qui ajoutent à l'intérêt du récit. Nous ne reviendrons point sur le *Livre des Faits et Bonnes mœurs*, sur la quantité de faits et d'observations que renferme l'ouvrage de Christine ; nous n'avons rien de plus précieux pour ce qui touche aux mœurs du XIVe siècle ; la manière de vivre des princes et des rois de ce temps-là, le caractère de leurs rapports entre eux, le cérémonial des fêtes, les coutumes et les usages de l'époque nous sont révélés dans le livre de Christine de Pisan. A côté des peintures de mœurs et des récits historiques, nous trouvons des considérations politiques, des aperçus sur le gouvernement des peuples qui sont fort curieux et dont la vérité n'a point vieilli.

En donnant les Mémoires sur Du Guesclin et le *Livre des Faits et Bonnes mœurs* de Christine de Pisan, après les Mémoires du sire de Joinville, nous avons franchi tout à coup de longs espaces et nous avons passé sur sept règnes ; c'est qu'il n'existe point de Mémoires depuis saint Louis jusqu'à Charles V. Avant d'aller plus avant, il importe de réparer par des indications et d'après le plan que nous nous sommes tracé, cette grande lacune historique. Nous devons donc citer, indiquer ou analyser les pricipales sources qu'on peut consulter pour les règnes de Philippe-le-Hardy, de Philippe-le-Bel, de Louis X dit le Hutin, de Philippe V dit le Long, de Charles-le-Bel, de Philippe de Valois et de Jean II ; nous donnerons aussi les extraits ou les indications qui pourront servir à compléter le livre de Christine de Pisan pour le règne de Charles V. Les matériaux à remuer pour ces différents règnes sont infinis ; le seul catalogue du P. Lelong serait beaucoup trop long à mentionner en détails ; on comprendra que nous nous bornions aux principaux documents.

Guillaume de Nangis, à qui nous devons les *Gestes de Louis IX*, nous a laissé les *Gestes de Philippe III* ; cette chronique se trouve fondue ou plutôt traduite dans la Grande Chronique de Saint-Denis, dont nous donnerons des extraits à la suite de cette indication.

La *chronique de Gérard de Frachet-Prêcheur*, depuis le commencement du monde jusqu'à l'année 1271, imprimée dans le tome III du Recueil des Historiens de France, de dom Bouquet, n'offre aucun détail particulier sur le règne de Philippe III.

Le P. Lelong indique le journal du règne de Philippe III par Antoine Aubery, avec des notes du comte de Boulainvilliers, in-4° ; il ajoute qu'un manuscrit de cet ouvrage est conservé dans la Bibliothèque des Avocats ; nous avons demandé ce manuscrit à la Bibliothèque des Avocats, mais on ne l'y trouve point. Nous avons fait la même demande à la Bibliothèque du roi, et nous n'avons pas été plus heureux. Toutes nos recherches pour découvrir le journal du règne de Philippe III par Aubery, ont été vaines.

L'*Histoire de Philippe de Valois et du roi Jean*, depuis 1328 jusqu'en 1364, par l'abbé de Choisy, imprimée à Paris, in-4°, en 1688, est un travail qu'on peut parcourir avec intérêt ; les règnes de Philippe de Valois et de Jean II sont racontés d'une manière assez satisfaisante et avec beaucoup d'ordre et de netteté.

Un jeune savant, M. Lacabane, dans une édition de Froissart qu'il doit publier prochainement pour la *Société d'histoire de France*, donnera un très-grand nombre de pièces historiques qui n'ont jamais été imprimées, et qu'il a recueillies dans différentes bibliothèques de Paris et de la province ; les plus importantes de ces pièces ont rapport aux événements accomplis depuis la bataille de Poitiers jusqu'à la mort de Charles V.

Le tome Ier de la *Nouvelle Bibliothèque des manuscrits* renferme un éloge de Philippe-le-Bel et de ses fils Louis-le-Hutin et Philippe-le-Long ; ce morceau historique n'ajoute rien à ce que nous apprend sur ces trois rois la Grande Chronique de Saint-Denis.

La source la plus abondante, la plus complète où on puisse recourir pour les sept règnes dont il est ici question, c'est le cartulaire de l'abbé de Camps, qu'on trouve au cabinet des manuscrits de la Bibliothèque du roi ; les tomes 37, 38, 39, 40, 41, 42, 43, 44, 44 bis, 45, 45 bis, 46 de cette immense compilation sont remplis de pièces et extraits de tout genre relatifs aux rois Philippe-le-Hardy,

Philippe-le-Bel, Louis X, Philippe-le-Long, Charles-le-Bel, Philippe de Valois et Jean II.

Les *chroniques de Froissard* présentent de nombreux documents pour les dernières années de Charles-le-Bel, pour les règnes de Philippe de Valois et de Jean II. Nous extrairons des chroniques de Froissard les curieux récits de la bataille de Poitiers et de la captivité du roi Jean.

Comment il y eut grand'occision des François devant la porte de Poitiers; et comment le roi Jean fut pris.

« Ainsi aviennent souvent les fortunes en armes
» et en amours, plus heureuses et plus merveil-
» leuses que on ne le pourroit ni oseroit penser de
» souhaiter, tant ces batailles et ces rencontres,
» comme par follement chasser. Au voir (vrai)
» dire, cette bataille qui fut assez près de Poi-
» tiers, ès champs de Beauvoir et de Maupertuis,
» fut moult grande et moult perilleuse; et y pu-
» rent bien avenir plusieurs grandes aventures et
» beaux faits d'armes qui ne vinrent mie tous à
» connoissance. Cette bataille fut très-bien com-
» battue, bien poursuie et bien chevauchée pour
» les Anglois; et y souffrirent les combattans d'un
» côté et d'autre moult de peines. Là fit le roi Jean
» de sa main merveilles d'armes, et tenoit la hache
» dont trop bien se defendoit et combattoit.

» A la presse rompre et ouvrir furent pris assez
» près de lui le comte de Tancarville et messire
» Jacques de Bourbon, pour le temps comte de
» Ponthieu, et messire Jean d'Artois, comte d'Eu;
» et d'autre part un petit plus en sus, dessous le
» penon du captal, messire Charles d'Artois et
» moult d'autres chevaliers. La chasse de la dé-
» confiture dura jusques aux portes de Poitiers,
» et là eut grand'occision et grand abatis de gens
» d'armes et de chevaux; car ceux de Poitiers
» refermèrent leurs portes et ne laissoient nullui
» entrer dedans: pourtant y eut-il sur la chaus-
» sée et devant la porte si grand horribleté de gens
» occire, navrer et abattre, que merveille seroit
» à penser; et se rendoient les François de si
» loin qu'ils pouvoient voir un Anglois; et y eut
» là plusieurs Anglois, archers et autres, qui
» avoient quatre, cinq ou six prisonniers; ni on
» n'ouït oncques de telle meschéance parler,
» comme il avint là sur eux.

» Le sire de Pons, un grand baron de Poitou,
» fut là occis et moult d'autres chevaliers et
» écuyers; et pris le vicomte de Rochechouart, le
» sire de Puiane, et le sire de Partenay; et de
» Saintonge, le sire de Montendre; et pris messire
» Jean de Saintré et tant battus que oncques pris
» n'eut sauté; et le tenoit-on pour le meilleur et
» plus vaillant chevalier de France; et laissé pour
» mort entre les morts, messire Guichard d'Angle,
» qui trop vaillamment se combattit cette journée.

» Là se combattit et assez près du roi messire
» Geoffroy de Chargny, et étoit toute la presse et
» la huée sur lui, pourtant qu'il portoit la souve-
» raine bannière du roi; et même il avoit sa ban-
» nière sur les champs, qui étoit de gueules à
» trois écussons d'argent. Tant y survinrent An-
» glois et Gascons, de toutes parts, que par force
» ils ouvrirent et rompirent la presse de la ba-
» taille du roi de France; et furent les François
» si entortillés entre les ennemis qu'il y avoit
» bien, en tel lieu étoit et telle fois fut, cinq hom-
» mes d'armes sur un gentilhomme. Là fut pris
» messire Baudoin d'Ennequin, de messire Ber-
» thelemien de Brunes; et fut occis messire Geof-
» froy de Chargny, la bannière de France entre
» ses mains; et pris le comte de Dampmartin de
» monseigneur Regnault de Cobham. Là eut adon-
» ques trop grand'presse et trop grand bouteis
» (choc) sur le roi Jean, pour la convoitise de le
» prendre; et le crioient ceux qui le connoissoient
» et qui le plus près de lui étoient: *Rendez-vous,*
» *rendez-vous, autrement vous êtes mort.* Là avoit
» un chevalier de la nation de Saint-Omer, que
» on appeloit monseigneur Denis de Morbeque,
» avoit depuis cinq ans servi les Anglois, pour-
» tant que il avoit de sa jeunesse forfait le royau-
» me de France, par guerre d'amis et d'un homi-
» cide qu'il avoit fait à Saint-Omer, et étoit rete-
» nu du roi d'Angleterre aux solx et aux gages.
» Si chey adoncques (arriva) si bien à point audit
» chevalier que il étoit de lez (près) le roi de
» France et le plus prochain qui y fut, quand on
» tiroit ainsi à le prendre: si se avance en la
» presse, à la force des bras et du corps, car il
» étoit grand et fort, et dit au roi, en bon françois,
» où le roi se arrête plus que à autres: *Sire, sire,*
» *rendez-vous.* Le roi qui se vit en dur parti et
» trop efforcé de ses ennemis, et aussi que la dé-
» fense ne lui valoit rien, demanda en regardant
» le chevalier: *A qui me rendrois-je? à qui? où*
» *est mon cousin le prince de Galles? Si je le veois,*
» *je parlerois.* — *Sire*, répondit messire Denis, *il*
» *n'est pas ici; mais rendez-vous à moi, je vous*
» *mènerai devers lui.* — *Qui êtes-vous*, dit le roi?
» — *Sire, je suis Denis de Morbeque, un chevalier*
» *d'Artois; mais je sers le roi d'Angleterre, pour*
» *ce que je ne puis au royaume de France demeu-*
» *rer, et que j'y ai tout forfait le mien.* Adoncques
» répondit le roi de France, si comme je fus de-
» puis informé, on dut répondre: *Et je me rends*
» *à vous.* Et lui bailla son destre gant. Le cheva-
» lier le prit, qui en eut grand'joie. Là eut grand'-
» presse et grand tircis (tiraillement) entour le
» roi; car chacun s'efforçoit de dire: *Je l'ai pris,*
» *je l'ai pris.* Et ne pouvoit le roi aller avant, ni
» messire Philippe son mainsné (puisné) fils.

» Or lairons (laisserons) un petit à parler de ce
» touillement (trouble) qui étoit sur le roi de
» France et parlerons du prince de Galles et de la
» bataille. »

Comment y eut grand débat entre les Anglois et les Gascons sur la prise du roi Jean; et comment le prince envoya ses maréchaux pour savoir où il étoit.

« Le prince de Galles qui durement étoit hardi

» et courageux et le bassinet en la tête étoit com-
» me un lion fel et crueux, et qui ce jour avoit
» grand plaisance à combattre et à enchasser sur
» ses ennemis, sur la fin de la bataille étoit dure-
» ment échauffé ; si que messire Jean Chandos,
» qui toujours fut de-lez lui, ni oncques ce jour ne
» le laissa, lui dit : *Sire, c'est bon que vous vous
» arrêtez ci et mettez votre bannière haut sur ce
» buisson; si se retrairont nos gens qui sont du-
» rement épars; car Dieu merci la journée est
» vôtre et je ne vois mais nulles bannières ni nuls
» peunons françois ni convoy entre eux qui se puisse
» rejoindre; et si vous rafraichirez un petit, car je
» vous vois moult échauffé.* A l'ordonnance de
» monseigneur Jean Chandos s'accorda le prince
» et fit sa bannière mettre sur un haut buisson,
» pour toutes gens recueillir, et corner ses me-
» nestrels et ôta son bassinet.

» Tantôt furent ses chevaliers appareillés, ceux
» des corps et ceux de la chambre; et tendit-on
» illecques un petit vermeil pavillon où le prince
» entra; et lui apporta-t-on à boire et aux sei-
» gneurs qui étoient de-lez lui. Et toujours multi-
» plioient-ils, car ils revenoient de la chasse : si
» se arrêtoient là ou environ, et s'embesognoient
» entour leurs prisonniers.

» Si tôt que les maréchaux tais deux revinrent,
» le comte de Warwik et le comte de Suffolk, le
» prince leur demanda si ils savoient nulles nou-
» velles du roi de France. Ils répondirent : *Sire,
» nénil, bien certaines; nous créons bien ainsi que
» il est mort ou pris; car point n'est parti des ba-
» tailles.* Adoncques le prince dit en grand'hâte
» au comte de Warwik et à monseigneur Regnault
» de Cobham : *Je vous prie, partez de ci et che-
» vauchez si avant que à votre retour vous m'en
» sachiez à dire la vérité.* Ces deux seigneurs tan-
» tôt de rechef montèrent à cheval et se partirent
» du prince et montèrent sur un tertre pour voir
» entour eux : si aperçurent une grand'flotte de
» gens d'armes à pied et qui venoient moult
» lentement. Là étoit le roi de France en grand
» péril; car Anglois et Gascons en étoient maîtres
» et l'avoient jà tollu à monseigneur Denis Morl-
» beque et moult éloigné de lui; et disoient les
» plus forts : *Je l'ai pris, je l'ai pris.* Toutefois
» le roi de France, qui sentoit l'envie que ils
» avoient entre eux sur lui, pour eschever (éviter)
» le péril, leur dit : *Seigneurs, seigneurs, menez
» moi courtoisement, et mon fils aussi, devant le
» prince mon cousin, et ne vous riotez (querellez)
» plus ensemble de ma prise, car je suis sire et
» grand assez pour chacun de vous faire riche.* Ces
» paroles et autres que le roi lors leur dit les
» saoula (calma) un petit ; mais néanmoins tou-
» jours recommençoit leur riote et n'alloient pied
» avant de terre que ils ne riotassent. Les deux
» barons dessus nommés, quand ils virent cette
» foule et ces gens d'armes ainsi ensemble, s'avi-
» sèrent que ils se trairoient cette part : si feri-
» rent coursiers des éperons et vinrent jusques
» là et demandèrent : *Qu'est-ce là? qu'est-ce là?*

» Il leur fut dit : *C'est le roi de France qui est
» pris et le veulent avoir plus de dix chevaliers et
» écuyers.* Adoncques, sans plus parler, les deux
» barons rompirent, à force de chevaux, la presse,
» et firent toutes manières de gens aller arrière,
» et leur commandèrent de par le prince et sur la
» tête que tous se traissent arrière et que nul ne
» l'approchât, si il n'y étoit ordonné et requis.
» Lors se partirent toutes gens qui n'osèrent ce
» commandement briser, et se tirèrent bien ar-
» rière du roi et des deux barons qui tantôt des-
» cendirent à terre et inclinèrent le roi tout bas ;
» lequel roi fu moult lié (joyeux) de leur venue ;
» car ils le délivrèrent de grand danger. »

Nous aurons à nous occuper trop peu des chroniques de Froissard pour qu'il faille nous arrêter
à caractériser ce vieux narrateur d'ailleurs si connu; nous bornerons à une simple observa-
tion qui n'a point été faite encore ; c'est que Froissard est l'historien de la chevalerie, et non point
l'historien religieux ou politique qui rapporte tout
à Dieu ou qui cherche à pénétrer les causes des
événements. Froissard parle avant tout des princes et des barons, de leurs armes, de leurs bannières ; il semble qu'il n'écrit que pour raconter
les caprices de la fortune et les aventures de la
guerre. Le narrateur songe peu au côté moral et
philosophique des choses; tout ce qui ne tient
pas spécialement à la chevalerie paraît lui être
indifférent : Froissard est le chroniqueur des
mœurs militaires et des champs de bataille.

On sait à quels désordres fut livré le royaume
de France pendant que son monarque était prisonnier ; nous avons un excellent mémoire de Se-
cousse sur cette époque si intéressante de notre histoire; les faits s'y trouvent indiqués ou racontés
avec de justes appréciations ; le mémoire est imprimé dans le XVIe volume du recueil de l'Académie des Inscriptions et Belles-Lettres.

Pour le règne de Charles V, nous indiquerons les
chroniques de Froissard et le XLVIIe volume du
cartulaire de l'abbé de Camps. Un religieux de
Saint-Denis, auteur d'une histoire de Charles VI,
traduite en français par le Laboureur, avait composé une histoire de Charles V ; ce précieux ouvrage s'est perdu, comme nous avons eu occasion
de le remarquer dans notre notice sur le *Livre des
Faits et Bonnes mœurs*, de Christine de Pisan.

Cette indication des sources historiques pour
les sept règnes a dû être d'autant plus rapide que
les principaux faits épars dans les documents, se
trouvent réunis dans la Grande Chronique de
Saint-Denis dont nous voulons donner de larges
extraits; ces extraits qui seront plus ou moins
abrégés suivant l'importance des événements et
des périodes, mettront sous les yeux du lecteur
comme la chaîne des faits depuis les récits du sire
de Joinville jusqu'au livre de Christine de Pisan.
Dans les citations suivantes, nous avons cru pouvoir nous dispenser de reproduire rigoureusement
le langage de la chronique; nous l'avons rajeuni
pour le mettre à la portée de l'intelligence de tout

le monde. Nous aurions été plus sévères dans la reproduction du vieux texte, s'il se fût agi de donner une édition de la Grande Chronique ; mais notre seule pensée ici est de puiser des faits ; ce n'est point de philologie, c'est d'histoire que nous nous occupons.

Nous commencerons par Philippe-le-Hardy.

◊◊◊

CI COMMENCENT LES RUBRIQUES ET CHAPITRES

DU BON ROI PHILIPPE,

Fils de monseigneur Saint Louis.

Le premier chapitre parle comment le roi de Sicile, frère de monseigneur Saint Louis, vint en l'ost des Chrétiens.

Nous avons écrit du bon roi saint Louis, digne de mémoire, et au mieux que nous avons pu, exposé ses faits, et la grande bonté qui étoit en lui, quand il trépassa de ce siècle au chastel de Carthage. Ainsi, voulons-nous exposer ceux de Philippe, son fils, et très-digne aussi d'honneur et de louange. Bien qu'il ne fût pas grand clerc, toutefois, il étoit doux et débonnaire envers les prélats de la sainte église et envers tous ceux qui avoient en vue le service de notre Seigneur. En l'an de l'incarnation mil deux cent soixante-dix, vint le royaume à monseigneur Philippe à gouverner, et alla parmi l'ost que le roy étoit mort. Beaucoup en fut troublé le peuple, mais n'en fit pas grand semblant, de peur que ceux de Thunis ne s'apperçussent que tel dommage leur fût advenu. Mais comme ils étoient en tel point, , ils virent arriver le navire du roi de Sicile, qui commanda, quand on devoit prendre terre, qu'on sonnât trompette et clairons, afin que son frère saint Louis et les barons fussent plus joyeux de sa venue. Mais comme il prenoit terre, le roi de Sicile s'émerveilla fort de ce que les gens de l'ost fussent si pesants et ne lui fissent pas meilleure chère. Mais alors même qu'il descendoit de son navire, son frère rendoit son âme à Dieu. S'étant informé de ce que ce pouvoit être, il reçut pour réponse que son frère, le roi de France, étoit malade, qu'il se hâtât fort, et qu'on ne pensoit pas qu'il le pût trouver en vie. Quand le roi de Sicile eut ouï la nouvelle, il réfléchit, et se dit à lui-même que s'il laissoit paroître sa tristesse et sa douleur, l'armée en pourroit être trop fortement effrayée, et tomber même dans un désespoir, ce qui, remarqué par les Sarrazins, leur pourroit donner le courage d'attaquer. Dans cette crainte, il fit la meilleure et la plus joyeuse mine qu'il put à ceux qu'il rencontra, et vint aussi joyeusement en l'armée que s'il venoit à une noce. Il se hâta surtout de venir à son frère ; aussi le trouva-t-il encore tout chaud, car il ne faisoit que d'expirer. Sitôt qu'il vit son frère, il tomba à genoux, recommanda son âme à notre Seigneur et se mit à pleurer ; mais se rappelant que c'est nature de femme que de pleurer, il se releva, et regarda autour de lui d'un air aussi riant que s'il n'en eût été rien pour lui. Lors, il commanda que le corps fût apprêté et oint d'onguents précieux. Quand il fut oint et apprêté, le roi Charles en demanda les entrailles à Philippe, son neveu, les fit porter comme saintes reliques en Sicile, et les fit mettre en une abbaye de Saint-Benoît, assez près de Palerme, qu'on appelle Mont-Royal. Les ossements furent mis en un écrin très-bien embaumé, et en un riche drap de soie, avec grand foison d'épices et de parfums. Ils y furent bien chèrement gardés, tant qu'ils furent apportés au royaume de France et spécialement à Saint-Denys, là où le bon roi avoit élu sa sépulture avec les anciens rois de France qui y reposoient. Il y donna maints beaux joyaux au temps qu'il vivoit, tels que couronnes d'or, riches et précieux ornements ; puis confirma tous les privilèges que ses devanciers avoient donnés à la devant dite abbaye.

LE IIe. — *Comment Guy de Beausoy (ou de Beauçon) fut pris par les Sarrazins.*

Aussitôt que le service du roi fut dit et célébré, le roi de Sicile fit tendre ses tentes par devers la mer, loin de l'armée de France, l'espace d'une petite lieue, laquelle armée étoit bien à quatre lieues de Tunis. Les Sarrazins, coutumiers de venir tous les jours lancer et tirer des flèches et des javelots sur l'armée, étoient reçus par l'avant-garde qui défendoit le camp et le préservoit de leurs irruptions soudaines et de leurs charges inattendues. La manière des Sarrazins est telle, qu'ils ne font que s'émouvoir en lançant le javelot ; quand ils voient que les chrétiens sont tout près de combattre, ils tournent en fuite. Un jour il advint que les Sarrazins approchoient bien près des chrétiens et leur jettoient souvent menus dards ; ils blessèrent ainsi quelques nobles hommes, comme Guy de Beauçon, etc. ; sitôt ces braves de courir sus aux Sarrazins, et les Sarrazins de fondre sur eux d'une embuscade où ils s'étoient cachés. Ils enveloppèrent Guy de Beauçon et les siens ; la bataille fut rude de part et d'autre ; furent pris néanmoins Guy de Beauçon et son frère qui ne purent être rescoux. Cependant, dès que l'affaire fut engagée, et que leurs compagnons en furent instruits, ils coururent aux armes, franchirent le fossé du camp qui les séparoit des Sarrazins, et firent une sortie vigoureuse pour dégager les Beauçon et leurs gens. Soudain, un vent violent se leva, grand et terrible, avec les tourbillons qui soulevoient en l'air le sablon et la poudre, et qui frappoient les François dans les yeux, et les aveugloient tous si bien, qu'ils ne savoient tenir chemin. Quand les Sarrazins virent le vent si contraire aux chrétiens, ils prirent des pelles et autres instruments, et levèrent en haut le sablon pour mieux aveugler les François, et les arrêter si bien, qu'à cette journée ils ne purent rien faire, mais retournèrent dolents et courroucés de n'avoir pu rescourre Guy de Beauçon et ses compagnons.

LE IIIe.—*Comment le roi de Sicile issit à bataille contre les Sarrazins et en occist trois mille.*

Une autre fois advint en tour l'heure de prime, que les Sarrazins s'armèrent et vinrent bien près des tentes aux François, et commencèrent à traire et à lancer, en courant, en haut et en bas, et de côté et de travers, selon leur usage, pour émouvoir les chrétiens à combattre. Ils étoient si grand nombre, qu'à peine les pouvoit-on nombrer. Ils couvrirent la terre de toutes parts, et s'épandirent partout, comme s'ils eussent voulu tout prendre, et sonnèrent trompettes et clairons, et demenèrent grand noise et grand son. Ils pensoient, par telles noises, épouvanter les François. Les François, voyant leur contenance, coururent... mais aux armes, désirant de les joindre et de les combattre. Ils sortirent donc des tentes et s'épandirent sur le champ de bataille. Quand les Sarrazins virent tant de belles gens venir contre eux et si bien armés, ils hésitèrent à combattre des gens de si grand courage et se tournèrent en fuite sans coup férir. Le roi de Sicile, qui étoit loin logé d'eux, issit hors de ses héberges et avec lui les nobles combatteurs de sa compagnie ; il les suivit de loin en les cotoyant. Quand il vint près d'eux, il fit semblant de fuir, comme s'il ne les osoit attendre, et il fuit bien par l'espace d'une lieue, et les autres le commencèrent à chasser à pointe d'éperons. Quand le roi eut fui, il fit semblant de retourner à ses gens, et ceux-ci, qui l'attendoient, retournèrent avec lui, enveloppèrent les Sarrazins, les enfoncèrent et se jettèrent sur eux comme le loup sur les brebis, les glaives aux poings, ainsi que les épées et couteaux. Aussi tant en tuèrent, que les traces en étoient grandes parmi les champs, et qu'il sembloit que ce fussent moutons qui fussent morts parmi ces champs.

A cette bataille, furent occis trois mille Sarrazins par nombre, sans compter ceux qui saillirent en la mer, les autres qui se noyèrent, les autres qui fuirent, les autres qui trébuchèrent aux fosses qu'ils avoient faites au sablon, et couvertes pour faire choir et trébucher les chrétiens, et qu'ils ne purent eux-mêmes éviter ; aussi, ne leur en souvenoit-il point pour le grand peur qu'ils avoient de mourir ; puis le sablon et le sang leur enlevoient la vue du chemin qu'ils devoient prendre. Ainsi se vengèrent les chrétiens de leurs ennemis par le sens et par la cautelle de Charles, roi de Sicile, frère de saint Louis.

LE IVe *parle du chatel de bois que le roi fit faire.*

Les François s'assemblèrent et prirent conseil comment ils pourroient faire pour empêcher le passage d'un fleuve par où la viande et autres provisions venoient aux Sarrazins, ou de tout leur enlever, vivres, bateaux, fleuve même, et de faire en sorte que le poste n'y fut plus tenable pour eux. A cet effet, fut assemblée grande quantité de bois. Le bois assemblé, il fut devisé et arrêté que l'on feroit sur le bord du fleuve un château grand et large, pour qu'il pût y entrer grand foison de gens d'armes, preux et hardis, qui bien vigoureusement lançassent et jettassent javelots sur les Sarrazins, si bien qu'ils leur pûssent arracher et enlever la viande qui leur venoit de Tunis ; hors des murs, où ils avoient fiché leurs tentes. Sur le rivage de la mer, par dehors le château, étoient arbalestriers et autres sergents pour le défendre ; il y avoit, de plus, des galères toutes prêtes pour aller plus avant en la mer, chaque fois que besoin en seroit. Quand tout fut ainsi ordonné, le roi Philippe manda son charpentier, qui fort bien se savoit acquitter de cette besogne ; et lui commanda qu'il fit un chastel hâtivement. Fut fait son commandement. On apprêta galères bien appareillées, et l'on y fit entrer grand foison de sergents preux et hardis, avec grand foison d'avirons, et coururent la mer contre leurs ennemis. Ils prirent tous les vaisseaux qui portoient la viande aux Sarrazins, et quelques-uns même trébuchèrent, coulèrent et plongèrent dans la mer. Le château eût été fait et accompli en peu de temps, si les Sarrazins ne se fussent accordés ensemble pour s'y opposer.

LE Ve. — *Du roi de Thunis qui vint contre les François avec tout son pouvoir.*

Réduit en tel point, le roi de Thunis demanda secours aux autres Sarrazins ; et s'assemblèrent auprès de lui, rois, amiraux et autres princes, qui lui vinrent en aide. Lors se conseilla comment il pourroit les François détruire ou chasser hors de son pays, et lui fut conseillé qu'il allât sur eux en bataille rangée, qu'il les épouvanteroit, qu'ils s'enfuiroient et n'oseroient demeurer quand ils verroient sa puissance. Bien matin donc se levèrent et s'armèrent de leurs armes, selon leur usage et leur guise, et amenèrent avec eux tout leur pouvoir et leur force à pied et à cheval, rangés en bataille. Quand ils approchèrent, ils commencèrent à crier et à hurler à haute voix, à menacer les François en leur langue, à sonner trompettes et clairons et autres instruments. Pendant ce temps, ils se déployoient sur la plaine, afin que les François pensassent qu'ils étoient sans nombre et si grande compagnie, qu'ils n'y pourroient tenir. Entre temps, faisoient-ils grand semblant de vouloir combattre. Quand ceux qui gardoient le camp virent telles gens venir, ils commencèrent à crier au milieu des tentes : Aux armes ! toute la force de Thunis vient contre nous. Aussitôt coururent aux armes les François, vêtirent leurs hauberts et montèrent sur leurs chevaux, les lances aux poings, et leurs écus à leur cou, et prirent leurs enseignes de diverses couleurs. Le roi de France s'arma, le roi de Sicile, le roi de Navarre, les ducs, les comtes, les barons, et tous les autres de l'ost s'armèrent et issirent de leurs héberges bien et hardiment. Ils se rangèrent sur-le-champ et ordonnèrent leurs batailles comme elles devoient l'être pour marcher, et ne craignirent rien fors que les Sarrazins ne s'enfuissent sans coup férir, ou sans lancer. Ils mirent devant les arbalétriers et les gens de pied. Ils ordonnèrent après qui seroit premier, qui seroit second, et qui tiers, selon ce qui leur sembleroit profitable, pour aller contre leurs ennemis. Afin que les Sarrazins ne vinssent de côté ni d'autre aux héberges ni aux tentes, ils y laissèrent le comte d'Alençon, frère du roi de France, avec sergents et le Maître de L'hôpital. L'oriflambe-Saint-Denys fut debout dressée, et alors surent bien certainement les François que c'étoit un signe infaillible que l'on alloit enfin combattre l'ennemi s'il ne s'enfuyoit aussitôt. Quand les Sarrazins virent l'ost des chrétiens si richement et si noblement armé, ils en furent tous ébahis et en eurent si grand peur, qu'ils s'enfuirent à leurs tentes, à leurs pavillons au plus tôt qu'ils purent, et ne furent oncques si hardis que d'oser là demeurer, mais passèrent outre jusque dans la cité de Thunis. Quand ce virent les François, firent crier en l'ost de par le roi de France que nuls ne fussent si osés qu'ils tendissent la main au gain jusques à tant qu'ils sussent la contenance des Sarrazins, leur état, et qu'il y eût souveraine victoire; car quelquefois avoient été déçus les chrétiens. Quand ils couroient au gain, leurs ennemis les épioient tant qu'ils étoient chargés, puis leur couroient sus et les occisoient à leur volonté. Le roi de France et les barons passèrent tout outre parmi les tentes des Sarrazins, et les chassèrent tant qu'ils les refoulèrent tous aux montagnes. Le roi de France et les barons virent que les montagnes étoient hautes et périlleuses; aussi, ne voulurent-ils pas plus avant aller à cause de leurs armes qui étoient pesantes, à cause de la fatigue des chevaliers et de quelques embûches qui pouvoient être aux montagnes. Ainsi s'en retournèrent et vinrent parmi les tentes des Sarrazins, où fut commandé que quiconque voulût aller au gain qu'il y allât. Aussitôt, les gens à pied et les autres assaillirent les pavillons et les tentes, et prirent tant, qu'ils trouvèrent dedans bœufs, moutons, pain, farine et maintes autres choses profitables; ils trouvèrent aussi des Sarrazins malades, qui ne pouvoient faire comme les autres; il les tuèrent, et puis boutèrent le feu dedans les pavillons et ardirent tout ce qui étoit dedans demeuré. Les Sarrazins qu'ils avoient tués furent tous ars. Les Sarrazins qui s'en étoient fuis, virent le feu à leurs pavillons; aussi, furent-ils fort embrasés d'ire et de courroux, surtout parce qu'ils savoient bien que leurs amis étoient tous ars et occis. Quand les chrétiens eurent tous ars et détruit, ils s'en retournèrent en leurs héberges, rangés et serrés, dolens de ce qu'ils n'avoient point eu de bataille.

LE VIe. — *De diverses maladies qui advinrent dans l'ost des chrétiens.*

Quand la pestilence de maladie commença parmi l'ost des chrétiens, les uns avoient la dissenterie, les autres avoient les fièvres, les autres étoient en flumes, les autres mouroient de mort soudaine, les autres, qui échappoient, en étoient si langoureux qu'à grand peine se pouvoient aider et soutenir. De cette pestilence se plaignoient fort les Sarrazins tout autant que les chrétiens, ou même plus; ils gisoient comme pourceaux tout pamés ou tout morts en leurs héberges, et les autres mouroient de mort subite à cause de la grande corruption de l'air, par les corps des chevaux, des chevaliers et d'autres qui gisoient morts et tout puant sur le rivage de la mer. Quand le roi vit courir cette pestilence parmi son ost, il s'en partit et se mussa sous terre pour esquiver cette grande pestilence. Car voyant une partie de ses gens tués, les autres mourir, ne sachant plus ni que faire ni que dire, ni comment il pourroit durer contre un si terrible flagel, et contre un si grand nombre de gens, se conseilla à ses fidèles, et principalement à ceux qu'il croyoit être les plus sages, et leur demanda ce qu'ils pourroit faire et comme se pourroit délivrer des François qui avoient son pays gâté et ses gens occis. Lors lui fut dit et conseillé qu'il mandât au roi de France que volontiers pacifieroit avec lui, en quelque manière suffisante ou par trêves ou autrement. Lors donc prit le roi de Thunis messagers et leur commanda d'aller au roi de France et de lui dire que volontiers s'accorderoit avec lui et avec autres. Le roi de France regarda qu'il ne pouvoit faire grand profit en demeurant dans ce pays, particulièrement parce que les Sarrazins ne le vouloient attendre à bataille et ne finoient d'aboyer et de glapir ainsi comme chiens et ne faisoient que travailler ses gens pour s'enfuir ensuite contremont (au haut) des montagnes. De rechef il regarda que s'il prenoit de force la cité de Thunis, il conviendroit d'y laisser d'aucuns de ses barons, et grand partie de son peuple, et que tous ceux qui demeureroient seroient en grand péril: car ils seroient environnés de toutes parts de leurs ennemis et que son ost en seroit fort diminué, tandis que son propos étoit d'aller outre en Syrie et de combattre aux Sarrazins qu'il y trouveroit et d'occir les ennemis de la foi chrétienne. Pendant ce temps-là étoit arrêté par d'aucuns des barons que la cité seroit détruite et occis tous ceux des Sarrazins qui s'y pouvoient trouver comme aussi par tout le pays. A ce ne s'accorda le roi de Sicile, ni le roi de Navarre, ni assez d'autres barons à cause de la grande somme d'argent qu'ils en devoient avoir en ne la détruisant pas et en la mettant à rançon. Mais comme le peuple murmuroit et comme le roi de Sicile ne vouloit point entendre à la paix s'il n'avoit le tribut que Tunis lui devoit et lui avoit retenu depuis long-temps, le tribut fut accordé, et puis le même peuple, ainsi disoit qu'il ne savoit pas ce que l'on devoit faire de cette besogne.

LE VIIe. — *De la paix du roi de France et du roi de Thunis et des trêves qu'ils firent ensemble.*

Le roi de France en grand embarras de la manière dont il s'accorderoit avec le roi de Thunis, fut conseillé de prendre trèves en guise de paix. Les conditions seroient telles : le roi de Thunis rendroit et délivreroit en fin or pur toutes les dépenses que le roi de France et les barons avoient faites à la voie, et que les trèves seroient tenues fermement et sans point être laissées jusques à dix ans. Avec tout ce il fut accordé que tous les marchands qui passeroient au port de Thunis, s'ils y arrivoient ou si le vent les y apportoit, ils passeroient franchement sans rien payer; car avant ce, les marchands y étoient en si grande servitude qu'il leur falloit payer la dixième partie de tout ce qu'ils avoient au port de Thunis. En la cité de Thunis étoit grand foison de chrétiens et avoient leurs églises toutes prêtes et édifiées, où ils s'assembloient pour faire le service de Notre Seigneur. Ces chrétiens étoient des frères de saint Dominique et autres assez, tels que marchands et pélerins et toutes gens qui s'épandent parmi le monde. Sitôt que le roi de Thunis sut la venue du roi de France il les fit tous prendre et mettre en prisons diverses et vilaines : le roi de Thunis promit qu'aussitôt ils seroient délivrés et demeureroient au pays franchement et sans nul servitude. Tout étant convenu délivra le roi de Thunis grande quantité de fin or pour paiement d'une partie de la somme. Alors fut la paix criée dans l'armée, et recommandé que nul ne fit du mal aux Sarrazins sur peine de la vie perdre. Quand la paix fut affermie quelques-uns des Sarrazins, hommes riches, vinrent voir la contenance des François et des autres chrétiens, et s'émerveillèrent fort des nobles hommes d'armes et du grand appareil qu'ils avoient et des richesses qui étoient dans l'armée. Ils s'humilièrent beaucoup et offrirent leurs services, leurs viandes, et autres choses si besoin étoit dans l'armée. Lorsque le roi et ses barons ne voulurent plus demeurer, ils prirent conseil de quelle part ils iroient. Ils considérèrent qu'ils ne pouvoient bien accomplir leur pélerinage d'une manière profitable surtout par ce que les gens étoient trop faibles et langoureux de maladies qu'ils avoient eues devant Thunis : et d'ailleurs étoit mort le légat qui les devoit adresser et mener en Terre-Sainte. Mais la raison principale étoit que le roi avoit eu certain message de par monseigneur Girard de Nèle, garde du royaume de France, et de par monseigneur l'abbé de Saint-Denys, qu'il se hâtât de revenir en sa terre et quand il seroit reconforté et revenu en santé, il pourroit retourner en la Terre-Sainte et son pélerinage et son vœu accomplir.

Le VIIIe. — *Comment les François partirent de Thunis, et de la grande tempête où il périt tant de gens et de nefs.*

Après un dernier conseil, fut donné l'ordre que tous les navires fussent apprêtés et qu'on y portât tous les harnois et tout ce dont ils avoient besoin. Alors se mirent les maîtres mariniers en leurs nefs, qui étoient sur le port de Carthage, là où le roi de France étoit avec grande foison de nobles dames. Alors appareillèrent force nefs. Le roi Philippe, le roi Thibaut de Navarre, messire Alphonse, comte de Poitiers, messire Pierre, comte d'Alençon, messire Robert d'Artois, l'évêque de Langres et plusieurs autres nobles hommes, entrèrent en mer. Ils eurent un bon vent; un vent favorable. Lors commencèrent les mariniers à singler et à nager à grand force d'avirons; tant allèrent par la haute mer, qu'ils arrivèrent au port de Trépani, paisiblement et sans nul péril de mer ni d'autre chose. Quand ils furent arrivés, ils attendirent les autres en se reposant à Trépani. Malheur advint aux autres nefs d'être demeurées derrière. Car quand elles furent en haute mer, Neptunus, l'un des maîtres d'enfer, si enflé et plein d'orgueil et de dédain de ce qu'il n'avoit depuis si long-temps ému aucune tempête et aucun encombrement en la mer, émut et hâta tous les esprits de tempête, et leur commanda qu'ils se boutassent aux nefs et qu'ils les fissent sur l'heure heurter si fortement, qu'ils leur pussent ravir le vent. Le vent donc férit les ondes de la mer et les commença à débouter si fort qu'il sembloit que ce fussent montagnes qui voulussent monter au ciel. Le temps commença à noircir et à s'obscurcir. Alors les mariniers virent bien qu'ils avoient tempête. Aussi coururent-ils aux gouvernaulx et aux avirons pour se défendre des vents et de la tempête au mieux qu'ils pourroient. Mais chose qu'ils fissent ne leur put rien valoir ni aider, ni empêcher que les mauvais estourbillons se boutassent dans leurs nefs et y firent du pire qu'ils purent. En leur venue, ils rompirent les mâts; les cordes, les avirons et les gouvernaux firent voler par pièces en la mer. Demenant les nefs quelque part qu'ils vouloient, quelquefois ils les faisoient envoler si haut qu'il sembloit qu'elles voulussent monter aux nues et puis les descendoient si bas qu'il sembloit qu'elles dussent avaler en l'abîme. Quand elles se redressoient la mer entroit dedans en plusieurs lieux, et puis les faisoit courre si vitement que les quartiers et les pièces s'en alloient aval l'eau. Les gens qui étoient dedans déprioient Notre-Seigneur qu'il eût merci de leurs ames. A ce point ne se tint pas Neptune, mais envoya une partie de sa tempête au port de Trépani. Il y rompit les cordes des nefs, les desenera et les fit saillir parmi la mer, ainsi comme s'il jouoit à la paume, et puis les faisoit retourner et heurter si durement les unes contre les autres qu'il en faisoit les pièces voler ou qu'il les dérompoit toutes. Une fois, une nef étoit entre les autres, qui avoit nom *Porte-Joie*, merveilleusement grande et forte; les cordes en furent rompues et elle commença à courre par la mer ainsi comme si ce fut une bête enragée qui courût sur les autres. Ainsi couroit elle sur les nefs et leur boutoit de si grandes crevasses qu'elle les faisoit fendre et plonger en la mer. Puis elle couroit de nouveau, de côté, de travers, amont et aval, comme si les diables l'eussent enconduite. Cette nef *Porte-Joie* avoit été faite pour le propre corps du roi de France. Quelques autres nefs qui venoient de Thunis étoient assez près du port de Trépani et vouloient arriver et prendre fond quand la tempête les surprit et les mena aussi vitement que si ce fut foudre qui descendit du ciel droit au port de Thunis dont elles étoient parties. Ceux qui étoient dedans se défioient moult des Sarrazins de Thunis, mais le roi commanda qu'ils prissent port sùrement et qu'on leur abandonnât viandes et autres choses dont ils se voudroient aider. En cette tempête furent occis quatre mille hommes; furent cassées et rompues dix-huit grandes nefs sans compter les petites, pleines de chevaux et d'autres richesses et provisions sans nombre.

LE IXe. — *D'une incidence de Edouard, fils du roi d'Angleterre.*

Edouard, fils du roi d'Angleterre, vint au siége de Thunis plus tard que nul des autres, et étoit jà la paix faite quand il vint, mais il ne voulut pas retourner sans avoir fait son vœu; aussi passa-t-il outre en la Sainte-Terre, et emmena avec lui plusieurs chevaliers de France, qui bien vouloient souffrir peine pour l'amour de Notre-Seigneur. Avec ce renfort, il arriva devant le port d'Acre; car à autre port ne pouvoit-il plus arriver sùrement; puisque le port de Jérusalem et toute la terre de Syrie étoit tout surpris et encombré de Sarrazins, fors quelques châteaux de l'hôpital du Temple, situé sur la rive de la mer, et si forts, si puissants qu'ils ne craignoient point l'assaut des Sarrazins, vu les bons combatteurs qui dedans étoient. Edouard aida aux habitants d'Acre à défendre leur ville, mais il avoit trop peu de monde pour oser en sortir et se mesurer en bataille contre les Sarrazins. Aussi, pour un an qu'il séjourna, n'y fit-il jamais chose de grand renom, ni de quoi on doive faire mention. Cependant il courut un grand danger, car pendant son séjour à Acre, vint à lui un hartassis (ou assassin) et dit qu'il vouloit parler à lui en sa chambre secrètement. Aussi lui fut-il mené en sa chambre. Sitôt comme il y fut entré, il tira un long couteau le plus couvertement qu'il put, et pensa férir Edouard droit au cœur. Mais Edouard l'aperçut venir à lui, se retira en arrière et évita le coup; toutefois fut-il navré au côté. Ses gens qui autour lui étoient prirent le hartassis, lui tollurent son couteau, le battirent, le traînèrent par les cheveux sur le plancher en la salle et le mirent en prison vilaine et obscure. Puis retournèrent à leur seigneur Edouard et lui demandèrent de quelle mort on feroit mourir le hartassis. Il fut convenu qu'il seroit traîné et pendu. Lorsqu'on lui demanda qui l'avoit envoyé, il répondit : le Vieil de la Montagne, son seigneur et son maître. Edouard guérit à grand peine. Ce fut en cet état qu'il apprit que Henri, son père, étoit trépassé, et que les barons d'Angleterre le mandoient pour être couronné. Il revint par la Sicile, de là se partit et s'en vint en Gascogne, qu'il tenoit pour lors en fief du roi de France, et y séjourna grand tems avec Bayart, gascon, noble homme et de grande puisance : puis se mit au chemin et s'en vint en France, où il fut honoré de plusieurs barons et des hauts hommes du pays.

LE Xe. — *De la mort du roi Thibaut de Navarre.*

Comme le roi Philippe séjournoit en la cité de Trepani et que l'armée se reposoit de la grande tempête qu'elle avoit eue en mer, le roi de Navarre se coucha malade au lit de la mort. Sa mort fut prompte et en furent les barons et les autres très-courroucés. Car sa troupe étoit le meilleur nombre de l'ost, et il étoit le plus puissant homme après le roi : il étoit sage et donnoit de bons conseils, il étoit large et débonnaire à donner à ceux qui en avoient besoin ; et spécialement il n'oublioit point les pauvres. Apprêté et embaumé de même, son corps fut placé avec le corps de monseigneur Saint-Louis jusques en France où ils se séparèrent, l'un pour aller dormir à Saint-Denys, l'autre en Champagne, dans l'église des frères mineurs, au château de Provins. La reine Marie prit si grande douleur en son cœur de la mort de son mari et de celle de saint Louis, son père, que plus depuis n'eut de joie au cœur et mourut près de Marseille, et commanda qu'elle fut enterrée auprès de son seigneur.

LE XIe. — *Comment le roi de France et ses gens partirent de Trepany et comment sa femme mourut.*

Le roi de France ayant son ost reposé et rafraichi se mit au chemin droit vers Palerme. Palerme est le maître siége et la maîtresse cité de toute la terre de Sicile : bien que quelques-uns disent que c'est Messine, parce que Messine est la plus pleine et la plus riche de marchandises et de gens. Là séjourna le roi quinze jours entiers, après quoi il fut commandé que l'ost se hâtât et se remit au chemin droit à Messine, d'où ils entrèrent en mer et passèrent tout outre sans séjourner. Ils traversèrent de même la Calabre et la Pouille et cheminèrent tant qu'ils vinrent à une cité qui a nom Matrène. Il arriva que madame Isabeau, femme du roi Philippe, passant le fleuve qui étoit dessous la cité, sans navire, fut secouée si fort par le cheval sur quoi elle chevauchoit, qu'elle trébucha, chut à terre, se rompit toute et elle étoit enceinte. Quand elle fut relevée, elle fut portée en une autre cité qu'on appelle Constance (maintenant Cozenza). Là, de douleur et angoisse qu'elle eut, elle alla de vie à trépas. En fut le roi bien dolent et courroucé, et tous les barons de France en furent troublés. On fit célébrer son service en grande dévotion. Après le service, ils s'acheminèrent et entrèrent en la terre de Labour et puis en celle d'Espagne, et cheminèrent tant qu'ils vinrent à Rome. Là séjournèrent un peu de temps et prièrent les apôtres saints. De là s'en allèrent à Viterbe, là où la cour étoit, mais il n'y avoit point de pape et les cardinaux étoient eu grand discord pour en faire. Pour cette chose, ils furent enclos et enterrés en une salle; et leur dit on bien que jamais n'en sortiroient jusqu'à ce qu'ils eussent fait nouveau pape. Le roi Philippe les pria et les admonesta pour Dieu qu'ils fissent honnêtement tel pasteur, qu'il fut profitable à sainte Eglise gouverner. Puis baisa chacun en la bouche en signe de paix, de franchise et d'espérance qu'ils ne mettroient point en oubli l'admonestement qu'il leur avoit fait.

LE XIIe. — *Comment Guy de Montfort occit Henri, fils du roi d'Allemagne, parce qu'il avoit occis son père.*

Lorsque le roi de France vint à Viterbe, et qu'il fut en la ville entré, Henry, fils du roi d'Allemagne, y vint aussi. Guy de Montfort sut bien sa venue, et tant l'épia de jour et de nuit, dans la pensée de le tuer, qu'il le trouva en l'église de Saint-Laurent, assez près de son hostel. Il le voulut chasser de l'église, mais ne le put pour la presse de gens qu'il y avoit. Quand il vit qu'il ne le pourroit avoir, il le frappa d'un couteau dans le corps. Il chut à terre du grand coup qu'il lui donna, puis le traîna hors de l'église. Henry lui cria merci à jointes mains. Guy lui répondit : Tu n'eus pas pitié de mon père ne de mes frères, et le frappa de rechef d'un couteau trois ou quatre grands coups, tant qu'il le laissa tout mort. Jamais les gens de Henry ne fussent si hardis que de s'oser mouvoir à cause du courroux de Guy, qui étoit tout près à les occir. Lorsqu'en vint nouvelle au roi de France, il eut dépit et dédain de ce que Guy eut commis si vilain fait et si vilain meurtre à sa venue. Il commanda que s'il venoit à sa cour, il fut pris et retenu. Mais Guy étoit déjà parti et chevauchoit à grand train vers le duc de Toscane, dont il avoit épousé la fille, et dont il devoit un jour tenir la terre. Cependant il en souffrit grande pénitence, car il fut emprisonné en un grand chastel, et y demeura tant que le pape lui fit grâce, miséricorde et pardon.

LE XIIIe. — *Comment le roi quitta la Lombardie.*

Ne tardèrent guère le roi de France et ses gens à partir de Viterbe. Ils passèrent le mont Flascon, entrèrent en Toscane et cheminèrent tant qu'ils vinrent à Orbeinte, montèrent la montagne de Bergue, passèrent la cité de Florence et entrèrent au pays de la Lombardie, et vinrent droit à Bologne la Grasse. Là reposèrent une journée, et le lendemain au matin s'en partirent et s'en vinrent tout droit à Crémone. Là trouvèrent les bourgeois de la ville, si orgueilleux et si vilains, qu'ils ne voulurent pas délivrer hôtel aux chambellans du roi, pour son propre corps héberger. Il fallut que le roi fut hébergé aux frères mineurs. Mais leur fut dit des sages hommes, qui bien savoient le pouvoir des rois de France, que trop avoient fait grand folie et que trop de maux leur en pourroient venir. Aussi, bientôt se repentirent et vinrent les maîtres et les échevins de la ville parler au roi Philippe, et le prièrent qu'il ne se courrouçât point, que volontiers feroient ce qui lui plairoit, et que tous les biens de la ville étoient à sa disposition : le roi leur fit connoître qu'il n'en avoit que faire et qu'il n'y tenoit pas.

Au matin s'acheminèrent les François vers la cité de Milan. Mais avant que le roi fut hors de la seigneurie de Crémone, les bourgeois de la ville lui vinrent au devant et le reçurent tant honorablement comme ils purent; puis à grand joie et à grand cérémonie le conduisirent. Là il descendit et se reposa. Ils apprêtèrent sept destriers les plus beaux qu'ils purent trouver, et les firent tous couvrir de soie, puis les menèrent au palais et les firent tous présenter au roi de par les bourgeois de la ville, et le prièrent moult qu'il voulût être leur seigneur et qu'il reçût la cité en sa garde et en sa défense. Le roi les mercia moult de l'honneur qu'ils lui portèrent et de la courtoisie qu'ils lui présentèrent, mais de cette seigneurie et des chevaux qu'on lui offroit, ne voulut rien prendre. Lendemain se partit le roi de Milan en grand compagnie des premiers de la ville. Mais ne fut pas moult allé avant que le marquis de Montferrant lui vint à l'encontre, qui à grand joie et à grand honneur le reçut, et s'offrirent ses gens et lui d'être tout prêts à son commandement.

Tant chevaucha le roi et ses gens qu'il vint à une cité qui a nom Susanne, qui est assez près des montagnes. Là demeura trois jours entiers pour prendre repos lui et ses gens, et les chevaux, pour être plus forts et plus vigoureux à passer les montagnes; après ce, ils entrèrent ès montagnes et passèrent les monts de Mongieu (Saint-Bernard) à grand peine et grand valeur. Puis ils s'acheminèrent et entrèrent ès vaulx de Maurienne, et tournèrent droit pour aller à Lyon sur le Rhône. Ils chevauchèrent tant qu'ils vinrent à la cité de Macon en Bourgogne, et passèrent tout outre et vinrent droit à Troyes, traversèrent toute la Champagne, et cheminèrent tant qu'ils entrèrent en la terre et en la seigneurie de Paris.

LE XIVe. — *De la sépulture du roi saint Louis et de celle de son frère le comte de Poitiers, de Jehan Tristan, de Pierre le chambellan et d'Isabeau, la femme du roi Philippe.*

Quand le roi fut venu à Paris qu'il desiroit moult revoir, il fut commandé qu'on ornât les corps qui avoient été apportés de si lointaines terres. Quand ils furent prêts et ornés, le bon roi Philippe prit son père et le conduisit jusqu'à Notre-Dame de Paris avec les autres qui étoient trépassés en la voie. Là il leur fut chanté, bien et hautement. Il y avoit grand foison de luminaires autour des bières, et grand compagnie de gens nobles et autres qui toute la nuit veillèrent. Le lendemain au matin, le roi Philippe prit son père le chargea sur ses épaules et se mit en la voie tout à pied pour aller droit à Saint-Denis. Avec lui alla grand nombre de nobles de France qui étoient avec lui. Toutes les religions (ou communautés de Paris) sortirent bien et ordonnément à grand procession, disant le service des morts et priant pour l'ame du bon roi qui tant les aimoit. Les archevêques, évêques, abbés revêtus de leurs mitres aux têtes, de leurs crosses aux poings, allèrent tant qu'ils vinrent droit à Saint-Denis. Mais avant qu'ils vinssent en la ville, le couvent leur vint au devant. Étoient tous les moines revêtus de chappes de soie, chacun un cierge en sa main, et reçurent humblement le corps de monseigneur saint Louis.

Mais comme l'on vouloit entrer en l'église, les portes furent closes. La cause pourquoi cela fut étoit que l'archevêque de Sens et l'évêque de Paris étoient revêtus de leurs garnimens pour le corps du saint roi et de ses compagnons enterrer. Mais les moines de Saint-Denis ne le pouvoient souffrir parce qu'ils vouloient user de leur franchise et avoir juridiction sur l'église, ainsi qu'ils ont sur les autres de leur diocèse et dépendance, car les moines de Saint-Denis sont exempts, et ne feroient rien pour archevêques ni pour évêques, s'il ne leur plaisoit et s'il n'étoit à leur gré.

Le roi étoit donc devant la porte, son père sur ses épaules, ainsi que les barons et les prélats qui en l'église ne pouvoient entrer. Alors fut commandé à l'archevêque et à l'évêque qu'ils s'en allâssent devêtir et qu'ils ne fissent point empêchement à si haute besogne. Quand ils s'en furent allés les portes furent ouvertes, le roi entra dedans, puis les barons et les prélats. Lors commencèrent à chanter le service bien et diligemment et très-diguement, et puis entrèrent les saintes reliques.

Les ossemens du saint roi Louis furent mis assez près de son père, qui tant fut puissant d'armes. Mis fut Louis sous une tombe d'or et d'argent, et de noble facture. Les ossemens de Pierre son chambellan furent enterrés à ses pieds en cette même manière qu'il avoit coutume d'y coucher pendant sa vie. Madame Isabeau fut enterrée autre part assez près du bon roi, et messire Jehan Tristan, comte de Nevers, à côté de lui. La comté de Toulouse et la comté de Poitiers descendirent au roi de France parce qu'il n'avoit nul hoir (fils) de son corps.

Le XV°. — *Comment le roi Philippe, fils de saint Louis, fut couronné à Reims.*

L'an de grace mil deux cent soixante et onze, à l'Assomption de Notre-Dame, Philippe, roi de France, vint à Reims et fut couronné par l'évêque de Soissons ; car il n'y avoit point d'archevêque à Reims, mais étoit le siége vacant. Grande fut la fête et y furent les barons du roi de France, grand foison de prélats et plusieurs autres seigneurs.

Les rois de France ont à coutume, depuis le temps de Charlemagne-le-Grand, roi de France et empereur, de faire porter l'épée JOYEUSE devant eux, le jour de leur couronnement, en l'honneur de la puissance de ce roi de France Charlemagne, qui tant de terres conquit et tant de Sarrazins occit. Mais là doit bailler le roi au plus loyal et au plus prudhomme du royaume et de tous ses barons, et à celui qui plus aime le profit et l'honneur de la couronne. Iceluy baron la porte devant le roi, quand il va à son couronnement. Le roi Philippe regarda autour de lui tous ses barons, bien et appertement, et la rendit à Robert d'Artois, lequel la prit et la porta très-joyeusement cette journée.

Cette épée qui a nom *Joyeuse*, et la couronne, et le sceptre royal et les autres ornemens sont gardés au trésor de Saint-Denis très-richement, et sont tenus les moines de les envoyer au couronnement, en quelque lieu qu'il se fasse. Quand la fête fut passée, les barons et les autres hommes se départirent et alla chacun en sa contrée. Le roi s'en alla droit en Vermandois s'ébattre et visiter le pays. Comme il étoit là, le comte d'Artois le pria qu'il voulût aller en son pays et venir voir la ville d'Arras. Le roi lui octroya volontiers. Les bourgeois qui surent là venus commencèrent à faire grand fête, parèrent la ville de riches ornemens et reçurent le roi à si grand joie que ils purent. Il n'est pas homme qui peut dire que jamais eût vu plus belle fête ni plus grande. Le comte d'Artois manda les dames et les demoiselles du pays pour danser avec les femmes des bourgeois. Aussi s'étudièrent-elles à qui mieux mieux de danser, et se demenoient en toutes les manières qu'elles purent pour qu'elles fussent plaisantes au roi. Quand le roi eut été ainsi honoré, il lui prit volonté de retourner en France.

Le XVI° *parle de la contenance du roi Philippe et de sa manière.*

Après que le roi fut retourné en France et entré au siége de son père, il commença à s'estudier en bonnes mœurs et en bonnes œuvres. On trouve dans l'Ecriture que quand le père est sans félonie, l'ame de son fils en est plus sûre et plus ferme. Cette grace fit saint Louis quand il mit Philippe en son siége et en son trône. Et comme il fut dit à David : *Si custodierint filii tui testamentum meum et testimonia mea hæc quæ docebo eos, et filii eorum usque in sæculum sedebunt super sedem tuam* : c'est-à-dire, si tes enfants gardent mon commandement et font ce que je leur commande à faire, toute leur lignée sera sage et sera en ton siége et en ton trône. Ainsi fit le roi Philippe, car il n'oublia pas ce que son père lui commanda, quand il en fut à sa dernière volonté, et lui dit qu'il usât du conseil des sages hommes ; il usa donc du conseil de maître Mathieu Abbé de Saint-Denis, qui étoit homme religieux, orné de vertu et de sapience, et lui bailla toutes les causes et les besognes de son royaume en la manière que son père avoit fait. Depuis que sa femme fut trépassée il ne voulut pas être sans pénitence ; car il vestoit la haire et la chemise dessus, afin qu'il pût mieux sa chair étreindre et châtier. Avec tout ce, il faisoit grand abstinence de viandes, ce qui faisoit qu'il ne fut troublé des vices de humaine nature ; et tout ce régime maintint-il toute sa vie jusqu'à la mort ; pour quoi l'on pouvoit dire qu'il menoit plutôt vie de moine que de chevalier. Il étoit plein de belles paroles, et il étoit moult sage et grave entre ses barons, sans nulle hauteur et sans nul orgueil. Aussi, par les bonnes vertus qui en lui resplendissoient, tint-il son royaume en paix tous les jours de sa vie.

LE XVIIe. — *Comment le comte de Foix se rebella contre le roi de France.*

Il advint au tiers an du règne du roi Philippe, qu'aux parties de devers Toulouse, entre le comte d'Armagnac et Girard, un vaillant chevalier, capitaine du chastel qui a nom Cassebonne (Casaubon), se mût haine et discord. Ils se défièrent et s'armèrent assez souvent l'un l'autre : puis il advint que le comte d'Armagnac vint tout armé devant le chastel avec toute sa compagnie, et commença à menacer Girard et à l'injurier de paroles. Quand Girard le vit il ne fut pas joyeux de les voir le venir ramponner si près de son chastel. Aussi fit-il une sortie avec une grande compagnie de gens d'armes, se jeta entre ses ennemis fort et hardiment, et encontra tout premièrement le frère du comte, qu'il frappa d'une lance à si grand coup qu'il lui perça tout outre le haubert, lui trancha le cœur et le foie, et le fit choir à terre tout mort. Après il courut sus à ses gens et se combattirent long-temps les uns les autres. A la parfin il tint le comte de si court, qu'il lui convint par force de s'enfuir. Girard rentra à son chastel. Après ne demeura guère le comte d'Armagnac, qu'il n'eut volonté de venger sa honte et la mort de son frère. Si manda-t-il les plus forts et les plus puissants de son lignage, entre lesquels le comte de Foix fut un des meilleurs et des plus riches. Ils prirent conseil ensemble d'aller abattre le chastel de Castelongue, et détruire Girard et toute sa compagnie.

A Girard fut dit et conté les grands gens qui devoient venir sur lui, et que le comte de Foix étoit venu en l'aide du comte d'Armagnac. Aussi vit-il bien qu'il ne pourroit durer contre si grand compagnie de gens, et se mit en la garde et en la défense du roi de France, et des seneschaux et des baillis qui représentoient la personne du roi, qui gardoient et défendoient le pays. Il se soumit du tout à eux, pour qu'ils connussent du fait et de la cause, dont il vouloit être jugé par eux. Lors s'en vint demeurer en un chastel qui est au roi de France, et y fit venir sa femme et ses enfants, et tous ses biens, croyant bien qu'ils n'oseroient ce chastel assaillir dans la crainte du roi de France. Mais le comte de Foix et de Fince ne laissèrent pas de venir vers le chastel et l'assaillirent de toutes parts, tant qu'ils en trébuchèrent les murs, abattirent les portes, entrèrent dedans et occirent assez des gens du roi, et commencèrent à quérir Girard amont et aval ; mais Girard s'enfuit si bien qu'ils ne le purent occire.

Ne tarda guère que nouvelles en vinrent au roi de France. Quand il ouït ce, le cœur lui engrossa et conçut grande indignation. Aussi assembla-t-il ses barons, manda son ost si grand qu'il sembloit toute la terre faire trembler. Le roi et ses gens furent ensemble à Toulouse. Là fut commandé qu'on entrât en la terre du comte de Foix, lequel, lui et sa femme, avec toute sa compagnie et grand foison d'Albigeois étoient tous assurés, et comme s'il leur étoit avis que le chastel ne dût pas être pris en nulle manière, et que bien se tiendroit contre le roi et contre tout. Le roi et son ost regardèrent qu'ils ne pouvoient pas tant approcher du chastel que ils vouloient. Si s'émut le roi, qui étoit de grand courage, et jura que jamais ne partiroit du siège tant qu'il eût trébuché et mis par terre le chastel, ou qu'il lui seroit rendu. Alors il se conseilla comment ce pourroit faire, et lui fut conseillé qu'il mandât ouvriers qui trébuchassent la roche et fissent la voie large et grand, afin que les gens à pied et à cheval y pussent passer. Quand le comte de Foix vit que le roi étoit si ferme en son propos, il se conseilla et demanda ce qu'il pourroit faire, et comment éviter ce péril : il lui fut conseillé qu'il s'arrangeât avec le roi au plus tôt. Il prit messagers et les envoya au roi, et le pria et supplia qu'il lui pardonnât son mautalent, et qu'il mettoit lui et tous ses biens en sa merci pour en faire sa volonté. Le roi ouït ses messagers et lui manda qu'il vînt lui parler. Aussitôt le comte vint au-devant du roi et s'agenouilla devant lui, et lui requit merci. Le roi lui dit qu'il lui feroit plus de bien qu'il n'avoit mérité. Alors il fut pris et lié et mené à Beauquesne (Beaucaire), et demeura là un an tout entier. Le roi prit sa terre en sa main et sa femme et ses enfants, et puis retourna en France. Quand un an fut accompli, le comte fut mis hors de prison et servit à la cour avec les autres nobles hommes, et eut la grâce du roi, tant qu'il le fit chevalier, et lui donna armes et l'envoya aux joutes pour apprendre le fait des armes. Après toutes ces choses le roi de France rendit au comte de Foix toute sa terre franchement et quittement, et lui donna congé de retourner en son pays.

LE XVIIIe *parle de Raoul d'Aucay, qui fut couronné roi d'Allemagne et du concile de Lyon.*

L'an de grâce mille deux cent soixante-douze, Raoul d'Aucay fut couronné roi d'Allemagne. Henry, le roi de Navarre, épousa la sœur du comte d'Artois, en laquelle il engendra madame Jehanne, qui fut depuis reine de France. Le comte d'Alençon épousa la fille du comte de Blois.

En cette même année, vint le pape Grégoire X à Lyon, sur le Rosne, droit entour carême, et fit un concile général où il y eut grand assemblée de prélats et de barons. Le roi de France vint à Lyon et visita le pape, et le salua grandement, bénignement et courtoisement; il lui fit grand honneur comme à son père spirituel, et parlèrent ensemble d'aucunes besognes qui appartenoient au royaume de France. Le pape lui donna sa bénédiction et le pria moult qu'il gouvernât si bien son royaume que ce fut au profit et au salut de son âme. Le roi prit congé et s'en retourna en France. Le pape, voulant à Lyon séjourner et tenir concile général, le roi y laissa grand compagnie de chevaliers et de sergens d'armes, pour garder sa sainteté et les cardinaux et tous ceux de la cour, et commanda que le pape eût trois forts châteaux et défensables à sa disposition, qui sont des appartenances et de la seigneurie du royaume de France, assis assez près de la cité de Lyon, pour son propre corps garder et défendre si besoin étoit. Le concile général commença dès les calendes (ou 1er de mai), et dura jusqu'à la Magdelaine. En ce concile, on fit moult bonne et profitable besogne; on ordonna premièrement que le pape fût élu des cardinaux en peu de temps, ou qu'on les mît en prison fermée, et qu'on leur donnât peu de viandes jusques à tant qu'ils se fussent accordés. Après ce, il fut convenu que la dixième partie des biens de la sainte église fût donnée et octroyée jusques à six ans pour soutenir la terre d'outre-mer.

En ce même concile, furent cassées quelques religions (ordres religieux) qui vivoient d'aumônes, comme les frères des Sacs, les frères des Prés et plusieurs autres. Les bigames furent aussi cassés, mis hors de tous les privilèges et abandonnés à la justice laie comme gens laies. En la fin du concile, vinrent les messagers des Grecs, et dirent et promirent qu'ils étoient de la cour de sainte église, et confessèrent le Père, le Fils et le Saint-Esprit, et chantèrent à haute voix *credo in Deum*. Le nombre des archevêques qui étoient à ce concile fut estimé à cinq cents, et des abbés crosses portant, jusqu'à soixante, et d'autres prélats, jusques à mille et plus.

Le XIXe. — *De la mort* (1) *de Marie de Brabant, de la mort du roi Henri de Navarre et de Pierre de la Broce.*

Le roi Philippe eut conseil de soi marier. Entre les autres dames, lui vinrent nouvelles de damoiselle Marie, fille du duc de Brabant, parce qu'elle étoit belle, sage et de bonnes mœurs. Il fut arrêté que le roi la prendroit à femme. Si la manda par ses messagers. Quand le roi Jehan entendit la nouvelle, en fut moult joyeux, et reçut les messagers tant honorablement, comme il put, et lui envoya sa fille ornée de joyaux et de riches paremens, ainsi qu'il appartenoit à telle dame. Le roi l'épousa et l'accueillit à grand amour. Pierre de la Broce, maître chambellan, fut moult enflé et moult humilié de ce que le roi aimoit tant sa femme; il en eut grande jalousie, et lui fut avis qu'il ne feroit plus de lui si privément,

comme il faisoit devant, et que la grande hautesse où il étoit se pourroit bien abaisser. Aussi, se pourpensa-t-il de jour en jour comment il pourroit bien apetisser l'amour qui étoit entre le roi et la reine. Il ne regardoit point le lieu dont il étoit venu ni le bas état auquel il avoit été; car, quand il vint à la cour du roi Louis, il étoit un pauvre chirurgien, et étoit de Lorraine. Mais il monta tant en haut, que le roi Philippe en fit son chambellan, et qu'il ne faisoit rien que par son conseil; les barons ne faisoient rien non plus à la cour s'ils ne lui faisoient grands dons et grands présents. Cette chose déplut beaucoup aux barons; ils eurent grande indignation de ce qu'il avoit si grande puissance devers le roi, et faisoit si bien sa volonté qu'il ne demandoit rien au roi, tant fut grand chose qui lui fut refusé. Il requit au roi que maître Pierre de Banay, cousin de sa femme, fût évêque de Bayeux, et aussitôt le roi le voulut, et commanda qu'il en fût évêque. Le chapitre de Bayeux ne l'osa contredire pour crainte du roi. Le roi maria ses fils et ses filles là où il voulut commander et tout à sa volonté.

Henry, comte de Champagne et roi de Navarre, mourut cette année même. Sa femme demeura veuve, et eut une fille de lui, qui avoit nom Jehanne; elle étoit si petite, qu'elle gisoit au berceau. Quand la comtesse-reine ouït la mort de son seigneur, elle se hâta fort de porter son enfant en France, dans la crainte que ceux de Navarre ne lui fissent ennui en aucune chose contraire. Le roi Philippe reçut l'enfant doucement et volontiers; il la fit nourir à sa cour, à Paris, avec ses enfants, jusqu'à ce qu'elle fût en âge qu'il la pût donner à quelque haut homme en mariage. Pour cette chose faire et accomplir, le roi envoya maître Etienne de Beaumarchais en Navarre, et lui commanda qu'il reçût en son nom et comme tuteur et garde de l'enfant, les hommages de l'enfant de Navarre.

Monseigneur Etienne se hâta moult de faire son commandement, et vint le plus tôt qu'il put en la contrée de Navarre, et montra le commandement du roi de France aux barons et aux bourgeois du pays. Il s'arrêta premièrement en la cité de Pampelune, y fit sa garnison de François et s'en alla par les châteaux et par les cités, en faisant les profits et l'honneur du roi au mieux qu'il pouvoit et qu'il savoit, en recevant les serments et les hommages des barons du pays.

Le XXe. — *Du couronnement du roi de Navarre* (1).

Les prélats et les barons du royaume de Navarre et plusieurs autres nations s'assemblèrent et vinrent à Paris pour ce que la reine Marie devoit être couronnée. Aussi fut assemblée fort belle et fort grande de hauts princes et de grands barons. L'archevêque de Sens (d'après ce que nous allons voir plus bas, l'auteur veut dire l'arche-

---

(1) L'auteur veut dire du mariage.

(1) L'auteur veut dire la reine Marie.

vêque de Reims) chanta la grand'messe. Après qu'il eut chanté et célébré, il mit la couronne sur le chef de la reine Marie. Il la sacra et bénit, selon qu'ils ont accoutumé en France; et ce fut environ la fête Saint-Jean-Baptiste, l'an de grâce mille deux cents soixante-quinze.

Si belle et si noble fut la fête, qu'à peine la pourroit-on raconter. Les barons et les chevaliers furent vêtus de draps de diverses couleurs, tantôt verts, tantôt gris, tantôt écarlate, et tantôt d'autres couleurs. Ils portoient des agrafes d'or aux poitrines, de grosses pierres précieuses, telles qu'émeraudes, saphirs, jacinthes, perles, rubis; aussi avoient aux doigts anneaux d'or, ornées de riches diamants; étoient leurs chefs ornés aussi de riches guimpes tissues de fin or et couvertes de fines perles et autres pierres.

Les bourgeois de Paris firent aussi fête grande et solennelle; ils encourtinèrent la ville de riches draps de diverses couleurs. Les dames et les pucelles s'éjouissoient, en chantant diverses chansons.

Quand la fête fut passée, l'archevêque de Sens vint au-devant du légat Simon, prêtre cardinal de l'église de Sainte-Cécile, et dit au légat, en se complaignant, qu'il lui fît droit de l'archevêque de Reims, qui lui faisoit tort et injure de ce qu'il avoit couronné la reine en son diocèse, et qu'à lui n'appartenoit rien de ce faire, si ce n'étoit en la province ou en la cité de Reims; puis montra l'archevêque de Sens une épître, en laquelle il étoit contenu que l'archevêque de Reims ne se doit entremettre de rien du couronnement du roi de France hors de sa province; mais fut répondu de par le roi de France à l'archevêque de Sens, qu'à tort et sans raison s'en complaignoit; car la chapelle du roi, qui est à Paris, où la reine fut couronnée, est exempte et n'est de rien en sa subjection.

LE XXIᵉ. — De la mort de Ferrand (Fernand ou Ferdinand) d'Espagne.

Cette année même mourut Ferrand, fils du roi de Castille. Ce Ferrand avoit épousé Blanche, fille du roi Louis, en cette forme et manière, que si Blanche avoit hoir (enfans) avec le roi d'Espagne, le royaume viendroit après la mort du père et d'elle aux enfants de ladite Blanche entièrement. Quand Ferrand fut mort, Blanche fut veuve avec deux enfants, Ferrand et Alphonse, qu'elle avoit eus de lui, et qui devoient, par droit, tenir après la mort de leur père, le royaume d'Espagne, comme il avoit été promis entre le roi Louis et le roi de Castille. Pour ce furent les choses convenues et confirmées par les deux rois et par les barons d'Espagne, de par madame Blanche, sa mère, qui fut fille du roi de Castille, qui jadis fut consentant de toutes les convenances que jadis le roi avoit juré de tenir et dont il ne fit rien. Mais il manda les barons de son royaume et les pria qu'ils fissent hommage à Sanche, son fils; qu'il étoit lui malade et paralytique et ne pouvoit plus le royaume gouverner ni maintenir. En cette manière, il déshérita les enfants de son premier fils; ni à Blanche, leur nièce (l'auteur veut dire leur mère), ne donna ni rente, ni revenu, ni autre chose dont elle pût vivre. La bonne dame demeura toute égarée et toute ébahie entre les Espagnaux qui peu l'aimoient. Le roi sut bien le pauvre état où sa sœur étoit, et comment ses pauvres neveux étoient déshérités. Si en fut fort courroucé; si se conseilla comment il pourroit avoir sa sœur et l'ôter de la chétiveté où elle étoit; si envoya au roi d'Espagne messire Jehan d'Acre, boutillier de France, et lui manda qu'il se gardât bien que le douaire de Blanche, sa sœur, ne fût par lui ni par d'autre empêché; en outre, mandoit au roi que ce que ses neveux avoient au trône de Castille leur fût gardé, et s'il ne le vouloit faire, qu'au moins il lui envoyât sa sœur et ses enfants, et qu'il lui délivrât un sauf-conduit jusqu'à ce qu'ils fussent retournés en France.

Au roi d'Espagne vinrent les messagers et lui racontèrent mot à mot ce que leur seigneur leur avoit commandé. Mais il refusa tout et fut enflé et courroucé de ce que le roi de France lui avoit mandé. Les évêques, qui bien aperçurent la tricherie du roi, lui requirent que puisqu'autre chose n'en vouloit faire, il laissât en aller Blanche d'Espagne et ses deux enfants au roi de France, son frère. Le roi qui étoit courroucé d'aucunes paroles qu'ils lui avoient dites, répondit qu'ils l'emmenassent quelque part qu'ils voudroient, et qu'il n'en faisoit force. Quand ils se furent ainsi escrimés par paroles, les messagers s'en partirent et emmenèrent Blanche. Ils craignirent que le roi ne leur fît quelque incombrement. Si se hâtèrent de chevaucher de jour et de nuit tant qu'ils vinrent à un pas, qu'ils ne pouvaient éviter, et passèrent tout outre sans nul péril: car les espies du roi ne se surent tant hâter qu'ils leur pussent venir au devant. Ainsi échappèrent des mains de leurs ennemis sans perte et sans dommage.

Quelques-uns des barons d'Espagne virent bien que le roi leur seigneur alloit contre son serment de ce qu'il étoit convenu avec le roi de France. Si ne voulurent ils pas faire hommage à Sanche, son fils, qui jà étoit en possession du royaume d'Espagne. Entre les barons fut l'un pour la raison que le roi d'Espagne lui tollit toute sa terre. Icelui s'en vint en France, au roi Philippe, et lui dit qu'il étoit prêt et appareillé d'aller contre le roi d'Espagne et de le grever tant comme il pourrait, comme étant prouvé parjure et foi mentie. Le roi Philippe, qui bien savoit la vérité, le reçut honorablement et lui donna grand dons et grand somme d'argent pour faire ses dépenses. Dès lors le roi étoit moult ému et désireux d'aller contre le roi d'Espagne: mais il ne voulut pas assembler son ost jusqu'à tant qu'il se fût conseillé aux barons de son royaume et qu'il eût envoyé messager au roi d'Espagne pour savoir s'il étoit hors de son mauvais propos.

INCIDENCES.

Robert d'Artois alla visiter Charles, le roi de Sicile, son oncle, et demeura avec lui longtemps en Pouille et en Calabre, tant qu'il lui prit volonté de retourner en France. A Rome, vint visiter les apôtres : sa femme, qu'il avoit avec lui menée, se coucha malade, mourut, et fut enterrée en l'église Saint-Pierre, l'apôtre. Le comte Robert fut moult courroucé de la mort de sa femme, pour ce qu'elle étoit de grand parage.

Deux enfans mâles en demeurèrent au comte, Philippe et Robert, et une fille qui depuis fut femme d'Othelin de Bourgogne. Avant que le comte d'Artois fut de retour en son pays, le roi de France donna sa sœur qui fut femme du roi Henry de Navarre à Edouard, fils du roi Edouard d'Angleterre, par le conseil de la reine Marguerite sa mère. Quand le comte d'Artois le sut, il en fut moult courroucé ; car il savoit bien que le roi d'Angleterre n'avoit nul amour au roi de France.

En ce temps même, Amaury, fils du comte Simon de Montfort, qui avoit été occis par le feu roi d'Angleterre, et dont le frère avoit occis à son tour Henry d'Allemagne, comme nous l'avons dit ci-dessus, menoit par mer une sienne sœur au prince de Galles, pour ce que le prince de Galles la devoit prendre à femme. Comme ils étoient en haute mer, les espies du roi d'Angleterre vinrent au devant et les amenèrent liés devant Edouard, qui les fit mettre en prison et les y tint longuement. Quand Lothin, le prince de Galles le sut, fut fort dolent et demanda au roi d'Angleterre qu'il lui rendit sa femme. Edouard lui manda qu'il vînt parler à lui comme son homme et il s'aviseroit ce qu'il auroit à faire. Lothin ne voulut obéir à son commandement, mais il assembla grand ost et garnit ses châteaux et memmèment une montagne bien munie de forteresses, qu'on appelle Senandonne... A la parfin, le roi le tint si court, que Lothin vint à merci, mais ce ne fut pas sans grand bataille et sans grande perte de gens. Alors rendit Edouard à Lothin sa femme, et puis Amaury aux prélats d'Angleterre pour ce qu'il étoit clerc et leur commanda qu'il fût bien gardé et que s'il sortoit hors sans congé, il les puniroit. Mais il fut puis délivré par le commandement du pape et s'en vint demeurer en France.

LE XXII°. — *De la mort de Louis, premier fils du roi Philippe.*

L'an de grâce 1276, le premier fils du roi Philippe mourut et fut empoisonné, comme quelques-uns le disent. Le roi en fut en soupçon, et ce soupçon mit sur Pierre de la Broce, son premier chambellan. Car il maintenoit et disoit en derrière que ce avoit fait la reine et qu'elle feroit si elle pouvoit mourir les autres, afin que le royaume vint aux enfants de son corps. La cour de France en fut toute émue et en murmuroient plusieurs tant que le roi de France le sût. Quand le roi ouit telles paroles, il fut moult pensif, qui pouvoit avoir ce fait et mit peine comment et en quelle manière il le pourroit savoir. Lors lui fut dit qu'à Nivelle y avoit une béguine qui moult savoit des choses passées et à venir, et se contenoit comme sainte femme et de bonne vie. A Laon, étoit un autre devin qui étoit vidame de cette église, qui, par son art d'incromance (nécromancie), savoit moult des choses secrètes. Plus avant vers l'Allemagne étoit un convers, qui avoit été Sarrazin, et qui grand maître se faisait appeler de telles choses et moult d'autres disoit et devinoit.

Par Dieu, dit le roi, ne trouvera-t-on nul qui nous dira nouvelle de ce fait ? Lors appela son clerc, qui moult étoit privé et homme secret, et le pria le roi qu'il allât à Laon et à Nivelle pour savoir lequel de ces deux prophètes étoit tenu le plus sage et qui mieux et plus certainement diroit la vérité de ce qu'on demanderoit. Le clerc alla à Laon et à Nivelle et enquit et demanda le plus sagement qu'il pût lequel étoit tenu le plus sage de cette besogne ; il trouva que la béguine étoit plus renommée que les autres. Au roi de France s'en revint et dit tout ce qu'il avoit trouvé. Le roi manda l'abbé de Saint-Denys, qui avoit nom Mathieu, et Pierre, évêque de Bayeux, qui étoit cousin de Pierre la Broce, de par sa femme, et leur commanda qu'ils allassent diligemment à cette béguine enquérir de la besogne de son fils. Au chemin se mirent et vinrent à Nivelle. Comme ils furent descendus, l'évêque se partit de la compagnie de l'abbé et fit semblant qu'il vouloit dire son office, mais s'en alla à cette béguine et lui fit plusieurs demandes de l'enfant qui avoit été empoisonné, et la pria moult qu'elle n'en dît rien à l'abbé de Saint-Denys, en France, qui avec lui avoit été envoyé. L'abbé vint après, demanda de l'enfant comment il en étoit allé ; et elle lui dit : J'ai parlé à l'évêque, votre compagnon, et lui ai bien dit la vérité de tout ce qu'il m'a demandé, et ne m'en demandez pas plus, car autre chose ne vous en dirai. Quand l'abbé entendit telles paroles, il fut moult courroucé et pensa qu'il y avoit trahison. Lors s'en retournèrent et vinrent au roi. Le roi parla premièrement à l'abbé et lui demanda ce qu'il avoit trouvé de cette femme et ce qu'elle lui avoit dit. L'abbé répondit que l'évêque y avoit été premièrement que lui : que lorsqu'il y alla, elle ne lui voulut rien dire. Aussitôt le roi manda l'évêque et lui demanda ce qu'il avoit fait et comment cette béguine lui avoit parlé. L'évêque répondit · Certes, cher Sire, ce qu'elle m'a dit est en confession : aussi pour rien je ne l'oserois dire. Quand le roi ouit de telles paroles, il fut courroucé et plein de mautalent, et lui dit : Dans (dom) évêque je ne vous y envoyais pas pour la confesser. Et par Dieu qui me fit, je saurai la vérité et ne m'en départirai mie auparavant.

L'évêque (l'auteur veut dire le roi) manda Thibaut, évêque de Dole-en-Bretagne, et frère

Arnoul de Traissemaille, chevalier, frère de l'ordre du Temple, et leur enjoignit et commanda qu'ils allassent à cette béguine hâtivement et qu'ils parlassent à elle, eux deux ensemble. Lors se hâtèrent moult les messagers, et vinrent à la béguine; lui dire qu'ils étoient messagers du roi de de France, et que pour Dieu, elle leur dit la vérité de ce qu'ils lui demanderoient. Plusieurs demandes lui firent auxquelles elle répondit. Quand vint à la parfin, elle dit : Dites au roi notre sire qu'il ne croie pas les mauvaises paroles qu'on lui a dit de sa femme, car elle est bonne et loyale envers lui, et envers tous les siens de bon cœur entier. Les messagers s'en vinrent au roi leur seigneur et lui racontèrent toutes ces paroles que la béguine leur avoit dites bien et loyaument, et lui dirent toute la vérité.

Alors pensa le roi qu'il y en avoit de tels en sa cour qui ne lui étoient pas loyaux. Sagement se contint et n'en fit semblant à sa manière ni à sa contenance qu'il en sut rien.

Le XXIIIe. — *De l'émeute que fit le roi pour aller en sainte terre (c'est-à-dire en Espagne).*

Le roi Philippe ne mit pas en oubli la félonie et la déloyauté que le roi d'Espagne lui avoit faite pour la cause de sa sœur. Si lui envoya messagers et lui demanda qu'il assignât douaire suffisant à sa sœur et qu'il lui envoyât ses deux neveux. S'il ne vouloit ce faire, il lui mandoit qu'il entreroit dans sa terre et qu'il en prendroit vengeance. Les messagers vinrent au roi d'Espagne et lui requirent de par leur seigneur qu'il envoyât les enfants au roi de France, leur oncle, et qu'il tînt les conventions qu'il leur avoit promises et jurées. Quand le roi ouït les messagers, il leur répondit paroles d'orgueil et d'insolence. Il dit qu'il ne feroit rien de tout ce que le roi de France lui demandoit. Les messagers le défièrent et lui dirent qu'il en verroit sa terre arse et gâtée.

Lors se mirent en chemin et rapportèrent nouvelles de ce qu'ils avoient trouvé. Le roi manda aussitôt ses barons et ils vinrent de toutes parts, pour le grand amour qu'ils avoient pour lui. Tels que le comte de Bar, le duc de Brabant, le comte de Luxembourg et plusieurs autres.

Quand le roi eut apprêté sa besogne, il vint à son patron, le corps de monseigneur de Saint-Denys, et prit congé de lui et demanda l'oriflamme. L'abbé le lui mit en la main, et lui dit que Notre Seigneur lui donnât victoire et force d'abattre l'orgueil de ses ennemis.

Aussitôt s'achemina l'ost et passa tout outre parmi Poitou et parmi Gascogne. Là s'arrêtèrent pour ordonner de leurs besognes. Là messagers du roi d'Espagne vinrent au roi de France: mais ils furent six jours passés avant qu'ils purent parler à lui. Aussi, quand ils vinrent devant le roi, commencèrent-ils à parler grossement, comme en le menaçant et lui dirent qu'il ne fût si hardi que d'entrer en Espagne. Pour chose qu'ils dissent, le roi ne s'émut point et ne répondit paroles vilaines ni honteuses; mais leur dit qu'il se proposoit d'aller en Navarre, et de passer outre s'il pouvoit.

Les messagers le défièrent de par le roi d'Espagne leur seigneur, et puis s'en retournèrent droit en leur pays. Tant alla l'ost avant, qu'ils arrivèrent à une ville qu'on appelle Sauveterre, dans la Gascogne du Bearn, assez près d'Espagne. Là s'assemblèrent les gens du roi de France de toutes parts. Si, furent si grand multitude et si grand compagnie qu'il n'étoit nul qui les pût nombrer. Si la viande commença à faillir et apetisser en l'ost, ni ne put avoir à suffir : car il étoit mal pourvu avant qu'il vînt au porc (passage) et pût passer les montagnes. Si attendit et séjourna. En entretemps vint l'hyver, et commença le vent à hausser et les froidures à venir, pleines de pluies, de neiges et de gelées. Comme l'ost étoit en tel point, quelques traîtres commencèrent à approcher du roi, lui donnèrent conseil et lui firent entendre qu'il seroit bon de retourner et qu'il donnât congé à ses gens jusques au temps nouveau; qu'alors ses garnisons seroient plus sagement ordonnées et pourvues. Bien fut grand perte et grand dommage que l'ost ne passa pas outre, car il eut pris Espagne à sa volonté.

Le XXIVe. — *De Robert d'Artois qui fut envoyé en Navarre par le roi de France.*

Un peu avant que se mût le roi de France pour aller à Sauveterre, lui vinrent nouvelles qu'Eustache (Etienne) de Beaumarchais étoit assiégé au château de Pampelune par les barons de Navarre pour ce que Eustache, qui la terre gardoit de par le roi de France, leur vouloit corriger d'aucunes mauvaises coutumes qu'ils maintenoient au pays. Si envoya le roi hâtivement Robert, comte d'Artois et Ymbert de Beaujeu, et leur manda qu'ils secourussent son chevalier et ses gens, qui de par lui y étoient allés et qu'ils prissent en leur aide le comte de Toulouse, de Périgord, de Carcassonne, de la Gascogne du Bearn, et de Foix. Le comte d'Artois se hâta fort de faire la volonté du roi, et mena avec lui vingt mille hommes que à pied que à cheval. Tant allèrent, qu'ils vinrent à un château qu'on appelle Molans. Là s'arrêtèrent jusqu'à tant qu'ils furent conseillés par quel point ils pourroient entrer en Navarre.

Tandis qu'ils étoient en tel point, un prince de Navarre, qui avoit nom Sanche, s'avisa qu'il s'étoit mépris d'être contre le roi de France : ni ne voulut-il plus faire nul mal aux gens du roi. Garsemorans étoit courroucé de ce qu'il étoit ainsi tourné devers le roi : si le fit épier afin qu'il le pût occir : or il advint que Sanche, étant couché en son lit, il l'y trouva et l'y occit, ainsi que les chevaliers qui étoient avec lui. Quand il fut mort, sa femme et ses enfants mandèrent à monseigneur Eustache qu'il leur aidât, et il leur promit qu'il leur aideroit en toutes manières à venger la mort de leur père. Comme ils étoient, Eustache et les barons, en tel discord, le comte d'Artois se tenoit près des pores (passages) avec grande compagnie de gens à pied et à cheval. Il alla tant qu'il laissa les porcs et s'en vint par les montagnes du Périgord, et entra au royaume de Navarre par le royaume d'Arragon, lui et tout son ost. Tant chevaucha, qu'il vint en la cité de Pampelune, droitement la veille de Notre-Dame en septembre. Ausitôt il assiégea la ville, tout étonnée de son ost. Garsemorans, qui avoit occis Pierre Sanche, étoit en ladite cité maître capitaine par dessus tous les autres. Avec lui étoient plusieurs barons des Navarre, qui avoient assailli par plusieurs fois messire Eustache, lequel leur donnoit par fois de grands assauts et les faisoit reculer. Quand le comte d'Artois vit qu'ils ne vouloient issir (sortir) hors ni venir en bataille contre lui, fit dresser ses engins, jeter pierres et mangonneaux qui abattoient devant eux tout ce qu'ils trouvoient, maisons, salles et palais. Aussi eurent ceux de dedans si grand peur qu'ils ne surent que faire, ni n'avoient nulle espérance de sauveté, si ce n'étoit par fuite. Si vinrent à Garsemorans et lui demandèrent ce qu'ils pourroient faire; il leur dit qu'ils ne s'ébahissent de rien, et que le lendemain il chasseroit les François du siége. Quand la nuit fut, il fit grand train et grande fête, fit chanter à haute voix pour donner cœur à ses bourgeois qui trop fortement s'épouvantoient, disant et montrant en outre qu'il avoit grand désir de combattre contre ses ennemis. Mais comme il vint entour minuit, que la nuit étoit obscure et le peuple en paix, Garsemorans et les plus nobles issirent de la cité et s'enfuirent le plus secrètement qu'ils purent. Garsemorans n'osa demeurer en Navarre à cause de la famille de Pierre Sanche, mais s'enfuit au roi de Castille, qui le reçut et ceux qui s'enfuirent avec lui.

Les nouvelles en vinrent au comte d'Artois, qu'ils s'étoient enfuis dont il fut moult courroucé ; car il avoit empensé de les présenter au roi de France. Les échevins mandèrent au comte d'Artois que volontiers s'accorderoient à lui, et le comte y envoya son connétable. Mais comme ils parloient ensemble en quelle forme et en quelle manière ils feroient paix, les gens à pied coururent aux armes et aux murs, et aux défenses de la cité, et y entrèrent maugré leurs capitaines, qui les en contredirent, tant comme ils purent. Cependant ils robèrent et prirent tout ce qu'ils purent trouver, ainsi comme si ce fussent Sarrazins, et prenoient de force les pucelles et couchoient avec, et les dépouilloient et tolloient ce qu'ils avoient, et n'épargnoient ni églises, ni moutiers; même ils vinrent à la tombe du roi Henry, qui gisoit en l'église de Notre-Dame, tombe qu'ils croyoient être d'or et d'argent. Si la dépecèrent toute par morceaux. Le comte d'Artois fit crier parmi l'ost qu'on se tînt en paix, qu'on s'abstînt de mal faire, ou qu'il les puniroit du corps. Lors donc se retirèrent et se tinrent les soldats de mal faire pour la crainte qu'ils avoient du comte Robert, qui si fortement les menaçoit. Le comte rassura les bourgeois, les mit en sa garde et leur rendit tant comme il peut de ce qu'on leur avoit tollu.

Quand la cité fut prise, le comte d'Artois la fit garnir de ses gens et les fit entrer aux forteresses, pour garder et défendre la cité de leurs ennemis. Alors s'en partit, alla par tout le royaume de Navarre, et ne fut nul qui lui osât contredire ni qui contre lui pût durer.

Le XXVe. — *Comment le comte d'Artois alla parler au roi d'Espagne.*

Quand toute la terre de Navarre fut en la main du roi de France, le roi d'Espagne en ouït parler ; si manda-t-il au comte d'Artois salut comme à son cher cousin, et lui fit dire que volontiers le verroit et parleroit à lui. Le comte reçut les messagers joyeusement, les fit demeurer avec lui, tant qu'il fut conseillé. Aussitôt prit un message et l'envoya au roi de France, et lui manda que le roi d'Espagne le requeroit de paix, et rien ne vouloit faire sans son congé. Le roi lui répondit qu'il lui plaisoit qu'il y allât par sa permission, comme étant homme qu'il tenoit pour bon, pour loyal et en qui bien se fioit. Quand le comte d'Artois eut congé, se mit en chemin et s'en alla au roi d'Espagne, qui le reçut moult joyeusement et grand fête lui fit. Ils parlèrent ensemble de moult de choses, et moult le pria le roi qu'il fît la paix entre lui et le roi de France. Le comte lui dit que volontiers le feroit. Comme ils étoient ensemble, il vint un messager qui apporta tout le secret du roi de France. Quand le roi eut ouï les messagers, il dit au comte d'Artois : Beau cousin, je ne suis pas sans ami à la cour du roi de France, et aussi me dussiez-vous aider pour l'amour du lignage. J'ai tels amis qui bien me savent mander toute son affaire.

Ainsi furent assemblés, ne sais combien de jours, le roi et le comte, et s'ébattirent ensemble tant que le comte demanda congé. Le roi lui octroya volontiers, le convoya et lui fit grand honneur.

Le comte d'Artois s'en vint droit en Navarre, et pensa moult à ce que le roi d'Espagne savoit tout l'état et le secret du roi de France. Il eut soupçon que c'étoit Pierre de La Broce. Si se conseilla à ses amis s'il étoit bon qu'il s'en allât en France. Il lui fut conseillé qu'il pouvoit laisser sûrement sa terre aux chevaliers de Pierre Sanche et à monseigneur Eustache de Beaumarchais, et aller en France s'il lui plaisoit. Le comte prit le serment des chevaliers de Pierre Sanche, et les pria qu'ils gardassent la terre en telle manière qu'ils y eussent honneur.

Lors donc se partit et chevaucha tant qu'il vint en France, et dit et raconta au roi tout ce qu'il avoit vu et ouï du roi d'Espagne. Le roi pensa qu'il venoit de quelques-uns de ses princes, qui étoient à son service, et pour cette chose il fut moult en inquiétude à quelles personnes il se pourroit conseiller.

INCIDENCES.

Assez tôt après vinrent les messagers du roi de Tharse en France, qui dénoncèrent au roi Philippe, de par le roi de Tharse, leur seigneur, que s'il vouloit aller outremer, il lui aideroit volontiers en toutes les manières qu'il pourroit : les messagers qui étoient venus n'étoient mie Tartarins, ils étoient (Grecs) Grégeois, et les Grégeois sont près voisins des Tartarins, et sont en leur subjection, et croient en notre seigneur Jésus-Christ. Ils vinrent en France célébrer la Pâque comme bons chrétiens, selon ce qu'ils montroient et faisoient à savoir. Quand ils eurent séjourné en France longtemps, ils s'en allèrent au roi d'Angleterre et lui dirent ce qu'ils avoient dit au roi de France.

L'an de grâce 1277 le pape Jehan, qui devant étoit nommé Pierre l'Espagnol, se vantoit, quand il étoit avec ses privés, qu'il devoit vivre longuement, et que bien le savoit par la science de géométrie. Mais il en alla autrement qu'il ne disoit, car séjournant à Viterbe, il fit faire une chambre auprès son palais, et comme il alla voir la besogne, une solive chut dessus lui et le cassa si bien qu'il mourut six jours après, et fut enterré en l'église Saint-Laurent même.

LE XXVI°. — *Comment Pierre de La Broce fut pendu.*

A ce temps même, advint qu'un messager, qui portoit une lettre, tomba malade en une abbaie. Ainsi le prit le mal qu'il vit bien qu'il lui convenoit mourir. Si appela ceux de l'abbaye et leur fit promettre qu'ils ne bailleroient ses lettres sinon au roi de France. Quand le messager fut mort, un moine de la communauté prit les lettres par le congé de son abbé et les porta au roi de France à Melun sur Seine, où il étoit. Le roi reçut le moine joyeusement et lui fit bonne chère : puis prit la boëte où les lettres étoient et entra en une chambre pour être plus privément.

Il appela quelques-uns de ses barons les plus familiers, et fit ouvrir la boëte et regarder de quel scel elle étoit scellée; et l'on trouva que c'étoit le scel de Pierre de la Broce : mais ce qui étoit dedans écrit ne voulut-on pas dire ni faire savoir : moult s'émerveillèrent ceux qui lurent les lettres de ce qui étoit dedans. Aussitôt se partit le roi de Melun, alla au bois de Vincennes. Là fut mandé Pierre de La Broce, pris et mis en prison : puis il fut mené à Ivelle dans une tour forte et défensable.

Nouvelles vinrent à l'évêque de Bayeux que Pierre de La Broce, son cousin, étoit pris. Si s'en alla le plus tôt qu'il put à la cour de Rome, et se mit en la garde et en la défense du pape. Ne tarda guère après que Pierre de La Broce ne fut mené à Paris. Aussi furent mandés plusieurs des barons de France pour voir et pour ouir son jugement, et ce qu'il avoit mérité.

Quand les barons furent assemblés, Pierre de La Broce fut aussitôt livré aux bourreaux, au grand matin avant soleil levant, laquelle chose fut moult plaisante aux barons de France. Le convoyèrent au gibet le duc de Bourgogne, le duc de Brabant, le comte d'Artois et plusieurs autres nobles barons. Le peuple de Paris s'émut de toutes parts; car il ne pouvoit croire en nulle manière qu'un homme de si haut état fût dévalé et abaissé si bas. Le bourreau lui mit la corde au cou, lui demanda s'il ne vouloit rien dire : il répondit que non. Aussitôt le bourreau ôta l'échelle et le laissa aller.

Entre les barons nul ne se doit fier en sa grande hautesse ni en son grand état; car la roue de fortune, qui ne se tient point en un état, tantôt l'abaisse et tantôt l'élève. On mit bas tous ceux que Pierre de La Broce avoit mis à la cour. Tous furent boutés, hors que nul n'en demeura qu'on pût savoir ou trouver.

LE XXVII°. — *Du soudan de Babylone.*

Le soudan de Babylone avoit détruit la cité d'Antioche et s'étoit ensuite retourné devers les chrétiens et leur fit assez de maux et de griefs. En ce temps même que Pierre de la Broce fut détruit, les Tartarins furent courroucés de ce que le soudan de Babylone menoit si grand guerre en la terre sainte qu'ils assemblèrent toute la Turquie et lui mandèrent bataille. Le soudan assembla tant de gens qu'il pût avoir et vint contre les Tartarins à bataille. Les Tartarins lui coururent sus et occirent une partie de ses gens. Le soudan même fut navré à mort et se fit porter à Damas. Là mourut de plaies qu'il avoit eues.

LE XXVIII°. — *De la voie que le roi fit au Mont-Marsan.*

Le roi Philippe assembla grande planté de ses barons et alla en une ville qu'on appelle Mont-Marsan. D'autre part vint le roi d'Espagne, avec les plus nobles de son pays, et commencèrent à parler de leur discord, et de l'injure que le roi d'Espagne faisoit à madame Blanche et à ses enfants. Le roi d'Espagne étoit à Bayonne. Et comme les messagers alloient de part et d'autre, et que les deux rois étoient presque d'accord, vinrent d'autres messagers de par le pape, qui apportèrent le commandement de par lui que les deux rois fissent paix et s'accordassent ensemble bonnement sur peine de sentence d'excommuniement, à moins que ce ne fût au profit de sainte église. Quand le roi de France ouit ces nouvelles, il voulut qu'il n'en fût plus parlé, mais se partit bientôt de Mont-Marsan et s'en vint à Toulouse. Là lui vint le roi d'Arragon au devant pour lui faire honneur. Le roi le reçut joyeusement, lui donna grands dons et lui fit grande courtoisie. Quand le roi d'Arragon eut séjourné auprès du roi de France autant qu'il lui plut, il en prit congé, et s'en alla en sa terre où il trouva sa femme, qui avoit nom Constance, fille de Mainfroy l'excommunié. Elle lui dit en quel moyen et manière il pourroit avoir le royaume de Sicile, et le roi Pierre lui demanda si elle avoit ouï quelques nouvelles de Palerme et de Messine. Elle répondit que s'il leur vouloit aider, les Siciliens le recevroient à seigneur, et feroient tout leur pouvoir contre le roi Charles et ne le tiendroient plus à seigneur.

LE XXIXe. — *D'une incidence du fleuve de Seine.*

En l'an de grâce 1280, le fleuve de Seine issit de son chenal, s'épandit par tout le pays et vint à si grande torrent qu'il rompit, cassa et froissa la maîtresse arche du Grand-Pont, puis d'autres encore jusques à six. Il rompit une grande partie du Petit-Pont et enferma tout Paris dans son eau. En 1281, monseigneur de Montpeyeux, ci-devant prêtre et cardinal de Sainte-Cécile, fut nommé pape sous le nom de Martin.

LE XXXe. — *Comment ceux de Cécile (Sicile) se retournèrent contre le roi.*

Cette même année Pierre d'Arragon fut moult enveloppé des malices de sa femme et il la croyoit en tout ce qu'elle disoit. Elle affirmoit certainement et faisoit entendre à son mari qu'elle étoit héritière du royaume de Sicile et que les Siciliens le tenoient pour tout failli de ce qu'il ne s'adressoit point à eux pour être leur seigneur. Quand le roi eut ouï et entendu telles paroles, il envoya deux chevaliers en Sicile pour voir la contenance et la manière du pays. Ils furent bien venus et reçus des plus hauts hommes de la contrée, ils promirent et jurèrent qu'ils recevroient le roi à seigneur. Quand les messagers eurent fait leur besogne, ils s'en retournèrent et emmenèrent avec eux les plus hauts hommes de Sicile et les plus renommés pour accomplir la besogne. Dès qu'elle fut assurée de part et d'autre, ceux de Palerme, de Messine et des autres bonnes villes, marquèrent les postes des François de nuit, et quand ce vint le point du jour qu'ils purent voir autour d'eux, ils occirent tous ceux qu'ils purent trouver et ne furent épargnés ni vieux ni jeunes. Tout fut occis, et aussi les femmes, les femmes enceintes, si bien que nulle n'en demeura. Il y en avoit qui, par grande félonie, les ouvroient par les côtés, en retiroient les jeunes enfants et les jetoient contre les murs et en faisoient issir toutes les entrailles.

Le roi d'Arragon appareilla toutes ses nefs et tant de gens qu'il put avoir pour aider à ceux de Sicile contre le roi Charles, si besoin étoit. Mais en attendant il envoya à Rome et requit du pape qu'il lui fît secours et aide et lui octroyât les dîmes de l'église de son royaume, parce que son propos étoit d'aller outremer sus aux Sarrazins. Le pape qui jà se défioit de lui, ne savoit s'il disoit vérité ou non. Il lui répondit que moult volontiers il l'aideroit et feroit aider de ses biens, mais qu'il commençât la besogne et qu'il pût apercevoir la fin où il prétendoit.

LE XXXIe. — *La venue du roi d'Arragon en Sicile.*

Quand Pierre d'Arragon eut vu et ouï la volonté du pape, il entra en mer et vint droit à Tunis. Là demeura et manda à ceux de Sicile qu'ils ne craignissent rien du roi Charles; car il avoit bien tant de gens et tant de force qu'il étoit certain d'avoir la victoire. Comme les choses étoient en tel point, nouvelles vinrent au roi Charles que tous les François, qui étoient en Sicile, avoient été occis, que ceux de Sicile étoient tournés contre lui et que le roi d'Arragon se tenoit tout près de là. Il manda aussitôt toutes ces choses au pape Martin, et à son neveu le roi de France. Le pape alla aussitôt à Orbeinte et assembla tout le peuple du pays, lui commanda et admonesta que nul ne fût contre le roi Charles qui le royaume tenoit et devoit tenir de l'église de Rome : qu'en l'aide de ceux de Sicile, ni de leur commandement ne fissent rien, ni n'obéissent en nulle manière, et ce vouloit-il et commandoit sous peine d'excommuniment. Quand il eut ainsi sermoné et admonesté le peuple, il envoya un des cardinaux au pays et en la contrée de Sicile, afin qu'il le ramenât à paix et à concorde vers le roi Charles : ce cardinal fut maître Girard de Parme. Comme il vint sur le rivage, ceux de Messine et de Palerme lui vinrent à l'encontre, et ne voulurent en nulle manière qu'il passât outre et lui dirent que le roi d'Arragon étoit entré en Sicile et avoit tout le pays tourné à lui pour la raison de sa femme, qui droite héritière devoit être de cette terre. Le cardinal vit bien que ceux de Sicile tenoient le roi d'Arragon pour leur seigneur; ne nulle paix et nul amour ne trouveroit en eux : si s'en retourna et rapporta au pape, comment les choses étoient allées, et comment la plus grande partie de la Calabre s'étoit accordée avec les insurgés.

LE XXXIIe. — *Comment Messine fut assiégée par le roi Charles.*

Comme les choses étoient en tel point, le roi Charles envoya son fils, prince de Palerme, pour avoir secours et aide contre ses ennemis. Après ce, il rassembla tant de gens, comme il put avoir, et passa le phare de Messine. Les bourgeois et le peuple furent surpris et ébahis de sa venue. Ils n'étoient pas bien garnis d'armes, ni d'autres choses défensables. Il fut dit et raconté au roi qu'il pourroit bien prendre la ville; mais le roi eut pitié de détruire si noble ville. Il envoya à ceux de dedans messagers, et leur fit dire qu'il leur pardonneroit. Les bourgeois requirent et demandèrent espace tant qu'ils eussent parlé ensemble; le roi le leur octroya volontiers.

En attendant, ils se garnirent d'armes et requirent secours par toute la terre de Sicile. Mais quand ils furent garnis, plus ne voulurent faire chose que le roi leur requit. Le roi Charles n'avoit pas bien retenu ce proverbe qu'on dit en France : *Ce qu'il fait quand il peut, il ne fait pas quand il*

reçut. Le roi eut conseil d'assiéger du comte de Chartres, qui puis fut prouvé traître; mais non étoit comme il apparut depuis que le roi s'en alla et retourna en Calabre pour y attendre que son fils fût retourné de France. Quand le roi Charles eut laissé le siège de Messine, le roi d'Arragon, plein d'orgueil, se fit couronner du royaume de Sicile par dépit de lui, et lui manda, par ses lettres, qu'il issît hors de son royaume.

Les nouvelles en vinrent au pape, et il se conseilla aux cardinaux sur ce qu'il pourroit faire au roi d'Arragon, qui tant étoit contraire à l'église. Il l'excommunia et condamna du royaume d'Arragon, qu'il donna à Charles de Valois, fils du roi Philippe de France, et en fit lettres scellées de tous les sceaux des cardinaux de Rome.

Le XXXIIIe. — *Du poisson semblable au lion et des écoliers de Paris.*

Il advint au mois de février de l'an de grâce 1281, qu'un poisson fut pris en mer, qui avoit semblance d'un lion, lequel fut apporté au pape, à Orbeinte, et disoient mariniers, quand il fut pris, qu'il jetoit épouvantables cris.

En ce même temps, il fut si grand discord entre les nations des écoliers anglois et picards, qu'on disoit et croyoit que les études en seroient interrompues et les collèges licenciés. Mais depuis, par crainte qu'il ne se rencontrassent, ils furent mis en prison au châtelet de Paris. En ce temps même, commença saint Louis à faire miracles au royaume de France.

Le XXXIVe. — *Du secours qui vint de France au roi Charles.*

Pierre, comte d'Alençon, frère du roi de France, et Robert, comte d'Artois, le duc de Bourgogne, le comte de Dammartin, le comte de Boulogne, le seigneur de Montmorency et moult d'autres nobles hommes, avec grande compagnie, vinrent en ce même temps pour secourir le roi Charles, et passèrent outre-mer à bannières déployées, à travers Lombardie, sans nul encombrement. Tant chevauchèrent, qu'ils vinrent aux plaines de Saint-Martin, en Calabre, où le roi Charles étoit, qui moult fut joyeux de leur venue. Aussitôt, il appareilla et ordonna ses batailles, et passa outre. Ses ennemis, qui bien savoient la venue des François, ne s'osoient combattre ni approcher à eux, mais s'enfuirent aux châteaux dès qu'ils les virent venir. Les autres, qui étoient dans leurs barques, se boutèrent en galères et s'enfuirent. Le roi d'Arragon, qui bien savoit le pouvoir du roi Charles et la hardiesse de ses François, se pourpensa comment et par quelle manière il les pourroit décevoir, car il n'avoit point volonté d'aller contre lui en bataille. Aussi, lui demanda-t-il s'il étoit si osé et si hardi que volontiers se combattroit à lui corps à corps, et qu'il prît cent chevaliers des plus hardis qu'il pourroit trouver, qui se combattroient contre cent des plus vaillants de son royaume, et que ce fût le 1er jour de juin aux landes de Bordeaux, et que celui qui seroit vaincu jamais, n'eût honneur ni ne portât couronne. Quand le roi de Sicile ouït ce, il fut moult joyeux, et répondit aussitôt que bien le vouloit. Les conventions furent jurées, octroyées et promises de chacune partie. Aussitôt manda le roi Charles toute son affaire au roi de France, et le pria qu'il fît faire cent armures d'acier, les plus nobles et les plus belles qu'on pourroit trouver et faire. Le pape Martin, qui bien sut sa besogne, n'en fut pas moult joyeux, car il se douta bien et pensa que le roi d'Arragon ne le faisoit que par tromperie.

Le XXXVe. — *Comment le roi Charles vint à Bordeaux contre le roi d'Aragon.*

Quand le roi de France eut ouï et entendu ce que son oncle lui mandoit, il s'émerveilla comment le roi d'Arragon osoit entreprendre si grand besogne contre le roi Charles, et contre ses combattans, qui tant étoient nobles et de grand courage, et qui avoient tant fait nobles faits de chevalerie. Il fit tôt apprêter ce que son oncle avoit demandé, le garnit de chevaux, de chevalerie, d'armures, et fit à savoir à sa baronnie et à sa chevalerie comment la besogne alloit, et leur manda qu'ils fussent avec lui au jour nommé pour aider à son oncle.

Le roi Charles bailla sa terre en garde au prince de Palerme, son fils, au comte d'Artois et au comte d'Alençon; puis s'en vint droit à Rome. Le pape le blâma moult de cette besogne qu'il avoit entreprise, et les cardinaux lui montrèrent qu'il pouvoit bien la chose laisser. Quand le pape vit qu'il n'en laisseroit rien, lui bailla Jehan Colet, prêtre et cardinal de l'église Sainte-Cécile, et lui donna plein pouvoir d'excommunier et de condamner le roi d'Arragon, s'il ne faisoit satisfaction des injures qu'il avoit faites à sainte église.

L'an de grâce 1283, vint le roi Charles aux landes de Bordeaux, au lieu et en la place qui avoit été convenue et jurée en la présence des deux parties, et se présenta devant le sénéchal de Gascogne, qui tenoit la cour et le camp du combat; mais le roi d'Arragon ne vint, ne contremanda ni ne s'excusa en rien, fors que la nuit de devant étoit venue clément (incognito), et n'avoit avec lui que deux chevaliers, et dit au sénéchal qu'il venoit acquitter son serment, et qu'il n'osoit pas demeurer pour la crainte du roi de France, ni plus n'en fit et s'en partit aussitôt.

Le roi Charles et ses barons attendirent toute cette journée sa venue et même toute la semaine.

Quand le roi de France vit ce, il fut moult courroucé, et commanda à Jehan Menge qu'il entrât en Arragon, et qu'il prît chevaliers et sergents, tant comme il ne pourroit. Cestui Jehan Menge s'en alla en Navarre et se jeta sur le royaume d'Arragon, où il ardit et prit tout. Hommes et femmes s'enfuyoient devant lui et laissoient leurs biens et leurs maisons, car ils ne s'attendoient point à sa venue. Tant allèrent lui et ses gens, qu'ils trouvèrent une tour bien garnie de biens. Ils se jetèrent dedans et robèrent ce qu'ils trouvèrent, si bien que rien n'y laissèrent, et puis y boutèrent le feu et la trébuchèrent à terre. Bien est la vérité que s'ils fussent allés plus avant, ils eussent pris le roi d'Arragon, car il ne s'en donnoit point de garde et ne s'étoit pourvu de rien en nulle manière.

Le XXXVIe.—*De Guy de Montfort, du duc d'Alençon et du parlement.*

Entour cette saison, Guy de Montfort, fils du comte de Leicester, vint hors de prison, où il avoit été longuement pour Henry d'Allemagne qu'il avoit occis dans l'église de Saint-Laurent, à Viterbe.

En ce même temps, Pierre, comte d'Alençon, qui étoit en Pouille pour garder la terre du roi Charles, trépassa, et fut enterré en une abbaye de moines blancs, fors les os qui furent mis aux Frères Mineurs, à Paris. Madame Jéhanne, sa femme, comtesse de Blois, demeura veuve, reine de grande bonté et de sainte vie.

Le roi Philippe tint parlement à Paris des barons de France, afin qu'ils sussent que le royaume d'Arragon étoit donné et octroyé à Charles, son fils, de par le pape de Rome. Messire Colet, cardinal, prêcha sur la croix pour aller sus au roi d'Arragon, comme homme damné et excommunié qu'il étoit.

Le XXXVIIe. — *Comment le prince de Palerme fut pris.*

Quand le roi Philippe fut croisé pour aller en Arragon, le roi Charles en prit congé, et dit qu'il étoit temps de retourner à son fils et aux autres barons qui l'attendoient; puis se mit en chemin et vint en Provence. Là prit messagers et leur bailla lettres, auxquelles étoit contenu qu'il mandoit salut à son fils Charles, et qu'il lui commandoit spécialement que, pour rien du monde, il ne se combattît à ses ennemis en mer, car il avoit grand nombre de galées, qui toutes étoient appareillées au port de Marseille, pour venir prochainement à lui. Comme les messagers s'en alloient par terre hâtivement, les espies de Sicile leur survinrent à l'encontre, les prirent et trouvèrent les lettres qu'ils portoient, et dedans ces lettres, toute la priveté et les secrets du roi Charles. Alors donc se hâtèrent moult sept galées pleines de gens d'armes, et vinrent bien près de Naples. Là commencèrent à crier et menacer pour savoir s'ils pourroient émouvoir les François à combattre.

Le prince, qui étoit là demeuré, parce que le comte d'Artois étoit allé en Calabre, fut si ému de leur cri et de la noise qu'ils menoient, qu'il entra en mer avec des François pour combattre. Mais furent pris et menés à Messine et moult bien emprisonnés et gardés de jour et de nuit. La nouvelle en vint à Constance, femme du roi d'Arragon, qui demeuroit à Palerme avec ses enfants,

Jacques et Mainfroy. Elle les fit mettre tout près de Naples, et fit dire à ceux qui menoient le prince de Palerme par la mer, rendez-nous la sœur de madame Constance que vous tenez dans vos prisons. Alors il y en eut un qui prit une hache et mit la tête du prince sur le bord de la nef, ainsi comme s'il la lui vouloit couper. La femme du prince, qui eut trop grand'peur qu'on ne coupât la tête à son seigneur, leur dit que très-bien on rendroit la sœur de madame Constance, mais que pour Dieu, son seigneur ne fût pas mis à mort; et on la rendit au bout de trois jours. Après que le prince fut pris, le roi Charles vint à Naples dont il trouva les habitants tournés contre lui. Ils avoient déjà bouté les François hors la cité. Quand le roi y fut entré, et qu'il sut toute la mauvaiseté, il les châtia moult horriblement, car il les fit traîner et pendre; puis se partit de l'ost et vint en Calabre, là où son neveu étoit, le bon comte d'Artois, et il demanda moult comment il pourroit passer le phare pour assiéger Messine. Mais ne lui fut conseillé qu'il passât outre, pour les vents qui étoient grands et horribles pour l'hyver. Il fit donc venir ses nefs au port de Brinde, de peur qu'elles ne fussent prises. Ne tarda guère après qu'une maladie le prit, dont il mourut l'an 1284. Il fut enterré en la cité de Naples, dans la maîtresse église. Nouvelles en vinrent au pape Martin, qui en fut moult dolent pour la grande loyauté et la valeur qui étoient en lui; si se revêtit et célébra son service.

Quand la chose fut ainsi advenue, l'on fit le comte d'Artois tuteur et curateur de tout le royaume de Sicile.

En cette même année, le premier fils du roi Philippe, qui avoit aussi nom Philippe, épousa madame Jehanne, fille du roi Henry de Navarre et comte de Champagne.

Le XXXVIIIe. — *Mort du pape Martin.— Election du pape Honoré.*

L'an de grâce 1285, le jour de l'Annonciation de Notre-Dame, qui fut le jour de Pâques, le pape Martin chanta la messe, et comme il eut chanté, une trop griève maladie le prit : dès lors connut-il bien qu'il falloit mourir. Les physiciens (médecins) vinrent le voir ; mais ils connurent si obscurément et si troublément la cause de sa maladie qu'ils affirmèrent et dirent, que nul sique de mort n'apparoissoit en lui, et il mourut le mercredi suivant environ à cinq heures de la nuit. Il apparut bien que Notre Seigneur l'aimoit, car plusieurs seigneurs qui le requéroient guérissoient de leurs maladies.

Après lui, fut fait pape messire Jérome des Frères Mineurs, qui fut appelé Honoré ; qui moult doucement ministra, et qui envoya au comte d'Artois et à sa compagnie des biens de l'église pour garder et pour défendre la besogne qu'il avoit emprise.

Le XXXIXᵉ. — *Comment le roi Philippe de France assembla grand ost pour aller au royaume d'Arragon.*

Assez tot après l'an de grâce 1286, le roi Philippe assembla, entour la Pentecôte, au pays de Toulouse, si grande multitude de gens que c'étoit merveille à voir. Il vouloit entrer en Arragon, qui avoit été donné à Charles son fils. Son entente étoit d'avoir bientôt conquis le royaume d'Arragon et puis de passer outre au royaume d'Arragon (l'auteur veut dire au royaume de Castille) pour la grande injure que le roi Alphonse d'Espagne lui avoit faite dans la personne de Blanche, sa sœur. Avec le roi alla Jehan Collet, cardinal de Rome et toute la noble chevalerie de France. Aussi fut-on très-bien garni par devers la mer de Galée et de toutes autres choses desquelles besoin étoit. Le roi laissa la reine Marie, sa femme, à Carcasonne avec grand foison de nobles qui alloient après leurs barons, et s'en alla par Narbonne. Là, il attendit tant que ses gens fussent toutes assemblées. Lors fut commandé qu'ils ississent de Narbonne, bannières déployées et prêtes à combattre. Ils entrèrent premièrement en la terre du roi de Majorque, frère du roi d'Arragon, qui se tenoit de la partie du roi du France et de sainte église. Si tôt comme il sut sa venue, il vint hâtivement à l'encontre lui, le reçut honorablement et envoya ses deux neveux en la ville de Perpignan, lui faire fête honorable.

Au roi d'Arragon vinrent moult nouvelles en Sicile, que le roi de France venoit à grande puissance au royaume d'Arragon : si dit à Constance qu'elle gardât bien le prince de Salerne et sa terre et il iroit lui, défendre son royaume. Il se mit en mer et eut bon vent et entra en sa terre et garnit les entrées par devers ses adversaires de nombreux gens d'armes. Quand Constance fut demeurée, elle se mit en grande peine de garder le pays et de savoir la volonté de ceux de Sicile. Elle s'aperçut bien qu'ils prenoient conseil de leurs seigneurs et vit bien qu'ils étoient pleins de fausseté. Si fit-elle mettre le prince en une galée et l'envoya en Arragon, où il fut étroitement gardé une pièce de temps.

Le XLᵉ. — *Comment la cité de Gênes fut détruite.*

Tant alla l'ost de France qu'il vint en Perpignan. Si se conseilla le roi par quelle part il pourroit entrer en Arragon. Il lui fut conseillé qu'avant il s'en alla par Gênes l'orgueilleuse, qui, vassale du roi de Majorque, comme faisant partie de son comté de Roussillon, le bravoit néanmoins et tenoit pour le roi d'Arragon, son frère et son ennemi. Quand sut le roi de France que le roi d'Arragon avoit tollu et soustrait cette ville à son frère le roi de Majorque, il commanda qu'on y marchât. Ceux de Gênes s'aperçurent bien qu'on venoit sur leur cité, si fermèrent les portes et montèrent aux défenses, et montrèrent qu'ils vouloient défendre la ville. Sitôt que le roi fut venu, il commanda l'assaut. Ceux de dedans se défendirent bien et vigoureusement, de sorte qu'à cette journée ils ne perdirent rien ; mais le lendemain les François coururent à l'assaut. Quand ce virent ceux de la ville ils requirent trève au roi pour trois jours jusqu'à ce qu'ils eussent parlé ensemble, et puis lui rendroient la ville à sa volonté. Le roi l'accorda volontiers. Tandis qu'ils avoient trèves et qu'ils ne furent point assaillis, ils virent au plus haut de la ville et allumèrent feu sur une tour afin que le roi d'Arragon, qui n'étoit pas loin de la ville, le put voir. Car ils avoient espérance qu'il pourroit venir assez à temps pour les secourir. Quand le roi aperçut leur manége commanda qu'aussitôt on assaillit la ville. Lo légat sermona et prêcha aux François et prit tous les péchés sur lui qu'ils avoient oncques faits en toute leur vie, afin qu'ils allassent sur les ennemis de la chrétienté bien hardiment, et qu'ils n'épargnassent rien, ayant affaire à des gens excommuniés et séparés de la chrétienté.

Quand les François ouïrent ce, ils coururent à l'assaut à pied et à cheval et jetèrent pierres à ceux de dedans. Tant approchèrent des murs qu'ils levèrent leurs échelles contremont (en haut) et tant les heurtèrent, qu'ils en firent trébucher une bonne partie. En plusieurs autres parties ils brisèrent les portes. Lors se boutèrent dedans de toutes parts et commencèrent à occir hommes et femmes sans nul épargner.

Quand le peuple de la cité se vit ainsi surpris, il commença à courre vers la maîtresse église, où il croyoit trouver asile. Mais rien ne leur valut : car les portes furent aussitôt brisées ; et se ruèrent au milieu d'eux les François, n'épargnant hommes ni femmes, jeunes, ni vieux, excepté un seul, qui avoit nom le bâtard de Roussillon qui monta sur le haut du clocher de l'église. Avec lui étoit je ne sais combien de compagnons qui se défendoient merveilleusement, bien que le roi commanda qu'on lui fît grâce s'il se vouloit rendre. Il se rendit aussitôt, priant qu'on lui sauvât la vie.

En telle manière fut la cité de Gênes détruite et le peuple mort ; bien étoient ceux de Gênes affolés et déçus de s'être appuyé à l'art de ruse, qui manque au besoin et de ce qu'ils s'étoient fiés au roi d'Arragon.

Le XLIᵉ. — *Comment les François passèrent le mont Pirenne, c'est-à-dire les monts Pyrénées.*

Sitôt que la cité de Gênes fut détruite, le roi de France et tout son ost se mirent en la voie pour aller vers le mont de Pyrénée. En conséquence se conseillèrent les barons par où ils pourroient passer les montagnes et lequel chemin leur seroit plus profitable et à moindre péril : car les montagnes étoient si hautes qu'il sembloit qu'elles tinssent au ciel. Surtout au pas de L'écluse qui est le plus court chemin pour aller en Espagne ne pouvoit-on passer sans péril; avec cela que les Arragonnois avoient leurs tentes sur les montagnes et avoient dans le passage tonneaux pleins de sablon et de pierres; de sorte que en nulle manière les François ne pouvoient entrer ni passer sans péril de mort, car de leurs tentes élevées les Arragonnois auroient vu de loin venir l'ost et eussent fondu sur lui. Comme ils étoient en délibération sur ce qu'ils feroient, le bâtard de Roussillon dit qu'il savoit bien un endroit un peu loin du pas de l'Ecluse par où tout l'ost pourroit sûrement passer sans péril. Le roi le sut et fit faire semblant à ces gens qu'ils voulussent passer par le pas pour que ceux d'Arragon qui guettoient sur les montagnes les pussent voir. Le roi prit avec lui ses chevaliers et ses gens et se mit au chemin avec le bâtard de Roussillon, et vinrent au lieu que le bâtard avoit dit et qui n'étoit éloigné de l'ost que d'une lieue. Le roi alla devant, le bâtard après, par une voie si étroite et pleine d'épines et de ronces qu'il sembloit que jamais homme n'y eût passé. Tant allèrent à grand peine et à grands travaux qu'ils vinrent dessus les montagnes et là firent passer tout l'ost, sans avoir nul dommage, ce qui sembloit que ce fut chose impossible.

Ceux d'Arragon qui le pas de l'Ecluse gardoient, regardèrent par devers les montagnes et virent l'ost de France, qui étoit jà au-dessus d'eux. Aussi furent-ils ébahis et eurent si grand peur qu'ils s'enfuirent sans pouvoir rien emporter. Tant se hâtèrent les François qu'ils vinrent à leur pavillon et prirent tout ce qu'ils trouvèrent et puis tendirent leurs tentes et leurs pavillons au plus haut des montagnes : mais de boire et de manger y eurent peu. Ils s'y reposèrent trois jours de la fatigue qu'ils avoient eue. Quand ils furent reposés, le roi commanda qu'on allât à une ville qu'on appelle Pierrelate. Quand ils approchèrent de la ville, les habitans les aperçurent, fermèrent aussitôt les portes et firent semblant qu'ils avoient volonté de tenir contre les François. Aussitôt la ville fut assiégée, et le soir on tendit les tentes. Le lendemain on convint d'assaillir parce qu'on disoit que le roi d'Arragon s'y trouvoit. Quand ceux de Pierrelate virent la grande puissance du roi, il leur fut avis qu'ils ne se pourroient tenir ni défendre. Si attendirent tant que l'ost des François fut appaisé, et puis s'enfuirent par devers les jardins droit environ minuit, et boutèrent le feu en la ville, car ils vouloient que les biens qui s'y trouvoient fussent ars et que les François n'en pussent avoir profit. Les François virent bien le feu, si s'armèrent et vinrent courant où le feu étoit et trouvèrent la ville sans gens. Aussi la prirent et la mirent en l'obéissance du roi. Tandis qu'ils se comportoient ainsi, le roi de Navarre, premier fils du roi de France, assaillit aprement une ville et la tint de si court qu'il convint par force que ceux de dedans vinssent à merci. Il les envoya au roi son père pour en faire sa volonté.

Le XLIIe. — *Comment le roi de France assiégea Gironne.*

Quand Pierrelate fut prise, il fut commandé qu'on chevauchât droit à une ville qui a nom Gironne. L'ost s'arouta et erra tant qu'il vint à un fleuve, mais ils ne purent passer outre à cause des eaux qui descendoient des montagnes. Là séjournèrent trois jours. Quand le fleuve fut apetissé, ils passèrent outre et s'approchèrent de Gironne. Quand ceux de la cité virent François venir, ils boutèrent le feu aux faubourgs et ardirent tout. Pour ce le firent que la cité fût plus défensable contre ses ennemis.

Les François tendirent leurs pavillons, environnèrent la ville et l'assaillirent souvent. Mais rien ne firent, car la ville étoit forte et les gens de dedans se défendoient merveilleusement bien. Le capitaine de la ville étoit appelé Raymond Rogier, qui étoit chevalier du comte de Foix. (L'auteur devroit dire que le capitaine s'appeloit Raymond Cardonne, parent de Raymond Rogier, chevalier du comte de Foix et servant avec lui dans l'armée françoise.) Il la défendoit si bien, que les François le tenoient à vaillant chevallier. Le comte de Foix et Raymond Rogier alloient souvent parler en la cité à Raymond de Cardonne à l'insu du roi et faisoient semblant, dans Gironne, qu'ils venoient pour le bien et le profit de la ville : ce qui étoit vrai certainement, car il se disoit partout qu'ils étoient des traîtres.

Le roi de France vit bien que tous les assauts qu'on faisoit à la ville ne la pouvoient grever. Si fit-il apprêter un engin pour dérompre les murs. Quand l'engin fut fait, ceux de la ville épièrent tant qu'il fut nuit, issirent de la ville et vinrent à l'engin et y boutèrent le feu. Quand l'engin fut embrasé, ils boutèrent dedans celui qui l'avoit fait pour qu'il n'en fît plus d'autres. Quand le roi le sut, il en fut si courroucé qu'il dit que jamais ne laisseroit le siège jusqu'à tant qu'il eût pris la cité. Il croyoit l'affamer : mais voilà que son ost commença fortement à empirer, par le chaud, la fatigue et la puanteur des charognes qui gissoient mortes parmi les champs, et des mouches qui les mordoient. Ces mouches étoient pleines de venin : si commencèrent à mourir parmi l'ost hommes et femmes et chevaux. L'air y devint si corrompu, qu'à peine y demeuroit homme sain.

Pierre d'Arragon étoit aux aguets comment il pourroit grever ceux qui portoient les vivres en l'ost; car il advenoit souvent qu'ils les amenoient sans escorte. Aussi advint que plusieurs fois icelui Pierre et ses gens prirent les vivres et tuèrent ceux qui les menoient du port de Roses qui étoit à quatre lieues de l'ost et auquel étoient les nefs du roi d'où l'on administroit les vivres dont on avoit besoin.

Le XLIIIe. — *De la mort de Pierre d'Arragon qui mourut la veille de la fête de Notre-Dame.*

Pierre d'Arragon étoit donc en grande pensée

comment il pourroit ôter la vitaille, qui venoit du port de Roses en l'ost du roi de France. Or, advint un jour qu'il assembla ses gens à pied et à cheval, si qu'ils furent quatre cents à cheval et deux mille à pieds, et s'en vint au lieu où il les pensoit mieux trouver. Mais ceux qui gardoient la vitaille, se tinrent à couvert tant qu'ils purent avoir le secours qu'ils attendoient. Un espie aperçut bien toute l'affaire de Pierre d'Arragon, ainsi que sa position et s'en vint hâtivement au connétable de France, qui avoit nom Raoul et à Jehan de Harecourt, qui étoit maréchal de l'ost et leur dit la place où Pierre étoit à l'affut. Quand ils eurent ouï, ils prirent avec eux le comte de la Marche, et bien jusqu'à cinq cents hommes d'armes et vinrent là où étoien le roi d'Arragon. Mais quand ils furent plus près, ils connurent bien que l'ennemi étoit en nombre plus grand qu'eux : avec cela ils ne croyoient pas que le roi d'Arragon s'y trouvât ; de sorte qu'ils ne savoient que faire, de se retirer ou de combattre, quand Mathieu Devoye dit : Seigneurs, voyez là nos ennemis que nous avons trouvés. C'est huy (aujourd'hui) la veille de l'Assomption de la sainte vierge Marie qui nous aidera. Prenez bon cœur en vous, car ils sont excommuniés et hors de la foi de sainte église. Il ne nous est pas besoin d'aller outre mer pour sauver nos ames ; car ici les pouvons sauver.

Lors donc s'accordèrent tous à ce qu'il disoit et coururent sus à l'ennemi moult fièrement. Si commença la bataille forte et âpre. Le faix de cette bataille tourna sur les Arragonnois qui tournèrent en fuite. Mais les François les tinrent si court et les chassèrent de si près, qu'ils en navrèrent plusieurs et en occirent jusqu'à cent, sans ceux qui demeuroient morts parmi les champs et furent tués en fuyant. Et coupa le roi d'Arragon les rênes de son cheval et se mit à pied, mais à pied ne demeura guère qu'il ne mourût de la plaie que lui avoit faite un François.

Les François alors se partirent du champ et s'en vinrent à leurs tentes, et regardèrent combien il leur manquoit de leurs gens ; mais se trouva qu'il n'en avoit été que deux tant seulement. De ce furent-ils moult joyeux et racontèrent au roi comment ils avoient fait et quelle manière de gens ils avoient trouvés. Le roi en fut moult joyeux et mercia la douce vierge Marie de l'honneur et de la victoire que Notre Seigneur avoit donné à ses gens. Encore eut-il été plus joyeux s'il eût su que le roi avoit été navré à mort.

Le XLIVe. — *Comment et en quelle manière Gironne fut rendue.*

Comme le siége étoit devant Gironne, la viande commença à appetisser dans la ville. Le comte de Foix et Raymond Roger savoient bien commentelle étoit, et qu'elle ne pourroit plus durer ni soutenir. Si s'en vinrent au roi et lui dirent que s'il lui plaisoit on parleroit à ceux de la cité et aux capitaines de l'ost pour savoir s'ils se vouloient rendre et mettre à merci. Le roi le leur octroya par le conseil de ses barons, et ils s'en allèrent en la cité pour en pourparler. Quand ils eurent dit leurs raisons, ils revinrent au roi, et lui dirent de par ceux de la cité qu'il leur donnât trèves, jusqu'à ce qu'ils eussent demandé au roi d'Arragon s'il les vouloit secourir et défendre, sinon ils rendroient volontiers la ville. Si envoyèrent au roi d'Arragon et lui mandèrent qu'il les vînt secourir et aider, ou autrement il falloit qu'ils rendissent la cité, car autrement ne la pourroient tenir contre le roi de France, n'ayant plus de quoi vivre ni de quoi se soutenir. Les messagers trouvèrent que le roi et plusieurs autres de ses nobles hommes étoient morts : si en furent tous ébahis. Arrière retournèrent et racontèrent à Raymond de Cardoune et aux autres barons comment le roi leur seigneur étoit mort de la bataille qu'il avoit faite aux François. Quand ceux de la cité surent ces nouvelles, ils écrivirent au roi que volontiers se rendroient, leurs vies sauves, et en telle manière qu'ils emportassent leurs biens, leurs harnois et leurs choses paisiblement. Le roi qui ne savoit la pauvreté de la vitaille qu'ils avoient, l'accorda, par le conseil du comte de Foix et de Raymond Roger. Aussitôt que la paix fut faite, les François entrèrent dans la ville et regardèrent à mont et à val comment elle étoit, mais n'y trouvèrent pas vitaille dont ils pussent vivre trois jours. Par là put-on voir clairement que le roi fut déçu et trahi et que le comte de Foix et Roger étoient très-mauvais et très-faux, car ils savoient bien l'état de la cité.

Le XLVe. — *Du trépassement du roi Philippe de France.*

Après que la cité fut rendue, le roi ordonna qu'elle fut garnie et enforcée de gens et de vitaille, car il avoit propos de s'en aller aux parties de Toulouse. Ceci fut conseillé au roi de France par ceux qui n'aimoient point son profit, c'est à savoir qu'il donna congé à la meilleure partie de sa flotte qui étoit au port de Roses ; car plusieurs des galées étant parties, ceux des pays d'environ coururent sus à celles qui étoient demeurées, y prirent armes et tout ce qui étoit dedans, et firent grande et forte bataille contre les autres. Ils occirent à mort grand compagnie et l'amiral des galées, qui avoit nom Enguerrand de Bavolle, noble homme et vaillant chevalier. Aubert de Longueval, éprouvé chevalier, fut occis de même, parce que se fiant à l'appui des autres chevaliers, il s'étoit porté trop avant contre les Arragonnois ; mais Harcourt, maréchal de l'ost, qui étoit assez près de lui, le laissa occir parce qu'il le haïssoit. Quand les François vinrent et aperçurent qu'ils ne pouvoient là longuement demeurer, rachetèrent Enguerrand une grande somme d'argent et puis boutèrent le feu en toutes les garnisons et embrasèrent toute la ville de Roses.

Comme ils étoient au chemin et s'en alloient, si grand torrent de pluie les prit, qu'à peine se pouvoient-ils soutenir, tant ils étaient grevés.

Le roi Philippe fut moult dolent et courroucé de ce qu'il avoit peu ou néant fait en Arragon et en toute Espagne pour tant de bonnes gens de chevalerie, et si grand peuple qu'il y avoit menés. Si fut-il moult pensif d'où cela pouvoit venir, ou par mauvais conseil ou par fortune. Comme il étoit en cette pensée, il chut en une fièvre telle, qu'il ne put chevaucher, mais fallut qu'il fût porté en une litière. La fièvre crut et se multiplia par l'air qui étoit corrompu et plein de pluie, de sorte qu'il empira fort et devint bien malade. Tant allèrent et chevauchèrent qu'ils vinrent au pays de l'Ecluse, qui étoit tout environné de montagnes, qui sont appelées les monts Pyrénées (ou, comme le dit toujours l'auteur, les monts de Pirenne).

Au dessus des montagnes, étoient les Arragonnois aux aguets comment ils pourroient grever les François. Quand aucun peu, dix ou douze venoient à s'éloigner de l'ost, ils leur couroient sus, les occisoient et les enlevoient. A grand douleur et à grand peine vinrent les François jusqu'en Perpignan. Là s'arrêtèrent pour se reposer. Le roi Philippe fut fortement malade. Il ne voulut pas attendre qu'il perdît son sens et son avis, et fit son testament comme bon chrétien. Après il reçut en grande dévotion le sacrement de sainte église. Sitôt qu'il eût reçu toutes ses droitures, il rendit la vie et s'acquitta du tribut de la nature qui est une commune dette à toute créature (1).

Les barons de France furent moult dolents et courroucés de sa mort; car de jour en jour la volonté lui croissoit et multiplioit de bien faire et de grever ses ennemis. Nul ne pourroit penser les douleurs que la reine, sa femme, avoit au cœur, ni les pleurs, ni les gémissements qu'elle rendoit. Tant avoit de deuil et si longuement, qu'à peine pouvoit-elle en avoir remède de sa vie.

Le roi fut appareillé comme l'on doit faire de tel prince. Les entrailles furent enterrées en la maitresse église de Narbonne. Les ossements furent apportés à Saint-Denis, en France, et furent mis en sépulture à côté de son père, le roi saint Louis.

Mais avant qu'ils fussent mis en sépulture, s'émut dissension entre les moines de Saint-Denis et les frères prêcheurs de Paris. La cause en fut que le roi Philippe, le fils de saint Louis, avoit donné, à un frère de l'ordre des prêcheurs, le cœur de son père, afin qu'il fût mis en sépulture en l'église des Frères Prêcheurs à Paris. Les moines de Saint-Denis le vouloient avoir et disoient que puisqu'il avoit élu sa sépulture en cette église, son cœur ne devoit pas être ailleurs porté, ni reposer, ni gésir. Mais le jeune roi ne voulut se dédire à son commencement, si commanda que il fut baillé aux Frères Prêcheurs. Pour cette chose, furent menées plusieurs questions à Paris, entre les maîtres en théologie. A savoir si le roi pouvoit donner le cœur de son propre père sans dispensation de son évêque souverain.

Après ce les os de Philippe furent enterrés à Saint-Denis près de son père et de sa femme Isabeau d'Arragon. Lesquels Philippe et Isabeau sont maintenant (2) élevés de terre deux pieds environ, en belle tombe de marbre, en beaux images d'albâtre richement ouvrés, lesquels tous venans en l'église Saint-Denis, peuvent voir mis à la dextre partie de l'église en une arche emprès de saint Louis.

Quant au cœur du roi Philippe, il fut déterminé par plusieurs maîtres en théologie, que le roi ni les moines ne le pouvoient donner sans la dispensation du pape.

Après ce, le roi Philippe-le-Bel, successeur de son père, fut couronné roi de France, et fut couronnée la reine le jour de la Tiphaine (de l'Epiphanie).

Icelui roi Philippe III eut deux femmes : Isabeau, fille du roi d'Arragon, dont il eut trois enfans; Louis, qui mourut en son enfance, Philippe-le-Bel qui régna après lui, et Charles de Valois. L'autre reine que le roi Philippe eut, fut la reine Marie, fille du duc de Brabant, duquel roi demeurèrent à la reine trois enfans : c'est à savoir Louis, comte d'Evreux, Marguerite, depuis reine d'Angleterre, et Madame Blanche, depuis femme du duc d'Ostriche (d'Autriche), fils du roi Aubert d'Allemagne. Quinze ans régna icelui roi Philippe (donc quoiqu'en ait dit plus haut le Chroniqueur, il ne vivoit plus en 1286, puisque son avènement eut lieu en 1270, autrement il auroit régné seize ans).

Ci finit le livre du bon roi Philippe, fils de monseigneur saint Louis. Ci commence le livre des faits et gestes du roi Philippe, fils du fils de monseigneur saint Louis, qui Philippe-le-Bel fut appelé.

LE Ier. *Du commencement de Philippe-le-Bel, du roi Alfonse d'Arragon; du pape Honoré; de l'hommage d'Edouard pour l'Aquitaine; du trépas de l'abbé de Saint-Denis.*

Philippe-le-Bel régna vingt-sept ans, et commença à régner en l'an de l'Incarnation de Notre-Seigneur, 1286; Alfonse, en cette même année, commença à régner au royaume d'Arragon après la mort de son père. Il occupa la terre de Sicile contre l'inhibition et le commandement de l'église de Rome. En ce temps, le pape Honoré

---

(1) Les autres historiens fixent la mort de Philippe-le-Hardi à l'année 1285.

(2) Ce *maintenant* est précieux : il démontre que cette partie des chroniques fut écrite quelque temps, mais peu de temps après la mort de Philippe-le-Hardi. Le style des parties antérieures, qui est le même à peu près, et quelques autres raisons sembleraient prouver que toute cette première partie est de la même époque, c'est-à-dire du règne où nous allons entrer.

confirma la sentence, que son prédécesseur avoit prononcée contre Pierre d'Arragon et Jacques son fils.

En ce même temps, Edouard, fils du roi d'Angleterre, en France appelé, fit hommage au roi Philippe pour le duché d'Aquitaine et toutes autres choses qu'il avoit au royaume de France. Donc celui Edouard s'en vint à Bordeaux qui étoit la maîtresse cité de la Gascogne et y tint un grand parlement. Il y reçut plusieurs messagers d'Espagne. Si fut soupçonné qu'il pourchassoit quelque trahison contre le roi Philippe de France et son royaume. Toutefois procura celui Edouard la délivrance du prince de Palerme, son cousin, qui fut pris des Siciliens et retenu, étoit aux prisons par le roi Alfonse.

L'an suivant trépassa de ce siècle, Mathieu, abbé de Saint-Denis et principal conseiller du roi. Lequel abbé Mathieu commença le moutier (couvent) de sa maison, qui fut d'œuvre merveilleuse et coutable. A force de temps et de soins, Mathieu consomma et parfit l'abbaye en laquelle sont moult de choses rebâties et qu'il avoit trouvées dégâtées. Ainsi la rappareilla à merveille, comme de nouveaux murs, de maisons, de salles et de menues œuvres et la rendit toute amendée et enrichie. Puis en moult de bonnes rentes, il l'accrut et éleva. Par sa science furent plusieurs moines de sa religion animés, enrichis, et faits abbés en plusieurs moutiers. Après Mathieu monseigneur Regnault Giffart, de nation parisienne, fut abbé de Saint-Denis.

Le IIe *parle comment le roi de Chypre fut couronné en roi de Jérusalem au préjudice du roi de Sicile.*

En l'an de grâce, ensuivant 1287, en Acre, cité de Syrie, le roi de Chypre se fit, au préjudice du roi de Sicile, couronner roi de Jérusalem. Et pour ce que l'ordre de l'Hôpital et des Templiers avoient souffert icelle chose, leurs choses et tous les biens qu'ils avoient par la Pouille et par le royaume de Sicile furent pris et mis en la main du roi.

Le IIIe *parle de la bataille de Luxembourg.*

En celui an mourut le comte de Luxembourg dont demeura trois fils; desquels l'aîné étoit comte de Luxembourg et avoit à femme la fille de monseigneur Jehan d'Avesne de laquelle il eut le trèsnoble empereur comte de Luxembourg, et ses deux frères qui avoient le comté de Limbourg, se retirèrent à l'exhortation des deux sœurs les comtesses de Flandres et de Hainaut, vers leur oncle le comte de Guerle (de Gueldre) et lui requirent que pour Dieu il leur voulût aider contre le duc de Brabant, qui leur ravissoit le comté et ne leur vouloit faire raison.

Aussitôt le comte de Guerle, qui cette chose prit à cœur, manda tous ses parens et amis, et assembla si grand ost que c'étoit merveille à voir : c'étoit son intention de détruire le duché de Brabant et l'eût fait, car on tenoit le comte de Guerle pour l'un des plus riches hommes d'Allemagne.

Quand le duc de Brabant sut que si grans gens venoient sur lui, il assembla ce qu'il put avoir de gens et se retira vers le Limbourg à une ville qui a nom Ouronne.

Quand le comte de Flandres vit les assemblées des deux parties, il parla à sa femme et à la comtesse, lesquels soutenoient de corps et d'avoir leurs deux frères et eût moult volontiers traité de la paix : mais les deux frères ne faisoient rien que par le conseil des dames leurs sœurs, et les dames répondirent à leur comte :

Sire, pour Dieu, ne vous en mêlez ; mais encore n'est pas temps de parler de paix, et les fèves ne sont pas encore mûres : et le comte n'en parla plus. Ainsi donc marchèrent et s'approchèrent les deux osts, qui se haïssoient de mortelle haine.

Quand les batailles furent rangées les unes contre les autres, le comte de Guerle commanda à ses bannières d'aller avant ; le comte (ou duc) de Brabant fit aussi les siennes aller avant et là commença la mêlée forte, cruelle et dura longtemps. Mais à la première pointe que le duc de Luxembourg fit, il fut abattu de dessus son cheval à terre, et y fut tué quoique le duc (il ne faut pas s'étonner que le Chroniqueur dise alternativement *duc* ou *comte*, en parlant de la même personne : c'est son habitude et son bon plaisir. Plût à Dieu qu'il n'eût pas d'autres caprices !) de Guerle eut assez plus de gens que le duc de Brabant. Ainsi, comme Dieu le voulut, se détourna la bataille du tout sur lui. Ses deux frères partagèrent son destin ; et là, par conséquent, les trois fils de Luxembourg furent occis, ainsi que maints chevaliers du comte de Guerle. Pris même y fut l'archevêque de Cologne.

Quand le comte de Guerle aperçut la déconfiture qui étoit tombée ainsi sur les siens, il vit Guy de Saint-Paul qui s'enfuyoit : il le suivit lui septième de sa compagnie : mais on le prit et le mena au duc de Brabant qui avoit eu cette victoire et conquit le Luxembourg par bataille. En cette qualité fit écarteler les armes de ce comte, en les mêlant avec les siennes.

Quand le comte Guy de Flandres reçut ces nouvelles, sitôt vint à la comtesse, qui rien n'en savoit ; elle lui dit :

Sire, avez-vous des nouvelles ? et le comte répondit : Certes, dame, oui : les fèves sont mûres, car les trois frères sont morts! — Sitôt la dame s'encourut en sa chambre et fit le plus grand deuil du monde.

Mais les amis qui virent que la guerre étoit malséante, firent traiter de la paix et après une longue négociation fut la paix accordée, et faite en telle manière, que Henri, fils du comte de Luxembourg, qui avoit été occis en la bataille, prendroit à femme la fille du duc de Brabant. Et en eut le dit Henry un fils et une fille et fut le fils appelé Jehan. La fille fut mariée au roi Charles de France.

Quant au comte de Guerle et à l'archevêque de Cologne, ils se rançonnèrent (rachetèrent) à grand prix, et par ce, furent délivrés. Cette bataille fut faite à Ouronne, en Brabant, en l'an de l'incarnation 1288.

INCIDENCE.

En ce même temps, les Grecs rentrés dans la communion romaine au concile de Lyon, se départirent de la subjection du pays et de toute la cour de Rome, et firent un pape nouveau et cardinaux nouveaux.

LE IV*.—*Comment le prince de Palerme fut délivré.* — *Plusieurs incidences.*

L'an de grâce 1290, Charles, prince de Palerme (1), environ la Purification de la sainte-vierge Marie, fut délivré de la prison du roi d'Aragon, en cette manière qu'il lui rendroit une grande somme de pécune, et qu'il feroit par la procuration du roi de France, la paix de ses Arragonnois et la sienne avec la cour de Rome; laquelle chose, s'il ne pouvoit faire avant trois ans, il reviendroit en arrière, et resteroit en prison jusqu'à ce que ces choses fussent accomplies, comme il avoit été contraint de le jurer. Il fut contraint aussi de bailler des ôtages : c'est à savoir trois de ses fils, ou quarante nobles qui, pour lui, demeureroient.

INCIDENCES.

Dans ces incidences et le chapitre suivant, il n'est question que de la ruine de Tripoli par le soudan de Babylone, de la rupture de la trêve que le soudan accorda aux chrétiens d'Acre, trêve qu'ils osèrent malheureusement violer et qu'ils payèrent plus tard par la ruine de leur ville, qui étoit le seul et *dernier refuge de la chrétienté dans les parties d'outre-mer.* Le chroniqueur parle ensuite du voyage du prince Charles, de Palerme à Rome, où il fut couronné roi de Sicile, et relevé par le pape Nicole du serment qu'il avoit été contraint de faire à Alphonse avant de sortir de prison. Il dit aussi un mot de quelques efforts tentés par le comte d'Artois, en faveur de ce prince, dans la Pouille et dans la Calabre, et finit par décrire la défaite et la destruction de la flotte françoise qui alloit lui porter secours. L'année suivante, ajoute-t-il, Charles, comte de Valois, frère de Philippe-le-Bel, quitta à Charles, le roi de Sicile, le droit qu'il avoit au royaume d'Arragon et de Valence. Alors, il épousa une des filles de ce roi Charles, au château de Corbeil, le lendemain de l'Assomption de la vierge Marie, que l'on dit la mi-août. Pour lequel mariage faire et pour le quittement des royaumes, fait par le comte, Charles lui donna les comtés d'Anjou et du Maine à tenir à perpétuité.

(1) Il faut remarquer que, variable sur ce nom comme sur presque tous les autres, l'auteur écrit tantôt prince de Palerne, c'est-à-dire Palerme, et tantôt prince de Salerne.

Ici vient un récit de l'anecdote si connue du Juif, et de l'hostie qu'il jeta dans une chaudière bouillante.

LE VII*.—*Comment le pape Nicole envoya aux prélats de France leurs réponses.*

L'an suivant, 1291, quand sut le pape Nicole la destruction d'Acre d'outre-mer, il se conseilla par lettres aux prélats du royaume de France, quelle chose seroit meilleure à faire pour le secours et la recouvrance de la sainte terre. Il les pria humblement qu'à cela ils émussent le roi de France et les barons et les chevaliers eux-mêmes, et surtout le menu peuple. Obéissant doucement à ces prières, les prélats, les archevêques, les évêques, les abbés, les prieurs et les sages clers s'assemblèrent; puis, quand le conseil fut ainsi assemblé, ils mandèrent au pape ce qu'ils avoient fait; à savoir qu'il conviendroit assembler premièrement les clercs et les barons de toute la chrétienté pour aviser comment on pourroit en paix et en concorde mettre et rappeler surtout les Grecs, les Siliciens et les Arragonnois. Et cela fait, ce qui seroit l'affaire d'un instant, si le souverain pontife l'octroyoit et le jugeoit nécessaire, la croix, de par son autorité, seroit prêchée dans tout l'empire de la chrétienté.

LE VIII*.—*Comment les gens du roi d'Angleterre entrèrent soudainement en Normandie.*

En l'an de grâce 1292, Edouard, roi d'Angleterre, voulant accomplir une entreprise qu'il avoit conçue depuis long-temps, comme quelques-uns le disoient, fit un grand appareil contre le royaume de France, en feignant qu'il vouloit aller en la Terre-Sainte hâtivement, et en cet endroit, exploiter, par ses hommes de Bayonne, ville de Gascogne et d'autres cités de son royaume avec nefs et galées, avec grand nombre de gens et grand appareil de combatteurs; il assaillit les sujets du roi de France en la terre de Normandie et dans d'autres lieux, par terre et par mer, félonneusement et traîtreusement, en tuant moult de gens. Les maîtres des galées et les devants dits hommes du roi d'Angleterre, tout en dépeçant tout ce qu'ils trouvoient, envahirent une ville du royaume de France, qu'on appelle La Rochelle.

Sitôt que cette chose vint à la connoissance du roi de France, il manda au roi d'Angleterre et aux tenants son lieu en Gascogne, que tout le nombre des hommes malfaiteurs, qui ainsi avoient ses hommes occis et blessés, fussent envoyés en sa prison de Périgord pour être fait d'eux ce que raison donneroit et ce que justice requerroit.

A ce mandement, le roi d'Angleterre et ses gens furent négligents d'obéir, et par entêtement et dépit refusèrent. Pour cette chose, le roi de France fit, par son connétable, Raoul de Nesle, mettre en sa main et saisir toute la Gascogne, comme appartenant au fief de son royaume. Il fit semondre Edouard, roi d'Angleterre, de venir à son parlement.

Le comte de Hainaut, privé de ses alliés et de ses terres, vit encore une grande armée française marcher contre lui, n'osant point résister au comte de Valois, frère de Philippe-le-Bel, il se rendit à lui, et par ses conseils vint à Paris essayer d'apaiser le roi, qui ne le fit pas mourir, mais qui le réléguâ, ses deux fils et lui, dans trois prisons différentes.

En ce même temps, en la cité de Rouen, en Normandie, s'émeut le peuple contre les exactions que fit le roi pour soutenir ses guerres. Ces exactions étoient excessives, et c'est pourquoi on les appela *Maletoultes*, c'est-à-dire choses méchamment enlevées, extorquées. Le peuple, dont elles prirent d'abord le centième et puis le cinquantième des immeubles, et puis encore le cinquantième du mobilier, en étoit si grevé, qu'il jeta le produit de cette cueillette et de ces deniers par les places publiques, et vint assiéger les collecteurs au château de la cité. Mais par le maire, le bailly et les plus riches de ladite ville, les troubles furent bientôt apaisés, plusieurs émeutiers furent pendus et les autres emprisonnés.

Le IXe. — *De la bataille entre le comte d'Armagnac et le comte de Foix.*

En l'an de grâce 1293, le comte d'Armagnac s'émut contre Raymond Bernard, lequel l'avoit appelé de trahison par-devant le roi Philippe, à Gisors. Lors, le baron fut contraint de combattre en champ, seul à seul; mais à la prière du comte Robert d'Artois, le roi de France prit sur lui la besogne et le discord de ces deux adversaires, et les fit retraire de la bataille, qu'ils avoient jà commencée.

Et de certain en icelui an, Edouard, roi d'Angleterre, plusieurs fois encore et solennellement fut sommé de venir à la cour du roi de France pour les injures et griefs que ses hommes avoient faits aux hommes du royaume de France, de Normandie et d'ailleurs. Venir ne voulut, et le commandement du roi de France déprisa et contredit; mais affin que, à fausse conscience, il pût parfaire l'iniquité qu'il avoit commencée, il dit et manda au roi de France qu'il lui quittoit tout ce qu'il tenoit de lui en fief, car il le croyoit et espéroit par force d'armes acquérir et tenir sans en faire hommage à quiconque dorénavant.

En cet an suivant, au mois de juillet, Noyon, ville de France, fut toute arse et embrasée, fors les abbayes de Saint-Eloy et de Saint-Barthélemy.

Le Xe. — *Comment le roi Edouard s'émut.*

Après, en l'an 1294, Edouard, roi d'Angleterre, contre Philippe, roi de France, apertement et puissamment s'émut. Il amena en Gascogne très-grand foison de sergents, par navire, qui détruisirent La Rochelle, en tuant ses gens, et l'embrasèrent par embrasement de feu; et puis d'illec (de là), vers Bordeaux s'en allèrent.

Le XIe. — *Comment le comte d'Aucerre fut détruit par trahison.*

En cet an aussi, le comte d'Aucerre, en Pouille, qu'avoit établi le roi Charles de Sicile, garde de son comté de Provence, fut trouvé et prouvé très-mauvais sodomiste et traître à son seigneur. Si fut-il pris par son commandement, et fut, depuis son dos jusqu'à la bouche, percé d'une broche de fer ardent, et après fut ars. Or, en cette gêne, il reconnut qu'il avoit engagé, par trahison, le roi Charles de Sicile, père du roi Charles déloger de devant Messine qu'il avoit assiégée, qu'il avoit depuis laissé prendre son fils Charles le roi actuel, qu'il avoit détourné les Siciliens de le délivrer et de chasser les Arragonnois.

Le XIIe. — *Comment le comte Guy de Flandres s'allia au roi d'Angleterre.*

En cet an suivant, Guy le comte de Flandres, occultement et secrètement contre son seigneur le roi de France allié, vint avec sa fille à Paris, laquelle il vouloit envoyer avec lui en Angleterre pour en épouser le roi Edouard. Lors par le commandement du roi Philippe il fut avec icelle retenue en garde. La fille après ce demeura avec les enfants du roi de France pour être avec eux enseignée et nourrie. Et le comte assez tôt après fut délivré.

Le XIIIe. — *Comment Charles de Valois alla en Gascogne; comment Célestin fut élu pape et Adolphe empereur; sa lettre au roi de France.*

En cet an Charles de Valois, frère du roi de France, Philippe alla en Gascogne à moult grand ost. A Rions arriva, château dont les Anglois étoient maîtres par la trahison de Dannois. Avec ses gens vigoureusement et apertement l'assiégea. Illec aussi étoient Jehan de Saint-Jehan et Jehan de Bretagne et moult autres nobles batailleurs pour Edouard d'Angleterre.

En cette même année, après que l'église de Rome eut vaqué de pasteur par l'espace de deux ans et trois mois et deux jours, il y eut un pape qui fut appelé Célestin, icelui Célestin fut de la nation de Pouille et moine d'une petite religion (ordre) par lui instituée, et appelé *Saint-Benoît-ès-Montagnes*. Là il menoit moult âpre vie d'hermite. Il étoit appelé Pierre de Moyron avant qu'il fût élu pape. Il étoit homme de grand humilité, de grand renommée et de pieuse conversation. Il advint que les cardinaux étant moult occupés de l'élection d'un pape, et s'étant assemblés en consistoire à cet effet où il n'avoit encore été fait nulle mention dudit frère, il advint d'aventure qu'un d'eux commença à raconter sa sainte vie et grand renommée : et soudain en entendant se consentirent tous les cardinaux en un seul vote sur le même, et Pierre de Moyron fut élu en pape. Il avoit bien d'âge soixante-dix ans, mais encore étoit-il sain, preste et fort. Il n'étoit grand clerc, mais il étoit de grande sagesse.

Item, environ l'Avent de Notre Seigneur, ledit pape, en plein consistoire, résigna et renonça à tout office et bénéfice de papauté. Après lui fut Boniface, le huitième de la nation de Champaigne (Campanie) et le cent quatre-vingt-dix-septième de la papauté. Or advint que ledit Célestin, qui pape avoit été, s'en vouloit retourner ès montagnes dont il étoit venu. Mais le pape Boniface ne le voulut pas souffrir, et le fit honnêtement et à grande diligence en honnête lieu garder.

En ce même an, Raoul de Granville, de l'ordre des Frères Prêcheurs, qui, par le commandement du pape Célestin, avoit été consacré à Paris en patriarche de Jérusalem, fut dégradé même avant d'arriver à Rome par le pape Boniface.

En cetui an mourut le roi d'Allemagne si s'assemblèrent les éliseurs à Cologne : ils s'accordèrent tous à élire un vaillant homme, mais qui n'étoit point riche : c'étoit Adolphe.

Sitôt qu'il fut couronné, il fit assembler tous les barons d'Allemagne à Aix-la-Chapelle et leur montra que le roi de France avoit grande partie de l'empire devers lui : laquelle chose il ne pouvoit souffrir pour le serment qu'il avoit prêté à l'empire. Aussitôt les barons élurent deux chevaliers, leur baillèrent des lettres et les envoyèrent devers le roi de France à Corbeil ; là lui présentèrent ces lettres de par le roi d'Allemagne : elles étoient en cette forme :

Adolphe, par la grâce de Dieu, roi des Romains toujours accroissant, à très-grand prince et puissant Philipon, roi de France.

Comme par vous les possessions, les domaines, les droitures, les juridictions et les traites de terres de notre empire, sont par un empêchement non convenable retenus par moult long-temps follement sont forfaites, comme il appert clairement en divers lieux, nous vous signifions par ces présentes lettres que nous ordonnerons à aller contre vous avec toute notre puissance, en poursuivance de si grand injure, laquelle nous ne voulons plus souffrir. Donné à Emmbruge, la seconde kalende de novembre en l'an de l'Incarnation de Notre Seigneur 1298.

Quand le roi de France eût reçu ces lettres, il manda son conseil, et après grand délibération fut donnée la réponse des lettres. Aussitôt les chevaliers se départirent de la cour, vinrent à leur seigneur et lui baillèrent la réponse de ses lettres. Sitôt brisa le scel de la lettre qui moult étoit grande et quand elle fut ouverte, il n'y trouva rien en écrit, fors *prompt allemand* (c'est-à-dire selon les historiens ; *c'est trop allemand*). Cette réponse fut donnée par le roi d'Angleterre avec le conseil du roi. Aussi advint-il que lorsque le roi d'Angleterre, qui avoit guerre avec la France, voulut assembler grande quantité de gens d'armes, plusieurs nations du Rhin qu'il avoit par argent enrôlées dans sa ligue lui manquèrent et ne voulurent plus être avec lui. Aussi ne put-il accomplir ce qu'il avoit entrepris : mais après une pièce de temps se fit la paix, entre le roi de France et ledit Adolphe, roi des Romains, par telle manière que ledit Adolphe eut à femme la sœur du roi de France, et partout la paix fut confirmée.

LE XIV°. — *Comment Charles, frère du roi de France, fit pendre plusieurs Gascons.*

L'an de grâce 1295, Raoul de Nesle, connétable de France, qui à Bordeaux étoit venu en l'aide de Charles, frère du roi, qui de Reims venoit à une ville d'Anglois garnie qui avoit nom Potensac, devant laquel il avoit tenu siége par huit jours, fit convention avec les Anglois et les Gascons qui la défendoient qu'ils sortiroient sûrement et leurs vies sauves. Cela fait, il les reçut le jour des grandes pâques : il laissa aller les Anglois et amena les Gascons par nombre à monseigneur Charles, lesquels cetui comte Charles, le quinzième jour après Pâques, fit tous au gibet pendre et mettre au vent devant les portes de Rions. Quand ce virent et reconnurent ceux du château, ils s'émurent en grand dépit. Le bon chroniqueur auroit pu ajouter ; et en grande peur ; car aussitôt que la nuit fut venue, Jehan de Saint-Jehan et Jehan de Bretagne s'échappèrent et s'enfuirent par mer en leurs nefs ; mais ils furent poursuivis, et plusieurs Anglois, avant qu'ils entrassent en mer, furent occis. Puis au vendredi après les François s'apercevant qu'en cette nuit il y avoit discorde et dissension au château et que peu étoient aux défenses l'assaillirent, le prirent, y entrèrent incontinent, occirent beaucoup de Gascons et soumirent la ville, le château, toute la cité en la seigneurie du roi de France.

Après ce, le comte de Valois assiégea la ville de Saint-Sever et l'assaillit tout le temps d'été par divers assauts et fit tant que par sa force il la fit venir à Baudoin.

LE XV°. — *De la flotte du roi de France qui partit pour aller contre le roi d'Angleterre.*

En celui même temps à Douvres, un port d'Angleterre, la navire (la flotte) du roi de France aborda ; tout ce qui étoit hors les murs ravit ; et comme cetuy grand est pouvoit toute l'Angleterre prendre, il lui fut dénié d'aller outre de l'autorité de Mathieu de Montmorency et de Jehan de Harecour, maréchal de cette navire, et furent forcés de s'en revenir sans rien faire.

En cetui même année Marguerite de France, jadis femme de monseigneur saint Louis, mourut, et devant monseigneur saint Louis à Saint-Denys fut honorablement enterré. Et icelle reine, avant que mourut, fonda à Saint-Marcel une abbaye de Sœurs Mineurs où elle vécut très-honnêtement.

En cet an ensuivant, Alfonse, roi d'Arragon, mourut et lors Jacques son frère, l'occupeur de Sicile, se transporta en Arragon et reçut la hautesse et la dignité royale. Il fit paix au roi de Sicile Charles II, épousa l'une de ses filles et rendit les ôtages qu'Alfonse, son frère nouvellement mort, avoit reçu dudit roi Charles. Mais sur-le-champ un autre frère de Jacques-Frédéric vint se jeter sur la Sicile et l'occupa.

Le XVIe.— *Comment le roi d'Ecosse fut amené au roi d'Angleterre; et comment les fils de Blanche et de Ferdinand envahirent l'Espagne.*

En l'an de grâce 1296, les Ecossois, au roi de France alliés, envahirent le royaume d'Angleterre et le dégatèrent. Mais comme ils revenoient de cet envahissement, Jehan le roi d'Ecosse, fut trahi et pris par quelques-uns, puis envoyé au roi d'Angleterre.

En cet an ensuivant, Alfonse et Fernand, fils de Blanche, fille de saint Louis de France et de Fernand, fils aîné du roi de Castille de long-temps mort et qui du droit de la dignité royale et d'excellence à eux donnée par Alphonse, leur père, étoient tout à fait privés, et pour ce exilés en France, entendirent que le roi, leur oncle, étoit mort. Si prirent leur œuvre et assaillirent et envahirent Espagne et firent traité, avec Jacques le roi d'Arragon. Alors par l'aide de lui, de son frère Pierre et aussi du fils de Jehan le Petit d'Espagne, envahirent premièrement le royaume de légions et à eux du tout en tout le soumirent. Alphonse, l'aîné des deux prétendants, donna sa conquête à tenir en fief de lui à Jehan son oncle, qui lui étoit venu en aide par terre et par mer. Par ce fait il s'attira merveilleusement le cœur de ses gens.

En ce même an, mourut le pape Célestin qui s'étoit déposé : Pierre et Jacques de la Colonne, cardinaux, affirmèrent que la déposition avoit été indûment faite et que la promotion de Boniface étoit injuste et non raisonnable, et pour ce tenoient ils la cour de Rome être erreur (hérétique). Quand ce sut le pape Boniface, il les priva de la dignité de cardinaux et de tous les bénéfices de sainte église.

Dans les trois chapitres suivants, le 17, le 18 et 19, la chronique revient sur la taxe du centième et du cinquante imposée d'abord sur les marchands, puis sur tout le peuple et contre laquelle les Rouennois s'étoient révoltés : elle signale ensuite ce décret du pape Boniface, par lequel il déclare que celui des deux rois qui voudra aller outre à la guerre commencée entre eux : puis elle cite le nom de quelques prisonniers anglois faits en Guienne, tels que Jehan de Saint-Jean, Guillaume de Mortimer, et mentionne la mort d'Edmond, frère d'Edouard, et la fuite du duc de Bretagne et de l'armée angloise, dont elle avoit déjà parlé. En général, il règne une grande confusion, dans le récit de ce règne; les faits ne sont plus liés, ils se mêlent, se répètent souvent sans égard à ce qui suit ou à ce qui précède, et sans respect pour la chronologie. On voit que ce récit incomplet, étriqué, n'est point d'un seul jet comme celui du règne de Philippe-le-Hardi, mais qu'il est fait pièce à pièce, au jour le jour, avec une incohérence affligeante. Il est visible que ce n'est plus la même plume qui écrit, que le chroniqueur a changé, qu'il est loin de s'entendre en politique et en style historique comme son prédécesseur : sa phrase, moins gracieuse et plus lourde, a une tournure plus latine, plus étrange, plus obscure et moins françoise. En le lisant, on diroit qu'au lieu d'avancer vers les temps de lumière, on rétrograde vers les ténèbres barbares : nous pouvions presque toujours laisser entière et intacte la phrase de l'historiographe de Philippe-le-Hardi ; elle étoit simple et nette, quelquefois même élégante ; mais pour rendre quelque peu intelligible celle du chroniqueur ou des chroniqueurs de Philippe-le-Bel, car c'est assez mal fait pour qu'ils puissent être plusieurs, nous sommes presque toujours obligés sinon d'en changer les mots et la nature, du moins d'en réformer la vicieuse construction et d'en simplifier le tour entortillé, qui va, qui va toujours et ne s'arrête jamais et ne finit nulle part. D'après ce que nous venons de dire, on peut hasarder ici une supposition : nous croirions volontiers que si la partie de cette chronique relative à Philippe-le-Hardi n'est pas de Nangis, comme on le prétend avec assez de raison, elle peut très-bien être de cet abbé de Saint-Denis, de Mathieu qui fut ministre sous deux rois, saint Louis et son fils. Toujours est-il que c'est depuis la mort de ce moine, homme d'état, que le style et le mérite de la chronique ont changé, ainsi que nous venons de le dire.

Dans le temps où nous sommes arrivés, en 1296, il paraît qu'il y eut une nouvelle inondation de la Seine encore plus considérable que celle dont nous avons déjà parlé : car de nulle part ne pouvoit on entrer dans la ville sans navires, et par les rues ne pouvoit on aller sans bateaux. Alors fut l'eau du fleuve et sa pesanteur si grandes que les deux ponts de pierre avec les moulins qui dessus étoient, et le Châtelet du Petit-Pont du tout en tout trébuchèrent et firent choir. Il fallut par huit jours apporter en nefs les viandes de hors la ville pour aider ceux qui étoient en dedans.

Le XXe chapitre revient sur les affaires d'Espagne et sur la guerre des fils de Blanche de France contre l'usurpateur de leur royaume : l'aîné des deux prétendants, Alphonse, rendit toutes ses conquêtes et se dépouilla de tout pour délivrer son oncle Jean, qui d'abord fut à son aide, mais qui le trahit ensuite, en passant sous les drapeaux de son ennemi, au sortir même de sa prison qu'il lui avoit ouverte par ses généreux sacrifices.

Le XXIe. — *Comment le comte de Bar entra en Champagne.*

En cet an Henry comte de Bar, qui avoit la fille du roi d'Angleterre épousée, entra à grand multitude de gens armés en la terre de Champagne, qui appartenoit d'héritage à Jehanne reina de France. Pour ces fous efforcements réprouver et retarder, fut envoyé par Philippe roi de France, Gautier de Crecy, seigneur de Chatillon qui avoit en son aide les Champenois, et qui par force et par feu la terre du comte dégata et le força bien de la venir garder.

Le XXIIe. — *Comment le roi Philippe fit plusieurs chevaliers.*

En cet an même Philippe-le-Bel assembla grand ost à Compiègne contre Guy, comte de Flandres, qui de sa féauté s'étoit départi. A la fête de la Pentecôte, il fit chevalier à ce sujet son frère, comte d'Evreux, son fils aîné comte de Clermont et cent vingt autres guerriers. De là s'en alla en Flandres maugré ses ennemis, entra en cette terre vigoureusement et apertement, et assiégea Lille et lui donna l'assaut la veille de la St-Jehan. Lors fut détruite une abbaye de nonnains qu'on appeloit *Marquette*. Aux environs de Lille jusques à quatre lieues françoises, tout par fer et par feu fut dégaté. Puis s'éloignant de quatre lieues sur le fleuve de la ville de Cominesse, Guy comte de Saint-Pol, Raoul de Nesle, connestable, Guy son frère, Maréchal de l'ost, et quelques autres avec leurs compagnies, donnèrent bataille aux ennemis et en vainquirent cinq cents et plus. Moult ils en tranchèrent et occirent à leurs tentes, prirent plusieurs soldats chevaliers et écuyers d'Allemagne de grand renom, lesquels avec eux ils amenèrent au roi de France et les lui présentèrent.

Le XXIIIe. — *Canonisation de saint Louis; bataille de Furnes.*

En ce même temps le pape Boniface canonisa le saint roi Louis. En ce temps aussi comme Philippe-le-Bel étoit devant Lille, Robert comte d'Artois laissa sa terre à loyaux hommes et vers Saint-Omer sa terre propre revint. Il appareilla avec lui Philippe son fils avec grande plenté de chevaliers nobles hommes, et envahit la Flandres par ce côté. Contre lui Guy de Flandres envoya tant à pied comme à cheval grand multitude de gens armés, et là du côté de la ville de Furnes se combattirent. Et lors en ce lieu les batailles d'une part et d'autre accourant fut le combat âpre et très-merveilleux. Mais, quoiqu'ils fussent six cents à cheval et seize mille à pieds, les Flamans par la gent du comte d'Artois furent occis; car le gentil comte d'Artois s'éprouva si bien que moult, tant de chevaliers, comme d'écuyers furent pris avec Guillaume de Juliers et Henri comte de Beaumont; lesquels comme à Paris, à Chartres et ailleurs en diverses prisons furent envoyés. A la louange et à la victoire du comte d'Artois, chevaliers merveilleux, ils avaient mis devant leur visage la barrière et enseigne dudit comte.

Après ce, il prit la ville de Furnes et le lendemain occupa toute la vallée de Cassel.

Pendant ce temps-là ceux de Lille fort grévés et travaillés des divers assauts des gens du roi de France, qui venoient souventes fois avec pierres les murs casser, sans que Robert, fils aîné du comte de Flandres, qui avec eux étoit au chastel osât contre les François issir à bataille, firent leurs conventions avec le roi de France : à savoir que de leurs biens, ne de leurs vies ne fussent privés, ni ne furent conquis ni mal mis. Ils soumirent moyennant ce, eux et leurs biens, au roi de France. Mais Robert qui peu de chevaliers avoit, issit hors de la ville, et à Bruges, où son père étoit tout oiseux, s'en alla. Là étoit venu le roi d'Angleterre avec le comte de Flandres, et fut déçu comme aucuns disoient; car pour certain lui avoit mandé Guy qu'il tenoit pris Robert comte d'Artois, et Charles de Valois, frère du roi de France. Il les devoit tous deux tenir à Bruges, pour que le fait pût plus sûrement être cru. Le roi d'Angleterre étoit donc là venu pour aider au comte de Flandres dans sa guerre.

Lorsque le roi de France ouït la nouvelle de la venue du roi d'Angleterre, il garnit Lille de ses gens et s'émut à aller vers le château de Courtray, qu'aussitôt il prit à discrétion. D'illec se hâta d'aller à Bruges pour l'assiéger. Et pendant ce temps-là, Edouard, roi d'Angleterre, et Guy, comte de Flandres, laissèrent Bruges et allèrent avec les leurs à Gand, pour la forteresse du lieu secourir. Par cette retraite ceux de Bruges furent fort épouvantés. Aussitôt donc au roi de France humbles et dévots s'en coururent, et eux et leur ville à sa puissance ils soumirent.

En cette ville le roi fit un peu de temps prendre récréation à son ost, puis l'émut pour aller à Gand. Mais comme ainsi s'en alloit Philippe, à une petite vilette vinrent à lui messagers de par le roi d'Angleterre, requérant trèves pour lui, pour l'hiver prochain venant et pour l'amour du roi de Sicile, qui pour ce venoit en France.

A peine cependant leur octroya trève deux ans, tant au roi d'Angleterre comme au comte de Flandres. Ce fut fait environ la Toussaint : lors Philippe-le-Bel de France s'en retourna.

Le XXIVe. — *Comment le pape Boniface envoya au roi de France la régale.*

En cet an aussi, quand les prélats du royaume furent à Paris assemblés, le roi leur montra lettres contenant comment le pape Boniface à lui et à son premier hoir-successeur avoit octroyé à prendre et à lever dîmes des églises, toutesfois que leur conscience les jugeroit ou croiroit nécessaires et le voudroit de rechef. De même iceluy pape octroyoit au roi pour l'aide des dépenses qu'il avoit faites en sa guerre, toutes les ventes des églises qu'on appelle la régale, les échoites et les obventions (les revenus) d'un an des prébendes, des prévôstés, des diacrés, des dîmes, des bénéfices, et de quelconques autres dignités ecclésiastiques excepté les évêchés en moutiers et les abbayes par tout le royaume, la guerre durant et vacant.

En cet an, Albert, le duc d'Autriche, tua en bataille Adolphe, roi d'Allemagne, et fut roi d'Allemagne après lui, et régna l'Allemagne douze ans ou environ.

Le XXV°. — *Le Pape Boniface et les frères Prêcheurs.*

En l'an de grâce, ensuivant 1298, le privilége donné aux Frères Mineurs des confessions ouïr par le pape Boniface fut rappelé, et décréta lui-même pape que celui qui se confesseroit à iceux Frères Mineurs se reconfesseroit et rediroit iceux mêmes péchés à son prêtre ou à son propre curé.

Le XXVI°. — *Comment monseigneur saint Louis fut levé de terre.*

En cet an aussi monseigneur saint Louis, ci-devant nommé jadis roi de France, qui en l'an d'avant avoit été écrit au Martyrologe des saints et canonisé avec très-grand liesse et exaltation du roi de France Philippe-le-Bel, des princes et des prélats de tout le royaume, fut avec une grande multitude de peuple à Saint-Denys en France assemblé le lendemain de la Saint-Barthélemy apôtre, fut elevé de terre vingt-huit ans après qu'au royaume de Tunis, dessous Carthage, il s'endormit en sa dernière fin à Notre Seigneur. Lequel saint roi Louis fut le glorieux ami de Notre Seigneur, comme cela est prouvé par des miracles en diverses parties du monde. Il eut si grande grâce de guérir les malades, que tous ceux qui s'adressoient à lui avec confiance et loyalement, s'apercevoient de la requête qu'ils avoient requise.

Le XXVII°. — *De la mort de Philippe, fils de Robert d'Artois.*

En cet an aussi mourut Philippe, fils du noble comte Robert d'Artois qui plus n'avoit de fils, et en l'église des Frères Prêcheurs à Paris fut enterré. De sa femme Blanche, fille de Jehan de Bretagne laissa deux fils et deux filles, dont l'une fut mariée à Louis comte d'Evreux, frère de Philippe, roi de France; l'autre prit à mari Gace (Gaston) fils de Raymond Bernard, comte de Foix.

Et ainsi en cet an, Robert d'Artois prit sa tierce femme, la fille de Jehan, comte de Hainaut.

En cet an même, Raoul, l'aîné fils du roi d'Allemagne Aubert (Albert), prit à femme madame Marguerite, sœur de Philippe, roi de France de par son père.

Le XXIV°. — *De la paix de Philippe, roi de France avec le roi d'Angleterre.*

En cet an aussi, entre le roi de France Philippe, et Edouard le roi d'Angleterre, par quelques conditions la paix fut faite. Et lors icelui roi d'Angleterre épousa à Cantorbie (Cantorbéry) Marguerite, sœur du roi de France, qui mort étoit, et sœur de Philippe-le-Bel, en laquelle il engendra un beau-fils, qui eut nom Thomas.

Le XXX°. — *Comment le roi des Tartarins fut chrestienné.*

En ce temps aussi le roi des Tartarins Cassahan, qui *Grand-Kan* étoit appelé, merveilleusement et par miracle fut, dit-on, avec grande multitude de ses gens chrétienné et converti par la fille du roi d'Arménie qu'il avoit épousée. Lors il advint qu'un merveilleux ost assembla contre les Sarrazins et eut pour sénéchal de tout son ost le roi d'Arménie chrétien. Premièrement vers Halappe (Alep) se combattit; et après au Carmel; et sans grand abatis et occision de ses gens rapporta victoire. Puis quand il eut son ost très grandement rassemblé, ses forces reprises, il poursuivit les Sarrazins jusques à Damas où le soudan étoit avec grand ost qu'il avoit amené. Lors entre icelui roi des Tartarins, le soudan et ses Sarrazins eut la grande âpre et merveilleuse bataille, et furent détranchés plus de cent mille Sarrazins; et le soudan chassé hors de la bataille avec peu de gens s'en alla en Babyloine.

Ainsi les Sarrazins furent par la volonté de Dieu desconfits, rejetés du royaume de Syrie, et cette sainte terre soumis en la main des Tartarins et en leur subjection.

À Pâques ensuivant, les chrétiens célébrèrent le service de Dieu avec exaltation de grande joie.

Le XXXI°. — *Du parlement du roi de France, et d'Aubert roi d'Allemagne.*

En cet an aussi, Aubert, roi d'Allemagne, et Philippe-le-Bel, roi de France, s'assemblèrent au Val de Coulour (Vaucouleurs) avec tous les nobles de l'un et l'autre royaume, environ l'Avent de Notre Seigneur. Là furent confirmées alliances jà faites entre eux. Par les barons et les prélats du royaume d'Allemagne fut dit avoir autrefois été octroyé à la France seulement jusques au fleuve de Meuse. Mais en icelles parties s'étendit la France dorénavant, et jusques au Rhin éloigna les termes de sa puissance. Là aussi furent à Henry, comte de Bar, octroyées trèves par le roi de France, pour un an.

Le XXXII°. — *Comment Charles de Valois prit Douay et Béthune.*

En cet an aussi quand le terme des trèves qui étoient entre le roi de France et le comte de Flandres fut passé, Charles, comte de Valois, fut envoyé de par le roi son frère en Flandres à tout grand ost, et si tôt comme il fut venu à Douay et Béthune, il les prit à discrétion, et alla après vers Bruges avec tous ses gens. Entre Robert, fils du comte de Flandres et lui, il y eut âpre et rude bataille; toutefois les Flamands s'enfuirent et allèrent à Gand.

En cet an, Ferry, l'évêque d'Orléans, fut occis d'un chevalier, parce qu'il avoit, comme on dit, sa fille corrompu, qui étoit vierge auparavant.

Le XXXIII° — *Comment le comte de Flandres et ses deux frères se rendirent.*

En l'an de grâce 1300, Charles de Valois,

frère du roi de France, ayant pris le Dan port de Flandres, s'arrangeoit pour aller assiéger Gand, lorsque Guy de Flandres, apercevant son orgueil, s'en vint avec ses deux fils Robert et Guillaume, humblement audit Charles de Valois pour quelques conventions interjeter; tous trois furent amenés à Paris au roi de France, et requirent pardon et miséricorde de leurs méfaits et furent reçus très-piteusement; mais jusqu'au temps d'avoir miséricorde furent mis en divers lieux en prison sous bonne garde.

LE XXXIVe. — *Du pardon de Rome.*

En cet an, le pape Boniface fit indulgence et pardon général. Il octroya plenière indulgence de tous les péchés à tous les vrais repentans et à ceux qui par l'espace de ce temps, se présentoient pour visiter les églises des benoits apôtres saint Pierre et saint Paul en la cité de Rome, par vœu de pèlerinage humblement et dévotement.

LE XXXVIe. *Le comte d'Artois prend à femme l'empérière.*

En cet an aussi Charles de Valois, quand sa première femme fut morte, prit à seconde Catherine, fille de Philippe, fils de Baudoin, empereur de Grèce, jadis exilé et débouté; à cette Catherine appartenoit le droit de l'empire de Constantinople.

LE XXXIXe. — *Charles de Valois à Rome.*

En 1301, environ la Pentecôte, Charles de Valois avec moult de nobles hommes se partit de France et vint à Rome se préparant, si le pape l'octroyoit, à guerroyer l'empire de Constantinople, qui à sa femme appartenoit. Du pape et des cardinaux à grand honneur fut reçu et fait vicaire et défendeur de l'église de Rome et en Toscane guerroya.

LE XLe. — *Comment le roi de France reçut les hommages de Flandres.*

En cet an aussi Philippe-le-Bel, roi de France, visita le comté de Flandres, et reçut les féautés et les hommages de ceux des châteaux et des villes. Puis laissa Jacques de Saint-Paul chevetain (chef, capitaine) et garde de tout le pays. Ce fait, il s'en retourna en France.

En cet an, Henry comte de Bar, quand il connut et sut que Philippe-le-Bel, roi de France, ordonnoit grand ost pour courre sur sa terre et la gâter, si s'en vint à lui humblement et dévotement, requérant pardon de ses méfaits et lui offrant pour l'amende s'il la vouloit prendre telle, qu'il iroit avec Charles de Valois en la Terre-Sainte ou ailleurs avec deux cents hommes, pendant l'espace de deux ans ou plus, selon le plaisir de sa bénigne volonté.

En ce même temps, par plusieurs jours, une comète fut vue en France au mois de septembre vers la nuit, déployant sa queue vers l'orient.

LE XLIe. — *Comment l'évêque de Pamiers fut mis en prison.*

En cet an l'évêque de Pamiers, paroles contumélieuses pleines de blâmes et de diffames contre le roi, avoit semé en plusieurs lieux. Pour ce fut appelé à la cour du roi, et jusqu'à ce qu'il se fût purgé sous le nom de l'archevêque de Narbonne, fut en sa garde détenu. Bien que les amis du roi de France fussent grièvement courroucés contre cet évêque, toutefois le roi de sa bénignité ne souffrit pas qu'en aucune chose il fût molesté ni mal mis.

En cet an aussi, au mois de février, l'archidiacre de Narbonne, envoyé par le pape, vint en France et dénonça au roi qu'il lui rendît icelui homme sans délai; et il lui montra les lettres par lesquelles le pape mandoit au roi de France qu'il vouloit qu'il fût que tant aux choses spirituelles que temporelles, il fût soumis à la seigneurie du pape de Rome:

Et mandoit encore au roi ainsi qu'auxdites lettres étoit contenu, que dorénavant ne prît et ne présumât tenir les fruits, profits ou rentes des églises, ni des prébendes vacantes en son royaume, bien qu'il en eût la garde; mais qu'il devait garder le tout aux successeurs des morts.

Avec cela le pape rappeloit et retiroit toutes les faveurs, grâces et indulgences, que pour la raison de la guerre il avoit accordées en aide au royaume et au roi.

Le pape mandoit qu'aucune collation de prébende ou de bénéfices n'entreprît de lui usurper, poursuivre, ni détenir, et si désormais il le faisoit, le pape le tenoit pour vain et pour faux : tous ceux qui à ces usurpations seroient consentans, il les réputoit pour hérétiques.

Et alors cet archidiacre, messager du pape Boniface, semonça tous les prélats du royaume de France avec quelques abbés et maîtres en théologie et en droit canon, et les cita à venir à Rome aux kalendes, prochainement venant, pour eux comparoir personnellement devant le pape.

En cet an aussi, au mois de janvier, éclipse de lune du tout en tout horriblement fut faite.

Après ce, Philippe rendit au messager du pape l'évêque de Pamiers, et à tous leur commanda qu'ils s'en partissent hâtivement de son royaume.

Après ce, à la mi-carême ensuivant, Philippe assembla à Paris tous les barons, chevaliers et maîtres de tout le royaume de France, avec tous les prélats et eu tous les mineurs. Premièrement aux personnes ecclésiastiques demanda de qui ils tenoient leur temporel ecclésiastique, et aux barons de qui leurs fiefs. Car la majesté royale craignoit, d'après ce que le pape lui avoit mandé tant du spirituel que du temporel, de lui être soumise, et que le pape ne voulût dire que le royaume de France fût tenu de l'église de Rome.

Mais tous les prélats répondirent qu'ils avoient tenu du royaume de France. Lors le roi leur en rendit grâce et promit que son corps et toutes les choses qu'il avoit, il les exposeroit pour la liberté et franchise du royaume, en toutes manières garder.

Et aussi en toutes manières les barons et les chevaliers répondirent, par la bouche du noble comte d'Artois, qu'ils étoient tous prêts et appareillés pour la couronne de France estriver et défendre encontre tous ses adversaires.

Aussi quand iceluy conseil fut fini, fit la majesté royale crier que ni or, ni argent, ni quelconques autres marchandises, ne fussent transportés hors du royaume de France; que quiconque feroit le contraire, perdroit tout et à tout le moins en grand amende et en grand peine de corps seroit puni.

Et dès-lors en avant fit le roi, les issues, les pas et les contrées du royaume de France très-sagement garder.

Le XLII°. — *Occision des François à Bruges et fuite de Jacques de Saint-Pol.*

A Courtray, château de Flandres, pour les exactions qu'on appelle les *mal-toutes*, dont les gens du pays contre le commandement du roi étoient contraints et grevés par le gardien de Flandres Jacques de Saint-Pol chevalier, il y eut une sédition. Comme ne pouvoit la clameur du peuple souvent et fois être ouïe devant le roi, à cause du très-grand lignage dudit Jacques, il advint même que le devant dit menu peuple, s'émût contre le roi et bataille éleva, dont il y eut grand plenté de sang épandu. Philippe y envoya main-forte. Une partie du secours à prendre quartier à Bruges et y fut à grand révérence et paisiblement introduit. Disoient même les Flamands de Bruges, qu'ils vouloient en toutes choses et de bon cœur au commandement du roi de France obéir. Hélas en icelle nuit que les François étoient venus, comme ils se reposoient et dormoient sûrement, ceux qui avoient ôté leur armure furent presque tous traîtreusement occis. Il est vrai qu'en icelui soir ceux de Bruges avoient entendu que Jacques de Saint-Pol s'étoit vanté que le lendemain il devoit plusieurs d'eux faire pendre au gibet : c'est pourquoi désespérés par la peur, ils osèrent entreprendre injustement cette cruelle félonie. Toutefois s'en échappa ledit Jacques, par qui cette rage étoit émue, et s'enfuit occultement et secrètement hors de la ville. Alors ceux de Bruges reprenant hardiesse de rebellement, les gens d'un port de mer qu'on appelle le Dan, chassèrent incontinent les gens du roi de chez eux. Les rebelles appellèrent à leur secours Guy de Namur, fils du comte de Flandres, qui lors en France tenoit prison et leur donna conseil de se rebeller davantage.

Le XLIII°. — *De la bataille de Courtray.*

Tandis que ceux de Bruges s'appareilloient à se défendre, quêtant de toutes parts aides et soudoyers (soldats), Robert-le-Noble, comte d'Artois, y fut envoyé du roi de France avec moult grand chevalerie de francs hommes et grand multitude de gens à pied. Il vint donc en Flandres, et entre Bruges et Courtray planta ses trefs et ses pavillons.

Du consentement de l'une et l'autre partie, fut fixé un mercredi du mois de juillet, pour venir à bataille. Ceux de Bruges disoient qu'ils vouloient combattre pour la franchise et la liberté de leur pays.

Premièrement confessèrent leurs péchés humblement, et le corps de Notre Seigneur dévotement reçurent, portant aussi avec eux quelques reliques de saints.

Alors à glaives et à lances, et à épées, et à broches de fer, âprement et épaissement ordonnés vinrent au champ à pied presque tous.

Les chevaliers françois qui se fioient en leurs forces, les voyant ainsi venir, les eurent en dédain comme foulons et tisserands, et hommes ouvriers d'un autre métier que celui d'armes.

Et alors les chevaliers françois contreregardant leurs gens à pied qui devant eux étoient et qui vigoureusement les assailloient, et qui bien se contenoient, les firent retirer, et tout étourdiment sans aucun ordre, s'avancèrent au combat. Ceux de Bruges avec des lances aiguës, jetèrent et abbattirent du tout en tout les gentils chevaliers françois, qui furent à leur rencontre. De ces chevaliers la ruine et trébuchure tant soudaine voyant Robert-le-Noble, comte d'Artois, qui onques n'avait coutume de fuir, se plongea avec sa troupe, comme un lyon rampant et enragé, dans le milieu des Flamands. Mais pour la grande multitude des lances que les Flamands épaissement et serrément tenoient, ne les put pas le gentil comte Robert tréforcer, ni treperçer. Alors ceux de Bruges, comme s'ils eussent été convertis et mués en tigres, nulle personne n'épargnèrent ni haut, ni bas, ni ne cessèrent; mais avec lances aiguës et bien ferrées, que l'on appelle gondendars et boutchastes, faisoient tous les chevaliers choir et trébucher comme brebis, et les accravantoient à terre. Quoique navré de toutes plaies, le vaillant comte d'Artois combattoit vigoureusement, mieux voulant gésir à terre mort avec les nobles hommes qu'il voyoit devant lui mourir, qu'à ce vil et vilain peuple rendre prix et rançon.

Et alors les autres compagnons, qui étoient en l'ost des françois au nombre de deux mille environ avec le comte de Saint-Pol, le comte de Boulogne et Louis, fils de Robert de Clermont, voyant la défaite, prirent fuite très-vilaine et très-laide, laissant le comte d'Artois avec nobles et honorables batailleurs.

Dieu! quelles douleurs! aux mains des vilains être détrenchés et accravantés. Cette fuite voyant les Flamands, coururent sus à leurs adversaires, renforcèrent leur courage, vinrent aux tentes des fuyants, ravirent et prirent certainement là grand copie d'armes et grand appareil par lesquels les Flamands furent enrichis. Quand ils eurent denué les morts de leurs armes et de leurs vêtements, et quand la bataille fut gagnée de tout point, ils s'en revinrent à Bruges à grande joie. Ainsi les charognes et les bêtes des champs, les oiseaux et les chiens mangèrent les pauvres et nobles corps demeurés nuds sur la plaine sans qu'il fût personne pour leur donner la sépulture. Cette chose fut en dérision et en moquerie du roi de France et à tout le lignage des morts reproche à toujours.

Et certes y gisoient accravantés moult de nobles hommes, dont est grand dommage, comme Robert comte d'Artois, Godefroy de Brabant son cousin, avec son fils le seigneur de Vursison, le comte d'Aumale Jean, fils du comte de Hainaut, Raoul seigneur de Nesle, connétable de France, Guy son frère, maréchal de l'ost, Regnault de Tric, chevalier, Emery le chambellan, le comte de Tancarville, Pierre Flotte chevalier, Jacques de Saint-Pol, monseigneur Jehan de Bruillas, maître des arbalètriers et jusqu'au nombre deux cents et en outre plusieurs écuyers, vaillants et preux.

Toutefois au tiers jour après ce fait, vint en ce lieu le gardien des Frères Mineurs d'Arras et recueillit le corps du très-noble comte d'Artois, denudé de vesture et navré de trois plaies, lequel gentil comte le prieur enterra comme il put, dans la chapelle d'une petite communauté de femmes qui étoit près de là. Icelle comète qui à la fin du mois de septembre devant passé, fut vue vers le soir au royaulme de France et l'éclipse du mois de janvier, fut, selon quelques-uns, le présage de ce désastre. Guy de Namur, enrichi de la victoire des siens, et son courage embrasé de l'orgueil d'occuper toute la Flandres, s'efforça de tendre à plus grandes choses : car il vint assiéger ceux de Lille et par tricherie et fraude comme ceux de Tournay, d'Ipre, de Gand, de Douay et des autres villes, les força de se rendre à discrétion et les attira dans son parti. Lors vers Arras manda à ses fourriers et courreurs, de cueillir et mener leurs provisions, lesquels comme ils s'efforçoient à piller et à rober l'abbaye du mont Saint-Eloi, ils furent chassés et deboutés par les gens de l'évêque d'Arras.

Le XLIV°. — *Comment les prélats de France envoyèrent en cour de Rome.*

En cette même année, les prélats de France, qui l'an devant furent appelés en cour de Rome, eurent conseil ensemble et regardèrent qu'ils n'y pouvoient aller à cause de la guerre de Flandres et de la défense de ne porter hors du royaume de France, ni or ni argent. Mais afin qu'ils ne pussent être repris de désobéissance, ils envoyèrent trois évêques qui dénoncèrent au pape Boniface la cause de leur demourance. A celui pape aussi le roi de France envoya l'évêque d'Auxerre et le pria de remettre à un autre temps cette besogne pour laquelle il vouloit assembler les évêques.

Le XLV°. — *De l'ost de France qui fut à Arras sans y rien faire.*

Après que le noble comte d'Artois fut mort, Philippe-le-Bel qui en fut très-dolent, vint après l'Assomption qu'on appelle la mi-août, en la cité d'Arras, et assembla si grand et si merveilleux ost pour aller contre les Flamands, qu'il ne pouvoit être nombré. Il se montoit jusqu'à cent fois cent mille hommes, et à quinze fois quarante mille de gens armés selon leur pouvoir, comme si ce grand et très-bel ost eût voulu aussitôt et tout d'un coup, toute la Flandres et les Flamands détruire. Je ne sais par quel conseil de quelques-uns de cette troupe, le roi, avec un si merveilleux ost, fit planter ses tentes à deux lieues seulement de la ville, et ainsi tout le mois de septembre ne fit que dépenser et gâter le pays. Et quoique ses ennemis eussent leurs tentes fichées sous ses yeux, il ne voulut point à ses gens permettre de leur aller donner assaut, ni d'assaillir aucune ville. Mais aussitôt donna ordre de se séparer à ce noble ost, qui eût pu légèrement soumettre tout le monde, s'il eût été long-temps et adroitement gouverné ; mais il s'en revint sans rien faire et inglorieux en France, laquelle chose fut honte aux chevaliers, et leur attira plusieurs dérisions, surtout de la part des envieux du royaume, qui commencèrent à se moquer des gens du roi.

Les Flamands connoissant le département de l'ost royal, s'emparèrent des villes prochaines, embrasèrent et ardirent en feu toute la comté d'Arras.

Quelques-uns disent que ce qui détermina l'ost de France au départ, ce fut la tricherie du roi d'Angleterre, qui soutenoit le parti des Flamands et trompoit le roi Philippe, qui s'en partit ainsi parce que ce renard avoit fait tricherie anglaisienne, et feignoit d'avoir douleur en son cœur, et être malade, pour ce qu'il avoit entendu, disoit-il, que son beau-frère et ami le roi de France devoit être par ses gens mêmes livré aux mains de ses ennemis, s'il advenoit qu'il eût bataille contre eux.

Cette chose il raconta à sa femme, sachant bien qu'aussitôt elle le manderoit à son frère. En effet, croyant que cette chose étoit vraie, aussitôt elle le manda ; et pour cela partit le roi avec la merveilleuse et innumérable ost qu'il avoit assemblé. Mais toutefois avant que le roi s'émût et partit, il vêtit et ceignit le comte de de Bourgogne Othelin de la seigneurie et comté d'Artois, pour la raison de Mahaut, sa femme, fille du noble comte d'Artois.

Et aussi le roi de France laissa plusieurs gens en divers lieux, bien ordonnés et appareillés.

Le XLVI° chapitre est consacré aux expédition de Charles de Valois, en Sicile, et à son retour en France, quand il apprit le désastre de Courtray.

Le XLVII°. — *Du cardinal Le Moine qui vint en France.*

En cet an présent, les prélats du royaume de France, ne comparoissant ni ne venant à Rome aux kalendes de novembre, selon le commandement de l'an passé, le pape Boniface ne fit rien de ce qu'il avoit en pensée de faire. Alors il envoya Jehan le Moine, prêtre et cardinal de l'église de Rome, à Paris en France. Il y arriva au commencement du carême. Le conseil s'assembla, et l'envoyé manda au pape par lettres closes ce qu'il en avoit ouï, et resta en France jusqu'à tant que le pape, sur ces choses, lui eût mandé son plaisir et sa volonté.

En cet an aussi, ceux de Bordeaux qui jusques alors, sous le pouvoir du roi de France, paisiblement et à repos s'étoient tenus, entendant qu'il étoit revenu de Flandres, sans rien faire, chassèrent et deboutèrent les François de leur ville, et par folle entreprise et présomption usurpèrent et prirent la seigneurie de Bordeaux ; car ils craignoient, comme l'affirmoient et le disoient plusieurs hommes, que si la paix entre le roi de France et le roi d'Angleterre étoit du tout en tout faite, ils ne retombassent au pouvoir du roi d'Angleterre, et qu'il ne leur fît ce qu'il avoit jadis à la cité de Londres : car on dit qu'il avoit fait pendre les bourgeois à leurs portes.

LE XLVIIIe *parle de la bataille qui eut lieu à Saint-Omer.*

En cet aussi, Othelin comte de Bourgogne et d'Artois, ferma son dernier jour ; en cet an aussi, quinze mille Flamands, par les gens du roi de France furent occis en b taille.

Le XLIXe parle d'une nouvelle ambassade de Tartarins, qui vinrent proposer leur secours au roi de France, s'il se vouloit croiser contre les Sarrazins.

LE L^e. — *De la bataille de Lille et de l'accusement du pape.*

En cet an aussi, à Lille, château de Flandres, le jour d'un jeudi après les octaves de Pâques, deux cents hommes de cheval et trois cents hommes de pied des Flamands furent tant occis que pris par ceux de Tournay, et de Fouquaut et du Mesles, maréchal de France.

En cet an aussi, Philippe-le-Bel, qui avoit longtemps tenu et occupé la terre de Gascogne, la rendit au roi Edouard, et fut la paix amiablement confirmée, de laquelle, pour cause de cette terre, s'étoient déjoints.

En ce temps, les barons et prélats du royaume de Paris par le commandement du roi s'assemblèrent. Là fut le pape chargé, accusé et diffamé de plusieurs crimes, c'est à savoir d'hérésie, de simonie, d'homicides et de moult d'autres vilains méfaits, droitement sur lui mis, qui tous étoient vrais, comme quelques-uns le disoient, et pour cela, on ne lui devoit obéir, comme il est dit aux saints canons des papes et prélats. Par tout le conseil là assemblé et appelé des mêmes cas et des mêmes crimes qu'on venoit de lui mettre sus, et il fut sommé de s'en purger. Et ainsi se sépara le parlement. L'abbé de Cîteaux seul, n'étant point de l'opinion des autres, s'en revint en son propre lieu avec indignation et dédain, tant du roi que des prélats. Alors le cardinal-messager, Jehan Le Moine, qui étoit en ce moment en pèlerinage à Saint-Martin-de-Tours, ayant ouï ce qu'on avoit dit du pape, s'en issit du royaume de France. Dans le LIe chapitre, il est dit qu'un archidiacre de Coutances et Nicolas de Bienfaire, messagers envoyés par le pape Boniface, pour mettre le royaume de France en interdit, comme quelques-uns le pensoient, furent pris à Troyes, en Champagne, et mis en la prison du roi. En cet an aussi, Philippe, fils du comte Guy de Flandres, s'en vint en France avec une grande troupe d'Allemands ; ce renfort redoubla l'orgueil du peuple flamand, qui se mit à envahir la terre de France plus fort que devant. Dans le LIIe chapitre, on rend compte d'une expédition contre les Allemands, qui fut grande et sans résultat, comme l'expédition précédente. Cette fois, on alla jusqu'à Péronne avec un ost innumérable, et l'on revint en France après avoir donné aux Flamands les trèves qu'ils demandoient.

Le LIIIe parle de la mort du pape Boniface. Comme on a pu le voir par les extraits qui précèdent, la grande Chronique est fort incomplète pour ce qui touche les fameux démêlés entre Boniface VIII et Philippe-le-Bel ; ce qu'on y dit sur Guillaume Nogaret, qui fut l'instrument des projets passionnés du roi de France, sur les fameux Colonne, dont la violente lutte avec le pape Boniface est si connue, ne vaut pas la peine d'être répété. Le chroniqueur paroît être assez mal informé des événements ; il faut donc chercher ailleurs cette partie de notre histoire.

Le quatrième volume de Raynaldi (Annales ecclésiastiques) renferme des lettres de Boniface VIII, qu'on peut regarder comme de précieux documents historiques. Le meilleur travail à consulter pour les démêlés entre le pape Boniface VIII et le roi Philippe-le-Bel, est l'ouvrage de Pierre Dupuy, in-folio, imprimé à Paris en 1655, sous le titre de : *Histoire du différend d'entre le pape Boniface VIII et Philippe-le-Bel, roy de France, où l'on voit ce qui se passa touchant cette affaire, depuis l'an 1296 jusqu'en l'an 1311, sous les pontificats de Boniface VIII, Benoist XI et Clément V ; ensemble le procès criminel fait à Bernard, évesque de Pamiers, en 1295. Le tout justifié par les actes et mémoires pris sur les originaux qui sont au trésor des chartes du roy.* Les bulles de Rome, les lettres, les actes, toutes les pièces officielles et diplomatiques relatives à cette époque de notre histoire, se trouvent rapportées par Dupuy. De plus, l'auteur donne les extraits des différents historiens qui ont parlé de ces événements ; ces historiens sont Villani, Nicole Gilles, Jean du Tillet ; Dupuy cite également quelques fragments des chroniques de France et d'Angleterre. Nous transcrivons un extrait de

Nicole Gilles (Annales de France) ; ce passage est emprunté pour le fond à la grande Chronique de Saint-Denis, mais les faits sont présentés avec plus de netteté : « Quand ledit pape Boniface sceut le cas dont il avoit été chargé et appelé, au conseil en France (Il s'agit du conseil-général tenu à Paris, par Philippe-le-Bel, et dont il a été question tout à l'heure), il se douta, et proposa d'assembler un conseil pour y remédier; et afin que les parents des cardinaux de la Coulonne qu'il avoit déposés, et fait raser et abattre leurs maisons et places, ne lui fissent injure, il s'en alla en la cité de Ananie, où nasquit Origènes, pour tenir son conseil, et se meist en la garde de ceulx de la cité, en laquelle ses adversaires l'assiégèrent; parquoy les habitants, qui n'estoient point puissants de résister, mandèrent aux Romains qu'ils veinssent recevoir leur pape; et sitost qu'ils arrivèrent, ils leur livrèrent; et par deux fois cuida le pape estre tué par un chevalier de ceux de la Coulonne, si ne fust qu'on le destourna : toutefois, il le frappa de la main armée du gantelet sur le visage, jusques à grand'effusion de sang. Et fut ledit pape conduit et mené à Rome par messire Guillaume de Nogaret, françois, que le roy avoit là envoyé pour le secourir et délivrer; lequel de Nogaret, quand il l'eut conduit à Rome, dist au pape telles parolles ou semblables substances : « Considère la bonté (dans la Chronique de Saint-Denis, Nogaret commence par apostropher Boniface de cette manière : *Et toi, chétif pape*) *considère la bonté et puissance du bon et noble roy de France, qui est si loin de toy, et par moy t'a fait délivrer, garder et défendre de tes ennemis, ainsi que ses prédécesseurs ont toujours gardé et défendu les tiens.* Lequel pape commist la besongne du débat du roy de France et de luy, à Mathieu le Roux, cardinal, et qu'il en ordonnast et fist à sa volonté; puis ledit pape se mist dedans le chastel Saint-Ange, à Rome, et lui prist un flux de ventre, et comme l'on dit, entra en frénésie si cruelle et véhémente, qu'il rongea et mangea ses mains, et mourut piteusement; et à l'heure de sa mort, furent ouyes fouldres et tempêtes horribles audit chasteau Saint-Ange. Après la mort dudit Boniface, les cardinaux, évesques et prélats s'en retournèrent à Rome; et est celuy pape dont on dit : *Intravit ut vulpes, regnavit ut leo, moritur ut canis*.»

Après avoir raconté la mort du souverain pontife, la Chronique de Saint-Denis ajoute: « Celluy » pape Boniface, sans dévotion et sans provision » de foy mourut. »

On sait que Dante a placé Boniface VIII, dans son Enfer, parmi les simoniaques, entre Nicolas III et Clément V.

Le LIVe parle du comte de La Marche, qui, à sa mort, donna au roi Philippe la ville d'Angoulême et le comté ; le même chapitre parle d'un voyage de Philippe-le-Bel dans le pays d'Aquitaine et les provinces de Toulouse, dans les contrées du Narbonnois, où il se montra à tous libéral, large,

favorable et bénin. A Toulouse, on se plaignit au roi des Frères Prêcheurs, qui accusoient d'hérésie, sans cause, les nobles comme non nobles, et les faisoient détenir en prison par les seneschaux ou baillis du roi. Moult souvent arrivoit que ceux qui donnoient pécune aux Frères, eschapoient sans estre punis. Le LVe chapitre raconte les cruels assauts qu'un convers de l'ordre de Citeaux eut à soutenir contre le diable. Le LVIe, que le comte de Flandres et son fils, prisonniers en France, furent envoyés en Flandres pour apaiser les Flamands et les rappeler à l'ordre; mais qu'ils ne purent ou ne voulurent rien faire contre l'orgueil des Flamands, et qu'ils revinrent en prison.

Le LVIIe chapitre parle d'une fausse béguine qui trompa le roi et la reine par ses prédictions pleines de mensonges, et voulut, à la requête des Flamands, faire empoisonner Charles de Valois ; celui-ci lui fit faire du feu sous la plante des pieds et avouer tous ses méfaits.

En cette même année, une dissension éclata entre l'université et le prévôt de Paris ; car ledit prévôt avoit fait saisir et mettre en prison un clerc par commandement; bientôt même il le fit pendre au gibet. Aussitôt cessa la lecture (c'est-à-dire les cours, les classes) jusques à tant que ledit prévost l'amendât par le commandement du roi à l'université, et qu'il eût fait satisfaction. Il fallut que ledit prévôt allât en Avignon pour se faire absoudre ; et environ la fête de Toussaint, recommencèrent les lectures. En ce temps-là, vinrent de Rome les lettres papales où il étoit dit entre autres choses que le pape Bénédict à, la la prière du roi et de la reine, les absolvoit eux, leurs enfants et les nobles et tous autres adhérents de toute sentence d'excommunication que le pape Boniface auroit pu jeter sur eux Avec cela, il donna aussi les dîmes des églises jusques à deux ans, et les annuels jusques à quatre ans pour ses guerres soutenir; il autorisa même le chancelier de Paris à licencier les maîtres en théologie et en décret ; privilége que le pape Boniface s'étoit réservé par avant devers soi.

Le LVIIIe chapitre est consacré à la description de la bataille de Mons-en-Pirenne, ou du mont la Puelle, selon quelques historiens. Au moment de livrer cette bataille, on échangea tant de messagers, et l'on attendit si long-temps, que l'on crut que la paix étoit faite, et, ne croyant plus avoir bataille, les François se débandèrent; ce fut alors que les Flamands, s'en étant aperçus, pénétrèrent jusqu'aux tentes du roi, qui fut si près d'être pris, qu'à peine put-il être armé à point ; et avant de monter à cheval, il put voir occir devant lui messire Hue de Boiule, chevalier, et deux bourgeois de Paris, Jacques et Gencien, lesquels, pour le bien qui étoit en eux, étoient près du roi. Mais quand le roi fut monté, il se montra très-fier et très-hardi aux ennemis. Les François qui, par peur alloient se disperser et départir, voyant la noble contenance du roi, se hâtèrent d'aller à son secours en criant : le roi combat, le roi combat. Bientôt tous les chevaliers aux Flamands se plongèrent, dont fut faite occision, mortalité et si grand abatis, qu'ils ne le purent plus arrêter ; mais commencèrent la fuite très-laide et très-honteuse, délaissant charrettes, chariots et tout appareil de bataille. Pour savoir si la nuit obscure venant n'avoit la bataille empêchée et fait échapper quelques Flamands, le roi Philippe, noble chevalier, voulut faire allumer des torches pour sonder le chemin et s'en revenir de la bataille aux tentes avec sa noble chevalerie. On dit que si le roi Philippe-le-Bel ne se fût pas si noblement contenu, et s'il eût montré la queue de son cheval aux Flamands pour fuir, l'ost des François auroit été réduit à néant.

Dans le chapitre LIXe, il est question d'une cherté qui fit monter le sextier de froment à cent sous parisis de la monnoie qui lors avoit cours.

Le LXe chapitre parle du couronnement du pape Clément V, qui eut lieu à Lyon en 1305, pendant la cérémonie duquel, un vieux mur, trop chargé de spectateurs qui vouloient voir passer le pape, s'écroula et écrasa sous ses ruines le vieux duc Jean de Bretagne.

Le LXIIe chapitre nous donne une description très-curieuse d'une émeute dans Paris ; elle eut pour cause l'exigence des propriétaires qui vouloient faire payer le loyer de leurs maisons en bonne monnoie, ce qui devenoit difficile et ce qui grevoit le peuple depuis que le roi l'avoit faussée. Lors s'émurent plusieurs du menu peuple, comme foulons, tisserands, taverniers et plusieurs autres d'autres métiers qui firent alliance ensemble ; ils allèrent et tournèrent sur un bourgeois, appelé Etienne Barbette, par le conseil duquel, disoit-on, le prix des loyers étoit exigé en forte monnoie. Ils envahirent et assaillirent un manoir dudit bourgeois, lequel étoit nommé la Courtille-Barbette, et par le feu qu'ils y boutèrent, le gâtèrent et le détruirent ; les arbres du jardin, du tout en tout, corrompirent, froissèrent et débrisèrent. Après cela, se départant à grande multitude de futs et de bâtons, revinrent en la rue Saint-Martin et rompirent l'hôtel du devant dit bourgeois et entrèrent forcément. Aussitôt, les tonneaux de vin, qui au cellier étoient, épandirent le vin par les places, et aucuns d'iceux, tant burent d'iceluy vin, qu'ils en furent ivres ; après cela, les biens, meubles de ladite maison, c'est à savoir coussins, coëtes, coffres, huches et autres biens froissant et débrisant par la rue, en la boue les jetèrent et épandirent. Ils ouvrirent avec des couteaux les coëtes et les oreillers, et en jetèrent la plume au vent piteusement, et la maison en aucuns lieux découvrirent. Cela fait, ils partirent et s'en allèrent vers le temple tout droit au manoir des Templiers, où le roi de France étoit avec quelques-uns de ses barons. Ils y vinrent donc et assiégèrent le roi, tellement, que nul n'osoit presque entrer ni sortir du temple. Les viandes qu'on apportoit pour le roi, ils les jetèrent en la boue ; laquelle chose après, leur tourna à dommage et à destruction de leurs corps. Le prévôt de Paris et quelques barons parvinrent, par quelques douces paroles et blandissements, à les faire retourner paisiblement à leurs maisons. Mais le roi, parce qu'ils lui avoient gâté sa viande, parce qu'aussi ils avoient ravagé l'hôtel d'Etienne Barbette, en fit pendre vingt-huit aux quatre entrées de Paris. Les uns furent pendus à l'orme faisant entrée par devers Saint-Denis ; les autres devers le Roule, près de la porte des Aveugles ; d'autres devers la porte de Notre-Dame-des-Champs. Desquels un peu après ceux des ormes furent remués et ôtés et pendus aux gibets nouvellement faits à chacune entrée, et ainsi furent morts. Laquelle chose envers le même peuple de Paris, chut en grande douleur.

Nous voici à la grande affaire des Templiers ; nous extrairons rapidement ce que dit la Chronique :

Du commandement de Philippe-le-Bel furent tous les Templiers du royaume de France pris, et du consentement ou de l'octroi du pape, jetés dans les prisons le vendredi après la Saint-Denys, sous des accusations horribles et diffamables. Le pape somma le maître de l'Hôpital et du Temple, qui étoient outre-mer, de paroître devant lui. Le maître du Temple s'y rendit, mais celui de l'Hôpital, occupé à Rhode avec les Sarrazins, pria qu'on l'excusât, mais il ne tarda point à paroître.

En l'an de l'Incarnation 1309, plusieurs Templiers, tant à Paris comme vers le moulin Saint-Antoine, près du chemin de Senlis, après les débats qui les concernoient, furent ars et leur chair et leurs os ramenés en poudre. Ils eurent à souffrir moult de peine et de rigueur, et ne voulurent jamais rien reconnoître en leur destruction ; pour laquelle chose on estimoit que leurs âmes en purent avoir perpétuelle damnation, car ils mirent le peuple en grande erreur, et pour ce furent brûlés les autres Templiers la veille de l'Ascension. S'ensuivent les forfaits pour lesquels les Templiers furent ars et condamnés, qui furent prouvés contre eux et même avoués, dit-on, par quelques-uns d'entr'eux : Le premier article est qu'ils ne croyoient point en Dieu, car lorsqu'ils faisoient un nouveau Templier, il n'étoit de nul su comment ils le sacroient, mais bien étoit su et vu comment ils lui donnoient les draps. Le deuxième étoit que dès que le nouveau Templier avoit vêtu les draps de l'Ordre, il étoit mené dans une chambre obscure, et que là le nouveau Templier renioit Dieu par sa malaventure, passoit par dessus la croix du Christ et en sa douce figure crachoit. Le troisième étoit qu'aussitôt après ils alloient adorer une fausse idole, et que cette idole étoit une vieille peau comme toute embaumée et faite en toile polie. Là mettoit le Templier sa très-vile foi et en elle très-surement croyoit. Elle avoit aux yeux des escarboucles luisants comme la clarté du ciel. Le quatrième étoit qu'ils reconnurent la trahison qu'ils avoient faite à saint Louis outremer et par laquelle il fut fait prisonnier. Le cinquième étoit que lors des expéditions d'outremer, ils avoient fait telles conventions avec le soudan de Babyloine, qu'ils avoient par leur mauvaiseté appertement les Chrétiens vendu. Le sixième, qu'ils reconnurent avoir donné du trésor du roi à des gens qui au roi avoient fait contrariété, laquelle chose étoit moult dommageable au royaume de France. Le septième, qu'ils connurent le péché d'hérésie, et par hypocrysie habitoient l'un avec l'autre, charnellement, pourquoi c'étoit merveille, que Dieu souffrit de tels crimes et félonies si détestables être faites. Le huitième, que lorsqu'un Templier mouroit bien affermi dans son idôlatrie et sa malice, quelquefois ses compagnons le faisoient ardoir et donner ses cendres à manger aux nouveaux Templiers. Le neuvième article, que du moment qu'un Templier portoit la ceinture ou la courroie, laquelle étoit en leur mahomerie, jamais il ne découvroit sa foi, tant il avoit là sa foi et sa loi affichées et fixées. Le dixième, que leur ordre ne doit nul enfant baptiser, ni lever des saints fonts, tant qu'ils s'en pourront abstenir : ni entrer en hôtel où femme git d'enfant, s'il ne s'en va du tout au tout à reculons. Le onzième, qu'un enfant nouveau-né et engendré d'un Templier en une pucelle étoit cuit et rôti au feu, toute sa graisse ôtée, et de cette graisse étoit sacrée et ointe leur idole.

En l'an 1312, le roi de France vint au concile de Vienne, dans la seconde section duquel le pape cassa et annula l'ordre des Templiers, donna leurs biens à ceux de Saint-Jean de Jérusalem, afin qu'ils fussent plus forts outremer.

La Chronique de Saint-Denis, comme on voit, ne fait pas grands frais de recherche pour savoir si les crimes imputés aux Templiers étoient vrais ou faux, pour savoir si leur condamnation étoit juste ou injuste. La Chronique enregistre et adopte tout, sans examen, sans critique, sans réflexion. L'histoire impartiale a trouvé assez de documents et de faits pour compléter et rectifier les récits de la Chronique de Saint-Denis. Bornons-nous à indiquer l'Histoire des Templiers, de Dupuy, leurs Interrogatoires et beaucoup de pièces de leur procès déposés à la Bibliothèque du roi. Tout le monde connoît les intéressantes et vastes recherches de M. Raynouard, qui, après avoir vengé la mémoire des Templiers comme poète, a voulu, comme érudit, établir leur justification. Son excellente dissertation, accompagnée des pièces les plus curieuses, forme un vol. in-8° et a pour titre : *Monuments historiques relatifs à la condamnation des chevaliers du Temple, et à l'abolition de leur ordre.*

Sous la date de 1314, la Chronique raconte que Philippe-le-Bel assembla à Paris plusieurs barons et bourgeois de chaque bonne ville du royaume. Enguerrand de Marigny prit la parole et demanda pour le roi des subsides et des secours d'hommes pour la guerre. Les bourgeois répondirent que volontiers ils feroient aide, et le roi remercia. Après cette assemblée, Enguerrand de Marigny, coadjuteur et gouverneur de tout le royaume, leva sur Paris et les provinces une trop malle taille. Pour laquelle chose ledit Enguerrand chut en haine et malveillance du menu peuple trop mallement. Une nouvelle expédition partit contre la Flandre et revint sans avoir rien fait. En cette année 1314, Philippe-le-Bel ferma son dernier jour à Fontainebleau. Son corps fut enseveli à Saint-Denis auprès de son père Philippe, et de sa mère la reine d'Arragon.

Enguerrand de Marigny fut accusé d'avoir dérobé le trésor de Philippe-le-Bel; il fut pris en conséquence dans sa maison des Fossés-Saint-Germain et mis à la tour du Louvre. où avoit été Guy de Flandres. Le nouveau roi, Louis-le-Hutin, Charles de Valois, Charles comte de la Marche, etc., voulurent savoir ce qu'il avoit fait de ce trésor et le firent par conséquent comparoître devant eux. Enguerrand arrivé, ils lui demandèrent où étoit le trésor du roi de France Philippe et ses grandes richesses qu'il avoit en garde, puisqu'ils avoient trouvé le trésor tout dénué. Enguerrand répondit qu'il en rendroit bon compte et loyal. Alors le comte de Valois lui dit : rendez-le donc maintenant. Lors lui répondit Enguerrand, et lui dit : Sire, volontiers, mais je vous en ai baillé la plus grande partie et le demeurant j'ai mis en paiement des dettes de monseigneur votre frère. Quand Charles de Valois ouït le conte d'Enguerrand, qui lui faisoit honte, lors fut moult courroucé et iré, et lui dit : Certes, de ce vous mentez, Enguerrand ! Lors répondit Enguerrand, et dit : Pardieu, sire, mais c'est vous qui mentez. Ce qu'entendant, Charles de Valois sauta vers lui et le pensa saisir ; mais plusieurs firent Enguerrand détourner de ses yeux. S'il l'eût pu tenir, il l'eût occis ou fait occire par les siens ou mourir de cruelle mort. Pour cette cause et pour autres faits, Enguerrand fut repris et ramené au Louvre quelques jours après. Pendant ce temps le comte de Valois fit à savoir et manda à tous, tant pauvres comme riches, auxquels Enguerrand avoit méfait qu'ils vinssent à la cour du roi, fissent leurs complaintes et qu'on leur feroit très-bon droit. Charles de Valois alla plus loin : sire, qu'avez-vous fait? dit-il au roi Louis son neveu ; vous avez mis Enguerrand, ce larron, en sa maison, en l'emprisonnant dans la tour du Louvre ; car il est châtelain du Louvre : c'est pourquoi m'est avis que c'est déconvenable chose qu'il soit là mis. Et lors le roi dit à son oncle : que voulez-vous que je fasse de lui et où je le mette? Et Charles de Valois dit : Je veux qu'au Temple, jadis hôtel des Templiers, soit mis en étroite prison. Cela dit, ledit Enguerrand, par l'ordre du roi, fut pris au Louvre et conduit au Temple par une belle compagnie de sergents. Moult de peuple après lui alloit pour le voir et de ce joie menoit. Enguerrand fut mis en une étroite prison.

Le samedi avant Pâques fleuries, Enguerrand fut conduit du Temple au bois de Vincennes devant le roi Louis et moult de prélats et de barons du royaume, qui là étoient assemblés. Et lors par le commandement du comte de Valois, maître Jehan Banière proposa contre Enguerrand les raisons et les articles qui s'en suivent. Il débuta par le texte latin : *Non nobis, Domine, non nobis, sed nomini tuo da gloriam*; c'est-à-dire en françois : Non pas à nous, Seigneur, mais à ton nom donné gloire. Après ce, parla du sacrifice d'Abraham; après ce prit les exemples des serpents, qui dégâtoient la terre de Poitou, au temps de monseigneur saint Hilaire, évêque de Poitiers : il appliqua et compara les serpents à Enguerrand et à ses parents et à ses assins (alliés). Après ce, il descendit au gouvernement du royaume, du temps d'Enguerrand; et après ce raconta les cas ou les forfaits en général qui s'ensuivent. Premièrement, le roi Philippe dit en son vivant qu'Enguerrand l'avoit déçu et tout son royaume : et plusieurs fois l'en trouva-t-on pleurant en sa chambre. C'est pour cela qu'il ne le voulut pas pour exécuteur testamentaire.

Item, que quand le roi étoit en l'article de la mort, Enguerrand déroba le trésor du Louvre avec six hommes toute la nuit, et le fit porter là où il voulut.

Item, au dernier voyage de France, il reçut deux barils émaillés d'argent et d'or, et plusieurs joyaux, et pour ce conseilla le retour de l'ost de France, sans rien faire : au retour il conseilla de prendre la subvention et la taille dont le petit peuple fut mallement grevé.

Tous les articles qui suivent portent sur quelques concussions et infidélités apparentes, mais qui n'étoient pas prouvées. Aussi le roi ne vouloit-il pas sa mort : son intention étoit de l'exiler en Chypre. Mais Charles de Valois, ne cherchant que sa mort, le fit accuser d'attentat à la vie du roi, par effet de sorcellerie, et obtint enfin sa ruine complète : lors, par le jugement de quelques seigneurs, pour ce à Vincennes assemblés, il fut condamné à mourir et à être pendu. Et le matin suivant, bien matin, du Temple en une charrette enferré de ses fers, fut ramené; et disoit le peuple : au gibet soit mené. Le vœu du peuple fut bientôt exaucé; car le dernier jour d'avril de l'année 1315, Enguerrand fut remis dans la charrette fatale, et criant le long de sa route : Bonnes gens, pour Dieu, priez pour moi; mené fut au gibet de Paris et au plus haut du gibet avec les autres larrons fut pendu.

Louis-le-Long ou Louis-le-Hutin. — Louis commença à régner en 1315 et fut avec sa femme couronné à Reims, après les octaves de l'Assomption. En cet an même, il rappela et fit venir à Paris les Juifs que son père avoit chassés de France. Vient ensuite une nouvelle expédition en Flandres tout aussi malheureuse que celle de Philippe-le-Bel, et dont il fallut revenir aussi, sans rien faire, malgré le nombre considérable de l'ost. La Chronique parle de la cherté du blé, du sel et de la comète qui fut vue. Le roi Louis envoya ensuite son frère en Avignon, pour élire un pape. Voilà tout ce que les chroniques de Saint-Denis disent de ce roi fugitif; à peine ont-elles annoncé son couronnement, qu'elles annoncent sa mort. Il régna dix-neuf mois. Il laissa sa veuve grosse d'un fils qui mourut presqu'en naissant. Ce petit roi, sans couronne, s'appeloit Jean. Philippe, comte de Poitiers, son oncle, lui succéda. Rien de remarquable sur ce règne dans nos chroniques, que quelques négociations insignifiantes et infructueuses, et ce qu'on appelle la meute des pastoureaux. Quelques pâtres, auxquels on s'étoit avisé de prédire la délivrance et la conquête de la Terre-Sainte, laissant là leurs bœufs, leurs porcs, leurs moutons et leurs vaches, alloient recrutant de campagnes en campagnes, et devenus assez nombreux rançonnoient les villes, Paris même, et pilloient les particuliers. Les Juifs surtout ne trouvoient pas grâce devant eux : ils les voloient et les tuoient sans façon. Ils mirent un jour le feu à une tour où il y en avoit plus de cinq cents, qui s'étoient enfuis et réfugiés devant eux. Après avoir traversé la France comme une trombe ravageuse, la bande des pastoureaux s'alla perdre sous les coups des habitants de Carcassonne, qui, au lieu de se laisser pieusement piller par eux, les reçurent les armes à la main, les traitèrent comme des voleurs qu'ils étoient, et en délivrèrent le pays, ils en pendoient ici dix, ici vingt, ici trente. La condamnation des méseaux ou lépreux vint de ce que, avouèrent-ils, les Juifs les avoient engagés, par argent, à empoisonner les eaux. La composition du sachet empoisonneur est assez curieuse : c'étoit du sang d'homme et du pissat, des herbes de quatre manières qu'ils ne vouloient nommer; ils ne savoient même si on n'y mettoit pas le corps de Notre Seigneur Jésus-Christ. Ils jetoient ce sachet à l'eau, et la matière qu'il contenoit venant à se dissoudre empoisonnoit les eaux. Aussi le roi ordonna-t-il que tous les méseaux de son royaume fussent pris et examinés. En cet an advint une autre aventure à Vitry : quarante Juifs étant empoisonnés pour la cause devant dite des méseaux, ils sentirent que bientôt ils devroient mourir. Si commencèrent-ils à s'arranger entre eux par quelle manière ils se tueroient les autres, avant qu'ils fussent mis à mort par la main des chrétiens. Lors fut accordé et ordonné de tous que le plus ancien et celui de meilleure vie en leur loi, les mettroit à mort. Mais celui qu'ils choisirent ne voulut consentir à cet affreux rôle qu'à la condition d'avoir un jeune homme pour l'aider. Ces deux associés tuèrent donc tous les autres, si bien qu'à la fin il ne demeura qu'eux d'eux. Alors commença une question entre eux lequel mettroit l'autre à mort. Toutefois l'ancien fit tant devers le jeune homme que celui-ci le mit à mort. Demeura donc le jeune tout seul : il prit l'or et l'argent de ceux qu'il avoit tués. Lors commença-t-il à penser comment il échapperoit de cette tour où il étoit. Il prit des draps, il en fit des cordes et se mit en peine de descendre.

Mais sa corde fut trop courte, d'où il advint qu'il tomba au fossé et se rompit la jambe. Quand il fut là trouvé, il fut mené à la justice et condamné à mourir. Tous ceux qu'il avoit tués furent ars et brûlés.

En ce même temps, eut le roi pensée d'ordonner que par tout son royaume il n'y auroit qu'une mesure et qu'une aune; mais la maladie le prit avant qu'il pût accomplir ce projet; il avoit aussi celui de réduire toutes les monnoies à une seule.

Il advint au commencement d'août que le roi chut en deux grièves maladies, c'est à savoir en quarte et en flux de ventre, et languit moult longuement. Si furent faites processions, pour lui impétrer guérison; mais ni prières, ni médecins n'y valurent rien, ni l'empêchèrent qu'il trépassât le tiers jour de janvier 1321.

CHARLES-LE-BEL.

En ce même an, vint en succession du royaume, sans nul contredit, Charles, comte de la Marche; il fut couronné à Reims, le vingt-deuxième jour de février. Ce règne n'offre rien de remarquable dans les Chroniques, si ce n'est l'historique de quelques aventures fabuleuses, de quelques discordes entre le roi d'Angleterre et ses gens, du long séjour de sa femme en France, de quelques arrangements avec la Flandres, de quelques escarmouches entre les François et les Anglois, à l'occasion d'une bastide de Gascogne, et de quelques petites affaires de cour.

PHILIPPE DE VALOIS.

Après la mort de Charles IV, la succession à la couronne de France fut un moment incertaine; aucune héritier mâle ne restoit : Charles avoit laissé Jeanne d'Evreux, sa troisième femme, grosse; une assemblée des barons du royaume reconnut pour régent Philippe de Valois, frère de Philippe-le-Bel. Le 1er avril 1328, Jeanne d'Evreux étant accouchée d'une fille, Philippe de Valois prit le titre de roi. La Chronique parle des débats qui s'élevèrent pour la succession à la couronne; elle indique les prétentions d'Edouard III, roi d'Angleterre, à cause de sa mère Isabelle, sœur des trois derniers rois de France. Mais la Chronique répète que la coutume de France toute commune est que femme ne succède pas au royaume de France nonobstant qu'elle soit la plus prochaine en lignage. Si les prétentions d'Edouard III avoient été accueillies, Dieu sait ce que seroit devenue la France : notre nationalité auroit péri sans doute. Froissard n'exprime pas l'opinion commune de son temps, comme le prétend M. de Sismondi, mais il sacrifie tout simplement aux intérêts de l'Angleterre, lorsqu'il dit, après avoir raconté l'élévation de Philippe de Valois : *Ainsi alla le royaume, ce semble à moult de gens, hors de la droite ligne.* Les questions d'hérédité qui furent soulevées à cette époque et qui se terminèrent par la proclamation des principes de l'exclusion des femmes, pourroient être rappelées avec intérêt dans le temps présent.

La Chronique raconte l'expédition de Philippe de Valois contre les Flamands tout de suite après son couronnement; plusieurs disoient au roi que bonne chose seroit qu'il demourât en son royaume jusqu'à un an, laquelle chose déplut moult au roi, et mêmement disoit-on que le temps n'étoit pas convenable; le roi interrogea messire Gautier de Crécy, son connétable : Et vous, Gautier, qu'en dites-vous? Quoique celui-ci fût presque refusant, il répondit en cette manière : Qui a bon cœur à bataille, toujours trouve temps convenable. Quand le roi Philippe eut ouï cette parole, il eut très-grande joie, se leva, et l'accola en disant : Qui m'aime me suive. Et adonc fut crié que chacun, selon son état, fût appareillé à la Madeleine, à Arras. Toutefois les bourgeois des bonnes villes ne s'armèrent pas, mais lesdits bourgeois et les bonnes villes aidèrent au roi d'argent et demourèrent pour garder leurs cités et leurs bonnes villes de par le roi. La Chronique parle de quelques pieuses pratiques par lesquelles le roi Philippe se prépara à l'expédition. Le roi alla d'Arras à Cassel, et là fit planter ses tentes, et le pays d'alentour fut moult gâté. Quand les Flamands virent l'ost du roi, ils firent un grand coq de toile peinte et en ce coq il y avoit écrit : Quand ce coq ici chantera, le roi trouvé ici entrera. Et le mirent en haut lieu. Et ainsi se moquèrent du roi et de ses gens et l'appelèrent le roi trouvé, laquelle parole et moquerie leur tourna à la parfin à grand méchief. L'armée françoise remporta près de Cassel une grande victoire; la Chronique porte à dix-neuf mille et huit cents le nombre des Flamands occis. Nous nous contentons d'indiquer les chapitres où il est question de l'hommage fait à Philippe, par le roi Edouard, dans la ville d'Amiens, du procès de Robert d'Artois, accusé de vouloir prendre possession du comté d'Artois, à l'aide de fausses lettres; de la prédication d'une croisade par ordre du roi Philippe. Pour tous ces événements, Froissard peut être utilement consulté. Nous citerons comme peintures de mœurs les détails que donne la Chronique de Saint-Denis, sur une maladie du duc de Normandie, fils aîné du roi, laquelle maladie étoit telle que tous les médecins se désespérèrent de sa santé. Le roi et la reine mirent leur espérance en Dieu, et firent faire prières tant par religieux que par autres gens d'églises : et furent faites processions en plusieurs églises. Tout le couvent de Saint-Denys alla par trois jours à pieds nuds, en procession, et, après lesdits trois jours, furent portées à Taverny, où ledit monseigneur Jehan gisoit malade, les saintes reliques du cloud et de la couronne et le doigt de monseigneur saint Denys, lesquelles restèrent près de lui environ douze jours; et l'on ajoute que le roi, comme bon et vrai chrétien, dit : J'ai si grande fiance en la miséricorde de Dieu, aux mérites des saints, et aux prières du peuple, que si mon fils mouroit, il seroit ressuscité par toutes les prières qui en sont faites à Dieu ; c'est pourquoi, s'il meurt, ne l'ensevelissez pas trop tôt. Assez tôt après, par les mérites des saints et par les prières du peuple, le fils du roi revint en bonne santé ; d'où il advint que le roi Philippe et son fils se partirent de Taverny le septième jour de juillet, et vinrent tout à pied jusqu'à l'église Saint-Denys, où ils veillèrent deux nuits, et rendirent grâce à Dieu et à monseigneur saint Denys, leur patron ; veillèrent avec eux quelques religieux de l'abbaye, lesquels religieux, à la requête du roi, firent de nuit le service de saint Denys.

Viennent ensuite les récits de l'alliance du roi Edouard avec les Flamands et Jacques d'Artevelle, des hostilités entre Philippe et le roi d'Angleterre Edouard qui prétendoit à la couronne de France ; celui-ci écrivit à Philippe la lettre suivante :

« De par Edouard, roi de France et d'Angleterre, seigneur d'Irlande. Sire Philippe de Valois, par long-temps vous avons poursuivi par des messagers et eu plusieurs autres manières, afin que vous nous fissiez raison et que vous nous rendissiez notre droit héritage du royaume de France, lequel vous avez de long-temps occupé à force. Et parce que nous voyons bien que c'est à grand tort, et que vous entendez persévérer, sans nous faire raison de notre droiturière demande, nous sommes entrés en la terre de Flandres, comme souverain seigneur d'icelle terre, et vous signifions que pris avons l'aide de notre seigneur Jésus-Christ. » Edouard finit par défier Philippe à un combat singulier. La réponse de Philippe est pleine de dignité :

» Philippe, par la grâce de Dieu, à Edouard, roi d'Angleterre. Nous avons vu une lettre, envoyée à Philippe de Valois, apportée à notre cour, à laquelle lettre étoient quelques requêtes ; mais comme ladite lettre ne venoit pas à nous, et comme les requêtes n'étoient pas non plus faites à nous, comme il appert par la teneur de ladite lettre, nous ne vous en faisons nulle réponse.

» Toutefois, parce que nous avons entendu par ladite lettre que vous étiez venu combattre dans notre royaume, au grand dommage de notre peuple et de nous, sans raison et sans regarder que vous êtes notre homme lige, comme l'annoncent vos lettres-patentes signées de votre grand scel que nous avons devers nous, notre entente est telle que, quand bon nous semblera, de vous chasser de notre royaume, au profit de notre peuple, à l'honneur de nous et de notre majesté royale ; et de ce faire, avons ferme espérance en Jésus-Christ dont tous biens nous viennent ; car, par votre emprise, qui est de volonté non pas raisonnable, a été empêché le saint voyage d'outre-mer, et grande quantité de chrétiens mis à mort, le service de Dieu apetissé, et sainte église ornée de moins de révérence. Et de ce que vous pensez avoir les Flamands en votre aide, nous pensons être certain que les bonnes villes et les communes se porteront en telle manière par devers et envers notre cousin le comte de Flandres, qu'elles garderont leur honneur et leur loyauté. Ce que les Flamands ont fait jusqu'ici a été conseillé par des gens qui ne regardoient pas au profit du commun peuple, mais au profit d'eux seulement. Donné sur les champs au prieuré de Saint-Andry, emprès Aire, sous le scel de notre secret, en l'absence de notre grand scel, le trentième jour de juillet, l'an 1340. »

A ces dissensions entre la maison des Valois et celle des rois d'Angleterre, se joignit celle qui éclata entre la maison de Blois et de Montfort. Nous nous dispenserons d'extraire la Chronique pour cette partie de notre histoire ; le lecteur a pu voir l'ensemble des faits dans les Mémoires sur Du Guesclin.

Ce fut aussi dans ce temps que fut créée la gabelle, triste ressource financière, qui put valoir à Philippe quelques milliers de livres, mais qui lui aliéna le cœur de ses sujets. En ce même an, disent nos chroniques, mit le roi une exaction au sel, c'est-à-dire gabelle ; c'est à savoir que nul ne pouvoit vendre sel au royaume de France, s'il ne l'achetoit du roi. On en prit donc aux greniers du roi, dont le roi acquit la male-grâce et indignation du peuple, tant des grands comme des petits.

Il seroit difficile de nombrer les démarches que fit le pape et les cardinaux, qu'il mit en route pour négocier la paix entre Edouard et Philippe. Ils obtinrent des trèves, des trèves mal gardées, mais voilà tout ; et les hostilités reprirent bientôt un cours plus violent que jamais. Les temps se rembrunissent pour nous : nous voici à nos batailles de Cannes et de Trasimène, nous voici au point critique de l'histoire et de la destinée de la France ; nos chroniques elles-mêmes semblent en gémir d'avance et prendre le deuil pour nos maux à venir. Cy sont, dit-elle, cy sont les commencements des douleurs, comme il sera montré par après. En cet an, se proposa le roi de France de faire grand armée sur terre et sur mer de nefs pour passer en Angleterre, lesquels il envoya quérir à Gênes, à grands dépens ; mais ceux qui les furent quérir firent très-petites diligences, et tardèrent tant à venir, qu'auparavant la belle armée du roi ne put prendre la mer assez tôt pour prévenir Edouard, qui, à la tête d'une flotte de onze cents voiles, descendit en Normandie, au lieu que l'on appelle la Hogue-Saint-Vas. Dès lors, il s'appela constamment roi de France et d'Angleterre ; et à l'instance de Godefroy de Harcourt, qui le menoit et conduisoit, il commença à ardoir, à gâter le pays et à marcher sur Paris. Le roi de France vint le joindre au pont de l'Arche, et lui présenta la bataille ; mais il la refusa, disant qu'il ne se battroit contre le roi de France que devant Paris. Cela ouï, Philippe s'en retourna à Paris, et s'alla mettre et loger à Saint-Germain-des-Prés en l'abbaye. Comme le roi d'Angleterre approchoit de Paris, il vint à Vernon et pensa la prendre, mais on y remédia vigoureusement. Lors s'en partirent les Anglois et incendièrent quelques-uns des faubourgs, et de là, s'en vinrent à Mantes. Quand ils ouïrent qu'il y avoit bons guerroyeurs, point n'y voulurent demeurer, mais vinrent à Meulan, là où Edouard perdit de ses gens; pour laquelle chose il fut tant irrité, qu'en la prochaine ville, qui est appelée Mureaux, il fit mettre le feu et la fit toute ardoir. Après ce, vint à Poissy le samedi, septième jour d'août. Et toujours, le roi de France le poursuivoit continuellement de l'autre côté du fleuve de Seine, tellement que par plusieurs lieux, l'ost de l'un pouvoit voir celui de l'autre. Et par l'espace de six jours qu'Edouard fut à Poissy, et son fils à Saint-Germain-en-Laie, les coureurs boutèrent le feu à toutes les villes d'environ, jusqu'à Saint-Cloud, près Paris, tellement que ceux de Paris pouvoient voir clairement les feux et les fumées, de quoi ils étoient moult épouvantés, et non sans cause. Et bien qu'en notre maison de Reueil, dit le chroniqueur, laquelle, Charles-le-Chauve, empereur, donna à notre église, boutassent le feu par plusieurs fois, toutefois par les merveilles de monseigneur saint Denys, comme nous le croyons, elle demeura sans être dommagée. Et pour que j'écrive vérité à nos successeurs, nos lieux où étoient alors le roi d'Angleterre et son fils, étoient tenus lors et réputés les principaux domiciles et singuliers soulas du royaume; c'est pourquoi c'étoit encore plus grand déshonneur à tout le royaume, et c'étoit trahison évidente; aucun des nobles de France ne bouta hors le roi d'Angleterre qui résidant fut par l'espace de six jours aux propres maisons du roi, et au milieu du royaume de France, comme est Poissy et Saint-Germain-en-Laie, et Roie et Montjoie; là il dissipoit, gâtoit et dépensoit les vins du roi et ses autres biens.

Mais encore autre chose plus merveilleuse, c'étoient que les nobles faisoient effondrer les bateaux et rompre les ponts partout où le roi d'Angleterre passoit. Pendant que le roi d'Angleterre étoit à Poissy, le roi de France s'en vint loger avec tout son ost à Saint-Germain-des-Prés, pour être à l'encontre du roi d'Angleterre qui le devoit combattre devant Paris, comme il a été dit; et comme le roi eut grand desir et eut ordonné d'aller lendemain contre lui jusqu'à Poissy, il lui fut donné à entendre que le roi d'Angleterre s'en étoit parti de Poissy, et qu'il avoit fait faire le pont de Poissy, qui étoit rompu. Laquelle rupture avoit été faite, comme Dieu sait, pour que le roi d'Angleterre ne pût échapper sans se combattre contre le roi de France. Or, quand le roi de France ouït ces nouvelles du pont de Poissy qui étoit réparé, et son ennemi qui avoit fui, il en fut moult dolent, et partit de Paris et vint à Saint-Denis la veille de l'Assomption de Notre-Dame. Se partit le roi de France de Saint-Denis et passa Paris dolent et angoisseux, et s'en vint à Antony outre le Bourg-la-Reine, et là se logea le mercredi. Et pendant ce temps le roi d'Angleterre faisoit refaire le pont de Poissy qui étoit rompu, et celui qui l'avoit ouï et vu le témoigna, car nous vîmes en l'église Saint-Denis, dit le chroniqueur, et en la salle où le roi étoit, un homme qui disoit avoir été près des ennemis, et disoit que le roi d'Angleterre faisoit refaire diligemment le pont de Poissy, et vouloit cet homme recevoir la mort s'il ne disoit vérité. Mais les nobles, les chevaliers, mêmement les plus prochains du roi, disoient qu'il mentoit appertement et se moquoient de lui comme d'un pauvre homme. Hélas! alors fut vérifiée cette parole qui dit: le pauvre homme a parlé et on lui a dit: qui est celui-là? par moquerie; le riche a parlé et chacun s'est tû pour la révérence de lui. Finalement, quand il fut su véritablement que l'on refaisoit le pont, on y envoya la commune d'Amiens pour empêcher la besogne. La commune d'Amiens ne put résister à cause de la grande multitude de sagettes que les ennemis tiroient, et fut toute mise à mort. Pendant que le roi étoit à Antony, nouvelles vinrent pendant la nuit que le roi d'Angleterre avoit refait le pont de Poissy, et que les Anglois pour certain s'en devoient partir et aller par là. Le vendredi après l'Assomption de Notre-Dame, le roi d'Angleterre avec tout son ost, armes découvertes et bannières déployées, s'en alla sans que nul ne le poursuivit, dont grande douleur fut en France. A son départ, il mit le feu à Poissy en l'hotel du roi sans faire mal à l'église des nonnains, laquelle Philippe-le-Bel, père de la mère du roi d'Angleterre, avoit fondée et fait édifier. Le feu fut mis aussi à Saint-Germain-en-Laye, à Roie et à Montjoie. Et brièvement furent détruits et ars tous les lieux où le roi de France avoit coutume de s'ébattre. Et quand il vint à la connoissance du roi de France que son ennemi fût parti si soudainement, il en fut très-dolent. Il n'avoit point de honte de dire à tous ceux qui le vouloient ouïr, qu'il étoit trahi. Et murmuroit le peuple et disoit que cette manière d'aller et de venir n'étoit pas sans trahison; c'est pourquoi plusieurs pleuroient et non mie sans cause.

En celui an, le duc de Normandie, qui avoit été en Gascogne assiéger le château d'Aiguillon, et qui n'y avoit rien fait, ouït les nouvelles que le roi d'Angleterre guerroyoit son père le roi de France et avoit ars ses maisons. Si fut-il moult troublé, laissa toute la besogne et s'en partit. Quand le roi d'Angleterre se partit de Poissy, s'en vint à Beauvais la cité, et pour ce que ceux de Beauvais se défendirent noblement, les Anglois ardirent les faubourgs, et toute l'abbaye Saint-Lucien, qui tant étoit belle et noble, sans y laisser rien du tout en tout. De là, ils entrèrent en Picardie.

Après, le roi de France partit de Saint-Denis en suivant son ennemi, jusqu'à Abbeville en Ponthieu. Le roi commençoit à prendre courage, il faisoit dix lieues à la journée pour rejoindre son ennemi. Par les lettres des traîtres qui étoient en la cour du roi de France, le roi d'Angleterre apprit que Philippe étoit proche et que hâtivement il venoit contre lui : il laissa son dîner et s'en alla à Sougeville, au lieu qui est dit Blanchetache. Là il passa la rivière avec tout son ost, et auprès d'une forêt, qui est appelée Crécy, se logea. Les François burent et mangèrent les vins et viandes que les Anglois avoient appareillés pour dîner. Après s'en retourna le roi tout dolent à Abbeville pour rassembler son ost et pour fortifier les ponts de la ville afin que son ost pût sûrement passer par dessus; car ils étoient très-foibles et très-anciens. Le roi demeura toute cette journée de vendredi à Abbeville pour la révérence de monseigneur Saint-Denis dont la fête étoit. Le lendemain matin le roi vint à l'abbaye à une ville assez près de Crécy. Là lui fut dit que l'ost des Anglois étoit à quatre ou cinq lieues près de lui; ceux-là mentoient faussement, qui telles paroles disoient; car il n'y avoit pas plus d'une lieue entre la ville et la forêt, et environ à l'heure de vêpres, le roi vit l'ost des Anglois. Lors fut épris d'une grande hardiesse et de courroux, desirant de tout son cœur combattre son ennemi. Il fit aussitôt crier à l'armée et ne voulut onocques faire le conseil de quelques hommes que ce fussent qui loyaument le conseilloient; ce donc fut grand douleur; car ils lui conseilloient que cette nuit, lui et tout son ost, se reposassent; mais il n'en voulut rien faire et s'en alla avec toute sa gent aux Anglois, lesquels jetèrent trois canons dont il advint que les Génois arbalêtriers qui étoient du premier front, tournèrent le dos et laissèrent à d'autres le traire des arbalètes. On ne sut si ce fut par trahison, mais Dieu le sait. Toutefois l'on disoit communément que la pluie qui chéoit avoit si fort mouillé les cordes de leurs arbalètes, que nullement ils ne les pouvoient traire ni tendre. Aussi s'en commencèrent les Génois à fuir. Et moult d'autres nobles ou non nobles sitôt qu'ils virent le roi en péril, le laissèrent là et s'en allèrent par fuite. Quand le roi vit ainsi ses gens ressortir et s'en aller et les Génois surtout, le roi commanda que l'on descendît sur eux. Ainsi donc les nôtres qui les croyoient traîtres, les assaillirent très-cruellement et en mirent moult à mort. Et comme le roi de France fut moult désirant de soi combattre main à main au roi d'Angleterre, bonnement il ne pouvoit, car les autres batailles qui étoient devant se combattoient aux archers, lesquels navrèrent moult de leurs chevaux et leur firent moult d'autres dommages et tant que c'est pitié et douleur de la recorder. Dura ladite bataille jusqu'à soleil couchant, dont finalement tout le faix chut sur les nôtres.

En cette journée, toute France eut confusion telle qu'elle n'avoit encore jamais eu ni souffert des rois d'Angleterre, dont il soit mémoire à présent. Car pour peu de gens et de nulle valeur, c'est à savoir archers, furent tués le roi de Bohême, fils de Henry l'empereur; le comte d'Alençon, frère du roi de France; le duc de Lorraine, le comte de Blois, le comte de Flandres, le comte de Harcourt, le comte de Sancerre, le comte de Vienne et beaucoup d'autres nobles compagnies de chevaliers, écuyers, desquels Dieu veuille avoir merci.

En celui lieu de Crécy cheut la fleur de la chevalerie de France. La nuit venant, par le conseil du comte de Hainault, le roi s'en alla gésir à la ville de Broie. Le lendemain les Anglois ne s'en partirent pas, mais le roi avec ceux qu'il pouvoit avoir en sa compagnie, s'en alla hâtivement en la cité d'Amiens et là se tint. Le dimanche matin, plusieurs gens d'armes tant à pied comme de cheval, parce qu'ils voyoient les bannières du roi ils croyoient que le roi y fût et se boutoient dans les Anglois, dont il advint que ce même dimanche, les Anglois en tuèrent plus grand nombre qu'ils n'avoient fait le samedi devant : c'est pourquoi nous devons croire que Dieu a souffert ces choses par les désertes de nos péchés, quoique il ne nous appartienne pas d'en juger; mais nous témoignons ce que nous voyons. Car l'orgueil étoit grand en France et particulièrement chez les nobles et quelques autres, c'est à savoir en orgueil de seigneur et en convoitises de richesses, et en déshonnêteté de vêtements qui couroient communément par le royaume de France; les uns avoient les robes si courtes qu'elles ne leur venoient pas jusqu'aux naichés (fesses), et quand ils se baissoient pour servir aucuns seigneurs, ils montroient leurs braies et ce qui étoit dedans à ceux qui étoient derrière eux : aussi étoient leurs robes si étroites à vêtir et à dépouiller, qu'il sembloit qu'on les écorchât et leur falloit aide. Les autres avoient leurs robes serrées sur les reins comme femmes. Ils avoient leurs chaperons detrenchés tout autour; ils avoient une chausse (jambe) d'un drap et l'autre de l'autre, et leur venoient leurs cornettes et leurs manches près de terre, de sorte qu'ils ressembloient mieux à des jongleurs qu'à autres gens.

Edouard, fier de sa victoire, mais ne la voulant pas compromettre, se retiroit vers la Manche et traversoit Montreuil, Boulogne, pour venir mettre le siége devant Calais. Pendant ce temps-là, un de ses capitaines, le comte de Derby, résidant à Bordeaux, ravageoit le midi de la France, tandis que son maître en dévastoit le nord. Profitant du départ du duc de Normandie, qui avoit quitté le siége du château d'Aiguillon pour venir au secours de Philippe son père, Derby s'avança par Saintes jusqu'à Saint-Jean-d'Angély en ardant et robant hommes et femmes sans nombre. Tandis que les Anglois dévoroient ainsi la France, Charles de Blois les combattoit en Bretagne avec presque aussi peu d'avantage. Plusieurs fois on essaya de porter secours à Calais, mais les mesures de l'Anglois étoient si bien prises, et les François si mal servis par la fortune, que jamais on n'y réussit, et que la noble ville, après une défense héroïque, fut contrainte enfin de se rendre à discretion. Il est remarquable qu'en parlant de la reddition de Calais, les chroniques ne disent rien du beau dévouement d'Eustache de Saint-Pierre.

La lutte malheureuse entre Philippe de Valois et le roi Edouard, occupe une grande place dans notre histoire; nous devions donc extraire largement les Chroniques de Saint-Denis pour cette partie.

LE ROI JEAN.

Les documents ne manquent point pour le règne du roi Jean dans lequel nous allons entrer; Matteo Villani, les Annales de Raynaldi, l'histoire du Languedoc, de dom Vaissette, les ordonnances des rois de France, les actes de Rymer, l'histoire de Charles-le-Mauvais, Secousselle, et surtout les récits de Froissard donnent une quantité de faits historiques et de traits de mœurs. Les extraits que nous allons donner de la grande Chronique porteront sur les détails qui appartiennent spécialement aux narrateurs de Saint-Denis.

Passons rapidement sur le meurtre du connétable de France Raoul, comte d'Eu et de Guines, accusé de mauvaises trahisons en 1350, sur l'assassinat de Charles d'Espagne, favori du roi Jean, qui avoit remplacé messire Raoul dans la dignité du connétable, et qui étoit tombé victime de la barbarie du roi de Navarre en 1353; sur une assemblée des trois états qui eut lieu à Paris en 1355, et dont le résultat fut d'obtenir de quoi faire face aux frais de la guerre; sur une rébellion du menu peuple d'Arras contre les gros, qui éclata à la même époque, sur quelques avantages remportés par le dauphin, duc de Normandie, contre le duc de Lancastre et Philippe de Navarre. La malheureuse bataille de Poitiers n'occupe que fort peu de place dans la Chronique; nous avons donné pour cette bataille le récit de Froissard, et nous y renvoyons le lecteur. Nous nous arrêterons à l'assemblée des états, tenue à Paris, en 1356, pour remédier aux maux du royaume pendant la captivité du roi Jean; cette assemblée est un grand événement dans l'histoire du XIVe siècle; aucune source contemporaine n'offre sur les états de 1356, autant de détails que la grande Chronique: laissons donc parler le narrateur de Saint-Denis.

« Le quinzième jour d'octobre, qui fut le samedi, vinrent à Paris plusieurs gens d'église, nobles et gens de bonnes villes de la langue d'oc; et le lundi ensuivant, furent assemblés en la chambre du parlement, par le commandement de monseigneur le duc de Normandie, qui là étoit présent. En la présence duquel, Pierre de Laforêt, archevêque de Rouen et chancelier de France, exposa en la présence desdits trois états, dont dessus est fait mention, la prise du roi, et comment il s'étoit vaillamment combattu de sa propre main, et nonobstant ce, avoit été pris par grant infortunité; et leur montra comment chacun devoit mettre peine à la délivrance du roi de France; et après leur requit, de par mondit seigneur le duc de Normandie, conseil comment le roi pourroit être délivré, et aussi de gouverner les guerres et aides à ce faire. Lesquels des trois états, c'est à savoir les gens d'église répondirent par la bouche de monseigneur Jehan de Craon, archevêque de Reims, les nobles, par la bouche de monseigneur Philippe, duc d'Orléans, et frère germain du roi de France; et les gens des bonnes villes, par la bouche d'Etienne Martel, bourgeois de Paris et lors prévôt des marchands; et requirent délai pour eux assembler, et parler ensemble sur les choses dessus dites, lequel leur fut donné. Et furent ordonnés par ledit monseigneur le duc de Normandie plusieurs du conseil du roi pour aller au conseil des trois états; et quand ils y eurent été par deux jours, on leur fit dire que lesdits trois états ne besogneroient point tant que les gens du conseil y fussent présents, et pour ce, se départirent lesdites gens du conseil du roi d'aller plus aux assemblées desdits trois états, qui étoient chacun jour faites en l'hôtel des Frères Mineurs, jusqu'à quinze jours environ, tant qu'il ennuyoit à plusieurs de ce que les trois états attendoient si long-temps à faire les choses dessus dites, toutefois après que lesdits états se fussent consultés pendant ces quinze jours, et élu des trois états quelques-uns auxquels les autres avoient donné pouvoir d'ordonner ce que bon leur sembleroit pour le profit du royaume, iceux élus, qui étoient environ cinquante de tous les trois états dessus dits, firent dire à monseigneur le duc de Normandie qu'ils parleroient volontiers à lui secrètement, et pour cela ledit duc, lui sixième seulement, vint auxdits Frères Mineurs par devers lesdits élus.

Lesquels lui dirent qu'ils avoient été assemblés par plusieurs journées, et tant avoient fait qu'ils étoient tous d'un accord; si requirent à monseigneur le duc dessus dit qu'il voulût tenir secret tout ce qu'ils lui diroient pour le sauvement du royaume. Monseigneur répondit qu'il n'en juroit pas; mais pour cela, ne laissèrent point de lui dire les choses qui s'ensuivent:

Premièrement, ils lui dirent que le royaume avoit été mal gouverné au temps passé, et tout avoit été par ceux qui l'avoient gouverné et conseillé, par lesquels le roi avoit fait ce qu'il avoit fait, et dont le royaume étoit gâté et en péril d'être perdu. Aussi requirent-ils que voulût ledit duc priver tous officiers de la couronne de tous leurs offices, les faire prendre, emprisonner et confisquer tous leurs biens; et parce que monseigneur Pierre de Laforêt, alors archevêque de Rouen, et chancelier de France, un des officiers contre lequel ils faisoient lesdites requêtes, étoit personne d'église; et parce que ledit monseigneur le duc n'avoit aucune compétence sur lui, ils requirent ledit duc d'en écrire de sa main au pape, qu'on lui donnât commissaires tels que lesdits élus des trois états nommeroient, lesquels commissaires auroient puissance de punir ledit archevêque, des cas que lesdits élus bailleroient contre lui et contre les autres officiers desquels les noms s'ensuivent: Messire Simon de Busi, premier président en parlement, messire Robert de Lory chevalier, messire Nicolas Braques, maître de l'hôtel du roi, et qui, par avant, avoit été son trésorier, et après, maître de ses comptes, Enguerrand du Petit Celier, bourgeois de Paris, trésorier de France, Jehan Poil Le Vilain, bourgeois de Paris, souverain maître des monnoies et maître des comptes, Jehan Chauveau de Chartres, trésorier des guerres.

Requirent donc lesdits élus que commissions fussent données à ces hommes, comme ils les nommeroient et procéderoient sur lesdits officiers sur les cas que lesdits élus bailleroient, et si lesdits officiers étoient trouvés coupables, qu'ils fussent punis, et s'ils étoient trouvés innocents, qu'ils perdissent tous leurs biens et restassent à toujours sans office royal.

Item, requirent lesdits, que monseigneur le duc voulût bien délivrer le roi de Navarre, lequel étoit emprisonné de par le roi Jean, son père. Depuis que le roi de Navarre avoit été emprisonné, ajoutèrent-ils, bien n'est arrivé ni au roi ni au royaume.

Item, requirent de monseigneur le duc qu'il se voulût bien gouverner en tout par certains conseillers qu'ils lui donneroient de tous les trois états, c'est à savoir quatre prélats, douze chevaliers et douze bourgeois, lesquels conseillers avoient puissance de tout faire et ordonner au royaume, ainsi que le roi, tant de mettre et ôter officiers comme autres choses.

Plusieurs autres requêtes lui firent grièves et pesantes.

Si répondit monseigneur le duc que de ces choses, il auroit volontiers avis et délibération avec son conseil; mais toutefois, il vouloit savoir quels aides les gens des trois états lui feroient ou lui voudroient faire; lesquels élus lui répondirent qu'ils avoient ordonné entr'eux que les gens d'église paieroient un dixième et demi pour un an, mais que de ce, ils eussent congé du pape; les nobles paieroient un dixième et demi de leurs revenus; et les gens des bonnes villes feroient pour cent feux un homme d'armes; et disoient lesdits élus que ladite aide étoit bien grande et qu'elle pouvoit bien monter à trente mille hommes.

Pour ce et de toutes les autres choses dessus dites avoir avis, ledit duc se partit d'eux et le lendemain après dîner, leur en devoit rendre réponse.

Pour ce assembla ledit duc au Louvre plusieurs de son lignage et autres, et eut conseil sur les choses dessus dites. Et par plusieurs fois tant au jour du lendemain comme aux deux ou trois jours en suivant, envoya ledit monseigneur le duc auxdits Frères Mineurs par devers lesdits élus, pour les prier qu'ils se voulussent bien déporter de quelques-unes desdites requêtes, et spécialement des trois dernières, leur remontrant que lesdites requêtes touchoient son père de si près qu'il ne les oseroit pas faire ni accomplir sans son congé.

Finalement pour ce que lesdits élus ne se voulurent déporter desdites requêtes, ni d'aucunes d'icelles, plusieurs du lignage de monseigneur le duc et autres chevaliers lui conseillèrent de s'y rendre, parce qu'autrement il ne pouvoit avoir aide desdits trois états. Mais ledit monseigneur le duc qui moult fortement étoit marri et troublé pour cause desdites requêtes, considéroit qu'il ne pouvoit accomplir lesdites requêtes sans courroucer fortement son père et sans lui faire offense notable. Si manda et fit aller par devers lui plusieurs de ses autres conseillers et voulut que ses conseillers lui en disent leur avis. Ceux-ci, en la présence de plusieurs et d'autres, lui montrèrent comment il ne devoit faire et accomplir lesdites requêtes et lui montrèrent que l'aide qu'on lui offroit n'étoit pas suffisant, mais parce que moult grand peuple etoit assemblé en ladite chambre de parlement en laquelle lesdites requêtes devoient être tantôt faites audit monseigneur le duc, celui-ci eut conseil comment il pouvoit faire départir ledit peuple. Il envoya querre pour parler à lui aucuns d'iceux des trois états et spécialement de ceux qui gouvernoient les autres et conseilloient à faire lesdites requêtes, et leur dit et exposa monseigneur le duc aucunes nouvelles qu'il avoit ouï dire tant du roi son père que de son oncle l'empereur, et leur demanda conseil s'il leur sembloit bon que lesdites requêtes et réponses fussent delaiées (différées) jusques à un autre journée pour les causes et raisons qu'il leur dit. Et lors furent d'accord tous ceux qui là étoient présens que lesdites requêtes fussent différées jusques au jeudi ensuivant. Et ainsi se partirent et se retournèrent en la chambre du parlement, et parla le duc d'Orléans au peuple, et pour ce partit ladite assemblée de ladite chambre de parlement et s'en allèrent aucuns en leur pays. Le mercredi suivant, tous les députés des trois états états reçurent ordre de quitter Paris.

Les états du Languedoc furent plus généreux et moins exigeants: 1° ils s'engagèrent à fournir cinq milles hommes d'armes avec deux chevaux pour chacun et un demi-florin par jour; 2° ils y ajoutèrent mille sergents à cheval, mille arbalétriers et deux mille lanciers, tous à cheval. Tout cela étoit pour un an. Avec ce ils ordonnèrent que ni hommes ni femmes ne porteroient, par ledit an si le roi n'étoit avant délivré, ni or, ni argent, ni perle, ni robes de vert ou de gris, ni chaperons découpés, ni autres parures quelconques, ni qu'aucun ménéttrier, ni jongleurs, ne joueroient de leur métier.

Pendant ce temps critique, Philippe, frère du roi de Navarre, continuait ses hostilités contre la France. Le duc de Normandie partit aussi pour Metz, par devers monseigneur Charles de Bohême, empereur de Rome, oncle de monseigneur le duc de Normandie, pour en avoir conseil, tant sur le gouvernement du royaume de France et de la captivité du roi son père comme de plusieurs autres choses, et laissa à Paris pour son lieutenant son frère monseigneur le comte d'Anjou.

On voulut alors faire une nouvelle monnoie, dont le prévôt des marchands eût le pouvoir d'empêcher la circulation. Charles, à son retour de Metz, voulut la rétablir, mais on réclama; le prévôt des marchands poussa des cris, chacun laissa son métier et s'arma : on fut au moment d'une émeute terrible que la sagesse de Charles conjura, en abandonnant sa monnoie et se rendant aux requêtes du prévôt et des états; à savoir de renvoyer les officiers, c'est-à-dire les ministres, les conseillers de son père et de rappeler les états. Dans les nouveaux états on vit revivre l'esprit d'opposition qui s'étoit manifesté dans les autres. Ce fut un prélat, Robert Lecoq, évêque de Laon, qui le premier porta la parole, et comme disent nos chroniques, qui prêcha en parlement. Il dit que le roi et le royaume de France avoient été au temps passé mal gouvernés, dont moult de meschiefs étoient advenus, tant audit royaume comme aux habitants dudit lieu, tant en mutations de monnoies que par prises et par male administration et gouvernement des deniers, que le roi avoit eus du peuple, dont grandes sommes avoient été données par plusieurs fois à plusieurs personnes qui mal l'avoient desservi. Et toutes ces choses avoient été faites, comme le disoit ledit évêque, par le conseil des dessus nommés, chancelier et autres. Et dit alors encore ledit évêque, que le peuple ne pouvoit plus souffrir ces choses, et pour ce avoient ensemble délibéré les états que les officiers sus-nommés seroient privés de tous les offices royaux perpétuellement : et requit ledit évêque audit monseigneur le duc, que dès-lors il voulût priver vingt-deux officiers déjà désignés.

Item, requit ledit évêque que tous les officiers du royaume fussent suspendus et que plusieurs réformateurs fussent donnés, lesquels seroient nommés par les trois états.

Item, dit encore ledit évêque, que bonne monnoie courût, telle que lesdits états l'ordonneroient.

Plusieurs requêtes fit ensuite un chevalier appelé messire Jehan de Peguigny. Vinrent ensuite Nicolas le chanteur, avocat d'Abbeville, et Etienne Martel. A ces requêtes on ajouta les mêmes offres militaires et financières que l'on avoit déjà offertes; et en cas que ces offres fussent insuffisantes, ils demandèrent qu'ils leur fût permis de s'assembler de nouveau.

Le duc souscrivit à toutes leurs requêtes : les administrations et les tribunaux du royaume subirent aussitôt une épuration rigoureuse.

Mais en ce moment arrivèrent des lettres du roi Jean qui annuloient toutes les concessions du duc, son fils, relatives aux nouvelles réunions des états et à la nouvelle perception des subsides. L'émotion en fut si grande à Paris que l'archevêque de Sens et le comte d'Eu qui avoient apporté ces lettres, furent obligés de s'enfuir à grand hâte.

La puissance des gouverneurs Pierre-Lecocq, Etienne Martel, ne fut pas longue. Environ la Magdeleine ensuivant, les hommes ordonnés par les trois états, tant du grand conseil des généraux sur le fait des subsides, comme les réformateurs, commencèrent à décliner et leur puissance à appetisser; car la finance qu'ils avoient promise ne fut pas si grande de plus de dix parts qu'elle devoit être; les nobles les abandonnèrent et ne voulurent pas payer, ni les gens d'église non plus, ni même les gens des bonnes villes, qui commirent et aperçurent l'iniquité desdits gouverneurs principaux qui étoient dix, douze ou environ. Alors les dix gouverneurs se départirent et ne voulurent plus faire partie de la régence; et l'archevêque de Reims, qui auparavant avoit été un des plus grands maîtres, fit tant qu'il fut principal du conseil de monseigneur le duc, et furent presque tous ceux qui avoient été mis hors de leurs offices remis en leur état, excepté les vingt-deux ci-dessus nommés. Enhardi par ce succès, le Dauphin dit au prévôt des marchands, à Charles Consac et à Jehan de Lille, qu'il vouloit dorénavant gouverner et ne plus avoir curateurs, et leur défendit de se plus mêler du gouvernement du royaume, lequel ils avoient entrepris par telle manière, qu'on obéissoit moins à lui qu'à eux. Dès lors commença ledit monseigneur le duc à chevaucher par les bonnes villes, et leur fit requête en sa personne, tant d'avoir aide d'eux, comme autre chose, puis du fait de la monnoie leur parla, lequel avoit été empêché, comme ci-dessus est dit, dont lesdits trois états furent bien dolents. Lors s'en alla ledit évêque de Laon en son évêché, car il voyoit bien qu'il avoit tout gâté.

Dans ce même temps, les Parisiens offrirent à Notre-Dame de Paris une chandelle qui avoit la longueur du tour de la ville et devoit brûler nuit et jour sans cesser.

Ceci se passoit au mois d'août. Environ à la Saint-Remy suivant, lesdits Parisiens se réconcilièrent avec le Dauphin, et firent tant qu'il retourna en ladite ville. ils dirent au prince qu'ils lui feroient très-grand chevance (subside) et ne lui requirent rien contre aucun de ses officiers ni aussi de la délivrance du roi de Navarre, qu'ils lui avoient par plusieurs fois requise. Ils le supplièrent qu'il voulût bien que vingt ou trente villes s'assemblassent à Paris; laquelle chose il leur octroya, et furent mandées plus de villes même qu'ils n'en avoient désigné. Quand les députés de ces villes furent assemblés, ils ne firent aucune chose, mais ils allèrent devers monseigneur le duc et lui dirent qu'ils ne pouvoient besogner si tous les trois états n'étoient rassemblés. Ils lui requirent qu'il voulût mander les trois états, laquelle chose il leur octroya. L'ouverture de l'assemblée fut fixée au 7 novembre 1357, et pendant ladite journée fut monseigneur le duc si mené qu'il n'avoit denier ni chevaux, parquoi il convenoit qu'il fît tout ce que les dessusdits de Paris vouloient, si convint qu'il accordât leurs requêtes.

Les années 1356 et 1357 peuvent être comptées au nombre des plus mauvaises années de notre histoire; l'autorité étoit ébranlée, les ressources du royaume sembloient être épuisées, un mouvement de désordre et d'insubordination agitoit toutes les provinces de France; toutes les lois restoient comme incertaines et suspendues en l'absence du roi Jean prisonnier. Trois genres d'ennemis menaçoient la couronne de France, l'opposition démocratique qui s'étoit montrée avec violence dans les états généraux, le roi d'Angleterre, devenu plus dangereux par ses récentes victoires; le roi de Navarre, qui entretenoit au cœur de la France un foyer permanent de rébellion.

La Chronique parle longuement de la déplorable lutte que le Dauphin eut à soutenir contre le roi de Navarre, des exigences du prévôt des marchands et du peuple. En 1357, le Dauphin, qui jusques là avoit pris le titre de lieutenant du roi, prit celui de régent du royaume; le nom du roi Jean ne parut plus dans les actes publics; on ne scella plus de son scel de Châtelet, mais du scel du Dauphin en cire jaune. En racontant un voyage du roi de Navarre à Paris, la Chronique ajoute ces paroles fort curieuses : en laquelle ville il (le roi de Navarre) fut moult honoré et seigneurié par l'espace de cinq ou sept jours qu'il y demoura. Et voulentiers en eussent fait aucuns de ladite ville de Paris leur capitaine et leur seigneur, comme faux et mauvais qu'ils étoient envers leur prince.

Voici comment le chroniqueur raconte le commencement de la Jacquerie :

Le lundi, vingt-unième jour dudit mois de mai, s'émurent plusieurs menues gens du Beauvoisin, des villes de Saint-Leu, de Cerens, de Noyetel, de Cramoif et d'environ; ils s'assemblèrent par mauvais mouvement, et coururent sus à plusieurs gentilshommes qui étoient à Saint-Leu de Cerens, et en tuèrent neuf, c'est à savoir quatre chevaliers et cinq écuyers.

Cela fait, ils allèrent par le pays de Beauvoisin, et tuèrent tous gentilshommes et gentilles-femmes qu'ils trouvèrent avec plusieurs enfants. Ils ardirent toutes les maisons qu'ils trouvèrent, soit châteaux forts, soit autres; ils firent un capitaine qu'on appeloit Guillaume Callet, et allèrent à Compiègne; mais ceux de la ville ne les y laissèrent pas entrer.

Ensuite ils allèrent à Senlis, et firent tant que ceux de la ville allèrent en leur compagnie, et abattirent toutes les forteresses du pays Hermenonville et une partie du château de Beaumont. La duchesse d'Orléans, qui étoit dedans, s'enfuit et s'en alla à Paris.

Des désordres des campagnes, passons à ceux de Paris. Les gouverneurs de cette ville firent couper les têtes et écarteler les corps en Grève, à Paris, du maître du pont de Paris, et aussi du maître charpentier du roi, appelé Henry Metret, le tout à tort et sans aucune cause, si ce n'est, disoit-on, parce qu'ils devoient avoir traité avec quelques-uns des gens dudit monseigneur le duc régent, de mettre gens d'armes dedans ladite ville de Paris pour ledit régent. Ils firent pendre les quartiers des deux suppliciés aux entrées de ladite ville de Paris.

Quelques-uns virent que quand le boureau appelé Raoulet, voulut couper la tête au premier maître, c'est-à-dire à Poret, maître du pont de Paris, il tomba et fut tourmenté d'une cruelle passion, tant qu'il rendoit écume par la bouche, dont plusieurs de Paris disoient que c'étoit miracle, et qu'il déplaisoit à Dieu qu'on les faisoit mourir sans cause.

Lors, un avocat du Châtelet, appelé maître Jean Godard, lequel étoit aux fenêtres de l'hôtel, dit hautement, le peuple l'oyant : Bonnes gens, ne vous veueillez émouvoir si Raoulet est tombé de mauvaise maladie, car il en est entaché, et il en choit souvent.

Le chroniqueur revient ici sur la Jacquerie. En ce temps-là, dit-il, se multiplièrent moult les gens du Beauvoisin. En ces assemblées, il y avoit le plus de gens de labour, mais il y avoit aussi de riches hommes, bourgeois et autres.

Et tous les gentilshommes qu'ils pouvoient trouver ils tuoient; aussi faisoient ils gentils femmes et plusieurs enfants, ce qui étoit trop grand forcennerie. En ce temps ledit régent qui étoit au marché de Meaux qu'il avoit fait enforcer et enforçoit de jour en jour, s'en partit et s'en alla au château de Montereuil, et assez tôt se partit et s'en alla à Sens en laquelle cité il entra, et fut reçu des gens de ladite ville moult honorablement. Et toutefois avoit lors bien peu de villes, cités ou autres en France qui ne fussent mues contre les gentilshommes, mais en faveur de ceux de Paris qui trop les haïssoient comme pour le mouvement du peuple. La ville de Meaux oublia bientôt ses serments de fidélité qu'elle avoit fait au régent; des scènes de désordres ne tardèrent pas à y éclater.

La Chronique va continuer à nous parler de la conduite de Charles-le-Mauvais, des embarras et des luttes du régent :

En ce temps-là, ledit roi de Navarre chevaucha en Beauvoisis, et mit à mort plusieurs de ceux des communes (de la Jacquerie), et particulièrement fit couper la tête, à Clermont, audit Guillaume Callet; et parce que ceux de Paris lui mandèrent qu'il allât vers eux à Paris, il se retira à Saint-Ouen en l'hôtel du roi, appelé la Noble-Maison, et là, alla le prévôt des marchands parlementer audit roi. Et le jeudi, quatorzième jour de juin, alla ledit roi de Navarre à Paris. A l'encontre de lui, vinrent plusieurs de ladite ville pour l'accompagner jusqu'au lieu où il descendit, c'est à savoir à Saint-Germain-des-Prés.

Le vendredi, quinzième jour dudit mois de juin, le roi de Navarre alla prêcher en l'Hôtel-de-Ville. Entre autres choses, il dit qu'il aimoit moult le royaume de France, et qu'il y étoit bien tenu; car il étoit, disoit-il, des fleurs de lys (du sang royal) de tous côtés, et eût été sa mère roi de France, si elle avoit été un homme : car elle avoit été seule fille du roi de France : et qu'aussi lui avoient fait les bonnes villes du royaume, et particulièrement la ville de Paris, très-grands biens et grands honneurs, qu'il taisoit, mais pour lesquels il étoit prêt de vivre et mourir avec le peuple de France.

Et aussi prêcha Charles Corsac que le royaume étoit au petit point et avoit été mal gouverné; qu'il l'étoit encore, et que, par conséquent, besoin étoit que les Parisiens fissent un capitaine qui mieux le gouverneroit, et il lui sembloit qu'ils ne pouvoient avoir meilleur que le roi de Navarre. Ainsi, comme s'il vouloit dire : Nous voulons le roi de Navarre.

Et toutefois, la plus grande partie de l'assemblée se tut et fut courroucée, mais ils ne l'osèrent pas contredire.

Lors donc fut ledit roi élu en capitaine de la ville de Paris, et lui fut dit par le prévôt des marchands que ceux de Paris écriroient à toutes les villes de France, afin que chacune consentît ledit roi être maître de tout le royaume.

Et lors leur fit serment ledit roi de les gouverner bien et loyaument, et de vivre et mourir avec eux et contre tous. Il leur dit que le royaume étoit moult malade, et qu'il ne pouvoit pas être tôt guéri. Ainsi, ajouta-t-il, ne vous veuilliez pas mouvoir contre moi, si je ne appaise sitôt les besognes, car il faut grand labour.

Le même jour, le régent, qui toute la semaine avoit demeuré à Senlis, s'en partit et s'en alla à Provins, et de là vers Château-Thierry. L'armée du prince grossissoit sans cesse de gentilshommes accourus de toutes parts ; mais la Jacquerie augmentoit aussi.

Pendant ce temps, la reine Jehanne étoit à Paris, laquelle mettoit grand diligence à faire quelques traités entre ledit régent, par devers lequel elle envoyoit souvent messagers et ceux de Paris. C'est pourquoi, elle partit de cette ville pour aller devers ledit régent, qui étoit aux environs de Meaux, et attendoit les gens d'armes qui venoient. Toujours ces gentilshommes prenoient ceux de Paris, s'ils n'étoient officiers du roi ou dudit régent, et prenoient et emportoient tous les biens, meubles qu'ils trouvoient et qui étoient auxdits habitants; de sorte que n'osoit nul homme qui allât par le pays, s'avouer de Paris. Aussi tuoient lesdits gentilshommes, tous ceux qu'ils pouvoient trouver, qui avoient été de la compagnie des Jacques, et tant en tuèrent, qu'on en avoit bien tué dans un jour de Saint-Jean vingt mille.

Le vendredi, vingt-deuxième jour dudit mois de juin, le roi de Navarre partit de la ville de Paris, et avec lui plusieurs de cette ville et plusieurs de ses gens ; si bien qu'ils étoient environ six mille glaives, et allèrent à Gonnesse, où plusieurs autres des villes de la vicomté de Paris les attendoient, et deux ou trois jours auparavant, plusieurs des gentilshommes qui avoient été avec le roi de Navarre, et spécialement ceux de Bourgogne, en prirent congé, quand ils virent qu'il avoit accepté la capitainerie de Paris, en disant qu'ils ne feroient point comme les autres gentilshommes, et s'en allèrent dans leur pays. Ledit roi et sa compagnie allèrent vers la ville de Senlis.

Monseigneur le régent, qui avoit été vers Château-Thierry, La Ferté-Milon et le pays d'environ, pour dépêcher plusieurs assemblées qui là étoient, mit à mort avec ses gentilshommes plusieurs des Jacques, les ardit et gâta tout le pays entre la rivière de Marne et Seine. Alors s'en retourna vers Paris. Ladite reine, qui se peinoit beaucoup de traiter entre ledit régent et ceux de Paris, entra dans ladite ville. Mais ne purent aucuns traités être trouvés, car ceux de Paris se tenoient toujours fiers et hauts contre ledit régent, leur seigneur, et pour ce, lui et son ost se délogèrent de Chelle et se logèrent environ les bois de Vincennes, environ le pont de Charenton et environ Conflans. On disoit que l'ost du régent avoit bien jusqu'à trente mille chevaux.

Si fut tout le pays jusques à huit ou dix lieues, et coururent ledit pays et ardirent les villes, et le roi de Navarre s'en retourna et entra en la ville de Saint-Denys ; il y avoit en l'ost du roi de Navarre grand foison d'ennemis du roi de France et du royaume, comme Anglois et autres. Ainsi se tint le roi de Navarre dans la ville de Saint-Denys, et ledit régent et son ost étoient logés aux lieux des susdits; et étoit le corps du régent logé en l'hôtel du séjour aux carrières : et n'osoit homme entrer en Paris ni issir fors que par plusieurs fois en issoit en bataille, mais ils perdoient plus qu'ils ne gagnoient et il y en mourut plusieurs.

Le dimanche, huitième jour de juillet, s'assemblèrent lesdits régent et roi de Navarre en un pavillon qui pour ce fut tendu assez près de la porte Saint-Antoine, en un lieu qu'on dit au Moulin-à-Vent, pour accorder ensemble un certain traité, que la reine Jehanne avoit pourparlé. Etoient les troupes dudit régent ordonnées toutes aux champs en quatre batailles, et les estimoit-on bien trente mille hommes d'armes et plus. Les gens du roi de Navarre étoient en bataille sur une montagne près de Montreuil et n'étoient pas plus de huit cents combattants. Vu leur petit nombre, ils n'approchèrent pas des batailles dudit régent.

Mais tous deux ensemble parlementèrent par devant la reine Jehanne, et furent accordés par la manière qui s'ensuit : c'est à savoir que ledit régent, pour toutes les choses que ledit roi lui pouvoit demander pour quelque cause que ce fût, lui bailleroit dix mille livres de terre et quatre cent mille florins à l'écu, lesquels florins seroient baillés audit roi par la manière qui s'ensuit :

La première année cent mille, et chacun an ensuivant cinquante mille, jusques à la fin du paiement. Par ce ledit roi de Navarre devoit être avec ledit régent contre tous, excepté le roi de France.

Et afin que lesdits roi et régent tinssent sans enfreindre toutes les choses dessus dites, l'évêque de Lisieux, qui présent étoit, chanta une messe audit pavillon, environ à l'heure de None et consacra deux hosties en espérance que de l'une seroient faites deux parties et usées par lesdits régent et roi : lors ils jurèrent *sur le corps Dieu sacré* que ledit évêque tenoit entre ses mains, qu'ils tiendroient et accompliroient sans enfreindre tout ce que chacun avoit promis.

A ce furent présents ducs et barons, tant comme il en pouvoit contenir audit pavillon.

Après ce, l'évêque brisa l'hostie et voulut en faire user à chacun desdits régent et roi ; mais le roi dit qu'il n'étoit pas à jeûn, et pour ce ledit régent n'en prit point aussi, quoiqu'il se fût préparé pour le recevoir ; usa donc tout ledit évêque.

En conséquence de ce traité, ledit roi devoit aller à Paris pour mettre les habitants en l'obéissance dudit régent.

Le mardi ensuivant, neuvième jour de juillet, le roi de Navarre revint à Paris, et ledit régent croyoit qu'il viendroit bientôt lui porter la réponse de ceux de Paris, mais il n'y alla point et demeura à Paris tout le jour : le lendemain l'on disoit en l'ost dudit régent que ceux de Paris avoient dit au roi de Navarre qu'il avoit fait sa paix sans eux et qu'il ne leur en chaloit (importoit) ; car ils s'en passeroient bien.

Sur ce fit-il nouvelle alliance avec eux, disoit-on, et il parut bien ce fait, car point ne retourna vers ledit régent, et dès le mercredi, neuvième jour dudit mois, il assaillit quelques gens dudit régent. Il y eut grand escarmouche et l'on y demeura jusqu'à la nuit, et y perdirent ceux de Paris.

Le jeudi, douzième jour du mois de juillet, ledit roi de Navarre s'en retourna à Saint-Denys et laissa les Anglois à Paris. Ledit régent envoya par devers le roi pour savoir quelle volonté il avoit et lui demander qu'il vînt avec lui, car il lui avoit promis qu'il l'aideroit contre tous ; lequel roi répondit que ledit régent et ses gens avoient enfreint le traité et les conventions qu'ils avoient faites ensemble : car ils avoient attaqué ceux de Paris, disoit le roi, au moment où il traitoit avec eux.

Et cependant c'étoient ceux de Paris qui avoient commencé l'escarmouche, et ledit roi disoit ces choses parce qu'il ne pouvoit avoir de Paris ce qu'il avoit promis au régent par le traité : car il avoit promis de tant faire que ceux de Paris paieroient trois mille écus de Philippe pour le premier paiement de la rançon du roi ; mais les Parisiens répondirent qu'ils n'en paieroient rien puisque ledit régent avoit enfreint le traité. Cependant tous ceux qui là étoient, savoient bien le contraire.

Alors pensoit-on bien que tous les traités étoient rompus, dont quelques-uns eurent grande joie.

On mit lors grand peine à achever un pont à bateaux qu'on avoit commencé pour passer la rivière, lequel fut achevé ledit jeudi ; et aussitôt plusieurs de l'ost passèrent ledit pont et ardirent Vitry et plusieurs autres villes outre la rivière de Seine ; on y pilla tout ce qu'on y trouva.

Et pendant ce temps, la reine Jehanne alloit toujours devers l'un et devers l'autre pour renouveler ledit traité.

Toutefois parloient plusieurs contre ledit roi de Navarre, qui solennellement avoit juré et ne tenoit la chose qu'il avoit promise.

Le samedi ensuivant, huitième jour dudit mois de juillet, ledit régent étant en sa chambre avec son conseil, environ l'heure de dîner plusieurs de la ville de Paris, dont la plus grande partie étoient anglois et avoient fait une sortie vers Saint-Marcel, ils chevauchèrent jusque devant ledit pont que ledit régent avoit fait faire, lequel pont étoit sur la rivière de Seine et devant l'hostel des Quarriaux, où étoit logé ledit régent.

Et sitôt qu'ils furent devant ledit pont, ils descendirent à pied et entrèrent quelques-uns en la rivière pour aller sur le pont, où il n'y avoit point de garde. Mais on cria alarme fortement et fut l'ost bien épouvanté, car les autres étoient venus accourant et soudainement. Aussi allèrent les uns armés et les autres non armés, pour défendre ledit pont. Et déjà étoient plusieurs dudit Paris, outre la moitié dudit pont : mais les combattirent les gens dudit régent et reboutèrent leurs ennemis qui étoient sur ledit pont. Y alla ledit régent lui-même, aussi furent plusieurs de ses gens navrés de traits : même y fut pris son maréchal, qu'on appeloit messire Rigaud de Fontaines ; toutefois furent les Parisiens reculés et mis tous hors de dessus le pont par les gens dudit régent. Ils s'en retournèrent aussitôt, parce qu'on crioit à l'arme vers Paris, au côté devers Saint-Antoine. Il y eut escarmouche tout le jour jusqu'à la nuit, et y perdirent ceux de Paris plus qu'ils n'y gagnèrent.

La reine Jehanne continuoit son rôle de pacificatrice. Accompagnée du roi de Navarre, de l'archevêque de Lyon qui là avoit été envoyé de par le pape, de l'évêque de Paris, du prieur de Saint-Martin-des-Champs, de Jehan Bélot, de l'échevin de Paris Colin le Flamand et autres de Paris, elle alla environ l'heure de tierce au bout dudit pont que ledit régent avoit fait faire : ils avoient des gens d'armes et des archers avec eux. Ledit régent vint à eux avec une petite compagnie toute désarmée. Ils parlèrent ensemble en l'un des bateaux dudit pont, et finalement furent d'accord que ceux de Paris prieroient ledit régent qu'il leur voulût remettre leur mautalent et pardonner tout ce qu'ils avoient fait et ils se mettroient en sa merci. Et fut publié en l'ost qu'il y avoit toute bonne paix entre ledit régent et ceux de Paris. Pour lors délogèrent les gens dudit régent et plusieurs s'en partirent ce jour même.

13.

Le lendemain plusieurs allèrent vers Paris pour les besognes qu'ils y avoient à faire, lesquels on ne voulut laisser entrer. Mais on leur demanda qui ils étoient. Et quand ils répondirent qu'ils étoient au duc, ceux de Paris répondirent : allez vers votre duc. Y entra Mace Guète, lequel fut en péril d'être tué, et finablement fut mis hors, après qu'il eût été mené en la maison de la ville à Saint-Eloi, devant le prévôt des marchands et les gouverneurs. Et après que ledit accord fut fait, les dessus dits Parisiens en haine dudit régent, prirent et saisirent plusieurs maisons et plusieurs meubles de plusieurs des officiers dudit régent, qui avoient été avec ledit régent audit ost.

Le samedi ensuivant, veille de la Magdelaine, après dîner, s'émut un grand discord à Paris, entré ceux de la ville et plusieurs Anglois qu'ils avoient fait aller en ladite ville contre ledit régent leur seigneur, parce qu'on disoit que quelques autres Anglois qui étoient à Saint-Denis et à Saint-Cloud pilloient le pays. Si s'émut le commun de Paris et courut sus aux Anglois qui étoient en ladite ville de Paris et en tuèrent vingt-quatre ou environ. Ils en prirent les plus notables en l'hôtel de Nèle, où ils avoient dîné avec le roi de Navarre et plus de quatre mille autres en différents hôtels de ladite ville, lesquels ils mirent tous en prison au Louvre.

De cette chose le roi de Navarre fut moult courroucé, disoit-on, et aussi le furent lesdits prévôts et plusieurs autres gouverneurs de ladite ville de Paris, et pour ce furent dans la maison de ville environ l'heure de midi, et y eut moult de peuple assemblé tout armé devant la place de Grève. Auquel peuple parla le roi et lui dit qu'ils avoient mal fait de tuer lesdits Anglois; car il les avoit fait venir en son sauf-conduit pour servir ceux de la ville de Paris.

Et aussitôt plusieurs de ceux du peuple crièrent que les Anglois fussent tous tués, et qu'ils le vouloient, qu'ils vouloient même aller à Saint-Denys mettre à mort ceux qui y étoient, qui pilloient tout le pays. Ils dirent même audit roi et audit prévôt qu'ils allassent avec eux. Et quoique lesdits roi et prévôt fissent tout leur pouvoir de refraindre ledit peuple, ils ne le purent; mais il fallut qu'ils accordassent qu'ils iroient avec eux.

Mais avant qu'on se partit de Paris, il fut près de vêpres, dont plusieurs présumèrent que ledit roi fit attendre le partir afin que les Anglois ne fussent surpris au dépourvu.

Peut-être le bon roi de Navarre n'avoit consenti au départ que pour mener ces Parisiens incommodes à une boucherie certaine. Toujours est-il qu'à mi-chemin ils trouvèrent les Anglois embusqués, qui tombèrent sur eux à l'improviste, les dispersèrent et en firent un horrible massacre.

Le roi de Navarre qui voyoit toutes ces choses ne se partit point de là où il étoit, mais laissa tuer ceux de Paris sans leur faire aucun aide ni secours ; et après que les dessusdits Parisiens fussent déconfits et tués, le roi s'en alla à Saint-Denys. Le prévôt des marchands et sa compagnie s'en revinrent à Paris ; ils furent, quand ils entrèrent, fortement hués et blâmés de ce qu'ils avoient ainsi ceux de Paris laissé mettre à mort sans les secourir. Dès-lors commença le peuple de Paris à fortement murmurer.

Bientôt on alla même jusqu'à délivrer par l'ordre du roi de Navarre les prisonniers que le commun peuple de Paris faisoit souvent garder au Louvre et vouloit mettre à mort. Allèrent les Anglois délivrés droit à Saint-Denys avec le roi de Navarre, qui toujours y avoit demeuré depuis le dimanche précédent, car il n'osoit pas sûrement retourner à Paris, tant pour cause qu'il n'avoit point aidé les Parisiens que pour avoir fait délivrer les Anglois.

Aussi en étoit le peuple de Paris fortement ému contre ledit prévôt des marchands et les autres gouverneurs, mais il n'y avoit homme qui osât commander la riote. Toutefois Dieu qui tout voit et vouloit la ville sauver, en ordonna par la manière qui s'ensuit.

Le prévôt des marchands et plusieurs à lui alliés allèrent à la bastille Saint-Denys, et commanda ledit prévôt à ceux qui gardoient la porte de ladite bastille qu'ils baillassent les clefs à Joseran de Mâcon, trésorier du roi de Navarre. Les gardes desdites clefs dirent qu'ils n'en bailleroient nulles, ce dont le prévôt fut moult courroucé et mut riote entre ledit prévôt et ceux qui gardoient les clefs de ladite bastille, tant que l'un appelé Jehan Maillard, qui étoit garde de l'un des quartiers de ladite ville des environs de la bastille, ouït nouvelle dudit débat, et pour ce s'avança vers ledit prévôt et lui dit qu'on ne bailleroit point les clefs audit Joseran.

Et pour ce y eut plusieurs grosses paroles entre ledit prévôt et Joseran d'une part, et ledit Jehan Maillard d'autre part.

Si monta ledit Maillard à cheval et prit une bannière du roi de France, et commença à crier : *Mont-Joye, Saint-Denys ! au roi et au duc!* tant que ceux qui le voyoient alloient après lui et crioient ledit cri.

Ainsi firent le prévôt et sa compagnie et s'en allèrent vers la bastille Saint-Antoine. Maillard demeura vers les halles; et un chevalier nommé Pépin des Essarts qui rien ne savoit de ce que ledit Jehan Maillard avoit pris assez tôt après une bannière de France, et crioit semblablement le cri de Jehan Maillard.

Durant ces choses, ledit prévôt vint à la bastille Saint-Antoine tenant boëtes auxquelles y avoit lettres que ledit roi de Navarre lui avoit envoyées. Requirent ceux qui étoient dans ladite bastille au prévôt, tant que quelques-uns qui là étoient, coururent sus à Philippe Guiffart qui étoit avec ledit prévôt, lequel se défendit fortement ; car il étoit fort armé, et avoit bacinet en tête : toutefois il fut tué ; et après lui fut encore ledit prévôt des marchands et un autre de sa compagnie appelé Simon le Paumier. Aussitôt ils furent dépouillés tout nus et descendus sur les carreaux en la voie. Et ce fait, le peuple s'émut pour en aller querir d'autres et pour en faire semblablement.

On leur dit qu'en l'hostel des héraults, et à l'enseigne de l'ours, près de la porte Baudois, étoit entré Jehan de Lille et Gille Marcel clerc de la marchandise de Paris, lesquels ils mirent à mort, et aussitôt les dépouillèrent comme les autres, les traînèrent sur les carreaux devant ledit hôtel et là les laissèrent.

Et aussitôt le peuple s'en partit et s'émut pour en aller querir d'autres. Ce jour même à la Bastille Saint-Martin fut tué Jehan Poret le jeune et furent tous les corps dessus dits traînés en la cour de Sainte-Catherine du Val des écoliers, et là furent mis mis tout nuds comme les deux maréchaux de Clermont et de Champagne, dont plusieurs tenoient que c'étoit ordonnance de Dieu, car ils étoient morts de telle mort qu'ils avoient fait mourir les deux maréchaux.

Item, celui mardi furent pris et mis au Châtelet de Paris Charles Consac, échevin de Paris et Joseran de Macon, trésorier du roi de Navarre, et le peuple qui les voyoit crioit hautement le cri dessus dit, et avoient chacun l'épée au poing.

Le vendredi onzième jour d'août au soir entra le régent à Paris, où il fut reçu à très-grande joie du peuple de ladite ville. Le même jour, avant que le régent entrât à Paris, furent lesdits Charles Consac et Joseran traînés du Châtelet jusques en la Grève. Là furent décapités et demeurèrent longuement en la place sur les carreaux et puis furent jetés en la rivière.

Le vendredi troisième jour d'août fut le régent défié par le roi de Navarre. Et celui jour fut pris Pierre Gille, et aussi le fut maître Thomas, chancelier du roi de Navarre, qui étoit en habit de moine.

Le samedi ensuivant, quatrième jour dudit mois d'août, ledit Pierre Gille et un chevalier qui étoit châtelain du Louvre, furent traînés du Châtelet aux halles, et là eurent la tête coupée. La semaine ensuivant furent décapités en un jour Jehan Prévot et Pierre le Blond, et un autre jour deux avocats ; l'un du parlement, appelé maître Pierre de Puisser, et l'autre du Châtelet, appelé maître Jehan Godard : ils furent jetés en la rivière. Un autre appelé Bonvoisin fut mis en oubliette.

Celui jour de samedi, dit le régent au peuple dans la maison de ville la grande trahison qui avoit été traitée par les morts, l'évêque de Laon et plusieurs autres qui encore vivoient. Vouloient ces traîtres faire ledit roi de Navarre roi de France et mettre les Anglois et les Navarrois à Paris, celui jour que ledit prévôt fut tué ; et l'on devoit mettre tous ceux qui se tenoient du parti du roi Jehan et du régent son fils à mort. Et déjà avoient été plusieurs maisons signées en divers signes, dont moult de gens étoient fort ébahis dans ladite ville de Paris.

En divers contrées prirent Anglois et Navarrois plusieurs forteresses environ Paris ; c'est à savoir Raiz et Poissy et chevauchèrent jusqu'à une lieue de Paris, et ceux de Creil chevauchèrent jusques à Gonesse, faisant tout fuir devant eux ou prenant prisonniers.

La première semaine de septembre, le roi de Navarre chevaucha bien avec deux mille combattants, et alla à Melun rafraîchir ses gens et voir ses sœurs la Blanche et une autre nommé Jehanne. En son chemin, il ardit plusieurs villes, c'est à voir Chartres et autres.

Le mercredi, onzième jour du mois de septembre, environ de tierce, maître Thomas, chancelier du roi de Navarre, lequel avoit été en prison depuis le mercredi, douzième jour d'août, fut rendu à l'évêque de Paris, par vertu de certaines bulles du pape, et fut ledit chancelier assis sur un huys et levé par les épaules de deux hommes qui le portoient, parce qu'il étoit aux fers par les jambes. C'est ainsi qu'il partit du palais où il avoit été en prison ; mais avant qu'il fût le jet d'une pierre loin de la porte dudit palais, plusieurs compagnons de Paris lui coururent sus, le jetèrent par terre et le tuèrent.

Bientôt, il fut dépouillé tout nu, et resta en tel état sur les carreaux, au milieu d'un ruisseau de pluie qui couroit parmi le travers de son corps ; et vers vêpres, il fut traîné jusques en la rivière et jeté dedans.

Le dimanche, seizième jour de septembre, monseigneur Jehan de Pequigny, accompagné de grand nombre de gens d'armes, alla à Amiens, et par trahison de quelques-uns de ceux de ladite ville, entra aux faubourgs, et les brûla et les pilla, et ladite ville entière en fut aventure d'être prise.

Toutefois, par la volonté de Dieu et la résistance des faubourgs de ladite ville et du comte de Saint-Pol, qui hâtivement vint au secours, ledit messire Jehan de Péquigny et ses gens furent reboutés, et depuis furent pris quelques-uns des bourgeois de ladite ville, qui avoient été consentants de rendre ladite ville audit Péquigny, pour le roi de Navarre ; et eurent les têtes coupées, Jacques de Saint-Fucien et quatre autres bourgeois de cette ville ; et puis firent plusieurs Anglois et Navarrois plusieurs chevauchées en diverses parties du royaume, et par spécial, ceux qui tenoient la ville de Creil, chevauchèrent à Dammartin, à Gonesse, prirent une petite forteresse à deux lieues de Meaux, appelée Ossery, et aussitôt enforcèrent et rançonnèrent le pays.

Et pour avoir la rivière de Marne, ils allèrent à La Ferté-sous-Jeare (Jouare), et prirent une île en laquelle il y avoit une bonne tour, et sitôt l'enforcèrent, et bientôt eurent toutes les rivières qui venoient à Paris, c'est à savoir la rivière de Seine, à Melun, et la rivière de Marne, à La Ferté. Au-dessous de Paris, ils avoient encore la Seine, à Mantes, à Meulan, à Poissy, et la rivière d'Oise à Creil, et ainsi étoit Paris assiégé de toutes parts ; de même, étoit Rouen et Beauvais, par les forteresses qu'ils tenoient à l'entour, car ils étoient seigneurs de tout le Beauvoisis. Si ne pouvoit-on mener vin à Tournay, à Lille, ni à autres villes de Picardie.

Le vingt-cinquième jour dudit mois d'octobre, plusieurs des habitants de Paris, desquels les noms s'ensuivent, furent pris et emprisonnés : c'est à savoir Jehan Guiffard le Boiteux, Nicolas Poret, Jehan Moret, Girard Moret, Etienne Delafontaine, etc. etc.

Le lundi ensuivant, vingt-neuvième jour dudit mois d'octobre, plusieurs des maîtres de Paris, au pourchas des dessus nommés, allèrent en la maison de la ville, et firent grand clameur de leurs amis qui avoient été pris, en disant qu'ainsi pourroit-on faire de tous les autres bourgeois, et faisoient ainsi soutenir par paroles que ce avoit été fait en vengeance de ce qui avoit été fait par ceux de Paris, au temps passé, en disant qu'on les pourroit prendre les uns après les autres; tout cela pour émouvoir le peuple; et portoit la parole un clerc de Paris, appelé maître Jehan Blondel, lequel requit au prévôt des marchands qui lors étoit appelé Jehan Cudoé et à plusieurs autres qui là étoient, qu'ils allassent par devers le régent qui étoit au Louvre, pour lui requérir qu'il fît aussitôt délivrer les dessus nommés, ou qu'il dît la cause pourquoi il les avoit fait emprisonner.

Le régent répondit qu'il iroit le lendemain à la maison de la ville, et là se feroit dire les causes pourquoi il les avoit fait emprisonner; et quand il les auroit ouïs, s'il vouloit qu'on les délivrât, qu'il les délivreroit, et ainsi se partirent.

Plusieurs des bons et loyaux sujets du régent, qui surent qu'il devoit aller à l'Hôtel-de-Ville, et qui craignoient que les amis ou alliés desdits prisonniers n'y allassent pour contraindre le régent, s'armèrent, et y vinrent si forts qu'ils ne craignoient pas les autres.

Le régent vint et monta sur les degrés de la croix de Grève, et dit au peuple qu'il avoit été informé que les dessus dits prisonniers étoient traîtres et alliés au roi de Navarre.

L'an de grâce 1359, le dix-neuvième jour de mai, fut faite une convocation à Paris des gens d'église, de nobles et des bonnes villes, par lettres de monseigneur le régent, pour ouïr un certain traité de paix qui avoit été pourparlé en Angleterre. Peu de gens y vinrent, parce qu'on le fit tard savoir, et parce que les chemins étoient empêchés des Anglois et des Navarrois qui tenoient les forteresses françoises en toutes parties, par lesquelles on pouvoit aller à Paris, et aussi pour cause des pilleurs qui tenoient aussi quelques forteresses, et qui tant faisoient de piller qu'ils ne valoient guère mieux que les Anglois; et en étoit le royaume si semé, qu'on ne pouvoit aller par le pays. Cependant, si petite qu'elle fût, l'assemblée siégea jusqu'au samedi 25, jour où ledit régent fut au palais sur la pierre de marbre, en la cour; là, en présence de tout le peuple, il fit lire ledit traité par maître Guillaume de Dormans, avocat du roi en parlement, par lequel traité apparoissoit clairement que le roi d'Angleterre vouloit avoir le duché de Normandie, le duché et le château de Saintes et tout le diocèse et pays, la cité d'Agen, la cité de Tarbes, la cité de Périgord, la cité de Limoges, la cité de Cahors, et tous les diocèses et pays de Touraine, le comté de Boulogne, le comté de Guines, le comté de Ponthieu, la cité de Montreueil-sur-Mer, et toute la châtellerie, la terre de Calais, et toute la terre de Marck, et toute justice, seigneurie, ressort et souveraineté, sans que des terres dessus dites, le roi d'Angleterre fût en aucune manière sujet au roi de France, mais seulement voisin.

En outre, vouloit avoir le roi d'Angleterre, l'hommage du duché de Bretagne comme des autres terres dessus dites. En outre, il vouloit avoir quatre millions d'écus de Philippe, avec toutes les autres terres qu'il tenoit au royaume de France, par telle condition que le roi de France devoit faire compensation et indemnité à tous ceux qui avoient quelques choses sur lesdites terres. Et encore requéroit ledit roi anglois avoir la possession des villes et châteaux de Rouen, de Caen, de Vernon, du Pont-de-l'Arche, etc.; plus, cent mille livres sterlings et dix seigneurs pour otages; cela fait, il devoit mettre le roi de France en son royaume et pouvoir. Ce traité fut moult déplaisant à tout le peuple du royaume de France; et, après qu'on en eut délibéré, on répondit au régent que ce traité n'étoit point passable, et pour ce, ordonnèrent de faire bonne guerre auxdits Anglois.

Ici viennent de nouvelles levées d'hommes et d'impôts que les villes, les ecclésiastiques et les nobles fournirent. Les habitants du plat pays, ruinés par les courses des Anglois et des Navarrois, ne purent point venir en aide. Le roi d'Angleterre, rentré en France par suite du traité que le royaume n'avoit point voulu souscrire, vint se loger avec son ost aux environs de Paris. Enfin, on en vint à un traité. La Chronique parle de l'assemblée de Bretigny et du traité conclu entre le roi de France et le roi d'Angleterre; elle cite les termes de cette fameuse convention qui mit fin à la guerre, et les lettres par lesquelles les trèves furent proclamées. Après quatre ans de captivité, le roi Jean alloit devenir libre, et ses sujets alloient le revoir. Plusieurs chapitres de la Chronique sont consacrés à son départ d'Angleterre et à son retour en France. Le quatorzième jour de juin (1360), le roi de France donna à dîner au roi d'Angleterre en la tour de Londres, et firent grand semblant d'amour l'un à l'autre, et jurèrent par leur foi baillée l'un à l'autre, qu'ils tiendroient véritablement et loyalement la paix dessus dite par la manière que traité avoit été. Le mercredi 8 juillet, le roi de France arriva à Calais. Le 13 dudit mois, le régent alla à Calais pour voir son père, le roi de France. Le 3 et le 4 novembre, furent faites moult belles joûtes à Saint-Omer pour l'honneur du roi de France. Le **11** décembre, entra le roi à Saint-Denis, en France. Le 13 du même mois, alla le roi de France à Paris, et y fut reçeu moult humblement ; et furent les rues et le grand pont, par là où il passa, encourtinées (parées), et fut une fontaine près la porte Saint-Denis, qui rendoit vin aussi abondamment comme eau, et portoit dessus le roi un poelle (dais) d'or, sur quatre lances, et alla le roi faire son oraison à Notre-Dame, et puis retourna descendre au palais, et firent à lui ceux de Paris, un bel présent de vaisselle qui pesoit environ mil marcs d'argent.

La Chronique rapporte ensuite la mort du roi Jean, en Angleterre, où il s'étoit rendu pour traiter de la délivrance des otages (1363). Après le chapitre de la mort du roi Jean, on trouve quelques lignes sur Bertrand Du Guesclin, dont la Chronique parle ici pour la première fois ; puis vient un récit fort peu intéressant des funérailles du roi de France.

CHARLES V.

Les mémoires sur Du Guesclin et le livre de Cristine de Pisan, qu'on a pu lire dans cette Collection, donnent de nombreux détails sur les événements du règne de Charles V ; nos extraits de la Chronique de Saint-Denis pour cette époque ne seront donc qu'une rapide analyse des chapitres.

I. Ce premier chapitre, qui traite du sacre de Charles V, ne contient rien de remarquable.

II, III, IV. Il est question des affaires de Bretagne et de l'expédition de Castille ; nous renvoyons le lecteur aux mémoires sur Du Guesclin ; la Chronique de Saint-Denis n'ajoute rien de curieux.

V, VI, VII, VIII, IX. Nous en disons autant pour ces chapitres ; les renseignements qu'ils nous donnent n'ont aucun intérêt.

Dans le Xe et le XIe chapitre, nous ne devons qu'indiquer les détails donnés par la Chronique sur les grandes compagnies et sur les ravages des Anglois. Toujours sec et froid, l'analiste ne laisse point voir par la plus simple réflexion qu'il compatisse aux désastres des campagnes et des bonnes villes. Quelquefois seulement il se borne à dire en parlant des gens d'armes françois et étrangers : *ilz faisoient moult de maulx et tant que c'estoit pitié.*

XII, XIII. Nous trouvons ici une pièce assez curieuse. Après avoir parlé de l'appel fait contre le prince de Galles par plusieurs seigneurs de Guyenne, en 1360, la Chronique donne le contenu exact, sinon le texte, des *lettres* par lesquelles le roi d'Angleterre et le prince de Galles, son fils, renonçoient à la plupart de leurs possesssions du midi de la France. La longueur de cet acte nous empêche de le transcrire ; il nous suffit de l'indiquer.

XIV. Des détails assez curieux sur l'état de la France à cette époque ; ils se trouvent, comme à l'ordinaire, enregistrés sèchement et perdus au milieu de renseignements inutiles. *En la fin du mois de septembre*, dit la Chronique, *les Anglois des compagnies qui estoient au chasteau de la ville de Vire l'abandonnèrent pour une certaine somme qu'on leur donna.* Voilà comment on faisoit alors la guerre ; il y avoit cependant encore des gens de cœur. « Le jeudy treiziesme jour de novembre (1368) quelques chevaliers de la duché de Bourgogne au nombre de cinquante ou environ allèrent combattre les gens des compaignies qui étoient partis d'une forteresse d'auprès Beauvais, avoient chevauché par la duché de Bourgogne jusques à Crevan et s'en retournoient par la comté de Nevers. Les dessusdictz chevaliers ou escuiers tost les poursuivirent jusques à une ville appelée Samalai et là combattirent avec eulx et les déconfirent, et y en eut de ceulx des compaignies morts jusques au nombre de onze ou douze, et quarante prisonniers et les autres s'enfuirent, et furent delivrez grant foison de prisonniers que les compaignies avoient prins. »

XV, XVI. *De la nativité de Charles, le premier filz du roy Charles-le-Quint ; d'une solemnité qui fut faicte de son baptisement.* Le roi fut si joyeux de cet événement *qu'il fist donner aux colléges de Paris trois mil florins ou plus.* Quelques jours après (le 11 décembre 1368) le jeune prince fut baptisé à l'église Saint-Pol, *de la manière qui s'ensuit* : « Dès le jour précédent furent faictes lices de bois en la rue de devant ladicte église, et autour des fonts (baptismaux) de l'église, pour mieulx empêcher la grant presse de gens qu'elle ne fust trop grant. Premièrement devant ledit enfant, il y avoit deux cens torches et deux cens varlets qui les portoient, qui tous demourèrent en la rue, excepté seulement vingt-cinq torches qui furent dedans l'église. Et après estoit messire Hue de Chastillon, seigneur de Dampierre, maistre des arbalètriers, qui portoit un cierge, et le comte de Tancarville portoit une couppe en laquelle estoit le sel, et avoit une touaille (toile) sur son col, dont le sel estoit couvert. Et après estoit la royne Jehanne d'Evreux qui portoit l'enfant, et monseigneur Charles de Dampmartin estoit à costé d'elle. Et ainsi yssirent de l'hostel du roy de Sainct-Pol (situé rue Saint-Antoine) par la porte qui est la plus près de ladicte église. Et après ledit enfant estoit le duc d'Orléans, oncle du roy de France, et aussi y estoient monseigneur le duc de Berry et de Bourgogne, frères dudit roy de France, le duc de Bourbon, frère de la royne, et plusieurs autres grans seigneurs et dames : la royne Jehanne, la duchesse de Harecourt, la dame de l'Abret (sans doute d'Albret), sœur de la royne Jehanne, lesquelles estoient bien parées en couronnes et en joyaulx, et après plusieurs autres dames et damoiselles bien parées. Et ainsi fut apporté ledit enfant jusques à la grant porte de l'église de Saint-Pol à laquelle estoient, qui attendoient l'enfant, le cardinal de Beauvais, chancelier de France, qui ledit enfant crestienna (baptisa), et le cardinal de Paris en sa chappe de drap sans autre parement, et les archevesques de Lyon et de Sens, et les évesques d'Evreux, de Constances, de Troyes, d'Arras, de Meaulx, de Beauvais, de Noyon, de Paris; et les abbés de Sainct-Germain-des-Prez, de Saincte-Geneviefve, de Sainct-Victor, de Sainct-Magloire, tous en mitres et eu croces, et tous furent à crestienner l'enfant, et le tint sur les fonts monseigneur de Montmorency et fut appellé Charles, à cause de monseigneur de Montmorency qui ce mesme nom portoit...... En celluy jour fist le roy faire une donnée en la cousture de Sainte-Catherine (il existe encore une rue à peu près du même nom) de vingt deniers parisis à chascune personne qui y vouloit aller, et y eut si grant presse qu'il y eut plusieurs femmes mortes. »

XVII. La fin de l'expédition de Castille; nous avons déjà dit que cette guerre est très-amplement racontée dans les Mémoires sur Du Guesclin. Le XVIIIe chapitre ne contient rien de remarquable.

XIX, XX. Voici trois chapitres sur lesquels nous devons attirer l'attention. Ils traitent du *Parlement* tenu par Charles V, au sujet de l'appel fait contre le prince de Galles par plusieurs seigneurs françois : ils donnent la teneur des lettres écrites relativement à cette affaire par le roi d'Angleterre, et la réponse du roi de France et de son conseil. Ces pièces, qui occupent un grand nombre de pages dans la Chronique, peuvent être utilement consultées.

XXI. Du mariage de monseigneur le duc de Bourgogne et de madame Marguerite, fille du comte de Flandres. La Chronique donne le texte du traité conclu en cette circonstance; mais ce traité ne présente rien qui soit particulièrement digne de remarque.

XXII, XXIII. Quelques détails sur l'expédition du duc de Lancastre, en France; ils ne valent point cependant la peine d'être transcrits. Le chapitre XXIVe n'est point susceptible d'observations.

Nous n'en dirons pas autant du chapitre XXV, qui nous fournit des renseignements assez curieux sur *l'ordonnance faicte par le roy pour soustenir le fait de la guerre* : « En celluy temps le roy fist convocation de gens d'église, des nobles des bonnes villes et de son royaulme pour estre à Paris le septième jour de décembre l'an 1369, et leur fist exposer le fait de la guerre, laquelle il ne pouvoit mener sans avoir finance de son peuple, et leur requist ayde pour faire ladicte guerre. Et après plusieurs assemblées fut accordé que le roy auroit pour soustenir l'estat de luy et de la royne et de monseigneur le dauphin son filz, l'imposition de douze deniers pour livre sur la gabelle du sel. Et si leveroit-on pour la guerre un fouage (impôt) de quatre francs pour chascun feu (*feu* est pris pour famille) en bonne ville, et en plat pays un franc et demi, le fort portant le faible; en oultre on payeroit pour chascune queue (tonneau) de vin que on vendroit en gros le treizième denier, comme on avoit fait pour la délivrance du roy Jehan, et on payeroit le quatrième du vin que on vendroit en broche (c'est-à-dire au détail). Et à Paris on payeroit pour chascune queue de vin françois que on meneroit à Paris douze solz parisis, de vin de Bourgogne, vingt-quatre solz parisis. Et pour chascune vente en gros ou en broche ainsi qu'il a été dit. Et quant ils seroient vendus en gros, l'acheteur payeroit, et s'il estoit vendu à broche, le vendeur payeroit. »

XXVI. Des détails sur la conduite du roi de Navarre qui présentent peu d'intérêt. A leur suite la Chronique ajoute : « Le vingt-deuxième » jour du moys d'avril, l'an 1370, fut assise la » première pierre de la Bastille sainct Anthoine » de Paris, par Hugues Aubriot, alors prévost » de Paris, qui la fit faire des deniers que le roy » de France donna à la ville de Paris. »

XXVII, XXVIII, XXIX. Nous trouvons çà et là dans ces chapitres quelques détails sur la guerre des Anglois en France. Mais les Mémoires sur Du Guesclin sont beaucoup plus complets sur cette partie. La Chronique se contente de dire à la fin d'un chapitre : « Par toute celle année furent plusieurs batailles en divers lieux entre les » François et les Anglois, et eurent les François » plusieurs victoires. »

XXX, XXXI, XXXIII. Rien de remarquable. Le chroniqueur enregistre des naissances et des morts; il donne cependant des renseignements sur la réconciliation du roi de Navarre et de Charles V, en 1371.

Même stérilité d'événements dans les chapitres XXXIV et XXXV. L'annaliste dit seulement que les gens d'armes de France se battirent en plusieurs endroits de la Guyenne avec les Anglois, mais il ne donne aucun détail, et ne trouve rien de mieux que d'enregistrer la condamnation de quelques misérables hérétiques : chapitre XXXVI. « Le dimanche, quatrième jour du mois de juillet, l'an 1372, en la place de Grève à Paris, l'habit et les livres des Turelupins, autrement appellez et nommez la compaignie de pauvreté, furent condamnés de heresie par les inquisiteurs heretiques; et ce jour furent condamnez deux heretiques, c'est à sçavoir un homme qui étoit mort dans les prisons de l'evesque de Paris, durant son procez, seize jours ou environ avant ladicte condamnation, et une femme appellée Pieroime d'Aubenton de Paris. Et ce dimanche furent ars audit lieu de la place de Greve à Paris l'habit et les livres. Et le lendemain, jour de lundy, furent ars brûlés en la place aux Pourceaux, auprès de Paris, hors la porte Saint-Honoré (c'est là où l'on faisoit bouillir tout vifs les faux monnoyeurs), ladicte Pieroime et ledit mort, qui tousjours depuis sa mort avoit esté gardé en un tonneau plain de chaulx. »

XXXVII, XXXVIII, XXXIX, XL. Ces chapitres contiennent des détails sur la guerre des Anglois et sur les intrigues du duc de Bretagne, mais ils sont présentés sèchement et n'offrent point d'intérêt. Dans le chapitre XLI, la Chronique parle de pluies extraordinaires qui eurent lieu en France en 1373; ce fait est assez curieux en ce qu'il nous indique une des causes des revers des Anglois, que les difficultés des chemins chassèrent de France plutôt encore que les armes de Du Guesclin. Le duc de Lancastre avoit amené d'Angleterre *trente mil chevaulx et plus, et il n'est peut pas mettre à bord de aulx six mil et avoit bien perdu le tiers de ses gens et plus.*

XLII, XLIII, XLIV. Le chroniqueur de Saint-Denys parle de la prise de la Rochelle, et de l'assemblée de Bruges qui avoit pour but de rétablir la paix entre la France et l'Angleterre. On trouvera également dans ces chapitres quelques détails sur les négociations perpétuelles qui ralentissoient la guerre. Mais aucune critique dans la narration. L'annaliste nous donne cependant le texte de la loi sur la minorité des rois, dont on parla tant pendant les troubles du règne de Charles VI : « L'an de grâce 1375, le vingt-unième jour du mois de may, fut la loy que le roy Charles-Quint avoit faicte sur l'aage de son aisné filz et des aisnez filz des roys de France... Et est la loi telle : C'est à sçavoir que l'aîné fils du roy qui lors estoit et ceulx que pour le temps advenir seront aagez et tenus pour aagez, tantost que ils attaindront le quatorsiesme an de leur aage, ils pourront avoir leur sacre, couronnement et hommage, et faire tous autres faits qui à roy de France appartiennent. »

XLV, XLVI, XLVII, XLVIII, XLIX. Le premier de ces chapitres, qui est fort court, traite des affaires d'Angleterre, et ne présente aucun intérêt; les suivants contiennent des renseignements sur la guerre qui se continuoit entre la France et l'Angleterre. On peut s'en servir utilement pour compléter les mémoires de Du Guesclin; mais il ne faut pas oublier que ces faits sont présentés sans critique et que leur narration est même quelquefois fautive.

Les chapitres suivants, depuis le L^e jusqu'au LXIe, ne concernent que le voyage de l'empereur Charles IV en France. On trouvera à ce sujet une narration très-complète dans le *livre* de Christine de Pisan. Nous allons nous contenter d'indiquer les détails les plus curieux de la Chronique. L'empereur entra à Cambray le vingt-deuxième jour de Noël, mais il y resta plus long-temps qu'il ne s'y attendoit; la cause de ce retard est assez singulière. « Quoique les gens du roy sçussent bien que l'empereur avoit l'intention d'estre à Saint-Quentin pour Noël, ils firent tant qu'il demoura audit lieu de Cambray, qui est sa ville et sa cité, en laquelle il pouvoit faire ses magnificences et estats impériaulx que au royaulme de France on n'eut point souffert qu'il eut fait; et pour ce que l'empereur a coutume de dire à matines la septième leçon, revêtu de ses habitz et ornements impériaulx, il fut advisé par les gens du roy que au royaulme de France il ne le pourroit faire ni souffert ne lui seroit. Et il consentit de bonne voulenté à demeurer audit Cambray, pour faire son ordonnance acoutumée à son empire. » Il fit jusqu'à Paris un voyage triomphal, recevant partout des compliments et des présents dont la nature étoit souvent singulière : à Saint-Quentin, on lui fit *grands présents de chairs et poissons, de vin, de foin, d'avoine et de cire.* Mais cependant, ajoute la Chronique, « en ladicte ville et dans toutes les terres et villes, tant en venant à Paris comme à son retour, il ne fut reçeu à aucune église à cloches sonnants (au son des cloches), ni ne lui fut fait aucun signe de domination en seigneurie, qui n'appartient qu'au roy ou à ceux qui ont ses pouvoirs. Car cela ne doit être fait au royaume de France. » Par la même raison Charles IV et son fils n'entrèrent pas à Paris, montés sur des chevaux blancs; car « d'après les coustumes de l'empire, les empereurs ont l'habitude d'entrer dans les bonnes villes de leur empire et qui sont de leur seigneurie sur un cheval blanc, mais ne voulut pas le roy que en son royaume il fît ainsi, afin qu'il ne put être remarqué par quelque signe de domination. » Quant à la réception de l'empereur à Paris, et le cérémonial qui eut lieu à la cour, la Chronique nous donne des détails curieux; ces détails complètent la narration de Christine de Pisan.

LXIIe, LXIIIe, LXIV, LXVe, LXVIe. Ces Chapitres ne contiennent rien de remarquable, si ce n'est des détails assez intéressants sur les funérailles de Jeanne, reine de France; ils peuvent servir à l'histoire des mœurs du temps. Les cérémonies furent longues parce que le corps, les entrailles, et le cœur de la défunte furent ensevelis en trois endroits différents : « Et à chascun » desdicts enterrements qui furent fais, fut donné » à toutes personnes qui y voulurent aller, à cha- » que foys, quatre deniers parisis de bonne mou- » noye courant pour le temps de lors. »

Le LXVIIe chapitre, rien d'intéressant. Les suivants (LXVIIIe — LXXIe) contiennent la relation des embûches tendues au roi de France par Charles-le-Mauvais, et du supplice de Pierre du Tertre et de Jacquet de Rue, ses complices; la Chronique est sur ce fait plus complète que d'habitude.

Viennent ensuite plusieurs chapitres qui présentent peu d'intérêt (LXXII — LXXVII); ils traitent des affaires de la cour de Rome, et de l'élection de Clément VII. Le chroniqueur qui souvent se montre si court sur les faits les plus remarquables est ici d'une prolixité fastidieuse.

On trouvera dans les chapitres LXXVIII, LXXIX, LXXX, LXXXI, des détails sur les affaires de Bretagne, et la légation du pape Clément en France; quoique dénuée de toute crititique, la Chronique présente à ce sujet des renseignements qui peuvent être utiles. Du reste toujours la même sécheresse : l'annaliste enregistre une horrible mortalité qui décima la population parisienne en 1379, avec le même sang-froid qu'il parle du fait le plus ordinaire.

LXXXII. Ce chapitre parle de la trahison du vicomte de Rohan et autres seigneurs de Bretagne, partisans de Monfort, et de la révolte des Flamands contre leur comte : on y trouve une pièce assez curieuse, c'est le traité passé entre les gens des bonnes villes de Flandres et leur seigneur.

LXXXIII. La Chronique, entre autres faits qu'elle enregistre à la suite les uns des autres, parle de la *rébellion de ceux de Montpellier*. Elle est très-succinète là-dessus, mais elle emploie le chapitre suivant (LXXXIV) à raconter la punition exemplaire que le duc d'Anjou tira de cette révolte; les détails que nous donne le chroniqueur sont intéressants.

Le LXXXVe chapitre parle de la mort de Du Guesclin, mais sans développement; l'annaliste se contente de dire : « Il trespassa de ce siècle en l'autre, le vendredy, treizième jour de juillet, qui fut grand dommage au roy et au royaulme de France, car c'estoit un bon chevalier, et qui moult de biens avoit fait au royaulme de France, et plus que nul chevalier qui lors vequist. » Dans le chapitre suivant (LXXXVIe), la Chronique ne nous donne aucun renseignement curieux : elle enregistre sèchement la mort de Charles V, que Christine de Pizan a raconté d'une manière si dramatique. Les trois derniers chapitres (LXXXVIIe, LXXXVIIIe, LXXXIXe), sont sans intérêt; d'ailleurs, ils concernent le règne de Charles VI. Mais dans le premier chapitre de la Chronique de ce prince, nous trouvons le passage suivant : « L'an 1380, le seizième jour de septembre, alla de vie à trespassement le noble roy Charles, cinquième de ce nom, lequel fut nommé le Sage, car il avoit sens, prudence et discrétion pour gouverner son royaulme, tant en faictz de guerre, en résistant contre ses ennemys, que en conquestant et recouvrant ce qu'ils avoient gaigné, tenoient et occupoient, par vaillants chevaliers, chefs de guerre à ce commis et députez, comme connestables, mareschaulx et gens de guerre en armes exercitez; de même, sur le faict de la justice, il fist visiter les ordonnances anciennes de ses prédécesseurs, lesquelles il approuva. En grant honneur et révérence, il avoit l'église et les personnes ecclésiastiques; et grant espérance avoit en Dieu et en monseigneur sainct Remy, apostre de France; aussi, il se faisoit très-volontiers lire les épitres en l'église de sainct Remy, de Reims, là où il fut sacré, auquel lieu il fit de belles fondations et leur donna de belles et grandes revenues. . . . . Auquel temps du trespassement du feu roy Charles, cinquiesme, l'an 1380, les choses en ce royaulme estoient en bonne disposition, et avoit fait plusieurs notables conquestes. Paix et justice y régnoient, et n'y avoit obstacle, sinon l'ancienne haine des Anglois, desplaisants et comme enragez des pertes qu'ils avoient faictes, qui leur sembloient estre irrécupérables (non recouvrables), lesquelz sans cesser, espéroient et conspiroient la destruction totale de ce royaume, et contemnoient (méprisoient) toutes manières d'aventures de paix; souvent ils venoient d'Angleterre en France, et aucune fois (quelquefois), descendoient en Guyenne, l'autre fois en Bretagne, Normandie, Picardie, et espécialement (principalement) vers les rivages de la mer, boutèrent (mirent) et boutoient (mettoient) feu aux maisons du plat pays, comme aux granges, et partout où ils pouvaient, prenoient prisonniers et les menoient en Angleterre, et très-inhumainement les traitoient. Et, durant la vie dudit roy, pour résister aux entreprises desdits Anglois ennemis, estoient ordonnez et députez les ducz d'Anjou, de Berry, Bourgogne et Bourbon, lesquels étoient vers les marches des frontières, où ils faisoient leur devoir le mieux qu'ilz pouvoient. »

Dans le cours de cette analyse de la Chronique de Saint-Denis, pour le règne de Charles V, nous aurions pu souvent mettre à contribution la Chronique de Froissard, qui entre dans les plus grands détails, principalement sur les affaires de Bretagne; cette Chronique est trop connue pour que nous l'analysions; il nous suffit de l'indiquer comme un des monuments qui nous donnent le plus de renseignements sur le règne de Charles V.

FIN DES DOCUMENTS DEPUIS SAINT LOUIS JUSQU'A CHARLES V INCLUSIVEMENT.

LE LIVRE DES FAICTS

DU BON MESSIRE JEAN LE MAINGRE,

DIT BOUCICAUT,

MARÉCHAL DE FRANCE ET GOUVERNEUR DE GENNES.

NOTICE SUR BOUCICAUT.

Le père de Jean Le Maingre de Boucicaut avait été maréchal de France sous Charles V. Le surnom de Boucicaut lui fut donné pour un léger défaut qu'il avait à la taille ; et ce sobriquet, devenu héréditaire, est resté parmi les noms glorieux de notre histoire. Boucicaut, dont nous donnons ici les Mémoires, naquit à Tours en 1368, et fut nommé Jean ; il était encore un enfant lorsqu'il perdit son père que Charles V avait envoyé auprès du duc de Bourgogne, et qui mourut à Dijon. Sa première éducation resta aux soins de sa mère, *madame Fleuriel de Lignères, qui en son vivant estoit très-belle, sage et très-noble dame et d'honneste vie*. Sa bonne mère l'envoya d'abord à l'école ; mais l'étude avait peu d'attraits pour lui, et ses inclinations naturelles le portaient aux exercices de chevalerie ; il assemblait les enfants de son âge, et dans leurs jeux, ils cherchaient à imiter les diverses scènes de la guerre : leurs chaperons leur servaient de casques ; ils chevauchaient sur des bâtons ; des écorces d'arbre leur tenaient lieu de boucliers ; ces jeunes enfants passaient tout leur temps à lancer des javelots avec l'arc, des pierres avec la fronde, à franchir des fossés, à gravir des rocs comme pour monter à l'assaut ; souvent ils se divisaient en deux bandes et livraient des combats ; parfois ils allaient camper sur une petite montagne ou *montagnette*, et là ils se défendaient contre une autre troupe qui venait les assiéger. En tous ces jeux le jeune Boucicaut surpassait ses petits compagnons et montrait déjà ce qu'il devait être un jour ; l'historien de sa vie nous apprend que dès sa première enfance, ses manières étaient *seigneuriales* et qu'il ne *parloit mie moult, ni trop ne rioit* : sa fierté enfantine ne pouvait supporter une injure ; un jour il fut battu par son maître, parce qu'il avait frappé un de ses compagnons qui lui avait donné un démenti ; comme il ne pleurait point : voyez, dit le maître, comme ce seigneur-là est fier, il ne daigne pleurer ; l'enfant lui répondit : « Quand je » je serai seigneur, vous ne m'oserez battre ; et » je ne pleure point, parce que si je pleurois, on » sauroit que vous m'avez battu. » Quand il fut *grandelet*, Charles V, pour récompenser les services de son père, voulut qu'il fût élevé avec le Dauphin à l'hôtel de Saint-Pol ; quand il fut là, il se gouverna très-*gracieusement*, et se fit moult ai*mer du Dauphin, et des austres hauts et nobles enfants qui là étoient*. Son penchant pour le métier des armes ne fit que s'accroître en la compagnie de cette jeune noblesse ; il n'y avait alors qu'une carrière glorieuse, c'était la guerre ; on n'était prisé que pour ses exploits belliqueux ; enfin on ne *valait* que par l'épée ; aussi est-ce depuis ce temps-là que le mot de *vaillance*, qui avait d'abord un sens général, n'exprime plus que l'idée du courage militaire, et que l'épithète de *vaillant* est restée exclusivement aux preux et aux braves. Le jeune Boucicaut n'aspirait qu'au bonheur de vivre dans les camps, au milieu des travaux et des périls de la guerre ; à peine avait-il atteint sa douzième année qu'il voulut signaler sa valeur dans les combats ; cette passion troublait son sommeil, se mêlait à tous ses discours, à toutes ses pensées ; enfin il en parla tant que le duc de Bourbon l'emmena dans une expédition qu'il allait faire en Normandie contre les Anglais. Quelle joie montra *l'enfant Boucicaut*, quand pour la première fois il se vit l'épée au côté et le casque en tête ! *Il en estoit si joli*, dit son historien, *qu'il s'alloit remirant comme une dame bien atournée*. Sans doute qu'il ne se distingua pas par de grands exploits dans cette campagne, mais il put voir de près les plus illustres guerriers de ce temps-là, et parmi ces illustres guerriers se trouvait Bertrand du Guesclin, dont la présence dut ajouter encore à son ardeur guerrière. Quelque temps après, le roi l'envoya à l'armée, où le duc de Bourgogne et le duc de Bourbon faisaient la guerre au duc de Bukingham ; le *jouvencel* Boucicaut commença dès-lors à montrer sa vaillance ; c'était merveille de voir *si jeune enfant faire ce qu'il faisoit, et plus en auroit fait encore si on l'eût souffert*. En revenant à Paris, il fut *grandement* reçu par le roi et le dauphin son fils, qui avaient entendu parler de *ses grandes hardiesses*.

Boucicaut ne s'arrêta pas long-temps à la cour : comme le maréchal de Sancerre partit alors pour la Guyenne, le jeune guerrier l'accompagna ; la plus grande affaire de cette campagne fut le siége de *Monguison* ; Boucicaut s'y fit remarquer par son audace ; il faisait surtout l'admiration des soldats et des chefs par son adresse et sa vigueur dans tous les exercices de chevalerie : tantôt il s'essayait à monter sur un coursier, tout armé ; tantôt il s'exerçait à courir dans l'arène, à se servir de la lance, de la hache, de la massue ou de l'épée. Il faut voir, dans l'histoire de sa vie, les prodiges d'agilité et de force par lesquels il se distinguait, comme par exemple de faire le saut périlleux, armé d'une cotte d'acier ; de franchir un haut coursier d'un seul bond ; de grimper le long d'une échelle, ne se servant que de ses mains ; de monter et descendre, avec le seul secours de ses mains et de ses pieds, entre deux murailles de plâtre. Tous ces détails paraissent curieux et instructifs pour l'histoire, en ce qu'ils nous font voir quelle était l'éducation militaire de cette époque. Homère nous rapporte quelquefois les tours de force de ses héros sur le champ de bataille, et il a soin de nous dire que les hommes de son temps avaient bien dégénéré; ne pourrions-nous pas en dire autant des hommes de la génération actuelle, au moins pour ce qui regarde les exercices du corps? Il est d'ailleurs tout naturel que la force physique ait perdu une grande partie de ses priviléges depuis qu'on se sert de l'artillerie.

Boucicaut, après ses premières campagnes, arriva à *l'âge d'aimer*, et c'est ici qu'on peut reconnaître le temps où il vivait, la cour où il avait été élevé; son historien ou panégyriste ne craint pas de consacrer en cette occasion deux chapitres tout entiers à l'amour; il cite plusieurs grands hommes des temps passés et des temps modernes, entre autres du Guesclin, de Granson, le maréchal de Sancerre, lesquels *le service d'amour avoit fait devenir vaillants*. O noble chose, ajoute-t-il, *que d'amour qui bien sait en user*, quoiqu'à tort *aucuns le blasment!* Il faut nous reporter ici au règne de Charles VI, où la cour tout entière était livrée à la galanterie, où l'amour tenait ses *plaids et parlements* à l'hôtel même du roi, où toute la jeune noblesse était entraînée par l'exemple d'Isabelle de Bavière et de Valentine de Milan; le jeune Boucicaut fit comme les autres, mais il mit dans ses amours plus de décence et de retenue qu'on n'en mettait alors; il *n'étoit mie si hardy* (nous citons les Mémoires), de déclarer au premier abord ses sentiments comme les *robeurs* (roués du temps), qui sans façon et sans préambule *alloient aux dames requérir qu'ils fussent aimés*. Il était doux, *benin* et respectueux avec les dames et demoiselles; toutes servait, toutes honorait pour l'amour d'une; l'amour lui avait enseigné à composer ballades, virelais et rondeaux, qu'il chantait lui-même; dans ce temps, tous les jours se passaient en fêtes, et joûtes étaient ouvertes à tous venants. C'est dans les tournois surtout que se distinguait Boucicaut, se présentant dans l'arène, la lance baissée, ferme sur son destrier, toujours animé par le doux regard de sa dame; *les dames et toutes gens par grand plaisir le regardoient*; ainsi croissait au cœur du jeune héros, *desir et volonté d'être vaillant*.

Les Flamands s'étant révoltés contre le duc de Bourgogne leur seigneur, le roi Charles se rendit en Flandres à la tête d'une nombreuse armée; Boucicaut suivit le roi dans cette expédition, et malgré son extrême jeunesse, fut fait chevalier de la main du duc de Bourbon; le nouveau chevalier combattit avec distinction à la bataille de Rosebech, où la fortune se déclara pour les Français; ayant rencontré dans la mêlée un Flamand d'une très-haute stature, il ne craignit point de se mesurer avec lui; comme le Flamand le regardait avec mépris, et le raillait sur son jeune âge, Boucicaut le frappa d'une dague au défaut de sa cuirasse, et le voyant étendu par terre : *les enfants de ton pays*, lui dit-il, *jouent-ils à de tels jeux?* Cette action, dont on ne voit guères d'exemple que dans l'antique épopée, ajouta beaucoup à la renommée du jeune chevalier français. Quand la campagne de Flandres fut terminée, la France resta quelque temps en paix, et Boucicaut partit pour la Prusse, où les chevaliers teutoniques et beaucoup d'autres chevaliers chrétiens faisaient la guerre aux *païens* du nord, qu'on appelait du nom générique de Sarrasins; il nous reste peu de détails sur ses exploits contre les Infidèles du nord; il fit contre eux deux campagnes, et l'histoire se contente de nous dire que dans le pays des Prussiens, il y eut alors *belle guerre*.

A son retour des rives de l'Elbe, il trouva le duc de Bourbon, partant pour la Guyenne, où ce prince allait soumettre plusieurs villes et châteaux qui s'étaient livrés aux Anglais; Boucicaut, *qui austre chose ne queroit fors aventures d'armes*, ne manqua pas de suivre l'armée; il se distingua dans plusieurs sièges par son adresse intrépide à monter à l'assaut, et, dans l'intervalle des combats, il joûta souvent de *fer de glaive* avec des chevaliers anglais. Le duc de Bourbon ne tarda pas à terminer la guerre de Guyenne; alors Boucicaut craignit de rester oisif, et son caractère impatient l'entraîna au pèlerinage d'outre-mer. Il y avait encore dans les esprits quelque chose de cette dévotion et de cet enthousiasme belliqueux qui avait fait les croisades; la jeunesse guerrière avait encore les yeux sur la Grèce et sur la Syrie; les chemins de Jérusalem étoient toujours très-fréquentés par les pèlerins de toutes les contrées de l'occident; Boucicaut se mit en route, avec plusieurs compagnons, et s'embarqua à Venise pour Constantinople; arrivé dans cette dernière ville, les nobles chevaliers trouvèrent que l'empire était en paix avec les Turcs; ils se rendirent auprès du sultan Amurath, qui se trouvait alors dans le voisinage de Gallipoli, et lui offrirent de combattre dans ses armées s'il avait guerre avec les Sarrasins; Amurath ne s'occupait alors que des moyens de porter l'empire du croissant en Europe, et n'avait point d'ennemis à combattre parmi les Musulmans; le sultan les reçut toutefois avec courtoisie; il les retint à sa cour pendant trois mois, leur faisant *très-bonne chère* et leur donnant de grandes *festes*; puis ils quittèrent les rives de l'Hellespont, et revinrent à Venise par le pays de Bulgarie et de Hongrie. Cependant Boucicaut ne voulut point rentrer en France sans avoir vu Jérusalem; il prit passage sur un navire vénitien, et débarqua au port de Jaffa; il visita la ville sainte et tous les lieux consacrés par les souvenirs de l'Evangile et de l'Ecriture; pendant qu'il était encore à Jérusalem, il apprit que le comte d'Eu, cousin du roi de France, qui venait au saint pèlerinage, avait été arrêté à Damas, et que les Sarrasins le retenaient prisonnier. Boucicaut se rendit aussitôt auprès du comte d'Eu, dont il voulut partager la prison; ils furent tous les deux menés au Caire, et parurent devant le soudan, qui après quatre mois de captivité, les laissa aller où ils voulurent; sortis de prison, Boucicaut et le comte d'Eu allèrent visiter le monastère de Saint-Paul au désert, et l'église de Sainte-Catherine au mont Sinaï. Ils revinrent en Syrie, s'embarquèrent à Berouth, s'arrêtèrent à Chypre, à Rhodes, et arrivèrent à Venise, d'où ils repassèrent en France; les nobles pèlerins publièrent à leur retour un livre que l'on appelait le *Livre des cent Ballades*; ces cent Ballades ou Complaintes avoient été composées par Boucicaut et le comte d'Eu pendent leur voyage d'outre-mer; il est probable qu'ils y racontaient leurs tristes aventures, et les misères de leur captivité chez les Sarrasins.

Retrouver la paix en France n'était peut-être pas ce qui plaisait le plus à Boucicaut; au milieu de la tranquillité passagère dont jouissait le royaume, il fallait au moins au jeune héros une image de la guerre et de ses combats. Après avoir suivi en Languedoc le roi Charles, qui l'avait pris à son service, Boucicaut voulut faire parler de lui par quelque entreprise de chevalerie. Il *fit crier* en plusieurs royaumes et pays chrétiens, faisant savoir à tous princes, chevaliers et écuyers, que lui, accompagné de deux chevaliers, attendrait dans le lieu appelé Saint-Ingelbert, entre Boulogne et Calais, tous ceux qui voudraient se présenter pour *jouster au fer de glaive*; ils devaient tenir la place pendant trente jours, toujours prêts à livrer la joûte à tous venants; quand le terme commença à approcher, messire Boucicaut, avec ses compagnons, prit congé du roi et se rendit au lieu qu'il avait désigné. Trois pavillons furent élevés dans une plaine; non loin du pavillon s'élevait un grand orme, aux branches duquel étaient suspendus des écus d'armes; chacun des chevaliers avait attaché à l'une de ses branches deux écus, *l'un de paix et l'autre de guerre*; auprès de chacune des trois branches, on avait dressé dix lances, *cinq de guerre et cinq de paix*; au tronc de l'arbre était suspendu un cor, et tout homme qui demandait la joûte devait corner *d'icelui cor*, et s'il voulait joûte de guerre, ferir à l'escu de guerre, ou s'il voulait joûte de paix ou de *rochet*, *ferir* à l'escu de paix. Messire Boucicaut avait de plus fait provisions de très-bons vins et de toutes sortes de vivres en abondance, de telle sorte qu'on pouvait tenir *table ronde* pour tous ceux qui venaient. Nos trois compagnons *n'estoient allés là mie seuls*, mais ils avaient belle compagnie de chevaliers et de gentilshommes. On voyait en outre à leur suite, et dans leurs pavillons grand nombre de hérauts, trompettes, menestriers et autres gens de divers états. Boucicaut se faisait distinguer par la richesse de ses vêtements, par la courtoisie de ses manières, annonçant qu'il était prêt à *faire venir les armes qu'on voudroit requérir* ou demander; dans cette pensée il prit pour devise ces mots : *ce que vous voudrez*; et cette devise qu'il prit alors, il la garda toute sa vie. Quand le terme publiquement annoncé arriva, il ne manqua pas de preux chevaliers, partis d'Angleterre, d'Allemagne, de Flandres, d'Italie, qui vinrent pour se mesurer avec Boucicaut et ses deux compagnons. Parmi ces braves champions de l'honneur chevaleresque, on remarquait Jean de Hollande, frère du roi Richard, et le comte Derby, qui fut depuis roi d'Angleterre sous le nom de Henri. A mesure que les chevaliers arrivaient, ils s'approchaient de l'orme, touchaient les écus suspendus aux branches, et sonnaient du cor. Depuis le vingtième jour de mars jusqu'au vingtième d'avril, il n'y eut pas de jour où la lice ne fût ouverte, et ne vit les plus nobles des preux se disputer le prix d'armes. Que de lances volèrent en pièces, que de coursiers furent renversés par terre avec ceux qui les montaient! Beaucoup de chevaliers ne purent *parferir leurs coups* parce qu'ils furent *navrés et blessés*; mais le vaillant Boucicaut, et *ses bons et éprouvés compagnons n'eurent mal ne blessure*. De toutes les joûtes au fer de glaive, ils sortirent à *très-grand honneur du roi et de la chevalerie de France*. Toute l'Europe avait les yeux fixés sur la plaine de Saint-Ingelbert, et lorsque messire Boucicaut revint à Paris, il fut reçu comme s'il avait remporté une grande victoire sur les Anglais.

Froissart, qui ne manque jamais de raconter les beaux faits d'armes, consacre un long chapitre à cette joûte d'Ingelbert, et nomme tous les chevaliers anglais qui *coururent* des lances. Il rapporte que Charles VI assista *incognito* à cette solemnité chevaleresque, et que les trois chevaliers français gardèrent merveilleusement en cette occasion *l'honneur du royaume des lys*.

Ce fut alors que le duc de Bourbon se mit à la tête d'une espèce de croisade qu'on entreprit, de concert avec les Génois, contre Tunis que les historiens appellent la *cité d'Afrique*. Cette expédition contre les Infidèles dut vivement exciter l'ambition et l'ardeur chevaleresque de Boucicaut; mais le roi de France ne lui permit point de partager les périls et la gloire des nouveaux croisés; il fut long-temps à s'en consoler. Ne pouvant toutefois supporter l'inaction, il partit une troisième fois pour la Prusse, où il y avait grande compagnie de chevaliers et d'écuyers, et de gentilshommes, *tant du royaume de France comme d'ailleurs*. Boucicaut fit dans cette campagne tant de belles armes que tous *l'en louèrent*, et fonda, avec le haut maître de Prusse, *un fort et bel chatel* qui fut nommé Konisberg, et dont il eut le commandement. Il se trouvait à Konisberg, lorsque le roi Charles le nomma maréchal de France. Boucicaut quitta la Prusse et vint à Tours où était le monarque. De long-temps nul chevalier ne fut reçu à *plus grande feste*; Charles logeait avec sa cour dans la maison même de la famille Boucicaut. « Votre père, lui dit le roi, demeura
» en cet hôtel; vous naquîtes dans la chambre où
» nous sommes : il vous sera doux de recevoir en
» ce lieu même l'office de votre père. Au jour de

» Noël qui approche, nous vous donnerons à l'é-
» glise, après la messe, le baston de maréchal, et
» ferons recevoir de vous le serment accoutumé. »
Boucicaut qui était à genoux remercia le roi
comme il devoist faire, et quand vint la fête de
Noël il se leva de grand matin, puis s'en alla en
noble appareil à la messe devers le roi. Le monarque, entouré de sa cour, lui donna le baston, et pour lui faire honneur, le duc de Bourgogne reçut son serment; là étaient présents Olivier de Clisson, connestable de France, messire Jean de Vienne, amiral et *grand foison de baronie*, qui tous disoient que *ledist office ne pouvoit être en autre mieux employé*.

La fortune de Boucicaut était loin de répondre au rang que le roi venait de lui décerner. On sait que la noblesse avait alors des gentilshommes qui tenaient les manoirs et les châteaux, et d'autres qui, n'ayant d'autres biens que leur épée, couraient le monde comme chevaliers. Le nouveau maréchal appartenait surtout à cette noblesse de chevalerie; il n'avait que deux cents livres de rente; on lui conseilla de demander en mariage Antoinette, fille de Raymond, comte de Turenne; dans une si haute prétention, le jeune Boucicaut avait pour rival le fils du comte d'Anjou; mais il l'emporta, car la gloire de la chevalerie était quelquefois préférée par les dames à toutes les autres grandeurs; il faut ajouter que le roi et la cour s'étaient déclarés en faveur de Boucicaut; il nous reste une disposition du contrat de mariage dans laquelle messire Raymond de Turenne déclare avoir donné son consentement non seulement *pour le bien et l'honneur* de la *personne du maréchal*, mais *pour faire plaisir au roi de France*.

Peu de temps après son mariage, Boucicaut accompagnait Charles VI dans son expédition contre le duc de Bretagne; il fut témoin au Mans du premier accès de la funeste maladie qui survint au roi; dès lors, tous les grands projets furent abandonnés, et toutes sortes de désordres commencèrent à troubler le royaume. Depuis quelque temps on prêchait une croisade qui avait pour objet de secourir le royaume de Hongrie et l'empire grec menacé par les Turcs. Le jeune duc de Nevers, le sire de Coucy, le sire de la Trimouille, le comte d'Eu et un grand nombre de seigneurs français prirent l'engagement d'aller combattre les Infidèles; Boucicaut ne voulut point perdre cette occasion de revoir l'Orient qu'il avait visité, et de signaler son courage par quelques exploits contre les Sarrasins; il conduisit avec lui soixante-et-dix gentilshommes, dont quinze étaient ses parents; Froissart nous a donné des détails intéressants sur cette guerre de Hongrie qui fut si malheureuse. Cet historien a longuement décrit la bataille de Nicopolis, où les Hongrois, à force de prudence, firent douter de leur courage, où la noblesse française fut victime de sa témérité; le duc de Nevers et les seigneurs qui l'avaient suivi tombèrent entre les mains de Bajazet; le maréchal Boucicaut eut le même sort; tous furent chargés de chaînes, conduits en prison; comme les prisonniers étaient en grand nombre, le sultan résolut de les faire massacrer; il n'épargna que les princes et les seigneurs dont il espéroit avoir une rançon; la multitude des captifs, dépouillés de leurs vêtements, étaient amenés devant lui et tombaient sous le glaive des chiaoux; pendant ces terribles exécutions, Bajazet avait auprès de lui le duc de Nevers et les grands seigneurs qu'il avait épargnés; le malheureux Boucicaut, presque nu, fut amené avec les autres; lorsqu'il allait être massacré, le duc de Nevers reconnut son illustre compagnon, et se retournant vers le sultan, il joignit les deux petits doigts de ses mains, comme pour lui dire que lui et Boucicaut étaient unis comme des frères; ce signe, compris par Bajazet, sauva la vie du maréchal. On peut voir dans les Mémoires de Boucicaut et dans Froissart, quel fut le grand deuil que ces tristes nouvelles répandirent par toute la France et surtout parmi les dames et les demoiselles du royaume. Les prisonniers français restèrent long-temps dans les prisons de Brousse en Bithinie; dans le siècle dernier, on montrait encore aux voyageurs une tour remplie d'armures, parmi lesquelles on remarquait une lance qu'on appelait la lance de Roland; il est probable que cette lance était celle du duc de Nevers dont son courage fit surnommer *Jean-sans-Peur*. Pendant que les prisonniers étaient à Brousse, Boucicaut fut chargé de négocier auprès de Bajazet pour leur délivrance; il obtint d'abord sa liberté, puis il se rendit à Rhodes et à Mételin, pour se procurer de l'argent et pour intéresser les chevaliers de Saint-Jean et le seigneur Jacques Galutusio, au sort de ses compagnons; il revint ensuite à Brousse, et ne voulut point jouir de sa liberté avant que les autres captifs fussent tous délivrés. Au bout de plusieurs mois, il arriva des envoyés du roi de France, chargés de riches présents; on trouva l'argent nécessaire pour payer la rançon des prisonniers; Bajazet exigeait un million; mais Boucicaut obtint par d'habiles négociations que cette somme serait réduite à cent cinquante mille livres, qui furent payées comptant. Quand les nobles captifs furent libres de revenir dans leur pays, ils se rendirent d'abord à Mételin, où ils furent reçus à grandes fêtes par Jacques *Galutusio*, seigneur de l'île; et par madame sa femme, qui était, dit l'histoire du temps, *garnie et pourvue de toutes bonnes qualités et savoit d'amour et de galanterie tout ce qu'on peut savoir*. A son retour à Paris, le duc de Nevers se loua beaucoup au roi et à son père le duc de Bourgogne, des services que le bon maréchal lui avait rendus ainsi qu'à ses compagnons de captivité, et *toute la cour de France lui en sut moult bon gré*.

A peine Boucicaut était-il revenu dans ses foyers, où il avait besoin de prendre quelques repos, qu'il fut envoyé en Guyenne; le comte de

Périgord avait levé l'étendard de la révolte; le maréchal le battit, s'empara de ses châteaux et le ramena prisonnier au roi. Telle était la destinée de Boucicaut, qu'il ne pouvait rester inactif; et cette destinée, comme on l'a déjà vu, s'accordait assez bien avec ses goûts naturels et avec sa passion pour les aventures. En ce temps-là l'empereur Manuel, pressé par les Turcs, envoya en France un ambassadeur pour solliciter des secours; Charles VI chargea Boucicaut d'aller secourir les Grecs, et lui donna quatre cents hommes d'armes, quatre cents valets armés, avec un grand nombre d'arbalètriers; Gênes et Venise fournirent à cette expédition plusieurs galères. A peine arrivé à Constantinople, Boucicaut entra en campagne, et fit quelques incursions sur la rive orientale du Bosphore; il porta la terreur de ses armes depuis la rive droite de la mer Noire jusqu'au golfe de Nicomédie; tous ces exploits néanmoins n'aboutirent qu'à ravager les pays qui approvisionnaient Bysance, et la capitale de l'empire se trouva bientôt en proie à la famine, plus redoutable et plus cruelle que les Turcs. Boucicaut revint en Occident sans avoir vu les armées ottomanes, et comme les misères du vieil empire ne faisoient que s'accroître chaque jour, l'empereur Manuel accompagna le maréchal, se proposant de parcourir l'Europe et d'implorer l'assistance des princes de la chrétienté; on plaignit partout son infortune, sans montrer trop d'empressement à le secourir; et tandis qu'il attendait en vain l'effet de ses démarches et de ses supplications, Dieu tira Tamerlan des trésors de sa colère; on apprit que le sultan Bajazeth avait succombé dans la bataille d'Ancyre, et qu'il était prisonnier du conquérant tartare.

Alors la maladie de Charles VI ne faisait qu'empirer, et le royaume comme la cour de France était livré aux plus grands désordres: l'histoire de cette époque nous présente partout l'horrible licence des grands et du peuple; les lois n'étaient plus respectées; la justice était sans force contre la violence; il ne restait plus, pour protéger l'innocence opprimée, que l'esprit généreux et les vertus héroïques de la chevalerie. Souvent l'épée du chevalier suppléa au silence des lois, et défendit le pauvre et l'orphelin. En ce temps-là, beaucoup de dames et de damoiselles *estoient oppressées et travaillées d'aucuns puissants hommes*, et venant en vain au roi *comme à fontaine de justice*, elles ne pouvaient rien obtenir; leurs *piteuses* clameurs et complaintes touchèrent le maréchal Boucicaut, qui, pour les défendre, créa l'ordre de la *Dame-Blanche, à l'escu verd*. Cet ordre était composé de treize chevaliers; chacun d'eux s'obligeait à garder *l'honneur, l'estat, les biens, la renommée et la louange* de toutes dames et demoiselles de noble lignée, aussitôt qu'en était requis, et devait mettre cœur, vie, fortune, à soutenir leurs justes causes et querelles, et combattre à outrance, s'il le fallait, contre leurs tyrans et leurs oppresseurs. On verra, dans les Mémoires, les statuts de la chevalerie de la *Dame-Blanche, à l'escu verd*. L'histoire ne nous dit point ce que devint cette association chevaleresque et quels services elle rendit aux dames et aux demoiselles.

Les statuts de la *Dame-Blanche* sont de la dernière année du xive siècle 1399. A peu près dans le même temps, la république de Gênes, en proie à toutes les fureurs de l'anarchie, se donna au roi de France, et les Génois demandèrent à Charles VI, le maréchal Boucicaut pour gouverneur de leur cité; dès ce moment, Boucicaut entra dans une carrière tout-à-fait nouvelle et se trouva jeté au milieu d'un monde tout nouveau pour lui. Les mœurs de la chevalerie présentaient en effet un bien étrange contraste avec les gouvernements et les coutumes de l'Italie; les preux chevaliers de ce temps ne pouvaient voir sans surprise ces peuples toujours impatients de changer de lois, qui ne pouvaient souffrir long-temps les maîtres qu'eux-mêmes s'étaient donnés, et qui appelaient des étrangers pour les gouverner et les *seigneurier*: quoique le royaume de France fût alors fort troublé, et livré à mille factions, les preux et les gentilshommes, élevés à la cour de Charles VI, ne pouvaient se faire ce spectacle de toutes ces villes agitées et tourmentées par la violence des partis. Les Guelfes et les Gibelins étaient sans cesse en guerre les uns avec les autres, non qu'ils eussent à se disputer des terres, des seigneuries ou seulement à acquérir quelque gloire, mais uniquement parce que les traditions et les usages le voulaient ainsi, et que les animosités réciproques se transmettaient des pères aux enfants comme un héritage. Ces discordes héréditaires sont appelées, par l'auteur des Mémoires de Boucicaut, *coutume diabolique*; si Dieu permettait cette *pestilence*, ajoute-t-il, c'était sans doute pour l'*expiation des horribles péchés qui se trouvaient alors dans certains peuples d'Italie*.

Quand Boucicaut arriva à Gênes, il y fut précédé d'une grande réputation; plusieurs Génois l'avaient vu en Orient et vantaient son courage et son habileté; une multitude de peuple accourut au-devant de lui, en faisant retentir l'air de bénédictions: le nouveau gouverneur, à peine établi dans son palais, fit désarmer tous les habitants et leur défendit, sous les peines les plus sévères, de s'assembler en *parlement, en église, ou autre part*; il leur défendit surtout, sous peine *de la teste*, de se provoquer entre eux, et de troubler la paix publique en arborant l'étendard des Guelfes ou des Gibelins; les meurtriers et les voleurs furent pendus, les séditieux bannis du territoire; ceux qui se révoltaient contre le roi eurent la tête tranchée, et comme le sage gouverneur, ajoute l'auteur des Mémoires, *bien savoit que pour bien gouverner les gens de par de là, il faut leur monstrer qu'on est le plus fort*, grand nombre d'ouvriers et de maîtres de maçonnerie furent employés à construire deux citadelles qui devaient arrêter et contenir les ennemis du dehors et ceux du dedans. Telle était la politique de ce temps-là, et elle réussit très-bien à Boucicaut : alors commencèrent à revenir de toutes parts les nobles hommes qui n'osaient habiter la ville ; on cessa de craindre les *populaires*, les *trobans* et *mauvaises gens* qui ne vivaient que de pillerie et d'occision ; tous ceux qui vivaient des discordes publiques, furent obligés de travailler et de reprendre leurs anciens métiers et professions ; l'industrie et le commerce, protégés par les lois nouvelles, reprirent leur activité : l'histoire nous rapporte que jamais la cité n'avoit été plus tranquille, et les Génois envoyèrent alors des ambassadeurs à Charles VI, pour obtenir que le maréchal Boucicaut restât toute sa vie gouverneur de Gênes. Les ambassadeurs reçurent du monarque la grâce qu'ils étoient venus demander : et lorsqu'ils en rapportèrent la nouvelle dans leur pays, toute la ville fut transportée de joie.

A cette époque, Gênes avait de grandes possessions en Orient ; le faubourg de Pera à Constantinople, Caffa en Crimée, l'île de Chio, l'ancienne et la nouvelle Phocée étaient autant de colonies génoises ; les Génois avaient en outre un grand nombre de châteaux sur la mer Noire, sur l'Hellespont, dans l'Archipel et sur les côtes de l'Ionie. Le nouveau gouverneur de Gênes envoya des commissaires dans tous ces pays, et comme ces commissaires étaient envoyés au nom du roi de France, ils firent graver sur les tours et sur les portes des villes des lys qu'on peut voir encore aujourd'hui parmi les ruines. Un an après que Boucicaut eut pris le gouvernement de Gênes, il arriva que le roi de Chypre s'empara de Famagouste, une des principales cités de l'île, qui appartenoit aux Génois ; il fallut faire une expédition pour la reprendre, et ce fut une occasion pour le maréchal Boucicaut de revenir à son premier penchant pour les excursions lointaines et les aventures guerrières. Il quitta la cité de Gênes où sa présence était plus utile peut-être qu'en Orient, et s'embarqua à la tête d'une flotte et d'une troupe d'élite ; Famagouste fut rendue aux Génois par l'intervention des chevaliers de Rhodes, et Boucicaut aurait pu dès lors revenir à Gênes ; mais son ambition était de signaler son courage contre les Sarrasins ; il s'empara d'Alexandrette, il fit ensuite une descente sur les côtes de Lattaquié et de Tripoli ; il brûla et pilla Sidon et Beyrout ; alors le commerce et les possessions d'Orient excitaient comme aujourd'hui la rivalité et la jalousie des puissances maritimes de la chrétienté, et tout comme cela arrive de nos jours, l'ambition et la cupidité appelaient à leur aide la ruse, la tromperie et la mauvaise foi ; la république de Venise était la puissance rivale de Gênes ; l'expédition génoise, commandée par Boucicaut, réveilla les soupçons et les défiances des Vénitiens ; ceux-ci firent partir une flotte pour suivre celle de Boucicaut ; la flotte vénitienne suivit partout les Génois ; dans plusieurs occasions, elle fit avertir les Sarrasins de se tenir sur leur garde, et lorsque Boucicaut revenait en Italie, il fut attaqué à l'improviste par l'amiral vénitien Zeni, entre Modon et les îles Sapience. De là une guerre ouverte entre Venise et Gênes. Boucicaut crut pouvoir terminer cette querelle à la manière de la chevalerie ; il appela le doge et l'amiral de Venise en champ clos : il leur proposa tous les moyens de se battre connus parmi les chevaliers, il les provoqua sur terre et sur mer ; le doge et l'amiral vénitien ne répondirent point à toutes les provocations, et le maréchal en fut pour ses menaces chevaleresques. Nous ne suivrons point ici le biographe du maréchal de Boucicaut dans tout ce qu'il nous dit de ses vertus, de ses bonnes mœurs, et de sa manière de vivre dans son gouvernement : il était très-miséricordieux pour tous ceux qui souffraient ; sa charité ne s'étendait pas seulement aux pauvres de Gênes, mais il envoyait des aumônes à Paris, où *il y avoit alors maintes nobles et grandes pauvretés*. Chaque jour il assistait à deux messes, et disait *ses Heures et maintes oraisons* ; il n'était plus là comme à la cour d'Isabelle, où la galanterie se mêlait à tout. Il gardait le lien du mariage en grande loyauté, et ne souffrait pas que la décence fut outragée, car en Italie, *ils estoient moult jalouse gent et n'avoient desir qu'on allast debaucher leurs femmes*. La plus grande qualité du maréchal était l'amour de la justice. Plein de rigueur pour les méchants, indulgent pour les faibles, tout le monde respectait ses jugements ; il craignait l'oisiveté, et se levait de grand matin ; il employait trois heures en œuvres d'oraison, il tenait conseil ensuite jusqu'au dîner ; après vêpres, il donnait audience à *toutes manières de gens* ; ici son biographe s'inquiète pour sa santé, et s'afflige de ne lui voir prendre aucune récréation de *joyeuseté* ou *d'esbattement*.

La renommée de Boucicaut et la considération dont il jouissait comme lieutenant du roi de France, lui attirèrent l'estime et l'affection de plusieurs seigneurs d'Italie ; le seigneur de Padoue vint le voir plusieurs fois à Gênes, et fit hommage au roi de France, entre les mains du maréchal, des seigneuries de Padoue et de Véronne ; la comtesse de Pise, et son fils messire Gabriel, recherchèrent aussi l'amitié protectrice du maréchal, et remirent entre ses mains la seigneurie de Pise et son comté. Cet hommage de la seigneurie de Pise devint pour le gouverneur de Gênes une source d'embarras et d'affaires difficiles dans lesquelles sa sagesse fut souvent mise en défaut par les Pisans ; ceux-ci, selon *la générale coutume qui est au pays de de-là de ne pas se tenir longuement sous une seigneurie, quand ils se sentent les plus forts*, avaient secoué le joug de leur seigneur ; la politique de Boucicaut fut sage et modérée, mais pour un chevalier fidèle à son prince comme à son Dieu, accoutumé d'ailleurs à traiter les affaires avec son épée, comment se faire à la capricieuse et inconstante humeur de la multitude, comment se tenir toujours en garde contre les ruses et les finesses des démocraties italiennes ; il ne s'agissait plus de joûtes au *fer de glaive* avec des champions s'avançant ouvertement dans la carrière, mais de lutter avec des passions et des jalousies populaires, pour lesquelles tous les moyens étaient bons ; les Pisans, pour échapper au maître qui les gouvernait, se donnaient volontiers au roi de France ; mais à peine avaient-ils fait leur serment, qu'ils foulaient au pied le drapeau des lys ; ils envoyaient quelquefois le même jour la populace pour maltraiter les gens du roi, et des ambassadeurs à Boucicaut pour déplorer les excès de la populace ; dans les conférences les plus solennelles, ils ne reconnaissaient que Boucicaut pour juge de leurs différends, et dans leurs négociations secrètes avec les Génois, ils conseillaient à ces derniers de tuer Boucicaut et de se remettre en république ; les Pisans ne voulant point reconnaître pour souverain le roi de France, le seigneur de Pise vendit sa ville aux Florentins ; ceux-ci ayant accepté le marché, voulurent prendre possession et s'emparer de Pise par la force des armes. Florence devait faire hommage au roi de France, et de son côté le gouverneur de Gênes s'était engagé à se déclarer contre les Pisans s'ils refusaient de se soumettre ; que firent alors ces derniers ? ils envoyèrent des ambassadeurs à Paris, et promirent de se donner au duc de Bourgogne, qui obtint du roi que les Français respecteraient la ville de Pise ; ainsi furent annulés tous les traités qu'on avait faits avec Florence, et *n'étoit pas grand honneur à la maison de France*, dit l'historien de Boucicaut, *telle variation que d'aller contre ce qui avoit été promis et scellé* ; toutefois les Florentins finirent par s'emparer de la ville de Pise et la soumirent à leur domination.

Le gouvernement de Gênes, les négociations avec Pise et Florence ne suffisaient point à l'activité de Boucicaut ; le maréchal s'occupa à plusieurs reprises des moyens d'apaiser le schisme qui troublait le sein de l'église ; il négocia longtemps, mais sans succès, avec le pontife de Rome et celui d'Avignon ; il obtint qu'un concile s'assemblerait à Pise ; mais ce concile, en nommant un troisième pape, ne fit qu'accroître le désordre ; ce schisme de l'église dura trente ans, sans qu'aucun effort humain pût le faire cesser ; car il y a des maux auxquels la Providence se réserve à elle seule de mettre un terme. Tout ce que put faire le maréchal Boucicaut, ce fut d'engager les Génois à reconnaître le pape d'Avignon.

Boucicaut fut plusieurs fois appelé à intervenir dans les affaires du duché de Milan ; enfin le duc de Milan, attaqué par le duc de Montferrat, s'adressa au gouverneur de Gênes, et promit de faire hommage de son duché au roi de France ; Boucicaut accepta facilement les propositions qui lui étaient faites, et demanda à Charles VI une troupe d'élite pour remplir toutes les conditions du traité qu'on lui proposait ; le roi lui envoya mille hommes d'armes *avec gens de trait* ; Boucicaut alla au-devant de ce renfort, se mit à la tête des braves qu'on lui envoyait ; il entra en Lombardie et s'empara de Plaisance ; arrivé dans la capitale du duché, il arbora le drapeau des lys, et fit faire des proclamations au nom du roi. Tandis qu'il prenait ainsi possession de cette nouvelle conquête, une révolution éclatait dans la ville de Gênes ; sept ans étaient à peine écoulés depuis que le peuple génois s'était donné au roi de France, et déjà la domination que lui-même s'était imposée lui paraissait insupportable ; les mécontents appelèrent à leur secours le duc de Montferrat ; on massacra les Français qui occupaient les forts et qui gardaient la ville ; la république de Gênes proclama son indépendance ; quand Boucicaut, dit une chronique du temps, sut ces nouvelles, il *fut moult troublé* ; peu s'en fallut que le peuple de Milan n'imitât celui de Gênes, et qu'il ne se portât à de terribles violences contre les Français ; le maréchal Boucicaut, grâce à la bravoure de ses hommes d'armes, parvint à contenir la multitude irritée, mais il fut bientôt obligé de quitter la ville ; après son départ, quelques Français qui étaient restés, furent traînés en prison, et, si nous en croyons la chronique déjà citée, le duc les fit *manger à ses chiens*. Boucicaut fit d'abord quelques tentatives pour rentrer dans Gênes ; mais il n'avait pas assez de force pour réduire la ville, et finit par se retirer en Piémont, où le prince le prit à sa solde avec ses gens d'armes ; le maréchal attendit ainsi pendant plus d'un an, espérant toujours qu'on lui enverrait des secours, et qu'il pourrait rentrer dans son gouvernement ; mais la France troublée par toutes sortes de faction, ne pouvait plus se faire craindre au-delà des Alpes ; tout ce qu'on put faire, ce fut d'envoyer d'abord à la république de Gênes des messages menaçants qu'elle méprisa ; puis d'arrêter et de dépouiller tous les Génois qui se trouvaient sur le territoire français. Les chroniques du temps, en déplorant la perte de Gênes, ajoutent que le roi de France perdit en même temps de grands avantages en Orient ; car, disent-elles, *à l'occasion de ladite seigneurie de Gênes, le roi tenoit villes et ports de mer jusques dans le pays de Turquie, de Tartarie, de Cipre et de Grèce, qui tous se rebellèrent comme Gênes*.

Quand Boucicaut revint à Paris, la maladie de Charles VI ne faisait qu'empirer chaque jour et ne laissait aucun espoir de guérison ; la discorde et la guerre civile désolaient la capitale et les provinces. L'histoire, dans ces jours de trouble et de révolution, ne parle guère que des factions, et de ceux qui échauffaient les passions populaires ; elle ne cite guère que les noms des chefs de partis, et de ceux qui opprimaient ou égaraient les peuples. Boucicaut n'est plus nommé dans les chroniques contemporaines ; nous savons seulement qu'en 1414, il fut envoyé en Normandie pour s'opposer à l'invasion des Anglais.

Impatient de profiter des grands désordres qui troublaient le royaume, Henri V débarqué sur les côtes de Honfleur, avec une armée, s'empara de plusieurs villes et pénétra dans la Picardie, où se livra la terrible bataille d'Azincourt. Le connétable de France et le maréchal Boucicaut commandaient l'avant-garde de l'armée française. On sait qu'une grande partie de la noblesse du royaume périt dans cette fatale journée. Boucicaut fut fait prisonnier sur le champ de bataille, et conduit en Angleterre avec le connétable sire d'Albret, Charles d'Orléans, le comte d'Eu, le duc de Bourbon et plusieurs autres princes et seigneurs, tombés comme lui entre les mains du vainqueur. Tous ces nobles captifs furent long-temps retenus loin de leur patrie, sans aucune espérance de rançon. Nous ne savons rien de leur séjour sur une terre étrangère, si ce n'est que l'étude et la poésie consolèrent quelquefois leur exil. Il nous reste un *rondels* ou rondeau, adressé par Jean de Boucicaut à Charles d'Orléans, et la réponse de son illustre compagnon d'infortune. Boucicaut conseille au prince de ne pas s'abandonner à d'austères chagrins, et de reprendre quelque chose de son caractère enjoué et de son goût pour les plaisirs; selon lui, il faut se faire une règle qu'on puisse suivre dans toutes les situations et dans tous les âges de la vie; changer brusquement et renoncer à ses goûts, n'est point une marque de sagesse, mais une espèce d'apostasie;

Laisser tout, c'est hypocrisie,

Charles d'Orléans répond aux conseils de Boucicaut:

Ce n'est pas par hypocrisie,
Ni je ne suis pas apostat,
Pourtant se change mon estat
Dans les derniers jours de ma vie.
. . . .
Et pour ce ne me blamez mie.
Ce n'est pas par hypocrisie (1).

Le maréchal Boucicaut, qui cherchait ainsi à consoler ses compagnons, n'avait pas lui-même le courage ni la force de supporter toutes ses douleurs: il avait perdu un fils unique, l'espoir de sa maison; sa femme était morte de désespoir, après la bataille d'Azincourt; on lui avoit donné un successeur, comme maréchal de France; et, ce qui devait l'affliger encore davantage, un prince étranger, un roi d'Angleterre venait de s'asseoir sur le trône des lys. Boucicaut ne put résister à tant de malheurs, et mourut en 1421, après une captivité de six ans. Ses dépouilles mortelles, transportées à Tours, furent ensevelies dans une chapelle de l'église de Saint-Martin. On rappela dans son épitaphe les dignités qu'il avait eues pendant sa vie, telles que celle de maréchal de France, celle de connétable de l'empire grec, puis étaient écrits au bas ces mots: *Lequel trépassa en Angleterre, illec étant prisonnier.* Boucicaut avait fait son testament quelques mois avant de mourir; ce qui prouve, comme nous l'avons dit plus haut, que la culture des lettres avait occupé ses derniers instants, c'est que, parmi les legs faits à ses amis, on remarque plusieurs ouvrages qu'il leur laissait; il donnait à messire Charles d'Artois, comte d'Eu, le *rouman* ou le livre intitulé: *Le Régime des Princes*, et un autre volume qui avait pour titre: *Des bonnes Mœurs*; il légua aussi à son chapelain un *Traité de l'Amitié*; tous ces ouvrages étaient traduits du latin en français.

L'auteur des Mémoires de Boucicaut n'est point connu. Le maréchal Boucicaut vivait encore, et sa carrière politique était loin d'être terminée, lorsqu'on écrivait son histoire; aussi l'historien, en achevant son livre, invite les personnes éclairées à poursuivre l'œuvre qu'il a commencée. On doit croire qu'il mourut lui-même avant son héros, et que personne ne répondit à l'invitation qu'il avait faite, car il ne nous est rien parvenu qui puisse être regardé comme la suite ou le complément des Mémoires qu'il nous a laissés. Cet auteur, quel qu'il soit, n'a fait qu'obéir à la volonté des personnages notables, qui l'avaient engagé à écrire la vie du maréchal Boucicaut, et lui avaient donné pour cela tous les renseignements nécessaires; ceux-ci, nous dit le biographe, n'avaient pas voulu être nommés, pour éviter tout soupçon de partialité et de flatterie. Je ne suis pas éloigné de penser que le maréchal Boucicaut ne fût lui-même une de ces personnes notables dont nous parle son historien; j'ai plusieurs motifs pour avoir cette opinion: le premier, c'est qu'on trouve dans les Mémoires et surtout dans la partie relative aux affaires de Gênes et aux négociations avec les Pisans, des détails et des circonstances qui ne pouvaient être connus que du maréchal; le second motif, c'est que dans le temps où les Mémoires ont été écrits, Boucicaut, alors gouverneur de Gênes, commençait à perdre la grande popularité qu'il avait eue en France et en Italie; à chaque page du livre, se trouve exprimé très-clairement et souvent en termes très-vifs le chagrin d'être mal jugé et mal apprécié; dans certains chapitres, on semble pressentir la catastrophe de Gênes, et l'historien qui se plaît à comparer son héros aux grands hommes de l'antiquité, ne le compare plus, vers la fin de son récit, qu'aux grands personnages qui ont été victimes de l'injustice ou de l'ingratitude. Il est aisé de voir que le maréchal sentait le besoin d'être défendu contre les *malveillans* dont le nombre s'accroissait chaque jour. Il suffit de lire les titres de certains chapitres; tantôt ce sont des avertissements sur l'inconstance de la fortune; tantôt des lamentations sur la destinée des hommes de bien qui *sont toujours enviés*; dans un autre chapitre, on essaie de prouver qu'il ne faut *mie croire aux*

---

(1) Ces vers qui n'ont jamais paru sont tirés des poésies de Charles d'Orléans, réunies avec beaucoup de soins et de goût par M. Soulié, de la Bibliothèque de l'Arsenal.

paroles et aux opinions du peuple. Les *Mémoires* qui nous restent, furent donc une véritable apologie; ainsi, il me paraît tout simple qu'ils aient été écrits, sinon d'après l'inspiration directe du maréchal, au moins d'après celle de ses amis et de sa famille.

Ce qui est arrivé pour cette histoire de Boucicaut peut nous expliquer l'origine de beaucoup d'autres Mémoires historiques, dictés par la même pensée et publiés dans le même but. Tout le monde sait jusqu'à quel point, dans notre nation, on a toujours porté la susceptibilité pour les jugements du public. Nulle part, on ne fut plus sensible au blâme et à la louange; nulle part, on ne supporta moins le mépris et l'injure; nulle part, on ne sentit mieux le prix d'une bonne renommée! Que de grandes choses ont été faites parmi nous, non seulement pour l'amour de la gloire, mais par la crainte d'être mal jugés! Dans les jours les plus malheureux de notre histoire, quel prince, quel capitaine, quel magistrat ne s'est pas inquiété de l'opinion qu'il laisserait après lui! Cette disposition à s'inquiéter de l'opinion d'autrui, tient à un caractère éminemment social; on la retrouve sans doute dans tous les pays; mais elle s'est toujours manifestée en France avec plus de vivacité que partout ailleurs. Nous laisserons à d'autres le soin d'expliquer comment une pareille disposition des esprits a pu concourir puissamment aux progrès de notre civilisation. Nous parlerons seulement des services que cette noble susceptibilité a rendus à l'histoire en général, car c'est à ses inspirations, c'est au besoin d'avoir pour soi l'opinion des hommes, que nous devons la plupart de ces Mémoires particuliers qui fournissent tant de précieux documents à l'historien, et jettent tant de lumières sur nos Annales.

Il s'en faut de beaucoup, toutefois, que les Mémoires de Boucicaut aient le même intérêt que ceux de Joinville; le défaut qu'on peut surtout leur reprocher, c'est qu'ils ne nous présentent jamais que le maréchal Boucicaut; la plupart des grands événements, des révolutions contemporaines, y sont à peine indiqués. Il y a bien quelque charme dans la narration de l'auteur anonyme, mais on y chercherait en vain ce naturel, cette naïveté qui nous plaît dans le bon sénéchal de Champagne. L'historien de Boucicaut ne paraît occupé, dans tout son ouvrage, que de faire valoir son héros; ce sont partout des louanges excessives; et rien n'est moins naïf que la flatterie. Les derniers chapitres des Mémoires sont consacrés à nous montrer les vertus, le génie, la profonde sagesse du gouverneur de Gênes; on n'aime pas, même dans l'histoire, les héros si parfaits; ce n'est pas que la perfection déplaise, mais on y croit médiocrement; à mesure qu'il avance dans son panégyrique, l'auteur devient plus grave, son récit prend une physionomie plus sérieuse et plus austère. L'enfance et la jeunesse de Boucicaut avaient des détails qui nous charmaient; quelquefois l'âge mûr du héros nous fatigue et nous ennuie. Ce qui ôte aussi aux Mémoires de Boucicaut le naturel et la simplicité qu'on désirerait y trouver, c'est une manie d'érudition qui vous arrête presque à chaque page. Au temps où les Mémoires ont été écrits, tous les esprits qui avaient quelque culture, se tournaient vers l'antiquité; on ne pouvait obtenir un rang dans le monde lettré, si on ne savait au moins quelque chose des Grecs et des Romains, et la palme n'était promise qu'à ceux qui citaient beaucoup les anciens; l'historien de Boucicaut, qui était sans doute un savant clerc, a suivi le goût de son siècle; aussi, les personnages de la Fable et de l'histoire ancienne reviennent-ils incessamment sous sa plume. Lorsqu'on veut connaître les faits du règne de Charles VI, on s'impatiente d'être à chaque instant reporté au temps d'Alexandre ou de César. A force de comparaisons entre les héros des temps antiques et les héros du moyen-âge, qui ne se ressemblent point ou qui se ressemblent peu, il arrive qu'on ne reconnaît plus ni les uns ni les autres; on sourit de voir le maréchal Boucicaut mis à tout propos en parallèle avec le bon *chevalier* Scipion l'Africain, avec les *prud'hommes* Fabius et Phocion, avec l'excellent *prince de Rome*, Pompée, avec le *grand duc de Carthage*, Annibal. Les érudits de ce temps-là avaient une telle idolâtrie pour l'antiquité, que tout ce qu'elle avait produit était l'objet de leur respect; tout ce qui avait existé il y a deux mille ans, était admirable, divin, et devenait la mesure de toute espèce de mérite, de toute espèce de grandeur. Il n'y avait de gloire, il n'y avait de sagesse chez les modernes que celle qu'on pouvait comparer à celle des anciens. En célébrant l'éloquence de Boucicaut, son historien ou son panégyriste se croit obligé de nous rappeler celle de Démosthènes; en nous parlant de la dévotion toute chrétienne de son héros, il nous parle de celle de Socrate. Tout cela nous fait regretter davantage que le maréchal Boucicaut n'ait pas lui-même écrit ses Mémoires; car il aurait été moins savant, et son histoire eût été plus intéressante pour la postérité.

En jugeant le maréchal Boucicaut, d'après l'histoire qui nous est restée, on lui trouve un caractère plus aventureux qu'héroïque; il nous présente presque partout un homme, poussé par une extrême envie de se faire remarquer : il y a beaucoup de mouvement et d'agitation dans sa vie, et néanmoins rien d'éclatant; il ne peut tenir en place; on a peine à le suivre en Orient, en Occident, au nord de l'Europe; avec cette prodigieuse activité, Boucicaut n'a attaché son nom ni à une victoire célèbre, ni à une conquête importante, ni même à une grande infortune : ses mémoires n'intéressent pas comme ceux de Du Guesclin, parce qu'ils ne présentent en quelque sorte que des scènes épisodiques qui ne se lient pas à un même objet : la vie de Boucicaut, en un mot, telle qu'elle nous a été transmise, est pour nous comme un poème ou comme un drame sans unité.

Cette histoire toutefois mérite de fixer notre attention, parce qu'elle nous offre, surtout dans les premiers livres, une peinture véritable de l'éducation, de l'esprit, des mœurs de la chevalerie; on aime à y retrouver, représentée assez fidèlement, cette humeur vagabonde et aventureuse de nos anciens preux, cet héroïsme nomade qui fit les croisades et qui existait encore au temps de Boucicaut. Sous le rapport des mœurs guerrières et chevaleresques du xiv⁰ et du xv⁰ siècle, les Mémoires qu'on va lire ont une grande importance historique.

Ces Mémoires ont été composés dans les premières années du xv⁰ siècle, dans le temps où Boucicaut était encore gouverneur de Gênes; l'auteur anonyme écrivit à peu près dans le même temps que Christine de Pisan, et son style est plus clair, sa narration plus facile à suivre; aussi n'avons-nous pas besoin d'y ajouter une version pour en faciliter la lecture.

Le livre *des faits de messire Jean Le Maingre, dit Boucicaut,* a été publié, pour la première fois, en 1620, par Théodore Godefroi; il ne reste qu'un seul manuscrit de ces Mémoires; ce manuscrit se trouve à la Bibliothèque du roi, où nous avons eu soin de le consulter pour la présente édition.

LE LIVRE DES FAICTS
DU MARESCHAL DE BOUCICAUT.

PREMIÈRE PARTIE.

CHAPITRE I : PROLOGUE.

Cy commence le livre des faicts du bon messire Jean le Maingre, dit Boucicaut, mareschal de France, et Gouverneur de Gennes.

Deux choses sont par la volonté de Dieu establies au monde, ainsi comme deux piliers à soustenir les ordres des loix divines et humaines, qui à creature humaine donnent reigle de vivre en paix et deüement soubs les termes de raison, et qui accroissent et multiplient le sens humain en congnoissance et vertu, et l'ostent d'ignorance, et avec ce deffendent et soutiennent et augmentent le bien propre et aussi le public, et sans lesquels seroit le monde ainsi comme chose confuse, et sans nul ordre. Et par ce pouvons nous veoir que comme elles nous soient necessaires, pour le grand bien d'elles, et le grand profit qui nous en vient, nous les devons souverainement priser, honorer, soustenir, loüer, et avoir en reverence.

Iceulx deux piliers sans faille sont chevalerie, et science, qui moult bien conviennent ensemble. Car en pays, royaume, ou empire auquel l'une des deux faudroit, conviendroit que le lieu eust peu de durée. Car là où science seroit destruicte, loy seroit nulle. Et comme homme ne puisse bien vivre sans loy, et seroit retourné comme en beste, avec ce le royaume ou contrée là où deffence de chevalerie cesseroit, l'envieuse convoitise des ennemis, qui rien ne craindroit, tost à confusion le mettroit. Or nous a, Dieu en soit loüé, avec les autres biens que faicts nous a, donné ces deux defences. Mais de l'une parlerons plus avant au propos que nous voulons traicter; c'est à sçavoir de chevalerie, en la loüant en la personne d'un vaillant et noble chevalier encores au monde, Dieu luy tienne, aujourd'huy vivant en bon aage, et prosperité de corps, d'esprit, et de noble estat.

C'est monseigneur messire Jean le Maingre, dit Boucicault, mareschal de France, et gouverneur de Gennes, en la reverence et honneur duquel, pour les desssertes de ses biensfaicts sera au plaisir de Dieu traicté et parfaict ce present livre. Racomptant le bien de luy, tant en vertu de nobles mœurs, gentilesse, et toutes graces, comme en proüesse, et vaillantise de son corps, et biensfaicts par luy accomplis, és quelles vertus on le veoid perseverer de mieulx en mieulx. Et comme à tous par nature ceste vie soit briefve, est chose deüe et de belle ordonnance, afin que le bienfaict des vaillans ne soit mie amorty, que ils soient mis en perpetuelle souvenance au monde, c'est à sçavoir en registre de livres. Et pour ce est il dict de plusieurs vaillans trespassez, de qui les noms et bontez sont mis en memoire, que ils ne sont pas morts, ains vivent, c'est à dire que le bien d'eulx n'est pas mort; car leur bonne renommée est encores vive au monde, et vivra par le rapport des tesmoings des livres jusques à la fin du monde. Et avec ce, c'est chose convenable, que en memoire autentique soient mis les bons, et leur nom authorisé : affin que ceulx qui tendent à honneur puissent prendre exemple de bien faire, pour attaindre au loyer de bonne renommée, qui est deüe à ceulx qui le desservent.

Mais à un peu revenir au propos de prouver ce que devant est dict, c'est à sçavoir que aussi avecques chevalerie, science doibt estre loüée, comment sçaurions nous des bons trespassez les biensfaicts entre nous humains, de qui l'entendement ne comprend rien des choses passées, fors par le rapport d'autruy, si science n'estoit, qui le nous certifie? Ce sont lettres et escriptures lesquelles sont le premier membre de science, par qui nous sont rapportées les choses passées, et que à l'œil nous ne voyons mie. Et pour ce dict Caton : Lis les livres. Car certes homme de quelque estat qu'il soit ne sera ja droictement appris, si n'est par introduction de lettres et de livres. Et pour ce me semble que moult devons loüer science et ceulx qui les sciences nous donnerent, par qui avons congnoissance de tant de nobles choses, que nos yeux ne peuvent veoir, et des vaillans preux trespassez, qui tant honnorablement vesquirent en ce monde, qu'ils en ont desservy memoire à tousjours.

<><><>

CHAPITRE II.
Cy dit par quel mouvement ce present livre fut faict.

Affin qu'il ne soit pas celé, mais sceu de tous ceulx qui ce present livre verront et orront, par quel mouvement il a esté faict, et mis sus, il est à sçavoir que plusieurs chevaliers de grand renom et gentils-hommes vaillans, poursuivans le noble faict et hautesse des armes, lesquels ont congneu et hanté dés son enfance de tels y a et encores font le bon vaillant preux mareschal, de qui nous parlons, et ses nobels ancestres, et esté avec luy en maintes nobles places, et assemblées chevaleureuses, parquoy tant l'ont veu et esprouvé en toutes conditions, qui à vaillant chevalier advisent, ont advisé que affin que le temps advenir, si comme devant est dict, le nom et bienfaict de si vaillant preud'homme ne soit pery, ains soit demeurant au monde avec les vivans par longue memoire, et que les autres s'y puissent mirer, que bon seroit que certain livre de luy, et de ses faicts fust faict.

Et pource, comme il en soit bien digne, adviserent personne propice à qui l'œuvre commeirent et chargerent, laquelle personne pour l'authorité de luy, et aussi d'iceulx nobles dignes de foy ne contredit leur bon vouloir, ains promeit à l'aide de Dieu l'accomplir au mieulx que faire le sçauroit, selon la relation de leurs rapports, et sans rien du sien en parlant de luy adjouster, et ainsi entreprist ce dict œuvre, aprés le tesmoignaige, et le rapport d'iceulx, qui estre nommez ne veulent, affin que envieux ne dessent que aulcune flaterie leur feist dire.

<><><>

CHAPITRE III.
Cy dit de quels parens fut le mareschal Boucicaut, et de sa naissance et enfance.

Or entrons doresnavant au propos que nous entendons à poursuivre, c'est de parler du vaillant Boucicaut, à la loüange duquel veritable et sans flaterie, sera continué ce livre, à l'aide de Dieu, jusques à la fin, Fils du noble et tres-vaillant chevalier monseigneur Jean le Maingre, dit Boucicaut, lequel dict chevalier fut moult preud'homme, et de grand sçavoir, et toute sa vie et son temps employa en la poursuite d'armes, et à l'exemple des vaillans anciens, qui ainsi le feirent, ne luy chailloit de tresor amasser, ne de quelconques choses fors d'honneur acquerir. Pour lesquels biensfaicts, et sa grand vaillance, et preud'hommie, au temps des grandes guerres en France, au vivant du chevaleureux roy Jean, fut faict mareschal de France, lequel servit le dict Roy en ses guerres, si comme assez de gens encore vivans le sçavent si puissamment, que de present est appelée et tousjours sera le vaillant mareschal Boucicaut. Et encores pour un petit toucher de la grand'ardeur et seule convoitise qu'il avoit en la poursuite d'armes, sans ce qu'il luy chalust de quelconque autre avoir, dirons de luy en brief, ce qu'il respondoit à ses parens et autres de ses amis, quand par plusieurs fois le blasmerent de ce qu'il n'acqueroit terres et seigneuries pour ses enfans, veu qu'il estoit tant en la grace du Roy. « Je n'ay rien, disoit-il, » vendu, ne pensé à vendre de l'heritage que » mon pere me laissa, ne point acquis aussi n'en » aye ne vueil acquerir, si mes enfans sont preu- » d'hommes, et vaillans, ils auront assez, et si » rien ne vaillent, dommaige sera de ce que » tant leur demeurera. »

Assez se pourroit dire de ce vaillant preud'homme, qui voudroit parler de ses faicts, et vaillances : mais pour tirer à la matiere dont nous esperons parler, à tant nous en souffrerons. Si ne forlignne mie son vaillant fils, s'il est plain de bonté, car ainsi que dit le proverbe commun : de bonne souche bon syon. Sa femme, et mere de celuy dont nous faisons nostre livre, fut madame Fleurie de Linieres, qui en son vivant estoit tresbonne belle sage et tres-noble dame, et d'honneste vie. Né fut celuy dont nous parlons en Touraine, en la cité de Tours, et en baptesme eut nom Jean. Si fut cherement tenu de ses parens, comme leur premier fils, et nourry joyeusement, comme il appartient à enfant de tel parage. Mais le vaillant pere, dont cy dessus avons parlé, ne dura au fils que deux ans apres sa naissance. Si trespassa de ce siecle, dont dommage fut au royaume de France, aussi à la noble dame sa femme, qui moult le pleura, et grand dueil en fist et aussi fut grand perte à ses enfans.

Si fut cest enfant bel, et doucet, et tres-plaisant à nourrir, qui au veufvage de la mere feut grant reconfort. Car au feur qu'il croissoit, grace et beauté croissoient et multiplioient en luy. Si fut enfant bel plaisant, gracieux, et de joyeux visaige, un peu sur le brunet, et assez coulouré, qui bien luy fist. Si estoit avenant, joyeux et courtois en tous ses enfantibles faicts.

Et quand il fut un peu parcreu, la sage et bonne mere le fist aller à l'escole, et luy continua à y aller, tant qu'elle l'eut avec soy en ce temps de son enfance. Tout ainsi que dict le proverbe commun, ce que nature donne nul ne peut tollir : car quoy que l'on die, dés l'enfance de l'homme se peuvent appercevoir ses inclinations, de quoy que ce soit, si comme par experience se peut chacun jour veoir.

Et ce tesmoingnent assez les anciennes histoires des faicts de plusieurs vaillans, si comme de Cirus, qui en son enfance cuidoit estre fils du pasteur qui l'avoit nourry, et ses bestes gardoit aux champs, et il estoit de royale lignée, et fils de la fille d'Astiages, roy de Perse, lequel roy l'avoit commandé à occire dés qu'il fut né, de peur qu'il ne desheritast, quand en aage seroit, pour cause d'un fier songe qu'il avoit songé, qui ainsi luy fut par sages exposé. Mais comme le dict commandement du Roy ne fust mie du tout obey, le trouva un pasteur au bois pendu par les drapelets à un arbre. Si le nourrit sa femme comme sien : mais quand il feut parcreu, nature qui ne peut celer ce qu'elle donne, ne voulut pas mucier en luy son noble sang, et royale venuë. Car avec ce que bel de corps, et de visaige estoit, le gentil port de luy, son seigneurial maintien, l'alleure, le regard, et la sage parole, demonstroient en luy qui il estoit. Et qu'il soit vray que grand chose et merveilleuse soit que les dons de grace et de nature, tant estoit celuy Cirus naturellement de seigneurial maintien, que les autres pasteurs l'avoient en reverence, et en firent leur roy. Si le craignoient et doubtoient, et quand ils estoient aux champs, ils s'assembloient entour luy, et il oyoit leurs causes, et en determinoit, et leur faisoit droict. Et ainsi nature prophetisoit en luy ce que puis advient : car il feut roy de Perse, d'Assyrie, et de Mede, et conquit Babilone la grande.

Semblablement advint de Romulus, qui fonda Rome, et de Remus, son frere, qui dés leur enfance assembloient les petits enfans, par maniere de bataille, et ainsi le continuoient et maintindrent, quand ils furent grands et hommes parfaicts; tant qu'ils conquirent grand pays. Pâris, le fils de Priam, qui pasteur mescongneu fut en son enfance, et fils de pasteur cuidoit estre, mais son gentil maintien, et son poly atour, ses chapelets de fleurs, et son arc doré, donnoient enseignes, avecques sa tres-grande beauté, tant de ses inclinations, et conditions amoureuses, plus que batailleresses, quel il estoit. D'assez d'autres nobles hommes, pourroit-on dire, desquels quand jeunes estoient les enseignes de leur enfance demonstroient enseignes de leurs conditions.

CHAPITRE IV.

Encores de l'enfance du dict Boucicaut.

A propos de ce que dict est dessus, dés l'enfance du noble mareschal Boucicaut, duquel nous esperons ramener à digne memoire les tres notables, et beaux faicts par luy achevez, et accomplis, au contenu de ce livre, estoyent en luy apparans ces belles bonnes et honnorables conditions, et inclinations naturelles : car ces jeux enfantelins estoyent communément de choses qui peuvent signifier faicts de chevalerie, et comme il est dict devant des susdicts chevaleureux, nature prophetisoit en cestuy cy les haults offices que Dieu et bonne fortune luy apprestoient à venir en son temps. Car il assembloit les enfans de son aage, puis alloit prendre et saisir certaine place, comme une petite montaignete, ou aultre part, et avec luy Geoffroy son frere, qui en son parfaict aage a esté et est chevalier de tres-grand' emprise, fort et fier à ses ennemis, hardy et de grand courage, et bel de corps, et de visaige, et en si grand office, comme gouverneur du Daulphiné; et aussi Mauvinet, leur frere de mere, qui moult vaillant chevalier a esté en son vivant. Iceux estoient avecques luy, à garder le pas, ou le lieu contre les autres petits enfans, à qui de la puissance chalengioient la place, et autresfois vouloit estre l'assaillant, et par force en debouttoit les autres, puis faisoit assemblées, comme par batailles, et aux enfans faisoit bacinets de leurs chapperons, et en guise de routes de gens d'armes, chevauchant les bastons, et armez d'escorces de buches, les menoit gaingner quelques places les uns contre les autres. A tous tels jeux volontiers joüoit, ou aux barres, ou au jeu, que l'on dict le Croq Madame, ou à saillir, ou à jetter le dard, la pierre, ou si faictes choses. Mais à quelque jeu qu'il joüast tousjours estoit le maistre, et vouloit congnoistre du droict ou du tort des autres enfans. Et dés lors estoit sa maniere seigneuriale, et haulte; et se tenoit droict, la main au costé, qui moult luy avenoit, regardant joüer les autres enfans, pour juger de leurs coups, et ne parloit mie moult, ne trop ne rioit. Non pas que ce luy veint d'orgueil, ne outrecuidance: car il estoit amiable, doux et humain, et courtois sur tous autres enfans, et tres-humble et tres-obeissant à son maistre, qui le gouvernoit, et à toute gent : mais que tort on ne luy feist. Car ce ne souffroit-il en nulle guise. Et telle maniere avoir à si jeune enfant, estoit demonstrance de son grand et noble couraige, qui dés lors se donnoit à congnoistre.

Et qu'il eust grand cœur, apparut bien une fois, que son maistre l'avoit batu, pour cause que un enfant s'estoit plaint qu'il luy avoit donné une buffe, pource qu'il l'avoit desmenty, Boucicaut ne pleuroit point, ains tenoit sa main soubs sa jöue, comme tout pensif. Son maistre, qui regarda la maniere qu'il ne pleuroit point, comme font les autres enfans communément, qui pleurent quand on les a battus, luy dist asprement, regardez, est-il bien fier ce seigneur là, il ne daigne pleurer. L'enfant luy respondit, quand je seray seigneur vous ne m'oserez batre, et je ne pleure point, pour ce que si je pleuroye, on sçauroit bien que vous m'auriez batu.

Quand il fut un peu grandelet, le saige roy Charles, qui lors vivoit, lequel n'avoit pas oublié les bons services que son pere le vaillant mareschal Boucicaut avoit faicts en son vivant au roy Jean, et à luy, aussi és faicts des guerres du royaume de France, contre les Anglois, eut esperance que semblablement le fils seroit vaillant, et que bien estoit raison qu'il le remunerast des biensfaicts de son feu pere. Si voulut, et ordonna qu'il fust amené par deça, et qu'il demeurast à la cour du daulphin de Vienne, son fils, qui à present regne. Et ainsi feut faict. Si fut nourry avec le dict Daulphin jusques à ce qu'il eut d'aage environ douze ans. Et tant comme il y feut se gouverna tres-gracieusement, tellement que le Daulphin l'avoit moult cher, et semblablement tous les autres haults et nobles enfans, qui là estoyent nourris, et mesmement aussi les grans gens l'aimoient, et moult reputoient ses belles manieres sages, et gracieuses, et toutes telles que noble enfant taillé à venir à grand bien doibt avoir.

◇◇◇

CHAPITRE V.

Cy dit de la premiere fois que Boucicaut prist à porter armes.

Boucicaut comme dict est, estoit ja venu en l'aage de douze ans, et nonobstant que ce soit moult grande jeunesse à ja commencer à porter armes, cestuy enfant oultre le commun cours des autres enfans, qui en cest aage naturellement ont coustume de plus desirer à jöuer avec les autres enfans que à faire quelconque autre chose, ne cessoit de se debattre et guermenter qu'il fust armé, et allast à la guerre. Et à bref parler, nonobstant que plusieurs qui l'oyoient se rigolassent de luy, disans Dieu de l'homme d'armes. Tant s'en debatit, que le duc de Bourbon en ouyt parler. Et de ce qui luy feut rapporté que l'enfant disoit, et du grand desir qu'il avoit d'aller en guerre, eut moult grand ris, considerant le grand courage qu'il avoit en si jeune aage, dont il presuma que s'il vivoit encores seroit un vaillant homme, dont il feut moult joyeux : et pour le plaisir qu'il y prist, requist au Roy que il luy voulust bailler pour le mener avec luy en l'armée qu'on faisoit adonc, pour aller en Normandie, assieger et prendre les chasteaux, et forteresses du roy de Navarre, qui lors vivoit, à qui le roy Charles avoit contens.

A laquelle dicte requeste du duc de Bourbonnois, le roy par maniere de jeu et d'esbatement, et pour accomplir le desir de l'enfant, s'y consentit : mais bonne garde luy bailla. Si fut Boucicaut armé, et mis en estat : quand il se veid habillé, tout ainsi qu'il demandoit, ne convient à demander s'il eut grand joye. Et quand il estoit armé, ce ne luy sembloit mie charge, ains en estoit si joly que il s'alloit remirant comme une dame bien atournée. Et tant se contenoit bel, que ceulx qui le voyoient y prenoient grand plaisir. Et ainsi le jeune enfant Boucicaut alla en celle armée, de laquelle feut principal chef le duc de Bourgongne, frere du roy Charles, avec lequel estoit le duc de Bourbon, et le bon connestable de France messire Bertran de Claquin, et maints autres vaillans capitaines, et grande foison de gens d'armes. Par laquelle puissance furent pris par force maints forts chasteaux, et forteresses, c'est à sçavoir Bretueil, Beaumont, Requierville, Geuray, Saint Guillaume de Mortaing, et tant qu'il ne luy demeura que Cherebourg. Et ce faict, s'en retournerent en France. Mais tant gracieusement se gouverna l'enfant dessus dict en ce voyage, que oncques homme ne le veid lassé du fais du harnois, ne de quelconque peine qu'il conveint souffrir aux sieges, ains tousjours si joyeusement s'y contenoit, que vrayement on pouvoit juger par les contenances que armes debvoient estre son naturel mestier.

Mais au retour faillit la joye de l'enfant Boucicaut : car ja cuidoit estre un vaillant homme d'armes : mais esbahy se trouva, quand on luy dit : Or ça maistre bel homme d'armes, revenez à l'escole. Si fut derechef mis à l'escole avec le Daulphin, comme devant, dont moult se trouva marry. Et ainsi comme vous oyez, fut celuy voyage le premier où Boucicaut fut oncques armé : mais de bonne heure y commença:

car si bien puis l'a continué, que pris nagueres de repos.

◇◇◇

CHAPITRE VI.

Cy dit comment en jeune aage Boucicaut voulut poursuivre les armes, et se prist à aller en voyages.

Ainsi un espace de temps feut l'enfant Boucicaut tenu à sejour malgré luy, avec le Daulphin, tant que moult luy commença à ennuyer. Si se prist moult à tourmenter d'estre tiré hors de là, et de porter armes, laquelle chose moult desiroit : car bien luy sembloit que ja feust fort, et dur assez, pour donner, et recevoir grands coups de lance, et d'espée, et de soustenir le fais qu'il y convient. Et de ce tant mena tant noise, que le Roy ouït parler de sa grand volonté, et qu'il disoit vrayement que qui ne l'armeroit il iroit servir aucun gentil-homme, qui luy donneroit chevaux et harnois. Car plus ne vouloit ainsi sejourner en Court. Le Roy eut grand plaisir de veoir en si jeune cœur tel desir et volonté de ja venir à vaillance : et si pensa que bien retrairoit à son chevaleureux pere. Et quoy qu'il retardast de luy octroyer ce qu'il requeroit, pource que trop jeune luy sembloit, tant en feit parler au Roy, et tant le requist, que en la parfin conveint qu'il feust armé. Si le feit le Roy moult bien ordonner de tout ce qui luy convenoit, et tresbien monter, et bonne compaignée luy bailla, et assez de quoy despenser. Et ainsi en tres bel estat l'envoya derechef en la compaignée du duc de Bourbon, qui joyeusement le receut, lequel alloit avec le duc de Bourgongne, par le commandement du Roy, à tout belle compaignée de gens d'armes, apres le comte de Bouquingam, Anglois, qui adonc alloit dommageant le royaume de France. Si luy fut par le dict due de Bourgongne et sa compaignée par fois, porté maint dommage, tant que à petite compaignée s'en retourna en Angleterre, et petit eut gaigné en France.

En celuy voyage moult se commencerent à demonstrer les vaillances du bon courage et hardiesse du jouvencel Boucicaut. Car és escarmouche et rencontres qu'ils faisoient sur leurs ennemis, tant et si avant s'y abandonnoit que nul plus que luy ne s'y advanturoit. Et tant que merveilles estoit à veoir à si jeune enfant faire ce qu'il faisoit, et plus en eust faict encores, qui luy eust souffert. Mais assez y avoit avecques luy qui ne le souffroit faire tous ses hardis vouloirs, pource que trop se vouloit abandonner. Et mesmement le bon noble duc de Bourbon, qui devant l'aimoit pour l'amour de son vaillant pere, l'accueillit adonc en plus grand amour, pour l'apparence et signe qu'il voyoit en luy d'estre vaillant homme. Et depuis lors l'eut moult cher en sa compaignée. Ce voyage faict, s'en retourna à Paris le duc de Bourgongne, et le duc de Bourbon, et Boucicaut avec eulx ; si feut grandement receu du Roy, et du Daulphin son fils, qui ja avoient ouy parler de l'espreuve de son hardiesse, et grande volonté.

◇◇◇

CHAPITRE VII.

Cy devise les essais que Boucicaut faisoit de son corps, pour soy duire aux armes.

Ne se tient pas à tant le noble jouvencel Boucicaut. Si dit que plus ne le tiendra la Court à séjour, et qu'il sera doresnavant maistre de soy. Ja luy semble qu'il soit homme, et que il doive travailler comme les autres. Si s'en partit moult tost de Paris, et s'en alla en Guyenne avec le bon mareschal de Sancerre, qui alloit mettre le siège devant Monguison. Et comment Boucicaut se maintient en celuy voyage, nous vous dirons : tant estoit grande l'ardeur de la volonté qu'il avoit aux armes, que nulle peine ne luy estoit griefve, et ce qui eust esté grand travail à un autre, à luy estoit tres-grand soulas. Car quand il estoit un peu à séjour, adonc comme celuy que grand desir menoit, ne se pouvoit tenir coy. Dont maintenant s'essayoit à saillir sur un coursier tout armé, puis autre fois couroit ou alloit longuement à pied, pour s'accoustumer à avoir longue haleine, et souffrir longuement travail. Autre fois ferissoit d'une coignée, ou d'un mail grand piece, et longuement, pour bien se duire au harnois, et endurcir ses bras, et ses mains à longuement ferir, et qu'il s'accoustumast à legerement lever ses bras.

Pour lesquelles choses exercer duisit tellement son corps, que en son temps n'a esté veu nul autre gentilhomme de pareille appertise ; car il faisoit le soubresaut armé de toutes pieces, fors le bacinet, et en dansant le faisoit armé d'une cotte d'acier. *Item* sailloit sans mettre le pied à l'estrier sur un coursier armé de toutes pièces. *Item* à un grand homme monté sur un grand cheval, sailloit de terre à chevauchon sur ses espaules, en prenant le dict homme par la manche à une main, sans autre avantage. *Item* en mettant une main sur l'arçon de la selle d'un grand coursier, et l'autre empres les oreilles, le prenoit par les creins en plaine terre, et sailloit par entre ses bras de l'autre part du coursier. *Item* si deux parois de plastre feussent à une brasse l'une pres de l'autre, qui feussent de la haulteur d'une tour, à force de bras et de jambes, sans aultre aide, montoit tout au plus hault, sans cheoir au monter, ne au devaler. *Item* il montoit au revers d'une grande eschelle dressée contre un mur tout au plus hault, sans toucher des pieds, mais seulement sautant des deux mains ensemble d'eschelon en eschelon, armé d'une cotte d'acier, et ostée la cotte, à une main sans plus montoit plusieurs eschelons. Et ces choses sont vrayes, et à maintes autres grandes appertises faire duisit tellement son corps, que à peine peust-on trouver son pareil.

Puis quand il estoit au logis, s'essayoit avec les autres escuyers à jetter la lance, ou à autres essais de guerre, ne ja ne cessoit. Et ainsi se conteint en celuy voyage, ne ja ne luy sembloit qu'il peust estre à temps à aulcune besongne pour soy bien esprouver. Et quand ils feurent au siege devant la dicte forteresse de Monguison, aux assaults, qui y furent faicts, là s'essayoit Boucicaut, qui legerement couroit des premiers, pour faire en toutes choses en tel cas ce que appartient à tout bon homme à faire. Et tant s'y abandonnoit perilleusement, que tous s'en esmervelloient : pour lesquels biensfaicts, et l'apparence de sa grande hardiesse et vaillance, le prist le dict mareschal de Sancerre en moult grand amour, et dist, presens plusieurs de ses gens, si cest enfant vit, ce sera un homme de grand faict. Et à la parfin feut prise la dicte forteresse, et plusieurs autres chasteaux, et forteresses feurent prises par traicté. Et après ce s'en revindrent en France.

CHAPITRE VIII.

Cy parle d'amour, en demonstrant par quelle maniere les bons doivent aimer, pour devenir vaillans.

Ja estoit venu Boucicaut en l'aage et au temps que amour naturellement a coustume de prendre le treu et la paye de tous jeunes nobles courages. Si ne fut mie droict qu'il feust exempt ne eschapast de l'amoureux lien, lequel n'empesche mie ne oste aux chevaleureux de bonne volonté à poursuivre le noble exercice des armes, ainçois est ce qui plus faict és jeunes cœurs aviver et croistre le desir de l'honnorable poursuite chevaleureuse. Ha quants ont esté exaussez au nom de proüesse, que si ne feust amour, par qui leur venoit la hardiesse d'entreprendre les fortes choses, lesquelles pour accroistre leur renommée ils achevoient, affin qu'ils eussent la grace de leurs dames, ne ce fust rien d'eulx? Mais quelle chose est-ce qui soit griefve ne forte à faire à cœur qui bien aime, et qu'il n'ose entreprendre? Certes nulle. Amour oste peur, et donne hardiesse, faict oublier toute peine, et prendre au gré tout le travail que on porte pour la chose aimée, et qu'il soit vray, qui veult lire les histoires des vaillans trepassez, assez trouvera de ce preuve. Si comme on lit de Lancelot, de Tristan, et de plusieurs autres, que amour feit bons, et à renommée attaindre. Et mesmement de nostre vivant y a eu assez de nobles hommes de France et d'autre part en voyons et avons veu, si comme on dict de messire Othe de Gransson, du bon connestable de Sancerre, et d'autres assez, qui long seroit à dire, lesquels le service d'amour a faict devenir vaillans et bien morigenez. O noble chose est que d'amour qui bien en sçait user, quoy que à tort aulcuns le blasment. Car si mal en prend à ceulx qui a droict n'en sçavent user, ce n'est pas la coulpe d'amour; car de soy il est bon.

Et pour ce qu'il pourroit sembler à aucuns que il ne suffist mie de dire en termes si generaux, sans en plus avant declarer, que amour soit bon à qui bien en sçait user, est bon de toucher aulcunement par quels termes bien user on en peut, parquoy il soit bon. Et pour déclaration de ce, sans querir trop de subtiles questions, me semble que le cœur qui veult aimer doibt principalement fonder l'attente de son amour sur trois choses. La premiere est, qu'il aime pour en valoir mieulx en toutes mœurs et et en conditions, et pour amender ses coustumes, vivre plus joyeusement, avoir cœur plus hardy, et plus entreprenant, et en toutes vertus se vouloir habiliter et conjoindre. La seconde chose est, qu'il advise bien de se mettre en lieu, qui soit tel, si bien conditionné, si vertueux et si bon, qu'il y puisse prendre exemple de toute bonté, et où il y ait sens. Car soit certain que s'il aime en fol lieu, il deviendra fol, et si en vil lieu et mal morigené, semblablement deviendra vil et vicieux : car amour est de telle nature, qu'il faict tout cœur aimant traire à la nature et aux conditions de la chose que on aime. Doncques si mieulx valoir veult d'emprendre amoureuse vie, quelque soit la personne qu'il veult aimer, soit belle ou laide, grande ou petite, garde soy bien d'aimer en lieu où il n'y ait sens, graces, et vertus. La troisiesme chose sur quoy le bon cœur doibt fonder son entente est sur honneur, en telle maniere que en cest amour où il se mettra, de tout son pouvoir y garde honneur, ne pour mourir ne face à son pouvoir chose dont de nulle part deshonneur vienne à luy, ne à ce qu'il aime.

Et si sur ces trois choses le cœur qui veut aimer met bien son entente, c'est à scavoir que que pour aimer il amende ses conditions, en vive plus liément, et que son courage en accroisse en haultes pensées, et qu'il s'assiée en lieu noble de mœurs, et bien conditionné, et qu'en cest amour en toutes choses garde honneur, il trouvera amour si bon et si profitable, qu'il en vauldra mieux toute sa vie : mais aulcuns me respondront à ces raisons, voire mais je cuideray que le lieu où je m'arresteray soit bon et bien conditionné, et puis je trouveray le contraire : et si n'en pourray oster mon cœur. Car je luy auray tout mis. Si fais telle responce, que puis que ils dient qu'ils ne s'en pourroient oster, et si y treuvent assez de mal : que ils n'usent donc pas du bon amour que je devise. C'est à scavoir que ils doivent aimer pour mieulx en valoir, et non mie pour en empirer. Et celuy en empireroit qui plus s'y tiendroit; puis que le lieu rien ne vaudroit. Et de dire que ce feust faulseté. Non feroit. Car si est fol qui du mauvais pas ne se tire, s'il y est entré.

Mais scais-tu la cause pourquoy tu qui veux aimer, trouves en amour communément tant d'amertumes et de maulx ? c'est pour ce que tu ne mets mie ton cœur en la vie amoureuse, pour cause de mieulx en valoir, ne pour vertu : mais seulement pour la delectation que ton corps en a ou espere avoir. Et pour ce que telle folle plaisance et delectation est chose qui durer ne peult, toute chose qui est fondée dessus ne peult estre seure, et à peine se peult garder ; mais ce qui est fondé sur vertu est tres-durable, et en vient bien en joye. Mais trop peu sont qui aiment selon les susdictes regles, et pour ce trouvent amour dur, quand à la chose que ils desirent ils faillent, c'est à scavoir à leur folle plaisance. Si est à leur coulpe le mal qu'ils en ont, et non mie d'amour. Car eulx mesmes se font le mal et grief qu'ils en reçoivent.

Tout ainsi que je puis bailler exemple du vin, lequel est de soy tresbon, et qui resjouit le cœur de l'homme, et le reconforte, et soustient, et assez de bonnes choses en sont faictes : mais si discretement il n'en prend et que gloutement et en delectation plus que raison de son corps il luy détourne le sens, et le ramene comme à nature de beste, qui n'a nulle raison, et luy trouble la veüe, si n'est mie à la coulpe du vin, mais de celuy qui follement en use. Doncques selon mon opinion en conclusion je veulx dire, que amour qui est fondé plus sur la délectation et folle plaisance que sur vertu et bonne mœurs,

ne peult durer, et que tel amour est au cœur que s'y boute cause d'assez de maulx et de griefves amertumes, et aucunes fois de destruction. Et de ceste matiere, qui n'est mal gracieuse, se pourroit mouvoir plusieurs questions, et de moult subtiles : mais à temps m'en tairay, pour tourner au premier propos, c'est à scavoir de celuy de qui nostre matiere est encommencée.

◇◇◇

CHAPITRE IX.

Cy dit comme amour est desir d'être aimé, creust en Boucicaut courage et volenté d'estre vaillant, et chevaleureux.

Si preint à devenir joyeux, joly, chantant, et gracieux plus que oncques mais : et se preint à faire balades, rondeaux, virelais, lais, et complaintes d'amoureux sentiment. Desquelles choses faire gayement et doulcement amour le feit en peu d'heures si bon maistre, que nul ne l'en passoit. Si comme il appert par le livre de cent Balades, duquel faire luy et le seneschal d'Eu feurent compaignons au voyage d'oultre mer. Et voulut avoir robes, chevaux, harnois, et tous habillemens cointes, et faitis, plus que il ne souloit.

Ja avoit choisy dame belle, et gracieuse, et digne d'estre aimée, si comme amour l'avoit admonesté, pour laquelle preindrent ses pensées à croistre de plus en plus en desirs chevaleureux. Si prist devise et mot propice à l'entente et propos de son amour, qu'il porta en tous ses habillemens. Et feut secretement en son courage desireux de tant faire pour bien servir, celer, et par vaillance, et poursuivre armes, que l'amour de sa dame peut acquerir. Si la voyoit quand il pouvoit, sans blasme d'elle. Et quand à danse ou à feste s'esbatoit, où elle feut, là nul ne le passoit de gracieuseté et de courtoisie en chanter, en danser, en rire, en parler, et en tous ses maintiens. Là chantoit chansons, et rondeaux, dont luy même avoit faict le dict, et les disoit gracieusement, pour donner secretement et couvertement à entendre à sa dame, en se complaignant en ses rondeaux et chansons comment l'amour d'elle le destraignoit. Mais il ne feut mie tost hardy de plainement dire sa pensée, comme font les lobeurs du temps present, qui sans desserte vont baudement aux dames requerir qu'ils soyent aymez : et de faintises et faulx semblans, pour elles decepvoir bien ne scavent aider.

Ainsi ne feit mie l'enfant Boucicaut, ains devant elle et entre toutes dames estoit plus doux et bening que une pucelle. Toutes servoit, toutes honnoroit, pour l'amour d'une. Son parler estoit gracieux, courtois, et craintif devant sa dame. Si celoit sa pensée à toute gent, et sagement sçavoit jecter son regard et ses semblans, que nul n'apperceut où son cœur estoit. Humblement et douteusement servoit amour, et sa dame. Car il luy sembloit qu'il n'avoit mie assez faict de bien, pour si haulte chose requerir et demander, comme l'amour de dame, et pource mettra ce dict toute peine que par son bien faire elle soit esmeüe à l'aimer, et le prendre en grace, et vouldra toutes ses manieres et conditions et contenances amender, et continuer de mieulx en mieulx pour l'amour d'elle.

En celuy temps estoit assez de nouvel couronné le roy Charles sixiesme du nom, qui a present regne. A donc commencerent à multiplier festes et joustes et danses en France ; plus que de long temps n'y avoit eu, pour cause du jeune Roy, à qui jeunesse, puissance, et seigneurie admonestoit de se soulacier et esbattre, comme à jeune cœur qui a puissance et chose naturelle. Si faisoit le Roy au temps de lors souvent et menu de belles festes à Paris, et ailleurs, où haultes princesses, et dames, et damoiselles, de toutes parts estoient mandées. Si peut-on sçavoir que maintes en y avoit de belles, jolies, et richement atournées. Là s'efforçoient ces jeunes chevaliers et escuyers d'estre jolis, cointes, et avenans : car la veüe de tant de nobles et belles dames leur accroissoit le couraige et volonté d'estre amoureux et avenans plus que onques. Mais là estoient les joustes à tous venans grandes, et plainieres. Si ne s'y faingnoient gentilshomme de chascun endroict soy monstrer son vasselage pour l'amour des dames.

Là estoit le jouvencel Boucicaut joly, richement habillé, bien monté, et bien accompaigné, lequel en recepvant le doux regard de sa dame, lance baissée vous poignoit son destrier de telle vertu que plusieurs en abatoit en son encontre. Et tant bien s'y contenoit, que chascun s'esmerveilloit de ce qu'il faisoit. Car moult jeune d'aage encores en celuy temps estoit. Si faisoit à merveilles parler de luy, et les dames et toutes gens par grand plaisir le regardoient, et grand plaid en tenoient, que vous en feroye long compte. Ainsi comme vous oyez croissoit amour au courage de Boucicaut desir et volonté d'estre vaillant. Si ne sera mie doresnavant des derniers en toutes besongnes belles et honorables, où employer se pourra. Toutes ses pensées, et autres toutes bonnes volontez feit amour croistre et multiplier au courage de Boucicaut, lequel bien le meit à effect. Comme il apperra par la description de ses bons faicts, et poursuite de chevalerie, comme nous dirons cy apres.

CHAPITRE X.

Cy dit comment Boucicaut fut faict chevalier, et des voyages de Flandres.

Affin que tous ceulx qui ce present livre verront, et orront, sçachent et voyent clairement comment sans juste cause ne sont mie meus les dessus dicts chevaliers, et gentils-hommes, par le mouvement desquels et ordonnance ce present livre est faict, à vouloir et desirer que le nom du vaillant homme, de qui nous voulons traicter en cestuy volume, soit mis en perpetuelle memoire au monde, pour donner comme devant est dict exemple à tous ceulx qui desirent venir au hault honneur et proüesse de chevalerie, en demonstrant qu'à ce ne peut nul attaindre sans grands travaux, et labeur continuel en armes, et en bons faicts, leur plaist que apres leur tesmoignage autentique, et digne de foy, je declare et demonstre en ceste presente escriture tout au long et par quelle maniere le bon Boucicaut a employé sa vie diligemment et continuellement en exercice d'armes, et en faicts de vaillance, et que en racomptant ses faicts, et les voyages où il feut, commenceant dés sa premiere jeunesse jusques à ores, je puisse demonstrer s'il a son temps employé en oisiveté, et folie.

Pour entrer en la narration des choses touchées, il est sçavoir que environ le temps dessus dict, les Flamans se rebellerent contre leur seigneur le comte de Flandres, et de faict le chasserent. Pour laquelle chose le dict comte veint devers le roy de France Charles sixiesme du nom, qui à present regne, comme à son souverain seigneur, requerir aide et secours contre iceulx, pour subjuguer et remettre en obeissance les villes de Flandres et le dict pays, comme seigneur doibt secourir son vassal, si besoing en a, et il l'en requiert. Et aussi à la priere du duc Philippes de Bourgongne, oncle du dict Roy, lequel duc avoit espousé Marguerite, fille du susdict comte de Flandres. N'y envoya pas le Roy tant seulement, ains luy mesme en propre personne y alla, accompaigné de ses oncles, et de ceulx de son noble sang, à moult grande baronnie, et tres-grand ost de chevaliers, et de gens d'armes.

En celuy voyage alla le jouvencel Boucicaut, qui encores estoit moult jeune : mais nonobstant son jeune aage y fut faict chevalier de la main du bon duc de Bourbon, oncle du Roy, qui moult l'avoit cher, et en laquelle compaignée et soubs lequel il estoit. Là s'assemblerent par leur presomption les Flamans à bataille contre leur souverain seigneur le roy de France, et contre leur naturel seigneur le comte de Flandres, dont la mercy Dieu, qui à toutes choses justement pourveoit leur en prist comme il doibt faire à tous subjects, qui contre leur seigneur se rebellent. Car en leur pays mesmes és plaines de Rosebech feurent present le Roy, estant armé en la bataille, nonobstant qu'il feust encores enfant, morts et desconfits soixante mille Flamans.

Advint en icelle bataille que le chevalier nouvel, dont nous parlons, se voulut par sa grande hardiesse coupler main à main à un Flamand, grand et corsu. Si le cuida ferir à deux mains de la hache qu'il tenoit. Le Flamand, qui le veid de petit corsaige, presuma bien que encores estoit enfant, si le desprisa, et si grand coup luy frappa sur le manche de sa hache que il luy feit voler des poings, en luy disant : Va teter, va enfant. Or veois-je bien que les François ont faute de gens, quand les enfans menent en bataille. Boucicaut, qui ce oüit, et qui grand deuil eut que sa hache estoit perduë, tira tantost la dague, et soubdainement se fiche soubs le bras de l'autre, qui jamais ne l'eust cuidé. Si luy donna si grand coup au dessoubs de la poitrine, que il faulsa tout le harnois, et avec toute la dague luy ficha és costez, et il cheut en terre de la douleur qu'il sentit, ne puis ne luy meffeit. Si luy dit Boucicaut par mocquerie : Les enfans de ton pays se joüent-ils à tels jeux ?

D'autres beaux coups et advantureux biensfaicts feit le nouvel chevalier à ceste besongne, et tant et si bien s'y porta, que il en donna bonne esperance de son faict à tous ceulx qui le voyoient. Et ainsi feut tout le pays de Flandres subjugué par le roi de France. Et tout ce faict, le Roy s'en retourna à Paris. Mais les Flamans indignez contre les François, et desirans de eulx vanger s'ils eussent peu, apres que le Roy se feut party, pour ce qu'ils veirent bien que ils ne pourroient forçoyer contre le Roy, et que leur puissance estoit trop petite, pour grever les François, appellerent les Anglois à leur aide, et les meirent en leur pays : dont quand le Roy le sceut il y retourna, c'est à sçavoir l'année d'apres. Et cestuy feut le voyage de Bourbourg, où le Roy prist Bergues d'assaut, où les Anglois estoient qui s'enfuirent. A cest assault, et és autres besongnes ne fut mie des derniers monseigneur Boucicaut, ains si bien s'y porta que nul mieulx. Et ainsi, par trois années le Roy alla en Flandres, tant qu'il rendit les Flamans et tout le pays subject à luy, et obeissant à leur naturel seigneur. Le Roy apres la prise de Bergues, en s'en retournant en France, laissa son connestable Clisson à Teroüenne, accompaigné de bonnes gens d'armes, pour garder la frontiere. Mais le jouvencel Boucicaut ne ressembla mie ceulx lesquels apres le grand travail fuyent tant qu'ils peuvent au repos et aise, comme font les nouveaux et tendres, ains voulut à toutes fins demeurer en garnison avec ledict connestable.

◇◇◇

CHAPITRE XI.

Comment Boucicaut feut la premiere fois en Prusse, et puis comment la deuxiesme fois il y retourna.

Apres le departement de la frontiere dessus dicte, ne s'en voulut mie retourner monseigneur Boucicaut à Paris, ainsi que les autres faisoient, ains dit que il accompliroit le desir qu'il avoit d'aller en Prusse. Et comme communément font les bons qui voyager desirent, pour accroistre leur prix, entreprist adonc celuy voyage. Si se partit, et bien accompaigné s'en alla en Prusse, là où il se mist en toute peine à son pouvoir de porter dommaige aux Sarrasins, et là demeura une saison, puis s'en retourna en France.

Bien fut temps, et assez avoit desservy, que il eut la joye de reveoir sa dame, et n'est pas doubte que son gracieux cœur, jeune, gentil, et tout parfaict en loyauté, sentoit ardemment la pointure du desir amoureux, qui tire les amans à convoiter veoir leurs amours, quand tres-loyaument aiment. Mais nonobstant ce desir, qui point de luy ne partoit, vouloit avant qu'il s'aventurast à requerir si grand don comme l'amour de sa dame, le desservir par bien faire. Si prisoit tant si hault don, que il ne luy sembloit mie, si comme dict est, qu'il peust assez faire pour si grand grace acquerir, et tous ses faicts tenoit à peu de chose envers si riche guerdon. Mais amour, qui ne desprise pas ses humbles servans, ne leur souffre mie pourtant s'ils n'osent grace demander perdre leur doux loyer, et merite, et que ceulx, qui en vaillance si bien s'espreuvent que il en soit renommée, ne soient apperceus de leurs dames estre vrais, loyaux, amoureux, et que amour ne die et mette en l'oreille aux belles pour qui ils se penent, comme leurs vrais amans s'efforcent de valoir pour l'amour d'elles. Parquoy souventesfois tant y met peine amour que elle esveille courtoisie, qui tant s'en entremet avec franche volonté, que iceulx sont aimez sans ce que ils le sçaichent. Et tout ce leur est pourchassé par leurs biensfaicts, et haultes dessertes. Si croy bien que par celle voye peut advenir messire Boucicaut à sa gracieuse entente sans vilain penser. Car trop feust la dame vilaine, qui refusast un tel servant; parquoy je tiens que à son retour luy pourchassoit amour joye, et tout le doux accueil que à son amant dame par honneur peut donner et faire.

Et ainsi Boucicaut retourna en France, où il fut un peu à Paris à séjour. Au temps de lors avoit paroles de traicté entre les François et les Anglois, auquel traicté allerent à Boulongne le duc de Berry, et celuy de Bourgongne, oncles du Roy. Si voulut Boucicaut pour tousjours son honneur accroistre en voyageant, et voyant de toutes choses aller avec eulx au dict traicté, et retourna avec les dicts nosseigneurs. Et pource que il luy sembla que on ne besongnoit mie moult adonc en France en faict de guerre, pour tousjours employer sa jeunesse en bien faire, s'en retourna la deuxiesme fois en Prusse, où l'on disoit que celle saison devoit avoir belle guerre. Là demeura un temps, puis s'en reveint en France.

◇×◇

CHAPITRE XII.

Comment messire Boucicaut apres le retour de Prusse alla avec le duc de Bourbon devant Taillebourg, et devant Vertueil, qui furent pris, et autres chasteaux en Guyenne.

Au temps de lors les Anglois occupoient moult le royaume de France en plusieurs lieux, c'est à sçavoir maintes villes et chasteaux que ils tenoient par force, tant en Picardie, comme en Guyenne et autre part. Combien que Dieu mercy, par la vaillance des bons François ja en estoit le pays moult descombré, et tousjours alloit en amandant au proffict du roy de France, par les bons vaillans qui peine y mettoient. Entre lesquels bons et vaillans estoit le bon duc de Bourbon dessus nommé, qui aux dicts Anglois faisoit souvent maintes envahies, dont il yssoit à son honneur. Et pour ce, comme dict le proverbe commun, que chacun aime son semblable, pourtant qu'il estoit bon, aimoit-il moult cherement Boucicaut, pour cause qu'il le voyoit hardy, et vaillant, et passer tous les jouvenceaux de son aage. Si le tenoit volontiers pres de luy, et grand plaisir avoit que il feust en sa compaignée.

Si avint en la saison apres que le dict Boucicaut fut retourné de Prusse, comme dict est, que le duc de Bourbon s'appresta pour aller en Guyenne, mettre le siege devant aucuns chasteaux, que les Anglois tenoient. Si mena avec luy moult belle compaignée. C'est à sçavoir mille cinq cent hommes d'armes, et foison de traict. En celle compaignée ne s'oublia pas le bon Boucicaut, qui moult enuis eust demeuré derriere. Ains tout ainsi que les belles dames ont coustume de se resjoüir d'aller à feste, ou les oiseaux de proye quand on les laisse voler apres la proye, se resjoüissoit celuy gracieux jouvencel d'aller en armée. Quand le duc de Bourbon fut en Guyenne, il meit le siege devant Taillebourg, qui moult estoit fort chastel, fut prins par force. Puis alla mettre le siege devant Vertueil, qui est une forteresse de grand force, et là trouverent moult grand defence. Là feut faicte une mine dessoubs terre, laquelle feut si bien continuée, qu'elle perça le mur du chastel, tant que les ennemis la veindrent defendre, et là endroict à estriver. Contre les dicts ennemis feut des premiers Boucicaut, qui à pousser de lance et d'espée main à main vaillamment se combatit, et longuement y souffrit. En telle maniere, que par luy et par ceulx qui le suivoient fut pris le dict chastel, où moult eut grand honneur Boucicaut, et moult l'en priserent ses bons amis.

Apres ces forteresses prises, le duc de Bourbon alla devant un autre fort chastel appellé Mauleon. Là feut livré fort assault, et au dernier feut pris par mine, et par eschelle où feurent faictes moult de belles armes. Le premier en eschelle feut Boucicaut, qui longuement se combattit, et tant que nonobstant les pesans coups que on luy lançoit d'amont, tant que pierres, comme d'espées, nul le peut garder que il ne feust des premiers sur le mur : et là feit tant d'armes que plus faire nul n'en pourroit. Ces choses faictes, le duc de Bourbon alla devant un austre chastel appellé le Faon ; mais la prise des autres forts chasteaux espouvanta ceulx qui dedans cestuy estoient pource que ils voyoient que moult estoit le capitaine, et sa compaignée vaillans. Si n'oserent attendre l'assault, ains se rendirent à la volonté du bon capitaine, et et pareillement se rendit au duc de Bourbon un autre fort chastel appelé le bourg Charante.

Pour ce que tout ne se peut dire ensemble, convient parler des matieres l'une apres l'autre. Si est à sçavoir que tandis que le siege duroit devant Vertueil, veindrent nouvelles en l'ost que les Anglois s'estoient assemblés, pour aller combatre une forte eglise de Nostre Dame. Ces choses ouyes, s'assemblerent une compaignée de chevaliers, et escuyers, desireux d'accroistre leur honneur, et renommée, et dirent que ils leur seroient au devant. Boucicaut, qui autre chose ne queroit fors advanture d'armes, voulut estre de la route, et tant qu'ils feurent par route trente chevaliers, et escuyers, tous de grande renommée. De ceste compaignée fut capitaine et conduiseur, pour ce que le pays sçavoit, et les destours, et les adresses, un chevalier, qui au dict siege estoit, que on nommoit messire Emery de Rochechouart. Si monterent tantost à cheval les trente bons gentils-hommes, bien habillez de leurs harnois, et tant allerent par destours que ils vindrent à rencontrer les Anglois, qui garde d'eulx ne se donnoient, et bien estoient en nombre soixante dix. Tantost s'entrecoururent sus, et forte et aspre feut la bataille, qui n'estoit mie pareille. Car plus du double les Anglois estoient : mais nonobstant ce tant s'y porterent vaillamment les nostres, et tant feit bien chacun endroict soy, que les Anglois furent à la parfin tous morts, et desconfits, excepté neuf qui s'enfuirent. Ce fait, le dict messire Emery de Rochechouart les mena advanturer devant un chastel bien garny, appellé le Bourdrun; lequel par leur vaillance ils combatirent trois fois en un jour : mais pour ce que trop peu de gens estoient ne le peurent prendre, si leur en conveint partir.

CHAPITRE XIII.

Cy dict comment le duc de Bourbon laissa messire Boucicaut és frontieres son lieutenant, et comment il jousta de fer de glaive à messire Sicart de la Barde.

Ja s'estoit tant esprouvé messire Boucicaut, que sa vaillance, laquelle la force luy croissoit de jour en jour estoit congneüe et manifestée à tous ceulx qui se trouvoient en armes, en place où il fust. Parquoy si grand honneur luy feit le duc de Bourbon que au partir du pays, apres les dessus dicts chasteaux pris, comme dict avons cy devant, et que il s'en voulut partir et venir en France, le feit son lieutenant és frontieres et au pays de delà, et ne laissa mie pour son jeune aage, que il ne luy laissast grand' charge de gens d'armes. Et avec lux demeurerent messire le Barrois, monseigneur de Chasteaumorant, et messire Regnauld de Roye, cent cinquante hommes d'armes, et cent arbalestriers. Si n'en fut mie deceu le duc de Bourbon de là le laisser. Car n'y demeura pas en oisiveté, ne en vain. Car nonobstant l'hyver, et la dure saison, alla tantost assaillir une forteresse appellée la Granche, laquelle ils combatirent par trois jours, puis fut prise. Ne se deporta pas à tant en celuy hyver, ains ainsi comme en icelle morte saison les gentils-hommes se seulent esbattre à chasser aux connins et lievres ou autres bestes sauvages, le bon Boucicaut par maniere de soulas s'esbatoit à chasser aux ennemis; et le plus souvent ne failloit mie à prendre. Et tout ainsi comme on a de coutume prendre icelles bestes en divers manieres, c'est à sçavoir à force de bons chiens, ou par traict d'arc, et de dards, ou par bourses et filets, ou autres manieres de les decevoir, ainsi semblablement le vaillant capitaine, qui contre ses ennemis se debvoit aider de plusieurs sages cauteles, les surprenoit en maintes manieres.

Si voulut aller assaillir la forteresse de Corbier, et va ordonner une embusche, où il feut, et avec luy messire Mauvinet, son frere, et ses autres dessus dicts compaignons, tant que ils feurent vingt huict chevaliers, et escuyers sans plus, tous hommes d'eslite. Et ordonna que une route de ses autres gens d'armes iroient courir par devant la dicte forteresse. Et ainsi feut faict : car il s'alla embuscher au plus pres qu'il peut du chastel, et se cacha tout coyement entre arbres, et masures, qui là estoyent. Tantost apres veindrent courir ceulx qui avoit ordonnez par devant le chastel. Quand ceulx de dedans veirent nos gens courir par devant eulx, tantost saillirent dehors, et les meirent en chasse. Car tout de gré les nostres fuyoient. Quand ils feurent davantaige eslongnez, adonques saillit l'embusche; et prirent à courir vers la porte du chastel pour eux ficher dedans. Quand la guette du chastel veid saillir l'embusche, tantost escria par signe au capitaine, et à ceulx qui estoient avec luy saillis dehors que ils retournassent, et ils le feirent tantost. Mais si tost ne sceurent arriver, que ils ne trouvassent ja messire Boucicaut combatant à pied par devant la porte. Car tout le premier devant ses compaignons, comme le plus courageux estoit là arrivé : où il faisoit merveilles d'armes : mesmement devant que ses compaignons veinssent. Car ja avoit pris le compaignon du capitaine, qui le plus vaillant de ceulx de dedans estoit. Ja estoyent ses gens arrivez, avant que ceulx du chastel peussent estre retournez. Lors commencea la bataille grande et fiere : mais tant y ferit le bon Boucicaut avec sa compaignée, que ceulx du chastel feurent tous morts et pris, exceptez cinq qui s'enfuirent, et se bouterent au chastel, tandis que les autres se combatoient. Quand ce feut faict, Boucicaut avec les siens se va loger devant le chastel, et envoya querir tout le demeurant de ses gens. Si meit son siege par belle ordonnance. Quand ceux de dedans veirent ce, ils n'oserent attendre l'assault, ains se rendirent, sauves leurs vies. Si feit Boucicaut la forteresse raser par terre. Et apres s'en retourna en son logis : car il en y avoit qui mestier avoient de repos.

Mais comme messire Boucicaut laissoit guairir ses gens et reposer, luy fut rapporté que un chevalier anglois de Gascongne, appelé messire Sicart de la Barde, avoit par maniere d'envie dit de luy aulcunes paroles, comme en disant que il n'avoit mie le corps taillé d'estre si vaillant comme on le tenoit. Pour lesquelles paroles, nonobstant que celuy fust un des beaux chevaliers que on sceust, et tres-vaillant homme d'armes, luy manda Boucicaut, que pour ce que il le sçavoit un des meilleurs et des plus beaux chevaliers que on sceut, il se tiendroit moult honoré d'avoir aulcune chose à faire avec luy, et pour ce le prioit que il luy voulust faire cest honneur que il luy voulust accomplir aucunes armes telles comme luy mesmes voudroit choisir, et deviser. Car il estoit jeune et novice en faict d'armes, si avoit bien mestier d'estre apris et enseigné d'un si vaillant homme comme il estoit. Quand le chevalier eut entendu ceste requeste, pour ce qu'il se sentoit bon jousteur, il luy remanda qu'il luy accompliroit volontiers un certain nombre de coups de fer de glaive.

Ceste chose accordée, la journée feut emprise, et la place où seroit. Quand ce veint au jour devisé, messire Boucicaut se partit bien monté, et bien habillé, accompagné des principaux gentils-hommes des siens, et alla devant le chasteau de Chaulucet, de laquelle garnison le dict messire Sicart de la Barde estoit : car par sa grande hardiesse avoit le dict messire Boucicaut accepté la place devant la dicte forteresse. Là s'assemblerent les deux chevaliers à la jouste. Le premier coup ne faillit pas messire Sicart, ains assena messire Boucicaut en targe si grand coup, que à peu ne le feist voler des arçons. Ne l'assena pas à celuy coup Boucicaut, pour son cheval qui se desroya. Si feut durement courroucé. Les lances leur feurent rebaillées, et derechef poignirent l'un contre l'autre. A celuy coup ne faillit mie Boucicaut, qui grand peine meit à bien viser. Si assena son compaignon en la visiere, que il rompit les boucles, et à peu qu'il ne luy fist voler le bacinet du chef, et du coup fut si estourdy, que qui soustenu ne l'eust, il alloit par terre. tierce fois poignirent l'un contre l'autre, il assena messire Boucicaut, si que la lance vola en pieces, et l'eschine luy feit plier. Mais Boucicaut le assena tellement, qu'il n'eut si bon harnois qui le garentist qu'il ne luy fischast la lance par entre les costez, et le porta par terre, si que on cuidoit qu'il fust mort : et ainsi finit ceste jouste sans parfaire le nombre des coups, qui vingt debvoient estre. Mais l'essoine de l'une des parties acheva l'emprise. Si s'en partit messire Boucicaut à tres-grand honneur ; et assez tost apres le duc de Bourbon, par le commandement du Roy l'envoya querir. Si s'en retourna à Paris.

CHAPITRE XIV.

Comment messire Boucicaut jousta de fer de glaive à un Anglois appellé messire Pierre de Courtenay, et puis à un autre nommé messire Thomas de Clifort.

Quand l'hyver fut passé, et le renouvel du doux printemps fut revenu, en la saison que toute chose meine joye, et que bois et prez se revestent de fleurs, et la terre verdoye, quand oisillons par les boscaiges menent grand bruit, lors que rossignols demeinent glay, au temps que amour faict aux gentils cœurs aimans plus sentir sa force, et les embrase par plaisant souvenir, qui faict naistre un desir, qui plaisamment les tourmente en douce langueur de savoureuse maladie. Adonc au gay mois d'avril, estoit le bel gracieux, et gentil chevalier messire Boucicaut à la court du Roy, où festes et danses souvent se faisoient. Si estoit gay et joly, richement habillé, et en toutes choses si avenant, que nul ne le passoit. Si croy bien que quand Amour departoit ses grands tresors, et ses tres-douces joyes, qu'il n'oublioit mie Boucicaut son loyal servant, qui tout bien desservoit. Si le nourrissoit ainsi amour de ses doux mets, tandis qu'il avoit temps et aise de veoir sa douce dame. Mais vaillantise, qui ne le laissoit longuement estre a sejour, luy tournoit son plaisir en grande amertume, quand la belle eslongnoit. Si le conduisoit douce esperance, qui luy disoit qu'à son retour seroit doucement receu de sa plaisante maistresse pour l'amour de laquelle il feroit tant, qu'elle en oiroit toutes bonnes nouvelles. Et ainsi apres qu'il eust eu des doulx biens amoureux en celle dicte plaisante saison, pour les mieulx desservir, voulut derechef Boucicaut aller au labeur d'armes en frontiere au pays de Picardie.

Dont il advient tandis qu'il estoit là, que il oüit dire que un chevalier d'Angleterre, appellé messire Pierre de Courtenay, lequel estoit passé en France, s'alloit vantant qu'il avoit traversé tout le royaume de France, mais oncques n'avoit peu trouver chevalier, qui eust osé jouster à luy de fer de glaive, et si s'en estoit mis en son debvoir de le requerir. Quand messire Boucicaut eut ouy ceste vantise, moult en eut grand despit. Et tantost par un herault luy manda que l ne vouloit mie que il eust cause de tant se plaindre des chevaliers de France, comme que ils luy eussent failly de si peu de chose, comme de jouster de fer de glaive, et que luy, qui estoit un des plus jeunes, et du moindre pris, si ne luy faudroit mie de greigneur chose. Si voulust adviser toutes telles armes comme il luy plairoit, et il les luy accompliroit tres-volontiers.

Laquelle chose fut tres-briefvement faicte. Car bien sembloit à celuy de Courtenay, qui moult estoit vaillant chevalier, et tres-renommé, que de Boucicaut viendroit-il tost à chef. Si assemblerent à la jouste les deux chevaliers : mais sans que j'alonge plus ma matiere, pour deviser l'assiete des coups d'un chacun, pour dire en brief ; tous leurs coups parfirent : mais ce feut si bien, et si grandement au bien de Boucicaut que il en saillit à son tres-grand honneur, et loüange.

Pour laquelle chose tantost apres, par maniere d'envie, un autre chevalier d'Angleterre, nommé messire Thomas de Clifort, l'envoya requerir de faire certaines armes nommées, lesquelles il luy accepta tres-volontiers. Et nonobstant que le droict et coustume d'armes soit telle, que le requerant va et doibt aller devant tel juge comme celuy qui est requis veult eslire, messire Boucicaut doubtant que il peust estre empesché par le Roy, ou autre de nos seigneurs de France ; si ceste chose leur venoit à cognoissance, ou que le juge que il esliroit ne les y voulust recevoir, alla accomplir les dictes armes à Calais devant messire Guillaume de Beauchamp, pour lors capitaine de Calais, et oncle du dict messire Thomas. Quand ils feurent au champ, et veint à la jouste, sans faille tous deux moult vaillamment le feirent : et à la parfin de leurs coups, messire Boucicaut porta à terre de coups de lance messire Thomas, cheval et tout en un mont : si descendit tost à pied Boucicaut et se prirent aux espées. Et sans plus alonger le compte des armes qu'ils firent à pied, c'est à scavoir d'espées, de dagues, et de haches, sans faille messire Boucicaut tant y feit, que tous dirent que il estoit un tres-vaillant chevalier. Et ainsi en saillit à son tres-grand honneur.

Apres ces choses, en celle mesme année le Roy eut conseil, que grand bien seroit pour luy et pour son royaume, et grande confusion à ses ennemis, si luy mesmes passoit à grand puissance en Angleterre : si fut faict adonc à celle entente moult grande armée, en laquelle fut baillé à messire Boucicaut la charge de cent hommes d'armes. Mais ne tint pas le dict voyage : car avant qu'il peust estre mis sus du tout, l'hyver vint si fort que despecer le conveint. Et feut appellée celle allée le voyage de l'Escluse, par ce que là vouloit le Roy monter en mer, et jusques là alla. Si s'en retourna en France. Et ainsi fut messire Boucicaut à séjour celle saison, dont ne despleut mie à celle qui de bon cœur l'aimoit, qui maintes hachées souventesfois avoit en son cœur pour les perilleuses advantures où il s'abandonnoit.

◇◇◇

CHAPITRE XV.

Comment messire Boucicaut alla en Espaigne, et comment au retour le seigneur de Chasteauneuf Anglois entreprist à faire armes à luy, vingt contre vingt, et puis ne le voulut ou n'osa maintenir.

Ceste année ensuivant, advint que le duc de Lanclastre, à tres-grande puissance alla en Espaigne pour destruire le pays : et pource que il n'avoit mie intention de tost retourner, mena avec luy sa femme, et ses enfans. Si avoit en son aide le roy de Portugal à cause de certaines alliances qui estoient entre eulx. Quand le roy d'Espaigne se veid ainsi oppressé de ses ennemis, il envoya tantost ses messaigers devers le roy de France, le supplier que il luy voulust envoyer brief secours : de laquelle chose le Roy dit que ce feroit-il tres-volontiers. Si y envoya messire Guillaume de Nouillac, et messire Gaucher de Passac, avec certain nombre de gens d'armes : mais tantost apres le duc de Bourbon y alla, avec grand foison de gens, avec lequel messire Boucicaut alla. Si y eut si belle compaignée, que quand le duc de Bourbon, avec ceulx qui estoient allez devant, furent ensemble, ils se trouverent en nombre de gens d'armes bien deux mille. Adonc pour le secours qui alors veint au roy d'Espaigne, les Anglois qui ne veirent leur advantaige à celle fois, se retrairent en Portugal. Et quand le duc de Bourbon eut esté une piece au pays, pource que il luy sembla que on ne faisoit mie moult, il s'en partit pour retourner en France, et passa en retournant par le comté de Foix.

Là se trouvoit aucunes fois messire Boucicaut en compaignée d'Anglois, où ils beuvoient et mangeoient ensemble, quand le cas s'y adonnoit. Et adonc pour ce que les dicts Anglois apperceurent quelques abstinences que le dict messire Boucicaut faisoit, demanderent si c'estoit pour faire armes, et si c'estoit pour ceste cause que tost trouveroit qui l'en delivreroit.

Boucicaut leur respondit que voirement estoit ce pour combatre à oultrance : mais que il avoit compaignon, c'estoit un chevalier nommé messire Regnauld de Roye, sans lequel il ne pouvoit rien faire. Et toutesfois s'il y avoit aucuns d'eulx qui voulussent la bataille il leur octroyoit, et que à leur volonté prissent jour tant que il l'eust faict à sçavoir à son compaignon. Et encores s'ils vouloient estre plus grand nombre, il se faisoit fort de leur livrer partie tant que ils voudroient estre, c'est à sçavoir depuis le nombre de deux jusques au nombre de vingt. Si allerent tant avec ces paroles, que un seigneur anglois du pays, que on appelloit le seigneur de Chasteauneuf, et estoit parent du dict comte de Foix, accepta ceste bataille : c'est à sçavoir vingt contre vingt, dont des Anglois celuy dict seigneur debvoit estre chef, et des François messire Boucicaut.

Si fut ainsi ceste chose accordée des deux parties, et devoit Boucicaut querir juge. Si esleut le duc de Bourbon, et de ce l'alla tant requerir que il s'y accorda, et pour l'amour de luy voulut bailler bons ostages pour tenir la place seure : mais je ne sçay si les Anglois trouverent en ce leur excuse pour delaisser la chose, et que repentifs de celle emprise fussent : car ny le duc de Bourbon, ny plusieurs autres que messire Boucicaut leur presenta, ils ne voulurent accepter pour juges. Quand messire Boucicaut veid ce, moult luy en pesa, pour ce que bien voyoit que ja s'en repentoient. Parquoy luy qui sur toute chose desiroit la bataille, afin que ils ne s'en peussent excuser, et que plus ne sçeussent que dire, leur offrit que la bataille fust devant le comte de Foix : mais le dict comte ne le voulut oncques accepter, ne leur tenir place. Si demeura ainsi la chose au tres-grand honneur de Boucicaut.

Et le duc de Bourbon, luy party du comté de Foix, s'en vint par la duché de Guyenne, et alla combatre une ville appellée le bras Saint Paul, auquel lieu on fit de moult belles et chevaleureuses armes, et par especial de la personne de Boucicaut en eschelle, et autrement à grand danger et peril. Car les fossez estoyent profonds de plus d'une lance, et tranchez à plain comme un mur, et si y avoit moult grand garnison qui bien defendoit la place. Mais nonobstant ce, quand ce veint au fort de l'assault, Boucicaut au hardy courage sans rien doubter saillit és fossez sans aide nulle, et plusieurs autres le suivirent, pour gravir et monter sur un pont qui là estoit, dont les ennemis avoient despiecé plusieurs ais, et alloit le dict pont droict à leur porte sans pont levis. Mais l'on n'y pouvoit aller sans le danger de deux tours, et avec ce les dicts ennemis avoient faict devant la dicte porte, comme du long d'une lance loing un bon et fort palis, qui estoit gardé des dictes deux tours.

En ce fossé, comme dict est, estoit Boucicaut et autres, ausquels le duc de Bourbon envoya une eschele pour monter sur le dict pont, à laquelle dresser à grand diligence meit la main Boucicaut, et tout le premier monta sus, et tout devant les autres vint au palis d'enhault. Mais apres luy monterent tant d'autres desireux semblablement d'avoir honneur à la journée, comme bons et vaillans, que l'un empeschoit l'autre. Si que en nulle guise ne pouvoient combatre de leurs lances pour la petitesse de la place. Quand Boucicaut veid que ainsi empeschoient l'un l'autre, il bouta et feit cheoir l'eschele pour faire descendre la grand charge de gens qui dessus estoit. Si ne fault mie parler comment là estoient bien servis degrosses pierres lancées des deux tours de dessus. Plus feirent les ennemis. Car pour empescher aux nostres la montée ils ouvrirent leurs portes, et veindrent combatre main à main avec nos gens de lances et d'espées. Là leur veint au devant messire Boucicaut et ceulx qui avec luy estoient, qui ne leur faillit mie. Si feit là de tres-grandes armes Boucicaut, et moult y sousteint grand faiz. Car trop estoyent les ennemis de gens qui tant y pousserent, que ils feirent ressaillir nos gens és fossez sans eschele. Mais tousjours encore que tout seul feust demeuré des siens, leur tenoit estail Boucicaut. Grand piece se combatit, et tant d'armes faisoit, que les amis et les ennemis le regardoient par grand merveille.

Et ainsi dura si grand piece ceste bataille que un lyon de grande fierté deust estre lassé ; tant que les dicts ennemis veindrent sur luy à si grande quantité, que à force de pousser des lances le feirent cheoir au fossé. Si cessa à tant l'assault : car tard estoit. Mais ne fault demander le grand honneur et la feste que le duc de Bourbon fist le soir à cestuy vaillant champion Boucicaut. Et generalement tous chevaliers et escuyers grande loüange luy donnoient, et petits et grands ne parloient sinon de luy, et de ce que on luy avoit veu faire grand compte en tenoient, en racomptant chascun à son tour diverses armes de grand force que veu faire luy avoient : et à brief parler, au jugement de tous l'honneur de la journée en emporta Boucicaut. Le lendemain voulurent nos gens recommencer l'assault : mais quand les ennemis veirent ce, ils se rendirent, et pour celle prise semblablement se tournerent François plusieurs chasteaux et villes de là environ.

CHAPITRE XVI.

Comment messire Boucicaut alla outre mer, où il trouva le comte d'Eu prisonnier.

Faictes et accomplies les choses dictes cy dessus, le duc de Bourbon s'en retourna à Paris : mais messire Boucicaut, qui grant desir avoit de visiter la terre d'outre mer, prit congé du dict duc. Et luy et messire Regnauld de Roye de compaignée partirent ensemble, et tant errerent qu'ils vindrent à Venise, où ils monterent sur mer, et allerent descendre en Constantinople. Et là demeurerent tout le caresme. Et en ces entrefaites envoyerent devant Amurat, pere de Bajazet, qui estoit adonc en Grece, pres de Galipoli, pour requerir un saufconduit, lequel il leur octroya tres-volontiers (1). Si s'en allerent apres devers luy, et il les receut à grand feste, et leur fit tres-bonne chere, et ils luy presenterent leur service, en cas que il feroit guerre à aucuns Sarrasins. Si les en remercia moult Amurat ; et demeurerent avec luy environ trois mois : mais pource que il n'avoit pour lors guerre à nul Sarrasin ils prirent congé, et s'en partirent, et il les feit convoyer seurement par ses gens par le pays de Grece, et par le royaume de Bulgarie, et tant qu'ils feurent hors de sa terre.

Si tournerent vers Hongrie, et tant allerent qu'ils arriverent devers le roy de Hongrie, qui les receut à tres-grand chere, et grand honneur leur fit. Si avoit adonc le dict Roy moult assemblé de gens, pour un grant debat qu'il avoit avec le marquis de Moravie, dont il fut pour ceste cause encores plus joyeux de leur venuë. Là demeurerent trois mois, et apres prirent congé du Roy et s'en partirent, et adonc se separerent l'un de l'autre. Car messire Regnauld de Roye tourna vers Prusse, et messire Boucicaut qui desiroit, comme dict est, visiter la Terre Saincte, retourna à Venise, et prit son passage outre mer.

Si alla en Hierusalem, au pelerinage du sainct Sepulchre, que il visita tres-devotement, et aussi fut par tous les saincts lieux accoustumez. Et lors qu'il faisoit la dicte cerche, il oüit nouvelles que le comte d'Eu, lequel venoit au dict sainct pelerinage, avoit esté arresté à Damas de par le souldan de Babilone. Si tôt que Boucicaut eut ce entendu, adonc nonobstant que il eust laissé toute sa robe en une nave sur la mer en intencion d'aller en Prusse, par sa tres-grande franchise, et pour l'honneur du roy de France, à qui ledict comte estoit parent, nonobstant qu'il n'eust oncques à luy gueres d'acointance, alla devers luy à Damas, dont le comte eut grant joye quand il le veid. Si y arriva Boucicaut si à point, que le Souldan avoit envoyé querir le comte pour amener au Caire devers luy. Quand il y feust, le dict Souldan feit mettre en escript tous les gens qui estoient au dict comte d'Eu, et de sa mesgnie, et aux autres pelerins qui estoient avec luy, et n'estoient pas de ses gens, il feit donner congé de eulx en aller.

Mais le tres-bon gentil chevalier franc et liberal Boucicaut, qui s'en fut allé s'il eust voulu, ne le voulut laisser là estre prisonnier sans luy, ains pour luy faire compaignée se fist escrire et se meit en la prison avec. Et là demeura de sa volonté, et sans contrainte, à ses propres despens, par l'espace de quatre mois que ledict comte feut és prisons du Souldan, qui apres les laissa aller. Et quand ils furent hors de prison, ils retournerent à Damas (2), et de là prirent leur chemin à aller à Sainct Paul des deserts, et de là à Saincte Catherine du mont de Sinaï, et puis s'en veindrent droict en Hierusalem. Et là derechef messire Boucicaut visita le Saint Sepulchre, et paya tous les treus qui y sont establis, pour luy, et pour ses gens, comme devant, et refist la cerche en tous les autres lieux. Et quand le comte d'Eu et Boucicaut eurent par tout ainsi esté, ils s'en partirent et veindrent à Barut, en intention de monter là sur mer pour eulx en retourner : mais ils furent arrestez des Sarrasins, et l'espace d'un mois fut passé, avant qu'ils les laissassent partir. Si monterent en mer, et de là s'en allerent en Cipre, et puis de Cipre à Rhodes, et là prirent une galée, qui les mena jusques à Venise : et ainsi s'en retournerent en France. Et quand ils furent en Bourgongne, ils trouverent en leur chemin le Roy, qui estoit à l'abbaye de Clugny, et s'en alloit prendre possession du Languedoc, où il n'avoit oncques esté. Si les receut le Roy moult joyeusement, et grand feste feit de leur venuë. Si se loüa le comte d'Eu moult grandement au roy de Boucicaut, et de la bonne compaignée que il luy avoit faicte, et dit que oncques n'avoit trouvé tant de franchise ny de bonté en chevalier. Si luy sceut le Roy moult bon gré du bon amour que il avoit porté à son cousin, et tous ceulx qui la verité en sceurent le tindrent à grand franchise, et bonté, et moult en loüerent Boucicaut.

---

(1) Amurath était alors sur la rive occidentale de l'Hellespont, s'occupant d'étendre la domination ottomane au-delà du détroit.

(2) Il y a ici une erreur ; Boucicaut et le comte d'Eu étaient alors au Caire ; ils n'avaient qu'à remonter le Nil pour se rendre dans le désert de Paul.

CHAPITRE XVII.

De l'emprise que messire Boucicaut feit luy troisiesme de tenir champ trente jours à la jouste à tous venans, entre Boulongne et Calais, au lieu que on dict sainct Ingelbert.

Il est à sçavoir que messire Boucicaut avoit esté en sa jeunesse communément en voyages avec le bon duc de Bourbon, lequel pour la bonté que il avoit veüe en luy dés son premier commencement, l'avoit retenu de son hostel, et avec luy, comme il est dict cy devant. Si advint alors, comme le Roy estoit à Clugny, comme il est dict, que pour le grand bien que il voyoit qui tousjours multiplioit en Boucicaut, il l'aima plus que oncques mais, combien que l'amour fut commencé dés leur enfance. Si le voulut avoir du tout en sa compaignée, et de faict le demanda au duc de Bourbon, qui en fut content, pour l'advancement de Boucicaut : et ainsi fut du tout de la cour du Roy, et s'en alla avec luy en ce voyage de Languedoc.

En ce voyage advint, ainsi comme amour et vaillance chevaleureuse admonestent souvent le courage des bons à entreprendre choses honorables, pour accroistre leur pris et leur honneur, pourpensa Boucicaut une entreprise la plus haute, la plus gracieuse, et la plus honnorable, que passé a long temps en chrestienté chevalier entreprist. (Et soit noté et regardé aux faicts de ce vaillant homme) comment sans doubte il est bien vray ce que le proverbe dict, que aux œuvres non mie aux paroles se demonstrent les affections du vaillant preux. Car il n'y a point de doubte que l'homme qui a affection et desir d'attaindre et parvenir à honneur, ne pense tousjours comment et par quelle voye il pourra tant faire que il puisse desservir que on die de luy qu'il soit vaillant. Ne jamais ne luy semble que il ait assez faict, quelque bien que il face, pour avoir acquis los de vaillance et prouesse. Et que ceste chose soit vraye, nous appert bien par les œuvres de cestuy vaillant chevalier Boucicaut. Car pour le grand desir qu'il avoit d'estre vaillant, et d'acquerir honneur, n'avoit autre soing fors de penser comment il employeroit sa belle jeunesse en poursuite chevaleureuse. Et pource que il luy sembloit que il n'en pouvoit assez faire ne prenoit aussi comme point de repos : car aussi tost que il avoit achevé aucun bienfaict il en entreprenoit un autre.

Si fu telle l'emprise que apres que il eut congé du Roy, il fit crier en plusieurs royaumes et pays chrestiens, c'est à sçavoir en Angleterre, en Espaigne, en Arragon, en Alemaigne, en Italie et ailleurs, que il faisoit sçavoir à tous princes, chevaliers, et escuyers, que luy accompaigné de deux chevaliers, l'un appelé messire Renault de Roye, l'autre le Seigneur de Sampy, tiendroient la place par l'espace de trente jours sans partir, si essoine raisonnable de la laisser ne leur venoit. C'est à sçavoir depuis le vingtiesme jour de mars jusques au vingtiesme jour d'avril, entre Calais et Boulongne, au lieu que l'on dict Sainct Ingelbert. Là seraient les trois chevaliers attendans tous venans, prests et appareillez de livrer la jouste à tous chevaliers et escuyers qui les en requerroient, sans faillir jour, excepté les vendredis. C'est à sçavoir un chacun des dicts chevaliers cinq coups de fer de glaive, ou de rochet, à tous ceulx qui seroient ennemis du royaume, qui de l'un ou de l'autre les requerroient, et à un chacun autre, qui fut amy du royaume qui demanderoit la jouste, seroit delivré cinq coups de rochet. Ce cry feut faict environ trois mois avant le terme de l'entreprise, et le fit ainsi faire Boucicaut, affin que ceulx qui de loing y vouldroient venir eussent assez espace, et que plus grandes nouvelles en feussent, par quoy plus de gens y veinssent.

Quant le terme commença à approcher, Boucicaut preint congé du Roy, et s'en alla luy et ses compaignons en la dicte place, que on dict Sainct Ingelbert. Là feit tendre en belle plaine son pavillon qui fut grand bel et riche. Et aussi ses compaignons feirent coste le sien tendre les leurs, chascun à part soy. Devant les trois pavillons un peu loignet avoit un grand orme. A trois branches de cest arbre, avoit pendu à chacune deux escus, l'un de paix, l'autre de guerre. Et est à sçavoir que mesmes en ceulx de guerre n'avoit ne fer acier, mais tout estoit de bois. Coste les escus, à chacune des dictes trois branches y avoit dix lances dressées, cinq de paix, et cinq de guerre. Un cor y avoit pendu à l'arbre, et devoit par le cry qui estoit faict, tout homme qui demandoit la jouste corner d'iceluy cor, et s'il vouloit jouste de guerre, ferir en l'escu de guerre, et s'il vouloit de rochet, ferir en l'escu de paix.

Si y avoit chascun des trois chevaliers faict mettre ses armes au dessus de ses deux escus, lesquels escus estoient peints à leurs devises differemment. Afin que chascun peust congnoistre auquel des trois il demanderoit la jouste. Outre cest arbre avoit messire Boucicaut faict tendre un grant et bel pavillon, pour armer et pour retraire, et refraischir ceulx de dehors. Si devoit apres le coup feru en l'escu saillir dehors monté sur le destrier, la lance au poing et tout prest à poindre celuy en la targe duquel on auroit feru, ou tous trois, si trois demandans eussent feru és targes. Ainsi feit là son appareil moult grandement et tres-honnorablement messire Boucicaut, et feit faire provisions de tres-bons vins, et de tous vivres largement, et à plain, et de tout ce qu'il convient si plantureusement comme pour tenir table ronde à tout venans tout le dict temps durant, et tout aux propres despens de Boucicaut. Si peut-on sçavoir que ils n'y estoient mie seuls : car belle compaignée de chevaliers et de gentils-hommes y avoit pour les accompaigner, et aussi pour les servir grand foison de mesgnie. Car chascun des trois y estoit allé en grand estat. Si y avoit heraults, trompettes, et menestriers assez, et autres gens de divers estats. Et ainsi comme pouvez ouyr fut mis en celle besongne si bonne diligence, que toutes choses dés avant le temps de trente jours furent si bien et si bel apprestées, que rien n'y convient quand le dict jour de la dicte emprise feut venu.

Adonc furent tous armez et prests en leurs pavillons les trois chevaliers, attendans qui viendroit. Si fut messire Boucicaut par especial moult habillé richement. Et pource que il pensoit bien que avant que le jeu faillist y viendroit foison d'estrangers, tant Anglois comme autre gent ; à celle fin que chascun veid que il estoit prest et appareillé s'il estoit requis d'aucun delivrer et faire telles armes comme on luy voudroit requerir et demander, prit adonc le mot que oncques puis il ne laissa, lequel est tel. CE QUE VOUS VOULDREZ. Si le fist mettre en toutes ses devises, et là le porta nouvellement.

Les Anglois, qui volontiers se peinent en tout temps desavancer les François, et les surmonter en toutes choses s'ils peuvent, ouyrent bien et entendirent le cry de la susdicte honnorable emprise. Si dirent la plus part et les plus grands d'entre eulx que le jeu ne se passeroit mie sans eulx. Et n'oublierent pas dés que le dict premier jour fut venu à y estre à belle compaignée, mesmes des plus grands d'Angleterre, si comme cy apres on les pourra ouyr nommer. A celuy premier jour, ainsi comme messire Boucicaut estoit attendant tout armé en son pavillon, et aussi ses compaignons és leurs, a tant est veu venir messire Jean de Holande frere du roy Richart d'Angleterre, qui à moult belle compaignée tout armé sur le destrier, les menestriers cornans devant, s'en veint sur la place. Et en celui maintien de moult haute maniere, presente grande foison de gentils-hommes qui là estoient, alla le champ tout environnant. Et puis quand il eust ce faict il veint au cor, et corna moult hautement. Et apres on luy lassa son bacinet qui fort luy fut bouclé : adonc alla ferir en l'escu de guerre de Boucicaut qe'il avoit bien advisé.

Apres ce coup ne tarda mie le gentil chevalier Boucicaut, qui plus droict que un jonc sur le bon destrier, la lance au poing, et l'escu au col, les menestriers devant, et bien accompaigné des siens, vous sort de ce pavillon et se va mettre en rang. Et là bien peu s'arreste, puis baisse sa lance et met en l'arrest, et poind vers son adversaire qui moult estoit vaillant chevalier, lequel aussi repoind vers luy. Si ne faillirent mie à se rencontrer, ains si tres-grands coups s'entredonnerent és targes, que à tous deux les eschines conveint ployer, et les lances volerent en pieces. Là y eut assez qui leurs noms hautement escrierent : si prirent leur tour, et nouvelles lances leur furent baillées, et derechef coururent l'un contre l'autre, et semblablement se entreferirent. Et ainsi parfirent leur cinquiesme coup, assis tous de fer de glaive, si vaillamment tous deux que nul n'y doibt avoir reproche. Bien est à sçavoir que au quatriesme coup, apres que les lances furent volées en pieces, pour la grande ardeur des bons destriers qui fort couroient, s'entreheurterent les deux chevaliers si grand coup l'un contre l'autre, que le cheval de l'Anglois s'accula à terre, et feust cheu sans faille si à force de gens il n'eust esté soustenu, et celuy de Boucicaut chancela, mais ne cheut mie.

Apres ceste jouste, et le nombre des coups achevez, se retirerent les deux chevaliers és pavillons : mais ne fut mie là laissé à sejour moult longuement Boucicaut : car d'autres y eut moult vaillans chevaliers anglois, qui semblablement comme le premier luy requirent la jouste de fer de glaive, dont en celuy jour en delivra encores deux autres, et parfist ses quinze coups assis, si bien et si vaillamment que de tous il se departit à son tres-grand honneur. Tandis que Boucicaut joustoit, comme dict est, ne cuide nul que ses autres compaignons feussent oiseux, ains trouverent assez qui les hasteret de jouster, et tout de fer de glaive. Si le firent si bel et si bien tous deux que l'honneur en fut de leur partie. Si ne sçay à quoy je esloingneroye ma matiere pour deviser l'assiette de tous les coups d'un chacun, laquelle chose pourroit tourner aux oyans à ennuy : mais pour tout dire en brief, je vous dis que les principaux qui jousterent à Boucicaut les trente jours durant, furent, premierement celuy dont nous avons parlé, et puis le comte d'Arli, qui ores se dict Henry roy d'Angleterre, (lequel jousta avec dix coups de fer de glaive: car quand il eust jousté les cinq coups selon le cry, le duc de Lanclastre son pere luy escrivit que il luy envoyoit son fils pour apprendre de luy. Car il sçavoit un tres-vaillant chevalier, et que il le prioit que dix coups voulust jouster à luy,) le comte Mareschal, le seigneur de Beaumont, messire Thomas de Perci, le seigneur de Clifort, le sire de Courtenay, et tant de chevaliers et d'escuyers du dict roy d'Angleterre que ils furent jusques au nombre de six vingt, et d'autres pays, comme Espaignols, Alemans, et autres, plus de quarante, et tous jousterent de fer de glaive. Et à tous Boucicaut et ses compaignons parfeirent le nombre des coups, excepté à aulcuns qui ne les peurent achever, parce que ils furent blecez. Car là furent plusieurs des Anglois portez par terre, maistres et chevaulx, de coups de lances, et navrez durement. Et mesmement le susdict messire Jean de Hollande fut si blessé par Boucicaut que à peu ne feust mort, et aussi des autres estrangers. Mais le vaillant gentil chevalier Boucicaut, et ses bons et esprouvez compaignons, Dieu mercy, n'eurent mal ne blesseure. Et ainsi continua le bon chevaleureux sa noble emprise par chacun jour jusques au terme de trente jours accomplis. Si en saillit à tres-grand honneur du Roy, et de la chevalerie de France, et à si grand los de luy et de ses compaignons, que à tousjours mais en devra estre parlé. Et s'en partit de là Boucicaut avec les siens; et s'en retourna à Paris, où il fut tres-joyeusement receu du Roy et de tous les seigneurs, et aussi des dames grandement festoyé et honnoré. Car moult bien l'avoit desservy.

◇◇◇

CHAPITRE XVIII.

Comment messire Boucicaut alla la troisiesme fois en Prusse, et comment il voulut venger la mort de messire Guillaume de Duglas.

Ne demeura mie longuement apres l'achevement de la susdicte entreprise, que le duc de Bourbon entreprist le voyage pour aller sur les Sarrasins en Barbarie, à moult grande armée. D'icelle allée eut moult grand joye Boucicaut. Car ne cuida mie que ce deust estre sans luy: mais quand il en demanda congé au Roy, il ne le voulut nullement laisser aller, dont moult grandement pesa à Boucicaut, et tel desplaisir en eut que il ne se voulut tenir en Cour, pour chose que le Roy luy deist. Si feit tant à toutes fins que il eut congé d'aller derechef en Prusse. Si partit apres le congé le plus tost qu'il peut,

de peur que le Roy ne se r'advisast et ne le laissast aller: mais quand il feut par de là il trouva qu'il n'y avoit point de guerre.

Si delibera de demeurer au pays toute celle saison pour attendre la guerre. Et tandis qu'il estoit là, ja y avoit si longuement attendu, que son frere messire Geoffroy, lequel on a nommé le jeune Boucicaut, qui estoit retourné de Barbarie avec le duc de Bourbon, auquel voyage avoit esté plus de huict mois, le veint là trouver. Si s'entrefeirent les deux freres moult grande joye; et ainsi comme messire Boucicaut et son frere attendoient temps et saison que la dicte guerre se feist, luy veint message de par le Roy, qui luy mandoit qu'il avoit en propos de faire certain voyage, si voulut qu'il feust avec luy, et pour ce luy mandoit expressément, que tantost et sans delay s'en retournast vers luy. Ces nouvelles ouyes, Boucicaut, qui desobeir n'osa quoy que il luy en pesast, se mist en retour, si comme raison estoit, et tant erra pour venir tost devers le Roy, que il estoit ja venu au pays de Flandres. Et comme il estoit à Bruxelles messaige luy vint de par le Roy, qui luy mandoit que par l'ordonnance de son conseil il avoit changé propos, si luy remandoit qu'il estoit à sa volonté de s'en revenir ou de tenir son voyage. Quand Boucicaut ouït ce il fut moult joyeux, et s'en retourna dont il venoit.

Et ainsi comme il s'en retournoit, et ja estoit toit à Konigsberg, advint telle advanture, que comme plusieurs estrangers fussent arrivez en la dicte ville de Konigsberg, lesquels alloient pour estre à la susdicte guerre, un vaillant chevalier d'Escosse appellé messire Guillaume de Duglas, fut là occis en trahison de certains Anglois. Quand ceste mauvaistié fut sceüe, qui desplaire debvoit à tout bon homme, messire Boucicaut, nonobstant que à celuy messire Guillaume de Duglas n'est eüe nulle accointance; mais tout par la vaillance de son noble courage, pour ce que le faict luy sembla si laid qu'il ne deust estre souffert ne dissimulé sans vengeance, et pour ce que il ne veid là nul chevalier ni escuyer qui la querelle en voulust prendre, nonobstant qu'il y eust grand foison de gentils-hommes du pays d'Escosse, ains s'en taisoient tous, il fist à sçavoir et dire à tous les Anglois qui là estoient, que s'il y avoit nul d'eulx qui voulust dire que le dict chevalier n'eust esté par eulx tué faulsement et traistreusement, que il disoit et vouloit soustenir par son corps que si avoit, et estoit prest de soustenir la querelle du chevalier occis. A ceste chose ne voulurent les Anglois rien respondre, ains dirent que si les Escossois qui là estoient leur vouloient de ce aulcune chose dire que ils leur en respondroient : mais à luy ne vouldroient rien avoir à faire.

Et ainsi demeura la chose, et Boucicaut s'en partit, et fut tout à point en Prusse à la guerre qui fut la plus grande et la plus honnorable que de long temps y eust eu. Car celle année estoit mort le hault maistre de Prusse, et celuy qui de nouvel estoit en son lieu estably meit sus si grande armée qu'ils estoient bien deux cent mille chevaux, qui tous passerent au royaume de Lecto, où ils firent grande destruction de Sarrasins, et y preindrent par force et de bel assault plusieurs forts chasteaux. Et en ceste besongne, pour ce que messire Boucicaut veid que la chose estoit grande, et moult honorable et belle, et qu'il y avoit grande compaignée de chevaliers et d'escuyers, et de gentils-hommes, tant du royaume de France, comme d'ailleurs, leva premierement banniere, et fist en celle besongne tant d'armes que tous l'en loüerent, et par l'entreprise de luy avec le hault maistre de Prusse fut fondé et faict en celuy pays de Sarrasins au royaume de Lecto, malgré leurs ennemis, et à force, un fort et bel chastel en une isle, et nommerent le dict chastel en françois le Chastel (1) des Chevaliers. Et demeurerent sur le lieu le dict hault maistre et Boucicaut accompaignez de belle compaignée de gens d'armes pour garder la place tant que il feust achevé, et apres s'en retournerent en Prusse.

◇◇◇

CHAPITRE XIX.

Comment messire Boucicaut fut fait mareschal de France.

Au temps que messire Boucicaut estoit en Prusse, comme dict est cy devant, trespassa de ce siecle le mareschal de Blainville. Mais comme dict la Balade, qui bien aime n'oublie pas son bon amy pour estre loing. Le bon roy de France, qui aimoit de moult grand amour, et aime encores et tousjours aimera Boucicaut, comme par plusieurs fois luy avoit demonstré, à celle fois derechef grandement luy monstra. Car nonobstant que si tost que le mareschal de Blainville fut trespassé, luy fut requis l'office par plusieurs haults et grands seigneurs, et nonobstant que Boucicaut ne fut mie present, ains ne l'avoit veu ja avoit pres d'un an, ne l'oublia pourtant le bon noble Roy : ains delibera incontinent que autre ne l'auroit que luy. Et de faict luy manda hastivement que tantost et sans delay il s'en retournast.

Si veint si à point le messaige du Roy devers Boucicaut, que il le trouva que ja il s'en retournoit du susdict voyage de Prusse. Si se hasta pour ces nouvelles encores plus de venir, et quand il fut approché de France il sceut que le Roy estoit adonc au pays de Touraine. Si tourna celle part, et tant erra que il le trouva en la cité de Tours, et vint vers luy si à point que il estoit adonc au propre hostel où il mesme estoit né, et où son pere en son vivant demeuroit. Devant le Roy se meit à genoüils Boucicaut, et comme il debvoit humblement le salüa. Quand le Roy le veid, ne convient demander s'il luy fit grand chere : car ne cuidez pas que de long temps nul chevalier fust receu du Roy à plus grand feste. Si luy dict incontinent le Roy, « Boucicaut, vostre pere demeura en ceste hos» tel, et gist en ceste ville et feustes né en ceste » chambre, si comme on nous a dit. Si vous » donnons au propre lieu où vous naquistes l'of» fice de vostre pere, et pour vous plus honnorer, » le jour de Noel qui approche apres la messe » nous vous baillerons le baston, et ferons re» cevoir de vous le serment comme il est ac» coustumé. »

Boucicaut qui estoit encores à genoulx remercia le Roy humblement comme il debvoit faire. Et quand veint au jour de Noel se leva de matin messire Boucicaut et se vestit moult richement. Là estoyent ja venus grand foison de chevaliers et seigneurs ses parens et affins pour l'accompagner. Et quand temps et heure luy sembla s'en alla en moult noble appareil à la messe devers le Roy. Quand la messe fut chantée, le duc de Bourbon qui moult l'aimoit comme celuy que il avoit nourry, et duquel il avoit faict noble et bonne nourriture, le prist et le mena devers le Roy, et avec eulx feurent plusieurs autres seigneurs et chevaliers qui l'accompaignerent. Devant le Roy se mit à genoulx Boucicaut, et le Roy le receut tres-joyeusement, et le revestit de l'office de mareschal en luy baillant le baston. Et là estoit le duc de Bourgongne oncle du Roy, lequel pour luy faire plus grand honneur voulut luy mesme en recevoir le serment. Nonobstant que ce ne soit chose accoustumée que autre le reçoive que le chancelier de France qui mesme le estoit. Là estoit present messire Olivier de Clisson pour lors connestable de France, et messire Jean de Vienne, admiral, et grand foison de baronnie, qui tous dirent que le dict noble office ne pouvoit estre en autre mieulx employé, et grand joye en eurent, comme de celuy qui le valoit, et qui bien l'avoit desservy. Et ainsi fu faict Boucicaut mareschal de France.

---

(1) Konisberg.

Si faict à noter en cest endrolct le grand bien de cestuy chevalier, lequel ainsi qu'il est contenu és histoires des chevaleureux Romains, quand il advenoit que aulcun d'entre eulx estoit veu et apperceu dés son enfance plus que les autres enfans estre enclin à l'amour et poursuite d'armes, en continuant faicts chevaleureux par grande ardeur, tant et si vaillamment que mesmement en jeune aage eust ja faict maintes choses fortes et honnorables, et tousjours continuast de mieulx en mieulx, on presumoit et jugeoit-on par tels signes que tels enfans et jouvenceaux seroient en leur droict aage tres-vaillans hommes; et pour ce les Romains ne laissoient point pour la grande jeunesse d'iceux à les mettre és grands offices de la chevalerie, si comme les faire ducs, connestables, et chevetains de tres-grands ost, nonobstant que l'ordonnance commune ne feust de mettre hommes en tels offices que ils n'eussent à tout le moins accomply trente ans: mais ceulx qu'ils veoient advancez en excellence outre le commun cours de nature, ils les advançoient aussi en honneur outre les autres hommes. Et ce faisoient-ils affin que ils feussent plus avivez et embrasez en l'amour et ardeur des armes de tant comme plus s'y verroient honnorez. Comme ils feirent de Pompée le tres-vaillant chevalier, qui tant avoit ja faict de bien en son enfance et jeunesse, que ils le reputerent digne dés l'aage de vingt deux ans d'estre consul de Rome, qui estoit office comme nous dirions duc et connestable de la chevalerie.

A cest exemple, comme il me semble, fut faict le noble jouvencel Boucicaut, lequel tant avoit ja faict de bien par longue continuation dés son enfance tousjours multipliant en vertu et biensfaicts, que il feut reputé digne d'estre mis en si noble office comme de mareschal de France dés l'aage de vingt cinq ans, qu'il avoit sans plus accomplis lors que le Roy le revestit du dict office. Mais vrayement, nonobstant ce jeune aage ne descheut pas en luy l'honneur de si noble estat. Car sa grand bonté, vaillance et vertu exceda, passa et vainquit tous les mouvemens et inclinations de folle jeunesse. En telle maniere qu'il estoit plus meur en vertu et mœurs dés l'aage de vingt ans que plusieurs ne sont à cinquante. En laquelle grace et meureté a tousjours perseveré et persevere multipliant en bien, si comme il appert par ses faicts, lesquels en continuant nostre matiere seront declarez cy apres.

◇◇◇

CHAPITRE XX.

Comment le mareschal Boucicaut alla avec le Roy à Boulongne au traicté. Et la charge de gens d'armes que le Roy luy bailla apres pour aller en plusieurs voyages, et comment il prit le Roc du Sac.

Apres que le Roy eut estably Boucicaut son mareschal, il s'en retourna à Paris, et le dict mareschal avec luy, si fut tout cest hyver à sejour avec le Roy en jeux et esbatemens avec les dames qui de sa presence estoyent joyeuses. Car tout ainsi qu'il estoit propice et vaillant en faict d'armes, semblablement estoit tres-avenant et gracieux de toutes choses entre dames et damoiselles, et bien y sçavoit son estre, et pour ce estoit tres-aimé et bien venu.

Si y avoit adoncques trefves entre François et Anglois, et pour ce un peu plus longuement fut à sejour. Quand veint l'esté d'apres, durant les dictes trefves le Roy tint un parlement à Amiens, et avec luy alla son frere le duc d'Orleans, ses oncles le duc de Berry, le duc de Bourgongne et le duc de Bourbon, et autres seigneurs du sang royal, et d'autres grand foison, et tous les capitaines de France, c'est à sçavoir le connestable de Clisson, le mareschal de Sancerre, le mareschal de Boucicaut, l'admiral de Vienne, et avec ce belle compaignée de seigneurs, et de chevaliers et escuyers. A Amiens devers le Roy veindrent à parlement les Anglois, c'est à sçavoir le duc de Lanclastre à belle compaignée de seigneurs et de chevaliers, et d'escuyers. Et là fut traicté de paix: mais adonc ne la conclurent mie.

Si s'en retourna le Roy à Paris, et ne demeura pas moult longuement apres, que un maltalent sourdit entre le Roy et le duc de Bretaigne: parquoy le Roy feit grand mandement et assemblée de gens d'armes, et luy mesme en personne se meut pour aller sur luy. Si ordonna le Roy en celuy voyage au mareschal de Boucicaut grande charge de gens d'armes, c'est à sçavoir six cent hommes d'armes soubs luy, dont ils furent joyeux d'estre soubs tel capitaine. Et pour le grand amour que les gentils-hommes avoient à luy, et la grande opinion que ils avoient de sa bonté, furent plus d'autres quatre cent hommes d'armes, qui oultre la susdicte charge se veindrent mettre soubs luy, et s'en tenoient bien honorez. Et luy comme tres-saige capitaine bien les sçavoient tenir et gouverner, en telle maniere que tous l'aimoient et craignoient.

En celuy voyage le Roy bailla le gouvernement de la moictié du pays de Guyenne au dict mareschal, et ordonna que quand il auroit faict son emprise du voyage où il alloit, et qu'il s'en retourneroit en France, que le mareschal avec une grande compaignée de gens d'armes s'en iroit en Auvergne mettre le siege devant un tres-bel et fort chastel appellé le Roc du Sac, que les Anglois avoient pris pendant les trefves.

Le Roy à tout ceste belle compaignée de gens d'armes alla jusques au Mans (1), ne plus outre ne passa, pour maladie qui luy prist. Si fut ce voyage rompu; mais le mareschal au partir de là obtint le commandement du Roy, et s'en alla au plus tost qu'il peust en Auvergne mettre le siege devant le dict chastel du Roc du Sac. Et si meit son siege en si belle ordonnance que tous l'en loüerent, et que il luy sembla bien que il estoit ja duit de son mestier. Si fist livrer dur assault au chastel par plusieurs jours, car moult estoit forte place, et là fut faict de moult belles armes. Et au dernier ne peut plus tenir le chastel. Si se rendirent ceulx de dedans au mareschal. Et fut celle prise moult honnorable : car grande deffence y trouverent, parquoy convint de tant plus grand sens et force à en venir à chef.

◇◇◇

CHAPITRE XXI.

Comment le mareschal alla en Guyenne, et les forteresses qu'il y prist.

L'an apres que le mareschal eut prins le Roc du Sac, vindrent nouvelles au Roy que les Anglois avoient pris au susdict pays d'Auvergne une ville appellée le Dompine. Parquoy le Roy ordonna que le comte d'Eu, qui lors estoit faict nouvel connestable, iroit en Auvergne, et le mareschal avec luy, et meneroient mille hommes d'armes pour mettre le siege devant la dicte ville. Si se partirent du Roy le connestable et le mareschal à tout leur compaignée, en intention d'executer et mettre à effet ce qui leur estoit commis de par le Roy. Et quand ils feurent arrivez à Limoges, ils sceurent que le mareschal de Sancerre qui pour lors estoit au pays, avoit delivré par traicté la dicte ville de Dompine, et qu'il en estoit à accord. Et pource le connestable et le mareschal, afin que les Anglois eussent honte de plus rompre les trefves, feirent venir devant eulx tous les capitaines anglois qui au pays tenoient chasteaux et forteresses, et leur feirent promettre et jurer de loyaument tenir et garder les trefves : et ces choses faictes s'en revindrent en France.

Mais l'an apres les Anglois, qui petit ont accoustumé de tenir ce qu'ils promettent, preindrent derechef sus les dictes trefves deux forteresses és marches de Xainctonge et d'Angoulesme, l'une appellée le Cor, et l'autre la Roche. Si les tenoit et gardoit contre le Roy un appellé Parot le Biernois. Si fut ordonné par le Roy que le mareschal iroit à tout cinq cent hommes d'armes pour les assieger : mais le Roy luy commanda que ainçois il allast à Bordeaux requerir au duc de Lanclastre qui là estoit, qu'il luy feist delivrer icelles forteresses qui sus les trefves avoient esté prises. Ce commandement bien reteint le mareschal. Si s'en alla à tout sa compaignée droict à Bordeaux, et là trouva le duc de Lanclastre qui le receut à moult grand honneur, et bonne chere luy feit. Le mareschal luy feit bien et saigement sa requeste, disant comment ce pouvoit tourner à petit honneur aux Anglois d'ainsi rompre les trefves, et d'aller contre ce qui avoit esté promis et juré, et que il luy feist rendre les forteresses qui sus les convenances et en rompant les dictes trefves avoient esté prises.

De ceste chose luy feit honnorable responce le duc de Lanclastre, en luy disant que ce n'avoit esté faict mie de son consentement, ne que oncques n'en avoit rien sceu. Si luy promettoit restitution plainiere, et en faire faire telle amende comme il luy plairoit. Si manda tantost à celuy Parot le Biernois que incontinent rendist les dictes forteresses, et amendast les forfaitures, où il mesme l'iroit assieger. Si feurent tantost renduës les dictes forteresses, et restitué le dommaige. Et le mareschal demeura toute celle saison au pays, où il se trouvoit souvent en celuy temps de trefves avec les Anglois, qui pour sa valeur moult l'honnoroient. Et là estoit parlé entre eux souventesfois de maintes armes et faicts de chevalerie. Si s'en retourna apres devers le Roy.

◇◇◇

CHAPITRE XXII.

Cy commence à parler du voyage de Hongrie, comment le comte d'Eu admonesta le mareschal d'y aller.

Apres ces choses le voyage de Hongrie fut mis sus. Et pour ce que ce fut une entreprise de grand renom, et dont plusieurs gens ont desiré et desirent sçavoir du faict toute la maniere et la pure verité de la chose, pour cause que en plusieurs manieres et differemment l'une de l'au-

---

(1) Ce fut dans ce voyage que Charles VI prit cette noire frénésie dont on ne put le guérir et qu'il conserva jusqu'à sa mort.

tre on en devise, me plaist et assez faict à nostre propoz que je devise de long en long depuis le commencement jusques à la fin tout le contenu de la verité d'iceluy voyage, et comment il meut premierement.

Si est à sçavoir que le comte d'Eu cousin prochain du roi de France, avoit comme vaillant chevalier qu'il estoit, et grand voyageur selon son jeune aage, ja esté en plusieurs parts avau le monde en maints honnorables voyages. Entre les autres avoit esté en Hongrie, et le mareschal avec luy, si comme cy devant avons compté. Si l'avoit le roy de Hongrie moult honnoré en son pays, et à luy faict grande amitié et maint signe d'amour. Pour laquelle alliance et affinité, le dict roy de Hongrie luy manda et fit sçavoir par un herault que Bajazet venoit sur luy en son pays à bien quarante mille Sarrasins, dont les dix mille estoyent à cheval, et les trente mille à pied. Si avoit deliberé de leur livrer la bataille. Et pour ce comme tout bon Chrestien et par especial tous vaillans nobles hommes doivent desirer eulx travailler pour la foy chrestienne, et volontiers et de bon cœur aider à soustenir l'un l'autre contre les mescreans, il luy requeroit son aide, et aussi le prioit que il le feist à sçavoir au mareschal Boucicaut, en la bonté et vaillance duquel il avoit grande fiance, et ainsi le voulust annoncer à tous bons chevaliers et escuyers qui desiroient accroistre leur honneur et leur vaillance. Car moult estoit le voyage honnorable, et aussi avoit grand besoing de leur secours et aide.

Quand le comte d'Eu eut ouy ces nouvelles, tantost il le dict au mareschal, lequel incontinent et de cœur delibera d'y aller. Si respondit que au plaisir de Dieu il iroit sans faille. Car à ce estoit-il meu pour trois raisons. L'une pour ce que il desiroit plus que autre riens estre en bataille contre Sarrasins. L'autre par la bonne chere que le roy de Hongrie luy avoit faicte en son pays. Et la tierce raison estoit pour le grand amour que il avoit à luy qui entreprenoit le voyage, et le plaisir que il avoit d'aller en sa compaignée.

Si fut ceste chose tantost espanduë par tout, et tant alla avant que le duc de Bourgongne qui ores est et lors estoit comte de Nevers en ouyt parler. Adonc luy qui estoit en fleur de grand jeunesse desirant suivre la voye que les bons quierent, c'est à sçavoir honneur de chevalerie, considerant que mieulx ne se pouvoit employer que de donner au service de Dieu sa jeunesse, en travaillant son corps pour l'accroissement de la foy, desira moult d'aller en ceste honnorable besongne. Et tant timonna son pere le duc de Bourgongne qui lors vivoit, qu'il eut congé d'y aller.

De ceste chose alla le bruit par tout, et pour ce que adonc estoient trefves en France, pour laquelle cause chevaliers et escuyer y estoient peu embesongnez des guerres, desirerent plusieurs jeunes seigneurs du sang royal, et autres barons et nobles hommes à y aller, pour eulx tirer hors de oisiveté, et employer leur temps et leurs forces en faict de chevalerie. Car bien leur sembloit, et vray estoit, qu'en plus honnorable voyage et plus selon Dieu ne pouvoient aller. Si fut toute la France esmeüe de ceste chose. Et pour les nobles seigneurs et barons qui y' alloient, à peine estoit chevalier ne escuyer qui puissance eust qui n'y desirast aller. Et des principaulx qui furent de ceste emprise dirons les noms et le nombre des François.

Le premier et le chef de tous feut le comte de Nevers qui ores est duc de Bourgongne, cousin germain du roy de France, monseigneur Henry et monseigneur Philippes de Bar freres, et cousins germains du Roy, le comte de la Marche, et le comte d'Eu connestable, cousins du Roy. Des barons le seigneur de Coucy, le mareschal de Boucicaut, le seigneur de la Trimouille, messire Jean de Vienne admiral de France, le seigneur de Heugueville, et tant d'autres chevaliers et escuyers, toute fleur de chevalerie et de noble gent, que ils furent en nombre bien mille du royaume de France.

Si faict icy à noter le grand couraige et bonne volonté que les vaillans François ont toujours eu et ont en la noble poursuite d'armes, pour lequel honneur acquerir n'espargnent corps, vie, ne chevance. Car il est à sçavoir que nonobstant que ils eussent faict le comte de Nevers leur chef, si comme raison estoit; si y alloit chacun à ses propres despens, excepté les chevaliers et escuyers qui y alloient soubs les seigneurs et barons pour les accompaigner, et pour leur estat. Et entre les autres le mareschal de Boucicaut y mena à ses despens soixante dix gentils-hommes, dont les quinze estoyent chevaliers ses parens, c'est à sçavoir messire le Barrois, messire Jean et messire Godemart de Linieres, messire Regnaud de Chavigny, messire Robert de Milli, messire Jean Degreville, et autres, jusques au nombre dessus dict. Et semblablement les autres seigneurs en menerent, et par especial le comte de Nevers y mena belle compaignée de gentils-hommes de l'hostel de son pere et des siens.

◇◇◇

CHAPITRE XXIII.

Comment le comte de Nevers, qui ores est duc de Bourgongne, voulut aller au voyage de Hongrie, et comment il fut faict chevetaine de toute la compaignée de François qui là allerent.

Quand le comte de Nevers et les autres seigneurs et barons eurent tres-bien apprestés leur erre ils prirent congé du Roy, de la Royne et de nos seigneurs, et de leurs peres et parens. Si croy bien que assez y eut pitié au departir des pleurs et des plaints de leurs prochains, et des meres et femmes, sœurs et parentes. Et n'estoit mie sans cause. Car moult estoit le voyage perilleux comme bien y a paru, et si elles eussent sceu les dures nouvelles qui leur en estoient à venir, je ne croy mie que à de telles y avoit le cœur ne fust party. Si feut piteuse la departie à ceulx qui puis ne retournerent.

A tant se meit le comte de Nevers en voye à toute sa belle compaignie; et tant erra par l'Alemaigne, et puis par Austriche, qu'il arriva au Royaume de Hongrie. Tantost allerent les nouvelles au Roy qui estoit adonques en la cité de Bude, comment le comte de Nevers à moult noble compaignée des seigneurs de la fleur de lys, et d'aultres haults barons et bonne gent venoit à son aide. De ceste nouvelle fut moult joyeux le Roy, et le plus tost qu'il peut veint à l'encontre à tout moult grande compaignée de gent; car ja avoit faict moult grand amas de gens d'armes, tant d'estrangers comme de ceulx de son pays. Tant alla le Roy qu'il rencontra le comte de Nevers.

Quand le Roy fut approché de luy moult feit grande reverence au dict comte et à tous ceulx du sang royal, et aux autres barons, et tous receut à grand joye et honneur. Si les mena en sa cité de Bude, où grandement les honnora et aisa de tout ce que il peut. Si n'eurent pas esté là moult de jours à séjour, quand le roy de Hongrie par la volonté et assentement des seigneurs françois qui fors la bataille ne desiroient, feit ses ordonnances, et ses gens meit en arroy bien et bel, et comme qu'il affiert en tel cas. Et peu de jours apres se meit sur les champs pour aller au devant des Sarrasins lesquels on luy avoit dict que ils approchoient. Et quand il feut dehors, trouva que nos François et les autres estrangers, et les siens propres qu'il avoit avec luy, montoient bien à cent mille chevaulx.

A l'issuë du royaume de Hongrie veindrent au fleuve que on nomme le Danube, si le passerent à navires. Outre ceste riviere avoit une grosse ville fermée que on nommoit Baudins, qui se tenoit pour les Turcs, si la voulurent nos gens assaillir. Devant ceste ville feut faict le comte de Nevers chevalier, aussi le comte de la Manche et plusieurs autres. Le lendemain qu'ils feurent arrivez prirent à combattre la dicte ville par grande ordonnance. Mais aussi tost que l'assault feut commencé saillit dehors le seigneur du pays, lequel estoit Chrestien grec, et par force avoit esté mis en la subjection des Turcs, et veint rendre luy, la ville et tout son pays au roy de Hongrie, et luy delivra tous les Turcs qui estoient dedans la forteresse.

CHAPITRE XXIV.

De plusieurs villes que le roy de Hongrie prist sur les Turcs, par l'aide des bons François: et comment le vaillant mareschal Boucicaut entre les autres bien s'y porta.

Apres que la ville de Baudins eust esté prise comme dict est, se partit de là le roy de Hongrie à tout son ost, et s'en alla devant une autre ville appellée Raco. Mais si tost que le comte d'Eu et le mareschal de Boucicaut sceurent que le Roy avoit deliberé d'aller là, ils feirent une emprise pour y estre des premiers. Si allerent avec eulx plusieurs grands seigneurs, c'est à sçavoir messire Philippes de Bar, le comte de la Manche, le seigneur de Coucy, le seneschal d'Eu et plusieurs autres, et chevaucherent toute nuict tant qu'ils y feurent le matin. Mais si tost que les ennemis les veirent approcher ils issirent dehors en grand quantité pour aller rompre un pont gissant qui estoit par dessus un grand fossé, qui deffendoit que nul ne peust venir pres des murs ny de la closture de la dicte ville. Et estoit celuy fossé si tres-profond que en nulle maniere on ne le pouvoit passer fors par sus iceluy pont. Si arriverent là nos gens qui se hastoient d'aller avant que les Sarrasins peussent estre à temps à despecer le pont. Si s'entrecoururent sus en celle place, et nos gens les envahirent de grand vigueur, qui moult y feirent de belles armes. Car les Sarrasins taschoient tousjours à venir rompre le pont, et avoient faict une telle ordonnance, que tandis que une partie d'entre eulx maintiendroit la bataille les autres iroient despecer le dict pont: mais tout ne leur valut rien. Car le vaillant mareschal demanda au comte d'Eu, pour ce que il estoit premier chef d'icelle emprise, la garde du dict pont, qui forte chose estoit à garder, et difficile pour la grande quantité des Sarrasins qui tousjours y arrivoient: et il luy bailla. Si le garda si vaillamment luy et ses gens que Sarrasins n'eurent pouvoir d'en approcher, et moult y feit le mareschal de belles armes par plusieurs fois. Car souvent repoussoit les Sarrasins par vive force dedans leur ville, et puis derechef ils issoient dehors. Mais il leur estoit de rechef à l'encontre, par telle vertu que ils ne pouvoient souffrir sa bataille, et r'aller les en convenoit. Et à bref parler de ce que il feit là endroict, sans faille tellement y ouvra que il monstra bien, si comme autrefois avoit faict, que il estoit un tres-vaillant et esprouvé chevalier. Le comte d'Eu et les autres barons françois qui avec luy estoient, qui se combatoient à l'autre partie des Sarrasins comme dict est, tant y feirent et tant y chappelerent, et tant bien s'y porterent que par force reboutcrent les Sarrasins en leur ville et moult en occirent.

Celle journée arriva le roy de Hongrie à tout son ost celle part, et tantost prist à mettre ses gens en ordonnance pour assaillir la ville. Quand le mareschal Boucicaut veid ce, il envoya tantost de ses gens en un lieu pres d'illec, où il y avoit de beaux arbres, et feit faire deux grandes eschelles : et quand il veid la grand flotte des gens d'armes venir pour aller assaillir la ville, adonc dit-il à ses gens, certes, dit-il, « grand honte nous seroit si autres gens pas- » soient ce pont devant nous qui l'avons eu en » garde. Or sus mes tres-chers compaignons et » amis, faisons tant en ceste besongne que il » soit renom de nous. »

A tant sans plus dire se meit devant, et tous ses gens le suivirent de bonne volonté : si s'alla mettre au plus pres du mur, et là furent apportées les eschelles que il avoit faict faire. Si commencea l'assaut luy et les siens avant que autres gens y veinssent. Si veissiez là faire merveilles d'armes : car la grande hardiesse que ces bonnes gens prenoient et les biens faicts de leur conduiseur les faisoit abandonner comme lyons, et pour la grande ardeur que ils avoient de monter contre mont les murs, ils chargeoient tant les eschelles que à peu ne brisoient. Si estoit la bataille là moult grande de ceulx de dehors qui estrivoient à monter sur les murs, et de ceulx de dedans qui leur chalangoient vigoureusement. Si s'entrelançoient de merveilleux coups, dont moult en y avoit de morts et d'affolez d'un costé et d'autre : toutesfois feirent tant Sarrasins que ils froisserent une des eschelles des grands fais des pierres que ils lançoient contre val. Et sur l'autre fut monté Hugues de Chevenon qui portoit le panon du mareschal, qui moult vigoureusement se combattit. Mais tant le presserent les Sarrasins que ils luy arracherent le dict panon d'entre les poings, et à la fin renverserent luy et l'eschele contreval, où il fut moult froissé : mais tost y eut qui le tira hors de la presse.

Si fut là l'assault grand et merveilleux. Ja y estoyent arrivez les autres François, et le roy de Hongrie à tout son grand ost. Si dura ainsi tout le jour jusques à ce que la nuict les departit. Et si le mareschal y avoit esté des premiers, aussi feut-il des derniers retraits. Et tant y feit d'armes celle journée, que de luy et de son faict furent grandes et honnorables nouvelles, et aussi de ses bonnes gens qui tant bien s'y porterent que nulles gens mieulx ne peussent. Mais nonobstant que le bon mareschal et ses gens feussent si foulez que à peu n'en pouvoient plus, ne cuidez mie que pourtant s'alassent reposer ; ains quand tous furent passez se teint à garder le susdict pont que les ennemis ne le veinssent despecer. Et si croyez fermement vous qui ce oyez, que nul n'avoit envie de luy oster cest office, ny de prendre la garde du dict pont.

Le lendemain que nos gens cuiderent retourner à l'assault, ceulx qui estoient dedans, qui estoient la plus grande partie Chrestiens grecs, veirent bien que nonobstant que fust leur ville moult force, que ils ne se pourroient au dernier garder, se rendirent au roy de Hongrie sauves leurs vies et leurs biens. Et le roy qui eut conseil que le mieulx estoit de les y prendre que ce que il meist plus en peril ses gens, et aussi veu que ils estoient Chrestiens, les receut à celle convenance. Si feut estably le mareschal pour les garder que nulle offense ne leur feust faicte. Si entra dedans la ville à tout ses gens, et si bien feit son debvoir de les garder que rien ne leur fut meffaict. Et iceulx Chrestiens baillerent tous les Turcs qui estoient dedans au roy de Hongrie, qui tous les feit mourir.

Ceste chose achevée, se partit le Roy pour aller mettre le siege devant Nicopoli, qui est une moult forte ville, et en allant à ce siege, le mareschal, qui le cœur n'avoit à autre chose fors à tousjours grever les Sarrasins, sçavoit par ses espies les embusches et les retraits où Sarrasins par routes et par troupeaux repairoient et se mettoient en embusches, pour cuider courir sus aux nostres. Mais le vaillant mareschal par son sens et par son aguet leur estoit sur le col avant que ils s'en donnassent de garde, et par telle maniere leur porta de grands dommaiges par plusieurs fois, et moult en occirent luy et les siens. Et semblablement feit le comte d'Eu et nos autres barons françois, qui tant bien feirent tous jusques alors et tant monstrerent leurs proüesses, que le roy de Hongrie et tous ceulx de sa patrie en estoient d'autant enhardis, et leur en estoit creu le couraige, que ils ne doubtoient tout le monde.

Helas, si fortune ne leur eust nuit bien pourroient encores benir l'heure et le jour que telle noble compaignée de François leur estoit venuë. Mais comme fortune est souvent coustumiere de nuire aux bons et aux vaillans, sembla que elle eust envie du grand bien et de l'excellente vaillance qui estoient en eulx. Hé qui est-ce qui se puisse garder de male fortune quand elle veult courir sus et nuire à qui que ce soit? Bien en sçait trouver les tours. Ne s'en peut mie garder jadis Hercules le fort quand il vestit la chemise envenimée dont il ne se donnoit de garde. Ny ne se plaignit mie moins de fortune le preux Hector qui tant avoit faict de chevaleries, quand Achilles par derriere le veint ferir et le jetta mort. Ni Troye la grand cité ne cuidoit point que fortune tant au bas la sceust mettre comme elle la meit. Alexandre le grand qui osa envahir tout le monde, ne feut-il pas par elle en un seul moment rué jus? Hannibal grand empereur de Carthage ne te peux-tu plaindre de ceste faulse deesse? Ne se joüa-elle pas bien de toy à la pelote quand elle te meit si hault que tu surmontas, vainquis et subjuguas la grand force des Romains, et que tu ne redoutois tout le monde, puis apres quand elle t'eust accueilly, en haine elle te alla minant par plusieurs malheurs, et tant que elle te conduisit au poinct que il n'estoit nul homme plus pauvre que toy? Car avec ce que tout avois perdu, il n'y avoit lieu ny place sur terre où tu osasses ne peusses à seur heberger, et en fin à tant te mena la desloyale que tu feus contrainct par desespoir de toy mesme occire par dur venin. Que dirons-nous de Pompée le tres-excellent prince romain, lequel apres que il eut conquis une grande partie du monde, cheut tellement és durs lacs de fortune, que au dernier feut contrainct fuir miserablement à refuge au roy Ptolémée d'Egypte, que il cuidoit estre son amy, pour ce que il avoit remis par sa puissance au droict de son royaume? Mais ce fut bien fortune qui là le conduit. Car le desloyal Roy ingrat traistreusement le feit occire. Ha fortune, fortune, trop fol est cil qui ne redoubte la mutabilité de tes doubles visaiges, et qui tousjours te cuide tenir en esgale beauté. Car en peu d'heure souventesfois se change la prospérité en quoy tu sçais les hommes hault exaucer.

CHAPITRE XXV.

De la fiere bataille que on dict de Hongrie, qui feut des Chrestiens entre les Turcs.

A revenir à ma matiere, quand le roy de Hongrie avec son ost feut arrivé devant la ville de Nicopoli, il se logea par grande ordonnance, et tantost feit commencer deux belles mines par dessoubs terre, lesquelles furent faictes et menées jusques à la muraille de la ville. Et feurent si larges que trois hommes d'armes pouvoient combattre tout d'un front. Si demeura à celuy siege bien quinze jours.

En ces entrefaictes les Turcs ne muserent mie : ains feirent tres-grand appareil pour courir sus au roy de Hongrie. Mais ce feut si celément que oncques le Roy n'en sçeut rien. Et ne sçay s'il y eut trahison en ses espies, ou comment il en ala : car combien que il eust estably assez de gens pour bien prendre garde au dessein des Sarrasins, n'en avoit-on ouy nouvelles jusques à celuy quinziesme jour que il avoit esté au siege, pour laquelle cause ne se donnoit d'eulx nulle garde. Quand veint le seiziesme jour jusques à l'heure de disner, veindrent messaiges batans au Roy dire que Bajazet avec ses Turcs estoit à merveilleusement grande armée si pres d'illec, que à peine seroient jamais à temps armé son ost et ses batailles mises en ordonnances.

Quand le Roy qui estoit en son logis ouyt ces nouvelles il feut moult esbahy. Si manda hastivement par les logis que chascun s'armast et saillist hors des logis. Si pouvez sçavoir que en peu d'heure feut cel ost moult esmeu. Chascun y courut aux armes qui mieulx mieulx. Ja estoit le Roy aux champs quand on veint dire au comte de Nevers qui seoit à table, et aux François, que les Turcs estoient au plus pres de là, et que le Roy estoit tout hors du logis en plains champs en ordonnance pour livrer la bataille. De ce debvoient tenir aulcunement mal contents le comte de Nevers et les seigneurs françois que plus tost ne leur avoit le Roy mandé; mais encores me doubte que il leur face plus mauvais tour.

Ceste nouvelle ouye tantost saillit le comte de Nevers et les siens en pieds, et vistement s'armerent. Si monterent à cheval et se meirent en tres-belle ordonnance, et ainsi allerent devers le roy que ils trouverent ja en tres-belle bataille et bien ordonnée, et ja pouvoient veoir devant eulx les bannieres de leurs ennemis. Et est à sçavoir sur ce pas cy, que sauve la grace des diseurs qui ont dict et rapporté du faict de la bataille, que nos gens y fuirent, et allerent comme bestes sans ordonnance, puis dix, puis douze, puis vingt, et que par ce feurent occis par troupeaux au feur que ils venoient, que ce n'est mie vray. Car comme ont rapporté à moy qui apres leurs relations l'ay escript, des plus notables en vaillance et chevaliers qui y feussent, et qui sont dignes de croire, le comte de Nevers et tous les seigneurs et barons françois, avec tous les François que ils avoient menez, arriverent devers le Roy tout à temps pour eulx mettre en tres-belle ordonnance, laquelle chose ils feirent si bien et si bel que à tel cas appartient. Et la banniere de Nostre Dame que les François ont accoustumé de porter en bataille, bailla le comte à porter à messire Jean de Vienne admiral de France, pour ce que il estoit le plus vaillant d'entre eulx, et qui plus avoit veu : et feut mis au milieu d'entr'eulx comme il debvoit estre. Et de toutes choses tres-bien s'habillerent comme faire on doibt en tel cas.

Les Turcs d'autre part ordonnerent leurs batailles, et se mirent en tres-belle ordonnance à pied et à cheval : et feirent une telle cautele pour decevoir nos gens. Tout premierement une grande tourbe de Turcs qui à cheval estoient se meirent en une grand bataille tout devant leurs gens de pied, et derriere ces gens à cheval, entre eulx et ceulx de pied, feirent planter grande foison de pieux aigus que ils avoient faict appester pour ce faire. Et estoyent ces pieux plantez en biaison, les pointes tournées devers nos gens, si hault que ils pouvoient aller jusques au ventre des chevaux. Quand ils eurent faict cest exploict, où ils ne meirent pas grand piece : car assez avoient ordonné gens qui de les ficher s'entremettoient, nos gens qui le petit pas serrez ensemble alloient vers eulx estoient ja approchez.

Quand les Sarrasins les veirent assez pres, adonc toute cette bataille de gens à cheval se tourna serrée ensemble comme si c'eust été une nuée derriere ces pieux, et derriere leurs gens de pied que ils avoient ordonnez en deux belles batailles si loing l'une de l'autre, que ils meirent une bataille de gens à cheval entre les deux de pied, en laquelle pouvoit avoir environ trente mille archers. Quand nos gens feurent approchez d'eulx, et qu'ils cuiderent aller assembler, adonc commencerent les Sarrasins à traire vers eulx par un si grand randon, et si drument, que oncques gresil ne goute de pluye ne cheurent plus espoissément du ciel que là cheoient flesches, qui en peu d'heure occirent hommes et chevaux à grant foison. Quand les Hongres qui communément, si comme on dict, ne sont pas gens arrestez en bataille, et ne sçavent grever leurs ennemis, si n'est à cheval traire de l'arc devant et derriere tousjours en fuyant, veirent ceste entrée de bataille, pour peur du traict commencerent une grande partie d'eulx à reculer, et eulx traire en sus comme lasches et faillis que ils feurent.

Mais le bon mareschal de France Boucicaut, qui ne veoid mie derriere luy la lascheté de ceux qui se retrayoient, ce qu'il n'eust cuidé en piece, ny aussi ne veoid pas devant eulx et au plus pres les pieux aigus qui là malicieusement estoient plantez, va dire et conseiller comme preux et hardy qu'il estoit : « beaux sei- » gneurs, dit-il, que faisons-nous icy, nous lair- » rons nous en ceste maniere larder et occire » laschement ? et sans plus faire assemblons » vistement à eulx, et les requerons hardiment » et nous hastons, et ainsi escheverons le trait » de leurs arcs. » A ce conseil se teint le comte de Nevers à tout ses François, et tantost pour assembler aux Sarrasins frapperent avant et se embatirent incontinent entre les pieux dessus dicts qui fort estoyent roides et aigus, si qu'ils entroient és pances des chevaux, et moult occirent et mehaignerent des hommes qui des chevaux cheoient. Si feurent là nos gens moult empestrez, et toutesfois passerent oultre.

Mais ores oyez la grande mauvaistié, felonnie et lascheté des Hongres, dont le reproche sera à eulx à tousjours. Si tost qu'ils veirent nos gens enchevestrez és pieux, que il traict ne autre chose ne les gardoit que ils n'allassent courir sus aux Turcs, adonc tout ainsi que nostre Seigneur feut delaissé de sa gent si tost qu'il feut és mains de ses ennemis, ne plus ne moins tournerent les Hongres le dos et prirent à fuir. Si qu'il ne demeura oncques avec nos gens de tous les Hongres fors un grand seigneur du pays que on appelle le grand comte de Hongrie et ses gens, et les autres estrangers qui estoient venus de divers pays pour estre à la bataille. Mais peu estoient contre si grande quantité. Mais ne croyez pourtant ils reculassent ne gauchissent, ains tout ainsi comme le sanglier quand il est atainct, plus se fiche avant tant plus se sent envahy, tout ainsi nos vaillans François vainquirent la force des pieux et de tout, et passerent oultre comme courageux et bons combatans.

Ha noble contrée de François, ce n'est mie de maintenant que tes vaillans champions se monstrent hardis et fiers entre toutes les nations du monde. Car bien l'ont de coustume dés leur premier commencement. Comme il appert par toutes les histoires qui des faicts de batailles où François ayent esté font mention, et mesmement celle des Romains et maintes autres qui certifient par les espreuves de leurs grands faicts que nulles gens du monde oncques ne feurent trouvez plus hardis ne mieulx combatans, plus constans ne plus chevaleureux que les François. Et peu trouve l'on de batailles où ils ayent esté vaincus que ce n'ait esté par trahison, ou par la faute de leurs chevetains et par ceulx qui les debvoient conduire. Et encores osay-je plus dire de eulx, que quand il advient que ils ne s'employent en faicts de guerre et que ils sont à séjour que ce n'est mie leur coulpe : ains est la faulte de ceulx à qui appartiendroit à les embesongner. Si est dommaige quand il advient que gent tant chevaleureuse n'ont chefs selon leur vaillance et hardiesse. Car choses merveilleuses feroient.

Mais à revenir à mon propos, les nobles François comme ceulx qui estoyent comme enragez de la perte que ja avoient faicte de leurs gens, tant du traict des Sarrasins, comme à cause des pieux, leur coururent sus par si grand vertu et hardiesse que tous les espouventerent. Si ne fault mie à parler comment ils ferirent sur eulx. Car oncques sanglier escumant ny loup enragé plus fierement ne se abandonna. Là feut entre les autres vaillans le preux mareschal de France Boucicaut qui se fichoit és plus drus, et s'il eut deuil bien leur demonstroit. Car sans faille tant y faisoit d'armes que tous s'en esmerveilloient, et si durement s'y conteint, et tant y feit de chevalerie et d'armes diverses, que ceulx qui le veirent dient encore que l'on ne veid oncques nul chevalier ny autre quel qu'il feust, faire plus de bien et de vaillances pour un jour que il ne feit à celle journée.

Aussi feit bien le noble comte de Nevers qui chef estoit des bons François, qui tant bien s'y portoit que à tous les siens donnoit exemple de bien faire. Le vaillant comte d'Eu ne s'y faignoit mie, ains departoit les grands presses avant et arriere. Si faisoient les nobles freres de Bar, qui de leur jeunesse qui encores grandes estoit, moult s'y conteindrent vaillamment. Et le comte de la Marche, qui le plus jeune estoit de tous, ne encore n'avoit barbe, y combatoit tant asseurément que tous l'en priserent. Là estoit le vaillant seigneur de Coucy, chevalier esprouvé, qui toute sa vie n'avoit finé d'armes suivre, et moult estoit de grand vertu.

Si demonstroit là sa proüesse, et bien besoing en estoit. Car Sarrasins à grant massues de cuivre que ils portent en bataille, et à gisarmes, souvent luy estoyent sur le col. Mais leurs collées cher leur faisoit achepter. Car luy qui estoit grand et corsu, et de grand force, leur lançoit si tres-grands coups que tous les destranchoit. Le chevaleureux admiral de France restoit d'autre part, qui n'en faisoit mie moins. Le seigneur de la Trimouille qui à merveilles estoit beau chevalier, vaillant et bon, faisoit souvent Sarrasins tirer en sus. Iceulx barons et esprouvez chevaliers, et de grand vertu, reconfortoient et donnoient hardiesse de faict et de parole aux nobles jouvenceaux de la fleur de lys qui là se combatoient non mie comme enfans, mais comme si ce feussent tres-endurcis chevaliers. Et besoing leur en estoit. Car tousjours croissoit sur eulx la presse et la foule. Les autres vaillans chevaliers et escuyers françois tant bien s'y porterent que oncques nulles gens mieulx ne le feirent. Si feit le grand comte de Hongrie et tous les siens, à qui moult desplaisoit de la laide et honteuse departie que les Hongres avoient faicte. Aussi moult s'y efforcerent tous les autres estrangers.

Helas! mais que leur valoit ce? Une poignée de gens estoient contre tant de milliers. Car si peu estoient que ils ne pouvoient occuper fors seulement le front de l'une des susdictes batailles, où il y avoit de gens plus de trois contre un d'eulx. Et toutesfois par leur tres-grand force, vaillance et hardiesse, desconfirent icelle premiere bataille, où moult en occirent. Pour laquelle chose Bajazet feut tellement espouventé que luy ne sa grant bataille de cheval n'oserent assaillir les nostres, ains s'enfuyoit tant qu'il pouvoit luy et les siens, quand on luy alla dire que les François n'estoient qu'un petit de gens qui là ainsi se combatoient, et n'avoient aide de nuls. Car le roy de Hongrie à toute sa gent s'en estoit fuy et les avoit laissez, si seroit grand honte à luy d'ainsi fuir à tout si grand ost devant une poignée de gens. Quand Bajazet oüit ce, adonc retourna à tout moult grande quantité de gens qui frais estoient et reposez. Si coururent sus à nos gens qui ja estoient foulez, navrez, lassez, et n'estoit mie de merveilles.

Quand le bon mareschal veid celle envahie, et que ceulx qui les debvoient secourir les avoient delaissé, et que si peu estoient entre tant d'ennemis, adonc cogneut bien que impossible estoit de pouvoir resister contre si grand ost, et qu'il convenoit que le meschef tournast sur eulx. Lors feut comme tout forcené, et dict en luy mesme que puisque mourir avec les autres luy convenoit que il vendroit chere à ceste chiennaille sa mort. Si fiert le destrier des esperons, et s'abandonne de toute sa vertu au plus dru de la bataille, et à tout la tranchante espée que il tenoit fiert à dextre et à senestre si grandes collées que tout abatoit de ce qu'il atteignoit devant soy.

Et tant alla ainsi faisant devant luy que tous les plus hardis le redouterent et se prirent à destourner de sa voye : mais pourtant ne laisserent de luy lancer dards et espées ceulx qui approcher ne l'osoient, et luy comme vigoureux bien se sçavoit deffendre. Si vous poignoit ce destrier qui estoit grant et fort, et qui bien et bel estoit armé au milieu de la presse, par tel randon qu'à son encontre les alloit abatant. Et tant alla ainsi faisant tousjours avant, qui est une merveilleuse chose à racompter, et toutesfois elle est vraye, comme tesmoignent ceulx qui le veirent, que il transpercea toutes les batailles des Sarrasins, et puis retourna arriere parmy eulx à ses compaignons. Ha Dieu quel chevalier ! Dieu luy sauve sa vertu. Dommaige sera quand vie luy faudra. Mais ne sera mie encores, car Dieu le gardera.

Ainsi se combatirent nos gens tant que force leur peut durer. Ha quelle pitié de tant noble compaignée, si esprouvée gent, si chevaleureuse, et si excellente en armes, qui ne peut avoir secours de nulle part, ains cheurent en la gueule de leurs ennemis, si comme est le fer sur l'enclume. Car tous les environnerent et envahirent de toutes parts si mortellement que plus ne se peurent deffendre. Et quelle merveille ! Car plus de vingt Sarrasins estoyent contre un Chrestien. Et toutesfois en occirent nos gens plus de vingt mille : mais au dernier plus ne peurent forçoyer. Ha quel dommaige et quelle pitié ! Ne deust-on pendre les desloyaux Chrestiens qui ainsi faulsement les abandonnerent ? Que male honte leur puisse venir : car si de bonne volonté eussent aidé aux vaillans François et à ceulx de leur compaignée, il n'y feust demeuré Bajazet ny Turc que tout n'eust esté mort et pris, qui grand bien eust esté pour la chrestienté. Si feurent là mort et occis de ceste chiennaille la plus grande partie des Chrestiens. Et des barons le seigneur de Coucy, dont moult feut grand dommaige. Car vaillant chevalier, saige et esprouvé estoit. Aussi feut l'admiral et maints autres.

Mais nos seigneurs du sang de France, et la plus grande partie des barons, et plusieurs chevaliers et escuyers feurent retenus prisonniers, qui avant ce moult vigoureusement se combatirent. Entre lesquels le mareschal, lequel comme celuy qui tenoit sa vie pour perdüe, et cher la vouloit vendre, avoit faict entour luy à force de coups si grand cerne de morts et d'abatus que nul ne l'osoit approcher pour le prendre. Car comme lyon forcené qui rien ne redoubte sembloit que il feust entre eulx. Pour laquelle chose moult y eurent grant peine, et plusieurs des Sarrasins y conveint mourir avant qu'il peust estre pris : mais au dernier tant le presserent qu'à force avec les autres l'emmenerent.

CHAPITRE XXVI.

De la grant pitié du martyre que on faisoit des Chrestiens devant Bajazet, et comment le mareschal fu respité de mort.

Le lendemain de la douloureuse bataille, de rechef feut la tres-grande pitié. Car Bajazet seant en un pavillon emmy les champs, feit amener devant soy le comte de Nevers et ceulx de son lignaige, avec tous les autres barons françois, et les chevaliers et escuyers, qui estoient demeurez de l'occision de la bataille. Là estoit grant pitié à veoir ces nobles seigneurs, jeunes jouvenceaux, de si hault sang comme de la noble lignée royale de France, amener liez de cordes estroitement, tous desarmez en leurs petits pourpoints par ces chiens Sarrasins, laids et horribles, qui les tenoient durement devant ce tyran ennemi de la foi qui là seoit.

Si sceut par bons truchemens et par certaine information que le comte de Nevers estoit fils de fils de roy de France et cousin germain, et que son pere estoit duc de grande puissance et richesse, et que les enfans de Bar, le comte d'Eu et le comte de la Marche estoyent d'iceluy mesme sang, et parens prochains du roy de France. Si se pensa bien que pour les garder auroit d'eulx grand tresor et finance : et pource delibera que iceulx et aucuns autres des plus grands barons il ne feroit pas mourir : mais il les faisoit là tenir assis à terre devant luy.

Helas ! tantost apres feit commencer le dur sacrifice. Car devant luy faisoit amener les nobles barons, chevaliers et escuyers chrestiens tous nuds, et puis tout ainsi que l'on peint par les parois le roy Herode assis en chaire, et les Innocens que l'on destranche devant luy, estoient là destranchez nos feaulx Chrestiens à tous grands gisarmes par ces mastins Sarrasins, en la presence du comte de Nevers, à ses yeux voyans. Si pouyez sçavoir vous qui ce oyez si grand douleur avoit au cœur, luy qui est un tres-bon et benin seigneur, et si grand mal luy faisoit d'ainsi veoir martirer ses bons et loyaulx compaignons, et ses gens, qui tant luy avoient esté feaulx, et qui si preux par excellence estoient. Certes je croy que tant luy en douloit le cœur que il voulust à celle mort estre de leur compaignée.

Et ainsi l'un apres l'autre on les menoit au martyre, ainsi comme jadis on faisoit les benoists martyrs, et là on les frappoit horriblement de grands cousteaux par testes, par poitrines, et par espaules, que on leur abatoit jus sans nulle pitié. Si peult-on sçavoir à quels piteux visaiges estoient menez à celle piteuse procession. Car tout ainsi que le boucher traisne l'aigneau au lieu de sa mort, estoyent là menez sans nul mot sonner pour occire devant le tyran les bons Chrestiens. Mais nonobstant que ceste mort feust moult dure, et le cas tres-piteux, toutesfois tout bon Chrestien doibt tenir que tres-heureux feurent et de bonne heure nez de telle mort recevoir. Car une fois leur convenoit mourir, et Dieu leur donna la grace que ils moururent de la plus saincte et digne mort que Chrestien puisse mourir, selon que nous tenons en nostre foy, qui est pour l'exaussement de la foy chrestienne, et estre accompaignez avec les benoists martyrs, qui sont les plus heureux de tous les ordres des autres saincts de Paradis. Si n'est mie doubte que s'ils le receurent en bon gré, que ils sont saincts en Paradis.

A icelle piteuse procession feut mené le mareschal de France Boucicaut tout nud, fors de ses petits draps. Mais Dieu qui voulut garder son servant pour le bien qu'il debvoit faire le temps à venir, tant en vengeant sur Sarrasins la mort de celle glorieuse compaignée, comme des autres grans biens qui par son bon sens et à cause de luy debvoient advenir, feit que le comte de Nevers sur le poinct que on vouloit ferir sur luy, le va regarder moult piteusement, et le mareschal luy. Adonc prist merveilleusement à douloir le cœur au dict comte de la mort de si vaillant homme, et luy souvint du grand bien, de la prouësse, loyauté et vaillance qui estoit en luy. Si l'advisa Dieu tout soubdainement de joindre ses doigts ensemble de ses deux mains en regardant Bajazet, et feit signe qu'il luy estoit comme son propre frere, et qu'il le repitast : lequel signe Bajazet entendit tantost, et le feit laisser.

Quand celle dure execution feut parfaicte, et que tout le champ estoit jonché des corps des benoists martyrs, tant de François comme d'autres gens de diverses contrées, le maudit Bajazet se leva de là, et ordonna que le mareschal qui de mort avoit esté respité feust mené en prison en une grande bonne ville de Turquie appellée Burse. Si feut faict son commandement, et là fut tenu jusques à la venuë du dict Bajazet.

CHAPITRE XXVII.

Comment les nouvelles veindrent en France de la dure desconfiture de nos gens.

Après ceste mortelle desconfiture, fut la grand pitié des Chrestiens françois et autres qui estoient là allez pour servir le comte de Nevers et les autres seigneurs, chevaliers et escuyers, si comme chappellains, clercs, varlets, paiges, et aultres gens qui ne s'armoient mie, et mesmement d'aulcuns gentils-hommes qui eschapperent de la bataille. Si n'estoit pas petit l'esbahissement de eulx trouver en tel parti sans chef, entre les mains des Sarrasins. Si estoient comme brebis esparses sans pasteur entre les loups. Adonc prist à fuir qui fuir peut hastivement au fleuve du Danube à refuge, comme si ce feust lieu de leur sauvement, comme gent esperduë, et que peur de mort chassoit de peril en aultre. Là se ficherent és bateaux que ils trouverent, qui premier y peut venir ; mais tant les chargeoient que à peu n'enfondroient, et que tous ne perissoient ensemble. Les autres qui advenir n'y pouvoient, despouïlloient leurs draps, et à nager se mettoient : mais la plus grand part en perit, pour ce que trop est ceste riviere large et courante. Si ne leur pouvoit durer haleine tant que ils feussent arrivez : et des noyez en y eut sans nombre.

De ceulx qui eschapperent en reveint en France aulcuns gentils-hommes et autres qui rapporterent les douloureuses nouvelles. Et aussi les propres messaigers que le comte de Nevers envoya au duc de Bourgongne son pere, et les aultres seigneurs aussi à leurs peres et parens.

Quand ces nouvelles furent sceües et publiées, nul ne pourroit deviser le grand deuil qui fut mené en France, tant du duc de Bourgongne qui de son fils se doubtoit que pour argent ne le peust r'avoir, et qu'on le feist mourir : comme des autres peres, meres, parens et parentes des autres seigneurs, chevaliers et escuyers qui morts y estoient. Et commencea le dueil grand par tout le royaume de France de ceulx à qui il touchoit, et mesmement generalement chascun plaignoit la noble chevalerie, qui estoit comme la fleur de France, qui perie y estoit. Le duc de Bourgongne avec le dueil qu'il menoit pour la doubte de son fils, moult plaignoit piteusement et regretoit ses bons nourris gentils-hommes qui morts estoient en la compaignée de son dict fils. Le duc de Bar grand deuil demenoit pour ses enfans, et faire le debvoit, car oncques puis ne les veid : les meres en estoient comme hors du sens. Mais aux piteux regrets de leurs femmes nul autre ne se compare.

La comtesse de Nevers, la bonne preude femme, qui de grand amour aime son seigneur, à peu que le cœur ne luy partoit : mais aulcune esperance pouvoit avoir du retour. N'eut pas moins de deuil la saige et vaillante dame la comtesse d'Eu, fille du duc de Berry, rien ne la pouvoit reconforter : car quoy que on luy dist, le cœur luy disoit que plus ne verroit son seigneur ; laquelle chose advint, dont de deuil pensa mourir quand elle sceut son trespas. La belle et bonne baronesse de Coucy tant plora et plaignit la mort de son bon seigneur, que à peu que cœur et vie ne luy partoit, ne onœques puis qui que l'ait requise, marier ne se voulut, ne celuy deuil de son cœur ne partit. La fille au seigneur de Coucy qui perdu y avoit son pere et son mary messire Henry de Bar, dont elle avoit deux beaux fils, avoit cause de deuil avoir, et croy bien que elle n'y faillit mie, et tant d'autres dames et damoiselles du royaume de France, que grand pitié estoit d'oüir leurs plaintes et regrets, lesquels ne sont mie à plusieurs d'elles, quoy que il y ait ja grand piece, encore finis, ne à leur vie croy que ils ne finiront. Car le cœur qui bien aime de leger pas n'oublie.

Si firent tous nosseigneurs faire le service solemnelment en leurs chappelles pour les bons seigneurs, chevaliers et escuyers, et tous les Chrestiens qui là estoient morts. Le Roy en feit faire le solemnel service à nostre Dame de Paris, où il fut, et tous nosseigneurs avec luy. Et estoit grand pitié à oüir les cloches sonner de par toutes les esglises de Paris, où l'on chantoit et faisoit prieres pour eulx, et chascun à larmes et plaintes s'en alloit priant. Mais peult bien estre que mieulx eussions besoing que ils priassent pour nous, comme ceulx qui sont, si Dieu plaist, saincts en Paradis.

Le duc de Bourgongne au plus tost qu'il peut envoya ses messaigers devers Bajazet à tout moult riches et beaux presens, et aussi feit le roy de France et les aultres seigneurs, en le priant de mettre à rançon tost et briefvement les prisonniers, et que ils n'eussent par luy mal ne grevance : mais comme le chemin soit long ne feurent pas les messaigers si tost arrivez, et moult ennuye à qui attend. Mais à tant de ce me tairay, et retourneray aux dicts prisonniers.

◇◇◇

CHAPITRE XXVIII.

Comment le comte de Nevers fut emmené prisonnier à Burse, et plusieurs autres barons. Et de la rançon que on envoya à Bajazet, et du bien faict du mareschal.

Peu de jours apres la dicte desconfiture, alla Bajazet à la ville de Burse, et mena avec luy le comte de Nevers et les autres prisouniers. Si les feit mettre en bonne forte prison, et bien les feit garder. Quand ils eurent là esté un espace de temps, où ils avoient moult de mesaises, le comte de Nevers se conseilla avec les siens. Si delibera par leur conseil que bon seroit que il envoyast devers Bajazet sçavoir s'il les vouldroit faire mettre à rançon.

Pour faire ceste ambassade fut ordonné le mareschal et le seigneur de la Trimouille. Si firent tant que ils furent mis hors de la prison, et allerent parfournir leur messaige devers Bajazet ; mais en ce perdirent leurs pas, car pour chose que ils sceussent dire, ne faire, n'y voulut entendre. Et quand ils furent retournez, et eurent rapporté ce qu'ils avoient trouvé, leur ordonna le comte de Nevers que ils retournassent derechef devers Bajazet, et de par luy le priassent cherement que il les voulust mettre seulement eulx deux à rançon, à celle fin qu'il les peult envoyer pourchasser finance pour luy et pour sa compaignée, car grand besoing en avoient. Si retournerent les deux dessus dicts devers Bajazet, et luy feirent la requeste du comte de Nevers ; laquelle chose il octroya assez volontiers, et les meit à rançon, et leur donna congé d'aller là où il leur plairoit par saufconduict.

Quand ils furent retournez, le comte de Nevers et sa compaignée eurent grand joye de leur delivrance, et tantost leur ordonna où ils iroient pourchasser finance. Si s'appresterent le plus tost que ils peurent, et partirent pour aller à Rhodes. Quand ils furent là arrivez, maladie tantost print au seigneur de la Trimouille, de laquelle il mourut dans peu de jours, dont il pesa moult au mareschal, qui avoit faict tout son pouvoir de sa guairison, et moult avoit esté de luy soigneux ; si le feist ensepvelir le plus honnorablement qu'il peut. Et quand ce fut faict, il arma deux galées, et s'en veint à Metelin, et là parla au seigneur de Metelin, et le pria de par le comte de Nevers et de par les autres seigneurs que il les voulust secourir de certaine finance, et que bonne seureté luy en seroit faicte.

De ceste chose feit si grande diligence le bon loyal mareschal, et tant y meit peine, et si gracieusement et tant saigement parla au dict seigneur de Metelin que il eut de luy et d'autres riches marchans du pays jusques à la somme de bien trente mille francs, duquel argent luy mesme se obligea tres-estroitement. Quand il eut ainsi faict sa finance il s'en retourna hastivement devers le comte de Nevers et sa compaignée, qui furent moult esjoüis et reconfortez de sa venuë et de la finance que il leur avoit apportée, dont grand besoing avoient. Et puis se partit d'eulx, et alla devers Bajazet payer la rançon à quoy il l'avoit mis, et fut quitte de sa prison, et s'en pouvoit aller où il luy plaisoit. Mais ne cuidez mie que pourtant le tres-loyal chevalier abandonnast ne laissast le bon comte de Nevers, ne sa compaignée : ains se ralla bouter avec eulx en prison tout aussi gayement que si prisonnier feust, de laquelle chose moult luy sceurent bon gré. Et luy dit le comte de Nevers telles paroles : « Ha mareschal, de quel cou« raige vous venez vous mettre derechef en ceste » dure et maudite prison, quand vous vous en » pouvez aller franchement en France ! » Ausquelles paroles il respondit : « Monseigneur, ja » à Dieu ne plaise que je vous laisse en ceste » contrée, ce ne sera mie tant que j'auray au » corps la vie. A grand honte et à grand mau« vaisetié me debvroit tourner de vous laisser » emprisonné en lieu si divers, pour m'en aller » aisier en France. » De ce le remercia moult le comte de Nevers ; si le renvoya devers Bajazet pour pourchasser leur delivrance et les mectre à rançon.

A laquelle chose il meit moult grand peine. Car moult le trouvoit dur et revesche, et sembloit qu'il n'y voulust entendre, ne on ne le pouvoit faire mettre à nulle raison. Si alla et revenit le mareschal par plusieurs fois pour celle cause, et longuement dura ce traicté. Car Bajazet ne sçavoit que faire de les faire tous mourir ou de les mettre à rançon : car il doubtoit s'il les laissoit aller, que apres quand en France seroient retournez assemblassent grand ost et r'allassent sur luy pour eulx venger, pour laquelle cause pourroit luy et son pays estre destruict. Si trouvoit à son conseil que le mieulx estoit que il les meist à mort. Mais quand le saige mareschal eut senty ceste chose moult eut grand peur et doubte de la vie de ses bons seigneurs et amis ; si se pensa que grand sens convenoit à traicter accord avec Bajazet. Si se parforça encores plus de bel de parler à luy. Si luy disoit, que par les delivrer acquerroit grandes amitiez en France, et que maints beaux dons en recepvroit, et grande finance en auroit, et par les retenir à force, ou s'il faisoit d'eulx aultrement que raison, tous les princes chrestiens du monde, pour l'amitié du roy de France luy iroient courir sus, si le destruiroient. Telles paroles bien et saigement luy disoit le mareschal. Parquoy tant feit et tant travailla, que au derrain Bajazet qui doubta le mal qui ensuivre luy en pouvoit s'il les faisoit mourir, commencea à se mectre en voye d'accord. Si entrerent en traicté de la somme de la finance de la rançon, et tant fut celle chose pourparlée, que nonobstant que Bajazet demandast un million de francs, si sage maniere sceut tenir vers luy le mareschal, que petit à petit et de somme en somme le condescendit à cent cinquante mille francs. A la charge que le comte de Nevers jureroit par tous les sermens de sa loy, et aussi tous les autres seigneurs de son lignaige, que jour de leurs vies eulx ny aucun de par eulx ne s'armeroient contre luy. De ce serment faire convenit que feussent les prisonniers d'accord, ou autrement jour de leurs vies ne eussent esté delivrez. Et aussi pour celuy serment et seureté avoir de eulx se condescendit Bajazet à moings de somme d'argent. Mais ne furent mie longuement asservis à celle convenance : car assez tost apres mourut Bajazet.

Quand ceste chose fut accordée ne musa pas le mareschal, car moult avoit grand peur que Bajazet trouvast autre conseil. Si veint tantost devers le comte de Nevers, et luy dit l'appointement du traicté, lequel il agrea, et les autres aussi ; nonobstant que eussent eu en volonté et desir de eulx venger de Bajazet. Mais necessité n'a loy. Si furent adonc tirez hors de prison, et menez devant Bajazet, pour jurer et certifier ceste convenance. Si furent reconfortez les prisonniers, si ne feust la mort du bon vaillant comte d'Eu qui mourut en la prison, dont durement furent dolens, et moult le plaignirent et à plaindre faisoit. Car de grand vaillance et bonté estoit. Si ensevelirent le corps au plus honorablement que ils peurent, et apres fut porté en France. Le serment feirent les dicts seigneurs devant Bajazet et fort se obligerent. Et s'obligea pour le comte de Nevers le mareschal, que Bajazet prisoit et honnoroit moult pour le sens et bonté que avoit veu en luy, et avec ce leur convenoit laisser bons ostaiges tant qu'il feust agréé.

Si envoya le comte de Nevers le mareschal à Constantinople faire finance d'argent, et la feit au mieulx qu'il peut, et lui mesme s'y obligea derechef. Et en ces entrefaictes arriverent les messaigers de France, c'est à sçavoir monseigneur de Chasteaumorant et le seigneur du Vergy, et autres qui finance et nouvelles de leurs amis leur apportoient, et feurent receus à grand joye. Et apres ce les dicts messaigers allerent devers Bajazet, et lui presenterent de tres-riches et beaux dons de par le roy de France et de par les seigneurs, et de moult gracieuses paroles, comme les plus beaux aultours et faucons que on peust veoir, et les gants à les porter, tous couverts de perles et de pierres precieuses qui valoient moult grand tresor, escarlates, fins draps, riches toiles de Rheims, et toutes telles choses dont ils n'ont mie par delà : et tout ce faisoit le Roy et les seigneurs afin que plus favorable feust aux prisonniers, et plus courtois à leur rançon. Si eut les dons bien agreables et la finance aussi que portée avoient. Si fut la rançon payée, et il les delivra et donna congé d'aller où ils vouldroient.

Si se partirent de luy et vindrent à Metelin, où le seigneur du lieu les receut à grand honneur, et là se aiserent; car grand besoing en avoient. Apres que le comte de Nevers et les autres prisonniers furent quittes à Bajazet, ils se partirent du seigneur de Metelin qui maint bien leur avoit faict. Si se meirent en chemin pour venir en France, et tant errerent que ils approcherent de la cité de Venise. Là acoucha malade messire Henry de Bar en une ville coste de Venise que on nomme Trevise, de laquelle maladie il trespassa, qui grand deuil fut aux François, et moult le plaignirent; car bon et bel estoit, et tout l'honneur que au corps peurent faire ils feirent. Apres ce arriverent à Venise, en laquelle ville teindrent ostage. Et furent que en la dicte ville, que en une autre que on nomme Trevise, où ils se transporterent pour l'epidimie qui à Venise couroit, l'espace de quatre mois. Tant que on leur envoya de l'argent de France, et que en partie se furent acquitez de ce que on leur avoit presté.

Puis se partirent et veindrent en France, où ils feurent du Roy et de tous receus à moult grand joye. Si se loüa moult le comte de Nevers au Roy et à son pere du bon mareschal, et dit que par son sens et bonté avoit sauvé la vie à luy et à sa compaignée, et leur dit la peine que il avoit eüe pour les tirer hors de prison. Si luy en sceut le Roy et nosseigneurs moult bon gré (1).

(1) Cette guerre de Hongrie, la captivité et les malheurs des chevaliers français sont très-longuement racontés par Froissard.

◇◇◇

CHAPITRE XXIX.

Comment apres le retour de Hongrie le Roy envoya le mareschal en Guyenne, à belle compaignée de gens d'armes sur le comte de Perigort, qui s'estoit rebellé contre luy. Si le prist et amena prisonnier au Roy.

Apres ce retour de Hongrie fut le mareschal toute celle saison à repos. Car assez besoing en avoit. Si advint en celuy temps que le comte de Perigort se rebella contre le roy de France, et meit les Anglois dedans ses chasteaux et forteresses sans qu'il eust nulle cause de ce faire. Et commença à faire grand guerre au pays du Roy en Guyenne, et à bouter feu, à occire gent, et à faire tout du pis qu'il pouvoit. De ceste chose feurent portées les nouvelles au Roy, pour lesquelles offences faire amender il y envoya le vicomte de Meaux et messire Guillaume de Tignonville, avec bonne compaignée de gens d'armes. Et quand ils feurent là arrivez, le dict vicomte de Meaux feit commandement au comte de Perigort que il se rendist au Roy, et cessast de la guerre et des oultraiges que il faisoit : mais à ce ne voulut oncques obeir le dict comte, ne du commandement ne fist force. Si s'en retournerent sans rien faire quand une piece y eurent esté. Et passa ainsi l'hyver.

Quand veint au renouvel de la saison le Roy ordonna que le mareschal iroit au dict pays, et avec luy meneroit huict cent hommes d'armes, et quatre cent arbalestriers; et en prendroit deux cent qui estoient ja devant pour la garde du pays, et par ainsi seroient mille hommes d'armes qu'il auroit. Et avec celuy fut baillé l'arrest du parlement qui avoit esté jetté contre luy pour ce qu'il ne s'estoit comparu à l'appel du Roy. Et ainsi se partit le mareschal à belle compaignée, et avec luy allerent le Vidame de Lannois qui ores est grand maistre d'hostel du Roy, messire Guillaume le Boutellier, messire Bonnebaut, Parchion de Nangiac, et plusieurs autres bannerets et vaillans chevaliers.

Si tost que le mareschal fut arrivé en Perigort, il manda au comte que il se meist en l'obéissance et volonté du Roy, et demandast pardon du grand mespris que vers luy faicte avoit. Et que si ainsi le vouloit faire, que luy mesme pourchasseroit sa paix vers le Roy, et le prieroit que il luy voulust pardonner. Mais de tout ce ne feit nul compte, ains espia son point et saillit sur les gens du mareschal à belle escarmouche. Mais toutesfois ce fut à son pis : car il fut laidement rechassé en sa forteresse : et non pourtant y fut blessé messire Robert de Milly, qui estoit et est de l'hostel du mareschal.

De ceste desobeissance et oultrecuidance que le comte de Perigort faisoit contre le Roy, fut moult indigné le mareschal, et dit qu'il luy vendroit cher sa folie. Si meit tantost le siege par tres-belle ordonnance devant le chastel de Montignac, qui est une tres-forte place, et sembleroit comme imprenable, et là estoit le dict comte, et manda querre engins et trait de par tout, et en fit faire tant qu'il en fut bien garny. Puis les feit dresser. Si prirent à lancer si grosses pierres d'engins et de canons contre les murs que tous les estonnerent, et si druëment que l'un coup n'attendoit l'autre, dont ils abatoient la muraille à grands quartiers. Tant que en deux mois que dura le siege furent si bien battus que mieulx ne pouvoient. Et bien veirent ceulx de dedans que tenir ne se pourroient, et que remede n'y avoit qu'ils ne feussent pris par vive force. Si conseillerent au comte que il se rendist, laquelle chose quand plus n'en peut il feit, et se soubmist à la volonté du Roy et à l'ordonnance du mareschal. Et aussi se rendirent au Roy tous ses chasteaux et villes, et le mareschal comme saige chevetaine y meit tres-bonnes gardes et tres-bien les garnit.

Et le comte et ses sœurs qui avec luy feurent prises envoya en France au Roy, lequel luy pardonna ses mesfaicts, pour ce que il luy cria mercy et promist d'estre de là en avant bon François. De laquelle chose il se parjura : car assez tost apres se partit sans congé, et s'en alla en Angleterre, dont puis ne retourna. Le mareschal demeura toute celle saison qui estoit hyver en Guyenne, en la garde du pays, et puis l'été d'apres s'en retourna vers le Roy.

CHAPITRE XXX.

Cy dict comment l'empereur de Constantinople envoya requerir secours au Roy contre les Turcs, et il y envoya le mareschal à belle compaignée.

En celuy temps lors que le mareschal estoit en Guyenne comme dict est, l'empereur de Constantinople qui est appellé Carmanoli, envoya devers le Roy un sien ambassadeur nommé Catotuseno, luy supplier que il le voulust secourir et ayder contre les Turcs, car il ne pouvoit plus resister à leur force. Si luy pleust luy estre en aide, à celle fin que luy et la noble cité de Constantinople ne cheussent és mains des mescreans, car plus n'y sçavoit remede. Oultre cecy pour celle chose mesme les Genevois et les Venitiens qui de ce sçavoient la pure verité, envoyerent pareillement leurs ambassadeurs au Roy, le supplier que il voulust secourir le dict Empereur, et que eulx aussi l'ayderoient, c'est à sçavoir chascune seigneurie de huict galées. Et se faisoient forts de ceulx de Rhodes.

Lors comme le Roy se conseilloit que il estoit bon à faire de ceste chose, arriva le mareschal devers luy. Si fut regardé en conseil que pour le bien de la chrestienté, et pour ayder à l'Empereur qui au Roy requeroit secours, bon seroit qu'il envoyast le dict mareschal. Car capitaine plus propice n'y pouvoit envoyer. Si en fut le Roy d'accord, et luy ordonna quatre cent hommes d'armes et quatre cent varlets armez, et une quantité d'archers : de ceste commission fut joyeux le mareschal, et feit telle diligence, que luy et ses gens, et son navire, et toutes choses necessaires pour iceluy voyage feurent prestes à la Sainct Jean d'esté à monter sur mer à Aiguesmortes, où le dict mareschal arriva deux jours apres. Et là chargea quatre naves et deux galées, et de là se partit, et s'en allerent avec luy le seigneur de Linieres et messire Jean de Linieres son fils, le seigneur de Chasteaumorant, Lermite de la Faye, le seigneur de Montenay, messire François Dauhissecourt, messire Robin de Braquemont, messire Jean de Torsay, messire Louys de Culan, messire Robert de Milly, messire Louys de Cervillon, messire Renault de Barbasan, messire Louys de Lugny, messire Pierre de Grassay qui puis porta la banniere de Nostre Dame, et autres plusieurs bons chevaliers et escuyers de grand renom allerent avec eulx, desquels je passe les noms pour cause de briefveté.

Ainsi alla par mer le mareschal tant qu'il veiat prendre port à Savonne, et là feist toutes ses ordonnances, et ordonna ses capitaines, et bailla à chascun telle charge que bon luy sembla, puis se partit de là pour aller à son voyage. Et ainsi comme il alloit luy fut rapporté comment cinq galées des gens de messire Lancelot tenoient le siege devant une ville et bel chastel qui sied en une petite isle pres de Naples appelée Capri, laquelle dicte ville et chastel se tenoient pour le roy Louys.

Si tost qu'il sceut ceste chose, il dit à ses gens qu'il vouloit aller secourir le chastel du roy Louys, et que chascun se mist en ordonnance. Si tira celle part : mais quand il y fut arrivé il trouva que ceulx du dict chastel s'estoient ja rendus, toutefois leur offrit-il son ayde contre les autres, et que ils se retournassent devers leur partie : mais le capitaine le refusa comme traistre que il estoit au roy Louis,

Et bien le monstra : car il jetta hors certains François qui leans estoyent, et le mareschal les recueillit et emmena avec luy. Mais il ne se teint mie à tant, ains alla pour escarmoucher les dictes galées, et icelles fuirent devant luy. Et comme il s'en retournoit et estoit remis en son chemin, il rencontra le comte de Peraude lequel tenoit le party de Lancelot, auquel il donna la chasse tant que par force les fit ferir en terre, et saillir hors et s'enfuir, et nos gens gaignerent le navire et tout ce qui estoit dedans. Et ce faict se remeit en son chemin et tira au royaume de Cecile, et alla descendre en une cité appellée Messine.

CHAPITRE XXXI.

Comment le mareschal s'en alla par mer à belle compaignée, et l'affaire qu'il eut aux Sarrasins.

De Messine se partit le mareschal sans y faire longue demeure, et s'en alla descendre en la ville et isle de Scio, où il cuidoit par ce que on luy avoit donné à entendre, trouver les huict galées des Venitiens qui debvoient estre envoyées au secours de l'empereur de Constantinople comme dict est. Mais il ne les y trouva pas, et luy fut dict que il les trouveroit en un lieu appellé Negropont. Si se partit de Scio pour les aller là cercher, et en son chemin passa par le seigneur de Metelin qui à joye le receut. Toutesfois il luy dit que il avoit faict à sçavoir aux Turcs sa venuë, pour non rompre les convenances et paches que il avoit avec eulx. Mais de ce ne feit compte le dict mareschal, et dict que de par Dieu feust. Non pourtant dict celuy Seigneur de Metelin qu'il s'en iroit avec luy en ce voyage.

Quand le mareschal feut à Negropont il ne trouva pas les dictes galées, si voulut là un peu attendre, et luy sembla que bon seroit de faire à sçavoir à l'Empereur sa venuë, afin que il apprestast son armée pour aller tantost courir sus aux Sarrasins. Si feit monter sur deux galées, en l'une le seigneur Chasteaumorant, et en l'autre le seigneur de Torsay, pour aller a Constantinople faire le dict messaige. En la galée du seigneur de Chasteaumorant fut entre les autres bons et vaillans un noble escuyer du pays de Bourgongne nommé Jean de Ony, escuyer d'escuyrie du duc de Bourgongne, appert homme, hardy, et de grand vasselaige en faict d'armes, et qui ja moult avoit travaillé et s'estoit trouvé en maintes bonnes places, lequel pour tousjours croistre son pris et los de mieulx en mieulx, s'estoit mis en la compaignée du mareschal en iceluy voyage : pource que tant vaillant le sçavoit, que il estoit certain que mieulx ne pouvoit employer son temps que avec luy. Mais pas n'y alla en vain, car avant le retour y esprouva son corps vaillamment, si comme en aucuns lieux cy apres sera dict.

Au partir du port, afin que les dictes galées n'eussent empeschement, le mareschal les convoya jusques à la veüe de Galipoli, et de là ne se bougea afin de les secourir si aulcune chose leur advenoit. Et en ce monstra bien son bon sens et advis, et grande bonté, de vouloir secourir ses gens si mestier estoit, et bien leur en fut besoing. Car les Turcs qui de sa venuë estoyent advisez, pour luy courir sus avoient faict deux embusches de dixsept galées bien armées, dont l'une des embusches estoit dans le port de Galipoli, où il y avoit plusieurs vaisseaux, et l'autre au dessus de la ville au chemin de Constantinople. Si advint que aussi tost que nos deux galées feurent passées outre Galipoli, la premiere embusche leur fut apres pour leur courir sus, c'est à sçavoir sept galées, et tantost devant eulx veirent venir contre eulx la dicte autre embusche, en laquelle y avoit autres dix galées, et par ainsi feurent au milieu de leurs ennemis. Si ne sceurent autre party prendre fors de retourner arriere devers le mareschal ; mais par leurs ennemis leur convenoit passer. Si furent tost pesle-mesle avec eulx, qui les assaillirent de tous costez, et les nostres comme vaillans et preux se preindrent à défendre vigoureusement, et par si grand vertu estriverent contre eulx que oncques ne les peurent arrester, ains malgré leurs dents s'en veindrent tousjours combatant, quoy que les Sarrasins taschassent à les faire demeurer. Mais ce ne fut mie en leur puissance, ains s'en veindrent ainsi combatant si pres que le mareschal en ouyt l'effrainte, qui ne musa mie à leur estre au devant, et moult tost se meit en belle ordonnance pour les aller aider. Et bien besoing leur estoit, car ja estoient si batus que mais aider ne se pouvoient. Car si grande quantité de Sarrasins y avoit qu'il fut dict et conseillé au mareschal que il n'y allast point, et qu'il valoit mieulx que deux galées perissent que tout.

Duquel conseil le vaillant homme sceut mauvais gré à ceulx qui ce disoient, et leur respondit qu'il aimeroit mieulx estre mort que par son deffault veoir mourir et perdre sa compaignée, et que ja Dieu ne le laissast tant vivre que tant de recreandise feust en luy trouvée. Le plus tost qu'il peut leur feut alencontre par telle contenance et maintien, que quand les ennemis le veirent venir ils abandonnerent tantost les deux galées, et se meirent en fuite au plus tost qu'ils peurent, et tant se hastoient que la plus grande galée des Turcs alla ferir en terre si grand coup, sans que ils y meissent conseil, que grand foison en y eut de morts et d'affollez. Et ainsi sauva le mareschal les dictes galées, et s'en alla cette nuict gesir au port de Tenedon devant la grand Troye. Et le lendemain matin les galées des Venitiens arriverent, et deux de Rhodes, et une galiote du seigneur de Metelin. Et tost apres veint tout le navire qui debvoit aller au secours de Constantinople.

Si feut là faict le mareschal chef et conduiseur de toute ceste compaignée, de la bonne volonté et assentement de tous ; et là il feit ses ordonnances et bailla la banniere de Nostre Dame par droict d'armes, comme à celuy qui plus avoit veu, et qui estoit un vaillant chevalier, à porter en celuy voyage, à messire Pierre de Grassay. Et le lendemain apres que les messes furent chantées, le mareschal se partit à tout sa compaignée, et n'arresta jusques à ce qu'il feust en Constantinople, où il feut receu de l'Empereur luy et sa compaignée à tres-grand honneur et joye.

CHAPITRE XXXII.

La grand chere et joye que l'Empereur feit au mareschal et à sa compaignée, et comment ils allerent courir tost sus aux Sarrasins.

L'empereur qui bien avoit sceu la venuë du mareschal et de sa belle compaignée, avait ja faict tout son apprest, et tous ses gens assembler, afin que aussi tost que il seroit venu n'y eust que à partir pour courir sus aux Sarrasins. Si ne sejourna pas là moult longuement le mareschal depuis qu'il fut arrivé : ains n'y avoit esté que quatre jours quand il feit assembler tous les gens de celle armée en une belle plaine pour les veoir. Et feut trouvé que ils estoyent en nombre de six cent hommes d'armes, six cent varlez armez, et mille hommes de traict, sans l'ost et l'assemblée de l'Empereur, où il y avoit grand gent.

Là leur ordonna comment il vouloit que ils allassent, et feit ses chevetains et capitaines, et leur bailla charge de gens selon ce que il sçavoit que ils valoient, et que faire l'office chascun sçavoit en droict soy. Si monta sur mer l'Empereur à tout celle compaignée, et furent leurs vaisseaux par nombre vingt et une galées complies, et trois grandes galées huissieres és quelles ils menoient six vingt chevaulx, et six que galiotes que brigantins. Si partirent de Constantinople, et allerent arriver en Turquie, et descendre par belle ordonnance en un lieu que on dict le pas de Naretez (1). Si entrerent au pays de Turquie environ deux lieües, et preindrent à destruire, brusler et gaster tout le pays d'environ la marine, et par tout où ils passerent, où il y avoit de moult bons villaiges et de beaux manoirs, et meirent à l'espée tous les Sarrasins que ils trouverent. Et puis quand ils eurent faict ceste course ils s'en retournerent et retrahirent en Grece.

Et peu de jours apres ils repasserent en Turquie, et allerent bien deux lieües loing de la marine pour destruire un gros villaige qui sied sur le goulphe de Nicomedie appelé Diaschili. Mais là trouverent grande assemblée de Turcs du pays qui cuiderent garder le villaige contre nos gens, et tous arrengez se tenoient à pied et à cheval au devant à telles armeures comme ils pouvoient avoir. Mais ce ne leur valut rien : car en peu d'heures eussent esté tous morts et pris s'ils ne s'en feussent fuis. Toutesfois ne sceurent si tost fuir que la plus grande partie d'eulx ne feust mise à l'espée.

En ce villaige y avoit moult de beaux manoirs, et un riche palais qui estoit à Bajazet. Si bouterent nos gens le feu par tout, et destruirent le villaige et tout le pays à l'environ, puis se bouterent en leurs galées et allerent toute nuict.

Et le lendemain quand ils voulurent descendre et prendre terre devant une cité appellée Nicomedie, les Sarrasins y cuiderent mettre empeschement, et leur feurent alencontre à grand quantité pour leur chalenger le port : mais ce ne leur valut rien. Car nos gens prirent port malgré leurs dents, et les repoulserent laidement et terre gaignerent sur eulx. Si allerent nos gens assaillir la ville par maniere d'escarmouche, et meirent le feu aux portes, mais ne peurent les brusler, pour ce que elles estoyent toutes ferrées de lames de fer. Les eschelles furent apportées et dressées contre les murs qui à merveilles sont fort et beaux, et si haults que trop courtes furent plus de trois brasses. Si n'y peurent rien faire : mais ils occirent tous les Sarrasins qu'ils peurent trouver, et bruslerent les faulxbourgs, tout le pays et les villaiges d'environ. Puis se retrahirent en leur navire

---

(1) Le pas de Naretez est l'endroit du Bosphore où se trouvent encore les ruines de deux châteaux ; en ce lieu, le canal est très-étroit ; c'est là que passa l'armée de Darius ; c'est là aussi que passa l'armée des premiers croisés. Ce passage est à six ou sept milles de Constantinople. (Voyez le 2ᵉ vol. de notre *Correspondance d'Orient*.)

et cheminerent toute nuict, et le matin prirent port au plus pres qu'ils peurent d'un grand villaige champestre que on nomme le Serrail, qui estoit loing de la marine comme à une grosse lieüe.

Si s'assemblerent contre eulx tous les Sarrasins du pays, qui leur cuiderent defendre l'approcher de la ville ; mais n'y peurent contredire, toute bruslerent, et la gent occirent qu'ils trouverent, et tout le pays d'environ. Mais tandis que ils faisoient cest exploict, les nouvelles en allerent par tout. Si s'assemblerent moult grand quantité de Sarrasins, et ainsi comme nos gens s'en retournoient en leurs nefs en moult belle ordonnance, comme bien besoing leur estoit, iceulx Sarrasins les poursuivirent de si pres que par plusieurs fois feirent retourner l'arrieregarde pour cuider combatre à eulx. Car par plusieurs fois s'essayerent de mettre nos gens en desordonnance, et toutesfois ne les oserent plainement assaillir. Et nos gens ne voulurent plus là arrester pour la nuict qui ja s'approchoit. Si rentrerent en leurs galées et retournerent à Constantinople.

<><>

CHAPITRE XXXIII.
Des villes et chasteaux que l'Empereur, le mareschal et leur compaignée prirent sur Sarrasins.

Quand l'Empereur et le mareschal à tout leur ost eurent sejourné à Constantinople environ six jours, ils en partirent et retournerent en Turquie (1). Et allerent assaillir un bel chastel qui seoit sur la Mer Majour, et estoit appellé Rivedroict. Au poinct du jour furent là arrivez. Mais les Sarrasins qui de leur venuë avoient esté advisez, et leurs espies avoient sur mer qui tost leur rapporterent, saillirent tantost en plains champs, et ne leur contredirent pas le descendre : ains se meirent en belle ordonnance devant le chastel pour leur livrer la bataille, et estoyent bien de six à sept mille Turcs.

Et quand ils veirent que si grande compaignée de gens estoyent, et en si belle estoffe, ils prirent avec eulx pour croistre leur ost tous les gens qui estoyent en la garnison du dict chastel, excepté une quantité de gens d'armes des meilleurs que ils eussent, qui leur sembla estre suffisante pour le garder pour un jour contre tout le monde. Car tant estoit fort et hault de luy

---
(1) L'historien désigne par le mot Turquie, les Turcs au-delà du détroit ; les Grecs n'avaient plus de villes dans l'Asie-Mineure.

mesme que il estoit de legere garde. Et quand eurent ce faict, tous serrez ensemble et bien sagement ordonnez, ils se reculerent et tirerent un peu en sus du chastel : afin que quand nos gens seroient à l'assault au pied du mur, et seroient esparpillez pour combatre le chastel, que ils veinssent si tost sur eulx que ils n'eussent le loisir de eulx assembler ne mettre en ordonnance. Et par la propre maniere que ils avoient ordonné, le cuiderent faire six ou sept fois la journée.

Mais le saige mareschal avoit moult bien pourveu à ceste malice. Car quand il fut à terre avec tous ses gens, est à sçavoir que l'Empereur et les chevaliers de Rhodes à tout grand compaignée de gens d'armes et d'arbalestriers, feit demeurer arrangez en moult belle bataille devant le chastel, pour garder que les Turcs ne veinssent empescher l'assault. Et en ceste bataille demeura la banniere de Nostre Dame ainsi assise qu'elle debvoit. Et quand il eut faict toute celle ordonnance il alla combattre le chastel, et commencea l'assault droict à soleil levant. Une autre malice encores avoient faicte les Sarrasins pour empescher le dict assault. Car du costé dont nos gens les debvoient assaillir, ils avoient faict sur les murs et és faulses brayes des eschafaults couverts de feurre et de ramille moüillée pour rendre grand fumée, dont aussi tost qu'ils veirent partir nos gens pour aller vers eulx il bouterent le feu en ces eschaffaults ; afin que ils ne peussent approcher pour les grands feux et pour la fumée.

Mais tout ce ne leur valut rien : car nonobstant ce en peu d'heures fut le mareschal à toute sa gent au pied du mur, et tantost feit par force faire deux belles mines, et tant furent menées icelles mines, malgré tous leurs empeschemens, que le mur fut percé en deux lieux. Et là fut fort combatu : car les Sarrasins fort defendoient le passaige. Si y feurent faict moult de belles armes, et moult s'y esprouverent vaillamment nos bons François. Et bien y estoit present qui bon exemple de bien faire leur donnoit, c'est à sçavoir leur vaillant chevetaine qui mie ne s'y espargnoit, ains y tenoit si bien sa place que nul tant n'y travailloit. Et plusieurs fois celle journée le mareschal feit dresser ses eschelles : où maints vaillans hommes combatirent main à main par grand force contre ceulx du chastel, lesquels tant s'efforcerent de jetter grosses pierres de fais sur les eschelles qu'elles ne peurent soustenir la charge et rompre les conveint. Et aussi la grand pesanteur des gens d'armes qui par grand desir de bien faire montoient dessus, les faisoit ployer et rompre. Quand le mareschal qui toute la journée ne s'estoit retraict de combatre, et qui tant y avoit faict d'armes que ce n'estoit que merveilles, veid que ses eschelles ne pouvoient durer, tantost et vistement feit faire une grande et forte eschelle de deux antennes de galées, et ja estoit soleil couchant quand elle fut dressée contre les murs. Celle voulut-il garder de trop grand charge, et par grand diligence luy mesme s'en prenoit garde.

Le premier monta sus messire Guichart de la Jaille, qui par long espace combatit vaillamment main à main à ceulx du chastel, qui tant estoient sur luy que ils le desarmerent de son espée, pour laquelle cause et non mie par faulte de couraige le conveint abaisser dessous un bon escuyer, qui estoit le premier apres luy, qui est nommé Hugues de Tholoigny, lequel tant vaillamment se combatit que il entra par force le premier dedans le chastel, et le dict messire Guichart apres. Et ceulx qui combatirent en la mine, comme dict est, aussi tant feirent par force d'armes que ils y entrerent. En celle mine avec plusieurs aultres combatit moult vaillamment le bon escuyer nommé Jean de Ony, duquel j'ay parlé cy devant, tant que par sa force et la hardiesse de son bon couraige, malgré les ennemis qui toute peine mettoient à l'en garder, feit tant que il entra dedans tout le premier, et apres luy messire Foulques Viguier, apres messire Renauld de Barbasan, et plusieurs autres les suivirent. Si allerent tantost secourir leurs compaignons qui par l'eschelle estoyent montez, et grand besoing en avoient : car ils n'estoient pas plus de dix ou douze qui sur le mur se combatoient, et estoient l'eschelle rompue pour le grand fais et charge des bons vaillans qui par leur grand couraige s'efforçoient de monter sus. Et par celle maniere fut le chastel pris qui tant estoit fort qu'il sembloit imprenable. Si occirent tous les Turcs qui dedans estoient. Et le lendemain le mareschal fist le chastel raser tout par terre, qui de grand force estoit. Car de l'une des parts la mer y battoit, et de l'autre une grosse riviere qui vient de Turquie, si que on n'y pouvoit venir que par une part. Mais à toute ceste chose ne meirent oncques contredict les Turcs qui s'estoient mis en bataille comme dict est devant, car ils veirent bien que la force n'eust pas esté de leur costé, ains s'en partirent et laisserent la place.

Et quand tout ce feut faict nos gens se partirent de là et rentrerent en leurs galées pour eulx en retourner à Constantinople, et veindrent à passer devant une bonne ville appellée Algiro, qui sied à l'entrée de la bouche de la Mer Majour. Peu avant soleil couchant y arriverent, si y geurent celle nuict. Quand veint au matin le mareschal qui à autre chose ne pensoit fors à tousjours grever les Sarrasins de son pouvoir, feit armer sa compaignée et trompetes sonner pour descendre à terre et la ville assaillir. Quand les Turcs de la ville qui deux jours devant avoient veu et sceu l'exploict qui avoit esté faict du chastel de Rive, veirent les appressts que on faisoit pour abatre leur ville, ils bouterent le feu tout en un moment en plus de cent lieux, et tous s'enfuirent és montaignes qui là sont grandes et haultes. Le feu qui fut fiché par les maisons prit en peu d'heures à monter hault et à tout embraser.

Le mareschal qui veid ceste besongne, voulut que de là ne se partissent jusques à ce que la ville feust toute arse. Et quand ce feut faict il dit que les Turcs avoyent eulx-mesmes faict une partie de ce que il voyoit à faire. Et à tant s'en partirent, et ainsi comme ils s'en retournoient, nouvelles veindrent à l'Empereur que les Turcs estoient arrivez à tout bien vingt vaisseaux au dessus du pas de Naretes. Si faisoient moult de grands dommaiges à ceulx de Constantinople et à la cité de Pera, et comprenoient tout le pays, et se prenoient à tout gaster. Tantost que ces nouvelles feurent ouyes, le mareschal ordonna d'aller celle part. Si alla descendre sur eulx en tres-belle ordonnance; mais ils ne l'oserent oncques attendre, ains s'enfuirent, et nos gens bruslerent et destruirent tous leurs vaisseaux, et apres s'en reveindrent à Constantinople.

◇◇◇

CHAPITRE XXXIV.

Comment apres que l'Empereur, avec l'aide du mareschal et des François, eut tout environ soy descombré de Sarrasins, s'en voulut venir en France pour demander aide au Roy, pour ce que argent et vivres leur sailloient. Et comment le mareschal qui s'en venoit avec luy laissa en la garde de Constantinople le seigneur de Chasteaumorant, à tout cent hommes d'armes, bons et esprouvez, bien garnis de trait.

Ne sçay à quoy plus ma matiere esloigneroye pour racompter tous les faicts, tous les chasteaux, toutes les villes prises, et toutes les emprises d'armes qui par le mareschal feurent accomplis et mises à chef, tandis qu'il feut en ce voyage; car à ennuy pourroit tourner aux lisans de tout compter. Et pour ce, afin d'eschever toute narration, et pour dire en brief, tandis qu'il y feut ne sejourna ne prit aulcun repos qui durast plus de huict jours, que tousjours ne feust sur les ennemis, où il prit tant de chasteaux, de villes et de forteresses, que tout le pays d'environ qui tout estoit occupé de Sarrasins depescha et desencombra, et tant de bien y feit que nul ne le sçauroit dire.

Parquoy l'Empereur et tous ses barons, et generalement tous ceulx de Constantinople et tous les Chrestiens l'aimoient et honnoroient. Encores plus de bien leur feit. Car l'empereur Carmanoli qui encores est en vie estoit adonc, et avoit esté par l'espace de huict ans en grand contens contre un sien nepveu appellé Calojani, et s'entremenoient grand guerre. La cause de ce debat estoit pource que le nepveu disoit que il debvoit succeder à l'Empire, à cause de son pere qui avoit esté aisné frere de l'Empereur, qui par sa force s'estoit saisi de l'Empire : et l'Empereur le debatoit pour autres causes. Si avoit esté celle guerre et contens comme cause de la destruction de Grece, et tant estoyent obstinez l'un contre l'autre, et fermes en leurs propos, que nul n'y avoit peu mectre paix. Et s'estoit le nepveu allié avec les Turcs, avec lesquels il menoit guerre à son oncle. Entre ces deux, le mareschal considerant que celle guerre estoit prejudiciable à la Chrestienté, et mal seante à eulx, prist à traicter paix : et tant la pourmena que par sa grand prudence les meit en bon accord : tant que de faict luy mesme alla querir ce nepveu et sa femme en une ville appelée Salubrie, qui sied sur les frontieres de Grece, et le mena à Constantinople vers son oncle qui le receut à bonne chere, dont tous les Grecs furent moult joyeux, rendans graces à Dieu qui le mareschal avoit mené au pays, qui ceste saincte paix avoit faicte, et par qui tant de biens leur estoyent ensuivis.

Ja avoit demeuré le mareschal et sa compaignée pres d'un an en Grece, si peut-on sçavoir que en pays qui tousjours est en guerre, ne peult que cherté de vivres n'y soit. Si n'y avoit plus argent pour payer les gens d'armes, ny vivres pour soustenir cest ost, et pour ce par contrainte convenoit que le mareschal en partist, dont moult luy pesoit, pour ce que il voyoit bien que tantost qu'il seroit party les Turcs leur viendroient courir sus. Mais sur toute chose en pesoit à l'Empereur et aux siens. Si delibererent pour le meilleur conseil que l'Empereur s'en viendroit avec luy en France devers le Roy derechef luy demander secours ; par si que il renonceroit en sa main l'Empire et la cité de Constantinople, mais qu'il luy pleust luy octroyer ayde pour la garder contre les mescreans. Car quant estoit de luy plus ne la pouvoit defendre contre la puissance des Turcs : et si le roy de France ne luy aydoit, que il iroit à refuge à tous les autres roys chrestiens. Et fut ordonné que tandis que l'Empereur seroit au dict voyage, celuy Calojani qui estoit son nepveu demeureroit à Constantinople comme Empereur à la garde du lieu, jusques à tant que son oncle retourneroit à tout tel secours qu'il pourroit avoir.

Mais de celle chose respondit Calojani que il n'en seroit nullement d'accord si le mareschal ne laissoit de ses gens d'armes avec luy et des gens de trait. Car il sçavoit bien que dés aussi tost que ils seroient partis, Bazajet viendroit à toute sa puissance assieger la ville, l'affamer et la gaster. Le mareschal qui veid bien que voirement estoit en voye de perdition, s'il n'y avoit aulcune provision, laissa pour la garde de la ville cent hommes d'armes et cent valets armez, de ses propres gens, et une quantité d'arbalestriers. De laquelle compaignée ordonna chef le seigneur de Chasteaumorant, et les laissa pourveus et garnis de vivres pour un an, et argent suffisant en main de bons marchans pour les payer chascun mois tout le temps durant. Et en toutes choses donna bon ordre avant qu'il partist.

Parquoy quand les Genevois et les Venitiens qui là estoyent veirent la saige et honnorable provision du mareschal, feirent un accord entre eulx que ils laisseroient huict galées garnies avec ses gens pour la garde de la ville, c'est à sçavoir quatre de Gennes et quatre de Venise. De ceste garnison feurent moult reconfortez ceulx de la ville, qui avant estoient comme en desespoir, et n'y sçavoient meilleur conseil que de eulx enfuir devers les Sarrasins, et abandonner la bonne ville de Constantinople. Et à tant se partirent de Constantinople pour venir en France l'Empereur et le mareschal qui un an y avoit demeuré.

<><><>

CHAPITRE XXXV.

Comment le seigneur de Chasteaumorant fait bien son debvoir de garder Constantinople, et la famine qui y estoit, et le remede qui y feut mis.

Le seigneur de Chasteaumorant, que le mareschal avoit laissé chef et garde de Constantinople, feit tant bien son debvoir de celle commission comme preud'homme envers Dieu, et tres-vaillant chevalier aux armes qu'il est, que à tousjours mais en debvra estre honnoré. Car tres-soigneusement il garda la ville, en laquelle tost apres que l'Empereur fut party, feut si tres-grand famine, que les gens estoient contraincts par raige de faim de eulx avaler par nuict à cordes jus des murs de la ville, et eulx aller rendre aux Turcs.

Pour laquelle chose Chasteaumorant estoit presques aussi diligent de faire bon guet : afin que la gent de la ville ne s'enfuit, comme pour la doubte des ennemis, aussi de peur qu'ils se rendissent à eulx. Si eut moult grand pitié de ceste pestilence, et un tel convenable remede y trouva que il envoyoit souvent et menu ses gens courir et fourraiger sur les Turcs, par tout où il sçavoit que il y avoit gras pays, quand ils ne s'en donnoient de garde. Si leur portoit de grands dommaiges, et prenoit aucunes fois de bons prisonniers, et les rançonnoient nos gens, les uns à argent, les autres à vivres. Et par celle voye et maniere feit tant que la ville, Dieu mercy, feut remplie et aisée de tous biens, ne il n'estoit vaisseau de Sarrasins qui là environ osast passer, qui tantost ne feust happé par ces galées qui tousjours estoyent en aguet. Et par ainsi garantit la cité de mort, de famine, et des mains des ennemis, et la remplit d'abondance. Et par la diligence qu'il y mettoit tousjours gaignoit quelque chose sur Sarrasins. Et ainsi la garda l'espace de trois ans contre la puissance des Turcs.

Et à brief parler, tant y feit luy et les gens de sa compaignée, que ceulx qui en sçavent la verité dient que par luy et par les bons François qui avec luy estoyent, a esté sauvée et garantie d'estre du tout destruite et perie la noble et ancienne cité de Constantinople. Laquelle chose n'est point de doubte est tres-agreable à Dieu, et grand honneur au roy de France et aux François qui bien leur vertu y esprouverent, et grand bien pour la chrestienté. Et tout ce bien advint par la saige prevoyance du bon mareschal qui les y laissa. Parquoy nul ne pourroit dire le tres-grand bien qui advint de l'allée que le mareschal feit au dict pays.

◇◇◇

CHAPITRE XXXVI.

Comment l'Empereur veint en France, et comment le mareschal y arriva devant.

L'empereur et le mareschal tant errerent par mer depuis que ils furent partis de Constantinople, comme dict est ci-dessus, que ils arriverent à Venise. Et là voulut un peu sejourner l'Empereur, pour certaines choses qu'il avoit à faire avec les Venitiens. Si se partit de luy le mareschal pour venir devant en France pour annoncer sa venuë, et dire la cause qui luy amenoit.

Si ne fina de cheminer tant qu'il fut devers le Roy qui à moult grant joye et honneur le receut, et moult le desiroit veoir, et aussi luy feirent moult grand feste tous nos seigneurs et chevaliers et escuyers, et toute gent. Car moult bien l'avoient desservy. Si fut apres ses bien viengnans une bonne piece à sejour : car bien estoit temps qu'il preint un peu de repos, et qu'il eust aucune joye et esbatement : car de long temps peu en avoit eu. Combien que ja estoit si rassis et tant saige que gueres ne luy chailloit fors que des plaisirs que les vertueux prennent en bien faisant. Si estoit tous les jours entre les seigneurs qui luy demandoient et enqueroient des advantures et faicts qui estoyent advenus là où il avoit esté. Et il leur en racomptoit non mie à sa loüange, mais à celle de ses compaignons, à qui il donnoit l'honneur de tout ce qui avoit esté faict : mais en ce croissoit encore plus son los. Car renommée ne se taisoit pas de ses bons faicts, dont bien estoyent informez.

Et ainsi alla passant le temps tant que l'Empereur arriva à Paris, auquel le Roy et tous nos seigneurs les ducs allerent alencontre jusques dehors Paris à tout grand route de nobles gens, et à grand honneur le receurent et moult l'honnora le Roy comme moult raison estoit. Car sans faillir moult est l'empereur Carmanoli prince de grand reverence, bon, prudent et saige, et est pitié dont il est en telle adversité. Et se reposa et aisa à Paris, et le Roy luy entretint tout son estat et le deffroya de toute despence, tant comme il feut au royaume de France. Et quand il eut assez reposé il dict bien et saigement au Roy, presens nos seigneurs en plain conseil, la cause qui le menoit en France. Si luy feut donnée respouce bonne et gracieuse, et de bonne esperance. Et sur ce eut le Roy advis avec son conseil, et par plusieurs fois en fut parlé avant que la chose feust concluë. Toutesfois au dernier pour le bien de chrestienté, et que tout prince doibt ayder à soustenir l'un l'autre, et par especial contre les mescreans, luy octroya le Roy que il luy feroit ayde et secours de douze cent combatans payez pour un an. De laquelle compaignée le mareschal seroit chef et capitaine. Car ce avoit requis de grace speciale l'Empereur, qui moult en fut joyeulx, et qui avoit maints grands biens dicts et rapportez de luy au Roy et au conseil, et comment vaillamment il s'estoit porté au pays. Si remercia le Roy de l'aide que il luy avoit octroyée.

Et partit de Paris : car ja y avoit bonne piece demeuré. Et voulut aller par les aultres princes chrestiens semblablement requerir leur ayde et secours, tant de finance dont il avoit peu, comme de gens pour luy ayder à garder et à reconquerir son pays qui lors tout estoit és mains des ennemis de la foy, dont grant pitié estoit. Si fut devers le Sainct Pere qui donna grand pardon à quiconque luy feroit bien, et alla en Angleterre et vers plusieurs autres roys chrestiens qui tous luy ayderent, et en ceste queste feut l'espace de pres de trois ans.

◇◇◇

CHAPITRE XXXVII.

Cy devise comment l'empereur de Constantinople eut paix avec Bajazet, et comment le Tamburlan l'en vengea. Et de la mort de Tamburlan.

En ces entrefaictes que l'empereur de Constantinople estoit hors de son pays et en la queste dessus dicte, et que le seigneur de Chasteaumorant estoit garde de la cité de Constantinople, advient comme il pleut à Dieu, lequel ne veult que nul mal demeure impuny, et qui estrangement venge ses amis des torts faicts et griefs que on leur faict, et quoy qu'il attende, tout ainsi que jadis il feit des enfans d'Israel que il laissa longuement en la servitude de Pharaon, et au dernier preint cruelle vengeance du dict roy Pharaon, et de ses mains delivra son peuple comme racompte la bible, tout ainsi voulut-il venger par diverse voye les bons Chrestiens qui avoyent esté occis en la bataille, et cruellement destranchez devant Bajazet, comme nous avons dict cy devant. Car un grand prince de Tartarie que on nommoit le Tamburlan, comme fleau de Dieu en preint la vengeance.

Celuy Tamburlan estoit de si hault courage que il avoit intention de conquerir tout le monde si fortune luy eust voulu aider, mais il y faillit. Car comme dict le commun proverbe, les hommes proposent, et Dieu ordonne. Toutesfois par le tres-grand travail en armes que il prit, auquel mestier trente ans entiers n'avoit cessé ne reposé en bonne ville, fors tousjours aux champs, à tout si grand ost que c'estoit merveilles, et par si grande ordonnance que toutes les necessitez que il convenoit pour fournir l'ost il menoit avec soy, et de bestes si grande quantité que merveilles estoit, et par si bon ordre qu'il n'y avoit si petite beste qui ne portast sa charge de quelque fardeau, mesmes les chevres et les moutons. Et les merveilles qu'il feit, et les grandes rivieres qu'il passa, et comment ses gens estoyent endurcis au travail, ne seroit sinon merveilles racompter. Mais je m'en passe, pource qu'il n'affiert à mon propos. Si croy bien que aulcunement conviendroit que nos Chrestiens qui tant veulent estre à leur aise, suivissent celle voye s'ils vouloient estre grands conquereurs, conquist si grand pays en cest espace de temps, comme toute Egypte, et destruit la cité de Damas, et subjugua toute la Syrie et toutes les terres d'environ, qui moult long pays s'estendent, puis s'en veint descendant sur la Turquie, et assaillit Bajazet de guerre. Adonc luy conveint par force laisser en paix les Chrestiens. Si commencerent les Tartares forment à demarcher son pays, et à piller et gaster, et luy conveint deffendre et faire armée contre eulx.

Et lors les Chrestiens qui estoient d'aultre part, c'est à scavoir le seigneur de Chasteaumorant et sa compaignée luy feurent au dos, qui mie ne luy estoyent bons voisins, ains luy portoient souvent de grands dommaiges. Si se continua tant celle guerre que il fut desconfit en plusieurs batailles, et ses gens morts et pris, et ses forteresses, villes et citez prises et destruites, et ruées par terre, tant que à la partin ne peut plus forçoyer contre luy. Et en une bataille (1) qu'il eut contre le dict Tamburlan fut desconfit, et toute sa gent en fuite et prise. Et feut luy mesme pris et mené en prison, en laquelle mourut de dure mort.

Et ainsi, et par ceste voye perit et finit la seigneurie de Bajazet qui maints maulx avoit faict à la chrestienté, et par ceste maniere en fut vangé le comte de Nevers et les nobles François, et aussi l'empereur de Constantinople que il avoit desherité. Mais n'eust pas faict meilleure compaignée celuy Tamburlan aux chrestiens que avoit faict Bajazet, si longuement eust vescu. Car ja n'eust esté saoul de conquerir terre. Mais Dieu qui à toutes choses scait remedier, ne voulut mie souffrir que son peuple chrestien feust soubsmis ne subjugué par les ennemis de la vraye foy. Si luy envoya la mort qui toute chose mondaine trait à fin.

◇◇◇

CHAPITRE XXXVIII.

Cy dit comment le mareschal eut grand pitié de plusieurs dames et damoiselles qui se complaignoient de plusieurs torts que on leur faisoit, et nul n'entreprenoit leurs querelles, et pour ce entreprit l'ordre de la Dame blanche à l'escu verd. Par lequel luy treiziesme portant celle devise s'obligea à la deffence d'elles.

A revenir à nostre premier propos, c'est à scavoir de parler du bon mareschal, duquel ne

---

(1) La bataille d'Ancyre.

pourroient estre suffisamment representées les grands bontez, tandis que l'empereur de Constantinople estoit en France devers le Roy, comme est deduict cy devant et que le dict mareschal estoit à sejour, advient que aulcunes complaintes veindrent devers le Roy, comment plusieurs dames et damoiselles, veufves et autres, estoyent oppressées et travaillées d'aucuns puissans hommes, qui par leur force et puissance les vouloient desheriter de leurs terres, de leurs avoirs et de leurs honneurs, et avoyent les aucunes desheritées de faict. Ainsi maints grands torts recepvoient, sans ce que il y eust chevalier, ne escuyer, ne gentil-homme aulcun, ne quelconque personne qui comparust pour leur droict defendre, ne qui soustint ne debatist leurs justes causes et querelles. Si venoient au Roy comme à fontaine de justice, supplier que sur ce leur feust pourveu de remede raisonnable et convenable.

Ces piteuses clameurs et complaintes ouyt le mareschal faire à maintes gentils-femmes par plusieurs fois, si comme il estoit en la presence du Roy. Desquelles choses eut moult grand pitié, et de toute sa puissance estoit pour elles, et ramentevoit leurs causes au Roy et en son conseil, et les portoit et soustenoit en leur bon droict par moult grande charité, comme celuy qui en toutes choses estoit et est tel que noble homme doibt estre. Si va penser en son couraige que moult grand honte estoit à si noble royaume comme celuy de France, où est la fleur de la chevalerie et noblesse du monde, de souffrir que dame ny damoiselle, ne femme d'honneur quelconque eust cause de soy plaindre que on luy feist tort ne grief, et que elles n'eussent entre tant de chevaliers et escuyers nuls champions, ny defendeurs de leurs querelles : par quoy les mauvais et vilains de couraige estoyent plus hardis à leur courir sus par maints oultraiges leur faire, pource que femmes sont foibles, et elles n'avoient qui les deffendit. Et avec ce disoit en soy mesme que moult estoit grand pitié, peché et deshonneur à ceulx qui mal leur faisoient, que femme d'honneur eust achoison de soy plaindre d'homme, lequel naturellement et de droict les doibt garder et deffendre de tout grief et tort, à son pouvoir, s'il est homme naturel, et tel qu'il doibt estre, c'est à sçavoir raisonnable. Mais pour ce que chascun ne veult pas user aux femmes de tel droict, que quand estoit de luy par sa bonne foy il vouloit mettre cœur, vie, et chevance de toute sa puissance, à soustenir leurs justes causes et querelles, contre qui que ce feust qui le voulust debatre, ne qui tort leur feist, au cas que son aide luy feust requis d'aucune.

Ainsi devisoit à part soy le bon mareschal, et quand sur ce eut assez pensé, adonc par sa tres-grande gentilesse, liberalité et franchise de couraige, va mettre sus un moult notable et bel ordre, et tres-honnorable à chevalier, que il fonda et assist sur ceste cause. Et de ceste chose va dire sa pensée et sentence à aulcuns ses plus especiaulx compaignons et amis, lesquels moult l'en priserent, et luy requirent que ils feussent compaignons et freres dudict ordre, qui moult leur sembla estre juste, bel, honnorable et chevaleureux, laquelle chose il leur accepta de bonne volonté. Si feurent treize chevaliers, lesquels pour signe et demonstrance de l'emprise que ils avoient faicte et jurée, debvoient porter chascun d'eulx liée autour du bras une targe d'or esmaillée de verd, à tout une dame blanche dedans. Et des convenances que ils feirent et jurerent à l'entrer en l'ordre, voulut le mareschal, afin que la chose feust plus authentique, que bonne lettre en feust faicte, laquelle feust seellée des seaulx de tous treize ensemble, et que apres feust publié en toutes parts du royaume de France, afin que toutes dames et damoiselles en ouyssent parler, et que elles sceussent où se traire si besoing en avoient.

Si me tais de deviser des convenances du dict ordre, pour ce que tout au long on les peut veoir par la declaration des propres lettres par eulx certifiées et escriptes, dont cy apres s'ensuit la teneur. Et ne voulut le mareschal estre le premier nommé és dictes lettres, pour ce que monseigneur Charles d'Albret qui est cousin germain du roy de France, voulut estre compaignon dudict ordre. Si n'en vouloit estre nommé chef par devant luy : et pour ce est mention faicte d'eulx tous ensemble, comme veoir se peult.

◇◇◇

CHAPITRE XXXIX.

Le contenu des Lettres d'armes, par lesquelles se obligeoient les treize chevaliers à defendre le droict de toutes gentils-femmes à leur pouvoir, qui les en requerroient.

A toutes haultes et nobles dames et damoiselles, et à tous seigneurs, chevaliers et escuyers, apres toutes recommendations, font à sçavoir les treize chevaliers compaignons, portans en leur devise l'escu verd à la Dame blanche.

Premierement pour ce que tout chevalier est tenu de droict de vouloir garder et deffendre l'honneur, l'estat, les biens, la renommée, et la loüange de toutes dames et damoiselles de noble lignée : et que iceulx entre les autres sont tresdesirans de le vouloir faire, les prient et requierent que il leur plaise que si aulcune ou aulcunes est ou sont par oultraige, ou force, contre raison diminuées ou amoindries des choses dessus dictes, que celle ou celles à qui le tort ou force en sera faicte veuille ou veuillent venir ou envoyer requerir l'un des dicts chevaliers, tous ou partie d'iceulx, selon ce que le cas le requerra, et le requis de par la dicte dame ou damoiselle soit un, tous ou partie, sont et veulent estre tenus de mettre leur corps pour leur droict garder et defendre encontre tout autre seigneur, chevalier ou escuyer, en tout ce que chevalier se peut et doibt employer au mestier d'armes, de tout leur pouvoir, de personne à personne, jusques au nombre dessus dict, et au dessoubs, tant pour tant. Et en briefs jours apres la requeste à l'un, tous ou partie d'iceulx faicte de par les dictes dames ou damoiselles ils veulent presentement eulx mettre en tout debvoir d'accomplir les choses dessus dictes, et si brief que faire se pourra. Et s'il advenoit, que Dieu ne veuille, que celuy ou ceulx qui par les dictes dames ou damoiselles seroient requis, eussent essoine raisonnable : afin que leur service et besongne ne se puisse en rien retarder qu'il ne prist conclusion, le requis ou les requis seront tenus de bailler prestement de leurs compaignons, par qui le dict faict seroit et pourroit estre mené à chef et accomply.

Item si aucuns seigneurs, chevaliers ou escuyers de noble lignée, et sans vilain reproche, ont volonté de faire aucune requeste, ou ont faict ou font aulcuns vœus de faire ou accomplir aulcunes armes, quelles que elles soyent ou feussent, honnorables et deües de faire, pource qu'il est à penser certainement que les dicts requestes et vœus ils ont grand volonté de les mettre à chef pour eulx oster de peine, et afin que plus legerement ils puissent trouver l'accomplissement de leur desir, iceulx chevaliers dessus nommez, tous ou partie d'iceulx, à qui iceulx voüans et requerans vouldra ou vouldront adresser leur dicts vœus et requeste, à l'aide de Dieu seront ou sera prest celuy ou ceulx qui en sera ou seront requis, tous, un, ou partie d'iceulx selon ce que le cas le requerra, de faire et accomplir les dictes armes à eulx requises. Et pour mettre le faict à execution deüe, veulent trouver juge à leur pouvoir dedans quarante jours apres la requeste à eulx faicte, et la devise des armes, et plus tost si faire se peut. Et apres que le dict juge sera trouvé d'estre prest au chef de trente jours, quelque jour que le juge vouldra, donner tout accomplissement du dict faict. Et au cas que iceulx ne pourroient trouver juge, si celuy ou ceulx qui aura ou auront faict les dictes requestes et vœus le veulent pourchasser convenable tel que par raison doibve suffire, le dict chevalier ou chevaliers dessus nommez sera ou seront prests de partir pour y aller trente jours apres que l'on leur aura faict à sçavoir qui sera le juge. Et s'il est besoing d'avoir saufconduict ou aultre seureté, ceulx qui trouveront le juge seront tenus de le faire avoir tel comme au cas appartiendra.

Item pource qu'il pourroit advenir que plus d'un pourroit adresser son vœu et requeste à aulcun des chevaliers dessus nommez, iceluy chevalier sera tenu de l'accomplir à celuy qui premier luy aura faict à sçavoir. Et cela faict et fourny, si Dieu le gardoit d'essoine, apres l'accompliroit à l'autre.

Item au cas que aucun, ou aucuns des dicts chevaliers dessus nommez auroit ou auroient essoine raisonnable et honneste de non pouvoir accomplir les choses à luy requises, il seroit ou seroient tenus de bailler un de leurs compaignons, lequel qu'il luy plairoit, pour donner tout accomplissement au dict faict.

Item s'il advenoit que de tel nombre comme les chevaliers dessus nommez sont, ils feussent requis tous ensemble d'accomplir aucunes armes quelles que elles soyent ou feussent, et un ou aulcun d'iceulx feussent en voyage, ou eussent aucune essoine raisonnable, parquoy ils ne peussent estre bonnement au jour qui empris seroit, la partie à qui on le feroit à sçavoir, puis qu'il ne pourroit recouvrer à temps leurs compaignons, seroient tenus de leur pouvoir d'en mettre avec eulx pour parfournir le nombre dessus dict, pour accomplir toutes choses à eulx requises. Et s'ils estoyent en lieu que ils ne peussent recouvrer leurs compaignons comme dict est, ne autre compaignée pour fournir le dict nombre, iceulx qui là seroient, ou qui se pourroient bonnement trouver ensemble, seroient tenus de tel nombre comme ils seroient de faire et accomplir toutes choses comme dessus est dict.

Item s'il advenoit que aucune ou aucunes dames ou damoiselles eussent requis le secours et ayde de l'un de tous ou de partie des dicts chevaliers, et apres la requeste faicte de par les dictes dames ou damoiselles aucun ou aucuns seigneurs, chevaliers ou escuyers, pour leur requeste et vœus accomplir, s'adressassent à eulx d'aucunes armes quelles que elles soyent ou feussent, comme dessus est dict, les dicts chevaliers ou aulcuns d'iceulx seroient tenus, comme raison est, de faire et accomplir premierement le secours de la dicte dame ou damoiselle, et cela faict, donner tout accomplissement aux dictes armes de quoy on seroit à eulx adressé. Et si ainsi estoit que aucun ou aucuns seigneurs, chevaliers ou escuyers, pour leurs vœus et requestes accomplir, se feussent adressez d'aucunes armes à aucun des chevaliers dessus nommez, et depuis aucune dame ou damoiselle requist pour son ayde celuy mesme chevalier, en ce cas il pourroit eslire lequel qu'il luy plairoit, et apres, si Dieu le gardoit d'essoine, donner tout accomplissement au surplus.

Item si aucun ou aucuns des dicts chevaliers dessus nommez, un, tous, ou partie d'iceulx, estoyent ou feussent requis pour aucuns vœus ou requestes accomplir, de faire aucunes armes, depuis la requeste à eulx faicte, aucun ou aucuns autres seigneurs, chevaliers ou escuyers s'adressassent à iceluy ou à ceulx mesmes chevaliers de combatre à oultrance, les requis, un, tous, ou plusieurs, s'il leur plaist, peuvent delaisser leurs armes pour prendre la bataille.

Item si aucun ou aucuns des dicts chevaliers ou escuyers s'adressoient pour leurs vœus accomplir, de leur volonté, ou autrement à iceulx treize chevaliers, ou à l'un d'eulx, pour combatre à oultrance, comme dict est, et requissent que le vaincu ou vaincus feust ou feussent prisonniers des vainqueur ou vainqueurs, en celuy cas, et tout avant œuvre, seroit advisée une somme d'argent du consentement des parties, et par l'ordonnance du juge devant qui ils combatroient : et celuy ou ceulx qui seroit ou seroient oultrez et desconfits, demeureroit ou demeureroient prisonnier ou prisonniers en la main du juge dessus dict, jusques à ce que il auroit payé et contenté, payez et contentés celuy ou ceulx qui les auroit ou auroient oultrez, d'icelle somme tant seulement qui paravant auroit esté ordonnée : et icelle payée, s'en pourra ou pourroient aller tous quittes.

Item si aucun ou aucuns mouroit en bataille, ou tost apres, pour achoison d'icelle, il seroit en ce cas quitte de payer aulcune finance.

Item si aucun ou aucuns des treize chevaliers dessus dicts, le temps durant de leur emprise, alloit ou alloient de vie à trespassement, ou eust ou eussent essoine raisonnable de non pouvoir plus bonnement porter armes, les autres compaignons en ce cas seroient tenus de mettre d'autres avec eulx pour remplir et fournir toujours le dict nombre.

Item les chevaliers dessus nommez ont emply et veulent donner tout accomplissement à toutes les choses dessus dictes et escriptes, de tout leur loyal pouvoir, à l'ayde de Dieu, et de nostre Dame, par l'espace de cinq ans, à commencer à compter du jour de la datte de ces presentes, et porter leur devise le dict temps durant. Et afin que toutes celles et ceulx qui de ces choses oiront parler, sçaichent et tiennent fermement que les volontez des dicts chevaliers sont fermes de toutes ces choses accomplir, et aussi que l'on y adjouste plus grand foy, ils ont faict seeller ces presentes chascun du seel de ses armes, et chascun y a mis son nom par escript, qui feurent faictes le jour de Pasques fleuries l'onziesme jour d'avril, l'an de grace mille trois cent quatre vingt dixneuf.

Messire Charles d'Albret. Messire Boucicaut, mareschal de France. Boucicaut son frere. François d'Aubissecourt. Jean de Ligneres. Chambrillac. Castelbayac. Gaucourt. Chasteaumorant. Betas. Bonnebaut. Colleville. Torsay.

Et à tant feray fin de la premiere partie de ce livre, et en poursuivant ma matiere par ordre comme les choses adveindrent de rang au contenu des faicts du mareschal de France Boucicaut, commenceray la seconde partie, en delaissant toutes les choses dessus dictes, et en entrant en aultre propos, lequel à l'aide de Dieu bien et bel me ramenera à ma matiere. Or me doint Dieu grace de la commencer, moyenner et finir, que ce soit au plaisir de Dieu, qui point ne defend que on loue les bons, et que aussi ce soit à l'honneur et los de celuy qui bien en est digne, et de qui je parle.

FIN DE LA PREMIÈRE PARTIE.

LE LIVRE DES FAICTS
DU MARESCHAL DE BOUCICAUT.

SECONDE PARTIE.

CHAPITRE PREMIER.

Cy commence la seconde partie de ce présent livre, laquelle parle du sens et prudence du mareschal de Boucicaut, et des vaillans et principaux biensfaicts que il feit depuis le temps que il feut gouverneur de Gennes, jusques au retour de Syrie. Premierement parle de l'ancienne coustume qui court en Italie des guelphes et des guibelins.

Comme il est notoire et assez sceu par toutes les contrées comment au pays et en la terre d'Italie court d'ancienneté la diabolique ancienne coustume semée entre eulx par l'ennemy d'enfer, comme mesmement plusieurs d'eulx tiennent ; laquelle chose, comme les vengeances de Dieu soyent merveilleuses, peut-estre que telle persecution leur consent Nostre Seigneur pour cause des horribles pechez qui peuvent estre en aucuns d'eulx, et en certaines contrées. Car, comme tesmoigne la Saincte Escripture, aulcunes fois pour le mesfaict d'un seul sont plusieurs punis. Ceste perverse coustume, de laquelle nul ne sçait proprement la naissance et droict commencement, ne par quelle achoison veint la semence, quoy que plusieurs en dient, est jusques à ceste heure par tout le dict pays tant enracinée et accreüe, que toutes les villes et generalement la terre en est empoisonnée et corrompuë.

Ceste playe et maudisson est une generale destruction par effusion de sang, laquelle est entre eulx, et l'ont continuée depuis si long temps que du contraire n'est memoire. Et est telle celle pestilence, que és citez principalement, dont mainte en y a de moult notables, riches et belles, aultant que en pays du monde, si en paix feussent, les hommes y sont divisez et ennemis mortels les uns contre les autres par lignaiges, et s'appellent les uns guelphes et les autres guibelins, lesquels sont chalenge de terre, d'acquérir seigneurie ne autre chose, ains seulement par dire : « Tu es du lignaige guelphe, et je suis du » guibelin ; nos devanciers se hairent : aussi » ferons nous. » Et pour celle cause seulement et sans sçavoir autre raison, s'entreoccient et meshaignent chascun jour comme chiens, les fils comme feirent leurs peres ; et ainsi d'hoir en hoir continuë la meschanceté, ne il n'est justice qui remedier y puisse. Car eulx mesmes, qui soustiennent celle coustume, ne souffriroient mie que pour celle cause justice y feust faicte pour icelle mortelle haine.

Si comme les uns gaignent sur les autres, font és citez souvent seigneuries nouvelles. Et de ce sont venus les tyrans d'iceluy pays ; eslcus à voix de peuple, à volonté, et sans raisons ne loy de droict. Car telle coustume ont communément, que quand une des parties gaigne sur l'autre, et est la plus forte, adonc crient ceulx qui se voyent au dessus : « Vive tel ! vive tel ! » et meure tel ! » Et lors eslisent l'un d'entre eulx, et occient, s'il ne s'enfuit, cil qui estoit devant. Et quand il advient que l'autre partie regaigne, et a à sa fois l'advantage, autant leur en font ; et à fureur de peuple (dont Dieu nous garde !) tout est taillé en pieces.

Et par ceste maniere se destruisent entre eulx cité contre cité, chastel contre autre, tout en un pays, et voisins contre voisins. Par ceste voye se deffont à present aultant ou plus que oncques mais feirent. Et est dommage d'iceluy pays et grand pitié, qui est un des meilleurs, plus gras et plus riches qui au monde soit, si paix estoit. Dont il advient souventesfois et est advenu que quand l'une des parties se sent si au bas que elle veoid bien que venger ou soustenir contre l'autre ne se pourroit, ils quierent et demandent seigneuries estrangeres, et les procurent, et à icelles se donnent, en espoir que ils soyent sostenus et portez. Mais qu'en advient-il? Icelles gens inconstans et variables en tels propos, pour bien petit d'achoison, ou quand ils s'ennuyent d'icelle seigneurie, leur face ores cil qui sera seigneur tant que il sçaura de bien, ou ceulx qui seront commis de par luy, si ne les tiendra-il ja en paix ; ainçois se rebelleront, et occiront luy et ses deputez s'ils peuvent, et recrieront et esliront un autre de nouvel.

Pour laquelle chose, veüe ceste generale coustume du pays, sans faillir me semble trop grand folie à celuy ou à ceulx qui prennent d'eulx la seigneurie, quoy qu'ils s'y donnent ou baillent, tant sçaichent promettre d'estre bons et loyaux, d'en entreprendre le gouvernement, quelques grands seigneurs ou puissans qu'ils soyent, si tousjours entre eulx ne se tiennent les plus forts, tant de gens d'armes comme de bastons. Car soyent certains que ils se rebelleront quand ils pourront, et ne s'y fie nul; et qui aultrement le faict, en vain se travaille, et deceu s'en trouve. Mais à traire à nostre propos, ainsi par la division d'entre eulx, comme devant est dict, souvent advient que iceulx malheureux sont contraincts d'appeler dominations estrangeres pour les gouverner et seigneurier. Or notez vous qui ce oyez, quelle maudisson; et si oncques jadis eut en Egypte plus diverse playe.

CHAPITRE II.

Cy dit de la cité de Gennes, et de la tribulation où elle estoit avant que le mareschal en feust gouverneur.

Pour descendre au propos pour lequel j'ay faict ceste narration, et à quoy principalement veux tendre, et à sçavoir que comme entre les autres citez d'Italie soit la riche, noble et ancienne cité de Gennes, fondée jadis par Janus, descendu des haultes lignées troyennes, icelle, entre les flammes et feu maudict et maling dessus dict, ardoit comme les autres citez d'icelle pestilence; et tellement estoit ja consumé, que en la ville n'y avoit plus bon homme, personne d'estat, ne qui aimast vie honorable. Car n'est mie à entendre, quoy que je die de ceste douloureuse coustume qui court entre les Italiens, qu'il n'y ait de tres-vaillans gentilshommes, et de bons et honnestes preud'hommes qui ne voudroient fors bien, et qui dolens sont de ceste persecution. Car sans faillir si a maint et grand foison, et qui volontiers y remedieroient s'ils pouvoient; mais l'arrogance et l'orgueil que là a pris le commun peuple, en qui communément n'a grand raison, ne laisse aux bons et saiges user de leurs vertus : si n'avoit mais en ladicte cité demeuré fors robeurs, mauvaises gens, et sans honneur. Et adonc estoit la puissance de Gennes toute aneantie.

Mais comme Dieu pouvoit estrangement aux choses quand il luy plaist, par le regard de pitié; paradvanture, pour le bien faict d'aucun de leurs predecesseurs, ou peult-estre à la priere ou pour le merite de quelque bonne personne du pays qui devotement en pria, ou peult-estre pource que ne voulut pas Dieu, pour le bien de chrestienté, que telle noble cité feust destruicte, ou en lui rendant le mérite de ce que plusieurs fois les ennemis de la foy ont esté par elle guerroyez, la voulut Dieu relever et traire hors de l'arsure des sus dictes perilleuses flammes, et luy administrer remede et restauration de mort à vie.

CHAPITRE III.

Cy dit comment la cité de Gennes se donna au roy de France.

Si advint, environ l'an de grace 1397, que les Genevois, ainsi comme ils ont d'ancienne coustume de gouverner leur cité et le pays qui leur appartient soubs l'obeissance d'un chef que ils eslisoient entre eulx avec le conseil d'un nombre des anciens de la ville, selon leurs statuts esleurent pour duc celuy qui leur sembla homme plus propice et idoine à les bien gouverner. Celuy duc estoit nommé messire Antoine Adorne; et encores que il feust du peuple, et non mie gentil-homme d'extraction, si estoit-il saige, et bien et prudemment les gouvernoit et tenoit en justice. Mais ainsi comme devant est dit, comme il soit comme impossible tenir en paix les communes et peuple d'icelle nation, qui ne se peut souffrir pour leur grand orgueil à nul suppediter, si par force n'est, ains veulent tous estre maistres, se rebellerent contre iceluy leur duc, et le chasserent. Mais apres feit tant par amis, que il feut rappellé à la seigneurie; en laquelle quand il eut un peu esté d'espace, luy qui sage estoit considera la grande varieté de ses citoyens, lesquels il sentoit ja murmurer et machiner contre luy. Ci veid bien que longuement ne la pourroit garder ne tenir pour la division d'eulx, qu'il convenoit tenir et gouverner soubs grande puissance.

Si s'advisa celuy duc, pour le bien de ladicte cité, d'une saige cautele : car il feit tant par dons, grandes promesses et belles paroles, que les principaulx des nobles, et qui debvoient avoir les plus grandes dominations en la ville, dont ceulx du peuple les avoyent chassez, ne y demeurer sinon peu d'eulx n'osoient, feurent d'accord d'eulx donner au roy de France. Et ceste chose agreerent mesmement des principaulx de ceulx du peuple. Quand il eust toute ceste chose traictée et bastie, il le manda hastivement par ses messaiges en France.

Le Roy eut conseil que ce n'estoit mie chose à mettre à néant; et que bon seroit pour luy d'estre saisy et revestu de si noble joyau comme de la seigneurie de Gennes, par laquelle sa puissance et par mer et par terre pourroit moult accroistre. Si envoya un chevalier de France avec belle compaignée de gens, pour en recevoir les hommaiges et gouverner pour le Roy la dicte cité. Mais iceluy ne leur fut pas longuement agreable, ains convenit qu'il s'en partist. Et ainsi semblablement plusieurs des chevaliers de France y feurent envoyez, et mesmement le comte de Sainct Pol. Mais aucuns par advanture, pour les cuider tenir en amour, leur estoient trop mols et trop familiers, et frequentoient avec eulx souvent, et dansoient avec les dames. Si n'est pas la maniere de gouverner ceulx de delà. Parquoy tousjours il convenoit que iceulx gouverneurs s'en partissent.

CHAPITRE IV.

Cy dit comment vertu, plus que autre chose, doibt estre cause de l'exaucement de l'homme.

Pour plus convenablement entrer en la matiere dont nous esperons parler, pouvons traire à propos un petit prologue de vaillance chevaleureuse, tant en baillant exemples, comme en alleguant raisons. Quant au regard de raison, advisons quelle chose doit estre cause de l'exaucement de l'homme. Ceste chose bien au vif considerée me semble, selon que je treuve mesmement és anciens escripts, et par raisonnable jugement, que ce doibt estre vertu, et non autre cause. Et à ce s'accorde Aristote, semblablement Senecque et tous les autres saiges, selon le contenu de leurs dicts. Mais en quelles manieres seront apparentes les vertus de l'homme? Sans faillir, tout ainsi que le fin or ou l'argent ne se peult parfaictement congnoistre s'il n'est mis en la fournaise en laquelle il s'affine, semblablement ne se peut purement appercevoir la vertu de l'homme, si ce n'est en la fournaise de l'exercice de très grands et pesans affaires, esquels il demonstre sa prudence quand il les sçait bien conduire et ordonner au mieulx pour traire à bon chef, resister aux fortunes qui surviennent, et advisément pourveoir à celles qui peuvent advenir: constamment porter grand frais et grand charge, diligemment en avoir cure par grand force de couraige, entreprendre saigement grandes choses, ne les delaisser pour peu d'achoison, par grand soing et sçavoir les conduire, et ainsi des autres choses. Lesquelles vertus seroient mussées en l'homme, quoy que elles y feussent, s'il n'estoit à l'espreuve, comme dit est. Et quand l'homme esprouvé en telle force et vaillance est esleu ou eslevé en dignité d'honneur, c'est chose deüe et qui doibt estre, et que par exemple aussi se peut prouver, que les vertus soyent et doibvent estre cause des promotions et exaulcemens des hommes vertueux.

Ne fut-ce pas doncques grand honneur que jadis à Scipion le vaillant chevalier, qui depuis feut surnommé l'Africain, comme racompte Valere en son livre, feit le tres-grant ost des Romains estant en Espaigne, és conquestes des terres estrangeres que faisoient adoncques les dicts Romains, quand ils envoyerent leurs messaigers à Rome requerir au senat et aux princes qui gouvernoient la cité, que le dict Scipion leur feust envoyé pour les gouverner? Car tous les chevetains de l'ost lui donnoient leur voix par grand desir; et toutesfois estoit celuy Scipion pour lors moult jeune homme pour telle charge avoir. Mais, comme dict iceluy Valere, jeunesse d'aage ne doibt tollir à vertu son loyer, où que elle soit trouvée. C'est à dire que si le jeune homme est vertueux, on ne doibt mie regarder au faict de sa promotion à l'aage, mais aux vertus. Car iceulx chevaliers et gens d'armes avoient autres fois veu par espreuve le chevaleureux sçavoir et force de couraige, avec la hardiesse de celui qu'ils requeroient; pour laquelle fiance ils le desiroient pour estre pourveus de tres-convenable duc et conduiseur, duquel desir ne feurent mie fraudez. Car comme leur demande feust exaussée, feurent conduicts, gouvernez et menez par celuy Scipion si vaillamment, que ils feurent vainqueurs en toutes leurs emprises.

CHAPITRE V.

Cy dit comment le mareschal, pour sa vertu et vaillance, fut esleu et estably pour estre gouverneur de Gennes.

Ainsi, comme j'ay dict et prouvé cy devant comme par vertu l'homme doibt estre eslevé en honneur, comme fut jadis le vaillant chevalier Scipion l'Africain, à nostre propos traire ce qui est dict, ne fut mie moindre honneur au mareschal de Boucicaut dont nous parlons, quand pour ses vertus les Genevois, qui n'estoient mie de sa parenté, nation ni affinité, comme ceulx de Rome estoient à Scipion, mais estranger de toutes choses, parquoy nulle faveur ne pouvoit estre cause de celle eslection, l'envoyerent requerir au roy de France pour estre leur gouverneur, nonobstant que il feust encore assez jeune homme pour telle charge avoir. Car comme les dicts Genevois, qui de leur usaige fréquentent communément les parties d'outre mer, l'eussent vu au dict pays en plusieurs voyages, tant en la compaignée du comte d'Eu, prochain parent du roy de France, comme au voyage de Hongrie, en celui de Constantinople et maints autres où il feut, comme est dict cy devant en la premiere partie de ce livre, les dicts Genevois, qui par longue main et grand avis advoient veu, consideré et advisé la bonté du dict mareschal, tant en bon sens et preud'hommie, comme en chevalerie et vaillance de corps et de hardiesse; parquoy selon leur jugement leur apparoissoit et sembloit bien digne en toutes choses de recevoir charge d'aulcun grand gouvernement. Et par ce nom mie tost, ne par soubdain advis, mais par grande déliberation de conseil, et par le commun accord d'entre eulx, envoyerent au Roy par leurs honnorables messaiges requerir et prier que la charge du gouvernement de Gennes luy feust establie, et que envoyé leur feust : car de commun accord l'avoient esleu, si au Roy plaisoit.

De ceste chose eut conseil le roy de France. Car nonobstant leur demande juste et droicturiere, n'estoit mie petite chose au royaume de France eslongner la presence du mareschal si preud'homme; pour laquelle chose feurent entre les saiges plusieurs opinions pour et contre de faire ou de laisser. Toutesfois à la fin, consideré que le royaume n'estoit mie pour le temps oppressé de grandes guerres, et aussi que c'estoit chose deüe de pourveoir à la ruine de la cité et pays de Gennes, qui adonc estoit moult malade, et adonc au bas et grand disete avoit de saige repareur, laquelle dicte cité, en espoir d'avoir secours et aide à sa miserable douleur, s'estoit mise et renduë és bras du roy de France comme à souverain prince, feut deliberé que il iroit.

Adonc par le Roy feut commis au bon et saige mareschal Boucicaut le gouvernement de Gennes, et de tout le pays qui aux Genevois compete et appartient; et feut faict propre lieutenant du Roy, representant sa personne, et ayant l'administration et baillie de tout en tout; et tenus à faicts et dicts tous ses establissemens, ordonnances et commandemens, comme si le Roy feust en personne. Comme le Roy lui certifia par ses lectres patentes, passées, signées et scellées, present son conseil.

⨀⨀⨀

CHAPITRE VI.
Cy dit comment le mareschal alla à Gennes, et comment il y fut receu.

Le mareschal, qui eut par le Roy la commission et gouvernement de Gennes, comme dict est, appresta son erre au plus tost qu'il peut. Et luy, qui en toutes choses sçait estre pourveu, saigement considera que, avec le bon sens et advis qu'il convient avoir à bien gouverner les gens de delà, estoit aussi necessaire pour reparer la ruine et descheement du lieu, de s'ayder de force et de puissance contre les diverses volontez et contraires opinions qui par la division d'entre eulx communément y sont. Et pour ce par la volonté du Roy se pourveut de bonnes gens d'armes, en telle quantité comme par bon conseil eust advis que il luy convenoit. Quand tout son erre eust appresté, adonc preint congé du Roy et des seigneurs. Si se partit à belle compaignée, adressant sa voye droict à Gennes, en allant par la cité de Milan, laquelle dicte cité sied comme à deux journées de Gennes. Là arresta aucuns jours, tant que vers luy feurent arrivez belle compaignée de gens d'armes qu'il attendoit. Et en ce lieu luy veindrent au devant des principaux et des greigneurs de la cité de Gennes, qui humblement luy feirent la reverence, et grand semblant de joye feirent de sa venuë. Les aulcuns d'eux par adventure le faisoient feintement, pource que ils veoient que la maistrise n'estoit mie leur : et les autres de bonne volonté estoyent de luy joyeux, et le desiroient, en espoir qu'il les meist et teint en paix, et reparast la ruine de leur cité. Et le mareschal les receut tous tres-benignement.

Si se voulut informer (et ja avoit faict ouvertement de plus longue main) lesquels d'entre eulx il pouvoit reputer pour preud'hommes, et en qui il se peust fier, et quels contents se tenoient de la seigneurie du roi de France, et quels estoyent amateurs de paix et d'equité. Et aussi se voulut-il informer quels estoyent seditieux et mettans discorde entre eulx, et rebelles à la seigneurie du Roy. Si fut de tout ce bien et suffisamment informé; par quoy il luy veint à congnoissance comment aucuns des plus grands et des plus notables de tous s'estoyent voulu attribuer la seigneurie, et estoyent machinateurs de trahisons et de discorde, et par especial l'un d'eulx, si comme cy apres sera dict. Quand il sceut des bons et des mauvais toute la verité, ne l'oublia mie, et bien leur sçaura monstrer en temps et en lieu.

De Milan se partit pour venir à Gennes; et au feur qu'il alloit, luy venoient nobles hommes, citoyens et gens du peuple, de toutes parts au devant, faisans feste, quelque courage que les aucuns d'eulx eussent; et tous luy venoient faire la reverence, tant que tous bons et mauvais saillirent hors de la cité. Et ainsi entra dedans Gennes, la veille de la feste de la Toussaincts, l'an de grace mille quatre cent et un, où il a grand joye feut receu. Si fut mené et convoyé, à belle compaignée tant de gens d'armes comme des gens de la ville et du pays, au palais, qui moult est belle et notable, et qu'ils avoient bien et bel et richement faict pour son estat ordonner, et pourveoir de toutes choses convenables. Si croy bien qu'il y en eut de tels que quand ils veirent son redoutable maintien, et la maniere de sa venuë, et comment il estoit accompaigné, que quelque chere que ils feissent, n'estoient pas bien à seur; car coulpables se sentoient. Mais les bons de rien ne s'en effrayerent, ainçois plus asseurez feurent que devant: car alors estoit venu celuy qui les defendroit contre les mauvais, et contre tous ennuis.

Tantost qu'il fut arrivé, feit faire commandement par toute la ville, que tout homme de quelque estat il feust rendist les armes, et les portast au palais, sans nulle retenir, soubs peine de la teste; et que nul ne feust si hardy de point en avoir, ne tenir en sa maison, ne porter couteau, fors à couper pain. Si leur convenint à ce obeir, quoy que il leur pesast. Or, peurent à ceste fois congnoistre les Genevois que main de maistre les gouvernoit. Si veissiez incontinent porter au palais à grans presses harnois de toutes parts, dont moult en y avoit, et grand foison de beaux et de riches. Et le saige gouverneur les feit bien et bel mettre en sauveté, et les bien garder. Et aussi leur feit deffence sur la dicte peine, que nul ne feust si hardy de tenir couteau, ne eulx assembler en parlement, en eglise ne autre part.

CHAPITRE VII.
Cy dit comment le mareschal parla saigement aux Genevois au conseil.

Le lendemain, sans plus de demeure, feurent tous les plus notables et principaux hommes de Gennes assemblez avec le mareschal à conseil. Et adonc parla à eulx par saige maintien, et en discretes et rassises paroles leur dit comment le Roy son souverain seigneur l'avoit là envoyé à leur requeste: dont il les remercioit de la bonne opinion et fiance que ils avoient en luy; et que pour secourir à la desolation en quoy ils estoient, pour cause de ceux de mauvaise volonté qui estoient entre eux, lesquels persecutoient les bons, estoit là envoyé afin de punir les mauvais et les bons tenir en paix, et faire justice à tout homme. Pour laquelle chose accomplir vouloit forces avoir, et toute sa puissance sans nulle espargne y employer, à l'honneur du Roy et de luy, et au profit d'eulx. Et pource les requeroit et prioit que vrais et loyaux subjects voulussent estre tousjours au roy de France, comme ils avoient promis; et que si ainsi le faisoient, ils feussent seurs et certains que il les defendroit de toute sa puissance, à l'aide de Dieu, contre tous ennemis; maintiendroit justice, et en paix et équité les tiendroit, et à son pouvoir accroistroit le bien et utilité publique. Mais au cas que il pourroit sentir, sçavoir ou appercevoir le contraire en eulx ou en aucun d'eulx, et quelque machination d'aucune trahison ou forfaicture contre la royale majesté ou contre luy, que ils sceussent de vray et tous seurs se teinssent que il n'y auroit si grand que il n'en feit telle punition que les aultres y prendroient exemple; mais si preud'hommes et loyaulx subjects vouloient estre, que ils ne doubtassent point de luy. Et nonobstant que il feust estably leur gouverneur et chef, ne pensassent que il voulust envers eulx user d'arrogance ne maistrise rigoureuse par voye de faict et à sa volonté. Car ce n'estoit mie son intention, ains vouloit estre avec eulx paisibles comme citoyen et amy de Gennes, et user de leur loyal conseil, sans lequel rien ne pensoit d'establir ne faire chose quelconque touchant la police et gouvernement du pays.

Telles paroles et assez d'autres belles et bonnes leur dit le saige gouverneur, pour lesquelles, et pour son bel et honnorable maintien, reputerent et priserent moult son sçavoir, et tres-content en feurent. Si le remercierent moult, et offrirent corps et bien, et feauté et loyale obeissance, comme bons subjects du roy de France leur seigneur, et à luy son vicaire et lieutenant leur gouverneur. Apres ces paroles parlerent de plusieurs choses. Et là luy feurent accusez les principaux conspirateurs et machinateurs de trahisons, et qui tousjours avoient esté cause de rebellion; et mesmes de tels y avoit qui luy estoient allez au devant, et faict la reverence dès Milan. Et par especial un nommé messire Baptiste Boucanegra, qui avoit traicté de faire occire tous ceulx qui estoyent à Gennes de par le Roy, et s'estoit voulu attribuer la seigneurie de Gennes.

Iceluy Boucanegra et aucuns des autres ses complices des principaulx ordonna le gouverneur prendre. Lequel commandement feut tost executé; dont celuy feut moult esbahy quand il veld mettre la main à soy, de par le Roy et de par le gouverneur : car, pour la grande authorité dont il se reputoit, ne pensoit que nul osast s'adresser à luy; mais tout ce rien ne luy valut. Mais le saige gouverneur, qui bien sçavoit que par delà les lignaiges s'entrehayent, et ont envie les uns sur les autres, ne voulut pas, pour quelque accusation que on feist d'eulx, leur garder rigueur de justice sans suffisante information de leurs faicts: laquelle fut faicte tres-diligemment; et bien feit examiner les dicts prisonniers : lesquels, apres le rapport de la suffisante enqueste, et la confession de leur propre bouche, feurent trouvez coulpables.

Pour laquelle chose iceluy Baptiste (tant feust-il de grande auctorité), afin que les aultres exemples y preinssent, et deux aultres avec luy, feurent decapitez en la place publique. Dont ceulx de la ville, qui jamais ne l'eussent cuidé, pour le lignaige et authorité dont il estoit, feurent tous espouventez; et tant que chascun eut depuis peur de mesprendre, et mesmement les propres gens du gouverneur. Et moult redoubterent la rigueur de sa justice, parce que ils veirent et apperceurent que son intention estoit de n'espargner nul malfaicteur, quel qu'il feust. Car à un de ses chevaliers propres feist-il trancher la teste, pour cause que un de ces dicts prisonniers qu'il luy avoit commis à garder luy estoit eschappé.

Si commencea à faire raison et justice à toute gent, et punition des mauvais selon ce que ils avoient desservy, sans espargner grand ne petit, ne quelconque homme de quelconque estat qu'il feust. A ceulx qui avoyent esté traistres et rebelles du roy de France et à sa seigneurie, faisoit publiquement trancher les testes, pendre les larrons et meurtriers, brusler les bougres, coupper membres selon les meffaicts, bannir les seditieux et mauvais, les uns à temps, les autres à perpetuité, selon que le cas le donnoit. Et aussi faisoit misericorde, et pardonnoit aux humbles et aux ignorans, quand leur cas estoit digne de pitié. Si faisoit comme le bon pasteur qui trie et separe les bestes rongneuses d'entre les saines, afin que la maladie ne se prenne par tout; et ainsi que faict le bon medecin qui tranche la mauvaise chair; de peur que elle empire la bonne. Si n'estoit favorable à nul par corruption, ne par quelconque familiarité tenir part ne bande. Et vrayment cestuy noble gouverneur, ensuivant la voye de droicture et de justice que il tenoit, sembloit que il feust appris à l'eschole de chevalerie que tenoient jadis les Romains, comme racompte Valere, qui dict que tant estroictement gardoient les regles de droict, lesquelles regles Valere appelle discipline de chevalerie, que ils n'espargnoient point leurs affins et parens, ne leurs plus prochains, de les punir quand ils mesprenoient contre les dictes regles. La saincte Escriture compare le droicturier justicier à la vertu divine; et dict Salomon : « Celuy » qui n'espargnera justice sera donneur de paix » et de tranquillité, » c'est à dire que là où justice est bien gardée, là la paix et joye.

Si feut depuis le saige et droicturier gouverneur si craint pour la grande justice que il tenoit, sans espargner le privé non plus que l'estranger, ny le grand non plus que le petit, que chascun eut peur de cheoir en faulte. Adonc commencerent à venir de toutes parts les bons anciens et les nobles hommes qui paravant n'osoient venir ny habiter en la ville, et que les populaires et les robeurs, et mauvaines gens qui ne vivoient fors que de pillerie et d'occisions les uns sur les autres, avoient chassez. Si se retirerent devers le gouverneur, faisans feste de son joyeulx advenement, et il les receut tres-benignement; et les mauvais, qui coulpables se sentoient, prirent à fuir, et à eulx absenter et muser par destours. Mais par sus montaignes et par bois, comme on faict aux loups, et en leurs tasnieres et repaires, feit chasser à eulx le prudent gouverneur, tant que ores par force et puis par cautele preint les principaulx chefs, et d'iceulx pour les autres espouventer feit justice.

CHAPITRE VIII.
Cy dit les saiges establissemens et ordonnances que le mareschal feit à Gennes.

Si feit tantost le saige gouverneur ses establissemens, et ordonna que sur la place de la ville, laquelle est grande et belle, devant le palais, auroit jour et nuict, soubs diverses bannieres et capitaines, gens d'armes en suffisante quantité pour la garde du palais et de la ville. Apres ce fut bien informé quels estoyent tenus les plus saiges et plus preud'hommes de la ville, et iceulx establit sur le faict de la justice. Et bien leur enchargea que sans espargner homme quel qu'il feust, grand ou petit, justice gardassent par telle regle de droict qu'il n'y peust appercevoir nulle fraude, ne que plainte en ouist. Et si en aulcun d'eulx pouvoit appercevoir faveur nulle à une partie plus que à l'autre, feussent tous seurs que il les en puniroit; que les autres y prendroient exemple. Et avec ce, afin que fraude n'y peust avoir, ordonna que on peust appeller du juge devant luy.

Ja avoit establi ceulx qui seroient de son conseil, où il preint des plus saiges anciens et des plus authorisez, et par iceulx se conseilloit, selon leurs statuts et anciennes manieres de gouverner, le faict de la police à leurs coustumes. *Item*, feit crier par toute la ville, et faire deffense sur peine de mort, que nul ne feust si hardy de courir sus l'un à l'autre, ne mouvoir sedition pour cause des parts de guelphes et de guibelins ; mais feist chascun sa marchandise et son mestier, vescussent en paix, et n'eussent autre soing. Et que si nul leur faisoit tort, s'en plaignissent à la justice ; et si justice ne leur faisoit droict, veinssent à luy, et droict leur seroit faict.

Adoncques veissiez les bons marchands et hommes de bonne volonté, qui souloient musser le leur de peur d'estre robez de mauvaise gent, mener grand joye, et mettre hors leurs marchandises à plain, et par mer et par terre. Et les changeurs, qui leur argent souloient tenir mussé, et leur change clos (car s'ils les eussent ouverts, tantost eussent esté robez), prirent à ouvrir changes, et leurs finances mettre dehors, et le faict des monnoyes tenir, comme il est de raison, apertement et à plain, sans peur ne crainte d'estre desrobez ; et leurs riches joyaulx mettre en public sur celle belle place où ces belles haultes tours, et maisons toutes de pierres de marbre, sont à l'environ. Et veissiez ouvrir de tous costez boutiques de toutes marchandises, et mettre dehors les tresors qui avoient esté mussez par grand piece. Et ceulx de mestier, dont les plusieurs souloient estre robeurs, conveint, s'ils vouloient vivre, eulx prendre à leurs labeurs et mestiers. Et ainsi se preint chascun à faire ce qu'il sçavoit. Et par celles voyes et ces regles la justice bien gardée, et le tout bien ordonné par le sens et preud'hommie du bon gouverneur, se preint tantost la police à bien amender.

◇◇◇

CHAPITRE IX.

Cy dit comment le saige mareschal feit edifier deux forts chasteaux, l'un sur le port de Gennes, l'autre autre part ; et comment il repreint à remettre en estal les choses ruineuses et perduës.

Avec ces belles ordonnances dessus dictes, le saige gouverneur, qui bien sçavoit ce que dict est, que à bien gouverner les gens de par delà convient que on se monstre est le plus fort, et aussi que on le soit ; afin que les Genevois peust mieulx seigneurier, c'est à dire les rebelles, non mie pour leur faire extortions ne grief, ne pour user envers eulx de nulle tyrannie, ne les tenir en indeüe subjection, mais seulement pour leur oster toute hardiesse de eulx rebeller comme ils avoyent accoustumé, si volonté leur en venoit, tantost feit cercher ouvriers et maistres de massonnerie bons et propice à l'œuvre que faire vouloit.

Si feit bastir et hault lever deux beaux et forts chasteaux en la ville de Gennes, dont l'un est assis sur le port de Gennes, là où les galées et le navire sont et arrivent, que on appelle la Darse. Si est moult bel et fort, à deux grosses tours. Si le feit afin que le dict navire en feust plus seurement contre tous ennemis, et tous griefs qui advenir pourroient. Ce dict œuvre feut bien advancé, tant que selon le devis et ordonnances du dict gouverneur feut le chastel accomply et parfaict, grand, fort et bel, comme aujourd'huy on le peut veoir. Quand ce feut faict, le saige gouverneur le feit tres-bien garnir d'artillerie et de toute maniere de trait, et de chose qui a deffence appartiennent, et de bonnes gens d'armes. Et ainsi s'en teint saisy, tant que dedans et dehors peut aller à sa poste, quelque chose que advenir peust, et nul n'entrer ne issir sans son congé. L'autre chastel feit edifier en la plus forte place de la ville, et est appellé Chastellet, qui tant est fort que à peu de deffence se tiendroit contre tout le monde. Si est faict par telle maniere que ceulx d'iceluy chastel peuvent aller et venir, maugré tous leurs ennemis, en l'autre chastel qui sied sur le port que on dict la Darse.

Deux aultres beaux chasteaux feit-il depuis edifier dehors la cité, l'un en un lieu que l'on dict Chavry, et l'autre à Lespesse. Avec ces choses, tous les chasteaux et forteresses de dehors la cité qui sont appartenans à la seigneurie de Gennes, dont moult en y a de beaux et de notables, lesquels plusieurs des plus forts d'entre les Genevois s'estoyent attribuez, et saisis s'en tenoient, feit tantost rendre et restituer à la dicte seigneurie, parce que il envoya gent faire commandement soubs peine de mort que tantost et sans delay feussent rendus. Auquel commandement feut obey sans contredict.

Item, feit monter sur mer gens saiges et bons, lesquels il envoya de par le Roy et de part luy faire visitation sur toutes les terres et seigneuries des Genevois, pour sçavoir de leur estat et gouvernement. Et tiennent les dicts Genevois tres-grandes et notables seigneuries es parties du Levant, sur la mer Majour, et en autres parties : comme Capha en Tartarie, qui est une grosse ville marchande. Et en Grece tiennent la cité de Pera, qui est moult belle ville, et sied coste Constantinople. *Item*, l'isle de Scio, où croist le mastic, au droict de Turquie. En Cypre, tiennent Famagouste, qui moult est bonne cité. Et tirant à la Tane, en la mer Majour, outre Capha, et par de là Constantinople quatorze cent milles, tiennent grand pays et foison de forteresses : sans les isles, dont en y a plusieurs là et autre part bien habitées et riches, et autres terres qui long seroit à dire, qui toutes sont soubs la seigneurie de Gennes. Et advint environ ce temps que une isle bonne et bien peuplée, qui sied assez pres de Gennes, appellée l'isle d'Elbe, meut guerre contre les Genevois. Si y envoya le gouverneur quatre galées bien garnies de gens d'armes, qui mie n'y allerent en vain : car tant y feirent, que l'isle gaignerent.

CHAPITRE X.

Cy dit comment, après que le mareschal eut mis la cité de Gennes en bon estat, il y feit aller sa femme; et comment elle y feut receuë.

Apres que toutes ces choses feurent faicte et accomplies, et que la cité de Gennes commençoit ja à reluire en prosperité, et que ses nobles et riches citoyens plus ne mussoient leurs puissances, ains demonstroient leurs richesses publiquement et à plain, tant en estat tenir, comme en riches robes et habillemens ; et que ces nobles dames de Gennes vous reprirent leurs riches ornemens, atours, et vestures de velours, d'or, de soye, de perles et pierreries de grand valeur, selon l'usaige de par delà ; et qu'ils se prirent tous à vivre joyeusement, seurement et en paix, soubs les aisles du saige gouverneur, et en sa flance mettre navire sur mer à cause de leur marchandise, en plus grande quantité que ils ne souloient, et à tirer gain de toutes parts, si que ja estoyent entrez en leur tres-grande prosperité ;

Quand tout ce veid le saige gouverneur, adonc luy sembla temps de faire venir vers soy sa tres-chere et aimée espouse, la belle, bonne et saige madame Antoinete de Turenne, laquelle ne vivoit pas aise loing de la presence de son seigneur, ne luy semblablement : car ils s'entretraimoient de grand amour, et moult meinent ensemble belle et bonne vie. Mais alors un peu de temps estre loings convenoit. Lors par chevaliers notables, et gens de grand honneur, envoya la querir en son pays en moult bel estat, comme il appartenoit. Et quand de la ville feut approchée comme à une journée, luy allerent alencountre belle compaignée, tant de chevaliers et gentils-hommes des gens du mareschal, comme des plus notables hommes de la cité. Et ainsi, au feur que elle approchoit, luy alloient gens au devant en moult riches atours : car tous se vestirent de robes de diverses livrées, depuis les plus grands, qui de velours et nobles draps estoyent vestus, jusques aux artisans que nous disons gens de mestier. Tant que toute la communauté saillit hors à cheval celle journée ; et tous luy allerent faire la reverence, et à joye la receurent. Et ainsi en moult riche et grand ararroy, tant d'atour comme de robes et montures, et belle compaignée de dames, de damoiselles, de chevaliers, d'escuyers et nobles bourgeois et peuple de Gennes, entra en la ville, où tres-joyeusement de son seigneur, qui au palais l'attendoit, feut receüe, et de tous autres gens.

Si y eut grand feste demenée à icelle venuë, et feut adonc la joye encommencée plus grande à Gennes : car le bien, l'honneur, la courtoisie et le sens d'icelle noble dame accroissoit encores plus de plaisir et bien que ils prenoient en leur bon gouverneur : car semblablement trouverent en elle tous sens, toute benignité, grace et humilité. Et ces dames de Gennes la preindrent à visiter à grands compaignées, et à elles offrir toutes à son service et commandement ; et la dame debonnaire les recevoit tres-doucement, et tant vers elles estoit benigne, que tres-grandement toutes s'en loüoient.

CHAPITRE XI.

Cy dit comment nouvelles veindrent au mareschal que le roy de Cypre avoit mis le siege devant Famagouste, laquelle cité est aux Genevois ; et comment il se partit de Gennes à grand armée pour y aller.

Ja avoit gouverné environ un an la cité de Gennes le bon mareschal, auquel espace de temps l'avoit adonc remise au chemin de prosperité, comme dict est, quand nouvelles lui veindrent que le roy de Cypre avoit mis le siege devant Famagouste, laquelle est une riche cité qui sied mesme en la terre de Cypre et est aux Genevois comme dessus est dict, et l'ont possedée toujours, et encores font, depuis qu'ils l'eurent conquise contre le roy de Cypre, successeur du bon roy Pierre, auquel eurent guerre. Pour laquelle dicte cité cuider recouvrer s'il eust peu, avoit le dict roy de Cypre, qui à present regne, assiegé icelle.

Adonc le chevaleureux gouverneur qui ces nouvelles oüit, et à et qui moult eust pesé si en son temps les Genevois feussent descheus en rien de leurs juridictions et seigneuries, lesquelles à son pouvoir desiroit et vouloit soustenir et accroistre, pour cause que au roy de France en appartient la souveraineté, au nom duquel il a le gouvernement, dit que ainsi ne demeureroit mie, et que bien et tost remedié y seroit. Si feist hativement son erre apprester, pour en propre personne y aller. Toutefois, luy, qui en nul faict ne veult user de volonté sans grande deliberation et sans raison, s'advisa pour le mieux se mettre en tout debvoir, et envoya devers le roy de Cypre, avant que il allast sur luy, l'enhorter et prier que il ostast le siege, et qu'il se deportast de faire ennuy ne grief à la cité du roy de France. Et que ce voulust-il faire par bien et par amour, et que cherement l'en prioit; ou sinon qu'il se teint seur qu'à luy auroit guerre, et que tel ost luy ameneroit, que dommaige luy porteroit.

Quand d'ainsi le faire eut deliberé avec son conseil, feust commis à ce messaige parfournir le saige et bon chevalier qui tout son temps a esté vaillant en armes, preud'homme en conscience, et discret en conseil, l'ermite de La Faye. Si feit le mareschal tost apprester une galée, où monta sus le dict ambassadeur. Après ce nonobstant que le mareschal ne voulust point aller courir sus au roy de Cypre jusques à tant que sa responce eust ouye, son noble couraige plain de chevalerie desira employer son corps és faicts sans lesquels chevalier n'est honnoré : c'est à sçavoir en exercice d'armes, comme le temps passé avoit accoustumé. Mais mieux ne luy sembla pouvoir employer son temps que sur les ennemis de la foy. Et pource delibera son voyage à double intention : c'est à sçavoir sur le roy de Cypre, au cas que à raison ne se mettroit, et puis contre les mescreans. Si feit tantot apprester son navire, et bien garnir de toutes choses à guerre convenables. Et quant il eut tresbien faictes ses ordonnances de garder et gouverner la ville tant qu'il seroit hors (pour laquelle chose faire laissa son lieutenant le seigneur de La Vieuville, tres-bon chevalier et saige, bien accompaigné de gens d'armes et de tout ce qu'il convenoit), se partit le troisiesme jour d'avril l'an mille quatre cent trois, accompaigné de huit galées chargées de bons gens d'armes, d'arbalestriers, et de toute telle estoffe et garnison qui en guerre appartient. Si singla en peu d'heures en mer, car bon vent le conduisoit, tenant son chemin droict à Rhodes.

CHAPITRE XII.

Cy dit de l'ancien contens qui est comme naturelle entre les Genevois et les Venitiens.

Avant que plus outre je die du dict voyage que feit le mareschal en Cypre et és parties de delà, pour mieulx revenir au propos où je veux tendre, c'est à sçavoir que je compte sans rien oublier toutes les principales advantures et faicts qui au preux et vaillant mareschal adveindrent en iceluy voyage, me convient un petit delaisser ceste matiere, et entrer en une autre; laquelle, comme je ne puisse bien tout dire ensemble, me ramenera à mon propos comme j'espere.

Vray est (et chose assez notoire et sceüe, comme ja de trop long temps, ainsi comme communément advient), que seigneuries de semblable ou esgale puissance, ou presques pareille, qui sont voisines et prochaines les unes des autres, ne s'entr'aiment mie : et ce advient par l'orgueil qui court au monde, qui tousjours engendre envie, qui donne couraige aux hommes de suppediter les uns les autres, et surmonter en chevance et honneurs.

Pour ces causes, les Genevois et les Venitiens n'ont mie esté bien amis; laquelle inimitié, par longue coustume de divers contens et guerres meües entre eulx, est tournée comme en haine naturelle, comme communément advient en tel cas. Car estre ne peult que apres grands guerres, où que elles soyent, quoy que la paix soit apres faicte, que le record rancuneux n'en demeure aux terres blessées et dommaigées, là où les traces apparoissent des occisions, des feux boutez, et des ruines et dommaiges qui leur en demeurent. Lesquelles choses representent aux enfans qui apres viennent les maulx et les griefs que les ennemis de la contrée feirent à leurs predecesseurs, dont ils se sentent. Et ces choses souvent renouvellées ne sont mie cause de nourrir amour entre les parties qui par guerre s'entregrevent ou sont grevez. Or est-il ainsi que moult de fois, pour plusieurs debats et chalenges de terres, de chasteaux et de seigneuries, comme ils ont leurs jurisdictions en Grece et autre part, et grandes terres les uns et les autres assez marchissans ensemble, que maintes guerres ont esté entre les Genevois et les Venitiens, par lesquelles maintes fois à tant se sont entremenez, que à peu a esté qu'ils ne se soyent destruits. Et puis quand ainsi bien batus s'estoient, apres par quelque bon moyen cessoit leur guerre par forme de paix, et non mie toutesfois ostée de leurs couraiges la haine ou rancune; laquelle, comme j'ay dict, est et demeure comme naturelle entre eux.

Si est vray que quand le haineux veoid son ennemy bien au bas, soit par luy, soit par autre, son ire est aussi comme amortie, et plus n'y daigne penser. Mais s'il advient que par quelque bonne fortune il se recouvre, et retourne en force et prospérité, a donc revient la haine et redouble l'envie. Tout ainsi estoit-il des Venitiens envers les Genevois : car jaçoit que ja pieça après moult grande et mortelle guerre, ils eussent faict paix, ne feut mie pourtant, comme dict est, estainte en eulx couverte rancune. Mais icelle rancune n'a pas long temps entre eulx porté nul mauvais effect : car comme les Genevois longue piece eussent tant esté oppressez de diverses douleurs par leur mesme pourchas et par leurs divisions, comme dict est, que nul n'avoit cause d'avoir sur eulx envie (car chose où n'y a fors malheureté n'est point enviée), dormoit lors et estoit coye du costé des Venitiens la dicte rancune.

Mais quand Dieu et fortune leur est apparu propice par le bon moyen du roy de France, par lequel ont eu le secours du bon et saige gouverneur; adonc fut ravivée l'ancienne envie et inimitié qui tant au cœur les poignit, que volontiers se feussent peinez de desadvancer la grande prosperité où ils veirent les Genevois entrez. Laquelle dicte prosperité et bonne fortune ils reputerent estre à leur préjudice, en tant que si ainsi montoient et alloient croissant, pourroient estre en puissance, seigneurie et honneur plus grands qu'eulx : et par ainsi pourroient par advanture encores estre par les Genevois renouvellez les anciens contens, au grand grief des Venitiens.

Ces choses considerées, moult se voulurent peiner s'ils pourroient desadvancer celuy qui estoit le chef et le gonfanon de leur prospérité, c'est à sçavoir leur saige gouverneur : car bien leur sembla que s'ils pouvoient à ce attaindre, le surplus petit priseroient. Mais ceste chose convenoit faire par grande dissimulation et advis, tellement que leur dessein ne feust apperceu tant que aulcune achoison trouvassent de ce faire. Ceste pensée gardèrent entre eulx jusques au point que ils cerchoient. Dont il advint que quand ils sceurent que le mareschal estoit party pour aller oultre mer, comme j'ay dict cy devant, adonc leur sembla temps de trouver moyen de mectre leur dessein à effect. Si armerent hastivement et sans reveler leur intention treize galées; et bien et bel les garnirent de bons gens d'armes, d'arbalestriers, et de tout ce qui appartient par mer en faict de guerre. Quand tres-bien se feurent garnis, vistement se meirent en mer, et tirerent après le mareschal.

A revenir à mon premier propos, n'avoit pas le dict mareschal passé le royaume de Naples, quand luy veindrent les nouvelles de l'armée des Venitiens; mais pourquoy c'estoit faire on ne sçavoit. Adonc luy, comme prudent chevetaine qui sur toutes choses doibt avoir regard, pensa sur ceste chose sçavoir mon si ce pourroit estre pour luy faire aulcune grevance. Mais à la parfin, comme c'est la coustume d'un chascun preud'homme cuider que les autres veuillent loyauté comme luy, osta de soy tout soupçon, considerant qu'il avoit bonne paix et de pieça, sans avoir rompu en rien les convenances entre les Genevois et les Venitiens. Si creut que ce ne pouvoit estre pour sa nuisance; si n'en feit nul compte, et toujours teint oultre son chemin.

Quand tant eut erré par mer qu'il feut venu comme à vingt milles près de Modon, qui est aux Venitiens, lui veindrent nouvelles que les dictes treize galées estoient au port de Modon. Si feut derechef aulcunement pensif pour quelle emprise les Venitiens telle armée pouvoient avoir faicte. Si s'arresta en une isle pres d'illec, et pour sçavoir la vérité de ceste chose envoya une galée à Portogon; et Montjoye le herault, qui saige et preud'homme est, et subtil en son office, dedans la dicte galée, pour enquerir s'il pouvoit de leur dessein. Lequel, apres que il en eut faict toute diligence, rapporta ce qu'il avoit trouvé, c'est à sçavoir que voirement y estoient les dictes galées; mais pour quelle emprise ne sçavoit.

Adonc entra le mareschal en grande pensée et soupçon de ceste chose : car il ne pouvoit imaginer ne appercevoir que les Venitiens eussent cause, par chose qui luy apparust d'avoir faict telle armée. Toutes fois son tres-hardy couraige de rien s'en espouventa, nonobstant que il eust beaucoup moins de gens et de navire. Et delibera que supposé que ceste assemblée feust pour luy courir sus, que rien ne les doubteroit, et que à bataille ne leur fauldroit mie. Et de ceste chose delibera avec son conseil. Mais toutesfois, pource que la vérité de leur faict ne pouvoit sçavoir, et n'estoit mie certain que contre luy feust, deffendit à tous les siens que ils se gardassent que le premier mouvement ne veint d'eulx, car il ne vouloit estre cause d'esmouvoir contens, ne que Venitiens peussent dire que par luy feust. Mais bien leur dict et enhorta que si par les autres la meslée venoit, que ils se portassent comme vaillans.

Le lendemain matin le mareschal feit mettre ses galées et ses gens en tres-belle ordonnance, et tous appresister de combattre, si besoing estoit; et mettre devant les arbalestriers tous prets de tirer, et les gens d'armes demonstrer toute apparence de bon visage de eulx defendre contre qui les assauldroit. Et ainsi que feut ordonné, se partit le mareschal à tout ses huict galées, pour venir au port de Modon. Et quand il feut assez pres, il envoya devant une galée pour sçavoir des nouvelles. Et quand les Venitiens veirent venir la dicte galée, ils l'accueillirent à grand joye et feste, et se monstrerent joyeux de la venuë du mareschal, qui pres estoit. Si se partirent du port, et joyeusement luy veindrent au devant, et grand recueil luy feit le capitaine des dictes galées, qui se nommoit messire Carlo Zeni, et tous les autres, et le mareschal à eulx; et ainsi amis se trouverent. Si retournèrent toutes ensemble au dict port de Modon; et fut le dict mareschal du tout hors du soupçon qu'il avoit eu.

◇◇◇

CHAPITRE XIII.

Comment le mareschal donna secours à l'empereur de Constantinople pour s'en retourner en son pays.

Quand le mareschal feut arrivé à Modon, là trouva les messaigers de l'empereur de Constantinople nommé Karmanoli, qui l'attendoient; par lesquels il luy mandoit que pour Dieu, et en l'honneur de chevalerie et noblesse, il ne voulust point passer outre sans que il parlast à luy : car il estoit en la Morée vingt mille en terre; si le voulust un petit attendre, et il viendroit à luy. Le mareschal receut les messaigers à tel honneur qu'il leur appartenoit, et leur dict benignement que ce feroit-il tres-volontiers. Si ordonna tantost pour lui aller au devant le seigneur de Chasteaumorant à toute sa gent, et messire Jean d'Oultremarin, genevois, à tout une galée; et luy l'attendit à un port appelé Baselipotano.

Quand le mareschal sceut que l'Empereur approchoit, il lui alla à l'encontre, et receut à grand honneur luy, sa femme et ses enfans, qu'il avoit amenez, comme raison estoit. Le dict Empereur le resquist moult benignement, en l'honneur de Dieu et de chrestienté, que il luy voulust donner confort et passaige jusques à Constantinople. Le mareschal respondit que ce feroit tres-volontiers, et tout ce que pour luy pourroit faire. Si ordonna tantost pour le conduire quatre galées, lesquelles il bailla en gouvernement au bon seigneur de Chasteaumorant. Si se partit à tant l'Empereur, et le mareschal le convoya jusques au cap Sainct Angel.

Quand le mareschal arrivez, veindrent au mareschal les messaigers des Venitiens, qui avoient sceu comme il avait baillé quatre de ses galées pour convoquer l'Empereur. Si dirent que ils estoient deliberez s'il leur conseilloit d'en bailler aultres quatre, pour plus seurement le mener où il vouloit aller. A ce respondit le mareschal que ce seroit tres-bien faict, et grand honneur à la seigneurie de Venise et au capitaine d'icelles galées. A tant preint congé l'Empereur du mareschal, et moult le remercia; et aussi les Venitiens. Si s'en partit, et teint son chemin droict à Constantinople. Et le mareschal, à tout ses quatre galées sans plus, tira vers Rhodes. Et les Venitiens qui demeurèrent à neuf galées, allerent avec luy; et telle compaignée lui tenoient, que que quand il alloit ils alloient, quand il arrestoit ils arrestoient : et ainsi le feirent jusques à l'isle de Nicocie.

Adonc le mareschal, tousjours tendant au bien de la chrestienté, et à l'exaucement et accroissement de la foy, comme celuy qui desiroit la confusion et desadvancement des sarrasins, se pensa d'un grand bien. C'est à sçavoir que si le dict capitaine à tout son armée vouloit estre avec luy, et que tous d'un bon vouloir allassent courir sus aux mescreans, qu'ils estoient belle compaignée de bonnes gens pour leur faire une tres-grande envahie et grevance. Si manda par son messaiger, bien emparlé et saige, au capitaine des dictes galées toute ceste chose; et comme c'estoit son intention que au cas, au plaisir de Dieu, il auroit paix avec le roy de Cypre, son desir et volonté estoit de grever les ennemis de la foy, quelque part que de leur courir sus verroit son point. Si luy sembloit ceste emprise bonne et belle, et honnorable; et que si au dict capitaine plaisoit que à ceste besongne feussent ensemble, il seroit participant au preu et en l'honneur qui en istroit : car il avoit esperance que à l'aide de Dieu ils feroient belle et honnorable besongne. Le capitaine respondit au messaiger que grand mercy rendoit moult de fois à monseigneur le gouverneur du bien et de l'honneur qu'il luy annonçoit et offroit; et que quand il seroit à Rhodes, où il alloit dedans deux ou trois jours, tellement luy en respondroit que il s'en tiendroit pour content.

◇◇◇

CHAPITRE XIV.

Comment le mareschal arriva à Rhodes; et comment le grand maistre de Rhodes le receut, et le pria qu'il allast en Cypre pour traicter paix.

A tant s'approcha de Rhodes le mareschal; et quand le grand maistre du lieu, qui est nommé messire Philebert de Nillac, sceut que il estoit pres, adonc luy alla au devant à belle compaignée de chevaliers et de bonne gent, et le receut tres-joyeusement et à moult grand honneur. Et ainsi le mena en son chastel, qui moult est bel et hault, assis au dessus de la ville ; lequel il avoit faict bien et richement ordonner pour sa venuë. Là mangerent ensemble, et parlerent de plusieurs choses, et de maintes advantures et nouvelles.

Et tost envoya ses messaigers au mareschal le capitaine des dictes galées des Vénitiens, par lesquels il luy faisoit responce que de ce que il l'avoit enhorté d'aller avec luy sur les sarrasins, il n'avoit mie commission de la seigneurie de Venise, sans laquelle il n'oseroit entreprendre de faire aulcune nouvelleté ; si l'en voulust tenir pour excusé, car aultre chose pour lors n'en pouvoit faire. Si n'en teint plus plaid le mareschal. Si est vray que quand le seigneur de Chasteaumorant se partit de luy pour convoyer l'Empereur, comme dict est, il luy ordonna; pour cause de croistre son armée, que il luy amenast toutes les galées et galiotes que de la seigneurie de Gennes et de tous leurs alliez pourroit trouver. De laquelle chose toute diligence mcit de ce accomplir, tant que plusieurs en eut assemblées : c'est à sçavoir une galée et une galiote du pays de Payre, et une galée et une galiote d'Ayne, une galée et une galiote de Methelin, et de Scio deux galées. Et à tout le dict navire veint à Rhodes devers le mareschal, qui là attendoit l'ermite de La Faye que il avoit envoyé devers le roy de Cypre, comme devant est dict, pour sçavoir sa responce.

Ne demeura pas moult que l'ermite veint, et à brief parler rapporta que il n'avoit peu trouver le roy de Cypre en nulle raison d'accord de paix, pour quelconque cause qu'il luy sceust avoir monstrée que il le deust faire. Quand le mareschal entendit ce, dit que puisque le roy de Cypre ne se vouloit desister et oster de son tort, et venir à raison, que il ne faudroit mie à luy faire bonne guerre. Adonc feit tantost apprester son navire, et remonter ses chevaulx, et toute son armée mettre en ordonnance. Quand le grand maistre de Rhodes, à qui moult pesoit, pour le mal qui ensuivre en pourroit, que guerre y eust entre le roy de Cypre et les Genevois, veid que c'estoit à bon, et que plus remede n'y avoit, requist moult le mareschal que un don luy voulust donner, lequel l'octroya volontiers. Ce feut qu'il ne voulust mie aller descendre en Cypre jusques à tant que luy mesme eut esté parler au dict roy de Cypre. Ceste chose accorda le mareschal. Si monta tantost le maistre de Rhodes sur sa galée, et l'hermite de La Faye avec luy, lequel feut monté sur la sienne, et encores la galée de Methelin avec eulx ; et ainsi à trois galées allerent devers le roy de Cypre.

CHAPITRE XV.

Cy dit comment le mareschal alla en Turquie devant une grosse cité que on nomme Lescandelour.

Quand le grand maistre de Rhodes feut party pour aller en Cypre, comme dict est, le bon mareschal qui estoit demeuré ne voulut mie, tandis que le traicté se feroit, perdre temps ; ains, pour la grande volonté qu'il avoit de nuire aux mescreans, desira employer sa gent de faire aux dicts sarrasins aucune envahie. Si se conseilla aux chevaliers du pays et aux Genevois en quel lieu leur sembloit plus convenable d'aller faire guerre sur les ennemis de la foy. Si luy dirent que s'il alloit en Turquie devant un bel chastel et ville que on nomme Lescandelour, il pourroit faire celle part belle et honnorable conqueste ; et aussi c'estoit son chemin en approchant vers Cypre. Adonc sans plus attendre feit ses galées ordonner. Si monta sus avec sa belle et noble compaignée de tres-bons gens d'armes, tous de nom et d'eslite, et tres-desireux de bien besongner et d'accroistre leur renommée. De Rhodes se partit en belle ordonnance. Et comme il alloit par mer, rencontrerent une grosse nave de sarrasins, laquelle tantost ils combatirent tant que elle fut prise, et grossement y gaignerent. Si alla tant par plusieurs journées qu'il arriva devant Lescandelour droict à un dimanche, à l'heure de none.

Adonc preint à adviser la dicte ville, laquelle sied en partie sus la marine : et y a une grosse tour qui garde le havre, et puis va s'estendant au hault d'une montaigne où sied au chef un fort et hault chastel qui garde la ville, laquelle est partie en deux parties ; puis au bas est de l'autre costé la terre plaine venant sur la marine, où il y a moult beau pays et grands manoirs et jardinaiges. Adonc saillirent hors des nefs les bonnes gens d'armes par belle ordonnance, comme le saige mareschal leur avoit ordonné. Et quand ils eurent gaigné terre, et feurent tous assemblez sur la plaine, adonc feit le mareschal plusieurs chevaliers nouveaux, dont d'aucuns me souvient des noms, et non de tous : c'est à sçavoir Le Barrois, le fils du seigneur de La Choletiere, qui nepveu estoit du dict mareschal ; le seigneur de Chasteauneuf en Provence, messire Menaut, Chacagnes, messire Louys de Montigian, qui y mourut ; et grand nombre d'autres. Et y leverent bannieres plusieurs autres vaillans chevaliers et escuyers, tous de grande volonté de bien faire. Si se trouverent sur ceste place huict cent chevaliers et escuyers tous duits à la guerre, et gens de grande eslite, vaillans et renommez de nom et d'armes; et pouvoient estre en tout environ trois mille combatans, tous tres-ardens et courageux de faire proüesses et vaillantises pour l'exaucement de la foy chrestienne, et pour accroistre leurs renommées. Et entre eulx estoit le tres-vaillant mareschal comme preux chevetaine qui les mettoit en ordonnance, et par ses bons et chevaleureux enhortemens les admonestoit qu'ils se portassent comme vaillans : car il avoit esperance en Dieu, en Nostre Dame et en sainct George, que ils feroient bonne journée. Ha! qu'il faisoit bel veoir ceste belle compaignée, en laquelle estoient assemblées tant de bannieres de renommée : c'est à sçavoir la banniere de Nostre Dame, celle du mareschal, celle du seigneur Dacher, celle du seigneur de Chasteaumorant, celle du seigneur de Chasteaubrun nommé messire Guillaume de Nillac, la banniere du seigneur de Chasteauneuf, celle du seigneur de Puyos, et autres que nommer ne sçay!

CHAPITRE XVI.

Cy dit comment le mareschal assaillit Lescandelour (1) par belle ordonnance.

Le mareschal ordonna son assault en trois parties : c'est à sçavoir commeit le vaillant seigneur de Chasteaumorant à toute belle compaignée à combatre du costé de la marine; son mareschal appellé messire Louys de Culan, à tout cent hommes d'armes, cent arbalestriers et cent varlets; meit pour garder un pas par où secours pouvoit venir en la ville; et luy, avec le seigneur de Chasteaubrun et l'autre partie de ses gens, assaillirent du costé de la porte. Quand toute l'ordonnance feust faicte, qui feut comme à heure de none, adonc, pour commencer l'assault, prirent trompettes à sonner si hault que tout en retentissoit. Lors commencerent à assaillir, de toutes parts, et ceulx de dedans à eulx defendre par grand vigueur; et ainsi ne finirent de donner et de recevoir des coups, tant qu'il y en eut de morts et de navrez grand foison d'un costé et d'autre.

Moult trouva grand force et grand defence du costé de la marine le seigneur de Chasteaumorant : car la tour qui gardoit le havre estoit fort garnie de trait et de gens d'armes qui moult bien la defendoient, et espoissément lançoient à eulx. Mais vous veissiez nos gens comme preux, par grand vigueur, nonobstant toute défence,

(1) Alexandrète, que les Turcs appellent *Scanderoum*.

agrapper contremont ces murs et dresser eschelles, et là estriver l'un contre l'autre à monter sus des premiers; et à qui mieulx mieulx s'alloient là esprouver. Si feut combatu en eschelle par grande hardiesse et moult vaillamment : mais trop feurent leurs eschelles courtes, pour laquelle cause conveint ainssi demeurer celle journée.

Le bon messire Louys de Culan qui gardoit le pas, comme dict est, n'y travailla mie en vain. Car tant s'y peina à tout l'estendart du mareschal, et la bonne compaignée qu'il avoit, que nonobstant que il y eust fort combatu, et qu'il y trouvast qui bien luy deffendist, si gaigna-il le pas malgré tous les ennemis : dont il doibt grand honneur avoir. Car tant est celuy pas forte place, que le bon roi de Cypre, qui autresfois à le prendre s'estoit travaillé, oncques n'en peut venir à chef. Si fut profitable la prise : car par ce eussent affamé la ville, si encore y feussent demeurez. Et ainsi dura cest assault, où assez eurent nos gens bien exploicté jusques à tant que la nuict veint qui les departit.

Le lendemain derechef prirent à assaillir, et par deux fois l'assault donnerent par moult grand fierté, et moult aussi trouverent qui bien se defendit; mais toutesfois tant se peina le vaillant Chasteaumorant à toute sa gent, que le havre à tout le bas de la ville feut prins, et entrerent au port malgré la deffence de la tour. Là estoient les boutiques des marchandises, que ils appellent magasins, bien garnies de toutes marchandises : car moult est celle ville marchande. Tout prirent ce que emporter peurent; et au navire qui y estoit, c'est à sçavoir quatre fustes, deux galées, une galiote et deux naves, bouterent le feu, et tout ardirent.

CHAPITRE XVII.

Les escarmouches que faisoient tous les jours les gens du mareschal aux sarrasins; et comment ils les desconfirent et chasserent.

Au temps que ceste chose adveint, le seigneur de Lescandelour avoit guerre contre un sien frere, et tenoit les champs à tout grand ost à cinq journées de là. Mais quand il ouït dire la venuë de nos gens, tantost veint vers eulx, et tant s'approcha en intention de les combatre, que veoir les peut. Mais la grande hardiesse et le maintien que il veid au vaillant chevetaine, et en sa chevaleureuse compaignée, luy osta la hardiesse de venir lever le siege. Et pour ce se logea à demy mille de l'ost, et le contresiegea : car trop le redoubtoit. Mais toutesfois quand son point cuidoit veoir, venoit escarmoucher nos gens comme à costé. Mais à qui se venoient-ils joüer? car ils ne faillirent mie à estre bien receus. Si y avoit souvent grande et fiere escarmouche : mais tousjours y laissoient les sarrasins ou plume, ou aisle, et bien y estoient batus. Le mareschal desiroit moult les combatre, mais ils ne l'attendoient mie : ains s'enfuyoient, et s'alloient retirer et refraischir és jardinaiges drus et espais qui coste la ville sont.

Il voulut moult trouver voye s'il eust peu de les faire saillir de là, et les attraper dehors. Pour laquelle chose s'advisa d'une telle cautele. Il ordonna que l'on tirast de nuict quatre vingt chevaulx d'une nave, et iceulx feit cacher dedans les tentes. Quand ce veint au lendemain, le mareschal feit aller à l'escarmouche une partie de ses gens, et leur ordonna que ils feissent semblant d'avoir peur, si fuissent, et tout de gré se laissassent rebouter. Et ils le feirent, et pareillement le soir devant l'avoient faict. Laquelle chose moult accreust le cœur aux sarrasins, tellement qu'ils veindrent avec nos gens jusques à la banniere de Nostre Dame, puis s'en retournerent. Mais pour la chaleur du soleil, qui hault estoit, s'allerent rebouter és dicts jardinaiges pour eulx refraischir, en intention de retourner à l'escarmouche apres la chaleur du jour.

Quand le saige mareschal les veid là fichez, et que ils n'entendoient que à eux ventroüiller par l'herbe fresche és ombraiges, adonc feit tirer hors les dicts chevaulx et gens bien armez dessus, les lances és poings, et les ordonna en deux parties ; dont il prit l'une avec soy, et l'autre commeit au seigneur de Chasteaumorant ; avec ce ordonna une bataille de gens de pied legerement armez, d'archers et de varlets. Et quand cest arroy eust tout faict, lequel il avoit de longue main bien appointé, adonc tout à coup alla d'une part environnant lesdicts jardinaiges, et Chasteaumorant de l'autre. Et les gens à pied se fichèrent dedans si appertement, que les sarrasins qui desarmez s'estoyent ne peurent avoir espace de reprendre leurs harnois. Si se ficherent nos gens entre eulx, et tous les occirent de traict et à bonnes espées. Adonc qui veid esbahis ceste chiennaille grand ris en peust avoir : car ils ne sçavoient se mectre en défence, n'y n'osoient saillir dehors, pour ceulx à cheval que ils voyoient. Non pourtant se meirent plusieurs à la fuite, qui de nos gens feurent receus aux pointes des lances. Et ainsi furent tous occis, excepté aucuns qui à force de course de chevaulx es chapperent, et se tapirent en quelques destours.

Et par ce le seigneur de Lescandelour à tout son ost feust si espouventé, pour la grande perte qu'il avoit faicte, et des plus grands et vaillans de sa compaignée, que il s'enfuit és montaignes ; et depuis n'osa descendre ne se monstrer vers nos gens. Et le preux et vaillant mareschal, apres celle desconfiture, rassembla ses gens, et ne voulut mie que longuement suivissent les fuitifs ; ains meit les siens en belle ordonnance et en belle bataille : car il sçavoit si le seigneur de Lescandelour rassembleroit sa gent pour luy revenir courir sus, par grande ire et desdaing. Si se pourveut de deffence avisément, et avoit ainsi ordonné ses batailles. Il estoit en plains champs à tout une bataille ; et le seigneur de Chasteaumorant en une autre, pour secourir les aultres, si mestier en avoient. Et puis l'ost estoit à tout la banniere de Nostre Dame, qui gardoit le pas de l'entrée de la ville. Et en ceste maniere et ordonnance attendit le mareschal longue piece. Mais assez pouvoit attendre, car les sarrasins n'avoient intention ny volonté fors de fuir. Et ainsi se passa celle journée.

Le lendemain au matin le mareschal ordonna une belle compaignée de gens d'armes pour aller gaigner une montaigne où les sarrasins s'estoyent retirez : mais si tost que les ennemis les sentirent venir, ils s'enfuirent d'autre part, et se ficherent és bois. Adonc nos gens descendirent en la plaine, et gasterent tout le pays à l'environ, où il y avoit de moult beaux palais, de grands manoirs et beaux jardinaiges ; par tout bouterent le feu, et tout allerent gastant. Quand le seigneur de Lescandelour veid que nos gens ne faisoient semblant de eux desloger, il envoya ses messaigers devers le mareschal, et luy manda en se complaignant que moult estoit esmerveillé pourquoy il luy faisoit si grand guerre, veu que oncques il n'avoit porté dommaige à luy ne à nul des siens, ne mesmement aux Genevois, parquoy ils deussent ce faire; et que s'il luy plaisoit avoir paix avec luy, que à tousjoursmais seroit son amy, et aux Genevois aussi, en tout le service que il pourroit faire ; et que il presentoit luy, sa puissance et seigneurie, pour estre avec luy contre le roy de Cypre, et contre qui il luy plairoit.

Apres ces nouvelles, le saige mareschal, qui toutes choses desiroit faire au mieux, advisa que il ne sçavoit s'il auroit guerre au roy de Cypre ; et que s'il y avoit guerre, celle contrée estoit bonne et assez pres pour eulx refraischir, et pour avoir vivres. Si eut de ceste chose advis avec son conseil, où il fut deliberé que le meilleur estoit de faire paix, puis que si humblement le requeroit. Et ainsi le feirent ; et tantost apres le mareschal, qui quatorze jours avoit demeuré au lieu, se retira à tout son ost en ses galées.

CHAPITRE XVIII.

Comment la paix fut faicte entre le roy de Cypre et le mareschal; et comment il voulut aller devant Alexandrie.

Quand le mareschal se retira en ses galées, luy veindrent nouvelles que paix estoit faicte entre luy, les Genevois et le roi de Cypre, si la maniere des convenances luy plaisoit. Si appella son conseil, et feut veu que les conditions desdictes convenances estoyent toutes telles que ils demandoient. Si agrea la paix, de laquelle avoir fut assez joyeux, afin de mettre à effet le bon desir qu'il avoit de porter dommaige aux mescreans; et fut son intention d'aller en Egypte devant Alexandrie.

Adonc manda querir tous ses patrons de naves et de galées. Si leur dict l'intention qu'il avoit, et ce qu'il voyoit à faire, si vouloit que partie du navire allast devant. Lesdicts patrons luy respondirent que à partir de là pour prendre leur adresse tout droict en Alexandrie, le vent leur estoit trop contraire : parquoy ils ne pourroient nullement prendre le port d'Alexandrie; mais leur convenoit retourner à Rhodes, et de là prendre l'adresse du vent. De laquelle chose faire leur en donna le mareschal licence. Et luy à tout ses galées s'en retourna vers Cypre, pour certifier et confirmer la paix, telle que le grand maistre de Rhodes l'avoit bastie et faicte avec le roy de Cypre. Si alla tant qu'il arriva à un port de galées qui s'appelle Pandée, où le dict grand maistre de Rhodes et le conseil du roy de Cypre l'attendoient. Et fut là jurée et confirmée la dicte paix. Et quand ce feut faict, par la priere du dict grand maistre, et aussi des gens du roy de Cypre, il alla plus oultre, où le roy de Cypre et luy se trouverent ensemble. Et luy veint le dict Roy au devant, lequel le receut à tres-grand honneur et chere, et le mena en ses chasteaux et citez, où il avoit faict grand appareil pour sa venuë. Si voulut donner de tres-grands dons au mareschal, et vingt-cinq mille ducats comptant. Mais il ne les voulut oncques prendre, ains l'en remercia grandement, en disant que il ne l'avoit point desservy, et qu'il n'en avoit pas besoin, car le roy de France son souverain seigneur luy donnoit assez. Mais s'il luy plaisoit l'aider de ses gens d'armes, et des souldoyers qu'il avoit en son pays, et de ses galées luy voulust prester pour aller avec luy sur les mescreans, que ce prendroit-il volontiers, et grand gré luy en sçauroit. Et le Roy luy respondit que ce feroit-il volontiers. Si luy bailla deux de ses galées chargées de gens d'armes, combien que l'une s'enfuit : car c'estoient coursaires.

Là avoit esté le mareschal quatre jours. Si ne voulut plus sejourner, adonc preint congé du Roy, et s'entredonnerent de leurs joyaux. Si entra à toute sa gent en ses galées, en intention d'aller droict en Alexandrie. Tost feurent en mer; mais n'eurent pas grandement erré, comme les mariniers tiroient à tourner environ l'isle de Cypre, pour tenir leur chemin en Alexandrie, apres les naves que le mareschal y avoit devant envoyées, qu'il commença un vent contraire si tres-grand, que pour sens et puissance que mettre y sceussent, ne pouvoient avant aller, combien que de tout leur pouvoir s'en efforçassent et estrivassent. Ne leur dura pas petit cest estrif, ains y feurent trois jours entiers; et si n'avoient mie à aller plus de six milles à estre en l'adresse du vent qui les conduisit droict en Alexandrie.

Quand les mariniers veirent que de toute leur puissance ne pouvoient avant aller, dirent au mareschal que oncques en leur vie telle chose n'avoient veu; et quant estoit d'eulx, ils pensoient que c'estoit miracle de Dieu, qui ne vouloit mie pour aulcun grand bien, ou pour le sauvement de luy et de ses gens, que il allast celle part : car, selon qu'il leur sembloit, ce vent n'estoit taillé de cesser d'un grand temps. Si eut en conseil que il laissast ceste voye, et allast aultre part. Adonc eut advis d'aller en Syrie devant Tripoli : car là seroit ce voyage bel et bon, et si avoit en poupe vent propice. Si voulut là aller, nonobstant que les Genevois lui conseillassent de s'en retourner à Gennes, et disoient que il avoit assez faict. Mais ce ne voulut-il mie faire. Si alla tant que il arriva à Famagouste : mais pour celle fois gueres n'y arresta. Si prist là une galée, et le lendemain au matin arriva devant Tripoli.

CHAPITRE XIX.

Comment les Venitiens avoient feict sçavoir par les terres des sarrasins que le mareschal alloit sur eulx; et comment le dict mareschal alla devant Tripoli.

Or nous convient retourner à la narration que cy devant ay dicte et representée de la haine couverte d'entre les Venitiens et les Genevois. Pour laquelle, comme devant est dict, par l'envie que avoient les dicts Venitiens contre les Genevois, moult se voulurent peiner s'ils eussent peu de desadvancer leur prosperité : mais que si cautement feust que on ne l'apperceust. Et par trouver voye de leur tollir leur bon gouverneur, par le sens et valeur duquel montoit leur gloire de mieulx en mieulx, leur sembloit bien que plus grand meschef et desadvancement ne leur pouvoient faire. Mais toutefois de leur courir sus ouvertement n'osoient, encores que ils feussent trop plus de gens. Et pour attaindre à leur intention, avoient cerché une aultre tres-faulse voye, et par ce n'y cuidoient mie faillir.

Mais ce que Dieu garde est bien gardé. Car ils avoient envoyé leurs messaigers par toutes les terres des sarrasins sur la marine de là environ, tant en Egypte, comme en Syrie, et par tout aultre part, pour annoncer et faire sçavoir la venuë du mareschal, et dire que ils feussent sur leur garde : car il alloit sur eulx à grand ost. Et qu'il soit vray que la venuë du mareschal feirent sçavoir les Venitiens aux sarrasins, feut certainement sceu, comme il sera cy apres dict, et comment ce fut. Si en paroissoient bien les enseignes, là endroict et autre part, que advisez en avoient esté, et de longue main. Car tout le port et le rivaige de Tripoli estoit couvert de sarrasins, qui tous armez là l'attendoient à recevoir aux pointes des lances. Laquelle chose ne peult estre que là eust telle assemblée, si avant le coup n'en eussent esté advisez : car ils estoyent en moult bel arroy de combatre, par grands batailles à cheval et à pied. Et y avoit des gens du Tamburlan bien environ six cent chevaulx, armez et couverts tant richement de fin veloux et drap d'or, de tous habillemens riches, que oncques homme ne veid en bataille ne en faict d'armes plus belle chose; et ceulx qui dessus estoyent armez de beaux paremens, et monstroient semblant d'estre gens de grand vigueur, et avoir desir de combatre, et sembloient estre personnes de grand honneur et de grand estat.

Quand le preux et vaillant mareschal veid celle assemblée, laquelle chose en piece n'eust pensé, feut moult esmerveillé : mais non mie pourtant esbahy ne espouvanté. Ains dict à visaige hardy que pourtant ne lairroit à descendre, à l'ayde de Dieu, nonobstant que son conseil luy feist la chose moult doubteuse, pource que peu de gens estoyent contre tant de sarrasins : mais il dict que pourtant ne lairroient. Adonc le mareschal envoya Montjoye le herault par les galées dire à tous qu'ils s'appareillassent de descendre à terre par belle ordonnance, comme il leur avoit ordonné. Apres ce, tantost et viste-ment feit le dict mareschal ferir des proues à terre. Si preindrent haultement trompettes à sonner ; et les arbalestriers, qui tous feurent rangez sur les galées, preindrent druëment à tirer pour faire retirer les sarrasins, en sorte que nos gens peussent arriver. Et semblablement tiroient vers les nostres leurs archers : mais leur trait ne feut mie pareil, ne de telle force. O Dieu ! comme on pourroit là veoir bonne gent à l'espreuve, et comment l'effect de leurs hardis couraiges comme de lyons se demonstroit ! Et vrayement dict l'on bien vray : « Selon seigneur maisgnée » duite. » Car leur bon conduiseur par ses bienfaicts leur accroissoit le cœur, leur donnoit hardiesse, et leur ostoit toute peur.

Adonc veissiez commencer dur estrif contre ceulx qui les premiers descendoient, et contre eulx venoient les sarrasins pour defendre le port, et les repousser à pointes de lances. Mais là veid-on hardiment saillir ces gens d'armes en l'eauë, et entrer jusques au col pour aider à leurs compaignons. Ha Dieu ! que on doibt bien priser, aimer et honnorer si noble gent, qui leurs corps et leurs vies exposent pour le bien de la chrestienté, et bien doibt-on prier Dieu pour eulx et pour leurs semblables ! car quand ils sont bons et font leur debvoir, c'est le sauvement d'un pays contre tous ennemis. Et certes on ne peult trop honnorer ne faire de bien à un vaillant homme d'armes ; car moult en est le mestier perilleux. Et de tant que plus y a de peine et de difficulté, de tant en est-il plus digne de grand honneur et de grande remuneration. Ainsi comme vous voyez fut là grand estrif : car les sarrasins fort se deffendoient, et les chrestiens par grand vigueur les assailloient. Si vous asseure que là peust-on veoir faire maintes belles armes, main à main, et maint tour de bataille. Et là veid-on qui feut hardy, et qui bien s'y esprouva, et qui pris d'armes deust avoir. Car n'y convenoit mie petite force au port gaigner contre telle defense, où estoient bien six sarrasins contre un chrestien. Si y souffrirent moult nos gens, et moult en y eut de morts et de blessez. Et non pourtant la bonne fiance que ils avoient en Dieu et Nostre-Dame, et la vaillantise et proüesse de leur bon conduiseur qui là n'estoit mie oiseux, ains estoit fiché és plus drus coups, et là faisoit tant d'armes comme homme plus faire peut, leur donnoit force et couraige. Pour laquelle chose, à l'ayde de Dieu, tant s'y peinerent, et tant y ferirent et travaillerent, que malgré tous les sarrasins preindrent terre, et gaignerent le port et la force du trait des arbalestriers, et des canons qu'ils leur lançoient de dedans les galées, feit les sarrasins retirer. Si se reculerent assez loing du port, et allerent prendre place pour donner la bataille à nos gens.

◇◇◇

CHAPITRE XX.

La belle ordonnance du mareschal en ses batailles; et comment il desconfit les sarrasins.

Adonc les sarrasins arrangerent leurs gens en belle bataille, et en tres-belle ordonnance. Les gens de cheval, comme j'ay dict dessus, se meirent deçà et delà és deux aisles de la bataille de pied : et là se teindrent de pied coy. Le vaillant mareschal de France feit un petit prendre haleine à ses gens ; car moult avoient souffert de peine à gaigner le port. Si les feit boire un coup, et eulx refraischir : car grand chauld faisoit ; et puis les admonesta que ils feussent bonnes gens : car il avoit esperance en Dieu et en la vierge Marie, que ils auroient bonne journée. Si se meit en ordonnance, et en belle bataille. Et ainsi le petit pas, tous joints et serrez ensemble, les lances sur les cols, allerent vers les sarrasins, qui au champ les attendoient. Quand ils feurent approchez, trompettes preindrent à faire grand bruit ; adonc commencea le trait grand et fier d'un costé et d'autre. Mais nos gens pour leur trait ne laisserent que ils ne leur allassent courir sus fierement, et de hardy couraige, par telle vertu que tous les sarrasins espouvanterent. Ha! qu'est-ce que de vaillante gent ? Un en vaut mille, et mille faillis n'en vaillent un bon. Et vrayement est-il bien vray ce que dict Valere-en parlant du faict des Romains, que cinq cent bons hommes peuvent et suffisent, telle fois advient, contre dix mille. Et que petite quantité de bonne gent puisse forçoyer aulcunes fois contre grand foison, appert par ces vaillantes gens icy, parce que il s'en ensuivit. Car dés l'assembler monstrerent-ils leur fierté, quand oncques ne s'esbahirent pour la quantité d'ennemis qu'ils voyoient contre eulx, qui si peu de gens estoyent.

Si coururent sus aux sarrasins par grand vertu, et leur bon duc et conduiseur estoit entre sa gent qui leur donnoit exemple de ce que faire debvoient, et les ennemis d'aultre part ne s'y faignoient. Si fut dure et aspre la bataille, où maints perdirent la vie de chascun costé. Mais trop avoient sarrasins du pire : car la hardiesse et force de nos gens, et le grand trait des arbalestriers, les abatoit morts druëment ; et ainsi dura grand piece. Mais que vous dirois-je des armes que chascun feist, ne des coups que donna un chascun? Trop ma matiere en eslongneroye.

Mais pour ramentevoir en bref, sans faillir tant bien et tant vaillamment le feist le preux mareschal, que mieux ne peust. Aussi feit le grand maistre de Rhodes, nommé messire Philebert de Nouillac; messire Remond de Lesture, prieur de Thoulouze ; messire Pierre de Boffremont, chevalier de Rhodes; et toute la compaignée du dict grand maistre. Si feit Chasteaumorant au cœur vaillant et fier, l'hermite de La Faye, qui de voyager ne feut onc recreant; messire Louys de Culan, mareschal de l'ost; et maints autres bons et vaillans chevaliers, dont pour cause de briefveté je tais les noms. Des escuyers, Tercelet de Cheles, Jean de Nenny, Richard Monteille, Guillaume de Tollegny et Huguenin son frere, Guillemin de Labesse, le bastard de Rebergues, Jean Dony, Regnauld de Camberonne, Le Barrois, et plusieurs autres vaillans escuyers, tous tant y feirent à la force de leurs bras et à la vigueur de leurs couraiges, que à tousjours mais eulx et tous ceulx qui là de leur compaignée se trouverent, en doibvent à tousjours estre honnorez. Et à brief parler, l'effect de leur loüange appert à l'œuvre. Car ceulx qui n'estoient pas plus d'environ deux mille combatans se trouverent en ceste bataille tenir pied et estail à plus de quinze mille sarrasins. Voire par telle vertu, que nonobstant leurs beaux chevaux richement parez, et ceulx qui dessus estoyent bien armez, qui estoyent en nombre bien sept cent, qui de toute leur force mie ne s'y faignirent de rompre nos gens et leur bataille, si ne peurent-ils souffrir le fais tant du traict des arbalestriers, comme des coups des bons chrestiens ; ains leur conveint desplacer et se retirer, tant que petit à petit prirent à eulx departir et laisser la bataille. Mais ce ne fut mie sans leur tres-grand dommaige, car moult en y eut de morts et d'affolez. Et ainsi se departirent les sarrasins, qui partir peut. Et nos gens moult ne les suivirent, ains se teindrent là tout coys. Et les ennemis, tant par force comme par cautele, s'esloignerent de la marine : car ils cuiderent que les chrestiens les suivissent, et penserent que quand ils seroient loing de leur navire, ils se mettroient entre eulx et le navire : et ainsi les enclorroient.

Mais le saige mareschal, à qui rien d'armes ne convenoit apprendre, fut tout advisé de leur cautele : pour ce ne les voulut suivre. Mais ores oyez grande hardiesse de chevalier, et courageuse volonté de vaillant chevetaine. Quand les sarrasins feurent eslongnez, il meit derechef ses batailles en ordonnance, et defendit sur peine de perdre la vie que nul ne feust tant hardy de retourner en galée, ne de deguerpir la place. Si feit son navire tirer arriere, et dit que sans faillir il combatroit derechef les sarrasins. De ce propos ne peut estre desmeu, nonobstant que plusieurs lui conseillassent que plus n'en feist : car assez y avoit acquis honneur, ce leur sembloit. Mais à ce ne voulut-il entendre.

Si feut ordonnée son avant-garde, puis sa grosse bataille, et apres l'arriere-garde; et aux chevetains bien commeit ce qu'ils debvoient faire, si les pria et enhorta de eulx y bien porter. Quand les sarrasins veirent le saige appareil, et la grande hardiesse du vaillant chevetaine et de sa gent, ils doubterent, et grand semblant en feirent : car ils se partirent de là où ils estoyent, et allerent prendre place coste les jardins de Tripoli, qui moult sont drus et espais, afin que si besoing eussent de fuir, se fichassent dedans. Là ordonnerent en leur bataille les gens à pied, et és deux aisles les gens de cheval. Le mareschal envoya l'avant-garde premierement assembler, et la conduisit messire Louys de Culan son mareschal, et il la suivoit de pres à tout sa bataille. Quand ils feurent approchez des sarrasins, de beau traict les saluerent, et au reciproque les sarrasins eulx, et puis vistement les allerent assaillir, et iceulx fort se defendirent : mais nos gens de pres les requirent, et si fort les presserent que ils prirent à chanceler. Quand ceulx de cheval veirent les leurs qui se prenoient à reculer, ils se departirent, et cuiderent venir enclorre la bataille du mareschal ; mais ceulx de l'arriere-garde par tel randon les prirent à servir de bon traict, que oncques enfoncer ne les peurent. Adonc leur courut sus le fier mareschal à tout sa bataille, et main à main prirent à combatre. Et là y eut assez d'hommes et chevaulx abatus, qui depuis ne releverent. Si feurent toutes les batailles assemblées, où il y eut fiere meslée, et des morts et des navrez largement de tous costez. Mais à quoy plus long compte vous en ferois-je? A tant la chose, que plus n'eurent pouvoir les sarrasins de tenir estail, ne de souffrir; et fuir les conveint pour garentir leurs vies. Si leur feirent les jardins bon mestier, esquels desconfits se ficherent ceulx qui eschapper peurent. Si guerpirent la place, et fuit qui peut : mais maint en y eut qui si pres feurent pris, qu'espace n'eurent de fuir : ains y laisserent les vies, et ainsi se cacherent là les fuitifs de la bataille et le demeurant des morts.

Le mareschal, qui ainsi les voyoit là fuir à garant, à peu qu'il n'enrageoit dont iceulx luy eschappoient, et tant estoit sur eulx acharné, qu'apres eulx és jardins ficher se vouloit. Mais ceulx qui l'aimoient le prierent pour Dieu que il ne le feist : car trop y sont les lieux divers et destournez, parquoy s'ils y fichoient jamais pied n'en retourneroit. Si s'arresta là, et se teint au champ grand piece pour attendre et veoir si de nulle part sarrasins fauldroient pour le combatre, et si ceulx qui fuis estoient se rassembleroient : mais de ce n'avoient-ils garde, car nul n'en avoit vouloir. Et quand assez eut attendu, et que chascun luy disoit qu'il s'en retournast en son navire, et qu'il avoit eu belle journée, s'en reveint en belle ordonnance l'avant-garde devant, et la bataille apres, et puis l'arriere-garde. Et en tel arroy et en loüant Dieu se bouta en son navire.

◇◇◇

CHAPITRE XXI.

Cy dit comment on sceut certainement que les Venitiens avoient faict sçavoir aux sarrasins la venuë du mareschal; et comment il print Botun et Barut.

Ne feut mie encores saoulé de grever les sarrasins le vaillant mareschal, quoy que on luy dist que à grand honneur retourner s'en pouvoit, car bien avoit exploicté. Mais de ce ne feut pas d'accord. Si se partit de là il oüit nouvelles que une nave de sarrasins estoit au chemin de Barut. Si commeit tantost pour y aller le seigneur de Chasteaumorant, et avec luy de bons gens d'armes ; à tout deux galées. Si allerent tant que ils veinrent assembler aux sarrasins, et si dure escrime leur livrerent que tous les occirent, et prirent la nave : puis liés et joyeux s'en retournerent. Le mareschal s'en alla à Boton, qui est une grosse ville champestre, qui tost feut pillée, et les sarrasins qui y feurent trouvez tous mis à mort, et par tout mis le feu; et de là teint son chemin droict à Barut.

Et à revenir à ce que devant j'ay dict, comment certainement on sceut que les Venitiens avoient notifié et faict sçavoir aux sarrasins la venuë du mareschal, advient que ainsi comme il approchoit la dicte ville de Barut, il veid partir du port un vaisseau appellé Gripperie, lequel s'en cuidoit fuir vistement avant que le mareschal arrivast, et ne pensoit que nul s'en donnast garde : et pour mieulx cuider eschapper sans que on l'apperceust, prit le large de la mer, et fuyant s'en alloit. Mais le mareschal qui l'apperceut envoya apres tantost une galée, qui tost le prit. Si l'amena devers le mareschal, lequel s'enquit quelles gens y avoit, et sceut que c'estoient Venitiens. Si feit venir devant soy le principal de ce vaisseau, et moult l'interrogea, tant par amour que par menaces, pour quelle cause ainsi s'enfuyoit. Et à brief parler, quoy que il le celast au premier, tant feit le mareschal, sans luy faire mal ne grief, que il confessa et recongneut que sans faillir il n'avoit cessé d'aller par mer par grande diligence, pour annoncer en toutes les terres et contrées des sarrasins de là environ, c'est à sçavoir de Syrie et d'Egypte, et de ces marches, la venuë du mareschal, et qu'ils s'apprestassent contre luy : car il leur venoit courir sus à grande armée; et que ce avoit-il annoncé à Barut, et par tout aultre part. Si passoit par là pour veoir comment ils avoient exploicté. Ceste chose racompta iceluy au mareschal, et ce luy tesmoignerent ses compaignons, et que à ce faire estoient commis de par la seigneurie de Venise.

De ceste tres-grande mauvaistié, laquelle jamais n'eust cuidé, feut moult esmerveillé le mareschal, et feut en grande deliberation si ceulx qui venoient de bastir ce mauvais œuvre il feroit lancer en la mer. Toutesfois delibera que non; car ils luy avoient racompté debonnairement, et aussi le meffaict n'estoit mie si grand à eulx comme à ceulx qui envoyé les y avoient. Si ouvra adonc de la tres-grand franchise de son noble cœur, comme celuy qui n'en daigna faire compte, et les laissa aller. Laquelle chose peu d'autres eussent faict : mais ne vouloit nullement que par luy ne à son occasion fut meu debat entre les Venitiens et les Genevois. Si teint son chemin droict à Barut. Mais si tost ne fut arrivé, que bien s'apperceut de l'ouvraige que les Venitiens avoient basty : car devant luy voyoit tout le port couvert de sarrasins arrangez en bataille, pour luy defendre le saillir hors. Mais de ce n'eurent-ils mie le pouvoir : car tantost le hardy combatant comme lyon feit de grand randon ferir de proüe en terre, et les arbalestriers tirer druëment à celle chiennaille qui là brayoient comme enragez; et si bien les servirent de traict que plusieurs en larderent. Si leur conveint se retirer malgré leurs dents, et les nostres saillirent hors encouragez de leur courir sus par grand vertu. Mais quand les sarrasins veirent leur ordonnance, ne les oserent attendre, ains s'enfuirent, et nos gens feurent là tous ordonnez pour donner la bataille : mais ne trouverent à qui parler.

Si alla le mareschal devant Barut, et feit assaillir la ville par telle force que les sarrasins qui dedans estoyent feurent espouvantez, si que plusieurs d'eulx s'enfuirent par autre costé; et ceulx qui dedans demeurerent la defendirent de tout leur pouvoir. Toutesfois à la fin par force feut prise, et mis à l'espée les sarrasins qu'ils y trouverent, et tout fourragé et pillé ce qu'il y avoit : mais gueres n'y trouverent, pource que advisez en avoyent esté, parquoy la ville estoit vuide de tous biens et de toute marchandise, que ils avoient retirez et mussez és bois et és montaignes, comme il feut rapporté au mareschal. Si feit le feu bouter par tout, et au navire qui estoit au port; et ce faict, se retira en ses galées.

<><><>

CHAPITRE XXII.
Cy dit comment le mareschal alla devant Sayette, et la grande hardiesse et vaillance de luy contre les sarrasins.

Après ce se partit de Barut le mareschal, et teint son chemin en Egypte pour aller devant Sayette, en intention de la prendre s'il eust peu. Et quand il feut approché du port, tout ainsi que és autres lieux avoit faict, le trouva bien fourny de sarrasins, qui en belle bataille l'attendoient : mais n'estoient mie en petite quantité ; car plus de douze mille en y avoit, tant à pied que à cheval. Mais de ce ne feit cas le saige mareschal, qui sa fiance avoit toute en Dieu; ains feit ferir en terre, et saluër les sarrasins de bons viretons et de bombardes, si souvent et menu, que oncques ne trouverent si mortelle rencontre. Si en y eut là tant de morts, que tout le gravier en feut couvert. Et tant estoyent iceulx de grande volonté contre nos gens, que trop envis se desplaçoient. Mais toutesfois force leur feut de fuir, ou mal eust esté pour leurs peaulx: car si là se feussent longuement tenus, leur troupeau feust de moult appetissé. Si leur conveint reculer à toutes fins. Nos gens ne dormirent mie, ains saillirent contre eulx par grande hardiesse à qui mieulx mieulx, et comme sangliers se fichoient en la marine jusques au ventre pour leur courir sus. Et feut tout le premier qui y saillit le bon escuyer Jean de Ony cy dessus nommé, qui par son bien faire bon exemple donna aux autres; et les sarrasins, qui grand couraige avoient contre eulx, se travailloient de les repousser.

Mais oyez la grande fortune contre nos gens, qui leur doibt tourner à grand los et pris. Car droict à celle heure se leva un vent si grand et si contraire, qu'il n'estoit mie en la puissance de eulx que toutes les galées peussent arriver, ne tout le navire, pour aller aider à ceulx qui combatoient : dont les combatans eurent grand honneur. Parquoy telle fois estoit que la grand presse et quantité des sarrasins si fort les chargeoit, que à peu leur convenoit rentrer en la marine. Mais adonc revenoit à grand tas le traict des galées de bombardes et de viretons, qui abatoient à tas les plus huppez. Ainsi dura cest estrif par longue piece. Mais que vous en dirois-je? A la parfin tant vaillamment s'y porterent nos gens, et tant bien le feirent, que à tres-grand peine le port prirent, mais avant moult y souffrirent.

Ha quel honneur à une poignée de gens, qui n'estoient pas plus de cinq cent contre telle multitude! Le vaillant chevalier Leonidas, à tout trois cent chevaliers sans plus, deffeit l'ost de Xerxes le grand roy de Perse, quand il le preit à despourveu en ses pavillons. Car jamais n'eust pensé que iceluy Leonidas à si peu de gens eust eu telle hardiesse : et les histoires en font grand compte et à bon droict. Mais pourquoy ne dirons-nous abysme de hardiesse et de proüesse estre en celuy vaillant mareschal, et en sa noble compaignée, qui ne prit pas les sarrasins despourveus en leurs pavillons; mais luy feut trouvé despourveu de gent, mais non pas de force et de hardiesse, contre si grande multitude de gent, voire en telle faict comme de prendre port si mal à son advantaige. Et toutesfois il vainquit, et s'il ne pouvoit avoir secours des siens : car la mer deveint si grosse que les galées ne pouvoient approcher de terre, comme dict est.

Mais ores oyez de rechef la vigueur de la tres-grande hardiesse de son couraige, lequel ne s'espouvanta pas de se trouver avec si peu de gent contre tant d'ennemis; ains, tout ainsi que si ils eussent esté dix mille, alla prendre place en plaine terre devant la bataille des sarrasins, qui s'estoyent retirez de la marine tous arrangez comme pour combatre; mais si pres d'eulx s'alla mettre, que les sarrasins tiroient de belle visée de leurs arcs dedans la bataille de nos gens. Et ainsi demeura en celle place de pied coy en despit d'eulx l'espace de cinq heures, en attendant que la mer feust accoisée, et qu'il eut toute sa gent afin de combatre les dicts sarrasins, et assaillir la ville, ainsi qu'il avoit proposé; dont moult estoit troublé de l'empeschement que le vent faisoit à arriver son navire. Mais nonobstant toutes ces choses là, se tenoit de tel semblant que oncques sarrasins n'oserent venir contre luy de plain eslans. Et plusieurs fois s'essayerent de rompre la bataille au front de devant, et aucunes fois aux bouts et aux cotez; mais pour la tres-belle et saige ordonnance que le mareschal tenoit, tant en arbalestriers qui estoyent environ deux cent, et és gens d'armes qui gueres plus n'estoyent, qui tous se tenoient joincts et serrez ensemble comme un mur, n'eurent oncques les sarrasins la hardiesse de venir enfoncer; et tant comme ils en approchoient, c'estoit à leur grande confusion : car maints en y eut d'occis et d'affollez du traict et du ject des lances. Et ainsi comme vous oyez, le mareschal se teint là tant que ja approchoit la nuict. Et quand il veid que la mer ne s'appaisoit point, parquoy il peust avoir sa gent, dont moult grandement lui pesa d'ainsi faillir à parfournir son intention, en partit en tres-belle ordonnance, et rentra en son navire. Et jugez entre vous, qui ce oyez, si il doibt de ceste valeur et grande hardiesse grand honneur avoir, d'oser tenir pied contre tant d'ennemis, pour le semblant duquel et fiere contenance, et la grande resolution dont ils le voyoient, nonobstant que ils feussent en grand nombre, les espouvantoit, et ostoit cœur et hardiesse. Mais il n'est pas de doubte que si aulcun signe de recreandise ou de peur y eussent veu, luy eussent couru sus, ne jamais pied n'en feust eschappé.

CHAPITRE XXIII.

Cy dit comment le mareschal alla devant la Liche; et les embusches que les sarrasins avoient faictes pour le surprendre.

Le mareschal se partit adonc, et tant erra par mer, nonobstant le grand vent qu'il faisoit, qu'il veint devant une grosse ville qui sied comme à une lieüe de la mer, nommée la Liche; mais quand il veint devant le port, ne trouva pas en sa compaignée le quart de ses galées : car le grand vent qu'il avoit faict la nuict les avoit esloignées et separées les unes des autres, et desvoyées de leur chemin; et pour les grands feux que les sarrasins faisoient sur la marine en faisant grand guet, ne pouvoient choisir l'adresse des galées qui devant alloient. Si demeura là tout le jour le mareschal, et ne vouloit descendre sans tous ses gens : car grande partie de ceulx qu'il avoit avec luy estoient malades et blessez; et y feut jusques à basses vespres, en attendant son navire, dont moult luy ennuyoit : car il ne voyoit mie sur le port plus de trois mille sarrasins, et d'eulx cuidoit-il bien venir à chef. Et adonc arriva son navire; mais il estoit trop tard pour descendre. Ha Dieu! comment est vray le proverbe qui dict : Ce que Dieu garde est bien gardé; et l'Escriture sainte qui dit : Si Dieu est pour nous, qui sera contre nous? Car manifestement on peult veoir en ceste occasion que Dieu vouloit garder le mareschal comme son cher serviteur, et sa compaignée aussi, par ce qui a apparu ainsi, comme compter orrez.

Le mareschal, qui avoit esperance le lendemain au matin besongner, feit mettre en une galée messire Jean d'Outremarin, genevois, et messire Choleton, pour bien adviser deux tours qui siéent sur le port de Liche, en espoir de les assaillir le lendemain ; et se tira un peu loing, comme Dieu de sa grace l'en advisa. Quand les sarrasins veirent que il se retiroit, ils cuiderent que il se departist, adonc manifestement descouvrirent leur embusche, et saillirent hors de deux parts, c'est à sçavoir de derriere une montaigne et d'un bois qui estoit entre la ville et le port, bien trente mille sarrasins, et à pied et à cheval, qui tous veinrent sur la marine crians et brayans comme diables d'enfer. Et quand le mareschal et sa compaignée les veirent en telle quantité, loüerent Nostre Seigneur de la grace que il leur avoit faicte, dont l'advanture estoit advenuë parquoy le jour n'estoyent descendus ; et le reputerent comme à grand miracle de Nostre-Seigneur, qui de sa grace les avoit voulu sauver.

◇◇◇

CHAPITRE XXIV.

Comment le mareschal, pour ce que ja se tiroit vers l'hyver, s'en voulut retourner à Gennes.

De La Liche se partit le mareschal, car bien veid que impossible seroit à si peu de gens qu'il avoit de forçoyer tant d'ennemis, veu que encores moult estoyent les siens foibles, et que moult en y avoit de malades et blessez. Si s'en retourna de rechef en Cypre à Famagouste, pour laquelle cité avoit esté le débat d'entre le roi de Cipre et les Genevois, comme dict est, ausquels elle demeura paisiblement. Et pour ce feut necessité qu'il la visitast. Si oüit de leurs causes et questions, et determina de leurs querelles au mieulx qu'il peut, selon le temps qu'il y arresta, qui ne fut pas plus de huict ou dix jours. Si establit officiers, et leur donna ordonnances de gouverner, et bien leur chargea que bonne justice feissent.

Puis veint à Rhodes, où le grand maistre du dict lieu moult l'honnora et festoya ; et là sejourna environ dix ou douze jours. En celuy espace de temps que il sejourna, il ordonna que trois de ses naves feussent apprestées ; et là dessus feit monter tous les malades et blessez de sa compaignée, dont il y en avoit grand foison, tant chevaliers et escuyers, comme arbalestriers, varlets et mariniers. Tant que, pour la grande quantité des dicts malades, conveint que le mareschal reteint petite compaignée pour luy : car il meit le plus de ses gens d'armes sur les dictes trois naves, pour les conduire et gouverner. Si estoit demeuré si mal armé, que avec ce qu'il avoit peu de gens, à peine avoit-il de douze à quatorze cent arbalestriers. Des dictes trois naves les deux se partirent aussi tost comme luy, dont il ne peut ayder : et l'autre sejourna à Rhodes un mois, et puis à son retour perit en Sicile : dont dommaige feut et pitié, pour les bonnes gens qui dessus estoyent.

Et ainsi se partit le mareschal du dict grand maistre ; et par le conseil de ses gens, qui moult l'en admonestoient, delibera de s'en retourner à Gennes, sans plus faire pour celle saison : car ja tiroit vers le temps que la mer souvent s'engrosse, pour cause de la mutation des vents, c'est à sçavoir de l'hyver. Si se meit en mer à si petite compaignée, comme dict est. Tant alla sans mal ne sans encombrier, que il veint jusques en la Morée. Et quand il feut là venu, cuidant paisiblement s'en venir le demeurant de son chemin, quand il feut au port que on dict le cap Sainct Ange, adonc luy veinrent deux des naves qu'il avoit laissées à Rhodes, moult bien garnies de bonnes gens d'armes et d'arbalestriers à grand foison, desquels il ne preit nuls, pour ce que il n'esperoit point en avoir à faire.

◇◇◇

CHAPITRE XXV.

Comment les Venitiens, pour avoir achoison de faire ce qu'ils feirent apres, se alloient plaignans du mareschal de la prise de Barut.

Or me convient derechef tourner au faict et à la matiere des Venitiens, pour conclurre et terminer ce que j'ay dict devant : c'est à sçavoir en quelle maniere creva l'enfleure de l'envie portée en leurs couraiges ja par long temps, et le venin qui en saillit laid et abominable. Quand les Venitiens veirent que tout ce qu'ils avoient basty vers les sarrasins contre le mareschal ne leur avoit rien valu, determinerent entre eulx que comment qu'il feust, tandis que ils avoient lieu et commodité, s'ils pouvoient viendroient à leur intention. Car s'il arrivoit à Gennes, à peine jamais y aviendroient, si d'advanture n'estoit que si à point le trouvassent, veu que il estoit moult petitement accompaigné, parce qu'il avoit envoyé grande partie des galées et du navire de son armée, et que il n'avoit soupçon de nul encombrier ; et de tout ce se prenoient-ils moult bien garde, comme ceulx qui autre chose ne guetoient que de sçavoir tout son dessein, pour leur poinct mieulx adviser.

Mais par cautele, pour plus couvrir leur mussée volonté, voulurent trouver aulcune achoison et couleur de cause raisonnable ; et vont semer voix et paroles par maniere de plaintes à plusieurs gens, que ils voyoient bien que le mareschal vouloit prendre debat à eulx, et que bien leur avoit monstré en la prise de Barut, auquel lieu leur avoit faict trop grand dommaige en leurs marchandises à grand foison que là avoient, et sans leur faire à sçavoir l'allée : de laquelle chose trop se tenoient mal contents d'ainsi estre desrobez et pillez, et le leur avoir perdu. Tant allerent ces paroles, que par aucuns des amis et bienveüillans du mareschal luy feurent rapportées là où il estoit en la Morée, et que bon seroit qu'il se gardast d'eulx : car il estoit à doubter que ils ne l'aimoient mie.

De ceste chose feut moult esmerveillé le mareschal; si respondit que il ne pouvoit nullement croire ne penser que ce feust vray que ils luy voulussent mal, ne que ils se plaignissent de luy. Car oncques en sa vie ne leur avoit meffaict; ains les avoit traictez en tous lieux où trouvez les avoit, aussi amiablement ou plus comme les propres Genevois, comme ceulx que il repütoit ses amis; et aussi pour tousjours tenir et nourrir paix entre eulx et les Genevois, et que aussi les Venitiens par tout où ils le trouvoient luy monstroient tant de signes d'amour qu'il s'en tenoit tres tenu à eulx. Et quand du faict de Barut, ne pourroit croire que malcontents s'en teinssent : car ils sçavoient bien que plus d'un an devant il avoit envoyé defier le Souldan, pour ce qu'il avoit pris des marchans genevois qui estoyent au Kaire, à Damas et en Alexandrie, et les avoit rançonnez contre son sauf-conduit. Laquelle chose il avoit mandée aux dicts Venitiens, et faict sçavoir, afin qu'ils tirassent leurs biens et marchandises hors du pays, bien dix mois avant que il partist de Gennes ; et que ce ne pouvoit estre que ils eussent de leurs marchandises en la dicte ville de Barut : car toute la trouverent vuide. Et d'autre part, tant comme il y fut, ne devant ne apres, ne trouva Venitien ne autre de par eulx qui luy notifiast ne dist que il y eust rien du leur. Car s'il eust sceu que ils y eussent rien eu, ne mesmement autres chrestiens, ja à leurs choses n'eust souffert toucher : car pour grever chrestiens n'estoit mie allé, mais seulement aux ennemis de la foy. Et encores s'il estoit ainsi que ils s'en teinssent mal contents (et ils luy faisoient à sçavoir que és choses prises il y eust eu du leur), sans faillir tout leur feroit rendre ; et icelle responce leur feroit si aulcune clameur ou plainte luy en venoit, de laquelle chose encores de leur part n'avoit oüy nouvelles. Et quant est que il eust volonté de prendre debat à eulx, ou que eulx se voulussent prendre à luy, s'il en eust eu quelque pensée, il n'eust pas renvoyé quatre de ses galées et autres galiotes de son armée, veu que ses gens estoyent tous foibles encores, et que moult il avoit perdu de ses arbalestriers. Si ne faisoit mie semblant de vouloir nul grever, ne que il eust doubte aussi que nul le grevast. Car s'il l'eust pensé, aultrement se feust garny : car bien en avoit eu le temps et commodité ; mais s'en alloit son chemin simplement, comme celuy qui à nul ne vouloit nuire, et pensoit semblablement que nul nuire ne luy vouloit.

Ces choses respondit le mareschal à ceulx qui luy en parloient. Et tantost arriva au port que on dict le port des Cailles, et là veint coucher. Si advient en celle nuict, un peu avant le jour, que il arriva un petit vaisseau que on nomme brigantin, et estoit Venitien ; et cuidoient ceulx qui dedans estoient que ce feussent les galées des Venitiens : car elles n'estoyent pas loing de là, comme oüir pourrez. Celuy apportoit plusieurs lettres de par les Venitiens au capitaine de leurs galées, et à autres de sa compaignée ; et feurent ces lectres par ignorance baillées és mains du patron des galées du mareschal, les cuidant celuy auquel elles avoyent esté recommandées bailler en la main du capitaine venitien. Mais quand il s'advisa et apperceut que il n'estoit pas là où il cuidoit, si feut tant esbahy que il ne sçavoit que dire ne que faire. Quand le patron le veid esbahy, il luy demanda où il cuidoit estre. Il dict que aux galées des Venitiens : mais il voyoid bien que non estoit. Et adonc le dict patron porta les lettres et mena le messaiger au mareschal, lequel un petit l'interrogea : mais quand il le veid tant espouvanté, adonc de sa tres-grande liberalité, noblesse de cœur et franchise, et afin que les Venitiens ne peussent trouver nulle cause de eulx plaindre de luy, luy dist debonnairement : « Mon amy, n'ayez doub- » te ; vous estes entre vos amis, et raurez vos » lettres toutes telles que les avez baillé. » Adonc les luy rendit toutes telles que elles estoyent liés en un fardeau ; et luy dit que s'il luy failloit rien, que il le dist, et que il le recommandast au capitaine et à sa compaignée ; et ainsi s'en partit.

Quand il feut jour, le mareschal se remeit en son chemin, et celle journée ne trouva advanture qui face à compter. Si veint gesir devant la ville de Modon, de coste une isle qui est appellée l'isle de Sapience. Quand il feut là, il feit jetter le fer, et encrer celle part. Tantost que ce feust faict, veint une espie des Venitiens en une barque où il y avoit cinq ou six hommes ; lesquels, pour sçavoir la route du mareschal, et veoir s'il se doubtoit de rien, et en quel arroy il estoit, demanderent quelles gens c'estoyent. Et il leur feut respondu que c'estoit le mareschal et les Genevois ; et l'on leur demanda des nouvelles, et s'ils vouloient aulcune chose que le mareschal peut. Ils dirent que grand mercy, et que nulles nouvelles ne sçavoient. Si les feit-on boire, et à tant se partirent.

<><><>

CHAPITRE XXVI.

Comment les Venitiens assaillirent le mareschal, et la fiere bataille qui y feut. Et comment le champ et la victoire luy en demeura.

Le dimanche septiesme jour d'octobre, bien matin, se partit le mareschal du port de Sapience devant Modon, et se meit en voye pour tenir son chemin droit à Gennes. Mais ores estoit temps que plus ne feust cachée la felonne volonté des Venitiens, qu'ils avoyent tant gardée celément. Or leur semble veoir temps et lieu de la mettre à effect : car assez despourveu le pouvoient prendre ; et eulx au contraire estoyent bien garnis, et de leur faict advisez. Si n'eust pas le mareschal erré environ deux milles, quand il veid partir de derriere l'isle de Sapience le capitaine des Venitiens accompaigné de onze galées, lequel alla tout droict à Modon, et là preit deux grosses galées de marchandises qui estoyent dedans le port, toutes chargées de gens d'armes jusques au nombre de mille hommes, et avec ce bien dixhuict ou vingt vaisseaux tous chargez de gens d'armes et d'arbalestriers ; et à tout cela, et de leurs onze galées que auparavant avoyent tres-bien armées et chargées de gens d'armes et d'arbalestriers, apres le mareschal tirerent tant comme ils peurent : et feurent mis en tres-belle ordonnance, comme pour donner la bataille. Et avec ce par terre faisoient aller selon la marine grande foison de gens d'armes à pied et à cheval, afin que le mareschal et sa compaignée ne peussent eschapper par nulle voye, au cas que par peur ou par quelque advanture pour se sauver vers terre se retirast.

Le mareschal qui voyoid de loing toute celle ordonnance, n'avoit pourtant contre eulx nul soupçon, ains cuidoit que ils se departissent en telle forme du pays de delà, pour eulx en venir droict à Venise : car jamais n'eust peu penser que sans le defier, ou luy faire à sçavoir, luy veinssent par telle voye courir sus et l'assaillir. Si exploicterent tant leur erre les Venitiens, que en peu d'heures feurent moult approchez. Adonc les gens du mareschal, qui en tel arroy venir les veirent, luy dirent que sans faillir les Venitiens venoient contre eulx en trop mauvaise contenance d'amis : car ils estoyent tres-grand nombre de gens armez en toute ordonnance de bataille, les arbalestriers tous prests de tirer, et les gens d'armes les lances droictes, et toutes choses apprestées comme il appartient pour assembler et pour combatre. Et pour Dieu qu'il y advisast, si que de son opinion ne feust mie deceu : par quoy se trouvast surpris, desarmé et despourveu.

Quand le mareschal veid la maniere, et que c'estoit à certes, adonc n'eut-il en luy que courcoucer. Si feit hastivement ses gens armer, si peu qu'il en avoit : car mal en estoit garny. Et trop luy pesoit de ce que deux jours devant avoit congedié deux des naves de son armée toutes chargées de gens d'armes et d'arbalestriers ; et s'il eust cuidé ceste advanture, bien s'en feust gardé : mais jamais ne l'eust pensé. Et à tout ce avoyent bien pris garde les Venitiens, et pource le surprirent à leur advantaige. Si meit ses gens tantost en ordonnance, et ses arbalestriers, si peu qu'ils estoyent ; et tantost feit tourner vers les Venitiens les proües de ses galées, et tout appareiller pour assembler, si besoing estoit. Toutefois il feit expresse defence que nul ne feist semblant de tirer à eulx bombarde, ne autre traict : car encores ne pouvoit du tout croire que en mauvaise intention contre luy veinssent ; et ne sçavoit si ils venoient pour parler à luy pour aucune restitution du faict de Barut, si comme on luy avoit dict que ils s'en tenoient mal contents, ou pour autre chose. Si ne vouloit nullement contre eulx commencer debat.

Quand ils feurent assez approchez, adonc s'arresterent tout coys, pour eulx du tout mettre en arroy de combattre, comme il affiert en mer ; et leurs voisles prirent à ployer, à ce que elles ne leur nuisissent : et à toutes leurs choses bien appointer. Semblablement estoit arresté le mareschal avec tous les siens ; pour les mettre en arroy tout au mieulx que faire se pouvoit. Et adonc veid bien que c'estoit à certes. Si pria moult et enhorta ses gens que ils se defendissent vigoureusement : car il avoit esperance en Dieu que ainsi comme autresfois leur avoit aydé, à ce besoing ne leur fauldroit point ; et ainsi le manda en toutes ses galées.

Quand les Venitiens feurent bien mis en arroy, adonc prirent à naviger à effort tant comme ils purent vers le mareschal ; et luy, qui oncques ne s'esbahit, semblablement veint de randon vers eulx. Si s'escrierent iceulx Venitiens, en disant : Bataille ! bataille ! et avec ce saluërent les nostres de bonnes bombardes, et commencerent les premiers. Mais nos gens ne leur gauchirent mie, ains lancerent vers eulx de bombardes et de traict sans nulle espargne. Si preirent à approcher ; ains tirans les uns aux autres si druëment que plus ne pouvoit estre, tant que si pres feurent que ils veinrent au pousser des lances, et que les galées s'entrejoignirent. Lors commença la bataille dure et aspre, et mortelle, et à bonne lance les uns contre les autres ; dont maints y perdirent la vie. Apres les lances s'entrecoururent sus main à main à dagues, et à haches et espées. Et là veissiez nos gens fort envahis et durement assaillis ; mais leur grand vaillance, qui autres fois et en tant de lieux s'estoit grandement demonstrée, ne fut mie adonc amortie ; ains tant vigoureusement se defendirent ; que oncques gens mieulx ne le feirent. Si n'estoit mie le jeu esgal quant à la quantité de gens : car pour un, quatre y en eut des ennemis, et presques le double de navire. Si eurent les nostres moult à souffrir, pour la foison de gens d'armes et traict qui feut contre eulx. Mais comme ils se combattoient par grand vertu, ce n'estoit merveilles s'il y en en eut moult d'occis et de navrez ; et maints en verserent le jour en la marine noüer tous armez avec les poissons. Et les veissiez saillir apertement, et courir par grand vertu aux galées et au navire de leurs adversaires, nonobstant que moult les grevassent les deux grosses galées qui les surmontoient de haulteur, qui trop leur nuisoit. Mais ire et desdaing de ce que se voyoient ainsi surpris accroissoient leurs forces et leurs couraiges ; parquoy à merveilles s'advanturerent pour eulx venger, si faisoient là merveilles de leurs corps. Helas ! et si esgaulx feussent de nombre, comme tost feust la chose par eulx expediée ! Mais trop estoit grande l'assemblée de leurs ennemis, et y avoit moult bons gens d'armes souldoyers : car les Venitiens, qui bien cognoissoient la vaillance et proüesse du mareschal et de sa compaignée, avoient pris gens d'eslite, tous les meilleurs que finer peussent.

Longuement dura ceste bataille par la vigueur de nos gens, que les autres taschoient à desconfire : mais il ne leur feut mie leger à faire ; car trop y trouverent grande resistance. Si feurent toutes les galées entremeslées, qui main à main se combattirent si durement, que grande cruaulté estoit de veoir deux parties qui oncques meffaict n'avoient les uns aux autres, que telle occision feut contre eulx. Car aussi mortellement s'entre-envahissoient, comme si ce feust pour la vengeance de pere ou de mere morts, ou de perte perpetuelle. Et le tout par l'iniquité et l'envie de l'une des parties, comme dict est. Ha ! faulse envie, que tu as basty de males œuvres, et maints as livré à honte ! Mais ce ne feras-tu mie de ce vaillant mareschal pour ceste fois, ne jamais, si Dieu plaist : car Dieu l'a en sa garde. Entre les aultres que vous diroye du dict preux combatant, et de ceulx de la galée où son corps estoit, qui fut accouplée à celle du capitaine des Venitiens ? car Dieu sçait comment luy et les siens vaillamment le feirent : luy, pour conforter ses bons combattans, et eulx par son exemple, et pour garder et defendre leur bon chevetaine et seigneur. Ce n'estoit sinon merveilles à veoir, et leurs ennemis aussi moult les requerroient : car, comme dict est, gens estoyent en armes tres-esleus et esprouvez. Mais nonobstant ce, ceulx de la dicte galée du mareschal, comme loups affamez ou enragez, sailloient en celle du capitaine si druëment, et couroient parmy, faisans les traces de leurs coups, que si tost n'eust esté secouruë, moult petit eust eu de durée. Mais les dictes deux galées grandes et hautes, qui aux deux lez la targerent, feirent au mareschal et aux siens trop d'encombrier : car de là sus lançoient les ennemis à eulx, qui moult en occirent. Et à brief parler, à quoy plus long compte vous tiendroye ?

Bien l'espace de quatre heures dura ceste meslée, qui moult est grand merveille comment ce peut estre que tant durast. Ainsi, comme ouïr pouvez, feut moult dure ceste bataille, où le mareschal et sa gent si vaillamment se porterent, comme dict est, que en fin le champ leur demeura. Mais à dire toutes les vaillantises que chascun endroict soy y feist, long seroit à racompter. Et pour l'honneur d'eulx et de leurs lignées, et pour exemple de bien faire à ceulx qui nommer les oiront, est bien raison que les noms soyent ramenteus en cest endroict des principaulx qui vaillamment s'y gouvernerent.

Le premier que par droict nommer debvons est leur vaillant chevetaine le bon mareschal, par la force duquel hardiese et scavoir en eurent l'honneur. Là feut aussi le bon Chasteaumorant, qui de bien faire ne s'y faignit, comme il y parust à luy et à ses ennemis ; messire Louys de Culan, messire Jean Dome, messire Robinet Fretel, messire Jean Le Loup ; et des escuyers Guichart de Mage, Robert de Tholigny, Regnauld Descambronne, Richard Monteille, Jean de Montrenart, Charlot de Fontaines, Odart de La Chassaigne et Jean de Oni, lequel en ceste bataille entre les aultres y feit tant de sa part, qu'il emporta, au dict des amis et des ennemis, à merveilles grand los. Et s'il y besongna, bien y parut à son corps, lequel, nonobstant que il feust bien armé, feut navré de plusieurs playes comme mortelles. Et avec les dessus dicts nommez, plusieurs autres, qui long seroit à racompter, tres-vaillamment s'y porterent, et generalement tous les François et plusieurs Genevois et autres.

Et à la parfin les ennemis, qui ja estoyent lassez, et qui veirent que nonobstant tout leur effort et toutes leurs cauteles, pour neant s'efforçoient de desconfire le preux combatant, et que trop y perdroient des leurs, moult se voulurent retirer s'ils eussent aulcunement peu à leur honneur, et en gaignant ou recouvrant quelque chose de leur perte. Adonc tant s'efforcerent que ils enclouïrent entre eulx trois des galées du mareschal qui sur eulx trop s'estoyent advanturées, et des aultres les separerent; et icelles trois tant pourmenerent que prise les emmenerent, et laisserent le champ au vaillant combatant, à tout le demeurant de sa gent, qui grand honneur en doibt avoir. Toutesfois toutes ne s'en allerent les galées des ennemis : car malgré eulx en reteint une. Et les autres, comme vaincus, laisserent la place, et fuyant s'en allerent retirer et ficher en leur ville de Modon, dolens et marris dont avoyent failly à leur intention. Et le mareschal et les siens de la place ne se bougerent, jusques à ce qu'ils en eurent perdu la veue.

◇◇◇

CHAPITRE XXVII.

Comment le mareschal s'en alla à Gennes, irrité contre les Venitiens; et des prisonniers qui feurent emmenez d'un costé et d'autre.

Ainsi, comme vous oyez, demeura le champ de la bataille au preux mareschal, à tout le demeurant de sa gent; et les Venitiens, comme vaincus, se retirerent et le laisserent. Mais tant demeura dolent et indigné de ceste adventure, dont jamais ne se fust donné de garde, et de ce que ainsi avoit esté pris au despourveu, et aussi de la perte que il avoit faicte de sa gent, que nul ne pourroit dire comment son cœur feut gros et enflé contre les Venitiens. Mais ceste trahison cuida-il bien venger. Si dict que à ce fauldroit-il point, si Dieu luy donnoit vie.

Si se partit à tant de la place, et environ soy rassembla ses gens et ses galées, aux mieulx qu'il peut. Mais bien vous promets que ils ne sembloient mie gens venans de feste ou danse : car à merveilles estoyent lassez, navrez et desrompus, et n'estoit mie de merveilles. Si les reconforta et visita par grand amour et pitié le bon mareschal : et non pourtant quatre jours apres la bataille dessus dicte, comme le mareschal tenoit son chemin droict à Gennes, rencontra deux naves de Venitiens. Sur icelles voulut en partie venger son ire : si les feit tantost assaillir si durement que gueres ne durerent, ains feurent tost prises, et les emmena avec luy à Gennes. Si estoyent les dictes naves bien garnies de biens et de bons prisonniers, lesquels il reteint jusques à ce que les Venitiens luy rendirent les siens. Mais avec ce moult luy estoit le cœur dolent de ses bien-aimez gentils-hommes qui furent emmenez prisonniers, où moult avoit de vaillans gens, dont le principal d'eulx estoit le vaillant et bon chevalier Chasteaumorant, qui le jour avoit souffert et moult faict d'armes ; et avec lui trente quatre chevaliers et escuyers, tous gens d'eslite, de grand honneur et renommée, et autres plusieurs bons et notables Genevois et autres, qui feurent pris és deux autres galées. Aussi y avoit grand foison de gentils-hommes de renommée et de grand honneur en la galée qui par nos gens feut prise, comme dict est. Et que tels feussent, y parut quand veint au faict de leurs rançons et delivrances, si comme ouïr pourrez.

Et ainsi arriva le mareschal à Gennes, où il feut à si grand honneur et joye receu de tous les plus grands, et generalement de tout le peuple, que oncques seigneur ne feut receu à plus grand feste. Mais à tant vous lairrons du mareschal, et dirons du seigneur de Chasteaumorant et des autres prisonniers que on menoit à Venise.

◇◇◇

CHAPITRE XXVIII.

De la pitié des prisonniers françois.

Quand Chasteaumorant avec la compaignée des autres prisonniers feurent arrivez à Venise, adonc on les ficha en bonne forte prison; et selon la coustume en tel cas, je croy qu'ils n'eurent mie toutes leurs aises : car dur giste et petit repas, et du mal assez, leur faisoit compaignée. Hélas ! si n'en eussent-ils mie eu mestier : car navrez, malades et blessez, plusieurs d'eulx estoient. Et si oncques eurent eu aise, joye et repos, adonc en eurent-ils souffreté : mais ainsi sont souvent servis ceulx qui honneur quierent et pourchassent, et bien doibvent estre hault eslevez les bons qui si chere chose vont poursuivans. Or feurent ainsi là à grand tourment et meschef de cœur, de corps et de pensée : car bien sçavoient que le mareschal estant tant indigné contre les Venitiens, et à bon droict, que pour rien n'eust laissé de leur faire guerre et de s'en venger. Si ne sceurent que faire, ny quel conseil prendre : car bien feurent informez des coustumes des dicts Venitiens, c'est à sçavoir que au faict de leurs guerres jamais les prisonniers que ils prennent ne sont delivrez, jusques à ce que la guerre soit faillie, qui peult aucunes fois durer tout l'aage d'un homme. Si pouvez penser, vous qui ce oyez, en quel soucy ces bons gentils-hommes debvoient estre.

Le bon Chasteaumorant, le saige au cœur constant, en qui ne default vertu que bon, vaillant et preux doibve avoir, lequel pour male fortune ne se trouble, ne pour la bonne moult ne s'esjoüist, feut entre eulx comme leur chef. Si les reconfortoit par ses bons admonestemens, et leur mettoit Dieu en memoire, comme celuy qui l'aime, sert et craint ; et leur disoit que à luy retournassent et y eussent fiance, et que sans faillir point perir ne les lairroit : et avec ce, que ils eussent cœurs de gentils-hommes forts et endurcis, et qui pour rien ne se doibvent douloir, ne delaisser bonne espérance, ne cheoir en desconfort. Et ainsi souvent les reconfortoit, et iceux prenoient grande consolation.

Mais ne croyez mie que le bon vaillant mareschal oubliast ses bons amis pourtant s'il ne les voyoit, et s'ils estoyent enchartrez, comme souvent sont oubliez des princes (dont est pitié) ceulx qui sont à cause de leurs guerres pris et destruits. Nenny certes. Mais au plus tost qu'il peut les envoya reconforter de faict et de paroles. Car argent assez et largement leur envoya, et manda que de rien n'eussent melancolie : car il ne leur fauldroit jour de sa vie ; dont ils feurent moult reconfortez.

◇×◇

CHAPITRE XXIX.

Comment les prisonniers mettoient peine, par leurs lettres vers les seigneurs de France, que le mareschal ne feist guerre contre les Venitiens, afin que leur delivrance n'en feust empeschée.

Tout ainsi qu'il est de coustume que toute personne qui se trouve en aulcune maladie ou desolation cerche volontiers sa salvation et santé, et cerche diligemment voye de la trouver ; iceulx par plusieurs fois vers Chasteaumorant à conseil se meirent, pour adviser qu'ils pourroient faire pour estre tirez hors de celle caige. Si en disoit chascun son bon advis, et sembloit aux aulcuns que bon seroit d'escrire piteusement de leur estat à leur bon maistre le mareschal ; que pour Dieu il eust pitié de ses bien-aimez gentils-hommes, et que il voulust aucunement fleschir à son grand et hault couraige, nonobstant la grande injure faicte à luy par les Venitiens. Parquoy, pour compassion d'eulx qui en seroyent destruicts et morts par adventure par longue dure prison ou aultrement, se voulust deporter d'entreprendre la guerre. Les autres disoient que bon seroit que ils escripvissent aux princes de France, en les suppliant humblement pour Dieu que ils voulussent mettre paix et accord entre le mareschal et les Venitiens, ou sinon ils estoyent perdus. Ces deux voyes leur semblerent bonnes : mais non pourtant les plus advisez doubteroient que la grande ire, propos et volonté du mareschal de faire guerre aux Venitiens ne peust estre desmûe, ne pour pitié d'eulx, ne pour quelconque priere de prince, ne aultrement, si n'estoit seulement par une voye : c'est à sçavoir par le seul commandement de son souverain seigneur le roy de France, à qui de rien ne vouldroit desobeir. Bien le sçavoient ; et s'ils pouvoient advenir par leurs prieres et piteuses requestes que le roy lui mandast expressément par ses lettres, par ce point seroient guairis.

Tel appointement leur sembla bon, et à celle conclusion se teinrent, et d'ainsi faire le conclurent ; et mesmement avec ce que ils se ayderoient des autres deux voyes dessus dictes. Adonc les veissiez tous ensemble escrire lettres au mareschal pour ceste requeste : dont l'un ramentevoit l'amour que autres fois avoit trouvé en luy ; l'autre, comment il avoit veu sa grande pieté demonstrer par divers cas ; l'autre assignoit raison que ainsi il le debvoit faire pour eschever plus grand mal ; l'autre, qu'il feroit aumosne et grand bonté de souffrir pour les reschapper de mort ; et ainsi diversement tant piteusement à luy se recommandoient, comme ceulx que grand desir menoit, que quand les lettres veindrent és mains du mareschal, il ne feust oncques en la puissance de son noble couraige que les larmes ne luy couvrissent la face, pour la pitié et amour qu'il avoit à ses bons amis. Mais pourtant ne se pouvoit desmouvoir de non vouloir la guerre, pour laquelle s'apprestoit tant et hastivement comme il pouvoit. Mais les pauvres prisonniers reconfortoit par ses messaigers, et feit parler aux Venitiens de les mettre à rançon aux guises de France : mais rien n'y valut, car ils dirent que ce n'estoit pas leur usance.

Adonc veissiez les pauvres prisonniers escrire en France aux seigneurs ausquels ils estoyent de service : car les aucuns estoyent au Roy, les autres au duc de Berry, autres au duc d'Orleans, ou de Bourgongne, ou de Bourbon, et ainsi à plusieurs, et chascun supplioit humblement son seigneur et maistre que pour Dieu ne les voulust oublier, ne laisser là pourrir en prison. Lesquelles requestes meurent les seigneurs à grand pitié, si qu'ils escrivirent hastivement au mareschal de ceste chose; et feirent tant que le Roy luy escrivit que il n'en feist plus jusques à ce que il auroit deliberé en son conseil ce qu'il vouldroit qu'il en feust faict.

De ceste defence feut moult dolent le mareschal; mais ne voulut desobeir, si se souffrit à tant pour celle fois. Et en ces entrefaictes se entremirent aucuns bons moyens de traicter paix et delaisser la guerre, et singulierement pour cause des dicts prisonniers. Long feut le traicté de ceste paix, car le mareschal jura qu'il n'y seroit veu ny oüy; mais puis qu'il plaisoit au Roy et à nosseigneurs, il consentoit bien que les Genevois accordassent selon leur bon plaisir, et il ne leur contrediroit. Si feut à la parfin paix faicte entre eulx, dont les Venitiens eurent grand joye (car ils n'en estoyent mie sans soucy et peur) : à condition que prisonniers pour prisonniers seroyent rendus, et qu'il n'en y eust plus. Et ainsi feut accordé et faict. Et à tant feurent delivrez nos prisonniers, qui feurent huict mois entiers és prisons des Venitiens. Mais comme par divine volonté les choses viennent aulcunes fois pour le mieulx, on doibt Dieu loüer de celle prinse : car elle escheva la guerre, dont grand mal et meschef s'en feust ensuivy.

◇◇◇

CHAPITRE XXX.

Comment les Venitiens s'envoyerent excuser envers le Roy de ce que ils avoyent faict.

Apres ces choses, les Venitiens, qui doubterent la malegrace du roy de France et des princes françois pour l'achoison de ce qu'ils avoient faict, et dont les François avoient tenus prisonniers, pour eulx excuser envoyerent leurs ambassadeurs devers le Roy, qui portoient lettres de la seigneurie de Venise avec leur creance. Par ces lettres et ambassadeurs se envoyoient moult excuser de ce faict, disans que le mareschal leur avoit faict trop grand tort et dommaige à Barut, et pris leurs biens et marchandises. Et avec ce, quand ils s'en venoient vers luy pour luy dire et remonstrer amiablement, et prier que restitution leur feist de leurs biens, que il leur courut sus, et premier les assaillit. Et eux, comme contraints, se meirent en defense : pour laquelle chose Dieu leur avoit donné la victoire, si comme il apparust. Et pource ne leur debvoit sçavoir le Roy, ni nosseigneurs, nul mauvais gré. Telles choses et assez d'autres mensongeres pour leur excuse dirent au Roy et à nosseigneurs : mais n'en feurent pourtant creus, ne grand foy on n'y adjousta. Et ainsi s'en allerent à petite chere, et à froide responce.

Le mareschal, qui par ses amis de par deçà entendit ceste nouvelle, lesquels luy avoyent envoyé la coppie des lettres que on avoit apportées au Roy, en feut tant fasché que plus ne se peut; et lors luy sembla bien avoir achoison de mouvoir noise et debat comme il desiroit aux Venitiens. Et pour celle cause, et pour monstrer leur tort et mensonge, leur escrivit les lettres qui cy apres s'ensuivent, ausquels les Venitiens n'oserent oncques faire response. Et vrayement comme en armes il demonstroit sa vaillance, et au gouvernement sa prudence, pareillement en escriture apparoissoit son sçavoir au contenu d'icelles, lesquelles par luy sans autre feurent dictées, si bien et en si bel et notable style comme on peut veoir, et comme nul clerc rhetoricien pourroit faire, selon le langaige plain et bien ordonné de quoy on doibt user au devis du faict d'armes. Si pouvons conclure, par ce qu'il nous appert, iceluy mareschal estre és graces comprises en sens et faicts vaillans tout remply.

◇◇◇

CHAPITRE XXXI.

Cy ensuit la teneur des lettres que le mareschal envoya aux Venitiens.

« Au nom de Dieu qui toutes choses a faictes, et qui cognoist toutes personnes, et qui sur toutes choses aime verité et hait mensonge, je, Jean Le Maingre, dict Boucicaut, mareschal de France et gouverneur de Gennes, à vous Michel Steno, duc de Venise, et Carle Zeni, citoyen d'icelle cité, fais à sçavoir que j'ay receu la coppie d'unes lettres que vous Michel Steno avez envoyées en France au Roy mon souverain seigneur, escrites à Venise le penultiesme jour du mois d'octobre dernier passé. Du contenu desquelles, si ce ne feust l'usance et coustume de vous, et vos predecesseurs tenans le lieu que vous tenez, je me donnerois grand merveille, pource qu'elles sont toutes fondées sur mensonge, sans y avoir mis nul mot de verité; et ausquelles j'eusse faict pieça response, si n'eust esté pour doubte d'empescher la delivrance des François et Genevois, que contre droicte et raison avez detenus prisonniers. Et pour ce maintenant la vous fais, et respons aux articles contenus en icelles en la maniere qui s'ensuit.

» Et premierement à ce que en vos dictes lettres est contenu que au mois d'aoust dernier passé, environ le dixiesme jour, je, courant par la marine de Syrie avec les Genevois, ay desrobé les biens et marchandises de vos Venitiens estant à Barut, et qu'il ne profita point que par vos Venitiens m'eust esté dict les dicts biens et marchandises estre leurs, et d'autres Venitiens, et que en oultre ay prins aultres vos naves : je vous respons que il est vray que quand les ambassadeurs que j'avois envoyez devers le roy de Cypre eurent faict la paix, et je me trouvay en Cypre avec l'armée que adonc avoye, non voulant perdre la saison, regardant le tort et oultraige que le Souldan avoit faict aux marchans et biens des Genevois, et au commun de la cité de Gennes (laquelle cité j'ay en garde et gouvernement pour le Roy mon souverain seigneur), et que à bonne et juste cause j'estoye tenu de faire guerre et dommaige au dit Souldan et à ses pays et subjects ; ayant volonté d'aller en Alexandrie, et pour le temps et vent contraire ne pouvant accomplir le desir que j'avois, je deliberay d'aller és parties de Syrie, où je les trouvay bien advisez de la venuë de moy et de mon armée, par les lettres et messaigers que vos Venitiens leur avoyent envoyé, qui estoit contre Dieu, contre loyauté, et contre tout ce que bon chrestien doibt faire.

» Et environ le jour que en vos dictes lettres est contenu, veins descendre au dict lieu de Barut, ou pres. Paravant ma quelle descente voyant une griperie partant du port, envoyai une de mes dictes galées apres elle ; et feut prise et emmenée la dicte griperie, laquelle estoit de vos Venitiens, qui par l'ordonnance de vostre conseil de Nicocie estoit allée plusieurs jours avoit au dict lieu de Barut, pour faire à sçavoir aux sarrasins la venuë de moy et de ma dicte compaignée. Et neantmoins peu de temps apres que je l'eus faict prendre, pour monstrer amitié envers vous plus que tenu n'y estoye, feis delivrer la dicte gripperie et les hommes qui dessus estoyent, sans leur faire nul dommaige en l'avoir, ne en leurs personnes (de laquelle chose je fais grande conscience) ; et que tous les Venitiens et gens qui estoyent dessus ne feis pendre ou jecter en la mer, pource que l'œuvre que ils avoyent faicte et faisoient estoit traistresse à Dieu et à la chrestienté.

» Et quant aux biens et marchandises qui au dict lieu de Barut feurent trouvez, il est bien à penser et doibt-on croire fermement que puis que vos Venitiens y avoient faict sçavoir ma venuë, comme dict est, qu'ils avoient bien pourveu à lever les biens et marchandises que ils y avoient. Et bien est vray que moy estant à la terre comme en terre d'ennemis, abandonnay à prendre ce qui s'y pourroit trouver : laquelle prise feut petite, pour ce que il s'y trouva peu. Après laquelle prise et demeure faicte en la ville l'espace et temps que le cas le requiert, ayant faict bouter feux par la dicte ville, me retiray en mes galées, sans ce que moy estant en la dicte terre, ne moy retiré en mes dictes galées, feust pour lors à moy venu homme quelconque Venitien, ne autre pour eulx, me demander nulle restitution de biens, ne de proye qui y eust esté prise, comme mensongeusement l'avez escrit. Car Dieu sçait si elle m'eust esté demandée, que de bon cœur et de bonne volonté eusse faict restituer ce que de raison eust esté ; pource que je n'avois intention ne volonté de porter dommaige à vos Venitiens, ne autres chrestiens : mais tant seulement au dict Souldan, ses pays et subjects, ausquels j'avoye la guerre.

» Et à ce que vous adjoustez que tantost apres la prise de Barut j'ay pris autres vos naves ; si ne feust, comme dict est dessus, vostre usance accoustumée d'escrire et dire mensonges plus que nulles autres gens et nations qui soyent, je me donnerois grand merveille : car vous mesmes sçavez bien et pouvez bien sçavoir que le contraire de ce que avez escript est la vérité. Et toutesfois si j'eusse voulu, j'en pouvois assez prendre : car à Lescandelour, à Famagouste, à Rhodes, tant à mon aller comme à mon retour, et en plusieurs autres lieux sur la marine, tant à la coste de Syrie comme ailleurs, j'ay assez trouvé de vos naves et autres vos navires en grand nombre, lesquels estoyent bien en ma puissance d'en faire ce que je vouloye : mais par tout où je les ay trouvées je les ay traictées aussi bien ou mieulx que si ce feussent navires de Genevois.

» Et quant à ce que en vos dictes lettres est contenu que environ le septiesme jour d'octobre dernier passé, moy, accompaigné de onze galées, me trouvay autour de Modon, et que là vous, Carle Zeni, capitaine des galées des Venitiens, deliberastes de vous monstrer amiablement à moy et à mes galées, pour vous complaindre et requerir satisfaction des choses qui par moy et ceulx de ma dicte compaignée avoyent esté ostées à Barut et ailleurs aux marchans venitiens, et que lors moy et mes galées tournasmes les proües encontre vous, et les vostres montrans et tenans maniere d'ennemis ; et que vous ce voyant, comme contrainct et ne pouvant autrement faire, feistes le semblable vous et vos galées encontre moy et les miennes, et tant que par mon default et coulpe feust dure bataille entre les parties, en laquelle bataille feurent prises trois de mes galées, et les autres se meirent à la fuite : je vous respons en la maniere qui s'ensuit. Il est vray que au retour de mon voyage je m'en veins vers Rhodes, duquel lieu de Rhodes je partis avec onze galées pour venir en ma compaignée. Et ces miennes galées, pour le long voyage que faict avoye, où j'avoye eu et laissé plusieurs de mes gens morts, blessez et malades, estoyent tres-mal armées, tant de mariniers comme de compaignons, arbalestriers, et encores moins de gens d'armes. De laquelle chose, pour les mieux armer ne appareiller, nonobstant que bien l'eusse peu faire de gens, comme vous sçavez qu'il y en avoit beaucoup et de bons au dict lieu de Rhodes, je ne me soucioye, pource que je n'avoye soupçon en mon retour de vous ne d'autres chrestiens, que je tenois tous amis ; et par especial de vos Venitiens, pour les belles bourdes polies et paroles mensongeres que vous Carle Zeni m'aviez dictes et par plusieurs fois mandées, combien que je sceusse bien que és dictes parties de Modon vous estiez avec les galées des Venitiens.

» Ainsi doncques, accompaigné des dictes onze galées, m'en veins mon chemin pour venir droict arriver au dict lieu de Modon, devant lequel lieu, c'est à sçavoir en l'isle de Sapience, moy et mes dictes galées jectasmes le fer le sabmedy sixiesme jour du dict mois d'octobre, cuidans estre en lieu d'amis, et pour donner à chascun congnoissance de la volonté et intention ferme que j'avoye de non offenser nulle de vos galées, ne naves, ne autres choses venitiennes ; et que si j'eusse eu autre volonté et intention, je l'eusse bien peu faire. Il est vray que peu de jours avant que j'arrivasse au dict lieu de Sapience, j'avois licentié deux galées de Scio qui estoyent en ma compaignée, une galée et une galiote du seigneur de Metelin, une galée et une galiote de Pera, une galée du seigneur Desne, une autre de mes galées que j'avois envoyée en Alexandrie, et deux ou trois galiotes. Toutes lesquelles galées et galiotes, si j'eusse eu envers vous autre volonté que bonne, j'eusse amenées avec moy : car il ne le me failloit que commander. Et en oultre, le jour avant que je arrivasse au dict lieu de Sapience, moy estant au cap Sainct Angel, me veinrent trouver deux des naves de mon armée bien fournies de gens d'armes et arbalestriers ; en l'une desquelles estoyent bien huict cent hommes armez ou plus. Lesquels gens d'armes et arbalestriers, si j'eusse voulu, je pouvoye prendre et lever, et les departir sur mes dictes galées à ma volonté. Et d'autre part, en ce mesme lieu, pres du dict cap Sainct Ange, veint un vostre brigantin ou griperie de Candie, un peu devant le jour, arriver à mes galées, cuidant que feussent les vostres ; lequel apportoit plusieurs lettres à vous Carle Zeni, et à ceux de vostre compaignée.

» Le porteur desquelles estant sur ma galée, et icelles lettres baillées en la main de mon patron, me demanda mon dict patron que je vouloye qu'il en feist ; auquel je respondis que je vouloye qu'il les luy rendist sans les ouvrir, et que je ne vouloye point que à luy ne autres Venitiens quelsconques, ne à leurs biens, feust aulcunement faict tort ou desplaisir, et qu'il le licentiast courtoisement. Et ainsi feut faict. Et encores celle mesme nuict que j'arrivay au dict port de Sapience, peu apres ma venuë, veint une vostre barque, aux gens de laquelle moy faisant parler par aucuns de mes gens, et demander des nouvelles, feut par eulx respondu que vous Carle Zeni estiez à tout onze galées à Portogon, et que deux grosses galées estoyent à Modon, avec plusieurs autres navires grans et petits ; de l'une desquelles grosses galées celle mesme barque estoit, comme ils dirent. Laquelle barque, apres toute courtoisie à luy offerte, je feis courtoisement licencier.

» Et le lendemain, qui feut le dimanche septiesme jour dessus dict, me partis bien matin du dict port de Sapience avec mes dictes galées, pour m'en venir mon chemin devers Gennes, en volonté de lever au port de Ion eaüe, dont mes dictes galées estoyent mal fournies. Et ainsi comme je feusse allé deux ou trois milles tirant droict au dict lieu du port de Ion pour lever eaüe, comme dessus est dict, vous monstrates vous Carle Zeni à tout onze galées parties du dict lieu de Portogon, et allant vers Modon : en quoy je ne pris nul soupçon. Auquel lieu vous ayant faict comme nulle demeure, vous apparustes derechef, et monstrastes à tout vos dictes onze galées, et à tout les deux grosses dessus dictes qui paravant ne s'estoyent à nous monstrées : en laquelle chose ne preins semblablement soupçon ne pensée aulcune, fors que de veoir amis. Et mes galées, comme dict est dessus, estant petitement armées, et parce pouvans peu exploicter de chemin, moy n'ayant aussi en ce trop grande volonté, pource que lors je m'appensay que vous estiez parti pour prendre vostre chemin droict à Venise, ou que vous aviez volonté de parler ou faire parler à moy, vous qui la trahison et mauvaistié que aviez intention de faire aviez longuement bastie, exploictastes de chemin en telle maniere que en peu d'espace feustes bien prochain de moy et de mes dictes galées. Laquelle vostre venuë je voyant hastive sur moy et sur ma dicte compaignée, et aussi voyant vos dictes onze galées et les deux grosses venans en bataille et ordonnance, chargées, outre ce qu'il est de coustume, de tres-grand nombre de gens d'armes dont les lances, harnois et personnes se pouvoient clairement veoir ; ayant aussi faict tous habillemens qu'il convient à guerre et bataille, et mesmement vous Carle Zeni à tout vostre galée estre mis au milieu des dictes deux grosses, pour vostre plus grande seureté; voyant en outre venir avec vous sept ou huict brigantins ou palestarmes de naves fort chargées de gens d'armes et d'arbalestriers, qui ne sembloit pas maniere de venir demander aulcune restitution, comme en vos dictes lettres est escript, mais droicte maniere et manifeste semblance d'ennemis, qui sans parole et sans aucune sommation ou requeste à nous impourveus, veniez courir sus : mesmement que par terre, selon la marine, faisiez venir grand nombre de gens d'armes, tant de cheval comme de pied, de laquelle terre nous estions prochains; comme contrainct, et par pure necessité, feis tourner les proües de mes dictes galées contre vous, deffendant premierement que par nulle de mes galées ne feust faict offense à vous ne à aucun des vostres de bombardes, de traict, ne d'autres armeures ou habillemens, ne autrement, en aulcune maniere, jusques à ce que de moy en eussent signe ou commandement. Laquelle deffence feut bien observée. Mais vous qui la volonté traistreuse de long temps aviez en vostre couraige, qui à ce faire aviez mis toute diligence et cure, et pour celle cause aviez pris et mis sur vos dictes treize galées et sur vos brigantins ou palestarmes dessus dicts tres-grand nombre de souldoyers, de gens d'armes et de traict, tant de ceulx de Modon, de Coron, comme de ceulx qui debvoient aller à la garde de Candie, et aussi de ceulx qui estoyent és navires qui pour lors estoyent à Modon, dont il en y avoit tres-grand nombre, comme dessus est dict, en grande ordonnance, avec bombardes, arbalestriers, et autres choses à bataille necessaires, avant que mes dictes galées peussent estre bien en arroy, ne que ce peu de gens que j'avoye, peussent estre armez, ain encores ne l'estoyent, pour l'esperance que jusques lors moy et eulx avions eu envers vous d'amitié et non de inimitié, me veinstes courir sus et investir.

» Voyant laquelle chose, je feis signe et commandement à tous les miens que chascun feist à son pouvoir, comme en tel cas appartenoit. Pourquoy tous ceulx qui en ont oüy ou orront parler, et qui à vérité adjoustent foy et non à mensonges, peuvent clairement veoir et appercevoir que de vostre tres-malicieuse volonté et trahison pourpensée, non pas par contraincte, comme faulsement est contenu en vos dictes lettres, entrastes et esmeutes la bataille, et que moy et les miens par vostre default et coulpe, et non pas par la mienne, entrasmes en icelle bataille comme contraincts et defendeurs. Mesmement que si la bataille dessus dicte j'eusse desirée, je vous feusse plus tost allé trouver à Portlong, où vous n'aviez que onze galées, que je n'eusse vous laisser fortifier des dictes deux grosses, et des brigantins ou palestarmes dessus dicts. Laquelle chose m'estoit assez legere à faire, si j'en eusse eu la volonté.

» Et touchant ce que en vos dictes lectres est escript, que apres la dure bataille entre nous feurent prises trois de mes galées, et les autres se meirent à la fuite : de la dureté de la bataille, je m'en rapporte à ce qu'il en feut, et à ce que vous Carle Zeni, si vous en vouliez dire la verité, en pourriez dire, qui sçavez que deux fois le jour par ma galée la vostre feut courüe et mise comme à desconfiture. Et si la besongne eust esté à partir à nous deux, et que ma galée n'eust eu à autres galées à faire qu'à la vostre, si je l'eusse legerement depeschée : nonobstant vos traistreux pourpensemens et dessein de longue main, tant en grand nombre de gens d'armes, d'arbalestriers, comme autres choses, oultre le nombre et usance accoustumée, comme dessus est dict.

» Et quant aux prises des galées, il est vray que par mes galées feut prise une des vostres, et par vos galées feurent prises trois des miennes. Et se debvroit-on donner grand merveille que vous qui estiez en nombre de gens comme je croy trois fois plus que nous n'estions, et en nombre de navires plus que le double, et qui de faict à pensé aviez appoincté vostre besongne, nous estans impourveus et mal fournis, et non sçaichans ne ayans aulcun soupçon, toutes nos galées par les vostres ne feurent prises. Mais Dieu qui à tard laisse trahisons et mauvaistiez accomplir à ceux qui les entreprennent, nous garda et defendit, avec la peine que nous y meismes, que vostre orgueilleuse et traistresse intention ne veint à effect.

» Et quant à la fuite que vous avez escripte par mes autres galées avoir esté faicte, je me donne grandement merveille, comme d'une chose où il y avoit tant de gens, et dont la vérité peult estre si clairement sceüe, comme de ce vous osez si apertement mentir. Car vous, Carle Zeni, et vos galées, feustes celles qui apres que nous feusmes departis d'ensemble (laquelle departie feut faicte principalement par vous et par grand part de ceulx de vostre compaignée, de tout vostre pouvoir, lors que nous estions les uns devant les autres), honteusement et à grand vergongne, vous allastes retirer en vostre port de Modon, nous tousjours demeurans en nostre place jusques à ce que vous feustes au dict port. Et de nostre place nous ne bougeasmes jusques à tant que, par vostre entrée faicte au dict port, eusmes perdu la veüe de vous. Laquelle chose à vous et à tous ceulx de vostre dicte compaignie doibt estre reprochée à une tres-grande lascheté de couraige et deffaillance d'honneur.

» Et pour venir à la conclusion de ceste mienne lettre, je dis ainsi et le veux maintenir, que au cas que vous Michel Steno auriez donné à Carle Zeni congé, licence ou commandement d'avoir faict ce qu'il a faict encontre moy et ma dicte compaignée, eu esgard à la bonne paix qui estoit entre le commun de Gennes et le vostre, que vous avez faict comme faulx traistre et mauvais, ensemble tous ceulx qui le vous ont conseillé. Et au cas que vous Carle Zeni l'auriez faict sans le congé ou commandement du dict Michel Steno, qui est vostre duc et superieur, je dis de vous le semblable que de luy et de tous ceulx qui le conseil vous en auroient donné.

» Et pour ce qu'il est d'usance que tout gentilhomme extraict de franche et noble lignée doibt vouloir mettre à clairté et effect les choses par luy parlées, par especial touchans son honneur, et que moy qui sçay la verité de ceste chose le veüil semblablement faire, pour monstrer la faulte et coulpe à ceux qui l'ont desservy, et afin que ceste mauvaistié congnuë, chascun se garde doresnavant d'en faire une pareille ou autre, je dis et diray et veüil prouver et maintenir, comme tout noble homme doibt faire, que toutes les choses que vous Michel Steno avez escriptes au Roy mon souverain seigneur, ou que vous et vous aussi Carle Zeni pourriez avoir escriptes à autres, ou dictes touchant ceste matiere, au contraire de ce que en ceste mienne lettre est contenu, qui est la pure verité, sont faulses et mauvaises mensonges; et que faulsement et mauvaisement avez menty, et mentirez toutes les fois que au contraire en escrirez ou direz aulcune chose. Et pour prouver et monstrer que ainsi soit, je vous offre, s'il y a nul de vous deux qui veüille ou ose dire le contraire, de luy monstrer de mon corps contre le sien par bataille, et luy faire confesser et recongnoistre à l'aide de Dieu la verité estre telle comme je la dis. Et si ce party nul de vous deux n'osoit prendre, comme je croy; pour monstrer plus grande preuve de ma bonne raison et verité, me confiant entierement en Dieu, en Notre-Dame et en monseigneur sainct George, je vous offre moy cinquiesme combatre lequel que ce sera de vous deux luy sixiesme, moy dixiesme celuy de vous luy douziesme, moy quinziesme celuy de vous deux luy dixhuictiesme, moy vingtiesme celuy de vous deux vingt-quatriesme, ou moy vingt-cinquiesme celuy de vous deux luy trentiesme; par ainsi que tous ceulx qui de vostre costé seront soyent tous Venitiens, et que ceulx de mon costé soyent François et Genevois : pource que aux François et Genevois ensemble avez faicte la trahison que faicte avez. Et pour estre teneur de la place et juge de ceste bataille, si de vostre part l'osez faire et accomplir, je seroye content plus que de nul autre que ce feust le Roy mon souverain seigneur, si de sa grace le vouloit faire. Et au cas qu'il ne vouldroit, ou que vous ne le vouldriez accepter, de quelque autre roy chrestien que vouldriez eslire ou choisir, j'en seray content, et semblablement de maint autre moindre que roy. Et si la bataille s'accomplit, comme si fera, si Dieu plaist, si par vous ne default, mon intention est que chascun soit armé de telles armes et harnois comme il est accoustumé de porter communément en guerre et bataille, sans autre malice ou malengin desraisonnable.

» Et si nulle des dictes deux offres ne voulez accepter ne accomplir, pour ce que vostre guerre et vos œuvres avez tousjours plus pratiquées par mer que par terre, je vous offre et suis content que l'un de vous lequel que vouldrez prenne une galée, et moy une autre, veüe premierement la vostre par aucuns des miens à ce de par moy commis, et aussi la mienne par autres des vostres que vouldrez semblablement à ce commettre, afin que les dictes galées soyent semblables, et que icelles galées chascun puisse armer à sa volonté, en tel nombre et quantité de gens comme bon luy semblera : à la charge que tous ceulx d'icelle vostre galée soyent Venitiens, et ceulx de la mienne François et Genevois, pour les causes dessus dictes; et que en certain lieu par nous accordé nous trouvions à toutes nos dictes deux galées, pour combatre jusques à tant que l'une d'icelles par l'autre soit outrée et vaincuë. Toutesfois avant que la dicte bataille se face, je vouldrois avoir bonne seureté que en nulle maniere par vous ne par vostre pourchas, occultement ne paloisement, fors seulement par la galée qui seule à moy se debvroit combatre, et par les gens qui dessus icelle seroyent, ne me soit faict offense; et semblablement je le vous veulx faire.

» Et si l'une de ces trois offres vous est agreable, je vouldroye que l'effet d'icelle que mieulx vouldriez feust brief, pource que tout faict de guerre et de bataille se doibt plus mener par œuvres que par paroles. Et eüe vostre responce, à l'ayde de Dieu, de Nostre Dame et de monseigneur sainct George, en bref je seray prest de l'accomplir. Et pour monstrer que ceste chose vient de ma certaine science et pure volonté, et que j'ay entier vouloir et parfaict desir de l'accomplir à mon loyal pouvoir, j'ay seellé ces lettres du seel de mes armes ; faictes et escriptes au palais royal à Gennes, le sixiesme jour de juin 1404. »

FIN DE LA SECONDE PARTIE.

LE LIVRE DES FAICTS
DU MARESCHAL DE BOUCICAUT.

TROISIESME PARTIE.

CHAPITRE PREMIER.

Cy commence la troisiesme partie de ce livre, laquelle parle des faicts que le mareschal feit depuis le temps que il feut retourné du voyage de Syrie jusques à ores. Premierement parle des seigneurs italiens qui desiroient avoir l'accointance du mareschal, pour les grands biens que ils oyoient dire de luy.

Après que ces choses feurent toutes appaisées, et que le mareschal estoit à sejour à Gennes, comme la renommée feust ja grande en toutes parts de ses vertus et biensfaicts, et toute Italie en feust plaine, feurent aulcuns seigneurs du dict pays qui moult l'aimerent, et desirerent son accointance. Entre lesquels feut le seigneur de Padoüe, qui moult estoit de grande bonté, vaillant aux armes, et bien morigené; et pour ce aimoit-il le mareschal; car, comme dict le proverbe commun : Chascun aime son semblable. Et pour le grand amour qu'il luy portoit et le desir qu'il avoit de le veoir, veint vers luy à Gennes, apres ce que par plusieurs fois luy eust escript. Si le receut le mareschal à grant honneur, et moult grant chere luy feit. Laquelle il eut tant agreable, et tant le prisa et aima, que tous les François prit à aimer pour l'amour de luy. Et adonc le bon loyal mareschal, qui tousjours taschoit à accroistre l'honneur et le bien de son souverain seigneur le roy de France, ne musa mie ains tant saigement se gouverna avec le dict seigneur de Padoüe, que par ses bons admonestemens feit tant qu'il deveint homme du Roy, et recongneut de luy la seigneurie de Padoüe et de Verone, qui sont deux grosses citez, et de tout son pays; et en feit hommaige au Roy en la personne du mareschal, lequel le receut joyeusement.

Semblablement comme avoit faict le seigneur de Padoüe, se tira devers le mareschal, pour la renommée de sa grande bonté, la comtesse de Pise, et son fils messire Gabriel Marie; et de leur volonté et propre mouvement feirent hommaige au Roy, en la personne du mareschal, de la seigneurie de Pise et de tout le comté. Et moult se offrirent à luy faire tout le service que faire luy pourroient, si besoing en avoit; et il les en remercia grandement, et moult les honnora et festoya tant que avec luy feurent. Si doibt bien avoir cher tout roy ou prince tel serviteur, et loyal lieutenant et chevetaine, qui tousjours est en soin d'accroistre, augmenter et multiplier le preu et l'honneur de son seigneur.

CHAPITRE II.

Comment le jeune duc de Milan entreprit guerre au mareschal, dont mal luy en ensuivit.

Environ ce temps advient que le jeune duc de Milan et son frere le comte de Pavie, apres la mort de leur pere, qui avoit esté le premier duc de Milan, prirent contens aux Genevois, tant que ils les assaillirent de guerre, et avoient à leur solde et en leur ayde Facin Kan, lequel comme assez de gens sçavent a esté long temps et encores est le plus grand chevetaine de gens d'armes, et le plus renommé et craint qui soit, ne ait esté en Italie bonne piece a, et qui meilleures gens soubs soy communément a. Mais nonobstant sa force et hardiesse, et tout ce que il peut faire, ne toute la puissance du duc de Milan, grande grevance ne receurent mie de eulx les Genevois. Car leur bon chevetaine et gouverneur bien les en sceut garder; car n'avoient mie à faire à enfant, mais à celuy qui tout duict et maistre estoit de mener telles danses, et qui peu les craignoit. Si feit assemblée contre eulx tantost le mareschal, et n'attendit mie que ils le veinssent cercher, ains alla sur leur pays, et par telle vigueur prit à faire ce que à guerre appartient que toute leur terre espouvanta, et en peu de temps leur porta grand dommaige.

Et pour dire en brief comment la chose feut demenée et puis terminée (car long procés seroit a tout dire et à racompter toutes les envahies et faicts d'entre eulx), ils se trouverent par plusieurs fois main à main ensemble. Mais sans faillir oncques n'assemblerent que ce ne feust tousjours au pire et au grand dommaige du duc de Milan, et qu'il n'y perdist moult de ses gens. Et malgré toute sa deffence le mareschal alla assieger ses chasteaux et forteresses, et par force et de bel assault en preit plusieurs, quoy que ils se defendissent de toute leur puissance, et que par maintes fois Facin Kan veinst sur eulx pour cuider lever le siege : mais tout ce rien ne leur valoit. Pour laquelle chose tant y feit et tant y exploicta le mareschal, que à brief parler le duc de Milan feut tout joyeux de pourchasser la paix, à laquelle moult se peina avant qu'il la peust avoir ; car à son grant tort la guerre avoit commencée. Toutesfois à la parfin le mareschal, qui en nul cas n'est trouvé desraisonnable, s'y condescendit. Et ainsi feust faite la paix entre le duc de Milan et les Genevois, au proflet du Roy et à l'honneur du mareschal, et au bien des Genevois.

◇◇◇

CHAPITRE III.

Comment le mareschal laboura, afin que il peust mettre paix en l'Esglise, que les Genevois se declarassent pour nostre sainct pere le Pape.

Entre les autres biens que le mareschal dont nous parlons a faicts sur terre, ne faict mie à oublier mais à ramentevoir, comme chose à tousjours digne de grand memoire, la grand peine et travail et mise de ses propres deniers, que il a employez pour le bien de la chrestienté au faict de l'Esglise, en laquelle ja par si long temps, dont c'est dommaige et pitié, a eu et encores a douloureux schisme et division, comme chascun sçait. Et qui est celuy en vie aujourd'huy, prince ne autre ; qui plus ait travaillé au bien d'union et paix que a le dict mareschal ? Certes nul. Et c'est chose notoire. Et pour venir à celle fin, c'est à sçavoir de paix, comme tres-chrestien, prudent et saige, a tenu subtile maniere de ce qu'il luy a semblé que bon feust à faire, comme sçavoir se peut manifestement. Mais afin que le temps advenir ses faicts soyent tousjours cause de bon exemple, il est bon que cy soit representé tout au long.

Il est à sçavoir que apres que le mareschal feut retourné du voyage de Syrie, comme j'ay dict ci devant, quand il se veid un peu à repos, luy qui oncques temps n'employa en oisiveté, voulut adonc vacquer à mettre à effect le bon desir que tousjours avoit eu en l'esprit. C'estoit de trouver voye comment union et tranquillité peust estre au faict de l'Eglise. Et pour à ce advenir, se pensa que moult grand bien seroit s'il pouvoit tant faire que il peust advenir à deux conclusions. L'une estoit qu'il peust à ce tourner les Genevois, lesquels croyoient en l'antipape de Rome, que ils se declarassent pour nostre Sainct Pere, et luy rendissent obeissance. L'autre conclusion estoit que il se peust tant travailler que nostre dict Sainct Pere, pour le bien de paix en la chrestienté, feust d'accord de ceder toutes les fois que on auroit trouvé voye, ou par force ou par amour, que l'antipape cedast. Si advisa temps et lieu au plus brief qu'il peut de arraisonner les Genevois de ceste chose. Et un jour assembla à conseil tous les plus saiges et les plus suffisans gentils-hommes, bourgeois et marchands d'entre eulx.

Là leur preint à dire, par moult belles et saiges paroles, que il leur avoit à proposer aulcunes choses, lesquelles le grand amour que il avoit a eulx le mouvoit à ce faire. Si ne voulussent avoir à mal ce que il leur diroit ; ains leur pleust le recevoir à la bonne fin et intention qui le mouvoit. Lors commencea à dire tout ainsi que le bon pasteur qui a le gouvernement de ses brebis doit avoir soin de prendre garde que elles ne se fourvoyent ; luy qui estoit estably, encores qu'il n'en feust digne, pour estre leur garde et gouverneur, avoit grand pitié de ce que par si long temps avoyent esté endormis en l'erreur, et encores y perseveroient, de croire, obéir et adjouster foy à l'antipape de Rome. Mais par adventure c'estoit parce que suffisamment n'avoyent mie le temps passé esté informez de la vérité du faict comme on avoit esté en France ; et pource les en vouloit informer. Et qu'apres ce qu'il auroit faict son debvoir de les faire certains de la vérité, de laquelle chose s'il ne le faisoit il feroit grand conscience, et s'il ne les enhortoit de leur sauvement comme il debvoit, ils feroient neantmoings par eulx, quand tout dict leur auroit, ce que bon leur sembleroit. Car à chose qui touche l'ame et la conscience, on ne doibt homme contraindre par force, ne aussi faire ne le vouldroit : car ce doibt venir de pure franche volonté, ny Dieu ne veult estre servy à force. Et que à tout le moins il en seroit quitte envers Dieu, quand son pouvoir et debvoir auroit faict de leur suffisamment monstrer et dire.

◇◇◇

CHAPITRE IV.

Comment le mareschal assembla à conseil les plus saiges de Gennes; et les paroles que il leur dit sur le faict de l'Eglise.

Adonc le mareschal commencea à parler, et prit sa narration dés le commencement du schisme, et dict que comme ceste douloureuse pestilence en l'Eglise, qui ja avoit duré l'espace d'environ trente ans, dont c'estoit grand meschef, commenceast du temps et au vivant du tres-chrestien et saige roy Charles cinquiesme du nom, lequel par les merites de sa juste vie, et la grande vertu et prudence qui en luy estoit, a esté tenu, est et tousjours sera le plus juste prince, le plus saige et de meilleure vie que roy qui feust en France depuis le temps de sainct Louys, ne mesmement autre que on sceust au monde en son vivant, et qui le plus usoit de conseil, sans lequel ne feist quelconque chose. Si fut vray que dés que les premieres eslections eurent esté faictes, qui feurent comme chascun sçait assez pres l'une de l'autre, c'est à sçavoir la premiere à Rome, et puis tantost ensuivant l'autre par deça, le roi Charles eut par plusieurs fois lettres des cardinaux qui luy notifierent toutes ces choses, et les causes des advenemens des faicts par eulx executez. Mais quoy que ils luy certifiassent la seconde eslection estre juste et vraye, et la premiere de nulle valeur, le saige prince ne se teint mie à tant : ains voulut par grand soin s'informer de la maniere de toutes les deux eslections, pour avoir advis et conseil pour lequel des deux il se debvoit declarer. Et pour estre de ceste chose certainement et au clair informé, afin que il ne peust errer, envoya certains preud'hommes prelats de son conseil en Avignon, devers les cardinaux qui adonc là estoyent, pour bien les interroger de la maniere, et pour prendre et avoir les sermens d'eulx que sans faveur diroient la verité du faict, et lequel des deux esleus debvoit estre tenu pour vray Pape.

Si feut ainsi que quand les dicts envoyez de par le Roy eurent faict comme ils deurent leur legation aux cardinaux, adonc les dicts cardinaux tous jurerent l'un apres l'autre sur le corps de Jesus Christ sacré, et prirent sur la charge et damnation de leurs ames de dire verité. Apres prirent à dire que comme ils estoyent à Rome enclos au conclave, en intention d'eslire sans nulle faveur, mais comme Dieu leur administreroit par la voye du Sainct Esprit; les Romains, par maligne volonté et à grand fureur de peuple, s'assemblerent autour du palais, et preindrent à crier sur eulx par grands menaces que ils vouloient avoir un Romain, ou au moins un Italien. Si les tenoient là assiegez les dicts Romains, qui sans cesser cryoient à leurs oreilles : pour laquelle cause eulx tous troublez d'iceluy tumulte, pour eschever peril de mort où ils se voyoient, conclurent entre eulx que ils feindroient avoir esleu l'archevesque de Bari, qui estoit Italien. Et ainsi le feirent, et par celle voye les Romains feurent appaisez : mais bien estoit leur intention que au plus tost que ils pourroient se partiroient de là, et laisseroient le dict esleu, qui par force avoit esté mis en la chaire, et non mie par droicte voye. Si ne le reputoient point pour Pape, nonobstant qu'ils luy eussent faict toutes les ceremonies qui y afferent, pource que ce avoit esté par contraincte ; et ainsi qu'ils avoient proposé de le laisser le feirent.

Et quand ils feurent venus en Avignon, adonc ils se meirent ensemble, et par bonne et saincte deliberation esleurent un autre : lequel ils affermoient sur leur part de paradis, et sur le peril de leurs ames, que celuy estoit droict et vray Pape, et que à iceluy debvoit toute la chrestienté obeir comme au vray pasteur. A toute ceste certification et lettres seellées des seaulx de tous les cardinaux, qui ainsi estre vray le tesmoignoient, s'en retournerent vers le Roy les dicts ambassadeurs, qui luy rapporterent ce qu'ils avoient trouvé. Mais encores ne se teint pour satisfaict le couraige du Roy, et ne luy suffit à tant ; ains voulut luy mesme ouïr parler aulcuns d'eulx, c'est à sçavoir de ceulx qui estoient reputez pour les plus dignes et les plus saiges preud'hommes cardinaux, et autres prelats, qui és dictes eslections avoyent esté. Si les envoya querir, et feit venir vers luy à ses propres cousts et despens. Et pour les oüir quand venus feurent, il assembla le conseil de tous les prelats, et des plus saiges maistres en theologie de son royaume et d'ailleurs.

Si feurent à celuy conseil moult examinez les dicts cardinaux et les prelats de tous les poincts qui pouvoient toucher la conscience sur le dict faict ; ausquels ils respondirent sur chascun article si suffisamment, que il n'y eut que dire. Si feut la chose moult bien discutée, comme il affiert à si pesante besogne, et non mie tost ne hastivement : mais prolixement et en long temps, afin que point d'erreur n'y peust estre meussée soubs dissimulation, ne que aucun scrupule peust demeurer en conscience. Toutesfois à la parfin, par le conseil de tous les prelats et des susdits solemnels maistres en theologie, et de tous les saiges que il peut assembler, feut conclu que, toutes choses regardées et bien discutées, le Roy et toute la chrestienté se debvoient declarer et tenir à la seconde eslection : et ainsi l'affermoient pour verité, et juroient et prenoient sur leurs ames que faire se debvoit.

A laquelle chose à bonne cause le Roy adjousta foy, en disant qu'il n'estoit pas à croire ne vray semblable que tant de preud'hommes se voulussent damner pour la faveur d'un tout seul homme. Et ainsi delibera et manifestement se declara pour la deuxiesme eslection. Laquelle chose il escripvit à tous les autres roys et princes chrestiens ses alliez, comme en Espagne, en Arragon, en Escosse et ailleurs, lesquels, considerée l'authorité de sa preud'hommie et de son grand sçavoir, adjousterent foy à l'enqueste qu'il en avoit faicte, et pareillement se declarerent.

Toute ceste narration feit le mareschal aux Genevois en iceluy conseil ; et plusieurs autres choses à ce propos leur dit, que je laisse pour briefveté. Si feit apres sa conclusion, en disant que par ainsi pouvoient veoir et congnoistre que, sans grande deliberation et advis, ne s'estoyent pas condescendus les François à rendre obeissance à la seconde eslection. Et que s'il leur cheoit au cœur, et sembloit que si digne personne que estoit le saige roy Charles en eust faicte suffisante information et enqueste comme il leur avoit recordé (laquelle chose estoit assez notoire que maintes gens encores vivans sçavoient ; et luy mesme certainement le sçavoit, car ce avoit esté de son temps, nonobstant que il feust moult jeune adonc ; mais assez de fois l'avoit depuis oüy recorder), que ils se voulussent semblablement declarer pour nostre partie, si leur conscience s'y adonnoit.

Quand le mareschal eut finy sa parole, les Genevois, qui bien et bel avoient noté ce qu'il avoit dict, respondirent que bien l'avoient entendu ; mais que la chose leur estoit moult nouvelle, et si touchoit conscience, et ne debvoit estre deliberée sans grand advis : si penseroient sus, et puis luy en respondroient ; et il dict que ce luy plaisoit bien : et à tant se departirent. Mais depuis par plusieurs fois en feurent assemblez ensemble, et tant que à dire en brief, à la parfin, de leur tres-bonne volonté et sain consentement, comme Dieu pour le bien de chrestienté le voulut, se declarerent pour nostre partie, et rendirent vraye obeissance au Pape. De laquelle chose le mareschal feut moult joyeux, et en remercia Nostre Seigneur. Et ainsi en veint à chef par son grand sçavoir et prudence : car c'estoit la nation de toute Italie qui depuis e schisme plus soustenoit en faicts et dicts le party de l'antipape. De quoy tous les saiges et les clercs de la seigneurie de Gennes dient et tesmoignent que ils sçavent de vray que si tous les roys, princes et clercs du monde les eussent de ce enhortez, suppliez et requis, que ja n'y feussent advenus pour sermons, ne dons, ne offres que leur sceussent avoir faict. Si doibt estre reputée ceste chose, comme ils dient et il est vray, entre les grands faicts du dict mareschal, comme miraculeuse. Car par de là ils tiennent que c'est la plus grand merveille et le plus grand faict d'en estre venu à chef, que de chose qui adveint au pays d'Italie passé a deux cent ans.

CHAPITRE V.
Comment le mareschal tendoit que l'Eglise feust en union, et soubs l'obeissance d'un seul Pape esleu par concile general.

Or estoit venu le mareschal à l'une des conclusions que long temps avoit desirée à attaindre, qui estoit de rendre les Genevois obeissans à nostre Pape, comme dict est devant. Si voulut tendre, s'il pouvoit, à l'autre conclusion qu'il desiroit.

Il est à sçavoir que il avoit bien en memoire et estoit informé comme le dict roy Charles, avant que il trespassast, comme bon et juste roy et tres-chrestien, qui avoit sur toute chose à cœur le faict de l'Eglise, voyant que il ne pouvoit mettre toute chrestienté en l'obeissance d'un seul Pape, comme elle doibt estre, et que grand meschef estoit de telle division entre chrestiens, advisa et considera que bon seroit, pour appaiser ce maudit schisme, que concile general feust faict de tous les prelats de chrestienté ou de la plus grand partie assemblez en aucune part, où au mieulx seroit regardé : et que là feust deliberé et ordonné que tous les deux esleus cedassent, et que si par amour ne le vouloient faire, que à tout l'ayde et le port des princes terriens, qui tous en feussent d'accord, on les contraignist par force. Et que quand ce seroit faict, adonc feust et dignement feust un seul esleu par voye du Sainct Esprit, comme faire se doibt. Telle estoit l'intention du bon Roy, qui l'eust traicté à chef ; mais la mort l'en desadvancea, au grand dommaige et prejudice de toute la chrestienté, et singulierement de son royaume.

Ceste chose sçavoit le mareschal, et aussi comment le Roy qui à present regne, fils et successeur d'iceluy, et nosseigneurs les princes de France, ont tousjours depuis pretendu à celle voye, pour venir au faict d'union. Et pource que bien luy sembloit que ce chemin tenir estoit juste, ne par autre ne pouvoit estre mise paix en l'Eglise, à son pouvoir vouloit travailler que ceste chose peust estre terminée, et traictée à chef de paix. Et c'estoit la cause principale et singuliere qui l'avoit meu à tant desirer et travailler que les Genevois se declarassent pour nostre Sainct Pere : car son intention estoit que quand il auroit tant faict à l'aide de Dieu, comme il feit, que les Genevois feussent obeissans au Pape, que adonc par l'ayde de eulx qui est moult grande, et par les autres d'Italie, aulcuns se pourroient pareillement convertir.

De laquelle chose se voulut travailler, comme il feit apres du seigneur de Padoüe et de celuy de Pise, dont cy dessus est parlé, et d'autres dont mention sera cy apres faicte, que il iroit courir sus aux Romains, si besoing estoit : au cas qu'ils ne vouldroient souffrir que l'antipape cedast, ou qu'il ne le voulust faire. Plus feit encores le mareschal. Car comme dict est cy devant, pour sa grande renommée et bonté il attiroit plusieurs nobles hommes à son amour : dont il adveint que mesmement un des plus principaulx cardinaulx qui feust à Rome de la partie de l'antipape, appellé le cardinal de Flisco, l'aima tant et prisa que il desira son accointance, et luy escrivit plusieurs lectres, et le mareschal à luy; dont à la parfin tant bien y ouvra le mareschal, que il se soubstrahit de l'antipape, et s'en partit, et laissa bien la valeur de seize mille francs de benefices que il tenoit, si rendit obeissance à nostre Pape.

Mais à parler de l'autre conclusion où il tendoit, pour venir par ces deux à une seule fin, c'est à sçavoir de union, par la premiere il entra en l'autre : car nostre Sainct Pere luy sceut merveilleusement bon gré de ce qu'il avoit mené les Genevois, qui plus luy souloient estre contraires que gens du monde, à son obeissance. Si l'en beneist moult, et pria pour luy. Mais encores feit plus pour luy le mareschal : car, pour tousjours le tirer à plus grand amour, luy presta en ses affaires de grands deniers, et luy feit maint secours à ses propres despens. Et tant alla la chose que le Pape alla vers luy; et le mareschal luy feut à l'encontre, et le receut à tres-grande reverence et honneur, comme il debvoit faire. Et lors, quand il le teint à sejour avec luy, le prist à enhorter que, pour le bien et la paix de l'Eglise, et de toute chrestienté, il voulust estre d'accord, comme il avoit autresfois promis à nosseigneurs de France, de ceder toutes les fois que on auroit tant faict, ou par force ou par amour (à laquelle chose il travailleroit de toute sa force et puissance), que celuy de Rome cedast, et que requis en seroit.

De ceste chose timonna le mareschal tant le Pape, que il luy promeit et jura que ainsi feroit-il sans faulte. Et ainsi parveint le dict mareschal à ses deux conclusions ; dont si grand bien en est ensuivy que les Romains, qui ont bien veu et sceu son intention, ont si redoubté et redoubtent sa vaillance, force et puissance, que apres la mort du dernier leur antipape trespassé, voulurent eulx mesmes et requirent de leur bonne volonté, sans contrainte, c'est à sçavoir les cardinaulx de delà, par le consentement de ceulx de la cité, que un que ils esleurent cederoit et delaisseroit la chaire toutes les fois que le nostre ainsi le feroit, afin que par saincte et juste voye un seul pasteur feust esleu. Toutesfois ceste saincte volonté de ceder et de pretendre à union, qui est venuë à nos adversaires, c'est à sçavoir aux cardinaulx de Rome, je tiens que ce soit œuvre du Sainct Esprit, qui a pitié de son espouse la saincte Eglise, qui tant est desolée, si la veult mettre en paix. Laquelle chose, si Dieu plaist, briefvement sera, et non par quelconque autre œuvre d'homme mortel. Combien que nous avons couleur de penser que le mareschal, comme dict est, en soit cause, par ce que oncques mais, fors que lors que ils sceurent son intention, ne s'y voulurent consentir. Si peut bien estre que ce y a valu. Si ne sera au plaisir de Dieu nul besoing de mouvoir guerre, et aurons vraye union, que Dieu nous octroye par sa grace. Et combien que le faulx hypocrite que les cardinaulx de la partie de delà esleurent dernierement se monstrat au premier bonne et saincte personne (car il voüa et promeit de faict devant tous que il cederoit tantost et sans delay toutes les fois que le nostre le feroit, et ainsi le certifia par ses lettres à tous les roys et princes chrestiens), toutesfois ce ne feut fors que hypocrisie et feintise : car sa volonté estoit toute plaine de fallace, comme à la fin y parut, et comme je diray cy apres.

◇◇◇

CHAPITRE VI.

Cy commence à parler comment les Pisains se rebellerent contre leur seigneur; et comment le mareschal se peina d'y mettre paix.

Pource que tout ne se peut dire ensemble, convient raconter les matieres l'une apres l'autre, combien que plusieurs des choses dont nous parlons soyent advenües en un mesme temps. Si est vray que en l'an 1405 les Pisains se rebellerent contre leur seigneur, et le chasserent de la seigneurie de Pise, selon la generale coustume qui est au pays de delà de non eulx tenir longuement soubs une seigneurie, quand ils se trouvent les plus forts. Donc quand iceluy seigneur se veid ainsi debouter de son heritaige par ses mauvais subjects, pour ce que il sentoit que il n'avoit mie assez de gens et force pour les remettre en subjection, se va retirer vers le mareschal, comme à lieutenant du roy de France son souverain seigneur, à qui il avait faict hommaige de son dict heritaige, luy requerir ayde au nom du Roy, comme seigneur doibt au besoing secourir son vassal qui le requiert à son ayde.

Quand le mareschal entendit ceste chose, moult luy en pesa. Si luy respondit que avant que on allast sur eulx par voye de faict et de punition, que luy mesme se mettroit en toute peine pour les remettre en accord et en bon amour : car si par armes destruisoit son pays, le dommaige luy en demeureroit. Pour ce ne luy conseilloit : si iroit parler à eulx.

Et adonc se partit de Gennes, et alla en un lieu qui est assez pres de Pise, que on apelle Portovenere. Si feit sçavoir aux Pisains qu'il estoit là venu pour parler à eulx. Adonc veindrent vers luy les principaulx d'entre eulx, et grand peuple en leur compaignée. Lors leur prit à dire le mareschal, par amiables paroles, que il estoit bien courroucé de ce que ainsi s'estoyent rendus desobeissans et rebelles à leur seigneur, qui tant leur avoit esté et estoit bon et amiable, et qui si cherement luy et sa mere madame Agnes les avoit aimez et gardez soigneusement de tous encombriers à leur pouvoir, comme bon seigneur doibt faire ses subjects ; et encores avoit volonté de leur faire de mieulx en mieulx. Si se voulussent adviser et venir vers luy à misericorde et à mercy, et luy amender ceste grande offense ; et il feroit tant vers luy que il les prendroit à mercy, et leur pardonneroit son maltalent. Car pour mettre paix entre eulx estoit-il là venu.

En ceste maniere les prescha le mareschal, et moult leur dict de belles paroles. Et quand il eut dict, ils respondirent à brief parler qu'ils n'en feroient rien, et que plus ne vouloient de sa seigneurie : mais que ils le supplioient que luy mesme voulust estre leur seigneur, et accepter et prendre la seigneurie de Pise et de tout le comté. Car luy seul avoient agreable, et non autre : car ils sçavoyent bien que par luy seroyent gardez, portez et defendus ; et que si prendre les vouloit, ils luy obeiroient doucement, et loyauté, honneur et amour luy porteroient si loyaument comme bons et loyaulx subjects doibvent faire à leur seigneur. Si ne voulust mie refuser cest offre, que de bon cœur luy faisoient.

Le mareschal respondit que jamais telle pensée ne leur veinst au cœur : car ce n'estoit mie l'usaige des François d'user de tels tours, et ne le feroit pour mourir. Mais les prioit que ils le voulussent croire, et retournassent vers leur seigneur, et feussent bons subjects et vrais obeissans ; et que il leur promettoit que si ainsi le faisoient il seroit leur amy, et leur aideroit, et les porteroit contre tout homme, tout en la maniere que s'ils feussent à luy proprement, et mesmement contre leur seigneur, s'il luy venoit à congnoissance que il voulust sur eulx user d'aulcun tort. Que plus en diroye ? Les Pisains respondirent que pour neant en parloit, et que jamais messire Gabriel ne seroit leur seigneur, pour chose qui peust advenir ; et que aincois tous se laisseroient destrancher. Mais puis que luy mesme ne vouloit estre leur seigneur, et les prendre à subjects, ils le prioient que il allast à un chastel qui sied sur la mer, que on appelle Ligourne, et là est le port de Pise ; et que là iroient à luy, et se donneroient au roy de France tout en la maniere que avoient faict les Genevois.

◇◇◇

CHAPITRE VII.

Comment les Pisains feirent entendre au mareschal par feintise que ils vouloient estre en l'obeissance du roy de France, et devenir ses hommes ; et la mauvaistié qu'ils feirent.

Quand le mareschal veid que pour prieres, ne sermon, ne belles paroles qu'il sceust dire aux Pisains, ne pour offre que il leur feist, ne se vouloient desister de la mauvaise volonté que ils avoient vers leur seigneur, et que remede n'y pouvoit mettre, n'y aucun accord, il se partit de là, et manda vers luy le dict messire Gabriel, et luy dit tout ce qu'il avoit trouvé vers eulx, et comment absolument luy avoient respondu que plus ne s'attendist d'avoir la seigneurie de Pise : car ja n'y aviendroit.

De ceste responce feut moult dolent messire Gabriel, et le mareschal luy dit qu'il regardast ce qu'il vouloit faire de ceste chose ; et que puis que ainsi estoit que il n'y avoit remede que jamais il en joüist, et ils se vouloient donner au roy de France, que mieulx vauldroit que le Roy les eust que autre seigneur estranger, considéré que luy mesme luy en avoit faict hommaige. Toutesfois, que il ne vouloit mie que on peust dire que le Roy voulust s'attribuer les terres et seigneuries de ses vassaulx, feaulx et subjects. Et pource, si de sa bonne volonté et accord se demettoit de la seigneurie de Pise et de tout le comté és mains du Roy, et luy transportoit son droict, que il le feroit recompenser de aultant de terre et de seigneurie, et de revenu, aultre part. Et de ce que il se chargeoit de ceste chose, feut d'accord et bien content messire Gabriel.

Et parce le mareschal alla au chastel de Ligourne, commes les Pisains luy avoyent dict, en intention que là veinssent à luy pour eulx donner au Roy, et qu'il en receust d'eulx les hommaiges. Mais eulx, qui oncques ne l'eurent en pensée, et qui ne taschoient que à mauvaistié, et toute trahison et decevance, comme bien après le monstrerent, avoient pris autre conseil; et luy dirent, quand ils feurent devers luy, que avant que ils se donnassent au Roy, ils vouloient que les gens de messire Gabriel, qui estoyent en une forte place de la cité de Pise que on nommoit la citadele, vuidassent, et que le mareschal l'eust en sa main; et que lors il feroient ce qu'ils avoient dict. Et ainsi luy promeirent et jurerent de faire, sans nulle decevance.

Et le mareschal encore leur agrea ceste chose, et en feit tantost aller les gens qui tenoient la dicte citadele, et la feit garnir des siens; desquels feut chef messire Guillaume de Muillon. Mais pour ce que les vivres y estoyent ja comme faillis, il feit charger une galée et une grand barque de tous vivres. Et avec ce, pour plus renforcer la garnison de la forteresse, envoya avec son propre nepveu Le Barrois, et la plus grand part des gentils-hommes de son hostel, et aussi foison de gentils-hommes et de citadins de Gennes : et menoient avec eulx une grand partie des meubles et des habillemens du corps du mareschal, qui y pensoit aller; et deux mille escus en or que il envoyoit aux gens de messire Gabriel, afin qu'ils se teinssent pour contents et bien payez, et plus volontiers delivrassent la place, ne plaindre ne se peussent. Et ainsi se partit du port la dicte galée et la barque, et cuidoient aller en terre d'amis, et de nul encombrier ne se donnoient garde.

Mais quand ils se feurent boutez en la rivière de Pise, et ja feurent arrivez pres de la citadele, les desloyaulx Pisains, qui bien les avoyent advisez, s'assemblerent : mais ce fut coyement, qu'ils ne les apperceussent, et se meirent en embusche. Et quand nos gens eurent pris port, et feurent tous descendus en terre, sans avoir quelconque doubte de nul, ainçois cuidoient que si les estrangers les venoient assaillir, que les Pisains qu'ils reputoient amis, et à qui oncques n'avoyent mesfaict, les veinssent ayder, il alla tout aultrement : car ils leur veindrent courir sus plus de six mille. Et acourut là tout le peuple à grand cry et à grand fureur, disant grandes vilenies du roy de France, du mareschal et des François, et comme chiens enragez les environnerent; dont nos gens se trouverent moult esbahis, car en piece ne l'eussent pensé. Si prirent, batirent, navrerent et tuerent aucuns, et menerent en obscure et vilaine prison. La galée et la barque pillerent; et pour plus les injurier prirent la banniere du roy de France qui sur la galée estoit, et l'allerent traisnant au loing des boües, et marcherent et cracherent sus, disans comme dessus est dict, tres-grandes vilenies du Roy et des François. Et en faisant ce vilain exploict, venoient par devant la dicte citadelle à tout grande procession de peuple, pour faire despit aux gens du mareschal, tant François que Genevois, qui là dedans estoyent, que ils alloient menaçant, et disant que ainsi feroient-ils d'eulx. Si faict icy à noter leur grande trahison et mauvaistié : car oncques le mareschal ne les siens ne leur avoyent meffaict, ains leur avoit faict maints biens. Car les Florentins, si tost que ils avoient sceu que ils estoyent en division avec leur seigneur, leur voulurent courir sus, et il les en avoit gardez ja par deux fois; et les desloyaulx plains d'ingratitude le sçavoient bien, et comment tousjours avoit tendu à leur bien : si luy en rendoient mauvais guerdon.

CHAPITRE VIII.

Comment le mareschal se travailloit tousjours que ceulx de Pise se donnassent au roy de France.

Quand les desloyaux Pisains eurent faict cest exploict, ils doubterent l'ire du mareschal, et que il leur voulust courir sus pour les destruire, comme bien l'avoyent desservy, et que faire le vouloit. Mais pour dissimuler et couvrir leur mauvaistié, et pour en faire encores une plus grande, envoyerent des principaulx d'entre eulx en ambassade devers luy : lesquels luy dirent que pour Dieu il ne se voulust mie courroucer contre eulx; et que ce qui avoit esté faict oultrageusement et à leur grand tort, que ce avoit faict le menu peuple sans le consentement des principaux, et qu'ils estoyent tous prests de luy en faire telle satisfaction et amende qu'il sçauroit demander, et que ils estoient bien d'accord de eulx donner au Roy, comme ils avoient promis.

Le mareschal, qui ainsi les oüit parler, ne voulut mie user envers eulx de grand rigueur, pour ce que il tendoit toujours que il peust tant faire que il les teint subjects du Roy. Si leur dict que voirement tant avoyent meffaict que plus ne pouvoient, et plus luy pesoit de ce que le Roy avoient injurié, que de luy ne de ses gens : mais que au fort tout leur seroit pardonné ; mais que ils se donnassent au Roy, ainsi que promis avoyent. Et ils dirent que si feroient-ils sans faillir. Si retourneroient par son bon congé devers les autres citoyens de Pise leur dire la benignité qu'ils avoient trouvée en luy, et qu'ils veinssent là pour du tout confirmer la chose : mais que pour Dieu ils le prioient que pendant ce traicté il ne voulust aulcunement proceder rigoureusement contre eulx. Et il leur promeit que non feroit-il.

Et à tant partirent les desloyaulx, qui tout ce ne faisoient que pour le tenir en paroles, pour tandis mettre à fin le desloyal exploict où ils tendoient. Car au temps que ce traicté duroit, de toute leur puissance assailloient la citadelle, de jour et de nuict, d'engins de traict, et de canons. Et plus grande mauvaistié feirent : car chascun jour, à force d'engins, jectoient en la forteresse plus de cent cacques plains des ordures de la ville, de poisons, de charognes pourries, et de toutes punaisies. Si feirent grands fossez entre eulx et la citadelle, et la separerent de la ville. Et pource que elle sied à un des bouts de la cité, comme faict le chastel de la bastille Sainct-Anthoine à Paris, ils les enfermerent du costé des champs, à fossez et bastilles que ils fortifierent, afin que ils ne peussent avoir secours. Et ainsi les assiegerent de toutes parts, et s'efforçoient sans cesser de les prendre par force. Mais ce n'estoit mie legere chose ; car moult est la place forte. Et avec toutes ces choses, bien faisoient garder tous les passaiges, afin que le mareschal n'en peust avoir nulles nouvelles.

Plus grande trahison voulurent encores bastir et faire : car ils envoyerent leurs ambassadeurs à Florence, garnis de belles lettres de puissance de pouvoir donner à ladicte seigneurie de Florence quatre chasteaux, lesquels ils vouldroient prendre et choisir en leur seigneurie de Pise, et avec ce les affranchir de toutes les marchandises que ils feroient jamais en leur seigneurie ; mais que ils voulussent aller à toute leur puissance avec eulx mettre le siege devant le chastel de Ligourne, où le mareschal estoit, et leur seigneur messire Gabriel avec lui ; et faire tant que ils feussent pris et livrez à eulx. Mais à ceste chose ne voulurent point les Florentins se consentir.

Et en ces entrefaictes que ils bastissoient ceste chose, les ambassadeurs de Pise retournerent devers le mareschal, afin que il ne s'aperceust de rien de ce que ils faisoient ; afin que ils peussent, tandis que ils le tiendroient en paroles, prendre la citadele, et aussi trouver voye, s'ils pouvoient, de l'assieger à Ligourne. Si luy dirent que les Pisains estoyent tousjours bien d'accord de eulx donner au Roy comme ils avoyent promis : mais ils vouloient que ainçois qu'ils s'y donnassent, que le mareschal leur baillast et delivrast trois chasteaux en leurs mains, c'est à sçavoir la citadele, le chastel de Ligourne, et celui de Librefaicte, que tenoit encores messire Gabriel en sa main. Et le mareschal leur respondit adonc : « Que voulez-vous faire de » la citadele ? » Et ils respondirent : « Nous » la voulons raser par terre, et tenir les autres » deux chasteaux en nos mains.—Quel seigneu- » rie, ce dict le mareschal, aura doncques le » roy sur vous, ne quel pouvoir auroit-il de » justicier les mauvais et de les punir ? — Nous » ne voulons, ce dirent-ils, que il y ait autre » seigneurie fors que le nom d'en estre seigneur. » —Peu de chose, ce dict le mareschal, seroit au » Roy celuy tiltre ; mais donnez-vous y comme » ceux de Gennes ont faict, ou ainsi que vous » vous donnastes à messire Girard de Plombin, » duquel le duc de Milan eust depuis la seigneu- » rie et le titre. » Adonc respondirent les Pisains une fois pour toutes que rien n'en feroient, et à tant se departirent.

Si veid bien et aperceut le mareschal que leur faict n'estoit fors toute tromperie, et que pour le mener à la longue l'avoient ja tenu en paroles l'espace de vingt deux jours. Et messire Gabriel, qui voyoit que tout ce n'estoit que decevance, prit à traicter avec les Florentins de leur vendre Pise et tout son droict du comté. Mais le mareschal, qui tousjours y avoit la dent, encores se voulut mettre en son debvoir de s'essayer avant que aux Florentins aulcune vendition en feust faicte. Si envoya six des plus notables de la ville de Gennes devers eulx, pour leur remonstrer et dire qu'ils ne se voulussent pas eulxmesmes destruire : car leur seigneur estoit en paroles de les vendre aux Florentins, lesquels ils sçavoient bien que point ne les aimoient, et qui mal les traicteroient. Si se advisassent bien, et se donnassent au Roy comme ils avoyent promis, et grand bien et profit leur en viendroit : si vivroient en paix et à seur.

Tandis que ces ambassadeurs estoient allez à Pise, les Florentins envoyerent au mareschal la coppie des lettres du pouvoir que les Pisains avoient baillées aux ambassadeurs de Pise, pour faire tant avec les Florentins que ils allassent assieger le mareschal à Ligourne, comme dict est. Et ce mesme jour eust messaige et nouvelles de son nepveu Le Barrois et des autres prisonniers, comme vilainement estoyent traictez, et que on les avoit mis à rançon; et que pour Dieu, nonobstant que la rançon feust assez grande, que il les voulust delivrer de celle chartre : car ils estoyent à grande souffreté et peril de leurs corps. De ceste chose feut moult dolent le mareschal, et bien luy estoit manifeste la grande trahison et mauvaistié des Pisains. Et si ne feust que il avoit ja mandé en France au Roy et à son conseil que ceulx de Pise s'estoyent donnez à luy, et il n'eust pour rien tant attendu de leur courir sus, et de leur montrer leur trahison et mauvaistié. Mais il aimoit plus tost souffrir que les envieux, dont bien sçavoit que assez en avoit en France et ailleurs, pussent dire que le Roy eust par son arrogance perdu sa seigneurie. Si ordonna tantost de la délivrance des prisonniers. Et les messaigers genevois, qui furent envoyez à Pise, n'y feirent rien; ains leur respondirent les Pisains telles paroles : « De tout ce que vous nous requerez nous ne ferons rien; et ne nous en parlez plus, mais faictes mieux : ostez la seigneurie à vostre Roy, et tuez Boucicaut et tous ses François, et vivez en république comme nous, et soyons tous unis comme freres vous et nous; et vous ne ferez que saiges. » Ceste responce rapporterent les dicts ambassadeurs, qui autre chose n'en peurent tirer.

◇◇◇

CHAPITRE IX.

Comment le mareschal dit et manda aux Pisains que s'ils ne se donnoient au Roy, leur seigneur les vendroit aux Florentins.

Le seigneur de Pise, qui veid que il n'y avoit plus d'attente que les Pisains se consentissent à vouloir estre subjects du Roy, prist adonc fort et ferme à continüer son traicté avec les Florentins de la vendition de Pise : c'est à sçavoir de leur transporter son droict entierement. Si pourparlerent tant ceste chose, que ils feurent d'accord ensemble pour quatre cent mil florins que les Florentins devoient bailler à messire Gabriel. Mais toutesfois les Florentins vouloient tout avant œuvre que le mareschal consentist, jurast et agreast cest accord; ou autrement marché nul. Si le veint dire messire Gabriel au mareschal, et luy requist que il luy rendist la citadele que il tenoit encores, laquelle il luy avoit juré et promis de luy rendre sans contredict, au cas qu'il ne seroit d'accord avec les Pisains; si ne le pouvoit ny debvoit refuser.

Le mareschal respondit que il luy tiendroit sans faillir ce que il luy avoit promis; ja n'en doubtast. Mais quand estoit de accorder les convenances qu'il avoit faictes avec les Florentins de la vendition de Pise, jour de sa vie il ne seroit d'accord que le Roy perdist sa seigneurie, dont luy mesme lui avoit une fois faict hommaige, et estoit entré en sa foy. Et que il vouloit veoir les lettres de l'accord et des convenances qu'il avoit faictes avec les Florentins, et il dit que volontiers les luy bailleroit. Et quand le mareschal les teint, et que bien les eut visitées, il en envoya la coppie à Pise, et manda aux Pisains que nonobstant toutes les trahisons et mauvaistiez que ils luy avoyent faictes et voulu faire, si avait-il grand pitié du grand meschef qui leur estoit à advenir, et de leur destruction, où eulx-mesmes par leur follie se fichoient. Et que pour eulx adviser leur envoyoit la coppie du traicté qui estoit ja tout consommé et parfaict entre leur seigneur et les Florentins, auquel il ne s'estoit pas encores voulu consentir : afin que Dieu ny le monde ne le peust accuser que il n'eust sufflsamment faict son debvoir de les bien adviser avant que ils feussent destruits. Si les admonestoit de rechef que ils se donnassent au Roy comme ils avoyent promis, et il les jetteroit hors de celle tribulation, et les mettroit en paix; car plus ne pouvoit dilayer ne empescher la dicte vendition; et que si alors ne l'accordoient, deux jours apres passez, jamais plus n'y pourroient advenir. Car il luy convenoit consentir la chose, et promis avoit à leur seigneur que il n'y consentiroit, au cas que ils ne se vouldroient donner au Roy : si le tenoit de si pres de sa promesse, que plus reculer ne pouvoit. Si feussent certains que quand il l'auroit consenty, juré et promis, que jour de sa vie n'iroit au contraire : si deliberassent à ceste fois ce que faire en vouldroient. A ceste chose respondirent les Pisains que brief et court rien n'en feroient, et que plus on ne leur en parlast.

◇◇◇

CHAPITRE X.

L'accord qui fut faict entre le mareschal et les Florentins, du faict de Pise.

Adonc voulut parfaire messire Gabriel son traicté avec les Florentins : mais le mareschal s'y opposa, et dict que il ne consentiroit point que autres eussent la seigneurie de l'heritaige dont une fois avoit esté faict hommaige au Roy; et que plustost il feroit bonne guerre aux Pisains, et les conquerroit par force. Quand messire Gabriel veid ce, il se conseilla avec les

Florentins. Si conclurent un tel appointement ensemble, que afin qu'il s'y consentist, les dicts Florentins deviendroient hommes et feaulx du Roy de la seigneurie de Pise, tout en la maniere que l'estoit messire Gabriel. Et quand ainsi l'eurent appointé, ils le veindrent dire au mareschal, lequel leur respondit que quelque chose que il accordast, ils feussent seurs que jour de sa vie ne consentiroit que le chastel de Ligourne issist hors de ses mains, ne allast en seigneurie estrangere : car ce seroit au prejudice des Genevois, desquels il debvoit garder et accroistre les jurisdiction et puissance. Mais au surplus il y penseroit, et le lendemain retournassent.

Adonc va dire messire Gabriel, qui là estoit, que deslors desja vouloit et se consentoit, et belles lettres luy en feroit, que quelque marché que il feist avec les Florentins ou à aultre, que le dict chastel de Ligourne feust nuément et absolument au mareschal : car tant avoit pour luy travaillé et faict de bien, que assez l'avoit desservy. Et iceulx respondirent que pour celle cause il n'y auroit debat entre eulx. Celle nuict pensa le mareschal à ceste chose, et advisa que au fort, par celle maniere que ils luy avoient offert, le Roy n'y perdoit rien, ains y gaigneroit : car il auroit pour une puissance et seigneurie deux, c'est à sçavoir Pise, voulsissent les Pisains ou non ; et les Florentins avec, qui moult est grande puissance, qui seroyent par cest accord hommes du Roy. Si deliberera que il s'y accorderoit, mais que ils voulussent encores luy conceder et octroyer aulcunes choses que il leur requerroit. Esquelles requestes le bon chrestien n'oublioit point sa mere saincte Esglise, de laquelle tousjours et sans cesser en avoit à cœur la paix et union, comme dict est devant.

Le lendemain, quand ils feurent retournez vers luy, il leur dict que à ce dequoy ils luy avoyent parlé s'accorderoit assez : c'est à sçavoir que les Florentins teinssent Pise, la citadele et toutes les appartenances du comté, excepté le dict chastel de Ligourne, et que ils en feissent hommaige au Roy, et deveinssent ses hommes liges ; mais que ils voulussent accorder, promettre, jurer, et eulx obliger que à tousjours et à jamais ne feroient marchandise sur mer, fors sur les naves et vaisseaux de Gennes et des Genevois. *Item*, que un mois apres que ils auroient gaigné la seigneurie par force ou autrement, ils se declareroient pour nostre sainct pere le Pape, et feurent chargez d'y faire obeir les dicts Pisains. *Item*, que six mois apres la dicte conqueste, si l'esleu de Rome estoit encore en son erreur, et y voulust perseverer, que ils feussent obligez de luy faire guerre avec les François et Genevois, si mestier estoit, et si on les en requerroit ; et manifestement se montrassent ses ennemis. *Item*, que posé que ils luy accordassent toutes ces choses, que il vouloit que la maniere de leur accord et traicté feust envoyée en France au Roy et au conseil, sans lequel assentement il ne vouloit point passer la chose, ne que ce feust du tout à sa charge ; et que ce debvoient-ils bien vouloir : car si la chose estoit passée par le Roy et par son conseil, plus grande seureté à tousjours seroit pour eulx ; et que s'ils se vouloient tenir à cest accord, que il se faisoit fort de leur en faire avoir lettres passées et seellées du Roy et de son conseil, et de nosseigneurs de France.

Quand le mareschal eust tout dict, les ambassadeurs de Florence dirent que ils iroient sçavoir la volonté sur ces choses de leur seigneurie, et puis retourneroient luy dire la responce. A brief parler, ils retournerent à tout lettres de puissance de pouvoir passer le dict accord, que ils agreoient entierement. Si fut là messire Gabriel, et bien cent des plus suffisans gentils-hommes et citadins de Gennes, que le mareschal y avoit faict venir : car il vouloit que ils feussent presens, et que la chose feust faicte par leur accord et bon vouloir. Si fut adonc la chose du tout accordée, jurée et promise à tenir entre eulx, sans jamais aller à l'encontre ; et belles lettres passées, seellées et certifiées au gré des parties.

◇◇◇

CHAPITRE XI.

Comment le mareschal envoya par escript au roy de France, à nosseigneurs et au conseil, l'accord qu'il avoit faict avec les Florentins du faict de Pise ; lequel le Roy et nosseigneurs agréerent par leurs lettres. Et comment depuis, par feintise, les Pisains se voulurent donner au duc de Bourgongne.

Le dict accord faict et passé, tantost le mareschal l'escrivit au Roy, à son conseil et à nosseigneurs les ducs, et manda par escript toutes les clauses et la maniere des convenances, en suppliant au Roy que au cas que par son conseil seroit veu que le dict accord luy feust bon, proffictable et honnorable, et que nos dicts seigneurs l'eussent agreable, que il luy pleust le ratifier et confirmer par ses lettres, seellées et passées par son conseil, presens ses dicts oncles desquels il requerroit aussi avoir les certifications et veriflement par leurs seaulx autentiques : à celle fin que la chose feust stable et ferme à tousjours, et sans que jamais nulle des parties repentir se peust, ne desdire le dict accord.

Quand ces nouvelles feurent venües au Roy, fut en conseil regardée la chose. Si fut par le Roy, par nos dicts seigneurs et tous les saiges, moult loüé le mareschal de sa prudence et de son sçavoir, qui si saige maniere avoit tenuë, que il avoit amené au Roy deux seigneuries pour une ; qui moult pouvoit estre chose valable à ce royaulme, grand honneur et grand bien pour l'Église, et proffict pour la seigneurie de Gennes. Et pour toutes ces choses, et les autres biens que le dict mareschal avoit achevez et achevoit chascun jour par son grand sçavoir, moult le loüerent, et grand gré luy en sceurent, et ainsi l'agréerent. Si confirma le Roy la chose par ses lettres patentes, tout en la maniere que le mareschal l'avoit accordé ; et nosseigneurs pareillement, qui tous jurerent de n'aller jamais à l'encontre, et ainsi le certifierent par leurs seellez. Et feurent les dictes lectres de certification envoyées au mareschal, qui tantost les bailla aux Florentins, qui grande joye en eurent, et pour contens s'en teindrent. Toutes ces choses faictes, tantost et sans délay les Florentins envoyerent le *vidimus* des lettres de leur achapt aux Pisains, et leur manderent que ils obeissent à leur seigneurie, comme faire le debvoient, comme apparoir leur pouvoit ; ou ils leur meneroient guerre, et par force les conquerroient. Si leur seroient de tant plus durs, comme plus rebelles les auroient trouvez.

Les Pisains de tout ce ne feirent compte, ains respondirent que rien n'en feroient ; et que qui guerre leur feroit, bien et bel se defendroient, et qu'ils ne craignoient ame. Adonc fort et ferme les Florentins les assaillirent et coururent sus, et en peu de jours moult les endommaigerent. Et de faict assiegerent Pise ; et les Pisains moult bien se defendirent, si que n'estoit mie legere chose à les conquérir. Quand la guerre eut duré ja plus d'un an, les Pisains, qui bien voyoient que au dernier tenir ne se pourroient contre la force des Florentins et de leurs aydes, voulurent, pour avoir secours, user de cauteles et malices que autresfois avoient faict. Si envoyerent leurs messaigers à Lancelot, qui se dict roy de Naples, et luy manderent qu'ils se donneroient à luy ; mais que ils les veint secourir à grande armée, et lever le siege qui les tenoit enclos. Il respondit que si feroit-il sans faulte. Et par l'esperance que il leur donna, se teindrent plus forts. Mais ce fut en vain : car autre occupation le destourna ; si qu'il n'y peut venir ny envoyer. Et toujours alloit affoiblissant la force des Pisains, et estoit merveilles comment tenir se pouvoient ; car plus de deux ans avoient ja souffert celle pestilence, où on leur livroit souvent de durs assaults. Si preindrent moult à diminuer : car la famine de dedans fort les destreignoit, et la guerre dedehors mal les menoit. Si ne sçavoient quel tour prendre : car ils disoient que plustost se donneroient aux sarrasins, si faire le pouvoient ; ou que tous plustost mourroient, que ils se rendissent aux Florentins. Si voulurent derechef user de leurs cauteles, en esperance de saillir par celle voye hors du meschef qui les contraignoit.

Adonc envoyerent leurs ambassadeurs en France garnis de belles paroles, et manderent au duc de Bourgongne que ils se donnoient à luy entierement : mais que ils les voulust secourir contre les Florentins, et faire que le siege feust levé. Le duc n'accepta pas tost ceste chose, veu l'accord devant dict que il avoit agreé, et ne debvoit aller à l'encontre. Parquoy les dicts ambassadeurs, qui assez sçavoient le tour de leur baston, se retirerent devers aulcuns des conseillers du duc d'Orleans frere du Roy, et largement leur promirent, si tant pouvoient faire, que aulcun remede fust mis en ceste chose. Dont il s'en suivit que, par l'enhortement d'iceulx conseillers, le dict duc d'Orleans et le duc de Bourgongne, cousins germains, se tirerent devers le Roy, et le prierent que il leur voulust donner licence d'accepter icelle donation, et leur transporter tel droict qu'il y pouvoit avoir. A bref parler tant l'en timonnerent, que luy, qui envis rien n'eust refusé à son frere, et aussi conseillé par aulcuns de ce faire, le va octroyer. Parquoy tantost et sans delay ils escripvirent à ceulx de Florence que ils se departissent du siege, et se deportassent de plus guerroyer les Pisains. Pareillement ils escripvirent au mareschal que plus ne donnast confort ne ayde aux Florentins, ains nydast de toute sa puissance à ceulx de Pise qui à eulx s'estoyent donnez, et feist tant par force qu'il levast le siege.

Quand le mareschal entendit ceste chose, il feut moult esmerveillé, veu l'accord qu'ils avoyent agreé, et que luy mesme avoit juré et promis de non aller à l'encontre. A laquelle chose, comme preudhomme qu'il est, pour mourir ne se voulut parjurer, ne aler contre son seellé. Si respondit que ce ne pouvoit-il pas faire, sauf son honneur. Si n'estoit pas legere chose de forçoyer contre si grand puissance comme estoit celle des Florentins, car moult y conviendroit grand foison de gens d'armes, dont mal estoit garny pour l'heure, et grande finance d'argent pour telle chose entreprendre. Si conviendroit que par especial à ces deux choses pourveussent, s'ils vouloient la chose encommencer, pour en venir à leur intention. De leurs lettres les Florentins ne teindrent compte, ny ne se deporterent de la guerre, ains procederent de plus en plus, nonobstant que plusieurs capitaines et François se departissent du siege et de l'ayde des Florentins, pour non encourir le maltalent de nos dicts seigneurs. Et à brief parler tant continüerent la guerre, que plus ne se pouvoient les Pisains tenir, qui souvent envoyoient en France requerir secours : mais c'estoit parce que plus n'en pouvoient, et on les secouroit de lettres envoyer aux Florentins que ils se deportassent, ou ils encoureroient leur ire. Mais tout ce rien n'y valoit; ains s'en mocquoient, et disoient que c'estoit jeu d'enfant d'octroyer et puis vouloir retollir, et que ainsi n'iroit mie. Et n'estoit pas grand honneur à la maison de France telle variation, comme d'aller contre ce qui estoit promis et seellé.

Ainsi arguant, tant continüerent la guerre les Florentins, que ils veinrent à chef de leur emprise, et par force preindrent la cité de Pise, et entrerent dedans malgré les Pisains, nonobstant que le Roy, à l'instigation de nos dicts seigneurs, les eust envoyez defier pour celle cause. Si pouvons dire et penser qu'il en est aux Florentins de tenir ou non les convenances du susdict traicté, puis que le Roy avoit revoqué l'accord faict avec eulx, et depuis sont venus à leur intention. Ainsi et par ceste maniere que j'ay racomptée au vray, qui que aultrement le vouldroit dire, fut commencé et terminé le faict de Pise subjuguée par les Florentins.

CHAPITRE XII.

Comment nosseigneurs les ducs d'Orléans et celuy de Bourgongne sceurent mauvais gré au mareschal, pource qu'il n'avoit esté en l'ayde des Pisains contre les Florentins.

De ceste chose ont sceu mauvais gré nos dicts seigneurs d'Orleans et de Bourgongne au mareschal, et eulx et leurs adherans en ont parlé en le blasmant. Et pource, plusieurs gens qui ne sçavent point le faict au long en parlent et ont parlé à l'advanture, comme ont fait de maintes choses, sans sçavoir la verité ne les causes de la chose; et ont dict que par son defaut nos dicts seigneurs ont perdu la seigneurie de Pise, qui seroit une belle chose à avoir pour eulx. Mais vrayement ils veulent tourner à blasme ce de quoy grand honneur luy appartient; et si aultrement eust faict, reproche seroit à luy : car homme qui va contre ce que par deliberé sens et bon loyal conseil a une fois accordé, juré et promis, encourt reproche d'inconstance et deffault de foy. Ce que nos dicts seigneurs en ont dict et faict, et le mauvais gré qu'ils luy en ont sceu, je tiens fermement qu'il n'est venu de leur premier mouvement, mais d'aulcuns flateurs envieux d'entour d'eulx, comme assez de telles gens a en cour communément, qui bien vouldroient trouver maniere s'ils pouvoient de desadvancer la bonne fortune et prosperité du mareschal. Mais, si Dieu plaist, à ce n'adviendront ja : car Dieu gardera son servant, et iceulx descherront en leur iniquité.

Si pouvez veoir et noter, vous qui ce livre lisez en ce pas cy, ou oyez, que homme ne peult estre si parfaict, ne tant de biens faire et dire, qu'il puisse avoir la grace d'un chascun. Et tout ce vient par le vice d'envie qui court sur la terre, qui destourne de son pouvoir que vaillance, preud'hommie, loyauté et bonté n'ait le los et la gloire qui luy affiert : car telle est la nature de l'envieux, que il taschera tousjours de tourner à quelque mauvaise fin ou intention ce que le preud'homme faict pour grand bien et utilité. Mais Jesus Christ, duquel la benoiste vie a toute esté en ce monde pour nostre enseignement, voulut luy mesme, pour donner exemple aux bons d'avoir sur telles choses patience, estre diffamé par les envieux. Comme il appert par l'Evangile, qui dict que les miracles qu'il faisoit par la vertu divine et par la puissance de luy mesme, les faulx envieux ministres de la loy disoient que c'estoit par art du malin esprit et de l'ennemy; et qu'il estoit mauvais, où il estoit tout parfaict. Si seroit toutesfois mal regardé et grande ingratitude de hayr sans cause ce preud'homme cy le mareschal, par le sens duquel se sont ensuivis tant de biens, qu'il a gardé entre les autres biens qu'il a faicts de destruire si noble cité et pays comme est celuy de Gennes; et non mie seulement gardé de destruction, mais remis en la meilleure convalescence et estat qu'il feust depuis que la dicte cité feut fondée. Et non pourtant n'est mie d'aujourd'huy ne d'hier que la force des envieux ingrats a nuict aux bons : car de ce sont les escriptures toutes plaines.

CHAPITRE XIII.

Cy devise par exemples comment les bons sont communément enviez.

A ce propos racompte Valere de Scipion l'Afriquain le premier, lequel tant augmenta et accreut le bien public des Romains, que il feit Rome dame de Carthage et du pays d'Afrique, qui par long temps avoit guerroyé les Romains, et leur avoit porté tant de dommaige que quasi les avoit tous destruicts : mais, par la vaillance et proüesse du dict Scipion, la fortune retourna tellement sur les Carthaginois, que ils feurent subjuguez et destruicts par les dicts Romains. Mais la grande abondance de vertus qui estoyent en celuy vaillant homme embrassa tellement les envieux contre luy, que ils feirent tant que les Romains ingrats et non reconguoissans recompenserent au dernier ses dignes œuvres d'injures et de vilainies : car ils adjousterent plus grande foy aux mesdisans envieux, qui faulsement l'accusoient de choses controuvées, que ils ne regarderent aux grands biens que il leur avoit faicts. Si l'envoyerent en exil en une pauvre cité entre palus et deserts, que on appelloit Linterne ; et là usa ce noble homme sa vie qui moult avoit esté honnorable ; et tout fut par envie : car il n'est chose qui soit plus griefve à l'envieux mauvais que de veoir devant soy ou de oüir et loüer le bon et vertueux.

Mais, à revenir au propos du mareschal, sont aucuns qui dient aujourd'huy que la plus grand partie des Genevois n'aiment mie le mareschal ; et bien luy ont cuidé monstrer, par ce que plusieurs fois l'ont les aucuns d'eulx voulu trahir et emprisonner, et que au dernier le bouteront hors : et par ceste raison concluent les dicts mesdisans que ce n'est mie signe qu'il soit bon ne droicturier, et que si convenablement les gouvernoit, tous l'aimeroient. Mais cest argument n'est mie bon ne vray. Car qu'il ne soit aimé de la plus grande partie, ce peult bien estre : car communément en une communauté de gens, plus en y a de mauvais que de bons. Et il n'est rien que les mauvais et les larrons hayent tant comme justice, et ceulx qui la tiennent et font. Mais sans faillir tous les bons de Gennes l'aiment comme leur ame. Et pourquoy ne feroient-ils ? car il les a gardez d'estre peris par les mains des mauvais. Et posons que il feust ores de tous hay : si ne s'ensuit-il pas pourtant qu'il soit vitieux ne defaillant, comme on peult prouver par exemples. Ne dict pas Valere et racompte du bon Lycurgus, roy de Lacedemone, lequel feut vaillant homme que les saiges dirent de luy que il avoit mieulx nature divine que humaine, et par son grand sçavoir feit loix et establissemens moult droicturiers, lesquels il bailla aux Lacedemoniens, qui paravant nulles n'en avoient, et vivoient comme bestes ; et les garda et defendit de maints grands inconveniens, et augmenta et accreut moult la seigneurie du pays. Mais nonobstant tous ses bienfaicts et bonnes vertus, et l'amour qu'il avoit eüe et avoit au pays, et ses belles loix tant subtilement trouvées, ne le peurent garantir qu'il ne trouvast ses citoyens si haineux et mal-veüillans à luy, que à la premiere fois le chasserent du palais, et l'autre fois le bouterent hors de la ville comme tous forcenez, et finalement le chasserent du pays. Pour lesquelles choses Valere dict : « Et qui aura doncques fiance aux » communautez des autres citez et pays, quand » la cité de Lacedemone, qui s'attribuë la sou- » veraine loüange d'attrempance et reconguois- » sance, fut si ingrate envers celuy qui tant de » biens luy avoit faicts ? »

Et à ce propos encores de l'ingratitude des communautez des villes, donnons-en derechef exemple, afin que nul ne s'y fie, ne croye que leurs jugemens soyent droicturiers, et que à juste cause hayent et exilent les hommes. Parle encores Valere de l'ingratitude des Atheniens contre Aristides le tres-sainct et juste homme, duquel il est parlé en toute l'histoire des Grecs pour sa grande bonté : mais le merite que il eut pour ses bienfaicts feut que ils le bouterent hors du pays, pource qu'il estoit trop juste. Dont Valere dict ces paroles : « Aristides, qui meit à la » mesure de justice tout le pays de Grece, et qui » feut le miroüer de continence et de vertu, » feut bouté hors d'Athenes, avec lequel s'en » alla toute droicture. »

CHAPITRE XIV.

Cy preuve par exemples que on ne doibt mie toujours croire ne adjouster foy en paroles et opinions de peuple.

Je baille ces exemples pour preuve que les jugemens de communauté de peuple ne sont mie tousjours à approuver, mais sont souventesfois à reprouver comme desraisonnables. Ce qui est toutesfois contre un proverbe que aucuns dient, qui dict : « Voix de peuple, voix de Dieu. » Mais je dis que souventesfois est voix de diable : comme apparut quand le peuple ingrat de Hierusalem cria contre Nostre Seigneur Jesus Christ : « Crucifiez-le ! crucifiez-le ! » Et qu'il soit vray que raison n'y ait au jugement du peuple, Valere les tesmoingne, lequel, entre les autres exemples que il donne à ce propos, dit que un solemnel musicien que on nommoit Antigenidas avoit une fois moult bien introduit un sien disciple en la dicte science de musique; si joüoit par tres-grand art d'un instrument de bouche. Le maistre feit venir son disciple joüer devant le peuple, afin que son sçavoir feust congneu et apperceu : mais le rude peuple vilain et mal enseigné, qui en telle maistrise ne se congnoissoit, et qui telle mellodie n'avoit appris à oüir, n'en feit compte, ains despriserent son sçavoir. Quand le dict maistre veid ce, il dit à son disciple : « Tourne toy vers ma face, et » chante à moy et aux sciences. » Comme s'il eust voulu dire : « Ces gens cy sont bestiaux, ils » ne sont pas dignes d'oüir telles choses. » Et à vray dire, tout ainsi advient-il souventesfois que maints vaillans gens, et bons en proüesse ou en sçavoir, sont et se trouvent en maintes places où leurs faicts et leurs dicts ne sont point congneus ne reputez selon qu'ils ont merité, mais semble que on n'en tienne compte. Mais non pourtant les bons et les saiges qui les voyent bien faire et bien dire, et qui se congnoissent en tels œuvres, ne les prisent pas moins, ains les honnorent et loüent grandement, comme il appartient. Car vertu et vaillance, ou parfaicte science, tant soit-elle foulée, ne laisse pas pourtant d'avoir d'aucuns la loüange que elle doibt avoir, et que en soy mesme la personne qui bien faict ne juge que l'œuvre soit bon.

◇◇◇

CHAPITRE XV.

Cy dit comment le mareschal, par la vaillance de son couraige, entreprit d'aller prendre Alexandrie. Et des messaigers qu'il envoya pour ceste cause au roy de Cypre.

En l'an 1407, le bon mareschal, qui ne pense à autre chose fors comment tousjours augmenter et accroistre le bien de la chrestienté et l'honneur de chevalerie, advisant la grand pitié et honte aux chrestiens que les sarrasins soyent seigneurs et subjuguent les nobles terres d'oultre mer, qui deussent estre propres heritaiges des chrestiens, si mauvaistié et lasche couraige ne les destournoit de les aller conquerir, luy va venir une haulte emprise au couraige. C'est à sçavoir que faisable chose seroit et assez legere qui l'oseroit entreprendre, et par bon moyen, que la cité d'Alexandrie, qui tant est noble et de grande renommée, feust prise et ostée des mains des sarrasins : laquelle chose, s'il advenoit, seroit grand honneur aux conquesteurs, et tres-grand proffit à toute la chrestienté. Si proposa que en ceste chose mettroit corps, chevance et pouvoir, et une saison y employeroit, et plus long temps si mestier estoit.

En ce temps estoit venu à Gennes un ambassadeur de la part du roy de Cypre, le tres-noble et reverend messire Raymond de Lesture, prieur de Thoulouze et commandeur de Cypre, homme de grand honneur, saige, preud'homme, et expert en toutes choses. Si pensa le mareschal que il se descouvriroit à luy de ceste chose, tant pour en oüir son bon advis, comme pource que il avoit hanté le pays, et grand piece frequenté avec les sarrasins en la dicte ville d'Alexandrie. Si le pourroit adviser d'aucun bon point.

Et comme le mareschal a de coustume de ne rien entreprendre sans premierement y appeller le nom de Dieu et son ayde, alla un jour en pelerinaige à une devote eglise qui est à une lieüe de Gennes, que on appelle Nostre Dame la couronnée, et là manda le prieur de Thoulouze. Et apres la messe qu'il feit lire à grande solemnité, luy descouvrit le dict secret, et toute son intention de ceste chose; de laquelle le dict prieur feut tres-joyeux, et moult l'en reconforta. Et dit que sans faillir, parce que il luy pouvoit estre advis, estoit chose tres-faisable; et que luy mesme volontiers y ayderoit de son corps, de gens et de chevance. Car l'emprise estoit agreable à Dieu, proffitable à la chrestienté, et tres-honnorable à qui s'y employeroit. Si fut de ceste chose encores plus reconforté le mareschal. Et quand toute la maniere de ce faire eut bien advisée, et tout deliberé en son couraige et advisez ceulx qui propices et bons luy sembloient pour descouvrir ceste chose, et envoyer en ambassade là où convenable luy sembloit, comme sera dict cy apres, il les feit appeller, c'est à sçavoir un tres-noble et notable religieux de l'ordre de Sainct-Jean, appellé frere Jean de Vienne, et son escuyer Jean de Ony, cy dessus nommé. Et leur dit toute son intention, et leur devisa ce qu'il luy plaisoit que ils feissent. Mais pour ce que memoire ne peult bonnement toutes choses que les oreilles oyent si enclorre en soy que retenir les puisse, affin que rien n'oubliassent de leur commission, leur bailla par bel memoire escripte la maniere que il vouloit que ils teinssent. Laquelle dicte instruction et memoire, affin que rien je n'y adjouste du mien, comme elle veint de luy, celle mesme par articles, comme elle m'a esté baillée, ay incorporée et mise cy endroict, comme il s'ensuit :

» C'est l'instruction de toutes les choses que nous Jean Le Maingre, dict Boucicaut, mareschal de France, avons donné en commission de poursuivre de par nous és lieux cy apres declarez, le septiesme jour du mois d'aoust en l'an de Nostre Seigneur 1407, à vous noble religieux frere Jean de Vienne, commandeur de Belleville, et à vous Jean de Ony, nos tres-feaux et bien aimez.

» Premierement voulons et vous enjoignons que ceste chose teniez secrete sur toute chose, par telle maniere que personne quelconque appercevoir ne le puisse, et à nul soit descouverte, fors au roy de Cypre vers qui vous envoyons, et à aulcun de son conseil; pource que si apperceuë estoit, nous pourroit tourner à destourbier. Et que vous partis de nous, au plaisir de Dieu, avec la charge que nous vous commettons et ordonnons pour accomplir nos desirs, comme ceux en qui specialement nous nous fions, que mettiez toute diligence et peine de à vos pouvoirs l'accomplir, selon la forme et maniere de vostre instruction. Et supposé que vous avons tres-bien informez des besongnes selon nostre volonté, lesquelles sçavons bien que vostre bon sens les aura tres-bien en memoire, et que les mettrez à effect tres-diligemment selon vos pouvoirs : neantmoings pour vostre seureté, et affin que ayez plus parfaicte memoire de nous et de nostre plaine intention, vous baillons par escript ce qu'il nous plaist estre par vous accomply au dict voyage.

» Tout premierement vous en irez à Venise, et là prendrez vostre passaige jusques à Rhodes. Si nous plaist bien que là puissiez demeurer de huict à neuf jours, si bon et expedient vous semble, et visiterez monseigneur le grand maistre de Rhodes, auquel nous recommanderez, et aux autres seigneurs ; et de nos nouvelles leur direz, l'estat de par deça, et que la cause de vostre allée est pour aucunes besongnes qui bien nous touchent, c'est à sçavoir pour les joyaux du roy de Cypre, qu'il bailla en gaige aux Genevois au temps que nous feusmes en Cypre, pour recompense de trente mille ducats de despens que les dicts Genevois avoyent faict en l'armée de Famagouste, laquelle ville le Roy cuida usurper et tollir aux dicts Genevois, et par la paix et accord que nous feismes la rendit, et s'obligea à la dicte somme de deniers pour nos frais; et luy dictes la forme et la maniere que nous avons tenuë avec le prieur de Thoulouze, et la somme de deniers que luy avons baillé pour rachepter les dicts joyaux au nom du Roy. Et en cest espace de temps vous pourvoyez de navire pour vous porter en Cypre ; et si par adventure ne le trouvez, vous prierez de par nous le dict monseigneur le grand maistre qu'il luy plaise le vous faire avoir.

» Estans partis de Rhodes, quand il plaira à Dieu que soyez en Cypre, tout droict vous en irez à l'hostel de Sainct Jean en Nicosie ; et par le lieutenant du prieur de Thoulouze ferez sçavoir au roy de Cypre vostre venuë, et quand luy plaira que luy alliez faire la reverence. Et de luy oüye la responce, et venus en sa presence, nous recommanderez à sa seigneurie, et à messeigneurs ses freres ; puis luy baillerez nos lettres de creance. Et quand son bon plaisir sera d'oüyr vostre creance, priez-le de par nous que ce soit si secretement que nul fors que luy entendre le puisse, ne s'en donner de garde. Et vous mesmes soyez bien advisez que si secretement soit que ne puissiez estre entendus.

» Et tout premierement le prierez de par nous tres à certes, que les choses que luy aurez à declarer veüille bien tenir secretes, pour les perils qui s'en ensuivroient, et pour son propre honneur et exaussement. Apres commencerez vostre narration, en disant que la bonne renommée qui en France et par tout le monde court desja de ses grands bienfaicts, des belles envahies qu'il a par plusieurs fois faictes sur les Sarrasins, et chascun jour faict, en s'efforceant de les grever (en quoy comme il appert n'espargne corps, vie ne avoir), par tres-grand diligence le faict tenir aujourd'huy un des jeunes princes du monde qui le plus bel commencement a, et qui plus faict à loüer. Parquoy on espere que il veult et a desir d'ensuivre en hault honneur et pris de chevalerie ses tres-nobles predecesseurs, qui tant acquirent de los en terre par les merites de leurs vertus, et des grandes guerres et nobles emprises que ils feirent en leurs propres personnes contre les mescreans et ennemis de la foy de Jesus Christ, qu'à tousjours mais avec les vivans sera memoire de leurs grands bontez et vaillance.

» Et pource, nous qui desirons de tout nostre cœur l'honneur et exaussement de son noble estat et seigneurie : pour laquelle chose vouldrions exposer corps et avoir, par plus grande affection que pour prince qui vive, apres la personne du roy de France et de nos seigneurs de son sang, pour les dicts grands biens qui sont dicts de son bel et bon gouvernement és terres voisines ; et en toute part desirans d'estre cause que tousjours sa belle jeunesse continuë de mieulx en mieulx, avons advisé une haulte et noble emprise digne de memoire à tousjours mais, et de souverain los pour luy, si Dieu par sa grace la donnoit venir à bonne fin, ainsi que elle est bien faisable, si à ce luy plaist entendre. Et pour ceste cause, c'est à sçavoir pour luy annoncer la chose que avons bien discutée en nous mesmes avant que deliberée l'ayons, laquelle nous semble agreable à Dieu et proffitable à toute chrestienté, si Dieu la donne achever, vous avons envoyez devers sa royale Majesté.

» Et adonc vous, envoyez de par nous, descouvrirez au dict roy de Cypre tout le dessein que pris avons sur la prise de la cité d'Alexandrie. Et tousjours bien luy notez et repliquez, si mestier est où il eschera, que pour ce que nous voyons sa bonne volonté, voulons employer nostre propre personne, et celles de nos parens, amis et serviteurs, en sa compaignée, avec nostre chevance. Et que à ce faire nous meuvent quatre principales raisons. La premiere est, pour le pur amour de Nostre Seigneur, voulons nous employer à son service, et le bien et exaussement de chrestienté. La seconde, pour acquerir merite à nostre ame. La tierce, pour ce que nous vouldrions estre cause, comme dict est, que sa force et sa belle jeunesse s'employast à tout bien faire : parquoy los à tousjours luy en demeure. Et la quarte, pour la cause qui doibt esmouvoir tout chevalier et gentil-homme que son corps incessamment employe en la poursuite d'armes, pour acquerir honneur et renommée. Et apres ces choses dictes, pour mieulx animer et accroistre le desir du dict Roy à entendre à ceste chose, luy monstrerez par bonne maniere comment Dieu luy monstre grand signe d'amour, quand il luy mect en main si haulte chose, sans grand coust de sa part, mais le plus aux despens et labeur d'autruy. Et que s'il le refusoit, peur debvroit avoir que Dieu s'en courrouçast, et que aussi jamais nul n'auroit fiance que de grand et hault couraige feust, ne entreprenant. »

◇◇◇

CHAPITRE XVI.

Encores de ce mesme, de l'instruction que le mareschal bailla à ses ambassadeurs de ce que dire debvoient au roy de Cypre.

« Apres que vous aurez dict bien et bel ordonnément toutes ces choses au dict roy de Cypre, vous prendrez bien garde au changement de son visaige, mesmement quand vous parlerez à luy : car par ce pourrez adviser si la besongne luy plairra ou non, et par ce pourrez estre plus advisez de parler. Et s'il vous demande comment se pourroit faire ceste entreprise sans qu'il feust sceu, et où seroit prise si grand finance comme il y conviendroit : à ces deux choses vous respondrez, en luy demonstrant comment il pourroit faire son armée en son pays, tenant maniere que ce feust pour la guerre que il a au Souldan, et nous prest au temps et au terme que luy mesme vous diroit. En telle maniere que quand nous luy ferions sçavoir nostre venuë, montast sur mer, se partist, et feist semblant de venir à Rhodes. Et adonc luy serions au devant à Chastel Rouge ; et là nous assemblerions, et partirions à tout nostre ost au nom de Dieu tout-puissant, et tiendrions nostre chemin vers Alexandrie. Et aussi feroit bien au faict que il trouvast maniere d'envoyer secretement un Cyprien ou un Armenien demeurer au dict lieu d'Alexandrie, par lequel il sceust toutes nouvelles, et feist à croire à celuy mesme que ce seroit pour la guerre qu'il a au dict Souldan ; et ceste voye seroit bonne.

» Et quant à la mise qu'il y conviendroit, luy direz que nous sçavons bien que soustenir ne pourroit si grands charges et despens que feirent ses predecesseurs, par lesquels la dicte cité feut autre fois prise, mesmes de nostre aage : car trop a esté du depuis le pays grevé. Et pour ce, tout ainsi que le voulons ayder de nos personnes et de gens, semblablement nous plaist le faire de nostre chevance. Et affin que il voye et sçaiche que ceste chose avons bien en tous les points advisée, nous semble que pour ce faire telle quantité de gens d'armes suffiroit, toutesfois selon nostre advis, lequel remettons tout en sa bonne ordonnance et discretion. Tout premierement mille hommes d'armes de bonne estoffe, mille varlets armez, mille arbalestriers, deux cent archers, deux cent chevaulx, sans ceulx que nous prendrions par delà. *Item*, de navire cinq grandes naves, deux galées, et deux galées huissieres garnies de vivres pour six mois.

» Apres ces choses dictes, vous luy pourrez dire la despence qu'il convient, laquelle n'est pas grande selon l'effect, et peult monter environ cent trente deux mille florins. Les deux galées et les deux dictes huissieres valent de naule pour mois cinq mille florins, qui monte pour quatre mois vingt mille florins. Les mille arbalestriers valent pour mois cinq mille florins. Les deux cent archers valent pour mois mille florins, qui monte pour quatre mois quatre mille florins. Les mille hommes d'armes avec les mille varlets, et les deux cent chevaux, valent par mois douze mille florins ; sont pour quatre mois quarante huict mille florins. *Item*, pour les vivres dix mille florins ; et pour l'artillerie et autres habillemens necessaires, dix mille florins. Somme pour toutes choses : cent trente deux mille florins. Laquelle finance conviendroit toute avoir en la ville de Gennes, qui feust preste environ le mois de decembre prochain venant, affin de faire les provisions comme il appartiendroit, nonobstant que toutes ne seroient mie prises à Gennes, mais en plusieurs lieux, affin que la chose ne peust estre imaginée. Et conviendroit que ladicte armée partist de par deça environ le mois d'avril.

» De ceste dicte finance que mettre hors conviendroit, vouldrions de bon cœur payer nostre part ; mais veu et considéré que ceste chose viendra tout à l'honneur et renommée du dict Roy, nous semble que bien est droict que à tout le moins en paye la moictié, qui seroit en somme soixante six mille florins. Et encores, au cas qu'il ne pourroit fournir à ceste dicte somme, payast soixante mille. Mais besoing seroit que le plustost que faire se pourroit que on les eust à Gennes : car le mieulx seroit tost que tard. Et encores s'il n'avoit toute la dicte somme preste à temps, que au besoing on le supporteroit, jusques à ce qu'il feust retourné en son pays, jusques à la somme d'environ dix-huict ou vingt mille florins : mais que faulte n'y eust que lors on les trouvast prests. Et sur ce point dire au Roy comment monseigneur de Thoulouze, qui tant l'aime et desire loyaument le bien, l'honneur et exaussement de sa personne, loüe ceste chose plus que autre chose du monde, auquel il pourroit envoyer fiablement la dicte finance ; et mesmement si le Roy ne l'avoit, le dict monseigneur de Thoulouze en feroit finance au nom du Roy par deça, ayant de luy le commandement et puissance. Car de ce faire pour l'authorité de luy est suffisant, et de plus grande chose, si mestier estoit. Ainsi et par ceste forme direz au dict roy de Cypre.

» Et s'il repliquoit que il eust aucune doubte d'aucun de son royaume, pourquoy pourroit estre peril pour luy à aller hors, respondre luy pourrez que il mene avec luy tous ceux de qui doubter se pourroit. *Item,* s'il disoit qu'il sçait bien que les Genevois ne l'aiment mie, si se doubteroit de la quantité des Genevois qui viendroient en la dicte armée. Response : que tous les gens d'armes, varlets et archers qui seroyent de France seroyent tous à son commandement et obeissance ; de ce ne feist nulle doubte. Et s'il advenoit que le Roy feust bien d'accord de ceste chose, et que il voulust y mettre plus grande mise du sien, et plus grande quantité de gens d'armes et de navire qu'il n'est devisé : dire luy pourrez que de tant que plus y mettroit, de tant prendroit-il plus en butin ; et raison seroit : car qui plus y mettra, plus prendra. Par ceste maniere, direz toutes les choses sus escriptes au roy de Cypre. Et du surplus que il escherra à dire, si mestier est, nous en attendons à vostre bonne discretion ; et tenons à faict et dict ce que vous en ferez. »

CHAPITRE XVII.

Ci devise la grande chere et belle responce que le roy de Cypre feit aux ambassadeurs du mareschal.

Tel que j'ay devisé fut le Mémoire de la commission baillé du mareschal au commandeur de Belleville et à Jean de Ony, envoyé au roy de Cypre pour l'emprise d'aller prendre Alexandrie. Lesquels deux ambassadeurs se partirent de leur seigneur ; et à brief dire tant exploicterent de leur erre, que ils arriverent au dict pays de Cypre, où ils parfournirent bien et bel et saigement leur ambassade, tant en la maniere que commis leur estoit. Si nous convient dire la responce que on leur fist.

Le roy de Cypre, si tost qu'il sceut la venuë des ambassadeurs, tantost les envoya querir, et à tres-grand honneur et chere les receut. Et quand il eut assez demandé de l'estat et santé du mareschal, et de l'estre de Gennes, et qu'il les eut à certains jours oüy parler tout au long, respondit à joyeuse chere en telle maniere, et par moult belles paroles, comment il debvoit bien remercier Dieu, que si grand grace luy donnoit que si noble et haulte entreprise luy estoit annoncée de si vaillant homme que estoit le mareschal ; et que il appercevoit bien la grace, amour et affection que il avoit à luy et à son advancement, et le desir que il avoit que luy qui estoit jeune, et encores de petit sens et vaillance, se peust advancer en pris et los ; et que il y paroissoit bien quand luy mesme en personne, ses amis et son avoir y vouloit employer. Si ne le pouvoit assez loüer ne remercier à la centiesme partie de ce grand benefice, ne jamais faire chose qui y peust suffire. Et que moult avoit grand joye de ceste chose, laquelle estoit notable et de grande entreprise, et pour ce ne se debvoit commencer sans grand advis et deliberation. Si penseroit sans cesser la voye et la maniere comment seroit le meilleur d'en faire ; et tost et en bref leur en rendroit si bonne responce, que son honneur y seroit, et que pour contents s'en tiendroient, et que ils feissent bonne chere, que tres-bien feussent venus ; et que si rien leur failloit, que ils prissent le sien comme le leur propre.

Adonc luy demanderent les ambassadeurs si

c'estoit son plaisir que un de son conseil qui nommé estait Perrin le jeune, que il moult aimoit, sceust ceste chose. Car au cas que il luy plairroit, ils luy bailleroient unes lettres que le mareschal luy avoit escript de ceste besongne : car il sçavoit que le Roy l'aimoit moult et se fioit en luy. Si respondit qu'il luy plaisoit très-bien. Les dictes lettres presentées de la part du mareschal à iceluy, et la chose descouverte, et tous les points monstrez comme au Roy avoient faict, feit semblant que de ceste besongne eust une merveilleuse joye ; et surtout remercioit le mareschal de toute son affection de ce qu'il luy en avoit daigné escripre, et que il luy plaisoit que il le sceust. Si y tiendroit si bien la main, en monstrant au Roy que comment que il feust ne feust refusant à si grand offre, que on s'en apperceveroit bien.

Ne demeura gueres après que le Roy arraisonna les dicts ambassadeurs, et leur prit à compter l'achoison que il avoit eüe de faire guerre au Souldan ; et que avant la guerre il souffroit ses gens marchander, et aller et venir en sa terre et pays paisiblement, jusques à ce que messire Raimond de Lesture, prieur de Thoulouze et commandeur de Cypre, fut detenu en Alexandrie, et mené au Kaire. Pour laquelle detenuë et encombrier il escrivit au dict Souldan que il le voulust delivrer, et moult luy recommanda, desquelles lettres ne feit nul compte, ne rien n'en feit. « Parquoy, ce dict le Roy, » quand je veis cela, considerant que j'avois » faict autres fois aux siens de grandes courtoi- » sies, je fus moult indigné, et poursuivis tant » qu'il en feut hors, moyennant vingt cinq » mille ducats que il paya. Et après, en dépit » de ce, envoyay deffier le dict Souldan, qui » peu de compte en teint. Si envoyay tantost une » galée courir sur le pays du dict Souldan, qui » moult grand dommaige luy porta, et prit la » plus belle nave que ils eussent chargée de » marchandises. Et ains pays gastant, en pre- » nant proyes, alla cette galée courir contremont » le fleuve du Nil bien quinze milles. Parquoy » j'apperceus leur lascheté, et depuis leur ay » porté maint dommaige : dont je remercie nos- » tre seigneur Dieu, qui a voulu que j'aye eu » achoison de leur faire guerre ; et affin que je » les prise et doubte moins, m'a donné cause » de les cognoistre avant que l'emprise que an- » noncée m'avez me veint entre mains. Car je » fais moins de compte d'eulx cent mille fois que » devant ne faisoyent, et plus les essaye et moins » les redoubte : car des plus lasches et plus foi- » bles, encores qu'ils soyent grand nombre, » les trouve, tant que je veois bien que, pour

» multitude de gens que ils soyent, on ne les » doibt accomparer à un peu de bonnes gens. » Si congnois bien que nonobstant que soye pe- » cheur, et non digne que Dieu m'aime, qu'il » veult qu'en moy soit relevée et renouvellée la » renommée de mes vaillans predecesseurs, qui » ceste mesme entreprise acheverent, ausquels » de tout mon cœur je desire ressembler. Et » Dieu m'en doint la grace ! car quant est du » coust et mise, je n'en fais compte, ne de quel- » conque autre peine. »

CHAPITRE XVIII.

Cy devise comment le roy de Cypre s'excusa vers les messaigers du mareschal de non aller sur Alexandrie.

Sur ceste forme et maniere parla commencement de leur venuë le roy de Cypre aux dicts ambassadeurs du mareschal. Mais avant que gueres de jours passassent apres, il ne se parforçoit pas moult de leur tenir compte de la dicte besongne. Parquoy ils peurent bien appercevoir que autre conseil l'avoit desneu ; et que celuy Perrin dessusdict, à qui les lettres de par le mareschal avoient baillées, n'avoit pas bien tenu ce qu'il leur avoit promis. Si commencerent à solliciter le Roy que response absoluë de son intention leur voulust bailler : car ja avoyent assez demeuré ; et ainsi plusieurs fois luy dirent, et luy aucunes fois leur faisoit response qui leur donnoit esperance que il y voulust bien entendre. Mais il disoit que il y convenoit grand regard, pour la chose qui estoit moult pesante. Et autresfois faisoit response assez froide, pour les doubtes que il y mettoit.

Toutesfois tant le solliciterent, que le vingt quatriesme jour d'octobre l'an dessus dict, leur feit absoluë response, qui fut telle. Il dist que sans faillir depuis leur venuë n'avoit cessé de penser à celle besongne, comme à la chose en ce monde à quoy il desireroit plus entendre. Mais que moult luy estoit griefve, et de grand poids pouvoit bien estre, pour sa petite congnoissance : car ce qui seroit par advanture leger à une aultre, et de briefve deliberation à un saige, estoit un grand travail et obscur pensement à luy pour son jeune aage, qui excusoit son petit sens. Et pour ce avoir conclu, nonobstant que il sçavoit bien que son tres-cher et especial amy le mareschal l'avoit imaginé et pensé pour sa tres-grande vaillance, et luy avoit annoncé loyaument pour son bien et advancement, que il n'y entendroit mie pour ceste fois ; et que à ce le mouvoient trois principales raisons. L'une estoit le tres-grand peril où il se mettoit de laisser son pays, veu et considéré les Turcs qui luy sont voisins, qui sont gens de grande puissance, qui pourroient tandis courir son pays, et paradventure l'en desheriter : combien que de ce premier point se departiroit assez legerement. Mais quant au deuxiesme, que il doubteroit plus la guerre couverte que la guerre ouverte : car il sçavoit bien que luy party de son pays, il y en avoit maints par advanture que on cuideroit qui feussent ses meilleurs amis, lesquels ne se faindroient mie de luy tollir sa seigneurie ; et ainsi pourroit perdre le seur pour le non seur. La tierce raison estoit pour le doubte que il avoit des Genevois, qui de long temps l'avoient si mal traicté, comme chascun pouvoit sçavoir ; et pis luy eussent faict, ce sçavoit-il bien, si ne feust son bon amy le mareschal qui les en avoit gardé. Et que ainsi ces trois principales raisons avec leurs dependances, c'est à sçavoir le doubte du faict de guerre, dont nul ne peult sçavoir la fin, fors Dieu, ne à qui la victoire en sera, luy font sembler la chose trop perilleuse et doubteuse pour lui. Et veu mesmes que le mareschal ne seroit mie à Gennes, qui garder peust les dicts Genevois de luy porter dommaige ; et que ce n'estoit mie par faulte de couraige ne lacheté, ne de petit desir de n'y vouloir entendre ; mais seulement pour les susdictes doubtes : car feust le mareschal certain que la chose ne luy partiroit du cœur jour de sa vie, quoy que pour le present n'y entendist. Mais que, au plaisir de Dieu, mettroit toute peine de disposer tellement et de longue main ses besongnes, qu'encores un temps viendroit qu'il y entendroit. Et que il prioit le dict mareschal, en qui il avoit fiance sur tous les hommes du monde, que il ne voulust departir son cœur de ceste chose, ains luy pleust l'ayder à se preparer et ordonner, comme il le pouvoit bien faire : si que eulx deux peussent encores user leurs vies ensemble au service de Nostre Seigneur, et que il luy pleust le reputer et tenir à fils : car quant à luy, il le tenoit pour père, et par son conseil se vouloit gouverner. Et pour conclusion, que il se reputoit tant tenu à luy de ce que tel soin avoit de son bien et advancement, et des grandes offres que il luy faisoit, que jamais meriter, remercier ne guerdonner assez suffisamment ne le pourroit.

Et à tant se teut le Roy, et les dicts ambassadeurs prirent congé de luy, et au plus tost que ils peurent s'en retournerent à Gennes vers le mareschal, et tout luy racompterent ce que trouvé avoyent.

CHAPITRE XIX.

Cy parle du faict de l'Eglise, et comment le mareschal voulut empescher le roy Lancelot que il n'allast prendre Rome.

En la maniere dessus dicte, le bon mareschal a employé son aage et tout son temps en bien faire perseveramment de mieulx en mieulx. De laquelle chose n'est encores lassé, ny ne sera toute sa vie, si comme on peult par raison penser ; car le proverbe commun, lequel est vray, dit : « La bonne vie attraict la bonne fin. » Si ne pourroye racompter toutes les choses belles et notables en faicts et dicts que il a faictes, et continuellement et par chascun jour et heure faict et sont par luy terminées : car tant en y a que c'est un abysme. Si me passe seulement de dire grossement et en general ses principales emprises, et les advantures qui luy adviennent et où il se treuve, afin de continuer mon propos, qui est de moustrer sa grande vaillance, pour ce que ce peult estre un exemple à tout noble chevaleureux qui oüir le pourra, d'estre bon en faicts et en mœurs.

Si ay racompté cy dessus comment, entre les autres bons desirs et nobles faicts que il avoit en volonté, estoit son intention, et est par grande affection, de travailler à la paix de la saincte Eglise : lequel desir nulle heure ne depart de son bon couraige, comme il le monstre par effect, comme celuy qui ne cesse à son pouvoir, et tousjours a faict. Mais la faulse convoitise attisée et enflambée par l'ennemy d'enfer és cœurs d'aucuns prelats de l'Eglise, aveuglez par detestable et mauvaise detraction, et par male ambition et desordonnée avarice, ne souffre, quelque peine que le dict bon mareschal et les autres bons y mettent, terminer si tost la chose, ne tirer à bon effect.

O faulse convoitise, gouffre d'enfer insatiable, comment as-tu puissance de tellement aveugler le cœur de l'homme, que nonobstant que il congnoisse que longuement au monde ne peult vivre, toutesfois tu luy fais perdre comme toute congnoissance de la punition de Dieu ? Et ce appert quand mesmement deux vieillards sur leur fosse, assis non deüment en siege papal, ce sçavent-ils bien (qui pour un seul fut estably de Dieu, ne autrement ne peult licitement estre), sont tant embrassez de ceste maudite convoitise, accompaigné d'orgueil, que ils ont plus cher eulx damner, et tout le monde mettre en perplexité et douleur, et estre cause de la damnation de infinies ames, que renoncer à un petit de brief honneur mondain receu induement, que leur adherens leur font. O profond puis d'enfer, logis de Cain et de Judas, à quoy tardes-tu que tu ne les appelles à toy, et que ceste playe en chrestienté cesse, laquelle tant dure pour les pechez des defaillans chrestiens, Dieu ainsi le consentant?

Mais à venir à nostre propos de monstrer comment le bon preud'homme dont nous parlons, c'est à sçavoir le mareschal, meet tousjours toute peine à tirer à fin d'union; pource que toutes choses ne se peuvent dire ensemble, comme dict est, advient, comme assez de gens le sçavent, que nostre pape d'Avignon et celuy esleu de Rome (tant y avoit travaillé le bon mareschal et plusieurs autres bons seigneurs) feurent tous deux d'accord ou feignirent estre (car feintise voirement estoit ce, comme il y a paru) de ceder. Si avoit chascun d'eulx promis que pour mettre l'Eglise de Dieu en paix il cederoit, à condition que l'autre le voulust semblablement faire. Mais les faulx hypocrites (tels se peuvent-ils par l'effect de leurs œuvres appeller) s'entre entendoient bien : car ceste malicieuse voye ont faict à sçavoir entre eulx, pour se excuser chascun sur son compaignon, disant : « Mais que il cede, je cederay. » Et semblablement respond l'autre. Et ainsi est la fable du ricochet : car ils ont plus cher avoir ce morceau eulx deux, que un tiers y soit mis, et eulx deposez. Mais c'est le morceau qui les estranglera : Dieu advance l'œuvre. Et ainsi par ceste voye passent et dissimulent le temps, et font muser en vain apres eulx et leurs fallacieuses responses tous les princes du monde.

Et debvoit, lors que le dict accord fut pris, le pape de La Lune, dict d'Avignon, aller en un chastel appellé Portovenere, qui sied au bout de la riviere de Gennes; et celuy de Rome debvoit aller en la ville de Lucques, qui est à une petite journée du dict chastel de Portovenere. Et là debvoient ordonner un certain lieu auquel s'assembleroient pour renoncer au papat, presente l'assemblée des cardinaulx et du concile general, à ce que eslection d'un seul pasteur feust faicte par la voye du Sainct-Esprit, comme Dieu l'a ordonné.

Pour conclusion de ceste chose, tant feurent timonnez du mareschal et des autres bons, qui tendoient et tendent au bien de paix tous les deux, que excuser bonnement ne se peurent que ils n'allassent és dicts lieux ordonnez. Mais leur venuë peu profita : car, à le faire brief, la conclusion feut telle que la difficulté du lieu trouver où s'assembler debvoient feut si grande, que ils n'en peurent estre d'accord. Et quand l'un vouloit une chose, l'autre le contredisoit, et eslisoit une autre voye, laquelle semblablement l'autre desnioit. Si s'entendoient bien les faulx damnez : car il n'est pas doubte que entre eulx avoient faict cette faulse conspiration pour abuser le monde par telles fallaces, et ainsi feirent semblant de non pouvoir accorder. Et dire les causes de leurs frivoles excuses seroit long procés sans nécessité. Mais à dire en bref vrayement, tout ainsi que un diable est plus malicieux que l'autre, et s'entredeçoivent nonobstant qu'ils soyent compaignons, nostre pape de La Lune sceut tenir telle voye et maniere, que ce desaccord bailla tout le tort à celuy de Rome, au dire de tous, tant d'un costé que d'autre.

Pour laquelle cause les cardinaulx de Rome le laisserent, et s'en allerent malgré luy en la cité de Pise, et tant que il ne demeura en toute Italie seigneur ne terre qui le favorisast. Parquoy quand il veid ce, envoya requerir au roy Lancelot de Naples que il le secourust; laquelle chose volontiers accorda, en intention d'usurper et tirer à soy par celuy moyen et voye la cité de Rome et tout le patrimoine, comme il feit apres, comme il sera dict. Si promeit le dict Lancelot que il luy aideroit de tout son pouvoir par tout et contre tous. Dont pour ceste cause tant s'orgueillit le dict pape de Rome, que du tout fut obstiné en son propos de non condescendre à la volonté d'un concile general. Si alla tant ceste susdicte alliance de Lancelot avec l'antipape de Rome, que ils traicterent entre eulx par leurs messaigers, que par certains moyens, comme dict sera, Lancelot prendroit la seigneurie de Rome, par telle condition que quand il l'auroit, luy mesme, à si grande puissance que nul ne luy oseroit contredire, l'iroit querir à Lucques et l'emmeneroit. Et ainsi feut deliberée ceste chose.

◇◇◇

CHAPITRE XX.

De ce mesme; et comment Paul Ursin, romain, meit le roy Ancelot à Rome par argent qu'il receut.

Les nouvelles de la susdicte emprise, comment le roy Lancelot debvoit favoriser et secourir le pape de Rome, et comment son intention estoit de se parforcer de prendre la cité de Rome, veindrent aux oreilles du mareschal. De laquelle chose feut durement irrité : car bien luy sembla que ce pourroit estre grand empeschement et empirement de traicté de paix au faict de l'Eglise. Et aussi moult luy pesa que la cité de Rome, qui doibt estre et est le droict patrimoine de l'Eglise, deust par telle tyrannie estre ravie et usurpée, et par especial d'un si mauvais chrestien comme il est, et ennemy du roy de France, et si grand adversaire du roy Louis, cousin germain du dict roy de France. Si sceut comment ledict roy Lancelot alloit jà à toute sa puissance par mer et par terre, pour y mettre le siege. Si feut moult en grande pensée de trouver aulcune voye que ceste chose feust empeschée. Et quand il eut deliberé de ce qui estoit le meilleur à faire, il appella un de ses gentils-hommes que il sçavoit vaillant, saige, bon et diligent, nommé Jean de Ony, duquel est parlé autrefois en ce livre. Si luy dit en ceste maniere :

« Vous vous en irez de tire à Rome, et par-
» lerez à Paul Ursin, auquel me recommande-
» rez ; et de par moy luy direz que luy qui est
» comme le chef et principal de Rome, et qui l'a
» en gouvernement, veüille monstrer par effect à
» ce grand besoing la loyauté, preud'hommie et
» vaillance qui tousjours a esté en luy et en ses
» nobles et anciens devanciers, si que de toute
» sa puissance et force il monstre la feauté et
» bon amour que il porte, comme il est tenu, à
» la cité de Rome. En telle maniere que il ne
» veüille souffrir que elle soit ainsi contre droict
» et raison baillée, ne soufferte en mains estran-
» geres, et en seigneurie de nouvel tyran. La-
» quelle chose, s'il advenoit, seroit tres-grande-
» ment à l'empirement de l'honneur et de la cité
» et des Romains ; et que s'ils ont esté et sont
» grands et de noble couraige, desprisans servi-
» tude plus que gens du monde, à ceste fois le
» veüillent monstrer. Et que de ce je le prie
» tant comme je puis, et le fais certain et luy
» promects que s'il se tient hardiment, et s'il se
» deffend par grand vigueur contre le dict
» Lancelot, si y aura grand honneur à tous-
» joursmais, et que je le secoureray à tout
» puissance, sans nulle faulte, dedans quinze
» jours. »

Jean de Ony, à tout ceste commission, s'en alla batant à Rome ; et avec luy, par le commandement du mareschal, un autre escuyer bon et appert, nommé Le Bourt de Larca. Si feit sa legation à Paul Ursin bien et saigement, tout en la forme et maniere que enjoint luy estoit. Et oüyes les paroles, à dire en brief ce que Paul Ursin en feit, il monstra semblant que moult estoit liez de ce que le mareschal luy mandoit, en disant qu'il l'en remercioit de bon cœur ; et que par faulte de couraige, et de mettre toute peine, diligence, corps, avoir et vie, ne demeureroit mie que Lancelot ne trouvast grande resistance ; et que à Rome y avoit assez vivres pour cinq mois, et puissance pour souffrir tant que ils feussent secourus. Si mettroit grand soin que ils se teinssent forts contre le siege. De ainsi faire et tenir loyaument le jura et promeit Paul Ursin à Jean de Ony, et que sans faulte deffendroit la cité hardiment jusques au dict terme, et tousjours à son pouvoir, attendant le dict secours. Et pour mieulx monstrer au mareschal la voye que il debvoit tenir, luy mesme figura de sa propre main la cité de Rome sur un peu de papier, et la cité d'Ostie qui là pres est, et la maniere et place où l'on pourroit combatre par mer le navire du roy Lancelot. Aussi devisa l'ayde que il feroit au mareschal, bailla enseigne comment on le congnoistroit, et dict la maniere comment Lancelot pourroit estre desconfit par terre.

Toutes ces choses certifia à tenir le desloyal Paul Ursin, qui oncques rien n'en teint : car deux jours apres que le dict Jean de Ony partit d'avec luy, il meit luy mesme le roy Lancelot dedans Rome, moyennant vingt-six mille florins que il receut, et deux chasteaux. Et Jean de Ony, qui en piece n'eust pensé ceste mauvaistié, s'en retourna devers le mareschal. Toutesfois il laissa son compaignon à Rome, c'est à sçavoir le susdict Bourt de Larca, pour faire sçavoir toutes nouvelles au mareschal, et pour tousjours solliciter Paul Ursin des susdictes choses. Mais en s'en retournant trouva la venüe du roy Lancelot plus advancée que luy ni le mareschal ne pensoient : car ja estoit le dict Roy à toute sa puissance par terre et par mer au siege devant la cité d'Ostie, qui sied à la rive du Tibre pres de Rome. Et avoit en sa compaignée par terre environ de huict à neuf mille chevaux, et deux cent hommes à pied ; et par mer avoit en navire sept galées subtiles, et deux grosses galées huissieres, et bien soixante dix barques chargées d'habillemens de guerre et de victuailles.

Ces choses veües et sceües, le dict Jean de Ony, qui veid le besoing de tost haster la chose, exploicta tant son erre, que en quatre jours feut de Rome à Portovenere. Auquel lieu trouva le mareschal, qui apres le rapport ne musa mie, ains meit telle diligence en la besongne, que le quatriesme jour d'apres il appresta toute son armée, tant de gens d'armes comme de naves d'arbalestriers, de vivres, et de toutes choses à ce necessaires. Et celuy jour monta en galée. Si avoit en sa compaignée huict galées et trois brigantins, les mieux armées et fournies de gens d'armes et d'arbalestriers que on peust veoir. Desquelles dictes galées avoit faict capitaine ceulx de qui les noms s'ensuivent. Luy mesme feut le capitaine de la premiere nave ; dom

James de Prades, de la seconde; Jean de Lune, nepveu du Pape, de la Tierce ; messire Girard de Cervillon, et le mareschal du Pape, de la quatriesme ; de la cinquiesme, frere Raymond de Lesture, prieur de Thoulouze; de la sixiesme, le seigneur de La Fayette; de la septiesme, messire Robert de Milly ; et de la huictiesme, Jean de Ony. Si estoient en ceste compaignée, entre les autres nobles et renommez gens, ceulx dont les noms cy ensuivent: messire Guillaume Muillon, messire Lucas de Flisco, messire Gilles de Pruilly, messire Beraut Du Lac, Guillaume et Hugues de Tholigny, le sire de Montpesat, Robert de Fenis, capitaine de l'un des brigantins ; Gilet de Grigny, Chabrulé de Ony, nepveu du susdict Jean de Ony, et plusieurs autres, qui long seroit à dire. A tout ceste belle compaignée se partit le mareschal.

Mais comme Dieu le voulut pour son mieulx, tantost se leva un vent contraire, et un oraige si tres-grand que nullement ne pouvoit aller avant; dont tout vif enrageoit. Et contre le vent par droicte force alla jusques devant Moutron; mais pour neant: car la tempeste s'enforcea si tres-grande, que il luy conveint tourner arriere. Et dura cest oraige par trois jours. De laquelle chose tant estoit dolent le mareschal, que plus ne pouvoit. Et ainsi en attendant tousjours que la tourmente cessast, pour le grand desir que il avoit de parfournir son emprise, ne souffroit que nul de ses gens ississent hors du navire, jusques à tant que le susdict Bourt de Larea, que le dict Jean de Ony avoit laissé à Rome, comme dict est devant, arriva, qui venu estoit à grand haste, et par maints perils. Lequel dict les nouvelles comment Lancelot avoit esté par Paul Ursin mis à Rome, comme dict avons devant.

Laquelle chose moult pesa au mareschal. Mais tous ceulx qui avec luy estoyent regracierent Nostre Seigneur de l'oraige et tourmente qui les avoit empeschez d'aller plus avant : car sans faillir, si jusques là feussent allez, tous eussent esté trahis, morts et peris. Mais Dieu, qui tousjours defend les siens, garda adonc son servant le bon mareschal, qui demeura dolent et courroucé de ce qui advenu estoit. Mais ne defaillit mie pourtant en luy l'ardente volonté de tousjours travailler au bien et paix de saincte Eglise. Ains puisqu'il avoit failly à une de ses voyes, pour venir où il tendoit, c'est à sçavoir d'empescher celuy de Rome que il ne feust favorisé par la puissance de Lancelot, comme dict est, il prist à penser que il chercheroit voye et maniere de tant faire par toutes les parties d'Italie qui au dict pape de Rome obeissoient, que ils feussent advertis et congneussent les grands maulx et inconveniens qui à cause de l'erreur du dict pape de Rome et aussi de celuy d'Avignon, et par leur obstination, advenoient en la chrestienté. Et à ce tant se peina, que il leur ouvrit les yeux de verité en ceste cause : c'est à sçavoir que bon seroit que un seul pasteur feust esleu par saincte voye, et ces deux maudits deposez. Et semblablement feit tant par ses saiges et bonnes manieres, avec l'ayde de Dieu, vers tous les roys, et les terres et pays qui au dict pape de Rome obeissoient, comme en Angleterre, Alemaigne et ailleurs, et pareillement de celuy d'Avignon, comme France, Arragon, Espaigne et autre part, que tous les princes de la chrestienté et chascune puissance de pays mettroit peine à tendre à l'union, et que plus nul de ces deux ne seroit favorisé ny soustenu en son erreur.

Et ainsi par long travail, non mie tout en un jour, mais en l'espace de plus de trois ans (car trop y a à faire de ramener infinies opinions et diverses faveurs à une seule), a tant faict par son saige pourchas, que il est venu à ce qu'il tendoit: c'est que tous les princes de la chrestienté qui leur obeissoient, et toutes les terres et pays, sont aujourd'huy d'accord, et mesmement le roy Lancelot (qui souloit favoriser celuy de Rome, comme dict est), que tous deux cedent, et un vray Pape soit esleu. Et chascun endroict soy y travaille. Et au cas qu'ils y soient contredisans, et ne aillent à la journée qui pour ceste cause est prise à certain jour au mois d'avril en cest an 1408, en la cité de Pise, où le concile general doibt estre assemblé, et eulx mesmes y sont appellez, et ja de toutes parts y vont prelats, et ambassadeurs de tous les princes et pays (en laquelle chose France a grand honneur, le Roy et les princes d'icelle, avec la noble Université de l'estude de Paris, qui grand peine et par long temps y a mis), ils seront delaissez seuls, comme heretiques damnez, mauvais et detestables, de tous leurs cardinaux, de tous les princes et de toute gent ; et leur sera ostée toute puissance, et punis s'ils peuvent estre tenus ; et un nouvel esleu par le sainct college, sans contraincte, en maniere deüe, par la voye du Sainct Esprit. Laquelle chose Dieu, par sa saincte misericorde veüille terminer briefvement, au bien et paix de toute la chrestienté, comme mestier est : car il n'est nul doubte que à cause de ce schisme sont venus par l'ire de Dieu les maux qui depuis sont venus au monde moult merveilleux. Et en cest estat, et soubs la forme que en brief je devise, est, à cestuy jour dixiesme de mars 1408, le faict de l'Eglise : environ lequel jour doibvent partir pour aller au dict concile les envoyez du roy de France, c'est à sçavoir le patriarche d'Alexandrie et autres notables prelats, et nobles clercs de la dicte Université de Paris, et mainte gent d'authorité. Si en lairray à tant, et diray des autres bien faicts du vaillant chevalier en qui prenons nostre matiere.

CHAPITRE XXI.

Cy devise comment le mareschal, en venant par mer de Gennes en Provence, combatit quatre galées de Mores, où grande foison en y eut d'occis.

Le bon champion de Jesus Christ, c'est à sçavoir le mareschal, qui est de cœur, de volonté et de faict le vray persecuteur des mescreans, eut volonté d'aller en Provence veoir sa belle et bonne femme, et visiter sa terre. Si se partit de Gennes le vingtiesme jour de septembre en l'an 1408, et monta sur la galée de la garde de Gennes. Et ainsi comme il alloit par mer, oüit nouvelles que quatre galées de Mores estoyent en son chemin. De ceste chose demanda advis aux vaillans hommes qui avec luy estoyent, et que il leur sembloit qu'estoit bon à faire. Et ils respondirent que il estoit presque nuict, et que ils vouloient que il demeurast ceste nuict à Porto Morice, et que il envoyast tout coyement sçavoir où ils estoyent, et que le lendemain feist ce que bon luy sembleroit : mais que ils le prioient que sa personne descendist à terre, pour eviter tous perils. Car trop grand meschef adviendroit s'il avoit mal ne encombrier ; dont Dieu deffendre le voulust.

De tout ce que dict avoyent les creut le dict mareschal, excepté de descendre; et de ce ne les voulut escouter. De là ne se bougea. Si eut environ minuict nouvelles que iceulx sarrasins estoyent en son chemin ancrez au plus pres d'un chastel nommé Rocquebrune, ne semblant faisoient de s'en aller. Oüyes ces nouvelles, quoy que chascun feist la chose moult perilleuse et doubteuse, pour ce que grand foison estoyent, le mareschal dit que pour ces Mores ne laisseroit son chemin, et se tourna vers ses gens, et comme en sousriant leur dit : « Or y apperra de ce que » vous sçaurez faire; voicy bien à besongner : » mais és fortes besongnes acquiert-on le grand » honneur. » Adonc pour leur aller courir sus prist à faire ses ordonnances.

Cinquante arbalestriers prist sur sa galée, et ordonna par la dicte galée les lieux où il vouloit que ses gens combatissent. Premierement, coste luy pour combatre en pouppe, feurent les principaux ceulx de qui les noms icy s'ensuivent :
messire Choleton, le seigneur de Montpesat, Guillaume de Tholoigny, Pierre Castagne, messire Thomas Pansan, genevois, et plusieurs autres gentils-hommes. Et pour combattre en prouë feit mettre Jean de Ony, Macé de Rochebaron, le bastard de Varanes, le bastard d'Auberons, et plusieurs autres. Et au long de la galée ordonna Louys de Milly, accompaigné de plusieurs autres. Le matin se meit en son chemin au nom de Dieu le mareschal, et droict sur l'heure de vespres arriva au lieu où les dicts Mores avoient reposé ; mais partis s'en estoyent, et allez ancrer devant le port de Villefranque. Si teint vers là son chemin au plus tost que il peut, tant que trouver les veint, comme une heure devant soleil couchant. Et adonc par grand signe de hardiesse, faisant toute monstre de fier assault, courut à eulx, qui attendre ne l'oserent. Et tant feurent effroyez, que ils coupperent à grand haste les cables, et laisserent les autres, et de tout leur pouvoir se meirent à fuir. Là feurent huez, en criant : Apres ! apres ! Et tant feurent poursuivis que on les attaignit devant la ville de Nice apres soleil couchant. Si furent durement envahis : et là feut faict de moult belles armes, et moult s'y esprouva bien chascun en droict soy.

Mais pource que long seroit à dire les faicts que chascun y feit, vous dis que l'œuvre loüe le maistre. Car de tel randon y feurent heurtez les dicts sarrasins, qu'en la propre place où acconsuivis feurent, mourut de eulx de quatre vingt à cent, que la mer jecta le lendemain à terre. Et iceulx taschoient de fuir ; mais de si pres estoyent requis qu'espace n'en avoient, et non pourtant se mettoient à deffence par grand vigueur, et aux nostres fort lançoient. Et ainsi toute nuict dura entre eulx l'escarmouche, où le traict fut si grand, que de la galée du mareschal feurent tirées sept grosses casses de viretons. Et le lendemain, ainsi tousjours escarmouchant, allerent jusques devant le chastel de Briganson, auquel lieu le mareschal veid la nuict. Et les sarrasins se retirerent en une isle qui est devant le dict chastel, et à la minuict se partirent secretement, et teindrent leur chemin en Barbarie. Mais des leurs y perdirent plus de quatre cent hommes que morts que affolez, comme rapporterent les chrestiens qu'ils avoient pris, lesquels leur estoyent eschappez en la dicte isle. Et des gens du mareschal, que morts, que blessez, y en cut dixneuf : mais moult estoyent lassez, et à bon droict, car cessé n'avoient de combattre ou escarmoucher une nuict et un jour.

Si teint son chemin le mareschal, et veint

trouver le roy Louys à Toulon, qui moult grand chere et honneur luy feit, loüant Dieu de la belle advanture qui advenuë luy estoit. Et quand assez eurent esté ensemble, et devisé de leurs affaires et advantures, le mareschal prit congé, et vers sa femme alla, qui, à la plus grande liesse que son cœur pouvoit avoir, le receut au chastel de Marargues, en plorant de joye.

CHAPITRE XXII.

Cy devise comment messire Gabriel Marie, bastard de duc de Milan, cuida usurper au Roy la seigneurie de Gennes; et comment il eut la teste couppée.

Dict vous ay cy devant comment messire Gabriel Marie, bastard du premier duc de Milan, vendit la cité de Pise aux Florentins, et comment le mareschal à toutes ses besongnes luy avoit esté amy; voire si amy luy avoit esté, que par maintes fois luy avoit sauvé la vie; et gardé de faim et de maints autres encombriers. C'est chose vraye. Mais iceluy Gabriel, mauvais et desloyal, comme il y parut, luy en cuida rendre si petit guerdon, comme de se parforcer de usurper au Roy et soustraire la seigneurie de Gennes, comme par moy vous sera devisé.

Il est vray que quand iceluy messire Gabriel eust faict la dicte vendition de Pise, il alla demeurer avec le jeune duc de Milan et le comte de Pavie ses freres, qui benignement le receurent. Et à brief dire, quoy que ils le traictassent amiablement comme frere, il se porta si mal vers eulx, que il attira tant de gens vers soy par ses tromperies, que il osa faire guerre à ses dicts freres. Et de faict se bouta en une forte place de Milan, que on dit la citadelle; et la teint par force, en cuidant pouvoir forçoyer contre eulx. Mais sa presomption le deceut; car il conveint au dernier que, par nécessité de vivres et par force de famine, il se rendit. Laquelle chose feut saufve sa vie. Et le duc de Milan pour celuy meffaict, le bannit à certain terme, et le confina à aller demeurer en la cité d'Ast, qui est au duc d'Orleans. Laquelle chose jura et promeit. Mais de ce serment se parjura, et feit tout le contraire: car il s'en alla au pays de Lombardie devers Facin Kan, qui est un grand tyran, et meneur de compaignée de gens d'armes, ennemy de Dieu et de nature humaine: car tous maulx, occisions et dommaiges sont et ont esté par long temps par luy faicts et executez. Ce Facin Kan est ennemy du roy de France, et tres-grand adversaire du dict duc de Milan, et du comte de Pavie, son frere. Et se teint le dict Gabriel en une cité que Facin avoit usurpée, laquelle se nomme Alexandrie de la Paille, l'espace d'un an, en portant de tout son pouvoir mal et dommaige à ses dicts freres.

En ces entrefaictes ne luy suffit pas ceste seule mauvaistié: ains luy et son desloyal compaignon le dict Facin Kan vont machiner grande mauvaistié, si chef l'eussent peu mectre. Mais Dieu de sa grace ne le voulut consentir. Ce feut que ils proposerent d'oster au Roi la seigneurie de Gennes, y occire tous les François, et l'attribuer à eulx; ou au moins, si tout ce faire ne pouvoient, mettre la ville à sac, qui est à dire la courir et piller, et eulx en aller à toute la proye. Ceste chose deliberée entre eulx, feirent tant que aucuns guibelins feurent de leur accord. Si estoit telle leur intention, que le dict Gabriel, qui tousjours avoit trouvé amitié et courtoisie au mareschal, viendroit à Gennes devers luy, et demanderoit marque sur les Florentins pour aulcun reste de deniers que encores luy debvoient à cause de la vendition de Pise; et par celle voye, tandis que à Gennes seroit, pourroit adviser la maniere de mettre à fin ceste entreprise. Ceste chose deliberée, manda au mareschal que il luy pleust que devers luy veinst; laquelle chose il octroya volontiers. Mais non pourtant Gabriel avant qu'il y veinst envoya demander au dict mareschal un saufconduict, pource qu'il avoit demeuré avec Facin Kan, ennemy du Roy et des Genevois. Et il luy donna, mais non pourtant pour faire dommaige en nulle maniere à luy ou à la dicte seigneurie de Gennes.

Et ainsi y veint messire Gabriel; et le mareschal luy donna la marque que il demandoit, et le traictoit aussi amiablement pour l'amour de son feu pere, comme si ce feust son frere. Et à ses despens y feut environ six mois, en monstrant signe de poursuivre la dicte marque; mais à autre chose pensoit: car c'estoit pour tousjours adviser son point, pour à son pouvoir parfournir sa trahison. Mais la saige prevoyance du mareschal ne luy souffroit avoir opportunité ny espace. Toutesfois, pour entrer en son faict, avoit ja demandé au dict mareschal congé de passer huict cent chevaux par la ville et rivaige de Gennes, lesquels il vouloit mener de Toscane en Lombardie, pour certain sien affaire, comme il disoit. Lequel congé il lui avoit donné. Mais Dieu, qui ja par tant de fois a gardé de mal et d'encombrier son servant le mareschal, ne voulut que plus feust ceste mauvaistié celée, laquelle feust par estrange maniere descouverte en telle maniere.

En celuy temps le mareschal faisoit tenir le siege devant un chastel que on nomme Cromolin, que tenoit contre le Roy et la seigneurie de Gennes un mauvais rebelle nommé Thomas Malespine, qui estoit de l'entreprise de Gabriel et de Facin Kan. Adveint une fois entre les autres, comme Dieu le voulut, que un autre Genevois qui estoit dehors au siege prist fort à debattre avec celuy Thomas, qui sur le mur du chastel estoit : en disant que mal luy viendroit d'estre ainsi rebelle au Roy et à sa seigneurie, et que mieulx feroit de se rendre et donner obéissance, comme raison estoit. A brief dire, grosses paroles eurent entre eulx, et s'entredirent de grandes vilenies, tant que ledict Genevois dit à celuy Thomas que il lui verroit coupper la teste sur la place de Gennes. Adonc l'ire extresme et le despit que le dict Thomas eust le feit eslargir de paroles, selon la vanité de son couraige. Si respondit : « Et je te promets que avant que il
» soit gueres de jours tu me verras aller par
» entre les changes de Gennes. »

La parole que cestuy dict feut moult pesée des oyans, qui tantost penserent que jamais cestuy-cy n'auroit la hardiesse de se tant tenir, s'il n'avoit port et esperance d'aucun. Si feut tantost tenu suspect ledit Gabriel, à cause de Facin Kan. Mais pour en sçavoir la certaineté, feut par secret conseil ordonné une certaine quantité de bons hommes d'armes, loyaux au Roy et à la seigneurie, qui feurent envoyez sur les montaignes environ Gennes, pour prendre garde si nul messaige ne pourroit aller ne venir de Gabriel à Facin Kan : dont il adveint un jour, comme ils estoyent là en espie, que ils veirent venir un compaignon à cheval. Tantost coururent sur luy à tout dagues et espées nües, disans : « Traistre ; tu es mort ; car nous voyons bien à
» la devise que tu portes que tu es à ce faulx
» traistre Gabriel qui est amy du mareschal,
« que nous hayons sur tous : car par luy sommes bannis de Gennes. Si compareras le maltalent que nous avons à lui. »

Adonc celuy qui cuida que ils deissent vray, et que ils feussent des bannis de la ville, haineux du mareschal, leur dict que pour Dieu ne le tuassent pas ; et que puis que ennemis du dict mareschal estoyent, telle chose leur annonceroit que s'ils en vouloient estre participans, ils seroient tous riches. Adonc iceulx faisans semblant que bien leur plust ceste chose, luy tirerent de bouche toute l'entreprise, et comment il portoit lettres à Facin Kan de par Gabriel, et que il avoit entre les semelles de ses souliers. Lors iceulx faisans accroire que ils le meneroient sauvement avec eulx, le menerent à Gennes. Dont il se trouva esbahy, et secretement fut examiné, et tantost recongneut toute la chose.

Si feut pris messire Gabriel, qui garde ne s'en donnoit, au palais de la ville, auquel habite le mareschal, où s'estoit allé esbattre, pour adviser le lieu afin de mieulx parfournir sa trahison. Et à tant feut mené, que de sa propre bouche recongneut tout le faict ; et comment à certain jour Facin Kan debvoit venir à tout deux mille chevaux et trois mille hommes de pied devant les portes de Gennes, et crier : « Vive
» partie gibeline ! » Que adonc quand les gens du mareschal et les Genevois sortiroient dehors contre luy, messire Gabriel à tout huict cent chevaulx debvoit faire semblant de saillir en leur aide et avec eux contre le dict Facin. Mais il tiendroit la porte ouverte, pour donner lieu au dict Facin d'entrer dedans. Et que au cas que les gibelins de Gennes se feussent voulu rebeller, ils eussent esté avec eulx si forts que tous les gens du Roy eussent tué. Et au cas qu'ils ne se rebellassent, que au moins courroient-ils la ville et la pilleroient, puis s'en iroient. Si eut apres ceste confession messire Gabriel la teste tranchée, comme il l'avoit bien desservy.

FIN DE LA TROISIESME PARTIE.

LE LIVRE DES FAICTS
DU MARESCHAL DE BOUCICAUT.

QUATRIESME PARTIE.

CHAPITRE PREMIER.

Cy commence la quatriesme et derniere partie de ce livre, laquelle parle des vertus, bonnes mœurs et conditions qui sont au mareschal, et de la maniere de son vivre. Et devise le premier chapitre de la façon de son corps.

Or ay dit et racompté, Dieu soit loüé, les faicts dignes de memoire jusques à aujourd'hui accomplis et tirez à chef par messire Boucicaut, mareschal de France, de qui procede ceste Histoire; et comme on me les a baillez par memoire, les ay mis par ordre au mieulx que j'ay sceu, et non mie si bien comme la matiere le requiert : car à ce mon entendement n'est suffisant. Si n'en dirons plus à present, et irons à ses mœurs et conditions. Car apres ce que nous avons parlé du riche tresor, c'est bien raison que nous disions du vaisseau dont il sort, combien que les œuvres loüent assez le maistre. Si me semble, consideré que ses nobles mœurs et maniere reglée de vivre peuvent estre cause de tout bon exemple, est bon que nous en disions aulcunes choses. Et partant, *commencerons premierement aux façons de son corps.*

Il n'est mie moult hault de corpulence, ni aussi des moindres. Maigre homme est; mais nul ne pourroit estre mieulx formé que lui, ne plus habile de son corps. Et est de tres-bonne force, large poictrine, haulte et bien faicte, et espaules basses et bien taillées. Gresle et menu est par les flancs. De cuisses et de jambes nul ne pourroit estre mieulx faict selon le corps. Le visaige est de belle forme en toutes façons. Le clair brun, assez couloré et bien barbu, et de poil brun sur le sor. Le regard a hardy et asseuré, et saige maniere et contenance rassise et haulte. Et avec ce tant a maintien seigneurial, que Dieu luy a donné telle nature et grace, que la presence de sa personne est craincte et redoubtée, et tenüe en reverence de ceulx qui le voyent, et par tout où il va, et mesmes de tels qui sont plus grands et plus puissans que luy. Et toutesfois n'a-il en luy ne en son maintien fierté ny orgueil; ains le hait sur toute chose, si n'est contre ses ennemis, contre lesquels a tres-grand couraige et greigneur fierté. Et avec cela richement se vest, nettement s'habille, et de tres-bons habits.

CHAPITRE II.

Cy dict de la devotion que le mareschal a vers Dieu en œuvres de charité.

A parler des mœurs et conditions du mareschal, apres que nous avons racompté ses faicts, tout premierement dirons de la devotion qu'il a vers Dieu, et commencerons à la vertu de charité, pource qu'elle est mere et souveraine des vertus, comme le tesmoingne sainct Paul. Il a telle devotion à faire bien aux pauvres, et telle pitié a de eulx, que il faict enquerir diligemment où il y ait pauvres mesnaigers, vieulx et impotens, ou chargez d'enfans, ou pauvres pucelles à marier, ou femmes gisans, ou veufves, ou orphelins, et là secretement tres-largement envoye de ses biens. Et ainsi par luy sont soustenus maints pauvres.

Et encores ne luy suffisent les aumosnes que il faict au pays où il est; ains, pource qu'il sçait que à Paris y a maintes secretes grandes pauvretez, y envoye souvent tres-grand argent pour employer en tels usaiges à gens qu'il commect à ce faire. Et est chose vraye, comme plusieurs gens le sçavent, que maints pauvres mesnaiges et maints pauvres impotens en ont esté reconfortez, et maintes filles mariées. Moult volontiers aussi ayde à secourir couvens et eglises, et faict reparations de chappelles et lieux d'oraisons : si comme il appert en maints lieux, et mesmement à Sainct Innocent à Paris, auquel lieu par l'argent qu'il a donné sont faicts les beaux charniers qui sont autour du cimetiere, vers la Drapperie; et aussi à Sainct Maximin en Provence, où est le chef de la Magdelaine, a donné mille escus comptant pour faire une voulte sur la chappelle où est le benoist chef, et refaire la dicte chappelle toute neufve : laquelle est faicte moult belle.

Volontiers donne à pauvres prebstres, à pauvres religieux, et à tous ceux qui sont au service de Dieu. Et à tout dire, jamais ne fault à nul qui luy demande pour l'amour de Dieu. Et quand il chevauche dehors, volontiers donne l'aumosne de sa main, non mie un petit denier à la fois, mais tres-largement. Si est secourable et tres-grand aumosnier par tout où il peut sçavoir qu'il y ait pitié, et par especial des bons : car il aime cherement tous ceulx qu'il peut sçavoir qui sont de bonne vie, et qui aiment et servent Nostre Seigneur. Car comme dict le proverbe commun : « Chascun aime son semblable. »

Mais pource que je sçay qu'en son noble sens, condition et nature, n'a nul default, je me veulx excuser à luy le cas advenoit que jamais ceste presente escriture veint en ses mains : parquoy il feust aucunement troublé, si comme sont communément les bons quand ils oyent faire mention des biens que ils font pour Dieu. Que de ce que j'en dis la verité luy plaise n'y vouloir avoir aulcun desplaisir, ne m'en avoir aulcun mauvais gré : car je ne le fais mie pour luy en donner vaine gloire, ains le fais en intention de donner bon exemple à tous ceulx qui en oiront parler, et qui ce present livre liront et oiront. Car comme les saiges theologiens le tesmoingnent, l'aumosne et le bien faict n'est conseillé à faire secretement, fors pource sans plus à ce que l'homme qui le faict n'y prenne aulcune vaine gloire, en monstrant sa bonté devant les gens. Mais quand l'homme est si parfaict que pour bien, aulmosne ou oraison qu'il face, soit en secret ou en public, point ne s'y glorifie, ainsi le faict simplement pour l'amour de Dieu, mieulx est qu'il le face devant les gens que en secret. La cause est pour ce que il donne exemple à ceulx qui le voyent de faire bonnes œuvres.

CHAPITRE III.

La reigle que le mareschal tient au service de Dieu.

Avec ce que le mareschal est tres-charitable, il aime Dieu, et le redoubte sur tout, et est tres-devot : car chascun jour, sans nul faillir, dict ses heures et maintes oraisons, et suffrages de saincts. Et quelque besoing ou haste que il ait, il oit chacun jour deux messes tres-devotement, les genoüils à terre. Ne nul n'oseroit parler à luy tandis qu'il est à ses messes et qu'il dit son service, et moult devotement prie Dieu.

Et à brief dire, tant donne bon exemple de devotion à ceulx qui le voyent, que grands et petits s'y mirent. Tant que tous les varlets de son hostel servent Dieu en jeusnes et devotions, et se contiennent à l'église aussi devotieusement que feroient religieux. Et de tels y a qui ne souloient sçavoir mot de lettre, qui ont appris leurs heures, et soigneusement les disent. Et avec ce, comme tres-saige, et pourveu du bien de son ame (ainsi que tout bon chrestien doibt vivre ainsi qu'il vouldroit mourir), il a faict son testament, et l'accomplit luy mesme par chascun jour. Et quand le mareschal faict son oraison, il fait tousjours sa petition, et demande à Dieu soubs condition si c'est pour le mieulx; et que toutesfois quoy qu'il requiere, comme homme fragile est desireux, que sa saincte volonté soit faicte. O qui l'a ainsi appris à prier ? Ce n'est mie venu de sapience humaine ny de la chair, qui tousjours tire à sensualité : mais du Sainct Esprit, qui ainsi l'inspire.

Et de ceste maniere avoir de Dieu prier ensuit bien la maniere de Socrates, qui tant feut saige philosophe, que les anciens l'appelloient oracle divin. Celuy disoit que on ne debvoit rien demander à Dieu immortel particulierement, mais sans plus requerir son ayde generalement en ce qu'il sçait que le meilleur est. « Car, ce disoit-il, Dieu sçait mieulx ce qui est
» profitable à chascun que nous ne pouvons sça-
» voir. Et souvent nous demandons chose qui à
» avoir nous seroit dommageable : car la pensée
» des mortels, se disoit-il, est enveloppée de
» tres-espaisses tenebres; parquoy il advient que
» elle eslargit ses demandes à ce que son appe-
» tit desire, pource que elle ne sçait congnoistre
» son mieulx. Tu desires, dict-il, richesses,
» qui ont esté cause de la perdition de plusieurs;
» tu convoites honneurs, qui sont cause de mor-
» telle envie, et peu durent; tu imagines et de-
» sires royaumes et seigneuries, desquelles les
» yssuës sont et ont esté souvent miserables; tu
» desires et requiers nobles mariages, et te sur-
» haulser en lignée : mais c'est souvent destruc-
» tion de famille et de vie seure par divers cas.
» Car qui plus se fiche au vent de fortune, plus
» est dejetté. Ne t'amuse donc, dit-il, à telles
» prieres, mais te recommande simplement à
» l'acteur de toutes choses, qui sçait mieulx ce
» qu'il te fault que toy mesme ne fais, et mects
» toutes les causes et faicts à son arbitraige et
» volonté. » Si sont moult belles paroles venuës d'un payen, qui ne sçavoit rien de la loy de Dieu; et toutesfois par raison naturelle il confessoit une deité. Et avec luy bien s'accorde Juvenal au commencement de son quatriesme livre.

A propos des payens, lesquels sans loy escripte eurent par raison naturelle cognoissance de Dieu et des choses divines, est escript de Thales, qui fut l'un des sept saiges, que il respondit moult notablement quand on luy demanda si Dieu sçavoit les faicts des hommes : « Oüy, dit-il, et non pas les faicts seulement, mais les pensées. De sorte que nous ne debvons pas seulement vouloir avoir les mains pures, mais aussi pures pensées, quand nous croyons la déité celeste estre presente à nos secretes cogitations. » Doncques si les payens sans loy eurent congnoissance de bien faire pour l'amour d'un Dieu, que debvons nous faire entre nous chrestiens qui avons vraye congnoissance de la loy par tant de sainctes Escriptures, et qui sommes du college de Jesus Christ, qui fut et est Dieu et homme? Si debvrions plus que autres estre punis si nous mesprenons. Et comme dit Boece en la fin de son livre de la Consolation, il nous est necessaire d'estre bons, quand nous faisons tout devant le juge qui veoid et congnoist toutes nos œuvres, et qui nous payera selon les desseres.

Aussi le mareschal a le jour du vendredy en grande reverence. Il n'y mange chose qui prenne mort, ne vest couleur fors noire, en l'honneur de la Passion de Nostre Seigneur. Le sabmedy jeusne de droicte coustume, et tous les jeusnes commandez de l'Eglise; et pour rien nul n'en briseroit. Davantaige jamais ne jure Nostre Seigneur, ny la mort, ne la chair, ne le sang, ne autre detestable serment, ny le souffriroit jurer à nul de son hostel. Et n'est pas besoing à ses gens que les renient et maugréent, comme plusieurs font en France : car mal leur adviendroit, s'il venoit à sa congnoissance, et n'y a si grand qu'il n'en punist. Et mesmement en la ville de Gennes et en toutes ses terres a mis ordonnance sur ceste chose, soubs peine de grande punition. Si qu'il n'y a si hardy qui de Nostre Seigneur osast parler non deüement, ne oultrageusement jurer. Si y auroit bon mestier d'un tel gouverneur à Paris.

Outre cela, il va tres-volontiers en pelerinaige és lieux devost tout à pied en grand devotion, et prend grand plaisir de visiter les sainctes places, et les bons preudes hommes qui servent Dieu. Si comme il a faict maintesfois la montaigne et la saincte place en Provence où Marie Magdelaine feit sa penitence, en laquelle a grande devotion. Et en celuy lieu tout à une fois donna cinq cent francs comptant, pour avoir licts et autres choses pour l'hospital aux pauvres, et pour heberger les pelerins. Il aime moult cherement toutes gens dont il est informé qu'ils meinent bonne et saincte vie, et volontiers les visite et hante.

Et quand il voyage aulcune part en armes, il faict defendre expressement, sur peine de la hart, que nul ne soit si hardy de grever eglise, ne moustier, ne prebstre, ne religieux, mesmes en terre d'ennemis. Et ne souffre assaillir eglise forte, quelque bien ou quelque richesse que le pays eust dedans retirée, quelque famine ou necessité qu'il ait. Et en ce demonstre bien tant sa devotion comme sa non convoitise. Et de ce faict tout ainsi le pouvons recommander, comme faict Valere en son livre (1) Scipion l'Afriquain, dont ja plusieurs fois ay parlé en ce livre, que il loüe moult, pour ce que semblablement le faisoit. Dont il dit que quand le dict Scipion eut pris Carthaige, il manda par toutes les citez de Sicile que chascun veint recongnoistre les ornemens de ses temples, lesquels Hannibal, qui avoit esté empereur d'Afrique et de Carthaige, quand il eut conquis Sicile, avoit là portez, si les rapportassent en leurs lieux. De laquelle chose, ce dict Valere, il demonstra tant son religieux courage, comme sa non convoitise : car il y en avoit de moult riches.

◇◇◇

CHAPITRE IV.

Comment le mareschal se garde de trespasser la loy de Dieu et ses commandemens, mesmement en faict de guerre; et de la mesure que il y tient.

Tout homme qui aime Dieu et le redoubte, de quelque estat qu'il soit, se garde communément de faire chose qui soit contre ses commandemens. Et quoy que tel homme ait à faire en l'office où Dieu l'a appellé, ne se departira point de ce qui est de la raison. Et pource, à propos des mœurs et maniere de vivre du mareschal en l'office que Dieu luy a commis, c'est à sçavoir des armes, nonobstant que à plusieurs pourroit sembler qu'en celuy exercice forte chose soit à se sauver, bien y a sceu et sçait tenir reigle juste et mesurée le mareschal. Si comme en faict en leur vivant plusieurs vaillans nobles hommes des temps anciens que je ramenteveray cy apres, ausquels, par ce que je trouve d'eulx et de luy, je le puis accomparer. Mais pource que Dieu doibt aller de-

---

(1) On a vu que Valère Maxime est cité souvent dans les Mémoires de Boucicaut; on a pu remarquer aussi que le même historien était de même cité par Christine de Pisan. L'histoire de Valère Maxime était un des livres de la bibliothèque de Charles V.

vant toutes choses, et que aussi luy mesme en tous ses faicts mect tousjours l'ayde de Nostre Seigneur au devant, ay premierement voulu parler de sa charité, et puis de sa devotion. Si dirons tiercement de la belle reigle morale qu'il tient en armes, et du bien qui luy en est ensuivy.

En cestuy office certainement il est tres-saige, et souverainement advisé. Car avant que il commence guerre, bien considere s'il est bon qu'il la face ou non, et s'il a cause juste, et à quoy se pourra tourner, quelle puissance il a en gens et en finance, et quelle a celuy contre qui il veut guerroyer; la force du pays et du lieu, la saison et le temps, et tout ce qui luy pourroit nuire et ayder; et sur ce delibere par bon sens. Et quand il a conclu qu'il est bon que il la mette sus, et qu'il a assemblé ses gens, bien les sçait ordonner : commettre les plus saiges et les plus experts aux armes, et les plus accoustumez pour estre les chevetaines des autres, et expressément commande que chascun à son capitaine obeisse; et si nul va alencontre, qu'il en soit puny. Avec ce il prend bien garde quelles gens il prend avec soy, et s'ils sont bons et duicts en guerre. Et a maintesfois laissé à mener gens d'armes d'aucunes nations, est-il pour le mal que ils font par tout où ils vont; et que à peine les en peut-on garder, quelque punition que on en face.

En quoy on peut dire que le mareschal tient la reigle et discipline de chevalerie que jadis faisoient les susdicts vaillans anciens : comme il appert és histoires des Romains, qui punissoient tres-fort leurs propres enfans et parens qui desobeissoient aux souverains. Ha Dieu! et en icelle discipline de chevalerie n'est-il mie semblable à Scipion l'Africain le tres-vaillant, que j'ay ja pour sa bonté plusieurs fois allegué, lequel quand il feut commis pour estre chevetaine d'un grand ost que les Romains envoyerent en Espaigne. Il ordonna et feit un edict que toutes choses superflües et sans necessité feussent chassées et ostées de l'ost? Pour lequel commandement une grande troupe de folles femmes vuiderent, et toutes manieres de marchans qui apportoient à vendre choses delicates et sans besoing. Semblement ce tres-vaillant homme le mareschal faict en ses armées crier soubs grande punition que nul ne soit si hardy d'appliquer son temps en vaine oisiveté, comme de joüer aux dez, ne à quelconque jeu de fortune; et que il n'y ait en l'ost quelconque chose à quoy follement et vainement se puissent amuser, ne que on n'y vende chose sans necessité, et que nul n'y jure vilainement Dieu ne maugrée. Et si aulcun le faict, il est griefvement puny.

Et que tenir telle voye en ost soit bonne, Valere dict que un noble chevetaine de Rome, que on appelloit Metellus, prist avec soy par le commandement des Romains l'ost et la compaignée de gens d'armes que un autre chevetaine souloit mener; lequel ost avoit esté si negligemment introduict, que leur valeur estoit comme toute amoindrie. Mais celuy Metellus, suivant la maniere de Scipion, tantost qu'il feut revenu en l'ost remedia aux mauvaises coustumes que ils souloient avoir. Et pour mieulx les contraindre, defendit que nulles choses delicieuses feussent vendües en l'ost, ne que nul y eut varlets, ne chevaulx, ne autres bestes, pour porter le harnois; et voulut que eulx mesmes se servissent. Et toutesfois il changeoit souvent de place, et si leur faisoit luy mesme clorre leurs logis.

Le mareschal donc est saige à commencer guerre et à bien les sçavoir mener, et instruire ses gens. Mais aussi nul ne sçauroit ne pourroit estre mieulx advisé de bien congnoistre son advantage en toutes places où il se loge en champ, ou quand il attend ses ennemis : c'est à sçavoir de mettre ses adversaires s'il peut au dessoubs du vent et de la poudre, et le visaige au soleil, et au bas de la montaigne. Et s'il veoid son mieulx, il n'attend mie qu'on le vienne assaillir, ains advise son point de courir sus, et de les prendre s'il peut despourveüement. Et s'il apperçoit que son meilleur soit, il les attend pour les avoir par aulcune cautele. Si n'est ne chauld ne hastif pour leur courir sus à l'estourdie, ains attend lieu et temps convenable.

Tout en la maniere que estoit le noble homme Fabius Maximus, dont Valere escript que il feut envoyé à tout grand ost par les Romains pour resister à la puissance de Hannibal le prince de Carthaige, dont il advint que luy qui estoit de grand sçavoir, considera, quand il feut approché de ses ennemis, leur grand pouvoir, et l'orgueil en quoy ils estoyent montez, pour cause d'une victoire qu'ils avoyent eüe contre les Romains : si ne voulut pas combatre si tost à eulx; combien que il eust grand gent, et ne faisoit que soy tenir sur sa garde, et ses gens serrez avec luy, et suivoit ses ennemis d'assez pres, sans les assaillir ; et ainsi se passoit le temps. Et en ce tandis perdoit tousjours Hannibal de ses gens, qui avoyent de grands defaults, parquoy ils alloient affoiblissans; et Fabius prenoit tousjours fortes places, et à son advantage : et Hannibal toustefois moult dommageoit le pays, par bouter feux où il pouvoit.

Mais, pour dommaige que il feist, oncques ne meut Fabius à nulle hastiveté, que tousjours n'attendist son point.

Quand ce eust duré un temps, le maistre de la chevalerie de Fabius, qui estoit nommé Minutius, qui moult estoit hardy et peu saige, par plusieurs fois incita Fabius de courir sus à Hannibal, et disoit que c'estoit grand honte de tant souffrir sans leur donner bataille. Mais de ce ne s'esmeut en rien le duc Fabius : tant que iceluy Minutius, qui plus y cuidoit sçavoir que son maistre, s'en retourna à Rome, et feit tant devers les maistres du conseil que il eut licence de combatre contre Hannibal. Et adonc les gens que avoit Fabius feurent partis en deux, et en eut Minutius la moictié, et gouverna chascun sa partie. Mais tousjours Fabius se tenoit en sa resolution, et de rien ne s'esmouvoit. Hannibal leur ennemy, qui ja estoit si affoibly qu'il estoit sur le point de s'en partir, eut grande joye de ceste chose : car il sçavoit bien que par la follie de Minutius il auroit tantost la bataille, et que aussi Fabius estoit affoibly de la moictié de ses gens. Si feit Hannibal, qui moult estoit malicieux, mettre une embusche en certain lieu ; et Minutius, qui avoit grande envie de combatre, assaillit Hannibal. Mais, par l'embusche qui veint sur eulx, feut tantost Minutius desconfit. Et le saige Fabius, qui avoit preveu la fin de ceste chose et ne vouloit pas pour la folie de cestuy faillir aux siens, s'estoit mis en une embusche ; si courut sus à ceulx qui chassoient les fuitifs, et feit sonner ses buccines pour rassembler entour soy ceulx qui fuyoient. Et ainsi gaingna Fabius par sa saige souffrance, et Minutius perdit par sa folle hastiveté.

Et c'est pour dire que l'atrempance du mareschal et de tous autres semblablement en faict d'armes faict à loüer, et non mie folle hardiesse et non deüe hastiveté. Et à ce propos encores, pour mieulx prouver que saige cautele face moult à loüer en faict d'armes, auquel sçavoir ne fault mie à estre bien appris le mareschal, si comme sur sarrasins et autre part par maintes fois l'esprouva, dict Valere que au temps que le dict Hannibal et Hasdrubal son frere estoyent en Italie, qui tout destruisoient, deux nobles ducs de Rome feurent envoyez contre eulx, lesquels deux ducs si saigement s'y conteindrent, nonobstant que ils n'eussent mie tant de gens comme les autres, que les deux grands osts des deux freres ne peurent oncques estre joints ensemble : car si ainsi feust, rien n'eust peu durer devant eulx, pour la multitude des gens que ils avoyent. Et feirent tant les deux Romains, pour destruire l'un des osts de leurs ennemis, que sans que Hannibal s'en donnast de garde, s'assemblerent une nuict ensemble les deux osts de Rome, et alla l'un vers l'autre un tres-grand pays toute nuict ; et son compaignon le receut par merveilleux sens, tout en la maniere que si ce ne feust que un mesme ost, et que secours ne leur feust point venu. Si se teindrent serrez et joincts ensemble ; dont il advint que Hasdrubal qui avoit baillé jour de bataille, et ne se cuidoit combatre que à une des parties, feut desconfit.

CHAPITRE V.
Comment le mareschal est hardy et seur en ses saiges entreprises.

Avec ce que le mareschal est en armes tres-saige et tres-advisé, il est tres-hardy, chevaleureux, diligent, et de grande entreprise : en telle maniere que il ne se trouva oncques en lieu qu'il eust à faire avec ses ennemis, que il n'en saillist à son honneur, et qu'il ne feust de son bien faict tres-grandes nouvelles. Et toutes ces choses en luy se sont esprouvées par maintes fois où il s'est trouvé en lieu et place que il entreprenoit de telles choses, et achevoit, que elles sembloient comme impossibles à venir à bonne fin. Mais par sa grande hardiesse, et par l'ordonnance que il mettoit en ses gens, il faisoit ce qu'il vouloit. Car quand il se trouvoit en aulcune tres-grande et tres-difficile et penible besongne, et qu'il voyoit bien que sans grande force et sans moult y souffrir n'en viendroit-il mie à chef, adonc faisoit crier en son ost que soubs peine de mort nul ne feust si hardy de partir de sa place, ne retourner au logis. Et par ce ses gens, qui redoubtoient sa justice et punition, qui rien n'espargnoit, aimoient mieulx mourir en la bataille s'il le convenoit, que estre morts et deffaicts honteusement par punition ; si s'exposoient à si grands perils, que il terminoit honnorablement tout ce qu'il entreprenoit.

Et de ceste notable et tres-honnorée maniere en faicts de guerre que il avoit, le puis derechef comparer aux vaillans anciens, comme Valere recite de eulx et de leurs faicts. Dont entre les autres exemples dict que comme l'ost des Romains feut une fois logé sur le fleuve de Lombardie pres de Plaisance, advint que par force leurs ennemis les en deslogerent. Quand leur consul, c'est à dire leur duc, le sceust, il commanda au maistre de la chevalerie qui les menoit, et à eulx tous ensemble, que ils allassent recouvrer leur place, ou tres-griefvement les en puniroit. Et ne le feit pas iceluy duc en esperance qu'il eust que ce peussent-ils faire, mais à fin que ils ne demeurassent deshonnorez d'avoir gauchy ou fuy. Si feit un edict et un commandement que si nul estoit veu fuir ne tournant arriere, que tantost feust tué comme ennemy. Par laquelle severité, ce dict Valere, encores que ils feussent fatiguez de corps et d'esprit, pour le desespoir de leur vie, ils dirent que mieulx vouloient mourir sur leurs ennemis honnorablement, que on les tuast honteusement. Dont il advient que, nonobstant la multitude des ennemis et la force du lieu, ils gaignerent la place.

Si sçait bien tenir ces manieres le bon mareschal dont nous parlons. Et suffise à tant de ceste matiere d'armes, à laquelle j'ay produit exemples pour mieulx prouver l'authorité de sa vaillance. Et aussi l'ai faict, pource que ramentevoir les faicts des bons doibt donner couraige aux nobles qui leurs faicts oyent de les suivre, et faire comme eulx.

◇◇◇

CHAPITRE VI.
Comment le mareschal est sans convoitise, et large du sien.

C'est chose notoire, et que chascun sçait, que à tout homme qui desire advenir à hault degré de vaillance est necessaire qu'il soit sans convoitise d'amasser tresor ne richesses. Car s'il mettoit en ce son soin, il est impossible que il peust vaquer és grandes poursuites qu'il convient faire en armes à ceulx qui en veulent avoir los, et ausquels si escharceté estoit trouvée et congneüe, elle leur osteroit l'amour et la compaignée de ceulx qu'ils hanteroient en celuy mestier, et par ainsi leur renom seroit esteint, quoy qu'ils feissent. Si n'est mie vrayement de ceste tasche tasché le vaillant mareschal, comme il appert : car oncques en sa vie n'achepta ne acquist seigneurie, terre ne heritaige ; et mesmement de ce qu'il a de son patrimoine peu de compte en tient. Si monstre bien semblant que ailleurs sont ses pensées.

Parquoy sans faillir tout ainsi se peut dire de luy qu'il est escript du saige philosophe Anaxagoras, lequel, apres que il eut longuement delaissé son pays pour recercher science, retourna à ses possessions, lesquelles il trouva gastées et desertes, et non cultivées ; dont ses amis le blasmerent ; ausquels il respondit : « J'aime » mieulx, dit-il, que je me soye faict, que si » j'eusse faict mes possessions. » C'est à dire que s'il eust entendu à cultiver ses possessions, il n'eust mie acquis la grande perfection de science que il avoit. Si fut parole bien suivant sa sapience : car il eut plus cher avoir vacqué à cultiver science et d'acquerir sçavoir, que à celuy de ses terres et heritaiges ; laquelle occupation luy eust osté l'exercice de l'estude.

Ainsi ce bon mareschal dont nous parlons, qui vrayement tout ainsi que les anciens appelloient les saiges philosophes chevaliers de sapience, se peult bien appeller philosophe d'armes, c'est à dire amateur de la science d'icelles, qui aime mieulx s'estre faict en vaillance, vertu et aultre renommée, que s'estre entendu à acquerir terres, richesses et manoirs. Mais il a acquis un tres-grand tresor, qui est la suffisance. Et c'est la propre richesse, ny point n'en est d'autre : car, dit Aristote, celuy est riche qui rien ne convoite, et ceste richesse ne luy peut estre ostée : car bonne pensée ne craint nulle male fortune. Et ainsi ensuit les vaillans preux, qui oncques nul compte ne tiendrent d'amasser avoirs ; et qu'il n'en tienne compte, sans faillir il le monstre bien : car nul noble homme ne pourroit plus abonder en saige et bien ordonnée largesse de ce qu'il a, que il faict. Car aux chevaliers et aux gentils-hommes estrangers et privez donne largement, tost et sans demander, à chascun selon le merite de son bien faict, et selon ce qu'il vault ; grandement guerdonne celuy qui luy faict aulcun service ou plaisir. Ny ne veult rien debvoir, ains paye et contente les marchands qui le leur luy livrent. Et à brief parler, tant faict en ce cas cy, que tout homme à qui il a à faire a cause de se loüer de luy. Ne il n'est aise, fors que quand il faict bien à aultruy. Et toutesfois, ainsi que doibvent faire tous hommes saiges, bien regarde à qui, quoy, comment et pourquoy il donne : et non mie par folle largesse, qui moult est desprisée, mais par pure franche liberalité saigement assise, et du sien propre, et non pas de l'autruy, ainsi que sainct Augustin dit que largesse se doibt faire. Car il se garde moult bien de faire tort, grief ne extortion à quelconque personne : car ce ne luy souffriroit mie la grande charité dont il est plain.

Ne dons ne esmolumens quelsconques ne veult prendre, que on luy veüille donner à cause de l'office du gouvernement qu'il a. Et en ce faisant tient bien l'enseignement du saige duc d'Athenes, qui fut appellé Pericles, qui disoit, comme rapporte Justin, que il affiert, à chasque homme qui a l'administration de justice, de ne contenir pas seulement ses mains et sa langue, mais aussi ses yeux. Et en ce il monstroit que un prince ou homme qui a à gouverner les autres, et tout justicier, se doibt garder de recevoir dons qui corrompent les jugemens humains, et aussi de trop parler, et en outre de l'incontinence de la chair : car le menu peuple, ce dict-il, tire tantost la vie des souverains en exemple. Et de toutes ces choses bien se sçait garder le mareschal, si comme cy apres sera dict.

CHAPITRE VII.
Comment la vertu de continence et de chasteté est au mareschal.

Que cestuy homme dont nous parlons soit continent et chaste, appert par ses contenances et faicts : car en trois signes principaux est apperceu le luxurieux. L'un est en estre trop delicat de la nourriture du corps, et en la curiosité de la vesture et des habillemens ; le deuxiesme en contenance et regards ; et le tiers signe est és paroles. Car, dict le proverbe, « où la dent se » deult, la langue va. » Et dict l'Escripture : « Qui de terre est de terre parle. »

Quand est de la nourriture du corps, sa coustume est telle, que quoy qu'il soit tres-largement servy, et que son hostel soit moult plantureux de tous biens, jamais à table ne mange que d'une seule viande, c'est à sçavoir de la premiere à quoy il se prend, soit boully, ou rosty, ou poulaille, ou grosse chair ; ny ne boit vin qui ne soit le quart d'eaüe, ny nulle heure ne boit fors à disner et souper, ny en estranges viandes ne saulses ou saveurs diverses ne se delecte. Il boit et mange tres-atrempément et sobrement. Et quoy que ses gens soyent servis en argent doré moult richement, et qu'il ait assez de vaisselle, jamais son corps n'est servy de nulle chose en or ne en argent : mais en estain, en voirre, ou en bois. De sa vesture et habillement n'est mignot ne desguisé, quoy que son appareil soit propre et net : mais non trop curieux en desguisemens, ne moult ne s'y entend ne amuse, ny ne dore son corps par diverses affiches ; dont la superfluité ne sied pas moult à hommes solemnels, quoy que ils en usent assez en France. Tient bel estat de gent, et honnorable mesgnie de gentils-hommes ; veult que ils soient bien habillez, chascun selon son estat ; et assez et largement leur donne de quoy.

A table peu parle, ne nulle heure n'a moult de paroles. Et quand de son mouvement se prend à parler, tousjours est son devis de Dieu ou des saincts, de vertu, ou du bien que aulcun a faict, de vaillance et de chevalerie, d'aulcun bon exemple, et de toutes telles choses. Ne à nulle heure, soit en privé ou en public, n'oit saillir de sa bouche parole vaine ne messeante, ne jamais ne dit mal d'autruy ny n'en veult oüir, ne paroles desraisonnables ou vaines ; et où il n'y a aucun bien, n'oit point volontiers. Moult luy plaist oüir lire beaux livres de Dieu et des saints, des faicts des Romains, et histoires anciennes. Davantaige nulles fois ne ment,

et ce qu'il promet il le tient, et veult estre obey tost et sans delay de ce qu'il commande. Il hait les mensongers et flateurs à merveilles, et d'avec soy les chasse. Il hait pareillement jeux de fortune, ne nul temps n'y joüe. Ces vertus, qui sont contraires à lubricité, sont en luy.

Et si les signes sont par dehors de sa chasteté et continence, encores y est plus la reelle verité du faict : car le lien du mariage garde en tres-grande loyauté et amour. Et vrayement Dieu a commis tout tel gouverneur à Gennes comme il y convenoit. Car comme par delà ils soyent moult jalouse gent, ny n'ont desir que on leur aille desbaucher leurs femmes, de cestuy leur est bien advenu : car plus de semblant n'en faict que si de pierre estoit, nonobstant que les dames y soyent bien parées et bien attiffées, et que moult de belles en y ait. Et semblablement veult que ses gens s'y gouvernent ; et si plainte luy en estoit venuë d'aulcun, mieulx luy vauldroit n'y estre oncques entré : car avec ce que il le faict pour le bien de vertu, outre ce il veult garder l'amitié des Genevois, que il conguoist en leurs mœurs et coustumes. Si ne veult que ils ayent cause de eulx tenir mal contents de luy ne des siens, pas seulement mesmes au regarder.

De laquelle chose j'ay oüy dire à un de ses gentils-hommes que une fois entre les autres le mareschal chevauchoit par la ville de Gennes, si y avoit une des dames de la ville qui au soleil peignoit son chef, qui moult estoit blond et bel, comme par delà en sont communément curieuses. Si advint que un des escuyers qui chevauchoit devant luy, la veid par une fenestre, et va dire : « O que voila beau chef ! » Et quand il fut passé oultre, encores retourna pour regarder la dame. Et adonc le mareschal, qui le veid ainsi retourner, va dire : « C'est assez faict. » Ainsi de faict et de semblant le mareschal est net de cestuy vice de charnalité, et de toute superfluité, qui est parfaict signe de sa continence. Car dient les autheurs que le vice de luxure abonde en jolivetez, en regards et contenances, et s'adjoint à convoitise de choses delectables et d'ornemens vagues, qui font le couraige volant par divers mouvemens de delices. Si a bien regardé et advisé cestuy saige dont nous parlons que c'est un vice qui damne l'ame et estaint les vertus, comme le tesmoigne sainct Augustin. Et pource l'a voulu du tout bannir de soy, et mesmement dés sa tres-grande jeunesse : qui moult est grande vertu.

Si est plus que chose du monde luxure contraire à vaillant homme d'armes. Car mesmement Jules Cesar, qui feut si vaillant conquereur, tant comme il feut en la contrée d'Egypte, en feut tres-vilainement diffamé; et tellement, que si plus eust continué sa vie luxurieuse en celuy pays tant qu'il y demeura, en s'occupant en folles plaisances et delices, il eust perdu tout honneur, et toute vaillance d'armes. Car ja le vouloient laisser ses chevaliers et ses gens d'armes, qui moult en murmuroient, et le tenoient pour homme perdu. Et qu'il soit vray que contraire chose soit à tout vaillant homme, dit Bocace au cinquiesme livre de la ruine des nobles hommes, du roy Antiochus, duquel Antioche feut nommée, et qui tant feut hault, riche et puissant prince, que assez avoit pouvoir, richesse et gent pour tout le monde conquerir, et qui ja avoit subjugué et conquis par force d'armes moult grand pays, ny nul ne pouvoit resister à sa force et puissance, et devant lequel toutes terres trembloient, que il feut deffaict et mis bas par sa luxure et delices. Car apres qu'il eut conquis une partie de la Grece, il s'en alla hyverner en Calcidie, auquel pays il feut pris de folles amours. Pour laquelle chose, pour soy occuper en jolivetez et delices, en jeux et esbatemens, son fier couraige feut amolly.

Si demena ceste vie tout l'hyver, et tant que non pas seulement les princes de son ost, mais aussi les chevaliers et simples hommes d'armes ensuivirent ses folles plaisances et delices. Et tellement delaisserent l'ordre de la discipline de chevalerie, et maniere de vivre que ils avoyent apprise et accoustumée à mener, qu'en la premiere assemblée où ils se trouverent apres, qui fut contre les Romains, ils feurent vaincus et s'enfuit le roy Antiochus en la cité d'Ephese. Justin aussi confirme ceste chose, en disant que cestuy roy par un hyver estoit tous les jours à nopces nouvelles; et dict que il estoit moult curieux en superfluitez, qui sont choses desirables aux luxurieux; et qu'il portoit cloux d'or en sa chaulsure, et avoit vaisseaux d'argent à l'usaige de sa cuisine, et les paremens de tous ses habillemens estoyent de moult grande richesse et magnificence. Dont dit Valere que telles choses sont plus desirables proyes aux ennemis, que elles ne sont cause de les vaincre et surmonter. Et me semble que les autheurs qui escripvirent ces choses en leurs livres, en ayant merveilles que telles superfluitez feussent en homme, tant feust hault roy ou empereur, n'avoient pas veu en leur temps courir les oultraiges et desrois qui sont en usaige au temps present, en France et autre part. Et non mie seulement és princes et és gentils-hommes, mais aussi en de petits ministres de leurs hostels, plus grands bombans en de tels y a, que n'avoit le roy Antiochus en sa personne. Et pource à l'effect qui s'en ensuit, peut-on veoir les causes, et selon les causes peut-on juger quels effects en peuvent ensuivre.

◇◇◇

CHAPITRE VIII.

Comment le mareschal suit la reigle de justice.

La vertu de justice, avec les autres biens qui sont au mareschal, reluit en luy merveilleusement; ne nul ne la pourroit mieulx garder à l'ongle qu'il la garde, comme il est necessaire, par especial au pays de par delà, voire sans ce que il use de rigueur non deüe, ne de cruauté à creature née. Ains en tous ses faicts plus tire, comme doibt faire tout bon justicier, sur misericorde que sur rigueur, en gardant la ligne et la balance de droict que il veult faire à tous, en rendant à un chascun ce qui est sien. Et s'il la tient bien et toujours à tenuë, il y appert au lieu où il est. Qui est une grande merveille à considerer, que par le sçavoir d'un seul chevalier gens tant rebarbatifs, si rebelles et tant mal accoustumez de ne rien craindre, puissent estre ramenez à telle discipline et à telle paix, que tout homme pourroit porter à toutes heures l'or et le tresor sur sa teste ou en ses mains par toute la cité de Gennes, sans ce que nul luy ostast, ne luy en feist tort. Ny en un an pas une fois ne vient à justice une seule plainte d'une buffe donnée ou d'une barbe tirée: au lieu qu'ils se souloient entretuer par la ville tous les jours comme chiens, ny que l'un die vilainie, ne face oultraige à l'autre. Ains y court une telle generale parole entre grands et petits, quoy que ils ayent à faire ensemble: « Fay moy » raison de toy mesme, ou monseigneur me la » fera. » Si peut-on veoir que c'est solemnellement bien garder justice.

Pour laquelle vertu de justice bien gardée est ensuivy et ensuit tel bien aux Genevois, que les riches, qui souloient eulx tenir enclos et mussez pour peur des mauvais, comme devant est dict, monstrent maintenant manifestement eulx et leur avoir, sans avoir peur que tort ne grief leur soit faict. Et leur faict de marchandise, qui estoit comme tout destruict sur mer, et en moult petite quantité de nefs, est maintenant à merveilles grand. Et montent leur navire, que ils envoyent par tout le monde, à plus de sept cent grosses naves. Et les mauvais, qui souloient vestir riches robes de leurs larcins, sont contraincts, s'ils veulent vivre, de bescher en la vigne, ou de mesner un asne.

O Genevois, que tant debvez aimer celuy qui ainsi vous a mis de exil en franchise, de pauvreté en richesse, de deüil en joye, de tenebres au clair jour, et qui a restauré de mort cent mille des vostres, qui ores feussent destruicts s'il n'eust esté, et qui a gardé vostre cité de destruction! C'est chose vraye, et nul ne le peut nier, et il y paroist, et par son moyen vostre puissance s'estend à present sur toute la mer et la terre. Quel guerdon rendrez-vous à vostre bon duc et gouverneur, qui tant de biens vous a faicts et faict chascun jour de mieulx en mieulx? Où prendrez-vous merite suffisant pour guerdonner ces grands biens? Bien luy debvez obeir, l'aimer et le garder soigneusement, et prier Dieu pour luy, et qu'il le vous veüille sauver : car s'il vous estoit failly, je me doubte que vostre gloire iroit au declin. Car tous les mauvais d'entre vous ne sont pas peris, quoy que par crainte ils tiennent cachez leurs felons couraiges. O que grand bien seroit pour vous, si sa vie estoit perpetuelle! Car plus n'y a de meschef en vostre faict, fors ce qu'il est homme mortel, de qui la vie ne peult estre moult longue. Si le vous conviendra perdre une fois, qui vous sera grande desolation. Mais tant que vous l'avez, accoustumez-vous à bonnes coustumes, à tenir justice et à suivre la voye de bonnes mœurs, et vous mirez en luy. Si delaissez vos cruautez, et anciennes mauvaises coustumes de ainsi vous entredeffaire.

De bonne heure vous estes donnez au roy de France, qui tel gouverneur vous a envoyé. Bien debvez benir le jour que premier veistes celuy qui ainsi vous garde, gouverne et deffend, et qui entre vous est si droicturier justicier, que l'empereur Trajan, lequel tant feut jadis renommé par sa grande justice, et que les histoires recommandent tant, oncques mieulx ne la garda, nonobstant que il descendit de son destrier quand il estoit armé pour aller en bataille, et feist arrester tout son ost, pour faire droict et justice à la bonne dame veufve qui luy requeroit droict d'un tort que on luy avoit faict.

<><><>

CHAPITRE IX.

Comment avec ce que le mareschal est justicier, il est piteux et misericordieux. Et preuve par exemples que ainsi doibt estre tout vaillant homme.

Mais avec ce que le mareschal est droicturier justicier, ne default mie en luy plaine misericorde et pitié : car de ce l'a Dieu bien garny, tout ainsi que il affiert à tout bon seigneur et gouverneur de gent. Car maintes fois luy ont ses privez oüy dire que il voudroit que il ne souvint jamais à luy ne à aultre de injure que on luy eust faicte, affin que il n'eust cause ne volonté de s'en vanger. Ne oncques ne refusa à nul, pour quelconque mal qu'il luy eust faict, misericorde, s'il la demande. Et qu'il soit vray que pitié et misericorde soyent en luy, bien l'a monstré n'a pas grandement, que il luy veint à congnoissance que plusieurs de ses serviteurs, c'est à sçavoir de ceulx qui avoyent le gouvernement de sa despence, le desroboient, et avoient desrobé bien de quatre à cinq mille francs, l'un plus, l'autre moings. Si feit tant qu'il en sceut la vérité, non mie par gehenne ne par force, mais par faire prendre garde par bonnes gens que pouvoit monter chasque jour sa despence, à le prendre au large. Si fut trouvée clairement la mauvaistié. Mais le bon seigneur ne voulut que aultrement en feussent punis, ains leur feist bailler de l'argent tres-largement à chascun selon le temps que ils l'avoient servy, et courtoisement leur donna congé. Et pour ce que ils disoient que on pourroit avoir aulcun mauvais soupçon sur eulx, pour ce que ils estoyent congediez de son service, il voulut que bonnes lettres eussent que ils estoyent en sa bonne grace, et que de son bon gré se partoient tant que il les remandast.

Il espargne aussi les simples et ceulx qui aulcunement mesprennent non par malice, mais par non sçavoir et par simplicité, et pardonne de leger à ceulx qui sans feintise et de bon couraige se repentent, posons que à luy mesme ayent meffaict : tout en la maniere qu'il est escript de la grande debonnaireté de l'empereur Octavian, qui seigneuria tout le monde, que un chevalier que on nommoit Lucius Cuminus, par desraisonnable ire luy dit moult d'injures et de vilainies. Mais toutesfois oncques l'Empereur ne s'en esmeut à nulle impatience ne ire; dont il advint que quand le lendemain cestuy homme feut refroidy de son vin et de son ire, il luy souveint comment outrageusement il avoit parlé à l'Empereur : il en eut telle honte et telle repentance, que il se vouloit occire. Quand l'Empereur le sceut, il en eut grand pitié, et alla vers luy. Si le trouva tres-honteux et confus de sa follie; il l'acolla et reconforta, et dit qu'il luy pardonnoit, et que ja pour ce ne seroit en sa disgrace, mais son amy comme devant.

Le mareschal est aussi moult piteux sur les vieulx hommes d'armes, qui plus ne se peuvent ayder, et ont esté bons en leur temps : mais rien n'ont espargné, ains sont pauvres. Si ne faict mie à la guise que on faict en maints lieux, que quand on ne se peut plus ayder d'un vieulx et affolé homme d'armes, tant il ait esté bon et il soit pauvre, on le boute hors comme un vieulx levrier de quoy on n'a plus cure. Si ne faict mie ainsi le mareschal : ains à toujours les prise e honnore, et pourvoit à leur vie, et support piteusement et tres-humainement leurs vieillesses : tout ainsi qu'il affiert à faire à tout vaillant et bon chevetaine, et gouverneur de gent. Et par telles manieres luy veoir tenir il acquiert l'amour des gens d'armes, qui de meilleur cœur l'en servent et l'en aiment, prisent et honnorent, en pensant : Autant feroit-il de nous si nous estions affolez du corps, ou envieillis en sa compaignée. Et à ce propos est escript que ainsi le faisoit le roy Alexandre le grand; dont il advint que il estoit par un grand hyver en la conqueste d'un pays : si va d'adventure veoir un ancien chevalier de son ost, qui estoit aux champs tout mourant de froid, et quasi tout enroidy. Si en eut moult grand pitié, considerant ses anciens jours et sa bonté, qui encores luy faisoit suivre les armes. Adonc le Roy mesme alla prendre le chevalier entre ses bras, et l'ayda à mener en son pavillon, et l'assist en son propre siege, et le frota devant beau feu, et l'eschauffa pour le faire revenir. Et ainsi ce noble empereur humilia la grandeur de Sa Majesté, par pitié et misericorde. Et tels exemples doibvent mouvoir les cœurs des princes et chevetaines de semblablement faire.

CHAPITRE X.
De la belle eloquence que le mareschal a.

Des vertus de cestuy bon mareschal pourroye dire sans cesser; mais pour tirer à la fin de mon œuvre, vrayement par ce que moult de gens me rapportent, et comme dit l'Escripture : « Le tesmoingnage de plusieurs doibt estre creu, » je tiens que nulle en luy ne default. Et à tout dire tant en y a, que tous ceulx qui le voyent et hantent, qui ont bonne volonté de bien faire, prennent à leur pouvoir exemple à luy de toutes choses, et mettent peine à le resembler. Et avec ce que il est tres-vertueux, et tres-saige de bien et pourveuement ordonner tous ses faicts, comme devant est dict, et que par sa bonté il est aimé, et par sa justice craint ; son tres-beau langaige doulx, benin et bien ordonné, et sans fraude, attire les cœurs de maintes gens, comme j'ay ja prouvé par le faict de l'Eglise, où il ramena par sa saige et doulce parole les Genevois à vraye obeissance, et aussi par autres grands faicts que il a tirez à fin par sa discrete eloquence.

Si pourroit par adventure sembler à auluns qui oiront ou liront ceste Histoire, que forte chose soit que un homme sans avoir grandement estudié puisse avoir si bel et si orné langaige comme je dis. Mais ce ne doibt sembler merveille à nul qui a discretion : car il n'est sçavoir quelconque qui soit impossible à acquerir à homme qui mettre y veult grande diligence, s'il a entendement. Posons encores que l'homme soit de rude entendement, si est-ce, comme dict le proverbe, que *l'usaige rend maistre*. Et pource que c'est moult belle chose et bien seante à tout prince et chevetaine de gent, et à tout gouverneur de peuple, et dont maints grands biens peuvent venir, que avoir beau langaige, et affin que chascun mette peine de l'acquerir, ne que nul se desespere de le pouvoir apprendre, tant ait rude maniere de parler, je diray à ce propos aucuns exemples.

Sainct Hierosme en son livre tesmoigne que Demosthenes acquit, par y mettre peine, la science de tres-solemnele eloquence ; toutesfois, ce dit-il, estoit-il begue à son commencement, et de tres-laide voix, et ne pouvoit proferer ses lettres. Mais il se travailla tant par grande peine et estude, et tant meit peine à matter le vice de sa langue, que il prononcea souverainement ses mots. Et ainsi par force de accoustumance il corrigea le default naturel de sa langue et de sa bouche. Celuy mesme aussi feut souverain musicien, et toutesfois avoit-il naturellement tres-laide voix ; mais par longue accoustumance il ramena à douceur et accord mesuré et plaisant à ouïr sa voix, qui souloit estre laide et mal accordable, et desplaisante à ouïr. Et à brief parler, il estoit en toutes choses par nature si rude, excepté au desir de sçavoir qui estoit en luy, que Valere en le loüant grandement dit de luy qu'il se combatit avec la nature des choses, et en feut vainqueur, en surmontant sa malignité par force de couraige tres-perseverant. Et ainsi, ce dit Valere, sa mere enfanta un Demosthenes defectueux, et non parfaict ; et l'estude et accoustumance le rengendra et refeit maistre vertueux et parfaict.

Et pourtant, dit le philosophe, du grand bien qui veint de l'eloquence et du gracieux et saige langaige, peut-on tirer à exemple ce que dit Tulles, que jadis les hommes habitoient és bois et és forests en guise de bestes, sans user de nulle raison, force seulement de force corporele, par laquelle ils pourchassoient leur vie. Mais adonc un homme de grande authorité, qui par eloquence et beau langaige leur montra le grand bien de la vie civile, c'est à dire de la communauté de gens, et d'habiter et converser ensemble, soubs loix et ordre de raison ; tant de ce les enhorta, que il les attira à icelle civilité, et que ils s'assemblerent ensemble, et prirent à converser l'un avec l'autre. Et ainsi par la vertu d'eloquence feurent premierement fondées les citez. Et à ce s'accorde assez la fable de laquelle faict mention Stace, qui dict que Amphion fonda les murs de la cité de Thebes, par la douceur de sa chanson. Ce que nous pouvons entendre que par son beau langaige il peupla ceste cité. Et pareillement se peult entendre d'Orpheus, lequel les poëtes dient que il attiroit mesmes les bestes sauvaiges, les serpens et les lyons, au son de sa harpe. Ce sont les fieres gens et cruels qu'il amollissoit et rendoit privez par son beau langaige.

◇◇◇

CHAPITRE XI.
De l'ordonnance de vivre du mareschal.

Aucuns dient que diligence passe sens. Mais qui tous les deux peult avoir ensemble, il ne fault mie à attaindre à maints grands biens. Et de ce est bien garny le mareschal : car tant aime la vertu de exercice, et tant hait oisiveté, que à peine pourroit-il estre pris ne trouvé à nulle heure, que il ne s'exercitast à aulcune bonne œuvre. Si dirons de sa maniere de vivre, et de employer le temps, apres que nous avons dict de ses vertus. Il se leve par chascun jour coustumierement moult matin. Et se faict-il, affin que il puisse employer la plus grande partie de la matinée au service de Dieu, avant que l'heure vienne que il doibt vacquer aux autres besongnes mondaines que il a à faire. Si se tient en œuvre d'oraison environ trois heures. Apres ce il va au conseil, qui dure jusques à heure de disner. Apres son disner, qui est assez brief, et en public (car nulle fois ne mange que d'un mets de viande, ny ne sçait que l'on luy doibt apporter à manger, ne jamais mange saulse d'espice ne autre, fors verjus et sel, ny n'est servy en argent ny en or), il donne audience à toutes manieres de gens qui veulent parler à luy, et luy faire aucune requeste.

Si n'y a mie petite presse souvent advient, mais si grande, que toute la sale en est plaine, que d'estrangers, que de ceulx qui nouvelles luy apportent de divers pays, et d'uns et d'autres. Et à chascun il parle gracieusement, et rend responces si benignes et si raisonnables, que tous s'en tiennent contents selon leurs demandes ; et tous expedie l'un apres l'autre. Et tost et brief les delivre, sans leur faire longuement en la ville en long sejour despenser le leur. Apres il se retire ; et adonc faict escrire lettres où il les veult envoyer, et ordonne à ses gens ce qu'il veult qu'il soit faict. Puis va à vespres, s'il n'a autre trop grande occupation. Apres vespres derechef il besongne un petit, ou parle à ceulx qui ont à parler à luy, jusques à l'heure que il se retire. Et adonc acheve ce qu'il a à dire de son service, et puis va coucher. Aux jours des dimanches et des festes, il occupe le temps à aller en pelerinaiges tout à pied, ou à oüir lire d'aucuns beaux livres de la Vie des saincts, ou des histoires des vaillans trespassez, soit Romains ou autres, ou à parler à aucunes gens de devotion. Et telle est la maniere et l'ordre de vivre qu'il tient quand il est à sejour en la cité de Gennes, dont il est gouverneur.

Et quand il chevauche en armes, nul ne pourroit prendre plus grand soing ne greigneur peine qu'il prend pour faire toutes choses convenablement et comme il appartient, et si bel et si bien que nul ne se plaint, fors les ennemis. Et ainsi que dit le proverbe commun : Selon seigneur mesgnie duite, il prend garde de prendre gens à son service qui soyent bons et de bonne vie ; et s'il y avoit en aulcuns quelque mauvaise tasche ou laid vice, ja si grand ne seroit que il ne chassast d'environ soy. Si faict moult de biens à ceulx qui le servent ; et ils l'aiment loyaument, comme ils doibvent, et le servent diligemment, obeissent, craignent et doubtent.

Et ainsi ce tres-vaillant homme, pour la tresgrande ardeur qu'il a continuellement que toutes choses qui luy touchent soyent bien faictes, ne prend comme point de repos, ne nul esbatement. Laquelle chose vrayement tous ceulx qui l'aiment et qui desirent sa santé et longue vie, laquelle est bien seante, et comme necessaire au monde, et Dieu luy tienne, luy debvroient deconseiller de prendre si grand soing et si continuel, sans aucune recreation de quelque esbatement. Car, comme dient les autheurs, si grande sollicitude est moult prejudiciable à la vie et santé du corps, à demeurer en si grand soing sans delaisser : car quand l'imagination est travaillée de plusieurs choses diverses l'une sur l'autre, elle rend l'entendement, qui est las de comprendre tant de choses, comme tout aveugle, et par longue coustume engendre melancolie, qui trouble aucunesfois la memoire : dont peuvent sourdre plusieurs maladies ; et mesmement disent les saiges, que c'est grand peril de s'endormir ne aller coucher en telle lasseté d'entendement, et sans avoir prins auparavant aulcune recreation de joyeuseté ou d'esbatement : car ils dient que adonc que l'homme dort à tout sa fantaisie ainsi travaillée, l'esprit souffre peine, en songeant choses melancoliques et desplaisantes.

Et pour ce, affin de remedier aux inconveniens qui en peuvent ensuivre, les dicts saiges conseillent à ceulx qui sont tant occupez ou d'estude, ou d'autre continuel affaire, auquel il convient que l'entendement travaille, que ils cessent aucune heure du jour de ouvrer, et qu'ils recréent et resjoüissent leur esprit d'aucune joyeuseté et esbatement qui puisse reconforter nature, qui peut estre grevée par prendre trop grand et continuel soin. Si est moult à propos au reconfort de telle lasseté oüir chanter doucement, ou joüer d'aucuns doulx instrumens, oüir paroles joyeuses sans peché ne vice, ou quelque chose qui face rire, et qui reconforte aulcunement nature, laquelle est en creature humaine si tendre, que elle est de peu de chose grevée et affoiblie.

Et n'est point de mal de resjoüir la vertu qui gist en l'ame et en l'entendement, pour recréer et reconforter aulcunement la sensualité du corps. Mais que on ne face point de peché ne chose vitieuse, ne il ne desplaist point à Dieu : car n'est-il pas escript mesmement que un sainct preud'homme hermite, quand il avoit esté une piece en oraison, prenoit sa recreation et son esbatement en petits oiselets que il nourrissoit? Dont il advient que une fois passoit par devant son hermitaige un gentil-homme qui portoit un arc derriere luy; va murmurer du bon homme qu'il voyoid esbatre à petits oiselets qu'il tenoit sur son doigt. Si dict en soy mesme : Si cest hermite estoit si sainct comme on dict, il seroit tousjours en oraison, ny ne se joüeroit pas à ces oiseaulx. Et lors le sainct homme, qui feut inspiré par vertu divine de ce que l'autre avoit pensé, le va arraisonner, et le va prier que il voulust tendre l'arc que il portoit; et l'autre le tendit. Et l'hermite le pria que il le laissast tousjours tendu; et il respondit que non feroit : car il gasteroit son arc, qui par continuellement estre tendu perdroit sa force, et deviendroit si lasche que il ne pourroit tirer loing. Adonc luy respondit le bon homme : « Beau fils, ainsi est-il
» de nature humaine, dont la foiblesse est si
» grande que elle ne souffre à l'homme, sans
» trop grande grevance, estre continuellement
» en contemplation en aulcun labeur; si con-
» vient donner quelque plaisir à l'esprit, et qu'il
» se joüe quelques fois, affin qu'il soit apres plus
» prompt et plus prest à ouvrer de son entende-
» ment. »

◇◇◇

CHAPITRE XII.

Cy conclud comment homme où tant y a de vertus doibt bien estre honnoré.

Par ce qui est dict, qui est chose vraye, peult-on juger si l'homme en qui toutes vertus s'assemblent est digne de l'os, et d'avoir gloire au ciel, et hault renom au siecle. O quelle chose seroit-ce qui luy pourroit nuire? Certes nulle, quoy que les mouvemens de fortune soyent merveilleux, et qui souvent nuisent aux bons et aux vaillans; si n'est-il mie en la puissance d'elle de briser ne fleschir son fort et ferme couraige, pour quelconque advanture : car il est ja tout advisé que fortune se peult changer, et que trop peu de fois est stable ; ains souvent reçoit les honneurs et biens mondains que elle a prestez, et au lieu livre et donne maintes adversitez. Si ne luy pourroit advenir cas dont il ne soit tout pourveu de volonté de le porter constamment et patiemment, comme il affiert à tout saige et vaillant homme. Mais quoy que fortune nuise et ait nuit à maints vaillans, les vertus ne peult-elle tollir. Si ne perd rien l'homme qui ne les perd : car autres biens ne sont proprement siens.

Et ce sçait bien le saige dont nous parlons. O quantes fois, par divers cas que je laisse à dire pour cause de briefveté, a-il esté en peril d'estre trahy, pris, et occis, et empoisonné au pays de delà, où les mauvais, qui tousjours hayent les bons, si les plus forts eussent esté et feussent en la cité de Gennes, ne l'eussent laissé jusques à ceste heure si longuement au gouvernement? Mais de eulx se sçait-il bien garder. Toutesfois oncques homme ne feut tant saige qui de traistre privé se peust tousjours garder ; et on ne sçait aulcunes fois lesquels ce sont : car souvent advient que les plus grands flateurs et les mieulx servans, et qui plus semblent obeissans, sont les plus desloyaux en couraige. Mais de machination et de faulse œuvre de traistre le veüille Dieu deffendre ! car grande perte seroit et grand dommaige si encombrier luy advenoit. Si ne le veüillez mie souffrir, bon Genevois, ne estre ingrats ne mescongnoissans des grands biens qu'il vous a faicts, et chascun jour faict ; et ne le souffrez mettre au compte de ceulx qui ont esté hays pour bien faire : car à tousjours seroit grand reproche à vous et à vostre cité.

◇◇◇

CHAPITRE XIII.

Cy dict, en parlant au mareschal, que pourtant ne se veüille fier en fortune, qui tost se change. Et donne exemple.

O noble mareschal! je veux un petit parler à toy. Et nonobstant qu'à ton bon sens ne faille rien apprendre, toutesfois pour ce que l'entendement de l'homme, quand il est occupé de plusieurs grandes choses, oublie aulcunes fois l'une pour l'autre ; le ramentevoir mesmes aux saiges, de ce qui leur est bon à faire ou à laisser, ne leur peult nuire, ne desplaire ne leur en doibt : posons que la personne qui pour bien leur dict soit simple et moins sçavante que eulx. Vaillant homme, tu te fies paradvanture és grands biens que tu as faicts ; et chascun jour, Dieu mercy, y perseveres, tant au royaume de France dont es mareschal, où tu as par long temps et dés enfance esprouvé ta vaillance et faict maints biens, comme en ce que tu as reparé la ruine de la cité de Gennes, et aussi aux grands encombriers que tu as faicts par maintes fois aux mescreans et sarrasins, en l'exaussement de la foy; et en ce que tu as mis peine en la paix de saincte Eglise, et maintes autres choses profictables. Si te pourroit sembler (ce qui est vray) que tu as moult bien merité, par tant de peines endurer et par tant de services faire, que tu soyes aimé et de princes et de nobles, et de ceulx que tu gouvernes, et generalement de tous chrestiens, pour laquelle cause peult-estre tu en serois moings sur ta garde comme de nul doubter.

Ha vaillant chevalier, il va tout autrement. Car nonobstant que le proverbe die : « Fais ce » que tu doibs, et advienne ce qu'il pourra, » sçaiches que à tout homme qui faict bien, envie luy engendre foison de haineux. Et affin que tu t'y prennes garde, et que de plus en plus soyes pourveu, ne point ne l'oublies, et que si aucune chose mal à point le temps advenir t'advenoit (dont Dieu te garde!), affin que les simples gens et aussi que les envieux ne peussent dire que ce feust par ta desserte, il est bon que je die aulcuns exemples de plusieurs tres-vaillans preud'hommes qui ont esté hays et chassez de leurs seigneuries, et aucuns occis par l'envie et ingratitude de ceulx à qui ils avoyent bien faict.

Et le premier exemple, affin que toy ne autre ne te fies en vaillance ou renommée, parquoy en cuides estre plus asseuré, te diray premierement de Theseus. Cestuy preux Theseus feut roy et prince d'Athenes, et compaignon de Hercules le fort, et feut avec le dict Hercules en tous les principaulx faicts qu'il feit. Iceluy feit tant de bien aux Atheniens, que il les affranchit de la servitude que le roy Minos avoit sur eulx, qui estoit si horrible que il convenoit que tous les ans luy envoyassent de leurs enfans pour nourrir un fier monstre qu'il tenoit en une caige, qui les devoroit tous; et jectoient les gens de la cité aux lots, et ceux sur lesquels les lots escheoient convenoit que ils y allassent. Mais de ce meschef, par sa force et bon sens, les tira Theseus. Plus leur feit encores : car il redifia, peupla et augmenta moult et accreut la cité d'Athenes, qui estoit devant comme tout en ruine ; et feut le principal commencement de sa prosperité, et de la grande gloire où elle veint. Mais les Atheniens luy en rendirent si bon guerdon, que ils se rebellerent contre luy, et chasserent en exil en une petite isle que l'on nommoit Scyros ; et là pauvrement finit ses jours celuy qui avoit eu tant de haults honneurs et si grande renommée.

Que par envie telles nuisances souventesfois adviennent aux bons et vaillans, peut estre aussi prouvé par ce que Valere racompte du tres-vaillant chevalier et un des princes de Rome, qui feut nommé Furius Camillus, auquel toutes les bontez ensemble estoyent. Et pour ce que il estoit tant vaillant et preud'homme, que il sauvoit les bons d'estre persecutez des mauvais, envie luy brassa tel breuvaige, que elle feit controuver sur luy que il n'avoit pas bien party les despouilles et les proyes aux gens d'armes d'une grande victoire que luy mesme avoit eüe de la cité de Veies, qui moult avoit longuement grevé les Romains, et il l'avoit subjuguée. Et pour ceste cause les Romains plains d'ingratitude, nonobstant le grand bien que il a faict, l'envoyerent en exil. Mais tout ainsi que bons preudes hommes ne doibvent mie regarder à la perversité des mauvais que ils ne facent tousjours bien, et ne les rendent le bien pour le mal, comme Nostre Seigneur le commande, ce tres-vaillant preud'homme, qui mieulx aimoit le bien commun de Rome que le sien propre, ne laissa pas pour ce de monstrer le bien que il leur vouloit : car il advient, au temps que il estoit en exil, que les Gaulois destruirent Rome. Mais luy, qui de ce feut moult dolent, feit tant que il assembla ses amis, et alla contre iceulx, et les Romains qui s'enfuyoient rassembla. Si feit une embusche, et courut sur les Gaulois, qui garde ne s'en donnoient ; et les desconfit, et recouvra une grande partie des biens que ils avoient pillez à Rome. Si donna tout pour refaire la cité, et defendit que ceulx qui estoyent demeurez ne s'en allassent : car tous s'en vouloient aller, et laisser Rome. Si feut donc la dicte cité de Rome ainsi que de nouvel refondée, et pource feust-il appellé le second Romulus. Car ainsi que Romulus la fonda premierement, ainsi cestuy Furius la refonda secondement.

A ce propos encores, que tousjours ne sont pas bien recongneus et remunerez les bien faicts des bons, mais leur est rendu mal pour bien, n'en eust pas moins le tres-saige homme Scipion Nasica, qui tant s'estoit travaillé pour le commun de Rome, et tant leur avoit faict de bien, que maintes fois les avoit par ses belles et saiges raisons sauvez et gardez de maintes grandes servitudes. Mais la recompense feut telle, que les citoyens prirent si mal à gré ses vertus, et eurent tant à mal ses bonnes œuvres, que ils trouverent voye de eulx en delivrer. Car pour excuse l'envoyerent en legation en Asie, et luy dirent que là attendist tant que on l'envoyast querir. Si usa là le demeurant de sa vie, sans que les Romains ingrats et mal cognoissans de tant de biens que il avoit faicts eussent nul desir de son retour. Et n'est pas nouvel, ce dict le translateur du livre de Valere, que ceulx qui veulent vivre à volonté et sans raison hayent ceulx qui les reprennent. Et ainsi feust ce preud'homme hay, pour bien faire et pour bien dire.

Mais pource que tu te pourrois fier en ton grand sçavoir et prudence, dont tu as si grand los par excellence, que les Italiens, lesquels sont les plus fines gens que nation du monde, te tiennent le plus saige homme qui vive aujourd'huy; sçaiches que iceluy Scipion dont je dis feut tant saige que sainct Augustin, au livre de la Cité de Dieu, ramentoit ses vertus et ses dicts authentiques. Et aussi en parle Solin au premier livre, et dit que cestuy Scipion, qui mesmement fut de la lignée des autres Scipions, feut tenu pour le plus saige et le meilleur homme de Rome: et non mie par le tesmoignage de peu de gens, ne en privé, mais de tout le senat, et en public, qui si bien luy guerdonnerent sa bonté. Si peult-on bien veoir comment les jugemens des hommes sont souventesfois iniques et reprouvables, quand mesmement la cité de Rome, qui voulut estre tenuë la plus morigenée et la plus usant de droict que cité du monde, feut par envie tellement aveuglée.

Si est bien à propos de ce que devant ay dit, que bien faire et bien dire engendrent souvent haine. Si ne veüille nul juger, quand fortune nuit aulcunement à ceulx qui se travaillent pour le bien public, et qui se meslent de punir les mauvais et soustenir les bons, que ce soit pour leurs dessertes, ny que pour leurs pechez secrets Dieu leur souffre encourir telle punition: car plustost est-il souventesfois tout autrement: comme il appert de Job, de qui Dieu voulut esprouver la patience, qu'il souffrit persecuter; et si estoit tres-juste. Et de tels maulx rendus pour bien faire sont les histoires toutes pleines.

Le vaillant duc d'Athenes Milciades, qui tant feut preux et plain de hardiesse, que il desconfit six cent mille Persiens que Darius roy de Perse avoit assemblez pour destruire Athenes, encores qu'il n'eust en sa compaignée que onze mille hommes d'armes, par son sens prit ses ennemis despourveüement, dont tant y ouvra qu'il meit Athenes en paix, et maints autres tres-grands biens leur feit. Mais le guerdon qu'il eut à la parfin feut que les Atheniens, par leur faulse envie et mauvaistié, le feirent mourir en prison vilainement. Aultant en voulurent faire un temps apres à un leur duc moult vaillant et preud'homme, qui feut nommé Themistocles, lequel quand il eut tant travaillé pour le bien d'Athenes que il eust delivré la cité de tous ses ennemis, et l'eust rendüe tres-puissante en faicts et renommée, riche, et princesse de la Grece, le guerdon qu'il en eut feut que les Atheniens feurent tant ses ennemis, que il luy feut besoing de s'enfuir pour garantir sa vie.

Mais pource que aucuns pourroient dire que telles haines viennent souventesfois de peuple à seigneur, ou chevetaine à ses gens, pour cause que le seigneur ou le gouverneur ou chef prend trop grand subside sur eulx, ou leur est trop cruel, ou ne leur est pas par advanture assez abandonné et large de ses biens, sans faillir souventesfois ne tient mie là. Et il appert par un autre vaillant homme que les Atheniens feirent mourir, lequel estoit nommé Phocion: et si estoit-il tres-debonnaire, large, liberal et sans convoitise qui sont vertus par lesquels communément l'homme est aimé; et ne souffrirent pas les desloyaulx Atheniens que le corps de ce vaillant homme feust ensevely en leur pays, ains le jeterent hors. Et de ces grandes ingratitudes qui feurent és Atheniens, qui estoit la cité du monde où l'estude et les sciences estoyent plus authentiquement leües, dict Valere, en les blasmant, que nonobstant que ils feussent plus en doctrine que les autres; et que ils adorassent Minerve, deesse de sapience et des armes, selon leur loy; et ils se teinssent pour les plus saiges du monde, et dont tant de solemnels philosophes estoyent issus: leur iniquité, que ils monstrerent par tant de fois à ceulx qui tant de bien leur avoyent faict, estaignoit et amoindrissoit tout le bien qui pouvoit estre en eulx: comme s'il eust voulu dire que les vices plus sont griefs et plus sont à blasmer és grands puissans et saiges hommes que és petits et ignorans. Et par ce conclud Valere que les Atheniens usoient plus de leurs mauvaises conditions que de leurs justes loix. Et parce il dit que plus faict à loüer l'homme qui est si ignorant que il ne congnoist les vices, ne point ne les faict, que celuy qui a congnoissance des vertus, et point n'en use.

CHAPITRE XIV.

La fin du livre où la personne qui l'a faict s'excuse vers le mareschal de ce que il l'a faict sans son sceu et commandement, et non si bien mis par escript que il appartiendroit.

Or est temps que je tire à fin la matiere de mon livre, nonobstant que dire encore assez se pourroit. Mais pour ce que l'entendement de l'homme se travaille aulcunes fois de moult oüir, tant soyent les choses bonnes, icy conclüeray mon dire, delaissant à parler de luy au temps qu'il est encores en la droicte fleur de son aage; dont j'espere que ses bienfaicts ne fauldront mie à tant, ains croy que tousjours iront croissans de mieulx en mieulx: car tout ainsi que on veoid que l'un vice attire l'autre, pareillement croissent et multiplient les vertus. Donc comme nous soyons tous mortels, s'il advient que mort ou autre encombrier me defende à plus escrire et adjouster à mon livre ce que le dict mareschal fera doresnavant, je supplie tous saiges escrivains que aucun d'eulx veüille parfaire le surplus jusques à sa fin, que Dieu bonne luy octroye !

Si prie et requiers humblement aux nobles et notables personnes par l'ordonnance desquels il a esté faict, que ils me veüillent pardonner si si suffisamment que la haulte matiere le requiert ne l'ay sceu traicter ne mettre en ordre : car vrayement il n'a mie tenu à faulte de bonne volonté, mais à non plus sçavoir. Si leur plaise corriger les defaults, et avoir agreable mon labeur tel comme il est.

Et aussi je supplie tres-humblement le bon chevalier de qui il est faict, que s'il advient que en son vivant il vienne entre ses mains, ou en oye parler, que pareillement me veüille pardonner si si suffisamment que il appartient n'y ay enregistré et mis ses nobles faicts et dignes mœurs ; ne mauvais gré ne me veüille sçavoir, si j'ay eu hardiesse d'entreprendre à parler de luy et de sa vie, sans en avoir auparavant congé de luy et licence, et sans son sceu : car j'ay receu la charge et commission de ce faire volontiers et à bonne intention, pour ce que la belle matiere dont il traicte pourra à tousjoursmais estre cause de bon exemple à ceulx qui desirent hault attaindre, et qui mirer s'y voudront. Si ne luy devra pas desplaire d'avoir le payement de ce qu'il a bien desservy, c'est à sçavoir los et renommée à tousjoursmais au monde par les merites de ses bienfaicts. Car il ne desplaisoit pas jadis aux vaillans preux que memoires authentiques et perpetuels feussent faicts de leurs bontez ; ainçois, dit Valere, et maints aultres autheurs le tesmoignent, que en intention et esperance que ils acquissent bonne renommée faisoient et tiroient à chef les merveilleuses choses que ils entreprenoient. Et dict à ce propos Aristote que los et honneur n'est mie encore assez suffisant merite à donner à l'homme qui est vertueux.

Et qu'il soit vray que un chascun prince et gouverneur de pays, ou chef de chevalerie ou de communauté de gent, doibve raisonnablement vouloir avoir los, gloire et honneur, afin que la réputation de leurs personnes soit tenüe en plus grande reverence de leurs subjects, par quoy ils en soyent plus craints et plus obéis, dit Varron, qui feut un tres-saige autheur des Romains, que il estoit expedient que les roys et les grands princes se faignissent estre du lignaige des dieux, comme plusieurs le feirent jadis, comme le roy Alexandre, les empereurs de Rome, et autres. Et de ce faict mention sainct Augustin au livre de la Cité de Dieu. Parquoy nous pouvons dire que c'est chose convenable que ceulx qui ont soubs eulx administration de gens et de peuple accroissent leurs authoritez le plus que ils peuvent, non mie par orgueil, mais pour estre plus craints et obéis, comme il appartient. Doncques ne me sçaura pas mauvais gré ce vaillant preud'homme si je luy ay procreé et enfanté un nouvel hoir, voire si durable que il ne pourra jamais mourir au monde : car voirement les livres qui sont faicts representent les personnes de ceux de qui ils parlent, si comme faict le fils la memoire du pere. O il ne sera pas plus desdaigneux que fut jadis Pompée le grand, à qui ne despleut mie de ce que le saige poëte qui feut nommé Teophanes avoit escript sans son sceu ses gestes et ses nobles faicts, que il meit en moult beau langaige et notable stile. Il ne l'eut pas à desdaing ; ains quand le volume luy presenta, il en feit joie à grand merveilles, et dit que celuy qui avoit mis peine à prolonger sa memoire a tousjours-mais au siecle l'aimoit de grand amour, quand il desiroit sa perpetuité ; si avoit bien deservy que grand guerdon luy rendist de tel benefice et service. Si le remunera si grandement, que il le pourveut de son vivre tres-honnorablement ; et avec ce, pour ce que il avoit honnoré et exaussé son nom par escript, pareillement le voulut honnorer : car il le meit au rang des chevaliers, et le feit citoyen de Rome, qui estoit adonc le plus grand honneur que on peust faire à homme, et n'estoit mie chose accoustumée que on y receust nuls estrangers. Si estoit moult grande dignité pour les grands privileges, franchises et excellences de quoy usoient les dicts citoyens. Et avec ce l'honnora de grand louange en ses escripts, en moult bel langaige et tres-orné, en luy rendant graces de ce qu'il avoit dict de luy ; et à tousjours feut son familier et amy singulier, avec les guerdons d'autres grandes largesses que il luy rendit.

◇◇◇

CHAPITRE XV.

Exemples des vaillans hommes trespassez qui sceurent bon gré à ceulx qui avoyent escript et enregistré leurs gestes et leurs vaillans faicts.

Pareillement sceut grand gré Scipion l'Afriquain au poëte Ennius, qui avoit escript ses nobles faicts ; et luy en rendit grandes graces et guerdons. N'en feit mie moins le noble et vaillaut chevalier Brutus Drusus, lequel, pource que un tres-excellent poëte nommé Actius avoit mis et escript és entrées des temples moult beaux vers contenans les belles victoires que le dict Brutus Drusus avoit eües de ses ennemis, et comment les despoüilles et proyes que il avoit conquises il les avoit données pour orner les temples, il reputa à tousjours celuy poëte son amy, et estendit vers luy sa grande largesse et liberalité.

Pareillement feit Jules Cesar : car à plusieurs clercs et poëtes qui escriprent en divers styles de luy, et de ses tres-nobles faicts et auctorisées conquestes, sceut moult grand gré, et grand semblant leur en feit par maints guerdons que il leur en rendit. Et s'il eust agreable un livre entre les autres qui luy en feut donné, bien le monstra : car au temps que il estoit à la conqueste de la terre d'Egypte, comme recorde Lucain, et il se combatoit en mer contre ses ennemis, qui l'avoient tellement pressé que sa nef estoit moult eslongnée de ses autres gens et de son grand navire, parquoy il fut si contrainct que pour sauver sa vie il conveint qu'il se desarmast et saillist en mer, de toutes les richesses qu'il avoit il ne meit peine à rien sauver fors seulement le livre de ses faicts, que il porta en sa main senestre, et tousjours au dessus de l'eaüe, de peur que il feust moüillé ; et nagea à la main dextre l'espace de cent pas de mer, jusques à ce que il veint à ses gens : qui feut une merveilleuse vigueur en un homme de pouvoir ce faire. Si estoit bien signe que il avoit grand amour à son livre.

Et ainsi ces nobles hommes avoyent joye que leur renom feust perpetuel ; et n'est mie de merveilles : car tout homme naturellement desire gloire. Et la cause, ce dict Aristote, est pour ce que toute chose par nature tend et tire le plus que elle peut à sa perfection. Et quoy que aucuns dient que on ne doibt desirer loüange, c'est à entendre quant aux choses spirituelles, comme au service de Dieu ; mais és biens de chevalerie et de science, n'est point vice à qui y est excellent d'en vouloir avoir los et renommée. Comment Aristote, qui tant feut solemnel philosophe que oncques homme en science de philosophie ne l'atteignit, et qui en sa noble doctrine enseigne tres-bonnes mœurs à suivre, et fuir le contraire, ne feust-il luy mesme convoiteux d'icelle gloire de renommée? Car quand il eut donné au disciple Theodorus les livres que il avoit faicts et composez de la science et art de rethorique, que il avoit trouvée, comme tesmoingne Tulles en son livre, il voulut bien que il feust sceu que il les avoit faicts, affin que autre ne s'en donnast le los, et ne se les attribuast. Si comme maintesfois advient que aucuns attribuent à eulx, et se donnent l'honneur de avoir faict œuvres et choses que autres ont faictes.

Semblablement se peut dire de Virgile, qui feut le prince et souverain des poëtes, que aussi il desira avoir los et gloire de sa science, comme il le monstra par ce que il dit des vers que il avoit faicts : « J'ay, dit-il, faict et composé ces » vers ; mais un autre s'en donne l'honneur, par » ce que il les attribüe à soy. » Et ainsi advient-il mesmement de la Rhetorique d'Aristote, que un autre s'en vouloit donner le los ; dont Aristote se teint mal content, et pource declara-il en un autre lieu que il avoit faict les dicts livres, affin que la loüange qui luy estoit deüe ne feust à aultre attribuée.

Si est doncques vraye chose et assez prouvée que tout vaillant homme peut et doibt loisiblement vouloir et desirer los, honneur et gloire au monde du bien que il faict. Et parce ils doibvent sçavoir moult grand gré à qui authentiquement et en bel style mect en livres, en croniques et en registres leurs nobles faicts, affin que leur grand los ne dure mie tant seulement en leur vivant, mais tant que le siecle durera. Car si ne feussent les escriptures, ja pieça feust morte la renommée de tous les vaillans trespassez.

Et pour ce je conclus que mal gré ne me doibt sçavoir le bon chevalier de qui j'ay composé ce livre : car je luy ay massonné et fondé un édifice si fort et si durable, que feu, ne fer, eaüe, terre, ne autre chose corruptible, ne pourra consumer ne destruire : car il n'est chose plus impossible à aneantir au monde que est matiere escripte en livres, si tost qu'ils sont coppiez en divers et plusieurs lieux. De laquelle chose on est convoiteux communément quand la matiere est belle, et bien composée ; si comme je tiens que cestuy livre sera volontiers veu, pour la plaisante nouvelle matiere dont il parle. Si prie à Dieu tout puissant que au vaillant mareschal Boucicaut, de qui est faict ce livre, doint longue vie, le garde de ses envieux et de ses malveillans, et luy veuille accroistre sa prospérité de mieulx en mieulx, et luy doint grace de si bien et si justement se gouverner au monde, que il puisse parvenir au royaume du ciel, où est la joye qui jamais ne finit !

(Icy finit l'Histoire du mareschal de Boucicaut, qui m'a esté mise en main pour la donner au public, par monsieur de Machault, sieur de Romaincourt.)

HISTOIRE DE CHARLES VI,

ROY DE FRANCE,

ET DES CHOSES MÉMORABLES ADVENUES DURANT QUARANTÉ-DEUX ANNÉES DE SON RÈGNE,

DEPUIS 1380 JUSQUES A 1422;

PAR JEAN JUVENAL DES URSINS,
ARCHEVÊQUE DE RHEIMS.

NOTICE

SUR JEAN JUVÉNAL DES URSINS.

Jean Juvénal des Ursins, pour donner de l'antiquité à sa race, a eu la petite faiblesse de vouloir rattacher sa famille à la famille italienne des Orsini, quoiqu'il n'y ait entre elles rien de commun qu'une sorte de parenté de nom. La famille de Jean Juvénal, originaire d'Angleterre selon quelques auteurs, fut appelée des Ursins de l'hôtel de ce nom, à Paris, qui lui fut donné; elle joua un grand rôle politique en France dans les dernières années du XIVe siècle, et dans la première partie du XVe.

L'auteur de l'*Histoire du roi Charles VI* eut pour père Jean Juvénal des Ursins, né à Troyes en 1360, nommé prévôt des marchands en 1388, avocat général au parlement en 1400, plus tard chancelier, ensuite président au parlement, dont le siège était alors à Poitiers. Le père de notre historien se montra toujours magistrat intègre, zélé pour le bien public, ferme soutien des droits du trône. Nous nous bornerons à rappeler deux circonstances de sa vie. A l'époque où il était prévôt des marchands, sa noble indépendance lui ayant mérité la haine du duc de Bourgogne, celui-ci suscita contre lui de honteuses calomnies, et paya trente ou quarante faux témoins pour l'accuser; appelé devant le roi à Vincennes, le prévôt des marchands n'eut pas grand'-peine à triompher de ces menteuses accusations; il entendit sortir de la bouche du roi ces paroles: *Je vous dis par sentence que mon prévôt est prud'homme, et que ceux qui ont fait proposer les choses sont mauvaises gens*. Le roi, se tournant ensuite vers Juvénal et vers trois ou quatre cents des plus notables bourgeois de Paris, accourus à Vincennes pour défendre le prévôt: *Allez-vous-en, mon ami, dit-il, et vous, mes bons bourgeois*.

L'autre circonstance de la vie de Juvénal témoigne de son courage. Charles II, duc de Lorraine, avait fait disparaître les armes de France de la ville de Neufchâteau appartenant à la couronne, et, par un arrêt du parlement de Paris, rendu le 1er août 1412, ce prince avait été condamné à perdre ses biens et à quitter le royaume. Le duc de Lorraine, fort de la protection de Jean-sans-Peur, vint à Paris. Le parlement craignant que Charles II n'obtînt de la faiblesse du roi la cassation de l'arrêt, chargea Juvénal de porter au pied du trône de fermes et respectueuses remontrances; Juvénal accomplit noblement sa mission. Il se trouva aux pieds du souverain, en face de Jean-sans-Peur qui présentait en ce moment-là le duc de Lorraine; la présence du duc de Bourgogne ne l'empêcha point de parler. « Juvénal, » ce n'est pas la manière de faire », lui dit Jean-sans-Peur, avec l'expression du courroux. « Si, » monseigneur, reprit l'intrépide député du par-» lement, il faut faire ce que la cour ordonne. Que » tous ceux qui sont bons et loyaux, ajoute Juvé-» nal, viennent avec moi, et que les autres restent » avec M. de Lorraine ». Jean-sans-Peur ne put faire autrement que de se ranger du côté de Juvénal. Toutefois le duc de Lorraine reçut son pardon.

L'illustre magistrat mourut en 1431; sa sépulture eut lieu dans une chapelle de Notre-Dame de Paris, appelée chapelle des Ursins. Il eut onze enfants, comme on le voit par deux passages de l'*Histoire de Charles VI* que nous publions. Sous la date de 1413, époque de désordres et de malheurs, on trouve le charmant récit qui suit: « Or estoit le duc de Berry, à tout son chap-» peron blanc, logé au cloistre de Notre-Dame, en » l'hostel d'un docteur en médecine, nommé » maistre Simon Allegret, qui estoit son physi-» cien. Or presque tous les jours il vouloit que le-» dit feu maistre Jean Juvénal des Ursins, seigneur » de Traisnel, allast devers luy. Ils conféroient » ensemble du temps qui couroit, et des choses » qu'on faisoit et disoit. Ledit seigneur dit audit » Juvénal: *Serons-nous toujours en ce poinct, que » ces meschantes gens ayent autorité et domina-» tion?* Auquel le seigneur de Traisnel respondit: » *Ayez esperance en Dieu, car en brief temps vous » les verrez destruits, et verrez en grande confu-» sion*. Or tous les jours il ne pensoit, ne imagi-» noit que la manière comme il pourroit faire, et » delibera d'y remedier: il estoit bien noble » homme, de haut courage, sage et prudent, qui » avoit gouverné la ville de Paris douze ou treize » ans, en bonne paix, amour et concorde. Et es-» toit en grand souci, comme il pourroit sçavoir, » si aucuns de la ville seroient avec luy et de son » imagination: car il ne s'ozoit descouvrir à per-» sonne, combien que plusieurs de Paris des plus » grands et moyens estoient de sa volonté. Luy » donc estant en cette pensée et grande perplexité, » par trois nuicts, comme au poinct du jour, il lui » sembloit qu'il songeoit ou qu'on lui disoit: *Sur-» gite cùm sederitis, qui manducatis panem dolo-» ris* (1). Or au matin madame sa femme, qui es-» toit une bonne et devote dame, luy dit: *Mon amy » et mary, j'ai ouy au matin que vous disiez ou » qu'on me disoit ces mots contenus dans mes Heures*,

(1) Levez-vous après vous être reposés, vous qui mangez le pain de la douleur. (Psaume 126.)

» où il y a : *surgite cùm sederitis, qui manducatis* » *panem doloris.* Qu'est-ce à dire? Et le bon sei- » gneur lui respondit : *Mamie, nous avons onze* » *enfans, et est bien mestier* (besoin) *que nous prions* » *Dieu qu'il nous doint* (donne) *bonne paix, et* » *ayons esperance en luy, et il nous aidera.* »

Sous la date de 1418, Juvénal des Ursins, en parlant du triomphe du duc de Bourgogne et de l'entrée à Paris de ses troupes, dit que cette entrée *fut bien piteuse et cruelle*, et que beaucoup de notables gens du Parlement, du Châtelet, de l'Université et de la bourgeoisie, n'eurent que le temps de se sauver en abandonnant tous leurs biens. « Quelle pitié entre autres étoit-ce dudit » messire Jean Juvénal des Ursins, seigneur de » Traignel, qui possedoit bien deux mille livres » de rente et de revenu, avoit belles places et » maisons en France, Brie et Champagne, et son » hostel garny de meubles, qui pouvoient valoir » de quinze à seize mille escus en toutes choses ; » ayant une dame de bien et d'honneur à femme, » et onze enfans, sept fils et quatre filles, et trois » gendres ; d'avoir tout perdu, et sadite femme » avec ses enfans mis nuds pieds, revestus de » pauvres robes, comme plusieurs autres ; et tou- » tefois tous vesquirent bien et honorablement. »

Les onze enfans du grand magistrat, qui occupe une si belle place dans nos annales sous le règne de Charles VI, étaient représentés avec leur père dans un tableau de la chapelle des Ursins ; ce tableau, comme on pense bien, est depuis longtemps perdu. Les sept fils et les quatre filles de Jean Juvénal des Ursins étaient : 1° Jean Juvénal des Ursins, l'historien de Charles VI, dont il sera particulièrement question tout à l'heure; 2° Louis Juvénal des Ursins, chevalier, chambellan du roi et bailli de Troyes; 3° Denis Juvénal des Ursins, écuyer, échanson de Louis, Dauphin de Vienne et duc de Guyenne; 4° Guillaume Juvénal des Ursins, né à Paris en 1400, chevalier, seigneur et baron de Traignel, conseiller de Charles VII, au parlement de Paris transféré à Poitiers; il fut nommé, à l'époque du sacre de Charles VII à Reims, chevalier et capitaine des gens d'armes; puis lieutenant du Dauphin, bailli de Sens et enfin chancelier de France en 1445; dépouillé de la dignité de chancelier, en 1461, par Louis XI au moment de son avénement au trône, il fut réintégré dans sa charge en 1465 ; il ouvrit les Etats de Tours en 1468, et mourut quatre ans après ; 5° Pierre Juvénal des Ursins, écuyer ; 6° Michel Juvénal des Ursins, seigneur de la Chapelle-Gautier, en Brie, et bailli de Troyes; 7° Jacques Juvénal des Ursins, nommé, en 1443, président de la chambre des comptes, à Paris ; en 1444, archevêque de Rheims; en 1449, patriarche d'Antioche et évêque de Poitiers. Les quatre filles de Jean Juvénal des Ursins estoient : 1° Isabeau Juvénal des Ursins, mariée à Nicole Brulart, conseiller du roi; 2° Jeanne Juvénal des Ursins, mariée d'abord à Pierre de Chailly, écuyer, ensuite à Guichard, seigneur de Pelvoisin, chevalier; 3° Eude Juvénal des Ursins, mariée à Denis des Marez, écuyer seigneur de Doue; 4° Marie Juvénal des Ursins, qui fut religieuse au monastère de Poissy. Ces détails généalogiques ne manquent pas d'une certaine importance, et leur aridité ne nous a point empêchés de les rapporter.

Jean Juvénal des Ursins, l'auteur de l'*Histoire du roi Charles VI*, celui dont nous avons le plus à nous occuper ici, naquit à Paris en 1388 : entré d'abord dans la carrière de son père, il fut fait, à l'âge de vingt-huit ans, conseiller et maître des requêtes ; plus tard, il fut nommé avocat-général au parlement de Paris, transféré à Poitiers. Jean Juvénal quitta, on ne sait pourquoi, la robe pour l'Eglise. Nous le voyons tour à tour évêque de Beauvais, en 1432, évêque de Laon en 1445, et enfin archevêque de Reims depuis 1449 jusqu'à 1473. Un concile métropolitain fut tenu par lui à Soissons, en 1455. Jean Juvénal présida, en 1456, l'assemblée de prélats où fut revisé le procès de Jeanne d'Arc ; il contribua à la réhabilitation d'une renommée héroïque absurdement outragée. Louis XI fut sacré par Jean Juvénal des Ursins. A l'époque de son couronnement, ce souverain avait juré de ménager son peuple; mais d'énormes levées d'argent vinrent bientôt prouver toute la vanité de ces promesses solennelles. La population de Reims s'étant soulevée, Juvénal travailla et parvint à la contenir; toutefois, en cette occasion, il adressa à Louis XI d'énergiques remontrances qui révèlent un courage honorable et un grand amour de la justice : « On m'a rap- » porté, dit l'archevêque de Rheims au roi de » France, qu'il y a en votre conseil un, qui, en » votre présence, dit, à propos de lever argent » sur le peuple, duquel on alléguait la pauvreté : » que ce peuple toujours crie et se plaint, et tou- » jours paie; qui fut mal dit, en votre présence; » car c'est plus parole qui se doit dire en pré- » sence d'un tyran inhumain, non ayant pitié et » compassion du peuple, que de vous, qui êtes » roi très-chrétien. Quelque chose qu'aucuns » disent de votre puissance ordinaire, vous ne » pouvez pas prendre le mien : ce qui est mien « n'est point vôtre. En la justice vous êtes souve- » rain, et va le ressort à vous : vous avez votre » domaine et chacun particulier le sien. » Jean Juvénal des Ursins mourut à Reims, dans une assez grande vieillesse, le 14 juillet 1473.

Le récit de Juvénal des Ursins commence à l'an 1380, époque de la mort de Charles V, et finit en 1422, à la mort de Charles VI. Dans cet espace de quarante-deux années se pressent les misères et les révolutions; les annales françaises n'offrent aucune époque plus dramatique. En prenant la plume, Juvénal des Ursins était probablement un peu occupé des souvenirs de son père, qui avait pris une si noble part aux événements du règne de Charles VI; il voulait ne pas laisser ignorer à la postérité les faits, les vertus, le beau caractère de l'ancien prévôt des marchands de Paris, de l'ancien président du parlement. Le parti des

Orléanais et des Armagnacs étant plus national, plus dévoué aux intérêts de la France que le parti des Bourguignons, le père de notre historien s'était déclaré contre le duc de Bourgogne, qui avait pour auxiliaires les Anglais et la portion impure du royaume de France ; on devine quelle doit être sur ce point la couleur des récits de Juvénal. Son impartialité sert de contre-poids aux exagérations de Froissard et de Monstrelet, toujours prêts à favoriser les Bourguignons. Il existe une excellente histoire latine de Charles VI, écrite par un religieux de Saint-Denis, contemporain des événements ; cette histoire, traduite en français par Le Laboureur, sera analysée dans notre Indication des Documents pour le règne de Charles VI. Juvénal des Ursins, en écrivant ses récits, avait sous les yeux l'ouvrage du religieux anonyme ; il lui a emprunté les faits depuis 1380, jusqu'en 1416 ; à partir de cette époque, il puise dans son propre fonds ; il raconte d'après ses propres souvenirs, et aussi d'après les renseignements que devait lui donner son père. Le récit de Juvénal des Ursins, depuis 1416 jusqu'en 1422, renferme une grande quantité de faits très-curieux et qu'on ne trouve que là. L'histoire du religieux anonyme n'ayant point été achevée, le travail de Juvénal des Ursins, pour les dernières années du règne de Charles VI, devient fort précieux.

L'ouvrage de Juvénal des Ursins n'a point l'allure de nos Mémoires, quoiqu'il en ait tout l'intérêt ; c'est une chronique piquante rédigée en français. L'archevêque de Reims enregistre les faits un à un avec toute la simplicité des vieux narrateurs de Saint-Denis. Comme les chroniqueurs du XIIe et du XIIIe siècle, Juvénal des Ursins donne place aux accidents, aux phénomènes de la nature ; les pluies abondantes, les vents violents, la chute du tonnerre, l'invasion des champs par les chenilles ou les sauterelles reçoivent de la plume du prélat autant d'importance que la naissance et la mort des princes, les guerres civiles ou la descente des Anglais. Après avoir rapporté une tempête ou quelque révolution dans les choses de la nature, l'auteur ne manque pas d'y attacher un sens prophétique, applicable aux événements du temps. Il est crédule et naïf comme un annaliste du moyen-âge. C'est ainsi que sous la date de 1395, il nous dit : « Au pays du Languedoc fut vue au
» ciel une grosse estoile, et cinq petites, les-
» quelles, comme il sembloit, assailloient le vou-
» loient combattre la grosse, et la suivirent bien
» par l'espace de demi-heure, et oyoit-on voix ne
» ciel par manière de crys. Et après fut vu un
» homme qui sembloit estre de cuivre, tenant
» une lance en sa main et jettant feu, qui em-
» poignit la grande estoile et la frappa, et oncques
» plus rien ne fut vu. »

Cette superstitieuse crédulité, qui est le partage de Juvénal des Ursins et dont on trouve d'assez rares exemples dans les écrivains du XVe siècle, peut s'expliquer par le caractère des temps où vivait l'auteur : l'époque de Charles VI est une époque de malheurs dans notre histoire ; les deux factions qui se disputaient la puissance pendant la maladie du roi avaient fait de notre pays un horrible champ de bataille, et des désordres inouïs avaient bouleversé toutes les existences. Dans les époques de calamités, les peuples sont plus portés à la superstition ; les imaginations sont alors plus facilement frappées, et les choses les plus simples donnent lieu aux plus étranges interprétations ; lorsque la réalité est trop misérable, le merveilleux devient une sorte de refuge, une sorte d'espérance ; lorsqu'il y a trop de deuil sur la terre, il faut bien se résoudre à interroger le ciel. Les malheurs du règne de Charles VI affectèrent vivement les générations contemporaines, si l'on en juge par les teintes mélancoliques répandues dans le récit de l'archevêque de Reims ; il y a dans l'ouvrage de Juvénal des Ursins une empreinte de tristesse vague, en harmonie avec les événements racontés par le prélat. M. de Sismondi prétend qu'on ne saurait donner beaucoup de croyance au récit de l'archevêque de Reims, parce que, dit-il, l'auteur n'a écrit l'histoire de Charles VI que pour relever l'importance et les services de son père. Nous ne partageons point l'opinion de M. de Sismondi ; le désir de rendre justice à la mémoire de son père a pu entrer dans la pensée de Juvénal des Ursins, en entreprenant le récit du règne de Charles VI, comme nous l'avons observé plus haut ; mais le ton, l'allure, la physionomie de l'auteur révèlent un homme qui aimait avant tout la vérité. L'archevêque de Reims, plusieurs fois mentionné par les anciens écrivains qui se sont occupés d'histoire de France, paraît avoir particulièrement joui d'une grande renommée au XVIIe siècle ; car, dans ses Mémoires, le cardinal de Retz l'appelle *le fameux Juvénal des Ursins*.

Cet ouvrage fut imprimé pour la première fois in-8°, en 1614, par les soins de Théodore Godefroy. Dans son *avis au lecteur*, Théodore Godefroy fait remarquer que le langage de l'auteur est sans fard et sans artifice ; il n'a osé ni voulu rien changer à ce langage, *faisant plus d'estat de sa naifveté que tout ce que l'on pourroit apporter à la polir, qui ne serviroit qu'à gaster l'ouvraige et en altérer le sens*. Ce respect pour la langue contemporaine et pour tout ce qui porte l'empreinte du temps honore l'intelligence et le goût de Théodore Godefroy ; parmi les vieux éditeurs, il n'en est pas beaucoup dont on puisse en dire autant. Denis Godefroy, fils de Théodore Godefroy, publia en 1653 une seconde édition de Juvénal des Ursins, augmentée de pièces et de documents, et d'annotations très-bonnes à consulter. Dans sa préface, le nouvel éditeur cite des fragments de l'avis préliminaire de son père sur Juvénal des Ursins ; il dit que les exemplaires de la première édition étant devenus très-rares, son père se proposait d'en donner une seconde, *avec augmentation des annotations sur icelles* ; mais des occupations politiques ayant absorbé les dernières années de sa vie, Théodore Godefroy mourut sans accomplir sa résolution. Il recommanda *diverses fois* à son fils ce travail, et l'en *chargea comme d'un ouvrage de conséquence*; « de sorte que, » ajoute Denys Godefroy, je ne fais à présent que » suivre ses traces, sur son projet, et faire pa- » roître son intention qu'il m'avoit comme ins- » pirée. » Ces graves travaux d'histoire devenus comme le partage d'une famille, ces recommandations paternelles pour la continuation d'un œuvre, l'entreprise du père accomplie par le fils qui lui survit, tout cela nous semble offrir un spectacle assez touchant. La nouvelle édition de Juvénal des Ursins, imprimée in-folio, sortit des presses de l'imprimerie royale; ce labeur, pour parler le langage de Denis Godefroy, fut jugé *digne d'estre paré de ces agreables caractères, qui attirent aussitost l'admiration de ceux qui les voyent*. Nous avons comparé le texte des deux éditions, et nous n'y avons trouvé aucune différence. L'histoire de Charles VI de Juvénal des Ursins, dont la lecture est si attrayante par le grand intérêt des faits et l'aimable naïveté du style, ne fait point partie des précédentes collections.

Denis Godefroy a donné une liste des différents ouvrages de Juvénal des Ursins restés manuscrits; nous reproduisons cette liste comme un curieux document bibliographique :

« Epistre de Jean Juvenal des Ursins, evesque » et comte de Beauvais, pour envoyer aux trois » estats, tenus à Blois l'an mille quatre cens » trente-trois.

» Epistre dudit evesque à une assemblée tenue » à Orléans par ordre du roi, pour sçavoir s'il en- » tendroit à une paix avec l'Anglois.

» Discours dudit des Ursins, touchant les ques- » tions et différens entre les roys de France et » d'Angleterre.

» Discours dudit Jean Juvenal, lors evesque et » duc de Laon, à messire Guillaume Juvenal des » Ursins, chevalier, seigneur et baron de Trei- » gnel, chancelier de France, son frere, sur le » fait de la justice, et la charge de chancellerie.

» Remonstrance faite par ledit des Ursins, lors » archevesque et duc de Reims, et premier pair » de France, pour la reformation du royaume, » principalement concernant les gens d'eglise.

» Exhortation dudit archevesque au roy, de » faire misericorde à Jean, duc d'Alençon, cri- » minel de leze-majesté, 1458.

» Advis dudit des Ursins, lors evesque de » Beauvais, à ceux qui avoient le gouvernement » de sa jurisdiction tant spirituelle que temporelle.

» Proposition faite par ledit evesque de Beau- » vais à haut et puissant prince le comte d'Eu, » lieutenant general du roy.

» Harangue dudit des Ursins, archevesque de » Rheims, au roy Louys XI avant son sacre, 1461.

» Harangue dudit archevesque aux trois estats » tenus à Tours, 1468. »

HISTOIRE DE CHARLES VI,

ROY DE FRANCE,

PAR JEAN JUVENAL DES URSINS.

L'an mille trois cent quatre-vingt, le seiziesme jour de septembre, alla de vie à trespassement le noble Roy Charles cinquiesme de ce nom, lequel fut nommé Charles le Sage. Car il avoit sens, prudence, et discretion de gouverner son royaume tant en fait de guerre, en resistant à ses ennemis, et conquester et recouvrer ce qu'ils avoient gaigné, tenoient et occupoient, par vaillans chevaliers, chefs de guerre à ce commis et deputez, comme connestables, mareschaux et gens de guerre en armes exercez, comme aussi sur le faict de la justice. Et fit visiter les ordonnances anciennes de ses predecesseurs, et les confirma et approuva. En grand honneur et reverence avoit l'Eglise et les personnes ecclesiastiques, et grande esperance avoit en Dieu, et à M. Sainct-Remy, apostre de France, et très-volontiers il faisoit lire les histoires. Et, en l'Eglise de Sainct-Remy de Rheims où il fut sacré, fit de belles fondations et leur donna de beaux et grands revenus. Belle fut sa fin, et mourut comme vray chrestien. Et fut porté à Sainct-Denis, et mis en sepulture, les solemnités accoustumées gardées. Et laissa deux enfants, l'un nommé Charles, aisné, et le deuxiesme Louys; lesquels estoient en bas aage. Et si avoit trois freres, Louys roi de Sicile et duc d'Anjou, Jean duc de Berry, et Philippes duc de Bourgongne. Et auquel temps du trespassement dudit feu roi Charles cinquiesme, l'an mille trois cent quatre-vingt, les choses en ce royaume estoient en bonne disposition, et avoit fait plusieurs notables conquestes. Paix et justice regnoient. N'y avoit obstacle sinon l'ancienne haine des Anglois, desplaisans et comme enragez des pertes qu'ils avoient faites, qui leur sembloient estre irrecuperables; lesquels sans cesser espioient et conspiroient à la destruction totale de ce royaume, et contemnoient toutes manieres d'ouvertures de paix. Souvent venoient en armes d'Angleterre en France, et aucunes fois descendoient en Guyenne, autres fois en Bretagne, Normandie, Picardie, et specialement vers les rivages de la mer, boutoient feu és maisons du plat pays, comme és grains, et partout où ils pouvoient, prenoient prisonniers, et les menoient en Angleterre, et piteusement les traitoient. Et durant sa vie y avoit ordonné pour resister les ducs d'Anjou, de Berry, de Bourgongne, et de Bourbon, qui estoient és frontieres, faisans le mieux qu'ils pouvoient. Et quand on vid la maladie du Roy non sanable, on envoya devers lesdits seigneurs hastivement qu'ils s'en vinssent, lesquels le firent, en laissant provisions à leursdites frontieres pour resister aux entreprises des ennemis, et s'en vindrent à Paris. Et si devant ils avoient esté curieux et soigneux du faict du royaume, encores delibererent de l'estre plus, veu l'aage des deux enfans du Roy, à ce que les affaires du royaume fussent bien gouvernées.

Et le Roy, comme dit est, mis en sepulture à Sainct Denys bien et honorablement, lesdits seigneurs firent assembler un grand et notable conseil, auquel furent ceux du sang royal, et plusieurs barons et gens de grande science et authorité tant de la cour de parlement, que des comptes, tresoriers et autres. Et furent mises plusieurs choses en deliberation touchant le gouvernement du royaume. Et y eut diverses opinions et imaginations. Car le roy de Sicile, frere aisné du roy Charles cinquiesme, disoit, que selon la coustume de France, veu que Charles, l'aisné fils du Roy n'avoit pas quatorze ans, qu'il devoit avoir le gouvernement total du royaume, et de tous les deux enfans, jusques à ce que l'aisné eust quatorze ans. Et ces choses requeroit avoir expressément et tres-instamment. En cette matiere messire Pierre d'Orgemont, qui se tenoit comme principal du conseil du Roy, parla bien grandement, et disoit qu'on devoit attendre qu'il eust plus grand aage, alleguant plusieurs raisons, et specialement que le roy Charles cinquiesme pere des enfans, avoit ordonné et voulu qu'il ne fust sacré, jusques à ce qu'il eust plus grand aage, et que les ducs de Bourgongne et de Bourbon eussent le gouvernement des enfans. Et entre les seigneurs y avoit de grandes divisions, et mandoit-on gens d'armes de toutes parts, lesquels se mirent sur les champs, et pilloient, et roboient, et empeschoient que vivres ne vinssent à Paris, et desja y avoit grand murmure entre le peuple, et taschoient fort à eux esmouvoir. Et pource messire Jean des Mares, qui estoit advocat du Roy en Parlement, bien notable clerc, et de bien grand prudence, considerant les choses dessus dites, fit une moult belle et notable proposition, en monstrant qu'on devoit mener le Roy à Rheims, pour estre sacré, et allegua plusieurs grandes raisons, et comme plusieurs Roys en moindre aage avoient eu le gouvernement de leurs royaumes, et mesmement le roy sainct Louys. Et monstra ledit maistre Jean des Mares, que quelconque loy ou ordonnance qui auroit esté faite au temps passé, elle se pouvoit müer ou changer pour eviter plus grand inconvenient, lequel estoit taillé d'estre bien grand, pour la division des seigneurs qu'on voyoit evidente; et que quand le Roy seroit sacré, toutes telles divisions cesseroient, et prendroit le gouvernement en son nom, et auroit bon conseil. Et quand ledit duc d'Anjou eut oüy parler ledit des Mares, et aussi plusieurs autres, se condescendit à son imagination. Toutesfois ledit duc tousjours requeroit, qu'il ne fust point defraudé de son droict de regent, non mie pour convoitise ou ambition, mais pour garder son honneur. Et quand la matiere eut fort esté debatuë, fut le conseil fort dissolu, et entre les serviteurs des princes y avoit plusieurs paroles, et aux champs mesmes entre les gens de guerre avoit en paroles telles manieres que gueres ne s'en falloit, alloient jusques à la voye de faict. Et, par l'admonestement d'aucuns gens de bien, les princes se condescendirent qu'aucuns gens de bien y advisassent. Lesquels jurerent aux saincts Evangiles de Dieu, que cessans toute amour, crainte, ou peur, ils discuteroient selon la qualité de la personne du Roy. Et ainsi fut juré et promis, qu'on tiendroit ce qu'ils ordonneroient et tiendroient. Ceux qui estoient esleus s'assemblerent, et après qu'ils eurent esté quatre jours ensemble, desirans dire leur advis et imagination, selon ce que la matiere hastivement le requeroit, dirent et prononcerent leur sentence et imagination en la maniere qu'il s'ensuit : c'est à sçavoir que la loy des predecesseurs roys de France, ne pouvoit pas tellement arrester ou retarder ceux de la lignée royale, qu'ils ne peussent anticiper le terme prefix de leur sacre. Et à ce faire fut assigné la fin d'octobre, et que tous les vassaux et feaux luy feroient foy et hommage, et que tout le fait de la guerre et de la justice se conduiroit en son nom et soubs son scel, et que les enfans du Roy seroient baillez au gouvernement des ducs de Bourgongne et de Bourbon, lesquels les feroient nourrir doucement, et instruire et endoctriner en bonnes mœurs, jusques à ce qu'ils fussent en l'aage de puberté. Et que toutes les finances tant du domaine que des aydes se mettroient au tresor du Roy. Et au regard des meubles, or, argent et joyaux qui furent au Roy son pere, le duc d'Anjou les auroit, en delaissant toutesfois au Roy sa provision competente, et que seulement il useroit de ce mot: Regent, et qu'à parler des negoces et affaires il seroit appelé. Le dict des arbitres fut mis par escrit, et les ducs l'accepterent, en remerciant lesdits arbitres de ce que, par leur bonne diligence, les questions estoient assoupies. Et combien qu'il sembloit au duc que l'authorité de la regence estoit fort diminuée, toutesfois en faveur du Roy son neveu, en la salle du Palais il le fit publier. Les gens de guerre estans sur les champs, pilloient, roboient, prenoient prisonniers, efforçoient femmes, violoient et despuceloient vierges, et faisoient tous les maux que ennemis pourroient faire, excepté bouter feux, et se retiroit tout le peuple és forteresses et bonnes villes, marchands estoient destroussez, et disoient qu'ils se payoient de leurs gages. Le duc regent envoya vers plusieurs capitaines, et aucuns manda, et parla à eux, et fit faire defenses par cris et proclamations sur peine de la hard, que plus ne usassent de telles manieres de faire. Mais conte n'en tenoient, et pis en faisoient. En plusieurs lieux le peuple s'esmeut, et pillerent ceux qui se mesloient de receptes des aides, gabelles, et impositions. Le duc par douces paroles appaisa ceux de Paris.

Quand on delibera de mener le Roy au Sacre, il voulut aller par Melun, voir les armures qui y estoient, et qu'il avoit veuës durant la vie de son feu pere Charles, roy de France, cinquiesme de ce nom. Et avoit esté deliberé que à grande compagnie de gens de guerre il iroit à Rheims. Et, du temps de sondit feu pere la grand plaisance qu'il avoit, estoit le plus en beaux harnois et armures, que autrement. Et luy monstra-on de par sondit pere, et en sa vie, les plus grandes parties des tresors, où il y avoit de bien nobles choses, et si luy monstra-on du harnois beau et clair et bien fourbi, et luy fut demandé lequel il aymoit le mieux, et il respondit, que il aymoit mieux les harnois que les richesses. Et luy fut dit qu'il prist ce qu'il voudroit, et en un coin il vit une moult belle espée, laquelle il requit luy estre donnée. Et un autre jour après, le Roy son pere fit un grand convi, et moult beau disner; et après qu'on fut levé de table, fit apporter une moult belle et riche couronne, et un beau bacinet, et les monstra à son fils Charles, et luy demanda lequel il aimoit le mieux, ou estre couronné roy de la couronne, ou avoir le bacinet, et estre sujet aux perils et fortunes de guerre, lequel respondit plainement que il aimeroit mieux le bacinet que la couronne, dont apperceurent les presens qu'il seroit chevaleureux. Et n'eut pas seulement ce qu'il demandoit, mais selon son corps on luy fit faire un gentil harnois, lequel on fit pendre au chevet de son lit. Et fit le Roy promettre à tous ses parens et à tous les presens, qu'ils le serviroient loyaument après son trespas (1).

Le principal, comme on disoit, qui avoit trouvé et conseillé à mettre aides sus, c'estoit le cardinal d'Amiens, lequel estoit moult hay du peuple, et avoit tout le gouvernement des finances, et l'avoit le roy en grande indignation. La cause on disoit qu'il le hayoit, pour cause qu'il estoit bien rude au Roy durant la vie de son pere en plusieurs manieres, et un jour appella Savoisi, et luy dit, « Savoisi, à ce coup serons vengez de » ce prestre, » laquelle chose vint à la cognoissance du cardinal, lequel monta tantost à cheval, et s'en alla de tire à Doüé en une place qui estoit à messire Jean des Mares, et de là le plustost qu'il peut en Avignon, et emporta ou fit emporter bien grande finance, comme on disoit.

Avant que le Roy fust à Rheims pour son sacre, fut ouverte la matiere de faire un connestable. Car depuis la mort de messire Bertrand du Glisquin n'en avoit point esté esleu ou fait un. Et disoit le duc d'Anjou, régent, que c'estoit à luy de le faire. Et assez tost eut response des ducs de Berry, Bourgongne, et Bourbon que non estoit, et que seulement devoit user de nom de Regent, et que le faict de la guerre, se devoit conduire et faire par le Roy. Et ainsi fut conclu. Et à conseiller le Roy qui seroit connestable, y eut diverses opinions et imaginations. Car lors y avoit en France de vaillans Princes, Barons et Chevaliers, et y eut un Prince lequel en parla à messire Louys de Sancerre, et luy demanda s'il le vouloit estre. Et il respondit que non. Car il n'y avoit si vaillant au royaume, qui peust, ne sceust faire de si vaillans faits d'armes, qui ne fussent reputez pour neant envers ceux dudit Bertrand de Glisquin. Et desdites paroles ne fut nouvelles, et vint-on à conseiller le Roy. Et par deliberation de tous, fut nommé messire Olivier de Clisson, un vaillant chevalier de Bretagne, et le fit le Roy connestable, et luy bailla l'espée, et fit les sermens en tels cas accoustumez. Et luy commanda le Roy d'assembler gens d'armes pour le conduire à Rheims à son sacre.

Et le vingt-cinquiesme jour d'octobre partit ledit Connestable de Melun, et prit son chemin à Rheims. Et le roi après se partit, accompagné des ducs d'Anjou, de Berry, de Bourgongne, de Bourbon et de Bar, des comtes de Hainault, de Harcourt, et d'Eu, et de plusieurs barons, chevaliers et escuyers, et firent ceux de Rheims beau et grand appareil pour recevoir le Roy et sa compagnée. Or faut estre adverti, que depuis le partement du Roy de Melun, le duc d'Anjou contraignit Savoisi à reveler le tresor, et luy cuida faire couper la teste, et estoit ledit tresor en gros lingots d'or, et si y avoit plusieurs joyaux. Le Roy vint à Rheims, où il fut grandement et honorablement receu à processions, et mené jusques à l'hostel Archiepiscopal, et y avoit foison de peuple tant nobles que autres. Et apres que ledit Duc eut eu ledit tresor, s'en vint hastivement à Rheims, et fut le Roy sacré. Tous les pairs de France ecclesiastiques presens. Le duc de Bourgongne y estoit, mais le comte de Flandres n'y fut point. Et fut moult belle chose et notable de voir le mystere du Sacre, la maniere d'aller querir la saincte Ampoule, et de l'apporter, et bailler és mains de l'archevesque, les ceremonies de la Messe, la belle et douce manière du Roy, veu l'aage qu'il avoit, et aussi constamment que s'il eust eu vingt ou trente ans. Et qui voudroit voir le livre du sacre du Roy, on diroit bien que c'est une bien precieuse chose.

La messe finie, et le service fait, le Roy s'en vint au palais de l'Archevesque pour disner, où tout estoit ordonné et appresté ainsi qu'il appartenoit. Et à l'assiete des seigneurs, y eust aucunes controverses et dissentions entre le duc d'Anjou Louys, et Philippes duc de Bourgongne. Car Louys disoit qu'il estoit aisné, et avant son frere Philippes maisné, il devoit avoir les honneurs, et estre le premier assis. Philippes disoit que au sacre du Roy les principaux estoient les pairs de France, et comme Pair et doyen des Pairs il devoit aller devant, et y eut plusieurs paroles d'un costé et d'autre aucunement arrogantes. Car Louys se tenait pair, et tenoit en pairie sa duché. Philippes respondit qu'il estoit doyen des pairs, et que son frere ne tenoit que

---

(1) Tous les détails sur la jeunesse de Charles VI sont empruntés au livre des Faits et bonnes mœurs de Charles V, de Christine de Pisan.

en pairie. Et parce le Roy assembla son conseil, auquel il y eut diverses opinions. Et finalement fut conclu par le Roy que Philippes au cas present iroit le premier, dont Louys ne fut pas bien content. Et dient aucuns que ce nonobstant Louys s'en alla seoir assez prés du Roy, qui avoit son siege paré sur le banc : mais Philippes saillit par dessus, et se vint mettre entre le Roy et son frere Louys, lequel prit en patience, et dissimula le tout. Et lors Philippes fut appelé *le Hardy*. Le Roy fut sacré le dimanche avant la Toussainets. Les connestables et mareschaux servirent portans les mets à cheval, le Roy fit des chevaliers, et receut ses hommages, et s'en vint à Paris sans passer par aucunes bonnes villes fermées où on l'attendoit, pour doute des requestes que on eust peu faire touchant les aides. La maniere de ses predecesseurs estoit qu'il devoit venir à Sainct Denis faire ses oraisons, et l'attendoit l'abbé. Mais empêché fut par mauvaises gens. Il entra à Paris vestu d'une robbe bien riche toute semée de fleurs de lys. Ceux de la ville de Paris allerent au devant de luy bien deux mille personnes vestus tout un, c'est à sçavoir de robbes my-parties de vert et de blanc. Et estoient les ruës tenduës et parées bien et notablement, et y eut divers personnages et Listoires. Et crioit-on *Noel*, et fut receu à très-grande joie. Et tout droit vint à Nostre-Dame, si fut grandement receu par l'Evesque, et s'en alla au palais. Et receut les dons que la ville et autres luy faisoient, et par trois jours fit grands convis et joustes. Et furent les dames presentes, et y eut grande joie demenée.

Le comte de Sainct Paul fut fort chargé d'avoir esté en Angleterre, et d'avoir espousé la sœur du roy Richard sans le consentement du Roy. Il usa de grandes excusations, et finalement le Roy luy pardonna. Et puis il chargea fort messire Bureau de la Riviere, d'avoir fait venir les Anglois, et leur avoir escrit lettres. Parquoy fut absent de la cour, et hastivement rescrivit à Clisson, connestable, lequel tantost le veint excuser jusques à l'exposition de son corps, et à gage. Et avoit ledit de la Rivière à adversaires tous les seigneurs par envie, et fut sa paix faite, si fut rappellé en cour comme paravant.

Grandes divisions s'esmeurent derechef entre les seigneurs, et estoient les gens d'armes sur les champs faisans maux innumerables, combien que commandemens leur eussent esté faits qu'ils s'en allassent à leurs maisons et garnisons. Et en donnoit-on grand charge au duc d'Anjou, et specialement Philippes de Bourgongne, qui se plaignoit du tresor qu'il avoit pris, et qu'il n'estoit point compris en ce qu'il devoit avoir, et qu'il n'avoit fait aucune provision au Roy, ainsi qu'il devoit. Et estoit le feu de toute division fort allumé. Prelats et autres se mesloient fort de tout appaiser, et leur monstroit-on que tout ne pouvoit tourner que au dommage du peuple, et y eut accord. Et fit la proposition maistre Jean des Mares, lequel loüa le duc d'Anjou, et monstra ses vertus et despenses, peines et travaux, et teut celles des autres. Aucunes gens de bas estat de Paris s'assemblerent et vindrent vers le Prevost des marchands, et, luy contraint vint à une assemblée, et requeroient les aydes à cheoir, disans que sur la requeste qu'ils avoient sur ce autrefois faite, n'avoient eu quelque response, et le contraignirent à aller vers le Duc. Et beaucoup de gens de bien estoient d'opinion qu'on attendist, cuidans rompre le coup, mais un savetier se leva et allegua leurs charges, et les pompes de ceux de la cour, et tourna tout en grand mal et sedition. Et parla le Prevost, et fit la requeste. Le chancelier des Dormans, evesque de Beauvais, leur monstra leur folle maniere et entreprise, et fit tant qu'ils attendirent jusques au lendemain, et n'oublierent pas à retourner, car on leur avoit donné esperance. Et furent mis jus les Aydes, et du commandement du Roy, et par son ordonnance, et aussi des Seigneurs du sang. Et par le conseil fut chargé messire Jean des Mares de parler au peuple, et de leur dire qu'ils s'appaisassent, et que le Roy avoit mis et mettoit au neant les Aydes, sans ce qu'elles eussent plus de cours. Ce qu'il fit, et print son theme *novus Rex, nova Lex, novum gaudium*, et le deduisit bien et grandement, aussi en estoit-il bien aisé. Et la chose qui meut à conseiller, qu'on les mist jus, c'estoit que le roy Charles cinquiesme, pere du Roy, ordonna à cause des maux infinis qu'elles causoient, qu'elles cheussent. Et si monstra au peuple le danger où ils se mettoient, de faire telles commotions, et comme ils devoient obeïr au Roy, et le servir, et fit tellement qu'il sembloit qu'on en fust tres-content, et cuidoit-on qu'ils fussent contens, mais ils requirent que les juifs et usuriers fussent mis hors de Paris. Et sur ce respondit qu'il en parleroit au Roy, et qu'il en feroit son devoir. Nonobstant laquelle response, et sans attendre la publication de par le Roy, s'esmeurent, coururent par la ville, rompirent les boüettes des fermiers, jetterent l'argent par les ruës, jettoient et deschiroient les papiers, allerent environ en quarante maisons de juifs, pillerent et roberent vaisselle d'argent, joyaux, robbes, et les obligations. Et aucuns nobles et autres à ce les induisoient, aucuns eu tuerent, et despleut la chose bien au Roy, et fit crier que tout fust rapporté, mais peu y fut obey.

Les Anglois voyans que les seigneurs de France estoient partis des marches de Guyenne, se mirent sus, et ensemble coururent les pays de Touraine, d'Anjou et du Maine, bouterent le feu és villages du plat pays, pillerent et roberent tout ce qu'ils trouverent, et se retirerent és marches de Bretagne, comme avec leurs amis et alliez. Et combien que plusieurs des Barons en fussent desplaisans, toutesfois ils le souffrirent, considerans que c'estoit le plaisir de leur Duc, et frequentoient en marchandise les uns avec les autres, comme si tous eussent esté Anglois. Laquelle chose venuë à la cognoissance de messire Olivier de Clisson, escrivit à messire Robert de Beaumanoir que à telles choses il voulust obvier. Car telles estincelles pouvoient allumer un grand feu prejudiciable à tout le royaume. Ledit de Beaumanoir estoit un vaillant et gentil chevalier, lequel fit tantost venir vers luy, et parla aux Seigneurs qui avoient fait le serment au roy Charles cinquiesme, et leur monstra les mauvaistiez couvertes du duc de Bretagne et d'aucuns autres, et que le Roy de France estoit leur souverain seigneur, devers lequel ils envoyerent afin d'y trouver aucun expedient, et dont se meslerent les ducs d'Anjou et de Bourgongne, et plusieurs ambassades envoyées de costé et d'autre. Et finalement envoya le Roy vers le Duc et ceux du pays, l'evesque de Chartres, le seigneur de Chevreuse, et messire Arnauld de Corbie president en parlement. Et en la presence du Duc et des Barons, furent leuës les alliances anciennes, subjections et sermens faits par les Ducs et nobles, et les jurerent garder et observer, et les jura solemnellement le Duc mesmement, combien que aucuns disoient que bien envis, et non de bon courage. Et furent toutes les choses accordées, et consommées et appointées au nom du Roy par lesdits ambassadeurs. Quand les Anglois estans à puissance au pays de Normandie, faisans tous les maux que ennemys peuvent faire, ouyrent et sceurent que le duc de Bretagne, qu'ils tenoient pour leur amy, estoit tourné et declaré leur ennemy, tresimpatiemment le porterent, et en Bretagne entrerent, et là firent forte guerre, et furent en Bretagne bretonnant faisans maux innumerables. Mais les nobles du pays à coup s'assemblerent, et par force d'armes les rebouterent. Et lors les Anglois vindrent devant Nantes assez soudainement, en laquelle cité assez diligemment, et hastivement le peuple du plat pays se retira avec leurs biens, laquelle chose venuë à la cognoissance de messire Amaulry de Clisson, capitaine de la ville, il fit grande diligence de pourvoir à la garde, tuition et defense de la ville, et ordonna ses gardes. Et n'estoit pas la ville en aucun lieu forte de murailles. Et pource delibererent les Anglois de l'assaillir, promettant argent à ceux qui premiers y entreroient. Mais ceux de dedans vaillamment se defendoient, et jour et nuict estoient assaillis, et doutoit fort le capitaine que ceux de dedans ne se lassassent. Si envoya devers le Roy hastivement, afin qu'il luy envoyast gens, par lesquels ils peussent estre secourus. Et fit le Roy grande diligence, et y envoya de vaillans gens lesquels diligemment chevaucherent, et ne se donnoient les Anglois de garde, quand soudainement frapperent sur eux. Lesquels Anglois furent bien esbahis, et perdirent leur principale banniere, et se retiroient. Mais leur capitaine les commença à arguer de la laschété de leur courage, et leur disoit que les François n'estoient pas si grand puissance, comme ils estoient, et que s'ils se vouloient rallier, qu'il ne faisoit doute qu'ils desconfiroient les François, et approcherent les uns des autres depuis qu'ils eurent deliberé de combatre, archers et arbalestriers fort tirerent, et y avoit si grande foison de traicts, que le jour en estoit offusqué, et s'assemblerent aux lances, haches et espées, et combatirent durement et asprement, et fut long-temps qu'on ne sçavoit lesquels avoient le meilleur. Finalement les Anglois ne peurent soustenir la vaillance des François, et furent desconfits, et la plus grande partie morts ou pris, et les autres s'enfuirent navrez et blessez, et se retirerent à Brest, et y laisserent garnison et le demeurant à toutes leurs playes, se retirerent et allerent en Angleterre.

Cependant les Princes et Ducs cognoissans la pauvreté du domaine, et qu'il ne pouvoit suffire aux choses urgentes et necessaires, assemblerent une partie des plus notables de Paris. Et furent assez contents qu'on mist douze deniers pour livre. Et fut ce à Paris et à Roüen crié, et à Amiens. Mais le peuple tout d'une volonté le contredirent, et ne fut rien levé ne exigé.

Le Roy aprés s'en alla à Sainct Denys visiter les corps saincts, et fut receu par l'abbé et religieux, et venu querir jusques à la porte, et le conduisirent jusques à l'eglise chantans respons, et veid les reliques, et fit ses offrandes. Et selon la puissance de la ville, luy furent faits presens.

Et de là s'en alla à Senlis pour chasser. Et fut trouvé un cerf qui avoit au col une chaisne de cuivre doré, et defendit qu'on ne le prit que au las, sans le tuer, et ainsi fut fait. Et trouva-on qu'il avoit au cou ladite chaisne, où avoit escrit : *Cæsar hoc mihi donavit*. Et dés lors le Roy de son mouvement porta en devise le cerf volant couronné d'or au col, et partout où on mettoit ses armes y avoit deux cerfs tenans ses armes d'un costé et d'autre.

M. CCC. LXXXI.

Audit temps de l'an mille trois cens quatre-vingt et un, les ambassadeurs des roys d'Espagne et de Hongrie estoient venus devers le Roy, lesquels furent ouys en la presence du Roy et du duc d'Anjou. Et firent une bien notable proposition en latin touchant le faict de l'eglise, en monstrant que l'eslection faite de Urbain en pape, apres la mort de Gregoire onziesme, fut juste, saincte et canonique, et qu'ils avoient assemblé toutes les personnes ecclesiastiques et clercs de leurs pays et royaumes, et que telle avoit esté trouvée, et qu'ils avoient deliberé et conclu de luy obeïr comme à vray Pape et unique. En requerant au Roy qu'ainsi le voulust faire, ou autrement leur intention estoit de eux departir, et se departiroient des alliances qu'ils avoient avec le Roy, et y renonceroient. Car ceux qui n'obeïroient audit Urbain, ils les reputoient schismatiques. Et avec telles gens ils ne vouloient avoir nulle amour. Aprés laquelle proposition faite, on les fit retirer. Et sembla aux Seigneurs et conseil du Roy, que lesdites manieres estoient bien estranges au regard des Hongres, de eux departir de l'alliance du roy de France, sans ce que oncques leur eust esté fait chose, parquoy ils le deussent estre. Et entant qu'il touche les Espagnols, ils monstroient bien signe de grande ingratitude, veu que par le Roy trespassé et les François il estoit Roy, et fut par eux desconfit son adversaire. Et toutesfois fut-il conclu, qu'on leur feroit la plus gracieuse response que faire se pourroit, et les fit-on venir. Et le duc mesme d'Anjou fit la response, et comme il estoit sage, prudent, et avoit moult beau langage, il recita les alliances faites par feu de bonne memoire son frere le roy Charles cinquiesme, lesquelles furent jurées et promises par sermens solemnellement faits par les Roys, Princes et Barons du pays, lesquelles n'estoient pas seulement personnelles, mais reelles de pays à pays, plus pour avoir honneur, que pour avoir mestier de eux. Et que l'intention du Roy son fils estoit en volonté, et avoit intention de les entretenir et accomplir, et de non icelles enfraindre en aucune maniere, tant que lesdits Roys garderoient la loyauté, qu'ils avoient jurée et promise aux Roy et Princes de ce royaume de France. Et puis vint au faict de l'Eglise, en leur monstrant que aprés la mort de Gregoire onziesme, on proceda à eslire un Sainct Pere, et furent les cardinaux assemblez, mais le peuple de Rome en grand tumulte et impetuosité vindrent en armes dire qu'ils tueroient tout, s'ils n'avoient en Pape un Romain, et mesmement celuy qu'ils appelloient Urbain. Et que si eslection y avoit esté faite, elle avoit esté violente, et les cardinaux par force ou crainte de la mort s'absenterent, le plustost qu'ils peurent, et esleurent Clement, lequel aprés son eslection envoya vers le Roy son frere trois cardinaux, pour lesquels ouyr, le Roy fit assembler plusieurs prelats, docteurs et clercs en la presence desdits cardinaux, qui proposerent en effet ce que dit est. Et pource le Roy fit assembler tous les prelats, chapitres et couvents, à ce qu'ils envoyassent vers luy gens clercs et notables, et pareillement aux universitez. Et furent à Paris assemblez, et ouys derechef lesdits cardinaux. Et conclurent que le Roy devoit adherer à Clement, et que ausdits cardinaux on devoit adjouster foy. Mais que en toutes manieres le Roy et ceux de son sang estoient prests d'entendre à eux exposer à trouver bonne union en l'Eglise, et que ainsi feroit-on response. Ce qui fut fait. Et aprés laquelle response, et d'icelle les ambassadeurs furent trescontens. Et par aucun temps demeurerent à Paris, et y furent grandement festoyez, et eurent de beaux dons du Roy et des Seigneurs, et s'en retournerent.

Ledit schisme fit de grands dommages en l'Eglise, au royaume de France, et autre part. Avec Clément y avoit bien trente six Cardinaux, lesquels meus de grande avarice, souhetterent d'avoir tous les bons benefices de ce royaume par divers moyens, et envoyerent leurs serviteurs parmi le royaume, enquerans de la valeur des prelateures, priorez et autres benefices. Et usoit Clement de reservations, donnoit graces espectatives aux Cardinaux, et *anteferri*. Et fut la chose en ce poinct, que nul homme de bien, tant de l'Université que autres, ne pouvoient avoir benefices, exactions se faisoient, tant des vacans, que des dixiesmes, que d'arrerages des choses qu'on disoit estre deuës à la chambre apostolique, et poursuivoit-on les heritiers des gens d'Eglise, et disoit-on que tous leurs biens devoient appartenir au Pape. Et seroit chose trop longue à reciter les maux qui se faisoient, et les inconvéniens qui en advenoient. Et tout souffroit le duc d'Anjou regent, et disoit-on qu'il en avoit son butin. Et estoit grande pitié de voir partir les escoliers de Paris, et regens, et s'en alloient comme gens esgarez et abandonnez. Lesquelles choses considerant l'Université de Paris, delibererent de le remonstrer au Roi, et audit Regent especialement. Et de faict y allerent, et ordonnerent un notable docteur en theologie, natif d'Abbeville, nommé Maistre Jean Rousse, demeurant au Cardinal le Moyne, et monstra au Roy, le moins mal qu'il peut, les inconveniens dessus dits, en requerant que provision y fust mise. Dont ledit Duc fut tant mal content que merveilles, et le monstra bien. Car il envoya de nuict furtivement audit lieu du Cardinal le Moyne, et furtivement et par force entrerent dedans, et vindrent jusques à la chambre dudit proposant, rompirent l'huis, et le menerent comme tout nud, et le menerent bien vilainement et scandaleusement en Chastelet, et le menerent en une tres estroite prison. Laquelle chose engendra un grand scandale en l'Université, et non sans cause. Et se assemblerent et allerent devers le Roy et le Regent, requerans tres-instamment la delivrance de leur sujet, qui estoit si notable homme. Finalement apres plusieurs delais et refus que le Duc faisoit, il fut rendu, pourveu qu'ils obeïroient à Clement. Et avec ce Duc estoient presens presque tous les Princes et nobles du royaume. Et estoit bien grand crime et capital de non obeïr à Clement, et fut le Docteur delivré, et tantost apres monta à cheval, et s'en alla le plustost qu'il peut vers le pape Urbain. Or advint que le pape Urbain escrivit une lettre à l'université de Paris bien gracieuse, en les remerciant et exhortant qu'ils luy voulussent obeïr. Et furent receuës lesdites lettres par le recteur, lequel fit faire une grande assemblée, et les fit lire en pleine congregation. Dont ledit Duc fut tant mal content que merveilles, et ordonna gens pour prendre et aller querir ledit recteur, et luy amener. Lequel doutant de sa vie, s'en partit hastivement. Car il en fut adverti. Et prenoit le Duc la cause, pource que prealablement ledit recteur, n'avoit au Roy ou à luy premierement presenté les lettres. Et tantost apres, quand plusieurs notables gens de Paris de l'Université, virent les manieres de proceder, ils delibererent de eux en aller, et departir. Et de faict plusieurs s'en allerent à Rome, et mesmement un bien notable homme chantre de Paris, nommé maistre Jean Gilles, et plusieurs tant avec luy que apres. Et Clement, tousjours voulant capter la benevolence et grace du Duc, voulut et ordonna que le Duc levast un dixiesme entier, et le fit lever non mie par gens ecclesiastiques, mais par gens purs lais et officiers de justice layc. Plusieurs firent certaines appellations, et oppositions. Mais ce nonobstant fut levé reaument et de faict, et par force, au grand dommage des gens d'Eglise, et tels benefices y avoit, qu'on levoit pour le dixiesme, plus que les benefices ne valoient.

Le duc de Berry voyant que le duc d'Anjou estoit regent, et les ducs de Bourgogne et de Bourbon avoient la garde du Roy, luy desplaisoit qu'il n'avoit quelque charge, et parla d'avoir le gouvernement de Languedoc et de Guyenne, au duc d'Anjou son frere, lequel fut content d'en parler au Roy, et de luy ayder à obtenir son intention. Et de faict, luy fit avoir ledit gouvernement, et en furent les lettres scellées. Et quand ce vint à la cognoissance du comte de Foix, il assembla à Thoulouze grande foison de gens de tous estats, pour sçavoir qu'il estoit à faire. Et plusieurs furent d'opinion, qu'on devoit obeïr au Roy et à ses mandemens. Les autres et la plus grande partie, furent d'opinion, qu'ils ne le debvoient point souffrir, et qu'ils vivoient sous le comte de Foix en bonne paix et justice, et que le duc de Berry ne demandoit que à exiger argent, et que en la comté de Poictou, il avoit exigé tous les ans, à cause de ce qu'il la tenoit, deux ou trois tailles. Et furent deliberez de envoyer devers le Roy, et de faict y envoyerent, en luy faisant requerir qu'il se voulust deporter de y mettre autre que le comte de Foix, lequel le Roy son pere y avoit mis, et en avoit osté le duc d'Anjou pour les grandes exactions qu'il faisoit. Dont le Roy, combien qu'il fust jeune, fut tres-mal content, et renvoya les messages, et dit, que avant iroit-il luy mesme, qu'il ne fist que son oncle eust le gouvernement. Et de faict, s'en alla à Sainct Denys, et visita les corps saincts, fit ses offrandes, fit benir l'oriflambe par l'abbé, et la bailla à messire Pierre de Villiers, lequel fit le serment accoustumé, et la garda prés d'un an entier. Car le duc de Bourgongne desmeut le Roy d'y aller, et qu'il en auroit à faire en lieux plus prochains, c'est à sçavoir en Flandres, lesquelles se rebelloient fort. Toutesfois le duc de Berry delibera d'aller en Languedoc, et d'en avoir par force le gouvernement, et assembla gens d'armes de toutes parts, et se confioit fort au comte d'Armagnac, et s'en vint au Languedoc accompagné de gens de guerre qui pilloient et roboient tout le pays, et faisoient tout ce que ennemis pouvoient faire, hors bouter feux et tuer, et prenoient prisonniers et rançonnoient ou mettoient à finance. Le comte de Foix assembla à Thoulouze presque les trois estats du pays, gens d'eglise, nobles et marchands, pour sçavoir qu'il estoit à faire. Et y eut diverses opinions. Et finalement fut deliberé qu'il falloit combatre les gens du duc de Berry, où luy-mesme estoit en personne ; et se mit le comte de Foix aux champs bien accompagné, et avoit plus de gens que le duc de Berry : mais il sembloit au duc que ses gens estoient plus usitez de guerre. Et combien qu'on luy conseillast, qu'il se retrahist, et qu'il ne combatist point, il respondit que ce luy seroit reputé à une lascheté de courage. Et de faict se rencontrerent bien asprement et durement, et eut le comte la victoire. Dont ledit duc tascha fort à recouvrer son honneur. Si tint les champs prés d'un an, et aucunesfois couroit vers Thoulouze, et vers Besiers, et en divers lieux. Mais tousjours il trouvoit les autres prests à resister, et y eut de ses gens morts bien trois cens, dont il fut bien desplaisant. Toutesfois ledit comte de Foix considerant la devastation et destruction du pays, qui se faisoit sous ombre de cette guerre, voulut preferer le bien de la chose publique à son faict particulier, fut content de ce qu'il avoit combatu et vaincu le duc notablement, et envoya vers luy, et firent paix et alliance, et luy laissa tout le gouvernement du pays paisiblement, soy offrant au service du Roy et de luy. Et fut tout bien appaisé audit pays.

Hugues Aubriot natif de Bourgongne, lequel par le moyen du duc d'Anjou fut fait prevost de Paris, riche et puissant estoit, et si avoit eu grand gouvernement des finances. Et fit plusieurs notables edifices à Paris, le pont Saint Michel, les murs de devers la Bastille Sainct Antoine, le Petit Chastelet, et plusieurs autres choses dignes de grande memoire. Mais sur toutes choses avoit en grande irreverence les gens d'eglise, et principalement l'Université de Paris. Et tellement, que secrettement on fit enqueste de son gouvernement, et de sa vie, qui estoit tres-orde et deshonneste en toute puterie et ribaudise, à decevoir femmes, partie par force, partie par argent, dons et promesses, et avoit compagnée charnelle à Juifves, et ne croyoit point le sainct sacrement de l'autel, et s'en mocquoit, et ne se confessoit point, et estoit un tres-mauvais catholique. En plusieurs et diverses heresies estoit encouru, et ne craignoit puissance aucune, pource qu'il estoit fort en la grace du Roy et des seigneurs. Toutesfois fut fort poursuivi par l'Université et gens d'eglise, tellement qu'on le print, et emprisonna-l'on, et à la fin fut content de se rendre prisonnier és prisons de monsieur l'evesque de Paris. Et fut examiné sur plusieurs poincts, lesquels il confessa, et fut trouvé par gens clercs à ce cognoissans, qu'il estoit digne d'estre brulé. Mais à la requeste des princes, cette peine luy fut relaschée, et seulement au parvis Nostre Dame fut publiquement presché et mictré par l'evesque de Paris, vestu en habit pontifical, et fut declaré en effet estre de la loy des Juifs, et contempteur des sacremens ecclesiastiques, et avoir encouru les sentences d'excommuniement, qu'il avoit par long temps contemnées et mesprisées. Et le condemna-on à estre perpetuellement en la fosse au pain et à l'eau.

Le comte de Flandres Louys s'efforçoit de faire grandes exactions sur ses subjets, et les vouloit souvent tailler ainsi qu'on faisoit en France. Et pource firent dirent au comte, qu'il s'en voulust deporter, dont il ne fut pas content. Et s'en alla à la ville de Gand requerir aide d'argent par maniere de taille, et usa d'aucunes hautes paroles, et luy fut refusé sa requeste, dont il fut bien mal content. Et se partit de la ville, et delibera de se monstrer leur seigneur par voye de faict. Et avoit un bastard bien vaillant homme d'armes, auquel il chargea ceste besongne. Et de fait, il fit grande assemblée de gens de guerre, et s'en vindrent loger assez prés de la ville de Gand comme à une lieuë, et faisoient à ceux de Gand guerre mortelle. On tuoit, on prenoit, et mettoit-on à rançon, et boutoient feux, ardoient moulins, et faisoient toute guerre que vrays ennemis pouvoient faire. Et ledit comte pour luy aider, fit mander des Anglois, lesquels vindrent à son service. Ceux de Gand, voyans les manieres qu'on leur tenoit, plusieurs fois s'assemblerent, et conclurent que pour mourir ils ne laisseroient leurs libertez, et fort se defendoient, et portoient des dommages au comte. Et à sureté demanderent parler à luy, ce qui leur fut octroyé. Et envoyerent de bien notables gens devers le comte, lesquels de par les habitans le supplierent qu'il leur voulust pardonner, si aucune chose luy avoient mesfait. En luy suppliant qu'ils ne feussent point subjets à aucuns subsides ordinaires : mais s'il avoit affaire d'aucunes choses en ses necessitez, ils estoient prests de luy aider de certaine somme, et tant faire qu'il seroit content. Et cuidoient lesdits ambassadeurs avoir satisfait : mais aucuns jeunes hommes estans prés du comte, commencerent à leur dire, qu'il auroit par force les vilains s'il vouloit, et qu'il les falloit poindre à bons esperons, et les subjuguer de tous poincts, et ainsi s'en allerent lesdits ambassadeurs. Le comte les cuidoit tousjours subjuguer et suppediter, et les mettre en estat qu'ils n'eussent que manger, tellement qu'ils se missent à sa volonté, et tousjours faisoit forte et terrible guerre. Et lors ceux de Gand delibererent de y resister par voye de faict. Et pour estre leur capitaine, esleurent un nommé Jacques Artevelle, qui estoit une belle personne, haut et droit, vaillant et de tres-bel langage, et estoit fils d'un nommé Artevelle qui se voulut faire comte, lequel eut le col couppé; et se mit sus, et assembla foison de gens, et delibera de se mettre sur les champs. La chose venüe à la cognoissance du comte, manda gens à Bruges et de toutes parts. Et yssit Artevelle et sa compagnée, et tant que luy et les gens du comte se rencontrerent et approcherent. D'un costé et d'autre y fut combatu de traict tant d'arbalestriers que d'archers, et à la fin combatirent main à main longuement, et tellement que le comte fut desconfit. Et y eut bien cinq mille de ses gens morts et tuez sur la place, et puis se retrahit à Bruges. Et parla Artevelle au peuple tousjours les animant à la guerre. Et combien qu'il estoit nouvelles que les François aideroient au comte, toutesfois ils ne devoient point craindre leurs jolivetez superfluës, qui estoient cause de leur destruction, et qu'ils devoient poursuivre leur guerre encommencée, veu la victoire qu'ils avoient eu. Et donna tel courage au peuple, qu'il leur sembloit qu'ils estoient taillez de conquester tout le royaume. Et tellement que les bonnes gens du plat pays, et autres, laisserent leurs labourages et mestiers, et prindrent les armes, telles qu'ils peurent finer. Et tousjours se soultivoit Artevelle, comme il pourroit grever le comte, qui estoit dedans Bruges. Et de tout ancien temps ceux de la ville de Bruges, ont accoustumé de faire une belle et notable procession, et porter le precieux Sang de Bruges, et là abonde foison de peuple de Bruges et du plat pays. Et là ordonna Artevelle deux mille hommes des plus vaillans, lesquels seulement estoient vestus de leurs robes, mais dessous armez et bien garnis. Et à diverses fois, et par divers lieux entrerent dedans la ville, et se trouverent tous ensemble au marché, ainsi qu'on faisoit ladite procession, et crierent alarme au long des ruës, dont le comte fut bien esbahi. Toutesfois assez diligemment assembla gens, et se efforça de resister. Mais à la fin il fut vaincu, et se retrahit en son hostel, et fut suivi par les Gantois, lesquels violemment entrerent en son hostel, le cuidans trouver. Mais il se sauva par une fenestre, et se bouta en l'hostel d'une pauvre vieille femme, et y fut jusques à la nuit, et de là s'en alla à l'Escluse. Les Gantois le imputerent à ceux de Bruges, disans que c'estoit par eux qu'il s'estoit sauvé, et leur coururent sus, et en pillerent et roberent, et à toute leur proye s'en retournerent à Gand.

La reyne Jeanne de Sicile et de Jerusalem, comtesse de Provence, fille de Charles duc de Calabre, fils de Robert roy de Sicile et de Naples, et de Marie sœur du roy de France Philippes, laquelle avoit regné trente et un an, et n'avoit peu avoir lignée, adopta Louys duc d'Anjou, et en fit son heritier; lequel l'en mercia, et delibera de y entendre. Et de ce, Charles, prince de Tarente, qui avoit espousé la niepce de ladite dame, fut tres-mal content, et à luy allia les plus grands seigneurs du pays, et le pape Urbain mesme luy aida et conforta. Car il ne faisoit doute, si le duc Louys fust venu, qu'il n'eust adheré à Clement. Laquelle chose venüe à la cognoissance du duc Louys, il fit grande assemblée de gens de guerre, et escrivit à messire Philippes d'Artois, qui estoit vaillant chevalier, qu'il voulust prendre la charge d'aller combatre ledit Charles. Lequel s'en chargea, assembla gens, et s'en alla audit pays, et ledit Charles se prepara à le recevoir. Et ladite Jeanne et son mary delibererent d'aider audit Philippes; et de faict le firent, et y eut bataille dure et aspre. Et avoit le pape Clement envoyé gens avec ledit Philippes, lequel fut desconfit, et furent pris Jeanne et son mary, et ledit messire Philippes d'Artois, et detenus prisonniers. Et se fit ledit Charles couronner par l'ordonnance de Urbain en roy de Sicile, et eut bien grande finance de la rançon dudit messire Philippes, et du mary de ladite Jeanne, laquelle assez tost après alla de vie à trespassement. Quand le pape Clement sceut ces nouvelles, doutant que plusieurs seigneurs se missent hors de son obeïssance, escrivit au roy duc Louys qu'il pensast de se mettre sus, et de venger la mort de ladite Jeanne, sa mere, par adoption. Lequel delibera de ainsi le faire, et d'y aller l'esté ensuivant.

En ceste année, le mareschal de Sancerre s'en alla en Limosin pour resister aux ennemis, specialement aux gens, qui estoient en une ville fermée, nommée la Souteraine, devant laquelle il mit le siege, et y fut par aucun temps, et par composition les Anglois rendirent la place, et s'en allerent vers Limosin, pillant et robant, et plusieurs maux innumerables faisoient, et les suivit ledit mareschal, et y eut plusieurs rencontres et petites batailles, mais le mareschal estoit toujours victorieux, et s'en retourna à Paris vers le Roy.

Le Roy accompagné de ses oncles, et de plusieurs notables prelats, et autres, le seiziesme jour de septembre alla à Sainct Denys, et fit faire un bien notable service pour l'ame de son pere.

Et pource qu'il y avoit jour assigné pour le faict de la paix entre luy et les Anglois, il envoya à Boulongne l'archevesque de Roüen, l'evesque de Bayeux, le comte de Brenne, et messire Arnaud de Corbie, et se assemblerent à Lelinguehan, et là eut plusieurs choses ouvertes, et finalement ne firent rien, sinon de prolonger les trefves en esperance de bonne paix.

Le duc de Bretagne fit son hommage au Roy le vingt-cinquiesme jour de septembre. Et estoit le Roy bien accompagné de prelats, princes et barons, et gens de conseil. Et aussi estoit le Duc venu à tout bien belle compagnée et gente.

◇◇◇

M. CCC. LXXXII.

L'an mille trois cens quatre-vingt et deux, le duc d'Anjou, et aussi les autres seigneurs et ceux de la cour, considerans que depuis que les aydes avoient esté mis jus, ils n'avoient pas les profits qu'ils souloient avoir, desiroient fort à remettre sus les aydes, et firent plusieurs assemblées, mais jamais le peuple ne leur vouloit souffrir. Combien que messire Pierre de Villiers et messire Jean des Mares, qui estoient en la grace du peuple, comme on disoit, en faisoient grandement leur devoir, de leur monstrer les grands dangers et perils qui leur en pourroient advenir, et de encourir l'indignation et malveillance du Roy. Lesquelles demonstrances ils prenoient en grande impatience, et reputoient tous ceux qui en parloient ennemis de la chose publique, en concluant qu'ils garderoient les libertez du peuple jusques à l'exposition de leurs biens, et prindrent armures et habillemens de guerre, firent dixeniers, cinquanteniers, quarteniers, mirent chaisnes par la ville, firent faire guet, et garde aux portes. Et ces choses se faisoient presque par toutes les villes de ce royaume; et à ce faire, commencerent ceux de Paris. Et à Roüen se mirent sus deux cens personnes mecaniques, et vindrent à l'hostel d'un marchand de draps, qu'on nommoit le Gras, pource qu'il estoit gros et gras, et le firent leur chef comme roy, et le mirent sur un chariot comme en maniere de roy, voulust ou non, et contre sa volonté; et pour doute de la mort fallut qu'il obeist, et le menerent au grand marché, et luy firent ordonner que les subsides cherroient, et qu'ils n'auroient plus cours. Et si aucuns vouloient faire un mauvais cas, il ne falloit que dire: Faites, si estoit exécuté. Et procederent à tuer et meurtrir les officiers du Roy au faict des aydes. Et pource qu'on disoit ceux de l'abbaye de Sainct Oüen avoir plusieurs priviléges contre la ville, ils allerent furieusement en l'abbaye, rompirent la tour où estoient leurs chartes, et les prindrent et deschirerent. Et y eussent eu l'abbaye et religieux grand dommage, si le Roy depuis deüement informé, ne leur eust confirmé leursdits privileges. Et aprés s'en allerent devant le chasteau, cuidans entrer dedans pour l'abbatre. Mais ceux qui estoient dedans, se defendirent vaillamment, et plusieurs en tuerent et navrerent. Presques par tout le royaume, telles choses se faisoient et regnoient, et mesmement en Flandres et en Angleterre, où le peuple se esmeut contre les nobles, tellement qu'il fallut qu'ils se retirassent, et s'en allassent. Aucuns demeurerent avec le roy d'Angleterre, cuidans estre asseurez : mais le peuple y alla, et en la presence du Roy tuerent cinq ou six chevaliers des plus notables, et son chancelier, l'archevesque de Cantorbie. Et puis leur coupperent les testes comme à ennemis de la chose publique, par grande cruauté et inhumanité les trainerent parmy la ville, et mirent la teste dudit archevesque au bout d'une perche sur le pont, et fouloient son corps aux pieds emmy la boüe. Or faut retourner à la matiere du peuple esmeu à Roüen et à Paris, et par tout. Le duc d'Anjou differa à faire aucunes punitions, ou mettre remede aux choses dessus dites, dés le mois d'octobre jusques en mars, et cependant cuidoit tousjours mettre les aydes sus, et mesmement l'imposition du douziesme denier, et trouva des cautelles en diverses manieres pour amuser le peuple. Mais rien n'y valoit, à ce qu'ils s'y fussent consentis. Toutesfois en Chastelet, il fit crier ladite ferme de l'imposition, et bailler et delivrer pour la lever mandement exprés, dont on murmuroit et grommeloit par tout tres-fort. Et devoit commencer ladite ferme le premier jour de mars. Et desja se assembloient meschans gens, et y eut une vieille qui vendoit du cresson aux halles, à laquelle le fermier vint demander l'imposition, laquelle commença à crier. Et à coup vindrent plusieurs sur ledit fermier, et luy firent plusieurs playes, et aprés le tuerent et meurtrirent bien inhumainement. Et tantost par toute la ville le menu peuple s'esmeut, prindrent armures, et s'armerent tellement, qu'ils firent une grande commotion et sedition de peuple, et couroient et recouroient, et s'assemblerent plus de cinq cens. Quand les officiers et conseillers du Roy, et l'evesque de Paris, virent et apperceurent la maniere de faire, ils se partirent le plus secrettement qu'ils peurent de la ville, et emporterent ce qu'ils peurent de leurs biens meubles petit à petit. Et ceux qui ce faisoient estoient meschans gens et viles personnes de pauvre et petit estat, et si l'un crioit, tous les autres y accouroient. Et pource qu'ils estoient mal armez et habillez, ils sceurent que en l'Hostel de la Ville avoit des harnois, ils y allerent, et rompirent les huis où estoient les choses pour la defense de la ville, prindrent les harnois et grande foison de maillets de plomb, et s'en allerent par la ville, et tous ceux qu'ils trouvoient fermiers des aydes, ou qui en estoient soupçonnez, tuoient et mettoient à mort bien cruellement. Il y en eut un qui se mit en franchise dedans Sainct Jacques de la Boucherie, et luy estant devant le grand autel, tenant la representation de la Vierge Marie, le prindrent et tuerent dedans l'eglise, s'en alloient aux maisons des morts, pilloient et roboient tout ce qu'ils trouvoient, et une partie jettoient par les fenestres, deschiroient lettres, papiers et toutes telles choses, effonçoient les vins aprés ce que tout leur saoul en avoient beu. Et de tant furent encores plus pires à exercer leur mauvaistié. Si vint à leur cognoissance qu'il y avoit des impositeurs dedans l'abbaye de Sainct Germain des Prez, si saillirent hors de la ville, et là vindrent et s'efforcerent d'entrer dedans, et demanderent ceux qui s'y estoient retraits. Mais ceux de dedans se defendirent vaillamment, tellement que point n'y entrerent. Et de là se partirent, et vindrent au Chastelet de Paris, où il y avoit encores deux ans prisonniers pour delicts et debtes qu'ils devoient, et rompirent les prisons, et les laisserent aller franchement. Pareillement firent-ils aux prisonniers de l'Evesque de Paris, et rompirent tout, et delivrerent ceux qui y estoient, et mesmement Hugues Aubriot, qui estoit condamné, comme dit est. Et luy fut requis qu'il fust leur capitaine, lequel le consentit, mais la nuict s'en alla. Et tousjours croissoit la multitude de peuple ainsi desvoyé. On le cuidoit refrener, mais rien n'y valloit, et la nuict entendoient en gourmanderies et beuveries. Et le lendemain vindrent à l'hostel de Hugues Aubriot, et le cuidoient trouver pour le faire leur capitaine. Et quand ils virent qu'il n'y estoit pas, furent comme enragez et desplaisans, et commencerent entrer en une fureur, et vouloient aller abatre le pont de Charenton. Mais ils urent desmeus par messire Jean des Mares, et commençolent ja aucunement à eux repentir et refroidir.

Merveilles (1), en un village auprés Sainct Denys, un jour une vache, avant ladite commotion, eut un monstre en semblance d'une beste, qui avoit comme deux visages, et trois yeux, et en sa bouche fourchée deux langues, qui sembla chose merveilleuse à l'abbé, qui estoit un bon prud'homme. Et dit, que telles choses jamais ne venoient, que ce ne fussent mauvais signes et apparences de grands maux.

Paravant aussi au cardinal le Moyne apparut feu à gros globeaux sur la ville de Paris, coruscant et courant de porte en porte, sans tonnerre ne vent, et le temps estant doux et serein, qu'on tenoit chose bien merveilleuse.

Quand les choses, que avoient fait ceux de Paris, vindrent à la cognoissance du Roy et de son conseil, il en fut moult desplaisant et non sans cause. Et delibera d'en faire une bien cruelle punition. Laquelle chose venuë à la cognoissance de ceux de Paris, ils envoyerent devers le Roy, et aussi fit l'Université, plusieurs notables clercs et docteurs, lesquels monstrerent bien grandement et notablement, comme les plus grands de la ville et principaux en estoient courroucez et desplaisans; et que ce qui avoit esté fait, estoit par meschans gens et de bas estat, en implorant sa misericorde, et qu'il leur voulust pardonner toute l'offense, et surseoir de mettre plus aydes sus. Et y eut de grandes difficultez, et le Roy tres-esmeu n'en vouloit ouyr parler. Finalement meu de grande misericorde, fut content que le peuple jouyst de ses immunitèz et franchises, et faire cesser ce qui estoit mis sus, et leur pardonna tout ce qui avoit esté fait, pourveu que justice se feroit de ceux qui avoient rompu le Chastelet. Et de sa response furent les ambassadeurs tres-contens, et en remercierent le Roy. Et se fit mettre messire Jean des Mares en une litiere, à cause de sa maladie, et mener par les carrefours, et le publia au peuple. Desja le prevost de Paris avoit pris plusieurs des malfaiteurs pour en faire justice. Et quand le peuple sceut qu'on en prenoit foison, et qu'on en vouloit faire punition, derechef s'esmeurent aucunement, en disant que c'estoit chose trop estrange, de faire mourir si grande multitude de gens. Laquelle chose venuë à la cognoissance du Roy, manda que tout fust sursis jusques à une autre fois. Toutesfois souvent on en pre-

---

(1) En suivant la chronique latine du religieux anonyme de Saint-Denis, Juvénal des Ursins commet ici un contresens; il traduit par Merveilles le mot latin qui signifie *Merville*; Merville est le nom du lieu où arriva le phénomène; l'historien anonyme dit: « Le jour précédent de la sédition, il naquit en la maison de Merville près Saint-Denys, un veau monstrueux, etc. » (Traduction du père Le Laboureur.)

noit, et les jettoit-on en la rivière. Le Roy, ses oncles et son conseil cuidoient par simulation induire le peuple à consentir les aydes estre levées, comme du temps de son pere, et assembla les trois estats à Compiegne, et à la my-avril manda les plus notables des villes à estre devers luy, et obeïrent. Et là proposa messire Arnaud de Corbie, premier president en parlement, et monstra bien grandement et notablement les grandes affaires du Roy, tant pour le faict de la guerre, que aussi pour l'entretenement de son estat. Et qu'il n'estoit pas possible que sans aydes la chose publique se peust conduire, ou qu'il falloit que le royaume vint à perdition, et fust subjet à pilleries et roberies, en requerant qu'ils n'empeschassent que le Roy ne usast de sa puissance, et authorité, de le pouvoir et devoir faire. Lesquels respondirent qu'ils n'estoient venus que pour ouyr et rapporter, mais qu'ils s'employeroient de leur pouvoir, à faire consentir ceux qui les avoient envoyez, à faire le plaisir du Roy. Et leur ordonna-on que à Meaux ils fissent sçavoir la response, et à Pontoise. Ce qu'ils firent. Et tous presques firent response que ainçois aimeroient mieux mourir, que les aydes courussent. Et combien que ceux de Sens, qui furent à Compiegne, se firent forts que ceux de Sens le consentiroient, toutefois quand ils y furent, le peuple dit que jamais ne le consentiroient, ne souffriroient. Le Roy fut fort pressé de pardonner à ceux de Paris, et de trouver moyen d'y aller joyeusement, et parler à eux. Et furent aucuns envoyez à Paris, lesquels rapporterent que tres-volontiers ils verroient le Roy, et joyeusement le recevroient, et le Roy dit, que tres-volontiers il iroit. Mais ces deux choses requeroit. L'une, que à sa venuë, ceux de la ville laissassent leurs armures et harnois, et qu'ils ne se armassent point. L'autre, que les chaisnes de nuict ne fussent point tenduës, et que les portes jour et nuict fussent ouvertes; et que seulement ceux qui estoient natifs de la ville de Paris, et qui avoient à perdre, allassent armez par la ville; et que par six de la ville de Paris, on luy fist sçavoir à Melun la response. Si s'assemblerent en la ville de Paris, et leur fut rapporté la volonté du Roy, et y eut de meschans gens qui commencerent à murmurer, et dirent que jamais ne se consentiroient à mettre aydes ne tailles, et estoient plus emflambez que devant. Et furent six envoyez devers le Roy, et y eut plusieurs allées et venuës, et journées prises à Sainct Denys, où il y avoit plusieurs conseillers du Roy. Et de ceux de Paris y eut ordonnez aucuns qui y allerent, et à la fin y alla messire Jean des Mares. Et fut là une conclusion finale prise. C'est à sçavoir que le Roy iroit à Paris, et pardonneroit tout, et la ville luy feroit cent mille francs. Et de ce furent les parties contentes, et fut fait grande joye, et en l'église de Sainct Denys chanta-l'on *Te Deum laudamus*. Et ceux de Paris furent bien joyeux, et y vint le Roy, et à grande joye fut receu. Mais à payer l'argent de cent mille francs, derechef y eut aucunes difficultez ou contradictions, pource que les habitans vouloient que les gens d'eglise y contribuassent. Qui estoit contre raison.

En ce temps la comtesse de Flandres Marguerite, descenduë de la couronne de France, bien aagée alla de vie à trespassement, et avoit son fils Louys lequel avoit tousjours en volonté d'estre Anglois. Mais à chacune foi la bonne dame luy rompoit son propos et volonté, en lui monstrant la haute folie qu'il feroit. Et en monstrant ledit Louys sa mauvaise volonté, il avoit une fille seule nommée Marguerite, laquelle il vouloit bailler en mariage au duc de Lanclastre d'Angleterre. Mais la bonne dame l'empescha, et fit tant que ladite fille fut mariée au duc de Bourgongne Philippes le Hardy, lequel par ce moyen fut comte de Flandres, d'Artois et de Rethel.

Audit an mille trois cens quatre-vingt et deux, le duc d'Anjou considerant qu'il avoit eu du Roy moult grandes finances et tresors, eut conseil avec aucunes jeunes gens nobles de s'en aller en Provence, et de là à Naples, et print son chemin par Avignon devers le pape Clément. Et de faict y alla, et fut receu bien grandement et honorablement. Et envoya le Pape au devant de lui des cardinaux et autres, et à le recevoir y eut de grandes solemnitez. Et assez tost après le Pape l'ordonna et declara estre roi de Sicile et de Naples, et le couronna en Roy, et le receut en foy et hommage tant des royaumes, que de la comté de Provence. Puis s'en alla, et fit forte et aspre guerre, en destruisant tout le pays. Belle, grande et notable compagnée y avoit amené avec luy, laquelle il bouta en Provence, et faisoient les Provençaux forte resistance, et se defendoient fort. Plusieurs villes, chasteaux et forteresses y eut prises, et grande quantité de gens morts et pris. Et dura ladite guerre prés de huict mois. Et finalement les Provençaux, voyans qu'ils n'avoient aide ou secours aucun, se mirent en l'obéissance du Roy Louys, comme vray comte de Provence. Et receut les foy, hommages et sermens des gens d'Eglise, nobles, et autres du pays, et y commit officiers, ainsi qu'il est accoustumé de faire en tel cas. Et assez tost après se partit ledit Roy Louys, et tira vers les marches de Naples. Et se faisoient au pays de Provence et à l'environ chansons, comedies et balades à la louange dudit Roy. Non attendans ne considerans les fortunes de guerre qui pouvoient survenir, luy et ses gens entrerent au pays de Lombardie, où ils trouverent de grands empeschemens, specialement entre les montagnes d'Italie, où ils trouverent plusieurs grandes resistances. Et y perdit ledit roy beaucoup, tant de gens que de richesses. Et souvent ceux qui passoient devant, et aussi ceux qui estoient à la queuë de l'ost, estoient destroussez, et mis à pied; et d'aucuns on ne sçavoit qu'ils devenoient, ne oncques puis ne furent veus. Toutesfois luy et son armée passerent outre; et contre ceux qui le vouloient empescher, eut en plusieurs lieux victoires et rencontres. Et arriva le Roi Louys et son armée vers les marches de Naples. Et ce vint à la cognoissance de Charles soy disant Roy de Naples et de Sicile, lequel avoit assemblé grand compagnée de gens de guerre, et avoit trop plus grande puissance et quantité de gens, que le Roy Louys. Et avoient tous esperance qu'il y auroit bataille, et autre chose ne demandoient les François. Mais Charles usa fort de subtilitez, et partout où les François devoient passer, faisoit retraire le peuple en bonnes places et fortes, et leur vivre et bestail, et mit grandes et grosses garnisons en ses places. Et couroient souvent ses gens sur l'ost des François, et leur portoient de grands dommages. Et souvent en estoient les François advertis, et reboutoient les parties adverses bien hastivement en leurs places, et jamais peu ou point n'arrestoient emmy les champs. Charles soy disant Roy de Sicile, par toutes voyes et manieres faisoit diligence de trouver moyen comme il pourroit grever le Roy Louys son adversaire. Et vint à luy un compagnon, qu'on disoit estre ouvrier de merveilleuses manieres de poisons. Et entre autres choses il avoit une petite lancette, qui estoit comme la tierce partie d'une lance, de laquelle il avoit tellement envenimé le fer, que si en aucune maniere celui qui l'avoit, touchoit à la robe, chapperon ou vestement d'un homme, voire encores si une personne y fichoit fermement son regard, ladite personne tantost estoit empoisonnée, et mouroit. Et ordonna ledit Charles que ledit empoisonneur, en guise de messager, heraut ou poursuivant, iroit vers le Roy Louys, pour le defier et demander jour de combattre, afin qu'il le peust empoisonner. De laquelle chose faire, il se faisoit fort, et n'en faisoit doute. Et de laquelle chose le Roy Louys, par un Italien, qui avoit cognoissance dudit mauvais homme, fut adverti.

Et ainsi qu'il venoit pour accomplir sa mauvaise volonté, fut pris, sans voir la presence dudit Roy Louys. Tantost fut interrogé, et assez legerement confessa le cas, et fut decapité par justice. Dont ledit Charles fut bien desplaisant, et, tant qu'il pouvoit, faisoit diligence d'empescher de venir vivres en l'ost du Roy Louys. Et de ce, estoient luy et ses gens tres-fort grevez.

Les Flamens se rebellerent contre Louys comte de Flandres, lequel assembla plusieurs gens, tant de Bruges, que d'Artois et d'ailleurs, pour refrener la fureur desdits Flamens, et se mit sur les champs. Et en cette rebellion, n'y avoit que ceux de Gand; et estoit leur capitaine Philippes Artevelle, lequel estoit fort affecté contre ledit Comte. Car on disoit qu'il avoit fait coupper la teste à son pere. Et estoit beau langager, hardy et courageux. Mais les autres villes comme Bruges, Lisle, Audenarde et autres, se tenoient du parti du Comte. Quand le Comte sceut que Artevelle estoit sur les champs, il prepara et assembla ses gens, et tant que les batailles se veirent, et s'approcherent les uns des autres. Et à l'assembler, firent d'un costé et d'autre merveilleux et grands cris, et d'un costé et d'autre, traict se tiroit, et dards. Et y eut dure et aspre bataille, et vaillamment de toutes parts se combatirent. Foison de communes aussi y avoit du costé du Comte, et de vaillans archers de Boulonnois et d'Artois. Et de la partie d'Artevelle, arrivoient de tous costez gens de communes du plat pays, lesquels vindrent hardiment frapper en la bataille contre les gens du Comte, par les costez et aussi par derriere; et tellement que Artevelle et ses gens eurent la victoire. Et s'enfuit ou retrahit le Comte et ses gens, et s'en vint ledit Comte par bois et chemins estranges jusques à Lisle, les autres de ses gens à Bruges, et les François à Audenarde. Et y en eut de morts en ladite bataille des gens d'Artevelle quatre mille, et de ceux du Comte dix mille. Artevelle en sa compagnée avoit environ quatre cens Anglois, et quarante mille hommes sans les bannis. Et continuellement arrivoient vers luy communes de toutes parts, et leur disoit Artevelle plusieurs paroles par lesquelles il les animoit fort contre leur Seigneur, et que ce qu'ils faisoient, estoient pour leurs libertez et franchises garder et observer. En leur demonstrant par divers langages, qu'ils avoient juste et saincte querelle.

Quand Artevelle veid la grande compagnée qu'il avoit, si disposa d'aller mettre le siege devant Audenarde, où il sçavoit que les François s'estoient retraits; et de faict y alla, et y mit le siege. Et à l'aborder, les François saillirent vaillamment sur les Flamens, et grand foison en tuerent, mais ils ne peurent soustenir la grande charge et quantité de gens que Artevelle avoit. Et se retrahirent en leur place, laquelle ils firent fortifier diligemment, et firent visiter les vivres et habillemens de guerre, et se trouverent assez competemment garnis. Et pource delibererent et conclurent de eux tenir, et souvent faisoient saillies, et plusieurs Flamens tuoient tant de traict que autrement. Au pays de Flandres, avoit un seigneur, nommé le seigneur de Hanselles, lequel se joignit avec Artevelle, et envoya défier le Comte, et se mit audit siege avec les Flamens.

Artevelle se doutoit fort que le Roy ne aidast au Comte encores, veu que ceux de dedans Audenarde estoient François. Et pource envoya Artevelle un chevaucheur vers le Roy, en maniere de poursuivant ou heraut, en luy faisant sçavoir par paroles arrogantes, qu'il ne voulust donner faveur aucune, aide, ou confort au Comte; ou autrement ils se allieroient aux Anglois, et escrivit une lettre laquelle le messager presenta au Roy en la presence de ceux du sang, et de ceux du conseil. Et aprés que la lettre eut esté leue, veu que ce n'estoit qu'un messager, il fut gratieusement renvoyé sans aucune responce.

Et tantost le Comte vint devers le Roy, en luy exposant la rebellion de ses subjets, et qu'il estoit son vassal tant à cause de la comté de Flandres, que de plusieurs autres grandes terres et seigneuries, en le requerant, qu'il voulust l'aider, et donner confort. Et combien, selon ce que aucuns disoient, qu'il avoit fait des fautes, en ayant plusieurs grandes conjonctions avec les Anglois; toutesfois le Roy delibera de luy aider comme à son vassal, pour plusieurs causes et raisons lors alleguées. Et pource qu'on voyoit, qu'il estoit expedient d'advancer la besogne, le Roy tres-diligemment manda, et fit mander gens de toutes parts, qu'on fust vers luy à la my-octobre en armes, et que chacun se disposast d'estre le mieux habillé qu'il pourroit. Et fut obeï par les vassaux, capitaines et autres, et firent tellement que au jour assigné, tresgrande compagnée et merveilleuse, et de vaillans gens estoient sur les champs par tout, en tirant vers Arras et les marches de Picardie. Quand le Roy sceut que ses gens estoient prests, et si belles et grandes compagnies, il delibera de partir et se mettre sur les champs. Et en ensuivant la louable maniere de ses predecesseurs, delibera d'aller à Sainct Denis, si y alla, et fut grandement et honorablement receu par les abbé et religieux. Et le lendemain matin fut par l'abbé et les religieux chantée une bien notable messe, avec un sermon par un maistre en theologie. Et ce fait, les corps de Sainct Denis et de ses compagnons, furent descendus et mis sur l'autel. Le Roy sans chaperon et sans ceinture les adora, et fit ses oraisons bien et devotement, et ses offrandes, et si firent les seigneurs. Ce fait, il fit apporter l'Oriflambe, et fut baillée à un vieil chevalier vaillant homme, nommé messire Pierre de Villiers l'ancien. Lequel receut le corps de nostre Seigneur, et fit les sermens en tel cas accoustumez. Et aprés s'en retourna le Roy au bois de Vincennes.

Le peuple de Paris tousjours fort grommeloit, et fut assemblé, et en leur presence le duc de Bourgongne fit une proposition bien notable, en exhortant le peuple à pacification, et à obeir au Roy leur souverain Seigneur.

Trefves y avoit entre les François et les Anglois, tres-mal gardées et entretenues par les Anglois, et tousjours en Guyenne les rompoient, et sur la mer vers Normandie, pilloient et roboient, et faisoient plusieurs grands exceds et dommages aux François. Pour laquelle cause ceux de Normandie, eux voyans ainsi foulez, firent finances de navire et se mirent sur la mer; et rencontrerent les Anglois lesquels estoient en une grande nef, et joignirent ensemble, et y fut fort combatu d'un costé et d'autre, et finalement les Normands eurent victoire, et furent les Anglois desconfits, dont lesdits Normands se habillerent tres-pompeusement de leurs biens, tant qu'ils durerent.

En ce temps le mareschal de Sancerre estoit en Poictou, Xaintonge, et Guyenne, et mit en l'obeïssance du Roy plusieurs places, les unes par composition, les autres par force, et si eut diverses rencontres d'Anglois. Car plusieurs fois se trouverent en escarmouches sur les champs, et tousjours en venoit à l'honneur et profit du Roy, et au sien.

Le Roy Jean d'Espagne sceut, que une bien grande quantité d'Anglois tant nobles que Archers estoient descendus en une isle estant sur la mer prés de la Rochelle, et là les vint assieger. Ceste isle estoit tres-peu peuplée, et mal garnie de vivres. Et tant fut devant eux, que aprés qu'il eut gaigné leur navire, et que les Anglois eurent defaut de vivres, ils commencerent à traiter. Et par composition fut ordonné qu'ils s'en iroient tous desarmez en leur pays, et leur bailla le Roy d'Espagne vaisseaux, et promirent de eux non armer jusques à trois ans. Et s'en allerent ainsi. Et disoit-on, et estoit commune renommée, que si le Roy d'Espagne eust encore demeuré par aucun temps, il les eust eus à sa volonté, et menez en son pays. Et que par ce tres-aisément eust esté trouvé traicté entre les François et les Anglois.

Or faut retourner aux Flamens, qui tenoient le siege devant Audenarde, où estoient les François. Et faisoient Artevelle et les Flamens de grandes diligences d'assaillir la place, et avoir à leur volonté lesdits François, qui estoient fort lassez et travaillez de eux défendre, et non sans cause ; et envoyerent vers le duc de Bourgongne et vers le Comte les advertir, que si en bref n'avoient secours, ils ne se pourroient plus tenir, et que aussi vivres leur defailloient. Le duc de Bourgongne faisoit grande diligence d'assembler gens de guerre, pour aller lever le siege ; et de faict en assembla. Ce qui vint à la cognoissance de Philippes Artevelle, et luy fut rapporté par aucuns Flamens espies, et le sceurent ceux de sa compagnée. Et en y eut un de la ville de Gand, bien notable homme, lequel leur monstra bien doucement, et le plus gratieusement qu'il peut, par maniere de predication, qu'ils feroient bien de trouver accord, et qu'il se devoit requerir, en declarant les inconveniens qui s'en pouvoient ensuivre. Mais incontinent il fut tué et mis en pieces, et si vouloient-ils faire le mesme à plusieurs autres. Mais Artevelle les pacifia et appaisa, et prescha contre les raisons de celuy qui fut tué, en contemnant et mesprisant les François et leur puissance, et le appelloient les Flamens leur Prince et leur Seigneur. Et au plus prés de Audenarde, avoit bien cinq cens pourceaux, qui paissoient et avoient gardes. Ce que apperceurent ceux de dedans, lesquels estoient bien despourveus de vivres. Et se assemblerent aucune petite compagnée à cheval et à pied, et saillirent hors de la ville, et se mirent ceux de cheval entre ceux de pied et le siege des Flamens, et vindrent aucuns de ceux de pied jusques au lieu où estoient les pourceaux, et en prindrent deux ou trois qu'ils traisnerent vers la ville, et moult fort se prindrent à crier lesdits pourceaux, et tous les autres les suivoient ; et pour abreger tous entrerent dedans la ville. Et s'esmeurent aucuns des Flamens pour empescher que les François n'eussent les pourceaux, mais ceux de cheval, et autres qui saillirent de la ville, resisterent. Plusieurs des Flamens y eut de tuez sans dommage des François, lesquels des pourceaux furent fort reconfortez. Et avoient bonne volonté de eux tenir, veu encores qu'il estoit ja venu à leur cognoissance, que le Roy estoit sur les champs. Et estoit merveilles des vaillances, que faisoient les François dedans la place, et tous les jours tuoient plusieurs Flamens tant de traict que autrement.

Le Roy environ la fin d'octobre vint en la cité d'Arras, et envoya un gentilhomme, qui entendoit et parloit bien flamend, par devers Philippes Artevelle et les Flamens, pour les desmouvoir et monstrer qu'ils avoient mal fait, d'avoir fait l'entreprise, et les choses qu'ils faisoient. Et sur ce leur monstra plusieurs inconveniens qui leur pourroient advenir, le plus gratieusement qu'il peut, et firent bonne chere au gentilhomme. Mais la response de Artevelle fut, que en nulle maniere ils ne laisseroient leurs harnois, et poursuivroient ce qu'ils avoient commencé, veu que c'estoit pour la liberté du pays. Et à tout ladite response, s'en retourna ledit gentilhomme devers le Roy, auquel il dit, ce qu'il avoit trouvé. Quand le comte sceut la venuë du Roy, il envoya deux chevaliers devers le Roy, lesquels bien grandement, et en assez briefves paroles et gratieuses exposerent le bon droict, et la juste querelle que avoit ledit comte, en le suppliant, que, comme son vassal, il le voulust aider, et rebouter l'orgueil, et les commotions des Flamens. Le Roy, qui estoit jeune, respondit de son mouvement ausdits chevaliers : « Retournez-vous en devers mon beau cousin, » et luy dites, que en bref il aura de nos nou-» velles, » dont ils furent bien contens. Et quand ledit comte le sceut, avec la compagnée qu'il avoit, il fut bien joyeux.

Le Roy diligemment se mit sur les champs, et ordonna ses batailles par le conseil des connestable, mareschaux et capitaines. Et quand le comte le sceut, il considera que le passage seroit bien difficile au Roy et à ses gens, sinon par le pont de Commines, lequel les Flamens occupoient, en intention de defendre le passage. Et pource pour le gaigner et occuper sur lesdits Flamens, envoya le seigneur d'Antoing Guillaume, bastard de Flandres, le seigneur de Burdegand, son bastard de Flandres, et autres capitaines accompagnez de gens de guerre, lesquels en belle et bonne ordonnance approcherent dudit pont. Si les receurent les Flamens vaillamment. Et y fut fait de vaillans faicts d'armes tant d'un costé que d'autre, et tres-asprement et durement combatirent, et tellement resisterent les Flamens, que les gens du comte ja ne fussent venus à leur intention, si ce n'eust esté ledit Guillaume, lequel se tira es ses gens vers un moulin, où il trouva des bateaux, et trouva moyen de passer de l'autre part de la riviere. Et vindrent luy et sa compagnée audit pont, pour frapper sur lesdits Flamens, lesquels furent desconfits, et la plus grande partie morts et tuez. Et assez tost aprés se rassemblerent et rallierent les Flamens en nombre de huict mille combatans, et vindrent bien asprement audit pont de Commines. Et combien que les gens du pont vaillamment resistassent, et se defendissent, toutesfois il fallut qu'ils demarchassent et se retrahissent, et mesmement se retrahit ou enfuit le bastard de Flandres et plusieurs autres. Guillaume dessusdit resista, et demeura, et fit merveilles d'armes, dont les Flamens estoient bien esbahis. Et combien qu'il fust environné de ses ennemis, lesquels de leur puissance taschoient à le prendre ou tuer; toutesfois il fit tant par sa vaillance, à l'aide de ses gens, qu'il se sauva, et revint devers le comte, qui fut bien dolent et desplaisant de ce que les Flamens avoient recouvert ledit pont. Et fit tres-bonne chere audit Guillaume, et le remunera, et donna de ses biens grandement. Quand Artevelles ceut les premieres nouvelles de la perdition du pont, et que ses gens avoient esté desconfits, il fut bien courroucé, et delibera de lever son siege, et venir luy et sa compagnée vers ledit pont. Et tantost après luy vindrent nouvelles, qu'il avoit esté recouvert et regaigné. Et pource demeura.

Le Roy, comme dessus est dit, se mit sur les champs, en intention et volonté de combattre les Flamens, et avoit grande foison de peuple avec luy, et ordonna par deliberation des gens de guerre, que les gens debilitez de leurs corps, et les mal habillez et armez, demeureroient à la garde du bagage. Et au surplus, pource que necessaire estoit de gaigner le pont de Commines, que les Flamens tenoient comme dessus est dit, pour avoir passage furent ordonnez messire Olivier de Clisson connestable de France, et messire Louys de Sancerre mareschal de France, à tout deux mille combatans, qu'ils iroient audit pont, duquel les Flamens avoient rompu une arche, pour empescher le passage. Et à la garde duquel estoient commis des plus vaillans gens de guerre qu'ils eussent, et y avoit des Anglois, et monstroient bien qu'ils avoient grande volonté de eux defendre. Les François, c'est à sçavoir Clisson, et Sancerre, et leurs gens allerent devant ledit pont, et faisoient les Flamens guet merveilleusement. Et considererent les François, que veu la rupture du pont, il estoit impossible que par ledit lieu ils les peussent gaigner. Et pource trouverent moyen et maniere de passer la riviere par au dessus, la nuict ensuivant, et par lieux dont les Flamens en rien ne se doutoient. Et quand ils le sceurent, ils furent bien esbahis, et se mirent en bataille au devant du pont. Et les François vigoureusement et vaillamment les assaillirent, et furent iceux Flamens desconfits, et y en eut plusieurs morts et tuez, et les autres s'enfuirent ou retrahirent vers leurs gens. Le pont qui avoit esté par eux rompu, fut remparé et refait, et bien fortifié. Et à la garde et defense d'iceluy, fut commis un vaillant chevalier le seigneur de Sempy, accompagné de gens de guerre. Et par ledit pont passerent tous les François. Quand Artevelle sceut les nouvelles de ladite desconfiture, il fut moult diligent de bien enhorter ses gens d'estre vaillans en armes, et de eux apprester à combatre. Et leur vint dire une vieille sorciere, qu'elle feroit tant, qu'il gaigneroit, si on combatoit en bataille. Artevelle ordonna de neuf à dix mille Flamens pour y aller, et à un poinct du jour vindrent frapper sur aucuns logis des François. Et à grande et belle ordonnance vindrent pour accomplir ce qui leur avoit esté enchargé. Et de faict, approcherent d'un lieu, où estoient logées aucunes parties de l'ost des François, et frapperent sur ledit logis. Mais les François vaillamment se defendirent. Et à l'heure Clisson, qui estoit logé vers lesdites marches, qui sceut et ouyt le bruit, s'en vint au lieu, et si tost qu'il fut arrivé, les Flamens ne tindrent gueres, et furent desconfits. Et y en eut de trois à quatre mille morts, les autres s'enfuirent où bon leur sembla. Philippes Artevelle, doutant que ses gens dont il avoit grand nombre, ne sceussent ces nouvelles, se prit à parler avant que aucune chose vint à leur cognoissance, et leur dit, que en bref il recouvreroit ledit pont, et que les François à ladite besongne avoient esté desconfits.

Le Roy après ses gens passa audit pont de Commines, visita ses gens, et en trouva plusieurs qui avoient esté navrez et blessez aux dites besongnes, et bien peu de morts. Messire Jean de Vienne admiral de France, bien vaillant chevalier, fut ordonné d'aller par le pays, faire amener et conduire vivres pour l'ost, et print son chemin vers Ipre. Plusieurs Flamens tant de la ville que du pays s'estoient assemblez, et s'efforçoient de courir sus, et de combatre ledit messire Jean de Vienne, lequel se disposa à y resister, et les combatit et desconfit, et y en eut plus de trois cens de tuez. Quand ceux de Ipre veirent ladite desconfiture de leurs gens, se rendirent, et mirent en l'obeïssance du Roy. Et pour ceste cause, envoyerent un religieux devers le Roy, le suppliant qu'il leur voulust pardonner, et qu'il les voulust prendre à sa grace et mercy. Ce que le Roy fit tres-volontiers.

Artevelle animoit tousjours ses gens, et leur donnoit courage, et envoya douze hommes de sa compagnée en l'ost du Roy, pour sçavoir quelles gens il avoit pour conserver le faict de l'ost du Roy, et de ses gens. Et aussi le Roy envoya en habits dissimulez messire Guillaume de Langres et douze autres, lesquels entendoient et parloient flamend, pour sçavoir l'estat de l'ost des Flamens, lesquels y furent; et en eux retournans, rencontrerent les douze que Artevelle avoit envoyez en l'ost du Roy, lesquels ils tuerent, et rapporterent au Roy ce qu'ils avoient trouvé, et comme les Flamens se disposoient à combatre le Roy et son ost. Et cependant les François en divers lieux faisoient forte guerre, et soudainement allerent une partie devant la ville du Dam, qui estoit forte ville, et la prindrent d'assaut. Et tous les jours les François dommageoient les Flamens, et se commença Artevelle aucunement à esbahir, quelque semblant qu'il monstrast.

Le seigneur de Hancelles, dont dessus est faite mention, lequel se joignit avec les Flamens et Artevelle, quand il sceut et apperceut la puissance du Roy et de ses gens, cognut sa folie, et le danger et peril, si le monstra à ses gens: mais ils n'en tindrent compte, et se animerent plus que devant. Et pource il monta secretement à cheval, et s'en alla, et les laissa. Et dient aucuns que ainsi cuida faire Artevelle, et dist au peuple, qu'on luy laissast prendre jusques à dix mille combatans, et il se faisoit fort de desfaire la plus grande partie de l'ost du Roy, et leur monstroit la maniere assez apparente. Mais ils respondirent qu'ils ne souffriroient point qu'il se partist d'avec eux, comme avoit fait le seigneur de Hancelles.

Les batailles du Roy furent ordonnées, et eurent Clisson et Sancerre, et Mouton de Blainville l'avant-garde. Et avec eux se joignirent les comtes de Sainct Paul, de Harcourt, de Grand-Pré, de Salm en Allemagne, et de Tonnerre, le vicomte d'Aulnay, et les seigneurs d'Antoing, de Chastillon, d'Anglure, et de Hanguest. Les ducs de Berry et de Bourbon, l'Evesque de Beauvais, et le seigneur de Sempy faisoient les aisles. Le comte d'Eu, et autres faisoient l'arriere-garde. En la grosse bataille estoit le Roy, le comte de Valoys frere du Roy, et le duc de Bourgongne Philippes, avec grande et grosse compagnée. Et fut crié de par le Roy, que personne, sur peine de perdre corps et biens, ne se mist en fuite. Et fut ordonné, que tous descendissent à pied, et renvoyassent leurs chevaux. Et ainsi fut fait. Excepté que le Roy seul estoit à cheval. Et autour de luy furent ordonnez certains chevaliers, le Besgue de Villaines, le seigneur de Pommiers, le vicomte d'Acy, messire Guy le Baveux, Enguerrand Hubin, et autres. Toutesfois aucuns dient que un chevalier, nommé messire Robert de Beaumanoir, fut ordonné à tout cinq cens lances pour les verdoier et escarmoucher, pour voir leur estat et gouvernement. Ce qu'il fit bien diligemment, et retourna vers l'avant-garde, et descendirent à pied, et renvoyerent leurs chevaux comme les autres. Deux choses advindrent, qu'on tenoit merveilleuses. L'une, qu'il survint tant de corbeaux qui environnoient l'ost tant d'un costé que d'autre, que merveilles, et ne cessoient de voleter. L'autre, que par cinq ou six jours le temps fut si obscur, et chargé de bruines, que à peine on pouvoit voir l'un l'autre. Et quand le Roy sceut que les Flamens venoient pour le combatre, il fit une maniere de promesse qu'il les combatroit, et fit marcher ses gens, et desployer l'oriflambe. Et aussi-tost qu'elle fut desployée, le temps à coup se esclaircit, et devint aussi beau et clair qu'on avoit oncques veu, tellement que les batailles se entre-veirent. Et anima fort Artevelle ses Flamens. Pareillement messire Olivier de Clisson parla, et monstra aux François qu'ils devoient avoir bon courage à combatre, et plusieurs mots et bonnes paroles leur dit. Les batailles marcherent les unes contre les autres, tant qu'ils approcherent pour combatre main à main. Et y eut bien aspre et dure besongne, et se porterent les Flamens si vaillamment, que, eux assemblez, ils firent reculer les François un pas et demy. Et lors un François commença fort à crier : « Nostre-Dame, Mont-Joye, Sainct-» Denys » à eux, et plusieurs autres aussi. Et en ce poinct, prindrent vertu et courage les François, et tellement qu'ils firent reculer les Flamens, et les rompirent, et furent desconfits en peu d'heure. Et d'un costé et d'autre, y eut de vaillans faits d'armes. Et cheurent les Flamens les uns sur les autres à grands tas, et y en eut plusieurs morts estouffez, et sans coup ferir. Et estoit commune renommée, qu'il y en avoit bien eu quarante mille morts. Les autres disent vingt-cinq ou trente mille de morts. Et des gens du Roy environ quarante trois personnes. Messire Guy de Baveux, un vaillant chevalier, y fut blessé.

Aprés ladite desconfiture, on douta fort que les Flamens ne se ralliassent pour combatre. Et pource furent ordonnez les seigneurs d'Albret et de Coucy, à tout quatre cens hommes d'armes à cheval à les poursuivre, et firent tellement que les Flamens n'eurent loisir de eux assembler; et là où ils les trouvoient frappoient dessus, et y en eut plus de mille morts. Et quand les Flamens, qui s'en estoient fuys de la bataille, virent qu'on les poursuivoit ainsi chaudement, ils s'enfuirent és bois, marescages et rivieres. Et y en eut plusieurs noyez esdits rivieres et marescages, où ils se boutoient si avant, qu'ils ne s'en pouvoient avoir, et là mouroient.

Et quand on eut bien sceu par les Flamens la quantité d'eux, on trouva que veritablement il falloit qu'il y en eust bien quarante mille de morts. Et si y avoit mesme des Flamens de la partie du Comte qui sçavoient les adresses des bois, lesquels s'y bouterent, et plusieurs en tuerent. Le Roy fut moult joyeux de cette victoire. Et en eurent grand honneur les connestable Clisson, et Sancerre mareschal, et ceux de l'avant-garde.

Et quand ceux de Flandres qui estoient demeurez au siege de Audenarde, et l'avoient fort fortifié, sceurent que leurs gens estoient desconfits, ils leverent leur siege comme sans arroi, et s'en allèrent par diverses pieces. Et alors saillirent ceux de dedans, et les poursuivirent, et les trouvoient par petites parties ou compagnées, et les tuoient. Et y eut derechef grande quantité de Flamens tuez et mis à mort.

Le Roy voyant et cognoissant la grande grace que Dieu lui avoit faite, bien et devotement avec ses parens, et tous ceux de son ost, en remercierent Dieu.

Le comte de Flandres, en faisant son devoir, vint en l'ost du Roy bien accompagné, et en la presence des seigneurs du sang, et de plusieurs capitaines, barons et seigneurs, remercia le Roy du grand bien et plaisir qu'il luy avoit fait, et pareillement remercia tous les assistans. Auquel le Roy respondit : « Beau cousin, je vous ay aidé » et secouru tellement, que vos ennemis sont » desconfits. Combien que du temps de feu mon- » sieur mon pere, dont Dieu veüille avoir l'ame, » vous fustes fort chargé d'avoir eu alliance, et » favoriser nos ennemis les Anglois. Si vous » en gardez doresnavant, et je vous auray en » ma grace. »

Le Roy avoit grand desir de sçavoir si Artevelle estoit mort, ou non. Et y eust un Flamend bien navré et blessé, qui estoit l'un des principaux capitaines, auquel on demanda s'il en sçavoit rien. Et il respondit qu'il croyoit certainement qu'il estoit mort, et estoit à la besogne assez pres de luy. Et fut mené sur le champ, et fit telle diligence qu'il trouva le corps d'Artevelle mort, et le montra au Roy, et aux assistans. Et pource le Roy le voulut faire guerir, et donner sa vie. Mais le Flamend ne voulut, et dist qu'il vouloit mourir avec les autres. Et par l'evacuation du sang et des playes mourut.

Le Roy voulut venir à Courtray, et abatre les portes, et y tuerent les gens d'armes, et y furent trouvez largement vivres et biens. Et combien que le Roy eust fait crier qu'on ne tuast personne, et qu'on ne fist desplaisir à nul, toutefois en despit de la bataille de Courtray, où les François avoient esté desconfits, les gens de guerre tuerent presque tous ceux de la ville, et les pillerent et deroberent, et puis bouterent feux partout, et ardirent et bruslerent. Et en ladite ville furent trouvées lettres, que ceux de la ville de Paris avoient escrit aux Flamens, tres-mauvaises et seditieuses. Desquelles choses le Roy fut bien desplaisant. Et advindrent les choses dessus dites environ la vigile de la Sainct Martin.

Le Roy avec ceux de son sang, joyeux de la victoire que Dieu leur avoit donné, delibera de s'en retourner à Paris, pour remedier à leurs mauvaises volontez, et passa par les villes de Picardie, esquelles il fut grandement et honorablement receu, et lui furent faits plusieurs beaux dons et de grande valeur. Et à tout son conseil, et à tout son aise s'en venoit. Et pour aucunement passer l'hyver, il vint en la ville de Compiegne chasser et deduire, et y fut par aucun temps pour soy esbatre. Et après il vint a Sainct Denys en France prés de Paris, accompagné de ses oncles, et de plusieurs barons et seigneurs. Les abbé, religieux et convent, et ceux de la ville de Sainct Denys, le receurent bien grandement et notablement selon leur pouvoir. Et vint le Roy à l'Eglise, et print l'oriflambe luy estant nuë teste et sans ceinture, et la rendit en moult grande devotion devant les corps saincts, et la bailla à l'abbé. Et donna à l'église un moult beau poille de drap d'or. Et avoient les ducs de Berry et de Bourgongne, et tous les notables barons, grande joye, et moult se sejouyssoient de voir les maintiens du Roy, et à l'église firent aucuns dons.

Et cependant qu'ils s'esbatoient à Sainct Denys, le Roy delibera en toutes manieres d'abbatre l'orgueil de ceux de Paris, lesquels estoient moult esbahis, et non sans cause. Et vint le prevost des marchands, qui lors estoit, vers le Roy, et luy dit, que toutes les choses estoient appaisées, et qu'il pouvoit entrer à tout son plaisir et volonté en la ville, et le pria treshumblement qu'il eust pitié du peuple, et leur voulust pardonner et remettre l'offense qu'ils avoient faite. Et dient aucuns, que de ce que le prevost des marchands avoit dit au Roy, le peuple n'en sçavoit rien. Toutefois il s'offroit, et plusieurs notables de la ville, de le faire entrer à ses plaisirs et volonté. Et le Roy respondit qu'il estoit content d'entrer dedans la ville, et ordonna audit prevost le jour. Et fit crier le Roy en son ost, que tous fussent prests et armez pour entrer en ladite ville de Paris. Le jour au matin les gens du Roy approcherent la porte Sainct Denys, et furent les barrieres rompuës et abbatuës, et pareillement le fut la porte. Et ce fait, y eut trois batailles ordonnées toutes à pied. En la premiere estoit Clisson le connestable, et le mareschal de Sancerre. En la seconde, estoit le Roy grandement accompagné de ses parens, et estoient tous à pied, excepté le Roy, combien que aucuns disent, que ses oncles estoient à cheval. Au devant du Roy vindrent à pied humblement le prevost des marchands, et foison de ceux de la ville, qui vindrent pour faire la reverence au Roy, et aucune briefve proposition. Mais il les refusa, et ne voulut qu'ils fussent ouys, ne qu'ils fissent reverence, ne dissent parole, et passa outre, et vint à Nostre-Dame, descendit de dessus son cheval, et vint à l'église, et en bien grande devotion fit son oraison, et son offrande. Aussi firent ses oncles et autres seigneurs. Et s'en revint au portail de l'église, et monta à cheval, et s'en vint descendre au Palais. Ses gens d'armes estoient logez par les quartiers és hostelleries, et fut crié à son de trompes, qu'on ne dist aucunes paroles injurieuses, ne qu'on ne print biens, ou que on fist dommage à autruy. D'eux y eut, lesquels userent d'aucunes manieres seditieuses, et de mauvais langages, lesquels furent tantost pris, et pendus à leurs fenestres. Les duc de Berry et de Bourgongne, chevaucherent par la ville bien accompagnez. Et y eut des habitans de la ville bien trois cens de pris. Et entre autres messire Guillaume de Sens, maistre Jean Filleul, maistre Martin Double, et plusieurs autres, jusques audit nombre. Et n'y avoit celuy à Paris, qui n'eust grand doute et peur. Et y en eut de decapitez aux halles, qui estoient des principaux de la commotion. La femme d'un d'eux, qui estoit grosse d'enfant, comme desesperée se precipita des fenestres de son hostel, et se tua. Aprés ces choses, furent encores gens par la ville, pour oster les chaisnes, lesquelles furent emportées hors de la ville au bois de Vincennes. Et furent tous les harnois pris és maisons de ceux de Paris, et fut une partie portée au Louvre, et l'autre au Palais. Et disoit-on qu'il y avoit assez pour armer cent mille hommes. La duchesse d'Orleans et l'université de Paris vindrent devers le Roy le prier et requerir, que seulement on procedast à punir ceux qui estoient principaux des seditions. Un nommé Nicolas le Flamend, qui estoit l'un des principaux, eut aux halles le col couppé. Et aprés ces choses ainsi faites, on mit sus les aydes, c'est à sçavoir gabelles, impositions, et le quatriesme. Et fut l'eschevinage osté, et ordonné, qu'il n'y auroit plus nuls eschevins, ne prevost des marchands, et que tout le gouvernement se feroit par le prevot de Paris. Messire Jean des Mares, qui estoit un bien notable homme, conseiller et advocat du Roy au Parlement, lequel avoit esté du temps du roy Charles cinquiesme en grande auctorité, et croyoit le Roy fort son conseil, fut pris et emprisonné. Et estoit commune renommée, que ce n'estoit pas, pour cause qu'il eust esté consentant des seditions et commotions, qui avoient couru. Car elles luy estoient moult desplaisantes, et y eust volontiers mis remede. Mais és broüillis et differends qui avoient esté entre le roy Louys de Sicile, cuidant bien et loyaument faire, les ducs de Berry et de Bourgongne avoient conceu grande haine contre luy. Et luy imposa-on, qu'il avoit esté comme cause desdites seditions. Si fut mis en Chastelet, et n'y fallut gueres de procés, et sans à peine l'examiner, ne dire les causes, fut dit qu'il auroit le col couppé. Et combien qu'il requist estre ouy en ses justifications et defenses, et aussi qu'il estoit clerc, marié avec une seule vierge et pucelle, quand il esposua, ce nonobstant fut mené aux halles. Et en allant disoit ce pseaume : *Judica me Deus, et discerne causam meam de gente non sancta.* Eust la teste couppée, à la grande desplaisance de plusieurs gens de bien et notables, tant parens du Roy et nobles, que du peuple. Avec ledit des Mares, y en eut douze autres qui furent decapitez. Et estoit grande pitié de voir la grande perturbation qui estoit à Paris (1). Aprés plusieurs exécutions faites, le Roy ordonna qu'on luy fist un siege royal sur les degrez du Palais, devant la presentation du beau roy Philippes. Et tantost fut grandement et notablement paré. Et s'assit en chaire, accompagné de ses oncles les ducs de Berry et de Bourgongne, et de foison de nobles gens de conseil. Et là fit-on venir le peuple de Paris, qui estoit grande chose de voir la quantité du peuple qui y estoit. Et il commanda le Roy à messire Pierre d'Orgemont, son chancelier, qu'il dist ce qu'il luy avoit enchargé de dire. Lequel commença bien grandement et notablement dire le trespassement du roy Charles cinquiesme, et le sacre et couronnement du Roy present, le voyage de Flandres, et la victoire, et l'absence du Roy, les grands et mauvais, et merveilleux cas de crimes et délicts, commis et perpetrez en effet par tout presques le peuple de Paris, dignes de tres-grandes punitions. Et qu'on ne se devoit esmerveiller des exécutions ja faites, en monstrant que encores y avoit des prisonniers dignes de punitions, et d'autres à

---

(1) Tout ce passage est textuellement rapporté dans la Chronique de Saint-Denis.

punir et à prendre, en declarant les matieres suffisantes de ce faire. Et tint ces paroles assez longuement. Et en prenant issuë demanda au Roy, si c'estoit pas ce qu'il luy avoit enchargé. Lequel respondit que ouy. Aprés ces choses, les oncles du Roy se mirent à genoux aux pieds du Roy, en le priant qu'il voulust avoir pitié de son peuple de Paris. Aprés vindrent les dames et damoiselles toutes deschevelées, lesquelles, en plorant, pareille requeste firent. Et les gens et peuple à genoux, nuë teste, baisans la terre, et commencerent à crier *Misericorde*. Et lors le Roy respondit, qu'il estoit content que la peine criminelle fust convertie en civile. Et furent tous les prisonniers mis à pleine delivrance. Et fut la peine civile imposée à chacun des coupables, selon ce qu'ils avoient mespris. Mais elle estoit qu'il fallut qu'ils payassent et baillassent de meuble ou la valeur, la moitié de ce qu'ils avoient. Et y eut moult grande finance exigée, et à peine croyable. Et n'en vint au profit du Roy le tiers. Et fut la chevance distribuée aux gens d'armes. Lesquels en furent payez et contentez. Et leur donna le Roy congé, et promirent, veu qu'ils estoyent bien payez et contentez, de ne faire en eux en allant aucunes pilleries ne roberies. Mais ils tindrent tres-mal leur promesse. Car aussitost qu'ils furent sur les champs, ils commencerent merveilleuses pilleries à faire, en rançonnant le peuple, et faisoient maux innumerables.

Quand ceux de Roüen, qui estoient, comme dit est encores, en courage de leur fureur, sceurent comme ceux de Paris s'estoient esmeus, et qu'ils se gouvernoient en la maniere dessus dite, ils firent pareillement et pis que devant. Mais quand ils virent ce que le Roy avoit fait à Paris, ils eurent grande crainte et peur. Et non sans cause. Ils envoyerent devers le Roy demander misericorde, et qu'il leur voulust pardonner ce qu'ils avoient mespris. Et pour cette cause, le Roy envoya messire Jean de Vienne admiral de France, vaillant chevalier, et preud'homme, accompagné de gens de guerre. Et avec luy messire Jean Pastourel, et messire Jean le Mercier seigneur de Noujant. Et entrerent dedans, et firent abatre aucunes des portes, et prendre grande quantité des habitans, specialement ceux qui avoient contredit à payer les aydes, et qui avoient couru sus et injurié les fermiers. Et de ceux-cy, y eut plusieurs executez, et leurs testes couppées. Et lors les habitans demanderent pardon et misericorde. Et pource que c'estoit prés de Pasques, c'est à sçavoir la semaine peneuse, et la Resurrection de nostre Sauveur Jesus-Christ, les prisonniers furent delivrez. Et comme à Paris, le criminel fut converti en amende civile. Et furent exigées tres-grandes finances tres-mal employées, et en bourses particulieres comme on dit, et non mie au bien de la chose publique. Et ainsi furent les choses appaisées à Roüen.

M. CCC. LXXXIII.

En l'an mille trois cens quatre-vingt et trois, en Angleterre y eut de grandes seditions et commotions. Et estoit, pource que à un parlement, qui fut tenu à Londres, fus mis en deliberation, si on feroit guerre au Roy, et au royaume de France. Et des notables prelats et nobles furent d'opinion, qu'on trouvast maniere d'avoir paix, et qu'il estoit plus expedient et plus profitable, que de faire guerre. Et sentoient bien que la volonté du Roy Richard d'Angleterre, estoit plus à paix que à guerre. Et celuy qui soustenoit plus fort ceste matiere, c'estoit l'archevesque de Cantorbie, vaillant prelat, et preud'homme. Contre lequel plusieurs s'esmeurent, et firent une grande commotion, et le tuerent et meurtrirent bien inhumainement, et plusieurs autres de sa compagnée. Et disoient que leur Roy estoit bien lasche de courage, et qu'ils feroient guerre. Et pource ordonnerent que Thomas fils du Roy, Hugues de Carvelay, Cressonnal, et Robin Canole assembleroient gens de guerre, et viendroient en France. Et se trouveroient huit cens hommes d'armes, et dix mille archers pour venir en France. Et firent appareiller leur navire, et se mirent sur mer. Mais merveilleux vents se leverent, tellement qu'ils se rebouterent vers Angleterre. Et y eut plusieurs de leurs nefs peries, et de leurs gens. Et quand les vents furent cessez, derechef preparerent plusieurs autres navires, et rafreschirent leurs gens qui estoient demeurez en ladite tempeste. Et bien orgueilleusement, comme ils ont bien accoustumé, se mirent sur mer derechef, et eurent vent assez propice, et s'en vindrent descendre à Calais. Puis se mirent sur les champs, et cheminerent jusques en Flandres, où ils furent en aucuns lieux festoyez grandement, et leur furent vivres administrez.

Et de ces choses le Roy rien ne sçavoit, lequel se disposa d'aller en pelerinage à Chartres, et visiter l'église qui est belle et notable, fondée de Nostre-Dame. Et y fut grandement et honorablement receu, ainsi qu'il appartenoit ; et fit ses oraisons et offrandes. Et luy estant audit lieu, on luy rapporta nouvelles que ceux d'Orleans s'estoient esmeus, et avoient les aucuns fait aucuns grands excés, et avoient refusé de payer les aydes, et qu'ils avoient fait grande sedition et commotion contre les fermiers et officiers du Roy. Et pource y alla, et fut grandement et honorablement receu par ceux de la ville. Mais pourtant ne demeurerent pas les fautes qu'ils avoient faites impunies. Car, comme à Paris et à Roüen, fit abatre aucunes portes, et oster les chaisnes, et aux principaux delinquans fit coupper les testes, et payerent aucuns certaine finance. Et fut tout appaisé.

Et s'en retourna à Paris, où il ouyt nouvelles des Anglois, qui estoient en Flandres, et faisoient maux infinis, pilloient, roboient et prenoient places. Le Roy delibera d'y remedier, et manda gens de toutes parts. Ceux de Gand sçachans que le Roy faisoit armée, envoyerent vers luy des nobles de la ville, lesquels cuiderent avoir accès au Roy, pour lui exposer les causes de leur venuë. Mais le Roy qui avoit esté informé qu'ils s'estoient alliez aux Anglois, et leur avoient baillé vivres et confort, ne les voulut voir ne ouyr; et leur fit dire qu'ils s'en retournassent en leurs maisons. Gens venoient de toutes parts au Roy, et tant qu'on trouva que le Roy avoit bien de seize à dix-huit mille chevaliers et escuyers, et foison de gens de traict. Et voulut et ordonna, que tous ceux qui venoient à son service, eussent estat en toutes leurs causes, jusques à deux mois aprés leur retour. Et gens aagez, et aussi trop jeunes s'en retournassent à leurs maisons, sans qu'ils fussent tenus d'aller audit voyage. Les Gantois tousjours poursuivoient de trouver moyen de parler au Roy, et le prier, que si aucunes choses ils avoient faites, qui fust à sa desplaisance, qu'il leur voulust pardonner, et faire leur paix envers le duc de Bourgongne, et le comte de Flandres, et ils estoient prests d'obeir. Mais le Roy ne fut conseillé à ce faire, et leur fut dit, qu'ils s'en retournassent. Et au Roy venoient tousjours nouvelles, que les Anglois descendoient, et mesmement que le comte de Warwic estoit descendu à bien mille hommes d'armes, et cinq mille archers, et estoit arrivé et abordé à Bourbourg. Le Roy assembla ses gens, et fit crier que, sur peine de la hart, ils ne fissent pilleries, ne roberies. Car ils furent bien payez. Difficulté y eut grande, comme un si grand ost pourroit avoir vivres. Et fut mandé un marchand et bourgeois de Paris, nommé Colin Boulart, lequel se fit fort de trouver du bled, et mener à l'ost pour cent mille hommes, quatre mois. Et luy fut ordonné, afin qu'il le fist, et aussi qu'il seroit bien payé, lequel fit ses diligences.

Le Roy se partit de Paris, et vint à Sainct Denys, ouyt messe, print l'Oriflambe en grande reverence, et la bailla à messire Guy de la Trimoüille vaillant chevalier. Lequel receut le corps de nostre Seigneur, et fit le serment accoustumé, et la prit.

Et vint à la cognoissance du Roy, que les Gantois mesmes, lesquels faisoient si bien la maniere d'estre bons François, prierent aux Anglois qu'ils voulussent mettre le siege devant Ipre en Flandres. Lesquels le firent, et ceux de dedans vaillamment se defendoient. La chose venuë à la cognoissance du Roy, il delibera de aider ausdits de Ipre, et de debouter ses ennemis, qui estoient au pays de Flandres. Et se mit sur les champs, et vint jusques à Arras accompagné de son ost. Et de là se partit, et entra au pays de Flandres, et sceut que ceux de Ipre estoient bien oppressez, et fort travaillez des Anglois, si print son chemin vers Ipre, où les Anglois estoient, et tenoient le siege. Et eux, sentans que le Roy et son ost approchoient d'eux, ils leverent leur siege assez hastivement. Et au partir, bouterent le feu aux faux-bourgs, lesquels valoient mieux que la ville, dont ce fut grand dommage. Et tout le pays destruisirent, pillerent et robberent, en prenant hommes, femmes et enfans, et en faisans maux innumerables. Et de là, s'en allerent devant Cassel, feignans d'y mettre le siege, et de resister à la puissance du Roy; et de fait mirent le siege. Ceux qui avoient l'avant-garde du Roy, c'est à sçavoir Clisson le connestable, et le duc de Bretagne, commencerent à tenir leur chemin vers lesdits Anglois. Et aussi-tost qu'ils le sceurent, ils leverent leur siege, et bouterent le feu en leurs tentes, et s'en allerent la nuict à Bergues, Bourbourg, et Gravelines, se retrahirent, et faisoient merveilleux et grands signes de resister à l'entreprise du Roy, et de son armée.

Robert Canole estoit devers Bergues, et pource qu'il estoit renommé d'estre le plus vaillant et mieux accompagné d'Anglois, le Roy delibera d'aller devant l'assieger. Et quand Canole sceut les nouvelles, il partit de ladite ville, et s'en alla à Gravelines, où les gens du Roy le suivirent. Et fut mis le siege devant ladite ville, et y eut de belles armes faites, et tres-vaillamment se portoient les Anglois, en monstrant toutes manieres de eux vouloir bien defendre, et aussi faisoient-ils. Et pource les capitaines françois firent approcher l'artillerie, c'est à sçavoir canons, bombardes, et autres habillemens propices à assieger et à assaillir villes. Et quand les Anglois apperceurent et veirent les preparations qu'on leur faisoit, ils delibererent de eux partir, et s'en aller. Ceux de la ville resisterent le plus fort qu'ils peurent, et s'efforcerent de les retenir, et empescher leur partement. Ce qu'ils ne peurent faire, et secrettement partirent par une porte non assiégée; lequel partement les François ignoroient. Ce qui fut rapporté à ceux qui estoient devant au siege, mais ils ne le pouvoient croire. Et supposé qu'ils ne vinssent point escarmoucher, ne eux monstrer ainsi qu'ils souloient, toutesfois les François cuidoient et imaginoient que ce fust une fiction, pour cuider faire quelque grosse entreprise ou saillie sur les François. Et y eut trois de la nation de Picardie, qui estoient dedans, lesquels pource que par les portes on ne laissoit personne saillir, descendirent par dessus les murs et fossés, et affermerent aux François que sans doute les Anglois estoient partis, et encores on ne le vouloit pas croire. Et pource y eut des plus vaillans de ceux qui estoient au siege, qui prindrent un petit vaisseau, et se mirent dedans; et par l'eauë allerent jusques aux murs, et à eschelles assez aisément entrerent dedans la ville en assez gente compagnée. Et y eut aucuns qui s'assemblerent en la ville pour resister. Mais tous furent mis à l'espée. Et aprés tous ceux de l'ost y entrerent, et fut tout pillé et pris, et en aucunes extremitez de la ville, fut le feu bouté, tellement que toute la ville fut comme bruslée et arse. Plusieurs y avoit des habitans retraicts en leurs maisons, lesquels pour éviter le peril du feu, saillirent dehors. Mais on les tuoit à mesure qu'on les trouvoit, et n'y en eut comme nuls sauvez, qui fussent de defense. Plusieurs jeunes hommes et enfans, furent pris et reduits en servitude, pour avoir finance et rançons.

Aprés ces choses ainsi faites, le connestable Clisson et les François sceurent, que lesdits Anglois s'estoient retraicts à Bourbourg, et vint Clisson devant ladite ville avec l'ost des François, et fit tant Clisson qu'il trouva maniere de parler à leurs capitaines, et par belles et douces paroles les cuida induire, à ce qu'ils s'en allassent en leur pays, et delaissassent le pays du Roy. Mais ils en furent plus aigres, et fort abandonnez en grosses paroles, et firent des saillies, et de merveilleuses armes et vaillances, aussi trouverent-ils les François forts et roides à resister, et les rebouter dedans. Le siege fut mis devant eux de toutes parts, et dressa et assit-on les engins, et les fit-on jetter et tirer; et environ la fin d'octobre fut ordonné, qu'on feroit assaillir la ville. Et de faict, fut assaillie, et estoit merveille de la vaillance des François. Et entre les autres, fit moult, et se porta vaillamment messire Philippes d'Artois comte d'Eu, et print la banniere du Roy à fleurs de lys, et monta en une eschelle; et si chacun eut fait comme luy, on disoit que la ville eust esté prise d'assaut, combien que les Anglois fort se defendoient. Et demanderent à parler au duc de Bretagne, qui estoit en la compagnée, et leur fut accordé, et cessa l'assaut. Et vint ledit duc de Bretagne parler à eux. Auquel ils ramenteurent le service qu'ils luy firent en Bretagne, et que tousjours luy et ses predecesseurs avoient servi la maison d'Angleterre, et qu'il leur voulust aider à trouver moyen, que honnestement ils peussent saillir, et retourner en leur pays (car ils voyoient bien, qu'ils ne pouvoient resister à la volonté des François), et qu'il devoit bien considerer, que si n'eussent esté les Anglois, il ne fut pas duc de Bretagne. Lors le duc leur promit, qu'il y feroit le mieux qu'il pourroit. Et s'en alla devers le Roy, et parla à luy, non mie par maniere de supplication, mais d'une forme de admonnestement, en luy monstrant, que les faicts de guerre estoient adventureux, et qu'ils estoient puissans gens dedans, et que à les avoir d'assaut, il y pourroit perdre foison de ses gens, et des plus vaillans qu'il eust, et si ne sçavoit quelle en seroit l'issuë, et que l'hyver approchoit fort; et que le pays de Flandres estoit froid, en luy monstrant qu'il y devoit adviser, et luy conseillant qu'il devoit trouver expedient et moyen qu'ils s'en allassent, et que la ville demeurast au Roy. Autres seigneurs et capitaines estoient d'opinion contraire, et que le Roy ne devoit point lever son siege, ne partir, sans les avoir à son plaisir et volonté. Et specialement y eut un vieil chevalier, vaillant homme, nommé messire Pierre de Villiers, lequel monstroit au Roy bien evidemment, que ses ennemis estans dedans la ville, estoient perdus, qui continueroit à les assaillir, et que à l'opinion et imagination du duc de Bretagne ne se devoit arrester, veu que autrefois les avoit eu à son service, et avoit esté leur allié. Et si dit plusieurs autres paroles aucunement poignans, lesquelles le duc pour venir à son intention dissimula, et attrahit à sa cordelle plusieurs des seigneurs du sang et du conseil, tellement que le Roy conclud qu'il traiteroit, et s'en iroit, et retourneroit à Paris. Et par le moyen dudit duc fut traité et accordé, que les Anglois s'en iroient sauves leurs corps, et biens, et laisseroient la ville à la volonté du Roy. Ce qui fut fait, et se partirent de la ville, et vindrent au Roy le remercier et regratier du gratieux traité qu'il leur avoit fait, et vindrent bien pompeusement parez et habillez, et puis s'en allerent à Calais. Et dudit traité, furent la plus grande partie des gens de guerre tresmal contens, et maudissoient le duc de Bretagne, en disant diverses paroles. Les François entrerent dedans la ville, et y en eut un de la compagnée, qui par force entra dedans l'église, et rompit l'huis, et y avoit une moult belle image de sainct Jean, d'argent, laquelle il cuida empoigner et prendre, mais l'image luy tourna le dos. Et devint celuy qui ce fit, enragé, et hors du sens. Et de ce, tous les autres compagnons de guerre se mirent en grande devotion, tellement que dedans l'eglise, n'y eut aucun mal fait, et en la ville se porterent doucement et gratieusement.

Et retourna le Roy à Paris. Et vint à Sainct Denys, où il fit ses oraisons et offrandes, et remit l'oriflambe en la forme et maniere dessus declarée. Et quand il fut à son hostel à Paris, et il eust ouy aucuns capitaines parler, il considera la fraude et malice dudit duc de Bretagne. Mais il la dissimula. Et après le Roy, ledit duc retourna à Paris. Et apporta une maniere d'abstinence de guerre. Et de là s'en partit, le plustost qu'il peut, et s'en alla en Bretagne. Et fut ordonné par le Roy, que son oncle le duc de Berry iroit devers Calais, pour avoir convention avec le duc de Lanclastre, et y furent bien par l'espace de deux mois. Et sur les matieres, pourparlerent souvent lesdits deux ducs, et envoyerent devers leurs Roys. Et finalement leurdite assemblée ne porta nul fruict, sinon une trefve laquelle ne dura gueres.

Le comte de Flandres, audit an, alla de vie à trespassement. Duquel le duc de Bourgongne, Philippes le Hardy, avoit espousé la fille nommée Marguerite. Et par ce moyen eut la comté de Flandres, et y fut bien obey. Et à l'heure de sa mort se leverent les plus terribles et horribles vents qu'on avoit oncques veu, dont plusieurs gens disoient ce que bon leur sembloit.

Les trefves, dont dessus est fait mention, furent publiées en Guyenne, où estoit le mareschal de Sancerre. Et après ce, plusieurs brigands et gens de guerre, se mirent soudainement sus, et se mirent sur les champs, sans ce que ledit mareschal s'en donnast de garde. Et vindrent frapper sur ledit mareschal et ses gens, et le cuiderent tuer et meurtrir. Mais vaillamment il se defendit, et y eut une bien dure et aspre besogne. Et n'estoient pas les François au quart autant que les autres. Et trouva moyen ledit mareschal de se retraire et ses gens. Et y en eut d'un costé et d'autre de morts. Et estoit pitié des maux que faisoient lesdits de Guyenne, de piller, rober, et prendre places, et faisoient guerre à toutes personnes, où ils pouvoient. Et estoient commune renommée que les Anglois le faisoient faire. Car ils sont cauts et malicieux, et en telles manieres ont accoustumé d'user de paroles ambiguës et diverses. Et par effect monstroient que leurs paroles n'estoient qu'une maniere de feintise sans ferme volonté. Et au temps passé, plusieurs fois l'ont fait.

Et en ce temps ou environ, le duc Louys de Bourbon se partit de ce royaume pour aller en Barbarie. En sa compagnée estoient le comte de Harcourt, et le seigneur de la Trimoüille, et autres jusques au nombre de huict cens chevaliers, escuyers, et plusieurs autres de nations estranges. Et vers Afrique fit de grands dommages aux Sarrasins, vaillans en armes, et tous les jours y avoit escarmouches, et de belles armes faites. Et y fut six semaines, en grande souffreté et indigence de vivres, et avoient les Sarrasins retraict tous leurs vivres en Afrique. Et tellement que ledit duc Louys et les chrestiens, furent contraints de lever leur siege qu'ils avoient mis, et retourner en leur pays.

M. CCC. LXXXIV.

L'an mille trois cens quatre-vingt et quatre, les trefves qui avoient esté pourparlées entre les ducs de Berry et de Lenclastre à Calais, furent derechef publiées et par terre et par mer, et assez competemment gardées.

Et delibera le duc de Berry d'aller visiter le pape en Avignon. Et en y allant, il vint nouvelles audit duc que les païsans, laboureurs, et gens mecaniques en Auvergne, Poictou, et Limosin, se mettoient sus, et tenoient les champs, et faisoient maux innumerables, et firent un capitaine nommé Pierre de Bruyeres. Et quand ils trouvoient nobles gens, ou bourgeois, ils mettoient tout à mort, et les tuoient. Ils rencontrerent un bien vaillant homme d'armes et noble d'Escosse, et luy mirent un bacinet tout ardent sur la teste, et piteusement le firent mourir. Ils prindrent un prestre, et luy coupperent les doigts de la main, luy escorcherent la couronne, et puis le bouterent en un feu, et le bruslerent. Ils trouverent un Hospitalier, et le prindrent, et pendirent à un arbre par les aisselles, et le transpercerent de glaives, viretons, et sagettes, et ainsi mourut. Et ne sçauroit-on songer, dire ne penser maux, qu'ils ne fissent, et les plus grandes cruautez et inhumanitez que oncques furent faictes. Et pource le duc de Berry assembla des nobles et des gens de guerre, dont il fina assez aisément, et sceut où lesdites communes estoient. Et à un matin frappa sur eux, et ne firent gueres de resistance, et legerement furent desconfits, et grande foison en y eut de tuez sur le champ, et de prins, lesquels furent tous pendus. Et les autres se mirent en fuite, et retournerent à leurs maisons labourer, comme ils faisoient paravant, et furent delaissez, et leur fut tout pardonné. Et de cet exploit, fut le duc de Berry moult loüé, et recommandé, et s'en alla outre vers le pape. Lequel quand il sceut sa venuë, il envoya des gens de son Palais et serviteurs, et si envoyerent tous les cardinaux, et fut grandement et honorablement receu par le pape, lequel le festoya, et fit festoyer en plusieurs et diverses manieres, et monstra, à chacune fois qu'il alloit devers luy, son Palais, et ses joyaux, et tres-longuement parloient ensemble, et se faisoient tres-bonne chere. Le duc de Berry voulut prendre congé du pape. Car il avoit à faire en plusieurs manieres pour les besognes du Roy, et du royaume. Et au partir, n'y eut si petit serviteur du Duc, à qui le pape ne fist donner aucune chose. Et au duc donna une bien pretieuse chose, c'est à sçavoir une partie des clous dont Nostre Seigneur fut crucifié.

◇◇◇

M. CCC. LXXXV.

L'an mille trois cens quatre-vingt et cinq, il y eut aucune rumeur et renommée, que le corps de monseigneur Sainct Denys, n'estoit pas en l'abbaye ou eglise Sainct Denys. Et disoient aucuns religieux de estrange pays, qu'ils l'avoient en leur pays et eglise. Et y eut aucunes enquestes faites, et trouva-on qu'il estoit en ladite abbaye de Sainct Denys en France. Et en signe de ce, on ouvrit la chasse, et trouva-on les enseignemens dedans, par lesquels apparoissoit, que lesdites reliques estoient dedans, et y eut de beaux miracles. Car il y avoit un homme enragé ou demoniaque, terriblement vexé et travaillé, qui fut mené devant le crucifix, et de là, devant les corps saincts, et y eut des religieux faisans oraisons et prieres, requerans l'aide des corps saincts, et fut tout guary, et ne luy souvenoit de chose qu'il eust faite ou dite, durant sa maladie. Il y avoit le fils d'une bonne femme, auquel une espine estoit entrée dedans l'œil, et disoient les chirurgiens qu'il n'y avoit remede, et qu'il perdroit l'œil, et elle le voüa, et mena à monseigneur Sainct Denys, et fut de tout poinct soudainement guary. Et un homme y eut, qui fut mors d'un chien enragé, tellement qu'il devint hors du sens et enragé, si fut mené devant la chasse de Sainct Denys, et tantost recouvra santé.

En ce temps un Sarrasin prince des Turcs, nommé l'Amaurabaquin, avoit promis et voüé au souldan de Babylone de faire guerre aux chrestiens, et qu'il avoit songé que Apollon luy apportoit, et bailloit une moult belle couronne, laquelle douze personnes portans la croix adoroient. Et luy sembloit que ce fussent religieux de Sainct Jean de l'Hospital, et que la lueur et resplendisseur de ladite couronne alloit jusques en Occident. Et de fait se mit sus, et fit guerre mortelle aux chrestiens jusques à bien dix journées, et conquesta tout le pays, et fit tellement qu'il mit l'empereur de Constantinople en telle necessité qu'il fallut qu'il se rendist tributaire à luy, et en avoit tous les ans certaine pension.

Le roy d'Armenie, qui estoit vaillant roy, sage, prudent, et riche, fut tellement vexé et travaillé des Turcs, qu'il fut contraint à soy partir de son royaume, et delibera de s'en venir vers le Roy. Et sur la mer, eut moult à faire par les terribles vents et tempestes. Et finalement après plusieurs vexations et travaux, arriva en France. Si vint devers le Roy, où il fut moult honorablement receu, et luy fit le Roy une tres-grande chere, en l'accolant et baisant, et ordonna, et voulut que à ses despens son Estat fust tenu, et ainsi faire le promit le Roy.

Comme dessus a esté touché, le duc Louys, soy disant roy de Sicile, estoit allé vers Naples, et eut bien à faire à passer les montagnes, et y fit grande perte de gens, et de biens. Car les premiers qui passoient, aussi-tost qu'ils estoient outre, les Lombards les destruisoient, et mettoient à pied. Et pareillement ceux qui passoient les derniers estoient destroussez, et en y eut de morts aucuns. Et quand ils furent passez, encores furent-ils plus esbahis. Car Charles, qui se disoit roy de Sicile, avoit tellement fait retraire les gens et vivres, qu'ils ne trouvoient que manger pour eux, ne pour leurs chevaux, et estoient en grandes pauvreté et misere. Le roy Louys envoya à Charles luy signifier, que la Royne l'avoit adopté à son fils, et donné le royaume qui luy appartenoit, en luy requerant qu'il luy voulust laisser, sans luy donner aucun empeschement. Et promptement ledit Charles luy fit response, que le royaume luy appartenoit par succession, et que son intention n'estoit pas de luy laisser : mais l'empescheroit et luy resisteroit en toutes manieres possibles. Et lors le roy de Sicile estant en grande indigence, et perplexité d'avoir conseil sur ce qu'il avoit à faire, veu que leurs chevaux mouroient, et que toutes leurs jolivetez estoient vendües, et à peine pouvoient-ils avoir du pain d'orge ou d'espeautre (1), ou trouver moulins pour moudre, l'en-

(1) Espèce de blé que les Italiens nomment *spelta*, et ceux du Languedoc *speut*. (Note de Godefroy.)

voya sommer et requerir qu'il le voulust combatre, et plusieurs fois y envoya, et bien par dix fois, et Charles tousjours usoit de feintes paroles couvertes. Et une fois jura et promit de le venir voir en champ. Et pource le roy Louys cuidant que son adversaire le vint combatre, lequel estoit en la cité de Barlette, alla devant en belle bataille arrangée. Et estoient les François assez bien armez, mais petitement habillez, et tellement que le Roy n'avoit qu'une cotte d'armes de toile, peinte seulement. Charles voulut accomplir sa promesse de le voir aux champs, et partit par une des portes de la ville, et cuidoient les François qu'il les vint combatre, mais il rentra par une autre porte. Le roy Louys se voyant illudé de son adversaire, et en la necessité dessus dite, et que en son ost avoit forte mortalité, delibera de s'en partir et retourner. Et de courroux et desplaisance mourut, et alla de vie à trespassement le vingt et uniesme jour de septembre. On mit son corps en un coffre de plomb, et luy fit-on ses obseques possibles selon l'adventure. Et au regard de ses gens tant nobles que non nobles, ils s'en retournerent à grande peine à pied, ayans chacun un baston en leur main, et estoit grande pitié de les voir. Et ainsi toute la chevance que le roy Louys avoit eüe du royaume, qui estoit merveilleuse, fut perduë. Et ce fut bel exemple à princes, de ne faire telles entreprises, si on ne sçait bien comment.

Or est vray, que le roy Louys de Sicile, considerant la grande despense qu'il avoit esté necessité de faire en Provence, à conquester la comté de Provence, et les pertes qu'il avoit eu à passer les monts, envoya messire Pierre de Craon, auquel moult il se fioit, en France vers sa femme fille du comte de Blois, afin d'avoir argent. Car il luy en avoit laissé une partie. Laquelle bonne dame, bailla audit messire Pierre ce qu'elle avoit. Et mit ledit de Craon à soy partir plus qu'il ne devoit, et vint à Venise bien grandement et orgueilleusement habillé. Et là sceut la mort du roy Louys, dont comme on disoit, il fut bien joyeux, et s'en retourna, et vint en grande pompe à Paris. Et un jour entra au conseil du Roy, auquel étoit monseigneur de Berry. Et quand il veid ledit de Craon, il luy dit : « Ha faux traistre, mauvais et desloyal, tu » es cause de la mort de mon frere. Si tu eusses » fait diligence, de luy porter l'argent que tu » avois receu, les choses autrement fussent ad- » venuës, » en disant : « Prenez-le, et que justice » en soit faite. » Mais il ne fut pas pris, ne arresté. Car il n'apparoissoit en rien, de ce que monseigneur de Berry disoit.

En ladite année, depuis le printemps jusques en aoust, y eust si grande secheresse que merveilles, tellement que tous les biens de la terre furent comme de nul fruict. Et depuis ledit mois d'aoust jusques en mars, et y eut si merveilleux et si mauvais hyver et meschant, que tous les raisins et autres biens de la terre furent pourris. On faisoit diligemment durant ledit temps processions, mais rien n'y vallut.

Audit temps les Anglois firent sçavoir qu'ils estoient contens qu'on s'assemblast derechef pour adviser si on pourroit trouver traité entre eux et les François. Et pour ce faire, envoyerent le duc de Lenclastre à Calais. Le Roy alla en pelerinage à Sainct Denis, et en sa compagnée estoient ses oncles. Et de là envoya le duc de Berry vers Calais en bien grand estat et pompe, et y eut tentes tendues et dressées. Et quand les ducs estoient assemblez, faisoient tres-bonne chere, et disnoient et souppoient le plus souvent ensemble, et tous seuls devisoient, ainsi que bon leur sembloit. Et aucune fois parloient du faict de trouver traité et accord. Et se mettoit fort le duc de Berry en son devoir, faisant plusieurs offres grandes. Mais le duc de Lenclastre n'y vouloit entendre. Et avoit le duc de Berry tres-grand desir d'avoir paix bonne et ferme. Et fut ordonné que par tout on fist processions, et devotes prieres à Dieu pour avoir paix. Mais par la maniere que tenoient les Anglois, qui sont cauts et malicieux, et de la condition dessus declarée, apparoissoient cuidement qu'ils n'avoient intention aucune d'entendre à paix. Et pource s'en retourna à Paris le duc de Berry, devers le Roy. Et se disposa d'aller ès pays, dont il avoit le gouvernement, vers les marches de Languedoc et de Guyenne. Et fit mandement de gens de guerre, et en assembla conpetamment.

Ledit an mille trois cens quatre-vingt et cinq y eut mutation de monnoye. Et disoit-on que le Roy y avoit merveilleux profit, et au grand dommage du peuple, et de la chose publique du royaume. Et y eut de grands murmures tant des gens d'eglise, que nobles, marchands et autres. Et la faisoit-on plus foible, que celle qui avoit paravant couru. Et à peine la vouloit-on prendre, et mesmement les crediteurs, à qui estoit argent deu de prest, de rentes, et autres manieres de debtes. Et disoit-on, qu'il n'estoit ja mestier de la muer, veu que le royaume estoit opulent et riche. Toutesfois la chose demeura en la maniere qu'elle avoit esté ordonnée. Et donna-on cours à la monnoye qui souloit estre, pour certain prix.

Mariage fut traité entre le comte de Nevers,

et la fille du comte de Hainaut; et le fils du comte de Hainaut, et la fille du duc de Bourgongne, afin que alliance fust faite ferme et stable, et à ce qu'il se declarast au Roy, et qu'il se joignist à faire guerre aux Anglois. Lesquelles choses furent jurées et promises, et furent les nopces à Cambray. Et y eut grande feste, et belles joustes. Et combien que les roys n'ayent pas accoustumé de eux exercer en telles manieres de joustes, toutesfois le roy voulust jouster contre un nommé Colart d'Espinay, fort jousteur reputé. Et de faict jousta, et se porta tres-vaillamment, et de tous en fut loüé et prisé.

Le roy de Navarre eut intention de faire empoisonner les ducs de Berry et de Bourgongne, et de la matiere parla à un nommé Jean Destau, Anglois, et luy fit de grandes promesses, en cas qu'il le feroit, et luy offrit bailler argent promptement. Lequel Destan luy promit d'en faire son devoir. Et ainsi il eut argent comptant assez largement. Et fit faire ledit roy de Navarre une poudre, laquelle il bailla audit Destan. Laquelle estoit de telle force et vertu, que si une personne en eust mangé, tant fust petit, il fust entré en une chaleur, que les cheveux et poils de la teste lui fussent cheus, et au bout de trois jours fust mort, et allé de vie à trespassement. Et mangeoient souvent lesdits deux ducs ensemble. Aussi estoient-ils freres, et fort s'entr'aimoient. Et toutes et quantes fois qu'ils devoient disner ou soupper l'un avec l'autre, tousjours ce Jean Destan frequentoit les lieux où on dressoit la viande, et plusieurs et diverses fois y vint, et tellement que aucuns de leurs serviteurs eurent imagination, que ledit Destan qu'ils ne cognoissoient point, et ne sçavoient qui il estoit, n'y venoit point pour bien. Et pource le firent prendre et mettre en prison, et faisoit trop bien la maniere d'estre innocent, et qu'il n'estoit venu que pour voir l'honneur de la cour, et apprendre la forme de servir. Toutesfois il fut interrogé, et aucunement aux interrogations varioit, et pource on luy monstra la question, et incontinent aprés confessa ce que dessus est dit. Et pour ce fut décapité et escartelé.

Le Roy estoit encores à marier, et plusieurs grands seigneurs taschoient fort à avoir son alliance, et non sans cause. Et envoya-on en plusieurs et divers pays apporter, pour luy apporter, au plus prés que faire se pourroit, les phisionomies de celles dont on luy parloit. Et finalement celle qui plus luy pleut, fut Isabeau de Baviere, qui estoit belle, jeune, et gente, et de tres-belle maniere.

En ce temps avoit en France de vaillans chevaliers, et escuyers, et de gens de traict, et bien largement. Et sembloit aux capitaines et chefs de guerre, que si une fois ils descendoient en Angleterre, que tres-aisement la conquesteroient. Et tant que les paroles allerent jusques en la presence du Roy, lequel estoit jeune, et de vaillant courage. Et assembla ceux de son sang, et aussi des capitaines. Et fut conclud d'entreprendre le voyage, et descendre en Angleterre. Et furent mis en escrit les choses necessaires pour executer ce qui avoit esté entrepris, et mesmement de faire diligence d'avoir navires. Lesquelles choses ne se pouvoient executer, ne faire, sans grande finance. Et pource fut mise sus une grande et excessive taille. Laquelle fut cause que une grande partie du peuple, s'en alla hors du royaume en autres pays. Et estoit pitié de l'exaction. Car on prenoit en divers lieux à peu prés tout ce qu'on avoit vaillant, sans quelque consideration, ou avoir regard à la faculté des personnes. Grands navires et de divers pays furent assemblez. Et estoit renommée, qu'il y en avoit si grande quantité, qu'on en eust fait un pont à passer jusques en Angleterre. Et fit-on grande provision de vivres, habillemens de guerre, et autres choses necessaires. Et estoient les choses bien ordonnées pour passer. Et toutesfois tout vint à neant, et ne porterent lesdites provisions aucun fruict. Et disoit-on, et estoit commune renommée, que aucuns seigneurs du sang de France en furent cause. Et que la grosse somme de deniers, qui fut levée à cause de ladite taille, fut entre eux butinée. Et qui pis estoit, aucuns avoient eu argent et grands dons des ennemis, pour rompre ladite entreprise.

Quand messire Jean de Vienne, admiral de France, veid et sceut que l'entreprise dessus dite estoit rompuë, il fut moult desplaisant, et non sans cause, si furent plusieurs autres capitaines. Ledit admiral delibera d'assembler gens, et de passer en Escosse, pour faire guerre à l'aide des Escossois aux Anglois, et fit tant qu'il eut soixante navires et autres vaisseaux, garnis de gens de guerre et de vivres, et autres choses necessaires. Et se mit sur mer environ aprés le commencement du printemps, et y fut jusques au commencement d'esté, avant qu'il peust entrer en Escosse. Pendant lequel temps les Anglois à bien grosse puissance, et plus deux fois que n'estoient les François, se mirent sur mer pour combattre les François, et avoient fait faire un vaisseau tout fourré, farcy et garny de poix, pour le faire joindre aux vaisseaux des François. Et leur sembloit que par ce moyen, avec autres habillemens qu'ils avoient, qu'ils brusleroient et arderoient les vaisseaux des François.

Cependant y eut merveilleuses tempestes sur mer de vents et tonnerre, et tellement que les aucuns vouloient, comme que ce fust, retourner en France. Et par aucun temps aprés, le temps s'appaisa, et cesserent les tempestes, et fut le temps bien clair et net. Et en une belle greve sur la mer descendirent les François pour eux aisier. Et la plus grande partie de la compagnée de ceux qui là estoient, estoient d'opinion et volonté de retourner en France. Mais ledit admiral, qui estoit un vaillant chevalier et courageux, commença à parler à eux si gratieusement et doucement, et tellement que les principaux, qui estoient d'opinion de retourner, delibererent d'aller en Escosse avec ledit admiral. Les gens d'eglise cognoissans la vaillance dudit admiral, et son entreprise, et aussi le peuple, faisoient belles processions et bien devotes, en priant Dieu pour luy, et sa compagnée. Ils allerent tant par mer, que ils vindrent en Escosse, et arriverent à Edimbourg. Et allerent ledit admiral et aucuns de sa compagnée vers le roy d'Escosse, et luy firent la reverence et l'honneur qui luy appartenoit, en luy exposant qu'ils estoient là venus pour faire guerre aux Anglois en sa compagnée, et pour l'aider à les combatre, en le priant et requerant que le plustost qu'il pourroit, il livrast bataille aux Anglois, et ils estoient prests et disposez d'y employer leurs personnes. Et sembloit par ses manieres qu'il n'estoit pas joyeux de leur venuë. Toutesfois il respondit qu'il falloit bien trois semaines avant qu'il peust avoir mandé et assemblé ses gens, et qu'il en feroit diligence. Et fit crier que aux François on baillast vivres en les tres-bien payant, et non autrement. Et seulement le roy d'Escosse bailla trois mille combatans aux François, lesquels delibererent à ladite compagnée passer outre, et sçavoir s'ils trouveroient les Anglois, et se partirent ensemble, et passerent par merveilleux deserts, et tant cheminerent qu'ils arriverent en Angleterre, en un pays aucunement peuplé, et où avoit aucunes forteresses, et firent tout ce que ennemis ont accoustumé de faire, en boutant feux, et prenant tout tant qu'ils pouvoient et trouvoient, et tuoient ceux qui resistoient. Et tindrent par huict jours les champs, sans qu'ils trouvassent empeschement, ne gens qui les voulussent combatre. Et vindrent devant un chasteau nommé Drouart, que les Anglois et Escossois tenoient comme imprenable. Et advisa l'admiral ladite place, et luy sembla que par un endroit elle estoit prenable d'assaut, et en parla à ses compagnons, lesquels furent tous d'opinion qu'on l'assaillist. Les Escossois au contraire disoient que ce seroit folie, et qu'ils la tenoient comme imprenable. L'admiral fit ses preparatoires, et fit sonner ses trompettes à l'assaut. Et combien qu'il y eut gens de defense dedans, toutesfois les François assaillirent si vigoureusement et asprement la place, qu'ils y entrerent, et la gaignerent à la veuë des Escossois qui les regardoient sans faire semblant d'aider aux François, et estoient comme statués de pierre, esbahis de la grande vaillance des François. Autres places y avoit, qu'on tenoit fortes au pays : mais rien n'arrestoit devant eux. Et y gaignerent assez competemment. Et fort doutoient les Escossois, qu'ils ne leur joüassent un mauvais tour, et se separerent des François. Toutesfois ils trouverent tousjours le comte du Glas bon et loyal envers eux, et les aidoit et confortoit en toutes les manieres qu'il pouvoit. Les exploits que faisoient les François vindrent à la cognoissance du roy d'Angleterre, lequel fut fort sommé et requis par les gens desdites marches, qu'il voulust resister à l'entreprise des François, et qu'il y mist remede. Et diligemment assembla des gens de guerre, le plus qu'il peut, et escrivit à l'admiral en luy improperant sa folle entreprise d'estre venu en son pays, et que en bref il lui feroit monstrer. L'admiral receut, le plus honorablement que il peut, le message qui estoit venu, en luy donnant largement du sien, et escrivit au roy d'Angleterre, qu'il ne se devoit point esbahir, s'il estoit entré en son pays, et qu'il ne faisoit chose, que ennemy ne deust faire à autre. Et que si en sa presence il vouloit qu'on fist armes, il offroit à les faire faire de dix François contre trente Anglois, ou de cent François contre trois cens Anglois. Et le roy d'Angleterre respondit, que telles offres n'estoient ne raisonnables ne faisables, et ne les acceptoit point. Mais il assembla foison de gens, et les envoya és marches où estoit ledit admiral. Et quand il le sceut, il parla aux Escossois bien et doucement, en leur priant et requerant que par vertu des alliances, que les roys de France et Escosse et leur pays avoient ensemble, qu'ils les voulussent aider et conforter. Si respondirent les Escossois, que là où les Anglois les suivroient jusques à l'entrée d'Escosse, et qu'ils s'efforçassent d'y entrer, ils resisteroient le plus qu'ils pourroient, et recevroient les François. Quand l'admiral sceut la venuë des Anglois, et qu'ils estoient si grosse puissance, et plus dix fois qu'il n'avoit de gens, et que les Escossois n'avoient pas intention de leur aider à combatre les Anglois, ils se retrahirent vers les marches d'Escosse en la comté du Glas, où ils furent receus. Quand les Anglois sceurent qu'ils estoient audit pays, ils s'en retournerent, et ne poursuivirent plus lesdits François.

Esdites marches furent par aucun temps les François pour eux aisier, et leur faisoit-on bonne chere. Et commença l'admiral à frequenter les nobles dames et damoiselles du pays, lesquelles estoient bien joyeuses de voir les François, et joyeusement les receurent. Et tellement que l'admiral s'accointa d'une dame, prochaine parente du Roy, et estoit aucune renommée qu'il avoit sa compagnée. Si fut adverty par ladite dame qu'il se sauvast, où il estoit en adventure d'avoir à faire de sa personne, et ses gens aussi. Et tantost et bien diligemment envoya visiter ses vaisseaux, et les mettre à poinct. Et le plus secrettement qu'ils peurent, luy et ses gens entrerent dedans, et s'en vindrent en France. Et ne rapporterent aucun profit, mais seulement renommée de vaillance et hardiesse, et sans comme nulle perte de gens. Et par le Roy, les seigneurs et autres furent bien receus.

Au temps que ledit admiral estoit allé en Escosse, pource que l'armée qui vouloit passer en Angleterre, estoit rompuë, il demeura à l'Escluse tres-grande foison de beaux et grands navires. Et y eut aucuns de la ville de Gand, lesquels meus d'une grande mauvaistié, delibererent d'ardre les navires et y faire bouter le feu. Et celui qui en avoit la charge, estoit homme de bas estat, nommé Francon, et luy fit-on de grandes promesses. Et de faict s'en vint à l'Escluse, cuidant executer sa mauvaise volonté, et luy et ses alliez arracherent les verroüils et serrures des portes. Le capitaine de l'Escluse s'en apperceut, et le fit sçavoir au Roy qui estoit au pays. Le Roy manda qu'on print les malfaicteurs, et qu'on en fist bonne justice. Mais ils s'enfuirent et partirent de la ville, et se retrahirent en la ville de Dam, en laquelle avoit plusieurs Anglois, qui s'en devoient aller en Angleterre, lesquels ceux de Dam retindrent, doutans que le Roy ne leur donnast des affaires, comme il fit. Car il ordonna que le siege fust mis devant la ville, ce qui fut fait. Et quand ceux de dedans virent qu'on y mettoit le siege, ils commencerent à se mocquer des François, et leur disoient plusieurs injures, opprobres, et vilennies. On y fit plusieurs assauts, qui peu profiterent. Car ceux de dedans estoient vaillantes gens, et fort se defendoient, et merveilles d'armes faisoient, et avoient fort traict, et alloient les pierres de leurs canons jusques aux tentes du Roy. Les François, voyans leurs manieres, firent dresser leurs canons, et firent faire engins de bois nommez chars, pour approcher des murs, tellement que ceux de dedans ne les eussent peu grever. Et quand les assiegez cognurent les preparatoires que faisoient les François, et puis que le Roy y estoit en personne, jamais ne partiroient jusques à ce qu'ils les eust, ils s'assemblerent, et conclurent, et delibererent, s'ils pouvoient avoir traité qu'ils y entendroient. Et pour ce faire, ils envoyerent devers le Roy, et offrirent bailler la ville, et qu'on les laissast aller eux et leurs biens sauves. Et leur fut respondu, que le Roy auroit advis s'il le feroit ou non, et dilayoit-on à faire response. Et doutoient aucuns de dedans que les delais ne se fissent, que pour leur faire dommage. Or il y avoit d'un costé de la ville marests tres-grands, et ne cuidoient pas les François qu'on les peust passer, et pource n'y avoient-ils point mis de garde; et par là aucuns et quasi tous les Anglois s'en allerent. Et au matin, environ le poinct du jour, ceux qui tenoient le siége s'en apperceurent; et afin que plus n'en partist par là, fut mis un siege par devers lesdits marests, et fut la ville tout à l'environ assiegée, dont ceux de dedans furent bien esbahis. Et quand les murs furent aucunement battus, les François concluirent d'assaillir la ville, combien que encores dedans y avoit de vaillantes gens. Et aprés aucuns preparatoires faits, necessaires à assaillir, y eut fait assaut dur et aspre, et de grandes armes faites. Et finalement fut d'assaut la ville prise, et sans gueres grande perte de François, veu la grande vaillance et defense de ceux de dedans. En ceste ville y avoit de grandes richesses et largement. Tout fut pillé et pris par les François, et tuoient et mettoient à mort tout ce qu'ils trouvoient. Le Roy tantost fit crier que sur peine de la hart on ne tuast les desarmez, et y eut grande occision. Les uns se cuiderent sauver, et allerent par une des portes : mais Clisson connestable les suivit, et ne cessa l'on de tuer des ennemis jusques à la nuict. Et Francon, qui devoit bouter le feu aux navires, se retrahit en une bien forte place à six milles de Gand. On delibera d'y aller l'assieger, mais quand il le sceut, il s'en alla retraire dedans Gand. Les François vindrent devant ladite place, et la prindrent, et fut toute rasée jusques à terre. Et est chose comme incroyable des grandes richesses, que les François y trouverent. Le Roy, voulant pourvoir à la garde et seureté des navires estans à l'Escluse, fit faire une belle et grosse tour à l'Escluse au haure. Et depuis, comme on dit, donna le Roy lesdites navires, et la ville de l'Escluse au duc de Bourgongne son oncle.

On rapporta au Roy que sur les marches de Zelande avoit un pays assez fort, où il y avoit beaux pasturages, et largement vivres et gens, lesquels favorisoient les Gantois, et s'estoient preparez à resister à la puissance du Roy. Si ordonna le Roy qu'on y allast, et qu'on y menast son armée. Forte resistance y eut faite par ceux du pays, nonobstant laquelle les François y passerent et entrerent. Et trouverent un bien riche pays plein de biens, tant de vivres pour eux et leurs chevaux, que autres richesses. Et prirent ce qu'ils trouverent, et y eut grande occision de gens. Car ils s'estoient mis en defense, cuidans resister. Et si y eut des prisonniers pris des plus riches. Et cuidoient ceux qui les prirent, les mettre à finance, et avoir quelques grandes sommes d'argent : mais le Roy les fit prendre, afin que de eux punition en fust faite. Mais plusieurs des princes et seigneurs estans en la compagnée du Roy, luy firent requestes et prieres qu'il leur voulust pardonner la mort, et ils se declareroient ses subjets. Laquelle chose le Roy estoit prest de faire, et leur fut dit. Mais ils respondirent qu'ils aimoient mieux mourir, et que après leur mort, leurs os, s'ils pouvoient, resisteroient à ce qu'ils ne fussent en l'obeïssance du Roy, et tres-constamment persisterent en ceste opinion et volonté. Et pource fut ordonné, que tous seroient decapitez. Et en y eut l'un d'eux cuidant eviter la mort, lequel s'offrit à les decapiter, et les decapita. Et le plus loin, qui fut en degré de ceux qu'il decapita, estoit son arriere-cousin. Et pource le Roy, veuë l'inhumanité d'iceluy, et le courage qu'il eut de décapiter ses parens, le fit mourir, et non sans cause.

En Avignon avec le pape y avoit trente six cardinaux, et si n'estoit obeï en toute chrestienté, que à peine en France. Il n'y avoit celuy qui ne voulust mener un grand estat, et tout le principal du profit qu'ils pouvoient trouver et avoir, venoit du royaume de France. Et en toutes manieres qu'ils pouvoient trouver d'avoir argent, ils le faisoient. Et lors y avoit un abbé de Sainct Nicaise de Rheims, bien notable homme, auquel le pape commanda qu'il vint en France, et que de tous benefices il prit la moitié des revenus, pour estre employée à tenir les estats de luy et ses cardinaux. Et que ceux qui desobeïroient, il les privast de leurs benefices. Lequel abbé obeït au commandement du pape. Et s'en vint en France, et se transporta en Bretagne et Normandie, pour executer sa commission. Et faisoit de bien aspres contraintes, et grande somme de deniers commençoit à exiger, et des benefices mesmes d'aucuns escholiers estudians à Paris, lesquels se plaignirent à l'Université. Et fut conclu, que le recteur et aucuns deputez iroient devers le Roy. Et y vindrent, et y eut une proposition bien notable faite par un docteur en theologie, et monstra que la chose n'estoit ne soustenable ne faisable par le pape. Et leur fut respondu, que le Roy y pourvoiroit. Et y eut ordonnances faites, par lesquelles fut defendu, que nul or, ne argent, ne se transportast hors du royaume. Et outre qu'on saisist tous les benefices, et que les fruicts fussent mis en la main du Roy. Et que le tiers en fust mis és reparations des maisons et edifices, l'autre tiers à payer les charges, et l'autre au vivre des personnes ecclesiastiques. Et quand ils sceurent en Avignon ces nouvelles, ils furent bien esbahis. Le Roy pour ceste cause envoya vers le pape messire Arnaud de Corbie, lequel exposa au pape les complaintes que faisoient et avoient faites au Roy l'université et les gens d'eglise, touchant ladite exaction. Et le pape et les cardinaux cognoissans que à bonne et juste cause ils se plaignoient, promirent cesser, et de faict cesserent lesdites exactions. Et s'en retourna ledit de Corbie à Paris devers le Roy. Et ainsi l'université fut contente de la response.

Le Roy après la prise de la ville de Dam, s'en retourna à Paris, bien desplaisant de ce que l'entreprise, qui avoit esté faite de passer en Angleterre, avoit esté rompuë, et qu'on n'y estoit passé. Et donna congé aux gens d'armes qu'ils s'en allassent en leurs maisons, et qu'ils fussent prests de retourner au printemps. Cependant ceux de Bruges et de Ipre envoyerent devers le Roy un orfevre bien eloquent, en priant et requerant au Roy qu'il luy pleust avoir bonne paix avec ses subjets de Flandres. A laquelle chose le Roy estoit fort enclin, et accorda d'y entendre. Et fut conclu qu'il envoyeroit à Tournay, et aussi vers les Flamens, et que là on adviseroit si aucun bon accord ou expedient s'y pouvoit trouver. Et de faict, le Roy y envoya de bien notables gens, et aussi fit le duc de Bourgongne. Ceux de Gand y envoyerent cinquante personnes bien pompeusement habillées, tant en chevaux que vestures et habillemens, dont les gens du Roy ne furent pas bien contens. Car il leur sembloit qu'ils deussent estre venus en toute humilité. Mais en paroles, langages, et manieres, ils se porterent si doucement et gratieusement, que tous les gens du Roy et du duc en furent tres-contens. Et y eut accord et traité fait, dont on fit grande joye. Et se mirent en l'obeïssance du Roy et du duc, selon les poincts contenus en la charte faite dudit traité.

En ce temps fut le mariage du Roy à Amiens,

et de dame Isabeau de Baviere, et y eut joustes et grandes festes faites.

La disme de l'eglise de Sainct Denis en France, qui souloit estre de neuf cens soixante et une livres treize sols parisis, fut reduite par le pape à la requeste du Roy à quatre cens. Et à cette cause l'abbé fit faire deux images d'argent, l'une de sainct Nicolas, et l'autre de saincte Catherine.

Pierre de Courtenay, Anglois d'Angleterre, lequel estoit des plus prochains du roy d'Angleterre en service, et auquel il se fioit moult, vint en France voulant faire armes contre le seigneur de la Trimoüille. Et se presenta en la presence du Roy audit de la Trimoüille, en luy requerant qu'il voulust accomplir ce qu'il requeroit. Et le conseil du Roy respondit, que telles manieres de faire n'estoit à souffrir, ne point honnestes, veu qu'il n'y avoit point de matiere. Et le seigneur de la Trimoüille respondit qu'il le combatroit, et qu'il y avoit assez cause, veu qu'il estoit François et Courtenay Anglois. Et fut journée assignée à la cousture Sainct Martin. Il y avoit des astronomiens à Paris lesquels vindrent dire au seigneur de la Trimoüille, qu'il combatist hardiment. Et que au jour assigné il feroit tres-beau temps, et qu'il vaincroit son adversaire. Au jour assigné, ils apparurent en champ en la presence du Roy et des seigneurs, et faisoit un temps tres-pluvieux. Et quand ils furent tous prests de besogner, et de faire armes, le Roy les fit prendre, et defendre qu'ils ne combatissent point. Et ainsi se departirent. Ledit Anglois s'en partit de Paris, et le fit le Roy deffrayer, et donner du sien bien et honnestement. Et s'en vint devers le comte de Sainct Paul, qui avoit espousé la sœur du Roy d'Angleterre, et se vantoit qu'en la cour du Roy, il n'avoit trouvé François qui l'eust osé combatre. Un gentilhomme seigneur de Clary estoit present qui luy respondit, que s'il vouloit, il le combatroit le lendemain, ou quand il luy plairoit. Et estoit homme de petite stature, mais de grand courage. Et en fut l'Anglois content, et jour assigné au lendemain, et comparurent le François et l'Anglois au champ, et combatirent vaillamment. Et finalement l'Anglois fut blessé, et cheut à terre, et fut desconfit, et y eut le seigneur de Clary grand honneur. La chose venuë à la cognoissance du duc de Bourgongne, il en fut tres-mal content, et disoit que ledit de Clary avoit gagné de mourir, et qu'on luy coupast la teste, pource que sans le congé du Roy, il avoit fait armes, et combatu ledit Anglois. Et il respondit que ce pouvoit avoir lieu entre gens d'un party: mais un François pouvoit combatre un Anglois son ennemy mortel, en tous les lieux qu'il le trouvoit. Toutesfois ledit de Clary, craignant le courroux et mal-talent du duc de Bourgongne, se absenta, et en divers lieux se latita, et mussa. Et à la fin, le Roy luy pardonna l'offense qu'il luy avoit peu faire, en faisant armes sans son congé.

M. CCC. LXXXVI.

L'an mille trois cens quatre-vingt et six, le Roy desirant tousjours de passer en Angleterre, manda le duc de Touraine son frère, et les ducs de Berry, de Bourgongne, et de Bourbon, et autres princes, tous deliberez de non plus entendre à aucun traité avec les Anglois. Quand le roy d'Armenie sceut ladite deliberation, il vint en la presence du Roy, et desdits seigneurs et du conseil, et fit une belle proposition, en monstrant le faict des ennemis de la foy, et la conqueste qu'ils avoient faite, et les tirannies qu'ils faisoient aux chrestiens. Et que le souverain remede estoit, que les roys de France et d'Angleterre fussent bien unis ensemble, et qu'ils estoient assez puissans pour resister à l'entreprise des Turcs, et les confondre et conquester leur pays, en exhortant le Roy qu'il voulust encores entendre à faire paix. Et s'offroit à aller en Angleterre, et parler au Roy, de laquelle chose le Roy fut tres-content. Et dit, que le plus grand desīr qu'il eut, c'estoit qu'il eust bonne paix avec ses ennemis. De laquelle response le roy d'Armenie fut tres-joyeux. Et le plustost qu'il peut, se mit en chemin devers les Anglois. Et de faict, arriva en Angleterre, où il fut receu grandement et honorablement, et vint en la presence du roy d'Angleterre. Et là recita les causes de sa venuë. Et si en la presence du Roy il avoit fait belle proposition, encores se porta-il mieux, en monstrant quel profit la paix d'entre les deux royaumes pouvoit faire au bien de la chrestienté. Et conclud le roy d'Angleterre d'y entendre, et qu'il envoyeroit à Calais de ses gens en certain temps. Et retourna le roy d'Armenie devers le Roy, et luy dit la response qu'avoit fait le Roy d'Angleterre. Et estoit le Roy tres-joyeux d'y entendre. Et pource envoya à Boulogne bien notable ambassade. Et estoit le mediateur ledit roy d'Armenie, et là furent six semaines. Et estoit merveilles de voir l'orgueil des Anglois, et leur arrogance, et demandoient plus beaucoup qu'ils ne souloyent faire. Et par leurs manieres apparoissoit evidemment qu'ils n'avoient aucune volonté d'accorder, ne traiter, et n'y eut rien de fait. Si s'en retournerent les Anglois en Angleterre, et les François à Paris devers le Roy, auquel ils reciterent les allées, venuës et paroles, qui avoient esté faites et dites. Et estoit tout evident et clair, que les Anglois ne vouloient aucun accord, s'ils n'avoient tout ce qu'ils demandoient. Et cependant de Brest en Bretagne, et de Cherbourg en Normandie qu'ils tenoient, faisoient forte guerre sur la mer. Et leur resistoient les François, et estoient les frontieres bien garnies de vaillantes gens; et tellement, que quand les Anglois sailloient desdites places, le plus souvent bien chaudement et asprement estoient reboutez jusques dedans leurs places dessus dites, à leur grande confusion.

Quand le Roy, ceux du sang, et le conseil sceurent et apperceurent la maniere des Anglois, ils conclurent de faire armée, et de passer en Angleterre. Et pour ce faire, estoit chose necessaire d'avoir argent. Et furent faits gros emprunts des gens d'église, et une grosse taille sur le peuple, montans à grandes sommes de deniers. Et se chargea le duc de Berry d'en faire les diligences. Et envoya monseigneur le connestable de Clisson en Bretagne, messire Jean de Vienne, admiral de France, en Normandie, et le seigneur de Sempy en Picardie, pour faire provision de navires, et aussi de gens. Et estoit commune renommée, que ledit duc de Berry assembla assez de gens, pour conquester et combattre toutes nations estrangeres. Et fut ordonné, que tous se rendroient à certain temps à l'Escluse. Et pour avoir, quand on seroit descendu, quelque retraict, on fist faire certaines closures de bois, en maniere de murs de ville, qu'on devoit dresser audit pays d'Angleterre. Et pour les choses dessus dites accomplir, y eut de grandes mises et despenses.

Il fut grande renommée que le duc de Bretagne favorisoit fort les Anglois, et furent trouvées certaines lettres de ce faisans mention, et y avoit tres-grande apparence. Et vint la chose à la cognoissance du Duc, lequel envoya bien diligemment une notable ambassade devers le Roy, en soy excusant, et monstrant que lesdites lettres ne vindrent onques de luy, et que les Anglois les avoient contrefaites, pour luy donner charge. Et receut le Roy benignement son excuse, consideré mesmement qu'il fit dire, qu'il monstreroit si cuidemment qu'il estoit bon François, qu'on s'en apperceveroit, et qu'on envoyast à Brest en Bretagne, pour avoir la place, et qu'il y aideroit de tout son pouvoir. Mais plusieurs disoient que ce n'estoit que fiction. Toutesfois le Duc fit grand appareil de navires bien garnis, et fit assieger Brest sur mer. Et sur les vaisseaux, fit faire chasteaux de bois, tellement que les Anglois par la mer n'eussent peu sortir ne s'en aller. Et pareillement par terre fit faire grosses bastilles de bois, et mettre gens dedans, et fit tout bien garnir de vivres. Et estoient les choses très-bien disposées à avoir la place. Le duc de Lanclastre delibera d'aller en Espagne faire guerre, et assembla foison de gens de guerre, et grande foison de navires, pour y aller. Et de faict, se mit sur mer, et fut prié et requis, que en passant il voulust faire lever le siege par mer, mis par le duc de Bretagne. Ce qu'il promit de faire. Et de faict, approcha les marches de Bretagne, et vint vers la place où les vaisseaux du duc de Bretagne estoient, les cuidant gagner, ou au moins faire departir, et par trois jours les assaillit : mais les Bretons si vaillamment se defendirent, que le duc de Lanclastre ne vint pas à son intention. Et se departit de l'entreprise, qu'il cuidoit faire, et print son chemin en Espagne. Et furent les Anglois dedans Brest tellement affamez, qu'ils estoient contraints, et comme deliberez d'eux rendre, et laisser la place, n'eust esté que les Bretons furent contraints de lever le siege, pource qu'ils n'estoient payez.

En ce temps y eut grande guerre entre le roy d'Espagne et le roy de Portugal, lequel estoit fort allié des Anglois. Et l'année de devant, le roy d'Espagne avec dix mille combatans estoit entré au royaume de Portugal, et y faisoit forte et aspre guerre, et vint devant Lisbonne, une grosse ville de Portugal. Le roy de Portugal assembla gens de toutes parts, et si avoit des Sarrasins et des Anglois. Et avec le roy d'Espagne estoit messire Geoffroy de Roye, en huict cens hommes bien armez. Et furent contens les Espagnols et les Portugalois de combatre, et se mirent sur les champs, et se rencontrerent l'un l'autre, et y eut dure et aspre bataille, et foison de morts d'un costé et d'autre, et finalement les Espagnols furent desconfits, et s'enfuit le roy d'Espagne. Et le roy de Portugal encores, non content d'avoir gagné la bataille, voulut faire forte guerre, et envoya en Angleterre pour avoir gens, et en escrivit au duc de Lanclastre, lequel avoit espousé la fille de Pierre, qui se disoit roy d'Espagne. Et se disposa le duc de Lanclastre de venir en aide au roy de Portugal, et passa par emprés Brest, comme dessus est dit. Quand la chose vint à la cognoissance du roy d'Espagne, il envoya aussi hastivement devers le roy de France, querir aide et secours. Le duc de Bourbon, un vaillant prince, s'offrit d'y aller, et d'y mener gens le plus qu'il pourroit.

Et cependant qu'il faisoit son armée, le Roy y envoya mille combatans estant soubs messire Pierre de Villaines, et Olivier de Glisquin, et firent grande diligence d'aller vers le roy d'Espagne. Dont il fut moult joyeux, et les mit en garnison en ses villes. Quand le duc de Lanclastre sceut que les François estoient venus, il fut bien esbahi, et leur envoya dire que la chose ne touchoit le roy de France, et que s'ils le vouloient servir, il les contenteroit tres-bien. Les François respondirent, que si la chose touchoit le Roy ou non, ils n'en avoient point à cognoistre, et qu'il leur avoit commandé qu'ils vinssent servir le roy d'Espagne, et pour ce y estoient-ils venus, en luy obeïssant, pour le servir. Et commencerent à faire forte guerre, et aspre, et merveilleuse, et se monstroient bien les François estre vaillans en armes. Le duc de Lanclastre considérant que aisément il ne pourroit pas venir à son intention, et que grandes nouvelles estoient de la venuë du duc de Bourbon, et que, dés avant son partement, il sçavoit que les François devoient passer en Angleterre, et faisoient grand appareil, delibera d'entendre à trouver moyen d'aucun traité, et accord. Et y eut aucunes trefves entre les deux Roys, et finalement ils furent amis. Et avoit le duc de Lanclastre deux filles, et les deux Roys estoient à marier, et eut le roy d'Espagne l'une des filles, et le roy de Portugal l'autre. Et y eut paix et bon accord, et par ce moyen les François s'en retournerent, et ne fut aucune necessité que le duc de Bourbon s'en allast en Espagne. Et devoit ledit duc de Lanclastre porter des armes d'Espagne un quartier. Et tous les ans avoit certaine somme d'argent, à cause de sa femme qui estoit fille de Pierre, soy disant roy d'Espagne. Et aprés ces choses survint une merveilleuse et piteuse mortalité esdits pays, et tellement qu'on disoit, qu'il n'y demeura pas le quart du peuple qui y estoit. Et y mourrurent la femme dudit duc de Lanclastre et son fils. Et y eut sur la mer telle et si grande tempeste, et vents merveilleux, que les navires dudit Duc furent toutes peries et perdues : toutesfois il fit diligence d'en trouver d'autres, et en eut, et s'en retourna en Angleterre. Et y eut bien piteuse venuë, quand on sceut la merveilleuse mortalité qui avoit esté, par le moyen de laquelle plusieurs chevaliers et escuyers de bien estoient trespassez. Et ne sçauroit-on à peine declarer la douleur qu'avoient les dames et damoiselles, et les enfans, qui estoient demeurez vefves et orphelins.

Le Roi se tenoit à Paris, et tousjours faisoit-on preparatoires pour passer en Angleterre. Le Roi avoit une sœur nommée Catherine, qui n'avoit que de neuf à dix ans. Monseigneur de Berry oncle du Roy, avoit grand desir que son fils l'eust en mariage, et envoya vers le Pape pour en avoir dispense, laquelle il eut bien aisement. Et donna le Roy sa sœur au fils du duc de Berry, et en fit le mariage.

Et aprés se partit de Paris, et vint à Sainct Denys faire ses offrandes. Et y eut difficulté s'il prendroit l'oriflambe, et disoient le plus des chevaliers et escuyers que non, et qu'elle ne se devoit prendre sinon à la défense du royaume, mais non mie quand on veut conquester autre pays. Il se partit de Sainct Denys, et vint à Senlis, et de là à Amiens, et de Amiens à Arras, esquelles citez il fut grandement et notablement receu, comme il luy appartenoit. Il fit enquerir s'il y avoit navires prests. Et trouva-on, qu'il y avoit neuf cens nefs ou vaisseaux tous prets et garnis de vivres, et huict mille chevaliers et escuyers, et gens de traict et gros varlets sans nombre. Et sembloit que les choses estoient bien fort apprestées pour passer. Et fut ordonné que partout on fist prieres, oraisons, et processions, ce qui fut fait bien diligemment. On vint devers le Roy lui dire qu'il attendoit trop à partir, et que tout estoit prest, et le temps doux et paisible. Et il respondit, qu'il attendoit son oncle le duc de Berry, qui estoit à Paris, auquel il manda qu'il s'avançast. Lequel Duc rescrivit au Roy qu'il fist bonne chere, et vescust joyeusement sans partir. Les gens de guerre et autres de bonne volonté estoient en grande desplaisance de ce qu'on ne partoit, veu que le temps estoit propice, et convenable, et estoient de tres-grand desir et affection de exploiter sur leurs ennemis. Et de tres-grande desplaisance commencerent à piller, derober, et detrousser gens allans par le pays. Et fut l'entreprise rompuë, et de nulle valeur. Et si furent lesdites pilleries si merveilleuses, que au pays ne trouverent plus que manger, et furent contraints eux en aller et departir par defaut de vivres et de payement, combien qu'on eust levé grand argent.

Audit an le vingt-cinquiesme jour de septembre, la Royne eut un fils nommé Charles. Parquoy furent ordonnez chevaucheurs par tout le royaume, pour le faire sçavoir aux gens d'église, nobles et peuple. Si en fut faite grande joye partout. Et combien que au temps passé, on eust accoustumé de faire aumosnes, et relever le peuple d'aucunes charges qu'on leur faisoit; toutesfois de ce ne fut rien fait, ne monstré semblant de le vouloir faire. Et le jour des Innocens ensuivant, ledit enfant alla de vie à trespassement.

Et fut enterré à Sainct Denys en la chapelle de son aycul Charles cinquiesme de ce nom.

En ce temps y eut merveilleux vents et tempestes, és forests et jardinages, arbres arrachez de terre et maisons, cheminées abatuës sans nombre, et si fit merveilleux tonnerres; et si advint en une ville sur la riviere de Marne, que le tonnerre et foudre cheut sur une église, tellement que ladite église fut toute arse, et la custode où estoit le corps de nostre Seigneur, mais on trouva l'Hostie sacrée toute entiere sur l'autel.

Le duc de Berry, aprés l'entreprise faillie de passer en Angleterre, et par sa faute, comme on disoit, feignit de vouloir tant faire qu'on passast. Et disoit en soy excusant, qu'il ne pouvoit plustost venir. Et estoient les excusations apparemment vaines et frivoles. Et de faict, vint jusques à l'Escluse, où le Roy estoit. Mais le temps n'estoit pas bien disposé. Car sur mer estoient merveilleuses tempestes. Et si estoient les gens de guerre tellement separez en divers lieux, qu'il estoit tout apparent qu'il n'estoit pas possible de passer, et les manieres que tenoit le duc de Berry, n'estoient que mocqueries et derisions. Et estoit-on tres-mal content, et en disoit-on plusieurs meschantes paroles. Et furent tous les navires peris par la tempeste de la mer, ou gagnez par les Anglois. Et y avoit vaisseaux pleins de vivres et de vins, jusques à deux mille tonneaux, lesquels furent gagnez par les Anglois. Et fut contraint le Roy s'en retourner à Paris, et donna la ville de bois, dont dessus est fait mention, au duc de Bourgongne son oncle.

En ladite année, Charles I, roy de Navarre, (qui estoit fils de la royne Jeanne II, fille unique du roy Louys X, dit Hutin), lequel au royaume de France par plusieurs et diverses fois fit maux innumerables, alla de vie à trespassement. A sa mort y avoit un evesque, lequel fit une maniere d'escrire à sa sœur, en loüant fort sa vie et sa fin. Mais autres, qui en sçavoient, affermerent que pource que par vieillesse il estoit tout refoidi, on conseilla qu'il fust enveloppé en un drap moüillé en eauë de vie, et y fust cousu dedans, et que quand le drap seroit sec, qu'on l'arrousast de ladite eauë. Celui qui le cousoit avoit devant luy de la chandelle de cire alméa, et pour rompre son fil, il prit la chandelle de cire pour le brusler. Mais il advint que le feu du filet alla jusques au drap. Et fut ledit drap mis en feu et en flamme, et n'y peut-on oneques mettre remede, et vesquit trois jours, criant et brayant à tres-grandes et aspres douleurs, et en cet estat alla de vie à trespassement. Et disoit-on que c'estoit une punition divine.

En ce temps y avoit un gentil chevalier nommé messire Jean de Carrouget, qui avoit espousé une tres-belle et vaillante dame, lequel par aucun temps avoit esté absent. Et quand il revint, la dame en plorant dit à son mary, qu'elle avoit esté prise à force et cognuë charnellement par un escuyer nommé Jacques le Gris. Lequel, quand il sceut qu'on le vouloit charger d'un tel cas, fut bien desplaisant, et souvent affermoit par serment, que oneques le cas ne luy estoit advenu. Toutesfois Carrouget ne le creut point, et le fit adjourner en la presence du Roy en cas de gage de bataille, et comparut, et fut jetté le gage, et cette matiere renvoyée en la cour de parlement. Et le tout veu et considéré, fut dit qu'il y eschoit gage, et fut adjugé le gage, et ordonné que la dame seroit detenuë prisonniere. Et feroit serment, que ce qu'elle imposoit à Jacques le Gris estoit vray, et ainsi le jura et afferma, et ledit Jacques aussi pareillement le contraire. Si furent les parties mises au champ, et les cris faits en la forme et maniere accoustumée. Et disoit-on que messire Jean de Carrouget avoit fievres, et que à ceste heure le prirent, si combatirent lesdits champions bien et asprement l'un contre l'autre. Et finalement Jacques le Gris cheut. Et lors Carrouget monta sur luy, l'espée traite, en luy requerant qu'il luy dist verité. Et il respondit que sur Dieu, et sur le peril de la damnation de son ame, il n'avoit oneques commis le cas dont on le chargeoit. Et pourtant Carrouget, qui croyoit sa femme, luy bouta l'espée au corps par dessous, et le fit mourir, qui fut grande pitié. Car depuis on sceut veritablement, qu'il n'avoit oneques commis le cas, et que un autre l'avoit fait, lequel mourut de maladie en son lict, et, en l'article de la mort, il confessa devant gens que ce avoit-il fait.

En Bretagne audit temps avoit un chevalier nommé messire Robert de Beaumanoir, qui fit appeller devant le duc un autre chevalier nommé Pierre de Tournemine, en gage de bataille. Et disoit qu'il avoit un sien parent de son nom et armes, lequel on chargeoit d'entretenir la fille d'un laboureur, devers lequel vint ledit de Tournemine, et luy dit, qu'il estoit bien meschant, qu'il ne tuoit, ou faisoit mourir le parent dudit de Beaumanoir, veu la cause dessus dite, et luy conseilloit qu'il le fist ; et tellement il enhorta ledit laboureur, qu'il se mit en aguet de le tuer par plusieurs fois, et le trouva une fois à son advantage, et le tua. Et disoit ledit de Beaumanoir, que le meurtre avoit esté fait par l'induction dudit de Tournemine, et que faussement et mauvaisement il l'avoit fait ; et s'il le vouloit nier, il estoit prest de l'en combatre, et jetta son gage. Tournemine respondit, en niant tout ce que disoit Beaumanoir. Et finalement veuë la matière, et tout consideré, le gage fut adjugé, et dit qu'il y avoit gage de bataille. Et y eut jour et lieu assigné, auquel les parties comparurent en la presence du duc, et furent les sermens faits en la maniere accoustumée. Et aprés cry fait, que chacun fist son devoir, ils s'approcherent l'un de l'autre, et combatirent bien longuement, et ne sçavoit-on à peine lequel avoit le meilleur ; et finalement de Tournemine fut desconfit, sans recognoistre le cas, et comme mort fut mis hors du champ.

◇◇◇

M. CCC. LXXXVII.

L'an mille trois cens quatre-vingt et sept, y eut en France une merveilleuse et comme generale mortalité, et si piteuse que à peine trouvoit-on qui ensevelist les morts, et estoit de bosses et de flux de ventre. Et ne sçavoit-on remede humain trouver. Si fut-il advisé, qu'il falloit avoir recours à Dieu, et ordonna-on à faire processions, et devotes oraisons. Et estoit grande pitié de voir les pleurs et gemissemens des creatures humaines. Les uns prians à Dieu, qu'elle voulust cesser, les autres pleurans leurs parens et amis trespassez. Et comme soudainement cessa ladite mortalité, ce qu'on tenoit œuvre de Dieu.

Les nobles de Normandie et autres gens de guerre, voyans que en rien on ne les occupoit, delibererent de faire finance de vaisseaux, et eux mettre sur mer, pour grever les Anglois, s'ils pouvoient ; et de faict ils le firent. Laquelle chose vint à la cognoissance des Anglois, lesquels s'appareillerent à resister, et equiperent les Anglois, et fournirent de gens, et de choses necessaires à ce appartenans, leurs navires, et se mirent sur mer en intention de trouver les François, lesquels aussi ne demandoient autre chose. Et estoit chef des Anglois messire Hue le Despensier, et cinglerent tant par mer qu'ils s'apperceurent les uns les autres, et se disposerent les Anglois et François à combatre, et approcherent, et commencerent à tirer canons, arbalestes, et sagettes, et y eut bien dure et aspre besogne, et plusieurs blessez d'un costé et d'autre. Or advint que le traict faillit aux Anglois, et se joignirent à eux les François, et finalement les Anglois ne peurent soustenir l'assaut que les François leur faisoient, dont ils furent desconfits, et presque tous morts et jettez en la mer. Et fut messire Hue le Despensier pris et amené en Normandie. Dedans les vaisseaux des Anglois qui furent pris, y avoit peu de vivres, mais de grandes richesses, et fut tout butiné entre les François. Et dient aucuns, que messire Hue le Despensier fut delivré sur sa foy, et comme sans finance.

Le cardinal de Luxembourg, lequel fut fait pour le bien qui estoit en sa personne, cardinal en l'aage de dix-huict ans, alla de vie à trespassement, et fut enterré en Avignon aux Celestins. Et à son enterrement, y eut foison de peuple. Et y eut des aveugles, qui par les merites du glorieux sainct, recouvrerent veuë, et des boiteux, qui allerent droit. Aussi plusieurs creatures humaines, malades de diverses maladies, vindrent faire leurs devotions, en requerant le glorieux cardinal trespassé, qu'il voulust prier Dieu, qu'il leur donnast santé, lesquels au neufiesme jour estoient guaris, et tous sains.

En ce temps y avoit grandes divisions en Angleterre. Messire Olivier de Clisson, connestable de France, et messire Jean de Vienne admiral, voyans et considerans le voyage de passer en Angleterre rompu, delibererent d'y passer à tout trois mille combattans, et qu'ils prendroient assez de navires et gens aux marches de Bretagne, Normandie, et Picardie, et leur sembloit, veuë ladite division qui estoit en Angleterre, qu'on porteroit grand dommage aux Anglois. Et pour faire aucuns preparatifs, Clisson s'en alla en Bretagne. Les Anglois, qui en eurent cognoissance, escrivirent au duc de Bretagne, comme à leur accointé, qu'il les voulust aider, avec plusieurs autres choses. Quand le duc de Bretagne sceut que le connestable de Clisson estoit en Bretagne, il luy manda comme à son amy et serviteur de venir disner avec luy, et qu'il luy feroit tres-bonne chere. Le connestable, cuidant que ce fust à bonne intention, y alla volontiers, cuidant estre tres-bien en la bonne grace du duc, et qu'il n'eust aucune malveillance contre luy. Et estoit le duc à Vennes, et aussi-tost que Clisson y fut, par l'ordonnance du duc fut pris, et mis en une tres-mauvaise prison, et tres-durement traité, et souvent on le menaçoit de le faire mourir, et le traitoit-on moult durement et meschamment. Et aprés, par le moyen d'aucuns barons de Bretagne, qui monstrerent au duc le mal qu'il faisoit, veu que Clisson estoit si vaillant chevalier, et le pere duquel, et Clisson mesmes, l'avoient grandement servi, et qu'il estoit connestable de France, qui estoit grande chose, et parce il pouvoit encourir l'indignation du Roy, y eut aucun traité et accord. Et requeroit le duc, que Clisson mist toutes les places qu'il tenoit, en la main du duc, et qu'il luy fist certains sermens et promesses de le servir, et autres choses, comme on disoit non bien honnestes. Et quand on dit à Clisson, ce qu'il falloit qu'il fist, et ce que le duc vouloit, ou autrement il seroit en grand danger de sa vie, il luy fit grand mal de l'accorder. Toutesfois il s'y accorda, et mit ses places en la main du duc, et fit ce dequoy on le requeroit, ou promit de le faire et accomplir, et à ce s'obligea. Et par ce moyen fut delivré, tres-mal content, et monstroit bien par ses manieres, que il avoit bien intention de s'en venger. Et en le delivrant, le duc dit qu'il voyoit bien que la delivrance, qu'il faisoit de Clisson, une fois retourneroit au grand dommage du pays. La chose venuë à la cognoissance du Roy, il fut bien mal content, et non sans cause, et envoya une ambassade vers le duc, et luy manda que comme que ce fust, il mist les places de Clisson en sa main, ou autrement qu'on l'adjourneroit à comparoir en personne en parlement. Et cependant Clisson arriva devers le Roy, soy plaignant du duc, et luy recita la maniere, comment il avoit esté gouverné par le duc, et les promesses qu'il luy avoit faites, et pleinement devant le Roy, ceux du sang, et le conseil, dit que le duc estoit « faux et mauvais envers le Roy et la couronne » de France. » Le Roy et le conseil considerans que le cas estoit tres-mauvais, et que c'estoit crime de lese Majesté, ordonnerent qu'on luy envoyeroit certains commissaires, à l'adjourner pour comparoir en personne à Orleans, par devant luy. Et de faict, y furent certaines personnes notables, lesquelles firent diligence de venir en Bretagne en la presence du duc, lequel les receut bien doucement et honorablement. Et luy exposerent les causes pourquoy le Roy les avoit envoyez, en aucunement detestant le plus doucement qu'ils peurent le cas par luy commis en la personne du connestable, et que pour ceste cause ils estoient chargez de l'adjourner à comparoir en personne devant le Roy à Orleans, ce qu'ils faisoient. Et aprés ces choses ainsi dites, le duc respondit en brefves paroles qu'il estoit serviteur du Roy, et luy voudroit obeir en toutes choses. Et que ce qu'il avoit fait, ce n'estoit au contempt du Roy, ny comme à connestable, mais il estoit son vassal, et en plusieurs et diverses manieres, il avoit mespris vers luy, et qu'il avoit assez de matiere de monstrer qu'il avoit envers luy confisqué corps et biens, et que trop doucement et gratieusement il avoit procedé contre luy. Ce qu'il monstreroit en temps et lieu. Et que tres-volontiers en l'esté, il comparestroit en personne par devant le Roy, esperant qu'il n'auroit que justice et raison, et leur fit tres-bonne chere. Et prirent congé, et s'en vindrent devers le Roy, auquel ils dirent la response du duc.

En ce temps y eut un docteur en theologie, de l'ordre des freres Prescheurs, nommé maistre Jean de Montesono, qu'on tenoit bien notable homme, et bon clerc, lequel souvent preschoit. En une predication dit et tint publiquement, que la glorieuse Vierge Marie, mere de nostre Sauveur et Redempteur Jesus-Christ, fut engendrée en peché originel. L'evesque de Paris le sceut, et sur ce assembla plusieurs notables clercs tant seculiers, que reguliers, et mendians. Et fut la matiere ouverte, et disputée, et debatuë en son hostel, et fut conclu que ladite conclusion dudit maistre en theologie seroit et devoit estre condamnée. Et pource, fut fait une procession generale à Nostre-Dame de Paris. Et par l'evesque de Paris, vestu en estat pontifical, fut ladite proposition condamnée bien et solemnellement. Et à Roüen, y eut un autre docteur en theologie, qui prescha publiquement, comme avoit fait l'autre, et estoit dudit ordre ; et en preschant dit, que s'il ne le sçavoit monstrer, qu'il vouloit qu'on l'appelast Huet. Et au contempt de ce, quand on voyoit aucuns de ladite religion, on les appelloit Huets, et mesmement les jeunes enfans de l'Université le crioient à haute voix, quand ils les voyoient.

En Angleterre y avoit grande division, et disoit-on que le Roy Richard II du nom se gouvernoit par gens non nobles, et non mie de grand estat, dont les nobles du pays estoient tres-mal contens. Et s'assemblerent les oncles et parens, et avec eux les plus nobles qui y fussent, et pource que aucuns contredisoient aucunement au Roy, il fit coupper aucunes testes. Lesquelles choses enflammerent plus lesdits nobles, et soudainement, et comme on ne se donnoit de garde, vinrent devant Londres armez, tous prests de combatre. Et y avoit avec le Roy, le duc de Hibernie, et sembloit au peuple de Londres, que tantost les desconfiroit : et furent les uns devant les autres en bataille rangée, et s'approcherent d'un costé et d'autre, et tirerent largement sagettes, et puis s'assemblerent aux haches, lances et espées. Et en peu d'heures les nobles desconfirent le roy Richard, et ceux qui estoient avec luy : car ils estoient exercez en armes, et qui sçavoient ce que c'estoit de guerre, et les autres non. Le roy Richard se retrahit aux prochains chasteaux, et avec luy le duc de Hibernie, et les principaux de son conseil. Aucuns y en eut de pris, ausquels on coupa les testes, et estoient ceux qui estoient avec le Roy bien esbahis, et leur conseilla le Roy, qu'ils se retrahissent en France, ce qu'ils firent. Et combien qu'ils fussent ennemis du roy de France, toutesfois les receut-il doucement et benignement, et leur fit ordonner leur estat bien grandement. Et firent sçavoir au roy d'Angleterre leur gratieuse reception. De laquelle chose il envoya remercier le roy de France : et appaisa les nobles, et par eux se gouverna : et y eut aucunes trefves.

En Guyenne vers Limosin y a une place bien forte nommée Chalucet, et y avoit grosse garnison de gens, et en estoit capitaine un nommé Teste-Noire, vaillant homme d'armes, lequel endommageoit fort les François, et couroit souvent le pays : il assembla bien quatre cens combatans tous gens de guerre, portans habillemens pour escheller et prendre places, et s'en vinrent devant Montferrand, sçachans que dedans n'y avoit aucunes gens de defense, et arriva en une nuict obscure, et mit une assez grosse embusche au plus prés de la ville, et ordonna dix ou douze compagnons ausquels le plus il se fioit, qui estoient vaillans et armez dessous, menans huict ou neuf chevaux chargez de diverses marchandises, lesquels vinrent au poinct du jour, au pont levis, crier et requerir qu'on les mist dedans, et leurs marchandises. Aucuns de la ville vinrent, qui se disoient portiers pour le jour, et avalerent le pont levis. Les Anglois, qui se disoient marchands, tirerent leurs dagues, et tuerent les portiers, et saillit l'embusche, et entrerent dedans la ville. Les habitans se cuiderent allier, pour les rebouter, mais ils ne peurent resister. Et pillerent et deroberent la ville, prirent prisonniers, et firent tous les maux que ennemis ont accoustumé de faire. Laquelle chose vint à la cognoissance du mareschal de Sancerre, qui estoit vers lesdites marches, lequel tantost assembla gens de guerre, en intention d'aller assieger Teste-Noire dedans Montferrand : mais Teste-Noire en sceut les nouvelles, et chargea sur chevaux, charettes et chariots, ce qu'il avoit pillé, et le plustost qu'il peut, avec ce qu'il avoit, se retrahit à Chalucet, dont il estoit venu.

Jean de Bretagne espousa la fille de messire Olivier de Clisson.

Il y eut un cardinal de l'antipape Urbain, qui vint vers Clement, feignant qu'il vouloit estre en son obeissance, et delaisser Urbain, et y fut par aucun temps, et luy faisoit-on beaucoup de biens. Et sceut et enquit de tout le faict de Clement, et amassa de l'argent largement, et puis s'en alla par Allemagne, et de là vers Urbain l'antipape.

M. CCC. LXXXVIII.

L'an mille trois cens quatre-vingt et huit, comme dessus a esté touché, le duc de Bretagne avoit esté adjourné à comparoir en personne à Orleans par devant le Roy. Mais au jour assigné, combien qu'il fut longuement attendu, il ne vint ny ne comparut en aucune maniere. Quand Clisson veid qu'il ne venoit point, il s'agenoüilla devant le Roy, en disant que autresfois il avoit dit, et encores maintenoit, que le duc luy avoit faussement fait les choses dessus dites, et comme faux, traistre, et desloyal, estoit content de le combatre, et autre qui le voudroit soustenir. Et jetta son gand par maniere de gage sur le lict, lequel aucunement ne fut receu par personne. Le Roy retourna à Paris, tres-fort indigné contre le duc, et avoit le duc grande crainte et doute que le Roy, par le moyen de son connestable Clisson, ne fist armée pour aller en Bretagne contre luy : et plusieurs de ses barons y avoit, lesquels luy remonstroient qu'il avoit mal fait, et qu'il seroit bon d'y trouver aucun expedient : et pour ceste cause, le duc envoya vers le Roy certains ambassadeurs, pour aucunement appaiser l'indignation du Roy. Et quand ils furent à Paris, y eut aucunes difficultez, si le Roy les oiroit ou non. Car le connestable tousjours chaudement poursuivoit. Et finalement fut dit que le Roy les oiroit. Ils excusoient le duc, de ce qu'il n'estoit venu à Orleans, en offrant qu'il estoit content de venir jusques à Blois, et il pleust au Roy envoyer personnes, ausquelles il se peust fier, et à seureté il viendroit jusques en la presence du Roy. Et pour ceste cause, le Roy, considerant la matiere estre haute et grande, envoya ses deux oncles les ducs de Berry et de Bourgongne jusques à Blois. Et là vint le duc, auquel les deux ducs monstrerent qu'il avoit grandement failly et offensé, mais que s'il s'en vouloit venir à Paris devers le Roy, il leur sembloit qu'ils trouveroient moyen de tout appaiser, tant envers le Roy, que Clisson. Et delibera le duc de soy y en venir avec lesdits deux seigneurs. Et luy sembloit bien veu qu'ils le supporteroient, que par leur moyen tout s'appaiseroit. Et de faict, s'en vint comme eux à Paris, et le presenterent au Roy, lequel, quand il veid que ses deux oncles le presentoient, tres-joyeusement et gratieusement le receut, et luy fit tres-bonne chere, dont plusieurs s'esbahissoient : et luy disoit-on plusieurs paroles aucunement contre l'honneur de sa personne, touchant lesdits cas. Et des manieres dessus dites, Clisson estoit tres-mal content et desplaisant, et eust volontiers usé de faict, s'il eust ozé, et s'arrestoit fort à sçavoir si le duc ou autre voudroit lever son gage, qu'il avoit jetté. Mais lesdits deux ducs de Berry et de Bourgongne parlerent par diverses fois à luy, en disant, que s'il se vouloit sousmettre du tout au conseil du Roy, en monstrant que autre chose ne pouvoit-il demander, et que le duc estoit content. Et finalement Clisson fut d'accord, que, les parties ouyes, le Roy en son conseil luy fit justice et raison ; et fut fort à emouvoir de s'y consentir, jaçoit que autre chose ne pouvoit-il raisonnablement requerir : il sceut que le Roy, à la requeste desdits deux seigneurs ses oncles, avoit tout pardonné audit duc, entant qu'il luy touchoit, l'offense, et les cas commis et perpetrez par iceluy duc, et en avoit eu remission, et appercevoit qu'il n'avoit que son interest civil. Si vinrent et comparurent en la presence du Roy et de son conseil, et fit proposer Clisson les exceds que le duc luy avoit fait, et la forme, qui estoit pour le duc bien deshonorable. Par le conseil du duc fut defendu, en proposant plusieurs excusations, plus tendans à excusation et couvrir sa faute, que autrement. Et les parties ouyes, fut appointé, et dit par le chancelier, que le Roy les avoit ouys, et qu'il feroit tout ce qu'il appartiendroit par raison : si fut le conseil du Roy plusieurs et diverses fois assemblé, tant en la presence du Roy, que autrement. Et finalement fut la sentence prononcée par la bouche du chancelier, par laquelle le duc de Bretagne fut condamné à delivrer les places de la Rochedarien, Josselin, et autres qui estoient audit connestable Clisson, avec tous les joyaux, tresors, et autres biens meubles estans dedans lesdites places : et en faisant du criminel civil, fut condamné en cent mille francs. Et sur ce, furent lettres royaux faites, et scellées, et baillées à chacune des parties. Et par ce moyen fut la paix faite entre le duc et le connestable, et ne dura gueres.

En ce temps, il vint à la cognoissance du Roy, que le docteur religieux prescheur, qui avoit presché de la conception de la benoiste et glorieuse Vierge Marie, mere de Dieu, estoit devers le pape Clement. Et pource y envoya l'université certains ambassadeurs, et fut appelé et evoqué de Montesono en la presence du Pape, et fut ouy, et aussi ceux de l'université bien et au long. Et finalement fut condamné ledit Montesono à retourner à Paris, et à prescher, et à soy revocquer publiquement. Laquelle chose il promit de faire, mais la nuict se partit, et s'en alla en Arragon dont il estoit.

La cité de Boulongne en Lombardie fit obeïssance à Clement estant en Avignon, et non à Urbain estant à Rome. Et envoya l'université de Boulongne vers le Pape en Avignon demander roolle pour les escoliers à avoir benefices, et l'eurent.

La Royne eut une fille nommée Jeanne, laquelle alla de vie à trespassement. Il y eut un hermite, ayant une croix rouge à son bras dextre, et sembloit une bien devote creature, et de bien dure et aspre vie, et faisant une grande penitence, lequel vint à la cour du Roy, requerant tres-instamment qu'il parlast au Roy, et fut par aucun temps qu'on n'en tenoit conte. Et finalement fut dit au Roy, et en parla-on en plein conseil devers deux fois. Et faisoit-on grande difficulté de luy laisser parler, et estoient plusieurs d'opinion qu'on ne le souffrist point venir en la presence du Roy, et finalement par la volonté du Roy mesme il luy parla. Car le Roy dit qu'il le vouloit ouyr. Et dit au Roy qu'il avoit eu revelation de Dieu, que s'il ne faisoit cheoir les aydes, que Dieu se courrouceroit à luy, et en sa personne le puniroit. Et si n'auroit lignée qui vesquit. A laquelle chose le Roy pensa fort, et y eust diverses imaginations, et fut le Roy en volonté de faire cheoir les aydes. Et quand il vint à la cognoissance des ducs de Berry et de Bourgongne, que le Roy estoit aucunement en ceste volonté, ils vinrent vers luy, en luy disant que ledit hermite n'estoit qu'un folastre, et qu'on ne se devoit arrester à chose qu'il dist. Et que n'estoit les aydes, ni ne sçauroit de quoy sousten ir le faict de la guerre, ni soustenir son estat, ny celuy de la Royne. Et tellement firent, qu'ils desmeurent le Roy, et tousjours coururent les aydes.

En l'année dessus dite, le duc de Gueldres, en Allemagne, envoya defier le Roy, et és lettres de defiance n'y avoit contenu aucunes causes, mais que simples defiances. Le Roy receut le heraut assez honorablement. Et luy fit bonne chere, et luy fut respondu, qu'on voyoit bien ce que son maistre avoit rescrit, et que le Roy y pourvoyeroit, et luy fit-on assez beau don, et luy dit-on qu'il s'en retournast à celuy qui l'avoit envoyé, ce qu'il fit. Le Roy assembla son conseil, et ceux de son sang, pour sçavoir ce qu'il avoit à faire. Et y eut diverses opinions. Car les uns conseilloient que le Roy ne se bougeast, et qu'il mist les gens d'armes sur les marches et frontieres dudit duc de Gueldres, et que s'il commençoit, et arrivoit que aucunement il fît guerre, que le Roy y pourvoyeroit. Les autres disoient que puis que le Roy estoit defié, que c'estoit commencer en effet guerre, et ce luy feroit grand deshonneur, s'il ne se revenchoit, et monstroit sa puissance contre le Duc. Et fut conclu par le Roy, qu'il iroit jusques en Gueldres, et assembla gens de guerre de toutes parts. Et partit le Roy bien accompagné et tira és marches d'Ardenne, et faisoit grande diligence de avancer son allée, et de approcher du duc de Gueldres, et tant qu'il arriva à Verdun, où il fut grandement et notablement receu. Le Roy envoya vers le comte de Julliers, lequel estoit pere dudit duc de Gueldres, entant qu'il avoit espousé sa fille, pour sçavoir s'il vouloit faire guerre, et soustenir son fils. Lequel respondit qu'il estoit serviteur du Roy, et luy voudroit complaire en toutes manieres. Et vint l'archevesque de Cologne vers le Roy, et amena avec luy ledit comte de Julliers, auquel le Roy fit tres-bonne chere, et aussi parla-il au Roy tres-doucement et humblement, et luy jura foy, loyauté et service, et si promit à son pouvoir de faire humilier son fils envers le Roy. Et pource qu'on avoit vivres à grande difficulté, Colin Boulart, marchand de Paris, envoya vers le Rhin, et par sa diligence on amenoit et faisoit venir vivres largement. Ceux aussi du Traict (1), et de Brabant en amenoient assez. Car les gens du Roy estoient tres-bien payez, parquoy ils payoient bien. Le comte de Julliers envoya à son fils, en luy monstrant la folie qu'il avoit faite, de defier le Roy ainsi legerement, et qu'il estoit taillé d'estre détruit, s'il ne se venoit humilier vers le Roy. Lequel Duc n'en tint conte, et pour son pere ne voulut rien faire. Et toutesfois tous les pays voisins vinrent capter la benevolence du Roy, et eux offrir à luy complaire en toutes manieres. Quand le comte veid que son fils ne luy vouloit obeïr, il envoya la mere du Duc, laquelle parla à son fils le plus doucement qu'elle peut, en luy monstrant qu'il ne pourroit resister à la puissance du Roy. Mais il fut plus obstiné que devant, et en ce poinct et en ceste volonté fut bien quinze jours, et jusques à ce que l'archevesque de Cologne y allast. Et tousjours le Roy, le plus doucement qu'il pouvoit, approchoit les marches du pays dudit duc de Gueldres. Auquel l'archevesque de Cologne monstra sa faute, et haute folie, et s'il ne se advisoit, il estoit taillé d'estre perdu,

(1) Juvenal a voulu peut-être mettre *Utrecht*.
(Note de Godefroy.)

et sa terre destruite. Et à la fin se modera, et fut d'accord d'aller à seureté devers le Roy, et le amena l'archevesque où estoit le Roy, et toute son armée emmy un champ. Et quand le Duc veid toute la compagnée, il s'esmerveilla de la haute et grande puissance que le Roy avoit, et de la chevalerie. Parquoy il delibera d'avoir paix, et pria son pere et l'archevesque qu'ils voulussent traiter avec le Roy, ce qu'ils firent tres-volontiers, et en fut le Roy tres-content. Et fit certains sermens, et fut tres-joyeux d'avoir veu le Roy, et de sa tres-gratieuse reception, et prit congé du Roy, lequel luy fit aucuns dons. Et par toutes les Allemagnes publia la douceur gratieuse, vaillance, et puissance du Roy. Et environ la fin d'octobre, le Roy se mit en chemin pour retourner, et passer certaine riviere, laquelle en esté estoit passable. Mais lors les eaües estoient devenuës si grandes et grosses, qu'on n'y eust peu passer, et mesmement les chariots, charettes, sommiers et bagages. Et y eut des gens qui essayerent à passer, et en eut une partie de noyez et de morts. La plus grande partie du bagage demeura en la riviere, et y eut grand dommage. Et on imputoit tout cela au duc de Bourgongne.

Le Roy arriva à Rheims à la Toussaincts, et y ouyt le service, et se logea en l'hostel de l'archevesque. Et quand la feste fut passée, et le service des morts, il assembla ceux de son sang et conseil en la salle dudit hostel, et y avoit grande assemblée, où estoient les oncles, cousins et parens du Roy, et des prelats et gens d'Eglise. Et y estoit le cardinal de Laon, l'archevesque de Rheims, et autres : Et fut mis en deliberation ce que doresnavant il avoit à faire, veu l'aage qu'il avoit, et considerez les affaires du royaume. Car combien qu'il fust assez jeune d'aage, toutesfois il avoit grand sens et entendement, et estoit tres-belle personne, benigne, et douce, et voyoit faire à ses oncles et autres par leur moyen, choses qui estoient plus au profit d'eux, et d'aucuns particuliers, que du bien public. Le chancelier, qui presidoit au conseil après le Roy, demanda au cardinal de Laon, ce qu'il luy en sembloit, et ce que le Roy avoit à faire, lequel moult se excusa de vouloir deliberer, ou parler le premier. Toutesfois après que le Roy luy eut commandé, il monstra que le Roy estoit en aage competent pour cognoistre et sçavoir le faict de son royaume, et pour oster de tous poincts plusieurs envies des seigneurs, qu'ils avoient les uns envers les autres, dont inconveniens advenoient, et pouvoient advenir plus grands. Il fut d'opinion que le Roy seul eust le gouvernement de son royaume, et qu'il ne fust plus sous le gouvernement d'autruy, c'est à sçavoir de ses oncles, et specialement du duc de Bourgongne, combien qu'expressément il ne les nomma pas, mais on les pouvoit assez entendre. Aprés, l'archevesque de Rheims et les chefs de guerre furent de ceste opinion, et ainsi fut conclu. Et bien et gratieusement le Roy remercia ses oncles des peines et travaux qu'ils avoient eus de sa personne, et des affaires du royaume, en les priant que tousjours ils l'eussent pour recommandé. Lesquels prirent congé du Roy, lequel leur donna du sien le mieux qu'il peut. Et s'en alla le duc de Berry en Languedoc, dont il avoit le gouvernement, et le duc de Bourgongne en ses terres et seigneuries, tres-mal content, et ses gens desplaisans, de ce que ils n'avoient l'administration et l'auctorité qu'ils avoient eu auparavant, quand ils gouvernoient. Or advint que ledit cardinal, qui avoit dit le premier son opinion, assez tost aprés alla de vie à trespassement bien piteusement. Car il fut sceu que veritablement il avoit esté empoisonné, et le cognut et sentit bien, et pria et requit tres-instamment, que nulle enqueste ou punition en fust faite. Il fut ouvert, et trouva-on les poisons. Le Roy en fut tres-desplaisant et courroucé.

Et le Roy de son mouvement advisa quelles gens il vouloit avoir prés de luy, et choisit principalement le seigneur de la Riviere pour estre en sa compagnée. Et prés de sa personne, le seigneur de Noujant, lequel il fit son grand maistre d'hostel, et avoit à nom messire Jean le Mercier. Gentilhomme et noble estoit de pere et de mere, lesquels n'estoient pas si bien heritez, qu'on pourroit bien dire, mais ils en vivoient. En jeunesse fut moult nourry avec le Roy. Sage et prudent estoit, et de grande discretion. Et en effect avoient presques tout le gouvernement des finances, luy, et le fils d'un secretaire nommé Montagu. Et s'en vint le Roy à Paris, et fit voir et visiter les ordonnances anciennes que ses predecesseurs avoient fait, en les confirmant, et adjoustant où mestier estoit, et les fit publier, et ordonna qu'elles fussent gardées et observées sans enfraindre. Et gouvernoit tellement ledit seigneur de Noujant, qu'il fit un bien grand tresor pour le Roy, lequel il gardoit pour les affaires du Roy, qui luy pouvoient survenir. Et tousjours estoit fort desplaisant le duc de Bourgongne, qu'il ne gouvernoit.

Or est vray, comme dessus a esté dit, que comme le Roy revint de Flandres, après la commotion faite par le peuple, nommée les Maillets ou Maillotins, il abolit, et mit au neant les prevosté et eschevinage de la ville de Paris, et fut tout uny à la prevosté de Paris, et avoit le prevost de Paris toute la charge, gouvernement et administration. Et pour le temps estoit prevost de Paris un nommé messire Jean de Solleuille, qui avoit esté des seigneurs de parlement, qui estoit bon clerc, et avoit tres-bien fait son devoir. Lequel à certain jour s'en vint devers le Roy et son conseil, et leur exposa les charges, peines et travaux qu'il avoit pour le gouvernement des deux prevotez de Paris et des marchands, et que bonnement les deux ensemble ne se pouvoient pas bien exercer. Et fut advisé par le conseil, que les prevost et eschevins des marchands jamais ne se remettroient sus, comme ils estoient, veu les inconveniens et les cas dessus declarez : mais ils estoient bien d'opinion, que on advisast un notable clerc et preud'homme, qui eust le gouvernement de la prevosté des marchands de par le Roy, ne plus ne moins que le prevost de Paris, pareillement celuy qui y seroit commis, s'appelleroit Garde de la prevosté des marchands pour le Roy. Et furent aucuns chargez de trouver une personne qui fust propre et habille à ce, et que celuy qu'ils auroient advisé, ils le rapportassent au conseil. Lesquels enquirent en parlement, chastelet, et autres lieux. Et entre les autres, ils rapporterent au Roy et au conseil, que en parlement y avoit un advocat, bon clerc et noble homme, nommé maistre Jean Juvénal des Ursins(1), et qu'il leur sembloit qu'il seroit tres-propre. En ce conseil plusieurs y avoit, et mesmement des nobles de Bourgongne, qui lui appartenoient, qui pleinement dirent qu'ils respondoient pour luy, qu'il gouverneroit bien l'office de la garde de la prevosté des marchands. Et estoient ses predecesseurs extraits des Ursins de devers Naples, et de Rome du mont Jourdain, et furent amenez en France par un leur oncle, nommé messire Neapolin des Ursins, evesque de Mets. Et fut son pere, Pierre Juvenal des Ursins, bien vaillant homme d'armes, et l'un des principaux qui resista aux Anglois avec l'evesque de Troyes, qui estoit de ceux de Poictiers, et le comte de Vaudemont. Et quand les guerres furent faillies en France, s'en alla avec autres sur les Sarrasins, et là mourut, auquel Dieu fasse pardon. Ledit maistre Jean Juvenal, institué audit office de garde de la prevosté des marchands, vint demeurer en l'Hostel de la ville, et trouva que les affaires, droicts, et privileges de la ville avoient esté delaissez. Et à l'aide d'aucuns notables bourgeois de la ville, trouva moyen de les re-

(1) Le père de l'auteur de cette histoire.

mettre sus. Et fallut commencer procés tant contre la ville de Roüen que autres, et obtint plusieurs arrests, tant des compagnées Françoises que autres. Et si trouva que plusieurs empeschemens y avoit sur les rivieres, obstans lesquels, les vaisseaux, amenans vivres à Paris, estoient empeschez, et ne pouvoient passer, et mesmement en la riviere de Marne. Et pource, à la requeste du procureur du Roy, fut obtenu un mandement adressant à luy-mesme, qui estoit officier Royal, et garde de la prevosté pour le Roy, qu'il pourveust, et mit remede tellement, que les vaisseaux librement et sans empeschement peussent venir à Paris, en demolissant ce qui seroit trouvé nuisible et dommageable. Et au cas que aucuns seigneurs des lieux y auroient dommage, le Roy vouloit qu'ils fussent recompensez, pour un denier de revenu, de dix, fust de moulins ou autres choses. Si envoya par vertu dudit mandement, sur la riviere de Marne, pour soy informer quels empeschemens il y avoit, et les eut par declaration, et envoya pour faire les demolitions, bien trois cens compagnons pour y aller, et leur distribua par nombre les lieux où ils iroient, et le jour et l'heure qu'ils exploicteroient. Et en une nuict rompirent et abbatirent tous lesdits empeschemens. De laquelle chose les seigneurs furens tres-mal contens, et envoyerent à Paris, et, voulussent ou non, fallut que de un denier de dommage, qu'ils y pouvoient avoir, prissent dix, et leur fut permis de faire des moulins, tellement que le navigage des vaisseaux ne fust point empesché. Et ainsi fut fait, laquelle chose fut tres-profitable pour la ville de Paris.

Comme dessus a esté dit, le duc de Berry avoit le gouvernement de Languedoc, et faisoit de merveilleuses exactions sur le peuple. Pour laquelle cause plusieurs habitans s'en alloient demeurer hors du royaume, tant en Provence qu'en Arragon, et aucuns és marches de France. Et y eut un religieux de l'ordre de Sainct Benoist, qui fut envoyé devers le Roy. Et, en la presence du Roy et dudit Duc, declara les exactions que faisoit le Duc, bien hautement et grandement, et sans l'espargner, et que le pays requeroit qu'ils eussent derechef le comte de Foix. Et pource qu'il doutoit que monseigneur de Berry ne luy fît desplaisir, le Roy le mit en sa garde, en defendant au Duc qu'il ne luy meffît, ou fît meffaire en corps ne en biens, en aucune maniere. Ce que promit le Duc, nonobstant qu'il fust bien desplaisant et courroucé, de ce qu'on l'avoit blasonné en la presence du Roy. Et s'excusa, en disant qu'il n'en sçavoit rien, et escrivit qu'on cessast, et aussi fit-on.

Un heretique vint à Paris, lequel semoit beaucoup d'erreurs, et avoit un livre en quoy il estudioit, auquel plusieurs mauvaises choses estoient contenuës, lequel fut pris, et son livre aussi, et fut presché publiquement, et son livre ars, bruslé et mis en feu. Quant à l'hérétique, il fut mis en prison, sans ce qu'on procedast en sa personne. Car on trouva qu'il estoit alteré d'entendement.

M. CCC. LXXXIX. (1).

L'an mille trois cens quatre-vingt neuf, le Roy voulut que la Reyne sa femme entrast à Paris. Et il le fit notifier, et à sçavoir à ceux de la ville de Paris, afin qu'ils se preparassent. Et furent toutes les ruës tenduës, par lesquelles elle devoit passer. Et y avoit à chaque carrefour diverses histoires, et fontaines jettans eauë, vin, et laict. Ceux de Paris allerent au devant avec le prevost des marchands, à grande multitude de peuple criant Noël. Le pont par où elle passa estoit tout tendu d'un taffetas bleu à fleurs de lys d'or. Et y avoit un homme assez leger, habillé en guise d'un ange, lequel par engins bien faits, vint des tours Nostre-Dame de Paris à l'endroit dudit pont, et entra par une fente de ladite couverture, à l'heure que la Reyne passoit, et luy mit une belle couronne sur la teste. Et puis, par les habillemens qui estoient faits, fut retiré par ladite fente, comme s'il s'en fust retourné de soy-mesmes au ciel. Devant le grand Chastelet y avoit un beau lict tout tendu et bien ordonné de tapisserie d'azur à fleurs de lys d'or. Et disoit-on qu'il estoit fait pour representation d'un lict de justice, et estoit bien grand et richement paré. Et au milieu y avoit un cerf bien grand à la mesure de celuy du Palais, tout blanc, fait artificiellement, les cornes dorées, et une couronne d'or au col. Et estoit tellement fait et composé, qu'il y avoit homme qu'on ne voyoit pas, qui luy faisoit remuer les yeux, les cornes, la bouche, et tous les membres, et avoit au col les armes du Roy pendans, c'est à sçavoir l'escu d'azur à trois fleurs de lys d'or, bien richement fait. Et sur le lict emprés le cerf, y avoit une grande espée, toute nuë, belle et claire. Et quand ce vint à l'heure que la Reyne passa, celuy qui gouvernoit le cerf, au pied de devant dextre luy fit prendre l'espée, et la tenoit toute droite, et la faisoit trembler. Au Roy fut rapporté qu'on

(1) Les curieux détails que nous donne Juvenal sur l'entrée de la reine ont été pris et transcrits mot pour mot par le chroniqueur de Saint-Denis.

faisoit lesdits preparatoires, et dit à Savoisi, qui estoit un de ceux qui estoient des plus prés de luy : « Savoisi, je te prie tant que je puis, que » tu montes sur un bon cheval, et je monteray » derriere toy, et nous nous habillerons telle- » ment, qu'on ne nous cognoistra point, et al- » lons voir l'entrée de ma femme. » Et combien que Savoisi fît bien son devoir de le desmouvoir, toutesfois le Roy le voulut, et luy commanda que ainsi fust fait : Si fit Savoisi ce que le Roy avoit commandé, et se desguisa le mieux qu'il peut, et monta sur un fort cheval, et le Roy derriere luy, et s'en allerent parmy la ville en divers lieux, et s'advancerent pour venir au Chastelet, à l'heure que la Reyne passoit, et y avoit moult de peuple et grande presse. Et se bouta Savoisi le plus prés qu'il peut, et là y avoit sergens de tous costez tenans grosses bou- layes : lesquels pour defendre la presse, et qu'on ne fist quelque violence au lict, où estoit le cerf, frappoient d'un costé et d'autre de leurs boulayes bien fort, et s'efforçoit tousjours Savoisi d'ap- procher. Et les sergens qui ne cognoissoient ny le Roy, ny Savoisi, frappoient de leurs boulayes sur eux : et en eut le Roy plusieurs coups et horions sur les espaules bien assis. Et au soir en la presence des dames et damoiselles fut la chose sceuë et recitée, et s'en commença-on à farcer, et le Roy mesme se farçoit des horions qu'il avoit receus. La Reyne, à l'entrée, estoit en une lic- tiere bien richement ornée et habillée, et aussi estoient les dames et damoiselles, qui estoit belle chose à voir. Ils souperent, et firent grande chere. Et qui voudroit mettre tous les habille- mens des dames et damoiselles, des chevaliers et escuyers, et de ceux qui menoient la Reyne, ce seroient choses longues à reciter, et ne servi- roient de gueres. Aprés souper, y eut chansons et danses jusques au jour, et fait une tres-grande chere. Le lendemain y eut joustes, et autres es- batemens.

Le pape Clement envoya vers le Roy le car- dinal de Thury, pour declarer la piteuse cala- mité et misere du royaume de Sicile. Lequel arriva devers le Roy, et luy exposa la charge qu'il avoit, en luy priant et requerant qu'il voulust adviser, comme on y pourroit remedier, et of- frit, de par le Pape, à y employer et gens, et ar- gent, de tout son pouvoir. Le Roy fit respondre par son chancelier, que tres-volontiers il y ad- viseroit.

Le Roy voulut aller à Sainct Denys en France, et y mena la Reyne, et y fut receu bien grande- ment, et le lendemain y eut messe bien notable. Audit lieu estoit venuë la reyne de Sicile, bien et grandement accompagnée, et y amena ses deux fils. Lesquels le Roy à grande solemnité fit chevaliers, à la joye de tous les assistans. Car ils estoient tres-beaux enfans, doux et gratieux, et les faisoit beau voir. Le Roy, pour festoyer la Reyne, et plusieurs seigneurs tant estrangers que autres, ordonna audit lieu de Sainct Denys certaines joustes estre faites, et y fit-on grands preparatoires, tant d'eschafauts que d'habille- mens, et durerent trois jours. Le premier jour jousterent les chevaliers. A l'entrée au champ, les chevaliers, qui devoient jouster, estoient me- nez par dames vestuës de robes semées et bor- dées d'eschets. Et y avoit au col du coursier un gros las d'or et de soye lié, que les dames te- noient en leurs mains, et au champ les presen- toient, montées sur grosses hacquenées. Les chevaliers presentez au champ, les dames des- cendoient, et montoient sur eschafauts. Pareil- lement furent menez les escuyers par damoi- selles, vestuës comme celles du premier jour. Le troisiesme jour n'y eut ny dames ny damoi- selles qui menassent les jousteurs. Aussi joustoit- il qui vouloit, fussent chevaliers ou escuyers. Une belle salle fut faite de tentes longue et large, où les disners et soupers furent preparez. Et pource que desdites joustes ont esté faites tapis- series, on s'en passe en bref. Et estoit commune renommée que desdites joustes estoient prove- nuës des choses deshonnestes en matiere d'amou- rettes, et dont depuis beaucoup de maux sont venus. Et dit une chronique que esdites joustes *lubrica facta sunt* (1).

Le Roy, voulant honorer la personne de mes- sire Bertrand du Guesclin, en son vivant con- nestable de France, et lequel estoit trespassé au service du Roy son pere, et enterré en sa cha- pele à Sainct Denys, fit faire en ladite eglise de Sainct Denys un tres-beau service des morts, où y avoit tres-grand luminaire de cierges et de torches. Et estoient le connestable messire Oli- vier de Clisson, le mareschal de Sancerre, et huict autres tous vestus de manteaux noirs, fai- sans le deüil. L'evesque d'Auxerre chanta la messe. Et quand ce vint à l'offrande, l'evesque et le Roy vinrent à l'entrée du chœur. Et pre- mierement vinrent quatre hommes d'armes ar- mez de toutes pieces, montez sur quatre cour- siers bien ordonnez et parez, representans la personne du mort quand il vivoit. Secondement aprés vinrent quatre hommes d'armes, ayans les cottes d'armes du trespassé quand il vivoit, portans les bannieres ausdites armes. Ce fait,

(1) La Chronique de Saint-Denis rapporte ces deux dernières phrases, sans rien y ajouter. Il est très-pro- bable que les expressions latines, citées par Juvenal, sont prises au Religieux anonyme.

l'evesque retourna à l'autel, et vinrent à l'offrande ceux qui faisoient le deüil, tenans chascun un escu aux armes du mort, et une espée nuë, la pointe dessus. Et aprés secondement allerent à l'offrande ceux du sang et parens du Roy. Et puis vinrent huict gentilshommes armez ou habillez de haubergeons, qui portoient les heaumes, et quatre bannieres aux armes du mort, et les mirent sur l'autel : et aprés ces choses, y eut un beau sermon par un docteur en theologie, bien notable, lequel declara les vertus, vaillance, et preud'hommie du trespassé. Et fut la messe achevée, et s'en allerent disner. Il y eut aumosne generale aux pauvres, qui y voulurent venir. Et estoient les seigneurs et tous les presens joyeux de l'honneur que le Roy avoit fait à un si gentil chevalier et vaillant, comme estoit le feu connestable. Et ce fait, s'en retourna à Paris.

Le duc de Berry, oncle du Roy, prit à femme la fille du comte de Bologne, laquelle estoit tres-belle damoiselle. Mais enfans n'en pouvoit avoir, dont il estoit moult desplaisant.

Le comte d'Estampes fut conjoint par mariage avec la duchesse d'Athenes, laquelle alla de vie à trespassement, et fut ensepulturée à Sainct Denys en France.

Tousjours y avoit allées et venuës des François aux Anglois, et aussi des Anglois aux François, pour trouver les manieres d'avoir paix, et souvent pour ceste cause on s'assembloit. Et aprés plusieurs choses, furent accordées et ordonnées trefves jusques à trois ans entre les roys et royaumes, sur esperance cependant de faire paix, et furent jurées et promises.

Le pape Clement plusieurs et diverses fois escrivit au Roy, qu'il le voulust visiter, et il avoit tres-grand desir de le voir, et communiquer avec luy du faict de l'Eglise, et du royaume de Naples, et de Sicile. Et le Roy, sous ombre d'y vouloir aller, fit des exactions sur les gens d'eglise bien griefves, et à leur bien grande desplaisance. Et estoit large et abandonné à l'argent distribuer, et donner les finances. Et là où son feu pere donnoit cent escus, il en donnoit mille. Dont estoient ceux de la chambre des comptes tres-mal contents. Et tellement que quand les receveurs venoient en ladite chambre rendre leurs comptes, ainsi qu'ils devoient faire, et ils voyoient les dons excessifs, ils mettoient ou faisoient mettre en teste sur l'article de ce faisant mention : *Nimis habuit, recuperetur*. Et fut lors advisé par le seigneur de Noujant, qui avoit la charge principale des finances, et autres du conseil du Roy, qu'on ne gardast point d'or monnoyé, et que tout tantost fust amassé en gros lingots, comme le faisoit faire le roy Charles cinquiesme. Et advisa ledit de Noujant qu'il feroit un cerf d'or, pareil à la grandeur et corpulence de celuy qui est au Palais entre deux pilliers. Et fut commencé et en fut fait la teste, et tout le col, et non plus (1).

La Reyne fut grosse d'enfant sentant, dont le Roy et tout le peuple fut bien joyeux, et voulut le Roy qu'elle entrast bien et honorablement à Paris. Et, en signe d'aucune joyeuseté, à tous bannis et prisonniers donna franchise et immunité jusques à quatre mois, sans ce que rien on leur peust demander. Et en outre voulut que la Reyne fust couronnée et sacrée. Et s'en retourna à Sainct Denys, et dudit lieu s'en partit pour venir et entrer à Paris à belle et noble compagnée, tant de ceux du sang, que de gens d'église, nobles, et peuple. Et s'en vint au palais à Paris, et le lendemain à grande solemnité fut couronnée et sacrée, et estoit richement habillée et vestuë, et de joyaux bien garnie. Et si estoient ses dames et damoiselles, les seigneurs, chevaliers, et escuyers chacun selon son estat. Et s'en vinrent à Sainct Paul au disner, qui estoit ordonné. Et là le Roy l'attendoit, et y eut grande et notable feste, et trompettes et menestriers cornoient. Et si y avoit bas instrumens, heraults et poursuivans, ausquels le Roy fit donner largement. Et y eut joustes, et jousta le Roy, lequel fit bien son devoir. Mais plusieurs gens de bien furent tres-mal contens de ce qu'on le fit jouster. Car en telles choses peut avoir des dangers beaucoup, et disoient que c'estoit tres-mal fait. Et l'excusation estoit, qu'il l'avoit voulu faire.

Le peuple avoit grande esperance que, à la venuë de la Reyne, et pour son couronnement, ils deussent avoir aucune allegeance, touchant les tailles et aydes extraordinaires. Mais rien n'en fut diminué, ains la gabelle du sel augmentée. Et si fut la monnoye, qu'on faisoit du temps du pere, du tout annullée, sans ce qu'on luy donnast aucun cours, dont ils furent moult grevez et travaillez.

Aprés ces choses ainsi faites, le Roy, veuës les prieres du Pape, delibera de le visiter. Et, ainsi qu'il estoit sur son partement, vinrent derechef du pays de Languedoc au Roy grandes plaintes du duc de Berry son oncle, en eux complaignans des grandes exactions qu'il faisoit sur le peuple, et tellement qu'il s'en estoit party plus de quarante mille mesnages. Si supplioient et requeroient ceux qui estoient venus

(1) Tous ces détails assez piquants ont encore été pris par la Chronique de Saint-Denis.

de la partie du pays, qu'il y voulust remedier. Le Roy, dolent et desplaisant des plaintes qu'on faisoit de son oncle, respondit qu'il iroit au pays de par delà, et y mettroit remede. Et manda à son oncle, qu'il ne se bougeast, et qu'il remediast ausdites exactions, ou sinon il y pourvoyeroit tellement que les autres y prendroient exemple.

Le Roy, pour accomplir son voyage d'aller devers le Pape, s'en alla à Sainct Denys, soy recommander à Dieu, et aux corps saincts, y fit ses offrandes, et donna à l'Eglise de tres-beaux vestemens. Et s'en vint à Montargis, puis à la Charité, et de là à Nevers, et passa par Auvergne, et Mascon. Et esdites villes, fut notablement receu, et à grande et joyeuse chere. Et luy fit-on dons et presens, selon la possibilité et faculté des pays. Et s'en vint à Lion, et les habitans furent moult joyeux de sa venuë, et parerent les ruës. Et à l'entrée de la ville, joignant la porte, y avoit un bien riche poille sur quatre bastons, que tenoient quatre belles jeunes filles, et se mit le Roy dessous. Et en certains lieux en la ville, y avoit jusques à mille enfans vestus de robes royales, loüans, et chantans diverses chansons sur la venuë du Roy. Cheres se faisoient, feux et tables furent mises par les ruës, et ne cesserent pendant quatre jours de ce faire, jour et nuict. Jeux et esbatemens se faisoient, et tous signes qu'ils pouvoient faire de joyeusetez, de la venuë du Roy leur souverain Seigneur, et de le voir en bonne santé et prosperité. De ladite ville de Lion, après ce qu'il y eut esté par aucun temps, se partit, et s'en vint à Rocquemeure, une belle place sur le Rhosne, qui estoit au Roy assez prés d'Avignon. Laquelle chose vint à la cognoissance du Pape, dont il fut moult joyeux. Et se disposa le Roy d'aller en Avignon, où le Pape estoit. Lequel envoya au devant certains cardinaux avec evesques et prelats, lesquels firent les reverences au Roy, et le Roy à eux, ainsi qu'il appartenoit. Et estoit le Pape en son palais en consistoire, où il attendoit le Roy en son siege papal. Et en Avignon faisoient grande joye de la venuë du Roy, et le receurent bien honorablement. Et s'en vint le Roy jusques au palais, entra dedans, et jusques au lieu où le Pape estoit. Et luy fit le Roy la reverence qu'il appartenoit, comme fils de l'Eglise, en mettant un genoüil à terre, baisant le pied, la main, et la bouche. Et emprés le siege, où estoit le Pape assis, y avoit une chaire bien ordonnée et parée, non mie si haute que celle du Pape, en laquelle le Roy fut assis. Or après aucuns signes de joyeuseté, monstrez l'un à l'autre, le Roy dit, qu'il estoit venu vers luy le visiter, en soy offrant à son service et de l'Eglise, en toutes manieres à luy possibles, dont le Pape et les cardinaux le remercierent bien grandement. Et luy dit le Pape que aussi à luy « comme » à bras dextre de l'Eglise, et vray champion, et » tres-chrestien Roy » il avoit singuliere fiance. Et ce faict ils se partirent du conclave, et allerent prendre leur refection. Avec le Roy estoit Louys qu'il avoit fait chevalier, et Charles son frere, et aussi la Reyne de Sicile leur mere. Et à la messe couronna le Pape en roy de Sicile Louys. Le Pape et le Roy eux deux tous seuls eurent plusieurs paroles et collocutions ensemble, tant du faict de l'Eglise, que d'autres choses, et depuis en la presence des cardinaux. Puis se disposa le Roy à soy partir, et prendre congé du Pape, et luy furent faits aucuns presens, et aux seigneurs et serviteurs estans en sa compagnée. Et si octroya au Roy nominations pour avoir et obtenir benefices à ses serviteurs et officiers. Et si y en eut plusieurs qui demanderent dispenses de diverses manieres, et rien ne leur fut refusé. Et prit congé et sa compagnée du Pape, et des cardinaux.

Le quatriesme jour de novembre partit le Roy d'Avignon, et prit son chemin vers Montpellier, et par Carcassonne et Narbonne passa. Esquels lieux fut grandement et notablement receu comme il appartenoit, et luy fit-on beaux et grands presens. Et s'en vint à Thoulouse, qui estoit le lieu principal de Languedoc, et y fut jusques au huictiesme jour de janvier. Et pendant le temps qu'il y fut plusieurs plaintes et requestes luy furent faites. A toutes lesquelles choses le Roy fit et fit faire de douces et gratieuses responses, que tous en estoient contens, et donna provisions où il les falloit donner. Et quand il entra à Thoulouse, trouva que en la prison de l'Archevesque, estoit un nommé Oudart de Atenville, qui avoit esté baillif et officier du Roy, auquel on imposoit aucuns cas sentans heresie. Le Roy à sa bien-venuë le delivra, et ce nonobstant ordonna que le procés qui avoit esté fait fust veu et visité par notables clercs, lesquels en firent leur rapport. Et fut trouvé que à tort et contre raison on avoit procedé contre luy injustement. Et par les valets d'un surnommé Betizas, familier et serviteur du duc de Berry, il avoit esté chargé. Et en aucun endroit du procés, on trouvoit ledit Betizas aucunes fois entaché du peché de sodomie. Et en fut faite information, et icelle veuë fut mis en prison, puis examiné, et confessa les cas à luy imposez assez pleinement. Et pour ce fut ars et bruslé.

Le Roy delibera d'aller voir le comte de Foix, et se partit de Thoulouse pour venir à Masieres, qui est la ville principale de la comté de Foix. En icelle estoit le comte, qui estoit bien vieil, mais riche homme, et puissant de chevance, et de gens. Au devant du Roy envoya cent chevaliers, et de gras moutons sans nombre, et cent bœufs gras, et après douze beaux destriers ou coursiers, lesquels avoient au col sonnettes d'argent, comme celles qui estoient au col des bœufs, et sailloient en pleine terre merveilleusement. Et ceux qui conduisoient ledit bestail, et aussi chevauchoient lesdits destriers, estoient vestus en habits de vachers et bouviers, encores que ce fussent des plus nobles gentilshommes qui fussent au pays de Foix. Dont le Roy, et sa compagnée, et ceux du pays mesmes rioient, et se devisoient, en disant : « Quels vachers et bou- » viers à mener bestail, et pages à mener cour- » siers ! » Et de toutes les choses dessus dites fut fait present au Roy de par ledit comte de Foix. A Masieres le Roy fut receu grandement et notablement, et festoyé par le Comte plusieurs et diverses fois. Et ordonna un jeu nommé Joculatoires, à jetter dards et javelines, et promettoit au mieux jouant et jettant une belle couronne qu'il avoit, qui estoit moult riche. Et de ce faire le Roy dés jeunesse se delectoit à jetter verges de couldre, et souvent à Paris en jettoit en sa cour de Sainct Paul par dessus les salles, et n'y avoit en son hostel personne qui de ce l'eust mieux fait. Et audit jeu se essaya de jouer, et de fait gagna le prix, et luy fut baillée la couronne, laquelle aussitost donna aux chevaliers et escuyers du comte. Lequel fit au Roy foy et hommage de la comté de Foix, et de toutes les autres terres qu'il tenoit au royaume de France. Et encores voulut-il donner, ceder et transporter au Roy la comté après sa mort. Car il n'avoit lors aucuns enfans. Et est vray que aucun temps paravant il avoit un tres-beau fils, duquel il tenoit l'estat moyennement le mieux qu'il pouvoit, mais non mie si grandement que le fils eust bien voulu. Et estoit fils de la sœur du Roy de Navarre, et s'en alla audit Roy de Navarre son oncle soy plaindre de son pere, en disant qu'il ne tenoit conte de luy, non plus que d'un simple gentilhomme de son hostel. Et fut par aucun temps avec sondit oncle, lequel conseilla à sondit neveu qu'il empoisonnast son pere, et ainsi il seroit comte de Foix, et seigneur de tout, et qu'il luy feroit finance de bonnes et fortes poisons, et prescha tant sondit neveu, fils dudit Comte, qu'il s'y consentit. Et prit les poisons, et s'en vint vers son pere, cuidant mettre à execution le conseil que sondit oncle luy avoit donné. Et tous les jours espioit l'heure qu'il le pourroit faire, et aucunes fois alloit en la cuisine de son pere, ce qu'il n'avoit accoustumé de faire. Et d'adventure la petite boüette de ladite poison cheut à terre, et fut levée par un des gens du Comte, et monstrée aux physiciens et apoticaires, qui disoient que c'estoient tres-mauvaises poisons. Si fut le fils pris et arresté. Un homme estoit, qui avoit gagné à mourir, auquel en fut baillé avec autres viandes, et tantost mourut. Le Comte fit interroger son fils, et examiner, lequel confessa la chose, ainsi que dessus est escrite. Et pour ceste cause, il luy fit couper la teste, et aimoit mieux que le Roy eust ladite comté, que nul autre, et pource luy donna.

L'antipape Urbain VI mourut à Rome, les Romains en esleurent un autre, qu'on appelloit Boniface.

Il y avoit un nommé Paulus Tigrin, lequel se disoit patriarche de Constantinople, et sur les marches de devers Orient leva de merveilleuses finances, et vint en Cypre, où par le Roy fut receu grandement et honorablement, et le tenoit-on riche desja de trente mille florins, et commença sa renommée à croistre par tout le pays, et donnoit benefices, et faisoit merveilleuses assemblées de finances, et vint à Rome du temps d'Urbain l'antipape, lequel fit faire information de la vie dudit Paule, et de son gouvernement, et trouva-on que ce n'estoit qu'un abuseur ; si le fit prendre et emprisonner, et eut sa finance, qui estoit grande. A l'antipape Urbain, comme dit est, Boniface luy succeda, et delivra à sa coronation ledit Paule, et le laissa aller où il voulut, lequel s'en vint le plustost qu'il peut, vers les marches de Savoye, et dit au Comte qu'il estoit son parent, luy declarant une grande genealogie, laquelle ledit seigneur de Savoye creut, et une tres-bonne chere eut de luy, et luy donna du sien grandement. Et le fit vestir et habiller selon l'estat de patriarche et notablement. Et à douze chevaux l'envoya vers le Pape en Avignon, en le recommandant comme son parent et vray patriarche de Constantinople. Parquoy le receut le Sainct Pere bien honorablement. Auquel recita maux infinis que luy avoit fait l'antipape Urbain, sous ombre de ce qu'il favorisoit le pape Clement, et luy donna le Pape plusieurs beaux et bons dons. Si demanda congé de visiter le roy de France, et y vint, et le receut le Roy honorablement, et luy fit tres-bonne chere, et se monstroit une tres-devote creature, et frequentoit bien et devotement l'eglise. Et voulut visiter l'eglise et l'abbaye de Sainct Denys, et après plusieurs choses dit à l'abbé et religieux qu'il sçavoit qu'ils avoient le corps de monseigneur sainct Denys, mais il avoit de belles choses de sainct Denys, comme sa ceinture, et plusieurs bons livres, qu'on n'avoit pas par deça. Et que si on luy vouloit bailler deux religieux, qu'il les leur feroit avoir. Et luy fut accordé que ainsi se feroit, et furent deux religieux ordonnez. Et cauteleusement et malitieusement se tira vers les marches de la mer, et se mit en un vaisseau avec ses richesses, et s'en alla. Les deux religieux allerent aprés, le cuidans trouver, et furent jusques à Rome, et s'en enqueroient le mieux qu'ils pouvoient. Mais ils sceurent que ce n'estoit qu'un trompeur et abuseur. Parquoy ils s'en revinrent.

◇◇◇

M. CCC. LXXXX.

L'an mille trois cens quatre-vingt et dix, quand le Roy fut retourné de Languedoc, combien qu'il eust dit, et fait sçavoir à son oncle, que son plaisir n'estoit pas qu'il fît si grandes exactions sur le peuple, dont il avoit le gouvernement, pourtant ne cessa-il point qu'il ne fît tailles trop merveilleuses, et sans ce que necessité en fust. Lesquelles choses vinrent à la cognoissance du Roy, dont il fut tres-desplaisant, et dit qu'il n'y sçavoit remede, sinon de le desapointer. Messire Jean Herpedenne le sceut, et fit sçavoir au duc de Berry comme on le vouloit desapointer du gouvernement qu'il avoit. Et fut le duc tres-mal content de ceux qui estoient alentour du Roy, et de son conseil, et specialement du connestable Clisson. Et estoit le Roy fort indigné contre sondit oncle ; et de faict, le desapointa, et envoya seulement un simple chevalier, nommé messire Pierre de la Capreuse, homme sage et prudent, lequel en peu de temps s'y transporta, et s'y porta grandement bien et notablement, et en estoit le peuple tres-content. Mais il vint à sa cognoissance que le duc de Berry tres-impatiemment portoit son desapointement dudit gouvernement. Et de faict fît à sçavoir audit de la Capreuse que s'il s'en mesloit plus qu'il le feroit courroucer du corps. Et luy n'estoit qu'un simple chevalier, et pource doutoit sa personne, s'en retourna devers le Roy.

Les Turcs faisoient forte guerre aux chrestiens, et merveilleuse jusques à Gennes. Pour laquelle cause les Genevois envoyerent une bien notable ambassade devers le Roy. Et firent par la bouche d'un clerc qui estoit là une proposition bien notable, et loüoit fort le Roy, la maison de France, et le royaume, puis exposa les tyrannies que faisoient les Sarrasins aux chrestiens, et que à luy comme à roy tres-chrestien ils requeroient à avoir ayde et confort pour resister à l'entreprise du Turc. On les fit retraire, et fut mise leur requeste en deliberation, laquelle sembloit bien haute, et y cheoit bien advis, et diverses fois y adviserent. Et audit conseil estoient le duc de Bourbon, le comte d'Eu, l'admiral de Vienne, et autres. Et dit le bon duc de Bourbon, que ensuivant le bon Roy sainct Louys, il iroit volontiers, s'il plaisoit au Roy. Pareillement firent les dessus dits, et le seigneur de Coucy, le comte de Harcourt, et plusieurs chevaliers et escuyers, dont le Roy fut tres-content. Si furent mandez les ambassadeurs ou messagers en la presence du Roy, lequel leur fit response, que volontiers il les aideroit et conforteroit, et que en bref il leur bailleroit gens tant de son sang, que autres, et leur fit dons et presens. De laquelle response ils furent tres-joyeux et contens du Roy. Et avec ce que lesdits seigneurs s'offroient d'aller contre les Sarrasins, et faisoient comme bons et vrays chrestiens, toutesfois volontiers aussi ils y alloient pour eux distraire de la cour. Car ils voyoient sourdre aucunes divisions, et si faisoit-on des choses qui leur sembloient estre non bien honnestes, lesquelles estoient à leur grande desplaisance. Lesdits seigneurs faisoient diligence bien grande pour assembler gens, et tant qu'ils se trouverent bien quinze cens chevaliers et escuyers, avec les arbalestriers, et autres gens de traict. Les nouvelles furent en Angleterre, comme aucuns seigneurs de France se disposoient d'aller sur les Sarrasins. Et à ceste cause, le comte Derby, un vaillant chevalier d'Angleterre, delibera d'aller avec lesdits seigneurs de France, et vint vers eux avec une compagnée de ceux de son pays non mie grande. Et s'en partirent du royaume de France, et prirent leur chemin à Marseille. Et partout où ils passoient, on leur faisoit bonne chere, car ils payoient competemment ce qu'ils prenoient. Et de Marseille tirerent à Gennes, où ils furent grandement receus, et leur faisoit-on grande chere. Et en passant faisoient diligence de trouver gens de traict, et trouverent jusques à mille arbalestriers, sans ceux qui estoient és navires, qu'on estimoit bien à quatre mille combatans bien armez et habillez, et trouverent des vaisseaux de mer bien largement. Et pource qu'on doutoit qu'il y eust aucuns debats pour le schisme qui estoit en l'Eglise (car les François et autres tenoient Clement VII pour vray pape à Avignon, et les autres Boniface IX à Rome), fut ordonné et defendu que de ladite matiere ne fust faite aucune mention ou parole, et que chacun sans avoir en ce regard, en bonne amour, fraternité et dilection comme bons chrestiens, en bonne et parfaite union s'employassent contre les mescreans, en la defense de la foy catholique.

Aprés que les choses furent prestes et disposées à monter sur mer, les chrestiens entrerent és vaisseaux, et firent chef un nommé Jean de Oultremarins, qui estoit vaillant homme, et tout son temps s'estoit tenu sur mer à faire guerre aux Sarrasins, et sçavoit et cognoissoit leurs manieres de faire. Aprés leur partement, quand ils furent aucunement bien avant sur la mer, survinrent merveilleuses tempestes de vents, et tres-merveilleux et horrible temps, desplaisant, et non sans cause, à ceux qui n'avoient pas accoustumé la mer. Mais tousjours ledit Jean leur capitaine les confortoit, leur donnant fiance et esperance en Dieu, et arriverent en l'isle de Sardaigne. Et là descendirent, et estoient tres-ennuyez et desplaisans d'y estre venus, et tres-volontiers les aucuns s'en fussent retournez. Mais ce vaillant duc de Bourbon si doucement les confortoit et donnoit courage, que tous delibererent de le suivre, et rentrerent en leurs vaisseaux, et voguerent sur mer. Et si paravant ils avoient eu forte tempeste, encores l'eurent-ils plus merveilleusement et terrible, et n'y sceurent trouver remede, sinon avoir recours à Dieu, et à sa glorieuse mere, et à tous les saincts ausquels ils avoient fiance. Et se mirent tous en oraisons et prieres, et comme à coup toute la tempeste cessa. Le roy de Thunes mit dedans Carthage deux mille combatans. Et aux champs en avoit bien quarante mille. Car il avoit sceu la venuë des chrestiens, lesquels approchoient de terre en lieu propice pour descendre. Et lors le capitaine nommé Jean commença à parler aux chrestiens, en leur exposant la maniere des Sarrasins à combatre, et qu'ils eussent bon courage et fiance en Dieu, et il avoit esperance qu'ils auroient victoire des mescreans. Et vinrent jusques à descendre sur la greve, où descendirent les Anglois bien vaillamment les premiers. Et d'un costé et d'autre y eut traict abondamment. Et firent bien hardiment les archers d'Angleterre, et tellement que les Sarrasins reculerent. Et tousjours descendoient les chrestiens, et y eut de vaillantes armes faites, specialement par l'admiral de Vienne, le seigneur de Coucy, le comte Derby, et autres. Et les animoit fort le duc de Bourbon, et le comte d'Eu, qui estoient tousjours les premiers à faire leur devoir, et donnoient courage aux autres. Ceux de dedans Thunes saillirent à escarmoucher, qui faisoient merveilles d'armes, et se monstroient bien vaillantes gens, et habiles en armes, et finalement par la vaillance des chrestiens furent reboutez dedans Thunes. Parquoy delibererent les chrestiens y mettre le siege devant, et là y eut divers assauts. Ceux de dedans estoient trop forts, et bien se defendoient. Et avoit-on ordonné des chrestiens pour tenir les champs, lesquels les Sarrasins souvent venoient assaillir bien hardiment, et plusieurs fois reboutoient les chrestiens jusques à leurs navires. Il y avoit des Genevois, qui parloient et entendoient bien le langage des Sarrasins, et avoient aucune cognoissance du capitaine de dedans Thunes, et eurent paroles ensemble, et le cuiderent induire qu'il se fit chrestien, et qu'il rendist la ville, et on la luy laisseroit comme sienne, et si luy faisoit-on plusieurs promesses et offres bien grandes. Et il respondit qu'il avoit bonne loy, en laquelle il avoit esté nourry dés sa jeunesse, et que jamais ne la laisseroit, ne la ville ne rendroit, avec plusieurs autres paroles. Et quand les chrestiens sceurent sa response, et la volonté de ceux de dedans, ils livrerent plusieurs assauts et par mer et par terre, et en divers lieux. Mais tousjours estoient reboutez les chrestiens à leur dommage, et voyoient bien qu'ils ne pouvoient faire chose qui peust profiter, et pource leverent le siege, et delibererent de tenir les champs, et combatre les Sarrasins, qui estoient sur les champs en belles tentes, et grande foison. Quand les Sarrasins apperceurent la volonté des chrestiens, ils vinrent au devant d'eux, et s'assemblerent en bataille, laquelle fut dure et aspre. Mais aprés que les Sarrasins virent la force et vaillance des chrestiens, ils se mirent en fuite, et furent desconfits, et y en eut grande quantité de morts, et en leurs tentes les chrestiens bouterent le feu, aprés qu'ils eurent pris ce qui estoit dedans. Et s'assemblerent les capitaines des chrestiens, pour sçavoir ce qu'ils avoient à faire, et trouverent qu'ils ne se pouvoient tenir au pays par defaut de vivres. Et aussi que leur puissance estoit fort diminuée de gens, tant par mortalité, et guerre, que autrement. Et pource conclurent qu'ils s'en retourneroient d'où ils estoient venus. Et ainsi le firent, et se mirent en leurs navires. Quand le roy de Thunes sceut la desconfiture de ses gens, il douta que ce que les chrestiens s'en alloient ne fust qu'une fiction, et pour assembler derechef gens, et eux renforcer. Et fit tant qu'il parla aux principaux des Genevois, à la requeste desquels ladite armée avoit esté faite, en volonté de traiter avec eux, et de faict y eut accord, c'est à sçavoir que le Roy rendroit tous les prisonniers chrestiens qu'il detenoit, et dix mille ducats, et trefves jusques à un certain temps, se doutant que les chrestiens ne retournassent. Et en ce voyage eut le duc de Bourbon grand honneur.

Le duc de Milan, et les Florentins, et Boulonnois de Lombardie, eurent forte guerre ensemble. Et estoit le Duc comme on disoit, plus puissant que les autres. Parquoy ils envoyèrent devers le Roy une bien notable ambassade, en luy suppliant qu'il les voulust prendre en sa seigneurie, et pour ses subjets, et qu'ils luy obeïroient en toutes manieres, comme à leur seigneur. Et sur ce assembla le Roy son conseil, et fut trouvé que entre le Roy et le duc de Milan y avoit grandes alliances jurées et promises, et que ce ne seroit pas son honneur de les prendre en sa seigneurie, et ceste response leur fut faite. Mais aussi si le duc de Milan les vouloit aucunement travailler ou vexer, qu'il leur aideroit.

Les Anglois qui conversoient aucunesfois avec les François à Calais, disoient que les François estoient lasches de courage. Et y avoit deux barons ou chevaliers d'Angleterre, qui maintenoient qu'ils n'avoient trouvé François, qui avec eux, ou contre eux voulussent faire armes ; laquelle chose venuë à la cognoissance de messire Regnaud de Roye, et de messire Jean Boussicaut, vinrent devers le Roy, en luy suppliant qu'il leur voulust donner congé de faire armes. Et de ce le Roy fut tres-content, et s'en allerent à Boulogne, et les Anglois estoient à Calais. Et comparurent les Anglois, et aussi firent les François. Et combatirent fort et asprement, et assez longuement. Et finalement fut dit par les juges, que c'estoit assez fait, et eurent honneur les uns et les autres, et disnerent et soupperent ensemble, et firent tres-bonne chere les uns aux autres, et se firent de beaux et gratieux presens. Les François presenterent leurs chevaux et harnois en l'eglise de Nostre-Dame de Boulogne, et se rendirent à Paris à grand honneur.

Audit an, le Roy s'en alla esbatre à Sainct Germain en Laye, et la Reyne aussi, et plusieurs des seigneurs, dames et damoiselles, et devisoient ensemble, et s'esbatoient és bois de Poissi. Et une fois survint un terrible tonnerre, si se retirerent au chasteau. Et disoient aucuns que oncques n'avoient veu si horrible ne terrible tonnerre, et entre Sainct Germain et Poissy y eut quatre hommes morts et foudroyez. Et après ce toute la nuict fit le plus merveilleux vent que oncques on eust veu, qui arracha arbres és forests et jardins, et abbatit cheminées et hauts des maisons, et aucuns clochers, et fit des dommages innumerables. Et disoit-on, et aussi estoit-il vray, que le conseil estoit assemblé pour faire une grosse taille sur le peuple, et quand on veid lesdites tempestes, le conseil se separa, et fut rompu. Et à la requeste de la Reyne fut expressément defendu qu'on n'en levast aucunement.

Le Roy d'Espagne un jour s'en alloit esbatre aux champs pour chasser. Si trouva un lievre lequel ses chiens chasserent, si frappa son cheval des esperons, et courut après, son cheval cheut, et luy aussi, et de ladite cheute en fut si malade, qu'il en mourut. Et pource son fils envoya devers le Roy, pour renouveller les alliances, qu'ils avoient son feu pere et luy ensemble. Laquelle chose le Roy fit volontiers.

Il vint un homme en guise de hermite à Paris, disant qu'il vouloit parler au Roy, comment que ce fust. Et vint jusques à Sainct Paul en l'hostel du Roy, et que ce qu'il vouloit dire, estoit sur le faict du schisme qui estoit en l'Eglise. Et furent aucuns du conseil commis et deputez de parler à luy, et luy parlerent. Et fut deliberé que le Roy ne luy parleroit point, ny ne le verroit, et luy dit-on, qu'il s'en allast.

L'Université de Paris faisoit grande diligence d'exciter le Roy pour mettre paix en l'Eglise, et appaiser le schisme qui y estoit. Et de ce faire avoit le Roy grande volonté d'y entendre. Et dit que on advisast les moyens, et ce qu'il avoit à faire, et il l'executeroit tres-diligemment, et ne tiendroit point à luy.

Grandes dissentions, haynes et divisions y avoit en l'hostel du Roy, et par tout le royaume, tant entre les princes que les populaires, specialement entre les gens pour le faict des aydes et finances qu'on exigeoit sur le peuple, sans ce que comme point rien en fust mis au bien de la chose publique. Mais pourtant autre chose ne s'en faisoit, et s'en alloit la finance en bourses particulieres, et ne sçavoit-on que tout devenoit.

En la fin de ladite année y eut sur mer et sur terre les plus merveilleux vents qu'on veid oncques, et tellement qu'il n'arracha pas seulement les arbres, et abbatit les autres choses dessus dites. Mais il y eut citez abbatuës et fonduës, et estoient en la mer les ondes si grandes, qu'elle vomissoit poissons de diverses especes jusques sur la terre. Et disoit-on que c'estoit signe de tout mal.

M. CCC. LXXXXI.

L'an mille trois cens quatre-vingt et onze, le Roy voulant aucunement appanager son frere Louys, luy bailla la duché d'Orleans, laquelle après la mort de Philippes duc d'Orleans estoit venuë à la couronne, et l'en receut en foy et hommage. Dont ceux d'Orléans furent tres-mal contens, disans que le Roy leur avoit promis que jamais ne partiroient de la couronne, et en firent forte poursuite, mais finalement la chose demeura en ce poinct, et fut nommé duc d'Orleans. Et combien qu'il fust jeune d'aage, toutesfois il estoit sage, et de bon entendement, et desiroit fort d'acquerir loyaument et à bon prix terres et seigneuries ; et acquesta la comté de Blois, la seigneurie de Coucy, la comté de Soissons, et plusieurs autres terres et seigneuries.

Quand les Florentins et Boulonnois sceurent que le Roy ne les vouloit pas prendre en sa subjetion et seigneurie, ils s'allierent du comte d'Armagnac, en luy requerant qu'il leur voulust aider à faire guerre au duc de Milan. Et combien que il fist plusieurs doutes, craignant à prendre si grande charge, toutesfois il s'y accorda. Car plusieurs luy conseilloient, et luy disoit-on que s'il vouloit mener plusieurs estans au royaume de France, qu'on nommoit compagnées, qui pilloient et deroboient, il feroit un grand bien. Et principalement pour ceste cause il s'y condescendit, et les assembla, se mit sur les champs, et passa les monts pour venir devant Alexandrie. De laquelle chose le duc de Milan fut adverti, et dedans Alexandrie mit des gens tres-vaillans secrettement. Et quand il sceut la venuë du comte d'Armagnac, qui se disposoit à mettre le siege, le Duc fit mettre une bien grosse embusche assez prés de la ville. Le comte d'Armagnac et ses gens se mirent devant la ville : ceux qui estoient en embusche envoyerent certains coureurs, comme pour escarmoucher les gens du Comte, lesquels non sçachans qu'il y eust grosse garnison dedans, et aussi l'embusche, coururent sus aux coureurs, et les suivirent jusques à l'embusche, et la passerent, et lors ceux de l'embusche saillirent, et y fut fort combatu. Le comte d'Armagnac voulant secourir ses gens, y alla bien accompagné. Et quand la garnison, qui estoit dedans la ville, ainsi que dit est, le veid, ils saillirent, et fut le Comte desconfit, et en y eut bien trois cens de morts, et luy-mesme fut navré de huict playes, et en disant, *In manus tuas Domine commendo spiritum meum*, alla de vie à trespassement. Vaillant homme estoit, et avoit cuidé bien faire.

Audit an le bon comte de Foix aagé de quatre-vingts ans, en soy voulant mettre à table pour soupper fut frappé d'apoplexie, parquoy alla de vie à trespassement. Il avoit esté vaillant Prince en son temps, et subjugua tous ses voisins. Et estoit bien aimé, honoré, et prisé, craint, et redouté. Et estoit tres-bon François, et pource estoit-il en hayne du roy de Navarre. Riche estoit, et avoit grand tresor. Un fils bastard avoit, bel et vaillant homme, et bien aymé de ceux du pays. Et comme dessus est dit, il avoit donné la comté au Roy, et en effect l'avoit fait son heritier. Mais le Roy qui estoit liberal, donna au bastard la comté, et tout le tresor, et en fut receu par le Roy en foy et hommage.

Dessus a esté faite mention de l'arrest et appointement du duc de Bretagne, et de messire Olivier de Clisson, connestable de France, que le Duc n'a voulu executer. Et quand il fut au pays, rien n'accomplit de chose qui fust ordonnée, ne par luy promise. Dont ledit Connestable se plaignit au Roy, dont il fut tres-mal content, et desplaisant. Parquoy il envoya vers le Duc pour ceste cause, en luy mandant qu'il accomplist ce qu'il luy avoit esté ordonné. Mais il n'en tint conte. Et pource Clisson suscita une grande guerre en Bretagne, qui fut bien aspre, et y eut de grands dommages faits au pays, et furent comme presques destruits, où les frontieres estoient. Et y eut de vaillantes rencontres et armes faites aucunes fois inhumaines. Les choses estoient fort à la desplaisance du Roy, et de son conseil, et pource le Roy commanda à son oncle le duc de Berry, qu'il allast en Bretagne parler au Duc. Quand le duc de Bretagne sceut la venuë du duc de Berry, il se mit en un vaisseau bien accompagné, et contremont la riviere vint au devant de luy, et ensemble arriverent à Nantes. La duchesse de Bretagne, qui estoit sœur du roy de Navarre, vint avec ses enfans au devant dudit duc de Berry : plusieurs convis y eut, où on fit tres-grande chere, et y eut de beaux dons donnez d'un costé et d'autre. Et requit le duc de Berry au duc de Bretagne, qu'il assemblast ses barons et son conseil, et ainsi furent convoquez et assemblez en bien grand nombre. Et avec le duc de Berry, avoit envoyé le Roy de bien notables gens de conseil, et autres. Et en sa presence et de son conseil furent exposées les doleances que faisoit le Roy. C'est à sçavoir de la monnoye, qu'il faisoit d'or et d'argent, et toutesfois il ne la devoit faire que noire. Secondement fut exposé comme il n'avoit obey à l'arrest, que le Roy avoit donné touchant son Connestable, et qu'il n'avoit voulu delivrer, ny ne delivroit les chasteaux, et autres terres dessus declarées, et autres estans à Jean de Bretagne. En commandant et requerant qu'il se desistast de forger lesdites monnoyes, et qu'il voulust accomplir ce qui estoit ordonné touchant le Connestable, et qu'on cessast de faire guerre, veu que ce n'estoit que destruction de pays, et que desja y en avoit qui estoient moult endommagez. Quand le Duc et ses barons eurent ouy ce que les ambassadeurs avoient dit et proposé, les barons furent tres-contens, en disant assez pleinement que les requestes estoient raisonnables. Mais le Duc à chose qu'ils dissent ne voulut ouvrir les oreilles, et en estoit tres-mal content. Et s'en allant en son hostel dit qu'il feroit emprisonner tous les ambassadeurs du Roy, et les arrester. Messire Pierre de Navarre, qui estoit frere de la Duchesse, sceut la volonté du Duc, et vint à sa sœur, en luy priant qu'elle voulust advertir le Duc, qu'il ne mit pas à execution ce qu'il vouloit faire, en luy monstrant les inconveniens qui en pouvoient advenir. Laquelle tres-benignement ouyt ce que son frere luy disoit, et en cognoissant qu'il luy disoit verité, luy dit et promit qu'elle y feroit ce qu'elle pourroit. Et pour ceste cause le Duc estant au soir en sa chambre, la Duchesse et ses enfans avec elle vinrent à la chambre, et entrerent dedans, et aux pieds du Duc se jetterent, en pleurans abondamment, et en luy supplians humblement qu'il voulust avoir esgard à ce que les ambassadeurs du Roy luy avoient dit, et qu'il ne voulust faire ce qu'on disoit, qu'il avoit entrepris de les arrester. Quand le Duc veid sa femme et ses enfans, il y pensa aucunement, et finalement leur dit qu'il accompliroit leur requeste. Toutesfois plusieurs de ses gens mesmes disoient que ce n'estoit que fiction. Et quelque chose qu'il en fust, il ordonna que le lendemain ils fussent à l'eglise pour ouyr la response qu'il leur vouloit faire, qui seroit douce, raisonnable, et paisible. Et le lendemain le duc de Berry, et les autres ambassadeurs allerent en ladite eglise, et fut la response du Duc faite. C'est à sçavoir qu'il iroit devers la personne du Roy mesme, et luy feroit telle response qu'il en seroit content. De laquelle response lesdits ambassadeurs furent contens, et s'en retournerent devers le Roy, et le duc de Berry s'en alla à Poictiers. Et en accomplissant ce que le duc de Bretagne avoit promis, il se disposa de venir devers le Roy bien grandement accompagné. Car il avoit quatre cens gentilshommes, tous armez de haubergeons bien beaux, et s'en vint à Paris. Et avant qu'il y fust, et vint en la presence du Roy, il y eut aucuns broüillis et differens en jeux et esbatemens, dont inconveniens eussent peu venir: mais le duc d'Orleans appaisa tout. Et s'en vint le duc en la presence du Roy, qui le receut tres-gratieusement et benignement, dont le duc fut tres-content, et ensemble firent bonne chere tant en convis que autrement, et bien joyeuse. Et s'excusa le duc en la presence du Roy et du conseil, le mieux qu'il peut et sceut, tant par luy-mesme de bouche, que par son conseil. Et specialement des choses touchant le connestable, et disoit qu'il luy faisoit grand mal, que son vassal et subject se portoit si orgueilleusement contre luy. Et que s'il n'avoit point rendu aucunes places, on ne s'en devoit point esbahir. Car il doutoit que Clisson desdites places ne luy fît guerre, comme sans icelles il avoit ja fait un an entier. Finalement aprés plusieurs responses de costé et d'autre faites et alleguées, fut par le Roy appointé, que le premier appointement par le Roy fait, tiendroit et vaudroit. Et quelque volonté que les parties eussent ou monstrassent, ils monstroient semblant qu'ils feroient le plaisir du Roy.

Le sixiesme jour de fevrier en ladite année, la reyne eut un fils nommé Charles, lequel fut baptisé par l'archevesque de Sens, accompagné de dix autres. Et de ladite nativité furent envoyez messagers par tout le pays, et fit-on sonner les cloches de Paris, et y eut grandes joyes et festes, tant de feux faits parmy la ville, que de tables mises par les ruës.

En ceste année, y eut par plusieurs fois faites diverses assemblées et collocutions, pour trouver moyen et maniere d'avoir paix entre le Roy et les Anglois. Et pource que entre Calais et Boulogne avoient esté diverses voyes ouvertes, le Roy d'Angleterre desirant d'en avoir une fin et conclusion, delibera d'envoyer le duc de Lanclastre son oncle jusques vers le roy de France. Et de faict vint jusques à Amiens, où il fut receu joyeusement par le Roy, lequel avoit bien accoustumé de faire bonne chere à estrangers, et à ses ennemis mesmes. Et demanda le duc au Roy jour et heure qu'il peust parler à luy, et exposer les causes pourquoy il estoit venu. Jour luy fut assigné en la presence du Roy et de ceux de son sang, et autres de son conseil, et fit les plusieurs demandes, et mesmement demandoit le demeurant de l'or ou argent qui fut promis pour la redemption du roy Jean, montant à un million, la duché de Guyenne jusques au porterau d'Orleans, et la comté de Poictou. Et qu'en ce faisant bonne paix se tiendroit. Lesdites nouvelles ouyes, on les fit retraire. Et cependant le conseil du Roy eut advis qu'on feroit la response, laquelle autrefois avoit esté faite en autres conventions, esquelles ils faisoient les requestes dessus dites. C'est à sçavoir que aux demandes que on faisoit pour les Anglois on ne donneroit aucune response, pour denier ou refuser ce qu'ils demandoient, ne leur rien accorder. Mais simplement leur fut respondu qu'ils rendissent le Roy Jean, et les ostages qui estoient en Angleterre avec luy, et qui estoient morts par leur faute. Et que par le traité qu'ils avoient fait devoient faire vuider les gens des places, qui y firent dommages irreparables, pour lesquels on leur demanda trois millions. Et quand ils auroient fait ce que dit est, ils rendroient response à ladite requeste, et aux demandes qu'ils faisoient. Le duc de Lanclastre quand il ouyt ladite response, il dit qu'il rapporteroit à son roy ce qui luy avoit esté dit. Et au surplus prit congé du Roy, et s'en alla à son pays.

◇◇◇

M. CCC. LXXXXII.

L'an mille trois cens quatre-vingt et douze, on disoit aucunement que le duc d'Orleans, (qui estoit jeune d'aage, mais avoit assez bon sens et entendement, et estoit beau prince et gratieux), par le moyen d'aucuns qui estoient prés de luy, oyoit volontiers gens superstitieux, qu'on maintenoit exercer sortileges. Et pource que messire Pierre de Craon se tenoit bien son serviteur, il delibera de l'en advertir. Et de faict, par la maniere qu'il peut, l'en advertit, et luy dit la renommée qui de luy couroit. Dont le duc ne fut pas bien content. Car il luy sembloit que Craon le tenoit sorcier, et le fit bouter hors de la cour. Et pource que le duc d'Orleans avoit aucune affection au connestable Clisson, et qu'il le croyoit, et qu'une fois y avoit eu paroles entre Clisson et luy d'une maniere de hautaineté, Craon cuida que ce qu'il avoit esté bouté hors de la cour, que ce fust par le moyen de Clisson, et qu'il luy eust conseillé, il delibera en luy-mesme qu'il le courrouceroit, et feroit mourir ou battre. Et pour executer son intention et propos, manda gens, et en venant de l'hostel Saint Paul où le Roy estoit, en un hostel, en un lieu, Craon se mit en une maniere d'embusche, et vingt compagnons avec luy bien habillez, couverts, et armez. Et le jour du sainct Sacrement, le quatorziesme jour de juin, que Clisson s'en venoit de devers le Roy, de Sainct Paul en son hostel, les compagnons saillirent et l'assaillirent. Et tantost tira son espée, et merveilleusement se defendit. Et disoit-on qu'il estoit tousjours garny de haubergeon par dessous, ou d'autre forte garniture, et fut jetté de dessus son cheval à terre, mais habilement il se releva, et mit dans une maison, et eut és fesses trois coups. Ceux qui firent l'exploict, bien hastivement s'enfuirent, doutans le peuple, et aussi que les gens de Clisson ne s'assemblassent, lesquels desja s'assembloient. Parquoy ils se mirent en fuite, mais ils ne sceurent si bien fuir, qu'il n'y en eust trois de pris, qui furent mis en Chastelet, et là par les gens du Roy examinez, confesserent le cas, parquoy eurent les testes coupppées. Craon fut appellé à ban, et ne comparut point, parquoy il fut banni, et ses biens confisquez. L'admiral se transporta pour executer la sentence en un chastel, où on cuidoit qu'il fust retrait, mais il n'y estoit pas, et s'en estoit parti. Et prit la place, et entra dedans, et y trouva force meubles, qui montoient bien jusques à quarante mille escus. Et ne laissa rien à la femme dudit Craon qui estoit dedans, sinon de tres-pauvres habillemens, et la mit dehors, pour s'en aller où bon luy sembleroit.

En ce temps le Roy bailla à monseigneur d'Orleans Pierrefons, et la Ferté-Millon.

Clisson fut guary des playes qu'il avoit eu, et faisoit grande diligence d'enquerir où estoit Craon, et disoient aucuns qu'il estoit és Allemagnes, ou en Bretagne, ou en Hainaut hors du royaume. Et enfin on trouva qu'il estoit allé vers le duc de Bretagne, lequel l'avoit receu, et luy faisoit tres-bonne chere. Et estoit commune renommée que de ladite bature le duc de Bretagne estoit consentant, et estoit bien desplaisant qu'on ne l'avoit tué. Quand le Roy et son conseil furent aucunement advertis que le duc de Bretagne estoit consentant de la bature de Clisson, et qu'il avoit receu Craon, et luy avoit fait bonne et joyeuse chere, combien qu'il eust commis un si horrible et damné cas et crime de leze-majesté, et que pource il estoit banni du royaume de France, il fut deliberé et conclu par le Roy que luy-mesme iroit en Bretagne : veu mesmement que le duc touchant la prise de Clisson n'accomplissoit ce qui avoit esté ordonné par le Roy, et que luy-mesme avoit promis d'accomplir. Et manda le Roy à ses oncles de Berry, et de Bourgongne, la deliberation qu'il avoit faite d'aller en Bretagne, en les requerant qu'ils vinssent vers luy le mieux accompagnez qu'ils pourroient. Lesquels furent bien esbahis quand ils sceurent l'entreprise, et comme ceux qui estoient au conseil du Roy, avoient ozé estre si hardis, d'avoir fait ladite conclusion, sans les appeller, eux qui estoient oncles du Roy, veu que l'entreprise estoit grande, et à l'executer il y pouvoit avoir des difficultez et dangers beaucoup. Et pour ce furent tres-mal contens de ceux qui estoient autour du Roy, et qu'on disoit le gouverner, c'est à sçavoir Clisson, la Riviere, et Noujant, et si estoient plusieurs autres. Car ils tenoient le Roy de si prés, que nul office n'estoit donné sinon par eux, ou de leur consentement. Et sembloit par leurs manieres qu'ils cuidoient estre perpetuels en leurs offices, et qu'on ne leur pouvoit nuire : hautement et en grande auctorité se gouvernoient. Et si estoient les gens d'Eglise et de l'Université tres-mal contens d'eux. Car ils grevoient eux, et leurs juridictions ecclesiastiques, et leurs privileges. Et voloient de si haute aisle qu'à peine en ozoit-on parler. Et afin qu'on n'eust pas leger accés devers le Roy, ils le firent partir de Paris, et aller à Sainct Germain en Laye. Ce nonobstant l'Université delibera d'envoyer une notable ambassade devers le Roy audit lieu de Sainct Germain. Et y furent deputez le recteur mesme, et plusieurs nobles clercs de toutes les quatre facultez. Et quand ils furent à Sainct Germain, ils firent sçavoir à monseigneur le chancelier, et au conseil, qu'ils avoient à parler au Roy, et qu'il leur pleust de leur faire avoir audience, et par plusieurs fois interpellerent, et firent diligence de l'avoir. Et aprés plusieurs responses et choses dites par le chancelier, il leur dit que le Roy estoit occupé en tres-grandes et hautes besongnes, et que de present n'auroient audience, et qu'ils ne se souciassent de leurs privileges, et qu'on les garderoit tres-bien, et qu'ils s'en allassent. Et pource s'en retournerent à Paris, sans estre oüys. Ce qu'on tenoit à chose bien estrange.

Le Roy pour executer ce qui avoit esté entrepris et conclu en son conseil, se partit des marches de devers Paris, et se mit en chemin pour venir au Mans, et y arriva environ la fin de juillet. En ladite ville il attendit ses oncles les ducs de Berry et Bourgongne. Et estoit le duc de Berry fort occupé à la conqueste de Guyenne, où il labouroit et travailloit fort, et en avoit conquesté la plus grande partie, et presque tout. Toutesfois il faisoit la meilleure diligence qu'il pouvoit de s'en venir. On envoya devant Sablé, une place forte, faire commandement qu'ils rendissent la place au Roy, et luy fissent obeïssance. Mais ils firent les sourds, et n'obeïrent en aucune maniere, et disoit-on que Craon estoit dedans. Quand le duc de Bretagne sceut que le Roy approchoit, et qu'il avoit intention de venir en armes sur luy, il envoya vers le Roy bien notable ambassade. Car il redoutoit fort la venuë du Roy, et qu'il n'entrast en armes en son pays. Si presenterent ses ambassadeurs leurs lettres qui estoient de creance, qui fut que le duc s'esmerveilloit que le Roy vouloit venir audit pays, et qu'il n'estoit ja necessité qu'il amenast armée, et qu'il le feroit obeïr en toute la duché de Bretagne, et que tout estoit sien, et à son commandement. Et s'offroit à luy faire tout service, comme son bon, vray, et loyal vassal et subjet. Or est vray que environ le commencement d'aoust, on s'appercevoit bien que le Roy en ses paroles et manieres de faire avoit aucune alteration, et diversité de langage non bien entretenant. Lequel dit que comme que ce fust il vouloit aller aux champs en armes. Et de faict monta à cheval, pour aller, et au devant de luy vint un meschant homme mal habillé, pauvre, et vile personne, lequel vint au devant du Roy, en luy disant : « Roy où vas-tu? Ne » passes plus outre, car tu es trahy, et te doit- » on bailler icy à tes adversaires. » Le Roy entra lors en une grande frenesie, et merveilleuse, et couroit en divers lieux, et frappoit tous ceux qu'il rencontroit, et tua quatre hommes. Lors on fit grande diligence de le prendre, et fut pris et amené en son logis, et fut mis sur un lict, et ne remuoit ny bras, ny jambes, et sembloit qu'il fust mort. Les physiciens vinrent qui le veirent, lesquels le jugerent mort sans remede. Tout le peuple pleuroit et gemissoit, et en cet estat le voyoit chacun qui vouloit. Des Anglois mesmes par le moyen du seigneur de la Riviere le vinrent voir. Et de ce fut le duc de Bourgongne tres-mal content. Et dit au seigneur de la Riviere qu'un jour viendroit auquel il s'en repentiroit. C'estoit grande pitié de voir les pleurs et douleurs qu'on menoit. La chose vint à la cognoissance du Pape et du Roy d'Angleterre, qui en furent tres-desplaisans. Et partout on faisoit processions, et oraisons tres-devotes. Si recouvra santé, et se voüa à Nostre-Dame, et à monseigneur Sainct Denis. Il fut en une abbaye de religieuses, et y fit sa neufvaine. Puis bien devotement vint à Chartres, fit sa devotion en l'église, et y donna un beau don. Et fut ramené à Paris.

Et tousjours faisoient les seigneurs de la Riviere et Noujant le mieux qu'ils pouvoient. Les ducs de Berry et de Bourgongne reprirent le gouvernement du royaume. Et combien que lesdits de la Riviere et Noujant eussent bien notablement gouverné, et espargné une grande finance, toutesfois lesdits ducs ne queroient que maniere de les vouloir destruire. Et advint que le duc de Bourgongne rencontra le seigneur de Noujant au palais et luy dit : « Seigneur de Nou- » jant, il m'est survenu une necessité, pour la- » quelle me faut avoir presentement trente mille » escus, faites me les bailler du tresor de mon- » seigneur le Roy, je les restitueray une autre » fois. » Lequel luy respondit bien doucement et en grande reverence que ce n'estoit pas à luy à faire, et qu'il en parlast au Roy, et au conseil, et qu'il feroit ce qu'il luy seroit ordonné. Ledit duc qui vouloit avoir ladite somme, sans ce que personne en sceut rien (ce qui eust esté en la charge dudit seigneur de Noujant), respondit :

« Vous ne me voulez pas faire ce plaisir, je vous asseure que en bref je vous destruiray. » Et tantost aprés ne furent pas contens lesdits ducs d'avoir desapointé ceux qui gouvernoient, et de leur avoir osté tout le gouvernement qu'ils avoient, mais les persecuterent eux et leurs alliez en plusieurs et diverses manieres, et specialement le connestable messire Olivier de Clisson, lesdits de la Riviere, et Noujant. Et fut mandé Clisson par le Roy, qui respondit à ceux qui y vinrent que le Roy n'avoit mestier de connestable, et n'y voulut venir. Car il se doutoit, et non sans cause. Si fut desapointé, et le comte d'Eu fait connestable. Et procederent au bannissement dudit Clisson, et de faict fut banni. Et quand ledit duc de Bourgongne eut dit audit de Noujant les paroles dessus dites, de Noujant vint audit Juvenal, garde de la prevosté des marchands (duquel Noujant, Juvenal avoit espousé la niepce), et luy dit ce que le duc de Bourgongne luy avoit dit. Dont ledit Juvenal le conforta, en luy disant, que souvent les grands seigneurs disent des paroles qu'ils ne mettent pas à exécution, et qu'il falloit trouver moyen de capter sa benevolence. Et ledit de Noujant, qui estoit sage et prudent, et cognoissant bien les gens, respondit qu'il cognoissoit bien les conditions du Duc, et qu'il avoit accoustumé de mettre ses volontez à execution. Et qu'il l'avoit bien monstré au faict de messire Jean des Mares, et d'autres. Et tantost aprés fut mis en la Bastille de Sainct Antoine, et bien gardé, et ne trouvoit amy, parent, ny autre qui s'en ozast mesler. Et tous les jours disoit-on, et estoit commune renommée, qu'on luy coupperoit la teste, et venoient plusieurs de ses haineurs qui l'accusoient, et luy bailloient de grandes charges. Comme dit est, ledit Juvenal avoit espousé la niepce dudit seigneur de Noujant, lequel Juvenal se gouvernoit tellement en son office, qu'il avoit l'amour et la grace du Roy, et de tout le peuple, tant de gens d'église, que nobles, marchands, et commun. Et par les paroles mesmes que le Roy disoit souvent, qu'il n'avoit fiance en sa maladie ne autrement qu'en son prevost des marchands et ceux de sa ville. Or est vray, que ledit Duc fit emprisonner pareillement le seigneur de la Riviere, et plusieurs autres, duquel de la Riviere ledit Juvenal estoit parent. Et sçavoit ledit Juvenal que eux estans en gouvernement, avoient granderuent fait leur devoir, et que ce qu'on leur faisoit n'estoit que par envie. Et pource il delibera de leur aider, et en parla ausdits seigneurs, et à ceux qui se mesloient du gouvernement de la justice, en toute douceur et humilité, requerant qu'on leur fit justice, accompagnée de misericorde, si mestier estoit. Et de ce le duc de Bourgongne, quelque semblant qu'il monstrast, feignant que la requeste estoit raisonnable, estoit tres-mal content. Et dés lors commença à machiner contre ledit Juvenal pour le destruire. Et finalement la chose par le moyen dudit Juvenal fut tellement conduite, que esdits de la Riviere et de Noujant ne fut trouvée chose, pour laquelle ils eussent desservi à avoir forfait ny corps, ny biens, et furent seulement bannis de la cour du Roy, en leur defendant qu'ils n'en approchassent de quatorze ou quinze lieuës, et seulement eurent dommage és biens qui furent pris en leurs maisons, aprés leur prise, et en plusieurs frais et mises qu'il fallut faire. Et le tout considéré Dieu leur fit belle grace d'ainsi eschapper.

Les seigneurs dessus dits recognoissans la faute qu'ils avoient faite touchant Clisson, et aussi que le Roy recouvroit souvent santé, et luy donnoit-on le plus de plaisance qu'on pouvoit, vulurent que tout ce qui avoit esté fait contre Clisson fust rappelé, revoqué, et mis au neant. Toutesfois tousjours estoit en l'indignation du duc de Berry.

Audit temps le Roy avoit aucunement recouvert santé, et luy donnoit-on le plus de plaisance, comme dit est, qu'on pouvoit. Et fut ordonné une feste au soir en l'hostel de la reyne Blanche, à Sainct Marcel prés Paris, d'hommes sauvages enchaisnez, tous velus. Et estoient leurs habillemens propices au corps, velus, faits de lin, ou d'estoupes attachées à poix-raisine, et engraissez aucunement pour mieux reluire. Et vinrent comme pour danser en la salle, où il y avoit torches largement allumées. Et commença-on à jetter parmy les torches torchons de foüerre. Et pour abreger, le feu se bouta és habillemens, qui estoient bien lacez et cousus. Et estoit grande pitié de voir ainsi les personnes embrasées, et combien qu'ils s'entretinssent, toutesfois se delaisscerent-ils. Et d'iceux hommes sauvages est à noter que le Roy en estoit un. Et y eut une dame vefve, qui avoit un manteau, dont elle affeubla le Roy, et fut le feu tellement estouffé qu'il n'eut aucun mal. Il y en eut aucuns ars et bruslez, qui moururent piteusement. Un y eut qui se jeta en un puits, l'autre se jetta dans la rivière. Et fut la chose moult piteuse et merveilleuse. Plusieurs diligences furent faites d'enquerir d'où ce venoit, et en parloit-on en diverses manieres, et ne peut-on onques sçavoir ny averer le cas. Et pour l'enormité du cas, fut ordonné que ledit hostel, où advinrent les chose dessus dites, qu'on disoit l'hostel de la reyne Blanche, seroit abbatu et demoly. Le Roy lequel s'estoit voüé à monseigneur Sainct Denys, y alla en pelerinage, et ses oncles avec luy. Et fit mettre le corps de monseigneur sainct Louys en une chasse, et voulut qu'elle fust couverte d'or. Et pour la faire belle et bien faite, il donna deux cens cinquante deux marcs d'or, et mille livres parisis pour au dessus de la chasse faire un chapiteau de cuivre. Aussi messieurs de Berry et de Bourgongne donnerent de beaux et riches vestemens, en remerciant Dieu, et monseigneur Sainct Louys de la grace que Dieu avoit fait au Roy, d'avoir recouvert santé.

Clisson nonobstant toutes les choses dessus dites, faisoit tousjours forte guerre, et merveilleuse, et avoit tousjours plusieurs qui luy aidoient, comme le seigneur d'Aigreville, lequel alloit vers luy pour le servir, et menoit certaine quantité de gens. Mais il fut rencontré par les gens du duc de Bretagne, et fort se defendit. Et y eut d'un costé et d'autre des morts. Et à la fin fut ledit seigneur d'Aigreville pris prisonnier, et mis à rançon et finance, laquelle il paya, et fut delivré.

Le Pape en faveur du roy de Sicile, ordonna un dixieme pour luy aider à trouver moyen de recouvrer son royaume, et pour ses autres necessités. Les gens d'eglise s'y opposerent, et l'Université, et appellerent des commissaires ordonnez, et eurent apostres refutatoires : mais il leur fut dit pleinement, que nonobstant leurs appellations et oppositions, ils le payeroient. Et ainsi le firent.

Soubs ombre d'aucunes differences et divisions dessus declarées plusieurs seigneurs tenoient des gens sur les champs, lesquels faisoient des maux beaucoup. Et pour ce fut advisé qu'il falloit trouver moyen de les mettre hors. Et fut ordonné que le mareschal de Boussicaut en meneroit une partie en Guyenne. Et ainsi le fit.

Le comte de Sainct Paul avoit une grande guerre contre le roy de Boheme. Et disoit que son pere avoit presté grande foison d'argent audit Roy, et de ce avoit obligation. Et avoit envoyé vers ledit Roy, requerant qu'il le voulust payer, lequel voulut voir son obligation, et luy envoya-l'on ; il la veid, et la leut, puis la jetta au feu et respondit que jamais n'en payeroit rien. Et pource ledit Comte delibera de faire guerre audit Roy, lequel tenoit la duché de Luxembourg. Et pource ledit comte prit le demeurant desdits gens de guerre, et les mena en la duché de Luxembourg, en laquelle on ne se donnoit garde d'avoir guerre, et n'en estoit nouvelles, et occupa la plus grande partie, et luy obeïssoit-on. Le roy de Boheme le sceut, et tantost envoya gens d'armes pour defendre son pays, et fit mettre le siege en aucunes places. Le Comte envoya prier au Roy qu'il luy envoyast ayde de gens. Ce que le Roy fit, et y envoya le connestable avec huict cens hommes d'armes, Les gens du roy de Boheme, qui tenoient le siege, le sceurent, et douterent que les François ne fussent plus qu'ils n'estoient. Et pource se leverent, s'enfuirent hastivement, laisserent leurs tentes, et tout ce qui estoit dedans, et des biens plusieurs, dont les François furent moult riches.

En ladite année, les eaües furent si tres-basses et petites, que les rivieres furent non navigeables.

Une loy fut faite ou une constitution dont dessus est faite mention, que en France les roys seroient majeurs et couronnez en l'aage de quatorze ans, laquelle n'avoit pas esté publiée. Et pource le Roy ordonna qu'elle fust publiée et enregistrée, tant en parlement, que és autres chambres. Et ainsi fut fait.

Il y eut deux chartreux, qui s'en allerent à Rome, devers l'antipape Boniface, en l'exhortant qu'il voulust entendre à avoir union en l'Eglise, et que sur ce il voulust escrire au roy de France. Lequel se condescendit fort à leur requeste. Et fit faire une epistre bien faite et dictée adressée au Roy, laquelle il bailla ausdits chartreux. Et vinrent en France, et la presenterent au Roy. Et la veid et fit lire le Roy, et en estoit bien content. Et en icelle offroit Boniface à faire toutes choses licites à avoir union en l'Eglise. Le pape Clement le sceut, et voulut faire prendre et emprisonner lesdits deux chartreux, tant par le moyen de l'Université, que autrement. Mais le Roy les en garda, et defendit qu'on ne mist la main sur eux, ne que aucun empeschement leur en fust fait, ny en corps, ny en bien, et les receut le Roy tres-doucement et gratieusement. Tantost le pape Clement envoya devers le Roy diligemment, en lui signifiant qu'il estoit prest de faire cesser le schisme en toutes manieres. Combien que plusieurs disoient que ce n'estoit que toute fiction, et qu'il avoit intention que ja accord ne se feroit, ne à union n'entendroit, sinon qu'il fust tousjours pape. Et plusieurs seigneurs et notables clercs tiroit à son intention et cordele. Processions et oraisons se faisoient bien et diligemment pour la paix de l'Eglise et union. Et y eut une propre messe ordonnée et faite, et pardon à ceux qui la diroient, et pour l'union de l'Eglise prieroient.

La duchesse d'Orleans nommée Blanche l'Ancienne, fille de feu Charles le Bel, fils de Philippes le Bel, alla de vie à trespassement. Et disent aucuns que ce fut celle à laquelle le roy Philippes de Valois, ou le roy Jean son fils, parla aucunement aigrement. Et elle luy respondit que si elle eust esté homme, il ne luy eust ozé dire ce qu'il luy disoit. Et elle estoit de belle, honneste et saincte vie, et grande aumosniere en sa vie, distribuant aux pauvres tous ses biens meubles, tellement qu'on n'y trouva comme rien. Le corps fut porté à Sainct Denys, et y eut beau service de mort, auquel le Roy estoit present, et faisoient le deüil les oncles du Roy, et ceux du sang. Et disoit-on merveilles de bien d'elle. Et par tout prieres et oraisons se faisoient pour le salut de son ame.

Quand on sceut la grace que Dieu avoit fait au Roy du feu qui fut bouté, quand le Roy et autres faisoient les hommes sauvages, dont il eschappa sain et sauf, par le moyen de la dame qui le couvrit de son manteau, on fit deux choses : L'une, un service pour ceux qui y trespasserent, bel et notable. L'autre, le Roy et ceux du sang allerent en pelerinage à pied à la Chapelle des Martyrs, au pied de Mont-Martre, pour revenir à Nostre-Dame en devotion. Et estoit le Roy seul à cheval, ses freres et oncles, et autres du sang, à foison de gentilshommes, nuds pieds. Et en cest estat, vinrent jusques à Nostre-Dame, où ils furent receus par l'Evesque, chanoines, chappelains, et gens d'eglise bien honorablement, firent leurs offrandes et oraisons, et y eut une tres-belle messe chantée, et maintes larmes des yeux jettées, en remerciant Dieu de la grace qu'il avoit faite au Roy.

Le duc d'Orleans, frere du Roy, se gouvernoit aucunement trop à son plaisir, en faisant jeunesses estranges, à luy qui estoit si prochain parent du Roy et de la couronne, lesquelles ne faut ja declarer. Si fut ordonné qu'on lui monstreroit doucement et gratieusement. Lequel fit semblant de le prendre en patience. Car il estoit assez caut, et sage de son aage. Mais il avoit jeunes gens prés de luy, et aussi les vouloit-il avoir, qui l'induisoient à faire plusieurs choses, que bien adverty il n'eust pas fait. Et une journée le dessus dit Juvenal, lequel le Duc avoit retenu de son conseil, se advisa qu'il luy diroit, et de faict luy dit par une maniere joyeuse. Si le prit ledit Duc trop plus en gré qu'il ne fit de ses oncles, et respondit qu'il pourvoyeroit aux charges qu'on luy donnoit. Et commença à faire faire une belle chapelle aux Celestins de Paris, et autres bonnes œuvres.

◇◇◇

M. CCC. LXXXXIII.

L'an mille trois cens quatre-vingt et treize, il y eut plusieurs collocutions et parlemens faits, pour trouver moyen d'avoir paix entre les roys de France et d'Angleterre, dont s'entremettoient plusieurs notables personnes gens d'eglise, et plusieurs autres tant nobles que autres, tant d'un costé que d'autre. Et fit le roy d'Angleterre à Wesmontier auprés Londres un parlement, où les trois estats estans assemblez, fut mis en deliberation si on traiteroit de paix avec le roy de France, et y eut diverses imaginations. Car les jeunes princes et nobles estoient d'opinion qu'on n'entendist point à paix. Et leur sembloit que qui viendroit en France en grande puissance, qu'on la conquesteroit, veu la maladie du Roy, et qu'il y avoit eu en aucuns lieux des differences et divisions, et mesmement en Bretagne. Les anciens princes, seigneurs et prelats furent d'opinion contraire, et alleguoient plusieurs grandes et belles raisons, par le moyen desquelles la plus grande et saine partie se condescendit à ouvrir traité de paix avec les François, et que s'ils y vouloient entendre, qu'on y envoyast notable ambassade. Et fut ce fait à sçavoir au roy de France, lequel fut tres-content d'y entendre. Et y eut jour et lieu pris à y besongner. Et y envoyerent les Anglois les ducs de Lanclastre, de Clocestre, et aucuns comtes, prelats et gens d'eglise, qui vinrent à Calais. De la partie du Roy y furent envoyez les ducs de Berry et de Bourgongne, et gens d'eglise, et autres, qui vinrent à Abbeville, en Ponthieu. Et fut ordonné et accordé, que l'assemblée se feroit à Lelinguehan en une chappelle, en laquelle fut ordonné qu'on feroit deux huis opposites l'un de l'autre, pour entrer et yssir les princes en ladite chappelle, et d'un costé et autre se tendroient tentes pour eux retraire. Le duc de Bourgongne fit dresser une moult belle tente, en forme et maniere d'une ville environnée de tours, et en icelle y avoit grand logis, et y avoit assez d'espace pour retraire trois mille hommes, et entour par dedans y avoit salles et chambres, où estoient tenduës diverses tapisseries, les unes de laine, à batailles diverses, toutes battuës en or, et és autres estoit signée la Passion de nostre Sauveur Jesus-Christ, et estoient tenuës moult belles, et moult riches. Et puis y avoit des sieges des seigneurs à eux asseoir, tres-noblement parez, qui estoit bien plaisante chose à voir, et le bas comme le plancher couvert de tapis velus. Et disoient les Anglois que onques n'avoient veu chose en tel cas si riche, ne si bien ordonnée. Et là furent les feries de Pasques tous les seigneurs assemblez en ladite chappelle. Et delayerent à ouvrir les matieres ouvertures de paix, (pource qu'on leur avoit envoyé aucunes choses secrettes par escrit), jusques au mois de mai ensuivant. Auquel temps, et d'un costé et d'autre, fut promis de retourner. Et cependant y eut les plus merveilleuses tempestes de tonnerre, gresle, et vents horribles qu'on veid oncques. Et disoit-on que ce faisoient les diables, courroucez et indignez de ce qu'on ouvroit les matieres de paix. Et audit mois de May, revinrent lesdits seigneurs bien parez, et richement, tant d'un costé que d'autre. Et tres-diligemment entendoient à ouvrir les moyens de paix. Or estoit le cardinal de la Lune à Paris, lequel y estoit venu par l'ordonnance et commandement du pape Clement, pour l'union de l'Eglise. Lequel vint où lesdits seigneurs estoient, pour parler aux Anglois du faict de l'Eglise, et leur demanda à avoir audience. Ce que lesdits princes d'Angleterre ne luy voulurent donner en aucune maniere, et plusieurs fois le refuserent, disans qu'ils n'estoient envoyez de leur Roy pour ceste matiere. Toutesfois à la requeste des princes de France, et par son importunité, il eut audience, et leur fit une notable proposition de l'eslection de Clement, pour monstrer qu'elle estoit bonne, juste et canonique, et qu'on luy devoit obeïr, et le reputer pour pape, en detestant le faict de l'antipape, et és matieres deduisoit plusieurs et grandes auctoritez de la saincte Escriture. Et quand il eut tout au long dit tout ce qu'il voulut dire et proposer, la response des Anglois fut bien briève, en disant ce que dit est, que de la matiere n'avoient point de charge de leur roy, mais bien sçavoient qu'il tenoit pour pape Boniface, et que pour tel le tenoient tous ceux du pays d'Angleterre. Et que s'il vouloit aller audit pays d'Angleterre, prescher et dire ce qu'il leur avoit dit, qu'ils luy feroient avoir sauf-conduit. Mais ledit cardinal n'y voulut aller, et s'en retourna. Lesdits seigneurs de France et d'Angleterre ouvrirent plusieurs moyens d'avoir paix ensemble, et leur sembloit que les choses y estoient tres-bien disposées. Et les choses estoient secretes, et eussent esté mises à effect, si ce n'eust esté la maladie du Roy. Et conclurent que le Roy iroit jusques à Abbeville, et le roy d'Angleterre jusques à Calais. Et derechef le Roy devint malade, et en la frenaisie où il avoit esté au Mans. Qui estoit grande pitié, tant pour le royaume, que pour sa personne. Car il estoit beau, et bien formé de tous ses membres, et de grand et vaillant courage.

Le duc de Berry, qui long-temps avoit eu en grande indignation messire Olivier de Clisson, connestable de France, le receut en sa grace, et fut sa paix faite.

Plusieurs grandes divisions avoit en la cour du Roy, mais tousjours Juvenal mettoit tout à poinct, dont plusieurs l'honoroient et prisoient. Les autres qui ne pensoient que à leur profit, luy en sçavoient mauvais gré, disans qu'il se mesloit de plus de choses qu'il ne lui appartenoit. Et de faict y en eut qui dirent au duc de Bourgongne, qu'il avoit dit plusieurs paroles de luy et d'autres, et fait plusieurs choses dignes de grande punition, si luy en dirent aucunes, qui n'estoient que toutes bourdes. Le duc de Bourgongne, qui ne l'avoit pas trop bien en sa bonne grace, pour cause qu'il avoit pourchassé la delivrance desdits de Noujant et de la Riviere, legerement ouvrit les oreilles, et les creut, et furent les cas mis par escrit, et baillez à deux commissaires de Chastelet, pour en faire information. Et subvertit-on bien trente tesmoins tous faux, qui deposoient l'un comme l'autre. Puis apporta-on l'information audit duc, un jeudy aprés disner, et lui dirent que l'information estoit faite, et qu'il ne la falloit que grossoyer. Lequel leur dit qu'elle suffisoit ainsi, et qu'ils la baillassent aux advocats et procureur du Roy de parlement, afin qu'ils fussent instruits le samedy matin de proposer les cas contre ledit Juvenal. Ce qui fut fait. Mais ledit procureur respondit qu'il ne se feroit ja partie contre ledit Juvenal, ny ne proposeroit ce qu'ils apportoient. Car par plusieurs conjectures voyoit bien, que c'estoient toutes choses controuvées. Parquoy lesdits cas furent baillez à un advocat de parlement, nommé maistre Jean Andriguet, lequel se chargea de les proposer le samedy matin, comme de par le Roy, et commandement du grand conseil. Or advint que lesdits commissaires de Chastelet, quand ils se partirent du duc de Bourgongne, s'en vinrent souper à l'eschiquier en la Cité, et se tinrent assez aises. Car aussi estoient-ils bien payez, et beurent fort, tellement qu'ils mirent leur information sur le bord de la table, et d'adventure en janglant et caquetant ensemble, avec aucuns des solliciteurs et conducteurs de la besongne, lesdites informations cheurent à terre. Et le lieu où ils souppoient estoit la chambre du maistre de l'hostel, si y survint un chien, qui estoit de l'hostel, qui les prit pour ronger, et les porta en la ruelle du lict, dont lesdits commissaires ne s'advisérent. Car l'un s'attendoit que l'autre les eust en sa manche. Et quand vint que le seigneur fut couché, la dame en se voulant coucher prés de son mary, s'en alla à la ruelle, et toucha de son pied ausdites informations, et dit à son mary qu'elle avoit trouvé un gros roole, en la ruelle du lict. Lequel luy dit qu'elle luy baillast, ce qu'elle fit. Et quand il veid que c'estoit une information contre maistre Jean Juvenal, garde de la prevosté des marchands de par le Roy, il fut bien fort esbahy, en disant : « Helas qui sont » ces mauvaises gens qui le veulent grever? » Si se leva à l'heure presques de minuict, et vint à l'hostel de la ville, frappa à l'huis, et parla au concierge qui couchoit en bas, en disant qu'il vouloit parler au prevost. Si se leva, le fit entrer en sa chambre, et tantost luy bailla lesdites informations. Et quand le prevost les veid, il remercia le bourgeois, lequel aprés qu'il luy eut conté, comme il les avoit trouvées, s'en retourna en son hostel. Encore fut ledit prevost bien joyeux quand il fut adverty des bourdes et charges qu'on lui imposoit, et cognoissoit bien aucuns des tesmoins. Et ne se sceut le lendemain lever si matin, qu'il n'arrivast à sa porte un huissier d'armes, nommé Jesus, qui le vint adjourner à comparoir en personne pardevant le Roy, et son conseil, au bois de Vincennes (où le Roy estoit, qui estoit retourné à convalescence) au samedy matin ensuivant, à l'heure de neuf heures. Et audit lieu, fut ordonné une forte tour et prison pour le mettre. Et ledit samedy fut renommée comme publique, qu'on lui devoit coupper la teste, dont tout le peuple s'esbahissoit. A ladite heure et jour, ledit prevost ne s'y trouva pas seul. Car il fut accompagné de trois à quatre cens des plus notables de la ville de Paris, et vint au bois, non de rien esbahi. Si comparut devant le Roy et son conseil. Et proposa ledit maistre Jean Andriguet, en alleguant les cas qu'on lui avoit baillez par escrit, et prenant conclusions criminelles. Et lors se leva ledit Juvenal, qui estoit adverty du cas par ladite telle quelle information, et se voulut defendre comme il en estoit bien aisé, et avoit un beau langage, et si estoit plaisant homme, aimé, honoré, et prisé de toutes gens. Mais ledit Andriguet dit qu'il ne devoit point estre oüy, et qu'on le devoit envoyer en prison. Et sur ce y eut plusieurs paroles. Et finalement le Roy en sa personne dit, qu'il vouloit que son prevost des marchands fust oüy. Lequel s'excusa bien et grandement des cas qu'on luy imposoit, et se defendit, en soy deschargeant bien et honorablement. Et outre dit, que contre un officier royal, on ne devoit pas proceder par informations. Et aussi qu'il ne croyoit pas, quelque chose que dist Andriguet, qu'il y eust informations faites, veu que ce n'estoient que toutes choses controuvées. Et lors ledit Andriguet, qui certifioit qu'il en apperroit bien, demanda aux commissaires qui estoient derriere luy, qu'ils luy baillassent, qui cuidoient les avoir, et demandoient l'un à l'autre : « Ne les avez-vous pas? » Pour abreger, ils ne sçavoient qu'elles estoient devenuës. Et quand le Roy veid la maniere, luy-mesme dit : « Je vous dis par sentence que mon prevost est » preud'homme, et que ceux qui ont fait propo- » ser les choses sont mauvaises gens. » Et dit audit Juvenal : « Allez-vous-en mon amy, et » vous mes bons bourgeois. » Si s'en retournerent. Et quand les faux tesmoins sceurent l'issuë, ils furent moult esbahis, et parlerent l'un à l'autre, en cognoissant leur faute, et estoient en bien grande perplexité, et sceurent que leur information estoit perduë. Et les commissaires leur dirent, qu'il falloit qu'ils deposassent encores ainsi qu'ils avoient fait. Et ils respondirent qu'ils n'en feroient rien, et qui plus est, qu'ils sçavoient ledit Juvenal estre preud'homme, et demeura la chose en ce poinct.

En ce temps y eut un beau miracle à Nostre-Dame de Sainct Martin des Champs. Il y avoit une creature pecheresse, qui estoit enceinte d'enfant, et elle mussoit sa grossesse le mieux qu'elle pouvoit, tellement qu'on ne s'en apperceut oncques. Toute seule se delivra, et cuida couvrir, et celer son cas advenu, et elle-mesme mussa son enfant dans du fiens. Un chien sentit aucunement qu'il y avoit quelque chose, et gratta tellement au lieu qu'il descouvrit l'enfant. Une bien devote femme le veid, qui passoit d'adventure par là, et prit cet enfant, et le porta à Sainct Martin des Champs devant l'autel Nostre-Dame, en faisant une oraison telle qu'elle la sçavoit. L'enfant ouvrit les yeux, cria, et alaita, et fut baptisé, et vesquit trois heures, puis aprés mourut.

C'estoit grande pitié de la maladie du Roy moult merveilleuse, comme dit est, et ne cognoissoit personne quelconque. Luy-mesme se descognoissoit, et disoit que ce n'estoit-il pas. On luy amenoit la Reyne, et sembloit qu'il ne l'eust onques veuë, et n'en avoit memoire, ne cognoissance, ne d'hommes ou femmes quelconques, excepté de la duchesse d'Orleans. Car il la voyoit et regardoit tres-volontiers, et l'appelloit belle sœur. Et comme souvent il y a de mauvaises langues, on disoit et publioient aucuns qu'elle l'avoit ensorcelé, par le moyen de son pere le duc de Milan, qui estoit Lombard, et qu'en son pays on usoit de telles choses. Et fut malade depuis le mois de juin jusques en janvier : Et l'une des plus dolentes et courroucées qui y fust c'estoit la duchesse d'Orleans. Et n'est à croire ou presumer qu'elle l'eust voulu faire ou penser. Il vint à Paris un meschant homme, lequel à proprement parler estoit sorcier. Et se vanta que qui le voudroit laisser faire qu'il guariroit le Roy. Et qu'il avoit un livre qui s'adressoit à Adam, de la consolation de son fils Abel, qu'il pleura, et en fit le deüil cent ans. On fit parler à luy, et trouva-l'on que c'estoit un trompeur. Et de luy fut faite punition telle qu'au cas appartenoit. L'on fit partout processions, bien devotes oraisons, et prieres pour la santé du Roy, car autre remede on ne trouvoit. Et diverses fois les physiciens du Roy furent assemblez, et autres physiciens mandez de divers pays. Mais on n'y sçavoit trouver ny la cause de la maladie, ny la forme comment on la pourroit guarir. Et luy cessa ladite frenaisie, et disoit-on que c'estoit par le moyen des prieres et oraisons qu'on avoit faites, et qui de jour en jour se faisoient.

Le vingt-quatriesme jour d'aoust, la reine eust une fille, qui fut nommée Marie. Et fit la Reyne promesse et vœu, que si elle vivoit, qu'elle seroit religieuse.

Afin que les Anglois ne cuidassent pas qu'on ne voulust entendre à paix en toutes manieres licites et raisonnables, on envoya messire Philippes vicomte de Melun devers les Anglois, leur requerir qu'ils voulussent continuer les journées entreprises sur le faict de la paix. A laquelle parfaire le Roy, ses parens, et ceux de son sang avoient tres-bonne volonté.

Le Roy alla en pelerinage à Sainct Denys en France, et aussi au mont Saint Michel. Et avoit de belles et grandes devotions en Dieu, et s'en retourna esbatre à Sainct Germain en Laye. Et luy faisoit-on toutes les plaisances qu'on pouvoit.

La guerre estoit tousjours fort en Bretagne entre le duc et Clisson, laquelle estoit bien desplaisante à plusieurs. Et y envoya le Roy l'evesque de Langres, messire Hervé Lere chevalier, et maistre Pierre Blanchet, lesquels vinrent en Bretagne, et parlerent à Clisson, en luy monstrant les inconvéniens qui estoient advenus, et advenoient tous les jours à cause de ladite guerre. Lequel respondit qu'il estoit prest de faire le plaisir du Roy, et tres-gratieusement se porta. Puis allerent vers le Duc, mais il ne les voulut voir, ne ouyr, et sembloit qu'il fust fort indigné contre le Roy mesme. Et aprés ce que plusieurs de ses gens luy eurent remonstré, qu'au moins ne pouvoit-il que de les oüyr, il les fit venir en sa presence. Si luy exposerent bien humblement et doucement la charge qu'ils avoient de par le Roy. Ce qu'il prit en grande impatience. Toutesfois il respondit assez gratieusement, mais on apercevoit bien qu'il estoit fort indigné. Les ambassadeurs s'en retournerent, et dirent la response qui leur avoit esté faite.

Le Roy estant à Sainct Germain en Laye et son conseil, l'université de Paris envoya une notable ambassade par devers luy, le prier et requerir qu'on voulust entendre à l'union de l'eglise. Et leur octroya leur requeste, et voulut qu'on advisast toutes les manieres, par lesquelles l'union se pourroit faire, et il estoit prest d'y entendre. De laquelle chose les ambassadeurs au nom de l'université rendirent graces et mercis au Roy, et aux seigneurs qui estoient avec luy, et en firent leur rapport à l'université. Laquelle fit une bien notable procession à Sainct Martin des Champs, en remerciant Dieu et le Roy de sa bonne response. Et pource que plusieurs craignoient et doutoient de dire publiquement leur imagination et opinion, il fut dit qu'on auroit un coffre, auquel par un pertuis on mettroit l'imagination des opinans. Et furent ordonnez de chacune nation deputez qui verroient les cedules. Et fut trouvé que la commune opinion de ceux qui mirent les cedules, estoit que la voye de cession ou de compromis, estoit la plus seure. Et sur ce un bien notable clerc, et grand orateur, nommé maistre Nicole de Clemangis, fit une tres-belle epistre, qui fut monstrée au Roy, et presentée de par l'université. Lequel tres-benignement et doucement la receut.

Boniface l'antipape de Rome escrivit aussi une lettre au Roy, par laquelle il sembloit bien, qu'il avoit bonne volonté à l'union de l'église.

Le roy de Hongrie escrivit au Roy de la victoire que les Sarrasins avoient euë alencontre de luy, et la forme et maniere de la bataille, en luy requerant aide et confort. A laquelle chose faire, le Roy estoit fort enclin, et si luy escrivit la moquerie et derision que les Sarrasins faisoient et disoient de la division qui estoit entre les chrestiens, touchant l'eglise, et le schisme d'icelle.

Le Roy d'Armenie, qui avoit esté assez longuement en France, seigneur de belle et bonne vie, honneste, et catholique, alla de vie à trespassement. Et fut mis en sepulture, vestu de vestemens tous blancs. Et à son enterrement furent les princes et seigneurs, et foison de peuple. Et estoit assez riche de meubles. Car quand il vint il apporta de grandes richesses, lesquelles il distribua en quatre parties. L'une, à un bastard qu'il avoit. La seconde aux pauvres mendians. La tierce à ses familiers et serviteurs. Et la quarte aux maistres gouverneurs de son hostel. Et estoit fort plaint pour sa belle vie, et honneste conversation.

Quand le Roy et son conseil eurent oüy la response des ambassadeurs, qu'on avoit envoyez vers le duc de Bretagne, on douta fort qu'il ne fust mal content de ce qu'on ne luy avoit envoyé aucun du sang du Roy. Et pource fut advisé par le conseil que le duc de Bourgongne y iroit, lequel y alla, et le receut le Duc grandement, notablement, et joyeusement. Et fut mandé Clisson par les Ducs tous seuls, lequel parla à eux en toute douceur et humilité, et tellement qu'il y eut bonne paix et accord fait, dont tout le pays fut bien joyeux. Et monstroit le Duc à Clisson tous signes d'amour. Et pource qu'on avoit parlé de mariage de la fille du Roy, et du fils du Duc, il s'en vint à Paris, et laissa en Bretagne Clisson son lieutenant et gouverneur de tout le pays.

En ladite année monseigneur de Berry fut à Sainct Denys en France. Et avoit volonté et grand desir d'avoir une partie du chef Sainct Hilaire, qui estoit en ladite Abbaye. Et de ce avoit plusieurs fois requis l'abbé et les religieux. Dont aprés plusieurs difficultez luy fut accordé, et luy en baillerent partie. Pour laquelle enchasser il fit faire un beau chef tout d'or, et le fit mettre dedans, et l'apporta à Poictiers, et le donna à l'eglise de Sainct Hilaire. Et en recompensation de ce, il donna à ladite eglise de Sainct Denis une partie du chef et du bras de monseigneur Sainct Benoist.

Les Juifs à Paris furent accusez d'avoir en despit de nostre Sauveur Jesus-Christ tué un chrestien, et quoy que ce fust ils l'avoient villené et battu. Et en faisant information fut trouvé qu'ils faisoient plusieurs choses non bien honnestes, en despit des chrestiens. Plusieurs y en eut de pris, et emprisonnez, et battus de verges par les carrefours, et condamnez en dix-huit mille escus, lesquels ils payerent, qui furent employez à faire le petit Pont à Paris. Et si y en eut plusieurs qui se firent chrestiens, et furent baptisez.

Le Roy qui n'avoit pas mis en oubly la requeste que luy avoit fait le roy de Hongrie, de luy envoyer aide et secours, luy envoya le comte d'Eu connestable de France, bien grandement accompagné. Et quand le prince des Turcs sceut que les François venoient pour luy faire la guerre, il se retrahit, et laissa les entreprises qu'il avoit faites contre ledit roy de Hongrie. Le comte d'Eu desplaisant qu'il n'avoit fait quelque exploict de guerre sur les Sarrasins, sceut par le rapport de gens de bien, que le roy de Boheme sentoit mal en plusieurs articles de la foy, et ne valoit gueres mieux que Sarrasin, et pource se bouta audit royaume. Et mit le Roy et tout le pays en sa subjection, et s'en retourna à grand honneur et loüange.

Il y avoit en l'université de Paris un bien notable clerc nommé maistre Jean de Varennes, lequel estoit tres-bien beneficié en plusieurs et divers lieux. Lequel delaissa tous ses benefices, excepté sa prebende de Rheims, deliberé de soy retraire. Et s'en vint au pays, et esleut son lieu et sa demeure assez prés de la cité de Rheims à Ville-Dommange, en une chappelle fondée de Sainct Dié, assise au dessus dudit village.

<><><>

M. CCC. LXXXXIV.

L'an mille trois cens quatre-vingt et quatorze, y eut plusieurs allées et venuës, pour le fait de trouver moyen de paix entre les roys de France et d'Angleterre. Et de ce faire avoient grand desir d'un costé et d'autre d'y entendre. Et mesmement le roy d'Angleterre desiroit d'avoir alliance sur toutes choses par mariage, combien que la plus aisnée des filles du Roy n'avoit que sept ans. Et fut advisé qu'il estoit expedient que derechef fussent envoyez notables ambassadeurs pour traiter de la matiere. Et de ce furent contens les deux Roys. Et envoya le Roy à Boulongne nos seigneurs les duc de Berry et Bourgongne avec notables gens de conseil, et autres. Et aussi de la partie des Anglois furent envoyez plusieurs notables princes, et grands seigneurs. Et furent entre eux ordonnées et concluës certaines trefves en esperance de paix, durant quatre ans. Et disoit-on que entre les princes y avoit conclusions tendans à finale conclusion de paix. Et pource que souvent les Anglois usent de paroles deceptives, fut advisé qu'on revisiteroit les bonnes villes, et qu'on les fortifieroit. Et en outre fut defendu qu'on ne jouast à quelque jeu que ce fust, sinon à l'arc, ou à l'arbalestre. Et en peu de temps les archers de France furent tellement duits à l'arc, qu'ils surmontoient à bien tirer les Anglois, et se mettoient tous communement à l'exercice de l'arc et de l'arbalestre. Et en effect si ensemble se fussent mis, ils eussent esté plus puissans que les princes et nobles. Et pource fut enjoint par le Roy, qu'on cessast, et que seulement y eust certain nombre en une ville et pays, d'archers et d'arbalestriers. Et en aprés commença le peuple à jouer à autres jeux et esbatemens, comme ils faisoient auparavant.

En ce temps vint à Paris comme Legat le cardinal de la Lune, commis pour le faict de l'union de l'Eglise.

Et environ le caresme, lesdits faux tesmoins, qui avoient deposé contre maistre Jean Juvenal des Ursins, garde de par le Roy de la prevosté des marchands, eurent contrition et repentance de leur peché. Et vinrent un jour à leur curé, en luy exposant la faute qu'ils avoient faite, le plus secrettement et doucement qu'ils peurent tous ensemble, et en une mesme maniere, et estoient bien trente ou environ. Quand le curé les eut oüys, il leur dit qu'il ne les oseroit absoudre, et qu'ils allassent au penitencier de l'evesque de Paris, et y allerent; et les envoya à l'evesque, et y furent, et les oüyt. Et leur dit que le cas de soy estoit si grand et si mauvais, qu'il craignoit bien de les absoudre. Et pource qu'ils allassent au cardinal de la Lune, qui estoit à Paris, et legat de nostre Sainct Pere, lesquels y furent, et faisoient toutes ces choses le plus secrettement qu'ils pouvoient. Lequel cardinal les oüyt, et les absolut, et leur donna en penitence que le Vendredy Sainct au matin, ils fussent à l'huis dudit prevost tous nuds, en luy confessant leur cas et mauvaisetié, et le priant qu'il leur voulust pardonner. Et ils respondirent que si ledit Juvenal les voyoit il les cognoistroit bien. Et pource ledit cardinal fut content qu'ils eussent chacun un drap affeublé, et fussent nuds dessous. Lesquels ledit matin vinrent à l'huis dudit Juvenal, lequel s'estoit levé bien matin, pour aller gagner les pardons, qui trouva à son huis les dessus dits ainsi affeublez, dont il fut bien esbahy. Si leur demanda ce qu'ils vouloient, desquels l'un dit leur faute et peché. Et tous d'une voix en pleurant luy requirent pardon : Et adonc ledit Juvenal et ses serviteurs commencerent à pleurer. Aussi n'y pensoit-il plus, et leur demanda qui ils estoient qui luy demandoient pardon. Lesquels dirent que par leur penitence ils ne se devoient point nommer. Mais parce qu'il avoit veu l'information, dont dessus est faite mention, il les nomma chacun par leur nom, tellement qu'il n'en oublia nul, et leur dit : « Vous estes tel, » et tel. » Puis bien doucement leur pardonna. Dont ils le remercierent humblement, en baisant la terre, et pleurant effondement. Et puis par le moyen d'aucuns des dessus dits à qui il parla, il sceut toute la mauvaisetié, et d'où elle estoit venuë, et pourquoy.

Et entre ledit cardinal, et ceux de l'Université, pour le faict de l'union de l'Eglise, il y eut plusieurs diversitez merveilleuses, et propositions bien et trop rigoureuses. Et baillerent ceux de l'Université une proposition, que le cardinal veid et leut, et eurent aussi de luy response bien rigoureuse. Et en outre, de l'auctorité apostolique leur defendit, qu'ils n'usassent plus de telles manieres de langages, dont ils ne furent pas bien contens, et de tout leur pouvoir poursuivoient ladite union. Et escrivit le Pape au Roy, qu'il luy voulust envoyer maistre Pierre d'Ailly, et maistre Gilles des Champs, qui estoient deux solemnels docteurs en theologie. Lesquels quand on leur en parla, dirent pleinement qu'ils n'y iroient point. Car ils se doutoient de leurs personnes. Quand le Pape veid que ceux de l'Université estoient si aigres, il s'advisa qu'il falloit qu'il se joignist avec les seigneurs, et ceux qui estoient prés du Roy. Et envoya messages bien garnis d'or et d'argent, et de choses plaisantes, et specialement fit faire un plaisir au duc de Berry, tellement que luy et le cardinal se joignirent ensemble, et menacerent fort aucuns de l'Université. Lesquels s'en allerent au duc de Bourgongne, et luy supplierent qu'il fit tant envers le Roy qu'ils fussent oüys. Lequel le fit, et tellement qu'ils furent oüys, et firent une epistre, laquelle le Roy voulut estre mise en françois, ce qui fut fait. Puis tout veu et consideré, leur fut defendu que d'icelle, ny du contenu ils ne parlassent, ne usassent point. Dont ils furent tres-mal contens, et delibererent que toujours poursuivroient le contenu en ladite epistre. Et pource qu'on les vouloit empescher, intimerent cessations, et se sentoient bien avoir aucun port d'aucuns estans prés du Roy. Et en l'intimation desdites cessations estoit present ledit cardinal : mais le duc de Berry estoit absent.

Et cependant les cardinaux estans en Avignon, desirans l'union de l'Eglise, considerans comme il leur sembloit, que le Pape tres-sagement y entendoit, s'assemblerent en intention d'y remedier. Et de ce fut le Pape tant mal content que merveilles. Et s'en retourna ledit cardinal de la Lune vers le Pape, lequel le seiziesme jour de septembre cheut malade d'apoplexie, dont il mourut comme soudainement. Riche et puissant estoit, tant en meubles que autrement, et est chose comme incroyable de la chevance qu'il avoit. Et lors les cardinaux, après qu'il eust esté mis en sepulture honorablement, ainsi qu'il appartenoit bien, delibererent de eux mettre en conclave. Laquelle chose le Roy cuida plusieurs fois empescher par messagers, et autrement, esperant d'y mettre union. Dont ils firent difficulté, disans qu'il leur falloit un chef, et aussi que messire Raymond de Turaine, qui se disoit neveu du feu Pape, leur menoit guerre tres-grande, et avoit pris par la vaillance de son corps, plusieurs places ausquelles il avoit mis garnisons, parquoy il tenoit les cardinaux en Avignon en grande subjetion. Dont les cardinaux escrivirent au Roy, dequoy il fut bien desplaisant contre ledit Raymond, et luy escrivit qu'il se deportast. Lequel craignant le

Roy, le fit par aucun temps, et s'abstint de faire guerre. Et eux considerans et voyans qu'il leur falloit un chef, esleurent le cardinal de la Lune, lequel fut nommé Benedict. Et assez tost après recommença ledit messire Raymond à faire guerre, et estoit sa querelle, qu'il demandoit les biens meubles et succession du pape Clement son oncle. Et disoit-on, qu'il faisoit guerre au Pape sans Rome, et au Roy sans couronne, c'est à sçavoir au roy de Sicile, et au prince d'Orenge sans terre, car toutes ses terres estoient occupées.

Le Roy avoit devotion d'aller à Sainct Denys, et y alla, et fit ses offrandes. Car continuellement estoit comme en oraisons et prieres, croyant, par l'intercession de monseigneur Sainct Denys, eviter l'inconvenient de maladie qui luy estoit advenuë, doutant d'y recheoir.

Et après l'eslection dudit cardinal de la Lune, il envoya devers le Roy avant sa consecration, en luy signifiant son eslection, laquelle par l'impression et importunité des cardinaux il avoit accepté. Et faisoit sçavoir au Roy, que par toutes voyes qu'on adviseroit, il estoit prest d'entendre à l'union de l'Eglise. Dont le Roy et aussi ceux de l'Université furent bien joyeux. Et delibererent ceux de l'Université d'envoyer vers le Pape. Et de faict, ils envoyerent une bien notable ambassade, et escrivirent lettres exhortatoires à entendre à union. Et vinrent en Avignon, et presenterent les lettres au Pape, lequel vouloit aller disner. Et quand il eut veu les lettres, par lesquelles on l'exhortoit si doucement, il respondit en despoüillant sa chappe, qu'il estoit aussi prest de ceder, comme il avoit esté prest de despoüiller sa chappe, laquelle de faict il despoüilla. Et depuis demanderent audience en public, et l'eurent, et les oüyt le Pape à leur plaisir, et leur dit qu'il estoit content de leur octroyer roolles pour avoir des benefices. Et que pour ouvrir la forme et maniere de venir à la voye de cession, il faudroit avoir aucunes collocutions secretes. Et s'en retournerent lesdits ambassadeurs tres-joyeux. Et la response oüye à Paris, le Roy y envoya son aumosnier, nommé maistre Pierre d'Ailly, qui estoit un bien notable docteur en theologie. Lequel presenta les lettres du Roy, et eut audience. Et luy fit le Pape pareille response, comme à ceux de l'Université. Et après s'en retourna à Paris, et rapporta au Roy la bonne volonté que le Pape avoit pour l'union de l'Eglise. Mais plusieurs doutoient que ce ne fust que toute fiction, et qu'il disoit d'un, et pensoit d'autre.

Le Roy par la deliberation de son conseil, et de ceux de l'Université, voulut et ordonna que les archevesques, evesques, abbez, religieux, et autres personnes ecclesiastiques fussent assemblez, et leur manda qu'ils fussent à Paris à certain jour, pour avoir leur advis de proceder en la matiere. Et combien que tous n'y vinrent pas (car aucuns avoient justes excusations) toutesfois la plus grande partie y vint. Et si y avoit plusieurs grands et notables clercs, tant de l'Université de Paris, que d'autres universitez, et lieux de ce royaume. Et estoit belle chose et notable, de voir l'assemblée. Et pour demander les opinions, et en faire les relations au Roy, et à son conseil, fut ordonné messire Simon de Cramault, patriarche d'Alexandrie et evesque de Carcassonne, qui estoit un des principaux du conseil du Roy, et notable clerc. Les prelats, et autres personnes ecclesiastiques, furent tous assemblez au Palais à Paris. Et là estoient presens ledit maistre Pierre d'Ailly aumosnier du Roy, docteur en theologie, et les ambassadeurs de l'Université, qui avoient esté en Avignon vers le pape Benedict. Lesquels firent leur relation des responses que leur avoit fait le pape Benedict, disant qu'il estoit prest et appareillé d'entendre à l'union de l'Eglise en toutes manieres, jusques à ceder son droict, si mestier estoit. Et ce fait, le patriarche leur exposa comme le Roy les avoit mandez, pour avoir leur advis et conseil des manieres de proceder, et de trouver la voye d'y parvenir. Lors lesdits prelats, en gardant les loüables coustumes anciennes, firent une procession par la grande salle du Palais, et par la cour, pour venir à la saincte Chappelle, où fut dite une messe du Sainct Esprit par un prelat, pour invoquer l'aide de Dieu, à ce qu'il les voulust inspirer à bien deliberer, puis s'en retournerent en ladite salle. Et les fit le patriarche jurer, qu'ils diroient leur vraye opinion, sans aucune fiction, ny partialité, et demanda à chacun son opinion, dont y en eut plusieurs belles et hautes. Et finalement tous furent d'opinion, que la voye de cession estoit la plus expediente, *imò* necessaire à trouver union, et meilleure que la voye de compromis, dont aucuns avoient touché. Laquelle deliberation fut rapportée au Roy, aux seigneurs du sang, et du grand conseil, lesquels en furent tres-contens : Et fut conclu que ladite voye diligemment se pratiqueroit. Et y eut gens ordonnez à faire les instructions. Et donna le Roy congé aux prelats de eux en retourner, et leur fut chargé expressément de faire procession et oraisons pour l'Eglise, et aussi pour la santé du Roy.

En ladite année, la duchesse d'Orleans eut un fils, nommé Charles, et à le baptiser y eut grande solemnité.

Et le douziesme jour de janvier ensuivant la Reyne eut une fille nommée Michelle. Et voulut le Roy que la porte de Paris, par laquelle on va aux Chartreux, à Vanves, et plusieurs autres villages, qu'on appelloit la porte d'Enfer, eust nom la porte Sainct Michel, et la fit faire plus grande et ample qu'elle n'estoit.

Depuis le mois de decembre jusques au premier jour de mars, les rivieres tant grandes que petites furent si grandes, terribles, et merveilleuses qu'on veid oncques, et firent plusieurs grands dommages. Et estoit pitié de voir les maisons, hommes, femmes, et enfans, qui par ravines venoient à val les eauës. Et fut ce comme tout generalement en ce royaume. Qui estoit chose bien piteuse, et merveilleuse.

◇◇◇

M. CCC. LXXXXV.

L'an mille trois cens quatre-vingt et quinze, le Roy, comme tres-chrestien et catholique, et bras dextre de l'Eglise, de tout son pouvoir voulut et delibera d'entendre à mettre union en l'Eglise. Et combien que les Anglois eussent fait une epistre par l'une de leurs universitez, adressante au roy Richard, differente de l'Université de Paris, leur semblant la voye de cession n'estre la plus convenable, et plusieurs grandes raisons sur ce alleguoient, responsables à ceux de France, maintenans que la voye de compromis ou de faire concile general, où toutes les deux parties fussent presentes, ou deuëment appellées, estoit la plus convenable. Toutesfois le Roy delibera d'avoir union par voye de cession, selon la deliberation qui avoit esté faite en son Palais, et envoya vers Benedict une bien notable ambassade, c'est à sçavoir les ducs de Berry, et de Bourgongne, et son frere le duc d'Orleans, accompagnez de l'evesque de Senlis, de maistre Oudart de Moulins, du vicomte de Melun, et de messire Giles des Champs, et autres, qui arriverent à Avignon le quatriesme jour de may, environ quatre heures aprés midy, et allerent tout droit vers le Pape, et luy presenterent les lettres du Roy escrites et signées de sa main. Et pareillement l'evesque d'Arras en presenta une au college des cardinaux. Et les receut le Pape bien grandement et honorablement, et lui baiserent le pied, la main, et la bouche. Et aprés prit la parole le duc de Berry, en disant les causes pourquoy le Roy les avoit envoyez. Et le Pape respondit qu'ils estoient las et travaillez, et qu'ils s'en allassent reposer, et que le lendemain vinssent disner avec luy, et il leur diroit quand ils auroient audience. Ceux aussi de l'Université de Paris avoient pour la matiere mesme envoyé une notable ambassade, et lettres, lesquelles furent presentées au Pape et aux cardinaux par maistre Jean Luquet, qui furent receus en la maniere dessus dite, et leur fut dit comme ausdits seigneurs. Et les fit-on retraire en la chambre de parement, et prirent vin, et espices, et s'en allerent à Ville-Neufve, où ils estoient logez. Et là fut le conseil assemblé, pour sçavoir s'ils auroient audience, et aussi si maistre Giles des Champs proposeroit, qui en estoit chargé. Lequel recita ce qu'il avoit intention de dire. Et luy fut ordonné ce qu'il diroit, et aussi ce qu'il tiendroit.

Et le lendemain retournerent au Palais, disnerent avec le pape, et furent grandement et honorablement servis, et de divers mets. Et aprés disner leur fut dit par le pape qu'ils vinssent le lendemain, et qu'ils auroient audience. Lesquels vinrent, et furent oüys en la presence du Pape, et de vingt cardinaux, où proposa maistre Giles des Champs, et prit son theme : *Illuminare his, qui in tenebris et in umbra mortis sedent, ad dirigendos pedes nostros in viam pacis*. Lequel il deduisit bien notablement, en monstrant le bien de paix, en recommandant le Roy, et les seigneurs, et le royaume, et aussi la bonne volonté du pape, de tendre à fin d'union. Et demanderent audience à part et particuliere, et à leur donner jour. Le pape fit response incontinent, et prit son theme : *Subditi estote omni creaturæ propter Deum, sive Regem tanquam præcellenti, sive ducibus, tanquam ab eo missis*. Et tres-benignement et gratieusement le deduisit, et pour conclusion dit, qu'il entendoit à trouver union en l'Eglise en toutes manieres deuës et raisonnables, qui luy seroient conseillées.

Et au lendemain assigna jour à avoir audience particuliere, et y vinrent, et proposa l'evesque de Senlis, et prit son theme : *Spiritus sanctus docebit vos omnem veritatem*. La division de son discours, et la fondation de son theme estans faites, il requit au pape qu'il baillast la cedule, et toutes les escritures qui avoient esté faites tant en son eslection, que en son entrée du conclave, et que expressément ils avoient charge de ce requerir, et qu'il avoit escrit au Roy qu'ainsi le feroit. Le pape respondit, que sur ceste matiere il parleroit aux seigneurs à part. Lesquels respondirent que s'il y parloit, si ne feroient-ils aucune response jusques à ce qu'ils eussent eu et veu autant de ladite cedule. Et lors il l'envoya querir par le cardinal de Pampelune, qui l'avoit en garde, et fut leuë, et en fit maistre Gontier Coul, notaire et secretaire du Roy, autant. Laquelle il envoya au Roy, et leur sembloit qu'elle serviroit tres-bien à l'intention pour laquelle ils estoient venus. Car expressément à l'entrée du conclave les cardinaux jurerent, et promirent d'entendre à la voye d'union, et que si l'un d'eux estoit esleu il y entendroit *usque ad cessionem inclusivè*. Et estoit signée de toutes les mains des cardinaux. Toutesfois le pape requit et supplia qu'elle fust tenuë secrette. Et le vingt-huictiesme jour de may, le pape en bref dit, que luy et ses cardinaux avoient advisé, que luy et l'antipape, et ses cardinaux d'un costé et d'autre fussent assemblez en quelque lieu, prés du royaume de France, et soubs la protection du Roy, et qu'il falloit qu'ils fussent oüys, et qu'il n'y avoit autre voye plus seure. Car il falloit avoir le consentement des deux parties.

Le mardy premier jour de juin, les ducs et ambassadeurs retournerent vers le pape, et les cardinaux. Et pour respondre à la voye que le pape avoit ouvert, proposa maistre Gilles des Champs, et prit son theme : *Viam veritatis elegi, et judicia tua non sum obligatus*. Lequel il deduisit, et declara les voyes qui avoient esté ouvertes au conseil de l'Eglise à Paris. Dont la premiere estoit d'avoir concile general. La seconde, de s'assembler en un lieu soubs la protection du Roy. Et en ce estoit comprise la voye de compromis. La tierce estoit, la voye de franche cession, et voluntaire renonciation des deux parties à leur droict. Et qu'en ceste maniere s'estoient tous arrestez, le Roy et le conseil. Le pape persista en son imagination, et usa de gratieuses paroles, en declarant plusieurs choses, et demanda qu'on luy baillast ladite voye, soustenuë et roborée de toutes les raisons, et la maniere de la pratiquer. Et luy fut respondu qu'il pouvoit assez entendre ce qui luy avoit esté dit, sans rien bailler par escrit. Et lors usa d'aucunes paroles, monstrant qu'il estoit aucunement desplaisant, disant que nul ne le pouvoit en rien contraindre sinon Dieu, dont il estoit vicaire. Et à tant s'en allerent les seigneurs disner. Et de par le Roy privement fit-on prier aux cardinaux, qu'il leur pleust de venir devers eux à Ville-Neufve, lesquels y allerent tres-volontiers. Et leur requit monseigneur de Berry, qu'en leurs privez noms ils voulussent dire et declarer leurs imaginations. Lesquels tous en effet furent d'opinion, qu'il n'y avoit voye sinon de faire bouter l'antipape dehors, ou la voye advisée par le pape, de convention. Et s'en retournerent les cardinaux à leurs maisons. Et envoya le pape aux seigneurs un evesque, leur prier qu'à chacun d'eux parlast à part. Dont ils voulurent avoir l'opinion de leur conseil, qui fut different. Car aucuns disoient qu'ils devoient parler, les autres non.

Et le mercredy, veille de la Feste-Dieu, allerent vers le pape, et disnerent avec luy, et tous les principaux de l'ambassade, et y demeurerent jusques au vendredy matin, et furent à vespres. Aprés lesquelles les ducs de Berry et d'Orleans allerent souper, et Bourgongne demeura avec le pape, et parla à luy à son aise. Car tous deux jeusnoient. Le jeudy il parla à part à monseigneur de Berry, et le vendredy matin à Orleans, lequel se confessa à luy, et de sa main receut le saint sacrement de l'autel. Si s'en retournerent à Ville-Neufve, et au conseil reciterent ce que le pape leur avoit dit, qui estoit tout un, qui estoit qu'il se plaignoit fort de ce qu'on vouloit ouvrir la voye de cession, et dit aucunes paroles bien poignantes. A quoy le duc de Bourgongne luy avoit bien respondu, en soustenant l'opinion du Roy.

Si luy fut requis par les seigneurs qu'il voulust bailler conclusion finale de sa volonté en public. Et y eut un jacobin nommé frere Jean Hatonis, qui mit aucunes conclusions erronées, parquoy fut requis qu'il fust arresté, et saisi de son corps. Et finalement le Pape le vingt-cinquiesme jour du mois de juin fit venir les seigneurs, et disnerent avec luy. Et aprés disner leur bailla certaine bulle declarative de son intention. Et lesdits seigneurs respondirent qu'ils la feroient voir et visiter, et se partirent, et allerent à Ville-Neufve. Et les conduisoient les cardinaux d'Albanie, et de Pampelune. Entre lesquels cardinaux y eut de grosses paroles sur le faict du contenu en ladite bulle. En imposant l'un à l'autre que ce avoit-il fait faire, et qu'il vouloit gouverner, et tant qu'ils procederent jusques à dementir l'un l'autre bien hautement. Et dit Albanie à Pampelune qu'il avoit menti par la gueule, et y eut entre eux plusieurs meschantes paroles, dont se rioient les seigneurs. Et la nuict fut le feu bouté en deux arches du pont, qui estoit de bois, tellement qu'il falloit passer à bateaux. Et de ce, ceux de la ville d'Avignon, et plusieurs cardinaux furent fort troublez. Et disoient aucuns que ce avoit fait faire le Pape à cautelle. Mais il s'en excusa grandement, en affermant qu'il n'en sçavoit rien, et en estoit desplaisant, et tres-diligemment le fit refaire. Et qui voudroit mettre toutes les allées, venuës, propositions, et allegations d'un costé et d'autre, la chose seroit longue. Et doit suffire de monstrer la bonne et vraye affection qu'avoit le Roy et nos seigneurs de son sang à l'union de l'Eglise.

Les jacobins d'Avignon, quand ils sceurent les conclusions de Hatonis, ils vinrent vers lesdits seigneurs, et ambassadeurs de l'Université, declarer que lesdites conclusions n'avoient oncques esté faites de leur sceu ou consentement, et qu'en rien ils n'y adheroient.

Plusieurs assemblées et consultations furent faites, tant aux cordeliers d'Avignon, comme à Ville-Neufve, et autrement. Et fut conclu que lesdits seigneurs, et autres ambassadeurs du Roy, et de l'Université, se tiendroient fermes à la voye de cession, et non à la volonté du pape. Et en ce s'adjoigirent tous les cardinaux, excepté deux, ou un nommé Pampelune. Et en rien n'approuverent la bulle que le Pape avoit baillée. Et firent mettre par escrit leurs volontez, et offrirent de les signer. Et envoyerent lesdits seigneurs et ambassadeurs vers le pape, luy requerir audience publique, et par deux fois : mais à chacune fois pleinement les refusa, et ne leur vouloit octroyer. Qui plus est, il defendit aux cardinaux qu'ils ne signassent leurs opinions. Et lors lesdits ambassadeurs du Roy requirent ausdits cardinaux, qu'ils voulussent dire leurs opinions publiquement. Laquelle chose ils firent tres-volontiers, en recitant la conclusion faite au conclave, et les sermens et promesses, et en effect le contenu de la cedule, à laquelle ils se tenoient. Et par ce adhererent à la voye concluë par le Roy et l'Eglise de France. Et eussent bien voulu qu'on leur eust declaré la forme et maniere de pratiquer ladite voye. Par lesdits seigneurs leur fut respondu qu'ils ne s'en doutassent, et qu'ils le pratiqueroient tres-bien. Et remercierent grandement messeigneurs les ducs, de ce qu'ils avoient pris la peine et travail d'avoir passé le Rhosne à bateaux, veuë la roide eauë, et le fort vent qu'il faisoit. L'Université de Paris avoit envoyé une epistre, laquelle fut leuë en la presence des seigneurs, lesquels conclurent qu'elle ne seroit point presentée. Et ce jour mesme au matin, qui estoit le vingt-sixiesme jour de juin, fut mise la premiere pierre en l'eglise, de nouveau edifiée, de Sainct Pierre Celestin, où estoit enterré sainct Pierre de Luxembourg. Et y avoit foison de gens, et y eut un beau sermon fait par maistre Gilles des Champs, lequel recommanda fort la vie dudit cardinal. Et fit-on deux cedules, l'une de l'intention du Pape, l'autre de celle du Roy. Et esleva-on le cercueil où estoit le corps, et dessus mit-on les deux cedules, en priant audit cardinal, qui avoit eu tant grand desir et affection à l'Eglise, qu'il voulust ficher au cœur des gens, laquelle voye estoit la meilleure. Et se tenoit toujours fort le Pape en son imagination, et aussi faisoient lesdits seigneurs et ambassadeurs, et les cardinaux avec eux, excepté le cardinal de Pampelune. Et aprés plusieurs allées et venuës vers le Pape, de Ville-Neufve aux Cordeliers, et Augustins d'Avignon, nos seigneurs desirans avoir une issuë et conclusion, et aussi les cardinaux requirent au Pape d'avoir audience publique. Et de ce faire delaya longuement.

Et finalement le jeudy huictiesme jour de juillet nosdits seigneurs et aussi les cardinaux vinrent au palais du Pape, en la chambre de parement, et là firent supplier au Pape qu'ils parlassent à luy. Et aprés aucunes excusations, il issit hors de sa chambre, et vint en ladite chambre de parement. Et les seigneurs s'agenoüillerent, et par la bouche de monseigneur de Berry, le prierent qu'il voulust oüyr lesdits cardinaux publiquement en paroles tres-douces et humbles. Et allegua plusieurs raisons, en monstrant qu'il estoit plus raisonnable de les oüyr à part. Et à la fin tres envis et malgré luy se condescendit, et fit le cardinal de Florence pour tous les autres (excepté le cardinal de Pampelune), la proposition, et bien grandement recita tout le demené de la matiere, et toutes les voyes qui avoient esté ouvertes de venir à union, et que tous estoient condescendans à la voye esleuë par le Roy et l'Eglise de France, c'est à sçavoir de cession. Et luy firent aucunes requestes raisonnables, mais en effect il les refusa, et disoit qu'on les luy baillast par escrit, et estoient paroles toutes frustratoires evidemment. Et pource lesdits seigneurs requirent audience publique, et estoient desplaisans de ce qu'il ne vouloit bailler la cedule, et qu'il ne vouloit pas revoquer le commandement qu'il avoit fait aux cardinaux, de non signer et sceller leurs opinions. Laquelle audience le Pape leur refusa. Dont lesdits seigneurs furent moult courroucez, et prirent congé du Pape, en disant qu'ils rapporteroient au Roy ce qui avoit esté fait et dit. Aprés laquelle chose, le Pape les pria bien affectueusement qu'ils disnassent le lendemain avec luy. Et mondit seigneur de Berry respondit qu'ils avoient assez mangé et parlé à luy tout à son aise. Et que s'il n'avoit volonté de condescendre à la voye que le Roy luy conseilloit, qu'ils ne reviendroient plus. Et à tant se departirent, et allerent à Ville-Neufve à leur logis. Et de là tirerent à Paris devers le Roy.

Le jour de Sainct Barthelemy, lesdits seigneurs et ambassadeurs arriverent à Paris devers le Roy, et en briefves paroles reciterent au Roy et à son conseil ce qui avoit esté fait. Et supplierent au Roy, qu'il luy pleust de poursuivre ce qu'il avoit commencé pour l'union de l'Eglise, et que ce luy seroit grand honneur que la chose se conduisist tellement qu'elle peust parvenir à son intention. Et fut lors conclu par le Roy et son conseil, que le Roy envoyeroit vers les autres Roys et princes chrestiens pour ceste matiere. Et de faict, furent ordonnez d'aller és Allemagnes l'abbé de Sainct Gilles de Noyon, et maistre Gilles des Champs notable docteur en theologie ; lesquels y allerent, et firent grandement et notablement leur devoir, mais tres-petit fruict en rapporterent. Et en Angleterre furent envoyez messire Simon de Cramault patriarche d'Alexandrie, et l'archevesque de Vienne, et autres, lesquels y furent receus grandement et honorablement. Et après la proposition faite, et la cause declarée pourquoy ils estoient venus, eurent du roy d'Angleterre response gratieuse, disant que la voye que le roy de France avoit esleu estoit bonne et loüable, à laquelle il s'adjoignoit. Et donna de ses biens ausdits ambassadeurs, puis s'en revinrent à Paris devers le Roy, et firent leur relation bien notablement. Et quand le pape Benedict sceut les diligences que le Roy faisoit, il fut bien esbahi. Et pour le aucunement cuider desmouvoir, et aussi les seigneurs qui avoient esté devers luy, de son mouvement, et sans ce qui en fust requis, octroya au Roy un dixiesme. Dont les gens d'Eglise n'estoient pas bien contens. Et aussi pourtant ne fut pas la poursuite delaissée.

En ce temps, comme dit est, s'entretenoient tousjours les traitez des roys de France et d'Angleterre. Et entre les seigneurs y avoit un certain accord, que le Roy d'Angleterre devoit avoir en mariage madame Isabeau fille du Roy, laquelle n'avoit d'aage que sept ans, et il en avoit trente, et qu'il y auroit trefves de trentehuict ans, esquelles il y eut plusieurs et diverses clauses concernans le bien public des deux royaumes. Et pour parfaire ledit traité, le Roy d'Angleterre envoya à Paris le comte Roland de Corbe admiral d'Angleterre, le comte de Northampton mareschal d'Angleterre, et messire Guillaume Strop grand chambelan, et autres nobles d'Angleterre, pour demander la fille du Roy. Et avoient procuration suffisante pour espouser, et passer l'accord en la forme et maniere dessus declarée. Et par aucuns jours furent assemblez messeigneurs les ducs de Berry, et de Bourgongne, lesquels avoient conduit ceste matiere, et finalement accorderent ledit traité. Ledit comte Roland par le moyen de sa procuration, au nom et comme procureur du roy d'Angleterre, espousa madame Isabeau de l'aage dessus dit. Et furent les nopces au Palais, et y avoit trois Roys, c'est à sçavoir le roy de France, le roy de Sicile, et le roy de Navarre, et plusieurs ducs, comtes, princes, et barons, archevesques, evesques, abbez, et prelats, nobles, bourgeois et habitans des bonnes villes, et y eut huict mets, et chacun mets en huict paires de manieres. Et si on vouloit declarer les assietes des personnes, les paremens et habillemens, tant en tapisseries, que robes, trompettes, et menestriers, et ceux qui servoient, la chose seroit trop longue à reciter. Toutesfois le commun langage estoit, que là pouvoit-on voir la pompe et superfluité des François, et les bombans. Et dons merveilleux s'entre-donnoient les Roys et les princes les uns aux autres. Et pource que plusieurs choses, comme on disoit, se faisoient, qui n'estoient honorables ne profitables pour les royaumes, on se passe de les declarer. Une chose toutesfois n'est pas à delaisser, que pour ledit temps, le Roy d'Angleterre tenoit Cherbourg, qui est une place tres-forte en Normandie, et Brest en Bretagne, qui sont places, comme on dit, à faire guerre tres-grande esdits pays, et comme imprenables, si gens de faict y estoient, et qui eussent vivres. Lesquelles n'estoient que engagées de certaine somme d'argent. Desquelles sommes ledit Roy de France paya et contenta ledit roy d'Angleterre. Et pource rendit-il lesdites places en l'obeissance du Roy, qui fut un grand bien pour le royaume et pour le pays.

En ceste année furent merveilleux vents par l'espace de trois mois, et specialement au mois de septembre furent si horribles et si grands, qu'ils abatoient gros arbres portans fruicts, forests, maisons, et cheminées, et estoit grande pitié des dommages qu'ils faisoient au diocese de Maguelone.

Au pays de Languedoc fut veuë au ciel grosse estoile, et cinq petites. Lesquelles comme il sembloit, assailloient et vouloient combatre la grosse, et la suivirent bien par l'espace de demie heure. Et oyoit-on voix au ciel par maniere de crys. Et après fut veu un homme qui sembloit estre de cuivre, tenant une lance en sa main, et jettant feu, qui empoignit la grande estoile, et la frappa. Et oncques plus rien ne fut veu.

En aucunes marches de Guyenne furent oüyes voix, et froissemens de harnois, et de gens qui se combatoient. Lesquelles choses donnoient aux gens grande crainte et peur, et non sans cause. Et pource que lesdites choses advinrent avant la bataille de Hongrie, aucuns disoient que ce en estoit la signification.

Or estoient les trefves fermées entre les deux roys de France et d'Angleterre, et alloit-on de l'un à l'autre qui vouloit. Et pour lors faisoit-on grandes cheres et esbatemens, comme joustes, disners, et soupers, et estoit toute abondance d'or et d'argent. Et regnoient en France merveilleuses pompes, tant en vestures et habillemens, que chaisnes d'or et d'argent. Et combien qu'il ne fust point de guerre, toutesfois levoit-on tousjours les aydes et l'argent sur le peuple, lequel fort murmuroit, et disoit que Dieu punissoit le royaume pour la cause dessus dite, par la maladie du Roy.

Aucuns disent qu'en ceste année le mareschal de Boussicaut eut le gouvernement de Gennes pour le Roy, et avoit bien dix ou douze mille chevaux, et mit en l'obeïssance du Roy Milan, Plaisance, Pavie, et plusieurs autres places. Et assez tost après fut deux fois sur les Sarrasins. Et estoit chef des Sarrasins le Basac, qui fut longuement devant Constantinople, ou ledit mareschal fit moult de belles vaillances et armes, et aida fort à secourir la ville de Constantinople, qui estoit assiegée desdits Sarrasins. Et dedans estoit un chevalier François nommé Chasteaumorant, lequel vaillamment se porta, et tellement que le Basac leva son siege. Et s'en allerent luy et ses Sarrasins.

Les Turcs, qui comme dessus est touché, s'estoient retraits quand ils avoient sceu la venuë des chrestiens, et mesmement de France, s'assemblerent en bien grand nombre. Et estoit merveilleuse chose de la grande quantité qui estoit, et leur sembloit qu'ils pouvoient et devoient conquester toute chrestienté. Le roy d'Hongrie assembla gens pour leur resister bien cinquante-deux mille chrestiens, et se mit sur les champs, et aussi y estoient les Sarrasins. Et quand ils furent aucunement prés l'un de l'autre, le roy d'Hongrie envoya environ quatre cens hommes d'armes, pour voir et conjecturer l'ost des Sarrasins. Lesquels furent enclos : mais vaillamment et longuement se defendirent, tellement que plusieurs Sarrasins tuerent ; et finalement ne peurent resister à la puissance de leurs ennemis, et tous furent mis à mort. Quand les chrestiens veirent ceste desconfiture, et seurent la grande compagnée que les Turcs estoient, ils eurent ensemble advis de ce qu'ils avoient à faire. Et fut la plus grande partie d'opinion, qu'ils s'en retournassent. Mais le Roy, qui estoit vaillant chevalier, et autres des plus grands seigneurs, eurent autre imagination, c'est à sçavoir qu'on les combatist. Et ne fallut gueres marchander : car ils estoient les uns prés des autres. Si frapperent nos gens sur la premiere bataille, contre laquelle lesdits quatre cens avoient combatu, et y en avoit de las et de blessez. Et y eut forte et aspre besogne d'un costé et d'autre. Et ne purent lesdits Sarrasins de la premiere bataille soustenir la vaillance des chrestiens, et se trouverent desconfits. Lors le roy d'Hongrie leva sa baniere, en donnant courage à ses gens. Si frappa sur les Sarrasins, lesquels n'arresterent point, et furent desconfits, et y en eut plusieurs mille de morts. Et fut tué le fils dudit Basac, nommé l'Amaurabaquin. Et son neveu, accompagné de grand nombre de Sarrasins, qui venoit à l'aide de son oncle pour combatre les chrestiens, quand il sceut ladite desconfiture, il s'en retourna d'où il estoit venu. Lesquelles choses venuës à la cognoissance du Roy, il fit faire processions par tout son royaume, et rendit et fit rendre graces à Dieu.

Aucuns seigneurs du pays de France estoient allez en Lombardie en armes, et mesmement plusieurs de la comté d'Armagnac, dont estoit capitaine un chevalier nommé messire Amaury de Severac, qui vaillant chevalier estoit, et pour lors jeune d'aage. Et furent contraints les François tant par famine que mortalité de eux en retourner mal habillez, et comme tous nuds, et à grande difficulté passoient par les destroits de Savoye, et du Dauphiné, et n'avoient aucun argent, pour eux deffrayer en retournant. Et pource falloit qu'ils se pourveussent de vivres, dont ils se pourvoyoient le plus doucement et gratieusement qu'ils pouvoient, en demandant et requerant qu'on leur donnast à manger, en les laissant passer, et aller à leur pays. Et s'assemblerent les nobles du Dauphiné, pour leur courir sus. Et pour ce faire assemblerent le comte de Valentinois, l'evesque de Valence, le prince d'Orenge, et le seigneur de la Vernoüilliere ; et pour abreger, tous les nobles du Dauphiné, et leurs alliez. Et les estimoit-on à bien huict cens chevaliers et escuyers, et de faict se mirent sur les champs. Laquelle chose venuë à la cognoissance dudit Severac, il envoya devers eux un heraut, en les priant et requerant, qu'ils le laissassent passer luy et ses gens seurement, et leur ordonnassent quelque peu de vivres. Et encores estoient-ils contens de ce que Dieu leur avoit donné d'en payer partie selon leur possibilité. Lesquels n'en voulurent rien faire : mais persisterent en leur imagination et opinion. Et pource Severac parla à ses compagnons, en leur monstrant qu'il valoit mieux qu'ils se defendissent, que de eux laisser prendre et tuer, et qu'il avoit esperance en Dieu et en leurs courages. Et faisoient lesdits seigneurs la nuict grands feux, mais petit guet : Car en rien ils ne craignoient la puissance dudit Severac, et des siens, lesquels, comme dit est, estoient la plus grande partie tous nuds, et sans arroy. Au poinct du jour vinrent frapper sur les nobles du Dauphiné, et les desconfirent : Et y furent pris ledit comte de Valentinois, l'evesque de Valence, le prince d'Orengé, et plusieurs autres. Et pource que ledit Severac doutoit que ceux qui s'en estoient fuys ne se ralliassent ensemble, cognoissant que leur desconfiture estoit une chose soudaine, et que quand on vint frapper sur eux, ils n'avoient pas eu le loisir de s'armer, ny de s'habiller, desira de trouver une maniere d'expedient avec eux. Car à tout considerer, combien que ses gens fussent armez de leurs harnois, toutesfois il y avoit plusieurs passages bien difficiles. Et quand il n'y eust eu que les paysans du pays, si y eust eu fort à faire. Et pource lesdits seigneurs mesmes ayans desir d'estre hors de ses mains, et se doutans que si leurs gens s'assembloient, pour luy courir sus, qu'on ne les tuast, demanderent audit Severac qu'il leur fît bonne compagnée, et on les laisseroit passer seurement. Lequel en fut d'accord, et ses gens. Et au regard desdits princes, ce qu'ils voulurent donner de leur franche volonté, Severac et ses gens en furent contens, et des autres gentilshommes chacun paya un marc d'argent. Et par ce moyen ledit Severac, et ses gens, qui estoient tous nuds, mal habillez, et sans argent, s'en vinrent à leur pays, et devers leur seigneur, le nouveau comte d'Armagnac, montez, armez, et bien garnis. Ainsi va aucunesfois des adventures de la guerre. Et desdits du pays de Dauphiné se mocquoient les François, Anglois, et toutes autres nations.

Ceux de la cité et pays de Gennes, eux sçachans et sentans fort grevez, envoyerent vers le Roy, en luy priant et requerant qu'il les voulust prendre en sa garde. A laquelle chose le Roy, et ceux de son sang et conseil delibererent d'entendre diligemment.

Le Roy devint en ceste saison merveilleusement malade, et estoit grande pitié de le voir, et les choses qu'il faisoit. Et n'y trouvoit-on remede sinon prier Dieu. Et estoit belle chose et piteuse des devotions, qu'avoient toutes gens. Et faisoit-on aumosnes à églises, Hostels-Dieu, et pauvres gens.

M. CCC. LXXXXVI.

L'an mille trois cens quatre-vingt et seize, le Roy et son conseil adviserent, que le schisme de l'Eglise estoit bien merveilleux, et par iceluy pouvoit avoir plusieurs erreurs en la foy, et que à luy comme à Roy tres-chrestien, et bras dextre de l'Eglise, appartenoit de faire diligence de mettre paix en l'Eglise. Et pource conclud d'y entendre de son pouvoir, et envoya diverses, grandes, et notables ambassades par devers presque tous les Roys et princes chrestiens, et y fit le Roy de moult grandes despenses. Et en la matiere, furent ouvertes par lesdits ambassadeurs diverses voyes, de mettre paix et union en l'Eglise, qui estoit chose bien necessaire.

En ce temps le roy d'Arragon lequel souventesfois prenoit plaisir et deduit de chasser tant de grosses bestes, que de lievres, et volontiers couroit aprés ses chiens. Advint un jour luy prit volonté de voir courre un lievre, et vint aux champs bien monté et accompagné, et fut par les petits chiens trouvé et levé un lievre, qui commença fort à courir, et le suivoient les levriers, et aussi le Roy alloit aprés, et faisoit fort courir son cheval, lequel cheut et tresbucha des pieds de devant. Parquoy le Roy cheut à terre, et se rompit le col, et mourut, qui fut grand dommage, comme on disoit. Et pource roys, princes, chevaliers, escuyers, et autres personnes prenans plaisir à tels deduits, doivent bien entendre à eux. Et est bien grande simplesse, de se mettre trop à telles choses ardemment, dont la mort se peut ensuivre sans profit et honneur. Et estoit lors le patriarche d'Alexandrie en Arragon, si fut aucunement retenu. Le service du Roy fut fait bel et notable. Et ce fait furent renvoyez ledit patriarche, et les autres ambassadeurs du Roy, sans autre response, à cause de la mort du Roy.

Les autres ambassadeurs aussi qui avoient esté envoyez en divers royaumes, retournerent devers le Roy, et firent leur relation, disans que la plus saine partie estoit d'opinion, que la voye par le Roy esleuë estoit la meilleure, et qu'elle estoit bonne, saincte, et juste.

De par le Roy d'Angleterre, et le clergé de son pays furent envoyez certains clercs bien aigus devers le Roy, touchant le faict de l'Eglise, et firent une proposition, et à la fin dirent que leur Roy n'acceptoit point la voye de cession, et qu'il sembloit que la voye d'assembler general concile estoit la plus expediente. Et on leur requit que avec aucuns ils voulussent parler de la matiere, et conferer ensemble, pour sçavoir les causes qui les mouvoient, et oüyr aussi les causes du Roy. A quoy ne voulurent entendre en aucune maniere, et s'en retournerent en Angleterre, combien que depuis ils changerent leur imagination.

Le comte de Hainaut avoit forte guerre contre les Frisiens, et envoya devers le Roy luy prier qu'il luy envoyast des gens d'armes pour luy aider. Laquelle chose le Roy luy octroya; et de faict luy envoya gens de guerre largement, parquoy il surmonta ses ennemis.

En ce temps fut advisé par le Roy, et ceux de son sang et conseil, et aussi par les Anglois, qu'il falloit achever ce qui avoit esté encommencé touchant l'alliance par mariage de madame Isabeau de France. Et requeroient les Anglois qu'on leur livrast ladite dame. Et fut advisé qu'il estoit expedient que les Roys s'entre-veissent en quelque lieu, et qu'ils parlassent ensemble. Et de faict pour la cause le Roy vint à Boulongne, et de là à Ardres, et le roy d'Angleterre vint à Calais. Et furent ordonnées certaines tentes, où chacun Roy en la sienne seroit. Et entre les deux tentes devoient les deux Roys parler ensemble, accompagnez chacun de quatre cens chevaliers, et escuyers bien ordonnez et habillez.

Le vingt-septiesme jour d'octobre audit an, le Roy issit d'Ardres accompagné de ses oncles, et de plusieurs ducs et comtes ses parens, et de quatre cens chevaliers et escuyers, bien ordonnez et habillez, comme en bataille rangée. Et devant le Roy estoit le comte de Harcourt son prochain parent, lequel portoit l'espée du Roy. Et quand ils vinrent à un traict d'arc des tentes, ils descendirent tous à pied, excepté le Roy et ses prochains parens, puis quand ils vinrent aux cordes qui soustenoient les tentes, le Roy et les autres descendirent à pied. Et se divisa l'armée en deux, deça et delà les tentes. Et leur fut ordonné qu'ils ne se bougeassent, et se tinssent sans mouvoir. Et pource que le Roy doutoit qu'aucuns de jeune courage ne s'esmeussent, parquoy il eust peu s'ensuivre aucun inconvenient, il parla à eux bien doucement et gratieusement, en les exhortant et commandant qu'ils ne se bougeassent, en monstrant quel deshonneur ce seroit, s'ils rompoient les formes et manieres pourparlées entre luy et son adversaire d'Angleterre. Et lesdites formes et manieres garderent aussi les Anglois, sans les enfraindre. Eux estans à la veuë l'un de l'autre, vinrent vers le Roy les ducs de Lanclastre et de Clocestre, et autres comtes et seigneurs d'Angleterre. Lesquels bien humblement s'agenouillerent, disans qu'ils venoient vers luy, pour sçavoir en quelle forme, habits, et ordonnance ils se devoient assembler. Et pour ceste mesme cause, estoient allez vers le roy d'Angleterre nos seigneurs les ducs de Berry et de Bourgongne. Le Roy receut lesdits princes d'Angleterre honorablement. Et la response oüye, le Roy leur donna à chacun un bel anneau. Lesquels les receurent, en remerciant le Roy tres-humblement, et s'en retournerent devers leur maistre. Et voulut le Roy, avant le partement desdits princes, boire avec eux, et prirent vin et espices. Et pareillement fit le roy d'Angleterre à nos seigneurs. Et quant à la requeste qu'on faisoit, de sçavoir quels habillemens, et les manieres qu'ils feroient l'un à l'autre, le roy d'Angleterre respondit, que les convenances ou pactions de paix et amitié ne consistoient ou gisoient pas en superfluité de robes et vestures, mais en cordial amour et affection. Laquelle chose fut fort notée. Car par ce il monstroit la grande affection qu'il avoit au bien de paix.

Or il est vray qu'entre la distance des tentes, et comme au milieu du chemin, y avoit un grand pal ou pieu fiché en terre, et à ce pal là se devoient assembler les deux roys. Et environ trois heures après midy se mirent en chemin à pied. Car la distance n'estoit pas longue. Le Roy vint en un simple habit jusques aux genoüils, fourré de martres, un chapperon à une longue cornette entour sa teste, troussée en forme de chappeau, et estoit accompagné de ses oncles. Et d'autre part le roy d'Angleterre sortit hors de sa tente, vestu d'une robe longue jusques aux talons; et devant luy avoit messire Jean de Hollande, qui portoit son espée, et le comte Mareschal, qui portoit un baston royal doré. Et tantost que les deux roys se veirent l'un l'autre, tous leurs gens se mirent d'un costé et d'autre à genoux, jusques à ce qu'ils fussent venus audit pal. Et quand ils y furent, ils se baiserent et saluerent l'un l'autre, en bonne amour, paix et dilection, et lors on demanda les espices et le vin. Et servirent les ducs de Berry et de Bourgongne, et les ducs de Lanclastre et de Clocestre. Et estoit grande noblesse et pitié de voir ladite assemblée, et de joye pleuroient ceux qui les voyoient. Et en signe d'amour et de dilection donna le Roy au roy d'Angleterre une tres-belle couppe d'or, garnie de pierres pretieuses, et une alguiere. Et aussi le roy d'Angleterre luy donna un tres-beau vaisseau à boire cervoise, avec un vaisseau aussi à mettre eaüe, garnis de pierres pretieuses, lesquels dons ils receurent benignement, en se remercians l'un l'autre. Et à la requeste, au moins par la persuasion des princes et seigneurs presens, ils jurerent et promirent l'un à l'autre, que si Dieu leur donnoit grace de venir à bonne et finale paix, qu'ils fonderoient, et feroient faire à communs frais et despens, pour memoire de leur vision mutuelle faite audit lieu, une chappelle.

Quand les roys veirent que leurs gens, tant d'un costé que d'autre, gardoient si bien et fermement ce qui leur avoit esté commandé, en monstrans le desir, l'affection, et joye qu'ils avoient, que bonne paix fust entre les deux roys, leurs royaumes et peuples. Lors le roy d'Angleterre, et lesdits ducs et seigneurs de son sang, vinrent en la tente du roy de France. Laquelle estoit bien parée et ornée de beaux draps d'or riches, en laquelle y avoit deux chaires bien richement habillées. Et fut offerte par plusieurs et diverses fois au roy d'Angleterre, la chaire dextre. Ce qu'il ne voulut accepter, et tant plus luy offroit-on, tant plus la refusoit. Et finalement se assit à senestre, et le Roy en la dextre. Et ne demeura en ladite tente que lesdits roys, les ducs de Berry, de Bourgongne, de Bourbon, de Lanclastre, et de Clocestre, et les comtes Roland et Mareschal. Et là ouvrirent et traiterent les matieres pourquoy ils estoient assemblez, tendans à bonne amour, à fin de paix et alliance par mariage. Ce qui fut fait entre eux fut secret. Car il n'y avoit que les roys et princes dessus dits, lesquels aucunement rien ne revelerent, sinon du mariage d'Angleterre, et de la fille du Roy. Car dés lors le Roy appelloit le roy d'Angleterre son fils, et l'autre l'appelloit son pere. Et aprés que leur conseil fut finy, prirent vin et espices, et furent servis en la forme dessus dite. Et au partir le Roy donna à son fils une nef d'or, de grand poids, garnie de pierres qui estoient de grand prix, laquelle il prit en le remerciant. Et s'en allerent eux-deux jusques à l'autre tente d'Angleterre, parlans ensemble, et eux esbatans. Et eux à la tente venus, le roy d'Angleterre donna à son pere un beau fermail garni de pierres pretieuses, et s'en revinrent ensemble jusques au pal. Et la venus ils s'entr'accollerent, et baiserent, et s'en retourna chacun en sa tente, en se recommandant à Dieu l'un à l'autre. Et s'en retourna le Roy à Ardres, et laissa à la garde de sa tente les comtes de Sainct Paul, et de Sancerre, le seigneur d'Albret, messire Jean de Bueil maistre des arbalestriers de France, et messire Jean de Trie. Et pareillement firent les Anglois, et mirent des princes et seigneurs du pays en la leur.

Le samedy au matin environ neuf ou dix heures avant midy, comparurent en leurs estats et habits, comme ils estoient en la journée de devant, excepté que le roy d'Angleterre avoit un chapperon mis sur sa teste, et vinrent lesdits deux roys jusques au pal, et se baillerent la main l'un à l'autre, en se saluant en tout amour et dilection, et les ceremonies gardées de chacune part, et comme dessus. Puis le roy de France prit le roy d'Angleterre par la main, et le mena en sa tente, accompagnez chacun de douze de leurs parens et conseillers. Et tantost survint un terrible temps de pluye, gresle, et vent, par telle maniere que ceux qui estoient hors des tentes, furent contraints d'eux bouter dedans. Et furent lesdits roys, et leurs parens et conseillers, bien quatre bonnes heures ensemble. Et quand le conseil fut finy, aucuns s'enquirent secrettement de ce qui avoit esté conclu. Et fut respondu qu'on fit bonne chere, et que les roys en parole de Roys, avoient sur les saincts Evangiles touchez, juré que doresnavant ils seroient bons et loyaux amis ensemble, et que comme pere et fils s'entr'aimeroient, et aideroient l'un à l'autre envers tous et contre tous. Et firent alliances perpetuelles pour eux, et leurs successeurs, de pays à pays, et de peuple à peuple, tant reelles que personnelles. Et les assistans tant d'une partie que d'autre, commencerent à faire grande joye, et grande chere, et touchoient l'un à l'autre, en rendant graces à Dieu dudit traité. Et fit-on venir vin et espices, et beurent tous ensemble. Et lors le Roy à grande joye et liesse donna au roy d'Angleterre son gendre, quatre paires d'ornemens d'eglise, semez de perles à or battu (esquels estoient signez la representation de la benoiste Trinité, et du mont Olivet, et les images de sainct Michel et de sainct Georges) et deux gros pots d'or, ornez de pierres pretieuses, vallans de seize à vingt mille escus, dont il remercia le Roy, et s'en revinrent au pal, en disant adieu l'un à l'autre. Et depuis revint le roy d'Angleterre, lequel joyeusement et de bon cœur donna au Roy un beau collier d'or, riche et bien garni de pierres pretieuses, puis s'en retournerent, et estoit ja tard prés de soleil couchant, et envoya le Roy avec son gendre pour le conduire jusques à Guines, les ducs de Berry et de Bourgongne, et souperent avec luy. Et pareillement les ducs de Lanclastre et de Clocestre convoyerent le Roy jusques à Ardres, et avec luy souperent, et tous firent joyeuse chere, et y furent jusques à neuf heures au soir. Et aprés se partirent desdits lieux lesdits ducs de Berry et de Bourgongne, comme aussi lesdits ducs de Lanclastre et de Clocestre, pour revenir chacun devers son roy. Mais ce ne fut pas sans empeschement. Car en icelle heure que lesdits princes se partoient pour eux en retourner, survint une pluye si grosse et si terrible, qu'il sembloit que Dieu voulust faire un nouveau deluge.

Et qui plus est, un vent si horrible et vehement, que tous les luminaires furent esteins, et ne pouvoit-on cognoistre, ny s'appercevoir l'un l'autre. Et comme les bestes sauvages vont parmy montagnes et bois, ainsi alloient lesdits seigneurs, et n'y sceurent trouver remede, sinon recourir à Dieu. Ce qu'ils firent bien et devotement, parquoy ils vinrent à port de salut. Et pour la grande violence du vent y eut des tentes du Roy cent et quatre cordes rompuës, et du roy d'Angleterre quatre seulement, dont la cause fut qu'elles estoient en bas lieu. Et furent les draps tant de soye que de laine, rompus et deschirez, dont il y avoit foison de moult beaux. Plusieurs gens disoient qu'en icelle paix faisant y avoit trahison, ou qu'elle y adviendroit. Mais ceux qui sceurent et cognurent le vray amour, dont procedoient les parties, conclurent et creurent fermement que le diable d'enfer, adversaire de paix, fit lesdites tempestes, comme desplaisant de ce qu'il n'avoit peu empescher le bien de paix. Ce fut grande chose, comme les parens, gens, et serviteurs garderent sans enfraindre les ordonnances, qui leur avoient esté enjointes. La premiere chose qui fut dite, estoit que chacun roy auroit quatre cens chevaliers et escuyers, lesquels ne seroient point armez, et n'auroient que chacun son espée, ou autre cousteau, et que autre harnois ils n'auroient soubs ombre d'achapt, ne autrement. En outre que soubs peine de la hard nul n'approchast les tentes des roys. Avec ce fut defendu que au partement des roys, c'est à sçavoir du roy de France de S. Omer, et du roy d'Angleterre de Calais, nul ne les suivist soubs pareille peine, sinon ceux qui estoient deputez et ordonnez, et furent contez et nommez ceux qui devoient suivre. Toutesfois il estoit permis aux marchands menans vivres, merceries et autres choses, d'aller exercer leur faict de marchandise à Ardres, ou à Guines, sans eux bouger de là. Et fut en outre ordonné, que nulles riotes, clameurs, debats, noises, discords, ou paroles injurieuses, ne se meussent entre les gens, ny d'un costé ny d'autre ; et qu'on ne jouast à jetter la pierre, lucter, tirer de l'arc, ne à quelque autre jeu, dont peut venir murmure, impatience, ou debat. Et que durant le temps que les roys parleroient ensemble, on ne sonnast, ne fit sonner trompettes, ne autres instrumens de musique, et que chacun obeïroit sommairement et de plain à tout ce qui seroit ordonné. Toutes lesquelles choses furent gardées grandement et notablement, tant d'un costé que d'autre, sans les enfraindre.

Le lendemain au matin que lesdites tempestes estoient survenuës, lesdits roys et leurs parens voulans proceder à la consommation et perfection des choses, pour lesquelles ils estoient assemblez, vinrent en leurs tentes, et chacun d'eux se departit pour venir au pal. Et en venant arriva madame Isabeau de France, accompagnée du duc d'Orléans son oncle, et de barons, chevaliers, et escuyers, dames et damoiselles, et avoient belles et grandes hacquenées, lictieres, chevaux et chariots bien garnis. Et quant à ladite dame, elle estoit moult richement habillée, de chappeau d'or, colliers, et anneaux de grand prix. Quand elle fut assez prés desdits roys, elle fut descenduë de dessus sa hacquenée, et prise par les ducs d'Orléans, de Berry, et de Bourgongne. Et aussi-tost qu'elle fut descenduë, vinrent en grand appareil les duchesses de Lanclastre et de Clocestre, accompagnées de foison de dames et damoiselles bien ornées, et appareillées, lesquelles firent la reverence en la maniere accoustumée. Et n'avoit onques esté veu de memoire d'homme chose si haute, ny si notable, ne dames et damoiselles si richement habillées. Et la presenterent lesdits ducs, accompagnez desdites duchesses, au roy d'Angleterre. Et en allant vers luy s'agenoüilla deux fois. Lors le roy d'Angleterre se leva de sa chaire, et la vint embrasser, et baiser. Alors le Roy luy dit : « Mon fils, c'est ma fille que je » vous avois promise. Je la vous livre, et delaisse, » en vous priant que la veüilliez tenir comme » vostre espouse et femme. » Lequel ainsi le promit : Et lors les pere, mary, et oncles la baiserent, et la delaisserent és mains desdites duchesses, qui la menerent à Calais. Et peut-on penser que ce n'estoit pas que plusieurs ne pleurassent à grosses larmes, et specialement ladite dame, en faisant grands sanglots et merveilleux. Le roy d'Angleterre pria son pere qu'il disnast avec luy, ce qu'il luy fit volontiers. Si luy fit tout le plus d'honneur qu'il peut, tellement qu'il le fit seoir à la dextre, et n'y avoit que eux deux à table, et le fit servir par les ducs de Lanclastre et de Clocestre. Et aprés disner prirent vin et espices. Et servit le duc d'Orléans le roy son frere, et le duc de Lanclastre le roy d'Angleterre. Puis donna le Roy à son fils un drageoir, garny de pierres pretieuses, avec un tres-riche fermillet. Et le roy d'Angleterre donna à son pere un autre fermillet, qui avoit esté au feu roy Jean, et estoit le plus riche de tous les dons qui avoient esté faits. Et ce fait, les roys monterent à cheval, et vinrent jusques au pal, pour prendre congé l'un de l'autre, et dirent adieu, en eux baisans de bon et loyal amour. Et donna le Roy à son fils au partir un beau et riche diamant, et un saphir. Et son fils luy donna deux beaux coursiers bien ornez et parez. Puis se departirent, et s'en revint le Roy à Paris, et son fils à Calais.

En ceste année combien, comme dessus a esté touché, que le roy d'Hongrie eust eu grande victoire sur les Sarrasins : toutesfois ils s'assemblerent tres-grande quantité de Sarrasins, et se mirent sur les champs pour destruire les chrestiens, et mesmement ceux d'Hongrie, et leurs voisins, et leur faisoient maux innumerables. Pour laquelle cause le roy d'Hongrie envoya devers le Roy une ambassade de gens de bien. Lesquels exposerent en effect ce que dit est, en suppliant et requerant au Roy, qu'il luy pleust d'envoyer gens pour resister à la mauvaise volouté des mescreans. Et les oüyt le Roy tresdoucement et benignement. Et comme ayant pitié des maux qu'ils faisoient aux chrestiens, assembla son conseil pour y envoyer. Et au conseil estoit present le duc de Bourgongne, nommé Philippes le Hardy, lequel dit qu'il y envoyeroit son fils aisné Jean comte de Nevers. De laquelle offre il fut honoré, et prisé ; et fut dit qu'il y venoit de vaillant courage d'offrir son fils aisné. Et lors le comte d'Eu connestable de France, messire Jean le Maingre, dit Boucicaut, mareschal, et messire Jean de Vienne admiral de France, et les seigneurs de Coucy, de Roye, de la Trimoüille, et plusieurs chevaliers et escuyers s'offrirent d'y aller, ce qui leur fut accordé. Puis assemblerent gens d'armes, et de traict, et se mirent en chemin, en intention de passer le plustost qu'ils pourroient. Le duc de Bourgongne conduisit son fils jusques à Sainct Denis, et là fit ses offrandes, et le recommanda à la garde de Dieu, et de monseigneur Sainct Denys ; puis pria aux seigneurs qui estoient en sa compagnée, qu'ils l'eussent pour recommandé. Si s'en partirent, et passerent par les Allemagnes, où ils trouverent plusieurs plaisirs et gratuitez : mais pourtant ne laissoient-ils point qu'ils ne pillassent et derobassent, et fissent maux innumerables de pilleries et roberies, lubricitez, et choses non honnestes. Et mirent à passer, avant qu'ils fussent és marches où ils avoient à besongner, bien trois mois. Et sans avoir dommage de leurs gens, et biens, passerent la Dunoüe, qui est une grosse riviere, et envoyerent un vaillant chevalier de Bourgongne, nommé messire Gaucher de Rupes, devers le roy d'Hongrie, pour avoir conseil de ce qu'ils avoient à faire, et de la maniere d'entrer en la terre des Sarrasins, et de les assaillir, et aussi de eux défendre si on les assailloit. Et leur fit à sçavoir le Roy qu'ils ne fussent pas chauds ne trop hastez en ceste guerre, et qu'il conseilloit qu'on laissast encommencer les gens de pied du pays, et autres qui avoient accoustumé la guerre és frontieres, et cognoissoient la maniere des Sarrasins, et puis qu'ils allassent après. Et qu'ils seroient tous frais et les Sarrasins lassez, par les affaires qu'on leur auroit ja baillées. Dont les François ne furent pas contens, ny de ceste opinion, et disoient qu'ils iroient des premiers. Les gens d'eglise sceurent que les François avoient des manieres bien lubriques d'excés en mangeries, beuveries, jeux de dez, puteries, et ribauderies, et leur monstrerent le danger où ils estoient, et que les Sarrasins estoient grande quantité de peuple. Et que supposé qu'ils fussent suffisans pour resister, toutesfois s'ils ne se mettoient en bon estat, comme bons chrestiens, il estoit à douter qu'il ne leur mescheust. Mais de tout ce que dit est ne tinrent conte. Ils avoient grandes poulennes à leurs souliers, et estoit grande pitié des dissolutions qu'ils avoient. Toutefois ils sceurent qu'en un lieu y avoit grand peuple de Sarrasins, assez prés d'un chasteau lequel on nommoit Richo, lesquels en rien ne se doutoient. Les François et autres chrestiens vinrent soudainement frapper sur eux, et y eut bien trente mille Sarrasins morts, ou pris, et les autres se mirent en fuite. Et assez tost aprés les chrestiens assiegerent ledit chasteau de Richo. Et premierement n'y envoyerent que cinq cens combatans, et les autres suivirent. Quand le roy d'Hongrie le sceut, il s'en vint par la Dunoüe, et assaillirent la place. Ceux de dedans se defendirent vaillamment, et finalement fut le chasteau pris, et ceux de dedans mis à mort, et tuez.

Aprés vinrent devant Nicopoli forte cité, bien garnie de Sarrasins vaillans en armes, et l'assiegerent, et tousjours leur aidoit et confortoit le roy d'Hongrie, et les gens du pays. Et par diverses fois livrerent plusieurs assauts, tellement que ceux de dedans furent si lassez qu'ils n'en pouvoient plus. Et y furent les chrestiens dixsept jours devant. Mais les Sarrasins estans dedans la place sceurent la venuë du Basac et de ses gens, pour combatre les chrestiens. Et parlerent les chrestiens au roy d'Hongrie, pour sçavoir ce qu'ils avoient à faire. Trop bien voyoient et appercevoient qu'ils estoient venus à la bataille, et qu'il falloit combatre. Car le Basac venoit, lequel avoit grande multitude de Sarrasins. Et d'autre part aussi le roy d'Hongrie, et les princes du pays et marches voisines assemblerent le plus de gens qu'ils purent avec les François, lesquels demanderent à avoir l'avantgarde. Et sur ce eurent conseil, et assemblerent des chefs de guerre. Et le roy d'Hongrie bien grandement s'acquitta, et monstra qu'il estoit expedient qu'il eust l'avant-garde. Et disoit que ses gens cognoissoient les Sarrasins, et sçavoient leur maniere de combattre, car tous les jours ils avoient escarmouches ensemble, ce que les François ignoroient. Et si disoit plus, que si ses gens estoient devant, et ils voyoient les François en volonté de bien faire, ils s'efforceroient de bien combatre, et si ne pourroient fuir ou reculer, car les François les suivroient de prés. Et que si au contraire se faisoit, et que les François eussent l'avant-garde, et il venoit une rupture tant fust petite, tous les Hongres et autres des pays d'Allemagne se mettroient en fuite, et demeureroient les François perdus et desconfits. Les seigneurs de France persisterent en leur opinion et requeste d'avoir l'avant-garde, combien que le seigneur de Coucy fust de l'opinion du roy d'Hongrie, disant que la bataille seroit plus seurement conduite. Mais messire Guy de la Trimoüille luy dit qu'il avoit peur. Lequel de Coucy, qui estoit grand seigneur, et vaillant chevalier, luy dit qu'il ne le faisoit mie par crainte ne peur, mais pource que c'estoit le plus seur. Et qu'on doit prendre sur ses ennemis tout l'avantage, et ouvrer le plus sagement et prudemment que faire se peut. Et que à la besongne il monstreroit qu'il n'avoit pas peur, et qu'il mettroit la queuë de son cheval en tel lieu, où il n'ozeroit mettre le museau du sien. Et loüa grandement le roy d'Hongrie la vaillance et le courage des François : mais il se doutoit fort de la fuite de ses gens, et estoit bien desplaisant qu'on ne vouloit croire son conseil. Il envoya visiter les Turcs par le comte d'Hongrie, lesquels venoient pour combatre. Ce qu'il fit à sçavoir aux François, dont ils furent bien joyeux, et en loüerent Dieu. Et combien qu'ils eussent plusieurs prisonniers, ausquels ils avoient promis de non les tuer, mais les mettre à finance; toutesfois ils les firent tous mourir. Et pour abréger, les François eurent l'avant-garde, et furent les batailles ordonnées tant d'un costé que d'autre, c'est à sçavoir des Chrestiens et Sarrasins. Et quand ce vint à l'assembler, les François moult fierement et vaillamment se porterent, et avec eux y avoit autres nations. Les Sarrasins aussi faisoient le mieux qu'ils pouvoient. Et entre les autres François estoient le seigneur de Coucy, l'admiral de Vienne, et autres qui merveilles de leurs corps faisoient, et soustenoient grand faix en la bataille, comme ceux qui de tous temps estoient reputez vaillans, et aussi faisoient les autres. Mais finalement les Sarrasins entamerent, et firent ouverture és Chrestiens, ayans l'avant-garde. Aussi estoient les Sarrasins dix contre un. Et finalement les autres nations estans en la grosse bataille et arriere-garde se retrahirent, et n'ozerent attendre le faix des batailles des Sarrasins. Et furent les François et ceux de leur compagnée desconfits, et tous morts ou pris. Et plusieurs furent pris sans tuer, et mesmement le comte de Nevers, le mareschal Boucicaut, Vienne, Coucy, et autres, lesquels furent menez devant le Bazac. Et dit-on une chose merveilleuse, que le seigneur de Coucy, qui estoit vaillant et bon preud'homme, estoit mené tout nud, et le chassoit-on le boutant et frappant devant les autres. Mais au bout d'une haye un manteau soudainement le couvrit. D'où il vint on ne sçait. Aprés quand on les eut amenez devant le Basac, qui estoient environ trois cens chrestiens, il ordonna et commanda que tous fussent tuez en sa presence, et mis à mort. La cause si fut, car les Chrestiens avoient pris une cité nommée Craco, où ils trouverent plusieurs Sarrasins, lesquels ils mirent tous à l'espée. Là eust-on veu grande pitié de voir chrestiens ainsi mettre à mort, lesquels par apparence patiemment la receurent. Entre les autres fut reservé et gardé de mourir le mareschal Boucicaut. Car autresfois en guerre avoit fait bonne compagnée à plusieurs Sarrasins. Et combien que le comte de Nevers fut en bien grand danger d'estre tué, toutesfois il fut sauvé. Et disoit-on communement qu'il y eut un Sarrasin, nommé Nigromancien, devin, ou sorcier, qui dist qu'on le sauvast, et qu'il estoit taillé de faire mourir plus de chrestiens que le Basac, ny tous ceux de leur loy ne sçauroient faire. Et par ce moyen fut sauvé, et les autres mis à mort piteuse. Et estoit comme commune renommée, que ladite desconfiture estoit venuë sur les François et Chrestiens, par l'orgueil des François, et parce qu'ils n'avoient pas voulu croire le roy d'Hongrie. Et aussi que Dieu le permit pour leurs pechez. Car ils firent en allant moult de maux, et avoient tousjours ribaudes, et joüoient à jeux dissolus. Helas! la chose fut tant douloureuse et piteuse au royaume de France que merveilles, comme gens ayans entendement peuvent considerer. Et y en eut plusieurs qui s'enfuirent de la bataille, quand ils veirent que les Sarrasins avoient le dessus. Et presques tous ceux du pays s'enfuirent. Une chose merveilleuse et miraculeuse advint. Car les Sarrasins laisserent les Chrestiens morts emmy les champs, pour les faire devorer aux loups et bestes sauvages, sans vouloir souffrir qu'ils fussent mis en terre. Et furent treize mois tous nets et blancs, sans ce que oncques beste y touchast, et disoient les Sarrasins que les bestes n'en daignoient manger. Le comte de Nevers fut mis à finance, et pareillement Boucicaut, lesquels la payerent, puis s'en revinrent en France. Quand en France les nouvelles furent sceuës, y eut grandes pleurs et douleurs, et non sans cause. Et mesmement les dames et damoiselles demeurées vefves sans maris, et les enfans sans peres. Et furent ordonnez par les eglises services, et mesmement en la ville de Paris furent en toutes les eglises faites de tres-belles vigiles, et des commendaces, et messes le neufiesme jour de janvier.

En ceste année, le Roy estant en compagnée de ses oncles, la duchesse de Brabant vint le voir et visiter. Et s'offrit à lui à le servir envers tous, et contre tous. Et declara au duc de Bourgongne en la presence du Roy, que la duché de Brabant aprés la mort d'elle lui competoit et appartenoit. Mais elle le prioit que Antoine, fils second dudit duc, eust la duché apres sa mort. De laquelle chose ledit duc fut d'accord. Le Roy la receut bien et honorablement, et lui fit tres-bonne chere, et au partir luy donna de ses biens.

Quand le duc de Milan sceut que les Genevois s'estoient adressez au Roy pour estre en sa garde, il n'en fut pas bien content, et tascha par toutes manieres à rompre le coup, et les en faire departir par gratieuses paroles. Mais les Genevois en rien n'y voulurent entendre, et envoyerent à Paris, et se sousmirent de tous poincts à la seigneurie du Roy.

En ce temps fut fait le mariage du fils du duc de Bretagne, et d'une des filles du Roy, et luy fut promis trois cens mille francs, mais elle trespassa.

Le Roy d'Angleterre voulant tousjours complaire à son père, lui fit à sçavoir qu'il vouloit espouser sa femme à Calais, en face de saincte église, en priant aux ducs de Berry et de Bourgongne, qu'ils voulussent estre audit lieu à certain jour, lesquels par le vouloir du Roy y allerent. Et l'espousa bien et solemnellement en l'église en la forme accoustumée. Et y eut un bien notable disner, où on fut servi de plusieurs mets, et diverses manieres de jeux et esbatemens, et le lendemain joustes. Et se monstrerent en toutes choses les Anglois bien pompeusement, ainsi qu'ils ont bien accoustumé de faire. Et quand la grande solemnité des nopces fut passée, ils tinrent un grand conseil pour sçavoir ce qu'on avoit à faire, pour tousjours entretenir les alliances. Et fut ordonné que les trefves, qui avoient esté ordonnées, et par mer et par terre, seroient criées publiquement, gardées et observées. Et qu'on ordonneroit conservateurs, qui seroient commis à les faire garder et observer. Et pource que le Roy requeroit diligemment à son fils le Roy d'Angleterre, qu'il voulust entendre avec luy à l'union de l'Eglise, à laquelle chose sondit fils estoit fort enclin, et y avoit grande volonté, il delibera d'envoyer vers les deux contendans. Et de faict y envoya bien notable ambassade, laquelle vint premierement à Avignon devers Benedict. Mais oncques il ne les voulut voir, ny oüyr; et pource ne passerent point outre, ny n'allerent devers l'antipape, mais s'en retournerent en Angleterre. Et fut lors deliberé que pour ceste matiere lesdits duc de Berry et de Bourgongne s'assembleroient avec le Roy d'Angleterre le dimanche de *Lœtare Jerusalem*. Et s'arresta fort le Roy à la voye de cession. Et que cependant tous les deux roys envoyeroient chacun ambassade devers les contendans, à ce qu'ils voulussent consentir, et avoir agreable la voye de cession, et pareillement vers le Roy des Romains, pour le requerir qu'il voulust accepter, et avoir agreable ladite voye de cession. Et de faict y envoyerent.

En ce temps vinrent en l'église de monseigneur Sainct Denys aucuns qui avoient esté malades. Lesquels s'estoient voüez à monseigneur Sainct Denys, et à ses compagnons, et par leurs merites affermoient avoir esté guaris. L'un avoit esté empoisonné, l'autre estoit enragé, et hors du sens et entendement, et le tiers avoit un flux de sang, et ne le pouvoit-on restraindre, et s'en vinrent à l'eglise de Sainct Denys rendre graces à Dieu, et aux glorieux saincts.

Audit temps la Reyne eut un fils, lequel monseigneur le duc d'Orleans leva sur les fons. Et fut au sainct Sacrement de baptesme nommé Louys. Et en fit-on à Paris, et par tout le royaume grande joye et solemnité.

Le roy d'Espagne envoya vers le Roy et aussi vers Benedict, pour le faict de l'union de l'Eglise. Et quand ils furent vers Benedict, il les corrompit par argent, tellement qu'ils ne voulurent oncques dire ce qui leur estoit encharge. Toutesfois le patriarche d'Alexandrie fit tant quand lesdits ambassadeurs vinrent devers le Roy, qu'il eut les lettres et instructions que ledit Roy d'Espagne leur avoit baillé. Par lesquelles apparoist assez, que si Benedict ne s'advisoit, qu'il avoit volonté de luy faire substraction. Et fut la matiere mise au conseil du Roy, et ouverte par divers clercs. Et finalement fut advisé et presque conclu, veu la maniere de proceder de Benedict, qu'on lui pouvoit faire substraction.

Or est ainsi que le roy d'Angleterre avoit renvoyé aprés le retour de ses autres ambassadeurs à Boniface luy signifier d'entendre à l'union de l'Eglise, et qu'il voulust accepter la voye de cession. Mais ils s'en vinrent sans response effectuelle. Et disoit-on que c'estoit pource qu'il avoit sceu, que Benedict l'avoit refusée. Revinrent aussi les ambassadeurs, qui avoient esté envoyez par les roys de France, et d'Angleterre ensemble. Et furent vers les deux contendans, et leur exposerent les prieres et requestes des deux roys, touchant ladite union, et affection qu'ils avoient au bien de l'Eglise. En leur requerant qu'ils y voulussent entendre, en la forme et maniere qu'ils declareroient. Mais ils s'en retournerent, et rapporterent que tous les deux contendans estoient tant pleins de convoitise et d'avarice, et aveugles de vraye cognoissance, qu'à autre chose ils ne vouloient entendre.

Au royaume de France regnoient plusieurs pechez, et tenoient plusieurs, que les maux, et les accidens qui venoient, estoient pour les pechez publies qu'on y faisoit, non corrigez ne punis. Et pource que principalement il n'y avoit si meschant, qui en jeux et manieres de parler, ne reniassent Dieu, maugreassent et despitassent ses saincts, et la benoiste glorieuse Vierge Marie, y eut certaines ordonnances par le Roy faites, et publiées par mandemens patens, contenans les punitions qu'on devoit faire. Lesquelles par aucun temps durerent et furent executées. Mais pource que des plus grands aucune punition n'en estoit faite, les choses retournerent en leur premier estat, à la tres-grande desplaisance des gens de bien.

M. CCC. LXXXXVII.

L'an mille trois cens quatre-vingt dix-sept, le roy de Navarre envoya devers le Roy, pour luy requerir qu'il luy fist justice, et envoya l'evesque de Pampelune, qui estoit un tres-notable clerc, lequel presenta ses lettres au Roy, qui estoient seulement de creance, en lui priant et requerant, qu'il luy voulust bailler audience pour dire sa creance, et assigner jour à la dire, lequel luy fut assigné. Et bien notablement recita ce qui luy estoit encharge, en déclarant la prochaineté de lignage, que le roy de Navarre avoit au Roy, et les terres et seigneuries qu'il devoit avoir au royaume de France, et mesmement en Normandie, en requerant qu'il les luy voulust faire bailler et delivrer, et qu'aussi-tost son maistre et seigneur estoit prest et appareillé de faire ce qu'il appartiendroit. Iceluy evesque fut grandement receu par le Roy, et aussi par les seigneurs. Et luy fut dit, que les demandes estoient grandes et pesantes, et que le Roy y auroit regard, advis et conseil. Et en ceste matiere y eut de grandes difficultez. Et disoient aucuns, que ce seroit mal fait de luy rien bailler, veu les horribles et detestables maux que son pere avoit fait en ce royaume. Et qu'on ne sçavoit la volonté de son fils, et que s'il avoit en Normandie les places qu'il demandoit, et il vouloit faire guerre, que grands inconvéniens en pourroient advenir. Les autres disoient qu'il y avoit eu accord avec le pere, et ferme paix faite, et qu'on ne devoit point avoir regard au temps passé. Et pour pourvoir à l'inconvenient allegué, s'il avoit places en Normandie, fut dit par ceux de ceste opinion qu'on luy en baillast ailleurs. Et ainsi fut fait. Et fut erigé Nemours en duché. Et en Gastinois et Champagne luy furent baillées terres et seigneuries jusques à dix milles livres tournois de revenu. Et à messire Pierre de Navarre son frere, la comté de Mortaing. Et à tant se partit ledit evesque, et disoit-on que son maistre en avoit esté content.

Et pource que toujours, et comme continuellement on faisoit diligence tant en ce royaume que dehors, de trouver moyen de guarir le Roy, et remede de pourvoir à son inconvenient, vinrent deux Augustins à Paris, qui s'offroient à guarir le Roy. Et demanderent plusieurs choses à faire les remedes, et n'y voulut-on rien espargner. Et couroient divers langages entre le peuple, en disant que la maladie du Roy estoit punition divine, pour les grandes exactions qui se faisoient sur le peuple, sans rien en employer au faict de la chose publique.

Quand le roi Richard d'Angleterre se veid au dessus de ses besongnes, comme il lui sembloit, et il fut en Angleterre, il cuidoit que tous murmures cessassent contre luy. Si fit grande exaction sur son peuple d'or et d'argent, disant que c'estoit pour son mariage avec la fille de France, et aussi que les Irlandois se rebelloient contre luy, et qu'il y vouloit aller. Et de ces exactions et tailles la plus grande partie du peuple, nobles, et gens d'église estoient tres-mal contens. Et de faict, le duc de Glocestre et le comte d'Arondel murmurerent fort en plusieurs manieres, et faisoient alliances secretes. Lesquelles choses vinrent à la cognoissance du roy Richard. Si les fit tous deux prendre, et examiner, et aprés qu'ils eurent confessé le cas, il leur fit couper les testes, c'est à sçavoir au duc de Glocestre son oncle à Calais, et au comte d'Arondel à Londres. A cause dequoi se leverent plusieurs divisions, et paroles. Et disoient les aucuns, que c'estoit sans cause, et que ce n'estoit que pource qu'ils advertissoient le Roy qu'il faisoit mal de souffrir à faire faire les griefves exactions qui se faisoient sur le peuple. Les autres disoient, qu'ils avoient voulu attenter à la personne du Roy, sous ombre qu'il avoit trefves avec le roi de France, et baillé Cherbourg et Brest. Et quelque chose qu'il en fust, les deux princes moururent, et furent executez.

Le Roy revint à santé, mais elle ne luy dura gueres. Et estoit chose bien piteuse d'oüyr les regrets qu'il faisoit, quand il sentoit qu'il devoit renchoir, en invoquant et reclamant la grace de Dieu, et de Nostre-Dame, et de plusieurs corps saincts. Les gentilshommes, dames, et damoiselles, et tous ceux qui le voyoient, pleuroient à chaudes larmes, et ceux aussi qui l'oyoient reciter, de grande pitié et compassion qu'ils en avoient. On prit son barbier, et aucuns des serviteurs du duc d'Orléans, pour sçavoir si on ne lui avoit rien fait, dont la maladie en peust venir. Mais à la fin on trouva qu'ils estoient innocens en toutes manieres, et furent delivrez (1).

En ce temps y eut grande mutation d'officiers. Car plusieurs estoient morts en la bataille de Hongrie, et fut fait connestable Sancerre, lequel paravant estoit mareschal, et messire Jean le Maingre, dit Boucicaut, fut fait et ordonné mareschal, messire Jacques de Bourbon grand chambellan, et messire Hutin d'Omont ordonné à porter l'oriflambe. Et furent ces choses faites le vingt-sixiesme jour de juillet.

Et combien que comme dit est que le mariage eust esté tout accordé, de Jean V, fils du duc de Bretagne, et de Jeanne dite la Jeune, quatriesme fille du Roy, et qu'il y eust desja eu quelques solemnitez faites, toutesfois encores de nouveau furent-elles faites à Paris en grandes pompes, tant de vestures, que de joyaux, et habillemens des dames et damoiselles, et y eut joustes, et autres choses accoustumées d'estre faites.

Madame Marie de France, qui dés le temps de sa nativité avoit esté ordonnée à estre religieuse, fut menée à Poissi, et là renduë, religieuse de son bon gré et volonté. Et lui fut habillé et ordonné son hostel et logis ainsi comme il appartenoit bien, et lui ordonna-on assignation à tenir son estat, et lui furent baillées des dames de religion, estans en ladite abbaye, pour luy tenir compagnée.

Le Roy revint derechef en santé. Et pource qu'à Sainct Denys estoit l'un des clouds, dont notre Sauveur fut crucifié, lequel n'estoit pas bien envaiselé ainsi qu'il appartient, le Roy fit faire un beau et riche reliquaire, et le donna à l'eglise de Sainct Denys, à ce que ledit clou fut mis richement et honorablement.

En ladite année l'empereur de Constantinople envoya vers le Roy demander aide et confort contre les Turcs, lesquels lui faisoient forte guerre, et taschoient d'avoir la cité de Constantinople. Et y vinrent de bien notables gens, qui monstroient que sans aide l'empereur ne pourroit resister, et en toute humilité firent leur proposition : eux retirez la matiere fut ouverte au conseil. Et furent tous d'opinion, que combien que l'année de devant le Roy y eust eu grand dommage, encores devoit-on entendre à leur aider. Et lors s'agenoüilla monseigneur le duc d'Orleans frere du Roy, en luy suppliant et requerant qu'il luy pleust luy donner congé d'y aller, et que tres-volontiers il y employeroit sa personne. Laquelle requeste luy fut reputée à bien grand honneur et vaillant courage. Et sur ce le Roy ne luy fit aucune response. Et appella-on les ambassadeurs, et leur fit faire response le Roy, qu'en temps convenable il aideroit et conforteroit l'empereur, et luy envoyeroit gens. Et leur fut fait dons beaux et honorables, et s'en retournerent vers leur maistre.

Le connestable du Basac, et son principal capitaine, envoya de tres-gracieux presens au Roy, lesquels le Roy receut tres-benignement, et renvoya les messagers.

Le roy de Boheme avoit grand desir de voir le Roy et sceut que le Roy devoit venir à Rheims, et que par aucun temps se tiendroit là, si fit diligence d'y venir. Laquelle chose venuë à la cognoissance du Roy, il en fut bien joyeux, et delibera de luy faire bonne chere. Et ainsi comme le Roy s'esbatoit aux champs à chasser, et voler, environ à deux lieuës de Rheims, survint le roy de Boheme, lequel il receut bien et honorablement, et à grande joye le mena à Rheims, et fut festoyé en toutes manieres bien grandement. Et luy fit le roy de beaux dons et plusieurs presens. Et cependant qu'il y fut, survint une ambasade d'Allemagne, pour avoir union en l'Eglise, disant

---

(1) « Le samedy ensuivant le Roy lui-mesme se sentit extravaguer ; il ordonna qu'on luy ostat son couteau, il commanda au duc de Bourgogne qu'on en fist autant à tous ceux de la cour qui l'approcheroient, et il fut si mal mené (si tourmenté) qu'il dit le lendemain au mesme duc, la larme à l'œil, qu'il mourroit plus volontiers que de pâtir davantage. Cela l'attendrit fort, et tous ceux de la maison qui s'y rencontrerent, et ils furent encore plus vivement touchés quand ils entendirent ces paroles pleines de pitié : « Si quelques-uns de la compagnie sont coupables de mes souffrances, je les conjure, au nom de Jésus-Christ, de ne me pas tourmenter davantage, que je ne languisse plus, et qu'ils achevent bientost de me faire mourir. » (Extrait de l'histoire de Charles VI, par le religieux anonyme de Saint-Denys. — Juillet 1397.)

qu'ils avoient esleu la voye de cession comme luy, dont le Roy fut moult joyeux.

M. CCC. LXXXXVIII.

L'an mil trois cens quatre-vingt dix-huit, il vint à la cognoissance de Benedict, que le Roy avoit envoyé devers les Roys et princes de la chrestienté pour le faict de l'union. Et qu'en ce le roy d'Angleterre s'estoit joint avec luy. Dont il fut bien desplaisant, doutant qu'il n'eust fort à faire. Parquoy il envoya devers le Roy le cardinal de Pampelune, qui luy estoit fort allié. Le Roy et ceux de son sang le sceurent assez tost. Et pource fut mandé audit cardinal qu'il ne vint point, et aussi ne fit-il. Et si Benedict avoit esté paravant mal-content, encores le fut-il plus. Et escrivit au Roy et à monseigneur de Berry, ainsi que bon luy sembla. Et és lettres escrivoit plusieurs choses, touchant ledit messire Simon de Cramault patriarche d'Alexandrie, en le chargeant. Mais le Roy et nos seigneurs ne s'y arresterent ja. Car ils voyoient et appercevoient, que ce n'estoit que pource qu'il avoit à cœur, d'aider à son pouvoir à executer l'intention du Roy, qui estoit juste et raisonnable.

Le Roy pour pourvoir au schisme de l'Eglise, delibera d'assembler à Paris les prelats de son royaume, pour avoir advis et conseil sur ce qui estoit à faire en la matiere. Et y eut bien grande et notable compagnée de gens d'église, clercs, et autres notables personnes, docteurs, maistres, et graduez. Par diverses fois on avoit envoyé par devers Benedict, qui estoit à Avignon, pour le prier et requerir qu'il y voulust adviser, et qu'il n'y avoit provision, sinon que tous les deux contendans fissent cession. Et qu'on fit un concile general, où les cardinaux tant d'un costé que d'autre, fussent avec les prelats de la chrestienté. Et que là on advisast, qu'il y eust un Pape seul et unique. Mais Benedict en rien n'y vouloit entendre. Et pour trouver la maniere d'y proceder, y eut plusieurs grandes et notables consultations faites. Et finalement fut deliberé et conclu, qu'on ne soustrayeroit pas seulement à Benedict la collation et disposition des benefices : mais qu'on luy feroit pleniere soustraction de toute obeïssance. Et sur ce furent lettres bien notablement faites, et composées, lesquelles furent envoyées et publiées par tout le royaume de France. Et fut conclu que l'Eglise de France seroit reduite à ses anciennes libertez et franchises; c'est à scavoir que les ordinaires donneroient les benefices estans en leurs collations, et que toutes graces expectatives et reservations cesseroient. Et qu'aux benefices on procederoit par voye d'eslection, et en appartiendroit la collation aux ordinaires. Et pour ceste cause fut ordonnée une notable procession à Saincte Geneviefve, en laquelle furent les ducs de Berry, de Bourgongne, et de Bourbon. Et là fit un notable sermon ou predication maistre Gilles des Champs, lequel sçavoit bien la matiere, et avoit tousjours esté present en la deduction d'icelle.

Et advint que tantost vacqua l'abbaye de Sainct Denys, par la mort de Guy II de Monceaux abbé d'icelle. Et fut esleu messire Philippes de Vilette, qui estoit un bien notable clerc, docteur en theologie. Et y eut des difficultez beaucoup touchant la confirmation de l'eslection, bien qu'ils estoient exempts, tant et si avant que l'exemption se peut estendre. Et fut dit que l'evesque de Paris, qui estoit ordinaire du lieu, confirmeroit, ou infirmeroit ladite eslection. A laquelle chose l'evesque proceda, et trouva que l'eslection estoit juste, saincte et canonique. Et pource la confirma, et luy bailla le don de benediction. Mais il y eut lettres faites et baillées par l'evesque de Paris, que ce fust sans prejudice de l'exemption des religieux, abbé, et convent de ladite eglise de Sainct Denys. Et pource que semblable cas de jour en jour pouvoit advenir, le Roy assembla ceux de son sang, des gens d'eglise, et de l'Université, pour sçavoir ce qu'on auroit à faire, quand le pareil cas adviendroit, touchant les exemptions. Et fut ordonné generalement que si aucunes eglises, ou benefices vacquoient, qui fussent eslectifs, on y procederoit par voye d'eslection, dont la consecration, confirmation, ou benediction appartiendroit aux ordinaires, sans prejudice des droicts, prerogatives et exemptions des exempts et ordinaires. Et furent lesdites choses touchant lesdites substraction et reduction de l'eglise de France, concluës le vingt-septiesme jour de juillet. Quand les cardinaux estans en Avignon, sceurent la conclusion de substraction faicte par le Roy, et l'Eglise de France, ils firent pareillement substraction à Benedict, et soudainement et secrettement ils partirent d'Avignon, et s'en vinrent à Villeneufve, qui est au royaume.

En ce temps, le comte de Perigort, qui estoit grand seigneur, et puissant au pays de Guyenne, assembla gens de guerre, et les mit en ses places. Et sous ombre qu'il se disoit tenir le party des Anglois, commença à faire aspre et forte guerre aux François, vers les marches de Guyenne. Et faisoit maux infinis, et pilloit, desroboit, et faisoit courre tout le pays. Pour laquelle cause, le Roy delibera d'y envoyer. Et fut deliberé que le mareschal Boussicault iroit. Et y alla à grande compagnée de gens de guerre, tant d'hommes d'armes, que de traict, et mit le siege devant Montignac, où ledit comte estoit, lequel finalement se soumit à la cour de parlement du tout. Et mit ledit mareschal la comté en l'obeissance du Roy, et prit Montignac, Bourdille, Auberoche, Saulac, et autres places, et y eut grande peine, et de belles armes faictes. Et amena Boussicault ledit comte de Perigort à Paris. Et luy oüy, à grande et meure deliberation, fut dit par arrest, que ledit comte avoit forfait corps et biens. Toutesfois la vie luy fut sauvée. Et fut ladite comté de Perigort, avec les appartenances, donnée à monseigneur le duc d'Orleans, frere du Roy, et luy fut baillée par appanage à luy et à ses hoirs masles, procreez de sa chair.

Et pource qu'on voioit que Benedict ne vouloit faire obeissance, et que tousjours estoit obstiné en son opinion, on delibera qu'on l'assiegeroit dedans le palais d'Avignon. Et de fait y fut le siege mis, et y souffrit moult de miseres, peines, et travaux, tant de vivres, que autrement : mais il avoit moult grand courage, et tousjours se tenoit fort, et confortoit ceux qui estoient avec luy. Rodrigo de la Lune son frere, faisoit toutes les diligences qu'il pouvoit de luy faire avoir vivres, et quelque siege qui y fut, bien souvent, par manieres subtiles on y mettoit vivres. Or advint que aucuns estans audit siege, advisoient souvent manieres de trouver moyens subtils d'entrer en la place du Palais où estoit Benedict. Et adviserent qu'il y avoit un esvier ou conduit d'eaües, de la cuisine dudit palais, qui estoit grand et large, et que par iceluy, en ostant un treillis de fer qui y estoit, on pourroit tres-aisément entrer. Il trouva on moyen de oster ledit treillis de nuict, si subtilement, qu'on le remettoit et ostoit quand on vouloit. Ceux de dedans s'apperceurent et imaginerent bien que par ledit lieu on avoit intention d'entrer. Et pource y mirent guet secret, et considererent qu'on ne pouvoit entrer que l'un aprés l'autre, et que ceux qui entreroient, quand bon leur sembleroit, ils seroient pris et attrapez par ceux de dedans, et ainsi fut fait. Car aucuns de ceux du siege, et des plus vaillans, vinrent audit esvier ou conduit de cuisine, et entrerent dedans, et à mesure qu'ils entroient estoient pris, et tant qu'il y en eut de pris cinquante à soixante. Dont ceux qui tenoient le siege furent moult esbahis, et non sans cause. Car il y avoit de leurs parens et amis. Et finalement y eut traité et accord, par lequel ceux du siege se leverent, et les prisonniers furent rendus, et s'en alla chacun où il voulut.

Et est à advertir qu'il y avoit ja grandes haines, envies et divisions entre les ducs de Bourgongne Philippes le Hardy, et Orleans frere du Roy, lequel soustenoit Benedict, et disoit que c'estoit mal fait de luy avoir fait substraction, et plusieurs mesmes de France le tenoient pour vray Pape. Et quand telles divisions venoient à la cognoissance dudit maistre Jean Juvenal des Ursins garde de par le Roy de la prevosté des Marchands, il alloit parler à eux, et à autres qui pouvoient aider à reprimer leur ire; et tellement qu'ils s'appaisoient, ou au moins dissimuloient.

Et comme dessus a esté touché, vinrent à Paris deux Augustins, qui se faisoient forts de guarir le Roy, et leur furent baillées toutes les choses qu'ils vouloient et demandoient, et eurent bien grande finance. Et de faict, mirent la main à la personne du Roy, et comme l'on dit luy firent aucunes incisions au chef, et comme il fut trouvé, mirent le Roy en grand danger de le faire mourir piteusement. Et pource furent pris et emprisonnez, interrogez et questionnez. Et pour abreger, confesserent qu'ils ne s'y cognoissoient. Et y eut plusieurs notables gens assemblez, tant d'eglise que lais, lesquels conclurent qu'ils seroient degradez, et qu'ils auroient les testes couppées. Et pour ceste cause furent faits eschafauts en greve devant l'Hostel de ville, et du Sainct Esprit. Et y eut une maniere de pont de planches fait, qui venoit à l'endroit d'une des fenestres de la salle du Sainct Esprit, laquelle fenestre on mit en l'estat et semblance d'un huis, et furent mis lesdits Augustins sur lesdits eschafauts. Et fit-on une maniere de briefve predication. Et aprés issit l'evesque de Paris en habit pontifical par ladite fenestre, et vint jusques aux deux Augustins. Lesquels estoient revestus comme s'ils eussent voulu dire messe. Et aprés ce qu'il eut parlé à eux, il leur osta à chacun d'eux les chasuble, estole, manipule, aube, et surplis, en disant certaines oraisons, puis s'en retourna par où il estoit venu. Et paravant en sa presence furent raiz et ostez leurs cheveux, sans apparence de couronnes. Et tantost ceux de la jurisdiction laye les prirent et les despoüillerent, et leur laisserent seulement leurs chemises, et à chacun une petite jacquette par dessus. Et furent mis en une charette, et liez et menez aux halles, et là eurent les testes couppées, et si furent escartelez, et les corps portez au gibet, et les testes mises sur deux demies lances, en l'escharfaut aux halles, où ils avoient esté decolez. Et furent plusieurs esbahis comment on les avoit degradez, et baillez à la justice seculiere. Mais par clercs notables, veu les cas par eux commis en la personne du Roy, fut dit que c'estoit justice. Et disoient aucuns, que lesdits Augustins se disoient au duc d'Orleans, et que par haine que le duc de Bourgongne avoit audit duc d'Orleans, il leur avoit fait faire et procuré ce qui fut fait. A cause que le duc d'Orleans avoit fait brusler un nommé maistre Jean de Bar, qui estoit nigromancien et invocateur de diables, et estoit au duc de Bourgongne. Et disoit-on que pour les envies, qui estoient entre lesdits deux ducs, diverses choses se faisoient.

En ceste année, après que le roy Richard eut en Angleterre fait coupper les testes des seigneurs d'Angleterre dessus dits, plusieurs divisions se commencerent. Et mesmement Henry de Lancastre, fils du duc de Lancastre, tenoit plusieurs diverses et estranges manieres, sentans murmures et conspirations contre le roy Richard, lesquelles vinrent à sa cognoissance. Et pource manda le duc de Lancastre, pere dudit Henry, et luy dit ce qui estoit venu à sa cognoissance touchant sondit fils. Et selon ce qu'on disoit, y avoit de meschantes choses entreprises contre le Roy, et trouvoient assez de matiere pour le faire mourir. Quand le roy d'Angleterre apperceut les choses dessus dites, il delibera de tenir un parlement à Wincestre, et assembla les trois estats du pays; et y eut grande assemblée, et fit des ducs et des comtes. Et en ce parlement Henry de Lancastre dit au comte Mareschal, qu'il estoit faux, traistre et desloyal, et mauvais, et qu'il avoit faussement et mauvaisement tué ou fait mourir son oncle, le duc de Glocestre frere de son pere. Et qu'il avoit emblé les deniers du royaume, et les avoit appliquez à son profit, et plusieurs autres trahisons avoir fait. Le comte respondit, qu'il avoit faussement et mauvaisement menty. Et y eut gage jetté et adjugé, et dit qu'il cheoit gage de bataille. Et pour ce faire y eut jour assigné. Et tousjours cuidoit le duc de Lancastre pere de Henry, muer le propos du Roy, et des parties. Mais il n'y pouvoit bonnement trouver remede. Au jour assigné les parties tous armez comparurent en champ. Et aprés les sermens fut à chacun permis faire son devoir. Et quand Henry de Lancastre veid son adversaire, il marcha bien vaillamment huict pas, sans que l'autre commençast à marcher. Toutesfois il s'esmeut, et comme de grand courage venoit à Henry, mais quand il vint à l'approcher, tous deux jetterent leurs lances. Et ce fait le roy d'Angleterre les fit tous deux prendre, et les bannit de son royaume, le comte Mareschal à perpetuité, et Henry de Lancastre jusques à dix ans. Et de ce fut le pere bien content. Henry s'en vint à Paris vers le roy de France, et les seigneurs, et fut receu bien grandement et honorablement, et luy fit-on tres-bonne chere. Et luy ordonna le Roy son estat bien honorablement. Dont le roy d'Angleterre fut tres-mal content, et tres-impatiemment le porta; et luy sembloit, veu l'alliance, que le Roy et les seigneurs de France ne le deussent point avoir receu. Et depuis le pere dudit Henry alla de vie à trespassement. Et cuidoit bien Henry de Lancastre que le roy d'Angleterre deust appaiser son courage, et le rappeler, et luy laisser la succession de son pere, tant de meubles, que d'immeubles. Mais il fit tout le contraire, car il prit tous les meubles, qui estoient grands, et les appliqua à son profit. Et de ce ledit Henry eut bien grande desplaisance. Dont monseigneur de Berry fort le confortoit, et l'appaisoit le plus qu'il pouvoit. Toutesfois il sembloit bien à sa maniere et contenance, qu'il avoit un courage bien despiteux, et intention s'il eust peu, de s'en venger.

Cette année la reyne Blanche alla de vie à trespassement, à Neaufle le Chastel, le cinquiesme jour d'octobre, dont ce fut grand dommage. Elle fut portée en terre à Sainct Denys bien solemnellement, ainsi qu'il appartenoit. Elle avoit une partie de l'un des clouds, dont Nostre Seigneur fut crucifié, qu'elle fit bien et honnorablement enchasser, et le donna à Nostre-Dame des Carmes, pour mettre en leur eglise.

Le Roy, la Reyne, et nos seigneurs les Ducs, envoyerent à leur fille et niepce d'Angleterre, de beaux et riches dons, par notables chevaliers, et escuyers qui furent en Angleterre, et là les presenterent. Et quand ils furent retournez, ils rapporterent qu'en Angleterre y avoit plusieurs divisions, et qu'on murmuroit fort contre le Roy pour les exactions qu'il faisoit, et qu'ils doutoient fort qu'il n'y eust un grand broüillis. Car il n'y avoit ny gens d'eglise, ny nobles, ny autres, qui n'en fussent mal-contens. Et quand Henry de Lancastre qui estoit par deça, le sceut, il en fut bien joyeux, et se reconforta fort.

Les cardinaux de Thury et de Saluces vinrent à Paris en grandes pompes et estats, devers le Roy et nos seigneurs les ducs, et firent une proposition par la bouche dudit de Thury, et disoient maux infinis de Benedict, et plusieurs autres paroles. Et firent deux requestes, l'une, que le Roy voulust escrire aux Roys et Princes diligemment, touchant le faict de l'union. La seconde fut, qu'il voulust faire diligence, et

27.

mettre peine à prendre Benedict. Sur la premiere leur fut respondu, que le Roy y avoit entendu, et entendroit le mieux que faire se pourroit. A la seconde requeste fut fait response, que ce n'estoit pas à faire au Roy de faire prendre Benedict, ny mettre la main sur luy. Et aussi que ce n'estoit pas chose aisée à faire. C'estoit merveilles des pompes et estats desdits cardinaux, lesquels estoient à toutes gens de quelque estat qu'ils fussent, à grande desplaisance et abomination.

Il y eut deux cardinaux, l'un nommé Martin, et l'autre Boniface, lesquels se cuiderent eschapper du palais d'Avignon, en habits dissimulez, et furent rencontrez par les gens du mareschal Boussicaut, et pris. Et dit-on que Martin de desplaisance, pauvreté et indigence, alla de vie à trespassement. Et au regard de l'autre nommé Boniface, l'on disoit que Boussicaut en avoit bien eu cinquante mille ducats.

En ce temps, un bourgeois de Vitré en Bretagne, nommé Pierre Pilet, jetta son gage de bataille contre un gentilhomme dudit pays, nommé Guillaume Marcille. Et le chargeoit d'avoir fait tuer par ses fils un sien parent. Ledit Marcille au contraire maintenoit, que jamais n'en avoit esté consentant. Et estoit ledit Pilet un bel homme, fort et roide, et Marcille estoit vieil et ancien : Et luy fut permis qu'en son lieu il mist le bastard du Plessis. Et soustenoit fort ledit Pilet monseigneur de Laval, devant lequel se faisoit le gage. Et furent les sermens faits : Et fut ledit Pilet jetté à terre d'un coup de lance par le bastard, et aprés tira son espée et le tua. Et tantost après on envoya querir le bon-homme vieil, qui estoit prisonnier, comme raison estoit, et fut delivré. Et si son champion eust esté desconfit, il eust souffert mort.

M. CCC. LXXXXIX.

L'an mille trois cens quatre-vingt dix-neuf, le Roy retourna en santé, et avoit bon sens et entendement, et fit la solemnité de Pasques en son hostel à Sainct Paul. Au huictiesme jour aprés, l'evesque de Paris vint audit hostel en la Chappelle, et de sa main le Roy receut le sainct sacrement de confirmation, en grande devotion. Et si firent plusieurs autres seigneurs, chevaliers, et escuyers.

Les ducs de Berry, de Bourgongne, et de Bourbon, avoient grand desir de sçavoir d'où venoit la maladie du Roy, et firent assembler tous les physiciens de l'Université de Paris, et autres, dont il estoit memoire. Et fut mise la matiere en termes, et specialement si la maladie qu'il avoit, venoit de choses et causes intrinseques, ou par accidens extrinseques. Et y eut divers argumens et imaginations. Et finalement on ne sceut que conclurre, et demeura la matiere indiscusse, et sans aucune decision ny determination, dont les seigneurs ne furent pas bien contens.

En ce temps, aucuns de l'ordre de Sainct Bernard apporterent, comme ils disoient, le sainct Suaire, où nostre benoist Sauveur Jesus-Christ fut ensepulturé, et le mirent à Sainct Bernard à Paris. Et y eut grande affluence de peuple, et en leverent une bien grande finance d'argent. Et disoit-on qu'il y eut de beaux miracles faits, combien qu'on n'en declarast aucuns particulierement.

Ceux de Venise envoyerent vers le Roy, demander aide et confort contre les Turcs, lesquels avoient occupé plusieurs villes. Et leur donna-on esperance de leur aider, et aussi en avoit le Roy bonne volonté.

On disoit que aucuns mieux aimans leur profit particulier, que le bien public, procuroient et faisoient diligence qu'on mist un dixiesme sus. Et estoit renommée, que le principal qui poursuivoit ceste matiere, estoit messire Simon de Cramault patriarche d'Alexandrie, qui disoit qu'il avoit fait plusieurs grandes mises en ambassades, et autrement, pour le faict de l'Eglise. Et qu'autrement il ne pouvoit estre contenté, ne satisfait : Et furent les gens d'eglise assemblez, pour avoir leur consentement ; plusieurs quand ils oüyrent parler de la matiere s'absenterent, et departirent. Et de ceux qui y demeurerent aucuns oncques ne s'y voulurent consentir. Toutesfois fut le dixiesme mis sus, à la grande desplaisance de la plus saine partie : Et ne trouva-l'on à peine personne ecclesiastique, qui se voulust mesler de le recevoir, et lever. Et fut ordonné, qu'on le feroit lever par personnes layes. Et ainsi fut fait bien rigoureusement, et en fut levé grande finance. Et disoit-on que c'estoit pour le faict de l'Eglise, et de la poursuite de l'union. Mais tout s'en alla en autres choses bien inutiles, et en prirent les Princes et autres ce qu'ils peurent, à leur profit particulier.

En ce temps, les Turcs et Sarrasins grevoient fort Constantinople, et faisoient forte et aspre guerre. Pour laquelle cause l'Empereur de Constantinople envoya devers le Roy requerir aide et secours. Et y envoya le Roy le mareschal Boussicaut, avec douze cens combatans ; et en sa compagnée estoit Chasteaumorant, un chevalier de Bourbonnois. Lesquels se porterent vaillamment, et firent plusieurs grands dommages aux Sarrasins, et resisterent à leur mauvaise entreprise et volonté. Et quand ils eurent fait le mieux qu'ils peurent, delibererent d'eux en retourner, dont les Grecs furent bien desplaisans. Mais l'air estoit non propice aux François, et desja aucuns se commençoient à mourir, et si avoient faute d'argent, et souvent de vivres. Et de faict, le mareschal Boussicaut s'en partit, et laissa ledit Chasteaumorant vaillant chevalier avec seulement cent combatans. Lequel tres-volontiers y demeura, dont les Grecs, encores combien qu'ils fussent peu de gens, furent grandement reconfortez.

En ceste année, fut moult grande abondance d'eauës, et creurent les rivieres merveilleusement, et se desriverent au grand dommage des biens de dessus la terre. Et emmenoient maisons, gens, enfans, et biens meubles.

Et en cet an y eut grande, horrible et piteuse mortalité en Bourgongne, Champagne, Brie, Paris, et Normandie, et pour abreger, par tout le royaume de France. Et quand elle cessoit en un pays elle commençoit en un autre. Et est comme chose incroyable de la grande quantité de peuple qui mourut. Et disoit-on, que c'estoit à cause des horribles et detestables pechez, qui se commettoient publiquement et notoirement sans aucune reprehension. Et quand on en parloit en predications, au conseil du Roy, ou autre part, on contemnoit et desprisoit ceux qui en parloient à bonne intention. Les gens d'eglise ne sçavoient que faire, sinon prieres et processions solemnelles, dont ils faisoient grandement leur devoir. Et les religieux, abbé, et convent de Sainct Denys, à la requeste d'aucuns seigneurs, et autres, en une bien notable procession, porterent jusques à Paris en la saincte Chappelle, le corps de monseigneur Sainct Hyppolite, et celebrerent une bien notable messe, et puis le rapporterent à Sainct Denys, et cessa la mortalité.

Une merveilleuse comete apparut au ciel. Et combien qu'on die que telles choses sont naturelles, toutesfois elle sembla fort estrange. Car elle dura huict jours entiers enflambée, et estoit de grande estenduë. Et disoient aucuns astronomiens que c'estoit signe de quelque grand mal à venir.

Les Allemans eurent en aucune desplaisance leur Empereur, si le desappointerent, et en mirent un autre (1).

Il y eut grandes alliances jurées et promises entre monseigneur d'Orleans, et Henry de Lancastre, et se monstroient grands signes d'amour, et souvent estoient ensemble.

Or est vray, comme dessus a esté dit, que Henry de Lancastre avoit esté banni du royaume d'Angleterre, et s'en vint en France, où il estoit bien desplaisamment, et ne faisoit que penser et ruminer, comme il pourroit trouver maniere et moyen de faire un grand broüillis. Et en ce temps ceux de Hibernie se rebellerent contre le roy d'Angleterre, et fut content d'y aller en personne; et de faict y alla. Et aprés son partement plusieurs monopoles, conspirations, et seditions se commencerent à esmouvoir. Lesquelles choses vinrent à la cognoissance de Henry de Lancastre, duquel le pere estoit mort. Car durant sa vie il eust resisté aux entreprises et malices de son fils. Et delibera de trouver maniere de passer en Angleterre. Et aprés le passement dudit roy d'Angleterre en Hibernie, aucuns pleins de mauvaise volonté vinrent là où la Reyne fille de France estoit. Et luy osterent tous ses serviteurs et servantes de la langue de France, excepté une damoiselle et son confesseur, et aucuns Anglois entendans et parlans quelque peu de la langue de France : Et en un chasteau la mirent, qui fut un exploict bien merveilleux, dont ledit de Lancastre fut bien joyeux. Et luy sembla qu'il estoit temps qu'il passast en Angleterre, et à ce faire se disposa le plus secrettement qu'il peut. Toutesfois il vint à la cognoissance d'aucuns seigneurs de France, qui se doutoient bien qu'il ne voulust faire quelque mauvaise besongne ou entreprise contre le roy Richard, gendre du Roy. Et de ce on luy parla : mais il affermoit que ce n'estoit pas son intention, ny ne fut onques, de faire chose prejudiciable ou dommageable au roy d'Angleterre son souverain seigneur; et que ce qu'il faisoit, c'estoit pour son honneur et profit, et pour luy cuider faire service et plaisir : toutesfois l'issuë monstra tout le contraire. Et pour abreger, s'en alla en Angleterre, et passa la mer, et tantost trouva satellites qui luy promirent l'aider, et ainsi le firent. Il escrivit lettres tres-seditieuses à plusieurs prelats, nobles, et gens des bonnes villes, faisans mention de plusieurs bourdes et mensonges. Et tantost trouva gardes, suittes et alliances. Et s'en vint devers le duc d'Yorck son oncle, qui le reprit fort : mais il jura et afferma, comme dessus il avoit dit en France. Combien que desja il avoit fait prendre plusieurs nobles d'Angleterre, et autres, et leur avoit fait coupper les testes, et icelles envoyer à Londres. Et avoit obeïssance desja en plusieurs places et villages, et presque tout le peuple se retiroit vers luy, et obeïssoit. Quand la chose vint à la

---

(1) Wenceslas fut remplacé sur le trône imperial par Robert, comte palatin du Rhin.

cognoissance du roy Richard, il fut moult troublé, et non sans cause, et delibera de s'en venir en Angleterre, et retourner, et de faict ainsi le fit. Et quand il y fut, quasi de tous ses gens comme tout seul il fut delaissé, dont il fut moult esbahi. Et encores luy vint-il bien pis. Car par ceux ausquels il se fioit fut pris, detenu, et emprisonné, et baillé et livré és mains de son adversaire. Et lors tout le peuple commença à crier et dire, tant gens d'eglise, nobles, que autres, qu'on le devoit priver du royaume, et mettre en chartre perpetuelle. Car il avoit fait mourir ses parens sans cause, et baillé Cherbourg et Brest, et fait paix avec le roy de France et les François, sans le consentement du peuple. Et qu'il avoit fait de grandes et excessives exactions sur le peuple, sans l'avoir employé au faict de la chose publique, et du royaume. Et prenoit-on gens de tous estats, qui avoient servi le roy Richard, qui estoient executez à mort, pillez, et derobez. Et fut conclu qu'il falloit faire un autre roy par election. Et fut eleu Henry de Lancastre, et constitué et ordonné roy par les trois estats. Et l'archevesque de Cantorbie l'oignit, et fit une grande proposition, et prit son theme : *Habuit Jacob benedictionem*. Et le deduisit ainsi que bon luy sembla. Et se nomma et porta ledit Henry publiquement et notoirement roy. Et monstra une ampoulle, qu'un ange, comme il disoit, avoit apportée à Sainct Thomas, pour en oindre et sacrer les roys d'Angleterre. Et avoit le roy de France envoyé gens devers ledit Henry de Lancastre, pour sçavoir ce que c'estoit qu'on faisoit en Angleterre contre son fils, ausquels on monstra ladite ampoulle. Et si paravant il avoit fait mourir plusieurs personnes d'Angleterre bien notables, encores quand il se trouva maistre, il en fit plus mourir sans cause et sans raison. Et qui pis est, il fit tant que les serviteurs du roy Richard mesmes, et ausquels il se fioit, le mirent à mort bien inhumainement. Et pource que plusieurs en ceste matiere en ont escrit, on s'en passe en bref. Et trouve-on bien que les Anglois ont autresfois fait de tels exploits.

Environ ce temps, estoit à Paris monseigneur le duc de Berry oncle du Roy, et en sa compagnée estoit le comte d'Estampes, lequel souvent beuvoit et mangeoit à sa table, et un jour le mal d'apoplexie le prit, et à la table sa teste mit sur ses bras, qui estoient sur la table comme croisez, et cuidoit-on qu'il dormist. Et disoit ledit monseigneur de Berry en riant : « Beau cousin dort. » Mais il dormit tellement, que oncques puis n'en reveilla.

Quand le Roy sceut ce qui avoit esté fait en Angleterre contre son gendre, il en fut bien desplaisant, et cognut-on bien que toutes alliances et trefves estoient rompuës, et qu'on estoit revenu à la guerre. Toutesfois Henry soy disant roy d'Angleterre, envoya vers le Roy luy faire sçavoir, que s'il vouloit envoyer à Boulongne de ses gens, qu'il envoyeroit à Calais. Et ainsi fut fait. Et y eut personnes notables envoyées de costé et d'autre, et parlerent ensemble. Et y eut seulement une trefve concluë à la Pentecoste ensuivant.

Pource que l'année d'après y avoit pardon general et indulgences en cour de Rome, et que le royaume estoit bien appauvri, et que si on permettoit d'aller à Rome, que ce seroit grande evacuation de pecunes, veu qu'à Rome ils tenoient l'antipape(1) pour Pape, il fut defendu qu'on y allast point, par cry public : mais ce nonobstant grand peuple y fut.

Pource que par les ordonnances royaux, qui avoient esté mises sus, l'eglise de France avoit esté remise en ses libertez et franchises, et ordonné que les ordinaires donneroient les benefices, ils en disposerent en faveur de leurs valets et serviteurs. Et de ce, ceux de l'Université se plaignirent, et non sans cause. Et aussi on entreprenoit fort sur leurs privileges, et en diverses manieres n'en pouvoient joüyr. Ils requirent au Roy qu'on y pourveust, ou autrement ils faisoient sçavoir qu'ils cesseroient. Et de faict, pource qu'on ne leur fit aucune provision valable, ils cesserent de faict, et durerent leurs cessations tout au long du caresme. Et depuis fut trouvé expedient, et recommencerent leurs leçons.

En Sicile, et Naples, Louys II, roy de Sicile en plusieurs lieux estoit obey, et tenu pour Roy, et specialement à Naples. Et y eut un comte du pays mesme, auquel il se fioit, lequel par trahison mit le roy Ladislaüs ou Lancelot dedans Naples. Et pource quand la chose vint à la cognoissance du roy de Sicile, il envoya le comte de la Marche au pays pour faire guerre.

M. CCCC.

L'an mil quatre cens, il vint à la cognoissance du Roy, que l'empereur de Constantinople avoit grand desir de venir en France, tant pour voir le Roy, que aussi pour luy requerir aide et confort, pour resister alencontre des ennemis de la foy ; et de plus, pour le remercier des secours, aides, et courtoisies qu'il luy avoit

---
(1) Boniface IX.

faites. Et quand le Roy sceut sa venuë, il fit faire diligence qu'à l'entrée du royaume il y eust chevaliers et escuyers pour le conduire et defrayer partout où il passeroit. Et quand il fut assez prés de Paris, il envoya ses oncles au devant de luy, et le Roy mesme le receut à l'entrée de Paris, et luy donna un beau coursier bien enharnaché, tout blanc. Et l'amena le Roy jusques au Palais, et puis le fit mener au Louvre, où il fut logé. Et estoit l'hostel tres-bien habillé et paré, et là tenoit son estat aux despens du Roy. Et faisoient le service de Dieu selon leurs manieres et ceremonies, qui sont bien estranges, et les alloit voir qui vouloit.

En ce temps fut ordonné par le Roy et ceux de son sang, qu'on feroit diligence d'avoir madame Isabeau reyne d'Angleterre, qui estoit pucelle. Car oncques le roy Richard compagnée charnelle n'avoit eu avec elle. Et envoya-on querir sauf-conduit, lequel fut accordé et envoyé par Henry de Lancastre. Et y furent commis Jean de Hangest seigneur de Hugueville, et maistre Pierre Blanchet conseiller, et maistre des requestes de l'hostel du Roy. Lesquels arriverent en Angleterre, et firent leur requeste, et ce qui leur estoit enchargé par le Roy. Et y eut par les Anglois des difficultez, et vouloient avoir descharge de plusieurs promesses, qui avoient esté faites au traité de mariage, et de ce qu'elle avoit eu et apporté. Et pource que ledit maistre Pierre Blanchet debatoit fort les matieres au profit et à l'honneur du Roy, les Anglois conceurent grande haine contre luy, et aussi contre son compagnon. Et fut aucune renommée que tous les deux furent empoisonnez; et quoy qu'il en fust, mourut maistre Pierre Blanchet, et ledit de Hugueville fut en tel poinct, qu'il vomit jusques au sang clair, dont il fut bien malade : mais par laps de temps il guarit. Les autres disent, qu'il y avoit grande mortalité en Angleterre, et que tous deux furent frappez, et que maistre Pierre Blanchet y mourut, et Hugueville eschappa. Et furent bien long-temps en Angleterre, sans ce qu'ils y eussent rien fait.

En ce temps maistre Jean Juvenal des Ursins, qui avoit la garde de la prevosté des marchands de par le Roy, fut ordonné par election de la cour de parlement, conseiller et advocat du Roy en ladite cour. Lequel audit office de la garde de la prevosté, s'estoit grandement gouverné, et honorablement. Et tousjours quand il y avoit aucun discord entre les seigneurs, il mettoit peine à tout appaiser, tellement que de son temps, nonobstant la maladie du Roy, aucun inconvenient n'en advint.

En ce mesme an fut fait le mariage de Louys duc d'Anjou, cousin du Roy, et de la fille du roy d'Arragon, nommée Ioland, qui estoit une des belles creatures qu'on peust point voir. Et y eut bien grande et solemnelle feste, comme à tel seigneur et dame appartenoit bien.

Le roy de Boheme, qui avoit esté eleu empereur d'Allemagne, fut pour aucunes causes, par l'ordonnance des electeurs de l'empire, et des gens d'eglise, princes, et nobles d'Allemagne, desapointé de l'empire. Et disoient aucuns que c'estoit de son consentement. Et fut ordonné Empereur le duc Robert de Baviere, renommé d'estre bon et vaillant prince. Et sur ce envoyerent ledit Empereur et ceux d'Allemagne devers le Roy. Et aussi sur le faict de remedier au schisme, et avoir union en l'Eglise. Les ambassadeurs furent honorablement receus, et de ce qu'ils avoient signifié au Roy les choses dessus dites, on les remercia, et leur fit-on aucuns presens, et s'en retournerent. Et pource qu'ils n'avoient aucunement particulierement declaré la forme et voye qu'ils entendoient de venir à union, combien que le patriarche Cramault eust rapporté, que quand il fut en ambassade, ils se adheroient au Roy, et estoient d'opinion d'elire la voye de cession. Toutesfois le Roy delibera d'envoyer vers les eliseurs de l'empire, pour sçavoir leur intention, et de fait y envoya. Et leur fut respondu, que à avoir union ils estoient prests d'entendre, mais non mie par la voye de cession, ainsi que le Roy l'avoit advisé. Dont les Ambassadeurs furent bien esbahis. Car ils affermerent que à Cramault n'avoient fait autre response. Laquelle chose fut rapportée au Roy. Dont luy et ceux du sang furent tres-mal contens dudit Patriarche Cramault. Et pource luy fut defendu, que plus ne vint au conseil du Roy.

En ceste année, la reine de Dacie, qui n'avoit qu'un seul fils, jeune d'aage, envoya vers le Roy luy requerir, et prier qu'il luy pleust qu'elle eust une fille de la lignée de France, pour son fils. Et estoit present à faire la requeste au Roy par les ambassadeurs, le duc de Bourbon. Lequel respondit, mais que l'une de ses filles fust en aage, que volontiers il luy envoyeroit.

Charles fils du Roy, qui estoit un tres-bel enfant, fut tres-griefvement malade, et devint ectique et tout sec. On ordonna prieres estre faites par toutes les eglises de Paris, et fut fait ainsi, et en plusieurs et divers lieux. Toutesfois il alla de vie à trespassement, dont tous furent desplaisans. Et disoit-on plusieurs et diverses paroles, à la grande charge d'aucuns seigneurs.

L'Empereur fut couronné à grande solemnité, en la forme et maniere accoustumée.

Combien, comme dessus a esté touché, le Roy eust donné au bastard de Foix la comté de Foix, toutesfois le Roy depuis ordonna, que le captal de Beu en Guyenne l'auroit.

Monseigneur le duc de Berry, qui avoit donné à Sainct Denys une partie du chef et bras de Monseigneur Sainct Benoist, y fit faire un plus beau reliquaire que celuy où ils estoient enchassez, et le donna à ladite Eglise de Sainct Denys.

◇◇◇

M. CCCCI.

L'an mille quatre cens et un, après le retour de monseigneur de Hugueville, et que maistre Pierre Blanchet avoit esté trespassé comme dit est, qui estoient allez pour le faict de la Reyne d'Angleterre, femme et vefve du roy Richard, les Anglois cognoissans qu'ils feroient leur honneur de la renvoyer au roy son pere, luy firent ramener jusques à Calais. Et là par l'ordonnance du Roy, allerent Jean de Montagu evesque de Chartres, messire Jean de Poupaincourt, premier president du parlement, et autres, pour requerir aux Anglois, qu'ils la leur voulussent delivrer, lesquels en furent contens. Et à Lelinguehan firent tendre une tres-belle tente, bien ornée et garnie. Et le septiesme jour d'aoust, ladite dame estant bien accompagnée de seigneurs d'Angleterre, ils la firent venir jusques à ladite tente. Et là survint le comte de Sainct Paul ordonné avec les autres pour la recevoir, et furent baillez les vins et espices, et donnerent à la dame de beaux dons, et aussi à ses damoiselles, et à aucuns de ses serviteurs. Et prirent les Anglois congé d'elle pleurans à grosses larmes, et la bonne dame aussi pleuroit, et plusieurs des assistans. Et puis la prirent le comte de Sainct Paul, et autres, pour l'amener à Boulongne. Assez prés estoit le duc de Bourgongne avec cinq chevaliers et escuyers, lequel la receut bien honorablement, et la conduisit jusques à Boulongne, et de là l'amena jusques à Paris. Et en passant par les villes de Picardie elle fut grandement festoyée. Et quand elle approcha prés de Paris, allerent au devant d'elle messeigneurs les ducs d'Orleans, de Berry et de Bourbon, qui la conduisirent jusques à Sainct Denys, et de là à l'Hostel de Sainct Paul devers le Roy son pere, et la Reyne sa mere, qui la receurent à grande joye, combien que la bonne dame pleuroit fort.

En ceste année, en Beauvoisis, et bien seize lieuës de pays, y eut de merveilleux vents, et cheut grosses gresles en aucunes places, comme gros œufs d'oye, qui fit de grands dommages, et fut environ le mois de may, et furent merveilleux tonnerres, corruscations, et esclairemens. Et cheut le tonnerre en une maniere de feu, qui entra en la chambre de la Reyne, laquelle gissoit d'enfant, qui ardit et brusla toutes les custodes et courtines de son lict, et autre mal n'y fit. Et cependant que le Lendit se tenoit (qui estoit lors grande chose des marchands et marchandises qui y affluoient), survint soudainement grandes corruscations et tonnerre, et cheut gresle presques partout ledit Lendit, grosse comme œufs d'oye, et abbatit plusieurs loges, et presques toute la grange du Lendit.

Le duc d'Orleans frere du Roy, fit confederations et alliances avec le duc de Gueldres d'Allemagne, et alla ledit duc d'Orleans jusques à Mouson, avec bien mille cinq cens hommes d'armes, et le duc de Gueldres en avoit bien cinq cens. Et de fait l'amena jusques à Paris par Coucy, et y eut grands sermens et alliances faites. Et pource qu'il n'en avoit parlé à ses parens les ducs de Berry et de Bourgongne, ils en furent tres-mal contens. Et dés lors y eut de grands grommelis, et manieres tenuës entre eux bien estranges, tellement qu'on appercevoit evidemment qu'il y avoit haines mortelles. Et toute la principale cause estoit pour avoir le gouvernement du Royaume, et mesmement des finances. Et manderent chacun desdits d'Orleans et Bourgongne gens d'armes à foison, lesquels vinrent autour de Paris, et firent des maux beaucoup. Et finalement le duc de Berry s'entremit de faire la paix. Et de faict les requit de venir à son hostel à Nesle. Laquelle chose ils firent, et là furent d'accord le quatorziesme jour de janvier, se baiserent l'un l'autre et firent promesses d'amour et alliances ensemble, lesquelles ne durerent gueres.

Et en ce mesme mois, il y eut une comete merveilleuse, qui s'estendoit du Septentrion en Occident, et apparut bien pendant quinze jours. Et s'imaginoient dés lors plusieurs personnes d'entendement, tant Astrologiens que autres, que c'estoit signe de quelque male fortune qui devoit advenir en ce royaume.

◇◇◇

M. CCCCII.

L'an mille quatre cens et deux, il y eut aucunes divisions touchant la substraction à Benedict, et mesmement entre les princes. Car le duc d'Orleans soustenoit fort Benedict. Et disoit quo ceux qui avoient fait ladite substraction, estoient fauteurs de schisme, et qu'il eust mieux vallu de le tólerer, que d'estre sans pape souverain en l'Eglise. Et la chose venue à la cognoissance de l'Université, ils firent prescher publiquement, que quiconque vouloit soustenir que la substraction ne fust bien faite, on le devoit reputer fauteur de schisme. Ceux d'Espagne, et autres qui avoient adheré, et adheroient à Benedict, tenoient fermement que la substraction ne se pouvoit valablement faire, ny soustenir. L'evesque de Sainct Pons monstra que d'avoir mis le siege devant le chasteau d'Avignon, qui estoit une maniere d'incarcération, et de le tenir prisonnier là dedans, estoit chose damnée, et non sousteonable, quelque substraction qu'on luy eust fait. Laquelle ne pouvoit empescher qu'il n'eust esté et fust pape. Et sur ce y avoit entre les clercs mesmes de merveilleuses imaginations, lesquelles aucuns n'ozoient monstrer.

En ce temps, le Roy estant en santé, il ordonna qu'en son absence le duc d'Orleans eut le gouvernement et administration du royaume, puis le Roy devint malade. Adonc il entreprit ledit gouvernement, et commença à faire aucunes exactions. Et fit faire une grosse taille sur le peuple, en laquelle furent compris les gens d'eglise, voire comme contraints, et si vouloit qu'ils payassent des impositions et aides: la chose venuë à la cognoissance de l'archevesque de Rheims, il s'y opposa pour luy, et tous ses adherans. L'archevesque de Sens s'efforça d'excommunier tous ceux qui y contrediroient. Et y avoit de grands broüillis et murmures, qui pouvoient estre cause de grand mal. Et firent les ducs de Berry, de Bourgongne, et de Bourbon, publier et dire que ce n'estoit point de leur consentement que telles choses se faisoient, et qu'ils en estoient desplaisans. Le Roy toutesfois revint à santé, et fit le duc d'Orleans publier, comme le Roy l'avoit ordonné lieutenant et gouverneur du royaume en son absence, et que encores vouloit-il qu'il le fust. Mais lesdits ducs et plusieurs notables gens remonstrerent que ce n'estoit pas chose raisonnable, ny honorable, veu sa jeunesse, qu'il l'eust, et qu'il avoit meilleur mestier de gouverneur que de gouverner, et les choses estoient apparentes. Et pource il fut ordonné qu'il n'auroit point de gouvernement, dont il fut bien mal content, et de ce qu'il fut dit, que le duc de Bourgongne, nommé Philippes le Hardy, l'auroit. Et eut sans ce qu'il voulut souffrir que le duc d'Orleans en eut quelque auctorité, gouvernement et administration. Et dés lors ils eurent grandes haines conceuës et malveillances les uns envers les autres.

Quand le duc de Bourgongne se veid en si grande auctorité, comme d'avoir le gouvernement du royaume, il voulut trouver certaines manieres de reformations, pour reformer toutes gens, qui avoient administrations, tant du Roy, que d'autres, tant sur gens d'eglise que lais. Et ce pour avoir argent. Et la chose venuë à la cognoissance de l'archevesque de Rheims, qui estoit notable prelat, et de grande representation, il vint devers le duc de Bourgongne, et en sa compagnée aucuns notables gens, qui s'opposerent et contredirent à ce qu'il vouloit faire, et si firent plusieurs autres. Et pour ce le duc de Bourgongne cessa d'executer son intention.

Et quand le duc d'Orleans veid qu'il n'avoit point le gouvernement, il fit semblant et fit publier qu'il ne luy en chaloit, et s'en alla en la duché de Luxembourg, où il fut receu bien et honnorablement. Et pour lors y avoit guerre entre le duc de Lorraine, et ceux de Mets. Et les mit* le duc d'Orleans en bon accord. Et se gouverna tellement et si grandement, qu'il y eut grand honneur et profit.

En ce temps y avoit forte guerre entre les Anglois et Escossois, plusieurs nobles du royaume de France allerent pour aider aux Escossois; et y eut bataille dure et aspre, en laquelle les Escossois et François furent desconfits, pour s'estre trop advancez, en cuidant faire vaillance, par outrecuidance plus, que par sens et discretion. Là fut pris le comte du Glas et plusieurs autres nobles d'Escosse et gentils-hommes de France, entre lesquels messire Pierre des Essars, natif d'assez prés de Paris, fut mis à finance, et autres François, lesquels furent rachetez tant par dons du Roy et des princes, comme par aumosnes. Et les recommandoit-on aux prosnes des paroisses, et és sermons, plusieurs bonnes gens, hommes et femmes, leur donnoient, tellement que par ce moyen ils furent delivrez.

En ce temps, l'empereur de Grece qui avoit esté deux ans et demy à Paris, se partit pour s'en retourner à Constantinople. Tant qu'il fut à Paris, et dés qu'il entra au royaume, il ne despendit rien, et fut deffrayé par le Roy, qui le fit conduire bien notablement par un chevalier vaillant homme, qui autresfois avoit esté en Grece, commé Chasteau-Morant.

En ceste année, un vaillant chevalier estant és marches de Guyenne, nommé messire Jean de Herpedenne, seigneur de Belleville et de Montagu, qui estoit pour le roy Seneschal de Sainctonge, esquelles marches souvent y avoit de belles rencontres, et faicts de guerre, fit sçavoir à Paris à la cour du Roy, qu'il y avoit certains nobles d'Angleterre, ayans desir de faire armes pour l'amour de leurs dames, et que s'il y avoit aucuns François qui voulussent venir, ils les recevroient à l'intention dessus dite. Quand aucuns nobles estans lors à Paris, specialement à la cour du duc d'Orleans, le sceurent, ils leverent leurs oreilles, et vinrent audit duc d'Orleans luy prier qu'il leur donnast congé d'aller resister à l'entreprise des Anglois, en intention de combattre lesdits Anglois, lesquels d'un costé et d'autre estoient renommez vaillantes gens en Angleterre et Guyenne. Les noms des Anglois estoient le seigneur de Scales, messire Aymon Cloiet, Jean Heron, Richard Witevalle, Jean Fleury, Thomas Trays, et Robert de Scales, vaillantes gens, forts et puissans de corps et usitez en armes. Les noms des François estoient messire Arnaud Guillon seigneur de Barbasan, messire Guillaume du Chastel de la basse Normandie, Archambaud de Villars, messire Colinet de Brabant, messire Guillaume Bataille, Carouis et Champagne, qui estoient tous vaillans gentilshommes. Et leur donna congé ledit duc d'Orleans, se confians en leurs proüesses et vaillances. Toutesfois aucune difficulté fut faite de Champagne, lequel oncques n'avoit esté en guerre, ny en telles besongnes, mais il estoit un des bien luictans qu'on eust peu trouver. Et pource ledit seigneur de Barbasan dit au duc d'Orleans : « Monseigneur, laissez-le venir, car » s'il peut une fois tenir son ennemy aux mains, » et se joindre à luy, par le moyen de la luicte » il l'abbatra et desconfira. » Et ainsi fut donné congé audit Champagne, comme aux autres. Ils partirent de Paris bien ordonnez et garnis de harnois, et autres choses necessaires en telles matieres Et s'en vinrent bien diligemment en Guyenne vers ledit seneschal de Saintonge. Et fut chef desdits sept François le seigneur de Barbasan, et des Anglois le seigneur de Scales. Et fut la journée prise au dix-neufiesme jour de may. Auquel jour comparurent les parties bien ordonnées, armées et habillées comme il appartenoit. Le matin bien devotement oüyrent messe, et s'ordonnerent en grande devotion, et receurent chacun le pretieux corps de Jesus-Christ. Grandement et notablement les exhorta ledit seigneur de Barbasan de bien faire, et de garder leur bien et honneur. En leur demonstrant la vraye et raisonnable querelle que le Roy avoit contre ses ennemis anciens d'Angleterre, sans avoir esgard à combatre pour dames, ny acquerir la grace du monde, et seulement pour eux defendre contre l'entreprise de leurs adversaires, avec plusieurs autres bons enseignemens. Quant aux Anglois, ce qu'ils firent, on ne le sçait pas bien : mais aucuns disent qu'en s'ha-

billant ils beuvoient et mangeoient tres-bien. Et vinrent aux champs entalentez de bien combatre, et eux faire valoir. Et estoient hauts et grands, monstrans fier courage. Et les François monstroient bien signes d'avoir grande volonté de eux defendre. Et estoient garnis les Anglois de targes (1) et pavois pour le jet des lances. Aprés il fut crié par le heraut, du commandement dudit seneschal de Saintonge, juge ordonné du consentement des parties, que chacun fist son devoir. Lors ils s'approcherent les uns des autres, et jetterent leurs lances sans porter aucun effect, et vinrent aux haches. Et pource qu'il sembloit aux Anglois, que s'ils pouvoient abatre messire Guillaume du Chastel, qui estoit grand et fort, du demeurant plus aisément viendroient à leur intention, ils delibererent d'aller deux contre luy. Et de fait ainsi le firent, tellement que Archambaud se trouva seul, sans ce qu'aucun luy demandast rien, de sorte qu'il vint à celuy qui avoit à faire à Carouis, qui estoit le premier qu'il trouva, et luy bailla tel coup de hache sur la teste, qu'il cheut à terre. C'estoit ledit Robert de Scales qui y mourut. Quant est de Champagne, ce qu'on en avoit dit advint. Car il se joignit à son homme, et l'abbatit à la luicte par dessous luy, de façon qu'il se rendit. Archambaud alla aider à messire Guillaume du Chastel, qui avoit bien affaire, lequel les Anglois n'approcherent pas si tost, l'un desquels fut contraint laisser ledit du Chastel, et se prendre à Archambaud. Là y eut de belles armes faites d'un costé et d'autre, enfin se rendirent les Anglois. Et y eut messire Guillaume Bataille beaucoup à faire; car il cheut, et fut abatu à terre par l'Anglois, mais tantost fut secouru par aucuns des François. Et pour abreger, les Anglois furent desconfits.

La duchesse de Bretagne se maria au roy Henry, laquelle avoit trois fils du duc de Bretagne, Jean, Artus et Richard. Et vinrent nouvelles qu'elle vouloit trouver moyen de tirer avec elle en Angleterre lesdits trois enfans, et y mettoit peine, et faisoit diligence. Laquelle chose vint à la cognoissance du Roy, et de ceux de son sang, specialement du duc de Bourgongne Philippes le Hardy, lequel le plus diligemment qu'il peut alla en Bretagne, où il trouva lesdits enfans, et les amena à Paris bien grandement accompagnez ; ils estoient tous trois vestus de mesmes robes, c'est à sçavoir de velours vermeil. Et les receurent le Roy et les autres

(1) Targes, « espèce de boucliers presque quarrez, et plissez par le travers en forme de la lettre S. » (Note de Godefroy.)

seigneurs à grande joye. Et par ce, fut fraudée ladite duchesse de son intention.

Il y avoit audit an à Paris un notable homme, procureur en parlement, nommé maistre Jean le Charton, qui avoit espousé une belle jeune et gratieuse femme, en un jour de vendredy on luy avoit donné d'une sole, laquelle il mangea, après quoy il dit ces paroles : « Il me semble que j'ay mangé un mauvais morceau. » Et environ quatre jours après, il alla de vie à trespassement, ils n'avoient aucuns enfans, mais il avoit des parens lesquels furent ses heritiers. Assez tost après son trespassement ladite femme se remaria, et prit son clerc qui estoit bien habile homme; lesquels après leur mariage parfait firent adjourner les heritiers du premier mary, pardevant le prevost de Paris. Il y eut plusieurs faicts et coustumes proposées d'un costé et d'autre. Entre les autres faits, les heritiers dudit premier mary proposerent qu'elle avoit mauvaise renommée de sa personne, et qu'elle avoit empoisonné son premier mary. Et de ce fut faite information, laquelle veuë, le lieutenant dudit prevost fit emprisonner ladite femme, et son nouveau mary. Et y avoit matiere pour les questionner. Et de faict le furent tres-bien, mais rien ne vouloient confesser. Finalement un jour ledit lieutenant vint à la femme, et usa de belles paroles, et luy dit que son mary avoit tout confessé, et que ce avoit esté par elle. Et lors elle s'escria, et dit que ce avoit-il fait. Et fut amenée devant le mary, et l'appela traistre de ce qu'il avoit confessé, et toutesfois il n'en estoit rien. Et à la fin confessa tout, et aussi fit le mary. Et fut la femme arse en la presence du mary. Et après le mary fut mené au gibet, et pendu. Qui fut exemple aux autres femmes de non ainsi faire.

En ce temps, les Tartares sarrasins firent guerre au Basac, et aux Turcs. Et y eut une merveilleuse bataille, et aspre, et grande quantité de Sarrasins morts d'un costé et d'autre, et à peine le compte d'eux est-il croyable. Toutesfois les Tartares eurent victoire, et furent les Turcs desconfits, et le Basac, et les nobles Turcs furent pris. Le prince des Tartares leur fit à tous coupper les testes, et au Basac fit mettre aux narines des anneaux de fer, comme aux bugles (1) pour les dompter et maistriser, et aux anneaux mit des cordes, et le faisoit ainsi mener par ses villes et citez.

Les Anglois equipperent des vaisseaux sur mer, et mirent gens dedans, qui faisoient maux infinis sur mer, et specialement grevoient fort les isles estans en la mer, obeïssans au roi de France. Les François se mirent sus és marches estans sur la mer, obeïssans au roy de France, et firent tant de diligences, que souvent trouvoient les Anglois sur mer, et les assailloient, et aussi les Anglois se defendoient le mieux qu'ils pouvoient. Toutesfois les François plusieurs petites v'ctoires eurent aucunement sur leurs ennemis, et tellement qu'ils ne s'adventurerent plus d'ainsi voguer sur mer.

Le duc d'Orleans, pour aucunes causes qui le mouvoient, envoya defier le roy d'Angleterre, et és lettres de deffiance, y avoit plusieurs choses contenuës, lesquelles le roy d'Angleterre tres-impatiemment porta, et en fut tres-desplaisant. Et dit que le duc d'Orleans avoit faussement et mauvaisement menti, et fit publier en ses pays les deffiances.

Le Roy commanda que les prelats fussent mandez, touchant le faict de l'union de l'Eglise. Et sur ceste matiere le roy d'Espagne envoya messages au Roy, luy faire sçavoir qu'il adheroit en toutes manieres à Benedict, et le tenoit pour vray Pape et unique.

En l'année dessus dite, alla de vie à trespassement le vaillant connestable de Sancerre : C'estoit belle chose d'oüyr les paroles qu'il disoit en requerant mercy et pardon à Dieu, et à tout le monde, et mesprisant cette vie presente : Il remercioit Dieu de ce qu'il l'avoit preservé dans tant de perils et dangers où il avoit esté, de mort soudaine en guerre, et autrement. Et à la fin de ces paroles rendit l'espée de connestable, et supplia qu'il fust enterré à Sainct Denys, où il fut mis et sepulturé en grand honneur. Et offrit le duc d'Orleans de prester trois mille escus, pour luy fonder une messe.

Le Roy le vingt-uniesme jour de janvier, eut un fils nommé Charles, qui fut baptisé à Sainct Paul.

Combien que le siege de devant Benedict au palais d'Avignon fust levé, toutesfois y avoit-il gens qui se donnoient tousjours garde s'il sortiroit, en intention de l'arrester. Il y avoit un gentilhomme vaillant, nommé messire Robinet de Bracquemont, qui avoit en sa compagnée des François armez et habillez, assez prés d'Avignon, lequel alloit et retournoit quand il vouloit audit palais parler à Benedict. Lequel se descouvrit audit Bracquemont, et tant qu'il luy accorda de le mettre dehors. Si le mit sans quelconque solemnité. Et prit Benedict le corps de nostre Seigneur en une belle boüette, et le porta en sa main avec lettres du Roy, par lesquelles il certifioit, que oncques n'avoit esté consentant qu'on fit substraction à Benedict. Et quand il fut aux

(1) Taureaux sauvages et indomptés.

champs trouva des François, qui le conduisirent là où il luy pleut. Et lors il fit faire sa barbe, laquelle il n'avoit fait faire depuis qu'il avoit esté assiegé. Et ceux d'Avignon furent bien esbahis. Car la demeure qu'il avoit faite, et faisoit à Avignon, leur estoit profitable, et aussi au pays. Les cardinaux, au moins aucuns, quand ils veirent qu'il estoit sorty cuiderent faire leur paix, en offrant d'aller vers luy, et promettant plusieurs choses. Mais lors il n'y voulut entendre, et envoya vers le Roy luy signifier sa sortie, esperant que le Roy luy rendist obeïssance, mais pour lors rien n'y fut ordonné.

◇◇◇

M. CCCCIII.

L'an mille quatre cens et trois, le mariage ja pieça pourparlé de monseigneur le dauphin Louys, et de la fille du comte de Nevers, fils du duc de Bourgongne Philippes, fut accordé et conclu : Il y avoit pour la proximité du lignage dispensation, et furent les nopces faites au Louvre. Le duc de Bourgongne fit faire un beau et grand disner, et y eut belle feste, bien servie, avec plusieurs entremets, et tres-beaux et grands dons.

On a accoustumé à Pasques de faire une table, attachée au cierge benit. Et y met-on les années que le Pape fut créé, et le Roy couronné. Et en plusieurs églises, estoit declaré l'an de la creation du pape Benedict : mais pource qu'on luy avoit fait substraction, cela despleut à aucuns seigneurs. Et furent envoyez sergens és églises, et là où ils trouvoient les tableaux, où estoit fait mention de Benedict, il les arrachoient et emportoient. Et pource qu'entre les autres on chargeoit fort le duc de Berry, il s'en excusa fort, en affirmant qu'il n'en estoit coulpable, et que ce qui avoit esté fait, estoit sans son sceu et volonté.

Le mareschal Boucicaut, qui estoit à Gennes, appaisa plusieurs divisions et différens qui estoient entre eux. Dont il fut fort prisé et aimé, puis se mit sur mer, et porta plusieurs grands dommages aux Sarrasins, et leur faisoit tres-forte guerre. Une journée en flotant sur la mer, il rencontra aucuns navires, qui estoient aux Venitiens, et menoient plusieurs choses defenduës aux Sarrasins. Et pource il les prit, et en eut beaucoup de profit : Mais les Venitiens se raviserent et rallierent, et firent tellement qu'ils eurent victoire contre Boucicaut. Et luy fut bon mestier, que en un moyen vaisseau il se sauvast.

Comme dessus a esté touché, quand les cardinaux sceurent que Benedict estoit en sa franche volonté, considerans que les Espagnols luy adheroient, et qu'au royaume de France y avoit des difficultés, et que aucuns pour Pape le tenoient et reputoient, ils delibererent de faire leur paix envers Benedict, et pareillement ceux d'Avignon. Et pourchasserent tellement, que Benedict les recet en sa grace : pourveu que ceux d'Avignon fissent refaire les murs du palais, qui avoient esté rompus durant le siege d'Avignon.

Et ce faict, ledit pape Benedict delibera d'envoyer devers le Roy, et de faict y envoya le cardinal de Poictiers, et aussi celuy de Saluces. Eux estans arrivez à Paris, ils vinrent devers le Roy, et demanderent audience, laquelle ils eurent le vingt-cinquiesme jour de may. Et fit la proposition le cardinal de Poictiers, qui monstra bien grandement les vertus qui estoient au pape Benedict, et que oncques il n'avoit refusé d'entendre en toutes manieres justes et raisonnables, à avoir union en saincte Eglise, et encores estoit tout prest d'y entendre. Et à la fin il requeroit au Roy, qu'il se voulust deporter d'user de ladite substraction, et tenir Benedict loyal Pape, comme il avoit fait auparavant. Et à ce l'induisoit par belles paroles. Aprés que lesdits cardinaux furent retirez, le Roy mit en deliberation ce qu'il avoit à faire. Il y eut là dessus diverses opinions et imaginations, et soustenoient fort les ducs, excepté Orléans, qu'on se devoit tenir à la substraction, et qu'à bonne et juste cause elle avoit esté faite. Plusieurs autres estoient de contraire opinion, et disoient que le Roy et son royaume demeureroient seuls en ceste imagination : Car tous les tenans et estans en l'obeïssance de l'antipape ne luy avoient fait aucune substraction, ni les autres roys chrestiens tenans Benedict pour pape, et que si le Roy demeuroit seul en ceste opinion ce luy seroit mal et des-honneur. Et que c'estoit moins mal de non user de ladite substraction, que de la tenir. Quand le Roy eut tout oüy, lequel estoit lors en bon poinct, il dit, qu'il n'avoit pas memoire que oncques il fust consentant de ladite substraction, et qu'il vouloit obeïr à Benedict comme à vray Pape, et jura et promit de luy obeïr, et de faire annuller ladite substraction, ce qui fut fait le jour de Pasques. Dont les ducs et ceux qui tenoient leur party furent mal-contens, mais à la fin ils s'appaiserent. Et y fut faite une notable procession, où estoient les ducs de Berry, de Bourgongne, d'Orleans, et de Bourbon, et plusieurs princes et barons. Et là fut publiée l'obeïssance, et y eut un bien notable sermon, fait par maistre Pierre d'Ailly, qui prit son theme, *Benedictus Deus, qui dedit voluntatem in cor Regis*.

Les jacobins, et plusieurs de l'Université, qui avoient esté mis hors durant ces broüillis, furent rappellez, et tenus et reputez de l'Université, comme devant. Mais il y eut, et avoit une grande difficulté, touchant l'abbé de Sainct Denys, qui avoit esté esleu par les religieux, et confirmé et benit par l'evesque de Paris durant la substraction, combien qu'ils fussent exempts. Car Benedict, quand il sceut que la restitution luy avoit esté faite, il se tenoit fort, et disoit qu'il en pouvoit disposer. Et pour ceste cause on envoya vers luy une ambassade, et encores depuis une autre, lui requerir qu'il voulust confirmer toutes les élections, confirmations, consecrations, benedictions, collations, et provisions de benefices, qui avoient esté faites durant ladite substraction : mais il n'en voulut rien faire. Le duc d'Orleans, qu'on tenoit tant son amy que merveilles, y alla, cuidant qu'à sa requeste il fit ce que dit est. Et fut receu à grande joye et solemnité par le Pape, et luy fit une grande chere : mais il s'en retourna sans rien faire, ny qu'il peust muer l'imagination et opinion du Pape. Dont le Roy fut moult desplaisant, quand son frere luy eut rapporté cela : Si assembla son conseil, pour sçavoir ce qu'il avoit à faire. Où fut conclu, que le Roy defendroit ceux qui estoient possesseurs en leurs possessions, lesquels ils avoient à juste titre, et ne souffriroit point qu'on s'aidast au contraire de bulles apostoliques. Outre, furent defendues les exactions d'argent, que faisoit Benedict sur vacans, et autrement. Dont les gens d'eglise du royaume furent bien joyeux. Mais le pape Benedict au contraire en fut bien desplaisant, quand on lui envoya signifier. Et en ordonna le Roy lettres du vingt-neufiesme jour de decembre.

Aussi en ce mois il y eut un bien notable bourgeois de la ville de Paris, qui se pendit et estrangla, et oncques ne peut-on en sçavoir la cause.

En ce temps, un prestre nommé Ives Gilemme, damoiselle Marie de Blansy, Perrin Hemery serrurier, et Guillaume Floret clerc, faisoient certaines invocations de diables, et disoit le prestre qu'il en avoit trois à son commandement, et se vantoient qu'ils guariroient le Roy. Il fut deliberé qu'on les essayeroit, et leur souffriroit-on faire leurs invocations. Ils demanderent qu'on leur baillast douze hommes enchaisnez de fer. Et ainsi fut fait, ils firent un parc, et dirent ausdits douze hommes qu'ils n'eussent aucune peur, et firent tout ce qu'ils voulurent, mais rien ne firent. Puis furent interrogez pourquoy ils n'avoient rien fait, ils respondirent que lesdits douze hommes s'estoient signez, et garnis du signe de la croix, et pour ce poinct seul avoient failly ; laquelle chose n'estoit que tromperie, qui fut revelée par ledit clerc au prevost de Paris, lequel les fit prendre. Et finalement le vingt-quatriesme jour de mars furent publiquement preschez, et les punitions faites selon les cas, c'est à sçavoir ards et bruslez.

Un autre homme y eut qui s'efforça de trouver moyen de parler au diable, et fut en plusieurs et divers lieux pour s'enquerir s'il y avoit personne qui s'en meslast, mais rien n'y trouvoit : il luy fut conseillé qu'il allast en Escosse la sauvage, et de faict y alla, et luy fut enseigné une vieille, qu'on disoit se mesler de telles besongnes. A laquelle il parla, et elle luy dit qu'elle le feroit bien. Et de faict luy moustra un vieil chasteau ancien, tout rompu, où n'y avoit que les murs et parois, pleins de ronces et espines. Et y avoit un corbeau (1) contre le mur, comme pour sousteñir un gros bois, et qu'il se tint là sans avoir peur. Et il trouveroit un homme en maniere d'un More de la Mauritanie en Afrique, et qu'il luy demandast ce qu'il voudroit, et il luy respondroit. Lequel compagnon alla au lieu, et quand il y eut esté par aucun temps, on apporta sur deux grosses pierres une maniere de biere ou cercueil, où il y avoit une personne toute nuë, laquelle fut mise sur ledit corbeau. Et lors il veid venir plus de dix mille corbeaux qui descharnerent ceste personne, et luy mangerent toute la chair, et ne demeura que les os. Et ce fait, fut remis audit cercueil, et emporté. Et aprés ce il veid venir ledit More de Mauritanie, dont la vieille luy avoit parlé, et luy demanda ce que c'estoit de cet homme ainsi deschiré, lequel luy dit que c'estoit le roy Salomon. Et lors il l'interrogea s'il estoit damné, lequel luy dit que non, mais que tous les jours il souffriroit jusques à la fin du monde telle penitence et mal, comme s'il estoit en vie. Et après ce il luy fit trois demandes, l'une de ce qu'il queroit et vouloit sçavoir, laquelle chose il ne voulut oncques à personne reveler, ny la demande, ny aussi la response. La seconde, il luy requit qu'il luy enseignast les tresors perdus. Et à ce fit response, que luy ny ses compagnons jamais ne les enseigneroient : car ils les gardoient pour leur maistre l'Antechrist. La tierce demande fut, si Paris ne seroit point destruit, veu que les gens qui y estoient, estoient si dissolus en estats, et que infinis maux s'y faisoient tous les jours. Et il respondit qu'il ne seroit pas destruit du tout : mais

(1) Pierre de taille sortant d'une muraille et servant à supporter le bout d'une poutre.

il souffriroit beaucoup. Car plusieurs grandes divisions y seroient, mais finale destruction ne souffriroit-il pas. Car supposé que plusieurs maux s'y fissent, toutesfois aussi y faisoit-on beaucoup de biens, et qu'il y avoit plusieurs bonnes personnes, dont les prieres empescheroient la destruction.

Pource qu'on voyoit evidemment les envies qui estoient et regnoient entre les ducs d'Orleans et de Bourgongne, on advisa qu'il seroit expedient de les separer, et employer au faict de la guerre, sans ce que ny l'un ny l'autre se meslast du gouvernement. Car pour ceste cause estoit leur division. Et fut ordonné, que l'un iroit vers Calais faire guerre aux ennemis, et l'autre vers Bordeaux. Et se partit le duc d'Orleans de Paris, et voulut en passant faire son entrée à Orleans. Et de faict la fit, et y fut grandement et notablement receu. Les ruës tenduës, et fontaines artificielles par la ville en divers lieux, jettans vin, laict, et eauë. Il se logea en son hostel. L'Université fut par devers luy. Et proposa messire Raoul du Refuge, un bien notable docteur, bien grandement et notablement. Et aussi respondit le duc mesmes bien sagement et prudemment. Et reprit tous les poincts, touchez par le proposant, et à chacun d'iceux respondit. Il receut aucuns presens qui luy furent faits. Et si fit son entrée à monseigneur Sainct Aignan d'Orleans, en habit de chanoine, en la forme et maniere accoustumée. Et puis cuida passer outre : mais il fut remandé, et fallut qu'il s'en retournast, et toute sa compagnée ; et en effect il n'y eust rien fait qui vallust, et si y eut une grande despense. Et pareillement le duc de Bourgongne s'en alla en Flandres, en intention d'aller à Calais, et fit faire des bois merveilleux, comme chasteaux, pour eux loger devant la place. Mais tout vint au neant, qui estoit grande pitié, d'avoir levé tant d'argent, comme on disoit d'avoir fait, et sans rien faire au profit de la chose publique.

Les Anglois incommodoient fort les François sur mer, et mesmement les Bretons, et estoient bien grosse compagnée. Pour laquelle cause messire Olivier de Clisson, et messire Guillaume du Chasteau vaillans chevaliers, se mirent sur mer en trente vaisseaux. Lesquels ils equipperent, et garnirent tres-bien de vaillantes gens de guerre, et autres choses necessaires. Et sceurent que les Anglois estoient vers les rais de Sainct-Mahé, et assez prés sur le vespre, les apperceurent les Bretons, et delibererent de les combatre le lendemain matin. Quand ce vint au matin, ils approcherent les uns des autres : les Bretons diviserent leurs navires en deux parties, comme pour faire deux batailles. Aussi pareillement firent les Anglois, et approcherent hardiment les uns des autres, combatirent fort, et y eut de belles armes faites d'un costé et d'autre, la bataille dura depuis un grand matin jusques à midy. Et finalement les Anglois furent desconfits, et y en eut cinq cens de morts, et tous armez les jettoient en la mer, et en emmenerent bien mille prisonniers, et tous leurs navires, où ils trouverent de bonnes choses, et de grande valeur. Et encores derechef les Bretons se mirent sur mer, et y avoit autres chefs de Bretagne, que les dessus nommez, et vinrent naviger proche des rivages d'Angleterre, vers les isles de Jarsay, et Grenesay, et firent des desplaisirs beaucoup aux Anglois, et gagnerent merveilleusement, et avec toute leur gagne et proye s'en retournerent en Bretagne. Et disoit-on que c'estoit grande richesse de ce qu'ils avoient gagné.

Quand les Anglois virent que les Bretons leur faisoient si forte et aspre guerre, ils assemblerent grand nombre de navires qu'ils esquipperent et garnirent de gens, jusques à cinq ou six mille combatans, et de tout ce qui leur sembloit estre necessaire, et voguerent sur mer, tant qu'ils vinrent sur les marches et rivages de Bretagne, dont les Bretons ne se donnoient de garde ; ils descendirent en Bretagne, et commencerent à faire tous les maux que ennemis ont accoustumé de faire. Tres-diligemment les Bretons pour les debouter s'assemblerent, et vinrent és marches où les Anglois estoient sur les rivages de la mer, les Anglois qui estoient en diverses courses se rassemblerent, et joignirent ensemble, et s'approcherent tellement les uns des autres, qu'il y eut bataille aspre et dure, durant une grosse demie heure, tellement qu'on n'eust sceu dire lequel avoit le meilleur. Enfin les Bretons furent desconfits, et plusieurs morts d'un costé et d'autre : mais beaucoup plus des Bretons : ramentevans les Anglois ce qui avoit esté fait sur la mer aux rais Sainct Mahé, lesquels se retirerent en leurs vaisseaux avec leur proye, et avec tres-grande foison de navires, qui pouvoient bien porter dix mille tonneaux de vin, puis s'en retournerent en Angleterre en grande joye et liesse.

Thomas de Persi et ses alliez, parens prochains du roy Richard, desplaisans de ce qu'on avoit ainsi traistreusement pris et tué ledit roy Richard, se mirent sus en armes. Et quand la chose vint à la cognoissance du roy Henry, il manda à Thomas qu'il vint parler à luy. Lequel respondit qu'il n'y entreroit ja, et que faussement, traistreusement et mauvaisement il avoit fait mourir son souverain seigneur, et qu'il estoit faux, traistre, et desloyal. Et pource le Roy assembla des gens le plus qu'il peut, et aisément en fina, car ils le tenoient pour Roy, et vint en bataille contre Thomas de Persi. Et combatirent les uns contre les autres longuement, et fut Henry de Lancastre deux fois pris, et aussi rescous. Et finalement le roy Henry eut victoire contre Thomas de Persi, il y eut d'un costé et d'autre de neuf à dix mille Anglois morts, et y mourut Henry de Persi. Et fut Thomas pris, et aucuns jours après le roy Henry le fit prendre, attacher à un pieu, et le fendre; puis luy fist oster les entrailles de dedans le corps, et les fit jetter en un feu. Et après le fit destacher, et luy coupper la teste.

Le comte de Sainct Paul, lequel avoit espousé la sœur du roy Richard, et en avoit un fils, envoya defier le roy Henry, dont il tint peu de conte. Toutesfois ledit comte se mit sur mer en personne, et avoit pris gens de navires bien habillez et ordonnez, et vint sur les rivages de la mer d'Angleterre, où il prenoit tout ce qu'il pouvoit trouver, tant prisonniers que biens meubles. Et voulut mettre les feux par tous les villages : mais il y eut un prestre en habit de religieux, qui estoit Anglois, lequel luy dit, qu'il valoit mieux qu'il prit argent, et qu'on rachetast les feux. Et que s'il y vouloit entendre, que luy-mesme feroit diligence d'aller aux villages pour avoir de l'argent, et en promettoit bien huict à dix mille nobles, de ce fut le comte de Sainct Paul content. Et le tint ledit prestre en ces paroles bien quatre jours. Et cependant les Anglois s'assemblerent, et venoient de toutes parts pour combatre ledit comte; lequel quand il les veid, il s'apperceut bien qu'il n'estoit pas suffisant pour resister. Si se retira en ses vaisseaux, et s'en vint en France. Tantost après le roy d'Angleterre envoya un heraut vers ledit comte, en luy rescrivant lettres derisoires, et en se mocquant de luy, luy manda qu'en bref le visiteroit, et aussi fit-il. Car il envoya gens d'armes en la comté de Sainct Paul, et fit piller et ravager toute la comté et terre dudit de Sainct Paul, sans ce qu'ils trouvassent aucune resistance, puis s'en retournerent en leur pays.

M. CCCCIV.

L'an mil quatre cens et quatre, on fit une bien grande taille, et disoit-on qu'elle montoit à dix-huict cens mille livres, il avoit esté deliberé que l'argent qui en seroit levé, seroit mis en la tour du Louvre, afin qu'on s'en aidast en temps et lieu, principalement pour passer en Angleterre, mais elle ne porta oncques profit. Et fut tout pris par les seigneurs, et despendu tres-inutilement. Le duc de Bourgongne tascha d'empescher qu'elle ne fut levée, mais il ne fut pas creu. Et si disoit-on que le duc d'Orleans avoit esté rompre les huis où le tresor du Roy estoit, et qu'il prit tout ce qu'il y trouva.

Au printemps, fut le temps tres-pluvieux, et s'en ensuivirent plusieurs maladies de rheumes de testes, et de fievres dont en moururent aucuns.

Audit an, mourut Philippes duc de Bourgongne, dit le Hardy, qu'on tenoit vaillant, sage, et prudent. Et estoit prince de grande loüange, sinon que tres envis il payoit, comme on disoit. Et tant, que tous ses meubles n'eussent pas suffy à payer ses debtes. En ce temps, le duc de Berry estoit à Paris, lequel quand il sceut les nouvelles que son frere estoit trespassé, il en fut moult dolent. Et luy dit-on, comme il estoit mort à Nostre-Dame de Halles en Brabant, et qu'il avoit eu moult belle fin, et se fit porter en l'eglise : laquelle chose aucunement le conforta, nonobstant qu'il luy prit une tres-mauvaise maladie, tant du cas susdit, que d'autres accidens qu'il avoit, et tellement qu'on n'y sçavoit remede, sinon prieres à Dieu, lesquelles il fit faire diligemment, et par toutes les eglises de Paris fit des aumosnes. Et fit remettre de la taille vingt mille escus. Et si donna à Nostre-Dame de Paris une belle croix, si recouvra santé. Puis fit faire un beau et notable service pour son frere aux Augustins, de messes et vigiles, comme il est accoustumé. Et pareillement le fit faire le Roy aux Celestins, prés de son hostel de Sainct Paul.

Aucuns jeunes hommes nobles, et autres de la duché de Normandie, voyans et considerans qu'ils ne faisoient rien, ny ne s'occupoient en maniere quelconque, mais estoient oiseux, s'assemblerent et disoserent d'aller en Angleterre; et de faict y allerent, mais estoient comme sans chef. Assez prés de la rive d'Angleterre, ils furent rencontrez par des Anglois, combatus et desconfits, par faute de bonne conduite, et gouvernement en faict de guerre. Cela arriva prés d'une isle, laquelle ils avoient toute pillée et derobée. Quand aucuns de la compagnée seurent que les Anglois venoient et estoient assemblez, ils conseillerent qu'on s'en retournast, et estoient des anciens, qui sçavoient l'usage de guerre, et cognoissoient les Anglois. Mais les jeunes hommes disoient, que ce seroit chose non convenable de fuir et se retraire devant vilains, et furent ainsi desconfits, et plusieurs morts et pris.

Messire Guillaume du Chastel, un vaillant chevalier de Bretagne, assembla aucuns gens de guerre, et descendit en Angleterre. Tantost les Anglois s'assemblerent, et le vinrent combatre, et à l'assemblée fut tué. Si se retirerent ses gens le plustost qu'ils peurent, et retournerent en Bretagne. Messire Tanneguy du Chastel, frere dudit messire Guillaume aussi vaillant chevalier, quand il sceut la mort de son frere, il en fut desplaisant. Et delibera d'aller, et descendre en Angleterre, et assembla bien quatre cens combatans, gens de faict, et usitez en faict de guerre, en divers lieux descendit, et y fut bien huict semaines, et porta aux Anglois des dommages largement, en boutant feux, et prenant tous les meubles de valeur qu'ils trouvoient; et les mettoient en leurs vaisseaux. Et si y eut des Anglois pris, amenez prisonniers comme on a accoustumé faire en tel cas, puis luy, et ses compagnons s'en retournerent en Bretagne, avec bien grand gain et profit, et sans quasi point de dommage des leurs.

A la Rochelle estoit un marchand, demeurant et residant en la ville, logé prés des murs, lequel avoit un frere qui tenoit le party des Anglois, et demeuroit vers Bordeaux, lequel par diverses fois par messages et autrement, induisoit son frere de trouver moyen de bailler la ville de la Rochelle aux Anglois. Et sondit frere luy accorda, comme mal conseillé. Et avoit deux moyens, l'un par escheller, l'autre par gagner la porte, et donner entrée aux ennemis, lesquels eussent esté en certaine embusche, prés de la ville. Et de faict ledit Anglois vint occultement à la Rochelle, à l'hostel de son frere, lesquels avoient intention de parfaire leur mauvaise volonté, et de la mettre en effect. Ce qui vint à la cognoissance d'un de la ville, qui revela que ledit Anglois estoit en la maison de son frere. On y alla, et tous deux furent pris par la justice, et mis en prison. Et tantost furent interrogez, confesserent le cas, et furent decapitez, ainsi que raison vouloit.

Le treiziesme jour de juillet audit an, ceux de l'Université firent une belle et notable procession, pour la santé du Roy. Et partirent de Saincte Geneviefve, et vinrent à Saincte Catherine du Val des Escoliers bien ordonnément, ainsi qu'il est accoustumé faire. Quand ils furent arrivez, ils firent commencer la messe et le sermon. Plusieurs jeunes escoliers s'en alloient esbatans autour de Saincte Catherine, vers l'hostel de messire Charles de Savoisi. Et y eut pages, qui emmenoient de boire leurs chevaux, qui passerent sciemment parmy lesdits escoliers, en faisant ruer les chevaux, et tellement que aucuns desdits escoliers cheurent à terre. Les autres escoliers prirent des pierres, qu'ils jetterent aprés des pages, qui se mirent dedans l'hostel, et jusques là les poursuivirent les escoliers. Quand les gens dudit Savoisi oüyrent le bruit, ils saillirent à tout arcs et fleches de l'hostel, et commencerent à tirer tellement, que les fleches cheurent dedans l'eglise, et où on faisoit le sermon. Et furent tous ceux qui estoient à la procession moult effrayez. Et estoit ledit messire Charles de Savoisi en son hostel, lequel n'en fit semblant. Les docteurs, escoliers, et ceux qui estoient en la procession s'en retournerent, et y eut des escoliers bien vingt-quatre de blessez. Le recteur alla bien accompagné devers messire Guillaume de Tignonville prevost de Paris, luy requerir qu'il fît prendre les malfaicteurs, veu que le cas estoit grand et enorme. Et si allerent vers le duc d'Orleans, pource qu'on disoit ledit Savoisi estre à luy. Et aprés vinrent à la cour de parlement, laquelle leur respondit qu'elle leur feroit justice et raison. Et y en eut de pris, et mis à la Conciergerie. Et les parties oüyes, où fut Savoisi en personne, s'ensuivit l'arrest; c'est à savoir que Savoisi fut condamné à asseoir cent livres de rente amortie, et à bailler deux mille francs, et que son hostel seroit abatu. Et ne fut point condamné à faire amende honorable : car il estoit clerc non marié, mais trois de ses gens le furent. C'est à sçavoir, que eux en chemise, une torche en leur poing, iroient à Saincte Geneviefve, au carrefour de Sainct Severin, et devant Saincte Catherine, et seroient battus de verges par les carrefours, et bannis pendant trois ans. Ledit arrest fut donné le vingt-troisiesme jour d'aoust.

Le trentiesme jour d'aoust, Louys dauphin de Viennois, et duc de Guyenne, espousa Marguerite fille du duc de Bourgongne, Jean, et y eut grande feste. Et le sixiesme jour de septembre, il alla à Nostre Dame vestu en habit royal, grandement accompagné du roy de Navarre, et des ducs d'Orleans, de Berry, Bourgongne, et Bourbon, des comtes du Perche, de Sainct Paul, la Marche, Dammartin, Tanquarville, et de plusieurs barons, chevaliers, et escuyers; il estoit tres-bel enfant, et le faisoit beau voir.

Un piteux cas advint à Paris, à l'eschole de Sainct Germain, en une maison d'un notable marchand de Paris, où le feu se mit d'aventure auprés d'un chantier de bois. Et fut le feu si aspre et si grand qu'on n'y peut mettre remede, et le seigneur de la maison, la femme et une fille qu'ils avoient, ne sceurent oncques trouver moyen de se sauver. Si se jetterent dedans une chambre coye, et là moururent tant par la force de l'eauë qu'on jettoit, que estouffez par la force du feu.

Aprés la mort du roy de Navarre, lequel fit tant de maux au royaume de France, et lequel jusques à sa mort ne cessa de le grever et dommager, son fils n'eut pas l'imagination comme son pere. Et envoya à Paris, comme dessus est dit, devers le Roy gens notables. Lesquels eurent la responce cy-dessus déclarée, dont leur maistre fut aucunement content. Et desiroit que execution reelle fust faite, et qu'il sceust ce qu'il auroit pour recompense de ce qu'il demandoit, c'est à sçavoir des comtez de Champagne, d'Evreux, et Cherbourg, et autres terres qu'il pretendoit luy appartenir. Et pource vint en France devers le Roy, et luy exposa et à son conseil bien doucement les causes de sa venuë, en requerant au Roy qu'il luy voulust faire raison et justice. Et sur ses demandes il y eut plusieurs et diverses consultations et assemblées. Et finalement iceluy roy de Navarre ceda et transporta tout le droict qu'il pouvoit avoir, et avoit és comtez de Champagne et d'Evreux, et tout ce qu'il avoit en Normandie. Et en recompense, le Roy erigea Nemours en Gastinois en duché, et luy assigna en Gastinois et Champagne douze mille livres de revenu. Et depuis il y eut aucune difficulté de Cherbourg, et disoit le roy de Navarre, qu'il n'estoit point compris en la comté d'Evreux. Mais pour tout appaiser, il eut certaine somme d'argent. Et alors fut content qu'il demeurast au Roy, et en effet fut bien acheté.

Combien qu'on voulut dire, qu'il y eust trefves avec les Anglois, toutesfois sur la mer faisoient maux innombrables, messire Charles de Savoisi, dont aucunement est fait mention, avoit grand desir de se faire valoir. Et envoya en Espagne pour sçavoir s'il pourroit finer de navires, en intention de faire armée contre les Anglois. Et sur ce, en escrivit au roy d'Espagne, et n'eut pas response telle qu'il eust bien voulu, dont il fut bien desplaisant. Et aucunement declara sa volonté de faire guerre aux Anglois, dont le Roy fut mal content, et fit sçavoir en Espagne qu'on ne luy baillast point de navire. Et disoient aucuns prés du Roy, que Savoisi faisoit mal de vouloir executer son entreprise, veuës les trefves. Et quand Savoisi sceut les paroles, il dit publiquement, qu'il faisoit comme bon et loyal François. Et s'il y avoit gentilhomme qui voulust dire le contraire, il estoit prest de s'en defendre, et en jetta son gage, lequel personne ne receut.

Et disoient les Anglois qu'ils pouvoient faire guerre, et qu'il n'en chailloit au Roy. Et qu'il n'y avoit chose si secrette au conseil du Roy, que tantost aprés ils ne sceussent, et qu'on ne leur fit sçavoir. Et pour ceste cause fut pris un capitaine, qu'on appelloit le seigneur de Courseray, et mené au Chastellet : il fit sçavoir au Roy qu'il estoit prest de se sousmettre, et sousmettoit à la cour du parlement, dont le Roy fut content. La cour ordonna commissaires pour faire information, et fut examiné sur les charges. Le tout veu, il fut trouvé pur et innocent, et delivré par la cour. Tout ce qu'on luy imposoit ne provenant que d'envies et haines particulieres, qui estoient entre les seigneurs qui estoient en la cour, causées comme l'on disoit, de choses non bien honorables, entre les serviteurs des seigneurs.

Depuis la mort du roy Richard, qui estoit fils du vaillant prince de Galles, les Gallois faisoient guerre aux Anglois. Et envoya le prince de Galles en France devers le Roy, pour avoir argent, et du harnois, et aide de gens. Dont le Roy fut content, et luy envoya un beau bassinet bien garny, un haubergeon, et une espée. Et au surplus dit aux messagers, que tres-volontiers il l'aideroit et conforteroit, et luy envoyeroit gens. Et pour y aller ordonna le comte de la Marche de son consentement, lequel assembla navires et gens, et trouva soixante et deux vaisseaux d'armes garnis de toutes choses, qui se rendirent tous à Brest en Bretagne.

Comme dessus a esté dit, les Anglois par moyen avoient cuidé avoir la Rochelle, et s'estoient embuschez une grosse et grande compagnée, dont estoient chefs un surnommé de Beaumont, qu'on disoit comte de Beaumont, et le bastard d'Angleterre. Quand ils virent qu'ils avoient failly, ils s'adviserent, veu qu'ils estoient beaucoup de gens, que de s'en aller sans rien faire, ce leur seroit reputé à lascheté de courage. Et delibererent d'entrer et descendre en Bretagne vers Brest, pource que ledit bastard sçavoit le pays, et avoit esté capitaine de Brest, ils commencerent à piller, desrober, et bouter feux, et faire tout ce que ennemis peuvent faire. Parquoy diligemment se mirent sus les nobles du pays. Le duc mesmes fit mandement : et aussi Clisson, et le seigneur de Rieux, qui estoient au pays, assemblerent gens le plus qu'ils peurent, et se mirent sur les champs. Et fut ordonné le seigneur de Rieux, pour aller voir quelles gens c'estoient, mais il trouva que ceux du pays mesmes avoient deliberé de les combatre, et desja avoient comme commencé l'escarmouche, il descendit à pied comme les autres, et commença bien dure meslée. Tantost survint le duc et Clisson, et depuis les Anglois ne firent aucune resistance. Là fut tué ledit comte, et dit-on que messire Tanneguy du Chastel le perça d'une lance tout outre. Le bastard s'enfuit avec son navire; il envoya en suite demander au Duc sauf-conduit pour aller parler à luy. Ce qui luy fut accordé. Si fit dire au Duc, que la guerre qu'il faisoit estoit pour cause du douaire de la duchesse de Bretagne, qui avoit espousé le roy d'Angleterre. Et ce fait, descendit en une marche de Bretagne où il brusla deux villages et une eglise. Et de là s'en alla és isles, prenant son chemin en Angleterre.

Les Anglois en Guyenne faisoient forte guerre, et avoient entre autres places, une nommée Corbefin, forte et comme imprenable. Et tous les ans levoient cinquante mille escus de patis. Et envoya-l'on vers le connestable luy requerir, qu'il y voulust remedier, et se mit sus: lequel amassa gens de toutes parts: Il y eut aucuns de Bordeaux, pour le cuider decevoir, qui luy devoient bailler la ville de Bordeaux, dont ils ne firent rien. Et fut apperceuë leur mauvaistié, et pource ils furent decapitez. Puis s'en alla le connestable mettre le siege devant Corbefin, à la requeste de ceux du pays, et y tint le siege par douze semaines. Enfin, après plusieurs assauts et essayemens d'avoir la place, ceux de dedans parlementerent, et furent contens de s'en aller, saufs leurs corps et leurs biens, et quatorze mille escus qu'ils eurent; et les paya le pays, à qui ce fut un grand profit. Car d'avoir eu la place, la chose estoit bien douteuse, et avec ladite place y eut treize autres places reduites en l'obeissance du Roy. Le comte de Clermont bien accompagné vint audit pays de Guyenne; quand les Anglois le sceurent, ils luy envoyerent offrir bataille, dont ledit comte fut joyeux et content, et se disposa à les recevoir. Mais ils n'y vinrent ny comparurent, et en assez peu de temps il conquesta bien trente-trois places. Et delibera de se tenir au pays l'hyver. Les unes prit par force, les autres par accord, et aucunes fit abattre, et les autres remparer, pour resister aux ennemis.

En ce temps, la duchesse de Bar alla de vie à trespassement.

Le duc d'Orleans acheta la seigneurie de Coucy, et plusieurs autres belles terres et seigneuries. Et fut adjourné en parlement en cas de retraict. Mais la chose demeura en cet estat.

La reyne de Sicile l'ancienne alla aussi de vie à trespassement. Et declara son meuble qu'elle avoit, c'est à sçavoir deux cens mille escus, et plusieurs joyaux. Il luy fut demandé pourquoy elle les avoit gardez, veu la grande necessité en laquelle avoit esté le roy de Sicile son mary. Elle respondit qu'elle doutoit que sondit mary ne fust prisonnier audit pays, et les avoit espargnez et gardez pour le racheter, et que ladite chevance seroit bonne pour ses enfans. Et c'estoit une tres-bonne et saincte dame, qui eut une moult belle fin.

Le pape Benedict voulant monstrer qu'il avoit bonne volonté à l'union de l'Eglise, envoya l'evesque de Sainct Pons, et autres notables personnes devers l'Antipape, nommé Boniface, à ce qu'il voulust eslire jour et lieu, où ils peussent seurement convenir ensemble, pour trouver remede d'oster, et faire cesser le schisme qui estoit en l'Eglise: Quand ils furent à Rome, et que l'Antipape le sceut, il leur fit sçavoir qu'il ne les oiroit, ni à eux parleroit, sinon qu'ils parlassent à luy comme Pape, dont lesdits ambassadeurs furent en grande perplexité. Et à la fin, veu que c'estoit pour si grand bien, et que ce qu'il vouloit n'estoit qu'une maniere de vaine gloire transitoire, ils le firent. Et proposa l'evesque de Sainct Pons, qui exauçoit fort Benedict, et sa bonne et saincte volonté à l'union de l'Eglise, en faisant la requeste dessus dite. De laquelle proposition l'Antipape fut tres-mal content, et se retira en sa chambre, et soudainement luy vint une fievre dont il mourut. Quand le capitaine du chasteau de Sainct Ange vid que son maistre estoit mort, il prit lesdits ambassadeurs, et les mit audit chasteau, et là les retint prisonniers. Aprés la mort de l'Antipape, les cardinaux en esleurent un autre, lequel ils nommerent Innocent, auquel lesdits ambassadeurs firent prier qu'il les voulust faire delivrer, et sembloit qu'il en eust bonne volonté. Mais le capitaine n'en voulut rien faire s'il n'avoit argent. Et par ce moyen, et non autrement, s'en allerent et s'en retournerent devers le pape Benedict, et sans aucune response, dont ledit Pape fut bien desplaisant, et delibera d'aller en personne jusques à Rome pourveu qu'il y fust conduit par les fleurs de lys, ce qu'il fit sçavoir au Roy. Et s'offrit le bon duc de Bourbon Louys II de l'y mener: mais le Roy ne le voulut consentir. Et tant aussi se tint Benedict, devers lequel plusieurs abbez vinrent de divers pays, et le plus du royaume, et mesmement de ceux qui estoient promeus durant la substraction. Et leur fit le Pape bonne et grande chere, et leur donnant à chacun le don de benediction, et à disner, et à chacun un anneau, et avec ce permission et congé d'user de mitre en leurs eglises, en faisant le service divin.

Le comte de la Marche, comme dessus est dit, avoit assemblé plusieurs navires vers Brest en Bretagne, pour aller en Galles. Et se mit sur mer, et y fut depuis la my-aoust jusques à la my-novembre, attendant tousjours nouvelles de par les Gallois, pour sçavoir où il descendroit, mais oncques n'y vint personne à luy. Et tousjours estoit sur les rivages de la mer d'Angleterre, où il fit aucuns exploicts de guerre, puis s'en revint sans aucun fruict. Ils avoient mis en un vaisseau d'armes leurs harnois, et autres biens : mais le vaisseau perit, et fut perdu dans la mer.

La duchesse de Bourgongne mourut en ce temps.

Et combien qu'au commencement de l'année on eust mis une grosse taille sus, laquelle ne porta aucun profit à la chose publique du royaume. Neantmoins à la fin de ladite année, en fut une autre faite aussi grosse, dont tout le profit alla en bourses particulieres. Dequoy gens d'eglise, et autres se plaignoient, et murmuroient fort.

M. CCCCV.

L'an mille quatre cens et cinq, le comte de Sainct Paul, qui estoit lieutenant du Roy és frontieres de Calais, assembla foison de gens, tant du pays que d'autres, en intention d'aller assieger un chasteau, qui estoit assez prés de Calais, nommé le Marc. Et de faict y alla, en intention d'y mettre le siege, ou d'assaillir la place, et ainsi le firent. Et comme ils estoient à l'assaut, le comte de Pembroc et ses gens saillirent de certaine embusche où ils estoient, et frapperent tres-vaillamment sur les François, lesquels furent desconfits. Et y en eut plusieurs morts, et aussi de prisonniers. Et quant au comte de Sainct Paul, il se retira sans avoir dommage de sa personne, ny de prise ny de mort. Le comte de Pembroc voyant ceste adventure, qui luy estoit advenuë, delibera d'aller à l'Escluse pour faire guerre. Et de faict y alla, et y fit plusieurs maux. Mais il fut rebouté, tant par plusieurs Allemans, qui estoient és marches, comme aussi par les Flamens et François. Et fut contraint de s'en retourner d'où il estoit party.

Le gouvernement, comme on disoit, pour lors estoit bien petit. Et en fut le Roy, et aussi les Seigneurs, par plusieurs fois advertis par propositions, et autrement : mais nulle provision n'y estoit mise. Et si disoit-on beaucoup de choses publiquement, qui estoient bien ordes et deshonnestes.

En ce temps les eauës furent merveilleusement grandes et horribles, et firent moult de maux, tant és bleds qu'és prez. Et és villages qui estoient prés des rivages, furent par ladite inondation plusieurs petites maisons comme abatuës, et en venoit le marrein, et morceaux de bois aval l'eauë.

Environ le treiziesme jour de juillet, il y eut horribles tempestes de tonnerres, et gresles. Et cheut le tonnerre sur le pont de Charenton, où il abatit trois cheminées, et les jetta en la riviere. Et rencontra un compagnon auquel osta le chapperon, et la manche dextre de sa robe, et passa outre sans luy mal faire. Et par un trou entra en la maison de monseigneur le Dauphin, et en une chambre rencontra un jeune enfant, lequel il tua, luy consommant la chair, les os, et tout, et ne luy laissant que la peau toute noire, et plusieurs autres blessa en diverses manieres. Et continuoit jusques à ce qu'on prit de l'eau beniste, en l'aspergeant en la chambre, et ailleurs par l'hostel : et ne sceut-on oncques depuis qu'il devint.

Tousjours se plaignoit-on du gouvernement, qui estoit tres-mauvais, et le voyoit-on evidemment, mais aucune provision ne s'y mettoit. Les Seigneurs commencerent fort à murmurer les uns contre les autres, et leurs serviteurs aussi.

Le dix-neufiesme jour de juillet, la Reyne et le duc d'Orleans s'en allerent à Poissi. La cause estoit pour induire madame Marie de France, qui avoit esté renduë religieuse audit Poissi, afin qu'elle voulust sortir dehors de l'eglise, pour estre mariée à Edoüard fils du duc de Bar. Et en parlerent à ladite dame Marie, en luy disant plusieurs paroles, pour à ce la mouvoir. Mais il ne fut oncques en leur puissance qu'elle y voulust consentir, et demeura ferme et stable en son imagination, en disant que puis qu'il avoit pleu au Roy, à la Reyne, et à ses parens et amis, que jamais hors de l'estat de religion ne seroit. Et y eut, comme on dit, plusieurs choses non honnestes faites en ladite abbaye, et quoy qu'il en fust, renommée en estoit.

Et s'en retournerent la Reyne et le duc d'Orleans à Paris. Et le septiesme jour ensuivant se partirent de Paris, et vinrent au Val-la-Reyne, en une place nommée Poüilly, en intention de tirer à eux monseigneur le Dauphin. Et de faict, le duc de Baviere, le marquis du Pont, et Montagu delibererent de l'y transporter, sans ce que le duc de Bourgongne en sceust rien. Et le firent passer par la riviere jusques à Sainct Victor, et le vouloient emmener, comme on disoit, où estoit la Reyne, et le duc d'Orleans. Et en le menant il se leva une merveilleuse et horrible tempeste de pluye, vent et tonnerre, tellement qu'ils furent contraints de demeureur la nuict à Ville-Neufve auprés Paris.

Or est-il vray que le duc de Bourgongne venoit à Paris, et estoit logé à Louvres en Parisis, auquel hastivement on envoya dire les nouvelles, comme on emmenoit monseigneur le Dauphin, et ceux qui estoient en sa compagnée. Et lors il monta à cheval le plus diligemment qu'il peut, pour poursuivre et atteindre ledit monseigneur le Dauphin, lequel ceux qui le menoient bien matin avoient fait monter à cheval, et s'en alloient. Mais ledit duc de Bourgongne fit telle diligence qu'il les attrapa, et ramena à Paris ledit monseigneur le dauphin, à grande joye du peuple. En la presence duquel Dauphin il fit faire une notable proposition, où estoient le roy de Navarre, le duc de Berry, et plusieurs autres seigneurs, prelats, et barons, en faisant monstrer le mauvais gouvernement qui estoit, et les maux qui s'en ensuivoient. Et que ce qu'il avoit fait c'estoit pour bien, et fit dire qu'il estoit venu pour quatre causes. « Premierement pour » le gouvernement du Roy, et procurer sa santé. » Secondement pour mettre justice sus en ce » royaume, auquel maux infinis se faisoient, » sans ce que justice et raison s'en fît. Tierce- » ment pour mettre le domaine sus, dont les » profits estoient comme nuls, et mis à non- » chaloir et grande negligence. Quartement pour » assembler les trois estats, pour pourvoir aux » affaires du royaume, et adviser au gouverne- » ment. Car ceux qui se disoient l'avoir gastoient » tout, » comme il fit monstrer clairement et evidemment. Et aprés que tout fut grandement et notablement demonstré par celuy qui proposoit, monseigneur le Dauphin se leva, et dit que ce que le duc de Bourgongne l'avoit emmené à Paris estoit de son consentement et franche volonté. Aprés ladite proposition faite, le roy de Navarre et le duc de Berry allerent à Sainct Paul, où les autres enfans du Roy estoient, et les prit le duc de Berry en sa garde. Et aprés que monseigneur le Dauphin eut dit les paroles dessus dites, le duc de Bourgongne dit que ce qu'il avoit fait, il l'avoit fait « comme vray et » loyal sujet du Roy, » et s'il y avoit personne qui voulust dire le contraire, il estoit prest d'en respondre de sa personne. Le jeudy ensuivant, le duc de Limbourg frere du duc de Bourgongne, entra à Paris avec huict cens hommes d'armes, lesquels entrerent par la porte Sainct Denys, le long de la ruë, et s'en vinrent au Louvre où monseigneur le Dauphin estoit, et luy fit la reverence, en s'offrant à son service. Puis s'en revint devers ses gens, et monta à cheval; ses gens se logerent en hostelleries, lesquels se gouvernerent bien doucement et gratieusement. Et demeurerent le duc de Bourgogne et ses deux freres, avec monseigneur le Dauphin, et firent mettre les communes et gens de Paris sus, et armer. Et fut ordonné monseigneur de Berry capitaine de Paris, et comme capitaine chevaucha par y avoit. Si peut-on penser que grands debats y avoit, et que la Reyne et le duc d'Orleans estoient tres-mal contens, et se disposoient les choses à un bien grand mal, pour estre cause de la destruction finale du royaume.

Or pource que le Roy revint à aucune convalescence, il prit les choses en sa main, en defendant la voye de faict tant d'un costé que d'autre. Il fut ordonné par le Roy en son conseil, qu'ils envoyeroient une notable ambassade à la Reyne, et devers le duc d'Orleans. A quoy furent commis et deputez le duc de Bourbon, et le comte de Tancarville, et messire Jean de Montagu grand maistre d'hostel du Roy, lesquels allerent à Melun où la Reyne et le duc d'Orleans estoient. Ausquels fut exposé l'inconvenient qui pouvoit advenir, des manieres qu'on tenoit tant d'un costé que d'autre. Et que tout le plat pays estoit plein de gens d'armes, qui pilloient et destroussoient tout, à la desplaisance du Roy bien grande. En leur requerant qu'ils voulussent rappaiser leurs courages, et que le duc de Bourgongne estoit prest en toutes choses de faire le plaisir du Roy. Et à ce fut fait response par la Reyne, et le duc d'Orleans, que sur ce ils auroient à loisir advis et conseil, et que lors ils ne pouvoient faire response, ne n'y estoient disposez, veu la grande injure qu'on leur avoit faite, et mesmes à la Reyne, laquelle avoit mandé son fils le Dauphin, qui venoit vers elle, accompagné de ses parens simplement, sans aucunes armes invasibles, et que ce luy estoit forte chose à dissimuler. La response oüye, lesdits ambassadeurs s'en retournerent sans rien faire. Et demandoient expressément la Reyne, et monseigneur le duc d'Orleans qu'on leur restituast et envoyast monseigneur le Dauphin. Cependant le duc d'Orleans faisoit mandement de gens d'armes de toutes parts, et desja y en avoit foison en Brie, Gastinois, Solongne, et Beausse, et avoit avec luy le duc de Lorraine, et le comte d'Alençon. Le roy de Sicile vint aussi à Paris, accompagné de gens de guerre, et autres qu'il avoit sur les champs, il fallut qu'il fît certains sermens, qu'on vouloit aussi que la Reyne et le duc d'Orleans fissent. Mais rien n'en voulurent faire. Toutesfois par le moyen du duc de Bourbon, qui tousjours les asseuroit, ils vinrent jusques à Corbeil, et de là après jusques à aucun temps vinrent au bois de Vincennes. Le vingthuictiesme jour d'aoust vint l'evesque de Liege, pour servir le duc de Bourgongne avec huict cens lances, douze cens coustillers, et cinq cens archers, et mit bien deux heures à entrer. Et fit des difficultez avant qu'il voulust entrer. Dans Paris y avoit bien lors vingt mille chevaux d'estrangers : mais oncques rien n'en rencherit, excepté le bled, et bien peu. Le premier jour de septembre arriverent entour de Paris, ceux des comté et duché de Bourgongne, se montans bien a deux mille combatans. Et par force entrerent dedans Lagny, et se logerent entre Paris et Pontoise, et tout destruisoient. Les gens aussi du duc d'Austriche, du comte de Wirtemberg, du duc de Savoye, et du prince d'Orenge vinrent au mandement du duc de Bourgongne, qui faisoient six mille chevaux, logez autour de Provins. Et vers le Pont Saint Messence estoient logez ceux de Hollande, Zelande, Hainaut, Brabant, et Flandres, lesquels tout destruisoient, et c'estoit grande pitié des maux qu'ils faisoient. Le duc de Berry capitaine de Paris, fit remettre les chaisnes au travers de la riviere deçà et delà l'isle Nostre-Dame, et planter grosses poutres pour icelles soustenir, et ordonner en estat les portes pour fermer, lesquelles n'avoient fermé y avoit plus de vingt-quatre ans. Le samedy quinziesme jour d'octobre, on cria alarme à Paris, et s'armerent les gens de guerre, et aussi ceux de la ville : il y eut grande esmeute, et vouloient saillir par la porte Saint Antoine : mais monseigneur de Berry monta à cheval, et appaisa tout, et defendit et empescha que personne ne saillist.

Dans le bois de Vincennes estoit la Reyne et le duc d'Orleans, et y allerent tous les princes estans à Paris, et y eut plusieurs gens de conseil. Et fut advisé et conclu qu'on ne pouvoit appaiser ceste division, sinon qu'on accomplist au duc de Bourgongne ses requestes, ou la plus-part de ce qu'il demandoit. Et fut conclu qu'ainsi se feroit. Et de le faire et accomplir le jurerent tous les seigneurs presens, excepté le duc d'Orleans, qui ne voulut oncques faire aucun serment. Le mercredy ensuivant, le duc d'Orleans manda le prevost des marchands, et aucuns notables gens de Paris, et leur dit qu'il estoit bien esbahi des manieres qu'on tenoit envers luy, et mesmement le duc de Bourgongne, qui n'estoit pas si prochain de la couronne qu'il estoit. Que quant à luy son intention estoit de servir le Roy, et la chose publique du royaume, et de tenir ce qui seroit advisé pour le profit du royaume, en s'offrant ausdits de Paris, faire pour eux et par leur conseil ce qui luy seroit possible. Et uza de moult belles et gratieuses paroles, car il en estoit bien aisé. Et lors quand la cognoissance en vint au duc de Bourgongne, il delibera, veu les gens qu'il avoit, d'aller devant ledit bois en armes, pour assieger la place : mais les autres le reprimerent et empescherent. Et après plusieurs difficultez le duc d'Orleans fit le serment comme les autres. Et fut crié à Paris que tous gens d'armes vuidassent. Et le jeudy partirent de Paris le duc de Limbourg, l'evesque de Liege, le comte de Nevers, tous armez, qui s'en allerent en leur pays. Aussi fut-il mandé à ceux qui tenoient les champs, tant d'un costé que d'autre, qu'ils s'en partissent, et qu'ils s'en retournassent d'où ils estoient venus, et ainsi le firent. Le vendredy après midy la Reyne entra à Paris à grandes pompes tant de lictieres, chariots branlans couverts de draps d'or, et hacquenées, que d'autres divers paremens. Et estoient en sa compagnée les roys de Sicile, et de Navarre, et les ducs de Berry, d'Orleans, et de Bourgongne, et plusieurs seigneurs, comtes, et barons. Le samedy fut tenu encores un grand conseil, où furent les sermens renouvellez, et y eut bon accord fait entre les seigneurs, dont le peuple et toutes personnes faisoient grande joye. Le dimanche la Reyne alla à Nostre-Dame en un chariot, et ses deux fils avec elle, accompagnée des seigneurs susdits, qui estoit belle chose et noble à voir. Il fut tenu un conseil comment on avoit à se gouverner, où fut deliberé entre autres choses, qu'on restraindroit les officiers de l'hostel du Roy, et de ceux de la Reyne, et des enfans, et de ceux qui demeureroient on leur diminueroit leurs gages. Plusieurs belles ordonnances y furent faites, lesquelles comme on dit, ne durerent guères.

Audit an, y avoit eu un debat entre le fils du seigneur de Graville et messire Geoffroy Boucicaut, pour paroles injurieuses dites l'un à l'autre en la chambre de la Reyne. Et disoit-on que Boucicaut avoit baillé un coup de pied à Graville, et que lors Graville jura que avant qu'il fust le bout de l'an il le battroit. Si advint que le dernier jour de decembre, qui estoit le dernier jour de l'an, Graville accompagné de cinq ou six valets, rencontra Boucicaut vers les marches de Greve, et le battit tres-bien d'espées par bras et jambes. Et disoit-on qu'il estoit bien employé, et qu'il avoit eu tort d'avoir injurié Graville, qui estoit bien gentilhomme de nom et armes.

Le comte d'Armagnac, qui avoit espousé la fille du duc de Berry, se mit sus en Guyenne, et fit forte guerre aux Anglois ladite année. Et gagna bien soixante places, les unes par force, et les autres par composition, et fit un bien grand dommage aux Anglois.

Audit an mille quatre cens et cinq, le pape Benedict voulut aller à Gennes, et ordonna un dixiesme estre levé en ce royaume, et en toute son obeïssance : dont ceux de l'Université ne furent pas contens. Et allerent le recteur et aucuns de l'Université, devers les seigneurs, en leur requerant qu'il leur pleust, qu'en ce royaume le dixiesme ne se levast point; et quoy que fust, que ceux de l'Université n'en payassent rien, et que sur ce on en escrivist au Pape. Mais on leur respondit, en effect que le dixiesme se leveroit, et qu'ils en payeroient, dont ils ne furent pas bien contens. Et disoit-on communément que lesdits seigneurs, ou leurs gens, en devoient avoir leur part. Et conclurent ceux de l'Université d'envoyer vers Benedict pour ceste cause gens notables, et firent sur eux une colecte, qui monta bien jusques à deux mille escus.

L'Antipape estant à Rome, envoya une bulle bien faite à l'Université, en s'offrant en toutes manieres à l'union de l'Eglise. Et s'excusoit fort de la detention qu'on fit des ambassadeurs de l'Université de Rome, devant sa creation, lesquels furent mis au chasteau de Sainct Ange, et que ce ne fut point de son consentement, ny de ses cardinaux. Mais le capitaine le fit faire, pour doute qu'on ne leur fit desplaisir, et pour la garde et conservation de leurs personnes.

Le duc de Berry envoya à Rome vers l'Antipape, et luy escrivit, en l'exhortant d'entendre à l'union de l'Eglise : Et furent ses ambassadeurs grandement et honorablement receus. Il rescrivit audit duc de Berry, qu'il ne tenoit point à luy, et qu'il estoit prest et appareillé d'y entendre, et faire tout ce qui seroit advisé, et grandement se mettoit en son devoir.

Le mariage se fit entre le duc de Gueldres et la fille du comte de Harcourt. Pour laquelle cause le duc de Gueldres vint à Paris; et luy y estant, le duc de Limbourg l'envoya deffier. Pour laquelle cause, s'en retourna le plustost qu'il peut.

Le pape Benedict, comme dit est, se disposa d'aller à Gennes, et de faict y fut, et y fut receu grandement et honorablement par les Gennois. Ledit Pape avoit foison de gens de guerre, lesquels tous entrerent en la ville, dont les Gennois n'estoient pas bien contens. Benedict y fit une belle proposition, en declarant qu'il avoit bonne intention en toutes manieres possibles d'entendre à l'union de l'Eglise. Et pour ceste cause il estoit venu en ladite ville de Gennes, en leur requerant qu'ils lui voulussent aider de navires, et qu'il vouloit aller à Rome, afin d'entendre à l'union de l'Eglise. Les Gennois voyans en leur ville tant de gens d'armes que le Pape y avoit mis, feignoient que en tous temps passez ils avoient accoustumé de faire une maniere de monstre de leurs gens de guerre, pour sçavoir la puissance de la ville. Et aussi qu'il estoit grandement expedient, de voir les gens de guerre du Pape, pour sçavoir s'ils estoient en nombre suffisant pour conduire le Pape à Rome. Et l'induisirent qu'il se consentit à faire ce que dit est, lequel tres-envis en fut d'accord, et feignit qu'il en estoit content. Et de faict sortirent dehors tous les gens de guerre, mais quand ils furent dehors ils fermerent les portes, et laisserent rentrer seulement leurs gens, ne voulant souffrir que de ceux du Pape un tout seul y rentrast. Dont le Pape fut tresmal content, et se doutoit fort de sa personne. Mais ceux de Gennes envoyerent vers luy pour l'appaiser, et fut toute leur excuse qu'ils se doutoient de leurs femmes, qui estoient belles, et qu'il ne vint soubs ombre d'aucune d'elles broüillis, et inconvenient. Et autre chose n'en fut.

En ce temps on parloit fort de la Reyne et de monseigneur d'Orléans, et disoit-on, que c'estoit par eux que les tailles se faisoient, et que les aides couroient et levoient, sans ce que aucune chose en fust mise et employée au faict de la chose publique, et assez hautement par les ruës on les maudissoit, et en disoit-on plusieurs paroles. La Reyne en un jour de feste voulut oüyr un sermon, et y eut un bien notable homme, lequel à ce faire fut commis. Lequel commença à blasmer la Reyne en sa presence, en parlant des exactions qu'on faisoit sur le peuple, et des excessifs estats qu'elle et ses femmes avoient et tenoient, et comme le peuple en parloit en diverses manieres, et que c'estoit mal fait, dont la Reyne fut tres-mal contente. Et ledit prescheur en s'en retournant de la predication, fut rencontré d'aucuns hommes et femmes de la cour, et luy dirent qu'ils estoient bien esbahis comme il avoit ozé ainsi parler. Et il respondit, qu'encores estoit-il plus esbahi comme on ozoit faire les fautes et pechez, qu'il avoit dit et declaré. Et en s'en allant outre, il rencontra encores un autre homme, qui luy dit en jurant le sang de notre Seigneur, que qui le croiroit qu'on l'envoyeroit noyer. Et le bon-homme dit : Il n'en faudroit qu'un autre de telle volonté que tu es, avec toy, pour faire un grand mal. Ladite predication vint à la cognoissance du Roy, et luy rapporta-on plus pour mettre à indignation le bon-homme, que autrement. Et dit le Roy qu'il le vouloit oüyr prescher, et fut ordonné que le jour de Pentecoste il prescheroit. Lequel prescha, et prit son theme, *Spiritus sanctus docebit vos omnem veritatem*. Et le deduisit bien grandement et notablement. Et s'il avoit parlé en la presence de la Reyne des grands pechez qui couroient, encores en parla-il plus amplement et largement en la presence du Roy : et fit tant que le Roy fut content, et si luy fit donner aucune legere somme d'argent.

En Saintonge, y avoit une place nommée Mortaing, qui devoit estre au vicomte d'Aunay, laquelle les Anglois tenoient moult fort. Et n'estoit année, à cause de ladite place, qu'ils n'eussent d'appatis sur le pays bien quatre-vingt mille escus. Laquelle les François delibererent d'assieger; et de faict y mirent le siege, et y assortirent canons, et coullars, et autres engins, et firent toutes les diligences en tel cas accoustumées. Ceux de dedans faisoient merveilles de se défendre, et aucunes fois faisoient saillies, et de grands dommages aux François. Celle qui s'en disoit dame estant en la place, estoit fort obstinée, et ne vouloit pour rien oüyr parler de traité, ny de rendre la place; il fut procedé par les François à faire mines, et si endommageoient fort ceux de dedans les coullars, par où on jettoit grosses pierres et pesantes. Un jour advint, qu'une grosse pierre cheut sur le faiste de la chambre où estoit la fille de ladite dame, laquelle pierre foudroya et abatit tout ledit faiste, et y fut ladite fille tuée, dont ceux de dedans firent grande plainte et douleur, et mesmement sadite mere. Et furent les Anglois à ce reduits, aprés sept semaines que le siege y avoit esté mis, qu'ils n'avoient plus que manger, et si voyoient et appercevoient bien qu'ils n'auroient point de secours. Et par une fausse poterne trouverent maniere de s'en aller par la mer. Les François voyans, que plus n'y avoit de defense, entrerent dedans et gagnerent la place, et la rendirent au vicomte d'Aunay, auquel elle appartenoit.

En ceste saison, advint à Cluny une bien piteuse chose. Car il y survint soudainement une si grande abondance d'eauës, et si merveilleuses ravines en iceluy lieu, et tout le pays d'environ, qu'elle abatit et prosterna plusieurs gros villages et maisons. C'estoit grande pitié d'oüyr les clameurs et voix du peuple, criant à Dieu mercy, et y en eut grand nombre de noyez, ladite ravine dura quinze heures, laquelle passée, c'es-toit pitié de voir les hommes et femmes morts, qui furent bien diligemment ensevelis.

Comme dessus a esté dit, il y eut un merveilleux tonnerre, et grande tempeste en l'hostel de monseigneur le Dauphin : mais un autre audit an, vint à Sainct Germain en Laye, bien grand et horrible, auquel estoient la Reyne, et le duc d'Orléans, qui avoient esté voir madame Marie de France à Poissy, il faisoit à une vesprée depuis disner beau temps, et net. Parquoy delibererent d'aller chasser au bois, et se mit la Reyne en un chariot, et ses damoiselles avec elle, et le duc d'Orléans, et autres femmes, à cheval. Et soudainement survint une merveilleuse tempeste de vents, grosse gresle et pluye, tellement que ledit duc d'Orléans fut contraint de se mettre dedans ledit chariot où la Reyne estoit. A cause dequoy les chevaux d'iceluy chariot, qui estoient forts et puissans, furent tellement espouventez, qu'ils commencerent à courir tant qu'ils peurent, jusques à ce qu'ils se trouverent en la vallée, vers le pont du Pec, et s'en alloient tout droit en la riviere. Et disoit-on qu'ils se fussent fourrez et boutez dedans l'eauë, et que tous ceux qui estoient dedans eussent esté noyez, si ce n'eust esté un homme qui s'advisa de coupper les traits des chevaux. Et de ce furent grandes nouvelles à Paris, et partout. Et y eut aucunes gens notables, et catholiques, qui advertirent la Reyne et le duc d'Orléans, que c'estoit exemple divin, et punition divine, et qu'ils estoient taillez que de brief leur mescherroit, s'ils ne faisoient cesser les aides et charges qu'on donnoit au peuple, et qu'ils payassent leurs debtes qu'ils devoient aux marchands, qui leur avoient livré leurs marchandises. Et pour ceste cause le duc d'Orléans fit sçavoir partout que ceux à qui il devoit vinssent à certain temps à Paris, et il les feroit contenter et payer : dont plusieurs de divers pays y vinrent, et furent aucunement contentez les aucuns, specialement ceux qui estoient de loingtain pays, et qui avoient despendu en venant et retournant : Aux autres fut donné partie de ce qu'on leur devoit, et aux autres neant.

Le Roy estant malade, le duc d'Orleans voulut avoir le gouvernement de Normandie, et de faict alla vers Roüen, et cuida entrer au chasteau, et en la ville. Mais il trouva resistance, et luy fut respondu qu'ils estoient au Roy, et qu'ils luy obeïroient, et non à autre. Si s'en retourna tres-mal content. Quand le Roy fut en santé, ledit Duc luy pria et requit qu'il en eust le gouvernement, et qu'il s'y voulust consentir. Mais oncques n'en voulut rien faire, et c'estoit grande pitié de voir les choses en l'estat qu'elles estoient, car on levoit foison d'argent et grandes chevances, et toutesfois le Roy n'avoit rien, et à peine avoit-il sa despense. Or advint une fois qu'il disnoit, et estoit à table, que la nourrice, laquelle nourrissoit monseigneur le Dauphin, vint devers le Roy, et dit qu'on ne pourvoyoit en rien ledit seigneur, ny à celles ou ceux qui estoient autour de luy, et qu'ils n'avoient que manger, ny que vestir. Et qu'elle en avoit plusieurs fois parlé à ceux qui avoient le gouvernement des finances, mais nulle provision n'y estoit mise. Le Roy de ce fut tres-mal content, et respondit à ladite nourrice que luy-mesme ne pouvoit rien avoir, et qu'il n'avoit autre chose, et fut le Roy tres-mal content des façons qu'on tenoit. Et pour y pourvoir, manda le duc de Bourgongne qu'il vint devers luy le plustost qu'il pourroit. Lequel y vint volontiers, et diligemment; nonobstant que pour lors il estoit empesché pour les partages de luy et de ses freres, touchant les successions de leurs pere et mere, esquelles choses il fut longuement embesongné. Et finalement partit estant grandement accompagné, et eut nouvelles en chemin, assez prés de Paris, du partement de la Reyne, du duc d'Orleans et de monseigneur le Dauphin. Et fit les choses dessus touchées, sans plus les reciter.

Messire Charles de Savoisi vaillant chevalier, assembla des gens de guerre du royaume de France, ce qu'il en peut finer, en intention d'aller sur mer vers la coste d'Angleterre. Et de faict, luy et sa compagnée vinrent sur les marches de Bretagne, et là trouverent plusieurs vaisseaux d'Espagne, garnis de gens de guerre, et s'assemblerent en intention de venir vers la coste d'Angleterre, pour grever les Anglois. Et de faict y vinrent, et sur la mer trouverent plusieurs petits vaisseaux, esquels y avoit certains Anglois, et sembloit que ce ne fussent que pescheurs. Dont aucuns vaisseaux et tout ce qui estoit dedans furent noyez, et les autres tirerent vers Angleterre, et firent à sçavoir la venuë desdits François. Lesquels arriverent au port de Tache, et là trouverent vingt-six naves, où estoient plusieurs Anglois, lesquelles estoient chargées de diverses marchandises. Et combien que aucuns Anglois estans esdits vaisseaux, se cuidassent mettre en defense, esperans d'avoir secours des villes et villages anglois prés dudit port, toutesfois leur defense en rien ne profita; car les François bruslerent la plus grande partie desdits navires, et celles qui estoient chargées de marchandises, comme laines et autres choses, firent seurement conduire et mener jusques au port de la ville de Harefleur, laquelle est située en Normandie. Les François descendirent à terre audit pays d'Angleterre, et adviserent une ville bien peuplée, et trouverent les Anglois d'icelle appareillez à resister aux François. Mais quand les François les virent comme sans ordonnance, ils les assaillirent, et y eut tant d'un costé que d'autre assez aspre besongne. Enfin par le moyen des arbalestriers François et Espagnols, les François eurent victoire. Il y eut plusieurs Anglois de morts, les autres s'enfuyrent. Et lors bruslerent les François la plus grande partie de la ville, et prirent tout ce qu'ils peurent emporter, puis s'en retournerent à leurs navires. De là s'en partirent, et s'en vinrent en l'isle de Piolent, où messire Jean de Martel un vaillant chevalier de Normandie avoit esté autresfois pris. Là se trouverent les Anglois environ mille à douze cens archers armez et habillez, avec les communes de ladite isle, prests de resister aux François, lesquels cuiderent prendre terre, mais fort estoient empeschez par lesdits Anglois de traict. Finalement ils ne peurent soustenir le faix et charge des arbalestriers, parquoy se mirent en fuite; et y en eut de quatre à cinq cens de morts et pris. Et marcherent outre les François en ladite isle, et trouverent une abbaye, en laquelle ils ne firent aucun dommage, puis allerent en cinq villages, lesquels ils mirent en feu et flamme. En icelle isle ils trouverent plusieurs biens meubles, de plusieurs et diverses manieres, lesquels ils prirent, et firent emporter et mettre en leurs navires. De là s'en retournerent les François, et s'en vinrent en l'isle de Wis, de laquelle isle le comte de la Marche fut deschassé. Sur le rivage vinrent environ quatre cens Anglois, tous armez et habillez, lesquels se mocquoient des François, et estoient, ce sembloit, en volonté de defendre que les François ne descendissent. Mais quand ils les virent approcher ils s'enfuirent, et y en demeura vingt-deux sur la place. Lesdits François marcherent avant en ladite isle, et trouverent un tres-gros et bon village bien garny de plusieurs biens, dont ils prirent à leur volonté ce que bon leur sembla, puis mirent le feu partout, et s'en retournerent bien garnis en leurs nefs. De ladite isle ils s'en allerent au port de Hantonne. Les Anglois se doutans de leur venuë, avoient mis grands pauls ou pieus dedans la mer, pour empescher que les François ne prissent terre, et si avoient mis canons et autres habillemens. Quand on apperceut la maniere desdits Anglois, les François vaillamment allerent à eux, les uns à batteaux, et les autres à petites coques. Et se cuiderent les Anglois defendre: mais rien n'y vallut, et furent vaincus, et y en eut de morts et de pris, et gagnerent le

François leurs habillemens de canons, et autres engins de guerre, puis allerent au village, et prirent ce que bon leur sembla. Et bouterent le feu et bruslerent le village; aprés quoy ils s'en retournerent en leurs nefs, puis s'en vinrent à toute leur gagne à Harefleur.

Le comte de la Marche, comme dessus a esté touché, avoit esté ordonné d'aller en Galles, et ne fut pas sa faute. Car luy, ny ses gens ne pouvoient avoir aucun payement, dont il eut grande desplaisance. Le mareschal de Rieux, et le seigneur de Hugueville, considerans que grand deshonneur seroit au Roy, si on n'alloit aider aux Gallois, veu que le Roy l'avoit promis, ils delibererent et conclurent d'y aller, et de faict y allerent. En allant ils eurent diverses rencontres sur mer, et aussi quand ils furent arrivez au pays de Galles, desquelles ils sortirent à leur honneur. Ils furent receus grandement et honorablement par les seigneurs et gens dudit pays; et requirent lesdits seigneurs François, que le plustost qu'on peust on les mit en besongne. De faict ils mirent le siege devant une ville fermée, estant esdites marches de Galles, tenuë par les gens de Henry, qui estoit située assez prés de la mer. Ils n'y eurent pas esté longuement, qu'ils apperceurent sur mer assez prés navires, où il y avoit par apparence gens de guerre. Quand les Gallois les virent approcher des rivages de la mer, il leur sembla qu'on venoit lever le siege, et bien soudainement se leverent, et partirent. Et quand les François les virent, aussi se partirent-ils dudit siege, et se retirerent où il leur fut ordonné. Esdites marches y avoit une autre ville bien forte, tenuë par les gens dudit Henry de Lancastre, laquelle nuisoit fort au pays de Galles, elle fut assiegée par les François et Gallois. Et se defendirent fort les Anglois, et faisoient des saillies, mesmement du costé des François, de belles armes. Et s'esmerveilloient fort ceux de dedans la place, et les Gallois aussi, de la vaillance des François, lesquels s'y porterent fort vaillamment. Finalement les Anglois rendirent la place par certaine composition; icelle estant renduë, prirent ce qu'ils peurent prendre, et y bouterent les Gallois le feu, et mirent en feu et en flamme toute la ville, et raserent les murs. Et ce faict, pource qu'il estoit hyver, les François furent logez en divers lieux, et passerent l'hyver, sans ce qu'on les embesongnast en aucune maniere. Et pource environ l'entrée de caresme se mirent sur mer, et s'en retournerent en leur pays de France.

Comme dessus a esté touché, il y avoit division entre les seigneurs, lesquels avoient gens d'armes sur les champs, qui faisoient maux innombrables. Les ducs de Berry et de Bourgongne estans à Paris, et la Reyne et le duc d'Orleans dehors, on sceut bien apparemment et certainement qu'il y avoit en vaisseaux bien equippez et habillez, en la ville de Paris, gens armez qui voguoient sur la riviere. Et se doutoit-on que ce ne fust pour trouver moyen et maniere de prendre le Roy en l'hostel de Sainct Paul, et de le mener où estoient la Reyne et le duc d'Orleans; ce qui fut la cause que le duc de Berry fit mettre gros pieus et grosses chaisnes de fer à travers la riviere.

En ce temps, le duc de Bourgongne fit assembler le peuple de Paris, et fit une maniere de proposition, en monstrant le mauvais gouvernement du royaume, et que si ceux de Paris lui vouloient aider, qu'il y mettroit bien remede; et fit plusieurs requestes en ceste matiere, lesquelles en effect ils luy accorderent, excepté une; car il requeroit que ceux de la ville s'armassent sur les champs avec luy quand il iroit. A quoy ils respondirent qu'ils garderoient bien leur ville, mais qu'ils s'armassent ny qu'ils saillissent avec luy, ils ne le feroient point. Et pource que on voyoit evidemment que tous ces brouïllis ne venoient que pour avoir le gouvernement, il fut ordonné et conclu le septiesme jour de novembre que monseigneur le Dauphin auroit le gouvernement. Mais aucuns disoient que la provision n'estoit pas suffisante, pource qu'en effect le duc de Bourgongne l'auroit; car sa fille estoit mariée avec monseigneur le Dauphin, lequel estoit tout au gouvernement dudit Duc, et sans luy ne faisoit rien.

En ceste saison un notable docteur en theologie, nommé maistre Jean Jarson, chancelier de l'eglise de Nostre-Dame de Paris, et curé de Sainct Jean en Greve, fit une notable proposition, et prit son theme: *Vivat Rex, vivat Rex, vivat Rex*. Laquelle proposition est assez commune, et escrite en plusieurs lieux. Et si on eust voulu garder le contenu en icelle, en bonne police et gouvernement du royaume, les choses eussent bien esté. Mais on avoit beau prescher, car les seigneurs, et ceux qui estoient entour eux n'en tenoient compte, et ne pensoient qu'à leurs profits particuliers.

C'estoit grande pitié de la maladie du Roy, laquelle lui tenoit longuement, et quand il mangeoit c'estoit bien gloutement, et louvissement. Et ne le pouvoit-on faire despouiller, et estoit tout plein de poux, vermine, et ordure: et avoit un petit lopin de fer, lequel il mit secrettement au plus prés de sa chair. De laquelle chose on ne sçavoit rien, et luy avoit tout pourry la pauvre chair, et n'y avoit personne qui ozast approcher de luy pour y remedier : toutesfois il avoit un physicien qui dit, qu'il estoit necessité d'y remedier ou qu'il estoit en danger, et que de la guarison de la maladie il n'y avoit remede, comme il lui sembloit. Et advisa qu'on ordonnast quelque dix ou douze compagnons desguisez, qui fussent noircis, et aucunement garnis dessous, pour doute qu'il ne le blessast. Et ainsi fut fait, et entrerent les compagnons, qui estoient bien terribles à voir, en sa chambre : quand il les vid, il fut bien esbahi, et vinrent de faict à luy : et avoit-on fait faire tous les habillemens nouveaux, chemise, gippon, robbe, chausses, bottes qu'on portoit. Ils le prirent, luy cependant disoit plusieurs paroles, puis le despoüillerent, et luy vestirent lesdites choses qu'ils avoient apportées. C'estoit grande pitié de le voir, car son corps estoit tout mangé de poux, et d'ordure. Et si trouverent ladite piece de fer : toutes les fois qu'on le vouloit nettoyer, falloit que ce fust par ladite maniere. Et estoit une chose dont aucunes gens s'esmerveilloient : car on le venoit voir aucunes fois, et luy regardoit fort les gens, et ne disoit mot quelconque. Mais quand messire Jean Juvenal des Ursins y venoit, lequel avoit eu le gouvernement de la ville de Paris long-temps, et estoit son advocat fiscal, il luy disoit : « Juve-» nal, regardez bien que nous ne perdions rien » de nostre temps. »

Le Roy revint à santé et bonne memoire, et pensoit des besongnes du royaume le mieux qu'il pouvoit, et octroya à l'Université qu'elle ne payeroit rien du dixiesme mis sus par Benedict.

En Bourdelois, le comte d'Armagnac faisoit de grandes conquestes, et alla devant Bourdeaux accompagné de seize cens hommes d'armes, et quatre mille hommes de traict, et leur presenta bataille, mais oncques hommes ne sortit.

Il y eut aucunes trefves entre les François et les Anglois, lesquelles ne durerent gueres : pendant icelles, les Anglois envoyerent en France requerir, qu'on leur laissast prendre des bleds en France, car en leur pays ils en avoient necesité. Mais par l'ordonnance du conseil fut ordonné qu'ils n'en auroient point, et defendu qu'on ne leur en vendist aucunement.

Souvent on envoyoit messages pour l'union de l'Eglise en divers royaumes, et devers les contendans. Et y faisoit faire le Roy toutes diligences, qu'il estoit possible de faire.

En ceste année messire Regnault de Trie admiral de France, se desista de son office au profit de messire Clignet de Brebant. Et disoit-on qu'il lui en avoit baillé quinze cens escus.

Après l'accord fait des seigneurs, l'armée du Roy se divisa en trois parties. L'une fut envoyée à Bourdeaux, auquel lieu on avoit esperance, que les Anglois combattroient les François. Les autres furent envoyez en Picardie, contre les Anglois de Calais, et pour resister à la descente que aucunes fois ils faisoient. La tierce fut envoyée en Lorraine contre le duc qui avoit fait plusieurs excedz au prejudice du Roy, et de ses subjets.

M. CCCCVI.

L'an mille quatre cens et six, un nommé Mahiet de Ruilly, sergent à cheval au Chastellet de Paris, disoit et avoit dit plusieurs et diverses fois de tres-deshonnestes paroles touchant la foy : pour laquelle cause le vingt cinquiesme jour de may, il fut presché au parvis Nostre-Dame : Et persista ce nonobstant en plusieurs erreurs, parquoy le seiziesme jour de decembre il fut ars et bruslé au marché aux pourceaux.

Le seiziesme jour de juin, entre six et sept heures au matin, fut eclipse de soleil bien merveilleuse, qui dura prés de demie heure. Et ne voyoit-on quelque chose que ce fust non plus que s'il eust esté nuict, et defaut de lune. C'estoit grande pitié de voir le peuple se retirer dans les eglises, et cuidoit-on que le monde deust faillir. Toutesfois la chose passa, et furent assemblez les astronomiens, qui dirent que la chose estoit bien estrange, et signe d'un grand mal à venir.

Et tantost aprés y eut vents terribles et horribles, qui arrachoient arbres portans fruicts, et autres gros arbres és forests. Et si y eut gresle au Lendit et à Sainct Denys, merveilleuse et grosse : l'une, comme un homme a le poing, et comme un pain d'un denier ; l'autre, comme les deux poings ; et aucune comme œufs d'oye. Et y eut foison de bestail mort aux champs, et oiseaux aux bois, et plusieurs cheminées, et maisons abatuës. Et fit ladite gresle des dommages beaucoup.

Le vingt-neufiesme jour de juin, Jean quatriesme fils du Roy, espousa Jacqueline de Baviere fille et heritiere de Guillaume comte de Hainaut ; et Isabeau la fille du Roy, laquelle avoit esté mariée au roy Richard II d'Angleterre, fut conjointe par mariage avec Charles fils du duc d'Orleans. Et pleuroit fort ladite Isabeau, laquelle estoit assez de bon aage, comme de douze à treize ans, et Charles audit temps n'avoit que onze ans. Et furent faites les nopces à Senlis grandes et notables. Ce fait, la comtesse de Hainaut emmena avec elle en Hainaut le fils du Roy.

Un Cardinal fut envoyé d'Avignon devers le

Roy, et les seigneurs du sang, de la part de Benedict, lequel fit une proposition belle et notable, de par ledit Benedict, en le loüant merveilleusement, et en blasmant l'eslection d'Innocent, qui estoit à Rome, et tout son faict. Et y estoient presens le recteur de l'université, et aucuns deputez; lesquels requirent d'estre oüys. Laquelle chose par plusieurs et diverses fois leur fut refusée. Et finalement par importunité ils eurent audience. Et le dix-septiesme jour de may, proposa maistre Jean Petit, lequel estoit bien notable docteur en theologie, en condamnant les faicts de Benedict, et en déclarant plusieurs choses, en respondant aux choses et raisons que avoit dit ledit cardinal, et que substraction luy devoit estre faite, et ainsi le requeroit. Ceux de l'université de Thoulouze avoient fait certaine epistre, contenant aucuns poincts, qu'il ne faut ja reciter, laquelle fut condamnée le dix-septiesme jour de juillet, par arrest du parlement. Et contre la mesme epistre proposa maistre Pierre Plout, en monstrant l'iniquité et mauvaistié des choses contenuës en icelle en faveur de Benedict. Et fut monstrée aux advocats et procureur du Roy, laquelle veuë, ils conclurent de se joindre avec l'Université. Et sur ce parla bien et hautement, comme il en estoit bien aisié, messire Jean Juvenal des Ursins, en prenant grandes conclusions, tant contre ceux de l'université de Thoulouze, que contre ceux qui l'avoient apportée, ils s'en partirent bien hastivement, et s'en allerent d'où ils estoient venus. Le samedy septiéme jour d'aoust, fut faicte substraction à Pierre de la Lune, entant qu'il touchoit les finances, et defendu qu'on n'en portast aucunement hors du royaume : et ordonna on à ceux qui avoient la garde des passages, tant par ponts, que par bacs, et bateaux, qu'on visitast ceux qui passeroient, pour sçavoir s'ils porteroient aucunes finances : à l'occasion de ce le Roy en eut plusieurs grands profits. Et à faire sceller ladite lettre, y eut de grandes difficultez, car ceux qui tenoient la partie de Benedict, y donnoient de grands empeschemens : finalement messire Charles de Savoisi fit telle et si grande diligence, que les lettres furent scellées et publiées, et lors il fut fort en la grace de l'université de Paris. Et au regard de faire substraction, il fut dit que tout surséeroit jusques à la Toussaincts. Et touchant le faict de l'Eglise, et Pierre de la Lune, furent mandez tous les prelats du royaume de France, et du Dauphiné, tant archevesques, qu'evesques, abbez et chapitres, pour estre à Paris à la Sainct Martin d'hyver ensuivant.

Pource que à Paris y avoit tousjours aucuns grommelis et plaintes entre les ducs d'Orleans et de Bourgongne, il fut ordonné que comme du temps de Philippes le Hardy duc de Bourgongne, son fils iroit à Calais, et le duc d'Orleans en Bourdelois. Ils partirent donc, en intention d'accomplir ce qui leur avoit esté ordonné. Le duc de Bourgogne s'en alla en Flandres, et és marche de par delà il fut faire ses preparatoires. A Bruges en Flandres, en ce temps y eut une grande division, mais le duc appaisa tout, et trouva la chose bien difficile que d'assieger Calais. Et veu le temps pluvieux, et que c'estoit sur l'hyver, il fut advisé qu'il ne seroit pas possible qu'il en peust sortir à son honneur. Si garnit les places françoises d'environ Calais, et y mit gens de guerre, qui souvent couroient devant Calais, et aussi faisoient les Anglois sur les François. Et au regard du duc d'Orleans, il fut en Bourdelois, et mit le siege à Bourg, et à Blaye, il avoit belle et grande compagnée. Mais le temps si mal se disposa, que par son ost à peine pouvoit-on aller, et estoient ses gens en la boüe jusques aux genoüils, et si commencoient aucunement à mourir. Et pource luy et sa compagnée furent contraints de s'en retourner à Paris, lequel retour luy cousta cher, comme aprés sera dit.

A la Sainct Martin d'hyver furent assemblez, comme dit est, et mandez les prelats de par le Roy, lesquels y vinrent bien diligemment. Et estoit grande chose du peuple qui estoit alors à Paris, tant à cause desdits prelats, comme des chapitres, et autres gens d'eglise.

En ce temps, les comtes d'Alençon et de Clermont, et le connestable mirent le siege devant une place nommée Brantonne, qui estoit forte place; il y avoit dedans de vaillans Anglois et Gascons. Et pour lors en Guyenne y avoit des capitaines anglois renommez, puissans et vaillans en armes. L'un nommé Pierre le Biernois, l'autre Archambaut de Raussac, lesquels delibererent de venir faire lever le siege; pour ce ils assemblerent foison de gens, et se mirent ensemble, en intention de frapper sur lesdits seigneurs, lesquels furent de ce advertis, et delibererent de les combatre : et pour ce faire ils leverent leur siege, et vinrent au devant desdits Anglois : ils se mirent tant d'un costé que d'autre en belle ordonnance, et se rencontrerent les uns les autres; à l'abord il y eut mainte lance rompuë. Aprés que la chose eut aucunement duré, et qu'ils eurent fort combatu tant d'un costé que d'autre, tellement qu'on ne sçavoit lesquels avoient le meilleur, Pierre le Biernois commença sa retraite, et à se mettre en fuite, parquoy obtinrent les François leur intention, et furent les Anglois desconfits. Et disoit-on, que si ledit Biernols ne se fust retiré, et qu'il eust tousjours tenu pied, et aussi ses gens, que la besongne eust esté bien perilleuse pour la partie des François. Là y fut pris ledit Archambaut de Raussac, et huict vingts autres prisonniers, outre neuf vingts de morts. Quand ceux de Brantonne virent la desconfiture de leurs gens, ils se rendirent et mirent en l'obeïssance du Roy. Ledit de Raussac rendit sa propre place de Raussac avec trois autres, et si fut mis à finance et rançon à vingt mille escus. Aprés ce lesdits deux comtes d'Alençon et de Clermont s'en retournerent à Paris : mais le connestable demeura au pays. Puis s'assemblerent les François aprés ladite desconfiture des Anglois, en plusieurs et diverses parties, et gagnerent plusieurs places, mesmement en la compagnée dudit connestable, les unes par force, et les autres par composition.

Et combien que grandes finances fussent exigées, tant de tailles que gabelles, quatriesmes, et impositions, toutesfois elles estoient mal distribuées, et les appliquoient les seigneurs et ceux qui en avoient le gouvernement, à leurs plaisirs et profits, tellement qu'à grande difficulté le Roy et la Reyne en avoient-ils, ou pouvoient avoir, pour leur despense ordinaire, et aussi leurs enfans pour leurs necessitez.

En ce temps messire Charles de Savoisi assembla des gens de guerre en assez competent nombre, et fit equipper vaisseaux d'armes. Et à Boulongne et environ ces marches se mit sur mer, en intention de trouver les Anglois, pour les endommager s'il eust peu. Et de faict, il les trouva à la bouche de la Tamise, c'est à sçavoir environ le lieu où ladite riviere entre en la mer, en cinq nefs bien equippées, pourveuës et emparées, et entre les autres, y en avoit une bien grande : si s'assemblerent vaillamment tant d'un costé que d'autre, la meslée dura assez long espace de temps. Finalement les François eurent victoire, et furent les Anglois desconfits, dont y eut cinq cens de morts, et trois cens prisonniers amenez avec leurs nefs. Et disoit-on communément, que luy et ceux de sa compagnée s'y estoient vaillamment portez.

Or faut retourner à la matiere de l'Eglise, pour laquelle les prelats et autres estoient assemblez à Paris, où il y avoit de bien notables clercs, qui n'estoient pas tous d'une opinion. Car les uns soustenoient Benedict, et les autres disoient qu'on le devoit desapointer, et que c'estoit par luy que en l'Eglise n'avoit union, et que la substraction estoit necessaire. Finalement fut appointé par le Roy en son grand conseil, qu'on esliroit douze clercs theologiens, et canonistes.

Dont les uns soustiendroient le faict du pape, et que à luy faire soubstraction toucher en rien ne se pouvoit ou devoit faire, et les autres soustiendroient le contraire. Et que ce fait, le Roy auroit avec eux-mesmes et ceux de son sang conseil de ce qu'il auroit à faire. Lequel appointement pleut à tous. Or furent choisis les douze, esleus et nommez. Premierement il y eut deux propositions faites de par l'Université de Paris. Dont la premiere fit un notable docteur de l'ordre de Sainct François, nommé maistre Pierre aux Bœufs, natif de Paris, et prit son theme : *Adestis omnes filii Israel, decernite quid facere debeatis.* (*Judic. cap.* xx. A. 7.) Lequel il deduisit bien grandement et notablement. Aprés en une autre journée proposa maistre Jean Petit, un docteur en theologie seculier, bien notable clerc, et prit son theme : *Recedite à tabernaculis impiorum hominum, et nolite tangere ea quæ ad eos pertinent, ne involvamini in peccatis eorum.* Et tendoient lesdits deux proposans, à ce que Pierre de la Lune devoit ceder, et que s'il ne cedoit on luy devoit faire substraction. Et que le Roy en son Eglise de France pouvoit pourvoir par ses prelats à la collation des benefices, qui cheoient en collation, et aux elections de ceux qui cheoient en election.

Le samedi du premier dimanche de l'Advent, audit an mille quatre cens et six, proposa messire Simon de Cramault patriarche d'Alexandrie et evesque de Poictiers, et prit son theme du premier chapitre du prophete Ozée, onziesme section : *Congregati sunt filii Israel, et Juda, ut ponant sibi caput unum.* Lequel il deduisit bien et grandement, en soustenant l'opinion de l'Université dessus declarée, par les proposans dessus dits. Aprés qu'il eut fini, le chancelier demanda à ceux qui devoient tenir le party du Pape s'ils estoient prests, lesquels demanderent delay : il leur fut dit expressément qu'ils vinssent le lundi ensuivant, ce qu'ils firent.

Et proposa maistre Guillaume Fillastre, un bien notable legiste et canoniste, lequel estoit doyen de l'eglise de Rheims, et prit son theme : *Manete in dilectione mea.* (*Jo.* xv. *cap.* B. 9.) Et le deduisit, tendant à monstrer qu'on ne devoit point toucher à contraindre Benedict à faire cession, ne luy faire substraction. Et parla aucunement trop, comme on disoit, en diminuant l'auctorité et puissance du Roy, et de l'eglise de France. Et que le Roy estoit sujet au Pape, et ne pouvoient faire ny conclure ce que l'Université et les proposans devant dits demandoient et requeroient. Mais il ne respondit point aux raisons et mouvemens des proposans dessus dits. Et pource fut dit, que à un autre jour ceux qui tenoient le party du Roy y respondroient.

Le samedy ensuivant, quatriesme jour de decembre, proposa un bien notable prelat archevesque de Tours, surnommé du Breuil, lequel prit son theme : *Principes populorum congregati sunt cum Deo Abraham, quoniam Dii fortes terræ vehementer elevati sunt. In illo Psalmo* 46. *Omnes gentes.* Et respondit bien et grandement aux raisons de ceux qui maintenoient que le pape Benedict ne devoit ceder, ou qu'on ne luy devoit faire substraction.

Après le onziesme jour de decembre en soustenant le faict du Pape, proposa un tres-excellent docteur en theologie, nommé maistre Pierre d'Ailly evesque de Cambray, et depuis cardinal, lequel prit son theme : *Pax Dei, quæ exsuperat omnem sensum, custodiat corda vestra, et intelligentias vestras. (Ad Philippens.* 4. *cap.* B. 7.) Ce qu'il deduisit, comme il estoit aisé, et monstroit que pour ceste matiere on devoit faire un concile general. Et que proceder par les matieres ouvertes, il sembloit que ce seroit chose non raisonnable, ny possible à faire.

Or pource que le Roy, et aucuns de son sang, estoient tres-mal contens dudit doyen de Rheims, à cause d'aucunes choses par luy alleguées, ladite proposition finie il se voulut en toute humilité excuser, et prit son theme : *Locutus sum in lingua mea, notum fac mihi Domine finem meum.* Et qui eust creu aucuns du sang, et autres jeunes, on luy eust fait une tres-mauvaise compagnée. Mais il parla si humblement et doucement qu'on pourroit faire, en priant et requerant qu'on luy voulust pardonner pour ceste fois. Et pour lors ne luy fut fait aucune response, combien que hors du conseil on luy monstra bien qu'il avoit mal parlé, et qu'il ne luy advint plus. Et fut receu en grace comme devant.

Ceux qui tenoient le party de l'Université de Paris, proposerent après par la bouche d'un notable prelat bon clerc, docteur en decret, abbé du mont Sainct Michel, qui prit son theme en la presence du Roy : *Da nobis auxilium de tribulatione : quia vana salus hominis. (Psalm.* 107. 13. *et cap. canon* vx. *distinct.*) Tendant à la fin que tendoit l'Université de Paris, et allegua plusieurs notables auctoritez. Et ensuivant leur matiere, proposa un tres-solemnel docteur en theologie, nommé maistre Pierre Plout, qui prit son theme : *Convertantur retrorsum omnes, qui oderent Sion. In Psalm. Sæpe expugnaverunt me*, etc. Et monstra bien la puissance du Roy en telles matieres, et respondit bien grandement à plusieurs raisons alleguées par les parties adverses. La proposition finie, se leva ledit Fillastre doyen de Rheims, et repliqua à ce qui avoit esté dit contre luy et ses adherans, et prit son theme : *Obmutui et silui à bonis, quia dolor meus renovatus est;* et soustenant son faict, et ceux de sa partie. Et pource qu'on avoit fort chargé le pape Benedict de plusieurs abus qu'on disoit par luy avoir esté faits, ledit doyen y respondit. Et lors le patriarche Cramault aussi voulut repliquer : mais pource que ledit doyen en sa premiere proposition avoit pris en son theme : *Manete in dilectione mea*, il prit ce qui s'ensuit au chapitre : *Si præcepta mea servaveritis, manebitis in dilectione mea.* Ce qu'il deduisit à son bon plaisir. L'archevesque de Tours voulut aussi repliquer, et fut oüy en la presence du Roy, et prit son theme : *Deus indicium tuum Regi da, et justitiam tuam filio Regis. (Psalm.* 71.) Et monstra fort qu'on ne devoit point faire de substraction à Benedict. Mais maistre Jean Petit, qui avoit proposé une autre fois, voulut encores proposer, et prit son theme, en adjoustant au theme de monsieur de Cambray : *In Domino Jesu Christo.* Et fut finale proposition. Laquelle finie, fut dit par le chancellier de France : « Lundy parleront les advocats et procureur du » Roy, par la bouche de maistre Jean Juvenal » des Ursins, premier advocat du Roy. »

Lequel à la journée prit son theme : *Viriliter agite, et confortetur cor vestrum, omnes qui speratis in Domino. (Psalm.* 26.) Lequel il deduisit bien grandement et notablement : principalement il monstra deux choses. L'une, la puissance du roy de France, qui est le bras dextre de l'Eglise, et qu'il luy est juste et doit assembler les personnes ecclesiastiques de son royaume, touchant le faict de l'Eglise, pour avoir conseil, et en iceluy presider comme chef quand il en est requis, et sans aucune requeste de personne, si bon luy sembloit, comme au cas qui s'offroit, où il avoit esté requis par l'Université, et aucuns prelats et personnes ecclesiastiques. Et que sans supplication de personne, quand il verroit estre expedient il le pourroit faire, et en iceluy conclurre, et faire executer ce qui seroit conclu et advisé en iceluy conseil. Dans la deuxiesme chose il monstra plusieurs notables raisons, par lesquelles on devoit adherer à la requeste de l'Université de Paris, et de ceux qui avoient parlé selon son intention en la matiere, en repugnant et reprimant aucunes choses qui avoient esté alleguées au contraire. Et par ce furent les matieres bien debatuës d'un costé et d'autre, et ne restoit plus qu'à dire leurs opinions. C'estoit moult belle, solemnelle et notable chose de oüyr les raisons des opinans. Aussi en toute chrestienté, on eust bien failli à trouver plus notables clercs : finalement fut ouvert et advisé qu'il estoit necessité d'avoir un concile general pour reformer l'Eglise, tant au chef qu'aux membres. Et pour abreger fut faite substraction à Pierre de la Lune, dit Benedict, et l'eglise de France reduite à ses anciennes libertez et franchises. Et que les ordinaires donneroient les benefices estans en leurs collations, et aux electifs on pourvoyeroit par elections, et confirmations, selon le droict ancien escrit : et furent faites nominations, tant pour les officiers du Roy, que pour l'Université, et personnes ecclésiastiques (1).

Le seiziesme jour de janvier y eut une notable procession faite à Paris, en laquelle y avoit bien soixante quatre tant archevesques, qu'evesques, et d'abbez foison. Et disoit-on que à Paris y avoit lors de deux cens à douze vingts archevesques, evesques et abbez. Et de docteurs, et licentiez sans nombre, lesquels furent en ladite procession : et y furent les ducs, comtes, et barons. Si peut-on penser que c'estoit belle chose à voir.

En ce caresme, l'Annonciation Nostre-Dame fut le Vendredy sainct. Et dit-on que quand elle echet le jour dudit Vendredy, qu'il y a pardon general de peine et de coulpe, au Puy. Il y fut tant de monde et de peuple que merveilles. Et y eut bien deux cens personnes mortes et esteintes.

Grands murmures, plaintes, et haynes couvertes couroient tousjours à Paris, dont grand mal s'en ensuivit.

Audit an mille quatre cens et six, il vint à la cognoissance du comte de Hainaut que le Roy estoit en bonne santé : c'est pourquoy il s'en vint à Paris devers le Roy, lequel le receut grandement et honorablement. Il remercia bien humblement et regratia le Roy de l'alliance qu'il luy avoit pleu faire de sa fille, en s'offrant au service du roy, et des siens. Le Roy, pour plus entretenir l'amour dudit comte, et le faire estre en son service, luy donna quatre mille livres de rente sur la recepte de Vermandois : et outre, pour estre de son conseil, par maniere de pension luy ordonna six mille livres, que ceux de Tournay devoient par chacun an au Roy, laquelle chose venuë à la cognoissance des habitans de Tournay, ils delibererent qu'ils ne le souffriroient point. Et disoient que dés longtemps ladite somme se devoit employer en l'aumosne du Roy. Et pour ceste cause envoyerent devers le Roy, et firent tant qu'ils obtinrent ce qu'ils demandoient.

Il y eut un mariage fait de la fille du duc de Bourgongne et du comte de Ponthievre, fils de la fille de messire Olivier de Clisson, jadis connestable de France.

Quand le duc de Lorraine sceut que le Roy estoit mal content de luy, et qu'il envoyoit gens d'armes au pays pour luy faire guerre, et resister aux entreprises qu'il faisoit contre le Roy, et les droits de sa couronne, il envoya devers le Roy une bien notable ambassade, en priant au Roy qu'il fust en sa grace : et de tout ce qu'il pouvoit avoir fait, il se mit au jugement du Roy, et de sa cour. Et pource les gens d'armes qui estoient envoyez s'en retournerent.

L'autre armée, comme dit est, fut envoyée en Picardie, où il y eut plusieurs courses entre les Anglois et les François, sans faire comme nul dommage les uns aux autres, quoy que ce soit les Anglois y eurent peu de dommage. Et pource qu'il y avoit esdites marches une place nommée Belingaut, laquelle leur portoit grand dommage par fois, lesdits Anglois y mirent le feu, et la razerent. Puis mirent le siege devant Guines, où estoient les François, et y firent de durs assauts, mais ceux de dedans vaillamment se defendoient. Et y avoit souvent, tant d'un costé que d'autre de beaux faicts d'armes : finalement lesdits Anglois honteusement se leverent. Et esdites marches estoient le seigneur de Sainct George de Bourgongne, messire Philippe de Cervolles son neveu, et autres chevaliers, et escuyers, lesquels couroient souvent sur ceux qui tenoient le siege. Les Anglois delibererent un jour de faire course devant la place où estoient les François, et mirent une embusche, et devant envoyerent vingt de leurs gens bien armez et montez, courir devant les François. Messire Philippes de Cervolles, qui estoit vaillant chevalier, saillit hors, et autres de sa compagnée ; et en escarmouchant chasserent tellement les Anglois, qu'ils passerent outre leur embusche, de laquelle les Anglois saillirent, et fut pris ledit de Cervolles, et le menerent à Calais. La chose venuë à la cognoissance dudit seigneur de Sainct George, cuidant trouver les moyens de rencontrer les Anglois, et rescourre ledit Philippes, il saillit hors bien et vaillamment, mais rien ne

---

(1) Les écrivains originaux se sont tous occupés de l'histoire du grand schisme ; elle n'est racontée nulle part avec plus d'étendue et plus de critique que dans le religieux anonyme.

fit. Car lesdits Anglois s'estoient ja retirez avec leur prise dedans leur ville et place de Calais. Et s'en retournerent ceux qui y estoient envoyez sans autre chose faire.

En Guyenne tousjours se faisoient exploits de guerre, et au partir de Briancour, les François assiegerent une place bien forte, nommée Flouc : quand ils eurent esté devant par aucun temps, ils firent tant que par force ils eurent ladite place. De là ils s'en allerent devant Limeüil, et y livrerent plusieurs assauts. Finalement par composition les Anglois rendirent la place, et y trouverent les François foison de vivres, et autres choses à eux necessaires, qui leur fut un grand reconfort et consolation, et là grandement se rafraichirent. Depuis ils allerent devant Mussiden bien forte place : quand ils y eurent esté par aucun temps, et fait plusieurs et divers assauts, un chevalier François qui avoit espousé la fille du seigneur dudit Mussiden, fit tant que ladite place fut mise en la main du Roy, et en son obeïssance.

Ceux d'Angleterre, qui estoient desplaisans de la mort du roy Richard, s'assemblerent vers les marches de Galles, et envoyerent vers le Roy une ambassade, en demandant aide et confort de gens, pour venger la mort dudit roy Richard. Et firent une proposition bien notable, en condamnant la tres-inique et detestable mort dudit Richard : et en monstrant que de tout temps, le royaume estoit venu par succession, et non mie par election, et devoient succeder les plus prochains, et que à Henry de Lancastre, supposé qu'il n'eust commis le meurtre en la personne de son souverain seigneur, toutesfois le royaume ne devoit competer ny appartenir, mais en devoit estre Roy, comme plus prochain, le comte de la Marche d'Angleterre. Et furent oüys bien au long, puis eurent response, que le Roy estoit prest et appareillé de leur aider, mais qu'ils fussent fermes en leur opinion. Et leur fit donner le Roy bien largement de ses biens, et s'en retournerent en Angleterre.

En ce temps c'estoit grande pitié de voir le gouvernement du royaume : les ducs prenoient tout, et le distribuoient à leurs serviteurs, ainsi que bon leur sembloit. Et le Roy et monseigneur le Dauphin n'avoient dequoy ils peussent soustenir leur moyen estat. Et s'en allerent les ducs, comme dessus a esté touché. Le duc d'Orleans fut à Sainct Denys, où il requit de voir le chef de Monseigneur Sainct Denys à nud, lequel luy fut monstré : les religieux disoient qu'ils l'avoient tout entier, mais ceux de Nostre Dame de Paris soustenoient qu'ils en avoient une grande partie. Et sur ce y eut grand debat et procés. Le duc de Bourgongne s'en retourna de devers Calais sans rien faire, dont en la presence du Roy il s'excusa grandement, disant qu'il s'en estoit retourné, d'autant qu'aucun payement ne se faisoit à ses gens. Et disoit que le roy de Sicile, en Anjou et au Maine avoit pris l'argent de toutes les tailles et aydes, lequel luy estoit ordonné pour payer ses gens, et que rien n'en avoit peu avoir, et que le duc d'Orleans avoit le demeurant. Et au regard du duc d'Orleans, qui alla en Guyenne, veu que l'hyver approchoit, il luy fut conseillé qu'il laissast passer l'hyver, lequel estoit tres-pluvieux, et qu'en la nouvelle saison il fit sa guerre. Ce que luy conseillerent les vaillans et anciens chevaliers et escuyers estans avec luy : mais les jeunes gens non bien stilez en armes, luy conseillerent le contraire, et creut leur opinion, dont ne s'en ensuivit pas bonne issuë. De faict il assiegea Blaye, qui estoit une forte place, bien garnie de vivres, d'artillerie, et de gens de guerre. Et en avoient plus largement que ceux de dehors qui tenoient le siege, lesquels ne pouvoient avoir vivres sinon de la Rochelle, par la mer. Une fois entre les autres, leur venoit grande quantité de vivres, et artillerie dudit lieu, et envoya au devant pour les conduire jusques à l'ost, trois cens combatans : ceux de Bourdeaux qui estoient sur la mer, lesquels faisoient tous les jours diligence de grever les François, les rencontrerent ; ils combatirent d'un costé et d'autre bien vaillamment, par l'espace de deux heures, et y en eut de part et d'autre plusieurs navrez et blessez, mais enfin les François furent desconfits, et y en eut plusieurs de morts, tant de noyez que autrement, et de pris environ six vingts, et les autres s'en retournerent en l'ost. Et s'en retourna le duc d'Orleans, et leva son siege, dont on ne luy donna point d'honneur. En sa compagnée y avoit un vaillant chevalier, nommé messire Robert de Charlus, lequel estoit moult desplaisant de ce qu'on s'en alloit sans rien faire : il exhorta plusieurs gentils compagnons de faire quelque chose avant qu'ils s'en retournassent, et delibera d'aller assieger une place, qu'on tenoit forte et comme imprenable, nommée Lourde. Et de faict, luy et sa compagnée y allerent, et jurerent que jamais n'en partiroient jusques à ce qu'ils eussent la place, sinon que par force ils fussent combatus. Ils y tinrent le siege un an entier, et eurent beaucoup de mal-aises, tant pour occasion de neiges, lesquelles audit an furent fort grandes et excessives, comme par le defaut de vivres, car à grande peine en avoient-ils. Finalement ceux de dedans voyans qu'ils n'avoient aucun secours, et que vivres leur failloient, ils rendirent la place au Roy. Laquelle entreprise, et de ce qu'ils en estoient venus à leur intention, sembla à ceux qui s'y cognoissoient, estre un bien grand honneur des François.

Comme dessus a esté touché, substraction fut faite à Pierre de la Lune le dix-huictiesme jour de fevrier, non mie du consentement de tous : car l'archevesque de Rheims et plusieurs autres estoient d'opinion, et soustenoient qu'elle ne se devoit point faire. Cependant vinrent nouvelles que l'antipape Innocent estoit mort à Rome. Avant que les anticardinaux procedassent à faire quelque election, ils firent certains grands sermens, tendans à avoir union en l'Eglise; iceux faits, ils procederent à leur election, et en eleurent un qu'ils tenoient pour pape, nommé Gregoire douziesme. Après sa coronation, luy et ses anticardinaux eleurent la voye de cession, et delibererent que c'estoit la meilleure et la plus seure voye qui se peust trouver ; et comme la plus necessaire l'approuverent. Et envoya Gregoire à Benedict sur ce une bulle bien faite, et pareillement à tous les roys et princes chrestiens, de la datte de la douziesme calende de novembre (1). Benedict receut l'ambassadeur de Gregoire bien grandement et honorablement, et luy fit une tres-bonne chere. Et les deuxiesmes calendes de fevrier (2) il luy fit une tres-gratieuse response, en monstrant tout signe d'avoir volonté d'entendre à union de l'Eglise. Le Roy, et tous ceux de son sang, et conseil furent bien joyeux, quand ils apperceurent que Gregoire avoit ceste volonté, et furent d'opinion qu'il estoit necessaire de poursuivre la matiere jusques à la conclusion. Donc furent ordonnées plusieurs ambassades, pour envoyer tant devers Gregoire, que Benedict, avec belles et notables instructions. On faisoit toutes les diligences qu'on pouvoit faire en ceste matiere. Derechef on escrivit lettres à Benedict, et aux princes chrestiens, du huictiesme jour de mars, en monstrant tous signes d'avoir grande affection à l'union de l'Eglise. Ce nonobstant plusieurs, tant prelats que de l'Université, poursuivoient tant qu'ils pouvoient, que la substraction faite à Benedict fust publiée, et y procedoient aucuns bien rigoureusement et aigrement. Mais ce nonobstant, pource qu'aucuns disoient, qu'il avoit escrit si gratieusement à Gregoire son adversaire, en monstrant grands signes de volonté d'entendre à l'union de l'Eglise, il fut conclud que rien ne se feroit jusques à ce qu'on eust la response des ambassadeurs, qui estoient allez devers luy de la part du Roy.

◇◇◇

M. CCCCVII.

L'an mille quatre cens et sept mourut Olivier de Clisson, le vingt-quatriesme jour d'avril, qui avoit esté connestable de France, moult vaillant chevalier : et l'appelloit-on le Boucher, pource qu'és besongnes, où il estoit contre les Anglois, il en prenoit peu à rançon, et de son corps faisoit merveilles en armes. Et trouve-on qu'il fut né le jour de S. George, et fait chevalier aussi le jour de S. George, et encores qu'il mourut la veille ou le jour de S. George. C'est celuy que battit à Paris messire Pierre de Craon; duquel de Craon, en reparation d'iceluy meffait, la representation est en une croix devant le gibet de Paris.

En ce temps, il cheut tant de chenilles, limaçons, et autres vermines, que toutes les feüilles et herbes des grains furent comme toutes du tout mangées, et gastées.

Le seiziesme jour d'octobre, Tignoville, prevost de Paris, fit prendre deux compagnons de tres-orde et deshonneste vie, lesquels avoient commis plusieurs delicts, crimes, et malefices ; et les fit pendre, combien qu'ils se dissent clercs, et aussi estoient-ils. Et fut faite grande poursuite par l'Université, et aussi par l'evesque de Paris, contre ledit Tignoville.

En ce mesme temps plusieurs choses se faisoient par les seigneurs, comme prises de bleds et de vins sur les rivieres, et autres vivres, et se faisoient plusieurs mangeries par les officiers particuliers, et pource par le Roy et son conseil, fut ordonné que telles manieres ne se fissent plus, et fut crié publiquement à son de trompe, que plus ne se fit.

Tousjours y avoit quelque grommelis entre les ducs d'Orleans et de Bourgongne, et souvent falloit faire alliances nouvelles, tellement que le dimanche vingtiesme jour de novembre, monseigneur de Berry, et autres seigneurs assemblerent lesdits seigneurs d'Orleans et de Bourgongne, ils oüyrent tous la messe ensemble, et receurent le corps de Nostre Seigneur. Et prealablement jurerent bon amour et fraternité par ensemble : mais la chose ne dura gueres. Car le mercredy ensuivant, au soir, un nommé Raoulet d'Octonville s'embuscha en un hostel, en la rue de Barbette. Et s'estoit allé esbatre ledit duc d'Orleans audit hostel de Barbette, auquel

---

(1) C'est-à-dire le 21 octobre. (Note de Godefroy.)
(2) Le 31 janvier. (*Idem*.)

on disoit que la Reyne estoit. Et en s'en retournant pour aller à son hostel, ledit Raoulet, accompagné de dix ou douze compagnons, saillit et bailla audit duc d'Orleans plusieurs coups, luy fendit la teste, luy couppa le poing, et le tua, et mourut. Et y eut un de ses serviteurs, Allemand, qui se jetta sur son maistre, pour le cuider garentir, qui fut tué avec luy. Pour lors on ne sçavoit qui l'avoit tué, et disoit-on que ce avoit esté le seigneur de Canny, pource qu'on disoit qu'il luy avoit osté sa femme. Ny jamais on n'eust pensé que ce eust fait faire le duc de Bourgongne, veu les sermens qu'ils avoient faits, et alliances, et autres amitiez promises, et reception du corps de Jesus-Christ. Et si fut à l'enterrement vestu de noir, faisant deüil bien grand, comme il sembloit. Et disent aucuns que le sang du corps se escreva (1). Il fut enterré aux Celestins, en une belle chappelle qu'il avoit fait faire. Le samedy matin, le duc de Bourgongne alla parler au roi de Sicile, et au duc de Berry, qui estoient ensemble à Nesle, lequel leur confessa le cas, disant qu'il l'avoit fait faire. Lors le duc de Berry luy dit qu'il feroit bien de s'en aller et partir; aussi s'en alla-t'il monter à cheval, et partit de Paris (2).

Le vingt-huictiesme jour de decembre, il y eut une maniere de lict de justice tenu, où on fit plusieurs ordonnances. Et entre les autres, pource qu'on voyoit le Roy souvent malade, il fut ordonné, que si le Roy alloit de vie à trespassement, que son fils aisné, quelque aage qu'il eust, seroit couronné et sacré en Roy. Et que le Roy estant essonié (3) de maladie, le Dauphin son fils aisné regenteroit, et comme regent governeroit.

En ce temps y eut merveilleuses gelées, et fut toute la riviere de Seine prise, tellement que de la Cité on alloit en Greve, et de Sainct Bernard aussi, et passoient chariots et charettes par dessus, comme ils eussent peu faire en pleine terre. Et en janvier la glace se despeça et rompit, et s'en alloient les grands glaçons, qui firent maux infinis, et mesmement rompirent-ils aucuns des ponts de Paris. Or il y eut une chose merveilleuse, c'est qu'on veid venir un grand glaçon, sur lequel y avoit un enfant, et disent aucuns qu'il estoit en un vaisseau, il y eut gens qui se mirent en grande diligence de le sauver, et de faict le sauverent.

La duchesse d'Orleans vint à Paris, pour se plaindre au Roy de la mort de son mary : mais pour lors elle ne fit gueres. Aprés ces choses le duc de Bourgongne vint à Amiens. Et devers luy allerent le roy de Sicile et le duc de Berry, le comte de Tancarville, et Montagu. Ce qu'ils firent ensemble, on ne le sceut, sinon eux-mesmes : excepté que le duc de Bourgongne dit, que ce qu'il avoit fait faire de la mort du duc d'Orleans, il avoit bien fait, et s'en excuseroit bien : puis s'en vint ledit duc jusques à Sainct Denys, et là fut par aucuns temps, devers luy allerent lesdits de Sicile, et de Berry, et le duc de Bretagne, et plusieurs autres seigneurs. En fin, en un mardy du mois de fevrier, il delibera de venir à Paris, et de faict y vint, accompagné de bien environ mille homme d'armes. Avec luy avoit les ducs de Limbourg et de Lorraine, il vint devers la Reyne accompagné desdits ducs : et fit monseigneur de Berry un disner en son hostel de Nesle, où estoient monseigneur le Dauphin, et lesdits seigneurs. Et comme tout publiquement crioient à Paris, vive le duc de Bourgongne. Et y avoit divers monopoles, et langages. Le jeudy huictiesme jour de mars, il fit faire une proposition par un docteur devant nommé maistre Jean Petit (4), lequel s'efforça de justifier le cas advenu en la personne du duc d'Orleans frere du Roy, par ledit duc de Bourgongne, ou par son ordonnance, alleguant plusieurs cas de diverses especes, qu'on disoit avoir esté commis par ledit duc d'Orleans, pour lesquels il soustenoit qu'on le devoit tenir et reputer tyran. Et concluoit qu'il estoit licite à un chacun de le tuer, ou faire tuer, veu que autrement, comme il disoit, ne se pouvoit faire. Laquelle chose sembloit bien estrange à aucunes gens notables, et clercs : mais il n'y eut si hardy qui en eust ozé parler au contraire. Le vendredy, ledit duc de Bourgongne vint devers le Roy, en le priant que de ladite mort il le voulust tenir pour excusé, et qu'il ne cuidoit aucunement avoir mal fait, mais entant qu'il en auroit aucune rancune contre luy, qu'il luy voulust pardonner. Lors le Roy benignement et doucement luy pardonna, et faisoit ce qu'on vouloit : aussi estoit-il aucunement empesché de maladie.

Ceste nuict, le Roy alla coucher avec la Reyne, et disoit-on qu'à cause de ce il avoit esté plus malade, qu'il n'avoit esté dix ans auparavant : et usoit-on de divers langages, et merveilleux.

---

(1) C'est-à-dire *rejaillit* ou *rebondit hors de sa place*. (Godefroy.)
(2) Voyez le pittoresque récit de Froissard.

(3) *Essoyné, exonié*, ou *exoyné*, c'est-à-dire *débilité, abbatu de maladie*. (Godefroy.)
(4) Voyez notre Indication analytique des Documents pour le règne de Charles VI.

La Reyne se doutant que aucune commotion ou grand inconvenient n'advint à Paris, s'en alla à Melun, et emmena monseigneur le Dauphin, sa femme et tous ses enfans avec elle. Pareillement audit lieu s'en allerent et partirent de Paris le roy de Sicile, les ducs de Berry et de Bretagne, le connestable et Montagu, et plusieurs autres, dont le duc de Bourgongne fut tres-mal content. Et estoit ladite ville de Melun bien garnie de gens de guerre. Ledit de Bourgongne envoya vers ladite Reyne, et fit tant par belles paroles qu'elle fut appaisée.

Messire Clignet de Brebant admiral de France, qui estoit à feu monseigneur d'Orleans, fut desapointé, et messire Guillaume de Chastillon seigneur de Dampierre, fait admiral en sa place.

En ce temps, y eut une fille de laboureur, qui fut née sans bras et jambes, et en autres membres tres-bien formée.

En ce temps, grandes diligences se faisoient de l'union de l'Eglise, par tous les roys et princes chrestiens, desirans fort d'avoir un seul pape, et unique. Gregoire l'antipape envoya à Benedict de bien notables et bons clercs, lesquels eurent audience, et proposerent ce que bon leur sembla, en soustenant leur maistre. Et d'autre costé, de la partie de Benedict et de son obeïssance on leur respondit bien. Et y eut diverses paroles d'un costé et d'autre aucunement arrogantes et aspres. Et finalement il fut convenu que pour estre assemblez, le lieu de Gennes en Lombardie estoit propice et convenable. Et de ce par notaires presens fut ordonné d'en faire instrumens publics, et par gens notables, esleus tant d'un costé que d'autre, il fut ordonné que instrumens se feroient bien amples, de la maniere de convenir, et de la garde de la ville, et des personnes et biens de ceux qui y viendroient et comparoistroient. Et de ce, specialement furent faites de moult grandes diligences. Benedict avoit esté content de la voye de cession, et par plusieurs et diverses fois, tant par le Roy que ceux de l'Université, fut sommé et requis qu'il en baillast ses bulles : mais oncques il ne le voulut faire, dont on fut bien mal content. Le Roy envoya une notable ambassade à Rome devers l'antipape Gregoire, en luy priant qu'il luy pleust de perseverer en sa poursuite de l'union de l'Eglise, et firent les ambassadeurs leur proposition. Mais il sembloit bien aux manieres que tenoit Gregoire, et à ses paroles, qu'il ne queroit que subterfuges, et delais frivoles. Et quand on apperceut ses manieres de faire, on le somma qu'il tint ce qu'il avoit promis, c'est à sçavoir la voye de cession. Et nulle response n'y fit, dont les ambassadeurs de Benedict, qui estoient presens, se plaignoient fort, en disant qu'il tardoit trop à faire sa response. Et à la fin fit une response bien maigre, laquelle ne fut point acceptée. Et aussi n'estoit-ce qu'une maniere d'evasion mal colorée. Et pource derechef fut sommé qu'il declarast sa volonté, et qu'il voulust entendre et tant faire, que en saincte eglise y eust bonne et parfaite union. Mais autre chose les ambassadeurs n'en eurent. Et pource s'en retournerent devers le Roy, et ceux qui les avoient envoyez, et firent leur relation de ce qu'ils avoient trouvé à Rome.

Les prises des bleds, avoines, vins, et autres vivres, lesquelles se faisoient pour le Roy et les seigneurs se continuoient, et quand les marchands et pauvres gens venoient demander leur argent, on ne leur en bailloit point, que d'adventure la moitié ou le tiers. Dequoy les plaintes vinrent au Roy, dont il fut bien mal content, et fit defendre et crier à son de trompe que plus cela ne se fit. Toutesfois on disoit que la Reyne, et le duc de Bourgongne avoient fait audit cry limiter temps, seulement de quatre ans.

L'Université tousjours poursuivoit le faict des clercs qui avoient esté pendus, dont le Roy ordonna qu'ils fussent despendus simplement : mais l'Université n'en fut pas contente.

Paroles s'esmeurent fort en la ville touchant la proposition de maistre Jean Petit, des conditions du feu duc d'Orleans, et plusieurs notables gens en estoient tres-mal contens.

M. CCCCVIII.

L'an mille quatre cens et huict, après la substraction faite à Benedict, et les ordonnances royaux mises sus, par lesquelles l'Eglise de France fut reduite à ses anciennes libertez, et franchises, ce fut chose necessaire de pourvoir à la forme et maniere de conferer les benefices, tellement que les suppost de l'Université fussent bien pourveus : et y eut ordonnances faites, belles et notables, dont tous furent contens.

Il y eut en parlement des procés, touchant les comtez de Roussy et de Brenne, entre le roi de Sicile et les vrays heritiers de ceux de Roussy : il y avoit long-temps que la cause estoit introduite, et avoit eu le roy de Sicile, ou ses predecesseurs, la recreance : mais audit an ceux qui estoient heritiers obtinrent le principal.

Audit an, le cinquiesme jour de may, messire Guillaume de Tignonville, qui estoit clerc, et bien notable chevalier, fut desapointé de l'estat de prevost de Paris. Et disoit-on que c'estoit pource qu'il avoit fait pendre lesdits clercs, dont dessus est faite mention, dont aucuns l'excusoient. Car il n'avoit rien fait, que par le conseil des gens du Roy de Chastellet, et s'en excusoit bien grandement et notablement. Mais la vraye cause estoit, pource qu'il frequentoit souvent en l'hostel de feu monseigneur le duc d'Orleans, et si ne vouloit pas faire beaucoup de choses estranges, qu'on vouloit qu'il fit, en delaissant et omettant l'ordre de justice : et y fut mis messire Pierre des Essars, qui estoit de l'hostel du duc de Bourgongne, lequel en eut un bon salaire, comme cy-aprés sera dit en temps et lieu : et au regard dudit Tignonville, il fut ordonné estre president de la chambre des comptes lai.

Le lundy quatorziesme jour de juin, fut apportée une bulle de Benedict, par laquelle il excommunioit et mettoit tout le royaume en interdit. Et pource que aucuns disoient, que la conclusion prise l'an mille quatre cens et six, n'avoit pas esté deuëment executée, et qu'il y eut diverses opinions, et que aucuns encores tenoient Benedict pour Pape, et qu'il avoit dit qu'il ne tiendroit chose qui fust deliberée, ny ne cederoit point, il fut deliberé que desdites sentences on appelleroit en diverses manieres et formes, qui lors furent advisées, et si luy fit-on substraction plus ample qu'auparavant.

Pour appaiser l'Université de Paris, et aussi l'evesque, sur ce que les clercs, dont dessus est faite mention, avoient esté pendus, il fut ordonné qu'ils seroient dependus, et mis en terre saincte. Parquoy le seiziesme jour de may ils furent dependus, et mis en coffres de bois par le bourreau : puis à processions grandes et solemnelles ils furent apportez au parvis de Nostre-Dame. De là ils furent portez à Sainct Mathurin, où ils furent enterrez : et pour ceste cause on sonna toutes les cloches des colleges et paroisses de Paris.

Le vingt et uniesme jour du mois de May, le Roy fut amené au Palais, où fut exhibée la bulle dessus dite : et fit une notable proposition un bien notable docteur en theologie, nommé Courtecuisse, qui monstra les iniquitez et incivilitez de ladite bulle, et nullité; parquoy publiquement fut deschirée, et fut dit et declaré devoir estre arse, et ainsi fut fait. Et sceut-on que à Paris y avoit deux hommes estans à Pierre de la Lune, se disant le pape Benedict, l'un nommé Cousseloux, et l'autre Gonsalve, qui avoient apporté ladite bulle : lesquels furent pris et emprisonnez, escharfaudez, mictrez, et preschez publiquement. Et leur fit le sermon un notable docteur en theologie, ministre des Mathurins.

Au Liege y avoit bien grand debat, entre l'evesque du Liege et ceux du pays, lesquels s'estoient mis sus, et allerent assieger la ville de Traict, et se tinrent devant par aucun temps. Mais le comte de Hainaut à grande puissance entra au pays, et tres-piteusement tout destruisit, en faisant tous maux que ennemis ont accoustumé de faire. Et disoit-on publiquement que c'estoit, pource qu'ils vouloient que leur evesque fust prestre. Lequel evesque requit aide au duc de Bourgongne, luy priant qu'il luy voulust aider et secourir comme son parent, ce qu'il delibera de faire : et pour ceste cause il partit de Paris, et s'en alla en Artois, et en Flandres, et manda gens de toutes parts.

Aprés le partement du duc de Bourgongne, la Reine vint à Paris le penultiesme jour d'aoust, bien accompagnée de deux à trois mille combatans, et monseigneur le Dauphin avec elle, et s'en vint loger au Louvre : et disoit-on qu'elle avoit mandé la duchesse d'Orleans qu'elle vint à Paris, demander justice de la mort de son mary.

Le cinquiesme jour de septembre, cheut à Paris grosse gresle, qui fit maux innumerables, tant aux champs qu'en la ville, car elle estoit grosse comme œufs d'oye.

Les officiers et conseillers du Roy estoient en grand soucy, comme on pourroit pourvoir au gouvernement du royaume. Le Roy estoit malade, monseigneur le Dauphin jeune, les seigneurs en division et hayne les uns contre les autres. Et fut advisé que c'estoit le moins mal que la Reyne presidast en conseil, et eust le gouvernement, que de laisser les choses en l'estat qu'elles estoient. Et fut ordonné que ce se monstreroit par messire Jean Juvenal des Ursins advocat du Roy, dont dessus a esté faite mention, et par le procureur general du Roy. Laquelle chose il fit bien grandement et notablement en la presence de ceux du sang, et des prelats, et de foison de peuple. Et aprés la proposition faite, il fut conclu que la Reyne, le Roy estant malade, presideroit au conseil, et auroit le gouvernement du royaume.

Le vingt-huictiesme jour d'aoust, la duchesse d'Orleans vint à Paris, et la fille du Roy femme du jeune duc d'Orleans avec elle. Laquelle duchesse estoit moult fort esplorée, et non sans cause : elle s'en vint loger en Behaingne, et les enfans demeurerent à Blois. Et le cinquiesme jour de septembre, ladite duchesse bien humblement vint devers monseigneur le Dauphin, et les ducs de Berry, de Bretagne, et de Bourbon, et fit sa complainte bien piteusement. Il luy fut dit qu'elle fust la bien-venuë, et que un

29.

autre jour on luy feroit response, et s'en retourna en son hostel de Behaingne. Et le neufiesme jour vint le duc d'Orleans à Paris, en bien humble estat, vestu de noir, et tout droict s'en alla à Sainct Paul vers le Roy, luy faire la reverence, et demander vengeance de la mort de son pere : il luy fut respondu qu'on luy feroit toute raison. De là il s'en alla en l'hostel de Boheme vers sa mere et sa femme. Le mardy ensuivant, l'abbé de Serisi fit une proposition en la presence de monseigneur le Dauphin, et des seigneurs dessus dits, et prit son theme : *Justitia et judicium, præparatio sedis tuæ*. Lequel il deduisit bien grandement et notablement, en detestant la mort de monseigneur le duc d'Orleans, et monstrant la grande enormité du cas. En respondant aux excusations et mouvemens du duc de Bourgongne, en monstrant qu'il n'avoit cause ou apparence de l'avoir fait, et que des choses qu'il alleguoit, si n'estoit-ce pas à luy à faire de le faire tuer : et fit tant et si grandement sadite proposition, que tous ceux qui estoient presens, disoient pleinement que oncques si grande faute ne fut faite au royaume de France, si justice n'en estoit faite, et que le duc de Bourgongne clairement avoit confisqué corps et biens. Et aprés que ledit abbé eut proposé, et esté oüy longuement, maistre Guillaume Cousinot, un notable advocat en parlement, commença à parler, et en effect prit conclusions les plus hautes et grandes, qui se pouvoient faire en la matiere : alors aprés ladite proposition sur ce faite, on les fit retraire, et eut monseigneur de Guyenne advis avec ceux de son sang et autres presens, du conseil du Roy, de ce qu'il avoit à respondre. La deliberation estant faite, on fit appeller la dame d'Orleans, et les enfans. Et leur fit responce monseigneur le Dauphin, que la mort du duc d'Orleans son oncle luy desplaisoit, et à tous les presens, tant de son sang que autres, et qu'ils auroient justice. Et aprés ce, tous ceux des fleurs de lys là presens promirent d'aider à en faire justice, et se declarerent parties formelles contre le duc de Bourgongne. Et pource qu'on appercevoit bien que ledit Dauphin favorisoit aucunement le duc de Bourgongne, et son party, il fut deliberé qu'on mettroit gens d'armes dedans Paris. Et ainsi fut fait.

Le duc de Bourgongne pendant ces choses estoit és marches du Liege, et en sa compagnée le comte de Hainaut, l'evesque du Liege, et bien dix à douze mille combatans : les Liegeois s'estoient aussi mis sus, ayans grande volonté de combatre; ils saillirent hors de la ville du Liege, en intention de resister aux autres, qu'ils tenoient pour leurs ennemis, et approcherent tellement, qu'ils se virent les uns les autres : les Liegeois estoient de trente quatre à trente six mille testes armées : au regard des gens de Bourgongne c'estoient gens de guerre : et y avoit des archers du Boulonnois, et autres de Picardie. Les seigneurs et capitaines du pays de Bourgongne estoient le prince d'Orenge, les seigneurs de Sainct George, de Vergy, d'Espagny, et autres. De Picardie les seigneurs de Croüy, de Rasse, et de Hely. De Flandres, les seigneurs de Guistelles, de Fouckemberg, de Duinckerke, et de Robois. De Champagne, les seigneurs de Chasteauvilain, et de Dampierre. De France, messire Guichard Dauphin, le seigneur de Gaucourt, et autres. Et si y estoit le comte de Marre, d'Escosse. Et quand ils virent les Liegeois, ils ne s'effrayerent de rien, et leur sembloit bien que ce n'estoient pas gens, quelque multitude qu'ils fussent, qui arrestassent gueres, et qui ne fussent bien aisez à desconfire, et ainsi en advint. Car aprés que les batailles s'assemblerent, les Liegeois n'arresteren comme point, et furent desconfits. Et y en eut bien de vingt à vingt quatre mille de morts, et fut ladite bataille le vingt-troisiesme jour de septembre audit an. Et de la partie du duc de Bourgongne y eut seulement de septante à quatre-vingts personnes mortes. Et disoit-on communément que la pluspart desdits Liegeois mourut sans coup ferir, et pour la multitude cheurent l'un sur l'autre à grand tas, et s'estouffoient, et les esbahit bien le traict des Picards, qui estoit merveilleux.

Quand les nouvelles vinrent à Paris de ladite victoire, aucuns n'en furent pas joyeux. Et commença-l'on à faire venir gens d'armes, et garder fort les portes de Paris, et les ponts et passages des rivieres d'Oise, Aisne, et autres, afin que le duc de Bourgongne, et ses gens, n'eussent aucun passage pour venir en France. A Paris les choses estoient bien douteuses, et usoit-on de merveilleuses paroles et langages, qui estoient fort à la faveur du duc de Bourgongne. Et y eut aucuns, qui pour les plus enflammer, firent semer qu'on leur vouloit oster leurs chaisnes, et harnois, et semerent cedules tres-seditieuses contre le prevost des marchands, qui estoit bien notable homme. La Reyne delibera d'oster et faire partir le Roy : mais elle ne trouva oncques personne qui luy voulust rien prester. Tousjours estoit en son imagination de s'en aller, et d'emmener le Roy et les enfans. Et manda ceux de la ville en grande quantité, et leur dit qu'elle estoit desplaisante, de ce qu'on luy avoit rapporté, qu'elle vouloit faire oster les chaisnes et harnois, et que oncques n'y avoit pensé. Et que s'ils n'en avoient à Paris assez, qu'elle en fineroit largement, et qu'ils demeurassent bons et loyaux, et vrays subjets du Roy, et en bon amour et dilection. Aprés le chancecelier de France prit la parole, et dit qu'on ne se devoit pas esmerveiller si on avoit mandé des gens d'armes, veu les divisions qui commençoient, et les murmures qu'on faisoit, et qu'ils feroient bien qu'ils s'en voulussent deporter. Le troisiesme jour de novembre le Roy partit de l'hostel Sainct Paul, en la compagnée du duc de Bourbon, et de Montagu. Et se mit en un batteau aux Celestins, et passa jusques à Sainct Victor, et y avoit bien mille et cinq cens hommes d'armes pour l'accompagner. C'estoit grande pitié des pilleries et roberies qui se faisoient sur les champs, et ne passoit personne qui ne fust destroussé, pillé, et desrobé. Et falloit quand les prelats, gens d'Eglise, ou autres personnes d'estat vouloient aller dehors, qu'ils fussent accompagnez de gens d'armes. Le cinquiesme jour, par la porte Sainct Antoine partirent la Reyne, monseigneur le Dauphin, sa femme, les roys de Sicile et de Navarre, le duc de Berry, et autres seigneurs, et s'en allerent tous jusques à Gyen. Et à Gyen se mirent sur la riviere de Loire, et s'en allerent à Tours.

Le quatriesme jour de decembre audit an, mourut de courroux et de deüil la duchesse d'Orleans, fille du duc de Milan, et de la fille du roy Jean : C'estoit grande pitié d'oüyr avant sa mort ses regrets et complaintes. Et piteusement regrettoit ses enfans, et un bastard nommé Jean (1), lequel elle voyoit volontiers, en disant « qu'il lui avoit esté emblé, et qu'il n'y avoit à » peine des enfans, qui fust si bien taillé de ven» ger la mort de son pere, qu'il estoit. »

De l'allée du Roy, de la Reyne, et des seigneurs, ceux de Paris furent moult troublez et esbahis. Quand le duc de Bourgongne sceut ledit partement, il n'en fut pas bien content, et delibera de venir à Paris. Le vingt-huictiesme jour de decembre il y entra avec le comte de Hollande, et grande quantité de gens d'armes, et n'alla personne au devant de luy. Et fut par aucun temps à Paris, et ses gens estoient sur les rivieres de Seine, Marne, Yonne, et une partie sur la riviere de Loire. Et le premier jour de fevrier se partit le duc de Paris, et envoya le comte de Hainaut à Tours devers le Roy, la Reyne, et les seigneurs qui y estoient, et parla à eux. Et fut prise une journée à Chartres, pour trouver la paix et accord entre les seigneurs, et pacification des differens, sous ombre desquels plusieurs grands maux se faisoient. Le Roy à Tours fut tres-fort malade, jusques au vingtneufiesme jour de novembre, auquel il recouvra santé. Et traita-on avec le comte de Hainaut, qu'il fist tant que le duc de Bourgongne confessast qu'il eust mal fait, et qu'il demandast pardon au Roy. Et pour ceste matiere fut envoyé avec ledit comte de Hainaut Montagu grand maistre d'hostel. Ils parlerent au duc de Bourgongne, et y eut plusieurs paroles d'un costé et d'autre : finalement respondit le duc de Bourgongne, qu'il n'en feroit rien, et qu'il cuidoit avoir tres-bien fait. C'estoit pitié des pilleries qui regnoient. Ceux de Paris allerent à Tours prier au Roy qu'il retournast à Paris. Et le vingt-cinquiesme jour de fevrier, le duc de Bourgongne en son simple estat entra à Paris, et avoit-on bonne esperance que tout s'appaiseroit.

Le vingt-huictiesme jour dudit mois de fevrier, environ midy, survint une merveilleuse tempeste de vents et tonnerres, avec une grosse pluye, qui fit beaucoup de maux, et entre les autres foudroya une tres-belle abbaye de Sainct Bernard, nommée Royaumont, que Sainct Louis fonda : et si le temps estoit merveilleux, encores faisoient plus grands dommages les gens de guerre estans sur les champs.

Assez tost aprés le duc de Bourgongne, entrerent à Paris le comte de Hollande, et le comte de Namur. Et pource que le duc de Bourgongne craignoit et se doutoit d'aller à Chartres, pour doute de sa personne, il fut advisé que le comte de Hollande iroit à Chartres, accompagné de gens de guerre, afin que inconvenient n'advint ny d'un costé ny d'autre. Le deuxiesme jour de mars y entra ledit comte de Hollande accompagné de cinq cens hommes d'armes non armez, et de deux cens tres bien armez et ordonnez. Dés auparavant y estoient le Roy, la Reyne, et les seigneurs dessus dits. Enfin le neufiesme jour de mars y entra le duc de Bourgongne, qui s'en vint droit devers le Roy et la Reyne; là y estoit present le jeune duc d'Orleans : et fut ouverte la matiere du traité, tel qu'il se pouvoit pour lors faire. Il y avoit foison de gens de Paris, c'est sçavoir l'un des presidens de la cour, certain nombre des seigneurs, les advocats et procureur du roy, le prevost des marchands, et les eschevins, et plusieurs bourgeois, et autres personnes d'estat. Et fut la paix faite, et eut certains accords, traitez, et promesses faites, et sermens, et se entrebaiserent Orleans et Bourgongne. Et devoit avoir le comte de Vertus

---

(1) Ferdinand, bâtard d'Orléans, comte de Dunois et de Longueville.

la fille du duc de Bourgongne en mariage : et pria le duc de Bourgongne au Roy, que s'il avoit aucune rancune contre luy pour ledit cas, qu'il la voulust oster de son cœur, et pareillement au duc d'Orleans. Et le fit le Roy, et aussi fit Orleans par le commandement du Roy : et y eut grandes joyes faites par tous. Ce faict, le duc de Bourgongne sans boire ny manger en la ville, monta à cheval, et s'en partit. Et avoit on tres-bon fol en sa compagnée, qu'on disoit estre fol-sage, lequel tantost alla acheter une paix d'eglise, et la fit fourrer, et disoit que c'estoit une paix fourrée. Et ainsi advint depuis.

En cette année fut tenu à Pise concile general. Et y avoit huict vingt archevesques, evesques, et abbez, six vingt maistres en theologie, et bien trois cens docteurs qu'en loix, qu'en droict canon, sans les ambassadeurs des roys, princes, universitez, colleges, et autres sans nombre.

En ce temps, Aimé de Broy envoya defier le duc de Bourbon, disant qu'il devoit faire certain hommage au duc de Bourgongne, et luy fit guerre. Mais ledit Duc se mit sur les champs, et contraignit ledit Aimé à lui venir crier mercy. Et pource qu'il avoit pris aucunes places sur ledit duc de Bourbon, il les rendit. Et aussi ledit Duc avoit bien grande puissance.

Audit concile general furent privez du papat Gregoire et Benedict. Et fut eleu un cardinal cordelier, et nommé Alexandre.

Le dimanche dix-septiesme jour de mars, le Roy entra à Paris, et fut receu à moult grande joye. Il y avoit trois cardinaux, c'est à sçavoir celuy de Bar, de Bordeaux, et d'Espagne, et les roys de Sicile et de Navarre, et les ducs dessus dits, excepté Orleans, et Bourbon. Le jeudy ensuivant la Reyne y entra, accompagnée comme dessus, c'est à scavoir desdits roys, et ducs, sans les cardinaux. Et estoient toutes les dames de la Reyne vestuës de blanc. Lors se faisoient grandes cheres à Paris aux hostels du Roy, de la Reyne, et de tous les seigneurs, et és maisons des bourgeois de Paris en divers lieux.

M. CCCCIX.

L'an mille quatre cens et neuf, les Genevois estoient sous le gouvernement du Roy, où le mareschal Boucicaut estoit commis pour le Roy, et par long-temps y fut, durant lequel il fit le mieux qu'il peut. Et fut en Sarrasinisme faire guerre aux Sarrasins. Mais soudainement les Genevois le mirent dehors. Et disoit-on que c'estoit pource que les François, et autres gens de diverses nations, qui estoient en sa compagnée, faisoient plusieurs choses qui ne leur plaisoient pas.

Il y avoit un Anglois nommé Haymon, qui fit appeler de gage de bataille messire Guillaume Bastaille. Et maintenoit que à la besongne des sept François contre sept Anglois, dont dessus est faite mention, il s'estoit rendu à son frere, rescous ou non. Et que combien que les François en la fin obtinssent, que toutesfois ledit Bastaille devoit estre et demeurer prisonnier : lequel Bastaille disoit le contraire. Et sur ce y eut gage adjugé. Et vinrent en champ bien armez, et habillez. Et avoit-on conseillé audit Bastaille, qu'il n'assaillist aucunement ledit Anglois : mais seulement se defendist. Et l'Anglois qui avoit grande volonté de le grever, souvent s'efforçoit de frapper Bastaille, lequel tousjours destournoit de son pouvoir les coups de l'Anglois. Et tellement par bonne maniere se defendit, que l'Anglois n'obtint pas à son intention, sans ce que l'un ny l'autre fussent blessez.

En ce temps aussi y avoit un Anglois nommé Cornoüaille, qu'on tenoit grand seigneur en Angleterre, et vaillant chevalier. Il vint en France, à sauf-conduit, pour faire armes pour l'amour de sa dame, voires à outrance. Aussi y avoit-il en la cour du Roy, un vaillant chevalier, qu'on disoit seneschal de Hainaut, lequel fit sçavoir audit Cornoüaille qu'il estoit prest de luy accomplir le faict d'armes, ainsi qu'il le requeroit. Le dix-huictiesme jour dudit mois de juin, se comparurent en la presence du Roy, bien montez, et armez, prests de s'assembler l'un contre l'autre : mais le Roy les fit tous deux prendre, et separer, en leur defendant qu'ils ne fissent plus. Et fut lors faite une loy ou ordonnance : « Que jamais nuls ne fussent receus au royaume » de France, à faire gages de bataille, ou faict » d'armes, sinon qu'il y eust gage jugé par le » Roy, ou la cour de parlement. »

En ce mois, fut le mariage consommé de monseigneur le Dauphin et de la fille du duc de Bourgongne. Et celuy du comte de Charolois fils dudit Duc, et de la fille du Roy.

Et combien que dessus a esté fait mention de la privation de Benedict et de Gregoire, faite l'année passée, et de l'election d'Alexandre. Toutesfois aucuns disent que ce fut ceste année presente, et en ce mois. Et en fit-on grande solemnité à Paris, tant de feux, que de chanter *Te Deum laudamus*, et sonner les cloches.

Au mois de juillet, le seiziesme jour, mourut l'evesque de Paris, nommé d'Orgemont, dont le pere avoit esté chancelier de France. Et fut celuy qu'on dit avoir esté trouvé mort en sa cave, consommé de gravelle, et de poux, par punition divine, à cause qu'il avoit fait mourir messire Jean des Mares sans cause. Et maistre Pierre du Pré, bourreau de Paris, mit en un certain lieu les os dudit des Mares, où ils furent bien vingt-quatre ans. Et aprés par ses enfans et amis furent ostez, et mis à Saincte Catherine du Val des Escholiers en sa sepulture.

Au mois de May, feu messire Guy de Roye archevesque de Rheims, lequel avoit eu trois archeveschez, c'est à sçavoir Tours, Sens, et Rheims, se mit en chemin pour aller au concile general. Et vint en une ville prés de Gennes, et se logea en une hostellerie. Il avoit un valet mareschal, lequel prit debat avec aucuns de la ville, et y eut une maniere de commotion. Et quand l'archevesque oüit ladite commotion, il voulut descendre les degrez de sa chambre, pour aller tout appaiser. Et en descendant il y eut un de la ville, qui tiroit d'une arbalestre, et d'aventure le vireton ou traict d'arbalestre entra par une petite veuë, qui estoit au long des degrez par où il descendoit, et assena sur ledit archevesque, dont il mourut, et alla de vie à trespassement, qui fut grand dommage. Et fit la justice de la ville tres-grande punition de celuy qui avoit tiré le vireton.

Le treiziesme jour de septembre, dame Isabeau de France, femme du duc d'Orleans, alla de vie à trespassement, et mourut en enfantant, qui fut grand dommage, et pitié.

A Paris, et ailleurs en ce royaume, on prenoit par auctorité de justice tous les Genevois qu'on trouvoit, pour la rebellion qui avoit esté faite à Gennes, et en prenoit-on argent le plus qu'on pouvoit.

Le septiesme jour d'octobre, fut pris monseigneur messire Jean de Montagu grand maistre d'hostel du Roy, qui avoit presques de seize à dix-sept ans comme tout gouverné le royaume de France, et avoit marié ses filles bien grandement et hautement en grands lignages, et fait plusieurs acquests. Et fut fils d'un clerc des comptes, et sa femme fille d'un advocat de parlement. Et avec luy fut pris maistre Martin Gouge evesque de Chartres, et un nommé maistre Pierre de Lesclat. Les causes n'estoient que pour oster ledit Montagu du gouvernement qu'il avoit. Et ne furent lesdits Gouge et Lesclat gueres prisonniers, et payerent certaine somme de deniers. Mais au regard dudit Montagu, le dix-septiesme jour dudit mois d'octobre, il fut condamné par messire Pierre des Essars, à estre decapité aux halles de Paris. Combien qu'il fust clerc marié *cum unica virgine*, et avoit esté pris en habit non difforme à clerc. Mais en le menant à la justice, on luy vestit une robe my-partie de blanc et de rouge, qui estoit comme on disoit sa devise. Et estoit moult plaint de tout le peuple. Et doutoit fort ledit des Essars qu'il ne fust rescous, et pource en allant il disoit : « Qu'il » estoit traistre et coupable de la maladie du » Roy, et qu'il desroboit l'argent des tailles et » aydes. » Et tenoit ledit Montagu en ses mains une petite croix de bois qu'il baisoit, et en tres-grande patience et devotion souffrit la mort. Et disoit-on communément que ce estoit plus par volonté que raison.

Les choses estoient bien merveilleuses lors à Paris, en grands murmures, et divisions, tant des princes que du peuple. Et y eut une reformation mise sus, et commissaires ordonnez, par lesquels on exigea grande finance de tous les officiers du temps passé, comme de ceux ausquels le Roy avoit fait dons. Et prenoit-on argent des subjets sans les oüyr en cognoissance de cause. Et presidoit monseigneur de Guyenne, par lequel fut ordonné que monseigneur de Bourgongne auroit le gouvernement. Le roy de Navarre, et le duc de Berry, et autres du sang, nobles, et des plus notables de Paris estoient bien mal contens des manieres qu'on tenoit. Et parla le duc de Berry bien aigrement au duc de Bourgongne, lequel en tint peu de compte. Et combien que le roy de Navarre eust grandes alliances avec le duc de Bourgongne par sermens et promesses : toutesfois il s'allia au duc de Berry : et assez tost aprés s'en allerent, et partirent de Paris.

Aucuns disent que ceste année, de nouveau furent creez les eschevins à Paris, avec le prevost des marchands. Quelque année que ce fust, tous ceux qui avoient eu amour ou alliance avec ledit seigneur de Montagu eurent à souffrir. Il avoit deux freres, l'un archevesque de Sens, l'autre evesque de Paris, qui receurent les femmes parentes, et aucuns de leurs serviteurs leur faisoient beaucoup de bien.

Le duc Philippes de Bourgongne, et depuis le duc Jean aussi, avoient fait faire plusieurs grands engins de bois pour bastiller Calais. Et estoit belle chose de voir le marrain qui y estoit. Aucuns meus de mauvaise volonté en une nuict y bouterent le feu, et fut tout ars et bruslé. Et ne peut-on oncques sçavoir qui ce avoit fait.

Audit an mille quatre cens et neuf, fut en l'Isle de France vers Senlis un merveilleux tonnerre, qui cheut en une bien notable abbaye, nommée Royaumont. Et y ardit bien la moitié de l'eglise, et le clocher, où estoient les cloches. Lesquelles de la force du feu furent toutes fondues, et le plomb dont ladite eglise estoit couverte.

Aimé de Broy estoit un capitaine de gens, de compagnées de diverses nations, faisans maux infinis. Et avoit tousjours esté au duc de Bourgongne; mais il se disoit au duc de Savoye. Et derechef commença à faire guerre au duc de Bourbon, qui estoit vaillant en armes. Et disoit Aimé, que c'estoit pour son seigneur le duc de Savoye : pource que le duc de Bourbon ne luy vouloit faire hommage d'aucunes terres que il tenoit de luy. Parquoy le duc de Bourbon assembla assez hastivement gens de guerre, et se mit en chemin, prés du lieu où estoit ledit Aimé, lequel quand il vid la puissance du Duc, il se mit en fuite. Mais il ne se sceut tant haster, que ses gens ne fussent morts ou pris, et la plus grande partie noyez. Et si prit le Duc une place, qu'on disoit estre audit Aimé. Le duc de Bourgongne y vint, et fit la paix dudit Aimé envers le Duc, et luy envoya en fers, pour en faire à son plaisir. Et en faveur dudit duc de Bourgongne il luy pardonna. Et promit ledit Aimé d'estre serviteur de monseigneur de Bourbon.

Le quinziesme jour de juillet, le duc de Brabant espousa la fille du marquis de Moravie.

Le duc d'Orleans impetra un mandement, pour adjourner en la cour de parlement le comte de Nevers, sur certaines demandes qu'il avoit intention de faire. Et fut par un sergent adjourné en sa personne, lequel sergent en s'en retournant fut pris, et ses lettres deschirées, et fut pendu à un arbre, qui fut un horrible et detestable cas. Quand le comte de Nevers le sceut il en fut bien desplaisant, et s'en vint devers le Roy, et sa cour de parlement, et s'en purgea tant par serment, que aussi par tesmoins. Mais toutesfois le pauvre sergent demeura mort. Et ne peut-on oncques sçavoir qui ce avoit fait.

Le pape Alexandre aprés sa nouvelle creation, envoya le cardinal de Bar devers le Roy, lequel fut tres-honorablement receu. Aussi estoit-il prochain parent du Roy.

M. CCCCX.

L'an mille quatre cens et dix, le roy de Sicile estant vers Naples, accompagné de plusieurs François, Bretons, et Angevins, pour resister à l'entreprise du roy Lancelot, s'allia d'un vaillant capitaine de gens d'armes, estant au pays de Romanie, nommé Paul des Ursins. Lequel lignage des Ursins est bien grand et puissant és marches de Naples, et de Romanie. Et estoit ledit Lancelot à Rome, et se rencontrerent comme en batailles les uns contre les autres. Et fut ledit roy Lancelot desconfit, parquoy il se retira. Et disoit-on qu'il y avoit eu de beaux et vaillans faicts d'armes, et que ledit Paul fut cause de la victoire qu'eut le roy Louys. Et si ce n'eust-il esté, ceux du pays de France eussent fait une grande occision des gens de Lancelot. Mais il l'empescha, disant que ce n'estoit pas la maniere du pays. Et recouvrerent les François Rome, et le chasteau de Sainct Ange.

En l'année dessus dite mourut le pape Alexandre V et fut esleu un nommé Balthasar de Cosse, qui estoit cardinal, et homme de faict, et avoit esté legat à Boulongne, et avoit tenu les Boulonnois en grande subjection, lequel fut appellé Jean vingt et troisiesme.

Il vint un jour à Paris un fol, qui sembloit avoir sens et entendement, à qui l'eust voulu oüyr parler. Et disoit qu'il guariroit le Roy, et fit en greve assembler beaucoup de peuple, et fit semblant et maniere de prescher. Et toute sa conclusion sur ce qu'on envoyast devers le Pape, et qu'il feroit merveilles : et cognut-on bien que c'estoit un vrai fol, et s'en alla.

Le mariage du fils du roy de Sicile, et de la fille du duc de Bourgongne fut fait, et grandes alliances et sermens entre eux.

Les ducs de Berry et de Bourbon, comme dessus est dit, et allerent à Gyen, où estoient les ducs d'Orleans et de Bretagne, et les comtes d'Alençon, de Clermont, et d'Armagnac : et là fit une maniere de proposition le duc de Berry, en declarant plusieurs choses contre le duc de Bourgongne. Et s'allierent tous ensemble, et firent sermens et promesses de se aider et conforter l'un l'autre contre ledit duc de Bourgongne. Et escrivirent au Roy, et aussi aux bonnes villes, et prelats du royaume lettres, esquelles estoient incorporées celles qu'ils escrivoient au Roy, et les envoyerent aux prelats et bonnes villes, desquelles la teneur s'ensuit.

« Les ducs de Berry, d'Orleans, et de Bour-
» bon, les comtes d'Alençon et d'Armagnac, à
» Reverend pere en Dieu l'evesque, doyen et
» chapitre de la ville de Beauvais, salut et di-
» lection. Nous rescrivons à nostre tres-redouté et
» souverain Seigneur, monseigneur le Roy, en
» la maniere qui s'ensuit.

» Vous tres-haut et excellent Prince, nostre
» tres-redouté et souverain seigneur le Roy,
» exposons et signifions en tres-grande clameur,
» et complainte, les choses cy-aprés declarées :
» Nous les ducs de Berry, d'Orleans, et de
» Bourbon, et les comtes d'Alençon, et d'Ar-
» magnac, vos tres-humbles oncles, parens, et
» subjets, pour nous, pour tous nos adherans,
» et vos bienveüillans, comme les droicts de

» vostre couronne, Seigneurie, et Majesté royale,
» soient si notablement instituez, vous en iceux,
» et iceux fondez en vous, en justice, puis-
» sance, et vraye obeyssance de vos subjets,
» tellement que en tous les royaumes et seigneu-
» ries du monde, l'estat et l'auctorité de vous
» et de vostre dite Seigneurie en resplendit.
» Soyez aussi enoinct et consacré si dignement,
» que du sainct siege de Rome, et de toutes na-
» tions et royaumes chrestiens, vous estes tenu
» et appellé Roy tres-chrestien, et singuliere-
» ment renommé en administration de vraye
» justice, et à icelle puissamment exercer, et
» executer sans acception de personne, tant au
» pauvre comme au riche, et comme Empe-
» reur en vostre royaume, sans cognoissance
» d'aucun souverain, fors seulement de la divine
» Majesté, dont ce vous est seulement et singu-
» lierement octroyé. Soit aussi le noble corps de
» ceux de vostre sang ferme et joint par obeys-
» sance en vraye unité à l'auctorité de vostre
» Seigneurie et Majesté, pour icelle servir, gar-
» der, soustenir, et defendre comme membres,
« et subjets de vous, et à proprement parler
» comme membres, et parties de vostre propre
» corps, les premiers et principaux pour vous
» obeyr, eux et chacun d'eux plus que nuls
» autres, tant pource qu'ils y sont plus tenus et
» obligez, comme pour bon exemple à tous vos
» autres subjets de reverence, et de vraye
» obeyssance. Pour garder aussi et faire garder
» l'estat et auctorité de vostre dite Seigneurie,
» par telle maniere que vous ayez sur eux
» et sur tous vos subjets pleine puissance et
» seigneurie, en telle liberté, auctorité, faculté
» et exercice, comme Roy et Empereur peut et
» doit avoir sur ses subjets. Et tellement que
» par vostre puissance, et le sceptre de vostre
» Majesté royale, vous premiez et guerdonniez
» les bons, punissiez les mauvais, et corrigiez
» les malfaicteurs, rendiez à un chacun et le
» mainteniez en ce qui est sien, teniez et ad-
» ministriez justice indifferemment et commu-
» nement à un chacun. Par telle maniere, que
» par icelle vous teniez vostre royaume paisible,
» à la loüange premierement de Dieu nostre
» createur, aprés à l'honneur de vous, au bien
» de vos subjets, et bon exemple de tous autres,
» en ensuivant les nobles et sainctes voyes de
» vos predecesseurs roys de France, qui en ceste
» maniere ont tousjours gouverné ce noble
» royaume, et parce tenu en paix, honneur et
» tranquillité. Et tellement que toutes nations
» chrestiennes, voisines et loingtaines, voire
» souventesfois les mescreans ont recouru par
» devers vous, et vostre noble conseil en leurs

» grands debats, et affaires, comme à la vraye
» fontaine de justice, et de toute loyauté. Et il
» soit ainsi, nostre tres-redouté et souverain
» Seigneur, que de present vous, vostre hon-
» neur, justice, et l'estat de vostre Seigneurie,
» soient foulez, et blessez, et ne vous laisse-on
» seigneurier vostre royaume, ny gouverner la
» chose publique d'iceluy en telle franchise et
» liberté, comme raison voudroit, comme c'est
» chose bien evidente à toutes gens d'entende-
» ment. Pource, nostre tres-redouté et souve-
» rain seigneur, Nous cy-dessus nommez,
» sommes alliez, et assemblez, pour aller par
» devers vous, pour vous humblement remons-
» trer, et informer au vray de l'estat de vostre
» personne, et de monseigneur de Guyenne
» vostre aisné fils, et comme vous estes detenus
» et demenez, du gouvernement aussi de vostre
» seigneurie, de vostre justice, de vostre
» royaume, et de toute la chose publique d'ice-
« luy. A ce que nous oüis à plain en ceste ma-
» tiere, et aussi ceux, si aucuns y en a, qui
» veüillent dire aucune chose au contraire, par
» l'advis, conseil et deliberation de ceux de
» vostre sang et lignage, des preud'hommes de
» vostre conseil, et autres, qu'il vous plaira
» pour ceste cause mander, et appeller en tel,
» et si grand nombre comme vous verrez estre à
» faire, vous pourvoyez reaument et de faict,
» ainsi qu'il vous plaira, à la seureté, franchise,
» et liberté de vostre personne, et de monsei-
» gneur de Guyenne vostre aisné fils, de vostre
» estat, de vostre seigneurie, et de vostre jus-
» tice, et bon gouvernement de vostre peuple,
» et de vostre royaume, et de toute la chose
» publique d'iceluy. Et que la seigneurie de ce
» royaume, l'auctorité, l'exercice, et la puis-
» sance d'iceluy, reside et demeure en vous
» franchement et liberalement, comme raison
» est, et non à autre quelconque. A ces fins et
» conclusions obtenir, executer, et mettre sus
» reaument et de faict : Nous cy-dessus nom-
» mez, voulons employer et exposer en vostre
» service nos personnes, nos chevances, nos
» amis, et nos subjets, et tout ce que Dieu nous
» a donné et presté en ce monde : à resister
» aussi et debouter ceux qui voudroient venir,
» ou faire aucunes choses alencontre, si aucuns
» y en avoit. Et au plaisir de Dieu, nostre tres-
» redouté et souverain seigneur, ne pensant ja-
» mais departir d'ensemble, jusques à ce que
» nous oüis, vous ayez pourveu et remedié aux
» inconveniens dessus declarez, et que nous
» voyons et cognoissions vous estre à plain res-
» tably, et remis en honneur, et hautesse de
» vostre royale Majesté, et en l'auctorité, li-

» berté, franchise, et pleine puissance de vous,
» et de vostre justice et seigneurie. A ce faire,
» nostre tres-redouté et souverain Seigneur, nous
» sommes contraints, tenus, et obligez, tant
» par ce que dit est, comme pour crainte, hon-
» neur, et reverence de Dieu nostre createur
» premierement, duquel procede vostre Sei-
» gneurie; mesmement pour satisfaire à justice,
» et à vous aprés, qui estes nostre royal, seul,
» et souverain Seigneur en terre, à qui par ce,
» et aussi par prochaineté de lignage, sommes
» tant tenus et obligez, que plus ne pouvons
» estre. En verité, nostre tres-redouté et souve-
» rain Seigneur, la chose du monde en quoy
» nous doutons plus d'avoir offensé Dieu nostre
» createur, et vous aprés, et aussi blessé nostre
» propre honneur, ce sont les inconveniens des-
» sus touchez, que nous avons longuement ainsi
» laissé passer par dissimulation. Et afin que
» ces choses soient notoires à un chacun, et
» demenées en la forme et maniere que faire se
» doit, nous les signifions en effect semblable-
» ment que à vous, aux prelats, seigneurs,
» universitez, citez, et bonnes villes de vostre
» royaume, et à tous vos bien-veüillans. Si vous
» supplions, nostre tres-redouté et souverain
» Seigneur, tant humblement comme plus pou-
» vons, qu'il vous plaise considerer aussi, et
» advertir nostre intention, et propos, et les fins
» ausquelles nous tendons, qui sont seulement,
» comme dit est, à la reparation de vostre estat,
» et honneur. Et qu'il vous plaise de vous y
» employer de vostre pouvoir, et tellement que
» par vous soit pourveu reaument et de faict, à
» la conservation, franchise et liberté de vous,
» et de vostre Seigneurie, au bon gouverne-
» ment de vostre peuple, et de vostre justice,
» et de vostre royaume, et de toute la chose
» publique d'iceluy: à la loüange de Dieu pre-
» mierement, aprés à l'honneur de vous, au
» bien aussi de tous vos subjets, et bon exemple
» de tous autres. Et à ceste fin, doivent tendre
» avec nous, tous les preud'hommes de vostre
» royaume, tous vos vrays et loyaux subjets, et
» tous ceux qui bien vous veulent. Donné à
» Gyen, soubs nos seaux, le second jour de sep-
» tembre, l'an mille quatre cens et dix. »

Le duc de Bourgongne fit plusieurs grandes exactions d'argent à Paris, et ailleurs, et mesmement sur ceux qu'on s'imaginoit favoriser, ou qui estoient ausdits seigneurs absentez, estans à Gyen. Et n'y avoit personne receuë à quelque excusation. Et se disposoient les choses à bien grands debats, divisions, et seditions de guerres: et craignoit fort le duc de Bourgongne à avoir à faire. Et fit tant que le Roy envoya devers lesdits seigneurs defendre la voye de faict. Et aussi la defendit-il au duc de Bourgongne.

Environ le premier jour de juillet, il advint choses merveilleuses. Car les cicognes s'assemblerent d'une part, et les herons d'une autre, et se combatirent cruellement; et pareillement les pies contre les corneilles. Et y eut desdits oiseaux de morts bien deux chariots pleins. Et aussi les moineaux, ou passereaux, et autres oiseaux és maisons, se combatoient et tuoient les uns les autres. Laquelle chose estoit en grande admiration, et espouvente à plusieurs gens d'entendement.

L'oncle du roy d'Espagne (1), qui avoit le gouvernement du royaume, pource que le jeune roy d'Espagne estoit mineur d'aage, assembla plusieurs vaillantes gens du royaume d'Espagne, tant de nobles, que d'autres, pour aller contre le roy de Grenade Sarrasin, qui d'autre part avoit assemblé Sarrasins sans nombre. Et se trouverent vers les marches de Grenade, et s'assemblerent les batailles les uns contre les autres, qui combatirent bien asprement, et cruellement, tant que finalement les chrestiens eurent victoire, et furent les Sarrasins desconfits, dont y eut bien trente mille de morts.

Le comte de Clermont estoit capitaine de Creil pour le Roy: mais on lui osta la capitainerie, qui fut baillée au seigneur de Moüy, lequel estoit chambellan de monseigneur le Dauphin.

Les seigneurs dont dessus est faite mention, estans à Gyen, partirent dudit lieu, et s'en allerent chacun en son pays. Et sceut-on bien que c'estoit pour assembler gens de guerre: pource de par le Roy fut envoyée une ambassade devers Monseigneur de Berry, qui estoit à Poictiers: c'estoit pour luy requerir, que nulle guerre ne fust faite, ny assemblée de gens d'armes. Mais ceux qui y allerent s'en revinrent sans rien faire. Le duc de Bourgongne, voyant et sachant que l'armée se faisoit contre luy, se pourveut et manda gens de guerre, et en mit dedans la ville de Paris assez competemment. Et fit muer aucuns des portiers, faire guet, et garder les portes, et envoya gens à tous les passages pour les garder, et empescher que gens de guerre desdits seigneurs ne passassent, ny autres, sans sçavoir qu'ils estoient, et d'où ils venoient, et regarder et visiter ce qu'ils portoient. Le duc de Berry vint à Tours, d'où il envoya une ambassade devers le Roy, et le Roy

(1) Jean le *Juste*. Son neveu était Jean II, fils de Henri III.

après vers luy : pour abreger il y eut plusieurs ambassades d'un costé et d'autre, qui s'en retournerent sans rien faire. Plusieurs lettres aussi se escrivoient d'un costé et d'autre, lesquelles ne porterent aucun effect. Et pource que le duc de Bourgongne estoit à Paris, et avoit en ses mains le Roy, et monseigneur le Dauphin, toutes les lettres qui s'escrivoient à monseigneur de Berry, et autres seigneurs, se faisoient au nom du Roy, ou dudit monseigneur le Dauphin.

Le duc de Bourgongne manda gens d'armes de toutes parts, et entre les autres le duc de Brabant son frere, qui y vint accompagné de trois cens hommes d'armes. Et de plaint bout se vint fourrer dedans Sainct Denys, où il pilla toutes les bonnes gens de la ville ; ce qui luy fut un bien grand deshonneur, veu que c'estoit la premiere armée qu'il avoit onques faite. Et si redonda bien à deshonneur au duc de Bourgongne, qui l'avoit mandé, ne onques n'en tint conte, et n'en fit faire aucune reparation. Les ducs de Berry, d'Orleans, et de Bourbon, et les comtes d'Alençon, de Richemont, et d'Armagnac, vinrent accompagnez de trois à quatre mille chevaliers et escuyers devant Paris, et de toutes parts couroient, et n'estoit que pilleries, roberies, et destruction de peuple, qui estoit chose tres-pitoyable. Et combien que largement, et trop y eust gens de guerre d'un costé et d'autre : toutesfois ils ne se rencontroient pas trop volontiers. Si y avoit-il des Gascons avec le comte d'Armagnac, qui eussent volontiers rompu lances, lesquels vinrent prés des portes : mais personne ne saillit. Aussi avoit-il esté defendu de par le Roy que personne ne saillist dehors, et estoit toute la guerre seulement contre les pauvres gens du plat pays. Et y furent depuis le mois d'aoust jusques en novembre. Plusieurs se travailloient de trouver paix, et accord : finalement le comte de Savoye par plusieurs et diverses fois y alla, et vint tellement qu'il y eut un accord et traité fait : que tous ceux qui estoient du sang de France se partiroient de Paris, et ne seroient plus emprés le Roy, ne en la ville de Paris, excepté messire Pierre de Navarre, comte de Mortaing, et que les autres s'en iroient en leur terres et seigneuries. Et furent ordonnez certains chevaliers, qui seroient autour du Roy, et au conseil. Et que messire Pierre des Essars qui estoit prevost de Paris, seroit desapointé ; et au lieu de luy fut ordonné messire Bureau de Sainct Cler. Et au surplus, que le traité fait à Chartres se tiendroit. Et fut ce juré et promis par tous les seigneurs.

Le duc de Bourgongne s'en alla en ses pays, et avoit grand regret d'estre party de Paris, et tousjours se doutoit que les autres seigneurs par quelque cautele n'y entrassent : de faict il escrivit à ceux de Paris, qu'il avoit sceu que par certains moyens ils y devoient entrer, et que à Paris y avoit plusieurs qui en estoient consentans, et les devoient mettre dedans. Mais ceux de Paris luy rescrivirent, en s'excusans bien grandement et notablement, et qu'il ne fist doute qu'ils se garderoient bien, tellement que aucun inconvenient n'en adviendroit.

◇◇◇

M. CCCCXI.

L'an mille quatre cens et onze, le roy Lancelot, aprés que luy et ses gens furent mis hors de Rome, assembla le plus de gens qu'il peut contre le Roy de Sicile. Et d'autre part aussi, se assemblerent gens de guerre pour luy resisterent, entant que ce que faisoit ledit Lancelot, desplaisoit fort au Pape. Et pour ce il bailla au Roy de Sicile, le confanon de l'Eglise (1), en la compagnée duquel, pour le Pape estoit Paul des Ursins, vaillant homme d'armes, et puissant de gens et d'amis au pays (car c'est le plus grand lignage qui y soit) et avoit l'avant-garde avec aucuns François, que le roy de Sicile avoit mené. Or se mit le roy Lancelot sur les champs, et les autres pareillement, tant qu'ils se virent les uns les autres : bien vaillamment frappa l'avant-garde dessus dite sur les gens du roy Lancelot, lesquels furent desconfits, et estoient grande compagnée de gens.

En ce temps, fut fait le mariage du roy de Cypre, et de la fille du comte de Vendosme, qui estoit de ceux de Bourbon.

Nonobstant la paix faite à Wicestre, tousjours y avoit gens d'armes sur les champs, qui faisoient maux infinis. Et entre les autres, y avoit deux capitaines principaux, lesquels avoient plusieurs larrons et meurtriers en leur compagnée, en assez grand nombre. L'un estoit nommé Polifer, et l'autre Rodrigo. Il vint nouvelles au conseil du Roy, qu'ils faisoient des maux largement, et qu'ils estoient logez en un village nommé Claye, qui est comme sur le chemin de Paris et de Meaux. Et fut ordonné qu'on les iroit prendre, pour en faire justice. Pour ce faire, partirent soudainement le mareschal Boucicaut, le comte de Sainct

---

(1) *Confanon* ou *gonfanon*, est une façon d'estendart ou enseigne quarrée, portée au bout d'une lance, en forme de banniere. (*Note de Godefroy.*)

Paul, et le Prevost de Paris, nommé messire Bureau de Sainct Cler, qui s'en allerent droit audit village de Claye, et se cuiderent ceux qui y estoient logez, mettre en defense, mais rien ne leur valut. Et s'enfuirent plusieurs, et y en eut plusieurs de pris, mesmement lesdits Polifer et Rodrigo, lesquels furent pendus au gibet de Paris assez tost après : et aucuns battus publiquement par les carrefours de Paris, et les autres jettez en la riviere de Seine.

Gens d'armes s'assembloient d'un costé et d'autre, et se tenoient sur le païs, lesquels destruisoient tout. Et se escrivoient diverses manieres de lettres. Et mesmement escrivit le duc d'Orleans aux bonnes villes du royaume, en detestant fort la mort et le meurtre fait à la personne de son pere, frere du Roy. Car peu de temps auparavant avoient confederations, et amitiez ensemble, sermentées et jurées sur le precieux corps de Jesus-Christ, entre les mains du prestre, et portoient l'ordre l'un de l'autre, ou avoient promis de les porter. Et que son pere le duc d'Orleans estant malade à Beauté, ledit duc de Bourgongne l'alla voir et visiter, et que depuis qu'il fut guary ils disnerent ensemble, et usoit ledit duc de Bourgongne de plusieurs belles et douces paroles, en demonstrant tous signes d'amour et d'amitié, tant qu'on pourroit faire. Et que ce nonobstant, la conspiration de la mort dudit son pere estoit ja faite, et tous les jours il se soultivoit et mettoit en peine de trouver maniere, comme il pourroit mettre à execution sa mauvaise volonté. Et que combien que depuis y eut un certain traité fait à Chartres, que toutesfois ledit duc de Bourgongne ne l'avoit voulu tenir ny accomplir : et que c'estoit deshonneur au Roy, et ceux de son sang, et aux bonnes villes, si justice n'estoit faite dudit cas, qu'il disoit estre horrible. Et estoient lesdites lettres longues, et assez prolixes, et faites en bel et doux langage. Desquelles lettres escrites au Roy, la teneur s'ensuit.

« A vous, mon tres-redouté et souverain seigneur le Roy, Nous Charles duc d'Orleans,
» Philippes comte de Vertus, et Jean comte
» d'Angoulesme freres, vos tres-humbles fils et
» neveux, en tres-humble recommandation,
» subjetion, et toute obeyssance, avons deli-
» beré vous exposer et signifier conjointement,
» et chacun pour le tout, ce qui s'ensuit : Jaçoit,
» nostre tres-redouté et souverain Seigneur,
» que le cas de la tres-douloureuse, piteuse, et
» inhumaine mort de nostre tres-redouté sei-
» gneur et pere, en son vivant vostre seul frere
» germain, soit fiché en vostre memoire, et
» sommes certains qu'il n'en est aucunement
» party, ains est enraciné en vostre cœur, et
» au plus profond des secrets de vostre records :
» neanmoins, nostre tres-redouté et souverain
» Seigneur, l'office de pitié, les droits de sang,
» les droits de nature, et toutes les loix divines,
» canoniques, et civiles, nous admonestent,
» voire contraignent iceluy vous recorder et ra-
» mentevoir, mesmement aux fins cy-après es-
» levées et declarées.

» Il est vray, nostre tres-redouté et souverain
» Seigneur, que un nommé Jean, qui se dit duc
» de Bourgongne, par une tres-grande hayne
» couverte, qu'il avoit longuement gardée en
» son cœur, et par une fausse et mauvaise en-
» vie, ambition et convoitise de dominer et sei-
» gneurier, et avoir auctorité et gouvernement
» en vostre royaume, comme il a bien claire-
» ment demonstré, et demonstre notoire-
» ment chacun jour, en l'an mille quatre cens et sept,
» le ving-troisiesme jour de novembre, fit tuer
» et meurtrir traistreusement vostredit frere,
» nostre tres-redouté seigneur et pere, en vostre
» bonne ville de Paris, de nuict, par aguet
» loingtain, de faict appensé, et propos deli-
» beré, par faux, mauvais, et traistres meur-
» triers, affectez et alloüez pour ce faire, sans
» luy avoir monstré paravant aucun signe de
» malveillance, comme c'est chose toute no-
» toire à vous, et à tout le monde, averée et
» confessée publiquement par ledit traistre
» meurtrier, qui est le plus faux et le plus des-
» loyal traistre, cruel, et inhumain meurtre,
» qu'on puisse dire ne penser. Et pensons qu'il
» ne se trouve point escrit, que oncques mais,
» à quelque occasion que ce peust estre, tel, ne
» si mauvais ait esté fait, ne pourpensé par
» quelque personne, ne alencontre de quelque
» personne que ce ait esté.

» Premierement, pour l'horreur et cruauté
» abominable dudit meurtre en soy, tant parce
» qu'ils estoient si prochains, et si conjoints
» ensemble par sang et lignage, comme cou-
» sins germains, enfans des deux freres. Ainsi
» il ne commit pas seulement crime de meurtre
» et homicide, mais commit avec ce le plus
» horrible des crimes, c'est à sçavoir le crime
» de parricide, auquel les droicts ne sçavent
» imposer peines assez grandes, pour la tres-
» horrible cruauté, et abominable detestation
» d'iceluy. Comme aussi qu'ils estoient confe-
» derez et alliez ensemble, par deux ou trois
» paires d'alliances, scellées les aucunes de
» leurs sceaux, et signées de leurs propres
» mains, par lesquelles ils avoient juré, et pro-
» mis l'un à l'autre, sur les saincts Evangiles

» de Dieu, et sur le sainct canon, pour ce cor-
» porellement touchans, presens aucuns prelats,
» et plusieurs autres gens de grand estat, tant
» du conseil de l'un, comme de l'autre, qu'ils
» ne pourchasseroient mal, dommage aucun,
» ne villennie l'un à l'autre, couvertement, di-
» rectement, ne indirectement, ne souffriroient
» à leur pouvoir estre pourchassé en aucune
» maniere. Et firent en outre, au regard de ce,
» plusieurs grandes et solemnelles promesses,
» en tel cas accoustumées. Car en signe et de-
» monstrance de toute affection, et perfection
» d'amour, d'une vraye unité, et comme s'ils
» eussent et peussent avoir un mesme cœur, et
» courage, firent, jurerent et promirent solem-
» nellement vraye fraternité et compagnée d'ar-
» mes ensemble, par especiales convenances
» sur ce faites. Laquelle chose doit de soy em-
» porter telle, et si grande loyauté et amour
» mutuel, comme sçavent tous les nobles hom-
» mes. Et encores pour plus grande confirma-
» tion desdites fraternité et compagnée d'armes,
» ils prirent et porterent l'ordre et le collier
» l'un de l'autre, comme c'est chose toute no-
» toire.

» Secondement, par les manieres tenuës par
» ledit traistre meurtrier, au regard de l'execu-
» tion, et commission dudit meurtre. Car luy
» feignant avoir avec vostredit frere tout amour
» et loyauté, parce que dit est, conversoit sou-
» vent avec luy, et par especial en une maladie
» qu'il eut, un peu avant que ledit meurtre fust
» commis en sa personne, iceluy l'alla voir et
» visiter, tant à Beauté sur Marne, comme à
» Paris, et luy monstroit tous signes d'amour,
» que freres, cousins, et amis devoient et
» pouvoient porter, et monstrer l'un à l'autre,
» jaçoit qu'il eust desja traité, et ordonné sa
» mort, et que les meurtriers fussent ja par
» luy mandez en la maison loüée, pour eux re-
» celer, et embuscher. Qui prouve et monstre
» trop clairement, que c'estoit une bien cruelle
» et mortelle trahison. Et qui plus est, le jour
» de devant l'accomplissement dudit meurtre,
» vostre dit frere et luy, après le conseil par
» vous tenu à Sainct Paul, en vostre presence,
» et des seigneurs de vostre sang, et d'autres
» plusieurs, qui là estoient, prirent et mange-
» rent espices, et beurent ensemble, et le se-
» monnit vostre dit frere à disner avec luy le
» dimanche ensuivant, qui le luy accorda, ja-
» çoit qu'il luy gardast telle fausse et corrom-
» puë pensée, de la faire ainsi meurtrir honteu-
» sement et vilainement, qui est chose trop
» abominable et horrible à oüyr seulement ra-
» conter. Le lendemain nonobstant toutes les
» promesses, et choses dessus dites, luy comme
» obstiné en son desloyal propos, et en mettant
» à execution sa cruelle et corrompuë volonté,
» le fit meurtrir le plus cruellement et le plus
» inhumainement qu'on vid oncques homme,
» de quelque estat qu'il fust, par ses meurtriers
» alloüez et affectez comme dit est, et qui ja
» par long-temps l'avoient espié et aguetté. Car
» ils luy coupperent une main toute jus, la-
» quelle demeura dans la boüé jusques au len-
» demain. Aprés ils luy coupperent l'autre bras
» par dessus le coude, tant qu'il ne tenoit
» qu'à la peau, et outre luy fendirent et accra-
» vanterent toute la teste en divers lieux, et
» tant que la teste en cheut presque toute en
» la boüé, et le remuerent, roullerent, et trais-
» nerent jusques à ce qu'ils virent qu'il estoit
» tout roide mort. Qui est, et seroit une tres-
» grande douleur, pitié, et horreur à oüyr re-
» citer du plus bas homme, et du plus petit es-
» tat du monde. Ny oncques mais le sang de
» vostre noble maison de France ne fut si cruel-
» lement et honteusement respandu, ne dont
» vous et ceux de vostre sang, et tous vos sub-
» jets et bienveuillans, deviez avoir tel dueil,
» courroux, et desplaisance, et mesmement la
» chose demeurant sans punition et reparation
» quelconque, comme elle a fait jusques icy.
» Qui est la plus grande vergongne, et la plus
» honteuse chose qui oncques advint, ny pour-
» roit advenir à si noble maison. Et seroit en-
» cores plus, si la chose demeuroit longuement
» en tel estat.

» Tiercement, par les fausses, feintes et dam-
» nables manieres tenuës par ledit traistre
» meurtrier, après l'accomplissement dudit tres-
» horrible et detestable meurtre. Car il vint au
» corps, avec les grands seigneurs de vostre
» sang, se vestit de noir, fut à son enterrement,
» feignant pleurer, et faire dueil, et avoir des-
» plaisance de sa mort, cuidant par ce couvrir,
» celer et embler son mauvais peché, et tint
» au regard de ce plusieurs autres feintes et
» damnables manieres, à vous et à ce royaume
» toutes notoires, qui trop longues seroient à
» reciter. Et en cette feintise persevera, jus-
» ques à ce qu'il cognut et apperceut que son
» meffait venoit en clarté, et lumiere, et estoit
» ja connu et descouvert, par la diligence qu'on
» avoit fait. Et lors il confessa ouvertement
» au roy de Sicile et à monseigneur de Berry
» vostre oncle, avoir commis, et fait perpetrer
» et commettre ledit meurtre. Et dit que le
» diable l'avoit tenté et surpris, lequel luy avoit
» fait faire, sans autre cause ou raison quel-
» conque y assigner. Et aussi estoit-ce la ve-

» rité. Et non content d'avoir une fois tué et
» meurtry si damnablement son cousin germain,
» vostre seul frere, comme dit est : mais en
» perseverant en l'obstination de son tres-des-
» loyal, faux et mauvais courage, s'est efforcé
» de le tuer et meurtrir encores une fois, c'est
» à sçavoir de vouloir esteindre, damner et ef-
» facer entierement sa memoire et renommée,
» par faux mensonges, et controuvées accu-
» sations, comme Dieu grace, il vous est bien
» apparu notoirement, et à tout le monde.

» Pour occasion duquel faux et traistre meur-
» tre, nostre tres-redouté et souverain Seigneur,
» nostre tres-redoutée dame et mere, à qui Dieu
» pardoint, si tres-desolée et desconfortée,
» comme dame et creature quelconque pouvoit
» estre, pour la perte de son seigneur et mary,
» et mesmement pource qu'on le luy avoit osté
» par si fausse maniere, au plustost qu'elle peut,
» après le cas advenu se retrahit par devers
» vous et je Jean en sa compagnée, comme à
» son Roy, et à son singulier secours et refuge,
» en vous suppliant le plus humblement qu'elle
» sceut, et peut, qu'il vous pleust de vostre be-
» nigne grace la regarder, et nous aussi ses en-
» fans, en compassion et pitié. Et dudit meur-
» tre, si damnablement perpetré et commis,
» averé, et confessé publiquement par ledit
» traistre meurtrier, luy fissiez, et adminis-
» trassiez raison et justice, telle et si grande,
» et si promptement, comme il appartenoit, et
» appartient bien au cas, consideré l'enormité
» d'iceluy, et comme vous estiez, et estes tenu
» et obligé de faire. Comme parce que c'est le
» vray, droict et propre don de chacun Roy,
» que de administrer justice, et il en est vray
» debiteur à ses subjets. Et laquelle, sans re-
» queste quelconque de partie, de son office, il
» doit indifferemment à un chacun administrer,
» tant au pauvre comme au riche. Et plus tost,
» et plus promptement se doit exciter et esveil-
» ler alencontre d'un riche et puissant, que
» alencontre d'un pauvre, car lors en est-il be-
» soin. Et aussi adoncques à proprement parler,
» justice exerce sa vraye operation, et doit lors
» vrayement estre appellée vertu. Et à ce et
» par ce, principalement et directement furent
» roys establis, et ordonnez, et forte seigneurie
» et puissance mises en leurs mains, pour icelles
» puissamment et vertueusement exercer, et
» mesmement quand les cas s'y offrent, et le
» requierent, ainsi que fait le cas present,
» comme par ce que la chose en vostre chef,
» et en vostre nom, vous touche si grandement,
» comme chacun sçait. Car sondit seigneur et
» mary, et nostre tres-redouté seigneur et pere,

» ainsi mauvaisement meurtry, estoit vostre
» seul frere germain. Laquelle justice vous luy
» accordastes faire. Pour laquelle obtenir, elle
» eut ses gens continuellement par devers vous,
» pour icelle vous ramentevoir, et solliciter tres-
» diligemment. Laquelle administration de jus-
» tice elle attendit jusques au jour assigné, et
» encores tres-longuement après. Et pource que
» rien ne pouvoit obtenir, pour quelconques di-
» ligences qu'elle en fist faire, nonobstant les
» empeschemens et destourbiers qui y furent
» mis par ledit traistre, ses serviteurs, et offi-
» ciers estans entour de vous, comme cy-après
» sera dit, jaçoit, nostre tres-redouté et sou-
» verain Seigneur, que nous sçavons certaine-
» ment que vous avez eu tousjours depuis, et
» encores avez tres-grande et bonne affection,
» et volonté à icelle nous administrer. Nostre
» devant dite tres-redoutée dame et mere re-
» tourna par devers vous en propre personne,
» et je Charles en sa compagnée, en poursui-
» vant sa requeste, en vous requerant tres-
» instamment, que vous luy fissiez adminis-
» trer justice. Et par devant nostre tres-redouté
» seigneur, monseigneur de Guyenne vostre
» aisné fils, et vostre lieutenant quant à ce,
» tant de raison, comme par certaine commis-
» sion, et puissance sur ce par vous donnée à
» madame la Reyne, à luy, et à chacun d'eux
» pour le tout, fit faire certaine proposition,
» contenant bien au long la maniere dudit meur-
» tre, et les causes pour lesquelles il fut com-
» mis, et perpetré, et aussi les responses, et jus-
» tifications à certaines fausses, mauvaises et
» desloyales accusations mises en avant par le-
» dit traistre meurtrier, en certaine proposition
» par luy faite par devant nostre dit tres-redouté
» seigneur, monseigneur de Guyenne, pour vou-
» loir tortionnairement et à force pallier, et
» couvrir son mauvais meurtre. Et après la pro-
» position faite par nostre dite tres-redoutée
» dame et mere, elle fit faire et prendre ses
» conclusions alencontre dudit traistre meur-
» trier, telles comme elle les peut prendre et
» eslire selon sa coustume, stile et usage de
» vostre royaume, et requit que vostre procu-
» reur fust adjoint avec elle, pour faire les con-
» clusions convenables, appartenans au cas,
» pour l'interest de la justice. Après lesquelles
» choses ainsi faites, nostre dit tres-redouté
» seigneur, monseigneur de Guyenne, par le
» conseil des seigneurs de vostre sang, et au-
» tres de vostre conseil, estans devers luy en
» vostre chastel du Louvre, respondit à nostre
» dite dame, que luy comme vostre lieutenant,
» et representant vostre personne en ceste par-

» tie, et les seigneurs de vostre sang, et ceux
» de vostre conseil, estoient tres-bien contens,
» et avoient tres-agreables les responses, et jus-
» tifications proposées par nostre dite dame et
» mere, pour vostre frere, à qui Dieu pardoing,
» nostre tres-redouté seigneur et pere, et qu'elle
» l'avoit tres-bien excusé, et deschargé. Et que
» au surplus on luy feroit si tres-bonne res-
» ponse, et provision de justice sur les choses
» par elle requises, qu'elle en devoit estre con-
» tente. Et jaçoit que nostre dite dame et mere
» poursuivist et fît poursuivre tres-diligemment,
» et tres-instamment ladite response, et eust
» derechef fait faire une supplication, faisant
» mention de ce que dit est, concluant et ten-
» dant aux fins dessus dites, à ce qu'elle peust
» obtenir quelque provision de justice, laquelle
» vous fut presentée et baillée en vostre main.
» Et fît en ceste matiere plusieurs autres nota-
» bles et grandes diligences, à vous, et aux
» seigneurs de vostre sang, et à ceux de vos-
» tre conseil notoires, et bien manifestes, qui
» seroient trop longues à reciter. Neantmoins
» elle ne peut oncques aucune chose obtenir,
» non mie seulement adjonction de vostre dit
» procureur, qui est une piteuse chose à recor-
» der. Car ledit traistre meurtrier voyant et
» cognoissant vostre inclination, et la grande
» et bonne volonté que vous aviez à faire et
» administrer bonne justice. Sçachant aussi
» qu'il ne pouvoit justifier son meffait en ma-
» niere quelconque, pour icelle destourber, et
» du tout empescher, outre et par dessus les
» defenses par vous à luy faites, si solemnelle-
» ment et notablement par vos lettres patentes,
» et par vos messagers solemnels, à ceste fin
» envoyez par devers luy, vint en vostre bonne
» ville de Paris à puissance de gens d'armes,
» et de plusieurs estrangers et bannis, qui firent
» en vostre royaume plusieurs grands et irre-
» parables dommages, comme c'est chose toute
» notoire. Et vous convint pource avant qu'il y
» arrivast partir de Paris comme aussi nostre
» tres-redoutée dame, madame la Reyne, et
» nostre tres-redouté seigneur, monseigneur de
» Guyenne, et les autres seigneurs de vostre
» sang, et les gens de vostre conseil. Et il de-
» meura en vostre dite ville de Paris à tout sa
» puissance, où il tint plusieurs mauvaises et
» estranges manieres, au regard de vous, de
» vostre seigneurie, et de vostre peuple.
» Et tant qu'il convint pour eschever et esvi-
» ter lesdits grands inconveniens, et oppressions,
» qui estoient faites à vostre dit peuple par luy
» et ses gens d'armes, vous, nostre tres-redou-
» tée dame madame la Reyne, nostre dit tres-
» redouté seigneur, monseigneur de Guyenne,
» et autres de vostre sang, vinssiez tout à son
» bon plaisir en vostre ville de Chartres, pour
» lui faire illec octroyer, passer, et accorder
» tout ce qu'il vouloit, et avoit advisé estre fait,
» pour soy cuider delivrer et descharger à tous-
» jours mais dudit faux et traistre meurtre; et
» generalement de tout, par sa force, violence,
» et tyrannique puissance, par laquelle il a no-
» toirement tenu, et encores tient vostre justice
» dessous son pied. Et n'a souffert aucunement
» que vous, ny vos officiers, ayez eu, ny ayez
» encores de present aucune cognoissance sur
» son peché, ny sur son meffait. Ny ne s'est daig-
» né en maniere quelconque humilier envers
» vous, que il a tant courroucé et offensé par ce
» que dit est, ny aussi envers vostre justice, ny
» soy mettre en quelconques termes de raison ;
» ains a esté à vous, et à ceux de vostre sang en
» tout et par tout desobeyssant, et qui pis est,
» les a en toutes manieres efforcé et violé. Par-
» quoy, par ce qui sera dit cy-aprés, selon tous
» droicts et raisons escrites, est chose claire que
» tout ce qui fut fait à icelle journée est, et doit
» estre dit nul, et de nulle valeur. Joint qu'au-
» dit lieu de Chartres, ledit traistre meurtrier
» vint en vostre presence à une certaine journée
» à l'église cathedrale d'iceluy lieu. Et par l'un
» de ses conseillers vous fit dire, et exposer,
» comme pour le bien de vous, et de vostre
» royaume, il avoit fait mourir vostre frere. Et
» pource vous prioit, que si aucune indignation
» aviez pour ce conceuë alencontre de luy, qu'il
» vous pleust l'oster de vostre cœur. Et s'efforce,
» et veut maintenir qu'il luy fut dit de par vous,
» qu'en la mort de vostre frere n'aviez pris au-
» cune desplaisance, et luy pardonniez tout. Or
» pour Dieu, nostre tres-redouté et souverain
» Seigneur, plaise vous considerer, et bien pen-
» ser à la forme et maniere de ceste requeste,
» et de ceste supplication, et les manieres que
» ledit traistre meurtrier a en ce tenu au regard
» de vous son roy, son souverain seigneur. Car
» luy qui vous avoit tant courroucé et offensé,
» qu'on ne pourroit assez dire, et qui selon les
» droicts et raison escrite, n'est capable, ne pre-
» nable de pardon, ny grace quelconque. Et en-
» cores qui plus est, n'est digne ny ne luy est
» loisible de venir en vostre presence, ny d'y
» avoir aucun accés, ny autre pour luy. Et si au-
» cunement de vostre benigne grace permis luy
» estoit, il devoit venir en toute humilité, et
» tres-grande et singuliere recognoissance, et
» repentance de son meffait, a par ce que dit
» est, formellement fait tout le contraire. Car
» en perseverant en l'orgueil, et obstination de

» son faux courage, il vous a ozé dire notoire-
» ment devant tout le monde, et en lieu si no-
» table, qu'il avoit fait mourir vostre frere pour
» le bien de vous, et de vostre royaume. Et veut
» maintenir qu'il luy fut dit de par vous, que
» vous n'y aviez aucune desplaisance. Qui est si
» grande horreur, et si tres-grande douleur à
» tout bon cœur, à oüyr seulement recorder, que
» plus grande ne pourroit estre, et encores sera
» plus grande à ceux qui viendront après vous,
» s'ils lisent, et trouvent en escritures notables,
» qu'il soit party de la bouche du roi de France,
» (qui est le plus grand roy des Chrestiens) que
» en la mort de son frere germain, si honteuse,
» cruelle, traistreuse, et inhumaine, il n'ait
» point pris de desplaisance. Lesquelles choses,
» nostre tres-redouté et souverain Seigneur, sont
» faites, et redondent clairement en si tres-
» grande lesion, et vitupere de vostre honneur,
» de vostre couronne, et de vostre majesté
» royale, qui y sont tellement blessez et foulez,
» que à peine est-ce chose reparable. L'ordre
» aussi et l'estat de toute justice y sont si gran-
» dement contemnez, et pervertis, que oncques
» tant ne furent, ny plus ne pourroient estre :
» et mesmement du sujet au regard de son sou-
» verain Seigneur, contre le bien et la paix com-
» mune de ce royaume, qui jusques ores a tous-
» jours esté si grand sur tous les royaumes du
» monde. Avec ce, que ladite requeste fut cau-
» sée de faux et notoires mensonges. Car ayant
» fait faussement et traistreusement mourir
» vostre seul frere germain, par mauvaise hayne
» couverte, et pourpensée de longue-main, et
» par ambition de seigneurier, et dominer, et
» avoir le gouvernement en vostre royaume,
» comme dit est, en la presence de plusieurs ses
» serviteurs. Il dit que oncques mais en ce royau-
» me si mauvais, ny si traistre meurtre, n'avoit
» esté commis, ny perpetré : et toutesfois il di-
» soit en sa requeste, qu'il l'avoit fait pour le
» bien de vous, et de vostre royaume. Parquoy
» est chose trop claire, selon tous droits et rai-
» sons escrites, que comme dessus est dit, tout
» ce qui fut là fait à ladite journée de Chartres
» est nul, et de nulle valeur. Et qui plus est,
» digne de plus grande peine, et punition, il ne
» vous daigna oncques tant reverer, priser, ny
» honorer, que de si grand et detestable mes-
» fait, dont il estoit, et est si notoirement chargé,
» il vous requit remission, grace, ny pardon
» quelconque. Et toutesfois il veut maintenir que
» sans confesser son meffait, et sans en deman-
» der grace, vous le luy avez pardonné, qui est
» selon tous droicts et raison escrite une chose
» delusoire, et illusoire; et à proprement parler

» une vraie derision et mocquerie de justice :
» c'est à sçavoir, pardonner à un pescheur sans
» cognoissance de son peché, sans contrition,
» sans repentance, sans en daigner faire re-
» queste, ne supplication quelconque. Et qui pis
» est, perseverant notoirement, et mesmement
» en la presence de son Seigneur, en l'obstina-
» tion de son peché. En outre, tout ce qui fut
» fait à ladite journée contient erreur manifeste,
» et le destruisement et deshonneur clair et evi-
» dent de vous et de vostre royaume, et de toute
» la chose publique, aussi y appert-il contra-
» diction. Car il se dit avoir bien fait, et par con-
» sequent ouvertement il requiert avoir merite
» et remuneration. Et toutesfois il veut mainte-
» nir, que vous luy avez octroyé grace et par-
» don, qui ne chet point en bien fait : mais en
» peché et en demerite. Encores plus, car il n'y
» fut advisé, ordonné, ne parlé chose quelcon-
» que pour le salut de l'ame du trespassé, et pour
» faire satisfaction à la partie blessée, laquelle
» vous ne pouvez ne devez remettre en maniere
» quelconque. Si appert trop clairement, par ce
» que dit est, que ce qui fut fait audit lieu de
» Chartres, fut fait contre tous les principes de
» droict, contre tout l'ordre et principe de rai-
» son et justice, et en violant iceux en tout et
» par tout. Defaut aussi en ses principes essen-
» tiaux. Parquoy, et par autres choses qui se-
» roient trop longues à escrire, appert notoire-
» ment, comme dit est, que ce qui fut fait audit
» lieu de Chartres ne vaut rien, ny n'est pas
» chose digne de recitation.

» Et si aucuns vouloient dire qu'il eust aucu-
» nement tenu et valu, si est-il chose trop claire,
» par ce que cy après sera dit, que ledit trais-
» tre meurtrier est venu directement alencontre
» d'iceluy, et l'a forcé et violé en plusieurs et
» diverses manieres. Car jaçoit que audit lieu de
» Chartres, vous, nostre tres redouté et souverain
» Seigneur, lui eussiez commandé, qu'il ne nous
» meffit dés lors en avant, et pourchassast au-
» cune chose qui fust à nostre prejudice, dom-
» mage, ou deshonneur, et qu'ainsi l'eust pro-
» mis et juré; neanmoins il a fait le contraire.
» Car pour cuider condamner la bonne memoire
» de nostre tres-redouté Seigneur et pere, et pour
» nous cuider destruire, et desheriter à tous-
» joursmais, il fit prendre vostre bon et loyal
» serviteur, vostre grand maistre d'hostel, à qui
» Dieu pardoint, et le fit emprisonner, et inhu-
» mainement gehenner, questionner, et tour-
» menter, tellement que ses membres par force
» de gehenne furent tous desrompus. Et par force
» et violence de martyre, qu'il luy fit souffrir,
» s'efforça de lui faire confesser alencontre de

» vostre frere, nostre tres-redouté Seigneur et
» pere, à qui Dieu pardoint, aucunes des char-
» ges, qu'il luy avoit aucunesfois faussement
» imposé, et mauvaisement mis sus, pour vou-
» loir couvrir son mauvais meurtre. Et pource
» essaya et voulut derechef esteindre, effacer,
» et damner la memoire de vostredit frere, et
» tendre à vostre destruction. Et ledit grand
» maistre fit mener au lieu de sa mort, lequel
» devant ses yeux affirma publiquement, et dit
» sur la damnation de son ame, que oncques jour
» de sa vie il n'avoit sceu, ny apperceu, que le-
» dit feu nostre tres-redouté Seigneur et pere
» eust pensé, machiné, ny traité chose qui fust
» contre le bien de vostre personne. Et pareille-
» ment aussi n'avoit-il : mais l'avoit bien et
» loyaument servi toute sa vie. Et si aucune
» chose il avoit dit, ou confessé au contraire,
» ce avoit esté par la force de la tres-inhumaine
» gehenne et tourmens qu'on luy avoit faits, dont
» il avoit eu les membres tous cassez et desrom-
» pus, comme dit est. Et ainsi le prenoit sur le
» peril de son ame, et sur la mort qu'il atten-
» doit à recevoir presentement. Et en icelle af-
» firmation persevera jusqu'à la mort, presens
» plusieurs chevaliers, et autres notables per-
» sonnes. Et par ce appert trop clairement, qu'il
» est venu du faict, et directement alencontre
» de ce qu'il jura et promit audit lieu de Char-
» tres. En aprés il a recepté, recelé et nourry,
» et encores fait chacun jour les meurtriers, qui
» à son commandement tuerent vostredit frere.
» Et toutefois ils furent exceptez et mis hors, de
» ce qui fut fait audit lieu de Chartres. Plus il a
» en toutes manieres, comme c'est chose toute
» notoire, vexé, travaillé, et persecuté les offi-
» ciers, et serviteurs de vostredit frere, et les
» nostres, et les a fait desapointer de leurs estats,
» et de leurs offices, qu'ils avoient entour vous,
» et en vostre royaume, sans occasion ny cause
» quelconque, mais seulement en hayne et con-
» tempt des serviteurs de vostredit frere et de
» nous. Et les aucuns a voulu destruire de corps,
» et de chevance, et s'est essayé de les vouloir
» faire mourir. Et toutesfois avoit-il juré et pro-
» mis. Et en plusieurs autres, et diverses ma-
» nieres, qui seroient trop longues à raconter, est
» venu alencontre, comme c'est chose toute no-
» toire. Aprés toutes lesquelles choses ledit trais-
» tre meurtrier, voyant et cognoissant pleine-
» ment l'horreur et la cruauté de son meffait, et
» qu'il ne le pouvoit couvrir ny pallier en ma-
» niere quelconque, afin que vous ny vos officiers
» n'eussiez aucune cognoissance de son meffait.
» Et pour mettre aussi à execution la vraye
» cause, pour laquelle il fit mourir vostredit

» frere, c'est à sçavoir pour seigneurier, et do-
» miner, il a de faict usurpé, et encores usurpe
» l'autorité et le gouvernement de vous, et de
» vostre Seigneurie, et de vostre royaume, des-
» quels il a usé pleinement comme de sa pro-
» pre chose. Et qui pis est, et doit estre chose
» plus que lamentable à tous vos subjets, et bien-
» veüillans, il a detenu et detient encores en
» telle et si grande subjetion vostre personne, et
» celle aussi de nostre tres-redouté Seigneur
» monseigneur de Guyenne vostre aisné fils, qu'il
» n'est personne de quelque estat qu'il soit de ce
» royaume, ny autre, qui puisse avoir accés à
» vous, pour quelque cause que ce soit, sinon
» par le congé et licence de ceux qu'il a à ce
» commis, et ordonnez entour vous à ceste fin.
» Et a debouté d'entour vous les anciens bien
» vaillans hommes, qui vous ont longuement et
» loyaument servy, et a remply leurs lieux et
» places de ses propres familiers et serviteurs, et
» autres tels qu'il luy a pleu, la plus grande par-
» tie gens estrangers, et à vous inconnus. Et
» semblablement à nostre tres-redouté Seigneur
» monseigneur de Guyenne, a aussi desapointé
» ses officiers, et par special en tous les notables
» estats et offices de vostre royaume. Et les biens
» et substance de vous et de vostre royaume a
» departy où il luy a pleu, et appliqué à son
» singulier profit, sans l'employer aucunement
» au bien de vous, ny à aucun relevement de
» vos subjets. Les autres, sous aucunes feintes
» couleurs de justice, a vexé, travaillé, et ran-
» çonné, et à proprement parler, desnué de leurs
» chevances, lesquelles il a appliqué et converty
» presentement à ses propres usages et utilitez,
» comme c'est chose toute notoire à Paris, et
» ailleurs. Bref, il a ouvert et introduit en ce
» royaume les voyes de faire et commettre tous
» crimes et malefices indifferemment, sans en
» prendre ny attendre punition, ne correction
» quelconque. Et tant, que sous ombre de la
» faute et negligence, d'avoir fait justice du-
» dit tres-enorme, et detestable meurtre, plu-
» sieurs autres crimes et malefices ont esté com-
» mis en plusieurs et diverses parties de vostre
» royaume, depuis ledit cas advenu. Disans les-
» dits malfaiteurs, que aussi bien passeroient-
» ils sans estre punis, comme faisoit celuy qui
» avoit meurtry le frere du Roy. Qui est ouver-
» ture d'une tres-grande playe, et la plus qu'on
» puisse mettre en une seigneurie.

» Et pource, nostre tres-redouté et souverain
» Seigneur, monseigneur de Berry vostre oncle,
» le duc de Bourbon, le comte d'Alençon, le
» comte de Richemont, et le comte d'Armagnac,
» et je Charles en leur compagnée, en voulans

» envers vous acquitter nos foy et loyauté, en
» quoy nous sommes tenus et astraints, Nous
» comme vos tres-humbles parens et subjets,
» nous mesmes ensemble l'année passée, en pro-
» pos et intention de venir par devers vous re-
» monstrer les choses dessus dites, le tres-dam-
» nable gouvernement de vostre royaume, et la
» prochaine, et evidente desertion et destruction
» totale d'iceluy, si les choses demeurent longue-
» ment en cet estat. A ce que nous oüys, ceux
» aussi, si aucuns y en eut, qui voulussent dire
» aucune chose au contraire, nostre tres-redouté
» et souverain Seigneur, par l'advis, deliberation
» et conseil de ceux de vostre sang, et des gens de
» vostre conseil, des prelats, seigneurs, et ba-
» rons, et des prud'hommes de vostre royaume,
» tels, et en tel nombre, comme il vous eust
» pleu estre à faire, eussiez remedié aux incon-
» veniens advenus, et qui autrement necessai-
» rement estoient, et sont en adventure de adve-
» nir bien prochainement en la liberté, franchise,
» et seureté de vostre personne, et de nostre
» tres-redouté Seigneur monseigneur de Guyenne
» vostre aisné fils. Et en aprés fut mis ordre au
» bien et bon gouvernement de vostre royaume,
» de vostre justice, et de toute la chose publi-
» que d'iceluy, et au profit de vous, et de tous
» vos autres subjets, comme ces choses estoient
» plus à plein contenuës en nos lettres patentes,
» que nous vous envoyasmes. Alors vinsmes au-
» prés de Paris, où vous estiez. Et combien que
» pour la seureté de nos personnes, nous fus-
» sions accompagnez de nos parens, amis et
» vassaux, tous vos subjets, et vinssions tous
» pour vostre service, et seulement pour le bien
» de vous, et de vostre royaume, comme dit est :
» neantmoins nous offrismes venir par devers
» vous, en compagnée moderée. Toutesfois nous
» n'y peusmes oncques avoir un seul accés, ny
» une seule audience, à cause des empesche-
» chemens, et destourbiers qui y furent mis par
» ledit traistre meurtrier, qui estoit tousjours au
» plus prés de vous, en empeschant si tres-grand
» bien, comme nous avions intention et propos
» de le faire, en perseverant tousjours en l'obs-
» tination de son courage, et en ambition de
» convoitise, qu'il a tousjours eu de seigneurier
» et dominer, et d'avoir l'auctorité et gouver-
» nement de vous, et de vostre royaume. Et
» nous convint par certain appointement fai t et
» pris par vous et par vostre conseil, retouiner
» en nos pays, et faire departir nos gens, pour
» eschever la destruction de vostre peuple. Le-
» quel appointement de nostre costé nous ac-
» complismes reellement et de faict, en tant qu'il
» nous touchoit. Mais il vint tantost alencontre,

» et le viola incontinent. Car entre autres choses,
» il fut appointé que ceux qui demeureroient
» entour vous en vostre conseil, seroient gens
» non suspects, non favorables, et non ayans
» pension de l'une ou de l'autre des parties. Et
» il y a laissé ses serviteurs, et ses officiers creez
» par luy, et sont les plus principaux entour
» vous, et nostre dit tres-redouté Seigneur,
» monseigneur de Guyenne. Et les autres pour
» la plus grande partie tous assermentez à luy.
» Par le moyen desquels il a tousjours l'aucto-
» rité et le gouvernement de vous, et de vostre
» royaume, mieux et plus seurement que s'il y
» estoit en personne. Et ainsi n'est aucunement
» pourveu ausdits inconveniens, mais tousjours
» croissent chacun jour, et encores croistront
» plus, si Dieu, et vous ny mettez bref remede.
» Et davantage, jaçoit que Pierre des Essars,
» lors prevost de vostre ville de Paris, et gou-
» verneur de vos finances, par ledit appointe-
» ment, deust estre desappointé de tous offices
» royaux, et de tous les estats qu'il avoit entour
» vous. Neantmoins il luy fit avoir secretement
» vos lettres patentes, scellées de vostre grand
» seel, pour retourner à l'office de ladite pre-
» vosté, sous ombre desquelles, ledit Pierre est
» depuis retourné à Paris, et s'est efforcé de
» retourner et rentrer audit office de prevosté.
» Et de faict est venu au Chastellet de Paris,
» seoir en siege, et prendre la possession dudit
» office. Et le tout par l'ordonnance, sceu, et vo-
» lonté dudit traistre meurtrier. Et n'est pas
» demeuré par luy, que la chose n'ait sorty son
» effect. Parquoy appert ledit appointement es-
» tre violé de son costé. Et qui pis est, en fai-
» sant mesmes ledit appointement, il pourchas-
» soit secretement le contraire d'iceluy, et en
» soy le rompoit, et forfaisoit. Car en consen-
» tant le desappointement dudit Pierre des Es-
» sars, il pourchassoit secretement, qu'il fust
» appointé derechef, comme dit est. Parquoy
» est chose trop manifeste, que oncques jour de
» sa vie n'eut propos, volonté, ne intention de
» le tenir en aucune maniere. En outre, jaçoit
» que par ledit traitté il eust esté appointé, que
» tous ceux qui auroient esté desappointez de
» leurs estats et offices, sous ombre d'avoir esté
» en la compagnée de moy Charles, et des au-
» tres seigneurs dessus nommez au lieu de Vi-
» cestre, seroient restituez et restablis en leurs
» offices. Et que l'ordonnance de vous et de vos-
» tre grand conseil, entre les autres messire Jean
» de Garencieres, eut esté remis et restitué en
» l'office de la capitainerie de vostre ville de
» Caën. Neantmoins en directement venant alen-
» contre ledit traistre meurtrier, l'a fait depuis

» oster et desappointer dudit office, et l'a impe-
» tré pour soy mesmes, en contempt, mespris et
» haine dudit de Garencieres. Et de faict tient
» et occupe ledit office. Parquoy il appert trop
» clairement qu'il a violé et rompu ledit traicté
» en plusieurs et diverses manieres.

» Et combien, nostre tres-redouté et souve-
» rain Seigneur, que par nostre tres-redoutée
» dame et mere, à qui Dieu pardoint, aient
» esté faites les diligences dessus dites, à ce que
» justice luy fust administrée dudit mauvais et
» damnable meurtre, et qu'il y ait ja prés de
» quatre ans que le cas est advenu, sans toutes-
» fois que elle, ne nous ayons peu obtenir une
» seule provision de justice. En ensuivant les
» voyes par elles prises, je Charles, vous ay na-
» guieres supplié tres-humblement qu'il vous
» pleust me donner et octroyer vos lettres en
» terme de justice alencontre des consentans et
» complices dudit meurtre. C'est à sçavoir vos
» lettres adressantes à tous vos justiciers, que
» ceux qui par information deuë se trouveroient
» chargez, et coupables des choses dessus dites,
» ils prissent et emprisonnassent, et en fissent
» telle raison et justice comme au cas appartien-
» droit, et cela n'estoit que pour exciter et es-
» veiller justice. Car de son office sans ma re-
» queste ne d'autre quelconque elle le doit et
» est tenuë de faire. Et ne croy mie qu'il y ait
» en vostre royaume homme de quelque estat ou
» condition qu'il soit, tant soit pauvre ou de bas
» estat, à qui on les refusast en vostre chancel-
» lerie en cas pareil, et à moindre trop, tant
» scay-je bien qu'on ne les devoit pas refuser.
» Et toutesfois pour quelconque diligence que
» j'en aye sceu faire, je n'ay peu obtenir lesdites
» lettres de justice. Et cela tient pource qu'il y
» en a aucuns en vostre conseil qui se sentent
» chargez des choses dessus dites, et pource
» n'ont pas conseillé l'enterinement de ma sup-
» plication et requeste. Pourquoy, mon tres-re-
» douté et souverain Seigneur, je vous ay na-
» guieres supplié tres-humblement, comme plus
» pouvois, qu'il vous plust pour le bien de vous,
» et de vostre royaume, debouter, et mettre hors
» d'entour vous certaines personnes, que je vous
» ay nommé et declaré par mes lettres, qui no-
» toirement empeschent le bien de justice, et le
» bon gouvernement de vous, et la paix com-
» mune de vostre royaume, et empescheront tant
» qu'ils seront entour vous. Et ce faict, j'estois
» prest pour l'amour et reverence de Dieu pre-
» mierement, et de vous après, et aussi pour le
» bien de vostre royaume, sur les choses à moy
» naguieres dites de par vous, par vos ambassa-
» deurs qu'il vous a pleu à moy envoyer, vous

» donner et faire telle response, descouvrir aussi
» tellement et si clairement nos intentions et
» propos, que Dieu, vous et tout le monde en
» devriez estre contens. Dequoy, comme en la
» requeste precedente, je n'ay peu par semblable
» cause aucune chose obtenir.

» Si vous supplions, nostre tres-redouté et
» souverain Seigneur, tant humblement, comme
» plus pouvons, que attendu et consideré ce que
» dit est, c'est à sçavoir l'enormité dudit meur-
» tre, lequel on ne pourroit assez detester, ne
« blasmer la notorieté d'iceluy, la confession de
» partie, qui l'a confessé notoirement et publi-
» quement, tant en jugement, par devant nostre
» tres-redouté et souverain Seigneur, monsei-
« gneur de Guyenne vostre aisné fils, et plu-
» sieurs de vostre sang, ceux aussi de vostre
» conseil, et tres-grande multitude de vostre
» peuple, sur ce assemblé à sa requeste en vostre
» hostel de Sainct Paul, et nostre tres-redouté
» Seigneur, monseigneur de Guyenne, seant en
» jugement (comme representant vostre per-
» sonne, qui estes son Roy, son juge, et son
» souverain Seigneur, et le nostre :) que hors
» jugement, par devant tels, et si notables tes-
» moins, comme le roy de Sicile, et monsei-
» gneur de Berry vostre oncle, par devant les-
» quels il confessa purement, simplement, et ab-
» solument, sans cause ou raison quelconque y
» assigner, fors seulement, qu'il l'avoit fait par
» la tentation de l'ennemy. Et depuis aussi l'a
» confessé en plusieurs autres lieux, tant par
» devant vous, comme par devant plusieurs au-
» tres personnes notables. Laquelle confession
» ainsi faite, selon toute raison escrite, et selon
» tous droicts et usages notoirement observez,
» vaut et doit valoir à son prejudice, ne jamais
» il ne doit estre receu à dire le contraire de sa
» confession, ny à la colorer ou justifier autre-
» ment, qu'il fit premierement, par laquelle
» confession, il se condamna luy-mesme de sa
» propre bouche, et jetta sur luy sa sentence.
» Et est chose trop claire, que aprés sadite con-
» fession, il ne convient faire alencontre de luy
» autre solemnité de procés, ny ne git la chose
» en aucune examination, ou cognoissance de
» cause. Et aussi selon raison, ne reste fors seu-
» lement prompte punition, et execution de jus-
» tice, ne n'y affiert et convient aucun delay.
» Et toutesfois par ce que il est, nostre tres-
» redoutée dame et mere, à qui Dieu pardoint,
» et nous aussi en l'ensuivant, avons fait en ceste
» matiere toutes diligences possibles à tres-gran-
» des instances, et souffert et attendu tres-lon-
» guement, et par tres-longs delays. Car il y a
» ja trois ans et demy passez, que ceste pour-

30.

» suite commence, sans ce que, comme dit est,
» nous y puissions oncques obtenir une seule
» provision de justice, ne appercevoir en ma-
» niere quelconque, que justice s'en veüille au-
» cunement entremettre. Qui est et sera une
» tres-douloureuse et piteuse chose à oüyr seu-
» lement raconter. Attendu aussi et considéré
» les grands maux, dommages et inconveniens
» par ce advenus en vostre royaume, et qui
» necessairement y adviendront encores plus
» grands, si ce cas n'est reparé. Car comme vous
» pouvez voir et cognoistre clairement, depuis
» ledit meurtre advenu, ce royaume est tous-
» jours cheu en inconveniens de plus en plus, et
» de petit en plus grand. Et aussi est-ce le droict
» propre du defaut de justice, d'engendrer, nour-
» rir, et multiplier tous inconveniens. Pource
» vous plaise, de vostre grace, en faisant le de-
» voir de vostre office, et en obeyssant à Dieu
» nostre Createur, duquel le faict de justice des-
» pend, et procede, et la tenez de luy nuëment.
» Et aussi eu esgard et consideration en pitié,
» au bon maintiennement de vostre seigneurie,
» et de vostre royaume, vous exciter et esveiller,
» et promptement, plus grands delays arriere
» mis, vous employer à ladite execution de jus-
» tice. Et de ce en si tres-grande humilité, com-
» me nous pouvons, vous supplions, et reque-
» rons, et sommons tres-instamment, et comme
» nostre tres-redouté et souverain Seigneur, se-
» lon les droicts, desquels les livres sont tous
» pleins, il nous soit loisible et permis pourchas-
» ser par toutes voyes, tant de faict, comme au-
» trement, la reparation dudit meurtre, et de
» l'honneur de nostre dit tres-redouté Seigneur
» et pere, à qui Dieu pardoint, ainsi blessez de
» faict. Mais qui plus est, sommes à ce tenus et
» obligez, et nous est commandé par les droicts,
» à tres-grandes et grosses peines. C'est à sça-
» voir, en peine d'encourir tache d'infamie, de
» non estre censez et reputez ses enfans, ne luy
» appertenir en aucune maniere, estre reputez
» indignes de sa succession, de son nom, de ses
» armes, et de sa seigneurie. Laquelle nous ne
» devons, ne voulons encourir, plustost vou-
» drions souffrir la mort, et ainsi devroit faire
» tout noble cœur, de quelque estat qu'il soit.
» Nous vous supplions doncques tant et si hum-
» blement, comme plus pouvons quant à ce, et
» aussi pour resister et debouter sa mauvaise
» intention qu'il a alencontre de nous, tendant
» en toutes voyes à nostre destruction, il vous
» plaise de vostre benigne grace, nous à qui
» Dieu a fait tant de grace, qu'il nous a fait
» naistre en ce monde vos parens, et si prochains
» de vostre lignage, comme vos neveux, enfans
» de vostre seul frere germain, aider, secourir,
» et conforter de vostre puissance, et à propre-
» ment parler vous plaise aider, secourir et con-
» forter vostre dit frere, duquel en ceste partie
» nous demenons et entendons à demener la
» cause. Helas! nostre tres-redouté et souverain
» Seigneur, il n'est si pauvre gentilhomme, ny
» homme de si bas estat en ce royaume, ny au-
» tre quelconque, à qui on eust si traistreuse-
» ment et cruellement meurtry et tué son pere
» ou son frere, que luy, ses parens, et amis ne
» se fissent partie, et ne poursuivissent jusques
» à la mort alencontre dudit meurtrier. Et mes-
» mement ledit malfaicteur perseverant de plus
» en plus en l'obstination de son cruel et faux
» courage, comme fait notoirement le devant
» dit traistre meurtrier, qui naguieres vous a
» ozé escrire, et en plusieurs autres lieux nota-
» bles, qu'il a fait mourir vostre frere, à qui
» Dieu pardoint, nostre tres-redouté Seigneur
» et pere, bien et deuëment. Desmentant pour
» occasion de ce moy Charles en plusieurs lieux,
» à quoy pour le present il me desporte de res-
» pondre plus avant. Car comme dessus est dit,
» il vous appert bien clairement qu'il est men-
» teur, mauvais, faux, traistre et desloyal meur-
» trier. Et moy, la Dieu grace, ay tousjours
» esté, suis, et seray net, sans reproche, et vray
» disant. Nostre tres-redouté et souverain Sei-
» gneur, nous prions au benoist fils de Dieu qu'il
» vous doint tres-bonne vie et longue. En tes-
» moin de ce, nous Charles avons fait metre
» nostre scel à ces presentes. Donné à Gergeau
» sur Loire le quatorziesme jour de juillet, l'an
» de grace mille quatre cens et onze. Ainsi si-
» gné, P. du Puys. »

Suivant le contenu desquelles lettres, quand elles vinrent à la cognoissance dudit duc de Bourgongne, par le conseil d'aucuns siens conseillers, il fit maçonner et fabriquer lettres responsives aux lettres dessus dites dudit duc d'Orleans bien longues, en s'excusant, et respondant au contenu des lettres dessus dites. Laquelle response sembloit à plusieurs gens mal comburée et digerée, et en effect se fondoit sur la proposition de maistre Jean Petit.

Le jour de la Conversion Sainct Paul, aprés le soleil couché, sourdirent tres-horribles vents, et tempeste, avec une grosse gresle, qui fit grand dommage à Paris, et abbatit cheminées, et aucunes parties des maisons, et au plat pays furent descouvertes les maisons couvertes de chaume, et les arbres fruictiers et autres foudroyez et abbatus.

La Reyne alla à Melun, et là vint le duc de Berry, et maistre Charles Cudée prevost des marchands de Paris, qui estoit bien notable homme, y fut envoyé, et autres plusieurs notables gens, pour sçavoir si en ces differens on pourroit trouver aucun moyen d'accord, ou paix. Et y furent diverses voyes ouvertes, mais n'y fut rien ouvert qui tint, ne qui vint à bon port, et se disposerent les parties à une grande et griefve guerre. Et aprés ces choses, envoya le duc d'Orleans deffier le duc de Bourgongne par lettres, au contenu desquelles il respondit en effect ce qui s'ensuit :

« Jean, duc de Bourgongne, etc. A toy Char-
» les, qui te dis duc d'Orleans, à toy Philippes,
» qui te dis comte de Vertus, et à toy Jean, qui
» te dis comte d'Angoulesme, qui naguieres
» nous avez envoyé lettres de deffiances, faisons
» sçavoir, et voulons que chacun sçache, que
» pour abbattre les tres-horribles trahisons, par
» tres-grandes mauvaistiez et aguets, appensées,
» conspirées, machinées, et faites follement alen-
» contre de monseigneur le Roy, nostre tres-
» redouté et souverain Seigneur, et le vostre,
» et contre sa tres-noble generation, par feu
» Louys vostre pere, en plusieurs et diverses
» manieres, et pour garder ledit vostre pere,
» faux et desloyal traistre, de parvenir à la finale
» execution detestable, à laquelle il a contendu
» contre nostredit tres-redouté et souverain Sei-
» gneur, et le sien, et aussi contre sa genera-
» tion, si faussement et notoirement, que nul
» preud'homme ne le devoit plus laisser vivre,
» et mesmement nous qui sommes cousin ger-
» main de nostre dit Seigneur, doyen des pairs
» et deux fois pair, et plus astrains à luy, et à
» sadite generation, que autres quelconques de
» leurs parens et sujets, ne devions si faux, des-
» loyal et cruel traistre laisser sur terre plus
» longuement, que ce ne fust à nostre grande
» charge. Avons pour acquitter loyaument, et
» faire nostre devoir envers nostre dit tres-re-
» douté et souverain Seigneur, et à sadite ge-
» neration, fait mourir ainsi qu'il devoit, ledit
» faux et desloyal traistre. Et en ce avons fait
» plaisir à Dieu, service loyal à nostre tres-re-
» douté et souverain Seigneur, et executé rai-
» son. Et pource que toy et tes dits freres, en-
» suivez la trace fausse et desloyale et felonne
» de vostredit pere, cuidans venir aux damna-
» bles et desloyaux fins à quoy il tendoit, avons
» tres-grandes liesses au cœur desdites deffian-
» ces. Mais du surplus contenu en icelles toy et
« tes freres avez menty, et mentez faussement
» et mauvaisement, et desloyaument, comme
» faux et desloyaux traistres que vous estes.
» Dont à l'aide de nostre Seigneur, qui sçait et
» cognoist la tres-entiere et parfaite loyauté,

» amour, et vraye intention que tousjours avons
» eu, et aurons tant que vivrons, à mondit sei-
» gneur le Roy, et à sadite generation, et au
» bien de son peuple, et de tout son royaume,
» vous ferons venir à la fin et punition telle,
» que tels faux et desloyaux traistres, mauvais,
» rebelles, desobeyssans, et felons comme toy
» et tes dits freres estes, doivent venir par rai-
» son. En tesmoin de ce, nous avons faict sceller
» ces presentes de nostre seel. Donné en nostre
» ville de Doüay, le treiziesme jour d'aoust, l'an
» mille quatre cens et onze. »

Si escrivit lettres à la Reyne, dont la teneur s'ensuit :

« Ma tres-redoutée dame, je me recommande
» à vous tant et si humblement comme je puis.
» Et vous plaise sçavoir que j'ay receu vos let-
» tres escrittes à Melun, le dernier jour de juillet
» dernier passé, et par icelles sceu vostre bon
» estat : dont j'ay esté tres-parfaitement liez et
» joyeux, et seray toutes et quantes fois qu'il
» vous plaira m'en escrire. Priant nostre Sei-
» gneur qu'il vous donne telle et si bonne pros-
» perité, comme vous voudriez, et je le desire
» pour moy-mesmes. Et pource, ma tres-redou-
» tée dame, que par icelles vos lettres vous
» plaist de mon estat sçavoir, dont je vous re-
» mercie tres-humblement, plaise vous sçavoir
» que à l'escriture de ces presentes j'estois en
» tres-bonne santé de ma personne, la mercy à
» Dieu, qui le semblable par son bon plaisir,
» vous veüille en tout temps octroyer.

» Ma tres-redoutée dame, en vos dites lettres
» estoit contenu, que depuis que mon tres-cher
» seigneur et oncle monseigneur de Berry, et
» mon tres-cher et tres-amé frere le duc de Bre-
» tagne sont arrivez devers vous en la ville de
» Melun, vous avez continuellement besongné
» sur le faict qu'il a pleu à monseigneur le Roy
» vous ordonner, touchant l'appaisement des di-
» visions qui sont en ce royaume. Et aviez es-
» perance en Dieu, que briefvement aucun bon
» appointement y seroit trouvé. Et pource que
» proceder en un mesme faict, par traitté et
» voye amiable, et par voye de faict et de ri-
» gueur seroit chose contraire, vous avez en-
» voyé par devers moy, et aussi devers mes par-
» ties adverses, afin que durant ledit traité au-
» cune voye de faict ne soit ouverte. Car ce
» seroit pour faire un tres-grand desplaisir à
» mondit Seigneur. Et aussi seroit peu d'hon-
» neur à vous, ma tres-redoutée dame, à mon-
» dit seigneur et oncle, et à mondit beau frere
» de Bretagne, que les choses estans en vos
» mains, où vous besongnez continuellement,
» aucune voye de faict fust attentée d'un costé

» ou d'autre. Et croyez fermement, que le duc
» d'Orleans sera si bien conseillé, qu'il ne fera
» chose qui doive desplaire à mondit seigneur,
» et qui soit contre vostre honneur, attendu ce
» que dit est, et plusieurs autres causes, que je
» puis assez considerer. Et que je ne veüille
» doresnavant faire, ne souffrir estre fait par
» mes gens aucune voye de faict, ainçois m'en
» abstenir durant ledit traitté. Ou autrement je
» ne garderois pas bien l'honneur de vous, et
» de mondit seigneur mon oncle, et de mon beau
» frere de Bretagne. Sur quoy, ma tres-redou-
» tée dame, plaise vous sçavoir que tousjours
» de mon pouvoir j'ay servy, obey, et gardé
» l'honneur de mondit seigneur, de vous, et de
» vostre generation. Et pour le bon service que
» j'ay fait, et pour resister à la tres-desloyale,
» mauvaise et damnable intention du faux trais-
» tre le duc d'Orleans, qui mort est, pere de
» Charles qui se dit duc d'Orleans, qui de toute
» sa puissance contend à la destruction totale
» de mondit seigneur, de vous, et de vostre no-
» ble generation, comme il est notoire à plu-
» sieurs, et vous le sçavez bien, ma tres-redou-
» tée dame, l'affaire que j'ay presentement me
» vient. Et pource qu'il vous avoit pleu me res-
» crire par vos autres lettres, de ladite matiere,
» et que je voulusse envoyer par delà de mes gens
» pour faire si bonne response, que mondit sei-
» gneur et vous en dussiez estre contens : j'ay
» attendu mes freres, pour moy conseiller avec
» eux en ceste besongne, qui trop grandement
» me touche, comme vous voyez. Mais en atten-
» dant, combien que je n'aye sceu aucune chose
» parquoy on me puisse noter, que j'aye requis
» voye de faict, contre la paix et bien public
» de ce royaume, pour laisser la voye de traité,
» ainsi que mandé m'avez naguieres par vos au-
» tres lettres; et que tousjours depuis la paix de
» Chartres, et traitté de Vicestre, j'ay obey aux
» bons appointemens et commandemens de mon-
» dit Seigneur, comme raison est, sans venir alen-
» contre en aucune maniere. Laquelle chose m'a
» esté tres-dure à souffrir, attendu les tres-des-
» loyales manieres et desobeyssances de mesdits
» adversaires. Neantmoins au tres-grand con-
» tempt et mespris de la Majesté et Seigneurie de
» mondit Seigneur, Charles et ses deux freres
» m'ont envoyé par deux herauts lettres patentes
» de deffiances. Desquelles entant qu'il touche les
» deffiances j'en suis tres-content. Mais des faux
» mensonges, et desloyales paroles contenues es-
» dites lettres, vostre reverence sauve, ils ont
» menty, et mentent faussement, mauvaisement,
» et desloyalement, comme faux, mauvais, et
» desloyaux traistres, et tels les ont monstré,
» monstrent, et monstreront leurs œuvres, et
» leurs faits. Et quelque chose qu'ils ayent dit,
» ou dient, il n'y en a eu fors que rebellion, des-
» obeyssance, desloyauté, trahison, et machi-
» nation mauvaise contre leur souverain Sei-
» gneur, en ensuivant la trace fausse et desloyale
» de leurdit pere. Et pour venir aux damnables
» et desloyales fins à quoy ils tendoient, à la-
» quelle chose, ma tres-redoutée dame, j'ay
» tousjours resisté et contredit, et feray tout le
» temps que je vivray, et tant que au plaisir de
» Dieu, ils ne viendront pas à leurs damnables
» et traistres intentions : mais briefvement en
» seront punis, comme raison doit. Et, ma tres-
» redoutée dame, vous pouvez bien voir, et ap-
» percevoir clairement, que les paroles, qui vous
» ont esté dites par les dessus nommez, ont esté
» pour vous abuser, sans quelque volonté d'o-
» beyr à mondit Seigneur, ny de venir à quel-
» que paix et traitté. Et par tout m'est pure
» nécessité de garder mon honneur. Et pource,
» ma tres-redoutée dame, je vous supplie tres-
» humblement, que en toutes mes besongnes et
» affaires, et mesmement en ce cas present, tou-
» tes choses considerées, et en especial les al-
» liances qu'il a pleu à mondit Seigneur, et à
» vous, de vostre grace estre entre vous et moy,
» par les mariages de mon tres-redouté, Sei-
» gneur, et fils, monseigneur le duc de Guyenne,
» avec ma fille aisnée, et de ma tres-chere dame
» et fille, madame Michelle, avec mon fils seul,
» le comte de Charolois, qui comme dit est, ont
» esté faits pour le bien et conservation de mon-
» dit Seigneur, de vous, et de vostre noble ge-
» neration, et aussi les sermens faits à la paix de
» Chartres, laquelle pour moy ne fut oncques
» enfrainte. Il vous plaise m'avoir pour tres-
» singulierement recommandé, comme vostre
» tres-humble et loyal subjet, et parent, en moy
» aydant, et confortant alencontre de mesdits
» adversaires. En me mandant tousjours, et
» commandant vos bons plaisirs et commande-
» mens, pour les accomplir tres-volontiers,
» et de grand cœur, comme tenu y suis. Ma
» tres-redoutée dame, je prie, etc. Escrit en
» nostre ville de Doüay, le treiziesme jour
» d'aoust. »

Le comte de Sainct Paul, en faveur du duc de Bourgongne, sousleva et mit sus les bouchers de Paris, c'est à sçavoir les Gois, les Sainctyons, et les Tibers, et estoient assez grande compagnée. Les Gois estoient trois freres, fils de Thomas le Gois, qui estoit boucher, bel homme, et en son estat bon marchand, demeurans luy et ses enfans, et vendans chair en la boucherie de Saincte Geneviefve, bourgeois et natif de Paris.

Ceux de Sainctyon, et les Tibers estoient de la grande boucherie, qui est jouxte le Chastellet, et avec eux se mirent gens de plusieurs mestiers de Paris, chirurgiens, comme maistre Jean de Troyes, qui avoit moult bel langage, et ses enfans, et autres de son mestier, pelletiers, et cousturiers, et un escorcheur de bestes nommé Caboche, qui estoit de la boucherie d'emprés l'Hostel-Dieu, devant Nostre-Dame, et toutes gens pauvres, et meschans desirans piller et desrober estoient avec eux. Et pource que le comte d'Armagnac estoit avec le duc d'Orleans, on mit nom à ceux qui tenoient son party, Armagnacs. Terribles et horribles meurtres, roberies, et pilleries se faisoient à Paris contre ceux qu'on tenoit estre du party du duc d'Orleans. Et suffisoit pour tuer un notable bourgeois, et le piller et desrober, de dire et crier par quelque personne en haine : « Voila un Armagnac. » Et prirent l'enseigne du duc de Bourgongne, ou devise, qui estoit le Sautoir, qu'ils appelloient la croix Sainct André, et une fleur de lys au milieu. Et y avoit en escrit Vive le Roy. Et tous la prenoient, voire les femmes, et petits enfans. Ils tuerent plusieurs personnes, et les jetterent en la riviere, et faisoient publier qu'ils s'en estoient fuys, mais oncques puis ne furent veus. On faisoit faire mandemens au nom du Roy, par lesquels il abandonnoit tous ceux qui tenoient le party du duc d'Orleans, ou de ceux qui estoient avec luy, ou les aidoient et favorisoient. Et defendoit-on à tous capitaines de ponts, ports, et passages, qu'on ne les laissast passer. Mais que tout fust ouvert au duc de Bourgongne, et à ceux qui tenoient son party, et qu'on l'accompagnast et servist. Et faisoient entendre au peuple, et de faict escrivoient aux bonnes villes, « qu'ils vouloient faire un nouveau roy, et pri» ver ses enfans de la couronne. » Et trouverent une bulle du pape Urbain, en vertu de laquelle ils faisoient excommunier ceux qu'ils appelloient Armagnacs, tous les dimanches aux prosnes, et disoient ainsi : « On vous denonce de l'aucto» rité apostolique excommuniez Jean de Berry, » Charles d'Orleans, Charles de Bourbon, Jean » d'Alençon, Bernard, d'Armagnac, et Charles » d'Albret, avec leurs alliez, et complices, ai» dans et favorisans. » Et avec ce qu'on faisoit escrire au Roy lettres contenans ce que dit est, pareillement escrivoient ceux de l'Université de Paris, dont estoient principaux un carme, nommé maistre Eustache de Pavilly, et le ministre des Mathurins. Et aussi escrivoient ceux de la ville de Paris semblables lettres en effect et substance.

Cependant le duc d'Orleans faisoit grandes diligences d'assembler gens. Aussi faisoient les autres seigneurs. Les ducs de Bourbon et d'Alençon passerent la riviere de Seine, et le comte de Vertus passa en Brie à bien grande compagnée. Et y avoit ja des Gascons à Han en Vermandois, c'est à sçavoir Bernard d'Albret, un bien vaillant homme d'armes, qui avoit de bien vaillantes gens en sa compagnée. Il sceut nouvelles que le duc de Bourgongne y venoit mettre le siege. Et disoit-on qu'il avoit bien en sa compagnée deux mille chevaliers, huict cens escuyers, et bien quarante mille hommes de pied presque tous Flamens. Ledit Bernard d'Albre se fortifioit de jour en jour, le mieux qu'il pouvoit. Et combien que la ville ne fust fermée en aucuns lieux, toutefois il se tint dedans, et y vint mettre le siege le duc de Bourgongne, accompagné comme dessus, et la cuidoient prendre d'assaut tout plainement. Mais ceux qui estoient dedans vaillamment se defendirent. Les engins et bombardes furent assises, et tirerent bien chaudement. Et vid et considera ledit d'Albret et ses compagnons, que la ville contre une telle puissance n'estoit pas tenable, et que bonnement ils ne pourroient resister. Et pource se soutiverent et resolurent de trouver moyen d'aucun traité, ou autrement, et pource cuiderent parlementer. Mais en rien on ne les voulut recevoir. Car il sembloit au duc de Bourgongne, et aux capitaines, mais qu'elle eust esté battuë, qu'on l'auroit d'assaut. Et pource ledit d'Albret, considerant l'imagination de ses adversaires, advisa les moyens, comme luy et sa compagnée se pourroient sauver et saillir. Et fit à un poinct d'un jour ouvrir une des portes, et devaler le pont-levis, et ouvrir les barrieres, faisant semblant de lever et faire une escarmouche. Lors tout à coup luy et tous ses gens, qui estoient bien montez, frapperent vaillamment et hardiment sur l'un des logis. Et cuidoient les gens dudit duc au commencement, que ce ne fust qu'une escarmouche. Mais d'Albret et ses gens tellement se porterent, qu'ils en tuerent et blesserent beaucoup, et passerent outre, et s'en allerent presque sans nulle perte de leurs gens, et ainsi abandonnerent la ville. Et y entrerent plainement, et à leur aise et volonté les gens dudit duc, sans qu'ils trouvassent aucune resistance, et la pillerent : c'estoit grande pitié du peuple qui estoit dedans, car on y fit tous les maux qui se pouvoient faire. Et puis mirent le feu partout, et ainsi destruisirent ladite ville, qui estoit paravant assez bonne. Depuis ledit duc de Bourgongne alla devant Roye et Chauny, qui se rendirent assez aisément. Et tousjours le duc d'Orleans approchoit et alla jusques à Monditier, en intention de combatre le duc de Bourgongne. Et avoit l'avant-garde le comte d'Armagnac, et l'arriere-garde le comte d'Alençon, et la grosse bataille le duc d'Orleans, et les autres seigneurs. Et sembloit qu'ils eussent esté bien joyeux de trouver le duc de Bourgongne et sa compagnée, et à ceste intention y alloient. Mais il se retira. Et disoit-on, que la cause estoit que les Flamens le laisserent, et s'en retournerent, disans qu'ils n'estoient tenus de servir que certain temps, et à l'environ de leur pays. Et lors le duc de Bourgongne manda les Anglois pour lui venir aider. Et estoit commune renommée, que dès lors eurent alliances le roy d'Angleterre, et le duc de Bourgongne. Et se donnoit-on grandes merveilles comme il s'en estoit retourné, et retraict. Car il avoit en sa compagnée trois mille chevaliers, et escuyers, et quatre mille arbalestriers, chacun garny de deux arbalestres, et deux gros valets, dont l'un tenoit un grand pennart, et l'autre tendoit l'arbalestre; tellement que tousjours y en avoit une tenduë, quatre mille pionniers, quatre mille archers, dont une partie estoient Escossois, six cens hommes d'armes, et mille archers du pays d'Artois, douze cens hommes d'armes du pays de Flandres, et douze cens gros valets, deux mille ribaudequins, et bien quatre mille que canons, que coulevrines. Or combien qu'il se fust retiré, il escrivoit tousjours bien diligemment au Roy, à la Reyne, à monseigneur de Guyenne, à la ville de Paris, et autres, en appellant ceux d'Orleans et leurs complices « faux traistres et » desloyaux, et qu'ils vouloient desappointer le » Roy de ses couronne et royaume, et ses enfans » aussi. » En leur donnant esperance qu'en bref il viendroit, et à plusieurs de Paris particulierement escrivoit, tant de ses conseillers que autres, lesquels par leur pouvoir avoient le peuple à eux. Et outre, faisoient mention lesdites lettres d'aucunes couleurs et mouvemens, pour lesquelles luy et sa compagnée s'estoient retirez. Quand le duc d'Orleans et les autres princes de sa compagnée virent que le duc de Bourgongne s'estoit retiré, ils delibererent de venir devant Paris, esperans qu'ils y entreroient. Mais ils eussent mieux fait s'ils eussent poursuivy ledit duc de Bourgongne jusques au pays. Et y en eut de leurs gens qui s'eschapperent jusques vers Crespy en Valois. Il y avoit lors un baillif à Senlis, nommé Troullart de Malereux, tenant le party de Bourgogne, qui avoit des gens de guerre : il sceut que vers ladite ville y en avoit de logez, et vint frapper sur eux soudainement, les rua jus, et y en eut bien de morts quatre-vingts : et cinquante de pris.

Quand ceux de Paris sceurent les nouvelles dessus dites, ils furent encores plus enflammez que devant pour le duc de Bourgongne. Et fut messire Pierre des Essars remis en son office de prevost de Paris, lequel fit de grandes diligences de mettre garnisons à Sainct Cloud, Charenton, Corbeil, Creil, et Beaumont : auquel lieu de Beaumont on mit en garnison le vidame d'Amiens, lequel quand il sceut la venuë de ceux d'Orleans, qu'on nommoit Armagnacs, bien honteusement s'enfuit dedans Sainct Denys, où estoit le prince d'Orenge avec douze cens combatans.

La Reyne, laquelle avoit esté bien longuement à Melun, entra à Paris l'onziesme jour du mois de septembre. Et aussi-tost qu'elle y fut, on lui osta une grande partie de ses gens, officiers et serviteurs, et pareillement fit-on au Roy. Et n'y avoit serviteur ny officier qui sceust en quel estat il estoit : ny ce qu'il devoit faire.

Quand les gens d'Orleans, dits Armagnacs, vinrent à S. Denys, ils y cuiderent aisément entrer, et firent divers assauts, et resistoient fort lesdits princes d'Orenge et ses gens, et y en eut de blessez beaucoup d'un costé et d'autre, et tres-peu, et comme nuls de morts : et finalement prirent composition, qu'ils s'en iroient eux, leurs chevaux, et harnois, et promirent que jusques à Noël ils ne s'armeroient. Et entrerent les seigneurs dedans avec une partie de leurs gens, et les autres estoient logez autour, comme à Montmartre, à Aubervilliers, et autres villages : ce fut l'onziesme jour d'octobre trois jours après, le seigneur de Gaucourt par la riviere eschella le pont de S. Cloud, où estoit le seigneur de Cohan, qui se disoit oncle dudit messire Pierre des Essars, lequel avoit en abomination les pommes. Et pource le mirent en un grenier où il y en avoit foison, pour le mettre à finance : lequel s'y mist plustost qu'il n'eust fait, s'il eust esté en une bien dure prison. Et vomit tant qu'il y fut, et estoit en tel poinct, qu'il sembloit que l'ame luy deust partir du corps. Le matin, après la place prise, y avoit un vaillant chevalier, nommé messire Pierre de Bauffremont, chevalier de Rhodes, lequel venoit audit pont à tout environ vingt combatans en sa compagnée bien esleus, pour soy mettre dedans la place dudit pont, à aider de la garder, et estoit de Bourgongne, et vint devant la place, appellant le guet. Les gens de Gaucourt le virent et apperceurent, et prirent de ceux qui avoient esté pris leurs hucques à la croix de Sainct André, devalerent le pont, et ouvrirent les barrieres. Et ledit de Beauffremont cuidant que ce fust de ses gens, et de son party, entra dedans, et là fut pris, et ceux de sa compagnée, et paya sept mille escus.

Plusieurs escarmouches se faisoient comme tous les jours, et estoient les Gascons logez au plus prés des portes de Paris. Et pource que le comte de Sainct Paul avoit des archers bien tirans, du pays de Picardie, et aussi de Paris, et d'ailleurs, y avoit arbalestriers, et archers, les Gascons avoient sur leurs chevaux coultepointes pour doute du traict. Et tousjours ceux qui issoient de Paris estoient reboutez à leur dommage. Entre les autres y avoit un homme d'armes, nommé Saillant, qui estoit escuyer d'escurie du duc d'Orleans, qui ne failloit point seul au matin, et aprés disner de monter sur un roussin blanc, armé, et sa lance au poing, à venir verdoyer entour de Paris. Et faisoit sçavoir, s'il y avoit personne qui voulust rompre une lance, et souvent y en alloit aucuns, ne oncques ne fut rué à terre. Aucunesfois en jettoit jus, et abattoit, et seulement emmenoit le cheval de celuy qu'il abattoit, sans rien attenter à la personne de celuy qu'il abattoit.

Le comte de Sainct Paul, qui avoit lors tout le gouvernement de Paris, et messire Pierre des Essars, adviserent que ceux de la partie d'Orleans, n'estoient guieres qui escarmouchassent, et que luy-mesme sailliroit à si grosse compagnée, qu'il les rebouteroit jusques à Sainct Denys, et si frapperoit sur aucuns logis estans aux villages. Et avoient ceux qu'on appelloit Armagnacs des amis à Paris, et selon leur pouvoir faisoient sçavoir ce qui leur pouvoit nuire aucunement. Et dit-on que de ladite entreprise ils furent advertis. Et si estoit le seigneur de Gaules, vaillant chevalier, qui avoit grandes charges à Montmartre, où il y avoit guet, et pouvoit aucunement voir quand assemblée se faisoit dedans la ville. Et advint que ainsi que le comte de Sainct Paul avoit advisé, il l'executa, et saillit à bien grosse compagnée de gens de guerre de la ville de Paris, et une grande multitude de peuple armé tellement quellement. Ceux qu'on appelloit Armagnacs, se mirent en deux parties, embuschez derriere la montagne de Montmartre, en fosses basses vers le gibet. Et vinrent ceux qui avoient accoustumé d'escarmoucher, qu'on disoit Gascons, quand ils virent les autres issir, et allerent au devant, faisans voltigemens en reculant, ou eux retournans, tant que ceux de Paris les poursuivoient. Et assez tost aprés les embusches dessus dites saillirent par deux costez, et vinrent frapper sur le comte de Sainct Paul et ses gens, qui estoient plus six fois que les embuschez. Quand ledit comte les apperçeut venir, il estoit sailly par la porte Sainct Denys : mais il s'enfuit et s'en retourna par la porte Sainct Honoré, et ses gens. Le peuple ne se peut pas si tost retraire, et y en eut de tuez deux ou trois cens, tant de gens de traict que de ceux de Paris. Qui fut chose piteuse, laquelle enaigrit et irrita fort ceux de Paris. Entre ceux qui estoient sortis d'icelle ville, il y avoit un homme de pratique, qui sortit hors de la porte, armé d'un haubergeon, de jaques, gantelets, harnois de jambes, et un bacinet à camail, avec une hache en son poing, lequel estoit monté sur une mule avec les gens de pied : quand la mule oüyt le bruit du harnois, elle ne peut, ou voulut reculer du costé de Paris, mais prit son chemin au long du pavé, vers Sainct Denys. Il y eut deux hommes d'armes qui le suivoient pour le prendre, mais combien qu'ils fussent bien montez, toutesfois ils ne le peurent oncques atteindre, et entrerent luy et sa mule dedans Sainct Denys : où il fut mis à finance à trois cens escus, lesquels il paya avant que partir, puis s'en retourna à Paris : auquel lieu ceux qui avoient esté ausdits seigneurs n'avoient pas bon temps.

Aucunes gens de Paris, bons et notables bourgeois, eussent bien voulu trouver moyen, qu'on y eust trouvé aucun bon expedient. Et en fut advertie la Reyne, et aucuns estans prés du Roy, et de monseigneur de Guyenne. Et leur sembloit que monseigneur le duc de Berry seroit bon moyen, et qu'on le manderoit. Ce qui vint à la cognoissance d'aucuns extremes et furieux, du party de monseigneur de Bourgongne, qui luy firent sçavoir. Lequel escrivit à ceux de Paris, qu'ils ne l'y laissassent point entrer, combien que la Reyne avoit fait une cedule, contenant certaines choses que le duc de Berry eust faites et promises. Et se doutoit fort le duc de Bourgongne que la Reyne ne le fît entrer : pource il envoya certains advertissemens à Paris, faisans mention que si son oncle le duc de Berry venoit à Paris, qu'on ne souffrit en aucune maniere que l'archevesque de Bourges, ne autres qu'il nommoit, vinssent en sa compagnée, et que sondit oncle, ny autres, ne dissent aucune chose, qui fust contre le traité fait à Vicestre, et l'ordonnance que le Roy avoit faite, luy estant en santé. Et mesmement concernant la seureté de la bonne ville de Paris, et des personnes estans en icelle. Et ces choses se faisoient au nom du duc de Bourgongne, et non de la ville de Paris. Et semble que la Reyne n'estoit pas lors à Paris : mais à Corbeil. Car ils requeroient que la Reyne, et mes dames de Guyenne et de Charolois vinssent à Paris, avec leurs gens seulement, sans amener le duc de Berry, ny de ses gens. Qu'elle ne laissast à Corbeil ou à Melun que les gens que le Roy avoit ordonné à la garde des places. Que le Roy et monseigneur de Guyenne s'allassent loger au Louvre : que à Paris fust crié et publié par tous les carrefours, et lieux accoustumez, Que tous ceux qui estoient familiers, serviteurs, ou partiaux des ducs de Berry, d'Orleans, de Bourbon, Alençon, Armagnac, et Albret, vuidassent sur peine de confiscation de corps et de biens. Que Pierre de Sery, qu'on disoit vouloir mettre de nuict le duc de Berry à Paris, et ses alliez fussent punis selon leurs demerites. Que toutes les fenestres de l'hostel de Nesle fussent murées, et le pont abatu. Et qu'on desappointast le prevost des marchands, et qu'on en mist un autre ; avec plusieurs autres requestes, dont la plus grande partie furent accomplies. Et n'y vint point le duc de Berry. Et pour lors c'estoit grande pitié d'estre à Paris, et de voir ce qu'on faisoit et disoit.

Or est vray que la venuë desdits seigneurs devant Paris despleut fort au Roy, et à monseigneur de Guyenne, et non sans cause. Car en effet, ils monstroient semblant de vouloir assieger Paris. Et pource ledit Seigneur manda le duc de Bourgongne, dont il avoit espousé la fille, qu'il vint à luy à Paris. Lequel fut bien joyeux de ces nouvelles, et assembla gens d'armes le plus qu'il peut. Et en sa compagnée avoit le comte d'Arondel, Anglois, lequel avoit amené de trois à quatre mille combatans anglois. Et disoit-on bien assez publiquement que le duc de Bourgongne avoit fait aucunes alliances avec le roy d'Angleterre. Et se faisoient à Paris maux infinis secrettement et publiquement. Les Gois leverent une grande compagnée de peuple, qui issirent par la porte de Sainct Jacques, et allerent à Vicestre, une moult belle maison, richement et notablement edifiée, et peinte, qui estoit au duc de Berry. Et y bouterent le feu, et fut arse, si bien qu'il ne demeura que les parois. Et avant ladite demolition, le peuple ostoit les beaux huis, et les beaux chassis de verres, et les emportoient.

Au commencement du mois d'octobre, audit an, le Roy voyant la maniere de proceder desdits Seigneurs de son sang, ordonna mandemens patens, par lesquels estoient narrez, et declarez plusieurs innumerables maux, qui avoient esté faits, et se faisoient de jour en jour, par assembler gens de guerre, qui destruisoient le pauvre peuple, et pilloient, et desroboient. Et en la conclusion le Roy les abandonnoit, s'ils ne s'en departoient, et les tenoit et reputoit ses ennemis. Et qu'on donnast passage au duc de Bourgongne par toutes les villes, chasteaux, ponts et passages, pour venir devers luy, et qu'on l'accompagnast et luy donnast aide et confort, et que le Roy estoit acertené qu'ils avoient intention « de faire un autre roy en France. » Et pource que le duc de Bourgongne doutoit que aucuns ne fussent mal contens de ce qu'il avoit fait venir le comte d'Arondel, qui estoit un prince d'Angleterre, il escrivit aux bonnes villes qu'il estoit venu au royaume, pour aider à trouver bonne paix, et aussi pour servir le Roy, et luy aider à debouter lesdits Seigneurs, en loüant et colorant son intention.

En ce mesme temps le Roy escrivit lettres à sa fille l'Université de Paris, et estoient en forme de maudement patent. Esquelles estoit narré que les Seigneurs dessus dits le vouloient debouter, et destituer de son estat, et auctorité, et le destruire de sa dignité, et « faire un nouveau » roy de France, » et qu'ils avoient pris la ville de Sainct Denys, le pont de Sainct Cloud, deffié le duc de Bourgongne, bouté feux, pillé, desrobé, forcé femmes, et fait maux sans nombre. Et leur prioit et requeroit, que ces choses ils fissent prescher, et publier, et qu'ils luy voulussent donner aide et confort. Lesquelles choses l'Université de Paris, en voulant obeyr à leur pere, et seigneur souverain, firent executer de leur pouvoir. Et en outre leur fit monstrer certaines bulles du bon pape Urbain (1), par lesquelles il excommunioit tous ceux qui faisoient telles assemblées, et leurs adherans et complices, et qu'on ne les peust absoudre, sinon en l'article de la mort. Et les privoit des fiefs, terres et seigneuries qu'ils tenoient. Et mettoit interdit en leurs terres, et seigneuries. Et absolvoit les vassaux des sermens, foy, et hommages qu'ils avoient à eux. Et sous ombre desdites bulles, escrivirent ceux de l'Université partout, les choses dessus dites, afin que partout on sceust les œuvres desdits Seigneurs, qu'on tenoit pour traistres au Roy, et en outre pour excommuniez. Et outre firent et envoyerent par escrit les choses qui sont defenduës, au temps de interdict general, et aussi permises. Et pource que lesdites lettres ou bulles s'adressoient aux archevesques de Rheims et de Sens, et aux evesques de Paris et de Chartres, lesquels on tenoit pour Armagnacs, lesdites bulles ne furent aucunement executées. Mais après l'entrée du duc de Bourgongne à Paris, dont cy-après sera faite mention, il fut trouvé qu'elles s'adressoient à l'evesque de Beauvais, auquel le Roy escrivit

(1) Urbain V

qu'il procedast à l'execution d'icelles. Laquelle chose il fit, et luy envoya-on un mandement patent. Mais depuis, pource que plusieurs des seigneurs obeïssoient au Roy, le Roy manda qu'il suspendist lesdites sentences jusques à certain temps, et ainsi le fit.

Le trentiesme jour d'octobre, vint le duc de Bourgongne à Paris, accompagné dudit comte d'Arondel, lequel arriva bien tard, et avoit bien grande compagnée de gens de guerre, et de traict. Quand est des gentilshommes, ils furent logez par fourriers és maisons des bourgeois de Paris, et specialement és hostels de ceux qu'on soupçonnoit avoir eu accointance, amour, et fraternité à ceux qu'on disoit Armagnacs, ou aucuns d'eux. Mais il y eut plus de six mille chevaux, et de gens à pied, qui toute la nuict ne cesserent de trotter par la ville pour trouver logis, car personne ne les vouloit loger, specialement les Anglois. Toutesfois le lendemain tous furent logez. On cuidoit, et avoit-on esperance, que à la venuë du duc de Bourgongne, on deust adviser quelque expedient, ou traité de paix, et au moins que les grands excés qu'on faisoit à Paris, deussent cesser. Mais les choses de jour en jour enaigrissoient et s'enflammoient plus que devant. Et pource que le duc de Bourgongne se sentoit puissant, il ne voulut oüyr parler de paix, ne ceux dessus nommez, c'est à sçavoir les Bouchers et leurs alliez, et en rien ne cessoient de faire de tres-inhumains excés. Et faisoit-on excommunier tous les dimanches lesdits seigneurs. Et mettoit-on aux images des Saincts la devise de la croix Sainct André. Plusieurs prestres en faisant leurs signacles à la messe, ou en baptisant les enfans, ne daignoient faire la croix droite en la forme que Dieu fut crucifié, mais en la forme comme Sainct André fut crucifié. A peine ozoit-on donner baptesme aux enfans de ceux qu'on disoit estre aucunement favorisans ausdits seigneurs. Et si un homme estoit riche, il ne falloit que dire, Cestuy-là est Armagnac, pour le tuer, piller, desrober, et prendre ses biens. Et si il n'y avoit homme de justice, ny autre qui en eust ozé mot dire. Ny la Reyne n'en eust ozé parler, ne d'accord faire, ou traité de pacification.

Le lendemain, ou deux jours aprés, que le duc de Bourgongne fut arrivé à Paris, aucuns François de ses gens, et aussi Anglois, allerent à la porte de Sainct Denys pour escarmoucher, s'ils trouvoient à qui ; ils ne furent guieres, qu'il vint des compagnons de l'autre partie, et tousjours en survenoit d'un costé et d'autre. Mais à ceux qui estoient issus de Paris, fut mestier de eux retraire dedans la ville, et furent chassez jusques aux portes, et depuis n'y eut aucunes sorties guieres faites.

C'estoit tousjours grande pitié des pilleries et robberies qui estoient sur les champs, car ceux qu'on appelloit Armagnacs, faisoient maux innumerables, et ne sçavoit-on qu'ils pensoient ou vouloient faire. Car d'entrer à Paris il n'y avoit aucune apparence, de parler de paix ou accord il n'en estoit nouvelles. Ils fortifioient les villages où ils estoient de barrieres par les ruës, specialement le village de Sainct Cloud, lequel ils fortifierent fort par les ruës de charettes, chariots, et poultres. Et firent barrieres pour ouvrir, et clorre, issir et entrer quand bon leur sembloit. Alors fut advisé par le duc de Bourgongne, les Anglois, et gens de guerre, estans au conseil du Roy, qu'il leur falloit courir sus. Et envoyerent espier par tous les logis secrettement, pour sçavoir comme les Armagnacs se gouvernoient. Et specialement y eut gens de guerre bien montez, qui allerent vers le village de Sainct Cloud, et considererent comme il leur sembloit, que bien aisément on les auroit, veu qu'il y avoit des hauts lieux, et que le village estoit au bas, et parce ceux d'enhaut auroient l'advantage, pourveu qu'on eust de grosses arbalestres, canons, coulevrines, et habillemens de guerre. Il fut donc conclu que l'on iroit, et que l'on feroit les provisions necessaires, dont ceux qui estoient à Sainct Cloud ne se donnoient de garde. Et eussent cuidé que plustost on fust allé aux villages d'emprés Paris, du costé de la porte Sainct Denys. Si fut ordonné et commandé secrettement à tous les capitaines tant Anglois que François, qu'ils fussent tous prests, et leurs gens, quand on les manderoit. Et si fut ordonné que les bourgeois de Paris qui auroient puissance, feroient habiller gens à pied, pour aller en la compagnée des gens de guerre : et furent nommez et mis en escrit ceux qui seroient tenus de le faire. Cela fut executé tellement, qu'on trouva de seize cens à deux mille bons compagnons armez de haubergeons, jacques, salades, ou bacinets, et gantelets, et les aucuns garnis de harnois de jambes, et de bonnes haches, ou autres bastons, sans les archers, et arbalestriers de la ville. Environ minuict, partit toute cette compagnée de la ville de Paris, le neufiesme jour de novembre. Et y estoient en personne le duc de Bourgongne, et le comte d'Arondel : qui vinrent au matin devant ledit village du pont de Sainct Cloud. Et combien que ceux qui y estoient logez n'en fussent aucunement advertis, toutesfois furent-ils assez tost prests de se defendre, et alla chacun à sa garde. Si furent bien et roidement assaillis, et aussi par le moyen desdites barrieres se defendirent fort. Et eust esté bien difficile chose de les avoir par lesdits lieux. Mais les gens de pied de Paris, et autres, se mirent derriere les murs des maisons du costé des champs, et rompirent les murs, qui n'estoient que de plastre bien foibles, et en plusieurs et divers lieux firent de grandes entrées. Surquoy ceux qu'on disoit Armagnacs, quand ils se virent ainsi surpris, ils se cuiderent retraire sur le pont, mais ils ne le sceurent si tost et si diligemment faire, qu'il n'y en eust de sept à huit cens de morts, aucuns disent neuf cens, et une autre partie de pris. Et entre les autres furent prisonniers messire Guillaume Bataille, et un chevalier de Picardie, nommé messire Maussart du Bois, lequel fut mis au Chastelet de Paris. Au regard dudit Bataille, ceux qui le prirent ne l'amenerent pas dedans Paris, pource qu'ils sçavoient bien que s'il y estoit, qu'il seroit en grand danger de sa personne. Et le mirent à finance, et sur sa foy le laisserent aller, lequel paya bien et diligemment ce à quoy il avoit esté mis. Aprés ladite besongne faite, et lesdits de Sainct Cloud desconfits, lesdits seigneurs estans à Sainct Denys se partirent, et abandonnerent Sainct Cloud et Sainct Denys, et s'en allerent eux et leurs gens à Montargis. Le seigneur de Hely entra à Sainct Denys, et quand il y fut, il prit l'abbé de Sainct Denys, et l'amena à Paris, disant qu'il estoit Armagnac. Et au pont de Sainct Cloud fut mis de par ledit duc de Bourgongne, un capitaine autre que celuy qui y estoit paravant, lequel se nommoit Colin de Pise, lequel avoit esté pris par Gaucourt prisonnier, et paya finance, et puis s'en alla à Paris, où il fut pris par la justice, mis au Chastellet, et depuis mené aux Halles, où il eut le col couppé. Pource qu'il avoit ainsi laissé prendre ledit pont de Sainct Cloud audit seigneur de Gaucourt : combien que de son pouvoir, il avoit fait diligence de le garder, ainsi qu'il disoit.

Les Bretons et Gascons, qui estoient sur les champs, faisoient maux innumerables, dont c'estoit grande pitié.

Apres ces choses, il fut deliberé par le Roy et son conseil, que lesdits seigneurs seroient bannis et leurs biens declarez confisquez, et furent lesdits bannissemens et confiscations publiez. Et les nommoit-on Jean de Berry, Charles d'Orleans, Bourbon, Alençon en leurs privez noms. Et pour executer et prendre les terres, et mettre en la main du Roy, furent ordonnez ceux qui s'ensuivent, c'est à sçavoir le seigneur de Hely, qui estoit mareschal de monseigneur le Dauphin duc de Guyenne, le comte de Sainct Paul, le seigneur de Coucy, et messire Philippes de Cervolles en Berry, messire Jean de Chaalon en Touraine, le seigneur de Sainct George, et maistre Pierre de Marigny en Languedoc, et fut osté le gouvernement au duc de Berry. Le pays de Valois se rendit, Clermont en Beauvoisis aussi, et se mirent en l'obeyssance du Roy, et de la partie de Bourgongne.

Le roy, et les ducs de Guyenne, et de Bourgongne, avec le comte d'Arondel, allerent mettre le siege à Estampes, qui estoit au duc de Berry. Et de par luy estoit dedans un vaillant chevalier d'Auvergne, nommé Louys de Bourdon. Et fut mis ledit siege tout autour du chastel, qui estoit tres-difficile à avoir, sinon par le miner. Ce que on craignoit, car c'estoient tout sablons. Bourdon souvent sailloit, et faisoit de grands dommages à ceux du siege, et prit le seigneur de Roucy, et plusieurs autres : finalement l'une des tours, estant à un coin du chasteau, fut tellement minée, qu'elle cheut. Quand ceux de dedans virent que bonnement ne se pouvoient plus tenir, ils se rendirent au Roy, sauves leurs vies, et eurent tres-bonne compagnée et composition. Au regard de Bourdon, il ne se voulut rendre, et se retira dans la grosse tour, luy et un valet seulement, et là se tint par aucun temps. Et fut mandé qu'il vint parler au Roy, et ausdits seigneurs à seureté. Lequel y vint, bien vestu d'une robe de velouxs cramoisy toute brodée à Ours, et à la devise du duc de Berry, et aussi luy avoit-il donnée. Et parlementerent ensemble : il luy fut remonstré qu'il ne pouvoit tenir. Finalement monseigneur le Dauphin, et le duc de Bourgongne luy pardonnerent tout. Et rendit la place, sans ce qu'il fust prisonnier, ou payast finance, et quand le Roy et les seigneurs retournerent à Paris, il s'en vint avec eux.

Or est vray que le comte de la Marche avoit l'avant-garde du Roy, et avec luy le mareschal Boucicaut, et le seigneur de Hambuye, lesquels avoient bien deux mille hommes d'armes, et de gens de traict largement. Et si y avoit des gens de Paris, que conduisoit l'un des bouchers dessus dits, fils de Thomas le Gois. Le duc d'Orleans estoit à Orleans, et avoit en sa compagnée deux vaillans chevaliers. L'un nommé messire Arnaud Guillon de Barbazan, l'autre messire Raoul de Gaucourt, qui avoient chacun une gente compagnée de gens de guerre. Le comte de la Marche, et toute son avant-garde tenoient les champs en Beausse, tant qu'ils vinrent à Yenville, à Thoury, au Puiset, et au pays d'environ. Et se logea ledit comte au Puiset, et une grande partie de ses gens. Et à un poinct du jour, qu'on ne voyoit comme goutte, lesdits de Barbazan et de Gaucourt vinrent, et leurs gens, sur ledit logis du comte de la Marche, et en tuerent bien quatre cens, et prirent des prisonniers; specialement fut pris ledit comte de la Marche, lequel ils baillerent à une partie de leurs gens; lesquels le menerent en la forest, en tenant le chemin d'Orleans. Et en ceste besongne fut tué ledit Gois, qui se cuidoit retraire avec les autres vers le mareschal de Boucicaut, et le seigneur de Hambuye, qui estoient logez prés dudit Puiset, et aucun s'y retirerent. Incontinent, bien et diligemment se mirent sus lesdits de Boucicaut et Hambuye, et se rangerent en bataille à venir vers ledit Puiset, il faisoit encores si trouble, que à peine se cognoissoit-on l'un l'autre : il y eut des rencontres, et y fut Barbazan une fois pris, puis aprés rescous par ledit de Gaucourt, et y en eut de pris tant d'un costé que d'autre : finalement se retrahirent lesdits de Gaucourt et Barbazan en la forest d'Orleans, et s'il eust esté jour, ils eussent eu bien à faire. Car la puissance desdits Boucicaut et Hambuye estoit bien grande, comme de huict cens chevaliers, et escuyers, et les autres n'estoient que deux à trois cens combatans. Le comte de la Marche fut amené à Orleans à grande joye, et ceux de la ville luy disoient en passant plusieurs villennies, et injures. Dont le duc d'Orleans fut desplaisant, et luy fit tres-bonne chere à sa venuë : puis aprés il fut mis en la grosse tour d'Orleans, et bien gardé.

En ce temps le comte de Sainct Paul, et le Borgne de la Heuse, mirent le siege devant le chastel de Sainct Remy du plain, au pays du Maine, pour la querelle du duc de Bourgongne. Et fut faite une armée par le comte d'Alençon, pour cuider lever le siege, dont estoit chef messire Jean de Dreux son mareschal, et autres capitaines qui vinrent ferir sur le siege, mais ils furent desconfits par le comte de Sainct Paul, et sa compagnée. Et y en eut plusieurs pris et morts; entre les autres fut pris messire Jehannet de Garencieres, et Jean Roussemine. Et fut le chastel rendu, mais assez tost aprés repris par le comte de Richemont, qui y vint à grande armée. Et de là alla mettre le siege devant le chastel de l'eglise, lequel il prit, et secourut ledit seigneur fort le party d'Orleans.

Le Roy delibera, luy et sa compagnée de s'en retourner, et manda aussi les autres qui estoient en Beausse, et laisserent garnison à Estampes, et dans les autres places qu'ils avoient en leurs mains, comme Dourdan, lequel fut rendu au Roy sans coup ferir, de la volonté de ceux qui estoient dedans. Et au regard de toutes les villes, places, et pays estans delà la riviere de Seine, en allant en Champagne, et esdites marches, elles se mirent en l'obeyssance du Roy.

Le dixiesme jour de decembre, entrerent le Roy et les seigneurs de Paris. Et fut fort plainte la mort du Gois, car il estoit vaillant et gracieux homme. Et fut apporté à Paris, et enterré à Saincte Geneviefve. Et luy fit-on moult honorables obseques, autant que si c'eust esté un grand comte, ou seigneur. Et y fut present le duc de Bourgongne, avec foison du peuple : aucuns disoient que c'estoit bien fait, et que le duc de Bourgongne monstroit bien qu'on le devoit servir, puis qu'il monstroit amour à ceux qui tenoient son party. Les autres s'en mocquoient, veu qu'on n'avoit onques veu en luy vaillance, ne qu'il fit onques chose dont il le deust tant honorer; et que le feu qu'il avoit bouté à Vicestre, estoit un deshonneste faict. On luy fit une tombe dessus sa sepulture, où avoit un epitaphe qu'on peut voir.

Est à advertir, que toutes les choses se faisoient au nom du Roy, et de monseigneur le Dauphin. Mais ils laisserent la croix droite blanche, qui est la vraye enseigne du Roy, et prirent la croix de Sainct André, et la devise du duc de Bourgongne, le sautoüer, et ceux qu'on disoit Armagnacs portoient la bande, et pource sembloit que ce fussent querelles particulieres. Dequoy aucuns de Paris, et des chevaliers et escuyers, qui estoient mesmes tres-bons Bourguignons, estoient tres-mal contens.

Le comte d'Arondel fut fort festoyé à Paris, par le duc de Bourgongne, et aussi les Anglois. Et leur fit-on de beaux et grands presens, et si furent tres-bien payez de leurs gages et soldes. Et puis eurent congé, et s'en allerent à Calais, vivans sur le pays, ainsi que bon leur sembloit. Et tous les frais, mises et despens qui furent faits, furent faits aux despens du Roy, en manieres couvertes, sans qu'il en sceust rien : car tout malade qu'il estoit, qui luy eust parlé d'Anglois, il eust fait maniere de les combatre plus que de leur donner.

Le comte de Sainct Paul alla assieger Coucy, qui est une moult forte place, tant la ville que le chastel, où il y avoit foison de gens tant de guerre, que de communes. Car tout le peuple crioit Vive Bourgongne. La ville n'arresta gueres. Si mit le siege devant le chastel, et fut trouvé qu'il estoit minable, et pource on commanda à miner à l'endroit de l'une des tours. Ceux de dedans se defendoient fort, et en tuoient et blessoient beaucoup de dehors. Et audit siege furent assez longuement. Or advint que ladite tour fut minée, et cuidoit-on faire ouverture dedans pour y entrer, sans ce que ceux de dedans s'en apperceussent. Et aussi ne faisoient-ils, ne jamais n'eussent cuidé qu'on y eust peu miner. Or advint que les maistres de la mine, qui estoient Liegeois, tousjours faisoient fort besongner. Et à un jour plusieurs hommes de guerre allerent voir que c'estoit de la mine, et soudainement la tour cheut sur tous ceux qui y estoient, lesquels y moururent, et encores y sont-ils. Qui fut à la desplaisance du comte de Sainct Paul, pour la perte de ses gens. Et aprés aucun jours, ceux de dedans rendirent la place, et la grosse tour, sauves leurs vies, corps et biens, et si eurent huict mille escus.

Dedans le chastel de Moinmer en Champagne, estoit messire Clignet de Brebant, de par le duc d'Orleans. Les gens du Roy et du duc de Bougongne, y allerent pour mettre le siege devant la place. Mais ledit de Brebant, considerant qu'il n'auroit aucun secours, le rendit moyennant la somme de six mille escus qu'il en eut. Plusieurs autres places aussi se rendirent, tant en Valois, que ailleurs.

Le onziesme jour de janvier le Roi de Sicile entra à Paris.

Le mareschal de Hely, qui estoit mareschal de Monseigneur le Dauphin, duc de Guyenne, s'en alla par le commandement du Roy en Poictou. Et se joignit avec luy le seigneur de Partenay, et de Sainct Seine, et plusieurs autres seigneurs du pays, et se rendirent à eux plusieurs places.

Pareillement en Languedoc fut envoyé le seigneur de Sainct George, et messire Regnier Pot, contre le comte d'Armagnac, et Aimé de Viry Savoisien, en Beaujolois, contre le duc de Bourbon. Et quelque guerre qu'il y eust, le pauvre peuple d'un costé et d'autre souffroit de grandes pilleries et roberies, et estoit grande pitié de voir le royaume en telle desolation. Et lisoit-on à Paris souvent, tant à la ville que à l'Université, à Sainct Bernard, et ailleurs, des epistres bien seditieuses, contre ceux qu'on nommoit Armagnacs.

Dessus a esté touché de messire Maussart du Bois chevalier, qui fut pris à Sainct Cloud, et mis au Chastelet : on luy fit parler, s'il ne voudroit point faire le serment au duc de Bourgongne, et à la requeste de plusieurs amis qu'il avoit, le Roy luy donnoit remission : lequel respondit, qu'il n'avoit fait chose pour laquelle il deust avoir remission, ne avoit fait chose qui cuidast qui despleust au Roy, ou qu'il luy deust desplaire : qu'il avoit servi le duc d'Orleans son maistre, et avoit esté serviteur de son pere, et qu'on les estoit venu assaillir à Sainct Cloud, et il s'estoit aidé à defendre. Aprés laquelle response il fut tres-bien gehenné, pour sçavoir la volonté des seigneurs, et tres-constamment se portoit és peines et travaux qu'on luy faisoit. Et tres-envis ceux qui estoient commis à ce faire, faisoient ce qu'on leur ordonnoit : finalement il fut condamné à avoir la teste couppée aux Halles. En la prison où il estoit il y avoit d'autres prisonniers : à l'heure qu'ils vouloient prendre leur refection à disner, le bourreau avoit la charette preste en bas : et y en eut un qui commença à appeler messire Maussart de Bois, si haut qu'il l'oüyt : Lors il va dire à ceux qui estoient avec luy : « Mes freres et compagnons,
» on m'appelle pour me faire mourir, dont je
» remercie Dieu, et ne crains point la mort,
» une fois me falloit-il mourir : ne ja à Dieu
» ne veüille que j'esvite la mort, pour renoncer
» à la querelle que j'ay tenuë. Adieu vous dis,
» mes freres et compagnons, priez pour moy. »
Puis il les baisa tous l'un aprés l'autre, fît le signe de la croix, descendit tres constamment et fermement d'un bon visage, monta en la charette, fut mené aux Halles, et luy-mesme se despoüilla. Quand il fut en chemise, il la rompit devant, et luy-mesme la renversoit, pour faire plus beau col à frapper. Aprés qu'il eut les yeux bandez, le bourreau luy pria qu'il luy pardonnast sa mort. Lequel le fit de bon cœur, et le priast qu'il le baisast. Foison de peuple y avoit, qui quasi tous ploroient à chaudes larmes. Et accomplit le bourreau ce qui luy avoit esté commandé, lequel disoit que oncques il n'avoit fait chose si envis et malgré luy, et estoit tres desplaisant d'avoir osté la vie à un si bon et vaillant chevalier. Or advint une chose qu'on tenoit merveilleuse. C'est qu'au dedans de huict jours, ledit bourreau mourut, et quatre de ceux qui furent à le tirer et gehenner.

Le Roy retourna en santé, et fut sain, en bon poinct, bon sens, et entendement. Et luy exposa-on bien au long les manieres qu'avoient tenu ses parens, dits Armagnacs, et comme ils estoient venus devant Paris, les pilleries, roberies, et destruction de peuple qu'ils avoient fait, et faisoient, et plusieurs autres choses les plus aigres, que faire se pouvoient. Lors le Roy en son conseil declara qu'ils estoient ses ennemis, et comme à tels leur declara faire guerre, et avoir confisqué corps et biens. Et deposa le seigneur d'Albret de l'office de connestable, et fut connestable le comte de Sainct Paul. Et si fut le seigneur Jean de Hangest, seigneur de Hugueville, qui estoit maistre des arbalestriers, deposé, et le seigneur de Rambures en Picardie mis en son lieu, et le seigneur de Hely fait mareschal de France au lieu du mareschal de Rieux.

Guerre se faisoit forte en beaucoup de lieux. Messire Guichart Dauphin, qui estoit vers le Gastinois, et en Solongne, mit Jargeau en l'obeïssance du Roy, qui estoit une place sur la riviere de Loire, appartenant à l'evesque d'Orleans. Enguerrand de Bournonville, qui estoit un des principaux capitaines du duc de Bourgongne, lequel avoit grande compagnée de gens, estoit à Bonneval, et fit souvent des courses. Et advint une fois qu'il en fit une, bien accompagné de ses gens, et fut rencontré par ceux qu'on disoit Armagnacs, lesquels plusieurs en tuerent et prirent, et fut chassé jusques aux portes de Bonneval, et là se retrahit. Et le seigneur de Hely prit par composition Cisay en Poictou.

En ce temps furent ordonnez reformateurs, et commissaires, contre ceux qu'on tenoit favoriser les Armagnacs, et ne falloit guieres faire information, et suffisoit de dire : Cestuy-là l'est. Les riches estoient mis à finance par maniere de rançon : mais la finance payée on ne leur faisoit plus de desplaisir : ceux qui n'avoient dequoy on ne sçavoit qu'ils devenoient.

On mit sus un nommé Andry de Rousselet, comme un capitaine. Et luy bailla-on le gouvernement des archers et arbalestriers de Paris. Et esleva-on plusieurs gens du peuple, qui guieres ne valoient. A sçavoir prevost des marchands Pierre Gentien, et eschevins maistre Jean de Troyes, Jean de Lolive, Jean de Sainct-Yon, et Robert de Beloy, et Robert Lamet clerc (1).

Gens d'armes d'un costé et d'autre couroient, et places se prenoient les uns sur les autres. Feu se boutoit en eglises, et y ardoit-on souvent hommes, femmes, et enfans. Et mesmement en l'eglise des Sillieres, où le feu fut bouté, furent bien arses quatre cens personnes, tant hommes que femmes, et petits enfans.

Au mois de mars, aprés que le Roy eut veu et considéré et aussi, son conseil, les manieres de ceux qu'on nommoit Armagnacs, il delibera de tenir les champs en personne, et d'aller assieger son oncle, qu'on appelloit Jean de Berry.

◇◇◇

M. CCCCXII.

L'an mille quatre cens et douze, fut rencontré par aucuns des gens du Roy, et pris un Augustin, nommé frere Jacques le Grand, docteur en theologie, et bien notable clerc, qui avoit plusieurs lettres adressantes à divers seigneurs d'Angleterre, lesquelles il portoit audit pays de par ceux qu'on nommoit Armagnacs, en leur requerant aide : et ne pouvoient pas bien croire aucuns que les Anglois les aidassent. Car le duc de Bourgongne pour avoir leur alliance, avoit prevenu, et de faict l'avoit eu. Veu que le comte d'Arondel estoit venu à Paris, et à son aide à Estampes, comme dit est. Et delibera le Roy d'executer ce qui avoit esté conclud, d'aller devant Bourges, où estoit son oncle Jean de Berry.

Le quatriesme jour de may, le Roy s'en alla à St-Denys, ainsi qu'il en estoit accoustumé de faire. Et prit l'oriflambe, et la bailla à un vaillant chevalier nommé messire Hutin, seigneur d'Aumont, lequel recent le corps de nostre Seigneur Jesus-Christ, et fit les sermens qu'on doit faire. Avec le Roy estoient les ducs de Guyenne, de Bourgongne, de Lorraine, et de Bar, et des gens de guerre largement.

Le dixiesme jour de may, à Sainct Remy des Plains, se rencontrerent le comte de Sainct Paul connestable, et le borgne de la Heuse d'une part, et le seigneur de Gaucourt, qu'on disoit Armagnac, d'autre. Et frapperent les uns sur les autres, sans y avoir aucun dommage ou profit d'un costé ne d'autre.

Le roy de Sicile estant vers Belesme, se rendit au Roy.

Le comte d'Alençon, qui estoit en son pays, envoya demander à ceux qui estoient de par le Roy, trefves de quarante jours, et les obtint, sans ce qu'on luy fit aucun desplaisir.

Le vingt-sixiesme jour dudit mois, passa l'avant-garde à la Charité sur Loire. Et en avoient la conduite messire Guichard Dauphin, grand maistre d'hostel du Roy, le seigneur de Rambures maistre des arbalestriers de France, le seneschal de Hainaut, le seigneur de Croüy, et le prevost de Paris. Et avoient six mille hommes d'armes, et douze cens hommes de traict, et gros valets, avec foison de gens de pied. Les vendredy et samedy passa le charroy. Et le dimanche vingt-neufiesme jour, le Roy passa. Dun le Roy, Montfaucon, et plusieurs autres places et chasteaux, se mirent en l'obeïssance du Roy.

Processions se faisoient à Paris moult devotes, et portoit-on plusieurs reliques, où estoient hommes et femmes nuds pieds, tenans chacun un cierge en leur main, et prians Dieu « qu'il » voulust donner paix entre le Roy et les sei- » gneurs, ou sinon donner victoire au Roy. »

Le seigneur de Bloqueaux, Robert le Roux, et messire Clignet de Brebant prirent la ville de

---

(1) C'est-à-dire *greffier de la ville*.

Vernon, et firent plusieurs courses et dommages au pays, et ne demeura en la place que Bloqueaux, les autres s'en allerent. Les communes du pays voyans les maux que leur faisoient ceux qui estoient dedans, delibererent de les assieger. Et de faict, à l'aide d'aucuns officiers du Roy, les assiegerent. Et trouva Bloqueaux moyen de s'eschapper, et se rendirent ceux de dedans, où fut pris Simon de Banvion et six autres, qui furent amenez à Laon, et là eurent les testes couppées.

Les villes et chasteau d'Issouldun, qui sont prés de Bourges, se mirent en l'obeïssance du Roy.

Le neufiesme jour de juin arriva le Roy devant Bourges, et furent dressées ses tentes, de luy et ses seigneurs : aprés quoy survint une merveilleuse tempeste de grands vents et grosse gresle, qui abbattit les tentes, et fit plusieurs grands maux aux pays. Les seigneurs de Chasteau-roux et de Lignieres, qui estoient les plus grands barons de Berry, se mirent du costé du Roy. Et estoit logé le mareschal de Hely à Lignieres, lequel se mit sur les champs à bien grosse compagnée. Le duc de Bourbon le sceut, et se mit aussi sur les champs, et rencontra ledit Hely, et le rua jus, et fallut que Hely bien hastivement se retrahist à Lignieres. Et y eut de ses gens plusieurs morts, et pris.

Le Roy envoya un heraut à son oncle le duc de Berry, luy signifier sa venuë. Lequel respondit qu'il fust le tres-bien venu, et autre responsene fit. On le somma de rendre la ville au Roy, il respondit « qu'il estoit serviteur et parent » du Roy, et tenoit la ville toute renduë à luy et » à monseigneur le Dauphin. Mais il avoit en » sa compagnée gens, qu'il ne deust point » avoir, et qu'il garderoit sa cité pour le Roy le » mieux qu'il pourroit. » Le siege fut mis, et sembloit qu'il n'y avoit aucuns gens de guerre dedans la ville. Et y eut trois sieges mis en trois divers lieux. Ceux de dehors voyans qu'il sembloit qu'il n'y eust comme personne de guerre dedans la cité, se doutoient bien que cautelensement on le faisoit. Si mirent un guet haut, lequel vid dedans la ville gens armez et habillez prés d'une poterne, et en advertit les gens de l'ost, lesquels se tinrent sur leur garde. Ceux de dedans saillirent bien armez et habillez, aussi furent-ils grandement receus, et y eut tres-dure besongne, et plusieurs pris d'un costé et d'autre; finalement ceux de dedans se retrahirent. Pource que la ville n'estoit pas assiegée de toutes parts, et que ceux de dedans pouvoient saillir par aucuns lieux, et de leger chevaucher le pays, et prendre les marchands, aucuns se mirent sur les champs, c'est à sçavoir le seigneur de Rambures maistre des arbalestriers de France, et le mareschal de Hely, afin que vivres pussent venir, et specialement de Nivernois, et de la Charité sur Loire. Et aucunesfois y avoit des rencontres, qui ne portoient aucun dommage, ou peu, d'un costé et d'autre. Il y en avoit en l'ost du Roy, qui furent pris, et disoit-on qu'ils furent trouvez chargez de vouloir bouter le feu és logis du Roy, et confesserent le cas, parquoy eurent les testes couppées. Aussi y en eut-il d'autres, qui faisoient sçavoir dedans la place tout ce qu'ils pouvoient sçavoir de l'ost du Roy. Et se nommoient Gilles de Soisy, Enguerrand le Senne, et maistre Geoffroy de Buyllon secretaire du Roy, lesquels furent pris, et confesserent le cas, parquoy eurent les testes couppées.

En ce temps la ville de Dreux fut prise d'assaut par le mareschal de Longny, qui estoit en Normandie.

Le Roy qui estoit devant Bourges, fit lever le siege de devant l'une des portes, et le fit asseoir à une autre : la cause pourquoy il le fit, fut principalement pource que tous les vivres du pays, tant pour les gens, que pour les chevaux, estoient du tout consommez et gastez, et en l'ost ne venoient de ce costé aucuns vivres. Et supposé que lesdits de Hely et Rambures fissent grandement leur devoir de garder les marchands, quand ils venoient : toutesfois comme nuls ne trouvoient, pource qu'ils ne trouvoient qui juste prix en donnast. Car combien qu'on fist de grandes exactions de finances, les gens de guerre estoient tres-mal payez, et ne recevoient aucun argent. Et le pays de devant les autres portes, estoit encore assez garny de vivres, et l'entretenoient ceux de dedans la ville, afin que vivres vinssent à la ville.

Or fut envoyé le prevost de Paris de par le Roy à Paris, pour avoir argent, lequel en trouva à bien grande peine et difficulté. Et y eut des capitaines de ceux qu'on disoit Armagnacs, qui sceurent que argent venoit à l'ost du Roy, lesquels se mirent sur les champs, pour le cuider destrousser. Et vint la chose à la cognoissance du duc de Bourgongne, lequel envoya au devant le seigneur de Hely bien accompagné, parce les autres n'ozerent mettre à execution leur volonté, et fut l'argent apporté seurement jusques à l'ost.

Processions se faisoient bien notables à Paris, tant generales que particulieres, par les eglises, et nuds pieds alloit le peuple, portant cierges par les paroisses. Et en fit une l'Université de Paris jusques à Sainct Denys. Et quand les premiers estoient à Sainct Denys, le recteur estoit encores à Sainct Mathurin.

Le comte de Sainct Paul, comme dit est, soy disant connestable de France, vint mettre le siege devant Dreux : la chose venuë à la cognoissance de Gaucourt, il assembla environ huict cens combatans, en intention de venir faire lever le siege. De faict il se mit en chemin. Et y eut un des gens de sa compagnée, pour cuider avoir profit, lequel hastivement s'en partit, vint vers ledit Comte, et luy dit comme ledit de Gaucourt venoit pour frapper sur luy, et faire lever le siege. Lors ledit comte prit quatre cens archers, et les mit en une belle embusche prés d'un estang, où il estoit adverty que ledit de Gaucourt et sa compagnée devoient passer, et environ cent hommes d'armes. Et se trouverent les uns sur les autres. Au commencement y eut dure et aspre besongne. Mais assez tost se departirent les uns et les autres, et se retrahit ledit Comte sans autre chose faire, et ledit de Gaucourt s'en retourna à Bourges. Ledit Comte aprés son partement de devant Dreux, prit Sainct Remy, un fort chasteau, Chasteauneuf, et Belesme. Lesquelles places ceux qui estoient dedans, rendirent assez legerement ; et en les rendant leur fut promis par ledit Comte qu'elles seroient au Roy, perpetuellement annexées à sa couronne. Et assez tost aprés les bailla és mains du roy de Sicile, et s'en partit du pays, et s'en alla en Picardie, pource qu'il estoit venu certaines nouvelles que les Anglois y devoient descendre. Il laissa le mareschal de Longny, le borgne de la Heuse, et messire Antoine de Craon, et les chargea expressément, qu'ils fissent diligence d'avoir la ville et le chastel de Dreux. Lesquels seigneurs estoient vaillans et bien accompagnez, et y mirent le siege, et envoyerent à ceux de Paris leur requerir qu'ils leur envoyassent des gens garnis d'artillerie. Ce qu'ils firent, et y envoyerent deux bourgeois de Paris, l'un nommé Andry Rousseau, et l'autre Jean de l'Olive, accompagnez de cinq cens combatans, et vinrent devant la place avec les autres. Et y avoit plusieurs gros engins, qu'on faisoit jetter jour et nuict. Et y eut un des gros engins lequel fit au mur un bien gros trou. Quand ceux de Paris apperceurent le trou, ils descendirent és fossez, et firent tant qu'ils vinrent à l'endroit. Et combien qu'il y eust gens pour defendre qu'on n'y entrast : toutesfois ils rebouterent leurs ennemis à force, et y en eut plusieurs morts et blessez de ceux de Paris. Et par une autre porte assaillirent les gens de guerre, tellement que la ville fut gagnée. Et se retrahirent ceux de dedans au chasteau. Or estoit ladite ville bien garnie de vivres, et de meubles, de plus grande valeur qu'on ne cuideroit, et en prirent les assaillans chacun ce qu'il peut, dont ils furent moult enrichis. Aprés ils delibererent de mettre le siege devant le chastel Sainct Remy, et y fut mis en intention de l'avoir en brief temps. De vaillantes gens estoient dedans, qui se defendoient, et souvent y avoit de belles armes faites, et plusieurs blessoient et tuoient de traict de ceux de dehors.

Ceux de Sancerre, où il y avoit forte ville, et chastel, abandonnerent la ville, et s'en allerent à Bourges. Et ceux qui estoient dedans le chastel, par certaine composition le rendirent au Roy.

En ceste saison, Jacqueville et un nommé Terbours, qui estoient capitaines de gens d'armes, delibererent de mettre le siege à Yenville. Et de faict l'y mirent. Aucuns de ceux qu'on disoit Armagnacs s'assemblerent pour cuider faire lever le siege, et s'en retournerent à Thoury, là où assez hastivement ils furent assiegez par lesdits Jacqueville et Terbours, qui prirent et entrerent dans la place ; et y bouta Jacqueville le feu, et y eut plusieurs bonnes gens, femmes, et enfans ars et bruslez. Les autres saillirent de dessus les murs és fossez, dont aucuns se tuoient, les autres s'affolloient. Plusieurs y en eut de pris dedans la place, et menez à Paris, lesquels furent pendus.

On jettoit dedans la ville de Bourges, par le moyen des engins, grosses pierres, qui faisoient du mal beaucoup aux habitans. Et comme dessus a esté touché, le duc d'Orleans et ceux de son party envoyerent en Angleterre, pour sçavoir s'ils auroient aide et secours d'Anglois contre leurs adversaires. Lesquels y vinrent, et descendirent à la Hogue de Sainct Wast en Constantin le duc de Clarence, Cornoüaille, et autres seigneurs d'Angleterre, accompagnez de deux mille hommes d'armes, et quatre mille de traict, et s'en venoient vers Bourges pour aider à faire lever le siege, à l'aide de ceux qu'on disoit Armagnacs. Le duc de Savoye, qui estoit au siege, se mesla fort de trouver paix, et plusieurs tant du siege, que de dedans la ville y travailloient diligemment, et en avoient grand desir et volonté : car dedans ils estoient fort travaillez de faire guet et garde, et tous les jours on en blessoit. Et si n'avoit le duc de Berry plus rien dequoy il peust aider aux gens de guerre, qui estoient avec luy : car combien que auparavant il eust de beaux joyaux, toutesfois tout estoit dependu, et les vaisseaux mesmes des reliques vendus et allienez, et si avoient vivres bien escharcement, et aucunement on s'y commençoit à mourir. Ceux de l'ost estoient aussi presques en pareil estat, au regard d'argent et vivres, et si en bles-

soit-on plusieurs. Et qui pis estoit, il y couroit une maladie de flux de ventre fort merveilleuse, dont plusieurs mouroient. Et mesmement y moururent messire Pierre de Navarre, et Gille frere du duc de Bretagne. Parquoy et d'un costé et d'autre, estoit necessité d'avoir paix ou traité. Or pour ouvrir la matiere fut envoyé par le Roy sauf-conduit à l'archevesque de Bourges, qui estoit un bien notable prelat, pour venir de la partie du duc de Berry, duquel ledit archevesque estoit chancelier. Lequel y vint, et proposa bien grandement et notablement, en faisant salutations, recommandations et reverences tres-humblement. Et fut fait certaine cedule de traité, contenant plusieurs articles. Entre les autres y avoit, « Que le duc de Berry, et ses adherans,
» mettroient leurs terres et places en la main
» du Roy, qui pourroit mettre en icelles telles
» gens qu'il luy plairoit. Que de chacune partie
» on renonceroit à toutes alliances, qu'on pour-
» roit avoir fait ou promis avec les Anglois.
» Qu'on tiendroit la paix faite à Chartres, et ac-
» compliroit-on ce qu'il plairoit au Roy d'ordon-
» ner. Que les terres saisies seroient rendues à
» ceux ausquels elles estoient, et que toutes
» haines et rancunes s'osteroient, » avec autres clauses. Laquelle cedule fut envoyée à Bourges, et ne pleut pas bien aux seigneurs de dedans. Tellement que le Roy delibera de faire assaillir la ville, laquelle estoit fort battuë en plusieurs lieux. Toutesfois depuis le duc de Berry s'advisa et delibera de tenir la cedule, et envoya vers le Roy, et monseigneur le Dauphin, dire qu'il en estoit content. Et fut advisé qu'il estoit bon que seurement les ducs de Berry et de Bourgongne parlassent ensemble, et fut le lieu choisi, et les seuretez advisées. Et issit le duc de Berry, et le duc de Bourgongne vint au devant de luy. Quand ils s'entre-virent, et furent prés, ils s'embrasserent, et baiserent. Et dit Berry à Bourgongne : « Beau neveu, j'ai mal fait, et
» vous encores pis. Faisons et mettons peine que
» le royaume demeure en paix et tranquillité. » Et l'autre respondit : « Bel oncle, il ne tiendra
» pas à moy. » Lors tous ceux qui virent la maniere, commencerent à larmoyer de pitié. De par monseigneur le Dauphin, duc de Guyenne, furent faits les articles du traité de paix dessus dits, qui contenoient en effect le traité de Chartres. Lesquels articles furent approuvez comme dit est, par lesdits ducs de Berry, de Bourbon, et Albret. Et ordonné jour que le Roy et tous les seigneurs se trouveroient à Auxerre, et que là tout se confirmeroit. Dieu sçait la joye qu'on demenoit d'un costé et d'autre. Lors sortit le duc de Berry bien accompagné, et vint devers le Roy, et luy offrit, et bailla les clefs de la ville. A aller devers le Roy, fut accompagné ledit monseigneur de Berry de monseigneur le Dauphin, et de monseigneur de Bourgongne. Tres-joyeusement et benignement le Roy le receut, et firent grande chere ensemble. En l'ost, et aussi en la ville on faisoit grande joye, et non sans cause. Et entroit en la ville qui vouloit. Et ainsi se departit le siege.

Le duc de Clarence et les Anglois faisoient maux innumerables, tant que ennemis pourroient faire, et disoient qu'ils ne partiroient ja du royaume, jusques à ce qu'ils fussent contentez et payez de leurs soldes. Or n'avoit le duc d'Orleans, et le duc de Berry rien : auquel fallut à Bourges prendre les reliquaires de la saincte Chappelle, et autres eglises, pour payer ses gens qui estoient dedans en garnison. Et pource le duc d'Orleans leur bailla en gage, et en ostage le comte d'Engoulesme son frere, jusques à ce qu'on leur eust baillé certaine grosse somme d'argent, qui leur fut promise.

A Paris ils firent grande joye de ce qu'il y avoit traité de paix, lequel se devoit parfaire à Auxerre : et fut deliberé que de la cour de parlement iroit un president, et certaine quantité des seigneurs, et les advocats et procureur du roy, et le prevost des marchands, et aucuns eschevins, lesquels de faict y furent. Le vingtiesme jour du mois d'aoust y furent le Roy, et tous les seigneurs, excepté Orleans et Berry : la cause pourquoy lesdits deux seigneurs n'y voulurent aller, fut que messire Pierre des Essars, qui sçavoit du secret beaucoup du duc de Bourgongne, et de ses alliez, les advertit qu'il avoit esté parolés, que s'ils y eussent esté, on auroit deliberé de les tuer tous deux. Mais quand monseigneur le Dauphin fut à Melun il les manda, lesquels en personne jurerent, et firent le serment comme les autres. Et prit lors ledit seigneur en son service messire Jacques de la Riviere, et un gentilhomme nommé le Petit Mesnil. En effect fut la paix faite à Chartres, confirmée, approuvée, et jurée par tous les seigneurs, et fut publiée la paix à Paris, dont par toute la ville on demenoit grande joye.

Les Anglois, aprés ce qu'ils eurent eu le comte d'Engoulesme, tirerent leur chemin vers Bordeaux, et prenoient petits enfans tant qu'ils pouvoient en trouver, et s'efforçoient de prendre places, et pour conclusion faisoient maux innumerables. Ils ardirent Beaulieu auprés de Loches, pillerent Busançois : finalement arriverent vers le pays de Bordelois, et s'en allerent par mer en Angleterre.

Le Roy vint à Paris, où il fut receu à grande

joye, après y entra monseigneur le Dauphin, puis Philippes comte de Vertus, frere du duc d'Orleans : aprés eux estoient les ducs de Bourgongne, et de Bourbon. La paix fut derechef publiée à Paris. Et faisoit-on de plus fort en plus fort grandes joyes, cheres, festes, et esbatemens : et fut dit par monseigneur de Guyenne, que la mort de feu messire Jean de Montagu, grand maistre d'hostel du Roy, luy avoit fort despleu. Et que ce fut un jugement trop soudain, et mal fait, venant de haine et de volonté, plus que de raison. Et ordonna qu'on allast au gibet, et qu'il fust despendu, et baillé aux amis, pour mettre en terre saincte, et ainsi fut fait.

Le Roy alla à Sainct Denys en grande devotion, et fut baillée l'oriflambe en l'abbaye, en la forme et maniere accoustumée.

Le roy Jacques, qui estoit venu d'Italie, fit prendre son frere le comte de Vendosme, et longuement le tint en prison. Et n'en sçavoit-on pas bien la cause. Aucuns disoient que c'estoit, pource qu'il avoit en son absence pris les fruicts de ses terres, lesquels il avoit despendu sans en faire aucune restitution.

Le Roy sçachant que concile se devoit tenir en l'eglise vers les marches de Rome, y envoya bien grande et notable ambassade.

Il vint nouvelles que les Anglois, qui estoient en Guyenne, faisoient forte guerre, prenoient places, et contraignoient le peuple à leur faire sermens. Et pource fut deliberé que monseigneur de Hely mareschal de Guyenne, iroit accompagné de gens de guerre, lequel fut jusques là. Mais il trouva qu'il n'avoit pas assez de gens pour y resister. Et pource il s'en retourna, et requit qu'on luy baillast gens suffisamment, et derechef il iroit. Laquelle chose ne se pouvoit pas faire sans grand argent, dont on n'avoit point : pource demeura la chose en ce poinct.

Le duc de Berry aprés vint, et entra à Paris en grand estat, et fut honorablement receu en ladite ville, et en fit-on grande joye. Aprés vint et entra le duc de Lorraine. Or est vray que ledit duc avoit fait de grandes et deshonorables choses en la ville de Neufchastel en Lorraine. Et combien qu'on veüille dire, que la duché de Lorraine ne soit tenuë en foy et hommage du Roy, comme estant de l'empire, toutesfois ladite terre de Neufchastel, et bien trois cens villes que villages à clocher, sont tenuës en foy et hommage du Roy. Et envoya-l'on faire certain exploict audit lieu de par le Roy. Dont le duc de Lorraine fut mal content, et fit prendre des officiers royaux qui faisoient ledit exploict, et de ceux à la requeste desquels il se faisoit. Et encores fit-il pis. Car il y avoit des pennonceaux et escussons aux armes du Roy en la ville, qu'on y avoit attachez en aucun lieu, en signe de sauvegarde, lesquels il fit prendre, et lier à la queuë de son cheval, et les traisnoit. Laquelle chose venuë à la cognoissance des gens du conseil du Roy, il fut deliberé qu'on luy feroit son procés comme à criminieux de leze-majesté, et fut adjourné à comparoir en personne en la cour de parlement. Et tant fut procedé qu'il fut mis en quatre defauts criminels. Et mirent devers la cour les advocats et procureur du roy leur profit de defaut, en requerant les conclusions estans en iceluy leur estre adjugées, ce qui fut fait. Car il fut dit « avoir encouru et commis » crime de leze-majesté, et avoir forfait corps, » et biens, » et fut banny du royaume de France. Il estoit venu à Paris à la seureté du duc de Bourgongne, lequel le devoit presenter au Roy le lendemain à l'issuë de la messe. Laquelle chose vint à la cognoissance de la cour de parlement, laquelle ordonna aux advocats et procureur du roy, qu'ils allassent à la cour requerir au Roy, qu'il fît justice dudit duc de Lorraine, ou qu'on le baillast à la cour de parlement pour en faire justice, et ce qu'il appartiendroit par raison. De ce le duc de Bourgongne et le duc de Lorraine n'estoient en rien advertis, que les gens du Roy de parlement y deussent aller. Lesquels y vinrent, et y avoit des seigneurs de la cour avec les advocats et procureur, et arriverent comme le duc de Bourgongne presentoit au Roy le duc de Lorraine. Quand le chancelier de France vid ceux de parlement, il demanda ce qu'ils vouloient. Et lors s'agenoüilla, et parla Juvenal seigneur de Traignel, lequel comme dessus est dit, estoit advocat du roy, qui recita les cas dessus dits, en requerant aussi ce que dit est. Lors ledit duc de Bourgongne dit : « Juve-» nal, ce n'est pas la maniere de faire. » Et il respondit, qu'il falloit faire ce que la cour avoit ordonné, et requeroit que tous ceux qui estoient bons et loyaux vinssent, et fussent avec eux ; et que ceux qui estoient au contraire, se tirassent avec ledit duc de Lorraine. Lors ledit duc de Bourgongne laissa aller ledit duc de Lorraine, qu'il tenoit par la manche. L'issuë fut, que le duc de Lorraine pria au Roy bien humblement, « qu'il luy voulust pardonner, et qu'il le servi-» roit loyaument. » Lors le Roy luy pardonna tout, et pardonna les bannissemens et confiscations, et eut le duc remission. Mais le duc de Bourgongne ne fut pas bien content dudit Juvenal, combien que ce qu'il fit, ce fut comme bon, vray, et loyal, et luy en deust le duc de Bourgongne avoir sceu tres-bon gré, de soy estre si loyaument acquitté.

Il fut deliberé par le Roy et lesdits seigneurs, qu'il estoit expedient d'assembler les trois estats, qui le furent. De tous pays vinrent gens, et furent envoyez à Paris, tant des gens d'eglise, des nobles, que des bonnes villes. A la journée proposa messire Jean de Neelle chancelier de monseigneur le Dauphin, qui monstra en assez briefs termes « les maux qui estoient advenus par le moyen de la guerre, et des divisions, et le grand bien que c'estoit et pouvoit advenir par l'union des seigneurs, et par paix. Et qu'il estoit necessité de se pourvoir contre les Anglois, ennemis anciens du Roy, et royaume de France, laquelle chose ne se peut faire sans argent. Et pource requeroit aux trois estats aide qui estoit en effect une bonne grosse taille. » Aprés ce ainsi fait et dit, l'Université de Paris, et les prevosts des marchands et eschevins pour la ville de Paris, demanderent audience. Ce qu'ils eurent, et proposa maistre Benoist Gentien (1), qui prit son theme : *Imperavit ventis, et mari, et facta est tranquillitas magna*. Et monstra « deux vents qui dominoient fort au royaume de France, c'est à sçavoir Sedition et Ambition. » Puis declara « la pauvreté du peuple, et les grands aides qui estoient sus, comme quatriesmes, impositions, et gabelles, et la grande et excessive mangerie des finances qu'on y avoit fait. » Or de ce ledit Gentien n'avoit rien particularisé, ny nommé aucuns particuliers, lesquels avoient grands profits, et excessifs. Derechef ils demanderent audience, laquelle leur fut octroyée à certain jour. Auquel proposa un notable docteur en theologie de l'ordre des Carmes, nommé maistre Eustache de Pavilly, lequel recita en bref ce qu'avoit dit ledit Gentien. Et pour particulariser, exhiba un grand roolle, qui fut baillé à lire à un jeune maistre és arts, lequel le leut bien grandement et hautement. Et y estoient declarez les grands et excessifs gages que aucuns officiers prenoient, et n'y eut rien espargné, jusques à la personne du chancelier, et autres personnes, et des estats et pompes qui se faisoient, et le gouvernement tel qu'il estoit, et nommerent aucunes gens de finances, particulierement qui avoient eu plusieurs grandes finances, et en avoient amendé excessivement. Et requeroient qu'on les prit, et leurs biens aussi. Quand le proposant disoit les paroles dessus dites, ou semblables, ledit de Neelle chancelier de Guyenne vouloit parler, et les reprendre. Mais le chancelier de France luy dit, qu'il les laissast dire ce qu'ils voudroient. Mais ledit de Neelle tres-arrogamment et hautement luy respondit à une fois par maniere bien orgueilleuse, qu'il parleroit, voulust ou non, avec plusieurs autres paroles, dont les assistans furent tres mal conteus, et se departirent sans aucune conclusion. Pour ceste cause monseigneur de Guyenne envoya querir ses seaux, et le desappointa d'estre chancelier de Guyenne. Un advocat de parlement, nommé maistre Jean de Vailly, sans quelque election, par le moyen de la Reyne, à la requeste de son frere le duc de Baviere, fut fait chancelier de Guyenne. A la deliberation des trois estats, y eut diverses imaginations et opinions. Entre les autres, ceux de la province de Rheims bien notablement monstrerent, que les aides ordinaires suffisoient bien à soustenir la guerre sans mettre tailles, veu la pauvreté du peuple, et les pilleries, à cause des divisions, et plusieurs à leur imagination se adhererent. L'abbé du Mont Sainct Jean, qui estoit bien notable clerc, parla specialement contre les gens des finances, et ceux qui avoient eu dons excessifs du Roy. En monstrant qu'on devoit reprendre de ceux qui avoient trop eu, et que ce fait, le Roy auroit assez pour resister aux ennemis, et soustenir sa guerre, en employant ce qui avoit esté dit par lesdits Gentien et Pavilly.

En ce temps mourut Henry de Lancastre, lequel on disoit estre mesel (2), qui se disoit roy d'Angleterre, par la maniere dessus dite. Et laissa quatre fils, c'est à sçavoir Henry V du nom, roy après luy, le duc de Clarence, le duc de Bethfort, le duc de Glocestre.

Quelque paix qu'il y eust, tousjours regnoient les bouchers dessus nommez, et plusieurs pauvres et mauvaises gens. Et pource que Juvenal seigneur de Traignel, avoit plusieurs seigneurs tant de la comté que de la duché de Bourgongne, ses parens, lesquels l'aimoient bien, et en luy avoient fiance. Ils vinrent vers luy en son hostel de Paris, et luy dirent deux choses, qui leur desplaisoient fort, touchant monseigneur le duc de Bourgongne. L'une qu'il estoit obstiné de maintenir, qu'il ne fit point mal, d'avoir fait tuer monseigneur d'Orleans, et que si ce n'estoit que les maux qui en sont advenus, si devoit considerer qu'il avoit mal fait. L'autre, de ce qu'il se laissoit gouverner par bouchers, trippiers, escorcheurs de bestes, et foison d'autres meschantes gens. Et requirent audit Juvenal, qu'il le voulust remonstrer audit duc de Bourgongne. Lequel respondit que volontiers il le

---

(1) C'est à Benoist Gentien que quelques-uns attribuent l'histoire de Charles VI, traduite par Le Laboureur.

(2) *Mesel* ou *meseau* veut dire *ladre, lépreux.*

feroit. Or fut ledit Juvenal plusieurs fois en l'hostel d'Artois, où il l'attendoit jusques à minuict. Et advint qu'une nuict le duc de Bourgongne le fit venir, et l'oüyt assez patiemment. Il luy remonstra, que au moins ne pouvoit-il que dire qu'il eust failly, et que la paix estoit faite, et qu'il la tiendroit. Et entant qu'il touchoit les bouchers, que ce n'estoit pas son honneur. Et si luy dit outre, qu'il luy fineroit de cent notables bourgeois de Paris pour l'accompagner, et faire tout ce qui luy plairoit commander. Et si luy presteroient argent quand il en auroit affaire. Au premier il respondit, qu'il ne cuidoit point avoir failly, et qu'il ne le confesseroit jamais. Au deuxiesme il dit, qu'il falloit qu'il se fit, et qu'il n'en seroit autre chose. Et estoit pitié de voir, et sçavoir ce que faisoient lesdites meschantes gens, lesquels on nommoit cabochiens, à cause d'un escorcheur de bestes nommé Caboche, qui estoit l'un des principaux capitaines desdites meschantes gens. Desquels, et de leur maniere de faire, toutes gens de bien estoient tres-mal contens.

◇◇◇

M. CCCCXIII.

L'an mille quatre cens et treize, ceux qui avoient le gouvernement des finances furent desappointez, et autres mis en leurs lieux. Et si voulut-on desappointer le chancelier : mais le Roy fort le soustint, tellement que pour lors il demeura, combien que depuis il fut desmis.

Messire Pierre des Essars s'en alla et partit, aussi firent plusieurs autres. La charge qu'on donnoit audit des Essars, estoit qu'on devoit faire joustes au bois de Vincennes, ésquelles devoit estre le Roy et monseigneur de Guyenne dauphin, et qu'il les devoit prendre et emmener, et les mettre hors des mains de monseigneur de Bourgongne. On proceda contre ceux qui s'estoient absentez à bannissemens.

Ala fin d'avril, et au commencement de may, se mirent sus plus fort que devant meschantes gens, trippiers, bouchers, et escorcheurs, pelletiers, cousturiers, et autres pauvres gens de bas estat, qui faisoient de tres-inhumaines, detestables, et deshonnestes besongnes.

Et quand messire Pierre des Essars, son frere, et autres virent la maniere de faire, ils s'en allerent hors de Paris, car ce moult luy desplaisoit. Les autres disoient que c'estoit pource qu'il ne faisoit pas à son plaisir, comme il avoit accoustumé. Et là une fois où on parloit de recouvrer argent de ceux qui en avoient trop eu, il dit que le premier duquel, ou sur lequel on devoit recouvrer, c'estoit du duc de Bourgongne : car il avoit eu bien deux mille lyons. Et de ce le duc de Bourgongne fut mal content, et aussi les cabochiens. Et apperceut ledit des Essars qu'il seroit en danger. Et pource s'en alla, combien que depuis il dit, que oncques n'en avoit parlé, ne fait les autres choses qu'on luy mettoit sus.

Les cabochiens de Paris voulurent avoir un capitaine. Et prirent un chevalier de Beausse, nommé messire Helion de Jacqueville, qui estoit bien habile de son corps. Et le borgne de la Heuse fut fait prevost de Paris.

Des Essars cuida prendre le pont de Charenton. Depuis à la seureté du duc de Bourgongne, vint à la bastille de Sainct Antoine. Quand la chose vint à la cognoissance de Jacqueville, luy et un nommé Robert de Mailly, vint bien à tout trois mille des gens dessus dits devant la Bastille, disans comme que ce fust, qu'ils auroient messire Pierre des Essars. Lequel toutesfois estoit venu à la seureté de monseigneur de Guyenne, et de monseigneur de Bourgongne. Pource que lors on n'obtempera pas à leur requeste. Mais depuis ils vinrent bien vingt mille avec lesdits Jacqueville et Mailly, en l'hostel du duc de Bourgongne. Lors ledit duc voyant la grande commotion, leur dit, « qu'il le prendroit et l'auroit en sa main, et le garderoit bien, si le fit » venir à luy. » Lors ledit des Essars luy dit : « Monseigneur, je suis venu à vostre seureté, s'il » vous semble que ne me puissiez garder de la » fureur de ces gens, laissez-moy en aller. » Et ledit duc luy dit : « Mon amy, ne te soucie, car » je te jure, et asseure par ma foy, que tu n'au» ras autre garde que de mon propre corps, » et le prit par la main, luy fit la croix sur le dos de sa main, et l'emmena. Puis vinrent à l'hostel de monseigneur de Guyenne, et fit une proposition messire Jean de Toyes, en disant : « Qu'il falloit » qu'on eust aucuns qui estoient entour ledit » seigneur, et qu'ils estoient informez qu'il y » avoit des gens de tres-mauvaise volonté, » et firent une tres-grande commotion et sedition. Et furent pris le duc de Bar, le chancelier Vailly, messire Jacques de la Riviere, messire Regnaud d'Angennes, Gilet de Vitry, et Michelet de Vitry son frere (lequel madame de Guyenne, fille du duc de Bourgongne, tenoit en ses bras) et autres jusques à quinze, qui furent menez en l'hostel d'Artois, où estoit le duc de Bourgongne. Il y avoit un nommé Uvatelet, qui estoit au duc de Berry, lequel ils tuèrent, si firent-ils un menestrier nommé Courtebote, et un secretaire du Roy, nommé maistre Raoul Brisoul. Plusieurs meurtres secrettement se faisoient.

Depuis les dessus dits furent mis au Louvre en prison, et le duc de Bar aussi en la grosse tour, et messire Pierre des Essars fut mené au Chastellet. Et prirent les chapperons blancs, et en eurent le Roy, monseigneur le Dauphin, les ducs de Berry et de Bourgongne, et ceux du grand conseil, et n'en avoit pas qui vouloit. Ceux ausquels on les refusoit, c'estoit signe qu'on les tenoit pour Armagnacs, ou au moins ils estoient soupçonnez de l'estre. Ils alloient par Paris par tourbes, et delaissoient leurs mestiers. Et ainsi puis qu'ils ne gagnoient rien, il falloit qu'ils pillassent et desrobassent, et aussi le faisoient-ils de leur auctorité pure et privée.

Ces manieres mesmes desplaisoient à aucuns, qui avoient esté consentans de les mettre sus, comme au ministre des Mathurins, à maistre Eustache de Pavilly, carme, et autres de l'Université, qui delibererent de s'assembler secrettement aux Carmes, en la chambre dudit de Pavilly, pour imaginer à quelle fin ces manieres de faire pouvoient venir. Et pource qu'ils sçavoient que ledit seigneur de Traignel estoit bien notable homme, et qui avoit eu le gouvernement de la ville de Paris long-temps, et avoit tousjours monstré de son pouvoir avoir amour au Roy, et au royaume, et à la chose publique, ils luy prierent qu'il luy pleust d'y estre. Et s'assemblerent, et y eut plusieurs imaginations, et voyoient bien que les choses tendoient à destruction finale de la seigneurie. Ils s'enquirent quelles personnes devotes et menans vie contemplative y avoit à Paris, et trouverent des religieux, et autres, et aussi des femmes. Et alla Pavilly parler à eux, en leur priant qu'ils voulussent prier Dieu, qu'il leur voulust reveler à quelle fin et conclusion ces divisions pouvoient venir. Il y en eut entre les autres trois, qui rapporterent trois diverses choses. L'une fut, qu'il sembloit à la creature qu'elle voyoit au ciel trois soleils. La seconde, qu'elle voyoit au ciel trois divers temps, dont l'un estoit vers le midy, és marches d'Orleans, et de Berry, clair et luisant; les deux autres prés l'un de l'autre vers Paris, qui par fois encouroient des nuës noires, et ombreuses. L'autre eut une vision, qu'elle voyoit le roi d'Angleterre en grand orgueil et estat, au plus haut des tours de Nostre-Dame de Paris, lequel excommunioit le Roy de France, qui estoit accompagné de gens vestus de noir, et estoit assis sur une pierre emmy le parvis Nostre-Dame. Quand les dessus dits furent assemblez par deux fois bien et longuement, et parlerent des choses anciennes, ils conclurent que toutes les choses qu'on faisoit, et le gouvernement tel qu'il estoit, pouvoit signifier mutation de seigneurie au royaume. Et par ce moyen, le roy d'Angleterre, qui pretendoit à avoir droict au royaume de France, y pourroit parvenir, et que les choses estoient bien dangereuses et perilleuses. Et y eut l'un d'eux qui dit, qu'il avoit veu plusieurs histoires, et que toutes les fois que les Papes, et les Rois de France avoient esté unis ensemble en bonne amour, que le royaume de France avoit esté en bonne prosperité: et se doutoit que les excommuniemens et maledictions que fit le pape Boniface huictiesme sur Philippe le Bel, jusques à la cinquiesme generation, et depuis renouvellées, comme l'on dit, par Benedict, ne fussent cause des maux et inconveniens qu'on voyoit. Car Philippes le Bel delaissa trois beaux fils, lesquels moururent sans hoirs masles. Philippes de Valois eut bien à faire. Et si eut le roy Jean, qui fut pris en la bataille de Poictiers. Et eut un fils nommé Charles cinquiesme, dit le Sage, qui eut de grandes guerres, et eut deux enfans, Charles qui regne de present malade, comme il estoit notoire, et Louys qui mourut piteusement. Que de present, qui mettroit le tout en bon estat et gouvernement és enfans du Roy, tout devoit cesser. Laquelle chose fut fort pesée et considerée par ceux de l'assemblée. Et ledit seigneur de Traignel dit, que le remede seroit de trouver une bonne paix ferme entre les seigneurs, et que chacun y devroit travailler. Et que si aucuns des seigneurs avoient alliances ou promesses aux Anglois, qu'on les mit au neant, et qu'on y renonçast. Ce que aucuns des presens imaginerent qu'il le dist pour le duc de Bourgongne, qui avoit esté à Calais, et avoit fait aucunes promesses et confederations. Mais il le disoit privément et secrettement, pource qu'il sçavoit que ceux qu'on disoit Armagnacs, avoient fait venir le duc de Clarence, ce qui ne se pouvoit faire sans quelques promesses. Pareillement le duc de Bourgongne avoit esté à Calais, et amena le comte d'Arondel, ce qui ne fut mie sans aucunes pactions, ou convenances. Et il se doutoit que telles choses, jointes les divisions, ne donnassent courage aux ennemis d'entreprendre sur le royaume. Or se departit ainsi l'assemblée. Toutesfois ledit ministre des Mathurins, et autres presens confesserent, que le droit remede estoit d'entendre à bonne paix. Ce que ledit ministre desiroit en faveur de messire Pierre des Essars, dont il estoit serviteur. Lequel estoit au Chastellet, et en danger de sa personne. Mais ledit de Pavilly, qui tendoit fort au profit de sa bourse, et s'interessoit avec les Gois, Saintyons, et leurs alliez, fit une proposition, en voulant monstrer que la prise des personnes, dont dessus est faite mention, estoit bien duëment faite, et qu'il falloit ordonner commissaires pour faire leurs procés, et qu'ils eussent puissance d'en prendre des autres, de faire du criminel civil, et d'emprunter argent de ceux que bon leur sembleroit. Et ainsi fut fait et ordonné, et y eut commissaires destinez, ausquels on bailla la puissance dessus dite, et à chacun d'eux, à leur greffier et sergens, un chaperon blanc.

Quand le comte de Vertus frere du duc d'Orleans, vid ces manieres de faire, et qu'on avoit pris le duc de Bar, et autres, et que de jour en jour on en prenoit, il fut conseillé de s'en partir, et s'en alla à Orleans vers son frere. Or fut fait capitaine de Paris Jacqueville, Denisot de Chaumont du pont de S. Cloud, et Caboche du pont de Charenton.

On prenoit gens ausquels on imposoit avoir fait quelque chose, dont il n'estoit rien, et falloit qu'ils composassent, fust droit, fust tort, à argent, qu'il falloit qu'ils baillassent.

Le comte de Charolois fils du duc de Bourgongne, et Madame sa femme fille du Roy, aussi s'en allerent, et leurs gens, à tout leurs chaperons blancs. Et disoit-on que c'estoit à la requeste de ceux de Gand, et que de ce avoient requis le duc de Bourgongne. Mais aucuns imaginoient, que ce n'estoit qu'une fiction, et qu'ils s'en alloient, pource que les choses estoient trop merveilleuses, et le pere et le fils n'estoient pas conseillez de se trouver ensemble en un mesme lieu.

Derechef, le carme de Pavilly fit une proposition à Sainct Paul devant la reyne, monseigneur le Dauphin et autres seigneurs. Et prit sa matiere sur une fiction d'un jardin, où il y avoit de belles fleurs, et herbettes, et aussi il y croissoit des orties, et plusieurs herbes inutiles, qui empeschoient les bonnes herbes de fructifier, et pource les falloit sarcler, oster, et nettoyer. Et que au Jardin du Roy et de la Reyne y avoit de tres-mauvaises herbes, et perilleuses, c'est à sçavoir quelques serviteurs et servantes, qu'il falloit sarcler et oster, afin que le demeurant en valust mieux.

Lors estoit monseigneur le Dauphin à une fenestre tout droit, qui avoit son chapperon blanc sur sa teste, la patte du costé dextre, et la cornette du costé senestre, et menoit ladite cornette en venant dessous le costé dextre, en forme de bande. Laquelle chose apperceurent aucuns des bouchers, et autres de leur ligue, dont y eut aucuns qui dirent alors : « Regardez ce bon en-
» fant Dauphin, qui met sa cornette en forme
» que les Armagnacs le font ; il nous courroucera
» une fois. »

Les mauvaises herbes furent ostées des jardins du Roy et de la Reyne, c'est à sçavoir le duc de Baviere frere de la Reyne, qui fut mis en une tour devant le Louvre. Et plusieurs autres officiers, les uns mis en Chastellet, et les autres en la Conciergerie du Palais, dont y en avoit de clercs, qui furent rendus à l'evesque. Et si prit-on environ quatorze ou quinze dames, que damoiselles de l'hostel de la Reyne, lesquelles furent menées en la Conciergerie du Palais, comme en prison.

Et afin que parmy le royaume on cuidast, que ce qu'on faisoit estoit pour le bien du royaume, ceux du conseil des dessus dits firent chercher et querir és chambres des comptes, et du tresor, et au Chastellet, toutes les ordonnances royaux anciennes, et sur icelles en formerent de longues et prolixes, où il y avoit de bonnes et notables choses prises sur les anciennes : puis firent venir monseigneur le Dauphin duc de Guyenne, en la cour de parlement, tenant comme un lict de justice : et les fit lire et publier à haute voix. Et les leut le greffier du Chastellet, nommé maistre Pierre de Fresnes, qui avoit un moult bel langage, et haut. Et furent lesdites ordonnances decretées estre gardées, et sans enfraindre.

Or est vray, comme dessus a esté touché, que messire Helion de Jacqueville estoit capitaine de Paris, et desdits bouchers, et en effet disoit-on qu'il gouvernoit tout. Et un jour alla avec autres voir messire Jacques de la Riviere, et Petit Mesnil, non pour bon bien qu'il leur voulust, et entrerent en aucunes paroles. Toujours ledit de la Riviere respondoit le plus gratieusement qu'il pouvoit, et voyoit bien que bon mestier luy en estoit, et qu'il estoit en grand danger de sa personne. Or en parlant ledit de Jacqueville luy dit, qu'il estoit faux, traistre, et desloyal. Et lors ledit de la Riviere, qui se sentoit si grandement injurié, et que la chose touchoit si grandement son honneur, respondit audit de Jacqueville, qu'il avoit faussement et mauvaisement menty, et que s'il plaisoit au Roy, il le combattroit. Lors ledit Jacqueville, qui avoit une hachette en son poing, la haussa, et frappa tellement ledit de la Riviere sur la teste, qu'il le tua, aucuns disent que ce fut d'un pot d'estain. Qui fut un bien merveilleux cas, de tuer un homme és mains de justice ; mais rien plus n'en fut. Le lendemain, on traisna ledit de la Riviere tout mort en une charette, aux Halles, et sur l'escharfaut on luy couppa la teste : si fut aussi mené en sa compagnée ledit Petit Mesnil, à qui pareillement on couppa la teste, sans ce qu'on en dit aucune cause, ou raison, sinon la volonté de Jacqueville.

Et pource qu'il sembloit à ceux qui faisoient les exploits dessus dits, que le bon-homme messire Arnaud de Corbie, qui avoit esté long-temps premier president du parlement, et depuis bien vingt ans chancelier de France, ne leur estoit pas bien propice, il fut desappointé, et en son lieu mis un nommé maistre Eustache de Laitre.

Or combien qu'on eust ordonné commissaires contre ceux qu'on maintenoit estre Armagnacs, toustesfois en ordonnerent-ils encores d'autres, de ceux qu'on nommoit cabochiens, pour avoir et exiger argent en maniere d'emprunt, de tous ceux qui avoient renommée d'avoir argent, et les faisoient venir devers eux, tant du parlement, que des marchands, et bourgeois de Paris, et leur demandoient à emprunter. Et s'ils ne prestoient promptement, on les envoyoit en diverses prisons, et mettoit-on sergens en leurs maisons, jusques à ce qu'ils eussent payé ce qu'on leur demandoit. Entre les autres, ils demanderent audit maistre Jean Juvenal deux mille escus. Et pource qu'il les refusa aucunement, on commanda qu'on le menast en prison au petit Chastellet, dont il appella en parlement. Ce nonobstant il fut envoyé audit petit Chastellet; et avant qu'il partist, fallut qu'il baillast partie de ce qu'on luy demandoit, et le demeurant promit de payer à un terme, dont il ne fut pas bien content, et non sans cause, car il le monstra bien après.

Il y avoit un notable docteur en theologie, et de grande reputation, nommé maistre Jean Jarson (1), lequel estoit chancelier de Nostre-Dame de Paris, et curé de Sainct Jean en Greve, qui avoit accoustumé de s'acquitter loyaument. Et pource que en compagnée où il estoit, il deut dire, que les manieres qu'on tenoit n'estoient pas bien honnestes, ne selon Dieu, et le disoit d'un bon amour et affection, on le voulut prendre, mais il se mit és hautes voûtes de Nostre-Dame de Paris, et fut son hostel tout pillé et desrobé.

Le seigneur de Hely, qui estoit mareschal de Guyenne, et vaillant chevalier, demanda gens et argent, et qu'il iroit en Guyenne, laquelle chose luy fut octroyée. Et luy bailla-on une bien grosse somme d'argent, et luy sembloit qu'il feroit merveilles. Il s'en alla en Poictou, et assembla gens de toutes parts, et de là tira vers les marches de Sainctonge, où il avoit intention d'assieger et prendre Soubise. Mais la chose alla bien autrement. Car le capitaine de Soubise bien accompagné frappa sur son logis,

et prit ledit seigneur de Hely. Duquel par ce moyen l'entreprise et l'armée furent rompuës.

Les Anglois estoient joyeux de la division, qu'ils voyoient estre entre les seigneurs de France. Et fut le roy d'Angleterre conseillé de faire une armée, et de l'envoyer vers la coste de Normandie, sçavoir s'ils pourroient avoir quelque entrée, et place. De faict, il envoya une armée vers Dieppe, qui y cuida descendre. Mais les nobles, et le peuple du pays, s'assemblerent sur le rivage de la mer, et combatirent les Anglois, tellement qu'ils les desconfirent. Et fut le capitaine des Anglois tué, et pource se retrahirent en Angleterre. Quand le roy d'Angleterre sceut l'adventure, il en fut bien desplaisant, et ordonna une plus grande armée à faire : de faict il le fit, et prirent terre. Le borgne de la Heuse y alla, et prit des gens ce qu'il peut. Et cuida defendre la descente desdits Anglois : mais il fut bien lourdement rebouté, et y eut plusieurs chevaux morts de traicts, et aussi de ses gens pris, et fut contraint de s'en retourner. Les Anglois cuiderent trouver maniere d'avoir Dieppe : mais ils faillirent. Et vinrent vers le Tresport, entrerent dedans, et en l'Abbaye, et y bouterent le feu, et ardirent tout, mesme une partie des religieux. Plusieurs gens tuerent, et navrerent, et si en prirent, et s'en retournerent en Angleterre à tout leur proye.

La chose venuë à la cognoissance des seigneurs d'Orleans, Bourbon, Alençon, et autres, et la maniere qu'on tenoit à Paris à la descente desdits Anglois, ils envoyerent vers le Roy, en s'offrans à son service : en requerans que les traitez de paix qui avoient esté faits, accordez, promis et jurez, fussent entretenus, gardez, et observez. Et que au regard d'eux, ils ne se trouveroient point qu'ils eussent fait chose au contraire. Et que en la ville de Paris plusieurs choses horribles et detestables se faisoient, contre les traitez de paix.

Mais les bouchers et leurs alliez en tenoient bien peu de conte. Et firent faire le procés dudit messire Pierre des Essars. Et luy imposoit-on plusieurs cas et choses, qu'on disoit qu'il avoit commis et perpetré, dont des aucunes dessus est fait mention. Et fut condamné à estre traisné sur une claye du Palais jusques au Chastellet, puis à avoir la teste couppée aux Halles. Laquelle sentence, qui estoit bien piteuse, et à la requeste de ceux qu'il avoit premierement mis sus, et eslevez, fut executée. Et le mit-on au Palais sur une claye attachée au bout de la charette, et fut traisné les mains liées jusques au Chastellet : en le menant il sousrioit, et disoit-on qu'il ne cuidoit point mourir,

---

(1) Jean Gerson joue un assez grand rôle à cette époque ; on sait qu'il est des auteurs supposés de l'Imitation de Jésus-Christ.

et qu'il pensoit que le peuple dont il avoit esté fort accointé, et familier, et qui encores l'aimoit, le deust rescourre. Et s'il y en eust eu un qui eust commencé, on l'eust rescous. Car en le menant ils murmuroient tres-fort de ce qu'on luy faisoit. Outre qu'il avoit esperance que le duc de Bourgongne luy tint la promesse qu'il luy avoit faite en la Bastille Sainct Antoine, qu'il n'auroit mal non plus que luy. Mais il fut mis devant le Chastellet dessus la charette, et mené aux Halles, et là eut la teste couppée, son corps fut mené au gibet, et mis au propre lieu où fut mis Montagu. Et disoient aucuns que « c'estoit un jugement de Dieu de
» ce qu'il mourut, comme il avoit fait mourir
» ledit Montagu. »

Audit mois advint que Jacqueville, et ses soudoyers, qui estoient orgueilleux et hautains, vinrent un jour de nuict entre onze et douze heures en l'hostel de monseigneur de Guyenne, où il s'esbatoit, et avoit-on dansé. Et vint jusques en la chambre dudit seigneur, et le commença à hautement tancer, et le reprendre des cheres qu'il faisoit, et des danses et despenses : et dit plusieurs paroles trop fieres, et orgueilleuses contre un tel seigneur, et « qu'on
» ne luy souffriroit pas faire ses volontez, et s'il
» ne se advisoit, qu'on y mettroit remede. » A ces paroles estoit present le seigneur de la Trimoüille, qui ne se peut taire, qu'il ne respondist audit Jacqueville, que « ce n'estoit pas bien fait
» de parler ainsi dudit seigneur, ne à luy à faire,
» et que l'heure estoit bien impertinente, et les
» paroles trop fieres, et hautaines, veu le pe-
» tit lieu dont il estoit. » Sur ce se meurent paroles, tellement que de la Trimoüille desmentit Jacqueville, et aussi Jacqueville la Trimoüille. Monseigneur de Guyenne voyant la maniere dudit Jacqueville, tira une petite dague qu'il avoit, et en bailla trois coups audit Jacqueville par la poitrine, sans ce qu'il luy fit aucun mal, car il avoit bon haubergeon dessous sa robe. Le lendemain matin ledit Jacqueville et ses cabochiens s'esmeurent en intention d'aller tuer ledit seigneur de la Trimoüille : de faict, ils eussent accomply leur mauvaise volonté, si ce n'eust esté le duc de Bourgongne, qui les appaisa tellement, qu'ils laisserent leur fureur, et se refroidirent : mais du courroux qu'en eut monseigneur de Guyenne, il fut trois jours qu'il jettoit et crachoit le sang par la bouche, et en fut tres-bien malade.

Le Roy fut guary, et revint en bonne santé. Laquelle chose venuë à la cognoissance des seigneurs d'Orleans, et autres dessus nommez, ils envoyerent devers le Roy une ambassade, en luy requerant, qu'il voulust faire entretenir la paix, ainsi qu'elle avoit esté jurée et promise. Le Roy envoya vers eux l'evesque de Tournay, l'hermite de la Faye, maistre Pierre de Marigny, et un secretaire, lesquels seigneurs estoient à Verneüil, et parlerent longuement ensemble. Et s'en retourna ladite ambassade arriere vers le Roy à Paris, où ils rapporterent pleinement, comme lesdits seigneurs vouloient paix, et ne demandoient autre chose, et que hors la ville en quelque lieu seur ils peussent parler ensemble. Et si rapporterent lesdits ambassadeurs, que lesdits seigneurs se plaignoient fort, de ce qu'on ne leur rendoit leurs places prises durant la guerre, ainsi qu'il leur avoit esté promis. Et aussi des mutations qu'on avoit fait des officiers des maisons du Roy, de la Reyne, de monseigneur de Guyenne, et des capitaines ès places du Roy, et des prisonniers, tant des seigneurs, et officiers, que des femmes, et des manieres qu'on tenoit ès choses qu'on faisoit.

Quand ceux qu'on nommoit cabochiens sceurent que les matieres se disposoient à la paix, ils furent moult troublez, cognoissant ce qu'ils avoient fait par leur puissance, qui gisoit en cruauté et inhumanité, cesseroit; partant de tout leur pouvoir ils trouverent bourdes, et choses non veritables, ny apparentes, pour cuider empescher la paix : toutesfois ils delivrerent de prison les dames, et aucuns des prisonniers.

Or estoit le duc de Berry, à tout son chapperon blanc, logé au cloistre de Nostre-Dame, en l'hostel d'un docteur en medecine, nommé maistre Simon Allegret, qui estoit son physicien. Et presques tous les jours il vouloit que ledit feu maistre Jean Juvenal des Ursins, seigneur de Traignel, allast devers luy. Ils conferoient ensemble du temps qui couroit, et des choses qu'on faisoit, et disoit. Ledit seigneur dit audit Juvenal : « Serons-nous tousjours en
» ce poinct, que ces meschantes gens ayent
» auctorité et domination ? » Auquel le seigneur de Traignel respondit : « Ayez esperance en
» Dieu, car en brief temps vous les verrez des-
» truits, et venus en grande confusion. » Or tous les jours il ne pensoit, ne imaginoit que la maniere comme il pourroit faire, et delibera d'y remedier : il estoit bien noble homme, de haut courage, sage, et prudent, qui avoit gouverné la ville de Paris douze ou treize ans, en bonne paix, amour et concorde. Et estoit en grand soucy, comme il pourroit sçavoir, si aucuns de la ville seroient avec luy, et de son imagination : car il ne s'ozoit descouvrir à personne, combien que plusieurs de Paris des plus grands

et moyens, estoient de sa volonté. Luy donc estant en ceste pensée et grande perplexité, par trois nuicts, comme au poinct du jour il luy sembloit qu'il songeoit, ou qu'on luy disoit: *Surgite cùm sederitis, qui manducatis panem doloris.* Et un matin madame sa femme, qui estoit une bonne et devote dame, luy dit : « Mon amy et mary, j'ay oüy au matin que » vous disiez, ou qu'on vous disoit ces mots » contenus en mes Heures, où il y a : *Surgite* » *cùm sederitis, qui manducatis panem do-* » *loris.* Qu'est-ce à dire? » Et le bon seigneur luy respondit : « Mamie, nous avons onze en- » fans, et est bien mestier que nous prions » Dieu, qu'il nous doint bonne paix, et ayons » esperance en luy, et il nous aidera. » Or en la Cité y avoit deux quarteniers drappiers, l'un nommé Estienne d'Ancenne, l'autre Gervaisot de Merilles, qui souvent conversoient avec leurs quarteniers et dixeniers, et sentoient bien par leurs paroles, qu'ils estoient bien mal contens des cabochiens. Un soir ils vinrent devers monseigneur de Berry, et se trouverent d'adventure ensemble, ledit Juvenal avec ledit duc de Berry : là ils conclurent, qu'ils vivroient et mourroient ensemble, et exposeroient corps et biens, à rompre les entreprises desdits bouchers, et de leurs alliez, et rompre leur faict. Le plus expedient estoit, de trouver moyen de souslever le peuple contre eux : et en ceste pensée et volonté estoient plusieurs gens de bien de Paris, de divers quartiers : et grommeloit fort le peuple, pource qu'ils voyoient que lesdits bouchers, et leurs alliez, par leur langage ne vouloient point de paix : car ils firent faire lettres au Roy tres-seditieuses contre les seigneurs, c'est à sçavoir Sicile, Orleans, Bourbon, Alençon, et autres, et les faisoient publier par Paris, disans : « Que » lesdits seigneurs vouloient destruire la ville, » et faire tuer des plus grands, et prendre leurs » femmes, et les faire espouser à leurs valets » et serviteurs, et plusieurs autres langages non » veritables. » Mais nonobstant leurs langages et paroles, le Roy et son conseil delibererent d'entendre à paix : et envoya le Roy bien notable ambassade au pont de l'Arche, où estoient lesdits seigneurs : lesquels respondirent qu'ils ne demandoient que paix. Et vint à Paris de par lesdits seigneurs, un bien notable homme et vaillant clerc, nommé maistre Guillaume Signet. Lequel devant le Roy, en la presence de monseigneur le Dauphin, Berry, Bourgongne, et plusieurs dits cabochiens, fit une moult notable proposition : monstrant en effet « le » grand inconvenient au Roy, et royaume, par » les divisions qui avoient couru, et couroient : » que les Anglois sous ombre desdites divisions » pourroient descendre, et faire grand dom- » mage au royaume, et qu'il n'y avoit remede » que d'avoir paix. » Pour abreger, il fut deliberé et conclu par le Roy, qu'il vouloit paix. Et pour ceste cause allerent à Pontoise lesdits ducs de Berry et de Bourgongne, où il y eut articles faits, beaux et bons, lesquels pleurent à toutes les parties. Et s'en retournerent lesdits ducs de Berry, et de Bourgongne, à Paris.

Le premier jour d'aoust, qui fut un mardy, les articles de la paix furent leus devant le Roy, monseigneur de Guyenne, et plusieurs seigneurs presens. Et ainsi qu'on vouloit deliberer, maistre Jean de Troyes, les Saintyons, et les Gois, et Caboche, vindrent par une maniere assez impetueuse. En requerant « qu'ils » vissent les articles, et qu'ils assembleroient » sur iceux ceux de la ville, car la chose leur » touchoit grandement. » Ausquels fut respondu : « que le Roy vouloit paix, et qu'ils entendroient » lire les articles, s'ils vouloient, mais qu'ils » n'en auroient aucune copie. » Le lendemain, qui fut mercredy matin, ils s'assemblerent en l'Hostel de Ville, jusques à bien mille personnes. Plusieurs y en avoit de divers quartiers, qui y estoient à bonne intention allez, pour contredire ausdits Cabochiens. Dans ladite assemblée proposa un advocat en parlement, nommé maistre Jean Rapiot, bien notable homme, qui avoit belle parole, et haute. En sa proposition, il n'entendoit pas de rompre le bien de la paix, et dit « que le prevost des marchands, et les » eschevins la vouloient. » Mais les Cabochiens dirent « qu'il estoit bon que prealablement, voire » necessaire, qu'on monstrast aux seigneurs d'Or- » leans, Bourbon, et Alençon, et à leurs al- » liez, les mauvaistiez et trahisons qu'ils avoient » fait ou voulu faire. Afin qu'ils cogneussent » quelle grace on leur faisoit d'avoir paix à » eux, et aussi qu'on leur monstrast, et leut » les articles audit lieu. » Et les tenoit maistre Jean de Troyes en une feuille de papier en sa main : lors il fut par un de la ville dit « que la » matiere estoit grande et haute, et que le meil- » leur seroit que elle se deliberast par les quar- » tiers, et que le lendemain, qui estoit jeudy, » les quarteniers, qui estoient presens, assem- » blassent les quartiers, et que là pourroit-on » lire ce que tenoit ledit de Troyes, au lieu où » les assemblées des quartiers se faisoient. » Et aprés, tous ceux qui estoient presens, excepté ceux de la ligue dudit de Troyes, commencerent à crier : Par les quartiers. Lors un de ceux de Saintyon, qui estoit armé, et au bout du grand banc, va dire : « qu'il le falloit faire

» promptement, et que la chose estoit hastive. » Et lors derechef la plus grande partie des presens commença derechef à crier : Par les quartiers. L'un des Gois qui estoit armé dit hautement, que « quiconque le voulust voir, il se » feroit promptement audit lieu. » Lors un charpentier du cimetiere S. Jean nommé Guillaume Ciface, qui estoit quartenier, se leva et dit, « que la plus grande partie estoit d'opinion » que il se fist par les quartiers, et que ainsi le » falloit-il faire. » Mais lesdits Saintyons, et les Gois bien arrogamment luy contredirent, en disant « que malgré son visage il se feroit en » la place. » Lequel Cirace d'un bon courage et visage va dire, « que il se feroit par les » quartiers : et que s'ils le vouloient empescher, » il y avoit à Paris autant de frappeurs de » coignées, que de assommeurs de bœufs, ou » vaches. » Et lors les autres se teurent, et demeura la conclusion, qu'il se feroit par les quartiers, et s'en alla chacun en son hostel.

Le jeudy matin maistre Jean de Troyes, qui estoit concierge du Palais, et y demeuroit, fit grande diligence d'assembler les quarteniers de la cité au cloistre Sainct Eloy, pour les induire à sa volonté; et estoient assemblez avant qu'on appellast advocats en Parlement, où estoit ledit seigneur de Traignel advocat du Roy. Auquel lesdits quarteniers Guillaume d'Ancenne, et Gervaisot de Merilles, firent à sçavoir l'assemblée soudainement faite. Et s'en vint à Sainct Eloy, et n'y sceut si tost venir, que ledit maistre Jean de Troyes n'eust commencé son sermon. Quand il vid ledit seigneur de Traignel, il luy dit : « Qu'il fust le trés-bien venu, et qu'il » estoit bien joyeux de sa venuë. » Et tenoit ladite cedule, dont dessus est faite mention, en sa main, contenant merveilleuses choses contre lesdits seigneurs, non veritables, laquelle fut leuë. Et demanda audit seigneur de Traignel, « qu'il luy en sembloit, et s'il n'estoit pas bon » qu'on la monstrast au Roy, et à ceux de son » conseil, avant qu'on accordast aucunement » les articles de la paix. » Lequel de Traignel respondit : « Qu'il luy sembloit, que puis qu'il » plaisoit au Roy, que toutes les choses qui » avoient esté dites, ou faites au temps passé, » fussent oubliées ou abolies tant d'un costé que » d'autre, sans que jamais en fust faite mention, » que rien ne se devoit plus ramentevoir. Et que » les choses contenuës en ladite cedule estoient » toutes seditieuses, et taillées d'empescher le » traité de paix, laquelle le peuple devoit de- » sirer. » Et sans plus demander à autres opinion aucune, tous à une voix dirent, que « ledit » seigneur disoit bien, et qu'il falloit avoir paix, » en criant tous d'une voix : « La paix, la paix. » Et qu'on devoit deschirer ladite cedule, que » tenoit ledit de Troyes. » De faict elle luy fut ostée des mains, et mise en plus de cent pieces. Tantost par la ville fut divulgué ce qui avoit esté fait au quartier de la Cité, et tout le peuple des autres quartiers fut de semblable opinion, excepté les deux quartiers de devers les Halles, et l'hostel d'Artois, où estoit logé le duc de Bourgongne. Tantost aprés disner, ledit Juvenal accompagné des principaux de la cité, tant d'eglise, que autres, jusques au nombre de trente personnes, se mit en chemin pour aller à Sainct Paul devers le Roy. En y allant, plusieurs autres notables personnes de divers quartiers le suivirent, et trouverent le Roy audit hostel, et en sa compagnée le duc de Bourgongne, et autres ses alliez. Et en bref luy exposa ledit Juvenal leur venuë, « en monstrant les maux » qui estoient advenus par les divisions, et que » la paix estoit necessaire : et luy supplioient » ses bons bourgeois de Paris, qu'il voulust tel- » ment entendre et faire, que bonne paix, et » ferme fust faite. Et pour parvenir à ce, qu'il en » voulust charger monseigneur de Guyenne son » fils. » Le Roy respondit en brief, que « leur re- » queste estoit raisonnable, et que c'estoit bien » raison, que ainsi fust fait. » Lors le duc de Bourgongne dit audit seigneur de Traignel : « Juvenal, Juvenal, entendez-vous bien, ce » n'est pas la maniere de ainsi venir. » Et luy respondit, que « autrement on ne pouvoit venir » à conclusion de paix, veuës les manieres que » tenoient lesdits bouchers, et que autres fois » il en avoit esté adverty, mais il n'y avoit » voulu entendre. » Aprés ces choses, ils s'en allerent vers monseigneur le Dauphin duc de Guyenne : et se mit ledit seigneur à une fenestre accoudé, sur ses espaules estoit un des Saintyons. Là luy furent dites les paroles, qu'on avoit devant dites au Roy. Lequel seigneur dit, « qu'il » vouloit paix, et y entendroit de son pouvoir, » et le monstreroit par effet. » Si luy fut requis, pour eviter toutes doubtes, « qu'il mit la Bastille » de Sainct Antoine en sa main, et qu'il fit tant » qu'il en eust les clefs. » Pour laquelle chose il envoya vers le duc de Bourgongne, qui en avoit la garde, ou autres de par luy. Lequel envoya querir ceux de ladite Bastille, et fit delivrer la place audit seigneur, lequel la bailla en garde à messire Renaud d'Angennes, lequel depuis trois ou quatre jours avoit esté delivré de prison. Au surplus, il fut requis et supplié audit seigneur, « qu'il luy pleust le lendemain matin, » qui estoit vendredy, se mettre sus et chevau- » cher par la ville de Paris, » lequel promit de ainsi le faire. Et s'en retournerent ledit seigneur de Traignel, et ceux de sa compagnée. Et s'en retournant ils trouverent le recteur, accompagné d'aucuns de l'Université, qui alloient devers le Roy, et monseigneur de Guyenne, pour pareille cause. Lesquels y allerent, et eurent pareille response que dessus.

Le peuple de Paris estoit ja tout esmeu à la paix : et estoient principalement aucuns, qui se mettoient sus, c'est à sçavoir Pierre Oger vers Sainct Germain de l'Auxerrois, Estienne de Bonpuis vers Saincte Oportune, Guillaume Cirace au Cimetiere de Sainct Jean, et en la Porte baudeloier ; et tous ceux de la cité en la compagnée dudit seigneur de Traignel, pour sçavoir ce qu'on auroit à faire. Le vendredy matin il alla oüyr messe à la Magdelaine, qui est jouxte son hostel (1). Et envoya querir le duc de Berry, et y alla, lequel duc luy demanda, « Qu'est-ce-cy Juvenal, que voulez faire, dites-» moy ce que je feray ? » Par lequel fut respondu : « Monseigneur, passez la riviere, et » faites mener vos chevaux autour, et allez à » l'hostel de monseigneur de Guyenne, et luy » dites qu'il monte à cheval, et s'en vienne au » long de la rue Sainct Antoine vers le Lou-» vre, et il delivrera messeigneurs les ducs de » Baviere, et de Bar. Et ne vous souciez : car » aujourd'huy j'ay esperance en Dieu, que tout » se portera bien, et que serez paisible capi-» taine de Paris : j'iray avec les autres, et nous » rendrons tous à monseigneur le Dauphin, et » à vous. » Lors ledit duc de Berry fit ce que dit est. Et ledit Juvenal s'en vint vers tous ceux de la cité à S. Germain de l'Auxerrois, où estoit Pierre Oger, afin que ensemble ils fussent plus forts. Car les prevost des marchands et eschevins, les archers, et arbalestriers de la ville, et tous les Cabochiens, estoient assemblez en greve, de mille à douze cens bien ordonnez, se doutans qu'on ne leur courust sus, prests de se defendre. Le duc de Bourgongne faisoit grande diligence de rompre l'embusche dudit seigneur, laquelle estoit ja mise sus, et chevauchoit par la ville au long de la ruë Sainct Antoine. Quand il fut à la Porte baudés, ledit Juvenal luy sixiesme seulement, prit le chemin à venir par devant Sainct Jean en greve, où il trouva belle et grande compagnée des autres, et passa par le milieu d'eux. En passant Laurens Callot, neveu de maistre Jean de Troyes, prit maistre Jean fils dudit Juvenal, par la bride de son cheval, et luy demanda « qu'ils feroient. » Et il luy respondit : « Suivez-nous, avec monseigneur

(1) L'hôtel des Ursins.

» le Dauphin, et vous ne pourrez faillir. » Et ainsi le firent, et prirent leur chemin par devers le pont de Nostre Dame, en allant par Chastellet, au long de la riviere. Et estoit ja monseigneur le Dauphin devant le Louvre. Et avec luy estoient les ducs de Berry, et de Bourgongne. Et delivra les ducs de Baviere, et de Bar, qui se mirent en sa compagnée. Quand lesdits de Troyes et les Cabochiens, furent en une vallée sur la riviere, prés de Sainct Germain de l'Auxerrois, un nommé Gervaisot Dyonnis tapissier, qui avoit en sa compagnée aucuns compagnons, vid et apperceut ledit maistre Jean de Troyes, qui luy avoit fait desplaisir, il tira son espée, en disant : « Ribaut traistre, à ce coup je t'au-» ray. » Et tout soudainement on ne sceut ce que tous devinrent, car ils s'enfuirent. Et envoya-l'on demander audit Juvenal, « si on iroit » fermer les portes, afin qu'ils ne s'en allassent. » Et il respondit « qu'on laissast tout ouvert, et » s'en allast qui voudroit, et qui voudroit de-» meurer demeurast, et que on ne vouloit que » paix et bon amour ensemble. » Mais ils s'en allerent, et prirent de leurs biens ce qu'ils voulurent, et les emporterent. Et prirent lesdits seigneurs leur chemin en greve, où il y en avoit qui avoient grand desir de frapper sur le duc de Bourgongne, dont il se doutoit fort. Parquoy il envoya demander audit seigneur de Traignel, s'il avoit garde. Et il respondit que « non, et » qu'il ne s'en doutast, et qu'ils mouroient tous » avant que on luy fit desplaisir de sa personne. » Quand ils furent devant l'Hostel de Ville ils descendirent, et monterent en haut en une chambre lesdits seigneurs, les prevost des marchands, et eschevins, et ledit seigneur de Traignel. Monseigneur le Dauphin dit audit seigneur de Traignel : « Juvenal, dites ce que nous avons à » faire, comme je vous ay dit. » Lors il commença à dire, comme « la ville avoit esté mal gou-» vernée, » en recitant les maux qu'on y faisoit. Et dit au prevost des marchands, nommé Andriet de Pernon, « qu'il estoit bon preud'homme, » et que ledit seigneur vouloit qu'il demeurast, » et aussi deux eschevins, et que lesdits de » Troyes, et du Belloy ne le seroient plus, » et au lieu d'eux on mit Guillaume Cirace et Gervaisot de Merilles : que monseigneur de Berry seroit capitaine de Paris. Que monseigneur de Guyenne prendroit la Bastille de Sainct Antoine en sa main, et y mettroit monseigneur de Baviere son oncle pour son lieutenant, et le duc de Bar seroit capitaine du Louvre. Lesquels deux seigneurs on venoit de delivrer de prison, et estoit commune renommée que le lendemain, qui estoit samedy, on leur devoit coupper les testes. Et au gouvernement de la prevosté de Paris messire Tanneguy du Chastel, et messire Bertrand de Montauban, deux vaillans chevaliers. Depuis ledit messire Tanneguy eut seul la prevosté. Aprés ces choses ainsi faites, lesdits seigneurs et le peuple se departirent, et allerent prendre leur refection. Or est une chose merveilleuse, que oncques aprés ladite mutation, ne en icelle faisant, il n'y eut aucune personne frappée, prise, ny pillée, ny oncques personne n'entra en maison. Toute l'aprésdisnée on chevauchoit librement par la ville, et estoit le peuple tout resjoüy.

Le lendemain, qui fut samedy, le duc de Berry comme capitaine, chevaucha par la ville, et le voyoit-on tres-volontiers. Et disoient les gens, que « c'estoit bien autre chevaucherie que » celle de Jacqueville et des Cabochiens. »

Le duc de Bourgongne n'estoit pas bien content, ny aucuns de ses gens : et le dimanche il disna de bonne heure, et s'en vint devers le Roy à son disner, qui estoit comme en transes de sa maladie : ce jour il faisoit moult beau temps, et dit au Roy, « que s'il luy plaisoit aller es- » batre jusques vers le bois de Vincennes, qu'il » y faisoit beau » et en fut le Roy content : mais l'esbatement qu'il entendoit, c'estoit qu'il le vouloit emmener : or en vinrent les nouvelles audit seigneur de Traignel, lequel envoya tantost par la ville, faire monter gens à cheval, et se trouverent promptement de quatre à cinq cens chevaux hors de la porte Sainct Antoine. Et y estoit le duc de Baviere, auquel ledit seigneur de Traignel dit, « qu'il allast devers le pont de » Charenton, » et luy bailla maistre Arnaud de Marle, accompagné d'environ deux cens chevaux, lesquels allerent : et ledit de Traignel alla tout droit vers le bois, là où il trouva le Roy, et le duc de Bourgongne. Et dit ledit Traignel au Roy : « Sire, venez-vous-en en » vostre bonne ville de Paris, le temps est bien » chaud pour vous tenir sur les champs. » Dont le Roy fut tres-content, et se mit à retourner. Lors ledit duc de Bourgongne dit audit seigneur de Traignel : « Que ce n'estoit pas la maniere » de faire telles choses, et qu'il menoit le Roy » voler. » Auquel il respondit : « Qu'il le menoit » trop loin voler, et qu'il voyoit bien que tous » ses gens estoient housez : et si avoit ses trom- » pettes qui avoient leurs instrumens és four- » reaux, » et s'en retourna le Roy à Paris. Et le trouva-t-on que veritablement il menoit le Roy à Meaux, et plus outre. Le lendemain le duc de Bourgongne, voyant qu'il ne pouvoit venir à son intention, s'en alla bien soudainement de ladite ville. Dont les seigneurs, et ceux de la ville furent bien desplaisans : car ils avoient bonne esperance que la paix se parferoit : que les seigneurs d'Orleans, et autres viendroient à Paris, et que tous ensemble feroient tellement que jamais guerre n'y seroit : aucuns disoient, que le duc de Baviere, frere de la Reyne, avoit laschement fait (puis qu'il avoit esté acertené, ainsi qu'il disoit, que le samedy on luy devoit coupper la teste) qu'il n'avoit tué le duc de Bourgongne soudainement, et s'en estre allé ensuite en Allemagne, et il n'en eust rien plus esté.

Le samedy fut fait une grande assemblée à Sainct Bernard de l'Université de Paris. Là envoyerent monseigneur de Guyenne, et les seigneurs remercier l'Université de ce qui avoit esté fait, et de ce qu'ils s'y estoient grandement et notablement conduits, en monstrant la grande affection que ils avoient eu au bien de la paix. Et firent ceux de ladite Université une bien notable procession à Sainct Martin des Champs, et y eut du peuple beaucoup. Et fit un notable sermon maistre Jean Jarson, qui estoit un bien notable docteur en theologie, lequel prit son theme, *In pace in idipsum*, lequel il deduisit bien grandement et notablement, tellement que tous en furent tres-contens.

Il y eut mutation d'officiers faite par le Roy en son grand conseil. Et fut esleu chancelier de France (1) maistre Henry de Marle premier president du parlement, et ledit seigneur de Traignel, chancelier de monseigneur le Dauphin, et maistre Robert Mauger premier president, messire Tanneguy du Chastel seul prevost de Paris, et maistre Jean de Vailly president en parlement. Pour abreger, tous les officiers qui avoient esté ordonnez à la requeste de ceux qu'on nommoit Cabochiens, furent muez et ostez.

---

(1) Voici le serment que l'on avait coutume d'exiger des chanceliers de France : « Sire, vous jurez au Roy nostre Sire que vous le servirez bien et loyaument, à l'honneur et au profit de luy et de son royaume, envers tous et contre tous; que vous luy garderez son patrimoine et le profit de la chose publique de son royaume, à vostre pouvoir; que vous ne servirez à autre maistre ou seigneur qu'à luy; ne (ni) robbes, ne (ni) pensions, au profit de quelconque seigneur ou dame que ce soit, ne prendrez doresnavant, sans congé ou licence du Roy; et que de luy vous n'impétrerez par vous, ne ferez impétrer (demander) par autres, licence sur ce. Et si d'aucuns seigneurs ou dames avez eu au temps passé ou avez présentement robbes ou pensions, vous y renoncerez du tout; et aussi que vous ne prendrez quelconques dons corrompables: et ainsi le jurez vous par ces saincts évangiles de Dieu que vous touchez. » Le nouveau dignitaire répondait : « Ainsi le jure je. »

Il y avoit un nommé Jean de Troyes, qui estoit seigneur de l'huis de fer à Paris, qui avoit esté bien extreme és maux qui s'estoient faits au temps passé, lequel fut pris, et mis en Chastellet, il confessa plusieurs tres-mauvais cas que faisoient les bouchers, et ceux de la Ligue, comme meurtres secrets, pilleries, et robberies, dont d'aucuns il avoit esté consentant. Et eut le col couppé és halles.

Et fut trouvé un roolle, où estoient plusieurs notables gens tant de Paris, que de la cour du Roy, et de la Reyne, et des seigneurs. Et estoient signez en teste les uns T, les autres B, et les autres R. Desquels aucuns devoient estre tuez. Et les eut on esté prendre de nuit en leurs maisons, faisant semblant de les mener en prison : mais on les eust jettez en la riviere, et fait mourir secrettement : ceux-là estoient signez en teste T. Les autres on les devoit bannir, et prendre leurs biens, et estoient signez B. Les autres qui devoient demeurer à Paris, mais on les devoit rançonner à grosses sommes d'argent, estoient signez en teste R. Et s'ils eussent plus regné, ils eussent mis leur mauvaise volonté à execution.

A Paris fut faite une livrée de huques ou casaques de deux violets de diverses couleurs, et y avoit en escrit, le droict chemin, avec une grande croix blanche.

Le Roy et monseigneur de Guyenne manderent les ducs d'Orleans, et de Bourbon, le comte d'Alençon, et autres seigneurs, qu'ils vinssent à Paris, lesquels y vindrent, et furent receus à grande joye. Ils estoient en bien humbles habits, et jusques alors le duc d'Orleans avoit tousjours esté vestu de noir. Mais monseigneur de Guyenne voulut qu'il le laissast, et firent faire robbes pareilles, et par aucun temps furent tousjours vestus tout un.

Assez tost aprés, le Roy assembla ceux de son sang, et de son conseil en grand nombre, en la salle verte du Palais. Et par grande et meure deliberation, cassa, et annulla les ordonnances dont dessus a esté fait mention, combien qu'il y eust de bonnes choses : mais pource qu'elles furent faictes à l'instigation, et pourchas des bouchers, et de leurs adherens, qu'on nommoit Cabochiens, et que à les publier en parlement, estoient les principaux d'entre eux presens et armez, et pour plusieurs autres raisons, fussent cassées : aussi que les anciennes suffisoient bien, et n'en falloit aucunes autres.

Et si desappointa-on plusieurs officiers, qui avoient esté instituez au temps passé, dont aucuns des plus notables gens de Paris n'estoient pas bien contens. Car il n'en pouvoit venir que haines particulieres, et tout mal, ce leur sembloit. Mais les aucuns aussi disoient que ceux qu'on desappointoit, en avoient desappointé d'autres.

En ce temps vint de par le roy d'Angleterre, le duc d'Yorck à Paris, qui grandement et honorablement fut receu et festoyé. Et venoit semblablement comme on disoit, pour voir madame Catherine fille du Roy, en intention de traitter le mariage du roy d'Angleterre, et d'elle, et d'entendre à paix. Sur la matiere y eut aucunes paroles ouvertes entre monseigneur de Berry, et aucuns du conseil du Roy. Et furent accordées treves dés la Chandeleur en un an. Mais se doutoient aucuns, qu'il ne fust venu pour sçavoir l'estat et gouvernement sur le fait des divisions qui couroient.

Et pource que durant le gouvernement, qui estoit avant à Paris, le Roy avoit donné et octroyé plusieurs mandemens, au deshonneur du duc d'Orleans, et de ceux qui l'avoient servy, le Roy revocqua tous lesdits mandemens, et le contenu en iceux, et les cassa, annulla, et abolit du tout.

Le duc de Bourgongne envoya à Paris une bien notable ambassade, pour s'excuser de son soudain partement de la ville de Paris. Et fut en effect son excusation, de ce que ceux qui s'en estoient partis, et qui l'avoient servy, estoient separez deçà et delà. Et il les vouloit bien recueillir, et confirmer l'amour qu'ils avoient eu pour luy, et aussi l'amour que avoient eu aucuns de Paris envers luy : en monstrant qu'il ne les avoit pas oubliez.

Aprés ces choses il fut deliberé que ceux qui avoient faict en ladite ville de Paris les maux et delits dessus declarez, que on appelloit cabochiens, seroient bannis du royaume de France. Et ainsi fut fait, et leurs biens declarez confisquez. Et y eut commissaires ordonnez sur ces matieres, qu'on nommoit reformateurs.

Ceux qui avoient servy les seigneurs, et qui leur avoient porté aide et faveur furent mis és notables offices, et remunerez, et la querelle, ou le faict de Bourgongne mis au bas. Combien que tousjours y en avoit-il qui secrettement grommeloient et murmuroient, mais quand on les sçavoit, punis estoient.

Le duc de Bourgongne avoit tousjours avec luy gens de guerre, et en assembloit, en intention de trouver moyen de retourner à Paris, et de faire guerre. Pource le quatorziesme jour de novembre furent faits mandemens envoyez aux bonnes villes, et à ceux qui avoient la garde des ponts, ports, et passages, portans qu'on ne luy donnast aucuns passages, ny à ses gens. De plus la ville de Paris escrivit aux autres bonnes villes les maux qui avoient esté faicts à Paris, durant que le duc de Bourgongne y estoit, et qu'ils avoient eu juste cause de aider à remedier ausdits maux. Pour les mouvoir et induire de non en aucune maniere luy aider, ny à ses gens, ny à iceux favoriser.

En ce temps le duc de Bourbon, qui estoit un vaillant prince, estoit contre les Anglois, vers Sainct Jean d'Angely, lesquels faisoient forte guerre, et specialement d'une place, qu'on nommoit Soubise, où il y avoit foison de vaillants Anglois, tant Gascons que autres. Or deliberà ledit duc de Bourbon d'assieger ladite place : en venant devant, les Anglois saillirent dehors par maniere d'escarmouche, et tres-vaillamment se porterent. Aussi furent vaillamment reboutez en leur place, et y en eut de morts, et de pris. Aprés peu de temps, par l'ordonnance dudit duc, les François assaillirent la place, qui fut prise d'assaut, et y eut plusieurs Anglois morts et pris.

Environ le quatorziesme jour de janvier, le duc de Bourgongne fit faire lettres adressantes aux bonnes villes, comme monseigneur le Dauphin estoit detenu prisonnier au Louvre, lequel luy requeroit sur tout l'amour qu'il avoit à luy, qu'il vint à Paris, et qu'il le vint delivrer : et qu'on luy menoit la plus mauvaise vie, et n'avoit aucun passe-temps que de joüer des orgues, avec autres plusieurs choses ; lesquelles venuës à la cognoissance du Roy, et de monseigneur le Dauphin, ils en furent tres-mal contens : et sembloit bien que ledit duc de Bourgongne ne vouloit tendre qu'à sedition, et commotion de peuple. Et pource qu'on en sçavoit aucuns, qui estoient extremes en son party, on leur dit qu'ils s'en allassent, et partissent de Paris, sans leur faire autre desplaisir. Et escrivirent le Roy, et monseigneur le Dauphin autres lettres au contraire aux bonnes villes, en monstrant que le duc de Bourgongne ne le faisoit que pour faire commotions, comme dit est, et que ce n'estoit pas leur intention qu'il vint devant Paris, ny en la ville. Et estoit de date du dernier jour de janvier. Ce nonobstant, le huictiesme jour de fevrier il vint devant Paris, du costé de la porte de Sainct Honoré, cuidant que le peuple se deust esmouvoir, à luy aider à entrer dedans : mais oncques n'en firent semblant, mais firent diligence de luy resister en toutes manieres, et s'en alla honteusement sans rien faire. Il envoya à Sainct Denys requerir qu'on le laissast entrer en la ville, et il n'y feroit ny ses gens aucun desplaisir : les religieux et habitans en furent contens : mais qu'il promit ce qu'il disoit. Et de faict, jura et promit que luy et ses gens payeroient leur escot, et n'y feroient chose qui leur deust desplaire. Mais le contraire advint. Car les vivres de la ville et des religieux furent pris et consommez par ses gens et serviteurs, sans ce que oncques en payassent un denier, qui estoit contre son serment. Lors quand le Roy veid sa maniere de faire, et la volonté qu'il avoit, il le declara, decreta, et ordonna estre reputé pour son ennemy mortel. Et de ce ordonna ses lettres patentes estre faites du douziesme jour de fevrier. Et en outre manda gens de guerre, pour venir vers luy. Or plusieurs gens de divers estats, qui avoient eu amour audit duc de Bourgongne, furent bien mal contens de la maniere qu'il tenoit : car s'il eust aussi bien tendu à bonne paix, on eust esté bien content d'y entendre, ny on ne demandoit autre chose.

En ce temps, l'evesque de Paris assembla plusieurs notables clercs, tant theologiens, que legistes et canonistes. Et fit visiter la proposition que fit maistre Jean Petit, pour justifier la mort du feu duc d'Orleans, en laquelle ledit Petit voulut monstrer, que le duc de Bourgongne avoit justement fait de le faire tuer, et mourir, et que en ce faisant il n'avoit de rien mespris. La chose veuë et usitée, et diligemment examinée, le vingt-quatriesme jour de fevrier, ladite proposition fut condamnée, et dit et prononcé par ledit evesque, qu'elle n'estoit pas recevable ny apparente (1).

Alliance avoit esté faite entre le roy de Sicile et le duc de Bourgongne, et devoit prendre en mariage sa fille. De faict, elle fut baillée et delivrée audit roy de Sicile, qui l'emmena : mais quand il sceut, et veid les choses que les bouchers faisoient au temps passé à Paris, et comme ledit duc s'en estoit party de Paris, et les manieres qu'il tenoit, et que le Roy le tenoit son ennemy, il luy renvoya sa fille, bien grandement accompagnée.

Et pource que iceluy duc de Bourgongne assembloit gens, furent ordonnées lettres adressantes à tous capitaines, baillifs, lieutenans, et gouverneurs de villes, que sur bien estroites peines, ils ne donnassent aucun passage au duc de Bourgongne, ny à ses gens, voulans venir par deçà en armes, ny autres du sang, sans mandement exprés de datte subsequente, et qu'ils ne souffrissent en leurs villes ou places faire armées, ou assemblées sans leur congé, et sceu, sur peine de confiscation de corps et de biens. Et voicy les mots.

(1) Voyez notre Indication analytique des Documents pour le règne de Charles VI.

« Charles, etc. Au capitaine de tel lieu, ou
» à son lieutenant, et aux bourgeois, manans
» et habitans d'icelle ville, salut. Comme der-
» nierement que nous fusmes à Auxerre, Nous,
» par le plaisir de nostre Seigneur, et par la
» grande et meure deliberation de bon conseil
» sur ce eu, ayons ordonné bonne paix entre
» les seigneurs de nostre sang, et lignage, et
» autres nos subjets, et icelle depuis confirmée
» en nostre bonne ville de Paris. Laquelle paix
» ils ont promis, et juré de tenir, sans aller,
» faire, ne souffrir aller encontre en aucune
» maniere. Et outre, pour la conservation, et
» le bon entretenement d'icelle paix, et aussi
» pour le bien de nous, et de nos royaume,
» seigneuries, et subjets, et pour obvier aux
» tres-grands maux, inconveniens, et dom-
» mages qui pourroient advenir, si ladite paix
» n'estoit bien entretenuë, ayons tant par nos
» autres lettres patentes, comme autrement,
» defendu ausdits de nostre sang, et autres
» quelconques, de quelque estat qu'ils soient,
» tous mandemens et assemblées de gens d'ar-
» mes : et au prejudice de ladite paix, et de la
» seureté publique, Nous ayons entendu, que
» nostre tres-cher et tres-amé cousin le duc de
» Bourgongne, qui a juré de tenir ladite paix,
» fait presentement sans nostre congé, licence,
» et auctorité, et par dessus les defenses des-
» sus dites, certain grand mandement de gens
» d'armes, et de traict, en intention et propos
» de venir par deçà à puissance, qui est venir
» contre ladite paix, et dont elle pourroit estre
» enfrainte, au tres-grand prejudice et dom-
» mage de nous, et de nosdits royaume, sei-
» gneuries, et subjets. Nous, ce considéré, et
» voulant pourvoir à ce que dit est, et aussi
» pour certaines autres justes et raisonnables
» causes, et considerations, à ce nous mouvans,
» vous mandons, et defendons tres-estroite-
» ment, et à chacun de vous, sur les sermens,
» foy, et loyauté, en quoy vous nous estes te-
» nus, et sur peine d'estre reputez rebelles, et
» desobeyssans envers nous, et de perdre corps
» et biens. Que au cas que nostredit cousin de
» Bourgongne, ou autres de par luy, ou autres
» quelconques, soit de nostre lignage, ou autres,
» voudroient venir par deçà en armée, et puis-
» sance : et pource entrer, passer, et repasser
» en et parmy ladite ville, en quelque maniere
» que ce soit (s'il ne vous appert par nos let-
» tres patentes, seellées de nostre grand seel,
» et passées en nostre grand conseil par la de-
» liberation d'iceluy, Nous present, et de datte
» subsequente ces presentes, qu'ils soient man-
» dez pour venir devers nous), vous ne le souf-
» friez aucunement. En faisant pource soig neu
» sement, et diligemment garder ladite ville,
» et y faire guet et garde de jour et de nuict.
» Et en contraignant, ou faisant contraindre
» tous ceux qui pource seront à contraindre, de
» quelque estat ou condition qu'ils soient, nos
» officiers, ou autres, par toutes voyes deuës
» et raisonnables, et comme il est accoustumé
» de faire en tel cas : tellement que ladite ville
» soit seure, et puisse estre defenduë desdits
» gens d'armes, et de tous autres quelconques,
» qui voudroient aucune chose faire contre, ne
» au prejudice de ladite paix, et que aucuns
» inconveniens ne s'en puissent, ou doivent
» ensuivir à nous, à nosdits royaume, seigneu-
» ries, et subjets. Et aussi que vous, capitaine-
» bourgeois, manans et habitans dessus dits,
» ne fassiez, ne souffriez faire en quelque ma-
» niere que ce soit, en ladite ville aucunes as-
» semblées, soit de gens d'armes, ou autres,
» en quelque maniere que ce soit, sans congé,
» ou licence de vous capitaine. Et s'il advenoit
» que aucuns fissent autrement que dit est, que
» vous capitaine en fassiez alencontre des de-
» linquans telle punition et justice que au cas
» appartiendra, et que ce soit exemple à tous
» autres : et gardiez bien chacun de vous en-
» droit soy, sur les peines dessus dites, que en
» ce n'ait defaut. Et de la reception de ces pre-
» sentes nous certifiez suffisamment, ou nostre
» amé et feal chancelier, par le porteur d'icelles,
» sans aucun delay. Donné à Paris le quator-
» ziesme jour de novembre, l'an de grace mille
» quatre cens et treize, et de nostre regne le
» trente-quatriesme. » Par le Roy en son conseil, où estoient presens le roy de Sicile, messeigneurs les ducs de Guyenne, de Berry, et
de Baviere, les comtes d'Eu, et de Vendosme,
et autres. FERRON.

Pareillement la ville de Paris en escrivit une
à toutes les bonnes villes, lesquelles contredisoient par certains poincts bien evidens et veritables, aux lettres du duc de Bourgongne, esquelles il faisoit mention comme « monseigneur
» de Guyenne, luy avoit mandé expressément,
» qu'il vint devers luy à Paris, pour le tirer hors
» du Louvre, où il disoit ledit seigneur estre
» prisonnier. » En les exhortant, qu'ils ne le
creussent pas, et qu'il ne le faisoit que afin de
rompre le bien de paix. Et ce en la maniere qui
s'ensuit.

A nos tres-chers et bons amis, les mayeur,
eschevins, bourgeois, manans et habitans d'i-
celle ville,

« Tres-chers, et bons amis, Pource que depuis
» aucun temps en çà, plusieurs ont semé paroles,

» et nouvelles autrement que à poinct, de l'estat
» du Roy, et de la Reyne nos souverains sei-
» gneur et dame, de monseigneur de Guyenne
» leur aisné fils, et de nos seigneurs de leur sang.
» Et que nous sçavons que moult desirez sça-
» voir au vray, l'estat des besongnes et choses
» dessus dites. Nous, qui de tous nos cœurs de-
» sirons la verité estre notoire et manifeste, afin
» que nul ne donne foy à faux rapports, qui pour-
» roient estre faits, pour mettre division entre
» ceux du sang du Roy nostredit seigneur,
» sommes meus de vous icelle verité signifier à
» nostre pouvoir. Et vous signifier et communi-
» quer amiablement, comme à ceux que repu-
» tons sans doute estre vrays et loyaux envers le
» Roy nostredit seigneur, et sa couronne, et qui
» de son bien et honneur avez consolation et
» plaisir. Si veüillez sçavoir, tres-chers et bons
» amis, que jaçoit comme vous sçavez, que le
» Roy nostredit seigneur par le plaisir de Dieu,
» et par l'advis et conseil de nosdits seigneurs
» de son sang et lignage, de ceux de son grand
» conseil, de l'Université de Paris, et autres
» preud'hommes de ce royaume, eust ordonné à
» Auxerre bonne paix entre les seigneurs de son
» sang et lignage. Laquelle lesdits seigneurs de
» son sang, de son grand conseil, et plusieurs
» autres, et nous, avons juré en sa presence te-
» nir et garder fermement à tousjours, sans au-
» cun mal engin. Neantmoins aucuns seditieux,
» et perturbateurs de paix, obstinez en leurs
» malices, et qui ne se peuvent abstenir de ma-
» chiner, comment ils pourront icelle du tout
» violer à leur pouvoir, ont fait et traité secret-
» tement certaines conspirations contre le bien
» d'icelle paix, et contre le bien public de ce
» royaume : en s'efforçant de faire esmouvoir
» grand tumulte du peuple de la ville de Paris,
» et de mettre divisions et discords entre nos-
» dits seigneurs du sang du Roy (qui la mercy
» Dieu sont, et seront en bon amour et union en-
» semble), et de faire plusieurs autres nouvelle-
» tez moult perilleuses, et dommageables à ce
» royaume : Dont sans doute se fussent ensuivis
» tres-grands maux, et inconveniens irrepara-
» bles contre le Roy nostredit seigneur, sa sei-
» gneurie, et toute la chose publique. Et mes-
» mement estoit vraysemblablement à douter la
» subversion totale et entiere destruction de ce-
» dit royaume, si icelles machinations eussent
» esté mises en effect. Mais Dieu qui cognoist
» les secrets des hommes, n'a pas voulu souffrir
» la perdition et desolation de ce tres-chrestien
» royaume. Ains y a pourveu de sa grace, tant
» que la sienne mercy, et par le moyen de la
» grande diligence, et bon œuvre de nostre tres-
» redoutée dame la Reyne, et de nos autres sei-
» gneurs du sang de France, et leurs conseillers,
» les perverses et damnables entreprises desdits
» seditieux ont esté descouvertes. Et pour ces
» causes, le Roy mondit seigneur, par l'advis et
» deliberation de la Reyne, et de nosdits sei-
» gneurs de son sang, et de ceux de son grand
» conseil, pour le bien et seureté de sadite sei-
» gneurie, et de tous ses bons subjets, et obvier
» aux maux et inconveniens dessus dits, et au-
» tres qui par ce peussent estre advenus, a fait
» prendre et saisir par ses gens, et officiers or-
» donnez à l'exercice de sa justice ordinaire à
» Paris, plusieurs d'iceux seditieux et pertur-
» bateurs de paix. Et aprés ce qu'ils ont esté in-
» terrogez, aucuns ont esté courtoisement en-
» voyez à leurs hostels, les autres plus coupables
» detenus prisonniers, pour plus avant sçavoir
» la verité des choses, et la fin à quoy ils ten-
» doient, et leur ont fait leur procés, en inten-
» tion de leur faire justice et raison selon les cas.
» Et en verité, tres-chers et bons amis, il est
» moult à merveilles, que personne quelconque,
» quelle qu'elle soit, oze ou presume d'entre-
» prendre à faire chose aucune contre ladite
» paix, qui est tant bonne et profitable à la chose
» publique de ce royaume, et par le moyen de
» laquelle chacun a vescu, et vit en grande tran-
» quillité et justice. Vous certifions pour vray,
» que passé à long-temps, que l'on ne vid en
» ceste bonne ville de Paris justice ainsi libera-
» lement regner. Les gens y vivent paisible-
» ment, et en grande concorde et union, sans
» noise, division, ou rumeur, comme ils ont fait
» depuis le mois d'aoust dernier passé, et font
» encores à present, et au plaisir de Dieu feront
» encores doresnavant, qui sont choses de grande
» recommandation et loüange. Attendu mesme-
» ment la disposition du temps passé, et que en
» ceste ville y a gens de diverses nations en grand
» nombre, que nos seigneurs du sang du Roy y
» sont, et que de jour en jour y affluent autres
» gens de divers estats et conditions. Et si n'est
» pas advenu, que durant ledit temps y ait per-
» sonne aucune, qui ait fait ne dit chose, dont
» soit issu riote, ou debat, ne dont soit venu
» plainte aucune à justice, ne autrement, ainçois
» y va et vient chacun seurement, les portes sont
» ouvertes, on y marchande, et fait-on tous au-
» tres faicts publics liberalement et seurement,
» tout ainsi que si les pestilences et tribulations,
» qui depuis six ou sept ans en ca ont couru,
» n'y eussent onques esté. Combien que l'en-
» nemy adversaire de paix, qui ne cesse de se-
» mer discordes entre les creatures, et de ma-
» chiner comment il pourra mettre dissension

« entre eux, ait mis és cœurs desdits seditieux,
» de conspirer contre ladite paix, et d'entre-
» prendre damnablement contre icelle, et le bien
» public de tout le royaume. Ce qu'ils n'ont
» pas, la mercy Dieu, peu accomplir, comme dit
» est.
» Vous signifions en outre, que le Roy, la
» Reyne, mondit seigneur de Guyenne, tous
» nosdits seigneurs de leur sang, ensemble tous
» ceux du conseil du Roy, l'Université, et nous,
» sont tous vrayement fermes, et d'un commun
» accord ont proposé, et conclu entretenir, et
» faire entretenir et garder inviolablement la-
» dite paix, et de resister et pourvoir par toutes
» manieres, que aucune chose ne soit faite au
» contraire. Tous lesquels unanimes, et d'une
» grande et bonne volonté, se sont offerts et
» presentez au Roy, à la Reyne, et à mondit
» seigneur de Guyenne, pour s'employer à sous-
» tenir ce que dit est, et à les servir loyaument,
» comme bons et loyaux parens, vassaux et su-
» jets doivent faire envers leur droiturier et
» souverain seigneur. Lesquelles offres et pre-
» sentations, le Roy, la Reyne, et mondit sei-
» gneur de Guyenne ont gratieusement et à gran-
» de joye et plaisir receu, dont cette bonne ville
» est moult resjouye. Outre plus, tres-chers et
» bons amys, pource que aucuns pourroient avoir
» dit, semé et publié contre verité, que les prises
» dont dessus est faite mention, auroient esté
» faites à l'instigation et pourchas d'aucuns sei-
» gneurs, en les confortant au prejudice de l'au-
» tre partie. Pour occasion desquelles prises, ils
» desplaisoient audit monseigneur de Guyenne,
» l'avoient detenu, et detenoient iceluy monsei-
» gneur de Guyenne à destroit outre sa volonté :
» voulans iceux rapporteurs innüer, et donner à
» entendre ces choses estre faites, en venant
» contre ladite paix. Nous vous affirmons que de
» ce il n'est rien. Mais a esté dés le temps des-
» sus déclaré, et encores est ledit monseigneur
» de Guyenne aussi libre que onques fut, sans
» que par deçà ait eu, ne encores ait de present
» personne qui ait voulu, ne veüille faire ou
» procurer chose à luy desplaisante. Et qu'il soit
» vray et à chacun notoire, le jour d'hier feste
» de monseigneur Sainct Vincent, mondit sei-
» gneur de Guyenne, pour consolation et res-
» joüyssance de sa nativité advenue à semblable
» jour, et ainsi que ont accoustumé faire nos
» seigneurs de France, tint cour plainiere, et
» feste tres-notable au Louvre à Paris. A laquelle
» feste nos seigneurs du sang royal, nos autres
» seigneurs du conseil du Roy, les notables per-
» sonnes de ladite Université, Nous prevost, et
» eschevins, et les bourgeois de ceste ville de
» Paris en grand nombre, et par mandement
» dudit monseigneur de Guyenne, fusmes receus
» tres-notablement, et fusmes en tres-grande
» joye et consolation, pour la tres-grande et am-
» ple chere que voyons faire à iceluy monsei-
» gneur de Guyenne. Et ainsi à rapporter, ou
» donner par aucuns à entendre le contraire,
» apperroit de leurs mensonges evidens. Quant
» au regard desdites prises, nous vous affirmons
» comme dessus, icelles avoir esté faites par l'or-
» donnance, advis, et deliberation que dit est,
» et non pas par faveur, ou haine quelconque :
» mais pour le bien et entretenement d'icelle
» paix tant seulement. Si vous signifions ces
» choses, afin que vous sçachiez la pure verité
» d'icelles ; et que si autrement vous estoient
» aucuns rapports sur ce faits, vous n'y adjous-
» tiez aucune foy. En vous priant et requerant,
» tres-chers et bons amis, tres à certes, et de
» cœur, que semblablement de vostre part veüil-
» liez avoir vos cœurs et affections droitement
» au Roy, à sa seigneurie, et à la conservation
» de ladite paix, ainsi que tousjours avez eu, et
» resister de tous vos pouvoirs à tous ceux qui
» voudroient aucunement enfraindre icelle paix.
» Et au surplus, nous mandiez de vos nouvelles,
» comme nous ferons à vous semblablement, si
» aucunes en surviennent par deça. Tres-chers
» et bons amis, nostre Seigneur vous ait en sa
» saincte garde. Escrit à Paris le vingt-qua-
» triesme jour de janvier mille quatre cens et
» treize. Les tous vostres, les prevost des mar-
» chands, eschevins, bourgeois, manans, et ha-
» bitans de la ville de Paris. »

En approuvant icelles lettres, le Roy fit faire un mandement qui faisoit mention, comme ce n'estoit que tout mensonge, et que luy, la Reyne, monseigneur de Guyenne, le roy de Sicile, messeigneurs les ducs de Berry, d'Orleans, et de Baviere, les comtes de Vertus, d'Eu, de Richemont, et de Vendosme, et plusieurs autres estoient en leur pure liberté et franchise. Parquoy il leur defendoit derechef, qu'ils ne laissassent passer ne repasser aucuns gens d'armes en faveur dudit seigneur de Bourgongne.

Charles, etc. Au capitaine de telle ville, ou à son lieutenant, et aux bourgeois, manans, et habitans d'icelle ville, salut. « Il est venu à » nostre cognoissance, que nostre cousin le duc » de Bourgongne a naguieres escrit, et fait sça- » voir à vos bourgeois et habitans » certaines choses, « qu'il dit estre » infractives de la paix par nous faite à Auxerre, entre ceux de nostre sang et lignage, et depuis confirmée, et par eux en nos mains jurée en nostre bonne ville de Paris : et que jaçoit ce que ladite paix il ait bien et entierement gardée, sans faire, ne souffrir estre faicte aucune chose alencontre de son costé. Neantmoins on luy a bien fait le contraire, ce qu'il a patiemment enduré. Combien que dur luy ait esté à souffrir, et encores pour l'observation d'icelle paix, l'eust voulu endurer : jusques à ce que nostre tres-amé et tres-cher fils le duc de Guyenne luy a fait sçavoir, « si comme il dit, » que l'on l'avoit enfermé, et tenoit à pont levé comme prisonnier en nostre chastel du Louvre : et que par plusieurs fois, comme par lettres et par messages, luy a requis nostre dit fils aide et secours, pour estre delivré du danger où il estoit. Pour lesquelles causes nostre dit cousin s'est deliberé de venir incontinent vers nostre bonne ville de Paris, à tout le plus de gens qu'il a peu finer, pour jetter hors nostre tres-chere et tres-amée compagne la Reyne, et nostredit fils du danger, « où il nous dit estre, » et nous mettre en nostre liberté et franchise, en vous requerant en ce tres-instamment aide, le plus hastivement que vous pourrez.

« Desquelles choses, si tost qu'elles sont ve-
» nuës à nostre connoissance, nous avons eu
» tres-grand desplaisir, et en avons esté, et
» sommes tres-mal contents, et non sans cause.
» Pource qu'elles sont seditieuses et non verita-
» bles. Car depuis que nostredit cousin s'est der-
» nierement party de nostredite ville de Paris,
» Nous, nostredite compagne, et nostredit fils
» avons esté et sommes de present en nostre
» pleine et franche liberté, et en aussi grand
» amour et union avec ceux de nostre sang et
» lignage, et nos autres subjets, comme nous
» fusmes oncques. Comme il peut à un chacun
» clairement apparoir, qui veut en voir, et sça-
» voir la verité, et aussi le vous affermons par
» ces presentes. Et faict nostredit cousin, quel-
» que chose qu'il donne à entendre, ladite armée
» à nostre tres-grande desplaisance, et à la tres-
» grande charge et dommage de nostre peuple,
» pour les mandemens et assemblées de gens
» d'armes, qu'il convient que nous fassions pour
» obvier à luy. Et contre les deffenses sur ce
» faictes, tant par nos ambassadeurs solennels,
» par lesquels avons faict dés pieça defendre
» tous mandemens et assemblées de gens d'ar-
» mes, comme par nos lettres patentes, que par
» plusieurs fois, et de nouveau, luy avons sur ce
» principalement envoyé. Et par lesquels nos
» ambassadeurs aussi, et par nos lettres dessus
» dites l'avons instamment sommé et requis, que
» nos chasteaux de Caën et de Crotoy, que ou-
» tre nostre gré, plaisir et volonté il detient, ou
» par les siens il fait detenir, il nous rendist et
» restituast. Et aussi que plusieurs malfaicteurs,
» et criminels de leze-majesté, lesquels contre
» nostre honneur il detient, et soustient en sa
» compagnée, et en ses pays, terres, et seigneu-
» ries, et dont les aucuns sont par leurs deme-
» rites bannis de nostre royaume, il nous en-
» voyast pour en faire punition telle, que par
» raison il appartiendroit. Dont du tout a esté
» defaillant, delayant, et en demeure. Parquoy
» il est vraysemblable à croire, par ce que
» dit est, que par mauvais conseil, et enhorte-
» ment par luy, et non par autre, quoy qu'il
» fasse dire et publier, soit faite chose qui soit à
» la perturbation et rupture de ladite paix. Et
» pource que nostre intention a tousjours esté,
» et est, d'entretenir, et faire entretenir ladite
» paix : et que par l'advis et deliberation de
» nostredit fils, et de plusieurs autres de nostre
» sang et lignage, de nostre grand conseil, de
» nostre cour de parlement, de nostre fille l'U-
» niversité, et des prevost des marchands, es-
» chevins, et autres notables bourgeois de nostre-
» dite ville de Paris, avons conclu à contrester
» et resister de toute nostre puissance à nostredit
» cousin de Bourgongne, et tous autres quel-
» conques, qui sous couleurs feintes, exquises,
» ou autrement voudroient faire, ou entrepren-
» dre chose, dont ladite paix pourroit en aucune
» maniere estre enfrainte, ou troublée. Et que
» par nos autres lettres vous ayons naguieres
» defendu, que en nostredite ville vous ne souf-
» friez, ou ne laissiez entrer aucunes gens d'ar-
» mes, soit qu'ils soient de nostre sang et li-
» gnage, ou autres quelconques, sans nostre ex-
» prés commandement, et par nos lettres paten-
» tes passées en nostre grand conseil, et de datte
» subsequente nosdites lettres de defense.

» Nous vous mandons derechef, et expressé-
» ment defendons sur l'obeyssance que nous de-
» vez, et sur peine d'estre reputez rebelles et
» desobeyssans, et de forfaire corps et biens
» envers nous, que en nostredite ville ne souf-
» friez ny laissiez entrer, demeurer, sejourner,
» passer ny repasser nostredit cousin de Bour-
» gongne, ou autres de par luy, ou à luy favori-
» sans, quels qu'ils soient, qui en armes vou-
» droient venir par deça, comme dit est, et ne
» leur donniez conseil, confort, ny aide, en quel-
» que maniere que ce soit. Et avec ce, que à
» telles lettres, ny escritures ainsi seditieuse-
» ment faites et controuvées, vous n'adjoustiez
» doresnavant foy, ne creance aucune, ne fai-
» siez d'icelles publications. Mesmement que par
» telles choses exquises, affectées et controu-
» vées, nostre peuple a esté au temps passé mau-
» vaisement seduit, comme ce est à un chacun
» notoire. Ainçois toutes telles lettres et escri-

» tures, si aucunes vous en sont desormais en-
» voyées, nous envoyerez si tost que receuës les
» aurez. Et ne faites aucune response, soit par
» escrit ou autrement, sans avoir sur ce premie-
» rement nostre congé et licence. Sçachans que
» si de ces choses, vous, ou aucun de vous, fai-
» tes le contraire, nous vous en ferons si grief-
» vement punir, et en brief, que ce sera exem-
» ple à tous autres. Et ces presentes faisiez pu-
» blier tantost, et sans delay, à hautes voix, par
» tous les lieux accoustumez à faire cris en la-
» dite ville, à ce qu'aucun n'en puisse pretendre
» aucune cause d'ignorance. En nous certifiant
» par le porteur d'icelles, de leur reception et
» publication, avec vostre volonté et intention
» sur ce. Donné à Paris le dernier jour de jan-
» vier, l'an de grace mille quatre cens et treize,
» et de nostre regne le trente-quatriesme. » Par
le Roy, à la relation de son grand conseil, tenu
du commandement de la Reyne, et de monseigneur le duc de Guyenne, auquel le roy de Sicile, messeigneurs les ducs de Berry, et d'Orleans, Louys duc de Baviere, les comtes de Vertus, d'Eu, de Richemont, et de Vendosme, plusieurs du grand conseil, et de parlement, le
recteur et plusieurs de l'Université, les prevosts
de Paris et des marchands, les eschevins, et
plusieurs des bourgeois de Paris, estoient. Nau-
cion.

M. CCCCXIV.

L'an mille quatre cens et quatorze, il y avoit
eu trefves faites avec les Anglois, le duc d'Yorck
estant à Paris, dés la Chandeleur jusques à un
an, lesquelles ne durerent guieres. Car sur la
mer tousjours pilleries et roberies se faisoient,
tant d'un costé que d'autre, et specialement de
la partie des Anglois.

Es mois de fevrier et de mars se leva un vent
merveilleux, puant, et tout plein de froidures.
Pour occasion duquel plusieurs gens, tant d'e-
glise, nobles, que du peuple, furent tellement
enrheumez et entoussez que merveilles. Et en
furent aucuns malades au liet, tellement que par
aucun temps les jurisdictions de parlement, et
du Chastellet cesserent, et n'y alloit personne.
Peu en moururent. Toutesfois le seigneur d'Aumont bien vaillant chevalier, et qui avoit eu la
charge de porter l'oriflambe, alla de vie à trespassement.

Plusieurs villes et places se tinrent de la partie du duc de Bourgongne, et luy obeïssoient.

L'archevesque de Pise, de la partie du pape
Jean vint à Paris, pour le faict des graces expectatives, et promotions à prelatures. Car les
ordonnances royaux, par lesquelles toute la disposition estoit aux ordinaires, regnoient, et duroient. Et luy estant à Paris, on luy envoya le
chappeau, et fut fait cardinal. Lesdites ordonnances royaux furent en effect annullées. Car le
Roy, la Reyne, et monseigneur le Dauphin,
eurent nominations pour leurs gens, et serviteurs; et pareillement l'Université, et grandes
prerogatives. Et le Roy, et les seigneurs, au regard des prelatures, estoient papes. Car le Pape
faisoit ce qu'ils vouloient, et ne tenoit pas à argent, et se bailloient les eglises au plus offrant,
et dernier encherisseur. Et y avoit Lombards à
Paris, qui faisoient delivrer argent à Rome à
grand profit. Or ce qui meut le Roy et son conseil, à non user desdites ordonnances, ce fut,
pource qu'on disoit communément que les ordinaires usoient tres-mal de la collation des benefices, et les donnoient à leurs parens et serviteurs, sans en faire provision aux gens notables clercs graduez, ou nobles. Et que si desdites
ordonnances on eust bien usé, elles estoient
bonnes et sainctes. Et specialement que par le
moyen d'icelles, l'or et l'argent de ce royaume
demeuroit, et il se vuidoit par l'abolition d'icelles merveilleusement; car il n'y avoit si petit
laboureur, qui ne voulust faire son fils homme
d'eglise, et bailler argent pour avoir une grace
expectative.

La ville de Compiegne, qui est bien assise,
forte, et belle place de guerre, tenoit le party
du duc de Bourgongne, et y avoit de vaillantes
gens dedans, qui faisoient des courses et maux
beaucoup sur le peuple. Et delibererent le Roy,
et monseigneur de Guyenne d'y mettre le siege.
Dedans estoient messire Hue de Lannoy, Martelet du Mesnil, Guillaume Soret, le seigneur de
Sainct Leger, et messire Hector de Saveuses,
accompagnez de cinq cens hommes d'armes, et
de gens de traict, qui faisoient maux innumerables.

Le Roy, et monseigneur le Dauphin, aprés
qu'ils eurent esté à l'eglise de Nostre-Dame de
Paris faire leurs offrandes et devotions, partirent de Paris. Et estoit monseigneur le Dauphin
joly, et avoit un moult bel estendart, tout battu
à or, où avoit un K, un cigne et une L. La
cause estoit, pource qu'il y avoit une damoiselle
moult belle en l'hostel de la Reyne, fille de messire Guillaume Cassinel, laquelle vulgairement
on nommoit la Cassinelle. Si elle estoit belle,
elle estoit aussi tres-bonne, et en avoit la renommée. De laquelle, comme on disoit, ledit seigneur faisoit le passionné, et pource portoit-il
ledit mot. En leur compagnée estoient les ducs

d'Orleans, de Bar, et de Baviere, et les comtes de Vertus, d'Eu, d'Alençon, et de Richemont, le connestable, et le comte d'Armagnac, en volonté et imagination de reduire, et mettre en la bonne obeyssance et subjection du Roy, le duc de Bourgougne, et ses adherans, lesquels en plusieurs et diverses manieres avoient delinqué contre le Roy, et Sa Majesté royalle. Et s'en allerent à S. Denys, ainsi qu'il est accoustumé. Et pource que le seigneur d'Aumont, qui avoit accoustumé de porter l'oriflambe, estoit mort n'y avoit gueres, le Roy avoit assemblé son conseil, pour sçavoir à qui on la bailleroit. Car on avoit de tout temps accoustumé la bailler à un chevalier loyal, preud'homme, et vaillant. Par election fut eleu messire Guillaume Martel, seigneur de Bacqueville, auquel fut baillée l'oriflambe, lequel se confessa, ordonna, et fit les sermens accoustumez. Il s'excusa fort toutefois pour son vieil aage; et pource luy fut baillé en aide et confort son fils aisné, et un beau gent chevalier nommé messire Jean de Betas, seigneur de Sainct Cler, qui furent ordonnez comme coadjuteurs dudit seigneur.

Le Roy et monseigneur de Guyenne laisserent à Paris le roy de Sicile, et monseigneur de Berry, qui eurent le gouvernement.

Le Roy envoya sommer ceux de Compiegne, qu'ils se missent en son obeyssance; et firent faire response les gens de guerre, « qu'ils ne se » rendroient point, ny ne feroient obeyssance. » Aucuns de la ville n'en estoient pas bien contens: mais ils furent rappaisez par les capitaines, et exhortez de tenir contre le Roy, en disant plusieurs paroles deceptives, et frauduleuses. Le Roy derechef à seureté envoya deux de ses conseillers, c'est à sçavoir un des maistres des requestes de son hostel, nommé maistre Guillaume Chanteprime, et maistre Oudart Gencien, son conseiller en sa cour de parlement. Et les receurent à Compiegne seulement à la barriere, et leur dirent la creance, qu'ils avoient au Roy. Et la response de ceux de Compiegne fut bien briefve, c'est à sçavoir, « qu'ils ne feroient quel- » que obeyssance. » Si fut le siege mis. Toutefois le Roy passa outre, et vint au pont à Soisy. Et la nuit qu'il y arriva fut le feu bouté au village et pont. Et ne peut-on oncques sçavoir qui ce fit. Aucuns disoient que c'estoit feu d'adventure, les autres, qu'il avoit esté mis d'aguet appensé.

Le Roy envoya à Noyon, les sommer « qu'ils » luy fissent obeyssance, » et y envoya ses fourriers pour prendre logis. Mais ils les refuserent pleinement, et y en eut qui dirent diverses paroles, et furent un jour en cette volonté. Toutefois le Roy delibera venir devant, et de fait y vint, et luy furent les portes ouvertes, et y entra dedans la ville à son plaisir. Et fit faire information de ceux qui estoient cause de la premiere desobeyssance, et furent pris. Et le Roy lequel avoit toujours esté, et estoit de soy misericors, fut conseillé de convertir la peine criminelle en civile, et payerent amendes pecuniaires assez legeres, connoissans qu'on leur faisoit grande courtoisie.

Le Roy après envoya à Soissons, les sommer aussi « qu'ils luy fissent obeissance, et le receus- » sent. » Et Enguerrand de Bournonville, qui estoit dedans la ville, pource que le heraut, en les sommant, les requit « qu'ils se monstrassent » bons et loyaux envers leur souverain Sei- » gneur, » respondit, « que luy et ceux de sa » compagnée estoient plus loyaux au Roy, et » ceux de la ville, que ceux qui estoient avec le « Roy; et que en la compagnée où le Roy es- « toit, ne feroient aucune obeissance. »

Au regard de ceux qui estoient dedans Compiegne, ils faisoient de beaux faicts d'armes, et souvent sailloient. Aussi les recevoit-on le mieux qu'on pouvoit, et y avoit souvent d'un costé et d'autre de morts, pris, ou de blessez. Et entre les autres saillies qu'ils firent, le vingt et uniesme jour d'avril, ils saillirent et bruslerent les faux-bourgs, qui fut grand dommage. Et passerent outre, jusques au lieu où on avoit assis les canons, et au plus gros canon, nommé Bourgeoise, mirent au trou par où on boutoit le feu, un clou, tellement que devant ladite ville, oncques ne peut jetter. Et si firent tant qu'ils en traisnerent trois vulgaires, et les mirent dedans la ville, et tuerent aucuns des canonniers. Ceux qui estoient au siege s'assemblerent, et se mirent entre la ville et eux, pour empescher qu'ils ne peussent entrer dedans. Les gens du Roy avoient fait un pont de bois, pour passer par dessus la riviere ceux du siege les uns aux autres. Et selon ce qu'on sceut, ceux qui estoient issus avoient intention de repasser par dessus ledit pont, et cuiderent faire grand dommage aux gens du comte d'Armagnac, et du seigneur d'Albret, lesquels estoient delà le pont, et ne les trouverent point esbahis, car ils les receurent vaillamment, et tellement qu'ils les rebouterent jusques dedans leur ville. Et y en eut grand foison de morts, et plusieurs pris. Aprés ceste escarmouche on escrivit au Roy, « qu'il luy pleust » venir devant la ville, et qu'il sembloit qu'on » l'auroit d'assaut. » Pource le Roy y vint, et passa par dessus ledit pont de bois. A sa venuë, y eut plusieurs escarmouches. On jettoit canons contre la ville, ceux de dedans aussi en jettoient, et de gros traicts d'arbalestres. Et fit-on semblant diverses fois de les assaillir : mais vaillamment ils se defendoient, et blessoient souvent de ceux de l'ost. On ouvrit aucuns traictez de paix, et y fut-on bien trois ou quatre jours à parlementer. Le comte d'Armagnac n'estoit point d'opinion de paix, ou traité avec eux, veuës les inobediences qu'ils avoient faites, et leurs manieres et mauvaises volontez. Et si luy sembloit et moustroit euidemment, que en peu d'heures, on les auroit d'assaut. Mais son opinion ne fut pas tenuë, et y eut traité fait : c'est à sçavoir, « que les gens de guerre s'en iroient sauves leurs » vies, harnois et chevaux. Et crieroient mercy » au Roy, en luy suppliant et requerant qu'il » leur voulust pardonner. » Ce que le Roy fit benignement, et promirent « qu'ils ne s'arme- » roient plus contre luy. » Et entant que touchoit ceux de la ville, où il y en avoit de par trop extresmes, le Roy leur pardonna, en faisant du criminel civil, et payerent aucune moyenne finance : puis y entra le Roy, et luy fut ladite ville renduë, et obeïssance faite, et fut durant le siege ladite ville fort endommagée.

Le comte d'Armagnac, le duc de Bar, le seigneur d'Albret connestable de France, et leurs gens allerent devant Soissons, et les envoyerent sommer, « qu'ils rendissent la ville au Roy et à « monseigneur le Dauphin. » Enguerrand de Bournonville, qui estoit dedans, respondit « qu'il » estoit au Roy, et pour luy tenoit la cité. Et » que si luy, et monseigneur de Guyenne, son » fils, y vouloient entrer à leur estat, que on » leur ouvriroit les portes, et y entreroient. » Aprés ladite response escarmouches se leverent, et saillirent ceux de la ville, pour aussi escarmoucher bien souvent. Et tres-vaillamment se portoient, et y eut de beaux faicts d'armes faits d'un costé et d'autre. Les bombardes furent assises, et canons, et tiroit-on fort dedans la ville, qui fut battuë en plusieurs endroits, et mesmement en un lieu où il y avoit une grosse tour, avec un ange peint. Là estoit assise une bombarde nommée Bourgeoise, qui estoit grosse, et combien que devant Compiegne elle avoit esté endommagée, toutesfois on y avoit mis tel remede, qu'on en ouvroit et travailloit tres-bien. Et si y avoit d'autres gros canons. Il sembloit aux chefs de guerre, que ladite cité estoit prenable d'assaut. Entre autres vaillans capitaines et chefs de guerre, y avoit un nommé le Bastard de Bourbon, qui alloit par dehors autour des fossez de la ville, pour voir par quel lieu on la pourroit plus aisément assaillir. Il estoit comme desarmé, quoy qu'il en soit, luy defailloit et manquoit-il plusieurs pieces de son harnois. Un arbalestrier de dedans la ville l'apperceut, et luy tira de son arbalestre un vireton, dont il le frappa en la gorge, duquel coup il cheut tout navré. Si fut hastivement apporté à son logis. Les chirurgiens le virent, et trouverent qu'il n'y avoit remede. Parquoy il fut confessé et ordonné, et receut tous ses sacremens, et alla de vie à trespassement ; il fut fort plaint de toutes gens, car il estoit jeune homme, doux, et humble en maintien, parole, et gouvernement, et ses ennemis mesmes le plaignoient. Ceux de dedans voyans qu'ils avoient fort à faire, et que les gens de dehors estoient puissans, mirent hors un compagnon, qui se faisoit fort de passer. Et escrivoit Enguerrand une cedule au duc de Bourgongne « qu'il leur envoyast secours, ou sinon, ils ne se » pourroient plus tenir, et faudroit qu'ils ren- » dissent la ville, et que leurs personnes fus- » sent en danger. » Or fut ledit compagnon pris, sur lequel furent trouvées lesdites lettres. Ledit Enguerrand mesmes cuida sortir hors, feignant qu'il iroit querir secours. Mais un surnommé Craon, et messire Jean de Menon l'empescherent, en disans « qu'en tel hanap qu'ils beuroient, » qu'il y beuroit aussi. » Et quelque promesse qu'il fit de retourner, ils ne l'en croyoient point, et demeura voulust ou non. Car il y avoit durs sieges en diverses parties. Or delibererent ceux de dedans d'entendre à traitté, et trouver expedient, combien que c'estoit bien tard. Car la ville estoit fort battuë. Du costé où estoit monseigneur de Guyenne, ceux de dedans firent signe de parlementer ; et de faict commencerent à parlementer. Et avoient les gens de bien du conseil du Roy grand desir et affection de trouver traitté. Mais les gens de guerre, specialement de l'avant-garde, requeroient tous moyens d'entrer dedans par assaut, et firent toutes apparences d'assaillir, voire tous ceux de l'ost. Mesme en plein midy, ceux de l'avant-garde passerent par un endroit de la riviere d'Aisne, qu'on ne cuidoit pas estre passable. Et vinrent à une poterne, qui estoit sur la riviere, laquelle ils gagnerent, et par là entrerent dedans la ville. Ceux qui y estoient en garnison les cuiderent rebouter, et y eut de grandes armes faites, il estoit environ midy. Cependant ceux de l'ost, qui virent et oüyrent le bruit, assaillirent tres-fort du costé où estoit le canon nommé Bourgeoise, où les murs estoient fort battus, et entrerent dedans. Et ne sçavoient ceux de la ville auquel endroit entendre. Finalement les gens du Roy y entrerent. Qui fut une piteuse entrée, car ils firent maux infinis. Plusieurs en tuerent, pillerent, desroberent, et les eglises mesmes, forcerent femmes et filles, comme l'on disoit, et y eut de bien piteux cas commis et perpetrez en la chaleur de l'entrée, et le lendemain. Et disoit-on qu'on n'y eust sceu mettre remede. Si en faisoient les chefs de guerre et capitaines le mieux qu'ils pouvoient. Le lendemain, la fureur aucunement refroidie, furent faits cris de par le Roy, et y eut de graticuses compositions faites, tant de biens que de maisons. Grande occision y eut de ceux qui se mirent en defense, et si y eut plusieurs personnes pris. Entre les autres ledit Enguerrand de Bournonville, lequel avant qu'il fust pris, vaillamment se defendoit, et fut navré et blessé, mesment au travers du visage. Il se vouloit mettre à finance; mais il eut la teste couppée. Pareillement un chevalier nommé messire Jean de Menon, et autres aussi. On en mena plusieurs à Paris, qui furent pendus au gibet. Et si y en eut de pris et mussez par les gens de guerre, qui furent mis à finance et rançon. Or combien que ceux de la ville eussent forfait et confisqué corps et biens, toutesfois il y fut donné honorable provision. Et jaçoit que iceux de la ville se doutans de ce qui leur advint, eussent fait plusieurs musses, toutesfois aucunes furent trouvées, où ils perdirent moult. Et si y eut aucuns des plus riches, qui furent mis à grosses finances, lesquelles ils payerent à bien grande peine.

Le Roy vint à Laon, là où vint à luy le comte de Nevers frere du duc de Bourgongne, qui luy cria mercy, en lui requerant qu'il luy voulust pardonner de ce qu'il avoit esté devant Paris avec son frere : et luy fit plusieurs grandes promesses, tant de le servir, que autrement. De plus, il mit toutes ses terres en sa main et subjetion, ce qui fit que le Roy et monseigneur de Guyenne, bien et doucement luy pardonnerent.

Le duc de Bourgongne faisoit diligence de toutes parts d'assembler gens. Et tellement, que de Bourguignons, Picards, et Savoisiens, ils se trouverent bien quatre mille combatans, desirans trouver les gens du Roy pour les combatre, aussi estoient-ils belle et grande compagnée, et gens bien habillez et montez. La chose vint à la cognoissance du Roy. Et fut ordonné à l'avant-garde le duc de Bourbon, et le comte d'Armagnac, à tout deux mille combatans. Et en l'arriere-garde des Bourguignons estoit le seigneur de Hannette, à tout huict cens combatans, qui se maintenoient bien et grandement, comme gens de guerre. Lesdits deux seigneurs envoyerent leurs coureurs devant assez largement, lesquels virent et apperceurent les gens du duc de Bourgonge emmy les champs, en belle ordonnance (lesquels coureurs lesdits deux seigneurs avec toutes leurs bannieres desployées suivoient), et estoient lesdits coureurs en grande perplexité, s'ils frapperoient dedans, ou non. Car il sembloit à aucuns, qu'on devoit attendre lesdits seigneurs, et si n'estoient pas tant des deux parts comme les autres. Toutefois ils se doutoient de deux choses : l'une, que lesdits adversaires se pourroient bien retraire, sans coup frapper, quand ils verroient la compagnée desdits deux seigneurs. L'autre, que s'ils ne frappoient dedans leurs ennemis, cela leur seroit imputé à lascheté de courage, ce qui leur seroit un grand reproche. Peu de gens estoient, mais vaillans, bien montez, et armez. Enfin par effect ils delibererent de leur courir sus, et ainsi le firent; ils furent aussi bien receuz : et y eut une bien dure besongne, bien combatuë d'un costé et d'autre. Aucuns des gens du duc de Bourgongne virent venir et approcher lesdits duc de Bourbon, et comte d'Armagnac avec leurs bannieres desployées, et leurs gens qui venoient diligemment pour aider à leurs gens. Mais avant qu'ils approchassent de leurs ennemis ils se mirent en fuite. On les suivit diligemment, tellement que en la place y en eut soixante et dix morts, et bien cinq cens pris, entre les autres le Veau de Bar. De plus il y en eut grande foison, lesquels cuidans passer les rivieres, se noyerent. Et firent les gens du Roy longue chasse, tellement que les adversaires furent contraints de se jetter esdites rivieres. Aucuns se retirerent au Liege, et en Hainaut, lesquels pourtant ne se sauverent pas tous, car où les Liegeois et Hannuiers les trouvoient, ils les tuoient. Le Veau de Bar fut en grand danger qu'on ne lui couppast la teste : mais il eut des amis, et paya grande finance à celuy qui l'avoit pris.

Le Roy s'en vint à la Chapelle en Tierache, et à Sainct Quentin : là vinrent vers luy la comtesse de Hainaut, et le duc de Brabant, prians et requerans, « qu'il ne voulust pas proceder si » rigoureusement contre leur frere. » Le Roy fit response, « que quand son cousin le duc de » Bourgongne voudroit venir vers luy, il luy » bailleroit seureté telle qu'il en devroit estre » content : et s'il vouloit justice, il l'auroit. Si » misericorde, il estoit prest de luy faire si » grande, et si abondamment, qu'elle devroit » suffire. » A tout ladite response ils s'en retournerent. Et disoit-on communément que ledit duc de Bourgongne avoit envoyé devers le Roy d'Angleterre, et les Anglois, pour avoir secours, ausquels il offrit grandes alliances, e faisoit plusieurs promesses : de faict, furent aucunes choses accordées et fermées. Mais les Anglois ne voulurent pas bien entendre à luy bailler gens : car le Roy d'Angleterre faisoit ses preparatifs pour descendre en Normandie, ainsi qu'il fit. Et si estoient les princes mesmes en Angleterre divisez pour la querelle de Bourgongne, et d'Orleans. Car les ducs de Clarence et de Glocestre, freres du Roy, et avec eux le duc d'Yorck, favorisoient la partie du duc d'Orleans. Et ledit Roy, avec le duc de Bethfort aussi son frere, celle du duc Bourgongne.

Le Roy se mit en chemin vers Peronne, et luy fit-on obeïssance. Les seigneurs de son avant-garde allerent devant Bapaumes, où y eut de grandes escarmouches, et plusieurs chevaux tuez. Il y avoit dedans de vaillantes gens, specialement y avoit fort traict. Mais quand ils virent qu'ils seroient assiegez, ils se rendirent. Il y en avoit en la place qui estoient de Paris mesme, aucuns qui avoient esté dedans Compiegne, aux uns desquels on couppa les testes : quant aux autres on les pendit.

Quand le duc de Bourgongne vid qu'on le chassoit de prés, et qu'on s'approchoit de sa cité d'Arras, il y envoya garnison, et y mit bien quinze cens combatans, dont estoit chef principal messire Pierre de Luxembourg. Lequel, et tous les gens de guerre, et aussi ceux de la ville delibererent de tenir, et resister à l'entreprise de ceux qui les vouloient assieger. Et d'assiette, bruslerent tous les faux-bourgs, et ardirent les églises, hostels-Dieu, maladeries, et aumosneries : dont il y avoit de moult belles églises : qui fut grande pitié.

Le huictiesme jour d'aoust, le roy d'Angleterre envoya bien notable ambassade à Paris, offrant paix et alliance, c'est à scavoir l'evesque de Duresme, et l'evesque de Norwic, deux notables preslats, le comte de Salbery, le seigneur de Gray, messire Jean Pheletin, et autres. Et estoient bien cinq cens chevaux, bien pompeusement habillez, et ordonnez, qui vindrent à Paris. Mais pource que le Roy et monseigneur le Dauphin n'y estoient pas, ils s'addresserent à monseigneur le duc de Berry, lequel les receut grandement et honorablement, comme il le scavoit bien faire, et les festoya plusieurs fois. Ils voulurent estre ouys, ce que leur octroya le duc de Berry, et furent ouys. Ledit evesque de Norwic, qui estoit un bien notable clerc proposa, lequel en effect et en substance disoit : « Faites » nous justice, nous offrons paix et alliance. » Pour alliance, ils demandoient madame Catherine de France, la duché de Guyenne, et la comté de Ponthieu, sans foy, hommage, ne ressort : et autres demandes. La proposition fut moult notable, et monstra bien l'evesque, qu'il estoit clerc. Au commencement il loüa fort le Roy, et les seigneurs de France, de la bonne volonté qu'ils avoient à la paix, et que leur roi d'Angleterre en estoit tres-joyeux. Et pour venir à sa matiere, prit son theme de Josue, 20. cap. *Venimus vobiscum facere pacem magnam*. Et monstra bien grandement, et notablement les biens qui viennent de paix, et les maux qui viennent par faute de paix, et que justice, sans paix ne peut estre, ne aussi paix sans justice. Et monstra deux moyens par lesquels paix se conclud ferme et stable, c'est à scavoir l'œuvre de justice, et l'alliance d'amitié. L'œuvre de justice est reformatif de toutes injures, et y met la douceur, et suavité de paix. L'alliance d'amitié, est cause d'amour ferme, establissant la paix. Ces deux choses il deduisit bien grandement, excellemment, et longuement. Et par l'œuvre de justice, demandoit taisiblement les choses dessus dites. Et par alliance, dont se pouvoit ensuivre amour ferme, demandoit madame Catherine. Laquelle proposition fut faite en latin, et la bailla par escrit.

Le duc de Berry leur fit response « que le Roy, » ny monseigneur le Dauphin n'estoient en la » ville, ny au pays, et que sans eux on ne leur » pourroit faire aucune response. » Tant comme ils furent à Paris, ils s'alloient esbatre, où ils vouloient, et estoient bien contens de la chere qu'on leur faisoit, et s'en retournerent à Calais, sans autre chose faire pour lors.

Au siege d'Arras y avoit un canonier, lequel se mit dedans la ville, et dit tout l'estat de l'ost, et le gouvernement, en les exhortant qu'ils se tinssent bien, et se defendissent. Et aussi faisoient-ils : et souvent sailloient, et avoient belles retraites, et lieux propices à eux retraire. Mais toutes les fois qu'ils sailloient dehors esdits lieux, il y avoit bonnes arbalestres, archers, et canons à main, pour les recevoir, et en toutes les sorties qu'ils firent, ils furent reboutez à leur grand dommage.

Le duc de Bourgongne faisoit grandes diligences d'assembler gens, pour faire lever les sieges, ou au moins un d'eux, et en avoit bien largement. Or pour voir l'estat de l'ost, et le bien scavoir, il envoya quatre cens combatans, explorateurs, qui avoient deliberé de mettre en un lieu leur embusche, et envoyer aucuns coureurs devant, pour voir si aucuns compagnons sortiroient, en les cuidant tirer en escarmouchant, jusques à l'embusche qu'on devoit mettre. Mais la chose vint bien autrement : car les gens du Roy estoient ailleurs assez grosse compagnée en embusche, qui virent venir les gens du duc de Bourgongne, qui ne s'en donnoient aucunement de garde, et frapperent dessus vaillamment. Il y eut assez dure besongne, et assez tost les Bourguignons se retrahirent, dont il y en eust de morts, navrez, et pris : entre les autres, y fut pris messire David de Brimeu, un vaillant chevalier de Picardie, lequel s'estoit porté vaillamment. Et avoient volonté lesdits Bourguignons d'entrer dedans la ville, pour donner aide et confort à leurs gens. Ainsi le duc de Bourgongne fut fraudé de son intention. Et vid bien qu'il n'estoit mie taillé, qu'il pût bailler secours à ceux de dedans, qui estoient grand peuple. Car tout le pays s'estoit retrait dedans, et les vivres appetissoient fort, et commençoit le peuple à murmurer.

Or ce considerant la duchesse de Hainaut, et ledit duc de Brabant, ils retournerent devers le Roy en grande humilité, gemissemens, et pleurs, mesmement la duchesse, et supplierent au Roy, qu'il voulut tout pardonner au duc de Bourgongne, leur frere, et il feroit obeissance de sa cité, et la mettroit en ses mains, et qu'on voulut trouver moyen de paix finale. A cette requeste, le Roy fort entendit, et de son mouvement, dit en plein conseil, que « leur requeste estoit rai» sonnable, et qu'il vouloit qu'on y advisast. » Là y eut plusieurs opinions, et imaginations, car plusieurs y avoit, qui eussent volontiers empesché paix et traité, mesmement les Bretons, et Gascons, ausquels il sembloit que ladite ville estoit prenable d'assaut, mesmement la cité : de plus il y en avoit, qui eussent bien voulu la destruction totale du duc de Bourgongne, qui n'estoit pas toutefois chose aisée à faire. Mesme il y eut un grand seigneur, qui en un matin vint devers le Roy luy estant en son lict, lequel ne dormoit pas, et parloit en s'esbatant avec un de ses valets de chambre, en soy farsant et divertissant. Et ledit seigneur vint prendre par dessous la couverture le Roy tout doucement par le pied, en disant, « Monseigneur, vous ne dormez » pas? — Non beau cousin, luy dit le Roy, vous » soyez le bien venu, voulez vous rien, y a il » aucune chose de nouveau? — Nenny monsei» gneur, luy respondit-il, sinon que vos gens, » qui sont en ce siege, disent que tel jour qu'il » vous plaira, verrez assaillir la ville, où sont » vos ennemis, et ont esperance d'y entrer. » Lors le Roy dit, « que son cousin le duc de Bour» gongne vouloit venir à raison, et mettre la » ville en sa main, sans assaut, et qu'il falloit » avoir paix. » A quoy ledit seigneur respondit : « Comment monseigneur voulez vous avoir paix » avec ce mauvais, faux, traistre, et desloyal, » qui si faussement et mauvaisement a fait tuer » vostre frere? » Lors le Roy aucunement desplaisant luy dit : « Du consentement de beau fils » d'Orleans, tout luy a esté pardonné. — Helas » Sire, repliqua ledit seigneur, vous ne le verrez » jamais vostre frere. » Et sembloit que ledit seigneur voulust encores dire aucune chose. Mais le Roy luy respondit assez chaudement, « Beau cousin, allez vous en : je le verray au » jour du jugement. » Le matin mesmes, monseigneur le duc de Guyenne, et dauphin, envoya querir ledit seigneur de Traignel, son chancelier, et luy dit, « qu'il vouloit qu'il y eut paix et » traitté avec son beau pere, le duc de Bour» gongne : que la duchesse de Hainaut, et le » duc de Brabant, offroient tres-bon traitté, et » expedient, et qu'il fît le mieux qu'il pourroit. » Et fut le matin le conseil assemblé, où estoient le Roy, monseigneur le dauphin, et tous les seigneurs de leur sang, gens de conseil, et capitaines, et y eut diverses bandes, opinions, et imaginations. Mais ledit seigneur de Traignel monstra evidemment que « la paix, et l'accord » estoient necessaires, et que tous d'un bon » amour devoient entendre à resister aux an» ciens ennemis du royaume, les Anglois, les» quels on sçavoit faire armée pour descendre » en France, mesmement que finance il falloit » pour payer les gens de guerre, et que tout à » l'environ tout estoit si bien pillé, qu'il n'y » avoit plus de fourrage pour les chevaux, ny » vivres pour les personnes. »

Enfin à qui qu'il en despleut, il fut conclud qu'on entendroit à paix et accord. A ce sujet furent mandez ladite duchesse de Hainaut, avec ledit duc de Brabant, ausquels fut respondu de par le Roy, « qu'on estoit content d'y entendre. » Et fut une cedule de traitté faite, de laquelle on envoya hastivement copie au duc de Bourgongne, lequel en fut content, et fut la paix concluë. Et ouverture faite de la ville au Roy, non mie qu'on y entrast à puissance : mais « de par le » Roy, » on mit les bannieres du Roy sur la porte, et desapointa-on les officiers. Et crioiton par la ville, « Vive le Roy. » Or entra dedans avec les mareschaux ledit seigneur de Traignel, qui fit faire les sermens tant aux gens de guerre de la ville, que autres, « d'estre bons et loyaux » au Roy. » De plus il desapointa ledit de Luxembourg d'estre capitaine, et les officiers que le duc de Bourgongne y avoit mis, et y en commit « de par le Roy. » Et ainsi se finit le siege de devant la ville d'Arras. Et s'en vindrent le Roy et les seigneurs à Paris, où entra le Roy le premier jour d'octobre, dont ceux de la ville furent bien joyeux.

Les gens du Roy qui avoient esté devant Arras estoient sur les champs, parcillement s'y mirent aussi ceux du duc de Bourgongne, qui estoient dedans la place, et autres qu'il avoit autour de luy, lesquels pilloient, desroboient, et faisoient maux innumerables en divers lieux et pays. Plusieurs gens s'assemblerent, se disans au duc de Bourgongne, qui faisoient guerre à messire Louys de Chaalon comte de Tonnerre, et avoient assiegé la ville de Tonnerre. Laquelle chose vint à la connoissance du seigneur de Gaucourt, qui prit en sa compagnée aucuns chevaliers et escuyers de la compagnée du Roy, et frappa sur eux tellement, qu'il leva le siege : il y en eut plusieurs de morts, et la plus grande part de pris. Autres gens y avoit aussi sur les champs qui pilloient, ce qu'on rapporta audit seigneur de Gaucourt, lequel y alla, et frappa sur eux. Si se mirent en fuite, mais ils ne sceurent si bien fuyr, que ledit seigneur de Gaucourt ne les ruast jus, et en prit plusieurs, lesquels il fit pendre.

En ce temps se tint le concile de Constance qui fut moult notable, où estoient assemblez tous les plus celebres clercs de la chrestienté en toutes sciences. Et puis qu'il est fait mention dudit concile de Constance, il est à sçavoir que de la condemnation qu'avoit fait Montagu evesque de Paris, de la proposition de maistre Jean Petit, il fut appelé de la part du duc de Bourgongne. La cause fut commise par le concile à deux cardinaux, et fut la matiere discutée et ouverte. Et « pour monstrer que justement elle avoit esté » cassée, » estoient maistre Pierre d'Ailly, maistre Jean Jarson, et maistre Jordain Morin, lesquels le faisoit bel ouyr : aussi estoient ils grands et notables clercs. De l'autre part estoit l'evesque d'Arras, qui leur respondit par escrit, et lisoit les responses en une cedule, à chacune fois qu'il falloit respondre et repliquer. Aprés plusieurs propositions, les cardinaux dirent par leur sentence, « qu'il avoit esté bien appellé par les gens » du duc de Bourgongne. » Car premierement ils disoient, « que l'evesque de Paris n'estoit pas » juge competent : » et sur ce alleguerent plusieurs raisons. Secondement, « que la partie prin» cipalle, c'est à sçavoir le duc de Bourgongne, » n'avoit point esté appellé. Tiercement, qu'en » la maniere qu'on avoit tenu, et par les raisons » qu'on avoit allegué, c'estoit faire un nouvel » article de foy. » Et y eut derechef grandes disputations et allegations. Enfin aprés plusieurs debats de la part dudit Jarson, et de ses adherans, il fut appellé desdits cardinaux. Et par ce moyen, demeura la matiere indiscusse, et indecise.

Or est il ainsi que ledit seigneur de Traignel, qui estoit chancelier de Guyenne, considerant les grands inconveniens, qui pouvoient advenir, si la paix ferme et stable ne se faisoit, et que les articles autrefois faits, confirmez, et approuvez ne se tinssent, pourchassoit tant qu'il pouvoit l'accomplissement d'icelle. Et luy firent sçavoir ladite duchesse de Hainaut, et ledit duc de Brabant, qu'ils viendroient à Sainct Denys pour la matiere.

Tailles grandes et excessives se faisoient, et levoit-on argent excessivement sur le peuple, lequel n'estoit point employé au bien de la chose publique : mais en bourses particulieres de serviteurs, specialement de monseigneur de Guyenne, et de monseigneur de Berry. Tellement que ledit monseigneur de Guyenne donnoit à ses gens, aux uns dix mille escus, et aux autres six ou sept mille. En un matin on apporta bien des mandemens à seeller de par monseigneur de Guyenne, montans jusques à la somme de soixante à quatre-vingt mille escus : lesquels ledit seigneur de Traignel ne voulut seeller, et respondit « qu'il parleroit à son maistre, monseigneur de » Guyenne. » Et aussi fit-il, en luy remonstrant la necessité qu'on pourroit avoir à faire d'argent. Lequel en fut tres-content, et luy defendit « qu'il » ne seellast aucun mandement, s'il passoit mille » escus : » dont ceux qui estoient autour de luy furent mal contens. Et à ce les induisoit un nommé maistre Martin Gouge evesque de Chartres, pource qu'il se doutoit que son maistre le duc de Berry aussi se restraignist des dons excessifs qu'il faisoit. Et firent tant de rapports, qu'enfin ledit duc de Berry traitta de faire desappointer ledit seigneur de Traignel : et à un matin envoya à son neveu monseigneur de Guyenne par ledit evesque de Chartres deux belles grosses perles, avec lequel evesque y avoit un chevalier, et à chacun d'eux donna mille escus. Et pour seeller le mandement envoya vers ledit seigneur de Traignel querir ses seaux, lesquels il bailla volontiers : et furent baillez audit evesque de Chartres, qui estoit bien habile sur le fait des finances. Et ainsi ledit seigneur de Traignel, pour avoir loyaument servy son maistre, fut desapointé. Et disoit-on que ledit seigneur de Guyenne depuis prit conditions estranges.

Le premier jour de janvier, le comte d'Alençon, qui estoit un moult beau seigneur, et vaillant en armes, fut fait duc : et disoit-on que c'estoit par envie du duc de Bourbon qui alloit devant luy. Et toutefois il estoit plus prés de la couronne, et comme le plus prés, quand il fut duc, il alla devant.

La duchesse de Hollande, et le duc de Brabant vindrent à Sainct Denys pour le fait du traitté, qui avoit esté pourparlé devant Arras : et y envoya le Roy. Et fut de toutes les deux parties le traitté approuvé et confirmé, dont avoient aucuns esperance qu'il y auroit bonne paix, mais elle ne dura gueres.

Quand le retour du Roy fut venu à la connoissance des Anglois, ils retournerent à Paris : pour avoir response des offres qu'ils avoient fait, d'avoir madame Catherine pour leur Roy, et demandoient Guyenne, et Ponthieu, et en effet que le traitté de Bretigny se tint. Et l'Evesque mesmes, lequel autrefois avoit proposé si bien et si notablement, derechef fit la proposition : en disant, que le Roy son maistre, et souverain seigneur, avoit esté moult resjouy, quand il avoit sceu la bonne volonté que avoient le roy de France, et ses parens, à avoir bonne paix. A laquelle chose son Roy de tout son pouvoir tendoit, et avoit desir et affection : mais qu'on luy fit justice, et que la liberté de sa couronne, à laquelle il avoit le serment, ne fut blessée. Et que entre paix et justice y avoit si grande connexité, que sans justice, paix ne pouvoit estre, ne justice sans paix. Et prit son theme, des paroles que dit ce noble roy Ezechias. (*Isaie* 39. *cap. D.* 8.) *Fiat tantum pax, et veritas in diebus nostris*. Lequel theme il divisa en plusieurs parties, toutes lesquelles estoient induites à avoir la paix. Et allegua plusieurs et diverses autoritez, servans à la matiere, et mesmement des revelations de Saincte Brigide, où estoit contenu, que par les prieres et oraisons de monseigneur Sainct Denys, patron des François, les princes des ferocissimes gens de France, et Angleterre, par lien de mariage devoient avoir paix ferme et stable ensemble. Et declara les biens qui pouvoient venir par la paix des deux royaumes. Et fort s'arrestoit sur lesdites revelations de Sainte Brigide. Et à la fin toujours venoit que paix ne se pouvoit faire, sinon qu'elle fut dirigée et conduite par vérité, et par justice. Sur ce il y eut plusieurs conseils tenus, et leur faisoit-on des offres : mais de nulles n'estoient contens. Pource finalement leur fut respondu, que le Roy envoyeroit de ses gens en Angleterre, devers son cousin le roy Henry, avec pleniere puissance, et qu'il seroit bien joyeux, si traitté se pouvoit trouver. Et fut faite grande chere et reception ausdits Anglois, qui furent grandement festoyez, et receurent de beaux presens, puis s'en allerent en leur pays.

Iceux Anglois estans à Paris avec eux y avoit des Portugalois, qui avoient grande volonté de faire armes, pour l'amour de leurs dames, combien que taisiblement la querelle principalle y estoit des Anglois, et François, car ils estoient alliez ensemble avec les Anglois : et y eut un gage entre un de Portugal, et un gentilhomme de Bretagne, nommé Guillaume de la Haye. Or fut jour pris, auquel les parties comparurent en la presence du Roy, et des seigneurs, tant de France, que d'Angleterre, en champ, et estoit le Portugalois accompagné des Anglois. Il fut conseillé audit Guillaume de la Haye qu'il ne fit que defendre. Et estoient les armes du Portugalois toutes rouges. Or vindrent les parties bien habillées, et armées au champ, avec trompettes, et menestriers, et avoient chacun leur chaire. Aprés que le heraut eut crié : Faites devoir ! ils se leverent, et vindrent l'un contre l'autre, chacun garny de lance, hache, espée, et dague. Quand il furent assez prés, ils jetterent leurs lances, desquels ils ne se attoucherent onques, puis prirent les haches, et vint le Portugalois bien baudement et joyeusement, cuidant frapper son adversaire. Mais tousjours il luy rabatoit ses coups, sans faire autre chose. Dont plusieurs s'esbahissoient : mais il luy avoit esté, comme dit est, conseillé, qu'il ne fit que defendre. Tres-souvent le Portugalois levoit sa visiere, en faisant signe à l'autre, qu'il levast la sienne, aussi le faisoit-il. Quand ils eurent par aucun temps fait en la maniere dessus dite, le Portugalois leva sa visiere, et Guillaume de la Haye, sans lever la sienne, luy voulut bailler de la pointe de sa hache au visage : lors le Portugalois, commença aucunement à demarcher, mais quand on vid la maniere, on cria, Ho, ho, ho, et les vint on diligemment prendre. On disoit que le Portugalois avoit bien courte haleine, et si de la Haye eut voulu et peu l'approcher, il l'eut jetté à terre à la luite : car c'estoit un des mieux luitans qu'on peust trouver. Puis à tous deux on fit honneur et bonne chere.

Il y eut trois autres Portugalois, qui requirent faire armes contre trois François, qui estoient un chevalier, et deux escuyers. Et avoit nom le chevalier, messire François de Grignaud, l'un des escuyers, Archambaud de la Roque, et l'autre, Maurignon, qui tous trois estoient Gascons. Lesquels firent sçavoir ausdits Portugalois, qu'ils estoient prests, s'ils leur vouloient rien demander, ou requerir, de leur defendre. Adonc les Portugalois les remercierent, et y eut lieu, jour et heure pris, où et quand la besongne se devoit faire. Cependant chacun fit ses provisions le mieux qu'il peut. La journée venuë, les seigneurs à ce commis vindrent aux eschafauts à ce ordonnez, où fut mis force gens pour garder le champ. Les Anglois estoient à conseiller, et à accompagner les Portugalois. Et y eut aucune difficulté, lesquels entreroient les premiers aux champs : mais il fut dit que les Portugalois y entreroient les premiers, et que ce estoit raisonnable, pource que en effet ils estoient demandeurs. Et ainsi le firent en bien grande pompe, accompagnez des seigneurs d'Angleterre, et de leur pays. Puis comme en un instant entrerent les François aussi bien et honorablement accompagnez. D'un costé et d'autre trompettes sonnoient fort : et vindrent tous au champ, monstrans semblant, et attalentez (1) chacun de faire son devoir. Aprés les cris faits en tel cas accoustumez, les parties se leverent, garnies de leur armures et bastons en tel cas appartenans. Selon ce qu'on peut appercevoir, les Portugalois choisirent chacun son François: et alla le chevalier, qui estoit vaillant homme, et s'avança et presenta à messire François : et selon ce qu'on disoit, le plus vaillant de tous et le plus renommé de guerre s'addressa à la Roque, et l'autre à Maurignon. Quand ce vint aux haches, celuy qui combattoit la Roque le enferra au dessus du haut de la piece, et quand il sentit que le fer de la hache avoit pris dedans le harnois, il commença fort à bouter, pour cuider entamer le harnois. Or s'en appercevoit bien la Roque, lequel se tenoit ferme, en intention de faire ce qu'il fit : car quand il apperceut que le Portugalois se baissoit devant, pour plus fort bouter, tout à coup de legereté de corps, dont il estoit moult habile, il recula tellement que le Portugalois cheut, et la teste emporta le corps. La Roque lui bailla deux coups de sa hache sur la teste, dont il l'estonna tout, et tira son espée pour luy bouter au fondement : les autres disent qu'il luy leva la visiere, et le voulut frapper par le visage. Enfin quelque chose qu'il en fut, le Portugalois se rendit, et fut desconfit, et pris par les gardes. Aprés ce, la Roque regarda que ses compagnons avoient bien à faire, et s'en vint à tout sa hache, et bailla tel coup à celuy qui avoit à faire à Maurignon, qu'il le fit chanceller, et Maurignon d'un autre coup le fit cheoir à terre, et se rendit. Puis les deux, c'est à sçavoir la Roque et Maurignon, allerent aider à Grignaux, qui estoit fort travaillé et blessé, et mesmement en la main senestre, qui estoit percée tout outre, et ne s'en pouvoit aider. Mais quand le chevalier vid les deux autres venir sur luy, il vid bien qu'il ne pouvoit resister, et dit tout haut : « Je me rends à vous trois. » Et fut dit que tous avoient fait très-vaillamment fait : les François s'en allerent par Paris, les trompettes sonnans, et estoit le peuple joyeux de ce qu'ils avoient eu l'honneur.

La paix faite devant Arras fut confirmée à Paris à l'honneur du Roy. Il y eut abolition generale à tous, et de tous cas, excepté à cinq cens qu'on devoit bailler par escrit : et fut criée et publiée à grande joie parmy la ville de Paris, et envoyée par toutes les bonnes villes de ce royaume. Tous les seigneurs s'en allerent, excepté monseigneur de Berry, lequel demeura en la compagnée du Roy, de la Reyne, et de monseigneur le Dauphin.

En ce temps le pape Jean XXIII fut pris par l'Empereur et par le Concile, et en effect fut desapointé du papat.

C'estoit grande pitié des exactions qu'on faisoit lors, à cause des benefices, tant prelatures, graces expectatives, que autres.

Le comte d'Armagnac, en s'en retournant à son pays, passa par Murat, qui est une belle place, et la prit, et bouta hors les vrais heritiers, ausquels la place et la terre avoient esté adjugez par arrest.

◇◇◇

M. CCCCXV.

L'an mille quatre cens et quinze, le gouvernement alloit tousjours aucunement mal, au regard des exactions d'argent sur le peuple, non distribué au profit de la chose publique.

Le roy d'Angleterre ne fut pas seulement content d'avoir envoyé ambassade devers le Roy, mais par deux fois luy escrivit bien gratieusement, « qu'il luy voulust faire justice. » Et de ce le sommoit en paroles douces et humbles, et il s'offroit à faire bonne et ferme paix, concorde et alliance, en ensuivant les offres faites par ses ambassadeurs. Quand le Roy et son conseil virent la douce maniere d'escrire, ils conclurent qu'on envoyeroit vers luy une notable ambassade. On sçavoit bien les preparatifs qu'il faisoit pour descendre en France. Et y furent envoyez l'archevesque de Bourges, surnommé Bourretier, bien notable homme et bon clerc, ayant beau langage, l'evesque de Lisieux, le comte de Vendosme, le baron d'Ivry, et autres. Ils arriverent en Angleterre le dix-septiesme jour de juin, là où ils furent grandement et honorablement receus. Le lendemain qu'ils furent arrivez, ils furent menez devant le roy d'Angleterre, qui estoit bien grandement et honorablement accompagné de princes, prelats, et gens de conseil. Ils presenterent les lettres du Roy au roy d'Angleterre, lequel les receut, et en les ouvrant les baisa et leut. Lequel dit qu'elles contenoient creance, et qu'ils dissent ce qu'ils voudroient. Lors l'archevesque de Bourges commença à parler, et prit son theme, *Tibi pax, et domui tuæ pax* (1. Reg. 25. A. 6); lequel il deduisit bien grandement et honorablement, en exposant « la » bonne volonté du Roy d'avoir paix et alliance,

(1) C'est-à-dire *animés et en volonté.*

« et que de tout son pouvoir il estoit prest d'y
» entendre, et de s'y employer, mesme laisser
» aller du sien à ce sujet. » Et fit tant et tellement
que le roy d'Angleterre et les assistans en furent
tres-contens. Mais le fort fut à traitter particulierement sur la matiere des demandes et requestes que faisoient les Anglois, et offres
que faisoient les gens du Roy assez largement
en Guyenne. Desquelles les Anglois n'estoient
pas contens, et disoient et maintenoient « qu'ils
» avoient droict és duchez de Normandie, et de
» Guyenne, et és comtez d'Anjou, de Poitou, du
» Maine, de Touraine, et de Ponthieu, voire
» avoient droict à la couronne de France. » Pour
abbreger, ils ne furent aucunement contens des
offres des François : et appellerent et invoque-
rent Dieu, et tous les saincts de Paradis, et le
ciel et la terre, qu'ils se mettoient en leur devoir. Et dit le roy d'Angleterre, qu'il estoit
vray roy de France, et qu'il conquesteroit le
royaume. Lors l'archevesque de Bourges luy
dit : « Sire, s'il ne vous desplaisoit, je vous res-
» pondrois. » Lors luy fut dit par le roy d'Angleterre, » qu'il respondist hardiment, et dist ce
» qu'il voudroit, et que ja mal ne luy en vien-
» droit. » Parquoy sembla audit archevesque
qu'il pouvoit parler seurement : si luy dit tout
pleinement, « Sire, le roy de France nostre sou-
» verain seigneur est vray roy de France, ny és
» choses esquelles dites avoir droict, n'avez au-
» cune seigneurie, non mie encore au royaume
» d'Angleterre : mais compete aux vrais heri-
» tiers du feu roy Richard, ny avec vous, nostre
» souverain seigneur ne pourroit seurement trait-
» ter. » Desquelles paroles le roy Henry fut tant
mal content que merveilles, et dit plusieurs hautes paroles bien orgueilleuses, et leur dit « qu'ils
» s'en allassent, et qu'il les suivroit de prés : » et
les fit conduire seurement. Il y eut aucun des
François qui s'enquirent secrettement s'il y
avoit aucunes alliances entre le roy d'Angleterre et le duc de Bourgongne, et trouverent
que ouy, bien grandes et secrettes.

Or s'en retournerent les ambassadeurs de
France, et firent leur relation, disans comme
l'armée des Anglois avoit esté faicte et preste,
et estoit bien grande et puissante : et que sans
faute ils descendroient, et qu'il estoit necessité
d'y remedier. Sur quoy escrivit le roy d'Angleterre au roy de France lettres en latin, dont
l'exposition s'ensuit traduite en François.

A tres-haut prince, Charles nostre cousin, et
adversaire de France, Henry par la grace de
Dieu roy d'Angleterre, et de France, desire
esprit de plus sain conseil, et à chacun rendre
ce qui est sien.

Tres-haut prince nostre cousin, et adversaire :
« Les resplendissans royaumes d'Angleterre et
» de France, jadis venus et descendus d'un
» mesme ventre, et à present divisez, avoient
» accoustumé le temps passé, eux, et leur re-
» nommée eslever en souveraine hautesse, par
» leurs nobles triomphes et victoires. Et à eux
» fut une seule vertu, pour orner et embellir la
» maison de Dieu, à laquelle appartient saincte-
» teté et mettre paix és termes et fins de l'E-
» glise : et par un mesme eseu accordé entre
» iceux royaumes, subjuguer les publics enne-
» mis, par bien-heureux contract ou marché.
» Mais las, cette germaine foy, l'amour frater-
» nel a perverty, si comme Loth persecuta
» Abraham, et par envahissement inhumain la
» gloire de l'amour fraternel est commise à
» sepulture : et l'ancienne condition de l'hu-
» main lignage, c'est à sçavoir dissension, mere
» de ire et de riotes, est resuscitée des morts.
» Mais nous appelons en tesmoin de nostre con-
» science le souverain juge, lequel ne fleschit
» point pour prieres, ne pour tresor, que nous
» avons fait procurer les moyens de paix par le
» plus net et pur amour de paix que nous avons
» peu. Bien que nous eussions par l'esprit de
» mauvais conseil laissé aller le juste tiltre de
» nostre heritage, au prejudice de nostre pos-
» terité perpetuelle, toutefois tel aveuglement
» de pusillanimité ne nous tient, que nous ne
» voulions de tout nostre pouvoir jusques à la
» mort combattre pour la justice. Mais pource
» que tout homme qui va pour combattre quel-
» conque cité, il luy doit premierement offrir
» la paix, comme l'auctorité de la loy au Deute-
» ronome l'ordonne. Si par long-temps et divers
» siecles, violence, rompere se de justice, a
» soustrait les armes de nostre couronne, et les
» droicts et heritages d'icelle, pour le rencorpo-
» rement et ramenement au premier estat
» desquels, charité a fait pour nostre partie
» jusques icy ce qu'elle a peu, Nous pouvons
» par le defaut de justice à nous deuë, courir
» au refuge de main armée. Neantmoins afin
» que le tesmoin de nostre conscience soit nostre
» gloire maintenant, par peremptoire requisi-
» tion au passage de nostre chemin, auquel
» ledit defaut de justice nous attrait, vous
» exhortons par les entrailles de Jesus-Christ,
» et seulement à ce que la perfection de l'E-
» vangile exhorte, qui dit, Amy, rends ce que
» tu dois. Laquelle chose nous desirons à nous
» estre faite par le vouloir de Dieu. Et afin
» qu'il soit pardonné à l'effusion du sang hu-
» main, qui selon Dieu est creé, vous prions et
» requerons que restitution deuë nous soit faicte

» de l'heritage et des droicts à nous inhumaine-
» ment soustraits, ou au moins de ceux que
» par nos ambassadeurs et messagers avons
» plusieurs fois demandez et requis, et des-
» quels la souveraine reverence de Dieu le
» tout puissant, et le bien de paix seulement
» nous en fait estre contens. Et nous de nostre
» part, entant qu'il touche la cause de mariage,
» serons contens de defalquer et rabattre la
» somme de cinquante mille escus à nous der-
» nierement offerte, comme cultiveurs de paix
» que nous sommes, et non mie remplis d'ava-
» rice. Et eslisons pour le meilleur les droicts pa-
» ternels, desquels la venerable ancienneté de
» nos progeniteurs et parens nous ont laissé
» seigneurs, avec votre tres-noble fille Cathe-
» rine, nostre tres-chere cousine, que multi-
» plier les detestables tresors, avec avarice, idole
» de iniquité, plustost que desheriter la perpe-
» tuelle couronne de nostre royaume, au scru-
» pule de nostre conscience, que Dieu ne vueille.
» Donné sous nostre privé seel, en nostre chas-
» teau de Hantonne, sur la rive de la mer, le
» vingt-huitiesme jour de juillet. »

Response du roy de France aux lettres du roy d'Angleterre.

A tres-haut prince, Henry, nostre cousin, et adversaire d'Angleterre, Charles, par la grace de Dieu roy de France, desire volonté de nul opprimer, ne entreprendre contre raison.

« Le bien de paix aimé de Dieu et de nature,
» laquelle nous, à l'exemple de nostre sauveur
» Jesus-Christ, qui à ses disciples la laissa, et
» donnant en testament, avons tousjours requise
» et desirée par toutes les manieres qu'avons
» peu : et icelle pour l'honneur de Dieu voulu
» moult grandement achepter, pour les biens
» qui s'en ensuivent, et pour eviter effusion de
» sang humain, et innumérables inconveniens
» qui adviennent par guerres. Comme ces choses
» tenons et croyons à vous, vostre conseil, et
» autres, estre claires et manifestes, vous nous
» donnez occasion de grandement esmerveiller,
» et non sans cause, comme aprés si grandes
» ouvertures, et autres choses pourparlées entre
» nos gens, et les vostres, à ferme intention de
» venir à paix, vous estes descendu par hosti-
» lité à main armée en nostre royaume, en
» rompant l'esperance de paix, à la tres-grande
» coulpe de vostre partie. Et pource que oncques
» nous ne fusmes refusans, ne serons si Dieu
» plaist, de rendre justice à chacun, qui nous
» en a requis : et qu'il est licite à chacun prince,
» mesmement en sa juste querelle, de se defendre,
» et rechasser force par force. Attendu que au-
» cun de vos predecesseurs n'eut oncques droict,
» et vous encore moins, de faire les demandes
» contenuës en certaines vos lettres, et res-
» ponses à nous presentées par Chestre, vostre
» heraut, ne de nous troubler. C'est nostre in-
» tention avec l'aide de nostre Seigneur, en
» qui nous avons singuliere fiance, par especial
» en nostre claire justice et defense, et aussi à
» l'aide de nos bons parens, amis, alliez, et
» subjets, vous resister, par maniere que ce
» sera à l'honneur et gloire de nous, et de
» nostre royaume; et confusion, dommage et
» deshonneur de vous, et de vostre partie.
» Quant aux mariages, dont nous escrivez sur
» la fin de vos lettres, il ne semble point que
» ce que faictes requeste ou demande, par es-
» pecial d'affinité ou mariage, par la voye que
» vous tenez, soit maniere convenable, hono-
» rable, ne accoustumée en tel cas : et pource
» ne vous en escrivons autre chose quant à pre-
» sent. Mais vous envoyons ces lettres pour res-
» ponses à celles que escrites nous avez par ledit
» Chestre. Donné à Paris, le vingt-quatriesme
» jour d'aoust, l'an mille quatre cens et quinze. »

Tantost aprés vindrent nouvelles qu'ils estoient descendus vers Harfleur : et y estoit le roy d'Angleterre en personne, accompagné de ses freres, et d'autres princes d'Angleterre, de six mille homme d'armes, de trente à quarante mille archers, et d'autre peuple sans nombre, avec grosse artillerie, bombardes et canons, et gens se connoissans en armes. C'estoit moult grande chose des appareils qu'il avoit, et du grand courage aussi. Dedans la ville de Harfleur estoient messire Lyonnet de Braquemont, les seigneurs d'Estouteville, et de Bacqueville, et le chastelain de Beauvais. Depuis y entrerent le seigneur de Gaucourt, et Mignet de Coutes, tous seigneurs de hauts et vaillans courages : ce qu'ils monstrerent bien, car ils firent plusieurs saillies, où ils porterent aux Anglois tres-grands dommages. Il y eut de grands faits d'armes specialement és mines qu'avoient fait les Anglois.

En ce mesme temps et mois, il fut appointé et ordonné par le conseil du Roy, que messire Charles d'Albret, connestable de France, auroit en ceste guerre toute semblable puissance comme le Roy, pour ordonner et disposer à sa pleine volonté, mander et contremander ce que bon luy sembleroit, abbatre forteresses et chasteaux, si mestier estoit. Et fut appointé que tous les seigneurs du sang seroient mandez, mesme qu'on leur manderoit à chacun d'eux qu'il envoyast cinq cens lances des meilleurs qu'ils eussent. Au sujet de quoy fut envoyé messire Jean Pioche, chevalier, devers le duc de Bourgongne, et devers le comte de Nevers, le premier jour de septembre ; un autre devers le duc d'Orleans. Et messire Boucicaut fut fait capitaine de Normandie, lequel s'en alla à Roüen avec le connestable, dont le duc d'Alençon fut moult dolent. Et Clignet de Brabant fut fait gouverneur de Picardie.

Les Anglois à leur venuë coururent par le pays de Caux, et prirent grand nombre de bestail : car le peuple cuidoit qu'ils deussent descendre ailleurs en la basse Normandie. Ils prirent aussi plusieurs prisonniers, et les ammenerent à leur Roy, lequel leur prescha, en disant, « qu'il sçavoit bien comme ils avoient esté long- » temps en oppression et travail : qu'il estoit » venu en sa terre, en son pays, et en son » royaume pour les mettre en franchise et li- » berté, telle que le roy Sainct Louys avoit tenu » son peuple. » Et leur commanda « qu'ils labou- rassent. » Neantmoins apres les Anglois les traitterent à rançon, et leur faisoient moult de maux.

Environ le premier jour de septembre, ceux de Harfleur, qui estoient en grand travail et peine de veiller nuict et jour, et des assauts que leur donnoient les Anglois, qui leur avoit ja abbattu deux portes de la ville, et un pan de mur, envoyerent devers le Roy un homme, qu'ils descendirent de nuict par dessus les murs, pour avoir secours. Et trouva ledit message monseigneur de Guyenne à Sainct Denys, le mardy troisiesme jour de septembre : lequel estoit party le premier jour de Paris pour aller à Roüen. Et fit-on advancer les gens d'armes pour aller au secours.

La paix fut faite entre le comte de Foix, et le comte d'Armagnac. Et furent tous deux mandez, pour venir contre les Anglois.

En ce temps estoient à Paris les ambassadeurs du duc de Bourgongne, qui pourchassoient pleine abolition des bannis, et reparation de l'honneur du duc de Bourgongne, sur les lettres contre luy données par le Roy l'an mille quatre cens quatorze, le vingt-septiesme jour de decembre, qui furent envoyées à Constance au concile de l'Eglise, et en plusieurs parties du monde : par lesquelles lettres, « le Roy declaroit le duc de » Bourgongne estre son ennemy, pour la mort » de son frere, et la proposition de Maistre » Jean Petit, avoir esté justement condamnée » à Paris par l'evesque dudit lieu, et l'Inqui- » siteur de la foy. » Lors arriva à Paris maistre Jean de Montleon, aumosnier du duc de Bourgongne, qui apporta à la nation de Picardie lettres de creance de son maistre : lequel exposa sa creance, et expliqua premierement « la bonne » affection que sondit maistre avoit à tenir la » paix entre luy et les seigneurs de France, » laquelle il avoit desiré tousjours, et vouloit » tenir de toute sa force, conserver, et defen- » dre, en exhortant icelle nation à tenir, et » maintenir icelle paix, et obvier à tous ceux » qui la voudroient perturber. » Secondement il dit, que sondit seigneur avoit sceu que aucuns menteurs s'estoient efforcez de publier, « qu'il » avoit fait alliances avec les Anglois, et qu'il » les avoit fait venir en France. » De ce il l'excusa, en monstrant « la bonne volonté qu'il » avoit tousjours eu pour le Roy, son fils et le » royaume, mesme qu'il estoit tout prest de » venir au mandement du Roy avec toute sa » compagnée, pour combatre iceux Anglois. » Tiercement, il exposa que aucuns ses malveillans avoient composé libelles diffamatoires contenant des defiances, que l'Empereur auroit naguieres envoyé à sondit maistre, en s'excusant « qu'il n'avoit peu passer par la Bourgongne, » en allant devers le roy d'Arragon, et Pierre » de la Lune, mais qu'en son retour il avoit in- » tention de retourner par la Bourgongne pour » le voir et visiter. » Quartement, il exposa qu'aucuns de la secte de Jarson avoient divulgué, « que la proposition de maistre Jean Petit » avoit esté condamnée, et arse au concile de » Constance. » Et que ce avoit esté pour occasion d'une proposition forgée et composée par maistre Jean de Jarson, qui avoit esté là condamnée. Et monstra ledit aumosnier, que ce n'avoit pas esté la proposition de maistre Jean Petit, mais la proposition dudit Jarson. Et qu'icelle condamnation tournoit au grand diffame et deshonneur du royaume de France, pource qu'on ne trouvoit pas qu'elle eust esté confirmée par aucun, parquoy on publioit communement à Constance, « que l'heresie de » France estoit condamnée. » Parquoy ledit aumosnier requeroit, « que ledit Jarson chan- » celier fust desadvoué, et revoqué de son am- » bassade : et qu'icelle nation allast devers » monseigneur de Guyenne, pour luy remons- » trer l'injure faite au royaume de France par » ladite publication, et de plus le requerir, » qu'il voulust pourvoir et rescrire audit concile, » à ce que le royaume de France ne fust aucu- » nement en ce vituperé, lequel par la grace » de Dieu ne fut oncques. » Et ainsi l'octroya, et le fit monseigneur de Guyenne.

Sequens Cedula missa fuit à Constantia per magistrum Joannem de Jarsonno, Parisius, contra ducem Burgundiæ, et ejus fautores, mense Augusto, Anno M. CCCC. XV.

Præstans scienter impedimentum, com-

missivè, vel omissivè, consilio, vel auxilio, ne dux Burgundiœ recognoscat publicè, et absolutè, quod peccavit in fide, et bonis moribus, justificando, aut justificari faciendo notoriè, et scandalosè interfectionem Ludovici quondam ducis Aurelianensis, et circumstantiam necis illius, omnis talis est inimicus dicti ducis Burgundiœ, et salutis suœ, et peccat adeo taliter, quod si in hoc sit pertinax, condemnandus est ut fautor hœreticœ pravitatis. Redditurus est insuper rationem de omnibus damnis, tum spiritualibus, quàm temporalibus, inde provenientibus, vel futuris. Recogitet idcirco quilibet sive doctor, sive prœlatus, aut alius, quemadmodum dissimulavit in hac materia, vel dissimulabit, favore, vel timore, vel negligentia, prout quilibet scit, aut scire debet, qualiter obligatur ad correctionem fraternam, vel doctrinalem, aut judicialem, prœcipuè summus Pontifex cum sacro cardinalium Collegio, aut etiam generali concilio. Attento, quod evidentia patrati sceleris, clamore non indiget accusantis. Denique talis, qualis prœdictus, est censendus impeditor pacis, et boni tractatus in hac parte, quoniam circa hunc errorem versatur principalis ratio debati seu belli in Franciœ Regno.

Le roy d'Angleterre faisoit de grandes diligences à son siege d'Harfleur, et monstroit bien qu'il estoit de haut courage, et il y eut plusieurs assauts faits, lesquels ne profiterent guieres aux Anglois. Car ceux de dedans se defendoient fort, et avoient bonne volonté de tenir. Mais leurs vivres appetissoient fort, et qui pis estoit, de la peine qu'ils avoient eux, et leurs gens, la plus grande part estoient malades, et s'y mit une mortalité. De sorte qu'ils firent un traitté, que au cas que dedans le dix-huictiesme jour de septembre ils n'auroient secours, qu'ils rendroient la place, sauves leurs vies : mais ils n'eurent aucun secours. Or de la maniere de la prise de la place, et de la reddition d'icelle, et de ceux qui estoient dedans, on en disoit et parloit en diverses manieres. Car aucuns en rapporterent ce qui vient d'estre dit : c'est à sçavoir, qu'ils se rendirent sauves leurs vies ; et entendoient la plus grande partie, qu'ils s'en iroient sauves leurs vies, un baston en leur main, où ils voudroient. Ce qui ne fut pas fait, ains ils furent pris, et mis à finance, et mesmes aucuns menez en Angleterre. Et que combien qu'il fut ouvert « que s'ils n'avoient secours dedans ledit jour, qu'ils se rendroient, et s'en iroient sauves leurs vies, » qu'il n'y eut onques promesses faites ny d'un costé, ny d'autre, ni ostages baillez, et que ce n'estoient que paroles narratives, et non dispositives, ne effectuelles. Et que le Roy, et monseigneur de Guyenne, estans partis de Paris, et venus à Roüen, de ce furent advertis ceux de dedans, lesquels cuidans avoir secours firent des saillies, et y eut des armes faites de costé et d'autre. Et ainsi cette forme de traitté cessa. Les autres disent, que le roy d'Angleterre voyant la ville fort abbatuë delibera de l'assaillir : de fait il y fit livrer un gros et merveilleux assaut, du costé où estoient les seigneurs de Gaucourt, et de Touteville, qui dura plus de trois heures. Lesquels vaillamment avec leurs gens se defendirent, et y eut des Anglois plusieurs morts, et aucuns bien blessez. Et durant ledit assaut, une autre partie d'Anglois estoit devers une autre porte, laquelle par aucunes mauvaises gens fut ouverte, et entrerent dedans. Et par ainsi lesdits vaillans François qui estoient dedans, furent pris par leurs ennemis. Il y en avoit plusieurs des François bien malades, lesquels le roy d'Angleterre voulut et ordonna qu'on les laissast aller sur leur foy, et les aucuns simplement, mais ils moururent la plus grande partie, quand ils furent dehors. Aucuns qui sçavoient la façon de la reddition de la ville, et de ce qui fut fait, disent qu'environ le quinziesme jour dudit mois de septembre, le seigneur de Bacqueville, et autres en sa compagnée furent envoyez par ceux de Harfleur, qui encores estoient assiegez, par devers le Roy à Mante, afin d'avoir secours, et par devers monseigneur de Guyenne, qui estoit à Vernon, mais ils ne firent et gagnerent rien : car les gens d'armes de France n'estoient pas assez forts pour lever le siege. Et pource convint à ceux de Harfleur faire traitté avec les Anglois, que s'ils n'avoient secours dedans le dimanche vingt-deuxiesme jour de septembre dessusdit, heure de midy, ils rendroient la ville, et leurs corps, à la volonté du roy d'Angleterre. Et pource qu'ils ne pouvoient avoir aucun secours, ils rendirent la ville iceluy dimanche. Mais vray fut, que la semaine de devant un chevalier, nommé Gaucourt, et aucuns autres avec luy furent deux ou trois fois parlementer avec les Anglois. Et tant ils parlementerent, que la derniere fois, à leur retour, ils dirent au seigneur de Touteville, et autres qui estoient dedans, qu'ils avoient accordé de bailler ostages de rendre la ville à certain jour, s'ils n'avoient secours dedans ce jour. Disant ledit Gaucourt, que luy, ne les siens jamais ne s'armeroient pour tenir la ville. Pourquoy ledit seigneur de Touteville, et les autres, voyans qu'ils ne pouvoient pas resister, souffrirent ce qu'ils voulurent faire. Toutesfois combien qu'on eust assez publié en France, que la ville estoit toute froissée, et cassée d'engins, et que les murs de la ville estoient rasez, et pareillement les maisons, et qu'ils avoient faute de vivres, et que tous ceux qui estoient dedans estoient si fort travaillez, battus et blessez de canons, et de traits, que plus n'en pouvoient, tellement qu'ils ne se pouvoient plus tenir : de tout ce n'estoit rien. Car il y avoit aussi bon marché de tous biens, comme devant le siege, et se fussent longuement tenus, qui eust bien voulu. Mais ainsi fut faite la besongne, que à certain jour l'evesque de Norwic entra dedans la ville de Harfleur, vestu en pontificat : en sa compagnée il avoit trente-deux chapelains vestus de surplis, d'aumuces, et de chappes, et estoient lesdites chappes toutes de soye, et d'une mesme couleur ; et y avoit trente-deux escuyers, tous vestus d'une livrée : devant chacun chappelain y avoit un d'iceux escuyers, portant une torche allumée. Or prit iceluy evesque le serment des ostages, que ceux de la ville devoient bailler, pour rendre la ville audit jour : et disoient les Anglois aux bonnes gens de Harfleur : « N'ayez peur, ne vous doutez, on ne » vous fera mal, nostre seigneur le roy d'An- » gleterre ne veut pas gaster son pays : on ne » vous fera pas comme on fit à Soissons, nous » sommes bons chrestiens. » Lesdits sermens pris, ils s'en partirent. Et pource qu'ils n'eurent point de secours, le dimanche dessus dit, à l'heure prise, ceux qui devoient livrer la ville ne voulurent pas ouvrir aucunes portes de la ville, pour y mettre les ennemis : mais les firent monter par dessus les murs avec eschelles, afin que le commun qui en rien ne sçavoit qu'elle deust estre livrée à celle heure, ne s'esmeust. Quand ils en eurent mis dedans environ cinq cens, ils ouvrirent une porte, et y entrerent aucuns capitaines avec ledit evesque, qui se logerent là, et ordonnerent l'estat et les logis de tous les seigneurs, et disoient aux bonnes gens de la ville, « qu'ils ne s'effrayas- » sent de rien, » comme dessus est dit, « et » qu'ils estoient bons chrestiens. »

Le lundy l'un des freres du Roy y entra en grande pompe, et fit mener tous les hommes, qui ne luy voulurent faire serment de feauté, en Angleterre. Il alla de hostel en hostel, monté sur un petit cheval, commandant que tout luy fust revelé et baillé par declaration ce qu'on trouveroit, sur peine de la hart. Aussi il ne demanda rien à tout homme qui ne fut point trouvé armé : et donna congé à tous les hommes d'eglise, et à toutes les femmes, de eux en aller vestus de leurs meilleures robes, et ce qu'ils pourroient emporter, sans fardeler (1). Et fut defendu que les gens d'eglise ne fussent point recherchez, ny les femmes au sein et en la teste. Il en partit plus de mille et cinq cens femmes. Quand ils furent hors de la ville vers Sainct Aubin, ou prés de là, on leur porta du pain, du vin, et des fourmages, et beut qui voulut boire. Et les convoyerent les Anglois jusques à Lislebonne. A Lislebonne estoit le mareschal Boucicaut, qui les fit loger, et leur donner à boire et à manger, et le lendemain il les fit mener à Roüen par eau. On disoit lors que la ville avoit esté venduë et trahie, et aussi tout le pays. Et disoit-on que la semaine de devant l'accord fut le connestable de France avec plusieurs autres, entre lesquels estoit le bastard de Bourbon, qui s'estoit mis sur les champs à grand compagnée, pour aller sur les Anglois. Et quand ils furent prés de Harfleur, ils rencontrerent grande compagnée d'Anglois, entre lesquels estoit le connestable d'Angleterre : et eurent les François grande joye de celle rencontre, et leur voulurent courir sus : mais le connestable de France fit sonner la retraite, et s'en retourna honteusement, dont plusieurs furent mal contens. La semaine et dés le mardy de devant qu'elle fut renduë, il fut ordonné que le jeudy d'icelle semaine on feroit par toutes les eglises de la ville de Paris chanter messes du Sainct Esprit, et de Nostre-Dame, à ce que Dieu voulust aider à nos gens, et sauver icelle ville ; et se disoit que nos gens à l'aide de ceux de Roüen devoient aucun de ces trois jours, ou le jeudy, ou le vendredy, ou le samedy, faire aucune bonne besongne pour secourir Harfleur. Et pource fut ordonné que iceluy vendredy et samedy, voire le dimanche ensuivant, on feroit processions. Ce qui fut fait bien solennellement à chapes et reliques, le plus honorablement qu'on peut. Or iceluy dimanche elle fut reduite en la maniere que dit est. Quand le Roy, qui estoit à Mante, en oüit la nouvelle, laquelle il sceut le plus tard qu'on peut (car à Paris l'un disoit : Il est rendu, et l'autre disoit non, par plus de huict jours entiers), il en fut moult dolent. Et descendit à Vernon, le lundy septiesme jour d'octobre, et le samedy ensuivant il fut à Roüen avec monseigneur de Guyenne.

Cette semaine il advint, qu'un nommé Colin, seigneur (2) du Boisseau, à la porte du temple, lequel estoit dehors, pource qu'il estoit des ban-

---

(1) C'est-à-dire *sans en faire des paquets*. (Godefroy.)

(2) C'est-à-dire *maistre de l'enseigne du Boisseau*. Note de Godefroy.)

nis, escrivit à sa femme à Paris, qu'elle vint à luy, le vingtiesme jour d'octobre, en certaine ville nommée és lettres, et qu'elle luy fit finance de vingt escus, et que en ce jour le duc de Bourgongne seroit en ces parties là, pour venir devers le Roy en tres-grande compagnée. La femme qui estoit parente d'Alexandre le Boursier bourgeois de Paris, luy porta icelles lettres, en luy priant qu'il luy voulut prester ladite somme, et retenir les lettres, lesquelles il monstra, comme on dit, à plusieurs personnes. Et pour cette cause, comme on disoit, furent changez en icelle semaine les prevost des marchands, et eschevins, et faits nouveaux prevost des marchands et eschevins, et les portes de Paris murées, qui moult de fois l'avoient esté. Et disoit-on communement, que c'estoit contre le duc de Bourgongne, afin qu'il n'entrast à Paris.

En icelle semaine, le roy d'Angleterre laissa grosse garnison à Harfleur, et s'en alla en l'abbaye de Fescamp, en laquelle y avoit gens d'armes en garnison, qui avoient bruslé la ville : les habitans s'en estoient allez pour la plus grande partie, le reste s'estoit retiré en l'abbaye, pour sauver leurs biens qu'ils y avoient refugiez. Et estoient logez leurs chevaux jusques sur le grand autel de l'église, et par toutes les chappelles, sans estre porté honneur ny reverence à ladite eglise par iceux gens d'armes : lesquels, comme on disoit, avoient rompu les coffres des bonnes gens, et emporté les biens reserrez dedans, et tiré les femmes hors de l'eglise, et là les avoient violé, et pris à force. Ledit Roy passa outre, et s'en vint à Dieppe.

En icelle semaine, le duc de Bourgongne envoya lettres au Roy, dont la teneur s'ensuit :

« Mon tres-redouté seigneur, pour la conser-
» vation de vostre seigneurie, et couronne de
» France, dont vous estes seigneur souverain
» (que Dieu par sa saincte pitié veüille mettre et
» maintenir en si vertueuse prosperité, comme
» elle fut oncques), entre les austres estats et
» biens qui y sont, l'estat des nobles y est, qui
» tous sont tenus et obligez tant par serment,
» que autrement, de vous loyaument servir, sans
» espargner leurs corps, ne chevances. Auquel
» estat sont Ducs, Comtes, Barons, et autres de
» grande vertu, qui tous chacun endroit soy,
» sont tenus de garder leur fidelité envers vous,
» et vostredite seigneurie, comme à leur souve-
» rain seigneur. Et de tant plus que l'un dudit
» estat est plus prochain de lignage, et tenant de
» vous plusieurs notables seigneuries, de tant est
» il plus astraint et tenu de plus loyaument
» servir, et avoir l'œil à la conservation et aug-
» mentation de vostre estat. Et croy que bon

» jugement dicteroit, que à vous faire ledit ser-
» vice, nul ne devroit en cas de necessité et de
» eminent peril attendre d'estre mandé. Mais
» devroit chacun des dessusdits s'en advancer
» le plus diligemment qu'il pourroit, pour obvier
» aux perils qui y peuvent advenir par longue
» demeure en temps de guerre, posé ores, qu'il
» y eust defenses au contraire. Ainsi le firent
» certains estrangers d'une cité, comme il est
» trouvé és histoires antiques. Car jaçoit qu'on
» leur eust defendu sur peine de la mort, qu'ils ne
» montassent sur les murs de la cité, neantmoins
» quand ils virent que la cité se perdoit, s'ils ne
» mettoient la main à la besongne, ils monterent
» sur les murs, en venant contre la defense à
» eux faite, et sauverent la cité, dont ils furent
» moult grandement loüez. Et en la saincte Escri-
» ture aussi, au livre second des Roys, chap. 15,
» il est recité en la loüange d'un, qui s'appelloit
» Ethaï, que le roy David, quand Absalon son
» fils s'esleva contre luy, commanda audit Ethaï,
» qu'il s'en allast de sa compagnée, et remenast
» avec luy ses freres, pource qu'il estoit estran-
» ger, et luy dit : « Aujourd'hui tu es venu, et
» demain tu seras contraint de te departir de
» nous. » Et lors ledit Ethaï jura à Dieu, « que
» en quelque lieu que seroit le roy David, il se-
» roit son serviteur. » Dont ledit Ethai, en ve-
» nant contre la defense dudit roy David, n'est
» aucunement blasmé en ladite saincte Escri-
» ture, mais prisé et honnoré, et reputé homme
» de bonne foy. Puis que ledit Ethaï, qui estoit
» estranger, est prisé et loüé d'estre venu con-
» tre la defense dudit Roy : par plus forte raison
» celuy qui est parent et sujet du Roy, en allant
» en vostre service, contre vostre defense, ne
» devroit estre repris ny blasmé, mais prisé et
» honnoré. Et quiconque en tel cas veut passer
» le temps par dissimulation, et sans rendre ser-
» vice, je ne fais point de doute qu'il n'en ac-
» quiere blasme, et deshonneur, et qu'il ne fasse
» contre bonne loy. Chacun voit bien, que selon
» l'enseignement de nature, qui procede suivant
» l'ordonnance divine, si le chef d'aucun corps
» humain est assailly, pour estre blessé et grevé
» de son adversaire, aussi tost les membres du-
» dit corps se dressent et mettent au devant,
» pour la defense et garde de leur chef : et tant
» plus sont ils prochains de leur chef, plus s'ex-
» posent ils prestement. Aussi ne fais-je point de
» doute que si vous laissez d'appeler lesdits
» ducs et comtes, ou autres vos prochains, que
» ce ne redonde à leur charge, telle qu'il semble
» qu'il ne se doit fier en eux.

» Or est-il ainsi (mon tres-redouté seigneur)
» qu'il est venu à ma connoissance, que par vos

» lettres patentes données le vingt-troisiesme jour d'aoust dernierement, vous avez signifié à vos baillifs, et seneschaux, que votre adversaire d'Angleterre est descendu en vostre royaume, à toute puissance de gens d'armes, et de traict, et de tous autres habillemens de guerre, et a mis le siege de toutes parts devant et alencontre de vostre ville de Harfleur, qui est chef du pays de Normandie, et en laquelle y a port de mer. Et que pour resister à l'entreprise de vostredit adversaire, preserver, garder, et defendre vostredit royaume, et sujets, vous avez envoyé à vostredit pays de Normaudie, ou ailleurs, quelque part que sera vostredit adversaire, mon tres-redouté seigneur et fils, monseigneur de Guyenne vostre aisné fils, dauphin de Vienne, comme vostre lieutenant et capitaine general, à toute sa puissance. En mandant à vosdits baillifs, et seneschaux, ou à leurs lieutenans, qu'ils fissent de par vous commandement, tant par cris et publications en tous les lieux accoustumez à faire cris, en leurs baillages, seneschaussées, et ressort d'iceux, comme autrement, à tous les nobles, et gens qui ont puissance de eux armer, demeurans és metes et bornes de leurs jurisdictions, et ressorts, qu'ils aillent, toutes excuses cessans, en leurs personnes, le mieux accompagnez de gens d'armes tant qu'ils pourront, montez et armez suffisamment, par devers mon tres-redouté seigneur et fils, vostre aisné fils monseigneur de Guyenne, à Roüen, ou ailleurs, quelque part qu'il sera, le plus hastivement qu'ils pourront.

» Et toutefois (mon tres-cher Seigneur) combien que je sois vostre tres-humble et tres-prochain parent, vassal, subjet, chevalier, baron, comte, duc, et deux fois pair de France, et non pas seulement pair de France, mais doyen des pairs, qui est la premiere prerogative, noblesse et dignité, qui à cause de seigneurie soit en ce royaume après la couronne. Et en outre, m'ayez tant fait d'honneur, que je suis pere en loy de mariage de mondit tres-redouté Seigneur et fils mondit seigneur le duc de Guyenne, vostre aisné fils, et heritier universel, à cause qu'il a espousé mon aisnée fille ; et aussi de madame Michelle vostre fille, à cause du mariage celebré entre elle, et mon fils unique et heritier universel, lesquelles choses me rendent autant et plus obligé à vous, et à vostre royaume, que subjet que vous ayez. Neantmoins vous ne m'avez rien mandé en cette partie : excepté depuis un peu, que m'avez mandé par messire Jean Pioche, chevalier, et maistre d'hostel de mondit Seigneur et fils,

» que je vous envoye cinq cens hommes d'armes, et trois cens de traict : et que vous ne voulez pas que j'y aille en personne, et aussi beau cousin d'Orleans : pource que la paix par vous faite entre nous est encore bien nouvelle : et par ainsi on me tresmuë mon premier estat en pairie, dont s'ensuit diminution de mon auctorité : et me veut-on sous couleur bien legere priver du service que je dois, et suis obligé de faire, sur peine de mon honneur, qui me lie, et que je veux garder plus que chose terrienne : et en outre il semble que l'on ne doit avoir fiance en moy. Laquelle chose m'est, et doit estre griefve et desplaisante, tant pour les obligations dessusdites, que aussi par le temps passé je me suis employé le plus loyaument que j'ay peu, en vostre service, accompagné de nobles, chevaliers, et escuyers, qui ont connu et connoissent ma bonne intention, et ne vous voudrois faire aucune faute : aussi, graces à Dieu, vous pouvez estre bien et loyaument servy sous ma compagnée. Ce nonobstant (mon tres-redouté Seigneur) je plains les dommages que l'on vous porte, et à vostre royaume : je plains la petite resistance qui y est mise : je plains le grand inconvenient qui est taillé de s'en ensuivre, si bon remede n'y est mis. Et aussi je considere l'estat en quoy je suis sous vostre souveraineté, qui est moult grand et honorable, comme dit est. Je considere en outre, que je veux et dois aussi bien garder paix nouvelle, comme si elle estoit ancienne de cent ans et plus ; et que de tant plus qu'elle est fraische et nouvelle, de tant plus doit avoir chacun bonne memoire de la bien garder, et seroit plus grande faute de l'enfraindre. Et ne doit-on point s'imaginer que mondit beau cousin d'Orleans, ny moy, ny autre quelconque, voulussions faire si grande faute envers Dieu, envers Vostre Majesté, et envers vostre royaume, à la confusion et desolation de nous mesmes, qui par vostre felicité sommes en voye de toute prosperité, et par vostre adversité sommes du tout abbaissez et descheus. Et doit avoir ce regard toute bonne imagination, que en tel temps qui est si perilleux, envers vous, et envers vostre royaume, supposé que aucune paix ne fut entre vos subjets, on devroit pour loyaument faire son devoir envers vous, et eviter le peché de felonnie, faire abstinence de guerre, et venir d'un commun accord à la soustenance et defense de vous, et de vostredit royaume. Quant est de moy, je tiens que ainsi le ferions nous, si nous estions en tels termes, ce que nous sommes, Dieu mercy et vostre bonne ordonnance. Et en outre ne faut

» point douter, veu la grande entreprise faite
» contre vous, que ladite provision ne soit trop
» petite que vous me demandez. Et tout ce con-
» sideré, chacun peut assez sçavoir que je ne
» dois pas laisser perdre ce royaume ; mais dois
» employer ma loyauté, sans avoir regard à ce
» qu'aucuns vous pourroient dire au contraire.
« Et pource (mon tres-redouté Seigneur) je vous
» escris presentement, vous suppliant tres-hum-
» blement que à ce que dit est vous plaise advi-
» ser, et considerer au bien et honneur de vous
» et de vostre royaume, et aussi de moy, qui
» n'ay pas intention de laisser perdre vostre sei-
» gneurie, là où je pourray loyaument employer
» mon service. Et sur ce (mon tres-redouté Sei-
» gneur) vous plaise à moy envoyer response
» par le porteur de cestes, et par vos bonnes et
» gratieuses lettres. Car par vertu des obliga-
» tions dessusdites, je suis contraint et obligé au
» salut de vous, et de vostre royaume, dont le
» mien estat depend. Et je tiens que les autres
» nobles de vostre royaume feront ce qui leur
» appartient. Quant est de moy, au plaisir de
» Dieu, je ne laisseray point tousjours à faire
» mon devoir, en gardant la profession, et pos-
» session de mon doyenné des pairs, à la fin de-
» sirée et glorieuse que vous demandez à l'en-
» contre de vostre adversaire : tesmoin le Tout-
» Puissant, lequel (mon tres-redouté Seigneur)
» je prie que il vous ait en sa saincte garde, et
» vous doint bonne vie et longue, en toute unité
» et bonne paix. Escrit à Argilly, le vingt-qua-
» triesme jour de septembre, mille quatre cens
» et quinze. »

Ensuit la copie des lettres royaux en double queüe, que le sire de Morcüil, chevalier et maistre Jean de Vailly, president en parlement, ambassadeurs du Roy, et de monseigneur de Guyenne, ont apporté à monseigneur le duc de Bourgongne, pour la reparation de son honneur.

Charles par la grace de Dieu roy de France, à tous ceux qui ces presentes lettres verront, salut.
« Comme pour plusieurs considerations, nous
» nous fussions traicts et advancez à grande as-
» semblée de gens d'armes devant la ville d'Ar-
» ras, et illec par devant nous fussent venus de
» par nostre tres-cher et tres-amé cousin, le duc
» de Bourgongne, en grande reverence et hu-
» milité, nos tres-chers et tres-amez cousin et
» cousine, le duc de Brabant, la comtesse de
» Hainaut, et nos bien-aimez les deputez de par
» les trois estats du pays de Flandres, ayans
» procuration et puissance de nostre-dit cousin
» de Bourgongne, lesquels nous exposerent les
» excuses, et aussi les grande et entiere affec-
» tion et volonté qu'il avoit envers nous, et nous
» firent telle obeyssance, que en fusmes contens :
» et dés lors eussions nostre-dit cousin receu en
» nostre bonne amour et bonne grace. Et avec
» ce, ayons ordonné estre paix entre tous nos
» subjets. Laquelle paix iceluy nostre cousin de
» Bourgongne a solemnellement sur la vraye
» croix, et saincts Evangiles de Dieu, juré, et
» de ce baillé ses lettres patentes seellées de son
» grand seel. Sçavoir faisons, que iceluy nostre-
» dit cousin de Bourgongne, nous voulons et
» reputons, et voulons estre tenu, et reputé par-
» tout pour nostre bon et loyal parent, vassal,
« subjet, et bien-vueillant. Nonobstant quel-
» conques nos lettres, que ayons fait publier
» au contraire, lesquelles nous ne voulons estre
» d'aucun effect contre la teneur de ces presen-
« tes, ny prejudicier à icelles. Et defendons à
» tous nos subjets quelconques par ces presen-
» tes, sur peine d'encourir nostre indignation,
» que pour occasion de nosdites lettres, par pa-
» roles, predications, sermons, ne autrement,
» ils ne disent, ny ne fassent aucune chose à la
» charge ou deshonneur de nostre-dit cousin de
» Bourgongne, en quelque maniere que ce soit.
» Si donnons en mandement à nos amez et feaux
» conseillers, les gens tenans et qui tiendront
» nostre parlement à Paris, au prevost de Paris,
» et à tous nos seneschaux, baillifs, prevosts, et
» autres nos justiciers, et officiers quelconques,
» et leurs lieutenans, et à chacun d'eux, si comme
» à luy appartiendra, que contre ce que dit est,
» ils ne fassent ou souffrent aucune chose estre
» faite : en punissant chacun endroit soy les
» transgresseurs, de telle punition selon le me-
» fait, que ce soit exemple à tous autres de eux
» en garder. Et en outre fassent publier ces pre-
» sentes partout où il appartiendra. Au *vidi-
» mus* desquelles, fait sous seel royal et au-
» tentique, nous voulons foy estre adjoustée
» comme à ce present original. En tesmoin de
» ce, nous avons fait mettre nostre seel à ces
» presentes. Donné à Paris le dernier jour
» d'aoust, l'an de grace mille quatre cens et
» quinze, et de nostre regne le trente-cinquies-
» me. » Ainsi signé par le Roy, à la relation du grand conseil, tenu par monseigneur de Guyenne. Mauregard.

Lettres sur l'abolition, apportées à monseigneur de Bourgongne par lesdits ambassadeurs.

Charles, etc. A tous ceux, etc., salut. « Comme
» nous ayons pitié et compassion des grandes
» oppressions, pertes, et dommages, que nostre

» peuple a eu et soustenu au temps passé, à
» l'occasion des guerres et armées faites en nos-
» tre royaume, voulans nos subjets garder, re-
» lever, et preserver d'icelles oppressions. Et
» pour autres causes et considerations à ce nous
» mouvans, ayons fait, voulu, ordonné et com-
» mandé paix ferme et stable en nostre royau-
» me, et entre nos subjets. Et avec ce, ayons fait
» et ordonné certaine abolition de ce qui a esté
» fait depuis la paix de Pontoise, de laquelle
» furent exceptées cinq cens personnes, lesquel-
» les devoient estre nommées dedans la feste
» de Sainct Jean Baptiste, dernierement passée.
» Exceptez aussi ceux qui par nostre justice
» avoient esté bannis depuis le temps dessusdit.
» Eussions en outre voulu, que ceux qui avoient
» esté esloignez de nostre ville de Paris, et des
» autres villes de nostre royaume, ou qui de
» leurs volontez s'estoient absentez de leurs de-
» meurances par suspection, demeurassent esloi-
» guez et absentez hors de nostre ville de Paris,
» et des autres villes et lieux, dont ils avoient
» esté esloignez, jusques à deux ans. Sçavoir
» faisons que pour consideration de ce que dit
» est, et autres causes et considerations à ce
» nous mouvans, voulans estendre nostre libe-
» ralité, au fait de ladite abolition, avons voulu,
» ordonné, et octroyé, voulons, ordonnons, et
» octroyons de nostre pleine auctorité et puis-
» sance royale par ces presentes, que les cinq
» cens personnes esloignées et bannies, soyent
» compris en ladite abolition, et que d'icelle ils
» jouyssent et usent, comme s'ils n'eussent au-
» cunement esté exceptez de ladite abolition.
» Exceptez toutefois Helyon de Jacqueville, et
» Robinet de Mailly, chevaliers, maistre Jean
» de Troyes, maistre Henry de Troyes, Jean
» Parent, Simon Caboche, Denisot de Chau-
» mont, maistre Laurens Calot, Thomas le Goix,
» Jean le Goix, Guillaume le Goix, Colin de la
» Vallée, Jean Bouyn, maistre Guillaume Ba-
» rault, et sa femme, Jean Paumier, maistre
» Felix du Bois, maistre Jean Rapiout, maistre
» Toussaint Barat, Guillaume Goute, Jean du
» Boisauron, Jean Errault, Jean Bourdon, dit
» Rousselet, battelier, Guillaume Baillet, David
» du Conseil, Antoine de Forest, maistre Ni-
» cole du Quesnoy, Jacques de Sarcy, Jean
» Maille, orfevre, Jean de Roüen, fils de la trip-
» piere du puis Nostre-Dame de Paris, Jean
» Maillart, Jean Tillart, procureur en Chastelet,
» Jean de Saintyon, boucher, Jean le Fort, Tho-
» mas le Sueur, prevost de Sainct Denys, Jac-
» ques le Sueur, François Lorfevre, chaussetier,
» Mahiet Boileaüe, poissonnier, Jean de Poli-
» gny, dit Chastelain, Colin le Mauvais, Jean

» Paste, Jean le Coq, Jean le Clerc, dit petit
» Prevost, Thomas Quillet, et maistre Jacques
» Cadot, lesquels pour consideration de plu-
» sieurs excés, par eux commis, et perpetrez, au
» desplaisir de nous, de nostre tres-chere et tres-
» amée compagne la Reyne, et de nostre tres-
» cher et tres-amé fils le duc de Guyenne,
» dauphin de Viennois, nous ne voulons estre
» compris en icelle abolition. En tesmoin de
» ce, nous avons fait mettre nostre seel à ces
» presentes. Donné à Paris, le dernier jour
» d'aoust, l'an de grace mille quatre cens et
» quinze. Mauregart. »

Responses faites par le duc de Bourgongne, aux requestes des dessusdits ambassadeurs, au mois de septembre, l'an mille quatre cens et quinze.

Premier article d'icelles requestes contenant au premier poinct, que monseigneur de Bourgongne se deporte des protestations qu'il fit, en faisant le serment de la paix, le penultiesme jour de juillet dernier passé. Respond mondit seigneur de Bourgongne : « Que pour complaire
» et obeyr au Roy, et à monseigneur de Guyen-
» ne, et pour la grande affection qu'il a d'entre-
» tenir la paix, pour le bien du Roy et du
» royaume, il se deporte desdites protestations.
» Combien que son intention est de requerir et
» de supplier au Roy, et à mondit seigneur de
» Guyenne, que les reservez et exceptez en l'a-
» bolition dernierement faite par le Roy (de la-
» quelle il luy a envoyé ses lettres patentes par
» ses ambassadeurs dessusdits) soyent compris
» en icelle, ou au moins jouyssent d'icelle. »

Item. Au second poinct contenu audit article desdites requestes, contenant que des lettres dudit serment fait par mondit seigneur de Bourgongne, soit ostée la modification contenuë en la fin d'icelles lettres, qui se commence, « pourveu que semblable serment fassent, etc., » et que lesdites lettres soyent pures et absoluës. Respond mondit seigneur de Bourgongne : « Qu'il veut,
» et consent lesdites lettres estre pures et ab-
» soluës, au regard de ceux qui tiendront la
» paix. Et quant aux autres, si aucuns en y
» avoit, qui ne tinssent ladite paix, mondit sei-
» gneur de Bourgongne, ne veut ne entend point,
» que sondit serment le lie, au regard d'iceux. »

Item. Au tiers point contenu audit article, contenant que semblable serment fassent les officiers et principaux conseillers de mondit seigneur de Bourgongne, estans devers luy. Respond mondit seigneur de Bourgongne, qu'il luy plaist bien.

Item. A l'article desdites lettres contenant,

que c'est l'intention du Roy, et de mondit seigneur de Guyenne, que le roy de Sicile soit compris en ladite paix, etc. Et que pour quelque chose faite au temps passé, mondit seigneur de Bourgongne, ne luy fasse aucun destourbier ou empeschement, etc. En luy offrant par le Roy, que s'il deult aucune chose dudit roy de Sicile, que le Roy, et monseigneur de Guyenne luy en feront faire raison. Respond mondit seigneur de Bourgongne, « qu'il a bien
» cause de soy douloir dudit roy de Sicile,
» pource que sans cause raisonnable il luy renvoya sa fille, etc. Et à la grande charge de
» l'honneur de mondit seigneur de Bourgongne,
» et de tout son lignage. Et que aussi le roy
» de Sicile retient grande somme de deniers,
» que mondit seigneur de Bourgongne luy avoit
» payé pour sadite fille, avec joyaux, vaisselle,
» et autres choses. Et aussi se deult pour deux
» autres causes à declarer quand temps sera.
» Neantmoins mondit seigneur de Bourgongne
» se deporte de faire aucune poursuite par voye
» de fait contre ledit roy de Sicile, pourveu
» que le Roy, et monseigneur de Guyenne luy
» feront raison des choses dessusdites sommairement, et de plein, sans figure de jugement, dedans six mois, aprés qu'ils en seront requis par mondit seigneur de Bourgongne. Autrement que mondit seigneur dés lors
» en avant se puisse pourvoir de remede, selon
» ce que bon luy semblera. »

Item. A l'autre article desdites requestes, contenant que le Roy et mondit seigneur de Guyenne defendent à mondit seigneur de Bourgongne, qu'il ne fasse aucun grief ou dommage au duc de Bar pour cause de la delivrance des ambassadeurs du Roy venans du sainct concile, et pour la demolition du chastel de Saucy. Respond mondit seigneur de Bourgongne, « que son
» intention n'est, et ne fut oncques, d'endommager le duc de Bar, ny ne sera au temps à venir, pour occasion des choses dessusdites. »

Item. A l'autre article desdites requestes, contenant que mondit seigneur de Bourgongne fasse mettre au delivre et hors de ses mains toutes les terres, rentes et revenus du comte de Marle, du comte de Tonerre et de ses freres, du seigneur de Roussay, du seigneur de Gaucourt, et autres, etc. Respond mondit seigneur de Bourgongne, « qu'il le fera volontiers, c'est
» à sçavoir les rentes, terres et revenus qui ont
» esté par luy empeschez, pour cause des divisions et discords advenus en ce royaume,
» depuis la paix de Pontoise. Et de ce baillera
» ses lettres patentes à ceux à qui il appartiendra. Toutefois l'intention de mondit seigneur
» de Bourgongne est, que le Roy et les autres
» seigneurs le fassent pareillement à ceux qui
» ont sous eux leurs terres empeschées, selon
» la forme et teneur de l'ordonnance du Roy sur
» ce faite. »

Item. A l'article d'icelles requestes, contenant que mondit seigneur de Bourgongne esloigne et mette hors de sa compagnée, et de ses terres et pays ceux qui par la reservation derniere sont deuëment bannis. Respond mondit seigneur de Bourgongne, « qu'il les esloignera
» de luy et de ses pays, estans en ce royaume. »

Item. A l'autre article desdites requestes, faisant mention des canons, etc. Respond mondit seigneur de Bourgongne, « qu'il escrira volontiers par ses lettres au gouverneur d'Arras, qu'il baille et delivre aux gens du Roy
» tout ce qu'il trouvera desdits canons, et autres habillemens de guerre, estans en ladite
» ville d'Arras, et ailleurs, à son pouvoir. »

Item. A l'article contenant que monseigneur de Bourgongne fasse delivrer les prisonniers. Respond mondit seigneur de Bourgongne, « qu'il le fera, pour obeyr au Roy, et à monseigneur de Guyenne : jaçoit qu'il luy soit bien
» grief de delivrer maistre Henry de Betisy,
» pour les causes qui ont esté dites et proposées
» à mondit seigneur de Guyenne, et aussi est
» l'intention de monseigneur de Bourgongne
» que le vicomte de Murat, et autres, qui ont
» esté pris, soyent mis à pleine delivrance. »

Item. A la premiere partie de l'article contenant que monseigneur de Bourgongne envoye cinq cens hommes d'armes, et trois cens hommes de traict. Respond mondit seigneur de Bourgongne, « qu'il en fera bonne et briefve diligence, et non pas seulement dudit nombre,
» mais de plus grand, attendu la necessité qui est. »

Item. A la seconde partie dudit article, contenant que par le plaisir et licence dudit monseigneur de Bourgongne, monseigneur le comte de Charolois son fils voise en l'armée que le Roy fait maintenant. Respond ledit duc de Bourgongne, « qu'il mandera audit monseigneur de Charolois, qu'il se mette sus à puissance, pour y aller le plus grandement accompagné qu'il pourra. »

Item. A la tierce partie dudit article, contenant que pour avoir du navire à l'Escluse, mondit seigneur de Bourgongne vueille donner aide et confort. Respond mondit seigneur de Bourgongne, « qu'il fera assembler le plus grandement qu'il pourra de navire, pour estre
» prest au service du Roy, et de ce escrira à
» sondit fils monseigneur de Charolois. »

Item. A l'article desdites requestes, contenant

que mondit seigneur de Bourgongne fasse vuider les gens d'armes estrangers, qui sont sur le pays. Respond mondit seigneur de Bourgongne, « qu'il le fera. »

Item. A l'article contenant que monseigneur de Bourgongne consente que les aides dernierement mises sur ce royaume, pour resister à l'encontre des Anglois, ayent cours, et soyent levez en ses terres et pays, és lieux et terres où on les a accoustumé lever. Respond mondit seigneur de Bourgongne, « que son pays d'Artois,
» est pays de frontiere : et comme il a entendu,
» desja les Anglois sont descendus à Calais pour
» dommager ses pays de par delà. Parquoy
» consideré que mondit seigneur de Bourgongne
» a intention d'avoir gens d'armes par delà en
» grand nombre, pour defendre ses pays, et
» defendre l'entrée ausdits Anglois : et pource
» aussi que sondit pays est moult foulé, tant
» pour les gens d'armes qui y furent l'année
» passée, comme pour reparations et gardes
» qu'il convient faire és bonnes villes dudit pays.
» Supplie mondit seigneur de Bourgongne au
» Roy, et à monseigneur de Guyenne, qu'ils
» s'en veüillent deporter, et les laisser à mon-
» dit seigneur de Bourgongne. »

Item. A l'article contenant que mondit seigneur de Bourgongne veüille mander par ses lettres patentes en ses terres, et seigneuries de Flandres et d'Artois, qu'il laisse cueillir et lever par les commis du Roy un subside équivalent à un dixiesme, que le clergé de France, et du Dauphiné a octroyé au Roy. Respond mondit seigneur de Bourgongne, « que ce n'appar-
» tient point à luy, consideré que c'est faict
» d'Eglise. Toutesfois mondit seigneur de Bour-
» gogne n'y boutera point d'empeschement. »

Item. Au dernier article, contenant que mondit seigneur de Bourgongne remedie sur ce que Jacqueville a deffié de feu et de sang les villes de Sens, de la Neufville le Roy, de Brayne l'Archevesque, et de Sainct Julien du Sault, etc. Respond mondit monseigneur de Bourgongne, « que de ce
» que Jacqueville en a fait sans son sceu, il luy
» en a bien despleu. Parquoy il fera que ledit
» Jacqueville escrira ausdites villes lettres, par
» lesquelles il se deportera desdites deffiances. »

Ce sont les requestes et supplications, que monseigneur de Bourgongne fait humblement au Roy, et à son tres-redouté seigneur monseigneur de Guyenne, baillées par mondit seigneur de Bourgongne au seigneur de Moreüil, et à maistre Jean de Vailly, president au parlement.

Premierement. Qu'il plaise au Roy et à mondit seigneur de Guyenne, octroyer lettres à mondit seigneur de Bourgongne, par lesquelles quarante-cinq personnes, exceptées en l'abolition generale dernierement faite, et envoyée par le Roy à mondit seigneur de Bourgongne, soient compris en ladite abolition, nonobstant ladite exception. Et s'il ne plaisoit au Roy octroyer si ample abolition, qu'il luy plaise d'estre content d'en excepter jusques à sept, qui furent nommez devant Arras, lesquels luy ont esté nommez par les ambassadeurs dudit seigneur de Bourgongne, qui dernierement ont esté devers luy, et mondit seigneur de Guyenne.

Item. Que le Roy et mondit seigneur de Guyenne fassent abolir, et mettre au neant tous procés qui sont meus tant en la cour de parlement, que autres, tant d'Eglise comme seculiers, contre les traitez de la paix d'Auxerre, de Pontoise, et de ce present dernier traité, specialement du sire de Sainct Brix, de la vefve messire Guy d'Aigreville, de Robinet le Vicomte, prisonnier de l'archevesque de Sens, de messire Jean Macelier, dit Catat, chapelain de l'eglise de Laon, prisonnier és prisons de l'evesque de Paris, et d'autres. Et que de ce, le Roy baille lettres convenables.

Item. Que le Roy, et mondit seigneur de Guyenne, mettent à plaine delivrance tous prisonniers qui sont pris, ou empeschez, avec leurs biens, pour occasion des discords et debats advenus depuis lesdits traitez de paix d'Auxerre, et de Pontoise. Attendu que abolition generale a esté faite sur ce par le Roy, de laquelle ils doivent joüyr.

Copie des lettres patentes que monseigneur de Bourgogne a baillé aux ambassadeurs, du departement qu'il fait des protestations, dont dessus est faite mention.

Jean duc de Bourgongne, comte d'Artois, de Flandres, et de Bourgongne, à tous ceux qui ces presentes lettres verront, salut. « Comme en
» faisant le serment que nous fismes le premier
» jour de juillet dernier passé, sur le faict de
» la paix ordonnée par monseigneur le Roy en
» son royaume, nous eussions protesté, » que nous faisions le serment, soubs esperance et confiance, que mondit seigneur le Roy, et mon tres-redouté seigneur et fils, monseigneur le duc de Guyenne, ayant le gouvernement de ce royaume, nous passassent et accomplissent certaines requestes que paravant leur avons fait par nos ambassadeurs, à eux sur ce envoyez : tant pour avoir lettres royaux patentes sur la reparation de nostre honneur, au regard d'autres lettres royaux, qui paravant avoient esté

publiées alencontre de nous, et sur lettres d'abolition generale que demandions, comme d'autres nos requestes, et que autrement ne voulions estre liez de nostredit serment. Surquoy mondit seigneur le Roy, et aussi mondit seigneur de Guyenne, ont envoyé par devers nous messire Thibault de Soissons chevalier, seigneur de Moreüil, et maistre Jean de Vailly president en parlement, leurs ambassadeurs, qui nous ont requis que desdites protestations nous nous voulussions deporter. « Sçavoir faisons que pour
» obeyr à monseigneur le Roy, et à mondit sei-
» gneur de Guyenne. Et aussi pource que nous
» avons receu lesdites lettres royaux, sur la re-
» paration de nostre honneur, et autres lettres
» d'abolition generale, contenans aucune reser-
» vation, nous nous sommes deportez et depor-
» tons par ces presentes du tout en tout d'icelles
» protestations, et icelles mettons au neant. Et
» neantmoins est nostre intention, de poursui-
» vre par humble requeste, par devers monsei-
» gneur le Roy, et mondit seigneur de Guyenne,
» l'accomplissement de l'enterinement de nos-
» dites requestes, à eux faites de par nosdits
» ambassadeurs, en ce qui reste à enteriner et
» accomplir d'icelles requestes. En tesmoin de
» ce, nous avons fait mettre nostre seel à ces
» presentes. Donné en nostre chastel d'Argilly,
» le vingt-quatriesme jour du mois de septem-
» bre, l'an de grace mille quatre cens et quinze. »
Ainsi signé, par monseigneur le duc, en son grand conseil. Bordes.

Responses faites par le duc de Bourgongne, au mois de septembre l'an mille quatre cens et quinze, à messire Jean Pioche, à luy envoyé de par le Roy avant les ambassadeurs dessusdits.

Premierement, A ce que le Roy et monseigneur de Guyenne ont fait sçavoir par ledit Pioche audit seigneur de Bourgongne leur bon estat, la descenduë des Anglois au Royaume, envoyé les copies des lettres du roy d'Angleterre, et de la response qui luy a esté faite, et aussi des nouvelles de par delà, mondit seigneur de Bourgongne les en remercie tant humblement comme il peut.

Item. Quant à ce que ledit Pioche a dit de par le Roy, et mondit seigneur de Guyenne, qu'il se tienne en ses pays : mondit seigneur de Bourgongne en escrira bien à plain son intention au Roy, et à mondit seigneur de Guyenne.

Item. A ce que ledit Pioche a dit, que monseigneur de Bourgongne envoye par delà cinq cens hommes d'armes, et trois cens hommes de traict. Respond mondit seigneur de Bourgongne, « Qu'il en fera bonne et briefve diligence, et non
» pas seulement dudit nombre, mais de plus
» grand. »

Item. A ce que ledit Pioche a dit, que mondit seigneur de Bourgongne escrive à monseigneur de Charolois, que toutes choses necessaires au faict de la guerre du Roy, contre ses adversaires d'Angleterre, tant de navire à l'Escluse, comme ailleurs és marches de Flandres, comme en poudres, canons, artillerie, et autres habillemens de guerre, fasse delivrer. Respond mondit seigneur de Bourgongne, « Qu'il en es-
» crira audit monseigneur de Charolois son fils,
» et luy mandera que il assemble et appreste le
» plus largement de navire et artillerie qu'il
» pourra, pour estre prest au service du Roy. »

Item. A ce que ledit Pioche a dit, que la deffiance de Jacqueville contre ceux de Sens, et autres, luy desplaist. Respond mondit seigneur de Bourgongne, « Que ce que ledit Jacqueville
» en a fait, a esté fait sans son sceu, et luy en a
» despleu, quand il est venu à sa cognoissance,
» et fera que ledit Jacqueville escrira lettres aus-
» dites villes, par lesquelles il se deportera des-
» dites deffiances. »

Copie des lettres que les nobles de la duché de Bourgongne escrivirent au Roy.

Nostre tres-cher, et souverain seigneur, aprés tres-humble recommandation, plaise vous sçavoir qu'il est venu à nostre cognoissance, que par vos lettres patentes données à Paris le vingthuictiesme jour d'aoust dernier passé, vous avez signifié à vos baillifs et seneschaux, la descenduë du roy d'Angleterre en vostre royaume. En mandant à vos baillifs et seneschaux, et à leurs lieutenans, qu'ils fissent de par vous commandemens, tant par cris et publications, en tous les lieux accoustumez à faire cris en leurs baillages et seneschaussées, ressorts d'iceux, comme autrement, à tous les gens et nobles, qui ont puissance de eux armer, demeurans és metes de leurs jurisdictions et ressorts, qu'ils voisent, toutes excusations cessans, en leurs personnes, le mieux accompagnez de gens d'armes qu'ils pourront, montez et armez suffisamment, par devers nostre tres-redouté seigneur monseigneur de Guyenne, à Roüen, ou ailleurs, quelque part qu'il sera, le plustost et hastivement qu'ils pourront. « Et aussi avons entendu que de ceste ma-
» tiere qui tant touche l'estat de vous, et de
» vostre royaume, vous n'avez rien mandé à
» nostre tres-redouté et naturel seigneur, mon-
» seigneur de Bourgongne. Excepté que depuis
» un peu luy avez mandé par un chevalier, » que il vous envoye cinq cens hommes d'armes, et trois

cens hommes de traict, et luy mandez, qu'il se tienne en ses pays, pource que la paix par vous faite et ordonnée, est encores bien nouvelle. Sur quoy, nostre tres-redouté et souverain Seigneur, « plaise vous sçavoir que du grief que » vosdits adversaires vous font, et ont entrepris » de faire, il nous desplaist comme à ceux qui » sommes vos tres-humbles et loyaux, feaux, et » subjets. Mais nous nous donnons grande mer- » veille, de ce qu'on a tant delayé de le signi- » fier à nostre tres-redouté et naturel seigneur, » attendu que par plusieurs fois, et en vos » grandes affaires, il nous a tousjours mené à » vostre service, et l'avons tousjours veu autant » et plus soigneux de vos besongnes, que des » siennes propres. Et aussi l'avons sceu et co- » gneu, sçavons et cognoissons avoir esté, et » estre tres-loyal envers vous et vostre seigneu- » rie. Et d'autre part, il est assez notoire comme » il est tenu à vous par lignage, hommage, et » affinité, et comme il peut finer de tres-noble » compagnée, comme de nobles, chevaliers, et » escuyers, et d'autres gens de traict et de » guerre, tant de vostre royaume, comme d'ail- » leurs. Dont vous pouvez estre grandement et » loyaument servy, et sans lesquels vostredit » affaire pourroit tourner à grand danger, dom- » mage, et desolation, ce que Dieu ne veüille. » Et pource, nostre tres-redouté et souverain » Seigneur, que nous considerons le haut appa- » reil qui est commencé alencontre de vous, par » puissante compagnée. Et que nous avons en » memoire que pour le temps de ses prede- » cesseurs ducs, et aussi de nous, leur coustume » et la nostre a esté tousjours de vous loyau- » ment servir, soubs et en la compagnée de » nostredit seigneur de Bourgongne, et de ses » predecesseurs ducs, il nous seroit bien dur » d'autrement faire, et de changer nostredite » coustume, mesmement que nous sommes tous » asseurez de la loyauté de nostredit naturel sei- » gneur, et aussi tenons nous, que aussi estes » vous. Si vous supplions, nostre tres-redouté et » souverain Seigneur, que il vous plaise adviser » et considerer au bien et honneur de vous, et » de vostre royaume, et aussi à l'honneur de » nostredit naturel Seigneur, et de nous. Car il » nous semble, et à plusieurs autres, que à ve- » nir à fin de ceste matiere, il est bien besoin » que tous vos bons amis et subjets mettent la » main à la besongne, ainsi comme il et nous en » sa compagnée avons intention de faire. Nostre » tres-redouté et souverain Seigneur, nous » prions au benoist Sainct Esprit, qu'il vous ait » en sa saincte garde, et vous doint bonne vie » et longue. Escrit à Argilly, le vingt-quatries-

» me jour de septembre mille quatre cens et » quinze, soubs les seaux de six de nous.

» Vos tres-humbles serviteurs, et obeïssans » sujets, les nobles de la duché de Bourgon- » gne. »

Ceux aussi de la comté de Bourgongne, escrivirent sur ce pareillement au Roy, et tout en la forme et maniere, sans varier en rien du sens, ainsi qu'il s'ensuit.

Tres-haut et puissant prince, et nostre tres-redouté Seigneur, « Nous avons entendu que » vostre adversaire d'Angleterre est descendu » en vostre royaume, et que pour resister à son » entreprise, vous faites tres-grands mande- » mens de vos subjets, sans avoir signifié ladite » matiere, qui tant touche vostre honneur, à » nostre tres-redouté et souverain seigneur, le » duc et comte de Bourgongne. Excepté que » depuis un peu luy avez mandé. » Qu'il vous envoye cinq cens hommes d'armes, et trois cens hommes de traict, et lui mandez, qu'il se tienne en ses pays : pource que la paix par vous faite et ordonnée, est encores bien nouvelle. Surquoy tres-haut et tres-puissant prince, et nostre tres-redouté Seigneur, « plaise vous » sçavoir, que du grief que vosdits adversaires » vous font, et ont intention de faire, il nous » desplaist, comme à ceux qui sont vos tres- » humbles amis, et bien-veüillans. Mais nous » nous donnons grande merveille, de ce qu'on » a tant delayé de le faire savoir à nostre tres- » redouté et souverain Seigneur : attendu que » par plusieurs fois, et en vos grands affaires, il » nous a menez en vostre service, et l'avons » tousjours trouvé autant ou plus soigneux de » vos besongnes, que des siennes propres. Et » aussi l'avons sceu et cogneu, sçavons et cog- » noissons avoir esté, et estre tres-loyal envers » vous et vostre seigneurie. Et d'autre part, il » est assez notoire, comme il est tenu à vous » par lignage, hommage et affinité, et comme » il peut finer de tres-grande compagnée de no- » bles, chevaliers, et escuyers, et autres gens de » traict, et de guerre, tant de vostre royaume, » que d'ailleurs, dont vous pouvez estre tres- » grandement et loyaument servy. Et pource, » tres-haut et puissant prince, et nostre tres-re- » douté Seigneur, que nous considerons le haut » appareil, qui est commencé alencontre de » vous par puissante compagnée, et aussi la » grande loyauté de nostre souverain Seigneur, » Nous, qui par contemplation de luy, aimons » mieux vostre party, que celuy de vostre ad- » versaire d'Angleterre, vous supplions qu'il » vous plaise adviser et considerer au bien et » honneur de vous, et de vostre royaume, et

» aussi à l'honneur de nostredit souverain Sei-
» gneur. Car il nous semble, selon ce que nous
» avons oüy parler de ceste matiere, qu'il est
» bien besoin que tous vos bons amis et subjets
» mettent la main à ladite besongne. Ainsi
» comme il a intention de faire, et nous aussi
» en sa compagnée, que vous pouvez mettre et
» tenir au nombre de vos bons amis et voisins.
» Tres-haut et puissant prince, nostre tres-re-
» douté Seigneur, nous prions au benoist fils
» de Dieu, qu'il vous ait en sa saincte garde, et
» vous doint bonne vie et longue. Escrit à Ar-
» gilly, le vingt-quatriesme jour de septembre,
» l'an mille quatre cens et quinze, soubs les
» seaux de six de nous.
» Vos tres-humbles et bien-veüillans, les no-
» bles de la comté de Bourgongne. »

Durant le siege de Harfleur il y avoit à Montivillier, et en autres places près dudit lieu de Harfleur, plusieurs garnisons de François, qui porterent grand dommage aux Anglois, dont il y eut foison de morts, et de pris.

Le roy d'Angleterre, après qu'il eut pris ladite ville de Harfleur, et qu'il fut dedans, il delibera de s'en retourner en Angleterre, et prendre son chemin vers Calais. Et laissa le comte d'Orset en la place, accompagné de foison de gens de guerre, sans y laisser aucun bagage, lequel il ordonna estre mis és vaisseaux, et envoyé en Angleterre, et ainsi fut fait. Et ledit roy d'Angleterre se partit, accompagné de quelque quatre mille hommes d'armes, et bien de seize à dix-huit mille archers, à pied, et autres combatans, et prit son chemin vers Gournay, et vers Amiens, en faisant maux innumerables, de bouter feux, tuer gens, prendre enfans, et les emmener. Or quand les François sceurent leur partement, d'autre part ils assemblerent tant gens de guerre, que d'autres. Et mesmement on assembla grande quantité de communes, tant de Paris que d'ailleurs, armez et embastonnez de haches, et maillets de plomb, qui avoient grande volonté de eux employer. Mais les gens de guerre les vilipendoient et mesprisoient, comme on fit aux batailles de Courteray, de la prise du roy Jean à Poictiers, et de Turquie, esquelles par ce, comme on disoit, les François et Chrestiens furent desconfits. On ordonna le mareschal Boucicaut, messire Clignet de Brebant, et un bastard de Bourbon, pour les chevaucher. Ce qu'ils faisoient diligemment, et porterent grand dommage ausdits Anglois, et en tuerent plusieurs, et ne se ozoient eschapper. Et en passant par aucuns bois et forests, les gens de pied françois en firent mourir plusieurs, et ceux qu'on prenoit n'estoient pas mis à rançon,

ou finance. De Calais, partirent environ trois cens compagnons anglois, qui venoient au devant de leurs gens, lesquels furent rencontrez par aucuns vaillantes gens de Picardie. Et là y en eut plusieurs morts et pris, et les autres qui demeurerent furent contraints de eux retraire audit lieu de Calais.

Quand les Anglois virent qu'ils estoient si fort pressez, ils se tenoient jour et nuict serrez emmy les champs, et firent plusieurs grandes offres, à ce qu'on les laissast passer. Et mesmement offroient, comme on dit, à delaisser ladite place de Harfleur, et la mettre és mains du Roy, et rendre les prisonniers sans finance, ou à faire paix finale, et bailler ostages à tenir tout ce qu'ils promettoient. Les seigneurs et capitaines furent assemblez, pour sçavoir ce qu'on feroit. Et desja avoit-on envoyé diligemment querir le duc d'Orleans, le duc de Brabant, le comte de Nevers, et autres. Il y eut diverses opinions et imaginations : les uns disoient qu'on les laissast passer sans combatre, et que à faire bataille estoit chose bien dangereuse : car combien qu'on voulust dire que la compagnée des seigneurs fust grande et puissante, et gens bien armez et habillez, et gentils-hommes qui ne daigneroient faire faute. Et que les Anglois estoient fort foulez, leurs harnois mal à poinct, et les jaques des archers usées et deschirées. Toutesfois, veu qu'ils estoient hors de leur pays, et en danger, ils se venderoient bien avant qu'ils fussent desconfits, ou au moins qu'ils ne fissent leur devoir. Et supposé que Dieu en donnast la victoire aux François, si ne seroit-ce pas sans grand dommage. Et si estoit la chose bien douteuse, et sont souvent les evenemens des batailles en grand danger et peril. Et si une fois les archers anglois joignoient aux hommes d'armes françois, qui estoient fort pesamment armez, et que iceux hommes d'armes fussent mis hors d'haleine, la desconfiture pourroit cheoir sur eux : et qu'il ne falloit qu'aller assieger Harfleur, et que de leger on l'auroit. Et que si on deliberoit de combatre, qu'on employast les communes, et qu'on s'en aidast. Et disoit-on que le connestable d'Albret, le mareschal Boucicaut, et plusieurs autres anciens chevaliers et escuyers, qui avoient veu et frequenté les armes, estoient de ceste opinion. Les ducs de Bourbon, d'Alençon, et autres, furent de contraire opinion, disans que veu les offres que faisoient les Anglois, qu'ils estoient ja à demy desconfits, et qu'ils n'arresteroient point. Et qu'ils avoient assez de puissance sans les communes, et ne les falloit ja appeller. En disant que ceux qui estoient de contraire opinion avoient peur. A quoy fut bien respondu par les autres, lesquels monstrerent par experience qu'ils n'estoient pas peureux. Finalement fut conclud qu'on les combatroit. Et fut ordonné qu'il y auroit gens à cheval, qui frapperoient sur les archers Anglois, pour leur rompre leur traict, c'est à sçavoir messire Gaulvet, seigneur de la Ferté-Hubert en Soulongne, messire Clignet de Brebant, et messire Louys du Bois-Bourdon, tous renommez d'estre vaillans, et lesquels de tout temps avoient frequenté les armes. Nobles arrivoient de toutes parts. Or quand le roy d'Angleterre veid qu'il falloit combatre, et qu'il luy sembloit qu'il s'estoit mis en son devoir, il parla bien et grandement à ses princes, chevaliers, et escuyers, et gens de traict, et les animoit à se bien defendre, en leur donnant grand courage. Et delibera d'attendre les François, s'ils le vouloient assaillir. Il fut tant chevauché par les François, que d'un costé et d'autre ils s'entre-virent. Et vindrent en un champ bien mol, car il avoit bien longuement pleu, et mirent pied à terre. Les François estoient pesamment armez, et estoient en la terre molle jusques au gros des jambes, ce qui leur estoit moult grand travail : car à grande peine pouvoient-il ravoir leurs jambes et se tirer de la terre. Et commencerent à marcher jusques à ce que le traict cheoit bien dru d'un costé et d'autre. Et lors lesdits seigneurs de cheval bien hardiment et vaillamment voulurent venir sur les archers, lesquels commencerent à se adresser contre ceux de cheval, et leurs chevaux, bien chaudement. Quand lesdits chevaux se sentirent ferus des fleches, il ne fut oncques en la puissance des hommes d'armes de passer outre. Mais retournerent les chevaux, et sembloit que ceux qui estoient dessus s'enfuissent, et aussi fut l'opinion et imagination d'aucuns, et leur en donnoit-on grande charge. Les François n'eurent guieres de dommage du traict des Anglois, car ils estoient fort armez. Aussi les François à l'approcher, ne nuisirent comme point aux Anglois. Mais quand se vint au joindre, les François estoient comme ja hors de haleine, par le moyen dudit mauvais chemin qui y estoit. Et y eut de grandes vaillances d'armes, mesmement disoit-on que le duc d'Alençon fit merveilles de son corps. Finalement les archers d'Angleterre legerement armez frappoient et abbattoient les François à tas, et sembloit que ce fussent enclumes sur quoy ils frappassent. Il y en eut qui se retrahirent ou enfuirent. Et cheurent les nobles François les uns sur les autres, plusieurs y furent estouffez, et les autres morts, ou pris. Aprés la desconfiture, il vint un bruit, que le duc de Bretagne grandement accompagné venoit, dont les François se rallierent, qui fut un bien grand mal. Car la pluspart des Anglois tuerent leurs prisonniers. Et y furent morts les ducs d'Alençon, de Bar, et son frere, le duc de Brabant, les comtes de Nevers, et de Marle, le seigneur d'Albret connestable de France, l'archevesque de Sens, et de chevaliers et escuyers, jusques au nombre de bien quatre mille. Il y eut de prisonniers bien quatorze mille, entre lesquels estoient les ducs d'Orleans, et de Bourbon, les comtes de Vendosme, et de Richemont, et le mareschal Boucicaut. Et sur tous ceux qui se porterent bien vaillamment, et fort combatirent, et Anglois, et François, donnerent l'honneur au duc d'Alençon, et estoit fort plaint d'un costé et d'autre ; car il s'y estoit si vaillamment porté, qu'on ne pourroit guieres mieux. Des Anglois y en eut aussi de morts : mais non mie à comparer. Entre les autres, y mourut le duc d'Yorck. Plusieurs des prisonniers François s'en revindrent, les uns sur leur foy, les autres pleigez par ceux qu'on menoit en Angleterre. Et si y avoit un gentilhomme baillif de Boulongne, qui y fit grand bien. Car aucuns des Anglois le cognoissoient estre preud'homme, dont à sa caution en delivrerent grande foison. Les serviteurs des morts aprés la bataille, allerent voir les morts, pour cuider trouver leurs maistres. Aucuns furent recognus, mais bien peu. Plusieurs eglises et cimetieres y avoit à l'environ, où on enterra une partie desdits morts, et les autres és fossez parmy les champs. Et estoit grande pitié de voir les gens faisans deüil de ladite desconfiture sur les François, et monstroit-on au doigt ceux qui s'en estoient retournez et fuïs de la bataille. En plusieurs lieux de ce royaume y avoit dames et damoiselles vefves, et pauvres orphelins. Et s'esbahissoient plusieurs, que le duc de Bourgongne, qui estoit assez prés des marches où la bataille avoit esté faite, n'y avoit esté, ou envoyé. Et disoit-on communément, qu'il ne faisoit semblant d'en avoir courroux. Et se semoient plusieurs et diverses paroles, et en disoit chacun ce qu'il pensoit, sans ce que de vray on en sceust rien. A Paris mesmes y en eut, qui en parlerent à leur plaisir, en monstrant signe de joye. En disant : « Que les Armagnacs estoient desconfits, et que » le duc de Bourgongne à ceste fois viendroit » au dessus de ses besongnes. » Dont les aucuns furent punis par justice. Les gens de bien disoient, « que c'estoit une punition divine, et que » Dieu vouloit abbatre l'orgueil de plusieurs. »

Sur ceste matiere aucuns autres ont escrit, en la maniere qui s'ensuit.

Aprés que le roy d'Angleterre fut party de

Harfleur, il prit son chemin par devers Fescamp, s'en alla droit à Arques, et ne trouva aucun empeschement. De là il s'en alla sur la riviere de Somme, et trouva empeschement de ponts brisez en aucuns lieux. Finalement il passa sans aucun destourbier, ny sans aucune defense, et alla droit vers Sainct Paul en Artois. Nos gens, et tous nos seigneurs de France estoient sur les champs. Et avoient laissé à Roüen le Roy et monseigneur de Guyenne, le duc de Berry, le roy de Sicile, et peu de gens avec eux. Or avoit esté faite l'ordonnance à Roüen, pour livrer la bataille aux Anglois, en la maniere qui s'ensuit. Premierement, en l'avant-garde estoient ordonnez le duc de Bourbon, le mareschal Boucicaut, et messire Guichard Dauphin. En la bataille le duc d'Orleans chef, le duc d'Alençon, le connestable, et le duc de Bretagne. Toutesfois il s'excusa, disant, « qu'il n'y mettroit ja le pied si le » duc de Bourgongne, son cousin, n'y estoit. » Ce que les autres seigneurs ne vouloient pas, mais le faisoient contremander par le Roy, et defendre qu'il ne vint, tant comme ils pouvoient. Et avoit dit ledit duc de Bretagne, « qu'il estoit » bien besoin que le duc de Bourgogne y fust. » Car quand tous les subjets du Roy, et ses bien- » veüillans et alliez y seroient, on auroit assez » à faire à desconfire ses ennemis, qui estoient » moult forts. » Et est vray, que le Roy d'Angleterre descendit en France, accompagné de quatre mille hommes d'armes, de quatre mille gros valets armez de cappelines berruyeres, haubergeons, grosses jaques, et grandes haches, et de trente mille archers, qui avoient chacun haches, espées, et dagues. En l'arriere-garde des François, estoient le duc de Bar, le comte de Nevers, le comte de Charolois, et messire Ferry frere du duc de Lorraine. Et és aisles, le comte de Richemont, et messire Tanneguy prevost de Paris. Et ceux de cheval, pour rompre la bataille des Anglois, estoient monseigneur l'admiral, et le seneschal de Haynaut. Et de toute icelle ordonnance rien ne se fit. Car le duc de Bretagne demeura à Amiens, et les autres seigneurs allerent outre vers ledit Sainct Paul, et par delà.

Le dimanche vingtiesme jour d'octobre, ils firent sçavoir aux Anglois qu'ils leur livreroient bataille le samedy ensuivant. Dont le roy d'Angleterre fut moult joyeux, et donna au heraut qui luy apporta la nouvelle, deux cens escus et une robe. Nos gens et les Anglois estoient prés les uns des autres.

Le jeudy ensuivant, vingt-quatriesme jour d'octobre, nos gens delibererent de combatre le lendemain à la requeste des Anglois, lesquels avoient eu faute de vivres par trois jours, et requeroient qu'on leur livrast bataille, ou vivres, ou passage. Et ne firent les François de toutes leurs gens que deux batailles. En la premiere bataille voulurent estre tous les seigneurs, afin que chacun eust autant d'honneur l'un que l'autre, car autrement ils ne se pouvoient accorder. Et estoient par nombre en icelle premiere bataille cinq mille chevaliers et escuyers, lesquels ne firent onques coup. Et en la seconde trois mille, sans les gros valets, et les archers et arbalestriers. Quand les Anglois le sceurent, ils esleurent une belle place et herbuë entre deux bois. Et au devant d'eux un peu loin, y avoit un autre bois, auquel ils mirent grande embusche de leurs archers. Et à l'un des bois, qui leur estoit à costé, mirent grande embusche de leurs gens d'armes à cheval.

Quand se vint le lendemain au matin, qui fut le vingt-cinquiesme jour d'octobre mille quatre cens et quinze, feste des benoists corps Saincts Crespin et Crespinien, adorez à Soissons. Nos gens s'approcherent des Anglois, et en leur chemin trouverent terres labourables molles, pour la pluye qu'il avoit fait icelle semaine, pourquoy ils ne pouvoient pas bien aller avant. Et quand ils cuiderent trouver quatre cens hommes de cheval, qu'ils avoient ordonnez le jour de devant, pour rompre la bataille des Anglois, ils n'en trouverent pas quarante. Mais quand se vint à l'approcher, onques les archers et arbalestriers de nos gens, n'y tirerent flesche ne vire: ce fut aprés huict heures du matin. Et avoient nos gens le soleil en l'œil, lesquels pour mieux endurer et passer le traict des Anglois, se baisserent, et enclinerent vers terre les testes. Quand les Anglois les virent en tel estat, ils s'approcherent d'eux, tellement que nos gens ne le sceurent onques, jusques à tant qu'ils frapperent sur eux de bonnes haches. Et les archers, qui estoient derriere en embusche, les assaillirent de traict par derriere. De plus, les gens à cheval, que les Anglois avoient mis au bois dessus dit, saillirent dehors en flote, et vinrent par derriere sur la seconde bataille de nos gens, qui estoient prés des premiers, de deux lances. Et firent iceux Anglois à cheval un si grand et merveilleux cry, qu'ils espouventerent tous nos gens; tellement que nos gens d'icelle seconde bataille s'enfuirent. Et tous ceux qui estoient en la premiere bataille, seigneurs, et autres, furent desconfits, et tous morts ou pris. Et eut victoire en icelle journée le roy d'Angleterre. Laquelle besongne fut la plus honteuse qui onques advint au royaume de France.

De là s'en alla le roy d'Angleterre à Calais, et

emmena tous les prisonniers, entre lesquels estoient des seigneurs, le duc d'Orleans (1), le duc de Bourbon, le comte d'Eu, le comte de Vendosme, le comte de Richemont, et le mareschal Boucicaut. Et leur donna à disner le dimanche ensuivant, et à chacun d'eux une robbe de drap de damas. Et leur dit « qu'ils ne s'esmerveillas-
» sent pas, s'il avoit eu la victoire contre eux,
» de laquelle il ne s'attribuoit aucune gloire.
» Car c'estoit œuvre de Dieu, qui leur estoit ad-
» versaire pour leurs pechez : et que c'estoit
» grande merveille, que pieça ne leur estoit mes-
» cheu : car il n'estoit mal, ne peché, à quoy ils
» ne se fussent abandonnez. Ils ne tenoient foy
» ne loyauté à creature du monde en mariages,
» ne autrement. Ils commettoient sacrileges en
» desrobant et violant eglises : ils prenoient à
» force toutes manieres de gens, femmes de re-
» ligion, et autres. Ils desroboient tout le peu-
» ple, et le destruisoient sans raison. Et pource
» il ne leur pouvoit bien venir. » Et rapporta, comme on disoit, ces choses un nommé Tromagon, valet de chambre du Roy, lequel avoit esté prisonnier, et estoit venu querir sa rançon, qui se montoit à deux cens francs, et l'avoit pleigé le duc d'Orleans, comme on disoit. Le prevost de Paris ne fut pas à la journée, pource qu'il y vint trop tard. Le connestable, le duc de Bar, et le comte de Nevers y moururent, comme encore l'archevesque de Sens, qui fut peu plaint, pource que ce n'estoit pas son office. Du comte d'Alençon ne sçavoit-on nouvelles : mais il fut depuis trouvé mort. Le comte de Charolois estoit demeuré à Aire, par le conseil du seigneur de Hely, lequel mourut en la place, et ne le voulurent faire prisonnier les Anglois, pource que dernierement il avoit rompu sa prison en Angleterre. On dit en outre, que quand le duc de Brabant, frere du duc de Bourgongne, oüyt parler des preparatifs que le Roy faisoit, il envoya devers luy un sien notable officier, et baillif, lequel de par iceluy duc de Brabant, offrit au roy, present le conseil, « de le venir servir à
» tout quatorze cens chevaliers et escuyers, et
» six cens hommes de traict, sans ses amis et
» alliez. » Auquel fut dit, « qu'on luy avoit pieça
» escrit, qu'il amenast certain nombre de gens, »
et ledit baillif respondit, « que sondit seigneur
» n'en avoit eu aucunes nouvelles. « Adonc luy fut dit, « que si le connestable et le duc de Bour-
» bon le mandoient, qu'il vint. » Et ledit baillif respondit, « qu'il se doutoit qu'il ne vint pas, si
» le Roy mesme ne le mandoit. » A quoy fut respondu, « qu'on luy manderoit assez à temps. » Et à tant s'en retourna ledit baillif. Si advint qu'on fit sçavoir la journée audit duc de Brabant bien tard, parquoy il n'eust peu avoir ses gens : mais luy-mesmes de grand courage y vint luy douziesme, et se trouva à la bataille. Si se fourra dedans, et là demeura mort avec son frere le comte de Nevers.

Deslors que le roy d'Angleterre fut acertené de la bataille devoir estre le samedy dessusdit, és jours precedens iceluy samedy, il manda tous ses capitaines, et ses gens par parties. Et leur monstra, comme on dit, « que de toute ancien-
» neté ses predecesseurs avoient maintenu avoir
» droict au royaume de France : et que à bon
» et juste titre il y estoit venu pour faire son
» pouvoir de le conquerre, et n'y estoit pas
» venu comme ennemy mortel ; car il n'avoit
» pas consenty de bouter feux, ne ravir, violer,
» ne efforcer filles et femmes, comme on avoit
» fait à Soissons : mais tout doucement vouloit
» conquerir ce qui estoit sien, non pas le des-
» truire du tout. Parquoy leur disoit, qu'il avoit
» vraye esperance en Dieu de gaigner la ba-
» taille, pource encore que ses adversaires es-
» toient tous pleins de pechez, et ne craignoient
» point leur createur : » et leur commanda,
« que si aucuns avoient rancunes les uns contre
» les autres, qu'ils se missent en paix et con-
» corde, et que tous se confessassent et reconci-
» liassent aux prestres, qui estoient en sa com-
» pagnée, ou autrement bien ne leur pourroit
» venir. » En les enhortant « d'estre bonnes gens
» à la journée, et de faire bien leur devoir. » Et afin que chacun fust bon homme, il leur accorda
« que tous les prisonniers, que chacun d'eux
» pourroit prendre, seroient à eux franchement,
» et auroit chacun d'eux de ses prisonniers tout
» le profit, sans qu'il en eust aucune chose, s'ils
» n'estoient ducs ou comtes prisonniers. » Et avec ce il leur accorda, « que tous ceux de sa
» compagnée qui n'estoient nobles, il les anno-
» bliroit, et leur en donneroit lettres, et vouloit
» que dés lors ils joüyssent de telles franchises,
» comme les nobles d'Angleterre. » Et afin qu'on les cognust, « il leur donna congé de porter un
» collier, semé de lettres S, de son ordre. » Et devant l'heure qu'ils entrent en bataille, il les fit mettre à genoux les mains levées au ciel par grand espace. Et leur donna la benediction l'un des evesques de sa compagnée.

Aprés celle journée et desconfiture, pource qu'on se doutoit que le duc de Bourgongne, qui estoit à Dijon, quand il sçauroit la mort de ses freres, ne voulust venir devers le Roy, accompagné de gens d'armes, dont il avoit grand nom-

---

(1) Charles d'Orléans, petit-fils de Charles V, père de Louis XII et oncle de François Ier.

bre, on disoit communément qu'on avoit advisé, afin qu'il ne vint point, qu'on luy feroit à sçavoir, « Que le Roy luy donneroit par chacun an » de pension quatre-vingts mille escus. Son fils » le comte de Charolois, seroit gouverneur de » Picardie. Et il envoyeroit quatre de ses meil- » leurs et plus privez chevaliers devers le Roy, » qui seroient continuellement au conseil du » Roy, afin qu'on ne fist aucune chose contre » l'honneur de luy duc de Bourgongne. » Et fut ordonné que monseigneur de Guyenne luy escriroit lettres de sa main, « qu'il n'eust aucune » desplaisance, s'il ne venoit devers le Roy, jus- » ques à Noel, et que à Noel il viendroit. » Mais on disoit, que ce n'estoit que pour luy rompre son coup de ses gens d'armes, et pour le travailler, et luy faire faire despenses. Et pource on fit publier de par le Roy par toutes les bonnes villes, et premierement à Paris, en defendant « que aucun du sang royal ne vint, ne entrast » dedans Paris. » Et disoit-on que ce faisoient faire ceux qui gouvernoient la ville de Paris, se doutans que si le duc de Bourgongne y venoit, qu'il n'y fist desplaisir. Et estoit chose publique parmy Paris, que lesdits gouverneurs de la ville de Paris avoient fait faire quatre mille haches bien trenchans, dont ils noircirent les fers, afin qu'on ne les apperceust si tost. Et les devoit-on distribuer par plusieurs dixaines parmy Paris, à gens ordonnez à ce, lesquels, si le duc de Bourgongne approchoit de Paris, devoient tuer tous ceux qu'ils sçauroient estre joyeux de sa venuë. Mais comme on dit, aucuns adviserent le prevost de Paris, qui mit empeschement en la besongne. Et encores afin que ledit duc de Bourgongne ne vint si tost à Paris, il fut ordonné, comme on disoit, que le duc de Guyenne, le duc de Berry, et le duc de Bretagne iroient à Meaux, le onziesme jour de decembre ensuivant, et là parleroient au duc de Bourgongne, et le Roy viendroit à Paris. Et comme dessus est dit, le treiziesme jour de novembre furent publiées les lettres d'abolition, comme le Roy remettoit tous cas perpetrez, en faveur du duc de Bourgongne. « Et que si aucuns à cause de » ce estoient detenus prisonniers, ou en procés, » tant en cour d'eglise qu'en cour laye, il vou- » loit qu'on les delivrast à pur et à plain, no- » nobstant les dessus nommez : » Lesquelles sembloient à plusieurs estre bien captieuses, pource que les exceptez n'y estoient point nommez. Et que soubs ombre de ce, à tous ceux qui retourneroient, on pourroit dire, qu'ils seroient des exceptez. Et encores nonobstant ce, le jeudy vingt et uniesme jour de novembre, on cria et publia de par le Roy par ses lettres patentes,

« qu'on ne laissast passer par nul passage aucuns » seigneurs, ne aucuns gens d'armes du sang » royal, ne autres : et qu'on rompist les ponts, » et effondrast les bacs et grands bateaux au » devant de ceux qui voudroient venir devers » Paris, et autre part où le Roy seroit. » Et tout ce se faisoit, comme on disoit, pour empescher la venuë du duc de Bourgongne devers le Roy.

Quand les nobles, et autres estats d'Angleterre, sceurent la victoire que le roy d'Angleterre avoit eu, ils envoyerent devers luy une bien noble compagnée à Calais, et firent devant luy un bien notable propos. En remerciant et loüant Dieu d'icelle victoire, et en l'exhortant qu'il voulust continuer son entreprise, sans desister aucunement : et ils luy offroient de par tout son royaume toute leur chevance, et leurs corps, à y aider.

Le samedy vingt-neufiesme jour dudit novembre, il entra en mer pour aller en Angleterre, et emmena avec luy tous ses plus gros prisonniers, et des autres il en mit aucuns à rançon, et leur dit qu'ils luy apportassent leur rançon au champ du Lendi, le jour de la Sainct Jean d'esté ; et s'il n'y estoit, ils estoient quittes de leur rançon.

En icelle semaine, le Roy estant à Roüen, et avec luy le roy de Sicile, le duc de Berry, et le duc de Bretagne, la garnison de Harfleur vint courir jusques à deux lieuës de Roüen, et emmenerent plus de cinq cens prisonniers : mais non pas loin, car ils furent tous rescous, et grand nombre d'Anglois tuez.

Or est-il vray, qu'il estoit commune renommée, que pour lors à la journée de la bataille, à l'heure que les Anglois se combatoient avec nos gens, aucuns qui s'en adviserent allerent piller les sommiers du roy d'Angleterre, et furent menez aucuns d'eux à Hesdin, et là furent trouvez plusieurs joyaux, et autres choses de grande valeur.

L'an mille quatre cens et quinze, le treiziesme jour de novembre, furent publiées en parlement lettres touchant le faict de l'abolition, de laquelle mention est faite cy-dessus.

Charles par la grace de Dieu roy de France, A nos amez et feaux conseillers, les gens qui tiendront nostre prochain parlement, salut, et dilection. « Comme par certaines nos lettres con- » tenans l'ordonnance de paix, nous ayons fait, » donné et octroyé abolition à tous, de quelque » estat, auctorité, ou condition qu'ils soient, de » tout ce qui a esté fait à nostre desplaisir, et » contre nostre volonté, pour avoir aydé, servy, » et favorisé nostre tres-cher et aimé cousin le » duc de Bourgongne, depuis le traité de la paix

» faite à Pontoise. Et depuis par nos autres let-
» tres, et pour les causes et considerations con-
» tenuës en icelles, Nous, de nostre plus ample
» grace, plaine puissance, et auctorité royale,
» ayons ordonné, voulu, et octroyé ladite abo-
» lition estre generale : Et que en icelle soient
» compris tous de quelque estat qu'ils soient,
» excepté quarante-cinq personnes nommées en
» icelles lettres, qui estoient, et sont de ceux
» qui par nostre justice ont esté bannis pour la
» cause dessus dite. Et neantmoins ayons en-
» tendu que plusieurs juges tant seculiers comme
» d'eglise, detiennent prisonniers, et en procés,
» pour la cause dessus dite, et les dependances,
» plusieurs qui sont compris en ladite abolition,
» qui ne sont pas du nombre desdits quarante-
» cinq reservez. Nous qui voulons lesdites or-
» donnances et abolitions avoir, et sortir leur
» plain effect, vous mandons, et expressément
» enjoignons, que tous ceux qui sont, ou seront
» detenus prisonniers, ou en procés, pour la
» cause dessus dite, et les dependances, par de-
» vant aucuns juges seculiers, ou d'eglise, dont
» il vous apperra, vous faites delivrer et mettre
» hors de prison et de procés, entant qu'il touche
» Nous et justice. En imposant sur ce silence à
» nostre procureur, et à tous autres procureurs
» d'office. Et contraignez à ce faire tous ceux
» qui pour ce seront à contraindre, par toutes
» voyes deuës et raisonnables. Si pour autre
» cause que pour celle dessus dite, aucuns d'eux
» n'estoient emprisonnez, ou tenus en procés,
» sans toutesfois aucunement toucher à ce qui
» touche nostre foy, ne aux procés qui en de-
» pendent. Ausquels procés nous ne voulons au-
» cunement toucher, ne iceux empescher. En
» faisant icelles ordonnances, et abolition tenir
» et garder selon leur forme et teneur. Man-
» dons et commandons à tous nos justiciers, of-
» ficiers, et subjets, que à vous en ce faisant,
» obeïssent et entendent diligemment. Donné à
» Roüen le septiesme jour de novembre, l'an de
» grace mille quatre cens et quinze, et de nostre
» regne le trente-sixiesme. » Ainsi signé, par la
relation du grand conseil, duquel, Vous, l'archevesque de Bourges, le chancelier de Guyenne,
les evesques de Lisieux, et d'Evreux, les maitres des requestres, et autres du conseil estoient.
Gontier.

Copie de la lettre royale, qui defend que nul seigneur du sang royal n'entre à Paris, et commande que on rompe les ponts.

Charles, etc. Au prevost de Paris, ou à son lieutenant, et au prevost des marchands, eschevins, bourgeois, et habitans de nostre-dite ville, salut. « Comme par le commande-
» ment que nous avons dernierement fait, pour
» resister à nostre adversaire d'Angleterre, qui
» estoit descendu en nostre royaume à grand
» ost. Et soubs couleur de nostredit mande-
» ment, plusieurs gens d'armes et de traict,
» se soient mis sus, lesquels ont sejourné et se-
» journent en grandes routes et compagnées en
» plusieurs parties de nostre royaume, au grand
» grief, charge, et dommage de nostre peuple.
» Nous, pour relever nostredit peuple d'icelles
» charges, et dommages, considerans que nos-
» tredit adversaire est retrait à Calais, et que
» nous avons convenablement pourveu aux
» frontieres d'iceluy nostre royaume : pourquoy
» il ne nous est pas besoin de present avoir au-
» tres gens que ceux qui sont ordonnez et esta-
» blis esdites frontieres, par l'advis et delibe-
» ration de nostre tres-cher et tres-amé fils le
» duc de Guyenne, Dauphin de Viennois, et de
» nostre grand conseil, vous mandons, et ex-
» pressément defendons, et à chacun de vous,
» sur toute l'obeïssance que vous nous devez,
» et sur tant que pouvez meffaire envers nous,
» que par ladite ville de Paris, vous ne souffriez
» ne laissiez passer, ne entrer aucun de nostre
» sang, ne autres, accompagnez de gens d'ar-
» mes, quels qu'ils soient, ne à quelque occa-
» sion qu'ils se dient venir, si par nos lettres
» patentes, seellées de nostre grand seel, sub-
» sequens en date de ces presentes, il ne vous
» appert, que nous les mandions venir par de-
» vers nous. Ausquels de nostre sang, et autres,
» nous mandons et defendons sur les peines des-
» sus dites, que autrement que dit est, ils ne
» s'efforcent d'y entrer : et avec ce faites rom-
» pre tous les ponts esquels n'y a garde suf-
» fisante, et retraire en lieux seurs tous les
» bacs, batteaux, et autres vaisseaux, estans
» sur les rivieres de vostre prevosté : en telle
» maniere, que par le moyen d'iceux ponts et
» vaisseaux, aucuns desdits gens d'armes ne
» puissent par lesdites rivieres passer, ne re-
» passer contre nostre ordonnance dessus dite.
» Sçachans que si vous faites le contraire, nous
» vous ferons punir comme transgresseurs de
» nostre ordonnance et commandement, et si
» griefvement que ce sera exemple à tous au-
» tres. Donné à Roüen le quinziesme jour de
» novembre, l'an de grace mille quatre cens et
» quinze, et de nostre regne le trente-sixiesme. »
Ainsi signé, par le Roy, à la relation de monseigneur le duc de Guyenne, Mailliere. Publiées
en Chastelet le jeudy vingt et uniesme jour de
novembre l'an mille quatre cens et quinze.

Quand le duc de Bourgongne fut acerténé de

la desconfiture de la bataille dessus dite, et de la mort du duc de Brabant, et du comte de Nevers, ses freres, luy moult dolent et courroucé, envoya tantost devers le roy d'Angleterre à Calais, son heraut. Lequel porta au roy d'Angleterre le gantelet du duc de Bourgongne de par luy. Quand le heraut fut devant le roy d'Angleterre à Calais, il luy dit de par le duc de Bourgongne, « qu'il avoit tué ou fait tuer
» son frere le duc de Brabant, le plus noble
» escuyer du royaume de France, lequel ne te-
» noit rien du royaume de France, ne avoit en
» iceluy royaume, sinon une petite maison à
» Paris, dont il ne faisoit pas grand compte.
» Et pource il le deffioit de feu et de sang, et
» luy envoyoit son gantelet, et luy promettoit
» que en quelque part qu'il le pourroit trouver,
» il l'iroit querir à l'aide de ses Flamends, Bra-
» bançons, et Liegeois : et quant estoit du
» comte de Nevers, il estoit armé pour le Roy,
» et estoit homme du Roy, s'il s'estoit entremis
» de le combatre, et il y estoit mort, il ne
» luy en sçavoit point de mauvais gré. » Le roy d'Angleterre respondit : « Je ne recevray
» point le gantelet de si noble et puissant prince
» comme est le duc de Bourgongne, car je ne
» suis que peu de chose envers luy. Et si j'ay
» eu victoire contre les nobles du royaume de
» France, ce n'a pas esté de ma prouësse, ne
» de ma force, ne de mon sens, mais a esté de
» la grace de Dieu. Et quant est de la mort du
» duc de Brabant, il m'en desplaist. Mais je te
» promets, ny moy, ny mes gens ne l'ont point
» fait mourir, ny le comte de Nevers aussi : et
» pource je te prie que tu luy rapportes son gan-
» telet, et je luy rescriray, comme s'il luy plaist
» estre à Boulongne au quinziesme jour de jan-
» vier, je luy monstreray par les confessions des
» prisonniers que j'ay, et que aucuns de mes
» amis ont, que ceux de France les ont tué et
» meurtry. » Parquoy le heraut par conseil reprit le gantelet, et le rapporta au duc de Bourgongne.

Le jeudy vingt et uniesme jour de novembre, le duc de Bourgongne entra en la ville de Troyes. Et avoit en sa compagnée moult grand gent, et grand charroy. Et disoit-on qu'il seroit à Meaux le onziesme jour de decembre, et que à ce jour y seroient monseigneur de Guyenne, et monseigneur le duc de Berry, pour traiter la paix du roy Louys de Sicile, et du duc de Bourgongne. Et toutesfois autres disoient, qu'il n'iroit plus avant, ne à Paris n'entreroit point : pource que plusieurs doutoient qu'il ne prit vengeance d'aucuns desplaisirs, que ceux de la ville luy avoient fait.

Le vendredy vingt-neufiesme jour de decembre, le Roy retourna de Roüen, et arriva à Paris à petite compagnée, et entra par la porte de Sainct Honoré. Et estoient plusieurs bien mal contens, de ce qu'on avoit autresfois fait plus grand honneur aux ennemis du royaume, c'est à dire, aux Anglois, quand ils estoient venus à Paris, qu'on n'avoit fait au Roy. Lequel, comme on disoit, avoit vestu la robbe, qu'on luy avoit veu porter continuellement plus de deux ans, et le chapperon aussi, et avoit ses cheveux jusques aux espaules. Car pour les Anglois, qui dernierement estoient entrez à Paris, on avoit fait nettoyer les ruës, cesser parlement, et les autres cours, et aller tout homme au devant. Et de tout ce, ne fut rien fait à la venuë du Roy. Combien que plusieurs disoient bien que pour la perte de ses gens il n'y falloit pas faire si grande solemnité. Le duc de Berry, ce jour au vespre arriva à Paris par eauë, et monseigneur de Guyenne le samedy ensuivant, jour de sainct André. Ledit roy Louys arriva aussi ce jour, et vint par eauë, car il estoit malade.

Depuis le retour du Roy, pource que le duc de Bourgogne qui vint jusques à Provins, et fit passer en aucuns lieux à ses gens la riviere de Marne, tendoit fort à venir à Paris, et avoit moult grosse gent, grand train, et grand charroy. On disoit tout communément parmy Paris, que ceux qui gouvernoient pour lors la ville, comme les prevost des marchands, et eschevins, avoient intention de faire mourir tous ceux de Paris qui pourroient favoriser le duc de Bourgogne, s'il vouloit entrer dedans la ville. Et pour ce faire on disoit « qu'ils avoient fait
» faire quatre mille haches, les fers vernissez,
» afin qu'on ne les cognust de nuict, et quatre
» mille jaques noires, et les avoient departy en
» plusieurs lieux de la ville, et avoient mis gros
» gens d'armes dedans la ville, pour eux aider,
» comme on disoit, à exploiter leur mauvaise
» volonté. » Et tant, que par plusieurs nuicts de la derniere semaine du mois de novembre, toute la ville estoit en doute, et en aguet, et ne dormoit pas chacun toute la nuict. Et le plus fort, fut le mercredy au soir, quatriesme jour de decembre, qu'on tenoit certainement que celle nuict ils deussent faire leur entreprise. Et tant, que les religieux de Sainct Martin des Champs, comme il fut dit, les Bernardins, et plusieurs autres colleges de Paris, firent feu toute la nuict en leurs maisons. Mais Dieu mercy il n'y eut nul mal. Et aussi ce n'estoient que toutes bourdes controuvées qu'on semoit, pour cuider faire une grande commotion,

et tuer ceux qui lors estoient entour du Roy.

Le mercredy aprés disner, tout le conseil fut assemblé en l'hostel de Bourbon, où monseigneur de Guyenne estoit logé. Mais pource que mondit seigneur de Guyenne disna trop tard, on ne fit rien.

Le jeudy ensuivant on y retourna. Et là proposa le premier president, nommé maistre Robert Mauger, sur le faict du gouvernement de ce royaume. Et monstra que le Roy n'avoit que trois amis, puissans à le secourir contre la fureur de ses ennemis. C'est à sçavoir le duc de Touraine son fils, qui estoit en Hainaut, le duc de Bourgogne, et le duc de Bretagne. Et furent publiez aucunes ordonnances qu'on avoit fait en parlement sur le gouvernement de ce royaume. Et furent ordonnez tous les officiers de la cour du Roy à avoir gages, et de la cour de la Reyne aussi, et de monseigneur de Guyenne. Et que nuls ne mangeroient plus à la cour, sinon le jour qu'ils seroient ordonnez à servir.

Ce jeudy aprés disner arriverent à Paris les messagers du duc de Bourgongne, c'est à sçavoir messire Regnier Pot, Choussac, et autres. Ils entrerent dedans Paris à grande difficulté, car il convint en avoir congé du prevost, et furent audit conseil : lequel finy, ils firent la reverence à monseigneur de Guyenne. Et exposerent entre autres choses, « qu'il pleust au Roy » donner ses lettres patentes à ceux de Meaux » pour laisser entrer le duc de Bourgongne de-» dans la ville. » Monseigneur de Guyenne respondit, « qu'ils n'auroient point de congé, et » qu'il n'y entreroit point, car il ne luy plaisoit » pas : et qu'il convenoit qu'il renvoyast ses » gens d'armes : et qu'il n'entreroit point à Pa-» ris, sinon qu'il y vint comme subjet et obeys-» sant, et en l'estat de son hostel tant seule-» ment. » Lors ledit messire Regnier dit, « que » le duc de Bourgogne sçavoit bien, qu'il y en » avoit plusieurs entour le Roy, qui se dou-» toient de luy, qu'il ne leur fist perdre leurs » offices, et requist d'eux vengeance s'il venoit. » Mais pour les appaiser et asseurer, il offroit » de bailler bonnes lettres, qu'il ne tendroit à » aucunes de ces fins : et si ces lettres ne suffi-» soient, il offroit de bailler, et bailleroit son fils » le comte de Charolois en ostage. » Mais tout cela fut refusé. Et dit monseigneur de Guyenne, comme on disoit, « que au duc de Bourgongne » n'appartenoit pas de bailler la seureté, mais » à luy qui estoit seigneur par dessus luy ap-» partenoit de bailler la seureté. » Et ainsi se departirent.

Le vendredy ensuivant, jour de sainct Nicolas d'hyver, furent envoyez de par le Roy l'evesque de Chartres nouvel, maistre Simon de Nanterre president en parlement, maistre Jean de Vailly, maistre Guillaume le Clerc, et autres, vers le duc de Bourgogne, pour luy faire « defense de non venir plus avant, et comman-» dement qu'il renvoyast ses gens d'armes, » et y allerent.

Le vendredy aprés disner, le duc de Guyenne alla voir la Reyne sa mere, qui estoit malade à Sainct Paul, et retourna au giste à l'hostel de Bourbon, et le lendemain il accoucha malade.

Le mardy dixiesme jour de decembre, à cinq heures du matin, se partit le roy Louys de Sicile de Paris, et s'en alla en son pays d'Anjou.

Ce mardy au soir, fut pris en son hostel à la porte de Paris, Robin Copil patissier, et fut dit « qu'il estoit banny. » Aucuns disent qu'il estoit nouvellement venu de l'ost du duc de Bourgongne, et qu'il avoit escrit à ses amis, qu'on dist au duc de Bourgogne « qu'il s'advançast de » venir, et qu'ils estoient plus de quatre mille » dedans Paris, qui luy ouvriroient une porte. » Pourquoy ledit patissier fut decapité és halles le mercredy ensuivant, et le corps porté de nuict au gibet.

La nuict dudit mercredy, on prit de par le Roy grand nombre de gens à Paris, et disoit-on qu'on les prenoit seulement pour les garder, qu'ils ne fissent aucune commotion en la ville, contre ceux qui ne vouloient pas que le duc de Bourgongne y entrast.

Cette semaine, comme le dimanche de devant ledit mardy, les messagers du Roy, qui estoient allez vers le duc de Bourgongne, le trouverent à Coulommiers en Brie. Et en l'exposition de leur legation, luy firent « defense de par le Roy, » et à tous ses capitaines, qu'il ne vint plus » avant. » De laquelle parole ouye, il fut tant courroucé et indigné, que ce fut grande merveille : Et respondit, « Je obeyray en tant que » je sçauray et verray que ce sera le bien, » l'honneur, et le profit du Roy, de monsei-» gneur de Guyenne, et du royaume. » Et autre response ne fit, et plus ne voulut parler ausdits messagers, qui ainsi s'en retournerent. Et vint loger le duc de Bourgongne à Lagny sur Marne, et son avant-garde chevaucha jusques au Bourget. Lesdits messagers du Roy, firent defense à tous les chevaliers et capitaines dudit duc de Bourgongne, qu'ils ne vinssent plus avant, « sur peine d'estre reputez pour trais-» tres. » Adonc le duc respondit, « Qu'il ne falloit » point user de tel langage, et qu'ils estoient » bons et loyaux, et avoient en tout temps servy, » et serviroient, et estoient venus pour le bien

» du Roy, et pour le servir bien et loyaument » avec luy, et en sa compagnée. » Et puis dit, « Qu'il envoyeroit devers le Roy ses messagers, » pour faire response aux defenses qu'ils fai- » soient. » Parquoy les messagers du Roy incontinent se partirent de la cour dudit Duc, en laquelle ils trouverent peu de belle chere, et s'en retournerent à Paris ledit mardy dixiesme jour de decembre.

Le mercredy au soir ensuivant, on prit parmy Paris grand nombre de nobles hommes, par especial, ceux qu'on sçavoit qui pouvoient favoriser, ou avoient au temps passé aucunement favorisé le duc de Bourgongne. Pour laquelle prise, quand elle vint à la connoissance des messagers du duc de Bourgongne, qui estoient ordonnez pour venir à Paris devers le Roy, ils n'y ozerent pas bonnement venir. Et ceux du conseil du Roy, qui sçavoient que lesdits messagers devoient venir, voyans qu'ils ne venoient point, envoyerent par devers le duc de Bourgongne un nommé Jean de Piecy, pour sçavoir à quoy il tenoit, que ses messagers ne venoient à Paris. Et pource iceux messagers, c'est à sçavoir le prince d'Orenge, le sire de Chalon, le sire de Sainct George, messire Jean de Luxembourg, le sire de Vergy, messire Regnier Pot, monseigneur d'Autry, monseigneur de Thoulongeon, maistre Eustache de Laistre, Jacques Lambon, et maistre Jean Choussac, tous conseillers, et Jean de Rosay secretaire dudit Duc, partirent le dimanche quinziesme jour dudit mois, bien matin de Lagny, pour venir à Paris, et envoyerent devant leurs gens, pour appareiller à disner en l'hostel d'Artois, où le duc de Bourgongne leur avoit commandé qu'ils se logeassent. Quand ils furent à la porte de Sainct Antoine, on ne les voulut laisser entrer : pource qu'ils dirent qu'ils s'en alloient loger en Artois, et que leurs maistres avoient bien quatre cens chevaux. Pourquoy iceux gens retournerent à Sainct Antoine des Champs, et attendirent là leurs maistres, lesquels vinrent sur le disner, et n'entrerent point en la ville, sinon messire Regnier Pot, et Choussac, lesquels vinrent parler au duc de Berry, et ne peurent parler à monseigneur de Guyenne, qui estoit malade. Lequel messire Regnier retourna à Sainct Antoine, mais les autres s'en estoient retournez par devers le duc de Bourgongne, pource qu'on les avoit trop fait muser. Si s'en alla ledit messire Regnier après, et les fit retourner le mardy ensuivant, dix-septiesme jour dudit mois, lesquels furent tous logez en la ruë de la Harpe, et exposerent leur legation le mercredy ensuivant après disner, devant monseigneur de Berry, et le conseil. Et devoient avoir le mercredy ensuivant response.

Ce mercredy au soir trespassa le duc de Guyenne. Et le jeudy matin, fut fait par toutes les églises de Paris solemnelle sonnerie pour le salut de son ame, que Dieu par sa grace veüille mettre en sa gloire, et tous les trespassez aussi. Puis fut porté enterrer bien honorablement à Nostre-Dame de Paris le dimanche ensuivant.

On disoit communément que les ambassadeurs du duc de Bourgongne n'eurent aucune response : mais leur dit-on, « Qu'on envoyeroit » devers le duc faire la response. » Et pource le vendredy matin ensuivant, ils cuiderent partir, et furent jusques à la porte de Sainct Antoine, et aucuns d'eux dehors. Mais le prevost de Paris vint hastivement après eux, qui leur dit, « qu'ils retournassent tous, et que au plaisir » de Dieu on avoit advisé un bon appointement. » Et pource, ceux qui estoient ja dedans retournerent avec ceux qui estoient dedans, et s'en vinrent ensemble loger à la rue de la Harpe, où ils avoient esté logez, et dont ils estoient partis au matin : quand ils furent tous dedans la ville en la grande ruë Sainct Antoine, le prevost de Paris mit la main sur eux de par le Roy : et quand ils furent logez, on leur dit, « Qu'ils es- » toient arrestez, pource que les gens du duc de » Bourgogne avoient rompu la paix, et qu'ils » avoient pris d'assaut Brie Comte-Robert, qui » estoit au duc d'Orleans, et qu'on y avoit tué » des gens de la ville. » Toutesfois on y envoya, et trouva-on que c'estoit bourde. Et pource le dimanche ensuivant au matin, iceux ambassadeurs s'en allerent devers leur seigneur.

Ledit dimanche après disner, fut apporté le duc de Guyenne en l'église de Nostre-Dame de Paris, et le soir, et le lundy matin, fut fait son service solemnel.

Le vendredy d'après Noel, jour Sainct Jean, retourna à Paris messire Regnier Pot, et autres, de par le duc de Bourgongne. Et requirent au conseil du Roy, « Que madame de Guyenne leur » fust delivrée et baillée, pour delivrer et en- » voyer à son pere. » Secondement, « que son » doüaire luy fust assigné. » Tiercement, « qu'elle » eust la moitié des meubles de son mary. » Au premier poinct leur fut respondu, « qu'il plaisoit » bien au Roy qu'elle allast devers son pere. » Quant au second, « on ne luy en pouvoit rien » faire de present, pource que le Roy n'estoit » pas en point. » Quant au tiers, « le Roy avoit » bien affaire des meubles. »

Le dimanche ensuivant, entra le comte d'Armagnac à Paris, à petite compagnée de ses gens, mais à grande compagnée de la ville.

Et alla à Sainct Paul faire la reverence au Roy, et à la reyne, puis vint souper à Neelle, chez monseigneur de Berry, son Sire. Le lundy ensuivant, le Roy luy ceignit l'espée. Et cette semaine, plusieurs de la compagnée du duc de Bourgongne, qui avoient amis dedans Paris, enfans à l'eschole, et autres biens prochains, les firent aller hors de Paris, se doutans de division, et commotion de peuple; et aussi que le duc de Bourgongne n'assiegeast Paris.

Le vendredy devant la Tiphaine (1), furent envoyez derechef les ambassadeurs dessus dits devers le duc de Bourgongne, pour luy faire commandement « qu'il s'en retournast et ren- » voyast ses gens, sur peine d'estre reputé pour » traistre, et abandonné. » Quand ils furent à Lagny, on les logea ensemble, et y furent plusieurs jours sans parler au duc, et ne pouvoient parler à personne, ne leurs gens aussi, car on les en gardoit.

Le jour de la Tiphaine au soir, fut renduë à Lagny audit duc de Bourgongne, madame de Guyenne sa fille.

Le vendredy ensuivant, il renvoya à Paris l'evesque de Chartres, et maistre Jean de Vailly, qui estoient des ambassadeurs du Roy, et retint maistre Simon de Nanterre, maistre Guillaume le Clerc, et messire Olivier de Mauny. Après, il envoya à Paris maistre Eustache de Laitre, et messire Jean dit le borgne de Thoulongeon, chevalier, lesquels furent logez à la Sereine en la ruë de la Harpe, et furent gardez afin que personne ne parlast à eux sans leurs gardes. Et leur fut dit, « que de là ne par- » tiroient, ne ouys ne seroient, ne response » n'auroient jusques à ce que les dessus dits » que le duc avoient retenu, fussent retournez » à Paris. »

Les prisonniers de la ville furent tous eslargis, et leur fut commandé qu'ils se tinssent en leurs maisons, sans en partir.

Le lundy treiziesme jour de janvier, la Reyne vint à la messe à Nostre-Dame de Paris. Et ce jour, tous lesdits prisonniers eslargis furent remprisonnez. Et de notables hommes, jusques au nombre de dix-huict, comme on disoit, furent mis hors du service du Roy et de son hostel.

Le connestable, et le conseil envoyerent cette semaine grosse garnison à Senlis, et à Sainct Denys, à Chasteau-Thierry, à Meaux, à Melun, à Corbeil, à Sainct Cloud, et en tous les lieux environ et prés du duc de Bourgongne, pour faire serrer et tenir ses gens ensemble; et leur defendre les vivres, et le fourrage.

(1) L'Epiphanie.

Le samedy ensuivant, audit mois de janvier, fut publié parmy Paris l'abandonnement de tous gens d'armes, qui seroient trouvez sur les champs, qui ne seroient aux gages du Roy. Et disoit-on que c'estoit « contre le duc de Bourgon- » gne et ses gens. »

Le mardy ensuivant, quatorziesme jour dudit mois, le Roy vint loger au Palais. Et ce jour arriva à Paris le duc de Bretagne, et descendit au Palais, où le roy estoit, pour luy faire la reverence. Et fut après logé en l'hostel de Bourbon, et depuis en celuy d'Alençon.

Le vendredy dix-septiesme jour de janvier, retournerent de Lagny les ambassadeurs du Roy dessus nommez, qu'on disoit que le duc de Bourgongne avoit retenu.

Et le samedy ensuivant, s'en allerent de Paris maistre Eustache de Laitre, et le borgne de Thoulongeon, ambassadeur dudit duc, qu'on avoit retenu à Paris, jusques à ce que ceux du Roy fussent retournez.

Cette semaine les gens du connestable allerent vers Compiegne, et destrousserent là messire Martelet du Mesnil chevalier, qui estoit audit duc, et toutes ses gens en grand nombre. Et furent tous morts ou pris, fors Hector de Saveuse qui se sauva. Et disoit-on, que les gens dudit duc de Bourgongne avoient pris par force Tournant en Brie. Pour lesquelles deux besongnes, les choses n'en estoient pas en bons termes, ne aisées à appaiser. Toutesfois le duc de Bretagne s'efforçoit, avec le cardinal de Bar, de trouver aucun bon accord.

Le lundy vingtiesme jour de janvier, s'en allerent à Lagny les ambassadeurs et le maistre d'hostel dudit duc de Bretagne. Quoy faire, on ne sçavoit. Et estoit icelui duc de Bretagne indigné de deux choses : l'une, « Qu'on luy avoit » tenu le passage au pont de Sainct Cloud, et » ne peut entrer à Paris sans lettres du Roy. La » seconde, de ce que le vendredy dessus dit, » on empescha le passage par deux fois à la » porte de Sainct Antoine à ses gens, par les- » quels il envoyoit au duc de Bourgongne deux » barils pleins de lamproyes, et convint que » par deux fois il eust congé, avant qu'ils peus- » sent passer. »

Le samedy ensuivant le recteur et les deputez de l'Université firent la reverence audit duc de Bretagne. Et luy parlerent de recouvrer Harfleur, et soustenir leurs privileges. Quand ils eurent tout dit, il les reprit de ce qu'ils ne parloient aucunement de la paix de ce royaume, et de l'union des seigneurs. Dont ils eurent grande honte. Car il leur dit, « Que c'estoit à faire à

34.

» eux de procurer ladite union des seigneurs, et de trouver les moyens de parvenir à la paix. » Et leur pria que ainsi le voulussent faire.

Cette semaine arriverent à Paris ceux qu'on avoit envoyé en Hainaut de par le Roy, Gaucourt, Philippes de Corbie, et autres. Et disoit-on, qu'ils n'avoient pas eu bonne response. Et disoit-on, que quand ils arriverent par delà, ce jour y arriverent les ambassadeurs du duc de Bourgongne, le sire de Sainct George, et autres. Et furent presens à la response qu'on fit à Gaucourt. Mais Gaucourt ne fut pas present à la response qu'on fit au sire de Sainct George, dont les autres estoient mal-contens.

Le mercredy vingt-neufiesme jour de janvier, ceux de l'Université, qui autresfois avoient esté devers le duc de Bretagne, comme dessus est dit, firent leur relation. Laquelle oüye, veu la bonne affection qu'iceluy duc avoit à la paix, il fut mis en deliberation, « s'il seroit bon » de l'aller remercier de la bonne affection qu'il » avoit à la paix, et de le prier et requerir, » qu'il y voulust tousjours tenir la main, et non » partir jusques à ce qu'il y eust aucun bon ap- » pointement. » Et de ce furent d'accord la nation de Picardie, la faculté de Decret, et plusieurs docteurs en theologie, et grand nombre d'autres de diverses nations et facultez. Mais le recteur ne voulut oncques conclurre sur ce, et se departirent de leur congregation sans rien faire. Neantmoins ceux qui estoient esleus pour aller devers le duc de Bretagne, retournerent après disner devers le recteur, pour l'induire à ce faire. Mais ils ne peurent. Et pource appellerent deux bedeaux de l'Université avec eux. Et vinrent à l'hostel d'Alençon devers ledit duc de Bretagne, et estoient bien quatre-vingts. Et firent proposer par le ministre des Mathurins, qui proposa notablement concluant à cette fin, « qu'il ne s'en allast point, jusques à ce qu'il y » eust aucun appointement mis en ce pourquoy il » estoit venu, et qu'en ce il feroit grand bien » et grand honneur à l'Université. » Et un qui fut là, qui se disoit procureur de la nation de France, du college de Navarre, dit hautement, « que ce que le ministre avoit proposé, » n'estoit pas de par l'Université, et qu'on n'avoit » cure de la paix qu'ils demandoient. Car c'estoit » la paix cabochienne. » Ce voyant le duc de Bretagne fut moult esbahy, et leur dit, « Vous » n'estes pas d'accord, vous estes divisez, c'est » mal fait : mais neantmoins je ne laisseray » pas la chose ainsi. Ou je parleray à vous une » autre fois plus à plain de ceste matiere, ou je » vous envoyeray mes messagers pour ceste » cause. » Et ainsi prit congé d'eux. Et pource que le recteur et ses adherens, qui n'avoient pas esté d'accord de venir devers ledit duc de Bretagne, eurent desplaisance de ce que les autres y estoient venus, ils brasserent tant, tandis qu'ils estoient devers le Duc, que quand ils furent devant le Chastellet à leur retour de l'hostel d'Alençon pour venir en la Cité, ils trouverent Raimonnet de la Guerre, et bien quarante lances devant le Chastellet, et le prevost de Paris. Lequel Raimonnet, par le commandement dudit prevost de Paris, prit ledit ministre, et un docteur en decret, nommé maistre Lievin, qui estoit de Flandres, bien solemnel clerc, et les fit mettre en Chastellet. Duquel prevost ledit ministre appella, et protesta de relever son appel en temps et lieu. Toutesfois ils n'y furent guieres, et le fit-on à sçavoir audit duc de Bretagne, lequel manda tantost au prevost, que incontinent ils fussent mis hors, et ainsi fut fait.

Le lundy ensuivant ledit duc s'en alla hors de Paris, pour aller en son pays, comme on disoit.

Et le mardy de devant, le duc de Bourgongne partit de Laguy, et s'en alla à Nantoüillet. Et avoit perdu à Crecy en Brie bien quatre cens de ses hommes, que les autres avoient trouvé à descouvert, tous despourveus de gardes, lesquels ne furent guieres plaints.

Cette semaine les gens du duc de Lorraine, et les Savoysiens donnerent assaut à Dampmartin, dont ils gagnerent la basse cour, et n'y demeurerent guieres ; car ceux de dedans le chastel bouterent après le feu en ladite basse cour.

Les ambassadeurs de monseigneur de Touraine requirent, que toutes gens d'armes d'un costé et d'autre vuidassent. Et pour cette cause le duc de Bourgogne s'en alla en Artois, et ceux qui estoient venus au mandement du Roy s'en allerent en leur pays, et disoit-on qu'on les envoyoit en Guyenne.

Cette semaine monseigneur de Berry demanda au prevost de Paris, « ce qu'il avoit fait » des prisonniers de Paris. » Le prevost de Paris respondit, « qu'il les avoit delivré, pource » que par information il ne les avoit aucune- » ment trouvé chargez, parquoy on les deust » tenir. » Et le duc de Berry, non content de leur delivrance, respondit, « qu'il seroit une » fois prevost de Paris à son tour. » Laquelle parole fit grande peur à beaucoup de gens.

Aucuns de Constance, se doutans que la sentence de l'evesque de Paris, pieça donnée au deshonneur du duc de Bourgongne, pour laquelle iceluy duc de Bourgongne appella en cour de Rome, du temps du pape Jean, lequel avoit commis la cause d'appellation à trois cardinaux, à ce qu'elle ne fust cassée et dite nulle, avoient escrit à aucuns de l'Université, « qu'ils » fissent tant que l'Université s'adjoignist avec » l'evesque de Paris, et l'inquisiteur de la foy. » Mais ils ne peurent rien faire pour aucuns présens qui les pouvoient empescher. Et ceux de Paris, comme le college de Navarre, et les adherens de maistre Jean Jarson, et à l'evesque de Paris, firent tant que le mercredy douziesme de ce mois, on fit commandement de par le Roy, à plus de quarante notables hommes de l'Université, « que ce jour ils vuidassent la ville, » sur peine de perdre corps et biens. » Et la semaine de devant estoit apportée à Paris la copie de la sentence donnée à Constance par iceux trois cardinaux, en cassant ladite sentence de l'evesque de Paris.

Le roy d'Angleterre faisoit en icelle saison plus grand mandement, que oncques-mais n'avoit fait. Et mandoit à ceux qu'il requeroit en son aide, « qu'ils vinssent seurement, et » qu'ils seroient bien salariez, et leur donneroit » vingt-cinq escus pour mois : et les faisoit » certains qu'ils verroient la plus haute, la grei- » gneur, et la plus profitable conqueste qui onc- » ques fut faite en ce monde. »

Cette semaine dudit mercredy douziesme jour de fevrier, le connestable fut fait general gouverneur des finances de ce royaume, et general capitaine de toutes les forteresses de ce royaume, pour mettre capitaines et garnisons partout à son plaisir. Et mit en plusieurs lieux ses serviteurs capitaines ès forteresses, et ès frontieres. Et fit seneschal de Carcassonne un chevalier de son hostel.

En ce temps, par l'ordonnance du conseil furent mis en escrit tous les mesnagers de Paris de tous estats, clers, lais, et religieux, et autres, et les personnes de chacun hostel.

Et après le mercredy dix-neufviesme jour de fevrier, le roy envoya à l'Université lettres, contenans, « qu'ils ne s'esmerveillassent pas si » on avoit mis hors de Paris plusieurs notables » personnes de l'Université, et si on en mettoit » encores aucuns autres dehors : car c'estoit » pour le bien de la paix, et de leurs personnes, » et que ainsi feroit-on de plusieurs lais de la » ville de Paris. » Et autres lettres contenans, « que le roy de sa volonté avoit tenu le temps » passé le clergé en souffrance, de non payer » aucunes subsides, ou tailles, mais de present, » pour ses grandes affaires soustenir, il conve- » noit, et vouloit que chacun payast, sans rien » espargner, et ne vouloit qu'aucun plaintif en » allast devers luy pour cette cause. » Et leur fut defendu, « qu'ils ne fissent plus nulles as- » semblées ne congregations, » et au recteur present, « qu'il ne fît aucune assemblée ou con- » gregation, sur peine d'encourir l'indignation » du Roy. »

Le premier jour de mars, l'empereur d'Allemagne vint et entra à Paris. Et furent au devant de luy le duc de Berry, prelats, nobles, et ceux de la ville en grand nombre. Et vint descendre au Palais où le Roy estoit, lequel vint au devant de luy jusques au haut des degrez du beau roy Philippes. Et là s'entraccollerent, et firent grande chere l'un à l'autre. Il avoit en sa compagnée un prince, qu'on appelloit le grand comte de Hongrie, le comte Bertold des Ursins, un bien sage et prudent seigneur, et autres princes et barons. Et sembloit qu'il avoit grand desir de trouver accord ou expedient entre les roys de France et d'Angleterre. Il fut grandement et honorablement receu, et souvent festoyé par le Roy, et les seigneurs : et ses gens encores plus souvent. Et mesmement ledit Jean Juvenal des Ursins seigneur de Traignel, festoya ledit grand comte de Hongrie, le comte Bertold, et tous les autres, excepté l'Empereur. Et fit venir les dames et damoiselles, des menestriers, jeux, farses, chantres, et autres esbatemens : et combien qu'il eust accoustumé de festoyer tous estrangers, toutesfois specialement il les voulut grandement festoyer, en faveur dudit comte Bertold des Ursins, pource qu'ils estoient d'un nom, et armes. Et du festoyement et reception, furent bien contens le Roy, l'Empereur et les seigneurs.

Ledit Empereur voulut sçavoir ce que c'estoit de la cour de parlement : et un jour de plaidoirie il vint à la cour, laquelle estoit bien fournie de seigneurs, et estoient tous les sieges d'enhaut pleins, et pareillement les advocats bien vestus, et en beaux manteaux et chapperons fourrez. Et s'assit l'Empereur au dessus du premier president, où le Roy se asseerroit, s'il y venoit, dont plusieurs n'estoient pas bien contens. Et disoient, qu'il eust bien suffy, qu'il se fust assis du costé des prelats, et au dessus d'eux. Il voulut voir plaider une cause qui estoit commencée touchant la seneschaussée de Beaucaire, ou de Carcassonne, en laquelle un chevalier pretendoit avoir droict, et un nommé maistre Guillaume Signet, qui estoit un bien notable clerc, et noble homme. Et entre les autres choses qu'on alleguoit contre ledit Signet, pour moustrer qu'il ne pouvoit avoir ledit of-

fice, estoit qu'on luy imposoit, « qu'il n'estoit
» point chevalier, et que ledit office estoit ac-
» coustumé d'estre baillé à chevaliers, » laquelle
chose ledit Empereur entendoit. Et lors il appela
ledit maistre Guillaume Signet, lequel devant
luy s'agenoüilla. Et tira l'Empereur une bien
belle espée qu'il demanda, et le fit chevalier,
et luy fit chausser ses esperons dorez. Et lors
dit, « La raison que vous alleguez cesse, car il
» est chevalier. » Et de cet exploit gens de bien
furent esbahis, comme on luy avoit souffert,
veu que autres fois les Empereurs ont voulu
maintenir droict de souveraineté au royaume
de France contre raison. Car « le Roy est
» empereur en ce royaume, et ne le tient
» que de Dieu et de l'espée seulement, et non
» d'autre. »

L'Empereur eut en volonté de voir des dames
et damoiselles de Paris, et des bourgeoises, et
de les festoyer. Et de faict, les fit semondre de
venir disner au Louvre, où il estoit logé. Et y
en vint jusques à environ six vingts. Et avoit
fait faire bien grand appareil selon la maniere
et coustume de son pays, qui estoit de broüets
et potages forts d'espices. Et les fit seoir à table,
et à chacune on bailla un de ces cousteaux d'Allemagne qui valoient un petit blanc, et le plus
fort vin qu'on peut trouver. Et y en eut peu
qui mangeassent pour la force des espices ; de
viandes furent elles servies grandement, et
largement menestriers y avoit. Et aprés disner
dansoient, et celles qui sçavoient chanter chantoient aucunes chansons, et aprés prirent congé.
Et au partir, donna à chacune un anneau ou
verge d'or, qui n'estoit pas de grand prix, mais
de peu de valeur.

Aprés ces choses il parla au Roy, et à son
conseil, en disant qu'il s'employeroit volontiers
à trouver accord ou expedient, au faict de la
guerre commencée. Et que pour ceste cause,
il avoit deliberé d'aller le plustost qu'il pourroit en Angleterre, pour ceste matiere. Et assez
tost aprés prit congé du Roy, et des seigneurs.
Et fut deffrayé du tout, et si luy donna-on des
dons, et aux principaux de ses gens. Et ouvrit
ledit comte Bertold son opinion et imagination,
et dit, « qu'on fit trefves de quatre ou cinq ans,
» et cependant les enfans et amis de ceux qui
» estoient morts croistroient, et pourroit-on
» faire provision de finances, et habillemens
de guerre, ou trouver paix, et traité final.

Ainsi s'en alla ledit Empereur en Angleterre,
et ouvrit aux Anglois aucunes manieres d'entendre à paix : et pour ce faire, les Anglois estoient prets d'y entendre, et de faire aucunes
trefves. Si le fit sçavoir au Roy et à son conseil,
mais on n'y voulut entendre. Et sembloit à aucuns que à l'aide des ducs de Bourgongne et de
Bretagne, et d'autres princes du royaume de
France, que Harfleur se pourroit recouvrer aisément. Le comte d'Orset estoit demeuré à Harfleur avec grosse compagnée d'Anglois, tant
d'hommes d'armes que de gens de traict, et autres hommes de guerre. Et à tout quatorze cens
combatans hommes d'armes, et bien deux
mille archers, saillit de Harfleur, et tenoit les
champs, et luy sembloit bien que les François
audit pays, n'estoient pas puissans de le combatre. Laquelle chose vint à la cognoissance du
comte d'Armagnac, lequel comme il luy sembloit pouvoit bien tiner environ dix-huit cens
combatans, tant hommes d'armes que gens de
traict. Et delibera de combatre ledit comte d'Orset, qui estoit prés d'un lieu nommé Walmont.
Et assembla ses gens, ausquels il parla moult
grandement et honorablement, en leur donnant
courage, et monstrant que combien que les Anglois fussent plus deux fois, que la multitude
n'y fait rien, et n'y a que la bonne volonté de
combatre : que la querelle du Roy, et d'eux
aussi estoit juste et saincte, et devoient avoir
esperance en Dieu, qui leur aideroit. Surquoy
luy et ses gens delibererent de combatre et d'approcher de leurs ennemis, et ainsi le firent.
Quand ledit comte d'Orset vid qu'ils l'approchoient, il fit mettre ses gens à pied en intention
de combatre ; et ainsi comme ils descendoient
le mareschal de Longny d'un costé frappa sur
eux, et d'autre costé le comte d'Armagnac. Tellement que les Anglois se mirent en fuite, et és
bois se retirerent, tous serrez, et en bonne ordonnance, et en y eut de morts et de pris. Lors il
fut advisé que lesdits Anglois ne pouvoient pas
legerement passer, sinon par certain pas : si fut
ordonné que le mareschal de Longny et ses gens
garderoient ledit pas. Et le connestable d'Armagnac trouveroit moyen d'avoir chemin pour
entrer vers eux par ailleurs : laquelle chose
ledit de Longny ne fit pas : mais passa outre
aprés les Anglois, cuidant les chasser et trouver
hors d'ordonnance : mais la chose estoit bien
autrement, car ils s'estoient mis en belle ordonnance, et serrez, parquoy ils receurent ledit de
Longny tellement, qu'il y eut bien grand dommage de ses gens. Et si ce n'eust esté le connestable qui y survint, la besongne dudit mareschal de Longny eust esté tres-mal appointée.
Les Anglois prirent leur chemin au long par la
riviere de Seine, et s'en retournerent à Harfleur ; de leurs gens y eut plusieurs morts et pris.
Ledit connestable faisoit bonne justice. Et pource
que plusieurs de la compagnée dudit Mareschal

s'en estoient fuis de la besongne moult laschement et deshonnestement, il en fit plusieurs pendre, dont aucuns estoient de bonne maison.

A Paris se faisoient emprunts et tailles, tellement que plusieurs de la ville en estoient tres-mal contens et desplaisans, et en murmuroit-on fort.

◇◇◇

M. CCCCXVI.

L'an mille quatre cens et seize, comme dessus a esté touché, plusieurs estoient mal-contens à Paris de la grande exaction des finances, et y en avoient plusieurs qui desiroient fort la venuë du duc de Bourgongne.

Le jour de Pasques, le Roy estoit au Palais, où il avoit en sa compagnée le Roy de Sicile, le duc de Berry, et plusieurs autres. Quand ce vint au soir, ils s'en allerent souper. Or en l'hostel du duc de Berry y avoit un gentilhomme surnommé de Montigny, qui estoit en la grace du duc de Berry, lequel avoit quelque accointance en l'hostel du seigneur de Traignel, où y avoit chevaliers et escuyers de la cour du Roy qui souppoient, et venoient à cheval le long de la ruë aux Febves, et en passant au coin où avoit un hostel, auquel pendoit pour enseigne la croix d'or, et y demeuroit un bourgeois nommé Colin du Pont, qui estoit assez riche homme, il vid par une fenestre trois compagnons tous armez, desquels estoit ledit Colin du Pont, et un surnommé Courtellier changeur. Et s'en vint ledit de Montigny en l'hostel dudit seigneur de Traignel, et luy dit ce qu'il avoit veu. Alors il dit à ceux qui estoient de l'hostel du Roy, « Allez-vous en bien-tost vers le Roy, et vous armez ; » et fit armer ses gens, et avec ce se habilla : il y eust tantost en la cité grand bruit, lequel les dessus dits oüyrent, et apperceurent que aucunement leur faict estoit descouvert. Si s'enfuirent, mais aucuns d'iceux furent pris, et tantost examinez, et trouva-on qu'ils vouloient faire une commotion. Et en estoient les principaux maistre Nicole d'Orgemont, nommé le boiteux d'Orgemont, chanoine de Paris, et maistre en la Chambre des Comptes, Robert de Belloy, drappier, et autres, lesquels le lendemain furent pris, et confessa ledit de Belloy, « qu'ils avoient » intention de tuer le roy de Sicile, le duc de » Berry, et ceux qu'on soupçonnoit estre ou » avoir esté du party du duc d'Orléans. » Or fut son procés fait, et luy mené aux halles, où il eut la teste couppée. Mais à la requeste dudit seigneur de Traignel, le Roy ne voulut point qu'on prit ses biens meubles, ne immeubles, et les donna à la femme et aux enfans. Et au regard dudit d'Orgemont, pource qu'il estoit chanoine de Paris, et diacre, il fut rendu au chapitre de Paris, lesquels firent son procés. Et par sentence il fut privé de tous ses benefices, et condamné d'estre mené en un tombereau par la ville de Paris en aucuns carrefours, mitré, et mis à l'eschelle, et condamné en chartre et prison perpetuelle au pain et à l'eaüe. Et pource qu'on doutoit qu'il n'eust plusieurs amis à Paris, et aussi avoit-il, on le mena en l'evesché d'Orleans à Mehun sur Loire, en une mauvaise et dure prison, où il mourut. C'estoit l'un des hommes du royaume de France d'eglise sans prelature, le mieux beneficié, et bien garny de beaux meubles. On trouva en un tas d'avoine en son hostel seize mille vieils escus, et estimoit-on ses biens meubles bien de soixante à quatre-vingts mille escus. Le Roy eut tout. Car pour le cas privilegié, les gens du Roy le condamnerent en cent mille francs : et combien que les meubles suivissent le corps en tout cas, et fut de crime de leze-majesté, et les deust avoir eu la juridiction ecclesiastique : toutesfois tout fut pris par les officiers du Roy, sans ce que oncques le chapitre en eust aucune chose. Et au regard des autres qui furent trouvez coupables, les uns furent punis corporellement, et leurs biens confisquez. Et aux autres on leur disoit « qu'ils s'en » allassent, » sans prendre aucune chose de leurs biens. Et au regard de ceux qui s'estoient absentez de leur auctorité, leurs biens furent confisquez, et les personnes declarées bannies. Et pource qu'on veoit euidemment que la plus grande partie du peuple estoit enclin et affecté au duc de Bourgongne, on fit oster les chaisnes des ruës de la ville de Paris, et les armures et harnois au peuple, et leur fit-on commandement qu'ils portassent leurs harnois et bastons au Louvre. On fit aussi abbatre les Boucheries de Paris, et en fit-on de nouvelles en divers lieux. Et pource que les bouchers avoient une communauté, qui estoit cause de eux assembler, elle fut condamnée et abolie. Or toutes les rudesses et autres choses dessus dites, animoient plus le peuple à aimer le duc de Bourgongne, et desiroient sa venuë. Mais on n'en ozoit monstrer semblant.

Le Roy trouva par conseil, que la maniere par laquelle il pourroit plus grever les Anglois, estoit sur mer, pourveu qu'il eust puissance pour ce faire. Pour cette cause il envoya ambassade en Espagne, et aussi à Gennes, pour avoir gens et vaisseaux. De Gennes vinrent mille arbalestriers à pied, et estoient neuf capitaines, dont les

Grimaldes estoient les principaux : et avoit messire Baptiste de Grimalde deux cens arbalestriers soubs luy, lequel en son estendart portoit, *Respice finem*. Les autres huict capitaines en avoient chacun cent. Et n'avoit chacun capitaine que trois ou quatre chevaux, et leurs gens à pied, armez de bonnes brigandines, salades, et arbalestres, bien garnies de viretons. Ils entrerent à Paris deux à deux en belle ordonnance, et les faisoit beau voir. Et fit-on tellement que grands navires venoient tant d'Espagne que de Gennes, et y avoit de grands vaisseaux nommez caraques. On les equippa, et garnit-on de gens le mieux qu'on peut. Et voguerent par la mer par aucun temps, et faisoient grand dommage aux Anglois : et prirent à diverses fois plusieurs vaisseaux, dont comme nuls n'estoient pris à rançon, mais les jettoit-on dedans la mer.

En ce temps l'Empereur estoit encores en Angleterre, lequel s'employoit, et faisoit le mieux qu'il pouvoit, pour trouver paix entre les Roys; plusieurs fois il envoya en France pour la matiere. Il y eut plusieurs articles faits à diverses fois, et en diverses manieres et formes : finalement accord ou paix ne se peut trouver. Et conseilloit fort l'Empereur au roy de France, qu'on fit trefves de trois ou quatre ans. Et sembloit comme dit est, que les Anglois en eussent esté contens. Mais le Roy de ce ne fut pas conseillé, veu que de toutes parts venoient secours : et si avoit-on esperance que le duc de Bourgongne s'adviseroit, et viendroit pour faire guerre aux Anglois.

Aprés que les navires dessus dits eurent esté par aucun temps sur mer, ils se retirerent vers Dieppe, et en autres divers lieux. Les Anglois voyans et considerans qu'ils avoient grand dommage sur la mer, delibererent d'y resister, et firent finance de bons et grands vaisseaux, en intention de distraire et occuper les vaisseaux des François, et de leurs alliez. Et de faict, se mirent sur mer. Or estoient les François descendus de leurs vaisseaux à terre, et s'en vinrent en leurs marches. Les nouvelles vinrent que les Anglois estoient sur mer, et que les ducs de Bedford et de Glocestre freres du roy d'Angleterre, y estoient en personnes. Si fallut necessairement y pourvoir. Et envoya-on devers le duc de Bourgongne, pour avoir gens à y aider : mais il n'en voulut rien faire : et estoit voix et commune renommée « qu'il estoit allié aux An- » glois. » Le Roy avoit neuf grands vaisseaux esquels se mirent le vicomte de Narbonne, les seigneurs de Montenay, et de Beaumanoir, le bastard de Bourbon, et autres, accompagnez de bien peu de gens, veu la grandeur des vaisseaux. Et y avoit une partie des gens, qui estoient des arbalestriers venus de Gennes. En cet estat ils cinglerent par mer, et trouverent les Anglois en bel estat et ordonnance, et s'assemblerent et combatirent fort, et faisoient les Genevois merveilles d'armes. Que si les navires des François eussent esté bien garnis de gens, comme ils n'en estoient pas à moitié de ce qu'il falloit, les Anglois n'eussent point arresté d'estre deffaits : mais en effect les François furent desconfits, et eurent deux de leurs vaisseaux qui perirent en la mer, et deux de pris. Or si les Anglois eurent l'honneur, toutesfois y eurent-ils grande perte de gens. Les autres vaisseaux des François, et ceux qui estoient dedans, se retirerent à Brest en Bretagne.

Cette année, le quinziesme de juin, mourut le duc de Berry oncle du Roy, qui fut grand dommage pour le royaume : car il avoit esté en son temps vaillant prince, et honorable. Et se delectoit fort en pierres precieuses. Festoyoit tres-volontiers les estrangers, et leur donnoit du sien largement.

Aprés la mort de feu monseigneur de Guyenne, fils aisné du Roy, et dauphin, estoit le second fils Jean, qui avoit espousé la fille du comte de Hainaut. Lequel fut tenu et reputé dauphin, et ainsi le nommoit-on. Et estoit en Hainaut quand il sceut la mort de son frere Louys. Si delibera de s'en venir à Paris, et aussi le Roy l'avoit mandé. Et s'en vint à Compiegne, et en ladite ville luy prit une maladie, dont il alla de vie à trespassement, qui fut bien grand dommage. Car le comte de Hainaut estoit bien sage seigneur, lequel avoit intention que par son bon moyen paix se trouveroit avec le duc de Bourgongne.

Aprés la mort de Jean, fut dauphin Charles, qui avoit espousé la fille du roy de Sicile. Lequel monseigneur le Dauphin, combien qu'il fust jeune d'aage, toutesfois il avoit bien bon sens et entendement. Et avoit son chancelier, un bien prudent et sage clerc, nommé maistre Robert le Masson.

Les gens du duc de Bourgongne autour de Paris faisoient maux innombrables. Ils prirent Beaumont, qui appartenoit au duc d'Orleans. En la terre duquel seigneur ils faisoient guerre mortelle, combien qu'il fust prisonnier des Anglois, qui estoit bien piteuse chose. Aucuns se voulurent entremettre d'y mettre paix : mais rien ne fut parfait. Car tousjours ledit duc vouloit venir à Paris devers le Roy, et monseigneur le Dauphin ; et que plusieurs notables gens vuidassent, et que les bouchers, et autres, qui avoient fait les maux dessusdits, retournassent. Ce que jamais on n'eust accordé.

Au mois d'aoust, le roy d'Angleterre descendit à Toucques, vers Honfleur en Normandie, avec bien trente mille combatans. De laquelle place estoit capitaine messire Jean d'Angennes, qui y avoit commis un, qui s'appelloit Bonenfant, lequel rendit la place sans coup ferir bien laschement, et s'en vint : aussi eut il la teste coupée à bonne cause, et raison, et un sien compagnon aussi.

M. CCCCXVII.

L'an mil quatre cens dix-sept, il y avoit grandes guerres et terribles divisions par le duc de Bourgongne, cuidant tousjours venir à sa fin, d'avoir le gouvernement du royaume. Et ne luy portoient les Anglois aucun dommage. Car aussi disoit-on publiquement, qu'il avoit alliance avec eux, à quoy avoit bien grande apparence. Et avoit gens sur les champs, qui faisoient tous les maux qu'on pourroit faire, comme pilleries, robberies, meurtres, et tirannies merveilleuses, violoient femmes et prenoient à force, entroient par force et autrement dedans les eglises, les pilloient et deroboient, et en aucunes mettoient le feu, et en icelles faisoient ords et detestables pechez.

Aucune renommée estoit, que en l'hostel de la Reyne se faisoient plusieurs choses deshonnestes. Et y frequentoient le seigneur de la Trimoüille, Giac, Bourrodon, et autres. Et quelque guerre qu'il y eust, tempestes et tribulations, les dames et damoiselles menoient grands et excessifs estats, et cornes merveilleuses, hautes et larges. Et avoient de chascun costé, en lieu de bourlées, deux grandes oreilles si larges, que quand elles vouloient passer l'huis d'une chambre, il falloit qu'elles se tournassent de costé, et baissassent, ou elles n'eussent peu passer. La chose desplaisoit fort à gens de bien. Et en furent aucuns mis hors, et Bourrodon pris, et pour aucunes choses qu'il confessa, il fut jetté en la riviere, et noyé (1). Et fut deliberé pour plusieurs causes, que la Reyne s'en iroit à Blois, pour estre loin de la guerre, et y fut envoyée.

On exigeoit argent, où on le pouvoit trouver à Paris, jusques à la prise des reliques de Sainct Denys. Et mesmement fut desgarnie la chasse de Sainct Louys, qui estoit toute couverte d'or, et en fit-on des moutons vallans un escu la pièce, jusques à trente mille. Et selon ce qu'on disoit, cela ne porta aucun profit, ou bien petit.

Le duc de Bourgongne fit faire lettres à plusieurs bonnes villes, où il disoit, et mettoit ce que bon luy sembloit, pour icelles subvertir, et mettre hors de l'obeyssance du Roy, bien seditieuses. Et en envoya à Roüen, lesquelles furent receües par ceux de la ville, et leües. Et soudainement se mirent en l'obeyssance du duc de Bourgongne. Le baillif, qui estoit seigneur de bien, y cuida remedier : mais ils le tuërent mauvaisement. Or tousjours le chastel se tint en l'obeyssance du Roy. La chose venuë à la connoissance de monseigneur le Dauphin, il y alla incontinent, et entra dans le chastel. La ville se reduisit, et furent pris les principaux, lesquels eurent les testes trenchées. Et s'en retourna ledit monseigneur le Dauphin à Paris. Les villes de Rheims, Chaalons, Troyes, et Auxerre, à grande joye se mirent en l'obeyssance du duc de Bourgongne, et prirent la croix de Sainct André, en disant, « Vive Bourgongne. » Aprés la reddition d'icelles, partout on prenoit les gens du Roy, qui au temps estoyent officiers, et leur couppoit-on les testes, et pilloit, et robboit-on leurs biens. Et pour faire tuer un homme, il suffisoit de dire : « Cestuy là est Armagnac. » Aussi pareillement quand on pouvoit sçavoir ou trouver quelques uns qu'on sçavoit tenir le party du duc de Bourgongne, ils estoient punis, et leurs biens pris : c'estoit grande pitié à gens d'entendement, de voir les choses en l'estat qu'elles estoient. On se doutoit fort que à Paris il y en eust, qui avoyent grand desir que le duc de Bourgongne y entrast. Et combien qu'il y eut assez matiere d'en prendre aucuns, et leur faire desplaisir de leurs personnes, et prendre de leurs biens : toutesfois on ne le voulut pas faire. Et à ceux qu'on sçavoit evidemment estre trop extremes, on leur disoit gratieusement, « qu'ils » s'en allassent, » et au regard des biens, « qu'ils » en fissent à leur plaisir. » Il y en eut plusieurs tant de parlement, que de l'Université, et plusieurs notables bourgeois, et marchands, lesquels à grand regret s'en allerent. On ordonna

---

(1) « En ce mesme tamps (temps), la royne estant au bois de Vincennes, où elle avoit son noble estat, le Roy estant vers elle, ainsi (comme) qu'il retournoit à Paris, envers le vespre (sur le soir), rencontra messire Loys Bourdon allant de Paris au bois, lequel, en passant assez prés du Roy, lui fist la reverence, et passa outre assez legierement. Toutesfois le Roy le cognut, si ordonna au prevost de Paris qu'il allast aprés luy, le prist et en fist bonne garde, tant que autrement y auroit ordonné ; laquelle chose fut ainsi faite : et aprés, par le commandement du Roy, fut questionné, puis fut mis en un sacq de cuir, et gesté en Saine (dans la Seine), sur lequel sacq avoit escrint : *Laissez passer la justice du Roy.* » (Jean Lefebvre.)

certains capitaines à Paris, tant de guerre, que autres, qui avoyent les gardes et gouvernement des portes. Les villes de Beauvais aussi, et de Senlis, se mirent en l'obeyssance du duc de Bourgongne.

Le comte d'Armagnac, connestable de France, estant à Paris, le seigneur de l'Isle-Adam envoya vers luy, en luy escrivant que s'il luy vouloit bailler charge de gens d'armes, jusques à cent chevaliers, et escuyers, qu'il les fineroit pour employer au service du Roy. Lequel connestable luy manda qu'il avoit assez de gens. Plusieurs nobles aussi s'offroyent, lesquels il refusa, dont grand mal en vint. Car ils se mirent en l'obeyssance du duc de Bourgongne.

Beaumont, qui avoit esté pris par les Bourguignons, fut recouvert par les gens du Roy, et y eut de ceux de dedans plusieurs morts et pris. Le seigneur de Viepont avoit charge de gens d'armes de par le duc de Bourgongne, et avoit le gouvernement de Champagne. Il estoit sur les champs avec certaine quantité de ses gens, et rencontra des compagnons qui portoient la croix droite, lesquels il prit, et les voulut amener à Beaumont, cuidant qu'il fust encores en l'obeyssance du duc de Bourgongne. Or il fut rencontré par ceux qui estoient dedans, et les François qu'il avoit pris furent rescous. Ledit seigneur de Viepont y fut pris, puis mené à Paris, où il eut la teste couppée.

En l'Isle de France, ès forests de Hallate, de Senlis et de Montmorency, brigands se mirent sus, qui faisoient maux innombrables. Tous ceux qu'ils prenoient ils les tuoient, et specialement ceux qui portoient la croix droite : mais aussi bien courroient-ils presques sur tous autres.

Aucuns disent que en ce temps arriva la bataille sur mer des François et Anglois, où estoit le bastard de Bourbon, dont dessus est faite mention, où les François par defaut de leurs vaisseaux mal equippez de gens furent desconfits. Et selon ce que disoient mesmes les Anglois, ce fut merveilles de la bataille et resistance des François, et des armes qu'ils firent. Le Roy y eut bien grand dommage.

Le roy d'Angleterre accompagné de bien cinquante mille combatans, comme on disoit, vint mettre le siege devant Honnefleur en Normandie. Il ordonna ses gens et son artillerie, et y fut bien trois semaines. Ceux de dedans la place se defendirent fort. Et y eut de vaillantes armes faites, de traict il y avoit assez, qui apporta specialement grand dommage aux Anglois. Le roy d'Angleterre, voyant que pour lors il ne les pourroit aisément avoir, il s'en partit, et s'en vint devant Caën, où estoit le seigneur de Montenay, qui devoit avoir en sa compagnée quatre cens combatans ; et pour tel nombre fut-il payé et contenté, lequel n'en avoit pas deux cens. Après que le roy d'Angleterre y eut esté par aucun temps, il entra dedans. Du chastel de Toucques et de Caën s'en alla ledit Roy, et vint passer par devant Falaise, qui estoit bien garnie de gens de guerre, et alla devant Argenten, de laquelle estoit capitaine un nommé Larconneur, lequel assez aisément la rendit. D'Argenten il vint devant la ville et chastel d'Alençon, dont estoit capitaine le Galois d'Ache chevalier, et n'y fut ledit roy d'Angleterre que un jour et une nuict, qu'il ne la rendist. D'Alençon envoya iceluy roy d'Angleterre devant Fresnoy, et plusieurs autres places, lesquelles se rendirent. Or avant qu'il partist dudit lieu d'Alençon le duc de Bretagne vint devers luy : et disoit-on que ce duc s'agenoüilla, et qu'il fut assez longue piece à genoux devant luy, avant qu'il luy dist : Levez-vous. Il y eut plusieurs parlemens entre eux : finalement on disoit que ledit duc traita pour son pays de Bretagne et avoit fait certains sermens bien grands, contre la loyauté qu'il devoit au Roy son souverain seigneur. Le roy d'Angleterre avoit en sa compagnée les ducs de Clarence et de Glocestre ses freres, et les comtes de la Marche, d'Orset, Warvic, Arondel, Salbery, Suffolc, Quent, et plusieurs autres barons. Or quand il vid qu'il ne trouvoit aucune resistance, il envoya mettre le siege devant plusieurs places fortes, comme le comte d'Orset devant Cherbourg, messire Henry Philizen grand chambellan devant Danfront, le comte de Warwic, et le seigneur de Tallebot devant Bayeux, Constances, Carenten, et autres places. Et ne trouva resistance, sinon à Cherbourg, où il y eut plusieurs beaux faicts d'armes, et seulement s'y tinrent trois mois. Ils ne trouvoient personne qui resistast, sinon aucuns de ceux du pays qui s'estoient retirez dedans les bois, dont estoit capitaine un qui se nommoit Mixtoudin, et tous ceux qui faisoient guerre se nommoient à luy. Ce fut la premiere resistance qu'ils trouverent en Normandie.

En ce temps, ès dioceses de Chaalons et de Troyes se leva un foudre ou tonnerre, et merveilleuse tempeste de gresle. Et bien par quatorze heures durant, furent tous les bleds, vignes, et autres fruicts destruits, foudroyez, et battus mieux, et plus que de fleaux, et si tua plusieurs personnes. Et en aucunes des personnes qui furent tuées, il fut trouvé que leurs os estoient tous comminuez et desrompus, sans ce que la peau et la chair fussent aucunement entamez.

La foudre cheut à Nostre-Dame de Essonne,

se assit vers le crucifix, en rompit les bras, les jetta à terre, et laissa le demeurant aussi noir que charbon : et toutes les images qui avoient aucune representation de la passion de nostre Sauveur Jesus-Christ, fit tous noirs comme le crucifix. Puis s'en alla laissant et demeurant une puanteur si merveilleuse, que par aucun temps il n'y avoit personne qui peust demeurer en l'eglise.

Le duc de Bourgongne voyant que le pont de Beaumont luy seroit bien scant, vint devant la place, et l'assiegea. Et par le moyen du seigneur de Lisle-Adam luy fut renduë, et venduë. De là il s'en alla à Beauvais, et mit de toutes parts garnisons autour de Paris, lesquels faisoient tous les maux qu'ils pouvoient et scavoient.

Le Roy delibera d'envoyer une ambassade vers le roy d'Angleterre : et y fut l'archevesque de Rheims qui lors estoit, et plusieurs notables gens de divers estats. Le roy d'Angleterre les receut bien gratieusement, et y eut plusieurs matieres ouvertes d'avoir paix. Mais il voyoit les divisions qui estoient, et luy sembloit bien qu'il auroit tout. Donc n'y firent rien lesdits ambassadeurs, parquoy ils s'en revinrent à Paris. Ils sceurent par aucuns Normans qui estoient ja avec le roy d'Angleterre, les alliances et promesses qui estoient entre luy et le duc de Bourgongne : esquelles toutefois il ne se fioit pas trop, et luy sembloit que son alliance n'estoit pas seure, veu les manieres qu'il tenoit contre le Roy son souverain seigneur.

La ville de Pontoise se mit, rendit, et obeyt au duc de Bourgongne, de laquelle estoit capitaine un gentilhomme nommé Maurigon, qui ne s'en doutoit point, ny n'en voyoit aucune appercevance : et soudainement prirent la croix de Sainct André, et bouterent hors les gens du Roy, et vinrent les gens du duc de Bourgongne pour entrer dedans : mais avant qu'on les laissast entrer ils jurerent et promirent, que aucuns desplaisirs ne dommages ne seroient faits aux habitans : mais les conserveroient et garderoient en leurs personnes, corps, et biens meubles, et immeubles. Après les promesses ainsi faites ils entrerent dedans, où manquans de parole ils pillerent et deroberent une partie des bourgeois de la ville, et mesmement des plus riches : car en ce temps quiconque estoit riche il estoit reputé Armagnac, et pillé, derobé, ou tué.

Le duc de Bourgongne avoit intention d'aller devant Sainct Denys. On le sceut, et pource on envoya dedans deux vaillans chevaliers, l'un nommé messire Guillaume Bataille, et l'autre messire Hector de Pere, bien accompagnez de gens de guerre. Quand le duc le sceut il se deporta d'y aller, et s'en alla vers Sainct Germain en Laye. Et le pont de Poissy, Meulant, Mante, et Vernon se rendirent et mirent en son obeyssance. Et partout les nobles, et specialement les riches, estoient pillez, derobez, ou rançonnez, et aucuns mis dehors.

Le duc de Bourgongne vint devant le pont de Sainct Cloud, car il sembloit à ses capitaines qu'ils l'auroient facilement, et envoya incontinent sommer celuy qui en avoit la garde, nommé Adenet Trochelle, qu'il luy rendist la place. Lequel respondit, « que le Roy luy en avoit baillé » la capitainerie, et luy avoit fait faire le ser- » ment qu'il ne la rendroit qu'à luy, ou à mon- » seigneur le Dauphin, et que autrement il ne » la bailleroit. » Alors on fit approcher les canons et bombardes, et jetterent lesdits engins, et fit-on plusieurs essays par plusieurs fois pour l'avoir, mais rien n'y profitoit. Les capitaines de dedans avoient bonne volonté de se defendre, car ils estoient garnis de bon traict, et portoient grand dommage aux gens du duc de Bourgongne, et plusieurs en tuoient et navroient. Finalement si vaillamment se porterent, que les Bourguignons à leur grande honte et confusion s'en allerent : dont aucuns s'en allerent mettre le feu en une maison, qui estoit audit seigneur de Traignel, assise en un village nommé Rueil, qui estoit l'un des plaisans lieux et delectables, qu'on peust trouver : et y avoit de moult belles fontaines, dont ils rompirent et despecerent les pierres moult belles : et si y avoit une chappelle moult plaisante, qui fut toute arse.

Au partir de Sainct Cloud, le duc de Bourgongne s'en vint devant Paris à Montrouge, Vaugirard, Meudon, Vanves, et en tout ce pays du costé des portes Sainct Jacques, de Sainct Michel, et de Bourdelles, en faisant maux innombrables : et monstroit evidemment qu'il taschoit d'assieger Paris, où il cuidoit entrer par force, ou par quelque trahison. Mais ceux mesmes qui avoient affection pour luy estoient tres mal contens : car il voyoit les Anglois faire conquestes en la duché de Normandie, auquel il se deust estre employé à y resister, et en ce faire son devoir : et il faisoit guerre en effect au Roy, et destruisoit le pays, dont le Roy se pouvoit aider : parquoy on imaginoit bien, et faisoit conclurre, qu'il estoit allié des Anglois : car en effect il leur aidoit tant comme il pouvoit, ou au moins empeschoit que les gens du Roy ne s'employassent à defendre le royaume contre les anciens ennemis. On mit gens tant de guerre, que autres, à la garde des portes, specialement à celles de Sainct Jacques et de Bourdelles, car les autres estoient fermées. A celle de Sainct

Jacques estoient commis messire Robert de Loire, Pelisson, Bourgeois, et messire Baptiste de Grimalde avec les Genevois, et tous les jours deux dixaines de Paris. Et de jour et de nuict y avoit gens de guerre, et des arbalestriers, qui gisoient dedans le boulevart, et defendit-on qu'on ne laissast sortir personne. Et à la porte Bourdelles y avoit des Gascons soubs un chevalier nommé messire Daudonnet, et des gens de Paris. Ceux de dehors faisoient escrire à aucuns de Paris plusieurs lettres, pour cuider faire aucunes commotions et seditions. Mais ceux qui les recevoient les apportoient au conseil du Roy. Entre les autres, un chevalier nommé messire Jean de Neufchastel, seigneur de Montagu, envoya lettres par un poursuivant (1) audit seigneur de Traignel : car ils estoient parens, et au temps passé bons amis, lesquelles estoient bien seditieuses, et furent monstrées au conseil du Roy, et n'en tint-on compte. Or vint ledit seigneur de Traignel à la barriere parler audit poursuivant. Et luy demanda, « s'il diroit au duc de » Bourgongne ce qu'il luy diroit, » lequel respondit que oüy. Et lors ledit seigneur de Trai- » gnel luy dit, « Dites à monseigneur de Bour- » gongne que ce n'est pas honneur à luy, que » ses gens ardent et bruslent les maisons, et » que c'est petite vengeance, et qu'on a bouté » le feu en ma maison de Rueil, et que si luy » ou ses gens luy vouloient rien demander, on » se trouveroit à la barriere. » Lequel poursuivant, après ce qu'il eut dit au duc de Bourgongne, il fit crier « qu'on ne boutast aucuns feux. » Peu d'escarmouches y avoit, car on avoit defendu que personne ne saillist. Toutesfois les arbalestriers de Gennes sailloient aucunes fois à pied tous armez, avec leurs arbalestres et carquois garnis de viretons (2), lesquels s'embuscherent és vignes et maisons, et tuoient des chevaux et des gens du duc de Bourgongne, et amenoient leurs bagues à Paris. Une fois advint que les gens du duc de Bourgongne delibererent de les prendre, ou tuer, et mirent une bien grosse embusche derriere les Chartreux, et y en eut une partie qui vinrent vers Nostre-Dame des Champs, pour les cuider enclorre ; lors se leva une escarmouche, ce qui fit que messire Guichart de Loire monta à cheval, et avec luy environ trente à quarante lances, lesquels vinrent vers le chemin de Montrouge. Alors commencerent gens d'armes des villages à saillir, et l'embusche des Chartreux se mit entre eux et la ville. Ledit de Loire et ses gens, voyans qu'ils estoient comme enclos, frapperent par le milieu, et passerent outre, et s'en vinrent mettre à Nostre-Dame des Champs, par la porte qui va aux Chartreux : il y perdit un homme d'armes, et fut suivy jusques à ladite porte, où il y avoit des Genevois, et y en eut de vingt à vingt-quatre de morts, et des Bourguignons aussi en demeura-il. Cela fit qu'il y eut à Paris une grande alarme : et vint le comte d'Armagnac, et une grande partie de ses gens tous armez jusques à la porte ; les François s'estoient ja tous retirez en la ville, et fut tres-mal content de ce qu'on estoit issu, veu les defenses qui avoient esté faites, qu'on ne laissast sortir personne, et dit qu'il feroit coupper les testes à ceux par lesquels cela avoit esté fait : mais il fut appaisé.

Les gens dudit duc de Bourgongne mirent le siege à Oursai, un chastel qui estoit de nouveau fait vers Marcoussis, dont estoit chef un Savoysien, nommé messire Watelier Vast, qui avoit grande charge de gens. Cela vint à la cognoissance dudit messire Dandonnet, qui estoit à la porte Bourdelles : lequel assembla des gens, et en un soir partit de Paris, si bien qu'au poinct du jour il vint frapper sur ceux qui tenoient ledit siege, lesquels ne s'en donnoient de garde, et ainsi fit lever ledit siege, et plusieurs en tua, mesme en amena aucuns prisonniers à Paris, ausquels il fit bonne compagnée, les renvoyant en payant legere finance.

Ceux de Provins avoient un capitaine bien homme de bien, nommé Pierre de Chailly, qui avoit esté à madame de Guyenne, fille du duc de Bourgongne, lequel les gouvernoit le plus doucement qu'il pouvoit. Et au pays estoit un capitaine nommé Cablot de Duilly, Lorrain, qui avoit grande compagnée, et gens de toutes nations en sa compagnée : lequel ceux de la ville en un matin mirent dedans, et luy ouvrirent la porte : mais premierement ils luy firent jurer et promettre, qu'il ne pilleroit ou desroberoit personne en la ville, et se gouverneroit bien et doucement, sans faire desplaisir à personne ; moyennant laquelle promesse luy et ses gens entrerent en ladite ville : et n'y peut ledit de Chailly remedier, mais luy-mesme fut pris, et l'envoya-on dehors luy, ses serviteurs, et chevaux. Quand ledit Cablot y eut esté par aucun temps, il en pilla et desroba ainsi, et de tels que bon luy

---

(1) « Un poursuivant, met en note Godefroy, estoit celuy qui par l'experience de sept années se rendoit capable de parvenir aux charges et degrés de héraut, puis de roy d'armes. »

(2) « Vire ou vireton est une espèce de traict d'arbalestre, lequel tiré vole en tournant. » (Godefroy.)

sembla, specialement de ceux qui avoient argent, ou renommée d'estre riches. Et commença à courre le pays, piller, desrober, et mettre feux, selon ce qu'on a accoustumé de faire en Lorraine. Pour abreger luy et ses gens faisoient maux innombrables.

En la Brie, brigans se mirent sus, specialement parmy les bois, et s'y estoient assemblez bien de cinq à six cens vers le chasteau de Montagu. Le baillif de Meaux se mit sus pour y remedier, et en fit pendre que tuer en la place bien quatre cens. Et ainsi le pays fort se depeuploit, les uns s'en alloient en pays lointains, où il n'y avoit point de guerre, et les autres on les tuoit, ou mouroient de faim.

Un capitaine de gens d'armes estant au comte d'Armagnac prit Beaumont sur les gens du duc de Bourgongne. Lequel duc delibera de mettre le siege à Corbeil, et luy sembloit qu'il l'auroit aisément. Mais depuis qu'il l'eut assiegé, secrettement le seigneur de Barbasan, et Bertrand de la Tour entrerent dedans la ville du costé de delà : et y fut ledit duc et son ost devant : mais il apperceut bien qu'il perdoit ses peines, et s'en partit, et delaissa son siege : car il y perdoit de ses gens, tant par les saillies que faisoient ceux de dedans, comme aussi des canons, et traict, dont ils estoient bien garnis.

Le duc s'en vint après vers Montlehery, et se rendirent ceux de dedans par certaine composition, sans coup ferir.

Les villes de Troyes, et de Chartres se mirent en l'obeyssance du duc de Bourgongne. Et y eut des officiers du Roy et des gens riches reputez Armagnacs, pillez et desrobez, et aucuns executez. Les autres s'absentoient, et abandonnoient tout, dont plusieurs estoient moult gens de bien.

Comme dessus a esté dit, on envoya la Reyne hors de Paris, pour estre plus seurement, et hors de la guerre, vers Blois et Tours, dont elle estoit tres-mal contente : car on luy osta aussi le gouvernement des finances, et luy diminua-on son estat, tant de gens, que d'argent. Quand le duc de Bourgongne sceut qu'elle estoit ainsi indignée, il envoya secretement vers elle luy parler de bouche. Et par l'issuë qu'on vid depuis, il y eut conclusion prise entre la Reyne et le duc, qu'elle s'en iroit en pelerinage à Marmoustier, et que là il viendroit aussi. Or le deuxiesme jour de novembre, sans ce qu'on s'en donnast de garde, et sans grande quantité de ses gens soudainement il s'en vint à Marmoustier, et là trouva la Reyne, et s'entre-firent tres-bonne chere : et quelques dissensions qu'il y eust eu au temps passé, touchant les desplaisirs que le duc luy avoit faits, tout fut pardonné, et fut la paix faite. Il y eut des gens de la Reyne pris, et mis à finance comme ennemis. Et mesmement maistre Guillaume Toucheau son chancelier, et maistre Jean Picart son secretaire. Et se rendit la ville de Tours au duc de Bourgongne, et y en eut de pris et pillez, et les autres mis dehors : bref il y fut fait comme aux autres villes : de là il s'en alla à Joigny, et emmena la Reyne avec luy.

Le duc de Bourgongne avoit laissé gens dedans Montlehery. Messire Tanneguy du Chastel prevost de Paris alla devant, et recouvra la place, et la mit en l'obeyssance du Roy. Et fut par composition, que ceux de dedans s'en allerent sauves leurs vies.

Or pource que plusieurs saincts peres avoient au temps passé donné et octroyé aux roys de France bulles, par lesquelles ils vouloient et declaroient « excommuniez tous ceux qui fe- » roient assemblées de gens d'armes sans le » congé et licence du Roy ; » et mesmement telles, et en la forme et maniere que faisoit le duc de Bourgongne. Il fut advisé par notables clercs, et conclud, « que ledit duc de Bour- » gongne, et tous ses adherens, favorisans, et » complices, estoient excommuniez, et tels on » les devoit denoncer et publier ; » et ainsi fut fait.

Comme dit est, le duc de Bourgongne et ses adherens taschoient tousjours à trouver maniere qu'il entrast dedans Paris. Il y eut une bande d'un homme d'Eglise, et aucuns meschans mesnagers de Paris, qui entreprirent certain jour pour le faire entrer par la porte Bourdelles. Et firent leur conspiration en une maison estant prés des murs és marches de ladite porte : mesmes disent aucuns que un serrurier de leur ligue avoit contrefait des clefs, et si avoient limes, scies sourdes, et grosses turquoises et instrumens pour legerement ouvrir ladite porte. Et prirent jour et heure, pour ce faire : ce qu'ils firent sçavoir au duc de Bourgongne, et l'un d'eux mesmes estoit allé vers luy, et promit d'amener ou envoyer gens au jour et heure : et que luy-mesme s'approcheroit, ce qu'il n'oublia pas. Et envoya au jour et heure, et s'approcha. Entre les autres capitaines de guerre, il y envoya messire Hector de Saveuse vaillant chevalier. Or est vray qu'il y avoit en la ruë Sainct Jacques un pelletier, qui en estoit consentant, lequel advisa et considera le grand inconvenient qui s'en pouvoit ensuivre, parquoy il s'en vint le soir, dont l'entreprise en la nuit se devoit faire, vers ledit messire Tanneguy du Chastel prevost de Paris, en luy priant qu'il luy voulust faire pardonner ce qu'il avoit mespris, et il luy diroit une grande mauvaistié d'une conspiration faite contre la ville. Lequel prevost luy promit ce qu'il requeroit, et encores qu'il seroit remuneré : lors il luy va declarer ce que dit est : et que ceux qui le devoient faire, s'il vouloit, environ les dix heures au soir, il les trouveroit en ladite maison tous assemblez, laquelle estoit à maistre Jacques Braulart, qui estoit conseiller du Roy en parlement. Le prevost ne dormit pas, et alla à ladite maison, et là les trouva, et furent tous pris et menez en Chastelet. Et au surplus on mit guet sur la porte, et y eut des arbalestriers de Paris, qui avoient de bien fortes arbalestres. Les gens du duc de Bourgongne vinrent, et des premiers vint messire Hector de Saveuse et ses gens, lesquels furent bien servis de traict, et y fut navré ledit messire Hector : si s'en retournerent. Et de ceux qui furent pris et mis en Chastellet, il y en eut plusieurs qui eurent les testes couppées : et à celuy qui avoit revelé la chose, fut tenu ce qu'on luy avoit promis, et luy donna-on largement argent : mesme par Paris, pource qu'il avoit sauvé la ville, on l'appelloit le Sauveur.

Le duc de Bourgongne és villes qui s'estoient mises en son obeyssance il fit cheoir les aydes, et ne payoit-on aucuns subsides, et crioit-on fort : « Vive Bourgongne. » Et vivoient ses gens sur les champs des biens de ceux des bonnes villes, qu'on appelloit Armagnacs, qui estoient communément les plus riches, et mieux meublez. Ceux de la ville et cité de Roüen se reduisirent derechef en l'obeyssance du duc de Bourgongne, et pillerent et desroberent tous les officiers du Roy sur le faict des aydes, et aussi les fermiers : mesmes il y en eut de pris des plus riches de la ville, lesquels furent mis à finance, et payerent argent, et demeurerent : aucuns autres furent jettez en la riviere, ou tuez : c'estoit grande et excessive pitié des villes où tels cas advenoient.

Le roy d'Angleterre en Normandie ne trouvoit aucune resistance, et en peu de temps conquesta presque toute la duché d'Alençon, et eut Lisieux et Evreux. Il mit le siege devant Falaise, dont estoit capitaine messire Olivier de Mauny, lequel estoit au chastel : en la ville estoit le mareschal de la Fayette, lequel ne tint guieres la place, et fut renduë au roy d'Angleterre : mais le chastel ne fut pas si tost rendu. Car messire Olivier estoit un vaillant chevalier, et luy et ses gens fort se defendoient. Et y proceda le roy d'Angleterre par jetter bombardes, et canons, et faire mines. Or veu qu'il ne pouvoit plus guieres tenir, et qu'il sçavoit bien qu'il n'auroit aucun secours, il rendit la place par certaine composition : mesmement s'obligea ledit de Mauny de remettre la place en l'estat qu'elle estoit au temps que le roy d'Angleterre y mit le siege. Et de ce, fallut qu'il baillast bonne seureté. Ainsi le roy d'Angleterre eut toute la basse Normandie en sa main, excepté le Mont Sainct Michel.

Le duc de Bretagne s'en revint vers le roy d'Angleterre. Et disoit-on qu'il s'estoit aucunement allié avec luy : quoy qu'il en fust, il luy avoit promis de ne luy nuire point à la conqueste qu'il faisoit. Plusieurs places se rendoient à ce Roy qui faisoit plusieurs sieges : aussi n'y avoit-il personne qui resistast, sinon un qui se nommoit le bastard Mixoudin, lequel faisoit plusieurs courses sur les Anglois, et leur portoit de grands dommages. Il mit le siege au Pont de l'Arche, et le prit. Et cependant France par ses gens mesmes se destruisoit. Le roy d'Angleterre vint devant Dreux, où estoit un capitaine nommé messire Raimonnet de la Guerre, qui avoit assez bonne compagnée de gens de guerre, et faisoit plusieurs saillies, et fort se defendoit : c'estoit merveilles des belles et vaillantes armes qu'il faisoit : et s'en esbahissoient le roy d'Angleterre, et tous les princes et gens de guerre de son ost.

En ce temps, Martin fut esleu pape à Rome (1).

Barbasan et messire Tanneguy du Chastel, estoient vers Estampes, lesquels mirent en l'obeyssance du Roy plusieurs places, lesquelles s'estoient renduës en l'obeïssance du duc de Bourgongne. Et vinrent devant Chevreuse, où estoient de vaillantes gens de la part du duc de Bourgongne, lesquels fort se defendoient. Lesdits Barbasan et Tanneguy envoyerent à Paris querir des gens et de l'artillerie : aucuns y furent envoyez ainsi qu'ils le requeroient. Finalement aprés que la ville eut esté battuë, elle fut assaillie et prise d'assaut. Il y eut des assaillans qui se porterent vaillamment, et aussi ceux de dedans se defendoient merveilleusement, et y eut des assaillans blessez : au regard de ceux de dedans, peu y en eut de mis à finance, et s'en retournerent les gens du Roy à Paris.

A Senlis estoit un capitaine nommé le bastard de Thien, que on nommoit et reputoit vaillant homme, et aussi estoit-il. Luy et ses gens faisoient beaucoup de maux autour de Paris, en plusieurs manieres : et pource il fut deliberé et conclud au conseil du Roy, que nonobstant l'occupation, et la grande peine et travail qu'on

---

(1) Martin V. Cette élection fit cesser le schisme qui depuis cinquante ans désolait l'Eglise.

avoit de resister d'un costé aux Anglois, et d'autre part aux entreprises du duc de Bourgongne, et aux maux que ses gens faisoient, qu'on mettroit le siege devant Senlis. Or partirent pour cette cause de Paris le comte d'Armagnac connestable de France, le seigneur de Barbasan, et le prevost de Paris. Le Roy alla à Creil, où pendant le siege il se tenoit : le bastard de Thien faisoit des saillies et sorties, souvent à la perte de ses gens, et aucunes fois aussi faisoit du dommage aux assiegeans. Ceux de la ville ne demandoient que traité, et de se mettre en l'obeïssance du Roy. Mais les gens de guerre estans avec ledit bastard estoient maistres. Toutesfois maniere de traité fut ouverte, et y entendit le Roy, et ceux qui estoient avec luy, car on avoit trop affaire en plusieurs lieux. Pour conclusion il y eut accord fait, « que les » gens de guerre sauves leurs vies et biens s'en » iroient, et abolition seroit donnée à eux, et » à ceux de la ville : » Or pour entretenir et accomplir ledit traité, ceux de la ville baillerent ostages gens notables, c'est à sçavoir l'abbé de Sainct Vincent, l'advocat du Roy, et six autres : et sous ombre de ladite promesse qu'avoient fait ceux de la ville, le siege se leva, et s'en revint le Roy à Paris. Quand le bastard de Thien vid que le siege se levoit, et qu'on cuidoit que au jour il deust rendre la ville, il dit plainement « qu'il ne la rendroit point : et que » si on couppoit les testes aux ostages, qu'il » avoit aussi des prisonniers ausquels il les fe- » roit coupper. » Et ainsi advint. Car les gens du Roy, veu qu'on leur avoit failly et manqué sur les promesses que on leur avoit fait, firent coupper les testes aux ostages, excepté à l'abbé de Sainct Vincent, et à l'advocat du Roy. Et pareillement le bastard de Thien fit bien mourir vingt prisonniers qu'il avoit : les autres aussi avoient plusieurs prisonniers, que semblablement ils firent mourir : et parce c'estoit destruction des François les uns contre les autres, qui au lieu de ce eussent deu trouver maniere de resister conjointement aux anciens ennemis les Anglois. C'estoit grande pitié, car le pere contre le fils, et le frere contre le frere estoient bandez, faisans guerre les uns contre les autres en cette maudite querelle, qu'on disoit de Bourgongne et Armagnacs. Les religieux laissoient leurs habits de religion, et prenoient harnois et chevaux, et s'exerçoient aux armes, mesmes aucuns se faisoient capitaines, et prenoient gens soubs eux, non seulement pour se garder et defendre leurs personnes, et terres, mais faisoient et exerçoient courses et faicts de guerre, pilloient et deroboient comme les autres. Et faisoit-on de toutes parts maux innombrables.

Le roy d'Angleterre tousjours conquestoit et prenoit places, tant en la duché de Normandie, que en la comté du Maine, et ne trouvoit aucune resistance, sinon d'aucuns gentils-hommes de bonne volonté. Entre les autres y avoit un gentil escuyer nommé Ambroise de Loré, qui estoit dans le chastel de Courseries, et mettoit peine de trouver et attraper les Anglois : or en une journée il rencontra un capitaine anglois, nommé Guillaume de Bours, et ses gens. Ils se rencontrerent et battirent tres-bien les uns les autres, et demeura la victoire aux François.

Entre les autres villes qui se rendirent au duc de Bourgongne, la cité de Roüen en fut une : monseigneur le Dauphin Charles y alla, car le chasteau tenoit pour luy, où il y avoit de vaillantes gens, il y eut plusieurs grandes escarmouches entre ceux de la ville et du chastel : enfin aprés trois ou quatre jours, ils cognurent leur faute, et y entra ledit seigneur par traité, comme il est, et y laissa pour garder la ville le comte d'Aumalle, Pierre de Rochefort, et plusieurs autres nobles seigneurs, qui garderent la ville par sept ou huict mois : mais nonobstant ce, les habitans avoient tousjours le courage et le cœur enclin au party de Bourgongne, ce qu'à la fin ils monstrerent par effect, et fallut que lesdits seigneurs en partissent. Ils se disoient neantmoins tousjours au Roy, mais c'estoit soubs le duc de Bourgongne.

Audit an mille quatre cens et dix-sept, les Anglois en la comté du Maine prirent plusieurs places, comme Beaumont le Vicomte, Balan, Tonnerre, Loue, Roussay, Nouans, Dan, et plusieurs autres : il n'y avoit aucune resistance, sinon d'aucuns pauvres compagnons, qui se tenoient és bois. Et en prenoient les Anglois, et les amenoient és forteresses, et les autres jettoient en la riviere. Puis mit le roy d'Angleterre le siege devant le Pont de l'Arche, qui luy fut rendu ville et chastel. Outre ce il prit plusieurs places au dessous et au dessus de Roüen.

Environ ce temps le bastard d'Alençon avec plusieurs autres, jusques au nombre de cinq à six cens chevaux, se mit sur les champs : il trouva un Anglois nommé Haimon Hacquelet, accompagné de quatre-vingts Anglois ou environ, lequel quand il vid les François il descendit avec ses gens à pied le long d'une haye. Les François frapperent sur les Anglois, mais aux Anglois demeura le champ et la victoire, et y eut des François tuez et pris.

Les François du pays du Mayne assemblerent

gens, pour cuider faire lever le siege que le comte de Warwic tenoit devant Donfront; de laquelle entreprise estoit chef ledit bastard d'Alençon; mais ils ne furent pas conseillez de frapper et donner sur eux : au lieu de cela ils vinrent devant Fresnay, qui leur fut rendu, aprés devant Beaumont le Vicomte, mais ils s'en allerent sans rien faire : ce jour mesme Ambroise de Loré et Pierre de Fontenay y mirent le siege; ils y furent huict jours, et leur fut rendüe, et si recouvrerent bien douze ou quinze forteresses.

◇◇◇

M. CCCCXVIII.

L'an mille quatre cens et dix-huit, nostre sainct pere le Pape avoit bien oüy parler des grandes tribulations qui estoient au royaume, tant par les divisions que les seigneurs avoient les uns contre les autres, comme aussi par les Anglois. Et pour trouver par tout maniere de paix, il envoya le cardinal des Ursins, et celuy de Sainct Marc en France. Lesquels y vinrent, et furent receus grandement et honorablement en divers lieux. Or fut ouverte matiere de paix, et articles faits et accordez d'un costé et d'autre, le jour du Sainct Sacrement, qui furent publiez à Paris le samedy vingt-septiesme jour de may.

Or est à croire, que Dieu vouloit encores chastier ce royaume : car le dimanche vingt-huictiesme jour dudit mois, les Bourguignons entrerent à Paris : et pour sçavoir la maniere, il est vray, comme dessus a esté touché, que le duc de Bourgongne avoit de grands fauteurs à Paris. La cause en vint de ce qu'on faisoit plusieurs et diverses exactions indeuës par manieres d'emprunts, et en autres manieres sur les bourgeois, et specialement sur ceux qu'on sçavoit avoir dequoy, sans nul espargner : cela faisoit qu'il y avoit des envies les uns sur les autres : parquoy taschoient fort les amis de ceux qui estoient chassez dehors, de mettre leurs amis dedans la ville, et rechercheoient pour cette cause le moyen de mettre le duc de Bourgongne dedans. De plus il y avoit des gens de guerre, qui avec leurs valets et serviteurs, faisoient des desplaisirs à aucuns bourgeois de Paris, et à leurs serviteurs : specialement un nommé Perrinet le Clerc, fils de Pierre le Clerc l'aisné, demeurant sur le petit Pont, qui estoit un bon marchand de fer, et de choses touchant le fer, riche homme, bon preudhomme, et bien renommé, lequel estoit quartenier, et avoit la garde de la porte de Sainct Germain des Prez : le plus souvent il envoyoit sondit fils asseoir le guet, lequel une fois en s'en retournant fut vilenné, et injurié, voire battu et frappé par aucuns serviteurs de ceux qui estoient principaux du conseil du Roy : de ce fut plainte faite au prevost de Paris, et à son lieutenant, afin que justice s'en fît. Mais on n'en tint compte, dont ledit Perrinet fut mal content, en disant « que une fois il s'en vengeroit. » Et comme dit est, à Paris estoient plusieurs, qui secrettement tenoient le party du duc de Bourgongne, mesmement des parens, amis et alliez du seigneur de Lisle-Adam. Or il y en eut qui sceurent que ledit Perrinet le Clerc estoit mal content; partant vint-on parler à luy, pour sçavoir et trouver maniere, comment on pourroit mettre le seigneur de Lisle-Adam et ses gens dedans : lequel dit, « qu'il prendroit bien à desceu, et subti- » lement sans qu'il y parust, les clefs de la » porte de Saint Germain, que son pere avoit en » sa garde. » Et fît tant qu'il induisit tous ceux de la Dixaine avec luy : aussitost on envoya vers le seigneur de Lisle-Adam, qui avoit prés de luy en aucunes places deux capitaines bourguignons : c'est à sçavoir le seigneur de Chastelus, et le Veau de Bar : enfin y eut jour pris au dimanche vingt-huictiesme jour de may, dont le samedy de devant, la paix avoit esté publiée : et vinrent à ladite porte de Sainct Germain : et firent aussi ledit Perrinet le Clerc et ses alliez grande diligence de venir à la porte, laquelle ils ouvrirent. Et entrerent lesdits capitaines dedans, criant : « La paix, la » paix, Bourgongne. » Le peuple n'osoit saillir hors de leurs maisons, jusques à ce qu'ils vinrent és rües de Sainct Denys et de Sainct Honoré, tirans vers l'hostel du comte d'Armagnac. Là de toutes parts sailloit le peuple, prenans la croix de Sainct André, et crians : « Vive Bour- » gongne. » Et assaillirent l'hostel dudit comte, lequel en habit dissimulé pour lors s'eschappa, et mussa en l'hostel d'un maçon, qui depuis l'accusa : si fut pris et mené au Palais. Aussi fut-on en l'hostel du chancelier de France, lequel on prit, et pareillement fut mené au Palais. Messire Tanneguy du Chastel oüyt le bruit, et s'en vint hastivement en l'hostel de monseigneur le Dauphin, lequel dormoit en son lict : et ainsi que Dieu le voulut, le prit entre ses bras, l'enveloppa de sa robbe à relever, et le porta à la Bastille de Sainct Antoine. Là le fit habiller, et le mena jusques à Melun. Le Veau de Bar envoya en l'hostel du seigneur de Traignel, luy faire dire qu'il se sauvast : et que nonobstant qu'il luy eust fait grand plaisir en la Chappelle de Tierache, en estant cause de luy sauver la vie, qu'il ne sçauroit cette fois sauver. Donc il s'en alla par la riviere en nasselle jusques à Sainct Victor, et de là à pied jusques à Corbeil, où le prevost de la ville luy ayda de chevaux : il ne fut pas un quart de lieuë outre Corbeil, que le commun ne s'emeust : et le lendemain on couppa la teste audit prevost. De declarer les meurtres, pilleries, robberies, et tirannies qui se faisoient à Paris, ce seroit chose trop longue et piteuse à reciter. On prenoit gens : les uns estoient mis en prisons privées en maisons, en intention de les garder pour avoir argent, les autres estoient menez au grand et petit Chastellet, au Louvre, au Temple, à Sainct Martin des Champs, à Sainct Magloire, et en autres lieux : les autres mesmes cuidans estre asseurez de mort, s'alloient mettre és prisons ordinaires. Et s'en allerent en grand tumulte au college de Navarre, et là pillerent et deroberent ce qu'ils trouverent, excepté la librairie, et en plusieurs autres lieux et maisons, tant de conseillers du Roy en Parlement, que gens d'Eglise, et marchands. Puis s'en allerent jusques en la ville de Sainct Denys, et la pillerent, et deroberent, et y fit-on maux innombrables.

Les nouvelles de ladite entrée furent envoyées hastivement au duc de Bourgongne, qui estoit vers Troyes avec la Reyne, qui en firent moult grande joye. Et ceux de la ville mesme en firent aucunes solemnitez.

Le mercredy ensuivant ladite entrée, le seigneur de Barbasan et messire Tanneguy du Chastel vinrent à tout bien quatre cens hommes d'armes à la Bastille de Sainct Antoine, et entrerent par icelle au long de la ruë Sainct Antoine, et cuidoient bien leurs gens que tout fust leur, et qu'ils eussent recouvert la ville : mesmes ils vinrent jusques à la porte Baudeloier, autrement la porte nommée Baudés : aucuns desja entroient és maisons pour piller et derober, que s'ils eussent esté tout droit au Chastellet, sans entendre à pillerie, et delivrer les prisonniers, qui leur eussent aidé, on disoit que les Bourguignons s'en fussent fuis, et issus. Et prenoient aucuns desja la croix droite. Mais quand le peuple apperceut qu'on entendoit à piller, ils se mirent et allierent avec les Bourguignons, et rebouterent les autres jusques à la Bastille. Il y en eut de morts d'un costé et d'autre, specialement y fut tué un vaillant homme Breton, nommé Alain, qui avoit espousé la dame de Lacy, lequel fit merveilles d'armes avant qu'il peust estre abbatu ; si s'en retournerent tous à Melun vers monseigneur le Dauphin.

La Reyne et le duc de Bourgongne envoyerent à Paris un advocat du parlement, nommé maistre Philippes de Morvillers, et un chevalier nommé messire Jean de Neuchastel seigneur de Montagu, dont plusieurs à Paris estoient bien joyeux. Car on avoit esperance, qu'ils estoient venus pour mettre justice sus, et que meurtres, pilleries, et robberies cesseroient : mais la chose fut bien autrement : car le douziesme de juin aucuns firent une commotion à Paris : et estoit un des capitaines, un nommé Lambert. Et si estoient retournez à Paris des bouchers, et autres du temps passé : et estoit cedit Lambert un potier d'estain, demeurant en la Cité. Ils allerent aux prisons du Palais, et entrerent dedans : et en icelles prirent le comte d'Armagnac connestable de France, messire Henry de Marle chancelier de France, et un nommé Maurignon, qui estoit audit comte. Ils les tirerent hors de la Conciergerie du Palais emmy la cour, et là les tuerent bien inhumainement, et trop horriblement, et les despoüillerent tous nuds, excepté des chemises : mesme il y en eut qui ne furent pas contens de les voir morts et tuez : mais leur ostoient cruellement des courroyes du dos, comme s'ils les eussent voulu escorcher. De là ils s'en vinrent au grand Chastellet, au bout du pont des Changeurs, où y avoit grande foison de prisonniers : les uns monterent en haut aux prisonniers, les autres demeurerent en bas, tendans leurs bastons, javelines, espieux, et espées, avec autres bastons pointus, les pointes contremont : or ceux d'en haut faisoient saillir lesdits prisonniers par les fenestres, sur iceux bastons trenchans et pointus, et les detrenchoient encores depuis qu'ils estoient morts : de là ils s'en allerent au petit Chastellet, où estoient l'evesque de Constances, l'evesque de Senlis, et plusieurs autres notables gens, tant d'Eglise que autres, lesquels pareillement furent tous tuez et detrenchez : ledit evesque de Constances avoit foison d'or sur luy, lequel il offroit, cuidant pource eschapper : mais rien n'y vallut, et perdit sa vie et son or. Semblablement firent-ils à Sainct Martin des Champs, à Sainct Magloire, et au Louvre. Bref, il y en eut bien de seize cens à deux mille ainsi inhumainement meurtris et tuez : par la ville mesmes en tuoit-on beaucoup. Mais ce fut grande pitié des pauvres Genevois, qui n'estoient que soudoyers, qu'on chassoit hors des maisons où ils estoient emmy les ruës, et là les tuoit-on. Quand ils eurent fait lesdits meurtres, on prit des charettes et des tombereaux, et mettoient les corps morts dedans, et les menoient ou faisoient mener aux champs. Mesme on en attachoit aucuns par les pieds à une corde, et les trainoit-on par la ville jusques hors des portes, et là on les laissoit : de cette sorte et en cette maniere y fut traisné un notable docteur en theologie, evesque de Senlis : et quiconque avoit un bon benefice ou office, il estoit tenu Armagnac, et mis à mort incontinent : et le faisoient faire mesme ceux qui vouloient avoir des benefices, ou offices. Or ne tuoit-on pas seulement les hommes, mais les femmes et enfans : mesme il y eut une femme grosse qui fut tuée, et voyoit-on bien bouger, ou remuer son enfant en son ventre, sur quoy aucuns inhumains disoient : « Regar- » dez ce petit chien qui se remuë. » Que si aucune femme grosse se delivroit de son enfant, à peine trouvoit-on femme qui l'ozast accompagner, ne aider, ainsi qu'il est accoustumé en tel cas de ce faire : et quand la pauvre petite creature estoit née, et hors du ventre de la mere, il la falloit secretement porter aux Fonds, ou baptiser par une femme en l'hostel, ce qui est appellé ondoyer. Mesmes il y avoit des prestres, ou curez si passionnez et affectez à maudite inclination, que aucuns les refusoient de baptiser : et advenoit aussi aucunesfois que par faute de secours et aide, la femme seule se delivroit, et baptisoit mesme son enfant, et que tous deux aprés mouroient. Or les morts qu'ils tenoient Armagnacs, ils reputoient indignes de sepulture. Des cy-dessus tuez, ainsi que dit est, la pluspart fut jettée aux champs, où là ils furent mangez des chiens et oyseaux, mesmes aucuns leur faisoient avec leurs cousteaux, de leurs peaux, une bande pour monstrer qu'ils estoient Armagnacs. Il y en eut plusieurs qui estoient prisonniers pour debtes, ou pour excés par eux faits, qui estoient bien joyeux de cette entrée, afin qu'ils fussent delivrez par ce moyen. Aussi y en eut-il qui par haine d'aucuns furent mis en prison comme Armagnacs, qui estoient toutesfois aidans et favorisans le party du duc de Bourgongne, lesquels furent tous tuez. Il n'y avoit consideration à personne quelconque. Plusieurs y eut des prisonniers desdits de Lisle-Adam, Chastelus, et Veau de Bar, des plus grands et riches, lesquels furent sauvez en payans grosses finances : il n'y eut celuy desdits trois capitaines, qui de pilleries, robberies, et rançons n'amendast de cent mille escus, et mieux : mesmement le seigneur de Lisle-Adam fit merveilles d'y profiter, et faire profiter ses gens, dont plusieurs s'armerent et se monterent des profits qu'ils avoient eus en la ville de Paris, et contrefaisoient les gentils-hommes, et portoient leurs femmes estat de damoiselles, et estoient les hommes et les femmes vestus de belles robbes : ainsi faisoit-on beaucoup de choses illusoires et derisoires, tant envers Dieu que le monde.

La vigile de Sainct Jean les chaisnes furent remises par les ruës, ainsi qu'elles souloient estre.

Ledit cardinal des Ursins en executant de tout son pouvoir ce que le Pape luy avoit enchargé, alla en ambassade vers les Anglois, pour sçavoir s'ils vouloient entendre au faict de la paix : lesquels il trouva bien hautains et orgueilleux, et se glorifioient en leurs conquestes, joyeux des divisions si grandes qui estoient en ce royaume. Or respondit et luy dit le roy d'Angleterre, « que le benoist Dieu l'avoit ins- » piré, et donné volonté de venir en ce royaume, » pour chastier les subjets, et pour en avoir la » seigneurie comme vray Roy : et que toutes » les causes pour lesquelles un royaume se de- » voit transferer en autre main, ou personne, » y regnoient, et s'y faisoient. Et que c'estoit le » plaisir du benoist Dieu que en sa personne la » translation se fît, et d'avoir possession du » royaume, et qu'il y avoit droict. » Par ainsi ce cardinal s'en retourna sans rien faire : et s'en alla vers nostre sainct pere le Pape qui l'avoit envoyé, bien desplaisant de ce qu'il n'avoit peu rien faire.

La Reyne et le duc de Bourgongne delibererent de venir à Paris. Par devers elle et le duc de Bourgongne avoit esté le cardinal de Castres, pour cuider ouvrir matiere de traité avec monseigneur le Dauphin : lequel cardinal aprés fut vers mondit seigneur le Dauphin, pour ladite cause et matiere : et luy dit « que la » Reyne avoit intention d'aller à Paris, et qu'elle » luy mandoit et requeroit qu'il la vint accom- » pagner jusques en ladite ville, et que par ce » moyen la paix seroit faite. » Lequel seigneur respondit, « qu'il luy vouloit obeyr, et la servir » en toutes manieres, ainsi que bon fils doit faire » à sa mere : mais d'entrer en une cité où maux » si merveilleux et tiranniques avoient esté » faits, ce seroit trop à sa grande desplaisance, » et non sans cause. » Autre response n'y eut de faite.

Le quatorziesme jour de juillet la Reyne et le duc de Bourgongne entrerent à Paris, à bien grande pompe, et si grande que à peine pourroit-on plus, tant en littieres, que chariots, hacquenées, et autres choses. Ils furent receus à grande joye : et sonnoient menestriers et trompettes. De ceux de la ville grande foison estoient vestus de robbes perses ou bleuës : et crioient les uns Noel, et les autres Vive Bourgongne.

En ce temps, les seigneurs de Gamaches et de Bloqueaux ayans sceu, que le duc de Bourgongne avoit eu paroles et collocution avec le roy d'Angleterre, se doutans que de ce ne vint beaucoup d'inconvenient, ils delibererent d'avoir la ville de Compiegne, dont avoit la garde messire Hector de Saveuse : et trouverent les moyens d'y entrer, et d'en mettre hors ledit de Saveuse : ce qu'ils firent et mirent à execution : et après furent advertis que combien qu'il y eust eu aucunes paroles entre le roy d'Angleterre et le duc de Bourgongne, ce n'estoit pas qu'il voulust faire prejudice à la couronne de France : mais une maniere d'abstinence de guerre entre eux ; afin que ledit duc plus aisément peust subjuguer ceux du royaume de France, qu'il tenoit ses ennemis, et les nommoit tels : et toutesfois tinrent-ils ladite ville.

Le seigneur de Graville estoit lors dans le pont de l'Arche, souvent assailly et comme assiegé des Anglois, et leur portoit le plus de dommage qu'il pouvoit, mais il voyoit bien que veu leur puissance, il n'y pouvoit longuement durer, qu'il ne fallust que la place se perdist, s'il n'avoit aide et secours : pour laquelle cause, diverses fois il envoya à Paris devers le Roy, et le duc de Bourgongne, en les requerant qu'ils luy voulussent envoyer aide et secours : mais rien n'en fut fait, ne semblant de faire : et pource fut contraint d'abandonner la place, et de se sauver le mieux qu'il peut : par ainsi y entrerent les Anglois.

Monseigneur le Dauphin mit grosses garnisons à Meaux, et à Melun, lesquels faisoient plusieurs courses, et des maux largement sur le pays.

Le vingt et uniesme jour d'aoust, le Roy, la Reyne et le duc de Bourgongne estans à Paris, il y eut une grande commotion de peuple : et disoit-on que Capeluche le bourreau en estoit le capitaine, et tuerent plus de deux cens personnes, qu'ils nommoient Armagnacs, dont il y en avoit plusieurs gens de bien. Et par haines particulieres tuerent plusieurs des gens du duc de Bourgongne, qui mesme demeuroient en son hostel, soubs le gouvernement desdits de Lisle-Adam, Chastelus, et Veau de Bar. Et plusieurs fois venoit ledit Capeluche parler au duc de Bourgongne, accompagné de meschantes gens, aussi hardiment que s'il eust esté un seigneur : et de ceux qui donnoient auctorité, confort et aide, estoient les Gois, Saintyons, et Caboche : et de ceux de l'Université des faux sermonneurs et prescheurs. Entre les autres ils prirent une damoiselle de bien, et qui avoit bonne renommée, mais pource que aucuns disoient qu'elle estoit Armagnacque, ils luy coupperent la teste, et la laisserent emmy la rue : puis s'en allerent à l'hostel du Roy et de la Reyne, et prirent deux chevaliers, maistres d'hostel du Roy, dont l'un estoit nommé messire Hector de Chartres, seigneur de Lyons en Beauvoisis, pere de messire Regnault de Chartres archevesque de Rheims, et messire Louys de Mançonnet, vieils et anciens chevaliers, et preud'hommes, qu'ils menerent emmy les ruës, et là les tuerent tres-inhumainement. Quand ladite commotion fut cessée et appaisée, on donna à entendre à ceux qui avoient fait ladite commotion, que les Armagnacs venoient par la porte de Sainct Jacques, lesquels tous unanimement y furent : et cependant fut pris ledit Capeluche bourreau, qui beuvoit en la rappée és halles, et incontinent on luy couppa la teste : et disoit-on qu'on luy avoit fait coupper, pource qu'il avoit touché au duc de Bourgongne, lequel luy avoit baillé sa main, non cuidant qu'il fust bourreau, parquoy comme dit est il luy fit coupper la teste. Et fut couppée la teste à un bon marchand de Paris, nommé Guillaume d'Auxerre drappier, demeurant en la Cité, plus à un notable advocat en parlement, nommé maistre Pierre la Gode, et à un maistre des requestes de l'hostel du Roy, qu'on nommoit maistre Philippes de Corbie, pource qu'on disoit qu'ils estoient Armagnacs. Plusieurs grandes inhumanitez et comme innombrables furent en ce temps faites en ladite ville et cité, dont advint une bien grande punition de Dieu, et bien apparente. Car depuis le mois de juin jusques en octobre, y eut si grande mortalité que merveilles : et non mie seulement à Paris ; mais és villages d'environ, et à Senlis, tant qu'à peine le nombre en est croyable. Specialement moururent presques tous ces brigands, et autres gens de commune, et aucuns comme soudainement, sans contrition, confession, et repentance : et sceut-on par aucunes dames de l'Hostel-Dieu de Paris, où il en trepassa moult grand nombre, qu'il y en eut bien sept à huict cens de morts, lesquels on exhortoit « de se confesser, et repentir des maux » qu'ils avoyent faits. » Mais ils respondoyent » que ja n'en requeroyent mercy à Dieu, car ils » sçavoyent bien que Dieu ne leur pardonneroit » point. » Et quand on leur monstroit ou preschoit la misericorde de Dieu, ils n'en tenoient compte : et moururent comme gens tous desesperez, qui estoit grande pitié. Il y eut un notable homme de Senlis, qui fut present ausdits meurtres, et puis s'en retourna à Senlis ; mais un jour quand il eut pensé à ce qu'il avoit fait, ou esté consentant de faire, soudainement partit de son hostel, criant par les ruës : « Je suis » damné ; » puis se jetta en un puits la teste devant, et ainsi se tua. És villages vers les forests de Bondis, et vers Montmorency, on en trouvoit plusieurs tous morts : il faut croire que leurs ames estoient en grand danger. C'estoit moult grande pitié à Paris de voir tant de mesnages destruits de plusieurs gens de bien, nobles, bourgeois, et marchands. Les femmes et enfans mis hors de leurs maisons comme tous nuds, qui souloyent avoir grandes chevances : et ne sçavoyent comme partir de Paris. Les unes s'en alloyent en guise de vendengeresses, les autres comme femmes de villages. Et se soutivoit et taschoit-on par toutes manieres de trouver maniere de saillir hors de la ville.

Monseigneur le Dauphin alla en Touraine, et passa par auprés une place nommée Azay : ceux qui estoyent dedans estoyent Bourguignons, ou tenans le party du duc de Bourgongne, qui commencerent à crier : « C'est le demeurant des » petits pastez de Paris, » et disoient paroles injurieuses à mondit seigneur le Dauphin, et à ceux de sa compagnée, lequel dit, « qu'il falloit » qu'il eust la place. » Les gens de guerre et leurs capitaines descendirent, et adviserent comment on la pourroit avoir. On sceut que dedans n'estoient que brigans, avec un gentil-homme qui en estoit capitaine : donc moult soudainement fut ladite place assaillie bien chaudement, courageusement, et tres-vaillamment. Aussi ceux de dedans sçachans et connoissans que s'ils estoient pris, ils seroient mis à mort, fort se defendoient de pierres, et de traict. Mais nonobstant leurs defenses la place fut prise d'assaut, et le capitaine, et tous ceux qui estoient avec luy pris : on coupa la teste audit capitaine, et si y en eut deux à trois cens de pendus (1).

Aucun temps aprés mondit seigneur le Dauphin vint mettre le siege à Tours, où estoit un gentil-homme nommé Charles Labbé, lequel tout son temps avoit servy le duc de Bourgongne. Aprés que par aucun temps ladite place eut esté bien battuë, et les approches faites, il se rendit du party de monseigneur le Dauphin, fit le serment, et rendit la ville. Par ce moyen il eut une bien belle et bonne chastellenie en la comté de Poictou, nommée Monstreau-Bouvin, et servit depuis loyaument.

L'evesque de Clermont, nommé maistre Martin Gouge, lequel estoit party de Paris en habit dissimulé, en s'en venant vers les marches de la riviere de Loire, fut rencontré par aucuns des gens du seigneur de la Trimoüille, qui le cognurent, le prirent, et le menerent à Suilly, où avoit intention ledit seigneur de la Trimoüille de ne le point delivrer qu'il ne payast une grande finance : car durant les broüillis il avoit eu le gouvernement, et du temps de monseigneur de Berry, avoit esté en effect tout ordonneur et distributeur de ses finances, et esté son executeur, où il avoit moult profité. Or estoit en la compagnée de monseigneur le Dauphin un vaillant chevalier, nommé messire Jean de Torsay, seigneur de la Motte Saincte-Eraye auprés Sainct Maixent, maistre des arbalestriers de France, qui avoit grande charge de gens de guerre, lequel estoit singulier amy dudit evesque de Clermont, et s'entre-aimoient comme freres. Et si estoient au plus prés de mondit seigneur le Dauphin messire Tanneguy du Chastel, et le president de Provence, ausquels ledit evesque avoit fait beaucoup de plaisirs, qui supplierent audit seigneur, qu'il voulust aller devant Sully à force d'armes, pour r'avoir ledit evesque de Clairmont : surquoy delibera ledit seigneur d'y aller, non seulement pour la cause dessus dite, mais pour sçavoir si ledit seigneur de la Trimoüille tiendroit son party seurement, ou non : partant il vint jusques à Gergeau, en intention d'assieger Sully, s'il ne trouvoit obeyssance. Et avoit belle et grande compagnée de gens de guerre. Quand ledit seigneur de la Trimoüille vid qu'on l'approchoit, il envoya vers mondit seigneur le Dauphin, et delivra ledit evesque de Clermont; et luy fit pleine obeyssance, et promit de le servir loyaument, et ainsi fit-il.

Le duc de Bretagne vint à Paris parler à la Reyne, et au duc de Bourgongne, pour traiter de la paix. Et y eut articles faits, et comme accordez.

Le dix-septiesme jour de septembre se fit grande joye à Paris, pource qu'on tenoit communément qu'il y avoit paix. La plus grande crainte qui y fust, « c'estoit qu'on ne s'ozoit fier les uns aux autres. » Et tousjours quelques paroles qu'il y eust, guerre inhumaine et mortelle se faisoit tant d'un costé que d'autre ; il y avoit Gascons et Bretons, specialement à Meaux, où estoit messire Tanneguy du Chastel, et à Melun, où estoit le seigneur de Barbasan, qui souvent couroient, et nuls prisonniers ne prenoient à finance, mais tuoient et pendoient tous ceux qu'ils prenoient ; pareillement ainsi faisoit-on d'eux.

Le duc de Bretagne, cependant qu'il besongnoit pour la paix, fut cause de beaucoup de bien, car il y eut trefves de trois semaines, durant lesquelles plusieurs prisonniers, et autres qui estoient mussez et cachez à Paris, se sauverent et sortirent. Aussi plusieurs biens meu-

---

(1) Godefroy met en note : « Ainsi furent divinement punis les enfans qui se moquoient du prophète Elisée, lesquels furent soudain dévorez par des ours. »

bles, soubs ombre desdites trefves furent sauvez, et menez jusques sur la riviere de Loire. Ledit Duc tira hors de Paris madame la Dauphine, et avec elle plusieurs dames et damoiselles, et autres personnes. Par diverses fois l'evesque de Sainct Brieu, qui depuis fut evesque de Nantes, chancelier dudit Duc, venoit à Paris; et à chacun voyage qu'il retournoit, tousjours sauvoit ou emmenoit des gens, specialement femmes et petits enfans. Et fit moult grand plaisir à plusieurs personnes.

Quand le roy d'Angleterre eut conquesté plusieurs villes, citez, et chasteaux en la duché de Normandie, au dessus et au dessous de la cité de Roüen, il y mit le siege qu'il y tint longuement. Dedans estoient les gens du duc de Bourgongne; ceux de la ville envoyerent vers monseigneur le Dauphin pour avoir aide et secours, mais il apparoissoit bien que ce n'estoit que fiction, car ceux de dedans faisoient guerre mortelle à ceux dudit seigneur. Le Dauphin toutesfois l'eust volontiers fait; mais il avoit assez à faire à soy garder des Anglois d'un costé, et de l'autre des gens du duc de Bourgongne. Toutesfois il vint à sa cognoissance, que le roy d'Angleterre auroit plus volontiers traité avec luy qu'avec ledit duc de Bourgongne, et y eut en suite ambassadeurs envoyez d'un costé et d'autre. Monseigneur le Dauphin y envoya une bien notable ambassade, et y eut aucunes formes d'accord ouvertes et traitées; mais sur toutes choses, le roy d'Angleterre vouloit que ledit seigneur promist de luy aider à conquester la comté de Flandres, et puis la tenir sans hommage, ressort, ne souveraineté. Ausquelles demandes, combien que ledit seigneur fust jeune d'aage, il respondit : « Que jamais ne se voudroit allier ny » faire paix avec les anciens ennemis du royau- » me de France, pour destruire son vassal; et » qu'il avoit tousjours esperance que le duc de » Bourgongne se raviseroit. » Ainsi il n'y eut rien fait.

La guerre en Poictou aussi estoit tres-forte, car le seigneur de Parthenay avoit de belles places et fortes; et le seigneur de Montberon tenoit le party du duc de Bourgongne. Or le seigneur de Montberon prit les ville et chastel de Montberon.

Le siege fut longuement devant Roüen, ne jamais ne l'eussent eu sinon par famine, car il y avoit de vaillantes gens tenans le party du duc de Bourgongne; mais la famine fut si merveilleuse et si grande, qu'ils furent contraints de se mettre en l'obeyssance du roy d'Angleterre, car d'un costé et d'autre ils n'eurent aucun secours.

Le dix-neufiesme jour de janvier le roy d'Angleterre entra à Roüen : et disent aucuns qu'ils payerent deux cens mille escus. Les autres disent qu'il y entra à sa volonté, et qu'ils furent pillez et desrobez bien piteusement : il fit oster les chaisnes des ruës, et les harnois aux gens de la ville. Seulement entant que touchoit les gens d'eglise, il voulut que ceux qui voudroient demeurer en la ville, eussent leurs benefices comme ils avoient auparavant : et les autres non, lesquels il donnoit à qui bon luy sembloit : il eut de plus Mante et Vernon, qui se rendirent en son obeyssance : peu de nobles s'y mirent : un nommé messire Guy le Bouteiller luy fit le serment.

Il y avoit une jeune dame fille du seigneur de la Riviere, vefve de feu messire Guy seigneur de la Rocheguyon, lequel mourut en la bataille d'Agincourt : elle avoit deux beaux fils et une fille dudit seigneur : laquelle estoit dedans le chastel de la Rocheguyon bien garnie de biens meubles, autant que dame de ce royaume : et si avoit tant à cause d'elle que de ses enfans, plusieurs belles terres et seigneuries : devers laquelle le roy d'Angleterre envoya luy faire sçavoir, que si elle vouloit faire le serment pour elle et ses enfans, qui estoient jeunes, qu'il estoit content que ses meubles, terres, et seigneuries luy demeurassent, et à sesdits enfans : sinon il auroit la place, et tous ses biens. Laquelle meuë d'un noble courage, aima mieux perdre tout, et s'en aller desnuée de tous biens, et ses enfans, que de se mettre, ny ses enfans és mains des anciens ennemis de ce royaume, et delaisser son souverain seigneur : ainsi elle en partit et ses enfans desnuée de tous biens.

Les gens de monseigneur le Dauphin reprirent Beaumont sur Oise sur les gens du duc de Bourgongne : on y envoya le Bastard de Thien accompagné de gens de guerre, lequel fut rechassé, et y eut la pluspart de ses gens morts et pris.

Les gens aussi dudit seigneur prirent Soissons. C'estoit grande pitié de la fortune qu'avoit eu la pauvre cité de Soissons.

Vers le pays du Mayne y avoit forte et aspre guerre : un jour le Bastard d'Alençon partit de Fresnay le Vicomte, accompagné de cinq à six cens chevaux, cuidant trouver les Anglois, et aussi les trouva-il : car sur les champs estoit un capitaine anglois, nommé Haymon Hacquet, qui avoit environ quatre vingt chevaux : ils se rencontrerent si bien, que le Bastard d'Alençon fut desconfit, puis se retira, et y eut de ses gens morts et pris : la cause de cette desroute advint parce qu'ils chevaucherent en desaroy, et sans ordre, car les uns s'enfuirent de plain bout et d'abord, et ceux qui demeurerent n'avoient guieres veu du faict de guerre.

Le seigneur de Fontaines, et messire Ambroise de Lore se joignirent ensemble, et assemblerent ce qu'ils peurent de gens. Et reprirent Beaumont le Vicomte, et plusieurs autres places, qui avoient esté occupées par les Anglois : lesdits messeigneurs de Fontaines, et Lore portoient et faisoient de grands dommages aux Anglois : or un jour advint que le comte de la Marche d'Angleterre, accompagné de six à sept mille Anglois, estoit és marches de Fresnay le Vicomte, dont estoit capitaine ledit de Lore : et au pays du Maine fit maux innombrables de mettre feux, et prendre gens et bestail : ne par les François ne luy fut porté aucun dommage, sinon que en s'en retournant en Normandie, une partie de ses gens se logea en un village nommé Hayes : sur lequel logis frappa ledit de Lore, accompagné de ses gens : là y eut deux à trois cens Anglois morts, et plusieurs pris.

En ce temps vinrent deux chevaliers d'Escosse, pour servir monseigneur le Dauphin. L'un nommé messire Thomas Quelsatry, et l'autre messire Guillaume de Glas : et trois à quatre cens combatans se mirent dedans Fresnay le Vicomte, dont estoit capitaine ledit de Lore, qui firent grande resistance aux Anglois, et leur porterent dommage largement.

Les Anglois mirent le siege devant Sainct Martin le Gaillard : la chose vint à la connoissance du seigneur de Gamaches, lequel assembla des gens le plus qu'il peut, et fit lever ce siege aux Anglois, qui y furent desconfits, et y en eut plusieurs morts et pris.

A Sées en Normandie, il y eut des Anglois logez ; or le sceut ledit messire Ambroise de Lore, auquel on avoit rapporté qu'ils n'estoient que quatre-vingt : mais le soir de devant, il en estoit bien survenu huict-vingt : à un point du jour il vint frapper sur eux, descendit à pied, et les assaillit, lesquels vaillamment et longuement se defendirent : enfin lesdits Anglois furent desconfits, et plusieurs morts, et pris. Entre les autres, un capitaine nommé Thomas de Gournay : puis s'en retourna ledit de Lore à toute sa puissance à Fresnay. Assez tost apres partit ledit seigneur de Lore, cuidant trouver les Anglois d'Alençon, lesquels il trouva prés d'un village nommé Mieuxe : aussitost ils se retirerent en un village nommé les Nouës, fermé d'eauës, et de fossez, où les assaillit ledit de Lore, et furent les Anglois desconfits, dont environ soixante resterent morts sur la place, et grand nombre de prisonniers.

En ce temps, se combattirent à outrance le Bastard d'Orenge, François, et Richard Hautely, Anglois : lesquels firent un gage de bataille devant ledit de Lore, que le vaincu devoit payer seulement un diamant : or le François fut desconfit. Ce jour mesme, firent armes à cheval Huet de Sainct Barthelemy, François, et Ivon, Anglois : lequel Anglois fut frappé d'une lance parmy le visage, tant qu'elle passoit outre de deux pieds. Ce fait, les Anglois s'en retournerent à Alençon.

Environ trois semaines aprés le baillif d'Evreux, nommé messire Gilbert de Hillefale, vint au pays du Maine : ledit seigneur de Lore le fit sçavoir au seigneur de Beauveau, gouverneur d'Anjou, et du Maine : lequel assembla gens, et fut ordonné ledit de Lore à frapper le premier par maniere d'avant-garde. Or estoient les Anglois à Vienne la Juhes : et ainsi le fit, ils combatirent longuement sans ce que Beauvau ny ses gens vinssent : les Anglois estoient quatre contre un François : pour conclusion ledit de Lore y fut pris : et plusieurs de ses gens morts et pris : les autres vinrent depuis, mais ce fut trop tard : et fallut que ledit de Lore rendist la place de Fresnay, qu'il avoit regagné sur les Anglois, et tenu an et demy. Et quelques trefves que fit le roy d'Angleterre, tousjours il exceptoit Fresnay, pource qu'il avoit esté pris sur luy.

Les Anglois vers les marches de France mirent le siege à Montpillouet : le seigneur d'Auffemont le sceut, et assembla des gens, et frappa sur les assiegeans : pour conclusion il y eut plusieurs Anglois morts et pris, et fut le siege levé.

Audit an, les Anglois et ledit messire Ambroise de Lore se cherchoient les uns les autres, desirans se rencontrer : or advint que sur la riviere de Sarte ils se rencontrerent : de part et d'autre ils se mirent partie à pied, et partie à cheval : ils combatirent fort ; enfin les Anglois y furent desconfits, dont y eut plusieurs morts et pris. Là fut fait chevalier ledit messire Ambroise, lequel grandement et vaillamment s'y porta.

Dedans le Mans estoit le mareschal de Rieux et le seigneur de Mailly, avec plusieurs nobles du pays d'Anjou, et du Maine : le seigneur de Cornoüaille Anglois, accompagné de plusieurs Anglois, mit une embusche prés de la cité du Mans, et fit courir aucuns de ses gens jusques prés des barrieres : le mareschal saillit hors de la ville bien indiscretement, et outrepassa l'embusche : aussi-tost lesdits Anglois saillirent, et le prirent : cela donna exemple aux autres François, lesquels n'estoient pas encores bien experts en la guerre, de non saillir temerairement sur l'entreprise de ses ennemis.

Comme dessus a esté touché, l'entrée de Paris faite par les gens du duc de Bourgongne, fut bien piteuse et cruelle, car plusieurs y demeurerent morts et tuez : toutesfois y en eut-il beaucoup de sauvez de notables gens, tant du parlement, du Chastelet, et de l'Université, que des bourgeois, qui trouverent moyen de sortir de Paris, et abandonnerent tout. Du depuis leurs femmes et enfans, par diverses subtilitez trouverent maniere d'aller aprés. Quelle pitié entre autres estoit-ce dudit messire Jean Juvenal des Ursins, seigneur de Traignel, qui possedoit bien deux mille livres de rente et de revenu, avoit belles places et maisons en France, Brie, et Champagne, et son hostel garny de meubles, qui pouvoient valoir de quinze à seize mille escus en toutes choses : ayant une dame de bien et d'honneur à femme, et onze enfans, sept fils et quatre filles, et trois gendres : d'avoir tout perdu, et sadite femme avec ses enfans mis nuds pieds revestus de pauvres robbes, comme plusieurs autres : et toutesfois tous vesquirent bien et honorablement. Or pour le faict de la justice souveraine du royaume, on ordonna un parlement à Poictiers, composé de presidens et conseillers ; c'est à sçavoir de ceux qui estoient sortis de Paris, des plus anciens et notables de la cour de parlement, et du Chastelet. Il fut ordonné pour commencement, et pour l'ouverture de ce parlement, que les causes des grands jours de Berry, d'Auvergne, et de Poictou, fussent les premieres expediées : et gardoit-on la forme, et maniere, et stille qu'on gardoit en la cour de parlement à Paris, pour lors qu'elle y estoit : il y avoit foison de causes desdits grands jours : et si evocqua-on les causes qui estoient à Paris, celles qui estoient des pays obeyssans à mondit seigneur le Dauphin, et celles d'appel, lesquelles de nouveau on relevoit à la chancellerie en parlement, dont il y avoit tres-grande quantité. Bref on y faisoit bonne et briefve expedition : là se retirerent plusieurs qui estoient partis de Paris : et tous par la grace de Dieu vivoient bien, et honorablement.

◇◇◇

M. CCCCXIX.

L'an mille quatre cens et dix-neuf, monseigneur le Dauphin s'appella et nomma regent du royaume de France. Les guerres et divisions estoient moult merveilleuses, et cognoissoient evidemment les parties qu'il falloit que tout se destruisit, et que le royaume fust en la main des ennemis, ou qu'il y eust paix : et à ce faire, les parties se disposerent par aucuns temps.

Le seigneur de Parthenay, qui avoit tousjours tenu et tenoit le party du duc de Bourgongne, se reduisit en l'obeyssance de monseigneur le regent : il y eut traité fait aprés que le siege eut esté devant Parthenay, qui estoit tres-forte place, et reputée comme imprenable : car il y avoit trois paires de fossez, et deux paires de murs en la ville : et si y avoit un fort chasteau, garny de seigle pour dix ans, de sorte que par famine on ne l'eust point eu : de plus, il y avoit dedans de vaillantes gens, dessoubs deux vaillans chevaliers, l'un nommé Guichard de Pelvoisin, et l'autre messire Gilles. Au siege estoit pour chef le comte de Vertus frere du duc d'Orleans, qui estoit prisonnier en Angleterre, comme lieutenant du Roy, accompagné du seigneur de Torsay maistre des arbalestriers, et autres capitaines et gens de guerre : or pource que entre ceux de dedans y avoit plusieurs gentilshommes du pays de Poictou, qui avoient leurs maisons hors de la ville audit pays, il fut ordonné qu'on declareroit leurs terres confisquées, et qu'on abbatroit les granges et maisons, dont il y en avoit de moult belles : et fut ainsi procedé à l'execution, tellement qu'il y en eut plusieurs abbatuës. Cela en partie fut ce qui les meut à trouver traité et moyen de se reduire en la grace de monseigneur le Regent : messire Gilles dessus dit tous les jours sailloit dehors bien armé et monté, pour sçavoir si personne ne vouloit rompre lances : et souvent en trouvoit : mais il ne fut oncques abbatu, au contraire il en abbatit aucuns. Et jamais ne prit sinon le cheval, et un marc d'argent de celuy qu'il abbatoit. Il y avoit un capitaine de brigands nommé Levesque, qui se tenoit és bois, lequel avec ses gens portoit grands dommages à ceux de l'ost, specialement en empeschant la venuë des vivres, mais souvent il perdoit de ses gens et compagnons, lesquels, quand on les prenoit, on pendoit aux arbres.

Aprés la reduction dudit Seigneur de Parthenay, toute la comté de Poictou, de Berry, et d'Aunis furent en l'obeyssance de monseigneur le Regent, lequel de tout son pouvoir ne demandoit que trouver moyens de paix : avec lequel estoient le duc d'Anjou, et le comte de Vertus, lesquels de tout leur pouvoir travailloient à trouver paix, et grande peine y mettoient. Le mesme d'autre costé faisoient la Reine et le duc de Bourgogne, cognoissans tous les grands dommages, et pertes irreparables qui estoient advenuës, et estoient à advenir de plus en plus, à la destruction et desolation totale de tout ce royaume. Or pour parvenir à paix, il fut advisé qu'il estoit expedient de faire bonnes et seures trefves, durant lesquelles on peust converser les

uns avec les autres seurement et amiablement : mais il y avoit des difficultés du temps. A ce subjet furent envoyez ambassadeurs de par le Roy devers monseigneur le regent à Melun, et depuis à Orleans. Les deputez de monseigneur le regent demandoient trefves de trois ans : et que cependant tous unis et alliez ensemble, ils pourroient faire et porter grand dommage aux Anglois, et les chasser du tout du royaume de France : ce que ceux du Roy ne vouloient accorder, et demandoient brief terme : Leur raison estoit, qu'il leur sembloit que par là plustost on pourroit entendre à paix finale : veu que au temps passé plusieurs autres fois on avoit assemblé, et esté d'accord. Le plus fort et difficile estoit comment on trouveroit bonne seureté, que ce qui seroit accordé seroit gardé et bien entretenu, veu les manieres de proceder du duc de Bourgongne, de la part duquel avoient tousjours esté rompus les accords qui se faisoient. Toutefois aprés plusieurs difficultez faites d'un costé et d'autre, le quatorziesme jour de may trefves furent faites et accordées de trois mois seulement : plus n'en voulut faire le duc de Bourgongne. Car le Roy et luy avoient trefves avec le roy d'Angleterre jusques au quatorziesme jour de may inclus, qui estoit le jour que le roy de France et le roy d'Angleterre devoient convenir ensemble pour s'accorder, entre Mante et Pontoise, c'est à sçavoir à Meulant. Il estoit dit que, « si audit jour le regent n'y envoyoit, et
» qu'il ne tint l'accord que son pere feroit, on
» pouvoit traiter avec les Anglois, par le moyen
» du mariage de madame Catherine, les deux
» ensemble pourroient subjuguer et destruire
» monseigneur le Regent : mais si le Roy, ledit
» Seigneur son fils, et le duc de Bourgongne
» estoient d'accord, et devenoient tous ensemble
» bien unis, alors et en ce cas on ne traiteroit
» point avec les Anglois. » Donc lesdites trefves furent faites, scellées, passées et accordées, et publiées en plusieurs lieux, et conservateurs d'icelles baillez et ordonnez. Elles estoient tres-bien compilées et dictées, combien que guieres elles ne durerent.

Or il fut deliberé et conclud par le Roy, accompagné du duc de Bourgongne, qu'il estoit expedient d'essayer d'avoir accord avec les Anglois, en leur laissant plusieurs terres et seigneuries du royaume, et alliance par mariage : d'autre part aussi cependant on essayeroit d'avoir paix avec monseigneur le Regent. Il n'est aucun doute que si le duc de Bourgongne eust voulu se retirer d'avoir tout le gouvernement, et se disposer et les siens à resister aux ennemis anciens, et laisser le fils avec le pere et la mere, à faire aussi le mieux qu'ils pourroient, la paix estoit bien aisée à faire. Mais il vouloit tout faire, et avoir entierement le gouvernement du royaume, et des finances : mesmes il sembloit par ses manieres de faire, comme aucuns disoient, qu'il se voulust faire Roy. Et de faict, ils envoyerent une ambassade vers le roy d'Angleterre à Roüen, sçavoir messire René Pot, Raillart de Chauffour, et autres, pour avoir abstinence de guerre, ou trefve, avec les Anglois. Et estoit le moyen et mediateur pour le Roy et le duc de Bourgogne, le duc de Bretagne ; et pour la partie des Anglois, le comte de Salbery. Là ils trouverent le roy d'Angleterre fier et orgueilleux comme un lyon, de sorte qu'ils s'en revinrent sans rien faire. Depuis encores on y envoya une autre ambassade, le Roy estant à Provins ; c'est à sçavoir messire Regnier Pot, messire Jean le clerc, Guy le Gelimer, et autres à Mante et à Vernon, esquelles marches le roy d'Angleterre estoit, lesquels selon leurs instructions exhiberent « lettres patentes, par lesquelles
» ils avoient puissance d'exposer l'intention et
» volonté du Roy, et puissance d'accorder et
» pacifier pour paix finale entre les roys, et
» de faire offres au roy d'Angleterre. » De faict ils offrirent « le traité qui fut fait à Bretigny au
» temps du roy Jean, prisonnier pour lors en
» Angleterre, avec les terres, seigneuries, et
» places qu'il avoit conquesté en la duché de
» Normandie : et qu'il eust madame Catherine de France en mariage, à certaines con-
» ditions qu'on declareroit en temps, et en
» lieu ; et que pour la convention mutuelle qui
» se devoit faire, le terme de la trefve se-
» roit prolongé. » Ceux qui estoient ordonnez de la part des Anglois à communiquer avec les dessus dits ambassadeurs, monstrerent semblant d'y vouloir entendre. Et firent aucunes protestations, que avant qu'ils entendissent à aucun traité, « on leur baillast et delivrast la duché de
» Guyenne, et la terre de Ponthieu, avec les
» appartenances et dependances. Et qu'aprés cela
» fait, ils traiteroient volontiers sur les residus
» du droict de la couronne de France. Et feroient
» tant de leur part qu'ils y auroient honneur, et
» qu'il ne tiendroit pas à eux qu'il n'y eust bonne
» paix et accord. Et si toustefois protestoient,
» que par quelque chose qu'ils dissent, ou fissent,
» leur intention n'estoit pas de se prejudicier au
» droict et titre qu'ils pretendoient à la cou-
» ronne de France. » Pareillement lesdits ambassadeurs du Roy protesterent, « que par chose
» qu'ils dissent ou offrissent, ils n'entendoient
» en rien prejudicier au droict de la couronne, et
» appartenances d'icelle, ny à delaisser les choses

» offertes, sinon la paix et concorde finale faite » entre les deux roys, et fermée. » Or pource que par le pouvoir des ambassadeurs du Roy, ils n'avoient puissance et faculté que d'offrir ; il fut advisé que le roy d'Angleterre envoyeroit vers le roy de France son cousin et adversaire, ses solemnels ambassadeurs. Il envoya donc les comtes de Warwic, de Kent, et autres pour la matiere. Mais on ne peut convenir de la prolongation du terme, que les conventions se devoient faire. Les ambassadeurs vinrent à Prouvins, où ils firent ouverture, que pour esperance d'avoir paix ferme entre les deux roys, ils demandoient à la Reyne, et au duc de Bourgongne, en mariage pour le roy d'Angleterre madame Catherine, dont la Reyne les remercia. Puis ils traiterent du lieu de la convention, de la forme, et du temps. Bref il fut dit que ce seroit à Meulant, le vingt-troisiesme jour de may, où seroient les deux Roys. En suite ils confirmerent les trefves ou abstinences de guerre qui estoient entre eux jusques audit jour. Excepté contre les gens de monseigneur le Regent, qu'ils nommoient Armagnacs : ledit seigneur Regent desirant cependant se reserver la liberté de servir le Roy son pere.

Le vendredy lendemain de l'Ascension, messire Tanneguy du Chastel, le seigneur de Montenay, et celuy de Treves en Anjou, nommé maistre Robert le Masson chancelier de mondit seigneur le Regent, envoyerent vers le Roy et le duc de Bourgongne certains herauts, qui leur porterent les lettres des trefves dessus dites, dont plusieurs avoient copies, pour les aller faire publier és villes et places qui luy obeyssoient. Mais ils trouverent que la Reyne et le duc de Bourgongne estoient partis pour venir traiter avec les Anglois, et ne faisoient aucun semblant d'entendre à aucun traité avec monseigneur le Regent, pour laquelle cause les dessus nommez estoient à Melun.

Or vint le samedy le Roy au giste au bois de Vincennes. Le dimanche avec toute sa compagnée il s'en vint à Pontoise. Le lundy vinrent audit lieu de Pontoise de par le roy d'Angleterre, l'archevesque de Cantorbie, esleu de Excester, et le comte de Warwic, avec autres, pour traiter et adviser du lieu de la convention, et de la maniere et du temps, et heure : pour conclusion il fut ordonné, « qu'il y auroit une tente au mi- » lieu d'un champ, où ils conviendroient ensem- » ble. » Et offrirent les Anglois, « que là où la » tente seroit placée de la part du roy d'Angle- » terre, et ainsi telle qu'elle seroit, il la donne- » roit à la Reyne, ou que la Reyne en fist met- » tre une, qu'elle donneroit au roy d'Angle- » terre. » Finalement il fut conclud que ce seroit la Reyne qui la feroit. Outre ce il fut requis par les ambassadeurs anglois, « qu'ils fissent » sermens de tenir et accomplir les seuretez » et promesses, lesquelles avoient esté ordon- » nées estre faites. » Et ainsi le firent. Pareillement le Roy envoya le comte de Sainct Paul, messire Regnier Pot, et plusieurs autres, lesquels firent semblables promesses qu'avoient fait ceux du roy d'Angleterre à Pontoise : et fut ordonné pour garder le champ de chacun costé, » qu'il y auroit mille et cinq cens hommes ar- » mez : et que entre les lices seroient de chacun » costé soixante nobles, et seize conseillers. » Et ainsi fut fait et accomply.

Le mardy en suivant, qui fut le trentiesme jour de may, le Roy devint malade, c'est pourquoy il demeura à Pontoise. La Reyne et madame Catherine en une lictiere bien richement ordonnée, avec dames et damoiselles, et le duc de Bourgongne en leur compagnée, arriverent aux tentes auprés de Meulant, environ deux heures aprés midy : il y avoit largement trompettes, et menestriers joüans de leurs instrumens. Prés d'une heure auparavant estoit arrivé en ses tentes le roy d'Angleterre : car combien qu'il ne deust avoir qu'une tente au milieu du champ, où la convention se devoit faire, toutesfois de chacun costé il y avoit tentes pour se retirer. Un peu aprés que la Reyne fut retirée en sa tente, vinrent le comte de Warwic, et autres nobles d'Angleterre, visiter de par le roy d'Angleterre la Reyne. Là il fut ordonné « que » la Reyne et le roy d'Angleterre sortiroient de » leurs tentes en mesme temps l'un comme l'au- » tre, et marcheroient lentement jusques au » milieu du champ, où il y avoit un pal fiché, » distant de leurs tentes et barrieres du champ, » autant et egalement l'un comme l'autre, et » que de chacune partie entreroient seulement » soixante personnes nobles et seize conseillers, » et qu'on les appelleroit singulierement par » leurs noms. » De la part de la Reyne furent esleus trente chevaliers, et trente escuyers, et seize conseillers ; c'est à sçavoir des conseillers, le chancelier, maistre Pierre de Morvillier premier president, maistre Jean Rapiot tiers president, maistre Henry de Savoisy archevesque de Sens, maistre Jean de Mailly doyen de Sainct Germain l'Auxerrois, Jean le Clerc, Guyot Geviller, Philippes de Rully, Huë de Dicy, Guillaume Cotin, Nicolas Sautereau, Jacques Braulart, Guillaume le Breton, et autres, jusques à seize, et secretaires, maistre Jean Ramel, Guillaume Barraut, et Rosay.

Environ les trois heures aprés midy la Reyne

sortit hors des tentes, laquelle avoit devant elle les conseillers deux à deux. Quand elle et le roy d'Angleterre arriverent au pal dessus dit, l'un comme l'autre, le roy d'Angleterre prit la Reyne par la main, et la baisa, et après madame Catherine : pareillement les deux freres du Roy les baiserent, et en les baisant lesdits freres baisserent les genoüils jusques près de terre : ce fait, le roy d'Angleterre prit la Reyne par la main, et ensemble par pareils pas vinrent en la tente, où ils se debvoient assembler : là se assirent la Reyne, et le Roy, chacun en son siege, lesquels estoient ordonnez et parez, pareillement l'un comme l'autre de drap d'or, ayans ciel dessus, distans près de deux toises l'un de l'autre : tellement que aisement ils se pouvoient oüyr l'un l'autre, quand ils parloient : alors s'agenoüilla le comte de Warwic, et commença à parler à la Reine en François, en exposant en bref la cause de leur assemblée : sans ce que rien fut conclud, sinon « la prolon-
» gation des trefves jusques à huict jours, et
» que chacune des parties se retireroit és villes,
» dont elles estoyent parties : que le Roy et sa
» compagnée se tiendroit à Pontoise, et le roy
» d'Angleterre à Mante : et si l'une des parties
» ne vouloit entendre à traitté, elle le feroit
» sçavoir à l'autre dedans lesdits huict jours, et
» que encores les trefves dureroient huict jours
» après. » De plus il fut appointé « que le jeudy
» d'après, les parties comparoistroient en la
» forme et maniere qu'ils estoient, aux mesmes
» lieux, et places. » Ils furent audit lieu depuis trois heures jusques à sept heures après midy. La chose concluë, le roy d'Angleterre prit la Reyne par la main, et s'entrebaiserent derechef l'un l'autre comme cy-devant, puis s'en allerent en leurs tentes. Et estoit le lieu ordonné en la maniere qui s'ensuit. C'est à sçavoir, auprès la porte de Meulan du costé de Pontoise, y avoit un pré, du costé de la riviere de Seine d'une part, et de l'autre part, y avoit un estang, au milieu estoit comme un chemin public. Ce pré fut divisé en trois parties : en la premiere vers la ville, estoient les tentes du Roy, de la Reyne, et du duc de Bourgongne, en grande abondance : d'autre costé aval la riviere, estoyent les tentes du roy d'Angleterre : en la tierce partie et moyenne, entre les tentes des roys de France, et d'Angleterre, y avoit un champ moyen clos, et fortifié de fossez, et palys, tellement fait qu'on n'y pouvoit entrer, que par trois lieux : et à chacune entrée y avoit bonnes barrieres, lesquelles se gardoient chacune par cinquante hommes bien armez et habillez : et la partie du Roy et de la Reyne, qui estoit droict regardant vers les Anglois, estoit environnée de pieux joints comme une ville fermée. Tellement que nul n'en pouvoit approcher de lance ne de traict : et alloient les pieux jusques à la riviere de Seine. De plus au travers de la riviere en cet endroit et aspect estoient pieux, tellement que les bateaux n'eussent peu monter contremont : et ne pouvoit l'une partie, ny l'autre, approcher ensemble que par le milieu du champ. Aussi le lieu des Anglois estoit fossoyé, et pallissé : mais non si fortement. Or au milieu du champ, en la partie ayant regard aux barrieres, qui estoyent aux tentes tant du roy de France, que d'Angleterre, par lesquelles entroient au champ la Reyne, et sa compagnée, et le roy d'Angleterre, et les siens, estoit le pal ou pieu du haut seulement d'un pied, où la reyne, et le roy d'Angleterre se rencontrerent, lequel pieu estoit distant de six toises de chacune tente : et estoit dressé le pavillon commun, où ils devoient parler, que la reyne avoit donné au roy d'Angleterre : auquel pavillon, ou tente, estoyent attachez deux autres pavillons, à chacun bout un, esquels separement la reyne, et le roy d'Angleterre se retiroient quand bon leur sembloit. Cris furent faits publiquement par les mareschaux de chacune partie, « sur peine de
» perdre la teste, qu'il ne fut dit ou proferé
» aucunes paroles injurieuses les uns aux autres,
» ny que sous ombre de promesse de foy, ou
» debte, ou pour autre cause quelconque, on
» n'arrestast, ou emprisonnast personne : qu'on
» ne jouast à jetter la pierre, ou luictast, bref
» qu'on ne fit chose dont la compagnée se peut
» troubler : de plus qu'on n'entrast en aucune
» maniere au champ, sinon ceux qui seroient
» ordonnez, ou y seroient appellez. » Contre laquelle defense il y eut un Anglois, qui cuidant faire l'habile, passa par dessus la barriere, et entra au champ : mais le mareschal du roy d'Angleterre le fit prendre, et ordonna qu'il fust pendu et estranglé, et ainsi fut-il fait sur le champ.

Par plusieurs journées se rassemblerent les parties : il y eut aucunes difficultez sur les offres autresfois faites par les ambassadeurs du Roy : lesquels disoient, « qu'ils ne les avoient
» pas fait si amples que les Anglois disoient. »
Il fut requis que le roy d'Angleterre declarast ce qu'il demandoit et requeroit : lequel de sa propre bouche le dit, et requit, et depuis le bailla par escrit. C'est à sçavoir, « qu'on luy
» baillast et delivrast ce qui fut accordé par le
» traitté de Bretigny auprès de Chartres, lequel
» traitté fut promis et juré : et avec ce toute la
» duché de Normandie, tant ce qu'il avoit con-

» questé, que tout le demeurant de ladite du-
» ché, et ce en effet sans hommage, ressort et
» souveraineté, et à les tenir comme voisin
» seulement : et il prendroit à femme madame
» Catherine. » Sur quoy il fut reparty de la part
de la Reyne « qu'on luy rendroit response. »
Sur laquelle response qu'on luy devoit faire, il
y eut plusieurs difficultez : car il y avoit plusieurs villes et seigneuries contenuës au traitté
de Bretigny, qu'ils n'eussent pas aisement peu
bailler : parce que monseigneur le regent Dauphin les tenoit, et d'autres seigneurs. Et pource
qu'en ladite cedule baillée par le roy d'Angleterre, y avoit plusieurs obscuritez, et ambiguitez, la Reyne, et le duc de Bourgongne envoyerent ambassadeurs vers le roy d'Angleterre,
pour avoir plus amplement son intention et declaration par escrit des ambiguitez.

Cependant il fut advisé par aucuns que encores valloit-il mieux avoir traitté avec monseigneur le Dauphin regent, que accomplir et octroyer ce que le roy d'Angleterre demandoit et
requeroit, ce qu'ils firent sçavoir aux gens
dudit seigneur : pour cette cause, vinrent à
Pontoise messire Tanneguy du Chastel, le seigneur de Barbasan, et autres, pour traitter de
la forme et maniere de paix : lesquels y avoyent
grande volonté, et disoient et affermoient que
aussi avoit monseigneur le regent Dauphin leur
maistre, et tous ceux de son conseil. Or nonobstant leur venüe, il fut ordonné que la matiere seroit debatüe, à sçavoir, « lequel valloit
» mieux, ou traicter à avoir paix avec les An-
» glois, et leur accorder ce qu'ils demandoient
» et requeroient, ou non. » Pour ce faire furent
ordonnez deux notables clercs. L'un nommé
maistre Nicolas Raulin, et l'autre maistre Jean
Rapiot. Et tint Raulin, « qu'il valoit mieux
» traiter avec les Anglois, et que le Roy don-
» nast largement de son domaine. » Et soustint,
« que le Roy pouvoit alliener de son domaine,
» et donner partie de son royaume pour si grand
» bien, comme pour paix. » Ce fait, il monstra
bien grandement et notablement, « que accor-
» der et avoir paix avec le roy d'Angleterre
» estoit chose necessaire, veu la puissance des
» Anglois, la non puissance pour resister du
» Roy, et du duc de Bourgongne, et la division
» entre le Roy et son fils, laquelle n'estoit pas
» taillée de finir : et qu'autrement le royaume
» estoit taillé de changer de seigneur. Que aussi
» bien le Dauphin tendoit à s'accorder avec les
» Anglois : et que si le Roy y avoit accord, le
» Dauphin plus volontiers feroit accord avec
» son pere : et que la cité de Paris, et autres
» du royaume, voyans qu'ils n'auroient aucune
» esperance de secours, feroient comme Roüen.
» Et que supposé qu'on fust uny avec monsei-
» gneur le Dauphin, et qu'il y eust bonne paix,
» ce seroit toutesfois traiter avec le roy d'An-
» gleterre chose necessaire ; veu qu'autresfois
» les Anglois avoient tenu les mesmes places
» qu'ils demandoient, et estoient lors le royaume
» et les subjets riches, et en bonne paix et
» tranquillité, » avec plusieurs autres raisons.
Maistre Jean Rapiot au contraire voulut monstrer, « que selon le contenu de la cedule on ne
» devoit ou pouvoit traiter avec les Anglois :
» car c'estoit alienation apparente, ce que le
» Roy ne pouvoit ou devoit faire, et qu'il avoit
» juré à son sacre de non rien aliener : outre
» qu'il n'estoit pas en disposition, veu sa ma-
» ladie, de rien aliener, non mie d'avoir ad-
» ministration d'aucune chose ; par plus forte
» raison, ny de faire alienation. » Ne aussi
avec le roy d'Angleterre de l'autre part : « car
» non seulement il n'a aucun droict au royaume
» de France, mais mesme en celuy d'Angle-
» terre, ny en chose qu'il se die avoir, veu le
» meurtre fait par son pere en la personne du
» roy Richard II. Et si quelque autre ayant
» droict au royaume d'Angleterre l'avoit et pos-
» sedoit quelque jour, en diroit que tout ce qui
» auroit esté fait seroit de nulle valeur et effect.
» Et si on pouvoit traiter valablement, si fau-
» droit-il avoir le consentement de ceux qui y
» auroient interest, comme des vassaux, et des
» detenteurs et possesseurs d'une partie des
» terres qu'on voudroit bailler : de plus, qu'il y
» a plusieurs terres, que les predecesseurs du
» Roy ont promis de non aliener, et mettre
» hors de la couronne : et que le traité de Bre-
» tigny fust trouvé nul, et qu'il ne se pouvoit
» soustenir, » avec plusieurs autres raisons.
Nonobstant lesquelles il fut conclud et deliberé,
qu'on devoit entendre à traiter : il y eut à ce
subjet plusieurs allées et venuës des uns vers
les autres, et plusieurs ambassades envoyées :
et voulut parler le roy d'Angleterre à part au
duc de Bourgongne : lequel y alla, et furent
longuement ensemble, puis s'en retourna : et
leur fit sçavoir le roy d'Angleterre, « qu'il es-
» toit tres-mal content, et qu'on monstroit evi-
» demment qu'on ne le vouloit tenir qu'en pa-
» rolles, et qu'il sçavoit qu'on vouloit traiter
» avec le Dauphin, et qu'il avoit bien sceu que
» les ambassadeurs avoient esté, ou estoient à
» Pontoise ; bref, qu'on luy fist finale response. »
Pour conclusion il fut advisé, « qu'on luy ac-
» corderoit ce qu'il demandoit : mais aussi luy
» feroit-on plusieurs demandes, et requestes,
» tant au regard des choses contenuës au traité

» de Bretigny, que autres. » Or de toutes ces choses il n'y eut rien de parfait et accomply, et pource on s'en passe en bref. Et aprés il fut deliberé par le conseil du Roy, de la Reyne, et du duc de Bourgongne, « qu'on entendroit à » paix avec monseigneur le Dauphin regent. » Pour laquelle fin il y eut articles faits par le conseil des deux parties, et fut jurée et promise, dont il y eut grande joye faite à Paris, et tenoit-on la paix toute faite : mais elle ne dura guieres : car des seditieux s'esmeurent derechef à Paris, où l'on faisoit pilleries et robberies comme cy-devant : mesme y tenoit-on pour Armagnacs tous ceux presques qu'on disoit avoir fait grande feste et joye de ladite paix.

En ce temps les villes d'Avranches et Pontorson furent prises par les gens de monseigneur le regent sur les Anglois, dont leur Roy fut fort desplaisant : et si estoit venu à sa cognoissance que aucunes gens de guerre du duc de Bourgongne estoient dedans les ville et chastel de Gisors, dont le roy d'Angleterre fut mal content, disant « que ce n'estoit pas signe qu'ils vou- » lussent avoir paix. » Pour ce subjet il fit assieger ledit chasteau de Gisors, et la ville : les assiegez s'y defendoient vaillamment : mais iceux enfin voyans et considerans que du duc de Bourgongne ils n'auroient aucun secours, ny d'autres aussi, ils delibererent d'entendre à composition : et moyennant certaine somme d'argent, qu'ils eurent du roy d'Angleterre, ils rendirent la place, et s'en allerent.

Le vingt-huictiesme jour de juillet, que les jours estoient grands, par faute de bon guet, et bonne garde, les Anglois eschellerent Pontoise, et entrerent dedans en assez grande quantité. En la ville y avoit garnison soubs le seigneur de Lisle-Adam, lequel estoit dedans la ville : quand il oüyt le bruit, il assembla de ses gens, et y alla, et cuida chasser les Anglois dehors : à quoy il mit peine et diligence, et de sa personne fit de belles armes : mais à la fin il ne peut resister, et pource trouva moyen de se sauver, et s'en alla à Lisle-Adam. Ceux de la ville aussi, et les gens de guerre se porterent vaillamment, et se sauva chacun le mieux qu'il peut : c'est chose à peine croyable de la richesse que les Anglois trouverent dedans la ville, qu'on disoit monter à deux millions, qui sont vingt fois cent mille escus : et disent quelques-uns, que les Anglois y entrerent par le moyen d'aucuns de ceux de dedans.

Le duc de Clarence envoya prier, « qu'il eust » sauf-conduit pour aller visiter les corps saincts » de Sainct Denys. » Ce qu'on luy refusa, dont il fut tres-mal content : il usa de grandes menaces, par lesquelles on pouvoit sçavoir, « que » sa volonté et intention estoit de trouver moyen » d'avoir la ville de Sainct Denys. » Pour cette cause on y envoya un vaillant chevalier, nommé messire Ponce de Chastillon, qui estoit Gascon, accompagné de gens de guerre. Toutesfois pource qu'il estoit prés de Bordeaux, on s'en douta et deffia aucunement, et y en eut qui eurent soupçon sur luy, qu'il n'y fut pas bien seant : parquoy on l'en fit venir, et y envoya-on en la place le seigneur de Chastelus, qu'on disoit mareschal de France, et avec luy plusieurs gens, qui pillerent et deroberent tout le pays, et ceux de la ville mesmes; et si firent-ils les pauvres religieux, et en leurs chambres mettoient leurs fillettes, et en faisoient comme bordeaux publics.

Les gens de monseigneur le regent Dauphin et du duc de Bourgongne pilloient et deroboient tout le pays, et faisoient guerre les uns aux autres, sans nuire aucunement aux Anglois, ny leur faire guerre ou dommage aucun. Toutesfois un nommé messire Jean Bigot le vingtiesme jour d'aoust, estant sur les champs environ et proche la ville de Mortaing, et pareillement les Anglois, ils se rencontrerent et combatirent les uns contre les autres bien asprement : enfin par la vaillance dudit Bigot, combien qu'il n'eust guieres de gens, les Anglois furent desconfits, dont il y eut plus de quatre cens de morts, et plusieurs pris : et si eurent les François les biens et chevaux desdits Anglois : il fut grande renommée de ladite desconfiture ainsi vaillamment faite.

On traitoit tousjours la paix en effect d'entre monseigneur le regent Dauphin et le duc de Bourgongne : car s'il n'y eust eu que le pere et le fils, elle eust esté tantost faite, comme il estoit tout notoire : or, comme dit est, les articles furent faits, jurez, et promis, et ne falloit que convention à estre ensemble pour parfaire la chose, et avoir bon amour et union par ensemble. Pour ce faire fut esleu le lieu de Monstreau où faut Yonne, comme la place plus convenable pour les parties : et fut ordonné que le duc de Bourgongne auroit le chasteau, qui est beau, grand, et bien fort, pour sa retraite, et y mettre ses gens; et que monseigneur le Dauphin auroit pour sa demeure la ville : outre cela, que sur le pont d'entre le chasteau et la ville se feroient barrieres, et au milieu une maniere d'un parc bien fermant, où y auroit une entrée du costé du chasteau, et aussi une autre du costé de la ville ; à chacune desquelles entrées y auroit un huis, qui se fermeroit et garderoit par leurs gens : et ainsi fut concluid qu'il se fe-

roit : de plus, il y eut jour assigné que les parties y devoient estre. Il y eut là dessus beaucoup de divers langages, et paroles merveilleuses d'un costé et d'autre : et disoit-on au duc de Bourgongne, « qu'il ne s'y devoit fier, s'il n'es-
» toit mieux asseuré : car combien que d'un
» costé et d'autre chacun deust avoir douze
» personnes telles qu'ils esliroient : toutesfois il
» devoit considerer que le Dauphin n'en pou-
» voit avoir nuls, sinon de ceux qui avoient
» esté grandement endommagez par luy, et
» ceux de Paris, et ses gens et serviteurs, les-
» quels pourroient avoir volonté de se venger
» de la mort de leurs amis, meurtris bien in-
» humainement, mesmement ceux qui avoient
» esté serviteurs du feu duc d'Orleans. » Il y avoit un Juif en sa compagnée, nommé maistre Mousque, lequel fort luy conseilloit, « qu'il n'y
» allast point, et que s'il y alloit, jamais n'en
» retourneroit : » Aussi faisoient plusieurs autres, qui luy conseilloient la mesme chose. Il y en avoit d'autres aussi qui luy conseilloient « qu'il y allast : et il respondit pleinement « qu'il
» iroit, et qu'il devoit adventurer et hazarder
» sa personne pour si grand bien comme pour
» paix, et que comme que ce fust qu'il vouloit
» paix : et que son intention estoit, la paix
» faite, de prendre les gens de monseigneur
» le Dauphin, lequel avoit de vaillans et sages
» capitaines, et gens de guerre, et qu'il com-
» batroit le roy d'Angleterre. » En disant « que
» Hennotin de Flandres combatroit Henry de
» Lanclastre. » De l'autre part aussi plusieurs faisoient grande difficulté de conseiller à monseigneur le Dauphin « qu'il y allast, craignans
» par là que sa personne et tout le royaume, ne
» fust mis à l'adventure : car par toutes les ma-
» nieres que le duc de Bourgogne tenoit, c'es-
» toit en effect son intention de vouloir usur-
» per ou occuper le royaume ; outre que en ses
» promesses foy aucune ne devoit estre adjous-
» tée, ny devoit-on avoir fiance : qu'on sçavoit
» les alliances qu'il avoit avec le roy d'Angle-
» terre dés l'an mille quatre cens et seize : et
» encores, n'y avoit guieres, avoient par eux
» deux tous seuls ensemble devers Mante : et
» quelque armée qu'il eust faite, il n'avoit fait
» aucun desplaisir au roy d'Angleterre, ny à
» ses gens, mais leur avoit donné plusieurs fa-
» veurs ; et en effect leur avoit baillé, ou
» laissé prendre Pontoise : et que au duc d'Or-
» leans mort, peu de temps avant qu'il le fist
» tuer en la maniere dessus dite, il fit le ser-
» ment sur le corps de nostre Seigneur sacré,
» d'estre son vray et loyal parent, et promit
» d'estre son frere d'armes, portoit son ordre,
» et luy faisoit bonne chere, et disnerent ensemble, et ce nonobstant le fit tuer en la
» maniere dessus dite : et depuis ladite mort il
» y avoit eu plusieurs traitez de paix jurez et
» promis, mais oncques n'en avoit tenu aucun.
» Et mesmement le dernier de l'an mille quatre
» cens et dix-huict, qui estoit fait, conclud et
» promis : et soubs ombre de ce, et qu'on avoit
» esperance que bonne paix fust faite, ses gens
» entrerent à Paris, où furent faits les meurtres
» des connestable et chancelier de France, et
» autres dessus declarez. » Toutesfois monseigneur le Dauphin delibera et conclud nonobstant les choses dessus dites d'y aller.

Or fut journée prise au vingt-sixiesme jour d'aoust d'estre à Monstereau : et ordonna monseigneur le Dauphin, que le chastel dudit lieu fust baillé et delivré au duc de Bourgogne, et à ses gens : et fut ledit seigneur et regent precisement audit jour à Monstereau, mais le duc de Bourgogne non, lequel avoit fait partir le Roy, la Reyne, et madame Catherine, et aller à Troyes où ils estoient : aprés il vint audit chastel de Monstereau le dixiesme jour de septembre, d'où il fit sçavoir sa venuë à monseigneur le Dauphin : aprés quoy chacun d'eux s'en vint accompagné de dix seigneurs, au lieu où la convention se devoit faire : mondit seigneur le Dauphin avoit avec luy messire Tanneguy du Chastel, les seigneurs de Barbasan et de Couvillon, le vicomte de Narbonne, Bataille, et autres jusques audit nombre. Pareillement ledit duc de Bourgogne avoit le seigneur de Sainct George, Thoulongeon, le seigneur de Montagu, de Noüailles frere du Captal de Buch, qu'on tenoit Anglois, Gascon, et autres jusques audit nombre. Ils furent d'un costé et d'autre visitez, et n'avoient pas plus l'un que l'autre de harnois, ou armures, c'est à sçavoir seulement haubergeons et espés : quand ils furent entrez ils mirent garde aux deux huis, chacun de ses gens. Monseigneur le Dauphin à celuy qu'il entra du costé de la ville, et le duc de Bourgogne à celuy qui estoit du costé du chastel : puis quand tous furent entrez, on en dit et raconte diversement de plusieurs manieres de paroles et de langages : car ceux qui estoient affectez et attachez au party du duc de Bourgogne, disent que quand le duc de Bourgogne vid monseigneur le Dauphin, il s'agenoüilla, et luy fit la reverence et honneur qui luy appartenoit, en disant, « Monseigneur, je suis venu à vostre
» mandement, vous sçavez la desolation de ce
» royaume, et de vostre domaine à venir ; en-
» tendez à la reparation d'iceluy : quant à moy
» je suis prest et appareillé d'y exposer le corps

» et les biens de moy, et de mes vassaux, sub-
» jets, et alliez, » et que lors monseigneur le
Dauphin osta son chapeau, le remercia, et luy
dit qu'il se levast : et qu'en se levant il fît un
signe à ceux qui estoient avec luy : et lors que
messire Tanneguy du Chastel vint prés de luy et le
poussa par les espaules, luy disant : *Passez outre*,
en frappant d'une hache sur sa teste, et que de
cette sorte il le tua. Si y en eut un autre nommé
le seigneur de Noüailles, qui fut aussi frappé à
mort, tellement que au bout de trois jours il
alla de vie à trespassement. Mais d'autres disent bien autrement, c'est à sçavoir que monseigneur le Dauphin, quand ils furent arrivez
au parc, parla le premier, et dit au duc de
Bourgongne, « beau cousin, vous sçavez que au
» traité de la paix naguieres faite à Melun entre
» nous, nous fusmes d'accord que dedans un
» mois nous nous assemblerions en quelque lieu,
» pour traiter des besongnes de ce royaume : et
» pour trouver maniere de resister aux Anglois,
» anciens ennemis de ce royaume : ce que vous
» jurastes et promistes faire : et fut esleu ce lieu,
» où nous sommes venus au jour diligemment,
» et vous y avons attendu quinze jours entiers :
» pendant lequel temps nos gens et les vostres
» font au peuple du mal beaucoup, et nos enne-
» mis tousjours conquestent pays : si vous prie,
» que nous advisions ce qu'on pourra faire. Je
» tiens la paix de par nous desja toute faite,
» ainsi que l'avons ja juré et promis : c'est pour-
» quoy trouvons moyen de resister aux Anglois. »
Alors le duc respondit, « qu'on ne pourroit rien
» adviser ou faire sinon en la presence du Roy
» son pere, et qu'il falloit qu'il y vint. » Surquoy
ledit seigneur tres-doucement luy dit, « qu'il iroit
» par devers monseigneur son pere, quand bon
» luy sembleroit, et non mie à la volonté du duc
» de Bourgongne : et qu'on sçavoit bien que ce
» qu'ils feroient eux deux que le Roy en seroit
» content. » Il y eut aucunes autres paroles en
suite : puis s'approcha ledit de Noüailles d'iceluy duc, qui rougissoit, et lequel dit, « Monsei-
» gneur, quiconque le veüille voir, vous vien-
» drez à present à vostre pere, » en luy cuidant
mettre la main gauche sur luy, et de l'autre tira
son espée comme à moitié : mais lors ledit messire Tanneguy prit monseigneur le Dauphin entre ses bras, et le mit hors de l'huis de l'entrée
du parc. Puis y en eut qui frapperent sur le duc
de Bourgongne, et sur ledit seigneur de Noüailles, qui allerent tous deux de vie à trespassement : ceux du chastel qui estoient au plus prés
de l'huis du parc, oncques ne s'en esmeurent,
cuidans « que ce fut monseigneur le Dauphin
» qu'on eust tué. » Là estoit Charles de Bourbon
avec le duc de Bourgongne, qui fut bien joyeux
de s'en venir avec monseigneur le Dauphin :
mais que ledit seigneur Dauphin en sceut rien,
ne qu'il y eust entreprise de faire ce meurtre,
on dit que ja ne sera sceu, ny trouvé que messire Tanneguy du Chastel y mit oncques la main,
lequel ne tascha que à sauver son maistre : de
laquelle mort soudaine mondit seigneur le Dauphin fut au contraire tres-desplaisant, ainsi que
plusieurs autres gens tenans son party. Ceux
toutesfois qui estoient extremes, et passionnez
pour le party d'Orleans, disoient « que c'estoit
» punition divine, » et plusieurs autres choses
qui guieres ne valloient, et qu'il ne faut ja reciter : les autres donnoient blasme à ceux qui estoient avec le duc de Bourgongne : car il n'y
eut oncques celuy qui se mit en peine de defendre son maistre, sinon ledit seigneur de Noüailles, qui y fut tellement blessé qu'il en mourut.
Ils estoient dix de son costé, et ceux qui demeurerent des gens de monseigneur le Dauphin
n'estoient que quatre : car les autres se retirerent, et allerent aprés leur maistre, et messire
Tanneguy, qui l'emportoit. Or il fut nouvelles,
et courut un bruit en la ville et au chastel mesmes que c'estoit monseigneur le Dauphin qui
estoit mort : pour cette cause il monta à cheval,
et se moustra à ses gens : et furent pris par aucuns compagnons les seigneurs de Sainct Georges, Thoulongeon, et autres : ceux qui estoient
au chastel s'en allerent : toutesfois un nommé
Philippes Jossequin, qui estoit au duc de Bourgongne des plus prochains, s'en vint avec monseigneur le Dauphin, par lequel on sceut plusieurs choses de la volonté qu'avoit le duc de
Bourgongne.

Aprés le trespassement dudit duc de Bourgongne arrivé en la maniere dessusdite, plusieurs qui estoient là venus de Paris s'en retournerent : et monseigneur le Dauphin prit son
chemin vers le Berry : auparavant il escrivit à
la ville de Paris « les causes et manieres comme
» le duc de Bourgongne avoit esté tué, que no-
» nobstant cela, on ne devoit pas laisser d'en-
» tendre à paix, et qu'il estoit prest de faire tout
» ce qu'il conviendroit là-dessus. » Mais ils n'en
tinrent compte, et furent en plus grande rigueur
et opiniastreté que jamais, mesmes ils continue-
rent de faire en la ville les maux qu'ils avoient
accoustumé de faire par le passé. Or combien
que, entant que touche la mort dudit duc de
Bourgongne, plusieurs ayent escrit en diverses
manieres, lesquels n'en sçavoient que par ouyr
dire, et les presens mesmes n'en eussent bien
sceu deposer, car la chose fut trop soudainement faite : toutesfois il n'y eut oncques per-

sonne qui chargeast monseigneur le Dauphin qu'il en fut consentant, ny que avant l'entrée au parc y eut eu aucune deliberation à ce dessein, ny que aucuns de ceux qui entrerent avec luy, eussent volonté de faire ce qui fut fait : et pource qu'on chargea fort messire Tanneguy du Chastel, d'avoir fait le coup, il s'en fit excuser devers le duc de Bourgongne, Philippes, en affirmant comme preud'homme chevalier doit faire, « que oncques ne le fit, ne fut consentant » de faire : et que s'il y avoit deux gentilshom- » mes qui le voulussent maintenir, il estoit prest » de s'en defendre, et de les combatre l'un aprés » l'autre. » Sur quoy il n'y eut personne qui respondit. Il est à noter que ceux qui entrerent au parc tant d'un costé que d'autre avoient pareils harnois, c'est à sçavoir espées et haubergeons : et tous ceux du costé du duc de Bourgongne estoient vaillans chevaliers, et escuyers : aussi bien estoient ceux du costé de monseigneur le Dauphin : excepté son chancelier, maistre Robert le Maçon, et le president de Provence, qui n'avoient piece de harnois : et ledit messire Tanneguy, et autres excepté quatre, ne tendirent et penserent que à sauver monseigneur le Dauphin. Et ceux de monseigneur de Bourgongne estoient dix, qui deussent avoir revanché leur maistre, ou vengé sa mort sur lesdits quatre : lesquels quatre estoient Bataille, messire Robert de Loire, le vicomte de Narbonne, et Frottier, dont les trois premiers confessoient bien « qu'ils avoient mis la main sur feu monsei- » gneur de Bourgongne. » Et quand on leur demanda pourquoy ils avoient fait le coup, ils respondirent « qu'en leur conscience ils virent que » le duc de Bourgongne approchoit de monsei- » gneur le Dauphin, et aussi le seigneur de » Noüailles, en tirant à moitié son espée, que » lors Loire et Narbonne frapperent, et que Ba- » taille dit : Tu couppas le poing à mon maistre, » et je te coupperay le tien. » Au regard du seigneur de Noüailles, frere du captal de Buch, Frottier le frappa et navra. Les aucuns disent que les trois dessus nommez avoient esté à feu monseigneur d'Orleans, et qu'ils avoient ensemble precogité et deliberé de le tuer s'ils y voyoient leur advantage, pource qu'il avoit fait mourir leur maistre. Quoy qu'il en soit, il est constant que du cas advenu, ainsi que dit est, monseigneur le Dauphin en fut tres-desplaisant, et ceux qui estoient en sa compagnée gens de bien, cognoissans qu'il n'en pouvoit venir que tout mal. Il fut demandé à Frottier pourquoy il s'adressa plustost au seigneur de Noüailles, que à un des autres : il respondit « qu'il luy vit tirer « l'espée, en disant Sainct Georges, » qui estoit le cry des Anglois : ledit de Noüailles estoit frere du captal de Buch, Anglois, ainsi que dit est, combien qu'il eut deux freres François, c'est à sçavoir, le comte de Foix, et le comte de Comminge. Celuy qui a redigé par escrit ce que dit est au vray le mieux qu'il a peu, parla à un des plus notables hommes du conseil, qu'eut monseigneur de Bourgongne, Jean, en luy demandant, « comment son maistre alla à ladite » assemblée, qu'il ne fut mieux accompagné, et » n'eut bien pourveu à eviter tout inconvenient. » Il respondit en parlant pleinement, « que plu- » sieurs de son conseil le induisoient assez, à ce » qu'il n'y allast point, mesmement qu'il y avoit » un juif qui luy dit (comme il vient d'estre re- » cité) que quoy que ce fust, qu'il n'y allast » point, et luy affermoit que s'il y alloit, qu'il » y mourroit. En outre qu'il avoit avec luy un » nommé Philippes Jossequin, lequel il croyoit » fort, qui le induisoit d'y aller : et qu'une dame » nommée la dame de Giac, avec ledit Josse- » quin pareillement luy donna principalement » mouvement de ce faire : et quand le duc eut » ouy d'un costé et d'autre tout ce qu'on luy vou- » lut dire, il conclud qu'il iroit : et ce d'un bien » grand courage, et desir d'avoir paix : parquoy » il ne craignoit point d'exposer sa personne » pour un si grand bien : et qu'il disoit que » quand monseigneur le Dauphin et luy seroient » d'accord, que Hennotin de Flandre oseroit bien » combatre Henry de Lenclastre : et auroit en » sa compagnée ces deux vaillans capitaines, le » seigneur de Barbasan, et messire Tanneguy du » Chastel, et les autres tenans le party dudit » monseigneur le Dauphin : et que si on le tuoit » en allant à ladite assemblée, qu'il se tiendroit » pour martyr : et de fait y alla, et y fut tué en » la maniere dessusdite. » Aucuns autres disoient « que veu aussi le meurtre qu'il fit en la per- » sonne du duc d'Orleans, et les meurtres faits à » Paris, que c'estoit un jugement de Dieu. »

Quand le nouveau duc de Bourgongne, nommé Philippes, sceut la mort de son pere, il fut moult dolent et desplaisant, et non sans cause : et assembla son conseil, pour sçavoir ce qu'il avoit à faire. De plus il envoya vers le roy d'Angleterre, pour traiter de paix, voire plus ample que son pere ne luy avoit offert : et en ceste esperance, furent faites trefves entre le duc de Bourgongne, au nom du Roy dont il abusoit, et le roy d'Angleterre ; et se tinrent leurs gens « comme tous d'un mesme party anglois et bour- » guignons, pour faire guerre mortelle à mon- » seigneur le Dauphin, et à ceux qui tenoient » son party, » pour et afin de se venger de ladite mort. Et estoient où firent lesdites trefves jusques à Pasques ensuivant : et en faisant lesdites trefves, leur fut baillé par les gens dudit duc de Bourgongne le pont de Beaumont.

Les places de Dampmartin et de Tremblay furent delaissées par les François, et y entrerent les Anglois et Bourguignons.

Aprés le duc de Bourgongne eut Crespy en Valois.

Et faisoient ainsi le pis qu'ils pouvoient és terres du duc d'Orleans, qui estoit prisonnier en Angleterre, et ne pouvoit bonnement pourvoir à les defendre et garder.

Nonobstant les trefves prises avec les Anglois, les vivres estoient si chers à Paris que le sextier de fourment valoit onze francs d'or, et y estoient les habitans en tres-grande necessité.

En ce temps messire Robinet de Bracquemont, admiral d'Espagne, se mit sur la mer, lequel avoit d'assez grands navires garnis de vaillantes gens de guerre sur la mer, entre autres y estoit le bastard d'Alençon. Ils rencontrerent les Anglois, et combatirent les uns contre les autres assez asprement et longuement : finalement les François et Espagnols eurent la victoire, et y moururent bien sept cens Anglois, outre plusieurs de pris, avec aucuns de leurs vaisseaux qui furent amenez vers la Rochelle ; specialement y fit grande occision d'Anglois le bastard d'Alençon : auquel pour cette cause le roy d'Angleterre manda, « qu'il estoit » bien esbahy pourquoy il prenoit plaisir à » ainsi tuer ses gens, quand il les prenoit. » Et luy fit response, « que c'estoit pour venger la » mort de son frere : lequel avoit esté par eux » occis. »

Les trefves, comme dit est, estoient entre les deux roys, sans y comprendre monseigneur le Regent, ny ses gens, lesquels faisoient le mieux qu'ils pouvoient, de porter dommage aux Anglois et Bourguignons. Or en une certaine journée, le comte de Willy fut envoyé à Paris, pour sçavoir quel traitté on vouloit faire, lequel estoit en grande compagnée de gens, et pompe d'habillemens tant de gens que de chevaux. D'adventure il y avoit des gens de monseigneur le Dauphin sur les champs qui le rencontrerent, et prirent luy, ses gens, et ses chevaux, et biens. La chose vint à la cognoissance du roy d'Angleterre, qui en fut fort desplaisant, et tres-impatiemment le porta.

Le dixiesme jour de fevrier le duc de Bretagne s'en alloit, comme on disoit, par aucunes places de sa duché : et estoit commune renommée qu'il s'en alloit disner à Chantoceaux, et y voir la comtesse de Pointievre. Or en allant, le rencontrerent le comte de Pointievre et son frere, le seigneur d'Avaugour, lesquels le prirent, et le menerent à Coudray Salbart en Poictou. La commune renommée estoit que la cause de cette prise estoit, « pource qu'ils le reputoient » tenant le party du roy d'Angleterre : car il » luy avoit fait hommage et serment : » Mais neantmoins depuis il avoit envoyé vers monseigneur le Dauphin regent, lequel fut aucunement content de luy. Les Bretons aussi-tost se mirent sus, et « comme bons, vrays, et loyaux » subjets, » abatirent les places qu'on disoit appartenir audit comte de Pointievre : mesme ils prirent et emprisonnerent le jeune frere dudit Comte, lequel ils mirent en bien dure prison, combien qu'il n'en sçavoit rien, et en estoit pur et innocent : et combien qu'on veüille dire que la place de Chantoceaux estoit en Poictou, et non point en Bretagne, les Bretons toutesfois y mirent le siege, et la prirent et abbatirent.

Le seigneur de Legle, qui estoit second fils de Pointievre, estoit lors en Limosin, où ils y avoient plusieurs belles terres et seigneuries : auquel ladite prise d'iceluy Duc despleut fort, et trouva maniere par certains moyens, que le duc fust delivré, et retourna en son pays. Neantmoins retint-on en Bretagne leurdit frere, tellement qu'il en devint comme aveugle. Au reste des choses promises par le duc de Bretagne au seigneur de Legle, rien, ou peu en tint-il, disant ce duc « que au temps des promesses il » estoit prisonnier, et que toutes les promesses, » qu'il avoit fait, devoient estre reputées nul- » les. » Et disoient ensuite là dessus aucuns, » qu'il estoit bien employé, veu qu'on l'avoit » delivré si legerement. »

En ce temps fut pris par ceux de la garnison de Dreux le chastel de Croisi, où estoit prisonnier messire Ambroise de Lore, lequel y avoit esté detenu bien onze mois. Il s'en alla en aprés au pays du Maine, où il fut fait capitaine de Saincte Susanne, qui estoit la place la plus prochaine des frontieres des Anglois.

Le feu duc de Bourgongne avoit de par le Roy envoyé au pays de Languedoc le prince d'Orenge : mais quand monseigneur le Dauphin fut party de Monstereau où faut Yonne, et venu és marches de Berry, il envoya prier le comte de Foix, qu'il prit le gouvernement dudit pays de Languedoc, et qu'il luy en commettoit la garde. Ce que ledit Comte fit volontiers, et se mit sus, et en chassa hors ledit prince d'Orenge. Or ce Comte gouverna tellement ledit pays, que monseigneur le Dauphin n'en avoit rien, ou peu de profit ; pource ledit seigneur delibera d'y aller en personne, et de faict y fut, et prit le gouvernement pour luy-mesme, en l'ostant audit comte de Foix. Il trouva neantmoins resistance en deux places, l'une à Nismes, et l'autre au Pont Sainct Esprit. Il mit le siege devant Nismes, qui se defendit fort au commencement : mais eux cognoissans enfin qu'ils n'estoient pas assez puissans ni suffisans d'y resister, ils voulurent traiter ; et à ce subjet essayerent et tenterent plusieurs moyens, finalement ils se rendirent à la volonté de monseigneur le Dauphin : mais pour la grande rebellion qu'il y trouva, une grande partie des murs fut abbatuë : et combien que durant le siege y en eut de morts et de pris, toutesfois on en prit encores des plus rebelles, qui furent executez et mis à mort. Le semblable fut fait au Pont Sainct Esprit : et par ainsi tout le pays fut reduit en l'obeïssance de monseigneur le Dauphin.

◇◇◇

M. CCCCXX.

L'an mille quatre cens et vingt, le duc Philippes de Bourgongne par mauvais conseil, comme dessus a esté dit, delibera d'avoir paix avec le roy d'Angleterre, ancien ennemy de la couronne de France, et du royaume, bien merveilleuse et honteuse, et mesme de nulle valeur, utilité et profit pour luy. Et disoient aucuns, que celuy qui a escrit sur ces matieres, et dont on a extraict les choses dessus dites, et cy-après declarées, estoit Armagnac, lequel y a mis à son pouvoir la vraye verité. Presque tout son temps il avoit esté serviteur du feu duc de Bourgongne : mais quand il eut veu que son fils vouloit mettre le royaume et la couronne és mains des dessus dits, il delaissa le service commensal de sondit fils, et se retira en son pays dont il estoit natif, sçavoir au diocese de Chaalons, où là il a continué d'escrire le moins mal qu'il a peu, selon ce qu'on luy a rapporté. En effect, lesdits roy d'Angleterre et duc de Bourgongne firent paix ferme ensemble ; par laquelle ledit Duc luy bailla la ville de Paris, et bien seize citez, car quasi tout estoit en l'obeïssance d'iceluy duc de Bourgongne. Lors il souvint à celuy qui escrivoit, de ce qu'il a cy-dessus escrit des visions veuës par bonnes creatures, recitées en la chambre de maistre Eustache de Pavilly, des trois Soleils : car en effect il y eut trois rois en France, c'est à sçavoir France, Angleterre, et monseigneur le Dauphin : et si portoit et excitoit bien le roy d'Angleterre le roy de France, « de vou- » loir oster à son seul fils le royaume : » de sorte que par là tout le pays de par deça la riviere de Loire estoit tout noir et obscur : car ils se mirent tous en l'obeïssance des Anglois.

Mais celuy de delà demeura pur et net en l'obeïssance de monseigneur le Dauphin. Or il est bien à considerer que ledit seigneur ne fut oncques en volonté, que d'avoir paix, et estoit tout son desir que de l'avoir, aussi l'avoit-il juré dés le septiesme jour de juillet de l'année passée, et confirmé le dernier jour ; mesme elle fut publiée à Paris : et après ledit cas advenu d'icelle mort, il escrivit à Paris au vray la maniere et occasion de ce meurtre, en leur faisant sçavoir qu'il estoit content de tenir le traité et accord : ce qu'ils ne voulurent faire. Au contraire ledit duc Philippes de Bourgongne et le roy d'Angleterre firent paix, comme dit est : puis ledit roy d'Angleterre envoya à Troyes les comtes de Kent, et de Warwic, le seigneur de Roberfort, et maistre Jean Dole, pour traiter le mariage de luy avec madame Catherine fille du Roy. Finalement l'accord fut fait, et le mariage accordé au vingt-troisiesme jour de mars, l'an mille quatre cens dix-neuf. Le vingtiesme jour de may entra et arriva ledit roy d'Angleterre à Troyes, armé et grandement accompagné. Là fut fait et parfait le traité, « que, après la mort du Roy, il » devoit avoir le royaume de France : et que » doresnavant il s'appelleroit regent, et heritier » de France. » Il y eut en outre plusieurs promesses faites, qu'il ne faut ja reciter pour l'iniquité et mauvaistié d'icelles : et toutes gens d'entendement doivent le tout reputer de nulle valeur ou effect.

Le deuxiesme jour de juin, ledit roy d'Angleterre espousa ladite madame Catherine, et voulut que la solemnité se fît entierement selon la coustume de France. Ils allerent en la parroisse, c'est à sçavoir à Sainct Jean de Troyes, où là les espousa maistre Henry de Savoisy, soy disant archevesque de Sens. Et au lieu de treize deniers il mit sur le livre treize nobles. Et à l'offrande, avec le cierge, ils offrirent chacun trois nobles; de plus il donna à ladite eglise de Sainct Jean deux cens nobles; et furent les souppes au vin faites en la maniere accoustumée, et le lict benit.

En suite on fit crier publiquement que tous fussent prests, armez et habillez le lendemain, qui fut le troisiesme jour de juin. Auquel jour partirent de Troyes les roys de France, d'Angleterre, et d'Escosse, et le duc de Bourgongne, avec plusieurs autres ducs et comtes. Ils vinrent à Hervy le Chastel, et à Sainct Florentin, lesquelles villes assez aisément se mirent en leur obeïssance, c'est à sçavoir des Anglois, puis devant Sens; mais avant qu'ils y arrivassent, ceux de la ville envoyerent vers le roy de France et le roy d'Angleterre, leur dire qu'ils estoient prets de se mettre en leur obeïssance, combien que les gens de guerre qui y estoient eussent volontiers par aucun temps tenu. Toutesfois il fut accordé, « qu'ils s'en iroient sauves leurs vies » et biens, » et ainsi fut fait. Ainsi ils se mirent en l'obeïssance l'onziesme jour de juin ; et y entrerent les roys. Lors ledit roy d'Angleterre appella ledit maistre Henry de Savoisy, et luy dit : « Vous m'avez espousé et baillé une femme, » et je vous rends la vostre, c'est à sçavoir l'ar- » chevesché de Sens. » Après il vint à Monstereau, où estoit le seigneur de Guithery, qui fit semblant de la tenir, et y eut quelques armes faites. Mais quand il vid qu'on vouloit assortir les engins, n'ayant aucune esperance d'avoir secours, il rendit et bailla la place, puis s'en alla avec ses gens de guerre sauves leurs vies et biens.

De là s'en allerent lesdits roys mettre le siege devant Melun, où estoit dedans le seigneur de Barbasan, avec plusieurs chevaliers et escuyers, qui avoient grande volonté de bien tenir. Or y fut le siege clos et fermé. Du costé du Gastinois estoit le roy d'Angleterre et ses freres, avec les Anglois en grande compagnée ; et du costé de la Brie le roy de France, et le duc de Bourgongne. Les gens de dedans se disoient bons et loyaux François, et au roy de France, et se preparerent le mieux qu'ils peurent pour se defendre, et mestier leur en estoit. Or avec ledit seigneur de Barbasan estoient de vaillantes gens, tant du pays que d'autres : c'est à sçavoir messire Nicole de Giresme, un vaillant chevalier de Rhodes, messire Denys de Chailly, Arnault Guillon de Bourgongne, Louys Juvenal des Ursins, fils du seigneur de Traignel dont dessus est fait mention, Gilles d'Escheviller bailiif de Chartres, et plusieurs autres vaillantes gens. Ce siege estoit bien à priser, là où il y avoit trois roys, et tant de princes, ducs, comtes, barons et nobles. Les Anglois et Bourguignons fortifioient leurs sieges de palis, pieux, et fossez par dehors. Ceux de dedans firent plusieurs saillies à leur advantage, et porterent de grands dommages à leurs ennemis, aussi estoient-ils assez grosse et puissante compagnée, combien que de plain bout, et d'abord ils n'en monstrerent pas le semblant, et estoit advis à ceux de dehors, qu'il n'y avoit comme personne : quand le roy d'Angleterre vid comme ceux de dedans se maintenoient, lequel Roy on tenoit sage et vaillant en armes, il apperceut bien qu'il falloit dire que « c'estoient » vaillantes gens, et que aisément on ne les au- » roit pas. » Si furent d'un costé et d'autre les bombardes, canons, et vulgaires assis et ordonnez, qui commencerent fort à jetter contre les murs, et dedans la ville : les compagnons aussi de dedans d'autre costé tiroient pareillement de grand courage coups de canon, et d'arbalestres, et plusieurs en tuoient. Entre les autres y avoit un compagnon, qu'on disoit estre religieux de l'ordre Sainct Augustin, tres-bon arbalestrier, auquel on fit bailler une tres-bonne et bien forte arbalestre : et quand les Anglois ou Bourguignons venoient prés des fossez, et il les pouvoit appercevoir, il ne failloit point à les tuer : et dit-on que luy seulement tua bien soixante hommes d'armes, sans les autres. Monseigneur le Dauphin Regent faisoit cependant grande diligence d'assembler gens pour faire lever le siege des Anglois, et envoya-on en toutes les parties de son obeïssance divers commissaires pour faire assembler gens, tant du plat pays, que autres. De faict, ils se mirent sus bien de quinze à seize mille hommes armez, aprés quoy il y eut capitaines ordonnez pour les conduire : ils avoient tres-grand desir et volonté de se trouver en besongne contre leurs ennemis, et vinrent jusques vers les marches de Yeure, et Chasteau-regnard, d'où on trouva maniere d'envoyer espies en l'ost des Anglois, pour considerer le siege, et adviser comme on y pourroit entrer, et sur eux frapper : mais ils rapporterent qu'ils estoient tellement fortifiez, que impossible chose seroit d'y rien faire, qui peust profiter : et pource s'en retournerent sans rien faire. Il y avoit grosses garnisons à Meaux, et autres lieux en Brie et Champagne, qui faisoient forte guerre aux Anglois et Bourguignons, tant à ceux qui estoient audit siege, que autre part : pareille chose faisoient ceux qui estoient dedans Yeure et Chasteau-regnard, et leur portoient de grands dommages, mesmes ne s'ozoient bonnement tant soit peu escarter les Anglois et les Bourguignons. D'un costé et d'autre ils faisoient fort battre ladite ville de Melun de gros engins, tellement que en plusieurs lieux les murs furent si battus, qu'ils estoient rasez quasi jusques au haut des fossez ; cela fit que plusieurs fois on mit en deliberation si on les assailliroit, mais le roy d'Angleterre jamais ne le conseilloit, veu les vaillances qu'il avoit recognu à ceux de dedans, qui presques tous les jours sailloient et faisoient sorties, et comme gens de bien se maintenoient, et tres-vaillans estoient.

Or audit siege survint un grand seigneur d'Allemagne, nommé le duc Rouge de Baviere, qui amena quantité de gens, bien ordonnez et habillez, lequel se mit du costé du duc de Bourgongne, et advisa la ville, aprés quoy, quand il eut bien consideré comme elle estoit batüe, il s'emerveilloit fort de ce qu'on ne l'assailloit pas,

et en parla au duc de Bourgongne, lequel luy respondit, « que autresfois il en avoit fait men-
» tion : mais que le roy d'Angleterre n'en estoit
» pas d'opinion. » Et le duc Rouge respondit, « qu'il luy en parleroit, » de fait il luy en parla : le roy d'Angleterre l'ouyt bien patiemment et doucement, et apperceut son affection et volonté, et luy demonstra la chose estre bien perilleuse, et non sans doute : mais puis qu'il y avoit son imagination, il dit « qu'ils pre-
» parassent leurs habillemens, et fissent dili-
» gence d'avoir eschelles à assaillir, et bourrées
» et fagots, pour remplir partie des fossez : et
» quand du costé dont il estoit on feroit faire
» l'assaut, de son costé il feroit son devoir. »
Dont ledit duc Rouge fut bien joyeux, lequel avoit intention d'y faire merveilles, et avoir l'honneur de l'assaut : ainsi lesdits deux ducs Rouge et de Bourgongne firent diligence d'avoir habillemens propres et necessaires pour assaillir. Or de toute cette entreprise ledit seigneur de Barbasan ne se donnoit de garde : bien est vray que ceux qui avoient la garde du costé de la ville, où estoit le siege du roy de France dessus-dit, un jour apperceurent qu'on faisoit amas d'echelles, et autres choses, et qu'ils vinrent dire audit seigneur de Barbasan, lequel apperceut et vid leur maniere de faire, et reconnut par les circonstances, que c'estoit pour assaillir la ville de ce costé là seulement. Car il n'y avoit apparence du costé de l'ost du roy d'Angleterre, qu'ils fussent aucunement disposez à faire assaut. Pource il ordonna quarante ou cinquante arbalestriers avec fortes arbalestres, et des meilleurs de la ville, d'estre sur les murs du costé des Bourguignons, et des gens de guerre, tels que bon luy sembla, dont il avoit ordonné avec les gens de la ville une partie, à jetter grosses pierres, eauës, et gresses boüillantes : et l'autre partie des mieux armez, et plus vaillans à sortir par une fausse poterne, qui entroit de la ville devers les fossez : de plus il defendit qu'on ne tirast ou entrast dedans les fossez jusques à ce qu'on ouyt sonner les trompettes estans dedans la ville. Enfin il advint un jour que du costé desdits ducs de Bourgongne et Rouge, on commença à crier, « A l'assaut, » et trompettes à merveille de sonner, puis ils vindrent tout baudement (1) et alegrement sur le bord des fossez, jetterent leurs eschelles dedans, et diligemment y descendirent plusieurs : lors, quand il sembla audit seigneur de Barbasan, que assez y en avoit, il ordonna aux trompettes de la ville qu'ils sonnassent bien fort, ce qu'ils firent, et desja y en avoit qui montoient jusques aux murs : mais ceux de dedans vaillamment se defendoient, et jettoient grosses pierres, et plusieurs de leurs ennemis cheoient dedans les fossez : les autres descendoient tousjours esdits fossez, qui estoient moult soigneusement servis de grosses arbalestres de trait : puis soudainement les François saillirent par ladite poterne bien armez et habillez, pour combattre ceux qui estoient au fond des fossez : alors quand les Bourguignons et Allemands virent la façon de faire de ceux de dedans, ils cognurent bien leur folle entreprise, et firent sonner la retraite, sur quoy ils commencèrent à se retirer, et à monter contre le mont desdits fossez ; mais en remontant, les arbalestriers de la ville les servoient de viretons par le dos, qui entrerent jusques aux pennons (2), tellement qu'ils se retirerent à leur grande honte, ce qui ne se fit sans qu'il en demeurast dedans les fossez plusieurs morts et navrez : ils requirent ensuite qu'on souffrist qu'ils les tirassent dehors, ce qu'on leur octroya volontiers, et aussi le firent-ils. Quand la chose vint à la connoissance du roy d'Angleterre, et de ceux de son siege, il ne leur en desplut guieres, et disoient aucuns d'iceux, « que ce qu'avoit
» esté une folle entreprise, et s'il en estoit mes-
» cheu, qu'il estoit bien employé. » Le roy d'Angleterre de son costé dit, « que supposé
» que leur intention ne fust pas accomplie,
» toutesfois si avoit ce esté vaillamment fait et
» entrepris : et que en faict de guerre, fautes
» valoient exploits. »

Cependant ils estoient de plus en plus en grande necessité de vivres, car pour leurs chevaux ils n'avoient rien pour leur donner, sinon qu'ils hachoient du feurre bien menu, qu'ils donnoient à leurs chevaux : et par un long-temps ils en furent reduits à ne manger que chair de cheval, nonobstant quoy tousjours vaillamment se defendoient, et tenoient bon, ny à aucun traité ne vouloient entendre pour lors : quand donc les Anglois et Bourguignons virent et cognurent que par assaut on ne les auroit pas, ils firent miner en divers lieux, dequoy se doutoient bien ceux de dedans : pour laquelle cause ils firent diligence d'escouter és caves, s'ils oirroyent rien, et s'ils n'entendroient point que on frappast sur pierres, ou quelque bruit, ou son. En ces entrefaites devers la garde où estoit Louys Juvenal des Ursins avec autres, il fut ouy en une cave quelque apparence que prés de là on besongnoit :

---

(1) Joyeusement.

(2) On entend par *pennons* (du mot latin *penna*, plume), les ailes qui servent à diriger les flèches.

pour laquelle cause Louys dessusdit se arma tres-bien, et prit une hache en son poing, en intention d'aller au lieu, où il luy sembloit, que l'ouverture de la mine estoit preste à estre percée, pour y resister, afin que les ennemis n'y entrassent point, et en y allant, il rencontra le seigneur de Barbasan, lequel luy demanda, « Louys, où vas tu ? » Qui luy respondit, « Pour » la cause dessusdite. » Et lors ledit seigneur luy dit : « Frere, tu ne sçais pas bien encores ce » que c'est que de mines, et d'y combattre, » baille moy ta hache, » et luy fit là-dessus coupper le manche assez court, car les mines se tournent souvent en biaisant, et sont estroites, voilà pourquoy de courts bastons y sont plus necessaires : luy-mesme il y vint avec autres chevaliers, et escuyers, lesquels apperceurent que les mines de leurs ennemis estoient prestes, pource on fit hastivement faire manieres de barrieres, et autres habillemens, et instrumens pour resister à l'entrée : et pource que ledit seigneur vid la volonté dudit Louys, il voulut qu'il fut le premier à faire armes en ladite mine : ceux de dedans mesmes envoyerent querir manouvriers pour contreminer, lesquels avoient torches et lanternes, aussi avoient les autres. Quand ceux de dedans eurent contreminé environ deux toises, il leur sembla qu'ils estoient prés des autres : si furent faites barrieres bonnes et fortes, et les attacherent : pareillement les autres apperceurent qu'on contreminoit, et tant qu'ils se trouverent et rencontrerent l'un l'autre, lors les compagnons manouvriers se retirerent d'un costé et d'autre. Il y en avoit parmy les ennemis, qui avoient grand desir d'entrer les premiers, et se rencontrerent, il y eut aucuns coups frappez, mais non guieres : puis on se retira d'un costé et d'autre : ceux de dedans mirent la chose en telle disposition, qu'on ne leur pouvoit nuire : et pource qu'on disoit, « qu'en mines se faisoit de vaillantes armes, » on fit sçavoir « que s'il y avoit personne qui vou- » lust faire armes, qu'il y vint. » Dont ledit Louys requit audit seigneur de Barbasan, « qu'il » luy donnast congé d'en faire : » ce qui luy fut octroyé : mais qu'il trouvast partie, laquelle il trouva assez aisement, c'estoit d'un bien gentilhomme anglois d'Angleterre : heure fut assignée, à laquelle ils comparurent, il y avoit torches et lumiere, et combatirent l'un contre l'autre une grosse demie heure, il n'y eut celuy des deux qui ne perdit de son sang, puis par ceux qui avoient les gardes ils furent separez, et se retirerent. Depuis ce temps il n'y avoit guieres d'heures au jour, qu'il n'y eust en la mine des faits d'armes : entre les autres Remond de Lore,

qui estoit un vaillant escuyer, entreprint armes de deux contre deux, et prit pour deuxiesme ledit Louys : ils combatirent contre deux Anglois bien et vaillamment, et en eurent l'honneur : là ne se pouvoit-on prendre l'un l'autre : car il y avoit un gros chevron au travers de la mine de hauteur jusques à la poictrine : et il estoit defendu que nul n'y passast par dessus, ne par dessous.

Le roy d'Angleterre, et le duc de Bourgongne firent plusieurs chevaliers, et de grands seigneurs, lesquels vaillamment s'estoient portez au fait des armes, qui avoient esté faites en ladite mine : et sonnoient à ce sujet trompettes, et menestriers en leurs sieges, et faisoient une grande joye. Le seigneur de Barbasan dit aussi qu'il en vouloit faire : et envoya querir ledit Louys, et Gilles d'Escheviller, et les fit chevaliers, et fit aussi sonner ce qu'il y avoit de trompettes, qui n'estoient pas à comparer en nombre à celles de l'ost des ennemis : et pource fit sonner les cloches de la ville, dont les ennemis furent tous esbahis, et cuidoient qu'ils eussent esperance d'avoir aucun secours, mais après ils sceurent que c'estoit pour la cause dessusdite. Or qui voudroit mettre au long les vaillances tant d'un costé que d'autre, la chose seroit trop longue : le roy d'Angleterre mesmes approuvoit fort, et loüoit la vaillance de ceux de dedans, lesquels s'ils eussent eu vivres, jamais on ne les eust eu, ny ne se fussent rendus.

Le prince d'Orenge vint au siege du duc de Bourgongne, pour s'employer à son service, contre ceux qu'ils nommoient Armagnacs : quand le roy d'Angleterre le sceut, il luy envoya dire, « qu'il fit le serment de garder le » traitté de Troyes dessus declaré. » Lequel respondit, « qu'il estoit prest de servir le duc de » Bourgongne, mais qu'il fit le serment de met- » tre le royaume és mains de l'ennemy ancien » et capital du royaume de France, jamais ne le » feroit. » Et pource assez soudainement il en partit, et s'en alla en son pays, se doutant aucunement que le roy d'Angleterre ne luy fist quelque desplaisir.

Ceux de dedans Melun estoient reduits à grandes detresses et extremitez de vivres, et cuidoient tousjours avoir secours, ou qu'il survint és osts qui estoient devant eux aucune chose, ou division par laquelle ils se deussent lever. Ils avoient esté bien un mois sans pain, et ne mangeoient seulement que chair de cheval, qui est une chose peu ou point nourrissante : et falloit que ceux qui en mangeoient allassent deux ou trois heures après à la selle, et comme en rien cette nourriture ne pouvoit arrester au corps d'une personne. Ces choses sçavoient bien leurs ennemis, car aucunes pauvres personnes qui n'avoient plus que manger s'en alleront, specialement par la riviere : et si les assiegeans prenoient aucunes fois ès escarmouches des prisonniers, outre que ceux de dedans volontiers eussent trouvé moyen de saillir, et en sortir s'ils eussent peu : mais le siege estoit si fort et tellement fortifié contre la ville, qu'il estoit impossible qu'ils se peussent sauver, sinon par quelque traité, lequel fut ouvert, et parlementerent enfin. Or combien qu'il y eust diverses manieres ouvertes, toutesfois ceux de dedans furent contraints de faire tel traité que leurs ennemis vouloient. Il fut donc ordonné et traité, « qu'ils s'en iroient sauves leurs vies, et sans » estre mis à aucune rançon ou finance. » Dudit traité furent exceptez ceux qui avoient esté consentans de la mort du feu duc de Bourgongne Jean : et pour ostages furent baillez le seigneur de Barbasan mesme, et douze desquels qu'ils voudroient. Il y avoit aucuns seigneurs de Bourgongne et de France, qui eussent volontiers sauvé messire Louys Juvenal des Ursins : mais expressément les Anglois le demanderent en ostage. La ville fut ainsi renduë et livrée, laquelle fut trouvée bien desgarnie de vivres, car il n'y avoit pas une somme de feurre en lict, ne autrement, d'autant que tout avoit esté donné aux chevaux : plusieurs se sauverent, à aucuns on faisoit voye, les autres avoient amis et accointances du costé des Bourguignons, et les autres par donner argent. Or combien qu'ils s'attendoient « de s'en aller simplement un baston » en leur poing, » toutesfois les Anglois et leurs alliez autrement le interpreterent : c'est à sçavoir « qu'ils s'en iroient sauves leurs vies, non » mie où ils voudroient, mais aux prisons du » Roy à Paris. » Et pource plusieurs chercherent et trouverent moyen de se sauver : laquelle interpretation fut horde et deshonneste pour un si vaillant roy, qu'on disoit estre le roy d'Angleterre : et la pourroit-on comparer à la volonté d'un vray tyran, comme il pourra apparoir par ce qui sera dit cy-après, et fort desplaisoit à aucuns Anglois mesmes. Entre les autres, de ceux qui estoient dedans ladite ville de Melun, y avoit trois vaillants escuyers, lesquels avoient servy monseigneur d'Orleans en ses guerres, et ausquels aucuns du party du duc de Bourgongne avoient grande volonté de faire desplaisir, c'est à sçavoir Raimond de Lore, le Bastard de Ducy, et le Bastard de Seine : et leur vouloient imposer qu'ils s'estoient trouvez à la mort du duc de Bourgongne, qui estoit chose fausse : cela fit qu'ils supplierent un qui estoit assez prochain, et bien-aimé du roy d'Angleterre, qu'il les voulut sauver, lequel cuidant bien faire, et qu'ils s'en deussent aller librement quand bon leur sembleroit, les mit hors, et s'en allerent. Cela vint à la cognoissance du duc de Bourgongne, qui s'en plaignit au roy d'Angleterre, lequel promptement sans autre procés luy fit coupper la teste, qui fut pitié, mais il estoit Anglois : les ostages et aussi les autres qu'on peut apprehender, furent menez en bateaux à Paris, les uns mis en la bastille de Sainct Antoine, et les autres au Palais, Chastelet, le Temple, et en diverses prisons. Ce fut là la maniere abusive comme ils s'en allerent « sauves leurs vies, et » sans les mettre à aucune finance. » Mais la maniere de sauver leurs vies, fut d'en mettre plusieurs en basses fosses, specialement au Chastelet, et là les laisser mourir de faim : et quand ils demandoient à manger, et crioient à la faim, on leur bailloit du foin, et les appelloit on chiens, qui estoit grand deshonneur au roy d'Angleterre. Plusieurs y en eut, specialement au Palais, qui s'eschapperent, et passerent la riviere à nage : et combien que d'eux on n'exigeoit apparemment aucune finance : toutesfois le roy d'Angleterre les donnoit à prisonniers de son party qui les mettoient à finance, pour se racquitter et rachetter : par exemple au seigneur de Chastillon, qui estoit prisonnier de guerre d'un vaillant escuyer, nommé Poton de Saincte Traille, il donna, bailla, et delivra le seigneur de Preaux, messire Nicolle Gemme, Arnault Guillon de Barbasan, et messire Louys Juvenal, lesquels payerent bien grosses finances : et toutesfois ledit seigneur de Chastillon estoit ja delivré, et hors des mains dudit Poton : de plusieurs autres ainsi fut fait.

Les roys, ce faict, s'en vinrent à Paris le premier dimanche de l'Advent, en grandes pompes : et crioit-on Noel fort et haut à Paris, en demonstrant grand signe de joye : le lendemain les reynes y entrerent.

Grandes plaintes vinrent à Paris de ceux de Meaux au roy d'Angleterre, en luy disant, « qu'ils » faisoient guerre mortelle, et boutoient feux : » Lequel respondit « qu'il y pourvoyeroit, y mettroit le siege, et les auroit : et quant aux feux » qu'on disoit qu'ils boutoient au plat pays, il » respondit que ce n'estoit que usance de guerre, » et que guerre sans feu ne valoit rien, non plus » que andoüilles sans moustarde. »

Le sixiesme jour de decembre furent mandez les trois estats à Paris, et furent assemblez à Sainct Paul en la basse salle : là où proposa maistre Jean le Clerc, qui prit pour son theme ces paroles, *Audita est vox lamentationis et planctus Syon* (1). En suite il enarra et deduisit « les diverses guerres qui avoient esté, la mort » du duc de Bourgongne, et la paix faite à » Troyes, avec les places conquestées en suite : » en requerant « aide pour conduire le faict de la » guerre. » Il remonstra aussi « que la monnoye » estoit foible, et alterée, ce qui estoit au grand » dommage de la chose publique : ausquelles » choses falloit prompte provision, et qu'ils y » voulussent adviser. » Aprés quoy, ceux qui estoient envoyez comme par les trois estats, se retirerent à part : puis par la bouche de l'un d'eux fut dit : « Qu'ils estoient presls et appa- » reillez de faire tout ce qu'il plairoit au Roy et » à son conseil d'ordonner. » En consequence de quoy il fut ordonné, « qu'on feroit une maniere » d'emprunt de marcs d'argent, qu'on mettroit » à la monnoye : et ceux qui les mettroient au- » roient la monnoye au prix que l'on diroit, et » de ce qui valoit huict francs le marc d'argent, » et qui seroit mis en la monnoye, ils en au- » roient sept francs, et non plus, » qui estoit une bien grosse taille. Ladite conclusion fut execu- tée, et fit-on l'impost des marcs d'argent, non mie seulement sur les bourgeois et marchands, mais sur les gens d'Eglise. Ceux de l'Université firent une proposition devant le roy d'Angleterre pour en estre exempts : mais ils furent bien re- butez par ledit roy d'Angleterre, qui parla trop bien et hautement à eux : ils cuiderent repli- quer, mais à la fin ils se teurent et deporterent; car autrement on en eust logé en prison. Alors aussi falloit-il dissimuler par toutes personnes, et accorder ce qu'on demandoit, ou autrement as- sez legerement on les eust tenu pour Armagnacs.

Le vingt-troisiesme jour dudit mois de de- cembre, devant le susdit roi d'Angleterre Henry, soi disant par usurpation regent du royaume de France, fît faire le duc de Bourgongne une pro- position par maistre Nicolas Raulin advocat en la cour du parlement, son conseiller : en disant et alleguant la mort du feu duc de Bourgongne son pere, et declaroit la maniere comme elle avoit esté faite, ainsi que bon luy sembloit : et prenoit conclusions contre monseigneur le re- gent Dauphin, seul et unique fils du Roy, telles que bon luy sembla : et aussi contre les Fran- çois qui l'avoient servy, et servoient et por- toient la croix droite blanche. Puis aprés par- lerent maistre Pierre de Marigny soi disant advocat du Roy, et maistre Jean Hacquenin pro- cureur du Roy, lesquels prirent de grandes con- clusions : et le jour mesme donnerent leur sen- tence telle quelle, inique, et desraisonnable, et nulle de toute nullité.

Le roy d'Angleterre aprés ces choses delibera de mettre le siege devant la cité de Meaux, et le marché d'icelle : en laquelle estoient de vail- lantes gens pour monseigneur le Dauphin regent le royaume, comme messire Louys Gas baillif d'icelle ville, Guichard de Chissay capitaine, Perron de Luppe, le Bastard de Waurru, et messire Philippes de Gamaches abbé de Sainct Pharon de Meaux, et depuis abbé de Sainct Denys en France : et de faict, ledit roy d'An- gleterre envoya former et clore le siege devant les places de la cité et d'iceluy marché : aussi- tost saillirent les compagnons de guerre de la ville, et vaillamment rechasserent les Anglois, dont y eut aucuns de morts et plusieurs de pris : mais la grande puissance des ennemis qui y sur- vint les fit retirer. Or ceux de dedans se com- porterent si vaillamment qu'ils tinrent ladite cité et ledit marché sept mois durant : pendant la longueur duquel siege il y eut foison d'Anglois et Bourguignons de morts, et qui y perirent tant par les coups de traict et saillies frequentes des assiegez, que par les maladies qui survinrent en leur camp. Entre les autres, un jour que ceux de dedans tiroient leurs gros et vulgaires ca- nons, il advint que messire Jean de Cornoüaille vaillant chevalier anglois, fut frappé et blessé d'un coup de canon : or assez prés de luy il avoit son seul fils et unique enfant, qui estoit un bel escuyer, et vaillant selon l'aage, sur lequel une fortune advint, sçavoir que un coup de canon tiré de la ville, luy osta et enleva la teste jus- ques aux espaules tout net : si ledit de Cor- noüaille en fut desplaisant ce ne fut pas merveil- les, lequel considerant leur querelle estre damnée et desraisonnable, tout comme haut il disoit : « Que en Angleterre fut seulement concluë la » conqueste de Normandie, et que contre Dieu » et raison on vouloit priver monseigneur le » Dauphin du royaume, qui luy devoit apparte- » nir. » En suite de quoy se doutant, s'il persis- toit dans cette malheureuse guerre, d'estre en danger et peril de corps et d'ame, et de mort soudaine, il jura et promit, « que jamais contre » les Chrestiens il ne porteroit les armes. » De faict il partit, et s'en retourna en Angleterre, d'où oncques depuis il ne sortit.

(1) D'après J. Lefèvre, une horrible famine était venue ajouter aux misères du royaume : « La famine estoit si grande ès pays entre Saine (Seine) et Loyre, Champa- gne et Brie, et mesmement dedans Paris, qu'il fut trouvé femme morte de faim, son enfant vif tenant encore la mamelle de sa mère, y cuidant trouver substance, et au- tres povres si très oppressés de faim, que quand aucun leur donnait quelque peu à mangier, ils disoient : Donnez à un autre, car je n'en mangeray jamais. Et grant pitié estoit d'icelle famine. »

Monseigneur le Dauphin regent voyant ses gens assiegez par toutes manieres, rechercboit tous moyens de leur donner secours : de laquelle chose un vaillant chevalier, noble, et de grande maison, nommé le seigneur d'Auffemont, fut adverty, lequel consideract que dedans ladite cité et le marché n'y avoit point gens suffisans à resister à la grande puissance des Anglois et Bourguignons, delibera, s'il pouvoit, d'y entrer et se jetter dedans : à ce subjet il assembla ce qu'il peut de gens, et se mit en chemin ; et si bien vinrent luy et ses gens qu'enfin ils se trouverent proche du siege, à l'endroit d'une des portes : lors vaillamment et hardiment ils frapperent sur les Anglois, lesquels tantost s'assemblerent pour leur resister : or s'estoient les Anglois tellement fortifiez entre eux et la porte, qu'il n'estoit pas possible d'y entrer, ne à ceux de dedans de sortir : cela fit que ledit seigneur d'Auffemont se trouva avec ses gens, environné de toutes parts des ennemis : comme gens de grand courage ils se defendoient vaillamment, et plusieurs Anglois tuerent et navrerent ; finalament ledit d'Auffemont fut pris, et aucuns de ses gens, dont y eut aussi quelques-uns qui se sauverent.

Quand les François virent qu'ils n'avoient point de secours, et que ledit seigneur d'Auffemont avoit failly d'y entrer, ils se retirerent dedans le marché de Meaux : et disoit-on que ce fut Perron de Luppe qui prit cette resolution, sans le sceu du Bastard de Waurru, tellement que ledit Bastard et son lieutenant se trouvant abandonnez furent pris dedans la place : iceluy Bastard cuidant venger la mort du feu comte d'Armagnac son maistre, souvent couroit par les champs, et tous ceux qu'il trouvoit vers les marches de Paris, fussent laboureurs ou autres, tres inhumainement les traitoit, et en un grand arbre vers la ville les pendoit, ou faisoit pendre, dont plusieurs François estoient tres-mal contens, et non sans cause : or quand le roy d'Angleterre sceut qu'il estoit pris, et aussi son lieutenant, il les fit pendre audit arbre mesme ; toutesfois aucuns disent qu'il fit coupper la teste au Bastard, et la mettre au plus haut de l'arbre sur une perche : ainsi combien qu'il fust vaillant homme d'armes, et que aucuns disoient, que « ce n'estoit pas bien honorablement fait à » un si vaillant Roy, comme le roi d'Angleterre, » d'avoir fait mourir un si vaillant homme d'ar» mes, et gentil-homme, pour cause d'avoir si » loyaument servy son souverain Seigneur. » On disoit aussi que « ledit Bastard sans cause et sans » raison, avoit fait mourir et pendre plusieurs » gens, tant pauvres laboureurs que autres, par» tant que c'estoit une punition divine s'il estoit » puni de pareille mort comme il faisoit mourir » les autres. »

Après que les Anglois furent entrez en la ville, ils se bouterent és moulins joignans ladite ville prés du marché : mais en s'efforçant de les gagner, comme ils firent enfin ; ceux du marché, d'un coup de pierre (aucuns disoient que c'estoit d'un coup de vuglaire) tuerent le comte de Overcestre, lequel fut moult plaint de tous ses gens, et de tous les Anglois.

En ce mesme temps les Anglois et François se rencontrerent un jour en un champ, ils estoient assez grande gent d'un costé et d'autre, et y fut fort et longuement combatu entre eux, tant deçà que delà : finalement les Anglois furent desconfits, et resterent tous morts ou pris, excepté un qui s'enfuit, pour eviter la mort, laquelle chose fut signifiée au roy d'Angleterre, qui en fut moult desplaisant, et fit prendre celuy qui s'en estoit fuy, le fit planter en terre, et tres-inhumainement tiranniser et mourir.

Après que les François de dedans ledit marché assez longuement eurent tenu, cognoissans et voyans enfin qu'ils n'auroient aucun secours, et que vivres leur failloient, ils furent contraints de se rendre et mettre à la mercy et misericorde du roy d'Angleterre, la vie sauve d'aucuns : par ainsi les ennemis entrerent dedans : les gens de guerre de la garnison y furent tous pris, dont aucuns furent mis à mort, et les autres envoyez en diverses prisons, tant en Angleterre que à Paris, où plusieurs piteusement finirent leurs jours : les autres furent mis à excessives finances : et entant qu'il touchoit messire Louys Gas chevalier baillif de Meaux, et maistre Jean de Rennes advocat en la cour laye, bien notable homme, ils furent par eaüe amenez à Paris, et aux Halles eurent les testes couppées publiquement.

C'estoit grande pitié des prisonniers, qui estoient en diverses prisons à Paris : car on les laissoit mourir de faim és prisons où ils estoient : et l'un mort, les autres arrachoient avec les dents la chair de leurs compagnons morts. Ils vouloient semblablement faire mourir messire Philippes de Gamaches, pour lors abbé, comme dit est, de Sainct Pharon de Meaux, et depuis de Sainct Denis, noble homme, et qui vaillamment, et de son corps, s'estoit porté à la défense d'icelle ville, lequel avoit son frere à Compiegne, capitaine pour monseigneur le Regent : auquel on fit sçavoir qu'on jetteroit son frere en la riviere, s'il ne rendoit la place de Compiegne, et qu'on le feroit mourir ; lequel seigneur de Gamaches nommé messire Guillaume, voyant et considerant que si on venoit devant luy, il faudroit, voulust ou non, apres qu'il auroit tenu quelque temps, qu'il rendist la place, qui estoit mal garnie de vivres et de gens, pour eviter la mort de son frere, il rendit la place, et la mit és mains des ennemis, puis s'en alla, tous ses biens saufs, exceptez les habillemens et instrumens de guerre, servant à la forteresse : par ce moyen ledit messire Philippes abbé fut heureusement delivré : en la compagnée duquel y avoit trois religieux de l'abbaye Sainct Denys, lesquels avoient aydé de tout leur pouvoir à defendre eux et ladite ville, ainsi qu'ils devoient et pouvoient faire selon raison : or ils furent pris, et l'evesque de Beauvais, nommé maistre Pierre Cauchon, fils d'un laboureur de vignes auprés de Rheims, faisoit diligence de les faire mourir, et les mettre cependant en bien fortes et dures prisons, et estroitement garder, et tenir, non considérant qu'ils n'avoient en rien failly : car « la defense leur estoit permise de droit naturel, » civil, et canonique. » Mais cest evesque disoit « qu'ils estoient criminels de leze majesté, et » qu'on les devoit degrader. » Ce qu'il faisoit, afin de monstrer qu'il estoit bon et zelé Anglois; or quand la chose vint à la connoissance de l'abbé de Sainct Denys, il fit diligence de les avoir, et les requit, et reclama à ce sujet, enfin aprés plusieurs delais, ils luy furent baillez et delivrez pour en faire ce que bon luy sembleroit ; les ayant il les fit mener à Sainct Denys.

Le roy d'Angleterre, aprés ses conquestes faites, pour pourvoir aux necessitez du royaume d'Angleterre, delibera de repasser la mer, et d'y retourner : de fait il y retourna. Auparavant il ordonna et mit provisions en France, tant pour la guerre, que autrement : et en Normandie vers l'Anjou et le Maine, laissa le duc de Clarence son frere.

Monseigneur le Dauphin regent avoit envoyé derechef en Escosse requerir ayde et secours contre les Anglois, lesquels delibererent d'y venir : et arriverent en France vers la Rochelle les comtes de Bouquan, et Victon, avec plusieurs de la nation d'Escosse, faisans environ de quatre à cinq mille combatans, pour s'employer au service dudit monseigneur le Dauphin.

◇◇◇

M. CCCCXXI.

L'an mille quatre cens vingt et un, aprés aucun temps, le duc de Clarence, frere du roy d'Angleterre, accompagné des comtes de Hontinton, de Sombresset, et de Kent, du seigneur de Ros, et de plusieurs grands seigneurs, et barons du royaume d'Angleterre, et d'archers, jusques au nombre de six à sept mille combatans, partit de Normandie, en intention d'aller vers Angers, et au pays d'Anjou; de fait ils y allerent, tant qu'ils arriverent vers une place nommée Baugé en vallée, en Anjou, et passerent quelques rivieres. Or la chose estant venuë à la cognoissance des seigneurs de France, et d'Escosse, c'est à sçavoir des comtes de Bouquan, et de Victon, d'Escosse, du Bastard d'Alençon, des seigneurs de la Fayette, mareschal de France, Fontaines, Belloy, et de Croix, avec plusieurs autres François, et Escossois, jusques au nombre de cinq à six mille combatans, ils se vindrent loger assez prés de Baugé en plusieurs villages, car tous ensemble n'eussent-ils peu loger : surquoy les Anglois envoyerent vers les Escossois sçavoir « s'ils ne » voudroient point prendre journée à avoir » bataille entre eux ? » Ausquels les François, et Escossois respondirent « qu'ils en estoient » contens. » Par ainsi d'un costé et d'autre ils en furent également bien joyeux, et esleurent place pour combatre, et fut jour assigné pour ce sujet.

Le samedy sainct vigile de Pasques, ledit mareschal de la Fayette, et aucuns capitaines d'Escosse delibererent d'aller voir la place où ils pourroient combatre, mais en mesme temps et ainsi qu'ils y advisoient, il y eut de leurs gens qui vindrent dire, qu'ils avoient veu des Anglois, qui s'estoient assemblez pour venir combatre : lesquels, comme on sceut depuis, cuiderent surprendre les François et Escossois, qui estoient descouverts, et frapper sur leurs logis : or chevaucherent tant lesdits Anglois, qu'ils furent apperceus : aussi-tost on fit diligence d'envoyer par les logis assembler gens, lesquels vindrent de toutes parts. En ces entrefaites les Anglois arriverent à un passage, auquel ils cuidoient aisement passer, où estoient logez six à sept vingt archers escossois, qui commencerent fort à tirer, et longuement tindrent et empescherent le passage, tellement qu'ils n'y peurent passer. Toujours François s'assembloient de plus en plus, tellement que aisement ils se pouvoient assembler pour combatre : sur quoy l'on dit que quand le duc de Clarence apperceut que les François n'estoient guieres, et non encores bien serrez, il ordonna que luy, et les nobles d'Angleterre, qui faisoient environ mille à douze cens cottes d'armes, frapperoient les premiers, lesquels mirent leurs archers aux aisles par maniere d'arriere-garde. Quand les François et Escossois virent l'ordonnance et maniere de leurs ennemis, ils ne firent que comme une bataille à pied, fors aucuns qui se mirent à cheval : puis s'assemblerent les uns contre les autres vaillamment et hardiement : et se fourrerent les archers d'Escosse dedans, et parmy les Anglois : il y eut là de belles armes faites, et en peu d'heures, d'un costé et d'autre plusieurs bannieres et estendars furent abbattus, puis redressez, mesmement des François et Escossois : mais enfin les Anglois furent assez soudainement desconfits, et y moururent ledit duc de Clarence, et le comte de Kent ; quant au seigneur de Ros, et messire Emond de Beaufort, ils furent pris avec grande quantité d'autres : des François il en mourut environ vingt-cinq à trente seulement, et entre autres deux chevaliers du Maine, l'un nommé messire Jean Evrouin, l'autre messire Floques de Cottereau, et un escuyer nommé Garin de Fontaines : en suite de cet advantageux exploit, les François et Escossois avec leur proye retournerent en leurs logis : le mesme firent les Anglois, qui estoient encores plus de quatre mille combatans, lesquels dés le point du jour se mirent en chemin, mais non mie par la droite voye, redoutans les François, et craignans d'estre poursuivis par eux, puis s'en allerent vers le Mans, et passerent le Loir prés de la Fleche : et pour passer la riviere de Sarte, ils prirent les croix blanches, se feignans François, et assemblerent les bonnes gens du pays, qui les prenoient pour des gens du Dauphin, et leur firent faire un pont par où ils passerent, mais quand ils furent passez, ils rompirent ledit pont, tuerent traistreusement les pauvres gens, et les mirent cruellement à mort : les François qui les suivoient, apperceurent bien qu'ils ne les osoient attendre, et pource s'en retournerent.

Le lundy lendemain de Pasques au matin, messire Louys Boyau, un chevalier de Soulongne, fut par devers monseigneur le Dauplin regent, lequel chevalier s'estoit trouvé à la besongne, et estoit envoyé par les seigneurs de France, et d'Escosse, lequel luy dit les bonnes nouvelles de la susdite desconfiture. Quand ledit seigneur regent eut oüy ce chevalier, il s'en vint du chasteau de Poictiers jusques à Nostre Dame en grande joye et diligence, et ce tout à pied, pour remercier et regracier Dieu d'un tel et si heureux advantage : mesme il y eut une belle et notable messe chantée, et un sermon fait par un docteur en theologie, nommé maistre Pierre de Versailles : cela fait, il s'en retourna au chasteau pour prendre sa refection, remerciant Dieu, et estant fort joyeux de la signalée victoire qu'il luy avoit donné.

Fortes guerres et merveilleuses regnoient partout, et en divers pays y avoit capitaines, qui tenoient le party de monseigneur le Dauphin regent : entre les autres, en Champagne et Picardie, y avoit un vaillant homme d'armes, hardy, sage, prudent, et subtil en fait de guerre, nommé Estienne de Vignoles, dit la Hire, lequel faisoit plusieurs grandes diligences de grever les Anglois, et Bourguignons, et souvent chevauchoit et battoit la campagne à ce dessein. Or un jour, luy estant sur les champs, il fit rencontre du comte de Vaudemont, qui estoit accompagné de plusieurs gens de guerre, sur lesquels soudain il frappa ; ils se mirent aussi-tost en grande defense, mais à la fin la Hire eut la victoire, et y fut pris ledit comte avec plusieurs autres, et si il y en eut une grande partie de tuez. Qui voudroit escrire les vaillances, entreprises, et executions dudit la Hire, ce seroit longue chose.

Audit pays aussi de Champagne, il y avoit un autre vaillant homme d'armes, escuyer, et notable du pays de Bretagne, nommé Pregent de Coitivy, qui estoit comme lieutenant de monseigneur le Dauphin regent, et avec luy estoit un autre vaillant homme dudit pays mesme, nommé Bourgeois, lesquels grevoient fort les Anglois et Bourguignons, puis se retiroient en une place nommée Montaguillon. Le comte de Salbery vaillant prince d'Angleterre delibera de les assieger : de faict il y mit le siege, et assortit canons, vuglaires, et autres habillemens et instrumens de guerre, pour avoir ladite place : ceux de dedans non esbahys ny effrayez de tout cela, ayans bonne volonté et resolution de se defendre, souvent sailloient sur leurs ennemis, et fort les grevoient, tant de traict que autrement, dont ils tuoient plusieurs : bref, ils tinrent tellement et si bien, que le comte delibera de les avoir en minant les tours, et les faisant cheoir : ceux de dedans s'en douterent, et contreminerent ; il y eut esdites mines de beaux faicts d'armes faits : à la fin il y eut grande foison de ceux de dedans de morts, et malades, et si vivres leur failloient ; partant ils furent contraints de rendre la place. Il y eut composition faite, par laquelle ils se rendirent sauves leurs vies, mais pour prisonniers demeurerent : et prisoit fort ledit comte la vaillance de ceux de dedans.

Monseigneur le Dauphin regent se mit sur les champs, lequel avoit en sa compagnée le duc d'Alençon, les comtes de Bouccan, et de Victon, et plusieurs vaillantes gens : ils vinrent jusques és marches vers le Perche, où y avoit en plusieurs garnisons Bourguignons, faisans guerre, entre les autres en une place nommée Mont-mirail, laquelle fut assiegée, et y assortit-on des engins, par lesquels elle fut fort battuë, et une partie des murs abbatus : finalement ceux de dedans voyans que selon leur garnison qui n'estoit pas suffisante, ils n'eussent peu resister plus long-temps, et que la puissance dudit regent estoit trop forte pour eux, ils rendirent la place à mondit seigneur le regent, et si lui firent serment « de le bien et » loyaument servir. » Des deux capitaines qui estoient dedans, l'un avoit nom Fourquet Pesas, et l'autre Jannequin, lesquels se tinrent de son party. De là se partit ledit regent avec son armée, et s'en vint vers Chartres, jusques à Gaillardon : que les gens du duc de Bourgongne tenoient, et occupoient, et guerre y faisoient : or en passant pays plusieurs places se rendoient à son obeïssance : puis il envoya jusques à Gaillardon les sommer qu'ils fissent obeïssance, lesquels estans mal conseillez ne le voulurent faire : pource le siege y fut mis, et les engins assortis, et fut environnée de toutes parts : aprés quoy ils jetterent des coups de bombardes et canons, tellement que pour la plus grande partie les murs furent abbatus : cela fait, huict jours aprés que le siege y eut esté mis, la ville fut assaillie bien asprement ; ceux de dedans fort se defendoient : finalement les François et Escossois y entrerent, qui y firent une piteuse occision, et boucherie ; car il y avoit un capitaine breton de monseigneur le regent, nommé Charles de Montfort, qui avoit grande compagnée de gens de guerre soubs luy, lequel fut tué devant la place, et pource, comme par vengeance ils tuerent tous ceux qui estoient dedans la ville, tant armez que non armez. Au dedans il y avoit un compagnon nommé le Rousselet, qui estoit baillif et capitaine de la place, lequel se cuidant sauver, et resister à la puissance qui y estoit, se jetta en une tour, qu'il tenoit pour forte, laquelle par force fut prise, et ledit Rousselet aussi, auquel fut la teste tranchée ; quoy fait, mondit seigneur le Regent se retira vers les marches d'Anjou et de Touraine.

Quand le roy Henry d'Angleterre eut besongné en son pays, il s'en revint en France, où luy fut rapporté comment monseigneur le Regent avoit esté vers Chartres et jusques à Gaillardon ; pour cette cause il s'en vint audit lieu de Chartres avec bien grande compagnée, qu'on estimoit se monter à quinze mille combatans : de là il partit, et s'en vint prés de Chasteaudun, où il y avoit bonne garnison de gens, prests et preparez de se defendre, et monstrans signe de vaillamment resister. Pource le roy d'Angleterre passa outre, et s'en vint loger aux fauxbourgs d'Orleans, où les habitans de la ville nullement esbahis, luy firent guerre la plus aspre qu'ils peurent : pource luy voyant que peu il y profiteroit, il partit de là, et prit son chemin vers Baugency. Or il se mit en son ost une merveilleuse pestilence de flux de ventre, et trouvoit-on de ses soldats morts parmy les chemins, en divers lieux ; tellement qu'on dit qu'il en mourut bien de ladite maladie trois à quatre mille ; outre quoy dans les bois d'Orleans, par gens des villages, qui s'y estoient cachez et retirez, il y en eut foison de tuez. Quand monseigneur le Regent sceut ces nouvelles, il assembla ses gens qui estoient en diverses garnisons, et d'un vaillant courage il s'en vint à Vendosme, distant de douze à quinze lieuës de ses ennemis, qui n'estoit pas grande distance : de là se faisoient plusieurs et diverses courses, tant d'un costé que d'autre, et aucunes fois se rencontroient : toutesfois les deux armées n'approcherent point l'une de l'autre, ne il n'y eut aucun faict d'armes digne de memoire : puis partit le roy d'Angleterre sans autre chose faire, et prit son chemin vers Dreux, où il y avoit ville et chasteau, dont estoit capitaine un vaillant chevalier, nommé messire Maurignon, lequel n'y estoit pas, ains estoit absent, comme aussi son lieutenant : par ainsi les compagnons voyans que autour d'eux il n'y avoit aucune place françoise, et se doutans de n'avoir aucun secours, sans coup ferir ils entendirent laschement à composition, et s'en allerent avec leurs bagages, harnois, et chevaux : cela fait le roy d'Angleterre s'en retourna à Paris, et se logea au bois de Vincennes, qui est un moult bel chastel, à une lieuë de Paris.

Environ la Nativité de Nostre-Dame, l'an mille quatre cens vingt et un, le roy d'Angleterre delibera d'envoyer madame Catherine sa femme, fille du Roy, en Angleterre, laquelle estoit grosse, et fut menée à Sainct Denys, bien grandement ornée et parée : de là elle partit pour prendre son chemin vers la mer, et passa parmy plusieurs villes tant de France que de Normandie, où elle fut grandement et honorablement receuë, et luy fit-on plusieurs dons et presens grands et notables. Or pour l'accompagner estoient les ducs de Bethfort, de Excestre, et autres grands seigneurs, dames, et damoiselles, entre les autres la dame de Baviere, sœur du duc d'Alençon, qui avoit esté mariée à feu messire Pierre de Navarre, et depuis au duc de Baviere, frere de la reyne Isabeau. Quand elle fut au rivage de la mer elle trouva trois grands vaisseaux, dont deux estoient garnis de gens de guerre grandement et notablement armez : l'autre estoit grand à deux masts, et par dedans estoit tout tendu de drap d'or, et paré bien grandement, auquel vaisseau elle entra avec une partie des princes et seigneurs, et aussi des dames et damoiselles qui la conduisirent, et l'autre partie s'en retourna en France. Assez aisement elle arriva en Angleterre, car il y avoit bon vent. Au port où elle aborda ja estoient arrivez plusieurs grands seigneurs, princes, barons, chevaliers, et escuyers qui l'attendoient pour la recevoir, et aussi dames et damoiselles, avec tous les instrumens de musique qu'on eust peu souhaiter : et en passant par les villages et pays d'Angleterre tout le peuple y affluoit, et faisoit-on jeux et esbatemens. A Londres quand elle y entra ils firent grande joye, et y fut honorablement receuë en la forme et maniere qu'on avoit accoustumé de faire aux autres reynes d'Angleterre. Environ le mois de novembre ladite Reyne accoucha d'un fils, lequel fut tenu sur les fonds par le cardinal d'Angleterre, dit de Excestre, nommé Henry, et porta son nom, et fut baptisé avec bien grande solemnité.

M. CCCCXXII.

L'an mille quatre cens vingt et deux, au commencement du mois d'aoust, le comte d'Aumale, vaillant homme, et le vicomte de Narbonne firent une armée au pays du Maine, d'où ils entrerent en Normandie : ils estoient environ deux mille combatans, et chevaucherent par ledit pays, en cuidant loger à Bernay : or avoient l'avant-garde messire Jean de la Haye baron de Coulonges, et messire Ambroise seigneur de Lore, renommez d'estre de vaillans courages et hardis entre les autres, lesquels trouverent que à Bernay estoient environ quatre à cinq cens Anglois, lesquels se mirent aux champs : et les apperceurent lesdits de Coulonges et de Lore, et les suivirent le plus diligemment qu'ils peurent; en mesme temps ils envoyerent en haste par devers lesdits seigneurs d'Aumalle et de Narbonne, afin qu'ils se advançassent, et passassent hastivement outre ladite ville de Bernay, pour combatre lesdits Anglois, lesquels ainsi le firent. Cependant lesdits de Coulonges, de Lore, et leurs gens suivoient tousjours les Anglois à la piste et de prés, en escarmouchant, jusques à ce que lesdits d'Aumalle et Narbonne passerent et approcherent tant qu'ils virent lesdits Anglois en plain champ : alors le vicomte de Narbonne fit chevalier ledit comte d'Aumalle. Et tousjours les Anglois chevauchoient et se tenoient serrez,

cuidans se retirer sans rien perdre; finalement lesdits d'Aumalle et Narbonne tres-diligemment les chassoient, de sorte qu'avant qu'ils fussent arrivez, lesdits de Coulonges et de Lore frapperent sur iceux Anglois à cheval, les mirent en desaroy, et furent là tous desconfits, y en ayant eu partie de morts, et les autres pris : aprés cette victoire lesdits seigneurs françois s'en allerent avec leurs gens loger audit lieu de Bernay, où ils trouverent plusieurs biens meubles appartenans ausdits Anglois, qu'ils firent emporter, puis le lendemain ils se mirent en chemin pour s'en retourner audit pays du Maine.

Audit an, le lundy dernier jour d'aoust, Henry roy d'Angleterre alla de vie à trespassement au bois de Vincennes prés de Paris : il mourut d'une maladie qu'on nomme de Sainct Fiacre, c'estoit un flux de ventre merveilleux, avec hemorrhoïdes. Il se disoit communément « qu'il » avoit esté à l'eglise et chappelle de ce glorieux » Sainct, monseigneur Sainct Fiacre, et que son » intention estoit de transporter ledit corps du » lieu où il estoit en autre lieu : » et estoit voix et commune renommée, « que c'estoit en son » pays d'Angleterre : » or en tels cas « souvent, » quant à Dieu, la volonté est reputée pour le » faict. » A cette cause disoit-on « que Dieu l'a-» voit osté de ce monde, afin qu'il ne mist sa » mauvaise volonté en execution. » Ledit Roy en son temps, au moins depuis qu'il estoit descendu en France en 1415, avoit esté de haut et grand courage, vaillant en armes, prudent, sage, et grand justicier, qui sans acception des personnes, faisoit aussi bonne justice au petit que au grand, selon l'exigence du cas : il estoit craint et reveré de tous ses parens, subjets, et voisins : ny onques prince ne fut plus suffisant pour conquester et acquerir, et aussi garder ce qu'il avoit conquis, comme il estoit; ce qu'il a bien monstré és conquestes que durant sa vie il a fait au royaume de France, combien que la haute entreprise qu'il a fait, a esté seulement à l'occasion des divisions qui estoient entre les seigneurs de France, toutes notoires. Comme on disoit, il avoit grande volonté de faire de plus grandes choses s'il eust vescu, mais Dieu en disposa bien autrement. Il n'avoit qu'environ quarante ans quand il alla de vie à trespassement : son corps fut mis par pieces, et boüilly en une paesle, tellement que la chair se separa des os; l'eau qui en restoit fut jettée en un cimetiere, et les os avec la chair furent mis en un coffre de plomb avec plusieurs especes d'espices, de drogues odoriferantes, et choses sentans bon. Aprés cela ledit coffre fut mis en un chariot couvert de drap noir, puis mené à Sainct Denys :

au devant du chariot, et aussi derriere il y avoit deux lampes ardentes, qui durerent jusques à Sainct Denys, et deux cens cinquante torches ardentes continuellement : et faisoient le dueil le duc de Bethfort son frere, et autres princes d'Angleterre, vestus de robbes et manteaux de noir : au devant vinrent l'abbé de Sainct Denys et les religieux, en habits bien solemnels, jusques au lieu où on avoit accoustumé de tenir le Lendict, et allerent en cet estat jusques à l'eglise de Sainct Denys, où on avoit construit une charpente de bois en quarré, laquelle estoit toute environnée de draps noirs ; là demeura le corps toute la nuict, durant laquelle les religieux dirent plusieurs commendaces et offices des morts. Le lendemain l'evesque de Paris, du consentement exprés de l'abbé (car autrement ne l'eussent-ils pas souffert, veu leur exemption), y vint celebrer la principale messe de *Requiem*. Les executeurs du testament du defunct donnerent à l'eglise une chappelle vermeille semée de roses d'or, garnie de deux pieces de drap d'or moult riches, pour parer l'autel au dessus, et au dessous, avec une croix d'argent pesant quatre-vingts marcs d'argent : et outre ce, à la charité des religieux cent escus. Or ceux qui conduisoient le corps y prirent leur refection au disner : aprés quoy le corps fut remis sur ledit chariot, puis conduit jusques à la mer, et de là transporté en Angleterre, en une abbaye nommée Westmonstier. Partout où il passoit tant en France, Normandie, que Angleterre, grands honneurs funebres selon le cas luy furent faits : Dieu en ait l'ame, et de tous les autres trespassez aussi. Quand ce duc de Bethfort eut conduit ledit corps en Angleterre, il retourna en France, et se porta et fit appeller « regent du royaume de France » pour son neveu Henry, qui n'avoit que un an, » et entreprit le gouvernement de tous les pays obeïssans au roy d'Angleterre.

Audit an mille quatre cens vingt et deux, le vingtiesme jour d'octobre, alla de vie à trespassement tres-noble et tres-chrestien prince Charles, roy de France, sixieme de ce nom, qui regna de quarante-deux à quarante-trois ans : durant lequel temps il fut moult troublé de maladie au cerveau, et avoit mestier de bien grande garde : il trespassa en l'hostel de Sainct Paul à Paris, où il estoit né. En son temps il fut piteux, doux et benin à son peuple, servant et aimant Dieu, et grand aumosnier : or combien que on dist, que « au temps passé on laissoit les roys » trois jours morts en leur lict, le visage des- » couvert, » toutesfois on ne le laissa que un jour entier, et le voyoit on qui vouloit : il avoit le visage aucunement coloré, les yeux clos, et sembloit qu'il dormist. Ledit jour aprés midy les chanoines et gens d'eglise du Palais, vinrent à Sainct Paul, et en la presence du corps dirent vigiles des morts, et le lendemain une messe, le plus solemnellement qu'ils peurent. Aprés il fut mis en un coffre de plomb, garny de plusieurs choses odoriferantes, et y fut jusques au neufiesme jour de novembre : pendant lequel temps les colleges des eglises de Paris, tant seculiers que reguliers, et ceux de l'Université, disoient sans cesse messes tant hautes que basses, et autres prieres pour le salut de son ame. Le neufiesme jour il fut porté de son hostel de Sainct Paul jusques à Nostre-Dame de Paris. En la compagnée estoient tous les gens d'eglise de Paris, tant mendians que autres, le college de Navarre, et les autres colleges de l'Université de Paris, avec peuple infiny faisans dueil, lamentations, et pleurs, et non sans cause. Ce jour il ne fut rien ouvert, ny merceries, ny autres marchandises, non plus qu'en un jour de grande feste. C'estoit grande pitié d'oüyr les douloureuses complaintes du peuple. Ceux de l'escurie le porterent : par dessus le corps y avoit un poile ou dais noir, en forme de ciel quarré à pentes és quatre costez, que portoient à chacun des quatre coins sur un baston les eschevins de la ville de Paris. Autour, devant et derriere y avoit deux cens torches, pesans de cinq à six livres chacune : le duc de Bethfort vestu d'un manteau noir, avec un chapperon à courte cornette l'accompagnoit. Helas ! son fils, et ses parens ne pouvoient estre à l'accompagner, dequoy ils estoient legitimement excusez : « Et vous, duc de Bourgongne, » qui en sa vie l'avez mis és mains de ses enne- » mis, vous avez sceu sa maladie telle qu'il n'en » pouvoit eschapper, et sceustes bien sa mort, » mesme delaya-on le convoy funebre en inten- » tion que y fussiez ; et encores eust-on plus at- » tendu si l'eussiez mandé : et toutesfois vous » n'y vinstes aucunement : par ainsi en sa vie » et en sa mort vous l'abandonnastes : » Ce que plusieurs gens entre leurs dents disoient, mesme aucuns assez hautement, tellement que on le pouvoit entendre. Par les colleges de Paris, et en ladite esglise de Nostre-Dame furent dites vigiles solemnelles, et y vinrent et furent en procession, comme aussi le lendemain à la messe. Il y avoit bien en luminaire douze mille livres de cire, tant en torches qu'en cierges. Autour de la chappelle y avoit du drap noir aux armes du Roy, et aussi tout autour de l'eglise. De plus, sur la porte de l'eglise estoient deux grandes bannieres aux armes du Roy. Aprés la messe dite et le service fait, on prit le corps et le porta-on jusques à Sainct Ladre : jusques auquel lieu le porterent ceux de l'escurie, puis audit lieu d'autres prirent le corps et le porterent jusques à la croix prés du Lendict, nommée la Croix aux Fiens. Or à le convoyer estoit ledit duc de Bethfort, comme dessus vestu, et à cheval : plus, ceux que on disoit de la cour de Parlement, de la chambre des Comptes, les eschevins de Paris, et la plus grande partie des gens d'eglise d'icelle ville, avec foison de peuple. Jusques là, de l'abbaye Sainct Denis vint l'abbé et les religieux, vestus de tres-beaux et riches vestemens, la pluspart semez de fleurs de lys, qui avoient et portoient un poile en maniere de ciel, soustenu sur six lances, pour mettre sur le corps. A ladite croix y eut aucunes difficultez touchant l'exemption de ceux de Sainct Denys, mais à la fin ils furent d'accord, et allerent jusques à l'Hostel-Dieu : lors huict religieux prirent le corps, et le porterent jusques dedans le chœur de l'eglise en chantant *Libera me, Domine*, etc. C'estoit chose merveilleuse du luminaire, qui estoit depuis la porte Sainct Denys jusques à l'eglise : et y eut nouveau luminaire, qui montoit jusques à quatre mille livres de cire, et paremens faits comme à l'eglise de Paris aux armes du Roy, et bannieres mises : en suite furent dites vigiles bien et solemnellement; le lendemain matin fut dite et célébrée la messe, que chanta de la permission de l'abbé, l'evesque de Paris, à laquelle messe l'evesque de Chartres fit office de diacre, et l'abbé dudit lieu office de soubsdiacre. Il n'y eut personne qui allast à l'offrande sinon le duc de Bethfort, qui faisoit le dueil. La messe estant chantée et achevée, ceux de l'escurie prirent le corps, lequel ils porterent au lieu où il devoit estre ensepulturé, sçavoir en la chappelle du feu roy Charles cinquiesme son père. Tousjours le peuple se lamentoit et plaignoit de la petite compagnée qu'il y avoit, comme dessus est dit. Il fut ensepulturé par l'evesque de Paris. Quoy fait, les François-Anglois commencerent à crier « Vive le » roy Henry de France, et d'Angleterre, » et crioient Noel, comme si Dieu fust descendu du ciel. Toutesfois plus y en avoit faisans dueil et lamentations que autres. Maistre Philippes de Ruilly, et Michel de Lailler, executeurs du testament du Roy mort, donnerent à l'eglise de Sainct Denys chasuble, tunique, dalmatique, et deux draps de soye de couleur perse ou bleuë, semez de fleurs de lys d'or, et pour la charité des religieux cent francs, outre grande somme de deniers distribuez aux pauvres à tous venans : or combien qu'il y eust grand debat touchant le poile qui estoit sur le corps, disant plusieurs « qu'il leur appartenoit, » toutesfois le grand maistre d'hostel du Roy le prit, et le bailla ausdits religieux, comme à eux appartenant.

Quand le roy Charles septiesme de ce nom, son vray fils et heritier, le sceut, il en fut moult courroucé et desplaisant, et non sans cause, si qu'à peine le pouvoit-on appaiser : c'estoit pitié des regrets qu'il faisoit, comme pareillement ceux de son sang. Il fit faire services, prieres, et oraisons pour son pere le plus solemnellement qu'il peut : et deslors, comme il lui appartenoit bien, se nomma et porta roy de France : aussi l'estoit-il sans nul doute.

MÉMOIRES

DE

PIERRE DE FENIN.

NOTICE

SUR PIERRE DE FENIN.

Pierre de Fenin vécut sous les règnes de Charles V, de Charles VI et de Charles VII. On ne peut dire avec précision ni le lieu ni l'époque de sa naissance ; on ne sait que très peu de chose de sa vie ; nous savons seulement qu'il fut prévôt de la ville d'Arras, puis écuyer et panetier de Charles VI. Nous devons croire qu'il était picard, car pour tout ce qui se passe en Picardie, il descend toujours aux plus petits détails, et paraît connaître les localités comme un homme du pays. Pierre de Fenin mourut en 1433. Les mémoires qu'il nous a laissés contiennent l'histoire de Charles VI, depuis 1407 jusqu'à la mort de ce prince en 1427. Toute cette chronique, comme on le voit, se renferme dans l'espace de vingt années ; mais quelles années pour les annales de la France ! que de catastrophes, que de guerres, que de grands événements dans cette époque historique qui s'ouvre par l'assassinat du duc d'Orléans, frère de Charles VI, se termine par la mort tragique du duc Jean de Bourgogne, et par l'usurpation de Henri V, roi d'Angleterre, déplorable conséquence et terrible punition des honteux désordres qui avaient troublé la cour et le royaume !

Le panetier de Charles VI n'avait pas plus que les autres chroniqueurs de son temps, le talent nécessaire pour animer cette histoire et lui donner les couleurs vives qu'elle devrait avoir. Les chroniques contemporaines nous ont transmis beaucoup de détails historiques sur les Armagnacs et les Bourguignons, qui divisaient et troublaient alors la France ; mais que de choses nous manquent encore, pour connaître à fond le caractère, les passions, le mobile véritable de ces deux grandes factions dans lesquelles figuraient le peuple et les princes ! Ce n'est pas dans la chronique de Pierre de Fenin, qu'il faut chercher de quoi compléter l'histoire morale et philosophique de cette mémorable époque ; toutefois sa position le mettait dans le cas d'être bien informé de ce qui se passait de remarquable, et il raconte avec simplicité ce qu'il a vu ou ce qu'il a pu apprendre de bonne source. Il nous le raconte avec le ton de la vérité, et quelquefois on retrouve dans ses récits les impressions d'un témoin oculaire. « Il arrivoit sou-
» vent (nous copions un passage de Pierre de Fenin), il arrivoit souvent grands désordres dans
» Paris, car les habitans s'y accusoient presque
» tous les uns les autres ; par espécial, aucuns méchans du commun s'en mesloient, qui pilloient
» sous divers prétextes, sans mercy, ceux qu'ils
» disoient avoir tenu le parti du comte d'Armagnac ; et lorsqu'on haïssoit à Paris aucun homme,
» il ne falloit que dire : il *a été Armagnac*, et
» tout présentement et à l'heure même il estoit
» tué sur le carreau. »

Quoique ces animosités barbares des factions soient plus longuement racontées dans Juvenal des Ursins, le témoignage de Pierre de Fenin n'est point à dédaigner. On regrette qu'il ne revienne pas plus souvent sur de pareils détails, au lieu de s'arrêter minutieusement comme il le fait sur une foule de petits combats sans nom, qui se livraient sur tous les points, et qui faisaient ressembler la France à une plaie. « Il étoit parfois des trêves, nous dit-il, mais par envie que chacun avoit de gouverner le royaume, *la chose se remettoit dans le trouble plus fort qu'auparavant*. »

Pierre de Fenin ose à peine prendre un parti au milieu de toutes ces discordes ; on a cru remarquer que son inclination le portait vers le duc de Bourgogne, mais après l'avoir lu attentivement, nous n'oserions l'affirmer. Nous ne voyons en lui qu'un homme timide et circonspect, qui voulait vivre en paix, et qui cherchait sa sécurité dans une extrême réserve. On ne peut pas dire que Pierre de Fenin approuve les grands crimes qu'il nous raconte, mais il n'a jamais le courage de s'indigner. Il y avait alors tant d'atrocités dans les partis, dans les chefs comme dans la multitude, que la conscience publique dut s'altérer sur beaucoup de choses ; il y avait aussi tant d'infortunes, tant de calamités publiques et privées, que la pitié se lassait, et que tout le monde devenait indifférent. En racontant l'usurpation de la couronne de France par Henri de Lancastre, le panetier de Charles VI ne songe pas même à déplorer la plus grande honte et la plus grande misère de cette époque ; il se contente de dire : *ceci sembloit bien estrange à aulcuns du royaume de France ; mais ils ne pouvoient avoir ni faire austre chose pour le présent*. Nous avons vécu aussi au milieu des révolutions, et ces révolutions ont jeté quelquefois dans les cœurs la même timidité, la même indifférence, le même égoïsme. Ainsi ce que nous avons vu de nos jours, peut nous expliquer jusqu'à un certain point l'histoire des temps passés.

On ne trouvera, dans Pierre de Fenin, ni l'esprit critique de l'*anonyme*, traduit par le père Laboureur, ni la simplicité naïve de Juvénal des Ursins; il omet beaucoup de détails curieux qui sont rapportés par ce dernier; il ne fournit aucune pièce originale comme l'historien anonyme, Juvénal des Ursins et Monstrelet. Nous devons indiquer néanmoins ce qu'il y a de curieux dans les mémoires de Pierre de Fenin; ils contiennent quelques détails précieux sur les monnoies. Son récit est également bon à consulter sur les événements qui suivirent le traité de Troyes, en 1420; sa narration est ici beaucoup plus complète que celle des historiens contemporains.

Le manuscrit dont s'est servi Godefroy avait appartenu à Gérard de Tieulaine, sieur de Graincour-lez-Duisans, et M. Petitot n'a fait que reproduire le texte du premier éditeur. Mais le lecteur qui voudra comparer ce texte avec celui que nous donnons, s'apercevra que le style en avait été retouché. Notre édition est tout-à-fait originale; c'est le style de l'époque et celui du pays de l'auteur; ses tournures de phrases, et l'orthographe de la plupart des mots (comme *iau* pour *eau*, *bléchié* pour *blessé*), se retrouvent encore dans le patois du Pas-de-Calais et de la Picardie.

Le manuscrit que nous publions, et qui appartient à la Bibliothèque royale, est d'ailleurs beaucoup plus complet que le manuscrit de Tieulaine reproduit par Godefroy et par Petitot. Les précédentes éditions de Fenin s'arrêtaient en 1422, à la mort de Charles VI; celle-ci s'étend jusqu'en 1427; elle comprend donc les premières années du règne de Charles VII. Cette fin des mémoires de Fenin, qui était restée ignorée jusqu'ici, a quelque importance; l'époque qui s'y trouve décrite manquait de documents historiques. L'auteur nous fait connaître la position critique du Dauphin; il raconte avec assez d'étendue les batailles de Crévant-sur-l'Yonne et de Verneuil, dont les résultats furent si funestes pour la France, et s'arrête vers l'époque du fameux siège d'Orléans, après avoir tracé le tableau de la rivalité des ducs de Bourgogne et de Glocester, querelle qui prépara peu à peu le triomphe de Charles et commença la ruine des prétentions de Henri VI.

MÉMOIRES
DE
PIERRE DE FENIN.

Verité est qu'entre le duc Louys d'Orléans, frère au roy Charles, et le duc Jean de Bourgoingne, son cousin germain, y eut par plusieurs fois grandes envies et mal-talens eux deux ensemble, et dont y eut grosses assemblées de chascune partie, pour paix trouver; et pour ce receurent le corps de Nostre Seigneur ensemble, pour plus grande fiance avoir l'un à l'autre : et, comme il fut depuis apparent, la paix n'y estoit mie, car par la congnoissance du duc Jean de Bourgoingne, il fit tuer ledict duc d'Orléans.

Après que ledict duc d'Orléans fut mort, il y eut grand desconfort des gens de son hostel, et menoient si grand dueil, que c'estoit pitié de les voir; car ledict duc d'Orléans estoit horriblement navré en la teste et au visaige, et si avoit une poing couppé. Et avec luy y eut un sien valet de chambre, pour cuider sauver ledict duc. En cest estat ledict duc fut emporté de ses gens, et ne sçavoient que mescroire, fors qu'aucuns pensoient que ce eust faict le seigneur de Canni (1), pour ce que ledict duc luy avoit fortrait sa femme : et pour ceste cause haïssoit-on le sire de Canni de mortele haine; mais on sceut bien-tost après la vérité du faict, et que le seigneur de Canni n'y avoit nulle coulpe.

Le lendemain, quand se vint à porter le duc enterrer, il y avoit moult de grands seigneurs de son lignage à tenir la main au drap, et à faire le dueil au corps; et fut enterré aux Célestins. Entre les autres y estoit le duc Jean de Bourgoigne, qui avoit faict faire ceste besongne, et faisoit le dueil par semblant, et n'en sçavoit-on encores la vérité. En tant qu'on portoit ledict duc enterrer, le sang du corps coula parmy le sercueil à la vueüe d'eux tous, dont y eut grand murmure de ceux qui là estoient, et de tels y en eut qui bien se doubtoient de ce qui en estoit; mais rien n'en dirent à présent.

Après l'enterrement dudict duc, les seigneurs qui là estoient prirent conclusion d'estre le lendemain au conseil tous ensemble pour ceste besongne.

Quand vint le lendemain, que les seigneurs furent assemblez, le duc de Berry, oncle dudict duc, y estoit avec le duc de Bourbon, et des autres grande planté : et le duc Jean de Bourgoigne monta à cheval pour aller au conseil avec les autres, accompagné du comte Waleran de Sainct-Paul. Quand ledict duc vint entrer en le conseil, le duc de Berry et les autres luy envoyèrent dire qu'il se déportast d'entrer en la chambre du conseil tant qu'à présent; et quand le duc Jean ouït ce, il fut tout esbahy et courroucé : et alors il demanda au comte Waleran de Sainct-Paul : « Beau cousin de Sainct-Paul, que vous semble-il de nostre faict, et qu'avons-nous à faire sur ceste besongne? » Alors le comte Waleran lui respondit : « Monseigneur, vous avez à vous retraire en vostre hostel, puisqu'il ne plaist à nos seigneurs que soyez au conseil. » Et adonc dict le duc Jean : « Beau cousin, retournez avec nous. » Et le comte lui respondit : « Pardonnez-moy, je iray devers nos seigneurs au conseil. » En tant que ces paroles duroient, le duc de Berry vint à l'huis de l'hostel, et dist au duc Jean : « Beau nepveu, déportez-vous d'entrer au conseil; il ne plaist my bien à chascun qu'y soyez. » Et le duc Jean respondit : « Monsieur, je m'en déporte bien; et affin qu'on ne mescroye mie de la mort du duc d'Orléans, j'ay faict faire ce qui a esté fait, et non autre. » A ces paroles fut le duc moult esmerveillé, et ledict duc Jean tourna son cheval, et s'en alla, et tout incontinent changea cheval à son hostel, et partit de Paris à petite compagnée, et s'en alla tout de tire en Flandres sans arrester en nulle place, sinon quand il eut repeu bien en haste. Et ses gens le suivirent au mieux qu'ils peurent en grand doubte (en grande

(1) Aubert le Flamenc, seigneur de Cany et de Varennes. La femme de ce seigneur de Cany, appelée Henriette d'Enghien, fut la mère du célèbre *bâtard d'Orléans*.

37.

crainte), de peur qu'ils ne fussent arrestez. Ainsi partit le duc Jean de Paris, laissant la seigneurie de France en grande pensée. Adonc messire Clugnet de Brabant, admiral de France, monta à cheval atous ses gens, et suit le duc pour le cuider prendre; mais le duc estoit jà bien loing : et ainsi messire Clugnet retourna tantost à Paris. Ceste mort fut l'année du grand hiver, et dura la gelée soixante et six jours en un tenant.

De ceux qui meirent le duc d'Orléans à mort, au commandement du duc Jean de Bourgoigne, furent Paulet d'Autonville et Guillaume Courte-Heuse, et plusieurs autres que ne sçay nommer (1), mais ces deux furent les principaux, et depuis là eu avant eurent toutes leurs vies grandes rentes sur le duc Jean pour ceste cause. Le duc Jean fut moult blasmé de ce qu'il avoit fait le dueil au corps, et tenu la main au drap (mortuaire), et depuis cogneu de sa bouche le faict.

Quand le duc Jean fut venu en son pays de Flandres et ses gens furent rassemblez, il manda ses barons pour avoir conseil de ce qu'il avoit à faire. Là y eut plusieurs conclusions par le duc Jean et son conseil pour résister à tous ceux qui, pour la mort du duc d'Orléans, luy voudroient mener guerre.

Tantost après la mort du duc d'Orléans, y eut pris en Amiens jour de parlement, et tous les seigneurs de France (2) y furent tous assemblez; et y estoit le duc Jean, lequel feit peindre dessus l'huis de son hostel deux lances, dont l'une avoit fer de guerre, et l'autre fer de roquet; et disoit-on qu'il l'avoit fait en signifiance que quy voudroit à luy paix ou guerre, qu'il le presist, et de ce on parla en mainte manière. Moult eut à Amiens de grands consaux tenus par les seigneurs de France, mais perceut-on de choses qu'on y fit, fors que ledict duc Jean percevoit bien que la plus grande partie des seigneurs de France le hayssoient couvertement, nonobstant que pour lors n'en fissent semblant.

Le duc d'Orléans avoit trois fils de Valentine, fille au duc Galeace de Milan, sa cousine germaine, dont le premier avoit nom Charles, qui estoit prince de hault entendement, et fut nommé duc d'Orléans après la mort de son père; le second estoit nommé Philippe, comte de Vertus; et le troisième, nommé Jean, comte d'Angoulesme. Et tous trois avoient bien manières de princes, et moult estoient courroucez de la mort de leur père; et depuis eurent assez de peine pour le cuider venger, et porter dommage au duc Jean. Mais le duc Charles et le comte d'Angoulesme furent depuis fort empeschez de prison, comme sera cy-après déclaré.

L'an mil quatre cens et huict, Liégeois rebellèrent contre leur évesque, nommé Jean de Bavière, frère au duc Guillaume de Hollande et à la femme du duc Jean de Bourgoigne, parquoy ledict évesque estoit moult puissant d'amis : et nonobstant qu'il fust évesque de Liége, il se vouloit marier; mais la plus grant partie de ceux de Liége ne le vouloient souffrir. Et pour ce y eut discension grant entre les deux parties, et tant que l'évesque fut décachié, et ne vouloient obéir à Jehan de Bavière, ains en avoient fait ung aultre, fieux au conte de Peruel (3); et aussi le conte de Peruel les soustenoit contre Jehan de Bavière. Et quant Jehan de Bavière se vit en ce dangier, et qu'il avoit jà perdu la plus grant partie de ses bonnes villes et forteresses, il s'alla retraire à Tret (4), qui estoit de son party, et envoia devers le duc Guillaume de Hollande, son frère, et devers le duc Jehan de Bourgoigne, son seronge (beau-frère), en leur priant piteusement qu'ilz le voussissent secourre, et qu'il y en avoit grant besoing, car Liégeois l'avoient asségié dedens la ville de Tret. Et quant le duc Jehan et le duc Guillaume ouïrent la complaincte de Jehan de Bavière, ilz assemblèrent moult grant puissance de tous leurs païs, et manda le duc Jehan, les seigneurs de Bourgoigne, et avec manda Piquars et Flamans et toutes aultres gens dont il povoit, par espécial gentilz-hommes. Et le duc Guillaume manda Hollandois, Zélandois, et moult d'aultres ses bons amis. Et quant les deux ducz eurent leur puissance assemblée, ilz eurent moult noble compaignie et belle chevalerie, et les nombroit-on bien à douze mille combatans, tous gens de fait. Alors commencèrent à chevauchier vers Cambresis, et de là vers le païs de Liége, et quant ilz furent entrés en païs de Liége, ilz gastèrent fort le païs. *Item*, Robert Le Roucz (5) et le seigneur de Jemont estoient les conduiseurs de l'ost, pour ce qu'ilz estoient du pays et qu'ilz savoient bien lesquelz estoient contre Jehan de Bavière. Et le conte de Peruel et les Liégeois, qui avoient asségié Jehan de Bavière dedens la ville de Tret, oïrent nouvelles que les deux ducz estoient à puissance en leur païs de

---

(1) Les meurtriers étaient au nombre de dix-huit.
(2) Au moins les principaux.... (Édit. Godefroy.)
(3) Fils du comte de Perweis.

(4) Trect, aujourd'hui Maëstricht.
(5) *Alias*, Robert le Roux.

Liège, et qu'ilz gastoient tout. Adonc se levèrent Liégeois et laissèrent leur (1) siège pour venir combattre les deux ducs. Et tant approchèrent les deux osts qu'ilz furent assez près l'un de l'autre, près la ville de Tongre. Là y eut grandes ordonnances faictes par les deux ducs ; et ordonna le duc Jean ses gens à cheval pour férir les Liégeois par derrière. Le seigneur de Croy, le seigneur de Helly, le seigneur de Raisse, le seigneur de Pont, et Enguerran de Bournonville, furent les cinq capitaines pour conduire ceux de cheval, et les conduisirent bien et vaillamment. Ce jour conduisoit le seigneur de Miraumont les archers au duc Jean, et vaillamment s'y gouverna. Si avoit en la compagnie des cinq capitaines susdicts bien douze cens hommes d'armes de bonne estoffe : et fut une chose qui moult greva les Liégeois. Ainsi ordonna le duc Jean de Bourgoingne ses batailles, et le duc Guillaume de Hollande, son seronge, le conte de Peruvez et les Liégeois feirent grandes ordonnances : et avoient de petits canons sur carrois grand foison, qui moult grevèrent les gens des deux ducs à l'assembler. Après toutes les ordonnances faictes, les deux ots s'assemblèrent à bataille, en un camp nommé Hasbain qui est assez près de Tongre. Là y eut grande bataille d'un costé et d'autre, et se portèrent les Liégeois de venue roidement : mais enfin ils furent tous desconfits, et y en eut moult de morts, et furent par nombre morts vingt et huict mille sur le camp, et en eux fuyans, sans ceux qui furent prisonniers. Là fut pris le comte de Peruel et son fils. A ceste journée se porta le duc Jean de sa personne grandement, et messire Jacques de Courte-Jambe, qui portoit la banière au duc Jean, y fut vaillant chevalier et moult bien s'y porta. A ceste bataille y eut morts des gens au duc Jean, et de ceux au duc Guillaume de deux à trois cens et non plus. Et y mourut un chevalier de grand renom, messire Florimond de Brimeu, qui estoit à la banière du duc Jean, dont le duc fut fort courroucé. Après ce que les deux princes eurent la victoire, ils assemblèrent leurs gens, et regracièrent Dieu de l'honneur qu'il leur avoit fait : après firent coupper la teste au comte de Peruel, et en firent présent à Jean de Bavière, qui vint vers eux assez tost après la bataille; car il n'y estoit pas, et les mercia moult de l'honneur qu'ils lui avoient fait et du secours. Ils luy firent grand chère et grand honneur, puis s'en allèrent rafraischir, et le lendemain toutes les bonnes villes du païs vinrent à l'obéyssance aux deux princes et à Jean de Bavière : et ils les receurent, sinon aucuns qui avoient faict la rébellion, lesquels furent justiciez, tant hommes que femmes, entre autres le damoiseau de Rochefort. Après toutes ces choses ainsi faictes, Jean de Bavière fut bien obéy par tout son éveschée, et depuis tout son vivant ne firent rien à son contraire. Le païs de Liège fut alors fort gasté par les gens des deux princes, qui emportèrent grand avoir dudict païs. Quand les deux princes eurent ainsy accomply leur volonté, ils se retirèrent à grande joye chascun en son païs. Pour ceste besongne fut le duc Jean moult redouté grand temps : et ceux qui contre luy avoient proposé luy grever pour la mort du duc d'Orléans, furent tous accoisez (calmés), et en grand temps après n'en feirent nul semblant de grever ledit duc : mais au chef du tour (à la fin) la chose se remit tellement que le royaume de France en fut long-temps en voye de destruction, comme pourrez voir cy-après.

Après que le duc Jean de Bourgoingne eut ainsi achevé en Liège, il fut bien deux ans qu'on parloit peu de la mort du duc d'Orléans : mais toutesfois le duc Charles, son fils, machina tant qu'il eut de son party plusieurs seigneurs de France, qui luy promirent ayder à venger la mort de son père, et en estoit le duc de Berry, le comte de Clairmont, et le comte d'Armignac, et firent de grandes assemblées par-delà Paris vers le Mont-le-Hery. Le duc Jean avoit à foison gens vers Sainct-Denys en France : et furent les gens du duc Antoine de Brabant, logez à Sainct-Denys en ceste mesme saison, et les gens au comte Waleran de Sainct-Paul, qui estoit à Paris, qui les manda pour les veoir : et ils s'assemblèrent et allèrent pour passer parmy Sainct-Denys, où les Brabançons estoient logés; mais, par quelque contention qu'ils eurent ensemble, les Brabançons voulurent livrer bataille aux gens du comte Waleran, qui estoient conduits par le seigneur de Tian, et furent sur le poinct d'eux entremesler ; mais le duc Antoine, qui avoit espousé la fille du dict comte Waleran, en ouït nouvelles à Paris, et y vint moult en haste, et quand il fut venu, il fist retraire ses gens, et les dédaigna moult de ce qu'ils avoient tant faict; et les gens du dict comte s'en allèrent à Paris pour eux monstrer, et puis s'en revinrent à leurs logis, aux villages du plat pays.

En ce temps, les gens du duc Charles d'Orléans et du comte d'Armignac estoient logez par-delà à Paris : et alors ou commença fort à parler des gens au comte d'Armignac, pource

(1) Il y a ici lacune de quelques pages dans notre manuscrit.

qu'ils estoient habillez d'escharpes blanches, car on estoit encores peu vuille (on avoit encore peu vu) au pays de France et de Picardie de telles escharpes, et pour le nom des gens au comte d'Armignac, furent depuis ce temps tous gens tenans party contre le duc Jean de Bourgoingne, appelez Armignacs. Nonobstant que le Roy fust contraire au duc Jean aucune fois, et avec luy eut moult d'autres grands seigneurs, plus grands sans comparaison que le comte d'Armignac, si ne les nommoit-on en commun langage, *fors les Armignacs*, dont ils étoient fort courroucez; mais ils ne peurent oncques avoir autre, et de tout temps de la guerre n'eurent autre nom. Ainsi par pluseurs fois y eut grandes assemblées autour de Paris, tant des gens du duc Jean de Bourgoingne que du duc Charles d'Orléans : et tousjours depuis commença la chose à enfler entre les dicts deux ducs, se retirant le dict duc de Bourgoingne avec ses alliez en son pays de Flandres et Artois. Peu paravant messire Jean de Montagu, grand maistre d'hostel du Roy, eut la teste couppée à Paris, et fut par le conseil du duc Jean : si disoit-on qu'il avoit desrobé le Roy de grand thrésor. Il avoit fait faire le chastel de Marcoucy près Mont-le-Héry.

L'an mil quatre cens dix, la guerre commença fort entre le duc Charles d'Orléans et le duc Jean de Bourgoingne; et avoit ledict duc Charles grand foison de seigneurs de France de son party, qui lui avoient promis l'aider à destruire le duc Jean, et venger la mort de son père. Il mist garnison en la ville de Han (Ham) sur Some, sur les marches du duc Jean, et y estoit capitaine messire Manessier Quieret, et aussi en pluseurs autres places; et après envoya défier le duc Jean. Et pareillement le deffièrent moult d'autres grands seigneurs, et entre les autres le deffia un chevalier de Picardie, nommé Maussart du Bos, dont le duc Jean fut plus mal content que de tous autres, car messire Maussart estoit son homme, parquoi il le cueillit en grande haine. Quand le duc Jean sceut les assemblées que le duc d'Orléans faisoit contre luy, et que partout il cherchoit alliez contre le duc Jean pour lui faire guerre, alors il assembla ses gens par tous ses pays, et fist moult belle assemblée de gentilshommes, et avec fist venir grande puissance des communes de Flandres, et tout assembla vers la ville d'Arras, et de là tira droict au villaige de Marquion, près Cambray, et là se logea et ses Flamans, qui estoient sans nombre. Et avoient tant de tentes, que ce sembloit une bonne grande ville quand ils estoient logez; et avec avoient moult d'habillemens de guerre, et alloient tous de pied, fort chargez de harnois, et si avoient foison de charroy, parquoy ils faisoient moult de mal partout où ils passoient. Ainsi le duc Jean assembla bien trente mille combatans, et s'en alla de là à Han sur Sôme, devant laquelle il mit le siége par un lez, et fist assiéger de grands canons pour jetter aux murs de la ville. Là eut grandes escarmouches faictes, mais enfin les gens d'armes qui estoient dans la ville s'en allèrent par-delà l'eaue, et abandonnèrent la ville; et quand les gens du duc Jean le sceurent, ils assaillirent la ville et entrèrent dedans. Là firent Flamens grand desroy, et boutèrent le feu partout. Après que Han fut ainsi désolée, le duc tira vers Nelle, laquelle fut destruicte au passer, puis s'en alla loger devant Roye en Vermandois, laquelle se mit incontinent en son obéissance. De là s'en alla loger devant Mondidier en grande ordonnance; et avoit moult de petits charrois, où y avoit sur chascun deux petits canons, qu'on nommoit ribaudequins, dont il fist clore son ost d'un lez (côté). Quand le duc Jean eust esté bien dix jours logé devant Mondidier, et qu'il contendoit à passer outre vers Paris, lors (1) ses Flamans se commenchèrent à eux fourmouvoir pour retourner en leur païs, et tant, qu'il ne fut point en la puissance au duc Jehan de les retenir; car ilz se deslogèrent en grant desroy par nuit, et y eult de leurs tentes arses grant planté et de leurs aultres bagages. Pour ceste retournée fut le duc Jehan fort iré; mais Flamans n'en voulurent riens faire pour luy, donc il leur sceut moult mal gré. Ainsi s'en ralèrent Flamans en leur païs contre le gré du duc Jehan, et raloient plus en jour qu'ilz n'estoient venus en deux, et partout où ilz passoient ilz faisoient grand dommaige, car ilz estoient gens sans pitié et qui n'espargnoient gentil ne villain; et aussi quant Picars les trouvoient à leur dessoubz ilz leur faisoient assez de paine.

Après ce que Flamans furent retraiz en leur païs et le duc Jehan de cy à Arras, il remanda partout ses gens et fist une moult belle assemblée de gentilz-hommes et puis s'en alla vers Roye en Vermandois, et de là à Bretoul (Breteuil), puis à Biauvais et Gisors; et estoit en sa compaignie le comte de Arundel d'Engleterre, atout environ de quatre à cinq cens (2) combatans englez, et s'en alla de sy à Pontoise. Il y eult ung traître qui voulut murdrir le duc Jehan en tant qu'il estoit à Pontoise, et il séjourna bien quinze jours, et entra le traître en sa chambre; mais il fut

---

(1) Notre manuscrit reprend ici sans nouvelle lacune.

(2) Les historiens varient sur le nombre des Anglais.

aperchu, et eut la teste copée en la ville de Pontoise. Quant le duc Jehan eut ainsi séjourné à Pontoise, il se party par ung après-diguer et s'en alla passer à Meullent, et chevaucha toute nuit et tout son ost, et lendemain, sans arrester, s'en alla à Paris au giste et se loga dedens et toutes ses gens. Pour lors estoit le duc d'Orliens logié à Saint-Denis à grant puissance, et à Saint-Clau (Saint-Cloud), par quoy le duc Jehan ne fist point de logis entre Pontoise et Paris. Quant le duc Jehan fut venu à Paris, le roy Charles et le doffin luy firent grant joie, et moult d'autres grans seigneurs, et se raffresqui luy et ses gens bien trois sepmaines, et avoit souvent entre Paris et Saint-Denis, de grans escarmouches des gens au duc Jehan et de ceux au duc d'Orliens. Pour lors estoit capitaine de Paris le conte Waleran de Saint-Pol, qui fut fait connestable de France.

Item, en ce temps, par une nuyt Saint-Martin d'yver, le duc Jehan yessy de Paris à grant puissance et s'en alla à Saint-Clau, et vint environ le point du jour. Quant le duc Jehan fut près de Saint-Clau, il mist ses gens en ordonnance, et envoia Enguerran de Bournoville et de ses autres capitaines atout leurs gens pour assaillir la ville de Saint-Clau; et tant firent les gens au duc Jehan que la ville fut prinse par force, et y eust grant perte des gens au duc d'Orliens, et se retrairent en la fortresse du pont et au moustier [de la ville]. Là eut grand assaut au moustier] par les gens du comte d'Arondel, et ceux qui estoient dedens se deffendirent bien, mais riens ne leur valut; car il convint qu'ilz se rendissent en la voulenté des Englès. Là fut prins messire Mausart du Boz par les gens du comte d'Arondel et pluseurs aultres. Quant le duc Jehan eut ainsi besoingné, il se retira à Paris au giste et ses gens avecquez luy. En tant que l'assaut duroit au pont Saint-Clau, le duc d'Orliens vinst pour secourre ses gens; mais l'iau de Saine estoit entre deux, et ilz ne povoient passer pour les gens au duc Jehan. Après ce que le duc Jehan fut retrait à Paris au giste, ainsi que avés oy, le duc d'Orliens et ses gens passèrent tous au pont Saint-Clau et s'en allèrent par nuit en tirant devers le païs de Berry. *Item*, tantost après le duc Jehan de Bourgoingne fist coper la teste à messire Maussart du Boz et ne peut estre sauvé pour priaire de ses amis, pour la hayne que le duc Jehan avoit en luy. *Item*, ung peu devant, le seigneur de Croy, qui estoit au duc Jehan, avoit esté prins par les gens au duc d'Orliens, et messire Jehan de Croy, son fieux (fils),

s'en alla au chasteau de Monceaux, en Normandie, et prinst les deux enfans d'Eu [qui furent envoyés à Renty,] par quoy il fut depuis traitié que le seigneur de Croy fût délivré, et les enfans d'Eu s'en rallèrent. Après ce que Enguerrain de Bournoville et le seigneur de Ront s'en allèrent mener guerre vers Estampes; et fut le seigneur de Ront prins par Bourdon, et mené en la ville d'Etampes. Mais les gens au duc Jehan y midrent le siége, et firent tant qu'ilz eurent le seigneur de Ront, et avec Bourdon demoura prisonnier; et si fut la fortresse d'Estampes mise en l'obéissance au duc Jehan. Ainsi laissa le duc Jehan foison de ses gens en la frontière par-delà Paris et vers Bonneval, et puix il s'en ala en son pays de Flandres et d'Artois. Et alors ceux qui gouvernoient le roy Charles et le duc de Guyane, doffin, estoient du party au duc Jehan : par quoy le duc d'Orliens avoit le Roy contre luy et le duc de Guyane, et falut qu'il se retraisist vers Aliens et vers Bourges en Berry (1). *Item*, le duc de Berry et le duc de Bourbon furent toujours du party au duc d'Orliens contre le duc Jehan de Bourgoingne, combien que le Roy fût contraire aucunefois au duc.

L'an mil quatre cens et unze, le roy Charles et le duc Jehan de Bourgoingne firent leur mandement pour aller à Bourges en Berry, et assemblèrent bien cent mille hommes de bonne estofe tout vers Melun, et puix tirent tout droit à Montereau (2), et de là à Sens en Bourgoingne, et puis à la Charité-sur-Loire : et menoient en leur compaignie moult d'engins et de grosses bombardes pour tenir siége. Quand ilz vindrent à la Charité, il y eut fait de grans ordonnances, et fut fait le seigneur de Croy capitaine de l'avangarde, acompaignié de Enguerrant de Bournoville et plusieurs aultres grans seigneurs. En la compaignie du Roy estoit le duc de Guyane, doffin, le duc Jehan de Bourgoingne, le duc de Louraine, et sy vint le roy Loïs (de Sicile); et moult y avoit d'aultres grans seigneurs en la compaignie du roy Charles. Après ce que le Roy eut fait ses ordonnances à la Charité, il s'en alla devant Dun-le-Roy, et y mist le siége tout autour. Mais enfin ilz rendirent la ville au Roy, par ainsi qu'ilz s'en yroient leurs corps et leurs biens saufs. Et de là le Roy s'en alla vers Bourges en Berry pour y mettre le siége; et y eut de la compaignie du Roy fait grant foison de chevaliers au prendre le siége. Et avec ce y eut de grans assaulx faits de ceux dedens contre ceux de dehors; car la

---

(1) *Vers Orléans et Bourges.* (Édit. Godefroy.)

(2) *Où faut Yonne.* (Édit. Godefroy.)

ville estoit fort garnie de gens de fachon, mais nonobstant tout le siége fut fremé par ung costé. Dedans la ville de Bourges estoit le duc de Berry, oncle du Roy et du duc Jehan de Bourgoingne, et le duc de Bourbon, et aussi ils povoient aller et venir quant il leur plaisoit: car le siége n'y fut oncques fermé fors par ung costé (1). Eu tant que le siége fut devant Bourges par devers la Charité, ceux dedens saillirent hors bien de quatre à cinq cens sur l'avangarde du Roy, et y eut là grant bataille. Mais Ermignas furent desconfis et reboutés ens, et y en mourut grant foison, par espécial de Englès, qui estoient en garnison en la ville. Et fut celle besoingne par ung dymence droit à nonne (un dimanche à l'heure de none). Après ceux dedens commencèrent si fort à geter canons, qu'il falut que les gens du Roy se traisissent arrière. Ainsi y avoit souvent grant assaut d'un costé et d'autre; mais l'avangarde du Roy estoit si forte que ceux de la ville ne le povoient grever. *Item*, à une course que le seigneur de Lorraine et le seigneur de Helly firent, y eut grant perte faite de ceux de la ville, et y fut prins le nepveu Bernardon de Fère, ung gaillart homme d'armes et moult d'autres avecquez luy. *Item*, Jehan de Humières cacha (chassa) ce jour sy avant, qu'il ne peut retourner et fut enmené prisonnier dedens la ville.

Quant le roi Charles eut esté grant temps devant Bourges, comme vous vous ouez, il eut consel (conseil) pour aller par-delà pour les affamer, et laissier garnisons vers la Charité pour destourber les vivres, et se desloga par ung matin pour aller par-delà. Quant ceux de la ville virent le deslogiz, ilz cuidèrent que le Roy s'en fuist, et saillirent après; mais il y avoit embûche de ceux de l'avangarde qui frapèrent sur eux et en prindrent et tuèrent à planté, par espécial de gens de village à qui on fist assez paine, et le Roy et ses gens chevauchèrent tant qu'ilz vindrent par-delà la ville et y remirent le siége. Et pour ce temps le païs de Berry fut fort gasté par les gens du Roy et ceux au duc Jehan de Bourgoingne. Quant le Roy eut esté par-delà Bourges grant espasse, il y eut parlement de ceux de la ville aux gens du Roy et ceux au duc Jehan de Bourgoingne, tant qu'il y eut apointement fait, et parlèrent le duc de Berry et son nepveu le duc de Bourgoingne ensemble. Là eut de grans congnoissances faites par pluseurs seigneurs, et fist-on la pais du duc Jehan de Bourgoingne et du duc Charles d'Orliens; et pardonna le duc d'Orliens la mort de son père au duc de Bourgoingne, par les condicions dictes entre eulx. Et de ce on fist les sermens à Ausoire (Auxerre), et y furent le duc d'Orliens et le duc de Berry. Après ce, le Roy s'en rala à Paris et chacun en son païs: et cuidoit-on véritablement avoir païs à tousjours, donc le monde estoit joieux; car il leur sembloit qu'ilz estoient bien eschapés, veu le malvais commencement qui y avoit esté. Mais nonobstant quelque païs ny acord qu'il y eust, on vit bien brief après qu'elle n'estoit mie ferme, comme vous pourrés cy-après percevoir.

Environ le temps que le Roy Charles alla pour asségier Bourges, le conte Walerain de Saint-Pol, qui estoit connestable de France, fut envoié en la comté d'Alenchon (Alençon) pour la maistre en l'obéissance du Roy, et alla grandement acompaigné de Picars et d'aultres gens largement, et mist fort le païs en son obéissance. Et il y avoit une place nommée Saint-Remy-au-Plain, laquelle ne veut obéir au comte Valerain: et le comte y mist le siége tout autour. Et tant y fut que le seigneur de Grantcourt vint à puissance pour combatre le comte Valerain, et le comte Valerain ordonna ses gens en bataille tellement que il guengna la journée à l'aide de ses gens, qui moult estoient valians. Avecquez le comte Valerain estoit Jehan de Luxembourg, son nepveu, lequel fut ce jour fait chevalier, et s'i porta vaillaument, veu qu'il estoit josne (jeune) de aage. Et aussi y fut fait chevalier Raulequin, qui fut fieux du voidame (vidâme) d'Amiens, et mout d'autres avecquez eux. Là estoit le Borgne de La Heuse, homme de grand renom et saige de guerre, par qui le comte Valeran se gouvernoit en partie pour le fait de la guerre.

Item, après ce que le comte Valeran eut guengnié la place de Saint-Remy-au-Plain, et prins beaucoup de prisonniers, il fut mout joieux, et remercia nostre Seigneur Jhesu-Crist de la victoire qu'il luy avoit envoiée. Et aussi Saint-Remy se mist en son obéissance et d'autres places en païs d'Alenchon. Et après le comte Vallerain; qui estoit connestable, s'en rala en son païs et devers le roy Charles et le duc Jehan de Bourgoingne qui grant joie luy firent. Et avoit prisonnier messire Jehan de Gauchières (2), lequel il envoia à Saint-Pol pour tenir prison; mais enfin il fut délivré de prison par finance.

Item, ung peu devant ce temps le comte Vallerain avoit tenu siège devant le chastel de Coussy en Lannois, et y fut grant pièce au siége.

---

(1) Cette phrase est ainsi écrite dans Godefroy: *Et aussi y pouvoient aller, venir et entrer librement tous autres quand il leur plaisoit: car le siége n'y fut oncques fermé, fors par un seul lez ou fossé, et par un seul costé de la ville.*

(2) *Le seigneur de Gaucourt.* (Godefroy.)

Et ceux de dedens le deffendirent bien; mais le comte Vallerain fist miner dessoubz la tour du dangon (1) tellement que, quant vint à bouter en la mine, la tour fut toute enclinée, comme on peut ancoire voier (encore voir). Tant fut le comte Vallerain devant Coussy que il luy fut rendu, et y mist de ses gens dedens pour le garder, et puis s'en rala devers le Roy.

Après que la paix du duc Jehan de Bourgoingne et du duc Charles d'Orliens fut confermée et asseurée, comme vous avés ouy, il fut environ deux ans que la chose se entretint, et ne parloit-on de nulle guerre; mais par envie que chacun avoit de gouverner le royaume, la chose se resmeut plus fort que devant.

Item, le duc Charles d'Orliens avoit envoié quérir aide en Engleterre, et, pour la finance paier, envoia le conte d'Engoulesme, son frère, tenir hostage en Engleterre et des aultres gentiz-hommes de son hostel, lesquelz ilz furent depuis grant temps, pour l'ocasion de la guerre, qui ne peut estre délivrée (qu'ils ne purent être délivrés). [Et estoit avec le comte d'Engoulesme, Jehan de Saveuse, qui estoit de Picardie. Ainsi demoura la comte d'Engoulesme prisonnier en hostage en Engleterre grant partie de sa vie sans estre racheté; car le duc Charles, son frère ainsné, fut depuis ès mains des Englez long temps, comme il sera cy-après desclarié quant lieu sera (2).]

Item, en l'an mil quatre cens et treize le duc Jehan de Bourgoingne estoit à Paris, et y avoit mout d'autres grans seigneurs du sang royal qui tous avoient envie sur le duc Jehan et contendoient à le débouter, et qu'il n'eust point de gouvernement sur le royaume; et quelque semblant qu'ilz luy montrassent, si le haioient-ilz en ceur comme il fut depuis aparent. Et de ce se percevoit le duc Jehan en mainte manière, à quoy il résistoit le plus qu'il povoit.

Item, le duc Jehan avoit grant partie du commun de Paris en son commandement, par espécial les bouchiers; et fist prendre par iceux le duc de Bar et messire Jaques de La Rivière, lesquelz furent tenus prisonniers grant pièche (pendant longtemps). Pour ceste prinse fut le duc de Guyane, doffin, fort courchié (courroucé) à son beau-père le duc Jehan, et luy dist qu'il s'en repentiroit. Et si eut à Paris pour lors fait de merveilleuses besoingnes; car ceux qui tenoient le party au duc Jehan portoient petits capperons tous d'une livrée, et y avoit ung bouchier, nommé Caboche, et Denisoit de Chaumont. Et ainsi conduisoit le commun, pour la bende au duc Jehan de Bourgoingne soustenir. Par telz choses et mout d'autres, se resmeut la guerre entre le roy Charles et les seigneurs de France contre le duc Jehan; car ilz ne cessoient de faire tant qu'ilz eurent tourné le Roy et son fleux, duc de Guyane, contre le duc Jehan de Bourgoingne. *Item*, le duc de Bar fut délivré de prison par le pourchas de Bonne, sa seur, comtesse de Saint-Pol, et par ses autres bons amis. Et le frère du seigneur de La Rivière mourut en prison, et luy mist-on sur qu'il s'estoit tué d'un pot, pour ce que on le tenoit prisonnier: et de ce on parla en mainte manière.

Item, après tous ces appointemens, le duc Jehan se retrait en ses païs, et laissa aucuns des seigneurs de son hostel vers le duc de Guyane, son biau-fleux, donc messire Jehan de Croy fut l'un; mais il fut prins et mené prisonnier à Mont-le-Héry, et là fut grant temps.

Item, en ce temps le roy Charles, comme dit est cy-dessus, et le duc d'Orliens, le duc de Bar, le duc de Bourbon et le conte de Richemont, messire Charles de Labret (d'Albret), connestable, et mout d'autres grans seigneurs promisdrent tous ensemble de destruire le duc Jehan de Bourgoingne et luy cachier (chasser) de tous ses païs. Après ce que les seigneurs dessusdits eurent prins ceste conclusion contre le duc Jehan, il en ouyt nouveles, dont il fut mout dolent pour ce que le Roy estoit contre luy, et le duc de Guyenne, doffin, plus que tous les aultres; mais nonobstant il se reconforta de tout, et assembla ses gens pour aller vers Paris savoir s'il pouroit rompre les aliances; et moult se fioit au commun de Paris, qui luy mandèrent qu'il allast seurement et qu'ilz le metroient dedens la ville de Paris.

Item, environ que le duc de Bar fut prins, messire Pierres Des Essars, qui estoit prévost de Paris et avoit en gouvernement vers le duc Jehan, et mout avoit tenu son party; mais il se retourna, comme on fist entendant au duc, et le fist le duc Jehan prendre et puis luy fist coper la teste en la ville de Paris, donc mout de gens furent fort merveilliés.

Item, quant le duc Jehan eut assemblé ses gens pour aller à Paris, il avoit mout belle compagnie; et chevaucha droit vers Paris, et se logea dedens la ville de Saint-Denis en France,

---

(1) On lit dans un manuscrit: *La tour maistre Oudon*. Saint-Remy et Monstrelet écrivent *Maistre Odon*. Godefroy a imprimé: « Mais le comte Waleran s'advisa de faire miner par dessoubs la tour un nommé maistre Oudon. »

(2) Ce passage qui est entre parenthèses ne se trouve pas dans l'édition Petitot.

et là séjourna grant pièche. En tant que le duc Jehan estoit logié à Saint-Denis, le seigneur de Croy envoia seize ou vingt hommes d'armes bien montés à Mont-le-Héry, où son filz estoit prisonnier, et firent tant par aucun moien que messire Jehan de Croy, qui estoit prisonnier au chastel, vint pour ouïr messe en la ville, et ilz le firent monter sur ung bon coursier et puis s'en allèrent droit à Saint-Denys, affin que ceux du chastel ne le peussent rescourre. Ainsi revint messire Jehan de Croy vers le duc Jehan et vers le seigneur de Croy, son père, qui grant joie lui firent et à ceux qui l'avoient ramené.

En tant que le duc Jehan séjourna à Saint-Denis, il envoia Enguerran de Bournoville, par ung matin, bien acompaigné vers Paris, adrécha (s'adressa) à la porte du marchié à chevaux, cuidant que ceux de la ville le deussent mectre ens (dedans); mais ilz ne peurent, car ilz furent trop près vaitiés (visités). Et y eut dedens Paris grant effroy; car, pour vray, il y avoit grant partie du commun de Paris pour le duc Jehan. Quant Enguerran de Bournoville percheut qu'il avoit faily à entrer dedens Paris, il s'en retourna à Saint-Denys devers le duc Jehan.

Item, assez tost après le duc Jehan se party de Saint-Denis atout ses gens, et s'en ala à Compiengne, où il mist garnison de ses gens, et y demoura capitaine messire Hue de Launoy, à compaignie de Hector de Saveuse et Phelipe, son frère, et mout d'autres gentis-hommes. Et si estoit Le Mielet de Maudinguehen (1) vaillant homme de guerre et soubtil. *Item*, Enguerran de Bournoville et Lamon de Launoy furent envoiés à Soissons. Par ceste manière garni le duc Jehan ses frontières de Beauvoisiz, et y avoit mout de bonnes villes et fortresses tenant son parti, et puis il se retrait en son païs d'Artois et de Flandres. Quant le duc Jehan fut venu en son païs d'Artois, il manda partout les seigneurs de ses païs et tout assembla à Arras. Là y eut de grans conseux tenus du duc Jehan et de ses barons, et mout doubtoit le Roy qui estoit tourné contre luy, et plus luy en estoit que de tous les aultres à qui il avoit à faire. Mais enfin il prinst conclusion de attendre en son païs toutes aventures et résister contre tous à son povoir; contre tous ceus qui mal ly voudroient : et fist partout garnir ses bonnes villes et fortresses pour luy deffendre contre tous venants. Et avec ce, se garni fort de gens; car il manda tous les seigneurs de Bourgoingne, qui vindrent à grant puissance (2).

En l'an mil quatre cens et quatorze, le Roy Charles de France fist ses mandemens par toutes ses parties du royaume, et assembla bien quatre-vingt mil hommes, où il avoit mout de haute seignourie, car le duc de Guyane, son fils ainsné, y estoit, le duc Charles d'Orliens, le duc de Bar, le duc de Bourbon et moult d'aultres princes avec le roy Charles, qui tous promidrent à destruire le duc Jehan de Bourgoingne et luy déshériter de toutes ses seignouries. Quant le Roy eut assemblé toutes ses gens, comme je vous diz, il chevaucha droit à Compiengne, qui estoit fort garnie des gens au duc Jehan de Bourgoingne, et là mist le siège tout autour. Mais il y eut de grans escarmuches à prendre le siège, et moult firent ceux de la ville de paine aux gens du roy Charles, et souvent menoient prisonniers dedens la ville par l'entreprinse de Hector de Saveuse et Phelipe, son frère, qui mout estoient vaillans en fait de guerre. Et aussi messire Hue de Launoy, qui en estoit capitaine, s'i gouverna hautement, et si estoit le boin (bon) Louvellet de Masinguehen, qui estoit homme bien renommé en toutes besoingnes où il se trouvoit. Avecquez eux y avoit foison d'autres gentiz-hommes de grant fachon et qui bien et vaillaument se gouvernoient. Et le roy Charles, qui tenoit son siège devant, avoit en sa compaignie de vaillans hommes d'armes, et qui bien requéroient leurs anemis pour honneur conquerre. Et entre les aultres y estoit Estor (Hector) de Bourbon, frère bastart au duc de Bourbon, qui estoit tenu pour le plus vailant de tous les aultres, et manda à ceux de la ville qu'il les yroit esmaier (visiter) le jour de may, au matin. Quant le bastard de Bourbon eut ainssi mandé à ceux de la ville, ilz se pourveurent à l'encontre pour le recepvoir; et quant vinst le jour de may, qui fut l'an mil quatre cens et quatorze, le bastart de Bourbon, qui estoit garny de puissans gens et grandement acompaigné, vinst à la porte de Compiengne, et avoit luy et ses gens chescun ung chapel de may (3) sur la teste armée. Là y eut grant assault d'un costé et d'aultre, et eut le bastart de Bourbon son cheval tué dessoubz luy; car ceux de la ville se deffendirent bien et vaillaument, et y en eut mout de bléchiés de tous costés; mais nonobstant quelque défense que ceux de la ville firent, le bastart et ses gens allèrent de sy à la porte. Ainsi par pluseurs fois y eut de grans

---

(1) *Lionnel de Maldeghen*. (Godefroy.)
(2) A son secours. (Edit. Godefroy.)

(3) On nommait ainsi un chapeau de feuillage et de fleurs.

escarmuches entre les gens du roy Charles et les gens au duc Jehan de Bourgoingne; mais enfin les gens au duc Jehan de Bourgoingne rendirent la ville au roy Charles par sy qu'ilz s'en yroient sauve leurs corps et leurs biens, et le Roy leur acorda. Et quant le Roy eut la ville de Compiengne en son obéissance, il la garny de ses gens, et puix s'en ala à Soissons, où Enguerran de Bournoville estoit : et là, mist le siège tout autour. Mais il luy trouva grant deffense de Enguerran et ses gens. En tant que le Roy estoit au siège devant Soissons, le bastart de Bourbon fut navré à mort en alant aviser les fossez de la ville, et fut mout plaint des gens de son parti, par espécial du duc de Bourbon, son frère, et qui mout l'aimoit pour la vaillance qui estoit en luy. Ceste mort nuyst depuis à Enguerran de Bournoville, et si fut bien courchié quant il le seut, car il l'amoit de long temps. Quant le roy Charles eut esté longue espasse devant Soissons, il eut conseil de le faire assaillir par ce qu'il sceut qu'il y avoit dissention entre les gens au duc Jehan et ceux de la ville : car Enguerran et ses gens s'estoient voulu partir de la ville; mais le commun en fut mal contens pour ce qu'il les laissoit en ce dangier sans eux aidier à trouver leur traitié, et pour ce, se tournèrent la plus grant partie contre luy. Et auxi avoit eu grant débat entre les gens de Enguerran et les gens Lamon de Launoy, par quoy ilz estoient très mal d'acord dedens la ville, et peu amoient l'un l'autre. Par telz choses fut depuis la ville et eux-mêmes en voie de perdicion; car les gens du Roy assailirent la ville tout autour, et dura l'assaut longuement, et enfin elle fut prinse d'assaut par les gens du Roy, qui vaillaument s'i portèrent. Là fut prins Enguerran de Bournoville et Lamon de Launoy et toutes leurs gens, et messire Pierre de Manan (ou Menon) qui estoit du païs luy, fut prins avec, et depuis, le conseil du Roy leur fist copper la teste. Quant la ville de Soissons fut prinse par force, comme dit vous ay, il y eut de grans desrois fais en la ville; car toutes les églises furent pilliez et mout de femmes violées par force, tant gentis-femmes comme aultres, dont la ville fut depuis long-temps en grant destruction.

Item, après ces choses ainsi faites, Enguerran de Bournoville eut la teste copée : et ne peut estre sauvé pour nulle priaire, combien qu'il y avoit mout des gens du Roy qui en estoient fort irés; mais le duc de Bourbon, qui estoit fort iré de la mort de son frère bastart, fut ung de ceux qui plus de mal lui fist faire. Quand le Roy eut achevé à Soissons, il se party pour venir vers Péronne, et se vint logier en la ville, où il fut

grant temps; et toutes ses gens estoient logiés au païs de là entour. Quant le roy Charles eut long-temps séjourné à Péronne, il fut conseillié de entrer aux païs de Jehan, duc de Bourgoingne, et tout prendre par force et mectre à destruction sez païs. Lors le Roy chevaucha vers Bapaumes, laquelle estoit fort garnie des gens au duc Jehan, et mist le siège autour de la ville : et tant y fut qu'elle luy fut rendue et ceux qui estoient dedens se partirent sauve leurs corps et leurs biens.

Item, assez tost après que le Roy eut mis Bapaumes en son obéissance et garny de ses gens, il se parti pour aller devant Arraz mectre le siège; mais la ville estoit fort garnie de bonnes gens d'armes et de gens de trait, et en estoit capitaine messire Jehan de Luxembourg, qui estoit chevalier de grant renom et hardi aux armes, lequel avoit bien de bonne estoffe mil hommes d'armes, sans les gens de trait, et sans ceux de la ville, qui mout estoient puissans. Au dessoubz de messire Jehan de Luxembourg avoit plusieurs capitaines, et y estoient le seigneur de Ront, le seigneur de Noielle, nommé le Blanc chevalier; et de Bourgoingne y estoit le seigneur de Montagu, messire Guillaume Sandivers (de Champdivers), le seigneur de Toulongeon, et plusieurs autres grans seigneurs. Ainsi messire Jehan de Luxembourg estoit accompaigné de plusieurs grans seigneurs qui estoient vaillans et saiges et qui mout bien le conseillèrent, tant qu'il y parut en la fin. De ceux de la ville estoit capitaine le seigneur de Beaufort, qui estoit homme de haute entreprinse, et les tinst bien en son obéissance tant que le siège dura. Ainsi estoit la ville et cité d'Arraz garnie de gens qui estoient mout vaillans et peu doubtoient leurs anemis se non par traïson. Et aussi quand ilz seurent la vérité qu'ilz airoient le siège, ilz boutèrent le feu en leurs faulx-bourgs (1) et abatirent plusieurs églises, affin que leurs anemis ne sy lojassent mie si à leur aise. Et si tindrent tousjours le chastel de Bellemote qui estoit grant confort pour eux; car quant ilz vouloient envoier aucun message vers le duc Jehan, ilz le envoient par le chastel de Bellemote pour aller plus seurement. Après ce que le roy Charles eut conquis Bapaumes, comme je vous ay dit cy-dessus, il chevaucha vers Arraz. Et avoit lors en sa compaignie bien cent mille hommes, où il y avoit mout de haus princes; car le duc de Guyenne y estoit, le duc Charles d'Orliens, le duc de Bar, le duc de Bourbon, messire Charles de Labret, *qui estoit*

---

(1) Tant de Baudimont que aliours. (Godefroy.)

connestable de France, le comte de Richemont, le comte de Ermignac, le comte d'Alenchon et plusieurs autres qui tous contendoient à destruire le duc Jehan et ses païs. Et tant chevaucha le Roy qu'il vinst assez près d'Arras, et là se lojea à une petite ville sur l'iau (1) ; et lendemain commencèrent ses gens à approuchier de la ville d'Arras, et se logea le Roy à la maison du Temple. A prendre le siège, le premier jour, y eut de fortes escarmuches des gens du Roy contre ceux de la ville ; et guenguèrent ceux de la ville mout de prisonnier et de chevaux. Mais nonobstant tout le siège fut assis, non mie si tost, mais au bout de quinze jours il fut fremé (fermé), et se loja le duc de Bourbon dedens les faux-bours de Baudivont (Baudimont), et le duc de Bar estoit logié dedens les faux-bours vers Bellemotte. Ceux de la ville faisoient souvent de grans saillies hors de la ville, par espécial à la barete d'Avennes, et à la porte Saint-Michel, vers Bellemotte, et souvent amenoient prisonniers en la ville. *Item*, les gens du Roy tenoient pour ce temps le chastel d'Avesnes-le-Comte et celluy de Villiers-le-Chastel ; par quoy ilz grevoient mout le païs et le tenoient en grant subjection, et allèrent courre de sy à Saint-Pol. Le comte Valeran y estoit, qui ancore se disoit connestable de France, et luy ardirent ses fauxbourgs. Mais les gens du comte Valeran saillirent hors de la ville de Saint-Pol, et reboutèrent les gens du Roy et en tuèrent ung, donc le comte fut courchié par semblant. Une autre fois allèrent les gens du Roy jusquez aux portes de Hesdin et y firent grant effroy, mais ilz perdirent mout de leurs gens avant qu'ils revenissent à leur siège. Ainsi par plusieurs fois coururent les gens du roy Charles partout le païs d'Artois ; par quoy il fut mout destruit de tous costés. Et ceux qui estoient au siège contendoient fort à prendre la ville, et souvent ilz getgettoient dez canons et de grosses bombardes donc les portes et la muraille furent mout adommagiées.

En tant que le siège du roy Charles estoit devant Arras, ses gens passèrent, par ung dimence après disner, la rivière du marc (marais) Saint-Michiel par une petite planque (planche), et vindrent assez près de la posterne vers les maraiz. Quant ceux de la ville les appercheurent, ilz saillirent à l'encontre d'eux. Là y eut grand assaut, mais enfin les gens du Roy furent desconfiz et en y eut de mors et de noiés grant planté et de prins et enmenés en la ville. A ceste besoingne se porta vaillaument Percheval-le-Grant, qui estoit à messire Jehan de Luxembourg ; car il entretinst ceux qui là estoient. Lendemain le duc de Bourbon envoia requérir que on laissast enterrer ceux qui s'estoient noiés, et messire Jehan de Luxembourg en fut content, moyennant qu'il auroit les harnaiz de ceux qui estoient mors (2), et par ainsi fut fait et ordonné. *Item*, le comte d'Eu fut fait chevalier en une misne, à combatre contre le seigneur de Montagu, et en estoit la misne dessoubz les murs de la cité, au lez de Baudimont. Devant Arraz fut le roy Charles six sepmaines, et fut en l'an mil quatre cens et quatorze, environ le mois d'aoust. Peu y guengna et mout y perdi de ses gens ; et y fut tué messire Amer de Sallebrousse (Amé de Sarrebruche), d'un canon qui le férit en la teste. A tous les assaulz que ceux de la ville firent, ilz perdirent peu de leurs gens, et n'y eut prins de gens de grant nom que Bangois de la Benerien (Bougeois de la Beuvrière), et le bastart de Beille.

Item, le duc Jehan avoit ordonné grant puissance de gens pour secourre ceux d'Arraz, et en estoit meneur le seigneur de Croy : et cuidoient frapper sur les logis de Baudimont, et ceux de la ville devoient saillir à l'encontre. Mais quant le seigneur de Croy eut tout assemblé vers Bétune pour estre au point du jour à Arraz, il mist ses courreurs devant (3), mais ilz furent prins des gens du Roy et menez au siège, par quoy la chose fut rompue. Et depuis Jaques de Brimeu escapa et entra dedens la ville d'Arraz, donc il (4) fut bien joieux. Quant le Roy Charles eut esté devant Arraz grant pièce, comme je vous ay dit, la duchesse de Holande, qui estoit seur au duc Jehan, ala devers le roy Charles, et traita tant que le duc Jehan eut paix au roy Charles. Car le comte de Pontieu, qui estoit second fieux du roy Charles, avoit espousé la fille du duc de Holande et de la duchesse, qui estoit nièche du duc Jehan de Bourgoingne, fille de sa seur. Quant la duchesse de Holande eult fait le traitié du duc Jehan vers le Roy, ceux de la ville d'Arraz en furent bien joyeux : car le Roy se desloga après ce qu'il eut eu l'obéissance de la ville et que ses banières furent mises sur les portes.

Item, combien que la paix fust ainsi traitiée, comme je vous ay dit, il se desloga, et ses gens aussi s'en allèrent plus en ung jour qu'ilz n'es-

---

(1) « Ung village nommé Wancourt, séant sur une petite rivière à deux lieues d'Arras. » (Monstrelet.)
(2) *Les corps de ceux de la ville et les harnas* (armures). (Godefroy).

(3) Et en fut Atis de Brimeu avec Jacques de Brimeu, son frère. (Godefroy.)

(4) *Dont* le peuple *fut*.... (Godefroy.)

toient venus en quatre et ne séjourna pas grandement tant qu'il fut venu à Paris. Quant le duc Jehan se vit ainsi délivré de ses anemis, il en fut bien joyeux, et tantost manda partout ses gens et assembla grant puissance de toutes pars ; puis s'en ala en la duchié de Bourgoingne et passa par Maisires-sur-Meuse (Mézières), où le duc de Nevers, son frère, lui fist grant feste et mout congneurent (1) l'un frère l'autre. Et depuis le duc Jehan s'en ala en Bourgoingne, où il séjourna grant temps sans retourner en Flandres ne en Artois; et là, luy firent les seigneurs de Bourgoingne grant joie, car ilz l'amoient mout. Quand le duc Jehan de Bourgoingne fut allé en son païs de Bourgoingne et que la paix eut esté faite devant Arras, par la duchesse de Hollande, entre le roy Charles et le duc Jehan de Bourgoingne, comme avés oy ci-devant, nonobstant toutes choses, si avoit-il tousjours grant envie entre le duc Charles d'Orliens et le duc Jehan de Bourgoingne. Et de fait messire Jeret de Pois, qui s'en alloit en Bourgoingne devers le duc Jehan atout environ trois cens compaignons, fut rué juz par les gens au duc d'Orliens et retenu prisonnier, luy et tous ses compaignons.

Item, est vray que après que la paix fut traitiée entre le roy Charles et le duc Jehan de Bourgoingne, par le moyen de la duchesse de Hollande, comme dessus est dit, et que ce vinst à faire les sermens de ce entretenir, monseigneur de Guyenne, dauffin, fist premièrement le serment, présens plusieurs grans seigneurs qui là estoient : et avec ce y estoit la duchesse de Hollande. Et lors le duc de Guyenne dist à Monseigneur d'Orliens : « Beau cousin, il vous convient jurer la paix comme nous avons fait. » Adonc se avancha le duc d'Orliens et se enclina bien bas, disant : « Monseigneur, je ne suis point tenu de faire serment, car je suis cy venu pour servir monseigneur le Roy, et vous. » Et monseigneur de Guyenne luy dist : « Il le vous convient faire, nous vous en prions. » Et le duc d'Orliens dist encoire une fois : « Monseigneur, je n'ay point rompu la paix et ne doy point faire de serment ; plaise vous estre content. » Encore après le requist le duc de Guyane, et adonc le duc d'Orliens par grant courouiz lui dist : « Monseigneur, je n'ai point rompu la paix, ne ceux de mon costé : faites venir celuy qui l'a rompue. » Lors y estoit l'archevêque de Rains, qui dist : « Monseigneur d'Orliens, faictes ce que monseigneur vous requiert. » Adonc, le duc d'Orliens fist le serment de entretenir la paix, ainsi que contre sa voulenté le duc Jehan de Bourgoingne avoit rompu la paix qui avoit esté faite à Aussoire. Après ce que le duc d'Orliens eut fait ce serment, monseigneur de Guyenne fist apeler monseigneur de Bourbon, lequel cuida fere de parolles comme avoit fait monseigneur le duc d'Orliens. Et le duc de Guyenne luy dist en brief : « Biau cousin, je vous prie que n'en parlés plus. » Adonc fist le duc de Bourbon serment de tenir la paix. Après ce, le fist le duc de Bar et pluseurs autres grans seigneurs, sans y mectre contredit, de cy à tant que on apela l'archevesque de Sens, lequel estoit frère de Montagu, et quant il vinst devant Monseigneur de Guyenne, on luy dist qu'il failloit qu'il jurast la paix ; ainsi il s'inclina et dist à monseigneur de Guyenne : « Monseigneur souvienge-vous du serment que vous faisitez et nous tous au partir de Paris, présente la Royne? » Et adonc luy dist Monseigneur de Guyenne : « N'en parlés plus : nous voulons que la paix se tienge et que vous le jurés. » Et l'archevesque dist : « Monseigneur, je le feray puisque c'est vostre plaisir. » Et n'y en eut plus nul qui feissent reffus de jurer la paix, que ces trois. Et quelque paix qu'ilz eussent jurée ensemble, si avoit-il peu d'amour, comme on peut percevoir en brief temps après : car les gens au duc Jehan, qui avoient fait la guerre, ne se osoient trouver ès bonnes villes du Roy, et fut Hector de Saveuse prins en allant en pèlerinage à Nostre-Dame de Lience (de Liesse), et mené prisonnier à Paris, où il fut en grant dangier de sa vie ; mais la duchesse de Hollande luy aida mout bien pour l'amour de ce qu'il estoit à son frère le duc Jehan. Et aussi Phelipe de Saveuses, frère à Hector, print le Seigneur de Chanle et Vitase Deule (2), lesquelz avoient mout de leurs amis vers le Roy, et qui grant paine mirent à la délivrance de Ector, pour délivrer les deux dessusdiz que Phelipes tenoit prisonniers. Par ainsi escapa Hector de Saveuses de Paris. Par telz choses et mout d'autres se resmeut la guerre et l'envie entre les seigneurs de France et le duc Jehan ; par quoy le royaume de France a esté depuis mis en perdicion.

Item, tout ce temps durant y avoit au royaume de France doubles officiers ; car chacune partie contendoit de les faire à sa poste. Et estoit le comte Valeran de Saint-Pol connestable de France, par la voulenté du duc Jehan de

---

(1) Et moult s'entre-conjoüyrent l'un frère à l'autre. (Godefroy.)

(2) Witasse d'Aine. (Godefroy.)

Bourgoingne et le seigneur de Dantpière admiral pareillement ; et les aultres avoient fait messire Charles de Labrecq (d'Albret) connestable, et Clignet de Brebant (Clunet de Brabant) admiral : ainsi estoit le royaume de France en grant division par la guerre du duc Jehan de Bourgoingne et du duc Charles d'Orliens.

Item, ceste mesmes année mil quatre cens et quatorze, environ la Saint-Remy, le comte Valerain de Saint-Pol, qui encore se disoit connestable de France, assembla de quatre à cinq mille combatans (1), et s'en ala à Liegney (Ligny), en Barrois, qui estoit à luy. Quant il fut là venu, le duc Anthoisne de Brabant, qui avoit eu espousé (2) la fille du conte Valeran, bailla au comte Valeran le gouvernement de la duchié de Luxembourg, qui estoit de par sa (3) femme; et le comte Valeran, après ce qu'il eut séjourné cinq sepmaines à Ligney et esté devers le duc de Bar, son beau-frère, à Bar-le-Duc, s'en alla vers la duchié de Luxembourg, où il fut bien obéy, et luy délivra-on la fortresse. Après, il s'en ala en mout d'autres bonnes villes, et partout on le metoit dedens, au commandement du duc Anthoisne de Brabant. Et il ala à Danbilles (Damvillers), où il séjourna grant pièce, et puis il alla mectre le siège devant une fortresse nommée Noenville (Neuville), qui estoit sur l'iau de Meuse et menoit guerre à la duchié de Luxembourg : et estoit la fortresse au seigneur d'Orchimont. Quant le comte Valleran eut mis le siège devant Noenville, il y fut grant temps, et avoit fait asseoir de grans engins devant le chastel [pour jetter dedans, et puis il fist faire fossez autour du moustier qui estoit devant le chastel] de Noenville. Après que le comte Valeran eut fait pluseurs grans escarmuches, il fist garnir le moustier, [et puis ils se pourvueut bien de vivres,] et laissa de ses gens dedens pour garder que ceux du chastel ne peusissent saillir, et en fist capitaine ung gentilhomme du païs que on nommoit le grant Vaultier Disque. Après ce que le comte Valeran eut ainsi fait abillier le moustier de Noenville, et garny de ses gens, il s'en ala à Danvillier et de là à Yuvins (Yvois ou Carignan), où il fut grant partie de l'iver; et ses gens qu'il avoit laissiés au moustier de Noenville, y furent tant que le chastel se rendi, et promist le seigneur qu'il ne feroit plus de guerre, et les gens du comte, qu'il avoit laissiés au moustier de Noenville, s'en rallèrent devers luy.

Item, le comte Valleran fut à Yuvins tout le quaresme, et là tenoit ses gens aveczquez luy. Et quant vinst vers Pasques, environ quinze jours après, il luy prinst maladie donc il mourut, et fut enterré dedens la grande église des Yuvins, combien qu'il eust ordonné qu'on le portast à Boie-de-Champ (4), en la comté de Saint-Pol. Mais on n'en fist riens tant que à présent; car le païs estoit périlleux, et si n'avoit aveczquez luy nulz de ses prouchains amis. Car il estoit desja mort quant la comtesse sa femme vinst, qui en fist grant doeul quant elle sceut la vérité, car le comte l'avoit mout désirée à voier à son derrain. Après la mort, le dit comte Valleran, ses gens furent moult déconfortés et s'en allèrent les ungs en leurs païs, et les aultres, avec la comtesse, à Ligny en Barrois. Ainsy mourut le comte de Valleran de Saint-Pol, hors de son pays, donc ce fut grand dommage; car il estoit prince de grant entendement et qui mout estoit saige. Après sa mort, le duc Antoisne de Brabant releva la comté de Saint-Pol et celle de Ligney, et toutes les terres du comte Valeran, pour Phelipes son filz puisné, car le duc Antoisne avoit espousé la fille du comte Valeran et en avoit deux filz, Jehan et Phelipe. Et depuis fut Phelipes, le puisné, toujours nommé comte de Saint-Pol, tant que son frère vesquit. *Item*, pour ce temps le duc Jehan de Bourgoingne se tenoit en ses païs de Bourgoingne, et alors on parloit peu de guerre au pays de France, fors que chescun savoit bien qu'il n'y avoit mie ferme amour entre le duc Jehan de Bourgoingne et le duc Charles d'Orliens.

En l'an mil quatre cens et quinze, le roi Henry d'Engleterre, qui bien sçavoit le descort qui estoit entre les seigneurs de France, et qui tousjours contendoient à destruire l'un l'autre, fist faire commandement en Engleterre et assembla grant puissance d'Englez; et puis il monta en la mer et s'en vinst descendre devant Harefleu, et là mist le siège par mer et par terre. Et la ville de Harefleu estoit bien garnie de bonnes gens d'armes et qui bien la tindrent; mais le roy Henry y fut si longuement qu'il falut que les Franchois luy rendissent la ville, par ce qu'ilz n'attendoient point de secours : et fut le commencement de sa conqueste de Normandie. En tant que le roy Henry tenoit siège devant Harefleu, les seigneurs de France firent de grans assemblées pour y résister; et se mist messire Charles de Labret, qui estoit connesta-

---

(1) Le manuscrit de Ticulaine, suivi par Godefroy, porte *quatre à cinq cens combattans*.
(2) *En premières noces*. (Godefroy.)

(3) *Sa seconde femme*. (Godefroy.)
(4) *En l'abbaye de Cercamp*. (Godefroy.)

ble, sur les champs atout grant puissance, et le maréchal Bouchigaut (Boucicaut), et le seigneur de Dampière, admiral de France, et mout d'autres grans princes : c'est assavoir, le duc d'Orliens, le duc de Bar, le duc de Bourbon, le duc de Nevers, le comte de Biaumont (Beaumont). Et avoient les seigneurs dessusdiz assemblé toutes leurs puissances pour combatre le roy Henry d'Engleterre.

Item, après ce que le roy Henry d'Engleterre eut conquis la ville de Harefleu et aucunes aultres places en Normandie, il se parti atout sa puissance pour aller à Calais, et chevaucha droit en tirant vers Normandie; et devant la ville d'Eu y eut grant escarmuche des Franchois et des Englez, et y mourut Lancellot Perre (1), vaillant homme d'armes et bien renommé, et auxi il tua l'Englez qui l'avoit navré à mort. De là, le roy Henry chevaucha en venant vers Abeville, et cuidoient pluseurs qu'il deusist aller passer à la Planque-Taque (Blanque-Taque); mais il n'en fist riens, car il tira vers le Pont-de-Remy et assaillit la ville pour avoir passage par-là. Mais elle fut bien et grandement deffendue par le seigneur de Blancour (Wancourt), qui estoit sire, et ses deux filz qui estoient chevaliers de haut courage et bien renommés, et avecques ce estoient bien pourveux de bonnes gens et de abillemens de guerre. Par quoy les gens du roy Henri ne peurent guengnier le passage, et si perdirent pluseurs de leurs gens.

Item, après ce que le roy Henry seut qu'il ne passeroit (qu'il ne pouvoit passer par le) Pont-de-Remy, il tira vers Araines et de là vers Amiens, et passa par-devant la ville sans riens perdre et s'en ala logier à Bove. Et la puissance le roy Charles poursuioit tousjours le roy Henry, qui (qu'il) n'y avoit que de cinq à six lieues entre les deux hoz, et de jour en jour les cuidoient combatre. Maiz ils n'avoient mie place à leur plaisir, et aussi ilz atendoient le duc de Bretaigne, qui leur venoit en aide atout grant puissance. Ainsi poursuioient les Franchois le roy Henry de jour en jour, et le roy Henry s'en ala passer l'eau de Somme à Esclusiers et s'ala logier autour de Miraumont; et les seigneurs de France estoient logiés à Pirone (Péronne) et leurs gens au païs d'entour de Miraumont. Le roi Henry s'en alla droit chemin pour s'en aller droit à Calais, et se loja à Forcheville (Forceville) et à Chen (à Acheu) et autour aux villaiges. Les Franchois tirèrent au-devant vers Saint-Pol. Après le roy se loga à Bosnières-Bestalon, le merquedi devant la Toussains, l'an mil quatre cens et quinze, et son avant-garde estoit logiée à Freneuch (Frevent). Et pour vray, Englez tindrent celle nuit sept ou huit vilages. Le jeudi ensuivant le roy Henry se desloga et s'en alla passer à Frenesth; et de là chevaucha jusques à Blangis-en-Ternois (Blangis-sur-Ternoise), et passa oultre pour luy aller logier à Masancelles (Maisoncelles), et là, se loga tout ensemble. *Item*, ce propre jour les seigneurs de France vindrent logier à Ronsiauville (Ruisseauville) et à Azincourt, et en pluseurs villes autour, et puis se midrent aux camps, et se logèrent assez prez de l'ost du roy Henry, qu'il n'y avoit que environ quatre trais d'arc entre les deux hoz, et là jeurent celle nuit sans riens faire l'un à l'autre. Quant ce vinst le vendredi au matin, les seigneurs de France se mirent en grant ordonnance et firent une avant-garde où ilz misdrent la plus grant partie de leur seignourie et la fleur de leurs gens, et firent une bataille mout puissante et une arrière-garde. Et en vérité Franchois estoient sans comparaison plus que les Englez, et y avoit mout noble compagnie.

Item, le roy Henry se mist pareillement en ordonnance et ordonna une avant-garde et une grosse bataille, et mist tous ses archiers devant chacun ung ponchon (picu) à deux bous devant luy estachié (enfoncé) en terre. Ce jour y eut grant parlement entre deux batailles, et doutoit le roy Henry mout la journée. Mais ilz ne peurent estre d'acort, par quoy y falut qu'ilz assemblassent à bataille. Là vinst le seigneur de Helly, qui long-temps avoit esté prisonnier en Engleterre, et parla au roy Henry; et cuidoit bien que Franchois deussent avoir la journée pour eux. Mais il alla tout autrement; car quant vinst à l'assembler, Englois avoient foison d'archiers qui commencèrent fort à tirer contre les Franchois; et Franchois estoient fort armez, par quoy ilz furent travaillés avant qu'ilz venissent de cy aux Englois. Là y eut grant bataille d'un côté et d'autre, et furent Englez fort reboutés de venue; mais l'avant-garde des Franchois se mist en grant desroy et commencèrent à assembler par petis hoteaux (pelotons) et Englez à férir ens et tuer sans merchy. Et aussi la bataille se ouvrit et Englez entrèrent ens. Lors se misdrent Franchois en grant desroy et commencèrent à assembler par petis hoteaux. Et aussi la bataille et arrière-garde n'assemblèrent point avec leurs gens, ains se misdrent tous à la fuite; car tous les princes s'estoient mis en l'avant-garde et avoient laissié leurs gens sans chief. Par quoy il n'y eut point de gouvernement ne entretenement en leurs gens. Là, y eut une grande mortalité de Franchois; car ilz furent tous déconfiz et y en

---

(1) *Qui estoit Bourbonnois*. (Godefroy.)

mourut sur la place de trois à quatre mille, sans ceux qui furent prisonniers, donc il y en eut grant nombre. En tant que la bataille des Franchois et des Englez duroit et que Englez estoient jà presque au-dessus, Ysambart d'Asincourt, et Robert de Bournoville, acompaigniés de aucunes gens de petit estat, alèrent frapper sur le baguage des Englez et ilz firent grant effroy. Et pour ce, Englez cuidèrent que ce fussent Franchois qui venissent sur eulx, pour eulx malfaire. Adonc tuèrent Englez mout de prisonniers qu'ilz avoient, donc les deux dessusdiz furent depuis mout blasmés, et aussi ils en furent pugnis par le duc Jehan de Bourgoingne.

Item, à ceste journée, qui fut le vendredi devant la Toussains, l'an mil quatre cens et quinze, entre Maisonchieles et Azincourt, en la comté de Saint-Pol, et la appel-on la bataille d'Azincourt, et y fut mort grant planté de noble sang de France. Et y avoit messire Charles de Labret, qui estoit connestable de France, le maréchal Bouchigant, et le seigneur de Dampière, qui estoit admiral de France. *Item*, le duc de Bay (Bar) y mourut, le comte de Marle, le comte de Blancmont (Beaumont), et si y mourut le duc Anthoisne de Brebant et le duc de Nevers, son frère, lesquelz estoient frères au duc Jehan de Bourgoingne; et mout y mourut d'autres grans seigneurs. *Item*, le duc d'Orliens, le duc de Bourbon, le comte de Richemont, le comte d'Eu, ilz furent tous prisonniers et menez en Engleterre, et moult en y eult d'autres grans seigneurs enmenés avecquez eulz que je ne sçay nommer. Ainsi et par ceste manière fut perdue ceste journée pour les seigneurs de France, donc ce fut grant dommage pour le royaume de France; car de toutes nations du royaume la fleur de la gentilesse y demoura, donc mout de maulx sont depuix advenuz. Et encore la discension qui estoit entre le duc Jehan de Bourgoingne et les seigneurs du sang royal pargastoit tout. A ce jour le duc de Bretaigne estoit à Amiens qui venoit à l'aide des Franchois atout grant puissance de gens; mais ce fut trop tart.

Après ce que le roy Henry eut guengnié ceste journée contre les Franchois, il s'en ala logier de rechief à Maisonchielles, où il avoit jeu la nuit devant. Et lendemain au matin il se deslogea, et alla passer parmy les mors, où la bataille avoit esté, et là arresta grant pièce, et tira de ses prisonniers qui estoient avecquez les mors, qu'ilz enmenèrent avecquez eux.

Item, des gens du roy Henry y mourut environ de quatre à cinq cens; et si fut le duc d'Iorc navré à mort, qui estoit oncle du roy Henry. Et si estoient Englez moult desconfortés de ce que on leur avoit osté leurs chevaux; car il y en avoit mout de navrés et de mésaisiés, qui s'en allèrent à grant paine d'icy à Calais; mais nonobstant ilz s'en allèrent à Calais, et là on leur fist grant joie. Après ce que le roy Henry se fut refresqui luy et ses gens en la ville de Calais, il s'en alla en Engleterre, où il fut hautement festié, et luy fist-on grant révérence partout le royaume d'Engleterre.

Item, le duc d'Orliens et le duc de Bourbon usèrent la plus grant partie de leur vie en Engleterre depuix ce temps, et avecquez eulx, le comte d'Eu et le comte d'Angoulesme, frère au duc d'Orliens.

Après ceste douleureuse journée, et que toutes les parties furent retraites, Loys de Luxembourg, qui estoit évesque de Terrouanne, fist faire, en la place où la bataille avoit esté, pluseurs carniers (charniers), et puis fist assembler tous les mors d'un costé et d'aultre, et là, les fist enterrer, et puis ledit évesque béney la place, et si la fist enclorre de fortes haies tout autour, pour les garder des bestes.

En tant que ceste bataille fut, le duc Jehan de Bourgoingne estoit en Bourgoingne, et fut mout courrouchié de la perte aux Franchois, quant dite luy fut, par espécial de ses deux frères, le duc Anthoine de Brabant et du duc de Nevers. Et tantost après il s'en ala en ses païs de Flandres et d'Artois, et prinst le gouvernement de ses deux nepveus de Brabant.

Item, en ceste maisme saison, le duc de Guyenne, filz ainsné du roy Charles de France, mourut à Paris, qui avoit espousé la fille ainsnée du duc Jehan de Bourgoingne, donc ce fut grant dommage pour le royaume; car il avoit grant désir de tenir son peuple en pais. Et alors ne demoura des filz du Roy que le comte de Pontieu, qui avoit espousée la fille du duc Guillaume de Hollande, et le duc de Touraine, qui estoit le puisné, filz du Roy.

Item, assez tost après, le roy Henry d'Engleterre repassa la mer, et s'en vinst à Calais, et le duc Jehan de Bourgoingne alla contre luy par seurté. Et assemblèrent vers Calais, et parlèrent eulx deux ensemble grant pièce, sans ce qu'il y eust nulz de leurs gens qui les peust ouïr, ne sçavoir qu'ilz disoient. Et de ce on parla depuis en mainte manière; maiz peu de gens en sceurent la vérité de ce qu'ilz avoient parlé. Après, le roy Henry s'en rala en Engleterre et le duc Jehan de Bourgoingne en ses pays.

Item, après ce que le duc de Guyenne fut mort, le comte de Pontieu, filz du roy Charles, qui avoit espousée la fille au duc Guillaume de

Hollande, nièche au duc Jehan de Bourgoingne, fut dauffin et attendant la couronne après la mort du roy Charles, son père. Et pour ce, le duc Guillaume, son biau-père, le fist aprouchier du roy Charles affin d'avoir le gouvernement du royaume de France; mais il ne demoura gaires après que le dauffin mourut à Compiègne où il estoit, et par ainsi il n'y eut des filz du roy Charles plus que Charles, duc de Touraine, qui estoit tout le puisné, et fut dauffin en attendant la couronne de France.

Item, le duc Guillaume de Hollande mourut tantost après en ceste mesme saison, et disoient mainte gent qu'il avoit esté empoisonné, luy et son biau-filz le dauffin, pour ce qu'ilz estoient si fort aliez au duc Jehan de Bourgoingne.

Après toutes ces besoingnes ainxi faictes, lesquelles advinrent toutes en peu d'espasse, le duc Jehan de Bourgoingne assembla grant compaignie de ses gens et s'en ala vers Paris, cuidant avoir moien vers le roy Charles et le dauffin; et s'en alla logier à Lagny-sur-Marne, où il fut grant temps. Et tant y fut que ceulx de Paris, qui gouvernoient le roy Charles et le dauffin, l'apeloient Jehan de Lagny. Alors gouvernoient le roy Charles et le dauffin, le comte d'Armignac et le seigneur de Barbesan, Davegny Du Castel (Tanneguy Du Châtel), et jeuroient de la guerre (1), toutes gens qui estoient estrangiers la plus grant partie. Et par ce ne vouloient point que le duc Jehan fust bien d'acort avec le Roy, ne avec le Doffin, pour ce qu'ilz savoient bien que se le duc Jehan y estoit, il leur osteroit le gouvernement qu'ilz avoient au royaume. Quant le duc Jehan eut assez esté à Lagny, et qu'il vit bien qu'il ne povoit aller vers le Roy à présent, il se party et s'en retourna en Artois et en Flandres; et alors le duc Jehan avoit foison gens qui tenoient les champs, et tindrent longuement; par quoy le pays fut fort grevé et mis en grant destruxion de tous costés, par espécial le pays de Picardie et de Santers. Et en estoient l'un des capitaines, messire Gastelin Vast, Jehan de Gigny, le bastart de Tion (Thien), Charles Labé, Jehan Du Clau, Mahieu Després; et mout d'autres en y avoit qui estoient gens sans pitié, et arranchonnoient les gens par tout où ilz alloient, sans espargnier gentil ne villain. Et les appeloit-on en pluseurs lieux les vendros (2), et aultres, les estrangiers. Ceste gent prindrent la ville et le chastel de Danencourt (Davesnecourt), et la pillèrent, et puis y boutèrent le feu; et aussi firent-ils le Neuf-Chastel-sur-Sayne (sur Aisne). En ce temps le bailly de Vermandois et Remonnet de la Guerre se assemblèrent pour ruer jus les estrangiers, mais les estrangiers les desconfirent et tuèrent grant planté des gens du baillif et de Remonnet, et les prindrent prisonniers. En cest estat régnèrent les capitaines dessusdiz grant temps: mais ilz allèrent en Boullenois et cuidoirent faire ainsi qu'ilz faisoient ailleurs; mais les compaignons se assemblèrent, et en tuèrent grant planté, et les destroussèrent. Là fut tué Laurens Rose, qui estoit lieutenant de Jehan Du Clau, et pluseurs de ses gens. Quant ilz virent que on leur menoit guerre ainsi en Boulenois (Boulonnois), ilz se retrairent arrière, et prindrent ung gentil-homme du païs, nommé Gadifer (3), qui avoit esté à destrousser de leurs gens, comme ilz disoient, lequel fut pendu à ung arbre au commandement du bastart de Tion, et fut plaint de mainte gent, car il estoit vaillant hommes d'armes et de grant entreprinse.

Item, tout ce temps y avoit pluseurs capitaines de Picardie qui estoient au duc Jehan, et avoient pluseurs gens sur les camps, pareillement comme les aultres: c'est assavoir, le seigneur de Fosseux, Hector de Saveuses, Phelipez (Philippes), son frère, messire Mauroy de Saint-Légier, messire Jennet de Pois, Loys de Vargines, par quoy le pays estoit fort travaillé: et dura ceste destruction depuis la bataille d'Asincourt de sy à tant que le duc Jehan s'en alla devant Paris au Mont-Rouge. *Item*, en ceste mesme saison, messire Martelet Du Maingnil (Mesnil) et Ferry de Mailly assemblèrent environ de deux à trois cens compaignons, et s'en allèrent logier en Santers; mais les gens du roy Charles sautèrent sur eux par nuit et les ruèrent jux, et prindrent messires Martelet et Ferry de Mailly, et les enmenèrent à Compiengne. Et là fut messire Martelet justicié au dehors de Compiengne, et Ferry de Mailly eschapa par le pourchas de ses amis: et mout y eut de leurs gens justiciés. *Item*, les gens au duc Jehan passoient souvent à la Blanque-Taque, et mout travailloient le païs vers Normandie, et ramenoient souvent grant nombre de bestiail au païs d'Artois et ailleurs. Et à une course que Jehan de Fosseux fist, il alla devant Aumarle (Aumale), et se logea en la ville, et puis fist assaillir le chastel; mais il fut bien deffendu par ceulx

---

(1) *Qui revenoient de la guerre.* (Godefroy.) Cette leçon du moins est fort intelligible.
On peut admettre aussi la leçon suivante: et *Remonet de La Guerre*, c'est le nom d'un capitaine.
(2) Probablement *Vaudois*.
(3) *Gadifer de Collehant.* (Godefroy)

qui estoient dedens. Et depuis le feu se prinst en la ville, et fut toute arse et destruite. En la compagnie de Jehan Fosseux, estoit Daniot de Pois, Loys de Varigines et mout d'aultres gentilshommes. De là, Jehan de Fosseux et ses gens allèrent logier à Hornoy, et puis il se retrait en Artois par la Blance-Taque atout foison de bestes que ses gens en enmenèrent avecquez eulx. Ainsi et par ceste masnière fut le pays de Vimeu et de Santers gouverné long-temps par les gens au duc Jehan de Bourgoingne.

Item, avoit alors en la ville de Péronne grant garnison des gens du roy Charles que le comte d'Ermignac y avoit mis, et faisoient assez paine aux gens du duc Jehan, et aussi faisoit le chastel de Muing à la ville d'Amiens et de Corbie.

Item, l'an mil quatre cens et dix-sept, environ le mois de juillet (1), le duc Jehan de Bourgoingne fist faire son mandement par tous ses païs, tant en Bourgoingne, Flandres, d'Artois, comme ailleurs, et assembla mout noble compaignie de chevaliers et escuiers, et tous fist mectre ensemble vers Arras, et puis les fist tirer vers Amiens, et là passèrent l'eau de Somme. Et fut adonc le seigneur de Fosseux ordonné capitaine de l'avant-garde du duc Jehan, acompaignié de pluseurs notables seigneurs, et s'en alla vers Biauvais atout ses gens : et mout avoit grant compaignie. Et avecquez luy estoit ung advocat d'Amiens, nommé maistre Robert Le Jonne (le Jeune), lequel prescha le commun de Biauvais, et tant fist qu'ilz furent contens de tenir la partie au duc Jehan, et midrent le seigneur de Fosseux en la ville de Biauvais et ses gens. Là y eut mout de biens prins de ceulx qui tenoient le parti des Ermignas par les gens au seigneur de Fosseux.

Item, le duc Jehan sievi assez tost après ses gens, et alla à Biauvais atout sa puissance ; et là fut bien quinze jours. Quant il eut là esté quinze jours, il envoia une partie de ses gens logier à Cambesch (Chambly), et puis Hector de Saveuses et Phelipes, son frère, allèrent à Liladam. Par aucun moyen firent tant que le seigneur de Liladam livra passage au duc Jehan, et avec ce promist de le servir, et le servi depuis toute sa vie. Alors passa l'avant-garde au duc Jehan par Liladam, et se alla logier en la ville de Biaumont-sur-Oise, et assiegèrent le chastel. Et le duc Jehan se logea au-dehors de Cambely et Haubregier (2), en ses tentes, et avoit mout noble compaignie, et puis il fist asseoir ses engins pour geter au chastel de Biaumont, et fut le dit chastel bien endommagié par les engins au duc Jehan, et tant que enfin ceulx du chastel se rendirent en la voulenté au duc Jehan. Et en y eut onze qui eurent les testes copées, et les aultres furent mis prisonniers, si non aucuns qui s'en allèrent par finance, des plus grans. Le duc Jehan regarny le chastel de Biaumont, et y laissa de ses gens, et puis il s'en alla mectre le siége devant Pontoise. Alors estoit logiée l'avan-garde au duc Jehan à l'abaie de Maubuisson ; et le duc Jehan fist faire ung pont de bateaulx sur l'eau d'Oise pour secourre son avan-garde s'elle en avoit mestier, et là tinst son siège tant que la ville luy fut rendue, par ce que les gens d'armes qui estoient ens s'en allèrent sauf leurs corps et leurs biens. Lors, après ce que la ville de Pontoise fut rendue au duc Jehan, le seigneur de Liladam qui avoit livré passage au duc Jehan par sa ville de Lilladam, et avecquez ce fist serment au duc Jehan de tenir son party. Et par ainsi demoura capitaine de Pontoise au commandement du duc Jehan ; et de là en avant tinst bien le dit parti, comme cy-après sera desclairié. Ensievant, le duc Jehan chevaucha en tirant vers Moeullent (Meulan), et faisoit ses gens chevauchier en grant ordonnance pour doubte de ses ennemis. Et pour vray le duc avoit mout belle compaignie, et fist passer à Moeullent, et ses gens chevauchèrent fort en pays. Et alla Hector de Saveuses devant une fortresse nommée Baine, qui estoit à l'abbé de Fescans, et estoit le dit abbé dedens la dite fortresse de Baine, et fist donner du vin à Hector et Jehan de Saveuses (3), et à leurs gens, par la fiance d'un nommé Lois de Saint-Salien (S. Sauf-Lieu), qui estoit parent de l'abbé, et avecque le dit Jehan et Hector promisdrent de ne point faire aucun mal dedens le dit chastel : et sur ce furent mis ens ; mais, nonobstant tous ce dessusdit, le chastel fut depuis pillié, et y prinst-on de grant chevance, dont on a depuis parlé en mainte manière sur ceulx qui firent. Et en fut Hector mout blasmé, pour ce qu'il les avoit asseurés. Et de ce ne sceut riens Jehan de Fosseux, ains en fut fort courchié ; mais mout de gens dirent que ce fut par le conseil de Raullet Le Prévost, qui estoit conseiller du dit Hector, et avecquez ce qu'il en eut grant partie pour sa part.

Ainsi fut ceste année le païs mout grevé par les gens au duc Jehan de Bourgoigne. Et chevaucha tant qu'il se logea sur le Mont-Rouge,

---

(1) *Le mois de juin.* (Godefroy.)
(2) *Cambeli le Hauberger.* (Godefroy.)

(3) Le texte de Godefroy porte Jean *de Fosseux*.

au-dessus de Clamet (Clamart), à une grande lieue de Paris ; et là fist tendre ses tentes, et y fut grant temps, cuidant que ceux de Paris le meissent ens. Lors estoit le roy Charles et le dauffin dedens Paris, et le comte d'Ermignac et mout d'autres grans seigneurs. En tant que le duc Jehan estoit logié devant Paris, il y avoit pluseurs de ses gens qui de jour en jour couroient devant la dite ville, et tuoient ceux qu'ilz trouvoient, et prenoient tous les [biens] qu'ilz povoient avoir : par quoy ceulx de Paris n'osoient yessir, se non en grant dangier de leurs vies. Ung jour advint que le seigneur de Fosseux fist grant assemblée de gens d'armes et de trait, et alla courre devant Paris, où il eut grant escarmuche, et furent les faulzbours de Saint-Marcel prins par forche : et y eut mort de ceulx de Paris pluseurs. Et aveucquez ce on en amena deux prisonniers, lesquelz on sauva à grant paine ; et furent menés devant le duc Jehan pour sçavoir des nouvelles ; car le duc Jehan cuidoit pour vray que ceulx de Paris se maisissent à discension pour le mectre en la ville. Mais ceulx qui tenoient son party ne peurent onquez voier leur point de faire leur entreprinse pour le temps ; car ilz estoient fort gaitiés des garnisons de dedens, et par ce, leur falut atendre à une aultre fois. Lors estoit messire Jehan de Luxembourg logié dedens la ville de Saint-Clau, et y fut tant que le duc Jehan fut au Mont-Rouge, et moult greva la tour du pont de ses canons. Aultre chose n'y peut faire, pour la force l'eau qui estoit contre (1) deux.

Quant le duc Jehan eut esté bien trois sepmaines logié devant Paris, par la manière que je vous ay dit, et qu'il vit qu'il avoit failly à son proposement, il se desloga, et s'en alla logier en la ville de Mont-le-Héry ; et là fut tant que le chastel luy fut rendu. Et pareillement Marcousy, et pluseurs aultres fortresses du païs se mirent en l'obéissance au duc Jehan. Après ce que le duc Jehan eut l'obéissance de Mont-le-Héry, il s'en alla devant la ville de Corbel (Corbeil), et là fut bien ung mois entier au siège par ung costé et non aultrement ; et avoit de grans engins getans dedens la ville, et contre les portes et murailles. Mais, nonobstant, ceux qui estoient dedens la deffendirent si bien que le duc Jehan n'entra point dedens ; et aussi ceux de la ville avoient vivres assez ; et gens à leur plaisir, et qui fort les confortoient ; car ilz povoient entrer à leur plaisir. Par ung costé devant Corbel, fut affollé d'une jambe messire Mauroy de Saint-Légier, de ung vireton qui le férit à ung assault qu'il faisoit à une barrière, et en locha (boita) depuis toute sa vie.

Après ce que le duc Jehan eut esté logié, ainsi que vous ay dit, devant Corbel, il se desloga et s'en alla en tirant vers la ville de Chartres ; et tant chevaucha qu'il y vinst, et se loga dedens la ville, car ilz luy firent ouverture, et toutes ses gens avecquez luy. En tant que le duc Jehan faisoit ce que je vous ay devant dit, il avoit de ses gens en pluseurs lieux qui pensoient de ses besoingnes ; et en envoia devers la royne de France, qui estoit à Tours en Touraine. Et là envoya le duc Jehan grant foison de ses gens vers elle ; et y envoia le seigneur de Fosseux et Hector de Saveuse bien acompaignés, et tant chevauchèrent qu'ilz vindrent vers elle, et firent tant qu'elle fut contente de venir vers le duc Jehan. Et le duc Jehan alla en sa personne vers elle à Vandôme, et de là la mena à Chartres, et dame Catherine, sa fille, en sa compaignie, et fille au roy Charles. Et y eut pluseurs grans gouverneurs de la royne qui furent déposés, et les aultres prisonniers. Ainsi se mist la royne de France au gouvernement du duc Jehan de Bourgoingne, et laissa le Roy son seigneur, et son fieux le duc de Touraine, Dauffin ; et eut la dite royne le gouvernement du royaume. C'est assavoir que, en l'obéissance du duc Jehan, on faisoit au nom d'elle et bailloit rémissions, mandemens et autres choses, comme ayant le gouvernement dudit royaume, combien que le Roy estoit en vie et son fieux le Dauffin, qui sembloit à aucuns chose assez loing de raison. Mais ainsi en advint pour le temps qui lors estoit.

En tant que le duc Jehan estoit en la ville de Chartres, où il fut bien six sepmaines, ses gens estoient logiés ès villages d'entour, et en fut le païs fort chargié. Et avinst, par ung dymence, que Remonnet de La Guerre vinst pour ruer jus ung logis au duc Jehan, mais ilz furent aperceuz, et furent les gens Remonnet racachiés (chassés), et en y eut foison de prins et destroussez. Assez tost après, Hector de Saveuse, luy acompaignié de aucuns de ses prouchains parens, et avecquez ce de aucunes de ses gens les plus fiables, vint en la ville de Chartres, et par aucunes parolles qui avoient esté entre messire Elion de Jaqueville et luy, présent le duc Jehan, fut ledit de Jaqueville prins dedens l'église Nostre-Dame de Chartres par ledit Hector et ses gens. Et venoit ledit de Jaqueville de l'hostel au duc Jehan, qui estoit derrière l'église, et prestement ledit Hector le fist prendre par ses gens en luy disant aucunes parolles, et le fist

(1) Entre. (Godefroy.)

porter hors de l'église, et fut geté des degrés aval (en bas); et se vouloit excuser ledit Jaqueville, mais il n'y peut estre recheu, et fut très laidement batu, et tant qu'il en mourut dedens brief temps après. Et y avoit ung nommé Jehan de Vaux, lequel ledit Jaqueville avoit autrefois destroussé, qui grant mal luy fist. Incontinent après Hector et ses gens se partirent de la ville et s'en allèrent à leur logis au vilage. Et ledit Jaqueville, qui ancore parloit bien, se fist porter devant le duc Jehan, et là luy dist et fist grans plaintes, en luy disant : « Mon très re- » douté seigneur, c'est pour vostre service que » je suis ainsi mourdriz, » et plusieurs aultres parolles, dont le duc fut mout iré contre Hector et ceulx qui ce avoient fait; et lui en sceut mout mal vais gré, et tant que de son vivant ne luy veut pardonner, combien que depuis il l'a servy en ses besoingnes. Et présentement que ledit Jaqueville eut fait sa plainte, le duc Jehan monta à cheval, et luy de sa personne fist quérir par toute la ville pour trouver ledit Hector et ses gens ; mais ilz estoient jà dehors. Et fist le duc prendre aucuns de ses chevaulx et aultres abillemens ; mais il fut apaisié par messire Jehan de Luxembourg et le seigneur de Fosseux, pour les grans afaires que ledit duc avoit alors. Tantost après le duc Jehan eut nouvelles de Paris, et luy fist-on à entendre qu'il entreroit dedens la ville. Et pour ce, se party de Chartres atout sa puissance, et chevaucha vers Paris : et si envoia Hector de Saveuse et Phelipes, son frère, atout leurs gens, lesquelz passèrent devant Bris, ung petit chastel qui estoit à messire David de Brimeu de par sa femme; et l'avoient prins les gens du Roy. Mais Hector le prinst sur eulx, et en fist tuer à foison; et puis chevaucha en tirant vers Paris, où le duc Jehan s'en ala en grant ordonnance, droit au dessus de Saint-Marcel. Et là se mist en bataille, où il fut depuis le point du jour de s'y à nonne, et Hector et Phelipes, son frère, et pluseurs autres entrèrent dedens Saint-Marcel, et là se logèrent en attendant d'entrer dedens Paris. Et avecquez ce se aprouchèrent de la porte; mais ilz furent reboutés par forche. Et assez tost après ceux de Paris saillirent dehors environ de trois à quatre cens, et assaillirent les gens Hector, et y eut grant assaut d'un costé et d'autre; mais touteffois furent ceux de Paris reboutés dedens la ville. Quant le duc Jehan sceut que ses gens qu'il avoit dedens Paris eurent failly à leur propos, et qu'ilz ne le povoient mectre dedens, il remanda ses gens qui estoient dedens Saint-Marcel, et puis se recommencha à retraire vers Mont-le-Héry, et là se loga celle nuit. Et avoit Hector de Saveuse esté bleschié à la porte de Paris, d'un vireton en la teste ce mesme jour.

Item, lendemain que le duc Jehan eut esté devant Paris, comme vous ay dit, et qu'il vit qu'il ne povoit riens besoingnier pour le présent, lors prinst conclusion de assoir garnison tout autour de Paris; et envoia le seigneur de Fosseux, Hector de Saveuse, messire Jehan de Luxembourg et tous ses Piquars en leur païs ; et tinst messire Jehan de Luxembourg ses frontières vers Mondidier, au devant de Compiegne. Le seigneur de Lilladam demoura à Pontoise, à Moeullent et sur les frontières vers Paris; et Hector de Saveuses s'en alla à Biauvais. Mais enfin le commun fut mal content de luy, et y eut grant débat entre eulx, et tant que enfin Hector fut mis hors de la ville, et Phelipes de Saveuses, son frère, s'en alla à Gournay en Normandie, où il fut grant temps.

En tant que Hector de Saveuses et Phelipes, son frère, estoient en garnison à Biauvais, Phelipes, son frère, s'en alla ung jour courre devant le chastel de Brelle (Breuil), où il avoit esté pluseurs fois. Et les gens du Roy s'estoient garnis dedens ; et quant Phelipes passa devant, comme il avoit acoustumé, ceux de dedens saillirent hors à puissance et tant firent, que les gens de Phelipes de Saveuses furent mis en desroy; et en y eut de prins grant foison, et si fut mort ung nommé Robin Toulet, qui estoit mout vaillant homme de guerre. Et fut ledit Phelipes cachié de si auprès de Biauvais avec une partie de ses gens. Et si fut le païs mout travaillé vers Paris et en Biauvoisins pour la guerre qui lors y estoit, et le duc Jehan s'en alla atout ses Bourguinons vers Bourgoingne, et mena la Royne à Troies en Champengne, et puix s'en alla en son païs de Bourgoingne, où il fut tant que Paris fut prins de ses gens. Et menoient les Picars forte guerre à tous costés contre les gens du Roy.

Item, le bastard de Tion estoit à Cenlis (Senlis) en garnison; et quant le comte d'Ermignac sceut que le duc Jehan s'en estoit allé en Bourgoingne, il amena le roy Charles devant Cenlis. Là mist le siège tout autour et y fut grant temps atout grant puissance de gens ; et avecquez ce estoit le duc de Touraine, dauffin, filz du roy Charles, et plus n'en avoit. Le comte d'Ermignac estoit connestable de France pour ce temps. Et quant ils eurent esté grant espasse devant Cenlis, ceulx de dedens se deffendoient bien et grandement. Et messire Jehan de Luxembourg et le seigneur de Fosseux assemblèrent tous les Picars pour aller lever le siège, et de fait allèrent à Pontoise; mais pour celle fois n'eurent mie conseil de passer outre, et se retrairent en leur païs. Environ quinze jours après, ilz se rassemblèrent atoute leur puissance, et ancore s'en allèrent à Pontoise; et de là chevauchèrent vers Cenlis, et aprouchèrent si près qu'ilz se midrent en bataille contre les gens du Roy. Ce jour y eut de grans batailles et y eut de gens mors, d'un costé et d'autre, grant foison. Ce jour menoit le seigneur de Miramont les archiers des Picars, lequel s'i gouverna mout grandement et bien les tint en ordonnance : et aussi Hector de Saveuses y fist ce jour de grans vaillances, et Phelipes, son frère, le seigneur de Lilladam et pluseurs aultres. Ainsi tinst messire Jehan de Luxembourg et le seigneur de Fosseux ce jour bataille contre le roy Charles, sans assembler ensemble, qui leur fut réputé à grant vaillance toute leur vie. Et tant que le Roy et ses gens s'en allèrent du siège de Cenlis; et avoient hostage de ceulx de la ville qui se vouloient rendre, quant leur secours leur vint : et eurent les hostages les testes coppées. Et par ainsi fut la ville délivrée du siège du Roy, lequel Roy s'en rala à Paris : et les Piquars refremèrent leurs garnisons tant à Cenlis comment ailleurs. A ceste journée avoit ung capitaine de brigans, nommé Tabari (1), lequel avoit foison de gens de pié, qui furent presque tous mors; et faisoit-on grant risée, pour ce que c'estoient tous gens de povre estat; et estoit ledit Tabari Bourguignon. Mout fut le duc Jehan joyeulx quant il sceut les nouvelles de ses gens qui si bien s'estoient portés, et leur en sceut mout bon gré.

Après ces choses ainsi faites, le seigneur de Lilladam, qui se tenoit à Pontoise, et avoit de grans acointances en la ville de Paris à ceux qui amoient le parti du duc Jehan, et souvent en avoit des nouvelles, car il y en avoit pluseurs qui contendoient que le duc Jehan eust le gouvernement du royaume. Et par ce, firent tant qu'ilz en eurent de leur querelle grant partie : et mandèrent au seigneur de Lilladam qu'il le mectroient dedens, et luy mandèrent qu'il allast vers eux. Et lors le seigneur de Lilladam assembla ce qu'il peut avoir de gens, et tant qu'il avoit environ de sept à huit cens combatans en sa compaignie, et alla droit à Paris au jour qui dist estoit; et vint là vers point du jour, et trouva ceulx qui le devoient mectre dedens tous près à la porte. Et ainsi le seigneur de Lilladam entra dedens Paris à grant doubte, et n'estoit mie merveille; car il y avoit dedens Paris trois mille combatans des gens du Roy et du comte d'Ermignac, sans ceulx de la ville. Lors le seigneur de Lilladam chevaucha atous ses gens en tirant vers la grant rue Saint-Anthoine, et commencha à crier : « Vive Bourgoingne! » et ceux de Paris avec luy, qui l'avoient mis ens. Tantost y eut grant murmure dedens Paris, et n'y eut point d'entretenement en nul des gens d'armes, se non chacun de luy sauver au mieulx qu'il peut. Mout fort se traioient vers la Bastille Saint-Anthoine, et y fut le duc de Touraine mené par Daneguy Du Chastel. Ainsi se sauvoient en allant à la Bastille; mais ung vaillant homme d'armes, nommé Daviot de Gouy, leur fist assez d'empeschement, et en geta pluseurs à terre de ceulx qui s'enfuioient. Le comte d'Ermignac, Remonnet de La Guerre et le chancelier furent prins, et messire Hector de Chartres, avec pluseurs aultres grans seigneurs. Et en y eut bien de prins quatre cens ou environ, sans aucuns de ceulx de la ville, que on print après ce que la chose fut rapaisiée.

Item, le seigneur de Lilladam et aultres grans seigneurs allèrent devers le roy Charles, lequel ne s'estoit bougié de son hostel, et là parlèrent à luy, et luy firent grant révérence, et avecquez ce ne le empeschèrent en riens, ne aucuns de ceulx qui le servoient; car le Roy estoit de tout content, et de Bourguignons et d'Ermignas, et peu luy chaloit comme tout allast, comme chacun qui de luy a cognoissance peut savoir l'estat où il estoit. Mout eut Paris, pour ce temps, grant desroy, car on prenoit sans merchy tous les biens de ceulx qui s'en estoient fuis, et mesmes ceulx de Paris le faisoient. Et furent la plus grant partie tournés du parti au duc Jehan, et tous accusoient l'un l'autre. Tantost que les nouvelles furent par le pays que Paris estoit du parti au duc Jehan, tous ses gens s'i retraioient : et aussi les Ermignas abandonnèrent pluseurs de leurs fortresses, et y en entra grant foison dedens la Bastille Saint-Antoine. Et fut par ung dymence que Paris fut prins (2), l'an mil quatre cens dix-huit. Le merquedi ensuivant, les gens du duc de Touraine, Dauffin, filz au roy Char-

---

(1) Il « tenoit la partie de Bourgogne, et estoit de petite estature et boiteux; avoit souvent quarante ou cinquante paysans, une fois plus, l'autre moins, armés et habillés de vieils haubergons, jacques, vieilles haches, demi-lances où il y avoit massues au bout, et autres habillemens de pauvre estat, atout lesquels s'en aloient, les ungs sur meschans chevaulx et jumens, et les autres à pié, embuscher ès bois vers où se tenoient les Anglois, et quand ilz povoient aucuns prendre, le dit Tabari leur coppoit les gorges, et pareillement faisoit à ceulx tenans la partie du daulphin; et ainsi en fist à plusieurs, dont grandement estoit hay des dessus-dictes parties. » (Monstrelet.)

(2) Environ l'issue du mois d'april. (Godefroy.)

les, qui s'estoient retrais dedans la Bastille Saint-Antoine, comme dit vous ay, et aveccquez eux ceux qui estoient venus d'autres garnisons, firent une saillie, et cuidoient reprendre la ville de Paris, et tant firent qu'ilz reguengnairent la rue Saint-Antoine dessy à l'ostel à l'Ours (1)! et estoient seize cens combatans de bonne estoffe. Lors y eut grant assemblée de ceux de la ville avec le seigneur de Lilladam et les gens au duc Jehan qui là estoient, et porta le seigneur de Lilladam la banière du Roy. Et de fait, luy bien acompaignié, alla à l'encontre des gens du Dauffin. Là eut grant bataille d'un costé et d'autre, et s'y portèrent ceux de la ville de Paris mout vaillaument avec le seigneur de Lilladam, et tant firent que, en peu de temps, les reboutèrent de si à la Bastille : et en y eut de mors bien de trois à quatre cens en la place, sans les navrés, donc il y en eut grant planté. Après celle journée, les gens du Dauffin furent mout simples : mais nonobstant tenoient tousjours la Bastille. Et les gens du duc Jehan et ceulx de Paris faisoient mout grant joie ; car gens venoient de jour en jour à puissance, et y vint Hector de Saveuses et Phelipes, son frère, atout grandement de gens, lesquelz on logea à l'hostel des Corneilles (2), devant la Bastille, pour tenir frontière à eulx. Quant ceux qui estoient dedens virent qu'il venoit si grant puissance contre eulx, et qu'ilz ne povoient rentrer en la ville, ilz commencèrent à parlementer, et tant que le traitié fut fait, qu'ilz s'en yroient sauf leurs corps et leurs biens. Et par ainsi rendirent la Bastille au seigneur Lilladam, et s'en alloient devers le Doffin à Melim, où il estoit. Mout firent les gens au seigneur de Lilladam grant guengne en la ville de Paris, donc ilz furent riches grandement.

Assez tost après arriva messire Jehan de Luxembourg à Paris, et le seigneur de Fosseux atout grant foison de gens de guerre. Et Hector de Saveuses et Phelipes, son frère, s'en allèrent atout leurs gens à Compiengne, et portèrent ung mandement du Roy contenant que on leur feist ouverture. A quoy ceux de Compiengne obéirent, et entrèrent les dessusdiz dedans la ville, et pareillement à Pons-Saincte-Maxensse et à Creil, à Coisy, et en pluseurs aultres fortresses du païs. Ainsi furent pluseurs bonnes villes et fortresses mises en l'obéissance du duc Jehan par la prinse de Paris. Et mesmement s'y mist la ville de Pérone, et se rendi au comte de Charolois, filz au duc Jehan, lequel y envoia ses gens. Et y eut grant débat en la ville de Péronne de ung des gouverneurs au comte de Charolois, nommé Chantemele (Chantemerle), et de Hector de Saveuses : et tant que ledit Hector cacha (chercha) ledit Chantemele pour tuer, donc il fut depuis fort hay du comte de Charolois long-temps. En tant que la chose estoit nouvelle à Paris, comme avez veu ycy devant, il y avoit souvent de grans desrois en la ville, et accusoient tous l'un l'autre : et par espécial aucuns meschans de communs qui pilloient sans merchy ceulx qui avoient tenu le parti au conte d'Ermignac. Et lors qui haioit à Paris aucun homme, il ne falloit que dire : « Il » a esté Ermignac, » présentement estoit tué [sur] le carrel. Et y avoit ung bourel, nommé Capeluche, qui tousjours avoit tenu le party au duc Jehan, lequel estoit mout malvais, et tuoit hommes et femmes, sans commandement de justice, par les rues de Paris, tant par hayne, comme pour avoir le leur ; mais enfin le duc Jehan luy fist coper le haterel (cou) (3). De telz desroiz y eut à Paris mout pour ce temps qui estoit mout piteux.

• *Item*, est assavoir que le duc Jehan fist grant joie quant il sceut la prinse de Paris et du comte d'Ermignac, et des autres bonnes villes et fortresses qui s'estoient mises en son obéissance, et mout en sceut bon gré au seigneur de Lilladam et à ceulx qui luy avoient aidié. Et tantost après fist son assemblée pour venir à Paris, et tant chevaucha qu'il vinst assés près du pont de Carenton (Charenton) ; et ceux du païs alloient en grant ordonnance au devant de luy, et luy firent grant révérence, et pareillement ses autres seigneurs qui estoient à Paris ; et il les merchia assez, et leur promist à faire de grans biens. Ainsi chevaucha le duc Jehan, tant qu'il vinst devant Paris mout noblement et en grant ordonnance. Et ceulx de Paris crioient tout à une voix : « Vive le bon duc de Bourgoin- » gne! » et crioient *Noël* de carfour à autre, dessy à son hostel d'Artois, où il se loga, et fut convoié à mout noble compaignie.

Après ce que le duc Jehan fut venu à Paris, comme vous oiez, il y eut de grans conseus tenus et de grans ordonnances faictes de nouveaulx officiers ; car le duc Jehan alla vers le roy Charles, et luy fist grant révérence, et le Roy luy fist grant chière ; car le duc Jehan fist publier partout Paris qu'il vouloit la paix et le

---

(1) Cet hôtel était situé à la porte *Baudet*. Le manuscrit de Tieulaine porte l'hôtel *au Louvre*.

(2) Le manuscrit de Tieulaine et Monstrelet porte : » Logèrent *aux Tournelles*. »

(3) Cette exécution est rapportée dans le *Journal d'un bourgeois de Paris*. Voyez notre Indication analytique des Documents.

bien du royaume, et contendoit à cachier hors les ennemis et estrangiers qui mal avoient gouverné le Roy et le Doffin, c'est assavoir le comte d'Ermignac et ses gens; et que le royaume estoit gouverné par estrangiers, qui estoit chose inraisonnable. Parquoy ceulx de Paris furent esmeus après ce qu'ilz sceurent ce, du costé au duc Jehan; et n'estoit mie de bonne heure né à Paris, qui n'en disoit mal comme depuis fut apparu.

Item, le duc Jehan fist tous nouveaulx officiers de ses gens au royaume, et fist le seigneur de Lilladam marissal (maréchal) de France; messire Jaquet de Pois, admiral; messire Robinet de Mailly, panetier. Et à Paris fist pareillement gouverneurs, et fut maistre Eutasse De Latre chancellier, maistre Phelipes de Morville premier président: et tous ses gens avancha aux offices de France; car le roy Charles estoit content de tout ce que le duc Jehan vouloit faire, et n'y mettoit nul contredit.

Item, assez tost après, le commun de Paris se fourmeut et firent grant assemblée de menus gens, et allèrent à toutes les prisons (1), et tuèrent tous les prisonniers qui avoient esté prins à la prinse de Paris. Et là fut tué le comte d'Ermignac, Remonnet de la Guerre, le chancellier et pluseurs aultres grans seigneurs, et s'y fut tué messire Hector de Chartres, et avecquez ce pluseurs Bourguignons qui estoient en prison pour débat ou pour debte. Et n'espargnoient nul homme que tous ne fussent mis à mort. Lors allèrent au petit Chastellet où il avoit foison prisonniers, et commenchèrent entrer ens; et les prisonniers qui bien apercheurent qu'il n'y avoit remède en leurs vies, montèrent amont, et se deffendirent bien et vaillaument, et crioient : « Vive le Doffin ! » et bleschèrent assés du commun ; mais enfin ilz furent prins par force et les faisoient saillir aval, et les autres les rechevoient sur leurs piques et sur leurs bastons, et les murdrissoient sans en avoir nul pitié ne merchy. Ainsi tuèrent ceus de Paris tous les prisonniers des prisons de Paris, donc le duc Jehan fut mout iré, et leur en sceut mout malvais gré; car il avoit volenté de parler au comte d'Ermignac de toutes ses fortresses que ses gens tenoient, et pour ce en fut mal content.

Item, le comte d'Ermignac, Remonnet de la Guerre et le chancellier furent trois jours en la court du Palais, eux trois ensemble loiés par les bras (2), et les veoit qui voulloit en cet estat. Et avoit le comte une jambe rompue, et si estoit trenchié d'un coutel parmy le corps, en gise [d'une bende,] depuis les espaules jusques en bas. Et là les traynoient les petits enfans de Paris de place en autre, qui estoit chose bien estrange à veoir de telz seigneurs estre en tel estat.

Item, le commun de Paris fut pluseurs fois esmeu, et ne les povoit-on rapaisier, dessy à tant que le duc Jehan se courroucha à aucuns des plus grans, et leur dist qu'il leur feroit leurs testes coper s'ilz faisoient plus ainsi, et pour ce furent rapaisiés. *Item*, Hector de Saveuses laissa à Compiengne le seigneur de Crievecœur en garnison, et autres pluseurs de ses gens avecquez luy ; mais, par le moyen de messire Carado Des Quennes (lequel avoit fait serment de luy point armer contre le duc Jehan), fut la ville de Compiengne reprinse. Et y fut à la reprendre le seigneur de Bosquiaulx, et fut prinse, par ung matin, par la porte de Perefons (Pierrefonds); car les gens du Doffin avoient dedens de bons moyens et de bons amis, comme il fut bien apparant. Là fut prins le seigneur de Crievecœur, le seigneur de Chinères (Chievre), qui avoit espousé la seur de Hector, Robinet Ogier et pluseurs aultres. Et y fut mort ung nommé Bontery, qui estoit à Hector. *Item*, les doffinois pillèrent ceux qui avoient tenu le parti au duc Jehan, par quoy la ville de Compiengne fut mout dommagiée; et avec ce y avoit grant garnison pour faire frontière au païs d'entour. *Item*, le seigneur de Crievecœur et le seigneur de Sinères furent menés prisonniers à Perefons, et là les tinst le seigneur de Bosquieulx avec ung des frères au seigneur de Chinères, qui longtemps l'avoit servy et estoit son parent, lequel cuida trouver manière de livrer le chastel de Perefons aux Bourguignons, affin de délivrer son frère, le seigneur de Chinères ; mais il fut apercheu par aucuns, et luy fist le seigneur de Bosquiaulx copper la teste. Et avec ce la besoingne du seigneur de Crievecœur et du seigneur de Chinères empira assez, maiz enfin ilz furent délivrés par finance. Hector mist grant peine à ravoir la ville de Compiengne, et se tinst grant temps au chastel de Monchifort (3) acompaignié, et mout leur faisoit forte guerre; mais il n'en peut venir à chief pour les grans affaires que on avoit aux aultres lieux.

Item, en ceste mesme année que Paris fut prins, l'an mil quatre cens et dix-huit, le roy

---

(1) Fenin tombe ici dans une grave erreur. Le duc de Bourgogne ne vint à Paris qu'après les premiers massacres. Cette émeute eut lieu le 12 juin, et Jean-sans-Peur n'entra dans la capitale que le 14 juillet.
(2) Tous nuds. (Godefroy.)
(3) *Moncifort*, dit le texte de Godefroy.

Henry d'Angleterre repassa la mer atout grant puissance, et descendi à Harefleu, lequel il avoit conquis l'an mil quatre cens et quinze. Et tantost commencha fort à conquerre païs, villes et fortresses ; car elles se rendoient sans faire grant deffence pour ce qu'ilz n'avoient point d'espérance en nul secours, pour la discention qui estoit entre leurs seigneurs de France; car, en la duchié de Normendie, ceulx qui devoient deffendre les bonnes villes et fortresses contre les Englez, les ungs estoient du parti au duc Jehan de Bourgoingne, et avoient mesme guerre l'un contre l'autre. Par quoy chacune partie se avoit à garder de deulx costés, et par telz choses fut la duchié de Normandie conquise en peu de temps. *Item*, le roy Henry vinst devant le Pont-de-l'Arche, par-delà l'eau de Saine, c'est assavoir vers Caën (1) : et estoit dedens le seigneur de Graville et foison de ses gens. Lors on fist de grans assemblées tant de gens d'armes du pays, pour résister contre le roy Henry, affin qu'il ne passast au Pont-de-l'Arche ; mais nonobstant il passa, et après se rendi le Pont au roy Henry, qui fut grant desconfort à tout le pays, car c'estoit une des clez de l'eau de Saine.

Item, messire Jaques de Harecourt tenoit pour ce temps bien souvent à Compaigny (2), pour ce que c'estoit au comte d'Ancarville (de Tancarville), son biau-père, et là tenoit frontière contre les Englez, et prinst pour ce temps le comte de Harecourt, à qui il estoit parent prouchain, qui s'estoit retrait de Harecourt, pour les Englez, à son chastel à Ammarle. Et là vinst messire Jaques de Harecourt vers luy, et le comte luy fist grant chière comme à son parent, et le fist mectre dedens son chastel atous ses gens. Et après plusieurs parolles et recognoissance faictes eulx ensemble, messire Jaques, qui avoit induit aucuns de ses gens de ce qu'il voulloit faire, mist luy de sa personne la main au comte de Harecourt, et luy dit : « Monseigneur, je vous fais prisonnier du Roy. » Lors fut le comte bien esbahy et courchié, et dist : « Biau cousin, que voullés-vous faire ? » Et messire Jaques respondit : « Monseigneur, ne vous desplaise, je ay charge du Roy de vous mener vers luy. » Là y eut mout de parolles, et fist messire Jaques prendre ledit seigneur de Harecourt par aucuns de ses gens, et le fist mener au Crotoi ; et là le tinst grant temps prisonnier, et en plusieurs aultres places, et mist garnison de par luy à Ammarle. Et avecquez ce prinst tous les biens dudit comte de Harecourt à son prouffit : et disoient aucuns que c'estoit du consentement du comte d'Ammarle, filz au comte de Harecourt ; car il ne mist point de pourchas de ravoir son père. Ainssi tinst messire Jaques de Harecourt prisonnier le comte de Harecourt depuis ce temps jusquez à ce que messire Jaques fut mort, comme vous orrez cy-après.

Item, après que le roy Henry eut prins l'obéissance du Pont-de-l'Arche, comme avés ouy cy-devant, il s'en alla vers Rouen, et se loga à Sainte-Katherine, devant Rouen. Et avoit dedens ladite ville grant garnison des gens au duc Jehan de Bourgoingne, et y estoit messire Guy Le Boutillier ung des principaus capitaines, et le bastart de Tion, le seigneur de Toulongon, messire Andrieu de Roches, Lagan Darli (Lagen d'Arly), Girard, le bastart de Brimeu (3), et plusieurs autres de bonne estoffe, et tant qu'ilz estoient bien de douze à seize cens combatans, et mout grandement s'i gouvernèrent.

Item, le roy Henry mist le siège tout autour de la ville de Rouen, et y fut bien l'espace de neuf à dix moys. Là y eut mainte grande escarmuche faite de ceulx de la ville sur les Englez, et mout leur portèrent ceulx de la ville de grans dommages, et avoient tousjours espérance que le duc Jehan les secourroit, comme promis leur avoit. Mais il n'en fist riens ; car il avoit d'autres grans afaires pour la guerre qu'il avoit au Doffin. Et par ainsi falut que ceux de Rouen se rendissent au roy Henry d'Engleterre, sauf leurs vies, sans emporter nulz de leurs biens ; et fut parce qu'ilz n'avoient nulz vivres, car ils mangeoient leurs chevaulx, et les povres gens de la ville mangeoient, par famine, chiens, cas (chats), ras, soriz et toutes telz choses, qui estoit piteuse chose. Et en mourut bien dedens les fossez et par la ville de faim de dix à douze mille, que on scet de certain. Et avecquez ce fallut que le roy Henry eust une partie des plus notables de la ville de Rouen en sa voulenté. *Item*, après ce que la ville de Rouen fut rendue au roy Henry d'Engleterre, il en y eut plusieurs aultres qui se rendirent ès marches de Normandie, et la garnison qui en estoit yssue alla devers le duc Jehan.

Item, messire Guy Le Boutillier, qui estoit l'un des capitaines de Rouen tant que le siège y fut, se rendit du parti au roy Henry, et luy fist serment de le servir loyaulment ; laquelle chose y fist le roy Henry de grans dons, et luy donna La Roche-Guyon et aultres seigneuries nota-

---

(1) *Vers Quennoy* (le Quesnoy), dans Godefroy.
(2) Lisez *Estrepagny*.

(3) Godefroy met *Gérard, bastard de Brimeu*. Cette leçon nous paraît préférable.

bles. *Item*, aucuns des bourgoiz notables de la dite ville se flèrent en messire Guy Le Boutillier depuis que le roy Henry eut le gouvernement de la ville, et luy dirent que s'il leur vouloit aidier, qu'ilz remetroient Rouen en la main du Roy; et messire Guy fist semblant d'eulx voulloir aidier, et puis le dist au roy Henry, et par ce y eut pluseurs notables bourgois de Rouen qui eurent les testes copées, donc ledit messire Guy [fut] fort blasmé pour ceste cause.

Item, en tant que le roy Henry tenoit son siège devant Rouen, messire Jaques de Harecourt et le seigneur de Moreul firent une assemblée très grande pour aller courre sur le siège des Englès, et allèrent jusquez à trois lieues près. Et le Roy envoya au devant le seigneur de Cornouaille bien accompaignié, lequel trouva les dessusdis, et fist tant qu'il les mist en grand desroy. Là fut prinst le seigneur de Moreul et pluseurs aultres aveucquez luy, et messire Jaques de Harecourt se sauva par bon cheval. *Item*, en ceste mesme saison, Phelipes de Saveuses, qui estoit à Gournay, en Normandie, atout de deux à trois cens combatans, fist par pluseurs fois de grans dommages aux gens du roy Henry, et mout en enmena de prisonniers dedens la ville de Gournay, et tant que les prisonniers Englès prindrent le chastel de Gournay et le tindrent ung jour; mais Le Boin (Le Bon) de Saveuses, qui lors y estoit pour Phelipe, son frère, fist tant par belles parolles que lesdiz Englez prisonniers luy rendirent ledit chastel, donc il en y eut qui en eurent malvais loier.

Item, le roy Charles de France et le duc Jehan de Bourgoingne furent grant temps à Beauvais, et avoient mout grant puissance de gens sur le pays d'entour, en espérance de lever le siège de Rouen; mais, par le discort qui estoit entre le duc de Touraine, Doffin, et le duc Jehan, riens ne s'en fist; car les deux princes menoient forte guerre l'un contre l'autre. *Item*, après ce que le roy Henry eut prins la ville de Rouen et fait faire le serment à ceulx de la ville, et mis officiers de par luy, il envoia ses gens au pays vers Gournay et vers le comté d'Eu, et tout se rendi sans coup férir. Et se rendi la ville d'Eu, le chastel de Mouchiaux (de Moncheaux), le Neuf-Chastel, Denicourt, Gournay en Normandie, et mout d'autres bonnes villes et fortresses. Et se tenoit en la ville d'Eu ung chevalier englez, nommé messire Phelipe Lis, lequel faisoit forte guerre en Vimeu. *Item*, le roy Henry conquist ceste année la duchié de Normandie tout à son aise; car peu y avoit qui la deffendesist, et mesmement y eut pluseurs Normans qui se rendirent Englez et firent le serment au roy Henry.

Item, messire Lyonnel de Bournoville et Daniot de Gouy se tenoient pour lors en garnison à Gisors, et menoient forte guerre aux Englez. Advint que les gens du Roy estoient logiés à Gallifontaine, environ de quatre à cinq cens, et y avoit la plus grant partie de Hirelandois. Et monseigneur Lyonnel et Daniot de Gouy vindrent fraper en la ville par nuit, et boutèrent le feu en la ville, et puis les assaillirent baudement, et les ruèrent jus et desconfirent tous, et puis s'en rallèrent à Gisors, en leur garnison. Souvent faisoit messire Lionnel de Bournoville de grans dommages aux Englez, et aveucquez luy Daniot de Gouy, qui estoit mout vaillant, et aussi faisoit le seigneur de Lilladam.

Item, assez tost après il y eut ung grant parlement entre le roy Charles et le roy Henry d'Engleterre. Et se tenoit le roy Charles et le duc Jehan à Pontoise. Et le roy Henry vinst vers Moullent, et là fist tendre ses tentes; et pareillement on y tendit celles du roy Charles. Là fut le duc Jehan et le conseil du Roy, par pluseurs fois, en parlement au roy Henry; et voulloit le roy Henry avoir Katherine, fille au roy Charles, en mariage, et aveucquez ce voulloit avoir la duchié de Normaudie. Mout se tint le parlement sur ce longuement; mais enfin riens n'en fut fait; car le roy Henry voulloit avoir trop grant entrée sur le royaume, lequel le duc Jehan ne voult acorder. Et aussi il avoit tousjours voulenté d'avoir traitié au duc de Touraine, Doffin, et par ce se départi le parlement sans riens besongner. Et se retrait le roy Charles à Saint-Denis en France, et la Royne.

Item, le duc Jehan avoit grant voullenté d'avoir paix avec le Doffin, comme dit vous ay cy-devant, et pour ce y avoit embassadeurs entre les parties qui ce traitoient, et en estoit la dame de Giac, et traitèrent ensemble en telle manière que les deux princes furent contens de venir ensemble pour trouvair la paix. Et lors le duc Jehan, qui estoit à Pontese, se parti à noble compaignie pour aller devers le Doffin, qui estoit à Melim; et ala la dame de Giac aveucquez le duc Jehan dessy à Corbeul, droit à une lieue de Melim (Melun). Au costé de devers Miaulx (Meaux) vint le Doffin atout sa puissance, et le duc Jehan alla parellement atout ses gens, et n'aprouchèrent point les deux puissances plus près que demie lieue petite. Là assemblèrent les embassadeurs des deux costés, et tant firent que la paix fut traitée [entre les deux princes durable à tousjours,] et jura le Doffin à la tenir, et aussi firent tous les grans seigneurs de son costé avec luy. *Item*, il y eut mout de grans promesses faictes entre les deux parties, et abandonnèrent les deux princes chacun aux seigneurs de son costé de aller servir, sans reproche nulle, celluy par qui la pais seroit rompue : c'est assavoir se le Doffin la rompoit, qu'il abandonnoit à ses gens de aller servir le duc Jehan, ou celluy [qui] tendroit son party. Et ainsi fist le duc Jehan, donc on fist de moult et belles lectres scellées des seaulx des deulx parties. Et après promidrent de mectre paine de cachier le roy Henry hors de France, et assemblèrent toutes leurs puissances. Ainsi fut la paix faicte entre le duc de Touraine, Doffin, et le duc Jehan de Bourgoingne, et cuidoit-on que ce fust chose durable ; mais depuis on vit bien le contraire, comme cy-après sera desclarié.

Item, tantost après que la paix fut faicte entre le Doffin et le duc Jehan de Bourgoingne, leurs gens estoient ensemble de jour en jour, et menoient forte guerre aux Englez sur les marches de Normandie. *Item*, assez tost après le seigneur de Lilladam, qui estoit marissal de France, perdy la ville de Pontoise, laquelle il avoit en garde, et la prindrent les Englez par ung matin, laquelle prinse fut au grant dommage du pays de France, car c'estoit une ville mout notable et fort garnie de vivres et d'autres biens. *Item*, en ce temps les Englez tindrent siège devant Saint-Martin-le-Gallart (le Gaillard), et estoit dedans Rigaut de Fontaynes ; mais le sire de Gimriches (de Gamaches), qui estoit au Dauffin, vaillant chevalier de son corps, assembla foison de gens et alla lever le siège. Et y eut des Englez tuez à foison, et les aultres se retrairent dedens l'église de la ville : et estoit leur chief ung chevalier nommé messire Phelipe Liz, qui mout estoit vaillant.

Item, après ce que Pontoise fut prinse, le roy Charles, la Royne et dame Katherine, leur fille, s'en allèrent à Troyes en Champengne, et là les y mena le duc Jehan de Bourgoingne pour estre arrière de la guerre des Englez. *Item*, le seigneur de Lilladam se mist en garnison à Biauvais atout grant gent, après qu'il eut perdu Pontoise : et là tenoit frontière contre les Englez, et mout leur faisoit grans dommages.

Item, messire Jaques de Harecourt se tenoit à Crotoy et à Noielle sur la mer, et Hector de Saveuses au Pont-de-Remy, avec le seigneur de Blancourt (Wançourt) et Loys, son fieux, et là menoient guerre aux Englez d'Eu et de Mouchiaulx (Moncheau). Et souvent s'assembloit Hector avec messire Jaques de Harecourt, pour faire dommage aux Englez.

Item, l'an mil quatre cens et dix-neuf fut la paix faite du duc de Touraine, Doffin, et du duc Jehan de Bourgongne, en la manière que je vous ay dit ; et en estoit tout le peuple de France en grant joie. Et avec les gentilz-hommes des deux costés, c'est assavoir ceulx du Doffin et ceulx du duc Jehan de Bourgoingne, menoient eux ensemble forte guerre aux Englez ; et bien cuidoit-on estre en France en bonne union. Mais en brief temps après, il y eut grant tribulation ; car le duc Jehan fut mourdry, comme vous pourrés cy-après voier.

Vérité est que le Doffin estoit logié à Monstriau-faut-Yonne, et là avoit assemblé toute la plus grant partie de sa puissance. Et alors le gouvernoit le seigneur de Barbazam, Davegny Du Castel, le vicomte de Verbonne (Narbonne), le seigneur de Gitery, et mout d'aultres qui point n'estoient du royaume de France. Et en y eut une partie qui pourpensèrent la traïson de mectre à mort le duc Jehan. Et tant firent que le Doffin fut content de le mander, et qu'il fust mis à mort. Et de fait se targa (il chargea) Davegny Du Chastel d'aler devers le duc Jehan, lequel estoit à Bray-sur-Saine, à deux lieues près de Monstreau, atout grant puissance de gens d'armes et de trait. Quant la chose fut ainsi pourparlée, que dit vous ay, les gouverneurs du Doffin [ordonnèrent que le duc Jehan seroit logé au chastel de Montereau, et le Daulphin] estoit logié dedens la ville, et firent sur le pont pluseurs barrières entre la ville et le chastel. Et puis messire Davegny s'en alla vers le duc Jehan à Bray-sur-Saine, et là le trouva, et luy dist que le Doffin se recommandoit à luy et luy prioit qu'il vousist aler devers luy à Monstriau pour conclure des affaires de France ; et pluseurs aultres choses luy dist. Et le duc Jehan fist à Davegny grant chière et grant révérence et à ceulx qui estoient avecquez luy, et luy dist qu'il yroit vers monseigneur le Dauffin. Lors le duc Jehan se hasta de digner, et puis monta à cheval et toute sa gent avec luy, et mout faisoit à Davegny grant honneur. Et bien luy dist : « Davegny, nous allons vers monseigneur le Dauffin à vostre fiance, pensant qu'il veuille bien entretenir la paix qui a esté entre luy et nous ; laquelle nous voulons bien tenir, et le servir tout à sa voulenté. » A quoy Davegny respondy : « Mon très redouté seigneur, n'ayés doubte de riens ; car monseigneur est bien content de vous, et se veut désormais gouverner par vous ; et avec ce y avés de bons amis et qui bien vous ayment. » Ainsi s'en alla le duc Jehan à sa mort, en la compaignie de Davegny Du Chastel, lequel le tray. Et chevaucha en grant ordonnance de sy après Monstriau (auprès de Montereau), et là mist ses gens en bataille. Est vray qu'il y avoit des gens au duc Jehan dedens le chastel, pour aviser le logiz; et en y eut varlet de chambre qui bien se doubta de la traïson. Et retourna devers le duc Jehan pour lui dire : « Mon très redouté seigneur, advisés vostre estat; sans faute vous serés tray, et pour Dieu vieulliés y penser. » Adonc le duc Jehan dist à Davegny : « Nous nous fions en vostre parolle : pour Dieu avisés bien que soiés seur de ce nous avés dit qu'il soit vérité; vous feriés mal de nous traïr. » Et Davegny luy respondit : « Mon très redouté seigneur, j'aymeroie mieulx à estre mort qu'eusse fait traïson à vous ne à aultre. N'aiés nulle doubte de riens; car je vous certifie que monseigneur ne vous veut nul mal. » Et le duc Jehan respondit : « Nous irons à la fiance de Dieu et de vous. » Et lors chevaucha dessy au chastel, où il entra par la porte de derrière, et laissa grant partie de ses gens en bataille au dehors du chastel. Avec le duc Jehan descendyrent mout de grans seigneurs; et s'en alla dedens une chambre dedens le chastel, et Davegny alla devers le Doffin et devers ceulx qui estoient avec luy, et leur dist la venue du duc Jehan. Là y eut grant consistoire de ceulx qui faisoient la traïson, et tantost après on envoia devers le duc Jehan affin qu'il venist devers le Dauffin. Et quand le duc Jehan ouy que le Dauffin le mandoit, il parti pour aller vers luy, et y alla cinq ou six grans seigneurs avec luy, et tousjours le menoit Davegny Du Chastel. Et quant le duc vint pour entrer sur le pont, il y avoit une barrière à l'entrée, et cinq ou six de ses gens, et plus n'y en passa avec luy; car il y avoit bonnes gardes sur le pont. Lors le duc passa pour aller au Dauffin qui estoit en ung petit destour, et le vinst saluer mout humblement. Et présentement ceulx qui estoient ordonnés pour le mectre à mort estoient là, et frapèrent sur le duc Jehan. Et quant le duc Jehan vit qu'il estoit tray, il cuida tirer son espée pour luy deffendre; mais riens ne luy valut, car il fut tantost mis et mis à mort (1), donc ce fut pitié pour le royaulme; car pour sa mort sont depuis advenus mout de maulx au royaulme de France. Avecquez luy fut mort le seigneur de Nouaille (Navailles), frère au comte de Foiz, lequel se coucha sur luy pour le cuider sauver. Après ce que le duc Jehan fut mort, ceulx qui là estoient le getèrent du pont aval, et chaït (tomba) sur ung batel; et depuis, par l'amonnestement d'aucuns des gens du Dauffin, fut enterré à ung chimetière atout son pourpoint

(1) Voyez notre Indication des Documents pour le règne de Charles VI.

et ses houseaulx (bottes), et là fut tant que la ville fut conquise par les gens du roy Henry d'Engleterre. Avec le duc Jehan estoit allé le seigneur de Saint-Jorge et messire Charles de Lens, lesquelz furent prins et des autres à planté.

Après ce que le duc Jehan fut mis à mort, ainsi que vous ay dit, ses gens en sceurent tantost les nouvelles. Là y eut grant doeul fait en plusieurs lieux, et n'est nulz qui peust penser le grant desconfort qu'il y avoit de ses gens. Et avecquez ce, les gens du Dauffin saillirent à puissance sur les gens du duc Jehan, lesquelz furent mis tantost en grant desroy; car il n'y eut point d'entretenement en eulx depuis qu'ilz sceurent la mort de leur seigneur le duc Jehan. Et s'en alloit chacun qui mieulx povoit, sans ordonnance, et les gens du Dauffin les encachèrent fort; car ilz estoient tous avisés de leur fait, et mout en prindrent et tuèrent ains qu'ilz venissent à Bray-sur-Saine, et les aultres se sauvèrent au mieulx qu'ilz peurent.

Item, après ceste doulereuse mort, la guerre fut recommenchiée plus forte que devant, et commencha chacun de soi garnir contre sa partie. Et le roy Henry d'Engleterre conquestoit tousjours fort sur les deux parties; et par ainsi y avoit trois parties en France qui tous contendoient à conquerre sur le royaume, et mout estoit le menu monde travaillié.

Item, après ce que le duc Jehan fut mort, Phelipes son fieux releva toutes les seignouries au duc Jehan son père, et fut duc de Bourgoingne ; et mout fut courouchié de la mort de son père et de la traïson que on luy avoit faicte.

Item, le duc Phelipes avoit espousé Michielle, fille au roy Charles de France, et seur au Doffin, qui mout estoit dame de haut honneur, humble, courtoise, belle et bien amée de tous les seigneurs qui reparoient à la cour au duc Phelipes, et avec, du povre commun. *Item*, quant le duc Philipe se fut saisy de tous les tenemens au duc Jehan son père, il manda tous ses barons pour avoir conseil comment il se pourroit vengier du Doffin. Et lors on luy conseilla qu'il prensist aliance avec le roy Henry d'Engleterre, et qu'il luy baillast Katherine, fille au roi Charles, et seur au dauffin, et avec, seur de sa femme, laquelle le roy Henry avoit grant désir d'avoir à femme, et que mieulx il ne se povoit vengier du dauffin; car il seroit cachié de France, sans jamais pocesser en la couronne.

Item, après que le duc Phelipe eut prins ceste conclusion, il envoya devers le roy d'Engleterre. Et tant y eut ambassadeurs entre les deux parties, que aliance fut faite entre le roy Henry d'Engleterre et le duc Philipe de Bourgoingne (1). Et promist le duc Phelipe de livrer au roy Henry d'Engleterre Katerine, fille au roy Charles ; et le roy Henry luy promist de la prendre à femme, et faire royne d'Engleterre. Et avec ce promist que le roy Charles jouyroit tout son vivant du royaume de France; et si promist le roy Henry de livrer au duc Phelipe les traîtres qui avoient mourdry son père, se aucuns en chaloit en ses mains. Et plusieurs autres promesses y eurent entre le roy Henry et le duc Phelipes, et sermens fais des deux parties pour entretenir bonne paix à tousjours entre eux : et avec, promidrent de cachier le Dauffin hors du royaume et ses aliez, sans jamais pocesser de nulle seignourie au royaume de France.

Item, Phelipes, comte de Saint-Pol, filz au duc Antoine de Brebant et nepveu au duc Jehan, estoit à Paris pour ce temps, et là estoit lieutenant du Roy, et entretenoit la ville de Paris ; car le duc Jehan luy avoit laissié après la prinse de Paris pour les entretenir. Et si gouverna par bon conseil, combien qu'il estoit josne de aage et n'avoit que environ quatorze ans, et la fut tant que le roy alla devant Melim.

Item, au traitié qui fut fait entre le roy Henry et le duc Phelipe, fut ordonné que le roy Henry seroit droit héritier du royaume de France, luy et ses hoirs, après la mort du roy Charles de France ; et que jamais Charles le Doffin n'en joiroit, ne ceux quy de luy vendroient, et qu'il n'estoit digne de tenir royaume pour le malvais fait qu'il avoit fait sur le duc Jehan de Bourgoingne, et point ne s'en pourroit excuser, combien qu'il fust jone quand le cas advint, et avec, estoit gouverné par gens estrangiers, et qui avoient [eu de leurs amis morts] à la traïson de Paris, par quoy ilz ne leur challoit quel déshonneur le Dauffin eust, mais qu'ilz fussent vengiés du duc Jehan. Et mout se vout depuis excuser pour sa jonesse et pour ceux qui le gouvernoient, disant que ce n'avoit point esté fait de son consentement, et que autant eut-il fait du roy Charles, son père, pour le temps ; mais à ce ne peut estre ouy ne recheu, et pour ce dura la guerre long-temps depuis, comme vous pourrés voier cy-après. Et mesmes, pour plus grant apparucion monstrer, le Dauffin mist hors d'avecquez luy ceux qui luy avoient donné le conseil de mectre à mort le duc Jehan, et s'en allèrent hors du royaulme.

Item, après toutes ces aliances faictes entre le roy Henry d'Engleterre et le duc Phelipe de Bourgoingne, ilz avisèrent de fort conquerre villes et fortresses sur les gens du Dauffin. Et commencha le duc Phelipes de Bourgoingne à faire grans mandemens par tous ses pays, et tout fist assembler vers Péronne. Quant le duc Phelipe eut fait grant assemblée de gens, il bailla le gouvernement à messire Jehan de Luxembourg de les mener ; et messire Jehan de Luxembourg se logea en la ville de Péronne, et ses gens tout autour, et de là tira droit à Lyons en-Senters (Lihons en Santerre), et là se logea en la ville, et toutes ses gens avecquez luy. Avec messire Jehan y avoit d'autres mout bons capitaynes, et y estoit [le vidame d'Amiens], le seigneur de Croy, Hector de Saveuses, le seigneur de Humbercourt, marissal au duc Phelipes, et des aultres à planté. La fut prinse conclusion, par messire Jehan et ceulx qui estoient avecquez luy, de aller mectre siège devant Denum (De Muin), ung chastel à deux lieux de Corbère (Corbie), lequel faisoit assez de mal à la ville de Corbère et au pays d'entour ; mais celle nuit donc ilz devoient lendemain partir, messire Carados Desquennes et Charles de [Flavi] prindrent la ville de Roye, en Vermandois, qui avoit esté donnée [au duc] Phelipes en mariage avec la fille au roy Charles, et entrèrent dedens, atout bien trois cens combattans. Lors estoit capitaine de Roye ung nommé Percheval-le-Grant, lequel eschapa de la ville, et vint vers messire Jehan à Lyons, où il estoit. Quant il ouy les nouvelles de la ville de Roye qui estoit prinse, tantost il fist sonner ses trompètes, et puis monta à cheval et tous ses gens avec luy, et chevaucha vers Roye en grant ordonnance. Et prestement mist coureurs sus pour aller devant ; lesquelz trouvèrent ancoires les eschielles drechiées aux murs de Roye par où les doffinois estoient entrés. Là y eut grant escarmuche de venûe, et guengnèrent sur eux les faulzbourgs qui estoient clos de bonne muraille ; et avec, tout incontinent, on y mist le siège. Et se logea le seigneur de Lilladam, qui estoit maréchal de France, et Hector de Saveuses dedens les faulzbourgs, au costé vers Compiengne, et avec luy, le seigneur de Croy à une ville assez près, et avec luy, le seigneur de Longueval, qui pour lors servoit le duc Phelipe, et servy grant temps depuis. Et messire Jehan de Luxembourg fut logié à une lieue près de Roie, en tirant vers Noyon, et les Flamans encore outre, à une ville nommée Chempien.

Ainsi fut la ville de Roye assise tout autour, et sy estoit le siège droit au Noël, l'an mil quatre cens et dix-neuf, bien vingt-quatre jours avant qu'ilz se voussissent rendre. Souvent y avoit de grands escarmuches faites de ceux de

---

(1) Cette alliance est connue dans l'histoire sous le nom de *traité d'Arras*.

dehors contre ceux de dedens ; mais enfin ilz se rendirent par ce qu'ilz s'en iroient sauve leurs corps et leurs biens. Et messire Jehan de Luxembourg en fut content, et de ce leur bailla sauf-conduit pour eux en aller à Compiengne; et fut ordonné Hector de Saveuses pour les conduire. Et messire Carados et Charles de Flavi ordonnèrent leurs besoingnes pour eulx en aller, et se partirent par ung sabmedi bien matin. Environ après une heure, après ce que les doffinois furent partis de Roye, et que les gens de messire Jehan estoient jà dedens la ville, le comte de Hantuiton et Cornuaille vindrent devant Roye, qui venoient pour aidier à messire Jehan de Luxembourg. Et quant ilz oïrent que les doffinois estoient partis, et que ilz ne povoient estre que une lieue loing, ilz commencèrent fort à tirer après, et estoient bien mille combatans. Tant chevauchèrent le comte de Hantuiton et Cornuaille, qu'ilz actaindirent les doffinois à trois lieues près de Compiengne, et frapèrent sur eulx baudement. Et aussi les doffinois ne s'en donnoient garde, parquoy ilz furent tantost mis en desroy, et furent tous rués jus, prins et mors, et peu en eschapa. Quant messire Carados vit le fait, il se rendit à Hector de Saveuses : mais Cornuaille (1) frapa Hector de Saveuse sur la main aïant son gautelet, donc Hector fut bien mal content, mais n'en peut avoir autre chose, et luy dist : « Cornuaille, vous sçavés bien que ne les povés flanchier ; car ilz ont sauf-conduit de vostre capitaine. »

Item, avecques les Englez monta à cheval pluseurs des gens de messire Jehan de Luxembourg, quant ilz virent que on alloit ruer jux les doffinois, et fut une chose qui mout les greva ; car leurs chevaux estoient séjournés, et pour ce les sievirent plus raidement que les Englez. Et y alla le bastard de Croy, Abellet de Folleville, le bailly de Fouquesère (ou Fauquessolle), et des gens au seigneur de Longueval avec pluseurs autres. Pour ceste cause se couroucha messire Jehan de Luxembourg mout fort, pour ce qu'ilz estoient soubz luy, et qu'il avoit baillié sauf-conduit aux dauffinois, et vouloit que le seigneur de Croy lui baillast son frère bastart, et le seigneur de Longueval, le bastart de Dunon (ou Divion), frère de sa femme ; maiz ilz n'en veurent riens faire, et par ce les eut messire Jehan en grant hayne long-temps après, et en avint depuix de grans tribulacions, comme cy-après sera veu.

Tantost après ceste course faite, les Englès se logèrent à deux lieues près de Roye, atout leurs

(1) *Mais Cornouaille* luy osta, et *frappa....* (Godef.)

prisonniers ; et landemain messire Jehan de Luxembourg alla devers le comte de Hantuiton, et luy donna ung cheval ; et avec ce, luy parla qu'il faist bonne compaignie à messire Carado et aux autres prisonniers. Car pour vray messire Jehan de Luxembourg estoit fort iré de ce que ilz avoient esté prins sur leur sauf-conduit, combien que aucuns veullent dire qu'il le savoit bien. Mais il n'en estoit riens ; car messire Jehan estoit seigneur qui bien vouloit tenir ce qu'il promettoit.

Après ce que messire Jehan de Luxembourg eut esté devers le comte de Hantuiton, et qu'ilz eurent fait les ungs aux autres grant chière, il se retrait à son logis. Et lendemain se party atout une partie de ses gens, et s'en alla vers La Foire-sur-Oise (La Fère-sur-Oise), et estoit en sa compaignie Hector de Saveuses. Quant messire Jehan vinst à La Foire, il assist garnison par toutes ses fortresses, et mist Hector de Saveuses à Nouvion-le-Conte, et les autres en toutes ses autres places, pour tenir frontière contre Crespy en Lannois [où] estoit La Hiere (Lahire) et Poton de Sainte-Traille atout grant gent : et là se tindrent dessy au karesme, que le duc Phelipe vint atout sa puissance, et mist le siège tout autour de Crespy. Les autres gens du duc Phelipe s'en allèrent, après ce que la ville de Roie fut prinse, chascun où il voulloit, en son hostel ou ailleurs, dessy après la Chandeleur, que le duc Phelipe refist grant mandement pour aller en Troies en Champengne. Et quant il eut assemblé tous ses gens, il chevaucha vers Saint-Quentin, en Vermandois, et là se loga dedens la ville. Avecques luy chevauchoient le comte de Varvich et le comte de Quin (Kent), et le seigneur de Ros (Ross), qui estoient embassadeurs du roy Henry d'Engleterre : et alloient avecques le duc Phelipes à Troies en Champengne, devers le roy Charles de France, pour Katherine, fille du roy Charles, pour le roy Henry, laquelle il voulloit avoir à femme, et l'eut, comme vous pourrés cy-après voier. Et chevauchèrent lesdiz embassadeurs avecques le duc Phelipes à Troies.

Quand le duc Phelipes se desloga de Saint-Quentin, et s'en alla logier à Cressy-sur-Sère (Crécy-sur-Serre) : et messire Jehan de Luxembourg faisoit l'avant-garde au duc Phelipe, et s'alla logier à lieue et demie de Crespy, et puis alla courre devant Crespy. Et y eut grand escarmuche faite, et tant que le bastard de Hénaut, qui estoit avecques messire Jehan, fut tout décopé des doffinois ; mais nonobstant il n'en mourut point. Et mout se porta ce jour messire Jehan de Luxembourg vaillaument, et Phelipes de Saveuses avec luy.

Item, le duc Phelipes se desloga de Cressy-sur-Sère, et s'en alla logier devant Crespy-en-Lannois, où il mist le siège tout autour : et y fut bien vingt jours avant qu'ilz vousissent rendre la ville; car ils estoient bien huit cens combatans dedens. Mais enfin se rendirent par ce qu'ilz s'en yroient sauve leurs corps et leurs biens, si non ceux qui estoient des païz au duc Phelipes, lesquelz devoient demourer prisonniers. Ainssy mist le duc Phelipes de Bourgoingne Crespy-en-Lannois en son obéissance, au commenchement de sa première année, et ceux qui estoient dedens s'en allèrent; et puis le duc Phelipes fist abatre la fortificacion de Crespy, et l'abatirent ceux de Lan (Laon). Et le duc Phelipes s'en alla logier à Lan, et puis de là s'en alla droit à Rains, et delà à Châlon, et puis à Troie en Champengne.

(1) Entre Troie et Challon chevauchoit messire Jehan de Luxembourg et messire Robinet de Mailly, qui estoit grant pennetier de France, parmy ung villaige. Et y avoit de grandes yauves (eaux) où il avoit fosses couvertes de bourbe, et messire Robinet de Mailly fondi dedens une grande fosse atout son cheval, et là fut noié; car on ne le peut oncques recourre, et demoura bien trois heures dedens que on ne le peut ravoir.

Item, ung peu devant ce temps, La Hiere tenoit le chastel de Coussy de par le Doffin, qui mout estoit fort, et avoit prins grant foison de prisonniers gentilz-hommes et autres, lesquelz il avoit mis dedens le chastel de Coussy. Et en estoient, [le] seigneur de Maucourt, Lyonnel de Bournoville et plusieurs autres, lesquelz advisèrent leur point que La Hire estoit à la course, et par aucun moïen firent qu'ilz prindrent le chastel de Coussy, et en furent maistres. Après, ilz mandèrent messire Jehan de Luxembourg pour luy baillier le chastel; et en y eut aucuns qui ne furent mie contens de mectre les dedens qu'ilz ne promeissent de eulx laissier le gueng qu'ilz avoient fait. Et le seigneur de Maucourt alla au-devant de messire Jehan, en luy disant : « Monseigneur, les compaignons ne sont mie contens de vous mectre ens que ne prometés premier de leur laissier ce qu'ilz ont guengnié. » Et quant messire Jehan oyt ce, il se courucha grandement, et dist au seigneur de Maucourt : « Traître, me voullés-vous traïr? » Alors le fist prendre par ses gens, et s'il eust eu bourrel, il luy eust fait coper la teste, par le grant couroux qu'il avoit à luy. Tantost Lyonnel de Bournoville fist tout ouvrir, et messire Jehan entra dedens, et eut l'obéissance du chastel de Coussy.

Et depuis fut le seigneur de Maucourt délivré.

Item, messire Jehan de Luxembourg avoit espousé Jehenne de Bétune, fille au vicomte de Mioulx, qui enparavant avoit espousé le comte de Marle, et en avoit une fille qui estoit comtesse de Marle (2) : et par ce avoit messire Jehan de Luxembourg, le gouvernement de plusieurs hautes seigneuries, bonnes villes et fortresses donc il fist long-temps bonne garde.

Item, quant le duc de Bourgoigne fut venu à Troies en Champengne, comme dit est cy-devant, et les embassadeurs du roy Henry avecquez luy, il alla devers le roy Charles, son biaupère, et devers la Royne; et fist tant qu'ilz furent contens que le roy Henry eust Katherine, leur fille, à mariage. Et fut la chose traitiée, et du tout acordée par le roy Charles et son conseil. Et puis les embassadeurs s'en ralèrent vers le roy Henry pour le quérir, affin qu'il venist espouser à Troies. Et demoura vers dame Katherine ung des chevaliers du roy Henry, nommé messire Loys de Robessart.

Item, Phelipe, duc de Bourgoingne, fut une partie du karesme à Troies, et depuis tant que le roy Henry y fut. En tant que le duc Phelipe estoit à Troies, il envoia messire Jehan de Luxembourg courre devant une fortresse à six lieues de Troies, nommée Alibandières, et faisoit assés paine au païs de Champengne. Et quant messire Jehan y vint, il assist son enbûche à ung quart de lieue près, et puis envoïa Hector de Saveuses et Ferry de Mailly, atout quatre-vingts combatans, courre devant le chastel de Alibandières. Là y eult grant escarmuche ; car ceulx du chastel saillirent hors, et tantost après messire Jehan de Luxembourg vint pour aviser la place. Et quant il vit les doffinois dehors, luy qui avoit le cœur vaillant, frapa de l'espron pour remaistre les dauffinois dedens, et les cacha dessy auprès de la barrière; mais son cheval commencha à desroier et saillir, et tant qu'il falut que messire Jehan de Luxembourg chaïst dessoubz son cheval. Là y eut grant huée faite par les doffinois; car ilz getoient et tiroient fort sur messire Jehan, et s'il n'eust eu brief secours, il eust esté prins. Mais ses gens le relevèrent tantost, et luy remidrent sa lance en la main, qu'il avoit perdue au chaïr. Et lors messire Jehan marcha avant vaillaument, et à peu de gens remist les doffinois dedens ; et geta sa lance dedens les fossez du boulevert après eux, et tant qu'ilz fremèrent tous. Et messire Jehan manda ses gens qui estoient en embusque, et, par la

(1) *Un accident arriva lors : c'est que comme....* (Godefroy.)

(2) *De Marle*, *et une de messire Jean de Luxembourg, qui pour ce avoit....* (Godefroy.)

grand ire qu'il avoit, fist assaillir le boulevert sans avoir nul habillement d'assaut, et fist tant que ledit boulevert fut prins d'assaut, et y fist messire Jehan de Luxembourg bouter le feu, et fut le boulevert tout espris que on n'y povoit plus durer. Mout se porta messire Jehan de Luxembourg, ceste journée, vaillaument de sa personne : et quant ceulx du chastel le virent si vaillant, ilz voulurent sçavoir son nom, et envoièrent le requerre de faire armes contre luy. Et il manda qu'il en estoit content ; et puis, quant ilz sceurent son nom, ilz n'en voulurent riens faire. Après messire Jehan de Luxembourg s'en alla à Troies devers le duc Phelipe, et ses gens aux villages autour de Troies.

Item, environ quinze jours après, le duc Phelipe renvoia messire Jehan de Luxembourg et le seigneur de roy, le seigneur de Lilladam, maréchal de France, Hector de Saveuses et plusieurs autres seigneurs, pour maistre siège devant Alibandières. Et y alèrent atout bien douze cens combatans de bonne estoffe, et menèrent grans engins pour abatre la muraille. Et quant ce vint à prendre le siège, messire Jehan de Luxembourg, qui autrefois avoit prins le boulevert, comme avez ouy, alla pour le faire assaillir ; car les doffinois l'avoient refait plus fort que devant. Et y eut grant assaut ; car les doffinois le deffendirent grandement. Là estoit messire Jehan de Luxembourg, qui fort assailloit aveucquez les autres, et Hector de Saveuses combatoit sur une eschielle vaillaument ; et dura l'assaut bien deux heures. Mout y eut des gens de messire Jehan de Luxembourg navrés à cest assaut ; et luy de sa personne fut navré au visaige, donc il perdy ung oeul. Quant messire Jehan de Luxembourg fut navré, on le ramena à son papillon, et puis l'assaut commencha à luy retraire. Là fut Henry du Caufour (Chaufour) navré, donc il mourut, ung gentil-homme de Bourgoingne, et fut à combatre sur une esquielle, et mout d'aultres en y eut de navrés à mort.

Item, on emmena messire Jehan de Luxembourg en ung chastel pour le gairir, et de là à Troies. Puis le comte de Conversent, frère à messire Jehan de Luxembourg, vint à Alibandières et entretint le siège tant qu'il dura et que le chastel fut rendu. Devant Alibandières eut le seigneur de Biauvoir (Beauvoir) ung oeul crevé.

Item, le comte de Conversent fît assair de grans engins devant Alibandières, et mout fut fort abatu en peu d'espasse ; et tant que, après ung parlement qui avoit esté entre les doffinois et les Bourguignons, il y eut ung grand assault tout autour du chastel, et entra bien quatre-vingts hommes dedens (1) ; mais enfin ilz furent cachiés dehors par force, et dura bien l'assaut six heures ; et le falut laissier pour la nuit qui vint. Là y eut mout de gens navrez d'un costé et d'autre, et au quatriesme jour ceux du chastel se rendirent sauve leurs corps, et y eut aucuns gentilz-hommes qui eurent leurs chevaulx ; et puis ilz s'en allèrent à Moinnes par sauf-conduit, et la fortresse fut arse et toute désolée. Et puis les gens au duc Phelipes s'en ralèrent à Troies en Champengne, et se logèrent autour de la ville et dedens ; et les y ramena le comte de Conversent.

Item, assez tost après, le duc Phelipe envoia le seigneur de Lilladam, marissal de France, le seigneur de Croy, messire Maurroy de Saint-Légier, atout bien [mille] combatans au pays vers Coussy (Toucy), et vers la comté de Touraine (Tonnerre). Et quant ilz vindrent à six lieues près de Coussy, ilz firent faire des eschielles de guerre et puix s'en allèrent de tire, par nuit, pour assaillir la ville de Coussy, et vindrent devant la ville environ à soleil levant. Et quant le seigneur de Lilladam vint devant Coussy, il fist des chevaliers ; et y fut le seigneur de Croy fait chevalier, messire Baudet de Noielle et messire Lyonnel de Bournoville ; et puis on assailly la ville, et n'y avoit dedens que les bons hommes (les bourgeois), et deux ou trois gentilz-hommes, par quoy le commun fut bien esbahy ; mais nonobstant ilz se rassemblèrent et puis se deffendirent bien. Et aussy les eschielles furent trop courtes, et parce, on se retrait pour le présent, et on se loga autour de la ville ; et puix on fist faire des eschielles plus longues et des martiaux de fer pour les rassaillir, et au troisiesme jour on y refist ung grant assaut, et ancore se deffendirent mieux qu'ilz n'avoient fait au premier ; et tant qu'ilz tuèrent ung gentil-homme, nommé Ogier de Saint-Vandrille, vaillant homme de guerre, et demoura dedens les fossez, et avec en navrèrent assez d'autres ; et y fut tué ung capitaine de brigans (2), nommé Tabari, qui avoit autresfois mené guerre aux Englez, et mout en avoit destruit. Quant les gens au duc Phelipes virent que les bons hommes se deffendoient si bien, et qu'ilz apercheurent qu'ilz ne les pourroient avoir d'assault, ilz se retrairent en leur logis ; et tantost après vint nouvelles au seigneur de Lilladam que ses anemis le venoient combatre. Et lors le seigneur de Lilladam monta à cheval

---

(1) *Dedans les trins.* (Godefroy.)
(2) Fenin entend sans doute ici par ce mot *brigans*, les gens de guerre qui portaient des *brigandines*, espèce d'armure en fer.

atous les Piquars avecquez luy, et alla au devant pour les trouver sur les champs : et les doffinois, qui avoient leurs espies, en ouïrent les nouvelles, et pour ce qu'ilz n'estoient mie puissans d'atendre les Picars, ilz se retrairent à une forte église, nommée Escans-Saint-Germain, à deux lieues près de Aussoire : et là les alla le seigneur de Lilladam assaigier, et les Picars avecquez luy, et y tint le siège dix-huit jours. Et tant fist le seigneur de Lilladam et les Piquars, que ceulx qui estoient dedens Saint-Germain se rendirent en la voulenté du seigneur de Lilladam, parce qu'ilz s'en yroient par paiant finance ; et puis après l'église fut abatue, c'est assavoir la fortification. Et de là le seigneur de Lilladam et les Picars se retrairent à Troies devers le duc Phelipes, et là trouvèrent le roy Henry d'Engleterre et toute sa puissance autour du pays, qui estoit venu pour luy marier.

Vérité est que l'an mil quatre cens et vingt, environ la Penthecouste, le roy Henry arriva à Troies en Champengne atout bien douze mil combatans de bonne estoffe, et estoit le duc de Clarence, son frère, avec luy, et mout d'autres grans seigneurs d'Engleterre : et si estoit le Rouge duc (1) en sa compaignie, qui estoit d'Allemengne, qui avoit espousé la seur du roy Henry. Et quant le roy Henry fut arrivé à Troies, comme dit vous ay, là estoit pourparlé de luy et de Katherine, fille au roy Charles, paravant, comme cy-devant est dit. Lors le roy Henry la fiancha au grant moustier de Troies, où il y avoit mout grant peuple, et y estoit la royne de France. Dedens les dix jours après, ce mariage se parfist, et espousa le roy Henry Katherine, fille au roy Charles et seur au Dauffin, qui estoit mout belle dame, humble et de noble atour. Là y eut mout de grans noblesses faites aux nocches du roy Henry, et de haute seignouries ; et mout fist hautes festes à son mariage. Et aussi y eut de grans acointances entre le roy Henry et le duc Phelipes de Bourgoingne, et avecques ce fut du tout la paix confermée entre le roy Charles de France et le roy Henry d'Engleterre, et pareillement entre le duc Phelipes de Bourgoingne. Et, comme devant est devisé, par les promesses qui furent là faites, le roy Henry d'Engleterre devoit pocesser du royaume de France et estre droit héritier, luy et ses hoirs, après la mort du roy Charles de France, sans que jamais nul venant du costé du roy Charles y peust venir, s'il ne yssoit du roy Henry et de Katherine, fille au roy Charles. Et sembloit ce point estre mout estrange à aucuns du royaume de France, mais ilz ne le povoient avoir autre pour le présent.

Item, environ douze jours après que le roy Henry eut espousé Katherine (2), fille au roy Charles, et que les festes furent passées, le roy Henry se mit à voye pour aller vers Sen (Sens) en Bourgoingne, et mena avecquez luy le roy Charles de France et le duc Phelipez de Bourgoingne. Et aussi menoit la Royne sa femme, et s'en alla desy à Sens en Bourgoingne ; et là, mist le siège tout autour, et leur fist signiffier qu'ilz rendissent la ville au roy Charles ; mais ilz n'en voulurent riens faire. Et estoit dedens, de par le Doffin, le seigneur de Bontouviller atout environ trois cens combatans. Là furent le roy Charles et le roy Henry, et le duc Phelipes, sept jours avant qu'ilz voulsissent parlamenter. Et quant ilz virent qu'il y avoit si grant puissance et qu'ilz n'airoient point de secours, ilz voulurent trouver leur appointement, et le roy Henry envoia Cornouaille parler à eux. Et quant Cornouaille, qui bien apercheut qu'ilz estoient en dangier, fut venu assez près de la porte pour parler à eulx, y vint vers luy ung gentil-homme qui avoit grant barbe : et quant Cornouaille le vit, il luy dist qu'il ne parleroit point à luy se il n'avoit sa barbe faite, et que ce n'estoit point la gise des Englez. Et tantost icelluy alla faire faire sa barbe, et puis revint vers le seigneur de Cornouaille ; et là parlèrent tant que le traitié fut fait par condicion que ceulx de la ville s'en yroient sauf leurs corps et leurs biens : c'est assavoir les gens d'armes et ceulx de la ville demourroient en l'obéissance du roy Charles, et ainsy en fut fait. Et le roy Charles eut l'obéissance de la ville de Sens, et entra dedens le roy Henry avecques luy et le duc Phelipes. Là séjournèrent huit jours.

En tant que les deux Rois estoient logiés dedens la ville de Sens, il y eut ung grant débat des Englez et des gens au duc Phelipes, et furent les gens au duc Phelipes racachiés dessy à son hostel. Et par pluseurs foix les Englez prindrent débat aux gens du duc Phelipes pour ce que les Englez estoient les plus fors ; et mout en desplaisoit aux Picars. Mais enfin le roy Henry fist deffendre à ses gens qu'ilz n'en faissent plus. Après ce que le roy Charles, le roy Henry et le duc de Bourgoingne eurent séjourné six jours à Sens en Bourgoingne, ilz se deslogèrent et s'en allèrent vers Monstriaufault-Yonne, et là mirent le siège tout autour.

(1) Louis III, le Barbu, comte palatin du Rhin.

(2) Il y a erreur. Henri quitta Troyes le surlendemain du mariage.

A Sens en Bourgoingne mourut maistre Eustasse de Latre, qui estoit chancellier de France.

Item, est vray que quant le Doffin et son conseil sentirent les aliances qui estoient faites entre le roy Henry et le duc Phelipes, et avec ce qu'ilz avoient le roy Charles vers eulx, ilz furent aussi que tous esbahis, et bien apercheurent qu'ilz ne pourroient fors que garder leurs places. Et pour ce mirent grant paine à les garnir, par espécial celles qui estoient tenables, et mout fort les pourvoient de gens de fachon.

Item, quant le roy Charles, le roy Henry et le duc Phelipes eurent mis le siège autour de Monstriau, comme dit est, ilz y furent bien quinze jours; et estoient logiés droit sur les fossez de la ville. Avinst, par le jour saint Jehan-Baptiste, que Englez et Bourguingnons commencèrent à assaillir la ville de Monstriau; et tant firent qu'elle fut prinse d'assault, et y eut prins unze gentilz-hommes, et si en y eut de mors environ autant, sans ceux qui se noièrent à eux retraire dedens le chastel. Quant la ville de Monstriau fut prinse, ainsi que dit vous ay, les gens au duc Phelipes s'en allèrent tout droit à la tombe où le duc Jehan de Bourgoingne estoit enterré, au chimetière de la ville, et là alumèrent des sierges autour, et si midrent ung drap d'église sur la tombe, et puis on manda des prestres pour dire vigiles d'emprès. Quant tout fut rapaisié, et que les doffinois furent tous retrais dedens le chastel, les Englès se logèrent devant leur pont et par toute la ville. Et lors on desterra le duc Jehan de Bourgoingne, lequel estoit enterré atout son parpoint et ses housiaulx, et mout estoit peu dommagié de pourreture, et si avoit bien de six à sept mois qu'il y estoit mis, donc mout de gens furent mout merveilliés; car, pour vray, il estoit ancore tout entier. Là y eut grand deul fait des gens au duc Jehan, quand ilz virent leur seigneur; et fut leur deul tout renouvellé. Tantost après, il fut mis en ung serceul de plon, et depuis fut porté à Dignon (Dijon) en Bourgoingne, et fut là enterré; maiz on luy fist ung service dedens l'église de Monstriau, où le duc Phelipe, son filz, fut mout notable de ce que on povoit avoir (voir); et mout fut le deul au duc Phelipez renouvelé quant il vit le viaire (le cercueil) au duc Jehan son pere.

Item, après toutes ses besoingnes, le roy Henry fist sommer le seigneur de Giteri, qui estoit capitaine du chastel [de Montereau, qu'il rendist le chasteau,] ou il feroit mourir ses gens qui avoient esté prins dedens la ville, et mesmez y envoia le roy Henry les unze gentilz-hommes que ses gens avoient prins, parler au seigneur de Giteri, sur le bort des fossiez au chastel; mais ilz estoient bien tenus. Et là piteusement firent requeste au seigneur de Giteri, leur capitaine, qu'ilz voussissent rendre le chastel pour eulx sauver les vies, et que bien ilz l'avoient servy : et aussy qu'ilz voient bien qu'il ne povoit longuement durer contre telle puissance; mais, pour requeste qu'ilz faissent, le seigneur de Giteri ne veut riens faire. Et quant les prisonniers oyrent la response, ils furent bien esbahis, et virent bien qu'ilz estoient mors. Adonc requidrent aucuns de voier leurs femmes et leurs amis qui là estoient, et on leur alla quérir. Là y eut de piteux regrez au prendre congié; et puis on les remena. Et landemain le roy Henry fist dréchier ung gibet devant le chastel, et là les fist pendre tous, l'un après l'autre. Et pour ce fut le seigneur de Giteri mout blasmé; car il lessa pendre ses gens, et si rendi la fortresse au bout de six jours après, et s'en alla sauf son corps et ses biens.

Item, on vouloit occuper (1) le seigneur de Giteri, disant qu'il avoit esté consentant de la mort au duc Jehan de Bourgoingne, et de ce le voulloit combatre ung gentilhomme nommé Guillaume de Bière; mais enfin riens n'en fut. Et s'en alla le seigneur de Giteri, luy et ses gens, et rendi le chastel de Monstriau au roy Henry, lequel y laissa de ses gens en garnison.

Item, devant Monstriau fut tué messire Butor de Croy, frère bastard au seigneur de Croy, qui estoit vaillant chevalier, et fut féru d'un vireton parmy le col. Et aussi le roy Henry fist pendre son varlet de pié, pour ce qu'il avoit tué ung de ses chevaliers par aucun débat meu entre eulx, et fut ledit varlet pendu avecquez les doffinois.

Après ce que le roy Henry eut l'obéissance de Monstriau et qu'il l'eut garny de ses gens, il chevaucha vers Melin, et se loga à deulx lieues près de la ville. Et le duc Phelipe se loga à une fortresse nommée Blandi, à une lieue de Melin, et landemain le roy Henry et le duc Phelipe allèrent, à grant compaignie, aviser la ville de Melin, et comme ilz asserroient leur siège. Et quant ilz l'eurent bien avisé, au deuxiesme jour après, ilz se déslogèrent; et alla le duc Phelipe et le comte de Hontiton logier devant la ville de Melin, au costé vers Maulx en Brie. Et le roy Henry s'en alla passer à Corbeul, et de là alla prendre le siège à l'autre costé de Melin. Par ainsy fut le siège mis tout autour de Melin (Melun).

Le premier jour que le duc Phelipes assist son siège, les doffinois saillirent sur son logis

(1) Godefroy dit *accuser*. C'est une leçon convenable.

et guenguairent l'estendart d'un capitaine nommé Jehan de Gigni, et l'emportèrent dedens la ville ; mais ilz furent assés tost reboutés dedens. *Item*, dedens les huict jours que le duc Phelipez eut mis son siège devant la ville de Melin, ses gens assaillirent ung boullevert qui estoit à son costé, et tant firent qu'ilz le prindrent d'assaut ; mais il y eut mout de ses gens bléchiés et mors à le garder, tant que le siège dura. Il y fut mort ung vaillant homme d'armes, nommé Eurar de Biane (Evrard de Vienne) ; et aussy y eut ung capitaine mort des Englez, nommé messire Phelipes Liz, donc le duc Phelipez fut mout yré ; car il l'amoit mout pour la prudence qui estoit en luy.

Item, le roy Henry fist clorre son host, tout autour, de bons fossez, et n'y avoit que quatre entrées, où il y avoit bonnes barrières que on gardoit par nuit ; par quoy on ne povoit sourprendre l'ost au roy Henry. Mout tint le roy Henry puissant siège devant Melun, et y fut le roy Charles grant espasse sur le derrain ; par quoy il y avoit moult grant puissance, car la puissance du roy Henry y estoit avec celle du roy Charles et du duc Phelipes de Bourgoingne ; et dura le siège dix-huit sepmaines entières. Avec le roy Henry estoit la Royne sa femme, et estoit la Royne sa femme logiée dedens ses tentes. Mout y avoit devant Melun de grans engins, par quoy la ville fut fort abatue ; et si avoit le roy Henry fait faire une misne dessoubz les fossez de Melun, qui passoit dessy aux murs de la ville. Mais ceux de la ville l'apercheurent, et contreminèrent à l'encontre, et tant qu'elle fut perchié et y eut grant assaut dedens par plusieurs foix ; et y combati le roy Henry et le duc Phelipe de Bourgoingne (1) eulx deux ensemble contre deux doffinois. Mout y fist-on de chevaliers à combatre dedens la misne : et y fut fait chevalier messire Jehan de Hornes, le seigneur de Mammes et plusieurs autres, donc je ne sçay point les noms.

Item, y avoit dedens la ville de Melun de mout vaillans gens : et estoit leur principal capitaine le seigneur de Barbazam, qui estoit vaillant chevalier et grandement s'i gouverna, et avec luy messire Jehan de Bourbon, ausquelz le Doffin et son conseil avoient juré et promis de les secourre se ilz en avoient maistier. Et pour ce se tindrent tant que vivres leur durèrent, et mengèrent leurs chevaulx, par force de famine, et leurs chiens.

Item, quant le siège de Melun eut esté dix-huict sepmaines, comme dit est, vivres faillirent en la ville. Et par ce falut que Barbasan rendist au roy Henry la ville, et se rendi en la voulenté du roy Henry, luy et tous les autres. *Item*, Barbazan et tous ses compaignons furent menés prisonniers à Paris ; et fut ledit Barbasan mis dedens la Bastille Saint-Antoine, où il fut long-temps prisonnier. Et luy vouloit-on bailler charge qu'il sçavoit de la traïson qui avoit esté faite au duc Jehan ; mais enfin il en fut trouvé non culpable, et pour ce fut tenus prisonnier sans estre mis à mort ; et depuis fut mené par les Englès au Chastel-Gaillart.

Item, en tant que la ville de Melun fut en traitié, il y eut ung gentil-homme qui estoit au roy Henry, nommé Bertram de Camont (Caumont), lequel fortrait ung prisonnier hors de la ville, après la deffence faite de par le roy Henry. Et, pour ceste cause, luy fist le roy Henry coper la teste, nonobstant que le Roy l'amoit bien ; mais il vouloit que ses commandemens fussent tenus : et ne peult estre sauvé pour nulle priaire des seigneurs. En ceste mesme sepmaine, le seigneur de Lilladam estoit revenu de Sens en Bourgoingne, où il avoit tenu garnison, et vint devant Melun devers le duc Phelipes, et puis il alla devers le roy Henry pour aucuns affaires qu'il avoit : et estoit alors maréchal de France. Et quant il vint vers le roy Henry, il avoit vestu une robe de blanc gris : et après ce que le Roy l'eut salué et parlé à luy, il luy demanda : « Lilladam, esse la robe de marissal de France ? » Et le seigneur de Lilladam respondy : « Très chier seigneur, je l'ay fait faire » pour venir aux batiaulx depuis Sens jusques » icy. » Et en parlant il regardoit le roy Henry au visaige. Adonc le roy Henry luy dist : « Comme osés-vous ainsy regarder ung prince » au visaige ? » Et le seigneur de Lilladam dist : « Très redouté seigneur, c'est la gise de France, » et s'aucun homme n'ose regarder à ung qui » luy parle, on le tient pour malvais homme et » traître ; et, pour Dieu, ne vous veuilliés cour- » rouchier. » Et le Roy dist : « Ce n'est pas nos- » tre guise. » Et depuis monstra bien le Roy Henry qu'il n'aymoit point le seigneur de Lilladam, car il le fist depuis prendre en la ville de Paris, et mectre en prison à intencion que jamais il n'en istroit, et non fist-il du vivant du roy Henry : et encore l'eust fait morir, se n'eust esté par la priaire du duc Phelipez de Bourgoingne, lequel luy pria mout espécialement qu'il ne mourust point.

---

(1) Ce fait est omis par Juvénal des Ursins, qui pourtant raconte fort en détail comment se fit l'ouverture de la mine, et les combats qui s'y livrèrent entre les Anglais et les Français.

Item, devant Melun eut aucuns contens entre messire Hue de Lannoy et ung huissier d'armes du duc Phelipes, nommé Grant Jehan : et dist messire Hue aucunes paroles audit Grant Jehan, donc il dist qu'il se plaindroit au duc Phelipe. Et une autre fois, présent messire Hue, le Grant Jehan se plainst au duc Phelipe de l'injure que messire Hue luy avoit dite ; et messire Hue, qui estoit armé et avoit ses gantelès mis en ses mains, présent le duc Phelipe, se avancha en disant : « Tu es ung très malvais garson, » et frapa le grant Jehan de son gantelet parmy le visage, où il estoit à genoux devant le duc Phelipes. De ce fut le duc Philipes très mal content, et en sceust malvais gré à messire Hue de Lannoy, et aussy messire Hue en fut fort blasmé de toutes gens. Mais enfin le duc Phelipes luy pardonna par la priaire des seigneurs de son hostel, qui luy en requidrent moult de fois, et dist que se tel outraige estoit jamais fait présent sa personne, qu'il courrouceroit ceux qui ce feroient.

Item, en tant que le siége se tint devant Melun, Atis de Brimeu, qui estoit principal gouverneur au duc Phelipes, mourut à Paris de maladie qui luy prinst à l'ost, donc le duc Phelipe fut grandement courouchié ; car il estoit saige, courtois et amé de toutes gens.

Après toutes ces choses ainsi faites, et que Melun fut mise en l'obéissance du roy Henry, comme dit vous ay, le roy Henry le fist garnir de gens, de vivres et de ce qu'il y falut, et puis s'en alla à Paris ; et y mena le roy Charles de France avecquez luy, et le duc Phelipes de Bourgoingne. Quant le roy Charles et le roy Henry et le duc Phelipes furent venus à Paris, il y eut de grans apointemens fais. Et renouvela le roy Henry tous les sermens des seigneurs de France ; et avec fut appointié par parlement que jamais le Doffin ne pocéderoit du royaume de France ; et le fist-on apeller à la table de marbre ; mais il n'y avoit garde de venir. Lors fut fait à Paris mout de nouviaulx officiers, tous de par le roy Henry, comme aiant le gouvernement du royaulme ; et adonc on commencha à déposer les gens du duc Phelipe des offices de France. Et fut le seigneur de Humbercourt, qui estoit baillif d'Amiens, déposé, et le seigneur de Lilladam et pluseurs autres. Et fist le roy Henry baillif d'Amiens ung advocat nommé maistre Robert le Jonne, lequel fut rade justicier tant que le roy Henry vesqui, et mout fort soustenoit la querelle des Englez ; car le roy Henry l'amoit grandement, et aussi faisoient les autres seigneurs d'Engleterre qui reparoient en France.

Item, après ces apointemens fais à Paris, comme dit est, le duc Phelipe s'en retourna en ses pays de Flandres et d'Artois, vers la duchesse Michielle, sa femme, et là se tint grant espasse. Et messire Jehan de Luxembourg s'en alla à Biaurevoir, et fourni ses fortresses pour tenir frontière vers le comté de Guise-en-Terasse (Guise en Thiérache).

Item, environ ung moys après, le roy Henry assist garnison tout sur l'iau de Saine, et puiz mist de ses gens dedens la Bastille Saint-Antoine, et à Paris laissa son oncle, le duc d'Excestre (d'Excester), pour entretenir ceux de Paris : et il envoia le duc de Clarence, son frère, atout grant puissance, en la Basse-Normandie mener guerre. Et puix se mist à chemin pour venir à Calais : et de Paris vint à Amiens, et la Royne sa femme avecquez luy. Et fut fort festié en la ville d'Amiens par maistre Robert Le Jonne, lequel il avoit fait baillif d'Amiens. Et puis il se desloga d'Amiens et s'en alla au giste à Doullent et de là à Saint-Pol, et puis tira droit chemin à Calais ; et de là passa en Engleterre, où il fut hautement festoié, et la Royne sa femme avecquez luy. Et pour lors estoit la royne Katherine enchainte, et jeut assez tost après d'un filz qui eut nom Henry, comme son père avoit. *Item*, quant le roy Henry passa [à] Amiens et à Saint-Pol, le roy d'Escosse estoit avecquez luy, et estoit prisonnier.

Quant le roy Henry fut rallé en Engleterre, ainsi que vous ay dit, et qu'il eut mis au païs de France ses gens qui menoient forte guerre aux dauffinois, il y eut pluseurs seigneurs de France et d'ailleurs qui furent courchiés de l'aliance que le duc Phelipe de Bourgoingne avoit prinse avecquez le roy Henry d'Engleterre ; et mout en y eut, qui paravant avoient tenu le parti au duc Phelipe et au duc Jehan, son père, contre le Doffin, qui se retournèrent contre luy. Et fut messire Jaques de Harecourt l'un des principaulx qui s'i tourna, et aussy atrait pluseurs seigneurs avecquez luy : et prindrent conclusion de mener guerre contre le duc Phelipe, combien que paravant il avoit esté de son conseil et bien son amy. Mais par ce que le roy Henry tenoit les terres du comté d'Ancarville, qui estoient à la femme messire Jaques, et qui ne les luy vouloit rendre, il se tourna du parti au Doffin. Et aussy il se floit mout au chastel de Crotoy, donc il estoit capitaine. Avec messire Jaques de Harecourt se tourna le seigneur de Rambures, messire Loys Burel (Burnel), messire Loys de Vaucourt, Le Bon de Saveuses, les enfans de Harsclaines et mout d'autres gentilzhommes de Vimeu, de Pontieu et d'ailleurs ; et faisoient forte guerre aux Englès par mer et par terre, et aussi faisoient-ils aux gens du duc Phelipes de Bourgoingne.

Item, en ceste mesme année, qui fut l'an mil quatre cens et vingt, le roy Henry d'Engleterre avoit laissié en France le duc de Clarense, son frère, qui estoit mout biau prince, et avec ce estoit renommé d'estre vaillant. Et lors estoit en France lieutenant du roy Henry son frère, pour la guerre, et avoit mout noble compaignie d'Englès avec luy, et si estoit allé à la Basse-Normandie, vers Dreux. Si avint que les doffinois sceurent la venue du duc de Clarence, et pour se assemblèrent le plus qu'ilz peurent pour résister à l'encontre des Englès ; et le duc de Clarense sceut l'assemblée des doffinois pareillement. Et y avoit une rivière entre les deux hostz(1), qui estoit dangereuse à passer. Et quant le duc de Clarense sceut que ses ennemis estoient sur les champs, il contendi de passer l'iaue, et passa des premiers atout environ de trois à quatre cens hommes des plus gentilz, et ne peut sa puissance sitost passer ; et les doffinois, qui bien virent leur point, vindrent fraper sur les Englès. La eut forte bataille d'un costé et d'autre ; mais les doffinois estoient sans compareson plus que les Englès ; par quoy le meschief tourna sur le duc de Clarense, et y fut mort de sa personne, et avec luy le conte de Quen et le seigneur de Ros, maressal d'Engleterre, et mout d'autres grans seigneurs : et si fut prins le comte de Hantiton. Mout firent les Englès grant perte de leurs capitaines ; mais enfin les doffinois furent reboutés par les Englès, et regaignèrent le corps du duc de Clarense et des autres seigneurs, donc ilz firent grant deul pour la perte de leurs seigneurs qui là estoient mors ; car la fleur de la seignourie d'Engleterre y mourut ceste journée.

Item, quant nouvelles furent portées devers le roy Henry de la mort de son frère le duc et de ses autres princes, il en fut mout courouchié, et refist en Engleterre mout grant mandement pour retourner en France, et y retourna environ la Saint-Jehan-Baptiste mil quatre cens vingt-un ; atout grant puissance de gens, vint descendre à Calais, et de là chevaucha à Monstreul et puis à Saint-Riquier. Lors estoit le chastel de La Fiesté (La Ferté) en la main des doffinois, et l'avoit messire Jaques de Harecourt garny de ses gens. Et y estoit capitaine, de par luy, le bastart de Belloy (Bellay), lequel le rendi au roy Henry ; et y fut mis Nicaise de Bonfleurs (Bouffers) de par le duc Phelipe de Bourgoingne. Après, le roy Henry s'en alla à Abeville, et de là à Rouen, et puis à Vernon, au païs de Perche. Et alloit à intencion de combatre le Doffin, lequel avoit grant gent vers Chartre ; mais il ne s'aproucha point.

Item, ung peu devant, le seigneur de Lilladam fut prins à Paris ; et le fist prendre le duc d'Encester de par le roy d'Engleterre, donc le commun de Paris fut fort esmeu, et s'assemblèrent bien mille ou douze cens pour rescourre le seigneur de Lilladam. Mais le duc d'Encester avoit environ six vingt combatans, et vint fraper sur eux, en eulx commandant, de par le Roy, qu'ilz se traisissent et que on feroit justice au seigneur de Lilladam. Et en y eut assez de bléchiés ; mais enfin le seigneur de Lilladam fut mené prisonnier en la Bastille Saint-Antoisne, et là fut tant que le roy Henry vesquit. Mout se gouverna le duc d'Encester en ceste besoingne hautement dedens Paris contre le commun.

Item, aucuns dirent que le seigneur de Lilladam avoit parlé contre l'onneur du roy Henry, et pour ce, le vouloit faire mourir en prison.

Item, quant le roy Henry passa par Abeville, le seigneur de Cohen fut commis capitaine d'Abeville.

Item, assez tost après que le Roy fut vers Vernon, et qu'il passa pour aller combatre le Doffin, il le fist sçavoir au duc Phelipe de Bourgoingne, et le duc Phelipe assembla ce qu'il poit avoir de gens, et chevaucha droit à Amiens, et de là à Biauvaiz, et puis vers Vernon. Et se loga à ung grant village nommé Magni et puis, [de] sa personne, alla devers le roy Henry. Et quant il vint là, les nouvelles luy vindrent que le Doffin et ses gens estoient retraiz vers Tours en Touraine. Et quant le roy Henry eut ouy les nouvelles qu'il ne seroit point combatu, il fist retraire le duc Phelipe pour garder ses pays ; et le duc Phelipe s'en retourna droit à Biauvais, et de là alla logier à Crossy (Croissy). Quant le duc Phelipe fut logié à Croissy, il ouït les nouvelles que le seigneur d'Offemont et Poton de Sainte-Traille avoient prins Saint-Riquier par le conseil de messire Jaques de Harecourt, et qu'ils luy gastoient tout son pays.

Item, en ce voiage, le vidame d'Amiens eut une jambe rompue d'un cheval qui le rua en cachant ung regnart, et fut long-temps qu'il ne se povoit armer. Après ce que le duc Phelipe de Bourgoingne fut venu logier à Croissy, comme dit est, et qu'il sceut les nouvelles que Saint-Riquier estoit prins, il assembla son conseil pour sçavoir comme il pourroit faire. Et lors prinst conclusion qu'il envoiroit messire Jehan de Luxembourg au pays, pour sçavoir

---

(1) Voyez le *journal d'un bourgeois de Paris*, dans nos documents relatifs au règne de Charles VI.

s'il pourroit riens trouver sur ses ennemis. Et le duc Phelipe s'en alla à Amiens pour eux requerre qu'ilz luy faissent aide de arbalestriers pour asségier Saint-Riquier. Et de là le duc Phelipe s'en ala tant qu'il vint logier à Cussy (Auxi); et messire Jehan de Luxembourg alla passer à Piquigny, et puis s'ala logier à Dommart en Pontieu, qui est de deux à trois lieues de Saint-Riquier. Quant messire Jehan de Luxembourg fut logié à Dommart et qu'il y eut jeu une nuit, il s'ala mectre en embusche en ung vilage au-dessus de Saint-Riquier, atout bien cinq cens combatans, et puis envoia de ses coureurs devant la ville pour faire saillir les doffinois; mais ilz ne saillirent point. Et quant messire Jehan vit ce, il se retrait à Dommart, et landemain s'en alla aussy devers le duc de Bourgoingne.

Item, le duc Phelipe manda archiers et arbalestriers par tout les bonnes villes, et les mena avec luy devant le Pont-de-Remy, lequel Loys de Vancourt, filz du seigneur de Vancourt, avoit mis en la main de messire Jaques de Harecourt; et messire Jaques y avoit mis garnison, qui mout grevoit la ville d'Amiens et d'Abeville. Quant le duc Phelipe fut venu devant le Pont-de-Remy, il se loga en la ville, et ses gens estoient logiés devant le Pont. Adonc ceulx de l'île du Pont-de-Remy tirèrent deux ou trois fusées sur les maisons de la ville, qui estoient couvertes [d'esteule (1),] et si prinst le feu assez tost; par quoy la ville fut toute arse et désolée. Devant le Pont-de-Remy fut le duc Phelipe cinq ou six jours, et puis ceulx de la ville d'Amiens y vindrent atout cinq ou six grans batiaulx, où il avoit foison arbalestriers. Et quant ceulx de l'ille seurent leur venue, ils s'enfuirent et laissèrent le chastel, et emportèrent les biens qui estoient dedens. Et prestement on passa par ung batel et entra-on dedens l'ille et dedens le chastel, et prinst-on ce que on y trouva : et puis après on bouta le feu partout. Ainsi fist le duc Phelipe désoler l'ille et le chastel du Pont-de-Remy, et pareillement le chastel Diancourt (d'Eaucourt) et celluy de Mareul (Mareuil), et fut tout désolé en ung jour. Après ce, le duc Phelipe s'en alla logier à Abbeville et tous ses gens; et y fut trois jours. Et puis il alla mectre le siège devant la ville de Saint-Riquier; et se loga dedens le chastel de La Fiesté, lequel les doffinois avoient ars quant le duc Phelipe passa pour aller au Pont-de-Remy; et l'avoit Nicaise de Bouflers rendu aux doffinois, à qui on l'avoit baillié en garde quant le roy Henry passa à Saint-Riquier.

(1) *Esteule ou estouble*. C'est ce qu'on appelle vulgairement du chaume.

Item, le duc Phelipez fut devant Saint-Riquier le moys d'aoust, et n'y estoit le siège que par deux costés, par quoy les doffinois sailloient quand il leur plaisoit. Dedens Saint-Riquier estoient le seigneur d'Offemont, Poton de Sainte-Traille et mout d'autres vaillans hommes d'armes; et estoient biens six cens combatans.

Item, en tant que le siège fut devant le Pont-de-Remy, il eut armes faites de six doffinois contre six Bourguignons pour rompre chacun trois lances l'un contre l'autre; et fut jour prins de les fournir dessus Saint-Riquier. Et là alla messire Jehan de Luxembourg, atout six cens hommes d'armes, tous gens d'eslite. Et le seigneur d'Offremont vint pareillement au devant de messire Jehan de Luxembourg, atout ses gens, au-dessus de Saint-Riquier, vers le Pont-de-Remy : et avoient baillié sauf-conduit l'un à l'autre pour eux et pour leurs gens. Quant le seigneur d'Offremont et messire Jehan de Luxembourg furent venus ensemble, ilz firent grant chière l'un à l'autre, et firent armer ceux qui devoient faire les armes. Et estoient de la partie de messire Jehan de Luxembourg messire Lyonnel de Bournoville, le bastard de Robais, Henriet Lalemant, ung nommé de Recourt et deux autres aveucquez eux. Quant ilz furent prez pour fournir leurs armes, ilz commencèrent à courre les ungs contre les autres; et eut ledit de Raucourt son cheval tué dessoubz luy d'un doffinois, et aussi eut Henriet Lalemant; donc messire Jehan de Luxembourg fut mal content, et cuida que les doffinois tuassent les chevaux de fait avisé. Là y eut de biaus coups férus et mout de lances rompues de checune partie, sans qu'il y eût homme bléchié d'un costé ne d'autre : et par ce que la nuit vint trop tost, il y en eut deux de checune partie qui ne peurent fournir ce qu'ilz avoient entreprins. Et s'en ralla messire Jehan de Luxembourg au Pont-de-Remy, devers le duc Phelipe de Bourgoingne, et le seigneur d'Offremont dedens Saint-Riquier.

Item, en tant que le duc Phelipe estoit devant Saint-Riquier au siège, comme dit est, les doffinois sailloient souvent dehors sur les gens au duc Phelipe, et prenoient pluseurs de ses gens qu'ilz menoient dedens la ville. Et y fut prins messire Emont de Bonherch, lequel fut tenu si longuement prisonnier qu'il mourut en prison, et si fut prins Jehan de Crièveceur, et pluseurs autres.

Item, ung peu devant que le siège venist devant Saint-Riquier, les doffinois allèrent courre, environ trois cens combatans, desy à la rivière de Tausse (Canche), et assaillirent l'église de Coussy-sur-Tauce, (Canchy-sur-Canche), où les gens de la ville s'estoient retrais.

Et tant firent les doffinois qu'ilz boutèrent le feu dedens ladite église et ardirent plusieurs de la ville, et les autres emmenèrent prisonniers à Saint-Riquier. Alors estoit le chastel de Denrier (Douriers) plain de doffinois qui estoient à Poton de Sainte-Traille, et faisoient assez paine au païs vers Monstereul et vers Hedin.

Après ce que le duc Phelipe eut esté environ ung moys devant la ville de Saint-Riquier, et qu'il vit qu'ilz n'avoient nulle voulenté d'eux rendre, et avec ce, qu'ilz n'estoient assiégiés que par deux costés et povoient, de jour en jour, avoir secours des gens de messire Jaques de Harecourt, il oyt nouvelles que, par le pourchas de messire Jaques de Harecourt, les doffinois s'assembloient pour le venir combatre; et fist le duc Phelipes tant qu'il sceut véritablement que ses ennemis estoient assemblés pour le venir lever de son siège devant Saint-Riquier. Quant le duc Phelipe sceut la vérité, il prinst conseil à ses barons comment il pourroit faire, et puis prinst conclusion d'aller au devant d'eux, outre l'iau de Somme. Adonc il envoya Phelipes de Saveuses et le seigneur de Crèveceur atout deux cens combatans pour chevauchier sur les doffinois. Le seigneur de Crèveceur et le seigneur de Saveuses s'en allèrent passer à Abeville, et arrivèrent là environ jour failly. Et là furent desy au point du jour, qu'ilz montèrent à cheval et chevauchèrent en tirant vers Araines. Et quant ilz furent deux lieues outre Abbeville, il estoit ung peu devant soleil levant; et Phelipez de Saveuses mist douze coureurs devant lesquelz coureurs [menoit le Bègue de Grouches.] Quant ilz furent allés trois ou quatre trais d'arc, ilz virent les doffinois qui venoient en grant ordonnance pour aller vers la Blanque-Taque. Adonc les coureurs se retrairent devers les capitaines : et avoient prins deux archiers doffinois, par quoy on sceut vérité qu'ilz alloient combatre le duc Phelipes de Bourgoingne.

Item, Phelipes de Saveuses et le seigneur de Crèveceur envoièrent les deux archiers vers le duc Phelipe, et avec ce luy firent sçavoir que ses ennemis le venoient combatre, et qu'il se hâtast de passer Abeville pour estre au-devant, et le duc Phelipe, qui avoit abandonné son logis devant Saint-Riquier et bouté le feu jà partout en Abeville ; et quant il ouït les nouvelles que ses chevaucheurs luy mandoient, il se desloga d'Abeville et se mist aux champs atout sa puissance. Et les doffinois chevauchoient fort pour passer à la Blanque-Taque, et tousjours les suivoient Phelipez de Saveuses et le seigneur de Crièveceur, et tant que les doffinois estoient jà assez près de la Blanque-Taque et chevau-choient à passer l'iaue en allant vers Noielle sur la mer. Et le duc Phelipe les poursuioit en grant ordonnance ; et tant les poursuivi que les deux batailles povoient voier l'un l'autre. Quant les doffinois aperçheurent la bataille au duc Phelipe, ilz retournèrent aux plains camps, et vindrent baudement pour le combatre, et là se mirent en bataille. Et le duc Phelipes se hastoit mout fort pour les ataindre ; et tant se hasta, qu'ilz furent à deux trais d'arc près l'un de l'autre. Là, y eut de grans ordonnances faictes de checune partie. Et fut le duc Phelipe fait chevallier par messire Jehan de Luxembourg, et puis le duc Phelipe fist chevallier Phelipe de Saveuses ; et pluseurs autres en y eut faits. Et aussi pareillement en y eut faits de la partie des doffinois ; et firent chevalier Rigaut de Fontaynes, messire Gilles de Gamaches, et des autres.

Après toute ces choses faictes, ainsi que dit est, le duc Phelipez ordonna environ deux cens combatans sur une aille pour férir doffinois sur la coste et les menoit messire Mauvray de Saint-Ligier et le bastart de Coussy. Tantost après les deux batailles assemblèrent tout à cheval l'un contre l'autre, et vindrent doffinois raidement sur les gens au duc Phelipes. Là y eut de grans coups de lance à l'assembler (1) d'un costé et d'autre. Mout se porta ce jour le duc Phelipes vaillaument de sa personne, et tellement que, par le dit des doffinois, n'y eut nul de sa compagnie qui plus les grevast qu'il fist de sa propre main. Et messire Jehan de Luxembourg s'i gouverna hautement ; mais il fut porté jus de son cheval et emmené prisonnier par aucun des doffinois. Et fut mené bien ung trait d'arcbalaistre sur ung petit cheval, et depuix fut rescous par ses gens : et avoit eu ung coup d'espée de travers le nez, donc il eut le visaige fort deffait, et depuix qu'il fut rescoulx rallia pluseurs de ses gens.

Item, quant vint à l'assembler des deux batailles, y eut bien les deux pars des gens au duc Phelipe pour eux enfuir, partirent de la bataille et allèrent vers Abeville : et y avoit foison chevalliers et escuiers de Picardie, de Flandres et d'Artois, qui estoient renommés d'estre vaillans; mais ilz faillirent à ce jour, donc ilz furent mout blasmés pour leur prince qui estoit en la place. Mais ilz se veurent excuser pour la banière au duc Phelipes qui s'enfuioit ; et aussy le roy de Flandre, hiraut, leur certiffla que pour vray, le duc Phelipe estoit prins ou mors, par quoy ilz estoient tous esbahis.

Et la banière du duc Phelipe estoit demourée en la main du varlet qui la portoit, par ce que

---

(1) *Et moult fier destour.* (Manusc. de Tieulaine.)

la chose avoit esté si près hastée que on ne l'avoit bailliée à nul gentil-homme; et ledit varlet la laissa choir de paeur qu'il avoit. Et fut relevée par ung gentil-homme nommé Jehan de Roissibos (Rosimbos), lequel la porta grant pièche, et si ralia plusieurs gentis-hommes autour de la banière; mais nonobstant ilz s'enfuirent desy à Abeville, où ilz cuidèrent eux retraire. Mais ceux de la ville ne les veurent maistre dedens; et sy y estoit le seigneur de Cohen qui estoit capitaine d'Abeville, lequel leur pria assés qu'ilz le maissent ens, mais ilz n'en veurent riens faire, par quoy on peut suposer que se le duc Phelipe eût perdu la journée, qu'ilz se fussent rendus doffinois. Quant ceulx qui s'enfuioient virent que ceulx d'Abeville ne les metroient point dedens, ilz s'en allèrent droit à Piquengny, et là passèrent l'iaue de Somme. Mout en sceut le duc Phelipe malvais gré, quant il le sceut; et aussi fist messire Jehan de Luxembourg et pluseurs autres seigneurs. Et depuis long-temps après on les nommoit les chevalliers de Piquigny, et seront cy après desclariés les noms des gentilz-hommes qui firent ceste faute (1).

Item, le seigneur de Cohen, qui estoit vaillant homme de guerre, fut excusé de ceste besoingne pour ce qu'il estoit bléchié dedens la ville d'Abeville en faisant le sourguet à cheval, par nuit, accompaignié de huict ou dix hommes; et y sailly sur eulx quatre compaignons au coing d'une rue, lesquelz frapèrent sur le seigneur de Cohen et sur ses gens. Et y fut le seigneur de Cohen bien bléchié, et avec y fut tué ung homme de conseil, nommé maistre Jehan de Queus, lequel maistre Jehan estoit monté sur ung fort cheval; et depuis qu'il eut ung coup en la teste, le cheval courut atout luy, et tant qu'il encontra une chayne de fer tendue : et, par la grant raideur du cheval, abati l'estache (le pilier) du milieu où la chaîne tenoit, et chet ledit maistre Jehan, donc il mourut depuis. Et ceux qui avoient fait ceste besoingne estoient de la ville d'Abeville, et partirent par le moyen de leurs amis hors de la ville, et s'en allèrent au Crotoy, vers messire Jaque de Harecourt; mais depuis, long-temps après, ilz furent justiciés. Et le seigneur de Cohen s'en ralla à son hostel : et pour lors on ne peut sçavoir donc ce venoit; car la ville d'Abeville estoit fort divisée par le moyen de messire Jaques de Harecourt, lequel en avoit trouvé de son party grant foison.

Item, après que le duc Phelipes de Bourgoingne et les doffinois eurent assemblé bataille, comme dit est cy-devant, il y eut estour (2). Et estoit demouré avecquez le duc Phelipe environ cinq cens combatans, lesquelz s'y combatirent vaillaument et firent tant qu'ilz mirent les doffinois en desroy et commenchèrent à fuir en allant vers Saint-Valleri, qui estoit de leur party. Et les gens au duc Phelipes les charent (chassèrent) raidement et si en tuèrent en la place bien de six à huit vingts, sans ceux qui furent prins, qui estoient bien de quatre vingts à cent. Là furent mors messire Charles de Saulien, le Baron d'Iberi (d'Ivery), Gallehaut Darsi (d'Arsy) et pluseurs autres gentis-hommes. Et messire Rigaut de Fontaines y fut prisonnier, le seigneur de Conflans, messire Gilles de Gamache, messire Henry Burnel, Poton de Sainte-Traille, le marquis de Serre, et pluseurs autres, dessy au nombre dessusdits : et prinst messire David de Brimeu le marquis de Serre et messire Loys Bournel de sa main. Ce jour se porta le duc Phelipes vaillaument, comme dit est, et cacha ses ennemis longuement, luy et le seigneur de Longuval ; et tant que, grant pièce après la desconfiture, que on ne sçavoit où il estoit, donc ses gens estoient en grant soussy; mais y revint vers son estandart, et avoit prins de sa main deux hommes d'armes, lesquelz furent depuis délivrés sans païer finance. Après ce que le duc Phelipe eult rassemblé ses gens, et que doffinois furent desconfitz, on luy dist comment ses gens s'en estoient fuiz, et qu'ilz l'avoient laissié ; donc il fut très mal content et leur en sceut malvais gré ; et depuis, longtemps après, n'en povoit ouïr parler.

Item, le duc Phelipe s'en retourna dedens Abeville atout ce qu'il avoit de gens, et avec luy fist mener ses prisonniers; et ceulx de la ville luy firent grant joie : et là séjourna quatre jours. Ceste journée fut par ung samedi, derrain jour d'aoust, l'an mil quatre cens et vingt-un. Quant le duc Phelipe eut séjourné dedens Abeville quatre jours, il se parti pour aller à Hedin, et passa devant la ville de Saint-Riquier. Et lors messire Jehan de Luxembourg se faisoit porter en une litière pour ce qu'il avoit esté bléchié à ceste journée; et aussi faisoit le seigneur de Humblercourt. A ceste mesme besongne perdi le duc Phelipe, de ses gens, le seigneur de Vienville, son marissal, et le seigneur de Mailly, tous gens de nom et d'autres environ six ou huit.

Item, le duc Phelipe s'en alla dessy à Hedin, comme devant est dit, et de là à Lille en Flandres, et laissa ses prisonniers dedens le chastel de Lille. Et puis il s'en alla à Gant, vers la du-

---

(1) Fenin n'a pas tenu cette promesse.

(2) *Il y eut estour* d'un costé et d'autre. (Tieulaine.)

chesse Michielle, fille au roy Charles, et seur au duc de Touraine, doffin, laquelle luy fist grant feste. Assez tost après, il fut tant traitié entre le duc Phelipe de Bourgoingne et le seigneur d'Offemont, que ledit seigneur d'Offemont rendi la ville de Saint-Riquier au duc Phelipe, et aucuns prisonniers qu'il avoit, parce que le duc Phelipe fist délivrer le seigneur de Conflans, messire Rigaut de Fontaines, messire Gilles de Gamache, Poton de Sainte-Traille, et messire Loys Burnel. Et puix le seigneur d'Offemont s'en alla à Perrefois (Pierrefons), qui pour lors estoit en sa main.

Item, en ce temps le chastel de Dourrier, qui estoit en la main de Poton de Sainte-Traille, fut rendu à messire Jehan Blondel, qui en estoit seigneur. Et ne demoura de fortresse tenant parti contraire au duc Phelipe que le Crotoy et Noïelle sur la mer, lesquelles tenoit messire Jaques de Harecourt: et faisoit forte guerre au roy Henry d'Engleterre et au duc Phelipe de Bourgoingne.

Item, on mist le seigneur de Cohen à Rue, en la garnison, [et] monseigneur le borgne de Fosseux à Saint-Riquier. Et tenoient les dessusditz frontière contre messire Jaques de Harecourt; par quoy le pays de Pontieu estoit fort grevé, tant d'une partie que d'autre. Et mout y avoit de fortresses au Vimeu tenant le parti du Doffin, tout par l'atrait de messire Jaques de Harecourt : et en estoit la ville de Gamaches, le chastel de Rombures (Rambures), Lenroy (Louroy), les deux chastiaux d'Araines et pluseurs autres.

Item, en ceste mesme saison, le roy Henry d'Engleterre tenoit siège devant Miaulx en Brie, et là avoit grant puissance d'Englès et autres gens de France. Dedens la ville de Miaux estoit dedens pour le Doffin capitaine le bastard de Vorus (Vauru), et Pierre de Lupe, lesquels estoient vaillans hommes de guerre, et avec estoient bonnes gens avecquez eux et qui bien vaillaument deffendirent la ville. En tant que le roy estoit devant la ville de Miaulx au siège, ceux de la ville disoient mout de vilennie aux Englès : et en y eut qui menèrent ung asne sur les muers de la ville et le faisoient braire par force de coups qu'ilz lui donnoient, et puis crioient aux Englès que c'estoit Henry leur roy, et qu'ilz le allassent rescourre. Et par telz choses et autres se courcha le roy Henry fort à eux, et leur en sceut malvais gré, comme depuis fut aparu; car il fallut que ceux qui estoient dedens et qui avoient fait ceste œuvre luy fussent livrés, et les fist le Roy pendre par le col, sans avoir nul merchi.

Item, Pierre de Luxembourg, comte de Conversent, estoit pour ce temps prisonnier dedens la ville de Miaulx : et avoit esté prins en allant du siège de Melun à Briane (Brienne) sa ville; maiz il fut tant traitié par le roy Henry que ceux qui estoient dedens Miaulx le délivrèrent par avant qu'ilz rendesissent la ville, et depuis fut ledit comte grant espace avecquez le roy Henry. Quant le roy Henry eut esté bien cinq mois devant la ville et le marchié de Miaulx, ceux de la ville furent à discention l'un contre l'autre; et par ce perdirent la ville. Et le roy Henry la guengna, et puis se loga luy et grant partie de ses gens dedens la ville; par quoy le marchié fut fort aprochié de tous costez d'Englez. Après ce que le roy Henry eut gaigné la ville de Miaulx, comme dit est, il guengna une ylle qui estoit assez près du marchié, et là fist logier pluseurs de ses gens, et avec y fist assoier de grosses bombardes donc la muraille du marchié fut toute arasée : et n'avoient ceulx de dedens que ung petit d'avantaige à la deffendre contre les gens du Roy Henry.

Item, le roy Henry la fist fort assaillir, et dura l'assaut six ou huit heures en ung tenant ; mais les doffinois se deffendirent mout vaillaument, et tant se combatirent qu'ilz n'avoient plus nulle lances dedens le marchié, sinon bien peu. Maiz ilz se deffendirent de hastiers de fer par faute de lances, et firent tant que pour ceste fois ilz reboutèrent les Englez hors de leurs fossez. Ainsy, par pluseurs fois, fist le roy Henry livrer de grans escarmuches aux doffinois qui estoient dedens le marchié de Miaulx, et tant les fist aprouchier qu'ilz estoient bien en luy de les faire prendre d'assaut; mais il ne le veut point faire pour les avoir en sa voulenté, et aussy pour avoir plus grant proffit.

Item, le roy Henry fut devant Miaulx onze moys, et au onzième moys ceux du marchié se voient en dangier d'estre prins d'assaut, comme dit est, requirent de traitier au roy Henry, et finablement falut qu'ilz se rendissent en la vollenté du roy Henry, sans avoir autre grace, combien qu'ilz avoient ancore des vivres dedens le marchié bien pour trois mois. Après ce que ceux du marchié de Miaulx se furent rendus en la vollenté du roy Henry, il fist pendre le bastard de Vorus, qui estoit l'un des principaux capitaines; et le fist pendre à ung arbre, au dehors de Miaulx, lequel arbre on nommoit l'arbre Vorus, et estoit pour ce que le dit bastard y avoit fait pendre pluseurs povres laboureurs. Après ce que le roy Henry eut fait pendre le bastard de Vorus, il luy fist estachier (frapper) son estandart sur sa poitrine;

et fut par le couroux qu'il avoit à luy pour les villaines paroles que luy et ses gens avoient dites au roy Henry et aux Englez. Avec ledit bastart fut pendu son frère, lequel estoit grant seigneur; maiz il n'avoit mie si grant renommée comme avoit le bastard, et le nommoit-on Denis de Vorus. Pluseurs en y eut des autres qui furent prisonniers : c'est assavoir Pieron de Lupe et ses gens, et mout des gens du bastard de Vorus; mais ilz échapèrent par païant finance. Et tous les bourgois et autres qui estoient dedens le marchié furent contrains de baillier tout ce qu'ilz avoient valiant, sans riens en retenir; et ceux qui faisoient le contraire estoient pugnis mout griefvement : et estoit tout au prouffit du roy Henry. Aveecquez ce que les bourgois perdirent leurs biens, y leur falut, à pluseurs y en eut, rachater leurs biens et maisons : par quoy le roy Henry y assembla de grans finances.

Item, tout le dangier que ceulx du marché de Miaulx eurent, leur vint par la prinse de l'ille devant dite; et pour ce avoit le roy Henry proposé de la faire désoller quant il eut gaignié le marchié; mais il eut des autres afaires qui l'empeschèrent. Devant la ville de Miaulx eut le fieux du seigneur de Cornuaille la teste emportée d'un canon. Et estoit cousin germain du roy Henry; par quoy il en fut fort yré : et aussy, pour ceste cause, jura le seigneur de Cornuaille qu'il ne s'armeroit plus en France.

Item, en tant que le siège estoit devant Miaulx, le seigneur d'Offemont, qui tenoit le parti du Doffin, alla atout environ de cinquante hommes d'armes pour entrer dedens la ville; et, de fait, fut desy aux fossez, où les doffinois l'atendoient à une posterne. Et y eut la plus grant partie de ses gens qui entrèrent dedens; et, de sa personne, les cachoit devant luy; car il estoit vaillant chevalier. Maiz le guet du roy Henry l'apercheut, et fut le seigneur d'Offemont poursievi radement et prins, luy et quatre ou six de ses gens avec luy; et les autres entrèrent en la ville, comme dit est. Pour ceste prinse falut que le seigneur d'Offemont rendesist pluseurs fortresses qu'il tenoit pour le Doffin : tant Offemont, Perrefons, Merlan (Merlon), comme autres. Et aveecquez ce jura et promist au Roy Henry qu'il ne s'armeroit plus contre luy ne ses aliez, et par ainsi on le délivra, et (1) fortresse tout à sa voullenté.

Item, quant le roy Henry eut mis la ville et marchié de Miaulx en son obéissance, comme devant est desclarié, il le garny fort de vivrez et de gens; et puis s'en alla à Paris et y mena la royne Katherine sa femme. Par rendicion de Maulx, y eut pluseurs bonnes villes et fortresses au pays de France qui se rendirent; et se rendi la ville de Compiengne, Gournay-sur-Aronde, Cressonsac, Mortemez et pluseurs autres; et tous ceulx qui dedens estoient pour le Doffin, s'en allèrent outre l'iaue de Loire, et le roy Henry fist partout mectre de ses gens.

Item, ceste mesme année messire Jehan de Luxembourg fist grant assemblée de gens vers Encre, et puiz à coup, il envoia le vidamme d'Amiens et le seigneur de Saveuses, atout leurs gens, prendre place devant Quennoy, auprès d'Araines (Airaines). Et lendemain messire Jehan de Luxembourg les sievi atout foison gens et abillemens de guerre, et mist le siège autour du chastel de Quennoy : et tant les contraignit, qu'ilz se rendirent à la vollenté de messire Jehan, sinon le capitaine, que on nommoit Valeran de Saint-Germain, lequel prinst son traitié sans le sceu de ses compaignons, et s'en alla sauve son corps et aucune partie de ses biens. Et les autres furent envoiés à maistre Robert le Jeune qui pour lors estoit baillif d'Amiens, lequel les fist justicier. Et y fut justicié ung gentil-homme nommé Lignart de Piquegny, qui estoit parent du vidamme d'Amiens; mais le vidamme le haioit pour ce qu'il luy avoit fouragié ses terres, et pour ceste cause ne luy veut aidier.

Quant messire Jehan de Luxembourg eut l'obéissance du chastel de Quennoy, il fist bouter le feu dedens, et fut ledit chastel désolley. Après, messire Jehan de Luxembourg s'en alla devant Louroy, et le mist en son obéissance; et puis il alla mectre le siège devant les fortraisses d'Araines, et les assiéja tout autour. Ceulx qui estoient dedens les fortresses d'Araines pour le Doffin, boutoient le feu dedens la ville, affin que messire Jehan de Luxembourg ne s'i logast mie si à son aise; maiz pour ce il ne laissa à luy logier, et y fut la plus grant partie du karesme, l'an mil quatre cens et vingt-un. Tant y fut que ceux qui estoient dedens se rendirent, et baillèrent les fortresses à messire Jehan de Luxembourg, lequel les fist toutes désoller et abatre. Et les doffinois s'en allèrent à Compiengne vers le seigneur de Gamaches, qui estoit encore capitaine. Et pour ce temps la ville de Miaulx n'estoit mie encore rendue; mais le siège y estoit.

En tant que messire Jehan de Luxembourg tenoit siège devant les fortresses d'Araines, le seigneur de Gamaches et Poton de Sainte-Traille firent grant assemblée devers Compiengne pour lever le siège de messire Jehan de

(1) Le texte ne présente ici aucun sens.

Luxembourg, et chevauchèrent en venant vers Mondidier. Et puis vindrent à Perrepont (Pierrepont), et prindrent la ville, qui estoit close de palais et de fossés, et après cuidèrent prendre le chastel; mais il fut bien deffendu par les gens du vidamme d'Amiens qui estoient dedens. Messire Jehan de Luxembourg avoit de ses gens vers Mondidier, qui lui firent sçavoir que le seigneur de Gamaches et Poton l'aloient combatre à son siège à Araines; et quant messire Jehan de Luxembourg eut les nouvelles, il envoya messire Hue de Launoy et le seigneur de Saveuses, atout environ six cens combatans de bonne estoffe, pour les aller combatre. Et avecques messire Hue alla bien six ou sept-vings Englès, et messire Raul le Boutillier qui les menoit. Quant les dessusdiz furent ensemble, messire Jehan de Luxembourg les convoia grant pièce, et puis s'en retourna à son siège: et messire Hue chevaucha droit à Courti, et là se loga. Et puis lendemain, bien matin, il tira vers Moreul (Moreuil); et là passa l'iaue; et de là chevaucha vers Perrepont. Quant messire Hue et ses gens vindrent assez près de Perrepont, ilz eurent certaines nouvelles que les doffinois estoient dedens la ville. Et quant les doffinois en eurent le sentement, ilz s'assemblèrent pour eulx mectre aux champs, et boutèrent le feu par toute la ville, et puis s'en allèrent mectre en bataille au dessus de la ville de Perrepont, vers Mondidier. Et les Bourguignons et les Englez, eulx ensemble, passèrent tantost la ville de Perrepont, et sievirent raidement les doffinois, et tant qu'il y [en] eut de rués jus et y fut mort ung homme d'armes, nommé Brunet de Gamaches, qui estoit homme bien renommé et tenoit le parti du Doffin. Quant les Bourguignons et Englès furent passés outre, ilz se midrent en bataille contre les doffinois: et y eut pluseurs chevaliers faiz par messire Hue de Launoy. Et fist chevaliers le Besgue de Launoy, Jaques de Brimeu, Antoine de Rambourcpère (Rubempré) et pluseurs autres avecques eulx. Là furent les deux batailles l'un contre l'autre bien deux heures sans assembler, et puis les doffinois commencèrent à eulx retraire vers Compiengne tout à tret, sans eulx desroier. Et quant les Bourguignons et Englès aperchurent que les doffinois s'en alloient, ilz envoyèrent le seigneur de Saveuses après, pour les poursievir, atout bien quatre-vingts combatans, et les autres sievoient en grant ordonnance: et ainsi les poursievi le seigneur de Saveuses bien deux lieues; maiz il n'y peut riens gaignier; car les doffinois avoient mis derrière leurs meilleurs gens pour faire leur arrière-garde. A ceste besoingne y eut trois ou quatre Englès mors, au passer de la ville, et si fut mort le Breton d'Ailly, qui en long-temps ne s'estoit armé. Et de toutes les deux parties n'eut de perte que environ sept ou huict hommes; mais les doffinois gaignèrent ung estandart des Englez. Après ceste besoingne, les Bourguignons et Englez se retrairent à Araines, vers messire Jehan de Luxembourg, et les doffinois s'en allèrent à Compiengne, comme devant est dit.

Item, après ce que le roy Henry d'Engleterre eut mis Miaulx en son obéissance, toutes les fortresses tenant le parti du Doffin, depuis Paris dessy au Crotoy, se mirent en l'obéissance du roy Henry; et se misrent les villes de Gamaches, Saint-Valery, Rambures et pluseurs autres. Par quoy il ne demoura que le Crotoy, où messire Jaques de Harecourt se tenoit, et Noielle sur la mer. Et tousjours faisoit messire Jaques forte guerre aux Englès et Bourguignons, par mer et par terre; et Englez faisoient, d'autre part, forte guerre en Champengne et au pays de Perche, et vers la rivière de Loire. *Item*, d'autre costé, doffinois s'estoient retrais en Guise-en-Terrasse et en pluseurs autres fortresses autour, et là menoient guerre à tous costés; les autres se tenoient à Mont-Aguillon, à Momes et en autres places au pays de Champengne.

Item, le roy Henry se tenoit alors à Paris, et fort mist ceulx de Paris en son obéissance, et mout faisoit tenir justice raidement; par quoy le povre peuple l'amoit mout sur tous autres. *Item*, le duc Phelipes de Bourgoingne estoit alors en son pays de Bourgoingne, et s'i tinst grant temps sans retourner en Flandres ne en Artois. Et pour le temps qu'il y estoit, la duchesse Michielle, sa femme, mourut à Gant, qui estoit dame de haut honneur et bien amée de toutes gens grans et petis; et estoit fille du roy Charles de France et seur du Doffin. Moult furent ceulx de Gant troublés pour sa mort, et en donnoit-on grant charge à aucuns des gouverneurs du duc Phelipe, et aussi à la première damoiselle de la duchesse, nommée Ourse, et avoit espousé Copin de Viéville; maiz nonobstant on n'en sceut oncquez la vérité.

Item, le duc Phelipe fist grant doeul de la mort de la duchesse Michielle, sa femme, quant dit lui fut, et mout en fut courchié. *Item*, à ceste mesmes saison, y eut à Gant une femme qui donna à entendre qu'elle estoit seur aisnée du duc Phelipe; et, par aucun conbournement, luy firent ceulx de Gant honneur; et aussi firent pluseurs des seigneurs du pays, cuidans qu'elle desist vérité, et luy fist-on de grans dons, et mout se faisoit servir hautement. Mais enfin on sceut bien qu'elle abusoit le monde, et s'en alla que on ne sceut point qui elle estoit.

Item, ceste saison les doffinois firent grant assemblée de gens et mirent le siège devant la ville de Coisne-sur-Loire; et tant y furent qu'il falut que ceulx de la ville prensissent jour de rendre la ville en l'obéissance du Doffin. Et fut le jour prins au dix-huitiesme jour d'aoust l'an mil quatre cens vingt-deux, par condicion qu'ilz livreroient bataille au duc Phelipe de Bourgoingne s'il y alloit au jour dessusdit, ou, si n'y alloit, ils rendroient la ville aux gens du Doffin. Et quant les gens au duc Phelipe eurent prins jour de rendre la ville, ilz le firent savoir au duc Phelipe, et lors le duc fist partout publier ses mandemens pour estre au jour dessusdit contre le Doffin, et manda les Picars et tous autres qui servir le voudroient. Et aussy il envoya devers le roy Henry d'Engleterre affin qu'il lui envoiast de ses gens, et le roy Henry lui envoia le duc de Bethefort, son frère, atout bien trois mille combatans englez, et avec luy estoit le comte de Varvic. *Item*, le duc Phelipe atendoit le duc de Bethefort et les Picars à une bonne ville nommée Vedelay (Vezelay). Et quant tous ses gens furent assemblez, il avoit une belle compaignie desy au nombre de douze mille combatans et tous gens de fait; et chevaucha en tirant vers Coisne, et tant, qu'il fut au jour qui dit estoit. Et s'ala logier devant la ville de Coisne. Et avoit intencion de combatre le Doffin et sa puissance, s'il y fust venus; mais il n'y vint point: par quoi la ville de Coisne demoura en l'obéissance du duc Phelipe, comme elle estoit paravant. Et pour cest voiage faisoit messire Jehan de Luxembourg l'avant-garde au duc Phelipe, et alla courre desy à la Charité-sur-Loire, qui pour ce temps estoit tenue des gens du Doffin: et s'i gouverna messire Jehan de Luxembourg mout hautement. Après ce que la journée que Coisne se devoit rendre fut passée, comme dit est, et que le duc Phelipe sceut la vérité que le Doffin ne le combatroit point, il se commencha à retraire en allant vers Troies en Champengne, et le duc de Bethefort s'en alla devert Sens, en Bourgoingne, en tirant vers Paris, et puis alla au bois de Vincenne, où le roy Henry son frère estoit mout mallade.

Item, quand le duc Phelipe fut venu à Troies, il séjourna environ huict jours et puis chevaucha en allant vers Paris, luy et ses gens. Et quant il fut venu à Bri-Conte-Robert, on luy dist certaines nouvelles que le roy Henry se mouroit. Après ce que le duc Phelipe sceut la vérité du roy Henry, il envoia messire Hue de Launoy vers luy, et estoit messire Hue maistre des arbalestriers de France. Quant messire Hue fut venu devers le roy Henry, il le trouva mout grevé de maladie, et se recommanda le roy Henry au duc Phelipe et luy pria, par messire Hue de Launoy, qu'il entretenist bien les sermens et aliances qu'il avoit aux Englez. Et pareillement pria à son frère, le duc de Bethefort, et autres seigneurs de son conseil, qu'ilz fussent loyaulx envers le duc Phelipe, et mout leur recommanda en son derrain. Et ne demoura mie grandement, après ce que le roy Henry eut ainsi parlé à messire Hue de Launoy, qu'il trespassa de cest siècle. Et quant vint environ une heure devant sa mort, il demanda à ses médechins qu'il leur sembloit de son fait, et leur prioit qu'ilz lui en deissent la vérité. Lors ilz luy respondirent: « Très chier sire, pour Dieu, pensés au salut de vostre ame; il ne se peut faire que vivés deux heures par cours de nature. » Adonc le roy Henry commanda à son confesseur qu'il deist les sept psaumes: et quant vint à ung vers où il est escript: *Benigne fac, Domine*, etc., où il y a un darrain, *muri Jherusalem* (1), il fist cesser son confesseur, et puis dist que, par son ame, il avoit proposé de une fois conquerre Jérusalem et faire rédiffier, se Dieu luy eust laissié sa vie.

Après ce qu'il eut ce dit, on parleut les sept psaumes, et dedens une (heure) après il rendi son ame, donc mout de gens furent fort courchiés et le tindrent à une grande perte; car le roy Henry estoit prince de haut entendement et qui mout voulloit garder justice. Par quoy le povre peuple l'amoit sur tous autres; car il estoit tout conclu de préserver le menu peuple contre les gentis-hommes des grans intortions qu'ilz faisoient en France et en Picardie, et par tout le royaume: et, par espécial, n'eust plus souffert qu'ilz eussent gouverné leurs chevaulx, chiens et oiseaulx sur le clergié ne sur le menu peuple, comme ils avoient à coustume de faire; qui estoit chose assés raisonnable au roy Henry de ce voulloir faire, et donc y avoit et eust eu la grace et priaire du clergié et povre peuple.

Item, après ce que le roy Henry fut trespassé, comme dit est devant, il y eut grant docul fait de ses gens, par espécial du duc de Bethefort, son frère. Et alla le duc Phelipe de Bourgoingne devers le duc de Bethefort pour le reconforter, et aussi pour conclure eulx ensemble des affaires de France. Et quant le duc Phelipe et le duc de Bethefort eurent parlé ensemble, le duc Phelipe s'en retourna à Paris, où il fut environ quinze jours, et puis

---

(1) « Benigne fac, Domine, in bona voluntate tua Sion, ut ædificentur muri Jerusalem. » (PSALM. L, 20.)

il s'en ala en son païs de Flandres et d'Artois.

Item, le corps du roy Henry fut emmené en Engleterre, et avec s'en alla Katherine, roigne d'Engleterre, sa femme; et le roy Henry avoit ung petit filz, nommé Henry comme son père, de Katherine, seur du Doffin, lequel releva la couronne d'Engleterre et le royaume. Et n'avoit de aage que environ quinze moys quant son père trespassa, et trespassa l'an mil quatre cens vingt-deux, au mois d'aoust. Et pour lors vivoit ancore le roy Charles de France, pour quoy le roy Henry ne fut point héritier dudit royaulme; car il avoit promis au traitié du mariage de Katherine, fille du roy Charles, et au passement du duc Phelipes de Bourgoingne, que le roy Charles jouiroit sa vie du royaulme; et, après sa mort, le roy Henry seroit héritier, luy et ses hoirs, comme en autre lieu cy-devant est plus à plein desclarié le premier accord fait entre les parties.

Item, depuis l'an mil quatre cens et quinze, que la bataille d'Azaincourt fut, y eut en France grant tribulacion des monnoyes. Et couronnes, qui avoient esté forgiées pour dix-huit solz, commencèrent à monter à dix-neuf et à vingt, et puis toujours en montant desy à neuf francs. Et, pour vray, ung escu monta et valut neuf francs avant que la chose se mesist à rieulle; et pareillement toute autre monnoye monta (1), checune en sa quantité. Et couroit monnoie que on nommoit fleurètes, qui valloient dix-huit deniers; mais enfin elles furent mises à deux deniers, et puis on les deffendi qu'elles n'eurent point de cours; par ce y eut pluseurs riches marchans qui perdirent grandement. Et aussi, du temps que la monnoye avoit cours pour si grant prix, c'estoit fort contre les seigneurs; car leurs senciers qui leur devoient argent, vendoient ung serpent (septier), de blé dix ou douze frans, et paient une grande cense de huict ou dix septiers de blé : par quoy pluseurs seigneurs et povres gentis-hommes eurent en ce de grans dommaiges. Et dura ceste tribulacion depuis l'an mil quatre cens et quinze desy à l'an mil quatre cens et vingt-un, que les choses se mirent à point touchant les monnoyes, et fu remis ung escu à vingt-quatre sols. Et puis on fist blans doubles de huict deniers; et toute autre monnoie fut remise à rieulle, checune à sa quantité. Pour ceste année que les monnoies furent remises à leur rieulle (valeur), y eut mout de procès et de grans dissentions, entre pluseurs gens du royaume, pour les marchiés qui estoient fais du temps de la fèble monnoye; et vouloient ceulx qui avoient vendu ou fait marchié à solz et à livres, estre paiés de la monnoye qui pour le temps couroit : c'est assavoir l'escu à vingt-quatre sols, et blans pour huict deniers; en quoy il y avoit bien grant décepte pour les achateurs. Tantost après le roy Henry fist forgier petite monnoie que on nommoit doubles, et vailloient trois mailez; mais en commun language on les nommoit niques (niquets), et ne couroit autre monnoie. Et quant aucun en avoit pour cent francs (2), c'estoit la charge d'un homme; et estoit bonne moye (monnoye) pour son pris, se n'eust esté le grant empeschement qu'elle faisoit à porter : et avec on fist forgier blans doubles englès en commun. Ainsi par pluseurs fois eut en France, pour le temps des guerres, grant changement de monnoies, donc le peuple estoit mal content; maiz ilz ne le peurent avoir autre. Et mesmes fut fait par le conseil du roy Henry, que toutes gens qui avoient vaesselle d'argent la bailleroient, checun en sa porsion, par prix raisonnable, pour forgier monnoye (3). Et en print-on en pluseurs lieux à ceux qui en avoient, sans leur païer ce que la vaesselle povoit valloir. Par espécial maistre Robert Le Jouene, qui pour lors estoit baillif d'Amiens, en fist prendre à pluseurs bourgeois de la ville d'Amiens, donc il estoit fort hay, pour ce et autres choses qu'il faisoit à la fiance du roy Henry qui mout l'amoit. Et eut ledit maistre Robert tousjours grant gouvernement de par le roy Henry et de ceux qui, après luy, vindrent pour le roy Henry son fieux; donc il estoit mout enviez de pluseurs seigneurs de Picardie et du bailliage d'Amiens. Mais nonobstant il tint bien le parti des Englez tant qu'il peult estre obéy en son office.

Item, dedens [deux] moys après ce que le roy Henry d'Engleterre fut trespassé, le roy Charles de France trespassa de cest siécle, et fut enterré à Saint-Denis en France; et avoit esté roy couronné l'espasse de quarante-six ans (4). Mout fut le roy Charles amé de son peuple toute sa vie, et pour ce on le nommoit Charles-le-bien-Amé. Maiz il fut la plus grant partie de son règne qu'il avoit une malladie qui mout luy nuisoit, et par fois vouloit férir tous ceulx qui estoient avecquez luy. Et print ceste mala-

---

(1) Monta au *prorata*. (Godefroy.)
(2) *Florins*, dans le texte de Godefroy.
(3) Tous ces détails sont d'autant plus précieux que les chroniqueurs du temps ne s'occupent guère de cette partie. Fenin nous en donne encore quelques-uns un peu plus haut.
(4) Charles VI n'a régné que quarante-deux ans; il était monté sur le trône le 16 septembre 1380.

die en la ville de Mant, tantost après qu'il eut esté en Flandres pour réduire les Flamans qui pour lors se voulloient rebeller. Vérité est que le roy Charles ouït sa messe, et ung de ses serviteurs ly vint baillier unes heures, et incontinent que le Roy regarda dedens, pour dire ses heures, il devint ainsi comme hors du sens, et sailly hors de son oratore (oratoire), et puis commensa à férir tous ceux qu'il encontroit, et mesme féri son frère, le duc d'Orlians, et pluseurs autres qui là estoient. Mais tantost on le prinst et puis on le mena en sa chambre; et depuis ce jour n'eut toute sa vie gaires de santé, combien qu'il vesqui long-temps en tel estat. Et en quelque estat qu'il fut depuis, il falloit avoir tousjours regard sur luy et garder (1).

Item, après ce que le roy Charles fut en l'estat que dit est devant, il y eut de mout merveilleux gouvernement au royaume de France, et y avoit pluseurs seigneurs de son lignage qui tous contendoient chacun de avoir le plus grant gouvernement autour du Roy : et pour ceste cause se meut l'envie entre eulx, donc le royaume fut de piz, comme ci-devant est devisé.

Item, quant le roy Charles mourut, il laissa son royaulme mout troublé; car gens de tous estranges pays avoient gouvernement au royaume. Premièrement les Englès en avoient conquis grant partie et de jour en jour conquéroient. Et aveucquez ce, avoient le duc Phelipes de Bourgoingne de leur partie, et moult d'autres grans seigneurs, ses aliez, qui tous contendoient à conquerre le royaume pour le roy Henry d'Engleterre, fieux du Roy devant dit; car le petit roy Henry d'Engleterre, filz du roy Henry et de Katherine, fille du roy Charles, saisi le royaume de France après la mort du roy Charles, son taion; et avec, en son scel portoit les armes de France en ung escuchon, et les armes d'Engleterre en ung autre; et pareillement en toutes les monnoies qu'il faisoit forgier avoit deux escuchons des armes dessusdites. Et fist le roy Henry deffendre que les couronnes qui avoient esté forgiées du temps du roy Charles-le-Bien-Amé n'eussent point de cours, ne toutes monnoies du temps dudit Roy, et checun les portast aux forges; mais nonobstant que par pluseurs fois fut deffendu, et aveucque nulle obligation royale on ne osoit passer à la monnoye devant dite, si en usoit-on en moult de lieux. Et avoit le roy Henry fait forgier monnoie d'or que on nommoit *salus*, et valloit vingt-deux sols parisis chescun salus; car elle estoit bonne pour son pris. Et si fist forgier blans de huict deniers. Ainsi ne couroit pour ce temps, partout où le roy Henry estoit obéi ou royaume de France, monnoye royalle que celle que le roy Henry avoit fait (2) forgier, où les armes de France et d'Engleterre estoient, se n'estoit en péril de perdre la monnoye : et en y eut pluseurs qui par ceste manière la perdirent.

Item, Charles, duc de Touraine, Doffin, qui estoit filz du roy Charles-le-Bien-Amé, et droit héritier du royaume de France par les anciens édis et coustume dudit royaume, saesy le royaume et se fist nommer roy, après la mort du roy Charles, son père, combien que, par l'acord fait au mariage du roy Henry, fût ordonné eulx ensemble que le Doffin seroit débouté du royaume, et que jamaiz ne pocesseroit de nulle seignourie qui fust au roy Charles, son père, pour le malvais fait qu'il avoit commis sur le duc Jehan de Bourgoingne : et acorda le roy Charles et le duc Phelipe ce traitié, et pluseurs seigneurs de France, au roy Henry. Et aussi fut ordonné par parlement que le Doffin seroit débouté hors du royaume; maiz nonobstant quelque apointement que on eust fait contre luy, sy se fist-il nommer roy de France après la mort dudit roy Charles; mais il ne fut mie sacré en long-temps après. Ainsi avoit en France deux rois, c'est assavoir le roy Charles et le roy Henry, lequel roy Henry se nommoit roy de France et d'Engleterre, et tous deux contendoient d'avoir le royaume : par quoy ledit royaume fut long-temps en voie de perdicion.

Item, le Doffin, qui se fist nommer roy de France après la mort du roy Charles, son père, comme dit est, estoit très mal gouverné : et y avoit la plus grant partie d'estrangiers qui le gouvernoient, par espécial Davegny Du Chastel, le vicomte de Nerbonne et pluseurs autres gens de petit estat. Et pour ce y avoit mout de grans seigneurs qui tenoient le party du roy Charles, qui en estoient très mal contens : et avoient la plus grant partie dissention eulx ensemble, donc les besoingnes du roy Charles empiroient tous les jours en plusieurs manières. Et avec ce, ceulx qui luy avoient donné le conseil de mectre le duc Jehan de Bourgoingne à mort le tiroient tousjours arrière de ses ennemis le plus qu'ilz povoient, et mout reparoit pour lors le roy Charles à Bourges en Berry.

Item, le roy Charles, qui estoit de sa personne mout bel prince et biau parleur à toutes

---

(1) Fenin est le seul historien de l'époque qui donne ces détails sur les commencements de la maladie du Roi.
(2) Ici se terminent les *Mémoires de Fenin* dans toutes les éditions précédentes. Le manuscrit que nous avons pris pour guide s'étend jusqu'en 1427.

personnes, et estoit piteux envers povres gens, mais il ne s'armoit mie vollentiers et n'avoit point chier la guerre, s'il s'en eust peu passer. Et avoit espousé la seur du roy Loys, qui estoit moult dame de haut parage et sage ; et eut pluseurs enfans, donc mencion sera faite cy-après plus à plain, quant lieu sera. Et avecquez ce, se veut, par pluseurs fois, excuser qu'il n'avoit point esté coupable de la mort au duc Jehan de Bourgoingne, et que ce qu'on avoit fait avoit esté contre sa voullenté ; mais le duc Phelipes n'en veut estre content, ne faire paix, et si en fut requis moult de fois ; et luy offroit le roy Charles à luy faire de grans amendemens. Et si osta depuis tous ceux qui avoient esté traicteur de la mort au duc Jehan de son hostel, et plus ne les voulloit tenir autour de luy ; mais nonobstant la paix ne se povoit trouver vers le duc Phelipe de Bourgoingne ; car son conseil metoit tousjours devant que son père avoit esté mourdri en paix, et que bonnement ne se povoit fier en chose que le roy Charles ne son conseil feissent. Et aussy on luy ramentevoit le serment qu'il avoit fait aux Englez, lequel il devoit garder de rompre, ou autrement il seroit déshonnoré s'il le faisoit. Et par telz choses, demoura longuement la paix à faire entre le roy Charles de France et le duc Phelipes de Bourgoingne, donc le royaume fut moult travaillié.

Item, l'an mil quatre cens vingt-deux, après ce que le roy Henry d'Engleterre fut mort, comme dit est devant, et que le roy Henry, son filz, eut saesi le royaume de France et d'Engleterre, le roy Charles et ses gens furent joyeulx et cuidèrent bien estre au-dessus de leur guerre; car mout doubtoient le roy Henry, pour ce qu'il estoit vaillant conquérant et saige en fait de guerre.

Et de fait se commencèrent à avanchier sur le païs au duc Phelippe ; et alla le connestable d'Escosse meettre le siège devant la ville de Carbeux (Cravant), luy acompaignié de pluseurs des gens du roy Charles ; car de toute la guerre qui fut entre le roy Charles et le roy Henry et le duc Phelipe, les Escossois servoient le roy Charles contre les Englès et Bourguignons. Quant les gens du roy Charles eurent mis le siège devant Carbeux, le marissal de Bourgoingne, nommé le Borgne de Toulonguons, fist grant assemblée pour lever le siège de Carbeux. Et avec luy alla le comte de Salsebri, qui estoit vaillant en fait de guerre, et bien se trouvèrent six mille combatans de bonne estoffe. Quant ilz furent tous assemblés, ilz alloient pour lever le siège ; et de fait combatirent le connestable d'Escosse et ses gens, et tant firent qu'ilz gaignèrent la journée. Et fut le connestable prins, et son filz mort en la place; et pluseurs en y eut des gens au roy Charles prins à ceste journée et mors, desy au nombre de dix à douze cens, tous gens de fait. Ainsi fut la ville de Carbeux délivrée du connestable d'Escosse par le marissal de Bourgoingne et le comte de Salsebri. Et puis les deux seigneurs dessusdiz se retrairent à la comté de Salsebry. Tantost après mirent le siège devant Mont-Aguillon en Champengne, et là fut bien huict moys avant qu'ilz se voussissent rendre : et puis quant Mont-Aguillon fut rendu, le comte de Salsebri le fist abatre et du tout désoler. Après, le dit comte s'en alla ségier le chastel de Moymes (Moyennes), qui mout estoit fort, et avec ce y avoit de vaillans gens de guerre et qui bien et vaillamment s'y portèrent. Et y avoit ung nommé Caignart, qui estoit homme de grant emprinse et renommé sur tous les autres.

En tant que le siège estoit devant Moymes, les gens du roy Charles qui estoient dedens faisoient de grans saillies sur les Englez et Bourguignons qui estoient devant eux au siège : et y prindrent Henry de Latour, capitaine de saint Michiel, et le menèrent dedens Moymes. Et aussy à une autre saillie, fut Valleran de Bournoville tué d'une lance donc il fut féru travers le corps ; car il estoit allé à l'escarmuche sans harnais. Ainsi firent ceux de dedens Moymes mout de dommaige, par pluseurs fois, à ceulx qui tenoient siège devant eulx ; mais en y falut qu'ilz se rendesissent, et s'en allèrent, aucune partie, sauve leurs corps et leurs biens, et les autres demourèrent prisonniers. Et puiz, après, on fist abatre le chastel de Moymes ; donc ce fut grant dommaige, car c'estoit la plus forte plache (place) de Champengne. Et depuis qu'elle fut abatue la réparèrent les gens du roy Charles comme cy-après sera devisé.

Item, environ le temps que dit est, le duc Phelipe de Bourgoingne donna sa seur Anne à mariage au duc de Bethefort, frère du roy Henry d'Engleterre, lequel roy Henry estoit mort. Et fut le duc de Bethefort fait régent de France pour son nepveu le josne Henry. Par quoy l'aliance fut faite entre le duc de Bourgoingne et les Englez plus forte que devant.

Item, le duc Phelipe de Bourgoingne, le duc de Bethefort et le duc de Bretaigne assemblèrent en la ville d'Amiens tous trois ensemble et foison d'autres grands seigneurs. Et si estoit le comte de Richemont, frère au duc de Bretaigne, lequel avoit espousé Marguerite, seur aisnée au duc Phelipe de Bourgoingne, et paravant avoit espousé monseigneur de Guyane, doffin de France.

Item, les trois dessusdits furent cinq ou six jours dedens la ville d'Amiens ensemble, et mout faisoient grant révérence l'un à l'autre. Et promirent eux trois ensemble de aidier l'un à l'autre, et baillier secours de gens à celluy qui à faire en avoit : et mout d'autres promesses firent ensemble. Et puis le duc de Bretaigne s'en alla en son pays de Bretaigne, et le duc de Bethefort, régent, à Paris, et le duc Phelipe à Arras, pour tenir journée d'unes armes que Lyonnel de Vandonne devoit faire contre Poton de Sainte-Traille.

Item, à ceste assemblée qui fut à Amiens, y avoit pluseurs folz à qui on avoit donné douze pièches d'or : et dirent ensemble que on meist en ung grant hanap d'argent, en quoy ilz buvoient, une pièche d'or, et puis on l'emplist de vin, et que celluy qui buveroit le vin airoit la pièce d'or, et toutes les airoit l'une après l'autre s'il les povoit boire toutes douze. Là, y avoit ung nommé Doullet, qui avoit esté folz au comte Valleran de Saint-Pol, qui dist qu'il les beveroit bien, et toutes les beut l'une après l'autre par convoitise d'avoir l'or : mais quant les folz virent qu'ilz avoient perdu l'or ilz se courroucèrent ensemble, et batirent tant Doullet qu'il en mourut assez tost après, donc on fist mainte risée pour ceste besoingne.

Item, quant le duc Phelipe fut venu à Arras pour tenir la journée dessusdite, Poton de Ste.-Traille vint à Arras pour faire ses armes contre Lyonnel de Vandonne (Vandôme). Et avoient entreprins de rompre douze lances chacun bien assises, et, après, devoient combatre de haches tant qu'elles durroient. Là estoit le duc Phelipe, et le comte de Richemont avec luy, son biau-frère, et les deux dessusdiz vindrent entrer dedens les liches. Et entra Poton devant, pour ce que ce estoit à sa requeste de rompre les lances; et puis vint Lyonnel acompaignié de messire Jehan de Luxembourg, lequel le servi de lances tout le jour. Après ce qu'ilz furent prestz, ils commencèrent à courre l'un contre l'autre, et rompirent pluseurs lances l'un sur l'autre; mais enfin Lyonnel fut ung petit bléchié parmy son hayaume par dessus le front, par quoy on les fist cesser, et fist chacun d'eux son dever. Landemain, quant vint à combatre à pié, ilz avoient chacun ung petit pavillon tendu dedens le parcage, et quant ilz furent pretz pour marchier et que on eut fait le cry, de par le duc Phelipe, que homme ne se bougast, lors Lyonnel de Vandonne marcha premier, car c'estoit à sa requeste de combatre de haches. Et vint vers le pavillon de Poton; et puis quant Poton l'eut laissié venir devers luy bien avant, il yssi contre luy. Là assemblèrent eulx ensemble et y eut mout fière bataille des deux costez; car Lyonnel getoit de grans coups contre Poton, et Poton les rechevoit frèdement et mectoit tousjours sa hache au devant. Et quant il eut assez souffert et qu'il vit qu'il estoit point, il féry Lyonnel par dessoubz la visière de son bachinet pluseurs coups, et tant fist qu'il lui leva tout amont et puis luy cuyda lanchier sa hache au visaige; mais Lyonnel, qui estoit vise, luy prinst sa hache dessoubz son bras que Poton ne s'en povoit aidier, et frapoit Lyonnel Poton de sa hache parmi les jambes. Mais il ne povoit férir grans coups, pour ce que Poton avoit prins Lyonnel d'une main par le bort de son bachinet, donc il luy avoit levé la visière, et mesme Poton esgriffa Lyonnel de son gantellet par le visaige, donc il fut blasmé d'aucuns pour ce qu'il ne devoit combatre que de haches par les conditions dites entre eulx. Ainsy combatirent Lyonnel de Vandonne et Poton de Sainte-Traille l'un l'autre moult vaillanment, et firent leur devoir bien chacun en droit luy. En tant qu'ilz combatoient encore roidement, le duc Phelipe fist prendre regart sur eux pour sçavoir la vérité lequel airoit la victoire, mais on n'en peut riens sçavoir.

Item, lendemain, ung gentil-homme nommé Riflart de Canremy (Champ-Remy), qui estoit venu avecquez Poton, courut de fer de lance contre le bastart de Rabèque (Rosbecque), et luy percha ledit bastart son harnaiz; mais il ne fut point bléchié. Après toutes ces choses faictes, Poton de Sainte-Traille s'en alla à Guise-en-Terrasse, où il se tenoit pour lors.

Item, il ne demoura mie grant temps après que le comte de Richemont, qui avoit espousé la seur ainsnée du duc Phelipes de Bourgoingne, s'en alla devers le roy Charles pour aucuns contens qui fut entre le duc de Bethefort, régent, et luy. Et luy fist le roy Charles grant révérence, car il le fist son connestable de France; et depuis le comte de Richemont mena forte guerre aux Englez et aux Bourguignons par pluseurs fois. Et avec ce, tira grant cantité de josnes gentilz-hommes de Bretaigne avecques luy pour mener guerre contre les Englez, dont le duc de Bethefort, régent, fut mal content. Et depuis, pour ceste cause, en y eut grant guerre sur les marches de Bretaigne et de la Basse-Normandie. Oultre, le duc de Bourgoingne fut fort courchié contre son biau-frère, le comte de Richemont, pour ce qu'il s'estoit tourné avecques le roy Charles, qui estoit son adversaire; mais il ne l'eut autre.

Item, environ ce temps, le duc de Bethefort, régent, fist asségier la ville de Crotoy, où messire Jaques de Harecourt estoit. Et y mist le siège messire Raoul Le Boutillier, atout environ mille combatans, par terre : et si en avoit bien cinq cents qui se tenoient sur la mer, vers la fosse de Cayeu. Et y fut le siège environ de quatre à cinq moys; puis messire Jaques de Harecourt fist traictié par condition que il rendroit la ville et le chastel à ung jour que dit fut, en cas que le duc de Bethefort ne seroit combatu audit jour. Et de ce bailla hostages, lesquelz on mena en la ville d'Amiens. Et en estoit messire Coquart de Camberonne, et Jehan de Herselaines. Mout fut-on enmerveillé de ce que messire Jaques rendi si-tost la ville de Crotoy; et si avoit eu grant espace de la pourvoier. Et avec ce donnoit à entendre qu'il la tendroit longement; mais il n'en fist riens.

Quant messire Jaques eut mis le Crotoy en composicion, et qu'il eut baillié hostages de le rendre au jour, comme dit est, il lessa de ses gens dedens, et s'en alla pour aller quérir secours devers le roy Charles, comme il donnoit à entendre à ses gens. Maiz il fist tout le contraire; car il s'en alla voier le seigneur de Partenay, son bel-oncle, car messire Jaques avoit espousé la nièche du seigneur de Partenay et son droit hoir. Et le seigneur de Partenay luy fist grant chière et grant honneur. Quant messire Jaques eut esté à l'hostel du seigneur de Partenay, son bel-oncle, comme dit est, il avisa qu'il y avoit une puissante forteresse et qu'elle luy seroit bonne s'il en pouvoit finer. Lors il se pensa qu'il feroit tant qu'il l'airoit; et print conclusion avec aucuns de ses gens de prendre le seigneur de Partenay, de par le roy Charles, et luy oster sa maison. Après ce que messire Jaques de Harecourt eut prins ceste conclusion, il se pourvei de gens, et revint à Partenay voier son oncle, lequel luy fist ancoire grant chière, comme il avoit fait devant. Maiz le seigneur de Partenay avoit esté averti par aucuns de ses gens du malvais tour que messire Jaques luy vouloit faire, et pour ce se pourvei de gens pour résister à l'encontre, et les mist en lieu secret dedens son chastel. Quant messire Jaques fut venu, et qu'il eut fait grant chière aveucquez son oncle et disné ensemble, il avoit pluseurs de ses gens avec luy et luy sembla qu'il estoit temps de besoingner. Adonc il mist la main au seigneur de Partenay et luy dist : « Bel oncle, je vous fais prisonnier du » Roy. » Lors le seigneur de Partenay lui dist : « Biau nepveu, gardés que vous faites. » Et messire Jaques dist qu'il falloit qu'il fust ainsy. A ceste parolle s'avanchèrent les gens de messire Jaques pour aidier prendre le seigneur de Partenay et aucuns de ses gouverneurs; maiz il y eut ung des gens au seigneur de Partenay qui sonna une petite cloque, comme ils avoient devisé par avant, pour faire saillir les gens du seigneur de Partenay quant il seroit heure. Car se messire Jaques n'eust fait le premier entreprinse sur le seigneur de Partenay de le prendre, il ne luy eust rien meffait, combien qu'il s'estoit garny comme saige. Quant les gens du seigneur de Partenay oïrent la cloque, ilz sceurent bien que le seigneur avoit à besoingnier, et prestement saillirent tous armés sur messire Jaques et sur ses gens, et finablement les tuèrent tous. Et avec fut tué messire Jaques de Harecourt, combien que le seigneur de Partenay luy cuida sauver la vie, mais il ne luy peut sauvoir. Ainsy fina messire Jaques de Harecourt sa vie, donc il fut peu plaint pour le malvais tour qu'il voulloit faire au seigneur de Partenay.

Or dit la vraye histoire, que avec messire Jaques de Harecourt moururent pluseurs gentilzhommes, c'est assavoir le sire de Herselaines, Phelipe de Noefville, Jehan de Caumont, Jehan de Fransières et pluseurs autres.

Après ce que ledit messire Jaques fut mort, messire Coquart de Camberoene, qui lors estoit son lieutenant au Crotoy, et avec luy ses autres gens, eurent perdu l'espérance d'avoir secours, et plus ne s'y actendoient, par quoy ilz commencèrent fort à vuider leurs biens. Et quant ce vint au jour qu'ilz devoient livrer la ville et forteresse du Crotoy, le duc de Bethefort, régent, y fut en sa personne, grandement acompaignié; et là mena avec luy messire Pierres de Hargicourt, Jehan de Herselaines et le frère dudit messire Coquart, lesquelz trois estoient hostages pour ledit Crotoy faire rendre. Et quant ledit duc fut là venu, on luy délivra la ville et forteresse de Crotoy, à laquelle il ordonna capitaine messire Raoul Le Boutillier, donc le pays de Vimeu, de Pontieu et d'Artois, furent en grant effroy, de paeur que les aliances qui estoient faites entre les Englez et le duc Phelipe, ses aliez, ne se rompesissent, car bien leur sembloit que s'aucunement lesdites aliances se rompoient, Englès les pourroient mout grever par le moyen dudit Crotoy.

Item, tous les habitans qui estoient dedens la ville de Crotoy du temps de messire Jaques, furent contrains de faire serment aux Englez, et ceulx qui point ne vouloient faire, falloit qu'ilz se partesissent hors de la ville : et mesme leur ostoient les Englez grant partie de leurs biens.

Item, en ce temps dessusdit, eurent lesdiz

Englez le gouvernement de la ville de One (Onz). Après ce que le duc de Bethefort, régent, eut prins l'obéissance des places dessus desclariées, il fut partout obéy en Vimeu, en Pontieu, en Picardie, desy à Vains, à Châlons et à Troyes, desy vers l'iaue de Loire, réservé la comté de Guise, La Fère-en-Cardenois (en Tardenois) et Nelle, lesquelz menoient forte guerre pour le roy Charles. *Item*, environ ce temps, messire Jehan de Luxembourg menoit forte guerre à la comté de Guise, et print par siége le chastel de Landonsy et Proisi, lesquels il fist désoler.

Item, l'an mil quatre cens vingt-[trois,] à la Saint-Andrieu, s'assemblèrent pluseurs des gens du roy Charles qui se tenoient à La Fère et à Nelle, comme dit est devant, et avecquez aucuns de ceux de Guise ; et prindrent la ville de Compiengne par nuit, à ung point du jour. Et bien estoient quatre cens combatans, et estoient leurs chiefz ung nommé Yon Du Puis, Gautier de Bronsac et Ogelot de Lan (1). Quant les dessusdiz eurent prins la ville de Compiengne, ilz prindrent dedens messire Lancelot de Fransières, qui en estoit capitaine, le Bègue de Fransières, et mout d'autres riches hommes : et avecquez ce, pillèrent tous les biens de ladite ville et y firent (moult) de maulx.

Item, messire Lyonnel de Bournoville, qui estoit au duc Phelipe de Bourgoingne, et le seigneur de Lilladam, assemblèrent bien six cens combatans pour cuider reprendre la ville de Compiengne par forche, mais ilz faillirent à leur entreprinse ; car les gens du roy Charles qui estoient dedens la deffendirent bien : et mesmes, à une saillie qu'ilz firent, prindrent le seigneur de Sores qui estoit au duc Phelipe. Et tant firent qu'il falut que le seigneur de Lilladam et messire Lyonnel et leurs gens se deslogassent de Margny, où ilz estoient : et s'en allèrent logier à Gournay-sur-Aronde. Assez tost après, le duc de Bethefort, régent, vint à Mondidier atout environ douze cens combatans, et là pria au seigneur de Saveuses qu'il vousist aller mectre siége devant la ville de Compiengne, et il luy bailleroit gens et paiement. Et le seigneur de Saveuses luy acorda de y aller, et assembla tantost ce qu'il peut avoir de gens, et s'en alla au Pont-Sainte-Maissence, dont Robert de Saveuses, son frère, estoit capitaine. Là envoia le duc de Bethefort, régent, le bailly de Rouen, qui estoit Englez, et le capitaine de Gisors, nommé Maleberi, atout trois cens combatans englez, lesquelz s'en allèrent avecquez le seigneur de Saveuses logier à Vemete (Venette), et là tindrent siége environ quinze jours : et le seigneur de Lilladam, messire Lyonnel de Bournoville et le Bastart de Tian estoient logiés à l'autre costé de l'iaue vers Royaulieu (Royallieu). Ainsi fut Compiengne asségé, et, au bout de quinze jours, les gens du roy Charles qui estoient dedens rendirent la ville par ce qu'ilz s'en yroient sauve leurs corps et leurs biens. Et avec ce, eurent trois sepmaines d'issue pour eulx en aller : et de ce entretenir baillèrent bons hostages. Après ce, fut ordonné le seigneur de Lilladam capitaine de la ville de Compiengne ; et de par le roy Henry, en ce temps, se rendit Nelle-en-Cardenois aux gens au duc Phelipe, et eut le seigneur de Croy le gouvernement. Et aussi La Fère se mist en composicion, et promist Aladin de Monsay, qui en estoit capitaine pour le roy Charles, de point faire de guerre, par condicion qu'il demourra capitaine de ladite Fère. Ainsi n'y eut plus de places en l'Ille-de-France ne aux mètes d'entour qui ne fussent en l'obéissance du roy Henry.

Item, en ceste mesme année, Poton de Sainte-Traille et ceux de la comté de Guise avec luy prindrent la ville de Han-sur-la-Somme. Mais, au deuxième jour après, messire Jehan de Luxembourg vint, atout environ autant de gens comme Poton avoit, et reprinst la ville de Han d'assaut. Mout s'y porta messire Jaques de Luxembourg vaillaument, et avec luy ung nommé Jacotin de Covert, lequel portoit son estendart, et finablement regaignèrent la ville. Mais Poton eschapa et s'enfui à Guise-en-Terrasse atout partie de ses gens ; et les autres furent mors et prins. Là y eut prins ung nommé Valeran de Saint-Germain, lequel messire Jehan de Luxemburg fist mourir pour aucunes promesses donc le dessusdit luy avoit failly. Assez tost après, messire Jehan de Luxembourg mist siége devant le chastel de Viège-en-Terrasse (Wiège en Thiérache), et tant y fut que ledit chastel luy fut rendu et le fist désoler.

En tant que messire Jehan de Luxembourg estoit en la comté de Guise, il alla mectre une embusque assez près de la ville de Guise, où Poton de Sainte-Traille estoit en garnison ; et luy, de sa personne, estoit à ung quart de lieue près de la ville, derrière une petite capelle, atout dix ou douze hommes d'armes : et puis il envoia aucuns de ses gens courre devant la ville. Et tantost que Poton ouït l'effroy, il sailly hors, luy, le sire de Verdusiant et l'Estandart de Milfy, et aucuns de leurs gens avecquez eux, et cachèrent les dessusdiz si avant

(1) Les noms propres sont en général estropiés par Pierre de Fenin.

qu'ilz furent assez près de l'embusque où messire Jehan estoit. Et tantost qu'il vit son point, sailly de son embusque, luy et ses gens, et tant firent que Poton et le sire de Verduisant, furent prins. Mays Lyonnel de Vendonne, qui estoit avec messire Jehan de Luxembourg, fut féru d'une lance : et luy alla le coup devers l'espaule, donc il fut affolé toute sa vie ; et fut l'Estandart de Milly qui le férit.

Item, messire Jehan de Luxembourg fist traitié depuis avec Poton de Sainte-Traille et le Seigneur de Verduisant, par condicion qu'ilz s'en yroient hors de la ville de Guise atout leurs gens sans y retourner : et, par ceste manière, furent délivrés d'icelle prinse, et par paiant aucune autre chose. Assez tost après que les deux dessusdiz eurent emmené leurs gens hors de la ville de Guise, messire Jehan de Luxembourg refist grant mandement et alla mectre siège devant Guise : et tant fist qu'elle fut assiégiée tout autour. Avec messire Jehan de Luxembourg estoit messire Thomas de Rameston (Rampston), Englès, atout bien trois cens combatans ; et si estoit le vidamme d'Amiens, le seigneur d'Antoing, le sire de Saveuses, et tant qu'il y avoit bien deux mille combattans de bonne estoffe. Dedens la ville de Guise estoit capitaine Jehan de Proissy, lequel avoit avec luy de bonnes gens et qui bien se gouvernèrent tant que le siège y fut ; mais enfin ilz se midrent en composicion et promidrent de rendre la ville au premier jour de mars l'an mil quatre cens vingt-[quatre], et eurent jour depuis la Toussains ou environ dessy au jour dessusdit. Et de ce entretenir baillèrent bons hostages, en cas que ledit messire Jehan ne seroit combatu du roy Charles ou de ses gens audit jour. Mais il ne le fut point, et fallut que ladite ville luy fust livrée ; car le roy Charles eut pendant le temps grant perte de ses gens, par quoy il n'y peut pourvoir, comme en autre lieu sera plus à plain desclarié.

Alors que le siège estoit devant Guise, le duc de Bar et le duc de Lorraine firent grant assemblée, cuidans lever ledit siège ; mais enfin n'eurent point conseil d'aprochier ledit siège. En tant que messire Jehan de Luxembourg tenoit siége devant la ville de Guise, il ala ung jour juer acompaignié de vingt à trente gentishommes, sur les champs, à une lieue près ou environ du siège ; et avoit en sa compaignie des ouesiaux de proie, et tant qu'il y eut ung esprevier qui vola après une pertris, laquelle s'ala mectre en ung buisson : et là y avoit embusquiés dix ou douze brigans, lesquelz gaitoient les fourragiers du siège. Et quant celluy à qui l'esprevier estoit le siévy, il trouva l'embusche, et tantost cria alarme. Lors messire Jehan de Luxembourg et ses gens s'assemblèrent, et là tuèrent tous les dessusdiz, réservé ung qui fut mené au siège : et depuis fist messire Jehan de Luxembourg dréchier ung gibet assez près de la ville, et là fist mener icelluy pour pendre. Mais quant le bourrel l'eut fait monter sur l'esquielle et qu'il geta la corde dessus le gibet pour le pendre, il sailly jus et s'enfui dedens la ville à sauveté.

Item, messire Jehan de Luxembourg fut depuis, comme dit est, saesy de la ville de Guise, et pareillement du chastel d'Irechon (Hirson) et de toute la comté, et en joït long-temps paesiblement. Et pour lors tenoit de mout hautes seigneuries, c'est assavoir la comté de Marle, celles de Soissons et Coussy, qui estoient assez belles villes et mout d'autres grans terres : et pour ce temps estoit seigneur mout redouté de ses anemis plus que nul autre tenant le party au duc Phelipe. Et s'y voulloit bien entretenir ce qu'il promettoit tant à ses amis comme à ses anemis.

Item, en ceste année que messire Jehan de Luxembourg conquist la comté de Guise, y eut pluseurs seigneurs de Picardie, de Santers et des marches autour, lesquelz firent une grant rebellation contre le duc Phelipe, et en espécial contre messire Jehan de Luxembourg, combien qu'ilz avoient paravant bien servi le duc Phelipe et tenu son parti. Mais ilz eurent voulenté contraire, comme il fut apparant, et s'assemblèrent grant quantité en la ville de Roye en Vermandois. Et là, prindrent ensemble conclusion de tenir et prendre pluseurs bonnes villes et fortresses, dont les ungs d'iceulx estoient capitaines. Et les autres seigneurs qui furent à ceste assemblée furent, des principaus, le seigneur de Longueval, Regnaut son frère, messire Jehan Blondel, le sire de Maucourt, Perre de Raicourt et pluseurs autres ; et s'y y avoit, de l'acort d'iceulx, mout d'autres grans seigneurs et autres gentilz-hommes qui avoient promis d'estre d'icelle rebellacion : mais depuis ilz s'en tirèrent dehors et se excusèrent au mieux qu'ilz peurent. Quant les seigneurs dessusditz eurent fait ceste assemblée à Roye, comme dit est, ilz se retraîrent chacun en son hostel, et estoient en propos de prendre pluseurs bonnes villes et fortresses : mais leurs besoingnes ne vindrent mie à leur plaisir ; car il y eut aucuns qui avoient esté à leur conclusion qui les acusèrent, par quoy on en fut sur sa garde. Et aussy le roy Charles perdy, en ce temps, mout de ses gens à la bataille de Verneul, ou Perche, comme en autre lieu sera desclarié, donc les seigneurs dessusdiz furent fort rompus de leurs propos ; et tant que, en brief temps après, il falut que le seigneur de Longueval, Regnaut son frère, messire Jehan Blondel, le sire de Maucourt et tous leurs aliez, s'enfuissent hors du pays. Et tantost après furent appelés à ban, de par le roy Henry, et finablement furent tous banys, eux et leurs complisses, et toutes leurs terres prinses et confisquées au Roy. Et depuis fut le sire de Maucourt prins par maistre Robert le Josne, baillif d'Amiens, et eut ledit sire de Maucourt la teste copée dedens la ville d'Amiens. Quant les seigeurs devant nommez virent qu'ilz estoient bannis du pays et, avec ce, qu'ilz avoient perdu leurs terres, ilz commencèrent fort à mener guerre contre le roy Henry et le duc Phelipe, et venoient souvent au pays de Biauvoisins et de Santers prendre prisonniers segrètement; par espécial Pierres de Raicourt y estoit mout crému des gens du pays. Maiz enfin il fut prins à Ansainviller (Ansanvillers en Chaussée), vers Breteul, d'un nommé Raoul de Gaucourt, lequel le livra à messire Jehan de Luxembourg : et depuis fut mené à Paris, et là fut esquartelé. Après, fut Regnaut de Longueval prins par les gens de messire Jehan de Luxembourg, et mené à Biauvoir, où il fut long-temps prisonnier; mais, par la priaire de la femme de messire Jehan de Luxembourg et par ses autres bons amis, fut délivré, et eut sa paix par tout le parti au duc Phelipe.

Ainsi furent pluseurs seigneurs des pays dessus desclairiés troublés, et s'excusoient disans que ceste volenté leur estoit venue parce que messire Jehan de Luxembourg les vouloit trop corregier, et aussi qu'il leur faisoit mengier par ses gens leurs villes et leurs gardes. Et si avoit eu tousjours ung peu d'envie sur le sire de Longueval depuis le siège de Roye. Car quant les doffinois, qui avoient sauf-conduit de messire Jehan de Luxembourg, se partirent de la ville, ilz furent destroussez, comme dit est, des Englez ; et sy y avoit des gens du sire de Longueval et du seigneur de Croy pluseurs, donc messire Jehan de Luxembourg se courcha grandement, pour ce qu'ilz avoient rompu son sauf-conduit, et manda aux seigneurs dessusdiz qu'ilz luy envoyassent leurs gens pour les pugnir, ou si non il les yroit requerre en leurs logis. Et adonc dist le seigneur de Longueval que s'il alloit les prendre, et on le vouloit croire, on le turoit s'il n'estoit le plus fort : et depuis fut cette parolle dite à messire Jehan de Luxembourg, par quoy il fut long-temps mal content du seigneur de Longueval.

Item, l'an mil quatre cens vingt- [quatre], les gens du roy Henry asségèrent le chastel d'Ivry, sur les marches de Normandie, et tant furent devant que les gens du roy Charles qui estoient dedens se midrent en composicion et baillèrent hostages de rendre la place à ung jour qui dit fut, en cas que les Englez ne seroient combatus audit jour. Et sur ce point envoièrent devers le roy Charles et son conseil qu'ilz y pourveissent. Et quant le roy Charles sceut la vérité, il fist mout grande assemblée pour estre au jour dessusdit; et pareillement le duc de Bethefort, régent, assembla toute sa puissance qu'il avoit en Normandie et ailleurs pour combatre le roy Charles. Et alla ledit de Bethefort, régent, vers Yvry pour trouver ses anemis ; et quant vint au jour que Yvry se devoit rendre, le roy Charles et ses gens seurent les nouvelles que le duc de Bethefort alloit à grant puissance contre eux pour les combatre. Lorsque le roy Charles sceut véritablement que le duc de Bethefort alloit contre luy à sy grant puissance, il eut conseil de luy retraire, et s'en alla vers Verneul, ou Perche. Et quant le duc de Bethefort, régent, sceut que le roy Charles se retraioit, il tira après, atout sa puissance, et tant poursievi le roy Charles, qu'il trouva sa puissance assez près de Verneul : et tantost que les ostz apercheurent l'un l'autre, ilz se midrent en grant ordonnance, et firent les Englez derrière leur bataille une haie de leurs chevaux tous loiés ensemble, affin que les gens du roy Charles ne peussent férir sur eulx à cheval par derrière. Et pareillement les gens du roy Charles se midrent en ordonnance, et firent une grosse bataille à pié, où ilz mirent toute la fleur de leurs gens : et avecquez ce, ordonnèrent de leurs gens à cheval pour férir Englez de travers. Après toutes ces ordonnances ainsy faites, ilz assemblèrent en bataille toutes les deux parties à pié. Là y eut flère bataille de tous costés, et dura bien la besoingne deux heures avant que on sceust laquelle partie airoit victoire ; mais enfin les gens du roy Charles se rompirent, et puis les Englez se commenchèrent fort à eux bouter dedens : et tant firent qu'ilz furent mis en desroy et tous desconfis.

A ceste besoingne mourut la plus grant partie de toute la gentillesse du roy Charles. Là mourut le comte de Jouglas (Douglas), et le comte de Bouscans (Bucham), qui estoient du païs d'Escosse, et avecquez eulx tous leurs gens et mout d'autres grans seigneurs de France. Et si fut le duc d'Ailenchon (Alençon) prins et pluseurs autres, tant que le roy Charles y perdy bien quatre mille combatans, que mors que prins, tous gens de fait. A ceste journée se porta le duc de Bethefort, régent, mout vaillaument de sa personne, et combatoit d'une hache tant raidement qu'il eut le los de bien combatre sur tous les autres. Et aussi le comte de Salsebry et le comte de Suffort s'y gouvernèrent mout hautement avec le duc de Bethefort, régent. Et y avoit pluseurs seigneurs de Normandie qui paravant ceste journée avoient tenu le parti des Englez, mais à ce jour se tournèrent contre eulx, et bien cuidoient que Englez deussent estre tous desconfis. Et en fut monseigneur de Coursy et pluseurs autres.

Vérité est que le conseil du roy Charles ne veut oncques souffrir qu'il fust en sa personne en nulle bataille; et quant ilz atendoient d'avoir aucune journée, ilz envoioient tousjours leur Roy en aucune bonne ville, donc ilz firent par pluseurs fois grans scens; car, pour ce qu'ilz perdirent pluseurs journées, leur Roy eust esté mort ou prins, s'il y eust esté, par quoy leur querelle eust peu estre du tout mise au néant.

Item, pour ceste bataille, qui fut perdue l'an mil quatre cens vingt-[quatre], environ la Saint-Remy, devant Verneul, ou Perche, pour le roy Charles, fut le dit roy Charles grandement atargié de reconquerre son royaume; car, comme il est en autre lieu desclairié, il avoit perdu foison de ses gens à la bataille de Carvens, et sy en perdit mout audit Verneul. Et par ce fut long-temps, delà en avant, que les gens du roy Charles ne faisoient que perdre, et point ne se trouvoient puissans pour combatre les Englez: et avoient mout à faire les dessusdiz à garder leurs places contre lesdiz Englez.

Il est vérité que, après ce que le duc de Bethefort, régent, eut gaignié la bataille de Verneul et du tout desconfit ses anemis, il merchia Dieu de la victoire qu'il luy avoit envoiée; et tantost après retourna en Normandie, et là fist fort pugnir aucuns Normans qui s'en estoient fuis de la bataille dessusdite. Et puis s'en rala à Paris où il trouva le duc Phelipe de Bourgoingne, son biau-frère, qui grant joie luy fist et à sa seur la Régente qui là estoit; et pareillement fist le duc de Bethefort, régent, grant honneur à son biau-frère le duc Phelipe de Bourgoingne.

En ce temps y eut à Paris fait une grant feste à l'hostel d'Artois; car le duc Phelipe maria messire Jehan de La Trimouille, seigneur de Jouvelle, à la seur du seigneur d'Anvoise, et fist ledit duc icelle feste à ses despens. Là y eut de mout notable seignourie, c'est assavoir le duc de Bethefort, régent, le comte de Salsebry, le comte de Suffort; et si y estoit la royne de France, mère au roy Charles, la régente, seur au duc Phelipe, laquelle estoit pour le temps tenue pour la plus gaillarde de toutes autres dames; et avecquéz ce la comtesse de Salsebri, qui estoit mout belle dame, et pluseurs aultres en y avoit assez notables. Là fist-on mout notables festes de joustes et de dances; et y jousta le duc de Bethefort, régent, qui oncquez-mais n'avoit jousté.

Item, le duc Phelipe de Bourgoingne estoit pour ce temps moult resmeu, et estoit de sa personne très abille en toutes choses donc il se vouloit mesler, et par espécial de dancer et de bien jouster, passoit tous ceulx de son hostel. Et avec ce estoit fort amoureux sur les dames, et mesmes à ceste feste fut amoureux de la comtesse de Salsebri, qui mout estoit belle, comme dit est devant, et tant qu'il y eut aucunes parolles portées vers elle de par le duc; mais ilz n'abordèrent point ensemble. Et depuis en ouy le comte de Salsebri les nouvelles, donc il sceut très malvais gré au duc Phelipe; et, pour ceste cause, le contendi à grever depuis, comme cy après sera plus à plain devisé.

Après ceste feste faite à Paris, comme dit est, le duc Phelipes s'en alla en son pays de Bourgoingne, et là prinst à femme la ducesse de Nevers, qui avoit eu paravant espousé le duc de Nevers, oncle audit Phelipe et frère au duc Jehan de Bourgoingne: et en avoit eu icelluy duc des enfans. Et si estoit icelle dame demie seur à Charles de Bourbon, et par ainsi fut la seconde femme que le duc Phelipe eut espousée; mais, depuis qu'elle fut fame au duc Phelipe, elle ne vesqui que un ang après ou environ, et si n'en eut nul enfant. Mout estoit dame de sainte vie, et qui bien servoit Dieu et l'Eglise, et avec ce ne portoit point d'estat sur son chief, comment autres dames à elle pareilles: et pour ce qu'elle estoit si humble, furent mout de gens courchiés de sa mort. Et si contendoit fort à mectre la paix entre le roi Charles et le duc Phelipe son mary.

En ceste mesme année, donna le duc Phelipe de Bourgoingne sa seur maisnée à Charles de Bourbon, comte de Cleremont, et la nommoit-on Agnès; donc le duc de Bethefort fut fort courchié, et pluseurs autres Englez, de ce que le duc Phelipes fist ceste aliance à leurs anemis sans leur acort; mais ilz ne l'eurent autre. En ce temps, et par pluseurs fois, fut le duc Phelipe mout requis de faire paix au roy Charles, et alloit le sire de La Trimouille, qui estoit au roy Charles, souvent devers le duc Phelipe. Et mout luy faisoit le roy Charles offrir de grans amendemens au duc Phelipe pour la mort de son père; mais le duc Phelipe ne veut point atendre pour ceste fois, donc le roy Charles et son conseil estoient très courchiés, et bien leur sembloit que s'ilz eussent eu la paix, ils eussent remis les Englès hors de France.

En l'an mil quatre cens vingt-quatre, commencha grant guerre en païs de Hainaut, pour ce que la ducesse de Hainaut, nommée Jaqueline, laquelle estoit fille au duc Guillaume de Hainaut, oncle au duc Phelipe de Bourgoingne, et si estoit fille de la seur au duc Jehan de Bourgoingne, et par ce estoit cousine germaine deux fois au duc Phelipe lors vivant, et avoit icelle ducesse Jaqueline espousé le duc Jehan de Brebant, cousin germain au duc Phelipe, et enparavant avoit eu espousé le comte de Pontieu, filz au roy Charles-le-bien-Amé, et frère aisné au roy Charles qui lors estoit vivant; mais nonobstant que pour lors elle eust espousé le duc Jehan de Brebant, si fut-elle fourtraite du païs de Hainaut par le sire de Robesart, et menée en Engleterre devers le duc de Clocestre, frère au duc de Bethefort, régent; et là espousa ladite dame Jaqueline le duc de Clocestre. Et par ainsi eut la ducesse Jaqueline deux maris vivans, c'est assavoir le duc Jehan de Brebant, et le duc de Clocestre devant dit : laquelle chose sembla mout estrange et mal raisonnable contre Dieu et le monde, et sainte Eglise; car elle avoit esté bien de quatre à cinq ans en la compaignie du duc Jehan de Brebant. Maiz il y avoit eu aucun discort entre eulx, par quoy ladite ducesse s'estoit partie d'aveecquez luy et venue en son païs de Henau.

Après ce que le duc de Clocestre eut espousé la ducesse Jaqueline, comme dit est, et qu'ilz eurent fait grant feste entre eux en Engleterre bien ung moys, lors fist le duc de Clocestre grant assemblée pour aller prendre la pocession du pays de Henau, qui estoit à sa femme, atout bien douze cens combatans, tous Englez, et la ducesse en sa compaignie. Et s'en alla de Calais droit passer emprès Lens en Artois, et de là en Henau. Et pourpassa ledit duc parmy les pays au duc Phelipe de Bourgoingne sans faire nul desroy, si non prendre des vivres tout paisiblement. Quant le duc de Clocestre et la ducesse Jaqueline furent venus en pays de Hainau, il y eut pluseurs bonnes villes et fortresses du païs qui obéirent à eulx, et les autres ne y obéirent point. Et aussi pareillement y eut pluseurs des nobles du païs dessusdit qui se retrairent vers le duc Jehan de Brebant, leur premier seigneur, et les autres allèrent devers le duc de Clocestre et la ducesse Jaqueline; par ainsi fut le pays de Henau mout fort devisé et mis en voie de destruction.

Après toutes ces choses ainsi advenues, les nouvelles en furent portées au duc Phelipe de Bourgoingne, lequel estoit pour le temps en son païz de Bourgoingne, dont il fut très mal content pour le malvais tour que on avoit fait au duc Jehan de Brebant, son cousin germain, et, avec ce, du déshonneur de la ducesse Jaqueline, sa cousine germaine deux fois, et mout en sceut malvais gré au duc de Clocestre et à ceulx qui ce luy avoient conseillié.

Tantost que le duc Phelipe sceut les nouvelles devant dites, et qu'il fut venu à sa congnoissance que le duc de Clocestre (estoit) au pays de Henau, lors il envoia pluseurs de ses capitaines devers le duc de Brebant, son cousin; et y alla le sire de Croy, le sire de Lilladam et messire Andrieu de Vallines, atout bien douze cens combatans Picars, pour aller contre le duc de Clocestre.

Item, le duc Jehan de Brebant estoit homme de povre complection de sa personne, et avec ce n'estoit mie gouverné comme à tel seigneur apartenoit. Et pour ce, fut ordonné par le conseil de Brebant que Phelipe, son frère maisné, comte de Saint-Pol, seroit meneur et chief de la guerre pour son frère contre le duc de Clocestre. Et se mist ledit comte de Saint-Pol, sur les champs, à grant puissance, pour aller contre ledit duc de Clocestre. Et mout avoit le comte de Saint-Pol grant cantité de gens avec luy; car il avoit la plus grant partie des nobles de Brebant, et si avoit bien douze cens combatans des gens au duc Phelipe de Bourgoingne; et si avoit grant partie des gentishommes de Henau; et si avoit grant quantité des communs du pays de Brebant, et tant que en la compaignie du comte Phelipe de Saint-Pol avoit bien, tant nobles comme gens de communs, cinquante mille combatans. Avec le comte de Saint-Pol estoit Pierre de Luxembourg, comte de Conversent, son cousin prouchain, lequel estoit conduisseur de l'ost, et faisoit ledit comte de Saint-Pol tout par son conseil; car ledit comte de Saint-Pol estoit alors bien jouen d'aage.

Item, le duc de Clocestre avoit mis de ses gens en garnison à Braine-le-Conte, en Henau; et là faisoient forte guerre au païs d'entour. Mais le comte de Saint-Pol et le comte de Conversent y allèrent mectre siège, et ilz furent bien douze jours avant que ceux qui estoient dedens se vousissent rendre : et enfin ilz se rendirent par ce qu'ilz s'en yroient sauve leurs corps et leurs biens. Mais nonobstant quelque promesse que on leur eust faite, si en tuèrent les communs devant diz, et à grant paine les sauvèrent les deux comtes que tous ne furent tuez : de quoy ilz furent mout courchiés du desroy que icelles communes y firent. Après ce que la ville de Braine fut rendue, comme dit est, au comte de Saint-Pol, il la fist abatre et du tout désoler;

et puis après se mist aux champs, atout sa puissance, qui mout estoit grande. Et les gens du duc de Clocestre se mirent pareillement aux champs, et tant, que les courreurs des deux parties furent près l'un de l'autre, et en y eut de mors et de prins de chacune partie ; mais les batailles ne assemblèrent point, et si furent grande espasse l'un devant l'autre. Ce jour, y eut grant partie des communs qui estoient avec le comte de Saint-Pol qui se mirent en desroy, et s'enfuirent de sy en Brabant, donc le comte leur sceut mout malvais gré ; maiz il ne le povoit avoir autre.

Item, le duc de Clocestre avoit paravant envoié son hiraut devers le duc Phelipe de Bourgoingne, et luy escript par ses lettres comme il estoit faulx, traître et desloyal vers le roy de France et d'Engleterre, et, avec ce, qu'il avoit failly de la promesse qu'il avoit faite aux Englez, et pluseurs autres injures luy manda : et fut en partie pour ce que le duc Phelipe avoit envoié ses gens contre luy en l'aide du duc Jehan de Brabant. Et sy luy escript avec ce que il le combatroit de sa personne, et luy feroit gehir de sa corge la desloyauté qu'il avoit faite. A quoy le duc Phelipe respondy bien et grandement par bon conseil, et offri à mectre son corps en bataille contre le duc de Clocestre, disant que oncquez n'avoit failly de nulle promesse qu'il eut faite ; mais soustendroit que le duc de Clocestre avoit malvaise querelle et dampnable de avoir osté au duc Jehan de Brebant sa femme, et que c'estoit contre l'ordonnance de Dieu et de sainte Église ; et aussi d'aucunes autres parolles que le duc de Clocestre avoit dites contre l'onneur du duc Phelipe, et le desmentoit. Et finablement, tant aprouchèrent les deux dessusdiz de parolles envoiées par lettres l'un devers l'autre, qu'ils prindrent jour de combatre l'un contre l'autre. Et esleut le duc Phelipe de Bourgoingne à jugé l'empereur d'Aillemengne.

Item, sur ce propos envoia le duc Phelipe de Bourgoingne sauf-conduit au duc de Clocestre en Henau, affin qu'il s'en peust aller seurement en Engleterre pour faire ses abillemens à combatre contre le duc Phelipe. Et furent aportées les nouvelles au comte de Saint (Pol) dudit sauf-conduit droit au jour qu'ilz furent en bataille contre le duc de Clocestre. Et là dist ung hiraut, de par le duc Phelipe de Bourgoingne, au comte de Saint-Pol et au comte de Conversent, comme il y avoit jour prins des deux ducz devant diz pour combatre eulx deux ensemble : et si leur dist comme le duc Phelipe leur faisoit sçavoir qu'il avoit donné sauf-conduit au dit duc de Clocestre, et leur prioit que on le laissast raller paesiblement en Engleterre pour faire ses abillemens. Mais, nonobstant que le duc de Clocestre, et aussi le comte de Saint-Pol et le comte de Conversent sceurent bien ces nouvelles, si furent-ilz depuis long-temps en bataille l'un devant l'autre, chacun contendant que sa partie se partesist premier du champ : et tant y furent, qu'il falut que chacun s'en alast, pour la nuit qui estoit venue. Et se retrait le duc de Clocestre à Mons en Henau, où la ducesse Jaqueline estoit, et là luy donna à entendre qu'il avoit grant voulenté de combatre le duc Phelipe de Bourgoingne, et si luy dist mout d'autres choses desquelles il ne luy tinst riens ; car, dedens quatre jours après, il se parti du pais de Henau atoutes ses gens, et laissa la ducesse sa femme en la ville de Mons, petitement acompaignié, si non des gens de son pays. Ainsi s'en ralla le duc de Clocestre en Engleterre, et paissa par les pais au duc Phelipe tout paysiblement, sans souffrir que ses gens faissent nul desroy : et aussi ledit duc avoit sauf-conduit, pour luy et pour tous ses gens, du duc Phelipe de Bourgoingne, et avoit ledit Phelipe bien fait deffendre par tous ses pays que on ne maiffaisit riens audit duc de Clocestre, ne à ses gens.

Item, le duc de Clocestre eut conseil de requérir le duc Phelipe de Bourgoingne, par la manière devant dite, affin de trouver manière pour luy en raller du pais de Henau seurement : et, quelque semblant qu'il faisist de voulloir combattre le duc Phelipe, sy n'en avoit-il mie grant voulenté, mais doubtoit très-fort la puissance du duc Phelipe et celle du comte de Saint-Pol, que par eux ne fust rué juz audit pays de Henau.

Assez tost après que le duc de Clocestre se fut parti du païs de Henau, comme dit est, et que la duchesse Jaqueline fut demourée en la ville de Mons, lors envoia le duc Phelipe aux gouverneurs de ladite ville, et leur manda qu'ilz gardassent bien que la ducesse Jaqueline ne se partesist de leur ville, et qu'ilz lui en rendissent bon compte, ou si non il les courcheroit. Et ainsi firent-ilz, car ilz furent contemps que la ducesse Jaqueline fust mise ès mains du duc Phelipe de Bourgoingne. Et envoia après quérir le duc Phelipe par le sire de Lilladam en la ville de Mons, et puis fut menée à Gant. Et là firent le duc Phelipe et elle grant joye l'un à l'autre, et promist la ducesse d'elle soy gouverner, de là en avant, par le conseil au duc Phelipe : et point ne voulloit raller devers le duc Jehan de Brebant, son mary. Mais, quelque semblant qu'elle monstrast, si avoit-elle autre pensée, comme il fut depuis aparant; car, quant elle vit son point, elle s'embla secrètement et s'en ala en son pays de Hollande, où elle fut grandement recheue d'aucuns seigneurs du pays, et fort se commencha à elle garder et garnir de gens contre le duc Phelipe de Bourgoingne. Et avec ce envoya devers le duc de Clocestre affin qu'il luy envoiast secours de gens, lequel duc luy envoia le seigneur de Filonastre (Fitz Walter), et mile combatans englez, ou environ.

Item, le duc Phelippe fut très mal content quant il sceut que la ducesse Jaqueline s'estoit ainsi emblée de la ville de Gant et ralée en son païs de Hollande, et doubta mout qu'elle ne vousist mectre ledit pays aux mains du duc de Clocestre son mary. Et affin de y résister, le duc Phelipe fist grant assemblée de gens, et s'en ala en Hollande pour mectre le païs en son obéissance. Et quant le duc Phelipe vint pour descendre au dit païs, les gens de la ducesse Jaqueline, acompaigniés de pluseurs des nobles du païs, voulurent deffendre ledit païs contre le dit duc Phelipe de Bourgoingne; maiz nonobstant quelque deffence que les Hollandois et Englez feissent, le duc Phelipe, qui estoit prince de grant vaillance, descendi audit païs. Là assemblèrent bataille assez près de la ville de Broussalles, c'est assavoir le duc Phelipe et ses gens contre Englez et Hollandoys tenans le parti de la ducesse Jaqueline, et y fut flère bataille de tous costés. Maiz enfin, Englez et Hollandoys furent tous desconfiz et mis en desroy, et en mourut sur la place environ de sept à huit cens, sans ceux qui furent prisonniers. A ceste besongne s'enfui le seigneur de Filonastre, qui est capitaine des Englez, que le duc de Clocestre avoit envoyé en l'aide de la ducesse Jaqueline.

Item, le duc Phelipe perdi en ceste journée de ses gens ung vaillant chevallier, nommé messire Andrieu de Vaillines, et ung escuier de son hostel, nommé Robert de Brimeu, donc ledit duc fut fort courchié; et poy y perdi autres gens de nom. Et fut ceste bataille faite assez près de Brousselles, comme dit est, et fut en l'an mil quatre cens et [vingt-cinq]. Tantost après toutes ces choses ainsi faites, le duc Phelipe, laissa grant cantité de ses gens ès bonnes villes du païz de Hollande pour résister contre les gens de la ducesse Jaqueline, laquelle se tenoit en la ville de la Gande (Goude), et faisoit mener forte guerre aux gens du duc Phelipe, lequel s'en vint en son pays de Flandres et d'Artois pour faire faire ses abillemens pour combatre le duc de Clocestre. Et fist forgier à Hedin la plus grant partie du harnaiz qu'il falloit pour son corps armer. Mout fist le duc Phelipe faire de riches abillemens pour soy adouber, et estoit fort désirant de soy trouver en champ contre le dit duc de Clocestre. Et bien luy sembloit qu'il avoit vraye querelle, par quoy il en estoit plus asseuré; et avec ce estoit vaillant de sa personne autant que nul autre prince. Et pareillement fist le duc de Clocestre faire en Engleterre ses abillemens pour combatre le duc Phelipe de Bourgoingne, et faisoit grant semblant d'en estre joyeux.

Item, le duc de Bethefort, régent, et frère au duc de Clocestre, qui avoit espousé la seur au duc Phelipe de Bourgoingne, estoit fort couchié de la discention qui estoit entre son frère le duc de Clocestre et son serouge le duc Phelipe, et pour ce il mist grant paine de mectre la paix entr'eulx. Et aussi le conseil du josne roy Henry en estoit mal content; et leur sembloit que, par le moyen de tels débas, se pourroit le duc Phelipe eslongier d'eux, par quoy leurs besoingnes en vaudroient de piz en France en toutes manières.

En ceste mesme saison que le duc Phelipe de Bourgoingne fut au païs de Hollande pour combatre les Englez et Hollandois, comme en autre lieu est déclarié, passa le duc de Bethefort pour aller de Paris à Calais, et avec luy la ducesse sa femme, seur au duc Phelipe. Et point n'avoit le dit duc plus de quatre à cinq cens combatans en sa compaignie, et alloit en Engleterre à intencion de mectre la paix entre le duc de Clocestre, son frère et le duc de Phelippe Bourgoingne, son serouge.

Quant le duc de Bethefort, régent, fut venu en Engleterre, il le denga (blâma) mout son frère le duc de Clocestre, pour la guerre qu'il avoit prinse contre le duc Phelipe de Bourgoingne, et luy monstra, par pluseurs fois, le grant mal qu'il povoit advenir par le moyen d'icelle guerre: et que se telle chose s'entretenoit le josne roy Henry seroit en péril de perdre grant partie de la conqueste que ses prédécesseurs avoient faite en France, et qu'il y avoit mout de grans seigneurs, et aussi des bonnes villes et fortresses, qui tenoient le parti dudit roy Henry seulement pour l'amour du duc Phelipe. Et finablement fist le dit duc de Bethefort, régent, tant que l'armée que le duc de Clocestre assembloit pour mener guerre au duc Phelipe fut rompue; car pour vray le duc de Clocestre fist de grans aliances en Engleterre pour icelle besoingne fournir. Et mesme le comte de Salsbery s'en rala en haste de France en Angleterre pour aidier au duc de Clocestre à maintenir sa guerre contre le duc Phelipe de Bourgoingne. Et estoit le dit comte Salsbery fort convoiteux de grever le dit duc Phelipe, pour la hayne qu'il avoit à luy de la comtesse sa femme que le dit duc de Phelipe avoit requise d'amours, comme en autre lieu est dit; mais, quelque machinement que le duc de Clocestre et ses aliez eussent fais en Engleterre, si fut tout rompu par le duc de Bethefort, régent; et aussy la journée que les deux ducz dessus dits avoient prinse pour combatre l'un l'autre fut ralongiée. Et assez tost après retourna le duc de Bethefort, régent, et sa femme la ducesse, du pays d'Engleterre en France. Et vint ledit duc à Hedin, où il trouva le duc Phelipe de Bourgoingne, son serouge, lequel luy fist grant chière et à sa seur la ducesse; et là, après ce que les deux ducz eurent fait grant chière l'un à l'autre, lors pria mout le duc de Bethefort, régent, au duc Phelipe qu'il voulsist mectre du tout jus le journée et discention qui estoient entre luy et son frère le duc de Clocestre, et qu'il feroit tant que le dit duc de Clocestre ne prendroit plus riens sur luy ne sur chose qui à luy apartenist. De quoy le duc Phelipe respondy au duc de Bethefort, régent, qu'il ne luy faisoit mie requeste raisonnable, et que ce seroit grandement contre son honneur s'il metoit juz icelle journée, veu le grant déshonneur et injure que le duc de Clocestre luy avoit mandé par ses lettres, lesquelles n'estoient point véritables. Et mout se complaingnoit le duc Phelipe au duc de Bethefort, régent, des déshonneurs que le duc de Clocestre luy avoit faits et mandés; et si luy dist que les choses estoient trop avant, et que bonnement il ne se povoit faire que on ne veist lequel airoit meilleure querelle. Et pour vray le duc Phelipe estoit très désirant de soy trouver en champ contre ledit duc de Clocestre, comme dit est ailleurs.

A ceste assemblée, qui fut à Hedin, estoit Jehan de Luxembourg, bastart de Saint-Pol, et ung nommé Drieu de Húmières, lesquelz deux portoient chacun sur son braz une petite rieulle en manière d'un roy (rayon) de soleil; et la portoient disant que s'il estoit nul Englez qui vousist dire que le duc de Clocestre eust meilleure querelle pour la guerre qui fut en Henau que le duc Jehan de Brebant, si leur despendesist ladite rieulle et ilz combatroient yceulz sur la querelle devant dite. Pour ceste besoingne eut ledit bastart parolles, présent le duc de Bethefort, régent, et luy vouloit ledit duc faire despendre par ung de ses gens, pour ce que on luy avoit donné à entendre que yceulx la portoient pour vouloir combatre tous Englès qui la voudroient despendre, sans autre querelle; mais quant le duc de Bethefort, régent, fut adverti de la querelle pour quoy ilz la portoient, il s'en souffry atant.

Quant le duc de Bethefort, régent, et la ducesse sa femme eurent séjourné cinq ou six jours à Hedin, et que le duc Phelipe leur eut fait grant chière, comme dit est devant, lors il s'en alla à Paris, où il séjourna long-temps : et depuis fut tant traittié par le moyen du dit duc de Bethefort, régent, que la journée qui estoit entre le duc de Clocestre et le duc Phelipe de Bourgoingne fut mise du tout au néant. Maiz nonobstant quelque traitié qui fust entre eulx, si n'aymoient ilz mie l'un l'autre.

FIN DES MÉMOIRES DE PIERRE DE FENIN.

SUR LE JOURNAL
D'UN BOURGEOIS DE PARIS. (1)

Dans un temps où les moyens de publicité étaient fort rares, il devait naturellement se rencontrer beaucoup de gens qui aimaient à enregistrer les événements, soit pour le compte de leur famille, soit pour le compte d'un parti. Le public écrivait ainsi lui-même ses *mémoires*, et nous devons regretter la perte de tous ces journaux, assez semblables à nos journaux politiques, où se trouvaient retracées les mœurs passionnées de la multitude et les impressions de tout le monde, en présence des événements qui s'accomplissaient. Le *Journal d'un Bourgeois de Paris*, qu'on va lire, peut être regardé comme un modèle dans ce genre historique, et ce modèle semble avoir inspiré plus tard la verve enjouée et maligne de Lestoile. Quel est l'auteur du *Journal d'un Bourgeois de Paris*? On l'ignore encore. Mais un fait qui n'est pas contestable, c'est que ce Journal n'est pas l'ouvrage d'un seul homme. Deux écrivains l'ont rédigé, l'un depuis 1409 jusqu'en 1431, l'autre depuis cette époque jusqu'en 1449. Quoique au premier abord on ne s'aperçoive guères d'un changement, on remarquera facilement la supériorité du Journal de Charles VI, sur celui du règne de Charles VII. Selon l'opinion de Godefroy, le rédacteur de la première partie du Journal était curé de Paris et docteur en théologie. Quoi qu'il en soit, il n'en est pas moins un zélé partisan de la faction des Bouchers. Bourguignon fanatique, il semble n'avoir écrit que pour attaquer en toutes rencontres le parti des Armagnacs ou Orléanais. Cependant il maltraite de temps en temps les partisans de la maison de Bourgogne, et ne ménage jamais ceux qui se trouvent à la tête des affaires, de quelque parti qu'ils soient. Son continuateur est plus modéré, il dit également *le roy Henry et le roy Charles*, mais il est loin d'avoir son talent. C'était un membre de l'Université de Paris; lui-même nous l'apprend, car il se met sans façon au nombre des *plus parfaits clercs de l'Université*.

Si nous jugeons maintenant l'ensemble de cet ouvrage, nous y verrons un recueil intéressant d'anecdotes, de bruits populaires, de faits graves ou plaisants; en un mot, un véritable journal. L'auteur rapporte tour-à-tour les changements dans les monnaies, les prix des vivres, les émeutes, les massacres, les accidents particuliers, les supplices, la sécheresse, la pluie, les orages, les fêtes, etc. Il ne faut pas demander à une telle composition, de la critique ni de l'ensemble; on n'y doit chercher que des détails, et la curiosité du lecteur sera sur ce point amplement satisfaite. Aucun monument littéraire ne fait mieux connaître les mœurs et les habitudes de cette époque; c'est un tableau des mœurs politiques de la France sous les règnes de Charles IV et de Charles VII. Il y règne d'ailleurs une grande liberté de jugement, et Godefroy remarque qu'on pourrait lui donner le titre de *Chronique scandaleuse*, comme on l'a fait pour les récits de Jean de Troyes. Il ne faut donc, pour se servir avec fruit de ce précieux monument, que se mettre en garde contre la partialité, qui le plus souvent anime le chroniqueur, et on pourra alors l'interroger comme un curieux témoin de cette époque. Nous avons seulement regretté, en lisant le journal du zélé Bourguignon, de ne pas avoir également entre les mains le journal d'un Armagnac; ces deux mémoires auraient pu former à eux seuls une histoire complète.

C'est le savant Claude Dupuy, conseiller au parlement, qui le premier fit connaître cet ouvrage. Il en fit un extrait que son fils, le prieur de Saint-Sauveur, communiqua à Denis Godefroy et au père Labbe. Ce dernier l'inséra dans le premier volume de son *Alliance Chronologique*, et Godefroy le publia dans son édition de Juvénal des Ursins. Le manuscrit dont s'est servi Claude Dupuy, appartenait au savant Petau; il passa ensuite entre les mains de Christine de Suède, et de là à la bibliothèque du Vatican. L'extrait de Claude Dupuy que nous avons comparé avec le texte entier, est fort incomplet et assez mal fait; il était plus propre à exciter la curiosité du lecteur qu'à la satisfaire.

Nous avons cru devoir reproduire en entier le texte du Journal tel qu'il se trouve dans les *Mémoires pour servir à l'Histoire de France et de Bourgogne* (1729, in-4°), ouvrage peu connu, attribué à un religieux de Dijon. Nous avons transcrit exactement ce texte, en ayant soin seulement d'expliquer les mots difficiles ou les phrases peu intelligibles. Nous aurions en outre désiré comparer notre leçon avec quelques manuscrits, mais il n'en existe aucun à la Bibliothèque du Roi. Le commencement du Journal de Charles VI est un peu incomplet. Dupuy avait lu dans le manuscrit qu'il avait eu sous les yeux, sous la date de 1408, une relation de l'entrée du Roi à Paris; nous ne retrouvons point ce passage dans le texte imprimé. Nous allons donner le passage tel qu'il se trouve dans l'extrait de Dupuy repro-

---

(1) Nous n'avons adopté ce titre que pour nous conformer à l'usage reçu.

duit par Godefroy, en faisant remarquer que la date est fautive; il faut mettre 1405 au lieu de 1408. Du reste, comme cette année est celle du commencement des troubles, il est présumable que le Journal ne remontait pas plus haut.

« A la reception de Charles VI à Paris, le dix-
» septiesme mars mille quatre cens huict, par
» tout où il passoit on crioit tres-joyeusement
» *Noël*, et jettoit-on violettes et fleurs sur luy,
» et au soir soupoient les gens emmy les rues
» par tres-joyeuse chere, firent feux tout par
» tout, et bassinoient de bassins tout parmy Pa-
» ris. Le semblable fut fait au retour du camp
» d'Arras, le treiziesme d'aoust 1414.

» Le dix-huictiesme juillet ensuivant, sur la
» nouvelle de l'eslection du Pape Alexandre V,
» on fit moult noble feste à Paris, comme quand
» le Roy y arriva, et par tous les moustiers on son-
» noit moult fort, et toute nuict aussi. L'Univer-
» sité de Paris faisoit aussi processions au deceds
» des papes : mais l'une et l'autre coustume est
» perduë. »

Le Journal des règnes de Charles VI et de Charles VII ne se trouve point dans les collections précédentes. Nous croyons que le public nous saura gré de cette publication importante, que nous tirons aujourd'hui de l'oubli.

Nous publierons la seconde partie de ce Journal (1422-1449) lorsque nous serons arrivés à l'époque de Charles VII.

JOURNAL
D'UN BOURGEOIS DE PARIS.

1408.—Environ dix ou doze jours après, furent changées les serrures et clefs des portes de Paris, et furent faiz monseigneur de Berry, et monseigneur de Bourbon cappitaines de la ville de Paris, et vint si grant foüeson de gens d'armes à Paris, que aux villaiges d'entour, ne demeurerent aussi comme nuls gens : toutes voies (toutefois) les gens du dessus dit duc de Bourgoingne, ne prenoient riens, sans paier, et comptoient, tous les soirs à leurs hostes et paioient tout sec en la ville de Paris, et estoient ce temps durant les portes de Paris fermées, non quatre : c'est assavoir la porte Saint-Denis, Saint-Anthoine Saint-Jacques, Saint-Honoré. Et le dixiesme jour de septembre ensuivant furent murées de plastre la porte du Temple, la porte Saint-Martin, et celle de Montmartre. Et le vendredi ensuivant dousiesme jour dudit mois arryva à Paris l'évesque de Liège, et lui fist faire serment le prevost de Paris, et autres, à l'entrée de la porte Saint-Denis, que il ne seroit contre le Roy ne contre la ville, ne lui ne les siens; mais leur seroit garant de trestout son povair (pouvoir) : et ainsi le promist il par la foy de son corps, et par son seigneur, et après entra à Paris, et fut logé en l'ostel de la Trimouille. Et icellui jour après sa venuë fut crié ce que on mist des lanternes à bas les ruës et de l'eaue aux huis (portes), et aussi fist-on. Et le dix-neuviesme jour dudit moys de septembre fut crié et commandé que on estoupast (bouchât) les pertuys (soupiraux) qui donnoient clarté dedens les celiers. Et le vingt-quatriesme jour ensuivant fut commandé par tretous les feurez (serruriers) et maréchaux de Paris, et chauderonniers, qu'on fit des chaisnes comme autreffois avoient esté, et lesdits ouvriers de fer commancerent le landemain, et ouvrèrent festes et dimenches et par nuit et jour. Et le vingt-sixiesme jour dudit mois de septembre fut crié de parmy Paris que, qui auroit puissance d'avoir armure si en achatast pour garder la bonne ville de Paris. Et le dixiesme jour d'octobre ensuivant jour de sabmedi, vint telle esmeutte en la ville de Paris, comme on pourroit guères voir, sans sçavoir pourquoy. Mais on disoit que le duc d'Orléans estoit à la porte de Saint-Anthoine à toute sa puissance, dont il n'estoit riens, et les gens du duc de Bourgoingne s'armèrent; car les gens de Paris furent si esmeus, comme ce (si) tout le monde feust contre eulx, et les vouloist détruire, et si ne sceust-on oncques pourquoy ce fust.

1409.—L'an 1409 le jour de la my-aoust fist tel tonnoyre environ entre cinq ou six heures du matin, que une ymage de Notre-Dame qui étoit sur le moustier de Saint-Ladre, de forte pierre et toute neufve, fut du tonnoyre tempestée et rompuë par le mylieu, et portée bien loing de là : et à l'entrée de la villeote Saint-Ladre au bout de devers Paris, furent deux hommes tempestez, dont l'un fut tué tout mort, et ses soulliers et ses chausses, son gippon (pourpoint ou culotte) furent tous dessirez (déchirés), et si n'avoit point le corps entamé, et l'autre homme fut tout affolé (fou).

Item, le lundi septiesme jour d'octobre ensuivant, c'est assavoir 1409, fut prins ung nommé Jehan de Montagu, grant maistre d'ostel du roy de France emprès Saint-Brenetor (Saint-Victor), et fut mis en petit Chastelet, dont il avint telle esmeutte à Paris à l'eure qu'on le print; comme se tout Paris fust plain de Sarrazins, et si ne sçavoit nul pourquoy ils s'enfuioient : et le print un nommé Pierre des Essarts, qui pour lors estoit prevost de Paris, et furent les lanternes commandées à allumer, comme autrefois et de l'eaue à huis, et toutes les nuys le plus bel guet à pié et à cheval qu'on vit gueres oncques à Paris, et le faisoient les mestiers l'un après l'autre. Et le dix-septiesme jour du mois d'octobre jeudi, fut le dessusdit grant maistre d'ostel mis en une charette vestu de sa livrée d'une houpelande de blanc et de rouge et chapperon de mesmes, une chausse rouge et l'autre blanche, ungs esperons dorez, les mains liées devant, une croix de boys entre ses mains, hault assis en la charette, deux trompettes devant lui. En ce l'état mené ès halles, là on lui couppa la tête, et après fut porté le corps au gibet de Paris, et pendu du plus hault en chemise à (avec) toutes ses chausses et esperons dorez, dont la rumeur dura à aucun des seigneurs de France, comme Berry, Bourbon, Alençon et plusieurs autres, dont il advint l'année ensuivant 1410 environ la fin d'aoust, que chacun endroit soy admena tant de gens d'armes au tour de Paris que à vingt lieües environ estoit tout degasté; car le duc de Bourgoingne et ses frères admenèrent leurs puissances de devers Flandres et Bourgoingne, mais ils ne prenoient que vivres ceulx au duc de Bourgoingne né à ses aidans, mais trop largement en prenoient, et les gens de Berry et de ses aidans pilloient, roboient, tuoient en eglise et dehors eglise, especialement ceux au comte d'Armignac, et les Bretons, dont si grant charté s'ensuivy de pain que plus d'ung mois le sextier de bonne farine valloit cinquante francs ou soixante, dont les pouvres gens de ville, comme au desespoir, fuyoient, et leur firent plusieurs escarmouches et en tuèrent moult, et tout ce n'estoit que pour l'envie qu'ils avoient pour ce que les gens de Paris aimoient tant le duc de Bourgoingne, et le prevost de Paris, nommé Pierre des Essars, pour ce qu'il gardoit si bien la ville de Paris, car toute nuyt et toute jour il alloit parmi la ville de Paris, tout armé, lui et grant foison de gens d'armes, et faisoit faire aux gens de Paris toutes les nuys le plus bel guet qu'ils povoient, et ceulx qui n'y povoient aller, faisoient veiller devant leur maison, et faire grans feus par toutes les ruës jusques au jour, et y avoit quarteniers, cinquanteniers, diseniers, qui ce ordonnoient, dont ceux de devers Berry tindrent si court ceulx de Paris par devers la porte Saint-Jacques, Bordelles, Saint-Marciau, Saint-Michel, que les vignes demourèrent à vendenger et les semailles, et plus à quatre lieuës autour de Paris, devers lesdites portes jusques à la Saint-Climent, encore vendengeoit-on, et par la grâce de Dieu il y avoit très peu de pourris; car il fist très bel tems, mais ils ne povoient eschauffer ès cuves, et si ne venoit pain à Paris, qui ne convenist aller querre (chercher) à force de gens d'armes par eauë et par terre; et y avoit ung chevalier logé à la Chapelle Saint-Denis, nommé messire Morelet de Betencourt, qui alloit querre le pain à Saint-Brice et ailleurs lui et ses gens tant que ce contens dura, qui dura jusqu'à la Toussains. Et un pou (peu) devant avoit presché devant le Roy le ministre des Mathurins très bonne personne, et monstra la crualité (cruauté) que ils faisoient par deffault de bon conseil, disant qu'il falloit qu'il y eust des traistres en ce royaulme, dont ung prélat nommé le cardinal de Bar qui estoit audit sermon, le desmenty et nomma villain chien, dont il fut moult hay de l'Université et du commun; mais à peu lui en fu, car il praticoit grandement avecques les autres qui portoient chacun une bende dont il étoit ambassadeur. Car le duc de Berry portoit celle bende, et tous iceulx de par lui, et ce tindrent tellement en celle bende, qu'il avint que ledit prévost fut déposé pour l'envie qu'ils avoient sur le commun de Paris qu'il gardoit si bien : car aucuns et le plus de la bende qui cuidoient de certain qu'on deust piller Paris, et tout le mal qui se faisoit de delà, chacun disoit que ce faisoit le comte d'Armignac, tant estoit de malle voulenté plain et pour certain on avoit autant de pitié de tuer ces gens comme de chiens. Et quelconque estoit tué delà, on disoit c'est un Armignac : car ledit comte estoit tenu pour très cruel homme et tirant et sans pitié. Et certain ceulx de ladite bende eussent fait du mal plus largement, ce ne fust le froid et la famine qui les fist traictier comme une chose non achevée, comme pour en charger arbitres, et fut fait environ le 6 novembre 1410 et s'en alla chacun à sa terre jusques à ce qu'on les mandast, et qui a perdu si a perdu. Mais le royaulme de France ne recouvra la perte et le dommaige qu'ils firent en vingt ans ensuivans; tant viengne bien. En ce temps fut la rivière de Saine si petite, car oncques on ne la vit à la Saint-Jehan d'esté plus petite qu'elle estoit à la Saint-Thomas devant Nouel (Noël); et néantmoins par la grace de Dieu on avoit à Paris en ce temps, environ cinq semaines après l'allée (le départ) des gens d'armes, très bon blé pour dix-huit ou vingt sols le sextier.

1411.—L'an 1411 ensuivant recommancèrent ceulx de la bende leur mauvaise vie : car en aoust vers la fin vindrent devant Paris du costé de devers Saint-Denis et deffièrent le duc de Bourgoingne et fit chacun son assemblée vers Mondidyer, mais que les Bendez sceurent la belle compaignie que Bourgoingne avoit, ils ne l'osèrent oncques assaillir, et si les attendit-il par cinq semaines. Quant le duc vit la chose, il dit qu'ils n'avoient guerre qu'au Roy et à la bonne ville de Paris, les renvoia ses communes et les convoya grant pays, et les faulx Bendez Armignacs commancèrent à faire tout le pis qu'ils povoient et vinrent aux plus de Paris en plaines vendenges; c'est assavoir envyron mynuit entre sabmedy et dimenche troisième jour d'octobre 1411 furent à Pantin, à Saint-Ouyn, à la Chapelle-Saint-Denis, à Montmartre, à Glinencourt, et par tous les villaiges d'entour Paris dudit costé et assegerent Saint-Denis et firent tant de maulx, comme eussent fait Sarrazins; car ils pendoient les gens, les uns par les poulces, autres par les piez, les autres tuoient et ranconnoient et efforçoient femmes et boutoient feux, et quiconques ce feist, on disoit ce sont les Armignacs, et ne demouroit personne esdits villaiges que eulx mesmes. Cependant vint Pierre des Essars à Paris, et fut prevost comme devant, et fist tant qu'on cria parmy Paris qu'on abandonnoit les Armignacs et qu'on povoit les tuer, si les tuast et prinst leurs biens. Si y alla moult de gens qui plusieurs fois leur firent dommaige, et par especiallement compaignies de villaiges qu'on nommoit Brigans qui s'assemblèrent et firent du mal; assavoir sous l'ombre de tuer les Arminaz. En ce temps prindrent ceulx de Paris chapperons de drap pers (vert) et la croix Saint-Andrieu (Saint-André), un J au milieu de la croix, ung escu à la fleur de lis, et en maint (en moins) de quinze jours avoit à Paris cent milliers que hommes que enfans signez de laditte croix; car nul n'yssoit de Paris qui ne l'avoit.

Item, le treizième jour d'octobre prindrent les Arminaz le pont de Saint-Cloud par un faulx traistre qui en estoit cappitaine qu'on nommoit Colinet de Pisex qui leur vendy et livra, et furent tuez moult de bonnes gens qui estoient dedens et tous les biens perdus dont il y avoit grant foison; car tous les villaiges d'entour y avoient leurs biens qui furent tous perdus par le faulx traistre.

Item, le vingt-quatrième jour d'octobre prinrent Saint-Denis comme Saint-Cloud, par trahison d'aucuns qui estoient dedens, si comme on disoit que le seigneur de Chaalons en estoit consentant, lequel estoit au duc de Bourgoingne. Quant les Bandez furent maistres des deux de Saint-Cloud et de Saint-Denis, ils s'enorgueillirent tellement qu'ils venoient jusques aux portes de Paris : car leurs seigneurs estoient logez à Montmartre et venoient jusques dedens Paris, et qui y entroit et yssoit, dont ceulx de Paris avoient grant doubte (peur). En ce temps avoit à Paris ung escuier nommé Enguerrand de Bournonville, et ung nommé Amé de Brey qui moult leur firent d'escarmouches et de jour et de nuit : car les Arminaz doubtoient plus ces deux hommes que le comte de Saint-Paul et toute sa puissance, qui lors estoit cappitaine de Paris, et portoit en sa bannière fleur de bouroche.

Item, le seizième jour d'octobre estoient les Arminaz emprès le moulin à vent au dessus de Saint-Ladre, à doncques yssirent ceulx de Paris sans gouverneur et allèrent sur eulx tous nudz d'armes, fors que de trais et de piques de Flandres, et les autres estoient bien armez et vindrent sur la chaussée à eulx, et tantost en tuèrent bien soixante à quatre-vingt, et leur ostèrent quant qu'ils avoient jusques aux brayes (culottes), et plus en eussent tué largement, ce ne fust le chemin qui estoit estroit, et la nuit qui venoit; car non pourtant moult de ceulx de Paris furent navrez, ainsi advint. — *Ici quelques feuillets du manuscrit ont été déchirés.*

Adonq estoient ceulx de Paris moult esbahis ; car on ne sçavoit nulle nouvelle du duc de Bourgongne, et cuidoit-on qu'il fust mort, et il estoit allé traiter aux Englois en Angleterre, et revint à Paris le plustot qu'il pot, et y entra le vingt-troisième jour d'octobre ou dit an, et amena en sa compaignie bien sept à huit mille Englois avecques ses gens, et le vingt-cinquième jour du-dit mois allèrent les Englois escarmoucher ou moulin au vent, et tüerent moult des Arminaz et de leurs chevaux par la force de trait.

Item, le huitième jour de novembre ensuivant ou dit an, fist chascune disenne selon sa puissance de compagnons vestus de jacques (cuirasses) et armes, et firent leur monstre (revue) cedit jour, et furent bien seize ou dix-sept cens tretous fors hommes ; et ce jour environ dix heures de nuyt party de Paris le duc de Bourgongne avecques lui les compaignons dessus dits et les Englois, et alla toutte nuyt à Saint-Cloud, et parti par la porte Saint-Jacques; et quant il fut devant le pont de Saint-Cloud, il fut le point du jour. Adoncq il fist assaillir ledit pont, et la ville qui étoit toute plaine de très puissans gens d'armes Arminaz, qui moult se deffendirent mais pou leur valust; car tantost furent desconfiz, et tous mis à l'espée, et furent bien six cens tuez, et le faulx traitre qui avoit vendu ledit pont, fut prins en l'église de Saint-Cloud au plus hault du clocher vestu en habit d'un prestre, et fut admené à Paris en prinson, et le duc de Bourgongne fist mectre le feu dans le pont-leveys (pont-levis), dont il s'en noya bien trois cens, et dit-on que ce fut ung des plus beaux assaulx qu'on eust point veü passé à long-temps. Car une partie de la plus grant force des Arminaz estoient en la tour, si que (en sorte que) on ne la peust avoir si légierement; et aussi tous les Arminaz de Saint-Denis y vinrent de l'autre costé de l'eaue, si ne porent rien faire l'un à l'autre, que gaster leur trait. Lors fist le duc de Bourgongne retraire ses gens, et s'en revint à Paris pour aller assaillir ceulx de Saint-Denis. Et le landemain allèrent à Saint-Denis le prevost, et Enguerran, et ceulx de Paris ; mais ils n'y en trouvèrent nuls, tous s'en estoient fuiz la nuyt de devant, et passé la rivière par un pont de bois qu'ils avoient fait en laditte ville de Saint-Denis. Et ce jour que nos gens furent à Saint-Denis, estoit la vigille Saint-Martin d'yver, et fut ce jour fait procession générale à Nostre-Dame-de Paris, et là devant tout le peuple fut maudite et excommuniée toute la compaignie des Arminaz et tous leurs aidans et confortans, et furent nommez par nom tous les grans seigneurs de la maldite bande : c'est assavoir le duc de Berry, le duc de Bourbon, le comte d'Alençon, le faulx comte d'Arminac, le Connestable, l'Arcevesque de Sens, frère du devant dit Montagu, Robert de Tuillieres lieutenant du prevost de Paris, frère Jacques le grant augustin, qui le pis conseilloit de tous, et furent excommuniez de la bouche du Saint-Père, tellement qu'ils ne povoient être absouls par prestre nul ne prelat, que du Saint-Père en article de mort. Et deux ou trois fois devant avoit esté faitte à Paris telle procession et tel excommuniement sur la faulce bende.

Item, le jeudi douzième jour de novembre audit an, fut mené le faulx traitre Colinet de Pisex lui septiesme ès halles de Paris, lui estant en la charrette sur un aiz plus hault que les autres, une croix de fust (bois) en ses mains, vestu comme il fut prins, comme ung prestre, en telle manière fut mis en l'eschaffault, et dépoüillé tout nu, et lui coppa-on la teste à lui sixiesme, et le septiesme fut pendu, car il n'estoit pas de leur faulce bende; et ledit Colinet faulx traitre fut despecé les quatre membres; et à chascune des maistres portes de Paris, l'un de ses membres pendu, et son corps au gibet, et leurs testes ès halles sur six places, comme faulx traistres qu'ils estoient; car on disoit tout certainement que ledit Colinet par sa faulce et desloyauté trahison, fist dommage de plus de deux millyons en France, sans plusieurs bonnes gens qui estoient avec lui, qu'il fist tüer les uns, les autres rançonner, les autres emmener en tel lieu, que on oüy puis nouvelles, puis fist-on mainte justice. Cependant alla M. de Guienne et de Bourgongne devant Estampes, qui estoit de la Bende, et y furent par plusieurs jours tant que par miner, que par assault, ils se rendirent au Roy à sa voulenté; et fut prins le cappitaine nommé Bourden, lequel fut mesné en prinson en Flandres, et depuis ot sa paix. Puis refut prins ung autre chevalier de la Bende, nommé messire Maussart du Bois, ung des beaux chevaliers que on peust voir, lequel ot la teste couppée ès halles de Paris, et de sa force de ses espaules, depuis qu'il ot la teste couppée, bouta le tronchet (tranchet) si fort, qu'à pou tint qu'il ne l'abbaty, dont le bourreau ot telle freour, car il en mourut à tantost après six jours, et estoit nommé maistre Guieffroy. Après fut bourel Capeluche son varlet. Et en ce dit an fut fait connestable de France le comte de Saint-Paul, nommé messire Galleren, et alla en la comté d'Alençon, et là estoit messire Anthoine de Craon, lequel devoit avoir journée au comte d'Alençon, lequel n'osa oncques venir : si s'en revint ledit connestable; et en revenant le cuida détruire le seigneur de Gaucourt, qui avoit bien en sa compaignie mille homme d'armes; mais par la grace de Dieu, ledit Gaucourt et ses gens furent desconfiz honteusement, et en furent tüez bien six cens, et bien cent noyez, et bien cinquante des plus gros prins, mais Gaucourt eschappa par son cheval. En icellui temps, se firent plusieurs escarmouches, dont on ne fait nulle mention; car on ne faisoit rien à droit pour les traistres dont le Roy estoit tout advironné.

1412. — En l'an 1412, sixiesme jour de may, se mist le Roy sur les champs avecques luy son aisné filx, le duc de Guienne, le duc de Bourgongne et plusieurs autres, et allèrent droit en Ausserre, là furent aucuns jours; de là se départirent et allèrent assiéger la ville de Bourges en Berry, où estoit le duc de Berry, ancien de bien près quatre-vingt ans, oncle dudit roy de France, maistre et ministre de toute traïson de ladite bende, cruel contre le menu peuple, en tant que fut oncques tirant Sarrazin, et aux siens comme aux autres, pourquoy il estoit assiégé. Et sitost que ceulx de Paris sceurent que le Roy estoit en la terre de ses ennemis, par commun conseil, ils ordonnèrent les plus piteuses processions, qui oncques eussent esté veües de aage d'homme. C'est assavoir le penultiesme jour de may (30 mai) audit an, jour de lundi, firent procession ceulx du palais de Paris, les ordres mandians et autres, tous nuds piez, portant plusieurs sainctures (reliques) moult dignes; portant la saincte vraye croix du Pallays. Ceulx du parlement de quelque estat qu'ils fussent, tous deux et deux, quelques trente milles personnes après avecques, tous nuds piez. Le mardy derrenier jour de may ou dit an, partie des paroisses de Paris firent procession, et leurs parroissiens au tour de leurs paroisses, tous les prestres revestus de chappes ou de sourpeliz (surplis), chacun portant un cierge en sa main et reliques, tous piez nuds, la chasse saint Blanchard, de saint Magloire, avecques bien deux cens petits enfans devant tous piez nuds, chacun cierge ou chandelle en sa main. Tous les parroissiens qui avoient puissance, une torche en leur main, tous piez nuds, femmes et hommes. Le mercredy ensuivant premier jour de juing ou dit an, en la forme et manière du mardi, fut faitte la procession. Le jeudi ensuivant fut le jour du Saint-Sacrement, la procession fut faitte, comme on a accoustumé. Le vendredy ensuivant, troisiesme jour de juing ou dit an, fut faitte la plus belle procession, qui oncques fut guere veüe; car touttes les paroisses et ordres de quelque estat qu'ils fussent, allèrent tous nuds piez, portant (comme devant est dit) saincture ou cierge

Paris en procession. Le sabmedi ensuivant, en habit de dévotion, du commun plus de quarante mille personnes avecques, tous nuds piez, et à jeun, sans autres secrettes abstinences, bien plus de quatre mille torches allumées. En ce point allèrent portant les saintes reliques à Saint-Jehan-en-Grève. Là prindrent le précieux corps Nostre-Seigneur, que les faulx juifs bouillirent, en grans pleurs, en grans larmes, en grant devocion, et fut livré quatre évesques, lesquels le portèrent dudit moutiers à Sainte-Geneviefve, à telle compaignie du peuple commun ; car on affermoit que ils estoient plus de cinquante et deux mille. Là chantèrent la grant messe moult dévotement, puis rapportèrent les saintes reliques où ils les avoient prinses à jeun. Le sabmedy ensuivant quatriesme jour dudit moys audit an, toute l'université, de quelque estat qu'il fust, sur peine de privation, furent à la procession, et les petits enfens des escoles, tous nuds piez, chacun un cierge allumé en sa main, aussi-bien le plus grant que le plus petit, et assemblèrent en celle humilité aux Mathurins : delà s'en vindrent à Sainte-Catherine du Val des Escoliers, portant tant de saintes reliques, que sans nombre : là chantèrent la grant messe, puis revindrent à cueur jeun. Le dimenche ensuivant, cinquiesme jour dudit mois ou dit an, vindrent ceulx de Saint-Denis en France à Paris, tous piez nuds, et apportèrent sept corps saints, la saincte oriflamble, celle qui fut portée en Flandres, le sainct cloud, la saincte couronne, que deux abbez portoient accompaigniez de treize bannières de procession ; et à l'encontre d'eulx alla la parroisse Sainct-Huitace (Saint-Eustache), pour le corps de Sainct-Huitace qui estoit l'une desdites chasses, et s'en allèrent droit au palays de Paris tous. Là dirent la grant messe en grant devocion, puis s'en allèrent. La sepmaine ensuivant, tous les jours firent moult piteuses processions chascun à son tour, et les villages d'entour Paris semblablement venoient moult dévotement, tous nuds piez, priant Dieu que par sa saincte grace, paix fut reformée entre le Roy et les seigneurs de France : car par la guerre toute France estoit moult empirée d'amis et de chevaux ; car on ne trouvoit rien au plain pays, qui ne lui portoit.

Item, le lundy ensuivant, sixiesme jour dudit moys de juing audit an, allèrent ceulx de Saint-Martin-des-Champs avecques eulx plusieurs parroisses de Paris et bailliages, tous nuds piez, accompaignez comme devant de luminaires et de reliques à Saint-Germain-des-Prez. Là dirent la grantmesse en grant devocion, et les autres parroisses allèrent aux Martyrs, et là chantèrent la grant messe. Et ceulx de Sainte-Catherine du Val des Escoliers, vinrent chanter la grant messe à Saint-Martin-des-Champs.

Item, le mardi et mercredi septiesme et huitiesme jour dudit moys ou dit an, fist on procession, les parroissiens autour de leurs parroisses.

Item, le jeudi neufviesme jour dudit mois ou dit an, furent plusieurs parroisses accompaignées de très grant peuple d'eglise, et de commun, tous piez nuds, à grant reliquaire et luminaire, et en ce point allèrent à Boullongne la petite, là firent leur devocion et dirent la grant messe, puis s'en revindrent.

Item, le vendredy ensuivant, disiesme jour dudit moys ou dit an, fut faitte procession generale, une des plus honorables que on eust oncques veuës : car touttes les eglises, colleges et parroisses y furent tous nuds piez, et tant de peuple que sans nombre ; car le jour de devant avoit esté commandé que de chacun hostel y fut une personne ; et pour celle devote procession plusieurs parroisses des villaiges d'entour Paris, y vindrent en grant devocion, et de moult loing, comme de plus de quatre grosses lieuës, comme de par delà Villeneufve-Saint-Georges, de Montgison et d'autres villes voisines, et vindrent à (avec) toutes les reliques dont ils porent finer (trouver), tous nuds piez, très-anxiens hommes, femmes grosses et petits enffens, chacun un cierge ou chandelle à sa main. Les sabmedy et dimenche onziesme et douziesme jours dudit mois ou dit an, on fit procession commune autour des parroisses. Le lundi treisiesme jour dudit moys ou dit an, vindrent ceulx de Saint-Mor-des-Fossez, accompaignez de dix-huit bannières, des reliques très-grant foison, vingt croix, tous piez nuds, à Nostre-Dame de Paris, chantèrent la grant messe. Le mardy ensuivant, le quatorziesme jour dudit moys ou dit an, allèrent ceulx de Paris en procession à Saint-Anthoine-des-Champs, là dirent la grant messe. Le mercredi ensuivant, quinziesme jour dudit moys ou dit an, fut faite une procession autour des parroisses. Le jeudi ensuivant, seiziesme jour dudit moys ou dit an, firent les parroisses de Paris les processions aux Martyrs et à Montmartre, là chantèrent la grant messe. Le vendredi ensuivant, allèrent à Saint-Denis en France ; c'est assavoir Saint-Paul et Saint-Huitasse (Saint Eustache), les gens tous nuds piez, là dirent la grant messe, et tant comme on fist ces processions, ne fist jour qu'il ne pleust très-fort, que les trois premiers jours. Pour vray ceulx de Meaulx vindrent à Saint-Denis, et de Pontoise et de Gonnesse, et par delà vinrent à Paris en procession. Le samedi ensuivant, firent ceulx de Chastellet, tous grans et petiz, procession. Le dimenche ensuivant procession aux parroisses. Le lundi ensuivant, Sainct-Nicolas, Sainct-Saulveur, Sainct-Laurens allèrent à Nostre-Dame de Boullongne la petite, en la manière que dit est d'avant le jeudi neuviesme dudit moys. Tretout le temps que le Roy fut hors de Paris, firent ceulx de Paris et ceulx des villaiges d'entour, procession comme d'avant est dit, et alloient chascun jour par ordre en procession aux pellerinaiges de Nostre-Dame entour Paris, comme au Blanc-Mesnil, comme au Mesche, et aux lieux plus renommez de devocion. Et fut vray que le sabmedy troisiesme jour dudit moys de juing, arriva le roy de France avec son ost devant la cité de Bourges-en-Berry; et quant ils furent devant, ils assaillirent la ville moult asprement, et les Arminaz se deffendirent moult fort; mais moult furent agrevez (épuisés) : si demandèrent triefves, si furent données deux heures, non plus. Ung pou avant que les trefves furent faillies, yssirent hors les faulx traistres à grant compaignie, cuidant trayr et sourprendre nos gens qui point ne s'en gardoient; mais l'avangarde les recula moult asprement, et se ferirent en eulx (se jettèrent sur eux) si cruellement, que tous les firent flatir (reculer) jusqu'aux portes, et là furent de si prez hastez les traistres que le sire de Gaucourt conduisoit, qu'en la place en demoura plus de sept vingt hommes de nom, tous mors et foison prins, lesquelx recogneurent qu'ils cuidoient emmener le Roy par force, et tuer le duc de Bourgongne; mais Dieu les en garda celle fois, puis passèrent plusieurs jours sans aucun assault. Cependant eulx, ceulx du chastel de Sanssere, lesquelx avoient fait moult de grief en l'ost; car au commancement du siege par ceulx là et par autres, pain y estoit si cher que ung homme n'eust pas esté saoul de pain à ung respas pour trois sols parisis; mais tantost après, par la grace de Dieu, il vint assez de vivres, et si estoient bien en l'ost plus de cinquante mille hommes à cheval, sans ceux de pié qui estoient en grant foison.

Item, vers la fin de juillet, quant tout le pouvre commun, et de bonnes villes et du plat pays furent tous mengez, les ungs par tailles, les autres par pillaiges, ils firent tant que ils firent traitter au jeune duc de Guyenne, qui ainsné filx du Roy estoit, et qui avoit espousé la fille au duc de Bourgongne, tant qu'il leur accorda par faulx traistres privez qui estoient entour le Roy, qu'il les feroit tous estre en la bonne paix du Roy : et ainsi le fist-il qui que le voulsist veoir; car chascun estoit moult agrevé de la guerre pour le grand chault qu'il faisoit; car on disoit que d'aage d'homme qui fust, n'avoit on veu faire si grant chault, comme il faisoit, et si ne plut point depuis la Saint-Jehan-Baptiste qu'il ne fust deux jours en septembre. Si furent les Arminaz si grevez, qu'ils estoient comme tous desconfys par tout le royaulme, quant ce faulx conseil traicté fut ainsi machiné, et fut ordonné qu'ils vendroient (viendroient) tous en la cité d'Aussoire (Auxerre). En ce temps furent plusieurs communes, comme de Paris, de Roüen et de plusieurs autres bonnes villes devant eulx... (*Ici se trouve une lacune.*) Et gaignèrent tantost la ville, et moult tuerent de gens du plain pays, que tous se rebellerent en tout le pays de Beausse; car ils avoient tant de peine et de charge de gens d'armes, qu'ils ne sçavoient ausquelx obeïr, si se tindrent aux Arminaz, qui là estoient les plus forts pour le tems que la malle guerre commença. Et quant lesdites communes vindrent à Dreux, ils les trouvèrent si rebelles, qu'ils les tuerent tous, et les faulx traistres Arminaz gens d'armes, qui devoient les secourir, s'enfoüirent ou chastel de ladite ville, et laissèrent tuer les pouvres gens, et puis furent assegez de nos gens de commun si asprement qu'ils ne se povoient plus tenir, quant ung chevalier qui estoit maistre gouverneur desdites communes, comme faulx traistre, fist laisser l'assault, et print grant argent des Arminaz, et fut du tout de la bande, et si disoit-on que c'estoit un des bons de France, et ne sçavoit-on en qui fier; car il mist nos gens en tel estat qu'il leur convint partir à minuyt pour eulx en venir à Paris, ou autrement eussent esté tous tuez par les faulx traistres et autres gentilshommes qui tant les hayoient, qu'ils ne les povaient souffrir, pour ce qu'ils besoingnoient si bien; car qui les eust creuz, ils eussent nettoyé le royaume de France des faulx traistres en mains d'ung an, mais autrement ne pot estre; car nul preudomme ne fut escouté en ce temps. Et pour ce fut faite paix du tout à leur gré, quoique le voulsist voir : car le Roy estoit toujours malade, et son ainsné filx ouvroit à sa volenté (faisoit à sa volonté) plus que de raison, et croioit les jeunes et les fols, si en faisoient lesdittes bandes tout à leur guise, et fist-on que la joye d'icelle paix, les feux avau Paris. Le premier sabmedi d'aoust 1412, et le premier mardy de septembre, fut criée parmy Paris à trompettes, mais il fut autrement; car il fut mis ès carrières de Nostre-Dame-des-Champs (1), et le penultiesme jour dudit moys ou dit an, le Roy vint au bois (de Vincen-

---

(1) Ce passage ne se comprend pas. Il s'est trouvé sans doute une lacune dans le manuscrit.

nes), et le duc de Bourgongne à Paris, et allerent les bourgeois au-devant par commandement.

Item, le mardi dix-septiesme jour de septembre, jour Saint-Cosme et Saint-Damien, fut despendu par nuyt du gibet de Paris, Jean de Montaigu, jadis grant maistre d'ostel du Roy, lequel avoit eu la tête couppée pour ses demerites et fut porté à Marcoussy aux Celestins, lesquelx il avoit fondez en sa vie (1).

Item, le dimenche vingt-troisiesme jour d'octobre ensuivant, entra le Roy à Paris, et fut faitte à sa venuë la plus grant feste et joye du commun qu'on avoit veuë passée avant douze ans : car petiz et grans bassinoient (jouoient des instrumens), et vint avecques le Roy, le duc de Bourbon et le comte de Vertus nepveu et plusieurs autres, et furent avec le Roy à Paris moult amez du Roy et du commun, qui avoit grant joye de la paix qu'on cuidoit qu'ils tenissent bonnement; et ils ne tendoient qu'à la destruction du Roy, et especialement de la bonne ville de Paris et des bons habitans, et firent tant par leur maulvaise malice, pour mieulx venir à leur maleureuse intencion, que plusieurs qui amoient et avoient amé le Roy, et le prouffit commun, furent du tout de leur malvaise et faulce intencion, comme le frere de la Royne de France, Pierre des Essarts, prevost de Paris, et plusieurs autres, et par especial ledit prevost qui se povoit venter que prevost de Paris depuis cent ans devant, n'avoit eu aussi grant grace que ledit prevost avoit et du Roy et du commun ; mais si mal se porta, qu'il convinst qu'il s'enfouïst lui et plusieurs des autres des plus grans, comme le frere de la Royne, duc de Baviere, le duc de Bar Edoüart, Jacques de la Rivière et plusieurs autres chevaliers et escuiers, et fut en la fin de fevrier 1412, et demoura la chose plusieurs jours, aussi comme se on les eust oubliez. Et cependant l'Université qui moult amoit le Roy et le commun, fist tant par grant diligence et grant sens qu'ils orent (eurent) tous ceulx par escript de la maldite et faulce traïson, et la greigneur (la plus grande) partie de tous les grans en estoient, tant gentils que villains. Et quant l'Université par grant cure orent mis en escript, especialement tous ceulx qui povoient nuire. Cependant revindrent les dessus diz, qui fuiz s'en estoient, et furent les bons varlets, et brasserent ung mariaige de la femme au comte de Mortaing qui mort estoit, au frere de la Royne duc de Baviere, et estoit leur maleureuse intencion de faire leurs nopces loing, et de emmener le Roy, pour estre maistres de Paris, de en faire toute leur volenté qui moult estoit malvaise; et l'Université qui tout sçavoit, ce le fit sçavoir au duc de Bourgongne et au prevost des marchands qui avoit nom Andriet d'Espernon, né de Quinquepoix, et aux echevins. Si firent tantost armer la bonne ville et clercs, d'avant diz, comme parurent, et *cass* (tous) s'enfuirent ou chastel de Saint-Anthoine, et là se bouterent par force, et le frère de la Royne fist le bon varlet, et servoit le Roy aussi comme s'il n'en sceust riens, et ne se mut oncques d'avec le Roy. Tantost après fut la ville armée, et assiegerent ledit chastel, et jurerent que jamais ne s'en partiroient tant qu'ils les eussent prins par force. Et quant ceulx qui dedens le chastel estoient, virent tant de gens et si esmeus, si se rendirent vers le soir au duc de Guyenne, et au duc de Bourgongne qui en respondirent, où les gens de Paris les eussent tous despeciez (massacrés); car ils estoient bien vingt-quatre mille. Lors furent prins bien étroitement, et menez au Louvre, et ce fut le cinquième jour de may,

1413.—1413, jour de vendredy, et ledit prevost demeura dedens Saint-Anthoine encore quatre ou cinq jours après, et fut allé querre et admené au Louvre environ l'eure de minuyt, et là fut emprisonné, et la sepmaine de devant l'Ascension fut la ville de rechief armée, et allerent en l'hostel de Saint-Paul, où le frère de la Royne estoit, et là le prindrent, voulsist ou non (qu'il le voulût ou non); et rompirent l'uys de la chambre où il estoit, et prindrent avecques lui treize ou quatorze que dames que damoiselles, qui bien sçavoient sa malvaistre, et furent tous menez au Louvre pelle melle, et si cuidoit ledit frère de la Royne le landemain espouser sa femme, mais sa chance tourna contre sa volenté. Le mercredy vigille de l'Ascension, le derrain (dernier) jour de may ou dit an 1413, fut amené ledit prevost du Louvre au Palais en prinson, et cedit jour fut nommé le pont de la Planche de Mibray, le pont Nostre-Dame, et le nomma le roy de France Charles, et frappa de la trie (coignée) sur le premier pieu, et le duc de Guyenne son filx après, et le duc de Berry et de Bourgongne, et le sire de la Trimouille, et estoit l'heure de dix heures de jour au matin, et en cedit moys de may print la ville chapperons blancs, et firent bien faire de trois à quatre mille, et en print le Roy ung, et Guienne, et Berry, et Bourgongne, et avant que la fin du

---

(1) François I*er*, en visitant l'église du couvent, vit le tombeau de Montaigu, et comme il disait que le grand-maitre avait été condamné *par justice*: «Non, Sire, répondit un moine, il fut condamné *par commissaires*. »

mois fust, tant en avoit à Paris que tout partout vous ne vissiez gueres autres chapperons, et en prindrent hommes d'église, et femmes d'onneur, marchandes qui à tout vendoient les denrées.

Item, le dislesme jour du mois de juin 1413, jour Saint-Landry, vigille de la Pentecoste, fut mené messire Jacques de la Rivière, chevalier, et Symonet Petitmeny, escuyer, eulx deux furent prins au palais du Roy, et de-là traisnez jusques ès halles de Paris; c'est assavoir, Jacques de la Rivière; car il estoit mort, et se estoit tué d'une pinte pleine de vin, dont il s'estoit feru sur la teste si grand cop, qu'il se cassa le test et la cervelle, et ledit Symonnet fut traisné jusques à la Heaumerie, et là mis en la charrette sur un ais assis, une croix en sa main, le mort traisné jusques ès halles, et là orent les testes couppées, et dirent à la mort que d'eulx deux sçavoit esté la plus belle prinse qui eust esté faite pour le royaulme, passé avoit vingt ans, et yceulx avoient esté prins au chastel de Saint-Anthoine, comme davant est dit.

Item, le jeudi ensuivant, ung autre, nommé Colin de Brie, escuyer, prins où dit lieu, comme davant est dit, et prins au palais, traisné comme Symonnet davant dit, et couppé sa teste ès halles, de ladite bande, très-plein de tyrannie, très laide et cruelle personne, et recognut plusieurs traysons : car il avoit en pencée de faire de par le prevost de Paris; car il cuida trahir ceulx du Pont de Charenton, et là fut pris à (avec) tout finance, qu'il cuidoit faire passer pour ledit prevost qui cuidoit passer par ledit pont celle nuyt.

Item, le premier jour de juillet 1413 fut ledit prevost prins dedens le palais, traisné sur une claye jusques à la Heaumerie, et puis assis sur ung ais en la charrette tout jus (tout en bas), une croix de bois en sa main, vestu d'une houppelande noire, déchiquetée, fourrée de martres, unes chausses blanches, ungs escafinons (souliers) noirs en ses piez ; en ce point mesné ès halles de Paris, et là on lui couppa la teste et fut mise plus hault que les autres plus de trois piez; et si est vray que depuis qu'il fut mis sur la claye jusques à sa mort, il ne faisoit toujours que rire, comme il faisoit en sa grant majesté, dont le plus de gens le tenoient pour ung foul ; car tous ceux qui le veoient plouroient si piteusement, que vous ne ouyssiez oncques parler de plus grans pleurs pour mort d'homme, et lui tout seul rioit, et estoit sa pencée que le commun le gardast de mourir : mais il avoit en sa voulenté, s'il eut plus vescu, de trahir la ville, et de la livrer ès mains de ses ennemis, et de faire lui-mesme très-grans et cruelles occisions, et piller et rober les bons habitans de la bonne ville de Paris, qui tant l'aymoient loyaulement ; car il ne commandit rien, qu'ils ne fissent à leur povair, comme il apparoist qu'il avoit prins si grant orgueil en soy ; car il avoit assez offices pour six ou huit filx de comtes ou de bannerets. Premièrement, il estoit prevost de Paris, il estoit grand bouteiller, maistre des eaües et des forests, grant general, capitaine de Paris, de Cherebourg, de Montargis, grant fauconnier, et plusieurs autres offices dont il cuillyt si grant orgueil, et laissa raison, et tantost fortune le fist mener à celle honteuse fin, et saichiez que quant il vit qui convenoit qu'il mourust, il s'agenoüilla devant le bourrel, et baisa ung petit image d'argent que le bourrel avoit en sa poitrine, et lui pardonna sa mort moult doucement, et pria à tous les seigneurs que son fait ne fust point crié tant qu'il fust descollé, et on luy ottroya. Ainsi fut descollé Pierre des Essarts, et son corps mené au gibet, et pendu au plus hault. Et devant environ deux ans le duc de Braban, frere du duc de Bourgogne qui veoit bien son oultrageux gouvernement, lui dist en l'ostel du Roy: « Prevost de Paris, Jehan de Montagu a mis vingt et deux ans à soy faire coupper la teste : mais vrayement vous n'y en mettrez pas trois, » et non fist-il ; car il n'y mist qu'environ deux ans et demy depuis le mot, et disoit-on par esbattement parmy Paris, que ledit duc estoit prophete vray disant.

Item, vers la fin dudit mois recommancerent ceulx de la maldilte bande à venir près de Paris, comme autrefois avoient esté, et vuyderent ceulx des villages d'entour Paris tout ce qu'ils avoient, et l'amenerent à Paris ; et lors fut fait ung traité pour faire la paix, et devoit estre fait à Pontoise, et y alla le duc de Berry le vingtiesme jour dudit mois, jour Sainte-Marguerite : et le duc de Bourgongne le landemain vigille de la Magdeleine, et là furent environ dix jours pour cuider faire la paix, et firent tant qu'elle fut oncques faitte, et n'eust esté aucunes demandes que lesdits Bandez demanderent qui estoient inraisonnables ; car ils demandoient aucuns de ceulx de Paris pour en faire leur plaine voulenté, et autres choses touchans vengence très-cruelle, laquelle chose ne leur fut point accordée : mais à celle fin que la paix ne tint à ceulx qui de par le Roy y estoient allez, firent tant que lesdits Bandez envoyerent à (avec) sauf conduit leurs ambassadeurs avec la compaignie de Berry et de Bourgongne, et ceulx de Paris pour parler au Roy à bouche, et entrerent le jour Saint-Pere, premier jour du mois d'aoust ensuivant, qui fut au mardy, et parlerent au Roy à bouche tout à leur voulenté, qui leur fist faire très-bonne chere. Quant est des demandes et des réponses, je me tais; car trop longue chose seroit : mais bien sçay que ils demandoient toujours à leur povair la destruction de la bonne ville de Paris et des habitans.

Item, le jeudy troisiesme jour dudit mois d'aoust fut l'Université de Paris à Saint-Paul demander congié au Roy de proposer le landemain certaines choses qui moult estoient prouffitables pour la paix du royaulme, laquelle chose leur fut ottroyée. Et le landemain jour de vendredy, quatriesme jour d'aoust, comme ce (si) le dyable les eust conseillé, proposèrent tout au contraire de ce qu'ils avoient devant conseillé par plusieurs fois; car leur première demande fut que mist hors tous les prisonniers, qui de la trayson dont Pierre des Essars, messire Jacques de la Rivière et Petitmesnil avoient eu les testes couppées, estoient droit maistres et ministres, et estoient le duc de Baviere frere de la royne de France, messire Edoüart duc de Bar, le sire de Boissay et deux de ses filx, Anthoine des Essars frère dudit Pierre des Essars, et plusieurs autres, lesquelx estoient emprisonnez au Louvre, au Palays et au Petit-Chastellet. En après que tous ceulx qui contrediroient leurs demandes touchant la paix, fussent tous abandonnez, leurs corps et leurs biens. Après autres demandes firent-ils, et ne proposerent point pour la paix de ceux qui avoient gardé à leur povair la ville de Paris, et qui avoient esté consentans d'emprisonner les devant diz prisonniers pour leurs démérites; et si sçavoient-ils bien que tous les Bandez les hayoient (haïssoient) jusques à la mort. Iceux hays estoient maistre Jehan de Troyes, juré de la ville de Paris, concierge du Palays, deux de ses filx, ung nommé Jean le Gouays et ses deux filx bouchers, Denisot Caboche, Denisot de Saintyon, tous deux bouchers; ledit Caboche cappitaine du pont de Charenton, ledit de Saintyon cappitaine de Saint-Cloud; iceulx estoient en la présence, quant le propos fut ottroyé, qui leur sembla moult dure chose, et s'en vindrent tantost en l'ostel de la ville, et là assemblèrent gens, et leur monstrerent comment la paix qui estoit traittée n'estoit point à l'onneur du Roy ne du duc de Bourgongne, ne au prouffit de la bonne ville, ne des habitans, mais à l'onneur desdiz Bandez, qui tant de fois avoient menty leur foy, mais ja pource le menu commun qui ja estoit assemblé en la place de Grève armez tous à leur povair, qui moult desiroient la paix, ne vouldrent onques recevoir leurs paroles : mais ils commencerent tous à une voix à crier : *La paix, la paix; et qui ne la vieult, si se traie (se mette) au senestre (côté gauche), et qui la vieult, se traie au costé dextre.* Lors se trairent tous au costé dextre; car nul n'osa contredire à tel peuple : cependant le duc de Guienne et le duc de Berry se mirent au chemin pour venir en Greve : mais quant ils furent devant l'ostel d'Anjou, on ne les osa oncques laisser entrer en Greve, pour paour qu'aucune mocion de peuple ne se feist, et s'en allerent au Louvre, et en osterent le duc de Bar et le duc de Baviere à trompettes, et à aussi grant honneur furent admenez, comme s'ils venissent de faire le plus bel fait com puist faire en ce monde de Sarazinesme ou d'austre part, et en venant querre les prisonniers dessus diz ; c'est assavoir le duc de Baviere, le duc de Bar, et autres qui estoient au Louvre, ils encontrerent le duc de Bourgongne qui alloit à Saint-Paul, et de ce ne sçavoit riens, si fut moult esbahy quant on lui dit la chose : touttes voies il dissimula celle foys, et alla avecques eulx au Louvre, regardant faire l'exploit devant dit. Après ce fait ils revindrent au Palays, et crioit-on Noüel par tout où ils passoient. Audit Palays estoit le sire de Boissay, deux de ses enfans, Anthoine des Essars, qui furent tous deslivrez plainement, qui que le voulsist voir, fust tort ou droit. Et tantost le duc de Guienne qui ouvroit à voulenté, habandonna les corps et les biens de tous ceulx qui sçavoit bien qui avoient causé de les emprisonner. Pour lors estoit concierge du Palays maistre Jehan de Troyes devant nommé, et là demeuroit; mais après l'abandonnement en mains (en moins) d'heure que on ne seroit allé de Saint-Nicolas à Saint-Laurens, l'ostel dudit de Troyes fut tout pillé et desnué de tous biens, ces serviteurs prins, menez en diverses prisons. Le bonhomme soy arma le mieux qu'il pot, et tous les autres par tel party : c'est assavoir les Gouais, les enfans dudit de Troyes, les enfans Saintyon et Caboche, et plusieurs autres qui la bonne ville s'estoient avancez de garder à leur povair : mais fortune leur fut si perverse à celle heure, que ce ils eussent (été) trouvez, fust du gentil ou du commun, ils eussent esté tous despeciez, et si ne sçavoit-on pourquoy, fors qu'on disoit qu'ils estoient trop convoiteux. Or voy-on con peu de fiance par-tout; car le jour de devant ils eussent peü, s'ils eussent voulu, faire assembler la ville de Paris en une place. Ainsi leur advint par fureur de prince, par murmure de peuple, et furent tous leurs biens mis en la main du Roy : ainsi fust. Advint après que le duc de Guienne et les autres vindrent à Saint-Paoul, et changèrent ce propre jour de vendredy le prevost de Paris, qui estoit allé en Picardie pour le Roy, et estoit nommé le Borgne de la Heuse, et la baillerent à ung des serviteurs au duc d'Orléans mort, qui estoit Breton, et estoit nommé Tanneguy du Chastel. Ils changerent deux des echevins, et misdrent deux autres; c'est assavoir Perrin Oger changeur, Guillaume Cirasse charpentier, qui avoient renommée d'estre de la bande. Ils laisserent Andry de Spire prevost des marchands pour sa très-bonne renommée.

Item, ils firent les deux ducs devant dis, de Baviere et de Bar, cappitaines, l'ung de Saint-Anthoine, et l'autre du Louvre, et autres de Saint-Cloud, du pont de Charenton, firent cappitaines tous hayneux du commun.

Item, le sabmedy ensuivant fist cercher au tour de Paris pour trouver aucuns des gouverneurs devant diz; mais nul n'en trouva, et ce jour fut terminé qu'on meist des lanternes par nuyt.

Item, le dimenche ensuivant sixiesme jour d'aoust 1413, fut criée la paix par les carrefours de Paris, et que nul ne se meslast de choses que les seigneurs feissent, et que nul ne feist armé, se non par le commandement des quarteniers et cinquanteniers ou diseniers.

Item, le mercredy ensuivant fut fait sire Henry de Marle chancelier de France, et fut desposé maistre Huistase de Lestre qui l'avoit esté environ deux moys, et l'avoit esté fait par les bouchers devant diz, et avoient desposé messire d'Ernault de Corbie, qui bien auroit maintenu l'office plus de trente ans, et fut cappitaine de Paris le duc de Berry. Le vendredy ensuivant et ce jour revint le prevost; c'est assavoir le Borgne de la Heuse, et fut remis en sa prevosté, et l'autre, voulsist ou non, depposé; et ainsi ouvroit fortune à la vollée (au hazard) en ce royaume, qu'il n'y avoit ny gentil (noble) ne autre qui sceust quel estat estoit le meilleur. Les grans s'entrehayoient, les moyens estoient grevez par subsides, les très-pouvres ne trouvoient où gaignier.

Item, le seiziesme jour d'aoust ou dit an furent murées la porte Saint-Martin et celle du Temple, et fist si chault, que les raisins d'entour Paris estoient presque bons à vendenger en icelluy temps.

Item, le vingt-troisiesme jour d'aoust fut dépendu le devant dit prevost et Jacques de la Riviere, et furent mis en terre benoiste par nuyt, et n'y avoit que deux torches; car on le fist très-cclément (très-secretement) pour le commun, et furent mis aux Mathurins.

Item, la troisième sepmaine d'aoust ou environ furent commencez huguez (hucquez, casaques) pour ceulx qui gouvernoient, où il avoit foison feulles (de feuilles) d'argent, et en escript d'argent : *le droit chemin*, et estoient de drap viollet, et avant que la fin d'aoust fust, tant en avoit à Paris que sans nombre, et especiallement ceux de la bande qui estoient revenus à cens et à milliers la portoient, et lors commencerent à gouverner et misdrent en tel estat tous ceulx qui s'estoient meslez du gouvernement du Roy et de la bonne ville de Paris, et qui y avoient mis tout le leur, que les ungs s'enfuioient en Flandres, autres en l'Empire, ou oultre mer ne leur challoit-on (ou au delà des mers, cela leur importoit peu), mais se tenoient moult eureux, quant ils pouvoient eschapper comme truans, ou comme paiges (pages), ou comme porteurs d'adventure, ou en autre maniere quelle que ce fust, et nul si hardy d'oser parler contr'eulx.

Item, celledite sepmaine, s'en alla le duc de Bourgongne hors de Paris, et feist le mariaige de une de ses filles, comme on disoit; mais de ce rien n'estoit.

Item, le vendredy quinziesme jour de septembre 1413 fut osté le corps du faux traistre Colinet de Pisieux du gibet, et ses quatre membres des portes, qui devant avoit vendu le pont de Saint-Cloud; et neantmoins il estoit mieulx digne d'estre ars (brûlé) ou baillé aux chiens, que d'estre mis en terre benoiste, sauf la chretienté; mais ainsi faisoient à leur volenté les faulx Bandez.

Item, le jour de Saint-Matthieu ensuivant, fut deffermée (ouverte) la porte Saint-Martin, qui avoit esté murée par commandement des Bandez, et par eux fut faitte demurer, qui ainsi gouvernoient tout, ne nul n'en osoit parler, et environ dix ou douze jours devant fut depposé le prevost des marchands; c'est assavoir, Andriet d'Espernon, et y fut remis Pierre Gencien (1), qui moult avoit esté contraire au menu commun, et s'en estoit fouy (enfui) pour ces faits avec les Bandez, qui le remirent en son office, fust tort ou droit.

Item, le vingt-cinquiesme jour de septembre 1413 demistrent (destituèrent) le Borgne de la Heuse de la prevosté de Paris, et firent prevost de Paris ung de leur bande nommé Andri Marchant. En conclusion, il ne demoura oncques nul officier du Roy que le duc de Bourgongne eust ordonné, qui ne fust osté ou depposé, sans leur faire aucun bien, et faisoient crier la paix aux sabmedis ès halles, et tout le plat pays estoit plain de gens d'armes, de par eulx et firent

(1) Le fils de ce Pierre Gencien serait, suivant Le Laboureur, l'historien anonyme de Charles VI.

tant par *placebo*, qu'ils orent tous les grigneurs bourgeois de la ville de Paris de leur bande, qui par semblant avant, avoient amé moult le duc de Bourgongne, pour le temps qu'il estoit à Paris; mais ils se tournerent tellement contre lui, qu'ils eussent mis corps et chevences (biens) pour le destruire lui et les siens, ne personne tant fust grant n'osoit de lui parler que on le sceust, qu'il ne fust tantost prins et mis en diverses prinsons, ou mis à grant finance ou banny. Et mesmes les petits enfans qui chantoient aucunes fois une chanson qu'on avoit faitte de lui, où on disoit (*duc de Bourgongne, Dieu te remaint en joye*), estoient foullez en la boüe, et navrez villaynement desdits Bandez, ne nuls n'osoient les regarder, ne parler ensemble enmy les ruës, tant les doubtoit-on pour leur cruaulté, et à chacun: n'est faulx traistre (ah! traître), chien Bourguignon, je regni beu (je renie Dieu), ce vous ne serez pilliez. Et en ce temps estoit toujours le Roy mallade et enfermé, et ils (les Armagnacs) tenoient son ainsné filz qui estoit duc de Guienne, et avoit epousé la fille du duc de Bourgongne, dedans le Louvre de si près que homme ne povoit parler à luy ne nuyt ne jour que eulx, dont le povre commun de Paris avoit moult de destresse au cueur, qu'ils n'avoient aucun chef qui pour eux parlast; mais autre n'en povoient faire. Ainsi gouvernerent lesdits Bandez tout octobre, novembre, decembre, janvier 1413 (1).

Item, à l'entrée de février ou dit an, vint le duc de Bourgongne à Saint-Denis, et fut le neufviesme jour dudit mois, et le sabmedi ensuivant il cuidoit entrer à Paris pour parler au Roy; mais on lui ferma les portes, et furent murées, comme autreffois avoit esté, avecques ce tres grant foison de gens d'armes les gardoient jour et nuyt, et nulle de deçà les ponts n'estoit ouverte que celle de Saint-Anthoine, et delà celle de Saint-Jacques, et estoit garde de la porte de Saint-Denis le sire de Gaule, et de celle de Saint-Martin Louys Bourdon, qui donna tant de peine à Estampes, et le duc de Berry gardoit le Temple, Orléans Saint-Martin-des-Champs, Arminac l'ostel d'Artois, qui estoit le droit chief d'eulx, Alençon, Behaine, brief tous estoient deçà les pons et si n'avoient hardement (hardiesse) d'ouvrir nulles des portes, tant fut paour, et convint (il arriva) ce sabmedy devant que ceulx qui admenoient les biens à Paris, comme le pain de Saint-Brice, comme autres biens et vivres, plusieurs furent jusques à une heure sonnée, pour attendre qu'on ouvrist la porte; mais oncques ne fut en leur hardement de l'ouvrir, tant ils avoient grant paour du duc de Bourgongne, et convint que lesdits bonnes gens, si remesnassent leurs denrées, et les mesnèrent en l'ost du duc de Bourgongne, qui fit crier sur la hart (sous peine d'être pendu), qu'on ne prinst riens sans payer, et là vendirent leurs denrées bien; et fut ainsi Paris fermé bien quatorze jours, que homme n'osoit, et ne povoit besoingner aux champs, et si n'y avoit nuls gens d'armes sur les champs plus près que Saint-Denis, où estoit le duc de Bourgongne et ses gens, qui nul mal ne faisoient à créature nulle, et disoit-on qu'il ne vouloit rien à homme nul que au roy Louys duc d'Anjou, pour ce que ledit Louys avoit un filx, lequel avoit épousé une des filles audit duc, et sans sçavoir cause pourquoy ledit Louys fist departir son fils de ladite fille dudit duc de Bourgongne, et la renvoya comme une bien povre ou simple dame à son père ledit duc, et plus fort avoit tant fait au duc de Bretaigne, qu'il donna en mariaige une sienne fille, qui n'avoit mie encore trois ans à ce dit filx du roy Louys, qui estoit mary à la fille devant dite fille du duc de Bourgongne. Et en celle dite sepmaine, firent (les Armagnacs) crier sur le hart que nul du commun ne se armast et qu'on obeist au duc de Bavière et au comte d'Arminac, qui estoient deux des hommes du monde qui plus hayoient les bonnes gens de Paris. Ainsi estoit tout gouverné comme vous avez ouy.

Item, le sabmedi ensuiyant dix-septiesme jour de février ou dit an, fut crié ledit de Bourgongne à trompettes, parmy les carrefours de Paris, banny comme faulx traistre, murctrier lui et tous les siens habandonnez corps et biens sans pitié, ne sans mercy.

Item, en icelluy temps, chantoient les petits enffens au soir, en allant au vin ou la moustarde, tous communément: *votre c.. a la toux, commere, vostre c.. a la toux, la toux*. Si advint par le plaisir de Dieu qu'ung maulvais air corrompu chut sur le monde, qui plus de cent mille personnes à Paris mis en tel (estat), qu'ils perdirent le boire et le menger, le repouser (le sommeil), et avoient très forte fiebvre deux ou trois fois le jour, et especialement toutteffois qu'ils mangeoient, et leur sembloit touttes choses quelxconques, ameres et tres maulvaises et puantes, et tousjours trembloient où qu'ils fussent, et avecques ce qui pis estoit, on perdoit tout le povair de son corps, que on n'osoit toucher à soy de nulle part que ce fust, tant estoient grevez ceulx qui de ce mal estoient atteints, et duroit bien sans cesser trois sepmaines, ou plus, et commença à bon escient à l'entrée du moys

(1) L'année commençait alors à Pâques.

de mars ou dit an, et le nommoit on le Tac ou le Horion, et ceux qui point n'en avoient, ou qui en estoient guéris, disoient par esbattemens, *en as-tu?* Par ma foy tu as chanté, *vostre c.. a la toux, commere;* car avec tout le mal devant dit, on avoit la toux si fort et la rume et l'enroueüre, on ne chantoit qui rien fust de haultes messes à Paris; mais sur tous les maulx la toux estoit la cruelle à tous, jour et nuyt, qu'aucuns hommes, par force de toussir, estoient rompus par les genitoires toute leur vie, et aucunes femmes qui estoient grosses, qui n'estoient pas à terme, orent leurs enfans sans compaignie de personne par force de tousser, qu'il convenoit mourir à grant martyre et mere et enfant; et quant ce venoit sur la garison, ils jettoient grant foison de sang bete (sang caillé) par la bouche et par le nez et pardessous, qui moult les ebayssoit, et neantmoins personne ne mouroit; mais à peine en povoit personne estre guary : car depuis que l'appetiz de manger fust aux personnes revenu, si fust-il plus de six sepmaines après, avant qu'on fust nettement guary. Ne fisicien (medecin), nul ne sçavoit dire quel mal c'estoit

Item, le dernier jour de mars ou dit an, vigille de Pasques flories mesnèrent les devant diz Bandez le Roy et son ainsné filx escrier contre le duc de Bourgongne, et lui firent assieger Compiengne, ainsi lui firent passer la sepmaine peneuse (sainte), et les Pasques, en celle bonne besongne, et cependant ceux qui devoient garder la ville, comme le roy Loys, le prevost de Paris et leurs bendes, firent et ordonnèrent une grosse taille, et firent crier parmy Paris que chacun portast la bende, et tantost plusieurs la prindrent tout à plain, et fut au moys d'avril après Pasques, et en ce dit moys fut ars le pont à Choisy tretout, et si ne pot homme sçavoir qui ce avoit fait, mais moult de bonnes gens y perdirent tout le leur entierement.

1414.—*Item,* ou moys d'avril 1414, la derraine sepmaine, fut prinse Compiengne, par ainsi que ceulx qui dedans estoient, ne se armeront jamais contre le Roy pour quelque homme du monde, sur peine de perdre corps et biens sans mercy, et d'estre réputez pour traitres à tousjours.

Item, de là eux s'en allèrent à Soissons, et assiégèrent la ville, et y firent plusieurs assaulx, où ils gagnèrent pou; car dedans estoit Enguerran de Brenonville, un homme moult prisié en armes, qui en estoit cappitaine, si la gardoit si soigneusement jour et nuyt que oncques ici porent riens gagner en icelle temps; car ledit Enguerran ne laissoit reposer ceulx de l'ost ne par nuyt, ne par jour, et en prenoit souvent et menu de bons prisonniers. Et advint à un assault où il estoit que le bastard de Bourbon y sourvint (survint), et se mist en la meslée très asprement, et Enguerran le navra (blessa) à mort. Si laissèrent ceulx de l'ost l'assault, et Enguerran s'en alla en la cité, lui et ses gens.

Item, le vingtiesme jour du mois de may ou dit an que fortune qui avoit tant amé Enguerran, le fist troubler aux gens de ladite ville, parquoy ung tres grant murmure s'esmeut contre lui, et machinèrent que quant il yroit à la monstre pour veoir ses gens, ils livreroient la ville à ceulx de l'ost, et sauveroient leurs vies s'ils povoient. Si avint que Enguerran sceust leur voulenté, et se meslerent l'ung à l'autre de paroles, et les autres de fait. Adonc yssit ung homme en larrecin (en cachette) hors de la ville, qui dit en l'ost, si vous voulez assaillir la cité, vous l'aurez en présent; car ceux de la ville se sont meslez aux gens Enguerran, et ne trouverez personne qui la deffende; car tous sont courus à la meslée. Tantost la ville fut assaillie tres asprement, et fut tantost prinse et habandonnée à tous et tous les biens et les corps. Là fut prins Enguerran, qui bien se deffendit, et plusieurs autres gentilshommes de sa compaignie, mais rien ne leur valut, car tous furent prins et liez et admenez par charrettées à Paris, et en mourrurent tous par le jugement des Bandez, qui faisoient du tout à leur vouloir, et fut la ville prinse le vingt-et-uniesme jour de may 1414 à un lundi apres digner, et Enguerran ot la teste couppée en laditte ville le vingtcinquiesme jour dudit mois, et plusieurs autres en furent pendus, et les femmes de religion, et autres prudes femmes et bonnes pucelles efforcées, et tous les hommes rançonnez, et les petits enfens, et les églises, et les reliques pillées et livrées, et vestemens, et avant qu'il fust dix jours apres la prinse de la ville, elle fut si pillée au net, qui n'y demoura chose qu'on peust emporter, et dit-on qu'on n'oüyt oneques parler que les Sarrazins feissent pis que firent ceulx de l'ost en laditte ville, par le maulvais conseil, qui pour lors estoit entour le bon roy, dont homme n'osoit parler.

Item, quant ils eurent fait du pis qu'ils porent en ladite ville, ils mesnerent le Roy à Laon, et entra dedans sans noise et sans tançon (résistance), car ils prindrent exemple à ceulx de Soissons.

Item, il est vray que ceulx de la Bande qui pour lors gouvernoient le royaulme à Paris et ailleurs, firent faire les feux comme on fait à la Saint Jehan, aussi-tost que ils sceurent la nouvelle de la destruction de la ville, comme si eussent esté Sarrazins ou mescreans que on eust destruits, ne il n'estoit nul qui de ce osast parler, ne en avoir pitié devant les Bandez et Bandées, dont vous eussiez veu à ses ditz feux et à la vigille Saint Jehan et Saint Pere (Pierre) plus de quatre mille femmes, touttes d'estat non pas d'onneur, touttes bandées et des hommes sans nombre, et estoient si obstinez à celle faulce Bande, qu'il ne leur estoit pas advis qu'il fut digne de vivre qui ne la portoit, et s'aucun homme en parlast par adventure, se on le pouvoit sçavoir, il estoit mis à grand finance, ou banny, ou longue peine de prinson sans mercy.

Item, de Laon s'en alla le Roy à Perronne, et là vindrent ceulx de Gant et de Bruges et du Franc, et des autres bonnes villes de Flandres parlementer, et aussi y vint la dame de Houllende, et ne firent rien.

Item, de là s'en alla le Roy devant la cité d'Arras, et y fut moult longuement le siege.

Item, en cedit an 1414, fut commancée par lesdits Bandez une confrairie de Saint Laurent aux Blancs-Manteaux le jour de l'Invencion de Saint-Estienne, troisieme jour d'aoust, et disoient que c'estoit la confrairie des vrays et bons catholiques envers Dieu et leur droit Seigneur, et fut la Saint-Laurent au vendredy, et le dimenche ensuivant firent leur feste à Saint-Laurent, et furent plus de quatre cens tous Bandez, que hommes que femmes, et n'osoit ne homme ne femme estre ou mostier (église) ne à leur feste, s'il n'avoit la bande et aucunes personnes d'onneur qui y estoient allez veoir leurs amis pour la feste Saint-Laurent qui se faisoit au dimenche, en furent en tres grant danger de leur bien, pour ce qu'ils n'avoient point de bandes.

Item, en ce tems estoient guerres par toute France, et si y avoit si grant marché de vivres à Paris de pain et de vin; car on avoit une pinte de bon vin sain et net pour ung denier parisis, blanc et vermeil en cent lieux à Paris, et pain à la valué, et en toute celle année, ne fut trouvé du creu d'icelle vin qui devenist gras, ne bouté, ne puant.

Item, ceulx de l'ost en avoient grant charté, car ils furent moult devant Arras, sans riens faire.

Item, quant ils virent que tretout encherissoit leurs biens, et tretout, et chevaulx mouroient de faim, par tout ils firent crier la paix, le onziesme jour de septembre, environ trois heures après mynuit à ung mardy, et quant ils partirent des tantes (tentes) après le cry qui avoit esté tel que nul homme sur peine de la hart ne mist feu en son logis, mais les Gascons qui estoient en l'aide de la Bande, firent le contraire, car ils mirent le feu par tout où ils purent, en despit de ce qu'on s'en alloit ainsi, et fut le feu si grand qui courut au pavillon du Roy par darriere, et eust esté le Roy ars qui ne l'eust mis hors par devers le meilleur, et dirent ceulx qui se salverent que ou feu demeura plus de cinq cens hommes qui furent ars qui estoient malades dedens les tantes.

Item, le jeudi ensuivant fut sceu à Paris, et ne ouystes oncques plus belle sonnerie à Paris qu'on y fist celluy jour, que depuis le matin jusques au soir, en tous les moustiers de Paris on sonnoit et faisoit-on grant joye pour l'amour de la paix.

Item, ce jeudi treiziesme jour de septembre, ung jeune homme osta la bande à l'image Saint-Huistace qu'on lui avoit baillée, et la deschira en despit de ceulx qui lui avoient baillée, et tantost fut prins tort ou droit, lui fut le poing couppé sur le pont Allais devant Saint-Huistace, et fut banny à toujours mais, et si ne fust oncques homme qui osast dire le contraire, tant estoit tout mal gouverné et de maulvaises gens; et si sçachez que tous ceulx qui devant Arras avoient esté, ou la plus grant partie quant ils venoient, estoient si decharnez, si pâles, si empirez, qu'il sembloit qu'ils eussent esté en prinson six ou huit moys au pain et à l'eauë, et n'en apporterent que peché, et en mourut plus de onze mille, quant ils vindrent à leur aise.

Item, le onziesme jour d'octobre ensuivant ung jeudi, fut fait ung champ de bataille à Saint-Ouyn d'ung Breton et d'ung Portugal, et estoit l'un au duc de Berry, et l'autre au duc de Bourgongne, et furent mis ou champ à oultrances; mais ils ne firent chose dont on doye parler, car on dist tantost *ho*, lorsqu'ils devoient faire armes, et fist ce faire le duc de Berry pour le Breton qui estoit de la Bande, dont il avoit moult grant paour; car le Portugallois se maintenoit en son harnois si tres legierement, que chascun lui donnoit la victoire; mais on ne pot oncques dire lequel la deust avoir au vray.

Item, le sabmedi ensuivant treisiesme jour dudit mois d'octobre ou dit an, vint le Roy à Paris à belle compaignie de ceulx de Paris, et plut tout le jour se tres fort, qui n'y avoit si jolis qui n'eust voulu estre à couvert; et soudainement environ huit heures de nuyt, commencerent les bonnes gens de Paris, sans commandement, à faire feus, et à baciner (faire de la musique) le plus grandement qu'on eust veu passé cent ans devant, et les tables enmy les ruës dreçées à tous venans par toutes les ruës de Paris qui point ayent de renom.

Item, le vingt-troisiesme jour d'octobre depposerent le prevost ; c'est assavoir, Andry Marchant et firent lesdits Bandez prevost ung chevalier de la court du duc d'Orléans, qui estoit baron ; nommé messire Tanneguy du Chastel, et ne le fut que deux jours et deux nuyts, pource qu'il n'estoit pas bien de leur accort. La troisieme journée ensuivant, fut reffait prevost sire Andry Marchant tres cruel et sans pitié, comme davant est dit.

Item, en cedit temps entre la Saint-Remy et Noël, lesdiz Bandez qui tout gouvernoient, firent bannir toutes les femmes de ceulx qui devant avoient banni sans mercy, qui estoit moult grant pitié à veoir; car toutes estoient femmes d'onneur et d'estat, et plus grant partie de elles n'avoient oncques eslongné Paris sans honeste compaignie, et ils estoient accompagnés de sergens tres - crueulx, selon signeur mesniée duicte (1), et qui plus destraignoit le cueur, c'estoit qu'on les envoyoit toutes ou pays du duc d'Orléans, tout au contraire du pays où leurs amis et marys estoient. Et encore autre chose qui leur venoit au-devant; car touttes femmes sont vituperées d'estre mesnées à Orléans ; et là les envoyoit-on le plus ; mais autrement ne povoist estre pour le temps, car tout estoit gouverné par jeunes signeurs, senon le duc de Berry et le comte d'Arminac.

Item, les festes de Noël ensuivant, c'est assavoir 1414, fut fait par le roy, le comte d'Alençon, duc d'Alençon, et fut fait duchié qui n'estoit que comté ne oncques mais n'avoit esté duchié jusques à cellui jour. Ainsi en fut.

Item, à l'entrée de février ensuivant, jouxterent le Roy et les seigneurs en la grant ruë Saint-Anthoine, entre Saint-Anthoine et Sainte-Catherine du Val des Escolliers, et y avoit barrieres. En ces jouxtes, vint le duc de Breban, pour traitier la paix et jousta, et gaigna le prix. Ad ce temps estoient les Anglois à Paris pour traittier d'un mariaige à une des filles du roy de France.

Item, le mardi dix-neuviesme jour, fut deposé de la prevosté de Paris Andry Marchant, qui autreffois avoit esté deposé par ses demerites; mais il finoit toujours par argent, fors que à celle fois en ladite prevosté fut remis sire Tanneguy du Chastel la seconde ou la troisiesme fois. Mais en ce temps aussi estoient chevaliers d'Espaigne et de Portugal, dont trois de Portugal bien renommez de chevalerie prindrent, par ne sçai quelle folle entreprinse, champ de bataille encontre trois chevaliers de France; c'est assavoir, François de Grinquos... La Roque... Morigon ; et fut à oultrance ordonné au vingt-troisiesme jour de février, vigille Saint-Pere et Saint-Oüin, et fut avant soleil... qu'ils entrassent en champ ; mais en bonne verité de Dieu, ils ne mirent pas tant qu'on mettroit à aller de la porte Saint-Martin à celle de Saint-Antoine à cheval, que les Portugallois ne fussent déconfiz par les trois François, dont La Roque fut le meilleur.

Item, le sabmedi ensuivant, vigille Saint-Mathieu, fut la paix criée parmi Paris à trompes, et disoit chacun que ce avoit fait le duc de Breban, et feist-on au samedy plus de feus parmy Paris que touttes les autres fois davant dites; et si estoit les Quatre Temps des Brandons.

Item, environ sept ou huit jours en mars, fut paine si cruelle à Paris, ung moulle de buche valloit neuf ou dix sols parisis, et un cent de costerets qui le vouloit avoir bons vingt-huit ou trente-deux sols parisis, le sac de charbon, douze sols parisis, bourées, foin semblablement, tuylle, plastre en la maniere, et si sachez que depuis la Toussainct jusques à Pasques, ne fut oncques jour qu'il ne cheist (tombât de la pluie) de jour ou de nuyt, et dura la grant eaüe jusques en my-avril, qu'on ne povoit aller ès marez entre Saint-Anthoine et le Temple, ne dedens la ville, ne dehors.

Item, le dix-septiesme jour d'avril, fut mondit seigneur de Guienne en l'ostel de la ville, et ordonna trois eschevins nouveaulx ; c'est assavoir Pierre de Grantruë, Andriet d'Esparnon, et Jehan de Louviers, et deposa Pierre Oger, Jehan Marcel, Guillaume Tirasse.

Item, le jour de Saint-Marc ensuivant, fut criée de parmy Paris la paix à trompettes, sur peine de perdre corps et biens qui la contrediroit.

Item, le moys d'aoust ensuivant au commencement, arriva le roy d'Angleterre à toutte sa puissance en Normandie, et prist port emprès Harrefleu, et assiega Harrefleu et les bonnes villes d'entour.

Item, monsieur de Guienne, filx ainsné du Roy, se party de Paris le premier jour de septembre à ung dimenche au soir à trompes, et n'avoit que jeunes gens avec luy, et partit pour aller contre les Anglois, et le roy de France son père se party le neuvième jour ensuivant, pour aller après son filx, et alla à Saint-Denis au giste, et tantost après fust cueillie à Paris la plus grant taille qu'on eust vu cueillir d'aage d'homme, qui nul bien ne fist pour le prouffit du royaulme. Ainsi estoit tout gouverné par lesdits Bandez : car Harrefleu fut prins par les Englois ou dit

---

(1) *Tel maître, tel valet*, proverbe que nous avons conservé. Il y a *mesurée* dans notre texte, c'est une erreur de copiste ou de typographie ; il faut *mesniée*.

mois de septembre le quatorsiesme jour, et tout le pays gasté et robbé, et faisoient autant de mal les gens d'armes de France aux povres gens, comme faisoient les Englois, et nul autre bien n'y firent; et si fist bien sept ou huit sepmaines, puis que les Englois furent arrivez aussi bel temps, comme on vit oncques point faire en aoust ou en vendenges, jour de vie d'homme, et aussi bonne année de tous les biens; mais néanmoins pour ce ne s'avança oncques nuls des seigneurs de France de combattre les Englois, qui là furent.

1415. — *Item*, les dessusdits Bandez, le dixiesme jour d'octobre 1415, firent à leur poste un prevost des marchands nouvel et quatre echevins; c'est assavoir, le prevost des marchands, Philippe de Breban, fils d'un Ipositeur (Impositeur), les echevins, Jehan du Pré espicier, Estienne de Bonpré Pelletier, Regnault Pidoye changeur, Guillaume d'Ausserre drappier; et si estoient le Roy et monsieur de Guienne à ce jour en Normandie; l'un à Roüen et l'autre à Vernon, ne oncques ceulx de Paris n'en sceurent rien, tant que ce feust fait, et furent moult esbahis le prevost des marchands et les echevins qui devant estoient, quant on les depposa sans autre mandement du Roy, ne du duc de Guienne, ne sans le sceu des bourgeois de Paris.

Item, le vingtiesme jour dudit moys ensuivant, les seigneurs de France oüyrent dire que les Englois s'en alloient par la Picardie : si les tint monsieur de Charollois si court et de si près, qu'ils ne porent passer par où ils cuidoient. Adoncques allerent après tous les princes de France, sinon six ou sept, et les trouverent en ung lieu nommé Agincourt (Azincourt) près de Roustanville, et en ladite place le jour Saint-Crepin et Crepinien, et combatirent à eulx, et estoient les François plus la moitié que les Anglois, et si furent François desconfiz et tuez et prins des plus grans de France.

Item, tout premierement le duc de Breban, le comte de Nevers, frères du duc de Bourgongne, le duc d'Alençon, le duc de Bar, la connestable de France Charles de Labrait (d'Albret), le comte de Marle, le comte de Roussy, le comte de Psalmes, le comte de Vaudemons, le comte de Dampmartin, le marquis du Pont, ceulx ce nommez furent tous mors en la bataille, et bien trois mille esperons dorez sur les aultres, mais de ceux qui furent prins et menez en Angleterre, le duc d'Orléans, le duc de Bourbon, le comte d'Eu, le comte de Richemont, le comte de Vendosme, le mareschal de Bouciquaut, le fils du roy d'Ermenie (d'Arménie), le sire de Torsy, le sire de Helly, le sire de Mony, monsieur de Savoisy, et plusieurs autres chevaliers et ecuyers dont on ne scet les noms. Oncques puis que Dieu fut, ne fut fait telle prinse en France par Sarrazins, ne par aultres; car avec eulx furent mors plusieurs baillis de France qu'ils avoient avec eulx admenez. Les communes des bailliages, qui tous furent mis à l'épée, comme le bailli de Vermandois et ses gens, le bailli de Mascon et ses gens, celui de Sens et ses gens, celui de Senlis et ses gens, celui de Caen et ses gens, le baillif de Meaulx et ses gens, et disoit-on communement que ceulx qui prins estoient, n'avoient pas esté bons ne loyaulx à ceux qui moururent en la bataille. Environ trois sepmaines après, vint le duc de Bourgongne assez près de Paris, moult troublé de la mort de ses frères et de ses hommes, pour cuider parler au Roy, ou au duc de Guienne; mais on lui manda qu'il ne fust si hardy de venir à Paris; et fist-on tantost murer les portes comme autreffois, et se logerent plusieurs cappitaines au Temple, à Saint-Martin et ès places devant dittes par deffaulte de seigneurs, et furent toutes les ruelles d'entour les lieux devant diz prinzes desdiz cappitaines, ou de leurs gens, et les povres gens boutés hors de leurs maisons, et à grant prière et à grant peine avoient-ils le couvert de leur ostel, et cette laronnaille couchoit en leurs lits, comme ils feissent à dix ou douze lieuës de Paris, et n'estoit homme qui en osast parler, ne porter coutel, qui ne fut mis en diverse prison, comme au Temple, à Saint-Martin, à Saint-Magloire, en Tyron et en autres diverses prisons.

Item, environ la fin de novembre l'an 1415 le duc de Guienne, ainsné filx du roy de France, moult plain de sa voulenté plus que de raison, acoucha malade et trespassa le dix-huitiesme jour de décembre ou dit an jour mercredi des Quatre-Temps, et furent faittes ses vigiles le dimanche ensuivant à Nostre-Dame de Paris, et fut apporté du Louvre sur les espaules de quatre hommes, et n'y avoit que six hommes à cheval; c'est assavoir devant, après les quatre ordres mandians et les autres collèges de Paris après sur un grant cheval lui et son paige, sur ung autre fut le chevalier du Guet, après grant pièce le prevost de Paris. Après le corps, fut le duc de Berry, le comte d'Eu et ung autre. En ce point fut porté à Nostre-Dame de Paris, et là fut enterré le landemain (1).

---

(1) « Louis, disent les registres du parlement, estoit bel de visaige, suffisant, grand et gros, de corps pesant, tardif, peu agile, volontaire et moult curieux et magnifique d'habits et joyaulx, désirant grade d'honneur de par-dehors, et grant despensier à ornemens de sa chapelle privée; qui moult grant plaisir avoit à son d'or-

Item, en ce temps fut le pain tres cher; car le pain qu'on avoit devant pour huit blancs, valloit cinq sols parisis, et bon vin pour deux deniers parisis la pinte. En ce temps furent les portes murées, comme autreffois, pour le duc de Bourgongne qui estoit près de Paris, et grant foison de gens d'armes; parquoy fromaiges et œufs furent si chers, qu'on n'avoit que trois œufs pour un blanc, et un fromaige commun pour trois ou quatre sols parisis. Et Paris estoit gardé par gens étranges, et estoient leurs cappitaines ung nommé Remonet de la Guerre, Barbasan et autres tous mauvais et sans pitié, et pour mieulx faire leur voulenté, manderent le comte d'Arminac, personne excommuniée, comme devant est dit, nommé Benart (Bernard), et de celui firent connestable de France à ung lundy en la fin de décembre, et le prevost de Paris au moys ensuivant fut fait admiral de France, gouverneur de la Rochelle, et fut deppossé d'estre admiral une maulvaise personne nommée Clignet de Brebān, qui moult fit de mal en France, comme il fut admiral.

Item, le duc de Bourgongne estoit toujours en la Brie, ne povoit parler au Roy, ne le Roy à lui, pour puissance qu'ils eussent eulx deux; car les traistres de France disoient au Roy quant il (le) demandoit, qui moult le demandoit souvent, que plusieurs fois on l'avoit mandé, mais il ne daignoit venir, et d'autre part mandoient au duc de Bourgongne qui estoit à Laingny, que le Roy lui deffendoit sa terre, sur peine d'estre reputé pour traistre faulx.

Item, le dousiesme jour du mois de Février fut fait par les dessusdits Bandez ledit comte d'Armignac seul de tout le royaulme de France à qui qu'il en depleust, car le Roy estoit toujours mal disposé. En celui tems s'en alla le duc de Bourgongne en son pays.

Item, le premier jour de mars 1415 ensuivant, jour de Saint-Aubin, entra l'Empereur roy de Hongrie à Paris à ung dimenche et vint par la porte Saint-Jacques, et fut logé au Louvre, et le densiesme mardy ensuivant furent envoyées semondre (inviter) les demoiselles de Paris et des bourgeoises les plus honnestes, et leur donna à disner en l'ostel de Bourbon le disiesme jour ensuivant après sa venuë, et à chacune aucun joüel (joyau).

Item, il fut à Paris environ trois sepmaines, et puis s'en alla devers Angleterre pour avoir les prisonniers du sang de France, qui là estoient de la prinse d'Agincourt (Azincour).

1416. — *Item*, commençant la semaine peneuse ensuivant, qui fut entrant le treisiesme jour d'avril 1415, entreprindrent aucuns des bourgeois de Paris de prendre ceulx qui ainsi tenoient Paris en subjection, et devoient ce faire le jour de Pasques, qui furent le disneuviesme jour d'avril : mais ils ne le firent point par seus (trahison); car il fut sceu par ceulx de la bande qui les prindrent et les misdrent en prison, et le vingtquatriesme jour dudit moys d'avril 1416 fut mené en un tumberel à boüe le doyen de Tours chanoine de Paris, frere de l'evesque de Paris, de devant celluy qui pour lors estoit maistre Nicolle d'Orgemont, filx de feu Pierre d'Orgemont. En ce point vestu d'un grant mantel de viollet et chapperon de mesmes, fut mesné ès halles de Paris, et en une charrette devant estoient deux hommes de honneur sur deux aiz (poutres), chacun une croix de boys en sa main, et avoit l'ung esté eschevin de Paris, et l'autre estoit homme d'honneur, et estoit en ars nommé maistre Regnault, et l'eschevin Robert de Belloy, et à ces deux on couppa les testes; voyant ledit d'Orgemont, lequel n'avoit qu'un pié, et après la justice fut ramené sans oster dudit tumberel en prison ou chastel Saint-Anthoine, et environ quatre jours après fut presché ou parvis Nostre-Dame de Paris, condampné en chartre perpetuelle au pain et à l'eaüe.

Item, le premier sabmedy de may ensuivant furent décollez pour ce fait trois moult honnestes hommes, et de moult bonne renommée; c'est assavoir le signeur de Lours et la porte Baudet, ung tainturier nommé Durant de Vry, ung marchant de laton (laiton) et espinglier nommé Jehan Perquin; et estoit ledit tainturier maistre de la soixantaine des arbalestriers de Paris.

Item, le septiesme jour de may fut crié parmi Paris que nul ne fust si hardy de faire assemblée à corps, ne à nopces, ne en quelque maniere, sans le congié du prevost de Paris. En ce temps avoit, quant on faisoit nopces, certains commissaires et sergens aux despens de l'épouse, pour garder que homme ne murmurast de rien.

Item, le huitiesme jour de may vendredy

---

gues, lesquels entre les autres obligations mondaines, hantoit diligemment... Si avoit-il musiciens de bouche et de voix, et pour ce avoit chapelle de grant nombre de jeunes gens. Et si avoit bon entendement tant en latin qu'en françois, mais l'employoit peu, car sa condition estoit d'employer la nuict à veiller et à peu faire et le jour à dormir; dinoit à trois ou quatre heures après midi, et soupoit à minuit, et alloit coucher au point du jour ou au soleil levant souvent, et pour ce, estoit d'aventure qu'il vesquit longuement. (Extrait de l'*Histoire de René d'Anjou*, par M. de Villeneuve.)

furent ostées les chaines de fer qui estoient à Paris, et furent portées à la porte Saint-Anthoine. En ce temps estoit toujours le pain si cher, que petits mesnaiges n'en povoient avoir leur saoul ; car la charté dura moult longuement, et coustoit bien la douzaine que on avoit devant pour dix-huit deniers, quatre sols parisis.

Item, le sabmedy ensuivant neuviesme jour dudit moys furent ostées les armures aux bouchers en leurs maisons, tant de Saint-Germain, de Saint-Marcel, de Sainte-Geneviefve et de Paris.

Item, le lundy ensuivant fut crié parmi Paris, sur peine d'estre reputé pour traistre, que tout homme, prestre, clerc ou lay (laïque) portast ou envoyast touttes ses armures, quelles quelles feussent, ou espées, ou badelaires, ou hachets, ou quelque armure qu'il eust, au chastel de Saint-Anthoine.

Item, le vendredy quinziesme jour dudit moys firent lesdiz commencer à abattre la grant boucherie de Paris, et le dimenche ensuivant vendirent les bouchers de laditte boucherie leurs chars (viandes) sur le pont de Nostre-Dame, moult esbahis pour les franchises qu'ils avoient en la boucherie, qui leur furent toutes ostées; et sembloit ce dimenche que lesdits bouchers eussent eu quinze jours ou trois sepmaines de temps à faire leurs estaulx, tant furent bien ordonnez de vendredy jusques au dimenche.

Item, le vendredy ensuivant furent commencées à murer les portes, comme autrefois.

Item, le landemain de la Saint-Laurens ensuivant firent crier lesdiz Bandez parmy Paris, que nul ne fust si hardy d'avoir à sa fenestre coffre, ne pot, ne hocte, ne coste en jardin, ne bouteille à vinaigre à sa fenestre qui fust sur la rüe, sur peine de perdre corps et biens, ne que nuls ne se baignast en la riviere, sur peine d'estre pendu par la gorge.

Item, le jour de Saint-Laurens ensuivant firent chanter lesdits Bandez aux Quinze-Vingts, fust tort ou droit, et y avoit commissaires et sergens qui faisoient chanter devant eulx tels prestres qu'ils vouloient, malgré ceulx dudit lieu, lesquelx vouloient que on leur fist droit de certains prisonniers qui estoient au Ginlle, lesquelx furent prins en la franchise par l'oultraige du prevost de Paris, et furent pris le vingt-cinquiesme jour de may, vigille de l'Ascension Nostre-Seigneur, et fut avant la Saint-Laurens ensuivant que on chantast ne messe ne vespres en ladite eglise.

Item, la première sepmaine de septembre ensuivant fist-on deffense aux bouchiers que plus ne vendissent leur char sur le pont Nostre-Dame, et celle ditte sepmaine commencerent à vendre en la halle de Beauvais, à Petit-Pont, à la porte Baudays, et environ quinze jours après commencerent à vendre devant Saint-Lieufray au trou Pugnais.

Item, en celle sepmaine fut crié que nul sergent à cheval ne demourast hors de la ville de Paris, sur peine de perdre son office.

Item, fut crié celle ditte sepmaine que lesdits estaulx de boucherie seroient bailliez au prouffit du Roy au plus offrant, et que lesdits bouchiers n'y auroient quelque franchise.

Item, le moys d'octobre ensuivant fut commencée la boucherie du cymetiere Saint-Jehan, et fut achevée, et y vindrent vendre ceulx de derriere Saint-Gervais le premier dimenche de fevrier ou dit an.

Item, le vintiesme jour de fevrier ou dit an fut crié que l'on ne prinst nulle monnoie à Paris que celle du Roy, qui moult fist grand dommaige aux gens de Paris ; car la monnoie du duc de Bretaigne et du duc de Bourgongne estoit prinse comme celle du Roy, dont plusieurs marchands, riches et pouvres, et autres gens qui en avoient, perdirent moult ; car pour la deffence, homme n'en eust eu quelque necessité, se non au buillon (billon) : mais environ ung mois après on reprint les dessus dittes monnoyes deffenduës, comme devant furent.

1417. — *Item*, le troisiesme jour d'avril, ou dit an, trespassa monsieur de Guienne, ainsné filx du roy de France à Compiegne, qui avoit esté quinze moys ou environ Dolphin.

Item, ledit roy Louys l'an 1417 trespassa environ trois jours en la fin.

Item, en icelluy temps on avoit vin sain et net pour ung denier la pinte ; mais de grosses tailles, trois ou quatre tous les ans, et n'osoit nul parler du duc de Bourgongne, qu'il ne fust en peril de perdre le corps ou la chevance, ou d'estre banny.

Item, le vintneuviesme jour de may ensuivant, vigille de la Pentecoste, fut crié que nul ne prinst quelque monnoye, que celle seulement du coing du Roy, et que on ne marchandast que à sols et à livres, et furent aussi criez à prendre petits moutons d'or pour seize sols parisis, qui n'en valloient pas plus de onze sols parisis ; et le lundy ensuivant, premier jour des festes de Penthecostes, commencerent les gens de Paris ; c'est assavoir de quelque état qu'ils fussent, prestres, ou clercs, ou autres, à curer les voiries, ou à faire curer à leur argent ; et fut celle queuillette si aspre, qu'il falloit que chascun de quelque estat qu'il fust, de cinq jours en cinq jours en baillast argent; et quant on payoit pour cent, on y en mettoit une quarantaine, et avoient les gouverneurs le remenent.

Item, celle ditte sepmaine fut fait le pont-leveys à la porte Saint-Anthoine, et celle année furent faittes les maisons entre les bastilles et l'escorcherie aux Tuilleries.

Item, en celui temps fut prins de par le prevost de Paris ung nommé Louys Bourdon, chevalier, qui tant fit de peine au chastel d'Estempes, comme devant est dit, et fut noyé pour ses demerites, et fut la Royne privée du tout, que plus ne seroit au conseil, et luy fut son estat amendry ; et demourerent les choses en ce point, sinon que toujours prenoient lesdits gouverneurs desquelx vouloient et les bannissoient ; et si falloit qu'ils allassent où lesdits gouverneurs vouloient, et en moins de trois sepmaines en bannirent plus de huit cens, sans ceulx qui demeurerent en prinson.

Item, en ce temps à l'issuë d'aoust, s'esmeut le duc de Bourgongne, pour venir à Paris, et vint en conquestant villes, citez, chasteaulx, et par tout faisoit crier par le Roy et le Daulphin, et de par luy que on n'y payast nulles subsides, dont les gouverneurs de Paris prindrent si grant haine contre luy, qu'ils faisoient faire processions, et faisoient prescher qu'ils savoient bien de vray qu'il vouloit estre roy de France, et que par luy et par son conseil estoient les Engloys en Normandie, et par touttes les rües de Paris avoit espies qui estoient résidans et demourans à Paris, qui leurs propres voisins faisoient prendre et emprisonner ; et nul homme après ce qu'ils estoient prins, n'en osoit parler aucunement, qu'il ne fut en peril de sa chevance ou de sa vie.

Item, à l'entrée de septembre 1417, approcha le duc de Bourgongne de Paris, et gaigna l'Isle-Adam, Pons Sainte-Maxence, Senliz, Beaumont. Adoncq fut la porte Saint-Denis fermée, et furent abattuës les arches pour faire ung pont-leveys, et fut deux moys fermée en la droite saison des vendanges.

Item, environ huit ou neuf jours en septembre fut depposé Breban devant dit de la prevosté des marchans, et fut fait prevost Estienne de Bonpuis, lequel ne le fut que cinq jours, et fut mis en la prevosté ung faiseur de coffres et de bahuts, nommé Guillaume Syrasse, le 12 septembre ou dit an. En ce temps vindrent les Bourguignons devant Saint-Cloud ; et lors fut le pont rompu, et les Bourguignons assaillirent la tour à engins, et l'endommaigerent moult ; mais point ne fut prinse à celle fois, ains la laisserent : mais ils tindrent si le pays autour de Paris, que quelque marée ne venoit à Paris de nulle part.

Item, la livre de beurre sallé valloit deux sols parisis, et vendoit-on deux œufs ou trois au plus, quatre deniers parisis : ung petit hareng caqué six deniers parisis : le frais hareng vint environ les ottaves (l'octave) Saint-Denis, trois ou quatre penniers, et vendoit-on la piece trois ou quatre blancs, riens mains, et le vin qu'on avoit en aoust pour deux deniers, coustoit en septembre ensuivant quatre ou six deniers parisis.

Item, en ce temps avoit si pesme (grande) douleur à Paris, que nul n'osoit aller vendanger hors Paris devers la porte Saint-Jacques, de touttes parts, comme à Chastillon, à Bannex, Fontenay, Vanbes, Icy, Clamart, Montrouge ; car les Bourguignons hayoient moult les bourgeois de Paris, et ils venoient fourrer (fourrager) jusques aux fauxbourgs de Paris ; et quelques personnes qu'ils trouvoient, estoient prinses et emmenées en leur ost, et aveques eux avoient moult de gens de Paris qui avoient esté bannis, qui tous les cognoissoient pour enquerir ou autrement : et s'ils estoient de quelque renom, ils estoient cruellement traittez, et mis à si grant rançon comme on les povoit mettre ; et s'ils eschappoient par aucune aventure et venoient à Paris, et on le savoit, on leur mettoit sur qu'ils s'estoient fait prendre de leur bon gré, et estoient mis en prinson.

Item, en ce temps fut fait cappitaine de la porte du Temple ung nommé Symonnet du Boys, qui estoit clerc, Jacquot l'Empereur, garde des coffres du Roy, et de la porte Saint-Martin, ung nommé Jehannin Nepveu, chauderonnier, filx d'un chauderonnier nommé Colin Nepveu.

Item, en cestuy moys d'octobre fut faitte une grosse taille de sel ; car pou fu de gens qui fussent de nulle renommée, à qui on ne envoyast deux sextiers ou trois, au gros, ung muy ou demy muy ; et si le convenoit payer tantost et le porteur, ou avoir sergens en garnison, on estoit mis en prinson au Palays, et coustoit le sextier quatre escus de dix-huit sols parisis pour piece.

Item, la plus grant partie des cappitaines qui estoient dans Paris, on les payoit des advoines que on avoit admenées à Paris pour estre bien salvement (en sûreté), et avoient congié de prendre ce qu'ils povoient piller autour de Paris à deux ou trois lieuës environ, et ils ne s'en faignoient pas. En ce temps firent les bouchiers de Saint-Germain-des-Prez leur boucherie en une ruë qui est entre les Cordeliers et la porte Saint-Germain, en ung lieu en maniere de celier, où on descendoit à degrez qui avoient dix marches.

Item, en ce temps valloit le caque de hareng seize livres parisis.

Item, que autour de Paris, de quelque part que ce fust, n'osoit homme aller qu'il ne fut desrobé ; et s'il se revenchoit, ou deffendoit, il estoit tué des gens d'armes de Paris mesmes, qui yssoient touttefvois qu'ils vouloient hors de Paris, pour piller ; car quant ils revenoient, ils estoient aussi troussez de biens que fait le hericon de pommes, et nul n'en osoit parler ; car ainsi plaisoit aux gouverneurs de Paris.

Item, en icelluy temps allerent les Bourguignons devant Corbeil, et fourrerent le pays tout entour, et firent plusieurs assaulx, mais pas ne le priudrent à celle fois ; car ils se retrairent vers Chartres : mais la nuit Saint-Climent arriverent devant Paris si soudainement que merveilles, et les gens d'armes de Paris les allerent souvent escarmoucher, mais toujours y perdoient grant foison de soudayers de Paris, et ceux qui eschappoient, s'en revenoient par les villaiges d'entour Paris, et pilloient, roboient, rançonnoient, et avec ce admenoient tout le bestial qu'ils povoient trouver, comme bœufs, vaches, chevaux, asnes, asnesses, jumens, porcs, brebis, moutons, chevres, chevreaulx, et touttes autres choses dont ils povoient avoir argent, et en eglise, prenoient-ils livres, et toute autre chose qu'ils povoient happer, et en abbayes de dames autour de Paris, prindrent-ils messel (missel), breviaires, et toutte autre chose qu'ils povoient piller ; et quelque personne qui s'en plaignoit à justice, ou au connestable, ou aux cappitaines, tout bel luy estoit de soy taire ; et vray est que les gens aucuns qui venoient de Normandie à Paris, qui estoient eschappez des Engloys par rançon ou autrement après, et avoient esté prins des Bourguignons, et puis à demie lieuë ou environ estoient reprins des François, et traittiez si cruellement et par tyrannie, comme Sarrazins : mais ils par leurs sermens : c'est assavoir aucuns bons marchans, hommes d'honneur, qui avoient esté prisonniers à tous les trois devant diz, dont ils estoient eschappez par argent, juroient et affermoient que plus amoureux leur avoient esté les Engloys que les Bourguignons, et les Bourguignons plus amoureux cent fois que ceulx de Paris, et de pitance et de rançon, et de paine de corps et de prison qui moult leur estoit esbahissante chose, et à tout bon chretien doit estre.

Item, un pou après la Toussainct enchery tellement la buche, que le cent de bons costerestz valoit deux francs, et vingt-quatre moiennes buches, et celle de Bondis, vingt sols parisis.

Item, la buche de molle valoit dix sols parisis le molle, et dura celle charté tout hyver.

Item, en ce temps fut la char si chere, que ung petit quartier de mouton valloit sept ou huit sols parisis, et ung petit morsel de bœuf de bon endroit deux sols parisis, qu'on avoit en octobre pour six deniers parisis, une froissure de mouton deux ou trois blancs, une teste de mouton six deniers parisis, la livre de beurre sallé huit blancs.

Item, ung bien petit porc coustoit soixante sols ou quatre francs.

Item, ou moys de janvier ou dit an fut le prevost de Paris devant Montlehery, et lui rendirent ceulx de dedans de par traittié d'argent.

Item, de là s'en alla à Chevreuse, y gagna la ville, et fist tout piller, quant que homme povoit apporter à charroy ou autrement, comme ils firent à Soissons, et moult y ot des bonnes gens du pays tuez sans pitié.

Item, la daraine sepmaine de janvier ou dit an, alla le Roy devant Senlis pour le prendre par force ou autrement, et fut la cité habandonnée avant qu'elle fust assaillie.

Item, en icellui temps touttes les bonnes villes de Normandie, comme Roüen, Montivillier, Dyeppe, et plusieurs autres, quant ils virent comment Caën, Harfleur, Falaise et plusieurs bonnes villes du pays avoient esté prinses des Angloys, sans avoir secours du roy de France, pour messaiges qu'ils envoyassent, se rendirent au duc de Bourgongne.

Item, que le jour Saint-Martin d'yver 1417 (11 novembre) fut fait Pape ung cardinal nommé Martin, par l'accort et consentement de tous les roys chrestiens, et en fist-on feste par toutte chrestienté, ce non à Paris, ne on n'en osoit parler ; car le quatriesme sabmedy de caresme ou dit an, pour ce que le recteur toucha au conseil que ce lui sembloit bon qu'on fist solempnité du Saint-Père, qui tant avoit cousté à faire, et si y avoit-on mis plus de deux ans et demy, pourtant fut mis en prinson, et dix ou douze maistres avecques luy.

Item, estoit toujours le siege devant Senlis de par le Roy, et sachez que pou de gens dedans aveit, mais toujours yssoient ou par nuyt ou par jour, et souvent firent si grant dommage à l'ost du Roy, que le connestable jura la destruction de ladite cité à feu et à sang, et fist crier à trompes le dousiesme jour d'avril que tous les gens d'armes qui à Paris estoient, de quelque estat qu'ils fussent, allassent devant Senlis, sur peine de perdre harnoys et chevaulx, et tant en y alla tant en y avoit sur les champs de touttes pars, que la sepmaine penneuse (sainte) Paris fut si dégarny de buche, que qui eust donné en Grève vingt sols parisis d'un costeret, on n'en eust pu finer; et à Pasques ensuivant coustoit le quarteron d'œufs huit blancs, et ung très-petit fromaige blanc six ou sept blancs : la livre de vieil beurre sallé sept ou huit blancs, une petite pièce de bœuf ou mouton cinq ou six blancs, et tout par le mauvais gouvernement du prevost de Paris et des marchans.

Item, celle année le jour des grands Pasques negea toute jour aussi fort qu'on vit oncques faire à Noüel, et si n'eust-on finé en Grève de buche qui eust donné ung franc d'un quarteron.

1418. — *Item*, le quatorze avril 1418 fut faitte la solempnité du pape Martin par les églises à Paris et environ très-simplement.

Item, le vingt-quatriesme jour d'avril ou dit an revint le Roy, et son ost de devant Senlis, où il avoit esté depuis le moys de janvier, et ne la pot oncques prendre, et si lui cousta que en capons que en autre artillerie, avecques autres despences, plus de deux cens mille francs, et si furent souvent ses gens tuez, rançonnez de ceulx de la cité, et ses tantes (tentes) arces, et prinse son artillerie, et au dernier s'en party le Roy et le connestable à très-petit honneur, dont les gens d'armes qui avec le connestable estoient, furent si enragez de ce qu'ils orent failly à leur intencion de piller Senlis, qu'ils se tindrent si près de Paris de touttes pars, que homme n'osoit aller plus loing de Paris que Saint-Laurent tout au plus, qu'il ne fust desrobé ou tué. Et vray fut que l'année de may les gens de l'ostel du Roy allerent, comme accoustumé est, au bois de Boulogne pour apporter du may pour l'ostel du Roy, les gens d'armes de Montmartre à la Ville-l'Evesque à l'entrée de Paris, vindrent sur eulx à force, et les navrerent de plusieurs playes, et puis les desroberent de tout ce qu'ils porent, et fut bien en ceulx desdits serviteurs du Roy qui ce pot sauver ou (en) gippon (pourpoint) ou en chemise tout à pié. En celluy temps alloient femmes d'onneur bien accompaignées veoir leurs heritages près de Paris, à demie lieuë, qui furent efforciées, et leur compaignie battuë, navrée et desrobée.

Item, vray fut que les aucuns desdits gens d'armes furent plains de si grant cruauté et tyrannie, qu'ils rostirent hommes et enfans au feu quant ils ne povoient payer leur rançon : et quant on s'en plaignoit au connestable ou au prevost, leur reponse estoit : s'ils n'y fussent pas allés, et se fussent les Bourguignons, vous n'en parlissiez pas. Ainsi commença tout à encherir à Paris; car deux œufs coustoient quatre deniers parisis, ung petit fromaige blanc sept ou huit blancs, la livre de beurre onze ou douze blancs, ung petit hareng sor de Flandres trois ou quatre deniers parisis, et ne venoit quelque chose de dehors à Paris pour les (à cause des) gens d'armes dessus dits. Ainsi estoit Paris gouverné faulcement, et tant hayoient ceulx qui gouvernoient, ceulx qui n'estoient de leur bande, qu'ils proposerent que par touttes les ruës de Paris ils les prendroient, et tueroient sans mercy, et les femmes ils noyeroient, et avoient prinses par leur force les toilles de Paris aux marchans et à autres sans payer, disant que c'estoit pour faire des tantes et des pavillons pour le Roy, et c'estoit pour faire les sacs pour noyer lesdittes femmes, et encore plus, ils proposerent que avant les Bourguignons venissent, ne que la paix se feist, ils vendroient Paris au Roy d'Angleterre; et tous ceulx qui pas ne devoient mourir, devoient avoir un escu noir à une croix rouge; et en firent faire plus de seize mille, qui depuis furent trouvés en leurs maisons. Mais Dieu qui sait les choses abscondées (cachées), regarda en pitié son peuple, et esveilla fortune, qui en soursault se leva comme chose estourdie, et mit les pans à la ceinture (1), et donna hardement à aucuns de Paris de faire assavoir aux Bourguignons que ils tout hardiement venissent le dimenche ensuivant, qui estoit vingt-neuviesme jour de may, à heure de minuyt, et ils les mettroient dedans Paris par la porte Saint-Germain, et que point n'y eust de faulte, et que pas ne leur fauldroit pour mourir, et que point ne doubtassent fortune ; car bien sceussent que toute la plus grant partie du peuple estoit des leurs. En icelle sepmaine s'esmeurent les Bourguignons de Pontoise, et vindrent au jour dit et à heure en Garnelles, et là comptèrent leurs gens, et ne se trouverent que environ que six ou sept cens chevaulx, quant fortune leur dit que avec eulx seroit la journée. Adonc prindrent cuer, et hardiment, et vindrent à la porte Saint-Germain entre une heure et deux devant le jour, et en estoit chef le seigneur de l'Isle-Adam et le beau sire de Bar, et entrerent dedans Paris vingt-neuviesme jour de may, criant : *Nostre-Dame la paix, vivent le Roy et le Daulphin, et la paix*; et tantost fortune qui avoit nourry lesdites bandes, vit que nul gré ne lui savoient de son bien, vint avecques lesdits Bourguignons à touttes manières, et de commun de Paris, et leur fist

---

(1) C'est une expression tirée du latin ; les anciens relevaient les pans de leur toge et les attachaient à leur ceinture, lorsqu'ils vouloient travailler avec activité.

rompre leurs portes et effundre leurs tresors, et piller, et tourna sa roë (roue) si despitement en soy vengeant de leurs ingratitudes, pour ce que de paix n'avoient cure grant. Tout joyeux estoit qui se povoit mucer (cacher) en cave, ou en celier, ou en quelque destour; et quant le prevost de Paris nommé Tanneguy du Chastel, vit fortune ainsi contre luy; car que les Bourguignons taschoient à emprisonner les autres en plusieurs prisons diverses, et le commun (populace) à piller, vint à Saint-Paul, et prinst le Daulphin ainsné filx du Roy, et s'enfouy à tout droit à Melun, qui moult troubla la ville de Paris et plusieurs autres des plus gros de la bande, comme maistre Robert le Maçon, chancelier du Daulphin, l'évesque de Clermont, le grant president de Provence, l'ung des mauvais chrétiens du monde, et plusieurs autres de leur bande, se boutoient dedans le chasteau de la porte Saint-Anthoine, et par ce furent sauvez, et par le Daulphin qu'ils avoient, en firent moult assault à ceux qui là passoient de trait, dont foison avoit. Le dimenche au soir, le lundy, le mardy ensuivant convint faire grant guet et feus parmy Paris pour paour d'eulx; et en iceluy temps se fournirent de gens d'armes des fuyans de leur bande; et le mercredy ensuivant, environ huit heures du matin, yssirent du chastel, et allerent ouvrir la porte par dedans la ville, qui que le voulsist veoir, et aveccques eulx entra grant foison de gens d'armes, en entrerent en la grant ruë Saint-Anthoine, criant: *A mort! à mort, ville gaignée, vivent le Roy et le Daulphin, et le roy d'Angleterre, tuez tout, tuez tout.*

Item, est vray que dimenche vingt-neuviesme jour de may, à l'entrée des Bourguignons, avant qu'il fust nonne de jour, on eust trouvé à Paris gens de tous estats, comme moynes, ordres mandians, femmes, hommes portans la croix Saint-Andry ou de Croye, ou d'autre maniere, plus de deux cent mille, sans les enffens. Lors fut Paris moult esmeu, et se arma le peuple moult plustost que les gens d'armes; et avant que les gens d'armes fussent venus, estoient tant approchez lesdits Bandez par force, qu'ils estoient à l'endroit de Tyron. Adonc y vint le nouveau prevost de Paris à force de gens, et à l'aide de la commune, les repoussa, abattant et tuant à grant tas jusques dehors la porte Saint-Anthoine; et tantost le peuple moult eschauffé contre lesdiz Bandez, vindrent par touttes les hostelleries de Paris querant (cherchant) les gens de ladite bande; et quant qu'ils en porent trouver, de quelque estat qu'il fust, prisonnier ou non, aux gens d'armes estoient amesnez en my la rue, et tantost tués sans pitié de grosses haches et d'autres armes, et n'estoit homme nul à celui jour qui ne portast quelque armeure dont ils feroient (frappoient) lesdits Bandez en passant par emprès, depuis qu'ils estoient tous morts étanduz, et femmes, et enfans, et gens sans puissance, qui ne leur povoient pis faire, les maudissoient en passant par emprès, disant: *Chiens traistres, vous estes mieulx que à vous n'appartient, encore en y eut que pleust à Dieu que tous feussent en tel estat;* et si n'eussiez trouvé à Paris ruë de nom, où n'eust aucune occision, et en mains qu'on n'y iroit cent pas de terre, depuis que mors estoient, ne leur demeuroit que leurs brayes, et estoient en tas comme porcs au milieu de la boe, qui moult grant pitié estoit, car pou fu celle sepmaine jour qu'il ne pleust moult fort, et furent celle journée, dimenche vingt-neuviesme may, à Paris mors à l'espée, ou d'autres armes enmy les ruës, sans aucuns qui furent tuez ès maisons, cinq cens vingt et deux hommes, et plut tant fors celle nuyt, que oncques ne sentirent nulle malle (mauvaise) odeur, mais furent lavez par force de la pluye leurs playes, que au matin n'y avoit que sang bete (sang caillé), ne ordures sur leurs playes.

Item, en ces jours devant diz, prenoit-on les Arminaz par tout Paris, et hors Paris, entre lesquelz furent prins plusieurs grans de renom et très maulvais couraige, comme Bernard d'Armignac, connestable de France, aussi cruel homme qui fut oncques, Henry de Marle, chancelier de France, Jehan Gaude, maistre de l'artillerie, le pire de tous. Quant les pouvres ouvriers lui demandoient leur salaire de leur besoingne, il leur disoit, avez-vous point de petit blanc pour achetter un chevestre (corde) pour vous aler pendre? Senglaude (par Saint-Claude), chenaille, c'est pour votre preu (profit), et n'en avoient autre chose: si par ainsi espargna si grant tresor plus que le Roy n'avoit, maistre Robert de Tuillieres, maistre Oudart Baillet, l'abbé de Saint-Denis en France, trèsfaulx papelart, Remonet de la Guerre, cappitaine des plus fors larrons, qu'on pust trouver en place, car ils faisoient pis que les Sarrazins, maistre Pierre de l'Esclat, maistre Pierre le Gajant, personne sismatique (schismatique), herite (heretique) contre la foy, et avoit esté presché en Greve, digne d'ardoir.

Item, il alla après ce à cour de Rome, et quant il revint il fut plus maistre en Chastellet, et les lettres dont il se mesloit, on avoit avant pour huict sols parisis, il en falloit bailler vingtquatre sols parisis, et si falloit payer par sa main.

Item, l'évesque de Clermont qui estoit tout le pire contre la paix, et plusieurs autres, et tant en avoit au palays et au Chastellet petit et grant, à Saint-Martin, à Saint-Anthoine, à Tyron, au Temple, qu'on ne le sçavoit où mettre.

Item, cependant estoient toujours les Arminaz à la porte Saint-Anthoine; pourquoy on faisoit toutes les nuyts tres grans feus, et n'estoit nuyt, qu'on ne criast allarme, et faisoit-on cris à trompes à minuyt, après minuyt, davant minuyt; et neantmoins tout ce plaisoit au peuple, pour ce que de bon cuer le faisoient.

Item, le peuple s'avisa de faire en la parroisse Saint-Huistasse la confrairie Saint-Andry, et la firent ung jeudy neufviesme jour de juing : qui s'y mettoit, avoit ung chapperon de roses vermeilles, et tant s'y mist de gens de Paris, que les maistres de la confrairie disoient et affermoient qu'ils avoient fait faire plus de soixante douzaines de chappeaulx; mais avant qu'il fust doze heures, les chappeaulz furent failliz; mais le moustier de Saint-Huistasse estoit tout plain de monde; mais pou y avoit homme prestre ne autre, qui n'eust en sa teste chappeau de roses vermeilles, et sentant tant bon au moustier, comme s'il fust lavé d'eau rose.

Item, en celle sepmaine demanderent ceulx de Rouën à ceulx de Paris aide, et on leur envoya à trois cens lances et trois cens hommes de trait, pour ovier aux Anglois.

Item, le dimanche ensuivant, douxiesme jour de juing, environ onze heures de nuyt, on cria *alarme*, comme on faisoit souvent alarme à la porte Saint-Germain, les autres crioient à la porte de Bordelles. Lors s'esmeut le peuple vers la place Maubert, et environ, puis après ceulx de deçà les pons, comme des halles et de Greve et de tout Paris, et coururent vers les portes dessusdites; mais nulle part ne trouverent nulle cause de crier alarme. Hors se leva la deesse de discorde, qui estoit en la tour de Mauconseil, et esveilla Ire la forcenée, et Convoitise, et enragerie et vengeance, et perindrent armes de touttes manieres, et bouterent hors d'avec eulx raison, justice memoire de Dieu et atrepence (modération), moult honteusement. Et quant Ire et Convoitise virent le commun de leur accort, si les eschauffa plus et plus, et vindrent au palais du Roy. Lors Ire la desvée (l'enragée) leur jeta semence tout ardant sur leurs testes; lors furent eschauffez oultre mesure; et rompirent portes et barres, et entrerent ès prisons dudit palays à minuyt, heure moult esbahissant à homme sourprins, et Convoitise qui estoit leur cappitaine, et portoit la banniere devant qui avec lui mesnoit trayson et vengeance, qui commencerent à crier haultement, *tuez, tuez ces chiens traistres Arminaz. Je renie Beu*

(je renie Dieu) *se ja pie en eschappe en celle nuyt*. Hors forcenerie la desvee, et murtre et occision abatirent, tuerent, murtrirent tout ce qui trouverent ès prinsons, sans mercy, fust de tort ou de trait, sans cause ou à cause, et Convoitise avoit les pans à la saincture, avec Rapine sa fille, et son filx Larrecin, qui tost après qu'ils estoient mors ou avant, leur ostoient tout ce qu'ils avoient, et ne voulut pas Convoitise qu'on leur laissast leurs brayes, pour tant qu'ils voulsissent quatre deniers, qui estoit ung des plus grans cruaultés et inhumanités chrestiennes à aultre de quoy on peust parler. Quant murtre et occision avoit fait, ce revenoit tout le jour Convoitise, Ire, Vengence qui dedens les corps humains qui mors estoient, boutoient touttes manieres d'armes, et en tous lieux, et tant que avant que prime fut de jour, orent de cops de taille et d'estoc ou (an) visaige, tant que on n'y povoit homme congnoistre quel qu'il fust, et ne fut le connestable et le chancelier qui furent cogneus ou lict où tuez estoient. Après allerent cedit peuple par l'exortement de leurs alcesses qui les mesnoient, c'est assavoir, Ire, Convoitise et Vengence par toutes les prinsons publiques de Paris, c'est assavoir à Saint-Eloy, au Petit Chastellet, au Grand Chastellet, au Four-l'Evesque, à Saint-Magloire, à Saint-Martin-des-Champs, au Temple, et partout firent, comme devant est dit du Sallays, et n'estoit homme nul qui en celle nuyt ou jour, eust osé parler de raison ou de justice, ne demander où elle estoit enfermée. Car Ire les avoit mise en si profonde fossé, qu'on ne les put onques trouver toute celle nuyt, ne la journée ensuivant. Si en parla le prevost de Paris au peuple, et le seigneur de l'Isle-Adam, en leur admonestant pitié, justice et raison; mais Ire et Forcennerie respondirent par la bouche du peuple : malgré bien, Sire, de vostre justice, de vostre pitié et de vostre raison : mauldit soit de Dieu qui aura ja pitié de ces faulx traistres Arminaz Angloys, ne que de chiens; car par eulx est le royaulme de France destruit et gasté, et si l'avoient vendu aux Angloys.

Item, est vray que devant chacune desdittes prinsons, avant qu'il fust dix heures du jour, estoient tous entassez, comme ce feussent chiens ou moutons, et n'en avoit nulle pitié, aussi ont ils fait sacs pour nous noyer et nos femmes et nos effens, et ont fait faire estandarts pour le roy d'Angleterre, et pour ces chevaliers, pour mettre sur les portes de Paris quant ils l'auront livré aux Angloys.

Item, ils ont fait escussons à une rouge croix plus de trente milliers dont ils avoient proposé de signer les huys (portes) de ceulx qui devoient estre tuez ou non : si ne nous en parlez plus de par le diable, que pour vous n'en laisserons riens à faire par le sang bieu. Quant le prevost vit qu'ils estoient ainsi eschauffez de la faulce Ire qui les menoit, si n'osa plus parler de raison, de pitié, ne de justice, et leur dit : *mes amys, faites ce qu'il vous plaira.* Ainsi s'en allèrent ès prinsons dessusdittes, et quant ils trouvoient trop fortes prinsons, où ils ne povoient entrer, si boutoient dedans force de feu, et ceulx qui dedens estoient, n'avoient rien de quoi leur aider, si esteingnoient (mouroient dans les flammes), et ardoient là dedans à grant martyre, et ne laisserent en prinson de Paris, sinon au Louvre, pour ce que le Roy y estoit, quelque prisonnier qu'ils ne tuassent par le feu ou par glayve, et tant tuerent de gens à Paris, que hommes, que femmes depuis celle heure de mynuit, jusqu'au lendemain douze heures qui furent nombrez mil cinq cent dix-huit, et furent le connestable, le chancelier, ung cappitaine nommé Remonet de la Guerre, maistre Pierre de l'Esclat, maistre Pierre Gaiant, maistre Guillaume Paris, l'evesque de Coustances, filx du chancelier de France, en la court de darriere devers la Cousture, et furent deux jours entiers au pié du dégré du pallays sur la pierre de marbre, et puis furent enterrez ces sept à Saint-Martin, en ladite court de darriere la Cousture, et tous les autres à la Trinité; entre lesquelx morts furent trouvez tuez quatre evesques du faulx et dampnable conseil, et deux des présidens de parlement.

Item, celle sepmaine fut dépposé de la prevosté des marchans, Guillaume Cyrasse, et y fut mis sire Noël Marchant.

Item, en icellui tems on attendoit monsieur de Bourgongne de jour en jour, et si n'estoit homme qui peust sçavoir au vray où il estoit, dont le peuple fut plus felon, et n'osoit le prevost de Paris faire justice.

Item, celle sepmaine fut fait procureur du Roy ung nommé Vincent Lormoy.

Item, le vingtiesme jour de juing fut fait justice d'ung nommé Boutart qui estoit sergent à cheval, demeurant en la grant rue Saint-Denis, l'ung des plus maulvais de tous ceulx de la Bande, et pour ce que si maulvais estoit contre le duc de Bourgongne, et que moult bel parleur estoit, et grant façon d'homme ; il recongneut à sa fin que quant il vouloit, il estoit à l'estroit conseil des Bandez, et avoit eu commission de par le prevost et les autres, environ devant huit ou neuf jours, que les Bourguignons arrivassent à Paris, de faire tuer tout le quartier des Halles; c'est assavoir hommes, femmes et enffens, lesquelx qu'il eust voulu, et leurs biens confisquez à lui et à ceulx qui lui eussent aidé à faire la dite occision. La sepmaine que lesdits Bourguignons entrerent à Paris, devoit ce estre fait, et recongneut que ung nommé Symonnet Taranne avoit ung autre quartier, pour faire semblablement, et autres de leur maldit conseil devoient ainsi faire par tout Paris. Mais Dieu qui scet les choses abscondites, qui mua le conseil d'Olofernes, par main de femme, les fist cheoir dans la fosse qu'ils avoient faitte, comme davant est dit.

Item, Le sabmedi ensuivant, fut décapité Guillaume d'Ausserre drappier, esleu de Saint-Eloy, aagé de plus de soixante-six ans, qui avoit de moult belles filles à Paris, touttes femmes d'estat, lesquelles il vilena moult ; car il congnut tant de traysons contre le Roy et son royaulme, que lui et ceulx de laditte bande avoient machinées, et fait alliance aux Angloys, que fort seroit à croire, et accusa autres, desquelx fut décapité un sergent d'armes, nommé Monmelian, lequel avoit fait par son pourchaz décapiter le sieur de Lours de la porte Baudet, et lequel seigneur de Lours, environ six sepmaines après que les Bourguignons furent entrez à Paris, fut despendu, luy et plusieurs autres du gibet, et furent mis en terre saincte, et fut fait leur service honnestement.

Item, ou mois de juing fut la porte Saint-Anthoine murée, et n'avoit à Paris que deux portes ouvertes, c'est assavoir la porte Saint-Denis et celle de Saint-Germain.

Item, en celle année ne fut nouvelle du Landit. Ce ne fut qu'à la fin qu'on vendy un pou de souliers de Breban en trois estaulx en la grant ruë Saint-Denis, emprès les Filles-Dieu.

Item, la vigille Saint-Jehan furent remises les chaines de fer au bout des ruës de Paris, et cuida-t-on tout trouver ; mais il s'en falloit trois cens que les Bandez en leur vivant avoient dégasté en leur prouffit, on ne scet en quel lieu, et les refist-on moult hastivement.

Item, le dimenche troisiesme jour de juillet, fut fait une des plus belles processions qui fut veues oncques. Touttes les églises de Paris s'assemblerent à Nostre-Dame de Paris, et de là vindrent à grant luminaire et sanctuaires (reliques) à Saint-Jehan en Greve, et là moult bien devotement prindrent le corps Nostre-Seigneur que les faulx Juifs boüillirent et l'apporterent moult reverentement, faisans grans loüanges à Dieu, à Saint-Martin-des-Champs, et alloient les gens de l'Université deux à deux, c'est assavoir, emprès chacun maistre, alloit un bourgeois au dessous de luy, et tous les autres semblablement.

Item, le vendredy ensuivant vindrent les Arminaz de Meaulx jusques devant Paris, et bouterent le feu à la Villette, à la Chapelle et ailleurs ès granges pleines de bleds nouveaulx. Si cria-on alarme à Paris, si s'enfouïrent, et en eulx en allant, allerent coupper les cordes des Arminaz qui pendus estoient au petit gibet de Paris, et en eulx en allant, prindrent grant proye de bestial et prinsonniers povres laboureurs en leur lis, et le commun de Paris s'arma; mais on ne leur volt (voulut) ouvrir la porte sitost, pource que sans chief estoient. Tantost après vint le prevost de Paris qui yssit à grant compaignie, et eulx le suivirent moult asprement. Et fut vray que les Arminaz povoient bien estre à plus de trois lieuës loing, ains que ledit prevost yssit, ne le commun qui moult sentit mal comptent : touttes voyes suivirent-ils tant leurs ennemys à pié, qu'ils rescourrent (reprirent) presque tous les prinsonniers, et furent jusques à Lagny sur Marne, et là leur fut dit que la grosse bataille povoit ja bien estre à trois grosses lieuës loin. Lors s'en revindrent le mieulx qu'ils porent moult las; car moult faisoit grant chault, et on ne trouvoit rien nulle part que ès bonnes villes; car pour la guerre on y mettoit tout. Quant ils furent venus à Paris, si furent moult courroucez, et vouldrent aller tuer les prinsonniers Arminaz du Chastellet, ce n'eust esté le cappitaine de Paris, qui par doulces paroles les appaisa. Et tantost après on fit faire les barrières devant Chastellet; mais neantmoins comme il mena les gros prinsonniers à très grant compaignie de gens d'armes à la porte Saint-Anthoine, ou autrement eussent été tuez du peuple.

Item, vrai est que en icellui temps, Soissons se rendit aux Bourguignons, et prindrent des gros bourgeois de la ville qui estoient Arminaz, desquelx ils firent justice; car ils cognerent à la mort que dedans quatre jours ils avoient en pencée de faire tuer par nuyt ou par jour tous ceulx qui estoient de la partie au duc de Bourgongne, et femmes et enffens faire noyez en sacs qu'ils avoient tous propres fait faire à femmes moult volentaires à la faulce traistre Bande.

Item, vray est qu'ils avoient fait faire monnoie de plon (plomb) très grant foison, et en devoient bailler aux dizeniers de la ville de Paris, selon ce qu'ils avoient de gens en leurs dizaines qui estoient de la Bande, et n'en devoient avoir nul autre que eulx, et devoient aller parmy les maisons lesdits Bandez par tout Paris à force de gens armez portant ladite Bande, disant partout; *avez-vous point de telle monnoie?* s'ils disoient *véez en cy*, ils passoient oultre sans plus dire; s'ils disoient, *nous n'en avons point*, ils devoient tous estre mis à l'espée, et les femmes et enffens noyez; et c'estoit la monnoye telle ung pou plus grant que ung blanc de quatre deniers parisis, en la pille un escu à deux lieppars (léopards) l'ung sur l'autre, et une estoille sur l'escu en la croix, à ung des quemugnez une estoille, à chacun bout de la croix une couronne.

Item, le jeudi quatorziesme jour de juillet vint la Royne à Paris, et la admena le duc de Bourgongne, et la présenta au Roy au Louvre, laquelle avoit esté longtemps, comme bannie et hors de France par les Bandez, se le duc de Bourgongne ne l'eust secourüe, qui toujours en son exil l'onora comme sa dame, et la rendit à son seigneur le roy de France moult honorablement le jour dessus dit, et fut à leur venuë la porte Saint-Anthoine demurée, et furent les bourgeois de Paris vestus tous de pers, et furent receus que telle honneur et joye que oncques dame ou seigneur avoit esté en France; car partout où ils passoient, on crioit à haute voix Noël, et pou y avoit gent qui ne plourassent de joie et de pitié.

Item, la sepmaine ensuivant avoit à Saint-Denis en France ung cappitaine nommé Jehan Bertran, aussi bon homme d'armes, et aussi preudomme pour son seigneur comme nul en sceust en tout le royaulme de France, mais n'estoit pas de grant lignaige. Si accroissoit de jour en jour sa renommée pour le bon sens et proësse qu'il avoit, si en orent les Piquars si grant envie, qu'ils espierent le lundi ensuivant que la Royne vint à Paris, entre Paris et Saint-Denis en droit de la Chappelle de la ville, et là l'assaillirent en trayson, et le navrerent de lances et d'espées, moult se deffendy longuement, mais riens ne lui vallu ; car il n'estoit que lui cinquiesme, enfin le despecerent tout et murtrirent, dont le duc de Bourgongne fut si dolent quant il le sceut, que il commença à lermer (pleurer) moult fort des yeulx; mais autre chose n'en osa faire pour paour d'esmouvoir le commun, qui fut si esmeu quant ils le sceurent, qu'à très grant peine furent appaisiez.

Item, en ce temps les Arminaz faisoient moult souvent grant griefs autour de Paris, et prindrent celle sepmaine même Moret en Gastinois, et tuerent grant partie du peuple sans mercy.

Item, le vingtiesme jour dudit moys de juillet les Angloys prindrent le Pont de l'Arche par deux cappitaines failliz, l'ung nommé Guillaume, et l'autre Robinet de Braquemont, et le rendirent par leur mauvaisetié, avant que les treves fussent failllies; car ils sçavoient bien que le secours venoit de Paris tres grant, pour y estre à la journée.

Item, en icellui temps avoit à Paris ung chevalier du guet nommé messire Gaultier Rallart, qui nulles fois n'alloit au guet, qui n'eust devant lui quatre ou cinq menestriers joüans de haulx instrumens, qui moult estoit estrange chose au peuple; car ils disoient qu'il sembloit qu'il dit aux malfaitteurs, *fuiez-vous-en, car je viens*.

Item, toujours faisoient les povres gens le guet et feux, et veiller toute nuyt. Et si estoit la buche si cher que toujours la buche de Bondi coûtoit treize ou quatorze sols parisis, et celle de Griefve la plus petite estoit à vingt sols parisis, le molle à dix sols parisis. Le sac de charbon treize ou quatorze sols parisis, et nul temps on n'avoit que deux ou trois œufs pour ung blanc. La livre de beurre au meilleur marché, six blancs, tres petit vin pour six deniers parisis à la pinte.

Item, le dimanche vingt-uniesme jour d'aoust fut fait en Paris une grant esmeutte terrible et orrible et merveilleuse; car pour la cause que tout estoit si cher à Paris, et qu'on ne gagnoit rien pour les Arminaz qui estoient au tour de Paris, s'esmut le peuple cellui jour, et tuerent et abatirent ceux qui porent sçavoir qui estoient de ladite Bande, et comme deruez (en desordre), s'en vinrent en Chastelet, et l'assaillirent de droit assault, et cils qui dedans estoient qui bien sçavoient la male voulenté d'un commun especial aux Arminaz, eulx deffendirent moult efforcement, et jettoient tuilles et pierres, et ce qu'ils povoient pour cuider eslongner (sauver) leurs vies; mais ce ne leur vallut rien; car le Chastelet fut eschellé de touttes pars, et descouvert et pris par force, et tous ceulx de dedens mis à l'espée et la plus grant partie fist-on saillir sur les carreaulx, où la grant compagnie estoit du peuple qui les occioient sans mercy de plus de cent playes mortelles; car trop souffroit le peuple de griefs par eulx; car riens ne povoit venir à Paris, qu'il ne fust rançonné deux fois plus qu'il ne valloit, et touttes nuyts guet de feux, de lanternes en my les ruës aux portes, faire gens d'armes, et riens gagnier, et tout chier (cher) plus que raison par les faulx Bandez, qui tenoient maintes bonnes villes d'entour Paris, comme Sens, Moret, Melun, Meaux en Brie, Crecy, Compiegne, Montlhery, et plusieurs autres forteresses et chasteaulx, où ils faisoient tous les maulx qu'on peust faire ne penser. Car par eulx fut plus martyre de gens que ne fisrent les anxiens ennemis de chrétienté, comme Dyoclecien et Maximien et autres qui firent à Rome martyrs plusieurs saints et sainctes; mais leur tyrannie n'estoit point accomparagée (à comparer) ausdits Bandez, comme Dieu sçet. Par quoi ledit peuple estoit ainsi esmeu contr'eulx, comme davant est dit.

Item, dudit Chastellet, quant ils orent mis à l'espée tous ceux qu'ils porent trouver, s'en allerent au petit Chastelet, où ils orent moult fort assault; mais ce ne leur vallu rien, car tous furent tuez comme ceux du grant Chastellet. De là s'esmeurent pour venir au chasteau Saint-Anthoine. Lors vint le duc de Bourgongne à eux qui les cuida appaiser par ces doulces paroles, mais riens n'y vallu, car ils s'en vindrent comme gens deruez droit au chasteau, et l'assaillirent à force, et percerent portes, et tout à pierres qu'ils jettoient encontre, et nul si hardy d'en hault qui s'osast montrer; car ils leur envoyoient sajettes et canons si tres dru que merveille; grant pitié en avoit le duc de Bourgongne, qui là affoüy à grant haste, accompaigné de plusieurs grans seigneurs et gens d'armes, pour leur cuider faire cesser l'assault pour la compaignie qu'il admenoit; mais oncques pour puissance qu'il eust, ne lui, ne sa compaignie, ne les porent appaiser, s'il ne leur monstroit tous les prinsonniers qui là estoient, et s'ils n'estoient admenez au Chastellet de Paris, que ils disoient que ceux que on mettoit oudit chasteau, estoient toujours delivrez par argent, et les bouttoit-on hors par les champs, et faisoient après plus de maulx que devant, et que pour ce les vouloient avoir. Et quant le duc de Bourgongne vit la chance ainsi, que bien voeit qu'ils disoient verité; si leur délivra, par ainsi que nul mal ne leur feroit; et ainsi fut accordé d'une part et d'autre, et furent admenez par les gens du duc de Bourgongne, et estoient que ung que autre environ vingt. Quant ils vindrent près du Chastellet, si furent moult esbahis; car ils trouverent si grant nombre de peuple, que oncques pour puissance qu'ils eussent ne les porent sauver, qu'ils ne fussent tous martirez de plus de cent playes, et là furent tuez cinq chevaliers tous grans seigneurs comme Enguerran de Malconquat et son filx, premier chambelan du Roy notre sire, monsieur Ethor de Chartres et plusieurs autres, Charlot Poupart argentier du Roy, le viel Taonne et ung de ses filx, dont le duc de Bourgongne fut moult troublé, mais autre chose n'en osa faire.

Item, après ce l'occision, droit en l'hostel de Bourbon s'en allerent, et misdrent à mort aucuns prisonniers; ils y trouverent en une chambre une queüe plaine de chausses-trappes, et une grant banniere comme estandart, où il y avoit ung dragon figuré, qui par la gueulle jettoit feu et sang. Si furent meuz en ire que devant et la porterent tout parmy Paris les espées toutes nuës, criant sans raison : véescy la banniere que le roy d'Angleterre avoit envoyée aux faulx Arminaz, en signifiance de la mort dont ils nous devoient faire mourir, et ainsi criant, quand ils orent par tout monstré, la porterent au duc de Bourgongne, et quant il l'eust veüe, sans plus dire fut mise à terre, et marcherent dessus, et en print chacun qui en pot autre sa pièce, et misdrent les pièces au bout de leurs espées et de leurs haches.

Item, toutte celle nuyt ne dormirent, ne ne cesserent de querir et de demander partout ce on sçavoit nuls Arminaz. Aucuns en trouverent qui furent tuez et mis à mort sur les carreaulx tous nuds.

Item, le lundi ensuivant, vingt-deuxiesme jour d'aoust, furent accusées aucunes femmes, lesquelles furent tuées et mises sur les carreaulx sans robe, que de leur chemise, et ad ce faire estoit plus enclin le boureau que nuls des autres ; entre lesquelles femmes il tua une femme grosse, qui en ce cas n'avoit aucune coulpe, dont il advint un pou de jours après qu'il en fut prins et mis en Chastellet, lui troisiesme de ses complices, et au bout de trois jours après eurent les testes couppées, et ordonna le boureau la manière au nouveau boureau, comment il devoit copper teste, et fut deslié, et ordonna le tronchet (couteau) pour son col et pour sa face, et osta du bois au bout de la dolaire et à son coustel ; tout ainsi comme s'il voloit faire ladite office à ung autre, dont tout le monde estoit esbaby. Après ce cria mercy à Dieu, et fut decollé par son varlet.

Item, en celui temps, vers la fin du moys d'aoust, faisoit si grant chalour de jour et de nuyt, que homme ne femme ne povoit dormir par nuit, et avec ce estoit tres grant mortalité de boce et d'épidymie, et tous sur jeunes gens et enffens.

Item, cellui an demouroient les blez et les advoynes aux champs à sayer (couper), tout autour de Paris, que nul n'y osoit aller pour les Arminaz, qui tuoient tous ceux qu'ils povoient prendre, qui estoient de Paris. Pourquoi la commune de Paris s'émeut et allerent devant Mont-le-Hery, et y furent environ dix ou douze jours, et firent le mieulx qu'ils porent, et eussent gaigné le chastel et les traistres de dedens, ce n'eussent esté aucuns gentils-hommes, qui avec eulx estoient qui les devoient garder et mener : mais quant ils virent que la commune besoingnoit si bien, si parlementerent aux Arminaz, qui bien veoient qu'ils ne devoient longuement durer contre la commune, qui si asprement les assailloit de jour et de nuyt, et prindrent grant argent des Arminaz, par ainsi qu'ils feroient lever le siege. Et ainsi firent-ils, quant ils orent l'argent : si firent entendre aux bonnes gens, que vrayement il venoit un très-grant secours à ceux du chastel, et qui se pourroit sauver, si se sauvast, que plus ne seroient là, et ce partirent. Quant ce virent la commune, si ce departirent moult couroucez, et quant ils vindrent près de Paris, on leur ferma les portes, et demourerent à Saint-Germain, à Saint-Marcel, à Nostre-Dame-des-Champs deux ou trois jours et nuys, et les Arminaz tantost après le département du siège couroient jusqu'au bout desdits villaiges où estoient nos gens pour les cuider sourprendre ; mais oncques pour leur puissance ne leur porent grever, et si n'avoient nul cappitaine que de ceulx de Paris ; car les gentilshommes qui les avoient laissez, cuidoient que les Arminaz les deussent tous tuer, mais oncques Arminaz ne les oserent assaillir. Et vray estoit que qui eust laissé faire les communes, il ne eust demouré Arminac en France, en mains de deux moys qu'ils n'eussent mis à fin, et pour ce les hayoient les gentilshommes qui ne vouloient que la guerre, et ils la vouloient mettre à fin. Quant on vit qu'ils avoient si grant vouleté d'affiner la guerre, on les laissa entrer dedans Paris, allerent faire leur labour, et les Arminaz faisoient de pis qu'ils povoient : car ils tuoient femmes et enffens, et boutoient feux au tour de Paris, et si n'estoit homme nul qui y meist remede aucun ; et d'autre part estoient les Engloys devant Roüen de touttes pars assiegé, qui moult faisoient de grief de touttes pars à ceulx de Roüen, dont furent moult affoibliz, mais à souffrir leur convint, et tout ce estoit par les faulx traistres de France qui ne vouloient que la guerre : car bien sçavoient tous combien de rançon ils devoyent payer se prins estoient. Alloit ainsi le royaulme de France de pis en pis, et povoit-on mieulx dire la *Terre deserte* que la terre de France. Et tout ce estoit ou la plus grant partie par le duc de Bourgongne, qui estoit le plus long homme en touttes ces besongnes com peust trouver ; car il ne se mouvoit d'une cité quand il y estoit, ne quand ce paix fut par tout, se le peuple par force de plaintes ne l'esmouvoit, dont tout encherry dans Paris de plus en plus. Car il estoit en septembre le commencemant d'yver qu'on se devoit garnir, et un cent de bonnes buches valloit toujours deux francs, un sac de charbon seize sols parisis, le moulle dix ou douze sols parisis, la livre de beurre sallé sept ou huit blancs en gros, œufs deux deniers parisis la pièce, ung petit froimaige, trois sols parisis, bien petites poires ou pomes ung denier la pièce, deux petits oignons deux deniers parisis, bien petit vin pour deux ou trois blancs; et ainsi de toutes choses.

Item, en celluy moys de septembre, fut mandé le duc de Bretaigne, de par le Roy, et y vint à Corbeil, de là à Saint-Mor-des-Fossez, et là vint la Royne, le duc de Bourgongne, et plusieurs autres seigneurs. Là firent-ils une paix telle qu'elle, que voulsist ou non la Royne. Tout fut pardonné aux Arminaz les maulx qu'ils avoient faits, et si estoit tout prouvé contre eulx qui (qu'ils) estoient consentans de la venue du roy d'Angleterre, et qu'ils en avoient eu grans deniers dudit Roy.

Item, d'empoisonner les deux ainsnés fllx du Roy de France, et sçavoit-on bien que ce avoit esté et fait faire, et de l'empoisonnement du duc de Hollande, et debouter hors la royne de France de son royaulme, et si convint tout mettre ce à nyant (néant), ou ce non ils eussent destruit tout le royaulme de France, et livré aux Angloys le Dalphin qu'ils avoient devers eulx. Ainsi fut faitte celle paix qui en fut couroucé ou joyeux, et fut criée parmy Paris à quatre trompes et à six menestriers le lundy dix-neuviesme jour de septembre, l'an 1418.

Item, en ce dit moys, au commencement fut depposé de la prevosté de Paris, le Beau de Bar, et y fut mis un escuier nommé Jacques Lamben.

Item, ce dit moys de septembre estoit à Paris, et au tour, la mortalité si très-cruelle qu'on n'eust veüe depuis trois cens ans par ledit des anciens : car nul n'eschapoit qui fust feru de l'épidymie, especialement jeunes gens et enffens; et tant en mouru vers la fin dudit moys et si hastivement, qu'il convint faire ès cymetieres de Paris grans fosses, où on en mettoit trente ou quarente en chacune, et estoient arrangez comme lars, et puis un pou pouldrez par dessus de terre, et toujours jour et nuyt on n'estoit en ruë que on ne rencontrast Notre-Seigneur, qu'on portoit aux malades, et tretous avoient la plus belle cognoissance de Notre-Seigneur à la fin, que on vit oncques avoir à chrestiens. Mais ou dit des clercs, on ne avoit oncques veü, ne ouy parler de mortalité qui fust si desvée, ne plus aspre, ne dont moins eschapast de gens qui feru en feussent : car en moins de cinq semaines trespassa en ville de Paris plus de cinquante mille personnes, et tant trespassa de gens, que on enterroit quatre ou cinq ou huit chefs d'ostel à une messe à notte, et convenoit marchander aux prestres pour combien ils la chanteroient, et bien souvent en convenoit payer seize ou dix-huit sols parisis, et d'une messe basse quatre sols parisis.

Item, en ce temps, qui estoit environ douze jours en octobre, n'estoit pas encore cessée la mortalité aucunement, ne les Arminaz pour paix, ne pour aultre chose ne laissoient à faire comme d'avant tretout le pis qu'ils povoient et venoient souvent jusques emprès de Paris prendre proyes et hommes et femmes, et mesnoient en leurs garnisons, ne nul n'en osoit mot dire, et pour vray il ressembloit qu'au duc de Bourgongne en fust apoy et apoisoit le peuple de doulces paroles.

Item, tout le moys d'octobre et de novembre fut la mort aussi cruelle, comme devant est dit, et quant on la vit si desvée que on ne sçavoit mais où les enterrer, on fist grans fosses, aux sains Innocens cinq, à la Trinité quatre, aux autres selon leur grandeur, et en chacune on mettoit six cens personnes ou environ, et fut vray que les corduaniers (cordonniers) de Paris compterent le jour de leur confreirie, saint Crespin et saint Crespinian, les mors de leurs mestiers, et compterent et trouverent qu'ils estoient trespassez bien dix-huit cens, tant maistres que varlets en ces deux moys en laditte ville. Et ceulx de l'Ostel-Dieu, ceulx qui faisoient les fosses et cymetieres de Paris, affermoient qu'entre la Nativité, Nostre-Dame et sa Conception, avoient enterré de la ville de Paris plus de cent mille personnes, et en quatre ou cinq cens n'en mouroit pas douze anciens, que tous enffens et jeunes gens.

Item, les Arminaz tenoient toujours les villes et forteresses devant dittes et tindrent Paris en si grant subjection, que ung enffent de quatorze ans mangeoit bien pour huit deniers de pain à l'eure, et coustoit la douzaine, six sols parisis, qu'on avoit eüe pour sept ou huit blancs, ung bien petit fromaige, dix ou douze blancs, le quarteron d'œufs, cinq ou six sols parisis, la char d'un bon mouton, le beuf trente-huit francs. Ainsi petite buche, comme de Marne toute verte, quarante sols parisis, ou trois francs le cent, la buche de molle, douze sols le molle, meschantes bourrées où il n'avoit que feüilles, le cent trente-six sols parisis. Un quarteron de poires d'Engoisse, quatre sols parisis, de pommes, deux sols ou six blancs. La livre de beurre salé, huit blancs. Ung petit fromaige venant de la Foisselle, seize deniers parisis. Une paire de souliers qu'on avoit devant pour huit blancs coustoit seize ou dix-huit blancs, et touttes autres choses quelles qu'elles fussent, estoient ainsi cheres à Paris par tout.

Item, en ce moys de novembre fut remis le Beau de Bar; c'est assavoir messire Guy de Bar, dit le Beau, en la prevosté de Paris, comme davant.

Item, en cedit moys de novembre orent lesdits bouchiers congié de refaire la grant boucherie de Paris de devant le Chastelet, et fut commencé à querir les fondemens le mercredy onziesme jour de novembre et environ douze jours après fist crier le Roy à trompes qu'il pardonnoit à tout homme, fust Arminac ou autre quelque chose que on lui eust mefait, ce non à troys, le president de Provence, maistre Robert le Maçon, Remon Ragnier. Ces troys avoient fait tant de traysons contre le Roy, qu'il ne leur volt pardonner : car pour eulx troys se faisoient tous les maulx devant diz à Paris.

Item, la sepmaine d'après party le Roy et monsieur de Bourgongne pour aller contre les Angloys et allerent loger à Pontoise, et si furent jusques à trois sepmaines après Noël sans riens faire, se non manger tout le pays d'autour. Et les Engloys estoient devant Roüen, et le Dalphin ou ses gens gasterent le pays de Touraine, et les autres estoient au tour de Paris, et venoient jusques aux portes de Paris piller, tuer, ne oncques le duc de Bourgongne, ne les siens, ne s'avancèrent aucunement de contester (résister) aux Engloys ne Arminaz. Et pour ce encherry tretout de plus en plus à Paris, car riens n'y povoit venir pour ceulx devant diz. En icelluy temps coustoit ung petit pourcel six ou sept francs, et toutte char encherry tellement que pouvres gens n'en mangeoient point ; mais en celle année fut tant de choulx, que tout Paris en fut gouverné tout l'hyver ; car febves et poys estoient oultrageusement chers.

Item, en ce temps valloit une bonne livre de chandelle huit blancs, ou sept du mains.

Item, on payoit en ce temps tout homme qui vendoit vin de chascune queüe en gros, huit sols parisis, et cil qui l'acheptoit autant et d'un poinson quatre sols parisis, et ce on la vendoit à détail de vin à quatre deniers autre huit sols, à six deniers douze sols parisis, et fut commencée cette douloureuse pratique environ la Toussainct 1418.

Item, le vingtiesme jour de janvier, ou dit an 1418, entrerent les Engloys dedens Roüen, et la gaignerent par leur force, et parce que n'avoient de quoi vivre dedens la cité ; mais moult la tindrent longuement contre les Engloys comme environ six ou sept moys.

Item, après ce vindrent devers Paris pour gaigner le remenant de France, et nul ne les contredisoit que ceulx des bonnes villes qui leur tenoient un pou de pié ; mais tantost les convenoit rendre : car nuls des gentilshommes ou pou s'en mesloient pour la hayne de Bourgongne et Arminaz. Et par ce vint si grant charté à Paris de touttes choses dont on povoit vivre ; car tous les plus grans estoient esbahis, et valloit un sextier de blé quatre ou cinq francs audit an 1418, petit pain pour sept sols parisis la douzaine, une petite piece de char six blancs, une froissure de mouton douze deniers, pour ung petit fromaige quatre sols parisis, trois œufs trois blancs, la livre de beurre sallé quatre sols parisis, un quarteron de petites pommes seize deniers, chacune pomme quatre deniers. Le cent de harengs-sors trois escus, le cent de harengs cacqués quatre francs ; deux petits oingnons ung denier ; deux chefs d'aux quatre deniers ; quatre navez deux deniers ; ung boissel de bons poys dix ou douze sols parisis, et febves autant ; buche chere, comme devant est dit ; le cent de noys seize deniers ; la pinte d'huile d'olive six sols parisis ; la livre de saindoulx douze blancs ; la chopine dix-huit deniers ; la livre de fromaige de presse trois sols parisis. Brief tout ce de quoy creature humaine povoit vivre, estoit tant cher, que chacun denier coustoit quatre deniers de toutte chose, se non de metaulx, comme airain ou estain. Airain avoit-on pour six deniers la livre, estain pour dix deniers la livre ou pour huit deniers, la livre de potin quatre deniers ; mais argent valloit en ce temps dix francs le marc, un des petiz moutons devant diz de seize sols, valloit vingt sols parisis.

Item, la premiere sepmaine de fevrier oudit an, fut prinse Mante par les Engloys, et plusieurs forteresses d'entour, et n'estoit homme qui y meist aucun remède ; car les seigneurs de France estoient si courcez l'ung à l'autre ; car le Dalphin de France estoit contre son père, à cause du duc de Bourgongne qui estoit avec le Roy, et tous les autres seigneurs du sang de France estoient prisonniers au roy d'Angleterre de la bataille d'Agincourt du jour saint Crepin et son frere devant dit.

Item, en ce mois de fevrier ou dit an l'an 1418 fut deposé le Beau de Bar de la prevosté de Paris, et fut fait prevost de Paris ung nommé Gilles de Clamecy, natif de la ville de Paris, ce qu'on n'avoit oncques mais veu d'aage d'homme, qui à celuy temps fut trouvé en vie que de la nacion de Paris on eust fait prevost.

Item, ou moys de mars ensuivant valloit le marc d'argent quatorze francs, le sextier de bon bled cent sols parisis ; la pinte de bonne huile de noix sept ou huit sols.

Item, ou moys de mars ensuivant environ quinze jours, fut le blé si cher, que le sextier valloit huit francs, et environ huit jours à l'yssuë dudit moys fut crié par les carrefours de Paris, que nul ne fust si hardy qu'il vendist blé segle plus de quatre francs le sextier, le meilleur sextier de mestail plus de soixante sols parisis, le meilleur froment plus de soixante-douze sols parisis le sextier, et que nul moulnier (meûnier) ne prenist point de la mousture que argent; c'est assavoir, huit blancs pour sextier, et chascun boulaingier fist bon pain blanc, pain bourgeois, et pain festiz (bis) à toute sa fleur, et de certain prix dit ou cry. Quand les marchans qui alloient aus blez, et les boulangiers oüirent le cry, si cesserent de cuire, et les marchans d'aller hors, et aussi ils n'y alloient point, et n'allassent qu'à une lieuë de Paris que ce ne fust sur leur vie; car les Engloys sans cesser, venoient toutes les sepmaines une fois ou deux jusqu'au pont de Saint-Cloud, et les Arminaz jusques aux portes de Paris sans cesser, et nul homme n'osoit yssir.

Item, en la derraine sepmaine de mars 1418 la quatriesme sepmaine de karesme, qui eust donné ès halles de Paris, ou en la place Maubert, vingt sols d'une douzaine de pain, il n'en eust pu fîner. Vray est qu'aucuns boulangiers cuisoient, et n'en povoit avoir chacun que ung ou deux au plus, et y avoit toujours quelque cinquante ou soixante personnes à l'uys (porte) qui attendoient qu'il fust cuit, et le prenoient tout venant du four; en ce point estoit la cité de Paris gouvernée, et pour vray en tout le karesme pouvres gens ne mangeoient que pain aussi noir et mal savouré com pourroit faire. Vers la fin de karesme vint des hannons de foys à autre; mais on vendoit le sac vingt-six sols parisis, com on avoit veu avoir pour cinq blancs autrefois, et n'en avoit-on que bien peu pour cinq ou six blancs, et vint un peu de figues grasses et rudes, et si en vendoit-on la livre deux sols, et toujours un hareng caqué bon huit deniers parisis, ung sor six deniers, une petite seiche trois ou quatre blancs, et encherirent tant les oignons, que une petite botte de vingt ou vingt-quatre oignons quatre sols parisis.

Item, un pou devant mars fut pillée Soissons, et grant occision faite de hommes et de femmes et d'enffens par les Arminaz.

Item, ou dit an en mars fut faitte grant occision en la cité de Sens, que le seigneur de Guitre y fist, pour ce que ceulx de la cité vouloient mettre les Bourguignons dedens sans son sceu; car il en estoit bailly.

1419.—*Item*, en ce temps furent Pasques le seiziesme jour d'avril 1419. Lors fut la char si chere, que ung bœuf qu'on avoit veu donner maintes fois pour huit francs ou pour dix tout au plus, coustoit cinquante francs, un veau quatre ou cinq francs, ung mouton soixante sols ou quatre francs : toutte char que on povoit manger, fut volaille ou autre, estoit tant chere; car ung homme eust bien mangé à son repas pour six blancs de bon bœuf, ou mouton, ou lart, et n'avoit on que deux œufs pour deux blancs, ung fromaige mol six ou huit blancs, la livre de beurre sallé quatorze blancs, le froys dix-huit blancs, une froissure de mouton deux sols ou huit blancs, ung pié de mouton quatre deniers, la teste de mouton trois ou quatre blancs. Et toujours couroient les Arminaz, comme ci-devant est dit, tuoient, pilloient, boutoient feu partout sur femmes et hommes, sur grains, et faisoient pis que Sarrazins, et nul ne les contredisoit; car le duc de Bourgongne estoit toujours avec le Roy à Prouvins, et ne s'en bougeoient, et y furent jusques au vingt-huitiesme jour de may 1419 qu'ils vindrent à Pontoise; c'est assavoir le Roy, la Royne, le duc de Bourgongne, et passerent par devant Paris par le bout de Saint-Laurens, sans entrer dans Paris, dont on fut moult esbahi à Paris; de Pontoise allerent à Meulan, et orent treves aux Arminaz trois moys ensuivant, et là parlementerent aux Engloys aussi par treves de faire aucun mariaige, et fut une chose dure au roy de France, que luy qui devoit estre le souverain roy des Chrestiens, convint qu'il obéist à son anxien ennemy mortel, pour estre contre son enfant, et ceulx de la Bande, qui nonobstant treves pilloient toujours, et roboient comme devant.

Item, en ce temps-là estoit tres grant charté de toute vitaille, comme devant est dit, et valloient quatre chefs bien petits d'aulx quatre deniers.

Item, le huitiesme ou neufviesme jour de juing ensuivant apres les treves devant dites environ six jours, vint tant de biens à Paris de lars, de fromaige de presse, qu'ils etoient ès halles entessez aussi hault que ung homme, et fut donné pour deux blancs ou pour deux francs ce qui coustoit six la sepmaine de devant, et vint tant d'aulx à Paris que ce qui coustoit douze ou quinze sols la sepmaine de devant, estoit donné pour cinq ou six blancs, et vint grant foison de pain de Corbeil, de Meleun et du plat pays d'entour Paris, qu'ils avoient des biens aux bonnes villes, et si en vint d'Amiens et de par-delà; mais pou amenda du marché de tous jours, fors qu'il estoit bien plus blanc.

Item, la vigile de la Trinité vint tant de

poisson à Paris, que on avoit quatre ou cinq bonnes solles pour ung gros, et l'autre marée à la valluë, et fut la Trinité le jour Saint-Barnabé onziesme jour de juing l'an 1419.

Item, la sepmaine ensuivant fust crié que on prenist les moutons devant diz de seize sols pour vingt-quatre sols parisis, dont les marchands de loing furent plus eslongnez que devant de venir marchander à Paris, ne nul n'y venoit qui de la monnoie tenist compte ou pays qu'elle couroit en ce temps; car il couroit à Paris blancs de Bourgongne de huit deniers parisis piece qu'on appelloit *lubres*, qui ne valloient mie (point) trois deniers, et avec ce estoient rouges comme meriaux (médailles de cuivre). Si eussiez veu par tout Paris, où marchandise couroit, tous jours desbat fut à pain ou à vin, ou à autre chose.

Item, en icellui temps fist tant le duc de Bourgongne, que paix fut faitte entre le Dalphin et le Roy de France son pere, et tous les Engloys comme en maniere de traitté, tant que ladite paix fut faitte entre Meleun et Corbeil, en ung lieu dit le Poncel, à une lieuë de Meleun emprès Pouilly, et là jurerent tous les vassaulx d'une part et d'autre à tenir laditte paix, sans jamais aller à l'encontre de ce qui fait en estoit, et fut le mardy onziesme jour de juillet, et en fut faitte très-grande feste à Paris, et fut confirmée le dix-neuviesme jour dudit moys laditte paix de tous les signeurs qui pour lors estoient en France, et tous les jours à Paris, especialement de nuyt faisoit-on très grant feste pour laditte paix à (avec) menestriers ou autrement.

Item, le penultiesme jour dudit moys fut la feste Saint-Huistace qui fut faitte moult joyeusement, et landemain jour Saint-Germain, tourna en si grant tribulacion, que onques fit feste; car à dix heures, ainsi qu'ils cuidoient ordonner d'aller joüer aux Marais, comme coustume estoit, vint à Paris grant effroy; car par la porte Saint-Denis quelques vingt ou trente personnes si effroyées comme gens qui estoient, n'avoient gueres eschappez de la mort, et bien y parû; car les aucuns estoient navrez, les autres le cueur leur failloit de paour, de chault et de faing, et sembloient mieux mors que vifs. Si furent artez (arrêtés) à la porte, et leur demanda-t-on la choison (le malheur) dont grant douleur leur venoit, et ils prindrent à larmoyer, en disant : *Nous sommes de Pontoise qui a été cette journée au matin prinse des Engloys pour certain, et puis ont tué, navré tout ce qu'ils ont trouvé en leur voye, et bien se tient pour cure* (heureux) *qui peust eschapper de leurs mains; car oncques Sarrazins ne firent pis aux chrestiens qu'ils font*, et ainsi qu'ils disoient, et regardoient ceulx qui gardoient la porte devers Saint-Ladre, et veoient venir grans tourbes de hommes, femmes et enffens, les uns navrez, les autres despouillez, l'autre portoit deux enffens entre ses bras ou en hostes, et estoient les femmes, les unes sans chapperon, les autres en ung pouvre corcet, et autres en leurs chemises, pouvres prestres qui n'avoient que leurs chemises ou ung surpliz vestu, la teste toute découverte, et en venant faisoient si grans pleurs, cris et lamentations, en disant : *Dieu, gardez-nous par vostre grace de desespoir; car huy au matin estions en nos maisons aisez et manans, et à medy ensuivant sommes comme gens en exil, querant notre pain;* et en ce disant, les aucuns se pasmoient, les autres s'asseoient à terre si laz et si dolorement, que plus ne pouvoient; car moult avoient perdu aucuns de sang, les autres estoient moult affebliz de porter leurs enfans; car la journée estoit très-chaulde et vaine, et eussiez trouvé entre Paris et le Landit quelques trois ou quatre cens ainsi assis qui recordoient leurs grans douleurs et leurs grans pertes de chevances et d'amys; car pou y avoit personne qu'il n'eust aucun amy ou amie, ou enffent demouré à Pontoise. Si leur croissoit leur douleur tellement qu'il leur souvenoit de leurs amys qui estoient demourez entre ces cruelx tyrans Engloys, que le pouvre cueur ne les povoit soustenir; car foibles estoient moult, pource qu'encore n'avoit le plus beu ne mangé, et aucunes femmes grosses accoucherent en la fuite, qui tost après moururent; et n'est nul si dur cueur qui eust vû leur grant desconfort, qui ce fust tenu de plourer ne larmoyer, et toute la sepmaine ensuivant ne finerent que de ainsi venir, que de Pontoise, que des villages d'entour, et estoient parmy Paris moult esbahis à grant troupeaulx; car toutte vittaille estoit moult chere, especialement pain et vin; car on n'avoit point de vin qui rien vaulsist pour moins de huit deniers la pinte, ung petit pain blanc huit deniers parisis, les autres choses de quoi l'homme povoit vivre par cas pareil.

Item, le peuple de Paris estoit moult esmerveillé du Roy et du duc de Bourgongne, que quant Pontoise fut prinse, comme dit est, ils estoient à Saint-Denis bien accompaignez de gens d'armes, et ne firent aucun secours à ceulx de Pontoise; ains vuyderent lendemain le bagaige, et allerent au pont de Charenton, et de là à Laingny, et passerent au plus près de Paris sans entrer ens, dont tout le peuple de Paris se tint pour mal comptent; car il sembloit proprement que tous s'enfouyssent devant les Engloys, qu'ils eussent grant hayne à ceulx de Paris et du royaulme ; car en ce temps n'avoit chevalier de renom d'armes à Paris, ne cappitaine nul, que le prevost de Paris et celuy des marchans qui n'avoient pas accoustumé à mener fait de guerre. Et pour ce les Engloys qui savoient bien que à Paris n'avoit que la commune, car toujours avoient-ils des amys à Paris et ailleurs, vindrent la vigille Saint-Laurens ensuivant devant Paris jusques près des murs, sans que nuls les contredit ; mais assaillir n'oserent Paris pour la commune, qui tantost se misdrent sur les murs pour deffendre la ville, et feussent voulentiers laditte commune aux champs yssuë : mais les gouverneurs ne vouldrent laisser homme yssir. Quant ce virent les Engloys, ils s'en allerent pillant, tuant, robant, prenant gens à rançon. Et le landemain jour Saint-Laurent, revindrent faire une cource devant Paris, et s'en retournerent devers Pontoise.

Item, ce jour Saint-Laurent tonna et esparty (fit des éclairs) le plus terriblement et le plus longuement que on eust vû d'aage d'homme, et plut à la valuë ; car celle tempeste dura plus de quatre heures sans cesser. Ainsi estoit le monde dans le doubte de la guerre, Nostre-Seigneur, et celle de l'ennemy.

Item, environ douze jours après commencerent les bouchiers de rechief à refaire la grant boucherie. En ce temps n'estoit nouvelles, fors que du mal que les Engloys faisoient en France ; car de jour en jour gaignoient villes et chasteaux, et minoient tout le royaulme de France de chevance et de gens, et tout envoioient en Angleterre.

Ici manquent quelques feuillets touchant la mort de Jean-sans-Peur, duc de Bourgogne (1).

Et les seigneurs de France prins des Angloys tout par orgueil, faire sacrileges cent foys le jour, violer eglises, manger char au vendredy à cuire, efforcer filles et femmes, et dames de religion, rostir hommes et enfans ; brief, je croy que les tyrans de Rome, comme Neron, Diocletien, Dacien et les autres, ne firent oncques la tyrannie qu'ils font et ont fait tous ces faiz devant diz de perdurable perdition que chascun scet, estoient tous mis à nyant (néant), quant à la justice corporelle ; de la divine, je me tays. Quand la déesse de discorde et son père Sathan à qui ils sont, leur fist la faulce trahison doloreuse faire, dont tout le royaume est à perdition, se Dieu n'en a pitié, ou y veille de sa grace, ouvrez qu'ils soient en tel estat qu'ils le veulent congnoistre, et qu'ils ne puissent nuire à nulli, comme ils ont fait le temps passé ; car par leurs faiz oultraigeux devant diz meurent de fain les gens aux champs et à la ville, et de froid ; car aussi-tost qu'ils orent fait leur dampnable voulenté du bon duc, tous ceulx des garnisons coururent çà et là, pillant, robant, ranconnant, boutant feux ; par quoy tout enchery tellement, que le blé qui ne valloit que quarente sols parisis, vallu tantost après six ou sept francs ; ung sextier de poys ou de febves, dix ou douze francs ; fromaiges, œufs, beurre, aulx, oignons, buche, char (viande), brief touttes choses de quoy gens et bestes et enffens povoient vivre encherirent tellement, que très-petite buche valloit trois francs le cent ; et pour celle cherté fut ordonné le boys de Vincennes à estre coppé, et costoit le molle seize ou dix-huit sols parisis, et n'en avoit-on que trente-deux pour molle ; une somme de charbon trois francs, qu'on avoit euë aultreffois aussi bonne pour cinq ou pour six sols.

Item, les petits enffens ne mangerent point de lait ; car pinte coustoit dix deniers ou douze. Certes en icelluy temps pouvres gens ne mangerent ne char ne greffe ; car ung petit enffent eust bien mangé pour trois blancs de char à son repas. La pinte de bon saindoulx quatre ou cinq sols parisis, ung pié de mouton quatre deniers, un pié de bœuf sept blancs, et les trippes à la valuë ; beurre sallé quatre sols, ung œuf huit deniers, ung petit fromaige sept sols parisis, une paire de soulliers à homme huit sols parisis, ungs patins huit blancs ; brief, et touttes autres choses quelxconques estoient encheries pour la mort du bon duc, et se ne gaignoit-on denier, et si ne valloit rien la monnoye blanche ; car ung blanc de seize deniers ne valloit pas plus de trois deniers en argent, et ung escu d'or du temps passé valloit trente-huit sols parisis ; pour ung marc d'argent quatorze francs, et pour ce point pour la foible monnoye ne venoit point de marchandises à Paris, et si estoient les Angloys tous les jours jusques aux portes de Paris s'ils vouloient ; et les Arminaz d'autre costé qui estoient aussy maulvays ; et alloit chascun deux ou trois fois la sepmaine

---

(1) Les Mémoires qui se trouvent dans la Collection, et notre Indication analytique des documents sur cette époque, comblent facilement cette lacune. On trouve une relation impartiale et bien faite du guet-apens de Montereau dans les *Mémoires pour servir à l'histoire de France et de Bourgogne*, publiés en 1729 par un bénédictin de Dijon, in-4°. Cette curieuse dissertation est la plus complète qui ait été publiée jusqu'à ce jour.

au guet, une fois parmy la ville, l'autre fois sur les eschifflez; et si estoit le fin cueur de l'yver, et toujours pleuvoit et faisoit très-froit, et furent les vendanges celle année l'an 1419 les plus ordes et pluvieuses, les raizins pourriz, les plus febles vins qu'on eust oncques veus d'aage d'homme qui fust en vie, et tous par les maulx qu'ils faisoient par-tout; car pour certain qui avoit à cinq ou six lieuës près de Paris, la queuë lui coustoit cinq ou six francs tant seulement à admener, et en convoy de gens d'armes à une lieuë près de Paris, seize ou vingt sols parisis, sans vendanger, labourer, relyer, autre dépence. Et quant tout ot esté vendangé et recueilli, ils n'orent ne force, ne vertu, ne couleur, et n'en estoit gueres ou pou qui sentissent ce non le pourry; car le plus n'avoient point esté ordonnez en vendanges à leur droit pour la paour qu'on avoit des dessus dits, et pour la doubte qu'on avoit tout temps de leur trayson. La nuit de la sainte feste de Toussainct oncques on ne donna à Paris pour les trespassez, comme coustume est, ce non guarefeu, et neantmoins touttes ces pouvretez, miseres et doleurs oncques à pape ne à empereur, ne à roy, ne à duc, si comme je croy, on ne fist autant de service après leur trespassement, ne aussi solempnel en une cité, comme on a fait pour le bon duc de Bourgongne, à qui Dieu pardoint.

Item, à Nostre-Dame de Paris fut fait le jour Saint-Michel le plus piteusement que faire se pot, et y avoit ou moustier trois mille livres de cires, touttes en cierges et en torches, et là ot un moult piteux sermon que fit le recteur de l'université, nommé maistre Jehan l'Archer. Et après ce le firent toutes les parroisses de Paris, et touttes les confreiries de Paris l'une après l'autre, et par-tout faisoit-on la représentation, de grans cierges et de grans torches, et estoient les moustiers encourtinez de noires sarges (serges), et chantoit-on le *Subvenite* des mors et vigilles à neuf psaulmes et à neuf leçons, et par tous les moustiers estoit après mis les armes du bon duc trespassé, et du sire de Nouaille qui fut mort avec luy, dont Dieu veille (veuille) avoir les ames, et de tous les autres trespassez, et veille donner grace à nous, et à toutte cette gent de le cognoistre, comme nous devons, et nous doint ce qui (qu'il) disoit à ses apostres: *Paix soit avec vous;* car par cette maldite guerre tant de maulx ont esté faiz, que je cuide en telx soixante ans passés par devant il n'avoit pas eu ou royaulme de France, comme il a esté de mal depuis douze ans en ça. Helas! tout premier Normandie en est toutte exillée, et la plus grant partie qui soulloit faire labourer et estre en son lieu, lui, sa femme, sa mesniée (famille), et estre sans danger, marchans, marchandises, gens d'église, moynes, nonnains, gens de tous estats, ont esté boutez hors de leurs lieux d'estrangers, comme eussent esté bestes sauvaiges, dont il convient que les uns truandent (volent) qui soulloient donner, les autres servent qui soulloient estre servis, les autres larrons et murtriers par desespoir, bonnes pucelles, bonnes preudes femmes venir à honte par effors ou autrement, qui par nécessité sont devenuës maulvaises, tant de moynes, tant de prestres, tant de dames de religion et d'autres gentilles femmes avoir tout laissé par force, et mis corps et ame au désespoir, Dieu scet bien comment. Helas! tant d'enffens mors nez par faulte d'ayde, tant de mors sans confession par tyrannie, et en autres manières, tant de mors sans sépulture en forest et en autre détour, tant de mariaiges qui ont été délaissez à faire, tant d'églises arses, et abbeïes et chapelles, Maisons-Dieu, malladeries où on soulloit faire le saint service Nostre-Seigneur et les œuvres de miséricorde, où il n'a mais que les places, tant d'avoir mussé, qui jamais bien ne fera, et de joyaulx d'église et de reliques, et d'autres qui jamais bien ne feront, ce n'est d'avanture. Brief je cuide que homme ne pourra, pour sens qu'il ait, bien dire les grans, miserables, énormes et dampnables pechez qui se sont ensuiviz et fais depuis la très-maleureuse et dampnable venuë de Benart le comte d'Arminac connestable de France; car oncques puis que le nom vint en France de Bourguignon et d'Arminac, tous les maulx qu'on pourroit penser ne dire ont esté tous commis au royaulme de France tant que la clamour du sang innocent espandu crie devant Dieu vengeance, et cuide en ma conscience que ledit comte d'Arminac estoit un ennemy en fourrure d'homme; car je ne croi nul qui ait esté à luy, ou qui de luy se renomme, ou qui porte sa Bande, qui tienne point la loy ne foy chrestienne; ains se maintiennent envers tous ceulx dont ils ont la maistrise, comme gens qui auroient renyé leur créateur, comme il appert par tout le royaulme de France; car j'ose bien dire que le roy d'Angleterre n'eust esté tant hardy de mettre le pié en France par guerre, ce n'eust esté la discension qui a esté de ce maleureux non (nom), et fust encore toute Normandie françoyse, ne le noble sang de France ainsi espandu, ne les signeurs dudit royaulme ainsi menez en exil, ni la bataille perduë, ne tant de bonnes gens mors n'eussent oncques esté en la piteuse journée d'Egincourt (Azincourt), où tant perdit le Roy de ses bons et loyaulx amys, ce ne fust l'orgueil de ce maleureux nom *Arminac*. Helas ! à faire cestes malereuses œuvres ils n'en auront de remenant que le peché; et s'ils n'en font amendement durant la pouvre vie du corps, ils en seront en très-cruelle, misérable et pardurable damnacion; car certes on ne peut rien mescompter à Dieu, car il scet tout, plain de miséricorde, ne s'y fie homme nul ne en longue vie ne en autre chose de folle esperance ou de vaine gloire; car en verité il fera à chascun droit selon sa deserte. Helas ! je ne cuide mie que depuis le roy Clovis qui fut le premier roy chrestien, que France fust aussi desolée et divisée comme elle est aujourduy; car le Daulphin ne tend à autre chose jour et nuyt lui ou les siens, que de gaster tout le pays de son pere à feu et à sang, et les Engloys d'autre costé qui font autant de mal que les Sarrazins; mais encore vaut-il trop mieulx estre prins des Engloys que des gens du Daulphin qui se dient Arminaz, et le pouvre Roy et la Royne depuis la prinse de Pontoise ne se meuvent de Troyes à pouvre mesine (avec peu de suite), comme fussent-ils deschassez hors de leur lieu par leur propre enffent, qui est grant pitié à toutte bonne personne (1).

Item, fist le Roy à Troyes la fête de Toussainct en l'an 1419, et ceulx de Paris ne pouvoient avoir nulle vraye nouvelle de son retour, dont moult estoient courroucez les bons.

Item, fist le Roy à Troyes son Noüel, parce que on ne l'osoit oster de Troyes pour faulte de puissance et de compaignie, et pour paour des Engloys et des Arminaz; car chacun d'eulx le tâchoit à prendre, et par especial les Arminaz pour avoir leur paix. La troisiesme cause, tout estoit si cher à Paris, que le plus saige ne si savoit vivre, especiallement pain et buche qui estoient si chers, que oncques puis deux cens ans avoit esté, et la char; car à Noüel ung quartier de mouton, quand il estoit bon, coustoit vingt-quatre sols parisis, la chair d'un mouton six francs, une oüe (oie) seize sols parisis, et l'autre à la vallüe. En ce temps-là il n'estoit nouvelle sur mesnaigères d'œufs ni de fromaiges de Brie, ne de poix, ne de febves; car les Arminaz destruisoient tout, et prenoient femmes et enffens à rançon, et les Engloys d'autre costé, et convint prendre treves aux Engloys par force qui estoient anciens ennemys du Roy, et furent données depuis la moitié de decembre jusques au mois de mars, passa decembre, janvier, fevrier, que oncques le Roy ne la Royne ne viudrent à Paris, ains estoient toujours à Troyes, et toujours couroient au tour de Paris les Arminaz pillant, robant, boutant feuz, tuant, efforçant femmes et filles, femmes de religion; et à dix lieües autour de Paris, ne demouroit aux villaiges nulles personnes qu'aux bonnes villes, et quant ils s'enfuyoient aux bonnes villes, ils apportoient quelque chose, fust vitaille ou autre chose, tout leur estoit osté des gens d'armes des ungs ou des autres, fust Bourguignon ou Arminac. Chascun en faisoit bien son personnaige, et ainsi le plus fust femmes ou hommes, quand ils venoient aux bonnes villes, y venoient nuds de tous biens, et convenoit que les bonnes villes fournissent tous les villaiges, par quoi le pain enchery tant. Car en ce temps on n'avoit pas trop bon blé pour dix francs le sextier, dont chacun franc valloit seize sous parisis, et si coustoit le sextier à moudre huit ou dix sols parisis, sans ce que le munier en prenoit à mau prouffit.

Item, pour ce fut ordonné que le blé, quant on le bailleroit au moulnier, seroit pesé, et rendroit la farine par pois, et avoit-on du sextier pesant huit deniers, et le moulnier du mouldre quatre sols parisis.

Item, en ce tems on ne faisoit point de pain blanc, et si n'en faisoit-on point de mains de huit deniers pour la pièce; par quoy pouvres gens n'en pouvoient finer, et le plus de pouvres gens ne mangeoient que pain de noix.

Item, en ce temps en karesme estoit celle de cherté; car il n'y avoit ni espices, ni figgues, ni raisins, ne admende (amandes), de chascun se coustoit la livre cinq sols parisis, huile d'olive quatre sols parisis.

Item, la tainture estoit si chere que une aulne de drap à taindre en vert ancre, coustoit quatorze sols parisis, et autres couleurs à la vallue.

Item, en ce temps de mars l'an 1419 faillirent les treves des Engloys, et on leur demanda autres treves en attendant le duc de Bourgongne; mais le roy englois n'en volt nulles donner, s'il n'avoit le chasteau de Beaumont et Corbeil, le pont Sainte Messan, et plusieurs autres choses; mais on ne luy en accorda nulle. Si commença la guerre comme devant, et tous ungs et autres n'avoient envie que sur la ville de Paris seullement, et seullement pour la richesse qu'ils cuidoient à eux usurper, ne à nulle autre chose ne tendoient que à piller tout.

Item, en celui karesme, le jour du grant vendredy, qui fut le cinquiesme jour d'avril, vindrent les Arminaz comme deables (diables) des-

---

(1) Tout ce passage est une injuste déclamation contre les Armagnacs. Les *gens du Dalphin* pouvaient en partie adresser les mêmes reproches à la faction de Bourgogne.

chainez, et coururent autour de Paris, tuant, robant et pillant. Et icellui jour bouterent le feu au fort de Champigny sur Marne, et ardirent femmes et enffens, hommes, bœufs, vaches, brebis et autre betail, advoine, blé et autre grain, et quant aucun des hommes sailloient pour la destresse du feu, ils mettoient leurs lances à l'endroit, et ains qu'ils fussent à terre, ils estoient percez de trois ou quatre lances, ou de leurs haches. Celle très-cruelle felonie firent là, et ailleurs cedit jour, et landemain vigilles de Pasques, firent aultant ou pis à ung chastel nommé Croissy.

Item, la sepmaine de davant estoient allez les marchands de Paris et d'ailleurs vers Chartres et ou proche, pour faire venir de la vitaille pour la ville de Paris qui grant mestier (besoin) en avoit ; mais aussitôt qu'ils furent partis, les Arminaz le sceurent par faulx traistres de quoy Paris estoit bien garny ; si leur allerent au devant jusques à Gallardon, et là les assiegerent, pourquoy à Pasques ot si grant charté de char, que le plus des gens de Paris ne mangerent ce jour que du lait qui en povoit avoir ; car le cartier d'ung bon mouton coustoit bien trente-deux sols parisis, une petite queuë de mouton dix sols parisis, une teste de véel (veau) et la froissure douze sols chascun, six sols parisis la vache, le porc au (même) prix, car de beuf n'y avoit point à Paris pour ce jour, et pour vray les bouchers de la grant boucherie de Beauvais juroient et affermoient par la foy de leurs corps, qu'ils avoient veu par maintes années devant passées, que en l'ostel d'ung tout seul boucher de Paris, à un tel jour, on avoit tué plus de char que on ne feist en touttes les boucheries de Paris, ne autour.

1420. — *Item*, encore fist le Roy sa Pasques à Troyes celle année l'an 1420.

Item, celle année estoient les viollettes au moys de janvier bleués et jausnes, plus que l'année davant n'avoient esté en mars.

Item, à Pasques 1420, qui furent le septiesme jour d'avril, estoient jà les rozes, et furent touttes passées quinze jours en may, et en l'entrée de may vendoit-on des cerises bonnes, et estoient les blés plus murs en la fin de may, qu'en l'année davant à la Saint-Jehan, et autres biens par cas semblables, qui fut grand bien pour le pouvre peuple ; car toujours estoit le très cher temps de touttes choses, comme devant est dit, et de vesture encore plus. Drap de seize sols valloit quarente sols parisis, sarge seize sols, et chausses et soulliers encore plus que devant ; l'aulne de bonne toille douze sols, fustagne seize sols.

Item, en ce temps estoient les Arminaz plus achenez à cruaulté que oncques mais, et tuoient, pilloient, efforcoient, ardoient églises et les gens dedens, femmes grosses et enffens ; brief ils faisoient tous les maulx en tyrannie et en cruaulté qui peussent estre faiz par deables ne par hommes, par quoi il convint qu'on traitast au Roi d'Angleterre, qui estoit l'ancien ennemy de France, maugré que on en eust, pour la cruaulté des Arminaz, et lui fut donné une des filles de France nommée Katerine, et vint gesir (coucher) dedens l'abbaie de Saint-Denis le huictiesme jour de may 1420, et le landemain passa par devant la porte Saint-Martin par dehors la ville, et avoit bien en sa compaignie, comme on disoit, sept mille hommes de trait et très grant compaignie de gens d'estoffe, et portoit-on devant luy ung heaume couronné d'une couronne d'or pour cognoissance, et portoit en sa devise une queuë de renart de broderie, et alla gesir au pont de Charenton, pour aller à Troyes pour voir le Roy, et là lui furent presentées quatre charrettees de moult de bon vin de par ceulx de Paris.

Item, de là alla à Troyes sans contredit des Arminaz, qui s'estoient vantez qu'ils le combatteroient, mais oncques ne s'oserent monstrer.

Item, le jour de la Trinité 1420, qui fut le deuxiesme jour de juing, epousa à Troyes ledit roy Engloys la fille de France ; et le lundy ensuivant quant les chevaliers de France et d'Angleterre voldrent faire unes jouxtes pour la solempnité du mariaige de tel prince, comme accoutumé est, le roy d'Angleterre pour qui on vouloit faire les jouxtes, pour lui faire plaisir, dit, oiant tous, de son mouvement : Je prie à M. le Roy de qui j'ai espousé la fille, et à tous ses serviteurs, et à mes serviteurs je commande, que demain au matin nous soyons tous prets pour aller mettre le siege devant la cité de Sens, où les ennemys de M. le Roy sont, et là pourra chascun de nous jouxter, et tournoyer et monstrer sa proësse et son hardement ; car la plus belle proësse n'est au monde que de faire justice des maulvais, affin que le pouvre peuple se puisse vivre. Adonc le Roy lui octroya et chascun s'y accorda, et ainsi fut fait, et tant firent que le jour de jour Saint-Barnabé onziesme jour dudit moys de juing fut la cité prinse, et de là vindrent assieger Monterau où fault Yonne (1).

Item, tant furent devant Monterau en 1420, que ceulx de dedens se rendirent, sauf leur vie, en payant une somme d'argent : entre les au-

(1) *Cy ensuit le traitté fait entre les roys de France*

tres estoit l'esné de Guitry, l'ung des plus plains de cruaulté et de tirannie qui fust au monde, lequel fut délivré avec les autres, qui depuis fis tant de tyrannie ou pays de Gastinois et ailleurs que fist oncques Sarrazin.

Item, de là vindrent le Roy d'Angleterre et les Bourguignons devers Melun, et misdrent le siège.

Item, en ce temps estoient pleines vendanges à la my aoust, et toujours courroient les Arminaz plus que devant, et pour eux enchery tant la chose especialement à Paris, qu'une paire de souliers valloit dix sols parisis, une paire de chausses pou bonnes deux francs ou quarente sols, touttes choses de quoy homme se povoit aider au (même) prix.

Item, ung escu d'or de dix-huict sols valloit en ce temps quatre francs ou plus, un bon noble d'Angleterre valloit huit francs.

Item, en ce temps avoit si grant faulte de change à Paris, que les pouvres gens n'avoient nulles ausmosnes, ou pou; car en ce temps quatre viels deniers parisis valloient mieux qu'un gros de 16 deniers, qui pour lors couroit, et faisoit-on de très-mauvais *lubres* de huit deniers, qui par devant furent tant refusez, et par justice deffendus les gros dessus dits. Et pour plus grever le pouvre commun, fut mis le pain de huit deniers à dix, et celuy de seize à vingt.

Item, une livre de bonne chandelle valloit dix blancs, ung œuf quatre deniers, la livre de fromaige de presse huit blancs.

Item, à la Saint Remy, le propre jour, fut crié le pain de cinq blancs à deux sols parisis, celui de dix deniers à douze deniers, ung œuf six deniers, ung hareng caqué douze deniers, ung hareng pouldré cinq blancs.

Item, en celle saison estoit le vin si cher, qu'une queüe du vin du cru d'entour Paris on la vendoit vingt-ung ou vingt-deux francs ou plus. Et en celle année plusieurs qui furent cuilliz ou mois d'aoust devindrent gras ou aigres.

Item, en ce temps couroient toujours devant Paris et venoient jusques aux portes de Paris les Arminaz, et boutoient feux, prenoient marchans à l'entrée de Paris, et n'estoit homme qu'on laissast yssir; et sembloit qu'aucuns de ceulx qui y gouvernoient en ce temps, eussent aucune alliance avec eulx; car nul marchant n'alloit de Paris ou ne venoit à Paris tant secretement, qu'ils ne sceussent aucunement l'allée ou la venuë, par quoy Paris demeura si nù de tous biens, especialment de pain et de buche, que ung sextier de bonne farine seize ou dix-sept francs, la meschante buche de Marne quatre francs, et touttes choses au prix; car l'ost du Roy, qui toujours estoit devant Meleun sans riens faire, dégastoient tant de biens, qu'on s'en sentoit bien vingt lieües tout au tour.

Item, fut là tout octobre, et le dix-septiesme jour de novembre, jour Saint Germain, à un dimenche entrerent nos seigneurs dedens Meleun, et se rendirent tous ceulx de dedens à la voulenté du Roy; car tous mouroient de faim, et mangeoient leurs chevaulx ceulx qui en avoient.

Item, le jeudy ensuivant furent admenez à Paris environ de cinq ou à six cens prisonniers de laditte ville de Meleun, et furent mis en diverses prinsons.

Item, depuis que la ville de Meleun fut prinse, furent nos seigneurs; c'est assavoir le roy de France, le roy d'Angleterre, les deux Roynes, le duc de Bourgongne, le duc Rouge et plusieurs autres seigneurs tant de France que d'ailleurs, demourans à Meleun et à Corbeil jusques au premier jour de decembre, jour Saint Eloy, qui fut un dimenche, et cedit jour entrerent à Paris à grant noblesse; car toute la grant ruë Saint-Denis par où ils entrerent, depuis la seconde porte jusques à Nostre-Dame de Paris estoient encourtinées les ruës et parées moult noblement, et la plus grant partie des gens de Paris qui avoient puissance, furent vestus de rouge couleur, et fut faitte en la ruë de Kalende, devant le palais, un moult piteux mystere de la passion Nostre-Seigneur au vif, selon que elle est figurée autour du cucur (chœur) de Nostre-Dame de Paris, et duroient les eschaffaulx environ cent pas de long, venans de la rue de la Kalende jusques aux murs du Palays; et n'estoit homme qui veist le mystere, à cui le cueur ne apiteast, ne oncques princes ne furent receus à plus grant joie qu'ils furent; car ils encontroient par touttes les ruës processions de prestres revestus de chappes et de surpeliz, portans sauctuaires (reliques), chantans *Te Deum laudamus*, ou *Benedictus qui venit*, et fut entre cinq ou six heures après midy, et toutte nuyt quant ils revenoient en leurs églises, et ce faisoient si liement et de si joyeux cueur, et le commun par cas pareil; car rien qu'ils feissent pour complaire auxdits seigneurs ne leur en-

---

et d'Engleterre et tout le conseil. On trouvera le texte de ce célèbre traité dans l'*Indication analytique*. Nous avons eu soin de comparer les différentes versions de Godefroy, de Rymer, du *Journal de Paris*, et d'en indiquer les variantes.

nuyoit, et si avoit très grant pouvreté de faim, la plus grant partie, especialment le menu peuple; car ung pain qu'on avoit ou temps devant pour quatre deniers parisis, coustoit quarente deniers parisis, le sextier de farine vingt-quatre francs, le sextier de poix ou de febves bonnes vingt francs.

Item, le landemain deuxiesme dudit moys entra la Royne, avecque elle la royne d'Angleterre, la femme du duc de Clarence, frere du roy d'Angleterre, dedens Paris à telle joye, comme devant est dit, du jour du dimenche, et vindrent lesdittes Roynes par la porte Saint-Anthoine, et furent les rües tendües par où ils vindrent et leur compaignie, comme devant est dit.

Item, avant qu'il fust huit jours passez après leur venüe, enchery tant le blé et la farine, que le sextier de blé froument valloit à la mesure de Paris, ès halles dudit Paris, trente francs de la monnoie qui lors courroit, et la farine bonne valloit trente-deux francs, et autre grain au prix, selon qu'il estoit, et n'y avoit point de pain à moins de vingt-quatre deniers parisis pour pièce, qui estoit à tout le bran et le plus pesant ne pesoit que vingt onces ou environ. En icellui temps avoient pouvres gens et pouvres prestres mal temps, qu'on ne leur donnoit que deux sols parisis pour leur messe, et pouvres ne mangeoient point de pain que choulx et naveaux, et tels sans pain ne sans sel.

Item, tant enchery le pain avant que Noüel fust, que cil de quatre blancs valloit huit blancs; et n'estoit nul qui en pust encore finer, s'il n'alloit devant le jour chez les boullangers, et donner pintes et chopines aux maistres et aux varlets pour en avoir; et si n'y avoit vin en ce temps, qui ne coustast douze deniers la pinte du moins : mais on ne le plaignoit point qui en povoit avoir; car quant ce venoit environ huit heures, il y avoit si très-grant presse à l'uys des boullangers, que nul ne le croiroit qui ne l'auroit veu, et les pouvres créatures qui pour leurs pouvres maris qui estoient aux champs, ou pour leurs enffens qui mouroient de faim en leurs maisons, quant ils n'en povoient avoir pour leur argent ou pour la presse : après celle heure ouyssez parmy Paris piteux plains, piteux crys, piteuses lamentations, et petiz enffens crier : *Je meurs de faim*, et sur les fumiers parmy Paris, 1420, pussiez trouver cy dix, cy vingt ou trente enffens, fils et filles, qui là mouroient de faim et de froit, et n'estoit si dur cueur qui par nuyt les ouist crier : *Helas! je meurs de faim*, qui grant pitié n'en eust! mais les pouvres mesnagieres ne leur povoient aider; car on n'avoit ne pain, ne blé, ne buche, ne charbon; et si estoit le pouvre peuple tant oppressé des guets qu'il falloit faire de nuyt et de jour, qu'ils ne sçavoient eulx aider ne à autruy.

Item, en ce moys de décembre fut déposé de la prevosté de Paris Clamecy, et fut institué prevost de Paris ung chevalier nommé monsieur Jehan du Mesnil, septiesme jour de décembre, jour Saint-Ladre (Saint-Lazare).

Item, le jour Saint-Estienne ensuite fut institué prevost des Marchans ung nommé maistre Hugues le Coq.

Item, le jour Saint-Jehan Evangeliste ensuivant vingt-septiesme jour de décembre, fut institué evesque de Paris ung nommé maistre Jehan Courtecuisse, maistre en théologie et prudomme.

Item, ce jour party la fille de France, nommée Katherine, que le roy d'Angleterre avoit espousée, et fut menée en Angleterre, et fut une piteuse départie, especialment du roy de France et de sa fille.

Item, le roy d'Angleterre laissa pour estre cappitaine de Paris, son frère le duc de Clarence, et deux autres comtes qui pou de bien firent à Paris.

Item, en ce temps estoit le blé si cher, que le sextier de bon blé valloit trente-deux francs et plus, le sextier d'orge vingt-sept francs, ung pain de seize onces à toutte la paille huit blancs, de feves, de pois, nul pouvre homme n'en mangeoit qui ne les luy donnoit.

Item, une pinte de vin moyen pour mesnaige, coustoit seize deniers parisis, tout le mains, qu'on avoit eu le temps précédent ou aussi bon pour deux deniers parisis.

Item, en ce temps à la Chandeleur, pour conforter pouvres gens, furent remises sur les enffans de l'ennemy d'enfer; c'est assavoir, impositions quatre et males toutes, et en furent gouverneurs gens oyseus qui ne sçavoient mais de quoy vivre, qui pinçoient tout de si près, que touttes marchandises laissoient à venir, tant pour la monnoie, comme pour les subsides, par quoy si grant cherté s'ensuivit que à Pasques ung bon bœuf coustoit deux cens francs ou plus, ung bon veel douze francs, la fliche de lart huit ou dix francs, ung pourcel seize ou vingt francs, ung petit fromaige tout blanc seize sols parisis, et toutte vyande au prix, ung cent d'œufs coustoit seize sols parisis, et toute jour et toute nuyt avoit parmy Paris pour la cherté devant ditte les longs plains, lamentations, douleurs, cris piteables que oncques, je croy que Jeremie le prophete ne fist plus doloreux, quant la cité de Jherusalem fut toute destruite, et que les enffens de Israhel furent menez en Babylone en chetivoison (captivité); car jour et nuyt crioient hommes, femmes, petiz enffans : *Helas!*

je meurs de froit; l'autre, *de faim.* Et en bonne vérité il fit le plus long yver que homme eust veu passé quarente ans; car les foiries (fêtes) de Pasques il negeoit, il geloit et faisoit toute la douleur de froit que on povoit pencer. Et pour la grant pouvreté que aucuns des bons habitans de la bonne ville de Paris veoient souffrir, firent tant, qu'ils acheptèrent maisons trois ou quatre, dont ils firent hospitaulx pour les pouvres enffans qui mouroient de faim parmy Paris, et avoient potaige et bon feu, et bien couchez. Et en moins de trois moys avoit en chascun hospital bien quarante lits ou plus bien fourniz, que les bonnes gens de Paris y avoient donnez, et estoit l'ung en la Heaumerie, ung autre devant le Pallays, et l'autre en la place Maubert. Et en verité quant ce vint sur le doulx temps, comme en avril, ceulx qui en yver avoient fait leurs buvaiges comme despence de pommes ou de prunelles, quant plus n'y en avoit, ils vuidoient leurs pommes ou leurs prunelles en my la ruë, en intencion que les porcs de Saint-Anthoine les mangeassent; mais les porcs n'y venoient pas à temps; car aussi-tost qu'elles y estoient gettées, ils estoient prinses des pouvres gens, de femmes et d'enffans qui les mangeoient par grant faveur, qui estoit une très-grant pitié, chacun pour soy-mesmes; car ils mangeoient ce que les pourceaulx ne daignoient manger, ils mangeoient trougnons de choux sans pain ne sans cuire les herbettes des champs sans pain et sans sel. Brief, il estoit si cher temps, que pou des mesnaiges de Paris mangeoient leur saoul de pain; car de char n'en mangeoient point, ne de feves ne de pois, que verdure qui estoit merveilleusement chere.

Item, ou moys de mars vers la fin, ès foiries de Pasques prindrent journée de combattre les Arminaz contre le duc de Clarence, qui estoit cappitaine de Paris, et le duc d'Oster et frère ainsné du roy angloys, et devoit estre la bataille entre Angers et le Mans sur la riviere du Loir. Si alla voir la place le duc de Clarence avant que le jour de bataille fust, laquelle place estoit ou pays des Arminaz, et luy convint passer laditte riviere par ung pont bien estroit, et fut bien accompaigné de quinze cens hommes d'onneur et de cinq cens archers. Les ennemis qui avoient toujours des amis partout, le sceurent et firent deux embuches en ung boys où il lui convenoit passer après la riviere, et devant oultre le boys avoit bien quatre cens hommes armez au cler sur une petite montaigne, lesquelx les Angloys povoient bien voir; si n'en tindrent compte, car ils cuidoient que plus n'en y eust que ceulx-là, dont ils furent déceuz; car en la vallée avoit une grosse bataille d'Arminaz sans les deux embusches devant dites, qui aussitost qu'ils virent que les Angloys furent dedens le boys, yssirent par derriere, et allerent rompre le pont, et puis les vindrent accueillir par derriere et par les costez, et les autres par devant; et ainsi furent tous mis à l'espée, ce non environ deux cens hommes, comme menestriers et autres qui eschapperent par bien fouir, et refirent le pont le mieulx qu'ils porent, et s'enfuirent à leurs logeys; et quand ceulx des logeys qui estoient demourez le sceurent, ils se mirent comme tous enraigez ès faulxbourgs du Mans, et mirent le feu, et tuerent femmes et enffans, et hommes vieulx et jeunes sans mercy. Et fut la vigille de Pasques, qui fut le vingt-et-uniesme jour de mars 1420.

1421. — *Item,* en ce moys fut ordonné garde de la justice de la prevosté de Paris, sire Jehan de la Vallée chevalier, seigneur de Vualestin.

Item, le sabmedy ensuivant douziesme jour d'avril, fut criée la monnoie de Roüen, que le gros de seize deniers parisis ne vaudroit que quatre deniers parisis; et le noble soixante sols tournois, et l'escu trente sols tournois.

Item, le mardy ensuivant en fut si grant escry à Paris, que chascun cuidoit certainement que on feist ainsi le mercredy ou le sabmedy ensuivant de la monnoie, comme on avoit fait à Roüen, dont tous vivres encherirent tant, que on n'en povoit finer, car une pinte d'huile qui ne valloit que cinq sols ou seize blancs, cousta avant le sabmedy douze sols parisis, la livre de chandelle dix sols parisis, la livre de beurre sallé dix sols parisis, et toutes autres choses ou (au même) prix, et vendoit chacun marchant ainsi qu'il vouloit touttes denrées; car nul n'y mettoit aucun remede pour le prouffit publique : mais disoit-on que tous ceulx qui y devoient mettre le meilleur remede estoient marchans eulx-mêmes; par quoy le pouvre peuple souffroit tant de pouvreté, de faim, de froit, et de touttes autres meschances que nul ne le scet que le Dieu de paradis ; car quant le tueur de chiens avoit tué des chiens, les pouvres gens le suivoient aux champs pour avoir la char ou les trippes pour leur manger.

Item, le dimenche devant la Penthecoste commencierent les bouchiers à vendre char à la porte de Paris, et laisserent le cymetiere Saint-Jehan, Petit-Pont, la halle de Beauvais et les autres boucheries qui pardevant avoient esté faittes.

Item, en ce l'an fut yver si long et si dyvers, qu'il faisoit très-grand froit jusques en la fin de may, et en la fin de juing n'estoient pas encore les vignes fleuries, et fut si grant année de chenilles, que le fruit fut tout desgaté, et furent en celle année trouvés à Paris en aucuns lieux escorpions qu'on avoit point en ce temps accoustumé à veoir.

Item, en ce temps à la porte Saint-Honoré fut veuë dessous le pont en l'eau une source comme de sang ung pou moins rouge, et fut apperceuë le jour Saint-Pere et Saint-Paul qui fut au dimenche, et dura jusques au mercredy ensuivant, et en furent les gens qui y alloient moult esbahys et tant qu'il convint que la porte fut fermée et le pont levé deux jours pour la grant multitude du peuple qui là alloit; et si ne pot oncques personne sçavoir la signifiance de la chose.

Item, le jeudy ensuivant vigille Saint-Martin, furent criées les monnoies à Paris, que le gros de seize deniers ne vauldroit que quatre deniers parisis, le blanc de quatre deniers ung denier parisis, une piece de monnoie de deux deniers parisis, qui pour lors estoit, ne valloit qu'une maille, qui moult dommaigea pouvres gens, et ne fist prouffit que à ceulx qui avoient rentes ou revenuës.

Item, le jour Saint-Martin entra le roy d'Engleterre à Paris à belle compaignie; et si ne sçavoit-on rien de sa venuë, tant qu'il fut à Saint-Denys en France.

Item, en ce temps estoient les loups si affamez, qu'ils déterroient à (avec) leurs pattes les corps des gens qu'on enterroit aux villaiges et aux champs; car par tout où on alloit, on trouvoit des mors et aux champs et aux villes, de la grant pouvreté qu'ils du cher temps et de la famine souffroient par la maldite guerre qui toujours croissoit de jour en jour de mal en pire.

Item, en ce temps estoit très grant mortalité, et tous mouroient de chaleur qui ou chief (à la tête) les prenoit, et puis la fievre et mouroient sans rien ou pou empirer de leur char et touttes (1) ou les plus jeunes gens. En ce temps estoit le vin si cher, que chacune pinte de vin moyen coustoit quatre sols parisis, et si n'amendoit point le vin; et si y avoit en ce temps à Paris plus de blé que homme qui fust né en ce temps y eust oncques veu de son aage; car on tesmoignoit qu'il y en avoit pour bien gouverner Paris pour plus de deux ans entiers; et si n'estoit point encore cueilli l'aoust de nul grain.

Item, en ce temps estoit une grosse murmure à Paris pour le cry devant dit de la monnoie, car tous les gens ceulx du pallays, du Chastellet se faisoient payer en forte monnoie, et tout le domaine du Roy comme impositeur quatriesme et toutes subsides, et ne prenoient le gros que pour quatre deniers parisis, et le mettoient en touttes choses aux pouvres gens pour seize deniers parisis. Si se coursa (courrouça) le commun, et firent parlement en la Maison de Ville. Quant les gouverneurs les virent, si orent paour, et firent crier que le terme des maisons premier venant se payeroit en douze gros pour ung franc, et cependant on y remedieroit le mieulx que on pourroit, et estoit environ dix ou douze jours après la Saint-Jehan 1421, et fust dit ou cry que la darraine sepmaine d'aoust chacun qui tenoit maison à titre de loüaige, ou qui devoit cens ou rente, allast parler à son hoste ou censier ou rentier, sçavoir en quelle monnoie ils se vouldroient payer après la Saint-Remy, et ouye leur response, ils estoient quittes pour renoncer ou louaige, ou cens ou rente, dont le peuple se desporta, et fut appaisé pour ce qu'encore avoient deux moys de terme à prendre, ou renoncier, et que le terme de la Saint-Remy venant, seroit payé, comme on l'avoit accoustumé devant, douze gros pour ung franc.

Item, en ce temps estoient les loups si affamez, qu'ils entroient de nuyt ès bonnes villes, et faisoient moult de divers dommaiges, et souvent passoient la riviere de Seine et autres à neu, et aux cymetieres qui estoient aux champs. Aussitost qu'on avoit enterrez les corps, ils venoient par nuit et les desterroient et les mangeoient, et les gembes qu'on pendoit aux portes, mangerent-ils en saillant (sautant), et les femmes et enffans en plusieurs lieux.

Item, la premiere sepmaine du moys d'aoust l'an 1421 fut institué prevost de Paris Pierre, dit le Barrat.

Item, en icelluy moys print le roy d'Angleterre Dreux, Bonneval, Espernon et autres villes par traitté, que les Arminaz qui dedens estoient, s'en allerent sauvement, que puis firent tant de maulx que nul ne le croyoit.

Item, en ce temps estoit tout fruit si cher, qu'on n'avoit que quatre pommes pour un blanc; le cent de noix quatre sols, deux poires six blancs, deux livres de chandelles pour seize sols parisis, un petit fromaige trente sols, ung œuf trois blanes, ung boisseau de feves ou pois deux francs, la livre de beurre vingt-huit blancs, la pinte d'huille seize sols parisis, une paire de souliers de cordouan vingt-quatre sols, la paire basanne seize sols, la piute de vin quatre sols, la char plus chere que oncques mais.

Item, en ce temps print le roy d'Angleterre deux villes moult nuysans à Paris que les Arminaz tenoient; assavoir Rangenay et Ville-

---

(1) Il faut probablement ajouter ici le mot *femmes*; le texte ne présente aucun sens.

neufve-le-Roy, et de là s'en vint devant Meaulx, droit à la Saint Remy.

Item, en ce temps estoit le duc de Bourgongne devant Saint-Riquier en Pontieu, et là tenoit le siege ; et comme il voult aller à Boulongne sur la mer en pelerinaige, les Arminaz le sceurent et le cuiderent sourprendre, mais la vierge Marie y fist miracle ; car une partie de ses gens le laisserent et s'enfuirent, comme consentans de la venuë des Arminaz ; mais malgré eux par la grace de Dieu et de sa glorieuse mere, les Arminaz furent desconfiz, et en demoura bien onze cens en la place, sans les cappitaines qui furent prins, et tous les grans qui là estoient furent menez en diverses prinsons.

Item, le troisiesme jour de novembre ensuivant 1421 fut de rechef la monnoie criée que les gros de seize deniers ne seroient mais que pour deux deniers, et firent autre monnoie qui ne valloit que deux deniers tournois, dont le peuple fut si oppressé et grevé, que pouvres gens ne povoient vivre ; car comme choux, poreaux, oignons, verjus, etc., on n'avoit à moins de deux blancs, car ils ne valloient que ung denier après le cry, et qui tenoit à loüaige, maison ou autre chose, il en convenoit paier huit fois plus que le loüaige, c'est assavoir du franc huit francs, de huit francs 64 francs, ainsi des autres choses, dont le pouvre peuple et tant à souffrir de faim et de froit, que nul ne le scet que Dieu. Il geloit aussi fort à la Toussainct qu'il fist oncques à Noüel, et ne finoit-on de rien qui n'avoit menüe monnoye.

Item, en ce temps avoit à Paris le premier président de parlement nommé Philippe de Morvillier, le plus cruel tyran que homme eust oncques veu à Paris ; car pour une parolle contre sa voulenté, ou pour sourfaire aucune denrée, il faisoit percer langues ; il faisoit mener bons marchans en tumberaulx parmy Paris, il faisoit gens tourner au pillory : brief il faisoit jugemens si cruelx et si terribles et si espouventables, que nul homme n'osoit parler contre luy, ne appeller de luy, et avec ce faisoit payer si grans admendes et si pesantes, que tous ceulx qui venoient entre ses mains, s'en sentoient touttes leurs vies ou de villenie, ou de chevance, ou de partie de leurs corps.

Item, en ce temps il ordonna de sa maistrise et de son orgueil que nul orfevre, ne nul d'autre mestier ne changeroit pour nul besoing à son amy, ne à autre or pour monnoie, ne monnoie pour ou que les changeurs, et si n'y avoit si hardy changeur qui eust osé prendre d'ung escu d'or pour change que deux deniers qui ne luy eust fait tantost amender de deux ou trois cens livres de bonne monnoie.

Item, en ce temps estoit encore le roy d'Angleterre devant Meaulx qui là perit moult de ses gens de faim, de froit ; car environ quinze jours ou trois sepmaines devant Noüel, plut tant fort jour et nuyt et tant negea ou hault pays que Saine fut si desrivée et grant, que en Greve elle estoit par deçà le moustier du Saint-Esprit plus de deux lances et en la grant court du Pallays, tout oultre le moustier de Nostre-Dame, de dessoubs la Sainte-Chapelle et en la Place-Maubert, emprès la croix Hemon, et ne dura que dix jours, et depuis commença descroistre le dimanche devant Noüel, et tant qu'elle mist à croistre, il geloit si fort que tout Paris estoit prins de glace et de gelée, et ne povoit-on mouldre nul moulin à eaue nul part, qu'à ceux au vent pour les (à cause des) grandes eaües.

Item, en ce temps toute malheureuseté estoit à Paris par luy qui faisoit payer à tout homme qui avoit point de puissance selon sa qualité d'argent fin, l'ung quatre marcs, l'autre trois, l'autre deux, l'autre trois ou quatre onces, et pour faire celle mechante monnoie devant dite ; et qui estoit refusans tantost avoit sergens en sa maison, et estoit mené en prinsons diverses, et ne povoit-on parler à luy, et le convenoit payer, et n'eust eu plus vaillant ou monde, puisque ce président l'avoit dit, et estoient de son conseil deux autres tyrans, Jehan Dole et Pierre d'Orgemont qui misdrent marchandises si au bas que homme ne vendoit ne n'acheptoit que seulement pain et vin ; car ung homme estoit tout chargé de dix francs en monnoie, et pour ce n'en portoit-on point dehors, et si estoit chacun si grevé de payer sa maison, que plusieurs renoncerent en ce temps à leurs propres heritaiges pour la rente, et s'en alloient par desconfort vendre leurs biens sur les carreaulx, et ce partoient de Paris comme gens desesperez. Les uns alloient à Roüen, les autres à Senlis, les autres devenoient brigans de boys ou Arminaz, et faisoient tant de maulx après, comme eussent fait les Sarrazins, et tout par le faulx gouvernement des devant diz loups ravissans qui faisoient contre la défense du Vieil Testament et du Nouvel ; car ils mangeoient la char à tout le sang, et si prenoient la brebis et la laine. Hélas ! la grant pitié d'aller parmy la ville de Paris, fust feste ou autre jour ; car vraiment on n'y veoit plus de gens demandant l'aumosne que d'autres, qui maudissoient leurs vies milles fois le jour ; car trop avoient à souffrir, car en ce temps on leur donnoit très pou, car chacun avoit tant à faire à soy que pou povoit aider à autre nulle personne ; ne vous eussiez esté en quelque compaignie que vous ne vissiez les ungs lamenter ou plourer à grosses larmes maudissant leur nativité, les autres fortunes, les autres les seigneurs, les autres les gouverneurs, en criant à haulte voix bien souvent et à secret : *Hélas! vray Dieu, quant nous cessera cette pesme douleur et cette douloureuse vie et de damnable guerre?* En disant maintes fois : Vray Dieu, *vindica sanguinem sanctorum*, venge le sang des bonnes créatures qui meurent sans deserte par ces faulx traistres Arminaz.

Item, en ce moys de decembre le cinquiesme jour d'icelluy ot la fille de France en Angleterre ung filx nommé Henry.

Item, le lundi devant Noüel, landemain de Saint Thomas, furent apportées les nouvelles à Paris, dont on sonna par tout moult grandement, et fist on par tout Paris les feux comme à la Saint Jehan.

Item, en ce temps la vigille de la Tiephanie (l'Epiphanie) vint à Paris le duc de Bourgongne qui admena foison de gens d'armes qui firent moult de mal aux villaiges d'entour Paris, car il ne demoura riens après eux qu'ils peussent (emporter), s'il n'estoit trop chault ou trop pesant, et les Arminaz ou côté de la porte Saint-Jacques, de Saint-Germain, de Bordelles jusques à Orleans, qui faisoient des maulx tant que oncques firent tyrans sarrazins.

Item, en ce temps estoit le roy d'Angleterre devant Meaulx, et y fist son Noël et sa Tiephanie qui en toutte la Brie avoit ses gens qui par tout pilloient, et pour iceulx et pour les devant diz, on ne povoit labourer ne semer nulle part; souvent on s'en plaignoit aux seigneurs dessus diz, mais ils ne s'en faisoient que mocquer ou rire, et faisoient leurs gens pis trop que devant, dont le plus des laboureurs cesserent de labourer, et furent comme desesperez, et laisserent femmes et enffans, en disant l'ung à l'autre : « Que ferons-nous ? Mettons tout en la main du deable, ne nous chault que nous devenions, autant vault faire du pis qu'on peut comme du mieulx, mieulx nous vaulsist servir les Sarrazins que les chrestiens, et pour ce faisons du pis que nous pourrons, aussi bien ne nous peust-on que tuer ou que prendre ; car par le faulx gouvernement des traistres gouverneurs, il nous faut renyer femmes et enffans, et fouir aux boys comme bestes esgarées, non pas ung an ne deux ; mais il y a jà quatorze ou quinze ans que cette danse douloureuse commença, et la plus grant partie des seigneurs en sont morts à glaive, ou par poison, ou par trayson, ou sans confession, ou de quelque mauvaise mort contre nature.

Item, en ce temps n'avoit point à Paris d'evesque; car maistre Jehan Courtecuisse devant dit, esleu par l'Université et par le clergé et par le parlement, ne plaisoit au roy d'Angleterre, et pour ce ne fut-il tout ce l'an aulcunement possesseur de l'evesché; mais demoura tout ce temps à Saint-Germain-des-Prez, car il n'estoit pas bien asseuré en son hostel à Paris, pource qu'il n'estoit en la grace du roy d'Angleterre.

Item, pour la bienvenüe du duc de Bourgongne devant dit, on fist crier une petite monnoie nommé *noireus* qui ne valloit qu'une poutevine vauldroit une maille tournoise, et fut tout le bien qu'il nous fist pour lors à la ville de Paris qui tant l'aimoit, et qui tant avoit eu à souffrir, et encore avoit et de rechief pour luy et pour son pere qui tant fut long et negligent en ces choses touttes que Dieu scet, et vrayement le filx en tenoit bien les taches ; car il eust bien fait en ung quart d'an ce où il mettoit deux ou trois ans, et faisoit bien semblant que de la mort de son pere pou ou nyant luy chausist; car certes il menoit telle vie dampnable et de jour et de nuyt, comme avoit fait le duc d'Orleans et les autres signeurs qui estoient morts moult honteusement, et estoit gouverné par jeunes chevaliers pleins de folies et d'oultre cuidance, et se gouvernoit selon ce qu'ils se gouvernoient, et eulx selon luy, et en verité de Dieu à nul d'eulx se challoit que d'accomplir sa voulenté.

Item, en ce temps fut deposé de la prevosté de Paris cil qui est nommé devant le Warat (ou Barat), et fut le bailli de Vermandois de Campluisant.

Item, le roy d'Angleterre fist son Noüel, sa Tyephanie et sa quarantaine devant Meaulx.

Item, le deuziesme jour de mars 1421 le seigneur d'Auffemont cuida venir conforter les Arminaulx de Meaulx, et vint environ mynuit accompagné de cent fers de lance, et sçavoit bien par où on povoit mieulx entrer en la cité par sur les murs, et là les Arminaz de dedans avoient mises eschelles appuyées aux murs pour monter ledit seigneur d'Auffemont et ses gens, et avoient lesdits Arminaz couvertes les eschelles de draps de lit pour sembler à ceulx de l'ost, quant ils tournoient pour faire le guet, que ce fussent les murs qui blancs estoient à celluy endroit, et aussi le cuidoit le guet en passant par icellui endroit. Quant le guet fut passé, ceux de dedans virent que le temps estoit de faire monter ledit seigneur, firent le signe que faire devoient quant seroit de monter, et monterent par les eschelles qui moult estoient près à près.

Item, la moitié des gens dudit d'Auffemont alla esmouvoir l'ost puissant que quand il seroit monté lui et l'autre moitié de ses gens, qu'il venderoit accompaigné de ceulx de la ville pour secourer les autres; mais il advint autrement. Comme en la propre eschelle par où ledit seigneur montoit, avoit devant lui quatre ou cinq ribaulx montans comme lui, dont l'ung avoit à son col unes besaces qui touttes estoient pleines de harengs sors que ledit larron avoit emblées en venant à ung marchant. Comme il estoit presque au plus hault de l'eschelle, et sa besace luy eschappe, qui pesoit et estoit fort loyée, et encontra ledit seigneur d'Auffemont sur la teste, et le tresbucha de si hault comme il estoit, dedens les fossés. Quant ses gens l'entendirent, si dirent l'ung à l'autre, aidons à monsieur, helas! monsieur est cheus. Çà et là ès fossés avoit des Anglois du commun qui faisoient le guet, si cuidoient que ceulx qui oyoient parler, feussent de leurs gens; mais quant ils oüyrent dire *aide à monsieur*, si furent esbahys, car bien sçavoient que nul homme de nom n'avoit celle nuyt avecques eulx au guet, et cuiderent que ceulx de la ville descendissent sur eulx, si cuiderent eslongner la place pour l'aller dire à l'ost; mais pource qu'il estoit après mynuit, que leur corps estoient travaillez de veiller, aventure les mena tout droit aux eschelles, si oüyrent qu'on plaignoit trop le signeur : si dirent, monsieur, de par le deable vous mors tretous, et crierent allarme, et furent les Arminaz si effrayez qu'ils s'enfoüirent qui mieulx mieulx, et fut ledit signeur prins par ung qui estoit queux de la cuisine du roy Anglois, et dix ou douze autres qui furent menez au roy d'Angleterre comme prinsonniers.

Item, ceulx qui dedens la ville estoient, sçavoient bien que la minne que le roy d'Angleterre avoit fait faire, estoit près de parcée, et sceurent bien le landemain que le sire d'Auffemont estoit prins et autres, et que le plus d'habitans estoient contre eulx s'ils eussent pû et osé, si prindrent conseil ensemble qu'ils porteroient leurs biens et leurs vivres ou marché qui moult estoit fort, et bouteroient le feu en la ville, et tueroient tous ceulx qui ne seroient de leur malle intencion dampnable, et ainsi commencerent à porter leurs biens oudit marché tellement et de tel cœur y entendirent, qui délaisserent et oublierent tout entierement la garde des murs de la ville. Ung bon preudomme des habitans de ladite ville, quant il vit qu'ils estoient en ce point, si soy pensa, s'il povoit, qu'il garderoit la cité d'ardoir, et monta sur les murs, et fist assavoir aux Angloys leur voulenté, et que hardiment assaillissent, que personne ne leur contrediroit; si luy baillerent une eschelle, et descendit, et fut mené au roy, et lui dist qu'il vouloit qu'on lui coupast le col, se ainsi n'estoit comme devant est dit. Quant les habitans de la ville se virent ainsi sourprins, si se bouterent ès eglises çà et là où ils purent, et cuiderent mieulx sauver; et quant le roy anglois apperceut ainsi leur meschef, si fit crier par tout que chascun revenist à son propre hostel, et que chascun fit son labour comme devant faisoient, et ainsi le firent, et le roy d'Angleterre mist le siege devant le marché de ladite ville.

Item, en ce (temps) avoit au chastel d'Oursay vingt murdriers ou trente qui le sixiesme jour d'avril prindrent le pont et le chasteau de Meullant, et fut avecques eulx le cappitaine d'Estampes, dont tout enchery après merveilleusement en celuy an l'an 1421 à Paris, pour ce qu'il ne venoit nuls vivres en ce temps à Paris que de Roüen; si convenoit passer par là allant et venant, dont ceulx de Paris furent moult esbahys; mais par la grace de Dieu, ils ne s'y tindrent que quatorze jours ou environ qu'ils ne s'en allassent frans et quittes par traitté, et emporterent tout ce qu'ils voldrent emporter; car on ne povoit pour lors mieulx faire, pour ce que le siege estoit toujours devant Meaulx.

Item, en celle année estoit la plus belle apparence ès vignes en tout le royaulme de France qu'on eust oncques veu; mais la nuyt Saint-Marc et la nuyt ensuyvant furent toutes gelées entierement, et sembloit proprement qu'on eust bouté le feu par tout de fait advisé, tant estoient brouyes jusques à la terre.

1422. — *Item*, celle année 1422 fut la grant année de hannetons, de Pasques jusques à la Saint-Jehan.

Item, le premier dimanche de may ensuivant se rendirent ceulx du marché de Meaulx à la voulenté du roy d'Engleterre, et fist-on parmy Paris les feux et très-grant feste.

Item, le jeudy ensuivant envoya à Paris le roy d'Engleterre bien cent prinsonniers dudit chastel, et estoient liez quatre et quatre, et furent mis dedens le chastel du Louvre, et le deuxiesme jour après furent remis en bateaux et menez en diverses prinsons en Normandie et en Angleterre.

Item, le mardy ensuivant on en admena de rechief bien cent et cinquante et l'evesque au Louvre comme les autres, et le vendredy ensuivant, quinziesme jour de may, furent mis en bateaux, comme les autres devant diz; mais les premiers ne furent point ferrez, mais ceulx-cy le furent deux et deux chascun par une des jambes, senon l'evesque de Meaulx, et ung chevalier qui avec lui estoit. Ces deux furent entre eulx deux en ung batel petit, et tous les autres comme porcs en tas, et en ce point furent menez comme les autres devant diz, et n'avoient trois ou quatre à l'eure que ung pain bien noir pesant deux livres, et très-pou de pitance et de l'eaüe à boire ; et ce pour quoy estoient ferrez et non les autres, la cause est pour ce que natifs du pays estoient et d'environ, et estoient avec ce tous de renom et de chevance; mais les laboureurs du pays en icellui temps n'avoient nuls pires ennemys ; car ils estoient pires à leurs voisins que n'eussent esté les Sarrazins.

Item, le cinquiesme jour de may fut le bastart de Vauru traisné parmy toute la ville de Meaulx, et puis la teste coppée et son corps pendu à ung arbre, lequel il avoit nommé à son vivant l'arbre de Vauru, et estoit ung orme, et dessus luy fut mise sa teste en une lance au plus hault de l'arbre et son estendart dessus son corps.

Item, emprès lui fut pendu un larron murdrier nommé Denis de Vauru, lequel se nommoit son cousin pour la grant cruaulté dont il estoit plain ; car on n'ouyt oncques parler de plus cruel chrestien en tyrannie que tout homme de labour qu'il povoit attraper, ou faire attraper quant il veoit qu'ils ne povoient de leur rançon finer, il les faisoit mener liez à queuës de chevaulx à son ourme tout battant, et s'il ne trouvoit bourrel prest, luimesme les pendoit, ou celluy qui fut pendu avecques lui qui se disoit son cousin, et pour certain tous ceulx de ladite garnison ensuivoient la cruaulté des deux tyrans devant diz ; et bien paru par une dampnable cruaulté que ledit de Vauru fist, que c'estoit le plus cruel que oncques gueres fut Noiron (Néron) ne autre ; car quant il print ung jeune homme en faisant son labour, il le loia à la queüe de son cheval, et le mena battant jusques à Meaulx et puis le fist gehenner, pour laquelle douleur le jeune homme lui accorda ce qu'il demandoit pour cuider eschever la grant tyrannie qu'ils lui faisoient souffrir, et fut à si grant finance, que tels trois ne l'eussent pû payer. Le jeune homme manda à sa femme, laquelle il avoit espousée en ce l'an, et estoit assez prest de terme d'avoir enffent, la grant somme en quoi il s'estoit assis pour eschever la mort et le quassement de ses membres, sa femme qui moult l'aimoit, y vint, qui cuida ameliorer le cueur du tyran, mais rien n'y esploita ; ains lui dit que cil n'avoit la rançon à certain jour nommé qu'il le pendroit à son ourme. La jeune femme commanda son mary à Dieu moult tendrement, plourant, et luy d'aultre part plouroit moult fort pour la pitié qu'il avoit d'elle. Adoncq se departi la jeune femme maudissant fortune, et fist le plustot qu'elle pot finance, mais ne pot pas au jour qui nommé luy estoit, mais environ huit jours après. Aussi (tôt) que le jour que le tyran avoit dit fut passé, il fist mourir le jeune homme, comme il avoit fait des autres, à son ourme sans pitié et sans mercy. La jeune femme vint aussitost qu'elle pot avoir fait finance, si vint au tyran, et lui demanda son mary en plorant moult fort, car tant lassée estoit que plus ne se povoit soustenir, tant pour l'eure du travail qui approchoit, que pour le chemin qu'elle avoit fait qui moult estoit grant ; brief tant de douleur avoit qui la convint pasmer, quant elle revint, si se leva moult piteusement quant au secret de nature, et demanda son mary de rechief, et tantost lui fut respondu que jà ne le verroit, tant que sa rançon fut payée. Si attendi encore, et vit plusieurs laboureurs admenez devant lesdiz tyrans, lesquels aussi-tost qu'ils ne povoient payer leur rançon estoient noyez ou pendus sans mercy. Si ot grant paour de son mary ; car son paûvre cueur lui jugeoit moult mal ; neantmoins amour la tint de si près qu'elle leur bailla ladite rançon de son mary. Aussitost qu'ils orent la pecune, ils luy dirent qu'elle s'en alla d'illec, et que son mary estoit mort ainsi que les autres villains. Quant elle oüyt leur tres cruelle parolle, si ot tel deüil à son cueur que nulle plus, et parla à eulx comme femme forcenée qui son sang perdoit pour la grant douleur de son cueur. Quant le faulx et cruel tyrant, le bastart de Vauru vit qu'elle disoit parolles qui pas ne luy plaisoient, la fist battre de bastons, et mener tout batant à son ourme, et lui fist acoler et la fist lier, et puis luy fist coupper tous ses draps si très courts, qu'on la pouvoit veoir jusques au nombril, qui estoit une des plus grandes inhumanités qu'on pourroit pencer, et dessus luy avoit quatrevingt ou cent hommes pendus, les ungs bas, les autres hault, les bas aucunes fois, quant le vent les faisoit brandiller, touchoient à sa tête, tant lui faisoient de fraour, qu'elle ne se povoit soustenir sur piez ; si lui coppoient les cordes dont elle estoit liée la char de ses bras ; si crioit la pouvre lasse moult haults cris et piteux plains : en cette douloureuse douleur où elle estoit, vint la nuyt, si se desconforta sans mesure, comme celle qui trop de martyre souffroit ; et quant il lui souvenoit de l'orrible lieu où elle estoit, qui tant estoit espouventable à humaine nature, si recommançoit sa douleur si piteusement, en disant : sire Dieu, quant me cessera cette pesme douleur que je souffre ; si crioit tant fort et longuement, que de la cité la povoit-on bien oüyr : mais il n'y avoit nul qui l'eust osé oster dont elle estoit, que n'eust esté mort. En ces douloureux crys le mal de son enffant la print, tant pour la douleur de ses crys, comme de la froidure du vent qui par dessous l'assailloit de touttes parts, ces ondées la hasterent plus, si cria tant hault que les loups qui la repperoient pour la charongne, vinrent à son cry droit à elle, et de toutes parts l'assaillirent especialment au pouvre ventre qui descouvert estoit, et lui ouvrirent à leurs cruelles dents, et tirerent l'enfant hors par pieces, et le remenant de son corps despecerent; tout ainsi fina celle pouvre créature, et fust ou mois de mars en karesme 1420.

Item, en ce temps le sabmedi vingt-troisiesme jour de may, firent crier soudainement les gouverneurs de Paris, que nul de quelque estat qu'il fust, ne print *gros*, ne ne feist prendre sur tres grosses peines, et que on les portast tous aux changeurs ordonez pour ce changer, lesquelx estoient quatre qui avoient chascun un banquere de France à leur change, et n'avoit-on du marc pesant des bons gros que huit sols parisis des mauvais aussi comme rien, qui fut une très esbahyssante chose à Paris aux riches et aux pouvres, car le plus n'avoient autre monnoie, si perdoient moult ; car le meilleur qui souloit valloit seize deniers, ne valloit que ung denier ou ung tournois ; si y ot grant murmure du peuple, mais à souffrir leur convint, quelque nécessité qu'ils eussent de pain ou de vin par deffaulte d'autre monnoye; car vray est que iceulx gros furent ainsi deffendus à prendre pour gros tres mauvais que le Daulphin ou les Arminaz faisoient faire en son nom, qui par eulx estoient envoyez à Paris, et ès autres bonnes villes, non tenant leur party dampnable par faulx marchans, qui après ce gagnoient encore par grant deception; car quant la monnoye fut cryée que plus ne eust de cours, tout le meilleur d'iceulx gros faulx on n'en avoit qu'une maille tournois, et pour celle cause fut ainsi deffendu que nul n'en fît aucun tresor.

Item, le vingt-cinquiesme jour de may, jour Saint-Urbain, furent à Paris descappitez deux des cappitaines de la rebellion de Meaulx ; c'est assavoir maistre Jehan de Roubres, et ung chevalier qui estoit bailly de ladite ville, nommé messire Loys Gas.

Item, ce jour vint la royne d'Angleterre ou bois de Vincennes à moult belle compaignie de chevaliers et de dames.

Item, le vingt-neuviesme jour dudit moys de may vint la Royne à Paris, et portoit-on devant la litière deux manteaulx d'ermines, dont le peuple ne sçavoit que pencer sur ce, se non que c'estoit signe qu'elle estoit royne de France et d'Angleterre.

Item, pour l'amour du roy d'Angleterre et de la Royne, et des signeurs dudit pays, firent les gens de Paris les festes de la Penthecostes, qui fut le derrain jour de may, le mystere de la passion de saint Georges en l'hostel de Nelle.

Item, landemain de la Feste-Dieu, ce party le roy d'Angleterre de Paris, emmena à Senlis le roy et la royne de France et sa femme, et la sepmaine ensuivant fut prins ung armurier de la Heaumerie, nommé maistre Jehan...., lequel estoit ou avoit esté armurier du Roy, et sa femme, et ung boullanger du coing de la Heaumerie, nommé......, lequel boullanger ot la teste coppée un pou de temps après, et fut prins ledit armurier à Couppaulz lez Saint-Marcel, dehors Paris, et sa femme aussi, et furent emprisonnez au Pallays, et disoit-on qu'ils avoient marchandé aux Arminaz de livrer la ville de Paris le dimenche ensuivant qui estoit le vingt-uniesme jour de juing 1422, et que pour celle cause les Arminaz de Compiegne s'estoient plustost rendus en esperance, que en celle journée on pillast Paris. Mais Dieu qui ordonne, et nous devisons, les en garda, dont ils se tindrent moult adeceups ; car ils estoient assez forts et bien envitailliez pour tenir ung an entier la place, comme il apparut quant ils yssirent. Ils estoient plus de cent hommes d'armes à cheval, un mille de pié, et bien cinq cens foles males femmes, qui tous firent le serment aux roys que jamais ne s'armeroient contre le roy de France ne d'Angleterre, et ainsi s'en allerent francs et quittes, emportans chascun ce qu'il pot emporter, sans aucune autre aide de chevaulx ou de charrettes, et s'en alloient moult joyeusement en celle intention de piller Paris.

Item, en celle année fist merveilleusement chault en juing et en juillet, et n'y plut qu'une fois, dont les terres se sentissent ; pourquoy les potaiges et les mars furent aussi que tous ars aux champs, et ne rendirent pas la moitié de leurs semences, et convint arracher les advoynes et les orges à la main, racine et tout sans faulcher ne soyer (scier), et pour celle grant chaleur fut si grande année d'enffens malades de la verolle, que oncques de vie homme on eust veu, et tant en estoient couverts, que on ne les recongnoissoit, et plusieurs grans hommes l'avoient, especialment des Anglois, et disoit-on que le roy d'Angleterre en ot sa part. Et vray est que moult de petiz enffens en furent si aggrevez, que les ungs en mouroient, les autres en perdoient la vüe corporelle.

Item, en celle année 1422, fut largement fruit et si bon, que on doit ou peut demander et très-bon blé et largement ; et vray qu'il fut si très-peu de vin, qu'en deux arpens on ne trouvoit qu'une caque de vin ou ung poinsson tout au plus.

Item, en la daraine sepmaine d'aoust estoient plaines vendanges.

Item, en ce l'an ou mois de juin, deffûerent les Arminaz le duc de Bourgongne et toutte sa puissance, et devoit estre la journée le deuxiesme mercredy d'aoust, et le douziesme jour dudit moys ce devoit estre la bataille en leurs marches sur la rivière de Loire, vers la Charité-sur-Loire. Si fist le duc de Bourgongne une très-belle assemblée, et vint en la place où estoit dévisé que la bataille seroit, et là fut devant la journée que ce devoit estre, et après trois ou quatre jours. Mais les Arminaz quant ils sceurent sa puissance, ils ne se oserent oncques monstrer, et n'orent point de honte de eulx s'enfouir sans cop frapper, et tant que le duc de Bourgongne les attendoit, qui les avoit bel attendre ; car ils sçavoient que le plus des grans garnisons de Normandie estoient venus en l'aide du duc de Bourgongne, là tournerent-ils et firent occisions, bouterent feux, ardirent églises, et tous les maulx que on peut penser, comme eussent fait Sarrazins.

Item, en ce moys d'aoust le darrain jour à ung dimenche trespassa le roy d'Angleterre, Henry, au bois de Vincennes, qui pour lors estoit regent de France, comme d'avant est dit, et fut audit bois tout mort pour l'ordonner comme à tel prince affiert, jusqu'au jour de l'exaltation de Sainte-Croix en septembre, et ce jour après disner fut porté à Saint-Denis, sans entrer à Paris, et le landemain jour des octaves Nostre-Dame, fut fait son service à Saint-Denis en France, et toujours y avoit cent torches ardentes, en chemin comme aux églises.

Item, de Saint-Denis fut porté à Pontoise, et de là à Roüen.

Item, le sabmedy après la Sainte-Croix en septembre vint le roy de France et la Royne à Paris, qui moult avoit esté grant pièce à Senlis, et moult fut le peuple de Paris joyeulx de leur venüe, et crioient parmy les rues où ils passoient moult haultement *Noüel*, et faisoient bien signe que moult amoient leur souverain seigneur loyalement.

Item, ils firent au soir des feux parmy Paris, et dançoient et monstroient signe de liesse moult grant de la venue dudit seigneur.

Item, le sabmedy ensuivant après la venüe du Roy et de la Royne, qui fut vingt-cinquiesme jour de septembre 1422, fut descollé et escartelé ès halles de Paris ung nommé messire de Bloquiaulx, chevalier, et grant terrien, et grand signeur, lequel estoit de la maldite Bande un des souverains, et congnut et confessa que par luy estoient ou avoient esté tués et murdrys de laboureurs et autres plus de six à sept cens hommes, sans ce qu'il avoit bouté feux, pillé eglises, efforcé pucelles et femmes de religion et autres, et si fut le principal de piller la ville de Soissons.

Item, le vingt-uniesme jour du moys d'octobre, vigille de onze mille vierges, trespassa de ce siècle le bon roy Charles, qui plus longuement regna que nul roy chrestien dont on eust mémoire ; car il regna roy de France quarente-trois ans, et fut en hostel de Saint-Pol, comme il estoit trespassé dedans son lict en sa chambre, le visage trestout descouvert deux ou trois jours, la croix au pied de son lict et bel luminaire, et le veoit chascun qui vouloit pour prier pour luy.

Item, il fut ordonné à Saint-Pol, comme à tel prince appartenoit, et y mist-on tant pour l'ordonnance comme pour attendre aucun des seigneurs du sang de France pour l'accompaigner à mettre en terre ; car il fut à Saint-Pol, depuis le premier jour de son trespassement devant dit, jusqu'au onziesme jour de novembre ensuivant, jour Saint-Martin : mais oncques n'y ot à l'accompaigner celluy jour, nul du sang de France, quant il fut porté à Nostre-Dame de Paris, ne en terre, ne nul seigneur que ung duc d'Angleterre, nommé le duc de Betfort, frere du feu le roy Henry d'Angleterre, et son peuple et les serviteurs qui moult faisoient grant deüil pour leur perte : et especialment le menu commun de Paris crioit quant on le portoit parmy les rues : « Ha très cher prince, jamais n'aurons si bon, jamais ne te verrons, maldite soit la mort, jamais n'aurons que guerre puisque tu nous as laissés, tu vas en repos, nous demourons en toutte tribulacion et en toutte douleur ; car nous sommes bien taillez que nous ne soions en la maniere de la chetyvoison des enffans d'Israël quant ils furent menez en Babylone. » Ainsi disoit le peuple en faisant grans plains, profons souspirs et piteux.

Item, la maniere comment il fut porté à Nostre-Dame de Paris. Il y avoit que evesques que abbez dont les quatre avoient la mitre blanche, dont l'ung estoit l'evesque de Paris nouvel ; car il avoit chanté premierement à Paris le jour de la Toussainct comme evesque, lequel attendit le corps du Roy à l'entrée de Saint-Pol, pour luy donner benoiste au partir hors dudit lieu, et tous les autres entrerent dedens ledit lieu, se non luy; c'est assavoir tous les mandians, l'Université en son estat, tous les colleges, tout le parlement, le Chastellet, le commun; et lors fut apporté hors de Saint-Pol. Quant tout fut assemblé, lors commencerent les serviteurs tel et si grant deüil, comme devant est dit. La manière comment il fut porté à Nostre-Dame, et à Saint-Denis, et enterré. Il fut porté tout en la manière que on porte le corps de Nostre-Seigneur à la feste Saint-Saulveur, et ung drap d'or sur luy porté par quatre proches ou à six, et le portoient les serviteurs sur leurs espaulles, et estoient bien trente ou plus, car il pesoit bien comme on disoit.

Item, il estoit hault comme une toise, largement couché envers en ung lict, le visage descouvert ou sa semblance, couronné d'or, tenant en une de ses mains ung ceptre royal, et en l'autre une maniere de main faisant la benediction de deux doigts, et estoient dorez et si longs qu'ils advenoient à sa couronne.

Item, tout devant alloient les mandians, l'Université, après les eglises de Paris, après Nostre-Dame de Paris, et le Pallays après, et chantoient ceulx-là et non autres. Et tout le peuple qui estoit en my les ruës, et aux fenestres ploroient et crioient comme se chascun veist mourir là rien que plus amast, et vrayement leurs lamentacions estoient assez semblables à celles de Jeremie le Prophete, qui crioit au dehors de Jerusalem quand elle fut destruite: *Quomodo sedet sola civitas plena populo?*

Item, là avoit sept croces; c'est assavoir l'evesque de Paris nouvel, celuy de Beauvais, celuy de Teroüenne, l'abbé de Saint-Denis, celuy de Saint-Germain-des-Prez, celuy de Saint-Magloire, celuy de Saint-Crespin et Saint-Crespinien, et estoient les prestres et clercs tout d'un ranc et les seigneurs du Pallays, comme le prevost, le chancelier et les autres de l'autre ranc, et devant y avoit deux cens torches que les pouvres serviteurs portoient tous vestus de noir qui moult fort plouroient, et ung pou devant y avoit dix-huit crieurs de corps.

Item, il y avoit trente-quatre croix de religieux et autres sonnans leurs cloches devant. Ainsi fut porté; et estoit après le corps tout seul le duc de Betfort, frere du feu roy Henry d'Angleterre, qui tout seul faisoit le deüil, ne quelconque homme du sang de France n'y avoit. Ainsi fut porté ce lundy à Nostre-Dame de Paris, où il y avoit deux cens torches qui toutes estoient allumées. Là furent dittes vigiles, et landemain bien matin la messe, et après la messe fut porté en la manière devant ditte à Saint-Denis, et fut après son service enterré emprès son pere et sa mere, et y alla de Paris plus de dix-huit mille personnes, tant petits que grans, et fut faitte une donnée à tous de huict doubles, qui pour lors valloient deux deniers tournois la piece, et n'avoient pour lors plus grant monnoye ne plus petite, ce n'estoit d'or.

Item, on donna à disner à tous venans, et fut le mercredy qu'il fut enterré; et quant il fut enterré et couvert, et que l'evesque de Paris qui avoit dit la messe, et son diacre l'abbé de Saint-Denis, et le soudiacre l'abbé de Saint-Crépin, qu'ils orent dit les commendaces des trespassez, ung herault cria haultement que chascun priast pour son ame, et que Dieu voulsist sauver et garder le duc Henry de Lenclastre roy de France et d'Angleterre; et en ce criant ce cry, tous les serviteurs du roy trespassé tournerent ce dessus dessous leurs maces, leurs verges, leurs espées; comme ceulx qui plus n'estoient officiers.

Item, le duc de Betfort, au revenir, fit porter l'espée du roy de France devant luy, comme regent, dont le peuple murmuroit fort; mais à souffrir celle foys le convint.

Item, à tel jour proprement, le jour Saint-Martin d'yver, et aveeques à telle heure, comme il entra à Paris au revenir de son sacre, au quarante-troisiesme an de son regne fut-il porté enterrer à Saint-Denis le jour Saint-Martin d'yver, et disoient aucuns anciens qu'ils avoient veu son pere venir de son sacre, et vint en estat royal et en telle maniere fut porté enterrer à Saint-Denis; et aussi comme on disoit, avoit este cestuy roy à son sacre ainsi ordonné de souliers d'azur semés de fleurs de lys d'or, vestu d'un manteau de drap d'or vermeil, fourré d'ermines, et comme chascun le pot veoir: mais plus noble compaignie à son sacre qu'il n'ot à son enterrement; et son père ot aussi noble compaignie ou plus à son enterrement qu'à son sacre, car il fut porté enterrer de ducs et de comtes, et non d'autre gent, qui tous estoient vestus des armes de France; et y avoit plus de prelats, de chevaliers et d'escuiers de renommée, qu'il n'y avoit à accompaigner ce bon roy à ses darrains jours de touttes gens, de quelque estat que ce fust; et veu ce les grans lamentacions que le pouvre peuple de si debonnaire avoir perdu le pou d'amis qu'ils avoient, et la foison d'ennemis, n'est pas merveille se ils doubtoient la fureur des ennemis, et ce ils disoient la lamentacion de Jeremie le prophete: *quomodo sedet sola civitas?* et car toujours faisoient iceulx ennemis de pis en pis, et convint en ce temps abattre le chastel de Beaumont, et fut abattu.

ICI FINIT LA 1re PARTIE DU JOURNAL D'UN BOURGEOIS DE PARIS.

INDICATION ANALYTIQUE DES DOCUMENTS

RELATIFS

AU RÈGNE DE CHARLES VI.

L'utilité de nos indications analytiques, à la suite des mémoires, a pu être déjà suffisamment appréciée ; l'avantage d'avoir sous les yeux, à côté des monuments contemporains, toutes les sources historiques, d'avoir une idée précise des principaux travaux publiés sur l'époque à laquelle correspondent tels ou tels mémoires, est compris sans effort par tout le monde. Nous continuerons donc sans préambule nos analyses :

Histoire de Charles VI, par un auteur contemporain, religieux de l'abbaye de Saint-Denys, traduite sur le manuscrit latin, tiré de la bibliothèque de M. le président De Thou, par M. Le Laboureur, prieur de Juvigné, conseiller et aumosnier du Roy, historiographe de France (né en 1623, mort en 1675).

Il se trouvait dans l'*exquise* bibliothèque de De Thou un manuscrit d'une histoire latine de Charles VI qui étoit peu connue. Théodore et Denis Godefroy, en publiant Jean Juvénal des Ursins, n'avaient que faiblement indiqué cette histoire contemporaine. C'est le savant Le Laboureur qui a eu tout le mérite d'avoir fait connaître un de nos vieux auteurs les plus dignes d'estime. Frappé de l'intérêt de cette composition historique, il s'occupa avec une sorte de passion de mettre en français le vieil auteur, et présenta à Louis XIV sa traduction de l'histoire latine. Dans son épître au Roi, le P. Le Laboureur parle ainsi de l'historien qu'il exhume : « Outre qu'il en a écrit plus au long et avec plus de vérité qu'aucun autre, l'on demeurera d'accord qu'il est le premier de nos historiens qui a pris soin de révéler les motifs des principaux événements de son temps, et de nous donner l'idée du conseil et du cabinet, par le fidèle caractère de tous les grands de son siècle. J'ay donc cru de mon devoir, ajoute le traducteur, de dépouiller ce bon François d'un habit étranger, et de lui faire parler une langue, à laquelle vos armes, sire, ont confirmé l'avantage d'estre la première du monde. »

Quel est ce *bon François* ? l'histoire littéraire est muette là dessus. L'anonyme nous donne quelques détails sur lui-même, mais il ne laisse point découvrir son nom. Il vivait sous Charles V et avait écrit les faits et gestes de ce prince. Nous avons déjà eu occasion de déplorer la perte de ce monument. Sous le règne de Charles VI, l'historien anonyme joua un certain rôle ; il se trouva en relation avec les personnages les plus marquants, et en 1381 il résidait à la cour d'Angleterre, pour les affaires de l'abbaye de Saint-Denis, dont il était religieux. Il fut témoin de plusieurs faits remarquables, entr'autres de la conférence de Lelinguchan, en 1393, dont le duc de Berry lui fit rédiger en quelque sorte le procès-verbal, et du siége de Bourges, en 1412. Enfin il est probable que s'il n'écrivait pas l'histoire de Charles VI en même temps qu'elle se faisait, il amassait du moins des matériaux et enregistrait avec soin chaque événement. Il trouva d'ailleurs de grandes ressources dans les *Mémoires et les avis* de Guy de Monceaux et de Philippe de Villette, abbés de Saint-Denis, et c'est même d'après leurs ordres que l'anonyme entreprit son travail. Malgré ses savantes recherches, Le Laboureur n'a pu soulever le voile qui cache à la postérité le nom de cet historien. Il croirait cependant volontiers que c'est *Benoist Gentien*, religieux de Saint-Denys, qui eut une certaine réputation de son temps, et qui peut-être fut le père du prévot des marchands de ce nom. Mais alors il est assez étonnant que parlant continuellement à la première personne, il se serve de la troisième lorsqu'il s'agit de maître Gentien. Le Laboureur prétend que c'est par modestie et pour ne pas se faire reconnaître. Cette retenue serait au moins fort singulière, puisque l'auteur, quel qu'il soit, n'a pas assez d'éloges pour Benoit Gentien, *fameux et célèbre docteur, très éloquent docteur en théologie.*

Le Laboureur est presque fanatique de l'auteur anonyme, et ne néglige rien pour nous faire admirer le *singulier mérite* de son auteur chéri. C'est un homme, dit-il, plein de bon sens et de pratique ; *il avoit toutes les qualités d'un excellent historien.* Quoique jouant un rôle dans les affaires de son temps, l'anonyme n'en est pas moins impartial ; il loue et blâme également « sans tenir à d'autres partis qu'à celui de la justice et de la vérité. Quand il parle des exactions du duc d'Orléans, on dirait qu'il est Bourguignon ; quand il donne le détail des pratiques et des funestes intelligences du duc de Bourgogne avec d'infâmes assassins et avec la canaille de Paris, on croiroit qu'il est Orléanais. » Il y a de la justice dans ces éloges. Quant au style, l'éditeur nous dit que c'est un latin rude, composé *des mots ampoulez d'une langue expirante dans les tourmens du barbarisme*. Autant que nous pouvons juger de l'original d'après la traduction, ce devait être une imitation de l'antiquité, mais de l'antiquité en décadence; l'auteur avait lu plus souvent Valère-Maxime que Cicéron. La traduction a été faite avec soin. Quoique lourde et souvent même triviale, elle ne manque pas de naïveté, et se lit sans difficulté. L'éditeur nous avertit dans sa préface qu'il *a fait parler son auteur à la mode*, mais sans altérer le sens; il n'y a ajouté que des *sommaires de chapitres*, et des *tables chronologiques* qui ne sont pas sans utilité.

En tête du premier volume se trouvent de curieuses recherches du P. Le Laboureur, servant comme d'introduction à l'histoire anonyme; on y trouve des détails biographiques du plus grand intérêt sur les principaux personnages du règne de Charles VI. Nous recommandons principalement *l'histoire particulière des quatre princes, gouverneurs du royaume* pendant la minorité du jeune monarque; ils contiennent des renseignements précieux. Dans l'histoire du duc de Berry, par exemple, se trouve un extrait du catalogue de la bibliothèque de ce prince, avec le prix de chaque ouvrage; on y voit un grand nombre des poëmes de Christine de Pisan, offerts par cette femme célèbre. La plupart de ces livres ont été donnés en étrennes au duc de Berry, le 1er janvier. C'était la coutume, quoique l'année ne commençât alors qu'à Pâques. Le Laboureur avoit eu aussi l'intention de donner à la suite de sa traduction, *plusieurs commentaires tirés de tous les originaux de ce règne, avec un discours succinct des vies et mœurs, et de la généalogie et des armes de toutes les personnes illustres du temps*. Mais malheureusement il n'a pu achever ce travail, qui devait former deux volumes in-folio.

Passons maintenant à l'analyse de l'histoire anonyme, que nous comparerons avec Juvénal des Ursins et les Chroniques de Saint-Denis. Juvénal des Ursins, comme nous l'avons observé dans notre notice sur cet auteur, ne nous apprend rien de 1380 à 1416 qu'il ne l'ait pris à l'histoire anonyme. Le Laboureur s'est livré, dans sa préface, à un travail qui prouve cette assertion. Il paraîtrait, observe-t-il, que Juvénal des Ursins a eu à sa disposition un exemplaire beaucoup plus ample et plus exact que celui sur lequel a été faite la traduction; aussi l'éditeur a-t-il eu recours souvent à l'histoire de Juvénal pour reviser le texte tant bien que mal, et remplir des lacunes. L'histoire anonyme, considérée seulement comme la principale source où a puisé Juvénal des Ursins, prend donc une grande importance. Aussi en comparant ces deux ouvrages, nous avons vivement regretté que le religieux anonyme n'ait pas écrit en français; il aurait trouvé place dans notre collection.

Quant à la grande chronique de Saint-Denis, qui sous Charles V nous a fourni quelques renseignements curieux, elle est pour le règne de Charles VI d'une grande stérilité. Elle compile Juvénal et l'anonyme tour à tour. Le commencement des faits et gestes de Charles VI est extrait de Juvénal des Ursins. Aussi Godefroy s'est-il servi des grandes chroniques pour reviser le texte du prélat-historien. « Elles se trouvent, dit-il, extraites presque mot pour mot de cette histoire jusqu'en 1403, que notre auteur poursuit plus amplement. » Quant à l'ouvrage du religieux anonyme, les chroniques de Saint-Denis se contentent ordinairement de l'analyser, de l'abréger. Ainsi la chronique mutile et présente, sous une forme indirecte, les discours que l'historien met dans la bouche de ses personnages. Du reste, la division des premiers chapitres est presque absolument la même dans la compilation, et le peu de développements qu'elle ajoute ne présentent aucun intérêt. Mais ce que Juvénal et la chronique de Saint-Denis ne peuvent prendre à notre historien, c'est l'ensemble de la narration, c'est une liaison bien entendue des faits, et une précision admirable qu'il doit sans doute à l'idiôme dans lequel il écrit. L'emploi de la langue latine dans l'histoire de Charles VI, par le religieux de Saint-Denis, donne à ce monument littéraire une sorte de solennité qui ne se trouve point dans les histoires françaises des XIIIe, XIVe et XVe siècles. La langue de Joinville, de Christine de Pisan, de Froissart, est une langue spirituelle, naïve et pour ainsi dire familière; elle n'a pas la grave et majestueuse allure du latin. Plein des souvenirs de l'antiquité, l'auteur anonyme semble prendre pour modèle les historiens de la Grèce et de Rome; il met dans la bouche de ses personnages des discours qui, comme ceux de Tite-Live, ne doivent point toujours être entièrement d'imagination. Ces *orationes* dans lesquelles on voit surtout le caractère antique, sont deux exhortations d'Artevelde aux Flamands (chap. XIV du 1er livre et XVe du second), une harangue à l'armée du roi par le connétable de France (chap. XVI du 2e livre), et enfin un discours *cicéronien*, mis dans la bouche du *brutal savetier* qui excita à Paris la première émeute; ce discours mérite d'être transcrit.

« Jamais, dit-il, ne jouirons-nous en repos de nos biens, l'avarice toujours croissante des grands nous chargera-t-elle incessamment d'imposts et de nouvelles exactions au-dessus de nostre devoir et de nos forces? Faudra-t-il que, noyez de debtes, nous payons tous les ans plus que nous n'avons de revenu? Que dites-vous, messieurs les bourgeois, de cet extrême mépris où vous vivez? N'est-il pas vray qu'on vous osteroit, si l'on pouvoit, une partie de l'air que vous respirez, puisqu'on vous envie jusques à la voix, et jusques à la voix et à la figure de l'homme, puisqu'on trouve mauvais que vous vous rencontriez avec les notables aux assemblées et dans les lieux publics, et enfin puisqu'on vous traitte avec tant de différence que de demander arrogamment quel droit a la terre de se vouloir mesler avec le ciel.

et pourquoy la lie du peuple vouloir entrer en comparaison avec les riches ? Ceux pour qui nous faisons tous les jours des prières, et à qui nous donnons tout ce que nous avons vaillant, n'ont point d'autre dessein que de s'en faire braves, et de braver nos yeux avec leurs beaux habits tous couverts d'or et de perles, et avec une grande suitte de valets; et c'est encore pour bastir de beaux palais qu'ils cherchent les moyens d'accabler d'imposts cette mère des villes du royaume. Il n'y a que trop long-temps que la patience du peuple souffre sous le poids de tant d'exactions, et si j'en suis crû, à moins que tout présentement on ne lève cet insupportable fardeau, mon avis est qu'on fasse prendre les armes à tous les bourgeois : car il n'y en a pas un qui ne deust plus volontiers mourir que de conserver une vie si misérable, et d'endurer plus long-temps une si grande injure. »

Commençons notre travail d'analyse. Le premier livre du religieux est pris presque tout entier par Juvénal. Nous ne nous y arrêtons pas : car nous aurons soin de ne citer de l'histoire anonyme, rien de ce qui se trouve dans Juvénal des Ursins.

L'émeute qui éclata à Paris, en 1382, avant l'expédition de Flandres, est parfaitement décrite. Notre historien se trouvait à peu près dans le même temps en Angleterre, qui était également en révolution; on venait de massacrer l'archevêque de Cantorbéry : « J'estois alors en cette cour pour les affaires de notre église, et sur ce qu'il m'arriva de témoigner de l'horreur d'entendre dire que la teste sacrée de cet archevesque eust esté tout un jour roulée à coups de pied par les carrefours de la ville de Londres, il me fut répondu par un de la compagnie : Sçachez qu'il arrivera des révolutions encore plus horribles en vostre France, et dans peu de temps. Je me contentay de luy repartir : A Dieu ne plaise que cette ancienne et généreuse fidélité des Français puisse estre capable d'accoucher d'un si horrible monstre. » Le seul reproche qu'on puisse adresser au religieux anonyme, c'est de donner quelquefois une trop grande croyance à ce qu'il appelle des *miracles* et des *faveurs de la Providence divine*. Mais il ne faisait que suivre en cela l'opinion de son siècle; d'ailleurs sa crédulité se mêle à de sages aperçus et à des réflexions dictées par le bon sens. Dans maintes occasions il se sert de sa formule habituelle : « Je m'abstiendray d'en parler icy, parce que je n'en suis pas assez informé. » Enfin il recherche toutes les occasions de décréditer l'astrologie que Charles V avait mise en grande faveur. Le P. Daniel, qui vivait à une époque éclairée, ne montre pas autant d'indépendance d'esprit que le moine du XIVe siècle. Nous allons donner la traduction du chapitre sur les prodiges de 1382; on pourra comparer ce récit avec celui de Juvénal des Ursins : « Il semble qu'on puisse prendre pour un présage certain de cet horrible attentat (la première émeute de 1382) divers prodiges qui arrivèrent; car le jour précédent de la sédition, il nasquit, en la maison de Merville prez Saint-Denis, un veau monstrueux, qui avoit la teste partie en deux, trois yeux au front et deux langues séparées. L'abbé, tout estonné d'une si étrange nouveauté, commanda que ce monstre fut tué, et comme il estoit fort sçavant dans les choses passées, il assura qu'il n'estoit jamais rien arrivé de pareil que pour annoncer quelque insigne malheur tout prest d'éclater. Les escoliers du collége du cardinal Le Moyne trouvèrent dans leur jardin, tout clos qu'il estoit de bonnes murailles, une autre beste cachée sous terre, qui avoit un cry effroyable. Ils la tuèrent et furent tout surpris de n'en avoir jamais veu de semblable; elle estoit plus grande qu'un chat, et tous les membres différens, et ses yeux estoient tout de feu. Durant l'espace de huit jours entiers auparavant ce tumulte, l'on aperçut en l'air un globe de feu fort éclattant qui voltigeoit d'une porte à l'autre de la ville, et non-seulement ce mouvement se faisoit sans aucune agitation de vent, ny de foudre, et sans aucun bruit de tonnerre; mais le ciel, tout au contraire, demeura tousjours serain. » La chronique de Saint-Denis ne fait qu'analyser ici l'histoire anonyme; les détails qu'elle ajoute sont assez peu intéressants; ainsi elle nous apprend que la marchande qui fut la première victime des *impositeurs* du fisc à la Halle, se nommait *Perrotte la Morelle*.

Nous trouvons, dans le deuxième livre, d'excellents renseignements sur l'expédition de Flandres; les détails que nous donne le religieux, sur la bataille de Rosebecque, il les tient de *ceux-mesmes qui s'y trouvèrent*. Tous les renseignements qu'il fournit ont été mis à contribution par l'archevêque de Reims et la chronique de Saint-Denis. Le chapitre 19 du même livre, qui traite de la punition des Parisiens, est remarquable; il est très judicieusement pensé. On peut le compléter par le 22e chapitre de la grande chronique.

Livre 3mo. En parlant de la guerre que les Anglais déclarèrent à la France en 1383, il dit que la cause de cette agression « est que c'est une nation qu'il faut faire agir contre autruy, de peur qu'elle ne se dévore elle-mesme, et qui est plus à craindre par ceux qui la gouvernent, quand elle est dans le calme, que dans l'agitation et dans l'orage. » Cette guerre est bien racontée. Dans le livre suivant se trouvent quelques détails sur les *Tuchins* du Berry, espèce de *Jacquerie* pendant laquelle on commit autant d'atrocités que dans la première. Leur chef, Pierre de La Bruyère, faisait périr dans des tourments inouis ceux qui n'avaient point les mains calleuses et pleines de durillons, indices de leur profession.

L'historien anonyme montre une indépendance d'esprit remarquable, qui suffirait seule pour le faire sortir du rang des annalistes ordinaires. « Je commenceray cette année (1385), dit-il au livre Ve, par la publication d'une nouvelle monnoye d'or et d'argent que le Roy fit battre à son nom et à son coing, pour porter son image et sa réputation par tout le monde aussi loing que les autres rois ses prédécesseurs; mais pour luy donner plus de cours, on décria toutes les vieilles espèces. Je ne prétens pas nier que le Roy n'en eut le pouvoir, et je blasme encore moins cette noble envie de signaler sa mémoire; mais qu'on ne se servit que de celle-là dans le royaume, et qu'on abolit celle des Roys anciens, et particulièrement nos écus d'or qui estoient en mise et en réputation parmy tous les étrangers, il y avoit de l'injustice, et je ne puis que je ne dise que ce fut un très-mauvais conseil des gens de la monnoye. » Les deux livres suivants ne contiennent rien de curieux. Nous ferons remarquer ici une fois pour toutes, que si notre historien ne néglige pas d'enregistrer les *prodiges* qui venaient effrayer la crédulité de l'époque, les rigueurs de la saison, etc., il suit la méthode des anciens, en ce que ces petits faits sont toujours subordonnés aux principaux : jamais de digressions trop longues ou inutiles. Voici le portrait qu'il a tracé de Charles le Mauvais : « C'estoit un petit homme, mais plein d'esprit et de feu, d'un œil vif et d'une éloquence qui persuadoit tout ce qu'il vouloit, et avec cela si affable et si populaire que, possédant en perfection l'adresse de se faire aymer tout autrement que les autres princes, il luy fut facile de gagner les esprits du peuple, et mesmes d'attirer à soy et de débaucher plusieurs personnes considérables de l'obéissance et de la fidélité qu'elles devoient au Roy. » Suivant une lettre rapportée par l'anonyme, Charles le Mauvais auroit eu une mort très-sainte et fort contraire à la tradition universelle; mais on ne peut donner confiance à cette lettre écrite par le ministre du malheureux prince à la reine Blanche, veuve de Philippe de Valois, et sœur du défunt; on comprend qu'il ait voulu lui cacher l'affreuse mort de son frère.

Au chapitre xi du livre 8 se trouve un portrait de Charles VI dans sa jeunesse, que nous croyons devoir rapporter : « Il estoit d'une taille si bien proportionnée qu'est il n'estoit aussi haut que les plus grands, il estoit au dessus des médiocres. Il estoit robuste de membres, il avoit l'estomach fort, le visage beau et sain, le teint clair et délié, et le menton couvert d'un premier coton qui estoit fort agréable. Son nez n'estoit n'y trop long n'y trop court, ses yeux vifs, et sa chevelure assez blonde; mais comme il craignoit de devenir chauve, il s'accoustuma à rabattre ses cheveux en devant sur le front. » Cette forte constitution lui faisait rechercher les exercices violents et tous les plaisirs de la jeunesse, et il n'y gardait pas toujours sa dignité. L'anonyme, tout en faisant son éloge, ne peut s'empêcher de l'accuser de dissipation et *d'avoir esté un peu enclin à blesser l'honnesteté du mariage*.

La chronique de Saint-Denis suit toujours pas à pas l'historien. Au commencement du livre 9e de l'anonyme se trouvent les détails de la cérémonie qui eut lieu à Saint-Denis en l'honneur de Duguesclin (1389); nous les avons rapportés à la suite des mémoires du bon connétable. La chronique consacre à ces fêtes les chapitres 49 et 50; à la fin du premier, elle cite des expressions d'une histoire latine qu'elle ne nomme pas, mais qui sans nul doute est l'ouvrage traduit par Le Laboureur. Quant au chapitre 48 (l'entrée de la reine Isabeau à Paris), on l'a cité partout sans faire remarquer qu'il est textuellement copié de Juvénal des Ursins. Les chapitres suivants de la chronique ne sont également qu'une compilation de l'histoire anonyme. Quelquefois cependant elle ajoute des détails assez intéressants : Chapitre 52e : Dans son voyage à Avignon, « le Roy fit au Pape la révérence qu'il luy devoit comme filz de l'église, en mettant un genou en terre, et luy baisant le pied, la main et la bouche. » Cette particularité n'est point consignée dans l'anonyme.

Livres 10 et 11. — Rien de remarquable. Le 12e livre est curieux; le 1er chapitre contient des détails sur l'attentat de Pierre de Craon, et ce fait est raconté avec exactitude. Quant à la démence du Roi, l'anonyme peut en parler mieux qu'un autre, car lui-même en fut témoin; il était à la suite de l'armée qui marchait contre le duc de Bretagne. « Depuis le premier jour d'aoust, dit-il, le Roy paroissoit tout idiot; il ne disoit que des niaiseries, et gardoit dans ses gestes une façon de faire fort messéante à la Majesté; néanmoins il n'en étoit pas moins absolu... » L'historien, au reste, ne sait que dire sur la maladie du Roi; il rapporte les diverses opinions; la plus universelle et la plus conforme aux mœurs du temps, était que le Roi se trouvait victime d'un maléfice (1). Dans le même livre est racontée cette malheureuse fête, pendant laquelle le Roi pensa périr dans les flammes au milieu d'un divertissement (janvier 1392). Cette narration, que nous nous bornons à indiquer ici, complète toutes les autres relations de ce funeste événement.

Le 1er chapitre du 13e livre contient le procès-verbal de l'entrevue de Le Linguehan; nous avons déjà dit que l'auteur y assista. On trouve dans ce livre et dans les suivants des détails sur la démence du Roy : « On auroit de la peine à croire qu'il eut méconnu sa femme, mais c'est bien pis de dire qu'il niât qu'il fût marié, ni qu'il eût des enfans, qu'il se faschât qu'on le traitât de Roy, qu'il soustint avec colère qu'il ne s'appeloit point Charles, et que non seulement il désavouât les

---

(1) Mais au livre 15 il juge tous ces faits avec critique; après avoir rapporté les soupçons absurdes qui planaient sur la duchesse d'Orléans, accusée d'ensorceler le Roi, il ajoute : « Bien loing d'accuser une si vertueuse dame d'une si lasche action, dont on ne put trouver aucune preuve, et sans adjouster foy à l'opinion

fleurs de lys, mais que partout où il voyoit ses armes ou celles de la Roine, il les biffât jusques à les gratter avec furie sur la vaisselle d'or et d'argent (1). » A partir du livre 12e, l'anonyme donne l'histoire du schisme; le livre 14e et une grande partie du suivant y sont entièrement employés; l'auteur transcrit à ce sujet des pièces originales qui ne manquent pas d'intérêt; ce sont des renseignements précieux, mais pourtant un peu trop développés. Le livre 16e s'occupe du, chapitre 10 au 13e inclusivement, de la croisade entreprise en Hongrie contre Bajazet-l'Eclair. Tous les faits que rapporte ce religieux sur quelque sujet que ce soit, sont d'autant plus précieux qu'on peut presque toujours être certain de leur authenticité; sa position le mettait à même d'être instruit des plus petites circonstances. Il est à croire qu'il allait souvent à la cour. En parlant d'une comète qui effraya beaucoup la France en 1396, il dit : « J'étois présent lorsque des personnes de foy en firent le récit au Roy... » En général, il parle à la première personne : *J'ai vu*, *je me suis informé*... C'est ce qui le distingue de beaucoup d'autres écrivains contemporains.

Nous passons rapidement du livre 17 au 26e inclusivement; on trouve çà et là des renseignements sur les affaires de l'église, et de curieux détails sur la maladie de Charles VI et l'état du royaume. L'anonyme montre toujours la plus grande impartialité, et même, lorsqu'il traite des troubles de l'Angleterre, il ne parle que de faits dont il est bien informé. Toute cette partie de l'histoire est tronquée dans la chronique de Saint-Denis, surtout pour les affaires de l'église; le compilateur copie souvent l'anonyme sans le comprendre; il ne néglige pas non plus Juvénal des Ursins, et lui prend presque tous les détails que le prélat nous donne sur sa famille.

Le livre 27e contient en grande partie l'histoire de l'église. Il donne cependant assez de détails sur l'état du royaume, et on y trouve un extrait du ridicule et infâme plaidoyer de Me Petit en faveur de l'assassin du duc d'Orléans. Dans le chapitre 10 du livre suivant, l'historien nous fournit une autre pièce très intéressante; c'est l'analyse de la réfutation du discours de Jean Petit, par l'abbé de Saint-Denis, défenseur de la duchesse d'Orléans. Ces deux pièces se trouvent dans Monstrelet, et elles ont été pour nous l'objet d'un travail spécial.

Dans le 29e livre l'auteur s'occupe du concile de Pise (1409); il le suit séance par séance. Les trois livres suivants offrent, sur l'état du royaume,

les détails les plus curieux. Au milieu d'un récit animé par des réflexions toujours judicieuses, l'historien a placé des pièces originales qu'il analyse ou qu'il transcrit, d'après le degré d'intérêt qu'elles présentent; nous citerons entr'autres le traité de paix de Wincestre (Bicêtre), les manifestes des princes et du conseil royal, et au chap. 14 du 32e livre, les *Remontrances* de l'Université au Roi. D'ailleurs il s'anime, il s'identifie avec son sujet. Lorsque les bouchers de Legoix vont, en 1411, incendier le *beau chasteau de Wincestre* (Bicêtre), qui appartenait au duc de Berry, notre historien laisse voir qu'il comprend la perte que firent alors les arts. Ouvrez la chronique de Saint-Denis et même Juvénal, ils rapportent le fait et n'ajoutent aucune réflexion.

Le livre 33e est peut-être le plus intéressant de l'ouvrage; la guerre civile y est bien racontée. Joignez à cela un grand nombre de pièces originales. Nous ne citons, en passant, que le chapitre 28e, où se trouve un extrait des propositions avancées par le docteur Petit, dans son apologie du meurtre de Louis d'Orléans, avec l'annotation de l'Université. Maître Benoît Gentien, *fameux et célèbre docteur, fit voir tout haut et fort doctement l'énormité de ces opinions*, et la thèse du cordelier fut condamnée et anéantie publiquement.

Dans ces deux livres suivants, on trouve également des pièces originales pleines d'intérêt. Les relations de Henri V avec la cour de France, et l'expédition du prince anglais, sont exposées dans une narration bien faite et impartiale. Elle nous fournit des faits qu'on chercherait vainement ailleurs. Lorsque les ennemis s'avancèrent dans le pays qu'ils vouloient conquérir, les Parisiens offrirent aux nobles un secours de 6,000 hommes qui fut refusé brutalement. Notre auteur blâme avec sévérité la noblesse, et lui prouve que la roture, elle aussi, est capable de courage et de patriotisme. Dans ces deux livres se trouve la relation des actes du concile de Constance (2); elle est assez intéressante. Comme on jugea dans cette assemblée les doctrines de Wicleff, on y trouve l'extrait de quarante-cinq propositions de cet hérésiarque. En voici deux assez singulières : *Dieu doit obéir au diable. — Toutes les religions indifféremment sont de l'invention du diable*. Sur tous ces faits, la grande chronique ne nous donne aucun détail digne de remarque.

C'est à la fin du concile de Constance, en 1416, que l'auteur anonyme a malheureusement quitté la plume, sans que nous en connaissions le motif. Son ouvrage, quoique inachevé, n'en est pas moins un des monuments les plus importants de notre histoire.

---

(1) « Il disoit qu'il s'appelloit Georges, et que ses véritables enseignes estoient un lion traversé d'une épée.» (Livre 15e.)

des simples gens, qui donnent à la négromancie tout ce qui est audessus de leur connoissance, pour faire un phantosme de pure superstition, qui est condamnée des philosophes et des théologiens, je me rends à l'advis de ces doctes, et je croy comme eux qu'on ne doit attribuer ce malheur qu'aux débauches de la jeunesse de ce pauvre prince. »

(2) Benoit Gentien y assista comme député de l'Université.

CHRONIQUE DE JEAN LEFEBVRE.

Pour donner une suite à l'histoire de Charles VI par l'auteur anonyme, Le Laboureur a édité la chronique de Jean Lefebvre, dit de Saint-Remy, autrement nommé Toison-d'Or, seigneur de Saint-Remy, etc., premier roi-d'armes de l'ordre de la Toison-d'Or et chancelier de Philippe-le-Bon, duc de Bourgogne. De tous les historiens originaux, Le Laboureur n'en a pas trouvé *qui dût estre mieux informé des choses de son temps.* L'auteur, dans une préface assez originale, qui nous fournit quelques détails pour sa biographie, nous dit qu'après avoir fait de grands voyages pour son seigneur et maître, et avoir vu bien des pays, il est enfin obligé, à l'âge de soixante-sept ans, de se tenir en repos. « Pour quoy, en considérant les choses dessus-dictes, pour eschiever (éviter) occiosité (oisiveté), qui est la mère de tous les vices, et que mon ancienneté ne demourasse inutile, me suis disposé, comme dit est, à faire et compiler ce petit volume, auquel sont contenues plusieurs choses que je ay veues, et autres qui m'ont esté dites et recordées par plusieurs notables personnes dignes de foy. » Cette histoire, qui est très abrégée au commencement, se prolonge jusqu'en 1435; mais Le Laboureur n'a dû la donner que jusqu'en 1423. L'éditeur a eu soin de conserver, dans son intégrité, *ce gros et rude langaige picard,* dont se sert Jean Lefebvre. Son style, qui pourrait donner lieu à quelques études assez utiles, est, à notre avis, bien supérieur à celui de la chronique de Saint-Denis. Quant à l'histoire en elle-même, ce n'est que le journal d'un homme de guerre et d'un diplomate qui réunit ses souvenirs sans liaison, et même avec sécheresse. Cependant, si on la compare avec la grande chronique, on verra la grande distance qui les sépare : cette dernière compilation ne donne que de rares détails intéressants, et son laconisme est le plus souvent désespérant. Pour l'assassinat du pont de Montereau, l'annaliste se contente de dire : « Sy eurent débat entre eulx, et là fut tué le duc de Bourgogne. » Lefebvre donne au contraire, sur ce fait curieux, une relation détaillée (chap. XCVII) (1). Sa narration de l'expédition de Henri V et de la bataille d'Azincourt (chap. LVI-LXV) est également très complète et pleine d'intérêt; elle est préférable à celle de l'historien anonyme. Enfin Lefebvre a inséré, dans le cours de son récit, des pièces originales, telles que le traité de Troyes, qui donneraient du prix à son *petit volume,* quand bien même l'intérêt et la nouveauté de certains détails ne le recommanderaient à notre attention particulière.

CHRONIQUE DE BERRY.

Cette chronique, qui commence à l'an 1402 et finit en 1455, a été, pour la première fois, publiée par Théodore Godefroy, à la suite de son Juvénal des Ursins; mais elle est beaucoup plus complète dans l'édition de son fils Denis. Aussi nous servirons-nous du texte de ce dernier. La chronique, que nous allons analyser, a été attribuée, par quelques auteurs, à Alain Chartier; mais le plus grand nombre, et parmi eux il faut compter Godefroy, ont reconnu que c'était l'ouvrage de Jacques Le Bouvier ou Bonnier, surnommé Berry, premier héraut-d'armes de Charles VII, auquel nous devons également un *Armorial* ou *Traité héraldique.* Voici son *prologue* :

« Je, Berry, premier héraut du roy de France, mon naturel et souverain seigneur, et roy-d'armes de son païs de Berry, honneur et reverence. A tous ceux qui ce petit livre verront, plaise sçavoir que en l'honneur de nostre sauveur Jesus-Christ, et de la glorieuse vierge Marie, au seiziesme an de mon aage, qui fut en l'an mille quatre cens et deux, j'eus en volonté (ainsi comme Dieu et nature me conseillèrent, et ordonnèrent, et selon que en jeune aage un chacun s'applique à faire chose et labeur, où son plaisir l'encline) de prendre ma délectation à voir et parcourir le monde, ainsi que ma complexion s'y trouvoit beaucoup encline. Et pource qu'en icelle année le tres-noble et tres-chrestien royaume de France, et la bonne cité de Paris, estoient au plus haut honneur, auctorité, et renommée de tous les royaumes chrestiens, où abondoit le plus de noblesse, d'honneur, de biens et richesses largement, tant en nombre de princes, prélats, chevaliers, clercs, marchands et commun, que autrement; je formay et résolus dans ma pensée, que suivant mon petit pouvoir, et selon ce que je pourrois comprendre en mon entendement, je verrois les beaux et hauts faits qui pourroient doresnavant advenir en iceluy royaume, et me trouverois par tout où je sçaurois les grandes assemblées, et importantes besongnes d'iceluy, et d'autres; et qu'après leur venuë je redigerois ou ferois mettre en escrit, ainsi que je le sçaurois comprendre pour le mieux, tant les biens que les maux, lesquels j'y aurois peu remarquer. Si me fasse Dieu la grace, que ce que j'escriray soit plaisant et agreable à ceux qui le liront, oyront, ou voudront voir. Car *toutes choses qui s'escrivent ne peuvent pas estre plaisantes à un chacun.* Or telles matières ne peuvent justement ny loyaument estre escrites, si ce n'est dans la pure et naïfve vérité, laquelle sans nulle faveur, et en ma conscience, j'ay intention d'escrire à mon pouvoir, sans donner loüange à un party plus qu'à l'autre, sur les divisions qui cy-après sont advenuës audit royaume. »

Cette impartialité n'abandonne jamais l'historien; sa narration est empreinte d'un caractère de vérité bien rare à cette époque de troubles et de dissensions. Il intitule ainsi sa chronique :

---

(1) Cet événement a été le sujet de tant de narrations différentes, que nous croyons devoir indiquer le travail de M. de Barante, qui a recueilli et pesé tous les témoignages. Tome IV de son *Histoire des ducs de Bourgogne.*

« *Des divisions et guerres qui cy-après ont esté au royaume de France; et aussi des choses advenues ès autres royaumes où je me suis trouvé.* » Ainsi que l'indique ce titre, Berry n'a eu que l'intention d'enregistrer les faits qui parvenaient à sa connaissance. Il ne faut donc pas chercher dans son mémorial une composition historique; c'est un journal écrit le plus souvent avec sécheresse et sans aucun ensemble, mais il nous fournit des détails et des renseignements qu'on ne trouve que là. Ses réflexions sont judicieuses. Il s'exprime ainsi au sujet de l'Université : « Ladite Université avoit grande puissance pour ce temps là à Paris, tellement que quand ils mettoient la main en une besongne, il falloit qu'ils en vinssent à bout : et se vouloient mesler du gouvernement du Pape, du Roy et de toutes autres choses. » En parlant de la guerre d'Angleterre, il fait une remarque très-juste : « Or doit l'on sçavoir *que le mestier des armes se doit apprendre*, car quand les Anglois vinrent et entrèrent en France, les François ne sçavoient presque rien de la guerre, ou du moins pas tant qu'ils firent depuis : mais par longuement apprendre ils sont devenus maistres à leurs despens, et à la fin ont deffait les Anglois, qu'ils ont chassés hors de France. » On trouve quelquefois même, dans cette *Histoire chronologique*, des récits assez remarquables; la narration du meurtre du duc d'Orléans n'est pas sans intérêt, et Berry nous donne sur l'expédition de Henri V des détails qu'il ne faut pas dédaigner : « Lesdits seigneurs de France, dit-il, envoyèrent devers le Roy qui estoit à Rouen, afin qu'il voulust venir pour se trouver à la bataille (d'Azincourt). Mais le duc de Berry, son oncle, n'y voulut consentir, ains (mais) fut très courroucé de ce qu'ils avoient offert et accepté le combat, et ne voulut que le Roy y allast, car il faisoit très-grand doute du succès de la bataille, pour ce qu'il s'estoit trouvé autrefois en celle de Poictiers, où son père le roy Jean fut pris en l'an 1396, et disoit qu'il valoit mieux perdre la bataille seule, que le Roy et la bataille tout ensemble : pour ce ne voulut il consentir que le Roy y allast; lequel Roy y fust volontiers allé, car il estoit hardy chevalier, fort et puissant. » Quant aux renseignements qu'il donne sur la fin du règne de Charles VI, ils ne s'accordent pas toujours avec la tradition générale : ainsi, il disculpe du crime de trahison envers Jean-sans-Peur, la dame de Giac, son fils et Philippe Jossequin, qui bien évidemment ont trempé dans cette *hideuse besogne*, pour nous servir des propres expressions de Berry.

HISTOIRE ET CHRONIQUE MÉMORABLE DE MESSIRE JEHAN FROISSART.

« Afin que les honorables emprises et nobles aventures et faicts d'armes, par les guerres de France et d'Angleterre, soient notablement enregistrez et mis en mémoire perpétuelle, par quoy les preux ayent exemple d'eux encourager en bien faisant, je vueil traicter et recorder histoire de grand louange. » Ce début montre, mieux que nous ne pourrions le faire, avec quel esprit et dans quel système Froissart a rédigé sa chronique. Ce n'est pas ici le lieu de l'apprécier comme monument littéraire, et d'ailleurs nous avons eu déjà occasion de le juger sous ce rapport; nous ne devons la considérer que comme source originale pour le règne de Charles VI, c'est-à-dire depuis le chapitre 58 du second livre, jusqu'à l'année 1400, époque à laquelle son auteur a cessé d'écrire.

Pour quiconque connaît un peu Froissart, il est bien évident qu'il ne peut être fort utile pour cette époque. C'est un chroniqueur, ami des fêtes, des tournois et de la guerre, s'enquérant partout de prouesses et de hauts faits d'armes, écrivant sans suite et sans ensemble ce qu'il voyait ou ce qu'on lui racontait; mais tout ce qui tient à la partie politique des événements est négligé dans son récit. C'est à peine s'il nous donne quelques détails sur les graves événements qui se passaient alors en France. En effet, qu'importaient au chroniqueur des châteaux et des armées, le populaire et ses révoltes? S'il en parle, c'est pour exprimer son indignation de voir les vilains s'armer contre leurs maîtres : « Or regardez la grande diablerie que c'eust esté, se (si) le roy de France eust été déconfit en Flandres, et la noble chevalerie qui estoit avecques lui en ce voyage. On peut bien croire et imaginer que toute gentillerie et noblesse eust esté morte et perdue en France, et autant bien ès autres lieux........ » Il ne s'occupe des Maillotins que pour raconter leur sévère punition (chap. 119 et 120).

Dans son IIIe livre, Froissart nous parle de son voyage chez le comte de Foix. Dans son ardeur de connaître les faits et gestes dignes de mémoire, il interroge tous ceux qu'il rencontre, et c'est sous la forme de dialogue que nous sont parvenues ces charmantes légendes et ces inimitables narrations de guerres et de tournois qui charmaient Walter-Scott : « En les lisant, dit M. de Barante (*Biographie universelle*), on se croit transporté à ce bon vieux temps; on le comprend mieux, on entre mieux dans son esprit que par de laborieuses recherches. » Mais tous ces détails de mœurs, qui caractérisent cette époque, ne peuvent servir à l'histoire de Charles VI, et, à l'exception de quelques chapitres accordés à l'expédition des Français en Angleterre et contre le duc de Gueldre, ce livre ne s'occupe que de la Castille, de l'Angleterre et de l'Ecosse.

IVe livre. Après avoir quitté *l'hostel du noble Gaston de Foix*, Froissart fit quelques voyages, et s'empressa de revenir bientôt à Paris pour assister à l'entrée de la reine Isabelle. On trouvera, sur ce sujet, un intéressant chapitre dans Juvénal des Ursins. Nous indiquons, pour le compléter, le chap. 2e de ce livre, qui présente des détails pleins de charme. Le chroniqueur est ici, pour nous, d'un intérêt beaucoup plus spécial; et tout en s'occupant des passes d'armes et des prouesses des gens de guerre, il jette un coup-d'œil sur des faits plus importants, et nous donne de riches matériaux pour l'histoire de Charles VI. L'assassinat de Clisson est un chef-d'œuvre de narration (chap. 38). Les chapitres suivants ne sont pas d'un moindre intérêt.

Froissart était alors à Paris. Le curieux événement qui fit déclarer la démence du Roi est raconté d'une manière très dramatique et très piquante (chap. 43); mais les mêmes faits se trouvent rapportés, sinon parfaitement, du moins avec plus d'exactitude dans l'historien anonyme. Il donne enfin çà et là des détails qui servent à compléter les autres auteurs : les affaires de l'Angleterre surtout (il fit un dernier voyage dans ce pays en 1395), ne sont racontées nulle part avec plus d'intérêt et d'étendue. Mais, en résumé, Froissart n'est qu'un *chroniqueur*, et comme tel il existe entre lui et le religieux anonyme une énorme différence. Il est très partial envers l'Angleterre et le duc de Bourgogne, quoiqu'on ait essayé de le disculper à ce sujet; et, n'en déplaise à Montaigne (1), son plus grand défaut est un manque total de critique; il enregistre tout avec hardiesse, et admet de graves accusations avec la plus grande légèreté. Ainsi, en parlant de la duchesse d'Orléans, il dit : « Elle estoit envieuse et convoiteuse sur les délices et estats de ce monde ; et volontiers eust veu que son mary, le duc d'Orléans, fust parvenu à la couronne de France (ne lui chaloit comment); et couroit sur elle fame (bruit) et esclandre général, que toutes les enfermetez (infirmités) et maladies que le roy de France avoit eues, et encore moult souvent avoit (dont nul médecin ne le pouvoit ou savoit conseiller), venoient d'elle par ses sorts et ses arts. » Puis il raconte, qu'en voulant empoisonner le Dauphin, elle fit périr par maladresse son propre fils (chap. 73). Cette anecdote invraisemblable avait cours parmi le peuple, et Froissard l'avait enregistrée sans réflexions.

CHRONIQUE D'ENGUERRAND DE MONSTRELET.

Histoire de bel exemple et de grand fruict aux François ; commençant en l'an MCCCC, *où finit celle de J. Froissart.*

L'histoire littéraire garde le silence sur la vie privée de Monstrelet; on présume qu'il naquit vers 1390 ou 1395. On sait qu'il mourut en 1453, et qu'il fut prévôt de Cambrai et bailli de Walincourt. M. Buchon, en tête de l'édition de la chronique de Monstrelet, a placé un mémoire de Dacier, qui donne sur l'auteur et son ouvrage tous les renseignements désirables.

Enguerrant, nous dit maître François, dans le livre IIIe de son Pantagruel, *est plus baveux qu'un pot à moustarde, et méritant porter chapperon verd et jaulne à aureilles de lièvre.* Cette boutade de Rabelais n'est pas un jugement auquel on puisse souscrire. Le continuateur de Froissart ne peut, comme écrivain, soutenir la moindre comparaison avec le chroniqueur de Valenciennes. Le plus souvent son style est lourd et monotone, sa narration diffuse et languissante; mais, comme source originale, l'ouvrage de Monstrelet est peut-être préférable à celui de Froissart. L'intérêt des faits qu'il rapporte est plus spécial, et s'il est souvent long et diffus, c'est qu'il fait entrer dans sa narration des pièces originales qui viennent l'appuyer et l'embarrasser en même temps. Ces pièces sont presque toutes du plus haut intérêt, et cette sorte de composition historique donne à Monstrelet un caractère à part, comme nous l'avons déjà remarqué ailleurs. Avant de passer à l'analyse de ce précieux ouvrage, nous ferons remarquer que le continuateur de Froissart n'est comme lui qu'un *chroniqueur*. Il ne connaît point de juste mesure, et s'étend à sa guise sur des faits très minimes, tandis que souvent il passe rapidement sur les plus importants; il ne sait point animer son récit par des couleurs ou réflexions. Il a peu de critique, et sa narration n'a point cet ensemble que nous avons admiré dans l'historien anonyme. Enfin, il est Bourguignon, et malgré la déclaration qu'il fait dans son prologue (2), malgré l'opinion de M. Dacier, il faut prendre garde à sa partialité.

A partir du chap. 25, l'auteur nous donne, sur les troubles qui agitaient alors le royaume, les détails les plus piquants, et avec eux des pièces et des extraits d'un intérêt véritable; il ne faut jamais cependant perdre de vue quelle était l'opinion politique de Monstrelet. Le récit du meurtre du duc d'Orléans (chap. 36) est très complet. Le chroniqueur bourguignon parle avec horreur de ce crime, car c'était un homme doux et d'un esprit sain et droit; il n'ose disculper Jean-sans-Peur, mais dans les chapitres suivants, on dirait qu'il veut disposer les esprits à entendre l'apologie du guet-apens de la rue Barbette; il fait l'éloge du duc, et transcrit la justification que le meurtrier envoyait à toutes les bonnes villes. Enfin, au chap. 39, il donne le fameux discours de Jean Petit, et la réponse du défenseur de la duchesse d'Orléans, pièces que nous avons cru devoir analyser à part. Nous ne pouvons mentionner chaque document cité textuellement par l'auteur, ce travail nous entraînerait au-delà de justes limites; qu'il nous suffise de dire, qu'à l'appui du moindre fait, Monstrelet donne une pièce originale. La guerre civile qui désolait alors la France

---

(1) « J'aime les historiens ou fort simples ou excellents. Les simples, qui n'ont point de quoy y mesler quelque chose du leur, et qui n'y apportent que le soing et la diligence de ramasser tout ce qui vient à leur notice, et d'enregistrer, à la bonne foy, toutes choses sans chois et sans triage, nous laissant le jugement entier pour la cognoissance de la vérité : tel est entre aultres, pour exemple, le bon Froissard..... qui nous représente la diversité mesme des bruits qui couroient, et les différents rapports qu'on luy faisoit. » *Essais*, liv. 2, chap. x.

(2) « A mon pouvoir ay voulu rendre à chacune partie vraye déclaration de son fait, selon ma cognoissance. »

est racontée dans ses plus grands développemens; mais, indépendamment de la partialité de l'auteur, sa narration n'a pas de chaleur, elle ne nous offre que des matériaux ; il est, du reste, excessivement complet, et donne, sur la fin du règne de Charles VI, d'excellents renseignements. Il raconte le guet-apens de Montereau avec impartialité, puis il ajoute : « Laquelle besongne, tant seulement à ouyr raconter, est si piteuse et lamentable, que plus grande ne peust estre : et par espécial tous cueurs de nobles hommes, et autres preud'hommes, natifs du royaume de France, doivent avoir grande distance et vergongne, voyans si noble sang comme des fleurs de lys, tant prochains de lignage, eux mesmes destruire l'un l'autre : et ledit royaume estre mis par le moyen des choses dessusdictes, et autres par avant faictes et passées, en voye et péril de changer nouvel seigneur, et aller du tout à perdition (chap. CCXI). » Cette dernière réflexion du chroniqueur a été exprimée d'une manière pittoresque par le prieur des Chartreux, qui, montrant à François Ier l'énorme blessure faite à la tête de Jean-sans-Peur, lui dit : « Sire, c'est par là que les Anglois sont entrés en France. » Dans le chapitre suivant, Monstrelet rapporte la justification de ce meurtre, envoyée à Paris par le Dauphin, ou plutôt par ses officiers qui lui avaient fait commettre un crime et l'avilissaient alors par cette lettre hypocrite : « Lequel de Bourgongne nous respondit plusieurs folles paroles, et chercha son espée à nous envahir et villenner en nostre personne. Laquelle, comme après nous avons sceu, il contendoit à surprendre et mettre en la subjection : de laquelle chose, par divine pitié, et par la bonté et ayde de nos loyaux serviteurs, nous avons esté préservez, et il par sa follie mourut en la place. Les choses dessus dictes nous vous signifions comme à ceux qui en auront grand joye, comme nous sommes certains, qu'en telle manière de péril nous avons esté preservez. »

Quoique l'historien ne songe qu'à enregistrer minutieusement chaque fait de la guerre qui désolait alors la France, il jette quelquefois un coup-d'œil de pitié sur son malheureux monarque. « *Il ne gouvernoit pas son dict royaume, mais il estoit gouverné et mis comme au néant.* » On remarque en plusieurs endroits la honte que ressentait Monstrelet de l'humiliation de sa patrie : c'est ce qui justifie jusqu'à un certain point l'opinion de Dacier, qui a voulu le disculper de l'accusation de partialité envers les Bourguignons. Nous nous arrêtons à la mort de Charles VI, *qu'on surnomma le Bien-Aimé, peut-estre parce que chacun avoit eu pitié de lui*. Mais nous ne pouvons nous empêcher de citer ici une des pièces les plus curieuses rapportées dans la chronique que nous venons d'analyser. C'est *la complaincte du povre commun et des povres laboureurs de France*, en trente et un couplets. Elle nous donne quelques traits de mœurs, et, mieux que nous ne pourrions le faire, représente les maux qui depuis si long-temps désolaient le royaume. Dans une versification rude et grossière, mais énergique souvent, et empreinte d'un profond caractère de désespoir, le pauvre peuple reproche au Roi, aux seigneurs, à la bourgeoisie, aux gens d'église, de guerre et de robe, de l'abandonner dans la misère, après l'avoir pillé si long-temps :

Hélas! hélas! hélas! hélas!
Prélats, princes et bons seigneurs,
Bourgeois, marchands et advocats,
Gens de mestier grans et mineurs,
Gens d'armes, et les trois estats,
Qui vivez sur nous laboureurs,
Confortez nous d'aucun bon ayde :
Vivre nous fault : c'est le remède.
. . . .
Vin ne froment ne autre blé,
Pas seulement du pain d'avoyne
N'avons nostre saoul la moitié
Une seule fois la sepmaine ;
Les jours nous passons à grand peine.
. . . .
Soutenir ne nous pouvons plus
En nulle manière qui soit :
Car quand nous allons d'huys en huys,
Chacun nous dit : Dieu vous pourvoye.
Pain, viandes, ne de rien qui soit
Ne nous tendez, non plus qu'aux chiens.
Hélas! nous sommes chrestiens.

Les reproches les plus violents sont adressés à la noblesse ; nous citerons seulement les vers suivants :

Hélas! encore y a il plus
Qui moult souvent le cueur nous trouble.
Quand le Roy mect une ayde sus,
Il convient que le coup nous double ;
Vous nous mettez en grand trouble :
Car il convient souventes-fois
Que nous les payons par deux fois.
Et quand gens d'armes au pays viennent,
Qui de bien vous servir se peinent,
Pour ce que vous les soustenez,
Nos bœufs et nos vaches emmeinent
Et les tuent, et les détiennent.

MÉMOIRES DE SALMON.

A la suite de la chronique de Froissart, M. Buchon a publié les mémoires de Pierre Salmon (1), *familier et secrétaire de Charles VI* ; ils ont été rédigés d'après l'ordre de ce prince. L'auteur était un homme d'intelligence et de goût, mais ses mémoires n'offrent rien de remarquable ; nous ne les citons que comme source originale. Cependant on y trouve çà et là des détails intéressants, et on peut les consulter relativement aux manœuvres du duc de Bourgogne pour s'emparer de l'esprit du Roi. Salmon nous a laissé le récit de ses ambassades en Italie et en Angleterre. Les premiers chapitres de son livre fournissent des renseig-

(1) Son véritable nom était *Le Fruictier*. Voyez la notice de Lévesque, qui se trouve en tête des Mémoires de Salmon.

gnements sur ce dernier pays. Le monarque anglais, nous dit-il, détestait bien sincèrement le duc d'Orléans : « Et lors me dit qu'il mettroit tant d'eau ou vin (dans le vin) du duc d'Orléans, que après ne feroit jamais mal à la personne du Roi son seigneur ne d'autre. » (Chap. VII.)

Denis Godefroy, dans son édition de Juvénal des Ursins, a rapporté un grand nombre de pièces *très-remarquables, vierges pour la plupart, c'est-à-dire non encore publiées.* Cette compilation mérite d'être consultée. Les renseignements donnés par le religieux anonyme sur l'histoire du schisme et la situation de la maison d'Anjou en Sicile, trouvent leur complément dans des pièces originales transcrites par Denis. Nous indiquerons en même temps pour cette histoire du schisme, sur laquelle chaque auteur contemporain nous a laissé des détails, l'excellente relation de Dupuy, à la suite de son travail sur les Templiers. C'est un résumé sec, mais clair et bien conçu, de tout ce qui a été écrit sur cette matière. Il nous est impossible de mentionner toutes les pièces insérées dans l'édition de Godefroy; ce travail serait d'ailleurs peu utile. Mais nous avons cru devoir rapporter le passage suivant, qui nous a paru digne d'intérêt. C'est un tableau des maux causés à la France par la faction des Bourguignons; il est extrait d'un manuscrit de Juvénal des Ursins, intitulé : *Traité contre les prétentions des rois d'Angleterre sur la France* : « *Audite cœli quæ loquor.* France, considère le temps passé, et la racine de ceux qui sont alliez avec Angleterre : Je, qui suis *sédition* nommée, le sçay bien : car ma sœur *Division*, celuy vivant, qui fut tué à Monstreau (le duc de Bourgogne), et moy en sa compagnée, luy fismes tuer le feu duc d'Orléans, après ce qu'il eut receu le corps de notre seigneur avec luy, et fait plusieurs grands sermens. Et depuis, luy et ses alliez firent mourir plusieurs de ceux qui le servoient loyaument, et dont les aucuns moururent de faim en Chastelet : et quand ils demandoient à manger, on leur donnoit du foin; et, quand ils estoient morts, sépulture leur estoit desniée (refusée) plus que à chiens, et refusoit-on à leurs enfans le baptesme. Et denonçoit-on excommuniez ceux de ton noble sang, qui soustenoient ta cause; et boutoit-on hors des villes leurs serviteurs et alliez. Et depuis ils (les Bourguignons) trouvèrent moyen d'entrer en Paris, après ce que par aucun (quelque) temps ils en eurent esté hors, auquel temps on traitoit de bonne paix : et crièrent *la paix* en entrant; mais la paix fut telle, qu'ils pillèrent, prinrent et robberent tout le vaillant de tes bons et loyaux serviteurs; et les personnes prinrent et mirent en prison soubs feinte justice; et depuis les tuèrent, meurtrirent, et faisoient saillir (sauter) du haut des prisons en bas très-inhumainement. Et qui voudroit réciter le tout de long en long, oncques chose depuis que le monde fut fait ne fut trouvée en escrit, ne autrement, si tyrannique ne (ni) inhumaine. Là furent tuez connestable, chancelier, évesques, abbez, prelats, prestres, clercs, et toutes gens, sans distinction des personnes; et y eut un évesque traisné à la queue d'un cheval par la ville : le réciter est chose abominable. Et faisoient crier que tes bons subjets faisoient mettre les Anglois dedans la ville de Paris, et bailler le Roy en leurs mains. Et toutesfois ce ont-ils fait, et cette volonté avoit leur maistre : car il fut pour cette cause à Calais parler au feu roy d'Angleterre; et laissa perdre Rouen, Pontoise, et toute Normandie. Et depuis le fils et ses alliez ont achevé ce que le père avoit commencé; et se sont alliez avec les Anglois, et te ont fait guerre mortelle. Et qui voudroit dire tous les maux qui ont esté par eux faits et en sont venus, on en feroit une bible (un gros livre), et tu le sçais assez. »

DISCOURS DE MAITRE JEAN PETIT.

Ce fut le 8 mars 1407, dans une des salles de l'hôtel Saint-Pol, que maître Jean Petit, cordelier normand, prononça son apologie du guet-apens de la rue Barbette. Il nous a paru intéressant d'analyser cette curieuse pièce rapportée par Monstrelet, ainsi que la réponse de l'*Advocat*, défenseur de la maison d'Orléans.

M⁰ Petit commença par dire que le duc de Bourgogne, comte de Flandre, d'Artois et de Bourgogne, deux fois pair de France et doyen des pairs, « venoit en grande humilité par devers la très-noble et très-haulte Majesté royalle pour luy faire reverence et toute obéissance, comme il estoit tenu et obligé de le faire, par quatre obligations que mettent communément les docteurs en théologie, de droit canon et civil : 1° le parent ne doit pas offenser son parent; 2° il doit même le défendre de parole et d'effet; 3° le vassal est tenu, non-seulement de s'absienir d'offenses envers son seigneur, mais même de le défendre de parole et d'effet; 4° il y a plus : il doit venger les injures faites à son prince. » L'orateur prouva que le duc de Bourgogne était dans ces quatre cas, et en outre dans douze autres motifs d'obligation envers le Roi qu'il énuméra, « par lesquelles il est obligé l'aimer, servir, obéir et porter révérence, honneur et obéissance, le deffendre de tous ses ennemis, et non pas seullement deffendre, mais le venger et en prendre vengeance. » D'ailleurs au lit de la mort, Philippe-le-Hardi avait fait jurer à son fils de garder loyaument la personne du Roy, ses enfans et sa couronne : « car il se doubtoit très-grandement que des adversaires machinoient à luy tollir sa couronne, et avoit très-grande paour qu'ils ne fussent plus forts après son trespas que luy vivant. » Le Roy doit-il donc prendre déplaisance envers le duc de Bourgogne « du faict advenu en la personne du feu duc d'Orléans, derrain (dernier) trespassé? Lequel faict a esté perpetré pour le très-grand bien de la personne du Roy, de ses enfans et de tout le royaume, comme il sera cy-après moustré et déclaré tant et si avant qu'il le devra bien suffire. » L'orateur fit remarquer ensuite qu'il ne parloit que sur le commandement exprès du duc, envers lequel il était attaché par les liens du vasselage et de la reconnaissance. Mais néanmoins, ajouta-t-il, « quand je considère la très-grande matière dont j'ay à parler et la grandeur des personnes dont il me conviendra et fauldra toucher en si très-noble et solennelle compagnie comme il y a icy, et d'autre part que je me regarde et me treuve de petit sens, povre de memoire et foible d'engin, et très-mal aorné de langage, une très-grand paour me fiert au cueur. » Il se recommande donc à Dieu, son créateur et rédempteur, à sa très-glorieuse mere, à monseigneur saint Jean l'Evangéliste, le maistre et prince des théologiens. Puis s'adressant aux assistans : « Je vous supplie très-humblement, mes très-redoubtez seigneurs et à toute la compagnie, si je dy aucune chose qui ne soit bien dicte, qu'il me soit pardonné et attribué à ma simplesse et ignorance, et non point à malice. Car l'Apostole dit : *Ignorans feci : ideoque misericordiam consecutus sum.* Car je n'oseroye parler de ceste matiere ne dire les choses qui me sont enchargées, si ce n'estoit par le commandement de mondit seigneur de Bourgongne. Après ce je proteste que je n'entens à injurier quelque personne que ce soit ou puist estre, soit vif ou trespassé : et s'il advient que je die aucunes parolles sentans injures pour et ou nom de mondit seigneur de Bourgongne et par son commandement, je prie qu'on m'ait pour excusé, en tant qu'elles sont à sa justification et non autrement. » L'orateur termine son exorde en disant qu'il n'est pas étonnant qu'il se soit chargé de la justification du duc de Bourgogne, puisque celui-ci est son bienfaiteur; il espère donc que nul ne lui en saura mauvais gré. On voit par ce long préambule combien la *matière* semblait *haulte et périlleuse* à maître Petit, et avec quel soin il cherchait à se concilier d'avance l'esprit de ses auditeurs.

En entrant en matière, l'orateur prit pour texte ces paroles de monseigneur saint Paul : *Radix omnium malorum cupiditas, quam quidem appetentes erraverunt à fide.* « Laquelle parole peult estre en françois ainsi mise. Dame convoitise est de tous maux la racine, puisque lorsqu'on est en ses lacs et on tient sa doctrine, apostats elle a fait aucuns qui l'ont tant aymée, les autres desloyaux; bien est chose damnée. » Il établit ensuite la division de son discours : une *majeure* et une *mineure*. La majeure devait prouver, 1° que convoitise est de tous maux la racine; 2° qu'elle a fait aucuns apostats; 3° qu'elle a fait les autres traistres et desloyaux à leurs rois, princes et souverains seigneurs; 4° dans la dernière partie se trouveroient aucunes vérités pour mieux fonder ladicte justification. Cette majeure devoit être jointe à une mineure, qui compléteroit ainsi l'apologie du meurtre du duc d'Orléans.

Après avoir facilement démontré, à l'aide de Saint-Jean l'Evangéliste, la vérité du premier point de la majeure, Me Petit passa aux deux parties suivantes. Il établit d'abord qu'il y avait deux majestés royaux : *l'une divine et perpétuelle, l'autre humaine et temporelle; et à proportionnablement parler deux manières de crime de lèze-majesté.* La première se divise en deux : l'hérésie ou idolatrie, le schisme ou la division dans l'Eglise. Quant au crime de lèze-majesté humaine, il *se part en quatre degrez*, 1° l'injure directement faicte contre la personne du prince; 2° l'injure ou offence directement faicte contre la personne de son espouse; 3° contre la personne de ses enfans; 4° contre le bien de la chose publicque. L'orateur montra d'abord l'horreur que doivent inspirer ces deux crimes de lèze-majesté, et cita ensuite trois exemples et auctorités, pour prouver que *dame Convoitise a fait plusieurs estre apostats et regnier la foy catholique, ydolatrer et les idoles adorer.*

Le premier exemple fut « de Julien l'Apostat, lequel fut premièrement chrestien et homme d'église, mais pour estre empereur de Romme, et pour venir à l'empire, il regnia la foy catholique et son baptesme et adora les idoles, et disoit aux chrestiens en coulourant sa convoitise : *Christus verè dicit in Evangelio suo : nisi quis renunciaverit omnibus quæ possidet, non potest meus esse discipulus.* En disant, vous qui voulez estre chrestiens vous ne devez rien avoir. » Petit cita ensuite « Sergius le moyne, lequel estoit chrestien, homme d'église et de religion, qui par convoitise se meit en la compaignie de Mahommet et son apostre se feit. » Et enfin il cite Zambry, prince et duc de Siméon, *une des douze lignées des enfans d'Israel.* « Lequel fut si esperins de convoitise et de délectation charnelle de l'amour d'une dame païenne, que pource qu'elle se vouloit accorder à faire sa voulenté s'il n'adoroit les idoles, il adora les idoles, et les feit adorer par plusieurs de ses gens et subjects. »

Passant au troisième point de sa majeure, l'orateur cherche à la prouver également par trois exemples tirés de l'Ecriture sainte. Le premier fut celui de Lucifer; le second, du *bel Absalon, fils du roi David, roy de Hierusalem.* Me Petit fit remarquer que *le bon chevalier Joab occist le fils du Roy contre le commandement du Roy, et n'obéist point à son commandement, pour ce qu'il estoit au préjudice de Dieu, du Roy et de son peuple*, et qu'il le tua *nonobstant qu'ils eussent toujours été amis ensemble.* Il termina par l'exemple d'une *Royne, qui avoit nom Athalie, royne du royaume de Hierusalem*, et après avoir dit qu'elle fut tuée par guet-apens, il ne manqua pas d'ajouter : « Car c'est droit, raison et équité, que tout tyran soit occis vaillamment, ou par aguet et espiement, et est la propre mort dont doivent mourir tyrans desloyaux. »

Ayant ainsi établi ses trois points de majeure, il passa au quatrième, qui se composerait, dit-il, « *de huict vérités principalles, par manière de conclusion et fondement d'iceluy, et de neuf autres conclusions par manière de corolaires.* »

« La première, que tout subject vassal qui par

convoitise, barat, sortilège et mal engin, machine contre le salut corporel de son Roy et souverain seigneur, pour luy tollir et soubstraire sa tres-noble et très haulte seigneurie, il pèche si griefvement et commet si horrible crime, comme crime de lèse majesté royal au premier degré, et par conséquent il est digne de double mort » (la mort corporelle et celle de l'âme, *la damnation perdurable*). Petit cita ici des vers de monseigneur saint Grégoire, pour prouver *qu'on appelle proprement tyran celuy qui ne domine pas de droit, ou qui sans droit tasche de dominer en la république*.

« La seconde vérité est, jaçoit ce que (quoique), au cas dessusdit, soit tout subject vassal digne de double mort, et qu'il commette si horrible mal qu'on ne le pourroit trop punir : toutesfois est plus à punir qu'un simple subject, en ce cas, un baron qu'un simple chevalier, un comte qu'un baron, et un duc qu'un comte, le cousin du Roy qu'un estrange (étranger), le frère du Roy qu'un cousin, le fils du Roy que le frère. » En effet, plus on est élevé, plus l'obligation est grande de garder les intérêts du Roi et du bien public. Si on agit autrement, la peine doit être plus sévère, d'autant que le scandale est plus grand, et le péril aussi, *la machination des prochains parens du Roy étant trop plus périlleuse que n'est la machination des povres gens*.

« La tierce vérité est qu'il est licite à chacun subject sans quelque mandement, selon les lois moralle, naturelle et divine, d'occire ou faire occire iceluy traistre desloyal et tyran, et non pas seulement licite et méritoire, mesmement quand il est de si grand puissance, que justice ne peut bonnement estre faite par le souverain. » L'université en examinant la thèse de J. Petit déclara cette proposition *erronée dans la foi et dans les bonnes mœurs, et scandaleuse en plusieurs façons*. C'est en effet une véritable apologie de l'assassinat. Le docteur allégua en preuves de cette troisième vérité *douze raisons en l'honneur des douze apostres*, tirées de la théologie, des philosophes, des lois civiles et de la sainte Ecriture (1). Il est assez curieux de voir l'érudit cordelier mêler ensemble les noms de Tulle Cicero et de Saint-Pierre, les noms d'obscurs casuistes et celui de Boccace, et s'appuyer sur les lois pour faire triompher son infâme doctrine : « Il est licite à un chacun d'occire un larron, s'il le trouve de nuict en sa maison, par la loi civile et impérialle. Adonc par plus forte raison il est licite d'occire un tyran qui par nuict et par jour machine la mort de son souverain seigneur. » Mais, me dira-t-on, ajoute l'orateur, la loi naturelle, les lois divines et humaines contredisent ce que vous venez d'avancer. A cela je répondrai que le meurtre n'est pas un crime lorsqu'il est juste et licite, par exemple lorsqu'on assassine un tyran. D'ailleurs il n'est point de règle sans exception, et, comme le dit *monseigneur Saint-Paul*, il ne faut pas trop s'attacher au sens littéral. « Ainsi met le philosophe l'exemple des citoyens qui feirent une loy pour garder leur cité, c'est à sçavoir que nul estranger en leur cité ne montast sur les murs sur peine capitale, et la cause qui les meust à ce faire fut que la dicte ville estoit assiégée des ennemis, ils se doutoient si estrangers montoient sur les murs avec les citoyens ou autrement ils pourroient avoir trop grand peril, et quand ils verroient leur point, ils ne se tournassent avec leurs ennemis contre ladite ville, ou qu'ils ne leur donnassent aucun signe ou entendement de la manière de prendre la dite ville. Or advint que ladite ville fut assaillie en plusieurs lieux, les estrangers et pelerins qui estoient en la dite ville, regardèrent qu'à un des lieux les ennemis les assailloient trop fort, et estoient ceux de la ville trop foibles en iceluy endroit, prestement lesdicts estrangers s'armèrent et montèrent sur les murs pour secourir ceux de la ville qui estoient les plus foibles, repoussèrent les dicts ennemis et sauvèrent ladicte ville. Le philosophe demande : puisque lesdicts pelerins sont montez sur les murs, il sembloit qu'ils avoient fait contre la loy, et devoient estre punis. Je respons que non, jaçoit ce qu'ils (quoiqu'ils) ayent fait contre le sens littéral ou textuel de ladicte loy....; car s'ils n'y eussent pas monté, ladite ville n'eust pas esté gardée, mais eust esté prinse. » Petit rappela les exemples de Moïse, *qui occist l'Egyptien qui tyrannisoit les fils d'Israel*, de Phinées qui tua Zambry, et enfin de Michel Archange, le meurtrier de Lucifer. Ils n'en furent pas punis, ajoute-t-il, mais bien au contraire rénumérés.

« La quatre vérité, est qu'il est plus méritoire, honnorable et licite qu'iceluy tyran soit occis par un des parens du Roy que par un estranger, qui ne seroit point du sang du Roy, et par un duc que par un comte, et par un baron que par un simple chevalier, et par un simple chevalier que par un simple homme, » car celui qui est parent du Roy est obligé plus que tout autre de garder et de venger l'honneur du Roi.

« La quinte vérité est pour les cas d'alliances, sermens et promesses et de confédérations faictes de chevalier à autre en quelque manière que ce soit ou peut estre. S'il advient qu'icelles garder et tenir tournent au préjudice de son prince, de ses enfans et de la chose publicque, n'est tenu nul de les garder : ains les tenir et garder en tel cas seroit fait contre les loix moralle, naturelle et divine. » On seroit en effet coupable de lèze-majesté, et d'ailleurs de deux obligations qui se contredisent, il ne faut s'occuper que de la plus importante.

« La sixiesme vérité est que s'il advient que lesdictes alliances ou confédérations tournent au préjudice de l'un des promettans ou concédans, de son espouse ou de ses enfans, il n'est en rien tenu de les garder, » car la charité n'ordonne-t-elle

(1) Belleforêt nous dit, dans son style burlesque et original, que maître Petit *tordoit le nez aux sainctes escritures*.

pas de préférer soi, sa femme et ses enfans à autrui ? —Cette proposition fut une de celles qui furent condamnées par l'université. Elle fut déclarée *erronée dans la foy et dans les mœurs, et devant ouvrir le chemin à toutes sortes de parjures.*

» La septiesme vérité est qu'il est licite à un chacun subject, honnorable et méritable, d'occire le tyran traistre et desloyal à son Roy et souverain seigneur, par aguet, cautelles et espiemens, et si est licite de dissimuler et faire sa volonté d'ainsi faire. » Petit allégua ici l'autorité de Bocace en son livre : « Du malheur des hommes illustres, » où il est dit *qu'à Dieu n'est fait plus agréable sacrifice que du sang du tyran*; il cita des exemples de l'Ecriture, et conclut ainsi : « c'est la plus propre mort, de quoy tyrans doivent mourir que de les occire villainement par bonne cautelle, aguet et espiemens. » Cette odieuse maxime fut déclarée par l'Université *erronée, cruelle et impie*.

Enfin la huitième et dernière vérité est « que tout subject et vassal qui penséement machine contre la santé de leur Roi et souverain seigneur, et le faire mourir en langueur par convoitise d'avoir sa couronne et seigneurie, fait consacrer, ou à plus proprement parler, fait exercer espées, dagues, badelaires ou couteaux, verges d'or ou anneaulx, et dédier au nom des diables par nécromance faisans invocations de karactères, sorceries, charmes, superstitions et maléfices, et après les bouter et ficher parmy le corps d'un homme mort et despendu du gibet, et après mettre en la bouche dudit mort et laisser par l'espace de plusieurs jours en grand abomination et horreur pour parfaire lesdits maléfices, et avec ce porter sur soi un drappel lié ou cousu du poil deshonneste, et plain de la pouldre d'aucuns des os d'iceluy mort despendu. Celuy ou ceux qui le font ne commettent point seulement crime de leze majesté humaine au premier degré, mais sont traistres et desloyaux à Dieu leur créateur et à leur Roy : et comme idolatres et corrompeurs, faulsaires de la foy catholique sont dignes de double mort, c'est à sçavoir première et seconde (temporelle et spirituelle) : mesmement (surtout) quand lesdictes sorceries, superstitions et maléfices sortissent leur effect en la personne du Roy par le moyen et male foy desdits machinans. »

Mº Petit passa ensuite aux corollaires qui résultaient de ces huit vérités. Ces corollaires ne sont que des accusations portées contre le duc d'Orléans, ainsi qu'il le démontra dans la *mineure* de son discours :

1ᵉʳ « S'il advient que pour les cas dessusdits iceux invocateurs de diables, idolatres et traistres du Roy, soient mis en prison, et que pendant le procès contre eux ou avant iceluy juger, aucun leur facteur ou participans en leur crime les délivre ou face délivrer de sa puissance, il doit estre puny comme les dessus dits idolatres. »

2º « Tout subject qui donne et promet à autruy grand somme d'argent pour empoisonner son Roy et souverain seigneur, le marché fait, et les poisons ordonnez, pozé que les poisons ne sortissent point leur effect pour aucun empeschement survenant par la grâce de Dieu ou autrement : tous les deux machinans... sont dignes de double mort. »

3º « Tout subject qui soubs dissimulation et faintise de jeux et esbatemens, à penséement et de malice, a procuré faire vestemens pour vestir son Roy, et qui plus est le faire vestir avec plusieurs autres et y bouter le feu à escient pour le cuyder ardoir, et luy tollir et substraire sa très noble seigneurie, il commet crime de leze majesté au premier degré.... mesmement quant par le feu sont ars et mors plusieurs nobles hommes villainement à grands douleurs. »

4º « Tout subject et vassal du Roy, qui fait alliances avec aucuns qui sont ennemis mortels du Roy et du royaume, ne se peut excuser de trahison, par espécial quand il mande aux gens d'armes de la partie d'iceux ennemis qu'ils obtiennent les forteresses dudit royaume, qu'ils se tiennent bien en icelles forteresses sans eux rendre, car quant viendra au fort il s'employera et leur fera faire secours et bon remède : avecques ce empeschera les voyages et armées qui se feront contre lesdits ennemis, en les reconfortant tousjours par voyes subtiles et secrettes, est traistre à son Roy... et est digne de double mort. »

5º « Tout subject et vassal, qui par fraude, barat et faux donner à entendre, met dissention entre le Roy et la Royne, en faisant entendre à ladicte Royne que le Roy la hayoit tant qu'il estoit délibéré de la faire mourir elle et ses enfans, et qu'il n'y avoit point de remède, si elle ne s'enfuyoit hors du royaume avec touses enfans, en luy conseillant et requérant qu'ainsi le feit, luy offrant la mener hors du royaume en aucunes de ses villes et forteresses, et en adjoustant une cautelle ou subtilité, c'est à sçavoir qu'il est nécessaire que ladicte Royne le tienne secret, affin qu'elle ne soit empeschée ou arrestée à ce faire : pour laquelle chose faire il voulut qu'elle faignit aller en plusieurs pellérinages de l'un à l'autre jusques à ce qu'elle seroit en lieu seur, tendant par cela la mettre en ses prisons et ses deux enfans, et puis faire semblablement au Roy pour parvenir par ce moyen à la coronne et seigneurie du royaume, il est tout subject au crime de leze Majesté. »

6º « Tout subject et vassal, qui par convoitise d'avoir la couronne et seigneurie du royaume, se trait devers le Pape, en imposant faulsement et contre vérité à son Roy et souverain seigneur crimes et vices redondans à sa noble lignée et génération, et par ce concluans que le Roy n'est pas digne de tenir la couronne d'un royaume, ni ses enfans de l'avoir après luy, comme par succession, requérant audit Pape par tres-grand instance qu'il vueille faire déclaration sur le faict de la privation d'iceluy Roy et desdits enfans, et déclarer iceluy royaume devoir appartenir à iceluy et à sa lignée, et luy requéran t donner absolution, et à tous les vassaux dudict royaume d'adhérer à luy...; tous tels vassaux et subjets sont traistres subjets, tyrans et desloyaux audit Roy, et au royaume. »

7° S'il advient qu'iceluy desloyal et tyran (*et animo deliberato*) empesche l'union de l'église et les conclusions du Roy et des clercs dudit royaume, délibérez et concluz pour le bien et utilité de saincte église, il empesche l'exécution de l'église, par force et puissance, indeûment et contre raison, tendant que le Pape soit plus enclin à luy octroyer sa faulse, mauvaise et inique requeste, iceluy tyran..... est digne de villaine mort, tant que la terre s'en doit ouvrir soubs luy et l'engloutir en corps et en âme, comme elle feit des trois schismatiques Dathan, Chores et Abiron, »

8° « Tout vassal et subject doit estre comme criminenx de leze majesté, qui par convoitise de venir à la couronne et seigneurie du royaume, machine à faire mourir par privez empoisonnemens et viandes envenimées ou autrement iceluy Roy et ses enfans. »

9° et dernier corollaire : « Tout subject et vassal, qui tient gens d'armes sur le pays, qui ne font autre chose que manger et exténuer le peuple, piller, robber, prendre, tuer gens, et efforcer femmes, et avec ce mettre capitaines ès chasteaux, forteresses, ponts et passages dudit royaume : et avec ce fait mettre sus tailles et emprunts innumérables, faingnant que c'est pour mener la guerre contre les ennemis du royaume : et après, quant lesdictes tailles sont levées et mises au trésor du Roy, les emble, prent et ravist par force et puissance, et en donnant desdictes pécunes fait alliance aux ennemis, adversaires et mal-vueillans desdits Roy et royaume, en se rendant fort et puissant pour obtenir sa damnable et mauvaise intention, c'est-à-dire d'obtenir la couronne et seigneurie dudict royaume : il est tout tel subject, qui ainsi fait, est digne de double mort. »

Ces corollaires terminent la *majeure*. Maître Petit passa alors à la seconde partie de son discours, la *mineure*, dans laquelle il devait appliquer à des faits les principes énoncés dans la *première justification*. Il annonça qu'il allait prouver que *feu Loys, nagueres duc d'Orléans*, avait, par convoitise d'obtenir la couronne pour lui et sa génération, commis le crime de leze-majesté en premier, second, troisième et quatrième degré, selon qu'il est indiqué dans la *mineure*.

Le premier degré, c'est lorsque l'injure ou offense est directement contre la personne du Roi, *et telle injure peuct estre faicte en deux manières :*

La première manière en machinant la mort et destruction de son prince, 1° par sortilège; 2° par poison; 3° par armes, feu, eau, ou autre violence. Ici le cordelier rapporta tous les bruits que la superstition et la calomnie se plaisaient à répandre contre le duc d'Orléans. Il prétendit que la démence du Roi provenait des *sortilèges* et *maléfices* de son frère; que celui-ci, furieux de n'avoir pu tuer son seigneur et maître, avec l'aide du diable, avait tenté plusieurs fois de l'empoisonner, et enfin avait voulu le faire périr par le feu, lors du *ballet des sauvages*, en janvier 1389. La crédulité populaire accusait Valentine de Milan d'avoir *envoûté* le Roy, afin de s'emparer avec son époux de la couronne de France. Aussi J. Petit ne manqua-t-il pas de mêler le duc de Milan dans ces prétendus crimes, comme les ayant conseillés à son gendre. Passant ensuite à la seconde manière *dudit premier degré*, il démontra que sur ce point le duc d'Orléans était également coupable, puisqu'il avait fait alliance avec les ennemis du Roi et du royaume, et à l'appui de son assertion il cita le fait suivant : « Il est vrai que au temps qu'on détenoit le roy Richard, que ledit Henry (de Lancastre) tendoit à faire mourir, aucuns plusieurs des seigneurs d'Angleterre luy disoient qu'il y avoit très grand péril pour la doubte des François, ausquels il respondit que de ce ne convenoit faire aucun doubte, car il avoit un puissant amy en France auquel il estoit allié : c'est à sçavoir le duc d'Orléans frère au roy de France... Et pour les faire plus certains, feit lire les lettres desdictes alliances... Ainsi fine le premier article de madicte *minor* : nonobstant qu'il y ait plusieurs autres crimes très horribles en plusieurs manières et diverses espèces de crimes de lèze-majesté, en ce premier degré commis et perpétrez par iceluy criminel duc d'Orléans, lesquels mondit seigneur de Bourgongne a reservé à dire en temps et lieu, toutesfois que mestier (besoin) en sera. »

Sur le second degré de lèze-majesté, Louis est également coupable, *lequel degré est de faire offence à l'encontre du Roy en la personne de sa femme espouse.* Car n'a-t-il pas voulu, sous la spécieuse apparence de pélerinages, faire sortir du royaume la Reine et ses enfans, pour les enlever, leur disait-il, à la colère du Roi, mais en réalité pour les tenir prisonniers dans son duché de Luxembourg?

Enfin il a également commis le crime de lèze-majesté au troisième degré, qui est d'offenser le Roi en la personne de ses enfans, soit par *venins, poisons et intoxications*, soit par *fallaces et déceptions*. Pour le premier point, maître Petit raconta l'aventure de la pomme empoisonnée qui, destinée, disait-on, au dauphin, avait fait périr un des fils du duc d'Orléans. Ce fait, vrai ou faux, avait attiré l'attention publique, et les ennemis de Valentine n'avaient pas craint de l'accuser d'avoir fait empoisonner elle-même cette pomme. De plus, irrité de n'avoir pu enlever les enfants de Charles VI avec leur mère, Louis, ajoutait l'orateur, avait essayé mille fois, par ses intrigues auprès du Pape, de faire priver le Roi et ses fils de la couronne et de les faire déclarer à son profit inhabiles au gouvernement du royaume. « Et pour mieux conduire son fait, et plustost encliner le Pape à condescendre à sa faulce injuste et inique requeste, il a toujours favorisé le fait dudit Pape, et soutenu en plusieurs et diverses manières. »

Passant alors au quatrième et dernier degré, maître Petit démontra que, quand bien même les alliances du duc d'Orléans avec les ennemis de la France ne seraient pas évidentes, il serait également coupable, puisque pendant près de quinze ans ses gens d'armes n'ont pas cessé de ravager le royaume, tandis que lui de son côté ruinait les sujets du Roi par des tailles et emprunts intolérables, *pécunes* qui allaient remplir les trésors des ennemis de l'état, alliés du propre frère de Charles VI. « Ainsi appert que j'ay déclaré et remonstré comment ledit criminel duc d'Orléans a commis crime de leze-majesté au quart degré, et en plusieurs manières, plusieurs autres crimes de leze-majesté très grands et horribles, non pas tant seullement du quart degré, mais au tiers, second et premier, en plusieurs cas et diverses manières d'espèces pour parvenir à sa damnable et mauvaise intention : à sçavoir à la très noble couronne et seigneurie de France, et à l'oster et soustraire au Roy nostre sire et à sa génération, lesquels autres crimes mondit seigneur de Bourgongne a réservé à déclarer en temps et en lieu quant mestier en sera. Et en outre appert madicte *minor* déclairée, laquelle joincte à ma dessusdite *major*, s'ensuit clerement et en bonne conséquence, que mondit seigneur de Bourgongne ne doit en riens estre blasmé, ne reprins dudit cas advenu en la personne dudit criminel le duc d'Orléans, et que le Roy nostre sire n'en doit point estre mal content seullement : mais doit avoir mondit seigneur de Bourgongne et son fait pour aggréable et l'auctoriser en tant que mestier seroit : et avec ce le doit guerdonner et remunerer en trois choses, c'est à sçavoir en amour, honneur et richesses, à l'exemple des rémunérations qui furent faictes à monseigneur Saint Michel l'archange et au vaillant homme Phinées, desquelles rémunérations j'ay fait mention en madicte *major* en la probation de ma tierce vérité. Et l'entens ainsi en mon gros et rude entendement, que le nostre sire doit plus que devant sa loyauté et bonne renommée faire prononcer par tout le royaume, et dehors le royaume publier par lettres patentes par manière d'epistre ou autrement (1). Iceluy Dieu veuille que ainsi soit-il fait, *qui est benedictus in secula seculorum. Amen.*

RÉPONSE DE L'ADVOCAT DE LA MAISON D'ORLÉANS AU DISCOURS DE JEAN PETIT.

Après avoir fait un appel à la justice du *Roy très-chrestien*, *l'advocat* de la duchesse d'Orléans exposa les divisions de son discours, et déclara que son intention était « de dire tant seullement vérité. Et est vray, ajouta-t-il, que le proposant pour partie adverse, comme mal advisé, appelloit

(1) Cette proposition fut condamnée par l'Université, comme *injurieuse au Roy et beaucoup scandaleuse.*

mondict seigneur d'Orléans crimineulx, jaçoit que par nulle manière il ait ce approuvé ne vérifié, nonobstant je ne vueil mie ainsi nommer partie adverse, jaçoit ce qu'il soit tel... et pour ce que sapience vainct malice, selon la saincte Escriture, il me suffict de nommer partie adverse la partie de Bourgongne. »

Ce préambule étant terminé, l'orateur entra aussitôt dans sa première partie, où il déclairait que les rois étaient tenus de faire justice à chacun de leurs sujets, proposition qu'il prouva par six raisons : La première c'est que, suivant l'expression de saint Augustin, royaume sans justice n'est que brigandage, c'est que le Roy vrayement au regard de ses subjects est aussi comme le pasteur au regard de ses ouailles, comme dit est en Aristote. Puis vinrent des citations de *Psalmes* et d'*Epistolles*, des anecdotes de Valère-Maxime, des exemples plus ou moins concluants, tirés de l'Ecriture sainte, se rapportant tous au châtiment des traitres et des *crimineulx*. « O roy de France, s'écria alors l'*advocat*, ces exemples te doivent esmouvoir à justice comme roy et souverain, car ainsi que tes subjects à toy doivent obéir, en telle manière tu es tenu à eux faire justice, et ainsi que le subject peux forfaire en désobéyssant. Aucuns pourroient doubter et proposer, que le subject se pourroit exempter, avecques tous ses biens, de son souverain pour le reffus de justice et équité. Sire, il te plaize à considérer ceste parolle, car pour justice tu ne dois rien doubter comme je declaireray cy après. Et pour la conclusion de ceste première raison, dit la parolle qui est escripte au livre de Job au IIIe chapitre : *Cum justitia indutus sum, et vestivi me vestimento, et diademate in coronatione meâ*, c'est-à-dire, je suis vestu de justice et m'en ay vestu comme de vestement, et de diadème à ma coronation. » La seconde raison « est fondée en l'amour fraternelle, car, comme dit le commun proverbe, nature ne peut mentir : le Roy donc comme seigneur et frère, selon justice et raison, doit maintenir son droit. » Après avoir montré que Jean-sans-Peur devait aimer le duc d'Orléans comme son frère, attendu qu'en la saincte Ecriture les neveux et cousins-germains sont appellés frères, l'orateur, s'adressant toujours au Roi, s'écria : « Dont tu peux dire à partie adverse la parolle que dict Nostre Seigneur à Cayn après qu'il eut occis son frère :
Vox sanguinis fratris tui clamat ad me de terrâ, c'est-à-dire la voix du sang de ton frère crye à moy de la terre, et certainement la terre crye et le sang se complaint. Et icelluy n'est pas homme naturel ne de bon sang qui n'a compassion de telle mort si cruelle : et n'est pas merveilleuse chose, se (si) je dis partie adverse sembler à Cayn, car en luy je vois moult des similitudes de Cayn : car ainsi que Cayn, meu par envie, occist son frère, pour ce que Nostre-Seigneur avoit reçu ses dons et sacrifices, et n'avoit point les siens regardez, et pourtant il machina en son cueur comment il pourroit occire son frère : en telle manière partie

adverse, c'est à sçavoir le duc de Bourgongne meu par envie de ce que mondict seigneur d'Orléans estoit aggréable au Roy, il machina en son cueur la mort, et finablement le feit cruellement et trahistreusement occire, comme il sera demonstré en la seconde partie. » Après cette comparaison, tout-à-fait dans le goût du temps, l'orateur continuant : « Sire, dit-il, doncques il te souvienne de la parolle dessusdite adressée à Cayn, c'est à sçavoir : *Vox sanguinis*, la voix du sang de ton frère. C'est la voix de la dame d'Orléans et de ses fils, cryans et requérans à toy justice. Hélas! Sire roy, pour qui vouldrois-tu faire justice, se tu ne le faisois pour l'amour de ton propre frère? Se tu n'as esté amy à ton sang, à qui seras-tu amy? Doncques attendu qu'on ne te demande fors justice, ô très noble prince, considère que ton frère germain à toi est osté, doresnavant tu n'auras point de frère ne verras, car partie adverse a occis ton seul frère cruellement et osté de toy. » Ici vint naturellement un éloge du feu duc d'Orléans qui, par son exagération, dut un peu étonner les assistants; car il compare cet aimable débauché à David, et lui applique ce que dit l'Écriture du roi-prophète : *il avoit sapience comme l'ange de Dieu*. Ensuite, par un mouvement oratoire assez remarquable, *l'advocat* s'adressa aux mânes du dernier roi : « O roy Charles, tu vesquisses maintenant, que dirois-tu? Quelles larmes t'appaiseroient? Qui t'empescheroit que tu ne feisses justice de si cruelle mort? Hélas! tu as tant aymé l'arbre et si diligemment élevé en honneur, lequel apporta le fruit qui a fait mourir ton très cher fils. Hélas! roy Charles, tu pourroyes dire droictement avec Jacob : *Fera pessima devoravit filium meum*, la beste très mauvaise a dévoré mon fils. »

La troisième raison « est fondée en pitié, veüe la condition desdicts suppliants, c'est à sçavoir de madame d'Orléans, veufve et desconfortée avecques ses enfans innocents, tes nepveux qui sont orphelins, et desconfortez, non ayans père fors toy. » L'orateur compara la douleur de la duchesse à celle de la fille de Caton, qui disait que sa vie et sa tristesse finiraient tout ensemble. Valentine, en effet, après avoir amèrement pleuré un époux, peu digne pourtant d'une telle douleur, ne tarda guères à le suivre au tombeau.

La quatrième raison est l'énormité du crime de Jean-Sans-Peur, qui est tel que le Roi, sous peine d'être accusé d'une indigne faiblesse, ne peut se dispenser de le punir. Les anciens rois, *par grand compassion et mesmement de la mort de leur ennemy ploroient : par plus forte raison* le Roy doit gémir sur la mort de son frère. Ayant alors recours à une figure, dont les anciens rhéteurs abusaient trop souvent, il rendit pour un instant la vie au duc d'Orléans, qui vint demander justice contre son meurtrier.

La cinquième raison est que si justice n'est faite, il en résultera que chacun dorénavant, pour se venger, usera de trahisons et de violences, d'où proviendront des discordes et des maux infinis. Mais, dira-t-on, le duc de Bourgogne est bien puissant pour chercher à en tirer vengeance. L'orateur s'indigne de cette remarque; il demande quels sont les ecuyers et les chevaliers qui oseroient servir Jean-sans-Peur contre Charles VI, et il ajoute : « O Sire roy, regarde comme les roys de France, qui petite puissance avoient au regard de toy, ont fait justice de plus grands seigneurs, que ne sont partie adverse, comme il peut apparoir à celuy qui vondra lire les histoires du temps passé. » Il finit en citant Tulle, Jésus-Christ et Ovide, *de l'Art d'Amour*, pour prouver que le duc de Bourgogne doit être puni comme meurtrier.

La sixième et dernière raison est la *mauvaistié de partie adverse*. Ici l'orateur montra l'orgueil et le mauvais esprit du duc de Bourgogne, il énuméra ses intrigues, ses criminelles manœuvres, sa désobéissance continuelle aux ordres du Roi, et il conclut à la sévère punition du coupable.

Par une heureuse transition, il passa alors à la seconde partie de son discours, dans laquelle il devait démontrer *la grandeur et abhomination du péché de la partie adverse*, le tout par six raisons :

« La première est fondée en ce que partie adverse n'avoit nulle auctorité ou puissance de juge sur ledit deffunct. » Elle lui devait au contraire honneur et révérence comme au fils du Roi. L'advocat saisit ici l'occasion d'attaquer cette infâme doctrine du régicide, développée par maître Petit. Cette réplique n'est point sans intérêt. Le défenseur de la duchesse d'Orléans était chargé d'une belle cause; il avoit à venger la morale, l'honneur et le bon sens également outragés dans la thèse du cordelier normand. Il prouva d'abord facilement que l'Ecriture sainte et les pères de l'Eglise défendaient *d'occire aucun sans auctorité de justice*, puis qu'il en était de même dans les lois humaines. Mais, dit la partie adverse, *les lois ne doivent secourir à ceux qui contredient aux lois; le tyran va droictement contre les loix universelles, donc cestuy homicide par nulle manière n'est contre les loix*. Il résulterait donc de là que le duc d'Orléans était un tyran; mais comment peut-on avancer une telle proposition? L'orateur, après avoir justifié le défunt sur ce point, remarqua judicieusement qu'une accusation banale de tyrannie ne pouvait suffire à justifier un meurtre. Entrant alors plus avant dans la polémique, il réfuta les douze raisons que Jean Petit soutenait, pour prouver que le duc de Bourgogne avait le droit d'assassiner le frère du Roy : 1er *Il est permis de tuer un tyran*. Cette proposition et les exemples donnés par le cordelier n'ont aucune valeur, puisqu'il est prouvé que le duc d'Orléans n'était point tyran. Le défenseur se servit du même raisonnement pour combattre les autres arguments de la partie adverse, en ayant soin d'examiner les autorités sur lesquelles le cordelier fondait son exécrable doctrine. « La quinte raison est fondée en ce que Tulle, en son livre des Offices loüe ceux qui occirent Cœsar. A ce je respons que jaçoit ce que Tulle fut grand homme de grand souffisance, toutesfois il parloit comme malveillant à Cœsar : car toujours il soubstint les causes et fais de Pompée adversaire de Julius Cæsar, et aussi ledit Cœsar perpetra moult de choses qu'oncques ne pensa monseigneur d'Orléans. » Passant ensuite aux exemples tirés de l'Ecriture sainte : « La dixiesme raison, dit-il, est fondée en l'exemple de Moyse, qui sans auctorité occit l'Ægyptien. A ce je dis que selon l'opinion de sainct Augustin, et de plusieurs autres docteurs, Moyse pecha en occiant l'Ægyptien.......... L'unziesme raison est fondée en l'exemple de Phinées qui sans commandement occit le duc Zambre, et toutesfois de ce demourant impuny, eut grand rémunération. A ce respond monseigneur sainct Thomas, disant que Phinées feit ce, comme maistre de la loy : car il estoit fils du souverain prestre, et pour ce avoit il puissance et auctorité publique. Et aussi ce présent cas n'est pas pareil à celuy, comme il appert en regardant l'histoire. La douziesme raison est fondée en ce que saint Michel l'archange occist Lucifer sans commandement divin, et pour ceste cause fut il remuneré de plusieurs richesses, et honnoré, comme dit le proposant de partie adverse. A ce je respons que sainct Michel n'occist Lucifer, ainçois (au contraire) ce dire est grand derision : car l'occision de Lucifer n'est autre chose que privation de divine grace et de la souveraine gloire du paradis, de laquelle il fut dejecté de Dieu, pour la cause de son orgueil. O messeigneurs, en quel livre a trouvé icelui proposant icelle théologie escrite.... Je dy de rechief que telles occisions alléguées par partie adverse, ne sont pas à prendre exemple ou conséquence : car en l'Ancien Testament moult de choses estoient souffertes, que maintenant sont deffendues..... Adoncques la doctrine est très mauvaise par laquelle les occisions ensuivent........ Par ce vrayement seroient les princes en péril de mort, et tantost que renommée seroit d'aucun mal contre aucun prince, chacun prendroit hardiesse à prendre de ce punition, se (si) ceste mort, sans auctorité perpétrée, n'estoit réprouvée. O vous, princes, considerez que se telles doctrines estoient soustenues, chacun pourra dire : Aussi bien puis occire comme feit tel, il vous plaise donc condamner ceste faulse et desloyale doctrine comme perilleuse, seditieuse et abhominable. »

« La seconde raison de ma seconde partie est fondée en ce que l'occision cruelle de monseigneur d'Orléans ne fut pas exécutée par voye de justice, et posé que partie adverse eut eu auctorité de ce faire, neantmoins estoit il tenu de traicter ladicte mort par voyes de justice, et par informations précédentes, par bons tesmoings non reprochables, approuvés suffisamment. » L'orateur parla des maux que cause aux empires l'oubli des lois et de la justice, et il rappela la conduite de Cicéron, qui ne fit exécuter Cathelin (Catilina) et ses favorables, qu'après avoir prouvé l'évidence de leur complot.

La troisième raison est fondée sur les alliances conclues entre Jean-sans-Peur et le duc d'Orléans. L'advocat s'étendit avec intention sur ce point, afin de montrer clairement la trahison de la partie adverse. Après avoir rappelé les sermens et les traités qui unissaient les deux princes, il s'écria : « O trahison abhominable, qui te pourra excuser?..... O partie adverse, tu as visité plusieurs fois monseigneur d'Orléans, quand il vivoit. *Item*, tu as mangé et beu avec luy. *Item*, as prins avec luy ensemble espice en un mesmes plat en signe d'amitié. Et en la parfin le mardy, dont il fut occis le lendemain, te pria amoureusement que tu dinasses avec luy, le dimenche prochain ensuivant, laquelle chose tu luy promis, en la présence de monseigneur de Berry, qui est cy-présent. Certainement pourroit dire monseigneur d'Orléans, la parolle de Jésus-Christ, laquelle il dit de Judas le traistre : *Qui mittit manum mecum in paropside, hic me tradet,* c'est à dire, celuy qui met la main au plat me trahira. »

« La quarte raison est fondée en ce que la manière de la mort de monseigneur d'Orléans fut damnable et desloyale. » C'est qu'il prouva par plusieurs points. Les lois donnent aux criminels, avant leur exécution, le temps de se repentir : le duc de Bourgogne, lui, a fait assassiner à l'improviste son ennemi, *afin de procurer la damnation de l'âme perdurable avec l'occision du corps*. L'orateur rappela ensuite l'hypocrite douleur de Jean-sans-Peur, à la nouvelle de ce meurtre, puis sa confusion, lorsqu'il s'avoua coupable, et sa fuite de Paris. « Adonc il povoit dire comme Judas le traistre : *Peccavi tradens sanguinem justum,* c'est à dire j'ai péché trahissant le sang juste. O Philippe, duc de Bourgogne, se tu vivois maintenant, tu n'approuverois pas partie adverse, et dirois que ton propre fils a forligné, car tu étois appelé et nommé Hardy, et fut celuy paoureux, doubteux, et si fut traistre. »

La cinquième raison qu'allégua le défenseur est importante. Il fit remarquer, avec beaucoup de bon sens, que le duc de Bourgogne n'avait fait tuer Louis d'Orléans que *pour ambition, convoitise et desir à dominer*; il voulut, par ce moyen, dessiller les yeux du peuple, et le mettre en garde contre l'ambition de Jean-sans-Peur. Mais ses efforts furent inutiles. Si on l'avait cru, cependant, la France eût été peut-être préservée des calamités qui l'assaillirent pendant si long-temps.

La sixième et dernière raison « est fondée en ce qu'il ne souffist pas à partie adverse priver de vie corporelle et espirituelle selon son povoir, mais avec ce il voulut iceluy (le duc d'Orléans) et les siens priver de tout honneur et renommée, en proposant libelle diffamatoire, plain de mensonges et de faulsetez, et en alléguant mauvaises allégations sans probations et en imposant audit desfunct crime de lèze Majesté divine et humaine, de laquelle il estoit innocent, comme il aperra en la tierce partie de ceste proposition. Et peut estre dit que la justification de cest homicide est plus grand péché que ledit homicide, car c'est persévérance en peché, par obstination maintenant peché, et est chose humaine, mais persévérer est chose diabolique. »

C'est ainsi que finit la deuxième partie. Dans la troisième, l'orateur s'occupa de la réfutation des *faulses accusations proposées par partie adverse*. Cette dernière division de son discours fut également composée de six paragraphes, chacun d'eux répondant à une accusation portée contre le duc d'Orléans par maître Petit.

La première accusation est celle « du crime de leze Majesté divine au premier degré en commençant et faisant sorceries et idolatries qui sont contre la foy chrestienne, et contre l'honneur de Dieu. » Mais d'après l'aveu même du proposant, la punition de ce crime appartient plutôt à Dieu qu'aux hommes. D'ailleurs le duc d'Orléans est innocent; son repentir dans les derniers temps de sa vie, ses fondations pieuses, son *dévot testament*, le disculpent facilement. « O partie adverse, pourquoy as tu proposé que ces choses n'estoient autre chose que hypocrisie et fiction ? qui a à toy révélé les secrets des cueurs ? »

La seconde accusation « est que monseigneur d'Orléans estoit favorable à schisme, et par conséquent iceluy avoit commis crime de leze Majesté au second degré. » L'orateur rappela que jamais le duc d'Orléans n'avait été gagné par le *pape Benedict*, que ce reproche au contraire devait être adressé au duc de Bourgogne, et il prouva que dans tous les temps sa partie n'avait désiré que l'union de l'église.

Quant à la troisième accusation, elle était fort importante, c'était celle d'avoir voulu faire périr le Roy par maléfices, par *poisons et venins*, par *occision*. Après avoir prouvé la fausseté de ces histoires de *sorceries*, l'orateur ne craignit pas d'ajouter que quand même le duc d'Orléans aurait eu recours aux magiciens, jamais leur influence n'eût pu être funeste au Roy; car la magie ne peut servir qu'à faire gagner de l'argent à des fripons et des *bourdeurs*. C'était une grande hardiesse que d'attaquer la sorcellerie à une pareille époque. Il cita des autorités et fit cette comparaison assez ingénieuse : « Nous sommes maintenant en telles comparaisons, lesquelles feit Saint-Augustin du médecin et de l'astrologien, rendant la cause des deux enfans nez d'un mesme ventre, que nous disons jumeaux; l'un estoit moult maigre et l'autre gras; l'astrologien avoit recours à divers ascendens, le médecin à ce que le gras eut premier l'ame au corps, et pour ce qu'il estoit plus fort il succoit à peu près toute la nourriture des deux, auquel est-il plus à croire? certainement au médecin, comme respond Saint-Augustin. Semblablement nous povons dire que plus grand foy est à estre ajoutée à la faculté de médecine en ceste matière, qu'au dit du maistre en théologie prononcé sottement. » Quant aux prétendues machinations du duc de Milan qui, disait-on, voulait voir sa fille Valentine reine de France, il fut facile d'en démontrer la non-existence. Passant ensuite aux accusations de *poison et d'occision*, l'orateur prouva que maître Petit avait avancé des calomnies et des bruits populaires sans aucune critique. Le cordelier avait parlé d'un aumônier de la reine qui était mort, disait-il, subitement d'un poison préparé pour Charles VI. Mais malheureusement pour l'anecdote, l'aumônier avait à la connaissance de toute la cour, véeu encore en bonne santé cinq ou six ans au-delà de l'époque de sa prétendue mort. Petit avait également insisté sur la catastrophe du *Ballet des sauvages*, dont le duc d'Orléans était généralement regardé comme l'auteur, et sur ses alliances avec les ennemis du royaume. Mais son adversaire montra que dans le premier cas le frère du Roi n'avait montré que de la légèreté et de l'imprudence, et que pour le second c'était encore une calomnie.

Il faut également regarder comme telle ce prétendu voyage pendant lequel le duc d'Orléans devait, dit-on, enlever la reine et ses enfans. D'ailleurs la reine connaît la vérité, et quand elle le voudra, elle pourra la déclarer. La cinquième accusation n'est pas mieux fondée; c'est l'histoire de la pomme empoisonnée. L'orateur montra l'invraisemblance de cette anecdote, et faisant un appel à la déposition des deux médecins, Guillaume le Boucher et Jean de Beaumont, qui avaient soigné le Dauphin, il prouva que le jeune prince était mort, non de poison, mais *du cours de ventre, de quoy plusieurs mouroient en ce temps*. Enfin la sixième et dernière accusation était « que monseigneur d'Orléans commist crime de leze-Majesté au quart degré en destruisant le Roy de ses pécunes, et le peuple en tenant hommes d'armes sur le pays, en faisant tailles intolérables; » mais dans quel but cet argent a-t-il été levé? n'est-ce pas *pour le fait de partie adverse au voyage de Hongrie*, et pour *sa rançon?* ne fallait-il pas dépenser de l'argent, afin de se mettre en garde contre les entreprises du duc de Bourgogne? et quant aux soudards, qui pillaient les campagnes, sous le nom du duc d'Orléans, est-il nécessaire de dire que ces gens sans aveu n'avaient ni lettres ni mandements qui pussent les autoriser à nommer le duc, et qu'ils n'agissaient ainsi, *affin qu'aucuns ne leur osassent mal faire?* Bien au contraire *luy desplaisoit des maulx qu'ils faisoient aucunes fois*. C'est au contraire le duc de Bourgongne qu'il faut accuser du pillage de la France.

L'*advocat*, après avoir ainsi réfuté les accusations de Me Petit, termina son plaidoyer par une péroraison vive et animée. « O toy, Roy de France, s'écria-t-il, prince très excellent, plore doncques ton seul frere germain, que tu as perdu, l'une des plus précieuses pierres de ta couronne, duquel la justice tu devroyes toy mesme procurer se (si) nul ne le procuroit. O toy, très noble Royne, pleure le prince qui tant te honnoroit, lequel tu veis mourir si honteusement. O toy, mon très redouté seigneur, monseigneur d'Acquitaine, plore, qui as perdu le plus beau membre de ton sang, conseil et seigneurie... O toy, duc de Berry, plore qui as veu le frère du Roy ton nepveu finir sa vie par griefve martyre, pour ce qu'il estoit fils du Roy et non pour autre chose. O toy, duc de Bretaigne, qui as perdu l'oncle de ton espouse, qui grandement t'aymoit, ô toy, duc de Bourbon, plore, car ton amour est enfouye en terre; et vous autres, princes et nobles plorez : car le chemin est commencé à vous faire mourir trahistreusement et sans advertance. Plorez, hommes et femmes, jeunes et vieulx, povres et riches, car la doulceur de paix et de tranquillité vous est ostée, en tant que le chemin vous est monstré d'occire et mettre glaive entre les princes, par lesquels vous estes en guerre, en misère et en voye de toute destruction. O tous, hommes d'église, et saiges, plorez le prince qui très grandement vous honnoroit et aymoit, et pour l'amour de Dieu, vous clercs et nobles hommes de tous divers estats.... » L'orateur les engage à rendre justice à la famille du duc d'Orléans, « et en ce faisant vous ferez vostre devoir, comme y estes tenus, dont vous pourrez enquérir la vie éternelle selon ce qu'il est escrit au vingt et uniesme chapitre des proverbes : *qui sequitur justitiam, inveniet vitam et gloriam*, c'est-à-dire, qui ensuivra justice il trouvera vie et gloire, laquelle nous octroye celuy Dieu, qui vit et règne sans fin par tous les siècles, *Amen.* »

S'ensuit comment les conclusions contre ledit duc de Bourgongne furent prononcées par icelle duchesse et son fils, et de la response qui leur fut faicte par le chancellier.

Le chancelier de France ordonna alors à l'*advocat* de la duchesse d'Orléans de prendre des *conclusions civiles* (les *conclusions criminelles* étaient du ressort du procureur du roi). Après avoir de nouveau représenté à l'assemblée la gravité de l'affaire dont il se chargeait, et l'importance d'une prompte et sévère justice, il demanda au nom de la duchesse d'Orléans et de ses fils :

1º Que le duc de Bourgogne fît publiquement, à genoux, *sans corroye et sans chapperon*, amende honorable, et demandât pardon à la veuve de sa victime. 2º Qu'après cette cérémonie, dont le lieu serait désigné par le Roi, il fût conduit à la cour du Palais et à l'hôtel Saint-Pol où il ferait une seconde fois amende honorable, puis à l'endroit où le crime avait été commis. 3º Qu'il restât là à genoux, tandis que le clergé réciterait l'office des morts, et qu'après il baisât la terre, *en demandant pardon à Dieu et à madame d'Orléans et à ses fils, des offences contre eux commises.* 4º Que toutes les maisons appartenant à Paris au duc de Bourgogne fussent détruites, et qu'à leur place on élevât une croix de pierre avec une inscription donnant le motif de sa construction ; qu'un monument semblable fût élevé à la place où était tombé monseigneur d'Orléans, et que la maison où s'étaient cachés les assassins, fût détruite. 5º Que le duc de Bourgogne fût obligé d'acheter cet endroit et les maisons voisines, et d'y faire construire à ses frais un collége de six chanoines, six vicaires et six chapelains, où chaque jour seraient dites six messes pour l'âme du défunt; le duc de Bourgogne lui donnerait *mille livres parisis de rente amortie*, et une inscription, placée sur la porte, indiquerait le motif de sa fondation. 6º Qu'il construisît également à ses frais, dans Paris, un collége de douze chanoines, de douze vicaires et de douze clercs de la ville d'Orléans, qui porterait le nom d'Orléans, et dont la collation, comme celle du premier collége, appartiendrait à madame d'Orléans et à ses descendants : il serait assigné à ce collége deux mille livres parisis de rente, et sur la porte une inscription indiquerait la cause de sa fondation. 7º Que le duc de Bourgogne fît édifier deux chapelles, l'une à Jérusalem, l'autre à Rome, où chaque jour serait dite une messe pour l'âme du défunt. 8º Qu'il payât un million, *non mie au prouffit de madicte dame d'Orléans, ne de ses fils*, mais à fonder hôpitaux, chapelles, et *autres œuvres de pitié* pour l'âme du défunt. 9º Que toutes les propriétés de la maison de Bourgogne en France fussent vendues pour subvenir à toutes ces dépenses, et que le duc fût retenu en prison jusqu'à l'entier accomplissement de la sentence. 10º Qu'il fût condamné à un exil *outremer* perpétuel, ou *jusques à tant que semblera bon estre fait*, et que de retour en France il ne pût jamais approcher de cent lieues la Reine et les fils de monseigneur d'Orléans, sous peine de *grandes réparations.* 11º Enfin, que cette sentence fût rendue publique, et que le duc fût condamné aux dommages et dépens.

Le duc d'Aquitaine, représentant du Roi, fit répondre par le chancelier qu'il acceptait la justification du duc d'Orléans, et que de son meurtre il ferait *bonne et briefve expédition de justice.*

Mais il est inutile d'ajouter qu'on n'essaya même pas de faire exécuter les conclusions de l'*advocat* d'Orléans.

TRAITÉ DE TROYES (DU 21 AOUT 1420),
Par lequel Charles VI institue Henri V, roi d'Angleterre, son héritier à la couronne de France.

Nous transcrivons cette pièce importante, telle qu'elle se trouve dans les ordonnances des rois de France et dans le recueil de Rymer ; nous indiquons en notes quelques légères variantes du texte donné par Godefroy, dans ses annotations sur Juvénal des Ursins. Ce traité se trouve également dans Lefèbre Saint-Remy et dans le Journal d'un bourgeois de Paris; nous avons comparé les divers textes.

« Charles, par la grace de Dieu, roy de France, à perpétuelle mémoire. Combien que pour réintégrer la paix, et oster les discensions des royaulmes de France et d'Angleterre, plusieurs notables et divers traictez qui ou temps passé ont esté fais entre noz nobles progéniteurs de bonne mémoire, et ceulx de très-hault prince et de nostre très chier filz Henry roy d'Angleterre, héritier de France, et aussi entre Nous et nostredit filz, n'aient apporté le fruict de paix pour ce désiré; sçavoir faisons à tous presens et à venir, que néantmoins, Nous, considérans et pesans en nostre cuer quans grans et irréparables maulx, quantes énormitez, et que la doloreuse playe universal et incurable, la division des deux royaulmes dessusdiz, a jusques cy mis et apporté, non pas tant seulement ausdiz royaumes, mais à toute l'église militant, Nous avons nagueres reprins traictié de paix aveeques nostredit fils Henry, ouquel à la parfin, après plusieurs collacions (1) et parlemens des gens de nostre conseil, icellui octroyant et donnant effect à noz désirs, qui promet paix aux hommes de bonne voulenté, entre nous et nostredit filz, à l'euvre de ladicte désirée paix, est conclud et accordé en la manière qui s'ensuit :

1° *Premièrement.* Que pour ce que par l'aliance du mariage fait pour le bien de ladicte paix, entre nostredit filx le roy Henry, et nostre très-chiere et très-amée fille Katherine, il est devenu nostre filx, et de nostre très-chière et très-amée compaigne la Royne, icellui nostre filz Nous amera et honorera et nostredicte compaigne, comme pere et mère, et ainsi comme il appartient honnourer telz et si grans prince et princesse, et devant toutes personnes temporeles du monde.

2° *Item,* que nostredit filz le roy Henry ne Nous turbera, inquietera ou empeschera, que Nous ne tenions et possidons tant que Nous vivrons, ainsi que nous tenons et possidons de présent la couronne et dignité royale de France, et les revenues, fruis et provens d'iceulx, à la soubstenance de nostre estat et des charges du royaume, et que nostredicte compaigne aussi ne tieigne tant qu'elle vivra, estat et dignité de Royne, selon la coustume dudit royaume, aveeques partie desdictes rentes et revenues à elle convenable.

3° *Item,* est accordé que nostredicte fille Katherine, aura et percevra ou royaume d'Angleterre, douaire ainsi que les roynes d'Angleterre ont ou temps passé acoustumé d'avoir et percevoir ; c'est assavoir, par chascun an la somme de quarente mil escuz, desquels les deux vaillent tousjours un *noble* d'Angleterre.

4° *Item,* est accordé que nostredit filz le roy Henry, par toutes voyes, moyens et manieres qu'il pourra, sans transgression ou offense de serement par lui fait, de observer les loix, coustumes et droiz de sondit royaume d'Angleterre, labourera et pourvera que nostredicte fille Katherine sa compaigne, le plustost que faire se pourra, soit en tout événement pleinement asseurée de percevoir et avoir eu sondit royaume d'Angleterre, du temps de son trespas, le douaire devant dit de quarente mil escuz annuel, desquels les deux vaillent tousjours un *noble* d'Angleterre.

5° *Item,* est accordé que s'il advenoit que nos-

(1) Il y a *relations* dans Godefroy.
(2) Termes dont on se servait pour désigner la maladie du Roi.

tredicte fille survive à nostredit filz le roy Henry, elle percevra et aura ou royaume de France, tantost après le trespas de nostredit filz, douaire de la somme de vint mil francs par an, de et sur les terres, lieux et seigneuries que tint et eust en douaire nostre très-chiere dame de bonne mémoire Blanche, jadiz femme de Philippe de bonne mémoire, jadiz roy de France, nostre très-redoubté seigneur et grant-ayeul.

6° *Item,* est accordé que tantost après nostre trépas, et deslors en avant, la couronne et royaume de France aveeques tous leurs drois et appartenances, demourront et seront perpétuelment de nostredit filz le roy Henry, et de ses hoirs.

7° *Item,* que pour ce que Nous sommes tenuz et empeschiez (2) le plus du temps, par telle manière que Nous ne povons en nostre personne entendre ou vacquer à la disposicion des besoignes de nostre royaume, la faculté et exercice de gouverner et ordonner la chose publique dudit royaume, seront et demourront nostre vie durant, à nostredit filz le roy Henry, aveeques le conseil des nobles et sages dudit royaume, à nous obéissans, qui auront amé le prouffit et honneur dudit royaume ; par ainsi que dès-maintenant, et deslors en avant, il puisse icelle régir et gouverner par lui-mesmes, et par autres qu'il voudra députer, aveeques le conseil des nobles et saiges dessusdiz; lesquelx faculté et exercice de gouverner ainsi estans par devers nostredit filz le roy Henry, il labourera affectueusement, diligemment et loyaument à ce qui puist et doye estre, à l'onneur de Dieu, de Nous et de nostredicte compaigne, et aussi au bien publique dudit royaume, et à deffendre, transquiler, appaisier et gouverner icellui royaume, selon l'exigence de justice et équité, aveeques le conseil et aide des grans seigneurs, barons et nobles dudit royaume.

8° *Item,* que nostredit filz fera de son povoir, que la court du parlement de France, sera en tous et chascun lieux subgez à Nous maintenant, ou ou temps avenir, observée et gardée ès auclorité et souveraineté d'elle, et à elle deues, en tous et chascuns lieux à Nous subgez, maintenant ou ou temps avenir.

9° *Item,* que nostredit filz de son povoir defendera et conservera tous et chascuns pers, nobles, citez, villes, communitez et singulières personnes à Nous maintenant ou temps avenir subgectes, en leurs drois, coustumes, privileges, prééminences, libertez et franchises à eulx appartenans ou deuz, en tous les lieux subgez à Nous maintenant ou temps avenir.

10° *Item,* que nostredit fils diligemment et loyaument labourera, et fera de son povoir que justice sera administrée audit royaume, selon les loys, coustumes et droiz dudit royaume de France, sanz accepcion de personnes, et conservera et tendra les subgez de nostredit royaume en paix et transquilité, et de son povoir les gardera et defendera de violences et oppressions quelxconques.

11° *Item,* est accordé que nostredit filz le roy

Henry pourverra et fera de son povoir, que aus offices tant de la justice de parlement, que des bailliages, seneschaucies, prévostez et autres, appartenans au gouvernement de seignorie, et aussi à tous autres offices dudit royaume, seront prinses personnes habiles, prouffitables et ydoines, pour le bon, juste, paisible et trauquille regime dudit royaume, et des administracions qui leur seront à commectre et qu'ilz soient telz qu'ilz doient estre députez et prins selon les loix et drois du royaume, et pour le prouffit de Nous et de nostre royaume.

12° Item, que nostredit filz laborera de son povoir, et le plustost que faire se pourra prouffitablement, à mectre en nostre obéissance toute et chascune citez, villes, chasteaulx, lieux, pays et personnes dedens nostre royaume, désobéissans à Nous et rebelles, tenans la partie ou estans de la partie vulgaument appellée du *Daulphin* ou d'*Armignac*.

13° Item, afin que nostredit filz puisse, faire exercer et acomplir les choses dessusdictes plus prouffitablement, seurement et franchement, il est accordé que les grans seigneurs, barons et nobles, et les estas du royaume, tant spirituelz que temporelz, et aussi les citez et notables communitez, les citoiens et bourgeois des villes dudit royaume, à Nous obéissans pour le temps, feront les seremens qui s'ensuivent : premierement, à nostredit fils le roy Henry, aiant la faculté et exercice de disposer et gouverner la chose publique, et à ses commandemens et mandemens en toutes choses concernans l'exercice du gouvernement dudit royaume, et par toutes choses obéiront et entenderont humblement et obéissamment.

Item, que les choses qui sont ou seront appointées et accordées entre Nous et nostredite compaignaigne la Royne, et nostredit filz le roy Henry, avecques le conseil de ceulx que Nous et nostredicte compaigne et nostredit filz auront à ce commis, lesditz grans seigneurs, barons, nobles et estaz de nostredit royaume, tant spirituelz comme temporelz, et aussi les citez, notables communitez, les citoiens et bourgeois des villes dudit royaume, en tant que à eulx, et à chascun d'eulx pourra touchier en tout et par tout, bien et loyaument garderont, et feront de leur povoir garder par tous autres quelxconques.

Item, que continuelment dès nostre trespas et après icellui, ilz seront feaulx hommes liges à nostredit filz et de ses hoirs, et icellui nostre filz pour leur seigneur lige et souverain et vray roy de France, sans aucune opposicion, contradiction ou difficulté, recevront, et comme à tel obéiront ; et que après ces choses, jamais n'obeyront à autre que à Nous comme à roy ou régent le royaume de France, se non à nostre dit filz le roy Henry et à ses hoirs.

Item, qu'ils ne seront en conseil, ayde ou consentement que nostredit filz le roy Henry perde vie ou membre, ou soit prins de mauvaise prinse, ou qui seuffre dommage ou diminucion en personne, estat, honneur ou biens ; mais ce ilz seevent que aucune tele chose soit contre lui machinée, ou perforcée (1), ilz l'empescheront de leur povoir, et lui feront savoir le plus tost qu'ilz pourront, par eulx, messaiges ou lettres.

14° Item, est accordé que toutes et chascunes conquestes qui se feront par nostredit filz le roy Henry, hors la duchié de Normandie, ou royaume de France, sur les désobéissans dessusdiz, seront et feront à nostre prouffit, et que nostredit filz de son povoir, fera que toutes et chascunes terres et seigneuries estans ès lieux qui sont ainsi à conquerir, appartenans aus personnes à Nous présentement obéissans, qui jureront garder ceste présente concorde, seront restituées ausdictes personnes à qui elles appartiennent.

15° Item, est accordé que toutes et chascunes personnes ecclésiastiques bénéficiées, ou duchié de Normandie, ou autres lieux quelxconques ou royaume de France, subgez à nostredit filz à Nous obéissans et favorisans la partie de nostre trèschier et très-amé filz le duc de Bourgongne, qui jureront garder ceste présente concorde, joyront paisiblement de leurs bénéfices ecclésiastiques estans oudit duchié de Normandie, ou lieux devant diz.

16° Item, que semblablement tous et chascunes personnes ecclésiastiques obéissans à nostredit filz le roy Henry, et bénéficiez ou royaume de France ès lieux à Nous subgez, qui jureront garder ceste présente concorde, joyront paisiblement de leurs bénéfices ecclésiastiques estans ès lieux devant diz.

17° Item, que toutes et chascune église, universitez et estudes généraulx, et aussi colleges d'estudians, et autres colleges ecclésiastiques, estans ès lieux à Nous subgez présentement, ou pour le temps avenir, ou en la duchié de Normandie, ou autres lieux du royaume de France, subgez à nostredit filz le roy Henry, joyront de leurs drois et possessions, rentes, prérogatives, libertez, prééminences et franchises à eulx ou royaume de France, comment que ce soit appartenantes ou deues ; saufves les drois de la couronne de France et de tous autres.

18° Item, et quant il advendra que nostredit filz le roy Henry venra à la couronne de France, la duchié de Normandie, et aussi les autres et chascun lieux par lui conquiz ou royaume de France, seront sous la jurisdiccion, obéissance et monarchie de ladicte couronne de France.

19° Item, est accordé que nostredit filz le roy Henry, de son povoir se perforcera, et fera que aus personnes à Nous obéissans et favorisans la partie devant dicte qu'on appelle de Bourgongne, ausqueles appartenoient seignouries, terres, revenues ou possessions en ladicte duchié de Normandie, ou autres lieux ou royaume de France, par icellui nostre filz le roy Henry conquises, jà pieça par lui données, sera faicte sanz diminucion de la couronne de France, recompensacion par

(1) Il y a dans Godefroy : *par force.*

Nous ès lieux et terres acquises ou à acquérir en nostre nom, sur les rébelles et désobéissans à Nous; et se en nostre vie la récompensacion n'est faicte aus dessusdiz, nostredit filz le roy Henry la fera esdictes terres et biens quant il sera venu à la couronne de France; mais se les terres, seigneuries, rentes ou possessions qui appartenoient ausdictes personnes esdiz duchié et lieux, n'avoient esté données par nostredit filz, lesdites personnes seront restituées à icelles sans délay.

20° *Item*, que durant nostre vie, en tous les lieux à Nous présentement ou pour le temps avenir subgez, les lettres communes de justice, de dons d'offices, de bénéfices, et d'autres donacions, pardons ou remissions et privileges, devront estre escriptes, et procéder soubz nostre nom et séel; toutesvoyes, pource que aucuns cas singuliers pourront avenir, qui par l'umain engin ne puvent pas tous estre preveuz, lesquels pourra estre neccessaire et convenable que nostredit filz le roy Henry face escripre ses lettres en telz cas, s'aucuns en adviegnent, il sera loisible à nostredit filz pour le bien et seurté de Nous et du gouvernement à lui, comme dit est, appartenant, et pour éviter les périls et dommages qui autrement pourroient vray-semblablement advenir, escripre ses lettres à nos subgez, par lesqueles il commendera, defendra et mandera de par Nous, et de par lui comme régent, selon la nature et qualité de la besoingne.

21° *Item*, que de toute nostre vie, nostre dit filz le roy Henry ne se nommera ou escripra aucunement, ou fera nommer ou escripre roy de France; mais dudit nom de tous poins se abstendra tant comme nous vivrons.

22° *Item*, est accordé que nous, durant nostre vie, nommerons, appellerons et escriprons nostre dit filz le roy Henry, en langue françoise, par ceste manière : *nostre très chier filz Henry roy d'Angleterre, héritier de France*, et en langue latine, par ceste manière : *Noster precarissimus filius Henricus rex Anglie, heres Francie*.

23° *Item*, que nostre dit filz ne imposera ou fera imposer aucunes imposicions ou exaccions à nos subgez, sans cause raisonnable et nécessaire, ne autrement, que pour le bien publique dudit royaume de France, et selon l'ordonnance et exigence des lois et coustumes raisonnables et approuvées dudit royaume.

24° *Item*, et afin que concorde, paix et tranquillité entre les royaumes de France et d'Angleterre, soient pour le temps advenir perpetuelment observez, et que l'on obvie aus obstacles et commencement par lesquelz entre lesdiz Royaumes débaz, discensions ou discors pourroient sourdre ou temps avenir, que Dieu ne veuille, il est accordé que nostre dit filz labourera par effect de son povoir, que de l'adviz et consentement des trois estas desdiz royaumes, ostez les obstacles en ceste partie, soit ordonné et pourveu que du temps que nostre dit filz sera venu à la couronne de France, ou aucun de ses hoirs, les deux couronnes de France et d'Angleterre à tousjours-mais perpetuelment, demourront ensemble et seront en une mesme personne; c'est assavoir, en la personne de nostre dit filz le Roy Henry, tant qu'il vivra, et de là en avant, ès personnes de ses hoirs qui successivement seront les uns après les autres; et que les deux royaumes seront gouvernez depuis ce temps que nostre dit filz ou aucuns de ses hoirs parvenra ou parvenront ausdis royaumes, non diviséement soubz divers Roys pour un mesme temps, mais soubz une mesme personne qui sera pour le temps Roy et seigneur souverain de l'un et de l'autre royaume, comme dit est, en gardant toutes voyes en toutes autres choses à l'un et à l'autre royaume, ses drois, libertez ou coustumes, usages et lois, non soubzmectans en quelque manière l'un desdiz royaumes à l'autre, ne les lois, drois, coustumes ou usages de l'un d'iceulx royaumes, aux drois, lois, coustumes ou usages de l'autre.

25° *Item*, que dès maintenant et à tout temps perpetuelment se trayront (1), appaiseront, et de tous poins cesseront toutes discensions, haines, rancunes, inimitiez et guerre d'entre lesdiz Royaumes de France et d'Angleterre, et les peuples d'iceulx royaumes adhérens à ladicte concorde; et entre les royaumes dessusdiz, sera et aura vigueur dès maintenant, perpétuelment et à tousjours-mais, paix, tranquillité, concorde, affeccion mutuelle, admitiez fermes et estables; et se aideront lesdiz deux royaumes de leurs aides, conseilz et assistances mutuelles, contre toutes personnes qui à eulx ou à l'un d'eulx s'efforceroient de faire donner violence, injure, grief ou dommage, et converseront et marchanderont ensemble les uns avec les autres, franchement et seurement, en paiant les coustumes et devoirs deuz et accoustumez.

26° *Item*, que tous les confédérez et alliez de Nous et dudit royaume de France, et aussi les confédérez de nostre dit filz le roy Henry, et dudit royaume d'Angleterre, qui dedans huit mois après que ceste présente concorde de paix leur sera notifiée, ils auront déclaré se vouloir fermement adhérer à ladicte concorde, et estre comprins soubz le traictié et concorde d'icelle paix, soient comprins soubz les admistiez et confédérations, seurté et concorde d'icelle paix; sauf toutes voyes à l'une et à l'autre desdictes couronnes, à Nous et à nos subgez, et aussi à nostre dit filz le roy Henry, et à ses subgez, ses accions, drois et remedes quelxconques convenables en ceste partie, et compétans en quelque manière que ce soit, envers lesdiz alliez et confédérez.

27° *Item*, il est accordé que nostre dit filz le roy Henry, avec le conseil de nostre très-chier filz Philippe duc de Bourgongne, et des autres nobles du royaumes, qu'il convendra et appartiendra pour ce estre appellez, pourverra pour le gouvernement de nostre personne seurement, con-

---

(1) Lisez comme dans Godefroy : *se tairont*.

venablement et honnestement, selon l'exigence de nostre estat et dignité royal, par tele manière que ce sera l'onneur de Dieu et de nous, et aussi du royaume de France, et des subgez d'icellui ; et que toutes personnes, tant nobles comme autres, qui seront entour nous, pour nostre personnel et domestique service, non pas seulement en offices, mais en autres mistères (1), seront telz qu'ilz auront esté nez au royaume de France, ou des lieux de langaige françois, bonnes personnes, saiges, loyales, et ydoisnes audit service.

28° *Item*, que nous demourrons et residerons personnellement en lieu notable de nostre obéissance, et non ailleurs.

29° *Item*, considerez les orribles et énormes crimes et déliz perpétrez oudit royaume de France, par *Charles* soy disant *Daulphin de Viennois*, il est accordé que Nous, ne nostre dit filz le roy Henry, ne aussi nostre très-chier filz Philippe duc de Bourgongne, ne traicteront aucunement de paix ou de concorde avecques ledit Charles, ne ferons ou ferons traictier, se non du conseil et assentement de tous et chascun de nous trois, et des trois estaz des deux royaumes dessus-diz.

30° *Item*, est accordé que nous sur les choses dessusdictes et chascune d'icelles, oultre nos lettres patentes séellées de nostre grant séel, donrons et ferons donner et faire à nostre dit filz le roy Henry, lettres patentes et approbatoires et confirmatoires, de nostre dicte compaigne, de nostre dit filz Philippe duc de Bourgongne, et des autres de nostre sang royal, des grans seigneurs, barons, citez et villes à nous obéissans, desquelz en ceste partie, nostre dit filz le roy Henry vouldra avoir lettre de nous.

31° *Item*, que semblablement nostre dit filz le roy Henry, pour sa partie, oultre ses lettres patentes sur ces mesmes choses, séellées de son grant séel, nous fera donner et faire lettres patentes approbatoires et confirmatoires de ses très-chiers frères, et des autres de son sang royal, des grans seigneurs, barons et des citez et villes à lui obéissans, desquelz en ceste partie nous vouldrions avoir lettres pour (2) nostre dit filz le roy Henry.

Toutes lesquelles et chascunes choses dessus escriptes, Nous, Charles roy de France dessusdit, pour nous et nos hoirs, en tant que pourra touchier Nous et noz diz hoirs, sans dol, fraude ou mal engin, avons promis et promectons, juré et jurons en parole de Roy, aux sainctes euvangiles de Dieu par nous corporelment touchées, faire, acomplir et observer, et que icelles ferons par noz subgez acomplir et observer, et aussi que Nous, ne noz héritiers ne venrons jamais au contraire des choses dessusdictes ou d'aucunes d'icelles, en quelque manière, en jugement ou hors jugement, directement ou par oblique, ou par quelconque couleur exquise. Et afin que ces choses soient fermes et estables perpetuelment et à tousjours, nous avons fait mectre nostre séel à ces présentes lettres. — *Donné à Troyes le vingtuniesme jour du mois de may, l'an de grace mil quatre cens et vint, et de nostre règne le quarentiesme. Ainsi signée : Par le Roy en son conseil,* J. *de Rivel* (3).

(1) Lisez comme dans Godefroy : *ministères*.
(2) Il y a dans Godefroy : *de*.

(3) Dans Godefroy et dans Rymer : J. *de Rinel*.

FIN.

www.ingramcontent.com/pod-product-compliance
Lightning Source LLC
Chambersburg PA
CBHW061957300426
44117CB00010B/1380